Słownik podręczny

angielsko-polski • polsko-angielski

Jacek Fisiak
Arleta Adamska-Sałaciak
Mariusz Idzikowski
Michał Jankowski

Pearson Education Limited
Edinburgh Gate
Harlow
Essex CM20 2JE
England
and Associated Companies throughout the World

Visit our website: http://www.longman.com/dictionaries

© Pearson Education Limited, 1999
All rights reserved; no part of this publication may be reproduced, stored in a retrieval system, or transmitted in any form or by any means, electronic, mechanical, photocopying, recording or otherwise, without the prior written permission of the Publishers.

First published 1999
Cased edition Fifth impression 2009
Paperback edition First impression 2009

Words that the editors have reason to believe constitute trademarks have been described as such. However, neither the presence nor the absence of such a description should be regarded as affecting the legal status of any trademark.

ISBN
978-0-582-33292-8 (Flexicover edition)
978-0-582-45104-9 (Cased edition)
978-1-4082-2937-8 (Paperback edition)

British Library Cataloguing-in-Publication Data
A catalogue record of this book is available from the British Library.

Set in 8pt Gill Sans and Nimrod
by Morton Word Processing Ltd
Scarborough
UK
Printed in Spain by *Cayfosa* Impresia Ibérica, Barcelona

Przedmowa

Angielsko-polski, polsko-angielski słownik Longmana jest wyjątkowym wydarzeniem na polskim rynku wydawniczym. Opracowany został przez zespół doświadczonych autorów w oparciu o najnowsze zasady leksykografii, we współpracy z nauczycielami, a także uwzględniając w pełni potrzeby zarówno rozpoczynającego naukę języka angielskiego, jak również ucznia bardziej zaawansowanego.

Słownik zawiera najczęstsze wyrazy i zwroty języka mówionego i pisanego dotyczące różnych dziedzin życia: począwszy od bezpośredniego otoczenia, a na internecie skończywszy. Uwzględniono w nim ponad 46 000 słów i wyrażeń, przeszło 63 000 znaczeń podanych w niezwykle prosty i przystępny sposób oraz bogaty wybór zwrotów i idiomów. Przy każdym wyrazie hasłowym podana jest wymowa w transkrypcji międzynarodowej. Znaczenia wyrazów ilustrowane są autentycznymi przykładami z żywego języka.

Dodatkowym elementem pomagającym uczącym się są zamieszczone w tekście słownika uwagi dotyczące trudnych dla Polaka wyrazów i zwrotów oraz form i konstrukcji gramatycznych. Ponadto, poza zasadniczą częścią, słownik zawiera mini-rozmówki, listę nazw geograficznych, listę najbardziej przydatnych idiomów, oraz informacje na temat wyrazów, które mają w obu językach podobną formę, lecz różnią się znaczeniem (tzw. false friends). Wygodny format pozwala na korzystanie ze słownika praktycznie wszędzie, zarówno w domu, szkole czy miejscu pracy, jak i w podróży czy na wakacjach.

Mamy nadzieję, że słownik nasz będzie dobrze służył wszystkim użytkownikom.

Prof. dr hab. Jacek Fisiak
czerwiec 1999 .

Skróty i oznaczenia

Kwalifikatory językowe

AmE	angielszczyzna amerykańska
AustrE	angielszczyzna australijska
BrE	angielszczyzna brytyjska
ScE	angielszczyzna szkocka
formal	język używany w oficjalnych sytuacjach i urzędowych listach
informal	język potoczny, używany w codziennych sytuacjach
spoken	język mówiony
written	język pisany
technical	termin naukowy lub techniczny
old-fashioned	wyraz przestarzały
humorous	wyrażenie o żartobliwym zabarwieniu
law	termin prawniczy
nonstandard	forma niestandardowa, uważana zwykle za niepoprawną
trademark	zastrzeżony znak handlowy
literary	styl literacki

Oznaczenia części mowy

adj = adjective	przymiotnik
adv = adverb	przysłówek
auxiliary verb	czasownik posiłkowy
conjunction	spójnik
determiner	określnik
interjection	wykrzyknik
linking verb	czasownik łącznik
modal verb	czasownik modalny
n = noun	rzeczownik
number	liczebnik
phr v = phrasal verb	czasownik złożony
prefix	przedrostek
prep = preposition	przyimek
pron = pronoun	zaimek
quantifier	kwantyfikator
suffix	przyrostek
v = verb	czasownik

Skróty i oznaczenia

Skróty gramatyczne

[C] = countable	POLICZALNY. Rzeczownik policzalny ma formy liczby pojedynczej i mnogiej.
[U] = uncountable	NIEPOLICZALNY. Rzeczownik niepoliczalny nie ma liczby mnogiej i występuje z czasownikiem w 3. osobie liczby pojedynczej.
[plural]	LICZBA MNOGA. Rzeczownik występuje zawsze w liczbie mnogiej i łączy się z czasownikiem w liczbie mnogiej.
[singular]	LICZBA POJEDYNCZA. Rzeczownik występuje zawsze w liczbie pojedynczej i łączy się z czasownikiem w liczbie pojedynczej.
[T] = transitive	PRZECHODNI. Czasownik przechodni musi mieć dopełnienie.
[I] = intransitive	NIEPRZECHODNI. Czasownik nieprzechodni nie ma dopełnienia.
[I,T]	Czasownik przechodni lub nieprzechodni.
[not in passive]	NIE W STRONIE BIERNEJ. Czasownik nie występuje w stronie biernej.
[usually in passive]	ZWYKLE W STRONIE BIERNEJ. Czasownik występuje zwykle w stronie biernej.
[often passive]	CZĘSTO W STRONIE BIERNEJ. Czasownik występuje często w stronie biernej.
[not before noun]	NIE PRZED RZECZOWNIKIEM. Przymiotnik nie występuje bezpośrednio przed rzeczownikiem.
[only before noun]	TYLKO PRZED RZECZOWNIKIEM. Przymiotnik występuje tylko bezpośrednio przed rzeczownikiem.
[only after noun]	TYLKO PO RZECZOWNIKU. Przymiotnik występuje tylko bezpośrednio po rzeczowniku.
[comparative of]	STOPIEŃ WYŻSZY. Stopień wyższy przymiotnika lub przysłówka.
[superlative of]	STOPIEŃ NAJWYŻSZY. Stopień najwyższy przymiotnika lub przysłówka.

Jak korzystać ze słownika

Nieregularna liczba mnoga

Nieregularne formy czasownika

Wyrazy często występujące w wyrażeniach z wyrazem hasłowym

Kolejne znaczenia danego wyrazu ustawione zgodnie z częstotliwością występowania

Czasowniki złożone podane są po haśle głównym w kolejności alfabetycznej

Wyrazy i zwroty występujące głównie w mowie zaznaczone są w ten sposób

Czasowniki nieprzechodnie oznaczono symbolem [I] (intransitive). Czasowniki przechodnie oznaczono symolem [T] (transitive).

W ten sposób oznaczane są wyrazy i zwroty potoczne

W ten sposób podane są polskie odpowiedniki angielskich słów i zwrotów

hand·y·man /ˈhændimæn/ *n* [C] *plura* **handymen** złota rączka

hang[1] /hæŋ/ *v*, **hung, hung, hang ing 1** [T] za/wieszać, powiesić: *He hun his coat on the back of the door.* **2** [I] wi sieć: *Dark clouds hung over the valley.* | **from/on etc** *Her portrait was hanging o the wall.* **3** [T] *past tense and past parti ciple* **hanged** wieszać, powiesić: *Core hanged himself in his prison cell.* **4 hang your head** zwiesić głowę: *Lewis hung hi head and refused to answer.* **5 hang i the balance** ważyć się: *Our whole futur is hanging in the balance.*

hang around (także **hang about** *BrE*) *phr v* [I,T] *informal* **1** po/kręcić się: *W hung around for about an hour and ther left.* **2 hang around with sb** zadawać się z kimś: *I don't like the people sh hangs around with.*

hang on *phr v* **1 hang on!** *spoken* poczekaj!: *Hang on, I'll be with you in a minute!* **2** [I] *informal* trzymać się: *Hang on everybody, the road's pretty bumpy.*

hang onto sb/sth *phr v* [T] *informa* zatrzymać: *Hang onto that letter – you might need it later.*

hang out *phr v* [I] *informal* spędzać czas: *They hang out together.*

hang round *phr v* [I] *BrE* → HANG AROUND

hang up *phr v* **1** [I] odłożyć słuchawkę: *She said good night and hung up.* | **hang up on sb** (=rzucić komuś słuchawką): *Don't hang up on me!* **2** [T **hang** sth ↔ **up**] wieszać, powiesić: *Hang your coat up.*

hang[2] *n* **get the hang of (doing) sth** *informal* nauczyć się czegoś: *You'll soon get the hang of using the computer.*

hang·ar /ˈhæŋə/ *n* [C] hangar

hang·er /ˈhæŋə/ *n* [C] wieszak

Jak korzystać ze słownika

ar·bour[1] /ˈhɑːbə/ *BrE*, **harbor** *AmE* *n* [C,U] port

arbour[2] *BrE*, **harbor** *AmE* *v* [T] **1** żywić: *She harbours a secret desire to be a film star.* | **harbour doubts/suspicions** (=mieć wątpliwości/podejrzenia): *Several of Wilson's colleagues harboured suspicions about him.* **2** ukrywać, dawać schronienie: *She was accused of harbouring deserters.*

ard[1] /hɑːd/ *adj* **1** twardy: *a hard mattress* | *The plums are still too hard to eat.* → antonim SOFT **2** trudny: *The interviewer asked some very hard questions.* | **it's hard (for sb) to do sth** *It's hard to say* (=trudno powiedzieć) *when Glenn will be back.* → antonim EASY[1] **3** ciężki: *a long hard climb to the top of the hill* | *Poor May, she's had a hard life.* | **hard work** *Bringing up children on your own is hard work.* **4** surowy: *Mr. Katz is a hard man to work for, but he's fair.* | **be hard on sb** *She's too hard on those kids.* **5 give sb a hard time** *informal* dokuczać komuś: *The guys were giving him a hard time about missing the ball.* —**hardness** *n* [U] twardość

> UWAGA **hard i hardly**
>
> Nie należy mylić przysłówków **hard** i **hardly**. **Hardly** najczęściej znaczy 'prawie nie': *It was hardly raining.* | *I could hardly believe my eyes* (=nie mogłem uwierzyć własnym oczom). **Hard** znaczy 'ciężko' lub 'mocno': *It was raining hard and we all got wet.*

ard·back /ˈhɑːdbæk/ *n* [C] książka w sztywnej oprawie → porównaj PAPERBACK

ard-boiled /ˌ. ˈ.◂/ *adj* **hard-boiled egg** jajko na twardo

Wymowa

Pisownia brytyjska i amerykańska

Części mowy oznaczono symbolami literowymi: n (rzeczownik), v (czasownik) itp.

Odwołanie do wyrazu o znaczeniu przeciwnym (antonim) lub zbliżonym (synonim)

Wzory zdaniowe pokazujące konteksty typowe dla danego wyrazu

Przykłady z autentycznych tekstów

Idiomy i stałe wyrażenia

Wyrazy pochodne od wyrazu hasłowego

Rzeczowniki niepoliczalne oznaczono symbolem [U] (uncountable) Rzeczowniki policzalne oznaczono symbolem [C] (countable)

Uwagi z dodatkowymi informacjami pozwalającymi uniknąć błędów

Odwołanie do innego hasła

Sposób akcentowania haseł złożonych

Symbole fonetyczne

SPÓŁGŁOSKI

Symbol	*Przykład*
p	**p**ack
b	**b**ack
t	**t**ie
d	**d**ie
k	**c**lass
g	**g**lass
tʃ	**ch**ur**ch**
dʒ	**j**u**dg**e
f	**f**ew
v	**v**iew
θ	**th**row
ð	**th**ough
s	**s**oon
z	**z**oo
ʃ	**sh**oe
ʒ	mea**s**ure
m	su**m**
n	su**n**
ŋ	su**ng**
h	**h**ot
l	**l**ot
r	**r**od
j	**y**et
w	**w**et

SAMOGŁOSKI

Symbol	*Przykład*
e	b**e**d
æ	b**a**d
iː	sh**ee**p
ɪ	sh**i**p
i	happ**y**, pecul**i**ar
ɑː	c**al**m
ɒ	p**o**t (*BrE*)
ɒː	d**o**g (*AmE*)
ɔː	c**augh**t, h**or**se
ʊ	p**u**t
uː	b**oo**t
u	act**u**al
ʌ	c**u**t
ɜː	b**ir**d
ə	bett**er**
eɪ	m**a**ke
əʊ	b**oa**t
oʊ	n**o**te (*AmE*)
aɪ	b**i**te
aʊ	n**ow**
ɔɪ	b**oy**
ɪə	h**ere**
eə	h**air**
ʊə	p**oor**
eɪə	pl**ayer**
əʊə	l**ower**
ɔɪə	empl**oyer**
aɪə	t**ire**
aʊə	fl**ower**

‖ oddziela wymowę brytyjską od amerykańskiej: brytyjska po lewej, amerykańska po prawej
/ˈ/ wskazuje akcent główny
/ˌ/ wskazuje akcent poboczny
/◂/ wskazuje możliwe przesunięcie akcentu
/ᵻ/ oznacza, że jedni wymawiają /ɪ/ a inni /ə/
/ᵿ/ oznacza, że jedni wymawiają /ʊ/ a inni /ə/
/*ə*/ oznacza, że /ə/ może, ale nie musi być wymawiane
/-/ oznacza granicę pomiędzy sylabami w przypadkach, gdzie nie jest ona oczywista, np. lying /ˈlaɪ-ɪŋ/

Lista ramek gramatycznych

Poniżej podajemy listę zamieszczonych w słowniku ramek z objaśnieniami gramatycznymi, uporządkowaną alfabetycznie według głównego słowa lub kategorii gramatycznej w języku angielskim.

Aa

a /ə/ *także* **an** (przed samogłoską) determiner **1** przed rzeczownikiem nieokreślonym: *Do you have a car?* | *Her boyfriend is an artist.* ➡ porównaj THE **2** w znaczeniu "jeden": *a thousand pounds* | *a dozen eggs* **3** w określeniach ilości i częstotliwości: *a few weeks from now* | *a lot of people* | **twice a week/$100 a day etc** (=na): *He gets paid $100,000 a year.* **4** przed rzeczownikiem oznaczającym dowolnego przedstawiciela danej klasy: *A square has 4 sides.* **5** przed dwoma rzeczownikami często występującymi razem: *a knife and fork* **6** przed rzeczownikiem oznaczającym czynność: *Have a look at this.* ➡ patrz ramka THE INDEFINITE ARTICLE (A (AN))

a·back /ə'bæk/ *adv* **be taken aback** być zaskoczonym: *I was taken aback by Linda's rudeness.*

a·ban·don /ə'bændən/ *v* [T] **1** porzucać: *The baby had been abandoned outside a hospital in Liverpool.* **2** zarzucać: *The new policy had to be abandoned.*

a·ban·doned /ə'bændənd/ *adj* porzucony, opuszczony: *an abandoned building*

a·bashed /ə'bæʃt/ *adj* speszony: *When he saw Ruth, he looked slightly abashed.*

ab·bey /'æbi/ *n* [C] opactwo

ab·bot /'æbət/ *n* [C] opat

ab·bre·vi·ate /ə'briːvieɪt/ *v* [T] *formal* skracać

ab·bre·vi·a·tion /əˌbriːvi'eɪʃən/ *n* [C] skrót

ab·di·cate /'æbdɪkeɪt/ *v* [I] abdykować —**abdication** /ˌæbdɪ'keɪʃən/ *n* [C,U] abdykacja, zrzeczenie się

ab·do·men /'æbdəmən/ *n* [C] *technical* brzuch —**abdominal** /æb'dɒmᵊnəl/ *adj* brzuszny

ab·duct /əb'dʌkt/ *v* [T] uprowadzać: *Police believe that the woman has been abducted.* —**abduction** *n* [U] uprowadzenie, porwanie

ab·er·ra·tion /ˌæbə'reɪʃən/ *n* [C,U] aberracja, odchylenie: *a man of good character whose crime was regarded as just a temporary aberration*

ab·hor·rent /əb'hɒrənt/ *adj formal* odrażający

a·bide /ə'baɪd/ *v* [T] **can't abide sb/sth** nie znosić kogoś/czegoś: *I can't abide his stupid jokes.*

abide by sth *phr v* [T] przestrzegać: *You have to abide by the rules of the game.*

a·bil·i·ty /ə'bɪlᵊti/ *n* [C,U] zdolność: *a young girl with great musical ability* | **ability to do sth** (=umiejętność robienia czegoś): *A manager must have the ability to communicate well.*

a·blaze /ə'bleɪz/ *adj* [not before noun] **1** w płomieniach: *The old house was quickly ablaze.* | **set sth ablaze** *The ship was set ablaze by the explosion.* **2** płonący: **+ with** *a face ablaze with anger*

a·ble /'eɪbəl/ *adj* **1 be able to do sth** móc coś (z)robić: *Will you be able to come tonight?* | *I was just able to reach the handle.* ➡ antonim UNABLE **2** zdolny: *a very able student*

> UWAGA **able i can**
>
> Zwrotu **be able to do** nie używamy z czasownikami odnoszącymi się do zmysłów (**see**, **hear**, **smell**) i do procesów myślenia (**understand**, **decide**, **remember**). Należy w tych przypadkach używać czasownika modalnego **can**: *I can't hear you* (=nie słyszę cię). | *I think I can smell something burning.* Zwrotu **be able to do** nie używamy w odniesieniu do przepisów i nakazów. Należy w tych przypadkach używać czasownika modalnego **can** lub zwrotu **be allowed to**: *The goalkeeper can touch the ball, but nobody else can.* | *In some countries you are not allowed to drink until you are 21.*

> UWAGA **able i capable**
>
> Zwrotu **be able to do** używamy wtedy, kiedy ktoś może coś zrobić

A

ponieważ posiada odpowiednie zdolności lub ponieważ pozwala mu na to sytuacja (i nikogo nie dziwi, jeśli to robi): *The doctor said that after a few days I'd be able to get out of bed.| Will you be able to play on Sunday?* Zwrotu **be capable of (doing) something** używamy wtedy, kiedy ktoś posiada odpowiednie zdolności lub wiedzę, żeby coś zrobić, ale na ogół tych zdolności nie wykorzystuje i czegoś nie robi (ale mógłby zrobić, gdyby chciał): *I'm sure he's quite capable of getting here on time, but he can't be bothered. | The power station is capable of generating enough electricity for the whole region.*

UWAGA **be able to**

Patrz **could** i **be able to**.

a·bly /ˈeɪbli/ *adv* umiejętnie: *The director was ably assisted by his team of experts.*

ab·norm·al /æbˈnɔːməl/ *adj* nienormalny, anormalny: *abnormal behaviour | abnormal levels of chlorine in the water* —**abnormality** /ˌæbnɔːˈmæləti/ *n* [C,U] nienormalność, anomalia

a·board /əˈbɔːd/ *adv, prep* na pokład(zie): *I swam out to the yacht and climbed aboard.*

a·bode /əˈbəʊd/ *n* [C] *formal* miejsce zamieszkania: **right of abode** (=prawo pobytu)

a·bol·ish /əˈbɒlɪʃ/ *v* [T] znosić: *unfair laws that should be abolished* —**abolition** /ˌæbəˈlɪʃən/ *n* [U] zniesienie: *the abolition of slavery*

a·bom·i·na·ble /əˈbɒmɪnəbəl/ *adj* wstrętny: *an abominable noise*

ab·o·rig·i·ne /ˌæbəˈrɪdʒəni/ *n* [C] aborygen/ka

a·bort /əˈbɔːt/ *v* [T] przerywać: *The space flight had to be aborted because of computer problems.*

a·bor·tion /əˈbɔːʃən/ *n* [C,U] aborcja: **have an abortion** (=przerywać ciążę): *She was told about the dangers of having an abortion.*

a·bor·tive /əˈbɔːtɪv/ *adj* nieudany

a·bound /əˈbaʊnd/ *v* [I] *literary*
abound in/with sth *phr v* obfitować w: *The park abounds with wildlife.*

a·bout[1] /əˈbaʊt/ *prep* **1** o: *a book about how the universe began* | **all about** *Tell me all about it.* **2** *BrE* po: *Clothes were scattered about the room.* **3 what about/how about** *spoken* **a)** (a) może byś(my/cie): *How about coming to my house for a barbecue? | What about bringing a bottle of wine?* **b)** a co z: *What about Jack? We can't just leave him here.*

about[2] *adv* **1** około: *I live about 10 miles from here.* **2 be about to do sth** właśnie mieć coś zrobić: *We were about to leave when Jerry arrived.* **3 just about** prawie: *Dinner's just about ready.* **4** *BrE* dookoła: *People were lying about on the floor.* **5** *BrE* gdzieś tu(taj), w pobliżu: *Is Patrick about? There's a phone call for him.*

a·bove[1] /əˈbʌv/ *prep* **1** nad: *Raise your arm above your head. | There's a light above the entrance.* **2** powyżej: *Temperatures rose above zero today. | officers above the rank of lieutenant* **3** ponad: *He couldn't hear her voice above the noise.* **4 above all** *formal* nade wszystko: *Above all, I would like to thank my parents.* **5 above suspicion/criticism** poza podejrzeniami/krytyką

above[2] *adv* **1** wyżej, powyżej: *The sound came from the room above. | Write to the address given above for more information.* **2** więcej: *children aged 7 and above*

a·bove board /.ˌ. ˈ./ *adj* całkowicie legalny: *Everything seems to be above board.*

a·bra·sive /əˈbreɪsɪv/ *adj* **1** szorstki, opryskliwy: *His abrasive manner offends some people.* **2** ścierny

a·breast /əˈbrest/ *adv* **1 keep abreast of sth** być na bieżąco z czymś: *I listen to the radio to keep abreast of the news.* **2 two/three abreast** we dwójkę/trójkę jeden przy drugim: *The cyclists were riding three abreast, so no one could pass them.*

a·bridged /əˈbrɪdʒd/ *adj* skrócony: *the abridged version of the novel* —**abridge** *v* [T] skracać ➡ porównaj UNABRIDGED

a·broad /əˈbrɔːd/ *adv* za granicą/ę: *Did you enjoy living abroad?* | **go abroad** *He often has to go abroad on business.*

a·brupt /əˈbrʌpt/ *adj* **1** nagły: *an abrupt change in the attitudes of voters* **2** oschły: *She was abrupt on the phone the first time we talked.* —**abruptly** *adv* nagle, obcesowo

ab·sence /ˈæbsəns/ *n* **1** [C,U] nieobecność: *How do you explain your absence?* | **+ from** *frequent absences from work* | **in sb's absence** (=pod czyjąś nieobecność): *The vice president will handle things in my absence.* **2** [U] brak: *the absence of evidence in the murder case*

ab·sent /ˈæbsənt/ *adj* nieobecny: *Most of the class was absent with flu today.* | *an absent smile on his face* | **+ from** *absent from school*

absent-mind·ed /ˌ.. ˈ..◂/ *adj* roztargniony —**absent-mindedness** *n* [U] roztargnienie —**absent-mindedly** *adv* przez roztargnienie, w roztargnieniu

ab·so·lute /ˈæbsəluːt/ *adj* **1** absolutny: *The show was an absolute disaster.* | *a ruler with absolute power* **2** definitywny: *I can't give you any absolute promises.*

ab·so·lute·ly /ˌæbsəˈluːtli◂/ *adv* **1** absolutnie: *Are you absolutely sure?* | **absolutely no/nothing** *It was the school holiday and the children had absolutely nothing to do.* **2 Absolutely!** *spoken* Jak najbardziej!: *"Do you really think so?" "Absolutely."* **3 Absolutely not!** *spoken* W żadnym wypadku!

ab·solve /əbˈzɒlv/ *v* [T] *formal* rozgrzeszać

ab·sorb /əbˈsɔːb/ *v* [T] **1** wchłaniać: *The towel absorbed most of the water.* | *the rate at which alcohol is absorbed into the blood* | *countries that had become absorbed into the Soviet Union* **2 be absorbed in sth** być czymś pochłoniętym/zaabsorbowanym: *I was completely absorbed in the book.* **3** przyswajać sobie: *She's a good student who absorbs information quickly.* —**absorption** *n* [U] wchłanianie, absorpcja

ab·sor·bent /əbˈsɔːbənt/ *adj* (dobrze) wchłaniający: *absorbent sponges*

ab·sorb·ing /əbˈsɔːbɪŋ/ *adj* absorbujący, wciągający: *an absorbing article about space travel*

ab·stain /əbˈsteɪn/ *v* [I] **1** *formal* wstrzymywać się: **+ from** *Patients were advised to abstain from alcohol.* **2** wstrzymywać się od głosu —**abstention** /-ˈstenʃən/ *n* [U] wstrzymanie się od głosu

ab·sti·nence /ˈæbstɪ̇nəns/ *n* [U] abstynencja

ab·stract /ˈæbstrækt/ *adj* abstrakcyjny: *Beauty is an abstract idea.* | *abstract arguments about justice* | *abstract art* —**abstraction** /æbˈstrækʃən/ *n* [C,U] abstrakcja

ab·surd /əbˈsɜːd/ *adj* absurdalny: *an absurd situation* —**absurdly** *adv* absurdalnie —**absurdity** *n* [C,U] absurd, absurdalność

a·bun·dance /əˈbʌndəns/ *n* [U singular] *formal* obfitość: *There is an abundance of creative talent.* | **in abundance** (=w dużych ilościach): *Wild flowers grew in abundance on the hillside.*

a·bun·dant /əˈbʌndənt/ *adj* obfity: *an abundant supply of fresh fruit*

a·bun·dant·ly /əˈbʌndəntli/ *adv* **1** całkowicie: *He made it abundantly clear that he was dissatisfied.* **2** obficie: *Poppies grew abundantly in the fields.*

a·buse[1] /əˈbjuːs/ *n* **1** [C,U] nadużycie: **+ of** *The newspapers are calling the President's action an abuse of power.* | **drug/alcohol abuse** (=narkomania/alkoholizm) **2** [U] wykorzystywanie: **child abuse** *a police investigation into reports of child abuse* | **sexual abuse** *victims of sexual abuse* **3** [U] obelgi

a·buse[2] /əˈbjuːz/ *v* [T] **1** znęcać się nad: *Each year more than 700,000 children are abused or neglected.* **2** nadużywać: *Garton had abused his position as mayor by offering jobs to his friends.* **3** lżyć

a·bu·sive /əˈbjuːsɪv/ *adj* obelżywy: *an abusive letter*

a·bys·mal /ə'bɪzməl/ *adj* fatalny: *your son's abysmal performance in the examinations*

a·byss /ə'bɪs/ *n* [C] **1** tragedia: *the abyss of nuclear war* **2** *literary* otchłań

ac·a·dem·ic[1] /ˌækə'demɪk◂/ *adj* **1** akademicki: *students' academic achievements | the question is purely academic* **2** zdolny: *teaching the more academic children*

academic[2] *n* [C] nauczyciel akademicki

a·cad·e·my /ə'kædəmi/ *n* [C] akademia: *a military academy*

ac·cel·e·rate /ək'seləreɪt/ *v* [I,T] przyspieszać: *Melissa accelerated as she drove onto the highway. | a plan to accelerate economic growth* —**acceleration** /əkˌselə'reɪʃən/ *n* [U] przyspieszenie

ac·cel·e·ra·tor /ək'seləreɪtə/ *n* [C] pedał przyspieszenia/gazu

ac·cent /'æksənt/ *n* [C] **1** akcent: *a strong northern accent | The accent in the word 'important' is on the second syllable.* **2 the accent** nacisk: **+ on** *a training programme with the accent on safety*

ac·cen·tu·ate /ək'sentʃueɪt/ *v* [T] za/akcentować

ac·cept /ək'sept/ *v* **1** [T] przyjmować: *Please accept this small gift. | The manager would not accept her resignation. | We don't accept credit cards. | I've been accepted at Harvard.* | **accept an invitation** *We would be happy to accept your invitation.* | **accept advice/suggestions** *I wish I'd accepted your advice and kept my money in the bank.* **2** [T] przyjmować do wiadomości: *The teacher would not accept any excuses.* | **+ that** *I accept that* (=przyznaję, że) *we've made mistakes, but it's nothing we can't fix.* **3** [T] za/akceptować: *It was a long time before the other kids at school accepted him.* **4** [T] po/godzić się z: *Even when he was imprisoned, the Emperor would not accept defeat.* **5 accept responsibility/blame** *formal* brać na siebie odpowiedzialność/winę: *The company have accepted responsibility for the accident.*

ac·cep·ta·ble /ək'septəbəl/ *adj* **1** do przyjęcia: *The essay was acceptable, but it wasn't her best work.* **2** akceptowany: *Smoking is no longer an acceptable habit.*

ac·cept·ance /ək'septəns/ *n* [U] **1** przyjęcie: *I was surprised at her acceptance of my offer.* | **+ into** *the immigrants' gradual acceptance into the community* **2** akceptacja: **+ of** *After the revolution there was widespread acceptance of Marxist ideas.* **3** pogodzenie się z sytuacją: *The general mood was one of acceptance.* **4 gain/find acceptance** zostać zaakceptowanym

ac·cept·ed /ək'septɪ̵d/ *adj* przyjęty

ac·cess[1] /'ækses/ *n* [U] **1** dostęp: **have access to** *Students need to have access to the computer system.* **2** dojście, dojazd: **+ to** *The only access to the farm is along a muddy track.* | **gain access** *The thieves gained access* (=dostali się do środka) *through the upstairs window.*

access[2] *v* [T] uzyskiwać dostęp do: *I couldn't access the file.*

ac·ces·si·ble /ək'sesɪ̵bəl/ *adj* **1** dostępny: *The national park is not accessible by road. | the wide range of information that is accessible on the Internet* **2** przystępny: **+ to** *Buchan succeeds in making a difficult subject accessible to the ordinary reader.* —**accessibility** /əkˌsesɪ̵'bɪlɪ̵ti/ *n* [U] dostępność, przystępność ➡ antonim INACCESSIBLE

ac·ces·so·ry /ək'sesəri/ *n* [C] **1** [usually plural] dodatek: *a dress with matching accessories* **2** dodatkowy element wyposażenia (*np. samochodu*) **3** *law* współsprawca przestępstwa

ac·ci·dent /'æksɪ̵dənt/ *n* [C] **1** wypadek: *Her parents were killed in a car accident. | I'm afraid he's been involved in a serious accident.* | **it was an accident** *I didn't do it on purpose, it was an accident.* **2 by accident** przypadkiem: *I discovered by accident that he'd lied to me.*

ac·ci·den·tal /ˌæksɪ̵'dentl◂/ *adj* przypadkowy: *accidental damage* —**accidentally** *adv* przypadkowo, przez przypadek: *I accidentally set off the alarm.*

accident-prone /'... ˌ./ *adj* często ulegający wypadkom: *an accident-prone child*

ac·claim /ə'kleɪm/ *n* [U] uznanie: *His first novel received widespread acclaim.*

ac·claimed /ə'kleɪmd/ *adj* cieszący się uznaniem: **highly/widely acclaimed** *Spielberg's highly acclaimed movie, 'Schindler's List'*

ac·cli·ma·tize /ə'klaɪmətaɪz/ *także* **-ise** *BrE także* **ac·cli·mate** /ə'klaɪmət/ *AmE v* [I] za/aklimatyzować się: **get acclimatized** *It takes the astronauts a few days to get acclimatized to conditions in space.*

ac·com·mo·date /ə'kɒmədeɪt/ *v* [T] **1** pomieścić: *The hall can accommodate 300 people.* **2** zakwaterować: *A new hostel was built to accommodate the students.* **3** pójść na rękę: *If you need more time, we'll try to accommodate you.*

ac·com·mo·dat·ing /ə'kɒmədeɪtɪŋ/ *adj* uczynny

ac·com·mo·da·tion /əˌkɒmə'deɪʃən/ *n* [U] *także* **accommodations** [plural] *AmE* zakwaterowanie: *The college will provide accommodation for all new students.*

ac·com·pa·ni·ment /ə'kʌmpənimənt/ *n* [C] **1** akompaniament: *a tune with a simple guitar accompaniment* **2** *formal* dodatek: *White wine is an excellent accompaniment to fish.*

ac·com·pa·ny /ə'kʌmpəni/ *v* [T] **1** *formal* towarzyszyć: *Children under 12 must be accompanied by an adult.* | *Any increase in costs is always accompanied by a rise in prices.* **2** akompaniować

ac·com·plice /ə'kʌmpl¦s/ *n* [C] wspólni-k/czka

ac·com·plish /ə'kʌmplɪʃ/ *v* [T] osiągać: *The new government has accomplished a great deal.*

ac·com·plished /ə'kʌmplɪʃt/ *adj* znakomity: *an accomplished poet*

ac·com·plish·ment /ə'kʌmplɪʃmənt/ *n* **1** [C] *formal* umiejętność: *Playing the piano is one of her many accomplishments.* **2** [U] osiągnięcie, dokonanie

ac·cord /ə'kɔːd/ *n* **1 of your own accord** z własnej woli: *No one forced him to go. He left of his own accord.* **2 in accord with sb/sth** *formal* zgodny z kimś/czymś: *The committee's report is completely in accord with our suggestions.* **3** [C] uzgodnienie

ac·cord·ance /ə'kɔːdəns/ *n* **in accordance with** *formal* zgodnie z: *Safety checks were made in accordance with the rules.*

ac·cord·ing·ly /ə'kɔːdɪŋli/ *adv* **1** odpowiednio: *If you work extra hours, you will be paid accordingly.* **2** *formal* w związku z tym: *We have noticed that the books are slightly damaged, and accordingly, we have reduced the price.*

according to /.'.. ./ *prep* **1** według: *According to our records she never paid her bill.* | *According to Angela, he's a great teacher.* | *You will be paid according to the amount of work you do.* **2** zgodnie z: *Everything went according to plan and we arrived on time.*

ac·cor·di·on /ə'kɔːdiən/ *n* [C] akordeon

ac·cost /ə'kɒst/ *v* [T] zaczepiać

ac·count[1] /ə'kaʊnt/ *n* [C] **1** relacja: **give an account of** *Can you give us an account of what happened?* | **by/from all accounts** (=podobno): *By all accounts Frank was once a great player.* **2** konto, rachunek: *He couldn't remember his account number.* | *I'd like to withdraw £250 from my account.* | *Here are the books you ordered. Shall I charge them to your account?* | **settle your account** (=u/regulować rachunek): *Accounts must be settled within 30 days.* → patrz też BANK ACCOUNT, CHECKING ACCOUNT, CURRENT ACCOUNT, DEPOSIT ACCOUNT, SAVINGS ACCOUNT **3 take into account/take account of** brać pod uwagę: *They should have taken into account the needs of foreign students.* **4 on account of** z powodu: *Several people are late on account of the train strike.* **5 (not) on my/his account** *spoken* (nie) ze względu na mnie/niego: *Don't stay up late on my account.* **6 on no account/not on any account** *formal* pod żadnym pozorem: *On no account should anyone go near this man – he's dangerous.* → patrz też ACCOUNTS

account[2] *v*

account for sth *phr v* [T] **1** stanowić: *Oil and gas account for 60% of the coun-*

try's exports. **2** wy/tłumaczyć: *How do you account for this sudden change of policy?* | *If he really is taking drugs, that would account for his behaviour.*

ac·count·a·ble /əˈkaʊntəbəl/ *adj* [not before noun] odpowiedzialny: **+ for** *Managers must be accountable for their decisions.* | **hold sb accountable** (=obciążać kogoś odpowiedzialnością): *If students fail their exams, should their teachers be held accountable?* —**accountability** /əˌkaʊntəˈbɪlə̇ti/ *n* [U] odpowiedzialność

ac·coun·tan·cy /əˈkaʊntənsi/ *BrE* **ac·coun·ting** /əˈkaʊntɪŋ/ *AmE n* [U] księgowość

ac·coun·tant /əˈkaʊntənt/ *n* [C] księgow-y/a

ac·counts /əˈkaʊnts/ *n* [plural] rozliczenie: *the company's accounts from last year* ➡ patrz też ACCOUNT[1]

ac·cred·it·ed /əˈkredə̇tə̇d/ *adj* akredytowany

ac·cu·mu·late /əˈkjuːmjəleɪt/ *v* **1** [I] na/gromadzić się: *The dirt and dust had accumulated in the corners of the room.* **2** [T] z/gromadzić: *By the time he died Methuen had accumulated a vast collection of paintings.* —**accumulation** /əˌkjuːmjəˈleɪʃən/ *n* [C,U] nagromadzenie, gromadzenie

ac·cu·ra·cy /ˈækjərəsi/ *n* [U] dokładność, precyzja: *The bombs can be aimed with amazing accuracy.* ➡ antonim INACCURACY

ac·cu·rate /ˈækjərət/ *adj* dokładny: *an accurate report of what happened* ➡ antonim INACCURATE —**accurately** *adv* dokładnie

ac·cu·sa·tion /ˌækjəˈzeɪʃən/ *n* [C] oskarżenie, zarzut: **make an accusation against sb** (=wysuwać zarzut pod czyimś adresem): *Serious accusations have been made against him.*

ac·cuse /əˈkjuːz/ *v* [T] oskarżać: **accuse sb of doing sth** *Are you accusing me of stealing?* —**accuser** *n* [C] oskarżyciel/ka

ac·cused /əˈkjuːzd/ *n* **the accused** [singular or plural] oskarżon-y/a, oskarżeni

ac·cus·tom /əˈkʌstəm/ *v* [T] **accustom yourself to (doing) sth** przyzwyczajać się do (robienia) czegoś: *They'll have to accustom themselves to working long hours.*

ac·cus·tomed /əˈkʌstəmd/ *adj formal* **be accustomed to (doing) sth** być przyzwyczajonym do (robienia) czegoś: *She was accustomed to a life of luxury.* | **become/get/grow accustomed to** *Ed's eyes quickly grew accustomed to the dark room.*

ace /eɪs/ *n* [C] **1** as: *the ace of spades* **2** as serwisowy

ache[1] /eɪk/ *v* [I] **1** boleć: *My legs are aching.* **2 be aching to do sth** nie móc się doczekać zrobienia czegoś: *Jenny was aching to go home.*

ache[2] *n* [C] ból: **headache/backache/toothache etc** *I've got a bad headache.* —**achy** *adj* obolały: *My arm feels all achy.*

> UWAGA **ache i pain**
>
> Wyraz **ache** używany jest zazwyczaj jako czasownik w znaczeniu 'boleć' lub w złożeniach z wyrazami takimi jak **tooth**, **ear**, **head**, **back**, **stomach**, kiedy chodzi konkretnie o 'ból zęba' **toothache**, 'ból ucha' **earache** itd.: *I did some weight training on Monday and my shoulders have been aching ever since.* | *That radio of yours is giving me a headache.* Kiedy chodzi o 'ból', używamy **pain**: *After the run, I had pains in my legs.*

a·chieve /əˈtʃiːv/ *v* [T] osiągać: *He will never achieve anything if he doesn't work harder.* | *On the test drive Segrave achieved speeds of over 200 mph.* —**achiever** *n* [C] *a high achiever* (=człowiek sukcesu)

a·chieve·ment /əˈtʃiːvmənt/ *n* **1** [C] osiągnięcie: *Winning the championship is quite an achievement.* **2** [U] realizacja: *the achievement of a lifetime's ambition*

ac·id[1] /ˈæsə̇d/ *n* **1** [C,U] kwas: *hydrochloric acid* **2 the acid test** próba ognia: *It* *looks good, but will it work? That's the acid test.*

acid² *adj* **1** kwaśny **2 acid remark/comment** uszczypliwa uwaga

acid rain /ˌ.. './ *n* [U] kwaśny deszcz

ac·knowl·edge /ək'nɒlɪdʒ/ *v* [T] **1** przyznawać: **+ that** *Angie has acknowledged that she made a mistake.* | **acknowledge sth as** *These beaches are generally acknowledged as* (=powszechnie uchodzą za) *the best in Europe.* **2** uznawać, przyjmować do wiadomości: *They are refusing to acknowledge the court's decision.* **3** potwierdzać otrzymanie: *We must acknowledge her letter.* **4** zwracać uwagę na: *Tina walked straight past without acknowledging us.*

ac·knowl·edge·ment, acknowledgment /ək'nɒlɪdʒmənt/ *n* [C] **1** potwierdzenie otrzymania: *I haven't received an acknowledgement of my letter yet.* **2** przyznanie się: *an acknowledgement of defeat*

ac·ne /'ækni/ *n* [U] trądzik

a·corn /'eɪkɔːn/ *n* [C] żołądź

a·cous·tic /ə'kuːstɪk/ *adj* **1** dźwiękowy **2** akustyczny: *an acoustic guitar*

a·cous·tics /ə'kuːstɪks/ *n* **1** [plural] akustyka: *The acoustics of the theatre are very good.* **2** [U] akustyka: *Acoustics is the scientific study of sound.*

ac·quaint·ance /ə'kweɪntəns/ *n* **1** [C] znajom-y/a **2** [U] znajomość: **make sb's acquaintance** (=zawrzeć z kimś znajomość): *I've never made his acquaintance.*

ac·quaint·ed /ə'kweɪntɪ̵d/ *adj formal* **1 be acquainted with sb** znać kogoś (*niezbyt dobrze*): *Roger and I are already acquainted.* | **get/become acquainted** (=poznać się): *I'll leave you two to get acquainted.* **2 be acquainted with sth** być zaznajomionym z czymś: *My lawyer is already acquainted with the facts.*

ac·quire /ə'kwaɪə/ *v* [T] nabywać: *The Getty Museum acquired the painting for £6.8 million.* | *Think about the skills you have acquired, and how you can use them.*

ac·qui·si·tion /ˌækwɪ̵'zɪʃən/ *n* **1** [U] nabywanie: **+ of** *the acquisition of wealth* **2** [C] nabytek: *a recent acquisition*

ac·quit /ə'kwɪt/ *v* [T] **-tted, -tting** uniewinniać: *Simons was acquitted of murder.*

ac·quit·tal /ə'kwɪtl/ *n* [C,U] uniewinnienie

a·cre /'eɪkə/ *n* [C] akr

ac·rid /'ækrɪ̵d/ *adj* gryzący: *a cloud of acrid smoke*

ac·ro·bat /'ækrəbæt/ *n* [C] akrobat-a/ka —**acrobatic** /ˌækrə'bætɪk◂/ *adj* akrobatyczny

ac·ro·bat·ics /ˌækrə'bætɪks/ *n* [plural] akrobacje

ac·ro·nym /'ækrənɪm/ *n* [C] akronim, skrótowiec: *NATO is an acronym for the North Atlantic Treaty Organization.*

a·cross /ə'krɒs/ *adv, prep* **1** przez: *The farmer was walking across the field towards us.* | *the only bridge across the river* **2** w poprzek: *At its widest point, the river is two miles across* (=ma dwie mile szerokości). **3** na cały: *The rain will spread slowly across southern England.* **4** po drugiej stronie: *Andy lives across the road from us.* **5 across the board** dla wszystkich: *a pay increase of 8% across the board*

a·cryl·ic /ə'krɪlɪk/ *adj* akrylowy

act¹ /ækt/ *v* **1** [I] za/działać: *Unless the government acts soon, more people will die.* | **+ as** *Salt acts as a preservative.* | **act on advice/orders etc** *We're acting on* (=stosujemy się do) *the advice of our lawyer.* **2** [I] zachowywać się: *Nick's been acting very strangely recently.* **3** [I,T] grać: *Mike got an acting job on TV.* **4 act as** występować w roli: *My brother speaks French – he will act as interpreter.*

act² *n* **1** [C] czyn: *an act of kindness* | *a criminal act* **2** [C] *także* **Act** ustawa: *The Criminal Justice Act* **3** [C] *także* **Act** akt: *Hamlet kills the king in Act 5.* **4** [C] numer (*w programie rozrywkowym*): *a comedy act* **5** [singular] poza, udawanie: *He doesn't care, Laura – it's just an act.* **6 get your act together** *informal* brać/wziąć się za siebie: *If Julie doesn't get her act together, she'll never graduate.*

act·ing[1] /ˈæktɪŋ/ *adj* **acting manager/director** pełniący obowiązki dyrektora

acting[2] *n* [U] aktorstwo

ac·tion /ˈækʃən/ *n* **1** [U] działanie: *We've talked enough. Now is the time for action.* | *cliffs worn away by the action of the waves* | **take action** *The government must take action* (=musi zacząć działać) *before it's too late.* | **course of action** (=wyjście): *The best course of action would be to tell her the whole story.* | **put sth into action** (=wprowadzać coś w życie): *When will you start putting your plan into action?* **2** [C] czyn: *You shouldn't be blamed for other people's actions.* **3** [C] czynność **4 be out of action** nie działać: *My car's out of action again.* | **put sb/sth out of action** *The accident has put him out of action* (=wyłączył go z gry) *for two weeks.* **5 in action** w akcji: *a chance to see top ski jumpers in action* **6** [C,U] **killed in action** *Ann's husband was killed in action* (=poległ na polu chwały).

action-packed /ˌ.. ˈ.◂/ *adj* **action-packed film/story** film/opowiadanie z wartką akcją

action re·play /ˌ.. ˈ../ *n* [C] *BrE* powtórka (*w transmisji sportowej*)

ac·tiv·ate /ˈæktɪveɪt/ *v* [T] *formal* uruchamiać, aktywować: *This switch activates the alarm.* —**activation** /ˌæktɪˈveɪʃən/ *n* [U] uruchomienie, aktywacja

ac·tive[1] /ˈæktɪv/ *adj* **1** aktywny: *Grandpa's very active for his age.* | *an active member of the Labour Party* **2** *technical* włączony: *The alarm is now active.* **3** czynny: *an active volcano* **4** w stronie czynnej: *In the sentence 'The boy kicked the ball', the verb 'kick' is active.* → porównaj PASSIVE

active[2] *n* **the active (voice)** strona czynna → porównaj PASSIVE

ac·tive·ly /ˈæktɪvli/ *adv* aktywnie, czynnie: *The government has actively encouraged immigration.*

ac·tiv·ist /ˈæktɪvɪst/ *n* [C] działacz/ka

ac·tiv·i·ty /ækˈtɪvɪti/ *n* **1** [C,U] zajęcie: *after-school activities* **2** [C,U] działalność: *an increase in terrorist activity* **3** [U] ruch: *There's been a lot of activity on the stock exchange.* → antonim INACTIVITY

ac·tor /ˈæktə/ *n* [C] aktor/ka

> UWAGA **actor** i **actress**
>
> Wyrazu **actor** można używać, mając na myśli zarówno aktorów jak i aktorki

ac·tress /ˈæktrɪs/ *n* [C] aktorka

ac·tu·al /ˈæktʃuəl/ *adj* rzeczywisty: *The actual cost is a lot higher than we'd thought.*

ac·tu·al·ly /ˈæktʃuəli/ *adv especially spoken* **1** rzeczywiście: *Did she actually say that in the letter?* **2** w rzeczywistości: *He may look young, but actually he's 45.* **3** właściwie: *"Great! I love French coffee!" "It's German actually."*

> UWAGA **actually**
>
> Wyraz **actually** nie znaczy 'aktualnie'. Kiedy chcemy po angielsku powiedzieć, że coś dzieje się 'aktualnie', tzn. 'teraz', używamy **at present**, **at the moment** lub **currently**: *At present the company is short of staff.* | *At the moment I'm working part-time in a travel agency.* Odpowiednikiem wyrazu **actually** w języku polskim jest często wyrażenie 'w rzeczywistości': *People think we've got lots of money, but actually we are quite poor.*

ac·u·punc·ture /ˈækjʊˌpʌŋktʃə/ *n* [U] akupunktura

a·cute /əˈkjuːt/ *adj* **1** ostry: *acute pain* | *acute tuberculosis* | *An acute angle is less than 90 degrees.* **2** dotkliwy: *an acute shortage of medical staff* **3** przenikliwy: *Simon's manner concealed an agile and acute mind.*

a·cute·ly /əˈkjuːtli/ *adv* dotkliwie: *She was acutely embarrassed when she realized her mistake.*

AD /ˌeɪ ˈdiː/ n.e.: *Attila died in 453 AD.* → porównaj BC

ad /æd/ *n* [C] *informal* ogłoszenie, anons

Ad·am's ap·ple /ˌædəmz 'æpl/ *n* [C] jabłko Adama

a·dapt /ə'dæpt/ *v* **1** [I] przystosowywać się: **+ to** *Old people find it hard to adapt to life in a foreign country.* **2** [T] za/adaptować: *The car's engine had been adapted to take unleaded fuel.* | *The author is adapting his novel for television.* **3 be well adapted to sth** być dobrze przystosowanym do czegoś: *Alpine flowers are well adapted to the cold winters.*

ad·ap·ta·tion /ˌædæp'teɪʃən/ *n* **1** [C] adaptacja: *a film adaptation of Zola's novel* **2** [U] przystosowanie (się): *adaptation to the environment*

a·dapt·er /ə'dæptə/, **adaptor** *n* [C] *BrE* rozgałęziacz

add /æd/ *v* **1** [T] dodawać: *If you add 5 and 3 you get 8.* | **add sth to sth** *Do you want to add your name to the mailing list?* | *Add one egg to the mixture.* | **+ that** *The judge added that this case was one of the worst she had ever seen.* **2** [I,T] **add to** powiększać: *Sales tax adds to the bill.* **3** pogłębiać, nasilać: *Darkness just adds to the spooky atmosphere.*

add sth ↔ **on** *phr v* [T] dodawać: *They're going to add on another bedroom at the back.* | **+ to** *VAT at 17.5% will be added on to your bill.*

add up *phr v* **1** [I,T **add** sth ↔ **up**] po/dodawać: *Add your scores up and we'll see who won.* **2 not add up** nie trzymać się kupy: *His story just doesn't add up.*

ad·der /'ædə/ *n* [C] żmija

ad·dict /'ædɪkt/ *n* [C] **1** narkoman/ka: *a heroin addict* **2** *informal* entuzjast-a/ka: *game-show addicts*

ad·dic·ted /ə'dɪktɪ̵d/ *adj* uzależniony: **+ to** *Marvin soon became addicted to sleeping pills.* | *My children are completely addicted to computer games.*

ad·dic·tion /ə'dɪkʃən/ *n* [C,U] uzależnienie

ad·dic·tive /ə'dɪktɪv/ *adj* uzależniający: *a highly addictive drug*

ad·di·tion /ə'dɪʃən/ *n* **1 in addition** oprócz tego: *The school has 12 classrooms. In addition there is a large office that could be used for meetings.* | **+ to** (=oprócz): *In addition to her teaching job, she plays in a band.* **2** [U] dodawanie **3** [C] dodatek: *The tower is a later addition to the cathedral.*

ad·di·tion·al /ə'dɪʃənəl/ *adj* dodatkowy: *There's an additional charge for baggage over the weight limit.* —**additionally** *adv* dodatkowo

ad·di·tive /'ædɪ̵tɪv/ *n* [C] dodatek (*konserwujący, barwiący itp.*): *additive-free foods*

ad·dress[1] /ə'dres/ *n* [C] **1** adres: *I forgot to give Damien my new address.* **2** orędzie: *the Gettysburg Address*

address[2] *v* [T] **1** *formal* zwracać się do: *A guest speaker then addressed the audience.* | **address sth to sb** *You should address your question to the chairman.* **2** za/adresować: **address sth to sb** *There's a letter here addressed to you.* **3** *formal* zajmować się: *an education policy that fails to address the needs of disabled students* **4** tytułować: **address sb as** *The President should be addressed as "Mr. President".*

ad·ept /'ædept/ *adj* biegły: **+ at** *He became adept at cooking her favourite Polish dishes.*

ad·e·quate /'ædɪkwɪ̵t/ *adj* **1** wystarczający: *Her income is hardly adequate to pay the bills.* **2** zadowalający: *The critics described his performance as 'barely adequate'.* → antonim INADEQUATE —**adequacy** *n* [U] stosowność, adekwatność —**adequately** *adv* odpowiednio, adekwatnie

ad·here /əd'hɪə/ *v* [I] przylegać: **+ to** *Make sure the paper adheres firmly to the wall.*

adhere to sth *phr v* [T] stosować się do: *Not all the countries adhered to the treaty.*

ad·her·ent /əd'hɪərənt/ *n* [C] zwolenni-k/czka, stronni-k/czka

ad·he·sive /əd'hi:sɪv/ *n* [C] klej

—**adhesive** *adj*: *adhesive tape* (=taśma klejąca)

ad hoc /ˌæd ˈhɒk/ *adj* dorywczy, z doskoku: *I'd been working for him on an ad hoc basis.* —**ad hoc** *adv* ad hoc

ad·ja·cent /əˈdʒeɪsənt/ *adj formal* przyległy: *a door leading to the adjacent room* | **+ to** *buildings adjacent to* (=przylegające do) *the palace*

ad·jec·tive /ˈædʒəktɪv/ *n* [C] przymiotnik ➡ patrz ramka ADJECTIVE —**adjectival** /ˌædʒəkˈtaɪvəl◂/ *adj* przymiotnikowy: *an adjectival phrase*

ad·join·ing /əˈdʒɔɪnɪŋ/ *adj* sąsiedni: *an adjoining office* —**adjoin** *v* [T] przylegać do

ad·journ /əˈdʒɜːn/ *v* [I,T] z/robić przerwę (*w zebraniu itp.*): *The committee adjourned for an hour.*

ad·just /əˈdʒʌst/ *v* **1** [T] wy/regulować: *Where's the lever for adjusting the car seat?* **2** [I] przystosowywać się: **+ to** *We're gradually adjusting to the new way of working.* —**adjustable** *adj* regulowany: *an adjustable lamp*

ad·just·ment /əˈdʒʌstmənt/ *n* [C,U] **1** poprawka: **make adjustments to sth** *I've made a few adjustments to our original calculations.* **2** zmiana (*w zachowaniu, sposobie myślenia*) **make adjustments** *You have to make some adjustments when you live abroad.*

ad-lib /ˌæd ˈlɪb/ *v* [I,T] improwizować: *She forgot her lines and had to ad-lib.* —**ad-lib** *n* [C] improwizacja

ad·min·is·ter /ədˈmɪnəstə/ *v* [T] **1** zarządzać: *officials who administer the transport system* **2** przeprowadzać: *Who will administer the test?* **3** wymierzać: *to administer punishment* **4** *formal* podawać: *The medicine was administered in regular doses.*

ad·min·is·tra·tion /ədˌmɪnəˈstreɪʃən/ *n* [U] **1** zarządzanie, administracja: *Have you any experience in administration?* **2 the Administration** administracja, rząd: *the Kennedy Administration*

ad·min·is·tra·tive /ədˈmɪnəstrətɪv/ *adj* administracyjny: *The job is mainly administrative.*

ad·min·is·tra·tor /ədˈmɪnəstreɪtə/ *n* [C] administrator/ka

ad·mi·ra·ble /ˈædmərəbəl/ *adj* godny podziwu: *an admirable achievement*

ad·mi·ral /ˈædmərəl/ *n* [C] admirał

ad·mi·ra·tion /ˌædməˈreɪʃən/ *n* [U] podziw: **+ for** *Dylan had a deep admiration for Picasso's later work.*

ad·mire /ədˈmaɪə/ *v* [T] podziwiać: *We stopped halfway up the hill to admire the view.* | **admire sb for sth** *I always admired my mother for her courage and patience.* —**admirer** *n* [C] wielbiciel/ka: *My teacher was a great admirer of Shakespeare.*

ad·mis·si·ble /ədˈmɪsəbəl/ *adj formal* dopuszczalny: *admissible evidence* ➡ antonim INADMISSIBLE

ad·mis·sion /ədˈmɪʃən/ *n* **1** [C] przyznanie (się): **+ of** *If he resigns, it will be an admission of guilt.* **2** [C,U] przyjęcie: **+ to** *Tom has applied for admission to Oxford next year.* **3** [U] (opłata za) wstęp: *Admission $6.50*

ad·mit /ədˈmɪt/ *v* **-tted, -tting 1** [I,T] przyznawać (się): *He was wrong, but he won't admit it.* | **+ (that)** *You may not like her, but you have to admit that Sheila is good at her job.* | **+ to** *He'll never admit to the murder.* **2** [T] wpuszczać: *Only ticket holders will be admitted into the stadium.* | *He was admitted to hospital* (=został hospitalizowany) *suffering from burns.*

ad·mit·tance /ədˈmɪtəns/ *n* [U] prawo wstępu: *Journalists were refused admittance to the meeting.*

ad·mit·ted·ly /ədˈmɪtədli/ *adv* co prawda: *Admittedly, it's not a very good photograph, but you can recognize who it is.*

a·do /əˈduː/ *n* **without more/further ado** bez dalszych wstępów

ad·o·les·cence /ˌædəˈlesəns/ *n* [U] okres dojrzewania

ad·o·les·cent /ˌædəˈlesənt◂/ *n* [C] nastolat-ek/ka —**adolescent** *adj* młodociany

Przymiotnik: **Adjective**

Przymiotników nie odmieniamy przez przypadki, liczby ani rodzaje:

*a **tall** girl* — *with a **tall** girl* — ***tall** girls* — *a **tall** boy*

Stopniowanie: **Comparison**

Stopniowanie przymiotników odbywa się w następujący sposób:

1 do przymiotników jednosylabowych dodajemy w stopniu wyższym końcówkę ***-er***, a w stopniu najwyższym końcówkę **-est**. Jeżeli przymiotnik kończy się w pisowni na *e*, wówczas dodajemy odpowiednio ***-r*** i ***-st***; jeżeli przymiotnik kończy się pojedynczą spółgłoską (inną niż *w* lub *x*) następującą po pojedynczej samogłosce, wówczas końcową spółgłoskę podwajamy w pisowni:

short	*short**er***	*short**est***	*loud*	*loud**er***	*loud**est***
brave	*brav**er***	*brav**est***	*hot*	*hot**ter***	*hot**test***

2 do przymiotników dwusylabowych zakończonych na *y* dodajemy w stopniu wyższym końcówkę ***-er***, a w stopniu najwyższym końcówkę ***-est***, zmieniając przy tym pisownię z *y* na *i*; istnieje mała grupa wyjątków, tj. przymiotników dwusylabowych nie kończących się na *y*, ale stopniowanych podobnie:

pretty	*prett**ier***	*prett**iest***	*clever*	*clever**er***	*clever**est***
narrow	*narrow**er***	*narrow**est***	*simple*	*simp**ler***	*simp**lest***

3 pozostałe przymiotniki dwusylabowe oraz dłuższe poprzedzamy w stopniu wyższym wyrazem ***more***, a w stopniu najwyższym wyrazem ***most***:

stupid	***more** stupid*	***most** stupid*
beautiful	***more** beautiful*	***most** beautiful*
interesting	***more** interesting*	***most** interesting*

4 niektóre przymiotniki stopniuje się w sposób nieregularny, np.:

good	*better*	*best*	*bad*	*worse*	*worst*

W stopniu najwyższym przymiotnik poprzedzony jest zazwyczaj przedimkiem określonym ***the***. Przymiotnik w stopniu najwyższym bez ***the*** znaczy tyle samo, co *very* + przymiotnik w stopniu równym:

***the** most beautiful* „najpiękniejszy"
most beautiful „bardzo piękny"

Przymiotnik w znaczeniu rzeczownikowym

Niektóre przymiotniki oznaczające ludzkie cechy i nazwy narodowości mogą zachowywać się jak rzeczowniki w liczbie mnogiej. Występują wówczas samodzielnie (bez rzeczownika) i poprzedzone są przez przedimek określony ***the***:

***the** disabled* „niepełnosprawni" — ***the** rich* „bogaci"
***the** poorest* „najbiedniejsi" — ***the** English* „Anglicy"

patrz też: ***Adverb, Noun, THE***

A

a·dopt /ə'dɒpt/ *v* [T] **1** za/adoptować: *Melissa was adopted by the Simpsons when she was only two.* **2** obierać: *The police are adopting more forceful methods.* **3** przyjmować: *The committee voted to adopt our proposals.* —**adopted** *adj* adoptowany: *their adopted daughter*

a·dop·tion /ə'dɒpʃən/ *n* **1** [U] przyjęcie: *improvements that followed the adoption of new technology* **2** [C,U] adopcja: *Children of parents who had died were offered for adoption.*

a·dor·a·ble /ə'dɔːrəbəl/ *adj* uroczy: *an adorable little puppy*

ad·o·ra·tion /ˌædə'reɪʃən/ *n* [U] uwielbienie

a·dore /ə'dɔː/ *v* [T] uwielbiać: *Tim absolutely adores his older brother.* | *I adore this place. It's so peaceful here.*

a·dorn /ə'dɔːn/ *v* [T] *formal* przyozdabiać: *The church walls were adorned with beautiful carvings.* —**adornment** *n* [C,U] ozdoba, ozdabianie

a·dren·a·lin /ə'drenəl-ən/ *n* [U] adrenalina

a·drift /ə'drɪft/ *adv* **be adrift** dryfować

a·droit /ə'drɔɪt/ *adj* zręczny: *an adroit negotiator*

ad·ult[1] /'ædʌlt/ *n* [C] dorosły

> UWAGA **adult**
>
> Nie mówi się "adult people". Mówi się po prostu **adults**.

adult[2] *adj* **1** dorosły: *an adult male frog* **2** dojrzały: *an adult view of the world* **3 adult films/magazines** filmy/pisma dla dorosłych

a·dul·ter·y /ə'dʌltəri/ *n* [U] cudzołóstwo

ad·vance[1] /əd'vɑːns/ *n* **1 in advance** wcześniej, z wyprzedzeniem: *a delicious dish that can be prepared in advance* **2** [C,U] postęp: *effective drugs and other advances in medicine* **3** [C] posuwanie się: *Napoleon's advance towards Moscow* **4** [C usually singular] zaliczka: **+ on** *Could I have a small advance on my salary?*

advance[2] *v* **1** [I,T] czynić postępy (w): *Scientists have advanced their understanding of genetics.* **2** [I] posuwać się: **+ on** *Viet Cong forces were advancing on Saigon.* **3** [T] wysuwać: *new proposals advanced by the Spanish delegation* —**advancement** *n* [C,U] postęp: *the advancement of science*

advance[3] *adj* wcześniejszy, uprzedni: **advance warning/notice etc** *advance warning of a hurricane* | *You can make an advance booking with your credit card.*

ad·vanced /əd'vɑːnst/ *adj* **1** nowoczesny: *the most advanced computer on the market* **2 advanced Physics etc** fizyka dla zaawansowanych: *a course in Advanced Computer Studies*

ad·van·ces /əd'vɑːnsəz/ *n* [plural] zaloty: *He became violent when the girl rejected his advances.*

ad·van·tage /əd'vɑːntɪdʒ/ *n* **1** [C,U] przewaga: **+ over** *Her computer training gave her an advantage over the other students.* **2** [C,U] dobra strona, zaleta: *Good public transport is just one of the advantages of living in a big city.* **3** pożytek: **+ of** *the advantages of a good education* **4 take advantage of sth/sb** wykorzystywać coś/kogoś: *We took advantage of the good weather by going for a picnic.* | *I don't mind helping, but I resent being taken advantage of.* **5 to your advantage** z korzyścią dla ciebie

ad·van·ta·geous /ˌædvən'teɪdʒəs/ *adj* korzystny

ad·vent /'ædvent/ *n* **the advent of sth** pojawienie się czegoś: *the advent of television* | *the advent of communism*

ad·ven·ture /əd'ventʃə/ *n* [C,U] przygoda: *a book about her adventures in South America*

ad·ven·tur·er /əd'ventʃərə/ *n* [C] poszukiwacz/ka przygód

ad·ven·tur·ous /əd'ventʃərəs/ *adj* **1** *także* **adventuresome** /-tʃəsəm/ *AmE* żądny przygód **2** pełen przygód: *an adventurous expedition up the Amazon*

ad·verb /'ædvɜːb/ *n* [C] przysłówek

Przysłówek: **Adverb**

Forma

Większość przysłówków powstaje przez dodanie końcówki **-ly** do przymiotnika. Jeżeli przymiotnik kończy się w pisowni na *y*, ulega ono zamianie na *i*, jeśli zaś na *le*, końcowe *e* zastępowane jest przez *y*:

slow	*slow**ly***
*happ**y***	*happ**ily***
*simp**le***	*simp**ly***

Od przymiotnika zakończonego na **-ly** nie można utworzyć przysłówka. Używa się wtedy frazy przysłówkowej lub przysłówka o zbliżonym znaczeniu:

*friend**ly*** (przymiotnik)	*in a friendly way* (przysłówek)
*like**ly*** (przymiotnik)	*probably* (przysłówek)

Niektóre przysłówki i przymiotniki mają identyczną formę. Kontekst decyduje o tym, z jaką częścią mowy mamy do czynienia:

***early** spring* (przymiotnik)	*he came **early*** (przysłówek)
*at the **far** end* (przymiotnik)	*we didn't go very **far*** (przysłówek)

Istnieje kilka par przysłówków pochodzących od tego samego przymiotnika, ale różniących się znaczeniem. Jeden przysłówek z takiej pary jest identyczny z przymiotnikiem, drugi zaś kończy się na **-ly**, np.:

*he works **hard*** („ciężko")
*she could **hardly** move* („ledwie")
***high** up in the air* („wysoko")
*it's **highly** unlikely* („wysoce")

Stopniowanie: **Comparison**

Przysłówki stopniujemy w następujący sposób:

1 do jednosylabowych dodajemy w stopniu wyższym końcówkę **-er**, a w stopniu najwyższym końcówkę **-est**; podobnie postępujemy z przysłówkiem *early* (*y* zamienia się tu w pisowni na *i*):

hard	*hard**er***	*hard**est***
fast	*fast**er***	*fast**est***
early	*earl**ier***	*earl**iest***

2 dwusylabowe i dłuższe poprzedzamy w stopniu wyższym wyrazem ***more***, a w stopniu najwyższym wyrazem ***most***:

quickly	***more** quickly*	***most** quickly*
carefully	***more** carefully*	***most** carefully*

ciąg dalszy na odwrocie ...

... kontynuacja z poprzedniej strony

3 część przysłówków stopniuje się nieregularnie, np.:

well	*better*	*best*
badly	*worse*	*worst*
little	*less*	*least*
much	*more*	*most*
far	*further*	*furthest*

patrz też: ***Adjective***

→ patrz ramka ADVERB — **adverbial** /æd'vɜːbiəl/ *adj* przysłówkowy

ad·ver·sa·ry /'ædvəsəri/ *n* [C] *formal* przeciwni-k/czka

ad·verse /'ædvɜːs/ *adj formal* **adverse conditions/effects** niekorzystne warunki/skutki: *adverse weather conditions* —**adversely** *adv* niekorzystnie

ad·ver·si·ty /əd'vɜːsəti/ *n* [C,U] przeciwności (losu): *showing courage in times of adversity*

ad·ver·tise /'ædvətaɪz/ *v* **1** [T] reklamować: *a poster advertising sportswear* **2** [I] ogłaszać się: **+ for** *RCA is advertising for* (=poszukuje) *an accountant.*

ad·ver·tise·ment /əd'vɜːtəsmənt/ *n* [C] reklama (*w gazecie itp.*) → porównaj COMMERCIAL

> UWAGA **advertisement**
>
> Patrz **announcement** i **advertisement**.

ad·ver·tis·ing /'ædvətaɪzɪŋ/ *n* [U] reklama (*działalność*)

ad·vice /əd'vaɪs/ *n* [U] rada: **+ on/about** *a book that's full of advice on baby-care* | **give (sb) advice** *Let me give you some advice. Don't write so fast.* | **ask sb's advice** *Beth decided to ask her doctor's advice.* | **take/follow sb's advice** *Did you take your father's advice* (=czy zastosowałeś się do rady ojca)*?* | **piece of advice** (=rada): *He offered me one piece of advice that I've never forgotten.*

ad·vi·sab·le /əd'vaɪzəbəl/ *adj* [not before noun] wskazany: *It is advisable to wear a safety belt at all times.* → antonim INADVISABLE

ad·vise /əd'vaɪz/ *v* **1** [I,T] po/radzić: **advise sb to do sth** *The doctor advised me to take more exercise.* | **advise (sb) against doing sth** *His lawyers had advised against* (=odradzali) *making a statement to the press.* | **advise (sb) on sth** *Franklin advises us on financial matters* (=doradza nam w sprawach finansowych). **2** [T] *formal* powiadamiać: *You will be advised when the work is completed.*

ad·vis·er /əd'vaɪzə/, **advisor** *AmE n* [C] doradca: **+ on** *the President's adviser on foreign affairs*

ad·vi·so·ry /əd'vaɪzəri/ *adj* doradczy: *an advisory committee*

ad·vo·cate[1] /'ædvəkeɪt/ *v* [T] popierać: *Buchanan advocates tougher trade policies.*

ad·vo·cate[2] /'ædvəkət/ *n* [C] **1** zwolenni-k/czka, rzeczni-k/czka: **+ of** *an advocate of prison reform* **2** *law* adwokat

aer·i·al[1] /'eəriəl/ *adj* powietrzny, lotniczy: *aerial photographs* | *aerial attacks*

aerial[2] *n* [C] *BrE* antena

ae·ro·bic /eə'rəʊbɪk/ *adj* **aerobic exercise** ćwiczenia aerobiczne

aer·o·bics /eə'rəʊbɪks/ *n* [U] aerobik: *Are you going to aerobics tonight?*

aer·o·dy·nam·ics /ˌeərəʊdaɪ'næmɪks/ *n* [U] aerodynamika —**aerodynamic** *adj* aerodynamiczny

aer·o·plane /'eərəpleɪn/ *BrE n* [C] samolot

aer·o·sol /'eərəsɒl/ *n* [C] aerozol: *an*

aerosol hairspray (=lakier do włosów w aerozolu)

aer·o·space /ˈeərəʊspeɪs/ *n* [U] **the aerospace industry** przemysł aerokosmiczny

aes·thet·ic /iːsˈθetɪk/ *especially BrE także* **esthetic** *AmE adj* estetyczny: *the aesthetic qualities of literature* —**aesthetically** *adv* estetycznie: *aesthetically pleasing*

aes·thet·ics /iːsˈθetɪks/ *especially BrE także* **esthetics** *AmE n* [U] estetyka (*nauka*)

a·far /əˈfɑː/ *adv literary* **from afar** z oddali

af·fa·ble /ˈæfəbəl/ *adj* sympatyczny: *an affable guy*

af·fair /əˈfeə/ *n* [C] **1** afera: *The Watergate affair brought down the Nixon administration.* **2** romans: **have an affair** *Ed's having an affair with his boss's wife.*

af·fairs /əˈfeəz/ *n* [plural] sprawy: *the company's financial affairs* | *affairs of state* (=sprawy państwowe)

af·fect /əˈfekt/ *v* [T] **1** mieć wpływ na: *a disease that affects the heart and lungs* **2** dotykać: *Help is being sent to areas affected by the floods.* **3** poruszać: *She was deeply affected by the news of Paul's death.* → porównaj EFFECT

af·fec·ta·tion /ˌæfekˈteɪʃən/ *n* [C,U] afektacja

af·fect·ed /əˈfektɨd/ *adj* afektowany: *Olivia spoke in a high, affected voice.*

af·fec·tion /əˈfekʃən/ *n* [C,U] uczucie: **+ for** *Barry felt a great affection for her.*

af·fec·tion·ate /əˈfekʃənɨt/ *adj* czuły: *an affectionate child* —**affectionately** *adv* czule

af·fil·i·ate /əˈfɪlieɪt/ *v* **be affiliated with/to** być stowarzyszonym z: *a TV station affiliated to CBS*

af·fin·i·ty /əˈfɪnɨti/ *n* **1** [singular] sympatia: **+ for/with/between** *She felt a natural affinity for these people.* **2** [C,U] podobieństwo

af·firm /əˈfɜːm/ *v* [T] *formal* potwierdzać: *The President affirmed his intention to reduce taxes.* —**affirmation** /ˌæfəˈmeɪʃən/ *n* [C,U] potwierdzenie

af·fir·ma·tive /əˈfɜːmətɪv/ *adj formal* twierdzący: *an affirmative answer* | *She answered in the affirmative* (=odpowiedziała twierdząco). —**affirmatively** *adv* twierdząco

af·fix /əˈfɪks/ *v* [T] *formal* dołączać, naklejać: *A recent photograph should be affixed to your form.*

af·flict /əˈflɪkt/ *v* [T] *formal* dotykać: *Towards the end of his life he was afflicted with blindness.* | *a country afflicted by famine*

af·flu·ent /ˈæfluənt/ *adj* zamożny: *an affluent suburb of Paris* —**affluence** *n* [U] dostatek

af·ford /əˈfɔːd/ *v* [T] **can afford** móc sobie pozwolić na: *I wish we could afford a new computer.* | *I can't afford to buy a new car.* | *We can't afford to offend our regular customers.*

af·ford·a·ble /əˈfɔːdəbəl/ *adj* niedrogi: *a list of good affordable hotels*

af·front /əˈfrʌnt/ *n* [singular] afront: **+ to** *The accusation was an affront to his pride.*

a·field /əˈfiːld/ *adv* **further afield** dalej: *As he grew more confident, he started to wander further afield.*

a·float /əˈfləʊt/ *adj* **1 be afloat** unosić się na wodzie **2 keep/stay afloat** zachowywać płynność finansową: *She had to borrow more money just to keep the company afloat.*

a·fraid /əˈfreɪd/ *adj* [not before noun] **1 I'm afraid** *spoken* obawiam się: *I won't be able to come with you, I'm afraid.* | **+ (that)** *I'm afraid this is a no smoking area.* | *"Are we late?" "I'm afraid so."* (=obawiam się, że tak) | *"Are there any tickets left?" "I'm afraid not."* (=obawiam się, że nie) **2 be afraid** bać się: *I could see by the look in his eyes that he was afraid.* | **+ of** *Small children are often afraid of the dark.* | **+ (that)** *I didn't say anything because I was afraid the other kids would laugh at me.* | **afraid of doing sth** *A lot of people are afraid of losing their jobs.* | **afraid for sb/sth** *I thought you were in danger* *and I was afraid for you* (=i bałam się o ciebie).

UWAGA afraid to do sth i afraid of doing sth

Kiedy nie jesteśmy skłonni do zrobienia czegoś, ponieważ boimy się konsekwencji, używamy zwrotu **be afraid to do sth**: *She was afraid to eat in case it was poisonous.* | *Don't be afraid to ask for help.* Kiedy boimy się, że coś się stanie, lub kiedy coś nas przeraża, używamy zwrotu **be afraid of doing sth**: *Most criminals are afraid of being caught.* | *He says that he is afraid of losing his job.* | *He is afraid of going to bed at night.*

a·fresh /ə'freʃ/ *adv* **start afresh** zaczynać od nowa: *We decided to move to Sydney and start afresh.*

af·ter[1] /'ɑːftə/ *prep* **1** po: *What are you doing after class?* | *after 10 minutes/3 hours* | *After a while, the woman returned.* | **after that** (=potem): *Then we went to the museum. After that, we had lunch.* | **an hour/2 weeks after sth** *We left an hour after daybreak.* **2** za: *Whose name is after mine on the list?* **3** *AmE* po: *It's 10 after five.* **4 one after the other** jeden po drugim: *We led the horses one after the other out of the barn.* **5 be after sb** ścigać kogoś: *The FBI is after him for fraud.* **6 be after sth** chcieć czegoś: *You're just after my money!* **7 after all a)** a jednak: *Rita didn't have my pictures after all. Jake did.* | *It didn't rain after all.* **b)** w końcu: *Don't shout at him – he's only a baby, after all.* → porównaj BEFORE, SINCE

UWAGA after

Nie używa się **after** jako samodzielnego przysłówka. **After** może pełnić funkcję przysłówka jedynie w wyrażeniach takich jak **soon after** i **not long after**: *I left college when I was 21, and got married soon after.* W znaczeniu 'potem' należy używać **then**, **after that** lub **afterwards**: *We had a game of tennis, and then/after that/afterwards we went for a cup of coffee.* W przeciwieństwie do **after**, **afterwards** i **after that** mogą wystepować na początku zdania: *Afterwards/After that we left.* Z **after** nie używa się "will". Nie mówi się "after I will leave school, I am going to university". Mówi się **after I leave school ...** Patrz też **past** i **after**.

after[2] *conjunction* po tym, jak: *Regan changed his name after he left Poland.* | **10 days/2 weeks after** *He discovered the jewel was fake a month after he bought it.*

after[3] *adv* później: *Gina came on Monday, and I got here the day after.*

af·ter-ef·fect /'.. ..,./ *n* [C usually plural] następstwo: **+ of** *the after-effects of his illness*

af·ter·life /'ɑːftəlaɪf/ *n* [singular] życie pozagrobowe

af·ter·math /'ɑːftəmæθ/ *n* [singular] **in the aftermath of** w następstwie: *the refugee crisis in the aftermath of the civil war*

af·ter·noon /ˌɑːftə'nuːn◂/ *n* [C,U] popołudnie: *We should get there at about three in the afternoon.* | *There are no afternoon classes today.* | **this afternoon** (=dziś po południu): *Can you go swimming this afternoon?*

af·ter·shave /'ɑːftəʃeɪv/ *n* [C,U] płyn po goleniu

af·ter·taste /'ɑːftəteɪst/ *n* [singular] posmak: *a drink with a sour aftertaste*

af·ter·wards /'ɑːftəwədz/ *także* **afterward** *AmE adv* później, potem: **2 days/5 weeks etc afterwards** *We met at school but didn't get married until two years afterwards.*

a·gain /ə'gen/ *adv* **1** jeszcze raz: *Could you say that again? I can't hear.* | *I'm sorry, Mr Kay is busy. Could you call again later?* | **once again** *Once again* (=po raz kolejny) *the Americans are the Olympic champions.* **2** znowu: *I can't wait for Jamie to be well again.* | *Susan's home again, after studying in France.* **3 again and again** wielokrotnie: *Say it again and again until you learn it.* **4 all over again** jeszcze raz od początku: *The tape broke, so we had to record the programme all over again.* **5 then/there again** *spoken* z drugiej strony: *Carol's always had nice clothes – but then again she earns a lot.*

UWAGA **again**

Again pojawia się zwykle na końcu zdania: *Can you say that again? | I'll never go there again. | Can you try again later?*

a·gainst /ə'genst/ *prep* **1** przeciw(ko): *Most people are against fox-hunting.* **2** z: *Sampras is playing against Becker in the final.* | *the battle against inflation* **3 against the law/the rules** niezgodny z prawem/regułami: *It is against the law to sell alcohol to children.* **4 against sb's wishes/advice** wbrew czyimś życzeniom/radom: *She got married to him against her parents' wishes.* **5** w zetknięciu z: *The cat's fur felt soft against her face.* **6** o: *Sheldon leaned lazily back against the wall.* **7 have sth against sb/sth** mieć coś przeciw(ko) komuś/czemuś: *I have nothing against people making money, but they ought to pay taxes on it.* **8** przed: *a cream to protect against sunburn*

age[1] /eɪdʒ/ *n* **1** [C,U] wiek: *games for children of all ages* | *Patrick is about my age* (=mniej więcej w moim wieku). | **at the age of 12, 50 etc** *Jamie won his first tournament at the age of 15* (=w wieku 15 lat). | **for his/her age** *Judy's very tall for her age* (=na swój wiek). **2 under age** niepełnoletni: *I can't buy you a drink, you're under age.* **3** [U] **with age** ze starości: *a letter that was brown with age* **4** [C] wiek: *the computer age* | *the history of painting through the ages* **5 come of age** osiągać pełnoletniość **6 age group** grupa wiekowa: *a book for children in the 8-12 age group* → patrz też OLD AGE

UWAGA **age**

Nie należy używać **in** przed **age**. Nie mówi się "children in my age". Mówi się **children of my age**. Nie mówi się "he died in the age of 25". Mówi się **he died at the age of 25**. Patrz też **years**.

age[2] *v* [I,T] po/starzeć się: *He has aged a lot since his wife died.* —**ageing** *BrE* **aging** *AmE adj* podstarzały: *an aging rock star*

aged[1] /eɪdʒd/ *adj* **aged 5/50** w wieku 5/50 lat: *a class for children aged 12 and over*

a·ged[2] /'eɪdʒ$\frac{1}{3}$d/ *adj* stary, w podeszłym wieku: *his aged parents*

a·gen·cy /'eɪdʒənsi/ *n* [C] **1** agencja: *I got this job through an employment agency.* **2** urząd: *the UN agency responsible for helping refugees*

a·gen·da /ə'dʒendə/ *n* [C] **1** porządek dzienny: **on the agenda** *The next item on the agenda is finances.* **2 be on the agenda** być w planach: **sth is high on the agenda** *Health care reform is high on the President's agenda* (=prezydent przywiązuje wielką wagę do reformy służby zdrowia).

a·gent /'eɪdʒənt/ *n* [C] agent/ka: *Our agent in Rome handles all our Italian contracts.* | *a secret agent*

ages /'eɪdʒ$\frac{1}{3}$z/ *n* [plural] *informal* całe wieki: **for ages** *I haven't seen Lorna for ages.*

ag·gra·vate /'ægrəveɪt/ *v* [T] **1** pogarszać: *The doctors say her condition is aggravated by stress.* **2** denerwować: *Jerry really aggravates me sometimes.* —**aggravating** *adj* denerwujący —**aggravation** /ˌægrə'veɪʃən/ *n* [C,U] pogorszenie

ag·gres·sion /ə'greʃən/ *n* [U] agresja: *The bombing was an unprovoked act of aggression.*

ag·gres·sive /ə'gresɪv/ *adj* agresywny: *After a few drinks he became very aggressive.* | *aggressive sales techniques* —**aggressively** *adv* agresywnie —**aggressiveness** *n* [U] agresywność

ag·gres·sor /ə'gresə/ *n* [C] agresor/ka

a·ghast /ə'gɑːst/ *adj* [not before noun] osłupiały, zszokowany: *She stared at him aghast.*

A

a·gile /ˈædʒaɪl/ *adj* **1** zwinny: *as agile as a monkey* **2** sprawny: *old people who are still mentally agile* —**agility** /əˈdʒɪləti/ *n* [U] zwinność, sprawność

a·gi·tate /ˈædʒəteɪt/ *v* [I] agitować: *workers agitating for higher pay* —**agitator** *n* [C] agitator/ka

a·gi·ta·ted /ˈædʒəteɪtəd/ *adj* poruszony, zdenerwowany: *You really shouldn't get so agitated.* —**agitation** /ˌædʒəˈteɪʃən/ *n* [U] poruszenie, zdenerwowanie

ag·nos·tic /ægˈnɒstɪk/ *n* [C] agnostyk/czka

a·go /əˈgəʊ/ *adj* **10 years/a long time ago** 10 lat/dawno temu: *Jeff left for work an hour ago.* | *We went there a long time ago.* | *She left a moment ago.*

> UWAGA **ago**
>
> Patrz **before** i **ago**.

ag·o·nize /ˈægənaɪz/ *także* **-ise** *BrE v* [I] zamartwiać się: **+ about/over** *Jane had been agonizing all day about what to wear.*

ag·o·niz·ing /ˈægənaɪzɪŋ/ *także* **-sing** *BrE adj* **1** bolesny: *an agonizing decision* **2** rozdzierający: *agonizing pain*

ag·o·ny /ˈægəni/ *n* [C,U] męczarnia: **in agony** *The poor man was in agony.*

a·gree /əˈgriː/ *v* **1** [I,T] zgadzać się: **+ with** *I agree with Karen. It's much too expensive.* | **+ to** *The boss would never agree to such a plan.* | **+ that** *Everyone agreed that the new rules were stupid.* | **+ about/on** *My first husband and I never agreed about anything.* | **agree to do sth** *She agreed to stay at home with Charles.* ➞ antonim DISAGREE **2** [I,T] uzgadniać: **+ on** *We're still trying to agree on a date for the wedding.* | **+ that** *It was agreed that Mr Rollins should sign the contract on May 1st.* **3** [I] zgadzać się: **+ with** *Your story doesn't agree with what the police have said.*

agree with sb/sth *phr v* [T] **1 agree with sth** być zwolennikiem czegoś: *I don't agree with hitting children.* **2 not agree with sb** szkodzić komuś: *Some dairy products don't agree with me.*

a·gree·a·ble /əˈgriːəbəl/ *adj* przyjemny, miły: *very agreeable weather* —**agreeably** *adv* przyjemnie, miło: *I was agreeably surprised.*

a·greed /əˈgriːd/ *adj* **1** uzgodniony **2 be agreed** zgadzać się: *Are we all agreed on the date for our next meeting?*

a·gree·ment /əˈgriːmənt/ *n* **1** [C] porozumienie: *a trade agreement* | **come to/reach an agreement** *Lawyers on both sides finally reached an agreement today.* **2** [U] zgoda: **in agreement** *Not all scientists are in agreement with this theory.* ➞ antonim DISAGREEMENT

ag·ri·cul·ture /ˈægrɪˌkʌltʃə/ *n* [U] rolnictwo —**agricultural** /ˌægrɪˈkʌltʃərəl◂/ *adj* rolniczy

a·ground /əˈgraʊnd/ *adv* **run aground** osiadać na mieliźnie

ah /ɑː/ *interjection* ach: *Ah, what a lovely baby!*

a·ha /ɑːˈhɑː/ *interjection* aha: *Aha! So that's where you've been hiding!*

a·head /əˈhed/ *adv* **1** naprzód, do przodu: *Joe ran ahead to see what was happening.* | **ahead of** (=przed): *Do you see that red car ahead of us?* | *There were four people ahead of me at the doctor's.* **2** z wyprzedzeniem: **plan ahead** *In this type of business it's important to plan ahead.* **3 go ahead** *spoken* proszę bardzo: *Go ahead – help yourself to a drink.* **4 be ahead of** wyprzedzać: *Jane is well ahead of the rest of her class.* **5 ahead of schedule/time** przed terminem/czasem: *The building was completed ahead of schedule.*

aid[1] /eɪd/ *n* **1** [U] pomoc: *The UN is sending aid to the earthquake victims.* | *overseas aid* **2 with the aid of** za pomocą: *bacteria viewed with the aid of a microscope* **3 in aid of** na rzecz: *a concert in aid of the church repair fund* **4** [C] pomoc: *notebooks and study aids* **5 come/go to the aid of sb** przychodzić/iść komuś z pomocą: *She went to the aid of an injured man.*

aid[2] *v* [T] wspomagać

aide /eɪd/ *także* **aid** AmE *n* [C] doradca: *a White House aide to President Nixon*

AIDS /eɪdz/ *n* [U] AIDS

ai·ling /'eɪlɪŋ/ *adj* **1** niedomagający: *his ailing mother* **2** kulejący: *the country's ailing economy*

ail·ment /'eɪlmənt/ *n* [C] dolegliwość: *people suffering from minor ailments*

aim[1] /eɪm/ *v* **1** [I] dążyć: **+ for/at** *We're aiming for* (=do zdobycia) *a gold medal in the Olympics.* | **aim to do sth** (=zamierzać coś z/robić): *If you're aiming to become a doctor, you'll have to study hard.* **2 aimed at sb** adresowany do kogoś: *a TV commercial aimed at teenagers* | *Was that criticism aimed at me?* **3** [I,T] wy/celować: **+ at** *The gun was aimed at his head.* | *a program aimed at* (=mający na celu) *creating more jobs*

aim[2] *n* **1** [C] cel: *The main aim of the course is to improve your spoken English.* | *I flew to California with the aim of* (=z zamiarem)*finding a job.* **2 take aim** wy/celować: **+ at** *He took aim at the pigeon and fired.* **3** [U] celność: *Mark's aim wasn't very good.*

aim·less /'eɪmləs/ *adj* bezcelowy —**aimlessly** *adv* bez celu: *The boys had been wandering around aimlessly.*

ain't /eɪnt/ *spoken* forma ściągnięta od "am not", "is not", "are not", "has not" i "have not", uważana powszechnie za niepoprawną: *Ain't that the truth!*

air[1] /eə/ *n* **1** [U] powietrze: *David threw the ball up into the air.* | **fresh air** *Let's go outside and get some fresh air.* **2 by air** samolotem: *Most people travel to the islands by air.* **3 air travel/disaster** podróż/katastrofa lotnicza: *the world's worst air disaster* **4** [singular] atmosfera: **+ of** *There was an air of mystery about her.* **5 be on/off the air** być/nie być na antenie → patrz też **thin air** (THIN[1]), AIRS

air[2] *v* **1** [I,T] *także* **air out** AmE wietrzyć (się): *Hang your sweater up to air.* **2** [T] *także* **air** sth ↔ **out** prze/wietrzyć **3** [T] wyrażać: *Everyone will get a chance to air their views.* **4** [T] nadawać, wy/emitować: *Star Trek was first aired in 1966.*

air·bag /'eəbæg/ *n* [C] poduszka powietrzna

air·borne /'eəbɔːn/ *adj* unoszący się w powietrzu: *airborne particles*

air con·di·tion·er /'. .,.../ *n* [C] urządzenie klimatyzacyjne

air con·di·tion·ing /'. .,.../ *n* [U] klimatyzacja —**air conditioned** *adj* klimatyzowany

air·craft /'eəkrɑːft/ *n* [C] *plural* **aircraft** samolot

aircraft car·ri·er /'.. ,.../ *n* [C] lotniskowiec

air·fare /'eəfeə/ *n* [C] cena biletu lotniczego

air·field /'eəfiːld/ *n* [C] lądowisko

air force /'. ./ *n* [C] siły powietrzne

air host·ess /'. ,../ *n* [C] BrE stewardessa

air·i·ly /'eərəli/ *adv* beztrosko: *"Oh, just do whatever you want," she said airily.*

air·lift /'eə,lɪft/ *n* [C] most powietrzny

air·line /'eəlaɪn/ *n* [C] linia lotnicza

air·lin·er /'eə,laɪnə/ *n* [C] samolot pasażerski

air·mail /'eəmeɪl/ *n* [U] poczta lotnicza: *Did you send Grandma's present by airmail?*

air·plane /'eəpleɪn/ *n* [C] AmE samolot

air·port /'eəpɔːt/ *n* [C] lotnisko, port lotniczy

air raid /'. ./ *n* [C] nalot

airs /eəz/ *n* [plural] **put on airs** zadzierać nosa: *Monica has been putting on airs ever since she moved to Beverly Hills.*

air·space /'eəspeɪs/ *n* [U] obszar powietrzny

air strike /'. ./ *n* [C] nalot, atak powietrzny

air·strip /'eə,strɪp/ *n* [C] lądowisko

air·tight /'eətaɪt/ *adj* szczelny, hermetyczny: *airtight containers*

air time /'. ./ *n* [U] czas antenowy

air·y /'eəri/ *adj* przestronny

airy-fai·ry /,.. '..◂/ *adj* BrE *informal* wydumany

A

aisle /aɪl/ *n* [C] **1** nawa główna **2** przejście (*w samolocie, teatrze itp.*)

a·jar /əˈdʒɑː/ *adj* uchylony, niedomknięty

a.k.a. /ˌeɪ keɪ ˈeɪ/ *adv* alias: *John Phillips, a.k.a. The Mississippi Mauler*

a·larm[1] /əˈlɑːm/ *n* **1** [U] niepokój: *Calm down! There's no cause for alarm.* **2** [C] alarm: *a fire alarm* | *a car alarm* | *false alarm* **3** [C] *informal*: budzik **4** **raise/sound the alarm** podnosić alarm: *They first sounded the alarm about the problem of nuclear waste in 1955.*

alarm[2] *v* [T] za/niepokoić —**alarmed** *adj* zaniepokojony: *There's no need to look so alarmed.*

alarm clock /.'. ./ *n* [C] budzik

a·larm·ing /əˈlɑːmɪŋ/ *adj* niepokojący: *an alarming increase in violent crime*

a·larm·ist /əˈlɑːmˌst/ *adj* alarmistyczny: *alarmist reports about communist spies* —**alarmist** *n* [C] panika-rz/ra

a·las /əˈlæs/ *interjection literary* niestety

al·be·it /ɔːlˈbiːˌt/ *conjunction formal* aczkolwiek

al·bi·no /ælˈbiːnəʊ/ *n* [C] albinos

al·bum /ˈælbəm/ *n* [C] album: *Do you have the Clash's first album?*

al·co·hol /ˈælkəhɒl/ *n* [U] alkohol: *We do not serve alcohol to people under 21.*

> UWAGA **alcohol**
>
> Nie mówi się "I don't drink alcohol". Mówi się po prostu **I don't drink.**

al·co·hol·ic[1] /ˌælkəˈhɒlɪk◂/ *adj* **1** alkoholowy: *an alcoholic drink* → antonim NONALCOHOLIC **2** uzależniony od alkoholu: *She divorced her alcoholic husband.*

alcoholic[2] *n* [C] alkoholi-k/czka: *His father was an alcoholic.*

al·co·hol·is·m /ˈælkəhɒlɪzəm/ *n* [U] alkoholizm

al·cove /ˈælkəʊv/ *n* [C] wnęka

ale /eɪl/ *n* [U] rodzaj piwa

a·lert[1] /əˈlɜːt/ *adj* **1** czujny: **+ to** *Cyclists must always be alert to the dangers of overtaking parked cars.* **2** przytomny: *I knew that I had to remain wide awake and alert.*

alert[2] *v* [T] za/alarmować: *As soon as we suspected it was a bomb, we alerted the police.*

alert[3] *n* **1** **be on the alert** być w pogotowiu: *Police are on the alert for trouble.* **2** [C] stan pogotowia: *a flood alert*

A lev·el /ˈeɪ ˌlevəl/ *n* [C] odpowiednik egzaminu maturalnego w Anglii i Walii: *She took A levels in physics, chemistry and mathematics.*

al·gae /ˈældʒiː/ *n* [U] glon(y)

al·ge·bra /ˈældʒˌbrə/ *n* [U] algebra —**algebraic** /ˌældʒˌˈbreɪ-ɪk◂/ *adj* algebraiczny: *algebraic formulae*

a·li·as[1] /ˈeɪliəs/ *prep* alias: *the spy Margaret Zelle, alias Mata Hari*

alias[2] *n* [C] pseudonim

al·i·bi /ˈælˌbaɪ/ *n* [C] alibi

a·li·en[1] /ˈeɪliən/ *adj* **1** obcy: **+ to** *Her way of life is totally alien to me.* **2** pozaziemski: *alien life-forms*

alien[2] *n* [C] **1** *formal* cudzoziem-iec/ka **2** istota pozaziemska, kosmita: *a film about aliens from Mars*

a·li·en·ate /ˈeɪliəneɪt/ *v* [T] **1** zrażać (sobie) **2** wyobcowywać: *We don't want to alienate kids who already have problems at school.* —**alienation** /ˌeɪliəˈneɪʃən/ *n* [U] wyobcowanie, alienacja: *a feeling of alienation from society*

a·light /əˈlaɪt/ *adj* [not before noun] **set alight** podpalać: *Several cars were set alight by rioters.*

a·lign /əˈlaɪn/ *v* [I,T] **1** **align yourself with sb** sprzymierzać się z kimś: *Five Democrats have aligned themselves with the Republicans on this issue.* | **be aligned with sb** *a country politically aligned with the West* **2** ustawiać równo: *to align the wheels of a car* —**alignment** *n* [C,U] ustawienie: *the correct alignment of spine and pelvis*

a·like[1] /əˈlaɪk/ *adj* [not before noun] podobny: *The two brothers are very much alike.*

alike[2] *adv* **1** podobnie, jednakowo: *When we were younger we dressed alike.* **2** zarówno ... jak i: *The new rule was criticized by teachers and students alike.*

al·i·mo·ny /ˈælɪməni/ *n* [singular] alimenty

a·live /əˈlaɪv/ *adj* [not before noun] **1** żywy: *They didn't expect to find anyone alive after the explosion.* **2 be alive** żyć: *Are your grandparents still alive?* | **keep sth alive** *ancient traditions that are kept alive* (=są podtrzymywane) *in country villages* **3 come alive** ożywać: *The streets come alive after ten o'clock.* **4 be alive and well** dobrze się miewać: *The British novel is still alive and well in the 1990s.*

all[1] /ɔːl/ *determiner, pron* **1** cały: *I've been waiting all day for him to call.* | **+ of** *All of this land belongs to me.* | **all the time** *Bill talks about work all the time.* **2** wszystkie, wszyscy, wszystko: *Have we spent all the money?* | *We all wanted to go home.* | *That's all I can remember.* | **+ of** *Listen, all of you, I have an important announcement.* **3 (not) at all** wcale (nie), w ogóle: *The place hasn't changed at all.* **4 for all ...** pomimo: *For all his faults, he was a good father.* **5 all told** w sumie: *There were seventeen of us, all told.* ➡ patrz też **after all** (AFTER), **all the same** (SAME), **in all** (IN)

> UWAGA **all**
>
> Patrz **any** i **each/every** i **all**.

all[2] *adv* **1** zupełnie: *Ruth was sitting all alone.* **2 all over** wszędzie: *We've been looking all over for you.* **3 be all over** być skończonym, skończyć się: *I'm just glad it's all over.* **4 5 all** pięć – pięć: *The score was 2 all at half-time.* **5 all but** prawie: *It was all but impossible to find anywhere to park.* **6 all along** cały czas: *I knew all along that I couldn't trust him.* **7 all in all** w sumie: *All in all, I think the festival was a big success.* **8 all the better/easier** dużo lepszy/łatwiejszy: *The job was made all the easier by having the right tools.* ➡ patrz też ALL RIGHT

all-a·round /ˌ. .ˈ.◂/ *adj* [only before noun] *AmE* wszechstronny: *the best all-around player*

all clear /ˌ. ˈ./ *n* **the all clear** pozwolenie, zgoda: *We have to wait for the all-clear from the safety committee before we can start.*

al·le·ga·tion /ˌælɪˈgeɪʃən/ *n* [C] zarzut (*nie poparty dowodami*): *allegations that the police had tortured prisoners*

al·lege /əˈledʒ/ *v* [T] utrzymywać: *The police allege that the man was murdered.*

al·leged /əˈledʒd/ *adj* rzekomy: *the group's alleged connections with organized crime* —**allegedly** /-dʒɪdli/ *adv* rzekomo

al·le·giance /əˈliːdʒəns/ *n* [C] wierność (*idei, przywódcy itp.*): *allegiance to the flag*

al·le·go·ry /ˈælɪgəri/ *n* [C,U] alegoria —**allegorical** /ˌælɪˈgɒrɪkəl◂/ *adj* alegoryczny

al·ler·gic /əˈlɜːdʒɪk/ *adj* **1** uczulony: **+ to** *Are you allergic to anything?* **2** alergiczny, uczuleniowy: *an allergic reaction to the bee sting*

al·ler·gy /ˈælədʒi/ *n* [C] alergia, uczulenie: **+ to** *an allergy to peanuts*

al·ley /ˈæli/, **al·ley·way** /ˈæliweɪ/ *n* [C] uliczka

al·li·ance /əˈlaɪəns/ *n* [C] przymierze, sojusz: **+ between** *the alliance between students and factory workers in 1968* | **+ with** *Britain's alliance with its NATO partners*

al·lied /ˈælaɪd/ *adj* **1 Allied** aliancki: *attacks by Allied armies* **2 be allied to/with sth** być spokrewnionym z: *a science that is closely allied to sociology*

al·li·ga·tor /ˈælɪgeɪtə/ *n* [C] aligator

al·lo·cate /ˈæləkeɪt/ *v* [T] przeznaczać, przydzielać: **allocate sth for sth** *The hospital has allocated $500,000 for AIDS research.*

al·lo·ca·tion /ˌæləˈkeɪʃən/ *n* **1** [C] przydział **2** [U] przydzielenie: *the allocation of state funds to the university*

al·lot /əˈlɒt/ *v* **-tted, -tting** [T]

przydzielać: *Each person was allotted two tickets.*

al·lot·ment /ə'lɒtmənt/ *n* **1** [C,U] przydział: *the allotment of funds* **2** [C] działka, ogródek działkowy

all out /ˌ. '.◂/ *adv* **go all out** starać się z całych sił: *We'll be going all out to win.*

al·low /ə'laʊ/ *v* [T] **1** pozwalać: **be allowed** *Smoking is not allowed in the library.* | **you are (not) allowed to** (=(nie) wolno ci): *You're not allowed to be here.* | **allow sb sth** *We're allowed four weeks holiday a year.* | **allow sb to do sth** *My parents would never allow me to stay out late.* | **allow sb in/out/up etc** *They are not allowed out* (=nie wolno im wychodzić) *on Sundays* **2 allow sb/sth to do sth** *We mustn't allow* (=nie możemy pozwolić, żeby) *the situation to get any worse.* **3** do/liczyć: *Allow 14 days for delivery.* | **allow yourself sth** *Allow yourself* (=daj sobie) *two hours to get to the airport.*

allow for sth *phr v* [T] uwzględniać: *Even allowing for delays, we should finish early.*

al·low·ance /ə'laʊəns/ *n* **1** [C] kieszonkowe: *His father gives him a small monthly allowance.* **2 make allowances for** brać poprawkę na

al·loy /'ælɔɪ/ *n* [C] stop: *Brass is an alloy of copper and zinc.*

all right[1] /ˌ. './ *adj, adv* [not before noun] *spoken* **1** w porządku: *"How's the food?" "It's all right, but I've had better."* **2 sb is all right** nic komuś nie jest: *Kate was looking very pale – I hope she's all right.* **3 that's all right a)** nie ma za co: *"Thanks for your help!" "That's all right."* **b)** nic nie szkodzi: *"Sorry I'm late!" "That's all right!"* **4** odpowiedni: *We need to fix a time for our meeting. Would Thursday afternoon be all right?* **5 is it all right if ...** czy mógłbym ...: *Is it all right if I close the window?* **6 be doing/going all right** iść świetnie: *"How's your new restaurant?" "Oh, it's doing all right, thanks."*

all right[2] *interjection* dobrze: *"Let's go now." "All right."*

all-round /'. ./ *adj* [only before noun] *BrE* wszechstronny: *an all-round athlete*

al·lude /ə'luːd/ *v*

allude to sb/sth *phr v* [T] *formal* z/robić aluzję do

al·lure /ə'ljʊə/ *n* [U] czar, powab: *the allure of travel* —**allure** *v* [T] nęcić, wabić

al·lur·ing /ə'ljʊərɪŋ/ *adj* czarujący: *an alluring smile*

al·lu·sion /ə'luːʒən/ *n* [C,U] *formal* aluzja: *His poetry is full of historical allusions.*

al·ly[1] /'ælaɪ/ *n* [C] **1** sojusznik: *the US and its European allies* **2** sprzymierzeniec

ally[2] *v* [I,T] **ally yourself to/with** sprzymierzać się z

al·might·y /ɔːl'maɪti/ *adj* **1** wszechmogący: *Almighty God* | *the Almighty* (=Bóg) **2** potężny: *The box hit the ground with an almighty crash.*

al·mond /'ɑːmənd/ *n* [C] migdał

al·most /'ɔːlməʊst/ *adv* prawie: *Are we almost there?* | *Almost all children like to read.* | *I'm sorry, I almost forgot* (=o mało nie zapomniałem) *to call you.*

UWAGA almost couldn't i could hardly

Wyraz **almost** używany jest z czasownikiem w negacji wtedy, kiedy coś ma miejsce, ale istniało niebezpieczeństwo, że mogło nie mieć miejsca; po polsku użylibyśmy wtedy wyrażenia 'o mało co': *I was feeling so tired that I almost didn't come.* ('o mało co nie zrezygnowałam z przyjścia') | *The traffic was so heavy that we almost didn't get there on time.* ('o mało co się nie spóźniliśmy'). Kiedy po polsku mówimy 'prawie nie' lub 'ledwie', w języku angielskim używamy **hardly**: *We hardly know each other.* ('prawie się nie znamy', 'ledwie się znamy') | *She was so tired that she could hardly keep her eyes open.* ('prawie cały czas oczy jej się zamykały') | *I can hardly hear myself think.* ('prawie nie słyszę własnych myśli')

UWAGA almost never, nearly never i hardly ever

Kiedy chcemy po angielsku powiedzieć 'prawie nigdy', 'prawie nikt' itp., nie używamy **almost** (nie mówimy "almost never", "almost nobody" itp.) i **nearly** (nie mówimy "nearly never", "nearly nobody" itp.), lecz **hardly** (mówimy **hardly ever**, **hardly anybody** itp): *It was so early that there was hardly any traffic.* | *I hardly ever go to the cinema nowadays.* | *Hardly anybody objected to the idea.*

alms /ɑːmz/ *n* [plural] *old-fashioned* jałmużna

a·lone /ə'ləʊn/ *adj, adv* **1** sam: *Do you like living alone?* | **all alone** *I was all alone* (=zupełnie sam) *in a strange city.* **2 she/you alone** tylko ona/ty: *He alone can do the job.* **3 leave/let sb alone** dać komuś spokój **4 leave/let sth alone** zostawić coś w spokoju: *Leave that clock alone or you'll break it.*

UWAGA alone i lonely

Wyraz **alone** znaczy 'sam, bez towarzystwa innych': *I've thought about getting married, but I prefer living alone.* Wyraz **lonely** znaczy 'samotny, cierpiący z powodu braku towarzystwa': *I didn't know anybody in Boston and I felt very lonely.* Kiedy chcemy po angielsku powiedzieć, że ktoś robi coś 'sam' ('samodzielnie, bez pomocy innych'), używamy wyrażenia **on one's own**: *Children learn a lot by doing things on their own.* | *He built the car all on his own.*

a·long[1] /ə'lɒŋ/ *prep* **1** wzdłuż: *We took a walk along the river.* | *They've put up a fence along the road.* **2** przy: *The house is somewhere along this road.*

along[2] *adv* **1 come/be along** przychodzić/przyjeżdżać: *The next bus should be along in a minute.* **2 go/come along** iść/przyjść też: *We're going out – you're welcome to come along* (=możesz iść z nami)*!* **3 take/bring sb along** zabrać/przyprowadzić kogoś (ze sobą): *Do you mind if I bring a friend along?* **4 along with** wraz z: *Dunne was murdered along with three RUC men near Armagh.* **5 get along** radzić sobie: *How are you getting along in your new job?* → patrz też **all along** (ALL)

a·long·side /əˌlɒŋ'saɪd/ *adv, prep* obok: *We saw their car and pulled up alongside.*

a·loof /ə'luːf/ *adj* wyniosły: *She seemed cold and aloof.*

a·loud /ə'laʊd/ *adv* **1** na głos: *Will you please read the poem aloud?* **2 think aloud** głośno myśleć

al·pha·bet /'ælfəbet/ *n* [C] alfabet: *the Greek alphabet*

al·pha·bet·i·cal /ˌælfə'betɪkəl◂/ *adj* alfabetyczny: *The names are listed in alphabetical order.* —**alphabetically** *adv* alfabetycznie

al·pine /'ælpaɪn/ *adj* alpejski: *alpine flowers*

al·read·y /ɔːl'redi/ *adv* już: *By the time he arrived, the room was already crowded.* | *"Would you like some lunch?" "No, thank you, I've already eaten."* | *I've forgotten the number already.* | *Is he leaving already?*

UWAGA already

Already pojawia się zwykle po czasowniku głównym lub między czasownikiem posiłkowym lub modalnym (np. **be**, **have**, **can**) a czasownikiem głównym: *She already knows about it.* | *Some cars can already run on this new petrol.* **Already** można też użyć na końcu zdania dla podkreślenia, że coś stało się wcześniej, niż się spodziewaliśmy: *Is the taxi here already?*

al·right /ˌɔːl'raɪt/ *adv* alternatywna pisownia ALL RIGHT, uznawana przez niektórych za niepoprawną

al·so /'ɔːlsəʊ/ *adv* także, również: We

specialize in shoes, but we also sell handbags.

al·tar /ˈɔːltə/ *n* [C] ołtarz

al·ter /ˈɔːltə/ *v* [I,T] zmieniać (się): *When she went back to her hometown, she found it had hardly altered.* | *They had to alter their plans.*

al·ter·a·tion /ˌɔːltəˈreɪʃən/ *n* [C,U] przeróbka: *Alterations to clothes can be expensive.*

al·ter·nate¹ /ɔːlˈtɜːnət/ *adj* **1** na przemian: *alternate rain and sunshine* **2 alternate days/weeks** co drugi dzień/tydzień: *My ex-husband has the children alternate weekends.* **3** *AmE* alternatywny —**alternately** *adv* na przemian

al·ter·nate² /ˈɔːltəneɪt/ *v* **1** [I] występować na przemian: **+ between** *Her moods alternated between* (=oscylowały pomiędzy) *joy and sadness.* **2** [T] przeplatać: **alternate sth with sth** *In some plays Shakespeare alternated prose with verse.*

alternating cur·rent /ˌ.... ˈ../ *n* [U] prąd zmienny

al·ter·na·tive¹ /ɔːlˈtɜːnətɪv/ *adj* **1** inny: *The main road is blocked, so drivers should choose an alternative route.* **2** alternatywny: *an alternative lifestyle* | *alternative medicine*

alternative² *n* [C] alternatywa: *Before you spend a lot of money on gas central heating, consider the alternatives.* | **+ to** *Many farmers are now growing maize as an alternative to wheat.* | **have no alternative but to do sth** *I have no alternative but* (=nie mam innego wyjścia niż) *to report you to the police.*

al·ter·na·tive·ly /ɔːlˈtɜːnətɪvli/ *adv* ewentualnie: *I could come to your house, or alternatively we could meet in town.*

al·though /ɔːlˈðəʊ/ *conjunction* chociaż: *Although it was raining we decided to go for a walk.*

al·ti·tude /ˈæltətjuːd/ *n* [C,U] wysokość (*n.p.m.*) **high/low altitude** *Breathing becomes more difficult at high altitudes.*

al·to /ˈæltəʊ/ *n* [C,U] alt

al·to·geth·er /ˌɔːltəˈgeðə◂/ *adv* **1** całkiem: *Bradley seems to have disappeared altogether.* | *I'm not altogether sure what this word means.* | *an altogether different type of problem* **2** w sumie: *There were five of us altogether.* | *It did rain a lot, but altogether I'd say it was a good trip.*

al·tru·is·tic /ˌæltruˈɪstɪk◂/ *adj* altruistyczny —**altruism** /ˈæltruɪzəm/ *n* [U] altruizm

al·u·min·i·um /ˌæljʊˈmɪniəm◂/ *BrE* **a·lu·mi·num** /əˈluːmənəm/ *AmE n* [U] aluminium

al·ways /ˈɔːlwəz/ *adv* **1** zawsze: *Always lock your car.* | *We're always ready to help you.* | *He said he'd always love her.* | *I've always wanted to go to China.* **2** stale, ciągle: *The stupid car is always breaking down!* **3 you could always ...** *spoken* zawsze możesz ...: *You could always try calling her.*

a.m. /ˌeɪ ˈem/ przed południem: *I start work at 9:00 a.m.* (=o 9 rano).

am /m, əm/ pierwsza osoba liczby pojedynczej czasu teraźniejszego czasownika BE

a·mal·ga·mate /əˈmælgəmeɪt/ *v* [I,T] po/łączyć (się): *The two companies are amalgamating to form a huge multi-national corporation.*

a·mass /əˈmæs/ *v* [T] z/gromadzić: *merchants who had been amassing wealth and property*

am·a·teur¹ /ˈæmətə/ *adj* amatorski: *an amateur boxer* | *amateur football*

amateur² *n* [C] amator

am·a·teur·ish /ˈæmətərɪʃ/ *adj* amatorski: *his amateurish attempts at painting*

a·maze /əˈmeɪz/ *v* [T] zdumiewać: *Kay amazed her friends by saying she was getting married.*

a·mazed /əˈmeɪzd/ *adj* [not before noun] zdumiony: **+ at** *We were amazed at how quickly the kids learned the song.* | **+ (that)** *I'm amazed that you remember him.*

a·maze·ment /əˈmeɪzmənt/ *n* [U] zdumienie: **in amazement** *I stared at him in amazement.*

A

a·maz·ing /əˈmeɪzɪŋ/ *adj* zdumiewający: *What an amazing story!* —**amazingly** *adv* zdumiewająco: *an amazingly generous offer*

am·bas·sa·dor /æmˈbæsədə/ *n* [C] ambasador: *the Mexican ambassador to Canada*

am·ber /ˈæmbə/ *n* [U] **1** bursztyn: *an amber necklace* **2** żółty (*w sygnalizacji świetlnej*): *The traffic lights turned to amber.* —**amber** *adj* bursztynowy, żółty

am·bi·dex·trous /ˌæmbɪˈdekstrəs◂/ *adj* oburęczny

am·bi·ence /ˈæmbiəns/ *także* **ambiance** *AmE n* [U] *literary* atmosfera: *the restaurant's friendly ambience*

am·bi·gu·i·ty /ˌæmbəˈgjuːəti/ *n* [C,U] niejasność: *There were several ambiguities in the letter.*

am·big·u·ous /æmˈbɪgjuəs/ *adj* niejednoznaczny: *an ambiguous reply*

am·bi·tion /æmˈbɪʃən/ *n* [C,U] ambicja: *Her ambition is to climb Mount Everest.* | *Ambition drove Macbeth to kill the king and seize power.*

am·bi·tious /æmˈbɪʃəs/ *adj* ambitny: *He is young and very ambitious.* | *the most ambitious engineering project of modern times*

am·biv·a·lent /æmˈbɪvələnt/ *adj* ambiwalentny: *an ambivalent attitude towards private enterprise* | *I think Carla is ambivalent about getting married* (=sama nie wie, czy chce wyjść za mąż). —**ambivalence** *n* [U] ambiwalentność

am·ble /ˈæmbəl/ *v* [I] iść spacerkiem: *He ambled down the street, smoking a cigarette.*

am·bu·lance /ˈæmbjələns/ *n* [C] karetka

am·bush[1] /ˈæmbʊʃ/ *n* [C] zasadzka: *Two soldiers were killed in an ambush near the border.*

ambush[2] *v* [T] za/atakować z ukrycia

a·men /ɑːˈmen/ *interjection* amen

a·me·na·ble /əˈmiːnəbəl/ *adj* podatny: **+ to** *I'm sure they'll be amenable to your suggestions.*

a·mend /əˈmend/ *v* [T] wnosić poprawki do: *The law has been amended several times.*

a·mend·ment /əˈmendmənt/ *n* [C,U] poprawka (*np. do ustawy, konstytucji*): *the Fifth Amendment* | **+ to** *an amendment to the new Finance Bill*

a·mends /əˈmendz/ *n* **make amends** naprawić sytuację: *I tried to make amends by inviting him to lunch.*

a·me·ni·ty /əˈmiːnəti/ *n* [C usually plural] atrakcja: *The hotel's amenities include a pool and two bars.*

A·mer·i·can[1] /əˈmerəkən/ *adj* amerykański: *American cars* | *American foreign policy*

American[2] *n* [C] Amerykan-in/ka

American In·di·an /ˌ.... ˈ.../ *n* [C] Indian-in/ka

A·mer·i·can·is·m /əˈmerəkənɪzəm/ *n* [C] amerykanizm

am·e·thyst /ˈæməθəst/ *n* [C,U] ametyst

a·mi·a·ble /ˈeɪmiəbəl/ *adj* miły: *an amiable child*

am·i·ca·ble /ˈæmɪkəbəl/ *adj* przyjazny, polubowny: *an amicable divorce* —**amicably** *adv* polubownie

a·mid /əˈmɪd/ *także* **a·midst** /əˈmɪdst/ *prep formal* pośród: *surviving amid the horrors of war*

a·miss[1] /əˈmɪs/ *adj* **be amiss** być nie w porządku: *She sensed something was amiss.*

amiss[2] *adv* **take sth amiss** poczuć się czymś urażonym

am·mo·ni·a /əˈməʊniə/ *n* [U] amoniak

am·mu·ni·tion /ˌæmjəˈnɪʃən/ *n* [U] amunicja

am·ne·si·a /æmˈniːziə/ *n* [U] amnezja

am·nes·ty /ˈæmnəsti/ *n* [C,U] amnestia

a·moe·ba /əˈmiːbə/ *n* [C] ameba

a·mok /əˈmɒk/ *adv* **run amok** dostawać amoku: *Gunman runs amok in shopping mall.*

a·mong /əˈmʌŋ/ *także* **a·mongst** /əˈmʌŋst/ *prep* **1** wśród: *a decision that has caused a lot of anger among women* | *Swimming and diving are among the most popular Olympic events.* | **among**

friends *Relax, you're among friends here.* **2** między, pomiędzy: *Rescue teams searched among the wreckage for survivors.* | *They argued among themselves* (=między sobą). **3 divide/distribute sth among** roz/dzielić coś (po)między: *His money will be divided among his three children.* | **among other things** (=między innymi): *We discussed, among other things, ways to raise money.*

> UWAGA **among i between**
>
> Wyrazu **between** używamy wtedy, kiedy chodzi o dwie osoby, dwa przedmioty, dwa określenia czasu itp: *They arrived between two-thirty and three.* Wyrazu **among** używamy, kiedy chodzi o więcej niż dwie osoby, przedmioty itp: *They wandered among the crowds in the marketplace.*

a·mor·al /eɪˈmɒrəl/ *adj* amoralny

am·o·rous /ˈæmərəs/ *adj* miłosny

a·mor·phous /əˈmɔːfəs/ *adj* bezkształtny

a·mount[1] /əˈmaʊnt/ *n* [C] **1** ilość: **+ of** *I was surprised at the amount of work I had to do.* **2** suma, kwota: *Please pay the full amount.*

> UWAGA **amount i number**
>
> Wyraz **amount** używany jest zwykle z rzeczownikami niepoliczalnymi: *a huge amount of money* | *try to reduce the amount of fat in your diet.* Wyrazu **number** należy używać z rzeczownikami policzalnymi: *the number of cars on the roads* | *the number of students in the class.*

amount[2] *v*

amount to sth *phr v* [T] **1** być równoznacznym z: *What he said amounted to an apology.* **2** wynosić: *Jenny's debts amount to $1000.*

amp /æmp/ **am·pere** /ˈæmpeə/ *n* [C] amper

am·phet·a·mine /æmˈfetəmiːn/ *n* [C,U] amfetamina

am·phib·i·an /æmˈfɪbiən/ *n* [C] płaz

am·phi·thea·tre /ˈæmfəˌθɪətə/ *BrE*, **amphitheater** *AmE n* [C] amfiteatr

am·ple /ˈæmpəl/ *adj* **1** aż nadto: *There's ample room in here for everyone.* **2 ample belly/bosom** wydatny brzuch/biust —**amply** *adv*: *Whoever finds the necklace will be amply rewarded* (=zostanie sowicie nagrodzony).

am·pli·fi·er /ˈæmpləfaɪə/ *n* [C] wzmacniacz

am·pli·fy /ˈæmpləfaɪ/ *v* [T] wzmacniać

am·pu·tate /ˈæmpjəteɪt/ *v* [I,T] amputować: *After the accident, the doctors had to amputate her leg.* —**amputation** /ˌæmpjəˈteɪʃən/ *n* [C,U] amputacja

a·muse /əˈmjuːz/ *v* [T] **1** bawić, rozśmieszać: *Harry's jokes always amused me.* **2** zabawiać: *some games to amuse the children on long car journeys* | **amuse yourself** *The kids amused themselves playing hide-and-seek.*

a·mused /əˈmjuːzd/ *adj* **1** rozbawiony: *an amused grin* | **+ at/by** *Rod was highly amused by my attempts at cooking.* **2 keep someone amused** zabawiać kogoś: *It's hard work trying to keep the kids amused on rainy days.*

a·muse·ment /əˈmjuːzmənt/ *n* **1** [U] rozbawienie: **in/with amusement** *I listened in amusement as Bobby tried to explain.* **2** [C,U] rozrywka: **for amusement** *What do you do for amusement in this town?*

amusement park /.ˈ.. ˌ./ *n* [C] park rozrywki

a·mus·ing /əˈmjuːzɪŋ/ *adj* zabawny: *a highly amusing story* | **sb finds sth amusing** (=ktoś uważa, że coś jest zabawne): *I didn't find your comment amusing.*

an /ən/ *determiner* forma rodzajnika nieokreślonego używana przed słowem rozpoczynającym się od samogłoski: *an orange* | *an X-ray* | *an hour*

a·nach·ro·nis·m /əˈnækrənɪzəm/ *n* [C] anachronizm, przeżytek: *The royal family seems something of an anachronism nowadays.* —**anachronistic** /əˌnækrəˈnɪstɪk◂/ *adj* anachroniczny

a·nae·mi·a /ə'niːmiə/ *BrE*, **anemia** *AmE* *n* [U] anemia —**anaemic** *BrE*, **anemic** *AmE adj* anemiczny

an·aes·thet·ic /ˌænəs'θetɪk◂/ *BrE*, **anesthetic** *AmE n* [C,U] środek znieczulający

a·naes·the·tist /ə'niːsθətɪst/ *BrE*, **anesthetist** *AmE n* [C] anestezjolog

a·naes·the·tize /ə'niːsθətaɪz/ *BrE także* **-ise** *BrE*, **anesthetize** *AmE v* [T] znieczulać

an·a·gram /'ænəgræm/ *n* [C] anagram: *"Silent" is an anagram of "listen".*

a·nal·o·gy /ə'nælədʒi/ *n* [C,U] analogia: **draw an analogy** *We can draw an analogy between* (=możemy porównać) *the brain and a computer.*

an·a·lyse /'ænəl-aɪz/ *BrE*, **analyze** *AmE v* [T] prze/analizować: *We're trying to analyse what went wrong.*

a·nal·y·sis /ə'næləsəs/ *n plural* **analyses** /-siːz/ [C,U] analiza: *The team are carrying out a detailed analysis of the test results.* | *analysis of the rock samples*

an·a·lyst /'ænəl-əst/ *n* [C] **1** anality-k/czka: *a financial analyst* **2** psychoanality-k/czka

an·a·lyt·i·cal /ˌænəl'ɪtɪkəl◂/, **an·a·lyt·ic** /-'lɪtɪk◂/ *adj* analityczny: *an analytical mind*

an·a·lyze /'ænəl-aɪz/ amerykańska pisownia wyrazu ANALYSE

an·ar·chist /'ænəkəst/ *n* [C] anarchist-a/ka —**anarchism** *n* [U] anarchizm

an·ar·chy /'ænəki/ *n* [U] anarchia: *efforts to prevent the country from sliding into anarchy* —**anarchic** /æ'nɑːkɪk/ *adj* anarchiczny

a·nat·o·my /ə'nætəmi/ *n* [U] anatomia —**anatomical** /ˌænə'tɒmɪkəl/ *adj* anatomiczny

an·ces·tor /'ænsəstə/ *n* [C] przodek: *His ancestors came from Italy.*

an·ces·try /'ænsəstri/ *n* [C,U] pochodzenie: *people of Scottish ancestry*

an·chor[1] /'æŋkə/ *n* [C] **1** kotwica **2** *AmE* prezenter/ka wiadomości

anchor[2] *v* [I,T] **1** za/kotwiczyć: *Three tankers were anchored in the bay.* **2** u/mocować: *We anchored the tent with strong ropes.*

an·cient /'eɪnʃənt/ *adj* **1** starożytny: *ancient Rome* **2** *humorous* wiekowy: *I look absolutely ancient in that photograph!*

and /ənd/ *conjunction* **1** i: *a knife and fork* | *They started shouting and screaming.* | *Grant knocked and went in.* | *three and a half* | *I missed lunch and I'm starving!* **2** a: *Martha was gardening, and Tom was watching TV.* **3** *especially spoken* **try and do sth** s/próbować coś zrobić: *Try and finish your homework before dinner.* **4 better and better/worse and worse** coraz lepiej/gorzej: *It came nearer and nearer.*

an·ec·dote /'ænɪkdəʊt/ *n* [C] anegdota

a·ne·mi·a /ə'niːmiə/ amerykańska pisownia wyrazu ANAEMIA —**anemic** *adj*

an·es·thet·ic /ˌænəs'θetɪk◂/ *n* [C,U] amerykańska pisownia wyrazu ANAESTHETIC

a·new /ə'njuː/ *adv literary* od nowa: *She started life anew in New York.*

an·gel /'eɪndʒəl/ *n* [C] anioł: *Oh, thanks! You're an angel!* —**angelic** /æn'dʒelɪk/ *adj* anielski

an·ger[1] /'æŋgə/ *n* [U] gniew, złość: *insults that aroused his anger* | **in anger** *You should never hit a child in anger.*

anger[2] *v* [T] roz/gniewać, roz/złościć: *The court's decision angered environmentalists.*

an·gle /'æŋgəl/ *n* [C] **1** kąt: *an angle of 45°* ➡ patrz też RIGHT ANGLE **2 at an angle** na ukos, pod kątem: *The plant was growing at an angle.* | **from a different angle** *Let's try to look at the problem from a different angle* (=pod innym kątem). **3** strona: *From that angle we should be able to see a little better.*

An·gli·can /'æŋglɪkən/ *adj* anglikański —**Anglican** *n* [C] anglikan-in/ka —**Anglicanism** *n* [U] anglikanizm

an·gling /'æŋglɪŋ/ *n* [U] wędkarstwo —**angler** *n* [C] wędkarz

an·gry /'æŋgri/ *adj* zły, rozgniewany: *She was angry with him because he had lied* *to her.* | *The roads were blocked by angry French farmers.* | **+ about** *Don't you feel angry about the way you've been treated?* | **+ that** *Local people are angry that they weren't consulted about plans to expand the airport.* —**angrily** *adv* ze złością

> UWAGA **angry**
>
> Wyrażenia **angry with** używa się w stosunku do osób: *I was really angry with him.* Wyrażenia **angry about** używa się w stosunku do rzeczy: *I was really angry about it.*

an·guish /ˈæŋgwɪʃ/ *n* [U] udręka: *the anguish of not knowing the truth*

an·gu·lar /ˈæŋgjələ/ *adj* **1** kanciasty **2** kościsty: *a tall, angular young man*

an·i·mal[1] /ˈænəməl/ *n* [C] **1** zwierzę: *farm animals* | *wild animals* | *Humans are highly intelligent animals.* **2** *informal* bydlę

animal[2] *adj* zwierzęcy: *animal fats* | *animal instincts*

an·i·mate /ˈænəmət/ *adj formal* ożywiony (*o przyrodzie*) → antonim INANIMATE

an·i·ma·ted /ˈænəmeɪtəd/ *adj* **1** ożywiony: *an animated debate* **2 animated cartoon/film** film animowany

an·i·ma·tion /ˌænəˈmeɪʃən/ *n* **1** [U] animacja **2** [C] film animowany **3** [U] ożywienie

an·i·mos·i·ty /ˌænəˈmɒsəti/ *n* [C,U] *formal* animozja: *There was a lot of animosity between the two leaders.*

an·i·seed /ˈænəsiːd/ *n* [U] anyż

an·kle /ˈæŋkəl/ *n* [C] kostka (*stopy*)

an·nex /əˈneks/ *v* [T] za/anektować —**annexation** /ˌænekˈseɪʃən/ *n* [C,U] aneksja

an·nexe /ˈæneks/ *BrE*, **annex** *AmE n* [C] przybudówka, aneks: *a hospital annexe*

an·ni·hi·late /əˈnaɪəleɪt/ *v* [T] unicestwiać, z/niszczyć: *The champion annihilated his opponent in the third round.* —**annihilation** /əˌnaɪəˈleɪʃən/ *n* [U] unicestwienie

an·ni·ver·sa·ry /ˌænəˈvɜːsəri/ *n* [C] rocznica: *our wedding anniversary* | *the 50th anniversary of India's independence*

an·nounce /əˈnaʊns/ *v* [T] **1** ogłaszać: *The winner of the competition will be announced shortly.* | **+ (that)** *A police spokesman announced that a man had been arrested.* **2** oświadczać, oznajmiać: **+ (that)** *Liam suddenly announced that he was leaving the band.*

an·nounce·ment /əˈnaʊnsmənt/ *n* **1** [C] oświadczenie **2** [singular] ogłoszenie, komunikat: **+ of** *the announcement of the election results* | **make an announcement** (=ogłaszać coś): *Listen everyone, I have an important announcement to make.*

> UWAGA **announcement** i **advertisement**
>
> Kiedy chcemy przekazać większej liczbie osób pewne ważne informacje, ogłaszamy coś (we make an **announcement**): *Following the announcement of their marriage, they were pursued by crowds of journalists.* Wyraz **advertisement** znaczy 'reklama' lub 'ogłoszenie drobne' w prasie: *On almost every page there were advertisements for cigarettes and alcohol.* | *At this time of the year, the papers are full of holiday advertisements.*

an·nounc·er /əˈnaʊnsə/ *n* [C] spiker/ka

an·noy /əˈnɔɪ/ *v* [T] irytować: *Jane wouldn't stop complaining and it was beginning to annoy me.*

an·noy·ance /əˈnɔɪəns/ *n* **1** [U] irytacja: *Mia's annoyance never showed.* **2** [C] utrapienie: *The dog next door is a constant annoyance.*

an·noyed /əˈnɔɪd/ *adj* poirytowany: **+ with** *Are you annoyed with me* (=zły na mnie) *just because I'm a bit late?* | **+ at/about** *She was really annoyed at the way he just ignored her.* | **+ that** *My sister's annoyed that we didn't call.*

an·noy·ing /əˈnɔɪ-ɪŋ/ *adj* irytujący: *an annoying habit of interrupting*

an·nu·al /'ænjuəl/ *adj* **1** doroczny, coroczny: *the annual conference* **2** roczny: *He has an annual income of around $500,000.* —**annually** *adv* dorocznie, corocznie, rocznie

an·nul /ə'nʌl/ *v* **-lled, -lling** [T] *technical* anulować, unieważniać —**annulment** *n* [C,U] unieważnienie

a·nom·a·ly /ə'nɒməli/ *n* [C,U] *formal* anomalia, nieprawidłowość: *anomalies in the tax system*

a·non /ə'nɒn/ skrót od 'anonymous'

an·o·nym·i·ty /ˌænə'nɪmǝ̇ti/ *n* [U] anonimowość: *The author prefers anonymity.*

a·non·y·mous /ə'nɒnǝ̇məs/ *adj* **1** anonimowy: *The person concerned wishes to remain anonymous.* **2 anonymous letter** anonim —**anonymously** *adv* anonimowo

an·o·rak /'ænəræk/ *n* [C] *BrE* skafander

an·o·rex·i·a /ˌænə'reksiə/ *n* [U] anoreksja

an·o·rex·ic /ˌænə'reksɪk◂/ *adj* anorektyczny

an·oth·er /ə'nʌðə/ *determiner, pron* **1** jeszcze jeden: *Do you want another beer?* | *Buy one CD and we'll give you another, completely free.* **2** inny: *You'll just have to find another job.* | *She lives in another part of the country.*

> UWAGA **another**
>
> Nie mówi się "also another". Mówi się po prostu **another**: *There's another way of doing this.*

> UWAGA **another i the other**
>
> **Another** znaczy 'jeszcze jeden', 'inny': *I am going to have another beer.* | *If this doesn't work, you'll have to find another way of solving the problem.* **The other** natomiast oznacza '(ten) drugi (z dwóch wymienionych)': *One of the twins is called Youki and the other is called Azusa.* | *Here's one sock, where's the other one?*

an·swer¹ /'ɑːnsə/ *v* [I,T] **1** odpowiadać: *"I don't know," she answered.* | **answer a question** *I had to answer a lot of questions about my previous job.* | **answer sb** *Why don't you answer me?* | **+ that** *Clare answered that she was not interested in their offer.* **2 answer the telephone** odbierać telefon **3 answer the door** otwierać drzwi: *I knocked at the door but no one answered.* **4 answer a letter/advertisement** odpowiadać na list/ogłoszenie

answer back *phr v* [I,T **answer** sb **back**] od/pyskować: *Don't answer me back, young man!*

answer for sth *phr v* [T] odpowiadać za: *One day you'll have to answer for this.*

answer² *n* [C,U] odpowiedź: *I told you before, the answer is no!* | **+ to** *Mark never got an answer to his letter.* | *What was the answer to question 7?* | *A bit more money would be the answer to all our problems.* | **in answer to** *In answer to your question, I think Paul's right.* | **give sb an answer** *Give me an answer as soon as possible.*

answering ma·chine /'... ..ˌ./ *także* **an·swer·phone** /'ɑːnsəfəʊn/ *BrE n* [C] automatyczna sekretarka

ant /ænt/ *n* [C] mrówka

an·tag·o·nis·m /æn'tægənɪzəm/ *n* [U] wrogość: **+ between** *There has always been a lot of antagonism between the two families.* | **+ towards** *There's a lot of antagonism towards city people who move into the area.*

an·tag·o·nis·tic /ənˌtægə'nɪstɪk◂/ *adj* wrogi: *an antagonistic attitude to foreigners*

an·tag·o·nize /æn'tægənaɪz/ (*także* **-ise** *BrE*) *v* [T] zrażać (sobie): *We really need his help, so don't antagonize him.*

An·tarc·tic /æn'tɑːktɪk/ *n* **the Antarctic** Antarktyka —**Antarctic** *adj* antarktyczny

an·te·lope /'æntǝ̇ləʊp/ *n* [C] antylopa

an·te·na·tal /ˌæntɪ'neɪtl◂/ *adj BrE* przedporodowy: *an antenatal clinic*

an·ten·na /æn'tenə/ *n* [C] **1** *plural* **antennae** czułek **2** *AmE* antena

an·them /ˈænθəm/ *n* [C] hymn ➞ patrz też NATIONAL ANTHEM

ant·hill /ˈænt,hɪl/ *n* [C] mrowisko

an·thol·o·gy /ænˈθɒlədʒi/ *n* [C] antologia

an·thro·pol·o·gy /ˌænθrəˈpɒlədʒi/ *n* [U] antropologia —**anthropologist** *n* [C] antropolog —**anthropological** /ˌænθrəpəˈlɒdʒɪkəl◂/ *adj* antropologiczny

an·ti·bi·ot·ic /ˌæntɪbaɪˈɒtɪk◂/ *n* [C usually plural] antybiotyk

an·ti·bod·y /ˈæntɪˌbɒdi/ *n* [C] przeciwciało

an·tic·i·pate /ænˈtɪsəpeɪt/ *v* [T] przewidywać: *The police are anticipating trouble when the factory closes.* | *Try to anticipate what kind of questions you'll be asked.* | **+ that** *It's anticipated that the campaign will raise over $100,000.*

an·tic·i·pa·tion /ænˌtɪsəˈpeɪʃən/ *n* [U] **1** oczekiwanie: *I was full of excitement and anticipation as I started off on my journey.* **2 in anticipation of** na wypadek: *I had taken my umbrella in anticipation of rain.*

an·ti·cli·max /ˌæntɪˈklaɪmæks/ *n* [C,U] rozczarowanie: *Coming home after our trip was rather an anticlimax.*

an·ti·clock·wise /ˌæntɪˈklɒkwaɪz◂/ *adv BrE* przeciwnie do ruchu wskazówek zegara: *Turn the handle anticlockwise.* ➞ antonim CLOCKWISE

an·tics /ˈæntɪks/ *n* [plural] błazeństwa: *The band are famous for their antics both on and off the stage.*

an·ti·dote /ˈæntɪdəʊt/ *n* [C] **1** antidotum: **+ to** *Laughter is one of the best antidotes to stress.* **2** odtrutka: *The snake's bite is deadly, and there's no known antidote.*

an·ti·freeze /ˈæntɪfriːz/ *n* [U] płyn niezamarzający

an·ti·quat·ed /ˈæntəkweɪtəd/ *adj* przestarzały: *antiquated laws*

an·tique /ænˈtiːk/ *n* [C] antyk: *priceless antiques* | *an antique shop* (=sklep z antykami) —**antique** *adj* zabytkowy: *an antique table* ➞ porównaj ANCIENT

an·tiq·ui·ty /ænˈtɪkwəti/ *n* **1** [U] starożytność: *a tradition that stretches back into antiquity* **2** [C usually plural] starożytności: *Roman antiquities*

anti-sem·i·tis·m /ˌænti ˈseməṭɪzəm/ *n* [U] antysemityzm —**anti-semitic** /ˌænti səˈmɪtɪk◂/ *adj* antysemicki

an·ti·sep·tic /ˌæntəˈseptɪk◂/ *n* [C,U] środek antyseptyczny —**antiseptic** *adj* antyseptyczny: *antiseptic cream*

an·ti·so·cial /ˌæntɪˈsəʊʃəl◂/ *adj* **1** aspołeczny: *Kids as young as eight are turning to vandalism, petty crime, and other forms of antisocial behaviour.* **2** nietowarzyski: *I hope you won't think I'm antisocial, but I can't come out tonight.*

ant·ler /ˈæntlə/ *n* [C] róg *(np. jelenia)*

an·to·nym /ˈæntənɪm/ *n* [C] *technical* antonim: *"War" is the antonym of "peace".*

a·nus /ˈeɪnəs/ *n* [C] *technical* odbyt

an·vil /ˈænvəl/ *n* [C] kowadło

anx·i·e·ty /æŋˈzaɪəti/ *n* [C,U] niepokój, lęk: **+ about** *Her anxiety about the children grew as the hours passed.*

anx·ious /ˈæŋkʃəs/ *adj* **1** zaniepokojony: *an anxious look* | **be anxious about doing sth** *June is anxious about* (=boi się) *going such a long way on her own.* | **anxious time/moment** *There were one or two anxious moments* (=było parę pełnych niepokoju chwil) *as the plane seemed to lose height.* **2 sb is anxious to do sth** komuś zależy na tym, żeby coś zrobić: *Ralph is anxious to prove that he can do the job.* **3 sb is anxious that** komuś zależy na tym, żeby: *We're very anxious that no-one else finds out about this.* —**anxiously** *adv* z niepokojem: *"What's wrong?" he asked anxiously.*

an·y[1] /ˈeni/ *determiner, pron* **1** jakiś, jakikolwiek: *Is there any coffee left?* | *I don't think that will make any difference.* | **+ of** *Are any of Nina's relatives coming for Christmas?* **2** każdy: *a question that any child could answer* | *Any help would be welcome.* ➞ patrz też **in any case** (CASE), **at any rate** (RATE)

UWAGA any

Patrz **some** i **any**.

UWAGA any, each/every i all

W odniesieniu do wszystkich rzeczy lub osób w grupie używamy wyrazów **each/every** (nie **any**!) z rzeczownikiem policzalnym w liczbie pojedynczej lub **all** z rzeczownikiem policzalnym w liczbie mnogiej: *Each day was the same.* | *Every smoker must remember that the people around him are inhaling the smoke.* | *All students are required to register during the first week.*

any[2] *adv* **1** ani trochę: *She couldn't walk any further without a rest.* **2** choć trochę: *Do you feel any better?*

an·y·bod·y /ˈeniˌbɒdi/ *pron* → ANYONE

an·y·how /ˈenihaʊ/ *adv informal* → ANYWAY

an·y·more /ˌeniˈmɔː/ **any·more** *adv* **not anymore** już nie: *Frank doesn't live here anymore.*

an·y·one /ˈeniwʌn/ **anybody** *pron* **1** ktoś: *Is there anyone at home?* **2** nikt: *She'd just moved and didn't know anyone.* **3** każdy: *Anyone can learn to swim.*

UWAGA anyone

Czasowniki łączące się z **anyone** i **anybody** występują w liczbie pojedynczej: *Has anyone seen my keys?* Natomiast zaimki łączące się z **anyone** i **anybody** występują w liczbie mnogiej (**they**, **them** i **their**): *If anyone phones me, tell them I'll be back later.* W języku bardziej oficjalnym można używać wyrażeń "he or she" i "him or her" zamiast "they" i "them": *If anyone wishes to speak to the Principal, he or she should make an appointment.*

an·y·place /ˈenipleɪs/ *adv AmE* → ANYWHERE

an·y·thing /ˈeniθɪŋ/ *pron* **1** coś: *Do you need anything from the store?* | **or anything** *spoken*: *Would you like a Coke or anything?* **2** nic: *Her father didn't know anything about it.* **3** cokolwiek: *That cat will eat anything.* | *I could have told him almost anything and he would have believed me.* **4 anything but** bynajmniej nie: *No, when I told him, he seemed anything but pleased.*

an·y·way /ˈeniweɪ/ *także* **anyhow** *informal adv* **1** i tak, mimo wszystko: *The bride's mother was ill, but they had the wedding anyway.* **2** tak czy inaczej: *Anyway, as I was saying* **3** a tak w ogóle: *Anyway, where do you want to go for lunch?* | *So, why were you there anyway?* **4** a poza tym: *He decided to sell his bike – he never used it anyway.*

an·y·where /ˈeniweə/ *także* **anyplace** *AmE adv* **1** gdziekolwiek: *Fly anywhere in Europe for £150.* **2** gdzieś: *Did you go anywhere last night?* **3** nigdzie: *I can't find my keys anywhere.*

a·part /əˈpɑːt/ *adv* **1** (oddalone) od siebie: *Our birthdays are only two days apart.* **2** osobno, oddzielnie: *My husband and I are living apart at the moment.* | **+ from** *She was standing a little apart from the others.* **3 take apart** rozbierać na części: *He had to take the camera apart to fix it.* | **come/fall apart** *The old book just fell apart* (=rozpadła się) *in my hands.* **4 apart from** *especially BrE* **a)** z wyjątkiem: *Apart from a couple of spelling mistakes, your essay is excellent.* **b)** oprócz: *Who was at the party? Apart from you and Jim, I mean.* **5 tell sb/sth apart** rozróżniać kogoś/coś: *I can't tell the two boys apart.*

a·part·ment /əˈpɑːtmənt/ *n* [C] mieszkanie

apartment build·ing /.ˈ.. ˌ../ *także* **apartment house** /.ˈ.. ˌ./ *n* [C] *AmE* blok mieszkalny

ap·a·thet·ic /ˌæpəˈθetɪk◂/ *adj* apatyczny

ap·a·thy /ˈæpəθi/ *n* [U] apatia: *public apathy about the coming election*

ape /eɪp/ *n* [C] małpa człekokształtna

ap·er·ture /ˈæpətʃə/ *n* [C] przysłona

a·pex /ˈeɪpeks/ *n* [C] **1** wierzchołek: *the apex of a pyramid* **2** szczyt: *the apex of his career*

aph·ro·dis·i·ac /ˌæfrəˈdɪziæk/ *n* [C] afrodyzjak

a·piece /əˈpiːs/ *adv* za sztukę: *Red roses cost £1 apiece.*

a·poc·a·lypse /əˈpɒkəlɪps/ *n* **the Apocalypse** apokalipsa

a·poc·a·lyp·tic /əˌpɒkəˈlɪptɪk◂/ *adj* apokaliptyczny

a·po·lit·i·cal /ˌeɪpəˈlɪtɪkəl◂/ *adj* apolityczny

a·pol·o·get·ic /əˌpɒləˈdʒetɪk◂/ *adj* **be apologetic** przepraszać: *He was really apologetic about forgetting my birthday.*

a·pol·o·gize /əˈpɒlədʒaɪz/ (*także* **-ise** *BrE*) *v* [I] przepraszać: **+ for** *He apologized for being so late.* | **+ to** *Apologize to your sister now!*

a·pol·o·gy /əˈpɒlədʒi/ *n* [C] przeprosiny: *I hope you will accept my apology for any trouble I may have caused.*

a·pos·tle /əˈpɒsəl/ *n* [C] apostoł —**apostolic** /ˌæpəˈstɒlɪk◂/ *adj* apostolski

a·pos·tro·phe /əˈpɒstrəfi/ *n* [C] apostrof

ap·pal /əˈpɔːl/, **appall** *AmE v* [T] **-lled, -lling** z/bulwersować: *The idea of killing animals for fur appals me.* —**appalled** *adj* zbulwersowany

ap·pal·ling /əˈpɔːlɪŋ/ *adj* **1** straszny: *children living in appalling conditions* **2** *informal* okropny: *an appalling movie*

ap·pa·ra·tus /ˌæpəˈreɪtəs/ *n plural* **apparatus** *or* **apparatuses** [C,U] aparat, aparatura: *firemen wearing breathing apparatus*

ap·par·ent /əˈpærənt/ *adj* **1** oczywisty, widoczny: *It soon became apparent that we had one major problem – Edward.* | **for no apparent reason** *For no apparent reason* (=bez widocznej przyczyny) *he began to shout at her.* **2** pozorny: *We were reassured by his apparent lack of concern.*

ap·par·ent·ly /əˈpærəntli/ *adv* **1** podobno: *She apparently caught him in bed with another woman.* | *Apparently, Susan's living in Madrid now.* **2** najwidoczniej: *They were still chatting, apparently unaware that the train had left.*

ap·pa·ri·tion /ˌæpəˈrɪʃən/ *n* [C] zjawa

ap·peal[1] /əˈpiːl/ *v* **1** [I] za/apelować: **+ to** *Police are appealing to the public for information.* | **+ for** *Local authorities have appealed for volunteers.* **2 appeal to sb** podobać się komuś: *The new programme should appeal to our younger viewers.* **3** [I] wnosić apelację: *Atkins is certain to appeal against the conviction.*

appeal[2] *n* **1** [C] apel, wezwanie: **launch an appeal** *UNICEF is launching an appeal for the flood victims.* **2** [U] urok: *The traditional rural lifestyle has lost none of its appeal.* **3** [C,U] apelacja: **+ to** *an appeal to the Supreme Court*

ap·peal·ing /əˈpiːlɪŋ/ *adj* atrakcyjny

ap·pear /əˈpɪə/ *v* **1** [linking verb] wydawać się: *Sandra appeared relaxed and confident at the interview.* **2** [I] pojawiać się: *Suddenly a face appeared at the window.* | *John Thaw appears regularly on television.* **3** [I] ukazywać się: *Irving's novel is soon to appear in paperback.*

ap·pear·ance /əˈpɪərəns/ *n* **1** [C,U] wygląd: *The Christmas lights gave the house a festive appearance.* | *six ways to improve your personal appearance* **2** [singular] pojawienie się: *the sudden appearance of several reporters at the hospital* | *Viewing has increased since the appearance of cable TV.* **3** [C] występ: *his first appearance on stage in 1953* **4 put in an appearance** *informal* wpaść na chwilkę: *I wouldn't be surprised if Lewis put in an appearance tonight.*

ap·pend /əˈpend/ *v* [T] *formal* załączać (*do dokumentu*)

ap·pen·di·ci·tis /əˌpendəˈsaɪtəs/ *n* [U] zapalenie wyrostka robaczkowego

ap·pen·dix /əˈpendɪks/ *n* [C] **1** wyrostek robaczkowy **2** *plural* **appendixes** *or* **appendices** /-dəsiːz/ apendyks

ap·pe·tite /ˈæpətaɪt/ *n* [C,U] **1** apetyt: *Don't eat now, you'll spoil your appetite.*

2 appetite for success/knowledge żądza sukcesu/wiedzy

ap·pe·tiz·er /ˈæpɪtaɪzə/ *n* [C] przystawka

ap·pe·tiz·ing /ˈæpɪtaɪzɪŋ/ *adj* apetyczny

ap·plaud /əˈplɔːd/ *v* **1** [I] klaskać **2** [T] *formal* pochwalać

ap·plause /əˈplɔːz/ *n* [U] oklaski: *The thunderous applause continued for over a minute.*

ap·ple /ˈæpəl/ *n* [C] jabłko

ap·pli·ance /əˈplaɪəns/ *n* [C] urządzenie

ap·plic·a·ble /əˈplɪkəbəl/ *adj* **be applicable to** stosować się do: *The tax laws are not applicable to foreign visitors.*

ap·pli·cant /ˈæplɪkənt/ *n* [C] kandydat/ka: *We had 250 applicants for the job.*

ap·pli·ca·tion /ˌæplɪˈkeɪʃən/ *n* **1** [C] podanie **2** [C] aplikacja: *computer applications* **3** [C,U] zastosowanie: *an interesting application of psychology in the workplace*

application form /ˌ..ˈ.. ./ *n* [C] formularz: *It took hours to fill in the application form.*

ap·plied /əˈplaɪd/ *adj* **applied maths/linguistics** matematyka/lingwistyka stosowana → porównaj PURE

ap·ply /əˈplaɪ/ *v* **1** [I] ubiegać się: **+ for** *Kevin's applied for a management job in Atlanta.* **2** [I,T] stosować się: **+ to** *The 20% discount only applies to club members.* **3** [T] za/stosować: *You can apply good teaching methods to any subject.* **4** [T] nakładać: *Apply an antiseptic cream to the affected area.* **5** [T] **apply yourself (to sth)** przykładać się (do czegoś): *I wish John would apply himself a little more!*

ap·point /əˈpɔɪnt/ *v* [T] **1** mianować: *They've appointed a new principal at the school.* **2** *formal* wyznaczać: *Judge Bailey appointed a day in July for the trial.*

ap·point·ed /əˈpɔɪntɪd/ *adj* **the appointed time/place** oznaczony czas/wyznaczone miejsce

ap·point·ment /əˈpɔɪntmənt/ *n* **1** [C] umówione spotkanie: **make an appointment** *I'd like to make an appointment* (=chciałbym się umówić/zarejestrować). | **miss an appointment** (=nie stawić się): *I'm sorry I missed our appointment.* **2** [C,U] wizyta (*u lekarza itp.*) **3** [C,U] mianowanie: *the appointment of a new Supreme Court Justice* **4 by appointment** po wcześniejszym umówieniu się: *Dr. Sutton will only see you by appointment.*

> UWAGA **appointment**
>
> **Appointment** to umówione spotkanie z lekarzem, dentystą, urzędnikiem lub przedsiębiorcą, a nie spotkanie ze znajomym czy krewnym: *I've got an appointment to see Dr Tanner on Tuesday.* | *You can't see the manager without an appointment.* | *My appointment was for ten thirty.* Mówiąc o spotkaniu ze znajomymi czy krewnymi, używamy zwrotu **to arrange to meet/see**: *We've arranged to meet Alan at the swimming pool.*

ap·prais·al /əˈpreɪzəl/ *n* [C,U] ocena: *an annual appraisal of an employee's work*

ap·pre·ci·ate /əˈpriːʃieɪt/ *v* **1** [T] doceniać: *All the bad weather here makes me appreciate home.* **2** [T] być wdzięcznym za: *Lyn greatly appreciated the flowers you sent.* **3 I would appreciate it if you ...** byłbym wdzięczny, gdybyś ...: *I'd really appreciate it if you could drive Kathy to school today.* **4** [T] rozumieć: *You don't seem to appreciate how hard this is for us.*

ap·pre·ci·a·tion /əˌpriːʃiˈeɪʃən/ *n* [U singular] **1** wdzięczność: **show your appreciation** *a small gift to show our appreciation for all your hard work* **2** zrozumienie: *You just have no appreciation of* (=po prostu nie rozumiesz) *how serious this all is!* **3** uznanie: *As he grew older, his appreciation for his home town grew.*

ap·pre·cia·tive /əˈpriːʃətɪv/ *adj* wdzięczny

ap·pre·hen·sion /ˌæprɪˈhenʃən/ *n* [U] lęk: *News of the plane crash increased Tim's apprehension about flying.*

ap·pre·hen·sive /ˌæprɪˈhensɪv◂/ *adj* pełen lęku

ap·pren·tice /əˈprentᵻs/ *n* [C] praktykant/ka

ap·pren·tice·ship /əˈprentᵻsʃɪp/ *n* [C,U] praktyka zawodowa

ap·proach[1] /əˈprəʊtʃ/ *v* **1** [I,T] zbliżać się (do): *We watched as their car approached.* | *A man approached me, asking if I'd seen a little girl.* | *It's now approaching 7 o'clock* (=dochodzi siódma). **2** [T] zwracać się do: *She's been approached by two schools about a teaching job.* **3** [T] podchodzić do: *He approached the problem with great thought.*

approach[2] *n* **1** [C] podejście: **+ to** *a creative approach to teaching science* **2** [U] zbliżanie się: **the approach of** *The air got colder with the approach of winter.* **3** [C] dojście: *The easiest approach to the beach is down the cliff path.*

ap·pro·pri·ate /əˈprəʊpri-ᵻt/ *adj* odpowiedni: *That sort of language just isn't appropriate in an interview.* ➡ antonim INAPPROPRIATE —**appropriately** *adv* odpowiednio

ap·prov·al /əˈpruːvəl/ *n* [U] **1** zgoda, pozwolenie: *We have to get approval from the Chief of Police.* **2** aprobata: *I was always trying to get my father's approval.*

ap·prove /əˈpruːv/ *v* **1** [T] zatwierdzać: *We are waiting for our proposals to be approved.* **2** [I] **approve of** pochwalać, aprobować: *I don't approve of taking drugs.*

ap·prov·ing /əˈpruːvɪŋ/ *adj* wyrażający aprobatę: *an approving nod* —**approvingly** *adv* z aprobatą

ap·prox /əˈprɒks/ *adv* skrót od APPROXIMATELY

ap·prox·i·mate /əˈprɒksᵻmət/ *adj* przybliżony: *They think its worth £10,000, but that's only an approximate figure.*

ap·prox·i·mate·ly /əˈprɒksᵻmᵻtli/ *adv* w przybliżeniu, około: *Approximately 35% of the students come from Japan.*

a·pri·cot /ˈeɪprᵻkɒt/ *n* [C] morela

A·pril /ˈeɪprəl/ skrót pisany **Apr.** *n* [C,U] kwiecień

April Fool's Day /ˌ.. ˈ. ./ *n* [singular] prima aprilis

a·pron /ˈeɪprən/ *n* [C] fartuch

apt /æpt/ *adj* **1 be apt to do sth** mieć tendencję do robienia czegoś: *They're good kids but apt to get into trouble.* **2** trafny: *an apt remark* —**aptly** *adv* trafnie

ap·ti·tude /ˈæptᵻtjuːd/ *n* [C,U] talent, uzdolnienia: *Ginny seems to have a real aptitude for painting.*

a·quar·i·um /əˈkweəriəm/ *n* [C] **1** akwarium **2** oceanarium

A·quar·i·us /əˈkweəriəs/ *n* [C,U] Wodnik

a·quat·ic /əˈkwætɪk/ *adj* wodny: *aquatic plants* | *aquatic sports*

aq·ue·duct /ˈækwᵻdʌkt/ *n* [C] akwedukt

Ar·ab /ˈærəb/ *n* [C] Arab/ka

Ar·a·bic /ˈærəbɪk/ *n* [singular] język arabski

ar·a·ble /ˈærəbəl/ *adj* **arable land** grunty uprawne

ar·bi·ter /ˈɑːbᵻtə/ *n* [C] arbiter

ar·bi·tra·ry /ˈɑːbᵻtrəri/ *adj* arbitralny: *I don't see why they have this arbitrary age-limit.* —**arbitrarily** *adv* arbitralnie

ar·bi·tra·tion /ˌɑːbᵻˈtreɪʃən/ *n* [U] arbitraż

arc /ɑːk/ *n* [C] łuk (*w geometrii*)

ar·cade /ɑːˈkeɪd/ *n* [C] **1** salon gier **2** pasaż **3** *także* **shopping arcade** *BrE* pasaż handlowy

arch[1] /ɑːtʃ/ *n* [C] *plural* **arches 1** łuk (*w architekturze*) **2** podbicie (*stopy*)

arch[2] *v* [I,T] wyginać (się) w łuk: *The cat arched her back and hissed.*

ar·chae·ol·o·gy /ˌɑːkiˈɒlədʒi/ *BrE* **archeology** *AmE* *n* [U] archeologia —**archaeologist** *n* [C] archeolog —**archaeological** /ˌɑːkiəˈlɒdʒɪkəl◂/ *adj* archeologiczny

ar·cha·ic /ɑːˈkeɪ-ɪk/ *adj* archaiczny: *the archaic language of the Bible*

arch·bish·op /ˌɑːtʃˈbɪʃəp◂/ *n* [C] arcybiskup

ar·cher /ˈɑːtʃə/ *n* [C] łuczni-k/czka

ar·cher·y /ˈɑːtʃəri/ *n* [U] łucznictwo

ar·chi·tect /ˈɑːk$^{\text{l}}_{\text{ə}}$tekt/ *n* [C] architekt

ar·chi·tec·ture /ˈɑːk$^{\text{l}}_{\text{ə}}$tektʃə/ *n* [U] architektura: *medieval architecture* —**architectural** /ˌɑːkɪˈtektʃərəl◂/ *adj* architektoniczny

ar·chives /ˈɑːkaɪvz/ *n* [plural] archiwum

arch·way /ˈɑːtʃweɪ/ *n* [C] sklepione przejście

Arc·tic /ˈɑːktɪk/ *n* **the Arctic** [singular] Arktyka —**arctic** *adj* arktyczny

are /ə/ liczba mnoga i druga osoba liczby pojedynczej czasu teraźniejszego czasownika BE

ar·e·a /ˈeəriə/ *n* [C] **1** rejon, obszar: *Dad grew up in the Portland area.* **2** dziedzina: *I have experience in software marketing and related areas.* **3** powierzchnia: *Their apartment has a large kitchen area.*

a·re·na /əˈriːnə/ *n* [C] arena: *Wembley arena* | *Feminism has played a prominent role in the political arena since the 1960s.*

aren't /ɑːnt/ **a)** forma ściągnięta od "are not": *Things aren't the same since you left.* **b)** forma ściągnięta od "am not", używana w pytaniach: *I'm in big trouble, aren't I?*

ar·gu·a·ble /ˈɑːgjuəbəl/ *adj* **1 it is arguable that** można przypuszczać, że: *It's arguable that the new law will make things better.* **2** wątpliwy: *Whether we'll get our money back is arguable.*

ar·gu·a·bly /ˈɑːgjuəbli/ *adv* prawdopodobnie: *San Francisco, arguably the most beautiful city in the USA*

ar·gue /ˈɑːgjuː/ *v* **1** [I,T] **argue (that)** twierdzić (, że): *Smith argued that most teachers are underpaid.* **2 argue for/against** opowiadać się za/przeciw: *They are arguing for a change in the law.* **3** [I] kłócić się: **+ about/over** *Paul and Rachel always seem to be arguing about money.* | **+ with** *They are always arguing with each other.*

> UWAGA **argue**
>
> Patrz **quarrel** i **argue**.

ar·gu·ment /ˈɑːgj$^{\text{ʊ}}_{\text{ə}}$mənt/ *n* [C] **1** kłótnia: **have an argument** *My parents had a big argument last night.* | **+ about** *It was the usual argument about what to watch on television.* **2** argument: **+ for/against** *She put forward several arguments for becoming a vegetarian.*

ar·gu·men·ta·tive /ˌɑːgj$^{\text{ʊ}}_{\text{ə}}$ˈmentətɪv◂/ *adj* kłótliwy

a·ri·a /ˈɑːriə/ *n* [C] aria

ar·id /ˈær$^{\text{l}}_{\text{ə}}$d/ *adj technical* suchy: *arid land* | *an arid climate*

Ar·ies /ˈeəriːz/ *n* [C,U] Baran

a·rise /əˈraɪz/ *v* [I] **arose, arisen** /əˈrɪzən/, **arising** powstawać, pojawiać się: *the problems that arise from rushing things too much*

ar·is·toc·ra·cy /ˌær$^{\text{l}}_{\text{ə}}$ˈstɒkrəsi/ *n* [C] arystokracja

ar·is·to·crat /ˈær$^{\text{l}}_{\text{ə}}$stəkræt/ *n* [C] arystokrat-a/ka —**aristocratic** /ˌærɪstəˈkrætɪk◂/ *adj* arystokratyczny

a·rith·me·tic /əˈrɪθmətɪk/ *n* [U] arytmetyka —**arithmetic** /ˌærɪθˈmetɪk◂/ *adj* arytmetyczny

arm[1] /ɑːm/ *n* **1** [C] ramię: *He put his arm around my shoulders.* | *I was carrying a pile of books under my arm* (=pod pachą). | *The cutting wheel is on the end of a steel arm.* **2** rękaw → patrz też ARMS

arm[2] *v* [T] u/zbroić

ar·ma·ments /ˈɑːməmənts/ *n* [plural] broń: *nuclear armaments*

arm·band /ˈɑːmbænd/ *n* [C] opaska na ramię

arm·chair /ˈɑːmtʃeə/ *n* [C] fotel

armed /ɑːmd/ *adj* uzbrojony: *an armed guard* | **+ with** *The suspect is armed with a shotgun.* | *I went into the meeting armed with a copy of the report.* | **armed robbery** (=napad z bronią w ręku): *He got ten years in prison for armed robbery.*

armed forc·es /ˌ. ˈ../ *n* **the armed forces** siły zbrojne

A

ar·mi·stice /ˈɑːməstəs/ *n* [C] zawieszenie broni

ar·mour /ˈɑːmə/ *BrE* **armor** *AmE n* [U] **1** zbroja: *a suit of armour* **2** pancerz: *armour-clad tanks*

ar·moured /ˈɑːməd/ *BrE* **armored** *AmE adj* opancerzony: *an armoured car*

ar·mour·y /ˈɑːməri/ *BrE* **armory** *AmE n* [C] arsenał, zbrojownia

arm·pit /ˈɑːmˌpɪt/ *n* [C] pacha

arms /ɑːmz/ *n* [plural] broń: *supplying arms to the rebels* | *an international arms dealer*

arms con·trol /ˈ. .ˌ./ *n* [U] kontrola zbrojeń

arms race /ˈ. ./ *n* **the arms race** wyścig zbrojeń

ar·my /ˈɑːmi/ *n* [C] **1** armia: *a British army officer* | **the army** (=wojsko): *Our son is in the army.* **2** gromada: *an army of ants*

a·ro·ma /əˈrəʊmə/ *n* [C] aromat: *the aroma of fresh coffee* —**aromatic** /ˌærəˈmætɪk◂/ *adj* aromatyczny: *aromatic oils*

a·ro·ma·ther·a·py /əˌrəʊməˈθerəpi/ *n* [U] aromaterapia

a·rose /əˈrəʊz/ *v* czas przeszły od ARISE

a·round /əˈraʊnd/ (*także* **round** *BrE*) *adv, prep* **1** dookoła, wokół: *We put a fence around the yard.* **2** naokoło: *We had to go around to the back of the house.* **3 show sb around** oprowadzać kogoś (po): *Stan showed me around the office.* **4 all around the world** na/po całym świecie: *an international company with offices all around the world* **5 around here** w pobliżu: *Is there a bank around here?* **6 be around a)** być w pobliżu: *It was 11:30 at night, and nobody was around.* **b)** istnieć: *That joke's been around for years.* **7 turn/move/spin sth around** obracać coś o 180 stopni: *I'll turn the car around and pick you up at the door.* **8 around 10/200** *także* **about** *especially BrE* około 10/200: *Dodger Stadium seats around 50,000 people.* **9 around and around** w kółko: *We drove around and around the town, looking for her house.* → patrz też ROUND

a·rous·al /əˈraʊzəl/ *n* [U] podniecenie

a·rouse /əˈraʊz/ *v* [T] **1** wzbudzać: *Her behaviour aroused the suspicions of the police.* **2** podniecać: *sexually aroused*

ar·range /əˈreɪndʒ/ *v* [T] **1** z/organizować: *I've arranged a meeting with Jim.* | **arrange (for sb) to do sth** (=umawiać się (z kimś) na zrobienie czegoś): *Have you arranged to play football on Sunday?* **2** układać: *She arranged the flowers carefully in a vase.*

ar·range·ment /əˈreɪndʒmənt/ *n* **1** [C usually plural] przygotowania: *travel arrangements* | **make arrangements for** *Lee's still making arrangements for the wedding.* **2** [C,U] układ: *We have a special arrangement with the bank.* **3** [C] kompozycja: *a flower arrangement*

ar·ray /əˈreɪ/ *n* [C usually singular] wachlarz, gama: *a dazzling array of acting talent*

ar·rest[1] /əˈrest/ *v* [T] za/aresztować: **arrest sb for sth** *The police arrested Eric for shoplifting.*

arrest[2] *n* [C,U] aresztowanie: **make an arrest** *The police expect to make an arrest soon.* | **you are under arrest** *Don't move, you're under arrest!*

ar·riv·al /əˈraɪvəl/ *n* **1** [U] przybycie, przyjazd: *Shortly after our arrival in Florida, Lottie got robbed.* **2 the arrival of** pojawienie się: *The arrival of the personal computer changed the way we work.* **3** [C] przybysz

ar·rive /əˈraɪv/ *v* [I] **1** nadchodzić, przybywać: *Your letter arrived yesterday.* | *The train finally arrived in New York at 8.30pm.* **2** nastać: *At last the big day arrived!* **3 arrive at a decision** podjąć decyzję **4** pojawić się: *Our sales have doubled since computer games arrived.* | *It was just past midnight when the baby arrived* (=przyszło na świat).

UWAGA **arrive**

Nie mówi się "arrive to". Mówi się **arrive at** (przybyć do budynku, mieszkania itp.) lub **arrive in** (przybyć do miasta lub kraju itp.). Nie mówi się "arrive at home". Mówi się **arrive home**.

ar·ro·gant /ˈærəgənt/ *adj* arogancki: *an arrogant, selfish man* —**arrogantly** *adv* arogancko —**arrogance** *n* [U] arogancja

ar·row /ˈærəʊ/ *n* [C] **1** strzała **2** strzałka

arse /ɑːs/ *BrE* **ass** *AmE* *n* [C] dupa

ar·se·nal /ˈɑːsənəl/ *n* [C] arsenał

ar·se·nic /ˈɑːsənɪk/ *n* [U] arszenik

ar·son /ˈɑːsən/ *n* [U] podpalenie —**arsonist** *n* [C] podpalacz/ka

art /ɑːt/ *n* [U] sztuka: *Steve's studying art at college.* | *modern art* | *an art exhibition* | *the art of writing* | **work of art** (=dzieło sztuki): *Some important works of art were stolen.*

ar·te·fact /ˈɑːtɪfækt/ *n* [C] → patrz ARTIFACT

ar·te·ry /ˈɑːtəri/ *n* [C] **1** tętnica **2** *formal* arteria (komunikacyjna) —**arterial** /ɑːˈtɪriəl/ *adj* tętniczy

art·ful /ˈɑːtfəl/ *adj* przebiegły

art gal·le·ry /ˈ. ,.../ *n* [C] galeria sztuki

ar·thri·tis /ɑːˈθraɪtɪs/ *n* [U] artretyzm, zapalenie stawów

ar·ti·choke /ˈɑːtɪtʃəʊk/ *n* [C] karczoch

ar·ti·cle /ˈɑːtɪkəl/ *n* [C] **1** artykuł: *Did you read that article on the space shuttle?* **2 article of clothing** część garderoby **3** *technical* rodzajnik, przedimek

ar·tic·u·late¹ /ɑːˈtɪkjələt/ *adj* elokwentny: *a bright and articulate child*

ar·tic·u·late² /ɑːˈtɪkjəleɪt/ *v* [T] wyrażać: *Children's worries about divorce are not always clearly articulated.*

ar·tic·u·la·ted /ɑːˈtɪkjəleɪtɪd/ *adj especially BrE* przegubowy: *an articulated lorry*

ar·ti·fact /ˈɑːtɪfækt/ (*także* **artefact** *BrE*) *n* [C] wytwór ludzkiej działalności: *Egyptian artefacts*

ar·ti·fi·cial /ˌɑːtɪˈfɪʃəl◂/ *adj* sztuczny: *artificial sweeteners* | *an artificial leg* | *an artificial smile* —**artificially** *adv* sztucznie

> **UWAGA artificial**
>
> Wyraz **artificial** oznacza 'sztuczny', tzn. 'wykonany z materiałów nienaturalnych' lub 'mający przypominać lub zastępować coś naturalnego': *The bowl was filled with artificial cherries.* W niektórych przypadkach jednak, tłumacząc polski wyraz 'sztuczny', używamy innych wyrazów angielskich: 'sztuczne jezioro' = *man-made lake*, 'sztuczna szczęka' = *false teeth*, 'sztuczna nerka' = *kidney machine*, 'sztuczne włókna' = *synthetic fibres*.

artificial in·tel·li·gence /ˌ..... .ˈ.../ *n* [U] sztuczna inteligencja

artificial res·pi·ra·tion /ˌ..... ..ˈ../ *n* [U] sztuczne oddychanie

ar·til·le·ry /ɑːˈtɪləri/ *n* [U] artyleria

art·ist /ˈɑːtɪst/ *n* [C] artyst-a/ka

ar·tis·tic /ɑːˈtɪstɪk/ *adj* **1** uzdolniony artystycznie: *I never knew you were so artistic.* **2** artystyczny: *artistic freedom* —**artistically** *adv* artystycznie

art·ist·ry /ˈɑːtɪstri/ *n* [U] kunszt: *the magnificent artistry of the great tennis players*

arts /ɑːts/ *n* **1 the arts** kultura i sztuka: *government funding for the arts* **2** [plural] nauki humanistyczne: *an arts degree*

art·work /ˈɑːtwɜːk/ *n* **1** [U] oprawa plastyczna: *Some of the artwork is absolutely brilliant.* **2** [C,U] *especially AmE* dzieło: *His private collection includes artworks by Dufy and Miró.*

as /əz/ *adv, prep, conjunction* **1 as ... as** tak ... jak: *These houses aren't as old as the ones near the river.* | *He was as surprised as anyone when they offered him the job.* **2** jako: *In the past, women were mainly employed as secretaries or teachers.* | *John used an old blanket as a tent.* | *Settlers saw the wilderness as dangerous rather than beautiful.* | *The kids dressed up as* (=przebrały się za) *animals.* **3** jak: *As I said earlier, this research has only just started.* **4** kiedy: *The phone rang just as I* *was leaving.* **5 as if/as though** jak gdyby: *They all looked as if they were used to working outdoors.* **6 as of today/December 12th** (począwszy) od dziś/12 grudnia: *The pay raise will come into effect as of January 1st.* **7 as for sb/sth** co do kogoś/czegoś: *As for racism, much progress has been made.* **8** bo, ponieważ: *James decided not to go out as he was still really tired.* → patrz też **as long as** (LONG), **as a matter of fact** (MATTER), **such as** (SUCH), **as well as** (WELL), **as yet** (YET), **as well** (WELL), **so as** (SO)

> UWAGA **as i like**
>
> Przy porównywaniu, tłumacząc na angielski wyrażenie 'taki jak' lub 'tak jak', używamy zazwyczaj angielskiego wyrazu **like**: *James is very tall, just like his father.* | *Their car is like ours – old and full of rust.* | *His skin is not like the skin of a young man.* | *It looked very fragile so I handled it like china.* Wyraz **as** używany jest przy porównywaniu w wyrażeniach: **(not) as ... as**, **not so ... as** i **the same (...) as**: *James is as tall as his father.* | *Their car is the same colour as ours.*

asap /ˌeɪ es eɪ ˈpiː/ *adv* skrót od "as soon as possible": *Please reply asap.*

as·cet·ic /əˈsetɪk/ *adj* ascetyczny —**ascetic** *n* [C] ascet-a/ka —**asceticism** *n* [U] asceza, ascetyzm

as·cribe /əˈskraɪb/ *v*
ascribe sth **to** sb/sth *phr v* [T] *formal* przypisywać: *Carter ascribed his problems to a lack of money.*

a·sex·u·al /eɪˈsekʃuəl/ *adj technical* bezpłciowy: *asexual reproduction in some plants*

ash /æʃ/ *n* [C,U] **1** popiół: *cigarette ash* **2** jesion → patrz też ASHES

a·shamed /əˈʃeɪmd/ *adj* **1 be/feel ashamed of sth** wstydzić się czegoś: *Mike felt ashamed of his old clothes.* | **ashamed of yourself** *You should be ashamed of yourself* (=powinieneś się wstydzić), *acting like that!* **2 be/feel ashamed of sb** wstydzić się za kogoś: *Helen felt ashamed of her parents.*

ash·es /ˈæʃɪz/ *n* [plural] prochy: *We scattered my father's ashes over the lake.*

a·shore /əˈʃɔː/ *adv* na/do brzegu: *Brian pulled the boat ashore.*

ash·tray /ˈæʃtreɪ/ *n* [C] popielniczka

a·side /əˈsaɪd/ *adv* **1 move/step aside** odsunąć się na bok: *Bob stepped aside to let me pass.* **2 aside from** oprócz

ask /ɑːsk/ *v* [I,T] **1** za/pytać: *"What's your name?" she asked quietly.* | **ask (sb) whether/if/why/what etc** *He asked Cathy whether he could borrow the camera.* **2** po/prosić (o): *If you need anything, just ask.* | *Sarah wants to ask your advice.* | **ask (sb) for** *Some people don't like to ask for help.* | **ask sb to do sth** *Ask Paula to post the letters.* **3 ask sb out** zapraszać kogoś kina, restauracji itp.: *Mark would like to ask her out, but he's too shy.* **4 ask sb in** zapraszać kogoś do środka **5** chcieć: *He's asking $2000 for that old car!* **6 ask a question** zadawać pytanie: *Can I ask a question?* **7 if you ask me** według mnie: *If you ask me, he's crazy.* **8 ask yourself** zastanów się: *Ask yourself, who is going to benefit from the changes?* **9 sth is asking for trouble** *informal* coś może się źle skończyć: *Leaving your car here is just asking for trouble.*

a·sleep /əˈsliːp/ *adj* **1 be asleep** spać: *Be quiet. The baby is asleep.* | **fast/sound asleep** *Look at Tom. He's fast asleep* (=śpi mocno). **2 fall asleep** zasypiać: *I always fall asleep watching TV.*

as·par·a·gus /əˈspærəgəs/ *n* [U] szparagi

as·pect /ˈæspekt/ *n* [C] aspekt: *The committee discussed several aspects of the traffic problem.*

as·pi·ra·tion /ˌæspəˈreɪʃən/ *n* [C usually plural] aspiracja: *the aspirations of ordinary men and women*

as·pire /əˈspaɪə/ *v* [I] **aspire to** pragnąć: *people who work hard and aspire to a better way of life*

as·pirin /ˈæsprən/ *n* [C,U] aspiryna

as·pir·ing /ə'spaɪrɪŋ/ *adj* **aspiring politician/writer** osoba marząca o karierze polityka/pisarza

ass /æs/ *n* [C] *AmE informal* **1** dupa: *Jamie fell right on his ass.* | *Don't be such an ass!* **2** osioł

as·sas·sin /ə'sæsən/ *n* [C] zamachowiec

as·sas·sin·ate /ə'sæsəneɪt/ *v* [T] dokonać zamachu na: *a plot to assassinate the President* —**assassination** /əˌsæsə'neɪʃən/ *n* [C,U] zamach: *an assassination attempt*

as·sault¹ /ə'sɔːlt/ *n* [C,U] napaść: **+ on** *an increase in the number of sexual assaults on women*

assault² *v* [T] napadać: *McGillis claimed he had been assaulted by a gang of youths.*

as·sem·ble /ə'sembəl/ *v* **1** [I,T] z/gromadzić (się): *A crowd had assembled in front of the White House.* **2** [T] składać, montować: *The bookcase is fairly easy to assemble.*

as·sem·bly /ə'sembli/ *n* **1** [C,U] apel: *School assembly begins at 9 o'clock.* **2** [C] zgromadzenie: *the United Nations General Assembly*

as·sert /ə'sɜːt/ *v* **1** [T] twierdzić: *men who assert that everything can be explained scientifically* **2** **assert yourself** zaznaczać swój autorytet

as·ser·tion /ə'sɜːʃən/ *n* [C,U] twierdzenie: *Davis repeated his assertion that he was innocent.*

as·ser·tive /ə'sɜːtɪv/ *adj* stanowczy, asertywny: *You must be more assertive if you want people to listen to you.*

as·sess /ə'ses/ *v* [T] oceniać: *First we must assess the cost of repairing the damage.* —**assessment** *n* [C,U] ocena: *I agree entirely with your assessment of the situation.*

as·set /'æset/ *n* **1** [C] **be an asset** przydawać się: *Her knowledge of computers was a real asset.* | **+ to** *You're an asset to* (=jesteś cennym nabytkiem dla) *the company, George.* **2** [C usually plural] majątek

as·sign /ə'saɪn/ *v* [T] przydzielać: *Each department is assigned a budget.* | **assign sth to sb** *Specific tasks will be assigned to each member of the team.* | **assign sb to** *doctors who were assigned to military hospitals*

as·sign·ment /ə'saɪnmənt/ *n* [C] zadanie: *a homework assignment* | *Nichol was sent on a dangerous and difficult assignment to Bosnia.*

as·sim·i·late /ə'sɪməleɪt/ *v* [T] przyswajać sobie: *Children can usually assimilate new information more quickly than adults.*

as·sist /ə'sɪst/ *v* [I,T] pomagać: **assist sb in/with** *Two nurses assisted Dr Bernard in performing the operation.*

as·sist·ance /ə'sɪstəns/ *n* [U] *formal* pomoc, wsparcie: *Students receive very little financial assistance from the government.* | **be of assistance** *Can I be of any assistance, madam* (=czym mogę Pani służyć)*?*

as·sis·tant /ə'sɪstənt/ *n* [C] **1** asystent/ka: *Meet Jane Lansdowne, my new assistant.* | **assistant manager/director etc** *Tom's assistant editor on the local newspaper.* **2** sprzedawc-a/czyni: *a shop assistant*

as·so·ci·ate¹ /ə'səʊʃieɪt/ *v* **1** **be associated with sth** łączyć się z czymś: *the health problems that are associated with smoking* **2** [T] s/kojarzyć: **associate sth with sth** *Most people associate Florida with sunshine and long sandy beaches.*

associate with sb *phr v* [T] *formal* zadawać się z: *I don't like the kind of people she associates with.*

as·so·ci·ate² /ə'səʊʃiət/ *n* [C] wspólnik/czka: *a business associate*

as·so·ci·a·tion /əˌsəʊsi'eɪʃən/ *n* **1** *także* **Association** [C] stowarzyszenie: *the Association of University Teachers* **2** **in association with** wspólnie z: *concerts sponsored by the Arts Council in association with local businesses* **3** [C usually plural] skojarzenie: *Los Angeles has happy associations for me.*

as·sort·ed /ə'sɔːtəd/ *adj* mieszany: *a box of assorted cookies*

as·sort·ment /ə'sɔːtmənt/ *n* [C] mieszanka: *an assortment of chocolates*

A

as·sume /ə'sjuːm/ *v* [T] **1** zakładać: **+ (that)** *Your light wasn't on so I assumed you were out.* | **assuming (that)** *Assuming the picture is a Van Gogh, how much do you think it is worth?* **2 assume power/control** *formal* obejmować władzę/kontrolę: *The Chinese Communists assumed power in 1949.*

as·sumed /ə'sjuːmd/ *adj* **under an assumed name** pod fałszywym nazwiskiem

as·sump·tion /ə'sʌmpʃən/ *n* [C] **1** założenie: **+ that** *the assumption that computers can solve all our problems* | **on the assumption that** *We're working on the assumption that* (=przy założeniu, że) *prices will continue to rise.* **2 assumption of sth** objęcie czegoś: *On its assumption of power, the new government promised an end to the war.*

as·sur·ance /ə'ʃʊərəns/ *n* **1** [C] zapewnienie: **+ that** *He gave me a firm assurance that there would be no further delays.* **2** [U] przekonanie: *Cindy answered their questions with quiet assurance.*

as·sure /ə'ʃʊə/ *v* [T] *spoken* zapewniać: *The document is genuine, I can assure you.* | **assure sb (that)** *The doctor assured me that I wouldn't feel any pain.*

as·sured /ə'ʃʊəd/ *adj* pewny siebie: *Kurt seems older now and more assured.*

as·te·risk /'æstərɪsk/ *n* [C] gwiazdka (*znak w tekście*)

asth·ma /'æsmə/ *n* [U] astma

as·ton·ish /ə'stɒnɪʃ/ *v* [T] zdumiewać: *Martina's speed and agility astonished her opponent.*

as·ton·ished /ə'stɒnɪʃt/ *adj* zdumiony: **+ at/by** *We were quite astonished at her ignorance.*

as·ton·ish·ing /ə'stɒnɪʃɪŋ/ *adj* zdumiewający: *an astonishing £5 million profit*

as·ton·ish·ment /ə'stɒnɪʃmənt/ *n* [U] zdumienie: **to sb's astonishment** *To our astonishment, Sue won the race.* | **in astonishment** *"What are you doing here?" she cried in astonishment.*

a·stray /ə'streɪ/ *adv* **1 go astray** zaginąć: *One of the documents we sent them has gone astray.* **2 lead sb astray** *often humorous* sprowadzać kogoś na złą drogę: *Mom worried that I'd be led astray by the older girls.*

a·stride /ə'straɪd/ *adv, prep* okrakiem na: *She was sitting astride her bicycle.*

as·trol·o·gy /ə'strɒlədʒi/ *n* [U] astrologia —**astrologer** *n* [C] astrolog —**astrological** /ˌæstrə'lɒdʒɪkəl◂/ *adj* astrologiczny

as·tro·naut /'æstrənɔːt/ *n* [C] astronaut-a/ka

as·tro·nom·i·cal /ˌæstrə'nɒmɪkəl◂/ *adj especially spoken* astronomiczny

as·tron·o·my /ə'strɒnəmi/ *n* [U] astronomia —**astronomer** *n* [C] astronom

a·sy·lum /ə'saɪləm/ *n* **1** [U] azyl **2** [C] *old-fashioned* szpital psychiatryczny

at /ət/ *prep* **1** w: *Meet me at my house.* **2** o: *The movie starts at 8:00.* **3** w czasie: *A lot of people get lonely at Christmas.* **4** do: *Jake shot at the deer but missed.* **5** na: *Stop shouting at me!* **6** z: *None of the kids laughed at his joke.* **7 good/bad at** dobry/słaby w: *Debbie's always been good at learning languages.* **8** po: *Gas is selling at about $1.25 a gallon.* → patrz też **at all** (ALL), **at first** (FIRST), **at least** (LEAST)

ate /et, eɪt/ *v* czas przeszły od EAT

a·the·ist /'eɪθiˌɪst/ *n* [C] ateist-a/ka —**atheism** *n* [U] ateizm

ath·lete /'æθliːt/ *n* [C] sportowiec

ath·let·ic /æθ'letɪk/ *adj* **1** wysportowany **2** sportowy: *He has plenty of athletic ability.*

ath·let·ics /æθ'letɪks/ *n* [U] *BrE* lekkoatletyka

at·las /'ætləs/ *n* [C] atlas

ATM /ˌeɪ tiː 'em/ *n* [C] *especially AmE* bankomat

at·mo·sphere /'ætməsfɪə/ *n* **1** [singular] atmosfera: *a hotel with a relaxed, friendly atmosphere* **2 the atmosphere** atmosfera ziemska

at·mo·spher·ic /ˌætməs'ferɪk◂/ *adj* **1** nastrojowy: *atmospheric music*

2 atmosferyczny: *atmospheric temperature*

at·om /ˈætəm/ *n* [C] atom

a·tom·ic /əˈtɒmɪk/ *adj* atomowy: *atomic structure* | *atomic weapons*

atomic en·er·gy /.,.. ˈ.../ *n* [U] energia atomowa

a·tro·cious /əˈtrəʊʃəs/ *adj* okropny: *Your spelling is atrocious!*

a·troc·i·ty /əˈtrɒsəti/ *n* [C,U] okrucieństwo: *the atrocities of war*

at·tach /əˈtætʃ/ *v* **1** [T] dołączać: **attach sth to sth** *Please attach a photograph to your application form.* **2 attach importance/value to sth** przywiązywać wagę do czegoś: *Don't attach too much importance to what Nick says.*

at·tached /əˈtætʃt/ *adj* **attached to sth/sb** przywiązany do czegoś/kogoś: *We had become very attached to each other over the years.*

at·tach·ment /əˈtætʃmənt/ *n* **1** [C,U] *formal* przywiązanie: **+ to** *the boy's close emotional attachment to his sister* **2** [C] przystawka: *an electric drill with a screwdriver attachment*

at·tack[1] /əˈtæk/ *v* [I,T] za/atakować: *Police are hunting a man who attacked a 15 year old girl.* | *The town was attacked by the rebel army.* | *The AIDS virus attacks the body's immune system.* | **attack sb for doing sth** *Several newspapers attacked the President for not doing enough.* —**attacker** *n* [C] napastni-k/czka

attack[2] *n* [C,U] atak, napaść: *Coleman was the victim of a vicious attack.* | *a terrorist attack on a British army base* | *an attack on the government's welfare policy* | *a severe attack of fever* ➡ patrz też HEART ATTACK

at·tempt[1] /əˈtempt/ *v* [T] s/próbować: *Marsh was accused of attempting to import the drugs illegally.*

attempt[2] *n* [C] próba: **+ at** *It was an attempt at humour, but nobody laughed.* | **attempt to do sth** *So far, all attempts to resolve the problem have failed.* | **make no attempt** *He made no attempt* (=nawet nie próbował) *to hide his anger.*

at·tend /əˈtend/ *v* [I,T] *formal* **1** brać udział (w), być obecnym (na): *More than 2000 people are expected to attend this year's conference.* **2** uczęszczać (na/do): *All students must attend classes regularly.*

attend to sb/sth *phr v* [T] *formal* zajmować się: *I have some urgent business to attend to.*

at·tend·ance /əˈtendəns/ *n* **1** [C,U] frekwencja: *Church attendances have fallen in recent years.* **2** [C,U] obecność: **+ at** *A child's attendance at school is required by law.*

at·tend·ant /əˈtendənt/ *n* [C] pracownik obsługi: *a parking lot attendant*

at·ten·tion /əˈtenʃən/ *n* **1** [U] uwaga: *Can I have your attention, please* (=proszę o uwagę). | **+ to** *Her work shows great attention to detail* (=charakteryzuje się wielką troską o szczegóły). | **pay attention (to sth)** (=uważać (na coś)): *I wish you'd pay attention when I'm giving instructions.* | **attract/get sb's attention** (=zwrócić czyjąś uwagę): *Phil was trying to attract the waiter's attention.* | **draw attention to sth** (=zwrócić uwagę na coś): *a report that drew attention to the problem of water pollution* ➡ patrz też **undivided attention** (UNDIVIDED) **2** zainteresowanie: **attract attention** *Rohmer's latest movie has attracted considerable attention from the critics.* | **the centre of attention** *Johnny enjoyed being the centre of attention.* **3** opieka: *patients requiring urgent medical attention* **4 stand at/to attention** stawać na baczność

at·ten·tive /əˈtentɪv/ *adj* **1** uważny: *an attentive audience* **2** troskliwy: *an attentive host* —**attentively** *adv* uważnie, troskliwie

at·tic /ˈætɪk/ *n* [C] strych

at·ti·tude /ˈætətjuːd/ *n* [C,U] postawa: *I don't understand your attitude. Why don't you trust her?* | **attitude to/towards** (=stosunek do): *He has a very old-fashioned attitude towards women.*

at·tor·ney /əˈtɜːni/ *n* [C] *AmE* pełnomocnik (*prawny*)

at·tract /əˈtrækt/ *v* [T] **1** przyciągać: *I was attracted by the idea of living on a desert island.* | **attract sb to sth** *What was it that attracted you to the job?* | **attract attention** (=wzbudzać zainteresowanie): *Diana's visit to Washington attracted massive media attention.* **2 you are attracted to sb** ktoś cię pociąga: *I've always been attracted to blondes.* **3** przyciągać: *Left-over food attracts flies.*

at·trac·tion /əˈtrækʃən/ *n* **1** [C] atrakcja: *Elvis Presley's home has become a major tourist attraction.* | *One of the attractions of being single is that you can go out with whoever you like.* **2** [C,U] pociąg: *sexual attraction*

at·trac·tive /əˈtræktɪv/ *adj* atrakcyjny: *an attractive young woman* | *an attractive salary* —**attractively** *adv* atrakcyjnie

at·tri·bute[1] /əˈtrɪbjuːt/ *v*
attribute sth **to** sb/sth *phr v* [T] przypisywać: *The increase in crime can be attributed to social changes.* | *a painting attributed to Rembrandt*

at·tri·bute[2] /ˈætrɪ̈bjuːt/ *n* [C] cecha, atrybut: *What attributes should a good manager possess?*

au·ber·gine /ˈəʊbəʒiːn/ *n* [C] bakłażan, oberżyna

auc·tion /ˈɔːkʃən/ *n* [C] aukcja, licytacja —**auction** *v* [T] z/licytować, sprzedać na aukcji

au·di·ble /ˈɔːdɪ̈bəl/ *adj* słyszalny: *Her voice was barely audible.* ➡ antonim INAUDIBLE

au·di·ence /ˈɔːdiəns/ *n* [C] **1** publiczność: *The audience began clapping and cheering.* **2** audiencja: *an audience with the Pope*

au·di·o /ˈɔːdiəʊ/ *adj* dźwiękowy: *audio tapes*

au·di·o·vis·u·al /ˌɔːdiəʊˈvɪʒuəl◂/ *adj* audiowizualny: *audiovisual equipment for language teaching*

au·di·tion /ɔːˈdɪʃən/ *n* [C] przesłuchanie (*do roli*)

au·di·to·ri·um /ˌɔːdɪ̈ˈtɔːriəm/ *n* [C] widownia

Au·gust /ˈɔːgəst/ skrót pisany **Aug.** *n* [C,U] sierpień

aunt /ɑːnt/ także **aun·tie** /ˈɑːnti/ *n* [C] ciotka, ciocia

au pair /əʊ ˈpeə/ *n* [C] dziewczyna mieszkająca za granicą u rodziny i opiekująca się dziećmi

au·ra /ˈɔːrə/ *n* [C] atmosfera, aura: *Inside the church there was an aura of complete tranquillity.*

au·ral /ˈɔːrəl/ *adj* słuchowy: *aural skills* ➡ porównaj ORAL

aus·pic·es /ˈɔːspɪ̈sɪ̈z/ *n* [plural] **under the auspices of** *formal* pod auspicjami: *The research was done under the auspices of Harvard Medical School.*

au·then·tic /ɔːˈθentɪk/ *adj* autentyczny: *authentic Indian food* | *an authentic Picasso painting* —**authentically** *adj* autentycznie —**authenticity** /ˌɔːθenˈtɪsɪ̈ti/ *n* [U] autentyczność

au·thor /ˈɔːθə/ *n* [C] autor/ka: *Robert Louis Stevenson, the author of 'Treasure Island'*

au·thor·i·ta·tive /ɔːˈθɒrɪ̈tətɪv/ *adj* **1** wiarygodny: *an authoritative textbook on European history* **2** władczy: *The captain spoke in a calm and authoritative voice.*

au·thor·i·ty /ɔːˈθɒrɪ̈ti/ *n* **1** [U] prawo: **the authority to do sth** *Every manager has the authority to dismiss employees.* | **+ over** *Some parents appear to have no authority over* (=wydają się nie mieć władzy nad) *their children.* | **in authority** (=na stanowisku): *You should write and complain to someone in authority.* **2** [C] władze: *the local education authority* | **the authorities** *British police are co-operating with the Malaysian authorities.* **3** [C] autorytet: **+ on** *Dr Ballard is an authority on tropical diseases.*

au·thor·ize /ˈɔːθəraɪz/ (*także* **-ise** *BrE*) *v* [T] **1** wydawać zezwolenie (na): *Who authorized the payments into Maclean's account?* **2** upoważniać: *Only senior officers were authorized to handle secret documents.* —**authorization** /ˌɔːθəraɪ-

ˈzeɪʃən/ *n* [C,U] zezwolenie, upoważnienie

au·tis·tic /ɔːˈtɪstɪk/ *adj* autystyczny

au·to·bi·og·ra·phy /ˌɔːtəbaɪˈɒgrəfi/ *n* [C] autobiografia —**autobiographical** /ˌɔːtəbaɪəˈgræfɪkəl/ *adj* autobiograficzny

au·to·graph /ˈɔːtəgrɑːf/ *n* [C] autograf —**autograph** *v* [T] podpisywać (autografem): *an autographed picture*

au·to·ma·ted /ˈɔːtəmeɪtɪ̵d/ *adj* zautomatyzowany: *a fully automated telephone system*

au·to·mat·ic[1] /ˌɔːtəˈmætɪk◂/ *adj* **1** automatyczny: *an automatic camera* | *We get an automatic pay increase every year.* **2** odruchowy: *an automatic reaction* —**automatically** *adv* automatycznie: *You shouldn't automatically assume that your teacher is right.*

automatic[2] *n* [C] **1** samochód z automatyczną skrzynią biegów **2** automat (*karabin*)

au·to·ma·tion /ˌɔːtəˈmeɪʃən/ *n* [U] automatyzacja

au·to·mo·bile /ˈɔːtəməbiːl/ *n* [C] *AmE* samochód

au·ton·o·mous /ɔːˈtɒnəməs/ *adj* niezależny, autonomiczny: *an autonomous state* —**autonomy** *n* [U] niezależność, autonomia: *political autonomy*

au·top·sy /ˈɔːtɒpsi/ *n* [C] sekcja zwłok

au·tumn /ˈɔːtəm/ *n* [C,U] jesień —**autumnal** /ɔːˈtʌmnəl/ *adj* jesienny

aux·il·ia·ry /ɔːgˈzɪljəri/ *adj* pomocniczy: *auxiliary nurses* —**auxiliary** *n* [C] pomocni-k/ca

auxiliary verb /.,.... ˈ./ *n* [C] czasownik posiłkowy → patrz ramka AUXILIARY VERBS

a·vail[1] /əˈveɪl/ *n* **to no avail/of no avail** *formal* na próżno: *They had searched everywhere, but to no avail.*

avail[2] *v* **avail yourself of sth** *formal* s/korzystać z czegoś: *Students should avail themselves of every opportunity to improve their English.*

a·vail·a·ble /əˈveɪləbəl/ *adj* **1** dostępny: *"The Lion King" is available now on video for only £12.99!* | **+ for** *land available for* (=przeznaczony do) *development* **2** wolny: *Dr Wright is not available at the moment.* —**availability** /əˌveɪləˈbɪlɪ̵ti/ *n* [U] dostępność, osiągalność

av·a·lanche /ˈævəlɑːnʃ/ *n* [C] lawina: *an avalanche of letters came in from admiring fans*

av·ant garde /ˌævɔːŋ ˈgɑːd◂/ *adj* awangardowy: *an avant-garde film*

a·venge /əˈvendʒ/ *v* [T] *literary* pomścić: *He wanted to avenge his brother's death.*

av·e·nue /ˈævɪ̵njuː/ *n* [C] **1** *także* **Avenue** aleja: *Fifth Avenue* **2** możliwość: *We need to explore every avenue if we want to find a solution.*

av·e·rage[1] /ˈævərɪdʒ/ *adj* **1** [only before noun] przeciętny, średni: *The average temperature in July is around 35° C.* **2** [only before noun] przeciętny, typowy: *What does the average worker in Britain earn a month?* **3** przeciętny: *I didn't think it was a great movie – just average really.*

> UWAGA **average**
>
> Patrz **medium** i **average**.

average[2] *n* **1** [C] średnia **2 by an average of** średnio o: *House prices have risen by an average of 2%.* **3 on average** przeciętnie: *We spend, on average, around £40 a week on food.* **4 above/below average** poniżej/powyżej przeciętnej: *students of above average ability*

average[3] *v* [T] wynosić średnio: *The train travelled at speeds averaging 125 mph.*

a·ver·sion /əˈvɜːʃən/ *n* **have an aversion to sth** mieć awersję do czegoś: *She has an aversion to cats.*

a·vert /əˈvɜːt/ *v* [T] **1** unikać: *negotiations aimed at averting a crisis* **2 avert your eyes/gaze** odwracać oczy/wzrok

a·vi·a·ry /ˈeɪviəri/ *n* [C] ptaszarnia

a·vi·a·tion /ˌeɪviˈeɪʃən/ *n* [U] lotnictwo

av·id /ˈævɪ̵d/ *adj* gorliwy: *an avid reader of romantic novels*

av·o·ca·do /ˌævəˈkɑːdəʊ/ *n* [C,U] awokado

a·void /əˈvɔɪd/ *v* [T] unikać: *You can avoid a lot of problems by using traveller's cheques.* | *I have the impression John's trying to avoid us.* | *It's best to avoid going out in the strong midday sun.* —**avoidance** *n* [U] unikanie, uchylanie się —**avoidable** *adj* do uniknięcia

a·wait /əˈweɪt/ *v* [T] *formal* **1** oczekiwać: *Briggs is awaiting trial for murder.* **2** czekać: *A warm welcome awaits you.*

a·wake[1] /əˈweɪk/ *adj* **be/lie/stay etc awake** nie spać: *I lay awake, worrying about my exams.* | **keep sb awake** *The storm kept us awake* (=nie pozwolił nam zasnąć) *all night.*

> UWAGA **awake** i **wake up**
>
> Wyraz **awake** używany jest głównie jako przymiotnik: *It's ten o'clock and the children are still awake* (=dzieci jeszcze nie śpią). Jako czasownik, wyraz **awake** (bez **up**) używany jest jedynie w stylu poetyckim: *I awoke to the sound of church bells.* W sensie 'budzić' lub 'budzić się' używamy zwykle czasownika **wake up**: *She told me that she keeps waking up in the middle of the night.* | *I was woken up by a loud whistling noise.*

awake[2] *v* **awoke, awoken, awaking** [I,T] *literary* o/budzić (się): *She awoke the following morning feeling refreshed.*

a·wak·en·ing /əˈweɪkənɪŋ/ *n* [U singular] przebudzenie: *the awakening of her mind to social realities*

a·ward[1] /əˈwɔːd/ *v* [T] przyznawać (*nagrodę itp.*) **be awarded sth** *Einstein was awarded the Nobel Prize for his work in physics.*

award[2] *n* [C] **1** nagroda: *Susan Sarandon won the 'Best Actress' award.* **2** odszkodowanie: *Hemmings received an award of $300,000 in compensation.*

> UWAGA **award, prize** i **reward**
>
> Wszystkie trzy wyrazy znaczą 'nagroda'. **Prize** to nagroda przyznana w konkursie lub współzawodnictwie sportowym: *The prize is a 3-week holiday in the Bahamas.* | *She won second prize*; **award** to nagroda za ważne osiągnięcie lub dobre wykonanie zadania: *The award for this year's best actor went to Harry Cohen*; **reward** to nagroda za zrobienie czegoś pożytecznego: *As a reward for eating all her dinner, she was given an ice cream.* | *A reward of $5,000 has been offered for information leading to the recovery of the necklace.*

a·ware /əˈweə/ *adj* świadomy: *This class isn't really politically aware.* | **+ of** *Most smokers are aware of the dangers of smoking.* | **+ that** *I suddenly became aware that* (=uświadomiłam sobie, że) *someone was moving around downstairs.* ➡ antonim UNAWARE — **awareness** *n* [U] świadomość

a·wash /əˈwɒʃ/ *adj* **1** zalany: *streets awash with flood water* **2 awash with sth** pełny czegoś: *Hollywood is awash with rumours.*

a·way[1] /əˈweɪ/ *adv* **1** odpowiada przedrostkowi "od-" **2 go away** odchodzić: *Go away!* **3 drive away** odjeżdżać: *Diane drove away quickly.* **4 away from** z dala od: *Keep away from the fire!* **5** w odległości: *The sea is only five miles away* (=pięć mil stąd). **6** poza domem, na urlopie itp.: *Will you look after the house while I'm away?* **7 2 days/3 weeks away** za 2 dni/3 tygodnie: *Christmas is only a month away.* **8** odpowiada przedrostkowi "wy-": *All the water had boiled away* (=wygotowała się). **9** bez przerwy: *He's been working away on the patio all day.* ➡ patrz też **right away** (RIGHT)

away[2] *adj* **away game/match** mecz wyjazdowy ➡ antonim HOME

awe /ɔː/ *n* [U] podziw: **in/with awe** *She gazed with awe at the breathtaking landscape.*

awe-in·spir·ing /ˈ. .,../ *adj* budzący respekt: *an awe-inspiring achievement*

awe·some /ˈɔːsəm/ *adj* przerażający: *an awesome responsibility*

aw·ful /ˈɔːfəl/ *adj* **1** okropny: *What awful weather!* | *This soup tastes awful!* **2 an**

Czasowniki posiłkowe: **Auxiliary verbs**

Do grupy tej należą: ***be***, ***have***, ***do*** oraz wszystkie czasowniki modalne i półmodalne (omówione oddzielnie). Czasownik posiłkowy ma znaczenie gramatyczne, tzn. występuje w zdaniu wraz z innym czasownikiem, określając jego czas, tryb i stronę, jak również tworząc formy pytające i przeczące, np.:

*I **have** finished.*
***Don't** go!*
*This theatre **was** built last year.*
***Did** you see that?*
*She **hasn't** left yet.*

Czasowniki ***be***, ***have*** i ***do*** mogą również zachowywać się jak zwykłe czasowniki. Mają one wówczas określone znaczenie leksykalne (odpowiednio: „być", „mieć" i „robić") i występują w zdaniu samodzielnie, a nie w towarzystwie innego czasownika, np.:

*He **is** ill.*
*They **have** a lovely garden.*
*I **did** nothing wrong.*

patrz też: ***BE, DO, HAVE, Modal Verbs, Question Tags, Verb***

awful lot (of) *spoken* strasznie dużo: *It's going to cost an awful lot of money.*

aw·ful·ly /ˈɔːfəli/ *adv spoken* strasznie, okropnie: *I'm awfully sorry – I didn't mean to disturb you.*

awk·ward /ˈɔːkwəd/ *adj* **1** niewygodny, niezręczny: *This camera's rather awkward to use.* | *Let's hope they don't ask too many awkward questions.* **2** skrępowany: *He stood in a corner, looking awkward and self-conscious.* **3** trudny: *I wish you'd stop being so awkward!* —**awkwardly** *adv* niezręcznie —**awkwardness** *n* [U] niezręczność

a·woke /əˈwəʊk/ *v* czas przeszły od AWAKE

a·wok·en /əˈwəʊkən/ *v* imiesłów bierny od AWAKE

axe[1] /æks/ (*także* **ax** *AmE*) *n* [C] siekiera

axe[2] (*także* **ax** *AmE*) *v* [T] *informal* z/likwidować: *The company has announced its decision to axe 700 jobs.*

ax·is /ˈæksɪs/ *n* [C] *plural* **axes** oś (*Ziemi, wykresu itp.*)

ax·le /ˈæksəl/ *n* [C] oś (*pojazdu*)

aye /aɪ/ *adv spoken informal* tak

az·ure /ˈæʒə/ *adj, n* [U] lazurowy

Bb

BA /ˌbiː ˈeɪ/, **B.A.** *n* [C] stopień naukowy odpowiadający licencjatowi z nauk humanistycznych → patrz też BSC

bab·ble /ˈbæbəl/ *v* [I] bełkotać: *What are you babbling on about?*

ba·boon /bəˈbuːn/ *n* [C] pawian

ba·by /ˈbeɪbi/ *n* **1** [C] niemowlę: *A baby was crying upstairs.* | **have a baby** (=urodzić): *Has Sue had her baby yet?* **2** *AmE spoken* kochanie: *Bye, baby. I'll be back by six.* **3 baby elephant etc** słoniątko itp.

baby car·riage /ˈ.. ˌ../ także **baby buggy** *n* [C] *AmE* wózek spacerowy

ba·by·ish /ˈbeɪbi-ɪʃ/ *adj* dziecinny: *We were taught that it was babyish for a boy to cry.*

ba·by·sitter /ˈbeɪbiˌsɪtə/ *n* [C] opiekun/ka do dzieci —**babysitting** *n* [U] opieka nad dzieckiem: *I earn some extra money from babysitting.*

bach·e·lor /ˈbætʃələ/ *n* **1** [C] kawaler **2 Bachelor of Arts/Science/Education etc** stopień naukowy odpowiadający licencjatowi

bachelor's de·gree /ˈ... .ˌ./ *n* [C] stopień naukowy odpowiadający licencjatowi

back[1] /bæk/ *n* **1** [C] **a)** plecy: *My back was really aching.* **b)** kręgosłup: *He broke his back in a motorcycle accident.* **2** [C usually singular] tył: **the back of** *We climbed into the back of the truck.* | *Joe's somewhere at the back of the hall.* | **in back of** *AmE* (=za): *The pool's in back of the house.* → antonim FRONT[1] **3** oparcie: **the back of** *He rested his arm on the back of the sofa.* **4 back to front** *BrE* tył(em) na przód: *You've got your sweater on back to front.* **5 behind sb's back** za plecami: *They're always talking about her behind her back.* **6 be at/in the back of your mind** nie opuszczać kogoś (*o uczuciu, myślach*): *There was always a slight fear in the back of his mind.* **7 get off my back!** *spoken* daj mi spokój!: *I'll do it in a minute. Just get off my back!* **8 have your back to/against the wall** *informal* być przypartym do muru → patrz też **turn your back on** (TURN[1])

back[2] *adv* **1** z powrotem: *Put the milk back in the refrigerator.* | *Roger said he'd be back in an hour.* | *I woke up at 5 a.m. and couldn't get back to sleep.* **2** do tyłu: *Harry looked back to see if he was still being followed.* | *Her hair was pulled back in a ponytail.* **3** w odpowiedzi: *Gina smiled, and the boy smiled back.* **4** wcześniej: *This all happened about three years back.* **5 back and forth** tam i z powrotem: *He walked back and forth across the floor.*

back[3] *v* **1** [T] popierać: *The bill is backed by several environmental groups.* **2** [I,T] cofać (się): *We slowly backed away from the snake.* | *Teresa backed the car down the driveway.* **3** [T] stawiać na: *Who did you back to win the Superbowl?*

back down *phr v* [I] wycofywać się: *Rosen backed down when he saw how big the other guy was.*

back off *phr v* [I] odsuwać się: *Back off a little, you're too close.*

back out *phr v* [I] wycofywać się (*z obietnicy, umowy*): *They backed out of the deal at the last minute.*

back up *phr v* **1** [T **back** sb/sth ↔ **up**] popierać: *He had evidence on video to back up his claim.* **2** [I,T **back** sth ↔ **up**] robić zapasową kopię (*pliku komputerowego*) **3** [I,T **back** sth ↔ **up**] cofać (*samochód*)

back[4] *adj* **1** tylny: *the back door* | *in the back garden* **2 back street/road** boczna ulica/droga **3 back taxes/pay** zaległe podatki/pobory: *We owe £350 in back rent.*

back·ache /ˈbækeɪk/ *n* [C,U] bóle krzyża

back·bone /ˈbækbəʊn/ *n* **1 the backbone of** podstawa: *The cocoa industry is the backbone of Ghana's economy.* **2** [C] kręgosłup

back·date /ˌbækˈdeɪt/ *v* [T] antydatować: *a pay increase backdated to January*

back·drop /ˈbækdrɒp/ *n* [C] **1** tło: *The Spanish Civil War was the backdrop for*

Orwell's novel. **2** *także* **back·cloth** /-klɒθ/ kulisy

back·er /'bækə/ *n* [C] sponsor: *We need backers for the festival.*

back·fire /ˌbæk'faɪə/ *v* [I] odnosić odwrotny skutek

back·ground /'bækgraʊnd/ *n* **1** [C] pochodzenie (*społeczne*): *The kids here have very different backgrounds.* (=pochodzą z bardzo różnych środowisk) **2** [C] wykształcenie: *He has a background in Computer Science.* **3** [U singular] tło **4 in the background a)** w tle: *In the background you can see the school.* | *the sound of traffic in the background* **b)** z boku: *A waiter stood quietly in the background.*

back·ing /'bækɪŋ/ *n* [U] wsparcie: *financial backing for the project*

back·lash /'bæklæʃ/ *n* [C] sprzeciw (*wobec popularnego wcześniej trendu itp.*): *the backlash against feminist ideas*

back·log /'bæklɒg/ *n* [C usually singular] zaległości: *a huge backlog of orders from customers*

back·pack[1] /'bækpæk/ *n* [C] plecak

backpack[2] *v* [I] wędrować z plecakiem

back seat /ˌ. '.◂ / *n* [C] **1** tylne siedzenie **2 take a back seat** usuwać się na dalszy plan

back·stage /ˌbæk'steɪdʒ◂ / *adv* za kulisami: *There was great excitement backstage.*

back·stroke /'bækstrəʊk/ *n* [singular] styl grzbietowy

back-to-back /ˌ. . '.◂ / *adj, adv* **1** jeden po drugim: *We played two concerts back-to-back.* **2** tyłem do siebie: *They stood back-to-back.* | *back-to-back houses*

back·up /'bækʌp/ *n* **1** [C] zapasowa kopia: *Always make backup files at the end of the day.* **2** [C,U] wsparcie, posiłki: *Four more police cars provided backup.*

back·ward /'bækwəd/ *adj* **1 backward glance/step** spojrzenie/krok wstecz: *She left without a backward glance* (=nie oglądając się). **2** opóźniony w rozwoju: *a backward child*

back·wards /'bækwədz/ (*także* **backward** *AmE*) *adv* **1** do tyłu, wstecz: *She took a step backwards in surprise.* ➡ antonim FORWARDS *BrE* **2** od końca: *Can you say the alphabet backwards?* ➡ antonim FORWARDS *BrE* **3** tył(em) na przód: *Your T-shirt is on backwards.* **4 backwards and forwards** tam i z powrotem

back·yard /ˌbæk'jɑːd◂ / *n* [C] **1** *BrE* podwórko (*za domem*) **2** *AmE* ogródek (*za domem*)

ba·con /'beɪkən/ *n* [U] bekon, boczek

bac·te·ri·a /bæk'tɪəriə/ *n* [plural] bakterie —**bacterial** *adj* bakteryjny

bad /bæd/ *adj* **worse, worst 1** zły: *I'm afraid I have some bad news for you.* | *He's not really a bad boy.* | *He was the worst teacher I ever had.* **2 be bad at** być słabym z: *Brian is really bad at sports.* **3 be bad for** szkodzić: *Too many sweets are bad for your teeth.* | *Smoking is bad for you.* **4** poważny: *a bad cold* | *The political situation is getting worse.* **5 not bad** *spoken* nie najgorzej: *"How are you?" "Oh, not bad."* **6 too bad** *spoken* **a)** *BrE* trudno: *"I'm late for work!" "Too bad, you should have got up earlier!"* **b)** szkoda: *It's too bad she missed all the fun.* **7 go bad** ze/psuć się (*o jedzeniu*): *The meat has gone bad.* **8 feel bad** mieć wyrzuty sumienia: *I felt really bad about missing your birthday.* **9 a bad heart/back** chore serce/kręgosłup: *The fever left him with a bad heart.* **10 bad language** brzydkie słowa

bade /bæd/ czas przeszły i imiesłów bierny od BID

badge /bædʒ/ *n* [C] *BrE* odznaka: *She was wearing a badge that said "I am 4 today!"*

bad·ger /'bædʒə/ *n* [C] borsuk

bad·ly /'bædli/ *adv* **worse, worst 1** źle: *a badly written book* ➡ antonim WELL[2] **2** bardzo: *The refugees badly need clean water.* **3** poważnie: *badly injured*

bad·min·ton /'bædmɪntən/ *n* [U] badminton

bad-tem·pered /ˌ. '..◂ / *adj* w złym humorze: *George seems bad-tempered this morning.*

baf·fled /ˈbæfəld/ *adj* zbity z tropu: *Scientists are completely baffled by the results.*

B **bag** /bæg/ *n* [C] **1** torba: *a shopping bag | packing a bag for the weekend | two bags of rice per family* **2** *BrE* torebka **3 bags of** *spoken, especially BrE* masa: *We've got bags of time. There's no need to rush.* **4 bags under your eyes** worki pod oczami

bag·gage /ˈbægɪdʒ/ *n* [U] bagaż

bag·gy /ˈbægi/ *adj* workowaty: *a baggy T-shirt*

bag·pipes /ˈbægpaɪps/ *n* [plural] dudy

bail[1] /beɪl/ *n* [U] kaucja: **release sb on bail/grant sb bail** (=zwalniać za kaucją): *Hamilton was released on bail of $50,000.*

bail[2] *v*

bail out *phr v* **1** [T **bail** sb ↔ **out**] wpłacać kaucję za **2** [T **bail** sb/sth **out**] po/ratować finansowo: *You can't expect your parents to bail you out every time you're in debt.* **3** [T **bail** sth ↔ **out**] wybierać wodę z

bai·liff /ˈbeɪlɪf/ *n* [C] **1** *BrE* komornik **2** *AmE* strażnik sądowy

bait /beɪt/ *n* [U singular] przynęta

bake /beɪk/ *v* [I,T] u/piec: *I'm baking a cake for Laurie.*

baked beans /,. ˈ./ *n* [U] fasola w sosie pomidorowym (*z puszki*)

bak·er /ˈbeɪkə/ *n* [C] piekarz

bak·er·y /ˈbeɪkəri/ *n* [C] piekarnia

bal·ance[1] /ˈbæləns/ *n* **1** [U] równowaga: *the balance between the separate branches of government* | **lose your balance** (=s/tracić równowagę): *Billy lost his balance and fell.* | **be off balance** (=chwiać się): *I was still off balance when he hit me again.* | **strike a balance between** (=znajdować kompromis pomiędzy): *Parents have to strike a balance between protecting their children and allowing them to be independent.* **2 the balance** saldo: *What's the balance on my credit card?* **3 be/hang in the balance** ważyć się (*o losach, przyszłości*): *The whole future of Bosnia hangs in the balance.* **4** [C] *technical* waga **5 on balance** wziąwszy wszystko pod uwagę: *I think on balance I prefer the new system.*

balance[2] *v* **1** [T] po/godzić: *A working parent has to balance family life and career.* **2** [I,T] utrzymywać równowagę: *You have to learn to balance when you ride a bicycle.* **3** [I,T] **balance the books/budget** nie przekraczać budżetu: *Congress is attempting to balance the budget.* **4** [T] rozważać: **balance sth against** *Our rights have to be balanced against* (=należy rozważać w kontekście) *our responsibilities.*

bal·anced /ˈbælənst/ *adj* **1** wyważony: *a balanced picture of the issues* **2** pełnowartościowy: *a balanced diet*

balance of pow·er /,... . ˈ../ *n* **the balance of power** rozkład sił: *a shift in the balance of power*

balance sheet /ˈ.. ./ *n* [C] zestawienie bilansowe

bal·co·ny /ˈbælkəni/ *n* [C] balkon

bald /bɔːld/ *adj* łysy —**baldness** *n* [U] łysina

bald·ing /ˈbɔːldɪŋ/ *adj* łysiejący

bale /beɪl/ *n* [C] bela

ball /bɔːl/ *n* [C] **1** piłka: *yellow tennis balls* **2** kłębek: *a ball of wool* **3 have a ball** *informal* świetnie się bawić: *We had a ball last night!* **4** bal

bal·lad /ˈbæləd/ *n* [C] ballada

bal·le·ri·na /,bæləˈriːnə/ *n* [C] baletnica

bal·let /ˈbæleɪ/ *n* [U,C] balet: *the ballet "Swan Lake" | the Bolshoi ballet*

ball game /ˈ. ./ *n* [C] *informal* **a whole new ball game/a different ball game** inna para kaloszy: *I've used word processors before, but this is a whole new ball game!*

bal·loon /bəˈluːn/ *n* [C] balon(ik)

bal·lot /ˈbælət/ *n* **1 ballot paper** *BrE* kartka do głosowania **2** [C,U] głosowanie tajne

ballot box /ˈ.. ./ *n* **1 the ballot box** wybory: *The voters will give their opinion of* *the Governor at the ballot box.* **2** [C] urna wyborcza

ball·park /ˈbɔːlpɑːk/ *n* [C] *AmE* boisko baseballowe

ball·point pen /ˌbɔːlpɔɪnt ˈpen/ *także* **ballpoint** *n* [C] długopis

ball·room /ˈbɔːlrʊm/ *n* [C] sala balowa

balm·y /ˈbɑːmi/ *adj* balsamiczny

bam·boo /ˌbæmˈbuː◂ / *n* [U] bambus

ban[1] /bæn/ *n* [C] zakaz: *a global ban on nuclear testing*

ban[2] *v* [T] **-nned, -nning** zakazywać: *Smoking inside the building is banned.* | **ban sb from doing sth** *Chappel was banned from contacting his ex-wife.*

ba·nal /bəˈnɑːl/ *adj* banalny —**banality** /bəˈnæl̩ti/ *n* [C,U] banał

ba·na·na /bəˈnɑːnə/ *n* [C] banan

band /bænd/ *n* [C] **1** zespół (*muzyczny*) **2** grupa: *a small band of terrorists* **3** pręga, pasek: *a fish with a black band along its back* **4** przedział (*np. podatkowy*): *Above £20,000, you are in a higher tax band.* **5 rubber band** gumka

ban·dage[1] /ˈbændɪdʒ/ *n* [C] bandaż

bandage[2] *v* [T] za/bandażować

Band-Aid /ˈ. ./ *n* [C] *AmE trademark* plaster

B and B /ˌbiː ənd ˈbiː/ skrót od BED AND BREAKFAST

ban·dit /ˈbænd̩t/ *n* [C] bandyta

band·stand /ˈbændstænd/ *n* [C] estrada (*w parku*)

bang[1] /bæŋ/ *v* **1** [I,T] walić, tłuc: *He started banging his dish on the table.* **2** [T] uderzyć się w: *I banged my knee on the corner of the bed.*

bang[2] *n* **1** [C] łomot, huk: *There was a loud bang, followed by the sound of breaking glass.* **2** [C] uderzenie: *a nasty bang on the head* **3 go with a bang** *informal* wspaniale się udać: *The New Year's Party went with a bang.*

bang[3] *adv informal* dokładnie: *They've built a parking lot bang in the middle* (=w samym środku) *of town.* | **bang on** (=strzał w dziesiątkę): *Yes, your answer's bang on!*

bang[4] *interjection* **bang! bang!** pif-paf!: *"Bang! Bang! You're dead!" Tommy shouted.*

bang·er /ˈbæŋə/ *n* **1** [C] *BrE informal* kiełbaska **2 old banger** stary gruchot

ban·gle /ˈbæŋgəl/ *n* [C] bransoletka

bangs /bæŋz/ *n* [plural] *AmE* grzywka

ban·ish /ˈbænɪʃ/ *v* [T] **1** odpędzać od siebie: *I decided to banish all thoughts of ever marrying him.* **2** skazywać na wygnanie **3** zakazywać udziału: **+ from** *He was banished from the Olympics after a failed drugs test.* —**banishment** *n* [U] wygnanie, banicja → porównaj EXILE[2]

ban·is·ter /ˈbæn̩stə/ *n* [C] balustrada, poręcz

bank[1] /bæŋk/ *n* [C] **1** bank: *I went to the bank at lunchtime to pay in my salary.* | *a blood bank* **2** brzeg: *trees lining the river bank* **3** nasyp

bank[2] *v*

bank on sb/sth *phr v* [T] liczyć na: *We were banking on Jesse being here to help.*

bank ac·count /ˈ. .ˌ./ *n* [C] konto bankowe, rachunek bankowy

bank·er /ˈbæŋkə/ *n* [C] bankier

bank hol·i·day /ˌ. ˈ.../ *n* [C] *BrE* jeden z kilku dni w roku, kiedy nie pracuje większość instytucji

bank·ing /ˈbæŋkɪŋ/ *n* [U] bankowość

bank·note /ˈbæŋknəʊt/ *n* [C] *especially BrE* banknot

bank·rupt /ˈbæŋkrʌpt/ *adj* niewypłacalny: **go bankrupt** (=z/bankrutować): *Many small businesses went bankrupt during the recession.*

bank·rupt·cy /ˈbæŋkrʌptsi/ *n* [C,U] bankructwo: *a sharp increase in bankruptcies last year*

bank tel·ler /ˈ. ˌ../ *n* [C] kasjer/ka (*w banku*)

ban·ner /ˈbænə/ *n* [C] **1** transparent: *crowds waving banners that read "Welcome Home"* **2** flaga

ban·quet /ˈbæŋkw̩t/ *n* [C] bankiet

bap·tis·m /ˈbæptɪzəm/ *n* [C,U] chrzest

bap·tize /bæpˈtaɪz/ (*także* **-ise** *BrE*) *v* [T] o/chrzcić

B

B

bar[1] /bɑː/ *n* [C] **1 a)** bar: *O'Keefe stood at the bar.* **2** tabliczka: *a bar of chocolate* **3** krata: *A lot of houses had bars across the windows.* **4** przeszkoda: *Lack of money should not be a bar to educational opportunity.* **5** takt: *She sang the first three bars of the song.* **6 behind bars** za kratkami **7 the bar** adwokatura → patrz też SNACK BAR

bar[2] *v* **-rred, -rring** [T] **1** zabraniać, zakazywać: **bar sb from** *We're barred from taking pictures inside the courtroom.* **2 bar sb's way** zagradzać komuś drogę: *He stood in the doorway, barring my way.*

bar[3] *prep* z wyjątkiem: *It was a great performance, bar one little mistake.*

bar·bar·i·an /bɑːˈbeəriən/ *n* [C] barbarzyńca —**barbarian** *adj* barbarzyński

bar·bar·ic /bɑːˈbærɪk/ *adj* barbarzyński: *a barbaric act of terrorism*

bar·be·cue[1] /ˈbɑːbɪkjuː/ *n* [C] **1** przyjęcie z grillem: *Let's have a barbecue on the beach.* **2** grill

barbecue[2] *v* [T] u/piec na grillu

barbed wire /ˌ. ˈ.◂/ *n* [U] drut kolczasty

bar·ber /ˈbɑːbə/ *n* [C] fryzjer męski

bar code /ˈ. ./ *n* [C] kod paskowy

bare[1] /beə/ *adj* **1** goły, nagi: *a bare hillside* | *a report giving just the bare facts* **2** bosy: *Her feet were bare and her dress was dirty.* **3** pusty: *The room looked very bare.* **4 the bare necessities/essentials** absolutnie niezbędne rzeczy: *The refugees took only the bare essentials with them.* **5 with your bare hands** gołymi rękami: *Smith killed her with his bare hands.*

bare[2] *v* [T] obnażać: *The dog bared its teeth and growled.*

bare·foot /ˌbeəˈfʊt◂/ *adj, adv* bosy, boso: *walking barefoot in the sand*

bare·ly /ˈbeəli/ *adv* **1** zaledwie: *She was barely 17 when she had her first child.* **2** ledwo, ledwie: *He'd barely sat down when she started asking questions.* | *I could barely stay awake.*

bar·gain[1] /ˈbɑːgɪn/ *n* [C] **1** okazja: *At £2,500 this car is a real bargain.* **2** umowa: **make/strike a bargain** (=dogadać się): *We've made a bargain that Paul does the shopping and I cook.* **3 into the bargain** *especially BrE* do tego wszystkiego: *Myrtle has two jobs, three children, and looks after her sick mother into the bargain.*

bargain[2] *v* [I] negocjować: *bargaining for better pay*

bargain for sth *phr v* [T] spodziewać się: *I got more work than I bargained for in this job!*

barge[1] /bɑːdʒ/ *n* [C] barka

barge[2] *v* [I] *informal* przepychać się: **+ through/past** *Ferguson barged past the guards at the door.*

barge into sth *phr v* [I] w/ładować się do: *What do you mean, barging into my house!*

bar·i·tone /ˈbærɪtəʊn/ *n* [C] baryton

bark[1] /bɑːk/ *v* **1** [I] za/szczekać **2 be barking up the wrong tree** *spoken* podążać złym tropem: *Colin didn't do it. You're barking up the wrong tree.*

bark[2] *n* **1** [C] szczekanie **2** [U] kora

bar·ley /ˈbɑːli/ *n* [U] jęczmień

bar·maid /ˈbɑːmeɪd/ *n* [C] *BrE* barmanka

bar·man /ˈbɑːmən/ *n* [C] *BrE* barman

barm·y /ˈbɑːmi/ *adj BrE spoken informal* stuknięty

barn /bɑːn/ *n* [C] stodoła

ba·rom·e·ter /bəˈrɒmɪtə/ *n* [C] barometr: *Universities became a barometer of political currents.*

ba·roque /bəˈrɒk/ *adj* barokowy

bar·racks /ˈbærəks/ *n* [plural] koszary

bar·rage /ˈbærɑːʒ/ *n* **1** [singular] napór: **+ of** *Despite a barrage of criticism, the trial went ahead.* **2** [C usually singular] ogień zaporowy

bar·rel /ˈbærəl/ *n* [C] **1** beczka **2** lufa

bar·ren /ˈbærən/ *adj* jałowy

bar·ri·cade /ˈbærɪkeɪd/ *n* [C] barykada —**barricade** *v* [T] za/barykadować

bar·ri·er /ˈbæriə/ *n* [C] **1** bariera: *an attempt to reduce trade barriers* | *The Alps* *form a natural barrier across Europe.* **2** barierka: *barriers to hold back the crowds*

bar·ring /ˈbɑːrɪŋ/ *prep* o ile nie będzie: *Barring any last minute problems, we should finish on Friday.*

bar·ris·ter /ˈbærəstə/ *n* [C] adwokat

bar·tend·er /ˈbɑːˌtendə/ *n* [C] *AmE* barman/ka

bar·ter /ˈbɑːtə/ *v* **1** [I] prowadzić handel wymienny **2** [T] wymieniać —**barter** *n* [U] wymiana towarowa

base[1] /beɪs/ *v* [T] **be based in** mieć siedzibę w: *a law firm based in Denver*

base sth **on/upon** sth *phr v* [T] opierać na: *The play was loosely based on Amelia Earhart's life.*

base[2] *n* **1** [C] baza: *a military base* | *The village provides an excellent base from which to explore the surrounding countryside.* | *Microsoft's base is in Redmond.* | *Mandela had a broad base of political support.* **2** podstawa: *a black vase with a round base* | *the base of the skull* **3** podkład: *paints with a water base*

base·ball /ˈbeɪsbɔːl/ *n* **1** [U] baseball **2** [C] piłka do baseballa

base·ment /ˈbeɪsmənt/ *n* [C] suterena, piwnica

bas·es /ˈbeɪsiːz/ *n* liczba mnoga od BASIS

bash /bæʃ/ *v* [T] walnąć: *He bashed his toe on the coffee table.*

bash·ful /ˈbæʃfəl/ *adj* wstydliwy, nieśmiały: *a bashful smile* —**bashfully** *adv* wstydliwie, nieśmiało

ba·sic /ˈbeɪsɪk/ *adj* podstawowy: *the basic principles of mathematics* | *There are two basic problems here.* | *basic health care for children*

ba·sic·ally /ˈbeɪsɪkli/ *adv spoken* w zasadzie, zasadniczo: *Well, basically the teacher said he'll need extra help with French.* | *Norwegian and Danish are basically the same.*

ba·sics /ˈbeɪsɪks/ *n* **the basics** podstawy: **the basics of** *a class that teaches you the basics of first aid*

bas·il /ˈbæzəl/ *n* [U] bazylia

ba·sin /ˈbeɪsən/ *n* [C] **1** *BrE* miska: *Pour the hot water into a basin.* **2** *BrE* umywalka **3** *technical* dorzecze: *the Amazon basin*

ba·sis /ˈbeɪsəs/ *n* [C] *plural* **bases** /-siːz/ **1 on the basis of** na podstawie: *Some planning decisions were taken on the basis of very poor evidence.* **2 on a part-time/freelance basis** na pół etatu/na zasadzie wolnego strzelca: *She works for us on a part-time basis.* **3** podstawa: **+ for** *The video will provide a basis for class discussion.*

bask /bɑːsk/ *v* [I] **1** wygrzewać się: **+ in** *a cat basking in the sun* **2** rozkoszować się: **+ in** *basking in the glory of his early success*

bas·ket /ˈbɑːskət/ *n* [C] **1** kosz(yk): *a basket full of fruit* **2** kosz (*gol w koszykówce*)

bas·ket·ball /ˈbɑːskətbɔːl/ *n* **1** [U] koszykówka **2** [C] piłka do koszykówki

bass /beɪs/ *n* **1** [C] bas **2** [U] niski rejestr —**bass** *adj* basowy: *a bass guitar*

bas·tard /ˈbɑːstəd/ *n* [C] *old-fashioned* bękart

bas·ti·on /ˈbæstiən/ *n* [C] bastion: *the Académie Française, bastion of French culture*

bat[1] /bæt/ *n* [C] **1** kij (*np. baseballowy*) **2** rakiet(k)a (*do tenisa stołowego*) **3** nietoperz

bat[2] *v* **-tted, -tting 1** [I] wybijać piłkę (*w baseballu, krykiecie*) **2 not bat an eyelid/eye** *BrE*/**not bat an eye** *AmE* nawet nie mrugnąć: *The boss didn't bat an eye when I said I was leaving.*

batch /bætʃ/ *n* [C] partia, porcja: *the latest batch of student essays*

bat·ed /ˈbeɪtəd/ *adj* **with bated breath** z zapartym tchem: *I waited for her answer with bated breath.*

bath[1] /bɑːθ/ *n* [C] **a)** kąpiel: *I love to sit and soak in a hot bath.* | **run a bath** (=puszczać wodę na kąpiel): *Sandy went upstairs to run a bath.* | **have a bath** *BrE*/**take a bath** *AmE* (=brać/wziąć kąpiel): *I'll have a quick bath before we go out.* **b)** *BrE* wanna

bath[2] *v* [T] *BrE* wy/kąpać: *I'm just going to bath the baby.*

bathe /beɪð/ *v* **1** [I] wy/kąpać się: *Water was scarce, and we only bathed once a week.* **2** [T] wy/kąpać: *Dad bathed Johnny and put him to bed.* **3** [T] przemywać: *Bathe the wound twice a day.*

bathing suit /ˈbeɪðɪŋ suːt/ *n* [C] kostium kąpielowy

bath·robe /ˈbɑːθrəʊb/ *n* [C] szlafrok kąpielowy

bath·room /ˈbɑːθrʊm/ *n* [C] **1** łazienka **2** *AmE* **go to the bathroom** s/korzystać z toalety

bath·tub /ˈbɑːθtʌb/ *n* [C] *especially AmE* wanna

bat·on /ˈbætɒn/ *n* [C] **1** batuta **2** pałka **3** pałeczka (*sztafetowa*)

bats·man /ˈbætsmən/ *n* [C] *plural* **batsmen** wybijający piłkę (*w krykiecie*)

bat·tal·ion /bəˈtæljən/ *n* [C] batalion

bat·ter[1] /ˈbætə/ *n* **1** [C,U] panier (*z mąki*): *fish in batter or breadcrumbs* **2** [C] wybijający piłkę (*w baseballu*)

batter[2] *v* [I,T] maltretować: **batter against** (=uderzać o): *Waves battered against the rocks.*

bat·tered /ˈbætəd/ *adj* **1** sponiewierany: *a battered old paperback book* **2 battered wives/women** maltretowane kobiety/żony

bat·ter·y /ˈbætəri/ *n* [C] bateria, akumulator: *I need some new batteries for my Walkman.* | **flat battery** *If you leave the car lights on, you'll get a flat battery* (=akumulator się rozładuje).

bat·tle[1] /ˈbætl/ *n* **1** [C,U] bitwa: *the battle of Trafalgar* | *Thousands of soldiers were killed in battle.* **2** [C] walka: **+ for** *a battle for power* | **+ against** *the battle against AIDS*

battle[2] *v* [I,T] walczyć: *My mother battled bravely against breast cancer for years.*

bat·tle·field /ˈbætlfiːld/, **bat·tle·ground** /-graʊnd/ *n* [C] pole bitwy

bat·tle·ship /ˈbætlˌʃɪp/ *n* [C] pancernik

bay /beɪ/ *n* **1** [C] zatoka: *a beautiful sandy bay* **2 keep/hold sb at bay** trzymać kogoś na dystans: *Use your hands or feet to keep your attacker at bay.* **3 loading bay** hala wsadowa **4 sick bay** izba chorych

bay leaf /ˈ. ./ *n* [C] liść laurowy

bay·o·net /ˈbeɪənət/ *n* [C] bagnet

ba·zaar /bəˈzɑː/ *n* [C] **1** bazar **2** kiermasz dobroczynny: *the annual church bazaar*

BC /ˌbiː ˈsiː/ *adv* p.n.e.: *The Great Pyramid dates from around 2600 B.C.* ➡ porównaj AD

be[1] /biː/ *auxiliary verb* **1** w połączeniu z imiesłowem czynnym służy do tworzenia czasów ciągłych: *Jane was reading by the fire.* | *Don't disturb me while I'm working.* **2** w połączeniu z imiesłowem biernym służy do tworzenia strony biernej: *Smoking is not permitted on this flight.* **3** służy do mówienia o przyszłości: *I'll be leaving tomorrow.* ➡ patrz ramka BE, patrz też BEEN

be[2] *v* **1** [linking verb] być: *January is the first month of the year.* | *Julie wants to be a doctor.* | *Where is Sara?* | *You're very cheerful today!* | *I'm hungry.* **2 there is/there are/there were etc** jest/są/były itp.: *There's a hole in the knee of your jeans.* | *Last night there were only eight people at the cinema.* ➡ patrz ramka BE

beach /biːtʃ/ *n* [C] plaża

bea·con /ˈbiːkən/ *n* [C] światło nawigacyjne

bead /biːd/ *n* [C] **1** koralik **2** kropelka: *beads of sweat*

beak /biːk/ *n* [C] dziób

bea·ker /ˈbiːkə/ *n* [C] *BrE* kubek (*bez ucha*)

beam[1] /biːm/ *n* [C] **1 a)** snop (światła): *The beam of the flashlight flickered and went out.* **b)** wiązka (*promieni*) **2** belka **3** promienny uśmiech

beam[2] *v* **1** [I] uśmiechać się promiennie: **+ at** *Uncle Willie beamed at us.* **2** [I,T] transmitować: *The signal is beamed up to a satellite.*

bean /biːn/ *n* [C] **1** fasola **2** ziarno: *coffee beans*

BE

Jako zwykły czasownik **be** jest odpowiednikiem polskiego „być", np.:

*She **is** Polish.* ***Were** you frightened?* *I want **to be** famous.*

Jako czasownik posiłkowy **be** służy do tworzenia

1 czasów „continuous", np.:

*I **am** studying.* *They **weren't** listening.* *He **will be** waiting.*

2 strony biernej, np.:

*She **was** murdered.* *He **won't be** invited.* *We **are being** followed.*

Konstrukcja **be** + bezokolicznik z **to** służy do wydawania lub przekazywania poleceń i instrukcji, np.:

*You **are to report** to the headmaster.* („Masz się zgłosić do dyrektora.")

*She **is** not **to leave** this room.* („Ma nie opuszczać tego pokoju.")

Odmiana

Czas teraźniejszy

Twierdzenia:	Przeczenia:
I am/I'm	*I am not/I'm not*
you are/you're	*you are not/you aren't/you're not*
he is/he's	*he is not/he isn't/he's not*
she is/she's	*she is not/she isn't/she's not*
it is/it's	*it is not/it isn't/it's not*
we are/we're	*we are not/we aren't/we're not*
they are/they're	*they are not/they aren't/they're not*
Pytania:	Pytania przeczące:
am I?, are you?, is he? itd.	*aren't I?, aren't you?, isn't he?* itd.

Czas przeszły

Twierdzenia:	Przeczenia:
I was	*I was not/I wasn't*
you were	*you were not/you weren't*
he was	*he was not/he wasn't*
she was	*she was not/she wasn't*
it was	*it was not/it wasn't*
we were	*we were not/we weren't*
they were	*they were not/they weren't*
Pytania:	Pytania przeczące:
was I?, were you?, was he? itd.	*wasn't I?, weren't you?, wasn't he?* itd.

patrz też: ***Auxiliary Verbs, Future Continuous, Infinitive, Passive Voice, Past Continuous, Present Continuous, Verb***

bean·sprout /ˈbiːnspraʊt/ *n* [C] kiełek

bear[1] /beə/ *v*, **bore, borne, bearing** [T] **1 bear sth in mind** pamiętać o czymś: **bear in mind that** *Bear in mind that this method does not always work.* **2 can't bear** nie móc znieść: *I can't bear it when you cry.* | **can't bear to do sth** *It was so horrible I couldn't bear to watch.* **3** znosić: *The pain was almost more than she could bear.* **4 bear a resemblance/relation to** być podobnym do/mieć związek z: *The murder bears a remarkable resemblance to another case five years ago.* **5 bear the blame/cost/responsibility** ponosić winę/koszt/odpowiedzialność: *You must bear some of the blame yourself.* **6 bear fruit** przynosić owoce **7** podtrzymywać: *The weight of the building is borne by thick stone pillars.* **8 bear a grudge** żywić urazę **9 bear with me** *spoken* poczekaj: *If you'll bear with me for a minute, I'll just check if he's here.* **10 bear right/left** skręcać w prawo/lewo: *Bear left at the lights.* **11** *formal* u/rodzić: *She'll never be able to bear children.* **12** *formal* nosić: *Jane arrived bearing trays of food.* ➡ patrz też **bring sth to bear** (BRING)

bear sth **out** *phr v* [T] potwierdzać: *Our fears about the radiation levels were borne out by the research.*

bear[2] *n* [C] niedźwiedź

bear·a·ble /ˈbeərəbəl/ *adj* znośny: *His letters made her loneliness bearable.*

beard /bɪəd/ *n* [C] broda —**bearded** *adj* brodaty, z brodą

bear·ing /ˈbeərɪŋ/ *n* **1 have a bearing on sth** mieć wpływ na coś, mieć związek z czymś: *Leigh's comments have no bearing on the subject.* **2 lose your bearings** s/tracić orientację: *Apparently the boat lost its bearings in the fog.* **3 get your bearings** nabierać orientacji: *It takes time to get your bearings in a new job.*

beast /biːst/ *n* [C] *literary* bestia

beat[1] /biːt/ *v* **beat, beaten, beating 1** [T] pobić, pokonać: *Spain beat Italy 3-1.* **2** [T] z/bić: **beat sb to death/beat sb unconscious** (=pobić kogoś na śmierć/do nieprzytomności) **3** [I,T] uderzać: *The rain beat loudly on the tin roof.* **4** [T] ubijać: *Beat the eggs and add them to the sugar mixture.* **5** [I] bić: *My heart seemed to be beating much too fast.* **6 not beat about/around the bush** nie owijać w bawełnę: *I won't beat about the bush, Alex. I'm leaving you.* **7** [T] *spoken* być lepszym niż: **it beats working/studying etc** *spoken*: *It's not the greatest job, but it beats cleaning houses.* **8 you can't beat** *spoken* nie ma (to) jak: *You can't beat St Tropez for good weather.* **9 it beats me** *spoken* nie mam pojęcia: *"Where does this piece go?" "It beats me!"* ➡ patrz też **off the beaten track/path** (BEATEN)

beat down *phr v* [I] **1** prażyć (*o słońcu*) **2** lać (*o deszczu*)

beat sb **to** sth *phr v* [T] uprzedzać (*kogoś w czymś*): *I called to ask about buying the car, but someone had beaten me to it.*

beat sb ↔ **up** *także* **beat up on** sb *AmE phr v* [T] ciężko pobić: *Her husband went crazy and beat her up.*

beat[2] *n* **1** [C] uderzenie, bicie: *a heart beat* | *the slow beat of a drum* **2** [singular] rytm: *The song has a beat you can dance to.* **3** [singular] rewir (*patrolowany przez policjanta*) **on the beat** *We need more police on the beat.*

beat[3] *adj informal* wykończony: *You look dead beat!*

beat·en /ˈbiːtn/ *adj* **off the beaten track/path** na uboczu: *a little hotel off the beaten track*

beat·ing /ˈbiːtɪŋ/ *n informal* **take a beating** odnieść porażkę, ucierpieć: *Tourism has taken a beating since the bombings started.*

beau·ti·cian /bjuːˈtɪʃən/ *n* [C] kosmetyczka

beau·ti·ful /ˈbjuːtəfəl/ *adj* piękny: *the most beautiful woman in the world* | *a beautiful pink dress* | *beautiful music* | *a beautiful view*

beau·ty /ˈbjuːti/ *n* **1** [U] uroda, piękno: *a woman of great beauty* | *the beauty of the Swiss Alps* **2** [C] *informal* cudo **3 the beauty of** urok, zaleta: *The beauty of this* *type of exercise is that you can do it anywhere.* **4** [C] *old-fashioned* piękność: *She's a great beauty.*

beauty sal·on /'.. ,../ *BrE*, **beauty parlor** *AmE n* [C] salon piękności

beauty spot /'.. ./ *n* [C] atrakcja krajobrazowa

bea·ver /'biːvə/ *n* [C] bóbr

be·came /bɪ'keɪm/ *v* czas przeszły od BECOME

be·cause /bɪ'kɒz/ *conjunction* **1** bo, ponieważ: *You can't go because you're too young.* **2 because of** z powodu: *We weren't able to have the picnic because of the rain.* **3 just because ...** *spoken* tylko dlatego, że ...: *Just because you're older it doesn't mean you can boss me around.*

beck·on /'bekən/ *v* [I,T] skinąć (na): *He beckoned her to join him.*

be·come /bɪ'kʌm/ *v* **became, become, becoming 1** stawać się: *The weather had become warmer.* | *It is becoming harder to find good staff.* **2** zostać: *Kennedy became the first Catholic president.* **3 what/whatever became of ...?** co się stało z ...?: *Whatever became of Nigel and Denise?*

bed /bed/ *n* **1** [C,U] łóżko: *a double bed* | **in bed** *I lay in bed reading.* | **go to bed** *Jamie usually goes to bed at about 7 o'clock.* | **get out of bed** *She looked like she had just got out of bed.* | **make the bed** (=ścielić łóżko) **2 go to bed with sb** iść z kimś do łóżka **3** [C] dno: *the sea bed* **4** [C] grządka: *flower beds* (=klomby)

bed and break·fast /,. . '../ **B&B** *n* [C] pensjonat

bed·clothes /'bedkləʊðz/ *n* [plural] pościel

bed·ding /'bedɪŋ/ *n* [U] pościel

bed·rid·den /'bed,rɪdn/ *adj* przykuty do łóżka

bed·room /'bedrʊm/ *n* [C] sypialnia

bed·sit /,bed'sɪt/ *n* [C] *BrE* **bed·sit·ter** /-'sɪtə/, **bed-sitting room** /,. '.. ./ wynajmowany pokój, służący jednocześnie jako sypialnia i pokój dzienny

bed·spread /'bedspred/ *n* [C] narzuta

bed·time /'bedtaɪm/ *n* [C,U] pora, kiedy chodzi się spać: *It's way past your bedtime* (=już dawno powinieneś być w łóżku)*!*

bee /biː/ *n* [C] pszczoła

beech /biːtʃ/ *n* [C,U] buk

beef /biːf/ *n* [U] wołowina

beef·bur·ger /'biːfbɜːgə/ *n* [C] *BrE* hamburger wołowy

bee·hive /'biːhaɪv/ *n* [C] ul

been /biːn/ *v* **1** imiesłów bierny od BE **2 have been to** być gdzieś (i wrócić): *Kate has just been to Japan.*

beep·er /'biːpə/ *n* [C] brzęczyk

beer /bɪə/ *n* [C,U] piwo: *a pint of beer* | *Do you fancy a beer?*

beet /biːt/ *n* [C,U] **1** *także* **sugar beet** burak cukrowy **2** *AmE* burak (ćwikłowy)

bee·tle /'biːtl/ *n* [C] żuk, chrząszcz

beet·root /'biːtruːt/ *BrE n* [C] burak (ćwikłowy)

be·fore[1] /bɪ'fɔː/ *prep* przed: *I usually shower before having breakfast.* | *Denise got there before me.* | *The priest knelt before the altar.* | *His wife and children come before his job.* | *Turn right just before the station.*

UWAGA before

Before może występować jako przysłówek jedynie w wyrażeniach typu **a week before** i **the day before**: *When we got there, we found out he had left the day before.* Nie należy używać **before** jako samodzielnego przysłówka. W znaczeniu 'przedtem' należy używać wyrażeń **before this** lub **before that**: *I had a job as a waiter, and before that I worked in a supermarket.* Nie należy używać "will" z **before**. Nie mówi się "before I will leave England, I want to visit Cambridge". Mówi się **before I leave England**.

UWAGA before i ago

Chcąc powiedzieć po angielsku, że

B

coś wydarzyło się 'przed tygodniem', używamy wyrazu **ago**, a nie **before**: *a week ago*, co znaczy dosłownie 'tydzień temu'. Inne przykłady: *Her plane landed ten minutes ago.* | *Forty years ago the journey took twice as long.*

before[2] *adv* przedtem, wcześniej: *They'd met before, at one of Sally's parties.*

before[3] *conjunction* **1** zanim: *John wants to talk to you before you go.* | *You'd better lock your bike before it gets stolen.* **2 before you know it** *spoken* zanim się obejrzysz: *You'd better get going – it'll be dark before you know it.*

be·fore·hand /bɪˈfɔːhænd/ *adv* przedtem: *When you give a speech, it's natural to feel nervous beforehand.*

beg /beg/ *v* **-gged, -gging 1** [I,T] błagać (o): **beg sb to do sth** *I begged her to stay, but she wouldn't.* **2** [I] żebrać: *children begging in the streets* **3 I beg your pardon** *spoken* **a)** *formal* przepraszam: *Oh, I beg your pardon, did I step on your toe?* | *"New York's a terrible place." "I beg your pardon, that's my home town!"* **b)** słucham?: *"It's 7:00." "I beg your pardon?" "I said it's 7:00."*

beg·gar /ˈbegə/ *n* [C] żebra-k/czka

be·gin /bɪˈgɪn/ *v* **began** /bɪˈgæn/, **begun, beginning 1** [I,T] zaczynać (się): *The meeting will begin at 10:00.* | **begin to do sth** *It's beginning to rain.* | **begin doing sth** *Nicola began learning English last year.* | **begin with** *Let's begin with exercise 5.* | **begin by doing sth** *May I begin by thanking you all for coming.* **2 to begin with a)** po pierwsze: *To begin with, you mustn't take the car without asking.* **b)** od początku: *I didn't break it! It was like that to begin with.* **c)** na początku: *The children helped me to begin with, but they soon got bored.* **3 begin with** rozpoczynać się od: *It begins with a description of the author's home.*

be·gin·ner /bɪˈgɪnə/ *n* [C] początkują-c-y/a

be·gin·ning /bɪˈgɪnɪŋ/ *n* [C usually singular] początek: *the beginning of the film*

UWAGA **beginning**

Nie należy mylić wyrażeń **in the beginning** i **at the beginning**. **In the beginning** najlepiej rozumieć jako 'na samym początku': *In the beginning, when the first settlers arrived, law and order didn't exist.* **At the beginning** znaczy 'na początku (czegoś)' i najczęściej łączy się z przyimkiem **of** oraz rzeczownikiem: *At the beginning of the novel there is a long description of Daniel's farm.* | *At the beginning of each lesson there is usually a revision exercise.*

be·grudge /bɪˈgrʌdʒ/ *v* [T] żałować (*komuś czegoś*): *Honestly, I don't begrudge him his success.*

be·gun /bɪˈgʌn/ *v* imiesłów bierny od BEGIN

be·half /bɪˈhɑːf/ *n* **on behalf of sb/on sb's behalf** w czyimś imieniu: *He agreed to speak on my behalf.*

be·have /bɪˈheɪv/ *v* **1** [I] zachowywać się, postępować: *You behaved bravely in a very difficult situation.* **2** [I,T] zachowywać się (*grzecznie*): *Tom was quieter than his brother and knew how to behave.* | **behave yourself** *If you behave yourself you can have an ice-cream.*

be·hav·iour /bɪˈheɪvjə/ *BrE*, **behavior** *AmE* *n* [U] zachowanie: *Can TV shows affect children's behaviour?*

be·head /bɪˈhed/ *v* [T] ściąć (*kogoś*)

be·hind[1] /bɪˈhaɪnd/ *prep* **1** za: *I was driving behind a Rolls Royce.* | *We're three points behind the other team.* | **right behind** (=tuż za): *The car park is right behind the supermarket.* **2 be behind** stać za: *The police believe a local gang is behind the robberies.* **3** być po stronie: *Whatever you decide to do, I'll be right behind you.*

behind[2] *adv* **1** z tyłu, w tyle: *Several other runners were following close behind.* **2 leave behind** zostawiać: *When I got there I realized I'd left the tickets behind.* **3 be/get behind** spóźniać się: *We are three months behind with the rent.*

behind[3] *n* [C] *informal* pupa

beige /beɪʒ/ *n* [U] beż —**beige** *adj* beżowy

be·ing /ˈbiːɪŋ/ *n* **1** [C] istota: *strange beings from outer space* **2 come into being** powstawać: *Their political system came into being in the early 1900s.*

be·lat·ed /bɪˈleɪtɪ̇d/ *adj* spóźniony: *a belated birthday card* —**belatedly** *adv* zbyt późno

belch /beltʃ/ *v* **1** [I] **he belched** odbiło mu się **2** [T] buchać (*ogniem itp.*): *factory chimneys belching black smoke*

bel·fry /ˈbelfri/ *n* [C] dzwonnica

be·lief /bɪ̇ˈliːf/ *n* **1** [singular] wiara: **+ that** *the belief that children learn best through playing* | **+ in** *belief in magic* | *a strong belief in the importance of education* | **contrary to popular belief** (=wbrew powszechnej opinii): *Contrary to popular belief, drinking coffee does not make you less drunk.* **2 beyond belief** nie do wiary, niewiarygodn-y/ie: *Tired beyond belief, we kept on walking.* **3** [C usually plural] wierzenie, przekonanie: *religious beliefs*

be·liev·a·ble /bɪ̇ˈliːvəbəl/ *adj* wiarygodny: *a believable story* ➡ antonim UNBELIEVABLE

be·lieve /bɪ̇ˈliːv/ *v* **1** [T] u/wierzyć: *He said Kevin started the fight, but no one believed him.* | **+ (that)** *I can't believe he's only 25!* | **believe sb to be sth** *The jury believed Jones to be innocent* (=że Jones jest niewinny). **2** [T] uważać, sądzić: **+ (that)** *I believe she'll be back on Monday.* **3 I can't/don't believe** nie mogę uwierzyć, że: *I can't believe you lied to me!* | *I could not believe my eyes.* **4 would you believe it!** kto by pomyślał!: *Would you believe it, he even remembered my birthday!* **5 believe it or not** *spoken* choć trudno w to uwierzyć: *Believe it or not, I don't actually dislike him.* **6** [I] wierzyć

believe in sth *phr v* [T] wierzyć w: *Do you believe in ghosts?* | *We believe in democracy.*

be·liev·er /bɪ̇ˈliːvə/ *n* [C] **1** zwolennik/czka: **a firm/great believer in** *I'm a great believer in healthy eating.* **2** wierząc-y/a, wyznaw-ca/czyni

bell /bel/ *n* [C] dzwon(ek): *The bell rang for school to start.* ➡ patrz też **ring a bell** (RING²)

bel·lig·er·ent /bɪ̇ˈlɪdʒərənt/ *adj* wojowniczy: *a belligerent attitude* —**belligerence** *n* [U] wojowniczość

bel·low /ˈbeləʊ/ *v* [I,T] ryknąć, zagrzmieć

bell pep·per /ˈ. ˌ../ *AmE n* [C] papryka (*warzywo*)

bel·ly /ˈbeli/ *n* [C] *informal* brzuch

belly but·ton /ˈ.. ˌ../ *n* [C] *informal* pępek

be·long /bɪˈlɒŋ/ *v* [I] **1 sth belongs in/on/here** miejsce czegoś jest w/na/tutaj: *Please put the chair back where it belongs.* **2** czuć się u siebie: *I'm going back to Scotland, where I belong.*

belong to sb/sth *phr v* [T] należeć do: *Mary and her husband belong to the yacht club.* | *Who does this umbrella belong to?*

be·long·ings /bɪˈlɒŋɪŋz/ *n* [plural] rzeczy, dobytek: *She lost all her belongings in the fire.*

be·lov·ed /bɪˈlʌvɪ̇d/ *adj literary* ukochany: *my beloved wife, Fiona* —**beloved** *n* [singular] ukochan-y/a

be·low /bɪˈləʊ/ *adv, prep* niżej, poniżej: *Jake lives in the apartment below.* | *A corporal is below a captain in rank.* | *Anything below £500 would be a good price.* | **see below** *For more information, see below.* ➡ porównaj UNDER

> UWAGA **below i under**
>
> Nie należy mylić wyrazów **below** i **under**. **Below** znaczy 'poniżej', a **under** znaczy 'pod', jeśli jeden obiekt znajduje bezpośrednio pod drugim lub jest nim zasłonięty: *My room is on the third floor, and John's on the floor below.* | *Our helicopter hovered just below the summit so that we could film the rescue.* | *He has a scar just below the left eye.* | *Come and stand under my umbrella.* | *I eventually found the letter under a pile of old newspapers.*

belt /belt/ *n* [C] **1** pas(ek): *The car's fan belt is loose.* **2** strefa, obszar: *America's farming belt* **3 have sth under your belt** mieć coś na swoim koncie: *They already have three hit records under their belts.* ➡ patrz też SEAT BELT

be·mused /bɪ'mju:zd/ *adj* zdezorientowany

bench /bentʃ/ *n* [C] ławka

bend[1] /bend/ *v* **bent, bent, bending** [I,T] **1** zginać (się): *Bend your knees slightly.* | **bend down/over** (=pochylać się): *He bent down to tie his shoelace.* **2** wyginać (się): *You've bent the handle.* **3 bend over backwards** nie szczędzić wysiłków: *Our new neighbours bent over backwards to help us when we moved house.* ➡ patrz też **bend/stretch the rules** (RULE[1])

bend[2] *n* [C] zakręt: *The river goes around a bend by the farm.*

be·neath /bɪ'ni:θ/ *adv, prep formal* **1** pod, poniżej: *the warm sand beneath her feet* | *He stood on the bridge, looking at the water beneath.* **2 be beneath you** uwłaczać czyjejś godności: *She seemed to think that talking to us was beneath her.*

ben·e·fac·tor /'benəˌfæktə/ *n* [C] *formal* dobroczyńca

ben·e·fi·cial /ˌbenə'fɪʃəl◂/ *adj* korzystny: **+ to** *The agreement will be beneficial to both groups.*

ben·e·fit[1] /'benəfɪt/ *n* **1** [C,U] zasiłek: *All his family are on benefits.* | *social security benefits* **2** [C,U] korzyść: *There are obvious benefits for the computer users.* | **for sb's benefit** (=specjalnie dla kogoś): *Liu Han translated what he had said for my benefit.* **3** [C] impreza na cele dobroczynne **4 give sb the benefit of the doubt** wierzyć komuś na słowo

benefit[2] *v* **-fited, -fiting** *or* **-fitted, -fitting 1** [I] skorzystać, odnieść korzyść: *Most of these children would benefit from an extra year at school.* **2** [T] przynosić korzyści, być korzystnym dla: *The new policy changes mainly benefit small companies.*

be·nign /bɪ'naɪn/ *adj* łagodny, niezłośliwy: *a benign tumour* ➡ porównaj MALIGNANT

bent[1] /bent/ *v* czas przeszły i imiesłów bierny od BEND

bent[2] *adj* **1 be bent on** uparcie dążyć do: *Mendoza was bent on getting a better job.* **2** *BrE* nieuczciwy, skorumpowany: *a bent cop*

bent[3] *n* [singular] zacięcie: *writers of a more philosophical bent*

be·reaved /bə'ri:vd/ *adj formal* pogrążony w żałobie

be·ret /'bereɪ/ *n* [C] beret

ber·ry /'beri/ *n* [C] jagoda

ber·serk /bɜ:'sɜ:k/ *adj* **go berserk** *informal* dostawać szału: *The guy went berserk and started hitting Paul.*

berth /bɜ:θ/ *n* [C] **1** miejsce sypialne **2** koja

be·side /bɪ'saɪd/ *prep* **1** obok, przy: *Gary sat down beside me.* | *a cabin beside the lake* | *This year's sales figures don't look very good beside last year's.* **2 be beside the point** nie mieć nic do rzeczy: *"I'm not hungry." "That's beside the point, you need to eat!"* **3 be beside yourself with anger/joy** nie posiadać się ze złości/z radości: *The boy was beside himself with fury.*

> UWAGA **beside i besides**
>
> Nie należy mylić wyrazów **beside** i **besides**: *She walked over and sat beside me* (=obok mnie). | *Who did you invite besides Tom and Mary* (=oprócz Toma i Mary)?

be·sides[1] /bɪ'saɪdz/ *adv* **1** *spoken* poza tym: *I wanted to help her out. Besides, I needed the money.* **2** oprócz tego, że: *Besides going to college, she works fifteen hours a week.*

besides[2] *prep* poza, oprócz: *Who's going to be there besides David and me?*

be·siege /bɪ'si:dʒ/ *v* **1 be besieged by** być obleganym przez: *a rock star besieged by fans* **2 be besieged with letters/questions** być zasypywanym listami/

pytaniami: *The radio station was besieged with letters of complaint.* **3** [T] oblegać

best[1] /best/ *adj* [superlative of **good**] najlepszy: *the best player on the team* | *What's the best way to get to El Paso?* | *my best friend*

best[2] *adv* [superlative of **well**] **1** najlepiej: *Helen knows him best.* | *It works best if you oil it thoroughly first.* **2 as best you can** najlepiej jak potrafisz: *She would have to manage as best she could.*

best[3] *n* **1 the best** najlepszy: *Which stereo is the best?* **2 do/try your best** dawać z siebie wszystko: *I did my best, but I still didn't pass.* **3 at best** w najlepszym razie: *You should get 10 or, at best, 11 thousand dollars pension.* **4 at your/its etc best** w szczytowej formie: *The movie shows Hollywood at its best.* **5 make the best of sth/make the best of a bad job** zrobić z czegoś jak najlepszy użytek: *It's not going to be easy, but we'll just have to make the best of it.* **6 be (all) for the best** wyjść na dobre: *"She didn't get that job." "Well maybe it's for the best – she wouldn't have enjoyed it."*

best man /ˌ. ˈ./ *n* [singular] drużba

best·sel·ler /ˌbestˈselə/ *n* [C] bestseller

bet[1] /bet/ *v*, **bet, bet, betting 1 I/I'll bet** *spoken* **a)** założę się, że: *I'll bet that made her mad!* | *I bet it'll rain tomorrow.* **b)** nie dziwię się: *"I was furious." "I bet you were!"* **c)** akurat: *"I was really worried about you." "Yeah, I'll bet."* **2** [T] stawiać: **bet sth on sth** *Brad bet fifty bucks on the Bears to win.* **3** [I] zakładać się: **bet sb $5 etc (that)** *Sue bet £5* (=założyła się o pięć funtów) *that I wouldn't pass my driving test.*

bet[2] *n* [C] **1** zakład: *a $10 bet* | **have a bet on sth** *Higgins had a bet on the World Series.* **2 your best bet is/would be** *spoken* najlepsze, co możesz zrobić, to: *Your best bet would be to avoid the motorway.* → patrz też **hedge your bets** (HEDGE[2])

be·tray /bɪˈtreɪ/ *v* [T] zdradzać: *We all feel that Charles has betrayed us.* —**betrayal** *n* [C] zdrada

bet·ter[1] /ˈbetə/ *adj* **1** [comparative of **good**] lepszy: *He's applying for a better job.* | **better than** *The weather is a lot better than it was last week.* | **much better** (=o wiele lepszy): *The Mexican place across the street has much better food.* | **feel better** (=czuć się lepiej): *I'd feel better if I could talk to someone about this.* | *David's feeling a little better since he started taking the penicillin.* **2 be better** czuć się lepiej: *Eve had the flu, but she's much better now.* | *I don't think you should go swimming until you're better.* | **get better** (=wy/zdrowieć): *I hope your sore throat gets better soon.* **3 get better** poprawiać się: *Her tennis is getting a lot better.* **4 the sooner the better** im wcześniej, tym lepiej: *She liked hot baths, the hotter the better.*

better[2] *adv* [comparative of **well**] **1** lepiej: *She swims better now.* | **better than** *Marilyn knows New York a lot better than I do.* | *Tina speaks French better than her sister.* **2 you had better (do sth)** *spoken* **a)** powinieneś (zrobić coś): *It's getting late, you'd better get changed.* **b)** lepiej (zrób coś): *You'd better not tell Dad about this.* → patrz też BETTER OFF

better[3] *n* **1 get the better of sb a)** brać górę: *Finally, his curiosity got the better of him and he read Dee's letter.* **b)** wygrywać z kimś: *She always manages to get the better of me.* **2 for the better** na lepsze: **a change for the better** *Smaller classes are definitely a change for the better.*

better[4] *v* [T] *formal* poprawiać: *No team has ever bettered our record.*

better off /ˌ.. ˈ.◂/ *adj* **1** w lepszej sytuacji (*finansowej*): *Most businesses in the area are better off than they were 10 years ago.* **2 you're better off (doing sth)** *spoken* lepiej ci będzie (jeżeli zrobisz coś): *Honestly, you're better off without him.*

be·tween[1] /bɪˈtwiːn/ *prep* **1** między, pomiędzy: *Judy was sitting between Kate and me.* | *Try not to eat between meals.* | *The project will cost between 10 and 12 million dollars.* | *What's the difference between the two computers?* | *a regular train service between London and Paris* → patrz też IN-

B

BETWEEN **2 between us/them** razem: *We had about two loads of laundry between us.*

UWAGA between

Patrz **among** i **between.**

between² *adv* *także* **in between** pomiędzy nimi, pośrodku: *two houses with a fence between* | *periods of frantic activity with brief pauses in between* ➡ patrz też IN-BETWEEN

bev·er·age /ˈbevərɪdʒ/ *n* [C] *formal* napój: *alcoholic beverages*

be·ware /bɪˈweə/ *v* [I only in imperative and infinitive] uwaga!: *Beware of the dog!* | **beware of (doing) sth** (=wystrzegać się (robienia) czegoś): *Please beware of signing anything without reading it carefully.*

be·wil·dered /bɪˈwɪldəd/ *adj* skonsternowany, oszołomiony: *a bewildered old woman wandering in the street* —**bewilderment** *n* [U] konsternacja, oszołomienie

be·wil·der·ing /bɪˈwɪldərɪŋ/ *adj* wywołujący konsternację, oszałamiający: *a bewildering range of choices*

be·witched /bɪˈwɪtʃt/ *adj* oczarowany

be·yond¹ /bɪˈjɒnd/ *prep* **1** za, poza: *Beyond the river, cattle were grazing.* **2 beyond repair/control/belief** nie do naprawy/opanowania/uwierzenia: *It's no good. It's broken beyond repair.* | *Due to circumstances beyond our control, the performance is cancelled.* **3** powyżej: *The level of inflation has risen beyond 10%.* **4 it's beyond me why/what** *spoken* nie pojmuję, dlaczego/co: *It's beyond me why they ever got married at all.* **5** oprócz: *The island doesn't have much industry beyond tourism.*

beyond² *adv* **1** w oddali: *a view from the mountains to the plains beyond* **2** dalej: *planning for the year 2000 and beyond*

bi·as /ˈbaɪəs/ *n* [C,U] uprzedzenie, nastawienie: **+ against/in favour of** *The judge's decision definitely shows a bias against women.*

bi·ased /ˈbaɪəst/ *adj* stronniczy: *Most newspaper reporting is very biased.* | **biased in favour of/against** (=nastawiony przychylnie/nieprzychylnie do): *He's pretty biased against anyone who didn't go to university.*

bib /bɪb/ *n* [C] śliniaczek

bi·ble /ˈbaɪbəl/ *n* [C] **the Bible** Biblia

bib·li·og·ra·phy /ˌbɪbliˈɒgrəfi/ *n* [C] bibliografia

bi·cen·te·na·ry /ˌbaɪsenˈtiːnəri/ *BrE*, **bi·cen·ten·ni·al** /-ˈteniəl/ *AmE* *n* [C] dwóchsetlecie: *the bicentenary of Mozart's death*

bi·ceps /ˈbaɪseps/ *n* [C] *plural* **biceps** biceps(y)

bi·cy·cle /ˈbaɪsɪkəl/ *n* [C] rower

bid¹ /bɪd/ *n* [C] **1** próba (*zdobycia lub osiągnięcia czegoś*) **+ for** *Clinton's successful bid for the presidency in 1992* | **bid to do sth** *$5000 has been offered in a bid to catch the killer.* **2** oferta: *a bid of $50 for the plate* | **+ for** *The company accepted the lowest bid for the contract.*

bid² *v* **bid, bid, bidding 1** [T] za/oferować: **+ for** *Freeman bid £50,000 for an antique table.* **2** [I] **a)** składać ofertę **b)** licytować

bid³ *v* **bade** *or* **bid, bid** *or* **bidden** /ˈbɪdn/, **bidding** [T] *literary* **bid sb good morning/goodbye** przywitać/pożegnać kogoś

bide /baɪd/ *v* **bide your time** czekać na właściwy moment

big /bɪg/ *adj* **-gger, -ggest 1** duży: *a big red balloon* | *There's a big age difference between them.* | *How big is their new house?* **2** wielki: *The big game is on Friday.* | *The company lost another big contract this year.* | *big names like IBM, Hewlett-Packard and Digital* **3 big sister/big brother** *informal* starsza siostra/starszy brat: *This is my big sister.* **4 be big** *informal* liczyć się: *Microsoft is big in the software market.* **5 big deal!** wielka (mi) rzecz!: *His idea of a pay rise is to give me another £5 a month! Big deal!*

UWAGA big i large

Wyrazów **big** i **large** używamy z rzeczownikami policzalnymi kiedy opisujemy ich wielkość. Wyrazy te znaczą to samo, chociaż **large** jest nieco bardziej oficjalne: *She was wearing a really big hat.* | *a large company.* Wyrazu **large** używamy opisując ilość: *a large amount of mail.* Wyrazu **big** używamy mówiąc o tym jak ważna jest jakaś rzecz: *a big problem* | *the biggest issue facing society today.*

big busi·ness /ˌ. ˈ../ *n* [U] wielki biznes

big·head·ed /ˌbɪgˈhedɪ̈d◂/ *adj* przemądrzały

big time /ˈ. ./ *n* **hit the big time** *informal* zdobyć wielką sławę: *She first hit the big time in the musical 'Evita'.*

bike /baɪk/ *n* [C] *informal* **1** rower: *kids riding their bikes in the street* **2** *especially AmE* motor

bik·er /ˈbaɪkə/ *n* [C] motocyklist-a/ka

bi·ki·ni /bəˈkiːni/ *n* [C] bikini

bi·lat·er·al /baɪˈlætərəl/ *adj* dwustronny: *a bilateral agreement/treaty* | *bilateral Middle East peace talks* —**bilaterally** *adv* dwustronnie

bi·lin·gual /baɪˈlɪŋgwəl/ *adj* dwujęzyczny, bilingwalny: *a bilingual dictionary*

bill[1] /bɪl/ *n* [C] **1** rachunek: **pay a bill** *I have to remember to pay the phone bill this week.* **2** projekt ustawy: *a Senate tax bill* **3** banknot: *a ten-dollar bill* **4** dziób → patrz też **foot the bill** (FOOT[2])

bill[2] *v* [T] **1** przysyłać rachunek: *They've billed me for things I didn't buy.* **2 bill sth as** reklamować coś jako: *The boxing match was billed as "the fight of the century".*

bill·board /ˈbɪlbɔːd/ *n* [C] billboard

bill·fold /ˈbɪlfəʊld/ *n* [C] *AmE* portfel

bil·liards /ˈbɪljədz/ *n* [U] bilard

bil·lion /ˈbɪljən/ *number plural* **billion** *or* **billions** miliard —**billionth** *number* miliardowy

bil·low /ˈbɪləʊ/ *v* [I] kłębić się: *Smoke came billowing out of the building.*

bin /bɪn/ *n* [C] **1** pojemnik **2** kosz na śmieci

bind /baɪnd/ **bound, bound, binding** *v* **1** [T] z/wiązać: *His legs were bound with rope.* **2** *także* **bind together** [T] *formal* związywać: *We are bound together by history and language.* **3** [T] zobowiązywać: *Each country is bound by the treaty.* **4** [T] oprawiać (*książkę*)

bind·ing[1] /ˈbaɪndɪŋ/ *adj* wiążący: *The contract isn't binding until you sign it.*

binding[2] *n* [C] oprawa (*książki*)

binge /bɪndʒ/ *n* [C] *informal* **1** pijatyka: **go on a binge** *He's gone out on a binge with his mates.* **2** atak obżarstwa (*np. u chorych na bulimię*)

bin·go /ˈbɪŋgəʊ/ *n* [U] bingo

bi·noc·u·lars /bɪˈnɒkjələz/ *n* [plural] lornetka

bi·o·chem·is·try /ˌbaɪəʊˈkemɪstri/ *n* [U] biochemia —**biochemist** *n* [C] biochemi-k/czka —**biochemical** *adj* biochemiczny

bi·og·ra·pher /baɪˈɒgrəfə/ *n* [C] biograf/ka

bi·og·ra·phy /baɪˈɒgrəfi/ *n* [C,U] biografia —**biographical** /ˌbaɪəˈgræfɪkəl◂/ *adj* biograficzny

bi·o·lo·gi·cal /ˌbaɪəˈlɒdʒɪkəl/ *adj* biologiczny: *a biological process* —**biologically** *adv* biologicznie

bi·ol·o·gy /baɪˈɒlədʒi/ *n* [U] biologia —**biologist** *n* [C] biolog

bi·o·tech·nol·o·gy /ˌbaɪəʊtekˈnɒlədʒi/ *n* [U] biotechnologia

birch /bɜːtʃ/ *n* [C,U] brzoza

bird /bɜːd/ *n* [C] ptak → patrz też **kill two birds with one stone** (KILL[1])

bird of prey /ˌ. . ˈ./ *n* [C] ptak drapieżny

bi·ro /ˈbaɪərəʊ/ *n* [C] *BrE trademark* długopis

birth /bɜːθ/ *n* **1 give birth (to)** u/rodzić: *Jo gave birth to a baby girl at 6:20 a.m.* **2** [C,U] narodziny: *the birth of the new democracy* | **at birth** *Joel weighed 7 pounds at birth.* **3** [U] **by birth** z pochodzenia: *Her grandfather was French by birth.*

birth cer·tif·i·cate /'. .ˌ.../ *n* [C] świadectwo urodzenia

birth con·trol /'. .ˌ./ *n* [U] świadome macierzyństwo, antykoncepcja: *advice on birth control*

birth·day /'bɜːθdeɪ/ *n* [C] urodziny: *a birthday card* | *When is your birthday?* | *Happy Birthday!*

birth·mark /'bɜːθmɑːk/ *n* [C] znamię wrodzone

birth·place /'bɜːθpleɪs/ *n* [C] miejsce urodzenia

birth·rate /'bɜːθreɪt/ *n* [C] wskaźnik urodzeń

bis·cuit /'bɪsk$^{\text{I}}_{\text{ə}}$t/ *n* [C] *BrE* herbatnik: *chocolate biscuits*

bi·sex·u·al /baɪ'sekʃuəl/ *adj* biseksualny —**bisexual** *n* [C] biseksualist-a/ka

bish·op /'bɪʃəp/ *n* [C] biskup

bi·son /'baɪsən/ *n* [C] bizon, żubr

bit[1] /bɪt/ *n* **1 a (little) bit** trochę: *Can you turn the radio down a little bit?* | **a bit upset/stupid/cold etc** *I'm a little bit tired this morning.* | **not a bit** (=ani trochę): *He didn't seem a bit embarrassed.* **2 quite a bit** całkiem sporo: *He'd probably be willing to pay her quite a bit of money.* **3** [C] kawałek: **+ of** *The floor was covered in tiny bits of glass.* | **to bits** *I tore the letter to bits and burned it.* **4** [C] bit **5** [singular] *informal* chwila: **in a bit** (=za chwilę): *We'll talk about the Civil War in just a bit.* | **bit by bit** (=stopniowo): *I could see that she was learning, bit by bit.* **6 every bit as good/beautiful (as)** równie dobry/piękny (jak): *Ray was every bit as good-looking as his brother.* **7 a bit of a problem/surprise** *BrE spoken* drobny problem/zaskoczenie: *We've got a bit of a problem with the computer.* **8** [C] wiertło

bit[2] *v* czas przeszły od BITE

bitch /bɪtʃ/ *n* **1** [C] wiedźma, jędza: *She's such a bitch!* **2** [C] suka

bitch·y /'bɪtʃi/ *adj informal* złośliwy, jędzowaty

bite[1] /baɪt/ *v* **bit, bitten, biting 1** [I,T] u/gryźć: *Be careful of the dog. Jerry said he bites.* | *She bites her fingernails.* | *Marta got bitten by a snake.* | **+ into** *I had just bitten into* (=nadgryzłam) *the apple.* **2 bite the dust** *informal* paść: *Government plans to increase VAT finally bit the dust yesterday.*

bite[2] *n* **1** [C] kęs: *Can I have a bite of your pizza?* | **take a bite** *He took a bite of the cheese.* **2** [C] ugryzienie, ukąszenie: *I'm covered in mosquito bites!* **3 have a bite (to eat)** *informal* przekąsić coś: *Let's have a bite to eat before we go.*

bit·ing /'baɪtɪŋ/ *adj* kąśliwy

bit·ten /'bɪtn/ *v* imiesłów bierny od BITE

bit·ter[1] /'bɪtə/ *adj* **1** rozgoryczony: *She feels very bitter about the way the courts treated her.* **2** bolesny, przykry: *The judge's decision was a bitter blow to her.* **3** zawzięty: *bitter enemies* **4** gorzki **5 to/until the bitter end** do samego końca: *The UN stayed in the war zone until the bitter end.* —**bitterness** *n* [U] gorycz, rozgoryczenie

bitter[2] *n* [C,U] *BrE* rodzaj piwa: *A pint of bitter, please.*

bit·ter·ly /'bɪtəli/ *adv* **1** gorzko: *bitterly disappointed* **2** z goryczą: *"She doesn't care," he said bitterly.* **3 bitterly cold** przejmująco zimno **4** zawzięcie: *a bitterly fought battle*

bi·zarre /b$^{\text{I}}_{\text{ə}}$'zɑː/ *adj* dziwaczny: *a bizarre coincidence*

black[1] /blæk/ *adj* **1** czarny: *a black dress* | *The mountains looked black against the sky.* | *Things were looking very black for the British steel industry.* **2** czarnoskóry: *Over half the students here are black.* **3 black and blue** *informal* posiniaczony **4** gniewny: *black looks*

black[2] *n* **1** [U] czerń **2** [C] *także* **Black** Murzyn/ka **3 in black and white** czarno na białym: *The rules are there in black and white for everybody to see.* **4 be in the black** być wypłacalnym: *We're in the black for the first time in three years.* ➡ antonim **be in the red** (RED[2])

black[3] *v*
black out *phr v* [I] s/tracić przytomność: *Sharon blacked out and fell to the floor.*

black·ber·ry /ˈblækbəri/ *n* [C] jeżyna

black·bird /ˈblækbɜːd/ *n* [C] kos

black·board /ˈblækbɔːd/ *n* [C] tablica

black·cur·rant /ˌblækˈkʌrənt◂/ *n* [C] czarna porzeczka

black eye /ˌ. ˈ./ *n* [C] podbite oko

black hole /ˌ. ˈ./ *n* [C] czarna dziura

black mag·ic /ˌ. ˈ../ *n* [U] czarna magia

black·mail /ˈblækmeɪl/ *n* [U] szantaż —**blackmail** *v* [T] szantażować —**blackmailer** *n* [C] szantażyst-a/ka

black mar·ket /ˌ. ˈ..◂/ *n* [C] czarny rynek: **on the black market** *drugs that were only available on the black market*

black·out /ˈblækaʊt/ *n* [C] **1** zaciemnienie **2** utrata przytomności: *He's suffered from blackouts since the accident.*

black sheep /ˌ. ˈ./ *n* [C] czarna owca

black·smith /ˈblækˌsmɪθ/ *n* [C] kowal

blad·der /ˈblædə/ *n* [C] pęcherz (*moczowy*)

blade /bleɪd/ *n* [C] **1** ostrze: *The blade needs to be kept sharp.* **2** źdźbło

blame[1] /bleɪm/ *v* [T] **1** obwiniać: *It's not fair to blame Charlie. He didn't know anything.* | **blame sb for sth** *Mothers often blame themselves for their children's problems.* | **blame sth on sb** *Don't try to blame this on me!* | **be to blame** (=ponosić winę): *Hospital staff were not in any way to blame for the baby's death.* **2 I don't blame you/them** *spoken* nie dziwię ci/im się: *"I lost my temper with Ann." "I don't blame you – she's very annoying."*

blame[2] *n* [U] wina: **get the blame (for sth)** (=być obwinianym): *I don't know why I always get the blame for other people's mistakes.* | **take the blame** (=brać winę na siebie): *You shouldn't have to take the blame if you didn't do it.*

blame·less /ˈbleɪmləs/ *adj* bez winy: *a blameless life*

blanch /blɑːntʃ/ *v* [I] z/blednąć: **+ at** *Jeff blanched at the news.*

bland /blænd/ *adj* **1** nijaki: *bland TV quiz shows* **2** bez smaku: *a bland white sauce*

blank[1] /blæŋk/ *adj* **1** nie zapisany, czysty **2 your mind goes blank** czujesz pustkę w głowie: *When she saw the exam questions, her mind went blank.* **3** bez wyrazu, obojętny

blank[2] *n* [C] puste miejsce, luka: *Fill in the blanks on the application form.*

blan·ket[1] /ˈblæŋkɪt/ *n* [C] **1** koc **2** *literary* pokrywa: *a blanket of snow on the mountains*

blanket[2] *adj* całkowity, całościowy: *a blanket ban on all types of hunting*

blank·ly /ˈblæŋkli/ *adv* bez wyrazu, obojętnie: *He stared at me blankly.*

blare /bleə/ *także* **blare out** *v* [I,T] ryczeć: *blaring horns* | *a radio blaring out pop music*

blas·phe·my /ˈblæsfɪmi/ *n* [C,U] bluźnierstwo —**blasphemous** *adj* bluźnierczy: *blasphemous talk* —**blaspheme** /blæsˈfiːm/ *v* [I] bluźnić

blast[1] /blɑːst/ *n* **1** [C] wybuch: *The blast knocked him forward.* **2** [C] podmuch: *a blast of icy air* **3 on/at full blast** na cały regulator: *When I got home, she had the TV on full blast.*

blast[2] *v* **1** [T] wysadzać: *They blasted a tunnel through the side of the mountain.* **2** *także* **blast out** [I,T] ryczeć: *a radio blasting out pop music*

blast[3] *interjection BrE spoken* o kurczę!: *Blast! I've lost my keys!*

blast fur·nace /ˈ. ˌ../ *n* [C] piec hutniczy

blast-off /ˈ. ./ *n* [singular] odpalenie rakiety: *10 seconds to blast-off!*

bla·tant /ˈbleɪtənt/ *adj* jawny, rażący: *a blatant lie* —**blatantly** *adv* rażąco, ewidentnie

blaze[1] /bleɪz/ *n* **1** [C] pożar: *Fire officials continue searching for the cause of the blaze.* **2 a blaze of light/colour** feeria światła/barw **3 in a blaze of glory/publicity** w blasku sławy: *In a blaze of* *publicity, Maxwell launched a new newspaper.*

blaze[2] *v* [I] płonąć: *a huge log fire blazing in the hearth*

blaz·er /ˈbleɪzə/ *n* [C] blezer: *a school blazer*

blaz·ing /ˈbleɪzɪŋ/ *adj* upalny: *a blazing summer day*

bleach[1] /bliːtʃ/ *n* [U] wybielacz

bleach[2] *v* [T] **1** wybielać **2** u/tlenić: *bleached hair*

bleak /bliːk/ *adj* ponury, posępny: *Without a job, the future seemed bleak.* | *a bleak November day* | *the bleak landscape of the northern hills*

bleat /bliːt/ *v* [I] za/beczeć

bled /bled/ *v* czas przeszły i imiesłów bierny od BLEED

bleed /bliːd/ *v* **bled, bled, bleeding** [I] krwawić: *The cut on his forehead was bleeding again.*

bleed·ing /ˈbliːdɪŋ/ *n* [U] krwawienie

bleep[1] /bliːp/ *n* [C] brzęczenie: *the shrill bleep of the alarm clock*

bleep[2] *v* [I] za/brzęczeć

bleep·er /ˈbliːpə/ *n* [C] *BrE* brzęczyk

blem·ish /ˈblemɪʃ/ *n* [C] skaza: *a blemish on her cheek*

blend[1] /blend/ *v* **1** [T] z/miksować: *Blend the butter and sugar.* **2** [I,T] mieszać: *a story that blends fact and fiction*

blend in *phr v* [I] wtapiać się w tło: **+ with** (=współgrać z): *We chose curtains that blended in with the wallpaper.*

blend[2] *n* [C] mieszanka: *a unique blend of Brazilian and Colombian coffee* | *the right blend of sunshine and soil for growing grapes*

blend·er /ˈblendə/ *n* [C] mikser

bless /bles/ *v* **blessed** *or* **blest** /blest/, **blessed** *or* **blest, blessing** [T] **1** po/błogosławić: *Their mission had been blessed by the Pope.* | *The priest blessed the bread and wine.* **2 be blessed with sth** być obdarzonym czymś: *George was blessed with good looks.* **3 bless you** *spoken* na zdrowie! (*kiedy ktoś kichnie*)

bless·ed /ˈblesɪ̣d/ *adj* **1** błogi: *a moment of blessed silence* **2** *BrE spoken* cholerny: *I've cleaned every blessed room in the house.* **3** *formal* błogosławiony: *the Blessed Virgin Mary*

bless·ing /ˈblesɪŋ/ *n* **1** [C] dobrodziejstwo: *The rain was a real blessing after all that heat.* **2** [U] błogosławieństwo: *They were determined to marry, with or without their parents' blessing.* **3 be a mixed blessing** mieć swoje dobre i złe strony: *Living close to the office turned out to be a mixed blessing.*

blew /bluː/ *v* czas przeszły od BLOW

blind[1] /blaɪnd/ *adj* **1** ślepy, niewidomy: *She was born blind.* **2 the blind** niewidomi **3 blind faith/loyalty** ślepa wiara/lojalność: *blind faith in their military leaders* **4 blind to sth** ślepy na coś: *blind to their own weaknesses* **5 turn a blind eye to sth** przymykać oczy na coś —**blindness** *n* [U] ślepota

blind[2] *v* [T] **1** oślepiać: *The deer was blinded by our headlights.* **2** powodować zaślepienie: **blind sb to sth** *Being in love blinded me to his faults.*

blind[3] *n* [C] roleta → patrz też VENETIAN BLIND

blind·fold /ˈblaɪndfəʊld/ *v* [T] zawiązywać oczy: *The hostages were blindfolded and led to the cellar.*

blind·ing /ˈblaɪndɪŋ/ *adj* oślepiający: *a blinding light/flash*

blind·ly /ˈblaɪndli/ *adv* ślepo: *She sat staring blindly out of the window.* | *Don't blindly accept what they tell you.*

blink[1] /blɪŋk/ *v* **1** [I,T] za/mrugać: *He blinked as he stepped out into the sunlight.* **2** migać

blink[2] *n* **be on the blink** *BrE informal* nawalać: *The phone's been on the blink all week.*

bliss /blɪs/ *n* [U] rozkosz: *Two weeks lazing on a Greek island – what perfect bliss!*

bliss·ful /ˈblɪsfəl/ *adj* błogi: *the first blissful weeks after we married* —**blissfully** *adv* błogo: *blissfully unaware of the problems ahead*

blis·ter /ˈblɪstə/ *n* [C] pęcherz

blis·ter·ing /ˈblɪstərɪŋ/ *adj* zajadły: *a blistering attack on the government*

blithe·ly /ˈblaɪðli/ *adv* beztrosko: *They blithely ignored the danger.*

bliz·zard /ˈblɪzəd/ *n* [C] zamieć, śnieżyca

bloat·ed /ˈbləʊtɪd/ *adj* wzdęty, napęczniały: *bloated corpses floating in the river*

blob /blɒb/ *n* [C] kropelka (*czegoś gęstego*): *blobs of paint*

block[1] /blɒk/ *n* [C] **1** blok, kloc(ek): *a block of concrete* | *wooden blocks* **2** kwartał (*obszar miejski otoczony z czterech stron ulicami*): *Let's walk around the block.* **3** *AmE* przecznica (*jako miara odległości*): *We're just two blocks from the bus stop.* **4** *BrE* blok: *a block of flats* **5** przeszkoda: *a road block*

block[2] *v* [T] **1** *także* **block up** za/blokować: *Whose car is blocking the driveway?* | *The council blocked the plan.* | *You're blocking my view.* **2** zapychać: *My nose is blocked up.*

block sth ↔ **off** *phr v* [T] zagradzać: *The freeway exit's blocked off.*

block sth ↔ **out** *phr v* [T] **1** zasłaniać: *Thick smoke had completely blocked out the light.* **2** wymazywać z pamięci: *She had managed to block out memories of her unhappy childhood.*

block·ade /blɒˈkeɪd/ *n* [C] blokada: *a naval blockade* —**blockade** *v* [T] za/blokować

block·age /ˈblɒkɪdʒ/ *n* [C] zator: *a blockage in the drain*

block·bust·er /ˈblɒkˌbʌstə/ *n* [C] przebój (*książka lub film*): *Spielberg's new blockbuster*

block let·ters /ˌ. ˈ../ *także* **block capitals** *n* [plural] drukowane litery

bloke /bləʊk/ *n* [C] *BrE informal* facet

blonde[1] /blɒnd/ *także* **blond** *adj* blond

blonde[2] *n* [C] *informal* blondynka: *a good-looking blonde*

blood /blʌd/ *n* **1** [U] krew: *blood flowing from an open wound* | *a woman of royal blood* **2** **new blood** nowa krew: *We need some new blood in the department.* **3** **bad blood** wrogość: *There was a long history of bad blood between Jose and Arriola.* → patrz też **in cold blood** (COLD[1])

blood bank /ˈ. ./ *n* [C] bank krwi

blood do·nor /ˈ. ˌ../ *n* [C] dawca krwi

blood group /ˈ. ./ *n* [C] *BrE* grupa krwi

blood·less /ˈblʌdləs/ *adj* bezkrwawy: *a bloodless revolution*

blood pres·sure /ˈ. ˌ../ *n* [U] ciśnienie (krwi): *a special diet for people with high blood pressure*

blood·shed /ˈblʌdʃed/ *n* [U] rozlew krwi

blood·stream /ˈblʌdstriːm/ *n* [singular] krwiobieg: *drugs injected into the bloodstream*

blood·thirst·y /ˈblʌdˌθɜːsti/ *adj* krwiożerczy: *bloodthirsty bandits*

blood type /ˈ. ./ *n* [C] *AmE* grupa krwi

blood ves·sel /ˈ. ˌ../ *n* [C] naczynie krwionośne

blood·y[1] /ˈblʌdi/ *adj* **1** zakrwawiony: *a bloody nose* **2** krwawy: *the bloody struggle for independence*

bloody[2] *adj, adv BrE spoken* cholern-y/ie: *Don't be a bloody fool!* | *It was a bloody stupid thing to do.*

bloom[1] /bluːm/ *n* [C] **1** kwiat: *lovely yellow blooms* **2** **be in (full) bloom** kwitnąć: *The lilies are in bloom.*

bloom[2] *v* [I] kwitnąć: *lilacs blooming in the spring*

blos·som[1] /ˈblɒsəm/ *n* [C,U] kwiecie, kwiaty: *peach blossoms*

blossom[2] *v* [I] **1** zakwitać (*o drzewach*) **2** *także* **blossom out** rozkwitać: *She has blossomed out into a beautiful young woman.*

blot[1] /blɒt/ *v* [T] **-tted, -tting** osuszać (*bibułą lub szmatką*)

blot sth ↔ **out** *phr v* [T] **1** wymazywać z pamięci: *He tried to blot out his memory of Marcia.* **2** zakrywać, przysłaniać: *clouds blotting out the sun*

blot[2] *n* [C] **1** kleks **2** **be a blot on the landscape** psuć widok

blotch /blɒtʃ/ *n* [C] plama —**blotchy** *adj* plamisty: *blotchy skin*

B

blotting pa·per /'.. ,../ *n* [U] bibuła

blouse /blaʊz/ *n* [C] bluzka: *a white satin blouse*

blow[1] /bləʊ/ *v* **blew, blown, blowing 1** [I] wiać: *A cold wind blew from the east.* **2 a)** [T] rozwiewać: *The wind blew leaves across the path.* **b)** [I] powiewać: *curtains blowing in the breeze* **3** [I] dmuchać: *Renee blew on her soup.* **4 blow your nose** wydmuchiwać nos **5** [I,T] **a)** grać (*na instrumencie dętym*) **b)** za/gwizdać: *The referee's whistle blew.* **6** [T] *spoken* zmarnować: *I've blown my chances of getting into university.* **7** [T] *informal* przepuścić (*pieniądze*): *He got a big insurance payment, but he blew it all on a new stereo.*

blow sth ↔ **out** *phr v* zdmuchiwać: *Blow out all the candles.*

blow over *phr v* [I] ucichnąć: *They've been quarrelling again, but it'll soon blow over.*

blow up *phr v* **1** [I] wybuchać: *The plane blew up in midair.* **2** [T **blow** sth ↔ **up**] wysadzać (w powietrze): *The bridge was blown up by terrorists.* **3** [T **blow** sth ↔ **up**] nadmuchiwać: *Come and help me blow up the balloons.*

blow[2] *n* [C] **1** cios: *a blow to the head* | *Her mother's death was a terrible blow.* **2 come to blows** brać się za łby

blow-by-blow /,.. .'.◂/ *adj* **a blow-by-blow account** szczegółowe sprawozdanie

blow dry /'. ./ *v* [T] suszyć (*suszarką*)

blown /bləʊn/ *v* imiesłów bierny od BLOW

blow-up /'. ./ *n* [C] powiększenie (*fotografii*)

blue[1] /bluː/ *adj* **1** niebieski: *the blue lake* | *a dark blue dress* **2** *informal* smutny: *I've been feeling kind of blue lately.* ➡ patrz też **once in a blue moon** (ONCE[1])
—**bluish** *adj* niebieskawy

blue[2] *n* [U] **1** kolor niebieski, błękit: *The curtains were a beautiful dark blue.* **2 out of the blue** *informal* znienacka, ni stąd, ni zowąd: *Mandy's phonecall came out of the blue.* ➡ patrz też BLUES

blue·ber·ry /'bluːbəri/ *n* [C] borówka amerykańska: *blueberry pie*

blue-col·lar /,. '..◂/ *adj* **blue-collar worker** pracownik fizyczny

blue·print /'bluː,prɪnt/ *n* [C] projekt: *a blueprint for health care reform*

blues /bluːz/ *n* [plural] **1** blues: *a blues singer* **2 have/get the blues** *informal* mieć chandrę

bluff[1] /blʌf/ *v* [I,T] blefować: *Don't believe her – she's bluffing!*

bluff[2] *n* [C,U] blef: *He even threatened to resign, but I'm sure it's all bluff.*

blun·der[1] /'blʌndə/ *n* [C] gafa: *a terrible political blunder*

blunder[2] *v* [I] popełnić gafę

blunt[1] /blʌnt/ *adj* **1** tępy: *blunt scissors* | *a blunt pencil* **2** bezceremonialny: *Visitors are often shocked by Maria's blunt manner.*
—**bluntness** *n* [U] bezceremonialność

blunt[2] *v* [T] przytępiać: *Too much alcohol had blunted my reactions.*

blunt·ly /'blʌntli/ *adv* prosto z mostu, bez ogródek: *To put it bluntly, there's no way you're going to pass.*

blur[1] /blɜː/ *n* [singular] mglisty zarys: *a blur of horses running past* | *The crash is all a blur in my mind.*

blur[2] *v* [I,T] **-rred, -rring 1** zacierać (się): *a type of movie that blurs the lines between reality and imagination* **2** zamazywać (się): *a mist blurring the outline of the distant hills*

blurb /blɜːb/ *n* [singular] notka reklamowa

blurred /blɜːd/ *także* **blur·ry** /'blɜːri/ *adj* zamazany, niewyraźny: *blurred vision* | *blurry photos*

blurt /blɜːt/ *także* **blurt out** *v* [T] wypaplać: *Peter blurted out the news before we could stop him.*

blush /blʌʃ/ *v* [I] za/rumienić się: *She's so shy she blushes whenever I speak to her.* | **+ with** *Toby blushed with pride.*
—**blush** *n* [C] rumieniec: *remarks that brought a blush to my cheeks*

boar /bɔː/ *n* [C] **1** knur **2** dzik

board[1] /bɔːd/ *n* **1** [C] deska: *a chopping board* **2** [C] plansza **3** [C] rada, zarząd: *the school's board of governors* **4** [C] tablica: *Can I put this notice on the board?* | *The teacher had written some examples up on the board.* → patrz też BLACKBOARD, BULLETIN BOARD, NOTICEBOARD **5** [C] **on board** na pokładzie: *all the passengers on board* **6 take sth on board** brać/wziąć coś pod rozwagę: *We'll try to take some of your suggestions on board.* **7 across the board** dla wszystkich: *increases in pay across the board*

> UWAGA **on board**
>
> Wyrażenie **on board** występuje bez przyimka **of**: *How the child managed to get on board the plane remains a mystery.*

board[2] *n* [U] wyżywienie: **board and lodging** *BrE*/**room and board** *AmE* (=i zakwaterowanie): *Room and board is $350 per month.*

board[3] *v* **1** [I,T] wsiadać (do), wchodzić na pokład: *Passengers in rows 25 to 15 may now board the plane.* **2** [I] przyjmować pasażerów: *Flight 503 for Lisbon is now boarding.*

board sth ↔ **up** *phr v* [T] zabijać deskami: *The house next door has been boarded up for months.*

board·er /ˈbɔːdə/ *n* [C] **1** mieszkaniec internatu **2** lokator

board game /ˈ. ./ *n* [C] gra planszowa

boarding house /ˈ.. ./ *n* [C] pensjonat

boarding school /ˈ.. ./ *n* [C] szkoła z internatem

board·room /ˈbɔːdruːm/ *n* [C] sala posiedzeń zarządu

board·walk /ˈbɔːdwɔːk/ *n* [C] *AmE* promenada

boast[1] /bəʊst/ *v* **1** [I] chwalić się: *He enjoyed boasting about his wealth.* **2** [T] szczycić się: *The new health club boasts an olympic-sized swimming pool.*

boast[2] *n* [C] chluba

boast·ful /ˈbəʊstfəl/ *adj* chełpliwy: *When he was drunk, he became loud and boastful.*

boat /bəʊt/ *n* [C] **1** łódź: *fishing boats* | **by boat** *You can only get to the island by boat.* **2** statek **3 be in the same boat (as)** *informal* jechać na tym samym wózku (co): *We're all in the same boat, so stop complaining.* → patrz też **miss the boat/bus** (MISS[1]), **rock the boat** (ROCK[2])

bob /bɒb/ *v* [I] **-bbed, -bbing** huśtać się (*na wodzie*): *a small boat bobbing up and down*

bob·bin /ˈbɒbᵻn/ *n* [C] szpulka

bod·i·ly /ˈbɒdᵊli/ *adj* fizyczny, cielesny: *bodily changes*

bod·y /ˈbɒdi/ *n* **1** [C] **a)** organizm: *a strong healthy body* **b)** ciało: *Keep your arms close to your body.* | *Several bodies have been found near the crash site.* **2** [C] gremium: *the governing body of the university* **3** [singular] **a large/substantial/vast body of** duża ilość (*informacji, dowodów itp.*): *A growing body of evidence suggests that exercise may reduce the risk of cancer.* **4** [C] główna część: *the body of the report* **5** [C] **a)** karoseria **b)** kadłub

body build·ing /ˈ.. ,../ *n* [U] kulturystyka —**body builder** *n* [C] kulturyst-a/ka

bod·y·guard /ˈbɒdigɑːd/ *n* [C] ochroniarz

bod·y·work /ˈbɒdiwɜːk/ *n* [U] nadwozie: *The bodywork's beginning to rust.*

bog[1] /bɒg/ *n* [C,U] bagno

bog[2] *v* **get/be bogged down** u/grzęznąć: *Let's not get bogged down with minor details.*

bog·gle /ˈbɒgəl/ *v* **the mind boggles** *spoken* w głowie się nie mieści: *When you think how much they must spend on clothes – well, the mind boggles.*

bog·gy /ˈbɒgi/ *adj* grząski

bo·gus /ˈbəʊgəs/ *adj informal* fałszywy: *a bogus police officer*

boil[1] /bɔɪl/ *v* **1** [I] za/gotować się, wrzeć: *Drop the noodles into boiling salted water.* | *Ben, the kettle's boiling.* **2** *także*

boil up [T] gotować: *Boil the eggs for five minutes.*

boil down to sth *phr v* **it (all) boils down to** to (wszystko) sprowadza się do: *It all boils down to how much money you have.*

boil over *phr v* [I] wy/kipieć

boil² *n* **1 bring to the boil** doprowadzać do wrzenia, zagotowywać: *Bring the soup to the boil and cook for another 5 minutes.* **2** [C] czyrak

boil·er /ˈbɔɪlə/ *n* [C] **1** bojler **2** kocioł parowy

boiling point /ˈ.. ./ *n* [singular] temperatura wrzenia

bois·ter·ous /ˈbɔɪstərəs/ *adj* żywy, hałaśliwy: *a group of boisterous children*

bold /bəʊld/ *adj* **1** śmiały: *Yamamoto's plan was bold and original.* **2** jaskrawy, wyrazisty: *wallpaper with bold stripes* —**boldly** *adv* śmiało —**boldness** *n* [U] śmiałość

bol·lard /ˈbɒləd/ *n* [C] *BrE* słupek drogowy

bol·ster /ˈbəʊlstə/ *także* **bolster up** *v* [T] podbudowywać: *Roy's promotion seems to have bolstered his confidence.*

bolt¹ /bəʊlt/ *n* [C] **1** zasuwa, rygiel **2** śruba

bolt² *v* **1** [I] rzucać się do ucieczki: *He bolted across the street as soon as he saw them.* **2** [T] za/ryglować **3** *także* **bolt down** [T] połykać w pośpiechu: *Don't bolt your food.* **4** [T] przykręcać: *The shelves are bolted to a metal frame.*

bolt³ *adv* **sit/stand bolt upright** usiąść/stanąć prosto jak struna: *Suddenly Dennis sat bolt upright in bed.*

bomb¹ /bɒm/ *n* **1** [C] bomba: *bombs dropping on the city* **2 the bomb** broń jądrowa

bomb² *v* **1** [T] z/bombardować: *Terrorists have bombed the central railway station.* **2** [I] *informal* zrobić klapę: *His latest play bombed on Broadway.*

bom·bard /bɒmˈbɑːd/ *v* [T] bombardować: *Sarajevo was bombarded from all sides.* | *Both leaders were bombarded with questions from the press.* —**bombardment** *n* [C,U] nalot bombowy, bombardowanie

bomb·er /ˈbɒmə/ *n* [C] **1** bombowiec **2** zamachowiec, terrorysta

bomb·shell /ˈbɒmʃel/ *n* [C] *informal* sensacja: *Then she dropped a bombshell, "I'm pregnant."*

bond¹ /bɒnd/ *n* [C] **1** więź: **+ between** *the natural bond between mother and child* **2** obligacja: *government bonds*

bond² *v* [I,T] wiązać (się)

bond·age /ˈbɒndɪdʒ/ *n* [U] niewola

bone¹ /bəʊn/ *n* **1** [C,U] kość: *Sam broke a bone in his foot.* | *fragments of bone* **2** ość **3 have a bone to pick with sb** *spoken* mieć z kimś do pomówienia **4 make no bones about sth** nie kryć się z czymś: *She makes no bones about her ambitions.* **5 a bone of contention** kość niezgody

bone² *v* [T] oczyszczać z kości/ości

bon·fire /ˈbɒnfaɪə/ *n* [C] ognisko

bon·net /ˈbɒnət/ *n* [C] **1** *BrE* maska (*samochodu*) **2** czepek

bo·nus /ˈbəʊnəs/ *n* [C] **1** premia: *a Christmas bonus* **2** dodatkowa korzyść: *The fact that our house is so close to the school is a real bonus.*

bon·y /ˈbəʊni/ *adj* kościsty: *bony fingers*

boo /buː/ *v* **1** [I] gwizdać (*na znak dezaprobaty*) **2** [T] wygwizdać (*kogoś*)

boo·by prize /ˈbuːbi praɪz/ *n* [C] nagroda pocieszenia

booby trap /ˈ.. ./ *n* [C] bomba-pułapka

book¹ /bʊk/ *n* [C] **1** książka: *a book by Charles Dickens* | *Have you read 'The Wasp Factory'? It's a fantastic book.* **2** książeczka: *a cheque book* **3** bloczek, karnet **4 by the book** ściśle według przepisów **5 be in sb's good/bad books** *informal* być u kogoś w łaskach/niełasce

book² *v* **1** [I,T] *BrE* za/rezerwować: *The train was very crowded and I wished I'd booked a seat.* | **booked up/fully booked** (=brak miejsc/biletów itp.): *I'm sorry, we're fully booked for the 14th Febru-*

ary. **2** [T] *AmE informal* za/aresztować **3** [T] *BrE* dawać ostrzeżenie (*piłkarzowi*)

book in/into *phr v* **1** *BrE* [I] za/meldować się w (*hotelu*): *I'll call you as soon as I've booked in.* **2** [T **book** sb ↔ **in/into**] z/robić komuś rezerwację w (*hotelu*): *She's booked you in at the Hilton.*

book·case /ˈbʊk-keɪs/ *n* [C] biblioteczka, regał

book·ing /ˈbʊkɪŋ/ *n* [C] rezerwacja: **make a booking** *Can I make a booking for tonight?*

booking of·fice /ˈ.. ˌ../ *n* [C] *BrE* kasa biletowa (*kolejowa itp.*)

book·keep·ing /ˈbʊkˌkiːpɪŋ/ *n* [U] księgowość, rachunkowość —**bookkeeper** *n* [C] księgow-y/a

book·let /ˈbʊklɨt/ *n* [C] broszura: *a booklet that gives advice to patients with the disease*

book·mak·er /ˈbʊkˌmeɪkə/ *n* [C] *formal* bukmacher

book·mark /ˈbʊkmɑːk/ *n* [C] zakładka (*do książki*)

book·shop /ˈbʊkʃɒp/ *BrE*, **book store** *AmE n* [C] księgarnia

book·stall /ˈbʊkstɔːl/ *n* [C] *BrE* stoisko z prasą i książkami (*np. na dworcu*)

book·worm /ˈbʊkwɜːm/ *n* [C] mól książkowy

boom[1] /buːm/ *n* [C,U] boom: *the building boom in the 1980s*

boom[2] *v* [I] **1** dobrze prosperować **2** huczeć, grzmieć: *Hector's voice boomed above the others.*

boo·me·rang /ˈbuːməræŋ/ *n* [C] bumerang

boon /buːn/ *n* [C] dobrodziejstwo

boost[1] /buːst/ *n* [C] [usually singular] **give a boost to** podnosić na duchu: *Princess Diana's visit gave a big boost to patients.*

boost[2] *v* [T] zwiększać: *Christmas boosts sales by 30%.* | *Winning really boosts your confidence.*

boost·er /ˈbuːstə/ *n* **1 confidence/morale/ego booster** zastrzyk pewności siebie **2** [C] pomocniczy silnik rakietowy **3** [C] **booster vaccination** szczepionka przypominająca

boot /buːt/ *n* [C] **1** trzewik, but z cholewą: *hiking boots* **2** kozaczek **3** *BrE* bagażnik **4 put the boot in** *BrE informal* kopać leżącego **5 be given the boot/get the boot** zostać wylanym z pracy: *"What happened to Sandra?" "Oh, she got the boot."*

booth /buːð/ *n* [C] budka, kabina: *a telephone booth* | *a voting booth*

boot·leg /ˈbuːtleg/ *adj* nielegalny, piracki: *bootleg cassette tapes* —**bootlegging** *n* [U] piractwo

boot·y /ˈbuːti/ *n* [U] *literary* łup: *Caesar's armies returned home loaded with booty.*

booze /buːz/ *n* [U] *informal* alkohol

booz·er /ˈbuːzə/ *n* [C] *BrE informal* pub

bor·der[1] /ˈbɔːdə/ *n* [C] **1** granica: **+ between** *the border between India and Pakistan* **2** brzeg, obwódka: *a skirt with a red border*

border[2] *v* [T] **1** stać/leżeć/rosnąć wzdłuż: *willow trees bordering the river* **2** graniczyć z: *the Arab States bordering Israel*

border on sth *phr v* [T] graniczyć z: *Her behaviour sometimes borders on insanity.*

bor·der·line[1] /ˈbɔːdəlaɪn/ *adj* graniczny: *In borderline cases we may ask candidates to come for a second interview.*

borderline[2] *n* [singular] granica: *the borderline between sleep and being awake*

bore[1] /bɔː/ *v* **1** [T] nudzić: *Am I boring you?* **2** [I,T] wy/wiercić

bore[2] *n* **1** [C] nudzia-rz/ra **2** [singular] nudna robota

bore[3] *v* czas przeszły od BEAR

bored /bɔːd/ *adj* znudzony: *He looked bored and kept yawning loudly.* | **+ with** *We got bored with lying on the beach and went off to explore the town.* | **bored stiff/bored to tears** (=śmiertelnie znudzony)

bore·dom /ˈbɔːdəm/ *n* [U] nuda

bor·ing /ˈbɔːrɪŋ/ *adj* nudny: *This book's so boring – I don't think I'll ever get to the* *end of it.* | *She was forced to spend the evening with Helen and her boring new boyfriend.*

UWAGA **boring**
Patrz **dull** i **boring**.

B

born[1] /bɔːn/ *v* **be born a)** urodzić się: *I was born in Tehran.* | *Our eldest son was born on Christmas Day.* | **be born into** *Grace was born into a wealthy family.* **b)** zrodzić się

born[2] *adj* **a born leader/teacher** urodzony przywódca/nauczyciel

borne /bɔːn/ *v* imiesłów bierny od BEAR

bo·rough /ˈbʌrə/ *n* [C] dzielnica, gmina: *the New York borough of Queens*

bor·row /ˈbɒrəʊ/ *v* **1** [T] pożyczać (*od kogoś*): *Could I borrow your dictionary for a moment?* **2** [I] brać/wziąć pożyczkę: *The company has had to borrow heavily to stay in business.* ➡ porówna LEND **3** [T] zapożyczać: *English has borrowed many words from French.*

UWAGA **borrow i lend**
Nie należy mylić wyrazów **borrow** i **lend**. **Borrow** znaczy 'pożyczać od kogoś' i jest często używane z przyimkiem **from**, a **lend** znaczy 'pożyczać komuś' i jest często używane z przyimkiem **to**: *Can I borrow one of your pencils?* | *I'm always borrowing books from the library and forgetting to return them.* | *Can you lend me $10?* | *Did you lend the book to Mike?*

bos·om /ˈbʊzəm/ *n* **1** [singular] biust **2** [C usually plural] piersi **3 bosom friend/buddy** *informal* przyjaci-el/ółka od serca

boss /bɒs/ *n* [C] szef/owa: *She asked her boss if she could have some time off work.* | *Who's the boss around here?*

UWAGA **boss**
Patrz **chef, chief, boss**.

boss·y /ˈbɒsi/ *adj* apodyktyczny: *Stop being so bossy!* —**bossiness** *n* [U] apodyktyczność

bot·a·ny /ˈbɒtəni/ *n* [U] botanika —**botanist** *n* [C] botani-k/czka —**botanical** /bəˈtænɪkəl/ *adj* botaniczny: *botanical gardens*

both /bəʊθ/ *determiner, quantifier, pron* **1** oboje, obaj, obie, oba: *Anne and John are both scientists.* | *They both have good jobs.* | *Hold it in both hands.* | **both of** *Both of my grandfathers were farmers.* ➡ porównaj NEITHER[1] **2 both ... and ...** zarówno ... jak i ...: *Dave felt both excited and nervous before his speech.*

UWAGA **both**
Kiedy używamy **both** z rzeczownikiem, **both** może wystąpić przed lub po rzeczowniku bez zmiany znaczenia: *The cats are both black* = *Both the cats are black* = *Both cats are black.* Kiedy używamy **both** z zaimkiem, możemy powiedzieć albo **we both/they both** itd., albo **both of us/both of them** itd. i znaczenie będzie to samo: *We both like Kung Fu movies* = *Both of us like Kung Fu movies.*

both·er[1] /ˈbɒðə/ *v* **1** [T] przeszkadzać, niepokoić: *"Why didn't you ask me for help?" "I didn't want to bother you."* **2** [I] zadawać sobie trud: *Tom failed mainly because he did not bother to complete his course work.* **3 I can't be bothered (to do sth)** *BrE* nie chce mi się (czegoś robić): *I ought to clean the car, but I can't be bothered.*

bother[2] *n* [U] kłopot: **it's no bother** (=to żaden kłopot): *"Thanks for all your help." "That's okay; it's no bother at all."*

bother[3] *interjection BrE* kurczę!: *Oh bother! I've forgotten my wallet.*

bot·tle[1] /ˈbɒtl/ *n* [C] **1** butelka: *a wine bottle* **2 hit the bottle** *informal* rozpić się

bottle[2] *v* [T] butelkować: *This wine is bottled in Burgundy.*

bottle sth ↔ **up** *phr v* [T] s/tłumić w sobie: *Don't bottle up your anger. Let it out.*

bottle bank /'.. ./ *n* [C] pojemnik na zużyte szkło

bot·tle·neck /'bɒtlnek/ *n* [C] wąskie gardło

bot·tom[1] /'bɒtəm/ *n* **1** [C usually singular] dół: **at the bottom of** *Print your name at the bottom of the letter.* | *Lewis started at the bottom and now he runs the company.* → antonim TOP[1] **2** [C usually singular] spód: **on the bottom of** *What's that on the bottom of your shoe?* **3** [C] *informal* pupa **4** [singular] dno: **+ of** *The bottom of the river is very rocky.* **5 get to the bottom of sth** *informal* dotrzeć do sedna czegoś: *Dad swore that he would get to the bottom of all this.* **6 be at the bottom of sth** leżeć u podstaw czegoś → patrz też ROCK BOTTOM

bottom[2] *adj* najniższy: *The papers are in the bottom drawer.*

bot·tom·less /'bɒtəmləs/ *adj* **1** bez dna: *There is no bottomless pit of money in any organization.* **2** bezdenny: *the bottomless depths of the ocean*

bottom line /,.. './ **the bottom line** sedno sprawy: *The bottom line is that we have to finish the project on time.*

bough /baʊ/ *n* [C] konar

bought /bɔːt/ *v* czas przeszły i imiesłów bierny od BUY

boul·der /'bəʊldə/ *n* [C] głaz

boule·vard /'buːlvɑːd/ *n* [C] bulwar

bounce[1] /baʊns/ *v* **1** [I,T] odbijać (się): **+ off** *The ball bounced off the garage into the road.* **2** [I] skakać (*na miękkim podłożu*) **+ on** *Don't bounce on the bed.* **3** [I] nie mieć pokrycia (*o czeku*) **4** [I] iść/biec w podskokach: **into/along etc** *The children came bouncing into the room.*

bounce back *phr v* [I] dojść do siebie: *The team bounced back after a series of defeats.*

bounce[2] *n* [C,U] odbicie: *Catch the ball on the first bounce.*

bounc·er /'baʊnsə/ *n* [C] bramkarz (*w lokalu*)

bounc·ing /'baʊnsɪŋ/ *adj* tryskający zdrowiem: *a bouncing baby boy*

bound[1] /baʊnd/ *v* czas przeszły i imiesłów bierny od BIND

bound[2] *adj* [not before noun] **1 sb/sth is bound to do sth** ktoś/coś na pewno coś zrobi: *Madeleine's such a nice girl – she's bound to make friends.* | *Interest rates are bound to go up this year.* **2** zobowiązany: **+ by** *The company is bound by law to provide us with safety equipment.* **3 be bound up with sth** być związanym z czymś: *His problems are mainly bound up with his mother's death.* **4 be bound for** zdążać do, zmierzać do: *a plane bound for Thailand*

bound[3] *n* [C] sus

bound·a·ry /'baʊndəri/ *n* [C] granica: **+ between** *The Mississippi forms a natural boundary between Tennessee and Arkansas.* | **+ of** *the boundaries of human knowledge* → porównaj BORDER[1]

bound·less /'baʊndləs/ *adj* nieograniczony, bezgraniczny: *boundless energy*

bounds /baʊndz/ *n* [plural] **out of bounds** objęty zakazem wstępu

boun·ty /'baʊnti/ *n* [C] nagroda (*za pomoc w ujęciu przestępcy*)

bou·quet /bəʊ'keɪ/ *n* [C,U] bukiet

bourbon /'bʊəbən/ *n* [U] burbon

bour·geois /'bʊəʒwɑː/ *adj* mieszczański, burżuazyjny

bout /baʊt/ *n* [C] napad, atak: **+ of** *a bout of coughing*

bou·tique /buː'tiːk/ *n* [C] butik

bow[1] /baʊ/ *v* **1** [I,T] kłaniać się: *He bowed respectfully to the king.* | *The actors bowed and left the stage.* **2** [I] uginać się: *trees bowing in the wind*

bow to sb/sth *phr v* [T] uginać się pod naciskiem: *Once again, the government has had to bow to the wishes of the people.*

bow[2] /baʊ/ *n* [C] **1** ukłon **2** dziób (*statku*) → porównaj STERN[2]

bow[3] /bəʊ/ *n* [C] **1** kokarda: *Jenny had a big red bow in her hair.* **2** łuk (*broń*) **3** smyczek

bow·el /'baʊəl/ *n* [C usually plural] jelito

bowl[1] /bəʊl/ *n* [C] miska: **+ of** *a bowl of rice* | *a bowl of soup*

bowl² v [I,T] **1** BrE grać w kule **2** za/serwować (*w krykiecie*) **3** AmE grać w kręgle

bowler hat /ˌbəʊlə ˈhæt/ *especially BrE* melonik

B

bowl·ing /ˈbəʊlɪŋ/ *n* [U] gra w kręgle

bowls /bəʊlz/ *n* [U] BrE gra w kule

bow tie /ˌbəʊ ˈtaɪ/ *n* [C] muszka

box¹ /bɒks/ *n* [C] **1** pudełko: *a cardboard box* | **+ of** *Mary ate a whole box of chocolates.* **2** loża: *the jury box* **3 the box** *BrE informal* telewizja

box² v boksować

box·er /ˈbɒksə/ *n* [C] bokser: *a heavyweight boxer*

box·ing /ˈbɒksɪŋ/ *n* [U] boks

Boxing Day /ˈ.. ./ *n* [C,U] BrE drugi dzień Świąt Bożego Narodzenia

box of·fice /ˈ. ˌ../ *n* [C] kasa biletowa (*w teatrze itp.*)

boy /bɔɪ/ *n* **1** [C] chłopiec: *a school for boys* **2** [C] syn: *How old is your little boy now?* **3** *także* **oh boy** och: *Boy, those were great times!*

boy·cott /ˈbɔɪkɒt/ v [T] z/bojkotować: *Our family boycotts all products tested on animals.* —**boycott** *n* [C] bojkot

boy·friend /ˈbɔɪfrend/ *n* [C] chłopak

boy·ish /ˈbɔɪ-ɪʃ/ *adj* chłopięcy: *his slim, boyish figure*

Boy Scout /ˌ. ˈ./ *n* skaut

bra /brɑː/ *n* [C] stanik, biustonosz

brace¹ /breɪs/ v [T] **brace yourself for** przygotowywać się na: *Sandra braced herself for an argument.*

brace² *n* [C] aparat ortopedyczny: *Jill had to wear a neck brace for six weeks.*

brace·let /ˈbreɪsl$^{I}_{ə}$t/ *n* [C] bransoletka

bra·ces /ˈbreɪs$^{I}_{ə}$z/ *n* [plural] **1** BrE szelki **2** *także* **brace** BrE aparat ortodontyczny

brac·ing /ˈbreɪsɪŋ/ *adj* orzeźwiający: *a bracing sea breeze*

brack·et¹ /ˈbræk$^{I}_{ə}$t/ *n* [C] **1 income/tax/age bracket** przedział płacowy/podatkowy/wiekowy: *Price's new job puts him in the highest tax bracket.* **2** nawias: **in brackets** *All grammar information is given in brackets.* **3** wspornik

bracket² v [T] brać/wziąć w nawias

brag /bræg/ v [I] **-gged, -gging** przechwalać się: **brag about** *Ray likes to brag about his success with women.*

braid¹ /breɪd/ *n* [C] AmE warkocz

braid² v [T] AmE zaplatać

brain /breɪn/ *n* **1** [C] mózg: *Jorge suffered brain damage in the accident.* | *Some of the best brains in the country are here tonight.* **2 brains** inteligencja: *If you had any brains, you'd know what I mean.* → patrz też **pick sb's brains** (PICK¹), **rack your brains** (RACK²)

brain·child /ˈbreɪntʃaɪld/ *n* [singular] *informal* pomysł, wynalazek: **+ of** *The personal computer was the brainchild of Steve Jobs.*

brain·storm /ˈbreɪnstɔːm/ *n* [singular] *informal AmE* olśnienie

brain·stor·ming /ˈbreɪnstɔːmɪŋ/ *n* [U] burza mózgów

brain·wash /ˈbreɪnwɒʃ/ v [T] z/robić pranie mózgu: *People are brainwashed into believing that being fat is some kind of crime.* —**brainwashing** *n* [U] pranie mózgu

brain·wave /ˈbreɪnweɪv/ *n* [C] BrE olśnienie

brain·y /ˈbreɪni/ *adj informal* bystry, rozgarnięty

brake¹ /breɪk/ *n* [C] hamulec

brake² v [I] za/hamować: *Jed had to brake to avoid hitting the car in front.*

branch¹ /brɑːntʃ/ *n* [C] **1** gałąź: *Which branch of science are you studying?* | *the New Zealand branch of the family* **2** oddział: *The bank has branches all over the country.* **3** odgałęzienie: *a branch of the River Nile*

branch² v [I] *także* **branch off** rozgałęziać się: *When you reach Germain Street, the road branches into two.*

branch out *phr v* [I] rozszerzać działalność: **+ into** *Our local shop has decided to branch out into renting videos.*

brand¹ /brænd/ *n* [C] **1** marka: *different*

brands of washing powder **2** gatunek, rodzaj: *Nat's special brand of humour*

brand² *v* [T] **1** na/piętnować: **brand sb as sth** *All English football supporters get branded as hooligans.* **2** znakować (*zwierzęta*)

bran·dish /ˈbrændɪʃ/ *v* [T] wymachiwać: *Chisholm burst into the office brandishing a knife.*

brand name /ˈ. ˌ./ *n* [C] nazwa firmowa

brand-new /ˌ. ˈ.◂/ *adj* nowiut(eń)ki: *a brand-new car*

bran·dy /ˈbrændi/ *n* [C,U] brandy

brass /brɑːs/ *n* **1** [U] mosiądz: *a pine chest with brass handles* **2 the brass (section)** instrumenty dęte (*blaszane*)

brat /bræt/ *n* [C] *informal* bachor: *a spoiled brat*

bra·va·do /brəˈvɑːdəʊ/ *n* [U] brawura

brave¹ /breɪv/ *adj* dzielny: *brave soldiers* | *Marti's brave fight against cancer* —**bravely** *adv* dzielnie —**bravery** *n* [U] męstwo

brave² *v* [T] stawiać czoło: *The crowd braved icy wind and rain to see the procession.*

bra·vo /ˈbrɑːvəʊ/ *interjection* brawo!

brawl /brɔːl/ *n* [C] bijatyka, burda: *a drunken brawl*

breach /briːtʃ/ *n* [C,U] pogwałcenie, naruszenie: **in breach of** *You are in breach of your contract.* —**breach** *v* [T] pogwałcić, naruszyć

bread /bred/ *n* **1** [U] chleb: *a loaf of bread* | *granary bread* | *a slice of bread* **2** [U] *slang* forsa

bread·crumbs /ˈbredkrʌmz/ *n* [plural] bułka tarta

breadth /bredθ/ *n* **1** [C,U] szerokość **2** [U] rozległość: **+ of** *No one could equal Dr Brenninger's breadth of knowledge.*

bread·win·ner /ˈbredˌwɪnə/ *n* [C] żywiciel/ka rodziny

break¹ /breɪk/ *v* **broke, broken, breaking 1** [I,T] s/tłuc (się), rozbijać (się): *The kids broke a window while they were playing ball.* | *Careful, those glasses break easily.* **2** [I,T] ze/psuć (się): *Someone's broken the TV.* **3** [T] z/łamać: *Sharon broke her leg skiing.* | *He broke her heart.* | *He didn't realize that he was breaking the law.* | *politicians who break their election promises* **4 break for lunch/coffee** z/robić (sobie) przerwę na lunch/kawę: *We broke for lunch at about 12:30.* **5** [T] przerywać: *The silence was broken by the sound of gunfire.* | *We broke our journey for a few hours.* | **break the habit** (=zrywać z nałogiem) **6 break a record** po/bić rekord **7 break the news to sb** przekazywać komuś złą wiadomość **8 break loose/free** uwalniać się: *He managed to break free and escape.* **9** [I] rozchodzić się (*o wiadomości*): *The next morning, the news broke that Monroe was dead.* **10 break the ice** przełamywać lody **11** [I] zrywać się (*o burzy*)

break away *phr v* [I] wyrwać się: **+ from** *Duchamp wanted to break away from* (=chciał zerwać z) *the old established traditions in art.*

break down *phr v* **1** [I] ze/psuć się **2** [I] rozpadać się: *His marriage broke down and his wife left him.* **3** [T **break** sth ↔ **down**] wyłamywać, wyważać: *The police had to break down the door to get in.* **4** [I,T] rozkładać: *enzymes which break down food in the stomach*

break in *phr v* **1** [I] włamywać się: *Thieves broke in during the night and took the hi-fi.* **2** [I] wtrącać się

break into sth *phr v* [T] włamywać się do: *They broke into the room through the back window.*

break off *phr v* **1** [T] odłamywać: *She broke off a piece of cheese.* **2** [T] zrywać: *The US has broken off diplomatic relations with Iran.*

break out *phr v* [I] wybuchać: *Nine months later, war broke out in Korea.*

break up *phr v* **1** [T **break** sth ↔ **up**] rozbijać: *One day his business empire will be broken up.* **2** [I,T **break** sth ↔ **up**] kruszyć: *We used shovels to break up the soil.* **3** [I] zrywać ze sobą: *Troy and I broke up last month.*

break² *n* **1** [C] przerwa: *a break in the conversation* | *Are you going anywhere over the Easter break?* | **take a break** (=z/robić sobie przerwę): *We're all getting tired. Let's take a break for ten minutes.* | **lunch/coffee/tea break** *What time is your lunch break?* **2** [C] szansa: *The band's big break came when they sang on a local TV show.* **3** [singular] zerwanie: **+ with** *a break with the past* **4 break of day** *literary* świt

B

break·down /ˈbreɪkdaʊn/ *n* **1** [C,U] rozpad: *Gail blames me for the breakdown of our marriage.* **2** załamanie się: *a breakdown in the peace talks* **3** [C,U] awaria **4** [C] załamanie nerwowe

break·fast /ˈbrekfəst/ *n* [C,U] śniadanie: **have breakfast** (=z/jeść śniadanie): *Have you had breakfast yet?*

break-in /ˈ. ./ *n* [C] włamanie: *There was a break-in at the college last night.*

breaking point /ˈ.. ˌ./ *n* [U] granica wytrzymałości: *Everybody's nerves were strained to breaking point.*

break·through /ˈbreɪkθruː/ *n* [C] przełom: *a technological breakthrough*

break·up /ˈbreɪkʌp/ *n* [C] rozpad: *the breakup of the Soviet Union*

breast /brest/ *n* [C,U] pierś: *turkey breast* → patrz też DOUBLE-BREASTED

breast-feed /ˈ. ./ *v* [I,T] karmić piersią

breast·stroke /ˈbrest-strəʊk/ *n* [U] styl klasyczny, żabka

breath /breθ/ *n* **1** [U] oddech: *I can smell alcohol on your breath.* | **bad breath** (=cuchnący) **2 take a big/deep breath** brać/wziąć głęboki oddech: *Take a deep breath and tell me all about it.* **3 be out of breath** nie móc złapać tchu **4 hold your breath** wstrzymywać oddech: *Can you hold your breath under water?* | *We were all holding our breath, waiting for the winner to be announced.* **5 take your breath away** zapierać dech (w piersiach): *a view that will take your breath away* → patrz też BREATHTAKING **6 under your breath** półgłosem, pod nosem: *"I hate you," he muttered under his breath.*

breath·a·lys·er /ˈbreθəl-aɪzə/ *BrE*, **breathalyzer** *AmE n* [C] *trademark* alkomat

breathe /briːð/ *v* **1** [I,T] oddychać: *Is he still breathing?* | **breathe in/out** (=wdychać/wydychać): *They stood on the cliff breathing in the fresh sea air.* | **breathe deeply** *Relax and breathe deeply.* **2 not breathe a word** nie puszczać pary z ust: *Promise not to breathe a word to anyone.* —**breathing** *n* [U] oddychanie

breath·less /ˈbreθləs/ *adj* bez tchu

breath·tak·ing /ˈbreθˌteɪkɪŋ/ *adj* zapierający dech: *a breathtaking view*

breed¹ /briːd/ *v* **bred** /bred/, **bred, breeding 1** [I] rozmnażać się: *Rats can breed every six weeks.* **2** [T] hodować: *He breeds cattle.*

breed² *n* [C] **1** rasa **2 a new breed** nowa generacja: *the first of a new breed of home computers*

breed·er /ˈbriːdə/ *n* [C] hodowca: *a racehorse breeder*

breed·ing /ˈbriːdɪŋ/ *n* [U] **1** rozród: *the breeding season* **2** hodowla: *They usually just keep one bull for breeding.* **3** *old-fashioned* dobre wychowanie

breeze /briːz/ *n* [C] wietrzyk

breez·y /ˈbriːzi/ *adj* **1** beztroski: *a breezy manner* **2** wietrzny: *a breezy but sunny day*

breth·ren /ˈbreðrən/ *n* [plural] *old-fashioned* bracia (*zakonni*)

brev·i·ty /ˈbrevəti/ *n* [U] *formal* **1** zwięzłość: *He was commended for the sharpness and brevity of his speech.* **2** krótkotrwałość

brew /bruː/ *v* **1 be brewing** wisieć w powietrzu: *There's a storm brewing.* **2** [T] warzyć **3** [I,T] parzyć (się), zaparzać (się)

brew·er·y /ˈbruːəri/ *n* [C] browar

bribe¹ /braɪb/ *n* [C] łapówka: *The judge admitted that he had accepted bribes.*

bribe² *v* [T] przekupywać: **bribe sb to do sth** *Sykes had bribed two police officers to give false evidence.*

brib·er·y /ˈbraɪbəri/ *n* [U] przekupstwo, łapownictwo

brick /brɪk/ *n* [C,U] cegła: *a brick wall*

brick·lay·er /ˈbrɪkˌleɪə/ *n* [C] murarz

brid·al /ˈbraɪdl/ *adj* ślubny: *a bridal gown*

bride /braɪd/ *n* [C] panna młoda

bride·groom /ˈbraɪdgruːm/ *n* [C] pan młody

brides·maid /ˈbraɪdzmeɪd/ *n* [C] druhna

bridge[1] /brɪdʒ/ *n* **1** [C] most: *the bridge over the Mississippi* **2** [C] pomost: *The training programme is seen as a bridge between school and work.* **3 the bridge** mostek kapitański **4** [U] brydż

bridge[2] *v* [T] **bridge the gap (between)** zmniejszać różnicę (pomiędzy): *an attempt to bridge the gap between rich and poor*

bri·dle /ˈbraɪdl/ *n* [C] uzda

brief[1] /briːf/ *adj* **1** krótki: *a brief visit* **2** zwięzły: *a brief letter* | **in brief** (=w skrócie): *Here is the sports news, in brief.* —**briefly** *adv* krótko, pokrótce → patrz też BREVITY

brief[2] *n* [C] wytyczne, instrukcje: *My brief is to increase our sales.*

brief[3] *v* [T] po/instruować: **brief sb on sth** *Before the interview we had been briefed on what to say.*

brief·case /ˈbriːfkeɪs/ *n* [C] aktówka

brief·ing /ˈbriːfɪŋ/ *n* [C,U] instruktaż, odprawa: *a press briefing*

briefs /briːfs/ *n* [plural] figi, slipy

bri·gade /brɪˈgeɪd/ *n* [C] brygada → patrz też FIRE BRIGADE

bright /braɪt/ *adj* **1** jasny, jaskrawy: *bright lights* | *Her dress was bright red.* **2** bystry: *Vicky is a very bright child.* **3** pogodny: *a bright smile* | *a bright sunny day* **4** świetlany: *You have a bright future ahead of you!* —**brightly** *adv* jasno, jaskrawo: *brightly coloured balloons* —**brightness** *n* [U] jasność

bright·en /ˈbraɪtn/ *także* **brighten up** *v* **1** [I,T] rozjaśniać (się): *Flowers would brighten up this room.* **2** [I] poweseleć: *She brightened up when she saw us coming.*

bril·liant /ˈbrɪljənt/ *adj* **1** olśniewający: *brilliant sunshine* **2** błyskotliwy: *a brilliant scientist* **3** *BrE spoken* fantastyczny: *"How was your holiday?" "It was brilliant!"* —**brilliance** *n* [U] błyskotliwość

brim[1] /brɪm/ *n* [C] **1** rondo (*kapelusza*) **2 filled/full to the brim** napełniony/pełen po brzegi: *The glass was full to the brim.*

brim[2] *v* [I] **-mmed, -mming** tryskać: **+ with** *Clive was brimming with confidence at the start of the race.*

bring /brɪŋ/ *v* [T] **brought, brought, bringing 1** przynosić, przywozić, przyprowadzać: *I brought these pictures to show you.* | **bring sb/sth with you** *She brought her children with her to the party.* | **bring sb sth** *Rob brought her a glass of water.* **2** wywoływać: *an enthusiastic welcome that brought a smile to her face* **3 can't bring yourself to do sth** nie móc się zdobyć na zrobienie czegoś: *I couldn't bring myself to kill the poor creature.* **4 bring sth to an end** kłaść/położyć czemuś kres: *We hope that the peace process will bring this violence to an end.* **5** sprowadzać: *The fair brings a lot of people to the town.*

bring sth ↔ **about** *phr v* [T] s/powodować: *The war brought about huge social and political changes.*

bring sth/sb ↔ **back** *phr v* [T] **1** przywracać: *Many states have voted to bring back the death penalty.* **2** przywoływać: *The smell of cut grass brought back memories of the summer.*

bring sb/sth **down** *phr v* [T] **1** strącać: *An enemy plane was brought down by rocket launchers.* **2** obniżać: *Improved farming methods have brought down the price of food.* **3 bring down a government/president** obalać rząd/prezydenta

bring sth ↔ **in** *phr v* [T] **1** przynosić (*zysk*): *sales that will bring in more than £2 million* **2** wprowadzać: *The city council will bring in new regulations to restrict parking.*

bring sth ↔ **out** *phr v* [T] **1** wypuszczać na rynek: *The National*

Tourist Organization has just brought out a new guide book. **2 bring out the best/worst in sb** wyzwalać w kimś to, co najlepsze/najgorsze: *Becoming a father has brought out the best in Dan.*

bring sb/sth ↔ **up** *phr v* [T] **1** wychowywać: *Rachel had been brought up by her grandmother.* | *a well brought up child* **2** poruszać (*temat*): *She wished she'd never brought up the subject of money.*

brink /brɪŋk/ *n* [C] **be on the brink of** być o krok od: *two nations on the brink of war*

brisk /brɪsk/ *adj* żwawy, energiczny: *a brisk walk* —**briskly** *adv* żwawo, energicznie

bris·tle[1] /ˈbrɪsəl/ *n* [C,U] szczecina, włosie: *a brush with short bristles*

bristle[2] *v* [I] **1** na/jeżyć się **2** żachnąć się: *She bristled with indignation.*

Brit·ish[1] /ˈbrɪtɪʃ/ *adj* brytyjski

British[2] *n* [plural] **the British** Brytyjczycy

Brit·on /ˈbrɪtn/ *n* [C] Brytyj-czyk/ka

brit·tle /ˈbrɪtl/ *adj* kruchy, łamliwy: *The twigs were dry and brittle, and cracked beneath their feet.*

broach /brəʊtʃ/ *v* **broach the subject/question** poruszać (delikatny) temat/kwestię: *At last he broached the subject of her divorce.*

broad /brɔːd/ *adj* **1** szeroki: *broad shoulders* | *a broad range of interests* **2** ogólny: *a broad outline of the plan* **3 in broad daylight** w biały dzień: *He was attacked in the street in broad daylight.* **4 broad accent** silny akcent: *a broad Scottish accent*

broad·cast[1] /ˈbrɔːdkɑːst/ *n* [C] program, audycja: *a news broadcast*

broadcast[2] *v* **broadcast, broadcast, broadcasting** [I,T] nadawać, wy/emitować, transmitować: *Channel 5 will broadcast the game at 6 o'clock.* —**broadcasting** *n* [U] nadawanie, emitowanie, transmisja

broad·en /ˈbrɔːdn/ *v* [I,T] **1** poszerzać (się): *training designed to broaden your knowledge of practical medicine* **2** *także* **broaden out** rozszerzać (się): *The river broadens out here.*

broad·ly /ˈbrɔːdli/ *adv* **1** z grubsza: *I know broadly what to expect.* **2 smile/grin broadly** uśmiechać się szeroko

broad·mind·ed /ˌbrɔːdˈmaɪndɪ̵d◂/ *adj* tolerancyjny

broc·co·li /ˈbrɒkəli/ *n* [U] brokuły

bro·chure /ˈbrəʊʃə/ *n* [C] broszura: *a travel brochure*

broil /brɔɪl/ *v* [T] *AmE* u/piec na ruszcie: *broiled chicken*

broke[1] /brəʊk/ *adj informal* spłukany: *I can't pay you now – I'm broke.*

broke[2] *v* czas przeszły od BREAK

bro·ken[1] /ˈbrəʊkən/ *adj* **1** złamany: *a broken leg* | *a broken agreement* **2** stłuczony, rozbity: *a broken plate* **3** zepsuty: *a broken clock* **4** przerywany: *a broken white line* **5 broken marriage/home** rozbite małżeństwo/rodzina: *Are children from broken homes more likely to do badly at school?* **6 broken English/Polish** łamana angielszczyzna/polszczyzna

broken[2] *v* imiesłów bierny od BREAK

broken-heart·ed /ˌ.. ˈ..◂/ *adj* **be broken-hearted** mieć złamane serce

bro·ker /ˈbrəʊkə/ *n* [C] makler, broker → patrz też STOCKBROKER

bron·chi·tis /brɒŋˈkaɪtɪ̵s/ *n* [U] zapalenie oskrzeli

bronze /brɒnz/ *n* [U] brąz (*stop*) —**bronze** *adj* brązowy, z brązu: *a bronze statuette*

bronze med·al /ˌ. ˈ../ *n* [C] brązowy medal

brooch /brəʊtʃ/ *n* [C] broszka

brood /bruːd/ *v* [I] rozmyślać: *You can't just sit there brooding over your problems.*

brook /brʊk/ *n* [C] strumyk

broom /bruːm/ *n* [C] miotła

broom·stick /ˈbruːmˌstɪk/ *n* [C] kij od szczotki

broth /brɒθ/ *n* [U] rosół

broth·el /ˈbrɒθəl/ *n* [C] dom publiczny

broth·er /ˈbrʌðə/ *n* [C] brat: **older/younger/big/little brother** *Isn't that your little* (=młodszy) *brother?*

broth·er·hood /ˈbrʌðəhʊd/ *n* **1** [U] braterstwo: *peace and human brotherhood* **2** [C] bractwo

brother-in-law /ˈ.. . ˌ./ *n* [C] szwagier

broth·er·ly /ˈbrʌðəli/ *adj* **brotherly love** miłość braterska

brought /brɔːt/ *v* czas przeszły i imiesłów bierny od BRING

brow /braʊ/ *n* [C] **1** czoło **2** brew

brown[1] /braʊn/ *adj* brązowy: *brown shoes* —**brown** *n* [U] brąz (*kolor*)

brown[2] *v* [I,T] przyrumienić (się)

browse /braʊz/ *v* [I] **1** oglądać (*towary w sklepie*) rozglądać się: *"Can I help you?" "No thanks. I'm just browsing."* **2 browse through** przeglądać: *I was browsing through the catalogue.*

bruise /bruːz/ *n* [C] siniec, siniak: *That's a nasty bruise you've got.* —**bruise** *v* [T] po/siniaczyć

bru·nette /bruːˈnet/ *n* [C] brunetka

brush[1] /brʌʃ/ *n* **1** [C] szczotka → patrz też HAIRBRUSH, PAINTBRUSH, TOOTHBRUSH **2 a brush with** otarcie się o: *a brush with death*

brush[2] *v* **1** [T] wy/szczotkować: *Go brush your teeth.* | **brush sth off/away** (=strzepywać): *She brushed the crumbs off her lap.* **2** [I,T] muskać: **+ against** *Her hair brushed against my arm.*

brush sb/sth ↔ **aside** *phr v* [T] z/ignorować: *He brushed aside all criticisms.*

brush up (on) sth *phr v* [T] podszlifować, podszkolić się w: *I have to brush up on my French before I go to Paris.*

brush-off /ˈ. ./ *n informal* **give sb the brush-off** spławić kogoś: *I wanted to ask her out to dinner, but she gave me the brush-off.*

brush·wood /ˈbrʌʃwʊd/ *n* [U] chrust

brusque /bruːsk/ *adj* szorstki, opryskliwy: *a brusque manner*

brus·sels sprout /ˌbrʌsəlz ˈspraʊt/ *n* [C] brukselka

bru·tal /ˈbruːtl/ *adj* brutalny: *a brutal attack* | *She needs to be told what she is doing wrong, but you don't need to be brutal about it.* —**brutally** *adv* brutalnie: *brutally honest remarks* —**brutality** /bruːˈtæləti/ *n* [C,U] brutalność

brute /bruːt/ *n* [C] **1** brutal **2** bestia, bydlę: *a great brute of a dog*

BSc /ˌbiː es ˈsiː/ *BrE*, **BS** /ˌbiː ˈes/ *AmE* *n* [C] stopień naukowy odpowiadający licencjatowi z nauk ścisłych

bub·ble[1] /ˈbʌbəl/ *n* [C] bąbelek, bańka: *soap bubbles*

bubble[2] *v* [I] **1** za/bulgotać, musować **2 bubble (over) with joy/excitement** nie posiadać się z radości/podniecenia

bubble gum /ˈ.. ./ *n* [U] guma balonowa

bub·bly /ˈbʌbli/ *adj* musujący

buck /bʌk/ *n* [C] *AmE, AustrE spoken* dolar: *Could you lend me 20 bucks?*

buck·et /ˈbʌkət/ *n* [C] wiadro: **+ of** *a bucket of water*

buck·le[1] /ˈbʌkəl/ *v* [I,T] *także* **buckle up** zapinać (się) (*na sprzączkę*): *The strap buckles at the side.*

buckle[2] *n* [C] sprzączka

bud[1] /bʌd/ *n* [C] pąk, pączek

bud[2] *v* [I] **-dded, -dding** wypuszczać pą(cz)ki

Bud·dhis·m /ˈbʊdɪzəm/ *n* [U] buddyzm —**Buddhist** *n* [C] buddyst-a/ka —**Buddhist** *adj* buddyjski

bud·dy /ˈbʌdi/ *n* [C] **1** *informal* kumpel: *We're good buddies.* **2** *AmE spoken* kolega, koleś: *Hey buddy! Leave her alone!*

budge /bʌdʒ/ *v informal* **1** [I,T] ruszyć (się) (*z miejsca*): *The car won't budge.* | **+ from** *Mark hasn't budged from his room all day.* **2** [I] ustąpić: *Once Dad's made up his mind, he won't budge.*

bud·ge·ri·gar /ˈbʌdʒərɪɡɑː/ *n* [C] papużka

bud·get[1] /ˈbʌdʒət/ *n* [C] budżet: **+ of** *They have a budget of £1.5 million for the project.* | **cut/trim the budget** (=ograniczać wydatki) | **balance the budget** (=nie przekraczać budżetu)

budget[2] *v* [I] planować wydatki: **budget for** (=przewidywać): *We didn't budget for any travel costs.* —**budgetary** *adj* budżetowy: *budgetary restrictions*

budget[3] *adj* tani: *a budget flight*

bud·gie /ˈbʌdʒi/ *n* [C] *BrE* papużka

buf·fa·lo /ˈbʌfələʊ/ *n* [C] **1** bawół **2** bizon

buff·er /ˈbʌfə/ *n* [C] **1** zabezpieczenie: **+ against** *The trees act as a buffer against strong winds.* | *Support from friends can provide a buffer against stress.* **2** bufor —**buffer** *v* [T] buforować

buf·fet /ˈbʊfeɪ/ *n* [C] bufet

buffet car /ˈ.. ./ *n* [C] *BrE* wagon restauracyjny

bug[1] /bʌg/ *n* [C] **1** *informal* robak **2** *informal* zarazek: *a flu bug* **3 get the bug/be bitten by the bug** *informal* złapać bakcyla: *They've all been bitten by the football bug.* **4** błąd (*w programie komputerowym*): *There's a bug in the system.* **5** ukryty mikrofon

bug[2] *v* [T] **-gged, -gging 1** zakładać podsłuch w: *Are you sure this room isn't bugged?* **2** *spoken* wkurzać: *Stop bugging me!*

bug·gy /ˈbʌgi/ *n* [C] wózek spacerowy

bu·gle /ˈbjuːgəl/ *n* [C] sygnałówka (*trąbka*) —**bugler** *n* [C] trębacz

build[1] /bɪld/ *v* **built, built, building** [T] z/budować, wy/budować: *More homes are being built near the lake.* | *We are working to build a more peaceful world.*

build sth ↔ **into** *phr v* [T] wbudowywać: *A physical training programme is built into the course.*

build up *phr v* **1** [I,T **build** sth ↔ **up**] wzmacniać, rozwijać: *You need to build your strength up after your illness.* | *They've built up the business over a number of years.* **2 build up sb's hopes** robić komuś nadzieję: *Don't build your hopes up.*

build[2] *n* [U singular] budowa (*ciała*): *Maggie is tall with a slim build.*

build·er /ˈbɪldə/ *n* [C] **1** *especially BrE* budowniczy **2** przedsiębiorstwo budowlane

build·ing /ˈbɪldɪŋ/ *n* **1** [C] budynek: *The old church was surrounded by tall buildings.* **2** [U] budowa

building block /ˈ.. ./ *n* [C usually plural] budulec, podstawowy składnik: *Reading and writing are the building blocks of our education.*

building site /ˈ.. ./ *n* [C] budowa, plac budowy

building so·ci·e·ty /ˈ.. .,.../ *n* [C] *BrE* kasa mieszkaniowa

build-up /ˈ. ./ *n* [C usually singular] nasilenie: *The build-up of traffic is causing major problems in cities.*

built /bɪlt/ czas przeszły i imiesłów bierny od BUILD

built-in /ˌ. ˈ.◂/ *adj* wbudowany: *built-in wardrobes*

bulb /bʌlb/ *n* [C] **1** żarówka: *We need a new bulb in the kitchen.* **2** cebulka: *tulip bulbs*

bulge[1] /bʌldʒ/ *n* [C] wybrzuszenie, nierówność: *What's that bulge in the carpet?*

bulge[2] *v* *także* **bulge out** [I] wystawać: *Jeffrey's stomach bulged over his trousers.*

bulk /bʌlk/ *n* **1 the bulk of sth** większość czegoś: *The bulk of the work has already been done.* **2** [singular] masa: *His bulk made it difficult for him to move quickly enough.* **3 in bulk** hurtowo: *It's cheaper to buy things in bulk.*

bulk·y /ˈbʌlki/ *adj* nieporęczny: *a bulky package*

bull /bʊl/ *n* **1** [C] byk **2** [C] samiec (*słonia, wieloryba itp.*) **3** [U] *informal* → BULLSHIT

bull·dog /ˈbʊldɒg/ *n* [C] buldog

bull·doz·er /ˈbʊldəʊzə/ *n* [C] spychacz, buldożer

bul·let /ˈbʊlɪ̈t/ *n* [C] kula: *a bullet wound*

bul·le·tin /ˈbʊlətɪ̈n/ *n* [C] **1** skrót wiadomości: *Our next bulletin is at 6 o'clock.* **2** biuletyn

bulletin board /ˈ... ˌ./ *n* [C] **1** *especially*

AmE tablica ogłoszeń **2** BBS (*komputerowa tablica ogłoszeń*)

bull·fight /ˈbʊlfaɪt/ *n* [C] walka byków, corrida —**bullfighter** *n* [C] torreador —**bullfighting** *n* [U] walka byków, corrida

bull's-eye /ˈ. ./ *n* [C] środek tarczy, dziesiątka: *to score a bull's eye*

bull·shit /ˈbʊlˌʃɪt/ *n* [U] *spoken* bzdury

bul·ly[1] /ˈbʊli/ *v* [T] znęcać się nad (*młodszymi i słabszymi*)

bully[2] *n* [C] osoba znęcająca się nad młodszymi i słabszymi

bum /bʌm/ *n* [C] *informal* **1** *BrE* tyłek **2** *especially AmE* obibok: *Get out of bed, you bum!*

bum·ble·bee /ˈbʌmbəlbiː/ *n* [C] trzmiel

bump[1] /bʌmp/ *v* **1** [I,T] uderzyć (się): *Mind you don't bump your head!* | **+ into/against** *It was so dark I bumped into* (=wpadłem na) *a tree.* **2** [I] podskakiwać (*o samochodzie*) **+ along** *The truck bumped along the rough track.*

bump into sb *phr v* [T] *informal* natknąć się na: *Guess who I bumped into this morning?*

bump[2] *n* [C] **1** guz: **+ on** *Derek's got a nasty bump on the head.* **2** wybój: **+ in** *a bump in the road*

bump·er[1] /ˈbʌmpə/ *n* [C] zderzak

bumper[2] *adj* [only before noun] rekordowy: *a bumper crop*

bump·y /ˈbʌmpi/ *adj* wyboisty: *a bumpy road*

bun /bʌn/ *n* [C] **1** *BrE* słodka bułeczka: *a currant bun* **2** kok: *She wears her hair in a bun.*

bunch /bʌntʃ/ *n* [C] **1** bukiet: *a beautiful bunch of violets* **2** kiść: **+ of** *a bunch of grapes* **3** [singular] *informal* **a)** paczka, banda: *My class are a really nice bunch.* | **+ of** *a bunch of idiots* **b)** *AmE informal* masa: **+ of** *The doctor asked me a bunch of questions.*

bun·dle /ˈbʌndl/ *n* [C] **1** pakunek: **+ of** *a bundle of clothes* **2** plik: *a bundle of newspapers* **3** wiązka: *a bundle of sticks*

bun·ga·low /ˈbʌŋgələʊ/ *n* [C] dom parterowy

bun·gle /ˈbʌŋgəl/ *v* [T] s/partaczyć: *The builders bungled the job completely.*

bunk /bʌŋk/ *n* [C] **1** koja **2** kuszetka **3 bunk beds** łóżko piętrowe

bun·ker /ˈbʌŋkə/ *n* [C] bunkier, schron

bun·ny /ˈbʌni/ *także* **bunny rabbit** *n* [C] króliczek

buoy /bɔɪ/ *n* [C] boja

bur·den[1] /ˈbɜːdn/ *n* [C] *formal* ciężar: **+on** *I don't want to be a burden on my children when I'm old.*

burden[2] *v* [T] obarczać: *We won't burden her with any more responsibility.*

bu·reau /ˈbjʊərəʊ/ *n* [C] **1** biuro: *an employment bureau* **2** *especially AmE* urząd: *the Federal Bureau of Investigation* **3** *BrE* sekretarzyk **4** *AmE* komoda

bu·reauc·ra·cy /bjʊəˈrɒkrəsi/ *n* [U] biurokracja

bu·reau·crat /ˈbjʊərəkræt/ *n* [C] biurokrat-a/ka

bu·reau·crat·ic /ˌbjʊərəˈkrætɪk◂/ *adj* biurokratyczny

burg·er /ˈbɜːgə/ *n* [C] HAMBURGER

bur·glar /ˈbɜːglə/ *n* [C] włamywacz/ka

burglar a·larm /ˈ.. .ˌ./ *n* [C] alarm antywłamaniowy

bur·glar·y /ˈbɜːgləri/ *n* [C,U] włamanie

bur·gle /ˈbɜːgəl/ *BrE*, **bur·gla·rize** /ˈbɜːgləraɪz/ *AmE v* [T] włamywać się do

bur·i·al /ˈberiəl/ *n* [C,U] pogrzeb, pochówek

burn[1] /bɜːn/ *v* **burned** *or* **burnt, burned** *or* **burnt, burning 1** [I,T] s/palić (się): *Be careful with that cigarette, you don't want to burn* (=wypalić) *a hole in the carpet.* **2** [I,T] oparzyć (się): *Dave burnt his hand on the iron.* **3** [I] palić się, płonąć: *Is the fire still burning?* **4** [I,T] spalać (się): *Cars burn gasoline.* —**burned** *adj* spalony, przypalony, oparzony

burn sth ↔ **down** *phr v* [I,T] spalić (się): *The cinema burnt down last*

B

year. | *The school was burnt down by vandals.*

burn sth ↔ **off** *phr v* [T] **burn off energy/calories** spalać energię/kalorie

burn out *phr v* [I,T **burn** sth ↔ **out**] wypalić (się): *The fire burned (itself) out.*

burn up *phr v* [I,T **burn** sth ↔ **up**] spalić (się): *The rocket burnt up when it re-entered the earth's atmosphere.*

burn[2] *n* [C] oparzenie: *Many of the victims suffered severe burns.*

burn·er /ˈbɜːnə/ *n* [C] palnik

burn·ing /ˈbɜːnɪŋ/ *adj* [only before noun] **1** płonący: *a burning house* **2** rozpalony: *burning cheeks* **3 burning question/issue** paląca kwestia

burnt[1] /bɜːnt/ *v* czas przeszły i imiesłów bierny od BURN

burnt[2] *adj* **1** przypalony: *Sorry the toast is a little burnt.* **2** oparzony: *burnt skin*

burp /bɜːp/ *v* [I] *informal* **I/she burped** odbiło mi/jej się —**burp** *n* [C] beknięcie

bur·row[1] /ˈbʌrəʊ/ *v* [I,T] wy/kopać (*norę*) **+ under** *Rabbits had burrowed under the wall.*

burrow[2] *n* [C] nora

bur·sa·ry /ˈbɜːsəri/ *n* [C] stypendium

burst[1] /bɜːst/ *v* **burst, burst, bursting 1** [I] pękać: *That balloon will burst if you leave it in the sun.* **2** [T] przebijać: *The kids burst all the balloons with pins.* **3 be bursting** być przepełnionym: **+ with** *Florence is always bursting with tourists.* | **be bursting at the seams** (=pękać w szwach): *Classrooms are bursting at the seams.* **4 burst open** otworzyć się gwałtownie: *The door burst open and 20 or 30 policemen rushed in.* **5 be bursting to do sth** nie móc się doczekać, żeby coś zrobić: *Becky's just bursting to tell you her news.*

burst into sth *phr v* [T] **1** wpadać do: *Jenna burst into the room.* **2 burst into tears** rozpłakać się: *The little girl burst into tears.* **3 burst into flames** stanąć w płomieniach: *The car hit a tree and burst into flames.*

burst out *phr v* **1 burst out laughing/crying** wybuchać śmiechem/płaczem **2** [I] wy/krzyknąć: *"I don't believe it!" Duncan burst out.*

burst[2] *n* [C] przypływ, wybuch: **+ of** *In a sudden burst of energy Denise cleaned the whole house.* | *a burst of laughter*

burst[3] *adj* pęknięty, rozerwany: *a burst pipe* | *burst blood vessels*

bur·y /ˈberi/ *v* [T] **1** po/chować: *Auntie Betty was buried in Woodlawn Cemetery.* **2** zakopywać: *The dog was burying a bone.* | **+ under** *Dad's glasses were buried under a pile of newspapers.* **3 bury the hatchet** zakopać topór wojenny **4 bury your face in** ukryć twarz w: *She turned away, burying her face in her hands.*

bus /bʌs/ *n* [C] *plural* **buses** autobus: *There were only three people on the bus.* | **by bus** *I usually go to school by bus.*

bush /bʊʃ/ *n* **1** [C] krzak: *a rose bush* **2 the bush** busz

bush·y /ˈbʊʃi/ *adj* bujny, puszysty: *a bushy tail*

bus·i·ly /ˈbɪzəli/ *adv* pracowicie: *The class were all busily writing.*

busi·ness /ˈbɪznəs/ *n* **1** [U] biznes, interesy: **do business with** *We do a lot of business with people in Rome.* **2 go into business** zakładać firmę: *Pam's going into business with her sister.* **3 go out of business** z/likwidować interes: *Many small companies have recently gone out of business.* **4** [U] praca: **on business** (=służbowo): *Al's gone to Japan on business.* **5** [C] firma, przedsiębiorstwo: **run a business** (=prowadzić firmę): *Graham runs a printing business.* **6** [U] *spoken* sprawa: *'Are you going out with Ben tonight?' 'That's my business.'* | **none of your business** (=nie twój interes): *It's none of your business how much I earn.* | **mind your own business** (=pilnuj swego nosa) **7 get down to business** zabierać się do rzeczy **8 mean business** *informal* nie żartować: *I could tell from the look on his face that he meant business.*

busi·ness·like /ˈbɪznəs-laɪk/ *adj* rzeczowy: *a businesslike manner*

busi·ness·man /ˈbɪznəsmən/ *n* [C] biznesmen

busi·ness·wom·an /ˈbɪznəsˌwʊmən/ *n* [C] bizneswoman

bus stop /ˈ. ./ *n* [C] przystanek autobusowy

bust[1] /bʌst/ *v* [T] **bust** *or* **busted, bust** *or* **busted, busting** *informal* **1** rozwalić: *Someone bust his door down while he was away.* **2** przymknąć: *He got busted for possession of drugs.*

bust[2] *n* [C] **1** biust: *a 34 inch bust* **2** popiersie: **+ of** *a bust of Shakespeare*

bust[3] *adj* **1** *informal* **go bust** s/plajtować: *More and more small businesses are going bust each year.* **2** zepsuty: *The TV's bust again.*

bus·tle[1] /ˈbʌsəl/ *n* [singular] zgiełk, gwar: **+ of** *the bustle of the big city* —**bustling** *adj* gwarny

bustle[2] *v* [I] krzątać się: **+ about/around** *Linda was bustling around in the kitchen.*

bus·y[1] /ˈbɪzi/ *adj* **1** zajęty: *Alex is busy studying for his exams.* | **+ with** *I'm busy with a customer at the moment. Can I call you back?* **2** zatłoczony: *a busy airport* | *The roads were very busy this morning.* **3** *especially AmE* zajęty (*o linii*): *I got a busy signal.* —**busily** *adv* pracowicie: *She bustled around busily.*

busy[2] *v* **busy yourself with sth** zajmować się czymś: *Josh busied himself with cleaning the house.*

bus·y·bod·y /ˈbɪziˌbɒdi/ *n* [C] ciekawsk-i/a

but[1] /bət/ *conjunction* **1** ale, lecz: *Grandma didn't like the song, but we loved it.* | *Carla was supposed to come tonight, but her husband took the car.* **2** *spoken* ależ: *"I have to go tomorrow." "But you only just arrived!"*

but[2] *prep* oprócz, poza: *Joe can come any day but Monday.* | *Nobody but Liz knows the truth.* | **the last but one** (=przedostatni): *I was the last but one to arrive.*

butch·er /ˈbʊtʃə/ *n* [C] **1** rzeźnik **2 butcher's** sklep mięsny, rzeźnik

but·ler /ˈbʌtlə/ *n* [C] kamerdyner

butt[1] /bʌt/ *n* [C] **1** *informal, especially AmE* tyłek: *Get off your butt and do some work.* **2** niedopałek **3** kolba: *a rifle butt*

butt[2] *v* [I,T] u/bóść

butt in *phr v* [I] *informal* wtrącać się: *Sorry, I didn't mean to butt in.*

but·ter /ˈbʌtə/ *n* [U] masło: *a slice of bread and butter*

but·ter·cup /ˈbʌtəkʌp/ *n* [C] jaskier

but·ter·fly /ˈbʌtəflaɪ/ *n* [C] **1** motyl **2 have butterflies (in your stomach)** *informal* denerwować się

but·tock /ˈbʌtək/ *n* [C usually plural] pośladek

but·ton[1] /ˈbʌtn/ *n* [C] **1** guzik: *Do your buttons up* (=zapnij guziki). **2** przycisk, guzik: **push/press a button** *Just press the 'on' button.* **3** *AmE* znaczek, odznaka

button[2] *v także* **button up** [I,T] zapinać (się): *Button up your coat.*

but·ton·hole /ˈbʌtnhəʊl/ *n* [C] dziurka (*na guzik*)

buy /baɪ/ *v* **bought, bought, buying 1** [I,T] kupować: *Have you bought Bobby a birthday present yet?* | **buy sth from sb** *I'm buying a car from a friend.* | **buy sth for** *She bought those shoes for £15.* **2** [T] *informal* u/wierzyć w: *I just don't buy that story.*

buy sb/sth ↔ **out** *phr v* [T] wykupywać

buy·er /ˈbaɪə/ *n* [C] **1** nabywca, kupiec: *We've found a buyer for our house.* **2** zaopatrzeniowiec

buzz[1] /bʌz/ *v* **1** [I] brzęczeć: *Why's the TV buzzing like that?* **2** [I] huczeć: **+ with** *The whole building was buzzing with news of the fire.*

buzz[2] *n* [C] brzęczenie

buzz·er /ˈbʌzə/ *n* [C] brzęczyk: *I pressed the buzzer.*

by[1] /baɪ/ *prep* **1** przez: *a film made by Steven Spielberg* | *Sylvie was hit by a car.* **2 a play by Shakespeare** sztuka Szekspira **3** przy, obok: *I'll meet you by the bank.* **4** za: *I grabbed the hammer by the handle.* **5** wyraża sposób wykonania czynności: **by car/plane** (=samochodem/samolotem): *We travelled* *across India by train.* | **by doing sth** (=robiąc coś): *Carol earns extra money by babysitting.* **6** do: *Your report has to be done by 5:00.* **7 by mistake** przez pomyłkę: *Hugh locked the door by mistake.* **8 by accident/chance** przez przypadek, przypadkowo: *I bumped into her quite by chance in Oxford Street.* **9** według, zgodnie z: *By law, you must be over 16 to marry.* | *It's 9.30 by my watch.* **10** koło, obok: *Sophie ran by me on her way to the bus stop.* **11** przy określaniu miar i liczb: *The room is 14 feet by 12 feet* (=ma 14 na 12 stóp). | *What's 7 multiplied by* (=pomnożone przez) *8?* | *Anne gets paid by the hour* (=od godziny). | *You have to buy this material by the metre* (=na metry). **12 day by day** dzień za dniem **13 by day/by night** za dnia/nocą: *Bats sleep by day and hunt by night.* **14 by the way** *spoken* à propos, a tak przy okazji: *By the way, Cheryl called while you were out.* **15 (all) by yourself** zupełnie sam: *They left the boy by himself for two days!*

by[2] *adv* **1** obok: *Two cars went by, but nobody stopped.* **2 by and large** ogólnie rzecz biorąc: *By and large, I agree.*

bye /baɪ/ *także* **bye-bye** *interjection* do widzenia, cześć: *Bye Sandy! See you later.*

by-e·lec·tion /'. .ˌ../ *n* [C] *BrE* wybory uzupełniające

by·gone /'baɪgɒn/ *adj* miniony: *bygone days/age/era*

by·gones /'baɪgɒnz/ *n* **let bygones be bygones** co było, minęło

by·pass[1] /'baɪpɑːs/ *n* [C] **1** obwodnica **2** bypass: *heart bypass* | *bypass surgery*

bypass[2] *v* [T] omijać: *The road bypasses the town.* | *I bypassed the paperwork by phoning the owner of the company.*

by-prod·uct /'. ˌ../ *n* [C] **1** produkt uboczny: *Plutonium is a by-product of nuclear processing.* **2** skutek uboczny: *His lack of respect for authority was a by-product of his upbringing.*

by·stand·er /'baɪˌstændə/ *n* [C] przypadkowy świadek: **innocent bystander** *Several innocent bystanders were killed by the explosion.*

byte /baɪt/ *n* [C] bajt

Czasownik modalny *CAN*

Czasownika ***can*** (w przeczeniach: ***cannot*** lub ***can't***) używamy najczęściej

1 mówiąc o tym, co ktoś umie lub potrafi:
She ***can*** *run very fast.*
Can *you speak Hungarian?*

2 mówiąc, że coś jest lub nie jest możliwe:
It ***can*** *be very cold in March.*
This ***cannot*** *be true!*

3 pytając o pozwolenie:
Can *I open the window?*

4 wyrażając pozwolenie lub zakaz:
You ***can*** *smoke if you like.*
You ***cannot*** *enter without a ticket.*

W sytuacjach opisanych w punkcie 3. i 4. używa się też czasownika modalnego ***may***. Konstrukcja z ***may*** jest nieco bardziej oficjalna, ***can*** natomiast jest częstsze w języku potocznym.

W czasie przyszłym, w czasach dokonanych oraz w bezokoliczniku zamiast ***can*** używamy konstrukcji ***be able to***:
Will you ***be able to*** *stay for dinner?*
I'm afraid the doctor ***won't be able to*** *see you tomorrow.*
We ***haven't been able to*** *contact her.*
It's nice ***to be able to*** *sleep long.*

patrz też: ***Conditional Sentences, COULD, Future Simple, Infinitive, MAY, Modal Verbs, Present Perfect, Verb, WILL***

cap·ti·vate /ˈkæptəveɪt/ *v* [T] urzekać: *Alex was captivated by her beauty.* —**captivating** *adj* urzekający: *She had a captivating smile.*

cap·tive[1] /ˈkæptɪv/ *adj* **1** więziony: *captive animals* **2 captive audience** publiczność mimo woli **3 take sb captive** brać/wziąć kogoś do niewoli

captive[2] *n* [C] jeniec

cap·tiv·i·ty /kæpˈtɪvəti/ *n* [U] niewola: **in captivity** *Many animals won't breed in captivity.*

cap·ture[1] /ˈkæptʃə/ *v* [T] **1** schwytać, ująć: *He was captured at the airport.* **2** zajmować: *The town was captured by enemy troops after 10 days' fighting.* **3** przejmować: *They have captured a large share of the market.* **4 capture sb's imagination/attention** za/fascynować kogoś

capture[2] *n* [U] schwytanie, ujęcie: *Higgins avoided capture by hiding in the woods.*

car /kɑː/ *n* [C] **1** samochód: *Joe got into the car.* | *You can't park your car there!* | *the problem of pollution caused by car exhausts* | *Did you come by car?* **2** wagon: *a restaurant car*

ca·rafe /kəˈræf/ *n* [C] karafka

car·at /ˈkærət/ *także* **karat** *AmE n* [C] karat

car·a·van /ˈkærəvæn/ *n* [C] **1** *BrE* przyczepa kempingowa **2** *BrE* barakowóz: *a gypsy caravan* **3** karawana

car·bo·hy·drate /ˌkɑːbəʊˈhaɪdreɪt/ *n* [C,U] węglowodan

car·bon /ˈkɑːbən/ *n* [U] węgiel

car·bon·at·ed /ˈkɑːbəneɪtɪ̥d/ *adj* gazowany

carbon di·ox·ide /ˌkɑːbən daɪˈɒksaɪd/ *n* [U] dwutlenek węgla

carbon mo·nox·ide /ˌkɑːbən məˈnɒksaɪd/ *n* [U] tlenek węgla

carbon pa·per /ˈ.. ˌ../ *n* [C,U] kalka (maszynowa)

car·bu·ret·tor /ˌkɑːbjʊ̥ˈretə/ *BrE*, **carburetor** *AmE n* [C] gaźnik

car·cass /ˈkɑːkəs/ *n* [C] tusza (*zwierzęca*)

car·cin·o·gen /kɑːˈsɪnədʒən/ *n* [C] substancja rakotwórcza

card /kɑːd/ *n* **1** [C] karta: *a credit card* | *Pick any card from the pack.* | **play cards** (=grać w karty): *Every Sunday afternoon they would play cards.* **2** [C] kartka: *a birthday card* **3** [C] widokówka, pocztówka **4** [U] *BrE* karton, tektura **5 put/lay your cards on the table** za/grać w otwarte karty

card·board /ˈkɑːdbɔːd/ *n* [U] karton, tektura

car·di·ac /ˈkɑːdi-æk/ *adj technical* **cardiac arrest** zatrzymanie akcji serca

car·di·gan /ˈkɑːdi/ *n* [C] sweter rozpinany

car·di·nal /ˈkɑːdənəl/ *n* [C] kardynał

cardinal num·ber /ˌ... ˈ../ *n* [C] liczebnik główny → porównaj ORDINAL NUMBER

care[1] /keə/ *v* **1** [I,T] troszczyć się, dbać: **+ about** (=o): *He doesn't care about anybody but himself.* | **care what/who/how** (=dbać o to, co/kto/jak): *I don't care what you do.* **2 who cares?** *spoken* kto by się tym przejmował? **3 I/he couldn't care less** *spoken* nic mnie/go to nie obchodzi **4 would you care for ...?** *formal* czy miał(a)by Pan/i ochotę na ...?: *Would you care for a drink?*

care for sb/sth *phr v* [T] opiekować się: *Angie gave up her job to care for her mother.* | *instructions on caring for your new car*

care[2] *n* **1** [U] opieka: *Your father will need constant medical care.* | *workers responsible for the care of young children* | *With proper care* (=jeśli będziesz się z nią właściwie obchodzić), *your washing machine should last for years.* **2 take care of sb/sth a)** za/opiekować się kimś/czymś: *Who's taking care of the baby?* | *Karl will take care of the house while we're on vacation.* **b)** zajmować się kimś/czymś: *I'll take care of making the reservations.* **3** [U] ostrożność: *Fragile! Handle with care.* **4** [C,U] troska: *Forget all your cares.* **5 take care a)** *spoken informal* trzymaj się **b)** uważaj: *It's very icy, so take care driving home.* **6 in care** *BrE* w domu dziecka: **take sb into care** *After their mother died, the children were taken into care* (=dzieci umieszczono w domu dziecka).

ca·reer /kəˈrɪə/ *n* [C] **1** zawód: **career in sth** *a career in law* **2** kariera, życie zawodowe: *Paul spent most of his career as a teacher.*

care·free /ˈkeəfriː/ *adj* beztroski: *a carefree childhood*

care·ful /ˈkeəfəl/ *adj* **1** ostrożny: *a careful driver* | *Anna was careful not to upset Steven.* **2 (be) careful!** *spoken* uważaj!: *Be careful with that ladder!* —**carefully** *adv* ostrożnie

care·less /ˈkeələs/ *adj* nieostrożny, niedbały: *It was very careless of you to leave your keys in the car.* —**carelessly** *adv* nieostrożnie, niedbale —**carelessness** *n* [U] nieostrożność, niedbałość

ca·ress /kəˈres/ *v* [T] pieścić —**caress** *n* [C] pieszczota

care·tak·er /ˈkeəˌteɪkə/ *n* [C] *BrE* dozor-ca/czyni

car·go /ˈkɑːgəʊ/ *n* [C,U] *plural* **cargoes** ładunek: *a cargo of oil*

car·i·ca·ture /ˈkærɪkətʃʊə/ *n* [C,U] karykatura

car·ing /ˈkeərɪŋ/ *adj* opiekuńczy: *a warm and caring person*

car·na·tion /kɑːˈneɪʃən/ *n* [C] goździk

car·ni·val /ˈkɑːnəvəl/ *n* [C,U] karnawał: *carnival time in Rio*

car·ni·vore /ˈkɑːnəvɔː/ *n* [C] mięsożerca —**carnivorous** /kɑːˈnɪvərəs/ *adj* mięsożerny

car·ol /ˈkærəl/ *n* [C] kolęda

car·ou·sel /ˌkærəˈsel/ *n* [C] *especially AmE* karuzela

carp /kɑːp/ *n* [C,U] karp

car park /ˈ. ./ *n* [C] *BrE* parking

car·pen·ter /ˈkɑːpəntə/ *n* [C] stolarz

car·pen·try /ˈkɑːpəntri/ *n* [U] stolarstwo

car·pet /ˈkɑːpət/ *n* [C,U] dywan → porównaj RUG

car·riage /ˈkærɪdʒ/ *n* [C] **1** powóz **2** *BrE* wagon: *a non-smoking carriage*

car·ri·er /ˈkæriə/ *n* [C] **1** przewoźnik **2** nosiciel/ka

carrier bag /ˈ... ˌ./ *n* [C] *BrE* reklamówka

car·rot /ˈkærət/ *n* **1** [C,U] marchew **2** [C] marchewka: *carrot and stick approach* (=metoda kija i marchewki)

car·ry /ˈkæri/ *v* **1** [T] nosić: *Can you carry that suitcase for me?* | *Larry always carries a gun.* | **carry sth into/across/back etc** *pipes for carrying oil across the desert* **2** [T] przenosić: *Many diseases are carried by insects.* **3** [T] zamieszczać: *All the newspapers carried articles about the plane crash.* **4** [I] nieść się: *The sound carried as far as the lake.* **5** [T] nieść za sobą, pociągać za sobą: *Murder carries a life sentence in this state.* **6 be/get carried away** s/tracić głowę, dać się ponieść emocjom: *I got carried away and bought three pairs of shoes!* **7 carry weight** liczyć się: *My views don't seem to carry much weight around here.*

carry sth ↔ **off** *phr v* [T] doprowadzić do szczęśliwego końca: *It's a difficult thing to do, but I'm sure she'll be able to carry it off.*

carry on *phr v* [I,T] kontynuować: *You'll make yourself ill if you carry on working like that.*

carry sth ↔ **out** *phr v* [T] **1** przeprowadzać: *Teenagers carried out a survey on attitudes to drugs.* **2** wykonywać: *Soldiers are trained to carry out orders without question.*

carry through *phr v* [T **carry** sth ↔ **through**] doprowadzić do końca

car·ry·all /ˈkæri-ɔːl/ *n* [C] *AmE* HOLD-ALL *BrE*

car·ry·cot /ˈkærikɒt/ *n* [C] *BrE* przenośne łóżeczko dla niemowlęcia

car·sick /ˈkɑːˌsɪk/ *adj* [not before noun] **be carsick** cierpieć na chorobę lokomocyjną —**carsickness** *n* [U] choroba lokomocyjna

cart[1] /kɑːt/ *n* [C] **1** wóz: *a wooden cart drawn by a horse* **2** *AmE* wózek (*na zakupy*)

cart[2] *v* [T] *informal* wlec: *I'm sick of carting this suitcase around.*

car·tel /kɑːˈtel/ *n* [C,U] kartel

car·ti·lage /ˈkɑːtəlɪdʒ/ *n* [C,U] chrząstka

car·ton /ˈkɑːtn/ *n* [C] karton: *a milk carton*

car·toon /kɑːˈtuːn/ *n* [C] **1** film rysunkowy, kreskówka **2** rysunek satyryczny —**cartoonist** *n* [C] karykaturzyst-a/ka

car·tridge /ˈkɑːtrɪdʒ/ *n* [C] **1** kaseta: *an ink cartridge* | *a game cartridge* **2** nabój

cart·wheel /ˈkɑːt-wiːl/ *n* [C] gwiazda (*figura gimnastyczna*)

carve /kɑːv/ *v* **1** [T] wy/rzeźbić: *All the figures are carved from a single tree.* **2** [I,T] po/kroić: *Dad always carves the turkey.*

carv·ing /ˈkɑːvɪŋ/ *n* **1** [C] rzeźba **2** [U] rzeźbiarstwo

cas·cade /kæˈskeɪd/ *n* [C] *literary* kaskada: **+ of** *Her hair was a cascade of soft curls.* —**cascade** *v* [I] spływać/opadać kaskadą: *Flowering plants cascaded over the balcony.*

case /keɪs/ *n* **1** [C] przypadek: *In some cases, it may be necessary to talk to the child's parents.* | *an extreme case of amnesia* | **+ of** *a case of mistaken identity* | **this is the case** *People working together can do great things, and this was certainly the case* (=i tak było z pewnością) *in Maria's* *neighbourhood.* | **in sb's case** (=w czyimś przypadku): *No one should be here after 6 o'clock, but in your case I'll make an exception.* **2 in that case** w takim razie: *"I'll be home late tonight." "Well, in that case, I won't cook dinner."* **3 in any case** *spoken* i tak, tak czy owak: *Of course we'll take you home – we're going that way in any case.* **4 in case of** *formal* w razie, w przypadku: *In case of fire, break the glass.* **5 (just) in case a)** na wszelki wypadek: *Take your umbrella just in case.* **b)** na wypadek, gdyby: *I brought my key just in case you forgot yours.* **6** [C] sprawa: *a court case dealing with cruelty to animals* | *a murder case* **7** [C usually singular] argumenty: **+ for/against** (=za/przeciw): *There is a good case for changing the rule.* **8** [C] kasetka: *a jewelry case* **9** [C] *BrE* walizka → patrz też LOWER CASE, UPPER CASE

case stud·y /'. ˌ../ *n* [C] studium, analiza (*określonego przypadku*)

cash[1] /kæʃ/ *n* [U] gotówka: *I'm short of cash at the moment.* | **pay cash** (=za/płacić gotówką): *"Are you paying by credit card?" "No, I'll pay cash."* | **in cash** *He had about £200 in cash in his wallet.*

cash[2] *v* [T] z/realizować (*czek*): *Do you cash travellers' cheques?*

cash in on sth *phr v* [T] wykorzystywać: *The suggestion that they are cashing in on the tragedy is completely untrue.*

cash card /'. ./ *n* [C] karta bankowa

cash flow /'. ./ *n* [U] przepływ gotówki: *cash flow problems*

cash·ier /kæ'ʃɪə/ *n* [C] kasjer/ka

cash·mere /'kæʃmɪə/ *n* [U] kaszmir: *an expensive cashmere sweater*

cash·point /'kæʃpɔɪnt/ *n* [C] *BrE* bankomat

cash register /'. ˌ.../ *n* [C] kasa fiskalna

cas·ing /'keɪsɪŋ/ *n* [C] obudowa

ca·si·no /kə'siːnəʊ/ *n* [C] *plural* **casinos** kasyno

cask /kɑːsk/ *n* [C] beczułka

cas·ket /'kɑːskɪt/ *n* [C] **1** szkatułka **2** *AmE* trumna

cas·se·role /'kæsərəʊl/ *n* [C,U] zapiekanka

cas·sette /kə'set/ *n* [C] kaseta

cassette player /.'. ˌ../ *n* [C] magnetofon kasetowy

cast[1] /kɑːst/ *v* [T] **cast, cast, casting 1** obsadzać: **cast sb as** (=w roli): *Rickman was cast as the Sheriff of Nottingham.* **2 cast light on/onto sth** rzucać światło na coś: *Can you cast any light on the meaning of these figures?* **3 cast a shadow** *literary* rzucać cień: *trees casting a shadow across the lawn* **4 cast a spell on/over a)** oczarowywać: *Sinatra's voice soon cast its spell over the audience.* **b)** rzucać czar na **5 cast doubt on sth** podawać coś w wątpliwość: *I didn't mean to cast doubt on Bobby's version of the story.* **6 cast an eye over sth** rzucać na coś okiem: *Can you cast an eye over these figures and tell me what you think?* **7** odlewać: *a statue cast in bronze* **8 cast a vote** oddawać głos

cast sb/sth ↔ **aside** *phr v* [T] pozbywać się: *When he became President, he cast aside all his former friends.*

cast[2] *n* [C] **1** obsada: *an all-star cast* **2 plaster cast** gips

cast·a·way /'kɑːstəweɪ/ *n* [C] rozbitek

caste /kɑːst/ *n* [C,U] kasta

cast i·ron /ˌ. '../ *n* [U] żeliwo

cast-i·ron /ˌ. '..◂ / *adj* żeliwny: *a cast-iron pan*

cas·tle /'kɑːsəl/ *n* [C] zamek

cast-offs /'. ./ *n* [plural] rzeczy po kimś: *As the youngest of five kids I was always dressed in other people's cast-offs.*

cas·trate /kæ'streɪt/ *v* [T] wy/kastrować —**castration** *n* [C,U] kastracja

cas·u·al /'kæʒuəl/ *adj* **1** swobodny: *His casual attitude toward work irritates me.* **2 casual clothes/wear** odzież codzienna **3** [only before noun] pobieżny: *a casual glance at the newspapers* **4 casual relationship** luźny związek: *She wanted something more than a casual relationship.* **5** dorywczy: *casual employment* —**casually** *adv* swobodnie

cas·u·al·ty /ˈkæʒuəlti/ *n* **1** [C] ofiara: *There were no casualties in today's accident on the M10.* | *heavy casualties* (=duże straty w ludziach) **2** [U] *BrE* izba przyjęć (*dla nagłych wypadków*): *An ambulance rushed her to casualty.*

cat /kæt/ *n* [C] **1** kot **2 let the cat out of the bag** *informal* wygadać się

cat·a·logue[1] /ˈkætəlɒg/ (*także* **catalog** *AmE*) *n* [C] katalog

catalogue[2] (*także* **catalog** *AmE*) *v* [T] s/katalogować

cat·a·lyst /ˈkætl-ɪ̵st/ *n* [C] katalizator: **+ for** *The women's movement became a catalyst for change in the workplace.*

cat·a·pult[1] /ˈkætəpʌlt/ *v* [T] wyrzucać: **+ across/through/into etc** *The force of the explosion catapulted him into the air.*

catapult[2] *n* [C] *BrE* proca

cat·a·ract /ˈkætərækt/ *n* [C] zaćma

ca·tas·tro·phe /kəˈtæstrəfi/ *n* [C] katastrofa

cat·as·troph·ic /ˌkætəˈstrɒfɪk◂/ *adj* katastrofalny: *the catastrophic effects of the flooding*

catch[1] /kætʃ/ *v* **caught, caught, catching 1** [T] z/łapać: *The police have caught the man suspected of the murder.* | *He was too fat and slow to catch the little boy.* | *Throw the ball to Tom and see if he can catch it.* | *If you hurry you might catch her before she leaves.* | *We were caught in the rain* (=złapał nas deszcz). **2** [I,T] zaczepić (się): *His shirt caught on the fence and tore.* **3** [T] przyłapywać: **catch sb doing sth** (=na czymś): *I caught him looking through my files.* | **catch sb red-handed** *He was caught red-handed* (=przyłapano go na gorącym uczynku). **4 catch sight of** dostrzec: *I caught sight of Luisa in the crowd.* **5 catch sb's eye** zwracać czyjąś uwagę: *bright colours that catch the eye* **6** [T] zarażać się, z/łapać: *Put your coat on! You don't want to catch cold!* **7 catch a bus/train** po/jechać autobusem/pociągiem: *I catch the 7.30 train every morning.* **8 catch fire** zapalać się: *Two farmworkers died when a barn caught fire.* **9 not catch sth** nie dosłyszeć czegoś: *I'm sorry, I didn't catch your name.*

catch on *phr v* [I] **1** chwytać: *Explain the rules to Zoe – she catches on fast.* **2** przyjmować się: *The new fashion really caught on.*

catch sb ↔ **out** *phr v* [T] *BrE* zagiąć: *She tried to catch me out by asking me where I'd first met her husband.*

catch up *phr v* [I,T **catch** sb/sth **up**] **1 catch up with sb** doganiać kogoś: *I had to run to catch up with her.* **2** nadrabiać, nadganiać: *At first he was bottom of the class, but he soon caught up.*

catch up on sth *phr v* [T] nadrabiać zaległości w: *I need to catch up on some sleep this weekend.*

catch[2] *n* [C] **1** chwyt: *That was a great catch!* **2** *informal* kruczek: *The rent is so low there must be a catch.* **3** połów: *a large catch of tuna fish* **4** zapadka

Catch-22 /ˌkætʃ twenti ˈtuː/ *n* [singular] błędne koło: *You can't get a job without experience, and you can't get experience without a job. It's a Catch-22.*

catch·ing /ˈkætʃɪŋ/ *adj* [not before noun] zakaźny

catch phrase /ˈ. ./ *n* [C] slogan

catch·y /ˈkætʃi/ *adj* chwytliwy, wpadający w ucho

cat·e·gor·i·cal /ˌkætɪ̵ˈgɒrɪkəl◂/ *adj* kategoryczny: *a categorical denial* —**categorically** *adv* kategorycznie

cat·e·go·rize /ˈkætɪ̵gəraɪz/ (*także* **-ise** *BrE*) *v* [T] s/klasyfikować: *We've categorized the students by age.*

cat·e·go·ry /ˈkætɪ̵gəri/ *n* [C] kategoria: **fall into a category** (=należeć do kategorii): *Voters fall into one of three categories.*

ca·ter /ˈkeɪtə/ *v* [I,T] *especially AmE* obsługiwać (*przyjęcia*): *Who's catering your daughter's wedding?* —**catering** *n* [U] obsługa przyjęć

cater for sb *phr v* [T] *BrE* wychodzić na przeciw potrzebom: *a holiday company catering for the elderly*

cat·er·pil·lar /ˈkætəˌpɪlə/ *n* [C] gąsienica

ca·the·dral /kəˈθiːdrəl/ *n* [C] katedra

Cath·o·lic /ˈkæθəlɪk/ *adj* katolicki —**Catholic** *n* [C] katoli-k/czka —**Catholicism** /kəˈθɒlɪsɪzəm/ *n* [U] katolicyzm

cat's eye /ˈ. ./ *n* [C] kocie oko (*odblaskowe światła wzdłuż szosy*)

cat·tle /ˈkætl/ *n* [plural] bydło

cat·walk /ˈkætwɔːk/ *n* [C] wybieg: *models on the catwalk*

Cau·ca·sian /kɔːˈkeɪziən/ *adj* rasy białej

caught /kɔːt/ *v* czas przeszły i imiesłów bierny od CATCH

caul·dron /ˈkɔːldrən/ *także* **caldron** *n* [C] kocioł: *a witch's cauldron*

cau·li·flow·er /ˈkɒlɪˌflaʊə/ *n* [C,U] kalafior

cause¹ /kɔːz/ *n* **1** [C] przyczyna: **+ of** *What was the cause of the accident?* **2** [U] powód: **+ for** *She had no cause for complaint.* **3** [C] sprawa: **for a good cause** (=na szlachetny cel): *I don't mind giving money if it's for a good cause.*

> UWAGA **cause** i **reason**
>
> Nie należy mylić wyrazów **cause** i **reason**. Ich znaczenia są podobne, tak jak znaczenia ich polskich odpowiedników 'przyczyna' i 'powód'. Najlepiej zapamiętać wyrażenia, w jakich wyrazy te występują: **reason** (w znaczeniu 'powód'): *Why did you do it? I hope you had a good reason.* | *There was simply no reason for the attack.* | *the reason why she left him* | *The reason (that) I went was that I wanted to meet your friends.* | *We have reason to believe that...* | *She left town without giving any reason.* **cause** (w znaczeniu 'powód'): *There's no cause to be upset.* | *The child's behaviour is giving us cause for concern.* **cause** (w znaczeniu 'powód' lub 'przyczyna'): *people who leave their jobs without just cause.* **cause** (w znaczeniu 'przyczyna'): *Doctors cannot find a cure for the illness until they have identified the cause.* | *the cause of the present crisis.*

cause² *v* [T] s/powodować: *Heavy traffic is causing long delays on the freeway.* | **cause sb sth** *Tom's behaviour is causing me a lot of problems* (=przysparza mi wielu problemów). | **cause sb/sth to do sth** *We still don't know what caused the computer to crash* (=co spowodowało, że komputer wysiadł).

caus·tic /ˈkɔːstɪk/ *adj* **1 caustic remark/comment** uszczypliwa uwaga **2** żrący: *caustic soda*

cau·tion /ˈkɔːʃən/ *n* **1** [U] ostrożność: **with caution** (=ostrożnie): *Sick animals should be handled with great caution.* **2 word/note of caution** ostrzeżenie: *One note of caution: never try this trick at home.* **3** [C] *BrE* ostrzeżenie —**caution** *v* [T] ostrzegać, przestrzegać: *The children were cautioned against talking to strangers.*

cau·tious /ˈkɔːʃəs/ *adj* ostrożny: *a cautious driver* —**cautiously** *adv* ostrożnie: *He looked cautiously out from behind the door.*

cav·al·ry /ˈkævəlri/ *n* [U] kawaleria

cave¹ /keɪv/ *n* [C] jaskinia

cave² *v*

cave in *phr v* [I] **1** zapadać się: *The roof just caved in.* **2** ustępować: **+ to** (=pod naciskiem): *He finally caved in to our demands.*

cave·man /ˈkeɪvmæn/ *n* [C] jaskiniowiec

cav·ern /ˈkævən/ *n* [C] pieczara

cav·i·ar /ˈkæviɑː/ *także* **caviare** *n* [U] kawior

cav·i·ty /ˈkævɪti/ *n* [C] **1** otwór **2** ubytek: *a cavity in a tooth*

CD /ˌsiː ˈdiː◂/ *n* [C,U] płyta kompaktowa: *Have you heard their latest CD?*

CD play·er /.ˈ. ˌ../ *n* [C] odtwarzacz płyt kompaktowych

CD-ROM /ˌsiː diː ˈrɒm/ *n* [C,U] CD-ROM

cease /siːs/ *v formal* **1** [I] ustawać: *By noon the rain had ceased.* **2** [T] **cease doing sth/cease to do sth** przestawać coś robić: *The company ceased trading on 31st October.* | *He never ceases to amaze me.*

cease·fire /ˈsiːsfaɪə/ *n* [C] zawieszenie broni

ce·dar /ˈsiːdə/ *n* [C,U] cedr

cei·ling /ˈsiːlɪŋ/ *n* [C] **1** sufit **2** górny pułap

cel·e·brate /ˈseləbreɪt/ *v* **1** [I] świętować: *You got the job? Let's celebrate!* **2** [T] uczcić, obchodzić: *How do you want to celebrate your birthday?*

cel·e·brat·ed /ˈseləbreɪtəd/ *adj* sławny: *a celebrated musician* | **+ for** *Florence is celebrated for its architecture.*

cel·e·bra·tion /ˌseləˈbreɪʃən/ *n* **1** [C] uroczystość: *New Year's celebrations* **2** [U] **in celebration of** dla uczczenia: *a party in celebration of his promotion*

ce·leb·ri·ty /səˈlebrəti/ *n* [C] sława, znana osobistość: *interviewing celebrities on television*

cel·e·ry /ˈseləri/ *n* [U] seler naciowy

cel·i·bate /ˈseləbət/ *adj* żyjący w celibacie —**celibacy** *n* [U] celibat

cell /sel/ *n* [C] **1** cela **2** komórka: *red blood cells*

cel·lar /ˈselə/ *n* [C] piwnica: *a wine cellar*

cel·list /ˈtʃeləst/ *n* [C] wiolonczelist-a/ka

cel·lo /ˈtʃeləʊ/ *n* [C] wiolonczela

cel·lo·phane /ˈseləfeɪn/ *n* [U] *trademark* celofan

cel·lu·lar /ˈseljələ/ *adj* komórkowy

cellular phone /ˌ.... ˈ./ *także* **cellphone** *n* [C] telefon komórkowy

Cel·si·us /ˈselsiəs/ *n* [U] skala Celsjusza

ce·ment[1] /sɪˈment/ *n* [U] cement

cement[2] *v* [T] **1** wy/cementować **2** umacniać: *The country has cemented its trade connections with the US.*

cem·e·tery /ˈsemətri/ *n* [C] cmentarz

cen·sor /ˈsensə/ *v* [T] cenzurować —**censor** *n* [C] cenzor/ka

cen·sor·ship /ˈsensəʃɪp/ *n* [U] cenzura

cen·sus /ˈsensəs/ *n* [C] spis ludności

cent /sent/ *n* [C] cent

cen·te·na·ry /senˈtiːnəri/ *n* [C] *także* **centennial** *AmE* stulecie, setna rocznica

cen·ter /ˈsentə/ *n, v* amerykańska pisownia wyrazu CENTRE

Cen·ti·grade /ˈsentəgreɪd/ *n* [U] skala Celsjusza

cen·ti·me·tre /ˈsentəˌmiːtə/ *BrE*, **centimeter** *AmE n* [C] centymetr

cen·tral /ˈsentrəl/ *adj* **1** [only before noun] środkowy: *Central Asia* | *The prison is built around a central courtyard.* **2** [only before noun] centralny: *central government* **3** główny: *Owen played a central role in the negotiations.* **4** położony w centrum —**centrally** *adv* centralnie

central heat·ing /ˌ.. ˈ../ *n* [U] centralne ogrzewanie

cen·tral·ize /ˈsentrəlaɪz/ (*także* **-ise** *BrE*) *v* [T] s/centralizować —**centralization** /ˌsentrəlaɪˈzeɪʃən/ *n* [U] centralizacja

cen·tre[1] /ˈsentə/ *BrE*, **center** *AmE n* [C] **1** środek: *The carpet had a flower pattern at the centre.* | **+ of** *Draw a line through the centre of the circle.* **2** centrum: *a shopping centre* | *a major financial centre* | *Ginny always wants to be the centre of attention.* **3 the centre** centrum: *the parties of the centre*

centre[2] *BrE*, **center** *AmE v* [T] umieszczać w środku

centre on/around sth *phr v* [I,T] koncentrować się wokół: *His whole life centres around his job.*

cen·tu·ry /ˈsentʃəri/ *n* [C] wiek, stulecie: *These trees have been here for several centuries.* | *a building dating from the 19th century*

ce·ram·ics /səˈræmɪks/ *n* [U plural] ceramika: *an exhibition of ceramics* —**ceramic** *adj* ceramiczny

ce·re·al /ˈsɪəriəl/ *n* **1** [C,U] płatki zbożowe **2** [C] zboże

cer·e·bral /ˈserəbrəl/ *adj technical* mózgowy

cer·e·mo·ni·al /ˌserəˈməʊniəl◂/ *adj* uroczysty, obrzędowy —**ceremonially** *adv* uroczyście

cer·e·mo·ny /ˈserəməni/ *n* **1** [C] ceremonia: *the marriage ceremony* **2** [U] ceremoniał

cer·tain[1] /ˈsɜːtn/ *adj* **1** pewny: **+ (that)** *I'm certain he's telling the truth.* | *It now seems certain that the President will win the election.* | **+ about** *Are you certain about that?* | **+ what/how/whether etc** *It's not completely certain why this process happens.* **2 know/say for certain** wiedzieć/powiedzieć na pewno: *We can't say for certain when the plane will arrive.* **3 make certain (that)** upewniać się, czy: *Employers must make certain that all employees are treated fairly.* ➡ patrz też UNCERTAIN

certain[2] *determiner, pron* **1** *także* **certain of** *formal* pewien: *There are certain things I just can't talk about with her.* **2 a certain amount** pewna doza: *a certain amount of flexibility*

> UWAGA **certain i some**
>
> Nie należy mylić wyrazów **certain** i **some**. **Certain** znaczy 'pewien, pewna itd.' i w zestawieniu z rzeczownikiem występuje wtedy, kiedy w dalszej części zdania podajemy uzupełniające szczegóły: *There are certain advantages to living in the countryside, the most important being the fresh air.* | *I'm not allowed to eat certain types of seafood, especially squid and octopus.* Wyrazu **some** ('jakiś, jakaś' itp.) w zestawieniu z rzeczownikiem używamy wtedy, kiedy nie możemy lub nie chcemy podawać szczegółów: *In the end, he sold it to some second-hand car dealer.* | *If the factory is shut down for some reason, what will happen to all the workers?*

cer·tain·ly /ˈsɜːtnli/ *adv* **1** z pewnością: *Chris certainly spends a lot of money on clothes.* **2** oczywiście: *"Can I have a look at your paper?" "Certainly!"* **3 certainly not!** *spoken* w żadnym wypadku: *"Can I borrow the car tonight?" "Certainly not!"*

cer·tain·ty /ˈsɜːtnti/ *n* **1** [U] pewność, przekonanie: **with certainty** *It is difficult to say with absolute certainty what time the crime took place.* **2** [C] pewnik: *It's a certainty that prices will continue to rise.*

cer·tif·i·cate /səˈtɪfɪkət/ *n* [C] świadectwo: **birth/marriage/death certificate** (=akt urodzenia/ślubu/zgonu)

cer·ti·fy /ˈsɜːtəfaɪ/ *v* [T] **1** stwierdzać: *A doctor certified him dead at the scene* (=lekarz stwierdził zgon na miejscu). | **+ (that)** *Doctors have certified that Pask is unfit to continue with his trial.* **2** przyznawać dyplom: *He has been certified as a mechanic.*

cer·vix /ˈsɜːvɪks/ *n* [C] szyjka macicy

ce·sar·e·an /səˈzeəriən/ alternatywna pisownia wyrazu CAESAREAN

cess·pool /ˈsespuːl/ (*także* **cess·pit** /-pɪt/ *BrE*) *n* [C] szambo

chain[1] /tʃeɪn/ *n* **1** [C,U] łańcuch: *The chandelier was suspended by a heavy chain.* **2** [C,U] łańcuszek: *a delicate gold chain* **3** [C] sieć: *a hotel chain* **4** [C] łańcuch: *a mountain chain* **5 in chains** skuty łańcuchem ➡ patrz też FOOD CHAIN

chain[2] *v* [T] przy/mocować łańcuchem: *John chained his bicycle to the fence.*

chain re·ac·tion /ˌ. .ˈ../ *n* [C] reakcja łańcuchowa

chain-smoke /ˈ. ./ *v* [I,T] palić nałogowo —**chain-smoker** *n* [C] nałogow-y/a palacz/ka

chair[1] /tʃeə/ *n* **1** [C] krzesło **2** [singular] przewodniczący-y/a **3** [singular] *BrE* katedra (*na uczelni*)

chair[2] *v* [T] przewodniczyć

chair·per·son /ˈtʃeəˌpɜːsən/ **chairman**, /-mən/ **chair·wo·man** /-ˌwʊmən/ *n* [C] **1** przewodniczący-y/a **2** prezes

chal·et /ˈʃæleɪ/ *n* [C] szałas (górski)

chalk /tʃɔːk/ *n* [C,U] kreda

chalk·y /ˈtʃɔːki/ *adj* kredowy

chal·lenge[1] /ˈtʃæləndʒ/ *n* **1** [C,U] wyzwanie: *the challenge of a new job* | **meet a challenge** (=sprostać wyzwaniu): *Let us work together to meet the challenge.* | **face a challenge** (=stawać przed wyzwaniem): *He faces yet another challenge for his WBO super-middleweight crown.* **2** [C] kwestionowanie: **+ to** *a direct challenge to Hague's leadership*

challenge² *v* [T] **1** za/kwestionować: *She is challenging the decision made by the court.* **2** rzucać wyzwanie: *We were challenged to a game of tennis.* —**challenger** *n* [C] pretendent/ka

chal·leng·ing /ˈtʃæləndʒɪŋ/ *adj* wymagający, ambitny: *We try to provide a challenging program for our students.*

cham·ber /ˈtʃeɪmbə/ *n* [C] **1** sala: *We wanted to hear her speech but the council chamber was full.* **2** komora: *a gun with six chambers* **3** izba: *The Senate is the upper chamber of Congress.*

cham·ber·maid /ˈtʃeɪmbəˌmeɪd/ *n* [C] pokojówka

chamber mu·sic /ˈ.. ˌ../ *n* [U] muzyka kameralna

cha·me·le·on /kəˈmiːliən/ *n* [C] kameleon

cham·pagne /ʃæmˈpeɪn/ *n* [U] szampan

cham·pi·on¹ /ˈtʃæmpiən/ *n* [C] mistrz/yni

champion² *v* [T] bronić: *He had championed the cause of the poor for many years.*

cham·pi·on·ship /ˈtʃæmpiənʃɪp/ *n* **1** [C] mistrzostwa: *the US basketball championships* **2** [singular] mistrzostwo: *Can she win the championship again?*

chance¹ /tʃɑːns/ *n* **1** [C] okazja: **have/get a chance** *Visitors will have a chance to look round the factory.* | **give sb a chance** (=dawać komuś szansę): *If you'll just give me a chance, I'll tell you what happened.* | **+ of** *That's our only chance of escape!* **2** [C,U] szansa: *I don't have a chance of passing the test tomorrow.* | *What are Deidre's chances of getting the job?* | **chances are** (=wygląda na to, że): *Chances are they're stuck in traffic.* **3 by any chance** *spoken* przypadkiem: *Are you Ms. Hughes' daughter, by any chance?* **4** [C] ryzyko: **take a chance** (=za/ryzykować): *I'm moving – I'm not taking any chances when the next earthquake hits.* **5** [U] przypadek: **by chance** (=przypadkiem): *We met by chance at a friend's party.* ➡ patrz też **stand a chance** (STAND¹)

> **UWAGA chance**
>
> Patrz **occasion**, **opportunity** i **chance**.

chance² *v* [T] **chance it** *informal* za/ryzykować: *We can chance it and try to get tickets there.*

chance on/upon sb/sth *phr v* [T] *literary* natykać się na

chance³ *adj* przypadkowy: *a chance meeting*

chan·cel·lor /ˈtʃɑːnsələ/ *n* [C] **1** rektor: *the Chancellor of UCLA* **2** kanclerz **3 Chancellor of the Exchequer** minister skarbu

chan·de·lier /ˌʃændəˈlɪə/ *n* [C] żyrandol

change¹ /tʃeɪndʒ/ *v* **1** [I,T] zmieniać (się): *Susan has changed a lot since I last saw her.* | *The club has recently changed its rules.* | **change from sth to sth** *The traffic lights changed from green to red.* | **+ into** *Winter has finally changed into spring.* | **change your mind** (=zmieniać zdanie): *If you change your mind, you know where to find me.* | **change the subject** (=zmieniać temat): *I'm sick of politics – let's change the subject.* **2** [I,T] **change (from sth) to sth** przestawiać się (z czegoś) na coś: *It will be hard at first when we change to the new system, but it will be worth it.* **3 change planes/trains etc** przesiadać się: *You'll have to change planes in Denver.* **4 a)** [I] przebierać się: **+ into/out of** *She changed into her old shabby jeans.* | **get changed** (=przebierać się): *It won't take me a minute to get changed.* **b)** [T] zmieniać: *I'll just change my shoes then we can go.* **c)** [T] przewijać: *I must change the baby.* **d)** [T] **change the beds** zmieniać pościel **5** [T] **a)** wymieniać: *I want to change my dollars into pesos.* **b)** rozmieniać: *Can* *you change a £20 note?* **6 change hands** zmieniać właściciela: *The car has changed hands several times.*

change sth ↔ **around** *phr v* [T] po/przestawiać: *The room looks bigger since we changed the furniture around.*

change over *phr v* [I] przestawiać się: *Will the US ever change over to the metric system?*

change² *n* **1** [C,U] zmiana: **+ in** *a change in the weather* | **+ of** *a change of government* | **a change of clothes** (=ubranie na zmianę): *Take a change of clothes with you.* **2** [C *usually singular*] odmiana: **for a change** (=dla odmiany): *Why don't we just stay home for a change?* | **make a change** (=stanowić odmianę): *I'm nervous about flying, but it will make a change.* **3** [U] **a)** reszta: *I got 50p change.* **b)** drobne: *in change* (=w bilonie) | **have change for** *Do you have change for* (=czy może mi Pan/i rozmienić) *£5?*

change·a·ble /ˈtʃeɪndʒəbəl/ *adj* zmienny: *changeable weather*

change·o·ver /ˈtʃeɪndʒˌəʊvə/ *n* [C] zmiana, przejście: *the changeover from manual to computerised records*

chan·nel¹ /ˈtʃænl/ *n* [C] kanał: *What's on Channel 4?* | *an irrigation channel*

channel² *v* [T] **-lled, -lling** *BrE*, **-led, -ling** *AmE* **1** s/kierować: **+ into** *Roger needs to channel his creativity into something useful.* **2** doprowadzać: *a device for channelling away* (=do odprowadzania) *the water*

chant¹ /tʃɑːnt/ *n* [C] skandowanie: *a football chant*

chant² *v* [I,T] **1** skandować: *an angry crowd chanting slogans* **2** śpiewać (*monotonnie*)

cha·os /ˈkeɪ-ɒs/ *n* [U] chaos: **in chaos** *The game ended in chaos with fans invading the field.*

cha·ot·ic /keɪˈɒtɪk/ *adj* chaotyczny, w stanie chaosu: *a chaotic person* | *The classroom was chaotic, with kids shouting and throwing things.*

chap /tʃæp/ *n* [C] *BrE informal* facet: *a decent sort of chap*

chap·el /ˈtʃæpəl/ *n* [C] kaplica

chap·e·rone /ˈʃæpərəʊn/ *n* [C] przyzwoitka

chap·lain /ˈtʃæplən/ *n* [C] kapelan

chapped /tʃæpt/ *adj* spierzchnięty: *chapped lips*

chap·ter /ˈtʃæptə/ *n* [C] **1** rozdział **2** okres: **+ in/of** *a remarkable chapter in human history*

char·ac·ter /ˈkærəktə/ *n* **1** [C,U] charakter: *There's a very serious side to her character.* | *an old house with a lot of character* **2** [C] postać: *The book's main character is a young student.* **3** [C] typ: *Dan's a strange character.* **4** [C] oryginał: *Charlie's such a character!* **5** [C] znak: *Chinese characters*

char·ac·ter·is·tic¹ /ˌkærəktəˈrɪstɪk◂/ *n* [C] cecha: *the characteristics of a good manager* | *Each wine has particular characteristics.*

characteristic² *adj* charakterystyczny: *Mark, with characteristic kindness, offered to help.* | **+ of** (=dla): *walls characteristic of the local architecture* —**characteristically** *adv* charakterystycznie

char·ac·ter·ize /ˈkærəktəraɪz/ (*także* **-ise** *BrE*) *v* [T] **1** cechować: *What kind of behaviour characterizes the criminal mind?* **2** s/charakteryzować: **+ as** *He has often been characterised as a born leader.* —**characterization** /ˌkærəktəraɪˈzeɪʃən/ *n* [C,U] opis, charakterystyka

cha·rade /ʃəˈrɑːd/ *n* [C] gra, udawanie: *Their marriage is just a charade.*

char·coal /ˈtʃɑːkəʊl/ *n* [U] węgiel drzewny

charge¹ /tʃɑːdʒ/ *n* **1** [C,U] opłata: *There is a minimum charge of £2 for the service.* | **free of charge** (=bezpłatny): *Delivery is free of charge.* **2 be in charge** kierować: *Rodriguez is in charge of the LA office.* **3** [C] zarzut: **on charges of** *George was being held without bail on charges of* (=w związku z zarzutem o) *second-degree murder.* | **bring/press charges** (=oddawać sprawę do sądu): *Some* *women decide not to press charges because they do not want the pressure of a long court case.* **4** [C] natarcie, szarża **5** [C] ładunek (*elektryczny*)

charge[2] *v* **1** [T] obciążać kosztami: *The lawyer only charged us £50.* | **+ for** *How much do you charge for a haircut* (=ile kosztuje u Państwa strzyżenie)? **2** [T] **charge sth** *AmE* za/płacić za coś kartą kredytową: *"Would you like to pay in cash?" "No, I'll charge it."* **3** [T] oskarżać: **+ with** *Ron's been charged with assault.* **4** [I,T] nacierać: *When the soldiers charged, the protesters ran away.* **5** [I,T] na/ładować: *to charge batteries*

charge card /ˈ. ./ *n* [C] **1** *BrE* karta płatnicza (*ważna w jednym sklepie lub sieci*) **2** karta kredytowa

char·i·ot /ˈtʃæriət/ *n* [C] rydwan

cha·ris·ma /kəˈrɪzmə/ *n* [U] charyzma —**charismatic** /ˌkærɪzˈmætɪk◂/ *adj* charyzmatyczny

char·i·ta·ble /ˈtʃærɪ̈təbəl/ *adj* **1** charytatywny **2** wyrozumiały

char·i·ty /ˈtʃærɪ̈ti/ *n* **1** [C,U] organizacja dobroczynna: *Several charities sent aid to the flood victims.* | *All profits from the book will go to charity* (=na cele dobroczynne). **2** [U] jałmużna: *Many homeless people depend on charity to survive.*

char·la·tan /ˈʃɑːlətən/ *n* [C] szarlatan/ka

charm[1] /tʃɑːm/ *n* **1** [C,U] urok: *This town has a charm you couldn't find in a big city.* **2** [C] talizman: *a lucky charm*

charm[2] *v* [T] zauroczyć: *He was absolutely charmed by her dazzling smile.*

charm·ing /ˈtʃɑːmɪŋ/ *adj* uroczy: *What a charming house!*

charred /tʃɑːd/ *adj* zwęglony: *Firemen had to drag the charred bodies out of the wreck.*

chart[1] /tʃɑːt/ *n* [C] **1** wykres: *a weather chart* **2 the charts** lista przebojów: *That song has been at the top of the charts for over 6 weeks.* **3** mapa (*morska lub astronomiczna*)

chart[2] *v* [T] **1** za/rejestrować: *Teachers are attempting to chart each student's progress through the year.* **2** sporządzać mapę: *to chart the sea area between France and Britain*

char·ter[1] /ˈtʃɑːtə/ *n* [C] statut, karta: *the charter of the United Nations*

charter[2] *v* [T] wynajmować: *We'll have to charter a bus for the trip.*

chase[1] /tʃeɪs/ *v* **1** [I,T] gonić: *He chased after her to return her bag.* | *a cat chasing a mouse* | **+ away** (=odganiać): *I chased the dog away from the rose bushes.* **2** [I] ganiać: **+ in/around/up etc** *Those kids are always chasing in and out!* **3** [T] uganiać się za: *There are too many people chasing a limited number of jobs.*

chase[2] *n* [C] pogoń: *a car chase*

chas·m /ˈkæzəm/ *n* **1** [singular] przepaść: **+ between** *the chasm between rich and poor people* **2** [C] rozpadlina

chas·sis /ˈʃæsi/ *n* [C] *plural* **chassis** podwozie

chaste /tʃeɪst/ *adj old-fashioned* cnotliwy

chas·ti·ty /ˈtʃæstɪ̈ti/ *n* [U] cnota, czystość: *Catholic priests must take a vow of chastity.*

chat[1] /tʃæt/ *v* [I] **-tted, -tting** gadać
chat sb **up** *phr v* [T] *BrE informal* podrywać

chat[2] *n* [C,U] pogawędka

chat show /ˈ. ./ *n* [C] *BrE* talk show

chat·ter /ˈtʃætə/ *v* [I] **1** paplać: *Anna chattered on and on.* **2** szczękać: *chattering teeth* —**chatter** *n* [U] paplanina

chat·ty /ˈtʃæti/ *adj informal* rozmowny

chauf·feur /ˈʃəʊfə/ *n* [C] kierowca

chau·vin·ist /ˈʃəʊvɪ̈nɪ̈st/ *n* [C] **1** szowinist-a/ka **2** męski szowinista —**chauvinism** *n* [U] szowinizm —**chauvinistic** /ˌʃəʊvɪ̈ˈnɪstɪk◂/ *adj* szowinistyczny

cheap[1] /tʃiːp/ *adj* **1** tani: *The fruit there is really cheap.* | *a car that's cheap to run* | *a cheap plastic handbag* **2** *AmE* skąpy: *He's so cheap we didn't even go out on my birthday.* —**cheaply** *adv* tanio

cheap[2] *adv informal* tanio: *I was lucky to get it so cheap.*

cheat[1] /tʃiːt/ *v* **1** [I] oszukiwać: *He always cheats when we play cards.* **2** [I] ściągać: *Dana was caught cheating in her history test.* **3** [T] naciągać: **cheat sb out of sth** *Miller cheated the old woman out of all her money.*

cheat on sb *phr v* [T] zdradzać: *I think Dan's cheating on Debbie again.*

cheat[2] *n* [C] oszust/ka: *You're a liar and a cheat!*

C

check[1] /tʃek/ *v* **1** [I,T] sprawdzać: *"Did Barry lock the back door?" "I don't know, I'll check."* | **+ (that)** *Please check that* (=upewnijcie się, czy) *you have handed in your homework before you leave.* | **+ for** *Check the eggs for cracks before you buy them.* | **+ whether** *Can you check whether we have any milk?* | **double check** (=sprawdzać dwukrotnie) **2** [I] za/pytać: **+ with** *I'll just check with Mom to see if I can come over to your house.* **3** [T] powstrzymywać: *We hope the new drug will help check the spread of the disease.*

check in *phr v* [I,T] **1** za/meldować się: *checking in at a hotel* **2** zgłaszać się do odprawy: *Passengers should check in an hour before departure.*

check sth ↔ **off** *phr v* [T] odhaczać: *Check their names off the list as they arrive.*

check on sb/sth ↔ *phr v* [T] *także* **check up on** sprawdzać: *Mom is always checking up on me.*

check out *phr v* **1** [T **check** sth ↔ **out**] *informal* sprawdzać: *You should check out his story before you print it.* **2** [I] wymeldowywać się: *We have to check out by 12 o'clock.* **3** [T **check** sth ↔ **out**] *especially AmE* wypożyczać: *You can't check out this book.*

check[2] *n* **1** [C] kontrola: *a security check* | **do/run a check** (=przeprowadzać test): *I'll have them run a check on this blood sample.* **2** [C] amerykańska pisownia wyrazu CHEQUE **3** [C,U] **hold/keep sth in check** za/panować nad czymś: *I was barely able to hold my temper in check.* **4** [C] *AmE* rachunek **5** [C,U] krata, kratka: *a tablecloth with red and white checks* **6** [C] *AmE* ptaszek, haczyk **7** [U] szach

check·book /ˈtʃekbʊk/ *n* [C] amerykańska pisownia wyrazu CHEQUEBOOK

checked /tʃekt/ *adj* kraciasty, w kratę: *a checked shirt*

check·ers /ˈtʃekəz/ *n* [U] *AmE* warcaby

checking ac·count /ˈ.. .ˌ./ *n* [C] *AmE* rachunek bieżący

check·list /ˈtʃekˌlɪst/ *n* [C] spis kontrolny

check·mate /ˈtʃekmeɪt/ *n* [U] szachmat

check·out /ˈtʃek-aʊt/ *także* **checkout coun·ter** /ˈ.. ˌ../ *AmE n* [C] kasa (*w supermarkecie*)

check·point /ˈtʃekpɔɪnt/ *n* [C] punkt kontrolny

check·up /ˈtʃek-ʌp/ **check-up** *n* [C] badanie kontrolne, przegląd: *Dentists recommend regular check-ups to help prevent tooth decay.*

cheek /tʃiːk/ *n* **1** [C] policzek: *He kissed her lightly on the cheek.* **2** [U singular] **have the cheek to do sth** *BrE* mieć czelność coś zrobić: *He had the cheek to ask me for more money.*

cheek·bone /ˈtʃiːkbəʊn/ *n* [C] kość policzkowa

cheek·y /ˈtʃiːki/ *adj BrE* bezczelny: *a chubby little boy with a cheeky grin*

cheer[1] /tʃɪə/ *v* [I,T] wiwatować: *The audience cheered as the band began to play.*

cheer sb **up** *phr v* [T] pocieszać: *She took him out to dinner to cheer him up.*

cheer sb/sth ↔ **on** *phr v* [T] dopingować: *Highbury Stadium was packed with fans cheering on the home team.*

cheer[2] *n* [C] wiwat

cheer·ful /ˈtʃɪəfəl/ *adj* **1** radosny: *Pat is keeping remarkably cheerful despite being in a lot of pain.* **2** przyjemny: *a cheerful kitchen* —**cheerfully** *adv* radośnie, wesoło —**cheerfulness** *n* [U] wesołość

cheers /tʃɪəz/ *interjection* **1** na zdrowie **2** *BrE spoken informal* dzięki

cheese /tʃiːz/ *n* [C,U] ser

cheese·cake /ˈtʃiːzkeɪk/ *n* [C,U] sernik

chee·tah /ˈtʃiːtə/ *n* [C] gepard

chef /ʃef/ *n* [C] szef kuchni

> UWAGA **chef, chief, boss**
>
> **chef** = szef kuchni w restauracji: *The chef puts too much salt in the food.* **chief** = wódz indiański: *an American Indian tribal chief*; szef dużej firmy lub organizacji: *Industry chiefs yesterday demanded tough measures agaist inflation.* **the chief** = szef: *The chief wants to see you.* **boss** = szef: *I'll have to ask my boss for a day off.*

chem·i·cal[1] /ˈkemɪkəl/ *adj* chemiczny: *a chemical reaction* —**chemically** *adv* chemicznie

chemical[2] *n* [C] substancja chemiczna

chem·ist /ˈkemɪst/ *n* [C] **1** chemi-k/czka: *a research chemist* **2** *BrE* apteka-rz/rka → porównaj PHARMACIST

chem·is·try /ˈkemɪstri/ *n* [U] **1** chemia **2** procesy chemiczne: *This drug causes changes to the body's chemistry.*

chem·ist's /ˈkemɪsts/ *n* [C] *BrE* apteka, drogeria

cheque /tʃek/ *n* [C] *BrE* czek: **+ for** *a cheque for £350* | **pay by cheque** (=płacić czekiem): *Can I pay by cheque?*

cheque·book /ˈtʃekbʊk/ *n* [C] *BrE* książeczka czekowa

cher·ish /ˈtʃerɪʃ/ *v* [T] czule pielęgnować: *He cherished the memory of his dead wife.*

cher·ry /ˈtʃeri/ *n* [C] wiśnia, czereśnia

chess /tʃes/ *n* [U] szachy

chest /tʃest/ *n* **1** [C] klatka piersiowa **2** [C] skrzynia: *We keep our blankets in a cedar chest.* **3 get sth off your chest** zwierzyć się komuś z czegoś

chest·nut /ˈtʃesnʌt/ *n* [C,U] kasztan —**chestnut** *adj* kasztanowy, kasztanowaty

chest of drawers /ˌ.. ..ˈ./ *n* [C] komoda

chew /tʃuː/ *v* [I,T] **1** żuć: *The dentist said I wouldn't be able to chew anything for a while.* **2** [I,T] obgryzać: *Stop chewing on your pencil!*

chew sth ↔ **over** *phr v* [T] przemyśleć

chewing gum /ˈ.. ./ *n* [U] *także* **gum** guma do żucia

chic /ʃiːk/ *adj* szykowny

chick /tʃɪk/ *n* [C] pisklę

chick·en[1] /ˈtʃɪkən/ *n* [C,U] kurczak, kurczę: *roast chicken*

chicken[2] *v*

chicken out *phr v* [I] *informal* stchórzyć: *He wanted to try a parachute jump, but he chickened out at the last minute.*

chicken pox /ˈtʃɪkən ˌpɒks/ *n* [U] ospa wietrzna

chic·o·ry /ˈtʃɪkəri/ *n* [C] cykoria

chief[1] /tʃiːf/ *adj* [only before noun] **1** główny: *Our chief concern is for the safety of the children.* **2** najwyższy rangą: *the chief political reporter for the Washington Post*

chief[2] *n* [C] szef, wódz: **+ of** *the chief of police*

> UWAGA **chief**
>
> Patrz **chef, chief, boss.**

chief·ly /ˈtʃiːfli/ *adv* głównie: *a book that is intended chiefly for students of art*

chief·tain /ˈtʃiːftən/ *n* [C] wódz (*plemienia lub klanu*)

chif·fon /ˈʃɪfɒn/ *n* [U] szyfon

child /tʃaɪld/ *n* [C] *plural* **children** **1** dziecko: *There are over 30 children in each class.* | *a five-year-old child* | *Both our children are married now.* **2 child's play** łatwizna: *Learning French had been child's play compared with learning Arabic.*

child·birth /ˈtʃaɪldbɜːθ/ *n* [U] poród

child·care /ˈtʃaɪldkeə/ *n* [U] opieka nad dziećmi

child·hood /ˈtʃaɪldhʊd/ *n* [C,U] dzieciństwo: *Sara had a very happy childhood.*

child·ish /ˈtʃaɪldɪʃ/ *adj* **1** dziecinny: *Stop being so childish.* **2** dziecięcy: *a childish voice* —**childishly** *adv* dziecinnie —**childishness** *n* [U] dziecinność

child·less /ˈtʃaɪldləs/ *adj* bezdzietny: *childless couples*

child·like /ˈtʃaɪldlaɪk/ *adj* dziecięcy: *childlike innocence*

child·min·der /ˈtʃaɪldˌmaɪndə/ *n* [C] *BrE* opiekun/ka do dzieci —**child-minding** *n* [U] opieka nad dzieckiem

child·proof /ˈtʃaɪldpruːf/ *adj* bezpieczny (*nie powodujący zagrożenia dla dzieci*): *All medicine bottles should have childproof caps.*

chil·dren /ˈtʃɪldrən/ *n* liczba mnoga od CHILD

chill[1] /tʃɪl/ *v* [T] s/chłodzić: *Champagne should be chilled before serving.*

chill[2] *n* **1** [singular] chłód: *There was a chill in the early morning air.* **2** [C] dreszcz: *a threatening look in his eyes that sent a chill down my spine* **3** [C] przeziębienie

chil·li /ˈtʃɪli/ *BrE*, **chili** *AmE n* [C,U] chili: *chilli sauce*

chil·ling /ˈtʃɪlɪŋ/ *adj* przerażający: *a chilling report about the spread of a terrible new disease*

chill·y /ˈtʃɪli/ *adj* chłodny: *a chilly morning* | *the chilly waiting-room* | *She was polite but chilly and formal.*

chime /tʃaɪm/ *v* **1** [I] bić, dzwonić: *The church bells were chiming.* **2** [T] wybijać: *The clock chimed six.* —**chime** *n* [C] bicie (*zegara, dzwonów itp.*)

chim·ney /ˈtʃɪmni/ *n* [C] komin: *factory chimneys*

chimney sweep /ˈ.. ./ *n* [C] kominiarz

chim·pan·zee /ˌtʃɪmpænˈziː/ *także* **chimp** *informal n* [C] szympans

chin /tʃɪn/ *n* [C] broda, podbródek

chi·na /ˈtʃaɪnə/ *n* [U] porcelana: *the cupboard where we keep our best china*

chink /tʃɪŋk/ *n* [C] **1** szczelina: *I could see light through a chink in the wall.* **2** brzęk: *the chink of glasses*

chip[1] /tʃɪp/ *n* [C] **1** *BrE* frytka: *fish and chips* **2** *AmE* chips: *barbecue flavor potato chips* **3** układ scalony **4** odłamek: *a path of limestone chips* **5** szczerba: *Look, this vase has a chip in it.* **6** żeton

chip[2] *v* [T] **-pped, -pping** wyszczerbić: *She chipped a tooth on an olive stone.* —**chipped** *adj* wyszczerbiony: *a chipped cup*

chip sth ↔ **away** *phr v* [T] odłupywać: *Sandy chipped away the plaster covering the tiles.*

chip in *phr v* **1** [I] wtrącać się: *The whole family chipped in with suggestions.* **2** [I,T **chip in** sth] dorzucać (się), zrzucać się: *Clare's classmates have chipped in to help her buy the wheelchair.*

chi·rop·o·dist /k$^{\text{I}}_{\text{ə}}$ˈrɒpədɪst/ *n* [C] *BrE* specjalista chorób stóp

chirp /tʃɜːp/ *v* [I] za/ćwierkać: *sparrows chirping in the trees*

chirp·y /ˈtʃɜːpi/ *adj BrE informal* wesoły: *You seem very chirpy this morning,*

chis·el /ˈtʃɪzəl/ *n* [C] dłuto

chit-chat /ˈ. ./ *n* [U] *informal* pogaduszki

chiv·al·rous /ˈʃɪvəlrəs/ *adj formal* rycerski —**chivalry** *n* [U] rycerskość

chives /tʃaɪvz/ *n* [plural] szczypiorek

chlo·rine /ˈklɔːriːn/ *n* [U] chlor

chlor·o·form /ˈklɒrəfɔːm/ *n* [U] chloroform

chock-full /ˌtʃɒk ˈfʊl◂/ *adj informal* pełen: **+ of** *a fruit drink that is chock-full of vitamins*

choco·late /ˈtʃɒkl$^{\text{I}}_{\text{ə}}$t/ *n* **1** [U] czekolada: *a chocolate bar* | *chocolate ice cream* **2** [C] czekoladka: *a box of chocolates*

choice[1] /tʃɔɪs/ *n* **1** [C,U] wybór: *If you had a choice, where would you want to live?* | *The prizewinner was given a choice between* (=zwycięzcy dano do wyboru) *£10,000 and a cruise.* | *It was a difficult choice* (=wybór był trudny), *but we finally decided Hannah was the best.* | **+ of** *The supermarket offers a choice of different foods.* | **have no choice** *He had no choice but* (=nie miał innego wyjścia niż) *to move back into his parents' house.* | **have a choice of sth** *You will have a choice of* (=będziecie mogli wybierać spośród) *five questions in the test.* | **a wide choice** (=duży wybór): *There is a wide choice of hotels.* | **make a choice** (=dokonywać wyboru): *I hope I've made the right* *choice.* **2 by choice** z wyboru: *Do you really believe that people are homeless by choice?*

choice² *adj* wyborowy: *choice plums*

choir /kwaɪə/ *n* [C] chór: *Susan sings in the school choir.*

choke¹ /tʃəʊk/ *v* **1** [I,T] dusić: *The fumes were choking me.* | **choke on sth** (=u/dławić się czymś): *Leila nearly choked on a fish bone.* **2** [T] zapychać: **be choked with** *The roads were choked with traffic.*

choke sth ↔ **back** *phr v* [T] powstrzymywać: *Anna choked back the tears as she tried to speak.*

choke² *n* [C] ssanie (*w silniku samochodu*)

chol·e·ra /ˈkɒlərə/ *n* [U] cholera

cho·les·te·rol /kəˈlestərɒl/ *n* [U] cholesterol

choose /tʃuːz/ *v* **chose, chosen, choosing** [I,T] **1** wybierać: *Will you help me choose a present for Dad?* | **+ what/which/whether etc** *We were free to choose whatever we wanted.* | **+ between/from** *The students had to choose between doing geography or studying another language.* | **choose sb to do sth** *They chose Roy to be the team captain.* **2 choose to do sth** zdecydować się coś zrobić: *Donna chose to stop working after she had the baby.*

choos·y /ˈtʃuːzi/ *adj* wybredny: *Jean's very choosy about what she eats.*

chop¹ /tʃɒp/ *v* [T] **-pped, -pping** **1** *także* **chop** sth ↔ **up** po/siekać: *Shall I chop these onions up?* | **chop sth into** *Chop the tomatoes into fairly large pieces.* **2** [T] po/rąbać: *Greta was out chopping wood for the fire.*

chop sth ↔ **down** *phr v* [T] zrąbać

chop sth ↔ **off** *phr v* [T] odrąbać: *Be careful you don't chop your fingers off.*

chop² *n* [C] **1** kotlet: *a pork chop* **2** cios: *a karate chop*

chop·per /ˈtʃɒpə/ *n* [C] **1** *informal* helikopter **2** tasak

chop·sticks /ˈtʃɒpstɪks/ *n* [plural] pałeczki

cho·ral /ˈkɔːrəl/ *adj* chóralny

chord /kɔːd/ *n* [C] akord

chore /tʃɔː/ *n* [C] obowiązek (*domowy*): *Walking the dog is one of his chores.*

chor·e·og·ra·phy /ˌkɒriˈɒgrəfi/ *n* [U] choreografia —**choreographer** *n* [C] choreograf/ka —**choreograph** /ˈkɒriəˌgrɑːf/ *v* [I,T] choreografować

cho·rus /ˈkɔːrəs/ *n* [C] **1** refren **2 the chorus** chórek lub balet **3 a chorus of thanks/disapproval** chór podziękowań/niezadowolenia

chose /tʃəʊz/ *v* czas przeszły od CHOOSE

cho·sen /ˈtʃəʊzən/ *v* imiesłów bierny od CHOOSE

Christ /kraɪst/ *n* Chrystus

chris·ten /ˈkrɪsən/ *v* [T] **be christened** zostać ochrzczonym: *She was christened* (=na chrzcie dano jej na imię) *Elizabeth Ann.*

chris·ten·ing /ˈkrɪsənɪŋ/ *n* [C] chrzciny

Chris·tian¹ /ˈkrɪstʃən/ *adj* chrześcijański: *Christian beliefs* | *the Christian Church*

Christian² *n* [C] chrześcija-nin/nka

Chris·ti·an·i·ty /ˌkrɪstiˈænəti/ *n* [U] chrześcijaństwo

Christian name /ˈ.. ./ *n* [C] imię

Christ·mas /ˈkrɪsməs/ *n* [C,U] Boże Narodzenie: *What did you do over Christmas?*

Christmas car·ol /ˌ.. ˈ../ *n* [C] kolęda

Christmas Day /ˌ.. ˈ./ *n* [C,U] dzień Bożego Narodzenia

Christmas Eve /ˌ.. ˈ./ *n* [C,U] Wigilia (Bożego Narodzenia)

Christmas tree /ˈ.. ./ *n* [C] choinka

chrome /krəʊm/ *także* **chro·mi·um** /ˈkrəʊmiəm/ *n* [U] chrom: *doors with chrome handles*

chro·mo·some /ˈkrəʊməsəʊm/ *n* [C] *technical* chromosom

chron·ic /ˈkrɒnɪk/ *adj* przewlekły, chroniczny: *chronic lung disease* | *a chronic shortage of teachers* —**chronically** *adv* przewlekle, chronicznie: *chronically sick patients*

chron·i·cle /ˈkrɒnɪkəl/ *n* [C] kronika

chron·o·log·i·cal /ˌkrɒnəˈlɒdʒɪkəl◂/ *adj* chronologiczny: **in chronological order** *a list of World Cup winners in chronological order* —**chronologically** *adv* chronologicznie

chry·san·the·mum /krɪˈsænθəməm/ *n* [C] chryzantema

chub·by /ˈtʃʌbi/ *adj* pucołowaty

chuck /tʃʌk/ *v* [T] *informal* rzucać: *Chuck that magazine over here, would you?*

chuck sth ↔ **away/out** *phr v* [T] *informal* wyrzucać: *We had to chuck out a lot of stuff when we moved.*

chuck sb ↔ **out** *phr v* [T] *informal* wyrzucać: *There was a fight, and some guys got chucked out of the bar.*

chuck·le /ˈtʃʌkəl/ *v* [I] za/chichotać: *Terry chuckled to himself as he read his book.* —**chuckle** *n* [C] chichot

chug /tʃʌg/ *v* [I] **-gged, -gging** dyszeć, sapać: *The little boat chugged slowly along the canal.*

chum /tʃʌm/ *n* [C] *old-fashioned* kumpel

chunk /tʃʌŋk/ *n* [C] **1** kawał: **+ of** *a chunk of cheese* **2** część: *The hospital bills took a big chunk out of her savings.*

chunk·y /ˈtʃʌŋki/ *adj* **1** ciężki, masywny: *chunky jewellery* **2** przysadzisty

church /tʃɜːtʃ/ *n* **1** [C,U] kościół: *How often do you go to church?* **2** *także* **Church** [C] Kościół: *the Catholic Church*

church·yard /ˈtʃɜːtʃjɑːd/ *n* [C] cmentarz

chute /ʃuːt/ *n* [C] **1** rynna: *a water chute* **2** zsyp: *a rubbish chute* **3** *informal* spadochron

CIA /ˌsiː aɪ ˈeɪ/ *n* **the CIA** Centralna Agencja Wywiadowcza

ci·der /ˈsaɪdə/ *n* [C,U] **1** *BrE* cydr **2** *AmE* napój jabłkowy

ci·gar /sɪˈgɑː/ *n* [C] cygaro

cig·a·rette /ˌsɪgəˈret/ *n* [C] papieros

cin·der /ˈsɪndə/ *n* [C usually plural] żużel

cin·e·ma /ˈsɪnəmə/ *n* [C,U] *BrE* kino: *I haven't been to the cinema for ages.* | *the influence of Hollywood on Indian cinema*

cin·na·mon /ˈsɪnəmən/ *n* [U] cynamon

cir·ca /ˈsɜːkə/ *prep formal* około roku: *He was born circa 1100.*

cir·cle[1] /ˈsɜːkəl/ *n* **1** [C] koło, krąg: *The children were dancing in a circle.* | *a circle of chairs* **2** [C] okrąg: *Draw a circle 10 cm in diameter.* **3** [C] koło, kółko: *Myers' new book has been praised in literary circles.* | **+ of** *her large circle* (=grono) *of friends* **4** [singular] *BrE* balkon (*w teatrze*) ➡ patrz też VICIOUS CIRCLE

circle[2] *v* **1** [T] okrążać: *Our plane circled the airport several times.* **2** [T] zakreślać (kółkiem): *Circle the correct answer.*

cir·cuit /ˈsɜːkət/ *n* **1** [C] tor: *a racing circuit* **2** [C] obwód: *The lights went out because of a break in the circuit.*

cir·cu·lar[1] /ˈsɜːkjələ/ *adj* **1** okrągły: *a circular table* **2** okrężny: *a circular journey*

circular[2] *n* [C] okólnik: *a circular from the school to all parents*

cir·cu·late /ˈsɜːkjəleɪt/ *v* **1** [I] krążyć: *There's a rumour circulating about Mandy.* | *Blood circulates around the body.* **2** [T] rozpowszechniać, rozprowadzać: *I'll circulate the report at the meeting.*

cir·cu·la·tion /ˌsɜːkjəˈleɪʃən/ *n* **1** [U] krążenie: *Exercise can improve circulation.* **2** [singular] nakład: *a magazine with a circulation of 400,000* **3 in circulation** w obiegu: *The government has reduced the number of $100 bills in circulation.*

cir·cum·cise /ˈsɜːkəmsaɪz/ *v* [T] obrzezywać —**circumcision** /ˌsɜːkəmˈsɪʒən/ *n* [C,U] obrzezanie

cir·cum·fer·ence /səˈkʌmfərəns/ *n* [C,U] obwód: *The earth's circumference is nearly 25,000 miles.*

cir·cum·stance /ˈsɜːkəmstæns/ *n* **1** [C usually plural, U] okoliczność: *Under normal circumstances she would never have left her child with a stranger.* **2 under/in the circumstances** w tej sytuacji: *I think we did the best we could in the circumstances.* **3 under/in no circumstances** w żadnym wypadku: *Under no circumstances should you leave this house!*

cir·cum·stan·tial /ˌsɜːkəmˈstænʃəl◂/ *adj* **circumstantial evidence** poszlaki

cir·cus /ˈsɜːkəs/ *n* [C] cyrk

cis·tern /ˈsɪstən/ *n* [C] zbiornik z wodą

cit·a·del /ˈsɪtədəl/ *n* [C] cytadela

ci·ta·tion /saɪˈteɪʃən/ *n* [C] **1** pochwała: *a citation for bravery* **2** cytat

cite /saɪt/ *v* [T] przytaczać: *The mayor cited the latest crime figures as proof of the need for more police.*

cit·i·zen /ˈsɪtəzən/ *n* [C] **1** mieszkaniec/ka: *the citizens of Moscow* **2** obywatel/ka: *a US citizen*

cit·i·zen·ship /ˈsɪtəzənʃɪp/ *n* [U] obywatelstwo: *She married him to get Swiss citizenship.*

cit·rus /ˈsɪtrəs/ *adj* cytrusowy

cit·y /ˈsɪti/ *n* [C] miasto: *New York City* | *The city has been living in fear since last week's earthquake.*

civ·ic /ˈsɪvɪk/ *adj* miejski: *civic pride* (=duma z własnego miasta) | *civic duties* (=obowiązki obywatelskie)

civ·il /ˈsɪvəl/ *adj* **1** cywilny: *the civil aircraft industry* | *We were married in a civil ceremony, not in church.* | *civil law and criminal law* **2** uprzejmy: *I know you don't like him, but just try to be civil.*

civil en·gi·neer·ing /ˌ.. ..ˈ../ *n* [U] inżynieria wodno-lądowa

ci·vil·ian /səˈvɪljən/ *n* [C] cywil: *Many innocent civilians were killed.* —**civilian** *adj* cywilny: *civilian clothes*

civ·i·li·za·tion /ˌsɪvəl-aɪˈzeɪʃən/ (*także* **-isation** *BrE*) *n* [C,U] cywilizacja: *contemporary European civilization* | *the ancient civilizations of Greece and Rome* | *all the benefits of modern civilization*

civ·i·lize /ˈsɪvəl-aɪz/ (*także* **-ise** *BrE*) *v* [T] cywilizować: *The Romans hoped to civilize all the tribes of Europe.*

civ·i·lized /ˈsɪvəl-aɪzd/ (*także* **-ised** *BrE*) *adj* **1** cywilizowany: *Care for the elderly is essential in a civilized society.* **2** kulturalny: *Let's sit around the table and discuss this in a civilized way.*

civil rights /ˌ.. ˈ./ *n* [plural] prawa obywatelskie

civil ser·vant /ˌ.. ˈ../ *n* [C] urzędni-k/czka administracji państwowej

civil ser·vice /ˌ.. ˈ../ *n* **the civil service** administracja państwowa

civil war /ˌ.. ˈ./ *n* [C,U] wojna domowa

claim[1] /kleɪm/ *v* **1** [T] twierdzić: **+ (that)** *Evans went to the police claiming that someone had tried to murder him.* | **claim to be sth** *Ask Louie, he claims to be* (=twierdzi, że jest) *an expert.* **2** [T] zwracać się o: *Elderly people can claim £10 a week heating allowance.* **3** [T] zgłaszać się po: *This jacket was left behind after the party – but no one's been back to claim it.*

claim[2] *n* **1** [C] roszczenie: *insurance claims* | **+ for** *She put in a claim for accommodation expenses.* **2** [C] twierdzenie: **+ that** *Cardoza denied claims that he was involved in drug smuggling.* **3** [C] prawo: **+ to** *Surely they have a rightful claim to their father's land?*

clair·voy·ant /kleəˈvɔɪənt/ *n* [C] jasnowidz —**clairvoyance** *n* [U] jasnowidztwo

clam[1] /klæm/ *n* [C,U] małż

clam[2] *v* **-mmed, -mming**

clam up *phr v* [I] *informal* zamykać się w sobie: *Tom always clams up if you ask him about his girlfriend.*

clam·ber /ˈklæmbə/ *v* [I] gramolić się: **+ over/out/up etc** *He clambered over the rocks.*

clam·my /ˈklæmi/ *adj* lepki: *clammy hands*

clam·our[1] /ˈklæmə/ *BrE*, **clamor** *AmE n* [singular] gwar: *a clamour of voices in the next room*

clamour[2] *BrE*, **clamor** *AmE v* [I] domagać się: **+ for** *All the kids were clamouring for attention.*

clamp[1] /klæmp/ *v* [T] **1** przyciskać: **clamp sth over/between/around etc** *He clamped his hand over her mouth.* **2** *BrE* klamrować

clamp down *phr v* [I] **clamp down on** podejmować zdecydowane kroki wobec: *The police are clamping down on drunk drivers.*

clamp[2] *n* [C] klamra

clan /klæn/ *n* [C] *informal* klan: *The whole*

clan will be coming over for Christmas. | *the Campbell clan*

clan·des·tine /klæn'dest$^{\text{I}}_{\text{ə}}$n/ *adj* tajny, potajemny

clang /klæŋ/ *v* [I,T] szczękać: *The prison gate clanged shut behind him.* —**clang** *n* [C] szczęk

clank /klæŋk/ *v* [I] szczękać: *clanking chains* —**clank** *n* [C] szczęk: *the clank of machinery*

c

clap[1] /klæp/ *v* **-pped, -pping** [I,T] klaskać: *The audience was clapping and cheering.* | **clap your hands** *The coach clapped his hands and yelled, "OK, listen!"* —**clapping** *n* [U] oklaski

clap[2] *n* [C] **clap of thunder** grzmot

clar·i·fy /'klær$^{\text{I}}_{\text{ə}}$faɪ/ *v* [T] wyjaśniać: *The discussion helped us to clarify our aims and ideas.* —**clarification** /ˌklær$^{\text{I}}_{\text{ə}}$f$^{\text{I}}_{\text{ə}}$'keɪʃən/ *n* [C,U] wyjaśnienie

clar·i·net /ˌklær$^{\text{I}}_{\text{ə}}$'net/ *n* [C] klarnet

clar·i·ty /'klær$^{\text{I}}_{\text{ə}}$ti/ *n* [U] jasność: *the clarity of Irving's writing style*

clash[1] /klæʃ/ *v* **1** [I] ścierać się: **+ with** *Demonstrators clashed with police on the streets of Paris.* **2** [I] gryźć się: **+ with** *That red tie clashes with your jacket.* **3** [I] kolidować: **+ with** *Unfortunately, the concert clashes with my evening class.*

clash[2] *n* [C] **1** starcie: **+ between** *a clash between the President and Republicans in the Senate* **2** konflikt: *a clash of loyalties* **3** brzęk: *the clash of the cymbals*

clasp[1] /klɑːsp/ *n* **1** [C] zatrzask **2** [singular] uścisk: *the firm clasp of her hand*

clasp[2] *v* [T] ściskać: *She clasped the baby in her arms.*

class[1] /klɑːs/ *n* **1** [C,U] klasa: *We were in the same class at school.* | *the professional classes* | *Success in their country seems to be based on class rather than ability.* | *a working class family* | *You get a nicer class of people living in this area.* | *There are four main word classes: nouns, verbs, adjectives, and adverbs.* | *The team showed real class in this afternoon's game.* | **not in the same class** (=o klasę gorszy): *As a tennis player, he's not in the same class as his brother.* **2** [C,U] lekcja, zajęcia: *When's your next class?* | *No talking in class* (=podczas lekcji). **3** [C] kurs: *a class in computer design* | *an evening class*

class[2] *v* **class sb/sth as** zaliczać kogoś/coś do: *Heroin and cocaine are classed as hard drugs.*

clas·sic[1] /'klæsɪk/ *adj* klasyczny: *the classic film 'Casablanca'* | *a classic dark grey suit* | *Tiredness and loss of appetite are classic symptoms of depression.*

> UWAGA **classic i classical**
>
> Nie należy mylić wyrazów **classic** i **classical**. 'Klasyczny' w znaczeniu 'typowy, uznawany za wzór' to **classic**: *a classic book/play* | *a classic example of 16th C. Venetian art* | *to make a classic mistake*, a 'klasyczny' w znaczeniach takich jak 'muzyka klasyczna' lub odnoszacych się do klasycyzmu to **classical**: *classical music* | *classical physics* | *classical education.*

classic[2] *n* [C] klasyk: *'Moby Dick' is one of the classics of American literature.*

clas·si·cal /'klæsɪkəl/ *adj* klasyczny: *classical Indian dance* | *classical architecture* | *classical music*

clas·sics /'klæsɪks/ *n* [U] filologia klasyczna

clas·si·fied /'klæs$^{\text{I}}_{\text{ə}}$faɪd/ *adj* poufny: *classified information*

clas·si·fy /'klæs$^{\text{I}}_{\text{ə}}$faɪ/ *v* [T] s/klasyfikować: **classify sb/sth as sth** *Whales are classified as* (=zaliczają się do) *mammals, not fish.* —**classification** /ˌklæs$^{\text{I}}_{\text{ə}}$f$^{\text{I}}_{\text{ə}}$'keɪʃən/ *n* [C,U] klasyfikacja

class·mate /'klɑːsmeɪt/ *n* [C] kolega/koleżanka z klasy: *Discuss the question with your classmates.*

class·room /'klɑːs-rʊm/ *n* [C] klasa, sala (lekcyjna)

class·work /'klɑːswɜːk/ *n* [U] praca w klasie → porównaj HOMEWORK

class·y /'klɑːsi/ *adj informal* szykowny: *a classy sports car*

clat·ter /'klætə/ *v* [I] stukotać, pobrzękiwać: *The pots clattered to the* *floor.* —**clatter** *n* [singular] stukot, brzęk: *the clatter of dishes*

clause /klɔːz/ *n* [C] **1** klauzula: *A clause in the contract states when payment must be made.* **2** zdanie (*nadrzędne, podrzędne itp.*): *a relative clause*

claus·tro·pho·bi·a /ˌklɔːstrəˈfəʊbiə/ *n* [U] klaustrofobia —**claustrophobic** *adj*: *I won't go in lifts – I'm claustrophobic* (=cierpię na klaustrofobię).

claw[1] /klɔː/ *n* [C] pazur, szpon

claw[2] *v* [I,T] wczepiać się (*pazurami*) **+ at** *The kitten was clawing at my leg.*

clay /kleɪ/ *n* [U] glina

clean[1] /kliːn/ *adj* **1** czysty: *Are your hands clean?* | *All work surfaces must be kept spotlessly clean.* | *a clean driving licence* (=prawo jazdy bez punktów karnych) **2** przyzwoity: *good clean fun* **3** czysty, uczciwy: *a clean fight* **4 come clean** *informal* przyznawać się: *You should come clean and tell her who really did it.* ➡ patrz też CLEANLINESS

clean[2] *v* [I,T] wy/czyścić: *It took me ages to clean the stove.* —**clean** *n* [singular] czyszczenie: *The car needs a good clean* (=przydałoby się porządnie umyć samochód). —**cleaning** *n* [U] sprzątanie

clean sth ↔ **out** *phr v* [T] opróżniać: *We spent the whole of Sunday cleaning out the garage.*

clean up *phr v* [T **clean** sb/sth ↔ **up**] doprowadzać do porządku: *A lot of money has been spent on cleaning up the region's beaches.*

clean[3] *adv* całkiem: *The bullet went clean* (=na wylot) *through his leg.*

clean·er /ˈkliːnə/ *n* **1** [C] sprzątacz/ka **2 toilet/kitchen cleaner** środek czyszczący do toalet/kuchni **3 the cleaner's** pralnia chemiczna

clean·li·ness /ˈklenlinəs/ *n* [U] czystość: *poor standards of cleanliness*

clean·ly /ˈkliːnli/ *adv* gładko: *The knife cut cleanly through the cake.*

cleanse /klenz/ *v* [T] oczyszczać

cleans·er /ˈklenzə/ *n* [C,U] płyn do zmywania twarzy

clear[1] /klɪə/ *adj* **1** jasny: *The instructions aren't clear at all.* | *She gave the police a clear description of her attacker.* **2** wyraźny: *a clear admission of guilt* | *Hugh made it quite clear* (=powiedział wyraźnie) *that he was not interested.* **3 be clear (about sth)** mieć pewność (co do czegoś): *Is everyone clearer now about what they're supposed to be doing?* **4** przezroczysty: *clear glass bottles* **5 clear of** wolny od: *All major roads are now clear of snow.* **6** czysty: *On a clear day you can see for miles.* **7 clear conscience** czyste sumienie

clear[2] *v* **1** [T] sprzątać: *I'll just clear these papers off the desk.* | **clear the table** *After meals, I clear the table* (=sprzątam ze stołu) *and Dad does the dishes.* **2** [T] usuwać: *I was out at 6.30 clearing snow.* | **clear sb/sth from sth** *Trucks have just finished clearing the fallen trees from the road.* **3** [I] przejaśniać się: *The sky cleared.* **4 clear your throat** odchrząknąć **5** [T] **clear sb of (doing) sth** oczyszczać kogoś z (zarzutu zrobienia) czegoś: *Johnson was cleared of murdering his wife.* **6** [T] wydawać zgodę: *Has the plane been cleared to land* (=czy samolot otrzymał zgodę na lądowanie)*?* **7** [T] przeskakiwać przez: *The horse cleared the first fence easily.* **8** [I] zostać zrealizowanym: *The cheque cleared.* **9 clear the air** oczyszczać atmosferę

clear sth ↔ **away** *phr v* [I,T] uprzątać: *Jamie, will you clear your toys away!*

clear off *phr v* [I] *BrE informal* spadać, spływać: *The landlord told them to clear off.*

clear out *phr v* [T **clear** sth ↔ **out**] opróżniać: *I need to clear out that dresser.*

clear up *phr v* **1** [I,T **clear** sth ↔ **up**] sprzątać: *We should clear up the basement before your parents visit.* **2** [T **clear** sth ↔ **up**] wyjaśniać: *There are one or two points I'd like to clear up before we begin.* **3** [I] przejaśniać się **4** [I] przechodzić: *The infection has cleared up.*

clear[3] *adv* **clear of** z dala od: *Firemen pulled the driver clear of the wreckage.*

clear·ance /ˈklɪərəns/ *n* [C,U] zezwolenie: *We're waiting for clearance to unload the ship.*

clear-cut /ˌ. ˈ.◂/ *adj* oczywisty: *There is no clear-cut solution.*

clear·ing /ˈklɪərɪŋ/ *n* [C] przecinka

clear·ly /ˈklɪəli/ *adv* **1** z pewnością: *Clearly, the situation is more serious than we first thought.* **2** wyraźnie: *Remember to speak slowly and clearly.* | *The footpaths were all clearly marked.* **3** jasno: *I couldn't think clearly.*

cleav·er /ˈkliːvə/ *n* [C] tasak

clef /klef/ *n* [C] klucz (*muzyczny*): *the bass clef*

clench /klentʃ/ *v* [T] zaciskać: *Hal began beating on the door with clenched fists.*

cler·gy /ˈklɜːdʒi/ *n* [plural] duchowieństwo: *The clergy have much less power than they used to have.*

cler·gy·man /ˈklɜːdʒimən/ *n plural* **clergymen** [C] duchowny

cler·i·cal /ˈklerɪkəl/ *adj* biurowy: *a clerical worker*

clerk /klɑːk/ *n* [C] **1** urzędni-k/czka: *a bank clerk* **2** *AmE* recepcjonist-a/ka: *Please return your keys to the desk clerk.*

clev·er /ˈklevə/ *adj* **1** *especially BrE* bystry: *I wasn't clever enough to go to university.* **2** sprytny: *a clever lawyer* **3** zmyślny: *What a clever little gadget!* —**cleverly** *adv* sprytnie —**cleverness** *n* [U] spryt

cli·ché /ˈkliːʃeɪ/ *n* [C] komunał: *all the usual political clichés*

click[1] /klɪk/ *v* **1** [I,T] pstrykać: *He clicked his fingers.* **2** [I,T] stukać: *Her high heels clicked across the wooden floor.* **3 click on sth** pstryknąć myszą na czymś: *Double click on 'OK'.*

click[2] *n* [C,U] trzask: *The door shut with a click.*

cli·ent /ˈklaɪənt/ *n* [C] klient/ka: *I have a meeting with an important client.*

cli·en·tele /ˌkliːənˈtel/ *n* [singular] klientela: *Our clientele consists mainly of single people.*

cliff /klɪf/ *n* [C] klif: *She was standing near the edge of the cliff.*

cli·mate /ˈklaɪmǝt/ *n* [C] klimat: *a hot and humid climate* | **political/intellectual etc climate** *Small businesses are finding life difficult in the present economic climate.* —**climatic** /klaɪˈmætɪk/ *adj* klimatyczny

cli·max /ˈklaɪmæks/ *n* [C] punkt kulminacyjny: **+ of** *Competing in the Olympic Games was the climax of his career.* | **reach a climax** *The revolution reached its climax in 1921.*

climb /klaɪm/ *v* **1** [I,T] wspinać się (na): *Kids love climbing trees.* | *She slowly climbed up to the top of the hill.* **2** gramolić się: **+ out of/into/over etc** *Bob climbed into the back of the truck.* **3** [I] uprawiać wspinaczkę: **go climbing** *We went climbing* (=wybraliśmy się na wspinaczkę) *in the Himalayas last year.* **4** [I] wznosić się: *Flight 104 climbed into the night sky.* **5** [I] wzrastać: *The temperature was climbing steadily.* —**climb** *n* [C] wspinaczka

climb down *phr v* [I] przyznawać się do błędu: *Management have refused to climb down over the issue of wage increases.*

climb·er /ˈklaɪmə/ *n* [C] alpinist-a/ka

climb·ing /ˈklaɪmɪŋ/ *n* [U] wspinaczka: *climbing boots* | *Her hobbies include riding and mountain climbing.*

clinch /klɪntʃ/ *v* [T] *informal* rozstrzygać: *They clinched the championship after scoring in the final minute.*

cling /klɪŋ/ *v* **clung, clung, clinging** [I] **1** trzymać się kurczowo: **+ to/on/together** *The little girl was clinging to her mother, crying.* **2** przywierać: *Sand clung to her arms and legs.* **3** nie wypuszczać z rąk: **+ to/on/onto** *He is still clinging on to power.*

cling to sb/sth *phr v* [T] uporczywie trwać przy: *She still clung to the hope that he loved her.*

cling·film /ˈklɪŋfɪlm/ *n* [U] *BrE trademark* folia spożywcza

cling·ing /ˈklɪŋɪŋ/ *adj* obcisły: *a clinging pair of satin jeans*

clin·ic /ˈklɪnɪk/ *n* [C] klinika: *a dental clinic*

clin·i·cal /ˈklɪnɪkəl/ *adj* **1** kliniczny: *The drug has undergone a number of clinical trials.* **2** pozbawiony emocji: *Her attitude to our relationship was cold and clinical.* —**clinically** *adv* klinicznie

clink /klɪŋk/ *v* [I,T] pobrzękiwać —**clink** *n* [C,U] brzęk

clip[1] /klɪp/ *n* **1** [C] spinacz, klamra, spinka **2** [C] urywek: *a clip from Robert De Niro's latest movie*

clip[2] *v* **-pped, -pping 1** [I,T] zapinać (się), przypinać (się): **+ to/onto** *The lamp clips onto the front of the bicycle.* **2** przycinać: *Walt stood in front of the mirror, clipping his moustache.*

clip·pers /ˈklɪpəz/ *n* [plural] cążki: *nail clippers*

clip·ping /ˈklɪpɪŋ/ *n* **1** [C] wycinek: *a newspaper clipping* **2** [C usually plural] ścinek: *a pile of grass clippings*

clique /kliːk/ *n* [C] klika

cloak /kləʊk/ *n* [C] peleryna

cloak·room /ˈkləʊkrʊm/ *n* [C] **1** szatnia **2** *BrE* toalety (*w budynku publicznym*)

clob·ber /ˈklɒbə/ *v* [T] *spoken informal* walnąć

clock[1] /klɒk/ *n* **1** [C] zegar: *She glanced at the clock.* | *The room was silent except for the ticking of the clock.* **2 around the clock** 24 godziny na dobę: *Volunteers had to work around the clock to get everything ready.* **3 against the clock** pod presją czasu **4 turn/put/set the clock back** cofnąć zegar historii: *Women's groups warned that the new law would turn the clock back fifty years.* **5** [C] licznik (*przebiegu*)

clock[2] *v* [T] z/mierzyć prędkość: *The police clocked him at 160 kilometres an hour.*

clock up sth *phr v* [T] zaliczyć: *We clocked up 125,000 miles on our old car.* | *The Dodgers have clocked up six wins in a row.*

clock·wise /ˈklɒk-waɪz/ *adv* zgodnie z ruchem wskazówek zegara: *Turn the dial clockwise.* ➡ antonim ANTICLOCKWISE *BrE*, COUNTERCLOCKWISE *AmE*

clock·work /ˈklɒk-wɜːk/ *n* **1 like clockwork** jak w zegarku: *Production at the factory has been going like clockwork.* **2** [U] mechanizm zegarowy: *clockwork toy soldiers*

clog[1] /klɒg/ *także* **clog up** *v* [I,T] **-gged, -gging** zapychać, zatykać: *potato peelings clogging the drain*

clog[2] *n* [C] drewniak, chodak

clone[1] /kləʊn/ *n* [C] klon

clone[2] *v* [T] s/klonować —**cloning** *n* [U] klonowanie

close[1] /kləʊz/ *v* [I,T] **1** zamykać (się): *Do you mind if I close the window?* | *Close your eyes and go to sleep.* | *The door closed quietly behind her.* | *What time does the library close* (=o której zamykają bibliotekę) *tonight?* **2** za/kończyć: *Professor Schmidt closed his speech with a quote from Tolstoy.* **3** *także* **close down** z/likwidować, ulegać likwidacji: *Hundreds of coal mines have closed since World War II.*

close[2] /kləʊs/ *adj, adv* **1** bliski, blisko: *The shops are quite close – only five minutes' walk.* | *We were close friends when we were at high school.* | *British companies should be trying to establish closer links with Europe.* | **+ to** *They rented a villa close to the beach.* | *By the time we left it was close to midnight.* | *Are you close to your sister* (=czy ty i twoja siostra jesteście sobie bliscy)? **2 be close to** wynosić blisko: *Inflation is now close to 6%.* | **come close to (doing) sth** (=być bliskim (zrobienia) czegoś): *Their lead guitarist came close to leaving the band.* **3** wyrównany: *a close game* **4 close relation/relative** bliski krewny —**closely** *adv* dokładnie: *Watch closely!* —**closeness** *n* [U] bliskość

> UWAGA **close**
>
> Patrz **near** i **close**.

close[3] /kləʊz/ *n* [singular] koniec: *The summer was drawing to a close.* | *It's time to bring the meeting to a close.*

closed /kləʊzd/ *adj* zamknięty: *Most of the shops are closed on Sunday.* | *Keep your eyes closed.*

C

closed cir·cuit tel·e·vi·sion /ˌ. .. ˈ..../ *także* **CCTV** *n* [C,U] sieć telewizyjna zamknięta

clos·et /ˈklɒzət/ *n* [C] *especially AmE* szafa wnękowa

close-up /ˈkləʊs ʌp/ *n* [C] zbliżenie: *a close-up of an old woman's face*

clos·ing /ˈkləʊzɪŋ/ *adj* końcowy: *the closing paragraph of the article*

C

clo·sure /ˈkləʊʒə/ *n* [C,U] likwidacja: *factory closures* | **+ of** *the closure of the local hospital*

clot /klɒt/ *n* [C] skrzep: *a blood clot in his leg*

cloth /klɒθ/ *n* **1** [U] tkanina: *a suit made of grey cloth* **2** [C] szmatka: *Rub the stain gently with a damp cloth.*

clothe /kləʊð/ *v* [T] ubierać: *She earns barely enough to feed and clothe her children.*

clothes /kləʊðz/ *n* [plural] ubranie, rzeczy: *Remember to bring some clean clothes.*

> UWAGA **clothes, piece of clothing i garment**
>
> Wyraz **clothes** jest rzeczownikiem w liczbie mnogiej nie posiadającym liczby pojedynczej. Używa się go mówiąc ogólnie o tym co ludzie 'mają na sobie' lub 'noszą' czyli o 'odzieży' lub 'ubraniu': *It might be cold, so bring some warm clothes.* | *I don't have any formal clothes.* Jeśli mówimy o jednej 'części garderoby', np. o koszuli, sukience itp., używamy wyrażenia **a piece of clothing** lub – bardziej oficjalnie – **a garment**: *Customers may take two pieces of clothing/garments into the fitting room.*

clothes·line /ˈkləʊðzlaɪn/ *n* [C] sznur do (suszenia) bielizny

clothes peg /ˈ. ./ *BrE*, **clothes·pin** /ˈkləʊðzpɪn/ *AmE n* [C] spinacz do bielizny

cloth·ing /ˈkləʊðɪŋ/ *n* [U] *formal* odzież: *Supplies of food and clothing were taken to the refugee camps.* | *protective clothing*

cloud[1] /klaʊd/ *n* [C,U] chmura: *Storm clouds moved closer overhead.* | *He drove out of the driveway in a cloud of dust.*

cloud[2] *v* **1** [T] przysłaniać: *Don't allow personal feelings to cloud your judgment.* **2** [T] zmącić: *Terrorist threats clouded the opening ceremony.*

cloud over *phr v* [I] za/chmurzyć się

cloud·y /ˈklaʊdi/ *adj* **1** zachmurzony **2** mętny

clout /klaʊt/ *n informal* **1** [U] siła przebicia: *Trade unions now have less political clout than they used to.* **2** [singular] *BrE* cios: *You'll get a clout round the ear if you're not careful!*

clove /kləʊv/ *n* **1** [C] goździk (*przyprawa*) **2 a clove of garlic** ząbek czosnku

clo·ver /ˈkləʊvə/ *n* [C] koniczyna

clown[1] /klaʊn/ *n* [C] klown

clown[2] *v* [I] *także* **clown around/about** wygłupiać się: *Stop clowning around you two!*

club[1] /klʌb/ *n* [C] **1** klub: *She's a member of a local drama club.* **2** klub nocny **3** kij: *a set of golf clubs* **4** pałka **5** trefl: *the King of clubs*

club[2] *v* [T] **-bbed, -bbing** tłuc

club together *phr v* [I] składać się: *They clubbed together to buy her some flowers.*

cluck /klʌk/ *v* [I] gdakać

clue /kluː/ *n* **1** [C] wskazówka, trop: **+ to** *Police are searching for clues to the identity of the murderer.* | **give (sb) a clue** *The title of the book should give you a clue as to what it's about.* **2 not have a clue** *informal* nie mieć pojęcia: *"Do you know where Karen is?" "I haven't got a clue."*

clump /klʌmp/ *n* [C] kęp(k)a: **+ of** *a clump of grass*

clum·sy /ˈklʌmzi/ *adj* **1** niezdarny: *At 13, she was clumsy and shy.* **2** nieporęczny: *big clumsy shoes* **3** nietaktowny: *a clumsy apology*

clung /klʌŋ/ *v* czas przeszły i imiesłów bierny od CLING

clus·ter[1] /ˈklʌstə/ *n* [C] grup(k)a: **+ of** *a cluster of small houses*

cluster[2] *v* [I,T] skupiać się: **+ around/round/together** *A small group of students clustered around the noticeboard.*

clutch[1] /klʌtʃ/ *v* [T] trzymać się kurczowo, ściskać: *Amy had to clutch the railing to keep her balance.*

clutch[2] *n* **1** [C] sprzęgło **2 in sb's clutches** w czyichś szponach

clut·ter[1] /ˈklʌtə/ *v* [T] *także* **clutter up** zagracać: *Piles of books and papers were cluttering up his desk.*

clutter[2] *n* [U] bałagan: *I can't stand all this clutter!*

cm *n* skrót od CENTIMETRE

Co. /kəʊ/ skrót od 'company': *Hilton, Brooks & Co.*

c/o skrót od 'care of': *Send the letter c/o* (=na adres) *Anne Miller, 8 Brown St., Peoria, IL.*

coach[1] /kəʊtʃ/ *n* [C] **1** trener/ka: *a basketball coach* **2** *BrE* autokar: *a coach tour of Europe* **3** powóz: *a coach and horses*

coach[2] *v* [I,T] **1** trenować: *Hal coaches the local football team.* **2** udzielać prywatnych lekcji

coal /kəʊl/ *n* **1** [U] węgiel: *a coal fire* **2 coals** [plural] węgle

co·a·li·tion /ˌkəʊəˈlɪʃən/ *n* [C,U] koalicja: *a coalition government* (=rząd koalicyjny)

coarse /kɔːs/ *adj* **1** szorstki: *a coarse woollen blanket* **2** grubiański

coast[1] /kəʊst/ *n* [C] wybrzeże: *the Pacific coast* | *They've rented a cottage on the South Coast.* —**coastal** *adj* przybrzeżny

> **UWAGA coast**
>
> Patrz **shore i coast**.

coast[2] *v* [I] jechać rozpędem: *We coasted downhill.*

coast guard /ˈ. ./ *n* [C] straż przybrzeżna

coast·line /ˈkəʊstlaɪn/ *n* [C,U] linia brzegowa: *a rocky coastline*

coat[1] /kəʊt/ *n* [C] **1** płaszcz: *a heavy winter coat* | *a lab coat* (=fartuch laboratoryjny) **2** warstwa: **+ of** *I'll give the walls a fresh coat of paint.* **3** sierść: *The dog had a thick glossy coat.*

coat[2] *v* [T] pokrywać (warstwą): **coat sth with sth** *The books were thickly coated with dust.*

coat·ing /ˈkəʊtɪŋ/ *n* [C] warstewka, powłoka: *There was just a light coating of snow.*

coat of arms /ˌ. . ˈ./ *n* [C] herb

coax /kəʊks/ *v* [T] nakłaniać: **coax sb into doing sth/coax sb to do sth** *We managed to coax him into eating a little supper.*

cob·ble /ˈkɒbəl/ *także* **cob·ble·stone** /-stəʊn/ *n* [C usually plural] kamień brukowy —**cobbled** *adj* brukowany: *cobbled streets*

cob·bler /ˈkɒblə/ *n* [C,U] *old-fashioned* szewc

co·bra /ˈkəʊbrə/ *n* [C] kobra

cob·web /ˈkɒbweb/ *n* [C] pajęczyna

co·caine /kəʊˈkeɪn/ *n* [U] kokaina

cock[1] /kɒk/ *n* [C] *BrE* kogut

cock[2] *v* [T] przekrzywiać (*głowę*): *Jeremy cocked his head to one side, listening carefully.*

cock sth ↔ **up** *phr v* [T] *BrE spoken informal* popsuć: *These last-minute changes have really cocked up the schedule.*

cock·e·rel /ˈkɒkərəl/ *n* [C] kogucik

cock-eyed /ˌ. ˈ.◂/ *adj informal* **1** idiotyczny: *I don't know how you get these cock-eyed ideas!* **2** przekrzywiony: *His hat was on at a cock-eyed angle.*

Cock·ney /ˈkɒkni/ *n* rodowity mieszkaniec wschodniego Londynu lub dialekt londyński

cock·pit /ˈkɒkˌpɪt/ *n* [C] kabina (pilota)

cock·roach /ˈkɒk-rəʊtʃ/ *n* [C] karaluch

cock·sure /ˌkɒkˈʃʊə◂/ *adj informal* zbyt pewny siebie

cock·tail /ˈkɒkteɪl/ *n* [C,U] koktajl

co·coa /ˈkəʊkəʊ/ *n* [U] kakao: *a cup of cocoa*

co·co·nut /ˈkəʊkənʌt/ *n* [C,U] orzech kokosowy

co·coon /kə'kuːn/ *n* [C] kokon

cod /kɒd/ *n* [C,U] dorsz

code /kəʊd/ *n* **1** [C] kodeks, regulamin: *The restaurant was fined for ignoring the Health and Safety Code.* | **code of conduct/ethics** *a code of medical ethics* (=kodeks etyki lekarskiej) **2** [U] szyfr: **in code** *messages written in code* **3** [C] *BrE* numer kierunkowy: *The code for Manchester is 0161.* ➡ patrz też BAR CODE, POSTCODE, ZIP CODE

cod·ed /'kəʊdəd/ *adj* szyfrowany, kodowany

co-ed /ˌkəʊ 'ed◂ / *adj* koedukacyjny

co·ex·ist /ˌkəʊɪg'zɪst/ *v* [I] koegzystować: *Can the two countries coexist after the war?* —**coexistence** *n* [U] współistnienie, koegzystencja

cof·fee /'kɒfi/ *n* [C,U] kawa: *Want a cup of coffee?*

coffee ta·ble /'.. ˌ../ *n* [C] ława

cof·fin /'kɒfən/ *n* [C] trumna

cog /kɒg/ *n* [C] koło zębate

co·gnac /'kɒnjæk/ *n* [C,U] koniak

co·hab·it /ˌkəʊ'hæbət/ *v* [I] *formal* żyć w konkubinacie

co·her·ent /kəʊ'hɪərənt/ *adj* spójny: *a coherent answer*

co·he·sion /kəʊ'hiːʒən/ *n* [U] jedność: *What the country needs is a sense of national cohesion.*

coil[1] /kɔɪl/ *v także* **coil up** [I,T] zwijać (się): *The snake coiled around the tree.*

coil[2] *n* [C] zwój: *a coil of rope*

coin /kɔɪn/ *n* **1** [C] moneta: *He collects foreign coins.* **2 toss/flip a coin** rzucać monetą: *Let's flip a coin to see who goes first.*

coin[2] *v* [T] ukuć: *I wonder who coined the word "cyberpunk".*

co·in·cide /ˌkəʊən'saɪd/ *v* [I] **1** zbiegać się: **+ with** *Their wedding anniversary coincides with my birthday.* **2** być zbieżnym: *Our interests coincided.*

co·in·ci·dence /kəʊ'ɪnsədəns/ *n* [C,U] zbieg okoliczności: *What a coincidence! I hadn't expected to meet you here.* | **by coincidence** *By an odd coincidence* (=dziwnym zbiegiem okoliczności), *my husband and my father have the same first name.* —**coincidental** /kəʊˌɪnsə'dentl◂ / *adj* przypadkowy

col·an·der /'kʌləndə/ *n* [C] cedzak

cold[1] /kəʊld/ *adj* **1** zimny: *It's cold outside.* | *a polite but cold greeting* | *a lunch of cold chicken and salad* | *I'm cold* (=zimno mi) – *can you turn on the heater?* | **go/get cold** (=wy/stygnąć): *My coffee's gone cold.* | **ice-cold/freezing cold** (=lodowaty): *The water was freezing cold.* **2 get/have cold feet** *informal* dostawać/mieć stracha: *She was getting cold feet about getting married.* **3 in cold blood** z zimną krwią: *innocent civilians murdered in cold blood* —**coldness** *n* [U] chłód, oziębłość ➡ patrz też COLDLY

cold[2] *n* **1** [C] przeziębienie, katar: **have a cold** (=być przeziębionym): *You sound as if you have a cold.* | **catch a cold** (=przeziębić się): *Keep your feet dry so you don't catch a cold.* **2** [U] **the cold** zimno: *Come in out of the cold.* | *She was wrapped in a thick woollen shawl, to protect her from the cold.*

cold-blood·ed /ˌ. '..◂ / *adj* **1** bezwzględny: *a cold-blooded killer* **2** zmiennocieplny: *Snakes are cold-blooded animals.*

cold-heart·ed /ˌ. '..◂ / *adj* nieczuły: *a cold-hearted man*

cold·ly /'kəʊldli/ *adv* chłodno, ozięble: *"I'm busy," said Sarah coldly.*

cole·slaw /'kəʊlslɔː/ *n* [U] surówka z białej kapusty przyprawiana majonezem

col·ic /'kɒlɪk/ *n* [U] kolka

col·lab·o·rate /kə'læbəreɪt/ *v* [I] **1** współpracować: **+ on/with** *The two authors collaborated on the translation of the novel.* **2** kolaborować: *There are rumours that he collaborated with the secret police.* —**collaborator** *n* [C] współpracownik/czka, kolaborant/ka

col·lab·o·ra·tion /kəˌlæbə'reɪʃən/ *n* [U] **1** współpraca: *The two companies worked in close collaboration on the project.* **2** kolaboracja

col·lage /ˈkɒlɑːʒ/ *n* [C,U] kolaż

col·lapse[1] /kəˈlæps/ *v* [I] **1** za/walić się: *Many buildings collapsed during the earthquake.* **2** zasłabnąć: *He collapsed with a dangerously high fever.* **3** upaść: *Thousands were made unemployed after the country's mining industry collapsed.*

collapse[2] *n* [C,U] **1** załamanie się: *the stock market collapse of 1987* **2** zawalenie się: *Floods caused the collapse of the bridge.* **3** zapaść: *The prisoner was in a state of nervous collapse.*

col·lap·si·ble /kəˈlæpsəbəl/ *adj* składany: *a collapsible table*

col·lar[1] /ˈkɒlə/ *n* [C] **1** kołnierz **2** obroża

collar[2] *v* [T] *informal* capnąć: *Two policemen collared him before he could get away.*

col·lar·bone /ˈkɒləbəʊn/ *n* [C] obojczyk

col·league /ˈkɒliːg/ *n* [C] kolega/koleżanka (*z pracy*): *my colleague at the university*

col·lect[1] /kəˈlekt/ *v* **1** [T] zbierać: *I'll collect everyone's papers at the end of the test.* | *I started collecting foreign coins when I was eight years old.* | *We're collecting money for the Red Cross.* **2** [I] zbierać się: *A crowd of people had collected at the scene of the accident.* **3** [T] *BrE* odbierać: **collect sb from** *Can you collect the kids from school?* **4** **collect yourself/your thoughts** zbierać myśli

collect[2] *adj, adv AmE* **call sb collect** za/dzwonić do kogoś na jego koszt

col·lect·ed /kəˈlektəd/ *adj* **1** **collected poems/stories/works** wiersze/opowiadania/dzieła zebrane: *the collected works of Shakespeare* **2** opanowany: *She stayed cool and collected.*

col·lec·tion /kəˈlekʃən/ *n* **1** [C] kolekcja, zbiór: *your CD collection* | **+ of** *a fine collection of modern paintings* **2** [U] zbieranie: **+ of** *the collection of reliable information* **3** [C,U] zbiórka, kwesta: *We're planning to have a collection for UNICEF.* **4** [C,U] odbiór: *Garbage collections are made every Tuesday morning.* **5** [singular] *informal* zbieranina: *There was an odd collection of people at the party.*

col·lec·tive[1] /kəˈlektɪv/ *adj* [only before noun] zbiorowy: *collective responsibility* | **collective decision/effort** (=wspólna decyzja/wysiłek): *It's our collective responsibility to see that everything is done right.* —**collectively** *adv* wspólnie

collective[2] *n* [C] spółdzielnia

col·lec·tor /kəˈlektə/ *n* [C] **1** **rent/tax collector** poborca czynszów/podatków **2** **ticket collector** kontroler biletów **3** kolekcjoner/ka: *a stamp collector*

col·lege /ˈkɒlɪdʒ/ *n* **1** [C,U] wyższa uczelnia: *an art college* **2** [C] kolegium: *King's College, Cambridge*

col·lide /kəˈlaɪd/ *v* [I] zderzać się: *The two trains collided in a tunnel.* | **+ with** *In the thick fog, her car collided with a lorry.*

col·lie·ry /ˈkɒljəri/ *n* [C] *BrE* kopalnia węgla

col·li·sion /kəˈlɪʒən/ *n* [C,U] zderzenie: **head-on collision** (=czołowe): *a head-on collision between two trains*

col·lo·qui·al /kəˈləʊkwiəl/ *adj* potoczny: *colloquial expressions* —**colloquially** *adv* potocznie —**colloquialism** *n* [C] kolokwializm, wyrażenie potoczne

co·lon /ˈkəʊlən/ *n* [C] dwukropek

colo·nel /ˈkɜːnl/ *n* [C] pułkownik

co·lo·ni·al /kəˈləʊniəl/ *adj* kolonialny: *Ghana became independent in 1986 after 85 years of colonial rule.*

co·lo·ni·al·is·m /kəˈləʊniəlɪzəm/ *n* [U] kolonializm

col·o·nize /ˈkɒlənaɪz/ (*także* **-ise** *BrE*) *v* [T] s/kolonizować: *Australia was colonized in the 18th century.* —**colonization** /ˌkɒlənaɪˈzeɪʃən/ *n* [U] kolonizacja

col·o·ny /ˈkɒləni/ *n* [C] kolonia: *Algeria was formerly a French colony.* | *an artists' colony* | *an ant colony*

col·or /ˈkʌlə/ amerykańska pisownia wyrazu COLOUR

co·los·sal /kəˈlɒsəl/ *adj* kolosalny: *They've run up colossal debts.*

colour[1] /ˈkʌlə/ *BrE*, **color** *AmE n* **1** [C,U] kolor, barwa: *"What colour is your new car?" "Blue."* | *the colors of the rainbow* | *houses painted in bright colours* | **in colour** *The meat should be pale pink in colour.* **2** [U] koloryt: *flowers that will add colour to your garden* | *a story full of life, colour, and adventure* **3 colour photograph/television** kolorowa fotografia/telewizja **4** [C,U] kolor skóry: *people of all colors* ➡ patrz też OFF COLOUR

UWAGA colour

Wyraz **colour** nie występuje zwykle w złożeniach z nazwami samych kolorów (**red**, **green**, **blue** itp.): *I bought a blue shirt.* (nie: *I bought a blue colour shirt.* czy: *I bought a shirt of blue colour.*) Wyraz **colour** może wystąpić z nazwą koloru wtedy, kiedy chodzi o jakiś nietypowy, trudny do określenia kolor: *an unusual bluish-grey colour*, lub w wyrażeniu **in colour**: *It's brown in colour.*

colour[2] *BrE*, **color** *AmE v* **1** [T] u/farbować: *Do you colour your hair or is it natural?* **2** *także* **colour in** [T] po/kolorować: *Can you trace the picture and colour it in?* **3 colour sb's judgment/opinion** zabarwić czyjąś ocenę/opinię: *Personal feelings coloured his judgment.*

colour-blind /ˈ.. ./ *BrE*, **color-blind** *AmE adj* **be colour-blind** być daltonistą —**colour-blindness** *n* [U] daltonizm

col·oured /ˈkʌləd/ *BrE*, **colored** *AmE adj* kolorowy: *coloured glass*

col·our·ful /ˈkʌləfəl/ *BrE*, **colorful** *AmE adj* **1** kolorowy: *a garden full of colourful flowers* **2** barwny: *You might say he's led a colourful life.*

col·our·ing /ˈkʌlərɪŋ/ *BrE*, **coloring** *AmE n* **1** [U] karnacja: *Mandy had her mother's dark coloring.* **2** [C,U] barwnik: *Use food colouring to tint the icing.*

col·our·less /ˈkʌlələs/ *BrE*, **colorless** *AmE adj* bezbarwny: *a colorless liquid* | *a colourless little man*

colt /kəʊlt/ *n* [C] źrebak

col·umn /ˈkɒləm/ *n* [C] **1** kolumna: *the marble columns of a Greek temple* | *Pick a number from the first column.* | **+ of** *a column of soldiers on the march* **2** rubryka: *an advice column* **3** słup: **+ of** *a column of smoke*

col·umn·ist /ˈkɒləmɪ̵st/ *n* [C] felietonist-a/ka

co·ma /ˈkəʊmə/ *n* [C] śpiączka: **be in a coma** *Ben was in a coma for six days.*

comb[1] /kəʊm/ *n* [C] grzebień

comb[2] *v* [T] **1** u/czesać: *Run upstairs and comb your hair!* **2** przeczesywać: **comb sth for sth** (=w poszukiwaniu czegoś): *Police are combing the area for more bombs.*

com·bat[1] /ˈkɒmbæt/ *n* [C,U] walka: *men with little experience of armed combat* | **in combat** (=na polu walki): *Her husband was killed in combat.*

combat[2] *v* [T] **-ated, -ating** *także* **-tted, -tting** *BrE* zwalczać: *The police are using new technology to combat crime.*

com·ba·tant /ˈkɒmbətənt/ *n* [C] żołnierz

com·bi·na·tion /ˌkɒmbɪ̵ˈneɪʃən/ *n* [C] **1** kombinacja, połączenie: **+ of** *a combination of bad management and inexperience* **2** szyfr (*zamka, sejfu itp.*)

com·bine /kəmˈbaɪn/ *v* [I,T] po/łączyć (się): *The two chemicals combine to produce a powerful explosive.* | **combined with** *The heat combined with* (=w połączeniu z) *the loud music was beginning to make her feel ill.* | **combine sth with sth** *She manages to combine family life with a career.*

com·bine har·vest·er /ˌkɒmbaɪn ˈhɑːvɪ̵stə/ *n* [C] kombajn

com·bus·tion /kəmˈbʌstʃən/ *n* [U] spalanie

come /kʌm/ *v* [I] **came, come, coming 1** przybywać, przychodzić, przyjeżdżać: *Did you come by train?* | *When Bert came home from work, he looked tired.* | *The phone bill has come at a bad time.* | **+ to/towards/here etc** *Come here, right now!* | *Is Susan coming to the wedding?* | *At last we came to a small village.* | **come and do sth** *Come and have dinner with us.* | **come to do sth** *She comes to see us* *every summer.* | **here comes** *spoken* (=oto i): *Here comes Karen now.* **2** nadchodzić: *Spring came early that year.* | *The time has come to make some changes.* **3 come after** następować po: *What letter comes after "u"?* | **come first/last/next etc** *I came last* (=zająłem ostatnie miejsce) *in the cycle race.* **4** sięgać: **+ to/up to/down to** *The water only came up to my knees.* **5** być dostępnym: *The sweaters come in four sizes.* | **+ in** *Do these shoes come in black?* **6 come undone/open** rozwiązywać się/otwierać się: *Your shoelace has come undone.* **7 come as a surprise/shock** być zaskoczeniem/szokiem: *Her death came as a shock to everyone.* **8 come to do sth** zaczynać coś robić: *That's the kind of behaviour I've come to expect from him.* **9 come naturally/easily to sb** przychodzić komuś łatwo: *Acting came naturally to Rae.* **10 in the years/days to come** w przyszłości: *I think we shall regret this decision in the years to come.* **11 come to think of it** *spoken* skoro już o tym mowa: *Come to think of it, Cooper did mention it to me.* **12 come and go** przemijać, mieć krótki żywot: *Fashions come and go.* → patrz też **how come** (HOW[1]), **come to mind** (MIND[1]), **come to life** (LIFE), **come clean** (CLEAN[1]), **come unstuck** (UNSTUCK)

come about *phr v* [I] **how did this come about?** jak do tego doszło?: *How did this extraordinary situation come about?*

come across *phr v* **1** [T **come across** sth] natrafiać na: *I came across this photograph among some old newspapers.* **2** [I] **come across as** sprawiać wrażenie: *He comes across as a nice guy.*

come along *phr v* [I] **1** trafiać się: *I'm ready to take any job that comes along.* **2** posuwać się do przodu: *Terry's work has really come along this year.* **3** pójść też (*z kimś*): *Can I come along?*

come around *phr v* [I] *AmE* COME ROUND

come apart *phr v* [I] *especially BrE* rozpadać się: *The book just came apart in my hands.*

come away *v* [T] *BrE* odpadać: **+ from** *I pulled, and the handle came away from the door.*

come back *phr v* [I] **1** wracać: *When is your sister coming back from Europe?* | *Long skirts are coming back* (=wraca moda na długie spódnice). **2 come back to sb** nagle się komuś przypomnieć: *Then, everything William had said came back to me.* → patrz też COMEBACK

come between sb *phr v* [T] poróżnić: *I didn't want the question of money to come between us.*

come by sth *phr v* **1** [T **come by** sth] zdobywać: **sth is hard to come by** (=trudno o coś): *Jobs are very hard to come by in the summer months.* **2** [I,T] *AmE* wpadać (do): *Veronica came by to see me today.*

come down *phr v* [I] **1** obniżać się: *Wait until prices come down before you buy.* **2** zostać zburzonym: *This old wall will have to come down.*

come down to sth *phr v* [T] sprowadzać się do: *It all comes down to money in the end.*

come down with sth *phr v* [T] zapadać na: *I think I'm coming down with flu* (=chyba bierze mnie grypa).

come forward *phr v* [I] zgłaszać się (*na ochotnika*): *Witnesses are asked to come forward with information about the robbery.*

come from *phr v* [T] pochodzić z: *His mother came from Texas.* | *The word "video" comes from the Latin word meaning "I see".*

come in *phr v* [I] **1** wchodzić: *Come in and sit down.* **2** nadchodzić: *Reports are coming in of an earthquake in Japan.* **3 come in first/second** zająć pierwsze/drugie miejsce **4** pojawiać się: *I remember when miniskirts first came in.* **5 come in useful/handy** przydawać się: *Bring some rope – it might come in handy.*

come of sth *phr v* [T] **1** wychodzić z, wynikać z: *We wanted to start a pop group, but nothing ever came of it.* **2 come of age** osiągać pełnoletność

come off *phr v* **1** [I,T **come off** sth] odpadać (od): *A button had come off his coat.* **2** [I] powieść się: *a $4 million deal that didn't come off* **3 come off it!** *spoken* daj spokój!: *Oh, come off it! Don't pretend you didn't know.*

come on *phr v* **1** [I] włączać się: *The lights suddenly came on in the cinema.* **2 come on!** *spoken* dalej!, no już!: *Come on, it's not that hard.*

come out *phr v* [I] **1** wychodzić na jaw: *The truth will come out eventually.* **2** wychodzić: *When does his new book come out?* **3** zabrzmieć: *I tried to explain, but it came out all wrong.* **4** schodzić: *The stains didn't come out.* **5 not come out** nie wychodzić: *Some of our wedding photos didn't come out.*

come out in sth *phr v* **come out in spots/a rash** *BrE* dostawać wysypki

come out with sth *phr v* [T] wyrywać się z (*czymś*): *Tanya comes out with some stupid remarks.*

come over *phr v* **1** [I] przyjść: *Can I come over to your place tonight?* **2** [T **come over** sb] najść: *A wave of sleepiness came over her.* | *I'm sorry I was so rude – I don't know what came over me!* **3** [I] **come over as** sprawiać wrażenie: *Mrs Robins comes over as a cold, strict woman.*

come round *BrE*, **come around** *especially AmE* *phr v* [I] **1** przychodzić (w odwiedziny): *Paul is coming round to my house for tea.* **2 come round to sb's way of thinking** dać się komuś przekonać: *I'm sure he'll come round to our way of thinking.* **3** odzyskiwać przytomność: *He must have been drugged – we'll have to wait till he comes round.*

come through *phr v* [T **come through** sth] przetrwać: *We've come through all kinds of trouble together.*

come to *phr v* **1** [T **come to** sth] osiągać: *After a long discussion, we finally came to a decision.* **2** wynosić razem: *That comes to $24.67 ma'am.* **3** [T **come to** sb] przypominać się: *I can't remember her name just now, but it'll come to me.* **4** [I] odzyskiwać przytomność: *When I came to, I was lying on the grass.*

come under sth *phr v* [T] podlegać pod: *These schools come under the control of the Department of Education.*

come up *phr v* [I] **1** wypłynąć (*o temacie itp.*): *The subject didn't come up at the meeting.* **2 be coming up** zbliżać się: *Isn't your birthday coming up?* **3** wyskakiwać: *Something's come up, so I won't be able to go with you.* **4** wschodzić

come up against sb/sth *phr v* [T] spotykać się z: *when black politicians come up against racist attitudes*

come up to sth *phr v* [T] **come up to expectations** spełniać oczekiwania: *This work doesn't come up to your usual standards* (=nie jest tak dobra, jak zwykle).

come up with sth *phr v* [T] wymyślić: *They still haven't come up with a name for the baby.*

come·back /ˈkʌmbæk/ *n* **make a comeback** wrócić (*np. na scenę*): *a fashion that made a brief comeback in the 1980s*

co·me·di·an /kəˈmiːdiən/ *n* [C] komik

come·down /ˈkʌmdaʊn/ *n* [singular] *informal* degradacja: *From boxing champion to prison cook – what a comedown!*

com·e·dy /ˈkɒmədi/ *n* [C,U] komedia: *We saw the new Robin Williams comedy last night.*

com·et /ˈkɒmət/ *n* [C] kometa

com·fort[1] /ˈkʌmfət/ *n* **1** [U] wygoda, komfort: *shoes designed for comfort* | *Now you can sit in comfort* (=możesz usiąść wygodnie) *and watch the show.* **2** [U] pociecha, otucha: *Your letter brought me great comfort after Henry died.* **3** [U] dostatek: **in comfort** *They had saved enough money to spend their old age in comfort.* **4** [C usually plural] wygody: *the comforts of modern civilization* | *home comforts* ➡ antonim DISCOMFORT

comfort[2] *v* [T] pocieszać, dodawać otuchy: *Jean was terribly upset, and we all tried to comfort her.*

com·for·ta·ble /ˈkʌmftəbəl/ *adj* **1** wygodny: *The hotel room was small, clean and comfortable.* | *a comfortable chair* **2** spokojny: *I'm much more comfortable knowing you're around.* **3** dobrze sytuowany: *We're not rich, but we are comfortable.* —**comfortably** *adv* wygodnie ➡ antonim UNCOMFORTABLE

com·fy /ˈkʌmfi/ *adj informal* wygodny

com·ic[1] /ˈkɒmɪk/ *adj* komiczny: *a comic character*

comic[2] *n* [C] **1** komik **2** *także* **comic book** komiks

com·i·cal /ˈkɒmɪkəl/ *adj* komiczny: *He looked comical, his hands waving in the air.* —**comically** *adv* komicznie

comic strip /ˈ.. ./ *n* [C] historyjka obrazkowa

com·ing[1] /ˈkʌmɪŋ/ *n* **1 the coming of** nadejście: *With the coming of the railroad, the population grew quickly.* **2 comings and goings** *informal* każde wejście i wyjście: *She watches the comings and goings of all their visitors.*

coming[2] *adj* [only before noun] nadchodzący: *animals preparing for the coming winter* ➡ patrz też UP-AND-COMING

com·ma /ˈkɒmə/ *n* [C] przecinek

com·mand[1] /kəˈmɑːnd/ *n* **1** [C] rozkaz: *Don't shoot until your officer gives the command.* **2** [U] dowództwo: **be in command** (=dowodzić): *Who is in command here?* **3** [C] polecenie **4** [singular] znajomość: *She has a good command of English* (=dobrze zna angielski).

command[2] *v* **1** [I,T] rozkazywać: **command sb to do sth** *The king commanded his men to guard the palace.* **2** dowodzić: *Admiral Douglas commands a fleet of 200 ships in the Pacific.*

com·man·dant /ˌkɒmənˈdænt/ *n* [C] komendant

com·mand·er /kəˈmɑːndə/ *n* [C] **1** dowódca **2** komandor

com·mand·ing /kəˈmɑːndɪŋ/ *adj* [only before noun] władczy: *He has a commanding manner and voice.*

com·mand·ment /kəˈmɑːndmənt/ *n* [C] przykazanie

com·man·do /kəˈmɑːndəʊ/ *n* [C] komandos

com·mem·o·rate /kəˈmeməreɪt/ *v* [T] upamiętniać: *a monument commemorating those who died in the war* —**commemorative** *adj* pamiątkowy

com·mence /kəˈmens/ *v* [I,T] *formal* rozpoczynać (się): *Work on the building will commence immediately.*

com·mend /kəˈmend/ *v* [T] udzielać pochwały: *She was commended for her years of service to the community.* —**commendable** *adj* godny pochwały: *a commendable effort*

com·ment[1] /ˈkɒment/ *n* **1** [C,U] komentarz, uwaga: **make a comment** *He kept making rude comments about the other guests.* **2 no comment** *spoken* bez komentarza

comment[2] *v* [I,T] s/komentować: **+ on** *People were always commenting on my sister's looks.* | **comment that** (=wyrazić opinię, że): *Lee commented that the film was very violent.*

com·men·ta·ry /ˈkɒməntəri/ *n* **1** [C,U] sprawozdanie: *live commentary* (=sprawozdanie na żywo) *on the race* **2** [C,U] publicystyka: *political commentary*

com·men·ta·tor /ˈkɒmənteɪtə/ *n* [C] **1** sprawozdawca **2** komentator/ka, pu- blicyst-a/ka: *political commentators*

com·merce /ˈkɒmɜːs/ *n* [U] handel

com·mer·cial[1] /kəˈmɜːʃəl/ *adj* handlowy, komercyjny: *The film was a huge commercial success.*

commercial[2] *n* [C] reklama (*telewizyjna lub radiowa*): *soft drinks commercials*

com·mer·cial·ized /kəˈmɜːʃəlaɪzd/ (*także* **-ised** *BrE*) *adj* skomercjalizowany: *Christmas is getting so commercialized.*

com·mis·sion[1] /kəˈmɪʃən/ *n* **1** [C] komisja: *the Equal Opportunities Commission* **2** [C,U] prowizja: **+ on** *He earns*

30% commission on each car. **3** [C,U] zlecenie

commission[2] *v* [T] zlecać: *a report commissioned by the government* | **commission sb to do sth** *Renshaw has been commissioned to design a new bridge.*

com·mis·sion·er /kəˈmɪʃənə/ *n* [C] komisarz: *a police commissioner*

com·mit /kəˈmɪt/ *v* **-tted, -tting 1** [T] popełniać: *Brady committed a series of brutal murders.* | **commit a crime/suicide** (=popełnić zbrodnię/samobójstwo): *The crime was committed around 7.30 pm.* **2** [T] zobowiązywać: *The city has committed itself to cleaning up the environment.* | *Bill's contract commits him to working at weekends.* **3** [T] poświęcać: **commit sb/sth to sth** *Her whole life was committed to politics.*

com·mit·ment /kəˈmɪtmənt/ *n* **1** [C,U] zobowiązanie: *Mr Williams will be unable to attend due to prior commitments.* | **commitment to (doing) sth** *We have a commitment to providing quality service.* **2** [U] zaangażowanie: *The team showed great commitment.* | **+ to** *Her commitment to her job is beyond doubt.*

com·mit·ted /kəˈmɪtɪd/ *adj* oddany, zaangażowany: *a committed teacher*

com·mit·tee /kəˈmɪti/ *n* [C] komitet: *the Highways Committee* | *a committee meeting* | **be on a committee** *He's on the finance committee of a mental health charity.*

com·mod·i·ty /kəˈmɒdɪti/ *n* [C] towar: *a valuable commodity*

com·mon[1] /ˈkɒmən/ *adj* **1** pospolity, powszechny: *Foxes are quite common in this country.* | *a common spelling mistake* | **+ among** *a disease common among young children* | **it is common (for sb) to do sth** (=często się zdarza, że ktoś coś robi): *It's common for new fathers to feel jealous of their babies.* **2** wspólny: *a common goal* | *We both had a common interest.* | *We need to work together for the common good* (=dla wspólnego dobra). | *There was little common ground between the two sides* (=obie strony miały ze sobą niewiele wspólnego). | **+ to** *problems that are common to all big cities* **3 it's common knowledge** powszechnie wiadomo: *It's common knowledge that Sam's an alcoholic.* **4** [only before noun] zwykły: *the common people* **5** *BrE* pospolity, prostacki: *She's so common!*

common[2] *n* **1 have sth in common** mieć coś wspólnego: *The two computers have several features in common.* | **+ with** *I found I had a lot in common with Mary.* **2 in common with** podobnie jak: *In common with many other schools, we suffer from overcrowded classrooms.* **3** [C] błonia: *a walk on the common*

com·mon·ly /ˈkɒmənli/ *adv* powszechnie: *a bird commonly found in Malaysia*

com·mon·place /ˈkɒmənpleɪs/ *adj* powszedni: *Divorce has become increasingly commonplace.*

common sense /ˌ.. ˈ.◂/ *n* [U] zdrowy rozsądek: *Just use your common sense.*

com·mo·tion /kəˈməʊʃən/ *n* [U singular] zamieszanie: *What's all this commotion?*

com·mu·nal /kəˈmjuːnl, ˈkɒmjʊnəl/ *adj* wspólny: *a communal bathroom*

com·mune /ˈkɒmjuːn/ *n* [C] komuna

com·mu·ni·cate /kəˈmjuːnɪkeɪt/ *v* **1** [I] porozumiewać się: *Anna has problems communicating in English.* | **+ with** *They communicated with each other using sign language.* | *Teenagers often find it difficult to communicate with their parents.* **2** [T] przekazywać: **communicate sth to sb** *He doesn't communicate his ideas very clearly to the students.*

com·mu·ni·ca·tion /kəˌmjuːnɪˈkeɪʃən/ *n* [U] porozumiewanie się, komunikacja: **+ between** *There seems to be a lack of communication between the different departments.* | **be in communication with** (=być w łączności z): *The pilot stayed in constant communication with the control tower.* | **means of communication** (=środki łączności): *Radio and television are important means of communication.*

com·mu·ni·ca·tions /kə,mjuːn¦'keɪʃənz/ *n* [plural] łączność: *The power failure disrupted communications.*

com·mu·ni·ca·tive /kə'mjuːn¦kətɪv/ *adj* rozmowny, komunikatywny: *Customers complained that the sales clerks were not very communicative.*

com·mu·nion /kə'mjuːnjən/ *n* [U] **1** *formal* łączność duchowa **2** Komunia

Com·mun·ism /'kɒmjᵊnɪzəm/, **communism** *n* [U] komunizm

Com·mu·nist /'kɒmjᵊn¦st/, **communist** *n* [C] komunist-a/ka —**Communist** *adj* komunistyczny: *the Communist Party*

com·mu·ni·ty /kə'mjuːn¦ti/ *n* [C] społeczność: *a farming community | She does a lot of volunteer work in the local community. | a large Asian community | the international business community*

com·mute /kə'mjuːt/ *v* [I] dojeżdżać (*do pracy*) **+ to/from** *Jerry commutes from Scarsdale to New York.*

com·mut·er /kə'mjuːtə/ *n* [C] dojeżdżając-y/a do pracy: *In the rush-hour the trains are full of commuters.*

com·pact /kəm'pækt, 'kɒmpækt/ *adj* niewielkich rozmiarów: *the compact design of modern computers*

compact disc /,.. './ *n* [C] płyta kompaktowa

com·pan·ion /kəm'pænjən/ *n* [C] towarzysz/ka: *She became his close friend and constant companion. | a travelling companion*

com·pan·ion·ship /kəm'pænjənʃɪp/ *n* [U] towarzystwo: *I missed the companionship of work.*

com·pa·ny /'kʌmpəni/ *n* **1** [C] przedsiębiorstwo: *Ian works for a big insurance company. | the Ford Motor Company* **2** [U] towarzystwo: *They obviously enjoy each other's company. | All I have for company is the dog.* | **in the company of/in sb's company** *He never felt very relaxed in the company of women.* | **keep sb company** (=dotrzymywać komuś towarzystwa): *I'm going to keep Mum company till Dad gets back.* | **be good company** (=być dobrym kompanem): *Anna's a nice girl and very good company.* **3** [C] zespół: *the Royal Ballet Company*

com·pa·ra·ble /'kɒmpərəbəl/ *adj* porównywalny: *The surveys showed comparable results.* | **+ to/with** *Is the pay rate comparable to that of other companies?*

com·par·a·tive[1] /kəm'pærətɪv/ *adj* **1** porównawczy: *a comparative study of European languages* **2** stosunkowy, względny: *Pierce beat her opponent with comparative ease* (=względnie łatwo).

comparative[2] *n* [C] stopień wyższy

com·par·a·tive·ly /kəm'pærətɪvli/ *adv* stosunkowo, względnie: *The children were comparatively well-behaved today.*

com·pare /kəm'peə/ *v* **1** [I,T] porównywać: *Compare these wines and tell us what you think.* | **compare sth with/to sth** *The report compares pollution levels in London with those in other cities.* | **compare sb/sth to sb/sth** *He has been compared to John F. Kennedy.* **2 compared to/with** w porównaniu z: *You're slim compared to her! | The company has made a profit of £24m, compared with £12m last year.* **3** [I] dorównywać: **+ with** *Nothing compares with the taste of good home cooking.* **4 compare notes** wymieniać się wrażeniami: *I'll call you after the exams, and we can compare notes.*

com·pa·ri·son /kəm'pær¦sən/ *n* **1** [C,U] porównanie: **+ of** *a comparison of crime figures in Chicago and Detroit* | **make/draw a comparison** (=porównywać): *Many people have drawn a comparison between her and her mother.* **2 in/by comparison with** w porównaniu z: *We were wealthy in comparison with a lot of families.*

com·part·ment /kəm'pɑːtmənt/ *n* [C] **1** schowek: *a luggage compartment* **2** przedział: *a no-smoking compartment*

com·pass /'kʌmpəs/ *n* [C] kompas

com·pas·sion /kəm'pæʃən/ *n* [U] współczucie

com·pas·sion·ate /kəm'pæʃən¦t/ *adj* współczujący: *a caring, compassionate man*

C

com·pat·i·ble /kəmˈpætəbəl/ *adj* **1** zgodny, kompatybilny: **+ with** *First make sure that the software is compatible with your machine.* | *Some people think that science is not compatible with religion.* **2** dobrany: *Compatible couples generally share the same values and have similar aspirations.* —**compatibility** /kəmˌpætəˈbɪləti/ *n* [U] kompatybilność → antonim INCOMPATIBLE

C

com·pel /kəmˈpel/ *v* [T] **-lled, -lling** zmuszać: **compel sb to do sth** *She was compelled to resign because of bad health.* → patrz też COMPULSION

com·pel·ling /kəmˈpelɪŋ/ *adj* **1** wciągający: *a compelling TV drama* **2** przekonywający: *a compelling reason for getting rid of the death penalty*

com·pen·sate /ˈkɒmpənseɪt/ *v* [I] z/rekompensować: **+ for** *Her intelligence more than compensates for her lack of experience.* | **compensate sb for sth** (=wynagrodzić komuś coś): *You will be compensated for any loss of wages.*

com·pen·sa·tion /ˌkɒmpənˈseɪʃən/ *n* **1** [U] odszkodowanie, zadośćuczynienie, rekompensata: **+ for** *Farmers are demanding compensation for loss of income.* | **in compensation** (=w ramach odszkodowania): *Dr Hawkins received £15,000 in compensation.* **2** [C,U] dobra strona, plus: *One of the compensations* (=jednym z plusów) *of being ill was that I saw more of my family.*

com·pete /kəmˈpiːt/ *v* [I] rywalizować, konkurować: *How many runners will compete?* | **+ with/against** *We've had to cut our prices in order to compete with the big supermarkets.* | **+ for** *She and her sister are always competing for attention.*

com·pe·tent /ˈkɒmpətənt/ *adj* kompetentny: *Olive's a very competent teacher.* → antonim INCOMPETENT —**competence** *n* [U] kompetencja

com·pe·ti·tion /ˌkɒmpəˈtɪʃən/ *n* **1** [U] konkurencja, rywalizacja: **+ between/among** *Competition between travel companies has never been stronger.* | **+ for** *There was fierce competition for the few jobs available.* | **be in competition with** (=rywalizować z): *Judy is in competition with four others for the role.* **2** [U singular] konkurencja: **the competition** *Our aim is simple – to be better than the competition.* **3** [C] konkurs, zawody: *At the age of only 13, he won an international piano competition.* | **enter a competition** (=stawać do konkursu): *Teams from 10 different schools entered the competition.*

com·pet·i·tive /kəmˈpetətɪv/ *adj* **1** oparty na rywalizacji: *Advertising is a highly competitive industry.* | *competitive sports* **2** konkurencyjny: *Our rates are very competitive.* **3** ambitny, skory do rywalizacji: *He's always so competitive.*

com·pet·i·tor /kəmˈpetətə/ *n* [C] konkurent/ka: *We sell twice as many computers as our competitors.*

com·pi·la·tion /ˌkɒmpəˈleɪʃən/ *n* [C] zbiór, składanka: *a Beatles compilation album*

com·pile /kəmˈpaɪl/ *v* [T] opracowywać: *It takes years of hard work to compile a good dictionary.* | *The programme was compiled by members of the medical research team.*

com·pla·cent /kəmˈpleɪsənt/ *adj* **be/get complacent** spocząć na laurach: *We've been playing well, but we mustn't get complacent.* —**complacency** *n* [U] samozadowolenie

com·plain /kəmˈpleɪn/ *v* [I] narzekać, skarżyć się: **+ about** *The neighbours have been complaining about the noise.* | **+ (that)** *Local kids complained that there was nowhere for them to play.* | **+ to** *I'm going to complain* (=poskarżę się) *to the manager!*

complain of sth *phr v* [T] skarżyć się na coś: *Tom's been complaining of chest pains.*

com·plaint /kəmˈpleɪnt/ *n* **1** [C,U] skarga, zażalenie: **+ about** *an increase in the number of complaints about rail services* | **+ against** *complaints against police officers* | **make a complaint** (=złożyć skargę): *You can make a formal complaint to the Health Authority.* **2** [C] zastrzeżenie: *My main complaint is the prices they charge.* **3** [C] dolegliwość: *a stomach complaint*

com·ple·ment[1] /ˈkɒmplᵻment/ *v* [T] uzupełniać: *The pink curtains complement the carpet perfectly.* | *The bus and train services complement each other very well.*

com·ple·ment[2] /ˈkɒmplᵻmənt/ *n* [C] **1** uzupełnienie: **+ to** *The wine was the perfect complement to the meal.* **2** dopełnienie ➡ porównaj COMPLIMENT[1]

com·plete[1] /kəmˈpliːt/ *adj* **1** cały, kompletny: *the complete works of Shakespeare* | *a complete sentence* ➡ antonim INCOMPLETE **2** [only before noun] *informal* kompletny: *Bart's a complete idiot!* | *The news came as a complete surprise.* **3 be complete** zakończyć się: *When will work on the new railway be complete?*

complete[2] *v* [T] **1** ukończyć, zakończyć: *He never completed the course due to problems at home.* **2** uzupełnić: *I need one more stamp before my collection is completed.*

com·plete·ly /kəmˈpliːtli/ *adv* zupełnie, kompletnie: *I completely forgot about your birthday.* | *Geoff's a completely different person since he retired.*

com·ple·tion /kəmˈpliːʃən/ *n* [U] zakończenie, realizacja: *Repair work is scheduled for completion in April.* | **+ of** *the completion of the $80 million project*

com·plex[1] /ˈkɒmpleks/ *adj* złożony, skomplikowany: *the complex nature of the human mind* | *a highly complex issue* —**complexity** /kəmˈpleksᵻti/ *n* [U,C] złożoność

complex[2] *n* [C] kompleks: *a new shopping complex* | *an inferiority complex*

com·plex·ion /kəmˈplekʃən/ *n* **1** [C,U] cera: *a pale complexion* **2** [singular] charakter, zabarwienie: *This puts an entirely new complexion on things* (=to nadaje sprawie zupełnie inny wymiar).

com·pli·cate /ˈkɒmplᵻkeɪt/ *v* [T] s/komplikować: *Don't tell Michael about this. It'll only complicate matters.*

com·pli·cat·ed /ˈkɒmplᵻkeɪtᵻd/ *adj* skomplikowany: *The instructions are much too complicated.* ➡ antonim SIMPLE

com·pli·ca·tion /ˌkɒmplᵻˈkeɪʃən/ *n* **1** [C,U] komplikacja: *I hope there aren't any added complications.* **2** [C usually plural] powikłanie: *There were complications following surgery.*

com·pli·ment[1] /ˈkɒmplᵻmənt/ *n* **1** [C] komplement: **pay sb a compliment** (=powiedzieć komuś komplement): *He was always paying her compliments and telling her how pretty she looked.* | **take sth as a compliment** (=uznać coś za komplement) **2 with the compliments of sb/with sb's compliments** z wyrazami uszanowania od kogoś: *Please accept these tickets with our compliments.* ➡ porównaj COMPLEMENT[2]

com·pli·ment[2] /ˈkɒmplᵻment/ *v* [T] prawić komplementy: **compliment sb on sth** (=pogratulować komuś czegoś): *They complimented Jaime on his excellent English.*

com·pli·men·ta·ry /ˌkɒmplᵻˈmentəri◂/ *adj* **1** bezpłatny, darmowy: *We got two complimentary tickets for the game.* **2** pochlebny: *He wasn't very complimentary about the food.*

com·ply /kəmˈplaɪ/ *v* [I] *formal* **comply with** przestrzegać, za/stosować się do: *Anyone who fails to comply with the law will have to pay a £100 fine.*

com·po·nent /kəmˈpəʊnənt/ *n* [C] część: *car components*

com·pose /kəmˈpəʊz/ *v* **1 be composed of** składać się z: *The workforce is composed largely of women.* **2** [I,T] s/komponować: *Nyman composed the music for the film 'The Piano'.* **3 compose yourself** opanowywać się

com·posed /kəmˈpəʊzd/ *adj* opanowany: *She remained composed throughout the interview.* ➡ patrz też COMPOSE

com·pos·er /kəmˈpəʊzə/ *n* [C] kompozytor/ka

com·po·si·tion /ˌkɒmpəˈzɪʃən/ *n* **1** [U] skład: **+ of** *the chemical composition of soil* | *the composition of the jury in the O. J. Simpson case* **2 a)** [C] utwór, kompozycja: *one of Beethoven's early compositions* **b)** [U] komponowanie **3** [U] układ, kompozycja: *The composition of the painting is excellent.* **4** [C,U] wypracowanie: *We had to do a composition on the problem of crime.*

com·post /ˈkɒmpɒst/ *n* [U] kompost

com·po·sure /kəmˈpəʊʒə/ *n* [U singular] spokój, opanowanie: *We kept our composure even when we were losing 4-0.*

com·pound /ˈkɒmpaʊnd/ *n* [C] **1** związek (chemiczny) **2** teren (*zabudowany i ogrodzony*): *a prison compound* **3** *także* **compound noun/adjective/verb** wyraz złożony

c

com·pre·hend /ˌkɒmprɪˈhend/ *v* [I,T] *formal* z/rozumieć: *They don't seem to comprehend how serious this is.*

com·pre·hen·si·ble /ˌkɒmprɪˈhensəbəl/ *adj* zrozumiały: **+ to** *language that is comprehensible to the average reader* → antonim INCOMPREHENSIBLE

com·pre·hen·sion /ˌkɒmprɪˈhenʃən/ *n* **1** [C,U] sprawdzian na rozumienie: *a listening comprehension* **2** [U] pojęcie, zrozumienie: *This is completely beyond my comprehension* (=zupełnie nie mogę tego pojąć).

com·pre·hen·sive /ˌkɒmprɪˈhensɪv◂/ *adj* wszechstronny, wyczerpujący: *a comprehensive account of the war*

comprehensive school /..ˈ.. ˌ../ *także* **comprehensive** *n* [C] *BrE* szkoła średnia przyjmująca uczniów o różnym poziomie zdolności

com·press /kəmˈpres/ *v* [T] sprężać: *compressed air* —**compression** *n* [U] kompresja

com·prise /kəmˈpraɪz/ *v formal* **1** [T] *także* **be comprised of** składać się z: *The committee is comprised of 8 members.* **2** [T] stanowić: *Women comprise over 75% of our staff.*

com·pro·mise[1] /ˈkɒmprəmaɪz/ *n* [C,U] kompromis: **make/reach a compromise** (=osiągnąć kompromis): *Talks will continue until a compromise is reached.*

compromise[2] *v* **1** [I] iść/pójść na kompromis: *President Chirac has said that he would be ready to compromise.* | *Neither side was willing to compromise.* **2 compromise your principles/beliefs** postąpić wbrew swoim zasadom/przekonaniom **3 compromise yourself** s/kompromitować się

com·pro·mis·ing /ˈkɒmprəmaɪzɪŋ/ *adj* kompromitujący: *The photographs have put the Senator in a compromising position.*

com·pul·sion /kəmˈpʌlʃən/ *n* **1** [C usually singular] wewnętrzny przymus, pokusa: *I had a sudden compulsion to hit her.* **2** [U] przymus: *You don't have to go to the meeting. There's no compulsion.* → patrz też COMPEL

com·pul·sive /kəmˈpʌlsɪv/ *adj* nałogowy: *compulsive eating* | *a compulsive gambler* —**compulsively** *adv* nałogowo

com·pul·so·ry /kəmˈpʌlsəri/ *adj* obowiązkowy, przymusowy: *compulsory military service*

com·put·er /kəmˈpjuːtə/ *n* [C] komputer: *All our data is kept on computer.* | *sales of home computers* | **computer program/system** *The new computer system at work is always going down.*

com·put·er·ize /kəmˈpjuːtəraɪz/ *także* **-ise** *BrE v* [T] s/komputeryzować: *a computerized filing system* —**computerization** /kəmˌpjuːtəraɪˈzeɪʃən/ *n* [U] komputeryzacja

com·put·ing /kəmˈpjuːtɪŋ/ *n* [U] informatyka

com·rade /ˈkɒmrəd/ *n* [C] *literary* towarzysz/ka

con[1] /kɒn/ *v* [T] *informal* **-nned, -nning** nabrać, oszukać: **con sb into (doing) sth** *We were conned into signing the contract.* | **con sb out of sth** (=wyłudzić coś od kogoś): *She was conned out of her life savings.*

con[2] *n informal* [C usually singular] oszustwo: *The advertisement says they're offering free holidays, but it's all a big con.* → patrz też **the pros and cons** (PRO)

con·ceal /kənˈsiːl/ *v* [T] ukrywać: *Cannabis was found concealed in the suitcase.* | **conceal sth from sb** *Sue tried hard to conceal her disappointment from the others.* —**concealment** *n* [U] ukrycie

con·cede /kənˈsiːd/ *v* [T] przyznawać: **+ (that)** *She reluctantly conceded that I* *was right.* | **concede sth to sb** *Japan was forced to concede the islands to Russia.*

con·ceit /kən'siːt/ *n* [U] zarozumiałość

con·ceit·ed /kən'siːtɪd/ *adj* zarozumiały: *I don't want to seem conceited, but I know I'll win.*

con·cei·va·ble /kən'siːvəbəl/ *adj* wyobrażalny: **+ that** *It is conceivable that* (=niewykluczone, że) *the experts are wrong.* ➡ antonim INCONCEIVABLE

con·ceive /kən'siːv/ *v* **1** [I,T] wyobrażać sobie: **+ of** *It is impossible to conceive of the size of the universe.* **2** [T] obmyślić: *The show was originally conceived by American film star Richard Gere.* **3** [I,T] zajść w ciążę, począć

con·cen·trate /'kɒnsəntreɪt/ *v* **1** [I] skupiać się, s/koncentrować się: *With all this noise, it's hard to concentrate.* | *He will have to concentrate his mind on the job we're doing now.* **2 be concentrated on/in/around** być skupionym na/w/wokół: *Most of New Zealand's population is concentrated in the north island.*

concentrate on sth *phr v* [T] s/koncentrować się na: *I want to concentrate on my career for a while before I have kids.*

con·cen·trat·ed /'kɒnsəntreɪtɪd/ *adj* skoncentrowany: *concentrated orange juice*

con·cen·tra·tion /ˌkɒnsən'treɪʃən/ *n* **1** [U] koncentracja, skupienie: **lose concentration** *The moment they lose concentration they forget everything I have told them to do.* **2** [C,U] stężenie

concentration camp /ˌ..'.. ˌ./ *n* [C] obóz koncentracyjny

con·cept /'kɒnsept/ *n* [C] pojęcie: **+ of** *the concept of freedom for all* —**conceptual** /kən'septʃuəl/ *adj* pojęciowy, konceptualny

con·cep·tion /kən'sepʃən/ *n* **1** [C] koncepcja: **+ of** *the Romantics' conception of the world* **2** [U] poczęcie

con·cern¹ /kən'sɜːn/ *n* **1** [C,U] obawa, troska: **+ about** *There is growing concern about the pollution in our cities.* | *Our main concern is for the children's safety.* **2** [C] firma, spółka: *The restaurant is a family concern.*

concern² *v* [T] **1** dotyczyć: *What we're planning doesn't concern you.* | *Many of Woody Allen's movies are concerned with life in New York.* **2** niepokoić: *The teenage drug problem concerns most parents.* **3 concern yourself with sth** troszczyć się o coś: *You don't need to concern yourself with this, Jan.*

con·cerned /kən'sɜːnd/ *adj* **1** zaniepokojony, zatroskany: **+ about** *I am concerned about his eyesight.* **2 as far as I'm concerned** jeśli o mnie chodzi: *As far as I'm concerned, the whole idea is crazy.* **3 (as far as) sth/sb is concerned** (jeśli) chodzi o coś/kogoś: *As far as money is concerned, the club is doing fairly well.* | *Divorce is always painful, especially when children are concerned* (=kiedy w grę wchodzą dzieci).

con·cern·ing /kən'sɜːnɪŋ/ *prep* odnośnie: *Police are asking for information concerning the incident.*

con·cert /'kɒnsət/ *n* [C] koncert: *I've managed to get tickets for the Oasis concert.*

con·cert·ed /kən'sɜːtɪd/ *adj* wspólny: *We should all make a concerted effort to raise this money.*

con·cer·to /kən'tʃɜːtəʊ/ *n* [C] koncert: *Mozart's violin concertos*

con·ces·sion /kən'seʃən/ *n* [C] **1** ustępstwo: **make concessions** *The government will never make concessions to terrorists.* **2** koncesja **3 tax concession** ulga podatkowa: *tax concessions for married people* **4** [C] *BrE* zniżka: *concessions for students*

con·cise /kən'saɪs/ *adj* zwięzły: *a concise answer* —**concisely** *adv* zwięźle —**conciseness** *n* [U] zwięzłość

con·clude /kən'kluːd/ *v* **1** [T] dochodzić do wniosku: **+ that** *Doctors have concluded that sunburn can lead to skin cancer.* **2** [I,T] *formal* zakończyć (się): *The study was concluded last month.* —**concluding** *adj* końcowy: *concluding remarks*

con·clu·sion /kən'kluːʒən/ *n* [C] **1** wniosek, konkluzja: **+ that** *I've come* to the conclusion that she's lying. **2** zakończenie: *Your essay's fine, but the conclusion needs more work.*

con·clu·sive /kən'klu:sɪv/ *adj* niezbity, jednoznaczny: **conclusive evidence** *There is no conclusive evidence connecting him with the crime.*

con·coct /kən'kɒkt/ *v* [T] **1** zmyślać, wymyślać: *She concocted a story about her mother being sick.* **2** wykombinować: *Jean concocted a great meal from the leftovers.*

C

con·crete[1] /'kɒŋkri:t/ *n* [U] beton

concrete[2] *adj* **1** betonowy: *a concrete floor* **2** konkretny: **concrete information/evidence/facts etc** *We need concrete information about the man's identity.*

con·cus·sion /kən'kʌʃən/ *n* [C,U] wstrząs mózgu

con·demn /kən'dem/ *v* [T] **1** potępiać: *Politicians were quick to condemn the bombing.* **2** skazywać: *These orphans have been condemned to a life of poverty.* | **condemn sb to death** *The murderer was condemned to death.* —**condemnation** /ˌkɒndəm'neɪʃən/ *n* [C,U] potępienie

con·den·sa·tion /ˌkɒnden'seɪʃən/ *n* [U] para wodna

con·dense /kən'dens/ *v* **1** [I] skraplać się **2** [T] s/kondensować: *This chapter could be condensed into a few paragraphs.* | *condensed soup*

con·de·scend·ing /ˌkɒndɪ'sendɪŋ◂/ *adj* protekcjonalny: *He was laughing at her in that condescending way he had.*

con·di·tion /kən'dɪʃən/ *n* **1** [C,U] stan: *I'm not buying the car until I see what condition it's in.* | **be in good/bad/terrible condition** *The VCR is still in pretty good condition.* | **be in no condition to do sth** (=nie być w stanie): *Molly is in no condition to return to work.* **2** [plural] **conditions a)** warunki: **living/working conditions** *Poor working conditions were part of their daily lives.* **b)** warunki atmosferyczne: *Icy conditions on the roads are making it difficult to drive.* **3** [C] warunek: **+ for** *a set of conditions for getting into college* | **on condition that** (=pod warunkiem, że) | **on one condition** (=pod jednym warunkiem)

con·di·tion·al /kən'dɪʃənəl/ *adj* warunkowy: *a conditional sentence* | **+ on** *His college place is conditional on* (=zależy od) *his exam results.* ➡ patrz ramka CONDITIONAL SENTENCES

con·di·tion·er /kən'dɪʃənə/ *n* [C,U] odżywka (do włosów)

con·do·lence /kən'dəʊləns/ *n* [C usually plural, U] kondolencje: *Please offer my condolences to your mother.*

con·dom /'kɒndəm/ *n* [C] prezerwatywa

con·du·cive /kən'dju:sɪv/ *adj formal* **be conducive to** sprzyjać: *The sunny climate is conducive to outdoor activities.*

con·duct[1] /kən'dʌkt/ *v* **1** [T] prze/prowadzić: *The children are conducting an experiment with two magnets.* | *The group conducted a guerrilla campaign against the president in the 1970s.* **2** [I,T] dyrygować: *Lyons will be conducting the symphony orchestra.* **3** [T] przewodzić: *Rubber won't conduct electricity.* **4 conduct yourself** zachowywać się: *Public figures have a duty to conduct themselves correctly.*

con·duct[2] /'kɒndʌkt/ *n* [U] **1** zachowanie: *I'm glad to see your conduct at school has improved.* **2** prowadzenie: **+ of** *The mayor was not satisfied with the conduct of the meeting.*

con·duc·tor /kən'dʌktə/ *n* [C] **1** dyrygent/ka **2** konduktor/ka **3** przewodnik: *Wood is a poor conductor of heat.*

cone /kəʊn/ *n* [C] **1** stożek **2 ice cream cone** rożek (*lód*)

con·fec·tion·e·ry /kən'fekʃənəri/ *n* [U] wyroby cukiernicze

con·fed·e·ra·tion /kənˌfedə'reɪʃən/ *także* **con·fed·e·ra·cy** /kən'fedərəsi/ *n* [C] konfederacja

con·fer /kən'fɜ:/ *v* **-rred, -rring** [I] naradzać się: **+ with** *You may confer with the other team members.*

con·fe·rence /'kɒnfərəns/ *n* [C] konferencja, zjazd: *a conference on environmental issues*

Zdania warunkowe: **Conditional sentences**

Zdanie warunkowe składa się z dwóch części: zdania głównego, mówiącego, co może lub mogłoby się stać, oraz zdania podrzędnego, określającego warunki, jakie musiałyby zostać spełnione, żeby zaszła sytuacja opisana w zdaniu głównym. Kolejność zdań jest dowolna. Jeśli jako pierwsze występuje zdanie podrzędne (zaczynające się od ***if***), oddzielamy je od zdania głównego przecinkiem. Wyróżniamy zdania warunkowe:

1. odnoszące się do przyszłości, gdzie w zdaniu podrzędnym występuje czas Present Simple, a w zdaniu głównym czas Future Simple:
   If you ***eat*** *all these chocolates, you* ***will be*** *sick.*
2. odnoszące się do teraźniejszości lub przyszłości, gdzie w zdaniu podrzędnym występuje czas Past Simple, a w zdaniu głównym ***would*** + bezokolicznik bez **to**:
   If you ***ate*** *all these chocolates, you* ***would be*** *sick.*
3. odnoszące się do przeszłości, gdzie w zdaniu podrzędnym występuje czas Past Perfect, a w zdaniu głównym ***would*** + bezokolicznik typu „perfect". W tym przypadku wiadomo, że określony w zdaniu podrzędnym warunek nie został spełniony, w związku z czym nie zaszła sytuacja opisywana w zdaniu głównym:
   If you ***had eaten*** *all these chocolates, you* ***would have been*** *sick.* (ale nie zjadłeś i nie rozchorowałeś się)
4. mieszane, najczęściej składające się ze zdań typu 3. i 2. (zdanie podrzędne dotyczy przeszłości, a główne teraźniejszości):
   If you ***had eaten*** *all these chocolates last night, you* ***would be*** *sick now.* (ale nie zjadłeś i nic ci nie jest)

If w zdaniach 1. typu tłumaczymy jako „jeżeli", w pozostałych zaś jako „gdyby". Tłumaczenie polskie najczęściej nie oddaje różnicy między zdaniami typu 2. i 3, np.:

Gdybyś zjadł te wszystkie czekoladki, tobyś się rozchorował. (może odnosić się zarówno do teraźniejszości, jak i do przeszłości)

Podana tu klasyfikacja nie obejmuje wszystkich możliwych rodzajów zdań warunkowych. Różnorodność panuje zwłaszcza wśród zdań 1. typu, gdzie w zdaniu głównym zamiast ***will*** wystąpić może czasownik modalny ***may*** lub ***can***:

If it is foggy tonight, the plane ***may*** *be late.*
If you finish early, you ***can*** *go.*

Także w zdaniach 2. i 3. typu zamiast ***would*** wystąpić może czasownik modalny ***might*** lub ***could***:

If you phoned him now, he ***might*** *get angry.*
If I knew her address, I ***could*** *write to her.*
If you had asked him, he ***might/could*** *have helped you.*

ciąg dalszy na odwrocie ...

... kontynuacja z poprzedniej strony

Niekiedy zdanie 1. typu odnosi się do teraźniejszości. Wówczas w obu jego członach wystąpić może czas Present Simple:

If it's warm, we always ***go*** *for a walk after lunch.*

W zdaniu głównym może też występować czasownik w trybie rozkazującym, a w zdaniu podrzędnym czas Present Continuous lub Present Perfect:

If you are tired, ***sit*** *down.*

If you ***are looking*** *for Lisa, you will find her upstairs.*

If you ***have finished****, we can go for a walk.*

patrz też: ***CAN, COULD, Future Simple, Infinitive, MAY, MIGHT, Modal Verbs, Past Perfect, Past Simple, Perfect Infinitive, Present Continuous, Present Perfect, Present Simple, SHALL, WILL, WOULD***

con·fess /kənˈfes/ *v* [I,T] **1** przyznać się (do): *It didn't take long for her to confess.* | **confess to (doing) sth** *James wouldn't confess to the robbery.* | **+ that** *Lyn confessed that she had fallen asleep in class.* **2** wy/spowiadać się

con·fes·sion /kənˈfeʃən/ *n* **1** [C] przyznanie się: **make a confession** (=przyznać się): *He's made a full confession to the police.* **2** [C,U] spowiedź

con·fide /kənˈfaɪd/ *v* [I,T] zwierzać się (z): **confide to sb that** *Joel confided to her that he was going to leave his wife.*

confide in sb *phr v* [T] zwierzać się: *I don't trust her enough to confide in her.*

con·fi·dence /ˈkɒnfᵻdəns/ *n* **1** [U] pewność siebie: *Her problem is that she lacks confidence.* | **give sb confidence** *Living in another country gave me more confidence.* **2** [U] ufność: *We're looking forward to Saturday's match with confidence.* **3** [U] zaufanie: **gain sb's confidence** (=zdobyć czyjeś zaufanie): *It took a long time to gain the little boy's confidence.* **4 in confidence** w zaufaniu

con·fi·dent /ˈkɒnfᵻdənt/ *adj* **1** pewny siebie: **+ about** *We won't continue until you feel confident about using the equipment.* | **confident of doing sth** *She seems very confident of winning.* → porównaj SELF-CONFIDENT **2** pewien, pewny: **+ (that)** *I'm confident that he's the right man for the job.*

con·fi·den·tial /ˌkɒnfᵻˈdenʃəl◂/ *adj* poufny: *confidential information*

con·fine /kənˈfaɪn/ *v* [T] ograniczać: **confine yourself to** (=ograniczać się do): *Try to confine yourself to spending $120 a week.*

con·fined /kənˈfaɪnd/ *adj* ograniczony, zamknięty: *a confined space*

con·firm /kənˈfɜːm/ *v* [T] **1** potwierdzać: *Dr. Martin confirmed the diagnosis of cancer.* | *Please confirm your reservations 72 hours in advance.* | **+ that** *Can you confirm that the money has been paid?* **2 be confirmed** być bierzmowanym

con·fir·ma·tion /ˌkɒnfəˈmeɪʃən/ *n* [C,U] **1** potwierdzenie: *We're waiting for confirmation of the report.* **2** bierzmowanie

con·firmed /kənˈfɜːmd/ *adj* zatwardziały, zaprzysięgły: *Charlie was a confirmed bachelor, until he met Helen.*

con·fis·cate /ˈkɒnfᵻskeɪt/ *v* [T] s/konfiskować: *The police confiscated his gun.* —**confiscation** /ˌkɒnfᵻˈskeɪʃən/ *n* [C,U] konfiskata

con·flict[1] /ˈkɒnflɪkt/ *n* [C,U] konflikt: **+ between** *a conflict between neighbouring states* | *In a conflict between work and family, I would always choose family.* | **in conflict with** *As a teenager she was always in conflict with her father.*

con·flict[2] /kənˈflɪkt/ *v* [I] **conflict with** być sprzecznym z: *Surely that conflicts with what you said before?*

con·form /kənˈfɔːm/ *v* [I] **1** podporządkowywać się: *There's always pressure on kids to conform.* **2 conform to** spełniać: *This piece of equipment does not conform to the official safety standards.*

con·form·ist /kənˈfɔːməst/ *n* [C] konformist-a/ka —**conformist** *adj* konformistyczny

con·front /kənˈfrʌnt/ *v* [T] **1** s/konfrontować: **confront sb about sth** (=zwrócić komuś uwagę na coś): *I just can't confront her about her drinking.* | **confront sb with the evidence/proof** (=przedstawić komuś dowody): *Confronted with the video evidence, she had to admit she had been involved.* **2** stawiać czoło: *We want to help you to confront your problems.* **3 be confronted with sb** stanąć oko w oko z kimś: *Opening the door, I was confronted by two men demanding money.*

con·fron·ta·tion /ˌkɒnfrənˈteɪʃən/ *n* [C,U] konfrontacja: *Stan always avoids confrontations.*

con·fuse /kənˈfjuːz/ *v* [T] **1** z/dezorientować: *His directions really confused me.* **2** po/mylić: **confuse sb/sth with** *It's easy to confuse Sue with her sister. They look so much alike.*

con·fused /kənˈfjuːzd/ *adj* **1** zdezorientowany: *I'm totally confused.* | **+ about** *If you're confused about anything, call me.* **2** zawiły, niejasny: *a confused answer*

con·fus·ing /kənˈfjuːzɪŋ/ *adj* zawiły, mylący: *This map is really confusing.*

con·fu·sion /kənˈfjuːʒən/ *n* **1** [C,U] dezorientacja: **+ about/over** *There's a lot of confusion about the new rules.* **2** pomyłka: *To avoid confusion, the teams wore different colours.* **3** [U] zamieszanie: *After the explosion the airport was a scene of total confusion.*

con·geal /kənˈdʒiːl/ *v* [I] za/krzepnąć: *congealing blood*

con·gen·i·tal /kənˈdʒenətl/ *adj* wrodzony: *a congenital heart problem*

con·ges·ted /kənˈdʒestəd/ *adj* zatłoczony: *congested motorways* —**congestion** *n* [U] zator

con·grat·u·late /kənˈgrætʃəleɪt/ *v* [T] po/gratulować: **congratulate sb on sth** *I want to congratulate you on your exam results.*

con·grat·u·la·tions /kənˌgrætʃəˈleɪʃənz/ *n* [plural] *spoken* gratulacje: *You won? Congratulations!* | **+ on** *Congratulations on your engagement!*

con·gre·ga·tion /ˌkɒŋgrəˈgeɪʃən/ *n* [C] wierni (*w kościele*)

con·gress /ˈkɒŋgres/ *n* **1 Congress** Kongres (*USA*) **2** kongres, zjazd —**congressman, congresswoman** *n* [C] człon-ek/kini Kongresu

co·ni·fer /ˈkəʊnəfə/ *n* [C] drzewo iglaste —**coniferous** /kəˈnɪfərəs/ *adj* iglasty

con·ju·gate /ˈkɒndʒəgeɪt/ *v* [T] *technical* koniugować, odmieniać (*czasownik*) —**conjugation** /ˌkɒndʒəˈgeɪʃən/ *n* [C,U] koniugacja

con·junc·tion /kənˈdʒʌŋkʃən/ *n* **1 in conjunction with** w połączeniu z: *The worksheets should be used in conjunction with the video.* **2** [C] spójnik

con·jure /ˈkʌndʒə/ *v*

conjure sth ↔ **up** *phr v* [T] wywoływać, wyczarowywać: *She lay back, trying to conjure up a vision of a tropical island.*

con·jur·er /ˈkʌndʒərə/ *także* **conjuror** *n* [C] iluzjonist-a/ka

con·nect /kəˈnekt/ *v* **1** [I,T] po/łączyć (się): *The M11 connects London and Cambridge.* | *I can't see how these pipes connect.* ➡ antonim DISCONNECT **2** [T] s/kojarzyć: **connect sb/sth with** *I never connected her with Sam.* **3** [T] podłączać: *The phone isn't connected yet.* ➡ antonim DISCONNECT

con·nec·tion /kəˈnekʃən/ *n* **1** [C,U] związek: **+ between** *the connection between smoking and lung cancer* | **+ with** *Does this have any connection with our con-*

versation yesterday? **2** [C,U] podłączenie: *Connection to the Internet usually takes only seconds.* **3** [C] połączenie, przesiadka: *If we don't get there soon I'm going to miss my connection.* **4 in connection with** w związku z: *Police are questioning a man in connection with the crime.*

con·nec·tions /kəˈnekʃənz/ *n* [plural] znajomości: *Ramsey has connections; let's ask him.*

con·nois·seur /ˌkɒnəˈsɜː/ *n* [C] znawca/czyni, koneser/ka: **+ of** *a true connoisseur of fine wines*

con·no·ta·tion /ˌkɒnəˈteɪʃən/ *n* [C] konotacja: *a word with negative connotations*

con·quer /ˈkɒŋkə/ *v* **1** [T] podbijać, zdobywać: *Egypt was conquered by the Ottoman Empire in 1517.* **2** [T] pokonywać: *I didn't think I'd ever conquer my fear of heights.* —**conqueror** *n* [C] zdobywca

con·quest /ˈkɒŋkwest/ *n* [C,U] podbój: **+ of** *the Spanish conquest of the Incas* | *man's conquest of space*

con·science /ˈkɒnʃəns/ *n* [C,U] sumienie: **a clear conscience** (=czyste sumienie): *I've finished all my work, so I can go out tonight with a clear conscience.*

con·sci·en·tious /ˌkɒnʃiˈenʃəs◂/ *adj* sumienny: *a conscientious worker*

con·scious /ˈkɒnʃəs/ *adj* **1 be conscious (of/that)** być świadomym, zdawać sobie sprawę (z): *Jodie was very conscious of the fact that he was watching her.* **2** przytomny: *Owen was still conscious when they arrived.* —**consciously** *adv* świadomie → antonim UNCONSCIOUS[1]

con·scious·ness /ˈkɒnʃəsnɪ̵s/ *n* **1** [U] przytomność: **lose consciousness** (=s/tracić przytomność): *She lost consciousness at 6 o'clock and died two hours later.* **2** [U] świadomość

cons·cript[1] /ˈkɒnskrɪpt/ *n* [U] rekrut, poborowy

con·script[2] /kənˈskrɪpt/ *v* [T] powoływać do wojska —**conscription** *n* [U] pobór

con·se·crate /ˈkɒnsɪ̵kreɪt/ *v* [T] po/święcić —**consecration** /ˌkɒnsɪ̵ˈkreɪʃən/ *n* [U] konsekracja

con·sec·u·tive /kənˈsekjʊtɪv/ *adj* kolejny: *It rained for three consecutive days* (=trzy dni z rzędu).

con·sen·sus /kənˈsensəs/ *n* [U singular] zgoda, jednomyślność: *The consensus of opinion is that* (=panuje zgoda co do tego, że) *Miller should resign.*

con·sent[1] /kənˈsent/ *n* [U] zgoda: *He had taken the vehicle without the owner's consent.*

consent[2] *v* [I] zgadzać się: **+ to** *Father consented to the marriage.*

con·se·quence /ˈkɒnsɪ̵kwəns/ *n* **1** [C] konsekwencja: *The safety procedure had been ignored, with tragic consequences.* **2 of little/no consequence** *formal* nieistotny

con·se·quent·ly /ˈkɒnsɪ̵kwəntli/ *adv* w rezultacie: *We talked all night and consequently overslept the next morning.*

con·ser·va·tion /ˌkɒnsəˈveɪʃən/ *n* [U] **1** ochrona przyrody: *I'm involved in wild life conservation.* **2** oszczędzanie: *the conservation of our limited supplies of water* —**conservationist** *n* [C] ekolog

con·ser·va·tis·m /kənˈsɜːvətɪzəm/ *n* [U] konserwatyzm: *political conservatism*

con·ser·va·tive[1] /kənˈsɜːvətɪv/ *adj* konserwatywny: *a very conservative attitude to education* | *a Conservative MP*

conservative[2] *n* [C] **1 Conservative** członek/zwolennik Partii Konserwatywnej **2** konserwatyst-a/ka

con·ser·va·to·ry /kənˈsɜːvətəri/ *n* [C] oranżeria

con·serve /kənˈsɜːv/ *v* [T] oszczędzać: *We can offer advice on conserving electricity.*

con·sid·er /kənˈsɪdə/ *v* **1** [I,T] rozważać, rozpatrywać: *My client needs time to consider your offer.* | **consider doing sth** *Have you ever considered living abroad?* **2** [T] brać/wziąć pod uwagę: *You should consider the effect the move will have on your family.* | **+ how/what/who etc** *Have you considered how hard life is for these refugees?* **3** [T] **consider sb/sth (to be) sth** uważać kogoś/coś za coś: *Mrs. Gillan was considered to be an excellent* *teacher.* | *We consider your support absolutely essential.*

con·sid·e·ra·ble /kən'sɪdərəbəl/ *adj* znaczny: *a considerable amount of money* —**considerably** *adv* znacznie

con·sid·er·ate /kən'sɪdərət/ *adj* **considerate of sb** ładnie z czyjejś strony: *It was very considerate of you to let us know earlier.* ➡ antonim INCONSIDERATE

con·sid·e·ra·tion /kənˌsɪdə'reɪʃən/ *n* **1** [C] wzgląd: *Financial considerations have to be taken into account.* **2** [U] namysł: *After further consideration, he decided not to take the job.* | **be under consideration** (=być rozważanym) **3 take into consideration** brać/wziąć pod uwagę, uwzględniać: *We'll take into consideration the fact that you were ill.*

con·sid·er·ing /kən'sɪdərɪŋ/ *prep, conjunction* **considering (that)** zważywszy, że: *Considering we missed the bus, we're actually not too late.*

con·sign·ment /kən'saɪnmənt/ *n* [C] dostawa: **+ of** *a new consignment of toys*

con·sist /kən'sɪst/ *v*

consist of sth *phr v* [T] składać się z: *The exhibition consists of over 30 paintings.*

con·sis·ten·cy /kən'sɪstənsi/ *n* **1** [U] konsekwencja: **+ in** *There's no consistency in the way they apply the rules.* ➡ antonim INCONSISTENCY **2** [C,U] konsystencja: *a dessert with a nice, creamy consistency*

con·sis·tent /kən'sɪstənt/ *adj* **1** konsekwentny: *Joe's work has shown consistent improvement this term.* **2 be consistent with** zgadzać się z: *His story is not consistent with the facts.* ➡ antonim INCONSISTENT

con·so·la·tion /ˌkɒnsə'leɪʃən/ *n* [C,U] pocieszenie: *They were still together, and at least that was one consolation.*

con·sole /kən'səʊl/ *v* [T] pocieszać: *No one could console her when her first child died.*

con·sol·i·date /kən'sɒlədeɪt/ *v* [I,T] **1** s/konsolidować: *In the 1950s several small school systems were consolidated into one large one.* **2** wzmacniać: *I felt that it was time to consolidate my position in the company.* —**consolidation** /kənˌsɒlə'deɪʃən/ *n* [C,U] konsolidacja

con·so·nant /'kɒnsənənt/ *n* [C] *technical* spółgłoska ➡ porównaj VOWEL

con·spic·u·ous /kən'spɪkjuəs/ *adj* rzucający się w oczy: *Being so tall makes him very conspicuous.* ➡ antonim INCONSPICUOUS

con·spi·ra·cy /kən'spɪrəsi/ *n* [C,U] spisek: *a conspiracy to overthrow the king*

con·spi·ra·tor /kən'spɪrətə/ *n* [C] spiskowiec —**conspiratorial** /kənˌspɪrə'tɔːriəl/ *adj* konspiracyjny

con·spire /kən'spaɪə/ *v* [I] spiskować: **conspire to do sth** *The four men had conspired to rob a bank.*

con·sta·ble /'kʌnstəbəl/ *n* [C] *BrE* posterunkowy

con·stant /'kɒnstənt/ *adj* stały: *The children must be kept under constant supervision.* | *driving at a constant speed*

con·stant·ly /'kɒnstəntli/ *adv* stale, ciągle: *Her teenage daughter is constantly on the phone.*

con·stel·la·tion /ˌkɒnstə'leɪʃən/ *n* [C] konstelacja

con·sti·pa·tion /ˌkɒnstə'peɪʃən/ *n* [U] zaparcie, zatwardzenie —**constipated** /'kɒnstəpeɪtəd/ *adj*: *I'm constipated* (=mam zatwardzenie).

con·sti·tu·en·cy /kən'stɪtʃuənsi/ *n* [C] okręg wyborczy

con·sti·tu·ent /kən'stɪtʃuənt/ *n* [C] **1** wyborca (*z danego okręgu*) **2** składnik —**constituent** *adj* składowy

con·sti·tute /'kɒnstətjuːt/ *v* **1** tworzyć, składać się na: *the 50 states that constitute the USA* **2** stanowić: *According to Marx, money "constitutes true power".*

con·sti·tu·tion /ˌkɒnstə'tjuːʃən/ *n* [C] **1** *także* **Constitution** konstytucja: *the Constitution of the United States* **2 a strong/weak constitution** silny/słaby organizm: *She'll get better – she's got a strong constitution.*

con·sti·tu·tion·al /ˌkɒnstə'tjuːʃənəl◂/ *adj* konstytucyjny: *constitutional limits on the Queen's power*

con·strain /kən'streɪn/ *v* [T] ograniczać, krępować: *Our work has been constrained by a lack of money.*

con·straint /kən'streɪnt/ *n* [C,U] ograniczenie: *Financial constraints limited our choice of housing.*

con·struct /kən'strʌkt/ *v* [T] wy/budować: *The Empire State Building was constructed in 1931.*

con·struc·tion /kən'strʌkʃən/ *n* **1** [U] budowa: **under construction** (=w budowie): *Several new offices are under construction.* **2** [C] konstrukcja: *a large wooden construction* | *complex grammatical constructions*

con·struc·tive /kən'strʌktɪv/ *adj* konstruktywny: *constructive criticism* —**constructively** *adv* konstruktywnie

con·sul /'kɒnsəl/ *n* [C] konsul —**consular** /'kɒnsjələ/ *adj* konsularny

con·su·late /'kɒnsjələt/ *n* [C] konsulat

con·sult /kən'sʌlt/ *v* **1** [T] po/radzić się, s/konsultować się z: *Consult your doctor if the headaches continue.* **2** [T] s/pytać o zdanie: *I can't believe you sold the car without consulting me!*

con·sul·tant /kən'sʌltənt/ *n* [C] **1** dorad-ca/czyni, konsultant/ka: *a marketing consultant* **2** *BrE* lekarz specjalista pracujący w szpitalu

con·sul·ta·tion /ˌkɒnsəl'teɪʃən/ *n* [C,U] konsultacja: *It was all done completely without consultation.* | *The school counsellor is always available for consultation.*

con·sume /kən'sjuːm/ *v* [T] **1** zużywać, pochłaniać: *The country consumes far more than it produces.* **2** *formal* s/konsumować, spożywać **3** s/trawić: *The buildings were consumed by flames.*

con·sum·er /kən'sjuːmə/ *n* [C] konsument/ka: *laws to protect consumers*

con·sump·tion /kən'sʌmpʃən/ *n* [U] **1** zużycie: *a car with low fuel consumption* **2** *formal* konsumpcja

con·tact[1] /'kɒntækt/ *n* [U] kontakt(y): **+ with** *We don't have much contact with my husband's family.* | **keep/stay in contact with** *Have you kept in contact with any of your school friends?* | **come into contact (with)** (=stykać się (z)): *Kids come into contact with all kinds of germs at school.*

contact[2] *v* [T] s/kontaktować się z: *Who can we contact in an emergency?*

contact len·ses /'.. ˌ../ *n* [plural] szkła/soczewki kontaktowe

con·ta·gious /kən'teɪdʒəs/ *adj* zakaźny, zaraźliwy

con·tain /kən'teɪn/ *v* [T] **1** zawierać: *We also found a wallet containing $45.* | *a report that contained some shocking information* **2** powstrzymywać, kontrolować: *Nina was trying hard to contain her amusement.* **3** opanowywać: *Doctors are making every effort to contain the disease.*

con·tain·er /kən'teɪnə/ *n* [C] pojemnik

con·tam·i·nate /kən'tæmɪneɪt/ *v* [T] zanieczyścić, skazić: *Chemical waste had contaminated the water supply.* —**contamination** /kənˌtæmɪ'neɪʃən/ *n* [U] zanieczyszczenie, skażenie

con·tem·plate /'kɒntəmpleɪt/ *v* [T] rozważać: **contemplate doing sth** (=brać pod uwagę): *Have you ever contemplated leaving him?* —**contemplation** /ˌkɒntəm'pleɪʃən/ *n* [U] rozmyślanie, kontemplacja

con·tem·po·ra·ry[1] /kən'tempərəri/ *adj* **1** współczesny: *contemporary art* **2** ówczesny: *contemporary accounts of the war*

contemporary[2] *n* [C] współczesn-y/a: *Mozart was greatly admired by his contemporaries.*

con·tempt /kən'tempt/ *n* [U] pogarda: *Stuart treated his wife with utter contempt.* | **+ for** *Their contempt for foreigners was obvious.*

con·temp·tu·ous /kən'temptʃuəs/ *adj* pogardliwy: *the guard's contemptuous attitude towards his prisoners*

con·tend /kən'tend/ *v* [I] rywalizować: **+ for** *Twelve teams contended for the title.*

con·tend·er /kən'tendə/ *n* [C] zawodni-k/czka

con·tent[1] /kən'tent/ *adj* [not before noun] zadowolony: **+ with** *I'd say she's* *fairly content with her life at the moment.* | **be content to do sth** (=chętnie coś robić): *Gary seems content to sit at home and watch TV all day.* ➡ patrz też **to your heart's content** (HEART)

con·tent² /'kɒntent/ *n* [singular] **1** zawartość: *Peanut butter has a high fat content.* **2** treść: **+ of** *Is the content of such a magazine suitable for 13-year-olds?* ➡ patrz też CONTENTS

con·tent³ /kən'tent/ *v* **content yourself with sth** zadowalać się czymś: *Jack's driving, so he'll have to content himself with a soft drink.*

con·tent·ed /kən'tentᵻd/ *adj* zadowolony: *a contented cat curled up by the fire* —**contentedly** *adv* z zadowoleniem ➡ antonim DISCONTENTED

con·tents /'kɒntents/ *n* [plural] **1** zawartość: *the contents of his luggage* **2** treść: *The contents of the report are still unknown.* **3** spis treści

con·test¹ /'kɒntest/ *n* [C] konkurs: *a beauty contest*

con·test² /kən'test/ *v* [T] za/kwestionować: *We intend to contest the judge's decision.*

con·tes·tant /kən'testənt/ *n* [C] zawodni-k/czka

con·text /'kɒntekst/ *n* [C,U] kontekst: *You need to consider these events in their historical context.* | *Can you guess the meaning of this word from its context?*

con·ti·nent /'kɒntᵻnənt/ *n* [C] **1** kontynent **2 the Continent** *BrE* Europa (*bez Wielkiej Brytanii*)

con·ti·nen·tal /ˌkɒntᵻ'nentl◂/ *adj* **1** kontynentalny: *flights across the continental US* **2 continental breakfast** lekkie śniadanie (*pieczywo, dżem i kawa*)

con·tin·gen·cy /kən'tɪndʒənsi/ *n* [C] ewentualność: **contingency plans** (=plany awaryjne): *We have contingency plans to deal with any computer failures.*

con·tin·gent /kən'tɪndʒənt/ *n* [C] reprezentacja, delegacja: *Has the Scottish contingent arrived?*

con·tin·u·al /kən'tɪnjuəl/ *adj* ciągły: *I get fed up with their continual arguing.* | *continual pain* —**continually** *adv* ciągle

con·tin·u·a·tion /kənˌtɪnju'eɪʃən/ *n* [C,U] kontynuacja: *Bogarde's second book is a continuation of his autobiography.* | *the continuation of family traditions*

con·tin·ue /kən'tɪnjuː/ *v* **1** [I] trwać: *The fighting continued for two days.* | **continue to do sth** *The city's population will continue to grow* (=będzie dalej rosnąć). **2** [I,T] kontynuować: *Can we continue this discussion later?* | *The story continues* (=dalszy ciąg) *on page 27.* —**continued** *adj* ciągły: *We are grateful for your continued support.*

con·ti·nu·i·ty /ˌkɒntᵻ'njuːᵻti/ *n* [U] ciągłość: *Changing doctors is likely to affect the continuity of your treatment.*

con·tin·u·ous /kən'tɪnjuəs/ *adj* ciągły, stały: *These plants need a continuous supply of fresh water.* —**continuously** *adv* ciągle, stale

con·tour /'kɒntʊə/ *n* [C] **1** kontur: *the pale contours of his face* **2** *także* **contour line** poziomica (*na mapie*)

con·tra·band /'kɒntrəbænd/ *n* [U] kontrabanda, towary z przemytu

con·tra·cep·tion /ˌkɒntrə'sepʃən/ *n* [U] antykoncepcja

con·tra·cep·tive /ˌkɒntrə'septɪv◂/ *n* [C] środek antykoncepcyjny —**contraceptive** *adj* antykoncepcyjny: *the contraceptive pill*

con·tract¹ /'kɒntrækt/ *n* [C] umowa, kontrakt: *Stacy signed a three year contract with a small record company.*

con·tract² /kən'trækt/ *v* [I] s/kurczyć się: *Metal contracts as it becomes cooler.* ➡ antonim EXPAND

con·trac·tion /kən'trækʃən/ *n* **1** [C] *technical* skurcz **2** [C] *technical* forma ściągnięta: *"Don't" is a contraction of "do not".*

con·trac·tor /kən'træktə/ *n* [C] **1** wykonawca: *a building contractor* **2** dostawca

con·tra·dict /ˌkɒntrə'dɪkt/ *v* **1** [T] przeczyć, pozostawać w sprzeczności z: *The witnesses' reports contradict each*

C

other. **2** [I,T] zaprzeczać: *Susan thought I was a teacher and I didn't contradict her.*

con·tra·dic·tion /ˌkɒntrəˈdɪkʃən/ *n* **1** [C] sprzeczność: **+ between** *There's a contradiction between what the company claims to do and what it actually does.* **2** [U] sprzeciw: *He could say whatever he liked without fear of contradiction.*

con·tra·dic·to·ry /ˌkɒntrəˈdɪktəri◂/ *adj* sprzeczny

C

con·tra·ry¹ /ˈkɒntrəri/ *n formal* **on the contrary** przeciwnie: *We didn't start the fire. On the contrary, we helped put it out.*

contrary² *adj* **contrary to a)** wbrew: *Contrary to popular belief* (=wbrew ogólnemu przekonaniu), *gorillas are shy and gentle creatures.* **b)** sprzeczny z: *actions that are contrary to International Law*

con·trast¹ /ˈkɒntrɑːst/ *n* **1** [C,U] kontrast: **+ between** *the contrast between life in the city and life on the farm* **2 in contrast/by contrast** dla porównania: *By contrast, the second exam was very difficult.* | **in contrast to/with** (=w przeciwieństwie do): *In contrast to the hot days, the nights are bitterly cold.*

con·trast² /kənˈtrɑːst/ *v* **1** [T] porównywać, zestawiać: **contrast sth with sth** (=przeciwstawiać coś czemuś): *In this programme Chinese music is contrasted with Western classical music.* **2** [I] **contrast (with)** różnić się diametralnie (od): *His views on religion contrast sharply with my own.* —**contrasting** *adj* kontrastowy: *contrasting colours*

con·trib·ute /kənˈtrɪbjuːt/ *v* [I,T] **1** składać się, dokładać się: **+ towards** *We all contributed towards a present for Jack.* **2 contribute to** przyczyniać się do: *All this worry almost certainly contributed to his ill health.*

con·tri·bu·tion /ˌkɒntrəˈbjuːʃən/ *n* [C] **1** wkład: **+ to** *Einstein's enormous contribution to science* | *The UN has made an important contribution to world peace.* **2** datek: *Would you like to make a contribution to our funds?*

con·trol¹ /kənˈtrəʊl/ *n* **1** [C,U] kontrola: *passport control* | **have control over** (=mieć kontrolę nad): *Peter and Rachel have no control over their son.* | **get/go out of control** (=wymykać się spod kontroli): *The car went out of control and hit a tree.* | **under control** (=pod kontrolą): *It's all right – the situation is now completely under control.* **2** [U] władza: **take control of** (=przejmować kontrolę nad): *Rioters took control of the prison.* | **be in control of** (=panować nad): *The government is no longer in control of the country.* **3** [C,U] regulacja, ograniczenie: *the control of inflation* | *import controls* **4** [U] opanowanie: **lose control** (=s/tracić panowanie nad sobą): *I just lost control and punched him!* **5** [C] przełącznik, regulator: *the volume control on the television*

control² *v* [T] **-lled, -lling 1** panować nad: *a teacher who can't control the kids* | *I find it very difficult to control my temper sometimes.* **2** kontrolować, sprawować kontrolę nad: *Rebels control all the roads into the capital.*

> UWAGA **control i inspect**
>
> Nie należy mylić czasowników **control** i **inspect**. **Control** znaczy 'mieć władzę nad czymś, panować nad czymś lub regulować coś': *The teacher can't control the class.* | *This device controls the temperature in the building.* Kiedy natomiast chodzi nam o 'kontrolowanie (sprawdzanie)' np. bagażu, przestrzegania przepisów przeciwpożarowych w budynku itp., używamy **inspect**: *I was surprised that nobody wanted to inspect my luggage.* | *The building is regularly inspected by fire-safety officers.*

con·tro·ver·sial /ˌkɒntrəˈvɜːʃəl◂/ *adj* kontrowersyjny: *the controversial subject of abortion*

con·tro·ver·sy /ˈkɒntrəvɜːsi, kənˈtrɒvəsi/ *n* [C,U] kontrowersja: **+ over/about** *The controversy over the nuclear energy program is likely to continue.*

con·va·lesce /ˌkɒnvəˈles/ *v* [I] wracać do zdrowia —**convalescence** *n* [U] rekonwalescencja: *a long period of convalescence*

con·ve·ni·ence /kən'viːniəns/ *n* [U] wygoda: *I like the convenience of living close to where I work.* ➡ antonim INCONVENIENCE[1]

con·ve·ni·ent /kən'viːniənt/ *adj* **1** dogodny: *Would 10:30 be a convenient time to meet?* | **+ for** *It's more convenient for me to pay by credit card.* **2** wygodny: *a convenient place to shop* —**conveniently** *adv* dogodnie ➡ antonim INCONVENIENT

con·vent /'kɒnvənt/ *n* [C] klasztor

con·ven·tion /kən'venʃən/ *n* **1** [C,U] konwenans: *She shocked her neighbours by ignoring every social convention.* **2** [C] zjazd: *a teachers' convention* **3** [C] konwencja: *the Geneva Convention on Human Rights*

con·ven·tion·al /kən'venʃənəl/ *adj* konwencjonalny: *My parents have very conventional attitudes about sex.* | *The microwave is much faster than the conventional oven.* ➡ antonim UNCONVENTIONAL —**conventionally** *adv* konwencjonalnie

con·verge /kən'vɜːdʒ/ *v* [I] zbiegać się: *The place where two streams converge to form a river.*

con·ver·sa·tion /ˌkɒnvə'seɪʃən/ *n* [C,U] rozmowa, konwersacja: *a telephone conversation* | **have a conversation** (=rozmawiać): *Please don't interrupt. We're having a conversation.*

con·ver·sion /kən'vɜːʃən/ *n* [C,U] **1** zamiana, konwersja: **+ to/into** *Canada's conversion to* (=przejście na) *the metric system* **2** nawrócenie: **+ to** *Tyson's conversion to Islam surprised the media.*

con·vert[1] /kən'vɜːt/ *v* [I,T] **1** zamieniać (się): **+ into** *a sofa that converts into a bed* | *We're going to convert the garage into a workshop.* **2** nawracać (się): **convert sb to sth** *John was converted to Buddhism by a Thai priest.*

con·vert[2] /'kɒnvɜːt/ *n* [C] nawrócon-y/a

con·ver·ti·ble /kən'vɜːtəbəl/ *n* [C] kabriolet

con·vey·or belt /kən'veɪə ˌbelt/ *n* [C] przenośnik taśmowy

con·vict[1] /kən'vɪkt/ *v* [T] skazywać: **be convicted of** *Both men were convicted of* (=zostali skazani za) *murder.* ➡ antonim ACQUIT

con·vict[2] /'kɒnvɪkt/ *n* [C] skazan-y/a

con·vic·tion /kən'vɪkʃən/ *n* **1** [C] wyrok (*skazujący*): *Bradley had two previous convictions for drug offences.* ➡ antonim ACQUITTAL **2** [C,U] przekonanie: *religious convictions*

con·vince /kən'vɪns/ *v* [T] przekonać: **convince sb that** *I managed to convince them that our story was true.* | **convince sb of sth** *Shaw had convinced the jury of his innocence.* ➡ porównaj PERSUADE

> UWAGA **convince i persuade**
>
> Nie należy mylić wyrazów **convince** i **persuade** w znaczeniu 'przekonywać'. Kiedy chcemy 'przekonać kogoś, że coś jest prawdą', używamy wyrażenia **convince sb that** lub **persuade sb that**: *The party will have to convince the voters that it is capable of governing the country.* | *He persuaded the jury that his client was not guilty.* Kiedy chcemy 'przekonać kogoś o czymś', używamy wyrażenia **convince sb of sth**: *She failed to convince the jury of her innocence.* Kiedy chcemy 'przekonać kogoś by coś zrobił', używamy wyrażenia **persuade sb to do sth**: *Her parents have persuaded her to stop seeing him.* | *Despite our efforts to persuade them, they still haven't signed the contract.*

con·vinced /kən'vɪnst/ *adj* **be convinced (that)** być przekonanym, że: *Madeleine's parents were convinced she was taking drugs.*

con·vinc·ing /kən'vɪnsɪŋ/ *adj* przekonujący: *a convincing argument* —**convincingly** *adv* przekonująco

con·voy /'kɒnvɔɪ/ *n* [C] konwój

con·vul·sion /kən'vʌlʃən/ *n* [C] konwulsja

C

cook[1] /kʊk/ *v* **1** [I,T] u/gotować: *Whose turn is it to cook supper tonight?* | *Grandma's cooking for the whole family this weekend.* **2** [I] gotować się: *While the potatoes are cooking, prepare a salad.*

cook sth ↔ **up** *phr v* [T] *informal* wymyślić: *a plan cooked up by the two brothers to make more money*

cook[2] *n* [C] kucha-rz/rka

C

cook·book /ˈkʊkbʊk/, **cookery book** *BrE n* [C] książka kucharska

cook·er /ˈkʊkə/ *n* [C] *BrE* kuchenka

> UWAGA **cooker** i **cook**
>
> **cooker** = kuchenka: *I've never used a gas cooker before.* **cook** = kucharz, kucharka: *My sister is a superb cook.*

cook·e·ry /ˈkʊkəri/ *n* [U] *BrE* sztuka kulinarna

cook·ie /ˈkʊki/ *n* [C] *especially AmE* herbatnik, ciasteczko: *chocolate chip cookies*

cook·ing /ˈkʊkɪŋ/ *n* [U] **1** gotowanie: *Cooking is fun.* | *Who does the cooking* (=kto gotuje)? **2** kuchnia: *Indian cooking* | *I prefer Mum's cooking.*

cool[1] /kuːl/ *adj* **1** chłodny: *a cool refreshing drink* | *a cool breeze* **2** spokojny, opanowany: *Now, stay cool – everything is OK.* **3** chłodny: *The boss didn't actually criticize me, but he was very cool towards me.* **4** *spoken informal* świetny: *Bart's a real cool guy.* —**coolness** *n* [U] chłód, spokój

cool[2] *v także* **cool down** [I,T] ochładzać (się): *Allow the cake to cool before cutting it.*

cool down *phr v* **1** [I] o/stygnąć: *Let the engine cool down.* **2** [I,T **cool** sth ↔ **down**] o/studzić (się) **3** [I] ochłonąć: *The long walk home helped me cool down.*

cool off *phr v* [I] **1** ochłodzić się: *We went for a swim to cool off.* **2** ochłonąć

cool[3] *n* **1 keep your cool** zachowywać spokój: *Rick was starting to annoy her, but she kept her cool.* **2 lose your cool** s/tracić panowanie nad sobą: *Nick lost his cool when Ryan yelled at him.*

cool·ly /ˈkuːl-li/ *adv* **1** chłodno, oschle **2** spokojnie: *Bond coolly told him to put down the gun.*

co·op·e·rate /kəʊˈɒpəreɪt/ *także* **co-operate** *BrE v* [I] **1** współpracować: **+ with** *Local police are cooperating with the army in the search for the missing teenager.* **2** pomagać: *We can deal with this problem, if you're willing to cooperate.* —**cooperation** /kəʊˌɒpəˈreɪʃən/ *n* [U] współpraca, kooperacja

co·op·e·ra·tive[1] /kəʊˈɒpərətɪv/ *także* **co-operative** *BrE adj* **1** pomocny: *Ned has always been very cooperative in the past.* **2** wspólny: *The play was a cooperative effort between the two schools.*

cooperative[2] *także* **co-operative** *n* [C] spółdzielnia

co·or·di·nate[1] /kəʊˈɔːdəneɪt/ *także* **co-ordinate** *BrE v* [T] s/koordynować: *The project is being coordinated by Dr Ken Pease.* | *Small children often find it difficult to coordinate their movements.* —**coordinator** *n* [C] koordynator/ka

co·or·di·nate[2] /kəʊˈɔːdənət/ *także* **co-ordinate** *BrE n* [C] *technical* współrzędna

co·or·di·na·tion /kəʊˌɔːdəˈneɪʃən/ *także* **co-ordination** *BrE n* [U] koordynacja: *Computer games can help develop hand-to-eye coordination.* | **+ of** *the coordination of all military activities*

cop /kɒp/ *n* [C] *informal, especially AmE* glina, gliniarz

cope /kəʊp/ *v* [I] radzić sobie: **+ with** *How do you cope with all this work?*

cop·per /ˈkɒpə/ *n* **1** [U] miedź **2** [C] *BrE informal* glina, gliniarz

cop·u·late /ˈkɒpjəleɪt/ *v* [I] *formal* spółkować, kopulować —**copulation** /ˌkɒpjəˈleɪʃən/ *n* [U] spółkowanie, kopulacja

cop·y[1] /ˈkɒpi/ *n* **1** [C] kopia: **make a copy of** *Please would you make me a copy of this letter?* **2** [C] egzemplarz: *Have you seen my copy of 'The Times'?*

copy[2] *v* **1** [T] s/kopiować, z/robić kopię: *Could you copy the report and send it out to everyone?* **2** [T] naśladować: *The system has been copied by other organizations, and* *has worked well.* **3** [I,T] odpisywać, ściągać

cop·y·right /ˈkɒpiraɪt/ *n* [C,U] prawo autorskie

cor·al /ˈkɒrəl/ *n* [U] koral

cord /kɔːd/ *n* [C,U] **1** sznur **2** przewód

cor·di·al /ˈkɔːdiəl/ *adj formal* serdeczny: *We received a cordial welcome.* —**cordially** *adv* serdecznie

cord·less /ˈkɔːdləs/ *adj* bezprzewodowy

cor·don¹ /ˈkɔːdn/ *n* [C] kordon: *Several protesters tried to push through the police cordon.*

cordon² *v*
cordon sth ↔ **off** *phr v* [T] odgradzać kordonem: *Police have cordoned off the building where the bomb was found.*

cords /kɔːdz/ *n* [plural] *informal* sztruksy

cor·du·roy /ˈkɔːdʒᵊrɔɪ/ *n* [U] sztruks

core /kɔː/ *n* **1** [singular] jądro, rdzeń: **+ of** *the core of the problem* (=sedno problemu) **2** [C] ogryzek **3 to the core** do żywego: *His words shocked me to the core.* → patrz też HARD-CORE

co·ri·an·der /ˌkɒriˈændə/ *n* [U] *BrE* kolendra

cork /kɔːk/ *n* [C,U] korek: *cork floor tiles*

cork·screw /ˈkɔːkskruː/ *n* [C] korkociąg

corn /kɔːn/ *n* **1** [U] *BrE* zboże **2** [U] *AmE* kukurydza **3** [C] odcisk

cor·ner¹ /ˈkɔːnə/ *n* [C] **1** róg, kąt: **in the corner** *Two men were sitting in the corner of the room.* | *Write your address in the top right-hand corner* (=w górnym prawym rogu) *of the page.* **2** róg: **on/at the corner** *children playing on street corners* | **round/around the corner** (=za rogiem): *There's a bus stop just around the corner from where I live.* **3** zakątek: *a remote corner of Scotland* **4** *także* **corner kick** rzut rożny → patrz też **cut corners** (CUT¹)

corner² *v* [T] przypierać do muru: *Gibbs cornered Cassetti in the hallway and asked for his decision.*

corn·flakes /ˈkɔːnfleɪks/ *n* [plural] płatki kukurydziane

corn·flour /ˈkɔːnflaʊə/ *BrE*, **corn·starch** /-stɑːtʃ/ *AmE n* [U] mąka kukurydziana

cor·o·na·ry /ˈkɒrənᵊri/ *adj* [only before noun] *technical* wieńcowy: *coronary disease*

cor·o·na·tion /ˌkɒrəˈneɪʃᵊn◂/ *n* [C] koronacja

cor·o·ner /ˈkɒrənə/ *n* [C] koroner (*urzędnik ustalający przyczyny nagłych zgonów*)

cor·po·ral /ˈkɔːpᵊrəl/ *n* [C] kapral

corporal pun·ish·ment /ˌ... ˈ.../ *n* [U] kara cielesna

cor·po·rate /ˈkɔːpᵊrᵻt/ *adj* [only before noun] **1** korporacyjny, firmowy **2** zbiorowy: *corporate responsibilities*

cor·po·ra·tion /ˌkɔːpəˈreɪʃᵊn/ *n* [C] **1** korporacja: *a multinational corporation* **2** *BrE* zarząd miasta

corps /kɔː/ *n* [singular] *technical* korpus: *the medical corps* | *the press corps*

corpse /kɔːps/ *n* [C] zwłoki

cor·ral /kəˈrɑːl/ *n* [C] zagroda

cor·rect¹ /kəˈrekt/ *adj* poprawny, prawidłowy: *the correct answers* | *"Your name is Ives?" "Yes, that's correct."* | *correct behaviour* —**correctly** *adv* poprawnie, prawidłowo: *Have you spelled it correctly?* —**correctness** *n* [U] poprawność → antonim INCORRECT

correct² *v* [T] **1** poprawiać: *Correct my pronunciation if it's wrong.* | *She spent all evening correcting exam papers.* **2** s/korygować: *Eyesight problems can usually be corrected with glasses.*

cor·rec·tion /kəˈrekʃᵊn/ *n* [C,U] poprawka, korekta

cor·re·la·tion /ˌkɒrᵻˈleɪʃᵊn/ *n* [C,U] związek, zależność: **+ between** *There is a correlation between unemployment and crime.*

cor·re·spond /ˌkɒrᵻˈspɒnd/ *v* [I] **1** odpowiadać: **+ with/to** *The French 'baccalaureate' roughly corresponds to British 'A-levels'.* **2** korespondować

cor·re·spon·dence /ˌkɒrᵻˈspɒndəns/ *n* [U] korespondencja: **+ with** *His corre-*

C

spondence with Hemingway continued for years.

cor·re·spon·dent /ˌkɒrəˈspɒndənt/ *n* [C] korespondent/ka: *the political correspondent for 'The Times'*

cor·re·spon·ding /ˌkɒrəˈspɒndɪŋ◂/ *adj* [only before noun] odpowiedni, analogiczny: *Profits are higher than in the corresponding period last year.*

cor·ri·dor /ˈkɒrədɔː/ *n* [C] korytarz

cor·rode /kəˈrəʊd/ *v* [I,T] s/korodować: *Many of the electrical wires have corroded.*

cor·ro·sion /kəˈrəʊʒən/ *n* [U] korozja

cor·rupt[1] /kəˈrʌpt/ *adj* skorumpowany: *a corrupt judge* | *a corrupt political system*

corrupt[2] *v* [T] s/korumpować: *Proctor has been corrupted by power.* | *films that corrupt our children's minds* —**corruptible** *adj* przekupny

cor·rup·tion /kəˈrʌpʃən/ *n* [U] korupcja: *The police are being investigated for corruption.*

cor·set /ˈkɔːsət/ *n* [C] gorset

cos·met·ic[1] /kɒzˈmetɪk/ *adj* [only before noun] kosmetyczny: *cosmetic surgery* | *cosmetic changes to the law*

cosmetic[2] *n* [C usually plural] kosmetyk

cos·mic /ˈkɒzmɪk/ *adj* kosmiczny: *cosmic radiation*

cos·mo·pol·i·tan /ˌkɒzməˈpɒlətən◂/ *adj* kosmopolityczny: *a cosmopolitan city like New York* | *cosmopolitan tastes*

cos·mos /ˈkɒzmɒs/ *n* **the cosmos** kosmos

cost[1] /kɒst/ *n* **1** [C,U] koszt: *the high cost of educating children* | **cover the cost of** (=pokryć koszt): *Will £100 cover the cost of books?* | **the cost of living** (=koszty utrzymania): *a 4% increase in the cost of living* | **at the cost of** (=kosztem): *Bernard saved his family at the cost of his own life.* **2 at all costs/at any cost** za wszelką cenę: *They will try to win the next election at any cost.*

cost[2] *v* [T] **cost, cost, costing** kosztować: *This dress cost $75.* | *It costs more to travel by air.* | **cost sb sth** *How much did the repairs cost you?* | *a mistake that cost him his life*

cost·ly /ˈkɒstli/ *adj* kosztowny: *Replacing all the windows would be too costly.*

cos·tume /ˈkɒstjʊm/ *n* [C,U] **1** kostium: *He designed the costumes for 'Swan Lake'.* **2** strój: *the Maltese national costume*

co·sy /ˈkəʊzi/ *BrE*, **cozy** *AmE adj* przytulny: *a cosy room*

cot /kɒt/ *n* [C] **1** *BrE* łóżeczko dziecięce **2** *AmE* łóżko polowe

cot·tage /ˈkɒtɪdʒ/ *n* [C] domek, chata

cottage cheese /ˌ.. ˈ./ *n* [U] serek ziarnisty

cot·ton /ˈkɒtn/ *n* [U] **1** bawełna: *a cotton shirt* | *a reel of black cotton* **2** *AmE* wata

cotton wool /ˌ.. ˈ.◂/ *n* [U] *BrE* wata

couch /kaʊtʃ/ *n* [C] kanapa

cough[1] /kɒf/ *v* [I] za/kaszleć: *He was awake coughing all night.*

cough[2] *n* [C] kaszel, kaszlnięcie: *I heard a loud cough behind me.* | **have a cough** *Amy has a bad cough.*

could /kəd/ *modal verb* **1** czas przeszły od CAN: *She said she couldn't find it* (=nie mogła znaleźć). | *Could you understand* (=czy zrozumiałeś) *what he was saying?* **2** wyraża możliwość: *Most accidents in the home could easily be prevented* (=można by łatwo zapobiec). | *You could be right, I suppose* (=może masz rację). | *If you could live* (=gdybyś mógł zamieszkać) *anywhere in the world, where would it be?* **3 could have** mówi o czymś, co mogło się stać: *She could have been killed* (=mogła się zabić). **4 could you/could I etc** *spoken* wyraża prośbę: *Could I ask you* (=czy mogłabym ci zadać) *a couple of questions?* | *Could you open the window* (=czy mógłbyś otworzyć okno)? **5** wyraża sugestię: *You could try* (=mógłbyś spróbować) *calling his office.* | **could always** (=zawsze przecież można ...): *We could always stop and ask directions.* → patrz ramka COULD

Czasownik modalny ***COULD***

Czasownik ***could*** (w przeczeniach: ***could not*** lub ***couldn't***) jest formą przeszłą czasownika ***can***, używamy go więc podobnie, tyle że w odniesieniu do przeszłości:

*Emma **could** run very fast.*

W podobnych sytuacjach używa się też formy ***was/were able to***, jednak ***could*** i ***was/were able to*** są wymienne jedynie wtedy, kiedy zdanie mówi o posiadanej przez kogoś w przeszłości umiejętności:

*He **could** swim when he was four.* („Umiał pływać już jako czterolatek.")

Gdy mowa o wykorzystaniu danej umiejętności w konkretnym przypadku, używa się wyłącznie ***was/were able to***:

*He **was able to** swim the distance in less than an hour.* („Zdołał/Udało mu się przepłynąć tę odległość w niecałą godzinę.")

Jako forma przeszła czasownika ***can***, ***could*** zastępuje go w mowie zależnej:

*'**Can** you speak Russian?'* *She asked if I **could** speak Russian.*

Czasownik ***could*** występuje też w zdaniach warunkowych, gdzie używa się go wymiennie z ***would be able to***:

***Could** you finish the job yourself if you had to?*
*(= **Would** you **be able to** finish the job yourself if you had to?)*

Zdań pytających z ***could*** używa się też w charakterze uprzejmej prośby lub pytania:

***Could** you wait a moment?* („Czy mógłbyś chwileczkę zaczekać?")

Chcąc dać słuchaczowi do zrozumienia, że zależy nam na pozytywnej odpowiedzi, możemy użyć formy przeczącej ***couldn't***:

*'We have to go'. – '**Couldn't** you stay a little longer?'*
*'I want this report finished today.' – '**Couldn't** it wait till tomorrow?'*

patrz też: ***CAN, Conditional Sentences, MIGHT, Modal Verbs, Reported Speech, Verb***

UWAGA **could** i **be able to**

Kiedy mówimy ogólnie o tym, co ktoś 'mógł' robić w przeszłości (w sensie 'potrafił, był w stanie'), używamy zamiennie **could** i **be able to**: *By the time she was four, she could/was able to swim the whole length of the pool.* Kiedy mamy do czynienia z pojedynczym przypadkiem w przeszłości, gdy ktoś 'mógł' coś zrobić (w sensie 'udało mu się'), używamy tylko formy **be able to**: *Luckily, we were able to open the door because Peter had his own key.* | *Were you able to start the car?* (W obu ostatnich zdaniach można też użyć zwrotu **manage to**.) Zasada ta nie działa wtedy, kiedy używamy negacji lub czasownika odnoszącego się do zmysłów, np. **see**, **hear**, **smell**. Mimo że mamy do czynienia z pojedynczym przypadkiem w przeszłości, możemy w takich przypadkach zamiennie używać **could** i **be able to**: *We looked everywhere for the cassette, but we couldn't find it.* | *From where I was standing, I could hear everything they said.*

could·n't /ˈkʊdnt/ forma ściągnięta od COULD NOT

could've /ˈkʊdəv/ forma ściągnięta od COULD HAVE

coun·cil /ˈkaʊnsəl/ *także* **Council** *n* [C] **1** rada: *Los Angeles City Council* | *the UN Security Council* **2 council flat** mieszkanie komunalne

coun·cil·lor /ˈkaʊnsələ/ *BrE*, **councilor** *AmE n* [C] radn-y/a

counsel[1] /ˈkaʊnsəl/ *v* [T] **-lled, -lling** *BrE*, **-led, -ling** *AmE* udzielać porad: *Dr Wengers counsels teenagers with drug problems.*

counsel[2] *n* [singular] prawnik, adwokat: *counsel for the prosecution* (=oskarżyciel)

coun·sel·ling /ˈkaʊnsəlɪŋ/ *BrE*, **counseling** *AmE n* [U] poradnictwo: *a counselling service for drug users*

coun·sel·lor /ˈkaʊnsələ/ *BrE*, **counselor** *AmE n* [C] pracowni-k/ca poradni: *a marriage counsellor*

count[1] /kaʊnt/ *v* **1** [T] *także* **count up** po/liczyć: *It took hours to count all the votes.* **2** [I] liczyć: *Can you count in Japanese?* **3** [T] **count sb/sth as** uważać kogoś/coś za: *I've always counted Rob as one of my best friends.* **4** [I] liczyć się: *First impressions count for a lot.* | *You cheated, so your score doesn't count.* **5** [T] wliczać: **counting** *There are five in our family, counting me.*

count against sb *phr v* [T] działać na niekorzyść: *Her age was likely to count against her.*

count sb **in** *phr v* **count me in** *spoken* jestem za: *"We're thinking of having a barbecue." "Count me in."*

count on sb/sth *phr v* [T] liczyć na: *You can always count on Doug in a crisis.*

count sth ↔ **out** *phr v* [T] odliczać: *He counted out ten $50 bills.*

count[2] *n* **1** [C usually singular] rachunek, obliczenie: *The final count showed that Larson had won by 110 votes.* **2 lose count (of)** stracić rachubę: *"How many girlfriends have you had?" "Oh, I've lost count."* **3 on all counts** pod każdym względem: *We were proved wrong on all counts.* **4** [C] *także* **Count** hrabia

count·a·ble /ˈkaʊntəbəl/ *adj* policzalny → antonim UNCOUNTABLE

count·down /ˈkaʊntdaʊn/ *n* [C usually singular] odliczanie: *countdown to take-off* | *the countdown to the millennium*

coun·ter /ˈkaʊntə/ *n* **1** [C] lada, okienko: *There was a long queue and only two girls working behind the counter.* **2** [C] *AmE* blat

coun·ter·act /ˌkaʊntərˈækt/ *v* [T] przeciwdziałać: *new laws intended to counteract the effects of pollution*

coun·ter·at·tack /ˈkaʊntərəˌtæk/ *n* [C] kontratak —**counterattack** *v* [I,T] kontratakować

coun·ter·clock·wise /ˌkaʊntəˈklɒkwaɪz◂/ *adv AmE* przeciwnie do ruchu wskazówek zegara → antonim CLOCKWISE

coun·ter·feit /ˈkaʊntəfɪt/ *adj* fałszywy: *counterfeit money*

coun·ter·part /ˈkaʊntəpɑːt/ *n* [C] odpowiednik: *The Saudi Foreign Minister met his French counterpart for talks.*

coun·ter·pro·duc·tive /ˌkaʊntəprəˈdʌktɪv◂/ *adj* **be counterproductive** przynosić efekty odwrotne do zamierzonych: *Punishing children can be counterproductive.*

coun·tess /ˈkaʊntɪ̈s/ *n* [C] hrabina

count·less /ˈkaʊntləs/ *adj* niezliczony: *a drug that has saved countless lives*

coun·try[1] /ˈkʌntri/ *n* **1** [C] państwo: *Bahrain became an independent country in 1971.* **2** [C] kraj: *Portugal is a smaller country than Spain.* **3 the country** wieś: *I've always lived in the country.*

country[2] *adj* wiejski: *country people* | *country roads*

country house /ˌ.. ˈ./ *n* [C] *BrE* posiadłość wiejska

coun·try·man /ˈkʌntrimən/ *n* [C] *plural* **countrymen** rodak

coun·try·side /ˈkʌntrisaɪd/ *n* [U] krajobraz (wiejski): *the beauty of the English countryside*

coun·ty /ˈkaʊnti/ *n* [C] hrabstwo

coup /kuː/ *także* **coup d'état** /ˌkuː deɪ-ˈtɑː/ *n* [C] zamach stanu

cou·ple /ˈkʌpəl/ *n* **1 a couple (of)** *especially spoken* parę: *There were a couple of kids in the back of the car.* | *I'll be ready in a couple of minutes.* **2** [C] para: *Do you know the couple living next door?* | *a married couple* (=małżeństwo)

cou·pon /ˈkuːpɒn/ *n* [C] kupon, talon: *a coupon for ten cents off a jar of coffee*

cour·age /ˈkʌrɪdʒ/ *n* [U] odwaga: *She showed great courage throughout her long illness.* | **have the courage (to do sth)** *Martin wanted to ask her to marry him, but he didn't have the courage to do it.* ➡ patrz też **pluck up the courage** (PLUCK[1])

cou·ra·geous /kəˈreɪdʒəs/ *adj* odważny: *a courageous decision* —**courageously** *adv* odważnie

cour·gette /kʊəˈʒet/ *n* [C] *BrE* cukinia

cou·ri·er /ˈkʊriə/ *n* [C] kurier

course /kɔːs/ *n* **1 of course** *spoken* oczywiście: *"Can I borrow your notes?" "Of course you can."* | *"Are you going to invite Phil to the party?" "Of course I am."* | *The insurance has to be renewed every year, of course.* **2 of course not** *spoken* oczywiście, że nie: *"Do you mind if I'm a bit late?" "Of course not."* **3** [C] kurs: *a three-day training course* | **+ in/on** *a course in computing* **4** [C] danie: *a three-course meal* | *the main course* **5** [C] **race course** tor wyścigowy **6** [C] **golf course** pole golfowe **7** [C,U] kurs: *The plane changed course and headed for Rome.* | **go etc off course** (=zboczyć z kursu): *Larsen's ship had been blown off course.* **8** [singular] bieg: *events that changed the course of history* | **in the course of time** (=z biegiem czasu): *The situation will improve in the course of time.* **9** [C] **course of action** wyjście, rozwiązanie: *The best course of action would be to speak to her privately.* **10 in/during the course of** w trakcie: *During the course of our conversation, I found out that he had worked in France.* ➡ patrz też **in due course** (DUE[1]), **as a matter of course** (MATTER[1])

course·book /ˈkɔːsbʊk/ *n* [C] podręcznik

court[1] /kɔːt/ *n* **1** [C,U] sąd: *the European Court of Justice* | *Wilkins had to appear in court as a witness.* | *The court decided that West was guilty.* | **take sb to court** (=pozywać kogoś do sądu): *If they don't pay, we'll take them to court.* **2** [C,U] kort: *Sampras and Becker are playing on No 1 court.* **3** [C,U] dwór: *the court of Louis XIV*

court[2] *v* **1** [I,T] *old-fashioned* zalecać się (do) **2** [T] zabiegać o (względy): *politicians busy courting voters*

cour·te·ous /ˈkɜːtiəs/ *adj formal* uprzejmy: *a very courteous young man*

court·ier /ˈkɔːtɪə/ *n* [C] dworzanin

court-mar·tial /ˌ. ˈ../ *n* [C] sąd wojenny

court·room /ˈkɔːtruːm/ *n* [C] sala sądowa

court·yard /ˈkɔːtjɑːd/ *n* [C] podwórze, dziedziniec

cous·in /ˈkʌzən/ *n* [C] kuzyn/ka

cov·er[1] /ˈkʌvə/ *v* [T] **1** *także* **cover up** przykrywać: *Cover the pan and let the sauce simmer.* | *tables covered with clean white cloths* **2** pokrywać: *Snow covered the ground.* | *Will $100 cover the cost of textbooks?* | **be covered in/with** *Your boots are covered in mud!* **3** obejmować: *The course covers all aspects of business.* **4** przemierzać, pokonywać: *We had covered 20 kilometres by lunchtime.* **5** zajmować: *The city covers an area of 20 square kilometres.* **6** ubezpieczać: *This policy covers you against accident or injury.* **7** z/relacjonować: *She was sent to Harare to cover the crisis in Rwanda.* **8** osłaniać: *Police officers covered the back entrance.*

cover for sb *phr v* [T] kryć: *I'll be covering for Sandra next week.*

cover sth ↔ **up** *phr v* [T] **1** przykrywać, zakrywać: *Cover the furniture up before you start painting.* **2** za/tuszować: *Nixon's officials tried to cover up the Watergate affair.*

cover[2] *n* **1** [C] pokrowiec: *a cushion cover* **2** [C] okładka: *His picture was on* *the front cover of Newsweek.* **3** [U] ubezpieczenie: *The policy provided £100,000 of medical cover.* **4** [U] schronienie: *Everyone ran for cover when the shooting started.* | **take cover** (=s/chronić się): *We took cover under a tree.* **5** przykrywka: *The company is just a cover for the Mafia.* ➡ patrz też COVERS, UNDERCOVER

cov·er·age /ˈkʌvərɪdʒ/ *n* [U] nagłośnienie: *Her death attracted widespread media coverage.*

cov·er·ing /ˈkʌvərɪŋ/ *n* [C] powłoka: *a light covering of snow*

covering let·ter /ˌ... ˈ../ *BrE*, **cover letter** *AmE n* [C] list przewodni

cov·ers /ˈkʌvəz/ *n* [plural] pościel

cov·ert /ˈkʌvət/ *adj* tajny: *covert operations* —**covertly** *adv* skrycie, ukradkiem

cover-up /ˈ.. ./ *n* [C] zatuszowanie prawdy: *CIA officials denied there had been a cover-up.*

cow /kaʊ/ *n* [C] krowa

cow·ard /ˈkaʊəd/ *n* [C] tchórz: *They kept calling me a coward because I didn't want to fight.* —**cowardly** *adj* tchórzliwy: *a cowardly thing to do*

cow·ard·ice /ˈkaʊədəs/ *n* [U] tchórzostwo

cow·boy /ˈkaʊbɔɪ/ *n* [C] kowboj

coy·o·te /kɔɪˈəʊti/ *n* [C] kojot

co·zy /ˈkəʊzi/ amerykańska pisownia wyrazu COSY

crab /kræb/ *n* [C,U] krab

crack[1] /kræk/ *v* **1** [I] pękać: *The ice was starting to crack.* **2** [T] zrobić rysę w: *I dropped a plate and cracked it.* **3** [T] rozbić, rozłupać: *The fox cracked the egg and sucked out the yolk.* **4** [T] *informal* rozgryźć (*problem*): *Yes! I've finally cracked it!* **5** [I,T] trzaskać: *He cracked his knuckles.*

crack down *phr v* [I] brać/wziąć się ostro za: **+ on** *The government plans to crack down on child pornography on the Internet.*

crack up *phr v* [I] *informal* przechodzić załamanie nerwowe: *I'm worried about Lisa – I think she's cracking up.*

crack[2] *n* **1** [C] rysa, pęknięcie: *A huge crack had appeared in the ceiling.* **2** [C] szpara: *a crack in the curtains* **3** [C] trzask: *The firework exploded with a loud crack.* **4** [U] crack (*narkotyk*) **5 at the crack of dawn** skoro świt: *We had to get up at the crack of dawn.*

crack·down /ˈkrækdaʊn/ *n* [singular] **a crackdown on sth** akcja przeciwko czemuś: *a crackdown on drunk driving*

cracked /krækt/ *adj* pęknięty, zarysowany: *a cracked mirror*

crack·er /ˈkrækə/ *n* [C] krakers

crack·le /ˈkrækəl/ *v* [I] trzeszczeć, trzaskać: *This radio's crackling.*

cra·dle[1] /ˈkreɪdl/ *n* **1** [C] kołyska **2 the cradle of sth** kolebka czegoś: *Athens, the cradle of western democracy*

cradle[2] *v* [T] tulić: *Tony cradled the baby in his arms.*

craft[1] /krɑːft/ *n* [C] rzemiosło, rękodzieło

craft[2] *n* [C] *plural* **craft** statek

crafts·man /ˈkrɑːftsmən/ *n* [C] *plural* **craftsmen** rzemieślnik: *furniture made by the finest craftsmen*

crafts·man·ship /ˈkrɑːftsmənʃɪp/ *n* [U] rzemiosło: *high standards of craftsmanship*

craft·y /ˈkrɑːfti/ *adj* przebiegły: *You crafty devil!*

cram /kræm/ *v* [T] **-mmed, -mming** wciskać, wpychać: *She managed to cram all her clothes into one suitcase.*

cramp /kræmp/ *n* [C,U] skurcz: *I've got cramp in my leg!*

cramped /kræmpt/ *adj* ciasny

crane /kreɪn/ *n* [C] **1** dźwig **2** żuraw

crank /kræŋk/ *n* [C] **1** mania-k/czka: *a religious crank* **2** korba

crap /kræp/ *n* [U] *informal* chłam: *There's so much crap on TV nowadays!*

crash[1] /kræʃ/ *v* **1** [I,T] rozbić (się), zderzyć (się): **+ into/through etc** *We crashed straight into the car in front.* **2** [I] trzaskać, roztrzaskiwać się: **+ into/through/against etc** *the sound of waves crashing against the rocks* **3** [I] zepsuć się (*o komputerze*) **4** [I] załamać się (*o giełdzie*)

crash² *n* [C] **1** wypadek: *Six vehicles were involved in the crash.* | **plane/train crash** (=katastrofa lotnicza/kolejowa): *All 265 passengers were killed in the plane crash.* **2** trzask, łomot: *We were woken by the sound of a loud crash downstairs.* | **with a crash** *The tray fell to the floor with a crash.* **3** awaria (*komputera*) **4** krach: *fears of another stock market crash*

crash course /ˈ. ./ *n* [C] błyskawiczny kurs: *a crash course in Spanish*

crash hel·met /ˈ. ˌ../ *n* [C] kask

crate /kreɪt/ *n* [C] skrzynka: *a crate of beer*

cra·ter /ˈkreɪtə/ *n* [C] krater

cra·vat /krəˈvæt/ *n* [C] apaszka → porównaj TIE², SCARF

crav·ing /ˈkreɪvɪŋ/ *n* [C] ochota, apetyt: *a craving for chocolate*

crawl¹ /krɔːl/ *v* [I] **1** czołgać się: **+ through/into/along etc** *We crawled through a hole in the fence.* **2** pełzać, łazić: *Flies were crawling all over the food.* **3** wlec się: *We crawled all the way into town.* **4** [I] **crawl (to sb)** podlizywać się (komuś): *He's always crawling to the boss.* **5 be crawling with** roić się od: *The tent was crawling with ants!*

crawl² *n* **1** [singular] żółwie tempo: *cars moving along at a crawl* **2 the crawl** kraul

cray·fish /ˈkreɪˌfɪʃ/ *n* [C,U] rak

cray·on /ˈkreɪən/ *n* [C] kredka woskowa

craze /kreɪz/ *n* [C] szał, szaleństwo: *the latest craze to hit New York*

cra·zy /ˈkreɪzi/ *adj* **1** szalony, zwariowany: *Our friends all think we're crazy.* | *a crazy old woman* **2** wściekły: **drive sb crazy** (=doprowadzać do szału): *Stop it, you're driving me crazy!* **3 be crazy about** mieć bzika na punkcie: *Lee's crazy about cats.* **4 go crazy a)** z/wariować: *Sometimes I feel as if I'm going crazy.* **b)** o/szaleć: *Gascoigne scored and the fans went crazy.* —**craziness** *n* [U] szaleństwo, wariactwo

creak /kriːk/ *v* [I] skrzypieć: *The door creaked shut behind him.* —**creaky** *adj* skrzypiący

cream¹ /kriːm/ *n* **1** [U] śmietana: *strawberries and cream* **2** [C,U] krem: *face cream* **3 the cream of** śmietanka: *the cream of Europe's footballers*

cream² *adj* kremowy

cream cheese /ˌ. ˈ./ *n* [U] serek śmietankowy

cream·y /ˈkriːmi/ *adj* gęsty: *The sauce was smooth and creamy.*

crease¹ /kriːs/ *n* [C] fałda, zagięcie

crease² *v* [I,T] po/gnieść (się), wy/miąć (się): *Try not to crease your jacket.*

cre·ate /kriˈeɪt/ *v* [T] s/tworzyć: *The new factory should create 450 jobs.* | *the problems created by the increase in traffic*

cre·a·tion /kriˈeɪʃən/ *n* **1** [U] utworzenie, stworzenie: *the creation of a United Europe* **2** [C] twór, wytwór: *the artist's latest creation* **3 Creation** stworzenie świata

cre·a·tive /kriˈeɪtɪv/ *adj* twórczy: *one of Japan's most talented and creative film directors* | *the creative part of my work* —**creatively** *adv* twórczo

cre·a·tiv·i·ty /ˌkriːeɪˈtɪvǝ̇ti/ *n* [U] kreatywność, inwencja

cre·a·tor /kriˈeɪtə/ *n* [C] **1** twór-ca/czyni: *Walt Disney, the creator of Mickey Mouse* **2 the Creator** [singular] Stwórca

crea·ture /ˈkriːtʃə/ *n* [C] stworzenie: *We should respect all living creatures.* | *a mythical creature*

crèche /kreʃ/ *n* [C] *BrE* żłobek

cre·den·tials /krɪˈdenʃəlz/ *n* [plural] referencje: *She has excellent academic credentials.*

cred·i·bil·i·ty /ˌkredǝ̇ˈbɪlǝ̇ti/ *n* [U] wiarygodność: *The scandal has damaged the government's credibility.*

cred·i·ble /ˈkredǝ̇bəl/ *adj* wiarygodny: *a credible witness*

cred·it¹ /ˈkredǝ̇t/ *n* **1** [U] kredyt, odroczona płatność: **on credit** (=na kredyt): *The TV and the washing machine were bought on credit.* **2** [U] uznanie: *It's not* *fair – I do all the work and he gets all the credit!* | **give sb credit for sth** (=docenić kogoś za coś): *You've got to give him credit for trying.* **3** chluba, duma: *You're a credit to the school!* **4** [C] zaliczenie (*np. semestru*) punkt kredytowy **5 be in credit** być wypłacalnym ➡ patrz też CREDITS

credit^{2} *v* [T]

credit sb/sth **with** sth, *także* **credit** sth **to** sb/sth *phr v* [T] przypisywać: *Daguerre was originally credited with the idea.*

credit card /ˈ.. ./ *n* [C] karta kredytowa

cred·i·tor /ˈkredᵻtə/ *n* [C] wierzyciel ➡ porównaj DEBTOR

cred·its /ˈkredᵻts/ *n* **the credits** czołówka lub napisy końcowe

creed /kriːd/ *n* [C] wyznanie: *there were people of every creed*

creep^{1} /kriːp/ *v* [I] **crept, crept, creeping 1** skradać się: *She crept downstairs in the dark.* **2** zakradać się: **+ in/into/over** *A note of panic had crept into his voice.* **3** sunąć powoli: *A thick mist was creeping down the hillside.*

creep up on sb/sth *phr v* [T] **1** podkradać się do: *I wish you wouldn't creep up on me like that!* **2** zaskakiwać: *Old age tends to creep up on you.*

creep^{2} *n* [C usually singular] lizus: *Go away, you little creep!*

creep·er /ˈkriːpə/ *n* [C] pnącze

creeps /kriːps/ *n* **give sb the creeps** *informal* przyprawiać kogoś o ciarki: *That guy gives me the creeps!*

creep·y /ˈkriːpi/ *adj* budzący dreszcz grozy: *a creepy movie*

cre·mate /krᵻˈmeɪt/ *v* [T] poddawać kremacji —**cremation** *n* [C,U] kremacja

crem·a·to·ri·um /ˌkreməˈtɔːriəm/ *n* [C] krematorium

crepe /kreɪp/ *także* **crêpe** *n* **1** [U] krepa **2** [C] naleśnik

crept /krept/ *v* czas przeszły i imiesłów bierny od CREEP

cres·cent /ˈkresənt/ *n* [C] sierp, półksiężyc: *a crescent moon*

crest /krest/ *n* [C] **1** grzbiet: *He climbed over the crest of the hill.* **2** grzebień: *the crest of a bird*

crev·ice /ˈkrevᵻs/ *n* [C] szczelina

crew /kruː/ *n* [C] **1** załoga **2** ekipa: *the movie's cast and crew*

crib /krɪb/ *n* [C] *AmE* łóżeczko dziecięce

crick·et /ˈkrɪkᵻt/ *n* **1** [U] krykiet **2** [C] świerszcz

crime /kraɪm/ *n* **1** [U] przestępczość: *There was very little crime when we moved here.* | **crime prevention** (=walka z przestępczością) | **petty crime** (=drobna przestępczość) **2** [C] przestępstwo: **commit a crime** (=popełnić przestępstwo): *He committed a number of crimes in the area.*

crim·i·nal^{1} /ˈkrɪmᵻnəl/ *adj* **1** [only before noun] przestępczy: *criminal behaviour* | **have a criminal record** (=być karanym): *He doesn't have a criminal record.* **2** karygodny, skandaliczny: *It's criminal to charge so much for popcorn at the movies!*

criminal^{2} *n* [C] przestęp-ca/czyni

crim·son /ˈkrɪmzən/ *adj* karmazynowy

crin·kle /ˈkrɪŋkəl/ *także* **crinkle up** *v* [I,T] z/miąć (się), z/marszczyć (się): *My clothes were all crinkled from being in the suitcase.* | *His face crinkled, and then he laughed out loud.*

crip·ple^{1} /ˈkrɪpəl/ *n* [C] kaleka

cripple^{2} *v* [T] **1** okaleczyć: *Many people are crippled* (=zostają kalekami) *by car accidents.* **2** paraliżować: *The country's economy has been crippled by drought.* —**crippling** *adj* wyniszczający: *a crippling disease*

cri·sis /ˈkraɪsᵻs/ *n plural* **crises** /-siːz/ [C,U] kryzys: *the Cuban missile crisis*

crisp^{1} /krɪsp/ *adj* **1** chrupiący: *a nice crisp pastry* **2** kruchy: *a nice crisp salad* —**crisply** *adv* oschle, cierpko

crisp^{2} *n* [C] *BrE* chrupka, chips: *a packet of crisps*

crisp·y /ˈkrɪspi/ *adj* kruchy, chrupiący: *crispy bacon*

cri·te·ri·on /kraɪˈtɪəriən/ *n* [C usually plural] *plural* **criteria** kryterium: **+ for** *What are the criteria for selecting the winner?*

crit·ic /ˈkrɪtɪk/ *n* [C] **1** krytyk: *a literary critic for 'The Times'* **2** przeciwni-k/czka: *an outspoken critic of military spending*

crit·i·cal /ˈkrɪtɪkəl/ *adj* krytyczny: *a critical analysis of Macbeth* | **+ of** *Degas was critical of* (=miał krytyczny stosunek do) *the plan.* | **+ to** *This next phase is critical to* (=ma decydujące znaczenie dla) *the project's success.* | **critical condition** (=stan krytyczny): *The driver is still in a critical condition in hospital.*

crit·i·cis·m /ˈkrɪtəsɪzəm/ *n* **1** [C,U] krytyka, uwaga krytyczna: *Kate doesn't take criticism very well.* | *She made several criticisms of my argument.* | **constructive criticism** (=konstruktywna krytyka) **2** [U] krytyka: *literary criticism*

crit·i·cize /ˈkrɪtəsaɪz/ *także* **-ise** *BrE v* [I,T] s/krytykować: *She always criticizes my cooking.* | **criticize sb for (doing) sth** *The regime was criticized for its disregard of human rights.*

cri·tique /krɪˈtiːk/ *n* [C] analiza krytyczna

croak /krəʊk/ *v* **1** [I] rechotać **2** [I] krakać **3** [I,T] chrypieć —**croak** *n* [C] rechot, chrypka

cro·chet /ˈkrəʊʃeɪ/ *v* [I,T] szydełkować

crock·e·ry /ˈkrɒkəri/ *n* [U] zastawa stołowa

croc·o·dile /ˈkrɒkədaɪl/ *n* [C] krokodyl

cro·cus /ˈkrəʊkəs/ *n* [C] krokus

crois·sant /ˈkwɑːsɒŋ/ *n* [C] rogalik

crook /krʊk/ *n* [C] *informal* oszust/ka: *They're a bunch of crooks.*

crook·ed /ˈkrʊkəd/ *adj* **1** krzywy, wykrzywiony: *a crooked mouth* **2** *informal* nieuczciwy, skorumpowany: *a crooked cop*

crop[1] /krɒp/ *n* [C] **1** roślina uprawna **2** zbiór, plon

crop[2] *v* [T] **-pped, -pping** podcinać, przycinać: *He cropped his hair short.*

crop up *phr v* [I] pojawiać się: *Let me know if any problems crop up.*

cro·quet /ˈkrəʊkeɪ/ *n* [U] krokiet: *a game of croquet*

cross[1] /krɒs/ *v* **1** [I,T] przechodzić (przez), przeprawiać się (przez): *Look both ways before crossing the road.* **2** [T] przecinać się z: *The road crosses the railway at this point.* **3** [T] przekraczać: *The crowd roared as the first runner crossed the finish line.* **4** [T] s/krzyżować: *Jean crossed her legs* (=założyła nogę na nogę). **5 cross your mind** przychodzić komuś do głowy: *It never crossed my mind that she might be right.* **6** [T] s/krzyżować: **+ with** *A mule is produced by crossing a horse with a donkey.* **7 cross yourself** przeżegnać się

cross sth ↔ **off** *phr v* [T] odkreślać: *Cross off their names as they arrive.*

cross sth ↔ **out** *phr v* [T] skreślać: *Just cross out the old number and write in the new one.*

cross[2] *n* [C] **1** krzyż: *Jesus died on the cross.* **2** krzyż, krzyżyk: *She wore a gold cross.* **3** krzyżówka, skrzyżowanie: **a cross between sth and sth** *It looks like a cross between a dog and a rat!*

cross[3] *adj BrE* **cross (with)** zły (na): *Are you cross with me?*

cross·bar /ˈkrɒsbɑː/ *n* [C] **1** poprzeczka **2** rama (*roweru*)

cross-coun·try /ˌ. ˈ..◂/ *adj* [only before noun] przełajowy: *cross-country running*

cross-ex·am·ine /ˌ. .ˈ../ *v* [T] brać/wziąć w krzyżowy ogień pytań —**cross-examination** /ˌ. ...ˈ../ *n* [C,U] przesłuchanie (*zwłaszcza świadka strony przeciwnej*)

cross-eyed /ˌ. ˈ.◂/ *adj* zezowaty

cross·ing /ˈkrɒsɪŋ/ *n* [C] **1** przejście, przejazd **2** przeprawa, podróż (*morska*)

cross-legged /ˌkrɒs ˈlegəd◂/ *adv* **sit cross-legged** siedzieć po turecku: *Children sat cross-legged on the floor.*

cross-ref·er·ence /ˌ. ˈ.../ *n* [C] odsyłacz

cross·roads /ˈkrɒsrəʊdz/ *n plural* **crossroads** [C] skrzyżowanie

cross sec·tion /ˈ. ˌ../ *także* **cross-section** *n* [C] przekrój: *a cross section of the brain* | *a cross-section of the American public*

cross·word /ˈkrɒswɜːd/ *także* **crossword puzzle** *n* [C] krzyżówka

crotch /krɒtʃ/ *n* [C] krocze

crouch /kraʊtʃ/ *v także* **crouch down** [I] przy/kucać: *We crouched behind the wall.*

crow[1] /krəʊ/ *n* [C] wrona

crow[2] *v* [I] piać

crow·bar /ˈkrəʊbɑː/ *n* [C] łom

crowd /kraʊd/ *n* **1** [C] tłum: *A crowd gathered to watch the parade.* | **+ of** *a crowd of fans* **2 the crowd** [singular] paczka (*przyjaciół*)

crowd·ed /ˈkraʊdɪ̇d/ *adj* zatłoczony: *a crowded room*

crown[1] /kraʊn/ *n* [C] **1** korona **2** wierzchołek: *a hat with a high crown* (=z wysokim denkiem) **3** koronka (*na zębie*)

crown[2] *v* [T] u/koronować: *She was crowned nearly fifty years ago.*

cru·cial /ˈkruːʃəl/ *adj* ważny: *crucial decisions involving millions of dollars*

cru·ci·fix /ˈkruːsɪ̇fɪks/ *n* [C] krucyfiks

cru·ci·fix·ion /ˌkruːsɪ̇ˈfɪkʃən/ *n* **the Crucifixion** ukrzyżowanie

cru·ci·fy /ˈkruːsɪ̇faɪ/ *v* [T] ukrzyżować

crude /kruːd/ *adj* **1** ordynarny: *a crude joke* **2** w stanie surowym: *crude oil* (=ropa naftowa) **3** prymitywny, toporny: *a crude shelter* —**crudely** *adv* prymitywnie

cru·el /ˈkruːəl/ *adj* okrutny: *Her husband's death was a cruel blow.* | **+ to** *Children can be very cruel to each other.* —**cruelly** *adv* okrutnie

cru·el·ty /ˈkruːəlti/ *n* [U] okrucieństwo: *Would you like to sign a petition against cruelty to animals?*

cruise[1] /kruːz/ *v* [I] **1** żeglować: *boats cruising on Lake Michigan* **2** poruszać się ze stałą prędkością: *We cruised along at 55 miles per hour.*

cruise[2] *n* [C] rejs wycieczkowy

cruis·er /ˈkruːzə/ *n* [C] krążownik

crumb /krʌm/ *n* [C] okruch, okruszek

crum·ble /ˈkrʌmbəl/ *v* **1** [I,T] po/kruszyć (się): *an old stone wall, crumbling with age* **2** [I] rozpadać się: *The entire economy was crumbling.*

crum·ple /ˈkrʌmpəl/ *v* [T] z/gnieść, z/miąć: *Crumpling the envelope in her hand, she tossed it into the fire.*

crunch[1] /krʌntʃ/ *v* **1** [I] chrzęścić: *The snow crunched as we walked.* **2** [I,T] chrupać: **+ on** *The dog was crunching on a bone.*

crunch[2] *n* [singular] chrzęst: *I could hear the crunch of their footsteps on the gravel.*

crunch·y /ˈkrʌntʃi/ *adj* chrupiący: *crunchy carrots*

cru·sade /kruːˈseɪd/ *n* [C] krucjata, kampania: *a crusade against violence* —**crusader** *n* [C] krzyżowiec

crush[1] /krʌʃ/ *v* [T] **1** roz/gnieść, z/miażdżyć: *Wine is made by crushing grapes.* **2** s/tłumić, z/dławić: *The rebellion was crushed by the government.*

crush[2] *n* **1** [C] **have a crush on sb** podkochiwać się w kimś: *Ben has a crush on his teacher.* **2** [singular] tłok, ścisk: *We forced our way through the crush towards the stage.*

crust /krʌst/ *n* [C,U] **1** skórka: *bread crust* **2** skorupa: *the earth's crust*

crust·y /ˈkrʌsti/ *adj* chrupiący: *crusty bread*

crutch /krʌtʃ/ *n* [C] [usually plural] kula (*dla niepełnosprawnego*): *When she broke her leg she had to walk on crutches.*

crux /krʌks/ *n* **the crux** sedno: **+ of** *The crux of the matter is whether murder was his intention.*

cry[1] /kraɪ/ *v* **cried, cried, crying 1** [I] płakać: *The baby was crying upstairs.* | *I always cry at sad movies.* **2** [I,T] wy/krzyknąć: *"Stop!" she cried.*

cry out *phr v* [I,T] krzyknąć: *He cried*

out in pain. | *Marie cried out sharply, "Don't touch it!"*

> **UWAGA cry, scream i shout**
>
> To, którego z tych trzech wyrazów należy użyć w konkretnej sytuacji, zależy od kontekstu: **cry** = wykrzykiwać konkretne słowa: *"Help! Help!" she cried.* **cry out** = krzyknąć z bólu, ze strachu itp.: *When they tried to move him, he cried out in pain.* **scream** = krzyczeć ze strachu, podniecenia, bólu itp.: *One of the firemen thought he heard someone screaming inside the building.* | *The fans didn't stop screaming until the group had left the stage.* **shout** = krzyczeć po to, by inni lepiej nas słyszeli lub ze zdenerwowania: *There's no need to shout. I'm not deaf, you know.* | *The demonstrators marched through the streets shouting "No more war! No more war!"*

cry² *n* **1** [C] krzyk: *We heard a terrible cry in the next room.* | *the cry of the eagle* | **+ of** *We woke to cries of "Fire!"* **2 have a cry** wypłakać się: *You'll feel better after you've had a good cry.* **3 be a far cry from** w niczym nie przypominać: *It was a far cry from the tiny office she was used to.*

crypt /krɪpt/ *n* [C] krypta

cryp·tic /ˈkrɪptɪk/ *adj* zagadkowy: *a cryptic message*

crys·tal /ˈkrɪstl/ *n* [C,U] kryształ: *crystal wine glasses* | *crystals of ice* | *salt crystals*

crys·tal·lize /ˈkrɪstəlaɪz/ *także* **-ise** *BrE v* [I,T] **1** s/krystalizować (się): *At what temperature does sugar crystallize?* **2** wy/krystalizować (się): *Writing things down helps to crystallize your thoughts.* —**crystallization** /ˌkrɪstəlaɪˈzeɪʃən/ *n* [U] krystalizacja

cub /kʌb/ *n* [C] młode: *lion/bear cubs*

cub·by hole /ˈkʌbi həʊl/ *n* [C] schowek

cube¹ /kjuːb/ *n* [C] **1** kostka: *a sugar cube* | *an ice cube* **2** sześcian: *The cube of 3 is 27.*

cube² *v* [T] podnosić do trzeciej potęgi: *4 cubed is 64.*

cu·bic /ˈkjuːbɪk/ *adj* sześcienny: *a cubic centimetre/metre*

cu·bi·cle /ˈkjuːbɪkəl/ *n* [C] kabina: *cubicles in the library for studying*

cuck·oo /ˈkʊkuː/ *n* [C] kukułka

cu·cum·ber /ˈkjuːkʌmbə/ *n* [C] ogórek

cud·dle /ˈkʌdl/ *v* [I,T] przytulać (się): *Danny cuddled the puppy.* —**cuddle** *n* [C] *Come and give me a cuddle* (=i przytul mnie).

cud·dly /ˈkʌdli/ *adj* milusi: *a cuddly baby*

cue /kjuː/ *n* [C] **1** sygnał: *Tony stood by the stage, waiting for his cue.* | **+ for** *I think that was a cue for us to leave.* **2 (right) on cue** jak na zawołanie: *I was just asking where you were when you walked in, right on cue.* **3** kij bilardowy

cuff /kʌf/ *n* [C] mankiet

cuff link /ˈ. ./ *n* [C] spinka do mankietu

cui·sine /kwɪˈziːn/ *n* [U] kuchnia (*np. narodowa*): *French cuisine*

cul-de-sac /ˈkʌl də ˌsæk/ *n* [C] ślepa uliczka

cul·i·na·ry /ˈkʌlənəri/ *adj* [only before noun] kulinarny: *culinary skills*

cul·mi·na·tion /ˌkʌlməˈneɪʃən/ *n* [singular] ukoronowanie, punkt kulminacyjny: *That discovery was the culmination of his life's work.*

cul·prit /ˈkʌlprət/ *n* [C] spraw-ca/czyni, winowaj-ca/czyni

cult /kʌlt/ *n* [C] kult: *cult film director John Waters*

cul·ti·vate /ˈkʌltəveɪt/ *v* [T] **1** uprawiać **2** pielęgnować, kultywować: *I've cultivated a knowledge of art.* —**cultivation** /ˌkʌltəˈveɪʃən/ *n* [U] uprawa

cul·ti·vat·ed /ˈkʌltəveɪtəd/ *adj* **1** światły, kulturalny: *a cultivated man* **2** uprawny: *cultivated land*

cul·tu·ral /ˈkʌltʃərəl/ *adj* **1** kulturowy: *England has a rich cultural heritage.* **2** kulturalny: *The city is trying to promote cultural activities.* —**culturally** *adv* kulturowo, pod względem kulturalnym: *culturally determined behaviour* | *Culturally, the city has a lot to offer.*

cul·ture /ˈkʌltʃə/ *n* [C,U] kultura: *youth culture* | *students learning about American culture* | *New York City is a good place for anyone who is interested in culture.*

cul·tured /ˈkʌltʃəd/ *adj* światły, wykształcony: *a handsome, cultured man*

cum·ber·some /ˈkʌmbəsəm/ *adj* **1** uciążliwy: *Getting a passport can be a cumbersome process.* **2** nieporęczny: *cumbersome camping equipment*

cum·in /ˈkʌmən/ *n* [U] kmin (*przyprawa*)

cu·mu·la·tive /ˈkjuːmjələtɪv/ *adj* kumulujący się: *The effects of the drug are cumulative* (=kumulują się).

cun·ning /ˈkʌnɪŋ/ *adj* przebiegły: *a cunning criminal* —**cunning** *n* [U] przebiegłość —**cunningly** *adv* przebiegle

cup /kʌp/ *n* [C] **1** filiżanka: *a cup and saucer* | *a cup of coffee* **2** puchar **3 the (...) cup** zawody o puchar (...): *the 3rd round of the FA Cup*

cup·board /ˈkʌbəd/ *n* [C] szafka, kredens

cu·rate /ˈkjʊərət/ *n* [C] wikary

cu·ra·tor /kjʊˈreɪtə/ *n* [C] kustosz/ka

curb /kɜːb/ *n* [C] *AmE* krawężnik

cur·dle /ˈkɜːdl/ *v* [I] zwarzyć się, zsiąść się: *Add a little flour to stop the mix from curdling.*

cure[1] /kjʊə/ *v* [T] **1** wy/leczyć: *Penicillin will cure most infections.* | *She's hoping this new doctor can cure her back pain.* → porównaj HEAL **2** zaradzić: *government action to cure unemployment* **3** za/konserwować: *cured ham*

cure[2] *n* [C] lekarstwo: **+ for** *a cure for AIDS* | *There's no easy cure for poverty.*

cur·few /ˈkɜːfjuː/ *n* [C] godzina policyjna: *The government imposed a curfew from sunset to sunrise.*

cu·ri·os·i·ty /ˌkjʊəriˈɒsəti/ *n* [U singular] ciekawość: **+ about** *Children have a natural curiosity about the world around them.* | **out of curiosity** (=z ciekawości): *Just out of curiosity, how old are you?*

cu·ri·ous /ˈkjʊəriəs/ *adj* **1** ciekawy: *The accident attracted a few curious looks.* | **+ about** *Aren't you curious about what happened to her?* **2** dziwny: *a curious noise* | **+ that** *It's curious that she left without saying goodbye.* —**curiously** *adv* dziwnie

> UWAGA **curious**
>
> Należy pamiętać, w jakich zwrotach występuje wyraz **curious**.
> **to be curious about/as to**: *I'm very curious about the country and its inhabitants.* | *I'm curious as to how he knows our address.*
> **to be curious to see/know** itp.: *I was curious to know what she would look like.* | *We're all curious to see what his new girlfriend is like.*

curl[1] /kɜːl/ *n* [C] lok: *a little girl with blonde curls* —**curly** *adj* kręcony: *curly hair*

curl[2] *v* [I,T] kręcić (się): *Should I curl my hair?*

curl up *phr v* [I] zwijać się w kłębek: *Phoebe curled up on the bed and fell asleep.*

curl·er /ˈkɜːlə/ *n* [C usually plural] wałek (do włosów)

cur·rant /ˈkʌrənt/ *n* [C] rodzynek

cur·ren·cy /ˈkʌrənsi/ *n* [C,U] waluta: *foreign currency* | *The local currency is francs.*

cur·rent[1] /ˈkʌrənt/ *adj* [only before noun] aktualny, obecny: *Denise's current boyfriend* —**currently** *adv* aktualnie, obecnie

current[2] *n* [C,U] prąd: *There's a strong current in the river.* | *Turn off the current before you change the bulb.*

current ac·count /ˈ.. .ˌ./ *n* [C] *BrE* rachunek bieżący

cur·ric·u·lum /kəˈrɪkjələm/ *n plural* **curricula** *or* **curriculums** [C] program nauczania

cur·ry /ˈkʌri/ *n* [C,U] curry (*potrawa*)

curse[1] /kɜːs/ *v* **1** [I] za/kląć: *Ralph cursed loudly.* **2** [T] przeklinać, kląć na: **curse sb/sth for (doing) sth** *I cursed myself for not buying the car insurance sooner.*

curse[2] *n* [C] **1** przekleństwo **2** klątwa: *a witch's curse*

cur·so·ry /ˈkɜːsəri/ *adj* pobieżny: **cursory glance/examination etc** *After a cursory look at the menu, Grant ordered a burger.*

cur·tain /ˈkɜːtn/ *n* [C] zasłona, kurtyna: **draw the curtains** (=zasłaniać/odsłaniać zasłony)

curt·sy /ˈkɜːtsi/ *v* [I] dygać —**curtsy** *także* **curtsey** *n* [C] dyg

curve[1] /kɜːv/ *n* [C] **1** krzywa: *a curve on a graph* **2** zakręt: *a sharp curve in the road*

curve[2] *v* [T] wykrzywiać, wyginać —**curved** *adj* zakrzywiony: *a curved line*

cush·ion[1] /ˈkʊʃən/ *n* [C] poduszka: *He lay on the floor with a cushion under his head.* | **+ of** *The hovercraft rides on a cushion of air.*

> UWAGA **cushion**
>
> Patrz **pillow** i **cushion**.

cushion[2] *v* [T] **1** osłabiać: *When his wife died nothing could cushion the blow.* **2** ochraniać: *A good running shoe will help to cushion your feet.*

cus·tard /ˈkʌstəd/ *n* [U] *BrE* gęsty, słodki sos do deserów

cus·to·di·an /kʌˈstəʊdiən/ *n* [C] kustosz

cus·to·dy /ˈkʌstədi/ *n* [U] **1** opieka nad dzieckiem (*przyznana sądownie*): *My ex-wife has custody of the kids.* **2 in custody** w areszcie

cus·tom /ˈkʌstəm/ *n* [C,U] zwyczaj, obyczaj: *the custom of throwing rice at weddings* → patrz też CUSTOMS

cus·tom·a·ry /ˈkʌstəməri/ *adj* przyjęty, zwyczajowy: *It is customary* (=jest w zwyczaju) *to cover your head in the temple.* —**customarily** *adv* zwyczajowo, zazwyczaj

custom-built /ˌ.. ˈ.◂ / *adj* wykonany na zamówienie

cus·tom·er /ˈkʌstəmə/ *n* [C] klient/ka: *IBM is one of our biggest customers.*

cus·tom·ize /ˈkʌstəmaɪz/ *także* **-ise** *BrE v* [T] dostosowywać do indywidualnych potrzeb klienta

cus·toms /ˈkʌstəmz/ *n* [plural] odprawa celna

cut[1] /kʌt/ *v* **cut, cut, cutting 1** [I,T] prze/ciąć: *I cut the string around the package.* **2** [I,T] po/kroić: *Cut the cheese into cubes.* **3** [T] z/redukować: **cut costs** *The company has closed several factories to cut costs.* **4** [T] rozciąć, skaleczyć się w: *Sam fell and cut his head.* **5** [T] wycinać: *The sex scenes had been cut from the film.* **6 cut corners** *informal* iść/pójść na łatwiznę **7 cut class/school** *AmE* wagarować

cut back *phr v* [I,T **cut** sth ↔ **back**] z/redukować: *Oil production is being cut back.*

cut down *phr v* **1** [I,T **cut** sth ↔ **down**] ograniczać (się): *I'm trying to cut down on my drinking.* **2** [T **cut** sth ↔ **down**] ścinać: *All the beautiful old oaks had been cut down to build houses.*

cut off *phr v* [T **cut** sth ↔ **off**] odcinać: *Cut the top off the pineapple.* | *They'll cut off your electricity if you don't pay the bill.* | *A heavy snowfall cut us off from the town.*

cut out *phr v* **1** [T **cut** sth ↔ **out**] wycinać: *Cut a circle out of the piece of card.* **2 not be cut out for/not be cut out to be** nie być stworzonym do/na: *I wasn't really cut out to be a teacher.*

cut sth ↔ **up** *phr v* [T] pokroić: *Cut up two carrots.*

cut[2] *n* [C] **1** skaleczenie: *Luckily, I only got a few cuts and bruises.* **2** cięcie: **+ in** *a huge cut in the education budget* **3** rozcięcie: *a small cut in the side of the tyre* **4** strzyżenie

cut·back /ˈkʌtbæk/ *n* [C usually plural] redukcja, cięcie: **+ in** *cutbacks in funding*

cute /kjuːt/ *adj* śliczny: *What a cute baby!*

cut·le·ry /ˈkʌtləri/ *n* [U] sztućce

cut·let /ˈkʌtlɪ̈t/ *n* [C] kotlet: *lamb cutlets*

cut-price /ˌ. ˈ.◂ / *także* **cut-rate** *adj* przeceniony: *cut-price petrol*

cut·throat /ˈkʌtθrəʊt/ *adj* bezwzględny: *the cutthroat competition between computer companies*

cut·ting[1] /ˈkʌtɪŋ/ *n* [C] **1** sadzonka **2** *BrE* wycinek (*prasowy*)

cutting[2] *adj* uszczypliwy: *a cutting remark*

cutting-edge /ˌ.. ˈ..◂/ *adj* najnowocześniejszy: *cutting-edge technology*

CV /ˌsiː ˈviː/ *n* [C] *BrE* życiorys

cy·a·nide /ˈsaɪənaɪd/ *n* [U] cyjanek

cy·cle[1] /ˈsaɪkəl/ *n* [C] **1** cykl: *the life cycle of the frog* **2** rower **3** motor

cycle[2] *v* [I] *especially BrE* jeździć na rowerze: *John goes cycling every Sunday.* —**cyclist** *n* [C] rowerzyst-a/ka

cy·clone /ˈsaɪkləʊn/ *n* [C] cyklon

cyl·in·der /ˈsɪlɪ̵ndə/ *n* [C] **1** walec (*bryła*) **2** cylinder: *a six-cylinder engine*

cym·bal /ˈsɪmbəl/ *n* [C] talerz, czynel

cyn·ic /ˈsɪnɪk/ *n* [C] cyni-k/czka: *Working in politics has made Sheila a cynic.* —**cynicism** *n* [U] cynizm

cyn·i·cal /ˈsɪnɪkəl/ *adj* cyniczny: *Since her divorce she's become very cynical about men.* —**cynically** *adv* cynicznie

cyst /sɪst/ *n* [C] torbiel, cysta

czar /zɑː/ *n* [C] car

Dd

-'d forma ściągnięta od WOULD lub HAD: *Ask her if she'd* (=would) *like to go with us.* | *If I'd* (=had) *only known!*

dab /dæb/ *v* [I,T] **-bbed, -bbing** lekko przecierać: *Emily dabbed at her eyes with a handkerchief.* | **dab sth on/over etc** (=wklepywać w): *I'll just dab some suntan lotion on your shoulders.*

dad /dæd/ **dad·dy** /'dædi/ *n* [C] *informal* tata, tatuś: *Run and tell your daddy I'm home.*

daf·fo·dil /'dæfədɪl/ *n* [C] żonkil

daft /dɑːft/ *adj BrE spoken informal* głupi: *What a daft thing to do!*

dag·ger /'dægə/ *n* [C] sztylet

dai·ly /'deɪli/ *adj* **1** codzienny: *a daily newspaper* **2** dzienny: *a daily rate of pay* —**daily** *adv* codziennie, dziennie

dain·ty /'deɪnti/ *adj* filigranowy: *a dainty little girl*

dai·ry /'deəri/ *n* **1** [C] mleczarnia **2 dairy products** nabiał, produkty mleczne

dai·sy /'deɪzi/ *n* [C] stokrotka

dal·ma·tian /dæl'meɪʃən/ *n* [C] dalmatyńczyk

dam /dæm/ *n* [C] tama, zapora

dam·age¹ /'dæmɪdʒ/ *n* [U] **1** szkody, zniszczenia: *We went up on the roof to have a look at the damage.* | **+ to** *Was there any damage to your car?* | **do/cause damage** *Don't worry, the kids can't do any damage.* **2** szkoda, uszczerbek: **+ to** *the damage to Simon's reputation*

damage² *v* [T] **1** uszkadzać: *The storm damaged the tobacco crop.* **2** za/szkodzić: *The latest shooting has damaged the chances of a ceasefire.* —**damaging** *adj* szkodliwy

dam·a·ges /'dæmɪdʒ̍z/ *n* [plural] *law* odszkodowanie: *The court ordered her to pay £500 in damages.*

dame /deɪm/ *n* [C] tytuł nadawany w Wielkiej Brytanii kobietom nobilitowanym: *Dame Judi Dench*

damn¹ /dæm/ *także* **damned** *adv spoken* cholernie: *We're damn lucky we got here before the storm.*

damn² *n spoken* **I don't give a damn** mam to gdzieś: *I don't give a damn what he thinks.*

damn³ *interjection* cholera: *Damn! I forgot to bring my wallet!* —**damn** *adj* cholerny: *Turn off that damn TV.*

damned /dæmd/ *adj* **1** *spoken* cholerny: *That damned fool, Hodges!* **2 I'll be damned** *spoken* niech mnie licho: *Well, I'll be damned! It's Tom!*

damp /dæmp/ *adj* wilgotny: *The basement was cold and damp.* —**damp, dampness** *n* [U] wilgoć

> UWAGA **damp, humid i moist**
>
> Nie należy mylić wyrazów **damp**, **humid** i **moist** w znaczeniu 'wilgotny'. **Damp** oznacza nieprzyjemną wilgotność połączoną z chłodem, np. w piwnicy, w nieogrzewanym pomieszczeniu lub na zewnątrz np. podczas mgły: *Our hotel room was cold and the beds were damp.* | *In the rainy season everything gets damp I'm afraid.* | *damp walls/clothes.* **Humid** oznacza wilgotność i wysoką temperaturę powietrza, szczególnie w rejonach podzwrotnikowych: *The air in tropical forests is extremely humid.* | *We dry our laundry upstairs, making it the most humid part of our house.* **Moist** używa się w odniesieniu do wilgotności gleby lub wypieczonego ciasta: *Make sure the soil is moist before planting the seeds.* | *a moist chocolate cake*

damp·en /'dæmpən/ *v* [T] zwilżać

dance¹ /dɑːns/ *v* **1** [I] za/tańczyć: *Who's that dancing with Tom?* **2 dance the waltz/tango** tańczyć walca/tango —**dancing** *n* [U] taniec, tańce —**dancer** *n* [C] tance-rz/rka

dance² *n* **1** [C,U] taniec: *Let's have one more dance.* | *dance lessons* **2** [C] zabawa, tańce: *a school dance*

dan·de·li·on /'dændəlaɪən/ *n* [C] mlecz

dan·druff /ˈdændrəf/ *n* [U] łupież

dan·ger /ˈdeɪndʒə/ *n* **1** [C,U] niebezpieczeństwo: **+ of** *Is there any danger of infection?* | *the danger of nuclear attack* | **in danger** *I had a sudden feeling that Ben was in danger.* **2** [C] zagrożenie: *He's a danger to others.* | **+ of** *the dangers of smoking*

dan·ger·ous /ˈdeɪndʒərəs/ *adj* niebezpieczny: *a dangerous criminal* | *It's dangerous to walk alone at night around here.* —**dangerously** *adv* niebezpiecznie

dan·gle /ˈdæŋgəl/ *v* [I] zwisać, dyndać: **+ from** *The keys were dangling from his belt.*

D

dare[1] /deə/ *v* **1** [I] odważyć się: **dare (to) do sth** *Robbins wouldn't dare* (=nie miał odwagi) *argue with the boss.* **2 how dare you/he** *spoken* jak śmiesz/on śmie: *How dare you call me a liar!* **3 don't you dare** *spoken* nie waż się: *Don't you dare talk to me like that!* ➡ patrz ramka DARE

dare[2] *n* [C] wyzwanie

dare·dev·il /ˈdeədevəl/ *n* [C] śmiałek

daren't /deənt/ forma ściągnięta od "dare not": *I daren't tell him. He'd be furious!*

dar·ing /ˈdeərɪŋ/ *adj* **1** odważny: *a daring rescue attempt* **2** śmiały: *a daring evening dress*

dark[1] /dɑːk/ *adj* **1** ciemny: *Turn on the light; it's dark in here.* | *dark hair* | *dark green* (=ciemnozielony) ➡ antonim LIGHT[2] **2** ciemny, mroczny: *a dark side to his character* **3** ponury: *the dark days of the war*

> **UWAGA dark**
>
> Nie mówi się "it becomes dark" w znaczeniu 'robi się ciemno'. Mówi się **it gets dark**.

dark[2] *n* **1 the dark** ciemność: *My son is afraid of the dark.* **2 after/before dark** przed zmrokiem/po zmroku: *I don't like walking home after dark.*

dark·en /ˈdɑːkən/ *v* [I] po/ciemnieć, ściemniać się: *The sky darkened and rain began to fall.*

dark·ness /ˈdɑːkn$\frac{1}{2}$s/ *n* [U] ciemność, mrok: *the darkness of a winter morning* | **in darkness** *The whole room was in darkness.*

dark·room /ˈdɑːkruːm/ *n* [C] ciemnia

dar·ling[1] /ˈdɑːlɪŋ/ *n* [C] kochanie: *Come here, darling.*

darling[2] *adj* [only before noun] ukochany: *my darling daughter*

darn[1] /dɑːn/ *v* [T] za/cerować: *darning socks*

darn[2] *także* **darned** *adv AmE spoken* cholernie: *darned good*

dart[1] /dɑːt/ *n* [C] strzałka, rzutka

dart[2] *v* [I] rzucić się: *A little girl had darted out into the road.*

darts /dɑːts/ *n* [U] gra w rzutki/strzałki

dash[1] /dæʃ/ *v* [I] po/pędzić: **+ into/across/out etc** *She dashed into* (=wpadła do) *the room.*

dash[2] *n* **1** [singular] odrobina: *a dash of lemon* **2** [C] myślnik, kreska

dash·board /ˈdæʃbɔːd/ *n* [C] tablica rozdzielcza

da·ta /ˈdeɪtə/ *n* [U plural] dane: *He's collecting data for his report.*

da·ta·base /ˈdeɪtəˌbeɪs/ *n* [C] baza danych

date[1] /deɪt/ *n* [C] **1** data: *"What's today's date?" "It's August 11th."* | **date of birth** (=data urodzenia) | **set/fix a date** (=wyznaczyć datę): *Have you set a date for the wedding?* **2** randka: *Mike's got a date tonight.* **3** termin: **make a date** (=umówić się): *Let's make a date to see that new play.* | **at a later date** (=w późniejszym terminie) **4** daktyl ➡ patrz też OUT-OF-DATE, UP-TO-DATE

date[2] *v* **1** [T] datować: *a letter dated May 1st, 1923* **2** [T] określać wiek: *Geologists can date the rocks by examining fossils in the same layer.* **3** [I,T] *AmE* chodzić z: *How long have you been dating Monica?*

date from *także* **date back to** *phr v* [T] pochodzić z: *The cathedral dates from the 13th century.*

dat·ed /ˈdeɪt$\frac{1}{2}$d/ *adj* przestarzały, niemodny: *The big Cadillac now seemed a little dated.*

Dare

Dare występuje najczęściej w przeczeniach i pytaniach, zachowując się jak czasownik modalny lub jak zwykły czasownik. Nawet w tym ostatnim przypadku często opuszczamy **to** w przeczeniach oraz po ***will*** i ***would***:

*She **dare** not complain.* (modalny; brak **-s** w 3 osobie)
*He **dared** not speak.* (modalny; łączy się z bezokolicznikiem bez **to**)
***Did** anyone **dare** to interrupt him?* (zwykły czasownik)
*He **didn't dare** (to) speak.* (zwykły czasownik)
*We **wouldn't dare** (to) criticize her.* (zwykły czasownik)

patrz też: ***Infinitive, Modal Verbs, Past Simple, Present Simple, Verb***

daugh·ter /ˈdɔːtə/ *n* [C] córka

daughter-in-law /ˈ.. . ˌ./ *n* [C] *plural* **daughters-in-law** synowa

dawn[1] /dɔːn/ *n* **1** [U] świt: *We talked until dawn.* **2 the dawn of civilization/time** zaranie cywilizacji/dziejów

dawn[2] *v* [I] za/świtać: *The morning dawned fresh and clear.*

dawn on sb *phr v* [T] zaświtać: *It suddenly dawned on me* (=zaświtało mi) *that he was lying.*

day /deɪ/ *n* **1** [C] dzień, doba: *I'll be back in ten days.* **2** [C,U] dzień: *The days begin to get longer in the spring.* | *Jean works an eight-hour day* (=ma ośmiogodzinny dzień pracy). | **all day** (=przez cały dzień): *It's rained all day.* **3 one day** pewnego dnia: *She just walked in here one day.* **4 these days** w dzisiejszych czasach: *It isn't safe to walk the streets these days.* **5 one day/some day** kiedyś: *We'll buy that dream house some day.* **6 in my/her day** za moich/jej czasów: **in Shakespeare's day** (=w czasach Szekspira) **7 to this day** po dziś dzień: *To this day we don't know what really happened.* **8 the other day** *spoken* parę dni temu: *I saw Roy the other day.* **9 make someone's day** *informal* uradować kogoś: *That card really made my day.* **10 day after day/day in day out** dzień w dzień: *I'm sick of sitting at the same desk day after day.* **11 day by day** z dnia na dzień: *She was getting stronger day by day.* ➡ patrz też DAILY

UWAGA **day**

Patrz **-minute/day/month** itp.

day·break /ˈdeɪbreɪk/ *n* [U] świt: *We set off at daybreak.*

day·care /ˈdeɪkeə/ *n* [U] *AmE* żłobek: *Earning just $100 a week, she can't afford daycare.*

day·dream[1] /ˈdeɪdriːm/ *v* [I] marzyć, śnić na jawie: *Jessica sat at her desk, daydreaming about Tom.* —**daydreamer** *n* [C] marzyciel/ka

daydream[2] *n* [C] marzenie

day·light /ˈdeɪlaɪt/ *n* [U] światło dzienne: *The children could see daylight through a small window in the roof.* | **in broad daylight** (=w biały dzień): *The young girl was attacked on a main road in broad daylight.*

day re·turn /ˌ. .ˈ./ *n* [C] *BrE* bilet powrotny jednodniowy: *a day return to Oxford*

day·time /ˈdeɪtaɪm/ *n* [U] **in the daytime** w dzień, za dnia: *I can't sleep in the daytime.*

dazed /deɪzd/ *adj* oszołomiony: *The news left him feeling dazed.*

daz·zle /ˈdæzəl/ *v* [T] **1** oślepiać **2** olśniewać: *They were clearly dazzled by her talent and charm.*

daz·zling /ˈdæzəlɪŋ/ *adj* **1** oślepiający: *a dazzling light* **2** olśniewający: *a dazzling performance*

dead[1] /ded/ *adj* **1** nieżywy, martwy: *Her mother's been dead for two years* (=nie żyje od dwóch lat). | *I think that plant's* *dead.* | *Latin is a dead language.* **2** zepsuty, głuchy: *The phone has been dead for two hours.* | **go dead** *The phones went dead in the storm.* **3** wymarły: *The bar is usually dead until about 10 o'clock.* **4** ścierpnięty, zdrętwiały: **go dead** (=zdrętwieć): *I'd been sitting down for so long my leg went dead.* **5 over my dead body** *spoken* po moim trupie: *You'll marry him over my dead body!* **6** zupełny: *We all stood waiting in dead silence.* | *in the dead centre* (=w samym środku) *of the circle*

dead[2] *adv informal* całkiem: **dead tired** (=skonany): *I've been dead tired all day.* | **stop dead** *She stopped dead* (=stanęła jak wryta) *when she saw us.*

dead[3] *n* **the dead** zmarli, umarli

dead·en /ˈdedn/ *v* [T] przy/tłumić, z/łagodzić: *drugs to deaden the pain*

dead end /ˌ. ˈ.◂/ *n* [C] ślepa uliczka

dead·line /ˈdedlaɪn/ *n* [C] termin: *Friday's deadline is going to be very difficult to meet.*

dead·lock /ˈdedlɒk/ *n* [U singular] impas: **break the deadlock** *The UN is trying to break the deadlock* (=przełamać impas) *between the two countries.*

dead·ly[1] /ˈdedli/ *adj* śmiertelny, śmiercionośny: *a deadly disease* | *deadly weapons*

deadly[2] *adv* **deadly serious/boring/dull** śmiertelnie poważny/nudny: *I'm deadly serious. This isn't a game!*

deaf /def/ *adj* głuchy: *I'm deaf in my right ear.* | **deaf to sth** *The guards were deaf to the prisoners' complaints* (=głusi na skargi więźniów). —**deafness** *n* [U] głuchota

deaf·en /ˈdefən/ *v* [T] ogłuszać: *We were deafened by the noise of the engines.* —**deafening** *adj* ogłuszający: *deafening music*

deal[1] /diːl/ *n* **1** [C] umowa, porozumienie: *They've just signed a new deal with their record company.* | **strike/do/make a deal** (=zawrzeć umowę): *Carter agreed to do a deal with the police.* **2 a great/good deal** bardzo dużo: **+ of** *She does a great deal of work for charity.* | **a great deal more/longer** (=dużo więcej/dłużej): *He knows a good deal more than I do about computers.* → patrz też **big deal** (BIG)

UWAGA **deal of** i **number of**
Wyrażenie **a great/good deal of** występuje wyłącznie z rzeczownikami niepoliczalnymi: *a great deal of money/time/pleasure* | *There's been a good deal of change.* Z rzeczownikami policzalnymi w liczbie mnogiej występują wyrażenia: **a large number of** lub **a great/good many**: *a large number of tourists* | *This operation has already saved the lives of a great many people.*

deal[2] *v* [I,T] **dealt** /delt/, **dealt, dealing 1** *także* **deal out** rozdawać (*karty*): *Whose turn is it to deal?* **2** handlować narkotykami: *He had started to deal to pay for his own drug habit.* **3 deal a blow (to sb)** zadać (komuś) cios: *The party has been dealt another blow by the latest scandals.*

deal in sth *phr v* [T] handlować: *a business dealing in wedding requirements*

deal with sb/sth *phr v* [T] **1** zajmować się: *Who's dealing with the new account?* **2** po/radzić sobie z: *It's OK, I'm dealing with it so far.* **3** robić interesy z: *We've been dealing with their company for ten years.* **4** dotyczyć: *a book dealing with the history of Ireland*

deal·er /ˈdiːlə/ *n* [C] handlarz, dealer: *a car dealer*

deal·ings /ˈdiːlɪŋz/ *n* [plural] stosunki, interesy: **+ with** *Have you had any dealings with Microsoft?*

dean /diːn/ *n* [C] dziekan: *Dean of Arts*

dear[1] /dɪə/ *interjection* **oh dear** ojej: *Oh dear! I forgot to phone Ben.*

dear[2] *n* [C] *spoken* kochanie: *How was your day, dear?*

dear[3] *adj* drogi: *Dear Dr. Ward, ...* | *I'd love to buy it but it's too dear.*

dear·ly /ˈdɪəli/ *adj* bardzo: *Jamie loved his sister dearly.* | *I'd dearly love to go to Hawaii.*

death /deθ/ *n* **1** [C,U] śmierć, zgon: *Marioni lived in Miami until his death.* | *The number of deaths from AIDS is* *increasing.* | **starve/bleed etc to death** *He choked to death* (=zadławił się na śmierć) *on a fish bone.* **2 scared/bored to death** *informal* śmiertelnie przestraszony/znudzony

death·bed /ˈdeθbed/ *n* **on his/her etc deathbed** na łożu śmierci

death pen·al·ty /ˈ. ˌ.../ *n* [C] kara śmierci ➡ porównaj CAPITAL PUNISHMENT

death row /ˌdeθ ˈrəʊ/ *n* [U] cela śmierci: *He's been on death row for three years.*

de·ba·ta·ble /dɪˈbeɪtəbəl/ *adj* dyskusyjny, sporny: *It is debatable whether nuclear weapons actually prevent war.*

de·bate[1] /dɪˈbeɪt/ *n* **1** [C] debata: *a debate on crime and punishment* **2** [U] dyskusja: *After much debate, the committee decided to close the hospital.*

debate[2] *v* **1** [I,T] dyskutować (nad), debatować (nad): *The plan has been thoroughly debated in Parliament.* **2** [T] **debate whether** zastanawiać się, czy: *While I was debating whether or not to call him, the phone rang.*

deb·it[1] /ˈdebɪ̵t/ *n* [C] wypłata (*z konta*) ➡ antonim CREDIT[1]

debit[2] *v* [T] wypłacać: *The sum of £50 has been debited from your account.* ➡ antonim CREDIT[2]

deb·ris /ˈdebriː/ *n* [U] szczątki: *debris from the explosion*

debt /det/ *n* **1** [C] dług: *He finally has enough money to pay off his debts.* **2** [U] zadłużenie, długi: **in debt** *The company was heavily in debt.* **3** [singular] dług wdzięczności: **be in sb's debt** (=być komuś wdzięcznym): *I'll be forever in your debt for the way you've supported me.*

debt·or /ˈdetə/ *n* [C] dłużni-k/czka

de·but /ˈdeɪbjuː/ *n* [C] debiut: *the band's debut album*

dec·ade /ˈdekeɪd/ *n* [C] dziesięciolecie, dekada

dec·a·dent /ˈdekədənt/ *adj* dekadencki —**decadence** *n* [U] dekadencja

de·caf·fein·a·ted /diːˈkæfɪ̵neɪtɪ̵d/ *adj* bezkofeinowy

de·cay[1] /dɪˈkeɪ/ *n* [U] **1** rozkład, gnicie: *The house had stood empty for years and smelled of decay.* **2** próchnica: *Brushing your teeth regularly protects against decay.* **3** ruina: *The building has fallen into decay.*

decay[2] *v* [I] **1** rozkładać się, gnić: *the decaying remains of a dead sheep* **2** podupadać: *a feudal system which had decayed but not died* —**decayed** *adj* zgniły, zepsuty

de·ceased /dɪˈsiːst/ *n formal* **the deceased** zmarł-y/a, nieboszcz-yk/ka

de·ceit /dɪˈsiːt/ *n* [U] oszustwo: *The government had a history of deceit.* —**deceitful** *adj* kłamliwy, oszukańczy

de·ceive /dɪˈsiːv/ *v* [T] oszukiwać, okłamywać: *Holmes tried to deceive the police.*

De·cem·ber /dɪˈsembə/ skrót pisany **Dec.** *n* [C,U] grudzień

de·cen·cy /ˈdiːsənsi/ *n* [U] **1** przyzwoitość: *old-fashioned notions of courtesy and decency* **2 have the decency to do sth** mieć na tyle przyzwoitości, żeby coś zrobić: *You could at least have had the decency to tell me that you would be late.*

de·cent /ˈdiːsənt/ *adj* **1** przyzwoity: *a decent salary* | *Don't you have a decent pair of shoes?* **2** uczciwy, poczciwy: *Her parents are decent hard-working people.* —**decently** *adv* przyzwoicie

de·cen·tral·ize /ˌdiːˈsentrəlaɪz/ (*także* **-ise** *BrE*) *v* [T] z/decentralizować —**decentralization** /ˌdiːsentrəlaɪˈzeɪʃən/ *n* [U] decentralizacja

de·cep·tion /dɪˈsepʃən/ *n* [C,U] podstęp, oszustwo: *They obtained the money by deception.*

de·cep·tive /dɪˈseptɪv/ *adj* złudny, zwodniczy: *She seems very calm, but appearances can be deceptive.* —**deceptively** *adj* pozornie: *deceptively simple*

dec·i·bel /ˈdesɪ̵bel/ *n* [C] decybel

de·cide /dɪˈsaɪd/ *v* **1** [I,T] z/decydować (się), postanowić: **decide to do sth** *They decided to sell the house.* | **+ that** *She decided that the dress was too expensive.* | **+ what/how/when etc** *Have you decided*

D

when you're going to get married? | **decide against sth** (=zrezygnować z czegoś): *Marlowe thought about using his gun, but decided against it.* **2** [T] za/decydować o wyniku: *One punch decided the fight.*

decide on sth *phr v* [T] z/decydować się na: *Have you decided on a name for the baby?*

de·cid·ed·ly /dɪˈsaɪdədli/ *adv* zdecydowanie, stanowczo: *Her boss was decidedly unsympathetic.*

dec·i·mal[1] /ˈdesəməl/ *adj* dziesiętny: *the decimal system*

D

decimal[2] *n* [C] ułamek dziesiętny

decimal point /ˌ... ˈ./ *n* [C] przecinek (*w ułamku*)

dec·i·mate /ˈdesəmeɪt/ *v* [T] *formal* z/dziesiątkować: *The population has been decimated by war.*

de·ci·pher /dɪˈsaɪfə/ *v* [T] rozszyfrować, odcyfrować

de·ci·sion /dɪˈsɪʒən/ *n* [C] decyzja: **make/take/reach/come to a decision** (=podjąć decyzję): *I hope I've made the right decision.* | *The jury took three days to reach a decision.* | **decision to do sth** *Brett's sudden decision to join the army surprised everyone.*

de·ci·sive /dɪˈsaɪsɪv/ *adj* **1** decydujący: *a decisive moment in his career* **2** zdecydowany, stanowczy: *a strong, decisive leader* **3** zdecydowany: *The US team won a decisive victory.* —**decisively** *adv* zdecydowanie, stanowczo —**decisiveness** *n* [U] zdecydowanie, stanowczość

deck /dek/ *n* [C] **1** pokład: *Let's go up on deck.* | *the lower deck* (=dolny pokład) **2** *AmE* talia (*kart*)

deck·chair /ˈdektʃeə/ *n* [C] leżak

dec·la·ra·tion /ˌdekləˈreɪʃən/ *n* [C,U] deklaracja: *a declaration of war* (=wypowiedzenie wojny)

de·clare /dɪˈkleə/ *v* [T] **1** ogłaszać: *Jones was declared the winner.* | *The US declared war* (=wypowiedziały wojnę) *on Britain in 1812.* **2** oznajmiać: **+ that** *Jack declared that he knew nothing about the robbery.* **3** za/deklarować: *Have you anything to declare* (=do oclenia)*?*

de·cline[1] /dɪˈklaɪn/ *v* **1** [I] podupadać: *As his health has declined, so has his influence.* **2** [I] *formal* odmówić: *She declined to make a statement.* **3** [I,T] *formal* nie przyjąć: *We asked them to come, but they declined our invitation.*

decline[2] *n* [C,U] spadek: *a decline in profits* | **be on the decline** (=wykazywać tendencję spadkową)

de·code /ˌdiːˈkəʊd/ *v* [T] rozszyfrowywać

de·com·pose /ˌdiːkəmˈpəʊz/ *v* [I] rozkładać się: *The body had already started to decompose.*

de·cor /ˈdeɪkɔː/ *n* [C,U] wystrój wnętrza: *The hotel has 1930s decor.*

dec·o·rate /ˈdekəreɪt/ *v* [T] **1** u/dekorować, ozdabiać: **decorate sth with sth** *The cake was decorated with icing.* **2** malować, odnawiać: *I spent the weekend decorating the bathroom.* **3** u/dekorować, odznaczać: *He was decorated for bravery in the war.*

dec·o·ra·tion /ˌdekəˈreɪʃən/ *n* **1** [C] ozdoba: *Christmas decorations* **2** [U] dekoracja: *The berries are mainly used for decoration.* **3** [C] order, odznaczenie

dec·o·ra·tive /ˈdekərətɪv/ *adj* dekoracyjny: *a decorative pot* —**decoratively** *adv* dekoracyjnie

dec·o·ra·tor /ˈdekəreɪtə/ *n* [C] *BrE* malarz (*pokojowy*)

de·coy /ˈdiːkɔɪ/ *n* [C] wabik: *They used the girl as a decoy.*

de·crease /dɪˈkriːs/ *v* [I,T] zmniejszać (się): *The number of people who smoke has continued to decrease.* → antonim INCREASE[1] —**decrease** /ˈdiːkriːs/ *n* [C,U] spadek: *a decrease in sales*

de·cree /dɪˈkriː/ *n* [C] rozporządzenie, dekret —**decree** *v* [T] zadekretować

ded·i·cate /ˈdedəkeɪt/ *v* [T] **1** za/dedykować: *The book is dedicated to his mother.* **2 dedicate yourself/your life to sth** poświęcać się/swoje życie czemuś: *She dedicated her life to helping the poor.*

ded·i·cat·ed /ˈdedəkeɪtəd/ *adj* oddany: *The teachers are all very dedicated.*

ded·i·ca·tion /ˌdedəˈkeɪʃən/ *n* **1** [U] poświęcenie: *Getting to the top of any sport requires tremendous dedication.* **2** [C] dedykacja

de·duce /dɪˈdjuːs/ *v* [T] *formal* wy/wnioskować, wydedukować: *... and from this I deduce that he was killed by his ex-wife.*

de·duct /dɪˈdʌkt/ *v* [T] potrącać, odciągać: *Taxes are deducted from your pay.*

de·duc·tion /dɪˈdʌkʃən/ *n* **1** [C] potrącenie: *My salary is about $2000 a month, after deductions.* **2** [C,U] wnioskowanie, dedukcja: *his formidable powers of deduction*

deed /diːd/ *n* [C] **1** *literary* czyn, uczynek: *good deeds* **2** *law* akt notarialny

deep[1] /diːp/ *adj* **1** głęboki: *The water's not very deep.* | *Terry had a deep cut in his forehead.* | *a deep love of classical music* | *deep sleep* **2 be 10 metres deep** mieć 10 metrów głębokości: *The pool was 5 metres deep.* **3 take a deep breath** wziąć głęboki oddech: *I took a deep breath and walked into the director's office.* **4 deep in thought/conversation** pogrążony w rozmyślaniach/rozmowie → patrz też DEPTH

deep[2] *adv* **1** głęboko: *Leopards live deep in the jungle.* **2 deep down** w głębi duszy: *Deep down, I knew she was right.*

deep·en /ˈdiːpən/ *v* [I,T] pogłębiać (się): *The crisis deepened.*

deep·ly /ˈdiːpli/ *adv* głęboko: *She was deeply upset.*

deep-seat·ed /ˌ. ˈ..◂/ *także* **deep-rooted** *adj* głęboko zakorzeniony

deer /dɪə/ *n* [C] jeleń

de·face /dɪˈfeɪs/ *v* [T] oszpecać: *The gravestone had been defaced by vandals.*

de·fault[1] /dɪˈfɔːlt/ *n* **win by default** wygrać walkowerem: *The other team never arrived, so we won by default.*

default[2] *adj* [only before noun] domyślny, standardowy: *The default page size is A4.*

de·feat[1] /dɪˈfiːt/ *v* [T] **1** pokonać: *Michigan defeated USC in Saturday's game.* **2** udaremnić, zniweczyć: *The plan was defeated by a lack of money.*

defeat[2] *n* **1** [C,U] porażka: *Becker suffered a surprising defeat.* | *She'll never admit defeat.* **2** [singular] klęska: *the defeat of fascism*

de·fect[1] /dɪˈfekt/ *n* [C] defekt, wada, usterka: *There is a defect in the braking system.* —**defective** *adj* wadliwy, wybrakowany: *defective machinery*

defect[2] *v* [I] przechodzić na stronę wroga —**defector** *n* [C] zdraj-ca/czyni

de·fence /dɪˈfens/ *BrE*, **defense** *AmE* *n* **1** [U] obronność: *Each year the US spends billions of dollars on defense.* **2** [C,U] obrona: *the defence of Stalingrad in World War Two* | **come to sb's defence** (=przychodzić komuś z pomocą): *The famous writer Emile Zola came to Dreyfus's defence.* **3** [singular] obrona (*w sądzie, grze*): *Is the defence ready to call their first witness?* | *Barnaby cut through the heart of Arsenal's defence.*

de·fence·less /dɪˈfensləs/ *BrE*, **defenseless** *AmE* *adj* bezbronny: *a defenceless old woman*

de·fend /dɪˈfend/ *v* **1** [T] o/bronić: **defend sth against/from** *Missiles were brought in to defend the town from possible attack.* | **defend yourself** *He said he used the knife to defend himself* (=w obronie własnej). **2** [T] stawać/występować w obronie: *How can you defend the use of animals for testing cosmetics?* **3** [T] bronić tytułu: *Germany are defending World Cup champions.* **4** [T] bronić (*w sądzie*) —**defender** *n* [C] obroń-ca/czyni

de·fen·dant /dɪˈfendənt/ *n* [C] *law* podsądn-y/a, pozwan-y/a

de·fense /dɪˈfens/ amerykańska pisownia wyrazu DEFENCE

de·fen·sive[1] /dɪˈfensɪv/ *adj* **1** obronny: *defensive weapons* **2** defensywny: *She got really defensive when I asked her why she hadn't finished.*

D

defensive² *n* **on the defensive** w defensywie: *The President's speech has put the Republicans on the defensive* (=zepchnęła Republikanów do defensywy).

de·fer /dɪˈfɜː/ *v* [T] **-rred, -rring** odraczać: *His military service was deferred until he finished college.*

de·fi·ance /dɪˈfaɪəns/ *n* [U] bunt, nieposłuszeństwo

de·fi·ant /dɪˈfaɪənt/ *adj* buntowniczy, wyzywający —**defiantly** *adv* buntowniczo, wyzywająco

D

de·fi·cien·cy /dɪˈfɪʃənsi/ *n* [C,U] **1** brak, niedobór: *a vitamin deficiency* **2** niedoskonałość, niedostatek: *the deficiencies of the public transportation system*

de·fi·cient /dɪˈfɪʃənt/ *adj* **1** niedoskonały **2 deficient in sth** ubogi w coś: *a diet that is deficient in iron*

def·i·cit /ˈdefɪsɪt/ *n* [C] deficyt

de·fine /dɪˈfaɪn/ *v* [T] **1** określać, z/definiować: *It's hard to define what makes a good manager.* **2** wyznaczać: *a clearly defined budget*

def·i·nite /ˈdefɪnɪt/ *adj* **1** ostateczny: *We don't have a definite arrangement yet.* **2** wyraźny: *She shows definite signs of improvement.*

definite ar·ti·cle /ˌ... ˈ.../ *n* [singular] rodzajnik/przedimek określony → **patrz** ramka THE, porównaj THE INDEFINITE ARTICLE

def·i·nite·ly /ˈdefɪnɪtli/ *adv* zdecydowanie: *That was definitely the best movie I've seen all year.*

def·i·ni·tion /ˌdefɪˈnɪʃən/ *n* [C] definicja

de·fin·i·tive /dɪˈfɪnɪtɪv/ *adj* ostateczny: *There is no definitive answer to the problem.* —**definitively** *adv* ostatecznie

de·flate /ˌdiːˈfleɪt/ *v* **1** [T] przygasić: *I felt utterly deflated by her laughter.* **2** [T] wypuszczać powietrze z: *After the party they deflated the balloons.*

de·flect /dɪˈflekt/ *v* [I,T] odbijać (się): *The bullet deflected off the wall.*

de·formed /dɪˈfɔːmd/ *adj* zniekształcony, zdeformowany: *Her left leg was deformed.* —**deform** *v* [I,T] zniekształcać (się), z/deformować (się)

de·for·mi·ty /dɪˈfɔːmɪti/ *n* [C,U] deformacja, kalectwo

de·fraud /dɪˈfrɔːd/ *v* [T] z/defraudować: *He attempted to defraud the bank of* (=okraść bank na) *thousands of dollars.*

de·frost /ˌdiːˈfrɒst/ *v* [I,T] rozmrażać (się)

deft /deft/ *adj* zręczny: *a deft catch*

de·fy /dɪˈfaɪ/ *v* **1** [T] przeciwstawiać się, postępować wbrew: *He defied his father's wishes and joined the army.* **2 defy description** być nie do opisania: *The place just defies description.*

de·gen·e·rate /dɪˈdʒenərɪt/ *adj* zdegenerowany, zwyrodniały —**degenerate** *n* [C] degenerat/ka

de·grade /dɪˈgreɪd/ *v* [T] upadlać, poniżać: *Pornography degrades women.* —**degradation** /ˌdegrəˈdeɪʃən/ *n* [U] upodlenie, degradacja

de·gree /dɪˈgriː/ *n* [C] **1** stopień: *an angle of 90 degrees (90°) | It's 84 degrees in the shade. | a temperature of 21 degrees Celsius | students with different degrees of ability | The operation involves a high degree of risk.* **2** stopień naukowy: *a law degree | a degree in history* **3 to a degree/to a certain degree/to some degree** do pewnego stopnia: *To a degree he's right.*

de·hy·drat·ed /ˌdiːhaɪˈdreɪtɪd/ *adj* odwodniony —**dehydration** *n* [U] odwodnienie —**dehydrate** *v* [I,T] odwadniać (się)

de·i·ty /ˈdiːɪti/ *n* [C] bóstwo

de·jec·ted /dɪˈdʒektɪd/ *adj* przygnębiony: *a dejected look* —**dejection** *n* [U] przygnębienie

de·lay¹ /dɪˈleɪ/ *v* **1** [I,T] odwlekać, odkładać: *We've decided to delay the trip until next month.* **2** [T] opóźniać: *Our flight was delayed by bad weather.*

delay² *n* [C,U] opóźnienie, zwłoka: *An accident is causing long delays on Route 95.*

del·e·gate¹ /ˈdelɪgɪt/ *n* [C] delegat/ka

del·e·gate[2] /ˈdeləgeɪt/ *v* [I,T] zlecać, od/delegować: *You must learn to delegate more.*

del·e·ga·tion /ˌdeləˈgeɪʃən/ *n* **1** [C] delegacja: *A UN delegation was sent to the peace talks.* **2** [U] zlecenie, delegowanie: *the delegation of authority*

de·lete /dɪˈliːt/ *v* [T] **1** skreślać, usuwać: *Delete his name from the list.* **2** s/kasować, wymazywać: *You should back up this file before deleting it.* —**deletion** *n* [C,U] skreślenie, usunięcie

de·lib·e·rate[1] /dɪˈlɪbərət/ *adj* **1** celowy, zamierzony: *a deliberate attempt to deceive the public* **2** niespieszny, rozważny: *His steps were slow and deliberate.*

de·lib·e·rate[2] /dɪˈlɪbəreɪt/ *v* [I] deliberować: *We can't afford to deliberate any longer.*

de·lib·er·ate·ly /dɪˈlɪbərətli/ *adv* celowo, umyślnie: *The police think the fire was started deliberately.* → antonim ACCIDENTALLY

de·lib·e·ra·tion /dɪˌlɪbəˈreɪʃən/ *n* [C,U] zastanowienie

del·i·ca·cy /ˈdelɪkəsi/ *n* **1** [U] delikatność: *the delicacy of the petals* | *a situation that needs to be handled with great delicacy* **2** [C] delikates, przysmak: *In France, snails are considered a delicacy.*

del·i·cate /ˈdelɪkət/ *adj* **1** delikatny: *a delicate piece of lace* | *The negotiations are at a very delicate stage.* | *long delicate fingers* **2** wątły: *a delicate child* **3** subtelny: *a delicate shade of pink* —**delicately** *adv* delikatnie

del·i·ca·tes·sen /ˌdelɪkəˈtesən/ *n* [C] delikatesy

de·li·cious /dɪˈlɪʃəs/ *adj* pyszny, wyśmienity

de·light[1] /dɪˈlaɪt/ *n* **1** [U] radość: *Crystal laughed with delight.* **2** [C] rozkosz, uciecha: *the delights of owning your own home*

delight[2] *v* [T] zachwycać: *She delighted her fans with her performance.*

delight in sth *phr v* [T] uwielbiać, lubować się w: *She delights in shocking people.*

de·light·ed /dɪˈlaɪtəd/ *adj* zachwycony: **be delighted to do sth** (=robić coś z przyjemnością): *Thank you for your invitation. I'd be delighted to come.* | **+ with/by** *Helen was clearly delighted with her presents.*

de·light·ful /dɪˈlaɪtfəl/ *adj* uroczy: *a delightful book for children*

de·lin·quen·cy /dɪˈlɪŋkwənsi/ *n* [U] *formal* przestępczość (*zwłaszcza nieletnich*) → patrz też JUVENILE DELINQUENT

de·lir·i·ous /dɪˈlɪəriəs/ *adj* **be delirious** majaczyć

de·liv·er /dɪˈlɪvə/ *v* **1** [I,T] doręczać, dostarczać: *I used to deliver newspapers when I was a kid.* | *I'm having some flowers delivered for her birthday.* **2** [T] wygłaszać: *The priest delivered a sermon about forgiveness.* **3** [I,T] wywiązywać się (z): **+ on** *Voters are angry that politicians haven't delivered on their promises.* | **deliver the goods** (=wypełnić zobowiązanie) **4 deliver a baby** przyjmować poród

de·liv·er·y /dɪˈlɪvəri/ *n* [C,U] **1** dostawa: *Pizza Mondo offers free delivery for any pizza over $10.* **2** poród

del·ta /ˈdeltə/ *n* [C] delta: *the Mississippi Delta*

de·lude /dɪˈluːd/ *v* [T] łudzić, oszukiwać: *He's deluding himself if he thinks he'll get the job.*

del·uge /ˈdeljuːdʒ/ *n* [C] **1** potop, powódź **2** lawina: *a deluge of questions/letters* —**deluge** *v* [T] *We were deluged with mail* (=zostaliśmy zasypani lawiną listów).

de·lu·sion /dɪˈluːʒən/ *n* [C,U] złudzenie: *Kevin's still under the delusion that his wife loves him.*

delve /delv/ *v* [I] **delve into/inside** sięgnąć do: *She delved inside her handbag.*

delve into sth *phr v* [T] zagłębiać się w, wnikać w: *Reporters are always delving into TV stars' private lives.*

de·mand[1] /dɪˈmɑːnd/ *n* **1** [U singular] popyt: **a big/huge demand for sth** *There's been a big demand for Oasis's new record.* **2** [C] żądanie: *Union members will*

Przedimek określony: **The definite article *THE***

Wymowa

Przedimek określony wymawiamy jako:

1 [ðə] przed wyrazami rozpoczynającymi się w wymowie od spółgłoski:
***the** dog* ***the** fastest car* ***the** university* ***the** Europeans*

2 [ði] przed wyrazami rozpoczynającymi się w wymowie od samogłoski:
***the** orange* ***the** old lady* ***the** hours* ***the** Americans*

3 [ðiː] w pozycji akcentowanej:
***the** [ðiː] Michael Jackson* („**ten** Michael Jackson")

Użycie

Przedimka określonego używamy zwykle przed rzeczownikami określonymi, tj. odnoszącymi się do konkretnych rzeczy, osób czy zjawisk. Rzeczownik jest określony wtedy, gdy

1 występuje w tekście lub rozmowie po raz kolejny (przy pierwszym wystąpieniu rzeczownik policzalny w liczbie pojedynczej poprzedzamy przedimkiem nieokreślonym ***a*** (***an***), a rzeczownik w liczbie mnogiej możemy poprzedzić określnikiem **some**):
*I'm looking for **a** job. **The** job must be well-paid.*
*'What did you buy?' – 'We bought (**some**) apples and (**some**) cherries. **The** cherries are very sweet.'*

2 z kontekstu wynika, do jakiej konkretnie osoby, rzeczy czy zjawiska się odnosi:
*Close **the** door, turn on **the** light and put your suitcase on **the** floor.*

3 istnieje tylko jedna rzecz, osoba czy zjawisko, do której może się odnosić:
***The** earth goes round **the** sun.*
*What is **the** capital of Switzerland?*
***The** Pope will see **the** Polish Prime Minister on Tuesday.*
*She is **the** only poet I like.*

4 definiuje go następująca po nim fraza lub zdanie względne:
***the** girl in the red coat* ***the** England of the sixteenth century*
***the** concert I told you about*

Przedimek określony występuje także:

1 przed rzeczownikiem w liczbie pojedynczej odnoszącym się do całej klasy rzeczy, osób, zwierząt itp.:
***The** computer is a great invention.* ***The** giraffe is the tallest of all animals.*

2 przed przymiotnikami w stopniu najwyższym:
***the** brightest* ***the** worst* ***the** most difficult*

3 przed liczebnikami porządkowymi:
***the** third* ***the** sixteenth* ***the** hundred and first*

4 przed niektórymi przymiotnikami oznaczającymi ludzkie cechy i nazwy narodowości:
***the** sick* „chorzy" ***the** Dutch* „Holendrzy"
***the** unemployed* „bezrobotni" ***the** Chinese* „Chińczycy"

5 przed nazwiskami w liczbie mnogiej:
***the** Clintons* „(państwo) Clintonowie, rodzina Clintonów"

6 w tytułach:
Henry VIII (w mowie: *Henry* **the** *Eighth*) *Katherine* **the** *Great*

7 przed nazwami instrumentów muzycznych i tańców:
I can play ***the*** *piano (**the** guitar/**the** violin itp.).* *Can you do* ***the*** *tango?*

8 przed nazwami mórz, oceanów, rzek, łańcuchów górskich, pustyń, archipelagów itp.:
***the** Baltic* (Sea) ***the** Thames* ***the** Sahara*
***the** Pacific* (Ocean) ***the** Alps* ***the** Hebrides*

9 przed nazwami państw mającymi formę liczby mnogiej lub zawierającymi słowo *republic, union, kingdom* itp.:
***the** United States* ***the** Netherlands*
***the** Republic of Ireland* ***the** United Kingdom*

10 przed nazwami muzeów, galerii, teatrów, kin, restauracji, pubów, orkiestr, zespołów muzycznych, hoteli, gazet itp.:
***the** British Museum* ***the** Odeon* ***the** Bombay Restaurant*
***the** Tate* (Gallery) ***the** Old Vic* ***the** Red Lion*
***the** Royal Philharmonic Orchestra* ***the** Hilton*
***the** Beatles* ***the** Times*

Tłumaczenie

Przedimek określony tłumaczy się na język polski wyłącznie wtedy, gdy występuje w pozycji akcentowanej, np.:

This can't be ***the*** *Michael Jackson!* („To nie może być **ten (prawdziwy)** Michael Jackson!")

patrz też: ***A (AN), Adjective, Noun***

be on strike until the company agrees to their demands. **3 be in demand** cieszyć się powodzeniem: *She's been in great demand ever since her book was published.* ➡ patrz też DEMANDS

demand² *v* [T] **1** żądać, domagać się: *The President demanded the release of all the hostages.* **2** za/pytać: *"What are you doing here?" she demanded.* **3** wymagać: *Learning a language demands a great deal of time and effort.*

de·mand·ing /dɪˈmɑːndɪŋ/ *adj* wymagający: *a very demanding job*

de·mands /dɪˈmɑːndz/ *n* [plural] obciążenia: *Homework makes heavy demands on* (=jest dużym obciążeniem dla) *children nowadays.*

de·mean·ing /dɪˈmiːnɪŋ/ *adj* poniżający: *a demeaning job*

de·mea·nour /dɪˈmiːnə/ *BrE*, **demeanor** *AmE n* [U] *formal* zachowanie, postawa

de·men·ted /dɪˈmentɪ̵d/ *adj* obłąkany

de·moc·ra·cy /dɪˈmɒkrəsi/ *n* [C,U] demokracja: *the struggle for democracy* | *Britain is the world's oldest democracy.*

dem·o·crat /ˈdeməkræt/ *n* [C] demokrat-a/ka

dem·o·crat·ic /ˌdeməˈkrætɪk◂/ *adj* demokratyczny: *democratic elections* —**democratically** *adv* demokratycznie

de·mol·ish /dɪˈmɒlɪʃ/ *v* [T] **1** z/burzyć: *They're finally going to demolish that old building.* **2** obalać: *He demolished my argument in minutes.* —**demolition** /ˌdeməˈlɪʃən/ *n* [C,U] zburzenie, rozbiórka

de·mon /ˈdiːmən/ *n* [C] demon —**demonic** /dɪˈmɒnɪk/ *adj* demoniczny

dem·on·strate /ˈdemənstreɪt/ *v* [T] **1** za/demonstrować, dowodzić: *The survey demonstrates that fewer college graduates are finding jobs.* **2** wykazywać: *She hasn't demonstrated much interest in her schoolwork.*

dem·on·stra·tion /ˌdemənˈstreɪʃən/ *n* **1** [C] demonstracja, manifestacja **2** [C,U] pokaz, prezentacja: *cookery demonstrations*

de·mon·stra·tive /dɪˈmɒnstrətɪv/ *adj* wylewny

dem·on·stra·tor /ˈdemənstreɪtə/ *n* [C] manifestant/ka

de·mor·a·lized /dɪˈmɒrəlaɪzd/ (*także* **-ised** *BrE*) *adj* zniechęcony: *I came out of the interview feeling totally demoralized.*

de·mor·a·liz·ing /dɪˈmɒrəlaɪzɪŋ/ (*także* **-ising** *BrE*) *adj* demobilizujący, zniechęcający: *a demoralising 7-0 defeat*

de·mote /dɪˈməʊt/ *v* [T] z/degradować ➡ antonim PROMOTE —**demotion** *n* [C,U] degradacja

den /den/ *n* [C] **1** melina: *opium dens* **2** nora, legowisko

de·ni·al /dɪˈnaɪəl/ *n* **1** [C,U] zaprzeczenie: *Despite his denials, the jury found him guilty.* **2** [U] pozbawienie: *the denial of basic human rights* ➡ patrz też DENY

den·im /ˈdenɪ̵m/ *n* [U] dżins

de·nom·i·na·tion /dɪˌnɒmɪ̵ˈneɪʃən/ *n* [C,U] **1** wyznanie: *Christians of all denominations* **2** nominał: *bills in denominations of $1 and $5*

de·nounce /dɪˈnaʊns/ *v* [T] potępiać: *The bishop denounced the film as being immoral.*

dense /dens/ *adj* gęsty: *dense pine forests* | *dense smoke/clouds* —**densely** *adv* gęsto: *densely populated*

den·si·ty /ˈdensɪ̵ti/ *n* [C,U] gęstość: *Taiwan has a high population density* (=gęstość zaludnienia). | *the density of a gas*

dent¹ /dent/ *n* [C] wgniecenie: *a big dent in the car*

dent² *v* [T] **1** naruszyć, zachwiać: *The experience had dented his confidence.* **2** wgnieść

den·tal /ˈdentl/ *adj* zębowy, dentystyczny, stomatologiczny: *dental health*

dental floss /ˌ.. ˈ./ *n* [U] nić dentystyczna

den·tist /ˈdentɪ̵st/ *n* [C] dentyst-a/ka, stomatolog —**dentistry** *n* [U] stomatologia

den·tures /ˈdentʃəz/ *n* [plural] proteza zębowa, sztuczna szczęka

de·nun·ci·a·tion /dɪˌnʌnsiˈeɪʃən/ *n* [C,U] potępienie

de·ny /dɪˈnaɪ/ *v* [T] **1** zaprzeczać: *In court they denied all the charges against them.* | **+ (that)** *Charlie denied that he had lied about the money.* | **deny doing sth** *She denies cheating in the test.* **2** odmawiać: *Smokers are being denied medical treatment unless they stop smoking.* → patrz też DENIAL

de·o·do·rant /diːˈəʊdərənt/ *n* [C,U] dezodorant

de·part /dɪˈpɑːt/ *v* [I] *formal* odjeżdżać, odlatywać: *The next train for Paris will depart from Platform 2.*

de·part·ment /dɪˈpɑːtmənt/ *n* [C] dział, wydział: *She works in the design department of a large company.*

department store /.ˈ.. ./ *n* [C] dom towarowy

de·par·ture /dɪˈpɑːtʃə/ *n* [C,U] *formal* odjazd, odlot: *Check in at the airport an hour before departure.*

de·pend /dɪˈpend/ *v* **it/that depends** *spoken* to zależy: *"Are you coming to my house later?" "It depends. I might have to work."*

depend on/upon *phr v* [T] **1** zależeć od, być uzależnionym od: *patients who depend on regular blood transfusions* | *Ticket prices may vary, depending on* (=w zależności od) *the time of day.* **2** polegać na: *You can always depend on me.*

de·pend·a·ble /dɪˈpendəbəl/ *adj* niezawodny: *a dependable employee*

de·pen·dant /dɪˈpendənt/ *BrE*, **dependent** *AmE* *n* [C] osoba będąca na czyimś utrzymaniu

de·pen·dent /dɪˈpendənt/ *adj* zależny, uzależniony: *Children of that age are still very dependent on their mothers.* —**dependence** *n* [U] uzależnienie

de·pict /dɪˈpɪkt/ *v* [T] przedstawiać, odmalowywać: *Shakespeare depicts him as a ruthless tyrant.*

de·ploy /dɪˈplɔɪ/ *v* [T] rozmieszczać (*wojsko*)

de·port /dɪˈpɔːt/ *v* [T] deportować —**deportation** /ˌdiːpɔːˈteɪʃən/ *n* [C,U] deportacja

de·pose /dɪˈpəʊz/ *v* [T] odsuwać od władzy: *the deposed dictator*

de·pos·it[1] /dɪˈpɒzɪt/ *n* [C] **1** zaliczka, zadatek: *We put down a deposit on the house yesterday.* **2** wpłata: *I'd like to make a deposit please* (=chciałbym dokonać wpłaty). **3** pokład, złoże: *huge deposits of gold* **4** osad: *too much deposit in a bottle of wine*

deposit[2] *v* [T] wpłacać (*na konto*): *How much would you like to deposit?*

deposit ac·count /.ˈ.. ..ˌ./ *n* [C] rachunek terminowy

dep·ot /ˈdepəʊ/ *n* [C] **1** magazyn **2** *AmE* stacja, dworzec

de·praved /dɪˈpreɪvd/ *adj* niemoralny, zdeprawowany: *They said his pictures were sexually depraved.*

de·press /dɪˈpres/ *v* [T] przygnębiać: *I can't watch the news any more – it depresses me too much.*

de·pressed /dɪˈprest/ *adj* **1** przygnębiony: *She felt lonely and depressed.* **2** dotknięty kryzysem: *depressed areas of the country* —**depressing** *adj* przygnębiający: *a depressing TV programme*

de·pres·sion /dɪˈpreʃən/ *n* [C,U] **1** przygnębienie, depresja: *The patient is suffering from depression.* **2** kryzys, depresja: *the Depression of the 1930s*

de·prive /dɪˈpraɪv/ *v*

deprive sb **of** sth *phr v* [T] pozbawiać: *Prisoners were deprived of sleep for up to three days.*

depth /depθ/ *n* **1** [C,U] głębokość: *Plant the seeds at a depth of about 2cm.* | *What is the depth of the shelves?* **2** [U] głębia: *I was surprised by the depth of his feelings.* | *the depth of the crisis* **3 in depth** dogłębnie: *We need to explore the problem in more depth.*

dep·u·ty /ˈdepjʊti/ *n* [C] zastęp-ca/czyni: *My deputy will be in charge while I'm away.*

der·e·lict /ˈderəlɪkt/ *adj* opuszczony: *a derelict house*

der·i·va·tion /ˌderə̇ˈveɪʃən/ *n* [C,U] pochodzenie (*wyrazu*)

de·rive /dɪˈraɪv/ *v* [T] **derive pleasure/satisfaction from sth** czerpać przyjemność/zadowolenie z czegoś

de·rog·a·to·ry /dɪˈrɒɡətəri/ *adj* uwłaczający: *He made some rather derogatory remarks about my work.*

de·scend /dɪˈsend/ *v*
descend from sb *phr v* [T] **be descended from** pochodzić od, wywodzić się z: *She is descended from a family of French aristocrats.*

D

de·scen·dant /dɪˈsendənt/ *n* [C] potomek: *a descendant of an African king* → porównaj ANCESTOR

de·scent /dɪˈsent/ *n* **1** [C,U] schodzenie, zejście: *The plane began its descent* (=zejście do lądowania). **2** [U] pochodzenie: **be of Russian/German etc descent** *Tara's family is of Irish descent* (=pochodzi z Irlandii).

de·scribe /dɪˈskraɪb/ *v* [T] opisywać: *Police asked the woman to describe her attacker.* | **+ how/what/why etc** *It's hard to describe how I felt.*

de·scrip·tion /dɪˈskrɪpʃən/ *n* [C,U] opis: **+ of** *a description of life in the Middle Ages* | **give a description** *Police have given a detailed description of the missing child.* —**descriptive** *adj* opisowy

des·ert¹ /ˈdezət/ *n* [C,U] pustynia: *the Sahara desert*

de·sert² /dɪˈzɜːt/ *v* **1** [T] opuszczać, porzucać: *Her boyfriend deserted her when she got pregnant.* | *People have deserted the villages and gone to work in the cities.* **2** [I] z/dezerterować —**desertion** *n* [C,U] porzucenie, dezercja

de·ser·ted /dɪˈzɜːtə̇d/ *adj* opuszczony: *At night the streets are deserted.*

de·sert·er /dɪˈzɜːtə/ *n* [C] dezerter/ka

desert island /ˌ.. ˈ../ *n* [C] bezludna wyspa

de·serve /dɪˈzɜːv/ *v* [T] zasługiwać na: *After all that work you deserve a rest.* | **deserve to do sth** *To be honest, we didn't really deserve to win* (=to zwycięstwo nam się nie należało). —**deserved** *adj* zasłużony —**deservedly** *adv* zasłużenie

de·sign¹ /dɪˈzaɪn/ *n* **1** [U,C] projekt: *We've made one or two changes to the computer's original design.* **2** [C] wzór, deseń: *curtains with a floral design* **3** [U] projektowanie, wzornictwo

design² *v* [I,T] za/projektować: *The palace was designed by an Italian architect.*

des·ig·nate /ˈdezɪɡneɪt/ *v* [T] wyznaczać, desygnować: *The building was designated as a temporary hospital.*

de·sign·er /dɪˈzaɪnə/ *n* [C] **1** projektant/ka: *a fashion designer* **2 designer sportswear/jeans** odzież sportowa/dżinsy zaprojektowane przez kreatora mody

de·sir·a·ble /dɪˈzaɪərəbəl/ *adj* atrakcyjny, godny pożądania: *a desirable job with a big law firm*

de·sire¹ /dɪˈzaɪə/ *n* **1** [C,U] pragnienie, chęć: **+ for** *the desire for knowledge* | **desire to do sth** *She had no desire to marry.* **2** [U] *formal* pożądanie

desire² *v* **1** [T] *formal* pragnąć, życzyć sobie: *He desires only to be left alone.* **2 leave a lot to be desired** *especially spoken* pozostawiać wiele do życzenia: *The standard of teaching in many schools leaves a lot to be desired.*

de·sired /dɪˈzaɪəd/ *adj* **have the desired effect/result** odnieść pożądany skutek: *She wanted to make me look stupid, and her remarks had the desired effect.*

desk /desk/ *n* [C] biurko

de·spair¹ /dɪˈspeə/ *n* [U] rozpacz: **in despair** *Anne buried her head in her hands in despair.*

despair² *v* [I] rozpaczać: *Don't despair – I think we can help you.* | **despair of (doing) sth** (=tracić nadzieję na coś): *They were beginning to despair of ever hearing from their son again.* —**despairing** *adj* rozpaczliwy, zrozpaczony

de·spatch /dɪˈspætʃ/ brytyjska pisownia wyrazu DISPATCH

des·per·ate /ˈdespərə̇t/ *adj* **1** zdesperowany, desperacki: *Joe had been unemployed for over a year and was* *getting desperate.* | *a desperate attempt to escape* **2** rozpaczliwy: *a desperate shortage of food* —**desperately** *adv* rozpaczliwie —**desperation** /ˌdespəˈreɪʃən/ *n* [U] desperacja, rozpacz

de·spic·a·ble /dɪˈspɪkəbəl/ *adj* podły, nikczemny: *You're a despicable liar!*

de·spise /dɪˈspaɪz/ *v* [T] gardzić, pogardzać

de·spite /dɪˈspaɪt/ *prep* **1** mimo, pomimo: *She still loved him despite the way he had treated her.* **2 despite yourself** wbrew sobie: *He smiled at the little girl despite himself.*

des·pot /ˈdespɒt/ *n* [C] despot-a/ka —**despotic** /dɪˈspɒtɪk/ *adj* despotyczny

des·sert /dɪˈzɜːt/ *n* [C,U] deser

des·ti·na·tion /ˌdestəˈneɪʃən/ *n* [C] miejsce przeznaczenia, cel podróży

des·tined /ˈdestənd/ *adj* przeznaczony: **destined to do sth** *She was destined* (=było jej pisane) *to become her country's first woman Prime Minister.*

des·ti·ny /ˈdestəni/ *n* [C,U] los, przeznaczenie: *a nation fighting to control its own destiny*

des·ti·tute /ˈdestətjuːt/ *adj* bez środków do życia: *The floods left thousands of people destitute.*

de·stroy /dɪˈstrɔɪ/ *v* [T] z/niszczyć: *The building was completely destroyed by fire.*

> UWAGA **destroy** i **spoil/ruin**
>
> Kiedy chcemy po angielsku powiedzieć, że coś 'zepsuło' nam przyjemność czegoś, używamy **spoil** lub **ruin**, a nie **destroy**: *The trip was spoilt by bad weather.* | *I've spent weeks planning this surprise for Dad, and now you've ruined it by telling him.* Kiedy chcemy powiedzieć, że coś 'zepsuło' wygląd lub zmniejszyło skuteczność czegoś, również używamy **spoil** lub **ruin**, a nie **destroy**: *I didn't join them on their walk because I didn't want to spoil my new shoes.* | *If you open the camera, you'll ruin the film.*

de·struc·tion /dɪˈstrʌkʃən/ *n* [U] zniszczenie: **+ of** *the destruction of the ozone layer* —**destructive** *adj* niszczycielski, destruktywny

de·tach /dɪˈtætʃ/ *v* [T] odczepiać: *You can detach the hood from the jacket.* —**detachable** *adj* odczepiany

de·tached /dɪˈtætʃt/ *adj* **1** obojętny: *Smith remained cold and detached throughout his trial.* **2 detached house** *BrE* dom wolno stojący —**detachment** *n* [C,U] obojętność, dystans

de·tail[1] /ˈdiːteɪl/ *n* [C,U] szczegół, detal: *The documentary included a lot of historical detail.* | **in detail** (=szczegółowo): *He describes the events in great detail.*

detail[2] *v* [T] wyszczególniać: *The list detailed everything we would need for our trip.*

de·tailed /ˈdiːteɪld/ *adj* szczegółowy: *a detailed analysis of the text*

de·tain /dɪˈteɪn/ *v* [T] zatrzymywać: *The police have detained two men for questioning.* | *I mustn't detain you, I know you are very busy.*

de·tect /dɪˈtekt/ *v* [T] **1** wykrywać: *Small quantities of poison were detected in the dead man's stomach.* **2** wyczuwać: *Paul detected a note of disappointment in his mother's voice.* —**detection** *n* [U] wykrycie —**detectable** *adj* wyczuwalny

de·tec·tive /dɪˈtektɪv/ *n* [C] detektyw, oficer śledczy

de·tec·tor /dɪˈtektə/ *n* [C] wykrywacz: *a metal detector*

de·ten·tion /dɪˈtenʃən/ *n* **1** [U] areszt, zatrzymanie **2** [C,U] **be in detention** zostawać za karę po lekcjach

de·ter /dɪˈtɜː/ *v* [T] **-rred, -rring** odstraszać: *security measures aimed at deterring shoplifters*

de·ter·gent /dɪˈtɜːdʒənt/ *n* [C,U] detergent

de·te·ri·o·rate /dɪˈtɪəriəreɪt/ *v* [I] pogarszać się: *David's health deteriorated rapidly.* —**deterioration** /dɪˌtɪəriəˈreɪʃən/ *n* [U] pogorszenie

de·ter·mi·na·tion /dɪˌtɜːməˈneɪʃən/ *n* [U] wytrwałość, determinacja

D

de·ter·mine /dɪ'tɜːmᵻn/ *v* [T] **1** *formal* ustalać: *Experts have been unable to determine the cause of the explosion.* **2** wyznaczać: *The date of the court case was yet to be determined.*

de·ter·mined /dɪ'tɜːmᵻnd/ *adj* zdecydowany: *He was determined to become an artist.* | **+ (that)** *I'm determined that my children should have the best education possible.*

de·ter·min·er /dɪ'tɜːmᵻnə/ *n* [C] określnik: *In the phrases "the car" and "some new cars", "the" and "some" are determiners.*

D

de·ter·rent /dɪ'terənt/ *n* [C] czynnik odstraszający: *an effective deterrent to car thieves*

de·test /dɪ'test/ *v* [T] nienawidzić, nie cierpieć: *I was going out with a boy my mother detested.*

det·o·nate /'detəneɪt/ *v* **1** [I] wybuchać **2** [T] z/detonować: *Nuclear bombs were detonated in tests in the desert.* —**detonation** /ˌdetə'neɪʃən/ *n* [C,U] detonacja —**detonator** *n* [C] detonator

de·tour /'diːtʊə/ *n* [C] objazd

de·tract /dɪ'trækt/ *v*

detract from *phr v* [T] umniejszać: *One small mistake isn't going to detract from your achievements.*

det·ri·ment /'detrᵻmənt/ *n* **to the detriment of** ze szkodą dla: *He started working longer hours, to the detriment of his health.* —**detrimental** /ˌdetrᵻ'mentl◂/ *adj* szkodliwy, zgubny

de·val·ue /diː'væljuː/ *v* **1** [T] nie doceniać: *The skills of women were often devalued.* **2** [I,T] z/dewaluować (się) —**devaluation** /diːˌvælju'eɪʃən/ *n* [C,U] dewaluacja

dev·a·state /'devəsteɪt/ *v* [T] z/niszczyć doszczętnie, s/pustoszyć: *Bombing raids devastated the city of Dresden.* —**devastation** /ˌdevə'steɪʃən/ *n* [U] zniszczenie, spustoszenie

dev·a·stat·ed /'devəsteɪtᵻd/ *adj* zdruzgotany: *Ellen was devastated when we told her what had happened.*

dev·a·stat·ing /'devəsteɪtɪŋ/ *adj* **1** niszczycielski: *Chemical pollution has had a devastating effect on the environment.* **2** druzgocący: *Losing your job can be a devastating experience.*

de·vel·op /dɪ'veləp/ *v* **1** [I,T] rozwijać (się): *plans to develop the local economy* | **+ into** *Wright is fast developing into one of this country's most talented players.* **2** [T] opracowywać: *scientists developing new drugs to fight AIDS* **3** [T] nabawić się: *Her baby developed a fever during the night.* **4** [I] narastać: *A crisis seems to be developing within the Conservative Party.* **5** [T] wywoływać: *I must get my holiday photos developed.* **6** [T] zagospodarowywać: *Much of the land in the south-east of the county has now been developed.* —**developed** *adj* rozwinięty: *developed countries*

de·vel·op·er /dɪ'veləpə/ *n* [C] inwestor budowlany

de·vel·op·ment /dɪ'veləpmənt/ *n* **1** [C,U] rozwój: *Vitamins are necessary for a child's growth and development.* | **+ of** *the development of computer technology* **2** [C] wydarzenie: *Our reporter has news of the latest developments in Moscow.* **3** [C] teren zabudowany, osiedle: *a new housing development* (=osiedle mieszkaniowe)

de·vi·ate /'diːvieɪt/ *v* [I] odbiegać, odstawać: **+ from** *The results of the survey deviate from what we might have expected.* —**deviation** /ˌdiːvi'eɪʃən/ *n* [C,U] odchylenie, dewiacja

de·vice /dɪ'vaɪs/ *n* [C] urządzenie: *labour-saving devices such as washing machines and dishwashers*

dev·il /'devəl/ *n* **1** [C] diabeł **2 the Devil** szatan **3 speak/talk of the devil** *spoken* o wilku mowa

de·vi·ous /'diːviəs/ *adj* przebiegły, podstępny: *a devious scheme for making money*

de·vise /dɪ'vaɪz/ *v* [T] wymyślać: *software that allows you to devise your own computer games*

de·void /dɪˈvɔɪd/ *adj* **devoid of sth** pozbawiony czegoś: *The area is completely devoid of charm.*

de·vote /dɪˈvəʊt/ *v* [T] **devote time/effort to sth** poświęcać czemuś czas/wysiłek: *She devoted most of her spare time to tennis.* | *A whole chapter is devoted to the question of the environment.*

de·vot·ed /dɪˈvəʊtəd/ *adj* oddany: *I'm one of your most devoted admirers!* | **+ to** *She's devoted to her cats.*

de·vo·tion /dɪˈvəʊʃən/ *n* [U] **1** oddanie: *Their devotion to each other grew stronger over the years.* **2** poświęcenie: *devotion to duty* **3** pobożność

de·vour /dɪˈvaʊə/ *v* [T] pożerać: *She devoured three burgers and a pile of fries.*

de·vout /dɪˈvaʊt/ *adj* pobożny: *a devout Catholic*

dew /djuː/ *n* [U] rosa

dex·ter·i·ty /dekˈsterəti/ *n* [U] zręczność

di·a·be·tes /ˌdaɪəˈbiːtiːz/ *n* [U] cukrzyca —**diabetic** /-ˈbetɪk◂/ *adj* chory na cukrzycę

di·ag·nose /ˈdaɪəgnəʊz/ *v* [T] rozpoznawać, z/diagnozować: *He was diagnosed HIV positive in 1982.*

di·ag·no·sis /ˌdaɪəgˈnəʊsəs/ *n* [C,U] *plural* **diagnoses** /-siːz/ diagnoza, rozpoznanie —**diagnostic** /-ˈnɒstɪk/ *adj* diagnostyczny: *diagnostic tests/methods*

di·ag·o·nal /daɪˈægənəl/ *adj* ukośny —**diagonal** *n* [C] przekątna —**diagonally** *adv* po przekątnej: *Tony was sitting diagonally opposite me.*

di·a·gram /ˈdaɪəgræm/ *n* [C] diagram, schemat: **+ of** *a diagram of a car engine*

dial[1] /daɪəl/ *v* [I,T] **-lled, -lling** *BrE*, **-led, -ling** *AmE* wybierać, wykręcać: *Sorry, I must have dialled the wrong number.*

dial[2] *n* [C] **1** wskaźnik: *She looked at the dial to check her speed.* **2** tarcza (*telefonu, zegara*) **3** pokrętło

di·a·lect /ˈdaɪəlekt/ *n* [C,U] dialekt, gwara: *a regional dialect*

di·a·logue /ˈdaɪəlɒg/ (*także* **dialog** *AmE*) *n* [C,U] dialog: *The dialogue in the movie didn't seem natural.* | **+ between/with** *an opportunity for dialogue between the opposing sides*

di·am·e·ter /daɪˈæmətə/ *n* [C,U] średnica: *The wheel was about two feet in diameter.*

di·a·mond /ˈdaɪəmənd/ *n* **1** [C,U] diament, brylant: *a diamond ring* **2** [C] romb **3 diamonds** karo

di·a·per /ˈdaɪəpə/ *n* [C] *AmE* pieluszka

di·a·phragm /ˈdaɪəfræm/ *n* [C] przepona

di·ar·rhoea /ˌdaɪəˈrɪə/ *BrE*, **diarrhea** *AmE n* [U] biegunka, rozwolnienie

di·a·ry /ˈdaɪəri/ *n* [C] **1** pamiętnik **2** terminarz, kalendarz

dice[1] /daɪs/ *n* [C] *plural* **dice** [C] kostka do gry: **throw/roll the dice** *Throw the dice to start the game.*

dice[2] *v* [T] po/kroić w kostkę: *diced carrots*

dic·tate /dɪkˈteɪt/ *v* [I,T] po/dyktować: **dictate sth to sb** *She dictated the letter to her secretary.*

dic·ta·tion /dɪkˈteɪʃən/ *n* [C,U] dyktando: *French dictation*

dic·ta·tor /dɪkˈteɪtə/ *n* [C] dyktator/ka —**dictatorial** /ˌdɪktəˈtɔːriəl◂/ *adj* dyktatorski

dic·ta·tor·ship /dɪkˈteɪtəʃɪp/ *n* [C,U] dyktatura

dic·tion·a·ry /ˈdɪkʃənəri/ *n* [C] słownik

did /dɪd/ *v* czas przeszły od DO

did·n't /ˈdɪdnt/ forma ściągnięta od "did not"

die /daɪ/ *v* **died, died, dying 1** [I,T] umierać: *He died a natural death* (=umarł śmiercią naturalną). | **+ of/from** *She died of breast cancer.* **2** zdychać: *Hector's upset because his dog's just died.* **3 be dying for something/be dying to do sth** *spoken* marzyć o czymś/żeby coś zrobić: *I'm dying to meet her.*

die away *phr v* [I] zanikać, u/cichnąć: *The footsteps died away.*

die down *phr v* [I] o/słabnąć, u/cichnąć: *The wind finally died down this morning.*

die out *phr v* [I] wymierać: *The last wolves in this area died out 100 years ago.*

> **UWAGA die**
>
> Zwykle po **die** używa się przyimka **of**: *He died of a heart attack.* Można też użyć przyimka **from**, szczególnie wtedy, gdy śmierć nastąpiła w wyniku odniesionych ran: *She was shot twice, and died later from her wounds.*

D

die·sel /ˈdiːzəl/ *n* [U] olej napędowy, ropa

di·et[1] /ˈdaɪət/ *n* [C,U] dieta: *A healthy diet and exercise are important for good health.* | *a low-fat diet* | *go on a diet* | **be on a diet** (=być na diecie)

diet[2] *v* [I] być na diecie, odchudzać się

dif·fer /ˈdɪfə/ *v* [I] **1** różnić się: **+ from** *The new system differs from the old in several important ways.* **2** nie zgadzać się: *He differed with his brother on how to look after their parents.*

dif·fe·rence /ˈdɪfərəns/ *n* **1** [C] różnica: **+ between** *There are many differences between public and private schools.* | *There's an age difference of 12 years between me and my wife.* | **difference in age/price/size etc** *The two jackets might look the same, but there's a huge difference in price.* **2 make a big difference/make all the difference (to)** mieć ogromny wpływ (na): *Swimming twice a week can make a big difference to the way you feel.* **3 make no difference** nie robić różnicy: *It makes no difference to me what you do.* **4 difference of opinion** różnica poglądów

dif·fe·rent /ˈdɪfərənt/ *adj* **1** inny, różny: *Have you had a haircut? You look different* (=wyglądasz inaczej). | **+ from** *New York and Chicago are very different from each other.* | **+ to** *BrE*/**+ than** *AmE Life in Russia is totally different to life in Britain.* **2** [only before noun] różny: *I asked three different doctors, and they all said the same thing.* | *She visited his office on three different occasions.* —**differently** *adv* inaczej, różnie

dif·fe·ren·ti·ate /ˌdɪfəˈrenʃieɪt/ *v* [I,T] rozróżniać, różnicować: **+ between** *Most people couldn't differentiate between the two drinks.* —**differentiation** /ˌdɪfərenʃiˈeɪʃən/ *n* [U] zróżnicowanie: *socio-economic differentiation*

dif·fi·cult /ˈdɪfɪkəlt/ *adj* trudny: *She finds English very difficult.* | *Simon was often moody and difficult.* | **it is difficult to do sth** *It was difficult to concentrate because of all the noise.*

dif·fi·cul·ty /ˈdɪfɪkəlti/ *n* **1** [U] trudność: **have difficulty (in) doing sth** (=mieć problemy z czymś): *David's having difficulty finding a job.* | **with difficulty** (=z trudem): *She got out of her chair with difficulty.* **2** [C,U] trudność, problem: *a country with economic difficulties*

dif·fuse[1] /dɪˈfjuːz/ *v* [I,T] rozpowszechniać, szerzyć: *to diffuse knowledge*

dif·fuse[2] /dɪˈfjuːs/ *adj formal* rozproszony: *a large and diffuse organization*

dig[1] /dɪg/ *v* **dug, dug, digging** [I,T] wy/kopać: *The kids had dug a huge hole in the sand.*

dig into *phr v* [I,T **dig** sth **into** sth] wbijać (się): *The cat kept digging its claws into my leg.*

dig sth ↔ **out** *phr v* [T] odgrzebać, odkopać: *Remind me to dig out that book for you.*

dig sth ↔ **up** *phr v* [T] **1** wykopywać: *Beth was in the garden digging up weeds.* **2** wydobyć na jaw

dig[2] *n* [C] wykopalisko: *an archaeological dig*

di·gest /daɪˈdʒest/ *v* [T] **1** s/trawić: *Some babies can't digest cows' milk.* **2** przetrawić: *It took us a while to digest the news.* —**digestible** *adj* strawny

di·ges·tion /daɪˈdʒestʃən/ *n* [C,U] trawienie

di·git /ˈdɪdʒɪt/ *n* [C] **1** cyfra: *a seven-digit phone number* **2** *technical* palec

di·gi·tal /ˈdɪdʒ̍tl/ *adj* cyfrowy: *a digital watch/clock* | *a digital recording*

dig·ni·fied /ˈdɪgn̍faɪd/ *adj* dostojny, pełen godności: *a dignified leader*

dig·ni·ta·ry /ˈdɪgn̍təri/ *n* [C] dygnitarz: *foreign dignitaries*

dig·ni·ty /ˈdɪgn̍ti/ *n* [U] godność, dostojeństwo: *a woman of compassion and dignity*

di·lap·i·dat·ed /d̍ˈlæp̍deɪt̍d/ *adj* rozpadający się: *a dilapidated building*

di·lem·ma /d̍ˈlemə/ *n* [C] dylemat: **be in a dilemma** (=być w rozterce): *He's in a dilemma about whether to accept the job or not.*

dil·i·gent /ˈdɪl̍dʒənt/ *adj* pilny: *a diligent student* —**diligently** *adv* pilnie —**diligence** *n* [U] pilność

di·lute /daɪˈluːt/ *v* [T] rozcieńczać: *diluted fruit juice* —**dilute** *adj* rozcieńczony

dim[1] /dɪm/ *adj* **1** przyćmiony, niewyraźny: *the dim light of a winter evening* **2 dim memory/awareness** mgliste wspomnienie/pojęcie

dim[2] *v* [I,T] **-mmed, -mming** przyciemniać: *Could you dim the lights a little?*

dime /daɪm/ *n* [C] dziesięciocentówka

di·men·sion /daɪˈmenʃən/ *n* **1** [C] wymiar: **new/different dimension** *The baby has added a whole new dimension to their life.* **2** [plural] rozmiary: *What are the dimensions of the room?*

di·min·ish /d̍ˈmɪnɪʃ/ *v* [I,T] zmniejszać (się), maleć: *the country's diminishing political influence*

di·min·u·tive /d̍ˈmɪnj̍tɪv/ *adj formal* niewielki, drobny

dim·ple /ˈdɪmpəl/ *n* [C] dołeczek (*w brodzie, policzku*)

din /dɪn/ *n* [singular] hałas

dine /daɪn/ *v* [I] *formal* jeść obiad

dine out *phr v* [I] *formal* jeść obiad poza domem/w restauracji

din·er /ˈdaɪnə/ *n* [C] **1** *especially AmE* tania restauracja **2** gość (*w restauracji*)

din·ghy /ˈdɪŋgi/ *n* [C] łódka, szalupa

dining room /ˈ.. ./ *n* [C] jadalnia

din·ner /ˈdɪnə/ *n* [C,U] obiad: *What time's dinner?*

> UWAGA **dinner**
>
> Patrz **supper** i **dinner**.

dinner jack·et /ˈ.. ˌ../ *n* [C] *BrE* smoking

di·no·saur /ˈdaɪnəsɔː/ *n* [C] dinozaur: *fossilized dinosaur bones*

dip[1] /dɪp/ *v* **-pped, -pping 1** [T] za/maczać, zanurzać: **dip sth in/into sth** *Janet dipped her feet into the water.* **2** [I] *informal* spadać, obniżać się: *Temperatures dipped below freezing.*

dip[2] *n* **1** [C,U] sos (*do maczania*): *a sour cream dip* **2** [C] zagłębienie (terenu): *a dip in the road* **3** [C] spadek: *a dip in prices* **4** [singular] *informal* kąpiel: *Is there time for a dip before lunch?* | **have/take a dip** (=popływać): *They've decided to take a dip in the lake before lunch.*

di·plo·ma /d̍ˈpləʊmə/ *n* [C] dyplom

di·plo·ma·cy /d̍ˈpləʊməsi/ *n* [U] dyplomacja: *an expert at international diplomacy* | *He handled the problem with great diplomacy.*

dip·lo·mat /ˈdɪpləmæt/ *n* [C] dyplomat-a/ka

dip·lo·mat·ic /ˌdɪpləˈmætɪk◂/ *adj* dyplomatyczny: *Feingold plans to join the diplomatic service.* | *He won't give you a thing unless you're very diplomatic.* —**diplomatically** *adv* dyplomatycznie

di·rect[1] /d̍ˈrekt/ *adj* bezpośredni: *the most direct route to Madrid* | *Over 100 people have died as a direct result of the fighting.* | *It's best to be direct with children when someone in the family dies.* | *Weight increases in direct proportion to mass.* —**directness** *n* [U] bezpośredniość → antonim INDIRECT

direct[2] *v* [T] **1** po/kierować: *Hanley was asked to direct the investigation.* **2** wy/reżyserować: *Barbra Streisand both starred in and directed the movie.* **3** s/kierować: *Can you direct me to the airport?* | *He directed the light towards the house.* | **+ at/towards/against etc** *My criticisms were* *directed at Ken, not at you.* | *an aid effort directed at Rwandan refugees*

direct[3] *adv* bezpośrednio: *You can fly direct from London to Nashville.* | *You'll have to contact the manager direct.*

di·rec·tion /dɪ̇ˈrekʃən/ *n* **1** [C] kierunek, strona: *Suddenly the conversation changed direction.* | **in the direction of sth/in sth's direction** *We walked off in the direction of the hotel.* | **in the opposite direction** (=w przeciwnym kierunku): *Jeff stepped forward, hailing a taxi that was going in the opposite direction.* **2** [U] kierownictwo: **under sb's direction** *The company has become very successful under Martini's direction.* **3 sense of direction** orientacja: *Bill's always getting lost – he has no sense of direction.*

di·rec·tions /dɪ̇ˈrekʃənz/ *n* [plural] instrukcje: *Could you give me directions* (=wskazać mi drogę) *to the bus station?*

di·rec·tive /dɪ̇ˈrektɪv/ *n* [C] zarządzenie

di·rect·ly /dɪ̇ˈrektli/ *adv* **1** bezpośrednio: *It's easier if you order the book directly from the publisher.* **2 directly opposite/in front** dokładnie naprzeciw/przed: *Lucas sat directly behind us.* **3 speak/ask/answer directly** mówić/zapytać/odpowiedzieć wprost

di·rec·tor /dɪ̇ˈrektə/ *n* [C] **1** dyrektor/ka: *Her new job is marketing director.* **2** reżyser: *film director Ken Russell*

di·rec·to·ry /daɪˈrektəri/ *n* [C] **1** spis, katalog **2 telephone directory** książka telefoniczna

dirt /dɜːt/ *n* [U] **1** brud: *The walls were black with age and dirt.* **2** *especially AmE* ziemia: *He dug another spadeful of dirt.* | **dirt road** (=droga gruntowa) **3** *informal* brudy: **dig up (the) dirt on sb** (=szukać na kogoś haka) **4 dirt cheap** tani jak barszcz: *We got the couch dirt cheap in a sale.*

dirt·y[1] /ˈdɜːti/ *adj* **1** brudny: *There's a stack of dirty dishes in the sink.* **2** sprośny, nieprzyzwoity: *dirty jokes* **3** nieuczciwy: *a dirty fighter* | *That was a dirty trick.*

dirty[2] *v* [T] po/brudzić: *Don't dirty your hands.*

dis·a·bil·i·ty /ˌdɪsəˈbɪlɪ̇ti/ *n* [C,U] kalectwo: *She's never let her disability hold back her career in politics.*

dis·a·bled /dɪsˈeɪbəld/ *adj* **1** niepełnosprawny: *a disabled worker* **2 the disabled** niepełnosprawni

dis·ad·van·tage /ˌdɪsədˈvɑːntɪdʒ/ *n* [C] wada, słaba strona: *Your main disadvantage is lack of experience.* | **be at a disadvantage** (=być w niekorzystnej sytuacji): *I was at a disadvantage because I didn't speak French.* —**disadvantageous** /ˌdɪsædvənˈteɪdʒəs/ *adj* niekorzystny —**disadvantaged** *adj* mający gorszy start: *disadvantaged kids from the ghetto*

dis·a·gree /ˌdɪsəˈgriː/ *v* [I] nie zgadzać się: *These reports disagree on many important points.* | **+ with** *Roth doesn't like anybody who disagrees with him.* | **+ about/on** *Those two disagree about everything.*

dis·a·gree·a·ble /ˌdɪsəˈgriːəbəl◂/ *adj* nieprzyjemny: *a disagreeable experience* —**disagreeably** *adv* nieprzyjemnie

dis·a·gree·ment /ˌdɪsəˈgriːmənt/ *n* **1** [C,U] niezgoda, różnica zdań: **+ over/about etc** *She left the company after a disagreement over contracts.* **2** [U] niezgodność: **+ between** *There is considerable disagreement between the statements of the two witnesses.*

dis·ap·pear /ˌdɪsəˈpɪə/ *v* [I] **1** znikać: *She turned around, but the man had disappeared.* **2** ginąć, zanikać: *Many species of plants and animals disappear every year.* —**disappearance** *n* [C,U] zniknięcie, zanik

dis·ap·point /ˌdɪsəˈpɔɪnt/ *v* [T] rozczarować, zawieść: *I'm sorry to disappoint you, but we won't be going on holiday this year.*

dis·ap·point·ed /ˌdɪsəˈpɔɪntɪ̇d◂/ *adj* rozczarowany, zawiedziony: **+ (that)** *He was really disappointed that Kerry couldn't come.*

dis·ap·point·ing /ˌdɪsəˈpɔɪntɪŋ◂/ *adj* niezadowalający, rozczarowujący: *The* *game ended with a disappointing score of 2-2.*

dis·ap·point·ment /ˌdɪsəˈpɔɪntmənt/ *n* **1** [U] rozczarowanie, zawód: **+ at** *Brian's disappointment at not being chosen was obvious.* **2** [C] **be a disappointment** przynosić rozczarowanie, nie spełniać oczekiwań: *What a disappointment that movie was!* | *Kate feels as if she's a disappointment to her family.*

dis·ap·prove /ˌdɪsəˈpruːv/ *v* [I] nie aprobować, nie pochwalać: **+ of** *Her parents disapprove of her lifestyle.* —**disapproval** *n* [U] dezaprobata

dis·arm /dɪsˈɑːm/ *v* [I,T] rozbrajać (się): *Both sides must disarm before the peace talks can begin.* | *Police managed to disarm the man.*

dis·ar·ma·ment /dɪsˈɑːməmənt/ *n* [U] rozbrojenie: *nuclear disarmament*

dis·arm·ing /dɪsˈɑːmɪŋ/ *adj* rozbrajający: *He gave her his most disarming smile.*

di·sas·ter /dɪˈzɑːstə/ *n* [C,U] **1** katastrofa: *an air disaster in which 329 people died* **2** klęska: *As a career move, his latest job was a disaster.*

di·sas·trous /dɪˈzɑːstrəs/ *adj* fatalny, katastrofalny: *It was a disastrous trip from the beginning.*

dis·be·lief /ˌdɪsbəˈliːf/ *n* [U] niedowierzanie: **in disbelief** (=z niedowierzaniem): *I looked at him in disbelief.*

dis·be·lieve /ˌdɪsbəˈliːv/ *v* [T] nie wierzyć w: *I see no reason to disbelieve his story.* —**disbelieving** *adj* niedowierzający: *"Really?" said Simon in a disbelieving tone of voice.*

disc /dɪsk/ *także* **disk** *AmE* *n* [C] **1** dysk, krążek: *a revolving metal disc* **2** płyta → patrz też COMPACT DISC

dis·card /dɪsˈkɑːd/ *v* [T] wyrzucać, pozbywać się: *River birds are often hurt by discarded fishing hooks.*

dis·charge[1] /dɪsˈtʃɑːdʒ/ *v* **1** [T] zwalniać, wypisywać: **+ from** *Blanton was discharged from hospital last night.* **2** [I,T] wydzielać (się): *The wound discharged pus* (=z rany sączyła się ropa).

dis·charge[2] /ˈdɪstʃɑːdʒ/ *n* **1** [U] zwolnienie: *He got married shortly after his discharge from the army.* **2** [C,U] emisja, wydzielanie: *a discharge of toxic waste*

di·sci·ple /dɪˈsaɪpəl/ *n* [C] uczeń/uczennica

dis·ci·pline[1] /ˈdɪsəplən/ *n* [U] dyscyplina: *The school has very high standards of discipline.* | *It took him a lot of hard work and discipline to make the Olympic team.*

discipline[2] *v* [T] **1** narzucać dyscyplinę: *The Parkers are not very good at disciplining their children.* **2** u/karać (*dyscyplinarnie*): *Offenders will be severely disciplined.*

disc jock·ey /ˈ. ˌ../ *n* [C] dyskdżokej

dis·claim /dɪsˈkleɪm/ *v* [T] *formal* wypierać się —**disclaimer** *n* [C] dementi

dis·close /dɪsˈkləʊz/ *v* [T] ujawniać: *The newspaper refused to disclose where their information came from.*

dis·clo·sure /dɪsˈkləʊʒə/ *n* [C,U] ujawnienie: *a disclosure of corruption in the mayor's office*

dis·co /ˈdɪskəʊ/ *n* [C] dyskoteka

dis·col·our /dɪsˈkʌlə/ *BrE*, **discolor** *AmE* *v* [I,T] odbarwiać (się): *Use lemon juice to stop sliced apples from discolouring.* —**discoloration** /dɪsˌkʌləˈreɪʃən/ *n* [C,U] odbarwienie, przebarwienie

dis·com·fort /dɪsˈkʌmfət/ *n* **1** [U] bolesność: *Your injury isn't serious, but it may cause some discomfort.* **2** [C] niewygoda: *the discomforts of long distance travel*

dis·con·nect /ˌdɪskəˈnekt/ *v* [T] odłączać, rozłączać: *Disconnect the cables before you try to move the computer.*

dis·con·tent·ed /ˌdɪskənˈtentəd◂/ *adj* rozczarowany, niezadowolony: **+ with** *After two years, I became discontented with my job.* —**discontent** *n* [U] niezadowolenie

dis·con·tin·ue /ˌdɪskənˈtɪnjuː/ *v* [T] wycofywać (*z obiegu, produkcji*): *My favourite lipstick has been discontinued!*

dis·cord /ˈdɪskɔːd/ *n* [U] *formal* niezgoda, rozdźwięk: *marital discord*

dis·count /ˈdɪskaʊnt/ *n* [C] zniżka, ra-

D

bat: *Sales start Monday, with discounts of up to 50%.*

dis·cour·age /dɪsˈkʌrɪdʒ/ *v* [T] zniechęcać: *Don't be discouraged by your results.* | **discourage sb from doing sth** *They're trying to discourage staff from smoking at work.* ➡ antonim ENCOURAGE

dis·cour·aged /dɪsˈkʌrɪdʒd/ *adj* zniechęcony: *Students may get discouraged* (=mogą się zniechęcić) *if they are criticized too often.* —**discouraging** *adj* zniechęcający

dis·cov·er /dɪsˈkʌvə/ *v* [T] odkrywać: *Columbus discovered America in 1492.* | **+ who/what/how etc** *Did you ever discover who sent you the flowers?* —**discoverer** *n* [C] odkryw-ca/czyni

dis·cov·e·ry /dɪsˈkʌvəri/ *n* [C] odkrycie: *the discovery of oil in Texas* | **make a discovery** (=dokonać odkrycia): *Astronomers have made significant discoveries about our galaxy.*

dis·cred·it /dɪsˈkredɪt/ *v* [T] z/dyskredytować: *The defense lawyer will try to discredit our witnesses.* —**discredit** *n* [U] kompromitacja

di·screet /dɪˈskriːt/ *adj* dyskretny: *It wasn't very discreet of you to call me at the office.* —**discreetly** *adv* dyskretnie

di·screp·an·cy /dɪˈskrepənsi/ *n* [C,U] rozbieżność: **+ between** *If there is any discrepancy between the two reports, make a note of it.*

di·scre·tion /dɪˈskreʃən/ *n* [U] **1** uznanie: *Promotions are left to the discretion* (=są w gestii) *of the manager.* | **at sb's discretion** (=według czyjegoś uznania): *Tipping is entirely at the customer's discretion.* **2** dyskrecja: *This situation must be handled with discretion.*

di·scrim·i·nate /dɪˈskrɪmɪneɪt/ *v* **1 discriminate against** dyskryminować: *She claims that she has been discriminated against on the grounds of sex.* **2** [I,T] odróżniać, rozróżniać: **+ between** *The child must first learn to discriminate between letters of similar shape.*

di·scrim·i·nat·ing /dɪˈskrɪmɪneɪtɪŋ/ *adj* wyrobiony: *We have a large wine list for those of discriminating taste.*

di·scrim·i·na·tion /dɪˌskrɪmɪˈneɪʃən/ *n* [U] **1** dyskryminacja: *sex discrimination* | **+ against** *discrimination against disabled people in employment* **2** rozeznanie

dis·cus /ˈdɪskəs/ *n* [C singular] **1** dysk **2** rzut dyskiem

di·scuss /dɪˈskʌs/ *v* [T] omawiać, prze/dyskutować: *We're meeting today to discuss our science project.* | **discuss sth with sb** *I'd like to discuss this with my father first.*

di·scus·sion /dɪˈskʌʃən/ *n* [C,U] dyskusja: **have a discussion (about sth)** *In class that day they had a discussion about the political parties.* | **under discussion** (=omawiany)

dis·dain /dɪsˈdeɪn/ *n* [U] *formal* pogarda: **+ for** *Mason could not conceal his disdain for uneducated people.* —**disdainful** *adj* pogardliwy

dis·ease /dɪˈziːz/ *n* [C,U] choroba: *heart disease* —**diseased** *adj* chory

dis·em·bark /ˌdɪsɪmˈbɑːk/ *v* [I] wysiadać z samolotu, schodzić na ląd: *The troops disembarked on the beach at dawn.* —**disembarkation** /ˌdɪsembɑːˈkeɪʃən/ *n* [U] wysiadanie

dis·en·tan·gle /ˌdɪsɪnˈtæŋgəl/ *v* **disentangle yourself (from)** wyplątać się (z)

dis·fig·ure /dɪsˈfɪgə/ *v* [T] zniekształcać, oszpecać: *His face was badly disfigured in the accident.*

dis·grace[1] /dɪsˈgreɪs/ *n* hańba, kompromitacja: *The food in that place is a disgrace.* | **+ to sb/sth** *Doctors like you are a disgrace to the medical profession.*

disgrace[2] *v* [T] s/kompromitować: *How could you disgrace us all like that?*

dis·grace·ful /dɪsˈgreɪsfəl/ *adj* skandaliczny: *Your manners are disgraceful!*

dis·guise[1] /dɪsˈgaɪz/ *v* [T] **1** przebierać, u/charakteryzować: **disguise yourself as sb/sth** *She disguised herself as a man* (=przebrała się za mężczyznę). **2** ukrywać: *Dan couldn't disguise his feelings for Katie.*

disguise[2] *n* [C,U] przebranie: *The glasses were part of his disguise.* | **in disguise** (=incognito): *He travelled around in disguise.*

dis·gust[1] /dɪs'gʌst/ *n* [U] wstręt, obrzydzenie: **with disgust** *Everybody looked at me with disgust.* | **in disgust** *We waited an hour before leaving in disgust* (=zdegustowani).

disgust[2] *v* [T] napawać wstrętem —**disgusted** *adj* zdegustowany: *We felt disgusted by the way we'd been treated.*

dis·gust·ing /dɪs'gʌstɪŋ/ *adj* obrzydliwy, wstrętny: *What is that disgusting smell?*

dish /dɪʃ/ *n* [C] **1** półmisek: *a serving dish* | **do the dishes** (=myć naczynia) **2** potrawa: *a wonderful pasta dish*

dis·heart·ened /dɪs'hɑːtnd/ *adj* zrezygnowany, zniechęcony

dis·heart·en·ing /dɪs'hɑːtn-ɪŋ/ *adj* przygnębiający: *It was disheartening to see how little had been done.*

dis·hon·est /dɪs'ɒnəst/ *adj* nieuczciwy: *a dishonest politician* —**dishonesty** *n* [U] nieuczciwość —**dishonestly** *adv* nieuczciwie

dis·hon·our /dɪs'ɒnə/ *BrE*, **dishonor** *AmE n* [U] *formal* hańba: *His behaviour brought dishonour on the family.*

dis·hon·our·a·ble /dɪs'ɒnərəbəl/ *BrE*, **dishonorable** *AmE adj* haniebny, nikczemny

dish·wash·er /'dɪʃˌwɒʃə/ *n* [C] zmywarka (do naczyń)

dis·il·lu·sioned /ˌdɪsəˈluːʒənd◂/ *adj* rozczarowany —**disillusion** *v* [T] pozbawiać złudzeń —**disillusionment** *n* [U] rozczarowanie

dis·in·fect /ˌdɪsən'fekt/ *v* [T] odkażać, z/dezynfekować —**disinfection** *n* [U] dezynfekcja

dis·in·fec·tant /ˌdɪsən'fektənt/ *n* [C,U] środek dezynfekujący/odkażający

dis·in·te·grate /dɪs'ɪntəgreɪt/ *v* [I] rozpadać się: *The whole plane just disintegrated in mid-air.* | *Pam kept the kids when the marriage disintegrated.* —**disintegration** /dɪsˌɪntə'greɪʃən/ *n* [U] rozpad, dezintegracja

dis·in·terest·ed /dɪs'ɪntrəstəd/ *adj* bezstronny: *As a disinterested observer, who do you think is right?*

disk /dɪsk/ *n* [C] **1** dysk, dyskietka **2** amerykańska pisownia wyrazu DISC → patrz też HARD DISK, FLOPPY DISK

disk drive /'. ./ *n* [C] stacja/napęd dysków

dis·kette /dɪs'ket/ *n* [C] dyskietka

disk jock·ey /'. ˌ../ *AmE n* [C] dyskdżokej

dis·like[1] /dɪs'laɪk/ *v* [T] nie lubić: *Why do you dislike her so much?*

dislike[2] *n* [C,U] niechęć: **+ of/for** *She shared her mother's dislike of housework.* | **take a dislike to sb/sth** *They took an instant dislike to each other* (=nie przypadli sobie do gustu).

dis·lo·cate /'dɪsləkeɪt/ *v* [T] zwichnąć: *dislocated shoulder*

dis·loy·al /dɪs'lɔɪəl/ *adj* nielojalny: *He was accused of being disloyal to his country.* —**disloyalty** *n* [U] nielojalność

dis·mal /'dɪzməl/ *adj* beznadziejny, fatalny: *dismal weather*

dis·man·tle /dɪs'mæntl/ *v* [I,T] rozbierać, z/demontować: *Chris dismantled the bike in five minutes.*

dis·may /dɪs'meɪ/ *n* [U] konsternacja: *They were filled with dismay by the news.* | *To their dismay the door was locked.* —**dismay** *v* [T] konsternować: *I was dismayed to hear that you were leaving.*

dis·miss /dɪs'mɪs/ *v* [T] **1** odrzucać: **dismiss sth as** *He dismissed the idea as impossible.* **2** *formal* zwalniać z pracy: *If you're late again you'll be dismissed!* **3** puszczać do domu: *Classes will be dismissed early tomorrow.* —**dismissal** *n* [C,U] zwolnienie

dis·miss·ive /dɪs'mɪsɪv/ *adj* lekceważący

dis·mount /dɪs'maʊnt/ *v* [I] zsiadać: *to dismount from a horse/bicycle/motorcycle*

dis·o·be·di·ent /ˌdɪsə'biːdiənt/ *adj* nieposłuszny: *a disobedient child* —**disobediently** *adv* nieposłusznie —**disobedience** *n* [U] nieposłuszeństwo

D

dis·o·bey /ˌdɪsəˈbeɪ/ *v* [I,T] nie słuchać: *She would never disobey her parents.*

dis·or·der /dɪsˈɔːdə/ *n* **1** [U] bałagan, nieporządek: *The house was in a state of complete disorder.* **2 civil/public disorder** niepokoje społeczne, rozruchy **3** [C] schorzenie, zaburzenie: *a rare liver disorder*

dis·or·der·ly /dɪsˈɔːdəli/ *adj* **1** bezładny, nieporządny: *clothes left in a disorderly heap* **2** chuligański: *Jerry was charged with being drunk and disorderly* (=został oskarżony o zakłócenie porządku publicznego pod wpływem alkoholu). —**disorderliness** *n* [U] zakłócanie porządku publicznego

D

dis·or·gan·ized /dɪsˈɔːgənaɪzd/ (*także* **-ised** *BrE*) *adj* zdezorganizowany, chaotyczny: *The whole meeting was completely disorganized.* —**disorganization** /dɪsˌɔːgənaɪˈzeɪʃən/ *n* [U] dezorganizacja

dis·or·ien·tat·ed /dɪsˈɔːriənteɪtɪ̈d/ *BrE*, **dis·or·i·ent·ed** /dɪsˈɔːrientɪ̈d/ *AmE adj* zdezorientowany: *I'm completely disorientated. Which direction are we heading in?* —**disorientation** /dɪsˌɔːriənˈteɪʃən/ *n* [U] dezorientacja

dis·own /dɪsˈəʊn/ *v* [T] wyrzekać się, wypierać się: *His family disowned him when he decided to marry an actress.*

di·spar·a·ging /dɪˈspærədʒɪŋ/ *adj* lekceważący, pogardliwy

di·spar·i·ty /dɪˈspærɪ̈ti/ *n* [C,U] *formal* nierówność: **+ in/between** *the disparities between rich and poor*

dis·pas·sion·ate /dɪsˈpæʃənɪ̈t/ *adj* trzeźwy, obiektywny: *a dispassionate opinion*

di·spatch[1] /dɪˈspætʃ/ (*także* **despatch** *BrE*) *v* [T] wysyłać, posyłać: *The packages were dispatched yesterday.*

dispatch[2] (*także* **despatch** *BrE*) *n* [C] depesza, doniesienie

di·spel /dɪˈspel/ *v* **-lled, -lling** [T] *formal* rozwiewać: *Mark's calm words dispelled our fears.*

di·spense /dɪˈspens/ *v* [T] wydawać: *The machines in the hall dispense drinks.*

dispense with sth *phr v* [T] obywać się bez, pozbywać się: *Your new computer dispenses with the need for a secretary.*

di·spens·er /dɪˈspensə/ *n* [C] automat, dozownik: *a drinks dispenser | a cash dispenser* (=bankomat)

di·sperse /dɪˈspɜːs/ *v* **1** [I] rozpraszać się, rozchodzić się: *Slowly, the crowds began to disperse.* **2** [T] rozpędzać: *The wind dispersed the smoke. | Police used tear gas to disperse the crowd.*

di·spir·ited /dɪˈspɪrɪ̈tɪ̈d/ *adj* zrezygnowany, zniechęcony

dis·place /dɪsˈpleɪs/ *v* [T] **1** wypierać, zastępować: *Coal has been displaced by natural gas as a major source of energy.* **2** wysiedlać: *Over a million people had been displaced by the war.* —**displacement** *n* [U] wysiedlenie

di·splay[1] /dɪˈspleɪ/ *n* **1** [C,U] wystawa: **be on display** *A collection of African masks will be on display till the end of the month.* **2** pokaz: *a military display | a firework display | an impressive display of skill*

display[2] *v* [T] **1** wystawiać, eksponować: *tables displaying pottery* **2** okazywać: *He displayed no emotion at Helen's funeral.*

dis·pleased /dɪsˈpliːzd/ *adj formal* niezadowolony: *His Majesty was very displeased.*

dis·pos·a·ble /dɪˈspəʊzəbəl/ *adj* jednorazowy: *a disposable toothbrush*

dis·pos·al /dɪˈspəʊzəl/ *n* **1** [U] usuwanie, likwidacja: **+ of** *the safe disposal of radioactive waste* **2 be at sb's disposal** być do czyjejś dyspozycji: *My car and driver are at your disposal.*

dis·pose /dɪˈspəʊz/ *v*

dispose of sth *phr v* [T] **1** pozbywać się: *How did the killer dispose of his victims' bodies?* **2** uporać się z, poradzić sobie z: *The court quickly disposed of the case.*

dis·pro·por·tion·ate /ˌdɪsprəˈpɔːʃənɪ̈t◂/ *adj* niewspółmierny, nieproporcjonalny: *The movie has received a disproportionate amount of publicity.*

dis·prove /dɪsˈpruːv/ *v* [T] obalać, odpierać: *Lane was unable to disprove the accusation.*

di·spute[1] /dɪ'spjuːt/ *n* [C,U] **1** spór: *a pay dispute* | **be in dispute (with sb)** (=spierać się (z kimś)): *Some of the players are in dispute with club owners.* **2 open to dispute** dyskusyjny: *The results of this research are still open to dispute.*

dispute[2] *v* [T] za/kwestionować: *The main facts of Morton's book have never been disputed.*

dis·qual·i·fy /dɪs'kwɒlǝ̇faɪ/ *v* [T] z/dyskwalifikować: **+ from** *Schumacher was disqualified from the race.* —**disqualification** /dɪsˌkwɒlǝ̇fǝ̇'keɪʃǝn/ *n* [C,U] dyskwalifikacja

dis·re·gard /ˌdɪsrɪ'gɑːd/ *v* [T] z/ignorować, nie zważać na: *The judge ordered us to disregard the witness's last statement.* —**disregard** *n* [U] lekceważenie

dis·re·pair /ˌdɪsrɪ'peǝ/ *n* [U] **fall into disrepair** popadać w ruinę: *The old house has been allowed to fall into disrepair.*

dis·rep·u·ta·ble /dɪs'repjǝ̈tǝbǝl/ *adj* podejrzany, o złej reputacji: *a slightly disreputable establishment*

dis·re·spect /ˌdɪsrɪ'spekt/ *n* [U] brak szacunku

dis·re·spect·ful /ˌdɪsrɪ'spektfǝl/ *adj* lekceważący

dis·rupt /dɪs'rʌpt/ *v* [T] zakłócać: *Traffic will be severely disrupted by road works.* —**disruptive** *adj* zakłócający spokój: *The child was disruptive in class.* —**disruption** *n* [C,U] zakłócenie

dis·sat·is·fied /dɪ'sætǝ̇sfaɪd/ *adj* niezadowolony, rozczarowany: **+ with** *If you are dissatisfied with this product, please return it for a full refund.* —**dissatisfaction** /dɪˌsætǝ̇s'fækʃǝn/ *n* [U] niezadowolenie

dis·sect /dɪ'sekt/ *v* [T] przeprowadzać sekcję na

dis·sent /dɪ'sent/ *n* [U] różnice zdań: *political dissent* —**dissenter** *n* [C] dysydent/ka

dis·ser·ta·tion /ˌdɪsǝ'teɪʃǝn/ *n* [C] rozprawa, dysertacja

dis·ser·vice /dɪ'sɜːvǝ̇s/ *n* [U singular] **do sb a disservice** za/szkodzić komuś, działać na czyjąś szkodę: *The new laws have done young people a great disservice.*

dis·si·dent /'dɪsǝ̇dǝnt/ *n* [C] dysydent/ka, opozycjonist-a/ka

dis·sim·i·lar /dɪ'sɪmǝ̇lǝ/ *adj* odmienny, różny —**dissimilarity** /dɪˌsɪmǝ̇'lærǝ̇ti/ *n* [C,U] odmienność

dis·so·ci·ate /dɪ'sǝʊʃieɪt/ *także* **dis·as·so·ci·ate** /ˌdɪsǝ'sǝʊ-/ *v* [T] **dissociate yourself from** odcinać się od: *The company dissociated itself from the comments made by Mr Hoffman.*

dis·solve /dɪ'zɒlv/ *v* **1** [I,T] rozpuszczać (się): *Dissolve the tablets in warm water.* **2** [T] rozwiązywać: *All trade unions were dissolved.* **3** [I] rozwiewać się: *Our fears gradually dissolved.*

dis·suade /dɪ'sweɪd/ *v* [T] *formal* **dissuade sb from (doing) sth** odwieść kogoś od czegoś, wyperswadować komuś coś: *I wish I could have dissuaded Rob from his plan.*

dis·tance[1] /'dɪstǝns/ *n* **1** [C,U] odległość: **short/long distance** *It's just a short distance* (=jest bardzo blisko) *from here to the restaurant.* | **in the distance** (=w oddali): *I glimpsed George's red shirt in the distance.* | **at/from a distance** *The detective followed him at a distance* (=w pewnej odległości). **2 within walking/driving distance** w pobliżu: *The lake is within walking distance of my house.* **3 keep your distance a)** zachowywać dystans: *Managers should keep their distance from employees.* **b)** trzymać się z daleka: *It's not a very friendly area. The neighbours keep their distance.*

distance[2] *v* **distance yourself** odcinać się, z/dystansować się: *The party is distancing itself from its violent past.*

dis·tant /'dɪstǝnt/ *adj* **1** odległy: *the distant hills* | *in the distant past* **2** daleki: *a distant cousin*

dis·taste /dɪs'teɪst/ *n* [U singular] niechęć, niesmak: **+ for** *a distaste for modern art*

dis·taste·ful /dɪs'teɪstfǝl/ *adj* przykry, niesmaczny: *I just want to forget the whole distasteful episode.*

dis·til /dɪ'stɪl/ *BrE*, **distill** *AmE v* [T] **-lled, -lling** destylować: *distilled water* —**distillation** /ˌdɪstə̇'leɪʃən/ *n* [C,U] destylacja

dis·til·le·ry /dɪ'stɪləri/ *n* [C] gorzelnia

dis·tinct /dɪ'stɪŋkt/ *adj* **1** odrębny, oddzielny: *Two entirely distinct languages are spoken in the region.* **2** wyraźny: *A distinct smell of burning came from the kitchen.* —**distinctly** *adv* wyraźnie

dis·tinc·tion /dɪ'stɪŋkʃən/ *n* **1** [C] różnica, rozróżnienie: **+ between** *the distinction between fiction and reality* | **make/draw a distinction** (=rozróżniać): *The author draws a distinction between "crime" and "sin".* **2** [C] wyróżnienie: *Sol had the distinction of leading the delegation.* **3 of distinction** wybitny: *an artist of great distinction*

dis·tinc·tive /dɪ'stɪŋktɪv/ *adj* charakterystyczny: *Chris has a very distinctive laugh.*

dis·tin·guish /dɪ'stɪŋgwɪʃ/ *v* **1** [I,T] rozróżniać: **+ between** *Young children often can't distinguish between TV programs and commercials.* **2** [T] rozpoznawać: *The light was too dim for me to distinguish anything clearly.* **3** [T] odróżniać: *Brightly coloured feathers distinguish the male peacock from the female.* **4 distinguish yourself** wyróżniać się: *He distinguished himself in his final examination.* —**distinguishable** *adj* dostrzegalny, zauważalny

dis·tin·guished /dɪ'stɪŋgwɪʃt/ *adj* wybitny, znakomity: *a distinguished medical career*

dis·tort /dɪ'stɔːt/ *v* [T] zniekształcać, wypaczać: *Journalists distorted what he actually said.* | *Her thick glasses seemed to distort her eyes.* —**distortion** *n* [C,U] zniekształcenie, wypaczenie

dis·tract /dɪ'strækt/ *v* [T] rozpraszać: *Don't distract me while I'm driving!* | **distract sb from sth** (=odrywać czyjąś uwagę od czegoś): *Charles is easily distracted from his studies.* —**distracted** *adj* roztargniony, nieuważny

dis·trac·tion /dɪ'strækʃən/ *n* **1** [C,U] coś, co rozprasza: *I can't study at home – there are too many distractions* (=zbyt wiele rzeczy mnie rozprasza). **2** [C] rozrywka

dis·traught /dɪ'strɔːt/ *adj* zrozpaczony: *A policewoman was trying to calm the boy's distraught mother.*

dis·tress /dɪ'stres/ *n* [U] rozpacz: *Children suffer emotional distress when their parents divorce.*

dis·tress·ing /dɪ'stresɪŋ/ *adj* przykry: *a distressing experience*

dis·trib·ute /dɪ'strɪbjuːt/ *v* [T] **1** rozdzielać, rozdawać: *Can you distribute copies of the report to everyone?* **2** rozprowadzać: *The tape costs $19.95 and is distributed by American Video.* —**distribution** /ˌdɪstrə̇'bjuːʃən/ *n* [U] dystrybucja, rozdział

dis·trib·u·tor /dɪ'strɪbjətə/ *n* [C] dystrybutor/ka

dis·trict /'dɪstrɪkt/ *n* [C] dzielnica, okręg: *a pleasant suburban district*

district at·tor·ney /ˌ.. .'../ *n* [C] *AmE* prokurator rejonowy

dis·trust[1] /dɪs'trʌst/ *n* [U] nieufność: **+ of** *There's a certain distrust of technology among older people.* —**distrustful** *adj* nieufny, podejrzliwy

distrust[2] *v* [T] nie ufać, nie dowierzać: *Meg had always distrusted banks.*

dis·turb /dɪ'stɜːb/ *v* [T] **1** przeszkadzać: *Josh told me not to disturb him before ten.* **2** za/niepokoić: *There were several things about the situation that disturbed him.*

dis·turb·ance /dɪ'stɜːbəns/ *n* **1** [C,U] zakłócenie: *People are complaining about the disturbance caused by the roadworks.* **2** [C] zakłócenie porządku: *The police arrested three men for creating a disturbance at the bar.*

dis·turbed /dɪ'stɜːbd/ *adj* niezrównoważony

dis·turb·ing /dɪ'stɜːbɪŋ/ *adj* niepokojący: *a disturbing increase in violent crime*

ditch[1] /dɪtʃ/ *n* [C] rów, kanał

ditch[2] *v* [T] *informal* pozbyć się: *The team ditched their latest coach.*

dith·er /ˈdɪðə/ *v* [I] nie móc się zdecydować: *She dithered over what to wear.*

dit·to /ˈdɪtəʊ/ *adv* tak samo, tudzież: *There's a meeting on March 2nd, ditto on April 6th.* | *"I love pizza!" "Ditto* (=ja też)*!"*

dive[1] /daɪv/ *v* **dived, diving** [I] **1** skakać do wody, za/nurkować: **+ into** *Harry dived into the swimming pool.* **2** nurkować: *They are diving for gold from the Spanish wreck.* **3** pikować: *The plane dived towards the sea.* —**diving** *n* [U] nurkowanie, skoki do wody

dive[2] *n* [C] **1** skok do wody **2** *informal* spelunka: *We ate at some dive out by the airport.*

div·er /ˈdaɪvə/ *n* [C] nurek: *a scuba diver* (=płetwonurek)

di·verge /daɪˈvɜːdʒ/ *v* [I] rozchodzić się: *At this point the two explanations diverge.* —**divergence** *n* [C,U] rozbieżność —**divergent** *adj* rozbieżny

di·verse /daɪˈvɜːs/ *adj formal* rozmaity, różnorodny: *London is home to people of many diverse cultures.* —**diversity** *n* [U] rozmaitość, różnorodność

di·ver·sion /daɪˈvɜːʃən/ *n* [C] *BrE* objazd

di·vert /daɪˈvɜːt/ *v* [T] **1** skierowywać: *Traffic is being diverted* (=jest kierowany objazdem) *to avoid the accident.* | *Huge salaries for managers divert money from patient care* (=powodują zmniejszenie nakładów na opiekę nad chorymi). **2 divert (sb's) attention from** odwracać (czyjąś) uwagę od: *Tax cuts diverted people's attention from the real economic problems.*

di·vide /dəˈvaɪd/ *v* **1** [I,T] po/dzielić (się): *15 divided by five is three.* | **divide sth into** *The teacher divided the class into groups.* | **divide sth between/among** *Divide the fruit mixture among four glasses.* | **be divided over** *Experts are bitterly divided* (=opinie ekspertów są głęboko podzielone) *over what to do.* **2** [T] oddzielać: **divide sth from** *A curtain divided his sleeping area from the rest of the room.* **3** *także* **divide up** [T] rozdzielać, dzielić: **divide sth between/among** *How do you divide your time between work and family?*

div·i·dend /ˈdɪvədənd/ *n* [C] **1** dywidenda **2 pay dividends** za/procentować

di·vine /dəˈvaɪn/ *adj* boski, boży: *praying for divine guidance*

di·vin·i·ty /dəˈvɪnəti/ *n* [U] teologia

di·vi·sion /dəˈvɪʒən/ *n* **1** [C,U] podział: *the division of Germany* | *deep divisions in the Socialist party* | **+ between** *a division between public and private life* **2** [U] dzielenie → porównaj MULTIPLICATION **3** [C] dział, oddział, wydział: *the financial division of the company* **4** dywizja

di·vorce[1] /dəˈvɔːs/ *n* [C,U] rozwód: *In Britain, one in three marriages ends in divorce.*

divorce[2] *v* [I,T] rozwodzić się (z): *She divorced Malcolm for cruelty.* | **get divorced** (=rozwodzić się): *Ben's parents got divorced when he was nine.* —**divorced** *adj* rozwiedziony: *Her parents are divorced.*

> UWAGA **divorce**
>
> Kiedy chcemy powiedzieć, że ktoś 'rozwodzi się', używamy czasownika **divorce** lub zwrotów **to get a divorce** i **to get divorced**: *Petra's parents divorced when she was about seven years old.* | *It took my sister almost a year to get a divorce.* | *I had just turned ten when my parents got divorced.* Kiedy chcemy powiedzieć, że ktoś 'rozwodzi się z kimś', używamy zwrotu **to divorce sb** lub **to get a divorce from sb**: *She divorced her husband six months ago.* | *Steve says he will marry me if I can get a divorce from my husband.*

di·vor·cée /dəˌvɔːˈsiː/ *n* [C] rozwodnik, rozwódka

DIY /ˌdiː aɪ ˈwaɪ/ *n* [U] *BrE* DO-IT-YOURSELF

diz·zy /ˈdɪzi/ *adj* **feel dizzy** mieć zawroty głowy: *She feels dizzy when she stands up.* —**dizziness** *n* [U] zawroty głowy

DNA /ˌdiː en ˈeɪ/ *n* [U] DNA

D

do[1] /duː/ *auxiliary verb* **did, done, doing 1** służy do tworzenia pytań i przeczeń: *What did you say?* | *Mark doesn't work here any more.* **2** *spoken* służy do tworzenia QUESTION TAGS: *You went to London at the weekend, didn't you* (=prawda)? | *Her dress looks great, doesn't it?* **3** służy do zaakcentowania czasownika głównego: *I did tell you* (=na pewno ci mówiłem) – *you obviously forgot!* | *He really did enjoy the trip* (=naprawdę mu się podobało na wycieczce). **4** zastępuje poprzednio użyty czasownik: *She eats a lot more than I do* (=ona je dużo więcej niż ja). | **so/neither do I** (=ja też/też nie): *She feels really angry and so do I* (=i ja też (jestem zły)). | *Paul didn't like the play and neither did I* (=i mnie też (się) nie (podobała)). → patrz ramka DO

D

do[2] *v* **did, done, doing 1** [T] z/robić: *What are you doing?* | *Have you done your homework yet?* **2 do well/badly** dobrze/źle sobie radzić: *Neil has done much better at school this year.* **3 do sb good** dobrze komuś zrobić: *Let's go to the beach. Come on, it will do you good.* **4 do your hair** u/czesać się **5 do your nails** po/malować sobie paznokcie **6 what do you do?** *spoken* czym się zajmujesz? **7 will/would do** *especially spoken* może być: *The recipe says to use butter but vegetable oil will do.* **8** [T] jechać z prędkością: *That idiot must be doing at least 100 miles an hour!* → patrz ramka DO

do away with *phr v* [T] *informal* z/likwidować, pozbywać się: *The government are planning to do away with this tax altogether.*

do sb **in** *phr v* [T] *informal* załatwić (*zabić*)

do up *phr v* [I,T **do** sth ↔ **up**] **1** zapinać (się), za/wiązać (się): *The skirt does up at the back.* | *Robbie can't do his shoelaces up yet.* **2** odnawiać, od/remontować: *They've done up the old house beautifully.*

do with sth *phr v* **1 be/have to do with** traktować o, mieć związek z: *The lecture is to do with new theories in physics.* | *Jack's job is something to do with television.* **2 could do with** potrzebować: *I could do with a drink* (=muszę się napić).

do without *phr v* **1** [I,T **do without** sth] obywać się (bez): *We couldn't do without the car.* **2 could do without** *spoken* mieć dość: *I could do without all this hassle at work.*

do[3] *n* [C] *informal* impreza: *Jodie's having a big do for her birthday.*

do·cile /ˈdəʊsaɪl/ *adj* potulny: *a docile animal*

dock[1] /dɒk/ *n* **1** [C] nabrzeże **2 the dock** *BrE* ława oskarżonych

dock[2] *v* [I] dobijać do brzegu, za/cumować

doc·tor[1] /ˈdɒktə/ *n* [C] **1** leka-rz/rka: *You should see a doctor about that cough.* **2** doktor: *a Doctor of Philosophy*

doctor[2] *v* [T] s/fałszować, s/preparować: *Do you think the police doctored the evidence?*

doc·tor·ate /ˈdɒktərˌɪt/ *n* [C] doktorat

doc·trine /ˈdɒktrˌɪn/ *n* [C,U] doktryna

doc·u·ment[1] /ˈdɒkjˌʊmənt/ *n* [C] dokument: *legal documents*

doc·u·ment[2] /ˈdɒkjˌʊment/ *v* [T] ukazywać: *The programme documents the life of a teenage mother.*

doc·u·men·ta·ry /ˌdɒkjˌʊˈmentəri◂/ *n* [C] film dokumentalny, dokument: *a documentary about homeless people*

doc·u·men·ta·tion /ˌdɒkjˌʊmənˈteɪʃən/ *n* [U] dokumentacja

dodge /dɒdʒ/ *v* **1** [I,T] uchylać się (przed): *He managed to dodge the other man's fists.* **2** [T] uchylać się przed, unikać: *The President was accused of deliberately dodging the issue.*

does /dəz/ *v* trzecia osoba liczby pojedynczej czasu teraźniejszego od DO

does·n't /ˈdʌznt/ *v* forma ściągnięta od "does not"

dog /dɒg/ *n* [C] pies: *a guard dog* | *I'm just off to walk the dog.*

dog-eared /ˈ. ./ *adj* zniszczony: *a dog-eared book*

DO

Jako zwykły czasownik **do** jest odpowiednikiem polskiego „robić":

*You must **do** it now.* *What is she **doing**?* *Who **did** that?*

Jako czasownika posiłkowego używamy **do** w czasach Present Simple i Past Simple

1 do tworzenia pytań i przeczeń:

***Do** you know this man?* *He **doesn't** understand.*
***Did** they tell you about it?* *We **didn't** see her.*

2 dla podkreślenia twierdzenia:

*I **do** apologise.* („Naprawdę bardzo przepraszam.")
*He **did** seem tired.* („Rzeczywiście wydawał się zmęczony.")

3 dla wzmocnienia polecenia lub prośby:

***Do** be quiet!* („Bądźże cicho!")
***Do** stay a little longer, please!* („Proszę, zostań jeszcze trochę.")

4 w zastępstwie użytego wcześniej czasownika:

a w krótkich odpowiedziach
*'Did he phone?' – 'Yes, he **did**./No, he **didn't**'.* („Dzwonił?" – „Tak./Nie.")

b dla potwierdzenia lub zaprzeczenia wyrażonej przez kogoś opinii:
*'She dances very well.' – 'Yes, she **does**./No, she **doesn't**.'* („Ona bardzo dobrze tańczy." – „Owszem./Wcale nie.")

c w tzw. Question Tags:
*You don't like him, **do** you?* („Nie lubisz go, prawda?")

d w porównaniach dotyczących czynności:
*We work harder than they **do**.* („Pracujemy ciężej niż oni.")

e w uwagach na końcu zdania:
*He didn't want to go, but I **did**.* („On nie chciał iść, ale ja chciałam.")

Odmiana

Czas teraźniejszy

Twierdzenia:	Przeczenia:
I do	*I do not/I don't*
you do	*you do not/you don't*
he does	*he does not/he doesn't*
she does	*she does not/she doesn't*
it does	*it does not/it doesn't*
we do	*we do not/we don't*
they do	*they do not/they don't*
Pytania:	**Pytania przeczące:**
do I?, do you?, does he? itd.	*don't I?, don't you?, doesn't he?* itd.

ciąg dalszy na odwrocie ...

... kontynuacja z poprzedniej strony

Czas przeszły

Twierdzenia:
did (wszystkie osoby)

Przeczenia:
did not/didn't (wszystkie osoby)

Pytania:
did I?, did you?, did he? itd.

Pytania przeczące:
didn't I?, didn't you?, didn't he? itd.

patrz też: ***Auxiliary Verbs, Past Simple, Present Simple, Question Tags, Verb***

dog·ma /ˈdɒgmə/ *n* [C,U] dogmat: *religious dogma*

dog·mat·ic /dɒgˈmætɪk/ *adj* dogmatyczny —**dogmatically** *adv* dogmatycznie

dogs·bod·y /ˈdɒgzˌbɒdi/ *n* [C] *BrE informal* posługacz/ka, popychadło: *I'm just the office dogsbody.*

do·ing /ˈduːɪŋ/ imiesłów czynny od DO

do-it-your·self /ˌ. . .ˈ.◂/ *n* [U] majsterkowanie, zrób to sam

dole[1] /dəʊl/ *n* [U] *BrE* zasiłek (dla bezrobotnych): **be on the dole** *I've been on the dole for six months.*

dole[2] *v*

dole sth ↔ **out** *phr v* [T] wydzielać: *Dad began doling out porridge from the saucepan.*

doll /dɒl/ *n* [C] lalka

dol·lar /ˈdɒlə/ *n* [C] dolar: *The company has a $7 million debt.*

dol·phin /ˈdɒlfɪn/ *n* [C] delfin

do·main /dəˈmeɪn/ *n* [C] *formal* domena: *Politics has traditionally been a male domain.* | *The problem is outside the domain of medical science.*

dome /dəʊm/ *n* [C] kopuła

do·mes·tic /dəˈmestɪk/ *adj* **1** wewnętrzny: *Canada's domestic affairs* **2** krajowy: *domestic flights* **3** domowy: *a victim of domestic violence* | *a domestic animal*

do·mes·ti·cat·ed /dəˈmestɪkeɪtɪd/ *adj* udomowiony, oswojony

dom·i·nant /ˈdɒmɪnənt/ *adj* **1** główny: *TV news is the dominant source of information in our society.* **2** dominujący: *a dominant personality*

dom·i·nate /ˈdɒmɪneɪt/ *v* [I,T] z/dominować: *For sixty years France had dominated Europe.* | *The murder trial has been dominating the news this week.* —**domination** /ˌdɒmɪˈneɪʃən/ *n* [U] zwierzchnictwo, dominacja

dom·i·neer·ing /ˌdɒmɪˈnɪərɪŋ◂/ *adj* apodyktyczny: *a domineering father*

dom·i·no /ˈdɒmɪnəʊ/ *n plural* **dominoes 1** [C] kostka domino **2 dominoes** [U] domino

don /dɒn/ *n* [C] *BrE* nauczyciel akademicki w Oksfordzie lub Cambridge

do·nate /dəʊˈneɪt/ *v* [T] ofiarować: *Our school donated £500 to the Red Cross.*

do·na·tion /dəʊˈneɪʃən/ *n* [C,U] darowizna, datek: **make a donation** *Please make a donation to UNICEF.*

done[1] /dʌn/ *v* imiesłów bierny od DO

done[2] *adj* **1** skończony: *The job's nearly done.* **2** gotowy: *I think the hamburgers are done.* **3 done!** *spoken* zgoda!: *"I'll give you £15 for it." "Done!"* **4 done for** *spoken informal* skończony: *If we get caught, we're done for* (=jak nas złapią, to po nas).

don·key /ˈdɒŋki/ *n* [C] osioł

do·nor /ˈdəʊnə/ *n* [C] **1** ofiarodawca *The Museum received $10,000 from an anonymous donor.* **2** dawca: *a blood/kidney donor*

don't /dəʊnt/ forma ściągnięta od "do not": *I don't know.*

do·nut /ˈdəʊnʌt/ *n* [C] pączek

doo·dle /ˈduːdl/ *v* [I] rysować esy-floresy: *I spent most of the class doodling in my notebook.*

doom[1] /duːm/ *n* [U] fatum: *a sense of*

impending doom (=przeczucie zbliżającej się katastrofy)

doom² *v* [T] **be doomed to (do) sth** być skazanym na coś: *The plan was doomed to failure.* —**doomed** *adj*: *The mission was doomed from the start* (=od początku była skazana na niepowodzenie).

door /dɔː/ *n* **1** [C] drzwi: *Will you shut the door please.* | *I'll lock the back door on my way out.* | *Lisa ran through the door into the garden.* **2 next door** obok, po sąsiedzku: *the people who live next door* **3 at the door** za/pod drzwiami: *There is someone at the front door; can you answer it please?* **4 answer/get the door** otworzyć drzwi **5 door to door** od domu do domu: *a door-to-door salesman* (=domokrążca)

door·bell /ˈdɔːbel/ *n* [C] dzwonek (*u drzwi*)

door han·dle /ˈ. ˌ../ *także* **door·knob** /ˈdɔnɒb/ *n* [C] klamka

door·man /ˈdɔːmæn/ *n* [C] odźwierny

door·step /ˈdɔːstep/ *n* **1** [C] próg **2 on your doorstep** tuż za progiem: *Wow! The beach is right on your doorstep!*

door·way /ˈdɔːweɪ/ *n* [C] wejście: *She stood in the doorway* (=w drzwiach), *unable to decide whether or not to go in.*

dope¹ /dəʊp/ *n* [U] *informal* narkotyk (*szczególnie marihuana*)

dope² *v także* **dope up** [T] *informal* odurzać: *They have to dope the lions before they can catch them.*

dor·mant /ˈdɔːmənt/ *adj* uśpiony: *a dormant volcano* (=drzemiący wulkan)

dor·mi·to·ry /ˈdɔːmɪ̆təri/ *także* **dorm** *informal n* [C] **1** sala sypialna **2** *AmE* dom studencki, akademik

dos·age /ˈdəʊsɪdʒ/ *n* [C] dawka, dawkowanie: *Do not exceed the stated dosage.*

dose¹ /dəʊs/ *n* [C] dawka: *One dose of this should get rid of the problem.* | **in small doses** (=na krótko): *She's OK in small doses, but I wouldn't like to work with her.*

dose² *v także* **dose up** [T] za/aplikować: *Dose yourself up with vitamin C if you think you're getting a cold.*

dos·si·er /ˈdɒsieɪ/ *n* [C] akta, kartoteka: *The police keep dossiers on all suspected criminals.*

dot¹ /dɒt/ *n* **1** [C] kropka, punkt: *The stars look like small dots of light in the sky.* **2 on the dot** *informal* co do minuty: *Penny arrived at nine o'clock on the dot.*

dot² *v* [T] **-tted, -tting** rozsiać: **+ around** *The company now has over 20 stores dotted around the country.*

dote /dəʊt/ *v*

dote on sb/sth *phr v* [T] nie widzieć świata poza: *Steve dotes on his son.* —**doting** *adj* [only before noun] kochający: *He was spoiled by his doting mother.*

dot·ted line /ˌ.. ˈ./ *n* **1** [C] linia kropkowana: *Cut along the dotted lines.* **2 sign on the dotted line** *informal* podpisać się pod czymś (*wyrazić zgodę*)

dot·ty /ˈdɒti/ *adj informal, especially BrE* stuknięty

doub·le¹ /ˈdʌbəl/ *adj* **1** podwójny: *I'll have a double whiskey, please.* | *double doors* | *a double garage* **2** dwuosobowy: *a double room* | *a double bed*

double² *v* [I,T] podwajać: *They offered to double my salary if I stayed with the company.* | **+ in** *Our puppy has doubled in size since we bought it.*

double as sb/sth *także* **double up as** sb/sth *phr v* [T] pełnić równocześnie funkcję: *The sofa doubles as a bed.* | *The bar owner doubles up as the town sheriff.*

double up *także* **double over** *phr v* [I,T **double** sb **up/over**] skręcać (się): *The whole audience was doubled up with laughter.*

double³ *n* sobowtór: *I was sure it was Jane I saw in the pub last night, but perhaps it was her double.*

double⁴ *determiner* **double the amount** dwa razy więcej (niż): *The necklace is worth double the amount we paid for it.*

double bass /ˌdʌbəl ˈbeɪs/ *n* [C] kontrabas

double-breast·ed /ˌ.. ˈ..◂/ *adj* dwurzędowy: *a double-breasted jacket*

D

D

double-check /ˌ.. './ *v* [I,T] upewnić się: *I think I turned off the oven, but I'll double-check.*

double-deck·er /ˌ.. '..◂ / *n* [C] autobus piętrowy

double glaz·ing /ˌ.. '../ *n* [U] *especially BrE* podwójne szyby

double life /ˌ.. './ *n* [C] podwójne życie: *a double life as a spy*

doub·les /'dʌbəlz/ *n* [U] debel

doub·ly /'dʌbli/ *adv* podwójnie: *doubly painful* | *Rita was doubly distrusted, as a woman and as a foreigner.*

doubt[1] /daʊt/ *n* **1** [C,U] wątpliwość: **+ about** *Dad's always had serious doubts about my boyfriend.* | **there is/I have no doubt that** *There was no doubt that* (=nie było wątpliwości co do tego, że) *the witness was telling the truth.* **2 be in doubt** nie być pewnym: *Sonia was in doubt about what to do.* **3 no doubt** *especially spoken* niewątpliwie: *No doubt he's married by now.* **4 no doubt about it** *spoken* co do tego nie ma wątpliwości: *Tommy's a great manager – no doubt about it.* **5 without doubt** *especially spoken* bez wątpienia: *He is, without doubt, the most annoying person I know!*

doubt[2] *v* [T] **1** wątpić w: *Do you doubt her story?* | **+ (that)** *I doubt* (=wątpię, czy) *it will make any difference.* **2** *formal* nie dowierzać, mieć wątpliwości co do: *I sometimes doubt her motives for being so friendly.*

doubt·ful /'daʊtfəl/ *adj* wątpliwy, niepewny: **+ that** *It's doubtful that we'll go abroad this year.* | *a doubtful claim* —**doubtfully** *adv* z powątpiewaniem

doubt·less /'daʊtləs/ *adv* niewątpliwie: *There will doubtless be someone at the party that you know.*

dough /dəʊ/ *n* [U] ciasto

dough·nut /'dəʊnʌt/ *także* **donut** *n* [C] pączek

dour /dʊə/ *adj* srogi: *a dour expression*

dove /dʌv/ *n* [C] gołąb(ek)

down[1] /daʊn/ *adv, prep* **1** na dole, w/na dół: *James is down in the cellar.* | *Lorraine bent down* (=schyliła się) *to kiss the little boy.* | *We ran down the hill* (=zbiegliśmy ze wzgórza). **2** służy do wyrażenia obniżającego się poziomu, stopnia itp.: *Slow down* (=zwolnij)*! You're going too fast.* | *Exports are down* (=eksport spadł) *this year by 10%.* **3** na południ-e/u: *Gail's driving down to London to see her brother.* **4 write/note/take sth down** zapisać/zanotować coś: *Write down your answers on a separate sheet.* | *Can I take down the details please?*

down[2] *adj* [not before noun] **1** nieszczęśliwy: *I've never seen Brett looking so down.* **2** zepsuty: *The computer is down again.*

down[3] *n* [U] puch, meszek

down-and-out /ˌ. . '.◂ / *n* [C] kloszard, bezdomny

down·cast /'daʊnkɑːst/ *adj* przygnębiony, przybity: *The team were understandably downcast after their 4-0 defeat.*

down·fall /'daʊnfɔːl/ *n* [singular] upadek: *Greed will be his downfall* (=chciwość go zniszczy).

down·grade /'daʊngreɪd/ *v* [T] z/degradować: *Scott may be downgraded to assistant manager.*

down·heart·ed /ˌdaʊn'hɑːtɪ̇d◂ / *adj* przygnębiony

down·hill /ˌdaʊn'hɪl◂ / *adv, adj* **1** w dół (zbocza): *The truck's brakes failed and it rolled downhill.* | *downhill skiing* **2 go downhill** pogarszać się: *After Bob lost his job, things went downhill rapidly.* **3 all downhill/downhill all the way** z górki: *The worst is over. It's all downhill from here.* → antonim UPHILL

down·load /ˌdaʊn'ləʊd/ *v* [T] ściągać z serwera: *You must download another file to be able to run this program on your computer.*

down pay·ment /ˌ. '../ *n* [C] zaliczka, pierwsza rata: *We've made a down payment on a new car.*

down·play /ˌdaʊn'pleɪ/ *v* [T] z/bagatelizować: *The police downplayed the seriousness of the situation.*

down·pour /'daʊnpɔː/ *n* [C usually singular] ulewa

down·right /ˈdaʊnraɪt/ *adv* wręcz: *The plan wasn't just risky – it was downright dangerous!*

down·side /ˈdaʊnsaɪd/ *n* **the downside** wada, zła strona: *The downside of the plan is the cost.*

Down's Syn·drome /ˈ. ˌ../ *także* **Downs** *n* [U] zespół Downa: *a Downs baby*

down·stairs /ˌdaʊnˈsteəz◂/ *adv, adj* na dole, na dół: *the downstairs rooms* | *Run downstairs and answer the door.* ➡ antonim UPSTAIRS

> UWAGA **downstairs**
>
> Wyrazów **downstairs** i **upstairs** używamy bez przyimków (**to, in, at** itp.): *The bathroom is downstairs.* | *I ran upstairs to see what all the noise was about.*

down·stream /ˌdaʊnˈstriːm◂/ *adv* z prądem, w dół rzeki

down-to-earth /ˌ.. ˈ.◂/ *adj* praktyczny: *He's a very down-to-earth person.*

down·town /ˌdaʊnˈtaʊn◂/ *adv, adj especially AmE* (do/w) centrum: *Do you work downtown?* | *downtown Los Angeles*

down·trod·den /ˈdaʊnˌtrɒdn/ *adj* poniewierany

down·turn /ˈdaʊntɜːn/ *n* [C usually singular] załamanie: **+ in** *a downturn in the economy*

down·wards /ˈdaʊnwədz/ *także* **downward** *adv* w dół: *Tim fell downwards into the pit.* ➡ antonim UPWARDS — **downward** *adj* [only before noun] zniżkowy: *the downward movement of prices* ➡ antonim UPWARD

down·y /ˈdaʊni/ *adj* puszysty: *a downy chick*

dow·ry /ˈdaʊəri/ *n* [C] posag

doze /dəʊz/ *v* [I] drzemać: *Graham dozed for an hour.*

doze off *phr v* [I] zdrzemnąć się: *I was just dozing off when they arrived.*

doz·en /ˈdʌzən/ *determiner, n* **1** tuzin: *two dozen eggs* **2 dozens (of)** *informal* dziesiątki: *We tried dozens of times.*

Dr skrót od "Doctor"

drab /dræb/ *adj* nieciekawy: *a drab grey coat*

draft[1] /drɑːft/ *n* **1** [C] szkic: **first draft** (=brudnopis): *I've made a first draft of my speech for Friday.* **2** [C] polecenie przelewu **3 the draft** *AmE* pobór

draft[2] *v* [T] **1** na/szkicować, sporządzać projekt: *The House plans to draft a bill on education.* **2** *AmE* powoływać: *Brad's been drafted into the army.*

draft[3] *adj* amerykańska pisownia wyrazu DRAUGHT

drafts·man /ˈdrɑːftsmən/ *n* amerykańska pisownia wyrazu DRAUGHTSMAN

drag[1] /dræg/ *v* **-gged, -gging 1** [I,T] wlec (się): *History lessons always seemed to drag.* | *Your coat's dragging in the mud.* | **drag sth away/along/through etc** *Ben dragged his sledge through the snow.* **2** [T] za/ciągnąć: *My mother used to drag me out to church every week.* **3 drag yourself away (from)** odrywać się (od): *Can't you drag yourself away from the TV for five minutes?*

drag sb/sth **into** sth *phr v* [T] wciągać w: *I'm sorry to drag you into this mess.*

drag on *phr v* [I] ciągnąć się: *The meeting dragged on all afternoon.*

drag sth **out of** sb *phr v* [T] wyciągać z: *The police finally dragged the truth out of her.*

drag[2] *n* **1 what a drag** *informal* co za nuda: *"I have to stay in tonight." "What a drag."* **2** [C] **take a drag on** zaciągać się: *Al took a drag on his cigarette.*

drag·on /ˈdrægən/ *n* [C] smok

drag·on·fly /ˈdrægənflaɪ/ *n* [C] ważka

drain[1] /dreɪn/ *v* **1** [T] odcedzać: *Drain the water from the peas.* **2** [T] osuszać: *They intend to drain the land to make their crops grow better.* **3** [I] obciekać: *Let the pasta drain.* **4** [I] spływać: *The bath water slowly drained away.*

drain[2] *n* **1** [C] odpływ, studzienka ściekowa **2 down the drain** *informal* zmarnowany: *He's failed his driving test again! All that money down the drain.*

drain·age /ˈdreɪnɪdʒ/ *n* [U] kanalizacja

drained /dreɪnd/ *adj* wyczerpany: *I felt completely drained after they had all gone home.*

drain·pipe /ˈdreɪnpaɪp/ *n* [C] *BrE* rura odpływowa

dra·ma /ˈdrɑːmə/ *n* [C,U] dramat

dra·mat·ic /drəˈmætɪk/ *adj* **1** nagły: *a dramatic change in temperature* **2** efektowny, widowiskowy: *a dramatic speech* **3** dramatyczny: *Miller's dramatic works* | *Tristan threw up his hands in a dramatic gesture.* —**dramatically** *adv* dramatycznie

dra·mat·ics /drəˈmætɪks/ *n* **amateur dramatics** teatr amatorski

dram·a·tist /ˈdræmətɪst/ *n* [C] dramaturg, dramatopisa-rz/rka

dram·a·tize /ˈdræmətaɪz/ (*także* **-ise** *BrE*) **1** [T] za/adaptować: *a novel dramatized for TV* **2** [I,T] u/dramatyzować: *Do you always have to dramatize everything?* —**dramatization** /ˌdræmətaɪˈzeɪʃən/ *n* [C,U] adaptacja

drank /dræŋk/ *v* czas przeszły od DRINK

drape /dreɪp/ *v* [T] układać (*tkaninę*) drapować: *Mina's scarf was draped elegantly over her shoulders.* | *The coffin was draped in black* (=owinięta czarnym suknem).

dras·tic /ˈdræstɪk/ *adj* drastyczny: *The President promised drastic changes in health care.* —**drastically** *adv* drastycznie: *Prices have been drastically reduced.*

draught /drɑːft/ *BrE*, **draft** *AmE* *n* **1** [C] przeciąg **2 beer on draught** piwo z beczki

draughts /drɑːfts/ *n* [U] *BrE* warcaby

draughts·man /ˈdrɑːftsmən/, **draftsman** *AmE* kreśla-rz/rka

draw[1] /drɔː/ *v* **drew, drawn, drawing 1** [I,T] na/rysować: *He's good at drawing animals.* | **draw sb sth** *Could you draw me a map?* **2** [T] przysuwać, przyciągać: *I drew my chair closer to the TV set.* **3** [T] ciągnąć: *a cart drawn by a horse* **4** [I,T] *especially BrE* z/remisować: *Inter drew with Juventus last night.* **5 draw the curtains** zaciągać/rozsuwać zasłony **6** [T] wy/losować: *The winning numbers are drawn on Saturday evening.* **7 draw lots** ciągnąć losy: *We drew lots to see who would go first.* **8** [T] wyciągać, wyjmować: *He drew a wallet from his pocket.* | *Suddenly she drew a knife out of her bag.* | *I'd just drawn £50 out of the bank.* **9 draw near** *literary* zbliżać się: *The summer holidays are drawing near.* **10 draw to an end/a close** s/kończyć się: *Another year was drawing to an end.* **11 draw (sb's) attention to sth** zwracać (czyjąś) uwagę na coś: *I'd like to draw your attention to the last paragraph.* **12** [T] przyciągnąć, zainteresować: **draw sb to** *What first drew you to film-making?* **13 draw the line (at sth)** stanowczo odmawiać (zrobienia czegoś): *I don't mind helping you, but I draw the line at telling lies.* **14 draw a distinction** rozróżniać **15 draw a comparison/parallel** porównywać

draw sb ↔ **into** sth *phr v* [T] wciągać w: *Keith refused to be drawn into our argument.*

draw on sth *phr v* [T] czerpać z, wykorzystywać: *A good writer draws on his own experience.*

draw up *phr v* **1** [T **draw** sth ↔ **up**] sporządzać: *We drew up a list of possible options.* **2** [I] zatrzymać się: *A silver Rolls Royce drew up outside the bank.*

draw[2] *n* [C] **1** *especially BrE* remis **2** loteria

draw·back /ˈdrɔːbæk/ *n* [C] wada, minus: *The only drawback to a holiday in Scotland is the weather.*

drawer /drɔː/ *n* [C] szuflada: *the top drawer of the desk*

draw·ing /ˈdrɔːɪŋ/ *n* **1** [C] rysunek: *She showed us a drawing of the house.* **2** [U] rysowanie: *I've never been good at drawing.*

drawing pin /ˈ.. ./ *n* [C] *BrE* pinezka

drawn /drɔːn/ *v* imiesłów bierny od DRAW

dread[1] /dred/ *v* **1** [T] bać się: *Phil's really dreading his interview tomorrow.* | **dread doing sth** *I always used to dread going to the dentist's.* **2 I dread to think** *spoken* strach pomyśleć: *I dread to think what might happen if she finds out.*

dread² *n* [U] strach: *dread of the unknown*

dread·ful /ˈdredfəl/ *adj* okropny: *What dreadful weather!* —**dreadfully** *adv* okropnie

dread·locks /ˈdredlɒks/ *n* [plural] dredy

dream¹ /driːm/ [C] **1** sen: **have a dream** *I had a funny dream last night.* | **bad dream** (=zły sen) **2** marzenie: *It was his dream to play football for his country.*

dream² *v* **dreamed** *or* **dreamt** /dremt/, **dreamed** *or* **dreamt, dreaming 1** [I,T] śnić: *I dreamt that I was back at school.* | *What did you dream about last night* (=co ci się dzisiaj śniło)? | **+ (that)** *I often dream that I'm falling.* **2** [I] marzyć: **+ of** *We dream of having our own home.* | **+ (that)** *Cath never dreamt she'd be offered the job.* **3 sb wouldn't dream of doing sth** *spoken* ktoś nigdy w życiu nie zrobiłby czegoś: *I wouldn't dream of letting my daughter go out on her own at night.*

dream sth ↔ **up** *phr v* [T] wymyślać: *Who dreams up these TV commercials?*

dream³ *adj* **dream car/house** wymarzony samochód/dom: *a dream team to send to the Olympics*

dream·er /ˈdriːmə/ *n* [C] marzyciel/ka

dream·y /ˈdriːmi/ *adj* rozmarzony, marzycielski: *a bright but dreamy child* | *a dreamy look* —**dreamily** *adv* marzycielsko

drear·y /ˈdrɪəri/ *adj* ponury: *a dreary winter's day*

dregs /dregz/ *n* [plural] **1** fusy: *coffee dregs* **2 the dregs of society** męty społeczne

drench /drentʃ/ *v* [T] przemoczyć: *He went out in the storm and got drenched to the skin.* —**drenched** *adj* przemoczony: *Look at you, you're drenched!*

dress¹ /dres/ *v* **1** [I,T] ubierać (się): *Can you dress the kids for me?* | *Dress warmly – it's cold out.* | **get dressed** (=ubierać się): *Hurry up and get dressed!* **2 be dressed** być ubranym: *Are you dressed yet?* | **be dressed in** *She was dressed all in black.* **3 well-dressed/badly-dressed** dobrze/źle ubrany **4 dress a wound/cut** opatrywać ranę/skaleczenie

dress up *phr v* **1** [I] wy/stroić się: *It's only a small party. You don't need to dress up.* **2** [I,T **dress** sb ↔ **up**] przebierać (się): **+ as** *She dressed up as a witch for Halloween.*

> UWAGA **dress (oneself) i get dressed**
>
> Polski czasownik 'ubierać się', tłumaczymy jako **to get dressed**, a nie "to dress" czy "to dress oneself": *I had a shower, got dressed and went to the kitchen.* Zwrotu **to dress oneself** można użyć jedynie mówiąc o dzieciach uczących się dopiero samodzielnie ubierać: *Sally isn't old enough to dress herself yet.* Jeżeli mówimy o ubieraniu kogoś przez inną osobę, możemy użyć czasownika **to dress**: *The nurses have to wash and dress the patients before the doctor sees them.*

dress² *n* **1** [C] sukienka, suknia **2** [U] strój, ubiór: **casual/evening dress** (=strój codzienny/wieczorowy): *It's casual dress for dinner tonight.*

dress·er /ˈdresə/ *n* [C] **1** *BrE* kredens **2** *AmE* komoda

dress·ing /ˈdresɪŋ/ *n* **1** [C,U] sos: *salad dressing* | *French dressing* **2** [C] opatrunek: *The nurse will change your dressing.*

dressing gown /ˈ.. ./ *n* [C] *BrE* szlafrok

dressing room /ˈ.. ./ *n* [C] garderoba (*w teatrze*)

dressing ta·ble /ˈ.. ,../ *n* [C] *BrE* toaletka

dress re·hears·al /ˈ. .,../ *n* [C] próba generalna/kostiumowa

drew /druː/ *v* czas przeszły od DRAW

drib·ble /ˈdrɪbəl/ *v* **1** [I] *BrE* ślinić się: *The baby's dribbling on your jacket.* **2** [I] kapać: *The water dribbled from the tap.* **3** [I,T] dryblować

dried /draɪd/ *v* czas przeszły i imiesłów bierny od DRY

D

drift[1] /drɪft/ *v* [I] dryfować, unosić się: *The boat drifted down the river.* | **+ out/towards/along etc** *We watched the boat drift slowly out to sea.*

drift[2] *n* [C] **1** zaspa: *massive snow drifts* **2 catch/get sb's drift** z/rozumieć, o co komuś chodzi: *I don't speak Spanish very well but I think I got her drift.* **3** dryfowanie: *the drift of the continents away from each other*

drill[1] /drɪl/ *n* **1** [C] wiertarka, wiertło: *an electric drill* | *a dentist's drill* **2 fire/emergency drill** próbny alarm: *We had a fire drill at school yesterday.* **3** [U] musztra

D

drill[2] *v* [I,T] wy/wiercić: *He was drilling holes for the shelves.* | **drill for oil/gas** *drilling for oil in Texas*

drink[1] /drɪŋk/ *v* **drank, drunk, drinking** [I,T] wy/pić: *What would you like to drink?* | *I drink far too much coffee.* | *"Whisky?" "No, thanks, I don't drink."* —**drinking** *n* [U] picie

drink to sb/sth *phr v* [T] wy/pić za: *Let's drink to Patrick's success in his new job.*

> UWAGA **drink** i **have** a cup of tea
>
> Kiedy mówimy o wypiciu filiżanki herbaty czy kawy, zwykle nie używamy czasownika **drink**, lecz **have**: *After the class, we had a cup of coffee.* Czasownika **drink** można użyć jedynie wtedy, kiedy chcemy podkreślić samą czynność picia: *He was so thirsty that he drank the whole cup.*

drink[2] *n* [C,U] **1** napój, picie: *Can I have a drink of water please* (=czy mogę się napić wody)? | *food and drink* **2** drink, alkohol: *Have we got plenty of drink for the party?*

> UWAGA **drink**
>
> Patrz **alcohol**.

drink·er /ˈdrɪŋkə/ *n* [C] pijąc-y/a: **heavy drinker** (=nałogowy pijak)

drip[1] /drɪp/ *v* **-pped, -pping** [I] kapać, ciec: *That tap's still dripping.* | **drip from/off/through etc** *Water was dripping through the ceiling.*

drip[2] *n* **1** [C] kropla: *She put a bucket on the floor to catch the drips.* **2** [singular] kapanie: *the steady drip of rain from the roof* **3** [C] *BrE* kroplówka: *She was put on a drip after the operation.*

drip·ping /ˈdrɪpɪŋ/ *także* **dripping wet** *adj* przemoczony: *Take off your coat – it's dripping wet.*

drive[1] /draɪv/ *v* **drove, driven, driving 1** [I,T] kierować, prowadzić: *I can't drive.* | *Fiona drives a red Honda* (=jeździ czerwoną Hondą). **2** jechać, jeździć: **+ up/down/over etc** *They're driving down to Rome next week.* **3** [T] zawozić: **+ to/back/home etc** *Can I drive you home?* | *Our neighbour's going to drive us to the airport.* **4** [T] przepędzać: *The recent crime wave has driven business away from the area.* **5** [T] napędzać: *The engines drive the ship.* **6** [T] **drive sb crazy/mad** doprowadzać kogoś do szału: *I wish they'd stop that noise! It's driving me crazy.* | **drive sb to sth** *Problems with her marriage drove her to attempt suicide* (=doprowadziły ją do próby samobójstwa). **7** [T] wbijać: *She drove the post into the ground.*

drive at sth *phr v* [T] zmierzać do: *Look, just what are you driving at?*

drive off *phr v* [I] odjeżdżać: *He got into the car and drove off.*

drive[2] *n* **1** [C] jazda, podróż samochodem: *It's a three day drive to Vienna* (=do Wiednia jedzie się trzy dni). **2** *także* **driveway** [C] podjazd, droga dojazdowa **3** [C] popęd: *the male sex drive* **4** [C] akcja, kampania: **economy drive** (=akcja oszczędzania) **5** [U] zapał, determinacja: *Mel's got tremendous drive.* **6** [C singular] stacja/napęd dysków

drive-in /ˈ. ./ *adj* **drive-in restaurant/cinema** restauracja/kino dla zmotoryzowanych

driv·el /ˈdrɪvəl/ *n* [U] brednie: **talk drivel** *He talks such drivel sometimes!*

driv·en /ˈdrɪvən/ *v* imiesłów bierny od DRIVE

driv·er /ˈdraɪvə/ *n* [C] kierowca: *a taxi driver*

drive·way /ˈdraɪvweɪ/ *także* **drive** *n* [C] podjazd, droga dojazdowa

driv·ing[1] /ˈdraɪvɪŋ/ *adj* **1 driving rain/snow** zacinający deszcz/śnieg **2 the driving force (behind sth)** siła napędowa (czegoś): *Masters has been the driving force behind the company's success.*

driving[2] *n* [U] kierowanie, prowadzenie: *His driving is terrible* (=on jest okropnym kierowcą).

driving li·cence /ˈ.. ˌ../ *BrE*, **driver's license** *AmE n* [C] prawo jazdy

driz·zle[1] /ˈdrɪzəl/ *n* [U] mżawka

drizzle[2] *v* [I] mżyć: *Come on, it's only drizzling.*

drone /drəʊn/ *v* [I] buczeć, warczeć: *A plane droned overhead.* —**drone** *n* [singular] buczenie, warkot

drone on *phr v* [I] ględzić: **+ about** *Joe kept droning on about his problems at work.*

drool /druːl/ *v* [I] ślinić się: *At the sight of food the dog began to drool.*

droop /druːp/ *v* [I] opadać, omdlewać: *Can you water the plants? They're starting to droop* (=zaczynają więdnąć).

drop[1] /drɒp/ *v* **-pped, -pping 1** [T] upuszczać: *The dog ran up and dropped a stick at my feet.* **2** [I] spadać: *The temperature dropped to −15° overnight.* | **+ from/off/onto etc** *The bottle rolled off the table and dropped onto the floor.* | *He dropped into his chair* (=opadł na krzesło) *with a sigh.* **3** [T] *także* **drop off** podwozić: *She drops the kids off at school on her way to work.* **4 drop in/by** wpaść (*z wizytą*): *Imran dropped in on his way home from work.* **5** [T] porzucać, zarzucać: *We've dropped the idea of going by plane.* | **drop everything** *When the baby cries her mother drops everything* (=matka rzuca wszystko) *to go and attend to her.* **6** [T] **drop sb from sth** wykluczać kogoś z czegoś: *Morris has been dropped from the team.* **7 drop it** *informal* daj spokój **8 drop sb a line** *informal* skrobnąć do kogoś parę słów **9 drop a hint** napomykać: *I've dropped a few hints about what I want for my birthday.*

drop off *phr v* **1** [I] *informal* zasypiać: *Just as I was dropping off, I heard a noise downstairs.* **2** [I] spadać, obniżać się: *The demand for leaded petrol dropped off in the 1970s.* **3** [T **drop** sb/sth ↔ **off**] podrzucać: *Can you drop me off in town?*

drop out *phr v* [I] wycofywać się: **+ of** *Too many students drop out of college* (=rzuca studia) *in the first year.*

drop[2] *n* **1** [C] kropla: *a tear drop* (=łza) | **+ of** *Add a few drops of lemon juice.* **2** [singular] spadek: **+ in** *a sudden drop in temperature*

drop·pings /ˈdrɒpɪŋz/ *n* [plural] odchody

drought /draʊt/ *n* [C,U] susza

drove /drəʊv/ *v* czas przeszły od DRIVE

drown /draʊn/ *v* **1** [I,T] u/topić (się), u/tonąć: *Over a hundred people were drowned when the ferry sank.* **2** [T] *także* **drown out** zagłuszać: *We put on some music to drown out their yelling.* —**drowning** *n* [C,U] utonięcie

> UWAGA **drown**
>
> Patrz **sink** i **drown**.

drow·sy /ˈdraʊzi/ *adj* senny, śpiący: *The tablets might make you feel drowsy.* —**drowsiness** *n* [U] senność —**drowsily** *adv* sennie

drudg·e·ry /ˈdrʌdʒəri/ *n* [U] harówka, mordęga: *the drudgery of housework*

drug[1] /drʌg/ *n* [C] **1** [usually plural] narkotyk: **take/use drugs** (=brać/zażywać narkotyki): *Many people admit that they took drugs in their twenties.* | **be on drugs** (=narkotyzować się): *She looks as though she's on drugs.* | **drug addict** (=narkoman/ka) **2** lek: *a drug to treat depression*

> UWAGA **drugs**
>
> Patrz **narcotics** i **drugs**.

drug[2] *v* **-gged, -gging** [T] **1** uśpić: *They had to drug the lion before they transported*

D

it. **2** wsypać narkotyk do: *The coffee was drugged.*

drug·store /ˈdrʌgstɔː/ *n* [C] *AmE* drogeria, apteka

drum[1] /drʌm/ *n* [C] **1** bęben(ek) **2 the drums** perkusja: *Jason's learning to play the drums.* **3** beczka

drum[2] *v* [I] **-mmed, -mming** bębnić: *The rain was drumming on the roof.*

drum sth **into** sb *phr v* [T] wbijać do głowy: *The dangers of tobacco were drummed into us at school.*

D

drum·mer /ˈdrʌmə/ *n* [C] perkusist-a/ka, dobosz

drum·stick /ˈdrʌmˌstɪk/ *n* [C] **1** pałka, udko: *chicken drumsticks* **2** pałeczka

drunk[1] /drʌŋk/ *v* imiesłów bierny od DRINK

drunk[2] *adj* **1** pijany **2 get drunk** upijać się: *Bill got really drunk at Sue's party.*

> UWAGA **drunk i drunken**
>
> Kiedy chcemy powiedzieć, że ktoś 'jest pijany', używamy wyrazu **drunk**: *The man is obviously drunk.* | *She was so drunk she could hardly walk.* Wyraz **drunk** nie występuje jednak bezpośrednio przed rzeczownikiem, kiedy to używamy wyrazu **drunken**: *three drunken men in front of the bar.* Wyjątkiem od tej reguły jest *drunk driver.*

drunk[3] *także* **drunk·ard** /ˈdrʌŋkəd/ *n* [C] pija-k/czka

drunk·en /ˈdrʌŋkən/ *adj* [only before noun] **1** pijany: *a drunken crowd* **2** pijacki: *drunken shouting* —**drunkenness** *n* [U] pijaństwo

dry[1] /draɪ/ *adj* suchy: *Can you check if the washing's dry yet?* | *The weather tomorrow will be cold and dry.* | *dry political debates* → antonim WET[1] —**dryness** *n* [U] suchość

dry[2] *v* [I,T] **1** wy/suszyć (się), wy/schnąć: *It'll only take me a few minutes to dry my hair.* **2** wycierać: *I need a towel to dry my hair.* | *Shall I dry the dishes?* —**dried** *adj* suszony: *dried fruit*

dry off *phr v* [I,T **dry** sth ↔ **off**] wy/suszyć (się): *The kids played in the pool and then dried off in the sun.*

dry out *phr v* **1** [I] wy/schnąć: *Put your coat on the radiator to dry out.* **2** [T **dry** sth ↔ **out**] wy/suszyć

dry up *phr v* **1** [I] wyschnąć **2** [I] wyczerpać się: *Our research project was cancelled when the money dried up.*

dry-clean /ˌ. ˈ./ *v* [T] wy/czyścić chemicznie

dry clean·er's /ˌ. ˈ../ *n* [C] pralnia chemiczna

dry·er /ˈdraɪə/ *także* **drier** *n* [C] suszarka: *a hair dryer*

du·al /ˈdjuːəl/ *adj* [only before noun] podwójny: *My wife has dual nationality.*

dub /dʌb/ *v* [T] **-bbed, -bbing 1** z/dubbingować: **dub sth into sth** *an Italian film dubbed into English* **2** przezywać: *They immediately dubbed him 'Fatty'.*

du·bi·ous /ˈdjuːbiəs/ *adj* **1 be dubious** mieć wątpliwości: **+ about** *I'm very dubious about the quality of food in this café* **2** podejrzany: *a dubious character*

duch·ess /ˈdʌtʃəs/ *n* [C] księżna: *the Duchess of York*

duck[1] /dʌk/ *v* **1** [I,T] uchylić (się): *She had to duck her head to get through the doorway.* **2** [T] *informal* unikać: *His speech ducked all the real issues.*

duck[2] *n* [C,U] kaczka: *roast duck*

duck·ling /ˈdʌklɪŋ/ *n* [C] kaczątko, kaczuszka

duct /dʌkt/ *n* [C] przewód, kanał: *the air duct* | *a tear duct*

due[1] /djuː/ *adj* **1 be due** planowo przyjeżdżać: *The flight from Munich was due* (=miał przylecieć) *at 7:48 pm.* | **+ back/in/out etc** *My library books are due back* (=muszę zwrócić książki do biblioteki) *tomorrow.* **2 be due to do sth** mieć coś zrobić: *The film isn't due to start until 10.30* (=ma się zacząć dopiero o 10:30). **3 due to** z powodu: *Our bus was late due to heavy traffic.* **4 be due** być do zapłaty: *The first payment of £25 is now due.* **5** należny: **be due (to sb)** *He never got the recognition he was due* (=nie doczekał się uznania, jakie mu się należało). **6 in due course/time** we właściwym czasie: *Your complaints will be answered in due course.*

due[2] *adv* **due north/east** dokładnie/ bezpośrednio na północ/wschód

due[3] *n* **give sb his/her etc due** oddać komuś sprawiedliwość: *I don't like the man, but to give him his due, he is good at his job.*

du·el /ˈdjuːəl/ *n* [C] pojedynek

dues /djuːz/ *n* [plural] składki: *union dues*

du·et /djuˈet/ *n* [C] duet (*utwór*)

dug /dʌg/ *v* czas przeszły i imiesłów bierny od DIG

duke /djuːk/ *także* **Duke** *n* [C] książę

dull /dʌl/ *adj* **1** nudny: *What a dull party.* **2** pochmurny: *a dull grey sky* **3** głuchy: *I heard a dull thud.* **4** tępy: *a dull ache in my shoulder*

> UWAGA **dull i boring**
>
> Wyraz **dull** w znaczeniu 'nudny' jest stosowany zwykle w odniesieniu do nudnych zdarzeń i czynności oraz w odniesieniu do ludzi, którzy nic nie mówią lub nie mówią nic ciekawego: *We spent a dull afternoon with Peter's friends.* | *She's a nice, polite girl, but rather dull.* (Należy pamiętać, że kiedy wyraz **dull** odnosi się do ludzi, może również znaczyć 'niezbyt zdolny, niezbyt bystry': *He was one of the dullest students I'd ever taught.*) Wyraz **boring** łączy się w sposób naturalny m.in. z następującymi rzeczownikami: *conversation, schoolwork, maths, subject, golf, life, job, book, story, film, lecture, party, exhibition, person, teacher, town, countryside, road, building.*

dumb /dʌm/ *adj* **1** *old-fashioned* niemy **2** *informal, especially AmE* głupi: *What a dumb idea.*

dumb·found·ed /dʌmˈfaʊndɪ̈d/ *adj* oniemiały: *He stared at me, absolutely dumbfounded.*

dum·my /ˈdʌmi/ *n* [C] **1** manekin: *a dressmaker's dummy* **2** makieta, atrapa: *It wasn't a real gun, it was a dummy.* **3** *BrE* smoczek

dump[1] /dʌmp/ *v* [T] **1** rzucać: **dump sth in/on/down etc** *They dumped their bags on the floor and left.* **2** wyrzucać: *Illegal chemicals had been dumped in the river.*

dump[2] *n* [C] **1** wysypisko **2** *informal* dziura, nora: *This town's a real dump.*

dump·ling /ˈdʌmplɪŋ/ *n* [C] kluska: *stew with herb dumplings*

dump·y /ˈdʌmpi/ *adj informal* przysadzisty: *a dumpy little woman*

dune /djuːn/ *n* [C] wydma: *sand dunes*

dung /dʌŋ/ *n* [U] gnój, obornik

dun·ga·rees /ˌdʌŋgəˈriːz/ *n* [plural] *BrE* ogrodniczki

dun·geon /ˈdʌndʒən/ *n* [C] loch

du·o /ˈdjuːəʊ/ *n* [C] duet (*zespół*)

dupe /djuːp/ *v* [T] naciągać: *He was duped into paying $300 to a man who said he was a lawyer.* —**dupe** *n* [C] naiwniak

du·pli·cate[1] /ˈdjuːplɪ̈kɪ̈t/ *adj* zapasowy: *a duplicate key* —**duplicate** *n* [C] duplikat, kopia

du·pli·cate[2] /ˈdjuːplɪ̈keɪt/ *v* [T] powielać, s/kopiować: *The information was duplicated.* | *I'll get these notes typed up and duplicated.*

dur·a·ble /ˈdjʊərəbəl/ *adj* trwały, wytrzymały: *durable clothing* —**durability** /ˌdjʊərəˈbɪlɪ̈ti/ *n* [U] trwałość, wytrzymałość

du·ra·tion /djʊˈreɪʃən/ *n* [U] *formal* czas trwania: *Food was rationed for the duration of the war.*

dur·ing /ˈdjʊərɪŋ/ *prep* podczas, w czasie: *I try to swim every day during the summer.* | *Henry died during the night.*

> UWAGA **during the last few years**
>
> Patrz **for the last few years** i **over/during/in the last few years**.

dusk /dʌsk/ *n* [U] zmierzch, zmrok → porównaj DAWN[1]

D

dust[1] /dʌst/ *n* [U] kurz: *The truck drove off in a cloud of dust.* | *The furniture was covered in dust!*

dust[2] *v* [I,T] po/ścierać kurze (z/w): *Did you dust the living room?*

dust·bin /ˈdʌstbɪn/ *n* [C] *BrE* śmietnik

dust·er /ˈdʌstə/ *n* [C] ściereczka do kurzu

dust·man /ˈdʌstmən/ *n* [C] *plural* **dustmen** *BrE* śmieciarz

dust·pan /ˈdʌstpæn/ *n* [C] szufelka, śmietniczka

dust·y /ˈdʌsti/ *adj* zakurzony: *a dusty room*

du·ty /ˈdjuːti/ *n* **1** [C,U] obowiązek: *The government has a duty to provide education.* | *He was carrying out his official duties as ambassador.* **2 be on/off duty** być na/po służbie/dyżurze: *When I'm off duty I like to play tennis.* | *When does he come on duty* (=kiedy on rozpoczyna służbę)? **3** [C] cło: *Customs duties are paid on goods entering the country.*

duty-free /ˌ.. ˈ.◂/ *adj* wolny od cła, wolnocłowy: *duty-free cigarettes*

du·vet /ˈduːveɪ/ *n* [C] *especially BrE* kołdra

dwarf /dwɔːf/ *n* [C] **1** karzełek, krasnoludek: *Snow White and the Seven Dwarfs* **2** karzeł

dwell /dwel/ *v* **dwelt** /dwelt/ *or* **dwelled, dwelt** *or* **dwelled, dwelling** [I] *literary* mieszkać, zamieszkiwać: *strange creatures that dwell in the forest*

dwell on/upon sth *phr v* [T] rozpamiętywać: *You shouldn't dwell on the past.*

dwell·ing /ˈdwelɪŋ/ *n* [C] *formal* mieszkanie

dwin·dle /ˈdwɪndl/ *v* [I] z/maleć, s/topnieć: *Their stores of food had dwindled away to almost nothing.* | *a dwindling population*

dye[1] /daɪ/ *n* [C,U] barwnik, farba: *hair dye*

dye[2] *v* [T] **dyed, dyed, dyeing** za/farbować, za/barwić: *Sam's dyed his hair green.*

dy·ing /ˈdaɪ-ɪŋ/ *v* imiesłów czynny od DIE

dyke /daɪk/ *także* **dike** *n* [C] **1** grobla **2** *BrE* rów

dy·nam·ic /daɪˈnæmɪk/ *adj* dynamiczny: *a dynamic young businesswoman* —**dynamically** *adv* dynamicznie

dy·nam·ics /daɪˈnæmɪks/ *n* [U plural] dynamika: *the dynamics of power in large businesses*

dy·na·mite /ˈdaɪnəmaɪt/ *n* [U] dynamit

dy·na·mo /ˈdaɪnəməʊ/ *n* [C] *plural* **dynamos** prądnica, dynamo

dyn·a·sty /ˈdɪnəsti/ *n* [C] dynastia: *the Habsburg dynasty* —**dynastic** /dɪˈnæstɪk/ *adj* dynastyczny

dys·en·te·ry /ˈdɪsəntəri/ *n* [U] czerwonka

dys·lex·i·a /dɪsˈleksiə/ *n* [U] dysleksja —**dyslexic** *adj* dyslektyczny

Ee

E /iː/ skrót od EAST lub EASTERN

each /iːtʃ/ *determiner, pron* każdy: *Each bedroom has its own shower.* | *I gave a toy to each of the children.* | **three/half/a piece etc each** *Mum says we can have two cookies each* (=że możemy wziąć po dwa ciastka).

UWAGA **each/every**
Patrz **any** i **each/every** i **all**.

each oth·er /. '../ *pron* się, sobie (wzajemnie): *They kissed each other passionately.*

ea·ger /'iːgə/ *adj* **1** niecierpliwy, podniecony: *crowds of eager tourists* **2 be eager to do sth** nie móc się czegoś doczekać: *I was very eager to meet him.* —**eagerly** *adv* z niecierpliwością: *the eagerly awaited sequel to 'Star Wars'* —**eagerness** *n* [U] gorliwość, zapał

ea·gle /'iːgəl/ *n* [C] orzeł

ear /ɪə/ *n* **1** [C] ucho: *She turned and whispered something in his ear.* **2** słuch: *She has an ear for languages.* | *I've got no ear for music.* **3 be all ears** *informal* zamieniać się w słuch: *Go ahead, I'm all ears.* **4 play it by ear** improwizować: *We'll just play it by ear.* **5** [C] kłos: *an ear of corn*

ear·drum /'ɪədrʌm/ *n* [C] błona bębenkowa

earl /ɜːl/ *także* **Earl** *n* [C] hrabia

ear·ly[1] /'ɜːli/ *adj* **1** wczesny: *We're going to the early evening performance.* | *the early part of the 20th century* **2** zbyt wczesny: *You're early* (=za wcześnie przyszłaś)*! It's only five o'clock!* **3** [only before noun] pierwszy: *early settlers in New England* **4 at the earliest** najwcześniej: *He'll arrive on Monday at the earliest.* **5 the early hours** wczesne godziny ranne **6 have an early night** iść wcześnie spać → antonim LATE

early[2] *adv* **1** przed czasem, wcześniej: *Try to arrive early if you want a good seat.* **2** wcześnie: *We'll have to leave early tomorrow morning.* | *a scene that takes place early in the film* | **early on** (=od początku): *I realized early on that this relationship wasn't going to work.* → antonim LATE

ear·mark /'ɪəmɑːk/ *v* [T] przeznaczać: *The money was earmarked for a new school building.*

ear·muffs /'ɪəmʌfs/ *n* [plural] nauszniki

earn /ɜːn/ *v* **1** [I,T] zarabiać: *She earns nearly £30,000 a year.* | *You won't earn much as a waitress!* **2** [T] zasłużyć (sobie) na: *I think we've earned a rest after all that work!* **3 earn a living** zarabiać na życie: *He earned his living as a writer.*

ear·nest /'ɜːnɪst/ *adj* poważny, przejęty: *an earnest young man* —**earnestly** *adv* z przejęciem

earn·ings /'ɜːnɪŋz/ *n* [plural] zarobki: *Average earnings in Europe have risen by 3%.*

ear·phones /'ɪəfəʊnz/ *n* [plural] słuchawki

ear·plug /'ɪəplʌg/ *n* [C usually plural] zatyczka do uszu

ear·ring /'ɪərɪŋ/ *n* [C usually plural] kolczyk

earth /ɜːθ/ *n* **1** *także* **the Earth** [singular] ziemia, Ziemia: *The space shuttle will return to earth next week.* | *the planet Earth* | *the most beautiful place on earth* → porównaj WORLD **2** [U] ziemia, gleba: *footprints in the wet earth* **3 what/why on earth ...?** *spoken* co/dlaczego na litość boską ...?: *What on earth made you say such a stupid thing?* **4** [C usually singular] *BrE* uziemienie

earth·en·ware /'ɜːθənweə/ *adj* ceramiczny —**earthenware** *n* [U] ceramika

earth·quake /'ɜːθkweɪk/ *n* [C] trzęsienie ziemi

earth·worm /'ɜːθwɜːm/ *n* [C] dżdżownica

ear·wig /'ɪəˌwɪg/ *n* [C] skorek

ease[1] /iːz/ *n* [U] **1 with ease** z łatwością: *It's the ease with which thieves can break in that worries me.* **2 be/feel at your ease** czuć się dobrze: *Nurses do try* *to make patients feel at ease.* | **ill at ease** (=spięty): *He looks so ill at ease in a suit.*

ease[2] *v* [T] z/łagodzić: *The drugs will ease the pain.*

ease off *phr v* [I] zelżeć, osłabnąć: *I'll wait until the rain eases off before I go out.* | *The noise didn't ease off until well after midnight.*

ease up *phr v* [I] przyhamować: *You should ease up or you'll make yourself ill!*

ea·sel /ˈiːzəl/ *n* [C] sztaluga

eas·i·ly /ˈiːzəli/ *adv* **1** łatwo: *This recipe can be made quickly and easily.* | *Teenage parties can easily get out of control.* **2 easily the best/biggest** zdecydowanie najlepszy/największy: *She is easily the most intelligent girl in the class.*

east[1] /iːst/ *n* **1** [U singular] wschód: *The new road will pass to the east of the village.* | *Rain will spread to the east later today.* | *Which way is east* (=w którą stronę jest wschód)? **2 the East** Wschód: *more open trading between the East and the West* | **East-West relations/trade etc** *an improvement in East-West relations*

east[2] *adj* wschodni: *the east coast of the island* | *east wind*

east[3] *adv* na wschód: *12 miles east of Portland*

east·bound /ˈiːstbaʊnd/ *adj* w kierunku wschodnim: *An accident on the eastbound side of the freeway is blocking traffic.*

Eas·ter /ˈiːstə/ *n* [C,U] Wielkanoc: *We went skiing in Vermont at Easter.*

Easter egg /ˈ.. ./ *n* [C] **1** *BrE* czekoladowe jajko wielkanocne **2** *AmE* pisanka

eas·ter·ly /ˈiːstəli/ *adj* wschodni: *sailing in an easterly direction*

east·ern /ˈiːstən/ *adj* **1** wschodni: *the largest city in eastern Iowa* **2** *także* **Eastern** wschodni: *the countries of Eastern Europe* | *Eastern religions* (=religie Wschodu)

east·wards /ˈiːstwədz/ *adv* na wschód: *We sailed eastwards.*

eas·y[1] /ˈiːzi/ *adj* **1** łatwy: *I can answer all these questions – they're easy!* | *Having a computer will make things a lot easier.* **2** spokojny: *If it'll make you feel easier, I'll phone when I get there.* | *He'll do anything for an easy life.*

easy[2] *adv* **1 take it/things easy** nie przemęczać się, oszczędzać się: *The doctor says I must take things easy for a while.* **2 go easy on/with sth** *informal* nie przesadzać z czymś: *Go easy on the wine if you're driving.*

easy-go·ing /ˌ.. ˈ..◂/ *adj* wyrozumiały: *Her parents are pretty easy-going.*

eat /iːt/ *v* **ate, eaten, eating** [I,T] z/jeść: *We usually eat at seven.* | *Eat your dinner!* | *You won't get better if you don't eat.* | **something to eat** *Would you like something to eat* (=czy chciałbyś coś zjeść)?

eat out *phr v* [I] iść/pójść do restauracji: *I don't feel like cooking – let's eat out tonight.*

> UWAGA **eat** i **have** breakfast/lunch/dinner
>
> W znaczeniu 'jeść (śniadanie/obiad/kolację)' używa się czasownika **have**, a nie **eat**: *We had dinner in the hotel restaurant.* Jest tak również w wyrażeniu 'jeść coś na (śniadanie/obiad/kolację)': *What did you have for lunch?* Czasownika **eat** w połączeniu z nazwą posiłku można użyć jedynie wtedy, kiedy chcemy podkreślić samą czynność jedzenia: *James always takes a long time to eat his dinner.*

eaves /iːvz/ *n* [plural] okap: *birds nesting under the eaves*

eaves·drop /ˈiːvzdrɒp/ *v* **-pped, -pping** [I] podsłuchiwać → porównaj OVERHEAR

ebb /eb/ *n* *także* **ebb tide** [singular] odpływ → antonim FLOW[1]

eb·o·ny /ˈebəni/ *n* [C,U] heban

EC /ˌiː ˈsiː◂/ *n* **the EC** Wspólnota Europejska

ec·cen·tric[1] /ɪkˈsentrɪk/ *adj* ekscentryczny: *an eccentric old woman* | *students dressed in eccentric clothing* —**eccentrically** *adv* ekscentrycznie —**eccen-**

tricity /ˌeksenˈtrɪsəti/ *n* [C,U] ekscentryczność

eccentric[2] *n* [C] ekscentry-k/czka

ec·cle·si·as·ti·cal /ɪˌkliːziˈæstɪkəl/ *także* **ecclesiastic** *adj* kościelny: *ecclesiastical history* (=historia kościoła)

ech·o[1] /ˈekəʊ/ *n* [C] *plural* **echoes** echo

echo[2] *v* **echoed, echoed, echoing 1** [I] odbijać się echem: *voices echoing around the cave* **2** [I] rozbrzmiewać echem: *The theatre echoed with laughter and applause.* **3** [T] powtarzać: *This report echoes what I said two weeks ago.*

e·clipse[1] /ɪˈklɪps/ *n* [C] zaćmienie

eclipse[2] *v* [T] **1** przyćmiewać: *His achievement was eclipsed by his sister's success in the final.* **2** zaćmiewać: *The moon is partly eclipsed.*

e·co·friend·ly /ˈiːkəʊˌfrendli/ *adj* ekologiczny: *ecofriendly products*

e·co·lo·gi·cal /ˌiːkəˈlɒdʒɪkəl◂/ *adj* ekologiczny: *ecological problems caused by the huge oil spill* | *an ecological study* —**ecologically** *adv* ekologicznie

e·col·o·gy /ɪˈkɒlədʒi/ *n* [U singular] ekologia —**ecologist** *n* [C] ekolog

ec·o·nom·ic /ˌekəˈnɒmɪk◂/ *adj* ekonomiczny, gospodarczy: *criticism of the government's economic policy* | *economic links with South America* —**economically** *adv* gospodarczo: *an economically undeveloped area*

ec·o·nom·i·cal /ˌekəˈnɒmɪkəl◂/ *adj* oszczędny, ekonomiczny: *an economical method of heating* —**economically** *adv* oszczędnie

ec·o·nom·ics /ˌekəˈnɒmɪks/ *n* [U] ekonomia

e·con·o·mist /ɪˈkɒnəməst/ *n* [C] ekonomist-a/ka

e·con·o·mize /ɪˈkɒnəmaɪz/ (*także* **-ise** *BrE*) *v* [I] oszczędzać: *We're trying to economize on heating.*

e·con·o·my[1] /ɪˈkɒnəmi/ *n* [C] gospodarka: *a capitalist economy* | *the growing economies of southeast Asia* | *the global economy* (=gospodarka światowa)

> UWAGA **economy i economics**
>
> Nie należy używać wyrazu **economy** w znaczeniu 'ekonomia'. Wyraz **economy** jako rzeczownik najczęściej znaczy 'gospodarka', a 'ekonomia' jako nauka lub przedmiot studiów to **economics**: *The government's management of the economy has been severely criticised.* | *He's now in his second year at Oxford, studying economics.*

economy[2] *adj* **economy class** klasa turystyczna: *an economy class air ticket*

e·co·sys·tem /ˈiːkəʊˌsɪstəm/ *n* [C] ekosystem

e·co-war·ri·or /ˈiːkəʊ ˌwɒriə/ *n* [C] ekolog (*protestujący w obronie środowiska*)

ec·sta·sy /ˈekstəsi/ *n* [C,U] ekstaza, uniesienie: *an expression of pure ecstasy*

ec·stat·ic /ɪkˈstætɪk/ *adj* entuzjastyczny, rozentuzjazmowany: *an ecstatic welcome from thousands of people*

ECU /ˈekjuː/ *także* **ecu** *n* [C] jednostka monetarna Unii Europejskiej

ed·dy /ˈedi/ *n* [C] wir, zawirowanie

edge[1] /edʒ/ *n* [C] **1** krawędź, brzeg, skraj: *Just leave it on the edge of your plate.* | *She was standing at the water's edge, looking out to sea.* **2** ostrze: *Careful – that knife's got a very sharp edge!* **3 have the edge on/over** mieć przewagę nad: *This word processor certainly has the edge over the others we have reviewed.* **4 be on edge** być zdenerwowanym: *He's waiting for his exam results, so he's a bit on edge.*

edge[2] *v* **1** [I,T] przeciskać (się), przepychać (się): *The car edged forwards through the crowds.* **2** [T] obszywać: *sleeves edged with lace*

edg·y /ˈedʒi/ *adj* podenerwowany: *You seem a little edgy – what's the matter?*

ed·i·ble /ˈedəbəl/ *adj* jadalny → antonim INEDIBLE

ed·i·fice /ˈedəfəs/ *n* [C] *formal* gmach: *a photo of their Head Office, a grand Victorian edifice*

E

ed·it /ˈedɪt/ *v* [T] z/redagować

e·di·tion /ɪˈdɪʃən/ *n* [C] wydanie: *a new edition of a dictionary* | *in today's edition of The Times* | *last week's edition of "Friends"*

ed·i·tor /ˈedɪtə/ *n* [C] redaktor/ka —**editorial** /ˌedɪˈtɔːriəl◂/ *adj* redakcyjny

ed·i·to·ri·al /ˌedɪˈtɔːriəl◂/ *n* [C] artykuł redakcyjny/wstępny: *an editorial on gun control laws*

ed·u·cate /ˈedjʊkeɪt/ *v* [T] wy/kształcić: *The country should spend more money on educating our children.* | **+ about** *a campaign to educate teenagers about the dangers of smoking*

ed·u·cat·ed /ˈedjʊkeɪtɪd/ *adj* wykształcony: *a well-educated young woman*

ed·u·ca·tion /ˌedjʊˈkeɪʃən/ *n* [U singular] **1** nauczanie, edukacja: *This government believes in the importance of education.* **2** wykształcenie: *They had worked hard to give their son a good education.* ➞ patrz też FURTHER EDUCATION, HIGHER EDUCATION

ed·u·ca·tion·al /ˌedjʊˈkeɪʃənəl◂/ *adj* **1** oświatowy, edukacyjny: *how to improve standards in our educational institutions* **2** pouczający: *an educational experience*

eel /iːl/ *n* [C] węgorz

ee·rie /ˈɪəri/ *adj* niesamowity: *an eerie sound*

ef·fect[1] /ɪˈfekt/ *n* **1** [C,U] skutek: *What effect would a new road have on the village?* **2** [C,U] efekt: *The paintings give an effect of light.* | *a word used just for effect* **3 put sth into effect** wprowadzać coś w życie: *Nothing had been done to put the changes into effect.* **4 come into effect/take effect** wchodzić w życie: *The new law comes into effect from January.* **5 in effect** w praktyce, faktycznie: *It's called a pay rise, but in effect wages will fall.* **6 sth to this/that effect** coś w tym sensie: *The report says he's no good at his job, or words to that effect.*

effect[2] *v* [T] *formal* dokonywać: *I want to effect changes in the management structure of the company.*

ef·fec·tive /ɪˈfektɪv/ *adj* **1** skuteczny: *a very effective treatment for headaches* | *an effective advertising campaign* ➞ antonim INEFFECTIVE **2 be/become effective** zacząć obowiązywać: *These prices are effective from April 1.* —**effectiveness** *n* [U] skuteczność

ef·fec·tive·ly /ɪˈfektɪvli/ *adv* **1** skutecznie: *He didn't deal with the problem very effectively.* **2** faktycznie, w praktyce: *By parking here you effectively prevented everyone from leaving.*

ef·fects /ɪˈfekts/ *n* [plural] *formal* dobytek ➞ patrz też SOUND EFFECTS, SPECIAL EFFECTS

ef·fem·i·nate /ɪˈfemɪnət/ *adj* zniewieściały: *an effeminate man*

ef·fer·vesc·ent /ˌefəˈvesənt◂/ *adj* musujący

ef·fi·cient /ɪˈfɪʃənt/ *adj* sprawny, wydajny: *a very efficient secretary* | *an efficient heating system* ➞ antonim INEFFICIENT —**efficiency** *n* [U] sprawność, wydajność —**efficiently** *adv* sprawnie, wydajnie

ef·fi·gy /ˈefɪdʒi/ *n* [C] kukła

ef·fort /ˈefət/ *n* **1** [U] wysiłek, starania: *It takes a lot of time and effort to organize a concert.* | *I put a lot of effort into this project.* **2** [C,U] próba: *All my efforts at convincing him failed miserably.* | **make an effort (to do sth)** (=spróbować (coś zrobić)): *You could at least make an effort to be polite!*

ef·fort·less /ˈefətləs/ *adj* swobodny: *She swam with smooth effortless strokes.* —**effortlessly** *adv* bez wysiłku

ef·fu·sive /ɪˈfjuːsɪv/ *adj* wylewny: *effusive greetings* —**effusively** *adv* wylewnie

EFL /ˌiː ef ˈel/ English as a Foreign Language; język angielski dla obcokrajowców

e.g. /ˌiː ˈdʒiː/ np.: *citrus fruit, e.g. oranges and grapefruit*

e·gal·i·tar·i·an /ɪˌgælɪˈteəriən/ *adj* egalitarny, egalitarystyczny —**egalitarianism** *n* [U] egalitaryzm

egg[1] /eg/ *n* [C,U] jajko, jajo: *When do*

blackbirds lay their eggs? | *bacon and eggs* (=jajka na bekonie) *for breakfast*

egg[2] *v*

egg sb ↔ **on** *phr v* [T] namawiać: *He was scared to jump, but his friends kept egging him on.*

egg·plant /ˈegplɑːnt/ *n* [C,U] *especially AmE* bakłażan, oberżyna

e·go /ˈiːgəʊ/ *n* [C] poczucie własnej wartości: *That reward was a real boost for my ego.* | **have a big ego** (=mieć wygórowaną opinię na swój temat): *policitians with big egos*

e·go·cen·tric /ˌiːgəʊˈsentrɪk◂/ *adj* egocentryczny

e·go·tis·m /ˈiːgətɪzəm/ *także* **e·go·is·m** /ˈiːgəʊɪzəm/ *n* [U] egoizm —**egotist** *n* [C] egoist-a/ka —**egotistic** /ˌiːgəʊˈtɪstɪk◂/, **egotistical** *adj* egoistyczny, samolubny

eight /eɪt/ *number* **1** osiem **2** (godzina) ósma: *Dinner will be at eight.*

eigh·teen /ˌeɪˈtiːn◂/ *number* osiemnaście —**eighteenth** *number* osiemnasty

eighth /eɪtθ/ *number* **1** ósmy **2** jedna ósma

eigh·ty /ˈeɪti/ *number* osiemdziesiąt —**eightieth** *number* osiemdziesiąty

ei·ther[1] /ˈaɪðə/ *conjunction* **either ... or** albo ... albo: *You can have either tea, coffee, or fruit juice.* | *Either say you're sorry, or get out!*

either[2] *determiner, pron* **1** albo jeden, albo drugi: *There's coffee or tea – you can have either.* | **either of you/them** (=któryś z was/nich dwóch): *Is either of the boys coming?* | *Can either of you lend me £5?* | **either way** (=tak czy owak): *You can get there by train or plane, but either way it's very expensive.* **2 not ... either** ani jeden, ani drugi: *I've lived in New York and Chicago, but I don't like either city very much.* **3 on either side** po obu stronach: *He sat in the back of the car with a policeman on either side.* ➡ porównaj BOTH

either[3] *adv* też (nie): *"I can't swim." "I can't either."*

e·ject /ɪˈdʒekt/ *v* **1** [T] *formal* wyrzucać, usuwać: *Any troublemakers will be ejected from the meeting.* **2** [I] katapultować się **3** [T] wysuwać: *How do I eject the CD?*

eke /iːk/ *v*

eke sth ↔ **out** *phr v* [T] **eke out a living/existence** wiązać koniec z końcem

e·lab·o·rate[1] /ɪˈlæbərə̇t/ *adj* misterny, kunsztowny: *fabric with an elaborate design* | *an elaborate plan*

e·lab·o·rate[2] /ɪˈlæbəreɪt/ *v* [I,T] powiedzieć coś więcej (o): *You say you disagree – would you like to elaborate on that?*

e·lapse /ɪˈlæps/ *v* [I] *formal* upływać

e·las·tic /ɪˈlæstɪk/ *adj* elastyczny: *an elastic waistband* —**elastic** *n* [U] guma —**elasticity** /ˌiːlæˈstɪsə̇ti/ *n* [U] elastyczność

elastic band /.,.. ˈ./ *n* [C] *BrE* gumka

e·lat·ed /ɪˈleɪtə̇d/ *adj* uradowany: *I was elated when Mary told me she was pregnant.*

el·bow[1] /ˈelbəʊ/ *n* [C] łokieć

elbow[2] *v* [T] **elbow one's way** przepychać się: *She elbowed her way through the crowd.*

el·der /ˈeldə/ *adj* **elder brother/son** starszy brat/syn: *My elder sister is a nurse.*

el·ders /ˈeldəz/ *n* [C plural] **1** starsi: *Young people should have respect for their elders.* **2** starszyzna: *a meeting of the village elders*

el·der·ly /ˈeldəli/ *adj* **1** starszy: *an elderly woman with white hair* **2 the elderly** ludzie w podeszłym wieku: *a home that provides care for the elderly* ➡ porównaj OLD, ANCIENT

el·dest /ˈeldə̇st/ *adj* **eldest son/brother** najstarszy syn/brat

e·lect /ɪˈlekt/ *v* [T] wybierać: *Clinton was elected President in 1992.*

e·lec·tion /ɪˈlekʃən/ *n* [C] wybory: *The party must win the next election!* —**electoral** *adj* wyborczy

e·lec·to·rate /ɪˈlektərə̇t/ *n* [singular]

elektorat, wyborcy: *We have to convince the electorate that we will not raise taxes.*

e·lec·tric /ɪˈlektrɪk/ *adj* **1** elektryczny: *an electric oven | an electric guitar* **2** pełen podniecenia: *The atmosphere in the courtroom was electric.*

> UWAGA **electric i electrical**
>
> Nie należy używać wyrazu **electric** w znaczeniu 'elektryk'. Wyraz **electric** jest przymiotnikiem, a 'elektryk' lub 'inżynier elektryk', to po angielsku *electrician* lub *electrical engineer*. Wyrazów **electric** i **electrical** nie można używać zamiennie. Wyraz **electric** oznacza 'działający lub powstający pod wpływem elektryczności', 'przenoszący lub magazynujący prąd elektryczny' itp.: *an electric wire, an electric shock, an electric field, an electric toaster/heater/blanket/kettle/razor.* Wyraz **electrical** oznacza 'związany z elektrycznością': *electrical systems, a course in electrical engineering, an electrical business/shop, an electrical fault.* Kiedy mówimy o całej grupie urządzeń zasilanych energią elektryczną, również używamy wyrazu **electrical**: *electrical equipment, the latest electrical kitchen appliances.*

e·lec·tri·cal /ɪˈlektrɪkəl/ *adj* elektryczny: *electrical goods*

electric chair /.ˌ.. ˈ./ *n* **the electric chair** krzesło elektryczne

el·ec·tri·cian /ɪˌlekˈtrɪʃən/ *n* [C] elektryk

e·lec·tri·ci·ty /ɪˌlekˈtrɪsəti/ *n* [U] elektryczność: *The electricity will be cut off if you don't pay your bill.*

electric shock /.ˌ.. ˈ./ *n* [C] porażenie prądem

e·lec·tri·fy·ing /ɪˈlektrəfaɪ-ɪŋ/ *adj* elektryzujący: *Nicholson gives an electrifying performance.*

e·lec·tro·cute /ɪˈlektrəkjuːt/ *v* [T] porazić prądem (*śmiertelnie*) —**electrocution** /ɪˌlektrəˈkjuːʃən/ *n* [U] porażenie prądem

e·lec·trode /ɪˈlektrəʊd/ *n* [C] elektroda

e·lec·tron /ɪˈlektrɒn/ *n* [C] elektron

e·lec·tron·ic /ɪˌlekˈtrɒnɪk/ *adj* elektroniczny: *electronic music* —**electronically** *adv* elektronicznie

e·lec·tron·ics /ɪˌlekˈtrɒnɪks/ *n* [U] elektronika: *the electronics industry*

el·e·gant /ˈeləgənt/ *adj* elegancki: *a tall, elegant woman* —**elegance** *n* [U] elegancja —**elegantly** *adv* elegancko

el·e·ment /ˈeləmənt/ *n* [C] **1** pierwiastek → porównaj COMPOUND¹ **2** element: *a movie with all the elements of a great love story | a small criminal element* (=element przestępczy) *within the club* **3 an element of truth/risk** odrobina prawdy/ryzyka: *There's an element of truth in what he says.* **4 be in your element** być w swoim żywiole → patrz też ELEMENTS

el·e·men·ta·ry /ˌeləˈmentəri◂/ *adj* **1** elementarny: *an elementary mistake* **2** podstawowy: *a book of elementary chemistry*

elementary school /..ˈ.. ˌ./ także **grade school** *n* [C] *AmE* szkoła podstawowa

el·e·ments /ˈeləmənts/ *n* **the elements** żywioły: *A cave provided shelter from the elements.*

el·e·phant /ˈeləfənt/ *n* [C] słoń

el·e·va·tor /ˈeləveɪtə/ *n* [C] *AmE* winda

e·lev·en /ɪˈlevən/ *number* jedenaście —**eleventh** *number* jedenasty

elf /elf/ *n* [C] *plural* **elves** elf

e·li·cit /ɪˈlɪsət/ *v* [T] *formal* wywoływać: *Short questions are more likely to elicit a response.*

el·i·gi·ble /ˈelədʒəbəl/ *adj* **1 be eligible for** mieć prawo do: *Students are eligible for financial support.* **2 eligible to do sth** uprawniony do (robienia) czegoś: *Are you eligible to vote?* **3 an eligible bachelor** dobra partia

e·lim·i·nate /ɪˈlɪməneɪt/ *v* [T] **1** z/likwidować: *Electronic banking eliminates the need for cash or cheques.* **2 be elimi-**

nated zostać wyeliminowanym, odpaść: *Our team was eliminated in the third round.*

e·lim·i·na·tion /ɪˌlɪmə̇ˈneɪʃən/ *n* [U] **1** likwidacja: *the control and elimination of nuclear weapons* **2 by a process of elimination** przez eliminację

e·lite /eɪˈliːt/ *n* [singular] elita

e·lit·ist /eɪˈliːtə̇st/ *adj* elitarny

elm /elm/ *n* [C,U] wiąz

e·lon·gat·ed /ˈiːlɒŋgeɪtə̇d/ *adj* wydłużony: *elongated shadows*

el·o·quent /ˈeləkwənt/ *adj* elokwentny: *an eloquent speaker* —**eloquently** *adv* elokwentnie —**eloquence** *n* [U] elokwencja

else /els/ *adv* **1** jeszcze: *Clayton needs someone else to help him.* | *What else can I get you?* **2** inny: *everyone else* (=wszyscy inni) | *Is there anything else to eat?* | *She was wearing someone else's coat.* **3 or else** bo inaczej: *She'd have to pay, or else she'd go to prison.*

else·where /elsˈweə/ *adv* gdzie indziej: *Snow is expected elsewhere in the region.*

e·lude /ɪˈluːd/ *v* [T] wymykać się: *Jones eluded the police for six weeks.* | *Success has eluded him so far.* | *Her name eludes me* (=nie mogę sobie przypomnieć jej nazwiska) *at the moment.*

e·lu·sive /ɪˈluːsɪv/ *adj* nieuchwytny: *The fox was elusive and clever.*

elves /elvz/ liczba mnoga od ELF

'em /əm/ *pron spoken nonstandard* skrót od THEM: *Tell the kids I'll pick 'em up after school.*

e·ma·ci·a·ted /ɪˈmeɪʃieɪtə̇d/ *adj* wychudzony

e-mail /ˈiː meɪl/ **email** *n* [U] poczta elektroniczna —**e-mail** *v* [T] wysyłać pocztą elektroniczną

em·a·nate /ˈeməneɪt/ *v*

emanate from sth *phr v* [T] dochodzić z: *Wonderful smells emanated from the kitchen.*

e·man·ci·pate /ɪˈmænsə̇peɪt/ *v* [T] *formal* dawać równe prawa, emancypować —**emancipated** *adj* wyemancypowany —**emancipation** /ɪˌmænsə̇ˈpeɪʃən/ *n* [U] emancypacja, równouprawnienie

em·balm /ɪmˈbɑːm/ *v* [T] za/balsamować

em·bank·ment /ɪmˈbæŋkmənt/ *n* [C] nabrzeże

em·bar·go /ɪmˈbɑːgəʊ/ *n* [C] *plural* **embargoes** embargo: *The UN is considering lifting the oil embargo* (=rozważa zniesienie embarga na ropę).

em·bark /ɪmˈbɑːk/ *v* [I] wsiadać na statek —**embarkation** /ˌembɑˈkeɪʃən/ *n* [C,U] zaokrętowanie ➡ antonim DISEMBARK

embark on/upon sth *phr v* [T] rozpoczynać (*coś nowego*): *Hal is leaving the band to embark on a solo career.*

em·bar·rass /ɪmˈbærəs/ *v* [T] wprawiać w zakłopotanie: *I hope I didn't embarrass you.*

em·bar·rassed /ɪmˈbærəst/ *adj* zakłopotany, zażenowany: *Everyone was staring at me and I felt really embarrassed.*

em·bar·ras·sing /ɪmˈbærəsɪŋ/ *adj* wprawiający w zakłopotanie: *embarrassing questions*

em·bar·rass·ment /ɪmˈbærəsmənt/ *n* **1** [U] zakłopotanie, zażenowanie: *Billy looked down and tried to hide his embarrassment.* **2** [C] powód zażenowania: *His mother's boasting was a constant embarrassment to him.*

em·bas·sy /ˈembəsi/ *n* [C] ambasada

em·bed·ded /ɪmˈbedə̇d/ *adj* wbity: **+ in** *Small stones had become embedded in the ice.*

em·bel·lish /ɪmˈbelɪʃ/ *v* [T] upiększać

em·bers /ˈembəz/ *n* [C plural] żar

em·bez·zle /ɪmˈbezəl/ *v* [I,T] z/defraudować —**embezzlement** *n* [U] defraudacja

em·bit·tered /ɪmˈbɪtəd/ *adj* zgorzkniały

em·blem /ˈembləm/ *n* [C] emblemat, godło

em·bod·y /ɪmˈbɒdi/ *v* [T] być ucieleśnieniem: *Mrs. Miller embodies every-*

thing I admire in a teacher. —**embodiment** *n* [U] ucieleśnienie

em·boss /ɪm'bɒs/ *v* [T] wytłaczać

em·brace /ɪm'breɪs/ *v* [T] *formal* **1** obejmować: *Rob reached out to embrace her.* **2** przyjmować (*z zapałem*): *Many Romans had embraced the Christian religion.* —**embrace** *n* [C] uścisk

em·broi·der·y /ɪm'brɔɪdəri/ *n* [U] haft —**embroider** *v* [I,T] wy/haftować, wyszywać

em·bry·o /'embriəʊ/ *n* [C] zarodek, embrion ➞ porównaj FOETUS

em·e·rald /'emərəld/ *n* [C] szmaragd

e·merge /ɪ'mɜːdʒ/ *v* [I] **1** wyłaniać się: **+ from** *He emerged from his hiding place.* **2** pojawiać się: *New evidence has emerged.* | **+ that** *It later emerged* (=okazało się) *that she had been seeing him secretly.* **3** wychodzić: *They emerged triumphant* (=wyszli zwycięsko) *from the battle.* —**emergence** *n* [U] pojawienie się

e·mer·gen·cy /ɪ'mɜːdʒənsi/ *n* [C] nagły wypadek: *Quick! Call an ambulance! This is an emergency!* —**emergency** *adj*: *emergency exit* (=wyjście awaryjne)

emergency brake /.'... ,./ *n* [C] *AmE* hamulec ręczny

emergency room /.'... ,./ *n* [C] *AmE* izba przyjęć (*dla nagłych wypadków*)

e·mer·ging /ɪ'mɜːdʒɪŋ/ *także* **emergent** *adj* nowo powstały: *the emerging nations of the world*

em·i·grant /'emɪgrənt/ *n* [C] emigrant/ka ➞ porównaj IMMIGRANT

em·i·grate /'em$_{\text{ɪ}}^{\text{ə}}$greɪt/ *v* [I] wy/emigrować: *The Remingtons emigrated to Australia.* —**emigration** /,em$_{\text{ɪ}}^{\text{ə}}$'greɪʃən/ *n* [U] emigracja

em·i·nent /'emɪnənt/ *adj* wybitny: *a team of eminent scientists*

e·mis·sion /ɪ'mɪʃən/ *n* [C,U] emisja: *attempts to reduce emissions from cars*

e·mit /ɪ'mɪt/ *v* [T] **-tted, -tting** **1** wydawać: *The kettle emitted a shrill whistle.* **2** wydzielać: *The chimney emitted smoke.*

e·mo·tion /ɪ'məʊʃən/ *n* [C,U] emocja, uczucie: *Her voice was trembling with emotion.* | *Women tend to express their emotions more easily than men.*

e·mo·tion·al /ɪ'məʊʃənəl/ *adj* **1** emocjonalny, uczuciowy: *emotional problems* **2 be/become emotional** wzruszać się: *He became very emotional when I mentioned his first wife.* —**emotionally** *adv* emocjonalnie, uczuciowo

e·mo·tive /ɪ'məʊtɪv/ *adj* wywołujący emocje: *Abortion is an emotive issue.*

em·pa·thy /'empəθi/ *n* [U] empatia

em·pe·ror /'empərə/ *n* [C] cesarz, imperator

em·pha·sis /'emfəs$_{\text{ɪ}}^{\text{ə}}$s/ *n* [C,U] *plural* **emphases** /-siːz/ nacisk: **place/put emphasis on** (=kłaść nacisk na): *Most schools do not place enough emphasis on health education.*

em·pha·size /'emfəsaɪz/ (*także* **-ise** *BrE*) *v* [T] podkreślać: *My teacher always emphasized the importance of grammar.*

em·phat·ic /ɪm'fætɪk/ *adj* stanowczy, dobitny: *Dale's answer was an emphatic "No!"* —**emphatically** *adv* stanowczo, z naciskiem

em·pire /'empaɪə/ *n* [C] cesarstwo, imperium

em·pir·i·cal /ɪm'pɪrɪkəl/ *adj* empiryczny: *Empirical evidence is needed to support their theory.*

em·ploy /ɪm'plɔɪ/ *v* [T] **1** zatrudniać: *The factory employs over 2,000 people.* | **be employed as sth** *He was employed as a language teacher.* **2** za/stosować: *They employed new photographic techniques.*

em·ploy·ee /ɪm'plɔɪ-iː/ *n* [C] pracowni-k/ca, zatrudnion-y/a: *a government employee*

UWAGA employee i employer

Wyrazów **employee** i **employer** używa się raczej w stylu oficjalnym. W codziennej rozmowie lepiej powiedzieć: **I work for IBM** zamiast "I'm an employee of IBM" i **the company I work for** zamiast "my employers".

em·ploy·er /ɪm'plɔɪə/ *n* [C] pracodawca/czyni: *a reference from your employer*

em·ploy·ment /ɪm'plɔɪmənt/ *n* [U] zatrudnienie: *Students start looking for employment when they leave college.* | *a government report on training and employment* → patrz też UNEMPLOYMENT

em·press /'emprəs/ *n* [C] cesarzowa

emp·ty[1] /'empti/ *adj* pusty: *an empty box* | *empty spaces* | *empty promises* —**emptiness** *n* [U] pustka

empty[2] *v* **1** *także* **empty out** [T] opróżniać: *I found your umbrella when I was emptying out the wardrobe.* **2** [I] opróżniać się, o/pustoszeć: *The room emptied very quickly.*

empty-hand·ed /ˌ.. '..◂/ *adj* z pustymi rękami: *The thieves fled the building empty-handed.*

en·a·ble /ɪ'neɪbəl/ *v* [T] **enable sb to do sth** umożliwiać komuś zrobienie czegoś: *The money from her aunt enabled Jan to buy the house.*

en·act /ɪ'nækt/ *v* [T] uchwalać: *Congress refused to enact the bill.*

e·nam·el /ɪ'næməl/ *n* [U] **1** emalia **2** szkliwo

en·chant·ed /ɪn'tʃɑːntəd/ *adj* **1** oczarowany: *You'll be enchanted by the beauty of the city.* **2** zaczarowany: *an enchanted forest*

en·chant·ing /ɪn'tʃɑːntɪŋ/ *adj* czarujący: *an enchanting smile*

en·cir·cle /ɪn'sɜːkəl/ *v* [T] otaczać: *an ancient city encircled by high walls*

en·clave /'enkleɪv/ *n* [C] enklawa: *a Spanish enclave on the Moroccan coast*

en·close /ɪn'kləʊz/ *v* [T] **1** załączać: *Please enclose a stamped addressed envelope.* **2** ogradzać: *A high wall enclosed the garden.* —**enclosed** *adj* załączony

en·clo·sure /ɪn'kləʊʒə/ *n* [C] ogrodzony teren: *The animals are kept in a large enclosure.*

en·core /'ɒŋkɔː/ *n* [C] bis

en·coun·ter[1] /ɪn'kaʊntə/ *v* [T] napotykać: *The engineers encountered more problems when the rainy season began.*

encounter[2] *n* [C] spotkanie: *a chance encounter with the famous actor, Wilfred Lawson*

en·cour·age /ɪn'kʌrɪdʒ/ *v* [T] zachęcać: *Cheaper tickets might encourage people to use public transport.* —**encouragement** *n* [C,U] zachęta → antonim DISCOURAGE

en·cour·ag·ing /ɪn'kʌrədʒɪŋ/ *adj* zachęcający: *This time, the news is more encouraging.*

en·croach /ɪn'krəʊtʃ/ *v*
encroach on/upon sth *phr v* [T] **1** zakłócać, naruszać: *I don't let my work encroach on my private life.* **2** wdzierać się na: *Long grass is starting to encroach onto the highway.*

en·crust·ed /ɪn'krʌstəd/ *adj* inkrustowany: *a bracelet encrusted with diamonds*

en·cy·clo·pe·di·a /ɪnˌsaɪklə'piːdiə/ *także* **encyclopaedia** *BrE n* [C] encyklopedia

end[1] /end/ *n* [C] **1** koniec: *We walked to the end of the road.* | *the deep end of the pool* | **+ of** *the end of the story* | **at the end** *Rob's moving to Maine at the end of September.* | **be at an end** (=skończyć się): *His political career was at an end.* | **come to an end** (=s/kończyć się): *Their relationship had come to an end.* | **put an end to** (=kłaść kres): *a peace agreement that will put an end to the fighting* **2 in the end** w końcu: *In the end, we decided to go to Florida.* **3** cel: *She'll use any method to achieve her own ends.* **4 (for) days/hours on end** całymi dniami/godzinami: *It rained for days on end.* **5 make ends meet** wiązać koniec z końcem: *It's been hard to make ends meet since Ray lost his job.* → patrz też ODDS AND ENDS, **get (hold of) the wrong end of the stick** WRONG[1], **be at the end of your tether** (TETHER)

UWAGA **in the end i at the end**

Nie należy mylić wyrażeń **in the end** i **at the end**. Pierwsze z nich znaczy 'w końcu, po długim oczekiwaniu': *In*

E

the end, I decided not to go. Drugie znaczy 'przy końcu', 'na końcu' lub 'pod koniec' i zwykle występuje z przyimkiem **of** i rzeczownikiem: *Their house is at the end of the road.* | *Do you remember what happens at the end of the film?* Patrz też **eventually** i **in the end**.

end[2] *v* [I,T] za/kończyć (się): *World War II ended in 1945.* | *Lucy decided to end her relationship with Jeff.*

end in sth *phr v* [T] za/kończyć się czymś: *Their marriage ended in divorce.*

end up *phr v* [I] **1 end up somewhere** wylądować gdzieś, trafić gdzieś **2 you end up doing something** kończy się na tym, że coś robisz: *I always end up paying the bill.*

en·dan·ger /ɪn'deɪndʒə/ *v* [T] zagrażać, być niebezpiecznym dla: *Smoking seriously endangers your health.*

endangered spe·cies /.,.. '../ *n* [C] gatunek zagrożony wymarciem

en·dear /ɪn'dɪə/ *v*

endear sb **to** sb *phr v* [T] zjednywać sympatię: *His remarks did not endear him to the audience.* —**endearing** *adj* ujmujący: *an endearing smile*

en·dear·ment /ɪn'dɪəmənt/ *n* [C,U] czułostka

en·deav·our[1] /ɪn'devə/ *BrE*, **endeavor** *AmE n* [C,U] *formal* przedsięwzięcie: *We wish you well in your future endeavours.*

endeavour[2] *BrE*, **endeavor** *AmE v* [I] *formal* usiłować

en·dem·ic /en'demɪk/ *adj* **be endemic** szerzyć się: *Violent crime is now endemic in the city.*

end·ing /'endɪŋ/ *n* [C] **1** zakończenie: *a happy ending* **2** końcówka: *Present participles have the ending '-ing'.*

end·less /'endləs/ *adj* nie kończący się: *I'm tired of his endless complaining.* —**endlessly** *adv* bez końca

en·dorse /ɪn'dɔːs/ *v* [T] zatwierdzać, popierać (*oficjalnie*): *The president refuses to endorse military action.* —**endorsement** *n* [C,U] oficjalne poparcie

en·dow /ɪn'daʊ/ *v* [T] **1** dokonywać zapisu/robić donację na rzecz **2 be endowed with** *formal* być obdarzonym: *a woman endowed with both beauty and intelligence*

en·dow·ment /ɪn'daʊmənt/ *n* [C,U] donacja

en·dur·ance /ɪn'djʊərəns/ *n* [U] wytrzymałość: *The marathon really tested his endurance.*

en·dure /ɪn'djʊə/ *v* [T] znosić, wytrzymywać: *The prisoners had to endure months of hunger.*

en·dur·ing /ɪn'djʊərɪŋ/ *adj* trwały: *an enduring friendship*

en·e·my /'enəmi/ *n* **1** [C] wróg: *The judge was assassinated by his political enemies.* | **make enemies** *He'd made many enemies* (=narobił sobie wrogów) *during his career.* **2 the enemy** nieprzyjaciel: *territory controlled by the enemy*

en·er·get·ic /ˌenə'dʒetɪk◂/ *adj* energiczny: *America needs a young, strong, energetic leader.* —**energetically** *adv* energicznie

en·er·gy /'enədʒi/ *n* [C,U] energia: *atomic energy* | *She came back from her trip full of energy and enthusiasm.*

en·force /ɪn'fɔːs/ *v* [T] **1** wy/egzekwować: *The police are determined to enforce the speed limit.* **2** wymuszać: *an enforced silence* —**enforcement** *n* [U] egzekwowanie

en·gage /ɪn'geɪdʒ/ *v*

engage in *phr v* zajmować się: *men who had often engaged in criminal activities*

en·gaged /ɪn'geɪdʒd/ *adj* **1** zaręczony: **+ to** *Have you met the man she's engaged to?* | **get engaged** (=zaręczać się): *Viv and Tony got engaged last month.* **2** *BrE* zajęty: *Sorry! The number is engaged.*

en·gage·ment /ɪn'geɪdʒmənt/ *n* [C] **1** zaręczyny: *They announced their engagement at Christmas.* **2** umówione spotkanie: *Professor Blake has an engagement already on Tuesday.* **3** zaplanowane zajęcie: *I won't be able to come – I have a prior engagement.*

en·gag·ing /ɪn'geɪdʒɪŋ/ *adj* zajmujący: *an engaging personality*

en·gine /'endʒ$^{\text{ɪ}}_{\text{ə}}$n/ *n* [C] **1** silnik **2** lokomotywa

engine driv·er /'.. ,../ *n* [C] *BrE* maszynista

en·gi·neer[1] /,endʒ$^{\text{ɪ}}_{\text{ə}}$'nɪə/ *n* [C] **1** inżynier **2** *BrE* technik **3** mechanik (*na statku*) **4** *AmE* maszynista

engineer[2] *v* [T] doprowadzać do, za/aranżować: *He had powerful enemies who engineered his downfall.*

en·gi·neer·ing /,endʒ$^{\text{ɪ}}_{\text{ə}}$'nɪərɪŋ/ *n* [U] inżynieria

En·glish[1] /'ɪŋglɪʃ/ *n* **1** [U] język angielski **2 the English** [plural] Anglicy

English[2] *adj* angielski

en·grave /ɪn'greɪv/ *v* [T] wy/grawerować, wy/ryć: *a gold pen engraved with his initials*

en·grav·ing /ɪn'greɪvɪŋ/ *n* [C] rycina

en·grossed /ɪn'grəʊst/ *adj* pochłonięty: **+ in** *He was so engrossed in his work that he forgot about lunch.*

en·gulf /ɪn'gʌlf/ *v* [T] ogarniać: *a war that engulfed the whole of Europe*

en·hance /ɪn'hɑːns/ *v* [T] poprawiać, uwydatniać: *Adding lemon juice will enhance the flavour.*

e·nig·ma /ɪ'nɪgmə/ *n* [C] zagadka: *That man will always be an enigma to me.* —**enigmatic** /,enɪg'mætɪk◂/ *adj* enigmatyczny, zagadkowy: *an enigmatic smile*

en·joy /ɪn'dʒɔɪ/ *v* [T] **1 you enjoy sth** coś ci się podoba: *Did you enjoy the movie?* | **enjoy doing sth** (=lubić coś robić): *My wife really enjoys playing golf.* **2 enjoy yourself** dobrze się bawić: *It was a wonderful party, and we all enjoyed ourselves enormously.* **3** cieszyć się: *The team enjoyed unexpected success this season.* —**enjoyment** *n* [U] przyjemność: *We hope the bad weather didn't spoil your enjoyment.*

en·joy·a·ble /ɪn'dʒɔɪəbəl/ *adj* przyjemny: *We all had an enjoyable afternoon.*

en·large /ɪn'lɑːdʒ/ *v* [T] powiększać: *I'm going to get some of these pictures enlarged.*
enlarge on sth *phr v* [T] powiedzieć więcej na temat: *Mrs Bye did not enlarge on what she meant by 'unsuitable'.*

en·large·ment /ɪn'lɑːdʒmənt/ *n* [C] powiększenie

en·light·ened /ɪn'laɪtənd/ *adj* oświecony: *a country with an enlightened approach to women's education*

en·list /ɪn'lɪst/ *v* [I] zaciągać się (*do wojska*): *My grandfather enlisted when he was 18.*

en·liv·en /ɪn'laɪvən/ *v* [T] ożywiać: *The teacher used songs and stories to enliven her lesson.*

e·nor·mi·ty /ɪ'nɔːm$^{\text{ɪ}}_{\text{ə}}$ti/ *n* **the enormity of** ogrom: *He could not understand the enormity of his crime.*

e·nor·mous /ɪ'nɔːməs/ *adj* ogromny: *You should see their house – it's enormous!* | *There's an enormous amount of work to finish.*

e·nor·mous·ly /ɪ'nɔːməsli/ *adv* ogromnie: *an enormously popular writer*

e·nough[1] /ɪ'nʌf/ *adv* **1** wystarczająco: *I've studied the subject enough to know the basic facts.* | **big/good enough** (=dosyć duży/dobry): *This bag isn't big enough to hold all my stuff.* **2 nice/happy enough** całkiem miły/szczęśliwy: *She's nice enough, but I don't think she likes me.* **3 it is bad/difficult/hard enough that ...** *spoken* nie dość, że ...: *It's bad enough that I have to work late – then you make jokes about it!* **4 strangely/oddly/funnily enough** dziwnym trafem: *Funnily enough, the same thing happened to me yesterday.* → patrz też **sure enough** (SURE[2])

enough[2] *quantifier* **1** dosyć: *Do we have enough food for everybody?* | *I think we've done enough for one day.* | **enough to do sth** *He doesn't earn enough to pay the rent.* **2 have had enough (of)** *spoken* mieć dosyć: *I'd had enough of the neighbours' noise, so I called the police.*

en·quire /ɪn'kwaɪə/ *BrE* alternatywna pisownia INQUIRE

E

en·qui·ry /ɪn'kwaɪəri/ *BrE* alternatywna pisownia INQUIRY

en·rage /ɪn'reɪdʒ/ *v* [T] rozwścieczać: *a newspaper report that has enraged local residents* —**enraged** *adj* wściekły

en·rich /ɪn'rɪtʃ/ *v* [T] wzbogacać: *Education can enrich your life.*

en·rol /ɪn'rəʊl/ *BrE*, *także* **enroll** *AmE* **-lled, -lling** [I,T] zapisywać (się): *30 students have enrolled on the cookery course.* —**enrolment** *n* [C,U] zapisy

en·sure /ɪn'ʃʊə/ *v* [T] *especially BrE* dopilnować, upewnić się: **+ that** *You must ensure that this door remains locked.*

en·tail /ɪn'teɪl/ *v* [T] pociągać za sobą: *Does your new job entail much travelling?*

en·tan·gle /ɪn'tæŋgəl/ *v* **entangled** zaplątany: *a fish entangled in the net* | **+ with** *Jay became romantically entangled with* (=związał się z) *a work colleague.*

en·ter /'entə/ *v* **1** [I,T] wchodzić (do): *Everyone stopped talking when he entered.* | *The police tried to stop the marchers from entering the building.* **2** [T] **enter politics/the medical profession/the church etc** zostać politykiem/lekarzem/księdzem itp.: *She's hoping to enter the medical profession.* **3** [T] przystępować do: *America entered the war in 1917.* **4** [I,T] brać udział (w): *She entered the competition and won.* **5** [T] wprowadzać (*np. dane*): *Enter your name on the form.*

enter into sth *phr v* [T] **1** nawiązywać: *Both sides must enter into negotiations.* **2** wpływać na: *Money didn't enter into my decision to leave.*

en·ter·prise /'entəpraɪz/ *n* **1** [C] przedsiębiorstwo: *The farm is a family enterprise.* **2** [C] przedsięwzięcie: *The film festival is a huge enterprise.* **3** [U] przedsiębiorczość: *the spirit of enterprise and adventure that built America's new industries* → patrz też FREE ENTERPRISE

en·ter·pris·ing /'entəpraɪzɪŋ/ *adj* przedsiębiorczy: *One enterprising young man started his own radio station.*

en·ter·tain /ˌentə'teɪn/ *v* **1** [T] zabawiać: *He spent the next hour entertaining us with jokes.* **2** [I,T] przyjmować (gości): *Mike is entertaining clients at that new restaurant.*

en·ter·tain·er /ˌentə'teɪnə/ *n* [C] artyst-a/ka estradow-y/a

en·ter·tain·ing /ˌentə'teɪnɪŋ◂/ *adj* zabawny: *an entertaining book*

en·ter·tain·ment /ˌentə'teɪnmənt/ *n* [U] rozrywka: *the entertainment industry*

en·thral /ɪn'θrɔːl/ *BrE*, **enthrall** *AmE* *v* [T] **-lled, -lling** za/fascynować: *The kids were absolutely enthralled by the stories.* —**enthralling** *adj* fascynujący

en·thu·si·as·m /ɪn'θjuːziæzəm/ *n* [U] zapał, entuzjazm: **+ for** *The boys all share an enthusiasm for sports.* —**enthusiast** *n* [C] entuzjast-a/ka

en·thu·si·as·tic /ɪnˌθjuːzi'æstɪk◂/ *adj* entuzjastyczny, rozentuzjazmowany: *An enthusiastic crowd cheered the winners.* —**enthusiastically** *adv* entuzjastycznie

en·tice /ɪn'taɪs/ *v* [T] z/wabić, s/kusić: *Goods are attractively displayed to entice the customer.* —**enticing** *adj* kuszący: *an enticing menu*

en·tire /ɪn'taɪə/ *adj* cały: *I've spent the entire day cooking.*

en·tire·ly /ɪn'taɪəli/ *adv* zupełnie, całkiem: *She had entirely forgotten about Alexander.*

en·ti·tle /ɪn'taɪtl/ *v* [T] **1** uprawniać: **be entitled to sth** *Citizens of EU countries are entitled to* (=mają prawo do) *free medical treatment.* **2** za/tytułować: *a short poem entitled "Pride of Youth"*

en·ti·ty /'entəti/ *n* [C] *formal* jednostka: *East and West Germany became once more a single political entity.*

en·tou·rage /'ɒntʊrɑːʒ/ *n* [C] świta: *The president's entourage followed in six limousines.*

en·trance /'entrəns/ *n* **1** [C] wejście: *Meet me at the front entrance to the building.* **2** [U] prawo wstępu: *There will be an entrance fee* (=opłata za wstęp) *of $30.* **3** **make an/your entrance** zrobić wejście: *Sheila waited for the right moment to make her dramatic entrance.* → porównaj ENTRY

en·tranced /ɪn'trɑːnst/ *adj* oczarowany: *Li Yuan sat there, entranced by the beauty of the music.*

en·trenched /ɪn'trentʃt/ *adj* głęboko zakorzeniony: *entrenched attitudes*

en·tre·pre·neur /ˌɒntrəprə'nɜː/ *n* [C] przedsiębiorca

en·trust /ɪn'trʌst/ *v* [T] powierzać: **entrust sb with sth** *I was entrusted with the task of looking after the money.*

en·try /'entri/ *n* **1** [U] wejście: *The thieves gained entry* (=dostali się do środka) *through an open window.* **2** [C] praca konkursowa: *The closing date for entries is January 6.* **3** [U] przystąpienie: **+ into** *Britain's entry into the European Community* **4** [U] prawo wstępu: *When reporters arrived at the gate, they were refused entry.* **5** [C] hasło: *a dictionary entry*

en·ve·lope /'envələʊp/ *n* [C] koperta

en·vi·a·ble /'enviəbəl/ *adj* godny pozazdroszczenia: *He's in the enviable position of only having to work six months a year.*

en·vi·ous /'enviəs/ *adj* zazdrosny: **+ of** *Tom was deeply envious of his brother's success.* —**enviously** *adv* zazdrośnie

en·vi·ron·ment /ɪn'vaɪərənmənt/ *n* **1 the environment** środowisko naturalne: *laws to protect the environment* **2** [C,U] środowisko, otoczenie: *Children need a happy home environment.* | *a pleasant working environment*

en·vi·ron·ment·al /ɪnˌvaɪərən'mentl◂/ *adj* **environmental damage/pollution** zniszczenie/zanieczyszczenie środowiska

en·vi·ron·men·tal·ist /ɪnˌvaɪərən'mentəlɪst/ *n* [C] ekolog (*obrońca środowiska*)

environmentally friend·ly /.ˌ..... '../ *adj* ekologiczny (*przyjazny dla środowiska*)

en·vis·age /ɪn'vɪzɪdʒ/ **en·vi·sion** /-'vɪʒən/ *especially AmE v* [T] przewidywać: *I don't envisage any major problems.*

en·voy /'envɔɪ/ *n* [C] wysłanni-k/czka

en·vy[1] /'envi/ *v* [T] zazdrościć: *I envy Colin – he travels all over the world in his job!* | **envy sb (for) sth** *The other boys envied and admired him for his success with girls.*

envy[2] *n* **1** [U] zawiść, zazdrość: *He was looking with envy at Al's new car.* **2 be the envy of** budzić zazdrość: *Our facilities are the envy of most other schools.*

en·zyme /'enzaɪm/ *n* [C] enzym

ep·ic[1] /'epɪk/ *adj* epicki: *an epic novel about the French Revolution*

epic[2] *n* [C] epos, epopeja: *Homer's epic, 'The Odyssey'*

ep·i·dem·ic /ˌepɪ'demɪk◂/ *n* [C] epidemia: *a flu epidemic* | *a car crime epidemic*

ep·i·lep·sy /'epɪlepsi/ *n* [U] padaczka, epilepsja —**epileptic** /ˌepɪ'leptɪk◂/ *n* [C] epilepty-k/czka

ep·i·logue /'epɪlɒg/ *n* [C] epilog

ep·i·sode /'epɪsəʊd/ *n* [C] **1** odcinek: *an episode of "Star Trek"* **2** epizod: *one of the most exciting episodes in Nureyev's career*

ep·i·taph /'epɪtɑːf/ *n* [C] epitafium

e·pit·o·me /ɪ'pɪtəmi/ *n* **be the epitome of** być uosobieniem: *Lord Soames was the epitome of a true gentleman.*

e·poch /'iːpɒk/ *n* [C] epoka

e·qual[1] /'iːkwəl/ *adj* równy: *Divide the cake mixture into two equal parts.* | *Democracy is based on the idea that all people are equal.* | **be equal to** (=równać się): *One inch is equal to 2.54 centimetres.* | **equal rights/opportunities** (= równouprawnienie): *equal rights for women*

equal[2] *v* [T] **-lled, -lling** *BrE*, **-led, -ling** *AmE* **1** równać się: *Four plus four equals eight.* **2** wyrównywać: *Johnson has equalled the Olympic record.*

equal[3] *n* [C] **1** równy (sobie): *Men and women should be treated as equals.* **2 without equal** nie mający sobie równych: *a medical service without equal in the whole of Europe*

e·qual·i·ty /ɪ'kwɒlɪti/ *n* [U] równość: *racial equality* ➡ antonim INEQUALITY

e·qual·ize /'iːkwəlaɪz/ (*także* **-ise** *BrE*) *v* **1** [T] zrównywać: *equalizing pay rates in*

E

the steel industry **2** [I] *BrE* wyrównywać (*wynik*): *Spain equalized in the 75th minute.*

eq·ual·ly /ˈiːkwəli/ *adv* **1** równie: *Both teams are equally capable of winning.* **2** równo: *We'll divide the work equally.* **3** jednakowo: *We have to try to treat everyone equally.*

e·qua·tion /ɪˈkweɪʒən/ *n* [C] równanie

e·qua·tor /ɪˈkweɪtə/ *n* **the equator** równik —**equatorial** /ˌekwəˈtɔːriəl◂/ *adj* równikowy

e·ques·tri·an /ɪˈkwestriən/ *adj* konny

e·qui·lib·ri·um /ˌiːkwəˈlɪbriəm/ *n* [U] [U singular] równowaga: *The supply and the demand for money must be kept in equilibrium.*

e·quip /ɪˈkwɪp/ *v* **-pped, -pping** [T] **1** wyposażać, zaopatrywać: *The boys had equipped themselves with ropes and torches before entering the cave.* | **be equipped with sth** *All their soldiers were equipped with assault rifles.* **2** przygotowywać: **equip sb to do sth** *His training had not equipped him to deal with this kind of emergency.* —**equipped** *adj* wyposażony: *a well-equipped hospital*

e·quip·ment /ɪˈkwɪpmənt/ *n* [U] wyposażenie, sprzęt: *camping equipment* | **piece of equipment** (=urządzenie): *an expensive piece of electronic equipment*

e·quiv·a·lent[1] /ɪˈkwɪvələnt/ *adj* równoważny: **+ to** *The workers received a bonus equivalent to two months' pay.*

equivalent[2] *n* [C] odpowiednik: *Some French words have no equivalents in English.*

e·ra /ˈɪərə/ *n* [C] era: *the Reagan era* | **+ of** *a new era of peace and international co-operation*

e·rad·i·cate /ɪˈrædəkeɪt/ *v* [T] wytępić, wykorzenić: *attempts to eradicate prejudice*

e·rase /ɪˈreɪz/ *v* [T] wymazywać, s/kasować: *All his records had been erased.*

e·ras·er /ɪˈreɪzə/ *n* [C] *especially AmE* gumka

e·rect[1] /ɪˈrekt/ *adj* podniesiony, wyprostowany: *The dog stopped and listened with its ears erect.*

erect[2] *v* [T] **1** *formal* wznosić: *This ancient church was erected in 1121.* **2** stawiać: *Security barriers were erected to hold the crowd back.*

e·rec·tion /ɪˈrekʃən/ *n* **1** [C,U] wzwód, erekcja **2** [U] wzniesienie: **+ of** *the erection of a war memorial*

e·rode /ɪˈrəʊd/ *v* **1** [I] erodować **2** [T] powodować erozję: *The coastline is being eroded by the sea.* **3** [T] podkopywać: *Her confidence has been eroded by recent criticism.* —**erosion** *n* [U] erozja

e·rot·ic /ɪˈrɒtɪk/ *adj* erotyczny: *an erotic dream* —**erotically** *adv* erotycznie

er·rand /ˈerənd/ *n* [C] **run an errand** załatwiać coś (*na mieście*): *Could you run an errand for Grandma?*

er·rat·ic /ɪˈrætɪk/ *adj* nierówny, nieprzewidywalny: *the England team's rather erratic performance in the World Cup*

er·ro·ne·ous /ɪˈrəʊniəs/ *adj formal* błędny: *erroneous statements* —**erroneously** *adv* błędnie

er·ror /ˈerə/ *n* [C,U] błąd: *a computer error* | *a serious error of judgement* (=błąd w ocenie sytuacji) | **make an error** (=popełnić błąd): *The police admitted that several errors had been made.*

e·rupt /ɪˈrʌpt/ *v* [I] wybuchać: *Fighting erupted after the demonstrations.* —**eruption** *n* [C,U] wybuch: *a volcanic eruption*

es·ca·late /ˈeskəleɪt/ *v* [I,T] nasilać (się): *Fighting has escalated in several areas.* —**escalation** /ˌeskəˈleɪʃən/ *n* [C,U] eskalacja

es·ca·la·tor /ˈeskəleɪtə/ *n* [C] schody ruchome

es·ca·pade /ˈeskəpeɪd/ *n* [C] eskapada

es·cape[1] /ɪˈskeɪp/ *v* **1** [I] uciec: **+ from/through etc** *Two men escaped from the prison.* | *Watching television was his way of escaping from reality.* **2 escape death/punishment** uniknąć śmierci/kary: *The driver and his two passengers only narrowly escaped death.* **3** [T] **sth escapes sb** ktoś nie może sobie czegoś przypomnieć: *His name escapes me at the moment.* **4** [T] **escape someone's**

attention umykać czyjejś uwadze: *Nothing escapes Bill's attention.* **5** [I] ulatniać się (*o gazie*) —**escaped** *adj* zbiegły: *escaped prisoners*

escape[2] *n* [C,U] ucieczka: *There's no chance of escape.* | *Reading poetry is one form of escape.* | *They had a narrow escape* (=ledwo uniknęli niebezpieczeństwa). → patrz też FIRE ESCAPE

es·cort[1] /ɪˈskɔːt/ *v* [T] **1** eskortować: *Armed guards escorted the prisoners into the courthouse.* **2** odprowadzać: *David offered to escort us to the theatre.*

es·cort[2] /ˈeskɔːt/ *n* **1** [C,U] eskorta: *a police escort* | **under escort** *The prisoners will be transported under military escort.* **2** [C] osoba towarzysząca

Es·ki·mo /ˈeskɪməʊ/ *n* [C] Eskimos/ka —**Eskimo** *adj* eskimoski

es·pe·cial·ly /ɪˈspeʃəli/ *adv* **1** zwłaszcza: *The kids really enjoyed the holiday, especially the trip to Disneyland.* **2** szczególnie: *These chairs are especially suitable for people with back problems.* **3** specjalnie: **+ for** *I made this card especially for you.* → porównaj SPECIALLY

es·pi·o·nage /ˈespiənɑːʒ/ *n* [U] szpiegostwo

es·say /ˈeseɪ/ *n* [C] esej, wypracowanie

es·sence /ˈesəns/ *n* **1** [U singular] istota: **+ of** *There is no leadership – that's the essence of the problem.* | **in essence** (=w gruncie rzeczy): *The choice is, in essence, quite simple.* **2** [U] esencja, olejek: *vanilla essence*

es·sen·tial /ɪˈsenʃəl/ *adj* **1** niezbędny: **+ for/to** *A balanced diet is essential for good health.* | **it is essential to do sth** *It is essential* (=konieczne jest) *to check the oil level regularly.* **2** zasadniczy: *He failed to understand the essential difference between the two theories.*

es·sen·tial·ly /ɪˈsenʃəli/ *adv* w zasadzie: *Your analysis is essentially correct.*

es·sen·tials /ɪˈsenʃəlz/ *n* [plural] niezbędne rzeczy: *We only have enough money for essentials like food and clothing.*

es·tab·lish /ɪˈstæblɪʃ/ *v* [T] **1** zakładać: *The school was established in 1922.* **2** ustalać: *We need to establish our main priorities.* | *We have been unable to establish the cause of the accident.* | **+ that** *Doctors established that death was due to poisoning.* **3** wyrabiać (sobie): *She worked hard to establish her position within the party.* | **establish sb/sth as sth** *Guterson's novel established him as* (=wyrobiła mu pozycję) *one of America's most exciting writers.* **4 establish relations/contacts** nawiązywać stosunki/kontakty: *In recent months they have established contacts with companies abroad.* —**established** *adj* ustalony, przyjęty

es·tab·lish·ment /ɪˈstæblɪʃmənt/ *n* **1** [C] *formal* placówka: *an educational establishment* **2** [U] założenie: **+ of** *the establishment of NATO in 1949* **3 the Establishment** establishment: *a political scandal that shocked the Establishment*

es·tate /ɪˈsteɪt/ *n* [C] **1** posiadłość, majątek (ziemski) **2** *BrE* osiedle: *a housing estate* **3** majątek: *She left her entire estate to me.*

estate a·gent /.ˈ. ˌ../ *n* [C] *BrE* pośrednik w handlu nieruchomościami

estate car /.ˈ. ./ *n* [C] *BrE* samochód kombi

es·teem /ɪˈstiːm/ *n* [U] *formal* **hold sb in high esteem** darzyć kogoś wielkim szacunkiem: *She was held in high esteem by everyone she knew.* → patrz też SELF-ESTEEM

es·thet·ic /iːsˈθetɪk/ amerykańska pisownia wyrazu AESTHETIC

es·ti·mate[1] /ˈestɪmeɪt/ *v* [T] o/szacować: **+ that** *We estimate that 75% of our customers are teenagers.* | **estimate sth at** (=wyceniać coś na): *The cost of repairs has been estimated at $1500.* —**estimated** *adj*: *An estimated* (=szacuje się, że) *10,000 people took part in the demonstration.*

es·ti·mate[2] /ˈestɪmɪt/ *n* [C] **1** szacunek (*obliczenie*): *According to some estimates, two thirds of the city was destroyed.* | **at a rough estimate** (=w przybliżeniu): *At a rough estimate, I'd say* *it's 300 years old.* **2** kosztorys: *I got three estimates so I could pick the cheapest.*

es·tro·gen /ˈiːstrədʒən/ amerykańska pisownia wyrazu OESTROGEN

es·tu·a·ry /ˈestʃuəri/ *n* [C] ujście (*rzeki*)

etc /et ˈsetərə/ *adv* itd, itp.: *cars, ships, planes etc*

etch /etʃ/ *v* [I,T] wy/ryć

e·ter·nal /ɪˈtɜːnəl/ *adj* wieczny: *eternal love* —**eternally** *adv* wiecznie

e·ter·ni·ty /ɪˈtɜːnəti/ *n* [U] wieczność

e·the·re·al /ɪˈθɪəriəl/ *adj* eteryczny: *ethereal beauty*

eth·ic /ˈeθɪk/ *n* [singular] etyka: *the Christian ethic*

eth·i·cal /ˈeθɪkəl/ *adj* etyczny: *Research on animals raises difficult ethical questions.* | *It would not be ethical for doctors to talk publicly about their patients.* —**ethically** *adv* etycznie

eth·ics /ˈeθɪks/ *n* [plural] etyka: *the ethics of scientific research*

eth·nic /ˈeθnɪk/ *adj* etniczny: *an ethnic minority*

e·thos /ˈiːθɒs/ *n* [singular] etos: *The whole ethos of our society has changed.*

et·i·quette /ˈetɪket/ *n* [U] etykieta: *The rules of etiquette are not so strict nowadays.*

et·y·mol·o·gy /ˌetəˈmɒlədʒi/ *n* [U] etymologia —**etymological** /ˌetəməˈlɒdʒɪkəl◂/ *adj* etymologiczny

eu·phe·mis·m /ˈjuːfəmɪzəm/ *n* [C,U] eufemizm —**euphemistic** /ˌjuːfəˈmɪstɪk◂/ *adj* eufemistyczny

eu·pho·ri·a /juːˈfɔːriə/ *n* [U] euforia

Eu·ro /ˈjʊərəʊ/ *także* **euro** *n* [C singular] euro: *The Euro is expected to replace the British pound within a few years.*

Eu·ro·pe·an /ˌjʊərəˈpiːən◂/ *adj* europejski: *the European Parliament* —**European** *n* [C] Europej-czyk/ka

European U·nion /ˌ.... ˈ../ *n* [singular] Unia Europejska

eu·tha·na·si·a /ˌjuːθəˈneɪziə/ *n* [U] eutanazja

e·vac·u·ate /ɪˈvækjueɪt/ *v* [T] ewakuować: *Children were evacuated from London to country areas.* —**evacuation** /ɪˌvækjuˈeɪʃən/ *n* [C,U] ewakuacja

e·vade /ɪˈveɪd/ *v* [T] **1** uchylać się od: *If you try to evade paying your taxes, you risk going to prison.* **2** unikać: *He evaded capture by hiding in a cave.*

e·val·u·ate /ɪˈvæljueɪt/ *v* [T] *formal* oceniać: *Teachers meet regularly to evaluate the progress of each student.* —**evaluation** /ɪˌvæljuˈeɪʃən/ *n* [C,U] ocena, ewaluacja

e·van·gel·i·cal /ˌiːvænˈdʒelɪkəl◂/ *adj* ewangelicki

e·vap·o·rate /ɪˈvæpəreɪt/ *v* **1** [I] wy/parować: *Boil the sauce until most of the liquid has evaporated.* **2** [T] odparowywać **3** [I] ulatniać się: *Support for the idea has evaporated.* —**evaporation** /ɪˌvæpəˈreɪʃən/ *n* [U] parowanie

e·va·sion /ɪˈveɪʒən/ *n* [C,U] uchylanie się: *tax evasion*

e·va·sive /ɪˈveɪsɪv/ *adj* **1** wymijający: *an evasive answer* **2 evasive action** unik —**evasively** *adv* wymijająco

eve /iːv/ *n* **1 Christmas Eve** Wigilia **2 New Year's Eve** sylwester **3 the eve of** przeddzień: *There were widespread demonstrations on the eve of the election.*

e·ven[1] /ˈiːvən/ *adv* **1** nawet: *Even the youngest children enjoyed the concert.* | *He hadn't even remembered it was my birthday!* **2 even more/better** jeszcze więcej/lepiej: *She knows even less about it than I do.* | *If you could finish it today, that would be even better.* **3 even if** nawet jeśli: *I'll never speak to her again, even if she apologizes.* **4 even though** chociaż, mimo że: *She wouldn't go onto the ski slope, even though Tom offered to help her.* **5 even so** mimo to: *They made lots of money that year, but even so the business failed.*

even[2] *adj* **1** równy: *You need an even surface to work on.* **2** stały: *an even body temperature* **3** parzysty → antonim ODD **4 get even** *informal* wyrównać rachunki: **+ with** *I'll get even with you one day!*

eve·ning /ˈiːvnɪŋ/ *n* **1** [C,U] wieczór: *I have a class on Thursday evenings.* | *We spent a very pleasant evening with Ray and his girlfriend.* **2 (good) evening** *spoken* dobry wieczór: *Evening, Rick.*

e·ven·ly /ˈiːvənli/ *adv* równo: *We divided the money evenly.* | *Spread the glue evenly over the surface.*

e·vent /ɪˈvent/ *n* [C] **1** wydarzenie: *the most important events of the 1990s* | **course of events** (=bieg rzeczy/wydarzeń): *Nothing you could have done would have changed the course of events.* **2** impreza: *a major sporting event* **3 in any event/at all events** w każdym razie: *In any event, it seems likely that prices will continue to rise.* **4 in the event of rain/fire** *formal* w razie deszczu/pożaru: *Britain agreed to support the US in the event of war.*

e·vent·ful /ɪˈventfəl/ *adj* urozmaicony, obfitujący w wydarzenia: *an eventful life*

e·ven·tu·al /ɪˈventʃuəl/ *adj* [only before noun] ostateczny: *China's eventual control of Hong Kong*

e·ven·tu·al·i·ty /ɪˌventʃuˈæləti/ *n* [C] *formal* ewentualność: *We must be prepared for any eventuality.*

e·ven·tu·al·ly /ɪˈventʃuəli/ *adv* koniec końców: *He worked so hard that eventually he made himself ill.*

> UWAGA **eventually i in the end**
>
> Nie należy używać wyrazu **eventually** w znaczeniu 'ewentualnie'. **Eventually** znaczy 'w końcu, wreszcie, po długim oczekiwaniu': *Eventually the baby stopped crying and we managed to get some sleep.* Podobne znaczenie ma wyrażenie **in the end**: *At first I didn't want to go with them but in the end I agreed.* | *In the end it was Rita, the junior assisstant, who solved the problem.* Chcąc powiedzieć 'ewentualnie', należy użyć wyrazu **alternatively**, lub wyrażenia **if need be**.

ev·er /ˈevə/ *adv* **1** kiedyś, kiedykolwiek: *If you're ever in Wilmington, give us a call.* | *Have you ever eaten snails?* | **the best/biggest etc ever** *That was the best meal I've ever had.* | **hotter/better than ever** (=niż kiedykolwiek przedtem): *I woke up the following morning feeling worse than ever.* | **hardly ever** (=prawie nigdy (nie)): *Jim's parents hardly ever watch TV.* | **as happy as ever** *I saw Liz the other day looking as cheerful as ever* (=tak samo radośnie, jak zwykle). **2** ciągle: **ever since** (=od tej pory): *He started teaching here when he was 20, and he's been here ever since.* | **ever-growing/ever-increasing etc** (=ciągle rosnący): *the ever-growing population problem* | **for ever** (=(na) zawsze): *His name will live for ever.* **3 ever so/ever such a** *BrE spoken* tak/taki: *It's ever so cold* (=tak strasznie zimno) *in here.* ➡ patrz też FOREVER

ev·er·green /ˈevəgriːn/ *adj* zimozielony ➡ porównaj DECIDUOUS

ev·er·last·ing /ˌevəˈlɑːstɪŋ◂/ *adj* wieczny: *everlasting peace*

ev·ery /ˈevri/ *determiner* **1** każdy: *Every student will take the test.* | *He comes round to see Jenny at every opportunity.* | **every single** (=wszystkie bez wyjątku): *He told Jan every single thing I said.* **2 every day/year** codziennie/co roku: *We get the newspaper every day.* | **every now and then/every so often** (=co jakiś czas): *I still see her every now and then.* **3 one in every hundred/two in every thousand** jeden na stu/dwóch na tysiąc: *a disease that will kill one in every thousand babies* **4 every which way** *informal* we wszystkie strony: *People were running every which way.*

ev·ery·bod·y /ˈevribɒdi/ *pron* ➡ EVERYONE

ev·ery·day /ˈevrideɪ/ *adj* [only before noun] codzienny: *Worries are just part of everyday life.*

> UWAGA **everyday i every day**
>
> Nie należy mylić wyrażenia **every day** z przymiotnikiem **everyday**. Wyrażenie **every day** ma charakter przysłówkowy i znaczy 'codziennie', a przymiotnik **everyday** znaczy

E

'codzienny, zwykły': *Every day I try to learn ten new words.* | *A good photographer can make everyday objects look rare and special.*

ev·ery·one /ˈevriwʌn/ *także* **everybody** *pron* wszyscy, każdy: *Is everyone ready to go?* | *Everyone knows that!* | **everyone else** (=wszyscy inni): *I was still awake but everyone else had gone to bed.*

ev·ery·thing /ˈevriθɪŋ/ *pron* wszystko: *She criticizes everything I do.* | *You look upset. Is everything all right?* | **everything else** (=wszystko inne): *Jim does the dishes, but I do everything else.* ➡ porównaj NOTHING[1]

ev·ery·where /ˈevriweə/ *adv* wszędzie: *I've looked everywhere for my keys.* ➡ porównaj NOWHERE

e·vict /ɪˈvɪkt/ *v* [T] wy/eksmitować: *Higson was evicted for non-payment of rent.* —**eviction** *n* [C,U] eksmisja

ev·i·dence /ˈevədəns/ *n* [U] **1** dowody: *What evidence do you have to support your theory?* | **+ of** *scientists looking for evidence of life on other planets* | **+ that** *There is evidence that the drug may be harmful to pregnant women.* **2 a piece of evidence** dowód: *A vital piece of evidence was missing.* | **give evidence** (=zeznawać): *Delaney had to give evidence at his brother's trial.*

ev·i·dent /ˈevədənt/ *adj formal* oczywisty, ewidentny: **it is evident that** *It was evident that Bill and his wife weren't happy.*

e·vil[1] /ˈiːvəl/ *adj* zły: *an evil dictator* | *the evil effects of drug abuse*

evil[2] *n formal* [C,U] zło: *Taxation is a necessary evil.* | *the evils of racism*

e·voc·a·tive /ɪˈvɒkətɪv/ *adj* **be evocative of** przywodzić na myśl: *The smell of bread baking is evocative of my childhood.*

e·voke /ɪˈvəʊk/ *v* [T] wywoływać, przywodzić na myśl: *The film evoked memories of the time I lived in France.*

ev·o·lu·tion /ˌiːvəˈluːʃən/ *n* [U] ewolucja: *Darwin's theory of evolution* | **+ of** *the evolution of computer technology* —**evolutionary** *adj* ewolucyjny

e·volve /ɪˈvɒlv/ *v* [I] ewoluować, wykształcić się: *a political system that has evolved over several centuries*

ex- /eks/ *prefix* **ex-husband/ex-prime minister** były mąż/premier

ex·act /ɪgˈzækt/ *adj* **1** dokładny: *an exact description* | *I can't remember the exact date.* | **to be exact** *spoken* (=ściśle mówiąc): *They're here for two weeks, well 13 days, to be exact.* **2 the exact opposite** dokładne przeciwieństwo: *Leonard's shy and quiet – the exact opposite of his brother.* —**exactness** *n* [U] dokładność

ex·act·ing /ɪgˈzæktɪŋ/ *adj* **1** pracochłonny: *an exacting task* **2** wymagający: *an exacting boss*

ex·act·ly /ɪgˈzæktli/ *adv* **1** dokładnie: *We got home at exactly six o'clock.* | *I don't know exactly where she lives.* | *They were wearing exactly the same dress!* | *"We should spend more on education." "Exactly!"* **2 not exactly** *spoken* **a)** wcale nie: *Why is Tim on a diet? I mean, he's not exactly fat!* **b)** niezupełnie: *"Sheila's ill, is she?" "Not exactly, she's just tired."*

ex·ag·ge·rate /ɪgˈzædʒəreɪt/ *v* **1** [I] przesadzać: *Charlie says that everyone in New York has a gun, but I'm sure he's exaggerating.* **2** [T] wyolbrzymiać: *The seriousness of the situation has been much exaggerated in the press.* —**exaggerated** *adj* przesadny, przesadzony —**exaggeration** /ɪgˌzædʒəˈreɪʃən/ *n* [C,U] przesada

ex·am /ɪgˈzæm/ *n* [C] egzamin: *a chemistry exam* | **pass/fail an exam** (=zdać/nie zdać): *If he passes these exams he'll go to university.* | **take/sit an exam** (=zdawać): *When do you take your final exams?*

ex·am·i·na·tion /ɪgˌzæməˈneɪʃən/ *n* **1** [C,U] badanie: *Every astronaut is given a thorough medical examination.* | *On closer examination, the painting was found to be a forgery.* **2** [C] *formal* egzamin: *The examination results will be announced in September.*

UWAGA examination

Zwrot 'zdawać egzamin, przystępować do egzaminu' tłumaczymy na angielski zwrotami **take/have/do an examination** (nie **make** lub **pass**): *I'd better go home. I've got to do an exam in the morning.* Zwrot 'zdać egzamin, otrzymać pozytywną ocenę' tłumaczymy na angielski zwrotem **pass an examination**: *Only 25% of all the students who took the exam passed.* Zwrot 'oblać egzamin, otrzymać negatywną ocenę' tłumaczymy na angielski zwrotem **fail an examination**: *I had my final examination in April, but failed.* Wszystkich podanych powyżej czasowników można również używać z wyrazami **exam**, **test**, **final** i **oral**.

ex·am·ine /ɪɡˈzæmə̇n/ *v* [T] **1** z/badać: *The doctor examined her shoulder and sent her for an X-ray.* **2** prze/analizować: *The finance committee will examine your proposals.* **3** *formal* prze/egzaminować: *You will be examined on American history.*

ex·am·in·er /ɪɡˈzæmə̇nə/ *n* [C] egzaminator/ka

ex·am·ple /ɪɡˈzɑːmpəl/ *n* **1** [C] przykład: **+ of** *Amiens cathedral is a good example of Gothic architecture.* | **give sb an example of** *Can anyone give me an example of a transitive verb?* **2 for example** na przykład: *He's quite a nice guy really – for example, he's always ready to help you if you ask him.* **3** [C] wzór: **set an example** (=dawać (dobry) przykład): *A good captain should set an example for the rest of the team.*

UWAGA example (give czy set?)

Zwrot 'dawać przykład, służyć za wzór' tłumaczymy na angielski zwrotem **to set an example**, a zwrotu **give an example** używamy wtedy, gdy chodzi o podanie przykładu jako ilustracji wypowiadanej tezy: *Senior officers should be setting an example to the men.* | *The school captain is expected to set a good example.* | *Instead of trying to explain the theory, he just gave us a few good examples.* | *To illustrate his point, he gave the example of the Amazonian tribe that had no contact with civilization.*

ex·as·pe·rat·ed /ɪɡˈzɑːspəreɪtə̇d/ *adj* rozdrażniony: *Bella gave an exasperated sigh and turned away.* —**exasperate** *v* [T] doprowadzać do rozpaczy

ex·as·pe·rat·ing /ɪɡˈzɑːspəreɪtɪŋ/ *adj* doprowadzający do rozpaczy: *It's so exasperating when you're in a hurry and your computer breaks down.*

ex·ca·vate /ˈekskəveɪt/ *v* [I,T] prowadzić wykopaliska (w): *archeologists excavating an ancient city* —**excavation** /ˌekskəˈveɪʃən/ *n* [C,U] wykopaliska

ex·ceed /ɪkˈsiːd/ *v* [T] przekraczać: *The cost must not exceed $150.* | *She was fined for exceeding the speed limit.*

ex·ceed·ing·ly /ɪkˈsiːdɪŋli/ *adv formal* niezmiernie: *an exceedingly difficult task*

ex·cel /ɪkˈsel/ *v* [I] **-lled, -lling** *formal* **1** osiągać doskonałe wyniki: **+ at/in** *I never excelled at sport.* **2 excel yourself** przechodzić samego siebie

ex·cel·lent /ˈeksələnt/ *adj* doskonały, znakomity: *What an excellent idea!*

ex·cept /ɪkˈsept/ *conjunction, prep* oprócz, z wyjątkiem: *We're open every day except Monday.* | **+ for** *Everyone went to the show, except for Scott.* | **+ what/when etc** *I don't know anything about it, except what I've read* (=z wyjątkiem tego, co przeczytałam) *in the newspaper.*

UWAGA except

Na początku zdania zawsze mówi się **except for**, a nie **except**: *Except for a couple of old chairs, the room was empty.*

ex·cept·ing /ɪkˈseptɪŋ/ *prep* z wyjątkiem: *All the students, excepting three or four, spoke fluent English.*

ex·cep·tion /ɪkˈsepʃən/ *n* **1** [C,U] wyjątek: *There's always an exception to* *every rule.* | **be no exception** *Bill was usually in a bad mood on Mondays and today was no exception.* | **with the exception of** *Everyone came to the party, with the exception of Mary, who wasn't feeling well.* | **without exception** *All Spielberg's films, without exception, have been tremendously successful.* **2 make an exception** z/robić wyjątek: *We don't normally accept credit cards, but we'll make an exception in your case.*

ex·cep·tion·al /ɪk'sepʃənəl/ *adj* **1** wyjątkowo dobry: *an exceptional student* **2** wyjątkowy: *The teachers were doing their best under exceptional circumstances.* —**exceptionally** *adv* wyjątkowo

ex·cerpt /'eksɜːpt/ *n* [C] urywek, ustęp

ex·cess¹ /ɪk'ses/ *n* **1** [U singular] nadmiar: **an excess of** *Tests showed an excess of calcium in the blood.* **2 be in excess of** przekraczać: *Our profits were in excess of $5 million.*

excess² *adj* [only before noun] dodatkowy, nadmiarowy: *a charge of £75 for excess baggage*

ex·cess·es /ɪk'sesᵻz/ *n* [plural] wybryki, ekscesy: *the worst excesses of the rockstar's lifestyle*

ex·ces·sive /ɪk'sesɪv/ *adj* nadmierny: *Don's wife left him because of his excessive drinking.* —**excessively** *adv* nadmiernie

ex·change¹ /ɪks'tʃeɪndʒ/ *n* **1** [C,U] wymiana: **+ of** *an exchange of information* | **in exchange for** (=w zamian za): *The Europeans traded weapons in exchange for gold.* **2** [C] wymiana zdań: *angry exchanges between our lawyer and the judge* | **exchange of views/ideas** (=wymiana poglądów/myśli) **3** [C] wymiana zagraniczna (*uczniów, studentów*): *Sophie's gone on an exchange to Germany.* **4** [U] dewizy, waluta: *foreign exchange* → patrz też TELEPHONE EXCHANGE, STOCK EXCHANGE

exchange² *v* [T] wymieniać: *The two armies exchanged prisoners.* | *They exchanged greetings.* | **exchange sth for sth** *I'd like to exchange this shirt for a smaller one.*

exchange rate /.'. ./ *n* [C] kurs (dewizowy): *The exchange rate is 5.12 francs to the US dollar.*

ex·cise /'eksaɪz/ *n* [C,U] akcyza

ex·ci·ta·ble /ɪk'saɪtəbəl/ *adj* pobudliwy: *She's a very excitable child.*

ex·cite /ɪk'saɪt/ *v* [T] podniecać: *Agassi is the kind of player who really excites the crowd.*

ex·cit·ed /ɪk'saɪtᵻd/ *adj* podekscytowany, podniecony: *I'm so excited – Steve's coming home tomorrow.* | **+ about** *The kids are getting really excited about our trip to California.* —**excitedly** *adv* z podnieceniem

ex·cite·ment /ɪk'saɪtmənt/ *n* [U] ekscytacja, podniecenie: *Gerry couldn't sleep after all the excitement of the day.*

ex·cit·ing /ɪk'saɪtɪŋ/ *adj* ekscytujący, podniecający: *Their trip to Australia sounded really exciting.*

ex·claim /ɪk'skleɪm/ *v* [I,T] zawołać, wykrzyknąć: *"Wow!" exclaimed Bobby, "Look at that car!"*

ex·cla·ma·tion /ˌekskla'meɪʃən/ *n* [C] okrzyk

exclamation mark /..'.. ./ *especially BrE*, **exclamation point** *AmE n* [C] wykrzyknik

ex·clude /ɪk'skluːd/ *v* [T] **1** nie dopuszczać: **exclude sb from (doing) sth** *Until 1994 the black population was excluded from voting.* **2** wyłączać: **exclude sth from sth** *Some of the data had been excluded from the report.* **3** wykluczać: *Police have excluded the possibility that Barkin killed herself.*

ex·clud·ing /ɪk'skluːdɪŋ/ *prep* wyłączając: *The cost of hiring a car is £180 a week, excluding insurance.*

ex·clu·sion /ɪk'skluːʒən/ *n* [U] wykluczenie: *the exclusion of professional athletes from the Olympics*

ex·clu·sive¹ /ɪk'skluːsɪv/ *adj* **1** ekskluzywny: *an exclusive Manhattan hotel* **2** wyłączny: *This bathroom is for the President's exclusive use.* **3 exclusive of** nie licząc: *The price of the trip is $450, exclusive of meals.*

exclusive² *n* [C] reportaż/wywiad opublikowany wyłącznie w jednej gazecie

ex·clu·sive·ly /ɪk'skluːsɪvli/ *adv* wyłącznie: *This offer is available exclusively to club members.*

ex·cru·ci·at·ing /ɪk'skruːʃieɪtɪŋ/ *adj* nie do zniesienia: *The pain in my knee was excruciating.*

ex·cur·sion /ɪk'skɜːʃən/ *n* [C] wycieczka: **+ to** *an excursion to the island of Burano*

ex·cu·sa·ble /ɪk'skjuːzəbəl/ *adj* wybaczalny → porównaj INEXCUSABLE

ex·cuse¹ /ɪk'skjuːz/ *v* [T] **1 excuse me** *spoken* przepraszam: *Excuse me, is this the right bus for the airport?* | *Oh, excuse me, I didn't mean to step on your foot.* | *Excuse me a moment, there's someone at the door.* **2** wybaczać: *Please excuse my bad handwriting.* **3** zwalniać: **excuse sb from (doing) sth** *You are excused from classes for the rest of the week.* **4** usprawiedliwiać: *Nothing can excuse lying to your parents.*

> **UWAGA excuse me i I'm sorry**
>
> Wyrażenia **excuse me** używamy w następujących przypadkach: (1) kiedy przerywamy komuś; (2) kiedy chcemy, żeby ktoś nas przepuścił; (3) kiedy chcemy odezwać się do kogoś, kogo nie znamy; (4) kiedy prosimy kogoś o powtórzenie, ponieważ dobrze nie usłyszeliśmy (tylko w amerykańskiej angielszczyźnie): *Excuse me but there's a long distance call for you.* | *Excuse me. Do you happen to know the way to the station?* | *Excuse me? What did you say?* Kiedy chcemy kogoś przeprosić (prosić o wybaczenie), mówimy **I'm sorry** lub **sorry**: *I'm terribly sorry. I forgot.* | *Sorry. I didn't mean to hurt you.* **I'm sorry** lub **sorry** (zamiast **pardon**) mówimy też w brytyjskiej angielszczyźnie kiedy prosimy kogoś o powtórzenie, ponieważ dobrze nie usłyszeliśmy: *Sorry? What was that again?*

ex·cuse² /ɪk'skjuːs/ *n* [C] **1** usprawiedliwienie: **+ for** *What's your excuse for being late?* **2** wymówka: *The party was so awful Karl was glad of an excuse to leave.*

ex·e·cute /'eksɪ̈kjuːt/ *v* [T] **1** stracić: *She was executed for murder.* **2** *formal* przeprowadzać: *a carefully executed plan* —**execution** /ˌeksɪ̈'kjuːʃən/ *n* [U] egzekucja

ex·e·cu·tion·er /ˌeksɪ̈'kjuːʃənə/ *n* [C] kat

ex·ec·u·tive¹ /ɪg'zekjʊ̈tɪv/ *n* [C] **1** pracownik kierowniczego szczebla: *a sales executive* **2 the executive** władza wykonawcza

executive² *adj* **1** wykonawczy: *an executive committee* **2** dla ludzi na wysokich stanowiskach: *executive homes*

ex·em·pli·fy /ɪg'zemplɪ̈faɪ/ *v* [T] *formal* stanowić przykład: *Stuart exemplifies the kind of student we like at our school.*

ex·empt¹ /ɪg'zempt/ *adj* **exempt from** zwolniony z, wolny od: *Medical products are exempt from state taxes.*

exempt² *v* [T] **exempt sb from sth** zwalniać kogoś z czegoś: *Anyone who is mentally ill is exempted from military service.* —**exemption** *n* [C,U] zwolnienie, ulga

ex·er·cise¹ /'eksəsaɪz/ *n* **1** [C,U] ćwiczenia (*fizyczne*) **do exercises** *You can do special exercises to strengthen your back.* | **take exercise** (=zażywać ruchu): *The doctor said I need to take more exercise.* **2** [C] ćwiczenie (*pisemne*): *For homework, do exercises 1 and 2.* **3** [C] ćwiczenia, manewry

exercise² *v* **1** [I,T] ćwiczyć: *It is important to exercise regularly.* **2** *formal* **exercise your right/power** s/korzystać ze swego prawa/swych uprawnień: *She exercised her influence* (=użyła swoich wpływów) *to get Rigby the job.*

ex·ert /ɪg'zɜːt/ *v* [T] **1 exert pressure/influence** wywierać nacisk/wpływ: **+ on** *The UN is exerting pressure on the two countries to stop the war.* **2 exert yourself** wysilać się

ex·er·tion /ɪg'zɜːʃən/ *n* [C,U] wysiłek: *Paul's face was red with exertion.*

E

ex·hale /eks'heɪl/ *v* **1** [T] wydychać **2** [I] wypuszczać powietrze, z/robić wydech: *Take a deep breath, then exhale slowly.* → antonim INHALE

ex·haust¹ /ɪg'zɔːst/ *v* [T] wyczerpywać: *Eventually, the world's oil supply will be exhausted.* | *The trip totally exhausted us.*

exhaust² *n* **1** [C] *także* **exhaust pipe** rura wydechowa **2** [U] spaliny: *Car exhaust is the main reason for pollution in the city.*

ex·haust·ed /ɪg'zɔːstəd/ *adj* wyczerpany: *Jill lay in the grass, exhausted after her long run.* —**exhaustion** *n* [U] wyczerpanie, przemęczenie

ex·haust·ing /ɪg'zɔːstɪŋ/ *adj* wyczerpujący (*męczący*): *It was a long and exhausting journey.*

ex·haus·tive /ɪg'zɔːstɪv/ *adj* wyczerpujący (*pełen*): *an exhaustive study of the problem* —**exhaustively** *adv* wyczerpująco

ex·hib·it¹ /ɪg'zɪbət/ *v* **1** [I,T] wystawiać: *His paintings will be exhibited in the National Gallery.* **2** [T] *formal* wykazywać, przejawiać: *The prisoner exhibited no signs of remorse for what he had done.*

exhibit² *n* [C] eksponat

ex·hi·bi·tion /ˌeksə'bɪʃən/ *n* [C,U] **1** wystawa: **+ of** *an exhibition of historical photographs* **2** pokaz: *an impressive exhibition of athletic skill*

ex·hil·a·rate /ɪg'zɪləreɪt/ *v* [T] wprawiać w świetny nastrój

ex·ile¹ /'eksaɪl/ *n* **1** [U] wygnanie, zesłanie, przymusowa emigracja: **in exile** *a writer who lives in exile* **2** [C] wygnaniec, zesłaniec, emigrant/ka: *Cuban exiles living in the US*

exile² *v* [T] skazywać na wygnanie, zsyłać: *He was exiled from Russia in the 1930s.*

ex·ist /ɪg'zɪst/ *v* [I] istnieć: *Do ghosts really exist?* | *a custom that still exists*

ex·ist·ence /ɪg'zɪstəns/ *n* **1** [U] istnienie: **+ of** *Do you believe in the existence of God?* | **be in existence** (=istnieć): *Mammals have been in existence for many millions of years.* **2** [C] egzystencja: *a terrible existence*

ex·ist·ing /ɪg'zɪstɪŋ/ *adj* istniejący: *We need new computers to replace the existing ones.*

ex·it¹ /'egzət/ *n* [C] **1** wyjście: *There are two exits at the back of the plane.* | **make an exit** (=wyjść): *The President made a quick exit after his speech.* **2** zjazd (*z autostrady*): *Take exit 23 for the city.*

exit² *v* **1** [I,T] za/kończyć (*korzystanie z programu komputerowego*): *Press f3 to exit.* **2** [I] *formal* wychodzić

ex·or·cize /'eksɔːsaɪz/ *v* [T] egzorcyzmować —**exorcist** *n* [C] egzorcysta

ex·ot·ic /ɪg'zɒtɪk/ *adj* egzotyczny: *an exotic flower from Africa*

ex·pand /ɪk'spænd/ *v* **1** [I] rozrastać się: *The population of Texas expanded rapidly in the '60s.* **2** [T] rozszerzać, rozwijać: *We're planning to expand our recycling services.*

ex·panse /ɪk'spæns/ *n* [C] obszar, przestrzeń: **+ of** *the vast expanse of the Pacific Ocean*

ex·pan·sion /ɪk'spænʃən/ *n* [U] ekspansja: *a period of economic expansion*

ex·pect /ɪk'spekt/ *v* **1** [T] spodziewać się: **expect (sb) to do sth** *Do you expect to travel a lot this year?* | *You surely don't expect me to drive you home?* | **+ (that)** *We expect the meeting will finish about 5 o'clock.* **2** [T] oczekiwać: *The officer expects absolute obedience from his men.* | **expect sb to do sth** *We're expected to* (=oczekuje się, że będziemy) *work late sometimes.* **3 I expect** *spoken, especially BrE* pewnie: *You've had a busy day. I expect you're tired.* | **I expect so** (=myślę, że tak): *"Do you think Andreas will pass his exam?" "Yes, I expect so."*

ex·pec·ta·tion /ˌekspek'teɪʃən/ *n* **1** [C,U] nadzieja: **+ of** *O'Leary entered the competition without much expectation of success.* | **+ that** *Our decision was based on the expectation that prices would rise.* **2** [C usually plural] oczekiwania, nadzieje:

high expectations *Many refugees arrive in the country with high expectations.*

ex·pe·di·tion /ˌekspəˈdɪʃən/ *n* [C] wyprawa, ekspedycja: *an expedition to the North Pole* | *a shopping expedition*

ex·pel /ɪkˈspel/ *v* [T] **-lled, -lling** wydalać, usuwać: **expel sb from** *Jake was expelled from school for smoking.*

ex·pend·a·ble /ɪkˈspendəbəl/ *adj* zbędny, zbyteczny: *generals who regarded the lives of soldiers as expendable*

ex·pen·di·ture /ɪkˈspendɪtʃə/ *n* [U] wydatki: **+ on** *The expenditure on medical care has doubled in the last 20 years.*

ex·pense /ɪkˈspens/ *n* **1** [C,U] koszt: **household/medical/living expenses** *a claim for travel expenses* **2 at the expense of** kosztem: *The asbestos industry continued to expand at the expense of public health.* **3 at sb's expense a)** na koszt kogoś: *Guy spent a year in Canada at his parents' expense.* **b)** czyimś kosztem: *Louis kept making jokes at his wife's expense.*

ex·pen·sive /ɪkˈspensɪv/ *adj* drogi, kosztowny: *an expensive suit* ➡ antonim INEXPENSIVE

ex·pe·ri·ence[1] /ɪkˈspɪəriəns/ *n* **1** [U] doświadczenie: **have experience in** *Do you have any experience in marketing?* | **in my experience** (=wiem z doświadczenia, że): *In my experience, a credit card is always useful.* **2** [C] przeżycie: *Visiting Paris was a wonderful experience.* | **+ of** *Write about your first experience of travelling abroad.*

experience[2] *v* [T] doświadczać, doznawać: *The company is experiencing problems with its computer system.* | *The patient is experiencing a lot of pain.*

ex·pe·ri·enced /ɪkˈspɪəriənst/ *adj* doświadczony: *a very experienced pilot* ➡ antonim INEXPERIENCED

ex·per·i·ment[1] /ɪkˈsperəmənt/ *n* [C] doświadczenie, eksperyment: *St. Mary's School is an experiment in bilingual education.* | **do/perform experiments (on)** *They did experiments on rats to test the drug.* —**experimental** /ɪkˌsperəˈmentl◂/ *adj* eksperymentalny —**experimentally** *adv* eksperymentalnie

> UWAGA **experiment**
>
> Rzeczownik **experiment** używany jest z czasownikami **perform**, **conduct**, **carry out**, **do** (nie **make**): *Joule carried out a series of experiments to test his theory.* | *Further experiments will have to be conducted before the drug can be tested on humans.*

ex·per·i·ment[2] /ɪkˈsperəment/ *v* [I] **1** eksperymentować: **+ with** *Many teenagers experiment with drugs.* **2** robić doświadczenia: **+ on/with** *Do you think it's right to experiment on animals?* —**experimentation** /ɪkˌsperəmenˈteɪʃən/ *n* [U] eksperymenty, doświadczenia

ex·pert /ˈekspɜːt/ *n* [C] ekspert, znawca: **+ on/in** *Dr Higgs is an expert on ancient Egyptian art.* —**expert** *adj* fachowy: *expert advice* —**expertly** *adv* fachowo

ex·per·tise /ˌekspɜːˈtiːz/ *n* [U] wiedza fachowa: *medical expertise*

ex·pire /ɪkˈspaɪə/ *v* [I] s/tracić ważność, wygasać —**expiration** /ˌekspəˈreɪʃən/ *także* **expiry** *BrE n* [U] utrata ważności

ex·plain /ɪkˈspleɪn/ *v* [I,T] wyjaśniać, wy/tłumaczyć: *Can someone explain how this thing works?* | **explain (sth) to sb** *I explained the rules to Sara.* | **+ why** *Brad never explained why he was late.* | **+ that** *I explained that I'd missed the bus.*

ex·pla·na·tion /ˌekspləˈneɪʃən/ *n* **1** [C] wyjaśnienie: **+ of** *Dr Ewing gave a detailed explanation of how to use the program.* **2** [C,U] wytłumaczenie: **+ for** *Is there any explanation for his behaviour?*

ex·plan·a·to·ry /ɪkˈsplænətəri/ *adj* wyjaśniający, objaśniający: *explanatory notes* (=objaśnienia) *at the end of the chapter* ➡ patrz też SELF-EXPLANATORY

ex·pli·ca·ble /ekˈsplɪkəbəl/ *adj* wytłumaczalny: *For no explicable reason, Judy always remembered his phone number.* ➡ antonim INEXPLICABLE

ex·pli·cit /ɪk'splɪsə̇t/ *adj* wyraźny, jasny: *Could you be more explicit* (=czy mógłbyś wyrażać się jaśniej)? —**explicitly** *adv* wyraźnie

ex·plode /ɪk'spləʊd/ *v* [I] wybuchać, eksplodować: *The car bomb exploded at 6:16.* | *Susie exploded when I told her I'd wrecked her car.* ➡ patrz też EXPLOSION

ex·ploit /ɪk'splɔɪt/ *v* [T] **1** wyzyskiwać: *It's important that students doing work experience should not be exploited by employers.* **2** wykorzystywać, eksploatować: *We must exploit the country's mineral resources.* —**exploitation** /ˌeksplɔɪ'teɪʃən/ *n* [U] wyzysk, eksploatacja

ex·plore /ɪk'splɔː/ *v* [T] z/badać: *We spent a week exploring the Oregon coastline.* | *Explore all the possibilities before you make a decision.* —**exploration** /ˌeksplə'reɪʃən/ *n* [C,U] badanie, eksploracja: *a voyage of exploration*

ex·plo·rer /ɪk'splɔːrə/ *n* [C] badacz/ka, odkryw-ca/czyni

ex·plo·sion /ɪk'spləʊʒən/ *n* [C,U] wybuch, eksplozja: *The force of the explosion shook the building.* | *the population explosion*

ex·plo·sive[1] /ɪk'spləʊsɪv/ *adj* **1** wybuchowy: *an explosive mixture of gases* **2** zapalny: *an explosive situation* | *Abortion is an explosive issue.*

explosive[2] *n* [C] materiał wybuchowy

ex·port[1] /'ekspɔːt/ *n* **1** [U] eksport: **+ of** *the export of live animals* **2** [C] towar eksportowy: *Oil is now one of Malaysia's main exports.* ➡ porównaj IMPORT[1]

ex·port[2] /ɪk'spɔːt/ *v* [I,T] eksportować: *Japan exports electronic equipment to hundreds of countries.* ➡ porównaj IMPORT[2] —**exporter** *n* [C] eksporter

ex·pose /ɪk'spəʊz/ *v* [T] **1** odsłaniać: **expose sth to** (=wystawiać coś na): *When a wound is exposed to the air, it heals more quickly.* | **be exposed to** (=mieć kontakt z): *Children who have been exposed to different cultures are less likely to be prejudiced.* **2** narażać: **be exposed to** *Workers in the nuclear industry were exposed to high levels of radiation.* **3** z/demaskować: *His criminal activities were finally exposed in 'The Daily Mirror'.*

ex·posed /ɪk'spəʊzd/ *adj* nie osłonięty, odkryty: *an exposed hillside*

ex·po·sure /ɪk'spəʊʒə/ *n* **1** [C,U] wystawienie: **+ to** (=na działanie): *Skin cancer is often caused by too much exposure to the sun.* **2** [C,U] zdemaskowanie: *the exposure of a high-ranking official as a Mafia boss* **3** [C] klatka (*kliszy fotograficznej*): *This roll has 36 exposures.* **4** [U] **die of exposure** umrzeć z zimna: *Three climbers died of exposure.*

ex·press[1] /ɪk'spres/ *v* [T] wyrażać: *A number of people expressed their concern.* | *The look on Paul's face expressed utter despair.* | **express yourself** (=wypowiadać się)

express[2] *adj* **1** wyraźny: *It was her express wish that you should inherit her house.* **2** ekspresowy

express[3] *także* **express train** *n* [C] ekspres: *We caught the 9.30 express to London.*

ex·pres·sion /ɪk'spreʃən/ *n* **1** [C] wyrażenie, zwrot: *"Mustn't grumble," my father said. It was an expression he often used.* **2** [C] wyraz twarzy, mina: *He came back with a cheerful expression on his face.* **3** [C,U] wyraz: **+ of** *I'm sending these flowers as an expression of my gratitude.*

ex·pres·sive /ɪk'spresɪv/ *adj* pełen wyrazu: *expressive eyes*

ex·press·way /ɪk'spresweɪ/ *n* [C] *AmE* autostrada

ex·pul·sion /ɪk'spʌlʃən/ *n* [C,U] wydalenie, usunięcie: *the expulsion of Communists from the government*

ex·qui·site /ɪk'skwɪzə̇t/ *adj* przepiękny: *an exquisite diamond ring*

ex·tend /ɪk'stend/ *v* **1** [I] rozciągać się, ciągnąć się: **+ for/through/into etc** *The forest extended for miles in all directions.* **2** [T] powiększać: *The club is being extended to make space for a new dance area.* **3** [T] przedłużać: *The authorities have extended her visa for another six* *months.* **4** [T] wyciągać: *Perry extended his arms in a welcoming gesture.*

ex·ten·sion /ɪk'stenʃən/ *n* **1** [U singular] rozszerzenie się: **+ of** *the extension of Soviet power in Eastern Europe* **2** [C] przybudówka: *We're building an extension at the back of the house.* **3** [C] numer wewnętrzny: *My extension number is 3821.* **4** [C] przedłużenie: *When his visa ran out, they granted him an extension.*

ex·ten·sive /ɪk'stensɪv/ *adj* rozległy: *Doctors have done extensive research into the effects of stress.*

ex·tent /ɪk'stent/ *n* **1** [singular] rozmiary: *What's the extent of the damage?* | *Violence has increased to such an extent that people are afraid to leave their homes.* **2 to some extent/to a certain extent** do pewnego stopnia: *To some extent, it was my fault.*

ex·te·ri·or /ɪk'stɪəriə/ *n* [C usually singular] zewnętrzna strona, powierzchowność: *repairs to the exterior of the building* —**exterior** *adj* zewnętrzny → antonim INTERIOR

ex·ter·mi·nate /ɪk'stɜːməneɪt/ *v* [T] wy/tępić —**extermination** /ɪkˌstɜːmə'neɪʃən/ *n* [C,U] eksterminacja

ex·ter·nal /ɪk'stɜːnl/ *adj* **1** zewnętrzny: *There are no external signs of injury.* **2** z zewnątrz: *external examiners* → antonim INTERNAL

ex·tinct /ɪk'stɪŋkt/ *adj* **1** wymarły **2** wygasły: *an extinct volcano*

ex·tinc·tion /ɪk'stɪŋkʃən/ *n* [U] wymarcie, wyginięcie: *Greenpeace believes that whales are in danger of extinction.*

ex·tin·guish /ɪk'stɪŋgwɪʃ/ *v* [T] *formal* z/gasić, u/gasić: *Please extinguish all cigarettes.*

ex·tin·guish·er /ɪk'stɪŋgwɪʃə/ *n* [C] gaśnica

ex·tra[1] /'ekstrə/ *adj* dodatkowy: *a large mushroom pizza with extra cheese*

extra[2] *adv* dodatkowo, ekstra

extra[3] *n* [C] **1** dodatek: *The price of the car includes extras such as a sun roof and CD player.* **2** statyst-a/ka: *We need a thousand extras for the big crowd scene.*

ex·tract[1] /ɪk'strækt/ *v* [T] **1** wyciągać, wydobywać: *The police failed to extract any information from him.* **2** *formal* usuwać, wyrywać: *gaps in her mouth where teeth had been extracted*

ex·tract[2] /'ekstrækt/ *n* **1** [C] wyjątek, urywek: *an extract from "A Midsummer Night's Dream"* **2** [C,U] wyciąg, ekstrakt: *vanilla extract*

ex·trac·tion /ɪk'strækʃən/ *n* **1** [C,U] wydobycie: *the extraction of salt from sea water* **2** [C] usunięcie (zęba): *He had three extractions.* **3 of Polish/Irish extraction** polskiego/irlandzkiego pochodzenia

ex·tra·cur·ric·u·lar /ˌekstrəkə'rɪkjələ◂/ *adj* nadobowiązkowy, ponadprogramowy

ex·tra·di·tion /ˌekstrə'dɪʃən/ *n* [C,U] ekstradycja

ex·tra·or·di·na·ry /ɪk'strɔːdənəri/ *adj* nadzwyczajny, niezwykły: *Ellington had an extraordinary musical talent.* | *What an extraordinary idea!* —**extraordinarily** *adv* niezwykle

ex·trav·a·gant /ɪk'strævəgənt/ *adj* **1** rozrzutny: *You've been terribly extravagant, buying all these presents.* **2** ekstrawagancki: *wild extravagant parties* **3** przesadzony, przesadny: *extravagant claims that the drug cures AIDS* —**extravagance** *n* [C,U] rozrzutność, ekstrawagancja

ex·treme[1] /ɪk'striːm/ *adj* **1** niezmierny: *extreme heat* **2** ekstremalny, skrajny: *In one extreme case a child of ten was imprisoned.* **3** najdalszy: *in the extreme north of the country*

extreme[2] *n* **1** [C] ekstremum, skrajność: *folk who have learned to survive the extremes of their climate* **2 go to extremes/carry sth to extremes** posuwać się/coś do skrajności: *Caution is sensible, but not when it's carried to extremes.* **3 in the extreme** w najwyższym stopniu: *a man who was selfish in the extreme*

ex·treme·ly /ɪk'striːmli/ *adv* niezmiernie: *I'm extremely sorry.*

ex·trem·ist /ɪk'striːmɪst/ *n* [C] ekstremist-a/ka: *left-wing extremists* —**extremist** *adj* ekstremistyczny —**extremism** *n* [U] ekstremizm

ex·tri·cate /'ekstrɪkeɪt/ *v* **extricate yourself from sth** wyzwolić się z czegoś: *Perrault could not extricate himself from the relationship once it had started.*

ex·tro·vert, extravert /'ekstrəvɜːt/ *n* [C] ekstrawerty-k/czka —**extrovert, extroverted** *adj* ekstrawertyczny → porównaj INTROVERTED

eye[1] /aɪ/ *n* [C] **1** oko: *Gina has blue eyes.* | *Close your eyes.* **2 blue-eyed/one-eyed** niebieskooki/jednooki **3 keep an eye on** mieć oko na: *Can you keep an eye on the baby while I make a phone call?* **4 in the eyes of/in sb's eyes** w czyichś oczach: *Divorce is a sin in the eyes of the Church.* **5 have your eye on** mieć upatrzony, mieć na oku: *I've got my eye on a nice little sports car.* **6 have an eye for** mieć wyczucie: *Gail has a good eye for colour.* **7 set/lay eyes on** ujrzeć: *The first time I set eyes on him I knew I liked him.* **8 with your eyes open** w pełni świadomie: *I went into the business with my eyes open so it's no use complaining now.* **9** [C] ucho (*igły*) → patrz też **could not believe your eyes** (BELIEVE), **catch sb's eye** (CATCH[1]), **look sb in the eye** (LOOK[1]), **see eye to eye (with sb)** (SEE), **turn a blind eye** (TURN[1]), **cast an eye over sth** (CAST[1]), **to the naked eye** (NAKED)

eye[2] *v* [T] **eyed, eyed, eyeing** *or* **eying** przypatrywać się: *The child eyed me with curiosity.*

eye·ball /'aɪbɔːl/ *n* [C] gałka oczna

eye·brow /'aɪbraʊ/ *n* [C] brew

eye-catch·ing /'. ˌ../ *adj* przyciągający wzrok: *eye-catching advertisements*

eye·lash /'aɪlæʃ/ *n* [C] rzęsa

eye·lid /'aɪlɪd/ *n* [C] powieka

eye-open·er /'. ˌ.../ *n* [singular] objawienie: *Visiting Russia was a real eye-opener for me.*

eye-shad·ow /'. ˌ../ *n* [U] cień do powiek

eye·sight /'aɪsaɪt/ *n* [U] wzrok: *You need perfect eyesight to be a pilot.*

eye·wit·ness /'aɪˌwɪtnɪs/ *n* [C] naoczny świadek: *According to eyewitnesses the robbery was carried out by four men.*

Ff

F /ef/ skrót od FAHRENHEIT: *Water boils at 212° F.*

fa·ble /ˈfeɪbəl/ *n* [C] bajka

fab·ric /ˈfæbrɪk/ *n* [C,U] tkanina: *heavy woollen fabric*

fab·ri·cate /ˈfæbrɪkeɪt/ *v* [T] s/fabrykować: *The police were accused of fabricating evidence.* —**fabrication** /ˌfæbrɪˈkeɪʃən/ *n* [C,U] wymysł

fab·u·lous /ˈfæbjələs/ *adj* bajeczny, fantastyczny: *You look fabulous!* | *The painting was sold for a fabulous sum.* —**fabulously** *adv* bajecznie: *a fabulously rich woman*

fa·cade /fəˈsɑːd/, **façade** *n* [C] fasada: *Behind that cheerful facade she's really quite a lonely person.*

face[1] /feɪs/ *n* **1** [C] twarz: *a girl with a round, pretty face* | *He had a surprised look on his face.* **2** [C] mina: **sb's face fell** (=mina komuś zrzedła): *Lynn's face fell when I said Sean already had a girlfriend.* | **make/pull a face** (=z/robić minę) | **keep a straight face** (=powstrzymywać się od śmiechu): *When I saw what he was wearing, I could hardly keep a straight face.* **3 face to face (with)** twarzą w twarz (z): *I'd rather talk to him face to face than on the phone.* | *It was the first time he had ever come face to face with death.* **4 in the face of** w obliczu: *Marie was very brave, even in the face of great suffering.* **5 new/familiar face** nowa/znajoma twarz: *In the middle of the crowd I recognized a familiar face.* **6** [C] tarcza: *a clock face* **7** [C] ściana: *the north face of Mount Rainier* **8 on the face of it** na pierwszy rzut oka: *On the face of it, this seems like a perfectly good idea.* **9 lose/save face** stracić/zachować twarz: *If I win, Lee will lose face and hate me even more.* **10 say sth to sb's face** powiedzieć coś komuś w twarz: *They'd never dare say that to his face.*

face[2] *v* [T] **1** stawiać czoło: *He faced a lot of problems in his short life.* | *You're going to have to face him sooner or later.* | *Sampras faces Becker in the men's final tomorrow.* | **face the fact that** (=przyjąć do wiadomości, że): *You're going to have to face the fact that John loves someone else.* | **let's face it** *spoken* (=spójrzmy prawdzie w oczy): *Let's face it – you're never going to be a star player.* **2** być zwróconym w kierunku: *Rita's house faces the sea.* **3 turn to face** zwracać się twarzą do: *Dean turned to face me.* **4 be faced with** stawać w obliczu: *She's going to be faced with some very tough choices.* **5 can't face doing sth** nie czuć się na siłach, żeby coś zrobić: *I can't face seeing Ben again.*

face up to sth *phr v* [T] stawiać czoło: *You'll have to face up to your responsibilities.*

face·lift /ˈfeɪslɪft/ *n* **1** [C] lifting (*twarzy*) **2 give sth a facelift** odnowić coś: *We're going to give the reception area a facelift.*

fa·ce·tious /fəˈsiːʃəs/ *adj* żartobliwy: *facetious comments*

face val·ue /ˌ. ˈ../ *n* **take sth at face value** brać/wziąć coś za dobrą monetę

fa·cial /ˈfeɪʃəl/ *adj* **facial hair** zarost

fa·cil·i·tate /fəˈsɪləteɪt/ *v* [T] *formal* ułatwiać: *We've employed temporary staff to facilitate the enrolment of new students.* —**facilitation** /fəˌsɪləˈteɪʃən/ *n* [U] ułatwienie

fa·cil·i·ties /fəˈsɪlətiz/ *n* [plural] **1** zaplecze: *The hotel has excellent conference facilities.* **2** obiekty: *The college has excellent sports facilities.*

fa·cil·i·ty /fəˈsɪləti/ *n* [C] funkcja (*np. programu komputerowego*): *The program has a search facility.*

fact /fækt/ *n* **1** [C] fakt: *We can't comment until we know all the facts.* | **the fact that** *She's just ignoring the fact that he's already married.* | **I know for a fact (that)** *spoken* (=wiem na pewno, że) **2 in fact/as a matter of fact/in actual fact a)** w rzeczywistości: *The government is claiming that inflation is coming down, but in actual fact it is higher than ever* *before.* **b)** co więcej: *I know her really well, in fact I had dinner with her last week.* **3** [U] fakty: *It is often difficult to separate fact from fiction.* **4 the fact (of the matter) is** *spoken* prawda jest taka, że

fac·tion /ˈfækʃən/ *n* [C] frakcja: *The President hopes to unite the warring factions within his Party.*

fac·tor /ˈfæktə/ *n* [C] czynnik: **+ in** *The weather could be an important factor in tomorrow's game.*

fac·to·ry /ˈfæktəri/ *n* [C] fabryka: *a shoe factory*

fac·tu·al /ˈfæktʃuəl/ *adj* rzeczowy, oparty na faktach: *factual information*

fac·ul·ty /ˈfækəlti/ *n* **1** [C] *formal* naturalna zdolność: *At the age of 95 he was still in possession of all his faculties.* **2** [C] wydział: *the Faculty of Arts*

fad /fæd/ *n* [C] przelotna moda: *His interest in photography was just a passing fad* (=kaprys).

fade /feɪd/ *v* **1** *także* **fade away** [I] o/słabnąć, z/gasnąć: *Hopes of a peace settlement are now fading.* **2** [I] wy/blaknąć: *faded blue jeans*

fae·ces /ˈfiːsiːz/ *także* **feces** *AmE n* [plural] *technical* odchody, kał

Fah·ren·heit /ˈfærənhaɪt/ *n* [U] skala Fahrenheita

fail[1] /feɪl/ *v* **1** [I,T] nie zdać, oblać: *I failed my biology test.* **2** [T] oblać: *The examiner told me he was going to fail me.* **3** [I] **fail to do sth a)** nie zrobić czegoś: *Her invitation failed to arrive* (=jej zaproszenie nie doszło). **b)** nie zdołać czegoś zrobić: *Doctors failed to save the girl's life.* **4 I fail to see/understand** nie pojmuję: *I fail to see why you think it's so funny.* **5** [I] ze/psuć się: *The engine failed just after the plane took off.* **6 failing health/sight/memory** pogarszające się zdrowie/wzrok/pamięć

fail[2] **without fail a)** niezawodnie: *Barry comes over every Friday without fail.* **b)** obowiązkowo: *I want that work finished by tomorrow, without fail!*

fail·ing[1] /ˈfeɪlɪŋ/ *n* [C] wada: *He loved her in spite of her failings.*

failing[2] *prep* **failing that** jeżeli to się nie uda: *You could try phoning, but failing that, a letter only takes a few days.*

fail·ure /ˈfeɪljə/ *n* **1** [C,U] niepowodzenie: **end in failure** *All his plans ended in failure* (=zakończyły się niepowodzeniem). **2** [C] nieudacznik: *I feel like such a failure.* **3** [C,U] awaria: *the failure of the computer system* | **heart/kidney failure** (=niewydolność serca/nerek) **4 failure to do sth** niezrobienie czegoś: *We were worried about his failure to contact us* (=martwiliśmy się, że się z nami nie skontaktował).

faint[1] /feɪnt/ *adj* **1** słaby, nikły: *a faint sound* | *There's still a faint hope that they might be alive.* **2 sb is faint** komuś jest słabo: **+ with** *He was faint with hunger.* **3 not have the faintest idea** nie mieć zielonego pojęcia: *I don't have the faintest idea what you are talking about.* —**faintly** *adv* słabo

faint[2] *v* [I] ze/mdleć —**faint** *n* [C] omdlenie

fair[1] /feə/ *adj* **1** uczciwy: *a fair wage for the job* | *It's not fair! You always agree with Sally!* **2 fair enough** *BrE spoken* niech będzie: *"I'll come if I can bring my sister with me." "Fair enough."* **3** sprawiedliwy: *a fair trial* **4** zadowalający: *Her written work is excellent but her spoken French is only fair.* **5 a fair size/amount** *BrE* spore rozmiary/spora ilość: *By lunchtime we had travelled a fair distance.* **6** jasny: *fair skin* **7** ładny: *fair weather* —**fairness** *n* [U] sprawiedliwość

fair[2] *adv* **play fair** grać fair

fair[3] *n* [C] **1** wesołe miasteczko **2** targi: *a trade fair*

fair·ly /ˈfeəli/ *adv* **1** dosyć, dość: *She speaks English fairly well.* | *a fairly large garden* **2** sprawiedliwie: *I felt that I hadn't been treated fairly.*

fai·ry /ˈfeəri/ *n* [C] duszek, wróżka

fairy tale /ˈ.. ./ *n* [C] baśń

faith /feɪθ/ *n* **1** [U] wiara: **+ in** *a strong faith in God* | *I have great faith in her ability.* **2 in good faith** w dobrej wierze **3** [C] religia: *the Jewish faith*

faith·ful /ˈfeɪθfəl/ *adj* wierny: *a faithful friend | a faithful account of what happened* —**faithfulness** *n* [U] wierność

faith·ful·ly /ˈfeɪθfəl-i/ *adv* **1** wiernie: *Bessie had served the family faithfully for 30 years.* **2 Yours faithfully** *especially BrE* Z poważaniem

fake[1] /feɪk/ *n* [C] falsyfikat, podróbka: *We thought it was a Picasso, but it was a fake.*

fake[2] *adj* podrabiany: *fake fur*

fake[3] *v* **1** [I,T] udawać: **fake it** *I thought he was really hurt but he was just faking it.* **2** [T] s/fałszować, podrabiać: *He faked his uncle's signature on the note.*

fal·con /ˈfɔːlkən/ *n* [C] sokół

fall[1] /fɔːl/ *v* **fell, fallen, falling** [I] **1** padać: *Snow began to fall as we left the building.* | **+ over/from/out** *Our big apple tree fell over* (=przewróciło się) *in the storm.* **2** upadać: *Don't worry, I'll catch you if you fall.* | *The government fell after only six months.* | **+ down/into/onto etc** *I slipped and fell down the stairs* (=i spadłem ze schodów). **3** spadać: *Temperatures may fall below zero tonight.* | **fall sharply** *The number of robberies fell sharply* (=spadła gwałtownie) *last year.* **4 fall asleep/silent** zasypiać/milknąć: *I'm always tired; I even fall asleep in my chair.* | *Everyone fell silent as Beth walked in.* **5 fall in love (with)** zakochiwać się (w): *I fell in love with her the moment I saw her.* **6 fall into a group/category** należeć do grupy/kategorii: *Both of these novels fall into the category of literary fiction.* **7 night/darkness falls** *literary* zapada noc/zmierzch **8 be falling to pieces/bits** rozpadać się **9** opadać: *Maria's hair fell in loose curls.* **10** *literary* polec: *a monument to the soldiers who fell in the war* **11 fall on** przypadać w: *Christmas falls on a Friday this year.*

fall apart *phr v* [I] rozpadać się, rozlatywać się: *The old book just fell apart in my hands.* | *The country's economy was falling apart.*

fall for sb/sth *phr v* [T] **1** [**fall for** sth] dawać się nabrać na: *We told him we were Italian and he fell for it!* **2** [**fall for** sb] zakochiwać się w: *Samantha fell for a man half her age.*

fall out *phr v* [I] po/kłócić się: **+ with** *Nina's fallen out with her brother.*

fall through *phr v* [I] nie dochodzić do skutku: *Our holiday plans fell through at the last minute.*

fall[2] *n* **1** [C] upadek: *He had a bad fall from a horse.* | *the fall of Rome* **2** [C] opady: *a heavy fall of snow* **3** [C] spadek: **+ in** *a sudden fall in temperature* ➡ antonim RISE[1] **4** [singular] *AmE* jesień: **the fall** *Brad's going to Georgia Tech in the fall.* ➡ patrz też FALLS

fal·la·cy /ˈfæləsi/ *n* [C] mit: *the fallacy that money brings happiness*

fall·en /ˈfɔːlən/ *v* imiesłów bierny od FALL

fal·li·ble /ˈfæləbəl/ *adj* omylny: *We're all fallible, you know.* ➡ antonim INFALLIBLE

fall·out /ˈfɔːlaʊt/ *adj* opad radioaktywny

falls /fɔːlz/ *n* [plural] wodospad

false /fɔːls/ *adj* **1** fałszywy: *He gave the police false information.* | *Her welcoming smile seemed false.* **2** sztuczny: *false eyelashes* | *false teeth* **3 false alarm** fałszywy alarm: *We thought there was a fire, but it was a false alarm.* —**falsely** *adv* fałszywie

fal·si·fy /ˈfɔːlsəfaɪ/ *v* [T] s/fałszować: *He was accused of falsifying the company's accounts.*

fal·ter /ˈfɔːltə/ *v* [I] **1** za/chwiać się: *His determination to succeed never faltered.* **2** za/wahać się: *She faltered for a moment.*

fame /feɪm/ *n* [U] sława, rozgłos: **rise to fame** (=zdobyć sławę): *Schiffer rose to fame as a model when she was only 17.*

famed /feɪmd/ *adj* sławny: **+ for** *mountains famed for their beauty*

fa·mil·i·ar /fəˈmɪliə/ *adj* **1** znajomy: *a familiar face* | **look/sound familiar** *The voice on the phone sounded very familiar.* **2 be familiar with sth** znać się na czymś: *Are you familiar with this type of computer?* **3** poufały: *I didn't like the familiar way he was talking to me.*

F

fa·mil·i·ar·i·ty /fəˌmɪliˈærə̇ti/ *n* [U] znajomość: **+ with** *a familiarity with Russian poetry*

fa·mil·i·ar·ize /fəˈmɪliəraɪz/ (*także* **-ise** *BrE*) *v* **familiarize yourself/sb with sth** zaznajamiać się/kogoś z czymś: *Familiarize yourself with the office routine.*

fam·i·ly /ˈfæməli/ *n* **1** [C] rodzina: *Do you know the family next door?* | *tigers and other members of the cat family* | **run in the family** *Heart disease runs in our family* (=jest u nas cechą rodzinną). **2** [C] **start a family** mieć dzieci: *We won't start a family until we've been married a few years.* | **bring up/raise a family** (=wychowywać dzieci): *the problems of bringing up a family of five*

> **UWAGA family**
>
> W brytyjskiej angielszczyźnie czasownik łączący się z **family** może występować w liczbie mnogiej lub pojedynczej: *The family now lives/live in London.* W amerykańskiej angielszczyźnie czasownik łączący się z **family** występuje zawsze w liczbie pojedynczej: *The family now lives in California.*

F

family plan·ning /ˌ... ˈ../ *n* [U] planowanie rodziny

fam·ine /ˈfæmə̇n/ *n* [C,U] głód, klęska głodu

fa·mous /ˈfeɪməs/ *adj* sławny: *a famous actor* | **+ for** *France is famous for its wine.*

fan¹ /fæn/ *n* [C] **1** fan/ka: *a football fan* | *He was a big fan of Elvis Presley.* **2** wachlarz **3** wentylator

fan² *v* [T] **-nned, -nning** wachlować: *She sat back, fanning herself with a newspaper.*

fa·nat·ic /fəˈnætɪk/ *n* [C] fanaty-k/czka: *religious fanatics* | *a golf fanatic* —**fanatical** *adj* fanatyczny —**fanatically** *adv* fanatycznie —**fanaticism** *n* [U] fanatyzm

fan·cy¹ /ˈfænsi/ *adj* **1** wymyślny, fantazyjny: *His furnishings are too fancy for my liking.* **2** luksusowy: *We can't afford such a fancy hotel.*

fancy² *v* [T] **1** *especially BrE* mieć ochotę na: *Do you fancy a drink, Les?* **2 you fancy sb** *BrE informal* ktoś ci się podoba: *I really fancy that guy.* **3 sb fancies (that)** *literary* komuś wydaje się, że: *Henry fancied he'd met her before somewhere.* **4 fancy/fancy that!** *BrE spoken* a to dopiero!, coś takiego!: *Fancy meeting you here* (=kto by pomyślał, że cię tu spotkam)*!*

fancy³ *n* [singular] upodobanie, chętka: **take a fancy to** *I think he's taken a fancy to you* (=chyba wpadłaś mu w oko)*!*

fancy dress /ˌ.. ˈ./ *n* [U] *BrE* przebranie: *We've got to go in fancy dress, so I'm making a frog costume.*

fan·fare /ˈfænfeə/ *n* [C] fanfara

fang /fæŋ/ *n* [C] kieł

fan·ta·size /ˈfæntəsaɪz/ (*także* **-ise** *BrE*) *v* [I,T] snuć marzenia: **+ about** *We all fantasize about winning the lottery.*

fan·tas·tic /fænˈtæstɪk/ *adj* **1** *informal* fantastyczny: *You look fantastic!* | *We had a fantastic holiday in New Orleans.* **2** *informal* niesamowity: *She spends a fantastic amount on clothes.* **3** niezwykły: *fantastic tales of knights and dragons* —**fantastically** *adv* fantastycznie

fan·ta·sy /ˈfæntəsi/ *n* [C,U] marzenie: *I had fantasies about becoming a racing driver.*

far¹ /fɑː/ *adv* **farther, farthest** *or* **further, furthest 1** daleko: *I don't want to drive very far.* | *Let's see who can swim the farthest.* | **how far** *How far is it to the station?* | **far away** *I don't see my brother very often – he lives too far away.* **2** o wiele: **far better/far more intelligent etc** *Our new car is far better than the old one.* | **far too much/fat/early etc** *You can't carry that box – it's far too heavy* (=jest o wiele za ciężkie). | **by far** (=zdecydowanie): *The girls' exam results were better by far than the boys'.* **3** długo: *We worked far into the night.* **4 as far as I know** *spoken* o ile mi wiadomo: *As far as I know, Fran intends to come to the party.* **5 far from a)** zamiast: **far from doing sth** *Far from helping the situation, you've made it worse.* **b)**

bynajmniej nie: **far from happy/pleased etc** *Peter looked far from happy.* | **far from it** (=bynajmniej): *"Did you enjoy the film?" "Far from it – I went to sleep!"* **6 so far** jak dotąd, dotychczas: *We haven't had any problems so far.* **7 how far** do jakiego stopnia, na ile: *How far is violent crime caused by violence on TV?* **8 so far so good** *spoken* jak dotąd, w porządku: *"How's your new job?" "So far so good."* **9 sb will/should go far** ktoś daleko zajdzie: *She's a good dancer and should go far.* **10 as far as possible** w miarę możliwości: *We try to buy from local businesses as far as possible.* **11 go so far as to do sth** posunąć się do zrobienia czegoś: *He even went so far as to call her a liar.* **12 go too far** posunąć się za daleko: *He's always been rude, but this time he went too far.* ➡ patrz też **as far as sb is concerned** (CONCERNED)

> UWAGA **far i a long way away**
>
> Wyraz **far** używany jest głównie z zdaniach przeczących i pytaniach: *How far is it to the station?* | *Oxford isn't far from London.* | *It's not far.* W zdaniu twierdzącym używamy wyrażenia **a long way away**: *Their house is a long way away from the town centre.* Wyraz **far** pojawia się z zdaniach twierdzących z wyrażeniach **too far**, **quite far** i **far away**: *I suggest you take the bus – it's too far to walk.* | *My parents don't live far away.*

far[2] *adj* **farther, farthest** *or* **further, furthest 1** daleki: *They live in the far South of the country.* **2** [only before noun] drugi: *the far side of the room* **3 the far left/right** skrajna lewica/prawica

far·a·way /ˈfɑːrəweɪ/ *adj* [only before noun] *literary* daleki, odległy: *faraway places*

farce /fɑːs/ *n* [singular] farsa: *I'm telling you, the trial was a total farce.*

fare[1] /feə/ *n* [C] cena biletu: *Train fares are going up again.*

fare[2] *v* [I] *formal* **sb fares well/badly** komuś dobrze/źle się wiedzie: *Women are now faring better in politics.*

fare·well /feəˈwel/ *n* [C] *formal* pożegnanie: *We made our farewells* (=pożegnaliśmy się) *and left.* | *a farewell party*

far-fetched /ˌ. ˈ.◂/ *adj* naciągany: *I thought her story was pretty far-fetched.*

farm[1] /fɑːm/ *n* [C] gospodarstwo rolne, farma

farm[2] *v* **1** [I] gospodarować: *Our family has farmed here for years.* **2** [T] uprawiać: *to farm the land*

farm·er /ˈfɑːmə/ *n* [C] rolnik, farmer

farm·house /ˈfɑːmhaʊs/ *także* **farm** *n* [C] dom mieszkalny w gospodarstwie rolnym

farm·ing /ˈfɑːmɪŋ/ *n* [U] gospodarka rolna

farm·yard /ˈfɑːmjɑːd/ *n* [C] podwórze (*w gospodarstwie*)

far-reach·ing /ˌ. ˈ..◂/ *adj* dalekosiężny: *far-reaching tax reforms*

far·sight·ed /ˌ. ˈ..◂/ *adj* dalekowzroczny: *a farsighted economic plan*

far·ther /ˈfɑːðə/ *adj adv* dalszy, dalej ➡ porównaj FURTHER[1]

far·thest /ˈfɑːðəst/ *adv adj* najdalszy, najdalej

fas·ci·nate /ˈfæsəneɪt/ *v* [T] fascynować: *Mechanical things have always fascinated me.*

fas·ci·nat·ing /ˈfæsəneɪtɪŋ/ *adj* fascynujący: *a fascinating subject*

fas·ci·na·tion /ˌfæsəˈneɪʃən/ *n* [U singular] fascynacja: **+ with** *a fascination with the supernatural*

fas·cis·m /ˈfæʃɪzəm/ *n* [U] faszyzm —**fascist** *n* [C] faszyst-a/ka —**fascist** *adj* faszystowski

fash·ion /ˈfæʃən/ *n* **1** [C,U] moda: **be in fashion** *Hats are in fashion again.* | **go out of fashion** *Shoes like that went out of fashion years ago.* | **the latest fashion** *Gabi always buys all the latest fashions.* **2 in a strange/orderly fashion** *formal* w dziwny/zdyscyplinowany sposób: *Leave the building in an orderly fashion.*

fash·ion·a·ble /ˈfæʃənəbəl/ *adj* modny: *Long skirts are fashionable now.* | *a fashionable restaurant* → antonim UNFASHIONABLE, OLD-FASHIONED —**fashionably** *adv* modnie

fast¹ /fɑːst/ *adj* **1** szybki: *a fast runner* | *a fast car* | *The metro is the fastest way to get around.* **2 be fast** śpieszyć się: *Is it really 5 o'clock, or is your watch fast?* **3 make sth fast** przy/mocować coś

fast² *adv* **1** szybko: *Stop driving so fast!* | *You're learning fast.* **2 be fast asleep** spać głęboko **3** mocno: *Hold fast to that branch!* | **be stuck fast** (=ugrzęznąć): *The boat's stuck fast in the mud.*

> UWAGA **fast** i **quickly**
>
> Zarówno **fast** jak i **quickly** znaczą 'szybko', ale wtedy, gdy chodzi o krótkie odległości i pośpiech, używamy wyrazu **quickly**.

fast³ *v* [I] pościć: *Many Christians fast during Lent.* —**fast** *n* [C] post

fas·ten /ˈfɑːsən/ *v* **1** [I,T] zapinać (się): *Fasten your seat belts.* | *Can you fasten my necklace for me?* | *I'm too fat. My skirt won't fasten.* **2** [T] przy/mocować: **fasten sth to/onto sth** *Fasten those ladders onto the roof before you climb up there.*

fas·ten·er /ˈfɑːsənə/ *n* [C] *BrE* zapięcie

fas·ten·ing /ˈfɑːsənɪŋ/ *n* [C] zapięcie

fast food /ˌ. ˈ./ *n* [U] szybkie dania

fast-for·ward /ˌ. ˈ../ *v* [I,T] przewijać (się): *fast-forwarding the tape* —**fast forward** *n* [U] przewijanie do przodu

fas·tid·i·ous /fæˈstɪdiəs/ *adj* drobiazgowy, skrupulatny: *He was extremely fastidious about all aspects of his work.*

fat¹ /fæt/ *adj* **-tter, -ttest** gruby, tłusty: *Chris is worried about getting fat* (=martwi się, że przytyje). | *a big fat cigar*

> UWAGA **fat** i **overweight**
>
> Wyraz **fat** ('gruby') ma zabarwienie negatywne i lepiej używać zamiast niego łagodniejszych słów i zwrotów. Zamiast *he's a little bit too fat* ('jest odrobinę za gruby') lepiej powiedzieć *he's slightly overweight*, a zamiast *she's got very fat* ('bardzo utyła') lepiej powiedzieć *she's put on a lot of weight.* Dla uniknięcia wyrazu **fat** używa się też często wyrazów **large** i **big** oraz zwrotu **(to have) a weight problem**: *Large people sometimes have difficulty finding fashionable clothes to fit them.* | *He's worried about his weight problem.*

fat² *n* [C,U] tłuszcz: *Fry the potatoes in oil or vegetable fat.*

fa·tal /ˈfeɪtl/ *adj* **1** śmiertelny: *Meningitis can often be fatal.* | **fatal accident/injury/illness etc** *a fatal heart attack* **2** fatalny, zgubny w skutkach: **fatal mistake** *Her fatal mistake was to marry the wrong man.* —**fatally** *adv* śmiertelnie: *fatally injured/wounded*

fa·tal·i·ty /fəˈtæləti/ *n* [C] ofiara śmiertelna

fate /feɪt/ *n* **1** [C singular] los: *No one knows what the fate of the refugees will be.* **2** [U] przeznaczenie: *Fate brought us together.* | **by a twist of fate** (=zrządzeniem losu): *By a strange twist of fate, we were on the same plane.*

fat·ed /ˈfeɪtəd/ *adj* **sb was fated to do sth** coś było komuś sądzone: *We were fated to meet.*

fate·ful /ˈfeɪtfəl/ *adj* brzemienny w skutki: *a fateful decision*

fat-free /ˌ. ˈ.◂/ *adj* beztłuszczowy: *a fat-free diet*

fa·ther /ˈfɑːðə/ *n* [C] ojciec: *their adoptive father* | *Father Vernon*

Father Christ·mas /ˌ.. ˈ../ *n* [singular] *BrE* Święty Mikołaj

fa·ther·hood /ˈfɑːðəhʊd/ *n* [U] ojcostwo

father-in-law /ˈ.. . ˌ./ *n* [C] teść

fa·ther·ly /ˈfɑːðəli/ *adj* ojcowski: *He put a fatherly arm around her shoulders.*

fath·om /ˈfæðəm/ *v* [T] *także* **fathom out** pojmować: *I just couldn't fathom out what she meant.*

fa·tigue /fəˈtiːg/ *n* [U] zmęczenie: *They were cold, and weak with fatigue.*

fat·ten /ˈfætn/ *v* [T] u/tuczyć

fat·ten·ing /ˈfætn-ɪŋ/ *adj* tuczący

fat·ty /ˈfæti/ *adj* tłusty: *fatty food*

fau·cet /ˈfɔːsət/ *n* [C] *AmE* kran

fault[1] /fɔːlt/ *n* **1** wina: *It's not my fault we missed the bus.* | **it's sb's own fault** *It was her own fault she failed the exam* (=sama była sobie winna, że oblała). *She didn't do any work.* | **be at fault** (=ponosić winę): *It was the other driver who was at fault.* **2** [C] usterka: *an electrical fault* **3 find fault with** czepiać się: *Why do you always have to find fault with my work?* **4** [C] wada: *His only fault is that he has no sense of humour.* **5** [C] uskok: *the San Andreas fault*

fault[2] *v* [T] **sth cannot be faulted** czemuś nie można nic zarzucić: *Her performance couldn't be faulted.*

fault·less /ˈfɔːltləs/ *adj* bezbłędny, nienaganny: *Yasmin spoke faultless French.*

fault·y /ˈfɔːlti/ *adj* **1** wadliwy: *faulty wiring* **2** błędny: *faulty reasoning*

fau·na /ˈfɔːnə/ *n* [C,U] *technical* fauna

fa·vour[1] /ˈfeɪvə/ *BrE*, **favor** *AmE n* **1** [C] przysługa: **do sb a favour** (=wyświadczyć komuś przysługę): *Could you do me a favour and look after the kids for an hour?* | **ask sb a favour/ask a favour of sb** (=po/prosić kogoś o przysługę) **2 be in favour of** być zwolennikiem: *Are you in favour of the death penalty?* **3** [U] **be in favour/out of favour** być w łaskach/w niełasce: *Traditional teaching methods are back in favour in some schools.* **4 be in sb's/sth's favour** być korzystnym dla kogoś/czegoś: *The conditions are in our favour.* **5 in sb's favour** na czyjąś korzyść: *The vote was 60-40 in his favour.* | *The Supreme Court decided in his favor.*

favour[2] *BrE*, **favor** *AmE v* [T] **1** preferować: *Congress favors financial help to universities.* **2** faworyzować: *tax cuts that favour the rich*

fa·vou·ra·ble /ˈfeɪvərəbəl/ *BrE*, **favorable** *AmE adj* **1** przychylny: *I've heard favourable reports about your work.* **2** sprzyjający, korzystny: *a favourable economic climate* —**favourably** *BrE*, **favorably** *AmE adv* przychylnie, korzystnie → antonim UNFAVOURABLE

fa·vou·rite[1] /ˈfeɪvərət/ *BrE*, **favorite** *AmE adj* [only before noun] ulubiony: *Who's your favourite actor?*

favourite[2] *BrE*, **favorite** *AmE n* [C] **1** ulubiona rzecz: *This book is one of my favourites* (=to jedna z moich ulubionych książek). **2** ulubieni-ec/ca: *Teachers shouldn't have favourites.* **3** faworyt/ka: *The Yankees are favorites to win the World Series.*

fa·vou·ri·tis·m /ˈfeɪvərətɪzəm/ *BrE*, **favoritism** *AmE n* [U] protekcja

fawn /fɔːn/ *n* **1** [C] jelonek **2** [U] kolor płowy

fax /fæks/ *n* **1** [C,U] faks: *Did you get my fax?* | *a letter sent by fax* **2** [C] *także* **fax machine** faks —**fax** *v* [T] prze/faksować

fear[1] /fɪə/ *n* **1** [C,U] lęk, obawa, strach: **+ of** *a fear of flying* | **live in fear of** *The citizens of the town live in fear of enemy attack.* | **+ that** *fears that the rapist might strike again* | **+ for** *fears for our children's safety* **2 for fear of/for fear that** z obawy przed/w obawie, żeby nie: *She kept quiet, for fear of saying the wrong thing.* **3 No fear!** *spoken* Bez obawy!

fear[2] *v* **1** [T] obawiać się: *Fearing a snowstorm, many people stayed home.* | **+ (that)** *Experts fear there may be more cases of the disease.* **2** [T] bać się: *a dictator feared by his country* **3 fear for** lękać się o: *We left the country because we feared for our lives.*

fear·ful /ˈfɪəfəl/ *adj formal* **1 fearful of doing sth** bojąc się coś zrobić: *He said no more, fearful of upsetting her.* **2** *BrE* straszliwy, przeraźliwy: *The small kitchen was in a fearful mess.* —**fearfully** *adv* straszliwie, przeraźliwie

fear·less /ˈfɪələs/ *adj* nieustraszony: *a fearless soldier*

fear·some /ˈfɪəsəm/ *adj* przerażający: *a fearsome sight*

fea·si·ble /ˈfiːzəbəl/ *adj* wykonalny: *Your plan sounds quite feasible.*

feast[1] /fiːst/ *n* [C] **1** uczta: *a wedding*

F

feast | *That was a real feast!* **2** święto: *Easter is an important feast for Christians.*

feast² v [I] ucztować

feat /fiːt/ n [C] wyczyn, dokonanie: *an amazing feat of engineering* | **be no mean feat** (=być nie lada wyczynem): *Getting a doctorate is no mean feat!*

fea·ther /ˈfeðə/ n [C] pióro

fea·ture¹ /ˈfiːtʃə/ n [C] **1** cecha: *a report that compares the safety features of new cars* **2** [usually plural] rysy: *a portrait showing her fine delicate features* **3** artykuł lub program na określony temat: *Have you read the feature on Johnny Depp in today's paper?*

feature² v **1** [T] **the film features** główną rolę w filmie gra: *a new movie featuring Meryl Streep* **2** [I] **feature in** odgrywać ważną rolę w: *Violence seems to feature heavily in all his stories.*

F

feature film /ˈ.. ˌ./ n [C] film fabularny

Feb·ru·a·ry /ˈfebruəri/ skrót pisany **Feb** n [C,U] luty

fe·ces /ˈfiːsiːz/ amerykańska pisownia wyrazu FAECES

fed /fed/ v czas przeszły i imiesłów bierny od FEED

fed·e·ral /ˈfedərəl/ adj federalny: *the Federal Republic of Germany* | *federal laws*

fed·e·ra·tion /ˌfedəˈreɪʃən/ n [C] federacja: *the International Boxing Federation*

fed up /ˌ. ˈ./ adj [not before noun] *informal* **be fed up with** mieć dość: *She was fed up with being treated like a servant.*

fee /fiː/ n [C] **1** opłata: *an entrance fee* (=opłata za wstęp) | *college fees* (=czesne) **2** honorarium: *medical/legal fees*

fee·ble /ˈfiːbəl/ adj **1** słabiutki: *His voice sounded feeble.* **2** kiepski: *a feeble joke/excuse*

feed¹ /fiːd/ v **fed, fed, feeding 1** [T] na/karmić: *Have you fed the cats?* **2** [I] żywić się: **+ on** *Hippos feed mainly on grass.* **3** [T] wyżywić: *How can you feed a family on $50 a week?* **4** [T] wprowadzać: *The information is fed into the computer.*

feed² n **1** [U] pasza: *cattle feed* **2** [C] *BrE* karmienie (*niemowlęcia*): *Has he had his feed yet?*

feed·back /ˈfiːdbæk/ n [U] opinia, rady: *The teacher's been giving us helpful feedback.*

feel¹ /fiːl/ v **felt, felt, feeling 1** [I, linking verb] po/czuć się: *We were feeling tired after the long journey.* | *I feel hot* (=jest mi gorąco) *– can someone open the window?* | *He felt sad* (=było mu smutno) *when she'd gone.* | **+ as if/as though** *I felt as though I'd won* (=czułam się tak, jakbym wygrała) *a million dollars.* **2 it feels like** wydaje się, jakby: *I was only there for a couple of hours, but it felt like a week.* | **it feels** *It feels great* (=to wspaniałe uczucie) *to be back home.* | *How does it feel* (=jakie to uczucie) *to be married?* | **sth feels** *Her skin felt cold* (=była zimna w dotyku). **3** [I,T] sądzić: **+ (that)** *I feel that I should do more to help.* | **+ about** *What does Michael feel about the idea?* | **feel sure/certain** (=być pewnym): *We felt certain that something terrible would happen.* | **sb feels strongly about sth** (=coś leży komuś na sercu): *A lot of people feel very strongly about the issue of abortion.* **4** [T] dotykać: *Feel my forehead. Does it seem hot?* **5 feel around/inside etc (for sth)** szukać (czegoś) po omacku: *He felt around in his pocket for his keys.* **6** [T] po/czuć: *She felt something crawling up her leg.* **7 feel like sth** mieć ochotę na coś: *Do you feel like anything more to eat?* **8** odczuwać: *Companies are starting to feel the effects of the strike.* ➡ patrz też **be/feel sorry for sb** (SORRY)

> **UWAGA feel**
>
> Mówiąc jak ktoś się czuje, bezpośrednio po wyrazie **feel** nie używamy przysłówka (jak w języku polskim) a przymiotnika: *The next morning I felt terrible.* | *We all felt disappointed.* Podobna reguła dotyczy czasowników **look, smell, sound** i **taste**: *You look awful.* | *That piano sounds terrible.*

feel² *n* [singular] **1** dotyk: *the feel of the sand under our feet* **2 have a feel for** *informal* mieć talent do: *Pete has a real feel for languages.* **3 get the feel of sth** *informal* otrzaskać się z czymś: *a car that's easy to drive, once you get the feel of it*

feel·ers /ˈfiːləz/ *n* [plural] czułki

feel·ing /ˈfiːlɪŋ/ *n* **1** [C,U] uczucie: *feelings of shame and guilt* | *a sudden feeling of tiredness* | *It was a wonderful feeling to be home again.* | *Don't try to hide your feelings.* | *She plays the violin with great feeling.* **2** [C] odczucie: *My own feeling is that* (=w moim odczuciu) *we should wait.* | **+ about** *Have you asked Carol what her feelings are about* (=co sądzi o) *having children?* **3 have/get a feeling (that)** mieć wrażenie, że: *I had a feeling that he'd refuse.* | *Do you ever get the feeling that you are being watched?* **4** [U] czucie: *He lost all feeling in his legs.* **5 bad/ill feeling** animozje: *The divorce caused a lot of bad feeling between them.* ➡ patrz też **gut feeling** (GUT¹), **hurt sb's feelings** (HURT¹)

feet /fiːt/ *n* liczba mnoga od FOOT

fell /fel/ *v* czas przeszły od FALL

fel·low¹ /ˈfeləʊ/ *n* [C] **1** *old-fashioned* facet, gość: *What a strange fellow he is!* **2** *BrE* członek: *a Fellow of the Royal College of Surgeons*

fellow² *adj* **1 fellow workers/students** koledzy z pracy/ze studiów **2 fellow passengers** towarzysze podróży

fel·low·ship /ˈfeləʊʃɪp/ *n* **1** [C] towarzystwo: *a Christian youth fellowship* **2** [C] członkostwo kolegium uniwersytetu

fel·o·ny /ˈfeləni/ *n* [C,U] *law* ciężkie przestępstwo

felt¹ /felt/ *v* czas przeszły i imiesłów bierny od FEEL

felt² *n* [U] filc

felt tip pen /ˌ.. ˈ./ (*także* **felt tip** *BrE*) *n* [C] pisak

fe·male¹ /ˈfiːmeɪl/ *adj* płci żeńskiej, żeński: *a female monkey* | *female workers* (=robotnice) | *the female sex* (=płeć żeńska)

female² *n* [C] **1** kobieta **2** samica

fem·i·nine /ˈfemənən/ *adj* **1** kobiecy: *feminine clothes* **2** rodzaju żeńskiego: *feminine nouns* ➡ porównaj MASCULINE

fem·i·nin·i·ty /ˌfeməˈnɪnəti/ *n* [U] kobiecość

fem·i·nis·m /ˈfemənɪzəm/ *n* [U] feminizm —**feminist** *adj* feministyczny: *a feminist writer* —**feminist** *n* feministka: *militant feminists*

fence¹ /fens/ *n* [C] płot, ogrodzenie: *the garden fence*

fence² *v* [I] uprawiać szermierkę

fence sth ↔ **in** *phr v* [T] ogradzać

fence sb/sth ↔ **off** *phr v* [T] odgradzać: *We fenced off part of the field.*

fenc·ing /ˈfensɪŋ/ *n* [U] szermierka

fend /fend/ *v* **fend for yourself** radzić sobie samemu: *Now that the kids are old enough to fend for themselves, we're free to travel more.*

fend sb/sth ↔ **off** *phr v* [T] **1** o/bronić się przed: *She managed to fend off her attacker.* **2** odpierać: *Henry did his best to fend off questions about his private life.*

fend·er /ˈfendə/ *n* [C] *AmE* błotnik

fer·ment¹ /fəˈment/ *v* [I,T] fermentować —**fermentation** /ˌfɜːmenˈteɪʃən/ *n* [U] fermentacja

fer·ment² /ˈfɜːment/ *n* [U] ferment, wrzenie: *Russia was in a state of political ferment.*

fern /fɜːn/ *n* [C] paproć

fe·ro·cious /fəˈrəʊʃəs/ *adj* **1** groźny: *a ferocious-looking dog* **2** zawzięty: *a ferocious battle*

fe·ro·ci·ty /fəˈrɒsəti/ *n* [U] zawziętość: *Felipe was shocked by the ferocity of her anger.*

fer·ry¹ /ˈferi/ *n* [C] prom

ferry² *v* [T] przewozić: *a bus that ferries tourists from the hotel to the beach*

fer·tile /ˈfɜːtaɪl/ *adj* **1** urodzajny, żyzny **2** płodny ➡ antonim INFERTILE —**fertility** /fɜːˈtɪləti/ *n* [U] żyzność, płodność

fer·ti·lize /ˈfɜːtəlaɪz/ (*także* **-ise** *BrE*) *v* [T] **1** *technical* zapładniać: *a fertilized*

F

embryo **2** nawozić —**fertilization** /ˌfɜːtəlaɪˈzeɪʃən/ *n* [U] zapłodnienie

fer·ti·liz·er /ˈfɜːtəlaɪzə/ (*także* **-iser** *BrE*) *n* [C,U] nawóz

fer·vent /ˈfɜːvənt/ *adj* żarliwy: *a fervent anti-communist*

fer·vour /ˈfɜːvə/ *BrE*, **fervor** *AmE n* [U] zapał, żarliwość: *religious fervour*

fes·ter /ˈfestə/ *v* [I] **1** zaogniać się: *Don't let these feelings of resentment fester.* **2** jątrzyć się, ropieć: *a festering wound*

fes·ti·val /ˈfestəvəl/ *n* [C] **1** święto: *The main Christian festivals are Christmas and Easter.* **2** festiwal: *the Cannes film festival*

fes·tive /ˈfestɪv/ *adj* świąteczny: *Christmas is often called "the festive season".*

fes·tiv·i·ty /feˈstɪvəti/ *n* **1 festivities** [plural] uroczystości: *wedding festivities* **2** [U] świętowanie: *The town enjoyed five days of festivities.*

fe·tal /ˈfiːtl/ amerykańska pisownia wyrazu FOETAL

fetch /fetʃ/ *v* [T] **1** przynieść: *Quick, fetch the ladder.* | *The painting is expected to fetch over $1 million.* **2** sprowadzić: *Can you go and fetch the doctor?*

fe·tus /ˈfiːtəs/ amerykańska pisownia wyrazu FOETUS

feud /fjuːd/ *n* [C] waśń: *a bitter feud between the two neighbours*

feud·al /ˈfjuːdl/ *adj* feudalny —**feudalism** *n* [U] feudalizm

fe·ver /ˈfiːvə/ *n* [C,U] gorączka: *Drink a lot of fluids, it'll help your fever go down.* | *election fever in Brazil* → patrz też HAY FEVER

> **UWAGA fever i temperature**
>
> Kiedy ktoś ma podwyższoną temperaturę (czyli gorączkę), mówimy po angielsku *he has a temperature.* **Fever** to chorobowy stan charakteryzujący się bardzo wysoką gorączką: *He's in bed with a fever.*

fe·ver·ish /ˈfiːvərɪʃ/ *adj* **1** gorączkujący: *She looked hot and feverish.* **2** gorączkowy: *They worked at a feverish pace.* **3** rozgorączkowany

few /fjuː/ *quantifier* **1** niewiel-e/u, mało: *In the 1950s few people had televisions.* | **+ of** *The people were friendly, but few of them spoke English.* | **very few** *Very few companies have women directors.* | **a few** (=kilka): *Let's wait a few minutes.* | *There are a few more things I'd like to talk about.* | **+ of** *Why not invite a few of your friends?* | **the next few/the last few** *The next few days are going to be very busy.* **2 quite a few/a good few** całkiem sporo: *Quite a few people came to the meeting.* **3 be few and far between** rzadko się trafiać: *Good jobs are few and far between these days.*

> **UWAGA few, a few, little i a little**
>
> Wyrazu **few** używa się z rzeczownikami policzalnymi w liczbie mnogiej w znaczeniu 'mało, niewiele': *few things* | *Few people said they'd help.* Wyrażenie **a few** występuje z rzeczownikami policzalnymi w liczbie mnogiej w znaczeniu 'kilka': *a few things* | *A few people arrived late.* Wyrazu **little** używa się z rzeczownikami niepoliczalnymi w znaczeniu 'mało': *little water* | *There's usually little traffic early in the morning.* Wyrażenie **a little** występuje z rzeczownikami niepoliczalnymi w znaczeniu 'trochę': *a little water* | *There was only a little ice cream left.*

> **UWAGA fewer**
>
> Patrz **less** i **fewer**.

fi·an·cé /fiˈɒnseɪ/ *n* [C] narzeczony

fi·an·cée /fiˈɒnseɪ/ *n* [C] narzeczona

fi·as·co /fiˈæskəʊ/ *n* [C] *plural* **fiascoes** *or* **fiascos** fiasko: *The evening was a total fiasco from start to finish.*

fib /fɪb/ *n* [C] *informal* bujda: *You shouldn't tell fibs* (=bujać). *It's not nice.* —**fib** *v* [I] **-bbed, -bbing** bujać, zmyślać: *He's always fibbing.*

fi·bre /ˈfaɪbə/ *BrE*, **fiber** *AmE n* **1** włókno:

man-made fibre **2** [U] błonnik: *The doctor said I need more fibre in my diet.*

fi·bre·glass /'faɪbəglɑːs/ *BrE*, **fiberglass** *AmE n* [U] włókno szklane

fick·le /'fɪkəl/ *adj* zmienny, niestały: *Every politician knows that voters are fickle.* | *fickle weather*

fic·tion /'fɪkʃən/ *n* **1** [U] literatura, beletrystyka: *A. A. Milne was a popular writer of children's fiction.* ➡ porównaj NONFICTION **2** [U singular] fikcja: *The story turned out to be a complete fiction.*

fic·tion·al /'fɪkʃənəl/ *adj* fikcyjny, książkowy: *fictional heroes*

fic·ti·tious /fɪk'tɪʃəs/ *adj* fikcyjny, zmyślony: *He uses a fictitious name.*

fid·dle[1] /'fɪdl/ *v*

fiddle with sth *także* **fiddle around/about with sth** *phr v* [T] **1** bawić się czymś: *I wish he'd stop fiddling with his keys.* **2** majstrować przy czymś: *I spent hours fiddling with the radio trying to get the BBC.*

fiddle[2] *n* [C] skrzypce

fid·dler /'fɪdlə/ *n* [C] skrzyp-ek/aczka

fi·del·i·ty /fɪ'delɪ̈ti/ *n* [U] *formal* wierność ➡ antonim INFIDELITY

fid·get /'fɪdʒɪ̈t/ *v* [I] wiercić się: *The children were fidgeting in their seats.* —**fidgety** *adj* niespokojny

field /fiːld/ *n* [C] **1** pole: *fields of wheat* **2** boisko: *playing fields* **3** [C] dziedzina: *Professor Kramer is an expert in the field of radio astronomy.* **4 oil/coal field** zagłębie naftowe/węglowe **5 field of view/vision** pole widzenia **6 magnetic/gravitational field** pole magnetyczne/grawitacyjne

field hock·ey /'. ,../ *n* [U] *AmE* hokej na trawie

field mar·shal /,. '..◂ / *n* [C] feldmarszałek

field·work /'fiːldwɜːk/ *n* [U] badania w terenie: *I'll be doing archaeological fieldwork over the summer.*

fiend /fiːnd/ *n* [C] potwór: *Sex fiend strikes again!*

fiend·ish /'fiːndɪʃ/ *adj* **1** szatański: *a fiendish plot* **2** piekielnie trudny: *a fiendish puzzle*

fierce /fɪəs/ *adj* ostry: *fierce dogs* | *Competition for jobs is very fierce.* —**fiercely** *adv* ostro, zawzięcie

fi·er·y /'faɪəri/ *adj* ognisty: *a fiery speech* | *She has a fiery temper.* | *a fiery sunset*

fif·teen /,fɪf'tiːn◂ / *number* piętnaście —**fifteenth** *number* piętnasty

fifth[1] /fɪfθ/ *number* piąty

fifth[2] *n* [C] jedna piąta

fif·ty /'fɪfti/ *number* **1** pięćdziesiąt **2 the fifties a)** lata pięćdziesiąte —**fiftieth** *number* pięćdziesiąty

fifty-fif·ty /,.. '..◂ / *adj, adv spoken* **1** po połowie: *I think we should divide the profits fifty-fifty.* **2 a fifty-fifty chance** pięćdziesiąt procent szans: *The operation has a fifty-fifty chance of success.*

fig /fɪg/ *n* [C] figa

fight[1] /faɪt/ *v* **fought, fought, fighting 1** [I,T] bić się (z): *Two boys were fighting in the school playground.* **2** [I,T] walczyć (z): *My dad fought in Vietnam.* | *Bruno fought Tyson for the World Heavyweight Championship.* | **+ for** (=po stronie): *He fought for the Russians.* | **fight a war/battle** (=toczyć wojnę/bitwę): *They were fighting a war of independence against a powerful enemy.* **3** [I,T] walczyć: **fight to do sth** *Local people have been fighting to save the school* (=walczą o uratowanie szkoły). | **fight for sth** *Women fought for the right to vote.* | **fight sth/fight against sth** (=walczyć z czymś): *He fought against racism all his life.* **4** [I] kłócić się: *They're always fighting – I don't know why they stay together.* | **+ over/about** *Let's try not to fight over money.*

fight sb/sth ↔ **off** *phr v* [T] **1** odeprzeć: *They managed to fight off their attackers.* **2** zwalczyć: *I can't seem to fight off this cold.*

fight[2] *n* **1** [singular] walka: *Tyson lost the fight.* | **fight to do sth** *the fight to save* (=o uratowanie) *the rainforests* | **+ for** *Mandela's fight for freedom* | **+ against** *She lost* *her fight against cancer.* **2** [C] bójka: *He's always getting into fights at school.* **3** [C] bój: *the fight for Bunker Hill* **4** [C] kłótnia: **have a fight with sb** (=pokłócić się z kimś): *They've had a fight with the neighbours.*

fight·er /ˈfaɪtə/ *n* [C] **1** *także* **fighter plane** myśliwiec **2** bojowni-k/czka: *Serb fighters* ➡ patrz też FIREFIGHTER

fight·ing /ˈfaɪtɪŋ/ *n* [U] walki: *There has been renewed fighting on the streets of the capital.*

fig·u·ra·tive /ˈfɪɡjᵊrətɪv/ *adj* przenośny: *'A mountain of debt' is a figurative phrase meaning a very large amount of debt.* —**figuratively** *adv* w przenośni ➡ porównaj LITERAL

fig·ure¹ /ˈfɪɡə/ *n* [C] **1** liczba: *I haven't got a head for figures.* **2** cyfra: *Write the amount in words and figures.* | **double figures** (=liczby dwucyfrowe): *Temperatures reached double figures – over 14°C.* **3** suma: *an estimated figure of $200 million* **4** figura: *She has a great figure.* **5** postać: *an important political figure* | *a sad lonely figure* **6** sylwetka: *I could see a dark figure on the horizon.* **7** rycina, ilustracja **8** figura (geometryczna): *a six-sided figure*

figure² *v* **1** [I] figurować: *Marriage didn't really figure in their plans.* **2** [T] *AmE spoken* **figure that** dojść do wniosku, że: *I figured that it was time to leave.* **3 that figures/it figures** *spoken* to było do przewidzenia: *"I forgot to bring my checkbook again." "That figures."*

figure sth/sb ↔ **out** *phr v* [T] zrozumieć: *Detectives are still trying to figure out what happened.*

figure of speech /ˌ.. . ˈ./ *n* [C] figura retoryczna: *When I said they'll be 'in the firing line', it was just a figure of speech – I meant they'll get blamed.*

file¹ /faɪl/ *n* [C] **1** kartoteka: *The school keeps files on each student.* **2** plik: *If you want to delete a file, just click on this icon.* **3** segregator: *He took a file down from the shelf.* **4 on file** w aktach: *We'll keep your application on file.* **5** pilnik ➡ patrz też SINGLE FILE

file² *v* **1** [T] katalogować, włączać do dokumentacji: *The letters are filed alphabetically.* **2** [I] iść gęsiego: *The jury filed into the courtroom.* **3** [I,T] *law* wnosić (sprawę): *Ted Danson's wife has filed for divorce.* **4** [T] s/piłować: *She sat filing her nails.*

fil·ings /ˈfaɪlɪŋz/ *n* [plural] opiłki

fill¹ /fɪl/ *v* **1** [I,T] *także* **fill up** napełniać (się), wypełniać (się), zapełniać (się): *Crowds of people soon filled the streets.* | **+ with** *The trench was filling up with water.* | *He began filling the tank with water.* **2** [T] *także* **fill in** wypełniać: *Fill any cracks in the wall before you paint it.* | *teeth that need filling* **3** [T] wypełniać: *The smell of fresh bread filled the kitchen.* **4 fill a job/position** obsadzać stanowisko: *I'm sorry, but the position has already been filled.* **5 filled with joy/sadness** pełen radości/smutku

fill sth ↔ **in** *phr v* wypełniać: *He asked me to fill in a tax form.*

fill out *phr v* [T **fill** sth ↔ **out**] wypełniać: *You'll have to fill out a membership form before you can use the gym.*

fill up *phr v* [I,T **fill** sth ↔ **up**] zapełniać (się): *The train was starting to fill up.*

> UWAGA **filled with i full of**
>
> Nie należy mylić wyrażeń **filled with** i **full of**. Kiedy coś jest 'pełne czegoś', po angielsku mówimy **full of sth**: *The kitchen was full of flies.* | *The kettle was full of boiling water.* Kiedy coś zawiera tyle czegoś, że nie ma miejsca na nic innego, mówimy **filled with**: *The front page is filled with the most important news items.* | *The streets were filled with cheering crowds.*

fill² *n* **have had your fill** mieć dość: *I've had my fill of screaming kids today!*

fil·let /ˈfɪlᵊt/ (*także* **filet** *AmE*) *n* [C,U] filet

fill·ing /ˈfɪlɪŋ/ *n* **1** [C] plomba, wypełnienie **2** [C,U] nadzienie: *apple pie filling*

film[1] /fɪlm/ *n* **1** [C,U] film: *Have you seen any good films recently?* | *the film industry* | *35mm colour film* **2** [U singular] cienka warstwa: *a film of oil on the lake*

film[2] *v* **1** [T] na/kręcić: *The movie was filmed in China.* **2** [I] filmować, kręcić → porównaj RECORD[2]

film-mak·er /'. ˌ../ *n* [C] filmowiec

film star /'. ./ *n* [C] gwiazda filmowa

fil·ter[1] /'fɪltə/ *n* [C] filtr: *a water filter*

filter[2] *v* **1** [T] prze/filtrować: *filtered drinking water* **2** [I] przeciekać: *The news slowly filtered through to everyone in the office.*

filth /fɪlθ/ *n* [U] **1** brud: *Wash that filth off your shoes.* **2** świństwa

filth·y /'fɪlθi/ *adj* **1** bardzo brudny: *Doesn't he ever wash that jacket? It's filthy.* **2** plugawy: *filthy language*

fin /fɪn/ *n* [C] płetwa

fi·nal[1] /'faɪnl/ *adj* **1** [only before noun] ostatni, końcowy: *the final chapter of the book* **2** ostateczny: *Is that your final decision?*

final[2] *n* [C] finał: *the World Cup Final* | **the finals** *the finals of the NBA championship*

fi·na·le /fɪ'nɑːli/ *n* [C] finał: *the grand finale*

fi·nal·ist /'faɪnəl-ɪst/ *n* [C] finalist-a/ka

fi·nal·ize /'faɪnəl-aɪz/ (*także* **-ise** *BrE*) *v* [T] s/finalizować: *Can we finalize the details of the deal tomorrow?*

fi·nal·ly /'faɪnəl-i/ *adv* **1** w końcu: *After several delays, the plane finally took off at 6:00.* **2** na koniec: *And finally, I'd like to thank my teachers.* **3** ostatecznie: *It's not finally settled yet.*

fi·nals /'faɪnlz/ *n* [plural] egzaminy końcowe

fi·nance[1] /'faɪnæns/ *n* **1** [U] finanse: *the finance department* **2** [U] środki finansowe: *How will you get the finance to start your business?* **3 finances** [plural] fundusze: *The school's finances are limited.*

finance[2] *v* [T] s/finansować: *publicly financed services*

fi·nan·cial /fɪ'nænʃəl/ *adj* finansowy: *a financial adviser* | *financial aid* —**financially** *adv* finansowo

find[1] /faɪnd/ *v* [T] **found, found, finding 1** znajdować: *I can't find my keys.* | *Scientists are still trying to find a cure for AIDS.* | *She found $100 in the street.* | *When do you find the time to read?* | **find sb sth** *I think we can find you a job.* | **find sb doing sth** *When the police arrived, they found him lying* (=znaleźli go leżącego) *on the floor.* **2 find that** odkryć, że: *Michael woke up to find that* (=obudził się i odkrył, że) *the bedroom was flooded.* | *I soon found that it was quicker to go by bus.* **3** uważać za: *I don't find his jokes at all funny.* | **find it hard/easy to do sth** *I found it hard to understand her* (=trudno mi było ją zrozumieć). **4 be found somewhere** występować gdzieś: *a type of cactus that is found only in Arizona* **5 find your way** trafić: *Can you find your way, or do you need a map?* **6 find yourself somewhere** znaleźć się gdzieś: *Suddenly I found myself back at the hotel.* **7 find sb guilty/not guilty** *law* uznać kogoś za winnego/niewinnego **8 find fault with** czepiać się: *The teacher would always find fault with my work.* → patrz też **find a home for** (HOME[1])

find out *phr v* **1** [I,T **find** sth ↔ **out**] dowiadywać się: *We never found out her name* (=nigdy nie dowiedzieliśmy się, jak się nazywała). | **+ what/how/where etc** *He hurried off to find out what the problem was.* | **+ about** *If Dad finds out about this, he'll go crazy.* **2** [T **find** sb **out**] *informal* nakryć kogoś: *What happens if we're found out?*

find[2] *n* [C] odkrycie: *That little Greek restaurant was a real find.*

find·ings /'faɪndɪŋz/ *n* [plural] wnioski: *The Commission's findings are presented in a report.*

fine[1] /faɪn/ *adj* **1** świetny, znakomity: *fine wine* | *a fine performance by William Hurt* **2** cienki: *a fine layer of dust* **3** drobny: *fine rain* **4** subtelny, szczegółowy: *I didn't understand some of the finer points in the argument.* **5** *spoken* **sth/**

sb will/would be fine może być coś/ktoś: *"What do you want for lunch?" "A sandwich would be fine."* **6** *spoken* dobrze: *"How are you?" "I'm fine, thanks."* **7** ładny: *fine weather* **8 it's fine (by me)** *spoken* dobrze: *"How about seeing a film?" "That's fine by me."*

fine² *adv spoken* świetnie: *"How's everything going?" "Fine."* | *The car's working fine now.*

fine³ *n* [C] mandat, grzywna: *a parking fine*

fine⁴ *v* [T] u/karać mandatem: **fine sb for sth** *He was fined $50 for speeding.*

fine·ly /ˈfaɪnli/ *adv* **1** drobno: *finely chopped onion* **2** precyzyjnie: *finely tuned instruments*

fine print /ˌ. ˈ./ *n* [U] drobny druk

fin·ger /ˈfɪŋgə/ *n* **1** [C] palec **2 keep your fingers crossed** *spoken* trzymać kciuki: *I had a job interview today. I'm just keeping my fingers crossed!* **3 not lift a finger** *spoken* nie ruszyć palcem: *I do all the work – Frank never lifts a finger.* **4 can't put my finger on it** trudno to sprecyzować: *There's something strange about him, but I can't put my finger on it.*

fin·ger·nail /ˈfɪŋgəneɪl/ *n* [C] paznokieć

fin·ger·print /ˈfɪŋgəˌprɪnt/ *n* [C] odcisk palca

fin·ger·tip /ˈfɪŋgəˌtɪp/ *n* **1** [C] koniuszek palca **2 have sth at your fingertips** mieć coś w małym palcu: *Ask David – he has all the information at his fingertips.*

fin·ish¹ /ˈfɪnɪʃ/ *v* **1** [I,T] s/kończyć (się): *Have you finished your homework?* | *What time does the concert finish?* | **finish doing sth** *Let me just finish typing this report.* → antonim START¹ **2** [T] dokończyć: *Finish your breakfast before it gets cold, Tom.* **3 finish second/third** zająć drugie/trzecie miejsce

finish off *phr v* [T **finish** sth ↔ **off**] dokończyć: *I've done most of the work – I'll finish it off tomorrow.* | *Who finished off the cake?*

finish up *phr v* **1** [T **finish** sth ↔ **up**] dokończyć: *Why don't you finish up the pie?* **2** [I] *BrE* znaleźć się: *We finished up in Rome after a three week tour.*

finish with sb/sth *phr v* [T] **1 have finished with sth** *BrE także* **be finished with sth** *especially AmE* już nie potrzebować czegoś: *Have you finished with the scissors?* **2** *BrE* zrywać z: *He's finished with Elise after all these years.*

finish² *n* **1** [singular] końcówka, finisz: **close finish** *It was a close finish* (=końcówka była wyrównana) *but Jarrett won.* **2** [C] wykończenie: *a table with a glossy finish*

fin·ished /ˈfɪnɪʃt/ *adj* **1** [only before noun] końcowy: *the finished product* **2 be finished** *spoken* skończyć: *Wait, I'm not quite finished* (=jeszcze nie skończyłem). **3** [not before noun] skończony: *If the bank doesn't lend us the money, we're finished.*

fi·nite /ˈfaɪnaɪt/ *adj* skończony, ograniczony: *Earth's finite resources*

fir /fɜː/ *także* **fir·tree** /ˈfɜːtriː/ *n* [C] jodła

fire¹ /faɪə/ *n* **1** [C,U] ogień: *Fire destroyed part of the building.* | *enemy fire* | *The soldiers opened fire.* | **be on fire** (=palić się): *The house is on fire!* | **catch fire** (=zapalać się): *Two farmworkers died when a barn caught fire.* | **set sth on fire/set fire to sth** (=podpalać coś): *An angry crowd set fire to stores.* **2** [C,U] pożar: *forest fires* | **put out a fire** (=u/gasić pożar): *It took firefighters two days to put out the fire.* **3** [C] ognisko: *a camp fire* **4** [C] *BrE* grzejnik: *Could you turn the fire on, please.*

fire² *v* **1** [I,T] strzelać: *The guns were firing all night.* **2** [T] wylewać (*z pracy*): *The boss threatened to fire anyone who was late.* **3** *także* **fire up** [T] rozpalać: *exciting stories that fired our imagination* **4 fire questions (at)** zasypywać pytaniami: *The reporters fired non-stop questions at him.*

fire a·larm /ˈ. .ˌ./ *n* [C] alarm pożarowy

fire bri·gade /ˈ. .ˌ./ *BrE*, **fire**

de·partment /ˈ. .ˌ../ *AmE* *n* [C] straż pożarna

fire en·gine /ˈ. ˌ../ *n* [C] wóz strażacki

fire es·cape /ˈ. .ˌ./ *n* [C] schody pożarowe

fire ex·tin·guish·er /ˈ. .ˌ.../ *n* [C] gaśnica

fire·fight·er /ˈfaɪəˌfaɪtə/ *n* [C] strażak

fire·man /ˈfaɪəmən/ *n* [C] strażak

fire·place /ˈfaɪəpleɪs/ *n* [C] kominek

fire·proof /ˈfaɪəpruːf/ *adj* ogniotrwały: *a fireproof door*

fire·side /ˈfaɪəsaɪd/ *n* [singular] **by the fireside** przy kominku: *sitting by the fireside*

fire sta·tion /ˈ. ˌ../ *n* [C] posterunek straży pożarnej

fire·works /ˈfaɪəwɜːks/ *n* [plural] fajerwerki, sztuczne ognie: *a Fourth of July fireworks display*

firing squad /ˈ.. ˌ./ *n* [C] pluton egzekucyjny

firm[1] /fɜːm/ *adj* **1** twardy: *a bed with a firm mattress* | *Choose the firmest tomatoes.* **2** [only before noun] wiążący: *No firm decision has been reached.* **3** stanowczy: **+ with** *You need to be firm with children.* **4 a firm grip/grasp/hold** mocny uścisk: *Roger took her hand in his firm grip.* —**firmly** *adv* mocno, stanowczo —**firmness** *n* [U] stanowczość

firm[2] *n* [C] przedsiębiorstwo, firma: *an engineering firm*

first[1] /fɜːst/ *number, pron, adj* **1** pierwszy: *the first name on the list* | *My sister said I'd be the first to get married.* | *Welles made his first film at the age of 25.* | *Is this the first time you've been to England?* | **come/finish first** (=zająć pierwsze miejsce): *Jane came first in the 100 metres race.* **2 first prize** pierwsza nagroda **3 at first** z początku: *At first he seemed very strict, but now I really like him.* **4 in the first place a)** po pierwsze: *Quinn couldn't have committed the crime. In the first place he's not a violent man.* **b)** na samym początku: *If you'd done the right thing in the first place, we wouldn't have problems now.* **5** najważniejszy: *Our first priority must be to restore peace.* | **come first** (=być najważniejszym): *Ron's kids always come first.* **6 first thing** z samego rana: *I'll call you first thing tomorrow, okay?* **7 at first glance/sight** na pierwszy rzut oka: *At first glance there didn't seem to be much wrong with her.*

first[2] *adv* **1** najpierw: *I always read the sports page first.* | *Do your homework first, then you can go out.* **2** po raz pierwszy: *We first met back in 1967.* **3 first/first of all** przede wszystkim: *First of all, let's get all the equipment together.*

first aid /ˌ. ˈ./ *n* [U] pierwsza pomoc

first-class /ˌ. ˈ.◂/ *adj* **1** pierwszorzędny: *Eric has proved himself a first-class performer.* **2** pierwszej klasy: *two first-class tickets* —**first-class** *adv* pierwszą klasą: *passengers travelling first-class*

first floor /ˌ. ˈ.◂/ *n* [singular] **1** *BrE* pierwsze piętro **2** *AmE* parter → porównaj GROUND FLOOR

first la·dy /ˌ. ˈ../ *n* [C] pierwsza dama

first·ly /ˈfɜːstli/ *adv* po pierwsze: *The building is unsuitable, firstly because it is too small, and secondly because it is in the wrong place.*

first name /ˈ. ./ *n* [C] imię: *My teacher's first name is Caroline.* → porównaj LAST NAME, MIDDLE NAME

first-rate /ˌ. ˈ.◂/ *adj* pierwszorzędny: *a first-rate performance*

fish[1] /fɪʃ/ *n plural* **fish** *or* **fishes** [C,U] ryba: *How many fish did you catch?* | *We had fish for dinner.*

fish[2] *v* [I] łowić ryby, wędkować: **+ for** *Dad's fishing for salmon.*

fish sth ↔ **out** *phr v* [T] wyjąć, wyłowić: *Sally opened her briefcase and fished out a small card.*

fish·er·man /ˈfɪʃəmən/ *n* [C] rybak, wędkarz

fish·ing /ˈfɪʃɪŋ/ *n* [U] rybołówstwo, wędkarstwo: **go fishing** (=iść na ryby): *Do you want to go fishing?*

fishing rod /ˈ.. ./ *także* **fishing pole** *AmE* *n* [C] wędka

F

fish·mon·ger /ˈfɪʃˌmʌŋgə/ *n* [C] *especially BrE* sprzedaw-ca/czyni ryb

fish·y /ˈfɪʃi/ *adj informal* podejrzany: *There's something fishy about this business.*

fist /fɪst/ *n* [C] pięść: *She shook her fist angrily.*

fit[1] /fɪt/ *v* **fitted, fitted, fitting**, *także* **fit, fit, fitting** *AmE* **1** [I,T] pasować (na): *I wonder if my wedding dress still fits me?* | *This lid doesn't fit very well.* **2** [I,T] za/montować: **fit sth on/in etc** *We're having new locks fitted on all the main doors.* **3** [I,T] z/mieścić (się): *Will the cases fit in the back of your car?* | *I can't fit anything else into this suitcase.* **4** [T] pasować do: *The music fits the words perfectly.*

fit in *phr v* **1** [I] dostosowywać się: *The new student had a hard time fitting in.* **2** [T **fit** sb/sth ↔ **in**] znajdować czas dla/na: *Dr. Tyler can fit you in on Monday at 3:30.*

F

> UWAGA **fit** i **suit** i **match** (lub **go with**)
>
> **fit** = (o odzieży, butach, biżuterii itp.) 'pasować, mieć odpowiedni rozmiar lub kształt': *These trousers don't fit me any more.* | *The next size up should fit.* **suit** = 'odpowiadać komuś': *Try to choose a career that suits you.* | *You should buy a dictionary that suits your needs, not just any one,* oraz odpowiadać komuś stylem lub kolorystycznie: *That dress really suits you* (=w tej sukience jest ci naprawdę do twarzy). **match** (lub **go with**) = (o odzieży, ozdobach itp.) 'pasować do siebie, dopasować do czegoś': *I can't wear blue shoes with a black shirt – they don't match.* | *We chose a dark green carpet to go with our yellow curtains.*

fit[2] *adj* **-tter, -ttest 1** odpowiedni: *After the party he was not in a fit state to drive.* **2** *especially BrE* w formie: *Jogging helps me keep fit.* ➡ antonim UNFIT **3 see/think fit to do sth** uznać za stosowne coś zrobić: *Do whatever you think fit.*

fit[3] *n* **1 have/throw a fit** *informal* dostać szału: *Dad's going to have a fit when he sees what you've done.* **2** [C] napad, atak: *a coughing fit* | *a fit of rage* | *an epileptic fit* **3 be a good/perfect fit** dobrze/doskonale leżeć: *The skirt's a perfect fit.*

fit·ness /ˈfɪtnəs/ *n* [U] sprawność fizyczna, kondycja: *exercises to improve physical fitness*

fit·ted /ˈfɪtəd/ *adj* **1 be fitted with** mieć zamontowany: *The car is fitted with an electronic alarm system.* **2** [only before noun] *BrE* na wymiar: *fitted cupboards*

fit·ting /ˈfɪtɪŋ/ *adj formal* stosowny: *The music was a fitting end to this impressive ceremony.*

five /faɪv/ *number* pięć

fix[1] /fɪks/ *v* [T] **1** naprawiać: *Do you know anyone who can fix the sewing machine?* **2** ustalać: *We haven't fixed a day for the party yet.* **3** *BrE* przy/mocować: *We fixed the shelves to the wall using screws.* **4** przygotowywać: *Can you set the table while I finish fixing dinner?* **5** s/fingować: *If you ask me, the whole election was fixed.*

fix up *phr v* **fix sb up with sth** *BrE* załatwić komuś coś: *Can you fix me up with a bed for the night?*

fix[2] *n* **be in a fix** być w tarapatach: *We're going to be in a real fix if we miss the last bus.*

fixed /fɪkst/ *adj* **1** ustalony: *The date of the exam is fixed now.* **2** przymocowany: *The table is fixed to the wall.*

fix·ture /ˈfɪkstʃə/ *n* [C] [usually plural] element instalacji: *bathroom fixtures*

fiz·zy /ˈfɪzi/ *adj* musujący, gazowany

fjord /ˈfiːɔːd/ *n* [C] fiord

flab·ber·gas·ted /ˈflæbəgɑːstəd/ *adj informal* osłupiały

flab·by /ˈflæbi/ *adj* sflaczały: *I'm getting all flabby since I stopped swimming.*

flag[1] /flæg/ *n* [C] flaga: *The crowd was cheering and waving flags.* | *the American flag*

flag[2] *v* [I] **-gged, -gging** opadać z sił: *By ten o'clock everyone was beginning to flag.* —**flagging** *adj* słabnący: *flagging interest*

fla·grant /ˈfleɪgrənt/ *adj* rażący: *a flagrant abuse of authority*

flair /fleə/ *n* **1** [singular] smykałka: *Carla's always had a flair for languages.* **2** [U] polot: *Bates' advertising campaigns showed flair and imagination.*

flake[1] /fleɪk/ *n* [C] płatek: *Flakes of paint fell from the ceiling.* —**flaky** *adj* złuszczający się

flake[2] *v* [I] z/łuszczyć się: *The paint on the door is starting to flake off.*

flam·boy·ant /flæmˈbɔɪənt/ *adj* **1** ekstrawagancki: *a flamboyant stage personality* **2** krzykliwy: *a flamboyant purple suit*

flame /fleɪm/ *n* **1** [C,U] płomień: *a candle flame* **2 in flames** w płomieniach: *By the time the firemen arrived, the house was in flames.*

flam·ing /ˈfleɪmɪŋ/ *adj* [only before noun] **1** płonący: *flaming torches* | *flaming red* (=płomiennie rude) *hair* **2** *spoken informal* cholerny: *I wish that flaming dog would stop barking!*

fla·min·go /fləˈmɪŋgəʊ/ *n* [C] flaming

flam·ma·ble /ˈflæməbəl/ *adj* łatwopalny → antonim NONFLAMMABLE, porównaj INFLAMMABLE

flank /flæŋk/ *n* [C] **1** bok (*człowieka, zwierzęcia*) **2** skrzydło, flanka: *The enemy attacked on the left flank.*

flan·nel /ˈflænl/ *n* **1** [U] flanela: *a flannel nightgown* **2** [C] *BrE* myjka

flap[1] /flæp/ *n* [C] klap(k)a: *a cap with flaps to cover the ears* | *We crept under the flap of the tent.*

flap[2] *v* **-pped, -pping 1** [T] machać: *The bird flapped its wings.* **2** [I] łopotać: *The ship's sails flapped in the wind.*

flare[1] /fleə/ *v* **1** *także* **flare up** [I] rozbłyskać: *Lightning flared and flickered.* **2** [I] *także* **flare up** wybuchać: *Violence has flared up again in the region.*

flare[2] *n* [C] raca

flared /fleəd/ *adj* rozszerzany: *flared trousers*

flash[1] /flæʃ/ *v* **1** [I,T] błyskać, migać: *Why is that driver flashing his headlights?* **2** [I] **flash by/past/through** przemknąć obok/przez: *A police car flashed by, sirens wailing.* | *A sudden thought flashed through my mind.* **3 flash a smile/glance/look** posłać uśmiech/spojrzenie

flash[2] *n* **1** [C] błysk: *a flash of lightning* **2** [C] przypływ: *a flash of inspiration* **3** [C,U] lampa błyskowa, flesz **4 in a flash/like a flash** w mgnieniu oka: *Wait right here. I'll be back in a flash.*

flash·back /ˈflæʃbæk/ *n* [C] retrospekcja: *The events of his childhood are shown in a flashback.*

flash·light /ˈflæʃlaɪt/ *n* [C] *AmE* latarka

flash·y /ˈflæʃi/ *adj* krzykliwy: *flashy clothes*

flask /flɑːsk/ *n* [C] **1** piersiówka **2** *BrE* termos **3** kolba (*laboratoryjna*)

flat[1] /flæt/ *adj* **-tter, -ttest 1** płaski: *lay the paper on a flat surface* | *the flat landscape of Holland* | *flat shoes* **2** bez powietrza: *a flat tyre* **3** zwietrzały: *flat beer* **4** *BrE* rozładowany: *flat batteries* **5 E flat** e-moll **6 flat rate/fee** ryczałtowa stawka/opłata: *They charge a flat rate for delivery.*

flat[2] *n* [C] *BrE* mieszkanie: *They live in a flat just off Russell Square.* | **a block of flats** (=blok mieszkalny)

flat[3] *adv* **1** płasko: **lie flat** (=leżeć na plecach): *Lie flat on the floor and bend your knees.* **2 in 10 seconds/two minutes flat** *informal* dokładnie w 10 sekund/dwie minuty: *I was dressed and out of the house in ten minutes flat.* **3 flat out** *spoken* na pełnych obrotach: *We've been working flat out to get everything ready.*

flat·ly /ˈflætli/ *adv* **flatly refuse/deny** stanowczo odmawiać/zaprzeczać: *She flatly refused to tell us where he was.*

flat·mate /ˈflætmeɪt/ *n* [C] *BrE* współlokator/ka

flat·ter /ˈflætə/ *v* [T] **1** schlebiać, pochlebiać: *I know I'm not beautiful, so don't try to flatter me!* **2 sb is/feels flattered** komuś pochlebia: *I felt very flattered to be offered such an important job.* **3** być korzystnym dla: *She wore a dress that flattered her plump figure.* **4 flatter**

yourself szczycić się: *I flatter myself that I know a good wine when I taste one.* —**flatterer** *n* [C] pochlebca —**flattering** *adj* twarzowy: *a flattering photograph* (=udane zdjęcie)

flat·ter·y /ˈflætəri/ *n* [U] pochlebstwo: *She uses flattery to get what she wants.*

flaunt /flɔːnt/ *v* [T] obnosić się z, afiszować się z: *Pam was flaunting her diamonds at Jake's party.*

fla·vour[1] /ˈfleɪvə/ *BrE*, **flavor** *AmE* *n* **1** [C,U] smak: *Which flavour do you want – chocolate or vanilla?* | *For extra flavour, add some red wine.* **2 orange-flavoured/chocolate-flavoured** o smaku pomarańczowym/czekoladowym: *almond-flavored cookies*

flavour[2] *BrE*, **flavor** *AmE* *v* [T] przyprawiać: *The rice is flavoured with onion.*

fla·vour·ing /ˈfleɪvərɪŋ/ *n* [C,U] dodatek smakowy

flaw /flɔː/ *n* [C] wada, skaza: *The cups have a small flaw in the pattern.*

flawed /flɔːd/ *adj* wadliwy: *a flawed experiment*

flaw·less /ˈflɔːləs/ *adj* bez skazy, bezbłędny: *Burton's flawless performance as Hamlet*

flea /fliː/ *n* [C] pchła

flea mar·ket /ˈ. ˌ../ *n* [C] pchli targ

fleck /flek/ *n* [C] plamka: *The bird is dark brown with flecks of yellow.*

flee /fliː/ *v* [I,T] **fled** /fled/, **fled, fleeing** uciekać (z): *The president was forced to flee the country after the revolution.*

fleece /fliːs/ *n* [C,U] runo, wełna

fleet /fliːt/ *n* [C] flota

fleet·ing /ˈfliːtɪŋ/ *adj* przelotny: *a fleeting glance*

flesh /fleʃ/ *n* [U] **1** ciało **2** miąższ **3 your own flesh and blood** członek własnej rodziny: *What a shocking way to treat your own flesh and blood!*

flew /fluː/ czas przeszły od FLY

flex[1] /fleks/ *v* [T] napinać: *The runners flexed their muscles.*

flex[2] *n* [C,U] *BrE* przewód elektryczny

flex·i·ble /ˈfleksəbəl/ *adj* **1** elastyczny: *flexible working hours* (=ruchomy czas pracy) → antonim INFLEXIBLE **2** giętki: *shoes with flexible rubber soles* —**flexibility** /ˌfleksəˈbɪləti/ *n* [U] elastyczność, giętkość

flick /flɪk/ *v* **1** [T] strzepywać: **flick sth from/off etc** *Barry flicked the ash from his cigarette.* **2** *especially BrE* pstrykać: *Sandra flicked on the light.*

flick through sth *phr v* [T] *BrE* prze/kartkować: *I flicked through the journal looking for his article.*

flick·er[1] /ˈflɪkə/ *v* [I] za/migotać: *flickering candles*

flicker[2] *n* [singular] migotanie: *the flicker of the old gas lamp*

flies /flaɪz/ *n* [plural] *BrE* rozporek

flight /flaɪt/ *n* **1** [C,U] lot: *What time is the next flight to Miami?* | *BA flight 242* | **in flight** *a bird in flight* **2 flight of stairs/steps** kondygnacja: *She fell down a whole flight of stairs.* **3** [U] ucieczka: *the flight of refugees from the war zone*

flight at·tend·ant /ˈ. .ˌ../ *n* [C] *AmE* steward/essa

flim·sy /ˈflɪmzi/ *adj* **1** cieniuteńki: *flimsy cloth* **2** lichy, marny: *The evidence against him is very flimsy.*

flinch /flɪntʃ/ *v* [I] **1** wzdrygać się: *He raised his hand, and the child flinched.* **2 flinch from** cofać się przed: *She never flinches from telling the truth, no matter how painful.*

fling /flɪŋ/ *v* [T] **flung, flung, flinging** rzucać, ciskać: **fling sth at/into/on etc** *Gina pulled off her coat and flung it on the chair.* | *Val flung her arms around my neck* (=zarzuciła mi ramiona na szyję). | **fling yourself down/through etc** *He sighed and flung himself down on the chair.*

flint /flɪnt/ *n* [C,U] krzemień

flip /flɪp/ *v* **-pped, -pping 1** [T] **flip over** przerzucać: *He started flipping over the pages.* **2** [T] **flip a coin** rzucać monetę: *Let's flip a coin to see who goes first.* **3** [I] *także* **flip out** *informal* s/tracić panowanie nad sobą: *Harry flipped when he found out that I damaged his motor-*

cycle. **4** [T] pstrykać: *You just flip a switch and the machine does everything for you.*
flip through sth *phr v* [T] prze/kartkować

flip·per /ˈflɪpə/ *n* [C] płetwa

flirt[1] /flɜːt/ *v* [I] flirtować: **+ with** *He's always flirting with the women in the office.*

flirt[2] *n* [C] flircia-rz/rka: *Dave is such a flirt!*

flir·ta·tious /flɜːˈteɪʃəs/ *adj* zalotny

float /fləʊt/ *v* **1** [I] unosić się: *oil floats on water | Someone had seen a body floating near the shore. | The balloon floated up into the sky.* **2** [T] spławiać: *The logs are floated down the river.*

flock[1] /flɒk/ *n* [C] **1** stado: *a flock of geese* **2** tłum, gromada: *a flock of tourists*

flock[2] *v* [I] przybywać tłumnie: *People have been flocking to see the play.*

flog /flɒg/ *v* [T] **-gged, -gging** wy/chłostać —**flogging** *n* [C,U] chłosta

flood[1] /flʌd/ *v* **1** [I,T] zatapiać, zalewać: *The river floods the valley every spring. | The basement flooded* (=zalało piwnicę) *and everything got soaked.* **2** [I,T] napływać masowo: **+ in/into/across** *Offers of help came flooding in.* **3 be flooded with** zostać zalanym: *After the show, the station was flooded with calls from angry viewers.* **4 flood the market** zalewać rynek

flood[2] *n* [C] **1** powódź: *homes washed away by floods* **2 flood of** zalew: *We've had a flood of inquiries.*

flood·light /ˈflʌdlaɪt/ *n* [C] reflektor

flood·lit /ˈflʌdlɪt/ *adj* oświetlony reflektorami

floor /flɔː/ *n* [C] **1** podłoga: *She was sweeping the kitchen floor.* **2** piętro: *My office is on the third floor.* **3 ocean floor** dno oceanu

floor·board /ˈflɔːbɔːd/ *n* [C] deska podłogowa

flop[1] /flɒp/ *v* [I] **-pped, -pping** **1** opadać: *Her hair flopped across her face. |* **+ into/onto etc** *Sarah flopped down into an armchair.* **2** z/robić klapę: *The musical flopped on Broadway.*

flop[2] *n* [C] **1** klapa: *The show's first series was a complete flop.* **2** plusk: *He fell with a flop into the water.*

flop·py /ˈflɒpi/ *adj* miękko opadający: *a floppy hat*

floppy disk /ˌ.. ˈ./ *także* **floppy** *n* [C] dyskietka

flo·ra /ˈflɔːrə/ *n* [U] flora

flo·ral /ˈflɔːrəl/ *adj* kwiecisty: *floral patterns*

flor·ist /ˈflɒrɪst/ *n* [C] **1** kwiacia-rz/rka **2** kwiaciarnia

flo·til·la /fləˈtɪlə/ *n* [C] flotylla

floun·der /ˈflaʊndə/ *v* [I] **1** plątać się: *She floundered helplessly, unable to think of a suitable reply.* **2** miotać się

flour /flaʊə/ *n* [U] mąka

flour·ish[1] /ˈflʌrɪʃ/ *v* **1** [I] kwitnąć: *conditions in which businesses can flourish | Herbs flourished in her tiny garden.* **2** [T] wymachiwać: *Henry came out flourishing a $100 bill.* —**flourishing** *adj* kwitnący: *Manchester's flourishing music scene*

flourish[2] *n* **with a flourish** zamaszyście: *He opened the door with a flourish.*

flow[1] /fləʊ/ *n* [C usually singular] **1** upływ: *They tried to stop the flow of blood.* **2** przepływ: *the constant flow of refugees across the border* **3** napływ: **+ of** *efforts to control the flow of drugs into the US* → patrz też CASH FLOW

flow[2] *v* [I] **1** przepływać: *The River Elbe flows through the Czech Republic. | A steady stream of cars flowed past her window.* **2** płynąć: *He picked up his pen, but the words wouldn't flow.* **3** spływać: *Her hair flowed down over her shoulders.*

flow·er[1] /ˈflaʊə/ *n* [C] kwiat: *The tree has beautiful pink flowers in early spring.*

flower[2] *v* [I] kwitnąć

flow·er·bed /ˈflaʊəbed/ *n* [C] klomb

flow·er·pot /ˈflaʊəpɒt/ *n* [C] doniczka

flow·er·y /ˈflaʊəri/ *adj* kwiecisty: *a flowery pattern | flowery speech*

flown /fləʊn/ imiesłów bierny od FLY

flu /fluː/ *n* [U] grypa: *The whole team has got flu.*

F

fluc·tu·ate /ˈflʌktʃueɪt/ *v* [I] wahać się: *The price of copper fluctuated wildly.* —**fluctuation** /ˌflʌktʃuˈeɪʃən/ *n* [C] wahania

flu·en·cy /ˈfluːənsi/ *n* [U] biegłość, płynność

flu·ent /ˈfluːənt/ *adj* biegły, płynny: *Jem can speak fluent Japanese.* | **+ in** *Candidates must be fluent in two European languages.* —**fluently** *adv* biegle, płynnie

fluff[1] /flʌf/ *n* [U] **1** kłaczki: *She picked the fluff off her sweater.* **2** puch

fluff[2] *v* [T] *także* **fluff up/out** napuszać: *a bird fluffing out its feathers*

fluff·y /ˈflʌfi/ *adj* puszysty, puchaty: *a fluffy kitten*

flu·id[1] /ˈfluːɪd/ *n* [C,U] *technical* płyn: *My doctor told me to rest and drink plenty of fluids.*

fluid[2] *adj* płynny: *The situation is still very fluid.* —**fluidity** /fluˈɪdɪti/ *n* [U] płynność

flung /flʌŋ/ czas przeszły i imiesłów bierny od FLING

flunk /flʌŋk/ *v* [I,T] *AmE informal* oblać: *I flunked my history exam.*

flu·o·res·cent /flʊəˈresənt/ *adj* **1** fluorescencyjny, jarzeniowy: *fluorescent lights* **2** odblaskowy: *fluorescent colours*

flu·o·ride /ˈflʊəraɪd/ *n* [U] fluorek

flush[1] /flʌʃ/ *v* **1** [I,T] spłukiwać (się) **2** [T] **flush a toilet** spuszczać wodę (w toalecie) **3** [I] za/rumienić się: *Billy flushed and looked down.* ➡ patrz też FLUSHED

flush[2] *n* **1** [C *usually singular*] rumieniec **2 a flush of pride/excitement** przypływ dumy/podniecenia

flushed /flʌʃt/ *adj* zarumieniony: *Her face was a little flushed.*

flus·tered /ˈflʌstəd/ *adj* podenerwowany: *Jay got flustered and forgot what he was supposed to say.*

flute /fluːt/ *n* [C] flet

flut·ter /ˈflʌtə/ *v* [I,T] za/trzepotać: *flags fluttering in the wind* | *The geese fluttered their wings.* | *Her heart fluttered.* —**flutter** *n* [C] trzepot

flux /flʌks/ *n* **be in (a state of) flux** zmieniać się: *The fashion world is in a state of constant flux.*

fly[1] /flaɪ/ *v* **flew, flown, flying 1** [I] latać, po/lecieć: *They flew to Paris for their honeymoon.* | *We flew over the North Pole.* | *A flock of seagulls flew overhead.* | *Bill's learning to fly.* | *Is it 5:30 already? Boy, time sure does fly* (=jak ten czas leci)*!* **2** [T] przewozić samolotem: *Medical supplies are being flown into the area.* **3** [I] **fly down/up/out** zbiegać/wbiegać/wybiegać: *Timmy flew down the stairs and out of the door.* | **fly open** *The door suddenly flew open* (=gwałtownie się otworzyły). | **fly by/past** (=przelatywać): *Last week just flew by.* **4 fly into a rage** *także* **fly off the handle** *spoken* wpadać w szał **5** [I] fruwać, powiewać: *The French flag was flying over the Embassy.* **6** [T] puszczać: *Tommy was in the park, flying his new kite.* **7 go flying/send sb flying** przewrócić się/kogoś

fly[2] *n* [C] **1** mucha: *There were flies all over the food.* **2** *także* **flies** *BrE* rozporek: *Your fly is unzipped.* ➡ patrz też **sb wouldn't hurt a fly** (HURT[1]), **let fly** (LET)

fly·ing[1] /ˈflaɪ-ɪŋ/ *n* [U] latanie: *fear of flying*

flying[2] *adj* **1** latający: *a type of flying insect* **2 with flying colours** celująco: *She passed the test with flying colours.*

flying sau·cer /ˌ.. ˈ../ *n* [C] latający talerz

fly·o·ver /ˈflaɪ-əʊvə/ *n BrE* wiadukt, estakada

foal /fəʊl/ *n* [C] źrebię

foam[1] /fəʊm/ *n* [U] **1** piana: *white foam on the tops of the waves* **2** pianka: *shaving foam*

foam[2] *v* [I] pienić się

focal point /ˈfəʊkəl pɔɪnt/ *n* [C] punkt centralny: *Television has become the focal point of most American homes.*

fo·cus[1] /ˈfəʊkəs/ *v* **1** [I,T] skupiać (się): **+ on** *In his speech he focused on the economy.* **2** [T] nastawiać ostrość

focus[2] *n* **1** [U] nacisk: *traditional education, with its focus on basic reading and writing skills* **2 be the focus of attention** znajdować się w centrum uwagi: *She loves being the focus of attention.* **3 in focus/out of focus** ostry/nieostry (*o fotografii*)

fod·der /ˈfɒdə/ *n* [U] pasza

foe /fəʊ/ *n* [C] *literary* wróg

foe·tus /ˈfiːtəs/ *BrE także* **fetus** *n* [C] płód —**foetal** *BrE także* **fetal** *adj* płodowy: *foetal abnormalities*

fog /fɒg/ *n* [C,U] mgła

UWAGA **fog**
Patrz **mist** i **fog**.

fog·gy /ˈfɒgi/ *adj* mglisty: *a damp and foggy morning*

foil[1] /fɔɪl/ *n* [U] folia (*aluminiowa*)

foil[2] *v* [T] po/krzyżować: *He's foiled our plans.*

fold[1] /fəʊld/ *v* **1** [T] składać: *She folded her clothes and put them on a chair.* | **fold sth in two/in half** (=na pół): *Fold the paper in two.* **2** *także* **fold up** [I,T] składać (się): *Be sure to fold up the ironing board when you're finished.* | *a folding chair* **3 fold your arms** s/krzyżować ramiona **4** [I] *także* **fold up** upadać (*o przedsiębiorstwie*)

fold[2] *n* [C] **1** zagięcie **2** [usually plural] fałda: *She adjusted the folds of her dress.*

fold·er /ˈfəʊldə/ *n* [C] **1** teczka **2** piktogram/ikona katalogu (*komputerowego*)

fo·li·age /ˈfəʊli-ɪdʒ/ *n* [U] listowie

folk[1] /fəʊk/ *adj* ludowy

folk[2] *n* [U] → FOLK MUSIC

folk he·ro /ˈ. ˌ../ *n* [C] bohater ludowy: *'Swampy' is now a local folk hero.*

folk·lore /ˈfəʊklɔː/ *n* [U] folklor

folk mu·sic /ˈ. ˌ../ *n* [U] **1** muzyka ludowa **2** muzyka folk

folks /fəʊks/ *n* [plural] **1** *informal* rodzinka: *I need to call my folks sometime this weekend.* **2** *spoken* wiara (*grupa ludzi*): *Howdy folks, it's good to see everyone here tonight!*

fol·low /ˈfɒləʊ/ *v* **1 a)** [I,T] iść/jechać (za): *If you follow me, I'll show you to your room.* | **followed by** *A woman came into the office, followed by* (=a za nią) *three young children.* **b)** [T] śledzić: *Marlowe looked over his shoulder to make sure no one was following him.* **2** [I,T] następować potem/po: *In the weeks that followed* (=w ciągu następnych kilku tygodni) *Angie tried to forget about Sam.* | **followed by** *There was a shout from the garage followed by* (=a następnie) *a loud crash.* **3** [T] za/stosować się do: *She followed her mother's advice.* | *Did you follow the instructions on the box?* **4** [I,T] naśladować: **follow suit** *When Allied Stores reduced prices, other companies were forced to follow suit* (=były zmuszone zrobić to samo). | **follow sb's example/lead** (=iść za czyimś przykładem) **5 follow (in) sb's footsteps** iść w czyjeś ślady: *Toshi followed in his father's footsteps and started his own business.* **6 as follows** jak następuje: *The winners are as follows: first place, Tony Gwynn; second place, ...* **7** [T] interesować się: *Do you follow baseball at all?* **8** [I,T] *spoken* rozumieć: *Sorry, I don't quite follow you.* **9 it follows (that)** wynika z tego, że: *Of course she drinks, but it doesn't necessarily follow that she's an alcoholic.*

follow sb **around** *phr v* [T] nie odstępować na krok: *My little brother is always following me around.*

follow sth ↔ **up** *phr v* [I,T] dowiedzieć się czegoś więcej na temat: *I saw an ad in the paper and I decided to follow it up.*

fol·low·er /ˈfɒləʊə/ *n* [C] zwolenni-k/czka: *a follower of Karl Marx*

fol·low·ing[1] /ˈfɒləʊɪŋ/ *adj* następny: *Neil arrived on Friday, and his wife came the following day.*

following[2] *n* **1** [singular] poparcie: *The band has a huge following in the States.* **2 the following** następujące osoby/rzeczy: *The following have been chosen to play in tomorrow's match: Ferguson, Williams, ...*

F

following[3] *prep* bezpośrednio po: *Following the success of his latest movie, he has had several offers from Hollywood.*

follow-up /ˈ.. ./ **1** [C,U] kontrola: **follow-up visit/question** (=kontrolna wizyta/pytanie): *It's a long term illness and regular follow-up appointments are required.* **2** [C] ciąg dalszy, kontynuacja: *The follow-up wasn't as good as the original film.*

fol·ly /ˈfɒli/ *n* [C,U] *formal* szaleństwo: *an act of sheer folly*

fond /fɒnd/ *adj* **1 be fond of** lubić: *Mrs Winters is very fond of her grandchildren.* **2 be fond of doing sth** lubić coś robić: *They're fond of using legal jargon.* **3 have fond memories of** mile wspominać: *I have fond memories of my time at Oxford.* **4** czuły: *a fond look* —**fondness** *n* [U] zamiłowanie, czułość

fon·dle /ˈfɒndl/ *v* [T] pieścić

fond·ly /ˈfɒndli/ *adv* czule: *Greta smiled fondly at him.*

font /fɒnt/ *n* [C] **1** *technical* czcionka **2** chrzcielnica

food /fuːd/ *n* **1** [U] pokarm, żywność: *Milk is the natural food for babies.* **2** [C,U] jedzenie: *How much do you spend on food?* | *I love Chinese food.* **3 food for thought** materiał do przemyśleń → patrz też HEALTH FOOD, JUNK FOOD, SEAFOOD

food chain /ˈ. ./ *n* [singular] łańcuch pokarmowy

food poi·son·ing /ˈ. ˌ.../ *n* [U] zatrucie pokarmowe

food pro·cess·or /ˈ. ˌ.../ *n* [C] robot kuchenny

fool[1] /fuːl/ *n* [C] **1** głupiec: *I felt such a fool, locking my keys in the car like that.* **2 make a fool of yourself** zbłaźnić się: *She realized she'd made a complete fool of herself over him.* **3 make a fool (out) of sb** z/robić z kogoś idiotę: *Darren thought she was trying to make a fool out of him in front of his friends.*

fool[2] *v* **1** [T] oszukiwać: **fool sb into doing sth** *Don't be fooled into* (=nie daj się namówić na) *buying more insurance than you need.* **2 you could have fooled me** *spoken* akurat!: *"Your dad's upset about this too, you know." "Well, you could have fooled me!"*

fool around (with) *phr v* [I] **1** wygłupiać się: *Stop fooling around you two!* **2** mieć romans (z)

fool·har·dy /ˈfuːlhɑːdi/ *adj* ryzykancki

fool·ish /ˈfuːlɪʃ/ *adj* głupi: *It was a very foolish thing to do.* | *The king was a vain, foolish man.* —**foolishly** *adv* głupio —**foolishness** *n* [U] głupota

fool·proof /ˈfuːlpruːf/ *adj* niezawodny

foot[1] /fʊt/ *n* [C] **1** *plural* **feet** stopa **2** skrót pisany **ft** *plural* **feet** *or* **foot** stopa (*ok. 30 cm*) **3 on foot** pieszo, na piechotę: *We set out on foot to explore the city.* **4 the foot of** podnóże (*góry*) dół (*strony*) **5 put your foot down a)** postawić się, uprzeć się: *Brett didn't want to go, but Dad put his foot down.* **b)** dodawać gazu **6 put your feet up** z/relaksować się **7 put your foot in it** popełnić gafę → **get cold feet** (COLD[1]), **drag your feet** (DRAG[1])

foot[2] *v* **foot the bill** *informal* pokrywać koszty: *The insurance company should foot the bill for the damage.*

foot·age /ˈfʊtɪdʒ/ *n* [U] materiał filmowy: *footage of the 1936 Olympics*

foot·ball /ˈfʊtbɔːl/ *n* **1** [U] **a)** *BrE* piłka nożna: *Does anyone want a game of football?* | *a football match* **b)** *AmE* futbol amerykański: *Are you going to the football game on Saturday?* **2** [C] piłka futbolowa —**footballer** *n* [C] piłkarz

foot·bridge /ˈfʊtˌbrɪdʒ/ *n* [C] kładka

foot·lights /ˈfʊtlaɪts/ *n* [plural] rampa

foot·note /ˈfʊtnəʊt/ *n* [C] przypis

foot·path /ˈfʊtpɑːθ/ *n* [C] ścieżka

foot·print /ˈfʊtˌprɪnt/ *n* [C] odcisk stopy: *footprints in the snow*

foot·step /ˈfʊtstep/ *n* [C] krok: *He heard footsteps in the hall.* → patrz też **follow in sb's footsteps** (FOLLOW)

foot·stool /ˈfʊtstuːl/ *n* [C] podnóżek

foot·wear /ˈfʊtweə/ *n* [U] obuwie

For

Przyimka ***for*** w znaczeniu czasowym używamy dla określenia, jak długo trwa lub trwała jakaś czynność lub stan. Po ***for*** podany jest czas trwania:

*She's been working here **for two months**.*

*I haven't seen Mike **for a week/for a long time/for ages**.*

*She's been wearing glasses **for years**.*

*He cooked his meals **for a fortnight** and then hired a professional cook.*

*It was noon. We hadn't eaten **for a whole day**.*

patrz też: ***SINCE***

for[1] /fə/ *prep* **1** dla: *Save a piece of cake for Noah.* | *I've got some good news for you.* | *What can I do for you?* **2** do: *a knife for cutting bread* | *What's this gadget for?* | *The plane for Las Vegas took off an hour late.* | *I was just leaving for church when the phone rang.* **3** na: *We were waiting for the bus.* | *Let's go for a walk.* | *It's time for dinner.* | *a check for $100* | *an order for 200 copies* | *"What's for lunch?" "Hamburgers."* | *How many people voted for Mulhoney?* | *What did you get for your birthday?* | *What's the Spanish word for oil?* | *Libby's very tall for her age.* **4** przez: *Bake the cake for 40 minutes.* **5 for a long time** długo: *I've known Kim for a long time.* **6** za: *I got a ticket for going through a red light.* | *The award for the highest sales goes to Pete McGregor.* | *I'm for getting a pizza, what about you?* **7 for now** na razie: *Just put the pictures in a box for now.* **8 for all I know** *spoken* ale tak naprawdę, to nie wiem: *He could be in Canada by now for all I know.* ➡ patrz ramka FOR

UWAGA for the last few years i over/during/in the last few years

Oba wyrażenia można przetłumaczyć jako 'przez kilka ostatnich lat', ale nie są one zamienne. Wyrażeń z przyimkiem **for** w połączeniu z okresem czasu (np. four months, three days) używamy wtedy, kiedy chcemy zwrócić uwagę na to, jak długo coś trwało: *He was with the company for forty years.* | *He hasn't eaten anything for the last two days.* Wyrażeń z przyimkami **over**, **during** i **in** w połączeniu z okresem czasu używamy w odniesieniu do tego, kiedy coś miało miejsce: *Over the last few years unemployment has become a serious problem.* | *She's been a great help to me in recent months.* | *During the next ten years he worked his way up from office boy to general manager.*

for[2] *conjunction literary* gdyż, ponieważ: *Please leave, for I am too sad to talk.*

for·bid /fəˈbɪd/ *v* **forbade** /-ˈbeɪd/ *or* **forbid, forbidden, forbidding** [T] **1** *formal* zabraniać: **forbid sb to do sth** *I forbid you to see that man again.* **2 God/Heaven forbid** *spoken* niech Bóg broni, uchowaj Boże: *"He's not coming back, is he?" "God forbid!"*

for·bid·den /fəˈbɪdn/ *adj* zabroniony: **it is forbidden to do sth** *It's forbidden* (=zabrania się) *to smoke in the hospital.*

for·bid·ding /fəˈbɪdɪŋ/ *adj* groźny: *The mountains looked more forbidding as we got closer.*

force[1] /fɔːs/ *n* **1** [U] siła: *The police used force to break up the demonstration.* | *The force of the explosion threw her backwards.* | **with great force** *The waves were hitting the rocks with great force.* **2** [C] jednostka, oddział: *forces that are loyal to the rebels* | *the Air Force* (=lotnictwo) | *the police force* (=policja) | **the forces** (=wojsko) **3** [C] potęga: *The US is probably the most important force in the world economy.* **4 join/combine forces** po/łączyć siły: *Companies from several coun-*

tries joined forces to produce the satellite. **5 force of habit** siła przyzwyczajenia: *I still get up at 6.30 every day. Force of habit, I suppose.*

force² *v* [T] zmuszać: *Bad health forced him into early retirement.* | **force sb to do sth** *I had to force myself to get up this morning.*

force sth **on/upon** sb *phr v* [T] wymuszać na

forced /fɔːst/ *adj* **1** wymuszony: *Anne gave a forced smile.* **2** przymusowy: *The plane had to make a forced landing in a field.* **3** z użyciem siły: *a forced entry*

force·ful /ˈfɔːsfəl/ *adj* silny: *a forceful personality* | *forceful arguments*

for·ceps /ˈfɔːseps/ *n* [plural] kleszcze: *a forceps delivery* (=poród kleszczowy)

for·ci·ble /ˈfɔːsəbəl/ *adj* przymusowy: *the forcible repatriation of refugees* —**forcibly** *adv*: *The demonstrators were forcibly removed* (=usunięci siłą) *from the embassy.*

ford¹ /fɔːd/ *n* [C] bród

ford² *v* [T] **ford a river** przeprawiać się przez rzekę w bród

fore·arm /ˈfɔːrɑːm/ *n* [C] przedramię

fore·bod·ing /fɔːˈbəʊdɪŋ/ *n* [C,U] złe przeczucie: *We waited for news with a sense of foreboding.*

fore·cast¹ /ˈfɔːkɑːst/ *n* [C] prognoza: *the weather forecast*

forecast² *v* [T] **forecast** *or* **forecasted, forecasting** przewidywać: *Warm weather has been forecast for the weekend.*

fore·court /ˈfɔːkɔːt/ *n* [C] dziedziniec

fore·fa·ther /ˈfɔːˌfɑːðə/ *n* [C usually plural] *literary* przodek

fore·fin·ger /ˈfɔːˌfɪŋgə/ *n* [C] palec wskazujący

fore·front /ˈfɔːfrʌnt/ *n* **be in/at the forefront of** przodować w: *The Institute has been at the forefront of research into AIDS.*

fore·ground /ˈfɔːgraʊnd/ *n* **the foreground** pierwszy plan

fore·head /ˈfɒrəd/ *n* [C] czoło

for·eign /ˈfɒrən/ *adj* **1** obcy: *She spoke with a slightly foreign accent.* | *Tears serve the function of washing away any foreign body* (=ciało obce) *in the eye.* **2** zagraniczny: *the Minister for Foreign Affairs* **3 be foreign to sb** być komuś obcym: *Their way of life was completely foreign to her.*

> **UWAGA foreign**
>
> Nie wypada używać wyrazu "foreign" o obcokrajowcach. Lepiej mówić, że są **from abroad** lub po prostu z jakiego są kraju.

for·eign·er /ˈfɒrənə/ *n* [C] obcokrajowiec

foreign ex·change /ˌ.. .ˈ./ *n* [U] wymiana walut

fore·leg /ˈfɔːleg/ *n* [C] przednia kończyna

fore·man /ˈfɔːmən/ *n* [C] brygadzista

fore·most /ˈfɔːməʊst/ *adj* [only before noun] najważniejszy: *the foremost writer of her time*

fo·ren·sic /fəˈrensɪk/ *adj* **forensic medicine** medycyna sądowa

fore·run·ner /ˈfɔːˌrʌnə/ *n* [C] prekursor: *It is now seen as the forerunner of the modern computer.*

fore·see /fɔːˈsiː/ *v* [T] **foresaw** /-ˈsɔː/, **foreseen** /-ˈsiːn/, **foreseeing** przewidywać: *No one could have foreseen such a disaster.*

fore·see·a·ble /fɔːˈsiːəbəl/ *adj* **for/in the foreseeable future** w najbliższej przyszłości: *Leila will be staying here for the foreseeable future.*

fore·sight /ˈfɔːsaɪt/ *n* [U singular] zdolność przewidywania

for·est /ˈfɒrəst/ *n* [C,U] las

for·est·ry /ˈfɒrəstri/ *n* [U] leśnictwo

fore·taste /ˈfɔːteɪst/ *n* przedsmak: *The riots in the city were only a foretaste of what was to come.*

fore·tell /fɔːˈtel/ *v* [T] przepowiadać

for·ev·er /fərˈevə/ *adv* **1** (na) zawsze: *I'll remember you forever.* **2** *spoken* całe wieki:

It seemed to take forever to get to the airport.

fore·warn /fɔːˈwɔːn/ *v* [T] ostrzegać: *We'd been forewarned about the dangers of travelling at night.*

fore·word /ˈfɔːwɜːd/ *n* [C] przedmowa

for·gave /fəˈgeɪv/ *v* czas przeszły od FORGIVE

forge[1] /fɔːdʒ/ *v* [T] s/fałszować: *a forged passport* —**forger** *n* [C] fałszerz

forge[2] *n* [C] kuźnia

for·ge·ry /ˈfɔːdʒəri/ *n* **1** [C] falsyfikat **2** [U] fałszerstwo

for·get /fəˈget/ *v* **forgot, forgotten, forgetting** [I,T] **1** zapominać: *I'll never forget the look on her face when I told her I was leaving.* | *I'm sorry – I've forgotten your book.* | *She had never forgotten Sam, even after all these years.* | **+ (that)** *Don't forget that Linda's birthday is Friday.* | *Dad forgot he was supposed to pick us up from school.* | **+ about** *You haven't forgotten about today's meeting?* | *Just forget about work and relax.* | **+ what/how/where etc** *I've forgotten what I was going to say!* | **forget to do sth** *Someone's forgotten to turn off the lights.* **2 forget it** nie ma sprawy: *"I'm sorry I broke your mug." "Forget it."*

for·get·ful /fəˈgetfəl/ *adj* zapominalski: *Grandpa's getting forgetful in his old age!* —**forgetfulness** *n* [U] słaba pamięć

for·give /fəˈgɪv/ [I,T] *v* **forgave, forgiven** /-ˈgɪvən/, **forgiving 1** wybaczać: *I knew that my mother would forgive me.* | *If anything happened to the kids, she'd never forgive herself.* | **forgive sb for (doing) sth** *She never forgave him for embarrassing her in front of her colleagues.* **2 forgive me** *spoken* proszę mi wybaczyć: *Forgive me for asking, but how much did you pay for your computer?*

> **UWAGA forgive**
>
> Nie mówi się "I am forgiving you". Mówi się **I forgive you**.

for·give·ness /fəˈgɪvnəs/ *n* [U] przebaczenie

for·giv·ing /fəˈgɪvɪŋ/ *adj* wyrozumiały: *a kind and forgiving man*

for·got /fəˈgɒt/ *v* czas przeszły od FORGET

for·got·ten /fəˈgɒtn/ *v* imiesłów bierny od FORGET

fork[1] /fɔːk/ *n* [C] **1** widelec **2** widły **3** rozwidlenie: *Turn left at the fork in the road.*

fork[2] *v* [I] rozwidlać się

fork sth ↔ **out** (*także* **fork** sth ↔ **over** *AmE*) *phr v* [I,T] *informal* wy/bulić: *We'll have to fork out nearly £1,000 for tuition fees.*

forked /fɔːkt/ *adj* rozdwojony: *a forked tongue*

for·lorn /fəˈlɔːn/ *adj* opuszczony: *a forlorn figure sitting on a park bench*

form[1] /fɔːm/ *n* [C,U] **1** forma: *a cleaner, safer form of public transport* | *'Was' is the past form of the verb 'to be'.* | **in/on form** (=w formie) | **take the form of** (=przybierać postać) **2** [C] formularz: *an application form* | **fill in/fill out a form** (=wypełniać): *Fill in the form using black ink.* **3** [C] *BrE* klasa: *the fifth form* **4** [C] postać: *A dark form emerged from the bushes.*

form[2] *v* **1** [I,T] u/tworzyć (się): *Ice had begun to form on the inside of the windows.* | *These rocks were formed over 4000 million years ago.* | *Fold the paper in two to form a triangle.* | *A queue quickly began to form.* | *In English the past tense is usually formed by adding "-ed".* | *The United Nations was formed in 1945.* **2** [T] stanowić: *The Rio Grande forms the boundary between Texas and Mexico.* | *Rice forms the main part of their diet.* **3 form an opinion/impression** wyrabiać sobie opinię/pogląd

form·al /ˈfɔːməl/ *adj* **1** oficjalny: *I've got a suit that I wear on formal occasions.* | *"How do you do" is a formal expression, used when you meet someone for the first time.* | *We made a formal complaint.* **2 formal education/qualifications** formalne wykształcenie/kwalifikacje —**formally** *adv* oficjalnie, formalnie

F

for·mal·i·ty /fɔːˈmælɪ̈ti/ *n* **1** [C] formalność: *There are a few legal formalities to complete before the agreement is finalized.* **2** [U] ceremonia: *He greeted his guests with great formality.*

for·mat /ˈfɔːmæt/ *n* [C] format: *I'd like to try a new format for next week's meeting.* —**format** *v* [T] **-tted, -tting** s/- formatować

for·ma·tion /fɔːˈmeɪʃən/ *n* **1** [U] powstawanie, tworzenie się: **+ of** *Damp air encourages the formation of mould.* | *the formation of a democratic government* **2** [C,U] formacja: *rock formations* | *soldiers marching in formation* (=w szyku)

for·ma·tive /ˈfɔːmətɪv/ *adj* **formative years/period** lata/okres kształtowania się osobowości

for·mer[1] /ˈfɔːmə/ *adj* [only before noun] były: *former US president, Jimmy Carter*

former[2] *n* **the former** *formal* (ten) pierwszy (*z dwóch*): *Of the two theories, the former seems more likely.* ➡ porównaj LATTER[1]

for·mer·ly /ˈfɔːməli/ *adv* w przeszłości: *Sri Lanka was formerly called Ceylon.*

for·mi·da·ble /ˈfɔːmɪ̈dəbəl/ *adj* **1** budzący grozę: *a formidable opponent* **2** ogromny: *We have to cut pollution by 50% – a formidable task.*

form·less /ˈfɔːmləs/ *adj* bezkształtny: *models wearing thin formless garments*

for·mu·la /ˈfɔːmjʊ̈lə/ *n* [C] *plural* **formulas** *or* **formulae** **1** wzór: *mathematical formulas* **2** recepta: **+ for** *There's no magic formula for a happy marriage.*

for·mu·late /ˈfɔːmjʊ̈leɪt/ *v* [T] s/ tworzyć: *We are trying to formulate policies that suit the needs of the people.*

for·sake /fəˈseɪk/ *v* **forsook, forsaken, forsaking** [T] *literary* porzucać: *I won't forsake my principles.*

fort /fɔːt/ *n* [C] fort

for·te /ˈfɔːteɪ/ *n* [singular] mocna strona: *Cooking isn't really my forte.*

forth·com·ing /ˌfɔːθˈkʌmɪŋ◂/ *adj* **1** [only before noun] *formal* nadchodzący: *the forthcoming election* **2** [not before noun] **sth is forthcoming** coś ma nadejść: *If more money is not forthcoming, we'll have to close the theatre.* **3** [not before noun] rozmowny: *Michael wasn't very forthcoming about his plans.*

forth·right /ˈfɔːθraɪt/ *adj* bezpośredni: *Bill answered in his usual forthright manner.*

for·ti·fi·ca·tions /ˌfɔːtɪ̈fɪ̈ˈkeɪʃənz/ *n* [plural] fortyfikacje

for·ti·fy /ˈfɔːtɪ̈faɪ/ *v* [T] **1** obwarowywać: *a fortified city* **2** wzmacniać: *We fortified ourselves with a beer before we started.* —**fortification** /ˌfɔːtɪ̈fɪ̈ˈkeɪʃən/ *n* [U] fortyfikacja

fort·night /ˈfɔːtnaɪt/ *n* [C usually singular] *BrE* dwa tygodnie: *The meetings take place once a fortnight.* | *a fortnight's holiday*

for·tress /ˈfɔːtrɪ̈s/ *n* [C] forteca

for·tu·nate /ˈfɔːtʃənət/ *adj* mający szczęście: **be fortunate to do sth** (=mieć szczęście coś zrobić): *We were fortunate enough to get tickets for the last show.* | **it is fortunate (that)** (=tak się szczęśliwie składa, że): *It was fortunate that the ambulance arrived so quickly.* ➡ antonim UNFORTUNATE

for·tu·nate·ly /ˈfɔːtʃənətli/ *adv* na szczęście: *Fortunately I had a good job at the time.* | *We were late getting to the airport, but fortunately our plane was delayed.*

for·tune /ˈfɔːtʃən/ *n* **1** [C] majątek: *Julia must have spent a fortune on her wedding dress!* | *He made a fortune on that deal.* **2** [C usually plural, U] los, fortuna: *a win that marked a change in the team's fortunes* **3 tell sb's fortune** przepowiadać komuś przyszłość

fortune tel·ler /ˈ.. ˌ../ *n* [C] wróżka

for·ty /ˈfɔːti/ *number* czterdzieści —**fortieth** *number* czterdziesty

for·um /ˈfɔːrəm/ *n* [C] forum: *a forum for debate on bullying in schools*

for·ward[1] /ˈfɔːwəd/ *adv* **1** *także* **forwards** do przodu: *He leaned forward to hear what they were saying.* | *Could you move your chair forwards a little?* **2** naprzód: *NASA's space project cannot go forward without more money.* **3 look**

forward patrzeć w przyszłość: *We must look forward and invest in new technology.* → patrz też FAST FORWARD, **look forward to sth** (LOOK[1]), antonim BACKWARD

forward[2] *adj* **1 forward planning/thinking** planowanie/myślenie perspektywiczne: *Forward planning is essential if the campaign is to succeed.* **2** [only before noun] do przodu: *Roadblocks prevented further forward movement.*

forward[3] *v* [T] przesyłać (*na inny adres*)

forward[4] *n* [C] napastnik (*w piłce nożnej*)

forwarding ad·dress /'... .,./ *n* [C] nowy adres

for·wards /'fɔːwədz/ *adv* FORWARD

fos·sil /'fɒsəl/ *n* [C] skamielina

fos·ter[1] /'fɒstə/ *v* [T] **1** rozwijać: *Our weekly meetings help to foster team spirit.* **2** brać na wychowanie: *fostering a child* → porównaj ADOPT

foster[2] *adj* **foster parents/family** rodzice zastępczy/rodzina zastępcza

fought /fɔːt/ *v* czas przeszły i imiesłów bierny od FIGHT

foul[1] /faʊl/ *adj* **1** wstrętny: *foul-smelling water* **2** *especially BrE* okropny: *The weather's been foul all week.* | **in a foul mood/temper** *She came home from work in a foul mood* (=w fatalnym nastroju). **3 foul language** wulgarny język

foul[2] *v* [T] **1** s/faulować: *Berger was fouled in the penalty area.* **2** zanieczyszczać (*odchodami*): *Anyone whose dog fouls the street will be fined.*

foul[3] *n* [C] faul

foul play /,. './ *n* [U] morderstwo: *Police have found a body, but they don't suspect foul play.*

found[1] /faʊnd/ *v* czas przeszły i imiesłów bierny od FIND

found[2] *v* [T] **1** zakładać: *The Academy was founded in 1666.* **2 be founded on/upon** opierać się na: *The US was founded on the idea of religious freedom.*

foun·da·tion /faʊn'deɪʃən/ *n* **1** [C] podstawa, fundament: **+ of** *Justice and equality are the foundation of any democracy.* | **lay the foundation for sth** (=tworzyć fundamenty czegoś): *an agreement that will lay the foundations for peace* **2** [C] fundacja: *the National Foundation for the Arts* **3** [C] *AmE* (*także* **foundations** *plural especially BrE*) fundament **4 be without foundation/have no foundation** być bezpodstawnym: *These accusations are completely without foundation.*

found·er /'faʊndə/ *n* [C] założyciel/ka

foun·dry /'faʊndri/ *n* [C] odlewnia

foun·tain /'faʊntɪn/ *n* [C] fontanna

fountain pen /'.. ./ *n* [C] wieczne pióro

four /fɔː/ *number* **1** cztery **2 on all fours** na czworakach: *crawling around on all fours*

four·some /'fɔːsəm/ *n* [C] czwórka (*grupa ludzi*): *I'll invite Jo for dinner to make up a foursome.*

four·teen /,fɔː'tiːn◂/ *number* czternaście —**fourteenth** *number* czternasty

fourth /fɔːθ/ *number* **1** czwarty **2** *AmE* ćwiartka

fowl /faʊl/ *n* [C] *plural* **fowl** *or* **fowls** drób → patrz też WILDFOWL

fox /fɒks/ *n* [C] lis

foy·er /'fɔɪeɪ/ *n* [C] foyer

frac·tion /'frækʃən/ *n* **1** [C] ułamek **2** [singular] odrobina, cząstka: **+ of** *We paid only a fraction of the original price.*

frac·ture /'fræktʃə/ *n* [C] pęknięcie, złamanie —**fracture** *v* [T] złamać: *a fractured wrist*

fra·gile /'frædʒaɪl/ *adj* **1** kruchy: *fragile glassware* | *a fragile peace agreement* **2** wątły: *a fragile old lady* —**fragility** /frə'dʒɪlɪti/ *n* [U] kruchość

frag·ment[1] /'frægmənt/ *n* [C] kawałek: **+ of** *fragments of glass*

frag·ment[2] /fræg'ment/ *v* [I,T] rozbijać (się) na kawałki: *a day fragmented by interruptions and phone calls*

fra·grance /'freɪgrəns/ *n* [C,U] woń, zapach: *a delicate fragrance*

fra·grant /'freɪgrənt/ *adj* pachnący, wonny: *a fragrant rose*

F

frail /freɪl/ *adj* wątły: *a frail old man*

frame¹ /freɪm/ *n* [C] **1** rama: *a gilt picture frame* | *a bicycle frame* **2** szkielet: *There was nothing wrong with the frame of the house.* **3** sylwetka: *her small slender frame* **4 frame of mind** nastrój: *I don't think you'll be able to convince him while he's in that frame of mind.*

frame² *v* [T] **1** oprawiać (*w ramy*): *a framed portrait of the Queen* **2** *informal* wrabiać: *Murphy claims he was framed by his partner.*

frames /freɪmz/ *n* [plural] oprawka: *spectacle frames*

frame·work /ˈfreɪmwɜːk/ *n* [C] **1** ramy: *We must work within the framework of the existing budget.* **2** szkielet: *The house was built of concrete on a steel framework.*

fran·chise /ˈfræntʃaɪz/ *n* **1** [C] koncesja **2** [U] prawo wyborcze

frank /fræŋk/ *adj* **1** szczery: *a frank exchange of opinions* | *I'll be perfectly frank with you – he may not recover.* **2 to be frank** *spoken* szczerze mówiąc: *To be frank, I don't think it will work.* —**frankly** *adv* szczerze, otwarcie —**frankness** *n* [U] szczerość

frank·fur·ter /ˈfræŋkfɜːtə/ *n* [C] (cienka) parówka

fran·tic /ˈfræntɪk/ *adj* **1** gorączkowy: *a frantic rush for the last remaining tickets* **2** oszalały: *The girl's parents were frantic with worry.* —**frantically** *adv* gorączkowo

fra·ter·nal /frəˈtɜːnl/ *adj* braterski: *fraternal love*

fra·ter·ni·ty /frəˈtɜːnəti/ *n* [U] *formal* braterstwo, bractwo

frat·er·nize /ˈfrætənaɪz/ (*także* **-ise** *BrE*) *v* [I] z/bratać się: **+ with** *Soldiers who fraternize with the enemy will be shot.*

fraud /frɔːd/ *n* **1** [C,U] oszustwo: *The police arrested him for tax fraud.* **2** [C] oszust/ka —**fraudulent** *adj* oszukańczy, nieuczciwy: *fraudulent business deals*

fraught /frɔːt/ *adj* **fraught with problems/difficulty** najeżony problemami/trudnościami: *a situation fraught with difficulties*

fray /freɪ/ *v* [I,T] po/strzępić (się)

freak¹ /friːk/ *n* [C] **1** *informal* fanaty-k/czka: *Carrot juice is a favourite with health freaks.* **2** dziwa-k/czka: *He looked at me as if I were some kind of freak.*

freak² *adj* przedziwny: *a freak accident*

freck·le /ˈfrekəl/ *n* [C usually plural] pieg: *a little girl with red hair and freckles* —**freckled** *adj* piegowaty

-free /friː/ *suffix* bez-, wolny od ...: *a fat-free diet* (=dieta beztłuszczowa) | *duty-free cigarettes* (=bezcłowe papierosy) | *trouble-free journey* (=podróż wolna od kłopotów)

free¹ /friː/ *adj* **1** wolny: *free competition between airline companies* | *a free and fair election* | *Excuse me, is this seat free?* | *Let's go out for a meal – when are you free?* | **be free to do sth** *The children are free to choose* (=dzieciom wolno wybierać) *any of the activities.* | **set sb free** (=uwalniać kogoś): *The UN demanded that the hostages be set free.* | **free time** (=czas wolny): *I don't have enough free time during the week.* **2** darmowy, bezpłatny: *We got two free tickets for the game.* | *Entrance to the gallery is free.* | **free of charge** (=za darmo): *Pregnant women can get dental treatment free of charge.* **3 give sb a free hand** dawać komuś wolną rękę **4 feel free** *spoken* proszę: *Feel free to ask questions.* **5 free of/from** wolny od: *Keep the garden free of weeds.*

free² *v* [T] **1** zwalniać: *Atkins was freed from jail yesterday.* **2** uwalniać: *The terrorist finally freed the hostages.* | *Firefighters freed two men trapped in the burning building.* | **free sb from** *an attempt to free himself from drug addiction* → patrz też FREELY

free³ *adv* **1** bezpłatnie, za darmo: *Children under 12 travel free.* | **for free** (=za darmo): *Kylie's fixing my car for free.* **2** luźno: *She undid her hair, letting it fall free.* **3 break free** wyzwalać się: *Lucille finally broke free and started a new life.*

free·dom /ˈfriːdəm/ *n* **1** [C,U] wolność: *Kids have too much freedom nowa-*

days. | **freedom of speech/choice** (=wolność słowa/wyboru) | **freedom to do sth** (=swoboda robienia czegoś): *People should have the freedom to vote for whoever they choose.* **2 freedom from sth** wolność od czegoś: *freedom from fear and oppression*

freedom fight·er /ˈ.. ˌ../ *n* [C] bojowni-k/czka o wolność

free en·ter·prise /ˌ. ˈ.../ *n* [U] wolny rynek

free kick /ˌ. ˈ./ *n* [C] rzut wolny

free·lance /ˈfriːlɑːns/ *adj, adv* niezależny, niezależnie: *a freelance journalist* | *How long have you been working freelance?* —**freelancer** *n* [C] wolny strzelec

free·ly /ˈfriːli/ *adv* **1** swobodnie: *We encourage our students to speak freely.* | *People can now travel freely across the border.* | *countries where abortion is freely available* (=jest łatwo dostępna) **2 freely admit/acknowledge** uczciwie przyznawać: *I freely admit I made a bad choice.* **3** hojnie, obficie: *He gives freely to local charities.*

free mar·ket /ˌ. ˈ../ *n* [singular] wolny rynek

Free·ma·son /ˈfriːˌmeɪsən/ *n* [C] mason

free-range /ˌ. ˈ.◂/ *adj* wiejski (*o drobiu, jajkach*): *free-range eggs*

free speech /ˌ. ˈ./ *n* [U] wolność słowa: *Americans are guaranteed the right to free speech in the Constitution.*

free·way /ˈfriːweɪ/ *n* [C] *AmE* autostrada

free will /ˌ. ˈ./ *n* **1** wolna wola **2 do sth of your own free will** z/robić coś z własnej woli: *She went of her own free will.*

freeze[1] /friːz/ *v* **froze, frozen, freezing 1** [I] zamarzać: *The water pipes may freeze if you don't leave your heating on.* **2** [T] s/powodować zamarznięcie: *The cold weather can even freeze petrol in car engines.* **3** [T] zamrażać: *I'm going to freeze some of this bread.* | *Our budget for next year has been frozen.* **4** [I] z/marznąć: *You'll freeze if you don't wear a coat.* **5** [I] zamierać (w bezruchu): *Hugh froze when he saw the snake.*

freeze[2] *n* **price/wage freeze** zamrożenie cen/płac

freez·er /ˈfriːzə/ *n* [C] **1** zamrażarka **2** zamrażalnik

freez·ing[1] /ˈfriːzɪŋ/ *adj informal* strasznie zimny: *It's freezing outside!*

freezing[2] *n* **above/below freezing** powyżej/poniżej zera

freez·ing point /ˈ.. ˌ./ *n* [C,U] punkt zamarzania

freight /freɪt/ *n* [U] ładunek

freight·er /ˈfreɪtə/ *n* [C] transportowiec

French fry /ˌfrentʃ ˈfraɪ/ *n* [C usually plural] *AmE* frytka

French win·dow /ˌ. ˈ../ *n* [C usually plural] drzwi oszklone

fre·net·ic /frəˈnetɪk/ *adj* gorączkowy: *the frenetic pace of life in New York*

fren·zied /ˈfrenzid/ *adj* szalony: *the sound of frenzied shouts and applause*

fren·zy /ˈfrenzi/ *n* [U singular] szał: **in a frenzy** *In a frenzy, Brady began kicking and punching the police officers.*

fre·quen·cy /ˈfriːkwənsi/ *n* [U] częstotliwość: *The human ear cannot hear sounds of very high frequency.* | **+ of** *the frequency of bacterial infections in AIDS patients*

fre·quent[1] /ˈfriːkwənt/ *adj* częsty: *Her teacher is worried about her frequent absences from class.* ➡ antonim INFREQUENT

fre·quent[2] /frɪˈkwent/ *v* [T] często bywać w: *a café frequented by artists and intellectuals*

fre·quent·ly /ˈfriːkwəntli/ *adv formal* często: *Passengers complain that trains are frequently cancelled.*

fres·co /ˈfreskəʊ/ *n* [C] *plural* **frescoes** fresk

fresh /freʃ/ *adj* **1** świeży: *We need to try a fresh approach.* | *I've put some fresh sheets on your bed.* | *fresh strawberries* | *a fresh breeze* | *It's nice to get some fresh air.* | *Lucy woke up feeling fresh and relaxed.* | **make a**

fresh start (=zaczynać od nowa): *They decided to move to Australia and make a fresh start.* **2 fresh water** słodka woda **3 fresh from/out of** prosto z, świeżo po: *a new teacher fresh from university* —**freshness** *n* [U] świeżość

fresh·en /ˈfreʃən/ *v*

freshen up *phr v* [I] *especially spoken* odświeżać się: *Would you like to freshen up before dinner?*

fresh·ly /ˈfreʃli/ *adv* świeżo: *freshly mown grass*

fresh·man /ˈfreʃmən/ *n* [C] *AmE* uczeń pierwszej klasy szkoły średniej lub student pierwszego roku

fresh·wa·ter /ˈfreʃwɔːtə/ *adj* słodkowodny

fret /fret/ *v* [I] **-tted, -tting** trapić się

fri·ar /ˈfraɪə/ *n* [C] zakonnik, brat zakonny

fric·tion /ˈfrɪkʃən/ *n* [U] tarcie: *friction between parents and their teenage children* | *the heat produced by friction*

Fri·day /ˈfraɪdi/ skrót pisany **Fri.** *n* [C,U] piątek

fridge /frɪdʒ/ *n* [C] lodówka

fried /fraɪd/ *adj* smażony

friend /frend/ *n* [C] przyjaci-el/ółka: *Martha went to London with some friends.* | *Lee's an old friend of mine.* | **best friend** *Even my best friend didn't know my secret.* | **make friends** (=zaprzyjaźniać się): *He's very shy, and finds it difficult to make friends with people.* | **be friends with sb** (=być z kimś w przyjaznych stosunkach)

friend·ly /ˈfrendli/ *adj* przyjazny: *a friendly smile* | **friendly to/towards** (=życzliwy w stosunku do): *The local people are very friendly towards tourists.* —**friendliness** *n* [U] życzliwość → patrz też ENVIRONMENTALLY FRIENDLY, USER-FRIENDLY

friend·ship /ˈfrendʃɪp/ *n* [C,U] przyjaźń: *Their friendship began in college.* | *a close friendship*

fries /fraɪz/ *n* [plural] *especially AmE* frytki

fright /fraɪt/ *n* [U singular] strach: **give sb a fright** (=przestraszyć kogoś): *Sorry, I didn't mean to give you a fright.* | **in fright** *They both ran off in fright.*

fright·en /ˈfraɪtn/ *v* [T] przestraszyć: *Don't shout like that – you'll frighten the baby.* | **frighten sb into doing sth** *He frightened her into signing the paper* (=zastraszył ją tak, że podpisała dokument).

frighten sb ↔ **away/off** *phr v* [T] odstraszać kogoś: *loud noises that frightened the birds away*

fright·ened /ˈfraɪtnd/ *adj* **be frightened** bać się: *Don't be frightened. No one's going to hurt you.* | **+ of** *When I was a child, I was frightened of the dark.* | **+ that** *She was frightened that there was someone outside her room.*

fright·en·ing /ˈfraɪtn-ɪŋ/ *adj* przerażający: *a frightening experience*

fright·ful /ˈfraɪtfəl/ *adj BrE spoken* straszny: *The house was in a frightful mess.*

fright·ful·ly /ˈfraɪtfəli/ *adv BrE old-fashioned* strasznie: *I'm frightfully sorry.*

fri·gid /ˈfrɪdʒ$^{\text{I}}_{\text{ə}}$d/ *adj* oziębły

frill /frɪl/ *n* [C] **1** falbanka **2** [usually plural] bajer: *a cheap straightforward insurance service with no frills*

frill·y /ˈfrɪli/ *adj* z falbankami: *a frilly blouse*

fringe[1] /frɪndʒ/ *n* [C] **1** *BrE* grzywka **2** skraj: *He was standing on the fringe of the crowd.* | *the fringes of the town* **3** frędzle: *a cowboy jacket with a leather fringe* **4** skrzydło: *the fascist fringe of British politics*

fringe[2] *adj* [only before noun] marginesowy: *fringe issues*

fringe ben·e·fit /ˈ. ˌ.../ *n* [C usually plural] świadczenie dodatkowe

frisk /frɪsk/ *v* [T] przeszukiwać: *The passengers were frisked before being allowed onto the plane.*

frisk·y /ˈfrɪski/ *adj* rozbrykany: *frisky lambs*

frit·ter /ˈfrɪtə/

fritter sth ↔ **away** *phr v* [T] roz/trwonić

fri·vol·i·ty /frɪˈvɒlәti/ *n* [C,U] beztroska: *childish frivolity*

friv·o·lous /ˈfrɪvәlәs/ *adj* niepoważny: *a frivolous remark*

frizz·y /ˈfrɪzi/ *adj* kręcony: *frizzy hair*

fro /frәʊ/ *adv* ➡ patrz **to and fro** (TO[3])

frog /frɒg/ *n* [C] żaba

frog·man /ˈfrɒgmәn/ *n* [C] nurek

from /frәm/ *prep* **1** od: *The morning class is from 9.00 to 11.00.* | *Prices range from $80 to $250.* | *We live about five miles from the airport.* | *Who is the present from?* | *Subtract $40.00 from the total.* | *This will stop you from feeling sick* (=uchroni cię od mdłości). | **from now on** (=od teraz): *From now on Mr Collins will be teaching this class.* **2** z: *"Where are you from?" "I'm from South Africa."* | *Our speaker today is from the University of Montana.* | *He drove all the way from Colorado.* | *food from local farms* | *We could see the house from the road.* | *Beer is made from hops.* | *He's quite different from his brother* (rózni się od). | *He pulled his shoes out from under* (=spod) *the bed.* | *From what I've read* (=z tego, co czytałem), *the company seems to be in difficulties.* **3 a week/2 months from now** za tydzień/2 miesiące: *One month from now we'll be in Mexico!*

front[1] /frʌnt/ *n* **1 the front a)** przód: *Let's sit at the front of the bus.* **b)** front: *The magazine had a picture of Princess Diana on the front.* | **+ of** *The front of the house was painted yellow.* ➡ antonim BACK[1] **2 in front of a)** przed: *Kelly sat down in front of the mirror.* | *He parked in front of a small hotel.* | *There was a tall man sitting in front of me, so I couldn't see the screen.* **b)** przy: *Don't say anything in front of the children.* **3 in front** z przodu: *The car in front braked suddenly.* **4** front: *More troops were sent to the Western Front.* **5** *technical* front (atmosferyczny): *a cold front moving across the country*

front[2] *adj* **1** frontowy: *the front door* **2** przedni: *tickets for front row seats*

fron·tier /ˈfrʌntɪә/ *n* [C] granica: *a town on the frontier between France and Spain* | *the frontiers of science*

front line /ˌ. ˈ.◂/ *n* **the front line** linia frontu

front-page /ˌ. ˈ.◂/ *adj* **front-page news/story** wiadomość/historia z pierwszych stron gazet

front-run·ner /ˌ. ˈ../ *n* [C] faworyt/ka: *the front-runner in the race for the Republican nomination*

frost /frɒst/ *n* **1** [U] szron: *trees covered with frost* **2** [C] mróz: *an early frost* | **a hard frost** (=trzaskający mróz)

frost·bite /ˈfrɒstbaɪt/ *n* [U] odmrożenie —**frostbitten** /-bɪtn/ *adj* odmrożony

frost·ing /ˈfrɒstɪŋ/ *n* [U] *AmE* lukier

frost·y /ˈfrɒsti/ *adj* **1** mroźny: *a frosty morning* **2** oszroniony: *frosty ground* **3** lodowaty: *a frosty greeting*

froth[1] /frɒθ/ *n* [U singular] piana —**frothy** *adj* pienisty: *frothy cappuccino*

froth[2] *v* [I] pienić się: *The sick dog was frothing at the mouth* (=toczył pianę z pyska).

frown /fraʊn/ *v* [I] z/marszczyć czoło: *Mel frowned and pretended to ignore me.* —**frown** *n* [C] zmarszczenie brwi: *He looked at her with a puzzled frown.*

frown on/upon sth *phr v* [T] krzywo patrzeć na: *In the 1930s divorce was frowned upon.*

froze /frәʊz/ *v* czas przeszły od FREEZE

fro·zen[1] /ˈfrәʊzәn/ *v* imiesłów bierny od FREEZE

frozen[2] *adj* **1** mrożony: *frozen peas* **2** *spoken* przemarznięty: *Can you turn up the heating? I'm frozen.* **3** zamarznięty: *The ground was frozen.* | *the frozen lake*

fru·gal /ˈfruːgәl/ *adj* **1** oszczędny: *As children we were taught to be frugal and hard-working.* **2** skromny: *a frugal meal*

fruit /fruːt/ *n plural* **fruit** *or* **fruits** **1** [C,U] owoc(e): *a bowl of fruit* | **fruit salad** (=sałatka owocowa) **2 the fruits of sth** owoce czegoś: *They can now enjoy the fruits of their labours.* ➡ patrz też **bear fruit** (BEAR[1])

fruit·ful /ˈfruːtfәl/ *adj* owocny: *a fruitful meeting*

F

fruit·less /ˈfruːtləs/ *adj* bezowocny: *Brad spent three fruitless months in Chicago, trying to find a job.* —**fruitlessly** *adv* bezowocnie

fruit·y /ˈfruːti/ *adj* owocowy: *a fruity wine*

frus·trate /frʌˈstreɪt/ *v* [T] **1** frustrować: *If you try to teach children too much too quickly, you will only confuse and frustrate them.* **2** udaremniać: *Their plans were frustrated by a disastrous fire.* —**frustrating** *adj* frustrujący: *They keep sending me the wrong forms – it's very frustrating.*

frus·trat·ed /frʌˈstreɪtɪd/ *adj* sfrustrowany: **+ with** *She's getting really frustrated with her computer. It's always crashing.*

frus·tra·tion /frʌˈstreɪʃən/ *n* [C,U] frustracja: *There is a deep sense of frustration among many high school teachers.*

fry /fraɪ/ *v* [I,T] **fried, fried, frying** u/smażyć: *Do you want me to fry some eggs?*

frying pan /ˈ.. ˌ./ *n* [C] patelnia

ft. skrót od FOOT lub FEET

fudge /fʌdʒ/ *n* [U] krówka (*cukierek*)

fu·el[1] /ˈfjuːəl/ *n* [C,U] opał

fuel[2] *v* [T] **-lled, -lling** *BrE*, **-led, -ling** *AmE* podsycać, napędzać: *high inflation, fuelled by high government spending*

fu·gi·tive /ˈfjuːdʒɪtɪv/ *n* [C] zbieg: *a fugitive from justice*

ful·fil /fʊlˈfɪl/ *BrE*, **fulfill** *AmE v* [T] **-lled, -lling 1 fulfil a promise/duty** spełniać obietnicę/obowiązek: *The government hasn't fulfilled its promise to cut taxes.* | *I knew that I could never fulfil my parents' expectations of me.* **2 fulfil a dream/an ambition** z/realizować marzenie/ambicję: *Bruce had finally fulfilled his dream of becoming a racing driver.* **3 fulfil a role/function** pełnić rolę/funkcję: *The church fulfils an important role in the local community.*

ful·fil·ling /fʊlˈfɪlɪŋ/ *adj* dający satysfakcję

ful·fil·ment /fʊlˈfɪlmənt/ *BrE*, **fulfillment** *AmE n* [U] **1** satysfakcja: *Ann's work gives her a real sense of fulfilment.* **2** spełnienie: *His trip to Europe was the fulfilment of a life-long ambition.*

full[1] /fʊl/ *adj* **1** pełny, pełen: *The train was full, so we had to wait for the next one.* | *Check the fuel tank is full.* | *Please write down your full name and address.* | *You have our full support.* | *the full cost of repairs* | *The car was approaching at full speed* (=z maksymalną prędkością). | **+ of** *We found a box full of old letters.* | *In summer the town is full or tourists.* | *Eric's essay is full of mistakes.* | *Her heart was full of joy.* | **full up** *We arrived late, and the hotel was already full up.* **2** *także* **full up** *BrE informal* najedzony: *"Would you like some more cake?" "No thanks. I'm full."* **3 in full view of sb** na czyichś oczach: *He took off his clothes in full view of the neighbours.* **4 full marks** *BrE* najwyższe oceny **5** szeroki: *a full skirt*

UWAGA **full of**
Patrz **filled with** i **full of**.

full[2] *n* **in full** w całości → patrz też **live life to the full** (LIVE[1])

full-blown /ˌ. ˈ.◂/ *adj* rozwinięty: *full-blown AIDS*

full-fledged /ˌ. ˈ.◂/ *adj AmE* pełnoprawny, stuprocentowy

full-grown /ˌ. ˈ.◂/ *adj* dorosły: *A full-grown elephant can weigh over 6000 kilograms.*

full house /ˌ. ˈ./ *n* [C] komplet (*widzów na sali*)

full-length /ˌ. ˈ.◂/ *adj* **1 full-length film** film pełnometrażowy **2 full-length skirt/dress** spódnica/suknia do ziemi

full moon /ˌ. ˈ./ *n* [singular] pełnia księżyca

full-scale /ˌ. ˈ.◂/ *adj* [only before noun] **1** zakrojony na szeroką skalę: *a full-scale inquiry into the disaster* | *a full-scale nuclear war* **2 full-scale model** model naturalnej wielkości

full stop /ˌ. ˈ./ *n* [C] *BrE* kropka (*znak przestankowy*)

full-time /ˌ. ˈ.◂/ *adv* **work full-time** pracować w pełnym wymiarze godzin —**full-time** *adj*: *a full-time job* (=praca na pełen etat) → **porównaj** PART-TIME

ful·ly /ˈfʊli/ *adv* gruntownie: *a fully trained nurse*

fully-fledged /ˌ.. ˈ.◂/ *adj* pełnoprawny, stuprocentowy: *Noel and Liam were now fully-fledged superstars.*

fum·ble /ˈfʌmbəl/ *v* [I] **fumble for** szukać po omacku: *Gary fumbled for the light switch in the dark.*

fume /fjuːm/ *v* [I] wściekać się: *She had been waiting for over an hour, and she was fuming.*

fumes /fjuːmz/ *n* [plural] opary, wyziewy, spaliny: *gasoline fumes*

fun[1] /fʌn/ *n* [U] **1** zabawa: **have fun** (=dobrze się bawić): *The children all had a lot of fun.* | **it's no fun** (=to nic przyjemnego) *spoken*: *It's no fun being alone in a big city.* | **for fun/for the fun of it** (=dla przyjemności): *Tina's started doing art classes, just for fun!* **2 make fun of** wyśmiewać się z: *At school the other children used to make fun of him because he was fat.*

> UWAGA **fun** i **pleasure**
>
> Kiedy mówimy o sposobie spędzania czasu lub wydarzeniu, które jest miłe i sprawia nam przyjemność, powinniśmy używać zwrotów z wyrazami **pleasure** i **pleasurable** lub **enjoyment** i **enjoyable**: *Reading is her one source of pleasure.* | *We spent an enjoyable afternoon at the art gallery.* Wyraz **fun** kojarzy się bardziej z lżejszymi rozrywkami, takimi jak gry, zabawy, posiłki na wolnym powietrzu itp.: *John's parties are always great fun.* | *Let's go to the beach and have some fun.* | *The game we played was a lot of fun.*

fun[2] *adj* [only before noun] przyjemny: *It'll be a fun day out.*

func·tion[1] /ˈfʌŋkʃən/ *n* [C] **1** funkcja: *What's the exact function of this program?* | *The function of a chairman is to lead and control meetings.* **2** uroczystość: *The mayor has to attend all kinds of official functions.*

function[2] *v* [I] działać, funkcjonować: *Can you explain exactly how this new system will function?*

function as sth *phr v* [T] pełnić funkcję: *a noun functioning as an adjective*

func·tion·al /ˈfʌŋkʃənəl/ *adj* funkcjonalny: *office furniture that is purely functional*

fund[1] /fʌnd/ *n* [C] fundusz: *the school sports fund* | **raise funds** (=z/gromadzić fundusze): *We're trying to raise funds for a new swimming pool.*

fund[2] *v* [T] s/finansować: *a project funded by the World Health Organization*

fun·da·men·tal /ˌfʌndəˈmentl◂/ *adj* zasadniczy, fundamentalny: *fundamental changes to the education system* —**fundamentally** *adv* zasadniczo, fundamentalnie: *Marxism and capitalism are fundamentally opposed to each other.*

fun·da·men·tal·ist /ˌfʌndəˈmentəlɪst/ *n* [C] fundamentalist-a/ka —**fundamentalism** *n* [U] fundamentalizm

fun·da·men·tals /ˌfʌndəˈmentlz/ *n* [plural] podstawy: *the fundamentals of computer programming*

fund·ing /ˈfʌndɪŋ/ *n* [U] środki finansowe: *funding for universities*

fund-rais·ing /ˈ. ˌ../ *n* [U] gromadzenie funduszy, zbiórka pieniędzy

fu·ne·ral /ˈfjuːnərəl/ *n* [C] pogrzeb: *The funeral will be held on Thursday at St Patrick's church.*

funeral di·rec·tor /ˈ... .ˌ../ *n* [C] przedsiębiorca pogrzebowy

funeral home /ˈ... ˌ./ *także* **funeral parlour** *n* [C] dom pogrzebowy

fun·fair /ˈfʌnfeə/ *n* [C] *BrE* wesołe miasteczko

fun·gus /ˈfʌŋgəs/ *n* [C,U] *plural* **fungi** *or* **funguses** grzyb: *The walls were covered with some kind of fungus.*

funk·y /ˈfʌŋki/ *adj informal* czadowy: *a funky Mexican restaurant that serves surprisingly good food*

fun·nel /ˈfʌnl/ *n* [C] lejek

fun·ni·ly /ˈfʌnɪli/ *adv* **funnily enough** *spoken* dziwnym trafem: *Funnily enough, I*

Czas **Future Perfect**
I WILL HAVE WORKED

Czas ten tworzy się za pomocą ***will have*** + Past Participle (tzw. „trzeciej formy czasownika"). Używamy go najczęściej

1 mówiąc o tym, jak długo (od jak dawna) dany stan będzie trwał w określonym momencie w przyszłości:
Next Saturday Patrick and Agatha ***will have been*** *married for 15 years.* (= Next Saturday is their 15th wedding anniversary)

2 mówiąc, że coś stanie się przed określonym momentem w przyszłości:
We're late. By the time we get to the cinema the film ***will*** *already* ***have started****.*
'She ***will have written*** *fifteen novels by the time she is 40.' – 'How do you know?' – 'Well, she started writing when she was 25 and she writes one novel every year.'*

3 wyrażając jakieś przypuszczenie lub przekonanie dotyczące przeszłości:
The plane ***will have landed*** *by now.* (= I'm sure it has already landed.)

patrz też: ***HAVE, Modal Verbs, Past Participle, WILL***

Czas **Future Perfect Continuous**
I WILL HAVE BEEN WORKING

Czas ten tworzy się za pomocą ***will have been*** + formy czasownika zakończonej na ***-ing***. Używamy go, mówiąc o tym, jak długo (od jak dawna) dana czynność będzie trwała w określonym momencie w przyszłości:
By the end of next month I ***will have been working*** *here for ten years.*
(„Pod koniec przyszłego miesiąca minie dziesięć lat, odkąd tu pracuję.")

patrz też: ***BE, HAVE, WILL***

was just going to call you when you called me.

fun·ny /ˈfʌni/ *adj* **1** śmieszny: *She looks really funny in that hat.* | *a funny story* **2** dziwny: *What's that funny noise?* | *That's funny! I'm sure I left my keys in this drawer, but they aren't here now.* **3** *informal* podejrzany: *We don't want any funny business.*

fur /fɜː/ *n* **1** [U] sierść **2** [C,U] futro: *a fur coat*

fu·ri·ous /ˈfjʊəriəs/ *adj* wściekły: *Her daughter was furious when she found out they'd been reading her private letters.* | *The horseman rode off at a furious gallop.* —**furiously** *adv* wściekle

furl /fɜːl/ *v* [T] zwijać (*żagiel*) składać (*parasol*)

fur·nace /ˈfɜːnəs/ *n* [C] piec (*np. w hucie*)

fur·nish /ˈfɜːnɪʃ/ *v* [T] u/meblować

fur·nished /ˈfɜːnɪʃt/ *adj* umeblowany → antonim UNFURNISHED

fur·nish·ings /ˈfɜːnɪʃɪŋz/ *n* [plural] wyposażenie wnętrza

fur·ni·ture /ˈfɜːnɪtʃə/ *n* [U] meble: *antique furniture* | *office furniture* | **a piece of furniture** (=mebel)

Czas **Future Simple**
I WILL WORK

Czas ten tworzy się za pomocą ***will*** + bezokolicznika bez **to**. Używamy go zazwyczaj

1 gdy w chwili mówienia decydujemy się coś zrobić:
*I'm tired. I think **I'll go** to bed.*

2 gdy przewidujemy, że coś się stanie (ale nie mamy pewności, ponieważ nie zależy to od nas):
*Father **will** probably **be** a bit late.*
*Do you think they**'ll win**?*
*I'm sure you**'ll get** the job.*

3 podając oficjalne komunikaty lub prognozę pogody w prasie, radiu i telewizji:
*The Pope **will see** the President tomorrow.*
*It **will be** cool and dry. Fog **will** soon **clear** in all areas.*

patrz też: ***BE GOING TO, Infinitive, SHALL, WILL***

Czas **Future Continuous**
I WILL BE WORKING

Czas ten tworzy się za pomocą ***will be*** + formy czasownika zakończonej na ***-ing***. Używamy go zazwyczaj

1 mówiąc, że w określonym momencie ktoś będzie w trakcie robienia czegoś:
*'What **will** you **be doing** at 10 o'clock tomorrow?' – '**I'll be studying**.'*
*You will recognise her when you see her. She**'ll be wearing** a yellow hat.*

2 mówiąc, co będziemy robić (w odróżnieniu od czasu Future Simple, konstrukcji *be going to*, czy czasu Present Continuous, nie wyrażamy w ten sposób naszych zamiarów, nie mówimy o planach ani uzgodnieniach, tylko po prostu stwierdzamy fakt). Użycie to często dotyczy czynności regularnie się powtarzających:
***I'll be going** to the supermarket later. Can I get you anything?*
*Tomorrow's Friday. **I'll be helping** Mother with the housework, as usual.*

3 pytając, czy ktoś będzie coś robił, zwłaszcza gdy chcemy przy okazji o coś prosić:
*'**Will** you **be seeing** Jack tonight?' – 'Yes, why?' – 'Could you ask him to give me a call?'*
*'**Will** you **be using** the computer this morning?' – 'No, you can use it for as long as you want.'*

patrz też: ***BE, Future Simple, BE GOING TO, Present Continuous, WILL***

fur·row /ˈfʌrəʊ/ *n* [C] **1** bruzda **2** zmarszczka

fur·ry /ˈfɜːri/ *adj* futerkowy: *small furry animals*

fur·ther[1] /ˈfɜːðə/ *adv* **1** więcej: *I have nothing further to say.* **2** dalej: *Their home is further down the street.* | *Their discussions had not progressed any further.* **3 not get any further** nie posuwać się dalej: *Police say that they have not got any further with their investigations.*

further[2] *adj* [only before noun] dalszy: *Are there any further questions?*

further ed·u·ca·tion /ˌ.. ..ˈ../ *n* [U] *BrE* kształcenie pomaturalne

fur·ther·more /ˌfɜːðəˈmɔː/ *adv formal* ponadto

fur·thest /ˈfɜːðəst/ *adj, adv* najdalszy, najdalej: *the furthest corner of the room*

fur·tive /ˈfɜːtɪv/ *adj* ukradkowy: *a furtive glance* —**furtively** *adv* ukradkiem

fu·ry /ˈfjʊəri/ *n* [U singular] furia: *I saw the look of fury on his face.*

fuse[1] /fjuːz/ *n* [C] **1** bezpiecznik: *The fuse has blown.* **2** zapalnik

fuse[2] *v* [I,T] **1** z/łączyć (się): *The bones of the spine had become fused together.* **2** *BrE* przepalać (się) (*na skutek przeciążenia bezpiecznika*): *The lights had fused.*

fu·sion /ˈfjuːʒən/ *n* [C,U] połączenie

fuss[1] /fʌs/ *n* **1** [U singular] zamieszanie: *I didn't understand what all the fuss was about.* **2 make a fuss/kick up a fuss** z/robić awanturę: *The man at the next table was making a fuss because his food was cold.* **3 make a fuss of sb** *BrE*/**over sb** *AmE* robić dużo hałasu wokół kogoś: *My grandparents always make a fuss of me when I go and see them.*

fuss[2] *v* [I] panikować: *Stop fussing! We'll be home soon!*

fuss over sb *phr v* [T] trząść się nad

fuss·y /ˈfʌsi/ *adj* wybredny: **+ about** *He's very fussy about his food.*

fu·tile /ˈfjuːtaɪl/ *adj* daremny: *Janet ran after the thief in a futile attempt to get her purse back.* —**futility** /fjuːˈtɪləti/ *n* [U] daremność: *the futility of war*

fu·ture[1] /ˈfjuːtʃə/ *n* **1 the future** przyszłość: *Do you have any plans for the future?* | *In the future, people will be able to travel to other planets.* | **in the near future** (=w niedalekiej przyszłości): *I'm hoping to go to Atlanta in the near future.* **2** [C,U] przyszłość: *My parents have already planned out my whole future.* | *a talented musician with a brilliant future in front of her* **3 in future** w przyszłości: *I'll be more careful in future.* | *In future these techniques may be used to treat a wide range of illnesses.*

future[2] *adj* [only before noun] **1** przyszły: *preserving the countryside for future generations* | **future wife/husband/president** *the future president of the United States* **2 the future tense** czas przyszły → patrz ramka FUTURE SIMPLE, patrz ramka FUTURE CONTINUOUS, patrz ramka FUTURE PERFECT, patrz ramka FUTURE PERFECT CONTINUOUS

future per·fect /ˌ.. ˈ../ *n* **the future perfect** czas przyszły dokonany → patrz ramka FUTURE PERFECT

fu·tur·is·tic /ˌfjuːtʃəˈrɪstɪk◂/ *adj* futurystyczny: *a futuristic sports car design by Alfa Romeo*

fuzz /fʌz/ *n* [U] meszek

fuzz·y /ˈfʌzi/ *adj* **1** zamazany, niewyraźny: *Unfortunately all the photographs are a little fuzzy.* **2** kędzierzawy

Gg

ga·ble /ˈgeɪbəl/ *n* [C] szczyt (*dachu*)

gad·get /ˈgædʒɪt/ *n* [C] przyrząd: *a useful little gadget for cutting tomatoes*

gaffe /gæf/ *n* [C] gafa

gag[1] /gæg/ *v* [T] **-gged, -gging** za/kneblować: *The robbers had tied her up and gagged her.*

gag[2] *n* [C] **1** *informal* gag **2** knebel

ga·ga /ˈgɑːgɑː/ *adj informal* **go gaga** z/ramoleć

gai·ly /ˈgeɪli/ *adv old-fashioned* wesoło

gain[1] /geɪn/ *v* **1** [I,T] zyskiwać: *You can gain a lot of computer experience doing this job.* | *The army gained control of enemy territory.* → antonim LOSE **2** [T] **gain weight** przybierać na wadze: *Bea has gained a lot of weight since Christmas.* **3** [I] spieszyć się (*o zegarku*)

gain on sb/sth *phr v* [T] doganiać

gain[2] *n* **1** [C,U] przyrost: *Try to avoid too much weight gain.* | **gain in sth** (=wzrost czegoś): *There were steady gains in wage levels through the decade.* **2** [C] postęp: *gains in medical science*

gait /geɪt/ *n* [singular] sposób chodzenia: *He had a slow ambling gait.*

ga·la /ˈgɑːlə/ *n* [C] gala: *a gala night at the opera to raise money for charity*

gal·ax·y /ˈgæləksi/ *n* [C] galaktyka

gale /geɪl/ *n* [C] wichura: *Our fence blew down in the gale.*

gall /gɔːl/ *n* **have the gall to do sth** mieć czelność coś zrobić: *She had the gall to say that I looked fat!*

gal·le·ry /ˈgæləri/ *n* [C] **1** galeria: *the Uffizzi gallery in Florence* **2** balkon (*w kościele, teatrze*)

gal·lon /ˈgælən/ *n* [C] galon (= *4,54l w W. Brytanii; 3,78l w USA*)

gal·lop /ˈgæləp/ *v* [I] galopować —**gallop** *n* [singular] galop

gal·lows /ˈgæləʊz/ *n* [C] *plural* **gallows** szubienica

gal·va·nize /ˈgælvənaɪz/ (*także* **-ise** *BrE*) *v* [T] z/elektryzować: **galvanize sb into action** *The urgency of his voice galvanized them into action* (=zdopingowało ich do działania).

galv·a·nized /ˈgælvənaɪzd/ (*także* **-ised** *BrE*) *adj* galwanizowany

gam·ble[1] /ˈgæmbəl/ *v* [I] uprawiać hazard: *Jack lost over $7000 gambling in Las Vegas.* —**gambling** *n* [U] hazard: *Gambling is illegal in some states.* —**gambler** *n* [C] hazardzist-a/ka

gamble[2] *n* **be a gamble** być ryzykownym: *Buying an old car can be a real gamble.*

game[1] /geɪm/ *n* **1** [C] gra: *Do you know any good card games?* | *The game of golf first started in Scotland.* **2** [C] mecz: *Did you watch the baseball game last night?* | *Italy won their first game 4-0.* **3 play games** zachowywać się niepoważnie: *I wish you'd stop playing games with me!* **4** [U] dzika zwierzyna

game[2] *adj* **be game to do sth** mieć ochotę coś zrobić: *I'm game to have a try.*

game·keep·er /ˈgeɪmkiːpə/ *n* [C] łowczy

games /geɪmz/ *n* [plural] igrzyska: *the Olympic Games*

game show /ˈ. ./ *n* [C] teleturniej

gam·ut /ˈgæmət/ *n* [singular] gama: *In the weeks after she left, she experienced the whole gamut of emotions.*

gang[1] /gæŋ/ *n* [C] **1** banda: *A gang of kids were standing on the corner of the street.* **2** gang, szajka: *a gang of international drug smugglers* **3** *informal* paczka (*kolegów*)

gang[2] *v*

gang up on sb *phr v* [T] sprzysięgać się przeciwko: *Helen thinks they're all ganging up on her.*

gang·plank /ˈgæŋplæŋk/ *n* [C] trap

gan·grene /ˈgæŋgriːn/ *n* [U] gangrena

gang·ster /ˈgæŋstə/ *n* [C] gangster: *a Chicago gangster*

gang·way /ˈgæŋweɪ/ *n* [C] trap

gaol /dʒeɪl/ brytyjska pisownia wyrazu JAIL

gap /gæp/ *n* [C] **1** różnica: **+ between** *the widening gap between rich and poor* | *There's a big age gap between them.* **2** szpara: **+ in/between** *The cat escaped through a gap in the fence.* | *Dave has a big gap between his two front teeth.* **3** luka: **+ in** *When my wife left me, it left a big gap in my life.* **4** przerwa: **+ in** *an uncomfortable gap in the conversation*

gape /geɪp/ *v* [I] gapić się: **+ at** *Anna gaped at him in horror.*

gap·ing /ˈgeɪpɪŋ/ *adj* [only before noun] ziejący: *a gaping hole*

gar·age /ˈgærɑːʒ/ *n* [C] **1** garaż **2** warsztat samochodowy **3** *BrE* stacja benzynowa

gar·bage /ˈgɑːbɪdʒ/ *n* [U singular] *especially AmE* śmieci: *Can somebody take out the garbage?*

garbage can /ˈ.. ˌ./ *n* [C] *AmE* pojemnik na śmieci

garbage col·lec·tor /ˈ.. .ˌ../ *n* [C] *AmE* śmieciarz

G

gar·bled /ˈgɑːbəld/ *adj* zniekształcony: *The train announcements were too garbled to understand.*

gar·den /ˈgɑːdn/ *n* [C] **1** ogród: *We want a house with a big garden for the kids.* **2 gardens** park

gar·den·er /ˈgɑːdnə/ *n* [C] ogrodni-k/czka

gar·den·ing /ˈgɑːdnɪŋ/ *n* [U] ogrodnictwo: *I'm hoping to do some gardening this weekend.*

gar·gle /ˈgɑːgəl/ *v* [I] płukać gardło

gar·ish /ˈgeərɪʃ/ *adj* jaskrawy: *a garish carpet*

gar·land /ˈgɑːlənd/ *n* [C] wianek, girlanda

gar·lic /ˈgɑːlɪk/ *n* [U] czosnek

gar·ment /ˈgɑːmənt/ *n* [C] *formal* część garderoby: *Wash delicate garments by hand.*

> UWAGA **garment**
>
> Patrz **clothes, piece of clothing** i **garment**.

gar·nish /ˈgɑːnɪʃ/ *v* [T] przybierać: *The chicken was garnished with watercress.* —**garnish** *n* [C] przybranie

gar·ri·son /ˈgærəsən/ *n* [C] garnizon

gar·ter /ˈgɑːtə/ *n* [C] podwiązka

gas[1] /gæs/ *n* **1** [C,U] gaz: *gases such as hydrogen and nitrogen* | *a gas stove* **2** [U] *AmE także* **gasoline** benzyna: *We need to stop for gas before we drive into the city.*

gas[2] *v* [T] **-ssed, -ssing** zagazować

gas cham·ber /ˈ. ˌ../ *n* [C] komora gazowa

gash /gæʃ/ *n* [C] głęboka rana

gas mask /ˈ. ./ *n* [C] maska gazowa

gas·o·line /ˈgæsəliːn/ *n* [U] *AmE* benzyna

gasp /gɑːsp/ *v* **1** [I] wzdychać: *As the flames reached the roof, the crowd gasped in alarm.* **2** [I,T] sapać: *"Wait for me!" he gasped* (=wykrztusił). | **gasp for breath/air** (=z trudem łapać oddech): *Kim crawled out of the pool, gasping for air.* —**gasp** *n* [C] westchnienie: *a gasp of surprise*

gas sta·tion /ˈ. ˌ../ *n* [C] *AmE* stacja paliw

gas·tric /ˈgæstrɪk/ *adj* żołądkowy: *gastric ulcers* (=wrzody żołądka)

gas·tro·nom·ic /ˌgæstrəˈnɒmɪk◂/ *adj* gastronomiczny

gate /geɪt/ *n* [C] **1** brama: *Who left the gate open?* **2** wyjście: *Passengers are requested to proceed to gate number 6.*

gat·eau /ˈgætəʊ/ *n* [C,U] *BrE plural* **gateaux** /-təʊz/ tort

gate·crash /ˈgeɪtkræʃ/ *v* [I,T] wchodzić bez zaproszenia (na) (*np. na przyjęcie*)

gate·way /ˈgeɪt-weɪ/ *n* **1** [C] brama **2 the gateway to** wrota do/na: *St. Louis was once the gateway to the West.*

gath·er /ˈgæðə/ *v* **1** [I,T] z/gromadzić (się): *Dozens of photographers gathered outside Jackson's hotel.* | *If you gather the kids, I'll start the car.* | **+ around/round** *A crowd gathered around to watch the fight.* **2** [T] *także* **gather up** zbierać: *"Wait for me," said Anna, gathering up her books.* | *I'm trying to gather new ideas for my* *next novel.* **3** [T] rozumieć: **+ (that)** *I gather you've not been well recently.* **4 gather force/speed** nabierać siły/prędkości: *The car gathered speed quickly as it rolled down the hill.*

gath·er·ing /ˈgæðərɪŋ/ *n* [C] zgromadzenie: *a family gathering*

gauge /geɪdʒ/ *n* [C] **1** przyrząd pomiarowy: *a fuel gauge* **2** wskaźnik: **+ of** *Money is not the only gauge of success.*

gauze /gɔːz/ *n* [U] gaza

gave /geɪv/ *v* czas przeszły od GIVE

gawk /gɔːk/ *v* [I] gapić się: **+ at** *Don't just stand there gawking at those girls.*

gaw·ky /ˈgɔːki/ *adj* niezdarny: *a gawky teenager*

gawp /gɔːp/ *v* [I] *BrE* gapić się: *What are you gawping at?*

gay[1] /geɪ/ *adj* **1 be gay** być homoseksualistą/lesbijką: *My son's just told me he's gay.* **2 gay rights** prawa homoseksualistów: *gay rights protesters* **3** *old-fashioned* wesoły: *gay laughter* ➡ patrz też GAILY

gay[2] *n* [C] homoseksualista

gaze /geɪz/ *v* [I] wpatrywać się: **+ at/into etc** *Patrick was gazing into the fire.* | *She gazed up at the stars.* —**gaze** *n* [singular] wzrok, spojrzenie: *Judith tried to avoid his gaze.*

gear[1] /gɪə/ *n* **1** [C,U] bieg: *The car has five gears.* | **change gear** (=zmieniać biegi): *Every time I change gear the car makes a horrible noise.* **2** [U] sprzęt: *camping gear*

gear[2] *v* [T] **be geared to** mieć na celu: *All his training was geared to winning an Olympic gold medal.*

gear·box /ˈgɪəbɒks/ *n* [C] skrzynia biegów

gear stick /ˈ. ./ *BrE*, **gear le·ver** /ˈ. ˌ../ *BrE*, **gear shift** *AmE* *n* [C] dźwignia zmiany biegów

geese /giːs/ *n* liczba mnoga od GOOSE

gel /dʒel/ *n* [C,U] żel

gel·a·tine /ˈdʒelətiːn/ *BrE*, **gel·a·tin** /-tən/ *AmE* *n* [U] żelatyna

gem /dʒem/ *n* [C] klejnot

Gem·i·ni /ˈdʒemənaɪ/ *n* [C,U] Bliźnięta

gen·der /ˈdʒendə/ *n* [C,U] **1** *formal* płeć: *You can't be denied a job simply on the grounds of gender.* **2** [U] rodzaj (*gramatyczny*)

gene /dʒiːn/ *n* [C] gen

gen·e·ral[1] /ˈdʒenərəl/ *adj* **1** ogólny: *a general introduction to computers* | *Her general knowledge is good.* | *The general condition of the house is good, but it does need decorating.* | **in general** (=w sensie ogólnym): *We want to raise awareness of the environment in general.* **2 in general** na ogół: *In general women are less well paid than men.* **3** powszechny: *How soon will the drug be available for general use?* **4 as a general rule** zasadniczo: *As a general rule, you should phone before visiting someone.* **5 the general public** ogół społeczeństwa

general[2], **General** *n* [C] generał

general e·lec·tion /ˌ.... .ˈ../ *n* [C] wybory powszechne

gen·e·ral·i·za·tion /ˌdʒenərəlaɪˈzeɪʃən/ (*także* **-isation** *BrE*) *n* [C] uogólnienie, generalizacja: *You're making too many generalizations.*

gen·e·ral·ize /ˈdʒenərəlaɪz/ (*także* **-ise** *BrE*) *v* [I] uogólniać, generalizować: *It would be a mistake to generalize from only a few examples.* | *It's stupid to generalize and say that all young people are rude.* | *It's not fair to generalize from a few cases that all politicians are dishonest.*

gen·er·al·ly /ˈdʒenərəli/ *adv* **1** zwykle: *Megan generally works late on Fridays.* **2** powszechnie: *It's generally believed* (=panuje powszechna opinia) *that the story is true.* **3** ogólnie rzecz biorąc: *The new arrangements have generally worked very well.*

gen·e·rate /ˈdʒenəreɪt/ *v* [T] wytwarzać, generować: *an electricity generating station*

gen·e·ra·tion /ˌdʒenəˈreɪʃən/ *n* **1** [C] pokolenie: *Three generations of Monroes have lived in this house.* | *the younger generation* | *A generation ago, no one had home computers.* **2** [C] generacja: *the next generation of computers* **3** [U] wytwarzanie

generation gap /..'.. ,./ *n* [singular] konflikt pokoleń

gen·e·ra·tor /'dʒenəreɪtə/ *n* [C] prądnica

ge·ner·ic /dʒɜ'nerɪk/ *adj* ogólny

gen·e·ros·i·ty /ˌdʒenə'rɒsɜti/ *n* [C,U] hojność, wspaniałomyślność: *Thank you for your generosity.*

gen·e·rous /'dʒenərəs/ *adj* **1** hojny, wspaniałomyślny: *Judith's always been very generous to me.* **2** obfity: *a generous meal* —**generously** *adv* hojnie, wspaniałomyślnie: *Ann has generously offered to pay for the tickets.*

gen·e·sis /'dʒenɜsɜs/ *n* [singular] *formal* geneza

ge·net·ic /dʒɜ'netɪk/ *adj* genetyczny: *genetic engineering* —**genetically** *adv* genetycznie

ge·net·ics /dʒɜ'netɪks/ *n* [plural] genetyka —**geneticist** *n* [C] genetyk

ge·ni·al /'dʒiːniəl/ *adj* przyjazny

gen·i·tals /'dʒenɜtlz/, **gen·i·ta·li·a** /ˌdʒenɜ'teɪliə/ *n* [plural] *technical* genitalia

G

ge·ni·us /'dʒiːniəs/ *n* [U,C] geniusz: *a musical genius | a work of pure genius*

gen·o·cide /'dʒenəsaɪd/ *n* [U] ludobójstwo

gen·re /'ʒɒnrə/ *n* [C] *formal* gatunek (*np. literacki*): *the science fiction genre*

gent /dʒent/ *n* [C] *informal* **1** dżentelmen **2 the Gents** *BrE* toaleta męska

gen·tle /'dʒentl/ *adj* łagodny, delikatny: *Mia's such a gentle person! | a gentle voice | a gentle breeze* —**gentleness** *n* [U] łagodność —**gently** *adv* łagodnie

gen·tle·man /'dʒentlmən/ *n* [C] *plural* **gentlemen 1** dżentelmen: *Roland is a perfect gentleman.* **2** pan: *Can you show this gentleman to his seat?* —**gentlemanly** *adj* dżentelmeński

gen·try /'dʒentri/ *n* **the gentry** [plural] *old-fashioned* szlachta

gen·u·ine /'dʒenjuɜn/ *adj* **1** szczery: *Mrs Lee showed a genuine concern for Lisa's well-being.* **2** prawdziwy, autentyczny: *a genuine diamond* —**genuinely** *adv* autentycznie

ge·og·ra·phy /dʒi'ɒgrəfi/ *n* [U] geografia —**geographer** *n* [C] geograf —**geographic** /ˌdʒiːə'græfɪk◂/, **geographical** *adj* geograficzny

ge·ol·o·gy /dʒi'ɒlədʒi/ *n* [U] geologia —**geologist** *n* [C] geolog —**geological** /ˌdʒiːə'lɒdʒɪkəl/ *adj* geologiczny

ge·o·met·ric /ˌdʒiːə'metrɪk◂/, **geometrical** *adj* geometryczny

ge·om·e·try /dʒi'ɒmɜtri/ *n* [U] geometria

ge·ri·at·ric /ˌdʒeri'ætrɪk◂/ *adj* geriatryczny: *a geriatric hospital*

germ /dʒɜːm/ *n* [C] zarazek

Ger·man mea·sles /ˌdʒɜːmən 'miːzəlz/ *n* [U] różyczka

ger·mi·nate /'dʒɜːmɜneɪt/ *v* [I,T] wy/kiełkować —**germination** /ˌdʒɜːmɜ'neɪʃən/ *n* [U] kiełkowanie

ger·und /'dʒerənd/ *n* [C] rzeczownik odsłowny

ges·tic·u·late /dʒe'stɪkjʊleɪt/ *v* [I] gestykulować: *Jane gesticulated wildly and shouted "Stop! Stop!"*

ges·ture[1] /'dʒestʃə/ *n* [C] gest: *a rude gesture | It would be a nice gesture if we sent some flowers.*

gesture[2] *v* [I] dawać znak: *Tom gestured for me to move out of the way.*

get /get/ *v* **got, got** *or* **gotten** *AmE*, **getting 1** [T] kupować: **get sb sth** *I got him a watch for his birthday.* | **get sth for sb** *Would you like me to get some bread for you while I'm out?* | **get sth for £5/$9 etc** *My Aunt got these earrings for $3.* **2** [T] dostawać: *I didn't get your letter.* | *Did you get the job?* | **get sth from/off sb** *How much money did you get from grandma?* **3 have got** mieć: *I've got a lot of work to do.* | *I've got three sisters.* | *Clare's got blue eyes.* **4 get angry/worse/ill** zezłościć się/pogorszyć się/zachorować: *Children get bored very easily.* | *The weather had suddenly gotten cold* (=zrobiło się zimno). **5** [I] dostawać się: *How did he manage to get into their house?* | **+ to** *When you get to the end of the road, turn* *left.* **6** [T] przenosić: **+ into/through/across/down etc** *I hurt my shoulder when I was getting my suitcase down* (=kiedy ściągałem walizkę) *from the rack.* **7** [T] sprowadzać: **get sb/sth** *Carrie, can you go and get the doctor?* **8 get sb to do sth** sprawić, by ktoś coś zrobił: *I tried to get Jill to come out tonight, but she was too tired.* **9 get to do sth** *informal* mieć okazję coś robić: *Tom got to drive a Porsche today.* **10 get sth done** postarać się, żeby coś zostało zrobione: *We'll have to get this room painted.* **11** [T] zarabiać: *Tim gets about $50,000 a year.* | *They got £95,000 for their house.* **12 get the bus/a flight** pojechać autobusem/polecieć samolotem: *I'm getting the train home tonight.* **13** [T] z/rozumieć: *Tracey didn't get the joke.* **14** za/chorować na: *People usually get measles when they're young.* **15 get going/moving** *spoken* po/spieszyć się: *We have to get going, or we'll be late!* **16 get to know/like** poznać/polubić: *As you get to know the city, I'm sure you'll like it better.*

get about *BrE także* **get around** *phr v* [I] podróżować: *My Gran can't get about much any more.*

get sth ↔ **across** *phr v* [T] przekazać, wyrazić: *It was difficult to get my ideas across in such a short interview.*

get along *także* **get on** *phr v* [I] **1** być w dobrych stosunkach: **+ with** *We get on really well with each other.* **2** dawać sobie radę: *How are you getting along at school?*

get around *także* **get round** *BrE phr v* **1** [T **get around** sth] omijać: *Businesses are looking for ways to get around the tax laws.* **2** [I] podróżować **3** *także* **get about** *BrE* [I] rozchodzić się: *If this news gets around, we'll have reporters calling us all day.*

get around to sth *phr v* [T] zabrać się do czegoś: *I need to go to the library but I haven't got around to it yet.*

get at *phr v* [T] **1 what sb is getting at** o co komuś chodzi: *Did you understand what he was getting at?* **2** [T **get at** sb] *informal* czepiać się: *She doesn't know why Moira's always getting at her.*

get away *phr v* [I] **1** wyrwać się: *Barney had to work late, and couldn't get away.* **2** uciec: *The two men got away in a red Volkswagen.*

get away with sth *phr v* [T] robić coś bezkarnie: *The kid was kicking me, and his mother just let him get away with it!*

get back *phr v* **1** [I] wracać: *What time do you think you'll get back?* **2** [T **get** sth **back**] odzyskać: *Did you get your purse back?* **3** [T **get** sb **back** *także* **get back at** sb] odegrać się na: *Jerry's trying to think of ways to get back at her for leaving him.*

get back to *phr v* **1** [T **get back to** sth] wracać do: *She found it hard to get back to work after having the baby.* **2** [T **get back to** sb] powtórnie skontaktować się z: *I'll try to get back to you later today.*

get by *phr v* [I] przetrwać: *He only earns just enough to get by.* | **get by on £10/$200 etc** *I don't know how she manages to get by on £50 a week.*

get down *phr v* **1** [T **get** sb **down**] *informal* przygnębiać: *The weather's really getting me down.* **2** [T **get** sth ↔ **down**] zapisywać: *Let me get your address down before I forget it.* **3** [I] schylać się

get down to sth *phr v* [T] zabierać się do: *By the time we finally got down to work it was already 10:00.*

get in *phr v* **1** [I] dostawać się: *You can't get in to the club without an I.D. card.* **2** [I] przyjeżdżać: *My train gets in at 20.00.* **3** [I] wracać do domu: *I didn't get in until 10 o'clock last night.*

get into sth *phr v* [T] **1** dostawać się do: *You'll have to work harder if you want to get into college.* **2** *informal* zainteresować się: *When I was in high school I got into rap music.* **3 what's got into you/her** *spoken* co w ciebie/nią wstąpiło: *I don't know what's got into William. He's not normally so rude.*

get off *phr v* **1** [I,T **get off** sth] wysiadać (z), zsiadać (z): *Let's get off here.* | *She got off the horse.* **2** [I] unikać

G

kary: *Financial fraudsters often get off because the details of the case are too complex to be understood by juries.* **3** [I,T] kończyć: *What time do you get off work?* **4 get off!** *spoken* odczep się!

get off to sth *phr v* [T] → **get off to a good/bad start** (START²)

get on *phr v* **1** [I,T **get on** sth] *także* **get onto** wsiadać do/na **2 get on with sth** kontynuować coś: *Stop talking and get on with your work.* **3** [I] *especially BrE* być w dobrych stosunkach: **+ with** *She doesn't get on with her mother at all.* **4** [I] radzić sobie: *How are you getting on?*

get out *phr v* [I] **1** wydostawać się: **+ of** *How did the dog get out of the yard?* **2** wychodzić na jaw: *The minister had to resign when news of his affair got out.*

get out of sth *phr v* **1** [T **get out of**sth] wymigać się od: *She couldn't get out of the meeting, so she cancelled our dinner.* **2** [T **get** sth **out of** sb] wyciągnąć od/z: *I'll see if I can get some money out of my Dad.*

get over *phr v* **1** [T **get over** sth] dojść do siebie po: *The doctor said it will take a couple of weeks to get over the infection.* **2 get sth over with** skończyć coś jak najszybciej: *"It should only hurt a little." "OK. Just get it over with."*

get round *phr v* [I,T] *BrE* → **get around** (GET)

get round to sth *BrE phr v* [T] → **get around to** (GET)

get through *phr v* **1** [T **get through** sth] przetrwać: *I don't know how I got through the weeks after my husband died.* **2** [I] dodzwonić się: *It took her 20 minutes to get through to the ticket office.*

get through to sb *phr v* [T] dotrzeć do, trafić do: *Ben tried to apologize a few times, but he couldn't get through to her* (=nie udało mu się do niej trafić).

get to sb *phr v* [T] *informal* wkurzać: *Don't let him get to you. He's just teasing you.*

get together *phr v* **1** [I] spotykać się: *We must get together for a drink sometime.* **2 get yourself together/get it together** pozbierać się: *It took a year for me to get myself together after she left.*

get up *phr v* **1** [I,T **get** sb **up**] o/budzić (się): *I have to get up at 6:00 tomorrow.* **2** [I] wstawać: *Corinne got up slowly and went to the window.*

get up to sth *phr v* [T] wyprawiać: *Go and see what the kids are getting up to.*

> UWAGA **get dressed**
>
> Patrz **dress (oneself)** i **get dressed**.

> UWAGA **get used to**
>
> Patrz **used to**, **be used to** i **get used to**.

get·a·way /ˈgetəweɪ/ *n* **make a getaway** zbiec

get-to·geth·er /ˈ. .ˌ../ *n* [C] spotkanie: *a small get-together with friends*

gey·ser /ˈgiːzə/ *n* [C] gejzer

ghast·ly /ˈgɑːstli/ *adj* koszmarny: *What ghastly weather!* | *It's that ghastly woman again.*

ghet·to /ˈgetəʊ/ *n* [C] *plural* **ghettos** *or* **ghettoes** getto

ghost /gəʊst/ *n* [C] duch: *They say the captain's ghost still walks the waterfront.* —**ghostly** *adj* upiorny

GI /ˌdʒiː ˈaɪ/ *n* [C] żołnierz armii amerykańskiej

gi·ant¹ /ˈdʒaɪənt/ *adj* gigantyczny: *a giant TV screen*

giant² *n* [C] **1** olbrzym **2** potentat: *a giant of the music industry*

gib·ber·ish /ˈdʒɪbərɪʃ/ *n* [U] bełkot

gid·dy /ˈgɪdi/ *adj* **be/feel giddy** mieć zawroty głowy

gift /gɪft/ *n* [C] **1** prezent **2** dar, talent: **+ for** *Gary has a real gift for telling stories.*

> UWAGA **gift i present**
>
> **Gift** i **present** mają zwykle to samo znaczenie, ale w amerykańskiej angielszczyźnie częściej używa się wyrazu **gift**, a w brytyjskiej angielszczyźnie wyrazu **present**. W

G

brytyjskiej angielszczyźnie wyraz **gift** oznacza zwykle prezent nie tyle użyteczny, co atrakcyjny; używają go zwłaszcza osoby zaangażowane w wytwarzanie lub sprzedaż takich prezentów.

gift·ed /ˈgɪftɪ̥d/ *adj* utalentowany: *one of the most gifted players in the game*

gig /gɪg/ *n* [C] koncert (*muzyki popularnej lub jazzowej*)

gi·gan·tic /dʒaɪˈgæntɪk/ *adj* gigantyczny: *a gigantic phone bill*

gig·gle /ˈgɪgəl/ *v* [I] za/chichotać —**giggle** *n* [C] chichot

gild /gɪld/ *v* [T] złocić

gill /gɪl/ *n* [C] skrzela

gilt /gɪlt/ *adj* złocony: *a gilt chair*

gim·mick /ˈgɪmɪk/ *n* [C] sztuczka: *advertising gimmicks*

gin /dʒɪn/ *n* [C,U] dżin

gin·ger[1] /ˈdʒɪndʒə/ *n* [U] imbir

ginger[2] *adj BrE* rudy: *a ginger cat*

gin·ger·ly /ˈdʒɪndʒəli/ *adv* ostrożnie: *Jack lowered himself gingerly onto the old chair.*

gi·raffe /dʒɪ̥ˈrɑːf/ *n* [C] żyrafa

girl /gɜːl/ *n* [C] **1** dziewczynka: *She's tall for a girl of her age.* | *Karen has two boys and a girl.* **2** dziewczyna: *A nice girl like you needs a boyfriend.* | *I'm going out with the girls tonight.*

girl·friend /ˈgɜːlfrend/ *n* [C] **1** dziewczyna **2** przyjaciółka

girth /gɜːθ/ *n* [C,U] obwód: *the girth of the tree's trunk*

gist /dʒɪst/ *n* **the gist** [singular] esencja (*przemówienia, artykułu*)

give /gɪv/ *v* **gave, given, giving 1** [T] dawać: **give sb sth** *I gave Jen a CD for Christmas.* | *Here, give me your coat. I'll hang it up for you.* | *Give her some time. She'll make the right decision.* | **give sth to sb** *They gave the job to that guy from Texas.* | *He gave the books to Carl.* **2 give sb a look** spojrzeć na kogoś: *Gus gave her a long look.* **3 give sb a ride** podwieźć kogoś: *Can you give me a ride to school tomorrow?* **4 give sb a call/ring** za/dzwonić do kogoś: *Give me a call around 8:00.* **5 give a speech** wygłosić przemówienie: *The President will be giving a speech at the ceremony.* **6** [T] podawać: *The brochure gives all the details.* | **give sb sth** (=przekazywać coś komuś): *Would you give Kim a message for me?* **7** wzbudzać, powodować: *Your letter gave me hope.* | *The noise is giving me a headache.* | **give sb trouble** (=sprawiać komuś kłopoty): *My back has been giving me trouble lately.* **8** [T] nadawać: *Dark clothes will give you a slimmer look.* **9 give (sb) the impression** robić (na kimś) wrażenie: *The rooms gives the impression of being much larger than it is.* **10 give (sth) thought/attention/consideration** dobrze się zastanowić (nad czymś) **11 give or take** *spoken* plus minus: *The show lasts about an hour, give or take five minutes.* → patrz też GIVE AND TAKE **12 give sb your word** dawać komuś słowo **13 give a party** wydawać przyjęcie **14 give way a)** zapadać się **b)** *BrE* ustępować pierwszeństwa przejazdu: *a give-way sign* **c)** ustępować miejsca: *Sadness soon gave way to joy and relief.* **d)** ustępować: *Neither of them was willing to give way.*

give away *phr v* **1** [T **give** sth ↔ **away**] wydawać: *I gave my old clothes away to charity.* | *We're giving away a bottle of wine with every purchase.* **2** [T **give** sb/sth ↔ **away**] wydać, zdradzić: *He said he hadn't told her, but his face gave him away.*

give sth ↔ **back** *phr v* [T] oddawać: *I have to give Rick his car back by 3.00.*

give in *phr v* **1** [I] ulec: *Andy had been asking her out for months, so she finally gave in.* | **give in to sth** (=ulegać czemuś): *If you feel the need for a cigarette, try not to give in to it.* **2** poddawać się **3** [T **give** sth ↔ **in**] *BrE* składać, oddawać: *Can you give in your exams now, please?*

give off *phr v* [T] wydzielać: *The old mattress gave off a faint smell of damp.*

give out *phr v* **1** [T **give** sth ↔ **out**] rozdawać: *Give out the leaflets as they're leaving the club.* **2** [I] wysiadać, odmawiać posłuszeństwa: *My voice gave out half way through the song.*

give up *phr v* **1** [I,T **give** sth ↔ **up**] z/rezygnować (z): *Vlad has given up trying to teach me Russian.* **2** [T **give** sth ↔ **up**] rzucać: *She gave up her job, and started writing.* | *I gave up smoking a year ago.* **3 give yourself/sb up** poddawać się/kogoś: *He gave himself up after police surrounded the property.*

give up on sb *phr v* [T] stracić nadzieję co do: *The doctors had almost given up on her when she came out of the coma.*

give and take /ˌ.. . ˈ./ *n* [U] wzajemne ustępstwa: *In every successful marriage there is a certain amount of give and take.*

given[1] /ˈgɪvən/ *v* imiesłów bierny od GIVE

given[2] *adj* [only before noun] **1** dany, ustalony: *All claims have to be made by a given date.* **2 any given .../a given ...** dowolny: *There are thousands of homeless people in London at any given time.*

given[3] *prep* wziąwszy pod uwagę: *Given the circumstances, you've coped well.*

given name /ˈ.. ./ *n* [C] *AmE* → FIRST NAME

gla·ci·er /ˈglæsiə/ *n* [C] lodowiec —**glacial** /ˈgleɪʃəl/ *adj* lodowcowy, polodowcowy

glad /glæd/ *adj* **1** [not before noun] zadowolony: **be glad (that)** (=cieszyć się, że): *We're so glad that you decided to stay.* | **glad to know/see** (=miło wiedzieć/widzieć): *I'm glad to hear you're feeling better.* **2 be glad to do sth** z chęcią coś zrobić: *He said he'd be glad to help me.* **3 be glad of sth** być zadowolonym z czegoś: *Aunt Meg will be glad of the company.*

glad·i·a·tor /ˈglædieɪtə/ *n* [C] gladiator

glad·ly /ˈglædli/ *adv* z chęcią: *She said she'd gladly pay for any damages.*

glam·or·ous /ˈglæmərəs/ *adj* bardzo efektowny, olśniewający

glam·our /ˈglæmə/ *BrE*, **glamor** *AmE n* [U] blichtr: *the glamour of a Caribbean cruise*

glance[1] /glɑːns/ *v* [I] **1** zerkać: *He didn't even glance in her direction.* | **+ at/down/towards etc** *Lucy glanced at the clock.* **2** rzucać okiem: **+ through/at** *Paul glanced through the menu and ordered a hamburger.*

glance[2] *n* [C] zerknięcie: *Doug and Jean exchanged a glance.*

gland /glænd/ *n* [C] gruczoł

glare[1] /gleə/ *v* [I] piorunować wzrokiem: **+ at** *They glared at each other across the table.*

glare[2] *n* **1** [singular] oślepiający blask: *the glare of the sun* **2** [C] piorunujące spojrzenie: *She gave him a fierce glare.*

glar·ing /ˈgleərɪŋ/ *adj* **1** oślepiający: *a glaring light* **2** rażący: *glaring mistakes*

glass /glɑːs/ *n* **1** [U] szkło: *Don't cut yourself on the broken glass!* | *a glass vase* | *an impressive collection of Venetian glass* **2** [C] kieliszek, szklanka: *Did you put the wine glasses on the table?* | **a glass of sth** *Would you like a glass of water?*

glass·es /ˈglɑːsəz/ *n* [plural] okulary: *I can't find my glasses.*

glass·house /ˈglɑːshaʊs/ *n* [C] *BrE* szklarnia

glass·y /ˈglɑːsi/ *adj* szklisty: *the glassy surface of the lake*

glaze[1] /gleɪz/ *v* **1** [I] *także* **glaze over** zachodzić mgłą: *His eyes glazed over.* **2** [T] glazurować **3** [T] o/szklić

glaze[2] *n* **1** [C] glazura **2** [U] lukier

gleam[1] /gliːm/ *v* [I] błyszczeć: *The Rolls Royce gleamed in the moonlight.* | *His green eyes gleamed with pleasure.*

gleam[2] *n* **1** [C] blask: *The table shone with the gleam of silver and glass.* **2** [singular] błysk: *A gleam of humour lit up her eyes.*

glean /gliːn/ *v* [T] wydobyć, zebrać: **glean sth from** *I've managed to glean a few details about him from his friends.*

glee /gliː/ *n* [U] radość: *The children laughed with glee.*

G

glen /glen/ *n* [C] parów

glide /glaɪd/ *v* [I] sunąć, ślizgać się: *We watched the sailboats glide across the lake.* —**glide** *n* [C] ślizg

glid·er /ˈglaɪdə/ *n* [C] szybowiec —**gliding** *n* [U] szybownictwo

glim·mer[1] /ˈglɪmə/ *n* [C] **1 a glimmer of hope** promyk nadziei **2** migotanie

glimmer[2] *v* [I] migotać: *Faint starlight glimmered on the rooftops.*

glimpse[1] /glɪmps/ *n* [C] zerknięcie: **get/catch a glimpse of** (=zobaczyć przelotnie): *Dad only caught a glimpse of the guy who stole our car.*

glimpse[2] *v* [T] ujrzeć przelotnie: *For a second I glimpsed her face, then she was gone.*

glint /glɪnt/ *v* [I] błyskać: *I saw something glinting in the darkness.* —**glint** *n* [C] błysk

glis·ten /ˈglɪsən/ *v* [I] połyskiwać: **glisten with sth** *His back was glistening with sweat.*

glit·ter[1] /ˈglɪtə/ *v* [I] skrzyć się: *Snow was glittering in the morning light.*

glitter[2] *n* [U] **1** połyskiwanie: *the glitter of her diamond ring* **2** blask: *the glitter of Las Vegas*

gloat /gləʊt/ *v* [I] **gloat over sth** napawać się czymś, upajać się czymś: *Dick was still gloating over his team's win.*

glo·bal /ˈgləʊbəl/ *adj* światowy, globalny: *global environmental issues*

global warm·ing /ˌ.. ˈ../ *n* [U] globalne ocieplenie

globe /gləʊb/ *n* **1 the globe** kula ziemska: *Our company has offices all over the globe.* **2** [C] kula **3** [C] globus

glob·u·lar /ˈglɒbjʊlə/ *adj* kulisty

glob·ule /ˈglɒbjuːl/ *n* [C] kropelka: *small globules of oil*

gloom /gluːm/ *n* [U singular] **1** mrok **2** przygnębienie

gloom·y /ˈgluːmi/ *adj* **1** przygnębiony: *When I saw their gloomy faces, I knew something was wrong.* **2** przygnębiający: *a gloomy sales forecast* **3** ponury: *They were led through the gloomy church by an old priest.* —**gloomily** *adv* ponuro

glo·ri·fy /ˈglɔːrɪfaɪ/ *v* [T] **1** gloryfikować: *We must avoid glorifying war.* **2** wysławiać —**glorification** /ˌglɔːrɪfɪˈkeɪʃən/ *n* [U] gloryfikacja

glo·ri·ous /ˈglɔːriəs/ *adj* wspaniały: *a glorious achievement* | *What a glorious day!*

glo·ry /ˈglɔːri/ *n* **1** [U] chwała: *The team finished the season covered in glory.* **2** [C] wspaniałość: *the glories of ancient Greece*

gloss[1] /glɒs/ *n* [U singular] połysk: *a new hair gel that adds gloss to your hair*

gloss[2] *v*

gloss over sth *phr v* [T] przechodzić do porządku dziennego nad

glos·sa·ry /ˈglɒsəri/ *n* [C] słowniczek

gloss·y /ˈglɒsi/ *adj* **1** lśniący: *glossy, healthy hair* **2** drukowany na lśniącym papierze

glove /glʌv/ *n* [C] rękawiczka, rękawica

glow[1] /gləʊ/ *n* [singular] **1** poświata: *The sky was filled with an orange glow.* **2** rumieniec

glow[2] *v* [I] **1** błyszczeć, świecić (się): *My new watch glows in the dark.* **2** żarzyć się: *A fire was glowing in the grate.* **3** rumienić się: *Standing there in his new suit, he positively glowed.* **4 glow with happiness/pride** promienieć szczęściem/dumą: *She glowed with happiness.* | *Their young faces glowed with interest.*

glu·cose /ˈgluːkəʊs/ *n* [U] glukoza

glue[1] /gluː/ *n* [C,U] klej

glue[2] *v* [T] **glued, gluing** *or* **glueing** przy/kleić: *Cut out the pieces and glue the edges together* (=i sklej brzegi).

glum /glʌm/ *adj* przybity

glut /glʌt/ *n* [C usually singular] zalew: *a glut of violent video games*

glu·ti·nous /ˈgluːtɪnəs/ *adj* lepki: *The spaghetti had turned into a glutinous mass.*

glut·ton /ˈglʌtn/ *n* [C] żarłok —**gluttony** *n* [U] obżarstwo

gm skrót od GRAM

gnarled /nɑːld/ *adj* sękaty: *a gnarled branch* | *gnarled fingers*

G

gnat /næt/ *n* [C] muszka

gnaw /nɔː/ *v* [I,T] gryźć: *The animal began to gnaw at the ropes holding her.*

gnaw·ing /ˈnɔːɪŋ/ *adj* [only before noun] dręczący: *gnawing doubts*

gnome /nəʊm/ *n* [C] krasnal

GNP /ˌdʒiː en ˈpiː/ *n* [singular] PKB (*produkt krajowy brutto*)

go[1] /gəʊ/ *v* [I] **went, gone, going 1** iść/pójść, po/jechać: *I wanted to go, but Craig insisted we stay.* | *Mom went into the kitchen.* | *Let's go home.* | *They've gone shopping.* | *Nancy has gone to Paris.* | **be/get going** *It's late – I must be going* (=muszę już iść). | **go by bus/plane etc** *You take the train and we will go by car.* **2 be going to do sth** sposób wyrażania czasu przyszłego: *It looks like it's going to rain* (=będzie padać). | *He's going to marry Ann* (=ożeni się z Ann). → patrz ramka GOING TO **3** sięgać: *The roots of the tree go very deep.* **4** prowadzić: *Does this road go to the station?* **5 go bad/white/wild** psuć się/bieleć/dziczeć: *I think this milk's gone sour* (=skwaśniało). | *My hair's going grey* (=siwieją). **6** pozostawać: *All her complaints went unheard* (=pozostały bez reakcji). | **go hungry** *When food is short it's often the mother who goes hungry* (=nie dojada). **7 go to church/school** chodzić/iść do kościoła/szkoły: *Is Brett going to college next year?* **8** pójść: *How did your interview go?* | **go well/fine/wrong** (=iść dobrze/źle): *Everything started to go wrong all of a sudden.* **9** *informal* działać: *My car wouldn't go this morning.* **10** przechodzić: *Has your headache gone yet?* **11** mijać: *I just don't know where the time goes.* | *The hours go so slowly at work.* **12** ze/psuć się: *Dad's hearing is starting to go.* **13** pasować: **+ together** (=do siebie): *Those colours don't go together very well.* | **go with sth** (=pasować do czegoś): *Does red wine go with chicken?* **14 to go a)** pozostało: *Only two weeks to go before we leave for South America!* **b)** *AmE* na wynos: *I'll have a large order of fries to go, please.* **15 How's it going?/How are things going?/How goes it?** *spoken* Jak leci?: *"Hey Jimmy, how's it going?" "All right, I guess."*

go about sth *phr v* [T] zabierać się do: *Perhaps I'm going about this the wrong way.*

go after sb/sth *phr v* [T] ruszać (w pogoń) za: *Karr hesitated a moment, then went after her.*

go against sb/sth *phr v* [T **go against** sth] postępować wbrew: *You've really angered him by going against his wishes.*

go ahead *phr v* [I] odbyć się, dojść do skutku: *The railway strike looks likely to go ahead tomorrow.* | *The sale went ahead as planned.* | **+ with** *They plan to go ahead with their wedding* (=planują pobrać się) *later this year.*

go along *phr v* [I] **as you go along** z czasem: *You'll learn how to do it as you go along.*

go along with sth *phr v* [T] za/stosować się do czegoś: *They were happy to go along with our suggestions.*

go around *także* **go round** *BrE phr v* [I] **1** krążyć: **go around doing sth** *You can't go around saying things like that* (=nie możesz chodzić i rozpowiadać takich rzeczy). **2 to go around** dla wszystkich: *Are there enough glasses to go around?*

go at sb/sth *phr v* [T] rzucać się na: *The boys went at each other until the teacher pulled them apart.*

go away *phr v* [I] **1** odchodzić: *Go away! Leave me alone!* **2** wyjeżdżać: *We're going away for the weekend.* **3** przechodzić: *My headache still hasn't gone away.*

go back *phr v* [I] wracać: **+ to** *I'll never go back to my old school.*

go back on sth *phr v* [T] nie dotrzymać: *He went back on his promise.*

go back to sth *phr v* [T] **1** wracać do: *I can't study any more – I'll go back to it later.* **2** sięgać: *The company's history goes back to 1925.*

go by *phr v* **1** [I] mijać: *Two months went by before Tony called.* **2** [T **go by** sth] kierować się: *Don't go by that map.*

Konstrukcja **BE GOING TO**
I AM GOING TO WORK

Konstrukcja ta składa się z formy osobowej czasownika ***be*** (w czasie teraźniejszym lub przeszłym), po której następuje ***going*** + bezokolicznik. Konstrukcji tej używamy zazwyczaj

1 mówiąc o tym, co ktoś zamierza zrobić:
*She **is going to travel** round the world after she graduates.*
*That's a lot of money. What **are** you **going to do** with it?*

2 mówiąc o tym, co ktoś zamierzał zrobić, ale nie zrobił:
*They **were going to drive**, but in the end they took the train.*

3 mówiąc, że coś się niedługo stanie (tak sądzimy, bo w momencie mówienia wskazują na to jakieś okoliczności):
*Look at these clouds! **It's going to rain**.*
*I feel awful. I think **I'm going to be** sick.*

patrz też: ***BE, Infinitive, Future Continuous, Future Simple***

It's really old. | *We'll have to go by the referee's decision.*

go down *phr v* [I] **1** obniżać się, spadać: *The temperature went down to freezing last night.* **2** zachodzić: *The sun is going down.* **3** za/tonąć: *Three ships went down in the storm.* **4 go down well/badly** zostać dobrze/źle przyjętym: *Robbie's jokes didn't go down very well with her parents.*

go down with sth *phr v* [T] *informal* zachorować na: *Ron's gone down with flu.*

go for sb/sth *phr v* [T] **1** wybierać, woleć **2** [**go for** sb] rzucać się na: *She went for him with a knife.* **3** próbować zdobyć: *We're going for the gold medal.* **4** *spoken* odnosić się do: *I told him to work harder, and that goes for you too.*

go in for sth *phr v* [T] interesować się: *I've never gone in for modern art.*

go into sth *phr v* [T] **1** zająć się: *Vivian wants to go into teaching.* **2 go into details** wdawać się w szczegóły: *I don't want to go into details right now, but it was horrible.*

go off *phr v* **1** [I] wybuchać: *The bomb went off without warning.* **2** [I] zadzwonić: *My alarm clock didn't go off!* **3** *BrE* [I] ze/psuć się: *This milk has gone off.* **4** [T] *BrE informal* przestać lubić: *I've gone off coffee.*

go on *phr v* [I] **1 go on doing sth** dalej coś robić: *We can't go on fighting like this!* **2** trwać: *The meeting went on longer than I expected.* **3** dziać się: *What's going on down there?* **4** kontynuować: **+ with** *After a short pause, Maria went on with her story.* **5** mijać: *As time went on, he became more friendly.* **6** *spoken* no, dalej: *Go on, have some more cake.*

go out *phr v* [I] **1** wychodzić: *Are you going out tonight?* | **go out for dinner/lunch** *We went out for brunch on Sunday.* **2 go out (with sb)** chodzić (z kimś): *How long have you two been going out?* | *Lisa used to go out with my brother.* **3** z/gasnąć: *All the lights went out.*

go over *phr v* **1** [T] przestudiować: *I've gone over the budget and I don't think we can afford a new computer.* **2** [T] powtarzać: *Once again I went over exactly what I needed to say.*

go round *phr v* [I] *BrE* GO AROUND

go through *phr v* **1** [T **go through** sth] przechodzić przez: *She's just been through a divorce.* **2** [T **go through** sth] przeszukiwać: *Have you been going through my handbag again?*

go through with sth *phr v* [T] doprowadzić do końca: *I'm not sure if I can go through with the wedding.*

go up *phr v* [I] **1** wzrastać: *Our rent has gone up by almost 20%.* **2** wyrastać: *All of those houses have gone up in the past 6 months.* **3** wybuchać: *What will happen if that gas tanker goes up?*

go with sb/sth *phr v* [T] być częścią: *the responsibilities that go with having a family*

go without *phr v* [T] obywać się bez: *We're out of milk – I'm afraid you'll have to go without.* | *She had gone without food to feed the children.*

> UWAGA **go**
>
> Brytyjczycy zwykle mówią **go and do sth**; Amerykanie mówią **go do sth**: *Do you want to go see the baseball game?*

> UWAGA **go with**
>
> Patrz **fit** i **suit** i **match** (lub **go with**).

G

go² *n plural* **goes 1** [C] próba: **have a go (at sth)** (=spróbować (czegoś)): *We thought we'd have a go at making our own Easter eggs.* **2** [C] *especially BrE* kolej: *Whose go is it?* **3 on the go** w ruchu

go·a·head /'. .ˌ./ *n* **give sb the go-ahead** *informal* dawać komuś zgodę

goal /gəʊl/ *n* [C] **1** cel: *My goal is to study law at Harvard.* **2** bramka **3** gol: *Ramos scored two goals for the US.*

goal·keep·er /'gəʊlˌkiːpə/ *także* **goal·ten·der** /-ˌtendə/ *AmE n* [C] bramkarz

goal·post /'gəʊlpəʊst/ *n* [C *usually plural*] słupek (*bramki*)

goat /gəʊt/ *n* [C] koza

gob·ble /'gɒbəl/ *v* [T] *informal także* **gobble up** pożerać

go-be·tween /'. .ˌ./ *n* [C] posłaniec

gob·let /'gɒblɪ̈t/ *n* [C] puchar

gob·lin /'gɒblɪ̈n/ *n* [C] chochlik

God /gɒd/ *n* [singular] **1** Bóg **2 God/oh God/my God** *spoken* Boże **3 I swear to God** *spoken* jak Boga kocham **4 God (only) knows** *spoken* Bóg (jeden) wie: *God only knows where those kids are now!* **5 what/how in God's name** *spoken* co/jak na miłość boską: *Where in God's name have you been?* **6 God forbid** *spoken* broń Boże: *God forbid that your father finds out about this.*

god *n* [C] bóg: *the god Krishna* | *Science became their god.*

god·child /'gɒdtʃaɪld/ *n* [C] *plural* **godchildren** chrześnia-k/czka

god·dam·mit /gɒ'dæmɪ̈t/ *interjection AmE* cholera

god·damn /'gɒdæm/ **goddamned** *adj AmE spoken* cholerny

god·dess /'gɒdɪ̈s/ *n* [C] bogini: *Venus, the goddess of love*

god·fa·ther /'gɒdˌfɑːðə/ *n* [C] ojciec chrzestny

god·for·sak·en /'gɒdfəˌseɪkən/ *adj* opuszczony, zapomniany

god·like /'gɒdlaɪk/ *adj* boski: *a godlike chief* | *godlike status*

god·moth·er /'gɒdˌmʌðə/ *n* [C] matka chrzestna

god·pa·rent /'gɒdˌpeərənt/ *n* [C] rodzic chrzestny

god·send /'gɒdsend/ *n* [singular] błogosławieństwo: *Being able to drive has been a godsend since we moved here.*

goes /gəʊz/ *v* trzecia osoba liczby pojedynczej czasu teraźniejszego od GO

gog·gles /'gɒgəlz/ *n* [plural] gogle, okulary ochronne: *a pair of swimming goggles*

go·ing /'gəʊɪŋ/ *n* [U] **1** *informal* tempo: **good/hard/slow etc going** *We got there in four hours, which wasn't bad going.* **2 while the going's good** *BrE* dopóki jeszcze można: *You should get out while the going's good.*

gold¹ /gəʊld/ *n* **1** [U] złoto **2** [C,U] kolor złoty

gold² *adj* złoty: *a gold necklace* | *a gold dress*

gold·en /ˈɡəʊldən/ *adj* **1** złoty, złocisty: *golden hair* **2** złoty: *a golden crown*

> UWAGA **golden i gold**
>
> Kiedy chcemy powiedzieć, że coś jest 'złote' ('zrobione ze złota' lub 'złotego koloru'), używamy raczej wyrazu **gold**, a nie **golden**: *a gold chain | a black dress with red and gold stripes down the front.* Wyraz **golden** ma bardzo podobne znaczenie, ale występuje częściej w stylu literackim: *golden sunlight | golden hair.* Oprócz tego, wyrazy te występują w wyrażeniach, gdzie również nie należy ich mylić: *a gold medal | gold rush | a golden wedding.*

gold·fish /ˈɡəʊldˌfɪʃ/ *n* [C] złota rybka

gold med·al /ˌ. ˈ../ *n* [C] złoty medal

gold·mine /ˈɡəʊldmaɪn/ *n* [C] **1** żyła złota: *That pub's an absolute goldmine.* **2** kopalnia złota

golf /ɡɒlf/ *n* [U] golf —**golfer** *n* [C] gracz w golfa

golf club /ˈ. ./ *n* [C] **1** kij golfowy **2** klub golfowy

golf course /ˈ. ./ *n* [C] pole golfowe

gone /ɡɒn/ *v* imiesłów bierny od GO

gong /ɡɒŋ/ *n* [C] gong

goo /ɡuː/ *n* [U] maź: *What's that goo in your hair?*

good[1] /ɡʊd/ *adj* **better, best 1** dobry: *Peter's exam results were good, but Sue's were even better.* | *It's a good day for going to the beach.* | *You need good strong boots for walking.* | *a good swimmer* | **+ at** *Andrea is very good at languages.* | **(as) good as new** (=jak nowy): *The car looks as good as new again.* | **be good for two days/five years** (=zachowywać ważność przez dwa dni/pięć lat): *The guarantee on my new watch is good for five years.* **2** ładny: *good weather* **3** miły: *It's good to see you again.* **4 sth is good for you** coś jest zdrowe: *Watching so much TV isn't good for you.* **5** grzeczny: *Sit here and be a good girl.* **6** uprzejmy: **good of sb (to do sth)** (=uprzejmie z czyjejś strony): *It's good of you to come at such short notice.* **7 as good as** prawie: *The work is as good as finished.* **8** prawy: *He had always tried to lead a good life.* **9** [only before noun] całkiem: **a good many/few** (=całkiem sporo): *There were a good few people at church this morning.* | **a good 10 minutes/3 miles** (=dobre 10 minut/3 mile) **10 in good time** odpowiednio wcześnie: *I want to get to the airport in good time.* **11 good/oh good** *spoken* (bardzo) dobrze: *"I've finished." "Good, that was quick."* **12 good luck** *spoken* powodzenia **13 good God/grief/heavens** *spoken* wielkie nieba: *Good grief! Is it 12 o'clock already?* **14 it's a good thing** *spoken także* **it's a good job** *BrE* dobrze, że: *It's a good job I brought the map.*

good[2] *n* **1** [U] dobro: *the battle between good and evil* | **be no good/do no good** (=na nic się nie zdać): *It's no good crying now.* | *You can talk to her, but it won't do any good.* | **do sb good** (=dobrze komuś zrobić): *It'll do you good to have a holiday.* | **for sb's own good** (=dla czyjegoś własnego dobra): *Take your medicine – it's for your own good.* | **be up to no good** *informal* (=mieć złe zamiary) **2 be no good/not be any good/not be much good** być do niczego: *This radio's no good.* | *The film wasn't much good, was it?* **3 for good** na dobre: *We moved out of the city for good in 1989.*

good af·ter·noon /. ˌ..ˈ./ *interjection* dzień dobry (*po południu*)

good·bye /ɡʊdˈbaɪ/ *interjection* do widzenia: *Goodbye, Mrs. Anderson.* | **say goodbye (to sb)** (=po/żegnać się (z kimś)): *I just want to say goodbye to Erica.*

good eve·ning /. ˈ../ *interjection* dobry wieczór: *Good evening, ladies and gentlemen!*

good-for-noth·ing /ˌ. . ˈ..◂/ *n* [C] nicpoń

good-hu·moured /ˌ. ˈ..◂/ *BrE* **good-humored** *AmE adj* dobroduszny

good·ies /ˈɡʊdiz/ *n* [plural] *informal* pyszności: *a bag of goodies*

good-look·ing /ˌ. ˈ..◂/ *adj* atrakcyjny

good mor·ning /. ˈ../ *interjection* dzień dobry (*przed południem*): *Good morning! Did you sleep well?*

good-na·tured /ˌ. ˈ..◂/ *adj* życzliwy

good·ness /ˈgʊdnɪ̵s/ *n* **1** *także* **my goodness** *spoken* ojej: *My goodness, you've lost a lot of weight!* **2** [U] dobroć: *Anne believed in the basic goodness of people.*

good night /. ˈ./ *interjection* dobranoc: *Good night, Sandy. Sleep well!*

goods /gʊdz/ *n* [plural] towary: *electrical goods*

good·will /ˌgʊdˈwɪl/ *n* [U] dobra wola: *Christmas should be a time of peace and goodwill.*

goof /guːf/ *v* [I] *AmE informal* wygłupić się: *Oops! I goofed again.*

goof around *phr v* [I] *AmE informal* wygłupiać się: *We were just goofing around at the mall.*

goof·y /ˈguːfi/ *adj informal* głupkowaty: *a goofy smile*

goose /guːs/ *n* [C,U] *plural* **geese** /giːs/ gęś

goose·ber·ry /ˈgʊzbəri/ *n* [C] agrest: *gooseberry pie*

goose pim·ples /ˈ. ˌ../ *especially BrE*, **goose bumps** /ˈ. ./ *especially AmE n* [plural] gęsia skórka

gorge[1] /gɔːdʒ/ *n* [C] wąwóz

gorge[2] *v* **gorge yourself on sth** objadać się czymś: *The kids have gorged themselves on chocolate bars all afternoon.*

gor·geous /ˈgɔːdʒəs/ *adj informal* **1** wspaniały, cudowny: *What a gorgeous sunny day!* **2** śliczny: *I think Lizzie is gorgeous.*

go·ril·la /gəˈrɪlə/ *n* [C] goryl

gor·y /ˈgɔːri/ *adj* krwawy: *a gory film*

gosh /gɒʃ/ *interjection* ojej: *Gosh! I never knew that!*

gos·pel /ˈgɒspəl/ *n* **1** [C] ewangelia **2** [U] *także* **gospel music** muzyka gospel

gos·sip[1] /ˈgɒsɪ̵p/ *n* **1** [C,U] plotki: *People love hearing gossip about film stars.* **2** [C] plotka-rz/rka

gossip[2] *v* [I] plotkować: **+ about** *What are you two gossiping about?*

got /gɒt/ *v* czas przeszły i imiesłów bierny od GET

got·ten /ˈgɒtn/ *v* amerykańska postać imiesłowu biernego od GET

gouge /gaʊdʒ/ *v* [T] wy/dłubać

gouge sth ↔ **out** *phr v* [T] wy/żłobić: *Glaciers had gouged out the valley during the Ice Age.*

gour·met[1] /ˈgʊəmeɪ/ *adj* [only before noun] dla smakoszy: *a gourmet restaurant*

gourmet[2] *n* [C] smakosz

gov·ern /ˈgʌvən/ *v* [I,T] rządzić: *The Socialist Party governed for thirty years.* | *the laws governing the universe*

gov·ern·ess /ˈgʌvənɪ̵s/ *n* [C] guwernantka

gov·ern·ment /ˈgʌvəmənt/ *n* **1** [C] *także* **Government** rząd: *The government has promised to improve standards in education.* **2** [U] rządy: *democratic government*

> **UWAGA government**
>
> W brytyjskiej angielszczyźnie czasownik łączący się z **government** może występować w liczbie pojedynczej lub mnogiej: *The government has/have decided to introduce new laws against terrorism.* W amerykańskiej angielszczyźnie czasownik łączący się z **government** występuje zawsze w liczbie pojedynczej.

gov·er·nor /ˈgʌvənə/ *także* **Governor** *n* [C] gubernator: *the Governor of California*

gown /gaʊn/ *n* [C] **1** suknia: *a black silk evening gown* **2** toga: *his graduation gown*

GP /ˌdʒiː ˈpiː/ *n* [C] *BrE* lekarz rodzinny: *If the headaches continue, contact your GP.*

grab /græb/ *v* [T] **-bbed, -bbing** **1** chwycić: *He grabbed my bag and ran off.* **2 grab sb/someone's attention** *informal* wciągać kogoś: *The film grabs your attention from the start.* **3 grab some sleep** *informal* zdrzemnąć się: *I managed to grab an hour's sleep this afternoon.*

4 grab some food/a bite to eat/a sandwich *informal* przekąsić coś: *I'll just grab a sandwich for lunch.* **5 grab a chance/opportunity** s/korzystać z okazji: *Grab the opportunity to travel while you can.*

grace /greɪs/ *n* [U] **1** gracja, wdzięk: *She moved with the grace of a dancer.* **2** takt: **have the grace to do sth** *At least he had the grace to apologize.* | **with good grace** (=z humorem): *Kevin accepted his defeat with good grace.* **3** prolongata: **a week's/month's etc grace** *I couldn't pay, so they have given me a week's grace.* **4** modlitwa (*przed posiłkiem*): *Who will say grace?*

grace·ful /ˈgreɪsfəl/ *adj* **1** pełen wdzięku: *a graceful dancer* | *an arch supported by graceful columns* **2** taktowny: *a graceful apology* —**gracefully** *adv* z wdziękiem

gra·cious /ˈgreɪʃəs/ *adj* **1** łaskawy: *a gracious host* **2** wytworny: *gracious living* **3 (goodness) gracious!** *spoken old-fashioned* Boże (drogi)! —**graciously** *adv* łaskawie

grade[1] /greɪd/ *n* **1** [C,U] gatunek: *Grade A eggs* **2** [C] stopień, ocena: *Betsy always gets good grades.* **3 make the grade** dawać sobie radę: *Very few kids make the grade as professional footballers.* **4** [C] klasa: *He's just finished third grade.*

grade[2] *v* [T] **1** s/klasyfikować: *potatoes graded according to size* **2** *AmE* oceniać: *I spent the weekend grading tests.*

grade school /ˈ. ˌ./ *n* [C] *AmE* szkoła podstawowa

grad·u·al /ˈgrædʒuəl/ *adj* stopniowy: *a gradual increase in the number of jobs available*

grad·u·a·lly /ˈgrædʒuəli/ *adv* stopniowo: *Gradually, their marriage got better.*

grad·u·ate[1] /ˈgrædʒuət/ *n* [C] absolwent/ka: **+ of** *a graduate of Oxford university* | *a high-school graduate*

grad·u·ate[2] /ˈgrædʒueɪt/ *v* [I] **1** s/kończyć studia: **+ from** *Ruth has just graduated from Princeton.* **2** *AmE* s/kończyć szkołę średnią

grad·u·ate[3] /ˈgrædʒuət/ *adj AmE* **graduate student** słuchacz/ka studiów magisterskich lub doktoranckich

grad·u·a·tion /ˌgrædʒuˈeɪʃən/ *n* [U] ukończenie studiów lub amerykańskiej szkoły średniej: *After graduation, Sally trained as a teacher.*

graf·fi·ti /græˈfiːti/ *n* [U] graffiti

graft[1] /grɑːft/ *n* **1** [C] przeszczep: *skin/bone grafts* **2** [U] *AmE* przekupstwo: *politicians accused of graft*

graft[2] *v* [T] przeszczepiać

grain /greɪn/ *n* **1** [C,U] ziarno: *All they had left were a few grains of rice.* **2** [C] ziarenko: *grains of sand* | *There's not a grain of truth in what she said.* **3 go against the grain** być nie w porządku: *It really went against the grain to throw all that food away.*

gram /græm/ *także* **gramme** *n* [C] gram

gram·mar /ˈgræmə/ *n* [C,U] gramatyka: *She always corrects my grammar.* | *a good English grammar*

grammar school /ˈ.. ˌ./ *n* [C] liceum ogólnokształcące (*w Wielkiej Brytanii*)

gram·mat·i·cal /grəˈmætɪkəl/ *adj* [only before noun] gramatyczny: *You're still making grammatical errors.* | *a grammatical sentence* —**grammatically** *adv* gramatycznie → antonim UNGRAMMATICAL

gran /græn/ *n* [C] *BrE informal* babcia

grand[1] /grænd/ *adj* **1** wielki, uroczysty: *a grand ceremony at the Palace* **2 grand total** suma końcowa **3** ważny: *He thinks he's too grand to talk to us.* **4** *informal* świetny: *a grand day out*

grand[2] *n* [C] *informal plural* **grand** tysiąc (*funtów, dolarów*): *Bill only paid five grand for that car.*

grand·child /ˈgræntʃaɪld/ *n* [C] wnuk, wnuczka

grand·dad /ˈgrændæd/ *n* [C] *informal* dziadek

grand·daugh·ter /ˈgrænˌdɔːtə/ *n* [C] wnuczka

gran·deur /ˈgrændʒə/ *n* [U] okazałość: *the grandeur of the mountains*

G

grand·fa·ther /ˈɡrænˌfɑːðə/ *n* [C] dziadek

grandfather clock /ˈ... ˌ./ *n* [C] zegar stojący

grand·ma /ˈɡrænmɑː/ *n* [C] *informal* babcia

grand·moth·er /ˈɡrænˌmʌðə/ *n* [C] babka

grand·pa /ˈɡrænpɑː/ *n* [C] *informal* dziadek

grand·par·ent /ˈɡrænˌpeərənt/ *n* [C] **grandparents** dziadkowie

grand pi·an·o /ˌ. .ˈ../ *n* [C] fortepian (*koncertowy*)

grand slam /ˌ. ˈ./ *n* [C] wielki szlem

grand·son /ˈɡrænsʌn/ *n* [C] wnuk

grand·stand /ˈɡrændstænd/ *n* [C] trybuna (*na stadionie*)

gran·ite /ˈɡrænɪ̵t/ *n* [U] granit

gran·ny /ˈɡræni/ *n* [C] *informal* babcia

grant[1] /ɡrɑːnt/ *v* **1 take it for granted (that)** zakładać z góry, że: *You can't take it for granted that your parents will pay for college.* **2 take sb for granted** nie liczyć się z kimś: *He spends all his time at work and takes his family for granted.* **3** [T] *formal* udzielać, przyznawać: *Ms. Chung was granted American citizenship last year.* **4** [T] przyznawać rację: *He's not an intellectual, I grant you, but he does work hard.*

grant[2] *n* [C] **1** grant, dotacja: *a research grant* **2** stypendium: *a student grant*

gran·ule /ˈɡrænjuːl/ *n* [C] ziarenko: *instant coffee granules*

grape /ɡreɪp/ *n* [C] winogrono

grape·fruit /ˈɡreɪpfruːt/ *n* [C] grejpfrut

grape·vine /ˈɡreɪpvaɪn/ *n* **sb heard sth on/through the grapevine** coś doszło do kogoś pocztą pantoflową: *I heard it through the grapevine that Julie's getting married.*

graph /ɡræf/ *n* [C] wykres: *a graph showing population growth over 50 years*

graph·ic /ˈɡræfɪk/ *adj* **a graphic account/description** szczegółowa relacja/opis: *a graphic account of her unhappy childhood* —**graphically** *adv* szczegółowo, obrazowo: *She described the scene graphically.*

graphic de·sign /ˌ.. .ˈ./ *n* [U] grafika użytkowa —**graphic designer** *n* [C] grafik

graph·ics /ˈɡræfɪks/ *n* [plural] grafika

grap·ple /ˈɡræpəl/ *v* [I] mocować się: **+ with** *A young man was grappling with the guard.*

grapple with sth *phr v* [T] zmagać się z: *I've been grappling with this essay question all morning.*

grasp[1] /ɡrɑːsp/ *v* [T] **1** chwytać, z/łapać: *Grasp the rope with both hands.* **2** pojąć: *At the time I didn't fully grasp what he meant.*

grasp at sth *phr v* [T] chwytać za

grasp[2] *n* [singular] **1** rozeznanie, orientacja: **a good/poor grasp of** *a good grasp of spoken English* (=dobra znajomość angielskiego) | **beyond sb's grasp** (=za trudne dla kogoś) **2 be within/beyond sb's grasp** być w zasięgu/poza zasięgiem czyjejś ręki: *Eve felt that success was finally within her grasp.* **3** chwyt, uścisk: *The bottle slipped out of his grasp* (=wyślizgnęła mu się z ręki) *and smashed on the floor.*

grass /ɡrɑːs/ *n* [C,U] trawa: *Please keep off the grass.* | *a blade of grass* | *mountain grasses* —**grassy** *adj* trawiasty: *a grassy bank*

grass·hop·per /ˈɡrɑːsˌhɒpə/ *n* [C] konik polny

grass roots /ˌ. ˈ./ *n* **the grass roots** szeregowi członkowie —**grass-roots** *adj* oddolny: *grass-roots support*

grate[1] /ɡreɪt/ *v* **1** [T] u/trzeć: *grated carrot* **2** [I] za/zgrzytać: **+ on/against** *The chalk grated on the blackboard.* **3 grate on sb/grate on sb's nerves** *informal* działać komuś na nerwy: *Her voice really grates on my nerves.*

grate[2] *n* [C] palenisko (*w kominku*)

grate·ful /ˈɡreɪtfəl/ *adj* **1** wdzięczny: **be grateful (to sb) for sth** *Mona was very grateful to Peter for his advice.* ➡ antonim UNGRATEFUL **2 I would be grateful if you could/would ...** byłbym wdzięczny gdyby Pan/i zechciał/a... : *I would be grateful if you would allow me to visit your school.* —**gratefully** *adv* z wdzięcznością: *We gratefully accepted their offer of help.*

grat·er /ˈgreɪtə/ *n* [C] tarka

grat·i·fy /ˈgrætəfaɪ/ *v* [T] *formal* u/satysfakcjonować: *She was gratified by the result.* | *It was gratifying to know that I had won.* —**gratification** /ˌgrætəfəˈkeɪʃən/ *n* [U] satysfakcja

grat·i·tude /ˈgrætətjuːd/ *n* [U] wdzięczność: *I would like to express my gratitude to everyone who helped us.* ➡ antonim INGRATITUDE

gra·tu·i·tous /grəˈtjuːətəs/ *adj* nieuzasadniony, niepotrzebny: *gratuitous violence in films*

grave[1] /greɪv/ *n* [C] grób: *We visited my grandfather's grave.*

grave[2] *adj* poważny: *I have grave doubts about her ability as a teacher.* | *Dr. Fry looked grave. "I have some bad news," he said.* —**gravely** *adv* poważnie

grav·el /ˈgrævəl/ *n* [U] żwir —**gravelled** *BrE*, **graveled** *AmE adj* żwirowany: *a gravelled driveway*

grave·stone /ˈgreɪvstəʊn/ *n* [C] nagrobek

grave·yard /ˈgreɪvjɑːd/ *n* [C] cmentarz

grav·i·tate /ˈgrævəteɪt/ *v* [I] **sb gravitates to/towards sb/sth** ktoś ciągnie do kogoś/czegoś: *Students gravitate towards others with similar interests.*

grav·i·ta·tion·al /ˌgrævəˈteɪʃənəl◂/ *adj technical* grawitacyjny: *the Earth's gravitational pull*

grav·i·ty /ˈgrævəti/ *n* [U] **1** grawitacja: *the laws of gravity* **2** *formal* powaga: **+ of** *We were soon made aware of the gravity of the situation.*

gra·vy /ˈgreɪvi/ *n* [U] sos (*pieczeniowy*)

gray /greɪ/ *adj, n* amerykańska pisownia wyrazu GREY

graze[1] /greɪz/ *v* **1** [I,T] paść się: *cattle grazing in the field* **2** [T] obetrzeć: *Billy grazed his knee when he fell.* **3** [T] ocierać się o: *A bullet grazed his cheek.*

graze[2] *n* [C] obtarcie naskórka: *cuts and grazes*

grease[1] /griːs/ *n* [U] **1** tłuszcz **2** smar

grease[2] *v* [T] po/smarować: *Grease the tin lightly with butter.*

greas·y /ˈgriːsi/ *adj* tłusty: *greasy food* | *greasy hair*

great /greɪt/ *adj* **1** *spoken* świetny: *It's great to see you again!* | *We had a great time in Rio.* | **+ for** *Our holiday villas are great for families with children.* **2** wielki: *a great pile of newspapers* | *the great civilizations of the past* | *the greatest movie star of them all* | **great big** (=ogromny): *Will caught a great big fish!* | **a great many** (=mnóstwo): *A great many people died in the flood.* | **great friend** (=bliski przyjaciel) **3** *spoken* no to fajnie (*ironicznie*): *"Your car won't be ready until next week." "Oh, great!"* **4 great-grandfather** pradziadek **5 great-granddaughter** prawnuczka —**greatness** *n* [U] wielkość

great·ly /ˈgreɪtli/ *adv formal* znacznie: *Your chances of getting cancer are greatly increased if you smoke.*

G

greed /griːd/ *n* [U] chciwość: *Burning the rainforest is motivated by greed.*

greed·y /ˈgriːdi/ *adj* **1** chciwy, zachłanny **2** łakomy: *Don't be so greedy – leave some cake for the rest of us!* —**greedily** *adv* chciwie, zachłannie —**greediness** *n* [U] chciwość, łakomstwo

green[1] /griːn/ *adj* **1** zielony: *green eyes* | *We must preserve green areas of the town.* | **green with envy** (=z zazdrości) **2** ekologiczny: *green issues* **3** *informal* zielony (*niedoświadczony*): *The trainees are still pretty green.* **4 have green fingers** *BrE*/**have a green thumb** *AmE* mieć dobrą rękę do roślin

green[2] *n* **1** [C,U] kolor zielony **2** [C] *BrE* błonia wiejskie

green belt /ˈ. ./ *n* [C,U] pierścień zieleni (*dookoła miasta*)

green card /ˌ. ˈ./ *n* [C] zielona karta

green·e·ry /ˈgriːnəri/ *n* [U] zieleń

green·gro·cer /ˈgriːnˌgrəʊsə/ *n* [C] *BrE* **1** kupiec owocowo-warzywny **2 greengrocer's** sklep owocowo-warzywny

green·house /ˈgriːnhaʊs/ *n* [C] szklarnia

greenhouse ef·fect /ˈ.. .ˌ./ *n* **the greenhouse effect** efekt cieplarniany

greens /griːnz/ *n* [plural] warzywa zielone

greet /griːt/ *v* [T] **1** przy/witać: *The children came rushing out to greet me.* **2** przyjmować: **be greeted with** *The first speech was greeted with cheers and laughter.*

greet·ing /ˈgriːtɪŋ/ *n* [C,U] powitanie, pozdrowienie: **exchange greetings** (=przywitać się)

gre·gar·i·ous /grɪˈgeəriəs/ *adj* towarzyski

gre·nade /grəˈneɪd/ *n* [C] granat

grew /gruː/ *v* czas przeszły od GROW

grey[1] /greɪ/ (*także* **gray** *AmE*) *adj* **1** szary, popielaty: *grey rain clouds* **2** siwy: **go grey** (=o/siwieć): *My father went grey in his forties.* **3** szary: *It was a grey Sunday morning.* | *grey businessmen*

grey[2] (*także* **gray** *AmE*) *n* [C,U] kolor szary

grey·hound /ˈgreɪhaʊnd/ *n* [C] chart angielski

grey·ing /ˈgreɪ-ɪŋ/ *BrE*, **graying** *AmE adj* siwiejący

grid /grɪd/ *n* [C] **1** siatka, kratka **2** *BrE* sieć energetyczna

grief /griːf/ *n* [U] **1** żal: *His grief was obvious from the way he spoke.* **2 Good grief!** *spoken* Boże drogi!

griev·ance /ˈgriːvəns/ *n* [C,U] **a grievance against** pretensje do: *He has a grievance against his former employer.*

grieve /griːv/ *v* **1** [I] być pogrążonym w smutku: *Sue's grieving over the death of her mother.* **2** [T] **it grieves me to think/see ...** przykro mi na myśl/kiedy widzę ...: *It grieves me to see him wasting his talents* (=jak marnuje swoje zdolności).

grill[1] /grɪl/ *v* **1** [I,T] piec na ruszcie **2** [T] *informal* maglować: *They let the man go after grilling him for several hours.*

grill[2] *n* [C] **1** *BrE* ruszt, grill **2** *także* **grille** krata

grim /grɪm/ **grimmer, grimmest** *adj* **1** ponury: *grim economic news* | *grim industrial towns* **2** groźny: *a grim-faced judge* —**grimly** *adv* ponuro

gri·mace /grɪˈmeɪs/ *v* [I] wykrzywiać się: **+ with** *Theo rolled around on the floor grimacing with pain.* —**grimace** *n* [C] grymas

grime /graɪm/ *n* [U] brud

grim·y /ˈgraɪmi/ *adj* brudny: *grimy windows*

grin[1] /grɪn/ *v* [I] **-nned, -nning** uśmiechać się szeroko: **+ at** *Sally was grinning at Martin from across the room.*

grin[2] *n* [C] szeroki uśmiech: *"I'm getting married," said Clare, with a big grin.*

grind[1] /graɪnd/ *v* [T] **ground, ground, grinding 1** z/mielić **2** na/ostrzyć **3** za/zgrzytać **4 grind to a halt** zatrzymać się, stanąć: *Traffic slowly ground to a halt.*

grind[2] *n* [singular] *informal* harówka: *It's Monday again – back to the grind.*

grind·er /ˈgraɪndə/ *n* [C] młynek: *a coffee grinder*

grip[1] /grɪp/ *n* **1** [singular] uścisk, chwyt: **+ on** *Get a firm grip on the rope* (=chwyć mocno za sznur). **2** [singular] panowanie, kontrola: **get a grip on yourself** (=weź się w garść) **3** [U] przyczepność: *I want some tennis shoes with a good grip.*

grip[2] *v* [T] **-pped, -pping 1** chwytać: *I gripped his hand in fear.* **2** pasjonować: *The nation was gripped by the trial of O J Simpson.*

grip·ping /ˈgrɪpɪŋ/ *adj* pasjonujący: *a gripping story*

gris·ly /ˈgrɪzli/ *adj* makabryczny: *the grisly discovery of a body in the cellar*

gris·tle /ˈgrɪsəl/ *n* [U] chrząstka

grit[1] /grɪt/ *n* [U] **1** żwirek **2** *informal* determinacja

grit[2] *v* [T] **-tted, -tting; grit your teeth** zaciskać zęby

groan /grəʊn/ *v* [I] jęczeć: *Captain Marsh was holding his arm and groaning.* | *Go clean your room, and don't groan.* —**groan** *n* [C] jęk

gro·cer /ˈgrəʊsə/ *n* **1** [C] właściciel/ka sklepu spożywczego **2 the grocer's** *BrE* sklep spożywczy

gro·cer·ies /ˈgrəʊsəriz/ *n* [plural] artykuły spożywcze

grocery store /ˈ... ˌ./ *n* [C] *AmE także* **grocery** sklep spożywczy

groin /grɔɪn/ *n* [C] pachwina

groom[1] /gruːm/ *v* **1 groom sb for the job of** [T] przygotowywać kogoś do objęcia stanowiska: *Chris is clearly being groomed for the job of manager.* **2** [T] oporządzać: *to groom a horse*

groom[2] *n* [C] **1** *także* **bridegroom** pan młody **2** stajenny

groove /gruːv/ *n* [C] rowek

grope /grəʊp/ *v* [I] szukać po omacku: **+ for/around** *Ginny groped for the light switch.*

gross /grəʊs/ *adj* **1** *spoken* ohydny, obleśny: *There was one really gross part in the movie.* **2** brutto: *Our gross profit was £50,000.* | *a gross weight* ➡ porównaj NET[3] **3** [only before noun] rażący: *There are some gross inequalities in pay between men and women.* —**grossly** *adv* rażąco

gro·tesque /grəʊˈtesk/ *adj* groteskowy —**grotesquely** *adv* groteskowo

grot·to /ˈgrɒtəʊ/ *n* [C] grota

grouch /graʊtʃ/ *n* [C] *informal* zrzęda —**grouchy** *adj* zrzędliwy

ground[1] /graʊnd/ *n* **1 the ground** ziemia: *The ground was covered in autumn leaves.* **2** [U singular] ziemia, gleba: *The ground's too hard to plant trees now.* **3 sports/football ground** boisko sportowe/piłkarskie **4** [U] teren: *a view across open ground* **5 gain/lose ground** zyskiwać/tracić poparcie: *Republicans have been gaining ground in recent months.* ➡ patrz też GROUNDS

ground[2] *v* **1** [T] *informal* uziemić: *If you stay out that late again, you'll be grounded for a week.* **2** [T] odmówić zgody na start: *All planes are grounded due to snow.* **3 be grounded in sth** mieć podstawę w czymś: *Base your work on principles grounded in research.*

ground[3] *v* czas przeszły i imiesłów bierny od GRIND

ground beef /ˌ. ˈ./ *n* [U] *AmE* mielona wołowina

ground·break·ing /ˈgraʊndˌbreɪkɪŋ/ *adj* przełomowy: *groundbreaking research in physics*

ground floor /ˌ. ˈ.◂/ *n* [C] parter

ground·ing /ˈgraʊndɪŋ/ *n* [singular] **grounding in** przygotowanie w zakresie: *You need a good grounding in mathematics to do this course.*

ground·less /ˈgraʊndləs/ *adj* **groundless fears/suspicions** bezpodstawne obawy/podejrzenia

ground rule /ˈ. ./ *n* [C] podstawowa zasada: *There are a few ground rules you should follow.*

grounds /graʊndz/ *n* [plural] **1** podstawa: **on (the) grounds of sth** *The divorce was granted on the grounds of* (=podstawą do przyznania rozwodu było) *adultery.* | **on the grounds that** *You can't fire a woman on the grounds that she's pregnant* (=dlatego, że jest w ciąży). **2** teren: *They walked around the hospital grounds.*

ground·work /ˈgraʊndwɜːk/ *n* [U] podwaliny: *The revolution laid the groundwork for progress.*

group[1] /gruːp/ *n* [C] grupa: *a rock group* | **+ of** *Everyone please get into groups of four.* | *a group of teachers*

group[2] *v* [I,T] z/grupować (się): **be grouped around sth** *The village was made up of houses grouped around the church.* | **be grouped into** *Birds can be grouped into several classes.*

group·ing /ˈgruːpɪŋ/ *n* [C] ugrupowanie: *political groupings*

grove /grəʊv/ *n* [C] gaj: *a lemon grove*

grov·el /ˈgrɒvəl/ *v* [I] **-lled, -lling** *BrE*, **-led, -ling** *AmE* **1** płaszczyć się: *Never grovel to your boss.* **2** czołgać się: *I saw him grovelling in the road for his hat.*

grow /grəʊ/ *v* **grew, grown, growing 1** [I] u/rosnąć: *Jamie's grown two inches this year.* | *Not many plants can grow in the far north.* **2** [I] wz/rosnąć: *The number of students grew by 5% last year.* **3** [T] wy/hodować: *We're trying to grow roses this year.* **4** [I] rozwijać się: *a growing business* | **growing number** *A growing number of* (=coraz więcej) *people are working from home.* **5 grow old/strong** starzeć się/wzmacniać się **6** [T] zapuszczać: *to grow a beard*

grow into sb/sth *v* [T] **1** wyrastać na: *Gene's grown into a handsome young man.* **2** dorastać do: *The coat is too long now, but she'll grow into it.*

grow on sb *phr v* [T] zaczynać się coraz bardziej podobać: *After a while their music grows on you.*

grow out of sth *phr v* [T] wyrastać z: *Sarah still sucks her thumb, but she'll grow out of it.*

grow up *phr v* [I] **1** dorastać: *I grew up in Glasgow.* **2** wyrastać: *Villages grew up along the river.*

G

growl /graʊl/ *v* [I] warczeć: *Our dog always growls at visitors.*

grown[1] /grəʊn/ *v* imiesłów bierny od GROW

grown[2] *adj* **grown man/woman** dorosły mężczyzna/dorosła kobieta: *It was sad to see grown men fighting over a woman.*

grown-up[1] /ˌ. ˈ.◂ / *n* [C] dorosły: *Ask a grown-up to help you.*

grown-up[2] *adj* dorosły: *She has two grown-up sons.*

growth /grəʊθ/ *n* **1** [U singular] rozwój: *Vitamins are necessary for healthy growth.* | *the growth of fascism* | *The job will provide opportunities for personal growth.* **2** [U singular] wzrost: *a growth of interest in African music* **3** [U singular] przyrost: *rapid population growth* **4** [C] narośl

grub /grʌb/ *n* **1** [U] *informal* żarcie **2** [C] larwa

grub·by /ˈgrʌbi/ *adj* brudny: *grubby hands*

grudge[1] /grʌdʒ/ *n* [C] uraza, żal: **+ against** *John's got a grudge against his sister.*

grudge[2] *także* **begrudge** *v* [T] **grudge sb sth** żałować komuś czegoś: *He grudged Mary every penny he paid in alimony.*

grudg·ing /ˈgrʌdʒɪŋ/ *adj* wymuszony: *a grudging apology* —**grudgingly** *adv* niechętnie: *Rob grudgingly offered to drive us to the airport.*

gru·el·ling /ˈgruːəlɪŋ/ *BrE*, **grueling** *AmE adj* wyczerpujący: *a gruelling 25 mile walk*

grue·some /ˈgruːsəm/ *adj* makabryczny: *a gruesome murder*

gruff /grʌf/ *adj* szorstki: *"I'm not interested," said a gruff voice.*

grum·ble /ˈgrʌmbəl/ *v* [I] zrzędzić: **+ about** *Amy's always grumbling about how expensive things are.*

grump·y /ˈgrʌmpi/ *adj* naburmuszony: *You're grumpy today. What's wrong?*

grunt /grʌnt/ *v* **1** [I,T] burknąć: *She just grunted hello and kept walking.* **2** [I] chrząkać (*o świni*) —**grunt** *n* [C] chrząknięcie, burknięcie

guar·an·tee[1] /ˌgærənˈtiː/ *v* [T] **1** za/gwarantować: *We guarantee delivery within 48 hours.* | **+ (that)** *Can you guarantee that it will arrive tomorrow?* | **guarantee to do sth** *We guarantee to refund your money if you are not satisfied.* **2** dawać gwarancję na: *The manufacturers guarantee the watch for three years.*

guarantee[2] *n* [C] gwarancja: *a two-year guarantee* | **be under guarantee** (=być na gwarancji): *Is the microwave still under guarantee?* | **+ (that)** *There's no guarantee that the books will be delivered this week.*

guard[1] /gɑːd/ *n* **1** [C] strażni-k/czka: *security guards* | *prison guards* **2 be on guard/stand guard** stać na warcie: *Hogan was on guard until midnight.* **3** [singular] straż: *The changing of the guard.* **4** [C] *BrE* konduktor/ka **5** [C] osłona: *a hockey player's face guard* **6 be on your guard** mieć się na baczności: *Be on your guard against pickpockets* (=strzeż się kieszonkowców). **7 catch sb off guard** zaskoczyć kogoś: *Senator O'Hare was caught off guard by the reporter's question.*

guard² *v* [T] strzec

guard against sth *phr v* [T] zapobiegać: *Exercise can help guard against a number of serious illnesses.*

guard·ed /ˈgɑːdᵻd/ *adj* ostrożny: *a guarded welcome*

guard·i·an /ˈgɑːdiən/ *n* [C] **1** opiekun/ka **2** *formal* stróż: *The UN is the guardian of peace in the area.*

guer·ril·la /gəˈrɪlə/ *także* **guerila** *n* [C] partyzant: *guerrilla warfare*

guess¹ /ges/ *v* **1** [I,T] **a)** zgadywać: *"How old is Ginny's son?" "I'd say 25, but I'm just guessing." | "Don't tell me, you got the job." "How did you guess?"* | **+ (that)** *I'd never have guessed you two were sisters.* **b)** odgadywać: *I guessed his age just by looking at him.* **2 I guess (so/not)** *spoken* chyba (tak/nie): *His light's on, so I guess he's still up. | "She wasn't happy?" "I guess not."* **3 guess what** *spoken* nie uwierzysz: *Guess what! Alan's asked me to marry him!*

guess² *n* **1** [C] **make/have/take a guess** zgadywać: *Make a guess if you don't know the answer. | Have a guess where we're going tonight!* **2** [C] **my guess is (that)** sądzę, że: *My guess is that there won't be many people at the party.* **3 it's anybody's guess** *informal* nikt nie wie: *Where he disappeared to was anybody's guess.*

guess·work /ˈgeswɜːk/ *n* [U] domysły

guest /gest/ *n* [C] **1** gość: *We're having guests this weekend. | My guest this evening is Tina Turner. | Michael Foot is the guest speaker at this year's conference.* **2 be my guest** *spoken* proszę bardzo: *"Could I use your phone?" "Be my guest."*

guid·ance /ˈgaɪdəns/ *n* [U] porada

guide¹ /gaɪd/ *n* [C] **1** przewodni-k/czka: *a tour guide* **2** przewodnik: *a guide for new parents* **3** wskazówka: *A friend's experience isn't always the best guide.* **4 Guide** *BrE* *także* **Girl Guide** harcerka

guide² *v* [T] po/prowadzić: *Taking her arm, Andrew guided her to their table. | You should be guided by your doctor on your diet.*

guide·book /ˈgaɪdbʊk/ *n* [C] przewodnik

guide dog /ˈ. ./ *n* [C] *BrE* pies przewodnik

guide·lines /ˈgaɪdlaɪnz/ *n* [plural] wskazówki: **+ on/for** *guidelines on health and safety at work*

guild /gɪld/ *n* [C] cech: *the writers' guild*

guil·lo·tine /ˈgɪlətiːn/ *n* [C] gilotyna —**guillotine** *v* [T] zgilotynować

guilt /gɪlt/ *n* [U] wina: *The jury was sure of the defendant's guilt.* | **feeling/sense of guilt** (=poczucie winy): *Martha felt a great sense of guilt about ending the relationship.* → antonim INNOCENCE

guilt·y /ˈgɪlti/ *adj* winny: **feel guilty about sth** *I feel guilty about not inviting her to the party.* | **+ of** *These men are guilty of murder.* | **find sb guilty** (=uznawać kogoś za winnego): *The jury found him not guilty.* → antonim INNOCENT

guinea pig /ˈgɪni pɪg/ *n* [C] **1** świnka morska **2** *informal* królik doświadczalny

gui·tar /gɪˈtɑː/ *n* [C] gitara —**guitarist** *n* [C] gitarzyst-a/ka

gulf /gʌlf/ *n* [C] **1** przepaść: **+ between** *There is a widening gulf between the rich and the poor.* **2** zatoka: *the Gulf of Mexico*

gull /gʌl/ *n* [C] mewa

gul·li·ble /ˈgʌlᵻbəl/ *adj* łatwowierny —**gullibility** /ˌgʌlᵻˈbɪlᵻti/ *n* [U] łatwowierność

gulp /gʌlp/ *v* **1** [T] *także* **gulp down** po/łykać (*szybko*): *She gulped her tea and ran to catch the bus.* **2** [I] przełykać ślinę: *Shula read the test questions, and gulped.*

gum¹ /gʌm/ *n* **1** [C usually plural] dziąsło **2** [U] guma (do żucia)

gum² *v* [T + adv/prep] **-mmed, -mming** *BrE* s/kleić

gun¹ /gʌn/ *n* [C] pistolet, strzelba

gun² *v* **-nned, -nning**

gun sb ↔ **down** *phr v* [T] zastrzelić: *Bobby Kennedy was gunned down in a hotel.*

G

gun·boat /ˈɡʌnbəʊt/ *n* [C] kanonierka

gun·fire /ˈɡʌnfaɪə/ *n* [U] ogień z broni palnej: *The sound of gunfire shattered the peace of this normally quiet town.*

gun·man /ˈɡʌnmən/ *n* [C] uzbrojony bandyta

gun·point /ˈɡʌnpɔɪnt/ *n* [U] **at gunpoint** na muszce: *We were held at gunpoint throughout the robbery.*

gun·pow·der /ˈɡʌnˌpaʊdə/ *n* [U] proch strzelniczy

gun·shot /ˈɡʌnʃɒt/ *n* **1** [C] wystrzał: *We heard three gunshots.* **2** [U] postrzał: *a gunshot wound*

gur·gle /ˈɡɜːɡəl/ *v* [I] **1** bulgotać **2** gaworzyć: *The baby lay gurgling on the bed.* —**gurgle** *n* [C] bulgot

gu·ru /ˈɡʊruː/ *n* [C] *informal* guru: *football guru Terry Venables*

gush[1] /ɡʌʃ/ *v* [I,T] tryskać: **+ out of/from etc** *Water was gushing out of the pipe.* | *Blood was gushing from the wound.*

gush[2] *n* [C] **1** strumień: *a gush of warm water* **2 a gush of anxiety/relief** przypływ niepokoju/ulgi: *I felt a gush of relief that the children were safe.*

G

gust[1] /ɡʌst/ *n* [C] podmuch, powiew: *A gust of wind blew our tent over.*

gust[2] *v* [I] wiać: *Winds gusting up to 70 mph have been reported in the North.*

gus·to /ˈɡʌstəʊ/ *n* [U] **with gusto** z zapałem: *The band were playing with great gusto.*

gut[1] /ɡʌt/ *n informal* **1 gut reaction/feeling** instynktowna reakcja/uczucie: *I had a gut feeling that he was a dangerous man.* **2** [C] jelito → patrz też GUTS

gut[2] *v* [T] **-tted, -tting 1** zniszczyć wnętrze: *The school was completely gutted by fire.* **2** wy/patroszyć → patrz też GUTTED

guts /ɡʌts/ *n* [plural] *informal* **1** odwaga: *It takes guts to leave a violent relationship.* **2** wnętrzności **3 hate sb's guts** *informal* serdecznie kogoś nienawidzić

gut·ted /ˈɡʌtɪd/ *adj* [not before noun] *BrE spoken* **1** załamany: *She'll be gutted when she finds out she's not going.* **2 gutted by fire** wypalony: *The building was gutted by fire.*

gut·ter /ˈɡʌtə/ *n* [C] **1** rynsztok **2** rynna

gut·tur·al /ˈɡʌtərəl/ *adj* gardłowy

guy /ɡaɪ/ *n* [C] *informal* **1** facet: *He's a really nice guy.* **2 you guys** *spoken, especially AmE* wy: *We'll see you guys Sunday, okay?*

gym /dʒɪm/ *n* **1** [C] sala gimnastyczna **2** [U] gimnastyka: *a gym class*

gym·na·si·um /dʒɪmˈneɪziəm/ *n* [C] sala gimnastyczna

gym·nas·tics /dʒɪmˈnæstɪks/ *n* [U] gimnastyka —**gymnast** *n* [C] gimnasty-k/czka: *She's an Olympic gymnast.*

gy·nae·col·o·gy /ˌɡaɪnɪˈkɒlədʒi/ *BrE*, **gynecology** *AmE n* [U] ginekologia —**gynaecologist** *n* [C] ginekolog —**gynaecological** /ˌɡaɪnɪkəˈlɒdʒɪkəl◂/ *adj* ginekologiczny

gyp·sy /ˈdʒɪpsi/ (*także* **gipsy** *BrE*) *n* [C] Cygan/ka

gy·rate /dʒaɪˈreɪt/ *v* [I] wirować: *dancers gyrating wildly*

Hh

hab·it /ˈhæbɪ̈t/ *n* **1** [C,U] zwyczaj, nawyk: **be in the habit of doing sth** (=mieć zwyczaj coś robić): *Jeff was in the habit of taking a walk after dinner.* | **get into/in the habit of doing sth** (=wyrobić w sobie nawyk robienia czegoś): *Try to get into the habit of taking regular exercise.* | **out of habit/from habit** (=z przyzwyczajenia): *After he left home, I was still cleaning his room out of habit.* **2** [C] nałóg: *Biting your nails is a very bad habit.* | **have a habit of doing sth** *She has a habit* (=ma w zwyczaju) *of never finishing her sentences.* | **break/kick the habit** (=zerwać z nałogiem): *Brad's been smoking for 20 years and just can't kick the habit.* **3** [C] habit

hab·i·tat /ˈhæbɪ̈tæt/ *n* [C] środowisko naturalne

hab·i·ta·tion /ˌhæbɪ̈ˈteɪʃən/ *n* [U] zamieszkanie: *There was no sign of habitation on the island.*

ha·bit·u·al /həˈbɪtʃuəl/ *adj* **1** charakterystyczny: *Jane was in her habitual bad temper this morning.* **2** nałogowy: *a habitual smoker* —**habitually** *adv* stale

hack /hæk/ *v* [I + adv/prep, T] rąbać: *All of the victims had been hacked to death.*

hack into sth *phr v* [T] włamać się do: *Morris managed to hack into a federal computer network.* —**hacker** *n* [C] haker

hack·neyed /ˈhæknid/ *adj* wytarty, wyświechtany: *a hackneyed phrase*

hack·saw /ˈhæksɔː/ *n* [C] piłka do metalu

had /həd/ *v* czas przeszły i imiesłów bierny od HAVE → patrz też -'D

had·dock /ˈhædək/ *n* [C,U] łupacz (*ryba*)

had·n't /ˈhædnt/ forma ściągnięta od 'had not'

hae·mo·phil·i·a /ˌhiːməˈfɪliə/ *BrE*, **hemophilia** *AmE n* [U] hemofilia

hae·mor·rhage /ˈhemərɪdʒ/ *BrE*, **hemorrhage** *AmE n* [C,U] krwotok

hae·mor·rhoids /ˈhemərɔɪdz/ *BrE*, **hemorrhoids** *AmE n* [plural] *technical* hemoroidy

hag /hæg/ *n* [C] wiedźma

hag·gard /ˈhægəd/ *adj* wymizerowany: *She arrived home looking pale and haggard.*

hag·gle /ˈhægəl/ *v* [I] targować się: **+ over** *We were haggling over the price for an hour.*

hail¹ /heɪl/ *v* **1** [T] przywoływać: **hail a cab/taxi** (=zatrzymać taksówkę) **2** [I] **it hails** pada grad

hail sb/sth **as** sth *phr v* [T] okrzyknąć: *Davos was hailed as a national hero.*

hail from *phr v* [I] pochodzić z: *Dr Starkey hails from Massachusetts.*

hail² *n* [U] grad: **a hail of bullets/stones** (=grad kul/kamieni)

hail·storm /ˈheɪlstɔːm/ *n* [C] burza gradowa, gradobicie

hair /heə/ *n* **1** [U] włosy: *Mike's the guy with the blond curly hair.* | *I want to grow my hair* (=chcę zapuścić włosy). **2** [U] sierść **3** [C] włos: *The sofa was covered in dog hairs.* → porównaj FUR **4 short-haired/dark-haired** krótkowłosy/ciemnowłosy: *a long-haired cat* **5 let your hair down** *informal* zaszaleć

hair·brush /ˈheəbrʌʃ/ *n* [C] szczotka do włosów

hair·cut /ˈheəkʌt/ *n* **1** [C usually singular] strzyżenie, obcięcie włosów: *You need a haircut.* **2** [C] fryzura: *a short haircut*

hair·do /ˈheəduː/ *n* [C] *plural* **hairdos** *informal* fryzura, uczesanie

hair·dress·er /ˈheəˌdresə/ *n* [C] fryzjer/ka: *I have an appointment at the hairdresser's.*

hair·dry·er /ˈheəˌdraɪə/ *n* [C] suszarka do włosów

hair·grip /ˈheəgrɪp/ *n* [C] *BrE* klamra do włosów

hair·pin /ˈheəˌpɪn/ *n* [C] wsuwka, spinka do włosów

hairpin bend /ˌ.. ˈ./ *BrE*, **hairpin turn** *AmE n* [C] serpentyna (*w górach*)

hair-rais·ing /ˈ. ˌ../ *adj* jeżący włos na głowie: *hair-raising adventures*

H

hair·style /ˈheəstaɪl/ *n* [C] fryzura, uczesanie

hair·y /ˈheəri/ *adj* owłosiony, włochaty: *hairy legs* | *a hairy chest*

half[1] /hɑːf/ *n, determiner* **1** połowa, pół: *The wall is half a mile long.* | *Over half the people in this area are unemployed.* | *Their son is two and a half* (=ma dwa i pół roku). | **+ of** *I only saw the first half of the film.* | **cut/reduce sth by half** (=obciąć/zredukować coś o połowę) **2 half past two/three** *especially BrE* (w)pół do trzeciej/czwartej: *We're meeting at half past seven.* **3 half two/three** *BrE spoken* (w)pół do trzeciej/czwartej: *"What time do you usually leave?" "About half five."*

> **UWAGA half**
>
> W wyrażeniach 'jeden i pół', 'dwa i pół' itd. wyraz **half** używany jest zawsze z przedimkiem nieokreślonym **a**: *for two and a half days* | *in four and a half minutes.*

half[2] *adv* do połowy, w połowie, na pół: *He shouldn't be allowed to drive – he's half blind!* | *a half-empty bottle* | *I half expected* (=po części spodziewałem się) *her to yell at me.*

H

half a doz·en /ˌ. . ˈ../ *number* sześć, pół tuzina: *half a dozen donuts*

half-baked /ˌ. ˈ.◂ / *adj informal* niedopracowany

half board /ˌ. ˈ./ *n* [U] *especially BrE* zakwaterowanie ze śniadaniem i kolacją

half-broth·er /ˈ. ˌ../ *n* [C] brat przyrodni

half-heart·ed /ˌ. ˈ..◂ / *adj* **make a half-hearted attempt** próbować bez przekonania/entuzjazmu: *He made a half-hearted attempt to tidy his room.*

half-sis·ter /ˈ. ˌ../ *n* [C] siostra przyrodnia

half term /ˌ. ˈ.◂ / *n* [C,U] *BrE* krótkie ferie w połowie semestru

half time /ˌ. ˈ.◂ / *n* [U] przerwa (*w połowie meczu*)

half·way /ˌhɑːfˈweɪ◂ / *adj adv* (położony) w pół drogi: *We had reached the halfway mark of the trail.* | **+ through/down/up etc** *Halfway through* (=w połowie) *the meal, Dan got up.*

half-wit /ˈ. ./ *n* [C] przygłup

hall /hɔːl/ *n* **1** [C] hol, przedpokój: *The bathroom's just down the hall on the right.* **2** [C] sala: *a dance hall* | *Carnegie Hall*

hal·lo /həˈləʊ/ *interjection BrE* → HELLO

hall of res·i·dence /ˌ. . ˈ.../ *n* [C] *BrE* dom studencki, akademik

Hal·low·een /ˌhæləʊˈiːn◂ / *n* [U] wigilia Wszystkich Świętych

hal·lu·ci·nate /həˈluːsɪ̱neɪt/ *v* [I] mieć halucynacje

hal·lu·ci·na·tion /həˌluːsɪ̱ˈneɪʃən/ *n* [C,U] halucynacja

hall·way /ˈhɔːlweɪ/ *n* [C] hol

ha·lo /ˈheɪləʊ/ *n* [C] *plural* **halos** aureola

halt[1] /hɔːlt/ *v* [I,T] *formal* zatrzymać (się), wstrzymać: *The city council has halted repair work on the subways.*

halt[2] *n* [singular] **1 come/grind to a halt** zatrzymać się: *The bus slowly ground to a halt.* **2 bring sth to a halt** zatrzymać coś, wstrzymać coś: *Yesterday's strike brought production to a halt.*

halve /hɑːv/ *v* [T] **1** zmniejszać o połowę: *Food production was almost halved during the war.* **2** przepoławiać, przepołowić/dzielić na połowę: *Wash and halve the mushrooms.*

halves /hɑːvz/ *n* liczba mnoga od HALF

ham /hæm/ *n* [C,U] szynka: *a slice of ham*

ham·burg·er /ˈhæmbɜːɡə/ *n* **1** [C] hamburger **2** [U] *AmE* mięso mielone

ham·let /ˈhæmlɪ̱t/ *n* [C] wioska

ham·mer[1] /ˈhæmə/ *n* [C] młotek

hammer[2] *v* **1** [T] wbijać **2** [I] walić: *Mike was hammering on the door with his fists.*

hammer sth **into** sb *phr v* [T] *także* **hammer sth home** wbijać do głowy: *Mom hammered the message into us: don't talk to strangers!*

ham·mock /ˈhæmək/ *n* [C] hamak

ham·per /ˈhæmpə/ *v* [T] utrudniać, przeszkadzać: *The search was hampered by bad weather.*

ham·ster /ˈhæmstə/ *n* [C] chomik

hand[1] /hænd/ *n* **1** [C] ręka: *She writes with her left hand.* | *Tom stood in the doorway with his hands in his pockets.* | **take sb's hand/take sb by the hand** *I took her hand* (=wziąłem ją za rękę) *and helped her down the stairs.* | **hold hands (with sb)** *They sat there holding hands* (=trzymając się za ręce) *through the entire film.* **2 right-handed/left-handed** praworęczny/leworęczny **3 on the one hand ... on the other hand** z jednej strony ... z drugiej strony: *On the one hand, they work slowly, but on the other hand they always finish the job.* **4 on hand/to hand** pod ręką: *Keep a supply of candles on hand in case of power cuts.* **5 at hand** blisko, w pobliżu: **close/near at hand** *Nurses are always close at hand in case of emergency.* **6 by hand** ręcznie: *She does all her washing by hand.* **7 give/lend sb a hand** pomóc komuś: *Can you give me a hand moving this box?* **8 in sb's hands/in the hands of sb** w czyichś rękach: *Responsibility for the schedule is entirely in your hands.* **9 get out of hand** wymykać się spod kontroli: *Todd's behaviour is getting totally out of hand.* **10 hand in hand a)** trzymając się za ręce: *They walked hand in hand through the park.* **b) go hand in hand** iść w parze: *Wealth and power go hand in hand.* **11 have your hands full** mieć pełne ręce roboty: *You're going to have your hands full once you have the baby!* **12 hands off** *spoken* ręce przy sobie: *Hands off my cookies* (=nie ruszaj moich ciasteczek)*!* **13** [C] wskazówka: *a clock hand* **14** [C] rozdanie (*w grze w karty*)

hand[2] *v* [T] podawać: **hand sb sth** *Can you hand me a towel?*

hand sth ↔ **around** (*także* **hand** sth ↔ **round** *BrE*) *phr v* [T] rozdawać, częstować: *Could you hand the sandwiches around please, Mike?*

hand sth ↔ **down** *phr v* [T] przekazywać: *traditions that were handed down from generation to generation*

hand sth ↔ **in** *phr v* [T] wręczać, oddawać: *Please hand in your application by September 30.*

hand sth ↔ **out** *phr v* [T] rozdawać: *They were handing out free T-shirts at the club.*

hand over *phr v* [T **hand** sb/sth ↔ **over**] przekazywać: *The thief was caught and handed over to the police.*

hand·bag /ˈhændbæg/ *n* [C] *especially BrE* torebka

hand·book /ˈhændbʊk/ *n* [C] podręcznik, poradnik: *an employee handbook*

hand·brake /ˈhændbreɪk/ *n* [C] *BrE* hamulec ręczny

hand·cuffs /ˈhændkʌfs/ *n* [plural] kajdanki

hand·ful /ˈhændfʊl/ *n* **1** [C] garść: **+ of** *a handful of nuts* **2 a handful of** garstka: *Only a handful of people came to the meeting.*

hand·i·cap /ˈhændikæp/ *n* [C] **1** upośledzenie, ułomność: *a severe physical handicap* **2** utrudnienie, przeszkoda: *Not being able to speak French was a real handicap.*

hand·i·capped /ˈhændikæpt/ *adj* niepełnosprawny: **mentally/physically handicapped** *schools for mentally handicapped children*

hand·ker·chief /ˈhæŋkətʃɪf/ *n* [C] chusteczka do nosa

han·dle[1] /ˈhændl/ *v* [T] **1** po/radzić sobie z: *The job was so stressful, he couldn't handle it any longer.* **2** zajmować się: *Ms Lee handled all of our travel arrangements.* **3** obchodzić się z: *Handle all packages with care.*

handle[2] *n* [C] uchwyt, rączka: *a door handle*

han·dle·bars /ˈhændlbɑːz/ *n* [plural] kierownica (*w rowerze, motocyklu*)

hand lug·gage /ˈ. ˌ../ *n* [U] bagaż podręczny

hand·made /ˌhændˈmeɪd◂/ *adj* ręcznej roboty: *handmade shoes*

H

hand·shake /ˈhændʃeɪk/ *n* [C] uścisk dłoni: *a firm handshake*

hand·some /ˈhænsəm/ *adj* **1** przystojny: *a tall handsome young officer* **2** pokaźny: *a handsome profit* | *a handsome offer* (=atrakcyjna oferta)

hands-on /ˌ. ˈ./ *adj* praktyczny: *hands-on experience* | *hands-on training*

hand·writ·ing /ˈhændˌraɪtɪŋ/ *n* [U] pismo, charakter pisma: *She has very neat handwriting.*

hand·y /ˈhændi/ *adj* **1** przydatny, poręczny: *a handy little gadget* | **come in handy** *The extra key may come in handy* (=może się przydać). **2** *informal* pod ręką: *Make sure you have your passport handy.*

hand·y·man /ˈhændimæn/ *n* [C] *plural* **handymen** złota rączka

hang[1] /hæŋ/ *v* **hung, hung, hanging 1** [T] za/wieszać, powiesić: *He hung his coat on the back of the door.* **2** [I] wisieć: *Dark clouds hung over the valley.* | **+ from/on etc** *Her portrait was hanging on the wall.* **3** [T] *past tense and past participle* **hanged** wieszać, powiesić: *Corey hanged himself in his prison cell.* **4 hang your head** zwiesić głowę: *Lewis hung his head and refused to answer.* **5 hang in the balance** ważyć się: *Our whole future is hanging in the balance.*

hang around (*także* **hang about** *BrE*) *phr v* [I,T] *informal* **1** po/kręcić się: *We hung around for about an hour and then left.* **2 hang around with sb** zadawać się z kimś: *I don't like the people she hangs around with.*

hang on *phr v* **1 hang on!** *spoken* poczekaj!: *Hang on, I'll be with you in a minute!* **2** [I] *informal* trzymać się: *Hang on everybody, the road's pretty bumpy.*

hang onto sb/sth *phr v* [T] *informal* zatrzymać: *Hang onto that letter – you might need it later.*

hang out *phr v* [I] *informal* spędzać czas: *They hang out together.*

hang round *phr v* [I] *BrE* → HANG AROUND

hang up *phr v* **1** [I] odłożyć słuchawkę: *She said good night and hung up.* | **hang up on sb** (=rzucić komuś słuchawką): *Don't hang up on me!* **2** [T **hang** sth ↔ **up**] wieszać, powiesić: *Hang your coat up.*

hang[2] *n* **get the hang of (doing) sth** *informal* nauczyć się czegoś: *You'll soon get the hang of using the computer.*

hang·ar /ˈhæŋə/ *n* [C] hangar

hang·er /ˈhæŋə/ *n* [C] wieszak

hang glid·ing /ˈ. ˌ../ *n* [U] lotniarstwo —**hang glider** *n* [C] lotnia

hang·o·ver /ˈhæŋəʊvə/ *n* [C] kac

hang-up /ˈ. ./ *n* [C] **have a hangup about sth** *informal* mieć kompleksy na punkcie czegoś: *Cindy has a hangup about her nose.*

han·kie /ˈhæŋki/ *także* **hanky** *n* [C] *informal* chusteczka do nosa

hap·haz·ard /ˌhæpˈhæzəd◂/ *adj* niesystematyczny, przypadkowy: *a haphazard way of working* —**haphazardly** *adv* na chybił trafił

hap·pen /ˈhæpən/ *v* [I] **1** zdarzyć się, wydarzyć się: *We must do all we can to prevent such a disaster ever happening again.* | *Did anything exciting happen while I was away?* | **happen to sb/sth** (=przytrafiać się): *Strange things have been happening to me lately.* **2** dziać się: *When I try to turn on the motor, nothing happens.* | **what happens if ...?** (=co będzie, jeśli ...?): *What happens if your parents find out?* **3 happen to do sth** przypadkiem coś zrobić: *I happened to see Hannah at the store today.* **4 as it happens/it (just) so happens** tak się (akurat) składa: *It just so happened that Mike and I had been to the same school.*

happen on/upon sb/sth *phr v* [T] natrafić na, natknąć się na: *We just happened on the cabin when we were hiking one day.*

hap·pen·ing /ˈhæpənɪŋ/ *n* [C] wydarzenie

hap·pi·ly /ˈhæpəli/ *adv* **1** szczęśliwie: *They're very happily married.* **2** na szczęście: *Happily, no one was hurt in the fire.*

hap·pi·ness /ˈhæpinəs/ *n* [U] szczęście

H

hap·py /ˈhæpi/ *adj* **1** szczęśliwy: *Sam's been looking a lot happier recently.* | *Congratulations! I'm very happy for you.* | *a happy marriage* | *Those were the happiest years of my life.* | **+ with/about** *Are you happy with* (=zadowolony z) *their decision?* ➡ antonim UNHAPPY **2 be happy to do sth** z/robić coś z przyjemnością: *Our team of experts will be happy to answer any questions.* **3 Happy Birthday** wszystkiego najlepszego w dniu urodzin **4 Happy New Year** szczęśliwego Nowego Roku

happy-go-luck·y /ˌ... ˈ..◂/ *adj* beztroski

har·ass /ˈhærəs, həˈræs/ *v* [T] **1** nękać, dręczyć: *They claim that they are being harassed by the police.* | *Please stop harassing me.* **2** napastować

har·ass·ment /ˈhærəsmənt, həˈræsmənt/ *n* [U] **1** dręczenie **2 sexual harassment** napastowanie seksualne: *Tina accused her boss of sexual harassment.*

har·bour[1] /ˈhɑːbə/ *BrE*, **harbor** *AmE n* [C,U] port

> UWAGA **harbour** i **port**
>
> Nie należy mylić rzeczowników **harbour** i **port** w znaczeniu 'port'. **Harbour** to przybrzeżny obszar wodny, w którym mogą bezpiecznie zatrzymywać się statki, a **port** to albo przyległy pas lądu wyposażony w urządzenia portowe, albo miasto z takim miejscem postoju statków: *Some of the best natural harbours in the world are here.* | *the Israeli port of Haifa.* Wyraz **port** występuje też w wyrażeniach **come into port**, **leave port** i **in port**: *The ferry was just about to leave port.* | *We're going to have two days ashore while the ship is in port.*

harbour[2] *BrE*, **harbor** *AmE v* [T] **1** żywić: *She harbours a secret desire to be a film star.* | **harbour doubts/suspicions** (=mieć wątpliwości/podejrzenia): *Several of Wilson's colleagues harboured suspicions about him.* **2** ukrywać, dawać schronienie: *She was accused of harbouring deserters.*

hard[1] /hɑːd/ *adj* **1** twardy: *a hard mattress* | *The plums are still too hard to eat.* ➡ antonim SOFT **2** trudny: *The interviewer asked some very hard questions.* | **it's hard (for sb) to do sth** *It's hard to say* (=trudno powiedzieć) *when Glenn will be back.* ➡ antonim EASY[1] **3** ciężki: *a long hard climb to the top of the hill* | *Poor May, she's had a hard life.* | **hard work** *Bringing up children on your own is hard work.* **4** surowy: *Mr. Katz is a hard man to work for, but he's fair.* | **be hard on sb** *She's too hard on those kids.* **5 give sb a hard time** *informal* dokuczać komuś: *The guys were giving him a hard time about missing the ball.* **6 no hard feelings** *spoken* już się nie gniewam **7** niepodważalny, niezbity: *hard facts/evidence* **8 a hard winter** sroga zima —**hardness** *n* [U] twardość

hard[2] *adv* **1** ciężko: *She'd been working hard all day.* **2** mocno: *Come on, push harder!* **3 be hard pressed/put/pushed to do sth** mieć z czymś trudności: *They'll be hard pushed to pay back the money.* **4 take sth hard** przejąć się czymś: *I didn't think that Joe would take the news so hard.*

> UWAGA **hard** i **hardly**
>
> Nie należy mylić przysłówków **hard** i **hardly**. **Hardly** najczęściej znaczy 'prawie nie': *It was hardly raining.* | *I could hardly believe my eyes* (=nie mogłem uwierzyć własnym oczom). **Hard** znaczy 'ciężko' lub 'mocno': *It was raining hard and we all got wet.*

hard·back /ˈhɑːdbæk/ *n* [C] książka w sztywnej oprawie ➡ porównaj PAPERBACK

hard-boiled /ˌ. ˈ.◂/ *adj* **hard-boiled egg** jajko na twardo

hard cash /ˌ. ˈ./ *n* [U] gotówka

hard cop·y /ˈ. ˌ../ *n* [U] wydruk

hard core /ˌ. ˈ./ *n BrE* aktyw, trzon: *the hard core of the Communist Party*

hard·core /ˌ. ˈ.◂/, **hard-core** *adj* [only before noun] **1** zatwardziały: *hardcore op-*

position to abortion **2 hard-core pornography** twarda pornografia

hard disk /ˌ. ˈ./ *n* [C] twardy dysk

hard·en /ˈhɑːdn/ *v* **1** [I] s/twardnieć: *The pottery has to harden before it's painted.* **2** [T] utwardzać

hard-heart·ed /ˌ. ˈ..◂ / *adj* bezwzględny

hard-line /ˌ. ˈ.◂ / *adj* zatwardziały: *hard-line conservatives*

hard·ly /ˈhɑːdli/ *adv* **1** ledwo, ledwie: *The day had hardly begun, and he felt exhausted already.* | *I hardly know* (=prawie nie znam) *the people I'm working with.* | *I could hardly wait* (=nie mogłam się doczekać) *to see him again.* | **hardly ever/anything** (=prawie nigdy/nic): *We hardly ever go out in the evening.* | *She'd eaten hardly anything all day.* **2** bynajmniej (nie): *This is hardly the ideal time to buy a house.* → porównaj BARELY

> UWAGA **hardly ever**
>
> Patrz **almost never, nearly never** i **hardly ever**.

> UWAGA **could hardly**
>
> Patrz **almost couldn't** i **could hardly**.

H

hard of hear·ing /ˌ. . ˈ../ *adj* **be hard of hearing** mieć słaby słuch

hard·ship /ˈhɑːdʃɪp/ *n* [C,U] trudność, trudności: *Many families were suffering economic hardship.* | *the hardships of daily life*

hard up /ˌ. ˈ.◂ / *adj informal* spłukany

hard·ware /ˈhɑːdweə/ *n* [U] **1** hardware, sprzęt komputerowy → porównaj SOFTWARE **2** narzędzia: *a hardware store*

hard-wear·ing /ˌ. ˈ..◂ / *adj BrE* mocny, wytrzymały: *hard-wearing clothes*

hard-work·ing /ˌ. ˈ..◂ / *adj* pracowity: *a hard-working student*

hare /heə/ *n* [C] zając

harm¹ /hɑːm/ *n* **1** [U] krzywda, szkoda: **do (sb) harm** (=za/szkodzić (komuś)): *Modern farming methods do a lot of harm to the environment.* | *I don't think a little wine does you any harm.* | **come to no harm** (=ujść cało): *They got lost in the fog, but luckily they came to no harm.* **2 there's no harm in doing sth** nie zaszkodzi coś zrobić: *There's no harm in asking.* **3 not mean any harm** nie mieć złych zamiarów: *I was only kidding – I didn't mean any harm.*

harm² *v* [T] **1** u/szkodzić, za/szkodzić: *Too much sun can harm your skin.* **2** s/krzywdzić

harm·ful /ˈhɑːmfəl/ *adj* szkodliwy: *the harmful effects of pollution*

harm·less /ˈhɑːmləs/ *adj* **1** nieszkodliwy: *Their dog barks a lot but it's harmless.* **2** niewinny: *harmless fun*

har·mon·i·ca /hɑːˈmɒnɪkə/ *n* [C] harmonijka ustna, organki

har·mon·ize /ˈhɑːmənaɪz/ (*także* **-ise** *BrE*) *v* **1** [I,T] z/harmonizować (z): *Every effort should be made to harmonize the new buildings with the landscape.* **2** [I,T] śpiewać na głosy

har·mo·ny /ˈhɑːməni/ *n* **1** [U] zgoda: *People of many races live here in harmony.* **2** [C,U] harmonia —**harmonious** /hɑːˈməʊniəs/ *adj* harmonijny

har·ness¹ /ˈhɑːnɪ̵s/ *n* **1** [C,U] uprząż **2** [C] szelki: *a safety harness*

harness² *v* [T] **1** wykorzystywać: *harnessing the wind to generate electricity* **2** zaprzęgać

harp /hɑːp/ *n* [C] harfa —**harpist** *n* [C] harfist-a/ka

har·poon /hɑːˈpuːn/ *n* [C] harpun

harp·si·chord /ˈhɑːpsɪkɔːd/ *n* [C] klawesyn

harsh /hɑːʃ/ *adj* **1** srogi, surowy: *harsh Canadian winters* | *harsher laws to deal with drunk drivers* **2** ostry: *harsh lighting* —**harshly** *adv* surowo, ostro —**harshness** *n* [U] surowość, ostrość

har·vest¹ /ˈhɑːvɪ̵st/ *n* [C,U] **1** żniwa: *the wheat harvest* **2** zbiory: *a good harvest*

harvest² *v* [T] zbierać

has /həz/ *v* trzecia osoba liczby pojedynczej czasu teraźniejszego od HAVE

hash·ish /ˈhæʃiːʃ/ *n* [U] haszysz

has·n't /ˈhæzənt/ *v* forma ściągnięta od "has not"

has·sle¹ /ˈhæsəl/ *n* [C,U] *spoken* kłopot: *It's such a hassle not having a washing machine.*

hassle² *v* [T] *informal* zawracać głowę: *Just stop hassling me, will you?*

haste /heɪst/ *n* [U] pośpiech: *In her haste, Pam forgot the tickets.*

has·ten /ˈheɪsən/ *v* **1** [T] przyśpieszać: *Resting will hasten recovery.* **2 hasten to do sth** pośpieszyć ze zrobieniem czegoś: *Gina hastened to assure him that everything was fine.*

hast·y /ˈheɪsti/ *adj* pośpieszny, pochopny: *a hasty decision* —**hastily** *adv* pośpiesznie: *A meeting was hastily organized.*

hat /hæt/ *n* [C] kapelusz, nakrycie głowy: *a big straw hat*

hatch¹ /hætʃ/ *v* [I,T] **1** wylęgać (się): *Three eggs have already hatched.* | *We hatch the eggs by keeping them in a warm place.* **2** *także* **hatch out** wykluwać się: *All the chicks have hatched out.* **3 hatch a plot/plan** u/knuć spisek: *The group hatched a plot to kidnap the President's daughter.*

hatch² *n* [C] luk, właz

hatch·et /ˈhætʃɪ̵t/ *n* [C] toporek → patrz też **bury the hatchet** (BURY)

hate¹ /heɪt/ *v* [T] **1** nienawidzić, nie cierpieć: *Bill really hates his father.* | **hate doing sth** *Pam hates having her photo taken* (=nie cierpi być fotografowana). **2 I hate to think what/how** *spoken* boję się myśleć, co/jak: *I hate to think what Dad would say about this!* —**hated** *adj* znienawidzony: *a hated dictator*

hate² *n* [U] nienawiść: *a look of hate*

hate·ful /ˈheɪtfəl/ *adj* okropny: *What a hateful thing to say!*

ha·tred /ˈheɪtrɪ̵d/ *n* [U] *formal* nienawiść: *eyes full of hatred* | **+ of** *an intense hatred of authority*

haugh·ty /ˈhɔːti/ *adj* wyniosły: *a haughty smile* —**haughtily** *adv* wyniośle

haul¹ /hɔːl/ *v* [I,T] ciągnąć, wlec: *We managed to haul him out* (=wyciągnąć go) *of the water.*

haul² *n* **1** [C] łup, zdobycz: *a big drugs haul* | *The thieves got away with a valuable haul of jewellery.* **2** [C] połów

haul·age /ˈhɔːlɪdʒ/ *n* [U] przewóz

haunt /hɔːnt/ *v* [T] **1** nawiedzać, straszyć (w): *a ship haunted by ghosts of sea captains* **2** prześladować, nękać: *ex-soldiers still haunted by memories of the war*

haunt·ed /ˈhɔːntɪ̵d/ *adj* **a haunted house** dom, w którym straszy

haunt·ing /ˈhɔːntɪŋ/ *adj* zapadający w pamięć: *haunting landscapes*

have¹ /həv/ *auxiliary verb* **has, had, had, having 1** z imiesłowem biernym tworzy formy dokonane: *Have you seen* (=czy widziałeś) *the new Disney movie?* | *She had lived* (=mieszkała) *in Peru for thirty years.* **2** z czasownikami modalnymi i imiesłowem biernym tworzy czas przeszły tych czasowników: *Carrie should have been* (=powinna była być) *nicer.* | *I must've left* (=musiałem zostawić) *my wallet at home.* **3 had better** lepiej: *You'd better take the cake out of the oven.* | *I'd better phone and say we'll be late.* **4 I've had it (with sth)** *spoken* mam już dość (czegoś): *I've had it with this job. I'm leaving!* → patrz ramka HAVE

have² /hæv/ *v* [T not in passive] **has, had, had, having 1** *także* **have got** mieć: *He's got brown eyes and dark hair.* | *Japan has a population of over 120 million.* | *Kurt had a nice bike, but it got stolen.* | *Does she have a CD player?* | *He had his eyes closed.* | *Julie had six brothers.* | *You have 30 minutes to finish the test.* | *Sheila's had the flu for a week.* | *He's got a broken leg.* | *Wait, I've got an idea.* | *She had many happy memories of her time in Japan.* | **have the money/time** (=mieć dość pieniędzy/czasu): *I'd like to help, but I don't have the time.* | **have problems/trouble** *I'm having problems using this fax machine.* | **have fun** (=dobrze się bawić): *The kids had great fun at the theme park.* | **have a meeting/party** *Let's have a party* (=zróbmy przyjęcie)*!* | **have a wash/**

HAVE

Czasownik posiłkowy

Jako czasownik posiłkowy ***have*** służy do tworzenia

1 czasów „perfect”:
*I **have sold** my house.* (Present Perfect)
*She said that she **had sold** her house.* (Past Perfect)
*By next year she **will have sold** her house.* (Future Perfect)

2 bezokolicznika typu „perfect”:
*He seems **to have gone** out.* („Chyba wyszedł.”)
*You should **have told** me.* („Powinieneś był mi powiedzieć.”)

3 imiesłowu biernego, czyli tzw. „trzeciej formy czasownika” (Perfect Participle):
***Having won** a lot of money in a lottery, he stopped working.* („Po tym jak wygrał dużo pieniędzy na loterii, przestał pracować.”)

4 konstrukcji ***to have*** *something* ***done***, używanej w odniesieniu do czynności, które ktoś wykonuje dla nas, zwykle odpłatnie:
*I must **have** this skirt **cleaned**.* („Muszę oddać tę spódnicę do czyszczenia.”)
*We **had** the piano **tuned**.* („Daliśmy nastroić pianino.”)

5 konstrukcji ***had better*** (forma ściągnięta: ***'d better***) + bezokolicznik bez ***to***:
*It's getting late. We**'d better go**.* („Robi się późno. Lepiej już chodźmy.”)
*You**'d better** not **tell** her anything.* („Lepiej nic jej nie mów.”)

Odmiana

Czas teraźniejszy

Twierdzenia:	Przeczenia:
I have/I've	*I have not/I haven't/I've not*
you have/you've	*you have not/you haven't/you've not*
he has/he's	*he has not/he hasn't/he's not*
she has/she's	*she has not/she hasn't/she's not*
it has/it's	*it has not/it hasn't/it's not*
we have/we've	*we have not/we haven't/we've not*
they have/they've	*they have not/they haven't/they've not*
Pytania:	Pytania przeczące:
have I?, have you?, has he? itd.	*haven't I?, haven't you?, hasn't he?* itd.

Czas przeszły

Twierdzenia:	Przeczenia:
had/'d (wszystkie osoby)	*had not/hadn't* (wszystkie osoby)

Pytania:
had I?, had you?, had he? itd.

Pytania przeczące:
hadn't I?, hadn't you?, hadn't he? itd.

Czasownik zwykły

Jako odpowiednik polskiego „mieć" ***have*** występuje często w brytyjskiej angielszczyźnie w towarzystwie **got**:

*She **has (got)** a lovely flat. He**'s got** a headache. I **hadn't (got)** enough time.*

Gdy mowa o sytuacjach powtarzających się, nie używamy **got** ani form ściągniętych (**'s, 'd, 've**), a pytania i przeczenia tworzymy za pomocą ***do/did***:

*I **have** headaches regularly.*

*'**Do** you **have** headaches often?' – 'Yes, I **do**./No, I **don't**.'*

W innych sytuacjach pytania i przeczenia z ***have*** tworzymy albo w sposób typowy dla czasowników posiłkowych, albo za pomocą ***do/did***:

__Have__ you __(got)__ a visa? — ***Do** you **have** a visa?*

*I **haven't got** the time to do it.* — *I **don't have** the time to do it.*

Have jako zwykły czasownik nie występuje w czasach „continuous".

Inne znaczenia

W połączeniach z wieloma rzeczownikami ***have*** tworzy zwroty oznaczajace konkretną czynność, np.:

to have *a drink/a bath/a rest* „napić się/wykąpać się/odpocząć"

to have *a conversation/an argument* „rozmawiać/kłócić się"

to have *a baby/a look/a go* „urodzić dziecko/popatrzeć/spróbować"

W zdaniach z takimi zwrotami nie używamy **got**, a pytania i przeczenia tworzymy za pomocą ***do/did***; można także używać czasów „continuous":

***Did** you **have** a good journey?*

*He **doesn't have** a holiday every year.*

*We **are having** lunch with the boss today.*

HAVE TO

Have to jest jednym z odpowiedników polskiego „musieć":

*She **had to** leave the party early.*

*They'll **have to** wait for the results.*

W odniesieniu do konkretnej sytuacji można użyć ***have to*** lub ***have got to*** (zwykle w formie ściągniętej):

*I **have to** go now.* — *I**'ve got to** go now.*

W odniesieniu do sytuacji powtarzających się nie używamy **got**:

*We **have to** write an essay every week.*

patrz też: ***Auxiliary Verbs, Future Perfect, Infinitive, MUST, Past Perfect, Present Perfect, Perfect Infinitive, Verb***

bath (=umyć/wykąpać się): *I'll just have a quick wash before we leave.* | **have sth on you** (=mieć coś przy sobie): *How much money have you on you?* **2** z/jeść, wy/pić: *Let's go and have a beer.* | *We're having steak tonight.* | **have lunch/breakfast/dinner** *What time do you usually have lunch?* **3** *BrE* *także* **have got** dostać, otrzymać: *Have you had any news from Michael?* **4 may I have/can I have/I'll have** *spoken* poproszę: *I'll have two hot dogs, please.* **5 have sth ready/done** skończyć coś: *They promised to have the job done by Friday.* **6 have a baby** urodzić: *Has Sue had her baby yet?* **7 have your hair cut** pójść do fryzjera **8 have your car repaired** oddać samochód do naprawy **9 have nothing against** nie mieć nic przeciwko: *I have nothing against hard work, but this is ridiculous.* ➞ patrz ramka HAVE[1]

have sth/sb **on** *phr v* [T] **1** [**have** sth ↔ **on**] *także* **have got** sth **on** *BrE* być ubranym w, mieć na sobie: *Mark had on a denim jacket.* **2 be having sb on** *BrE* nabierać kogoś: *He said he was the Managing Director? He was having you on!* ➞ patrz ramka HAVE

UWAGA **have** a cup of tea
Patrz **drink** i **have** a cup of tea.

UWAGA **have** breakfast/lunch/dinner
Patrz **eat** i **have** breakfast/lunch/dinner.

have[3] /hæv/ *modal verb* **have (got) to do sth** musieć coś z/robić: *You don't have to answer all the questions.* | *You have to believe me!* | *First you have to take the wheel off.* | *There has to be an end to all this violence* (=cała ta przemoc musi się przecież kiedyś skończyć). | *He has to be lying* (=na pewno kłamie) – *there's no other explanation.* ➞ patrz ramka HAVE

ha·ven /ˈheɪvən/ *n* [C,U] schronienie

have·n't /ˈhævənt/ *v* forma ściągnięta od "have not"

hav·oc /ˈhævək/ *n* [U] zamęt: **cause havoc** (=po/czynić spustoszenia): *The storm caused havoc everywhere.*

hawk /hɔːk/ *n* [C] jastrząb

hay /heɪ/ *n* [U] siano

hay fe·ver /ˈ. ,../ *n* [U] katar sienny

hay·stack /ˈheɪstæk/ *n* [C] stóg siana

haz·ard /ˈhæzəd/ *n* [C] zagrożenie, niebezpieczeństwo: *a health hazard* —**hazardous** *adj* niebezpieczny: *hazardous waste*

haze /heɪz/ *n* [U singular] mgiełka: *a heat haze*

ha·zel[1] /ˈheɪzəl/ *adj* **hazel eyes** piwne oczy

hazel[2] *n* [C,U] leszczyna

haz·y /ˈheɪzi/ *adj* mglisty, zamglony: *a hazy summer morning* | *My memories of that night are a little hazy.*

he /hi/ *pron* on: *"How's Josh?" "Oh, he's fine."*

head[1] /hed/ *n* **1** [C] głowa: *He turned his head to look at her.* **2** [C] umysł, głowa: *Terry's head is filled with strange ideas.* | **do sth in your head** *You have to work out the answer in your head.* **3** [C] szef: *the head waiter* (=pierwszy kelner) | **+ of** *the former head of the FBI* | **the head (teacher)** *BrE* (=dyrektor/ka szkoły): *Any student caught smoking will have to see the head.* **4** [singular] góra: *Write your name at the head of the page.* **5 get sth into your head** *informal* zdać sobie sprawę z czegoś: *I wish he'd get it into his head that school is important.* **6 keep your head** nie stracić głowy **7 lose your head** s/tracić głowę **8 go to sb's head** uderzać komuś do głowy: *She promised that she wouldn't let success go to her head.* **9 I can't make head nor tail of it** nie mogę się w tym połapać **10 a head/per head** na osobę, od osoby: *The meal worked out at £15 a head.*

head[2] *v* **1** [I,T] s/kierować (się), zmierzać: **+ for/towards/up etc** *a boat heading for the shore* **2** [T] prowadzić, kierować: *Most one-parent families are headed by women.* **3 be heading for** *także* **be headed for** *AmE* być na prostej drodze do: *The company was heading for disaster.*

head·ache /ˈhedeɪk/ *n* [C] ból głowy: *I've got a headache.*

head·gear /ˈhedgɪə/ *n* [U] nakrycie głowy

head·ing /ˈhedɪŋ/ *n* [C] nagłówek

head·lamp /ˈhedlæmp/ *n* [C] *BrE* reflektor

head·land /ˈhedlənd/ *n* [C] cypel, przylądek

head·light /ˈhedlaɪt/ *n* [C] reflektor

head·line /ˈhedlaɪn/ *n* **1** [C] nagłówek **2 the headlines** skrót wiadomości

head·mas·ter /ˌhedˈmɑːstə/ *n* [C] *BrE* dyrektor szkoły

head·mis·tress /ˌhedˈmɪstrəs/ *n* [C] *BrE* dyrektorka szkoły

head-on /ˌ. ˈ.◂ / *adv* **1** czołowo: *A car and a truck had collided head-on.* **2** twarzą w twarz: *She decided to face her difficulties head-on.* —**head-on** *adj*: *a head-on collision* (=zderzenie czołowe)

head·phones /ˈhedfəʊnz/ *n* [plural] słuchawki

head·quar·ters /ˈhedˌkwɔːtəz/ *n* [plural] *także* **HQ** siedziba, centrala, kwatera główna

head·stone /ˈhedstəʊn/ *n* [C] nagrobek, płyta nagrobkowa

head·strong /ˈhedstrɒŋ/ *adj* uparty: *a headstrong child*

head·way /ˈhedweɪ/ *n* **make headway** z/robić postęp(y): **+ towards/with/in etc** *We have made little headway towards a solution.*

heal /hiːl/ *v* **1** [I] *także* **heal up** za/goić się: *The scratch on her finger healed quickly.* **2** [T] wy/leczyć, uzdrawiać: *This cream should help to heal the cuts.* —**healer** *n* [C] uzdrawiacz

health /helθ/ *n* [U] **1** zdrowie: *Smoking can damage your health.* | **in good/poor etc health** *Elsie's not in very good health.* **2** kondycja: *the health of the economy*

health club /ˈ. ./ *n* [C] siłownia

health food /ˈ. ./ *n* [C,U] zdrowa żywność: *a health food shop*

health·y /ˈhelθi/ *adj* zdrowy: *a healthy baby girl* | *a healthy diet* | *It's not healthy for her to depend on him like that.* ➡ antonim UNHEALTHY

heap /hiːp/ *n* [C] stos, sterta: **+ of** *a heap of newspapers* | **in a heap** *His clothes lay in a heap by the bed.*

hear /hɪə/ *v* **heard** /hɜːd/, **heard, hearing 1** [I,T] u/słyszeć: *Can you hear that noise?* | *She called his name but he didn't hear.* | **hear sb doing sth** *I thought I heard someone knocking.* | **+ (that)** *We were sorry to hear that you were ill.* **2** dowiedzieć się: **+ about** *Where did you hear* (=skąd się Pani dowiedziała) *about the job, Miss Blair?* **3** [T] wy/słuchać: *You should at least hear what she has to say.* **4 I won't hear of it!** *spoken* nie chcę (nawet) o tym słyszeć!: *I offered to pay, but he wouldn't hear of it.* **5 hear! hear!** *especially BrE* racja! (*na zebraniu, w dyskusji*)

hear from sb *phr v* [T] mieć (jakieś) wiadomości od: *Have you heard from Jane?*

hear of sb/sth *phr v* [T] **sb has (never) heard of** ktoś (nigdy nie) słyszał o: *Phil Merton? I've never heard of him.*

hear sb **out** *phr v* [T] wysłuchać: *I know you're angry, but just hear me out.*

> UWAGA **hear**
>
> Zwykle mówi się **I can hear**, a nie "I hear" czy "I am hearing": *I can hear someone singing.* Nie mówi się natomiast "I can hear", kiedy chodzi o coś, co słyszymy często lub regularnie: *We often hear them arguing* (nie "we can often hear them arguing"). W czasie przeszłym mówi się **I could hear** i znaczy to to samo co **I heard**: *We could hear footsteps on the stairs.* (=*We heard footsteps on the stairs.*)

hear·ing /ˈhɪərɪŋ/ *n* **1** [U] słuch: *My hearing's not as good as it used to be.* **2** [C] rozprawa: *a court hearing*

H

hearing aid /ˈ.. ./ *n* [C] aparat słuchowy

hear·say /ˈhɪəseɪ/ *n* [U] pogłoski: *It's just hearsay, but they tell me he's leaving.*

hearse /hɜːs/ *n* [C] karawan

heart /hɑːt/ *n* **1** [C,U] serce: *Tom could feel his heart beating faster.* | *He's strict, but he has a kind heart.* | **with all your heart** (=z całego serca): *She wished with all her heart that she had never met him.* | **at heart** (=w głębi serca/duszy): *I'm just a kid at heart.* **2 the heart of sth** (sam) środek czegoś: *deep in the heart of the countryside* | **the heart of the matter/problem** (=sedno sprawy/problemu): *Let's get to the heart of the matter.* **3 know sth by heart** znać/umieć coś na pamięć: *Do you know your speech by heart?* **4 learn sth by heart** na/uczyć się czegoś na pamięć: *Learn this tune by heart before next week's lesson.* **5 hearts** kiery: *the queen of hearts* (=dama kierowa) **6 to your heart's content** do woli: *You can run around here to your heart's content.* **7 take/lose heart** odzyskać/stracić nadzieję: *We took heart when we saw the sign, knowing that we were close to home.* | *I've failed my driving test so many times I'm beginning to lose heart.* **8 not have the heart to do sth** *spoken* nie mieć serca czegoś zrobić: *I didn't have the heart to tell her the truth.*

heart·ache /ˈhɑːteɪk/ *n* [U] rozpacz: *the heartache felt by children when their parents divorce*

heart at·tack /ˈ. .ˌ./ *n* [C] atak serca, zawał

heart·beat /ˈhɑːtbiːt/ *n* [C,U] tętno, puls: *The doctor listened to the baby's heartbeat.*

heart·break /ˈhɑːtbreɪk/ *n* [U] zawód miłosny

heart·break·ing /ˈhɑːtˌbreɪkɪŋ/ *adj* rozdzierający serce: *heartbreaking pictures of starving children*

heart·brok·en /ˈhɑːtˌbrəʊkən/ *adj* załamany: *I don't know how to tell him about the accident – he'll be heartbroken.*

H

heart·en·ing /ˈhɑːtnɪŋ/ *adj* pocieszający, podnoszący na duchu: *heartening news* ➡ antonim DISHEARTENING

heart fail·ure /ˈ. ˌ../ *n* [U] niewydolność serca

heart·felt /ˈhɑːtfelt/ *adj* szczery, płynący z głębi serca: *heartfelt thanks*

hearth /hɑːθ/ *n* [C] palenisko, kominek

heart·i·ly /ˈhɑːtɪli/ *adv* serdecznie: *He laughed heartily.* | *I'm heartily sick of* (=mam serdecznie dość) *hearing about her problems.*

heart·land /ˈhɑːtlənd/ *n* [C] centrum: *the industrial heartland of England*

heart-to-heart /ˌ. . ˈ.◂/ *n* [C] rozmowa w cztery oczy: *It's time you and I had a heart-to-heart.*

heart·y /ˈhɑːti/ *adj* **1** serdeczny: *We were given a hearty welcome.* **2** obfity: *a hearty meal* | **a hearty appetite** (=dobry apetyt)

heat[1] /hiːt/ *n* **1** [U] gorąco, ciepło: *This radiator doesn't give off much heat.* **2** temperatura: *the heat of the sun* **3 the heat a)** upał: *Cindy was constantly complaining about the heat.* **b)** *AmE* ogrzewanie **4** [C] eliminacje: *She was knocked out in the qualifying heats.*

heat[2] *v* **1** [T] *także* **heat up** ogrzewać, podgrzewać: *This house is very expensive to heat.* | *I heated up the remains of last night's supper.* **2** [I] nagrzewać się, rozgrzewać się: *The stove takes a while to heat up.*

heat·ed /ˈhiːtɪd/ *adj* **1** ogrzewany, podgrzewany: *a heated swimming pool* **2 heated discussion/debate** gorąca dyskusja/debata

heat·er /ˈhiːtə/ *n* [C] **1** grzejnik **2** grzałka

heath /hiːθ/ *n* [C] wrzosowisko

hea·then /ˈhiːðən/ *n* [C] *old-fashioned* pogan-in/ka —**heathen** *adj* pogański

heath·er /ˈheðə/ *n* [C,U] wrzos

heat·ing /ˈhiːtɪŋ/ *n* [U] *BrE* ogrzewanie

heat·wave /ˈhiːtweɪv/ *n* [C] fala upałów

heave /hiːv/ *v* **1** [I,T] w/ciągnąć, dźwigać: *She heaved the box onto the back of the truck.* **2 heave a sigh** odetchnąć głęboko: *We can all heave a sigh of relief now that it's over.*

heav·en /'hevən/ *n* [U] **1** *także* **Heaven** niebo, raj → porównaj HELL **2 for heaven's sake** *spoken* na miłość boską: *For heaven's sake, shut up!* **3 heaven forbid** *spoken* nie daj Boże: *And if, heaven forbid, he has an accident, what should I do then?*

heav·en·ly /'hevənli/ *adj* **1** [only before noun] niebiański: *a heavenly choir of angels* **2** *spoken* boski: *Isn't this weather heavenly?*

heavenly bod·y /ˌ... '../ *n* [C] ciało niebieskie

heav·ens /'hevənz/ *n* **1 (Good) Heavens!** *spoken* wielkie nieba!: *Good Heavens! Where have you been?* **2 the heavens** *literary* niebiosa

heav·ily /'hevəli/ *adv* **1** dużo, mocno: **drink/smoke heavily** *He's been drinking heavily since the accident.* | **rain/snow heavily** *It had rained heavily all night.* **2** w dużym stopniu: *Our work is heavily dependent on computers.*

heav·y /'hevi/ *adj* **1** ciężki: *I can't lift this box – it's too heavy.* | *How heavy are you* (=ile ważysz)? **2** obfity, duży: *Traffic is heavy on the A19.* | **heavy rain/snow** *Heavy snowfalls closed roads in the area.* | **be a heavy smoker/drinker** (=dużo palić/pić): *I like wine, but I'm not a heavy drinker.* **3 heavy going** trudny: *I find her novels pretty heavy going.* **4** ciężko strawny: *a heavy lunch* **5 with a heavy heart** z ciężkim sercem —**heaviness** *n* [U] ciężar

heavy-du·ty /ˌ.. '..◂/ *adj* wytrzymały: *heavy-duty plastic gloves*

heav·y·weight /'heviweɪt/ *n* [C] **1** gruba ryba: *one of the heavyweights of the movie industry* **2** bokser wagi ciężkiej —**heavyweight** *adj* wagi ciężkiej: *the heavyweight champion of the world*

hec·tare /'hektɑː/ *n* [C] hektar

hec·tic /'hektɪk/ *adj* gorączkowy: *It's been a really hectic week.*

he'd /hid/ forma ściągnięta od "he would" lub "he had": *I'm sure he'd* (=he would) *drive you there.* | *He'd* (=he had) *never been a good dancer.*

hedge[1] /hedʒ/ *n* [C] żywopłot

hedge[2] *v* [I] wykręcać się, kręcić: *I got the feeling he was hedging.*

hedge·hog /'hedʒhɒg/ *n* [C] jeż

heed /hiːd/ *n* [U] **take heed of/pay heed to** *formal* brać pod uwagę: *Roy paid no heed to* (=nie zważał na) *her warning.*

heel /hiːl/ *n* **1** [C] pięta **2** [C] obcas: *boots with three-inch heels*

height /haɪt/ *n* **1** [C,U] wysokość: *What's the height of the Empire State Building?* **2** [C,U] wzrost: *Howard and Ben are about the same height.* **3 the height of** szczyt: *the height of the tourist season* | *Mini skirts were the height of fashion* (=były szczytem mody).

height·en /'haɪtn/ *v* [I,T] wzmagać (się), s/potęgować (się): *The movie has heightened public awareness of AIDS.*

heights /haɪts/ *n* [plural] wysokość: *I've always been afraid of heights.*

heir /eə/ *n* [C] spadkobier-ca/czyni, następ-ca/czyni: *The Prince of Wales is the heir to the throne.*

heir·ess /'eərəs/ *n* [C] spadkobierczyni, następczyni

held /held/ czas przeszły i imiesłów bierny od HOLD

hel·i·cop·ter /'heləkɒptə/ *n* [C] helikopter, śmigłowiec

he'll /hil/ forma ściągnięta od "he will" lub "he shall"

hell /hel/ *n* **1** *także* **Hell** [singular] piekło: **be hell** *My schooldays were absolute hell.* | **go through hell** (=przechodzić piekło): *My mother went through hell with my father's drinking.* **2** [singular] *spoken* do diabła: *Get the hell out of here!* | **what/why/where etc the hell?** *Where the hell have you been* (=gdzieś ty u diabła był)? **3 a/one hell of a** *spoken* niesamowity: *He's a hell of a salesman.* | *a hell of a lot of money*

hel·lo /həˈləʊ/ *także* **hallo** *BrE*, **hullo** *BrE* *interjection* **1** cześć, dzień dobry: *Hello, my name is Betty.* **2** halo: *"Hello?" "Hello, is Chad there?"*

helm /helm/ *n* **at the helm** u steru: *With Davies at the helm, the team is bound to succeed.*

hel·met /ˈhelmᵻt/ *n* [C] kask, hełm: *a motorcycle helmet*

help¹ /help/ *v* **1** [I,T] pomagać: *It might help to talk to someone about your problems.* | *Brushing your teeth helps prevent cavities.* | **help sb (to) do sth** *Is there anything I can do to help?* | *Do you want me to help you move that table?* | **help sb with sth** *Dad, can you help me with my homework?* **2 can't/couldn't help** nie móc się powstrzymać od: *I just couldn't help laughing.* **3 I can't help it** *spoken* nic na to nie poradzę: *I can't help it if she lost the stupid book!* **4 help yourself (to sth)** po/częstować się (czymś): *Help yourself to anything in the fridge.* **5 help!** *spoken* na pomoc!

help out *phr v* [I,T **help** sb **out**] pomóc: *Sarah's going to help out with the cooking tonight.*

help² *n* **1** [U] pomoc: *Do you need any help with that?* | *Go get help* (=sprowadź pomoc), *quickly!* **2 with the help of** za pomocą: *I opened the can with the help of a knife.* **3 be a lot of help/be a real help** przydać się, być pomocnym: *The instructions weren't a lot of help.*

help·er /ˈhelpə/ *n* [C] pomocni-k/ca

help·ful /ˈhelpfəl/ *adj* pomocny, przydatny: *The map was really helpful.* | *Everyone was so helpful.*

help·ing /ˈhelpɪŋ/ *n* [C] porcja: *a huge helping of potatoes*

help·less /ˈhelpləs/ *adj* bezradny: *I lay helpless in my hospital bed.* —**helplessly** *adv* bezradnie —**helplessness** *n* [U] bezradność

hem /hem/ *n* [C] rąbek

hem·i·sphere /ˈhemᵻsfɪə/ *n* [C] półkula: *the northern hemisphere*

he·mo·phil·i·a /ˌhiːməˈfɪliə/ amerykańska pisownia wyrazu HAEMOPHILIA

hem·or·rhage /ˈhemərɪdʒ/ amerykańska pisownia wyrazu HAEMORRHAGE

hem·or·rhoids /ˈhemərɔɪdz/ amerykańska pisownia wyrazu HAEMORRHOIDS

hemp /hemp/ *n* [U] konopie

hen /hen/ *n* [C] **1** kura **2** samica (*ptaka*)

hence /hens/ *adv formal* **1** stąd: *The sugar from the grapes remains in the wine, hence the sweet taste.* **2 two weeks/six months hence** za dwa tygodnie/sześć miesięcy

hence·forth /ˌhensˈfɔːθ/ *także* **hence·for·ward** /-ˈfɔːwəd/ *adv formal* odtąd

hep·a·ti·tis /ˌhepəˈtaɪtᵻs◂/ *n* [U] zapalenie wątroby

her /hə/ *determiner, pron* jej, ją, nią, niej: *That's her new car.* | *I gave her £20.* | *I'll go without her.*

her·ald /ˈherəld/ *v* [T] zwiastować, zapowiadać: *Familiar music heralded another news bulletin.*

herb /hɜːb/ *n* [C] zioło, ziele —**herbal** *adj* ziołowy: *herbal remedies*

herd¹ /hɜːd/ *n* [C] stado: *a herd of cattle*

herd² *v* [I,T] spędzać, zaganiać: *The tour guide herded us onto the bus.*

here /hɪə/ *adv* **1** tu, tutaj: *I'm going to stay here with Kim.* | *We came here on Dad's birthday.* | *Spring is here* (=przyszła wiosna)! | *Smith! – Here* (=obecny)! **2** w tym miejscu: *The subject is too difficult to explain here.* **3** proszę, masz: **here's** *Here's a spade* (=masz tu łopatę) *– get digging!* | **here you are** (=proszę): *"Could you bring me a glass of water, please?" "Here you are, sir."* **4** oto: *Here comes the bus.* | **here's ...** *Here's the restaurant I was telling you about.* | **here you are/here he is** (=otóż i jesteś/jest): *Here you are – we've been looking everywhere for you.* **5 here goes** no to jazda: *Are you ready? OK, here goes.* **6 here and there** gdzieniegdzie, tu i tam: *Here and there you can see a few scratches, but generally the car's in good condition.*

here·a·bouts /ˌhɪərəˈbaʊts/ *adv* w pobliżu: *There aren't many shops hereabouts.*

here·af·ter /hɪərˈɑːftə/ *adv formal* odtąd, od tego miejsca: *two groups hereafter referred to as groups A and B*

here·by /hɪəˈbaɪ/ *adv formal* niniejszym: *I hereby pronounce you man and wife.*

he·red·i·ta·ry /hǝ̇ˈredǝ̇tǝri/ *adj* dziedziczny: *Heart disease is often hereditary.*

he·red·i·ty /hǝ̇ˈredǝ̇ti/ *n* [U] dziedziczność

her·e·sy /ˈherǝ̇si/ *n* [C,U] herezja

her·e·tic /ˈherǝ̇tɪk/ *n* [C] herety-k/czka —**heretical** /hǝ̇ˈretɪkǝl/ *adj* heretycki

her·i·tage /ˈherǝ̇tɪdʒ/ *n* [C,U] dziedzictwo, spuścizna: *Ireland's musical heritage*

her·mit /ˈhɜːmǝ̇t/ *n* [C] pustelni-k/ca, odludek

her·ni·a /ˈhɜːniə/ *n* [C] przepuklina

he·ro /ˈhɪərəʊ/ *n* [C] *plural* **heroes** bohater: *He became a local hero after saving a boy's life.* | *Indiana Jones is the hero of the film.* ➡ patrz też HEROINE

her·o·in /ˈherəʊɪn/ *n* [U] heroina

her·o·ine /ˈherəʊɪn/ *n* [C] bohaterka

her·o·is·m /ˈherəʊɪzəm/ *n* [U] bohaterstwo, heroizm: *stories of heroism and daring*

her·on /ˈherən/ *n* [C] czapla

her·ring /ˈherɪŋ/ *n* [C,U] śledź

hers /hɜːz/ *pron* jej: *That's my car. This is hers.* | *Angela is a friend of hers.*

her·self /həˈself/ *pron* **1** forma zwrotna zaimka "she": *She made herself* (=sobie) *a cup of coffee.* | *Julie hurt herself* (=skaleczyła się). **2** silna forma zaimka "she", używana dla zaakcentowania podmiotu lub dopełnienia: *It's true! Vicky told me so herself* (=sama mi to powiedziała). **3 (all) by herself** sama: *She went to the concert by herself.* | *Lynn made dinner all by herself.* **4 (all) to herself** dla siebie: *Alison had the whole place to herself that night.*

he's /hiz/ forma ściągnięta od "he is" lub "he has": *He's* (=he is) *my brother.* | *He's* (=he has) *lost his keys.*

hes·i·tant /ˈhezǝ̇tənt/ *adj* niepewny, niezdecydowany: *a hesitant smile*

hes·i·tate /ˈhezǝ̇teɪt/ *v* [I] za/wahać się: *She hesitated before answering his question.* | *Don't hesitate to call me if you need any help.*

hes·i·ta·tion /ˌhezǝ̇ˈteɪʃən/ *n* [C,U] wahanie: *There was a slight hesitation before he answered.* | **have no hesitation in doing sth** (=z/robić coś bez wahania): *I have no hesitation in recommending him for the job.*

het·e·ro·ge·ne·ous /ˌhetərəʊˈdʒiːniəs◂/ *także* **het·e·ro·ge·nous** /hetəˈrɒdʒənəs/ *adj formal* różnorodny, heterogeniczny: *a heterogeneous group of pictures* ➡ porównaj HOMOGENEOUS

het·e·ro·sex·u·al /ˌhetərəˈsekʃuəl◂/ *adj* heteroseksualny ➡ porównaj BISEXUAL[1], HOMOSEXUAL

hex·a·gon /ˈheksəgən/ *n* [C] sześciokąt —**hexagonal** /hekˈsægənəl/ *adj* sześciokątny

hey /heɪ/ *interjection* hej: *Hey! Look who's here!*

hi /haɪ/ *interjection informal* cześć, hej: *Hi! How are you?*

hi·ber·nate /ˈhaɪbəneɪt/ *v* [I] zimować, zapadać w sen zimowy —**hibernation** /ˌhaɪbəˈneɪʃən/ *n* [U] hibernacja, sen zimowy

hic·cup[1] /ˈhɪkʌp/ *także* **hiccough** *n* [C] czkawka: **have/get (the) hiccups** *The baby always gets hiccups after feeding.*

hiccup[2] *v* [I] **-pped, -pping** mieć czkawkę

hid·den /ˈhɪdn/ *adj* ukryty: *hidden cameras* | *There may have been a hidden meaning in what he said.*

hide[1] /haɪd/ **hid** /hɪd/, **hiding, hidden** *v* **1** [I,T] ukrywać (się), s/chować (się): *Suzy's gone and hidden my keys again.* | *Quick! She's coming – we'd better hide.* | **hide sth in/under etc** *Jane hid the presents in the cupboard.* **2** [T] ukryć:

Matt looked down, anxious to hide his confusion. | *I have nothing to hide.*

hide² *n* [C,U] skóra (*zwierzęca*)

hide-and-seek /ˌ.. . './ *n* [U] zabawa w chowanego

hide·a·way /'haɪdəweɪ/ *n* [C] kryjówka

hid·e·ous /'hɪdiəs/ *adj* szkaradny, paskudny: *a hideous new building*

hide·out /'. ./ *n* [C] kryjówka

hid·ing /'haɪdɪŋ/ *n* **be in hiding** ukrywać się: *The escaped prisoner went into hiding in the mountains.*

hi·er·ar·chy /'haɪrɑːki/ *n* **1** [C,U] hierarchia: *There is a very rigid hierarchy in the civil service.* **2** [C] władze: *All policy decisions are made by the party hierarchy.* —**hierarchical** /haɪ'rɑːkɪkəl/ *adj* hierarchiczny

hi·e·ro·glyph·ics /ˌhaɪrə'glɪfɪks/ *n* [plural] hieroglify

hi-fi /'haɪ faɪ/ *n* [C] sprzęt/zestaw hi-fi

high¹ /haɪ/ *adj* **1** wysoki: *the highest mountain in Colorado* | *Temperatures will remain high today.* | *The cost of living is higher in the capital city than in the rest of the country.* | *What's the highest rank in the Navy?* | *I can't sing the high notes.* | **how high?** *How high is the Eiffel Tower?* | **knee-high, shoulder-high etc** *The grass was knee-high* (=trawa sięgała do kolan). | **have a high opinion of** (=cenić sobie): *I have a very high opinion of his work.* | **high quality/standards etc** *We insist on high standards of quality and efficiency.* → antonim LOW¹ porównaj TALL **2** naćpany, na haju: **be high on sth** *They were high on cocaine.* **3** bogaty: **high in fat/sugar/salt etc** *Spinach is very high in iron.*

> **UWAGA high i tall**
>
> Nie należy mylić przymiotników **high** i **tall** w znaczeniu 'wysoki'. **High** używamy w stosunku do obiektów znajdujących się wysoko ponad ziemią lub takich, których wierzchołki są wysoko ponad ziemią: *These rooms have very high ceilings.* | *The top shelf was too high for me to reach.* | *The high wall made it impossible for prisoners to escape.* **Tall** używamy w stosunku do ludzi, zwierząt, drzew, budynków i innych obiektów, które są wąskie i mają ponad przeciętną wysokość: *tall cathedral* | *tall chimney* | *tall trees.*

high² *adv* wysoko: *seagulls flying high in the sky* | *Jenkins has risen high in the company.*

high³ *n* [C] maksimum: *Temperatures today will reach an all-time high of 48°.*

high-class /ˌ. '.◂/ *adj* ekskluzywny: *a high-class restaurant*

higher ed·u·ca·tion /ˌ... ..'../ *n* [U] wyższe wykształcenie → porównaj FURTHER EDUCATION

high-hand·ed /ˌ. '..◂/ *adj* władczy

high jump /'. ./ *n* **the high jump** skok wzwyż

high·lands /'haɪləndz/ *n* [plural] góry: *the Scottish highlands*

high·light¹ /'haɪlaɪt/ *v* [T] **1** zwracać uwagę na: *Our newsletter highlights issues of interest to students.* **2** zakreślać

highlight² *n* [C] najciekawszy fragment: *You can see highlights of today's game after the news.*

high·light·er /'haɪlaɪtə/ *n* [C] marker, zakreślacz

high·ly /'haɪli/ *adv* bardzo, wielce: *Rachel is a highly intelligent girl.* | *a highly respected man*

highly-strung /ˌ... '.◂/ *especially BrE*, **high strung** *AmE adj* nerwowy

High·ness /'haɪnɪ̆s/ *n* **Her/His/Your Highness** Jej/Jego/Wasza Wysokość

high-pitched /ˌ. '.◂/ *adj* wysoki: *a high-pitched sound*

high-pow·ered /ˌ. '..◂/ *adj* **1** o dużej mocy: *a high-powered speedboat* **2** dynamiczny: *a high-powered businessman*

high-pres·sure /ˌ. '..◂/ *adj* pod (wysokim) ciśnieniem: *a high-pressure water hose*

high-rise /'. ./ *adj* **high-rise building** wieżowiec —**high-rise** *n* [C] wieżowiec

high school /'. ./ *n* [C,U] szkoła średnia (*w USA i Kanadzie*)

high street /'. ./ *n* [C] *BrE* główna ulica: *Kensington High Street*

high-strung /,. '.◂ / *adj* nerwowy

high-tech /,haɪ 'tek◂ / *adj* najnowocześniejszy: *a new high-tech camera*

high tide /,. './ *n* [C,U] przypływ

high·way /'haɪweɪ/ *n* [C] *AmE* autostrada

hi·jack /'haɪdʒæk/ *v* [T] porywać, uprowadzać: *to hijack a plane/bus* —**hijacker** *n* [C] porywacz/ka —**hijacking** *n* [C,U] porwanie, uprowadzenie

hike /haɪk/ *v* [I,T] wędrować: **go hiking** *The Lake District is a great place to go hiking.* —**hike** *n* [C] wędrówka, piesza wycieczka

hi·lar·i·ous /hɪ'leəriəs/ *adj* komiczny: *She thinks his jokes are hilarious.*

hill /hɪl/ *n* [C] wzgórze, pagórek, wzniesienie: *a little cottage on a hill* | *The sun set behind the blue hills.*

hill·side /'hɪlsaɪd/ *n* [C] stok

hill·y /'hɪli/ *adj* górzysty, pagórkowaty: *hilly terrain*

him /hɪm/ *pron* (je)go, (je)mu, nim, niego: *Have you sent him an invitation?* | *I'll look for him downstairs.*

him·self /hɪm'self/ *pron* **1** forma zwrotna zaimka "he": *Bill looked at himself* (=popatrzył na siebie) *in the mirror.* | *He seemed to enjoy himself* (=dobrze się bawił) *last night.* **2** silna forma zaimka "he", używana dla zaakcentowania podmiotu lub dopełnienia: *Mr Wexford himself* (=sam Pan Wexford) *came down to greet us.* **3 (all) by himself** sam: *He tried to fix the car by himself.* **4 (all) to himself** dla siebie: *Ben had the house to himself.*

hind /haɪnd/ *adj* **hind legs/feet** tylne kończyny/łapy: *the hind legs of the elephant*

hin·der /'hɪndə/ *v* [T] utrudniać, przeszkadzać w: *The bad weather is hindering rescue efforts.*

hin·drance /'hɪndrəns/ *n* [C] przeszkoda, utrudnienie: **be a hindrance to** *Marie feels marriage would be a hindrance to her career.*

hind·sight /'haɪndsaɪt/ *n* [U] **with hindsight** po fakcie: *With hindsight, we'd all do things differently.*

Hin·du·is·m /'hɪndu-ɪzəm/ *n* [U] hinduizm

hinge[1] /hɪndʒ/ *n* [C] zawias

hinge[2] *v*

hinge on/upon sth *phr v* [T] zależeć od: *Suddenly, his whole future hinged on Luisa's decision.*

hint[1] /hɪnt/ *n* [C] **1** aluzja: **drop hints** *Sue has been dropping hints* (=robiła aluzje) *about what she wants for her birthday.* | **take a/the hint** (=zrozumieć aluzję): *I kept looking at my watch, but she wouldn't take the hint.* **2** ślad: *There was a hint of anger in his voice.* **3** odrobina: *a hint of garlic in the sauce* **4** wskazówka: *cookery hints*

hint[2] *v* [T] **1** za/sugerować: **+ (that)** *Peg has been hinting that she wants a baby.* **2** [I] **hint at** z/robić aluzję do, napomykać o: *The minister hinted at an early election.*

hip /hɪp/ *n* [C] biodro

hip·pie /'hɪpi/ *także* **hippy** *n* [C] hipis/ka: *She joined a hippie commune in the '60s.*

hip·po /'hɪpəʊ/ *n* [C] *informal* hipopotam

hip·po·pot·a·mus /,hɪpə'pɒtəməs/ *n* [C] *plural* **hippopotamuses, hippopotami** /-maɪ/ hipopotam

hire[1] /haɪə/ *v* [T] **1** *BrE* wynajmować, wypożyczać: *Let's hire a car and drive down to Cornwall.* **2** najmować: *We've decided to hire a nanny for baby Carolyn.*

hire sth ↔ **out** *phr v* [T] *BrE* wynajmować, wypożyczać: *Do you know of any place that hires out costumes?*

UWAGA hire i rent

Czasownik **hire** odnosi się do wynajmowania ludzi (np. prawnika, kierowcy) lub przedmiotów, pomieszczeń itp. na krótki okres: *hire a*

H

lawyer | hire a suit | hire a bicycle | hire a meeting hall | hire a fishing rod. **Rent** dotyczy wynajmu długoterminowego np. domu, biura, kiedy to płaci się raz na jakiś czas: *rent a house | rent a shop | rent an apartment | rent a television.* Jedynie w przypadku wynajmu samochodu, wyrazów tych używa się wymiennie: *There's usually a place at the airport where you can rent/hire a car.*

hire[2] *n* [U] *BrE* wynajęcie: *a car hire company* | **for hire** (=do wynajęcia): *fishing boats for hire*

his /hɪz/ *determiner, pron* jego: *I think I picked up his suitcase by mistake.* | *Leo hates cleaning his* (=swój) *room.*

hiss /hɪs/ *v* [I] **1** za/syczeć: *I could hear steam hissing from the pipe.* **2** syknąć: *"Just keep quiet!" he hissed.* —**hiss** *n* [C] syk

his·to·ri·an /hɪˈstɔːriən/ *n* [C] historyk

his·tor·ic /hɪˈstɒrɪk/ *adj* historyczny, wiekopomny: *a historic moment*

UWAGA **historic i historical**

Nie należy mylić wyrazów **historic** i **historical**. **Historic** znaczy 'historyczny' w sensie 'bardzo ważny': *a historic decision | a historic voyage*, lub w sensie 'o długiej historii': *a historic tradition | a historic building*. **Historical** znaczy 'historyczny' w sensie 'istniejący w przeszłości' lub 'dotyczący lub oparty na wydarzeniach sprzed wielu lat': *a real historical figure | a historical novel | historical records.*

his·tor·i·cal /hɪˈstɒrɪkəl/ *adj* historyczny: *historical research* | *The novel blends historical fact with fiction.* —**historically** *adv* historycznie

his·to·ry /ˈhɪstəri/ *n* **1** [U] historia: *The Civil War was a turning point in American history.* | *a class in European history* | *one of the finest performers in the history of opera* **2 have a history of sth** od dawna cierpieć na coś: *Paul has a history of heart trouble.*

hit[1] /hɪt/ *v* **hit, hit, hitting 1** [T] uderzyć (w): *He hit the ball right into the crowd.* | *It felt like someone had hit me in the stomach.* | *The speeding car swerved and hit the wall.* | *I fainted and hit my head on the table.* **2** [T] osiągnąć: *Unemployment has hit 11.3%.* **3** [T] dotknąć: *In 1977, the area was hit by massive floods.* | **be hard hit** *The company has been hard hit by decreasing sales.* **4** [T] trafić: *He was hit in the chest and died instantly.* **5** [T] dotrzeć do: *It suddenly hit me that he was just lonely.* **6 hit it off (with sb)** *informal* przypaść sobie do gustu: *I'm glad to see the two girls hitting it off so well.* **7 hit the roof/ceiling** *informal* wściec się: *Dad's going to hit the roof when he sees this mess!* **8 hit the nail on the head** *spoken* trafić w (samo) sedno

hit back *phr v* [I] odwzajemnić się: *Yesterday Clinton hit back at his critics.*

hit on *phr v* [T **hit on/upon** sth] wpaść na: *Phil hit upon an ingenious way to raise money for the club.*

hit[2] *n* **1** [C] hit, przebój: *She had a big hit with her first album.* **2** [C] trafienie: *I scored a hit with my first shot.* **3 be a hit (with sb)** zrobić furorę (wśród kogoś): *Your cousin was a big hit at the party.* **4** [C] uderzenie

hit-and-run /ˌ. . ˈ.◂/ *adj* **hit-and-run driver** kierowca uciekający z miejsca wypadku

hitch[1] /hɪtʃ/ *v* **1** [I,T] *informal* podróżować autostopem: **hitch a ride/lift** (=z/łapać okazję): *We tried to hitch a ride into Perth.* **2** [T] przyczepiać: *Dad hitched the boat to the back of the car.*

hitch sth ↔ **up** *phr v* [T] podciągać: *She hitched up her skirt and stepped over the wall.*

hitch[2] *n* [C] problem, komplikacja: *a technical hitch* | **without a hitch** (=bezproblemowo): *Dinner went off without a hitch.*

hitch·hike /ˈhɪtʃhaɪk/ *v* [I] podróżować autostopem —**hitchhiker** *n* [C] autostopowicz/ka —**hitchhiking** *n* [U] autostop

H

HIV /ˌeɪtʃ aɪ ˈviː◂/ *n* [U] wirus HIV: **be HIV positive** (=być nosicielem HIV): *She's been HIV positive for 11 years.*

hive /haɪv/ *także* **beehive** *n* [C] ul

HMS /ˈeɪtʃ em es/ *n* [C] skrót poprzedzający nazwy okrętów brytyjskich: *the HMS Bounty*

hoard[1] /hɔːd/ *n* [C] **1** zapas, zbiór **2** skarb: *a hoard of gold coins*

hoard[2] *także* **hoard up** *v* [T] z/gromadzić, odkładać: *squirrels hoarding nuts for the winter*

hoard·ing /ˈhɔːdɪŋ/ *n* [C] *BrE* billboard

hoarse /hɔːs/ *adj* ochrypły, chrapliwy

hoax /həʊks/ *n* [C] żart, kawał: *The bomb threat turned out to be a hoax.*

hob /hɒb/ *n* [C] *BrE* płyta kuchenna

hob·ble /ˈhɒbəl/ *v* [I] kuśtykać

hob·by /ˈhɒbi/ *n* [C] hobby: *Tricia's hobby is gardening.*

hock·ey /ˈhɒki/ *n* [U] **1** *BrE* hokej na trawie **2** *AmE* hokej na lodzie

hoe /həʊ/ *n* [C] motyka

hog /hɒg/ *n* [C] *especially AmE* wieprz

hoist /hɔɪst/ *v* [T] podnosić, wciągać: *He hoisted the bag over his shoulder.* | *The sailors hoisted the flag.* | *The cargo was hoisted onto the ship.*

hold[1] /həʊld/ *v* **held, held, holding 1** [T] po/trzymać: *Can you hold my bag for a minute?* | **hold hands** (=trzymać się za ręce): *lovers holding hands* | **hold sth up** *She held the piece of paper up so we could see it.* | **hold sth open** *Do you want me to hold the door open for you* (=czy mam ci przytrzymać drzwi)? | **hold sth in place** *The cupboard was held in place by four large screws.* **2** [T] odbywać: *Elections are usually held* (=odbywają się) *every five years.* **3** [T] po/mieścić: *a brand new stadium which can hold up to 80,000 people* **4** [T] przechowywać: *All our files are held on computer.* **5** [T] przetrzymywać, trzymać: *The hostages were held in a secret location.* **6** [T] zajmować: *Men still hold most of the top managerial posts.* **7** [I,T] *spoken* czekać: **hold it!** (=stój!): *Hold it* (=poczekaj) *a minute! I need to talk to you.* | **hold the line** (=nie odkładać słuchawki): *Mr Penrose is busy. Can you hold the line?* **8 hold an opinion/belief/view** *formal* być zdania, uważać **9 hold a conversation** prowadzić rozmowę: *He can hold a conversation in several European languages.* **10 hold your breath** wstrzymać oddech: *We held our breath while the results were read out.* **11 hold shares** mieć udziały → patrz też **hold sb to ransom** (RANSOM)

hold sth **against** sb *phr v* [T] mieć za złe: *If you can't come, I won't hold it against you.*

hold back *phr v* **1** [T **hold** sth ↔ **back**] powstrzymywać: *The police couldn't hold back the crowds.* **2** [I,T **hold back** sth] powstrzymywać (się): *She held back her tears.* | *I wanted to tell him what I thought of him, but I held back.*

hold on *phr v* [I] *spoken* poczekać, zaczekać: *Yeah, hold on, Mike is right here.*

hold onto sth *phr v* [T] **1** trzymać się, przytrzymywać: *She held onto his jacket.* **2** zatrzymywać, nie oddawać: *You should hold onto the painting. It might be worth a lot of money.*

hold out *phr v* **1** [T] wyciągać: *Jean held out a small envelope.* **2** [I] wystarczać: *Supplies of food are expected to hold out for another couple of weeks.*

hold up *phr v* [T **hold** sb/sth ↔ **up**] zatrzymywać, opóźniać: *Sorry, I didn't mean to hold everybody up.*

hold[2] *n* **1** [singular] chwyt: **take hold of sth** *Warren took hold of her hand* (=chwycił ją za rękę). **2 get hold of a)** znaleźć, złapać: *I need to get hold of him quickly.* **b)** zdobyć: *Drugs are easy to get hold of.* **3 keep hold of a)** utrzymać: *He struggled to keep hold of the dog.* **b)** zatrzymać: *It was a lovely watch – I wish I'd kept hold of it.* **4 put sth on hold** odłożyć coś na później: *The tunnel project has been put on hold.* **5** [C] ładownia

hold·all /ˈhəʊld-ɔːl/ *n* [C] *BrE* torba podróżna

hold·er /ˈhəʊldə/ *n* [C] **1** posiadacz/ka: *the Olympic record holder* | *UK passport holders* **2** uchwyt: *a red candle holder*

hold·ing /ˈhəʊldɪŋ/ *n* [C] udział (*w spółce*)

hold·up /ˈhəʊldʌp/ *także* **hold-up** *BrE n* [C] **1** opóźnienie (w ruchu): *long hold-ups on the M25* **2** napad: *This is a holdup. Everyone get down on the floor.*

hole /həʊl/ *n* [C] dziura: *Someone had drilled a hole in the wall.* | *There's a hole in my sock.* | *I have to get out of this hole.* → patrz też BLACK HOLE

hol·i·day /ˈhɒlɪdi/ *n* [C] **1** święto: **national/public holiday** *także* **bank holiday** *BrE* (=święto państwowe): *Labor Day is a national holiday in the US.* **2** *BrE* wakacje: *We went to Italy for our holidays last year.* | **be on holiday** *"Where's Bridget?" "She's on holiday this week."*

> UWAGA **holidays i a holiday**
>
> W wyrażeniach **(be/go) on holiday** i **(return/get back) from holiday** używamy wyrazu **holiday** w liczbie pojedynczej: *She was going on holiday to France.* | *I've just got back from holiday.* Wyraz **holiday** może wystąpić w liczbie mnogiej jedynie wtedy, kiedy przed nim użyjemy jednego z wyrazów **the**, **my**, **your** itp.: *When are you going on your holiday(s) this year?* | *During the long summer holiday(s) some students get a part-time job.* W amerykańskiej angielszczyźnie w znaczeniu 'wakacje' używamy wyrazu **vacation**.

holiday-mak·er /ˈ... ˌ../ *n* [C] *BrE* wczasowicz/ka

hol·i·ness /ˈhəʊlɪnəs/ *n* **1** [U] świętość **2 Your/His Holiness** Wasza/Jego Świątobliwość

hol·low¹ /ˈhɒləʊ/ *adj* **1** wydrążony: *a hollow tree* **2** pusty: *the hollow promises of politicians* | *hollow laugh/voice*

hollow² *n* [C] wgłębienie, zagłębienie

hollow³ *v*

hollow sth ↔ **out** *phr v* [T] wy/drążyć

hol·ly /ˈhɒli/ *n* [U] ostrokrzew

hol·o·caust /ˈhɒləkɔːst/ *n* [C] zagłada, holocaust: *a nuclear holocaust*

ho·ly /ˈhəʊli/ *adj* święty: *the holy city of Jerusalem* | *a holy man*

hom·age /ˈhɒmɪdʒ/ *n* [U] hołd, cześć: **pay homage to** (=oddawać hołd): *The President paid homage to all who had fought or died in the war.*

home¹ /həʊm/ *n* **1** [C,U] dom: *I stayed at home and watched television.* | *He left home when he was 15.* **2 be/feel at home** czuć się jak (u siebie) w domu: *They always try to make their guests feel at home.* **3 the home of** kolebka: *Chicago is known as the home of the blues.* **4 make yourself at home** *spoken* proszę się rozgościć **5** dom opieki: *He dreaded getting old and having to go into a home.* **6 at home** na własnym boisku: *Barcelona lost 2-0 at home.*

> UWAGA **home i house**
>
> **Home** to 'dom' w sensie 'miejsce, gdzie się mieszka (szczególnie z rodziną)': *go home* | *stay at home* | *leave home*. **House** to 'dom' w sensie 'budynek': *let's go to my house* | *we stayed at Peter's house* | *he left her house at noon.*

home² *adv* **1** w/do domu: *What time does Mike get home?* | *Hi, honey, I'm home.* **2 take home** zarabiać na czysto: *I take home about $200 a week.* **3 drive/bring sth home** uświadomić coś: *McCullin's photographs brought home to people the horrors of war.*

home³ *adj* **1** domowy: *What's your home address?* | *I'm looking forward to some home cooking over Christmas.* **2** miejscowy: *The home team is ahead by four runs.* → antonim AWAY² **3** krajowy, wewnętrzny: *home affairs*

home·com·ing /ˈhəʊmˌkʌmɪŋ/ *n* [C] powrót do domu

home e·co·nom·ics /ˌ. ..ˈ../ *n* [U] zajęcia z gospodarstwa domowego

home·land /ˈhəʊmlænd/ *n* [C] ojczyzna

home·less /ˈhəʊmləs/ *adj* **1** bezdomny: *The war left a lot of people homeless.* **2 the homeless** bezdomni

home·made /ˌhəʊmˈmeɪd◂/ *adj* domowej roboty: *homemade jam*

home·mak·er /ˈhəʊmˌmeɪkə/ *n* [C] *especially AmE* gospodyni domowa

ho·me·op·a·thy /ˌhəʊmiˈɒpəθi/ *n* [U] homeopatia —**homeopathic** /ˌhəʊmiəˈpæθɪk◂/ *adj* homeopatyczny —**homeopath** /ˈhəʊmiəpæθ/ *n* [C] homeopat-a/ka

home-page /ˈ. ./ *n* [C] strona tytułowa (*witryny WWW*)

home·sick /ˈhəʊmˌsɪk/ *adj* **be/feel homesick** tęsknić za domem/ojczyzną: *On her first night at camp, Sheila felt very homesick.*

home town /ˌ. ˈ./ *także* **hometown** *n* [C] miasto rodzinne: *Mike Tyson's hometown of Brownsville*

home·ward /ˈhəʊmwəd/ *adj* powrotny, do domu: *my homeward journey* —**homeward** *adv* do domu

home·work /ˈhəʊmwɜːk/ *n* [U] **1** zadanie domowe, praca domowa **2 sb has done his/her homework** ktoś jest dobrze przygotowany → porównaj HOUSEWORK

> UWAGA **homework**
>
> Nie mówi się "I made my homework". Mówi się **I did my homework**.

> UWAGA **homework i housework**
>
> Wyraz **homework** znaczy 'zadanie domowe' (pisanie wypracowania, rozwiązywanie zadań itp), a **housework** 'prace domowe' (sprzątanie, zmywanie itp). Wyrazy te są rzeczownikami niepoliczalnymi i nie mają liczby mnogiej. Mówiąc o jednym zadaniu domowym, mówimy **a homework assignment** lub **a piece of homework**. Chcąc powiedzieć, że 'mieliśmy dużo zadane do domu', mówimy *we were given a lot of homework*. Oto inne przykłady: *Have you done (all) your homework? | The teacher gave us some more homework. | I'm going to the library to do my French homework. | Saturday is the only day I have enough time to do the housework.*

hom·i·cide /ˈhɒm$_{\text{ə}}^{\text{ɪ}}$saɪd/ *n* [C,U] zabójstwo —**homicidal** /ˌhɒm$_{\text{ə}}^{\text{ɪ}}$ˈsaɪdl/ *adj* morderczy

ho·mo·ge·ne·ous /ˌhəʊməˈdʒiːniəs/ *także* **ho·mo·ge·nous** /həˈmɒdʒənəs/ *adj formal* jednorodny

ho·mo·sex·u·al /ˌhəʊməˈsekʃuəl◂/ *n* [C] homoseksualist-a/ka —**homosexual** *adj* homoseksualny —**homosexuality** /ˌhəʊməsekʃuˈæl$_{\text{ə}}^{\text{ɪ}}$ti/ *n* [U] homoseksualizm

hon·est /ˈɒn$_{\text{ə}}^{\text{ɪ}}$st/ *adj* **1** uczciwy: *He seems a good, honest man.* → antonim DISHONEST **2** szczery: *Give me an honest answer.* **3 to be honest** *spoken* jeśli mam być szczer-y/a: *To be honest, I don't think she has much chance of winning.*

hon·est·ly /ˈɒn$_{\text{ə}}^{\text{ɪ}}$stli/ *adv* **1** *spoken* naprawdę: *I honestly don't know what's the best thing to do.* **2** szczerze: *Walters spoke honestly about her problems.*

hon·es·ty /ˈɒn$_{\text{ə}}^{\text{ɪ}}$sti/ *n* [U] **1** uczciwość: *We never doubted Frank's honesty.* **2 in all honesty** *spoken* jeśli mam być szczer-y/a: *In all honesty, we made a lot of mistakes.*

hon·ey /ˈhʌni/ *n* [U] **1** miód **2** *spoken, especially AmE* kochanie

hon·ey·comb /ˈhʌnikəʊm/ *n* [C,U] plaster miodu

hon·ey·moon /ˈhʌnimuːn/ *n* [C] miodowy miesiąc: *Jen and Dave are going to Alaska on their honeymoon.*

honk /hɒŋk/ *v* [I,T] za/trąbić (*klaksonem*): *A taxi driver honked his horn behind her.*

hon·or /ˈhɒnə/ *n* amerykańska pisownia wyrazu HONOUR

hon·or·a·ble /ˈɒnərəbəl/ *adj* amerykańska pisownia wyrazu HONOURABLE

hon·or·ar·y /ˈɒnərəri/ *adj* honorowy: *an honorary degree*

H

hon·our[1] /ˈɒnə/ *BrE*, **honor** *AmE* *n* **1** [U] honor: *He's a man of honor.* **2** [U] **in honour of sb/in sb's honour** na czyjąś cześć: *a ceremony in honour of the soldiers who died* **3** [C] zaszczyt: *Churchill received many of his country's highest honours.* **4 it's an honour** to dla mnie/nas zaszczyt: *It's a great honour to receive this award.* **5 Your Honour** Wysoki Sądzie

honour[2] *BrE*, **honor** *AmE* *v* [T] **1** uhonorować: *J.F.K. was honored as a national hero.* | **honour sb with sth** *In 1966 he was honoured with the Nobel Prize for Medicine.* **2 be/feel honoured** być/czuć się zaszczyconym: *I'm deeply honoured to be here.* **3 honour a contract/agreement** przestrzegać kontraktu/umowy

hon·our·a·ble /ˈɒnərəbəl/ *BrE*, **honorable** *AmE* *adj* honorowy: *an honourable man* —**honourably** *adv* honorowo

hood /hʊd/ *n* **1** [C] kaptur **2** *AmE* maska (*silnika*) **3** *informal* chuligan —**hooded** *adj* z kapturem: *a hooded jacket*

hoof /huːf/ *n* [C] *plural* **hoofs** *or* **hooves** kopyto

hook[1] /hʊk/ *n* [C] **1** hak, haczyk: *a coat hook* **2 leave/take the phone off the hook** zdjąć słuchawkę z widełek **3 left/right hook** lewy/prawy sierpowy

hook[2] *v* [T] zahaczać, przyczepiać: *He hooked his umbrella around the handle.*

hook sth ↔ **up** *phr v* [T] podłączać: *Millions of people are now hooked up to the Internet.*

hooked /hʊkt/ *adj* **1** uzależniony: *You only have to smoke crack once, and then you're hooked.* | **+ on** *It's easy to get hooked on computer games.* **2** zakrzywiony, haczykowaty: *a hooked nose*

hoo·li·gan /ˈhuːlɪgən/ *n* [C] chuligan: *football hooligans* —**hooliganism** *n* [U] chuligaństwo

hoop /huːp/ *n* [C] obręcz: *He threw the ball through the hoop.*

hoo·ray /hʊˈreɪ/ *interjection* hura

hoot /huːt/ *v* [I,T] **1** hukać (*o sowie*) **2** trąbić

Hoo·ver /ˈhuːvə/ *n* [C] *BrE trademark* odkurzacz

hoo·ver /ˈhuːvə/ *v* [I,T] *BrE* odkurzać

hooves /huːvz/ *n* liczba mnoga od HOOF

hop[1] /hɒp/ *v* [I] **-pped, -pping 1** *informal* wskakiwać: **+ in/on etc** *Hop in and I'll give you a ride.* **2** podskakiwać: *Willie hopped on one leg, and then the other.* | *rabbits hopping along*

hop[2] *n* [C] skok, podskok → patrz też HOPS

hope[1] /həʊp/ *v* [I,T] mieć nadzieję: **+ (that)** *I hope you feel better soon.* | **hope to do sth** *He's hoping to take a trip to Africa next year.* | **I hope so/not** *spoken* (=mam nadzieję, że tak/nie): *"Will Grandma be there?" "I hope so."* | *"Do you think it's going to rain?" "I hope not!"*

hope[2] *n* [C,U] **1** nadzieja: *Her voice sounded full of hope.* | *You must help me! You're my last hope.* | **+ of** *hopes of* (=nadzieje na) *an early end to the war* | **give sb hope** *a new treatment that gives hope to cancer patients* | **lose/give up hope** (=s/tracić nadzieję): *Ben's parents had lost all hope of seeing him again.* | **no/not much/little hope** *There's no hope of getting the money back.* **2 in the hope that/of** w nadziei, że/na: *She stayed on in the hope that she would be able to speak to him.*

hope·ful /ˈhəʊpfəl/ *adj* **1** pełen nadziei: *We're hopeful about our chances of winning.* **2** napawający nadzieją: *There are hopeful signs that an agreement will be reached.*

hope·ful·ly /ˈhəʊpfəli/ *adv* **1** miejmy nadzieję, że: *Hopefully, the letter will be here by Monday.* **2** z nadzieją: *"Can we go to the zoo tomorrow?" he asked hopefully.*

hope·less /ˈhəʊpləs/ *adj* **1** beznadziejny: *a hopeless situation* | *I'm hopeless at spelling.* | *a hopeless task* **2** rozpaczliwy: *a hopeless look on her face* —**hopelessly** *adv* beznadziejnie

hops /hɒps/ *n* [plural] chmiel

horde /hɔːd/ *n* [C] horda: *hordes of tourists*

ho·ri·zon /həˈraɪzən/ *n* **1 the horizon** horyzont: *The sun dropped below the horizon.* **2 sth is on the horizon** zanosi się na coś: *Another 1930s style depression is on the horizon.*

ho·ri·zons /həˈraɪzənz/ *n* [plural] horyzonty: *The good thing about university is that it broadens your horizons.*

hor·i·zon·tal /ˌhɒrəˈzɒntl◂/ *adj* poziomy: *a horizontal surface* —**horizontally** *adv* poziomo, horyzontalnie → porównaj VERTICAL

hor·mone /ˈhɔːməʊn/ *n* [C] hormon —**hormonal** /hɔːˈməʊnl/ *adj* hormonalny

horn /hɔːn/ *n* **1** [C,U] róg **2** [C] klakson: *Ernie stopped and blew his horn.* **3** [C] róg, waltornia: *the French horn*

hor·o·scope /ˈhɒrəskəʊp/ *n* [C] horoskop

hor·ren·dous /hɒˈrendəs/ *adj especially spoken* straszliwy: *The traffic was horrendous.*

hor·ri·ble /ˈhɒrəbəl/ *adj* okropny, straszny: *What a horrible smell!* | *a horrible old man*

hor·rid /ˈhɒrəd/ *adj informal* paskudny: *Don't be so horrid to your sister.*

hor·rif·ic /hɒˈrɪfɪk/ *adj* straszny: *a horrific accident*

hor·ri·fy /ˈhɒrəfaɪ/ *v* [T] przerażać: *I was horrified when I found out how much the repairs were going to cost.* —**horrifying** *adj* przerażający

hor·ror /ˈhɒrə/ *n* **1** [C,U] przerażenie: *She stared at him in horror.* **2** [C,U] okropność: *the horrors of war* **3 horror movie/film/story** horror

horse /hɔːs/ *n* [C] koń

horse·back /ˈhɔːsbæk/ *n* **on horseback** konno

horse chest·nut /ˌ. ˈ../ *n* [C] kasztan, kasztanowiec

horse-drawn /ˈ. ./ *adj* konny

horse·man /ˈhɔːsmən/ *n* [C] *plural* **horsemen** jeździec

horse·pow·er /ˈhɔːsˌpaʊə/ skrót pisany **hp** *n* [C] *plural* **horsepower** koń mechaniczny

horse·shoe /ˈhɔːʃ-ʃuː/ *n* [C] podkowa

hor·ti·cul·ture /ˈhɔːtəˌkʌltʃə/ *n* [U] ogrodnictwo

hose[1] /həʊz/ *n* *także* **hose-pipe** [C,U] wąż, wężyk

hose[2] *v*

hose sth ↔ **down** *phr v* [T] polewać wodą z węża

hos·pice /ˈhɒspəs/ *n* [C] hospicjum

hos·pi·ta·ble /ˈhɒspɪtəbəl/ *adj* gościnny: *The local people are very hospitable.*

hos·pi·tal /ˈhɒspɪtl/ *n* [C,U] szpital: **in hospital** *BrE* **/in the hospital** *AmE* (=w szpitalu): *Rick's dad is still in the hospital.*

hos·pi·tal·i·ty /ˌhɒspəˈtæləti/ *n* [U] gościnność

host[1] /həʊst/ *n* [C] **1** gospodarz: *We thanked our host and left the party.* | *the host city for the next Olympic Games* **2** gospodarz (programu): *a game show host* **3 a (whole) host of** mnóstwo: *a host of possibilities*

host[2] *v* [T] być gospodarzem: *Which country is hosting the next World Cup?*

hos·tage /ˈhɒstɪdʒ/ *n* [C] zakładni-k/czka: **take sb hostage** (=wziąć kogoś jako zakładnika): *Three nurses were taken hostage by the terrorists.*

hos·tel /ˈhɒstl/ *n* [C] schronisko: *a youth hostel*

host·ess /ˈhəʊstəs/ *n* [C] gospodyni

hos·tile /ˈhɒstaɪl/ *adj* **1** wrogo nastawiony: *The Prime Minister was greeted by a hostile crowd.* **2** przeciwny, wrogi: *Public opinion was hostile to the war.* **3** nieprzyjacielski: *hostile territory*

hos·til·i·ties /hɒˈstɪlətiz/ *n* [plural] *formal* działania wojenne: *efforts to end the hostilities in the region*

hos·til·i·ty /hɒˈstɪləti/ *n* [U] **1** wrogość: *hostility between staff and students*

H

2 wrogie nastawienie: *hostility to the idea of a united Europe*

hot¹ /hɒt/ *adj* **-tter, -ttest 1** gorący: *The soup's really hot.* | *the hottest day of the year* **2** ostry, pikantny: *hot salsa* **3** *informal* popularny, modny: *a hot new band* **4** gorący: **hot topic/issue** (=gorący temat/kwestia): *Abortion is a hot topic in the US.* **5 hot favourite** *BrE*, **hot favorite** *AmE* faworyt/ka

hot² *v* **hotted, hotting**

hot up *phr v* [I] *especially BrE* rozkręcać się: *The election campaign is hotting up.*

hot dog /ˌ. ˈ./ *n* [C] hot-dog

ho·tel /həʊˈtel/ *n* [C] hotel

hot·house /ˈhɒthaʊs/ *n* [C] cieplarnia

hot·line /ˈhɒtlaɪn/ *n* [C] gorąca linia

hot·ly /ˈhɒtli/ *adv* zawzięcie, ostro: *a hotly debated issue*

hot·plate /ˈhɒtpleɪt/ *n* [C] kuchenka elektryczna

hot·spot /ˈhɒtspɒt/ *n* [C] punkt zapalny: *Soldiers were moved to hotspots along the border.*

hot-tem·pered /ˌ. ˈ..◂/ *adj* porywczy

hot-wa·ter bot·tle /ˌ. ˈ.. ˌ../ *n* [C] termofor

hound¹ /haʊnd/ *n* [C] ogar, pies gończy

hound² *v* [T] prześladować, nękać: *She's constantly hounded by reporters.*

hour /aʊə/ *n* **1** [C] godzina: *The meeting lasted an hour and a half* (=półtorej godziny). | *I'll be home in about an hour* (=za około godzinę). | *The lake is an hour from* (=godzinę drogi od) *Hartford.* | **opening hours** (=godziny otwarcia): *Opening hours are from 9:00 a.m. to 8:00 p.m.* | **lunch hour** (=pora obiadowa) **2 hours** *informal* (całe) godziny: *She spends hours on the phone* (=godzinami rozmawia przez telefon). **3** [singular] pełna godzina: **on the hour** (=o pełnych godzinach): *Classes begin on the hour.* **4** [C] pora: *The subway doesn't run at this hour of the night.* | **at all hours** (=w dzień i w nocy): *The baby keeps them awake at all hours.* **5 after hours** po pracy, po godzinach: *The key is usually kept with the caretaker after hours.*

hour·glass /ˈaʊəglɑːs/ *n* [C] klepsydra

hour·ly /ˈaʊəli/ *adj* **1** cogodzinny: *an hourly news bulletin* **2** godzinowy: *an hourly rate of pay*

hourly *adv* **1** co godzinę: *Take one tablet hourly.* **2** godzinowo: *hourly-paid workers*

house¹ /haʊs/ *n* **1** [C] dom: *I'm going over to Dean's house.* | *Be quiet or you'll wake the whole house!* **2** [C] budynek: *the Opera House* | *a hen house* (=kurnik) **3** [C] izba (*parlamentu*): *The President will speak to both Houses of Congress on Thursday.* **4 on the house** *spoken* na koszt firmy ➡ patrz też FULL HOUSE

UWAGA **house**
Patrz **home** i **house**.

house² /haʊz/ *v* [T] **1** zapewnić mieszkanie: *a program to house the homeless* **2** mieścić: *The new building will house the college's art collection.*

house ar·rest /ˈ. .ˌ./ *n* areszt domowy: *be under house arrest*

house·hold¹ /ˈhaʊshəʊld/ *adj* [only before noun] domowy: *household goods* | *household chores*

household² *n* [C] rodzina, domownicy: *The average household spends $200 a week on food.*

house·keep·er /ˈhaʊsˌkiːpə/ *n* [C] gosposia

house·keep·ing /ˈhaʊsˌkiːpɪŋ/ *n* [U] prace domowe

House of Com·mons /ˌ. . ˈ../ *n* [singular] Izba Gmin

House of Lords /ˌ. . ˈ./ *n* [singular] Izba Lordów

House of Rep·re·sen·ta·tives /ˌ. . .. ˈ.../ *n* [singular] Izba Reprezentantów

house·plant /ˈhaʊsplɑːnt/ *n* [C] roślina doniczkowa

house-warm·ing /ˈ. ˌ../ *n* [C] parapetówka

house·wife /ˈhaʊs-waɪf/ *n* [C] *plural* **housewives** gospodyni domowa ➡ patrz też HOMEMAKER

house·work /ˈhaʊswɜːk/ *n* [U] prace domowe

hous·ing /ˈhaʊzɪŋ/ *n* **1** [U] mieszkania: *a shortage of good housing* **2** [C] obudowa: *the engine housing*

housing es·tate /ˈ.. .ˌ./ *BrE*, **housing de·vel·op·ment** /ˈ... ˌ.../ *AmE n* [C] osiedle mieszkaniowe

hov·er /ˈhɒvə/ *v* [I] **1** unosić się, wisieć w powietrzu: *A helicopter hovered above the crowd.* **2** wyczekiwać: *Richard was hovering by the door, hoping to talk to me.*

hov·er·craft /ˈhɒvəkrɑːft/ *n* [C] poduszkowiec

how[1] /haʊ/ *adv* **1** jak: *How do you spell your name?* | *How did you hear about the job?* | *"How do I look?" "Great!"* | *I was amazed at how small she was.* | *How are you feeling?* | *How old is she* (=ile ma lat)*?* | *How many* (=ile) *children do you have?* | **how much** (=po ile): *How much are those peaches?* **2 how are you (doing)?/how's it going?** *spoken* jak się masz?: *"Hi, Kelly. How are you?" "Fine, thanks."* **3 how about ...?** *spoken* co powiesz na ...?: *How about a drink after work?* **4 how come?** *spoken* czemu?, dlaczego?: *"I can't come to the dance." "How come?"* **5 how do you do?** *spoken formal* miło mi Pana/Panią poznać

> UWAGA **how do you do**
>
> Zwrot **how do you do?** używany jest tylko w angielszczyźnie mówionej jako grzeczne powitanie adresowane do osoby jeszcze nieznanej. W stosunku do osób znanych, używamy jako powitania zwrotu **how are you?**.

> UWAGA **how i what ... like**
>
> Polskie pytanie 'jak on wygląda?' tłumaczymy **what does he look like?**. Polskie pytanie 'jaki on jest?' tłumaczymy **what is he like?**.

how[2] *conjunction* jak: *I'm sorry, but that's how we do things in this house.* | **how to do sth** *Will you show me how to use the fax machine?*

how·ev·er[1] /haʊˈevə/ *adv* **1** jednak(że): *Normally he is an excellent student. His recent behaviour, however, has been terrible.* **2 however long/much** bez względu na to, jak długo/ile: *She always goes swimming, however cold it is.* | *I want that car, however much it costs.*

however[2] *conjunction* jakkolwiek: *You can do it however you like.*

howl /haʊl/ *v* [I] **1** wyć: *The dogs howled all night.* | *The wind howled in the trees.* **2** ryczeć: *The baby just howled when I held him.* —**howl** *n* [C] wycie, ryk

HQ /ˌeɪtʃ ˈkjuː/ *n* [C,U] skrót od HEADQUARTERS

hud·dle /ˈhʌdl/ *także* **huddle together/up** *v* [I] ścieśniać się, skupiać się: *homeless people huddled around the fire to keep warm*

hue /hjuː/ *n* [C] *literary* barwa, odcień: *a golden hue*

hug[1] /hʌg/ *v* [I,T] **-gged, -gging** przytulać (się), u/ściskać (się): *We hugged and said goodnight.*

hug[2] *n* [C] **give sb a hug** przytulić kogoś: *Give me a hug before you go.*

huge /hjuːdʒ/ *adj* ogromny: *huge sums of money*

huge·ly /ˈhjuːdʒli/ *adv* ogromnie, wielce: *a hugely talented musician*

hull /hʌl/ *n* [C] kadłub: *the hull of a ship*

hul·lo /hʌˈləʊ/ *interjection* brytyjska pisownia wyrazu HELLO

hum /hʌm/ *v* **-mmed, -mming 1** [I,T] za/nucić: *If you don't know the words, just hum.* **2** [I] buczeć, bzyczeć, brzęczeć: *insects humming in the sunshine* —**hum** *n* [singular] szum: *the hum of traffic*

hu·man[1] /ˈhjuːmən/ *adj* **1** ludzki: *the human voice* | **human error** *NASA said the accident was a result of human error.* **2 human nature** natura ludzka **3 sb is only human** ktoś jest tylko człowiekiem: *She's only human – she makes mistakes like everyone else.*

human[2] *także* **human being** *n* [C] człowiek, istota ludzka

hu·mane /hjuː'meɪn/ *adj* humanitarny, ludzki: *humane ways of transporting livestock* ➡ antonim INHUMANE

hu·man·is·m /'hjuːmənɪzəm/ *n* [U] humanizm —**humanist** *n* [C] humanist-a/ka —**humanistic** /ˌhjuːmə'nɪstɪk/ *adj* humanistyczny

hu·man·i·tar·i·an /hjuːˌmænǐ'teəriən/ *adj* humanitarny —**humanitarian** *n* [C] filantrop

hu·man·i·ties /hjuː'mænǐtiz/ *n* **the humanities** nauki humanistyczne

hu·man·i·ty /hjuː'mænǐti/ *n* [U] **1** ludzkość: *the danger to humanity of pollution* **2** człowieczeństwo

hu·man·ly /'hjuːmənli/ *adv* **humanly possible** w ludzkiej mocy: *It's not humanly possible to finish the building by next week.*

human race /ˌ.. './ *n* **the human race** rodzaj ludzki, ludzkość

human re·sourc·es /ˌ.. .'../ *n* [plural] kadry

human rights /ˌ.. './ *n* [plural] prawa człowieka

hum·ble /'hʌmbəl/ *adj* **1** skromny: *the senator's humble beginnings on a farm in Iowa* **2 in my humble opinion** moim skromnym zdaniem —**humbly** *adv* skromnie, pokornie

hu·mid /'hjuːmǐd/ *adj* wilgotny: *The afternoon was hot and humid.*

> UWAGA **humid**
>
> Patrz **damp, humid** i **moist**.

hu·mid·i·ty /hjuː'mɪdǐti/ *n* [U] wilgotność (powietrza): *It's uncomfortable working outside in this humidity.*

hu·mil·i·ate /hjuː'mɪlieɪt/ *v* [T] upokarzać: *Mrs. Banks humiliated me in front of the whole class.* —**humiliated** *adj* upokorzony —**humiliation** /hjuːˌmɪli'eɪʃən/ *n* [C,U] upokorzenie

hu·mil·i·at·ing /hjuː'mɪlieɪtɪŋ/ *adj* upokarzający: *It's humiliating to be beaten by a child.*

hu·mil·i·ty /hjuː'mɪlǐti/ *n* [U] pokora, skromność

hu·mor·ous /'hjuːmərəs/ *adj* dowcipny, humorystyczny: *a humorous account of her trip to Egypt*

hu·mour[1] /'hjuːmə/ *BrE*, **humor** *AmE n* [U] **1 sense of humour** poczucie humoru: *I don't like her – she's got no sense of humour.* **2** humor: *There's a lot of humour in his songs.* **3 good/bad humour** dobry/zły humor: *She seems to be in a good humour today.*

humour[2] *BrE*, **humor** *AmE v* [T] ustępować: *Don't argue, just humour him and he'll stop.*

hump /hʌmp/ *n* **1** [C] wybój **2** [C] garb: *a camel's hump*

hunch[1] /hʌntʃ/ *n* przeczucie: **have a hunch** *I had a hunch that you'd call today.*

hunch[2] *v* [I] z/garbić się: *He was sitting in his study, hunched over his books.* —**hunched** *adj* przygarbiony: *hunched shoulders*

hunch·back /'hʌntʃbæk/ *n* [C] garbus

hun·dred /'hʌndrǐd/ *number* **1** sto: *a hundred years* | *two hundred miles* **2 hundreds of sth** setki czegoś: *Hundreds of people joined in the march.* —**hundredth** *number* setny

hun·dred·weight /'hʌndrǐdweɪt/ skrót pisany **cwt** *n* [C] cetnar

hung /hʌŋ/ *v* czas przeszły i imiesłów bierny od HANG

hun·ger /'hʌŋgə/ *n* [U] głód: *The baby was crying with hunger.* | *Hundreds of people are dying of hunger every day.*

hunger strike /'.. ./ *n* [C] strajk głodowy, głodówka

hun·gry /'hʌŋgri/ *adj* **1** głodny: *I'm hungry, let's eat!* **2 go hungry** głodować: *Many people in our city go hungry every day.* **3** złakniony: **+ for** *Rick was hungry for a chance to work.* —**hungrily** *adv* łapczywie

hunk /hʌŋk/ *n* [C] kawał: *a hunk of bread*

hunt[1] /hʌnt/ *v* [I,T] **1** polować: *These dogs have been trained to hunt.* **2** tropić,

H

poszukiwać: **+ for** *Police are still hunting for the murderer.*

hunt² *n* [C] **1** poszukiwanie: **+ for** *The hunt for the missing child continues today.* **2** polowanie

hunt·er /ˈhʌntə/ *n* [C] myśliwy

hunt·ing /ˈhʌntɪŋ/ *n* [U] **1** myślistwo **2 job-hunting** szukanie pracy

hur·dle /ˈhɜːdl/ *n* [C] **1** przeszkoda: *The interview with the director was the final hurdle in getting the job.* **2** płotek: **hurdle race** (=bieg przez płotki)

hurl /hɜːl/ *v* [T] **1** rzucać, ciskać: **hurl sth through/across/out etc** *Someone hurled a brick through the window.* **2 hurl insults/abuse at sb** obrzucać kogoś wyzwiskami

hur·ray /hʊˈreɪ/ *także* **hooray** *interjection* hura

hur·ri·cane /ˈhʌrɪ̵kən/ *n* [C] huragan

hur·ried /ˈhʌrid/ *adj* pośpieszny —**hurriedly** *adv* pośpiesznie

hur·ry¹ /ˈhʌri/ *v* **1** [I] po/śpieszyć się: *You'll catch the train if you hurry.* | **+ along/across/down etc** *We hurried home to watch the football game.* **2** [T] ponaglać, poganiać: *Don't hurry me. I'm working as fast as I can.*

hurry up *phr v* **1 hurry up!** *spoken* pośpiesz się!: *Hurry up! We're late.* **2** [**hurry** sb/sth **up**] ponaglać, poganiać: *Try to hurry the kids up or they'll be late for school.*

hurry² *n* **1 be in a hurry** śpieszyć się: *I can't talk now – I'm in a hurry.* | *Take your time, I'm not in any hurry.* (=nie śpieszy mi się) **2 (there's) no hurry** *spoken* nie ma pośpiechu: *You can pay me back next week – there's no hurry.*

hurt¹ /hɜːt/ *v*, **hurt, hurt, hurting 1** [T] s/kaleczyć, z/ranić: *She hurt her shoulder playing baseball.* | *Careful you don't hurt yourself with that knife.* **2** [I] boleć: *My feet really hurt after all that walking!* **3** [I,T] s/krzywdzić, z/ranić: *She knew that she hurt him very badly.* | **hurt sb's feelings** *I'm sorry, I didn't mean to hurt your feelings.* **4 it won't/doesn't hurt (sb)** *spoken* nic się (komuś) nie stanie: *It won't hurt him to make his own dinner for once* (=jeżeli raz sam sobie zrobi obiad).

> **UWAGA hurt**
>
> Nie mówi się "it hurt(s) me". Mówi się po prostu **it hurt(s)**.

> **UWAGA hurt, injured, wounded**
>
> Kiedy ktoś jest 'ranny' w wypadku, podczas trzęsienia ziemi, pożaru itp., używamy wyrazu **hurt** lub **injured**: *The scaffolding collapsed, killing one of the workers and injuring two passers-by.* | *The driver was very lucky and was only slightly hurt.* Kiedy ktoś jest 'ranny' od kuli karabinowej, noża lub innej broni, używamy wyrazu **wounded**: *He is accused of wounding a fellow prisoner.*| *The wounded soldiers were sent home for medical treatment.* Kiedy coś nas boli, używamy wyrazu **hurt**: *My neck hurts.*

hurt² *adj* **1** ranny: **badly/seriously/slightly hurt** *Kerry was badly hurt in a skiing accident.* **2** urażony: *I was very hurt by what you said.*

hurt·ful /ˈhɜːtfəl/ *adj* bolesny: *a hurtful remark*

hus·band /ˈhʌzbənd/ *n* [C] mąż, małżonek

hush¹ /hʌʃ/ *v* **hush!** *spoken* sza!

hush sth **up** *phr v* [T] za/tuszować: *The bank tried to hush the whole thing up.*

hush² *n* [singular] cisza

hushed /hʌʃt/ *adj* przyciszony: *people speaking in hushed voices*

hush-hush /ˌ. ˈ.◂/ *adj informal* tajny: *a hush-hush military project*

husk /hʌsk/ *n* [C,U] łuska

hus·ky /ˈhʌski/ *adj* ochrypły, matowy: *a husky voice*

hus·tle¹ /ˈhʌsəl/ *v* **1** [T] popychać: **hustle sb into/out/through etc** *Jackson was hustled* (=został wepchnięty) *into his car by bodyguards.* **2** [I] *AmE* po/śpieszyć się: *We've got to hustle or we'll be late!*

H

hustle[2] *n* **hustle and bustle** zgiełk, harmider

hut /hʌt/ *n* [C] chata, szałas: *a wooden hut*

hy·a·cinth /ˈhaɪəsɪnθ/ *n* [C] hiacynt

hy·brid /ˈhaɪbrɪd/ *n* [C] krzyżówka, skrzyżowanie: *A mule is a hybrid of a donkey and a horse.*

hy·draul·ic /haɪˈdrɒlɪk/ *adj* hydrauliczny: *hydraulic brakes*

hy·dro·e·lec·tric /ˌhaɪdrəʊ-ɪˈlektrɪk◂/ *adj* **hydroelectric power station** hydroelektrownia, elektrownia wodna

hy·dro·gen /ˈhaɪdrədʒən/ *n* [U] wodór

hy·e·na /haɪˈiːnə/ *n* [C] hiena

hy·giene /ˈhaɪdʒiːn/ *n* [U] higiena: *Hygiene is very important when preparing a baby's food.*

hy·gien·ic /haɪˈdʒiːnɪk/ *adj* higieniczny

hymn /hɪm/ *n* [C] hymn (*kościelny*)

hype /haɪp/ *n* [U] szum (*intensywna promocja*): *the media hype surrounding Spielberg's new movie* —**hype** *v* [T] robić szum wokół

hy·per·ac·tive /ˌhaɪpərˈæktɪv◂/ *adj* nadpobudliwy —**hyperactivity** /ˌhaɪpəræk'tɪvɪti/ *n* [U] nadpobudliwość

H

hy·per·mar·ket /ˈhaɪpəˌmɑːkɪt/ *n* [C] *BrE* hipermarket

hy·per·sen·si·tive /ˌhaɪpəˈsensɪtɪv◂/ *adj* nadwrażliwy

hy·phen /ˈhaɪfən/ *n* [C] łącznik

hy·phen·ate /ˈhaɪfəneɪt/ *v* [T] dzielić (*wyrazy*) —**hyphenated** *adj* pisany z łącznikiem —**hyphenation** /ˌhaɪfəˈneɪʃən/ *n* [U] dzielenie wyrazów

hyp·no·sis /hɪpˈnəʊsɪs/ *n* [U] hipnoza: **under hypnosis** *He remembered details of his childhood under hypnosis.*

hyp·not·ic /hɪpˈnɒtɪk/ *adj* hipnotyczny: *hypnotic music* | *a hypnotic trance*

hyp·no·tize /ˈhɪpnətaɪz/ (*także* **-ise** *BrE*) *v* [T] za/hipnotyzować —**hypnotist** *n* [C] hipnotyzer/ka

hy·po·chon·dri·ac /ˌhaɪpəˈkɒndriæk/ *n* [C] hipochondry-k/czka —**hypochondria** *n* [U] hipochondria

hy·poc·ri·sy /hɪˈpɒkrɪsi/ *n* [U] obłuda, hipokryzja

hyp·o·crite /ˈhɪpəkrɪt/ *n* [C] obłudni-k/ca, hipokryt-a/ka

hyp·o·crit·i·cal /ˌhɪpəˈkrɪtɪkəl◂/ *adj* obłudny: *It would be hypocritical* (=byłoby obłudą) *to get married in church when we don't believe in God.* —**hypocritically** *adv* obłudnie

hy·po·der·mic /ˌhaɪpəˈdɜːmɪk◂/ *n* [C] strzykawka

hy·poth·e·sis /haɪˈpɒθɪsɪs/ *n* [C] *plural* **hypotheses** /-siːz/ hipoteza

hy·po·thet·i·cal /ˌhaɪpəˈθetɪkəl◂/ *adj* hipotetyczny: *Students were given a hypothetical law case to discuss.* —**hypothetically** *adv* hipotetycznie

hys·te·ri·a /hɪˈstɪəriə/ *n* [U] histeria: *The incident provoked mass hysteria.*

hys·ter·i·cal /hɪˈsterɪkəl/ *adj* **1** *informal* komiczny: *a hysterical new comedy* **2** histeryczny —**hysterically** *adv* histerycznie

hys·ter·ics /hɪˈsterɪks/ *n* [plural] **1** atak histerii: *He always has hysterics* (=wpada w histerię) *at the sight of blood.* **2** **be in hysterics** *informal* zanosić się od śmiechu

Ii

I /aɪ/ *pron* ja: *I saw Mike yesterday.* | *My husband and I are going to Mexico.*

> UWAGA **I and someone i someone and I**
>
> Siebie wymieniamy w drugiej kolejności: *Some of my classmates and I publish a monthly magazine.* | *My husband and I belong to a diving club.*

ice[1] /aɪs/ *n* **1** [U] lód: *Do you want some ice in your drink?* **2 break the ice** przełamywać lody

ice[2] *v* [T] *BrE* po/lukrować

ice over/up *phr v* [I] zamarzać, pokryć się lodem: *The lake iced over during the night.*

ice·berg /ˈaɪsbɜːg/ *n* [C] góra lodowa

ice-cold /ˌ. ˈ.◂ / *adj* lodowaty, lodowato zimny: *ice-cold drinks*

ice cream /ˌ. ˈ.◂ / *n* [C,U] lód, lody: *Two ice creams, please.* | *a bowl of chocolate ice cream*

ice cube /ˈ. ./ *n* [C] kostka lodu

ice hock·ey /ˈ. ˌ../ *n* [U] *BrE* hokej (na lodzie)

ice lol·ly /ˈ. ˌ../ *n* [C] *BrE* lód na patyku

ice skate /ˈ. ./ *v* [I] jeździć na łyżwach —**ice skater** *n* [C] łyżwia-rz/rka —**ice skating** *n* [U] łyżwiarstwo

i·ci·cle /ˈaɪsɪkəl/ *n* [C] sopel

ic·ing /ˈaɪsɪŋ/ *n* [U] lukier

i·con /ˈaɪkɒn/ *n* [C] ikonka, piktogram: *To send a fax, click on the telephone icon.*

ic·y /ˈaɪsi/ *adj* **1** lodowaty: *an icy wind* **2** oblodzony: *an icy road*

I'd /aɪd/ forma ściągnięta od "I had" lub "I would"

ID /ˌaɪ ˈdiː/ *n* [C,U] dowód tożsamości: *May I see some ID please?*

i·dea /aɪˈdɪə/ *n* **1** [C] pomysł: *What a good idea!* | **+ for** *Where did you get the idea for the book?* | **have an idea** *I have an idea – let's go to the beach.* **2** [U singular] pojęcie: **+ of** *This book gives you an idea of what life was like during the war.* | **have no idea** (=nie mieć pojęcia): *Richard had no idea where Celia had gone.* **3** [singular] cel, idea: **+ of** *The idea of the game is to hit the ball into the holes.* **4** [C] pogląd: **+ about** *Bill has some strange ideas about women.*

i·deal[1] /ˌaɪˈdɪəl◂ / *adj* idealny: *an ideal place for a picnic* | *In an ideal world there would be no war.*

ideal[2] *n* [C] ideał: *democratic ideals* | *the ideal of beauty*

i·deal·is·m /aɪˈdɪəlɪzəm/ *n* [U] idealizm —**idealist** *n* [C] idealist-a/ka

i·deal·is·tic /aɪˌdɪəˈlɪstɪk◂ / *adj* idealistyczny

i·deal·ize /aɪˈdɪəlaɪz/ (*także* **-ise** *BrE*) *v* [T] idealizować

i·deal·ly /aɪˈdɪəli/ *adv* **1** najlepiej (byłoby, gdyby): *Ideally, we should have twice as much office space as we do now.* | *Ideally I'd like* (=najbardziej chciałbym) *to live in the country.* **2** idealnie: *Barry is ideally suited for the job.*

i·den·ti·cal /aɪˈdentɪkəl/ *adj* identyczny: **+ to** *Your shoes are identical to mine.* | **identical twins** (=bliźniaki jednojajowe)

i·den·ti·fi·ca·tion /aɪˌdentəfəˈkeɪʃən/ *n* [U] **1** dowód tożsamości: *You can use a passport as identification.* **2** identyfikacja: *The bodies are awaiting identification.*

i·den·ti·fy /aɪˈdentəfaɪ/ *v* [T] rozpoznawać, z/identyfikować: *Can you identify the man who robbed you?*

identify with sb *phr v* [T] identyfikować się z: *It was easy to identify with the novel's main character.*

i·den·ti·ty /aɪˈdentəti/ *n* [C,U] tożsamość: *The identity of the killer is still unknown.* | *our cultural identity*

i·de·o·lo·gic·al /ˌaɪdiəˈlɒdʒɪkəl◂ / *adj* ideologiczny: *ideological objections to the changes* —**ideologically** *adv* ideologicznie

i·de·ol·o·gy /ˌaɪdiˈɒlədʒi/ *n* [C,U] ideologia: *Marxist ideology*

I

id·i·om /ˈɪdiəm/ *n* [C] idiom: *'To kick the bucket' is an idiom meaning 'to die'.*

id·i·o·mat·ic /ˌɪdiəˈmætɪk◂/ *adj* **1** idiomatyczny **2 idiomatic expression/phrase** wyrażenie idiomatyczne —**idiomatically** *adv* idiomatycznie

id·i·o·syn·cra·sy /ˌɪdiəˈsɪŋkrəsi/ *n* [C] dziwactwo: *Keeping pet snakes is an idiosyncrasy of his.* —**idiosyncratic** /ˌɪdiəsɪŋˈkrætɪk/ *adj* specyficzny

id·i·ot /ˈɪdiət/ *n* [C] idiot-a/ka: *Some idiot drove into the back of my car.* —**idiotic** /ˌɪdiˈɒtɪk/ *adj* idiotyczny

i·dle /ˈaɪdl/ *adj* **1** leniwy **2** bezczynny, nie używany: *machines lying idle in our factories* **3** nieuzasadniony, bez pokrycia: *His words were just idle threats; he can't harm us.* | *This is just idle gossip.* —**idleness** *n* [U] bezczynność, próżniactwo —**idly** *adv* bezczynnie

i·dol /ˈaɪdl/ *n* [C] idol

i·dol·ize /ˈaɪdəl-aɪz/ (*także* **-ise** *BrE*) *v* [T] ubóstwiać: *They idolize their little boy.*

i·dyl·lic /ɪˈdɪlɪk/ *adj* sielankowy: *an idyllic country scene* —**idyllically** *adv* sielankowo

i.e. /aɪ ˈiː/ tj., tzn.: *The movie is only for adults, i.e. those over 18.*

if /ɪf/ *conjunction* **1** jeśli, jeżeli: *If you get the right answer, you win a prize.* | *What will you do if you don't get into college?* **2** gdyby: *If I had enough money I would retire tomorrow.* **3** czy: *I wonder if John's home yet.* **4** (zawsze) gdy: *If I don't go to bed by 11, I feel terrible the next day.*

ig·loo /ˈɪgluː/ *n* [C] igloo

ig·ni·tion /ɪgˈnɪʃən/ *n* [singular] zapłon: *Turn the key in the ignition.*

ig·no·rance /ˈɪgnərəns/ *n* [U] niewiedza, ignorancja: *people's fear and ignorance about AIDS*

ig·no·rant /ˈɪgnərənt/ *adj* **1** nieświadomy: **+ of** *We went on, ignorant of the dangers.* **2** *BrE* prostacki: *How can he be so ignorant?*

ig·nore /ɪgˈnɔː/ *v* [T] z/ignorować, z/lekceważyć: *Don't just ignore me when I'm speaking to you.*

i·kon /ˈaɪkɒn/ *n* [C] ikona

I'll /aɪl/ forma ściągnięta od "I will" lub "I shall"

ill[1] /ɪl/ *adj* **1** chory: *Jenny can't come – she's ill.* | **seriously/critically ill** (=poważnie/śmiertelnie chory) **2** szkodliwy: *the ill effects of alcohol*

> **UWAGA ill i sick**
>
> Nie należy używać wymiennie wyrazów **ill** i **sick** w znaczeniu 'chory'. Wyraz **ill** występuje najczęściej bezpośrednio po czasowniku: *I felt ill*, lub po czasowniku i przysłówku: *His father is seriously ill in hospital.* Wyraz **sick** występuje przed rzeczownikiem: *Your father is a very sick man.*

ill[2] *adv* **1** źle: *You shouldn't speak ill of your neighbours.* | *We were ill prepared* (=nie byliśmy przygotowani) *for the cold weather.* **2 can ill afford (to do) sth** nie móc sobie pozwolić na coś: *I was wasting time I could ill afford to lose.*

ill-ad·vised /ˌ. .ˈ.◂/ *adj* nierozsądny, nierozważny: *You would be ill-advised to give him any money.*

il·le·gal /ɪˈliːgəl/ *adj* nielegalny, sprzeczny z prawem: *It is illegal to park your car here.* —**illegally** *adv* nielegalnie → antonim LEGAL

il·le·gi·ble /ɪˈledʒᵻbəl/ *adj* nieczytelny: *illegible handwriting*

il·le·git·i·mate /ˌɪlᵻˈdʒɪtᵻmᵻt◂/ *adj* **1** nieślubny: *an illegitimate child* **2** bezprawny: *an illegitimate use of public money*

il·li·cit /ɪˈlɪsᵻt/ *adj* zakazany, niedozwolony: *an illicit love affair* (=romans)

il·lit·e·rate /ɪˈlɪtərᵻt/ *adj* niepiśmienny: **be illiterate** (=być analfabetą) —**illiteracy** *n* [U] analfabetyzm

ill·ness /ˈɪlnᵻs/ *n* [C,U] choroba: *mental illness*

il·lo·gi·cal /ɪˈlɒdʒɪkəl/ *adj* nielogiczny: *illogical behaviour*

ill-treat /ˌ. ˈ./ *v* [T] znęcać się nad, maltretować: *The prisoners were beaten and ill-treated.* —**ill-treatment** *n* [U] maltretowanie

il·lu·mi·nate /ɪ'luːmɪneɪt/ *v* [T] **1** oświetlać: *The room was illuminated by candles.* **2** rzucać światło na: *His article illuminates a much misunderstood area of study.* —**illumination** /ɪˌluːmɪ'neɪʃən/ *n* [U] oświetlenie, iluminacja

il·lu·mi·nat·ing /ɪ'luːmɪneɪtɪŋ/ *adj* pouczający: *an illuminating piece of research*

il·lu·sion /ɪ'luːʒən/ *n* [C] iluzja, złudzenie: *The mirrors in the room gave an illusion of space.* | **be under an illusion** (=łudzić się): *Terry is under the illusion all women love him.* | **have no illusions about** (=nie mieć złudzeń co do): *We have no illusions about the hard work that lies ahead.*

il·lus·trate /'ɪləstreɪt/ *v* [T] z/ilustrować: *A chart might help to illustrate this point.* | *a children's book illustrated by Dr. Seuss*

il·lus·tra·tion /ˌɪlə'streɪʃən/ *n* [C,U] ilustracja: *It's not a very good story, but I like the illustrations.* | **+ of** *a striking illustration of what I mean*

il·lus·tra·tor /'ɪləstreɪtə/ *n* [C] ilustrator/ka

ill will /ˌ. './ *n* [U] zła wola

I'm /aɪm/ forma ściągnięta od "I am"

im·age /'ɪmɪdʒ/ *n* [C] **1** wizerunek: **improve your image** *The party is trying to improve its image with women voters.* **2** obraz: *The image on a computer screen is made up of thousands of pixels.* | *She had a clear image of how he would look in twenty years' time.* | *the image of man as a prisoner of the gods*

im·ag·e·ry /'ɪmɪdʒəri/ *n* [U] obrazowanie, symbolika: *the disturbing imagery of Bosch's paintings*

i·ma·gi·na·ry /ɪ'mædʒɪnəri/ *adj* zmyślony, wyimaginowany: *Many children have imaginary friends.*

i·ma·gi·na·tion /ɪˌmædʒɪ'neɪʃən/ *n* [C,U] wyobraźnia: *Art is all about using your imagination.*

i·ma·gi·na·tive /ɪ'mædʒɪnətɪv/ *adj* pomysłowy, oryginalny: *an imaginative writer* | *an imaginative story*

i·ma·gine /ɪ'mædʒɪn/ *v* [T] **1** wyobrażać sobie: **+ (that)** *Imagine you're lying on a beach somewhere.* | **imagine sb doing sth** *I can't imagine you being a father!* **2 sb imagines (that) ...** komuś wydaje się, że ...: *I imagine Kathy will be there.* | *No one is out there, you're imagining things* (=masz przywidzenia).

im·bal·ance /ɪm'bæləns/ *n* [C,U] brak/zachwianie równowagi: *The condition is caused by a hormonal imbalance.*

im·be·cile /'ɪmbəsiːl/ *n* [C] imbecyl

im·i·tate /'ɪmɪteɪt/ *v* [T] naśladować, imitować: *Children often imitate their parents' behaviour.* —**imitative** *adj* naśladowczy —**imitator** *n* [C] naśladow-ca/czyni, imitator/ka ➞ porównaj COPY²

im·i·ta·tion¹ /ˌɪmɪ'teɪʃən◂/ *n* **1** [C,U] naśladowanie, imitacja: *Harry can do an excellent imitation of Elvis.* | *Children learn by imitation.* **2** [C] imitacja: *They're not real diamonds, just imitations.*

imitation² *adj* **imitation leather/wood** imitacja skóry/drewna

im·mac·u·late /ɪ'mækjʊlɪt/ *adj* nieskazitelnie czysty: *The house looked immaculate.*

im·ma·te·ri·al /ˌɪmə'tɪəriəl◂/ *adj formal* nieistotny: *The difference in our ages is immaterial.*

im·ma·ture /ˌɪmə'tʃʊə/ *adj* niedojrzały: *Stop being so childish and immature!* | *an immature salmon* —**immaturity** *n* [U] niedojrzałość

im·me·di·ate /ɪ'miːdiət/ *adj* **1** natychmiastowy: *Campaigners have called for an immediate end to the road building plan.* **2** pilny: *Our immediate concern was to stop the fire from spreading.* **3** [only before noun] bezpośredni, najbliższy: *Police want to question anyone who was in the immediate area.* | *plans for the immediate future* **4 immediate family** najbliższa rodzina

im·me·di·ate·ly /ɪ'miːdiətli/ *adv* **1** natychmiast: *Open this door immediately!* **2** bezpośrednio: *They live immediately above us.*

im·mense /ɪ'mens/ *adj* ogromny: *An immense amount of money has been spent on research.* —**immensity** *n* [U] ogrom

im·mense·ly /ɪ'mensli/ *adv* ogromnie, niezmiernie: *I enjoyed the course immensely.*

im·merse /ɪ'mɜːs/ *v* [T] **1 be immersed in/immerse yourself in** być pochłoniętym/zatopionym w: *Grant is completely immersed in his work.* | *I immersed myself in my work to try to forget her.* **2** zanurzać: *Immerse the cloth in the dye.*

im·mi·grant /'ɪmɪgrənt/ *n* [C] imigrant/ka: *immigrant workers* → porównaj EMIGRANT

im·mi·gra·tion /ˌɪmɪ'greɪʃən/ *n* [U] **1** imigracja **2** kontrola paszportowa

im·mi·nent /'ɪmɪnənt/ *adj* bliski, nieuchronny: *The building is in imminent danger of collapse.* | *in imminent danger of death* —**imminently** *adv* nieuchronnie

im·mo·bile /ɪ'məʊbaɪl/ *adj* nieruchomy: *Marcus remained immobile.* —**immobility** /ˌɪmə'bɪlɪti/ *n* [U] brak ruchu

im·mo·bi·lize /ɪ'məʊbɪlaɪz/ (*także* **-ise** *BrE*) *v* [T] unieruchomić: *He was immobilized by a broken leg for several weeks.*

im·mor·al /ɪ'mɒrəl/ *adj* niemoralny: *Exploiting people is immoral.* —**immorally** *adv* niemoralnie —**immorality** /ˌɪmə'rælɪti/ *n* [U] niemoralność

im·mor·tal /ɪ'mɔːtl/ *adj* **1** nieśmiertelny: *Nobody is immortal.* **2** wiekopomny: *the immortal words of Shakespeare* —**immortality** /ˌɪmɔː'tælɪti/ *n* [U] nieśmiertelność

im·mor·tal·ize /ɪ'mɔːtəlaɪz/ (*także* **-ise** *BrE*) *v* [T] uwieczniać: *The scene has been immortalized by many artists.*

im·mune /ɪ'mjuːn/ *adj* **1** odporny: **+ to** *You're immune to chickenpox if you've had it once.* **2** nieczuły: **+ to** *Their business seems to be immune to economic pressures.* —**immunity** *n* [U] odporność, nietykalność, immunitet

immune sys·tem /.'. ˌ../ *n* [C] układ odpornościowy/immunologiczny

im·mu·nize /'ɪmjʊnaɪz/ (*także* **-ise** *BrE*) *v* [T] uodparniać, zaszczepiać: **immunize sb against sth** *Get your baby immunized against measles.* —**immunization** /ˌɪmjʊnaɪ'zeɪʃən/ *n* [C,U] immunizacja, szczepienie

imp /ɪmp/ *n* [C] chochlik

im·pact /'ɪmpækt/ *n* **1** [C] wpływ: *the environmental impact of car use* | **have/make an impact on sth** *He had a big impact on my life.* **2** [U singular] uderzenie, wstrząs: *The impact of the crash made her car turn over.*

im·pair /ɪm'peə/ *v* [T] pogarszać, osłabiać: *Boiling the soup will impair its flavour.* | *Radio reception had been impaired by the storm.*

im·par·tial /ɪm'pɑːʃəl/ *adj* bezstronny: *We offer impartial help and advice.* —**impartially** *adv* bezstronnie —**impartiality** /ɪmˌpɑːʃi'ælɪti/ *n* [U] bezstronność

im·pass·a·ble /ɪm'pɑːsəbəl/ *adj* nieprzejezdny: *Some streets are impassable due to snow.*

im·pas·sive /ɪm'pæsɪv/ *adj* beznamiętny: *His face was impassive as the judge spoke.*

im·pa·tient /ɪm'peɪʃənt/ *adj* **1** niecierpliwy, zniecierpliwiony: *After an hour's delay, the passengers were becoming impatient.* | **+ with** *He gets impatient with the slower kids.* **2 be impatient to do sth** nie móc się doczekać, żeby coś zrobić: *Gary was impatient to leave.* —**impatience** *n* [U] niecierpliwość, zniecierpliwienie —**impatiently** *adv* niecierpliwie, z niecierpliwością

im·pec·ca·ble /ɪm'pekəbəl/ *adj* nienaganny: *She has impeccable taste in clothes.*

im·pede /ɪm'piːd/ *v* [T] *formal* utrudniać: *Rescue attempts were impeded by storms.*

im·ped·i·ment /ɪm'pedɪmənt/ *n* [C] **1** przeszkoda, utrudnienie: **+ to** *The country's debt has been an impediment to* *development.* **2 speech impediment** wada wymowy

im·pel /ɪm'pel/ *v* **-elled, -elling** [T] *formal* zmuszać: **feel impelled to do sth** (=czuć się zmuszonym do zrobienia czegoś): *She felt impelled to speak.*

im·pend·ing /ɪm'pendɪŋ/ *adj* nieuchronny, nieunikniony: *an impending divorce*

im·pen·e·tra·ble /ɪm'penətrəbəl/ *adj* **1** nieprzenikniony: *impenetrable fog* **2** nieprzystępny: *impenetrable legal jargon*

im·per·a·tive[1] /ɪm'perətɪv/ *adj* **1** *formal* konieczny: *It's imperative that you go at once.* **2** rozkazujący: *an imperative verb* (=czasownik w trybie rozkazującym)

imperative[2] *n* [C] tryb rozkazujący: *In "Do it now!" the verb "do" is in the imperative.*

im·per·cep·ti·ble /ˌɪmpə'septəbəl◂ / *adj* niezauważalny, niedostrzegalny: *His hesitation was almost imperceptible.*

im·per·fect[1] /ɪm'pɜːfɪkt/ *adj formal* niedoskonały: *It's an imperfect world.* —**imperfection** /ˌɪmpə'fekʃən/ *n* [C,U] wada, skaza

imperfect[2] *n* [singular] forma niedokonana

im·pe·ri·al /ɪm'pɪəriəl/ *adj* cesarski, imperialny: *the Imperial Palace*

im·per·son·al /ɪm'pɜːsənəl/ *adj* bezosobowy: *an impersonal letter*

im·per·so·nate /ɪm'pɜːsəneɪt/ *v* [T] parodiować: *She's quite good at impersonating politicians.*

im·per·ti·nent /ɪm'pɜːtənənt/ *adj* bezczelny: *Don't be impertinent, young man.* —**impertinently** *adv* bezczelnie —**impertinence** *n* [U] bezczelność, impertynencja

im·per·vi·ous /ɪm'pɜːviəs/ *adj* **1** odporny, nieczuły: **+ to** *He seemed impervious to criticism.* **2** nieprzepuszczalny: *impervious rock*

im·pet·u·ous /ɪm'petʃuəs/ *adj* porywczy: *She was very impetuous in her youth.*

im·pe·tus /'ɪmpətəs/ *n* [U] **1** bodziec: *Public protest has provided the impetus for reform.* **2** *technical* pęd

im·plac·a·ble /ɪm'plækəbəl/ *adj* nieprzejednany: *her implacable hostility to the plan*

im·plant[1] /ɪm'plɑːnt/ *v* [T] **1** zaszczepiać: *Her beauty remained implanted in Raymond's mind.* **2** wszczepiać: *Doctors implanted a new lens in her eye.*

im·plant[2] /'ɪmplɑːnt/ *n* [C] wszczep, implant: *silicon breast implants*

im·plau·si·ble /ɪm'plɔːzəbəl/ *adj* nieprzekonujący, mało prawdopodobny: *an implausible excuse*

im·ple·ment[1] /'ɪmpləment/ *v* [T] wprowadzać (w życie), wdrażać: *Airlines have until 2002 to implement the new safety recommendations.* —**implementation** /ˌɪmpləmen'teɪʃən/ *n* [U] wdrażanie

im·ple·ment[2] /'ɪmpləmənt/ *n* [C] narzędzie: *farming implements*

im·pli·cate /'ɪmpləkeɪt/ *v* [T] wplątać, wmieszać: **be implicated in sth** *Two other people have been implicated in the robbery.*

im·pli·ca·tion /ˌɪmplə'keɪʃən/ *n* **1** [C] implikacja: **+ of** *What are the implications of the decision?* | **have implications for** *This ruling will have implications for many other people.* **2** [C,U] sugestia: **+ that** *I resent your implication that I was lying.*

im·pli·cit /ɪm'plɪsət/ *adj* ukryty: *There was implicit criticism in what she said.* ➡ porównaj EXPLICIT

im·plore /ɪm'plɔː/ *v* [T] *formal* błagać: **implore sb to do sth** *Joan implored him not to leave.*

im·ply /ɪm'plaɪ/ *v* [T] za/sugerować, dawać do zrozumienia: **+ (that)** *He implied that the money hadn't been lost, but was stolen.*

im·po·lite /ˌɪmpə'laɪt◂ / *adj formal* niegrzeczny, nieuprzejmy: *She worried that her questions would seem impolite.*

UWAGA impolite

Impolite i **not polite** to wyrazy używane wtedy, gdy mówimy o tym, co ludzie robią lub mówią, a nie o samych ludziach.

im·port¹ /ˈɪmpɔːt/ *n* **1** [U] import: *There has been a ban on the import of tropical animals.* **2** [C] towar importowany: *flooding the market with cheap imports* | *Car imports have risen* (=import samochodów wzrósł) *recently.* ➞ antonim EXPORT¹

im·port² /ɪmˈpɔːt/ *v* [T] importować, sprowadzać: *oil imported from the Middle East* —**importer** *n* [C] importer —**importation** /ˌɪmpɔːˈteɪʃən/ *n* [U] import

im·por·tance /ɪmˈpɔːtəns/ *n* [U] waga, znaczenie: *Doctors are stressing the importance of regular exercise.* | *Environmental issues are of great importance.*

im·por·tant /ɪmˈpɔːtənt/ *adj* ważny: *important questions* | *an important senator* | **it is important to do sth** *It's important to explain things to the patient.* —**importantly** *adv*: *More importantly* (=co ważniejsze), *you must quit smoking.*

im·pose /ɪmˈpəʊz/ *v* **1** [T] narzucać, nakładać: **impose sth on sb** *You shouldn't try and impose your views on your children.* **2** [I] narzucać się: **+ on/upon** *We could ask the neighbours to help again, but I don't want to impose on them* (=nie chcę nadużywać ich uprzejmości).

im·pos·ing /ɪmˈpəʊzɪŋ/ *adj* imponujący: *an imposing building*

im·pos·si·ble /ɪmˈpɒsəbəl/ *adj* **1** niemożliwy: *It's impossible to sleep with all this noise.* **2** beznadziejny: *an impossible situation* —**impossibly** *adv* niemożliwie: *impossibly difficult* —**impossibility** /ɪmˌpɒsəˈbɪləti/ *n* [C,U] niemożliwość

im·po·tent /ˈɪmpətənt/ *adj* **1** bezsilny: *an impotent city government* **2 an impotent man** impotent —**impotence** *n* [U] impotencja, niemoc

im·prac·ti·cal /ɪmˈpræktɪkəl/ *adj* nierealny, niepraktyczny: *I need helpful ideas – his are completely impractical.*

im·pre·cise /ˌɪmprɪˈsaɪs◂/ *adj* niedokładny: *The directions were imprecise and confusing.*

im·press /ɪmˈpres/ *v* [T] **1** za/imponować, wywierać wrażenie na: *She dresses like that to impress people.* **2 impress sth on sb** uzmysłowić coś komuś: *My parents impressed on me the value of education.* —**impressed** *adj*: *I was very impressed with* (=byłem pod wrażeniem) *their new house.*

im·pres·sion /ɪmˈpreʃən/ *n* [C] **1** wrażenie: **+ of** *What was your first impression of Richard?* | **have/get the impression that** (=mieć wrażenie, że): *I got the impression that Rob didn't like me.* | **give the impression (that)** *She gives the impression that she's very rich* (=sprawia wrażenie bardzo bogatej). | **make a good/bad impression** (=z/robić dobre/złe wrażenie): *She made a good impression at her interview.* **2** parodia: *He did a brilliant impression of Prince Charles.* **3** odcisk: *He took an impression of the key to make a copy.*

im·pres·sive /ɪmˈpresɪv/ *adj* imponujący: *Anna gave an impressive performance on the piano.* —**impressively** *adv* imponująco

im·print /ˈɪmprɪnt/ *n* [C] odcisk, ślad: *the imprint of his hand on the clay*

im·pris·on /ɪmˈprɪzən/ *v* [T] uwięzić, wsadzić do więzienia: *People used to be imprisoned in the Tower of London.* —**imprisonment** *n* [U] kara więzienia

im·prob·a·ble /ɪmˈprɒbəbəl/ *adj* nieprawdopodobny: **+ that** *It seems improbable* (=wydaje się mało prawdopodobnym) *that humans ever lived here.* —**improbably** *adv* nieprawdopodobnie —**improbability** /ɪmˌprɒbəˈbɪləti/ *n* [C,U] nieprawdopodobieństwo

im·promp·tu /ɪmˈprɒmptjuː/ *adj* zaimprowizowany: *an impromptu party* —**impromptu** *adv* bez przygotowania

im·prop·er /ɪmˈprɒpə/ *adj* niestosowny, niewłaściwy: *Many students failed due to improper use of punctuation.* | *This was an improper use of company funds.* —**improperly** *adv* niestosownie: *improperly dressed*

im·prove /ɪmˈpruːv/ *v* [I,T] poprawiać (się), polepszać (się): *Her English is improving.* | *Swimming can improve your muscle tone.* —**improved** *adj* ulepszony

improve on/upon sth *phr v* [T] poprawić: *No one's been able to improve on her Olympic record.*

im·prove·ment /ɪmˈpruːvmənt/ *n* [C,U] postęp, poprawa: **+ in** *There's certainly been an improvement in Danny's schoolwork.*

im·pro·vise /ˈɪmprəvaɪz/ *v* [I,T] za/improwizować: *I left my lesson plans at home, so I'll have to improvise.* —**improvisation** /ˌɪmprəvaɪˈzeɪʃən/ *n* [C,U] improwizacja

im·pulse /ˈɪmpʌls/ *n* [C] **1** impuls, ochota: **impulse to do sth** *I managed to resist the impulse to hit him.* | **on impulse** (=pod wpływem impulsu): *I bought this dress on impulse, and I'm not sure if I like it now.* **2** *technical* impuls

im·pul·sive /ɪmˈpʌlsɪv/ *adj* impulsywny, porywczy: *It was rather an impulsive decision* (=pochopna decyzja).

im·pure /ˌɪmˈpjʊə◂/ *adj* nieczysty, zanieczyszczony: *impure drugs*

im·pu·ri·ty /ɪmˈpjʊərᵻti/ *n* [C] zanieczyszczenie: *minerals containing impurities*

in[1] /ɪn/ *prep* **1** w, we: *The paper is in the top drawer.* | *He lived in Spain for 15 years.* | *We swam in the sea.* | *I was born in May 1969.* | *One of the people in the story is a young doctor.* | *men in grey suits* | *new developments in medicine* | *We stood in a line.* | *Put the words in alphabetical order.* | *In the first part of the speech, he talked about the environment.* | *In the winter* (=zimą), *we use a wood stove.* | *The company was in trouble* (=w kłopotach). | *"I'm afraid," said Violet in a quiet voice* (=cichym głosem). | *I wrote to him in Italian* (=po włosku). **2** za: *Gerry should be home in an hour.* **3** przez, w ciągu: *We finished the whole project in a week.* **4 in all** w sumie: *There were 25 of us in all.*

> UWAGA **in the last few years**
>
> Patrz **for the last few years** i **over/during/in the last few years**.

in[2] *adv* **1** do środka: *He opened the washing machine and bundled his clothes in.* **2** u siebie (*w pracy, w domu*): *You're never in* (=nigdy cię nie ma) *when I call.* **3** na miejscu: *His flight won't be in for four hours* (=jego samolot przylatuje dopiero za cztery godziny). **4** u kogoś: *Your homework has to be in* (=musi być oddana) *by Friday.* **5** w modzie: *Long hair is in again.* **6 sb is in for a shock/surprise** kogoś czeka szok/niespodzianka: *She's in for a shock if she thinks we're going to pay.* **7 have (got) it in for sb** *informal* uwziąć się na kogoś

in·a·bil·i·ty /ˌɪnəˈbɪlᵻti/ *n* [singular] niemożność, nieumiejętność: *his inability to make friends*

in·ac·ces·si·ble /ˌɪnəkˈsesᵻbəl◂/ *adj* niedostępny: *The village is often inaccessible in winter.*

in·ac·cu·rate /ɪnˈækjʊrᵻt/ *adj* niedokładny, nieścisły: *Many of the figures quoted in the article were inaccurate.* —**inaccuracy** *n* [C,U] nieścisłość: *There were several inaccuracies in the report.* —**inaccurately** *adv* niedokładnie

in·ac·tion /ɪnˈækʃən/ *n* [U] bezczynność: *The city council was criticized for its inaction on the problem.*

in·ac·tive /ɪnˈæktɪv/ *adj* bezczynny —**inactivity** /ˌɪnækˈtɪvᵻti/ *n* [U] bezczynność

in·ad·e·qua·cy /ɪnˈædᵻkwᵻsi/ *n* **1** [U] niedowartościowanie: *Unemployment can cause feelings of inadequacy.* **2** [C,U] niedociągnięcie: *the inadequacy of safety standards in the coal mines* | *He pointed out the inadequacies in the voting system.*

in·ad·e·quate /ɪnˈædᵻkwᵻt/ *adj* niedostateczny, niezadowalający: *inadequate health care services* —**inadequately** *adv* niedostatecznie

in·ad·vert·ent·ly /ˌɪnədˈvɜːtəntli/ *adv* niechcący: *She inadvertently knocked his arm.*

in·ad·vis·a·ble /ˌɪnədˈvaɪzəbəl◂/ *adj*

niewskazany: *It's inadvisable to take medicine without asking your doctor.*

in·an·i·mate /ɪn'ænᵻmᵻt/ *adj* nieożywiony: *He paints inanimate objects like rocks and furniture.*

in·ap·pro·pri·ate /ˌɪnə'prəupri-ᵻt◂/ *adj* nieodpowiedni, niestosowny, niewłaściwy: *The clothes he brought were totally inappropriate.* —**inappropriately** *adv* nieodpowiednio, niestosownie

in·ar·tic·u·late /ˌɪnɑː'tɪkjᵿlᵻt◂/ *adj* nie potrafiący się wysłowić: *inarticulate youths* —**inarticulately** *adv* niewyraźnie

in·au·di·ble /ɪn'ɔːdᵻbəl/ *adj* niesłyszalny: *Her reply was inaudible.*

in·au·gu·rate /ɪ'nɔːgjᵿreɪt/ *v* [T] za/inaugurować, uroczyście otwierać: *The new school was inaugurated last week.* —**inaugural** *adj* inauguracyjny —**inauguration** /ɪˌnɔːgjᵿ'reɪʃən/ *n* [C,U] inauguracja

in·born /ˌɪn'bɔːn◂/ *adj* wrodzony: *an inborn talent for languages*

in·cal·cu·la·ble /ɪn'kælkjᵿləbəl/ *adj* nieobliczalny, nieoszacowany: *The scandal has done incalculable damage to the college's reputation.*

in·can·ta·tion /ˌɪnkæn'teɪʃən/ *n* [C] zaklęcie

in·ca·pa·ble /ɪn'keɪpəbəl/ *adj* **1** niezdolny: **be incapable of doing sth** (=nie potrafić czegoś z/robić): *He's incapable of deceiving anyone.* **2** nieudolny: *He seems completely incapable.*

in·ca·pa·ci·ty /ˌɪnkə'pæsᵻti/ *n* [U] niezdolność, nieumiejętność: *an incapacity to lie* | *the country's incapacity to solve its economic problems*

in·car·na·tion /ˌɪnkɑː'neɪʃən/ *n* **1** [C] wcielenie: *He believes he was a cat in a previous incarnation.* **2 the incarnation of goodness/evil** ucieleśnienie dobroci/zła

in·cense /'ɪnsens/ *n* [U] kadzidło

in·cen·tive /ɪn'sentɪv/ *n* [C,U] zachęta: **incentive (for sb) to do sth** *The government provides incentives for businesses to invest.*

in·ces·sant /ɪn'sesənt/ *adj* ciągły, bezustanny: *incessant noise from the road* —**incessantly** *adv* bezustannie, bez przerwy

in·cest /'ɪnsest/ *n* [U] kazirodztwo —**incestuous** /ɪn'sestʃuəs/ *adj* kazirodczy

inch[1] /ɪntʃ/ *n* [C] *plural* **inches** cal (= *2.54cm*)

inch[2] *v* [I,T] przesuwać (się) powoli: *Paul inched his way forward to get a better view.*

in·ci·dent /'ɪnsᵻdənt/ *n* [C] wydarzenie, zajście: *Anyone who saw the incident should contact the police.*

in·ci·den·tal /ˌɪnsᵻ'dentl◂/ *adj* uboczny: *Where the story is set is incidental to the plot* (=nie ma większego znaczenia dla fabuły).

in·ci·den·tal·ly /ˌɪnsᵻ'dentəli/ *adv* nawiasem mówiąc, à propos: *Incidentally, Jenny's coming over tonight.*

in·cite /ɪn'saɪt/ *v* [T] **1** wszczynać: *One man was jailed for inciting a riot.* **2** podburzać: *a violent speech inciting the army to rebel*

in·cli·na·tion /ˌɪnklᵻ'neɪʃən/ *n* **1** [C,U] ochota: **inclination to do sth** *I didn't have the time or inclination to go with them.* **2** skłonność: *an inclination to see everything in political terms*

in·cline /ɪn'klaɪn/ *v formal* [I] skłaniać się: **+ to** *I incline to the view that the child was telling the truth.* | *The child has always inclined towards laziness* (=miało skłonności do lenistwa).

in·clined /ɪn'klaɪnd/ *adj* **1** [not before noun] **be inclined to** mieć skłonności do: *He's inclined to lose his temper.* | *Children are inclined to get lost* (=często się gubią). **2 be inclined to agree/believe** być skłonnym zgodzić się/uwierzyć: *I'm inclined to think Ed is right.*

in·clude /ɪn'kluːd/ *v* [T] **1** obejmować, zawierać: *The price includes car rental.* **2** włączać, wliczać, uwzględniać: **include sth in/on sth** *Try to include Rosie more in your games, Sam.* ➡ antonim EXCLUDE

in·clud·ing /ɪn'kluːdɪŋ/ *prep* łącznie z, wliczając: *There were 20 people in the room, including the teacher.* ➡ antonim EXCLUDING

in·clu·sive /ɪn'kluːsɪv/ *adj* **1** łączny, całkowity: *an inclusive charge* **2 inclusive of** łącznie z: *The cost is £600 inclusive of insurance.* **3 Monday to Friday inclusive** od poniedziałku do piątku włącznie: *He will be away from 22 to 24 March inclusive.*

in·cog·ni·to /ˌɪnkɒg'niːtəʊ◂/ *adv* incognito: *The princess was travelling incognito.*

in·co·her·ent /ˌɪnkəʊ'hɪərənt◂/ *adj* niespójny, nieskładny: *a rambling incoherent speech* —**incoherently** *adv* bez ładu i składu

in·come /'ɪŋkʌm/ *n* [C,U] dochód, dochody: *people on a low income*

income tax /'.. ./ *n* [U] podatek dochodowy

in·com·ing /'ɪnkʌmɪŋ/ *adj* [only before noun] przychodzący, z zewnątrz: *The phone will only take incoming calls.* | *Incoming flights* (=przyloty) *are delayed.*

in·com·pa·ra·ble /ɪn'kɒmpərəbəl/ *adj* niezrównany: *There was an incomparable view of San Marco from the Piazza.*

in·com·pat·i·ble /ˌɪnkəm'pætəbəl◂/ *adj* niezgodny, niekompatybilny: *Tony and I have always been incompatible* (=nigdy nie mogliśmy się zgodzić). | **+ with** *behaviour incompatible with* (=niezgodny z) *his responsibilities* —**incompatibility** /ˌɪnkəmpætə'bɪləti/ *n* [U] niekompatybilność

in·com·pe·tent /ɪn'kɒmpətənt/ *adj* nieudolny, niekompetentny: *As a teacher, he was completely incompetent.* —**incompetence** *n* [U] nieudolność, niekompetencja —**incompetently** *adv* nieudolnie

in·com·plete /ˌɪnkəm'pliːt◂/ *adj* niepełny, niekompletny: *an incomplete sentence* | *The report is still incomplete.*

in·com·pre·hen·si·ble /ɪnˌkɒmprɪ'hensəbəl/ *adj* niezrozumiały: *incomprehensible legal language* —**incomprehensibly** *adv* niezrozumiale

in·con·ceiv·a·ble /ˌɪnkən'siːvəbəl/ *adj* niepojęty, niewyobrażalny: **+ that** *It was inconceivable* (=było nie do pomyślenia) *that such a pleasant man could be violent.*

in·con·clu·sive /ˌɪnkən'kluːsɪv◂/ *adj* nieprzekonujący: *The evidence is inconclusive.*

in·con·gru·ous /ɪn'kɒŋgruəs/ *adj* nie na miejscu: *He looked incongruous in his new suit.*

in·con·sid·er·ate /ˌɪnkən'sɪdərət◂/ *adj* nieludzki, bezduszny: *It was inconsiderate of you not to call.* ➡ antonim CONSIDERATE

in·con·sis·tent /ˌɪnkən'sɪstənt◂/ *adj* **1** niezgodny, sprzeczny: *His story was inconsistent with the evidence.* **2** niekonsekwentny: *Children get confused if parents are inconsistent.* —**inconsistency** *n* [C,U] sprzeczność, niekonsekwencja: *There were a number of inconsistencies in her statement.* —**inconsistently** *adv* niekonsekwentnie ➡ antonim CONSISTENT

in·con·spic·u·ous /ˌɪnkən'spɪkjuəs◂/ *adj* **be inconspicuous** nie rzucać się w oczy: *I sat in the corner, trying to be as inconspicuous as possible.* ➡ antonim CONSPICUOUS

in·con·tro·ver·ti·ble /ɪnˌkɒntrə'vɜːtəbəl/ *adj* niezaprzeczalny: *We have incontrovertible evidence that he was there when the crime was committed.*

in·con·ve·ni·ence[1] /ˌɪnkən'viːniəns/ *n* [C,U] kłopot, niedogodność: *We apologize for any inconvenience caused by the delay.*

inconvenience[2] *v* [T] sprawiać kłopot: *"I'll drive you home." "Are you sure? I don't want to inconvenience you."*

in·con·ve·ni·ent /ˌɪnkən'viːniənt◂/ *adj* niedogodny: *Is this an inconvenient time?*

in·cor·po·rate /ɪn'kɔːpəreɪt/ *v* [T] uwzględniać: **incorporate sth into sth** *Several safety features have been incorporated into the car's design.*

in·cor·rect /ˌɪnkə'rekt◂/ *adj* błędny,

nieprawidłowy: *incorrect spelling* —**incorrectly** *adv* błędnie

in·cor·ri·gi·ble /ɪn'kɒrɪdʒɪbəl/ *adj* niepoprawny: *That man's an incorrigible liar.*

in·cor·rup·ti·ble /ˌɪnkə'rʌptɪbəl◂/ *adj* nieprzekupny: *an incorruptible judge*

in·crease[1] /ɪn'kriːs/ *v* **1** [I] wzrastać, zwiększać się: *The population of this town has increased dramatically.* | **+ by** *The price of oil has increased by 4%.* **2** [T] zwiększać, podwyższać: *Regular exercise increases your chances of living longer.* —**increasing** *adj* rosnący: *increasing concern about job security* ➡ antonim DECREASE

in·crease[2] /'ɪŋkriːs/ *n* [C,U] wzrost: **+ in** *a huge increase in profits* | **be on the increase** (=wzrastać): *Crime in the city is on the increase.* ➡ antonim DECREASE

in·creas·ing·ly /ɪn'kriːsɪŋli/ *adv* **increasingly important/difficult** coraz ważniejszy/trudniejszy: *It's becoming increasingly difficult to find employment.*

in·cred·i·ble /ɪn'kredɪbəl/ *adj* **1** nieprawdopodobny, niewiarygodny: *It's incredible how much you remind me of your father.* **2** niesamowity, niewiarygodny: *They serve the most incredible food.*

in·cred·i·bly /ɪn'kredɪbli/ *adv* niesamowicie: *It's incredibly beautiful here in the spring.*

in·cre·ment /'ɪŋkrɪmənt/ *n* [C] przyrost: *an annual salary increment of 2%*

in·cu·bate /'ɪŋkjʊbeɪt/ *v* [I,T] wysiadywać: *a hen incubating the eggs* —**incubation** /ˌɪŋkjʊ'beɪʃən/ *n* [U] wylęg

in·cu·ba·tor /'ɪŋkjʊbeɪtə/ *n* [C] inkubator

in·cur·a·ble /ɪn'kjʊərəbəl/ *adj* nieuleczalny: *an incurable disease* —**incurably** *adv* nieuleczalnie ➡ antonim CURABLE

in·debt·ed /ɪn'detɪd/ *adj* **be indebted to sb** *formal* być komuś zobowiązanym: *I am indebted to you for your help.*

in·de·cent /ɪn'diːsənt/ *adj* nieprzyzwoity: *indecent photographs* —**indecency** *n* [C,U] nieprzyzwoitość ➡ porównaj DECENT

in·de·ci·sion /ˌɪndɪ'sɪʒən/ *n* [U] niezdecydowanie: *After a week of indecision, the jury finally gave its verdict.*

in·de·ci·sive /ˌɪndɪ'saɪsɪv◂/ *adj* niezdecydowany: *a weak, indecisive leader*

in·deed /ɪn'diːd/ *adv* **1** co więcej: *Most of the people were illiterate. Indeed, only 8% of the population could read.* **2** naprawdę: *I enjoyed the concert very much indeed.* **3** istotnie: *"Vernon is one of the best pilots around." "Oh, yes, indeed."*

in·def·i·nite /ɪn'defənɪt/ *adj* nieokreślony: *He was away in Alaska for an indefinite period.*

indefinite ar·ti·cle /.,... '.../ *n* [C] rodzajnik/przedimek nieokreślony ➡ patrz ramka THE INDEFINITE ARTICLE (A (AN)) ➡ porównaj THE DEFINITE ARTICLE

in·def·i·nit·ely /ɪn'defənɪtli/ *adv* na czas nieokreślony: *It's been postponed indefinitely.*

in·dent /ɪn'dent/ *v* [T] zaczynać od nowego akapitu

in·de·pen·dence /ˌɪndɪ'pendəns/ *n* [U] **1** niezależność, samodzielność: *Teenagers must be allowed some degree of independence.* **2** niepodległość: *The United States declared its independence in 1776.*

in·de·pen·dent /ˌɪndɪ'pendənt◂/ *adj* **1** niezależny, samodzielny: *He had always been more independent than his other brothers.* **2** niepodległy: *India became an independent nation in 1947.* **3** niezależny: *an independent report on the experiment* —**independently** *adv* niezależnie

in-depth /'. ./ *adj* dogłębny: *in-depth study/report*

in·de·scri·ba·ble /ˌɪndɪ'skraɪbəbəl◂/ *adj* nieopisany: *My joy at seeing him was indescribable.*

in·de·struc·ti·ble /ˌɪndɪ'strʌktɪbəl◂/ *adj* niezniszczalny: *denim clothes that are nearly indestructible* —**indestructibility** /ˌɪndɪstrʌktə'bɪlɪti/ *n* [U] niezniszczalność

in·de·ter·mi·nate /ˌɪndɪ'tɜːmɪnɪt◂/ *adj* nieokreślony: *a woman of indeterminate age*

Przedimek nieokreślony: **The indefinite article *A (AN)***

Forma

Przedimek nieokreślony występuje w dwóch postaciach:

1 jako ***a*** [ə] przed wyrazami rozpoczynającymi się w wymowie od spółgłoski:
a *dog* ***a*** *fast car* ***a*** *university* ***a*** *European*

2 jako ***an*** [ən] przed wyrazami rozpoczynającymi się w wymowie od samogłoski:
an *apple* ***an*** *old lady* ***an*** *hour* ***an*** *MP*

Użycie

Przedimka nieokreślonego używamy przed rzeczownikiem policzalnym w liczbie pojedynczej

1 kiedy wspominamy o czymś po raz pierwszy (przy kolejnym wystąpieniu tego samego rzeczownika poprzedzamy go przedimkiem określonym ***the***):
I'm looking for ***a*** *job.* ***The*** *job must be well-paid.*

2 kiedy mówimy, czym ktoś lub coś jest:
Susan is ***an*** *actress.* *This is* ***a*** *mango.*

3 kiedy jako podmiot zdania występuje rzeczownik odnoszący się do dowolnego przedstawiciela jakiejś klasy rzeczy, osób, zwierząt itp.:
A *dog is a clever animal.* (= Dogs are clever animals.)
A *nurse looks after patients.* (= Nurses look after patients.)

4 w znaczeniu **one** z określeniami ilości:

a *quarter*	***a*** *year ago*	***a*** *kilo*	***a*** *metre*
a *half*	*in* ***a*** *month*	***a*** *pound*	***an*** *inch*
a *dozen*	***a*** *fortnight*	***a*** *thousand and fifty dollars*	

Tłumaczenie

Przedimka nieokreślonego najczęściej nie tłumaczy się na język polski. Wyjątkiem są następujące sytuacje:

1 kiedy mówimy o kimś, kogo nie znamy osobiście, lub o kimś, kogo nie potrafimy czy też nie chcemy zidentyfikować:
There's ***a*** *Mr Brown on the phone.* („Dzwoni **jakiś/niejaki** pan Brown.")
Look! ***A*** *girl is waving to us.* („…**jakaś** dziewczyna…")
'Who was this?' – 'Oh, ***a*** *friend of mine.'* („…znajomy")

2 kiedy podajemy cenę, szybkość, częstość występowania itp.:
30p ***a*** *kilo* „(po) 30 pensów **za** kilo"
60 km ***an*** *hour* „60 km **na** godzinę"
twice ***a*** *week* „dwa razy **na** tydzień/**w** tygodniu"

patrz też: ***THE, Noun***

in·dex /'ɪndeks/ *n* [C] *plural* **indexes** *or* **indices** /-dəsiːz/ **1** indeks, skorowidz **2** katalog **3** wskaźnik: *an index of economic growth*

index fin·ger /'.. ,../ *n* [C] palec wskazujący

In·di·an /'ɪndiən/ *n* [C] **1** Indian-in/ka **2** Hindus/ka —**Indian** *adj* indiański, hinduski

Indian sum·mer /,... '../ *n* [C] babie lato

in·di·cate /'ɪndəkeɪt/ *v* **1** [T] wskazywać: **+ that** *Research indicates that women live longer than men.* **2** [T] wskazywać (na): *Indicating a chair, he said, "Please, sit down."* **3** [T] za/sygnalizować: **+ that** *He indicated that he had no desire to come with us.*

in·di·ca·tion /,ɪndə'keɪʃən/ *n* [C,U] znak, oznaka: *Did Rick ever give any indication that he was unhappy?*

in·dic·a·tive /ɪn'dɪkətɪv/ *adj* **be indicative of** być przejawem: *His reaction is indicative of how frightened he is.*

in·di·ca·tor /'ɪndəkeɪtə/ *n* [C] **1** wskaźnik: *All the main economic indicators suggest that business is improving.* **2** *BrE* kierunkowskaz, migacz

in·dict /ɪn'daɪt/ *v* [I,T] postawić w stan oskarżenia —**indictment** *n* [C,U] akt oskarżenia

in·dif·fer·ence /ɪn'dɪfərəns/ *n* [U] obojętność: *her husband's indifference to how unhappy she was*

in·dif·fer·ent /ɪn'dɪfərənt/ *adj* obojętny: **+ to** *an industry that seems indifferent to environmental concerns*

in·di·ge·nous /ɪn'dɪdʒənəs/ *adj* rdzenny

in·di·ges·ti·ble /,ɪndɪ'dʒestəbəl◂/ *adj* niestrawny → patrz też DIGEST

in·di·ges·tion /,ɪndɪ'dʒestʃən/ *n* [U] niestrawność

in·dig·nant /ɪn'dɪgnənt/ *adj* oburzony: *Indignant parents said the school cared more about money than education.* —**indignantly** *adv* z oburzeniem —**indignation** /,ɪndɪg'neɪʃən/ *n* [U] oburzenie

in·dig·ni·ty /ɪn'dɪgnəti/ *n* [C,U] upokorzenie: *I suffered the final indignity of being taken to the police station.*

in·di·rect /,ɪndə'rekt◂/ *adj* **1** pośredni: *The accident was an indirect result of* (=był pośrednio spowodowany przez) *the heavy rain.* **2** okrężny: *an indirect route* —**indirectly** *adv* pośrednio

indirect speech /,... './ *n* mowa zależna

in·dis·creet /,ɪndɪ'skriːt◂/ *adj* niedyskretny: *Try to stop him from saying something indiscreet.* —**indiscreetly** *adv* niedyskretnie

in·dis·cre·tion /,ɪndɪ'skreʃən/ *n* [C,U] wybryk, występek: *sexual indiscretions | youthful indiscretion | Her indiscretion caused a major scandal.*

in·di·spen·sa·ble /,ɪndɪ'spensəbəl◂/ *adj* nieodzowny, niezbędny: *The information he provided was indispensable to our research.*

in·dis·pu·ta·ble /,ɪndɪ'spjuːtəbəl/ *adj* bezsprzeczny, bezsporny: *an indisputable link between smoking and cancer* —**indisputably** *adv* bezsprzecznie: *That is indisputably true.*

in·dis·tinct /,ɪndɪ'stɪŋkt◂/ *adj* niewyraźny: *indistinct voices in the next room* —**indistinctly** *adv* niewyraźnie

in·dis·ti·guish·a·ble /,ɪndɪ'stɪŋgwɪʃəbəl/ *adj* **be indistinguishable from** nie dać się odróżnić od: *This material is indistinguishable from real silk.*

in·di·vid·u·al[1] /,ɪndə'vɪdʒuəl◂/ *adj* **1** pojedynczy, poszczególny: *Each individual drawing is slightly different.* **2** indywidualny, osobisty: *Individual attention must be given to every student.*

individual[2] *n* [C] osoba, jednostka: *the rights of the individual*

in·di·vid·u·al·ist /,ɪndə'vɪdʒuəlɪst/ *n* [C] indywidualist-a/ka —**individualism** *n* [U] indywidualizm —**individualistic** /,ɪndəvɪdʒuə'lɪstɪk◂/ *adj* indywidualistyczny

in·di·vid·u·al·i·ty /,ɪndəvɪdʒu'æləti/ *n* [U] indywidualność: *work that allows children to express their individuality*

in·di·vid·u·al·ly /ˌɪndəˈvɪdʒuəli/ *adv* indywidualnie: *The teacher met everyone individually.*

in·doc·tri·nate /ɪnˈdɒktrəneɪt/ *v* [T] indoktrynować: *indoctrinated by the whole military training process* —**indoctrination** /ɪnˌdɒktrəˈneɪʃən/ *n* [U] indoktrynacja

in·door /ˈɪndɔː/ *adj* **1** kryty: *an indoor swimming pool* **2** halowy: *indoor sports* **3** domowy: *indoor clothes* → antonim OUTDOOR

in·doors /ɪnˈdɔːz/ *adv* **1** wewnątrz, w domu: *He stayed indoors all morning.* **2** do środka: *It's raining – let's go indoors.* → antonim OUTDOORS

in·duce /ɪnˈdjuːs/ *v* [T] **1** *formal* nakłaniać: **induce sb to do sth** *Whatever induced you to spend so much money on a car?* **2** wywoływać: *This drug may induce drowsiness.*

in·dulge /ɪnˈdʌldʒ/ *v* **1** [I,T] pozwalać sobie (na): **+ in** *I sometimes indulge in a cigarette at a party.* | **indulge yourself** (=po/folgować sobie): *Go on, indulge yourself for a change!* **2** [T] rozpieszczać: *Ralph indulges his children terribly.*

in·dul·gence /ɪnˈdʌldʒəns/ *n* **1** [U] dogadzanie sobie: *a life of indulgence* **2** [C] słabostka: *Chocolate is my only indulgence.*

in·dul·gent /ɪnˈdʌldʒənt/ *adj* pobłażliwy: *indulgent parents* —**indulgently** *adv* pobłażliwie

in·dus·tri·al /ɪnˈdʌstriəl/ *adj* przemysłowy: *an industrial region* | *industrial pollution*

in·dus·tri·al·ist /ɪnˈdʌstriələst/ *n* [C] przemysłowiec

in·dus·tri·a·lized /ɪnˈdʌstriəlaɪzd/ (*także* **-ised** *BrE*) uprzemysłowiony —**industrialization** /ɪnˌdʌstriəlaɪˈzeɪʃən/ *n* [U] industrializacja, uprzemysłowienie

in·dus·tri·ous /ɪnˈdʌstriəs/ *adj formal* pracowity: *industrious young women*

in·dus·try /ˈɪndəstri/ *n* [C,U] przemysł: *The country's economy is supported by industry.* | *the clothing industry*

in·ed·i·ble /ɪnˈedəbəl/ *adj* niejadalny: *inedible mushrooms*

in·ef·fec·tive /ˌɪnəˈfektɪv◂/ *adj* nieskuteczny: *the treatment was completely ineffective*

in·ef·fi·cient /ˌɪnəˈfɪʃənt◂/ *adj* niewydajny, nieefektywny: *an inefficient use of good farm land*

in·el·i·gi·ble /ɪnˈeləʤəbəl/ *adj* **be ineligible for sth/to do sth** nie kwalifikować się do czegoś, nie mieć uprawnień do czegoś: *Non-citizens are ineligible to vote in the election.* | *She is ineligible for* (=nie przysługuje jej) *legal aid.*

in·ept /ɪˈnept/ *adj* nieudolny, niekompetentny: *an inept driver* —**ineptly** *adv* nieudolnie —**ineptitude** /ɪˈneptətjuːd/ *n* [U] nieudolność

in·e·qual·i·ty /ˌɪnɪˈkwɒləti/ *n* [C,U] nierówność: *the many inequalities in our legal system*

in·er·tia /ɪˈnɜːʃə/ *n* [U] bezwład, inercja: *the problem of inertia in large government departments*

in·es·ca·pa·ble /ˌɪnɪˈskeɪpəbəl◂/ *adj formal* nieunikniony: *The inescapable conclusion is that Reynolds killed himself.*

in·ev·i·ta·ble /ɪˈnevətəbəl/ *adj* nieuchronny, nieunikniony: *Death is inevitable.* —**inevitably** *adv* nieuchronnie: *Inevitably, his alcohol problem affected his work.* —**inevitability** /ɪˌnevətəˈbɪləti/ *n* [U] nieuchronność

in·ex·cu·sa·ble /ˌɪnɪkˈskjuːzəbəl◂/ *adj* niewybaczalny: *inexcusable behaviour* —**inexcusably** *adv* niewybaczalnie

in·ex·haus·ti·ble /ˌɪnɪgˈzɔːstəbəl◂/ *adj* niewyczerpany: *Nuclear fusion could provide an inexhaustible supply of energy.*

in·ex·pen·sive /ˌɪnɪkˈspensɪv◂/ *adj* niedrogi: *an inexpensive vacation* —**inexpensively** *adv* niedrogo

in·ex·pe·ri·enced /ˌɪnɪkˈspɪəriənst◂/ *adj* niedoświadczony: *an inexperienced driver* —**inexperience** *n* [U] brak doświadczenia

in·ex·plic·a·ble /ˌɪnɪkˈsplɪkəbəl◂/ *adj* niewytłumaczalny: *the inexplicable dis-*

appearance of a young woman —**inexplicably** *adv* niewytłumaczalnie

in·ex·tric·a·bly /ˌɪnɪk'strɪkəbli/ *adv formal* nierozerwalnie: *Poverty and bad health are inextricably linked.* —**inextricable** *adj* nierozerwalny

in·fal·li·ble /ɪn'fæl$\frac{1}{2}$bəl/ *adj* **1** niezawodny: *an infallible cure for hiccups* **2** nieomylny: *Many small children believe their parents are infallible.* —**infallibility** /ɪnˌfæl$\frac{1}{2}$'bɪl$\frac{1}{2}$ti/ *n* [U] niezawodność, nieomylność

in·fa·mous /'ɪnfəməs/ *adj* niesławny, notoryczny: *an infamous criminal* → porównaj FAMOUS

in·fan·cy /'ɪnfənsi/ *n* [U] **1** niemowlęctwo: *Their son died in infancy.* **2 in its infancy** w powijakach: *In the 1930s air travel was still in its infancy.*

in·fant /'ɪnfənt/ *n* [C] *formal* niemowlę, małe dziecko

in·fan·tile /'ɪnfəntaɪl/ *adj* dziecinny, infantylny: *his stupid infantile jokes*

in·fan·try /'ɪnfəntri/ *n* [U] piechota

in·fat·u·at·ed /ɪn'fætʃueɪt$\frac{1}{2}$d/ *adj* zadurzony: **+ with** *He's infatuated with her.* —**infatuation** /ɪnˌfætʃu'eɪʃən/ *n* [C,U] zadurzenie

in·fect /ɪn'fekt/ *v* [T] **1** zarażać, zakażać: *The number of people who have been infected has already reached 10,000.* **2** udzielać się: *His cynicism seems to have infected the whole team.*

in·fect·ed /ɪn'fekt$\frac{1}{2}$d/ *adj* **1** zarażony: *He was infected* (=zaraził się) *with cholera.* **2** zakażony: *an infected wound* | *infected water*

in·fec·tion /ɪn'fekʃən/ *n* [C,U] zakażenie, infekcja: *Wash the cut thoroughly to protect against infection.* | *an ear infection*

in·fec·tious /ɪn'fekʃəs/ *adj* **1** zakaźny, zaraźliwy: *an infectious disease* **2** zaraźliwy: *infectious laughter*

in·fe·ri·or[1] /ɪn'fɪəriə/ *adj* gorszy: *Larry always makes me feel inferior.* | **+ to** *His work is inferior to mine.* —**inferiority** /ɪnˌfɪəri'ɒr$\frac{1}{2}$ti/ *n* [U] niższość: *inferiority complex* (=kompleks niższości) → porównaj SUPERIOR[1]

inferior[2] *n* [C] podwładn-y/a → porównaj SUPERIOR[2]

in·fer·tile /ɪn'fɜːtaɪl/ *adj* **1** bezpłodny **2** nieurodzajny —**infertility** /ˌɪnfə'tɪl$\frac{1}{2}$ti/ *n* [U] bezpłodność

in·fi·del·i·ty /ˌɪnf$\frac{1}{2}$'del$\frac{1}{2}$ti/ *n* [C,U] niewierność

in·fi·nite /'ɪnf$\frac{1}{2}$n$\frac{1}{2}$t/ *adj* **1** ogromny: *a teacher with infinite patience* **2** nieskończony, nieograniczony: *an infinite universe* —**infinitely** *adv* nieskończenie

in·fin·i·tive /ɪn'fɪn$\frac{1}{2}$tɪv/ *n* [C] bezokolicznik → patrz ramka INFINITIVE

in·fin·i·ty /ɪn'fɪn$\frac{1}{2}$ti/ *n* [U] nieskończoność

in·fir·ma·ry /ɪn'fɜːməri/ *n* [C] *formal BrE* szpital

in·flam·ma·ble /ɪn'flæməbəl/ *adj* łatwopalny: *Butane is highly inflammable.* → antonim NONFLAMMABLE

in·flam·ma·tion /ˌɪnflə'meɪʃən/ *n* [C,U] zapalenie

in·fla·ta·ble /ɪn'fleɪtəbəl/ *adj* nadmuchiwany: *an inflatable mattress*

in·flate /ɪn'fleɪt/ *v* [I,T] nadmuchiwać, na/pompować: *The machine quickly inflates the tires.* → antonim DEFLATE

in·flat·ed /ɪn'fleɪt$\frac{1}{2}$d/ *adj* **1** zawyżony: *Inflated land prices prevented local companies from expanding.* **2** nadmuchany: *an inflated balloon*

in·fla·tion /ɪn'fleɪʃən/ *n* [U] inflacja: *the Mexican government's efforts to control inflation*

in·flec·tion /ɪn'flekʃən/ *także* **inflexion** *n* [C,U] odmiana, fleksja

in·flex·i·ble /ɪn'fleks$\frac{1}{2}$bəl/ *adj* **1** sztywny: *a school with inflexible rules* | *inflexible material* **2** nieugięty, mało elastyczny: *He's being completely inflexible about this.* —**inflexibility** /ɪnˌfleks$\frac{1}{2}$'bɪl$\frac{1}{2}$ti/ *n* [U] sztywność, brak elastyczności

in·flict /ɪn'flɪkt/ *v* [T] wyrządzać, zadawać: **inflict sth on/upon sb** *the damage inflicted on the enemy*

in·flu·ence[1] /'ɪnfluəns/ *n* **1** [C,U] wpływ: *Vince used his influence with the union to get his nephew a job.* | *Alex's par-*

Bezokolicznik: **Infinitive**

Bezokolicznik to podstawowa forma czasownika, podawana jako hasło w słownikach i służąca do tworzenia wielu form pochodnych. Oto niektóre ważne reguły dotyczące użycia bezokolicznika:

1 po większości czasowników występuje bezokolicznik z **to**, np.:
*She has **agreed to lend** me some money.*
*When do you **want to leave**?*

2 po czasownikach modalnych (z wyjątkiem ***ought***) występuje bezokolicznik bez **to**, np.:
*You **may visit** him in hospital.*
***Can** I **help** you?*
*They **ought to study** more.*

3 w przeczeniach partykuła ***not*** poprzedza bezokolicznik:
*He pretended **not to see** me.*
*We must **not panic**.*

4 po niektórych czasownikach bezokolicznik może występować wymiennie z formą czasownika zakończoną na ***-ing***:
*I **love to meet** people.* — *I **love meeting** people.*
*It **started to rain**.* — *It **started raining**.*

5 w niektórych przypadkach użycie po czasowniku bezokolicznika lub formy zakończonej na ***-ing*** wiąże się z różnicą znaczenia, np.:
*We **stopped to talk**.* („Zatrzymaliśmy się, żeby porozmawiać.")
*We **stopped talking**.* („Przestaliśmy rozmawiać.")

6 bezokolicznik może też występować po niektórych przymiotnikach, liczebnikach porządkowych oraz po określeniach ***the last*** i ***the next***:
*His books are **difficult/easy/impossible to read**.*
*I was **sorry/glad/happy to hear** that.*
*If I get this job, you will be **the first to know**.*
*Who was **the last** person **to leave** this building last night?*

patrz też: ***Modal Verbs, Perfect Infinitive, Verb***

ents always thought that I was a bad influence on him. **2 under the influence (of alcohol/drugs)** *informal* pod wpływem (alkoholu/narkotyków)

influence[2] *v* [T] wpływać na: *I don't want to influence your decision.*

in·flu·en·tial /ˌɪnfluˈenʃəl◂/ *adj* wpływowy: *an influential politician*

in·flu·en·za /ˌɪnfluˈenzə/ *n* [U] *formal* grypa

in·flux /ˈɪnflʌks/ *n* [C usually singular] napływ: *an influx of cheap imported cars*

in·fo /ˈɪnfəʊ/ *n* [U] *informal* informacja

in·form /ɪnˈfɔːm/ *v* [T] powiadamiać, po/informować: *There was a note informing us that Charles had left.*

inform against/on sb *phr v* [T] donosić na

in·for·mal /ɪnˈfɔːməl/ *adj* nieoficjalny, nieformalny: *an informal meeting* | *an informal letter to your family*

—**informally** *adv* nieoficjalnie, nieformalnie —**informality** /ˌɪnfɔːˈmælɪ̣ti/ *n* [U] bezpośredniość, nieoficjalny charakter

in·for·mant /ɪnˈfɔːmənt/ *n* [C] informator/ka

in·for·ma·tion /ˌɪnfəˈmeɪʃən/ *n* [U] informacja, informacje: **+ about/on** *I need some more information about this machine.* | **piece of information** (=informacja): *a useful piece of information*

> **UWAGA information**
>
> **Information** jest rzeczownikiem niepoliczalnym, dlatego formy "informations" i "an information" nie są poprawne. Mówi się natomiast **a piece of information** lub **some information**.

in·form·a·tive /ɪnˈfɔːmətɪv/ *adj* pouczający: *a very informative book*

in·formed /ɪnˈfɔːmd/ *adj* zorientowany: *Women should be able to make an informed choice about contraception.* | *well-informed voters*

in·form·er /ɪnˈfɔːmə/ *n* [C] donosiciel/ka

infra·red /ˌɪnfrəˈred◂/ *adj* podczerwony

in·fra·struc·ture /ˈɪnfrəˌstrʌktʃə/ *n* [C usually singular] infrastruktura: *Japan's economic infrastructure*

in·fre·quent /ɪnˈfriːkwənt/ *adj* rzadki, nieczęsty: *one of our infrequent visits to Uncle Edwin's house* —**infrequently** *adv* rzadko, z rzadka —**infrequency** *n* [U] rzadkość

in·fu·ri·ate /ɪnˈfjʊərieɪt/ *v* [T] rozwścieczać: *He really infuriates me!*

in·ge·ni·ous /ɪnˈdʒiːniəs/ *adj* pomysłowy: *What an ingenious gadget!* | *an ingenious solution to the problem* —**ingeniously** *adv* pomysłowo

in·ge·nu·i·ty /ˌɪndʒəˈnjuːɪ̣ti/ *n* [U] pomysłowość

in·gra·ti·ate /ɪnˈgreɪʃieɪt/ *v* **ingratiate yourself (with)** przymilać się (do), podlizywać się: *a politician trying to ingratiate himself with the voters* —**ingratiating** *adj* przymilny

in·grat·i·tude /ɪnˈgrætɪ̣tjuːd/ *n* [U] niewdzięczność: *I've never seen such ingratitude in my life.*

in·gre·di·ent /ɪnˈgriːdiənt/ *n* [C] **1** składnik: *Flour, water, and eggs are the most important ingredients.* **2** element: *all the ingredients of a good romantic novel*

in·hab·it /ɪnˈhæbɪ̣t/ *v* [T] *formal* zamieszkiwać: *a forest inhabited by bears and moose*

in·hab·i·tant /ɪnˈhæbɪ̣tənt/ *n* [C] mieszka-niec/nka

in·hale /ɪnˈheɪl/ *v formal* **1** [T] wdychać: *Try not to inhale the fumes from the glue.* **2** [I] z/robić wdech: *Once outside in the fresh air, he inhaled deeply.* **3** [I] zaciągać się → antonim EXHALE

in·hal·er /ɪnˈheɪlə/ *n* [C] inhalator

in·her·ent /ɪnˈhɪərənt/ *adj* **inherent to** właściwy dla: *a problem that is inherent in the system* —**inherently** *adv* z natury: *Nuclear energy is inherently dangerous and wasteful.*

in·her·it /ɪnˈherɪ̣t/ *v* [I,T] o/dziedziczyć: *I inherited the house from my uncle.* | *Her stubbornness she had inherited from her mother.* | *economic difficulties inherited from the previous government*

in·her·i·tance /ɪnˈherɪ̣təns/ *n* [C,U] spadek, spuścizna

in·hib·it /ɪnˈhɪbɪ̣t/ *v* [T] powstrzymywać, za/hamować: *new treatments to inhibit the spread of the disease*

in·hib·it·ed /ɪnˈhɪbɪ̣tɪ̣d/ *adj* spięty, skrępowany: *She's far too inhibited* (=ma zbyt duże zahamowania) *to talk frankly about sex.*

in·hi·bi·tion /ˌɪnhɪ̣ˈbɪʃən/ *n* [C,U] zahamowanie: *She soon loses her inhibitions when she's had a few glasses of wine.*

in·hos·pi·ta·ble /ˌɪnhɒˈspɪtəbəl/ *adj* **1** niesprzyjający, nieprzyjazny: *inhospitable desert areas* **2** niegościnny

in·hu·man /ɪnˈhjuːmən/ *adj* nieludzki: *inhuman treatment* | *an inhuman scream*

in·hu·mane /ˌɪnhjuːˈmeɪn◂/ *adj* niehumanitarny: *inhumane living conditions* —**inhumanely** *adv* niehumanitarnie

in·im·i·ta·ble /ɪˈnɪmətəbəl/ *adj* niepowtarzalny: *Jerry gave the speech in his own inimitable style.*

i·ni·tial¹ /ɪˈnɪʃəl/ *adj* początkowy: *the initial stages of the disease* —**initially** *adv* początkowo: *I was employed initially as a temporary worker.*

initial² *n* [C usually plural] inicjał: *a suitcase with the initials S.H. on it*

initial³ *v* [T] **-lled, -lling,** także **-led, -ling** *AmE* parafować, podpisać: *Could you initial this form for me, please?*

i·ni·ti·ate /ɪˈnɪʃieɪt/ *v* [T] **1** zapoczątkować, za/inicjować: *The prison has recently initiated new security procedures.* **2** wprowadzać: *During that summer he was initiated into the mysteries of sex.* —**initiation** /ɪˌnɪʃiˈeɪʃən/ *n* [C,U] inicjacja

i·ni·tia·tive /ɪˈnɪʃətɪv/ *n* **1** [C,U] inicjatywa: *I was impressed by the initiative she showed.* | *state initiatives to reduce spending* **2 take the initiative** przejąć inicjatywę

in·ject /ɪnˈdʒekt/ *v* [T] wstrzykiwać: *Both patients have been injected with a new drug.*

in·jec·tion /ɪnˈdʒekʃən/ *n* [C,U] zastrzyk: *The nurse gave him an injection against typhoid.* | *The business received a cash injection of $6 million.*

in·jure /ˈɪndʒə/ *v* [T] z/ranić, s/kaleczyć: *She was badly injured in the accident.*

in·jured /ˈɪndʒəd/ *adj* ranny: *We helped the injured rider to the waiting ambulance.*

> UWAGA **injured**
>
> Patrz **hurt, injured, wounded**.

in·ju·ry /ˈɪndʒəri/ *n* [C,U] uraz, rana: *serious head injuries*

in·jus·tice /ɪnˈdʒʌstəs/ *n* [C,U] niesprawiedliwość: *the violence and injustice of the plantation system*

ink /ɪŋk/ *n* [C,U] atrament, tusz

ink·ling /ˈɪŋklɪŋ/ *n* **have an inkling** przypuszczać: *We had no inkling that he was leaving.*

in·land¹ /ˈɪnlənd/ *adj* śródlądowy: *an inland sea* | *inland trade*

in·land² /ɪnˈlænd/ *adv* w głąb lądu: *driving inland*

in-laws /ˈ. ./ *n* [plural] *informal* powinowaci (*najczęściej teściowie*)

in·mate /ˈɪnmeɪt/ *n* [C] **1** więzień/więźniarka **2** pacjent/ka (*szpitala psychiatrycznego*)

inn /ɪn/ *n* [C] zajazd, gospoda

in·nate /ɪˈneɪt◂/ *adj* wrodzony: *an innate sense of fun*

in·ner /ˈɪnə/ *adj* wewnętrzny: *the inner ear* ➡ antonim OUTER

inner cit·y /ˌ.. ˈ..◂/ *n* [C] uboga dzielnica wielkomiejska: *Crime in our inner cities seems to be getting worse.*

in·ner·most /ˈɪnəməʊst/ *adj* najskrytszy: *innermost desires*

in·ning /ˈɪnɪŋ/ *n* [C] jedna z dziewięciu części meczu baseballowego

in·nings /ˈɪnɪŋz/ *n* [C] *plural* **innings** runda meczu krykietowego

in·no·cence /ˈɪnəsəns/ *n* [U] niewinność: *How did they prove her innocence?* | *a child's innocence*

in·no·cent /ˈɪnəsənt/ *adj* niewinny: *Nobody would believe that I was innocent.* | *innocent of murder* | *I was thirteen years old and very innocent.* | *the innocent victims of a drunk driver* | *an innocent remark* —**innocently** *adv* niewinnie

in·noc·u·ous /ɪˈnɒkjuəs/ *adj* nieszkodliwy: *At first, his questions seemed innocuous enough.*

in·no·va·tion /ˌɪnəˈveɪʃən/ *n* [C,U] nowość, innowacja: *recent innovations in computing* —**innovative** /ˈɪnəveɪtɪv/ *adj* nowatorski —**innovator** /ˈɪnəveɪtə/ *n* innowator/ka

in·nu·en·do /ˌɪnjuˈendəʊ/ *n* [C,U] *plural* **innuendoes** *or* **innuendos** insynuacja: *nasty innuendoes about Laurie and the boss*

I

in·nu·me·ra·ble /ɪ'nju:mərəbəl/ *adj* niezliczony

in·or·gan·ic /ˌɪnɔː'gænɪk◂/ *adj* nieorganiczny: *inorganic fertilizers* (=nawozy sztuczne)

in·put /'ɪnpʊt/ *n* **1** [U] wkład: *Students have an important input into what the class covers.* **2** dane wejściowe ➡ porównaj OUTPUT

in·quest /'ɪŋkwest/ *n* [C] dochodzenie (*przyczyny zgonu*)

in·quire /ɪn'kwaɪə/ *także* **enquire** *BrE v* [I,T] *formal* s/pytać, zapytywać: **+ about** *I am writing to inquire about your advertisement in the New York Post.*

inquire into sth *phr v* [T] dochodzić, z/badać: *The investigation will inquire into the reasons for the fire.*

in·quir·ing /ɪn'kwaɪərɪŋ/ *także* **enquiring** *BrE adj* **1** dociekliwy: *Young children have such inquiring minds.* **2 an inquiring glance/look** pytające spojrzenie —**inquiringly** *adv* badawczo, pytająco

in·quir·y /ɪn'kwaɪəri/ *także* **enquiry** *BrE n* [C] **1** zapytanie: *We're getting a lot of inquiries about our new bus service.* **2** [C,U] dochodzenie: *There will be an official inquiry into the incident.*

in·quis·i·tive /ɪn'kwɪzətɪv/ *adj* **1** dociekliwy: *a cheerful, inquisitive little boy* **2** wścibski

in·sane /ɪn'seɪn/ *adj* **1** *informal* szalony: *You must've been totally insane to go with him!* | *an insane idea* **2** chory umysłowo, obłąkany —**insanity** /ɪn'sænəti/ *n* [U] choroba umysłowa, obłęd

in·sa·tia·ble /ɪn'seɪʃəbəl/ *adj* niezaspokojony: *an insatiable appetite for cheap romantic novels*

in·scrip·tion /ɪn'skrɪpʃən/ *n* [C] napis

in·scru·ta·ble /ɪn'skru:təbəl/ *adj* zagadkowy, nieodgadniony: *an inscrutable smile*

in·sect /'ɪnsekt/ *n* [C] owad

in·sec·ti·cide /ɪn'sektəsaɪd/ *n* [U] środek owadobójczy

in·se·cure /ˌɪnsɪ'kjʊə◂/ *adj* niepewny: *The future of the company is still insecure.* | *I was young, very shy and insecure* (=i brakowało mi pewności siebie). —**insecurity** *n* [U] brak pewności siebie —**insecurely** *adv* niepewnie

in·sem·i·na·tion /ɪnˌseməˈneɪʃən/ *n* [U] *technical* zapłodnienie: *artificial insemination*

in·sen·si·tive /ɪn'sensətɪv/ *adj* nieczuły, nietaktowny: *insensitive questions about her divorce*

in·sep·a·ra·ble /ɪn'sepərəbəl/ *adj* **1** nieodłączny, nierozłączny: *Jane and Sarah soon became inseparable companions.* **2** *formal* **inseparable from** nierozerwalnie związany z: *In poetry, meaning is often inseparable from form.* —**inseparably** *adv* nierozłącznie

in·sert /ɪn'sɜ:t/ *v* [T] wkładać, wstawiać, wsuwać: *Insert the key in the lock.* | *Insert* (=wrzuć) *one 20p coin.* —**insertion** *n* [C,U] wstawka

in·side[1] /ɪn'saɪd/ *prep, adv* **1** (do) wewnątrz, do środka, w środku: *He opened the box to find two kittens inside.* | *We pushed open the door and stepped inside.* | *People inside the company have told us about the changes.* | *We'll be there inside an hour* (=w niecałą godzinę). ➡ antonim OUTSIDE **2** wewnątrz, w sobie: *Inside, I felt confident and calm.* | *Don't keep the anger inside.*

in·side[2] /ɪn'saɪd/ *n* **1 the inside** wnętrze: *The inside of the car was filthy.* **2 inside out** na lewą stronę: *Your shirt is inside out.* **3 know sth inside out** wiedzieć/znać coś na wylot: *She knows the business inside out.*

in·side[3] /'ɪnsaɪd/ *adj* **1** wewnętrzny: *the inside pages of a magazine* **2 inside information/the inside story** informacja/relacja z pierwszej ręki

in·sides /ɪn'saɪdz/ *n* [plural] wnętrzności

in·sight /'ɪnsaɪt/ *n* [C,U] wgląd, pogląd: **+ into** *The article gives us a real insight into Chinese culture.*

in·sig·ni·a /ɪn'sɪgniə/ *n* [C] *plural* **insignia** insygnia

in·sig·nif·i·cant /ˌɪnsɪg'nɪfɪkənt◂/ *adj* nieznaczny, nieistotny: *an insignificant* *change in the unemployment rate* —**insignificance** *n* [U] znikomość

in·sin·cere /ˌɪnsɪnˈsɪə◂/ *adj* nieszczery: *an insincere smile* —**insincerely** *adv* nieszczerze —**insincerity** /ˌɪnsɪnˈserɪ̈ti/ *n* [U] nieszczerość

in·sin·u·ate /ɪnˈsɪnjueɪt/ *v* [T] insynuować: *Are you insinuating that she didn't deserve the promotion?* —**insinuation** /ɪnˌsɪnjuˈeɪʃən/ *n* [C,U] insynuacja

in·sist /ɪnˈsɪst/ *v* [I] **1** nalegać, upierać się: **+ (that)** *Mike insisted that Joelle would never have gone by herself.* | **+ on** *She always insisted on her innocence.* **2** domagać się: **+ on** *They're insisting on your resignation.* | **+ (that)** (=żeby): *I insisted that he leave.*

in·sis·tence /ɪnˈsɪstəns/ *n* [U] naleganie, domaganie się: *Kennedy's insistence that the missiles be sent back to Russia*

in·sis·tent /ɪnˈsɪstənt/ *adj* stanowczy: *She's very insistent that we should all be on time.*

in·so·lent /ˈɪnsələnt/ *adj* bezczelny: *She just stared back with an insolent grin.* —**insolence** *n* [U] bezczelność —**insolently** *adv* bezczelnie

in·som·ni·a /ɪnˈsɒmniə/ *n* [U] bezsenność

in·spect /ɪnˈspekt/ *v* [T] **1** z/wizytować, s/kontrolować: *All schools are inspected once a year.* **2** z/badać: *Sara inspected her reflection in the mirror.* —**inspection** *n* [C,U] przegląd, inspekcja

> UWAGA **inspect**
>
> Patrz **control** i **inspect**.

in·spec·tor /ɪnˈspektə/ *n* [C] inspektor: *a health inspector* | *a police inspector*

in·spi·ra·tion /ˌɪnspɪ̈ˈreɪʃən/ *n* [C,U] inspiracja, natchnienie: **+ for** *My trip to Mexico was the inspiration for the novel.*

in·spire /ɪnˈspaɪə/ *v* [T] **1** natchnąć, za/inspirować: **inspire sb to (do) sth** *Encouragement will inspire children to try even harder.* **2** wzbudzać: **inspire sth in sb/inspire sb with sth** *A good captain should inspire confidence in his men.* —**inspiring** *adj* inspirujący

in·sta·bil·i·ty /ˌɪnstəˈbɪlɪ̈ti/ *n* [U] nierównowaga, niestabilność: *a period of economic and political instability* | *emotional instability* → patrz też UNSTABLE

in·stall /ɪnˈstɔːl/ *v* [T] za/instalować: *Companies spend thousands of dollars installing security cameras.* —**installation** /ˌɪnstəˈleɪʃən/ *n* [C,U] instalacja

in·stal·ment /ɪnˈstɔːlmənt/ *BrE*, **installment** *AmE n* [C] **1** rata: *We're paying for the car in monthly instalments.* **2** odcinek: *The final instalment will appear in next month's edition of the magazine.*

in·stance /ˈɪnstəns/ *n* **1 for instance** na przykład: *She's totally unreliable – for instance, she often leaves the children alone in the house.* **2** [C] przypadek: **+ of** *instances of police brutality*

in·stant[1] /ˈɪnstənt/ *adj* **1** natychmiastowy: *The movie was an instant success.* **2** rozpuszczalny, instant: *instant coffee* —**instantly** *adv* natychmiast: *The car hit a tree and the driver was killed instantly* (=zginął na miejscu).

instant[2] *n* [singular] chwila, moment: *He paused for an instant before replying.*

in·stan·ta·ne·ous /ˌɪnstənˈteɪniəs◂/ *adj* natychmiastowy: *Wilson's remarks provoked an instantaneous response.* —**instantaneously** *adv* momentalnie

in·stead /ɪnˈsted/ *adv* **1** zamiast tego **2 instead of** zamiast: *Why don't you do something, instead of just talking about it?*

> UWAGA **instead**
>
> Nie mówi się "instead of it" czy "instead of that". Mówi się po prostu **instead**: *We didn't go for a walk, but stayed at home instead.* Tłumacząc na angielski 'zamiast tego poszliśmy do muzeum', mówimy: *we went to the museum instead*, a nie "instead of it". Nie mówi się też "instead of to go" czy "instead to go". Mówi się **instead of going**.

in·stinct /ˈɪnstɪŋkt/ *n* [C,U] instynkt: *Instinct told me that something was wrong.* —**instinctive** /ɪnˈstɪŋktɪv/ *adj* instynktowny —**instinctively** *adv* instynktownie

in·sti·tute /ˈɪnstǝ̇tjuːt/ *n* [C] instytut: *the California Institute of Technology*

in·sti·tu·tion /ˌɪnstǝ̇ˈtjuːʃən/ *n* [C] instytucja: *higher education institutions* | *the institution of marriage* —**institutional** *adj* instytucjonalny

in·struct /ɪnˈstrʌkt/ *v* [T] **1** po/instruować: **instruct sb to do sth** *Police officers were instructed to search the house.* **2** wy/szkolić: *We instruct the children in basic reading skills.*

in·struc·tion /ɪnˈstrʌkʃən/ *n* **1** [C usually plural] instrukcja: **follow instructions** (=przestrzegać instrukcji): *Follow the instructions on the back of the packet.* **2** [C usually plural] polecenie, instrukcja: *Wait here until I give you further instructions.* **3** [U] *formal* szkolenie, instruktaż: *instruction in basic computer skills* —**instructional** *adj* instruktażowy

in·struc·tive /ɪnˈstrʌktɪv/ *adj* pouczający: *an instructive tour of the area*

in·struc·tor /ɪnˈstrʌktə/ *n* [C] instruktor/ka: *a ski instructor*

in·stru·ment /ˈɪnstrǝmənt/ *n* [C] **1** narzędzie: *medical instruments* **2** instrument: *musical instruments* **3** przyrząd: *The pilot studied his instruments anxiously.*

in·stru·men·tal /ˌɪnstrǝˈmentl◂/ *adj* **1 be instrumental in (doing) sth** odegrać znaczącą rolę w czymś: *a clue that was instrumental in solving the mystery* **2** instrumentalny: *instrumental music*

in·sub·or·di·nate /ˌɪnsəˈbɔːdənǝ̇t◂/ *adj* nieposłuszny —**insubordination** /ˌɪnsəbɔːdǝ̇ˈneɪʃən/ *n* [U] niesubordynacja

in·suf·fi·cient /ˌɪnsəˈfɪʃənt◂/ *adj* niewystarczający: *insufficient medical supplies* —**insufficiently** *adv* niewystarczająco

in·su·lar /ˈɪnsjǝlə/ *adj* zaściankowy: *The British have a reputation for being rather insular.* —**insularity** /ˌɪnsjǝˈlærǝ̇ti/ *n* [U] zaściankowość

in·su·late /ˈɪnsjǝleɪt/ *v* [T] za/izolować: *The pipes should be insulated so they don't freeze.* —**insulation** /ˌɪnsjǝˈleɪʃən/ *n* [U] izolacja

in·su·lin /ˈɪnsjǝlǝ̇n/ *n* [U] insulina

in·sult /ɪnˈsʌlt/ *v* [T] obrażać, znieważać: *How dare you insult my wife like that!* —**insulting** *adj* obraźliwy —**insult** /ˈɪnsʌlt/ *n* [C] obraza, zniewaga

in·sur·ance /ɪnˈʃʊərəns/ *n* [U] ubezpieczenie: *an insurance policy* | *Does your insurance cover things stolen from your car?* | *travel insurance*

in·sure /ɪnˈʃʊə/ *v* **1** [I,T] ubezpieczać (się): *Many companies won't insure young drivers.* | *Are these paintings insured?* **2** amerykańska pisownia wyrazu ENSURE

in·sur·rec·tion /ˌɪnsəˈrekʃən/ *n* [C,U] powstanie: *an armed insurrection*

in·tact /ɪnˈtækt/ *adj* nienaruszony, nietknięty: *The package arrived intact.*

in·take /ˈɪnteɪk/ *n* [singular] **1** spożycie: *Reducing your alcohol intake will help you lose weight.* **2** nabór: *a yearly intake of 300 students*

in·tan·gi·ble /ɪnˈtændʒǝ̇bəl/ *adj* nieuchwytny: *There was an intangible quality of mystery about the place.*

in·te·gral /ˈɪntǝ̇grəl/ *adj* integralny: *Training is an integral part of any team's preparation.* —**integrally** *adv* integralnie

in·te·grate /ˈɪntǝ̇greɪt/ *v* **1** [I,T] z/integrować (się): *teachers helping shy students to integrate into the class* **2** [T] po/łączyć w jedną całość: *This software integrates moving pictures with sound.* —**integrated** *adj* zintegrowany —**integration** /ˌɪntǝ̇ˈgreɪʃən/ *n* [U] integracja

in·teg·ri·ty /ɪnˈtegrǝ̇ti/ *n* [U] prawość: *a man of integrity* (=prawy człowiek)

in·tel·lect /ˈɪntǝ̇lekt/ *n* [C,U] inteligencja, intelekt: *a woman of superior intellect*

in·tel·lec·tual /ˌɪntǝ̇ˈlektʃuəl◂/ *adj* intelektualny: *the intellectual development of* *children* —**intellectual** *n* [C] intelektualist-a/ka —**intellectually** *adv* intelektualnie

in·tel·li·gence /ɪnˈtelədʒəns/ *n* [U] **1** inteligencja: *a child of average intelligence* **2** wywiad: *foreign intelligence services*

in·tel·li·gent /ɪnˈtelədʒənt/ *adj* inteligentny —**intelligently** *adv* inteligentnie

in·tel·li·gi·ble /ɪnˈtelədʒəbəl/ *adj* zrozumiały: *He was so drunk that his speech was barely intelligible.* | *Newspapers must be intelligible to all levels of readers.* —**intelligibly** *adv* zrozumiale

in·tend /ɪnˈtend/ *v* **1** [T] zamierzać: **intend to do sth** *Hughes intends to resign soon.* | **intend doing sth** *I intend contacting them as soon as possible.* **2 be intended for** być przeznaczonym do/dla: *The facilities are intended solely for the use of company employees.*

in·tense /ɪnˈtens/ *adj* **1** głęboki, wielki: *intense sorrow* | *He watched the woman with intense interest* (=z wielkim zainteresowaniem). **2** intensywny: *a period of intense activity* **3** poważny: *an intense young man* —**intensely** *adv* głęboko, wielce: *intensely exciting* —**intensity** *n* [U] nasilenie, intensywność

> UWAGA **intense** i **intensive**
>
> Nie należy mylić wyrazów **intense** i **intensive** w znaczeniu 'intensywny'. Wyraz **intense** łączy się z rzeczownikami określającymi wzmożoną aktywność lub wysiłek: *intense activity* | *intense effort*, natomiast wyraz **intensive** łączy się z rzeczownikami dotyczącymi działalności wymagającej takiej aktywności i wysiłku: *intensive course* | *intensive training*.

in·ten·si·fy /ɪnˈtensəfaɪ/ *v* [I,T] nasilać (się): *The campaign has intensified in recent weeks.* —**intensification** /ɪnˌtensəfəˈkeɪʃən/ *n* [U] intensyfikacja

in·ten·sive /ɪnˈtensɪv/ *adj* intensywny: *an intensive driving course* —**intensively** *adv* intensywnie

intensive care /.ˌ.. ˈ./ *n* [U] oddział intensywnej opieki medycznej

in·tent[1] /ɪnˈtent/ *n* [U singular] *formal* zamiar: *The jury has to decide whether the woman had any intent to injure her baby.*

intent[2] *adj* **1 sb is intent on sth/ on doing sth** komuś zależy na czymś/na zrobieniu czegoś: *She was intent on making a good impression.* **2** skupiony: *She listened with an intent expression.*

in·ten·tion /ɪnˈtenʃən/ *n* [C,U] zamiar: *His intention is to make the company the most successful in Europe.* | **+ toward(s)** *What do you think his intentions towards his grandchildren are?* | **have no intention of doing sth** (=nie mieć zamiaru czegoś robić): *I have no intention of getting married.*

in·ten·tion·al /ɪnˈtenʃənəl/ *adj* zamierzony, umyślny: *I'm sorry if I upset you – it wasn't intentional.* —**intentionally** *adv* umyślnie, celowo

in·ter·act /ˌɪntərˈækt/ *v* [I] **1** współżyć: **+ with** *It's interesting how members of the group interact with each other.* **2** wzajemnie oddziaływać na siebie —**interaction** *n* [C,U] interakcja

in·ter·act·ive /ˌɪntərˈæktɪv◂/ *adj* interakcyjny: *an interactive software program for children*

in·ter·cept /ˌɪntəˈsept/ *v* [T] przechwytywać: *Shearer ran back and intercepted the ball.*

in·ter·change·a·ble /ˌɪntəˈtʃeɪndʒəbəl/ *adj* wymienny: *Sometimes the words 'of' and 'from' are interchangeable in English, for example after the verb 'to die'.* —**interchangeably** *adv* wymiennie

in·ter·com /ˈɪntəkɒm/ *n* [C] interkom

in·ter·con·ti·nen·tal /ˌɪntəkɒntəˈnentl◂/ *adj* międzykontynentalny: *an intercontinental flight*

in·ter·course /ˈɪntəkɔːs/ *n* [U] *formal* stosunek (płciowy)

in·ter·de·pen·dent /ˌɪntədɪˈpendənt◂/ *adj* współzależny: *a team of interdependent workers* —**interdependence** *n* [U] współzależność

I

in·terest[1] /ˈɪntr$^{ɪ}_{ə}$st/ *n* **1** [C,U] zainteresowanie: *His main interests are reading and photography.* | **+ in** *We both share an interest in music.* | **lose interest (in sth)** (=s/tracić zainteresowanie (czymś)): *Kelly lost interest halfway through the movie.* | **take an interest in sb/sth** (=za/interesować się kimś/czymś): *He's never taken much of an interest in me.* **2** [U] odsetki: *a 19% interest rate* **3** [U] **of interest** interesujący: *local places of interest* | **be of interest to sb** (=interesować kogoś): *Your gossiping is of no interest to me.* **4** [C,U] interes: *We're only thinking of your best interests.* | **be in sb's interest(s)/be in the interests of sb** (=być/leżeć w czyimś interesie): *It's in everyone's interests to try to resolve this dispute as soon as possible.* **5** [C] *technical* udział: *He sold all his interests in the company.* **6 in the interest(s) of justice** w imię sprawiedliwości **7 in the interest(s) of safety/efficiency** z myślą o zwiększeniu bezpieczeństwa/wydajności: *A few changes were made to the car's design in the interests of safety.*

interest[2] *v* [T] za/interesować: *Here are some books that might interest you.*

in·terest·ed /ˈɪntr$^{ɪ}_{ə}$st$^{ɪ}_{ə}$d/ *adj* **1** zainteresowany: **+ in** *All she's interested in is boys!* | **be interested to hear/know** (=chcieć usłyszeć/dowiedzieć się): *We'd be interested to know what you think of these proposals.* | **be interested in doing sth** *Lisa is interested in studying law.* **2 interested parties/groups** zainteresowane strony/grupy

in·terest·ing /ˈɪntr$^{ɪ}_{ə}$stɪŋ/ *adj* ciekawy, interesujący: *There were a lot of interesting people on the tour.* —**interestingly** *adv* co ciekawe

in·ter·fere /ˌɪntəˈfɪə/ *v* [I] wtrącać się: *Stop interfering, will you!* | **+ in** *It's better not to interfere in their arguments.*

interfere with sth *phr v* [T] przeszkadzać w: *Don't let sports interfere with your schoolwork.*

in·ter·fer·ence /ˌɪntəˈfɪərəns/ *n* [U] **1** ingerencja: *I resented his interference in my personal life.* **2** interferencja

in·ter·im[1] /ˈɪntərɪm/ *adj* tymczasowy: *an interim arrangement*

interim[2] *n* **in the interim** w międzyczasie

in·te·ri·or /ɪnˈtɪəriə/ *n* [C] wnętrze: *a car with a brown leather interior* ➡ antonim EXTERIOR

> **UWAGA interior i internal**
>
> Nie należy mylić wyrazów **interior** i **internal** w znaczeniu 'wewnętrzny'. **Interior** znaczy 'znajdujący się wewnątrz budynku, pomieszczenia, pojazdu itp.', a **internal** znaczy 'dotyczący spraw danego kraju', lub w kontekście medycznym 'dotyczący wnętrza organizmu': *The interior doors are still sound but the exterior doors need replacing.* | *Each country has the right to control its own internal affairs.* | *internal injuries.*

in·ter·jec·tion /ˌɪntəˈdʒekʃən/ *n* [C] wykrzyknik: *In the sentence "Ouch! That hurt!", "ouch" is an interjection.*

in·ter·lude /ˈɪntəluːd/ *n* [C] przerywnik: *a musical interlude*

in·ter·mar·riage /ˌɪntəˈmærɪdʒ/ *n* [U] małżeństwo mieszane

in·ter·me·di·a·ry /ˌɪntəˈmiːdiəri/ *n* [C] pośredni-k/czka: *Boyle acted as intermediary in the negotiations.*

in·ter·me·di·ate /ˌɪntəˈmiːdiət◂/ *adj* **1** średniozaawansowany **2** pośredni

in·ter·mi·na·ble /ɪnˈtɜːm$^{ɪ}_{ə}$nəbəl/ *adj* nie kończący się: *interminable delays* —**interminably** *adv* bez końca

in·ter·mis·sion /ˌɪntəˈmɪʃən/ *n* [C] antrakt

in·ter·mit·tent /ˌɪntəˈmɪtənt◂/ *adj* przerywany, nieregularny: *intermittent rain showers* —**intermittently** *adv* z przerwami

in·tern[1] /ɪnˈtɜːn/ *v* [T] internować —**internment** *n* [C,U] internowanie

in·tern[2] /ˈɪntɜːn/ *n* [C] *AmE* lekarz stażysta

in·ter·nal /ɪnˈtɜːnl/ *adj* wewnętrzny:

internal bleeding —**internally** *adv* wewnętrznie ➞ antonim EXTERNAL

UWAGA **internal**
Patrz **interior** i **internal**.

in·ter·na·tion·al /ˌɪntəˈnæʃənəl◂/ *adj* międzynarodowy: *the International Law Association* —**internationally** *adv* na arenie międzynarodowej: *to compete internationally* | *internationally famous*

In·ter·net /ˈɪntənet/ *n* **the Internet** Internet: *Are you on the Internet yet?*

in·ter·play /ˈɪntəpleɪ/ *n* [U singular] wzajemne oddziaływanie: *the interplay of light and colour in her paintings*

in·ter·pret /ɪnˈtɜːprət/ *v* **1** [T] z/interpretować: **interpret sth as sth** *His silence was interpreted as guilt.* **2** [I] tłumaczyć (*ustnie*) ➞ porównaj TRANSLATE

in·ter·pre·ta·tion /ɪnˌtɜːprəˈteɪʃən/ *n* [C,U] interpretacja: **+ of** *Their interpretation of the evidence was very different from ours.* | *Branagh's interpretation of Hamlet*

in·ter·pret·er /ɪnˈtɜːprətə/ *n* [C] tłumacz/ka (*języka mówionego*) ➞ porównaj TRANSLATOR

in·ter·re·lat·ed /ˌɪntərɪˈleɪtəd◂/ *adj* powiązany (ze sobą): *Wages and prices are interrelated.*

in·ter·ro·gate /ɪnˈterəgeɪt/ *v* [T] przesłuchiwać: *Police interrogated the suspect for over two hours.* —**interrogator** *n* [C] przesłuchujący, śledczy —**interrogation** /ɪnˌterəˈgeɪʃən/ *n* [C,U] przesłuchanie

in·ter·rog·a·tive /ˌɪntəˈrɒgətɪv◂/ *n* [C] pytanie —**interrogative** *adj* pytający

in·ter·rupt /ˌɪntəˈrʌpt/ *v* [I,T] przerywać: *"What exactly do you mean?" Barker interrupted.* | *His career was interrupted by the war.* —**interruption** *n* [C,U] przerwa, zakłócenie: *without interruptions*

in·ter·sect /ˌɪntəˈsekt/ *v* [I,T] przecinać (się)

in·ter·sec·tion /ˌɪntəˈsekʃən/ *n* [C] skrzyżowanie: *a busy intersection*

in·ter·spersed /ˌɪntəˈspɜːst/ *adj* **interspersed with** przeplatający się z: *sunny periods interspersed with showers*

in·ter·twined /ˌɪntəˈtwaɪnd/ *adj* spleciony: *intertwined branches*

in·ter·val /ˈɪntəvəl/ *n* **1** [C] przerwa: *After a short interval there was a knock at the door.* **2 at regular intervals** w regularnych odstępach: *Visit your dentist at regular intervals for a check-up.* **3 at weekly/monthly intervals** raz na tydzień/miesiąc: *Your work will be assessed at three-monthly intervals.* **4** [C] *BrE* antrakt

in·ter·vene /ˌɪntəˈviːn/ *v* [I] **1** interweniować: **+ in** *Police eventually had to intervene in the dispute.* **2** wtrącać się, przeszkadzać: *They had planned to get married, but the war intervened.* —**intervention** /-ˈvenʃən/ *n* [C,U] interwencja

in·ter·ven·ing /ˌɪntəˈviːnɪŋ◂/ *adj* **in the intervening years/months/decades** od tamtego czasu, w międzyczasie: *I hadn't seen him since 1988 and he'd aged a lot in the intervening years.*

in·ter·view[1] /ˈɪntəvjuː/ *n* [C] **1** rozmowa kwalifikacyjna: *We would like to invite you to attend an interview on Tuesday.* | **+ for** *I've got an interview for a Saturday job.* **2** wywiad: **+ with** *an exclusive interview with Mel Gibson* | **give an interview** (=udzielać wywiadu): *Cantona refused to give any interviews after the incident.*

interview[2] *v* [T] prowadzić rozmowę kwalifikacyjną/wywiad z —**interviewer** *n* [C] osoba prowadząca rozmowę kwalifikacyjną/wywiad

in·tes·tine /ɪnˈtestən/ *n* [C] jelito —**intestinal** *adj* jelitowy

in·ti·mate /ˈɪntəmət/ *adj* **1** bliski, zażyły: *She only told a few intimate friends that she was pregnant.* **2** intymny: *a long and intimate conversation* **3 an intimate knowledge of sth** gruntowna znajomość czegoś: *Ted has an intimate knowledge of the local area.* **4** kameralny: *an in-*

I

timate little bar —**intimately** *adv* blisko, gruntownie: *intimately acquainted* —**intimacy** *n* [U] bliskość, zażyłość

in·tim·i·date /ɪnˈtɪmədeɪt/ *v* [T] zastraszać: *Ben seems to enjoy intimidating younger children.* —**intimidation** /ɪnˌtɪməˈdeɪʃən/ *n* [U] zastraszenie

in·tim·i·dat·ed /ɪnˈtɪmədeɪtəd/ *adj* zastraszony, onieśmielony: *She felt intimidated walking into the bar on her own.* —**intimidating** *adj* onieśmielający: *Some people find interviews intimidating.*

in·to /ˈɪntə, -tʊ/ *prep* **1** do: *How did you get into the house?* | *Don't fall into the water!* **2** w: *I was always getting into trouble.* | *The car had run into a tree.* | *She looked straight into my eyes.* **3 make/turn/shape sth into sth** z/robić z czegoś coś: *Make the dough into a ball* (=ulep z ciasta kulę). **4 be into sth** *spoken* pasjonować się czymś: *Dave's really into windsurfing.*

in·tol·e·ra·ble /ɪnˈtɒlərəbəl/ *adj* nieznośny, nie do zniesienia: *intolerable living conditions* —**intolerably** *adv* nieznośnie

in·tol·e·rant /ɪnˈtɒlərənt/ *adj* nietolerancyjny —**intolerance** *n* [U] nietolerancja

in·to·na·tion /ˌɪntəˈneɪʃən/ *n* [C,U] intonacja

in·tox·i·cat·ed /ɪnˈtɒksəkeɪtəd/ *adj* **1** *formal* nietrzeźwy: *The driver was clearly intoxicated.* **2** odurzony, upojony: *intoxicated with the experience of freedom* —**intoxicating** *adj* odurzający, upojny —**intoxicate** *v* [T] odurzać —**intoxication** /ɪnˌtɒksəˈkeɪʃən/ *n* [U] odurzenie alkoholem

in·tran·si·tive verb /ɪnˌtrænsətɪv ˈvɜːb/ *n* [C] czasownik nieprzechodni: *In the sentence, "She was crying," "cry" is an intransitive verb.* ➡ porównaj TRANSITIVE VERB

in·trep·id /ɪnˈtrepəd/ *adj* nieustraszony: *intrepid explorers*

in·tri·cate /ˈɪntrɪkət/ *adj* zawiły: *an intricate pattern in the rug* —**intricacy** *n* [C,U] zawiłość —**intricately** *adv* zawile

in·trigue[1] /ɪnˈtriːg/ *v* [T] za/intrygować: *He was intrigued by the dark-haired woman sitting opposite him.* —**intriguing** *adj* intrygujący —**intriguingly** *adv* intrygująco

in·trigue[2] /ˈɪntriːg/ *n* [C,U] intryga: *political intrigue*

in·trin·sic /ɪnˈtrɪnsɪk/ *adj* naturalny, wrodzony: *the intrinsic beauty of the landscape* | *her intrinsic goodness* —**intrinsically** *adv* z natury

in·tro·duce /ˌɪntrəˈdjuːs/ *v* [T] **1** wprowadzać: *The company introduced a no-smoking policy last year.* **2** przedstawiać: *I'd like to introduce our speaker, Mr Gordon Brown.* | **introduce sb to sb** *Alice, may I introduce you to Megan.* | **introduce yourself** (=przedstawiać się): *The woman sitting next to me introduced herself as Dr Barbara Daly.* **3 introduce sb to sth** zaznajamiać kogoś z czymś: *It was Mary who introduced us to Thai food.* **4** prowadzić: *the Eurovision Song Contest, introduced by Terry Wogan*

in·tro·duc·tion /ˌɪntrəˈdʌkʃən/ *n* **1** [C,U] wprowadzenie: *The course is intended to provide a basic introduction to Art History.* | **+ of** *the introduction of personal computers into schools* **2** [C] wstęp **3** [C usually plural] **make the introductions** dokonywać prezentacji: *Shall I make the introductions?*

in·tro·duc·to·ry /ˌɪntrəˈdʌktəri◂/ *adj* **1 introductory chapter/paragraph** wstępny rozdział/akapit **2 introducory course/lecture** kurs/wykład wprowadzający: *an introductory course in data processing*

in·tro·spec·tive /ˌɪntrəˈspektɪv◂/ *adj* introspekcyjny —**introspection** *n* [U] introspekcja

in·tro·vert /ˈɪntrəvɜːt/ *n* [C] introwerty-k/czka ➡ antonim EXTROVERT

in·tro·vert·ed /ˈɪntrəvɜːtəd/ *adj* zamknięty w sobie ➡ antonim EXTROVERTED

in·trude /ɪnˈtruːd/ *v* [I] przeszkadzać: *I'm sorry to intrude, but I need to talk to you.* | **intrude on/upon/into sth** (=zakłócać coś): *journalists who intrude* *upon people's private lives* —**intrusive** *adj* natrętny: *They found the television cameras too intrusive.*

in·trud·er /ɪn'tru:də/ *n* [C] intruz

in·tu·i·tion /ˌɪntju'ɪʃən/ *n* [C,U] intuicja: *You should learn to trust your intuition.*

in·tu·i·tive /ɪn'tju:ətɪv/ *adj* intuicyjny: *She seemed to have an intuitive understanding of the problem.* —**intuitively** *adv* intuicyjnie

in·un·date /'ɪnəndeɪt/ *v* [T] **be inundated with sth** być zasypywanym czymś: *We were inundated with requests for tickets.*

in·vade /ɪn'veɪd/ *v* **1** [I,T] najeżdżać (na): *The Romans invaded Britain in 54 BC.* **2** [T] zajmować: *Overjoyed fans invaded the sports field.* —**invader** *n* [C] najeźdźca —**invasion** *n* [C,U] inwazja, najazd

in·val·id[1] /ɪn'væləd/ *adj* nieważny: *an invalid passport*

in·va·lid[2] /'ɪnvəli:d/ *n* [C] inwalid-a/ka

in·val·u·a·ble /ɪn'væljuəbəl/ *adj* nieoceniony: *I'd like to thank our volunteers for their invaluable help.*

in·var·i·a·bly /ɪn'veəriəbli/ *adv* niezmiennie, zawsze: *She invariably arrived home from work exhausted.* —**invariable** *adj* niezmienny

in·vent /ɪn'vent/ *v* [T] **1** wynaleźć: *Who invented the light bulb?* **2** wymyślić: *You'll have to invent a better excuse than that!*

in·ven·tion /ɪn'venʃən/ *n* **1** [C] wynalazek: *inventions such as fax machines and E-mail* **2** [U] wynalezienie: **+ of** *the invention of television*

in·ven·tive /ɪn'ventɪv/ *adj* pomysłowy: *Ed's a very inventive cook.* —**inventiveness** *n* [U] pomysłowość

in·ven·tor /ɪn'ventə/ *n* [C] wynalazca/czyni

in·ven·tory /'ɪnvəntri/ *n* [C] wykaz

in·vert·ed com·mas /ɪnˌvɜ:təd 'koməz/ *n* [plural] *BrE* cudzysłów

in·vest /ɪn'vest/ *v* [I,T] za/inwestować: *She invests a lot of time and energy in her work.* | **+ in** *$6 million has been invested in the construction of a new film studio.* | *I think it's time you invested in a new pair of jeans.* —**investor** *n* [C] inwestor

in·ves·ti·gate /ɪn'vestəgeɪt/ *v* [I,T] po/prowadzić dochodzenie w sprawie: *Detectives are investigating a brutal murder.* —**investigator** *n* [C] oficer śledczy —**investigative** *adj*: *investigative journalism* (=dziennikarstwo dochodzeniowe)

in·ves·ti·ga·tion /ɪnˌvestɪ'geɪʃən/ *n* [C,U] dochodzenie: **+ into** *an investigation into police corruption* | **be under investigation** (=być przedmiotem dochodzenia): *Safety procedures at the airport are currently under investigation.*

in·vest·ment /ɪn'vestmənt/ *n* [C,U] inwestycja: *a £500 000 investment* | *We bought the house as an investment.* | **+ in** *US investment in foreign companies*

in·vig·o·ra·ting /ɪn'vɪgəreɪtɪŋ/ *adj* orzeźwiający: *an invigorating sea breeze*

in·vin·ci·ble /ɪn'vɪnsəbəl/ *adj* niepokonany, niezwyciężony

in·vis·i·ble /ɪn'vɪzəbəl/ *adj* **1** niewidoczny: *The entrance to the cave was almost invisible.* **2** niewidzialny: *Jagger was dancing and pretending to play an invisible guitar.*

in·vi·ta·tion /ˌɪnvə'teɪʃən/ *n* [C,U] zaproszenie: **an invitation to (do) sth** *I'm waiting for an invitation to her house.*

in·vite /ɪn'vaɪt/ *v* [T] zapraszać: *"Are you going to Tim's party?" "No, we weren't even invited."* | **invite sb to (do) sth** *All local residents are invited to attend the meeting* (=są zaproszeni do udziału w spotkaniu).

invite sb **along** *phr v* [T] zabierać ze sobą: *She invited some of her friends along to watch the game.*

invite sb **in** *phr v* [T] zapraszać do domu/do siebie

invite sb **over** (*także* **invite** sb **round** *BrE*) *phr v* [T] zapraszać do domu/do siebie: *Why don't you invite Jim and Katie over for a drink?*

in·vit·ing /ɪn'vaɪtɪŋ/ *adj* kuszący: *the inviting smell of freshly baked bread*

in·voice /ˈɪnvɔɪs/ *n* [C] faktura (*dokument*)

in·vol·un·ta·ry /ɪnˈvɒləntəri/ *adj* mimowolny: *an involuntary cry of pain* —**involuntarily** *adv* mimowolnie

in·volve /ɪnˈvɒlv/ *v* [T] **1** dotyczyć, obejmować: *a riot involving forty-five prisoners* **2** wymagać, wiązać się z: *What exactly does the job involve?* | **involve doing sth** *Being a rock star involves giving lots of interviews.* **3** za/angażować: **involve sb in sth** *Schools are trying to involve parents more in their children's education.*

in·volved /ɪnˈvɒlvd/ *adj* **1 be/get involved in sth** za/angażować się w coś: *How many people are involved in the decision-making process?* | *Al was reluctant to get involved in their dispute.* **2** zawiły: *a long involved answer* —**involvement** *n* [U] zaangażowanie

in·ward /ˈɪnwəd/ *adj* wewnętrzny, skryty: *Her calm expression hid an inward fear.* —**inwardly** *adv* w duchu: *I managed to smile, but inwardly I was furious.*

in·wards /ˈɪnwədz/ *BrE*, **inward** *AmE* *adv* do wewnątrz: *The door opened inwards.* → antonim OUTWARDS

i·o·dine /ˈaɪədiːn/ *n* [U] **1** jod **2 iodine solution** jodyna

IOU /ˌaɪ əʊ ˈjuː/ *n* [C] *informal* rewers

IQ /ˌaɪ ˈkjuː/ *n* [C] iloraz inteligencji: *She has an IQ of 120.*

i·ris /ˈaɪərəs/ *n* [C] **1** irys **2** tęczówka

i·ron[1] /ˈaɪən/ *n* **1** [U] żelazo **2** [C] żelazko

iron[2] *v* [I,T] wy/prasować: *Can you iron my shirt for me?* —**ironing** *n* [U] prasowanie: *I still haven't done the ironing.*

iron sth ↔ **out** *phr v* [T] rozwiązywać: *We'll need some time to iron out these difficulties.*

iron[3] *adj* żelazny: *an iron gate* | *He ruled the country with an iron fist* (=żelazną ręką).

Iron Cur·tain /ˌ.. ˈ../ *n* **the Iron Curtain** żelazna kurtyna

i·ron·ic /aɪˈrɒnɪk/ *adj* **1** paradoksalny: *It's ironic that Bill was the only person to fail the examination.* **2** ironiczny —**ironically** *adv* ironicznie, jak na ironię

ironing board /ˈ... ./ *n* [C] deska do prasowania

i·ron·y /ˈaɪərəni/ *n* [U] **1** paradoks: *The irony is that the drug was supposed to save lives, but it killed him.* **2** ironia

ir·ra·tion·al /ɪˈræʃənəl/ *adj* irracjonalny: *an irrational fear of spiders* —**irrationally** *adv* irracjonalnie

ir·reg·u·lar /ɪˈregjələ/ *adj* **1** nieregularny: *a face with irregular features* | *an irregular heartbeat* | *irregular verbs* **2** *BrE formal* nieodpowiedni, niezgodny z przepisami: *This is all highly irregular.* —**irregularly** *adv* nieregularnie, nierównomiernie —**irregularity** /ɪˌregjəˈlærəti/ *n* [C,U] nieregularność, nieprawidłowość

ir·rel·e·vant /ɪˈreləvənt/ *adj* nieistotny: *His age is irrelevant if he can do the job.*

ir·rep·a·ra·ble /ɪˈrepərəbəl/ *adj* nieodwracalny —**irreparably** *adv* nieodwracalnie

ir·re·place·a·ble /ˌɪrɪˈpleɪsəbəl◂/ *adj* niezastąpiony: *an irreplaceable work of art*

ir·re·pres·si·ble /ˌɪrɪˈpresəbəl◂/ *adj* niepohamowany: *irrepressible excitement*

ir·re·sis·ti·ble /ˌɪrɪˈzɪstəbəl◂/ *adj* **1** taki, któremu nie można się oprzeć: *There were masses of irresistible food at the wedding.* **2** nieodparty: *an irresistible urge*

ir·re·spec·tive /ˌɪrɪˈspektɪv/ *adv* **irrespective of** niezależnie od: *Anyone can participate, irrespective of age.*

ir·re·spon·si·ble /ˌɪrɪˈspɒnsəbəl◂/ *adj* nieodpowiedzialny: *What an irresponsible attitude!* —**irresponsibly** *adv* nieodpowiedzialnie

ir·re·ver·si·ble /ˌɪrɪˈvɜːsəbəl◂/ *adj* nieodwracalny: *irreversible brain damage*

ir·ri·gate /ˈɪrəgeɪt/ *v* [T] nawadniać —**irrigation** /ˌɪrəˈgeɪʃən/ *n* [U] nawadnianie

ir·ri·ta·ble /ˈɪrətəbəl/ *adj* drażliwy: *He's always irritable in the morning.* —**irritability** /ˌɪrətəˈbɪləti/ *n* [U] drażliwość

ir·ri·tate /ˈɪrəteɪt/ *v* [T] **1** z/irytować, roz/drażnić: *Her attitude really irritated me.* **2** po/drażnić: *Wool irritates my skin.* —**irritating** *adj* irytujący, drażniący —**irritation** /ˌɪrəˈteɪʃən/ *n* [C,U] irytacja, podrażnienie

> UWAGA **irritated**
>
> Patrz **nervous** i **irritated**.

is /ɪz/ trzecia osoba liczby pojedynczej czasu teraźniejszego od BE

Is·lam /ˈɪslɑːm/ *n* [U] islam —**Islamic** /ɪsˈlæmɪk/ *adj* islamski

is·land /ˈaɪlənd/ *n* [C] wyspa: *the Canary Islands*

> UWAGA **island**
>
> Tłumacząc na angielski 'na wyspie Wolin', mówimy: *on the island of Wolin*. Tłumacząc na angielski 'na Kubie', mówimy: *in Cuba*. Tłumacząc na angielski 'na Hawajach', mówimy: *in Hawaii*. Tłumacząc na angielski 'na Filipinach', mówimy: *in the Philippines*.

is·land·er /ˈaɪləndə/ *n* [C] wyspia-rz/rka

isle /aɪl/ *n* [C] *literary* wyspa

is·n't /ˈɪzənt/ skrócona forma od 'is not': *The essay isn't due until Friday.*

i·so·late /ˈaɪsəleɪt/ *v* [T] od/izolować: *The new prisoner was isolated as soon as he arrived.*

i·so·lat·ed /ˈaɪsəleɪtəd/ *adj* **1** odosobniony: *an isolated farmhouse* | *an isolated case/incident* **2** wyobcowany: *Mothers with young children often feel isolated.*

i·so·la·tion /ˌaɪsəˈleɪʃən/ *n* **1** [U] odosobnienie: *Because of its isolation, the island developed its own culture.* **2 in isolation** w izolacji: *These events cannot be examined in isolation from one another.*

is·sue¹ /ˈɪʃuː/ *n* **1** [C] kwestia, sprawa: *Abortion was a key issue in the 1989 elections.* **2** [C] numer: *the latest issue of Vogue* **3 take issue with** nie zgadzać się z: *He took issue with Farrell's statement.* **4 make an issue of sth** robić z czegoś problem

issue² *v* [T] wydawać: *a statement issued by the White House* | **issue sb with sth** (=zaopatrywać kogoś w coś): *All staff will be issued with protective clothing.*

it /ɪt/ *pron* **1** on, ona, ono: *"Where's the bread?" "It's on the shelf."* | *"Did you bring your umbrella?" "No, I left it at home."* **2 how's it going** jak leci? **3** to: *I don't know who took your book, but it wasn't me* (=to nie byłem ja). | *I can't stand it any longer* (=nie mogę już tego znieść). **4** w funkcji podmiotu lub dopełnienia, którego nie tłumaczymy na język polski: *It costs less to drive* (=taniej jest jeździć samochodem) *than to take the bus.* | *I like it here* (=podoba mi się tutaj). **5** w zwrotach z czasownikiem "be" mówiących o pogodzie, czasie, odległości: *It's raining again.* | *What time is it?* | *It's over 200 miles from London to Manchester.* **6** w zwrotach z "seem", "appear", "look" i "happen": *It looks like* (=wygląda na to, że) *Henry's not going to be able to come to lunch.* **7 it's me/John** (to) ja/John: *"Who's on the phone?" "It's Jill."*

i·tal·ics /ɪˈtælɪks/ *n* [plural] kursywa

itch¹ /ɪtʃ/ *v* [I] swędzić

itch² *n* [C] **1** swędzenie **2** *informal* chęć —**itchy** *adj* swędzący —**itchiness** *n* [U] swędzenie

it'd /ˈɪtəd/ forma ściągnięta od 'it would' lub 'it had': *It'd* (=it would) *be nice to go to the beach.* | *It'd* (=it had) *been raining all day.*

i·tem /ˈaɪtəm/ *n* **1** [C] punkt, pozycja: *There are over twenty items on the menu.* **2** [C] **(news) item** wiadomość (*w prasie, telewizji*): *an item about the kidnapping in the paper*

i·tem·ize /ˈaɪtəmaɪz/ (*także* **-ise** *BrE*) *v* [T] wyszczególniać

i·tin·e·ra·ry /aɪˈtɪnərəri/ *n* [C] plan podróży

it'll /ˈɪtl/ forma ściągnięta od 'it will': *It'll never work.*

it's /ɪts/ forma ściągnięta od 'it is' lub 'it

has': *It's* (=it is) *snowing!* | *It's* (=it has) *been a great year.*

its /ɪts/ *determiner* jego, swój: *The tree has lost all of its leaves.*

it·self /ɪt'self/ *pron* **1** się, siebie: *The cat was washing itself.* **2 in itself** samo w sobie: *We're proud you finished the race. That in itself is an accomplishment.*

I've /aɪv/ forma ściągnięta od 'I have': *I've seen you somewhere before.*

i·vo·ry /'aɪvəri/ *n* [U] kość słoniowa

i·vy /'aɪvi/ *n* [U] bluszcz

I

Jj

jab[1] /dʒæb/ *v* [I,T] **-bbed, -bbing** dźgać: *Stop jabbing me with your elbow!* | *He angrily jabbed a finger into* (=dźgnął mnie palcem w) *my chest.*

jab[2] *n* [C] **1** dźgnięcie **2** *BrE informal* zastrzyk: *a tetanus jab*

jack[1] /dʒæk/ *n* [C] **1** podnośnik **2** walet: *the jack of hearts*

jack[2] *v*

jack sth ↔ **in** *phr v* [T] *BrE informal* rzucać w diabły: *I'd love to jack in my job.*

jack sth ↔ **up** *phr v* [T] **1** podnosić podnośnikiem: *Dad jacked the car up so I could change the tyre.* **2** windować: *Airlines always jack up fares at Christmas.*

jack·al /ˈdʒækɔːl/ *n* [C] szakal

jack·et /ˈdʒækɪt/ *n* [C] **1** marynarka **2** kurtka

jacket po·ta·to /ˌ.. .ˈ../ *n* [C] *BrE* ziemniak w mundurku

jack-knife /ˈ. ./ *v* [I] składać się jak scyzoryk

jack·pot /ˈdʒækpɒt/ *n* **1** [C] cała pula **2 hit the jackpot** odnieść wielki sukces: *The National Theatre hit the jackpot with its first musical, Guys and Dolls.*

Ja·cuz·zi /dʒəˈkuːzi/ *n* [C] *trademark* wanna z masażem wodnym

jade /dʒeɪd/ *n* [U] nefryt

ja·ded /ˈdʒeɪdɪd/ *adj* znudzony: *She seemed jaded and in need of a break.*

jag·ged /ˈdʒægɪd/ *adj* ostry, wyszczerbiony: *jagged rocks*

jag·u·ar /ˈdʒægjuə/ *n* [C] jaguar

jail[1] /dʒeɪl/ *także* **gaol** *BrE n* [C,U] więzienie

jail[2] *także* **gaol** *BrE v* [T] wsadzać do więzienia

jail·er /ˈdʒeɪlə/ *także* **gaoler** *BrE n* [C] strażni-k/czka więzienn-y/a

jam[1] /dʒæm/ *n* **1** [C,U] dżem: *raspberry jam* **2** [C] korek: *Visitors were asked to arrive at different times, to avoid a jam.* → patrz też TRAFFIC JAM **3 be in a jam** być w tarapatach

jam[2] *v* **-mmed, -mming 1** [T] wpychać: *I managed to jam everything into one suitcase.* **2** [I] zacinać się, za/blokować się: *Every time I try to use the fax, it jams.* **3** [T] za/tarasować: *Excited football fans jammed the streets.* **4** [T] zakłócać: *They were jamming American broadcasts to Eastern Europe.*

jan·gle /ˈdʒæŋgəl/ *v* [I,T] pobrzękiwać: *Her jewellery jangled when she moved.* —**jangle** *n* [singular] brzęk

jan·i·tor /ˈdʒænɪtə/ *n* [C] *especially AmE* stróż: *the school janitor* (=woźny)

Jan·u·a·ry /ˈdʒænjuəri/ skrót pisany **Jan** *n* [C,U] styczeń

jar[1] /dʒɑː/ *n* [C] słoik: *a jam jar*

jar[2] *v* [T] **-rred, -rring 1** stłuc: *Alice jarred her knee when she jumped off the wall.* **2 jar on sb's nerves** działać komuś na nerwy: *The noise of the drill was starting to jar on my nerves.*

jar·gon /ˈdʒɑːgən/ *n* [U] żargon: *medical jargon*

jaun·dice /ˈdʒɔːndɪs/ *n* [U] żółtaczka

jav·e·lin /ˈdʒævəlɪn/ *n* [C] oszczep

jaw /dʒɔː/ *n* **1** [C] szczęka **2 sb's jaw dropped** szczęka komuś opadła

jazz[1] /dʒæz/ *n* [U] jazz: *modern jazz* | *a singer in a jazz band*

jazz[2] *v*

jazz sth ↔ **up** *phr v* [T] ożywiać: *A few pictures will jazz up the walls.*

jeal·ous /ˈdʒeləs/ *adj* zazdrosny: *Tara was jealous when she saw all the girls in their new dresses.* | *My boyfriend always gets jealous when I talk to other guys.* | **+ of** *You're just jealous of me because I got better grades.* —**jealously** *adv* zazdrośnie —**jealousy** *n* [C,U] zazdrość, zawiść

jeans /dʒiːnz/ *n* [plural] dżinsy

Jeep /dʒiːp/ *n* [C] *trademark* jeep

jeer /dʒɪə/ *v* [I,T] drwić (z): *Kids jeered and threw stones at us.*

jel·ly /ˈdʒeli/ *n* [C,U] galaretka: *a peanut butter and jelly sandwich*

jel·ly·fish /ˈdʒeliˌfɪʃ/ *n* [C] meduza: *She got stung by a jellyfish when she was out swimming.*

jeop·ar·dize /ˈdʒepədaɪz/ (*także* **-ise** BrE) v [T] narażać na szwank: *He didn't want to jeopardize his career by complaining about his boss.*

jeop·ar·dy /ˈdʒepədi/ n [U] **in jeopardy** w niebezpieczeństwie: *The peace talks are in jeopardy.*

jerk[1] /dʒɜːk/ v [I,T] szarpać: *Sara jerked her head up to look at him.* | *He turned away, jerking the blanket over his head.*

jerk[2] n [C] **1** szarpnięcie: *She unplugged the iron with an angry jerk.* **2** AmE informal palant: *You jerk!*

jerk·y /ˈdʒɜːki/ adj urywany

jer·sey /ˈdʒɜːzi/ n **1** [C] koszulka sportowa **2** [C] BrE pulower **3** [U] dżersej

jest /dʒest/ n **in jest** żartem

jest·er /ˈdʒestə/ n [C] błazen

jet /dʒet/ n [C] **1** odrzutowiec **2** strumień: *a strong jet of water*

jet-black /ˌ. ˈ.◂/ adj kruczoczarny: *jet-black hair*

jet en·gine /ˌ. ˈ../ n [C] silnik odrzutowy

jet lag /ˈ. ./ n [U] zmęczenie po długiej podróży samolotem

jet-pro·pelled /ˌ. .ˈ.◂/ adj odrzutowy

jet·ty /ˈdʒeti/ n [C] pirs

Jew /dʒuː/ n [C] Żyd/ówka: *The Jews originally lived in ancient Israel.*

jew·el /ˈdʒuːəl/ n [C] klejnot

jew·el·ler /ˈdʒuːələ/ BrE, **jeweler** AmE n [C] jubiler

jew·el·lery /ˈdʒuːəlri/ BrE, **jewelry** AmE n [U] biżuteria

Jew·ish /ˈdʒuːɪʃ/ adj żydowski

jibe /dʒaɪb/ *także* **gibe** n [C] kpina

jif·fy /ˈdʒɪfi/ n **in a jiffy** informal za momencik: *I'll be back in a jiffy.*

jig·saw /ˈdʒɪgsɔː/ *także* **jigsaw puzzle** n [C] układanka

jilt /dʒɪlt/ v [T] rzucić (*np. chłopaka*)

jin·gle[1] /ˈdʒɪŋgəl/ v [I,T] dzwonić: *Tom nervously jingled the coins in his pocket.*

jingle[2] n **1** [C] dżingiel **2** [singular] brzęk

jinx /dʒɪŋks/ n [singular] fatum: *There's some kind of jinx on the team.* —**jinxed** adj pechowy

jit·ters /ˈdʒɪtəz/ n [C] trzęsiączka: **get the jitters** *I get the jitters* (=dostaję trzęsiączki) *if I drink too much coffee.*

jit·ter·y /ˈdʒɪtəri/ adj roztrzęsiony: *She was so jittery about seeing him, she couldn't keep still.*

job /dʒɒb/ n [C] **1** praca: *I always end up doing the unpleasant jobs around the house.* | **get/find a job** (=dostać/znaleźć pracę): *I got a part-time job as a waitress.* | **apply for a job** (=złożyć podanie o pracę): *She applied for a job at a bank.* | **out of a job** (=bezrobotny) **2** obowiązek: *Leave the dishes – that's my job.* **3 on the job** podczas pracy: *All our employees get on the job training.* **4 make a good/bad job of sth** BrE dobrze/źle sobie z czymś poradzić: *Sarah made a good job of that presentation.* **5 it's a good job** BrE spoken całe szczęście, że, dobrze, że: *It's a good job you were wearing your seat belt.* **6 do the job** informal zadziałać: *A little more glue should do the job.*

> **UWAGA job**
>
> Nie mówi się "What is your job?" czy "What is your work?" kiedy chcemy wiedzieć, jak ktoś zarabia na życie. Mówi się **What do you do?** lub **What do you do for a living?**: *"What does your mother do?" "She's a doctor."*

job·less /ˈdʒɒbləs/ adj bezrobotny: *10% of the town's workers are jobless.*

jock·ey /ˈdʒɒki/ n [C] dżokej

jog /dʒɒg/ v **-gged, -gging 1** [I] biegać (*w celach rekreacyjnych*) **2** [T] przebiec: *Julie jogs 3 miles every morning.* **3 jog sb's memory** odświeżać komuś pamięć: *This photo might jog your memory.* **4** [T] po/trącać: *Someone's hand jogged her elbow, and she spilt her drink.*

jog·ging /ˈdʒɒgɪŋ/ n [U] jogging: *I'm thinking of taking up jogging.*

join[1] /dʒɔɪn/ *v* **1** [T] wstępować do: *When did you join the Labour Party?* **2** [T] zacząć pracę w: *Trevor joined the BBC in 1969.* **3** [I,T] po/łączyć (się): *Join the two pieces of wood with strong glue.* | *the point where the two rivers join* **4** [T] przyłączać się do: *Other unions joined the strike.* | **join sb (for sth)** *Why don't you join us for dinner* (=może zjadłbyś z nami kolację)*?* | **join (with) sb in doing sth** *Please join with me in welcoming* (=powitajmy wspólnie) *tonight's speaker.* **5 join hands** chwytać się za ręce **6 join a queue/line** stanąć w kolejce

join in *phr v* [I,T **join in** sth] przyłączać się (do): *The other children wouldn't let Sam join in.* | *Everyone joined in the conversation.*

join up *phr v* **1** [I] spotykać się: *We can all join up for a drink later.* **2** [I] *BrE* wstępować do wojska

join[2] *n* [C] złączenie

joint[1] /dʒɔɪnt/ *adj* wspólny: *They have to reach a joint decision.* | *a joint bank account* | **joint effort** (=wspólne przedsięwzięcie): *The record was a joint effort between U2 and Pavarotti.* —**jointly** *adv* wspólnie: *Sam and I are jointly responsible for the project.*

joint[2] *n* [C] **1** staw: *the hip joint* **2** złączenie: *One of the joints between the pipes was leaking.* **3** *BrE* sztuka mięsa: *a joint of beef* **4** *informal* lokal: *a hamburger joint* **5** *informal* skręt (*z marihuany*)

joint ven·ture /ˌ. ˈ../ *n* [C] spółka joint-venture

joke[1] /dʒəʊk/ *n* **1** [C] żart, dowcip: *Don't get mad – it's only a joke.* | **tell a joke** (=opowiedzieć kawał): *Ed loves telling jokes.* | **get/see the joke** (=zrozumieć dowcip) | **play a joke on sb** (=zrobić komuś kawał) **2** [singular] *informal* farsa: *Those meetings are a joke!* **3 make a joke (out) of sth** żartować sobie z czegoś **4 it's no joke** to nie żarty: *Looking after three kids on your own is no joke.*

joke[2] *v* [I] **1** żartować **2 be joking** żartować: *Listen, I'm not joking – there is real danger.* **3 you're joking/you must be joking** *spoken* chyba żartujesz: *What? Buy a house on my salary? You must be joking!* —**jokingly** *adv* żartem

jok·er /ˈdʒəʊkə/ *n* [C] **1** kawalarz **2** dżoker

jol·ly[1] /ˈdʒɒli/ *adj* wesoły

jolly[2] *adv BrE spoken old-fashioned* bardzo: *It's jolly cold outside!*

jolt[1] /dʒəʊlt/ *n* [C] **1 with a jolt** gwałtownie: *Sam woke with a jolt when the phone rang.* **2** wstrząs: *It gave me a jolt* (=było dla mnie wstrząsem) *to see her looking so ill.*

jolt[2] *v* [I,T] szarpnąć (się): *The car jolted and Rachel was thrown backwards.* | *The train jolted to a halt* (=zatrzymał się gwałtownie).

jos·tle /ˈdʒɒsəl/ *v* [I] przepychać się: *Spectators jostled for a better view* (=żeby lepiej widzieć).

jot /dʒɒt/ *v* **-tted, -tting**

jot sth ↔ **down** *phr v* [T] zapisać: *Let me just jot down your phone number.*

jour·nal /ˈdʒɜːnl/ *n* [C] **1** czasopismo: *a scientific journal* **2** dziennik

jour·nal·is·m /ˈdʒɜːnəl-ɪzəm/ *n* [U] dziennikarstwo

jour·nal·ist /ˈdʒɜːnəl-ɪst/ *n* [C] dziennika-rz/rka

jour·ney /ˈdʒɜːni/ *n* [C] podróż: *a long car journey* | *My journey to work usually takes about an hour.*

jo·vi·al /ˈdʒəʊviəl/ *adj* jowialny: *a jovial laugh*

joy /dʒɔɪ/ *n* **1** [C,U] radość: *She cried with joy when she heard the news.* **2 sb is a joy to teach/sth is a joy to watch** przyjemnie się kogoś uczy/coś ogląda

joy·ful /ˈdʒɔɪfəl/ *adj* radosny: *a joyful reunion* —**joyfully** *adv* radośnie

joy·rid·ing /ˈdʒɔɪˌraɪdɪŋ/ *n* [U] jazda kradzionym samochodem

joy·stick /ˈdʒɔɪˌstɪk/ *n* [C] **1** drążek sterowy **2** dżojstik

jub·i·lant /ˈdʒuːbələnt/ *adj* rozradowany: *a jubilant crowd*

ju·bi·lee /ˈdʒuːbəliː/ *n* [C] jubileusz: *silver jubilee* (=25 lat) | *golden jubilee* (=50 lat)

Ju·da·is·m /ˈdʒuːdeɪ-ɪzəm/ *n* [U] judaizm

judge¹ /dʒʌdʒ/ *n* **1** [C] sędzia: *Judge Hart gave Scott an 18-month prison sentence.* | *a panel of judges* **2 be a good/bad judge of sth** dobrze/kiepsko znać się na czymś: *She's a good judge of character.*

> UWAGA **judge**
>
> **Judge** to 'sędzia' w sportach, w których nie ma drużyn, takich jak łyżwiarstwo, wyścigi konne i gimnastyka artystyczna. Patrz też **referee** i **umpire**.

judge² *v* **1** [I,T] oceniać: *It's harder to judge distances when you're driving in the dark.* | *You have no right to judge other people's lifestyles.* | **judge sb/sth on sth** *Employees should be judged on the quality of their work* (=na podstawie jakości pracy). **2 judging by/from** sądząc po/z: *Judging by the team's performance today, they have a good chance of winning the championship.* **3** [I,T] sędziować: *Who's judging the talent contest?* **4** [T] o/sądzić: *Who will judge the next case?*

judg·ment /ˈdʒʌdʒmənt/ (*także* **judgement**) *n* **1** [U] ocena sytuacji: *a serious error of judgement* **2** [C,U] orzeczenie, wyrok **3** [C,U] pogląd

judg·ment·al /dʒʌdʒˈmentl/ *także* **judgemental** *BrE adj* krytykancki

ju·di·cial /dʒuːˈdɪʃəl/ *adj* sądowy: *a judicial inquiry* | *the judicial system* (=system wymiaru sprawiedliwości)

ju·di·cia·ry /dʒuːˈdɪʃəri/ *n* **the judiciary** *formal* sądownictwo

ju·do /ˈdʒuːdəʊ/ *n* [U] dżudo

jug /dʒʌg/ *n* [C] dzbanek

jug·gle /ˈdʒʌgəl/ *v* [I,T] żonglować

jug·gler /ˈdʒʌglə/ *n* [C] żongler/ka

juice /dʒuːs/ *n* [C,U] sok: *orange juice*

juic·y /ˈdʒuːsi/ *adj* **1** soczysty: *a juicy peach* **2 juicy gossip/details** *informal* pikantne plotki/szczegóły

juke·box /ˈdʒuːkbɒks/ *n* [C] szafa grająca

Ju·ly /dʒʊˈlaɪ/ skrót pisany **Jul** *n* [C,U] lipiec

jum·ble¹ /ˈdʒʌmbəl/ *n* **1** [singular] mieszanina: *a jumble of pots and pans* **2** [U] *BrE* rupiecie

jumble² *także* **jumble up** *v* [T] po/mieszać: *Don't jumble all my papers up.*

jumble sale /ˈ.. ./ *n* [C] *BrE* charytatywna wyprzedaż rzeczy używanych

jum·bo /ˈdʒʌmbəʊ/ *adj* [only before noun] maxi: *a jumbo sausage*

jumbo jet /ˈ.. ./ *także* **jumbo** *n* [C] duży samolot pasażerski

jump¹ /dʒʌmp/ *v* **1** [I] skakać: *The fans started cheering and jumping up and down.* | *Profits have jumped by 20% in the last six months.* | *The story jumps from Tom's childhood to his wartime adventures.* | **jump into/off/out etc** *Boys were diving and jumping off the bridge* (=i skakali z mostu). | *He jumped out of bed* (=wyskoczył z łóżka) *when he realised it was almost 10 o'clock.* | *Paul jumped up* (=poderwał się) *to answer the door.* **2** [T] przeskakiwać (przez): *a horse could jump a five-foot fence* **3** [I] podskoczyć: *I didn't hear you come in – you made me jump* (=przez ciebie aż podskoczyłem)! **4 jump to conclusions** wyciągać pochopne wnioski **5 jump down sb's throat** skoczyć komuś do gardła **6 jump for joy** skakać z radości **7 jump the queue** wpychać się poza kolejnością

jump at sth *phr v* [T] skwapliwie skorzystać z: *Ruth jumped at the chance to study in Paris.*

jump² *n* [C] skok: *the best jump of the competition* | *a big jump in house prices*

jump·er /ˈdʒʌmpə/ *n* [C] *BrE* sweter

jump·y /ˈdʒʌmpi/ *adj informal* zdenerwowany

junc·tion /ˈdʒʌŋkʃən/ *n* [C] **1** skrzyżowanie: *the junction of Abbot's Road and Church Street* **2** rozjazd: *a railroad junction*

June /dʒuːn/ skrót pisany **Jun.** *n* [C,U] czerwiec

jun·gle /ˈdʒʌŋgəl/ *n* [C,U] dżungla

Junior /ˈdʒuːniə/ skrót pisany **Jr** *AmE* junior: *John J. Wallace Junior*

ju·ni·or¹ /ˈdʒuːniə/ *adj* młodszy: *a junior executive* → porównaj SENIOR¹

junior² *n* [C] **1** *AmE* uczeń trzeciej klasy liceum **2** *AmE* student trzeciego roku **3 be 10 years/6 months sb's junior** być młodszym od kogoś o 10 lat/6 miesięcy: *He married a woman ten years his junior.* → porównaj SENIOR²

junior col·lege /ˌ... ˈ../ *n* [C,U] dwuletnia szkoła policealna w USA i Kanadzie

junior high school /ˌ... ˈ. ./ *także* **junior high** *n* [C,U] gimnazjum w USA i Kanadzie dla młodzieży w wieku 12-14 lat

junior school /ˈ... ˌ./ *n* [C,U] *BrE* szkoła podstawowa dla dzieci w wieku 7-11 lat

junk /dʒʌŋk/ *n* [U] rupiecie: *The garage was filled with junk.*

junk food /ˈ. ./ *n* [U] niezdrowa żywność

junk·ie /ˈdʒʌŋki/ *n* [C] *informal* ćpun/ka

junk·yard /ˈdʒʌŋkjɑːd/ *n* [C] cmentarz starych samochodów

Ju·pi·ter /ˈdʒuːpətə/ *n* [singular] Jowisz

jur·is·dic·tion /ˌdʒʊərəsˈdɪkʃən/ *n* [U] jurysdykcja: *a matter outside the court's jurisdiction*

ju·ror /ˈdʒʊərə/ *n* [C] **1** przysięgł-y/a **2** juror/ka

ju·ry /ˈdʒʊəri/ *n* [C] **1** ława przysięgłych **2** jury

just¹ /dʒʌst/ *adv* **1** tylko: *"Who was there?" "Just me and Elaine."* | *I just want to go to bed.* | *"What's the letter?" "Oh it's just a bank statement."* | *Could I just use your phone for a minute?* | *It happened just* (=zaledwie) *a few weeks ago.* **2** właśnie, dopiero co: *She's just got married.* | *I've just had a really good idea.* **3 just before/after/outside** tuż przed/po/za: *Lucy got home just after us.* | *They live just outside Paris.* **4 just under/over** niewiele poniżej/ponad: *It's just under three centimeters long.* **5** dokładnie: *You look just like your dad.* | **just as** (=akurat jak): *The phone rang just as we were leaving.* **6 just as good/important** równie dobry/ważny: *The $250 TV is just as good as the $300 one.* **7** *spoken* po prostu: *I just couldn't believe the news.* **8 just about** prawie: *We're just about finished.* **9 be just about to do sth** właśnie mieć coś (z)robić: *We were just about to go riding when it started raining.* **10 be just doing sth** właśnie coś robić: *I'm just making dinner now.* | *She was just leaving.* **11 (only) just** ledwo: *They just got to the station in time.* **12 just a minute/second** *spoken* chwileczkę!: *Just a second – I can't find my keys.* **13 just now** *spoken* **a)** dopiero co: *He was here just now.* **b)** w tej chwili: *I'm busy just now. Can I call you back later?* **14 just in case** *spoken* na wszelki wypadek: *I'll take my umbrella with me just in case.* **15 it's just as well** *spoken* całe szczęście (że): *It's just as well you were there to help.*

just² *adj formal* sprawiedliwy: *a just punishment* → antonim UNJUST

jus·tice /ˈdʒʌstəs/ *n* [U] **1** sprawiedliwość: *Children have a strong sense of justice.* **2** wymiar sprawiedliwości: *the criminal justice system*

Justice of the Peace /ˌ... . ˈ./ skrót **JP** *n* [C] sędzia pokoju (*odpowiednik sędziego kolegium orzekającego*)

jus·ti·fi·a·ble /ˈdʒʌstəfaɪəbəl/ *adj* uzasadniony: *a justifiable decision* —**justifiably** *adv* słusznie: *Local people are justifiably angry about the plan.*

jus·ti·fi·ca·tion /ˌdʒʌstəfəˈkeɪʃən/ *n* [C,U] uzasadnienie: *I can't see any possible justification for the attack.*

jus·ti·fied /ˈdʒʌstəfaɪd/ *adj* uzasadniony: *Your complaints are certainly justified.* → antonim UNJUSTIFIED

jus·ti·fy /ˈdʒʌstəfaɪ/ *v* [T] uzasadniać: *How can you justify spending so much money on a coat?*

jut /dʒʌt/ *także* **jut out** *v* [I] **-tted, -tting** wystawać: *a point of land that juts out into the ocean*

ju·ve·nile /ˈdʒuːvənaɪl/ *adj* **1** młodociany: *juvenile crime* (=przestępczość nieletnich) **2** dziecinny: *a juvenile sense of humour* —**juvenile** *n* [C] nieletni/a

juvenile de·lin·quent /ˌdʒuːvənaɪl dɪˈlɪŋkwənt/ *n* [C] *formal* młodociany przestępca

jux·ta·pose /ˌdʒʌkstəˈpəʊz/ *v* [T] *formal* zestawiać ze sobą —**juxtaposition** /ˌdʒʌkstəpəˈzɪʃən/ *n* [C,U] zestawienie

J

Kk

ka·lei·do·scope /kə'laɪdəskəʊp/ *n* [C] kalejdoskop

kan·ga·roo /ˌkæŋgə'ruː◂ / *n* [C] kangur

ka·ra·te /kə'rɑːti/ *n* [U] karate

kay·ak /'kaɪæk/ *n* [C] kajak

keel[1] /kiːl/ *n* [C] kil

keel[2] *v*

keel over *phr v* [I] przewracać się

keen /kiːn/ *adj* **1 keen to do sth** zainteresowany zrobieniem czegoś: *US companies are keen to enter the Chinese market.* **2** *especially BrE* zapalony, gorliwy: *a keen golfer* | **be keen on** (=lubić): *I'm not very keen on their music.* **3 a keen sense of humour** fantastyczne poczucie humoru: *He has a keen sense of humour.* —**keenly** *adj* żywo: *keenly interested*

keep[1] /kiːp/ *v* **kept, kept, keeping 1** [I, linking verb] trzymać się: *Keep left* (=trzymaj się lewej strony). | **keep still** (=nie ruszać się): *I wish you would keep still for a moment.* | **keep calm** (=zachowywać spokój): *Keep calm, and try not to panic.* | **keep warm/dry** (=nie zmarznąć/zmoknąć): *This blanket should help you keep warm.* | **keep safe** (=czuć się bezpiecznie) **2** [T] pozostawiać, trzymać: *Do you want me to keep the window open?* | **keep sth secret** (=trzymać coś w tajemnicy): *They kept their plans secret for as long as possible.* **3 sth keeps sb busy** ktoś jest zajęty z powodu czegoś/dzięki czemuś: *My work's been keeping me very busy.* **4 keep (on) doing sth** nadal coś robić: *If he keeps on growing like this, he'll be taller than his dad.* **5** [T] zatrzymać, zachowywać: *You can keep the book. I don't need it now.* | *They're keeping the house in Colorado and selling this one.* **6** [T] trzymać: *We usually keep the bleach under the sink.* | *The information is kept on computer.* | *They kept him in jail for two weeks.* | *We used to keep chickens.* **7 keep sb waiting** kazać komuś czekać **8** [T] zatrzymywać, opóźniać: *I don't know what's keeping her. It's 8:00 already.* **9 keep a promise/appointment** dotrzymać obietnicy/terminu spotkania **10 keep a secret** dochować tajemnicy **11 keep a record/diary** prowadzić spis/dziennik: *Keep a record of the food you eat for one week.* **12 keep at it** nie ustawać w wysiłkach: *If you keep at it I'm sure you'll succeed.* **13 it'll keep** *spoken* to może poczekać **14 keep (yourself) to yourself** trzymać się z dala od innych **15** [I] zachowywać świeżość: *That yoghurt won't keep much longer.* **16** [T] utrzymywać: *You can't keep a family of five on $200 a week.*

keep sth/sb ↔ **away** *phr v* [I,T] trzymać (się) z dala: *Keep away from the windows.*

keep back *phr v* **1** [T **keep** sth ↔ **back**] za/taić coś: *I know she was keeping something back from me.* **2** [I] nie zbliżać się: *Police ordered the crowds to keep back.* **3** [T **keep** sb ↔ **back**] powstrzymywać: *Police managed to keep the crowds back.*

keep sth ↔ **down** *phr v* [T] utrzymywać na niskim poziomie: *They promised to keep the rents down.*

keep from *phr v* [T] **keep sb from doing sth** nie dopuszczać, żeby ktoś coś zrobił: *He was the only person who kept us from running amok completely.*

keep off *phr v* [T] **1** [**keep** sth ↔ **off**] o/chronić przed: *A hat will keep the sun off your head.* **2** [**keep off** sth] trzymać się z dala od: *Keep off the grass* (=Nie deptać trawy)! **3** [**keep off** sth] unikać (*tematu*): *Maud tried to keep off politics.*

keep on *phr v* **1 keep on doing sth** nie przestawać robić czegoś: *Why do you keep on going there?* **2 keep on at sb about sth** *informal* męczyć kogoś, żeby coś zrobił

keep out *phr v* **1 Keep out!** Wstęp wzbroniony! **2** [T **keep** sb/sth **out**] nie wpuszczać: *a coat that keeps the rain out* (=nie przepuszcza deszczu)

keep out of sth *phr v* [T] nie wtrącać się do: *You keep out of this, Campbell.*

keep to *phr v* **1** [T **keep to** sth] trzymać się: *They failed to keep to their side of the agreement.* | *Keep to the main roads.* **2 keep sth to yourself** zatrzymywać coś dla siebie: *Kim kept Gina's secret to herself.*

keep up *phr v* **1** [I,T **keep** sth ↔ **up**] utrzymywać: *The French team kept up the pressure right until the end of the game.* | **keep it up** (=robić tak dalej): *She's working really hard. She's bound to go to college if she keeps it up.* **2** [I] nadążać: *Hey, slow down, I can't keep up!* | **+ with** *Davey isn't keeping up with the rest of the class in reading.* **3** [I] być na bieżąco: *It's hard to keep up with all the changes in computer technology.* **4** [T **keep** sb **up**] nie dawać spać: *The baby kept us up all night.*

keep² *n* **1 earn your keep** zarabiać na utrzymanie **2 for keeps** *spoken informal* na zawsze: *He said the jewellery was mine for keeps.*

keep fit /ˌ. ˈ.◂/ *n* [U] *BrE* zajęcia rekreacyjne

keep·ing /ˈkiːpɪŋ/ *n* **1 for safe keeping** dla bezpieczeństwa: *I'll put the tickets here for safe keeping.* **2 be in keeping/out of keeping with** pasować/nie pasować do: *The modern furniture wasn't really in keeping with the rest of the house.*

ken·nel /ˈkenl/ *n* [C] **1** buda **2 kennels** schronisko dla psów

kept /kept/ *v* czas przeszły i imiesłów bierny od KEEP

kerb /kɜːb/ *BrE* **curb** *AmE n* [C] krawężnik

ker·nel /ˈkɜːnl/ *n* [C] jądro (*np. orzecha*)

ker·o·sene /ˈkerəsiːn/ *n* [U] *AmE* nafta

ketch·up /ˈketʃəp/ *n* [U] keczup

ket·tle /ˈketl/ *n* [C] czajnik

key¹ /kiː/ *n* **1** [C] klucz **2** [C] klawisz **3 the key** klucz: *Preparation is the key to success.* **4** [C] tonacja (*muzyczna*) **5** [singular] legenda (*objaśnienie*)

key² *adj* [only before noun] kluczowy: *a key witness*

key³ *v*

key sth ↔ **in** *phr v* [T] wpisywać (*przy użyciu klawiatury*)

key·board /ˈkiːbɔːd/ *n* [C] klawiatura

key·hole /ˈkiːhəʊl/ *n* [C] dziurka od klucza

key ring /ˈ. ./ *n* [C] kółko na klucze

kha·ki /ˈkɑːki/ *n* [U] khaki

kick¹ /kɪk/ *v* **1** [T] kopać: *The video shows King being kicked by police officers.* | **kick sth into/down/out etc** *He kicked the ball into* (=wkopnął piłkę do) *the back of the net.* **2** [I,T] machać (nogami): *a baby kicking its legs* **3 kick a habit** pozbywać się nałogu **4 kick up a fuss** *informal* narobić hałasu

kick in *phr v* [I] *informal* zacząć działać: *Those pills should kick in any time now.*

kick sb ↔ **out** *phr v* [T] *informal* wyrzucić: *He was kicked out of college for taking cocaine.*

kick² *n* [C] **1** kopnięcie: *If the gate won't open, just give it a good kick* (=kopnij mocno). **2** *informal* frajda: **get a kick out of sth** (=czerpać zadowolenie z czegoś): *Alan gets a real kick out of skiing.* | **do sth for kicks** (=robić coś dla zabawy): *She started stealing for kicks.*

kick·off /ˈkɪk-ɒf/ *n* [C,U] początek meczu: *Kickoff is at midday.*

kid¹ /kɪd/ *n* **1** [C] *informal* dziecko: *How many kids do you have?* **2** [C] koźlę

kid² *v* **-dded, -dding** *informal* **1** [I] żartować: **just kidding** *Don't worry, I was just kidding* (=ja tylko żartowałem). **2** [T] nabierać: *He likes to kid everyone he's a tough macho guy.* **3 no kidding/you're kidding** *spoken informal* nie żartuj: *"They've offered her $50,000 a year." "You're kidding!"*

kid³ *adj* **kid brother/sister** *informal* młodszy brat/siostra

kid·nap /ˈkɪdnæp/ *v* [T] **-pped, -pping** uprowadzać, porywać —**kidnapper** *n* [C] porywacz/ka —**kidnapping** *n* [C,U] porwanie

kid·ney /ˈkɪdni/ *n* [C] nerka

kill[1] /kɪl/ *v* **1** [I,T] zabijać: *He's in jail for killing a policeman.* | *Three people were killed when a car bomb exploded in Bilbao.* | *The disease can kill.* | *My wife will kill me if she finds out.* **2** [T] uśmierzać: *They gave her drugs to kill the pain.* **3 my feet/legs are killing me** *spoken* nie czuję stóp/nóg **4 kill time** *informal* zabijać czas **5 have time/an hour to kill** mieć wolny czas/wolną godzinę **6 kill two birds with one stone** upiec dwie pieczenie na jednym ogniu: *While I was in town I decided to kill two birds with one stone and go and see Grandpa as well.*

kill[2] *n* [singular] zabicie

kill·er /ˈkɪlə/ *n* [C] zabójc-a/czyni: *The police are still looking for the girl's killer.*

kill·ing /ˈkɪlɪŋ/ *n* [C] **1** zabójstwo: *a series of brutal killings* **2 make a killing** *informal* obłowić się

ki·lo /ˈkiːləʊ/ *n* [C] kilo

kil·o·byte /ˈkɪləbaɪt/ *n* [C] kilobajt

kil·o·gram /ˈkɪləgræm/ *także* **kilogramme** skrót **kilo**, skrót pisany **kg** *n* [C] kilogram

kil·o·me·tre /ˈkɪləˌmiːtə, kɪˈlɒmɪ̇tə/ *BrE*, **kilometer** *AmE* skrót pisany **km** *n* [C] kilometr

kil·o·watt /ˈkɪləwɒt/ *n* [C] kilowat

kilt /kɪlt/ *n* [C] spódnica szkocka (*męska*)

kin /kɪn/ *n* **next of kin** *formal* najbliższa rodzina

kind[1] /kaɪnd/ *n* [C] **1** rodzaj: **+ of** *What kind of pizza do you want?* | **all kinds of** *We sell all kinds of hats* (=najprzeróżniejsze kapelusze). | **some kind of** (=jakiś): *I think they're having some kind of party upstairs.* | **of its kind** *The course is the only one of its kind* (=jedyny w swoim rodzaju). **2 kind of** *spoken informal* (tak) jakoś: *He looks kind of weird to me.* **3 of a kind** tego samego rodzaju: *Each vase is handmade and is one of a kind* (=jedyna w swoim rodzaju).

kind[2] *adj* dobry, życzliwy: *Everyone's been so kind to me.* | *Thank you for those kind words.* | **it's kind of sb (to do sth)** (=to miło z czyjejś strony (że coś zrobił)): *It was kind of him to offer to help.*

kin·der·gar·ten /ˈkɪndəˌgɑːtn/ *n* [C,U] przedszkole

kind-heart·ed /ˌ. ˈ..◂/ *adj* o dobrym sercu: *a kind-hearted woman*

kind·ly[1] /ˈkaɪndli/ *adv* **1** życzliwie: *Mr Thomas has kindly offered to let us use his car.* | *Miss Havisham looked kindly at Joe.* **2** *spoken formal* z łaski swojej: *Kindly be brief. I have a number of calls to make.*

kindly[2] *adj* [only before noun] życzliwy: *a kindly old woman*

kind·ness /ˈkaɪndnɪ̇s/ *n* [U] dobroć, życzliwość: *Sam never forgot her kindness.*

king /kɪŋ/ *n* [C] król: *the King of Spain* | *King Edward III* | *If you lose your king you lose the game.*

king·dom /ˈkɪŋdəm/ *n* [C] **1** królestwo: *the Kingdom of Nepal* **2 the animal kingdom** królestwo zwierząt

king-size /ˈ. ./ *także* **king-sized** *adj* olbrzymi: *a king-size bed*

ki·osk /ˈkiːɒsk/ *n* [C] kiosk

kip /kɪp/ *n* [U singular] *BrE informal* drzemka

kip·per /ˈkɪpə/ *n* [C] śledź wędzony

kiss[1] /kɪs/ *v* [I,T] po/całować: *She kissed me on the cheek.* | *Matt kissed her goodnight* (=pocałował ją na dobranoc) *and left the room.*

kiss[2] *n* [C] **1** pocałunek: **give sb a kiss** (=pocałować kogoś): *Come here and give me a kiss.* **2 give sb the kiss of life** *BrE* ratować kogoś metodą usta – usta

kit /kɪt/ *n* [C] zestaw: *a first-aid kit* | *He made the model from a kit.*

kitch·en /ˈkɪtʃɪ̇n/ *n* [C] kuchnia

kite /kaɪt/ *n* [C] latawiec

kitsch /kɪtʃ/ *n* [U] kicz: *Her house was full of 1970s kitsch.* —**kitschy** *adj* kiczowaty

kit·ten /ˈkɪtn/ *n* [C] kotek

kit·ty /ˈkɪti/ *n* [C usually singular] wspólna kasa

ki·wi fruit /ˈkiːwi fruːt/ *n* [C] kiwi

Kleen·ex /ˈkliːneks/ *n* [C,U] *trademark* chusteczka higieniczna

klutz /klʌts/ *n* [C] *AmE informal* oferma

knack /næk/ *n* [singular] *informal* talent: *Harry has the knack of making friends wherever he goes.*

knack·ered /ˈnækəd/ *adj* [not before noun] *BrE spoken informal* wykończony: *You look knackered.*

knap·sack /ˈnæpsæk/ *n* [C] plecak

knead /niːd/ *v* [T] wyrabiać: *Knead the dough* (=wyrabiaj ciasto) *for three minutes.*

knee /niː/ *n* [C] **1** kolano: *Lift using your knees, not your back.* | *His jeans had holes in both knees.* **2 bring sth to its knees** paraliżować coś: *The country was brought to its knees by a wave of strikes.*

knee·cap /ˈniːkæp/ *n* [C] rzepka

knee-deep /ˌ.. ˈ.◂/ *adj* **1 be knee-deep** sięgać do kolan: *The snow was almost knee-deep.* **2 knee-deep in sth** po szyję w czymś: *We ended up knee-deep in debt.*

kneel /niːl/ *także* **kneel down** *v* [I] **knelt** *or* **kneeled, knelt** *or* **kneeled, kneeling** klękać, klęczeć: *She knelt down and began to pray.*

knew /njuː/ *v* czas przeszły od KNOW

knick·ers /ˈnɪkəz/ *n* [plural] *BrE* majtki

knife[1] /naɪf/ *n* [C] *plural* **knives** /naɪvz/ nóż: *a knife and fork* | *gangs of young boys carrying knives*

knife[2] *v* [T] ranić nożem

knight[1] /naɪt/ *n* [C] rycerz

knight[2] *v* [T] nadawać tytuł szlachecki: *He was knighted in 1997.*

knight·hood /ˈnaɪthʊd/ *n* [C,U] tytuł szlachecki

knit /nɪt/ *v* [I,T] **knitted** *or* **knit, knitted** *or* **knit, knitting** robić na drutach: *She's knitting me a sweater.*

knitting nee·dle /ˈ.. ˌ../ *n* [C] drut (*do robót ręcznych*)

knit·wear /ˈnɪt-weə/ *n* [U] wyroby z dzianiny

knives /naɪvz/ *n* liczba mnoga od KNIFE

knob /nɒb/ *n* [C] gałka

knock[1] /nɒk/ *v* **1** [I] za/pukać: **+ at/on** *There's someone knocking at the front door.* **2** [T] potrącać: *Careful you don't knock the camera.* **3** [T] *informal* czepiać się: *"I hate this job." "Don't knock it – it could be worse!"* **4 knock some sense into sb** przemówić komuś do rozsądku: *Maybe she can knock some sense into him.* **5 knock on wood** *AmE* pukać w niemalowane drewno

knock down *phr v* **1** [T **knock** sth ↔ **down**] z/burzyć: *Workers began knocking down sections of the wall.* **2 be/get knocked down** zostać potrąconym: *Tracy was knocked down by a car on her way home from school.*

knock off *phr v informal* **1** [I] s/kończyć (pracę): *We knocked off at about 5 o'clock.* **2** [T **knock** sth ↔ **off**] opuścić (*z ceny*): *I got him to knock $10 off the regular price.*

knock out *phr v* [T] **1** [**knock** sb ↔ **out**] z/nokautować: *Ali knocked out his opponent in the fifth round.* **2** [**knock** sb/sth ↔ **out**] wy/eliminować: *Indiana got knocked out in the first round.*

knock sb/sth ↔ **over** *phr v* [T] przewracać: *She nearly knocked over my drink.*

knock[2] *n* [C] **1** pukanie: *There was a loud knock at the door.* **2** uderzenie: *a knock on the head*

knock·er /ˈnɒkə/ *n* [C] kołatka

knock·out /ˈnɒk-aʊt/ *n* [C] nokaut

knot[1] /nɒt/ *n* [C] **1** węzeł **2** sęk **3 tie the knot** *informal* z/wiązać się węzłem małżeńskim

knot[2] *v* [T] **-tted, -tting** związywać

know[1] /nəʊ/ *v* **know, known, knowing 1** [I,T] wiedzieć: *"What time's the next bus?" "I don't know."* | **+ about** *He knows a lot about cars.* | **+ (that)** *Did you know that Bill Clinton has an Internet e-mail address?* | *I just knew you'd say that!* | **know how/what/where etc** *Nobody knows where she's gone.* | *I know exactly how you feel!* | **know how to do sth** (=umieć coś robić): *Do you know how to turn this thing off?* **2** [T] znać: *I knew Hilary in high school.* | **get to know** (=poznawać): *a chance for students to get to know each other* | **know sth well** *Jean knows Paris well.* | **know sth inside out** (=znać coś na wylot): *You should know the system in-*

K

side out by now. | **know sth like the back of your hand** (=znać coś jak własną kieszeń) | **know the way** *Luckily, Jo knew the way to the hospital.* **3 known as** znany jako: *Diana became known as 'the people's Princess'.* | *the Ministry of International Trade and Industry, better known as MITI* **4** [T] **have never known** nigdy nie zetknąć się z: *I've never known a case quite like this one.* **5 you know** *spoken* **a)** wiesz: *She's very, you know, sophisticated.* | *You know, he's going to be taller than his dad.* **b)** musisz wiedzieć: *She's really upset, you know.* **6 I know** *spoken* **a)** wiem: *"These shoes are so ugly!" "I know, aren't they awful?"* **b)** już wiem: *I know, let's ask Michael.* **7 let sb know** dawać komuś znać: *Please let me know if you want to come.* **8 as far as I know** o ile wiem: *As far as I know, Gail left at 6.00.* **9 you never know** *spoken* nigdy nie wiadomo: *You never know. You might be lucky and win!* **10 Heaven/goodness/who knows** *spoken* kto wie: *Who knows how much it will cost.* **11 know better (than to do sth)** wiedzieć (że nie należy czegoś robić): *Ben should have known better than to tell his mother.*

know of sb/sth *phr v* [T] znać, wiedzieć o: *Do you know of any good restaurants around here?*

know[2] *n* **in the know** wtajemniczony: *Those in the know go to the beaches on the south of the island.*

know-all /'. ./ *n* [C] *BrE* mądrala

know-how /'. ./ *n* [U] *informal* wiedza: *technical know-how*

know·ing /'nəʊɪŋ/ *adj* [only before noun] porozumiewawczy: *When I asked where her husband was, she gave me a knowing look.*

know·ing·ly /'nəʊɪŋli/ *adv* **1** celowo: *He'd never knowingly hurt you.* **2** porozumiewawczo: *Brenda smiled knowingly at me.*

know-it-all /'. . ./ *n* [C] *AmE* mądrala

knowl·edge /'nɒlɪdʒ/ *n* [U] **1** wiedza: *His knowledge of American history is impressive.* | *our knowledge about the functioning of the brain* **2 to (the best of) my knowledge** *spoken* z tego, co wiem: *To my knowledge, no such agreement was made.* **3 without sb's knowledge** bez czyjejś wiedzy: *Someone had used his computer without his knowledge.* → patrz też **be common knowledge** (COMMON[1])

knowl·edge·a·ble /'nɒlɪdʒəbəl/ *adj* **be knowledgeable about sth** znać się na czymś: *Steve's very knowledgeable about politics.*

known[1] /nəʊn/ *v* imiesłów bierny od KNOW

known[2] *adj* znany: *a known criminal* | **be known for sth** (=być znanym z czegoś): *Connery is known for his role in the James Bond films.* → patrz też WELL-KNOWN

knuck·le /'nʌkəl/ *n* [C] staw palca (*u ręki*)

ko·a·la /kəʊ'ɑːlə/ *także* **koala bear** *n* [C] niedźwiadek koala

ko·sher /'kəʊʃə/ *adj* koszerny

Ll

lab /læb/ *n* [C] *informal* → LABORATORY

la·bel¹ /ˈleɪbəl/ *n* [C] **1** etykieta: *Always read the instructions on the label.* **2** metka **3** *także* **record label** wytwórnia płytowa: *the EMI label* **4** określenie: *The critics called the film an epic, and it certainly deserves that label.*

label² *v* [T] **-lled, -lling** *BrE*, **-led, -ling** *AmE* **1** etykietować: *Make sure all the bottles are clearly labelled.* **2 label sb (as)** określać kogoś mianem: *He was labelled as a troublemaker.*

la·bor /ˈleɪbə/ *n* amerykańska pisownia wyrazu LABOUR

la·bor·a·tory /ləˈbɒrətri/ *także* **lab** *n* [C] laboratorium → patrz też LANGUAGE LABORATORY

la·bo·ri·ous /ləˈbɔːriəs/ *adj* pracochłonny: *the laborious process of examining all the data*

labor u·nion /ˈ.. ˌ../ *n* [C] *AmE* związek zawodowy

la·bour¹ /ˈleɪbə/ *BrE*, **labor** *AmE* *n* **1** [C,U] praca (*fizyczna*): *The job involves a lot of manual labour.* **2** [U] siła robocza: *There is a shortage of skilled labour.* | *Labour is cheap.* **3** [U singular] poród: **be in labour** (=rodzić): *Meg was in labour for six hours.* **4 Labour** Partia Pracy —**Labour** *adj*: *a Labour MP* (=poseł Partii Pracy)

labour² *BrE*, **labor** *AmE* *v* **1** [I] harować: *farmers laboring in the fields* | **+ over** *He laboured over the report for hours.* **2** mozolić się: **labour to do sth** (=usiłować coś zrobić): *The group has spent ten years labouring to bring a ballet company to the city.*

labour camp /ˈ.. ˌ./ *BrE*, **labor camp** *AmE* *n* [C] obóz pracy

la·bour·er /ˈleɪbərə/ *BrE*, **laborer** *AmE* *n* [C] robotni-k/ca

Labour Par·ty /ˈ.. ˌ../ *n* [singular] Partia Pracy

lab·ra·dor /ˈlæbrədɔː/ *n* [C] labrador

lab·y·rinth /ˈlæbərɪnθ/ *n* [C] labirynt: **+ of** *a labyrinth of narrow streets* | *a labyrinth of rules and regulations*

lace¹ /leɪs/ *n* [U] koronka: *lace curtains* (=firanki)

lace² *v* [T] *także* **lace up** za/sznurować: *Paul laced up his boots.*

lac·es /ˈleɪsɪ̈z/ *n* [plural] sznurowadła

lack¹ /læk/ *n* [U singular] brak: **+ of** *a lack of confidence*

> **UWAGA lack**
>
> Wyraz **lack** używany jest w znaczeniu 'brak' najczęściej z rzeczownikami abstrakcyjnymi: *a lack of support* | *a lack of sympathy* | *a lack of freedom* | *a lack of sleep* | *a lack of energy* itp. Tłumacząc na angielski wyrażenia z wyrazem 'brak', np. 'zauważyłem brak czegoś', 'odczuwam brak czegoś' itp., należy unikać używania **lack** z rzeczownikami konkretnymi i używać innych wyrażeń: *I noticed that there was no TV.* | *I don't have any envelopes.*

lack² *v* [T] **sb lacks sth** komuś brakuje czegoś: *The only thing she lacks is experience.*

lack·ing /ˈlækɪŋ/ *adj* **1 be lacking in sth** być pozbawionym czegoś: *His voice was completely lacking in emotion.* **2** [not before noun] **sth is lacking** czegoś brakuje: *The information they need is lacking.*

lac·quer /ˈlækə/ *n* [U] lakier

lac·y /ˈleɪsi/ *adj* koronkowy

lad /læd/ *n* [C] *old-fashioned* chłopak

lad·der /ˈlædə/ *n* [C] **1** drabina: *Stevens started on the bottom rung of the ladder.* **2** *BrE* oczko (*w rajstopach*)

la·den /ˈleɪdn/ *adj* obładowany: *Grandma walked in, laden with presents.*

ladies /ˈleɪdɪz/ *n* **the ladies** *BrE* toaleta damska

ladies' room /ˈ.. ./ *n* [C] *AmE* toaleta damska

la·dle /ˈleɪdl/ *n* [C] łyżka wazowa

la·dy /ˈleɪdi/ *n* [C] **1** pani: *Good afternoon, ladies.* | *a little old lady with white hair* **2** dama: *A lady never swears.* | *the lords*

L

and ladies of the French court **3 Lady** lady: *Lady Helen Windsor* → patrz też LADIES

> **UWAGA lady i woman**
>
> Wyraz **lady** używany jest w sytuacjach oficjalnych: *Ladies and gentlemen, may I have your attention please?* | *Please show these ladies the way to the cloakroom.* Wyraz **woman** jest neutralny i można go stosować w większości sytuacji zamiast **lady**: *Isn't that the woman who teaches at the International School?* Zamiast **old woman** lepiej jednak powiedzić **old lady**, co brzmi dużo bardziej uprzejmie: *Can you help that old lady across the road?*

la·dy·bird /ˈleɪdibɜːrd/ *BrE*, **la·dy·bug** /-bʌg/ *AmE n* [C] biedronka

lag¹ /læg/ *v* **-gged, -gging**
lag behind *phr v* [I] pozostawać w tyle (za): *The country's economy has lagged far behind the economies of other countries in the region.*

lag² *także* **time lag** *n* [C] opóźnienie → patrz też JET LAG

la·ger /ˈlɑːgə/ *n* [C,U] *BrE* piwo jasne

la·goon /ləˈguːn/ *n* [C] laguna

laid /leɪd/ *v* czas przeszły i imiesłów bierny od LAY

laid-back /ˌ. ˈ.◂ / *adj* wyluzowany: *She's easy to talk to, and very laid-back.*

lain /leɪn/ *v* imiesłów bierny od LIE

lake /leɪk/ *n* [C] jezioro: *Lake Michigan*

lamb /læm/ *n* **1** [C] jagnię **2** [U] baranina

lame /leɪm/ *adj* **1** kulawy **2** *informal* kiepski: *a lame excuse*

lam·i·nat·ed /ˈlæmɪ̣neɪtɪ̣d/ *adj* laminowany

lamp /læmp/ *n* [C] lampa: *a desk lamp*

lamp-post /ˈ. ./ *n* [C] latarnia uliczna

lamp·shade /ˈlæmpʃeɪd/ *n* [C] abażur

lance /lɑːns/ *n* [C] lanca

land¹ /lænd/ *n* **1** [U] ziemia: *Who owns the land near the lake?* | *5000 acres of agricultural land* **2** [U] ląd: **on land** *Frogs live on land and in the water.* **3** [C] *literary* kraina: *a faraway land*

land² *v* **1** [I] wy/lądować: *Has her flight landed yet?* | *Chris slipped and landed on his back.* | *The Pilgrims landed on Cape Cod in 1620.* **2** [T] wy/ładować: *The ship landed the goods at Dover.* **3** [T] *informal* podłapać: *Kelly's landed a job with a big law firm.* **4 land a plane** sprowadzać samolot na ziemię: *The pilot managed to land the damaged plane safely.*

land·ing /ˈlændɪŋ/ *n* [C] **1** półpiętro **2** lądowanie → porównaj TAKE-OFF

land·la·dy /ˈlændˌleɪdi/ *n* [C] **1** gospodyni **2** szefowa (*zajazdu, pubu itp.*)

land·lord /ˈlændlɔːd/ *n* [C] **1** gospodarz **2** szef (*zajazdu, pubu itp.*)

land·mark /ˈlændmɑːk/ *n* [C] **1** punkt orientacyjny **2** kamień milowy: *a landmark in the history of aviation*

land·mine /ˈlændmaɪn/ *n* [C] mina

land·own·er /ˈlændˌəʊnə/ *n* [C] właściciel ziemski

land·scape /ˈlændskeɪp/ *n* [C] **1** krajobraz: *an urban landscape* → porównaj SCENERY **2** pejzaż

> **UWAGA landscape i scenery**
>
> Nie należy mylić wyrazów **landscape** i **scenery** w znaczeniu 'krajobraz'. **Landscape** to 'widok okolicy', szczególnie poza miastem: *Having reached the top of the hill, we sat and admired the landscape that stretched far into the distance.* **Scenery** to 'naturalne, pełne uroku cechy terenu wiejskiego' (pagórki, pola i łąki, doliny, lasy itp.). *The train journey takes us through some breathtaking scenery.* | *Cycling means that you can get fit and enjoy the scenery at the same time.*

land·slide /ˈlændslaɪd/ *n* [C] **1** osunięcie się ziemi: *Part of the road is blocked by a landslide.* **2 landslide victory** przygniatające zwycięstwo (*w wyborach*)

lane /leɪn/ *n* [C] **1** dróżka **2** ulica (*w nazwach*): *Turnpike Lane* **3** pas (ruchu): *the fast lane of the motorway* **4** tor: *Carl Lewis is running in lane eight.*

lan·guage /ˈlæŋgwɪdʒ/ *n* [C,U] język: *"Do you speak any foreign languages?" "Yes, I speak French."* | *language learning skills* | *the language of business* | *poetic language* | *the language of music* | **bad language** (=wulgarny język) | **sb's first language** (=czyjś język ojczysty)

UWAGA language

Nie mówi się "I'm learning the Japanese language", "Do you speak Italian language?" itp. Mówi się **I'm learning Japanese**, **Do you speak Italian?** itp.

language la·bor·a·tory /'.. .,..../ *n* [C] laboratorium językowe

lan·guish /ˈlæŋgwɪʃ/ *v* [I] wlec się: *United are currently languishing at the bottom of the league.*

lan·tern /ˈlæntən/ *n* [C] lampion

lap¹ /læp/ *n* [C] **1** kolana: *Go and sit on Grandad's lap.* **2** okrążenie: *Hill overtook Schumacher on the last lap.* **3** etap: *The last lap of our journey is from Frankfurt to London.*

lap² *v* **-pped, -pping 1** [I] pluskać: *waves lapping against the shore* **2** [T] *także* **lap up** wy/chłeptać: *a cat lapping up milk*

la·pel /ləˈpel/ *n* [C] klapa (*marynarki, płaszcza*)

lapse¹ /læps/ *n* [C] **1 a lapse of attention/memory** chwila nieuwagi/zapomnienia **2** uchybienie: *Apart from the occasional lapse her work seems quite good.* **3** [usually singular] odstęp: *She returned to the stage after a lapse of several years* (=po upływie kilku lat).

lapse² *v* [I] wygasać: *Your membership of the tennis club has lapsed.*

lapse into sth *phr v* [T] **1** zapadać w: *They lapsed into silence.* **2** przechodzić na: *Without thinking he lapsed into French.*

lap·top /ˈlæptɒp/ *n* [C] przenośny komputer, laptop

lard /lɑːd/ *n* [U] smalec

lar·der /ˈlɑːdə/ *n* [C] spiżarnia

large /lɑːdʒ/ *adj* **1** duży: *a large pizza* | *Birmingham is the second largest city in England.* | *large amounts of money* → antonim SMALL¹ **2 the people/public/community at large** ogół ludzi/społeczeństwa: *facilities that are for the benefit of the community at large* **3 be at large** być na wolności **4 by and large** ogólnie rzecz biorąc: *By and large, the show was a success.*

UWAGA large

Patrz **big** i **large**.

large·ly /ˈlɑːdʒli/ *adv* w dużej mierze: *The delay was largely due to bad weather.*

large-scale /,. '.◂/ *adj* [only before noun] na dużą skalę: *large-scale unemployment*

lark /lɑːk/ *n* [C] **1** skowronek **2** *BrE informal* kawał: *We hid the teacher's book for a lark.*

lar·va /ˈlɑːvə/ *n* [C] *plural* **larvae** larwa

lar·ynx /ˈlærɪŋks/ *n* [C] *technical* krtań

la·ser /ˈleɪzə/ *n* [C] laser: *laser surgery*

lash¹ /læʃ/ *v* **1** [I,T] uderzać: *waves lashing against the rocks* **2** [T] chłostać **3** [T] przywiązywać

lash out *phr v* [I] rzucić się: **+ at** *Georgie lashed out at him, screaming abuse.*

lash² *n* [C] uderzenie

lash·es /ˈlæʃɪz/ *n* [plural] rzęsy

lass /læs/ *n* [C] *BrE* dziewczyna

last¹ /lɑːst/ *determiner* **1** ostatni: *When was the last time she was here?* | *What time does the last bus leave?* | *the last chapter of the book* | *Is it all right if I have the last piece of cake?* | *Ella's the last person I wanted to see.* | **last night/week/Sunday etc** *Did you go out last night* (=wczoraj wieczorem)? | **the last few months/10 years etc** *The town has changed a lot in the last few years.* | **sb's last job/car/boyfriend etc** *My last boyfriend* (=mój poprzedni chłopak) *was crazy about football.* | **last but one** (=przedostatni) **2 have the last word** mieć ostatnie słowo

L

> **UWAGA last i latest**
>
> Nie należy mylić wyrazów **last** i **latest** w znaczeniu 'ostatni'. **Last** to 'ostatni z listy lub serii': *Our last meeting was in Rome.* | *I answered all the questions except the last one.* **Latest** to 'najnowszy, najświeższy, najbardziej aktualny': *I'm interested in the latest fashions.* | *The BBC always has the latest news.*

last[2] *adv* **1** ostatnio: *When did you last go shopping?* **2** na końcu: *The Rolling Stones came on stage last.* **3 last but not least** na koniec, ale jako nie mniej ważne: *Last but not least, I'd like to thank my mother.*

last[3] *n, pron* **1 the last** ostatni: *Lee was the last to go to bed.* **2 at (long) last** w końcu: *She seems to have found happiness at last.* **3 the last of** resztka: *Is this the last of the bread?*

last[4] *v* [I,T] **1** trwać: *Jeff's operation lasted 3 hours.* **2** wy/starczyć: *The batteries will last for up to 8 hours.*

last·ing /ˈlɑːstɪŋ/ *adj* trwały: *a lasting impression*

last·ly /ˈlɑːstli/ *adv formal* na koniec: *And lastly, I'd like to thank my producer.*

last-minu·te /ˌ. ˈ..◂/ *adj* na ostatnią chwilę: *last-minute Christmas shopping*

last name /ˈ. ./ *n* [C] nazwisko → porównaj FIRST NAME, MIDDLE NAME

latch[1] /lætʃ/ *n* [C] **1** zasuw(k)a **2** zamek zatrzaskowy: **on the latch** (=zamknięty tylko na klamkę)

latch[2] *v*

latch on *phr v* [I] *BrE informal* s/kojarzyć: *It took him some time to latch on.*

late[1] /leɪt/ *adj* **1** późny: *We have a late breakfast.* | *St Mary's church was built in the late 18th century.* | **be late (for)** (=spóźniać się (na/do)): *Sorry I'm late!* | *Peggy was late for school.* **2** *formal* świętej pamięci: *the late Sir William Russell*

late[2] *adv* **1** za późno, z opóźnieniem: *Our flight arrived two hours late.* **2** późno: *It's getting late. We'd better go home.*

late·ly /ˈleɪtli/ *adv* ostatnio: *I've been feeling very tired lately.*

> **UWAGA lately i recently**
>
> Nie należy mylić wyrazów **lately** i **recently** w znaczeniu 'ostatnio'. Gdy chodzi o okres od pewnego momentu w przeszłości do teraz, można ich używać zamiennie: *Recently/Lately I have been wondering whether to look for a new job.* W takich zdaniach używamy z wyrazami **lately** i **recently** czasu Present Perfect Continuous. Kiedy natomiast chodzi o jeden moment w przeszłości, używamy wyrazu **recently** z czasem Simple Past: *Just recently she applied for a new job.*

la·tent /ˈleɪtənt/ *adj* ukryty: *latent hostility*

lat·er[1] /ˈleɪtə/ *adv* **1** później: *I'll see you later.* | *Two years later he became President.* **2 later on** później: *Later on in the movie the hero gets killed.*

later[2] *adj* późniejszy: *The decision will be made at a later date.* | *Later models of the car are much improved.*

lat·est[1] /ˈleɪtəst/ *adj* ostatni, najnowszy: *What's the latest news?*

> **UWAGA latest**
>
> Patrz **last i latest**.

latest[2] *n* **1 the latest** najnowsze wieści: *Have you heard the latest?* **2 at the latest** najpóźniej: *I want you home by 11 at the latest.*

la·ther /ˈlɑːðə/ *n* [U singular] piana (*mydlana*)

Lat·in[1] /ˈlætɪn/ *n* [U] łacina

Latin[2] *adj* łaciński

Latin A·mer·i·can /ˌ.. .ˈ...◂/ *adj* latynoamerykański

lat·i·tude /ˈlætətjuːd/ *n* [C,U] szerokość geograficzna → porównaj LONGITUDE

L

lat·ter[1] /ˈlætə/ *n* **the latter** *formal* (ten) drugi (*z dwóch*) → porównaj FORMER[2]

latter[2] *adj* **1** ostatni: *Neruda spent the latter part of his life in Italy.* **2** *formal* drugi (*z dwóch*): *The latter option sounds more realistic.*

laugh[1] /lɑːf/ *v* [I] śmiać się: *Why are you all laughing?* | **+ at** *No one ever laughs at my jokes!*

laugh at sb/sth *phr v* [T] śmiać się z: *Mommy, all the kids at school were laughing at me!*

laugh sth ↔ **off** *phr v* [T] obracać w żart: *He laughed off suggestions that he was planning to resign.*

laugh[2] *n* **1** [C] śmiech: *a loud laugh* **2 have a laugh** *BrE informal* dobrze się bawić: *She likes going out with her friends and having a laugh.* **3 be a (good) laugh** *BrE informal* umieć rozbawić towarzystwo **4 do sth for a laugh** *BrE informal* robić coś dla zabawy

laugh·a·ble /ˈlɑːfəbəl/ *adj* śmiechu wart

laughing stock /ˈ.. ,./ *n* [singular] pośmiewisko

laugh·ter /ˈlɑːftə/ *n* [U] śmiech: *a roar of laughter*

launch[1] /lɔːntʃ/ *v* [T] **1 launch an attack/inquiry** rozpoczynać atak/dochodzenie: *The hospital is launching a campaign to raise money for new equipment.* **2** wprowadzać (*na rynek*): *Jaguar is planning to launch a new sportscar.* **3** wystrzelić (*w kosmos*) **4** wodować

launch into sth *phr v* [T] wdawać się w

launch[2] *n* [C] wprowadzenie na rynek

laun·der·ette /ˌlɔːndəˈret/ *BrE*, **laun·dro·mat** /ˈlɔːndrəmæt/ *AmE n* [C] pralnia samoobsługowa

laun·dry /ˈlɔːndri/ *n* **1** [U] pranie **2** [C] pralnia

laur·el /ˈlɒrəl/ *n* [C,U] wawrzyn

la·va /ˈlɑːvə/ *n* [U] lawa

lav·a·to·ry /ˈlævətəri/ *n* [C] *formal* toaleta

lav·en·der /ˈlævəndə/ *n* [U] lawenda

lav·ish[1] /ˈlævɪʃ/ *adj* **1** wystawny: *lavish dinner-parties* **2 be lavish with sth** nie szczędzić czegoś: *The critics were lavish with their praise for his new novel.* —**lavishly** *adv* hojnie, szczodrze

lavish[2] *v*

lavish sth **on** sb *phr v* [T] poświęcać: *They lavish a lot of attention on their children.*

law /lɔː/ *n* **1** [U] prawo: *to obey the law* | *the law of gravity* | **by law** (=według prawa): *Seatbelts must be worn by law.* | **against the law** (=niezgodny z prawem): *Drunk driving is against the law.* | **break the law** (=z/łamać prawo) **2** [C] ustawa: **+ against** *new laws against* (=skierowane przeciwko) *testing cosmetics on animals* | **+ on** *tough laws on* (=dotyczące) *immigration* **3 the law** wymiar sprawiedliwości: *Is he in trouble with the law?* **4 law and order** prawo i porządek

law-a·bid·ing /ˈ. .,../ *adj* prawomyślny, praworządny: *law-abiding citizens*

law·ful /ˈlɔːfəl/ *adj formal* legalny: *lawful killing*

lawn /lɔːn/ *n* [C] trawnik

lawn mow·er /ˈ. ../ *n* [C] kosiarka do trawy

law·suit /ˈlɔːsuːt/ *n* [C] proces sądowy

law·yer /ˈlɔːjə/ *n* [C] prawnik

lax /læks/ *adj* rozluźniony: *lax security*

lax·a·tive /ˈlæksətɪv/ *n* [C] środek przeczyszczający

lay[1] /leɪ/ *v* **laid, laid, laying 1** [T] kłaść, położyć: **lay sth on/upon/down etc** *He laid his hand on her shoulder.* **2 lay eggs** znosić jajka **3 lay the blame on** *formal* zrzucać winę na **4 lay (your) hands on sth** dostać coś w swoje ręce: *I wish I could lay my hands on that book.* **5 lay the table** nakrywać do stołu **6 lay yourself open to sth** narażać się na coś **7 lay a finger/hand on sb** tknąć kogoś: *If you lay a hand on her, I'll call the police.* **8 lay a trap** zastawiać pułapkę

lay sth ↔ **down** *phr v* [T] ustanawiać: *strict safety regulations laid down by the government*

lay off *phr v* [T **lay** sb ↔ **off**] zwalniać (*z pracy*)
lay sth ↔ **on** *phr v* [T] zadbać o: *Lola really laid on a great meal for us.*
lay sth ↔ **out** *phr v* [T] **1** rozkładać: *Let's lay the map out on the table.* **2 laid out** rozplanowany: *The gardens were attractively laid out.*

lay[2] *v* czas przeszły od LIE[1]

lay[3] *adj* **1** świecki: *a lay preacher* **2 lay person** laik: *It is difficult for the lay person to understand.*

lay-by /ˈ. ./ *n* [C] *BrE* zatoczka przy drodze

lay·er /ˈleɪə/ *n* [C] warstwa: *a thick layer of dust* | *layers of rock*

lay·man /ˈleɪmən/ *n* [C] laik

lay-off /ˈ. ./ *n* [C] [usually plural] zwolnienie (*z pracy*)

lay·out /ˈleɪaʊt/ *n* [C] układ (*przestrzenny, graficzny*)

laze /leɪz/ *v* [I] leniuchować: **laze around/about** *They spent the afternoon lazing around on the beach.*

la·zy /ˈleɪzi/ *adj* leniwy: *Eva's the laziest girl in the class.* | *lazy summer afternoons*

lb. *n* funt (*jednostka wagi*)

lead[1] /liːd/ *v* **led, led, leading 1** [I,T] prowadzić: *The school band is leading the parade.* | *Who's leading the investigation?* | *At half-time, Green Bay was leading 12-0.* | **lead sb to/through/down etc** *Mrs Danvers led us down the corridor* (=poprowadziła nas korytarzem). | **lead to/towards/into etc** *a quiet avenue leading to a busy main road* **2** [I,T] wyprzedzać: *The US leads the world in biotechnology.* **3 lead sb to do sth** skłonić kogoś do robienia czegoś: *What led you to study geology?* **4 lead the way** prowadzić: *Japanese companies led the way in using industrial robots.* **5 lead a busy/normal life** prowadzić intensywny/normalny tryb życia
lead sb **on** *phr v* [T] zwodzić
lead to sth *phr v* [T] do/prowadzić do: *social problems that have led to an increase in the crime rate*
lead up to sth *phr v* [T] poprzedzać: *events leading up to the trial*

lead[2] /liːd/ *n* **1** [singular] prowadzenie: *Italy has a 2-0 lead.* | **be in the lead** (=być na prowadzeniu): *Lewis is still in the lead after the third lap.* | **take the lead** (=obejmować prowadzenie): *The US has taken the lead in space technology.* **2** [C] trop: *Do the police have any leads in the robbery?* **3** [C] główna rola: *The lead is played by Brad Pitt.* **4** [C] *BrE* smycz **5** [C] *BrE* przewód (*elektryczny*)

lead[3] /led/ *n* **1** [U] ołów **2** [C,U] grafit

lead·er /ˈliːdə/ *n* [C] **1** przywód-ca/czyni: **+ of** *leaders of the world's most powerful nations* **2** lider/ka

lead·er·ship /ˈliːdəʃɪp/ *n* **1** [U] przywództwo: *Under his leadership China became an economic superpower.* | *America needs strong leadership.* **2** [singular] kierownictwo, władze

lead·ing /ˈliːdɪŋ/ *adj* **1** główny: *Julia Roberts plays the leading role in the film.* **2 a leading question** pytanie wymuszające konkretną odpowiedź

leaf[1] /liːf/ *n* [C] *plural* **leaves** **1** liść **2 turn over a new leaf** zmienić swoje zachowanie

leaf[2] *v*
leaf through sth *phr v* [T] prze/kartkować

leaf·let /ˈliːflət/ *n* [C] ulotka

league /liːg/ *n* [C] **1** liga: *Our team finished second in the league.* **2 be in league (with)** być w zmowie (z): *Parry is suspected of being in league with terrorists.* **3** [usually singular] klasa: *They are not in the same league as the French in making wine.*

leak[1] /liːk/ *v* **1** [I] przeciekać: *The roof's leaking!* **2** [I] wyciekać, ulatniać się: **+ out of/into** *Gas was leaking out of the pipes.* **3** [T] ujawniać: *The letters were leaked to the press.* **4 sth is leaking petrol/water** z czegoś cieknie benzyna/woda: *My car's leaking oil.* —**leakage** *n* [U] wyciek
leak out *phr v* [I] przeciekać, wychodzić na jaw

L

leak² *n* [C] **1** nieszczelność, dziura: *There's a leak in the watertank.* **2** wyciek: *an oil leak* **3** przeciek: *security leaks*

leak·y /ˈliːki/ *adj* nieszczelny: *a leaky roof*

lean¹ /liːn/ *v* **leaned** *or* **leant** /lent/ *BrE* **1** [I] pochylać się: **+ forward/back/across etc** *Celia leaned forward and kissed him.* **2** [I] opierać się: **+ against/on** *Joe was leaning on the fence.* **3** [T] opierać: **lean sth on/against sth** *Lean the ladder against the wall.*

lean on sb *phr v* [T] polegać na, wspierać się na: *I know I can always lean on my friends.*

lean² *adj* **1** szczupły: *Sven was lean and athletic.* **2** chudy: *lean meat* | *a lean year for small businesses*

lean·ing /ˈliːnɪŋ/ *n* [C] skłonność: *socialist leanings*

leap¹ /liːp/ *v* [I] **leaped** *or* **leapt** /lept/, **leaped** *or* **leapt, leaping 1** skoczyć: **+ over/into/from etc** *Mendez leaped into the air* (=podskoczył w górę) *after scoring a goal.* | **leap up/out of etc** *Ben leapt up* (=zerwał się) *to answer the phone.* **2 leap at the opportunity/chance** skorzystać z okazji/szansy

leap² *n* [C] skok: *a leap in oil prices*

leap year /ˈ. ./ *n* [C] rok przestępny

learn /lɜːn/ *v* **learned** *or* **learnt** /lɜːnt/ *BrE*, **learned** *or* **learnt** *BrE*, **learning 1** [I,T] na/uczyć się: *Lisa's learning Spanish.* | *Have you learned your lines for the play?* | *She'll have to learn that she can't always get what she wants.* | **learn (how) to do sth** *I learned to drive when I was 18.* **2** [I,T] *formal* dowiadywać się: **+ about** *We only learned about the accident later.* | **+ (that)** *I was surprised to learn that Jack's left college.* —**learner** *n* [C] *a slow learner* (=ktoś, kto się wolno uczy)

> UWAGA **learn i study**
>
> Nie należy mylić wyrazów **learn** i **study** w znaczeniu 'uczyć się'. Gdy mowa o 'uczeniu się' w znaczeniu 'poznawania czegoś, zdobywania wiedzy o czymś', używamy **learn**: *I've been learning English for three years.* W języku polskim mamy wtedy formę dokonaną 'nauczyć się'. Gdy mówimy o 'uczeniu się' na konkretne zajęcia (odrabianie zadania domowego) czy przygotowywaniu się do egzaminu, używamy **study**: *I can't study with that music playing all the time.* W języku polskim nie mamy wtedy formy dokonanej. Różnicę między **learn** i **study** dobrze widać w następującym przykładzie: *I've been studying for five hours, but I don't think I've learnt anything.*

learn·ed /ˈlɜːnɪ̈d/ *adj formal* uczony

learn·ing /ˈlɜːnɪŋ/ *n* [U] wiedza

lease /liːs/ *n* [C] umowa najmu: *a two-year lease on the apartment* —**lease** *v* [T] wy/dzierżawić

leash /liːʃ/ *n* [C] smycz

least¹ /liːst/ *adv* [superlative of **little**] **1 at least a)** co najmniej: *At least 150 people were killed in the earthquake.* **b)** *spoken* przynajmniej: *Well, at least you got your money back.* | *He's gone home, at least I think he has.* | *Will you at least say you're sorry?* **2** najmniej: *She chose the least expensive* (=najtańszy) *ring.* | *the thing I least expected to happen* | **least of all** (=zwłaszcza nie): *I don't like any of them, least of all Debbie.* **3 not in the least/not the least** bynajmniej: *I wasn't in the least worried.* **4 to say the least** delikatnie mówiąc: *Mrs Lim was upset, to say the least.*

least² *quantifier* [superlative of **little**] najmniej: *I get paid the least.*

leath·er /ˈleðə/ *n* [U] skóra: *a leather belt*

leave¹ /liːv/ *v* **left, left, leaving 1** [T] opuszczać: *Nick doesn't want to leave California.* | *She's left her husband.* **2** [I] wyjeżdżać, wychodzić: *The manager asked them to leave.* | **+ for** *We're leaving for Paris tomorrow.* **3** [T] zostawiać: *Just leave those letters on my desk, please.* | *Can we leave the dishes for later?* | **leave sb sth** *My aunt left me this ring.* **4** [T] *także* **leave behind** zostawiać: *Oh no, I think I've left my keys in the front door.* **5 be left (over)** zostawać: *Is there any coffee left?* **6 leave sb alone** dawać komuś spokój: *Just go away and leave me alone.* **7 leave sth alone** *spoken* zostawiać coś (w spokoju): *Leave that watch alone – you'll break it!* **8 leave sth to sb** pozostawiać coś komuś: *I've always left financial decisions to my wife.*

leave sb/sth ↔ **out** *phr v* [T] pomijać: *She was upset about being left out of the team.*

leave[2] *n* [U] **1** urlop: *soldiers on leave* | **maternity/compassionate leave** (=urlop macierzyński/okolicznościowy) **2 sick leave** zwolnienie lekarskie

leaves /liːvz/ *n* liczba mnoga od LEAF

lec·ture[1] /ˈlektʃə/ *n* [C] wykład: **+ on/about** *a lecture on Islamic art* | *I'm sick of Dad's lectures about my clothes.* | **give a lecture** (=wygłosić wykład): *Dr. Hill gave a brilliant lecture.*

lecture[2] *v* **1** [T] **lecture sb about sth** robić komuś uwagi na temat czegoś: *They're always lecturing me about smoking.* **2** [I] wykładać —**lecturer** *n* [C] wykładowca: *a history lecturer*

led /led/ *v* czas przeszły i imiesłów bierny od LEAD[1]

ledge /ledʒ/ *n* [C] **1** gzyms **2** występ skalny

leech /liːtʃ/ *n* [C] pijawka

leek /liːk/ *n* [C] por: *leeks in cheese sauce*

lee·way /ˈliːweɪ/ *n* [U] swoboda: *Parents should give their children a certain amount of leeway.*

left[1] /left/ *adj* [only before noun] **1** lewy: *Jim's broken his left leg.* **2** w lewo: *Take a left turn at the lights.*

left[2] *adv* w lewo: *Turn left at the church.* → antonim RIGHT[2]

left[3] *n* **1** [singular] lewa strona: **on the/your left** (=po lewej stronie): *It's the second door on your left.* **2 the Left** lewica → antonim RIGHT[3]

left[4] *v* czas przeszły i imiesłów bierny od LEAVE

left-hand /ˌ. ˈ.◂ / *adj* [only before noun] lewy: *the top left-hand drawer*

left-hand·ed /ˌ. ˈ..◂ / *adj* leworęczny

left·o·vers /ˈleftəʊvəz/ *n* [plural] resztki

left wing /ˌ. ˈ./ *n* [singular] lewe skrzydło

left-wing /ˌ. ˈ.◂ / *adj* lewicowy: *a left-wing newspaper* —**left-winger** *n* [C] lewicowiec

leg /leg/ *n* **1** [C] noga: *She broke her leg skiing last year.* | *a boy with long skinny legs* **2** [C] nogawka **3** [C] etap: *the second leg of the World Championship*

leg·a·cy /ˈlegəsi/ *n* [C] **1** spuścizna: *the legacy of the Vietnam war* **2** spadek

le·gal /ˈliːgəl/ *adj* **1** legalny: *a legal agreement* → antonim ILLEGAL **2** prawny: *the legal system* | **take legal action (against sb)** (=podejmować kroki prawne (przeciwko komuś)) —**legally** *adv* legalnie, prawnie —**legality** /lɪˈgæləti/ *n* [U] legalność

le·gal·ize /ˈliːgəlaɪz/ (*także* **-ise** *BrE*) *v* [T] za/legalizować: *a campaign to legalize cannabis* —**legalization** /ˌliːgəlaɪˈzeɪʃən/ (*także* **-isation** *BrE*) *n* [U] legalizacja

le·gend /ˈledʒənd/ *n* [C,U] legenda: *the legend of King Arthur* | *a figure from ancient legend* | *rock 'n' roll legend Buddy Holly*

le·gen·da·ry /ˈledʒəndəri/ *adj* legendarny: *the legendary baseball player Babe Ruth*

leg·gings /ˈlegɪŋz/ *n* [plural] leginsy: *She was wearing leggings and a baggy T-shirt.*

le·gi·ble /ˈledʒəbəl/ *adj* czytelny: *His writing was barely legible.* —**legibly** *adv* czytelnie → antonim ILLEGIBLE

le·gion /ˈliːdʒən/ *n* [C] legion

le·gis·late /ˈledʒəsleɪt/ *v* [I] uchwalać ustawę: **+ against/for/on** *The government has no plans to legislate against smoking in public.*

le·gis·la·tion /ˌledʒəˈsleɪʃən/ *n* [U] ustawodawstwo: *European legislation on human rights*

le·gis·la·tive /ˈledʒəslətɪv/ *adj* ustawodawczy: *legislative powers*

le·gis·la·ture /ˈledʒəsleɪtʃə/ *n* [C] ciało ustawodawcze: *the Ohio state legislature*

le·git·i·mate /ləˈdʒɪtəmət/ *adj* **1** legalny: *legitimate business activities*

2 uzasadniony: *a legitimate question* —**legitimacy** *n* [U] legalność, zasadność

lei·sure /ˈleʒə/ *n* **1** [U] czas wolny: *leisure activities such as sailing and swimming* **2 at your leisure** w spokoju: *Read it at your leisure.*

lei·sure·ly /ˈleʒəli/ *adj* spokojny: *a leisurely walk around the park*

lem·on /ˈlemən/ *n* [C,U] cytryna

lem·on·ade /ˌleməˈneɪd◂/ *n* [U] *BrE* lemoniada

lend /lend/ *v* **lent, lent, lending** [T] pożyczać: **lend sb sth** *Could you lend me £10?* | **lend sth to sb** *I've lent my bike to Tom.* —**lender** *n* [C] pożyczkodawca

> **UWAGA lend**
>
> Patrz **borrow** i **lend.**

length /leŋθ/ *n* **1** [C,U] długość: *What's the length of the room?* | *I'm writing to complain about the length of time it's taken them to do the survey.* | **in length** *The whale measured three metres in length* (=miał 3 metry długości). **2 go to great lengths to do sth** nie szczędzić starań, żeby coś zrobić: *She went to great lengths to help us.* **3 at length a)** długo, obszernie: *He spoke at length about the time he spent in Beirut.* **b)** *literary* wreszcie: *At length, Anna spoke: "What's your name?"* **4** [C] kawałek: *two lengths of rope*

length·en /ˈleŋθən/ *v* [I,T] wydłużać (się): *The days lengthened as summer approached.*

length·ways /ˈleŋθweɪz/ *także* **length·wise** /-waɪz/ *adv* wzdłuż: *Fold the cloth lengthwise.*

length·y /ˈleŋθi/ *adj* długotrwały: *a lengthy process*

le·ni·ent /ˈliːniənt/ *adj* pobłażliwy: *The judge was criticized for being too lenient.* —**leniency** *n* [U] pobłażliwość

lens /lenz/ *n* [C] soczewka: *glasses with thick lenses*

Lent /lent/ *n* [U] wielki post

lent *v* czas przeszły i imiesłów bierny od LEND

len·til /ˈlentl/ *n* [C usually plural] soczewica

Le·o /ˈliːəʊ/ *n* [C,U] Lew

leop·ard /ˈlepəd/ *n* [C] lampart

le·o·tard /ˈliːətɑːd/ *n* [C] trykot

lep·er /ˈlepə/ *n* [C] trędowat-y/a

lep·ro·sy /ˈleprəsi/ *n* [U] trąd

les·bi·an /ˈlezbiən/ *n* [C] lesbijka —**lesbian** *adj* lesbijski

less¹ /les/ *adv* [comparative of **little**] **1** mniej: *I definitely walk less since I've had the car.* ➡ antonim MORE¹ **2 less and less** coraz mniej: *Our trips became less and less frequent* (=coraz rzadsze).

> **UWAGA less i fewer**
>
> Nie należy mylić wyrazów **less** i **fewer** w znaczeniu 'mniej'. **Less** używa się z rzeczownikami niepoliczalnymi: *You get more food for less money at Shop 'n' Save.* **Fewer** używa się z rzeczownikami policzalnymi: *Fewer students are studying science these days.*

less² *quantifier* [comparative of **little**] **1** mniej: *Most single parents earn £100 a week or less.* | **+ than** *I live less than a mile from here.* | **+ of** *She spends less of her time abroad now.* **2 no less than** *spoken* nie mniej niż: *It took no less than nine policemen to hold him down.*

less·en /ˈlesən/ *v* [I,T] zmniejszać (się): *A glass of wine a day can help lessen the risk of heart disease.*

less·er /ˈlesə/ *adj* [only before noun] **1 the lesser of two evils** mniejsze zło **2 lesser known** mniej znany: *a lesser known French poet*

les·son /ˈlesən/ *n* [C] lekcja: **take lessons** *Hannah is taking guitar lessons* (=bierze lekcje gry na gitarze).

> **UWAGA lesson**
>
> Nie mówi się "I do lessons". Mówi się **I do my homework.**

let /let/ *v* [T] **let, let, letting** **1** pozwalać: *I'll come if my dad lets me.* | *She let the handkerchief fall to the* *ground.* | **let sb do sth** *"Let him speak," said Ralph.* | **let sb go** (=pozwolić komuś odejść) **2 let's do sth** *spoken* zróbmy coś: *I'm hungry – let's eat* (=zjedzmy coś). **3 let's see** *spoken* niech się zastanowię: *Now let's see, where did I put it?* **4 let go** puścić: **+ of** *"Let go of me!" Ben shouted.* **5 let sb know** dawać komuś znać: *Let me know when you're ready.* **6 let me do sth** *spoken* pozwól mi coś zrobić: *Let me carry that for you.* **7** wynajmować: *We're letting our spare room to a student.* **8 let alone** nie mówiąc o: *Davey can't even crawl yet, let alone walk!* **9 let sb through** przepuszczać kogoś: *Let me through, I'm a doctor!* **10 let sth go** zapominać o czymś: *We'll let it go this time, but don't be late again.*

let sb **down** *phr v* [T] zawieść: *You won't let me down, will you?* ➡ patrz też LETDOWN

let sb **in/into** *phr v* [T] wpuszczać do środka

let sb **off** *phr v* [T] darować (winę): *I'll let you off this time, but don't do it again.*

let on *phr v* [I] wygadać się: **+ (that)** *I won't let on I know anything about it.*

let out *phr v* **1** [T **let** sb **out**] wypuszczać **2 let out a scream/cry** wrzasnąć/krzyknąć: *Suddenly, Ben let out a yell and jumped up.*

let·down /ˈletdaʊn/ *n* [singular] *informal* zawód, rozczarowanie: *That movie was a real letdown.*

le·thal /ˈliːθəl/ *adj* śmiertelny, śmiercionośny: *a lethal dose of heroin*

le·thar·gic /ləˈθɑːdʒɪk/ *adj* ospały

let's /lets/ forma ściągnięta od "let us"

let·ter /ˈletə/ *n* **1** [C] list: *Could you post this letter for me?* **2** [C] litera: *the letter A*

let·ter·box /ˈletəbɒks/ *n* [C] *BrE* **1** skrzynka na listy **2** skrzynka pocztowa

let·tuce /ˈletəs/ *n* [C,U] sałata

leu·ke·mi·a /luːˈkiːmiə/ *także* **leukaemia** *BrE n* [U] białaczka

lev·el[1] /ˈlevəl/ *n* [C] **1** poziom: *A low fat diet will help cut your cholesterol level.* | *high levels of pollution* | *Check the water level in the radiator.* | *an advanced level coursebook* (=podręcznik dla zaawansowanych) | *lower level managers* (=kierownicy niższego szczebla) | **at eye level** (=na wysokości oczu) **2** kondygnacja: *Her office is on Level 3.*

> **UWAGA level i standard**
>
> Gdy mówimy o 'poziomie' w znaczeniu 'jakość', zamiast wyrazu **level** używamy wyrazu **standard**: *People in developed countries have a higher standard of living.* | *All his work is of a very high standard.*

level[2] *adj* **1** równy: *The floor must be completely level before you lay the tiles.* **2 level with** na tym samym poziomie co: *He bent down so that his face was level with the little boy's.*

level[3] *v* **-lled, -lling** *BrE*, **-led, -ling** *AmE* **1** *także* **level off/out** [T] wyrównywać **2** [T] zrównywać z ziemią: *An earthquake leveled several buildings in the city.* **3 level criticism/charges against sb** krytykować/oskarżać kogoś

level off/out *phr v* [I] **1** u/stabilizować się: *The plane began to level off at 30,000 feet.* **2** [T **level** sth ↔ **off/out**] wyrównywać

level cross·ing /ˌ.. ˈ../ *n* [C] *BrE* przejazd kolejowy

level-head·ed /ˌ.. ˈ..◂/ *adj* zrównoważony

le·ver /ˈliːvə/ *n* [C] dźwignia

lev·y[1] /ˈlevi/ *v* **levy a tax/charge** nakładać podatek/opłatę: **+ on** *a tax levied on electrical goods*

levy[2] *n* [C] należność (*podatkowa*)

lewd /luːd/ *adj* sprośny: *lewd comments*

lex·i·con /ˈleksɪkən/ *n* [singular] *technical* słownictwo

li·a·bil·i·ty /ˌlaɪəˈbɪləti/ *n* **1** [C,U] odpowiedzialność: **+ for** *NorCo has admitted liability for the accident.* **2** [singular] ciężar, kłopot: *That car of yours is a liability!*

li·a·ble /ˈlaɪəbəl/ *adj* **1 be liable to do sth** mieć tendencję do robienia czegoś:

The car's liable to overheat on long trips. **2** odpowiedzialny: *He declared that he was not liable for his wife's debts.*

li·aise /li'eɪz/ *v* [I] wymieniać informacje: **+ with** *Part of a librarian's job is to liaise with local schools.*

li·ai·son /li'eɪzən/ *n* [U singular] współpraca: **+ between** *close liaison between the army and police*

li·ar /'laɪə/ *n* [C] kłamca

li·bel /'laɪbəl/ *n* [C,U] zniesławienie: *He is suing the magazine for libel.* —**libel** *v* [T] **-lled, -lling** *BrE*, **-led, -ling** *AmE* zniesławiać —**libellous** *BrE*, **libelous** *AmE adj* zniesławiający

lib·e·ral[1] /'lɪbərəl/ *adj* **1** liberalny: *a liberal attitude towards sex* **2** szczodry: *Don't be too liberal with the salt.*

liberal[2] *n* [C] liberał

lib·e·ral·ize /'lɪbərəlaɪz/ (*także* **-ise** *BrE*) *v* [T] z/liberalizować —**liberalization** /ˌlɪbərəlaɪ'zeɪʃən/ (*także* **-isation** *BrE*) *n* [U] liberalizacja

lib·e·ral·ly /'lɪbərəli/ *adv* szczodrze

lib·e·rate /'lɪbəreɪt/ *v* [T] **1** uwalniać: *For the first time, she was liberated from her parents' strict rules.* **2** wyzwalać: *The city was liberated by the Allies in 1944.* —**liberator** *n* [C] wyzwoliciel/ka —**liberation** /ˌlɪbə'reɪʃən/ *n* [U] wyzwolenie

lib·e·rat·ed /'lɪbəreɪt̬əd/ *adj* wolny, wyzwolony

lib·er·ty /'lɪbəti/ *n* **1** [C,U] wolność: *principles of liberty and democracy* **2 sb is at liberty to do sth** komuś wolno coś z/robić: *I'm not at liberty to say where he is* **3 take the liberty of doing sth** pozwalać sobie coś z/robić: *I took the liberty of helping myself to a drink.*

Li·bra /'liːbrə/ *n* [C,U] Waga

li·brar·i·an /laɪ'breəriən/ *n* [C] biblioteka-rz/rka

li·bra·ry /'laɪbrəri/ *n* [C] biblioteka: *a library book* (=książka z biblioteki)

lice /laɪs/ *n* liczba mnoga od LOUSE

li·cence /'laɪsəns/ *BrE*, **license** *AmE n* [C] pozwolenie, koncesja: *a licence to sell alcohol*

li·cense /'laɪsəns/ *v* [T] udzielać zezwolenia: **be licensed to do sth** *He is licensed to carry a gun* (=ma zezwolenie na broń).

license plate /'.. ./ *n* [C] *AmE* tablica rejestracyjna

li·chen /'laɪkən/ *n* [C,U] porost

lick[1] /lɪk/ *v* [T] po/lizać: *Judy's dog jumped up to lick her face.*

lick[2] *n* **1** [C usually singular] liźnięcie: *Can I have a lick of* (=mogę liznąć) *your ice cream?* **2 a lick of paint** *informal* odrobina farby

lid /lɪd/ *n* **1** [C] wieczko: *Where's the lid for this jar?* **2** [C] pokrywka

lie[1] /laɪ/ *v* [I] **lay, lain, lying 1 a)** leżeć: *The town lies to the east of the lake.* | *A book lay open on her desk.* | **+ on/in/below/with etc** *We lay on the beach all morning.* | *A pile of letters was lying on the doormat.* | *The fault appears to lie with the computer system.* **b)** *także* **lie down** kłaść/położyć się: *I'm going upstairs to lie down.* **2 lie low** pozostawać w ukryciu **3 lie ahead of sb** czekać kogoś w przyszłości **4 lie in wait (for sb/sth)** czaić się (na kogoś/coś)

lie around *także* **lie about** *BrE phr v* [I] **1** poniewierać się: *I wish you'd stop leaving your clothes lying around.* **2** wylegiwać się: *We just lay around on the beach the whole time.*

lie behind sth *phr v* [T] kryć się za: *I wonder what really lay behind her decision.*

lie down *phr v* [I] kłaść/położyć się

lie in *phr v* [I] *BrE* poleżeć sobie dłużej w łóżku

lie[2] *v* [I] **lied, lied, lying** s/kłamać: **+ to** *I would never lie to you.*

lie[3] *n* [C] kłamstwo: **tell a lie** (=s/kłamać): *I always know when she's telling lies.*

lie-down /'. ./ *n* [singular] *BrE* **have a lie-down** położyć się na chwilę: *Why don't you have a lie-down?*

lie-in /'. ./ *n* [singular] *BrE* **have a lie-in**

poleżeć sobie dłużej w łóżku: *I usually have a lie-in on Sunday morning.*

lieu·ten·ant /lefˈtenənt/ *n* [C] porucznik

life /laɪf/ *n plural* **lives** /laɪvz/ **1** [C,U] życie: *the happiest day of my life* | *He spent the rest of his life in France.* | *a baby's first moments of life* | *Wear a seatbelt – it could save your life.* | *Life in New York is exciting.* | *family life* | *Is there life on other planets?* | *studying the island's plant life* | *Four years old and just so full of life.* | **sign of life** (=oznaka życia): *There were no signs of life in the house.* **2 private/social/sex life** życie prywatne/towarzyskie/seksualne: *an active social life* **3 way of life** sposób życia: *a traditional way of life* | *the American way of life* **4 real life** rzeczywistość: *In real life crimes are never solved by amateur detectives.* **5 that's life** *spoken* takie jest życie **6 come to life** ożywiać się: *The game really came to life in the second half.* **7 not on your life!** *spoken* nigdy w życiu! **8** [U] *także* **life imprisonment** dożywocie

life belt /ˈ. ./ *także* **life buoy** *n* [C] koło ratunkowe

life·boat /ˈlaɪfbəʊt/ *n* [C] szalupa ratunkowa

life ex·pec·tan·cy /ˌ. .ˈ.../ *n* [C,U] średnia długość życia

life guard /ˈ. ./ *n* [C] ratownik

life in·sur·ance /ˈ. .,../ *n* [U] ubezpieczenie na życie

life jack·et /ˈ. ,../ *n* [C] kamizelka ratunkowa

life·less /ˈlaɪfləs/ *adj* **1** martwy **2** bez życia: *a lifeless performance*

life·like /ˈlaɪflaɪk/ *adj* realistyczny: *a very lifelike statue*

life·line /ˈlaɪflaɪn/ *n* [C] lina ratunkowa: *The phone is her lifeline.*

life·long /ˈlaɪflɒŋ/ *adj* [only before noun] na całe życie: *a lifelong friend*

life-size /ˈ. ./ *adj* naturalnej wielkości

life·style /ˈlaɪfstaɪl/ *n* [C,U] styl życia: *Starting a family causes a major change in your lifestyle.*

life·time /ˈlaɪftaɪm/ *n* [C usually singular] życie

life vest /ˈ. ./ *n* [C] *AmE* kamizelka ratunkowa

lift¹ /lɪft/ *v* **1** [T] podnosić: *Can you help me lift this box?* | *He lifted his hand to wave.* **2** [T] znosić: *The US has lifted trade restrictions with the country.* **3** [I] rozwiewać się: *The mist lifted.* **4** [T] *informal* gwizdnąć, zwędzić **5 not lift a finger** *informal* nie ruszyć palcem

lift off *phr v* [I] wy/startować (*o rakiecie*)

lift² *n* **1** [C] *BrE* winda **2** *BrE* [singular] **give sb a lift** podwozić kogoś: *Could anybody give Sue a lift home?*

lift-off /ˈ. ./ *n* [C,U] start (*rakiety*)

light¹ /laɪt/ *n* **1** [U] światło: *Light poured in through the window.* | *The light in here isn't very good.* | *Can you turn the light on, please?* | *Turn left at the lights.* **2 a light** ogień: *Excuse me, do you have a light?* **3 come to light** wychodzić na jaw: *New information about the case has come to light.* **4 bring sth to light** wyciągać coś na światło dzienne: *New information about the case has been brought to light.* **5 in the light of sth** *BrE*, **in light of sth** *AmE* z uwagi na coś: *In light of the low profits, we will have to make budget cuts.* **6 see sth in a new/different light** widzieć coś w nowym/innym świetle **7 shed/throw/cast light on sth** rzucać światło na coś **8 a light at the end of the tunnel** światełko w tunelu **9 see the light** przejrzeć na oczy

light² *adj* **1** jasny: *a light blue dress* | *a light and airy studio* ➡ antonim DARK¹ **2** lekki: *Your bag's lighter than mine.* | *a light wind* | *a light tap on the door* | *a light sweater* | *a light comedy on TV* ➡ antonim HEAVY **3** mały: *light traffic* **4 light sleep** lekki sen **5 make light of sth** z/bagatelizować coś

UWAGA **light**

Nie należy używać **light**, opisując czyjąś karnację. Należy używać przymiotników **fair** lub **pale**.

light[3] *v* **lit** *or* **lighted, lit** *or* **lighted, lighting 1** [I,T] zapalać (się): *I lit another cigarette.* | *The fire won't light – the wood's wet.* **2** [T] oświetlać: *The room was lit by two lamps.*

light up *phr v* **1** [I,T **light** sth ↔ **up**] rozjaśniać (się): *The fireworks lit up the night sky.* | *Her face lit up.* **2** [I] *informal* zapalać papierosa

light[4] *adv* **travel light** podróżować z małą ilością bagażu

light bulb /ˈ. ./ *n* [C] żarówka

light·en /ˈlaɪtn/ *v* **1** [T] zmniejszać: *The new computers should lighten our work load.* **2** [I,T] rozjaśniać (się): *As the sky lightened, we could see the full extent of the damage.*

light·er /ˈlaɪtə/ *n* [C] zapalniczka

light-head·ed /ˌ. ˈ..◂/ *adj* zamroczony

light-heart·ed /ˌ. ˈ..◂/ *adj* **1** wesoły **2** żartobliwy: *a light-hearted remark*

light·house /ˈlaɪthaʊs/ *n* [C] latarnia morska

light·ing /ˈlaɪtɪŋ/ *n* [U] oświetlenie: *Better street lighting might help prevent crime.*

light·ly /ˈlaɪtli/ *adv* **1** lekko: *He touched her lightly on the shoulder.* | *Sprinkle sugar lightly over the cake.* **2 sb does not do sth lightly** zrobienie czegoś nie przychodzi komuś lekko: *We did not make this decision lightly.* **3 escape lightly/get off lightly** wykręcić się sianem

light·ning[1] /ˈlaɪtnɪŋ/ *n* [U] błyskawica: *The tree was struck by lightning* (=w drzewo uderzył piorun).

lightning[2] *adj* błyskawiczny: *a lightning attack*

light·weight /ˈlaɪt-weɪt/ *adj* lekki: *a lightweight jacket*

lik·a·ble /ˈlaɪkəbəl/ sympatyczny

UWAGA **likable**

Patrz **sympathetic** i **likable**.

like[1] /laɪk/ *prep* **1** jak: *His skin was brown and wrinkled, like leather.* | *Stop behaving like an idiot!* | *I'd love to have a car like yours.* | **look/sound/smell like** *The building looked like* (=wyglądał jak) *a church.* ➡ antonim UNLIKE **2 (not) be like sb** (nie) być typowym dla kogoś: *It's not like Dad to be late.* ➡ antonim UNLIKE **3 what is sb/sth like?** jaki/e ktoś/coś jest?: *What's the new house like?* **4** taki jak: *Foods like spinach and broccoli contain a lot of iron.* **5 like this/that/so** *spoken* w ten sposób: *She had her arms around his neck, like this.* **6 something like** *spoken* coś koło: *Seats cost something like $50 each.*

like[2] *v* **1** [T] lubić: *Do you like your job?* | *He likes Amy a lot.* | *How do you like your steak cooked?* | **like doing sth** (=lubić coś robić): *I really like swimming.* | **like to do sth** (=lubić coś robić): *Pam doesn't like to walk home late at night.* | *Jim likes to get to the airport early.* | **like sth about sb/sth** (=lubić coś w kimś/czymś): *The thing I like about Todd is that he's always cheerful.* ➡ antonim DISLIKE[1] **2 not like to do sth/not like doing sth** *especially BrE* nie lubić czegoś robić: *I don't like disturbing her when she's busy.* **3 I'd like ...** *spoken* chciałbym: *I'd like a cheeseburger, please.* | **I'd/he'd like to do sth** (=chciałbym/chciałby coś zrobić): *He'd like to know how much it will cost.* | **I'd/he'd like sb to do sth** (=chciałbym/chciałby żeby ktoś coś zrobił): *We'd like you to be there if you can.* **4 would you like ...?** *spoken* czy chciałbyś ...?: *Would you like some more coffee?* | **would you like to do sth?** *Would you like to go to the cinema?* **5 if you like** *spoken, especially BrE* **a)** jeśli chcesz, jeśli masz ochotę: *We could watch a video this evening if you like.* **b)** skoro nalegasz: *"I'll come with you to the station." "Yes, if you like."* **6 whatever/whenever you like** *spoken, especially BrE* cokolwiek/kiedykolwiek zechcesz: *Come again whenever you like.* **7 How do you like ...?** *spoken* Jak ci się podoba ...?: *"How do you like New York?" "It's great."* **8 (whether you) like**

it or not *spoken* chcesz czy nie chcesz: *You're going to the dentist, like it or not!*

> UWAGA **like**
>
> Zwykle nie ma znaczenia, czy mówimy **like doing sth** czy **like to do sth**. Kiedy jednak chodzi o konkretny stan, sytuację lub miejsce, musimy użyć **like doing sth**: *I like living in London* (not "I like to live in London"). Nie mówi się "I like very much watching TV". Mówi się **I really like watching TV**. Patrz też **as** i **like**.

like[3] *n* **1 sb's likes and dislikes** czyjeś sympatie i antypatie **2 and the like** i tym podobne: *social problems such as poverty, unemployment and the like* **3 the likes of** *spoken* tacy jak: *He thinks he's too good for the likes of us.*

like[4] *conjunction spoken nonstandard* **1** jak gdyby: *He acted like he owned the place.* **2 like I say/said** jak mówiłem: *Like I said, we'll be away in August.* **3** tak jak: *Do it like I told you to.*

like·a·ble /ˈlaɪkəbəl/ *także* **likable** *adj* sympatyczny: *Greg's a very likeable chap.*

like·li·hood /ˈlaɪklihʊd/ *n* **1** [U singular] prawdopodobieństwo: **+ of/that** *Even one drink can increase the likelihood of you having an accident.* **2 in all likelihood** najprawdopodobniej: *The president will, in all likelihood, have to resign.*

like·ly[1] /ˈlaɪkli/ *adj* prawdopodobny: *Snow showers are likely tomorrow.* | **sb is likely to do sth** *She's likely to get upset* (=prawdopodobnie się zdenerwuje) *if you ask her about it.* | **it is likely that** (=jest prawdopodobne, że): *It's likely that she knew the man who attacked her.*

likely[2] *adv* **1** prawdopodobnie: *I'd very likely have done the same thing as you did.* **2 not likely** *spoken, especially BrE* na pewno nie: *"Are you inviting Mary to the party?" "Not likely!"*

lik·en /ˈlaɪkən/ *v*

liken sb/sth **to** sb/sth *phr v* [T] porównywać: *Critics likened the new theatre to a supermarket.*

like·ness /ˈlaɪknəs/ *n* **1** [U singular] podobieństwo: *a family likeness between the three sisters* **2 a good/an excellent likeness of sb** dobra/doskonała podobizna kogoś: *That's a good likeness of Julie.*

like·wise /ˈlaɪk-waɪz/ *adv* podobnie, tak samo: *The dinner was superb. Likewise, the concert.*

lik·ing /ˈlaɪkɪŋ/ *n* **1 have a liking for sth** mieć upodobanie do czegoś: *She has a liking for antiques.* **2 take a liking to sb** polubić kogoś **3 be to sb's liking** *formal* odpowiadać komuś: *I hope everything was to your liking, Sir.* **4 too bright/strong for your liking** zbyt jasny/mocny jak na czyjś gust: *This weather's a bit too hot for my liking.*

li·lac /ˈlaɪlək/ *n* **1** [C,U] bez **2** [U] kolor liliowy

lil·y /ˈlɪli/ *n* [C] lilia

limb /lɪm/ *n* [C] kończyna

lim·bo /ˈlɪmbəʊ/ *n* **in limbo** w stanie zawieszenia: *I'm in limbo until I get my examination results.*

lime /laɪm/ *n* **1** [C,U] limona **2** [U] wapno

lime·light /ˈlaɪmlaɪt/ *n* **be in the limelight** znajdować się w centrum uwagi: *Sanchez loves being in the limelight.*

lim·e·rick /ˈlɪmərɪk/ *n* [C] limeryk

lime·stone /ˈlaɪmstəʊn/ *n* [U] wapień

lim·it[1] /ˈlɪmɪ̵t/ *n* **1** [C,U] ograniczenie: *a 65 mph speed limit* **2** [C,U] granica: **+ to/on** *There is a limit to what we can achieve in the time available.* | **+ of** *A fence marked the limit of the school fields.* | *the limits of human endurance* | **set a limit** (=ustalać granicę): *We need to set a limit on future wage increases.* **3 within limits** w pewnych granicach: *People are free to choose, within limits, the hours that they work.* **4 off limits** objęty zakazem wstępu: *The beach is off limits after midnight.*

limit[2] *v* [T] **1** ograniczać: *The state tries to limit the number of children each family has.* | **limit sth to sth** *The economy will be limited to a 4% growth rate.* **2 be limited to** być ograniczonym do: *The damage*

L

was limited to the roof. **3** pozwolić: **limit sb to sth** *He's been limited to one hour of TV a night.*

lim·i·ta·tion /ˌlɪmǝ̇ˈteɪʃǝn/ *n* **1** [C,U] ograniczenie: **+ of/on** *the limitation of nuclear testing* **2 limitations** [plural] ograniczenia: **have your limitations** (=mieć swoje ograniczenia): *Computers have their limitations.*

lim·it·ed /ˈlɪmǝ̇tǝ̇d/ *adj* ograniczony: *families living on limited incomes*

limited com·pa·ny /ˌ... ˈ.../ *n* [C] *BrE* spółka z ograniczoną odpowiedzialnością

lim·ou·sine /ˈlɪmǝziːn/ *także* **lim·o** /ˈlɪmǝʊ/ *informal n* [C] limuzyna

limp[1] /lɪmp/ *adj* bezwładny, słaby: *a limp handshake* —**limply** *adv* bezwładnie

limp[2] *v* [I] kuleć, utykać, kuśtykać: *He limped to the chair* (=dokuśtykał do krzesła) *and sat down.* —**limp** *n* [singular] *Brody walks with a limp* (=kuleje).

line[1] /laɪn/ *n* **1** [C] linia: *Draw a straight line from A to B.* | *It's forbidden to park on double yellow lines.* | *Light travels in a straight line.* | **along the lines of sth** (=na wzór czegoś): *The meeting will be organized along the lines of the last one.* **2** [C] szereg: **+ of** *a line of trees along the side of the road* **3** [C,U] *AmE* kolejka: *There was a long line in front of the cinema.* **4** [C] sznurek, żyłka: *Could you hang the washing on the line?* | *a fishing line* **5** [C] linia, połączenie: **on the line** *Don's on the line for you* (=telefon do ciebie od Dona). | **hold the line** *spoken* (=nie odkładać słuchawki) **6** [C] *especially BrE* linia kolejowa: *the main London to Glasgow line* **7** [C] granica: **state/county line** (=granica stanu/hrabstwa) **8 in line** prawidłowy: **in line with sth** (=zgodny z czymś): *The company's actions are in line with the state laws.* **9 be in line for sth** być następnym w kolejce do czegoś: *He must be in line for promotion.* **10 on line** podłączony bezpośrednio do komputera głównego: *Most of us work on line.* **11** [C] linijka (*piosenki, wiersza*) kwestia (*aktora*): *the opening line of the song* **12** [C] model, typ: *a new line in sportswear* → patrz też **somewhere along the line** (SOMEWHERE)

line[2] *v* [T] **1** podszywać: **be lined with sth** *The hood is lined with fur.* **2** obstawiać: *Thousands of spectators lined the route.* | *a wide avenue lined with trees* (=obsadzona drzewami)

line up *phr v* **1** [I] ustawiać się w szeregu: *OK class, line up by the door.* **2** [T **line** sb/sth ↔ **up**] ustawiać: *The jars were lined up on the shelf.*

lined /laɪnd/ *adj* **1** na podszewce: *a fur-lined coat* **2** w linie: *lined paper*

lin·en /ˈlɪnǝ̇n/ *n* [U] **1** bielizna: *bed linen* (=bielizna pościelowa) **2** płótno

lin·er /ˈlaɪnǝ/ *n* [C] liniowiec: *a cruise liner*

lines·man /ˈlaɪnzmǝn/ *plural* **linesmen** *n* [C] sędzia liniowy

line-up /ˈ. ./ *n* [C usually singular] **1** skład (*zespołu*) **2** konfrontacja (*na policji*)

lin·ger /ˈlɪŋgǝ/ *v* [I] **1** zwlekać: *She lingered for a moment in the doorway.* | **linger over sth** (=zasiedzieć się przy czymś): *They lingered over their coffee.* **2** *także* **linger on** utrzymywać się: *The memory of that day lingered on in her mind.*

lin·ge·rie /ˈlænʒǝri/ *n* [U] bielizna damska

lin·ger·ing /ˈlɪŋgǝrɪŋ/ *adj* przeciągły: *a long lingering kiss*

lin·go /ˈlɪŋgǝʊ/ *n* [U singular] *informal* mowa

lin·guist /ˈlɪŋgwǝ̇st/ *n* [C] **1** językoznawca **2 be a good linguist** znać języki

lin·guis·tic /lɪŋˈgwɪstɪk/ *adj* językowy: *a child's linguistic development*

lin·guis·tics /lɪŋˈgwɪstɪks/ *n* [U] językoznawstwo, lingwistyka

lin·ing /ˈlaɪnɪŋ/ *n* [C,U] podszewka: *a jacket with a silk lining*

link[1] /lɪŋk/ *v* [T] **1** po/łączyć: *a highway linking two major cities* | **be linked to/with sth** (=być łączonym z czymś): *Lung cancer has been linked to smoking cigarettes.* **2** *także* **link up** po/łączyć: **link**

L

sth to/with sth *Our computers are linked to the central system.*

link² *n* [C] **1** związek: **+ between** *The police do not think there is any link between this crime and last week's murder.* | **+ with** *Britain should be trying to develop closer links with the rest of Europe.* **2** ogniwo: *a link in the chain* **3** połączenie: *a satellite link*

linking verb /'.. ,./ *n* [C] czasownik pełniący funkcję łącznika w orzeczeniu imiennym: *In the sentence, "She seems friendly", "seems" is a linking verb.*

linking word /'.. ,./ *n* [C] spójnik

li·on /'laɪən/ *n* [C] lew

li·on·ess /'laɪənes/ *n* [C] lwica

lip /lɪp/ *n* [C] **1** warga: *a kiss on the lips* (=pocałunek w usta) **2** [usually singular] brzeg (*np. filiżanki*): *the lip of the jug*

lip-read /'lɪp riːd/ *v* [I,T] czytać z ruchu warg

lip·stick /'lɪpˌstɪk/ *n* [C,U] pomadka, szminka

li·queur /lɪ'kjʊə/ *n* [C,U] likier

liq·uid /'lɪkwəd/ *n* [C,U] płyn, ciecz —**liquid** *adj* płynny, ciekły: *liquid soap* (=mydło w płynie)

liq·ui·date /'lɪkwədeɪt/ *v* [I,T] z/likwidować —**liquidator** *n* [C] likwidator: *The company is now in the hands of liquidators.* —**liquidation** /ˌlɪkwə'deɪʃən/ *n* [C,U] likwidacja: *The company has gone into liquidation.*

liq·uid·iz·er /'lɪkwədaɪzə/ *także* **liquidiser** *n* [C] *BrE* mikser

liq·uor /'lɪkə/ *n* [C,U] *AmE* napój alkoholowy (*wysokoprocentowy*)

liquor store /'.. ./ *n* [C] *AmE* sklep monopolowy

lisp /lɪsp/ *v* [I,T] seplenić —**lisp** *n* [C] seplenienie: *She speaks with a lisp.*

list¹ /lɪst/ *n* [C] lista: *a shopping list* | **+ of** *Do you have a list of names and addresses?* | **on a list** *We have over 300 people on our waiting list.* | **make a list** *Make a list of all the equipment you'll need.*

list² *v* [T] wymieniać: *All the players must be listed on the scoresheet.*

lis·ten /'lɪsən/ *v* [I] **1** słuchać: *Everyone stopped what they were doing and listened.* | *I told him it was dangerous, but he didn't listen.* | **+ to** *Have you listened to those tapes yet?* | *Are you listening to me?* → porównaj HEAR **2** *spoken* słuchaj: *Listen, if you need me, just ring.*

listen for sth/sb *phr v* [T] nasłuchiwać: *We listened for the sound of footsteps.*

listen in *phr v* [I] podsłuchiwać: *I think someone's listening in on the other phone.*

> **UWAGA listen**
>
> Nie mówi się "I listen music". Mówi się **I listen to music**.

lis·ten·er /'lɪsənə/ *n* **1** [C] słuchacz/ka **2 be a good listener** umieć słuchać

list·less /'lɪstləs/ *adj* apatyczny: *The heat was making us feel listless.* —**listlessly** *adv* apatycznie

lit /lɪt/ *v* czas przeszły i imiesłów bierny od LIGHT

li·ter /'liːtə/ *n* amerykańska pisownia wyrazu LITRE

lit·e·ra·cy /'lɪtərəsi/ *n* [U] umiejętność czytania i pisania

lit·e·ral /'lɪtərəl/ *adj* dosłowny: *a literal interpretation of the Bible* → porównaj FIGURATIVE

lit·e·ral·ly /'lɪtərəli/ *adv* dosłownie: *The word "melodrama" literally means a play with music.* | *She was literally shaking with fear.* | *We've been working day and night, literally, to try to finish on time.* | *When I told her to go and jump in the lake, I didn't think she'd take me literally* (=nie sądziłem, że weźmie to dosłownie)*!*

lit·e·ra·ry /'lɪtərəri/ *adj* literacki: *literary criticism* | *literary language*

lit·e·rate /'lɪtərət/ *adj* **1** piśmienny (*o człowieku*) **2** oczytany → antonim ILLITERATE

lit·e·ra·ture /'lɪtərətʃə/ *n* [U] literatura: *the great classics of English literature*

li·tre /'liːtə/ *BrE*, **liter** *AmE* *n* [C] litr

lit·ter[1] /ˈlɪtə/ *n* **1** [U] odpadki, śmieci: *Anyone caught dropping litter will be fined.* **2** [C] miot: *a litter of kittens*

litter[2] *v* [T] zaśmiecać: **be littered with sth** (=być zawalonym czymś): *His desk was littered with books and papers.*

lit·tle[1] /ˈlɪtl/ *adj* **1** mały: *a little house* | *a little boy* | *You worry too much about little things.* | **little brother/sister** (=braciszek/siostrzyczka) **2 a little bit (of sth)** odrobina (czegoś): *"Do you want some more wine?" "Just a little bit."* | *Add a little bit of milk to the sauce.* **3** krótki: *I'll wait a little while and then call again.* | *Anna walked a little way down the road with him.* **4** *especially spoken* odpowiada polskiemu zdrobnieniu: *It's a nice little restaurant* (=to miła restauracyjka). | *What a horrible little man* (=co za wstrętny człowieczek)*!*

little[2] *quantifier* **less, least 1** *formal* mało, niewiele: *Little is known about the disease.* | *I paid little attention to what they were saying.* | **very little** *I have very little money at the moment.* **2 a little** trochę: *I know a little Spanish.* | *"More coffee?" "Just a little, thanks."* | **a little of** *I explained a little of the family's history.*

little[3] *adv* **1** mało: *She goes out very little.* **2 a little (bit)** trochę: *She trembled a little as she spoke.* | *Let's move the table a little bit closer to the wall.* **3 little by little** stopniowo, po trochu: *Little by little she became more confident.* **4 little did sb think/realize** komuś nigdy nie przyszło do głowy: *Little did they think that one day their son would be a famous musician.*

> UWAGA **little**
>
> Patrz **few, a few, little** i **a little.**

live[1] /lɪv/ *v* **1 live in/at/near** mieszkać w/niedaleko: *Matt lives in Boston.* | *Is your son still living at home?* **2** [I,T] żyć: *My grandmother lived to be 88.* | *Plants can't live without light.* | *Thousands of people in this country are living in poverty.* | *She's always lived a quiet life* (=prowadziła spokojne życie). **3 live it up** *informal* używać życia: *They spent the summer living it up in the South of France.* **4 live life to the full** żyć pełnią życia

live sth **down** *phr v* **sb will not live sth down** komuś nigdy czegoś nie zapomną: *I don't think we'll ever live this defeat down* (=myślę, że nigdy nam nie zapomną tej porażki).

live for sb/sth *phr v* [T] żyć dla: *She lives for ballet.*

live on *phr v* **1** *także* **live off** [T **live on/off** sth] **a)** żyć z: *No one can live on £35 a week.* **b)** żyć na: *live on a diet of bread and cheese* **2** [I] żyć nadal: *She will live on in our memories.*

live together *phr v* [I] żyć ze sobą: *Mark and I have been living together for two years.*

live up to sth *phr v* [T] **live up to sb's expectations** spełniać czyjeś oczekiwania: *I felt I could never live up to my father's expectations.*

live with sb/sth *phr v* [T] żyć z: *Tim's living with a girl he met at college.* | *You just have to learn to live with these kinds of problems.*

> UWAGA **live**
>
> Nie należy mylić czasowników **live** (=mieszkać na stałe) i **stay** (=mieszkać czasowo): *We stayed at a small hotel close to the beach.*

live[2] /laɪv/ *adj* **1** żywy: *He feeds his snake live rats.* **2** bezpośredni, na żywo: *a live broadcast of the World Cup final* **3 live concert/music** koncert/muzyka na żywo: *The Dew Drop Inn has live music every weekend.* **4** pod napięciem: *a live wire*

live[3] /laɪv/ *adv* na żywo: *Don't miss tomorrow's final, live, on Sky Sports at 14.00.* | *I'd love to see the band play live!*

live·li·hood /ˈlaɪvlihʊd/ *n* [C,U] źródło utrzymania: *Farming is their livelihood.*

live·ly /ˈlaɪvli/ *adj* **1** żwawy: *a lively group of children* **2** ożywiony: *a lively debate* —**liveliness** *n* [U] żwawość, ożywienie

liv·en /ˈlaɪvən/ *v*

liven up *phr v* [I,T **liven** sth ↔ **up**]

ożywiać (się): *Better music might liven the party up.*

liv·er /ˈlɪvə/ *n* **1** [C] wątroba **2** [U] wątróbka

lives /laɪvz/ *n* liczba mnoga od LIFE

live·stock /ˈlaɪvstɒk/ *n* [U] żywy inwentarz

liv·id /ˈlɪvəd/ *adj* wściekły: *Dad was livid when he heard what had happened.*

liv·ing[1] /ˈlɪvɪŋ/ *adj* **1** żyjący: *Byatt is one of our greatest living writers.* **2 living things** natura ożywiona

living[2] *n* **1** [C usually singular] utrzymanie: **earn/make a living** (=zarabiać na utrzymanie): *It's hard to make a living as an actor.* **2** [U] życie: *I've always believed in healthy living.* **3 the living** żywi

living room /ˈ.. ./ *n* [C] pokój dzienny

liz·ard /ˈlɪzəd/ *n* [C] jaszczurka

'll /l/ skrót od WILL lub SHALL: *He'll be here soon.*

lla·ma /ˈlɑːmə/ *n* [C] lama

load[1] /ləʊd/ *n* **1** [C] ładunek: **+ of** *a ship carrying a full load of fuel and supplies* **2 a load of/loads of** *spoken* mnóstwo: *Don't worry, we still have loads of time.* **3 a load of rubbish/nonsense** *spoken* stek bzdur: *I've never heard such a load of rubbish in my life!* **4** [C] obciążenie

load[2] *v* **1** *także* **load up** [I,T] za/ładować: *The trucks were loading up with supplies of food and clothing.* | **load sth into/onto sth** *They loaded all their luggage into the car.* **2** [T] za/ładować, wgrywać: *Have you loaded that software yet?*

load sb/sth ↔ **down** *phr v* [T] obładowywać: **be loaded down with sth** *I was loaded down with groceries* (=byłem obładowany zakupami).

load·ed /ˈləʊdəd/ *adj* **1** naładowany: *Is the camera loaded?* **2** załadowany: *a loaded truck* **3 loaded with sth** *informal* pełen czegoś: *The shelves were loaded with trophies.* **4** *spoken informal* nadziany: *His grandmother's loaded.* **5 loaded question** podchwytliwe pytanie

loaf /ləʊf/ *n* [C] *plural* **loaves** bochenek

loan[1] /ləʊn/ *n* **1** [C] pożyczka: *a $25,000 bank loan* | *We're repaying the loan over a 3-year period.* **2 on loan** wypożyczony: *Most of the paintings are on loan from other galleries.* **3** [singular] pożyczenie, wypożyczenie: *Thanks for the loan of that book.*

loan[2] *v* [T] pożyczyć: **loan sb sth/loan sth to sb** *Can you loan me $20 until Friday?*

loathe /ləʊð/ *v* [T] czuć odrazę do —**loathing** *n* [C,U] odraza

loath·some /ˈləʊðsəm/ *adj* odrażający

loaves /ləʊvz/ *n* liczba mnoga od LOAF

lob /lɒb/ *v* [T] **-bbed, -bbing** lobować —**lob** *n* [C] lob

lob·by[1] /ˈlɒbi/ *n* [C] **1** hall: *the hotel lobby* **2** grupa nacisku, lobby: *the anti-smoking lobby*

lobby[2] *v* [I,T] wywierać nacisk (na): **+ for** *Demonstrators are lobbying for a change* (=domagają się zmiany) *in the present laws.* —**lobbyist** *n* [C] lobbyst-a/ka

lob·ster /ˈlɒbstə/ *n* [C,U] homar

lo·cal[1] /ˈləʊkəl/ *adj* **1** miejscowy: *Our kids go to the local school.* | *the local newspaper* **2 local anaesthetic** znieczulenie miejscowe

local[2] *n* **1 the locals** tubylcy, miejscowi: *I asked one of the locals for directions.* **2 sb's local** *BrE informal* czyjś ulubiony pub

lo·cal·ized /ˈləʊkəlaɪzd/ (*także* **-ised** *BrE*) *adj* **localized pain/infection** miejscowy ból/zakażenie

lo·cal·ly /ˈləʊkəli/ *adv* **1** w pobliżu: *Do you live locally?* **2** lokalnie: *There will be some rain locally.*

lo·cate /ləʊˈkeɪt/ *v* **1** [T] umiejscowić: *Divers have located the shipwreck.* **2 located in/on/at** położony w/na/przy: *The town is located on the shores of Lake Trasimeno.*

lo·ca·tion /ləʊˈkeɪʃən/ *n* [C] **1** położenie: **+ of** *a map showing the location of the school* **2** [C,U] plener: **on location** (=w plenerach): *scenes shot on location in Montana*

lock[1] /lɒk/ *v* **1** [I,T] zamykać (się) (na klucz): *Did you remember to lock the car?* | *The front door won't lock.* ➡ antonim UNLOCK **2 lock sth in/away** zamknąć coś: *He locked the money in a safe.* **3** [I] zablokować się: *The brakes locked and we skidded.*

lock sb **in** *phr v* [T] zamykać (w środku): *Help me, somebody – I'm locked in!*

lock sb **out** *phr v* [T] zamykać drzwi na klucz przed: *I forgot my key and found myself locked out of my flat.*

lock up *phr v* **1** [I,T **lock** sth ↔ **up**] pozamykać wszystkie drzwi: *Would you mind locking up when you leave?* **2** *także* **lock away** [T **lock** sb ↔ **up/away**] zamykać (*w więzieniu lub zakładzie psychiatrycznym*): *Higgs was locked up for three years for his part in the robbery.*

lock[2] *n* [C] **1** zamek: *The doors and windows are fitted with safety locks.* **2** śluza **3 under lock and key** pod kluczem: *All her jewellery is kept under lock and key.* **4** lok: *She twisted a lock of hair between her fingers.*

lock·er /ˈlɒkə/ *n* [C] szafka (*np. w szatni szkolnej*)

lock·et /ˈlɒkᵻt/ *n* [C] medalion

lo·co·mo·tive /ˌləʊkəˈməʊtɪv/ *n* [C] lokomotywa

lo·cust /ˈləʊkəst/ *n* [C] szarańcza: *a swarm of locusts*

lodge[1] /lɒdʒ/ *v* **1** [I] utkwić: *A fish bone had lodged in his throat.* **2 lodge a complaint** składać skargę: *He has lodged a formal complaint with the club.* **3** [I] wynajmować pokój, mieszkać na kwaterze: *She's lodging with friends at the moment.*

lodge[2] *n* [C] **1** domek: *a ski lodge* **2** budka: *the porter's lodge* (=stróżówka)

lodg·er /ˈlɒdʒə/ *n* [C] *BrE* lokator/ka

lodg·ings /ˈlɒdʒɪŋz/ *n* [plural] *BrE* kwatera

loft /lɒft/ *n* [C] *especially BrE* strych

loft·y /ˈlɒfti/ *adj* **1** wzniosły: *lofty ideals* **2** wyniosły

log[1] /lɒg/ *n* [C] **1** kłoda: *chopping logs for the fire* **2** dziennik: *The captain described the accident in the ship's log.*

log[2] *v* [T] **-gged, -gging** zapisywać w dzienniku

log off/out *phr v* [I] wylogować się

log on/in *phr v* [I] zalogować się

log·a·rith·m /ˈlɒgərɪðəm/ *n* [C] logarytm

log·ger·heads /ˈlɒgəhedz/ *n* **be at loggerheads (with sb)** drzeć koty (z kimś): *The two families have been at loggerheads for years.*

log·ging /ˈlɒgɪŋ/ *n* [U] wycinka

lo·gic /ˈlɒdʒɪk/ *n* [U] logika: *There is no logic in releasing criminals just because prisons are crowded.*

lo·gic·al /ˈlɒdʒɪkəl/ *adj* logiczny: *logical analysis* | *He seems the logical choice for the job.* —**logically** *adv* logicznie

lo·go /ˈləʊgəʊ/ *n* [C] znak firmowy, logo

loi·ter /ˈlɔɪtə/ *v* [I] wałęsać się

lol·li·pop /ˈlɒlipɒp/ *także* **lol·ly** /ˈlɒli/ *BrE n* [C] lizak

lone /ləʊn/ *adj* [only before noun] *literary* samotny: *a lone figure standing in the snow* | *lone parents*

lone·ly /ˈləʊnli/ *adj* **1** samotny: *Aren't you lonely living on your own?* **2** [only before noun] *literary* odludny: *a lonely country road* —**loneliness** *n* [U] samotność

> UWAGA **lonely**
>
> Patrz **alone** i **lonely**

lon·er /ˈləʊnə/ *n* [C] samotnik

lone·some /ˈləʊnsəm/ *adj AmE* samotny

long[1] /lɒŋ/ *adj* **1** długi: *long hair* | *It's a long walk home from here.* | *a long, boring meeting* | *The snake was at least 3 feet long* (=miał co najmniej 3 stopy długości). | **take a long time** (=trwać długo): *It took a long time for the little girl to start to relax.* | **long hours** (=nadgodziny) ➡ antonim SHORT[1] **2 in the long run** *informal* na dłuższą metę: *All our hard work will be worth it in the long run.*

long[2] *adv* **1** długo: *Have you been waiting long?* | *Will you be long, or shall I wait?* | **for long** (=długo): *Have you known the*

Garretts for long? | **long before/after** *The farm was sold long before you were born* (=na długo zanim się urodziłeś). **2 as long as** pod warunkiem, że: *You can go as long as you're back by four o'clock.* **3 no longer** już nie: *Mr. Allen no longer works for the company.* **4 before long** niedługo: *It will be Christmas before long.*

> UWAGA **long** i **a long time**
>
> Zwrotu **take long** używamy w pytaniach i zdaniach przeczących: *How long does it take to get to London by train?* | *It doesn't take long.* Zwrotu **take a long time** używamy w zdaniach twierdzących: *It might take a long time to sort out the problem.*

> UWAGA **long way away**
>
> Patrz **far** i **a long way away**.

long[3] *v* [I] *formal* **long for sth** bardzo czegoś pragnąć: *I used to long for a baby sister.* | **long to do sth** (=pragnąć zrobić coś): *The children longed to get outside.*

long-dis·tance /ˌ. ˈ..◂/ *adj* **1** daleki: *long-distance flights* **2** długodystansowy: *a long-distance race* **3** zamiejscowy: *long-distance telephone calls*

lon·gev·i·ty /lɒnˈdʒevəti/ *n* [U] długowieczność

long·ing /ˈlɒŋɪŋ/ *n* [U singular] pragnienie, tęsknota: *She had a great longing for her home country.* —**longingly** *adv* tęsknie

lon·gi·tude /ˈlɒndʒətjuːd/ *n* [C,U] długość geograficzna → porównaj LATITUDE

long jump /ˈ. ./ *n* [singular] skok w dal

long-lost /ˌ. ˈ.◂/ *adj* **long-lost friend/relative** dawno nie widziany przyjaciel/krewny: *He greeted me like a long-lost friend.*

long-range /ˌ. ˈ.◂/ *adj* [only before noun] **1** dalekiego zasięgu: *a long-range missile* **2** długoterminowy: *long-range plans*

long shot /ˈ. ./ *n* [C] *informal* próba skazana na niepowodzenie

long-stand·ing /ˌ. ˈ..◂/ *adj* długotrwały: *a long-standing agreement between the two countries*

long-suf·fer·ing /ˌ. ˈ...◂/ *adj* anielsko cierpliwy: *He leaves his long-suffering wife at home while he goes to the pub.*

long-term /ˌ. ˈ.◂/ *adj* długoterminowy, długofalowy: *the long-term effects of smoking* → porównaj SHORT-TERM, patrz też **in the long/short term** (TERM[1])

long-wind·ed /ˌlɒŋ ˈwɪndəd◂/ *adj* rozwlekły: *a long-winded speech*

loo /luː/ *n* [C] *BrE informal* ubikacja

look[1] /lʊk/ *v* **1** [I] patrzeć: *I didn't see it. I wasn't looking.* | **+ at** *"It's time to go," said Patrick looking at his watch.* | **look down/away/up** *I looked down the road but she'd gone.* **2** [I] szukać: **+ for** *Brad was looking for you last night.* | *I've looked everywhere for my keys, but I can't find them.* | *Have you looked in here?* **3 be looking for trouble/a fight** *informal* szukać guza **4** [I] wyglądać: **look nice/tired** (=wyglądać ładnie/na zmęczonego): *You look nice in that dress.* | **look like** (=wyglądać jakby): *He looks like he hasn't slept for days.* **5 strange/funny-looking** dziwnie/śmiesznie wyglądający: *healthy-looking children* **6 Look** *spoken* słuchaj: *Look, I'm very serious about this.* **7** [T] *spoken* patrz: *Dad, look what I made!* **8 look out!** *spoken* uważaj: *Look out! There's a car coming.* **9** [I] wychodzić: *Our room looks over the harbour.*

look after sb/sth *phr v* [T] opiekować się: *We look after Rodney's kids after school.*

look ahead *phr v* [I] patrzeć w przyszłość: *We need to look ahead and plan for next year.*

look around (*także* **look round** *BrE*) *phr v* [I,T] rozglądać się (po): *We have 3 or 4 hours to look around the city.*

look at sb/sth *phr v* [T] **1** przeglądać: *Jane was looking at a magazine while she waited.* **2** przyglądać się: *The doctor looked at the cut on her head.* | *The government will look at the report this week.* **3 look at ...** *spoken* spójrz na ...:

L

Of course you can get a good job without a degree – just look at your Uncle Ron.

look back *phr v* [I] patrzeć wstecz: *Looking back on it, I think I was wrong to leave when I did.*

look down on sb/sth *phr v* [T] spoglądać z góry na: *I'm sick of Ken looking down on me the whole time.*

look forward to sth *phr v* [T] oczekiwać z niecierpliwością: **look forward to doing sth** *I'm really looking forward to going to Japan* (=bardzo się cieszę na wyjazd do Japonii).

look into sth *phr v* [T] z/badać: *We are looking into the cause of the fire.*

look on *phr v* **1** [I] przyglądać się: *The crowd looked on as the two men fought.* **2** [T **look on** sb/sth] *także* **look upon** traktować: *She always looked upon me as if I was stupid.*

look out for sb/sth *phr v* [T] wypatrywać: *Look out for Jane at the conference.*

look sth/sb ↔ **over** *phr v* [T] przejrzeć: *Can you look this letter over for me before I send it?*

look round *phr v BrE* rozglądać się

look through sth *phr v* [T] **1** przetrząsać: *Look through your pockets and see if you can find the receipt.* **2** przyjrzeć się dokładnie

look up *phr v* **1** [I] poprawiać się: *Things are looking up since I found a job.* **2** [T **look** sth ↔ **up**] odszukiwać, sprawdzać: *If you don't know the word, look it up in the dictionary.* **3** [T **look** sb ↔ **up**] odwiedzać: *Look up my parents when you're in Boston.*

look up to sb *phr v* [T] podziwiać: *He looks up to his older brother.*

> UWAGA **look at**
>
> Patrz **see, watch, look at.**

look² *n* **1** [C usually singular] spojrzenie: **have/take a look** (=spojrzeć): *Let me take a look at that map again.* | **give sb a look** *She gave me an angry look* (=spojrzała na mnie gniewnie). **2 have a look** szukać: *He's had a look for the file but he hasn't found it.* **3** [C usually singular] wygląd: *I don't like the look of that cut.* **4** [singular] styl: *the grunge look*

look·a·like /ˈlʊkəlaɪk/ *n* [C] *informal* sobowtór: *a Madonna lookalike*

look·out /ˈlʊk-aʊt/ *n* **1 be on the lookout** uważać: *Be on the lookout for snakes!* **2** [C] obserwator **3** [C] punkt obserwacyjny

looks /lʊks/ *n* [plural] uroda: *Stop worrying about your looks.*

loom¹ /luːm/ *v* [I] **1** wyłaniać się: **+ ahead/up etc** *The mountain loomed in front of us.* **2** zbliżać się: *My exams are looming.*

loom² *n* [C] krosno

loon·y /ˈluːni/ *n* [C] *informal* pomyleniec —**loony** *adj* pomylony: *He's full of loony ideas.*

loop¹ /luːp/ *n* [C] pętla: *belt loops* (=szlufki)

loop² *v* **loop sth over/round etc** wiązać coś

loop·hole /ˈluːphəʊl/ *n* [C] luka (prawna): *tax loopholes*

loose¹ /luːs/ *adj* **1** luźny: *a loose tooth* | *My French isn't very good, but I can give you a loose translation.* | **come loose** (=obluzować się): *One of the buttons on your shirt is coming loose.* **2** luzem: *You can buy the chocolates loose or in a box.* **3** wolny: **break loose** (=uwalniać się): *Two of the prisoners broke loose from the guards.* **4 tie up the loose ends** doprawować szczegóły **5 be at a loose end** nie mieć nic do roboty —**loosely** *adv* luźno

loose² *n* **be on the loose** być na wolności

loos·en /ˈluːsən/ *v* [I,T] poluzować (się): *The screws holding the shelf had loosened.* | *He loosened his tie.*

loosen up *phr v* [I] rozluźniać się: *Claire loosened up after a few drinks.*

loot¹ /luːt/ *v* [I,T] plądrować, grabić: *Shops were looted and burned down.* —**looting** *n* [U] grabież —**looter** *n* [C] grabieżca

loot² *n* [U] łup

lop·sid·ed /ˌlɒpˈsaɪdɪ̈d◂/ *adj* krzywy: *a lopsided grin*

Lord /lɔːd/ *n* **1** [singular] *także* **the Lord** Pan (Bóg) **2 good/oh Lord!** *spoken* dobry Boże!

lord *n* [C] **1** lord **2 Lord** Lord: *Lord Mountbatten*

lorry /ˈlɒri/ *n* [C] *BrE* ciężarówka

lose /luːz/ *v* **lost, lost, losing 1** [T] s/tracić: *Tom lost his job.* | *Drunk drivers should lose their licence.* | *She's lost a lot of blood.* | *The kids were losing interest in the game.* | *You lost your chance!* | *5000 soldiers lost their lives.* | **lose weight** (=s/chudnąć) | **lose your memory/sight** (=tracić pamięć/wzrok) | **lose your temper/head** (=tracić cierpliwość) **2** [T] z/gubić: *Danny's always losing his keys.* **3** [I,T] przegrywać: *Liverpool lost to AC Milan.* | *The Democrat candidate lost by 8,000 votes.* **4 lose your balance** s/tracić równowagę **5** [T] spóźniać się o: *My old watch loses about five minutes every day.* **6 have nothing to lose** nie mieć nic do stracenia **7 lose touch (with) a)** s/tracić kontakt (z): *I've lost touch with all my high school friends.* **b)** nie nadążać (za) **8 lose heart** zniechęcać się: *The team lost heart after they lost their fifth game.* **9 lose sight of sth** s/tracić coś z oczu: *We can't lose sight of our goals.*

los·er /ˈluːzə/ *n* [C] **1** przegrywający: **be a good/bad loser** (=umieć/nie umieć przegrywać) **2** *informal* ofiara: *Pam's boyfriend is such a loser!*

loss /lɒs/ *n* **1** [C,U] utrata: *The loss of their home was a shock to the family.* | *weight loss* **2** [C,U] strata: *If she leaves, it will be a great loss to the company.* | *She felt a great sense of loss when her son left home.* | *Troops suffered heavy losses in the first battle.* **3** [C] przegrana: *3 wins and 4 losses so far this season* **4 be at a loss** nie wiedzieć, jak się zachować: *Local people are at a loss to know how to start tackling such a rise in crime.*

lost[1] /lɒst/ *adj* **1** zagubiony: **get lost** (=z/gubić się): *We got lost driving around the city.* **2 be/get lost** z/ginąć: *My passport got lost in the post.* **3 be/feel lost** być/czuć się zagubionym **4 Get lost!** *spoken* Spadaj! **5 be lost on sb** nie docierać do kogoś: *The joke was lost on him.* **6** zaginiony: *20 men were lost at sea.*

lost[2] *v* czas przeszły i imiesłów bierny od LOSE

lot /lɒt/ *n* **1 a lot** *także* **lots** *informal* dużo: **+ of** *There were a lot of people at the concert last night.* | *She's got lots of money.* | **a lot to do/see** (=dużo do zrobienia/obejrzenia): *There's a lot to see in London.* **2 a lot quicker/easier** dużo szybciej/łatwiej: *You'll get there a lot faster if you drive.* **3** [singular] *BrE informal* grupa: *I need to take this lot to the post office.* | *There's another lot of students starting next week.* **4 the lot** wszystko: *He bought a huge bar of chocolate and ate the lot.* **5** [singular] los: *Hers is not a happy lot.* → patrz też PARKING LOT

> UWAGA **lot i many**
>
> **A lot of** zwykle brzmi bardziej naturalnie niż **many** w zdaniach twierdzących, szczególnie w mowie. Nie mówi się "She has many friends". Mówi się **She has a lot of friends**. **Many** pojawia się natomiast w zdaniach pytających i przeczących: *There weren't many people at the party.* W piśmie **many** występuje w wyrażeniach takich, jak **in many ways/places/cases, for many years** itp. Patrz też **many, much** i **a lot of, plenty of**.

lo·tion /ˈləʊʃən/ *n* [C,U] balsam kosmetyczny: *suntan lotion* (=emulsja do opalania)

lot·te·ry /ˈlɒtəri/ *n* [C] loteria

loud[1] /laʊd/ *adj* **1** głośny: *The TV's too loud!* | *a loud bang* **2** krzykliwy: *loud clothes* —**loudly** *adv* głośno

loud[2] *adv* **1** głośno: *You'll have to speak a bit louder.* **2 out loud** głośno, na głos

loud·speak·er /ˌlaʊdˈspiːkə/ *n* [C] głośnik

lounge[1] /laʊndʒ/ *n* [C] **1** hall (*w hotelu*) **departure lounge** (=hala odlotów) **2** *BrE* salon

lounge[2] *v* [I] relaksować się: *We were lounging by the pool.*
lounge about/around *phr v* [I,T] *BrE* obijać się

louse /laʊs/ *n* [C] *plural* **lice** /laɪs/ wesz

lou·sy /ˈlaʊzi/ *adj informal* okropny: *I've had a lousy day!*

lov·a·ble, loveable /ˈlʌvəbᵊl/ *adj* sympatyczny: *a lovable child*

love[1] /lʌv/ *v* [T] **1** kochać: *the first boy I ever really loved* | *I love my Mom.* **2** uwielbiać: *I love chocolate.* | **love doing sth** *Tom loves reading.* **3 I'd love to** *spoken* z przyjemnością: *"Would you like to join us?" "I'd love to."*

love[2] *n* **1** [U] miłość: *He never told her about his love for her.* | *My mother's love for me was never in doubt.* | *You were my first love.* | *His greatest love is football.* | **be in love (with sb)** (=być zakochanym (w kimś)): *Lucy knew she was in love.* | **fall in love (with sb)** (=zakochiwać się (w kimś)): *I fell in love with her the first time we met.* | **love at first sight** (=miłość od pierwszego wejrzenia) | **love story/song** (=historia/piosenka o miłości): *I've kept all his old love letters* (=listy miłosne). **2 make love to/with sb** kochać się z kimś **3 love from** uściski od: *Hope to see you soon, Love from Chris.* **4 send/give (sb) your love** przesyłać/przekazywać (komuś) pozdrowienia: *Your father sends his love.* **5** *spoken* kochanie: *Are you OK, love?*

love af·fair /ˈ. .ˌ./ *n* [C] romans

love·ly /ˈlʌvli/ *adj* **1** śliczny: *You look lovely in that dress.* **2** *especially BrE* uroczy: *Thanks for a lovely evening.*

lov·er /ˈlʌvə/ *n* [C] **1** kochan-ek/ka: *I think my wife has a lover.* **2** miłośni-k/czka: *an art lover*

lov·ing /ˈlʌvɪŋ/ *adj* kochający: *a wonderful, loving husband* —**lovingly** *adv* z miłością

low[1] /ləʊ/ *adj* **1** niski: *These shelves are a little too low for me.* | *a low ceiling* | *low clouds* | *Temperatures in the west will be lower than yesterday.* | *Come and see our low prices!* | *She got a very low grade in English.* | *Cost-cutting has led to a lower quality of work.* **2** [not before noun] przygnębiony: *Kerry's been pretty low lately.* **3** przyciemniony: *low romantic lighting in a restaurant* → antonim HIGH[1]

low[2] *adv* nisko: *The sun sank low on the horizon.* → antonim HIGH[2]

low·er[1] /ˈləʊə/ *adj* [only before noun] **1** dolny: *the lower floors of the building* **2** niższy: *lower levels of management*

lower[2] *v* [T] **1** obniżać: *We're lowering prices on all our products!* | **lower your voice** (=zniżać głos) **2** opuszczać: *The flag was lowered at sunset.*

low-key /ˌ. ˈ.◂ / *adj* powściągliwy, stonowany: *The reception was very low-key.*

low-ly·ing /ˌ. ˈ..◂ / *adj* nizinny

loy·al /ˈlɔɪəl/ *adj* lojalny: *a loyal friend*

loy·al·ty /ˈlɔɪəlti/ *n* **1** [U] lojalność: *The company demands loyalty from its workers.* **2** [C usually plural] sympatia: *political loyalties* | *My loyalties lie with my family.*

loz·enge /ˈlɒzɪ̵ndʒ/ *n* [C] tabletka do ssania

LP /ˌel ˈpiː/ *n* [C] płyta długogrająca

L-plate /ˈel pleɪt/ *n* [C] tablica nauki jazdy

lu·bri·cant /ˈluːbrɪkənt/ *n* [C,U] smar

lu·bri·cate /ˈluːbrɪkeɪt/ *v* [T] na/smarować

lu·cid /ˈluːsɪ̵d/ *adj* **1** klarowny: *a lucid and interesting article* **2** przytomny: *He was rarely lucid during his long illness.* —**lucidly** *adv* klarownie

luck /lʌk/ *n* [U] **1** szczęście: **have luck** (=mieć szczęście): *Have you had any luck* (=udało ci się) *finding a job?* | **bad luck** (=pech): *We seem to have had a lot of bad luck recently.* **2 be in luck** mieć szczęście: *You're in luck – there's one ticket left.* **3 be out of luck** mieć pecha: *I'm sorry, you're out of luck! I sold the last one this morning.* **4 Good luck/best of luck** Życzę powodzenia **5 bad luck!/hard luck!/tough luck!** *spoken* a to pech!

luck·y /ˈlʌki/ *adj* **1 be lucky** mieć szczęście: *If you're lucky, you might still be* *able to get tickets.* | **be lucky to be/do/have sth** *You're lucky to have such a caring husband.* **2** szczęśliwy: *my lucky number* —**luckily** *adv* na szczęście

lu·cra·tive /ˈluːkrətɪv/ *adj formal* intratny

lu·di·crous /ˈluːdəkrəs/ *adj* niedorzeczny: *It's ludicrous to spend so much on a car.*

lug /lʌg/ *v* [T] **-gged, -gging** *informal* za/taszczyć: *We lugged our suitcases up to our room.*

lug·gage /ˈlʌgɪdʒ/ *n* [U] bagaż

luke·warm /ˌluːkˈwɔːm◂/ *adj* **1** letni **2** chłodny: *a lukewarm response*

lull /lʌl/ *v* [T] **1** u/kołysać: *Singing softly, she lulled us to sleep.* **2 lull sb into doing sth** uśpić czyjąś czujność na tyle, że zrobi coś: *She was lulled into believing that there was no danger.*

lul·la·by /ˈlʌləbaɪ/ *n* [C] kołysanka

lum·ber[1] /ˈlʌmbə/ *v* **1** [I] wlec się: **+ along/towards etc** *The bear lumbered towards us.* **2 get/be lumbered with sth** zostać obarczonym czymś: *I got lumbered with babysitting my brother.*

lumber[2] *n* [U] *especially AmE* drewno (*budowlane*)

lu·mi·nous /ˈluːmənəs/ *adj* fosforyzujący

lump[1] /lʌmp/ *n* [C] **1** bryła: *a lump of clay* **2** guzek **3 a lump in your throat** ściskanie w gardle

lump[2] *v* [T] wrzucać do jednego worka: **lump sth together/with sth** *These symptoms are often lumped together under the general term depression.*

lump sum /ˌ. ˈ./ *n* [C] jednorazowa wypłata: *When you retire, you'll receive a lump sum of £50,000.*

lump·y /ˈlʌmpi/ *adj* nierówny: *a lumpy mattress*

lu·na·cy /ˈluːnəsi/ *n* [U] szaleństwo: *It would be sheer lunacy to give up college now.*

lu·nar /ˈluːnə/ *adj* księżycowy: *a lunar eclipse*

lu·na·tic /ˈluːnətɪk/ *n* [C] szaleniec —**lunatic** *adj* szalony

lunch[1] /lʌntʃ/ *n* [C,U] obiad

lunch[2] *v* [I] *formal* jeść obiad

lunch·eon /ˈlʌntʃən/ *n* [C,U] *formal* obiad

lunch·time /ˈlʌntʃtaɪm/ *n* [C,U] pora obiadowa

lung /lʌŋ/ *n* [C] płuco

lunge /lʌndʒ/ *v* [I] rzucać się: **+ forward/at/towards** *Greg lunged forward to grab her arm.*

lurch[1] /lɜːtʃ/ *v* [I] zataczać się: **+ across/along etc** *He lurched drunkenly towards us.*

lurch[2] *n* **leave sb in the lurch** zostawić kogoś na pastwę losu

lure[1] /lʊə/ *v* [T] z/wabić: *The music and bright lights were luring people into the bar.*

lure[2] *n* [C] powab

lu·rid /ˈlʊərəd/ *adj* **1** drastyczny: *a lurid description of the murder* **2** krzykliwy: *a lurid green dress*

lurk /lɜːk/ *v* [I] czaić się: *He was attacked by a man who had been lurking in the alley.*

lus·cious /ˈlʌʃəs/ *adj* smakowity: *luscious ripe strawberries*

lush /lʌʃ/ *adj* bujny: *lush green fields*

lust[1] /lʌst/ *n* [U] **1** pożądanie **2** żądza

lust[2] *v* [I] **1 lust after sb** pożądać kogoś **2 lust after/for sth** pragnąć czegoś: *politicians lusting after power*

lus·tre /ˈlʌstə/ *BrE*, **luster** *AmE n* [U singular] połysk: *the luster of her long dark hair*

lux·u·ri·ous /lʌgˈzjʊəriəs/ *adj* luksusowy: *They stayed in a luxurious hotel.*

lux·u·ry /ˈlʌkʃəri/ *n* [C,U] luksus: *Caviar! I'm not used to such luxury!* | *We can't afford luxuries like music lessons.*

ly·ing /ˈlaɪ-ɪŋ/ *v* imiesłów czynny od LIE

lynch /lɪntʃ/ *v* [T] z/linczować —**lynching** *n* [C] lincz

lyr·ic /ˈlɪrɪk/ *n* [C usually plural] słowa (*piosenki*)

lyr·i·cal /ˈlɪrɪkəl/ *adj* liryczny: *lyrical poetry*

Mm

MA /ˌem ˈeɪ/, **M.A.** *n* magister nauk humanistycznych ➡ porównaj MSC

ma'am /mæm/ *AmE spoken* proszę pani

mac /mæk/ *n* [C] *BrE* płaszcz nieprzemakalny

ma·ca·bre /məˈkɑːbrə/ *adj* makabryczny

mac·a·ro·ni /ˌmækəˈrəʊni/ *n* [U] makaron rurki

ma·chine /məˈʃiːn/ *n* [C] maszyna: *a sewing machine* | *Cutting the cloth is done by machine.*

machine gun /.ˈ. ./ *n* [C] karabin maszynowy

ma·chin·e·ry /məˈʃiːnəri/ *n* [U] **1** maszyny: *agricultural machinery* **2** mechanizm: *The machinery of the law works slowly.*

mad /mæd/ *adj* **-dder, -ddest 1** *informal* wściekły: *You make me so mad!* | **+ at** *Lisa was really mad at me for telling Dad.* | **go mad** *BrE* (=wściekać się): *Mum will go mad when she finds out what you've done.* **2** *BrE informal* szalony, pomylony: *You're mad to get involved with someone like him!* **3 be mad about sb/sth** *BrE informal* szaleć za kimś/czymś: *The kids are mad about football.* | **go mad** (=o/szaleć): *The crowd went mad when Liverpool scored.*

mad·am /ˈmædəm/ *n* **1** proszę pani: *Can I help you, madam?* **2 Dear Madam** Szanowna Pani!

mad·den /ˈmædn/ *v* [T] rozwścieczać

mad·den·ing /ˈmædənɪŋ/ *adj* denerwujący: *The most maddening thing is that it's my own fault.*

made[1] /meɪd/ *v* czas przeszły i imiesłów bierny od MAKE

made[2] *adj* **1 be made of** być zrobionym z: *The frame is made of silver.* **2 be made for** być stworzonym dla: *I think Anna and Juan were made for each other.*

mad·house /ˈmædhaʊs/ *n* [C] dom wariatów: *It's a madhouse when the children are home.*

mad·ly /ˈmædli/ *adv* **1** jak szalony: *Allen was beating madly on the door.* **2 madly in love** zakochany do szaleństwa

mad·man /ˈmædmən/ *n* szaleniec, wariat: *He drives like a madman.*

mad·ness /ˈmædnəs/ *n* [U] **1** szaleństwo: *It would be madness to try to cross the desert on your own.* **2** *BrE* obłęd

maf·i·a /ˈmæfiə/ *n* **the Mafia** mafia

mag·a·zine /ˌmægəˈziːn/ *n* [C] **1** czasopismo, magazyn, pismo: *a fashion magazine* **2** magazynek

ma·gen·ta /məˈdʒentə/ *n* [U] kolor ciemnoróżowy

mag·got /ˈmægət/ *n* [C] larwa muchy

ma·gic[1] /ˈmædʒɪk/ *n* [U] **1** czary **2** sztuczki magiczne: *a magic show* **3** magia: *the magic of the East* ➡ patrz też BLACK MAGIC

magic[2] *adj* [only before noun] magiczny: *The witch cast a magic spell* (=rzuciła czar) *on the princess, making her sleep for 100 years.*

ma·gic·al /ˈmædʒɪkəl/ *adj* **1** cudowny: *a magical evening beneath the stars* **2** magiczny, zaczarowany: *magical objects* —**magically** *adv* cudownie, magicznie

ma·gi·cian /məˈdʒɪʃən/ *n* [C] **1** magik, sztukmistrz **2** czarnoksiężnik, czarodziej

ma·gis·trate /ˈmædʒəstreɪt/ *n* [C] sędzia zajmujący się lżejszymi przestępstwami w sądzie najniższej instancji

mag·nan·i·mous /mægˈnænəməs/ *adj formal* wspaniałomyślny —**magnanimity** /ˌmægnəˈnɪməti/ *n* [U] wspaniałomyślność

mag·nate /ˈmægneɪt/ *n* [C] **oil/shipping magnate** magnat naftowy/okrętowy

mag·ne·si·um /mægˈniːziəm/ *n* [U] magnez

mag·net /ˈmægnət/ *n* [C] magnes: *Darlington has become a magnet for new companies of all kinds.*

M

mag·net·ic /mæg'netɪk/ *adj* **1** magnetyczny: *the Earth's magnetic field* **2 magnetic tape/disk** taśma/dyskietka magnetyczna

mag·net·is·m /'mægn¹₉tɪzəm/ *n* [U] magnetyzm: *Cary Grant had an extraordinary magnetism which women found irresistible.*

mag·nif·i·cent /mæg'nɪf¹₉sənt/ *adj* wspaniały: *a magnificent painting* —**magnificence** *n* [U] wspaniałość

mag·ni·fy /'mægn¹₉faɪ/ *v* [T] **1** powiększać: *The image has been magnified 1000 times.* **2** wyolbrzymiać: *Differences between the parties were magnified by the press.* —**magnification** /ˌmægn¹₉f¹₉'keɪʃən/ *n* [C,U] powiększenie

magnifying glass /'.... ˌ./ *n* [C] szkło powiększające

mag·ni·tude /'mægn¹₉tjuːd/ *n* [U] rozmiary: *I hadn't realized the magnitude of the problem.*

mag·no·li·a /mæg'nəʊliə/ *n* [C] magnolia

mag·pie /'mægpaɪ/ *n* [C] sroka

ma·hog·a·ny /mə'hɒgəni/ *n* [U] mahoń

maid /meɪd/ *n* [C] **1** służąca **2** pokojówka **3** panna

maid·en[1] /'meɪdn/ *n* [C] *literary* panna: *A fair maiden sat on the river bank.*

maiden[2] *adj* **maiden flight/voyage** dziewiczy lot/rejs

maiden name /'.. ./ *n* [C] nazwisko panieńskie

mail[1] /meɪl/ *n* **the mail** poczta: *They sent my mail to the wrong address.* | *What time does the mail come?* ➡ patrz też AIRMAIL, POST[1]

mail[2] *v* [T] *especially AmE* wysyłać (*pocztą*): *I'll mail it to you tomorrow.*

mail·box /'meɪlbɒks/ *n* [C] skrzynka pocztowa

mailing list /'.. ./ *n* [C] lista adresowa

mail·man /'meɪlmæn/ *n* [C] *AmE* listonosz

mail or·der /ˌ. '..◂/ *n* [U] sprzedaż wysyłkowa

maim /meɪm/ *v* [T] okaleczyć: *The accident left her maimed for life.*

main[1] /meɪn/ *adj* [only before noun] **1** główny: *the main meal of the day* | *Coffee is the country's main export.* **2 the main thing** *spoken* najważniejsze: *You're both safe, that's the main thing.* **3 in the main** *spoken* na ogół: *The weather was very good in the main.*

main[2] *n* [C] *także* **the mains** magistrala: *a broken water main*

main course /'. ./ *n* [C] danie główne

main·land /'meɪnlənd/ *n* **the mainland** ląd stały —**mainland** *adj*: *mainland Europe* (=kontynent europejski)

main line /ˌ. '.◂/ *n* [C] magistrala (*kolejowa*): *the main line between Belfast and Dublin*

main·ly /'meɪnli/ *adv* głównie: *The workforce consists mainly of women.* | *I bought the answering machine mainly for business reasons.*

main road /ˌ. './ *n* [C] droga główna

main·stay /'meɪnsteɪ/ *n* [C] podstawa: *Farming is still the mainstay of our country's economy.*

main·stream /'meɪnstriːm/ *n* **the mainstream** główny nurt

main·tain /meɪn'teɪn/ *v* [T] **1** utrzymywać: *We need to maintain good relations with our customers.* | *It costs a lot of money to maintain a big house.* **2 maintain that** utrzymywać, że: *She has always maintained that her son is not dead.*

main·te·nance /'meɪntənəns/ *n* [U] **1** serwis: *car maintenance* **2** alimenty

mai·son·ette /ˌmeɪzə'net/ *n* [C] *BrE* mieszkanie dwupoziomowe

maize /meɪz/ *n* [U] *BrE* kukurydza

ma·jes·tic /mə'dʒestɪk/ *adj* wspaniały: *a majestic view of the lake*

ma·jes·ty /'mædʒ¹₉sti/ *n* **Your/Her/His Majesty** Wasza/Jej/Jego Królewska Mość

ma·jor[1] /'meɪdʒə/ *adj* **1** ważny: *a major cause of heart disease* | *major changes in the Earth's climate* **2** dur(owy): *a symphony in A major* ➡ porównaj MINOR[1]

major² *n* [C] **1** *także* **Major** major **2** *AmE* przedmiot kierunkowy na studiach: *John's major is history* (=John studiuje historię).

major³ *v*

major in sth *phr v* [T] *AmE* studiować: *I'm majoring in biology.*

ma·jor·i·ty /mə'dʒɒrəti/ *n* większość: *The majority of adult smokers want to give up the habit.* | *Tony Blair won by a huge majority.* ➡ porównaj MINORITY

> **UWAGA majority**
>
> Po wyrażeniu **the majority (of)** używa się czasownika w liczbie mnogiej: *Some of the children go home for lunch, but the majority have their lunch in school.*

> **UWAGA majority i most**
>
> Wyraz **majority** w znaczeniu 'większość' występuje najczęściej w stylu oficjalnym w wyrażeniu **the majority of**: *The majority of the government voted againts the bill.* W innych kontekstach w znaczeniu 'większość' używamy **most** (bez **of**): *Most people have never even heard of him.*

make¹ /meɪk/ *v* **made, made, making 1** [T] wykonywać, z/robić: *She makes all her own clothes.* | *The furniture was made by a Swedish firm.* | *Who's making lunch?* | *He will make* (=będzie z niego) *a good father.* **2** [T] **make a mistake/suggestion** pomylić się/wysunąć propozycję: *They made a mistake on the electricity bill.* | *Roger made a good suggestion.* **3** [T] powodować, sprawiać: *Sarah's really funny – she always makes me laugh* (=zawsze mnie rozśmiesza). | *Heavy rain is making the roads very slippery* (=sprawia, że drogi są bardzo śliskie). | **make sb sad/happy/excited etc** *Don't do that – you're making me nervous.* | **make it possible/difficult etc** (=umożliwiać/utrudniać itp.): *Computers are making it possible for more and more people to work from home.* **4** [T] **make sb do sth** kazać komuś coś zrobić: *The police made them stand up against the wall.* **5** [T] **make sb sth** z/robić kogoś czymś: *They made her deputy manager.* **6** [T] zarabiać: *Irene makes about $60,000 a year.* **7** [linking verb] dawać (razem): *If you include us, that makes eight people for dinner.* | *2 and 2 make 4* (=dwa i dwa jest cztery). **8 make it a)** zdążyć: *We made it to the station just as the bus was leaving.* **b)** odnieść sukces: *A lot of people want to be in films, but very few of them actually make it.* **9 let's make it Friday/10 o'clock etc** *spoken* spotkajmy się w piątek/o dziesiątej itp.: *Let's make it Saturday morning.* **10 make the bed** po/słać łóżko **11 that makes two of us** *spoken informal* ja też: *"I'm so tired!" "Yeah, that makes two of us."* **12 make do with sth** zadowalać się czymś: *We'll have to make do with these old clothes.* ➡ patrz też **be made of** (MADE²), **make sure** (SURE¹), **make a difference** (DIFFERENCE), **make love** (LOVE²), **make sense** (SENSE¹), **make the best of sth** (BEST³), **make friends** (FRIEND)

make for sth *phr v* [T] s/kierować się ku: *They made for the nearest bar.* ➡ patrz też **be made for** (MADE²)

make sth **into** sth *phr v* [T] przerabiać na: *The opium is made into heroin.*

make sth **of** sb/sth *phr v* [T] **1 what do you make of ...** co sądzisz o ...: *What do you make of this letter?* **2 not know what to make of sth** nie pojmować czegoś

make off with *phr v* [T] ukraść: *The thieves made off with £3,000 worth of jeans.*

make out *phr v* **1** [T **make** sth ↔ **out**] rozszyfrować: *I can't make out what the sign says.* **2 make a cheque out to sb** wypisać komuś czek **3 make out (that)** *informal* udawać, że: *Brian was making out he had won.*

make up *phr v* **1** [T **make** sth ↔ **up**] wymyślać, zmyślać: *Ron made up an excuse so his mother wouldn't be mad.* **2** [T **make up** sth] składać się na: *the rocks and minerals that make up*

M

the earth's outer layer **3 make it up to sb** wynagrodzić to komuś: *I'm sorry I forgot your birthday! I promise I'll make it up to you.* **4** [I] po/godzić się ➡ patrz też **make up your mind** (MIND[1])

make up for sth *phr v* [T] nadrabiać: *Jay lacks experience, but he makes up for it with hard work.* | *We must make up for lost time.*

make[2] *n* [C] marka: *"What make is your car?" "It's a Honda."*

make-be·lieve /ˈ. .ˌ./ *n* [U] udawanie, pozory

make·o·ver /ˈmeɪkəʊvə/ *n* [C] zmiana wyglądu

mak·er /ˈmeɪkə/ *n* [C] producent: *the big three US car makers* | *film maker Steven Spielberg*

make·shift /ˈmeɪkʃɪft/ *adj* [only before noun] prowizoryczny: *a makeshift table made from boxes*

make-up /ˈ. ./, **makeup** *n* [U] makijaż: *Ginny put on her makeup.*

mak·ing /ˈmeɪkɪŋ/ *n* **1** [U] wytwarzanie, produkcja: *The making of the movie took four years.* | *the art of rug making* **2 in the making** przyszły: *a new World Champion in the making* **3 have the makings of** mieć zadatki na: *Sandy has the makings of a good doctor.*

mal·ad·just·ed /ˌmæləˈdʒʌstᵻd◂/ *adj* nieprzystosowany społecznie

ma·lar·i·a /məˈleəriə/ *n* [U] malaria

male[1] /meɪl/ *adj* **1** płci męskiej: *a male lion* **2** męski: *a male voice*

male[2] *n* [C] **1** mężczyzna **2** samiec

male chau·vin·ist /ˌmeɪl ˈʃəʊvᵻnᵻst◂/ *n* męski szowinista: *He's a typical male chauvinist pig!*

mal·func·tion /mælˈfʌŋkʃən/ *n* [C] usterka: *a malfunction in the computer system*

mal·ice /ˈmælᵻs/ *n* [U] złośliwość: *Corran didn't do it out of malice.*

ma·li·cious /məˈlɪʃəs/ *adj* złośliwy: *malicious gossip* —**maliciously** *adv* złośliwie

ma·lig·nant /məˈlɪgnənt/ *adj* złośliwy: *a malignant tumour* | *a malignant grin* ➡ porównaj BENIGN

ma·lin·ger /məˈlɪŋgə/ *v* [I] symulować —**malingerer** *n* [C] symulant/ka

mall /mɔːl/ *n* [C] centrum handlowe: *a shopping mall*

mal·nour·ished /ˌmælˈnʌrɪʃt/ *adj* niedożywiony

mal·nu·tri·tion /ˌmælnjʊˈtrɪʃən/ *n* [U] niedożywienie: *80% of the children were suffering from malnutrition.*

mal·prac·tice /ˌmælˈpræktᵻs/ *n* [C,U] naruszenie zasad etyki zawodowej: *evidence of serious malpractice*

malt /mɔːlt/ *n* [U] słód

mal·treat·ment /mælˈtriːtmənt/ *n* [U] *formal* maltretowanie, znęcanie się: *daily maltreatment of prisoners* —**maltreat** *v* [T] maltretować, znęcać się nad

malt whis·ky /ˌ. ˈ../ *n* [U] whisky słodowa

ma·ma /ˈmɑːmɑ/ *n* [C] *AmE informal* mama

ma·ma /məˈmɑː/ *n* [C] *BrE old-fashioned* mama

mam·mal /ˈmæməl/ *n* [C] ssak

mam·moth[1] /ˈmæməθ/ *adj* gigantyczny: *a mammoth job*

mammoth[2] *n* [C] mamut

man[1] /mæn/ *n plural* **men 1** [C] mężczyzna: *a middle-aged man* | *The man told us to wait.* **2** [U] człowiek, ludzkość: *one of the worst disasters in the history of man* **3 the man in the street** przeciętny człowiek: *The man in the street isn't interested in foreign policy issues.* ➡ patrz też MEN

man[2] *v* [T] **-nned, -nning** obsadzać, obsługiwać: *The checkpoint was manned by* (=załoga punktu kontroli granicznej składała się z) *French UN soldiers.*

man[3] *interjection informal, especially AmE* o rany!: *Man! Was she angry!*

man·age /ˈmænɪdʒ/ *v* **1** [I,T] po/radzić sobie (z), dawać sobie radę (z): *I don't know how we'll manage now that Keith's lost his job.* **2** [I] **sb manages to do sth** komuś udaje się coś zrobić: *Do you think*

M

we'll manage to finish the work by Friday? **3** [T] zarządzać: *The hotel has been owned and managed by the Koidl family for 200 years.*

man·age·a·ble /ˈmænɪdʒəbəl/ *adj* łatwy do utrzymania: *My hair's more manageable since I had it cut.*

man·age·ment /ˈmænɪdʒmənt/ *n* **1** [U] zarządzanie: *a management training course* | *problems caused by bad management* **2** [U singular] zarząd: *The management has agreed to talk to the union.*

man·ag·er /ˈmænɪdʒə/ *n* [C] **1** dyrektor, kierownik: *That meal was terrible! I want to speak to the manager!* | *the manager of the Boston Red Sox* **2** menażer, menedżer —**managerial** *adj* kierowniczy, menedżerski

managing di·rec·tor /ˌ... .ˈ../ *n* [C] *BrE* dyrektor naczelny

man·da·to·ry /ˈmændətəri/ *adj* obowiązkowy: *mandatory safety inspections*

mane /meɪn/ *n* [C] grzywa

ma·neu·ver /məˈnuːvə/ *n, v* amerykańska pisownia wyrazu MANOEUVRE

man·ger /ˈmeɪndʒə/ *n* [C] żłób

man·go /ˈmæŋgəʊ/ *n* [C] mango

man·han·dle /ˈmænhændl/ *v* [T] poniewierać: *The report claimed that patients were manhandled and bullied.*

man·hole /ˈmænhəʊl/ *n* [C] właz (*kanalizacyjny*)

man·hood /ˈmænhʊd/ *n* [U] wiek męski: *The tribe performs special ceremonies when the boys reach manhood.*

man·hunt /ˈmænhʌnt/ *n* [C] obława

ma·ni·a /ˈmeɪniə/ *n* [C,U] mania: *Beatle mania*

ma·ni·ac /ˈmeɪniæk/ *n* [C] *informal* mania-k/czka: *He drives like a maniac.*

man·ic de·pres·sive /ˌmænɪk dɪˈpresɪv/ *n* [C] chory z zespołem maniakalno-depresyjnym

man·i·cure /ˈmænəkjʊə/ *n* [C,U] manicure —**manicure** *v* [T] z/robić manicure

man·i·fest /ˈmænəfest/ *v* **manifest itself** przejawiać się: *The disease can manifest itself in many ways.* —**manifest** *adj formal* oczywisty: *a manifest error of judgement*

man·i·fes·ta·tion /ˌmænəfeˈsteɪʃən/ *n* [C,U] *formal* przejaw: *another manifestation of the greenhouse effect*

man·i·fes·to /ˌmænəˈfestəʊ/ *n* [C] manifest: *the Communist manifesto*

ma·nip·u·late /məˈnɪpjəleɪt/ *v* [T] manipulować: *He skilfully manipulated the media.* | *the computer's ability to manipulate large quantities of data* —**manipulation** /məˌnɪpjəˈleɪʃən/ *n* [U] manipulacja

man·kind /ˌmænˈkaɪnd/ *n* [U] ludzkość: *one of the most important events in the history of mankind*

man·ly /ˈmænli/ *adj* męski: *his strong manly shoulders*

man-made /ˌ. ˈ.◂/ *adj* sztuczny: *man-made fabrics* | *a man-made lake*

man·ne·quin /ˈmænɪkən/ *n* [C] manekin

man·ner /ˈmænə/ *n* [singular] **1** sposób: *She has a cheerful and friendly manner.* **2 all manner of** *formal* wszelkiego rodzaju: *The guests were served with all manner of food and drink.* **3 in a manner of speaking** *spoken* w pewnym sensie: *"Is she married?" "Yes, in a manner of speaking."* ➡ patrz też MANNERS

man·ner·is·m /ˈmænərɪzəm/ *n* [C,U] maniera: *Eliot's ability to imitate Pound's mannerisms*

man·ners /ˈmænəz/ *n* [plural] maniery: **good/bad manners** *It's bad manners to talk while you're eating.*

ma·noeu·vre[1] /məˈnuːvə/ *BrE*, **maneuver** *AmE v* [I,T] manewrować: *Small boats are easier to manoeuvre.*

manoeuvre[2] *BrE*, **maneuver** *AmE n* [C,U] manewr: *a complicated manoeuvre* | *political maneuvers* ➡ patrz też MANOEUVRES

ma·noeu·vres /məˈnuːvəz/ *BrE*, **maneuvers** *AmE* manewry

man·or /ˈmænə/ *n* [C] dwór, rezydencja ziemska

man·pow·er /ˈmænˌpaʊə/ *n* [U] siła robocza: *We don't have enough manpower right now to start a new project.*

man·ser·vant /ˈmænˌsɜːvənt/ *n* [C] służący

man·sion /ˈmænʃən/ *n* [C] rezydencja

man·slaugh·ter /ˈmænˌslɔːtə/ *n* [U] *law* nieumyślne spowodowanie śmierci → porównaj MURDER[1]

man·tel·piece /ˈmæntlpiːs/ *także* **mantel** *especially AmE n* [C] półka nad kominkiem

man·u·al[1] /ˈmænjuəl/ *adj* **1** fizyczny: *manual work* | *manual workers* **2** ręczny: *a manual typewriter* —**manually** *adv* ręcznie

manual[2] *n* [C] podręcznik: *a computer manual*

man·u·fac·ture[1] /ˌmænjəˈfæktʃə/ *v* [T] wy/produkować: *one of Europe's biggest paper manufacturing companies*

manufacture[2] *n* [U] *formal* produkcja

man·u·fac·tur·er /ˌmænjəˈfæktʃərə/ *n* [C] producent: *the world's largest shoe manufacturer*

ma·nure /məˈnjʊə/ *n* [U] obornik

man·u·script /ˈmænjəskrɪpt/ *n* [C] **1** rękopis: *a 350 page manuscript* **2** manuskrypt: *an ancient Chinese manuscript*

man·y /ˈmeni/ *quantifier, pron* **more, most 1** wiel-e/u, dużo: *There aren't many tickets left.* | *Were there many people at the concert?* | *You've eaten too many chocolates already.* | **+ of** *Many of us have had similar experiences.* | **a great many/a good many** (=bardzo dużo): *I learned a great many things.* | **how many** (=ile): *How many bedrooms are there?* | **as many** (=tyle): *There weren't as many accidents as the previous year.* **2 as many as** aż: *As many as 60% of high school children say they have experimented with drugs.* **3 many a time** *old-fashioned* niejeden raz

> UWAGA **many**
>
> Patrz **lot** i **many**.

> UWAGA **many, much i a lot of, plenty of**
>
> Wyrazów **many** i **much** używamy głównie w pytaniach i zdaniach przeczących: *Does he have many friends?* | *He doesn't have many friends.* W zdaniach twierdzących używamy wyrażeń **a lot of** i **plenty of**: *The policeman started asking me a lot of questions.* | *We are given a lot of tests.* Należy jednak pamiętać, że **many** i **much** mogą wystąpić w zdaniach twierdzących po **too, so** i **as**: *You ask too many questions*, oraz czasem w stylu oficjalnym: *Many accidents arise as a result of negligence.* Patrz też **lot** i **many**.

map[1] /mæp/ *n* [C] mapa: *a map of Texas*

map[2] *v* [T] **-pped, -pping** sporządzać mapę

map sth ↔ **out** *phr v* [T] za/planować: *Her parents had already mapped out her future.*

ma·ple /ˈmeɪpəl/ *n* [C,U] klon

mar /mɑː/ *v* [T] **-rred, -rring** zmącić, zepsuć: *The election campaign was marred by violence.*

mar·a·thon /ˈmærəθən/ *n* [C] maraton

mar·ble /ˈmɑːbəl/ *n* **1** [U] marmur **2** [C] kulka (*do gry*)

March /mɑːtʃ/ skrót pisany **Mar.** *n* [C,U] marzec

march[1] *v* [I] maszerować: *Thousands of demonstrators marched through Rostock.* | *The army marched past.* | *She marched out of the room without looking at us.*

march[2] *n* [C] marsz: *a civil rights march*

mare /meə/ *n* [C] klacz

mar·ga·rine /ˌmɑːdʒəˈriːn/ *n* [U] margaryna

mar·gin /ˈmɑːdʒən/ *n* [C] **1** margines: *I wrote some notes in the margin.* | *margin of error* **2** różnica głosów: *The Democrats won by a wide margin.*

mar·gin·al /ˈmɑːdʒənəl/ *adj* nie-

M

znaczny, marginalny: *a marginal improvement*

mar·gin·al·ly /ˈmɑːdʒənəl-i/ *adv* nieznacznie: *The other car was marginally cheaper.*

mar·i·jua·na /ˌmærəˈwɑːnə/ *n* [U] marihuana

ma·ri·na /məˈriːnə/ *n* [C] port jachtowy

mar·i·nate /ˈmærəneɪt/ *także* **mar·inade** /-neɪd/ *v* [T] za/marynować —**marinade** /ˌmærəˈneɪd/ *n* [C,U] marynata

ma·rine¹ /məˈriːn/ *adj* morski: *marine life*

marine² *n* [C] żołnierz piechoty morskiej

Ma·rines /məˈriːnz/ *także* **Marine Corps** /.ˈ. ./ *AmE n* [U] piechota morska

mar·i·o·nette /ˌmæriəˈnet/ *n* [C] marionetka

mar·i·tal /ˈmærətl/ *adj* małżeński: *marital problems | marital status* (=stan cywilny)

mar·i·time /ˈmærətaɪm/ *adj* morski: *Britain's traditional role as a maritime power*

mark¹ /mɑːk/ *v* [T] **1** oznaczać: *Check the envelopes that are marked 'urgent' first.* **2** o/znakować: *The grave is marked by a stone cross.* **3** oceniać: *Have you marked my essay yet?* **4** wyznaczać: *The destruction of the Berlin wall marked the end of the Cold War.* **5** upamiętniać: *an exhibition to mark the anniversary of Picasso's birth* **6** zostawiać ślady na: *The heels of his boots had marked the floor.*

mark sth ↔ **down** *phr v* [T] przeceniać: *All the items in the store have been marked down for one week only.*

mark sth ↔ **out** *phr v* [T] wytyczać: *The police had marked out the route for the race.*

mark² *n* [C] **1** ślad, plama: *There were burn marks on the carpet.* **2** znak: *She made a mark on the map to show where her house was. | punctuation marks | We'd like to give you this gift as a mark of our respect.* **3** *BrE* ocena: *I got the highest mark in the class. | a pass mark* (=ocena pozytywna) **4** poziom: *Sales have reached the $100 million mark.* **5 make your mark** wyrabiać sobie pozycję: *a chance for him to make his mark in politics* **6 off the mark/wide of the mark** zupełnie błędny: *This estimate was way off the mark.* **7** marka: *a Lincoln Mark V*

marked /mɑːkt/ *adj* wyraźny: *There has been a marked increase in crime in the last year.* —**markedly** /ˈmɑːkədli/ *adv* wyraźnie

mark·er /ˈmɑːkə/ *n* [C] **1** znak: *a marker at the edge of the football field* **2** *także* **marker pen** zakreślacz

mar·ket¹ /ˈmɑːkət/ *n* **1** [C] rynek, targ: *We buy all our vegetables from the market.* **2** [C] giełda **3** [C] rynek zbytu: *China is our biggest market.* **4 on the market** w sprzedaży: *That house has been on the market* (=wystawiony na sprzedaż) *for a year now.* **5** [singular] popyt: *The market for used cars in the US seems to be getting smaller.* ➡ patrz też BLACK MARKET, STOCK MARKET

market² *v* [T] reklamować: *The game is being marketed as a learning toy.*

mar·ket·a·ble /ˈmɑːkətəbl/ *adj* znajdujący zbyt

market forc·es /ˌ.. ˈ../ *n* [plural] siły rynkowe

mar·ket·ing /ˈmɑːkətɪŋ/ *n* [U] marketing: *an effective marketing strategy | He works in marketing.*

mar·ket·place /ˈmɑːkətpleɪs/ *n* **1** plac targowy **2 the marketplace** rynek: *The marketplace is the real test for a new product.*

market re·search /ˌ.. .ˈ./ *n* [U] badanie rynku

mark·ing /ˈmɑːkɪŋ/ *n* [C usually plural] plamka: *a cat with black and white markings*

marks·man /ˈmɑːksmən/ *n* [C] strzelec wyborowy

mar·ma·lade /ˈmɑːməleɪd/ *n* [U] dżem z owoców cytrusowych

ma·roon¹ /məˈruːn/ *n* [U] kolor bordo(wy)

maroon² *v* **marooned** wyrzucony na

brzeg: *the story of a sailor who was marooned on a desert island*

mar·quee /mɑːˈkiː/ *n* [C] **1** *BrE* duży namiot, w którym podaje się jedzenie i picie np. na festynie **2** *AmE* wielki afisz przed kinem/teatrem z tytułem filmu/przedstawienia

mar·riage /ˈmærɪdʒ/ *n* **1** [C,U] małżeństwo: *a long and happy marriage* | *He is not interested in marriage.* **2** [C] ślub: *The premises are not licensed for marriages.*

mar·ried /ˈmærid/ *adj* zamężna, żonaty: *Are you married or single?* | **+ to** *Harrison Ford is married to Melissa Mathison.*

mar·row /ˈmærəʊ/ *n* **1** [U] szpik **2** [C] *BrE* kabaczek

mar·ry /ˈmæri/ *v* **1** [I] o/żenić się, wychodzić za mąż: **get married** (=pobierać się): *When are you two going to get married?* **2** [T] **marry sb** o/żenić się z, wychodzić za: *She married a man who was half her age.*

Mars /mɑːz/ *n* [singular] Mars

marsh /mɑːʃ/ *n* [C,U] bagna, moczary —**marshy** *adj* bagnisty

mar·shal[1] /ˈmɑːʃəl/ *n* [C] *especially AmE* komendant policji lub straży pożarnej

marshal[2] *v* [T] zbierać: *She paused and tried to marshal her thoughts.*

marsh·mal·low /ˌmɑːʃˈmæləʊ/ *n* [C,U] cukierek ślazowy

mar·su·pi·al /mɑːˈsjuːpiəl/ *n* [C] torbacz

mar·tial /ˈmɑːʃəl/ *adj* wojskowy: *martial music*

martial art /ˌ.. ˈ./ *n* [C] wschodnia sztuka walki

martial law /ˌ.. ˈ./ *n* [U] stan wojenny

Mar·tian /ˈmɑːʃən/ *n* [C] Marsjan-in/ka

mar·tyr /ˈmɑːtə/ *n* [C] męczenni-k/ca —**martyrdom** *n* [U] męczeństwo

mar·vel[1] /ˈmɑːvəl/ *v* [I] **-lled, -lling** *BrE*, **-led, -ling** *AmE* zachwycać się, zdumiewać się: **+ at** *He marvelled at the technology involved in creating such a tiny computer.*

marvel[2] *n* [C] cud: *Laser surgery is one of the marvels of modern medicine.*

mar·vel·lous /ˈmɑːvələs/ *BrE*, **marvelous** *AmE adj* cudowny: *a marvellous book*

Marx·is·m /ˈmɑːksɪzəm/ *n* [U] marksizm

Marx·ist /ˈmɑːksəst/ *adj* marksistowski —**Marxist** *n* [C] marksist-a/ka

mar·zi·pan /ˈmɑːzəpæn/ *n* [U] marcepan

mas·ca·ra /mæˈskɑːrə/ *n* [U] tusz do rzęs

mas·cot /ˈmæskət/ *n* [C] maskotka

mas·cu·line /ˈmæskjələn/ *adj* **1** męski: *a masculine voice* **2** rodzaju męskiego → porównaj FEMININE

mas·cu·lin·i·ty /ˌmæskjəˈlɪnəti/ *n* [U] męskość → porównaj FEMININITY

mash /mæʃ/ *v* [T] u/tłuc: *Mash the potatoes in a bowl.*

mask[1] /mɑːsk/ *n* [C] maska: *The doctor wore a mask over her mouth and nose.*

mask[2] *v* [T] za/maskować: *The sugar masks the taste of the medicine.*

masked /mɑːskt/ *adj* zamaskowany

mas·o·chis·m /ˈmæsəkɪzəm/ *n* [U] masochizm —**masochistic** /ˌmæsəˈkɪstɪk◂/ *adj* masochistyczny

ma·son /ˈmeɪsən/ *n* [C] **1** kamieniarz **2** wolnomularz, mason/ka

ma·son·ry /ˈmeɪsənri/ *n* [U] kamienny lub ceglany mur/budynek

mas·que·rade /ˌmæskəˈreɪd/ *v* [I] **masquerade as** udawać: *He masqueraded as a doctor.*

Mass /mæs/ *n* [C,U] msza

mass[1] *n* [C,U] **1** masa: *a mass of dark clouds* | *the mass of a star* **2 masses** *BrE informal* cała masa: *I've got masses of homework.* **3 the masses** masy

mass[2] *adj* masowy: *mass communication*

mass[3] *v* [I,T] gromadzić (się): *Troops are massing at the border.*

mas·sa·cre /ˈmæsəkə/ *n* [C] masakra

mas·sage /ˈmæsɑːʒ/ *n* [C,U] masaż: *He*

gave me a massage. —**massage** *v* [T] wy/masować: *Massage my neck.*

mas·seur /mæ'sɜː/ *n* [C] masażysta

mas·seuse /mæ'sɜːz/ *n* [C] masażystka

mas·sive /'mæsɪv/ *adj* wielki: *a massive dog* | *Carl had a massive* (=rozległy) *heart attack.*

mass me·di·a /ˌ. '.../ *n* **the mass media** mass media, środki masowego przekazu

mass mur·der·er /ˌ. '.../ *n* [C] wielokrotny morderca

mass-pro·duced /ˌ. .'.◂ / *adj* produkowany na skalę masową: *mass-produced cars* —**mass production** /ˌ. ..'../ *n* [C] produkcja masowa

mast /mɑːst/ *n* [C] maszt

mas·ter¹ /'mɑːstə/ *n* [C] **1** *old-fashioned* pan: *the dog's master* **2** mistrz: *a master of kung fu* **3** nauczyciel

master² *v* [T] opanowywać: *It takes years to master a new language.* | *I finally mastered my fear of water.*

master³ *adj* **master tape** taśma-matka

mas·ter·ful /'mɑːstəfəl/ *adj* mistrzowski: *a masterful performance*

mas·ter·mind /'mɑːstəmaɪnd/ *n* [singular] mózg: *Corran was the mastermind behind the hijacking.* —**mastermind** *v* [T] sterować: *a robbery masterminded by terrorists*

mas·ter·piece /'mɑːstəpiːs/ *n* [C] arcydzieło

master's de·gree /'.. .ˌ./ *n* [C] stopień magistra

mas·ter·y /'mɑːstəri/ *n* [U] **1 mastery of/over** panowanie nad: *the champion's mastery over his opponent* **2 mastery of** biegłe opanowanie: *She has total mastery of the piano.*

mas·tur·bate /'mæstəbeɪt/ *v* [I] onanizować się —**masturbation** /ˌmæstə'beɪʃən/ *n* [U] masturbacja

mat¹ /mæt/ *n* [C] mata

mat² *adj* matowy

match¹ /mætʃ/ *n* **1** [C] zapałka: *a box of matches* | *He lit a match so we could see.* **2** [C] *especially BrE* mecz: *a tennis match* **3** [singular] **be a match for** pasować do: *These shoes are a perfect match for the dress.* **4 be no match for** nie dorównywać: *Our team was no match for theirs.*

UWAGA **match**
Patrz **fit**, **suit** i **match** (lub **go with**).

match² *v* **1** [T] pasować do: *The carpet matches the curtains.* **2** [I] pasować do siebie: *His socks don't match.* **3** *także* **match up** [T] dopasowywać: *Match the words on the left with the meanings on the right.* **4** [T] dorównywać: *No one can match Rogers' speed on the football field.*

match up *phr v* **1** [I] pasować do siebie: *The edges of the cloth don't match up.* **2 match up to something** dorównywać czemuś: *The CD didn't match up to the band's live performance.*

match·box /'mætʃbɒks/ *n* [C] pudełko zapałek

match·ing /'mætʃɪŋ/ *adj* pasujący do siebie: *The twins wore matching T-shirts.*

match·mak·er /'mætʃˌmeɪkə/ *n* [C] swat/ka

mate¹ /meɪt/ *n* **1** [C] *BrE informal* kumpel: *my mate Dave* | *I went with some of my mates from work.* **2** *BrE, AustrE spoken* stary: *How are you, mate?* **3** [C] partner (*seksualny*) **4** oficer okrętowy → **patrz też** CLASSMATE, ROOMMATE

mate² *v* [I] parzyć się, łączyć się w pary: *Birds mate in the spring.*

ma·te·ri·al¹ /mə'tɪəriəl/ *n* **1** [C,U] materiał: *blue velvet material* | *building materials* **2 materials** [plural] materiały, przybory: *writing materials*

material² *adj* **1** materialny: *the material comforts that money can buy* **2** *law* istotny: *a material witness for the defence* → porównaj IMMATERIAL

ma·te·ri·al·is·m /mə'tɪəriəlɪzəm/ *n* [U] materializm —**materialist** *adj* materialist-a/ka —**materialistic** /məˌtɪəriə'lɪstɪk◂ / *adj* materialistyczny

ma·te·ri·al·ize /mə'tɪəriəlaɪz/ (*także*

3

-ise *BrE*) *v* [I] z/materializować się: *His dream failed to materialize.*

ma·ter·nal /mə'tɜːnl/ *adj* **1** macierzyński: *maternal feelings* **2 maternal grandfather/aunt** dziadek/ciotka ze strony matki ➡ porównaj PATERNAL

ma·ter·ni·ty /mə'tɜːnᵻti/ *adj* [only before noun] macierzyński: *maternity pay* | *maternity clothes* (=odzież dla kobiet w ciąży)

maternity leave /.'... ,./ *n* [U] urlop macierzyński

math /mæθ/ *n* [U] *AmE* matematyka

math·e·ma·ti·cian /ˌmæθᵻmə'tɪʃən/ *n* [C] matematy-k/czka

math·e·mat·ics /ˌmæθᵻ'mætɪks/ *n* [U] matematyka —**mathematical** *adj* matematyczny

maths /mæθs/ *n* [U] *BrE* matematyka

mat·i·née /'mætᵻneɪ/ *n* [C] popołudniówka (*spektakl lub seans*)

ma·tric·u·la·tion /məˌtrɪkjᵿ'leɪʃən/ *n* [U] *formal* immatrykulacja

mat·ri·mo·ny /'mætrᵻməni/ *n* [U] *formal* związek małżeński —**matrimonial** /ˌmætrᵻ'məʊniəl◂ / *adj* małżeński

matt /mæt/ **matte, mat** *adj* matowy

mat·ted /'mætᵻd/ *adj* skudłacony, skudlony: *matted hair*

mat·ter¹ /'mætə/ *n* **1** [C] sprawa: *Several important matters were discussed.* | *He's busy with family matters.* | **make matters worse** (=pogarszać sytuację) **2 what's the matter?** *especially spoken* o co chodzi?, co się dzieje/stało?: **+ with** *What's the matter with Ellie?* | *What's the matter with the phone?* **3 there's something the matter with** *spoken* coś jest nie tak z: *There's something the matter with the computer.* **4 as a matter of fact** *spoken* właściwie, prawdę mówiąc: *"Do you know Liz?" "Yes, as a matter of fact we're cousins."* **5 no matter how/what** *spoken* bez względu na to, jak/co: *No matter how hard she tried, she couldn't get the door open.* **6** [U] **a)** *technical* materia **b)** *formal* substancja: *waste matter* (=odpady) | *vegetable matter* **7 a matter of practice/luck** kwestia wprawy/szczęścia: *Learning to drive is a matter of using your common sense.* **8 in a matter of seconds/days** w kilka sekund/dni: *We'll be in Singapore in a matter of hours.* **9 it's only/just a matter of time** to tylko kwestia czasu: *It's only a matter of time before a child is killed on that road.* **10 be a matter of opinion** być dyskusyjnym **11 a matter of life and death** sprawa życia i śmierci **12 for that matter** jeśli o to chodzi: *I don't like him, or his sister for that matter!* **13 as a matter of course/routine** automatycznie/rutynowo

matter² *v* [I] mieć znaczenie: *Money is the only thing that matters to him.* | *Will it matter if we're a few minutes late?* | *"Oh no, I forgot the camera!" "It doesn't matter."*

matter-of-fact /ˌ... .'.◂ / *adj* rzeczowy: *We try to explain death to children in an understanding but matter-of-fact way.*

mat·tress /'mætrᵻs/ *n* [C] materac

ma·ture¹ /mə'tʃʊə/ *adj* dojrzały, dorosły: *She's very mature for her age.* ➡ antonim IMMATURE

mature² *v* **1** [I] dojrzewać: *The fly matures in only seven days.* **2** [I] wy/dorośleć: *Pat's matured a lot since going to college.*

ma·tu·ri·ty /mə'tʃʊərᵻti/ *n* [U] dojrzałość: *His lack of maturity makes him unsuitable for such a responsible job.* | *Rabbits reach maturity in only five weeks.*

maul /mɔːl/ *v* [T] pokiereszować, poturbować: *The hunter was mauled by a lion.*

mau·so·le·um /ˌmɔːsə'liːəm/ *n* [C] mauzoleum

mauve /məʊv/ *n* [U] kolor jasnofioletowy

mav·e·rick /'mævərɪk/ *n* [C] indywidualist-a/ka: *a political maverick*

max /mæks/ *n* [U] *informal* maksimum

max·im /'mæksᵻm/ *n* [C] maksyma

max·i·mize /'mæksᵻmaɪz/ (*także* **-ise** *BrE*) *v* [T] z/maksymalizować: *We want to reduce costs and maximize profits.* ➡ antonim MINIMIZE

max·i·mum /ˈmæksəməm/ *adj* **the maximum amount/speed** maksymalna ilość/prędkość: *The car has a maximum speed of 125 mph.* —**maximum** *n* maksimum: *Temperatures will reach a maximum of 30°C today.* ➡ antonim MINIMUM¹

May /meɪ/ *n* [C,U] maj

may *modal verb* **1** móc: *It may snow tonight.* | *You may start writing now.* **2 may I** *spoken* czy mogę: *May I borrow your pen?* ➡ patrz ramka MAY, patrz też MIGHT¹, **may/might as well do sth** (WELL¹)

may·be /ˈmeɪbi/ *adv* **1** być może: *Maybe Anna's already left.* **2** może: *Maybe Jeff could help you.*

> UWAGA **maybe**
>
> **Maybe** jest bardziej potoczne niż **perhaps** i pojawia się częściej w mowie, a rzadziej w oficjalnych pismach i sprawozdaniach.

may·on·naise /ˌmeɪəˈneɪz/ *n* [U] majonez

mayor /meə/ *n* [C] burmistrz

maze /meɪz/ *n* [C] labirynt: *We got lost in the maze.* | *a maze of dark hallways* | *a maze of government rules*

me /mi/ *pron* **1** mnie, mi: *He gave me a necklace.* | *My sister is older than me* (=niż ja). **2 me too** *spoken* ja też: *"I'm hungry!" "Me too."* **3 me neither** *spoken* ja też nie: *"I don't like coffee." "Me neither."*

mead·ow /ˈmedəʊ/ *n* [C] łąka

mea·gre /ˈmiːgə/ *BrE*, **meager** *AmE adj* skąpy, skromny: *a meagre breakfast*

meal /miːl/ *n* [C] posiłek: *We always have a meal together in the evening.*

meal·time /ˈmiːltaɪm/ *n* [C] pora posiłku

mean¹ /miːn/ *v* **meant, meant, meaning** [T] **1** znaczyć, oznaczać: *What does the word 'Konbanwa' mean?* | *The red light means "stop".* | *It's snowing, which means that it will take longer to get there.* **2** mieć na myśli: *When I said 'soon', I meant in the next few weeks.* **3 mean it** mówić poważnie: *Did you really mean it when you said you loved me?* **4** mieć zamiar: *I've been meaning to call you for ages.* | *She didn't mean* (=nie chciała) *to upset you.* | *It was meant to be* (=to miał być) *a joke.* | **mean (for) sb to do sth** *I didn't mean her to find out* (=nie chciałem, żeby się dowiedziała). **5 be meant for sb/sth** być przeznaczonym dla kogoś/do czegoś: *The flowers were meant for Mum.* | *These shoes aren't meant for walking.* **6 sb is not meant to do sth** komuś nie wolno czegoś robić: *You're not meant to look at the answers!* **7 sb/sth means a lot (to sb)** ktoś/coś wiele (dla kogoś) znaczy: *It would mean a lot to Joe if you watched him play football.* **8 mean well** chcieć dobrze **9 I mean** *spoken* to znaczy: *She's just so nice. I mean, she's a really gentle person.* | *She plays the violin, I mean the viola.* **10 I mean it!** *spoken* ja nie żartuję!: *Don't ever say that word again – I mean it!* **11 (Do) you mean ...?** *spoken* (Czy) to znaczy, że ...?: *You mean you want me to call you, or will you call me?* **12 (Do) you know what I mean?** *spoken* rozumiesz, co mam na myśli?: *I feel disappointed. You know what I mean?* | *"There's nothing good on TV." "I know what you mean."* **13 what do you mean?** *spoken* **a)** co chcesz przez to powiedzieć? **b)** jak to?: *What do you mean, you sold your guitar?*

mean² *adj* **1** podły: *Don't be so mean to your sister.* **2** *BrE* skąpy: *He was too mean to buy me a present.* **3 no mean** nie byle jaki: *It was no mean achievement to win first prize.*

mean³ *n* [usually singular] *technical* średnia

me·an·der /miˈændə/ *v* [I] wić się: *a meandering stream*

mean·ing /ˈmiːnɪŋ/ *n* **1** [C,U] znaczenie: *I don't understand the meaning of this word.* **2** [U] sens: *the meaning of life*

mean·ing·ful /ˈmiːnɪŋfəl/ *adj* **1** znaczący: *a meaningful look* | *a meaningful relationship* **2** sensowny: *The data isn't very meaningful to anyone but a scientist.* —**meaningfully** *adv* znacząco, sensownie

Czasownik modalny ***MAY***

Czasownika ***may*** używamy najczęściej,

1 wyrażając pozwolenie lub zakaz:

*You **may** smoke if you like.*

*You **may not** use calculators during the test.*

2 pytając o pozwolenie:

***May** I open the window?*

W podobnych okolicznościach używa się też czasownika modalnego ***can***. Konstrukcja z ***may***, jako bardziej formalna, zalecana jest w języku pisanym, w oficjalnych komunikatach oraz przy zwracaniu się do nieznajomych, np.:

(W broszurce informacyjnej:) *Parents **may** visit the school at any time.*

(Do nieznajomego w restauracji:) *Excuse me, **may** I share your table?*

May może też wyrażać przypuszczenie dotyczące teraźniejszości lub przyszłości:

*'She hasn't answered the phone all day.' – 'She **may** be away.'* (= … – Perhaps she is away.)

*The prices **may** go up again.* (= Perhaps the prices will go up again.)

W zdaniach przeczących mamy do czynienia z istotną różnicą znaczeniową pomiędzy ***may not*** i ***might not*** z jednej strony a ***cannot*** i ***could not*** z drugiej, np.:

*This **may/might not** be a nightingale.* („Może to nie jest słowik.")

*This **cannot/could not** be a nightingale.* („To nie może/nie mógłby być słowik.")

May w połączeniu z bezokolicznikiem typu „perfect" wyraża przypuszczenie dotyczące przeszłości:

*'Why isn't he here yet?' – 'He **may have missed** his train'.* (= … – Perhaps he has missed his train.)

May może również występować w zdaniach warunkowych 1. typu:

*If there is a storm tonight, the flight **may** be delayed.*

patrz też: ***CAN, Conditional Sentences, COULD, Infinitive, MIGHT, Modal Verbs, Perfect Infinitive, Verb***

mean·ing·less /ˈmiːnɪŋləs/ *adj* bez znaczenia, bezsensowny: *Her whole life felt meaningless.*

means /miːnz/ *n* [plural] **1** środek: *We'll use any means we can to raise the money.* | *For many people, the car is their main means of transport.* **2 by means of** za pomocą: *The oil is transported by means of a pipeline.* **3 by all means** jak najbardziej, ależ oczywiście: *By all means, come over and use the e-mail.* **4 by no means** bynajmniej (nie): *The results are by no means certain.* **5 a means to an end** środek do celu: *Bev always says her job is just a means to an end.* **6** środki: *They don't have the means to pay for private education.* | *a man of means* (=człowiek zamożny)

meant /ment/ *v* czas przeszły i imiesłów bierny od MEAN

mean·time /ˈmiːntaɪm/ *n* **in the meantime** tymczasem: *Dinner's nearly ready. In the meantime, who wants a drink?*

mean·while /ˈmiːnwaɪl/ *adv* tymczasem: *Mary was coming later. Meanwhile I did my homework.*

mea·sles /ˈmiːzəlz/ *n* [U] *także* **the measles** odra

mea·sure[1] /ˈmeʒə/ *v* [I,T] z/mierzyć: *She measured the curtains.* | *He measured me for a new suit.* | *The table measures four feet by six feet.* | *How do you measure success?*

measure up *phr v* [I] **measure up to sb's expectations/standards** spełniać czyjeś oczekiwania/wymagania: *Does college measure up to your expectations?*

measure[2] *n* **1** [C usually plural] działanie, środek: *government measures to cut air pollution* | **take measures** (=przedsiębrać środki): *They have to take drastic measures to save money.* **2** [C,U] miara, jednostka: *An hour is a measure of time.*

mea·sure·ment /ˈmeʒəmənt/ *n* **1** [C,U] wymiar: *First of all, you'll need the exact measurements of the room.* **2** pomiar

meat /miːt/ *n* [U] mięso: *I don't eat much meat.*

meat·y /ˈmiːti/ *adj* mięsny

mec·ca /ˈmekə/ *n* [singular] mekka: *Florence is a mecca for art students.*

me·chan·ic /mɪˈkænɪk/ *n* [C] mechanik

me·chan·i·cal /mɪˈkænɪkəl/ *adj* **1** mechaniczny: *mechanical engineering* | *a mechanical toy* **2** machinalny: *a mechanical answer* —**mechanically** *adv* mechanicznie, machinalnie

me·chan·ics /mɪˈkænɪks/ *n* [U] **1** mechanika **2 the mechanics of (doing) sth** mechanizm czegoś: *the mechanics of language*

mech·a·nis·m /ˈmekənɪzəm/ *n* [C] mechanizm: *a car's steering mechanism* | *The body has a mechanism for controlling temperature.*

mech·a·nize /ˈmekənaɪz/ (*także* **-ise** *BrE*) *v* [T] z/mechanizować —**mechanized** *adj* zmechanizowany: *mechanized farming*

med·al /ˈmedl/ *n* [C] medal: *an Olympic gold medal*

me·dal·li·on /m$\frac{1}{2}$ˈdæliən/ *n* [C] medalion

med·al·list /ˈmedl-$\frac{1}{2}$st/ *BrE*, **medalist** *AmE n* [C] medalist-a/ka: *a silver medalist*

med·dle /ˈmedl/ *v* [I] mieszać się: *He's meddling in other people's lives.*

me·di·a /ˈmiːdiə/ *n* **1 the media** media: *reports in the media* | **media coverage/interest** *The President's visit got a lot of media coverage* (=została bardzo nagłośniona przez media). **2** liczba mnoga od MEDIUM → patrz też MASS MEDIA

med·i·ae·val /ˌmediˈiːvəl◂/ średniowieczny

me·di·ate /ˈmiːdieɪt/ *v* [I] pośredniczyć, prowadzić mediację: *The court had to mediate between Mr Hassel and his neighbours.* —**mediator** *n* [C] pośredni-k/czka, mediator/ka —**mediation** /ˌmiːdiˈeɪʃən/ *n* [U] pośrednictwo, mediacja

med·i·cal /ˈmedɪkəl/ *adj* medyczny: *She needs urgent medical treatment.* | *medical school* (=akademia medyczna) —**medically** *adv* medycznie

med·i·cated /ˈmed$\frac{1}{2}$keɪt$\frac{1}{2}$d/ *adj* leczniczy: *medicated shampoo*

med·i·ca·tion /ˌmed$\frac{1}{2}$ˈkeɪʃən/ *n* [C,U] leki: *He's taking medication for his heart.*

me·di·ci·nal /m$\frac{1}{2}$ˈdɪsənəl/ *adj* leczniczy: *Cough syrup should be used for medicinal purposes only.*

medi·cine /ˈmedsən/ *n* **1** [C,U] lek, lekarstwo: *Remember to take your medicine.* | *Medicines should be kept away from children.* **2** [U] medycyna: *Sarah plans to study medicine.*

med·i·e·val /ˌmediˈiːvəl◂/ *także* **mediaeval** *BrE adj* średniowieczny: *medieval poetry*

me·di·o·cre /ˌmiːdiˈəʊkə◂/ *adj* mierny, pośledni: *The food was mediocre.* —**mediocrity** /ˌmiːdiˈɒkr$\frac{1}{2}$ti/ *n* [U] mierność, miernota

med·i·tate /ˈmedəteɪt/ *v* [I] medytować —**meditation** /ˌmedəˈteɪʃən/ *n* [U] medytacja

me·di·um[1] /ˈmiːdiəm/ *adj* średni: *What size drink do you want – small, medium or large?* | *a man of medium height*

> UWAGA **medium** i **average**
>
> Nie należy mylić wyrazów **medium** i **average** w znaczeniu 'średni'. **Medium** to 'ani duży, ani mały; ani wysoki, ani niski itd.': *The waiter was of medium height.* **Average** to 'przeciętny statystycznie': *The average age of students entering the college is 19.*

medium[2] *n* [C] **1** *plural* **media** środek, nośnik: *The Internet is a powerful advertising medium.* **2** *plural* **mediums** medium

medium-sized /ˌ... ˈ.◂/, **medium-size** *adj* średniej wielkości: *medium-sized apples* | *a medium-size business*

med·ley /ˈmedli/ *n* [C] składanka

meek /miːk/ *adj* potulny —**meekly** *adv* potulnie

meet /miːt/ *v* **met, meeting 1** [I,T] poznawać (się): *Mike and Sara met at a party.* **2** [I,T] spotykać (się) (z): *Haven't we met before?* | *Let's meet for lunch tomorrow.* | *I'll meet you at the bus stop.* | *I met Joe while I was out shopping.* | *The chess club meets every Tuesday lunchtime.* **3 (it's) nice to meet you** *spoken* bardzo mi miło: *"Paul, this is Jack." "Nice to meet you."* **4** [T] wychodzić (*np. po kogoś na pociąg*): *I'm going to meet Anne's plane.* **5** [I,T] łączyć się (z): *the place where the path meets the road* | *His eyebrows meet in the middle.* **6** [T] spełniać: *She didn't meet all of the requirements for the job.*

meet up *phr v* [I] spotykać się: *Let's meet up later.*

meet with sb/sth *phr v* [T] *especially AmE* spotykać się z: *The President met with European leaders today in Paris.* | *The new radio station has met with a lot of criticism.*

meet·ing /ˈmiːtɪŋ/ *n* [C] zebranie, spotkanie: *The teachers have a meeting this afternoon.* | *She's in a meeting – can you call back later?*

meg·a·byte /ˈmegəbaɪt/ *n* [C] megabajt

meg·a·lo·ma·ni·a /ˌmegələʊˈmeɪniə/ *n* [U] megalomania —**megalomaniac** /-niæk/ *n* [C] megaloman/ka

meg·a·phone /ˈmegəfəʊn/ *n* [C] megafon

mel·an·chol·y /ˈmelənkəli/ *n* [U] *literary* melancholia —**melancholy** *adj* melancholijny: *The song was quiet and a little melancholy.*

mel·low[1] /ˈmeləʊ/ *adj* łagodny: *mellow music* | *My dad's pretty mellow these days.*

mellow[2] *v* [I,T] z/łagodnieć: *She's mellowed over the years.*

me·lod·ic /məˈlɒdɪk/, **me·lo·dious** /məˈləʊdiəs/ *adj* melodyjny: *a sweet melodic voice*

mel·o·dra·ma /ˈmelədrɑːmə/ *n* [C,U] melodramat

mel·o·dra·mat·ic /ˌmelədrəˈmætɪk◂/ *adj* melodramatyczny: *He says he's going to run away but he's just being melodramatic.*

mel·o·dy /ˈmelədi/ *n* [C,U] melodia

mel·on /ˈmelən/ *n* [C,U] melon

melt /melt/ *v* **1** [I,T] s/topić (się): *Melt the chocolate in a pan.* **2** [I] s/topnieć: *The snow's melting.* **3** [I] rozczulać się: *Whenever I hear his voice, I just melt.*

melt away *phr v* [I] ulatniać się: *My anger melted away when she explained.*

mem·ber /ˈmembə/ *n* [C] członek: *Are you a member of the tennis club?* | *Two band members quit yesterday.* | *Cats and tigers are members of* (=należą do) *the same species.*

mem·ber·ship /ˈmembəʃɪp/ *n* **1** [U] członkostwo: **+ of** *BrE*, **+ in** *AmE I forgot to renew my membership in the sailing club.* **2** [U singular] członkowie: *The membership will vote for a chairman tonight.* | *an increase in membership* (=wzrost liczby członków)

mem·brane /ˈmembreɪn/ *n* [C,U] błona: *a membrane in the ear that helps us hear*

me·men·to /mǝ̇ˈmentǝʊ/ *n* [C] *plural* **mementos** pamiątka: *a memento of my college days*

mem·o /ˈmemǝʊ/ *n* [C] *plural* **memos** notatka (*służbowa*)

mem·oirs /ˈmemwɑːz/ *n* [plural] wspomnienia, pamiętniki

mem·o·ra·ble /ˈmemǝrǝbǝl/ *adj* pamiętny: *Brando's memorable performances in "On the Waterfront"*

mem·o·ran·dum /ˌmemǝˈrændǝm/ *n* [C] *formal* notatka (*służbowa*)

me·mo·ri·al[1] /mǝ̇ˈmɔːriǝl/ *adj* [only before noun] pamiątkowy: **memorial service** *a memorial service for my grandfather* (=nabożeństwo żałobne za mojego dziadka)

memorial[2] *n* [C] pomnik: *The wall was built as a memorial to soldiers who died in Vietnam.*

mem·o·rize /ˈmemǝraɪz/ (*także* **-ise** *BrE*) *v* [T] na/uczyć się na pamięć

mem·o·ry /ˈmemǝri/ *n* **1** [C,U] pamięć: *She's got a good memory for faces.* | *Could you draw the map from memory?* | *30 megabytes of memory* **2** [C usually plural] wspomnienie: *I have a lot of happy memories of that summer.* | **bring back memories** (=przywoływać wspomnienia): *That smell brings back memories of my childhood.* → porównaj SOUVENIR **3 in memory of** ku pamięci: *a garden created in memory of the children killed in the attack*

men /men/ *n* liczba mnoga od MAN

men·ace /ˈmenǝ̇s/ *n* [C] **1** zagrożenie: *That man is a menace to society!* **2** zmora: *The mosquitoes are a real menace.* **3** [U] groźba: *There was menace in her voice.*

men·ac·ing /ˈmenǝ̇sɪŋ/ *adj* groźny: *a menacing laugh*

mend /mend/ *v* [T] naprawiać: *You'd better mend that hole in the fence.*

me·ni·al /ˈmiːniǝl/ *adj* **menial work/job** nudna, nie wymagająca kwalifikacji praca

men·in·gi·tis /ˌmenǝ̇nˈdʒaɪtǝ̇s/ *n* [U] zapalenie opon mózgowych

men·o·pause /ˈmenǝpɔːz/ *n* [U] menopauza, klimakterium

men's room /ˈ. ./ *n* [C] *AmE* męska toaleta

men·stru·ate /ˈmenstrueɪt/ *v* [I] *formal* miesiączkować —**menstrual** *adj* menstruacyjny —**menstruation** /ˌmenstruˈeɪʃǝn/ *n* [U] miesiączka, menstruacja

men·tal /ˈmentl/ *adj* **1** [only before noun] umysłowy: *a child's mental development* | **make a mental note** (=zakonotować sobie): *I made a mental note to call Julie.* **2** psychiczny: *mental health* | *a mental institution* (=zakład dla psychicznie chorych) | *That guy's mental!* —**mentally** *adv* umysłowo, psychicznie: *mentally ill* | *mentally handicapped*

men·tal·i·ty /menˈtælǝ̇ti/ *n* [C] mentalność: *an aggressive mentality*

men·tion[1] /ˈmenʃǝn/ *v* [T] **1** wspominać (o): *Cooper wasn't mentioned in the article.* | **mention sth to sb** *I'll mention the idea to her and see what she thinks.* | **+ (that)** *He did mention that he was having problems.* **2 don't mention it** *spoken* nie ma za co, nie ma o czym mówić: *"Thanks for helping me out." "Don't mention it."* **3 not to mention** nie mówiąc o: *He already has two houses and two cars, not to mention the boat.*

mention[2] *n* [U singular] wzmianka: *Any mention of the accident upsets her.* | **no mention of** *There was no mention of* (=nie było mowy o) *any payment for the work.*

men·tor /ˈmentɔː/ *n* [C] mentor/ka

men·u /ˈmenjuː/ *n* [C] *plural* **menus** **1** jadłospis, karta dań: *Could we have the menu, please?* | *Do you have a vegetarian dish on the menu?* **2** menu (*komputerowe*)

me·ow /miˈaʊ/ *n* miau

mer·ce·na·ry[1] /ˈmɜːsǝnǝri/ *n* [C] najemnik

mercenary[2] *adj* wyrachowany, interesowny

mer·chan·dise /ˈmɜːtʃǝndaɪz/ *n* [U] *formal* towar(y)

mer·chant¹ /ˈmɜːtʃənt/ *n* [C] kupiec: *a wine merchant*

merchant² *adj* [only before noun] handlowy: **the merchant navy** *BrE*/**the merchant marine** *AmE My brother's in the merchant navy.*

mer·ci·ful /ˈmɜːsɪfəl/ *adj* litościwy, miłosierny: *The final whistle was a merciful release* (=był wybawieniem).

mer·ci·ful·ly /ˈmɜːsɪfəli/ *adv* na szczęście: *Her death was mercifully quick.*

mer·ci·less /ˈmɜːsɪləs/ *adj* bezlitosny: *a merciless attack on innocent villagers*

Mer·cu·ry /ˈmɜːkjʊri/ *n* [singular] Merkury

mercury *n* [U] rtęć

mer·cy /ˈmɜːsi/ *n* **1** [U] litość: *The rebels showed no mercy.* **2 be at the mercy of** być na łasce: *In the open boat they were at the mercy of the wind and waves.*

mere /mɪə/ *adj* **1** zaledwie: *She won by a mere two points* (=zaledwie dwoma punktami). | *He's a mere child* (=jest tylko dzieckiem) – *he can't understand.* **2** *także* **the merest** sam: *The mere thought made her furious* (=wściekała się na samą myśl).

mere·ly /ˈmɪəli/ *adv* jedynie, tylko: *I'm not making criticisms, merely suggestions.* | *Education should be more than merely training to pass exams.*

merge /mɜːdʒ/ *v* **1** [I,T] po/łączyć (się), scalać (się): *a computer program that makes it easy to merge text and graphics* | **+ with** *The company is planning to merge with a German motor manufacturer.* **2 merge into sth** zlewać się zezymś: *a point where the sea merges into the sky*

merg·er /ˈmɜːdʒə/ *n* [C] fuzja: *a merger of two companies*

me·rid·i·an /məˈrɪdiən/ *n* [C] południk

me·ringue /məˈræŋ/ *n* [C,U] beza

mer·it¹ /ˈmerɪt/ *n* [C,U] zaleta: *Simplicity is one of the merits of this system.* | **have merit/be of merit** *a book of great merit* (=bardzo wartościowa książka)

merit² *v* [T] *formal* zasługiwać na: *The play certainly merits this award.*

mer·maid /ˈmɜːmeɪd/ *n* [C] syrena

mer·ry /ˈmeri/ *adj* wesoły: *Merry Christmas!* — **merrily** *adj* wesoło

merry-go-round /ˈ.. . ˌ./ *n* [C] karuzela

mesh /meʃ/ *n* [U] siatka: *A wire mesh screen covered the window.*

mes·mer·ize /ˈmezməraɪz/ (*także* **-ise** *BrE*) *v* [T] za/hipnotyzować: *a video game that keeps kids mesmerized for hours*

mess¹ /mes/ *n* **1** bałagan: *This house is a mess!* | *Don't make a mess of the kitchen, will you?* | *His personal life was a mess* (=było nieuporządkowane). **2** [C] mesa, kantyna

mess² *v*

mess around (*także* **mess about** *BrE*) *phr v informal* **1** [I] obijać się: *Stop messing around and do your homework!* **2** [T **mess** sb **around/about**] z/robić kogoś w konia: *Don't mess me around. Tell me where she went!*

mess around with (*także* **mess about with** *BrE*) *phr v* [I] *informal* **1** [**mess around with** sth] grzebać przy: *Who's been messing around with my camera?* **2** [**mess around with** sb] zadawać się z

mess up *phr v informal* **1** [T **mess** sth ↔ **up**] z/rujnować: *I hope I haven't messed up your plans.* **2** [T **mess** sth ↔ **up**] na/brudzić w: *Who messed up my clean kitchen?* **3** [I,T **mess** sth ↔ **up**] zawalić: *"How did you do on the test?" "Oh, I really messed up."*

mess with sb/sth *phr v* [T] **don't mess with** *spoken* **a)** nie zaczynaj z: *Don't mess with me, buddy!* **b)** nie baw się w: *Don't mess with drugs.*

mes·sage /ˈmesɪdʒ/ *n* [C] **1** wiadomość: *"Janet just called." "Did she leave a message?"* | *Sorry, Tony's not home yet. Can I take a message* (=czy mogę coś przekazać)? **2** [usually singular] przesłanie: *The play has a clear message about the dangers of jealousy.* **3 get the message** *informal* pokapować się, zaskoczyć: *Hopefully he got the message and will stop bothering me!*

mes·sen·ger /ˈmesɪndʒə/ *n* [C] posłaniec

mes·si·ah /məˈsaɪə/ *n* **the Messiah** Mesjasz

mess·y /ˈmesi/ *adj* **1** brudny: *Sorry the house is so messy.* **2** przykry, skomplikowany: *a messy divorce*

met /met/ *v* czas przeszły i imiesłów bierny od MEET

me·tab·o·lis·m /məˈtæbəlɪzəm/ *n* [C,U] przemiana materii, metabolizm —**metabolic** /ˌmetəˈbɒlɪk◂/ *adj* metaboliczny

met·al /ˈmetl/ *n* [C,U] metal: *Is it made of metal or plastic?* | *We use metal cases for our computers.*

me·tal·lic /məˈtælɪk/ *adj* metaliczny: *a car painted metallic blue*

met·a·mor·pho·sis /ˌmetəˈmɔːfəsəs/ *n* [C,U] *plural* **metamorphoses** /-siːz/ [C,U] przemiana, metamorfoza: *a caterpillar's metamorphosis into a butterfly*

met·a·phor /ˈmetəfə/ *n* [C,U] metafora, przenośnia: *"A river of tears" is a metaphor.* —**metaphorical** /ˌmetəˈfɒrɪkəl◂/ *adj* metaforyczny, przenośny —**metaphorically** *adv* metaforycznie, w przenośni → porównaj SIMILE

me·te·or /ˈmiːtiə/ *n* [C] meteor

me·te·or·ic /ˌmiːtiˈɒrɪk◂/ *adj* błyskawiczny: *his meteoric rise to fame*

me·te·o·rite /ˈmiːtiəraɪt/ *n* [C] meteoryt

me·te·o·rol·o·gy /ˌmiːtiəˈrɒlədʒi/ *n* [U] meteorologia —**meteorologist** *n* [C] meteorolog

me·ter /ˈmiːtə/ *n* [C] **1** amerykańska pisownia wyrazu METRE **2** licznik: *The cab driver looked at the meter and said, "$5.70, please."*

me·thane /ˈmiːθeɪn/ *n* [U] metan

meth·od /ˈmeθəd/ *n* [C] metoda: *This is the simplest method of payment.* | *The school uses a variety of teaching methods.*

me·thod·i·cal /məˈθɒdɪkəl/ *adj* metodyczny: *a methodical search* | *a methodical woman* —**methodically** *adv* metodycznie

Meth·o·dist /ˈmeθədəst/ *n* [C] metodyst-a/ka —**Methodist** *adj* metodystyczny

me·tic·u·lous /məˈtɪkjələs/ *adj* drobiazgowy, skrupulatny: *They keep meticulous records.* —**meticulously** *adv* drobiazgowo, skrupulatnie

me·tre /ˈmiːtə/ *BrE*, **meter** *AmE n* **1** [C] metr **2** [C,U] metrum (*wiersza*)

met·ric /ˈmetrɪk/ *adj* metryczny → porównaj IMPERIAL

met·ro /ˈmetrəʊ/ *n* [singular] metro: *the Paris metro*

me·trop·o·lis /məˈtrɒpələs/ *n* [C] metropolia

met·ro·pol·i·tan /ˌmetrəˈpɒlətən◂/ *adj* [only before noun] wielkomiejski, metropolitalny

mi·aow /miˈaʊ/ *BrE*, **meow** *especially AmE n* [C] miau —**miaow** *v* [I] miauczeć

mice /maɪs/ *n* liczba mnoga od MOUSE

> UWAGA **mice**
>
> Wyraz **mice** to liczba mnoga od **mouse**: *one mouse, two mice.*

mi·crobe /ˈmaɪkrəʊb/ *n* [C] mikrob

mi·cro·bi·ol·o·gy /ˌmaɪkrəʊbaɪˈɒlədʒi/ *n* [U] mikrobiologia —**microbiologist** *n* [C] mikrobiolog

mi·cro·chip /ˈmaɪkrəʊˌtʃɪp/ *n* [C] mikroukład

mi·cro·cos·m /ˈmaɪkrəʊˌkɒzəm/ *n* [C] mikrokosmos: *San Jose has a good mix of people; it's a microcosm of America.*

mi·cro·or·gan·is·m /ˌmaɪkrəʊˈɔːgənɪzəm/ *n* [C] drobnoustrój

mi·cro·phone /ˈmaɪkrəfəʊn/ *n* [C] mikrofon

mi·cro·scope /ˈmaɪkrəskəʊp/ *n* [C] mikroskop

mi·cro·scop·ic /ˌmaɪkrəˈskɒpɪk◂/ *adj* mikroskopijny: *microscopic organisms*

mi·cro·wave /ˈmaɪkrəweɪv/ *n* [C] *także* **microwave oven** kuchenka mikrofalowa

mid /mɪd/ *adj* [only before noun] **in (the) mid** w połowie: *They moved to California in the mid 1960s.* | *The match is in mid May.* | *She's in her mid-20s* (=ma około 25 lat).

mid·air /ˌmɪd'eə◂/ *n* **in midair** w powietrzu: *The plane exploded in midair.* —**midair** *adj* w powietrzu: *a midair collision*

mid·day /ˌmɪd'deɪ◂/ *n* [U] południe ➡ porównaj MIDNIGHT

mid·dle¹ /'mɪdl/ *n* **1 the middle** środek: *Why's your car parked in the middle of the road?* | *Look at this old photo – that's me in the middle.* | *Someone fainted in the middle of the ceremony.* | *Go back to sleep – it's the middle of the night!* **2 be in the middle of (doing) sth** być w trakcie (robienia) czegoś: *Can I call you back later? I'm in the middle of cooking dinner.*

middle² *adj* [only before noun] środkowy: *Shall we sit in the middle row?* | *The middle lane was blocked because of an accident.* | *We'll spend the middle part of the vacation in Florida.*

middle-aged /ˌ.. '.◂/ *adj* w średnim wieku —**middle age** *n* [U] wiek średni

Middle Ag·es /ˌ.. '../ *n* **the Middle Ages** średniowiecze

middle class /ˌ.. '.◂/ *n* **the middle class** *także* **the middle classes** klasa średnia —**middle-class** *adj*: *children from middle-class families* | *middle-class* (=typowe dla klasy średniej) *attitudes*

Middle East /ˌ.. '.◂/ *n* **the Middle East** Bliski Wschód

mid·dle·man /'mɪdlmæn/ *n* [C] *plural* **middlemen** pośrednik

middle name /ˌ.. './ *n* [C] drugie imię

middle-of-the-road /ˌ.. . . '.◂/ *adj* umiarkowany: *a politician that appeals to middle-of-the-road voters* (=do wyborców o umiarkowanych poglądach)

midg·et /'mɪdʒ$_{ɪ}^{ɪ}$t/ *n* [C] karzeł

Mid·lands /'mɪdləndz/ *n* **the Midlands** środkowa Anglia

mid·life cri·sis /ˌmɪdlaɪf 'kraɪs$_{ɪ}^{ɪ}$s/ *n* [singular] kryzys wieku średniego

mid·night /'mɪdnaɪt/ *n* [U] północ: *We close at midnight.* ➡ porównaj MIDDAY

mid·riff /'mɪdrɪf/ *n* [C] brzuch, talia

midst /mɪdst/ *n* **in the midst of** pośród, w samym środku: *He was brought up in the midst of the '30s Depression.*

mid·sum·mer /ˌmɪd'sʌmə◂/ *n* [U] środek lata: *a lovely midsummer day*

mid·term /ˌmɪd'tɜːm◂/ *adj* [only before noun] **midterm tests/elections** testy/wybory w połowie semestru/kadencji

mid·way /ˌmɪd'weɪ◂/ *adj, adv* w połowie drogi: *There's a gas station midway between here and Fresno.* | *He collapsed midway through the performance* (=w połowie przedstawienia).

mid·week /ˌmɪd'wiːk◂/ *adj, adv* w połowie tygodnia: *a midweek match against Liverpool* | *I'll be seeing him midweek.*

Mid·west /ˌmɪd'west/ *n* **the Midwest** Środkowy Zachód (*USA*)

mid·wife /'mɪdwaɪf/ *n* [C] *plural* **midwives** położna, akuszerka

might¹ /maɪt/ *modal verb* **1** móc: *I might be wrong* (=mogę się mylić)*, but I think he's French.* | *I might not be able to go* (=być może nie będę mógł pójść). | *What a stupid thing to do – you might have been killed!* **2** czas przeszły od MAY: *I thought it might rain, so I brought an umbrella.* ➡ patrz ramka MIGHT, patrz też **may/might as well** (WELL¹)

might² *n* [U] *literary* moc, potęga: *She pushed with all her might* (=z całej siły).

might·y /'maɪti/ *adj literary* potężny: *mighty warriors*

mi·graine /'miːgreɪn/ *n* [C] migrena

mi·grant /'maɪgrənt/ *n* [C] wędrowny: *migrant workers* ➡ porównaj EMIGRANT, IMMIGRANT

mi·grate /maɪ'greɪt/ *v* [I] **1** migrować **2** wędrować: *farmworkers who migrate from state to state, harvesting crops* ➡ porównaj EMIGRATE

mi·gra·tion /maɪ'greɪʃən/ *n* [C,U] migracja: *the birds' annual migration to south-*

ern Europe —**migratory** /maɪˈgreɪtəri/ *adj* wędrowny

mike /maɪk/ *n* [C] *informal* mikrofon

mild /maɪld/ *adj* łagodny: *a mild case of flu | mild criticism | mild cheddar cheese | a mild green chili | a mild climate*

mil·dew /ˈmɪldjuː/ *n* [U] pleśń

mild·ly /ˈmaɪldli/ *adv* **1** w miarę: *She seemed mildly amused.* **2 to put it mildly** *spoken* delikatnie mówiąc: *He's not very pleased with you, to put it mildly.*

mile /maɪl/ *n* **1** [C] mila: *My house is about 15 miles north of here. | Mark walks at least five miles a day.* **2 miles** *informal* kawał drogi: *We walked for miles without seeing anyone.*

mile·age /ˈmaɪlɪdʒ/ *także* **milage** *n* [U singular] przebieg: *a used car with a low mileage*

mile·stone /ˈmaɪlstəʊn/ *n* [C] kamień milowy: *Winning that medal was a milestone in her career.*

mil·i·tant /ˈmɪlətənt/ *adj* wojowniczy, wojujący: *a militant protest group | militant feminists* —**militant** *n* [C] bojowni-k/czka

mil·i·ta·ris·m /ˈmɪlətərɪzəm/ *n* [U] militaryzm —**militaristic** /ˌmɪlətəˈrɪstɪk◂/ *adj* militarystyczny

mil·i·ta·ry[1] /ˈmɪlətəri/ *adj* wojskowy: *military aircraft | All young men had to do military service.*

military[2] *n* **the military** wojsko, armia: *My father is in the military.*

mi·li·tia /məˈlɪʃə/ *n* [C] milicja

milk[1] /mɪlk/ *n* [U] mleko: *People drink cows' and goats' milk. | a glass of milk | Would you like milk in your coffee?*

milk[2] *v* [T] wy/doić

milk·man /ˈmɪlkmən/ *n* [C] *plural* **milkmen** mleczarz

milk·shake /ˈmɪlkʃeɪk/ *n* [C,U] koktajl mleczny

milk·y /ˈmɪlki/ *adj* **1** z dużą ilością mleka: *milky coffee* **2** mleczny: *a milky liquid | the Milky Way*

mill[1] /mɪl/ *n* [C] **1** młyn **2** zakład (*papierniczy, stalowy lub włókienniczy*): *a cotton mill*

mill[2] *v* [T] ze/mleć, z/mielić

mill around, **mill about** *phr v* [I] *informal* włóczyć się: *Crowds of students were milling around in the streets.*

mil·len·ni·um /mɪˈleniəm/ *n* [C] *plural* **millennia** /-niə/ **1** tysiąclecie **2** milenium: *How will the country celebrate the millennium?*

mil·li·gram /ˈmɪləgræm/ skrót pisany **mg** *n* [C] miligram

mil·li·li·tre /ˈmɪləˌliːtə/ *BrE*, **milliliter** *AmE* skrót pisany **ml** *n* [C] mililitr

mil·li·me·tre /ˈmɪləˌmiːtə/ *BrE*, **millimeter** *AmE* skrót pisany **mm** *n* [C] milimetr

mil·lion /ˈmɪljən/ *number* **1** milion: *$350 million | four million people* **2** *także* **millions** *spoken informal* setki: *It was a great party – there were millions of people there!* —**millionth** *number* milionowy

mil·lion·aire /ˌmɪljəˈneə/ *n* [C] milioner/ka

mime[1] /maɪm/ *n* [C,U] pantomima

mime[2] *v* [I,T] pokazywać na migi: *She stretched out her arms, miming a swimmer.*

mim·ic[1] /ˈmɪmɪk/ *v* [T] **mimicked, mimicked, mimicking** naśladować: *Sally made us laugh by mimicking the teacher. | an insect that mimics the appearance of a wasp* —**mimicry** *n* [U] mimikra

mimic[2] *n* [C] parodyst-a/ka

min 1 skrót od 'minimum' **2** skrót od 'minute' lub 'minutes'

mince[1] /mɪns/ *v* [T] mielić, siekać: *minced beef*

mince[2] *n* [U] *BrE* mięso mielone

mince·meat /ˈmɪns-miːt/ *n* [U] bakaliowe nadzienie do ciasta

mince pie /ˌ. ˈ./ *n* [C] babeczka z nadzieniem bakaliowym spożywana tradycyjnie w okresie Bożego Narodzenia

mind[1] /maɪnd/ *n* [C,U] **1** umysł: *She has an excellent mind.* **2** myśli: *I keep going over the problem in my mind.* **3** głowa: *I have a picture of him in my mind. | I can't*

Czasownik modalny ***MIGHT***

Might używamy zwykle w pytaniach o pozwolenie. Konstrukcja z ***might*** jest bardziej uprzejma od innych, jakich można użyć w tej sytuacji (porównaj: ***can, could, may***), i w związku z tym wskazana przy zwracaniu się do nieznajomych, jak również wtedy, gdy nie jesteśmy pewni reakcji na naszą prośbę, np.:

(Do sąsiada, którego słabo znamy:) ***Might*** *I use your phone?*

(Do współpasażera w pociągu:) ***Might*** *I have a look at your paper?*

Podobnie jak ***may***, ***might*** może wyrażać przypuszczenie dotyczące teraźniejszości lub przyszłości, zaś w połączeniu z bezokolicznikiem typu „perfect" – przypuszczenie dotyczące przeszłości. Zdanie z ***might*** wyraża większy stopień niepewności niż odpowiadające mu zdanie z ***may***:

It ***might/may*** *rain later.*

She ***might/may have missed*** *her train.*

You should be more careful in the future. You ***might have hurt*** *yourself!*

(„...Mogłaś zrobić sobie krzywdę!" – użycie ***may*** jest w tym przypadku niemożliwe, gdyż mowa o czymś, do czego nie doszło)

Might występuje również w zdaniach warunkowych:

If we did not invite her, she ***might*** *feel offended.*

If you had asked him, he ***might*** *have shown you his paintings.*

Jako forma przeszła czasownika ***may***, ***might*** zastępuje go w mowie zależnej:

'I ***may*** *phone again later.'*

She said she ***might*** *phone again later.*

patrz też: ***CAN, Conditional Sentences, COULD, MAY, Modal Verbs, Perfect Infinitive, Reported Speech, Verb***

think about that now, my mind is on other things (=mam głowę zaprzątniętą czym innym). **4 change your mind** zmieniać zdanie: *If you change your mind and want to come, give us a call.* **5 make up your mind** z/decydować (się): *Have you made up your mind which college you want to go to?* **6 come/spring to mind** przychodzić komuś do głowy: *One or two ideas sprang to mind.* **7 cross/enter your mind** przechodzić komuś przez myśl: *It never crossed my mind that she might be lying.* **8 have sth in mind** mieć coś na myśli: *What changes do you have in mind?* **9 keep/bear sth in mind** pamiętać o czymś: *Keep in mind that the bank will be closed tomorrow.* **10 on your mind** na głowie: *She's had a lot on her mind lately.* **11 go/be out of your mind** *informal* z/wariować, postradać zmysły: *I have so much to do – I feel like I'm going out of my mind.* | *She's going to marry him? – She must be out of her mind!* **12 put your mind to sth** przykładać się do czegoś: *I'm sure she'll pass her test if she puts her mind to it.* **13 -minded** nastawiony: *politically-minded students*

mind² *v* **1** [I,T] mieć coś przeciwko (temu): *Do you think she'd mind if we didn't come?* | *I don't mind driving* (=mogę poprowadzić) *if you're tired.* | *It was raining, but we didn't mind* (=nie przeszkadzało nam to). **2 do you mind/would you mind (doing sth)** *spoken* czy mógłbyś (zrobić coś): *Would you mind waiting here a minute?* **3 do you mind if I** *spoken* czy mógłbym: *Do you mind if I use your phone?* **4 mind your own business** *spoken* nie twoja sprawa: *"So did he kiss you?" "Mind your own business!"* **5 mind out** *spoken* z drogi! **6 never mind** *spoken* (nic) nie szkodzi: *"I'm sorry I'm so late." "Never mind – we haven't started yet anyway."*

mind·less /ˈmaɪndləs/ *adj* bezmyślny: *mindless vandalism* —**mindlessness** *n* [U] bezmyślność

mine¹ /maɪn/ *pron* mój: *"Whose coat is this?" "It's mine."* | *Can I borrow your radio? Mine's broken.* | *a friend of mine* (=jeden z moich przyjaciół)

mine² *n* [C] **1** kopalnia: *He's worked in the coal mines all his life.* **2** mina (*pocisk*)

mine³ *v* **1** [T] wydobywać: *men mining for gold* **2** [T] za/minować: *All the roads in the area had been mined.*

mine·field /ˈmaɪnfiːld/ *n* [C] pole minowe

min·er /ˈmaɪnə/ *n* [C] górnik: *a coal miner*

min·e·ral /ˈmɪnərəl/ *n* [C] minerał: *Milk is full of valuable vitamins and minerals.*

mineral wa·ter /ˈ... ˌ../ *n* [C,U] woda mineralna

min·gle /ˈmɪŋgəl/ *v* **1** [I,T] z/mieszać (się): *anger mingled with disappointment* **2** [I] **mingle with** obracać się wśród: *Reporters mingled with movie stars at the awards ceremony.*

min·ia·ture¹ /ˈmɪnətʃə/ *adj* [only before noun] miniaturowy: *a theme park with a miniature railway*

miniature² *n* [C] miniatura: *She's her mother in miniature* (=w miniaturze).

min·i·bus /ˈmɪnibʌs/ *n* [C] *BrE* mikrobus

min·i·mal /ˈmɪnəməl/ *adj* minimalny: *The storm caused only minimal damage.* —**minimally** *adv* minimalnie

min·i·mize /ˈmɪnəmaɪz/ *v* [T] (*także* **-ise** *BrE*) z/minimalizować: *To minimize the risk of getting heart disease, eat well and exercise daily.*

min·i·mum¹ /ˈmɪnəməm/ *adj* minimalny: *The minimum requirements for the job are a degree and two years' experience.* | *a minimum payment of $50 a month* ➡ antonim MAXIMUM

minimum² *n* [singular] minimum: *Looking after a horse costs a minimum of £2000 a year.* ➡ antonim MAXIMUM

min·ing /ˈmaɪnɪŋ/ *n* [U] górnictwo: *coal mining in Oklahoma* | *mining companies*

min·i·skirt /ˈmɪniskɜːt/ *n* [C] minispódniczka

min·is·ter /ˈmɪnəstə/ *n* [C] **1** pastor **2** minister: *the Minister of Education*

min·is·ter·i·al /ˌmɪnəˈstɪəriəl◂/ *adj* ministerialny: *ministerial decisions*

min·is·try /ˈmɪnəstri/ *n* **1** [C] ministerstwo: *the Defense Ministry* | *the Ministry of Agriculture* **2 the ministry** stan duchowny: *James wants to join the ministry.*

mink /mɪŋk/ *n* [C,U] norka: *a mink coat*

mi·nor¹ /ˈmaɪnə/ *adj* **1** drobny: *We made a few minor changes to the plan.* | *It's only a minor injury.* **2** moll(owy) ➡ porównaj MAJOR¹

minor² *n* [C] *law* nieletni/a

mi·nor·i·ty /maɪˈnɒrəti/ *n* **1** [singular] niewielka część: *Only a minority of students get a first-class degree.* **2** [C usually plural] mniejszość: *people from ethnic minorities* | *language classes for minority groups* **3 be in the minority** być w mniejszości: *Boys are very much in the minority in the dance class.* ➡ porównaj MAJORITY

mint¹ /mɪnt/ *n* **1** [C] miętówka **2** [U] mięta **3** [C] mennica —**minty** *adj* miętowy: *a minty taste*

mint² *v* [T] wybijać (*monetę*)

mi·nus¹ /ˈmaɪnəs/ *prep* **1** minus: *17 minus 5 is 12* | *Temperatures tonight will fall to minus 8.* **2** bez: *He came back minus a couple of front teeth.* ➡ antonim PLUS¹

minus² *n* [C] **1** *także* **minus sign** minus (*znak*) **2** minus: *There are pluses and minuses to living in a big city.* ➡ antonim PLUS⁴

min·us·cule /ˈmɪnəskjuːl/ *adj* maluteńki: *a minuscule amount of food*

min·ute¹ /ˈmɪnət/ *n* [C] **1** minuta: *Clare's train arrives in fifteen minutes.* | *It's three minutes to ten.* **2** chwil(k)a: *It'll only take me a minute to do this.* | *He was there a minute ago.* **3 in a minute** za chwil(k)ę: *I'll do it in a minute.* **4 wait/just a minute** *spoken* chwileczkę: *"Are you coming with us?" "Yes, just a minute."* | *Wait a minute – that can't be right!* **5 the minute (that)** jak tylko: *I knew it was Jill the minute I heard her voice.* **6 last minute** w ostatniej chwili: *Frank changed his mind at the last minute and decided to come with us after all.* | *a few last-minute arrangements* **7 any minute** w każdej chwili: *She should get here any minute now.* **8 this minute** w tej chwili: *Come here, this minute!* ➡ patrz też MINUTES

> **UWAGA minute**
>
> Mówiąc po angielsku, która jest godzina, używamy wyrazu **minutes** po liczbach oznaczających liczbę minut z wyjątkiem liczb **five**, **ten**, **twenty** i **twenty-five**: *It's twenty (minutes) past ten.* (tu **minutes** może, ale nie musi być użyte) | *It's twenty-three minutes past ten.* (tu **minutes** musi być użyte).

> **UWAGA -minute/day/month** itp.
>
> Tłumacząc na angielski określenia typu 'dziesięciominutowy', 'ośmiomilowy' itp., używamy zawsze rzeczownika w liczbie pojedynczej; pisząc je, wstawiamy myślnik między liczebnik a rzeczownik: *a ten-minute silence* | *an eight-mile race.* Określenia typu 'pięciomiesięczny', 'dwunastoletni' itp. w odniesieniu do wieku ludzi tłumaczymy: *a five-month-old baby* | *a twelve-year-old girl.* Podobnie robimy w przypadku wyrazów typu 'ośmiolatek': *an eight-year-old* (uwaga: akcentujemy *eight*).

mi·nute² /maɪˈnjuːt/ *adj* **1** drobniutki, mikroskopijny: *minute handwriting* **2** drobiazgowy: **in minute detail** (=w najdrobniejszych szczegółach): *Johnson explained the plan in minute detail.*

min·utes /ˈmɪnəts/ *n* [plural] protokół (*z zebrania*)

mir·a·cle /ˈmɪrəkəl/ *n* [C] cud: **it's a miracle (that)** *especially spoken*: *It's a miracle that no one was hurt.* | **work/perform miracles** (=czynić/działać cuda): *The builders have worked miracles in finishing it so quickly.*

mi·rac·u·lous /mɪˈrækjələs/ *adj* cudowny: *a miraculous recovery* —**miraculously** *adv* cudownie

mi·rage /ˈmɪrɑːʒ/ *n* [C] miraż

mir·ror¹ /ˈmɪrə/ *n* [C] **1** lustro: *He glanced at his reflection in the mirror.* **2** lusterko: *Check your mirror before overtaking.*

mirror² *v* [T] odzwierciedlać: *The excitement of the 1960s is mirrored in its music.*

mis·be·have /ˌmɪsbɪˈheɪv/ *v* [I] źle się zachowywać —**misbehaviour** /-ˈheɪvjə/ *BrE*, **misbehavior** *AmE n* [U] złe zachowanie

mis·cal·cu·late /ˌmɪsˈkælkjəleɪt/ *v* [I,T] **1** błędnie obliczyć: *We seriously miscalculated the cost of the project.* **2** po/mylić się w ocenie: *The Government has miscalculated public opinion.*

mis·car·riage /ˌmɪsˈkærɪdʒ/ *n* [C,U] poronienie: **have a miscarriage** *She's already had several miscarriages.* ➡ porównaj ABORTION

mis·car·ry /mɪsˈkæri/ *v* **1** [I,T] po/ronić **2** [I] *formal* nie powieść się: *All our careful plans had miscarried.*

mis·cel·la·ne·ousX /ˌmɪsəˈleɪniəs/ *adj* różny, rozmaity: *a miscellaneous assortment of books*

mis·chief /ˈmɪstʃəf/ *n* [U] psoty: *He was a lively child, and full of mischief.*

mis·chie·vous /ˈmɪstʃəvəs/ *adj* psotny, figlarny: *a mischievous little girl* —**mischievously** *adv* psotnie, figlarnie

mis·con·cep·tion /ˌmɪskənˈsepʃən/ *n* [C,U] błędne przekonanie: **+ that** *the* *misconception that only gay people have AIDS*

mis·con·duct /ˌmɪsˈkɒndʌkt/ *n* [U] *formal* złe prowadzenie się: *Dr Patton was found guilty of serious professional misconduct* (=naruszenie etyki zawodowej).

mis·de·mea·nour /ˌmɪsdɪˈmiːnə/ *BrE*, **misdemeanor** *AmE n* [C] *formal* wykroczenie, występek

mi·ser /ˈmaɪzə/ *n* [C] skąpiec, sknera —**miserly** *adj* skąpy —**miserliness** *n* [U] skąpstwo

mis·e·ra·ble /ˈmɪzərəbəl/ *adj* **1** nieszczęśliwy: *Why are you looking so miserable?* **2** kiepski: *The weather's been pretty miserable all summer.* **3** nędzny: *Nurses tend to earn a miserable salary.* —**miserably** *adv* żałośnie, nędznie

mis·e·ry /ˈmɪzəri/ *n* [U] nieszczęście, nędza: *the misery of life in the refugee camps*

mis·fire /ˌmɪsˈfaɪə/ *v* [I] **1** spełznąć na niczym: *Their plans misfired.* **2** nie wypalić: *The gun misfired.*

mis·fit /ˈmɪsˌfɪt/ *n* [C] odmieniec: *I was always a bit of a misfit at our school.*

mis·for·tune /mɪsˈfɔːtʃən/ *n* [C,U] nieszczęście, pech: **have the misfortune of doing sth/have the misfortune to do sth** *He's the nastiest man I've ever had the misfortune to meet* (=jakiego miałem nieszczęście spotkać)*!*

mis·giv·ing /ˌmɪsˈgɪvɪŋ/ *n* [C,U] złe przeczucie: **have misgivings about sth** (=mieć obawy przed czymś): *I knew he had some misgivings about letting me use his car.*

mis·guid·ed /mɪsˈgaɪdɪd/ *adj* błędny, mylny: *the misguided belief that it would be easier to find work in London*

mis·han·dle /ˌmɪsˈhændl/ *v* [T] źle po/prowadzić: *The investigation was seriously mishandled by the police.*

mis·hap /ˈmɪshæp/ *n* [C,U] niefortunny wypadek: *We completed our journey without further mishap.*

mis·in·form /ˌmɪsɪnˈfɔːm/ *v* [T] źle po/informować: *I'm afraid you've been misinformed – she doesn't live here any more.*

mis·in·ter·pret /ˌmɪsɪnˈtɜːprɪt/ *v* [T] błędnie z/interpretować: *I think she misinterpreted my offer of a ride home.*

mis·judge /ˌmɪsˈdʒʌdʒ/ *v* [T] **1** po/mylić się w ocenie: *The President had badly misjudged the mood of the voters.* **2** źle ocenić: *Don misjudged the turn and crashed into the barrier.*

mis·lay /mɪsˈleɪ/ *v* [T] **mislaid** /-ˈleɪd/, **mislaid, mislaying** zapodziać, zawieruszyć: *I seem to have mislaid my gloves.*

mis·lead /mɪsˈliːd/ *v* [T] **misled** /-ˈled/, **misled, misleading** wprowadzać w błąd: *Wiggins has admitted trying to mislead the police.*

mis·lead·ing /mɪsˈliːdɪŋ/ *adj* mylący, zwodniczy: *Statistics can be very misleading.* —**misleadingly** *adv* myląco, zwodniczo

mis·man·age·ment /mɪsˈmænɪdʒmənt/ *n* [U] złe zarządzanie: *allegations of fraud and mismanagement*

mis·match /ˈmɪsmætʃ/ *n* [C] niedopasowanie —**mismatched** /ˌmɪsˈmætʃt◂/ *adj* niedobrany: *a mismatched couple*

mis·placed /ˌmɪsˈpleɪst◂/ *adj* źle ulokowany: *a misplaced sense of loyalty*

mis·print /ˈmɪs-prɪnt/ *n* [C] literówka

mis·quote /ˌmɪsˈkwəʊt/ *v* [T] błędnie za/cytować: *They insisted that the Governor had been misquoted.*

mis·read /ˌmɪsˈriːd/ *v* **misread** /-ˈred/, **misread** /-ˈred/, **misreading** [T] błędnie odczytać: *The UN misread the situation.* | *I must have misread the date on the letter.*

mis·rep·re·sent /ˌmɪsreprɪˈzent/ *v* [T] przeinaczać —**misrepresentation** /ˌmɪsreprɪzenˈteɪʃən/ *n* [C,U] przeinaczenie

Miss /mɪs/ *n* **1 Miss Smith/Jones** panna Smith/Jones **2** *spoken* proszę pani: *Excuse me Miss, you've dropped your umbrella.*

miss[1] /mɪs/ *v* **1** [T] **sb misses sb/sth** ktoś za kimś/czymś tęskni, komuś kogoś/czegoś brakuje: *I really missed Paula after she'd left.* | *What do you miss most about life in Canada?* **2** [T] s/tracić: *Vialli will miss tonight's game because of a knee injury.* | *Don't miss* (=nie przegap) *your free gift in next week's 'Q' magazine!* | **miss a chance/an opportunity** *I'd hate to miss the chance of meeting him.* **3** [T] spóźniać się na: *By the time we got there, we'd missed the beginning of the movie.* | **miss a bus/train/plane etc** *Hurry up or we'll miss the train!* **4** [I] chybić, s/pudłować: *She fired at the target but missed.* **5** [T] nie trafić w: *Jackson missed an easy catch.* **6** [T] przeoczyć: *Jody found an error that everyone else had missed.* **7 miss the point** nie rozumieć istoty sprawy: *I'm sorry, I think you're missing the point completely.*

miss out *phr v* **1** [I] być pokrzywdzonym: *All my friends were having fun and going out to parties in the evenings, and I felt I was missing out.* **2** [T **miss** sth ↔ **out**] opuszczać, pomijać: *I hope we haven't missed any names out from the list.*

miss² *n* **1** [C] chybienie: *a penalty miss* (=przestrzelony rzut karny) *by McAteer in the second half* **2 give sth a miss** *BrE spoken* odpuszczać sobie coś: *As the tickets were so expensive, we decided to give the concert a miss.*

mis·shap·en /ˌmɪsˈʃeɪpən/ *adj* zniekształcony: *misshapen fingers*

mis·sile /ˈmɪsaɪl/ *n* [C] pocisk: *nuclear missiles*

miss·ing /ˈmɪsɪŋ/ *adj* **1** zaginiony, zagubiony: *Police are still searching for the missing child.* **2** brakujący: **+ from** *There's a button missing from this shirt* (=u tej koszuli brakuje guzika). | *Why is my name missing from the list* (=dlaczego na liście nie ma mojego nazwiska)?

mis·sion /ˈmɪʃən/ *n* [C] misja: *Our mission was to find out everything about their plans.* | *a Canadian trade mission to Japan* | *a bombing mission* | *A hospital was built at the Jesuit mission.*

mis·sion·a·ry /ˈmɪʃənəri/ *n* [C] misjona-rz/rka

mis·spell /ˌmɪsˈspel/ *v* [T] na/pisać z błędem/błędami —**misspelling** *n* [C,U] błąd ortograficzny

mist¹ /mɪst/ *n* [C,U] mgła: *mist over the river*

> **UWAGA mist i fog**
>
> Zarówno **mist** jak i **fog** można tłumaczyć jako 'mgła', jednak **fog** oznacza mgłę gęstszą i stanowiącą większe zagrożenie dla samolotów i samochodów.

mist² *v także* **mist over/up** [I,T] zaparowywać: *All the windows had misted over.*

mis·take¹ /mə̇ˈsteɪk/ *n* **1** [C] błąd: *Ivan's work is full of spelling mistakes.* | *Marrying Julie was a big mistake.* | **make a mistake** *I think you've made a mistake – I ordered fish, not beef.* | **it is a mistake to do sth** *It would be a mistake to underestimate Moya's ability.* | **make the mistake of doing sth** *I made the mistake of giving him my phone number* (=zrobiłam błąd i dałam mu swój numer telefonu). **2 by mistake** przez pomyłkę, omyłkowo: *Someone must have left the door open by mistake.*

mistake² *v* **mistook, mistaken, mistaking 1** [T] po/mylić: *He'd mistaken the address.* **2 there's no mistaking sb/sth** *There was no mistaking the anger in her voice* (=łatwo było poznać po głosie, że jest zła).

mistake sb/sth **for** sb/sth *phr v* [T] brać/wziąć za: *I mistook him for his brother.*

mis·tak·en /mə̇ˈsteɪkən/ *adj* **be mistaken** mylić się: *Look! If I'm not mistaken, there's your lost ring!* —**mistakenly** *adv* mylnie, błędnie

Mis·ter /ˈmɪstə/ *n* pan

mis·tle·toe /ˈmɪsəltəʊ/ *n* [U] jemioła

mis·took /mə̇ˈstʊk/ *v* czas przeszły od MISTAKE

mis·treat /ˌmɪsˈtriːt/ *v* [T] znęcać się nad: *The hostages said they had not been mistreated.*

mis·tress /ˈmɪstrə̇s/ *n* [C] kochanka

mis·trust[1] /mɪs'trʌst/ *n* [U singular] nieufność: **+ of** *He had a deep mistrust of* (=był wielce nieufny wobec) *politicians.*

mistrust[2] *v* [T] nie ufać

mist·y /'mɪsti/ *adj* mglisty, zamglony: *a misty November morning*

mis·un·der·stand /ˌmɪsʌndə'stænd/ *v* **misunderstood** /-'stʊd/, **misunderstood, misunderstanding** [I,T] źle z/rozumieć, nie z/rozumieć: *I think you misunderstood my question.*

mis·un·der·stand·ing /ˌmɪsʌndə'stændɪŋ/ *n* [C,U] nieporozumienie: *widespread misunderstanding and confusion*

mis·use[1] /mɪs'juːs/ *n* [C,U] niewłaściwe używanie, nadużywanie: **+ of** *a misuse of power*

mis·use[2] /ˌmɪs'juːz/ *v* [T] niewłaściwie używać, nadużywać: *The chairman was accused of misusing club funds.*

mite /maɪt/ *n* [C] roztocze: *dust mites*

mit·i·gate /'mɪtɪ̵geɪt/ *v* [T] *formal* z/łagodzić

mit·i·gat·ing /'mɪtɪ̵geɪtɪŋ/ *adj* **mitigating circumstances** okoliczności łagodzące

mit·ten /'mɪtn/ *n* [C] rękawiczka (*z jednym palcem*)

mix[1] /mɪks/ *v* **1** [I,T] z/mieszać: **mix sth and sth** *You can make green by mixing blue and yellow paint.* | **mix sth with sth** *Shake the bottle well to mix the oil with the vinegar.* **2** [I,T] po/łączyć (się): *Glennie's latest CD mixes classical music and rock 'n' roll.* **3** [I] utrzymywać kontakty towarzyskie: **+ with** *Charlie doesn't mix well with* (=ma trudności w nawiązywaniu kontaktów z) *the other children.*

mix sb/sth **up** *phr v* [T] **1** po/mylić (ze sobą): *I'm always mixing up the kids' names.* **2** po/mieszać: *Whatever you do, try not to mix those papers up.* → patrz też MIXED UP, MIX-UP

mix[2] *n* **1** [singular] mieszanka, mieszanina: **+ of** *There was a good mix of people in the department.* **2** [C,U] **cake mix** ciasto w proszku

mixed /mɪkst/ *adj* **1** mieszany: *mixed herbs* | *a mixed marriage* | **mixed feelings** (=mieszane uczucia): *We had mixed feelings about moving so far away.* **2 be a mixed blessing** mieć swoje złe i dobre strony: *Living so near my parents was a mixed blessing.* **3** *BrE* koedukacyjny: *a mixed school* → patrz też CO-ED

mixed up /ˌ. '.◂/ *adj* **1 mixed up in sth** zamieszany w coś: *He was only 14 when he got mixed up in drug-dealing and car theft.* **2** zagubiony, niepewny siebie: *a lonely mixed up adolescent* | *I got a little mixed up* (=coś mi się pomieszało) *and went to the wrong restaurant.* → patrz też **mix up** (MIX[1]), MIX-UP

mix·er /'mɪksə/ *n* [C] mikser: *a food mixer*

mix·ture /'mɪkstʃə/ *n* **1** [C,U] mieszanka: *This tobacco is a mixture of three different sorts.* **2** [singular] mieszanina: *Hal stared at her with a mixture of amusement and disbelief.*

mix-up /'. ./ *n* [C] *informal* zamieszanie: *There was a mix-up at the station and Eddie got on the wrong bus.* → patrz też **mix up** (MIX[1]), MIXED UP

moan[1] /məʊn/ *v* [I] jęczeć: *She lay on the bed moaning with pain.* | *I wish you'd stop moaning all the time.*

moan[2] *n* [C] jęk

moat /məʊt/ *n* [C] fosa

mob[1] /mɒb/ *n* **1** [C] tłum **2 the Mob** *informal* mafia

mob[2] *v* [T] **-bbed, -bbing** oblegać: *Gallagher was mobbed by fans at the airport.*

mo·bile[1] /'məʊbaɪl/ *adj* **1 be mobile** móc się poruszać: *She's 83 now, and not really very mobile* (=i ma kłopoty z poruszaniem się). **2** mobilny: *Professional people have become increasingly mobile in recent years.* **3 mobile library** *BrE* biblioteka objazdowa

mobile[2] *n* [C] komórka (*telefon*)

mobile home /ˌ.. './ *n* [C] dom na kółkach

mobile phone /ˌ.. './ *n* [C] *BrE* telefon komórkowy

mo·bil·i·ty /məʊ'bɪlɪ̵ti/ *n* [U] **1** mobilność: *social mobility* **2** możliwość poruszania się

mo·bil·ize /ˈməʊbᵻlaɪz/ (*także* **-ise** BrE) v [T] **1 mobilize support/voters** zdobywać poparcie/głosy: *mobilizing support among middle class voters* **2** z/mobilizować —**mobilization** /ˌməʊbᵻlaɪˈzeɪʃən/ n [C,U] mobilizacja

mock[1] /mɒk/ v [I,T] kpić (z): *Wilson was always mocking Joe's southern accent.* —**mockingly** adv kpiąco

mock[2] adj [only before noun] **1** na niby: *a mock interview* **2 mock surprise/horror** udawane zdziwienie/przerażenie

mock·e·ry /ˈmɒkəri/ n **1** [U] kpina, kpiny **2 make a mockery of sth** ośmieszać coś: *It makes a mockery of the whole legal system.*

mock-up /ˈ. ./ n [C] makieta: *a mock-up of the space shuttle*

modal verb /ˌməʊdl ˈvɜːb/ *także* **modal** n [C] *technical* czasownik modalny → patrz ramka MODAL VERBS

mode /məʊd/ n [C] *formal* tryb, sposób: **+ of** *a very efficient mode of transportation* (=forma transportu)

mod·el[1] /ˈmɒdl/ n [C] **1** model: *a model of the Space Shuttle | One of his hobbies is making models of famous buildings. | the latest model from BMW* **2** wzór, model: *The British electoral system has been used as a model by many new democracies.* **3** model/ka: *a fashion model*

model[2] adj [only before noun] **1 model aeroplane/train** miniaturowy samolot/kolejka **2** wzorowy: *he's been a model pupil*

model[3] v **-lled, -lling** BrE, **-led, -ling** AmE **1** [T] prezentować (*na pokazie mody*): *Kate is modelling a black leather suit designed by Armani.* **2** [I] pozować, pracować jako model/ka **3 modelled on sth** wzorowany na czymś: *a constitution modelled on the French system* **4 model yourself on sb** wzorować się na kimś: *She had modeled herself on her tennis idol, Steffi Graf.*

mod·el·ling /ˈmɒdl-ɪŋ/ BrE, **modeling** AmE n [U] praca modela/modelki: *a career in modelling*

mo·dem /ˈməʊdəm/ n [C] modem

mod·e·rate[1] /ˈmɒdərᵻt/ adj umiarkowany: *a moderate rate of inflation | a senator with moderate views* —**moderately** adv umiarkowanie

mod·e·rate[2] /ˈmɒdəreɪt/ v [T] z/łagodzić: *Drugs can help to moderate the symptoms.*

mod·e·rate[3] /ˈmɒdərᵻt/ n [C] osoba o umiarkowanych poglądach

mod·e·ra·tion /ˌmɒdəˈreɪʃən/ n [U] *formal* umiar: *He only drinks in moderation* (=pije z umiarem).

mod·ern /ˈmɒdn/ adj **1** nowoczesny: *a modern apartment block | modern technology | a modern approach to sex education* **2** współczesny: *the pressures of modern living | museum of modern art* —**modernity** /məˈdɜːnᵻti/ n [U] nowoczesność

mod·ern·ize /ˈmɒdənaɪz/ (*także* **-ise** BrE) v [T] unowocześniać, z/modernizować: *a state program to modernize existing schools* —**modernization** /ˌmɒdənaɪˈzeɪʃən/ n [C,U] modernizacja

modern lan·gua·ges /ˌ.. ˈ.../ n [plural] języki nowożytne

mod·est /ˈmɒdᵻst/ adj **1** skromny: *a quiet modest man | a modest 2% pay increase* **2** wstydliwy —**modestly** adv skromnie, wstydliwie

mod·es·ty /ˈmɒdᵻsti/ n [U] **1** skromność **2** wstydliwość

mod·i·fi·ca·tion /ˌmɒdᵻfᵻˈkeɪʃən/ n [C,U] modyfikacja: **+ to** *We've made a few modifications to the programme.*

mod·i·fy /ˈmɒdᵻfaɪ/ v [T] z/modyfikować: *Safety procedures have been modified since the fire.*

mod·ule /ˈmɒdjuːl/ n [C] *technical* **1** moduł **2** człon (*statku kosmicznego*) **3** BrE blok (*nauczania*): *The syllabus comprises six modules.*

mo·hair /ˈməʊheə/ n [U] moher

moist /mɔɪst/ adj wilgotny: *Make sure the soil is moist. | a moist chocolate cake* → porównaj DAMP

UWAGA **moist**

Patrz **damp, humid** i **moist**.

moist·en /ˈmɔɪsən/ *v* [I,T] zwilżać (się): *Moisten the clay with a little water.*

mois·ture /ˈmɔɪstʃə/ *n* [U] wilgoć: *The desert air contains hardly any moisture.*

mois·tur·iz·er /ˈmɔɪstʃəraɪzə/ (*także* **-iser** *BrE*) *n* [C,U] krem nawilżający

mo·lar /ˈməʊlə/ *n* [C] ząb trzonowy

mo·las·ses /məˈlæsᵊz/ *n* [U] *especially AmE* melasa

mold /məʊld/ amerykańska pisownia wyrazu MOULD

mole /məʊl/ *n* [C] **1** kret **2** pieprzyk **3** wtyczka (*szpieg*)

mol·e·cule /ˈmɒlɪkjuːl/ *n* [C] cząsteczka, molekuła —**molecular** /məˈlekjᵊlə/ *adj* molekularny

mo·lest /məˈlest/ *v* [T] molestować, napastować: *Harper was accused of molesting his 7-year-old stepdaughter.*

mol·lusc /ˈmɒləsk/ *BrE*, **mollusk** *AmE* *n* [C] mięczak: *snails and other molluscs*

molt /məʊlt/ amerykańska pisownia wyrazu MOULT

mol·ten /ˈməʊltən/ *adj* ciekły, roztopiony: *molten metal*

mom /mɒm/ *n* [C] *AmE spoken informal* mama: *Can I go to Barbara's, Mom?*

mo·ment /ˈməʊmənt/ *n* **1** [C] chwila, moment: *They stood in the lobby for a few moments talking.* | **in a moment** (=za chwilę): *I'll be back in a moment.* | **for a moment** (=na chwilę): *She paused for a moment before replying.* | **at that/this moment** (=w tym momencie): *At that moment, the door opened and Danny walked in.* **2 the moment (that)** jak tylko: *The moment I heard your voice I knew something was wrong.* **3 at the moment** teraz, w tej chwili: *Gavin's working in Oakland at the moment.* **4 for the moment** chwilowo, na razie: *Well, for the moment we're just considering the possibilities.* **5 (at) any moment** w każdej chwili: *The roof could collapse at any moment.* ➡ porównaj MINUTE[1]

mo·men·tar·i·ly /ˈməʊməntərᵊli/ *adv* **1** przez chwilę/moment: *I was momentarily surprised by the question.* **2** *AmE* za chwilę/moment: *I'll be with you momentarily.*

mo·men·ta·ry /ˈməʊməntəri/ *adj* chwilowy: *There was a momentary silence before anyone dared to speak.*

mo·men·tous /məʊˈmentəs/ *adj* doniosły, wielkiej wagi: *the momentous events in Central Europe*

mo·men·tum /məʊˈmentəm/ *n* [U] **1** pęd **2 gain/gather momentum a)** nabierać rozpędu: *The rock gained momentum as it rolled down the hill.* **b)** nabierać impetu: *The election campaign is rapidly gathering momentum.*

mom·ma /ˈmɒmə/ *n* [C] *AmE spoken informal* mama

mom·my /ˈmɒmi/ *n* [C] *AmE* mamusia

mon·arch /ˈmɒnək/ *n* [C] monarch-a/ini

mon·ar·chy /ˈmɒnəki/ *n* [C,U] monarchia

mon·as·tery /ˈmɒnəstri/ *n* [C] klasztor

mo·nas·tic /məˈnæstɪk/ *adj* klasztorny

Mon·day /ˈmʌndi/ skrót pisany **Mon.** *n* [C,U] poniedziałek

mon·e·ta·ry /ˈmʌnᵊtəri/ *adj* monetarny, pieniężny: *monetary policy*

mon·ey /ˈmʌni/ *n* [U] **1** pieniądze: *How much money do you have with you?* | *The boat must have cost a lot of money.* | *Fred lost all his money when he was forced to close his business.* | **spend money** (=wydawać pieniądze): *She spends a lot of money on clothes.* | **make money** *John is making a lot of money.* | **save money** (=oszczędzać): *You can save money by arranging your flight early.* **2 you get your money's worth** coś jest warte czyichś pieniędzy: *The concert only lasted an hour so we didn't really get our money's worth.* **3 that kind of money** *spoken* tyle pieniędzy: *People with that kind of money don't need to work.* | *They wanted $5000, and I just don't have that kind of money.*

mon·grel /ˈmʌŋgrəl/ *n* [C] kundel

mon·i·tor[1] /ˈmɒnɪtə/ *n* [C] monitor

M

Czasowniki modalne: **Modal verbs**

Czasowniki modalne modyfikują znaczenie innych czasowników. Jako podgrupę czasowników posiłkowych (**auxiliary verbs**) określa się je także mianem **modal auxiliaries**. Należą do nich:

can	*may*	*must*	*ought*	*shall*	*will*
could	*might*			*should*	*would*

W odróżnieniu od zwykłych czasowników, modalne nie mają w trzeciej osobie liczby pojedynczej czasu Present Simple końcówki ***-s***, np.:

she can *he must* *it may*

W pytaniach i przeczeniach z czasownikami modalnymi nie używa się operatora ***do/did***. Pytania tworzymy przez zmianę kolejności podmiotu i orzeczenia, np.:

*She **can** come.* ***Can** she come?*

*I **should** wait.* ***Should** I wait?*

W przeczeniach partykułę **not** stawiamy bezpośrednio po czasowniku modalnym, np.:

*I **could not*** (albo: ***couldn't***) *sleep.*

*You **must not*** (albo: ***mustn't***) *go.*

Czasowniki modalne nie mają formy bezokolicznika ani formy zakończonej na ***-ing***, co uniemożliwia stosowanie ich w czasach „continuous". W funkcjach tych zastępują je niekiedy inne czasowniki:

*He **can't** swim.* *He wants **to be able** to swim.* (bezokolicznik)

*She **must** work hard.* *She doesn't like **having to** work hard.* (czasownik z końcówką ***-ing***)

Czasownik zwykły występujący po modalnym ma zawsze formę bezokolicznika bez **to**. Wyjątek stanowi ***ought***, po którym stawiamy bezokolicznik z ***to***:

You may (must/should itp.) *go.*

*You ought **to** go.*

Czasowniki półmodalne: **Semi-modals**

Do grupy tej należą trzy czasowniki: ***dare***, ***need*** i ***used***. Tworzą one formy przeczące i pytające na dwa sposoby: tak jak czasowniki zwykłe albo tak jak czasowniki modalne, np.:

*She **doesn't need to** go.* *She **needn't** go.*

*He **didn't dare to** speak.* *He **dared not** speak.*

***Did** you **used to** live here?* ***Used** you **to live** here?*

patrz też: ***Auxiliary Verbs, CAN, COULD, DARE, Infinitive, MAY, MIGHT, MUST, NEED, SHALL, USED TO, Verb, WILL, WOULD***

monitor² *v* [T] monitorować: *Doctors are monitoring the patient's condition carefully.*

monk /mʌŋk/ *n* [C] mnich

mon·key /ˈmʌŋki/ *n* [C] małpa

mon·o·chrome /ˈmɒnəkrəʊm/ *adj* monochromatyczny: *a monochrome image*

mon·o·ling·ual /ˌmɒnəʊˈlɪŋgwəl/ *adj* monolingwalny, jednojęzyczny: *a monolingual dictionary*

mon·o·lith·ic /ˌmɒnəˈlɪθɪk◂/ *adj* monolityczny —**monolith** /ˈmɒnəlɪθ/ *n* monolit

mon·o·logue /ˈmɒnəlɒg/ *także* **monolog** *AmE n* [C] monolog

mo·nop·o·lize /məˈnɒpəlaɪz/ (*także* **-ise** *BrE*) *v* [T] z/monopolizować: *The tobacco industry is monopolized by a few large companies.*

mo·nop·o·ly /məˈnɒpəli/ *n* monopol: *Adequate health care should not be the monopoly of the rich.* | **+ on/of** *Until recently, Bell Telephone had a monopoly on telephone services.* —**monopolistic** *adj* monopolistyczny

mon·o·syl·la·ble /ˈmɒnəˌsɪləbəl/ *n* [C] monosylaba

mo·not·o·nous /məˈnɒtənəs/ *adj* monotonny: *monotonous work* | *a flat monotonous landscape* —**monotony** *n* [U] monotonia —**monotonously** *adv* monotonnie

mon·soon /mɒnˈsuːn/ *n* [C] monsun

mon·ster /ˈmɒnstə/ *n* [C] **1** potwór: *a sea monster* | *Only a monster could kill an innocent child.* **2** monstrum: *That dog's a real monster!*

mon·stros·i·ty /mɒnˈstrɒsəti/ *n* [C] monstrum

mon·strous /ˈmɒnstrəs/ *adj* potworny: *a monstrous crime*

month /mʌnθ/ *n* [C] miesiąc: *the month of May* | *The competition takes place at the end of this month.* | *She had to wait over six months for her operation.*

> **UWAGA month**
>
> Patrz **-minute/day/month** itp.

month·ly /ˈmʌnθli/ *adj* **1** comiesięczny: *monthly team meetings* **2** miesięczny: *a monthly salary of $850* —**monthly** *adv* co miesiąc, miesięcznie

mon·u·ment /ˈmɒnjəmənt/ *n* [C] **1** pomnik, monument: **+ to** (=ku czci): *a monument to Frederick the Great* **2** zabytek: *ancient Roman monuments*

mon·u·ment·al /ˌmɒnjəˈmentl◂/ *adj* **1** straszny: *Jeffries has admitted he made a monumental mistake.* **2** monumentalny: *Darwin's monumental work on evolution*

moo /muː/ *v* [I] za/ryczeć

mood /muːd/ *n* **1** [C] nastrój, humor: *His mood suddenly seemed to change.* | **be in a good/bad mood** *You're certainly in a good mood today!* **2 be in the mood (for)** mieć ochotę (na): *Are any of you in the mood for a game of cards?* | **be in no mood for** (=nie być w nastroju do): *He was obviously in no mood for talking.* **3** [C] tryb (*gramatyczny*): *the imperative mood*

mood·y /ˈmuːdi/ *adj* **1** humorzasty: *a moody teenager* **2** *especially AmE* o zmiennym nastroju: *moody music*

moon /muːn/ *n* **1** księżyc: *How many moons does Jupiter have?* | *There's no moon tonight.* | **full moon** (=pełnia księżyca) **2 be over the moon** *BrE informal* nie posiadać się ze szczęścia: *She's over the moon about her new job.* ➡ patrz też **once in a blue moon** (ONCE¹)

moon·light /ˈmuːnlaɪt/ *n* [U] światło księżyca

moon·lit /ˈmuːnˌlɪt/ *adj* księżycowy: *a beautiful moonlit night*

moor¹ /mʊə/ *n* [C *usually plural*] *especially BrE* wrzosowisko: *the North Yorkshire Moors*

moor² *v* [I,T] za/cumować

moose /muːs/ *n* [C] łoś (*amerykański*)

moot point /ˌmuːt ˈpɔɪnt/ *n* [C *usually singular*] punkt sporny: *Whether these laws will really reduce violent crime is a moot point.*

mop¹ /mɒp/ *n* **1** [C] zmywak do

M

podłogi **2** [singular] *informal* czupryna: *a mop of black curly hair*

mop[2] v [T] **-pped, -pping 1** z/myć: *I mopped the kitchen floor an hour ago, and look at it now!* **2** wycierać: *Earl mopped his face with a large handkerchief.*

mop sth ↔ **up** *phr v* [T] ścierać (*rozlany płyn*): *Can you mop up the milk you've spilled?*

mope /məʊp/ *także* **mope around** v [I] rozczulać się nad sobą

mo·ped /ˈməʊped/ *n* [C] motorower

mor·al[1] /ˈmɒrəl/ *adj* **1** [only before noun] moralny: *My grandfather was a very moral man.* | *Terry refused to join the army for moral reasons.* | *I believe we have a moral duty to help the poor.* ➡ antonim IMMORAL **2 moral support** wsparcie duchowe: *I offered to go with him to the dentist as moral support.* —**morally** *adv* moralnie

moral[2] *n* [C] morał: *The moral of the story is that crime doesn't pay.* ➡ patrz też MORALS

mo·rale /məˈrɑːl/ *n* [U] morale: *Talk of job losses is bad for morale.*

mo·ral·i·ty /məˈræləti/ *n* [U] moralność: *declining standards of morality* | **+ of** *a discussion on the morality of abortion*

mor·al·ize /ˈmɒrəlaɪz/ (*także* **-ise** *BrE*) v [I] moralizować

mor·als /ˈmɒrəlz/ *n* [plural] moralność: *His book reflects the values and morals of society at that time.*

mor·a·to·ri·um /ˌmɒrəˈtɔːriəm/ *n* [C usually singular] moratorium

mor·bid /ˈmɔːbəd/ *adj* chorobliwy: *He has a morbid fascination with murder stories.*

more[1] /mɔː/ *adj* bardziej: *more interesting* | **more expensive/quickly** (=droższy/szybciej): *You'll have to be more careful next time.* | **more ... than** *My meal was more expensive than Dan's.* | **much/a lot/far more** (=o wiele bardziej): *The students will feel much more confident if they work in groups.* ➡ antonim LESS[1]

more[2] *adv* **1** więcej: *I promised I'd help more with the housework.* | **more than** *We see our grandchildren more than* (=częściej niż) *we used to.* | **much/a lot/far more** (=o wiele więcej): *She goes out a lot more now that she has a car.* ➡ antonim LESS[1] **2 not any more** już nie: *Sarah doesn't live here any more.* ➡ patrz też ANY[2], ANY MORE, **once more** (ONCE[1])

more[3] *quantifier* **1** więcej: **more ... than** *There are more people without jobs than there used to be.* | **more than** *Orange juice costs more than beer in some bars.* | **some/a few more** (=jeszcze trochę/kilka): *Would you like some more coffee?* | *I have to make a few more phone calls.* | **10/20 etc more** *We need five more chairs.* **2 more and more** coraz więcej: *These days, more and more people travel long distances to work.* **3 more or less** mniej więcej: *This article says more or less the same thing as the other one.*

more·o·ver /mɔːrˈəʊvə/ *adv formal* ponadto, poza tym: *The new design is not acceptable. Moreover, it would delay the project even further.*

morgue /mɔːg/ *n* [C] kostnica

morn·ing /ˈmɔːnɪŋ/ *n* [C,U] **1** poranek, ranek: *I got a letter from Wayne this morning* (=dziś rano). | **in the morning** *I'll deal with it in the morning* (=jutro rano). | *The phone rang at three in the morning* (=o trzeciej w nocy). **2 (Good) Morning** *spoken* dzień dobry: *Morning, Rick.*

mo·ron /ˈmɔːrɒn/ *n* [C] *informal* debil/ka —**moronic** *adj* debilny, kretyński

mo·rose /məˈrəʊs/ *adj* posępny, markotny

mor·phine /ˈmɔːfiːn/ *n* [U] morfina

mor·sel /ˈmɔːsəl/ *n* [C] *literary* kęs, kąsek: *a morsel of bread*

mor·tal[1] /ˈmɔːtl/ *adj* **1** śmiertelny: *mortal creatures* ➡ antonim IMMORTAL **2 mortal injuries/blow** śmiertelne obrażenia/śmiertelny cios **3 mortal fear/danger** śmiertelny strach/niebezpieczeństwo: *He lived in mortal fear of being attacked.* —**mortally** *adv* śmiertelnie

mortal[2] *n* **lesser/ordinary/mere mortals** *humorous* zwykli śmiertelnicy

mor·tal·i·ty /mɔːˈtælɪ̣ti/ *n* [U] **1** *także* **mortality rate** umieralność: *infant mortality* **2** śmiertelność: *After the heart attack, I became more aware of my own mortality.*

mor·tar /ˈmɔːtə/ *n* **1** [C] moździerz **2** [U] zaprawa murarska

mort·gage[1] /ˈmɔːgɪdʒ/ *n* [C] kredyt hipoteczny: *After he lost his job he couldn't pay his mortgage any more.*

mortgage[2] *v* [T] oddawać w zastaw hipoteczny

mor·ti·cian /mɔːˈtɪʃən/ *n* [C] *AmE* przedsiębiorca pogrzebowy

mor·ti·fy /ˈmɔːtɪ̣faɪ/ *v* [T] krępować: *The thought of going out dressed like that mortified me.*

mor·tu·a·ry /ˈmɔːtʃuəri/ *n* [C] kostnica

mo·sa·ic /məʊˈzeɪ-ɪk/ *n* [C,U] mozaika

Mos·lem /ˈmɒzlɪ̣m/ *n* [C] muzułmański

mosque /mɒsk/ *n* [C] meczet

mos·qui·to /məˈskiːtəʊ/ *n* [C] komar, moskit

moss /mɒs/ *n* [U] mech —**mossy** *adj* omszały

most[1] /məʊst/ *adv* **1** służy do tworzenia stopnia najwyższego wielosylabowych przymiotników i przysłówków: *Anna is one of the most beautiful women I know.* | *I forgot to tell you the most important thing!* | *a virus most frequently found in stagnant water* **2** najbardziej: *She liked the dark beer most.* | **most of all** *I love all my family, but my Mum most of all.* **3** *formal* wysoce, wielce: *I was most surprised to discover we had been to the same school.*

UWAGA **most**
Patrz **majority** i **most**.

most[2] *quantifier* **1** większość: *Most computers have a disk drive.* | **most of** *Most of the kids I know have parents who are divorced.* **2** najwięcej: **the most** *Ricardo's restaurant gives you the most food for your money.* | *Whoever scores most will win.* | *How can we get the most power from the engine?* | *I'm afraid the most I can give you is $100.* **3 at (the) most** (co) najwyżej: *The book should cost $10 at the most.* **4 make the most of sth** wykorzystywać coś, jak tylko się da: *Go out and make the most of the sunshine* (=i korzystaj ze słońca, póki jest).

most·ly /ˈməʊstli/ *adv* **1** głównie: *The room was full of sports people, mostly football players.* **2** przeważnie: *Mostly, he travels by car or in his own plane.*

mo·tel /məʊˈtel/ *n* [C] motel

moth /mɒθ/ *n* [C] ćma

moth·er[1] /ˈmʌðə/ *n* [C] matka: *My mother said I have to be home by 9:00.* | *Her mother once met President Kennedy.*

mother[2] *v* [T] matkować: *Tom resented being constantly mothered by his wife.*

moth·er·hood /ˈmʌðəhʊd/ *n* [U] macierzyństwo

mother-in-law /ˈ.. . ˌ./ *n* [C] teściowa

mother-of-pearl /ˌ.. . ˈ./ *n* [U] macica perłowa

Mother's Day /ˈ.. ./ *n* [singular] Dzień Matki

mother tongue /ˌ.. ˈ./ *n* [C] język ojczysty

mo·tif /məʊˈtiːf/ *n* [C] **1** motyw: *a musical motif* **2** wzór: *a T-shirt with a butterfly motif*

mo·tion[1] /ˈməʊʃən/ *n* **1** [C,U] ruch: *the gentle rolling motion of the ship* | *He made a motion with his hand, as if to tell me to keep back.* **2** [C] wniosek: *I'd like to propose a motion to change working hours.* **3 (in) slow motion** w zwolnionym tempie: *Let's look at that goal in slow motion.* | *The slow motion replay proved it was a foul.* **4 go through the motions of doing sth** zmuszać się do zrobienia czegoś: *The doctor was sure the man wasn't really ill, but he went through the motions of examining him.* **5 put/set sth in motion** nadawać czemuś bieg

motion[2] *v* [I,T] **motion (for) sb to do sth** dać komuś znak, żeby coś zrobił: *She motioned for him to sit down.*

mo·tion·less /ˈməʊʃənləs/ *adj* nieruchomy, bez ruchu: *He was standing mo-*

tionless in the doorway. —**motionlessly** *adv* nieruchomo

motion pic·ture /ˌ.. ˈ..◂/ *n* [C] *AmE* film (*kinowy*)

mo·ti·vate /ˈməʊtəveɪt/ *v* [T] **1** s/powodować: *The theft was motivated by greed.* **2** motywować —**motivated** *adj*: *Police believe the attack was racially motivated* (=że był to atak na tle rasowym). | *highly motivated students* (=studenci o silnej motywacji)

mo·ti·va·tion /ˌməʊtəˈveɪʃən/ *n* **1** [U] motywacja: *Jack is smart, but he lacks motivation.* **2** [C] powody: **+ for** *What was your motivation for writing the book?*

mo·tive /ˈməʊtɪv/ *n* [C] motyw: **+ for** *Jealousy was the motive for the murder.*

mot·ley /ˈmɒtli/ *adj* **a motley crew/collection** zbieranina

mo·tor[1] /ˈməʊtə/ *n* [C] silnik

motor[2] *adj* [only before noun] **1** mechaniczny: *a motor vehicle* **2** *BrE* motoryzacyjny: *the motor industry*

mo·tor·bike /ˈməʊtəbaɪk/ *n* [C] *especially BrE* motocykl

mo·tor·boat /ˈməʊtəbəʊt/ *n* [C] motorówka

motor car /ˈ.. ./ *n* [C] *formal* samochód

mo·tor·cy·cle /ˈməʊtəˌsaɪkəl/ *n* [C] motocykl —**motorcyclist** *n* [C] motocyklist-a/ka

mo·tor·ist /ˈməʊtərəst/ *n* [C] kierowca

mo·tor·ized /ˈməʊtəraɪzd/ (*także* **-ised** *BrE*) *adj* silnikowy: *a motorized wheelchair*

mo·tor·way /ˈməʊtəweɪ/ *n* [C] *BrE* autostrada

mot·to /ˈmɒtəʊ/ *n* [C] motto

mould[1] /məʊld/ *BrE*, **mold** *AmE n* **1** [U] pleśń: *There were dark patches of mould on the walls.* **2** [C] forma, foremka: *a jelly mould*

mould[2] *BrE*, **mold** *AmE v* **1** [T] modelować (*np. glinę*) **2** [T] kształtować, urabiać: *an attempt to mould public opinion*

mould·y /ˈməʊldi/ *BrE*, **moldy** *AmE adj* spleśniały, zapleśniały: *The cheese has gone mouldy.*

moult /məʊlt/ *BrE*, **molt** *AmE v* [I] wy/linieć

mound /maʊnd/ *n* [C] **1** kopiec: *a burial mound* **2** stos: *a mound of papers*

mount[1] /maʊnt/ *v* **1** [I] *także* **mount up** rosnąć: *His debts continued to mount up.* | *Chris read the letter with mounting anger.* **2** z/organizować: *They are mounting a campaign to stop road building in the area.* **3** [T] dosiadać, wsiadać na: *She mounted the horse and rode off.* **4** [T] *formal* wchodzić po: *She mounted the stairs.* **5** [T] za/montować: *The engine is mounted onto the chassis using special bolts.*

mount[2] *n* **Mount** pierwszy element nazw szczytów górskich: *Mount Everest*

moun·tain /ˈmaʊntən/ *n* [C] **1** góra: *the Swiss mountains* | *a mountain of ironing* **2 make a mountain out of a molehill** z/robić z igły widły

moun·tain·eer·ing /ˌmaʊntəˈnɪərɪŋ/ *n* [U] wspinaczka górska —**mountaineer** *n* [C] alpinist-a/ka

moun·tain·ous /ˈmaʊntənəs/ *adj* górzysty

moun·tain·side /ˈmaʊntənsaɪd/ *n* [C] stok górski, zbocze górskie

mourn /mɔːn/ *v* [T] opłakiwać: *After 10 years, she's still mourning her son's death.*

mourn·er /ˈmɔːnə/ *n* [C] żałobni-k/czka

mourn·ful /ˈmɔːnfəl/ *adj* żałobny: *slow, mournful music*

mourn·ing /ˈmɔːnɪŋ/ *n* [U] żałoba: *the outbreak of public mourning following Diana's death* | **in mourning** (=w żałobie)

mouse /maʊs/ *n* [C] **1** *plural* **mice** mysz **2** *plural* **mouses** mysz komputerowa

mousse /muːs/ *n* [C,U] **1** mus: *chocolate mousse* **2** pianka do włosów

mous·tache /məˈstɑːʃ/ *także* **mustache** *AmE n* [C] wąsy

mous·y, mousey /ˈmaʊsi/ *adj* mysi: *She had mousy hair.*

mouth /maʊθ/ *n* **1** [C] usta **2 keep your mouth shut** *informal* trzymać język za zębami: *The party's supposed to* *be a surprise, so keep your mouth shut about it.* **3** [C] wylot: *the mouth of a cave* **4** [C] ujście: *the mouth of a river* **5 big/loud mouth** *informal* niewyparzona gęba

mouth·ful /ˈmaʊθfʊl/ *n* **1** [C] kęs, łyk **2 be a mouthful** *informal* być trudnym do wymówienia: *Her real name is quite a mouthful, so we just call her Dee.*

mouth·piece /ˈmaʊθpiːs/ *n* [C] **1** ustnik **2** [usually singular] trybuna (*przenośnie*): *Pravda used to be the mouthpiece of the Communist Party.*

mouth·wash /ˈmaʊθwɒʃ/ *n* [C,U] płyn do płukania ust

mouth-wa·ter·ing /ˈ. ˌ.../ *adj* apetyczny, smakowity

mov·a·ble /ˈmuːvəbəl/ *adj* ruchomy: *toy soldiers with movable arms and legs* | *a movable feast*

move¹ /muːv/ *v* **1** [I,T] ruszać (się), poruszać (się): *I saw the dog's eyes move, so I knew he was alive.* | **+ about/around** *She could hear someone moving around in Gail's room.* **2** [I,T] przesuwać (się): *He moved the chair into the corner of the room.* | *We'll have to move the party to another day.* **3** [I] *także* **move away** wyprowadzać się, przeprowadzać się: *Henry moved away and we never saw him again.* | **+ to** *They moved to Birmingham in May.* | **move house** *BrE* (=przeprowadzać się): *We're moving house next week.* **4** [T] wzruszać: *The story moved us to tears.* **5** [I] posuwać się naprzód: *Things are moving fast now we've got a new manager.* **6 get moving** *spoken* rusz się: *Get moving or you'll miss the bus.*

move in *phr v* [I] wprowadzać się: *When are you moving in?*

move off *phr v* [I] odjeżdżać: *The train began to move off slowly.*

move on *phr v* [I] **1** ruszać w dalszą drogę: *After three days we decided it was time to move on.* **2** przechodzić (*do nowego tematu*): *I'd like to move on now to the subject of education.*

move out *phr v* [I] wyprowadzać się: *We have to move out by next Friday.*

move over *phr v* [I] posunąć się: *Move over so Jim can sit down.*

move up *phr v* [I,T] **1** awansować: *She's been moved up to the managerial level.* **2** [I] *BrE* posunąć się: *Move up a bit – I'm squashed in the corner.*

move² *n* [C] **1** ruch, posunięcie: *"I called Tom to say I don't want to see him again." "Good move!"* **2 make a move a)** z/robić ruch: **+ towards/for** *Arnison made a move for the door.* **b)** *BrE spoken* zbierać się (*do wyjścia*): *It's late, we'd better be making a move.* **3 be on the move** być w rozjazdach **4 get a move on** *spoken* rusz się: *Get a move on, or we'll be late!* **5** przeprowadzka: *The move to the new house took three days.*

move·ment /ˈmuːvmənt/ *n* **1** [C,U] ruch: *I noticed a sudden movement behind the curtain.* | *the anti-war movement* | *Police are trying to trace his movements over the last 48 hours.* **2** [C] **movement away/towards** odchodzenie od/zbliżanie się ku: *a movement away from traditional values* **3** [C] część: *the second movement of Beethoven's Seventh Symphony*

mov·ie /ˈmuːvi/ *n* [C] *especially AmE* **1** film **2 the movies** *AmE* kino: **go to the movies** *How often do you go to the movies?*

movie star /ˈ.. ./ *n* [C] gwiazda filmowa

movie thea·ter /ˈ.. ˌ../ *n* [C] *AmE* kino (*budynek*)

mov·ing /ˈmuːvɪŋ/ *adj* **1** wzruszający: *a deeply moving book* **2** [only before noun] ruchomy: *Oil the moving parts of this machine regularly.* —**movingly** *adv* wzruszająco: *He spoke movingly about his experiences in the war.*

mow /məʊ/ *v* **mowed, mowed** *or* **mown** /məʊn/, **mowing** [I,T] s/kosić: *When are you going to mow the lawn?*

mow sb ↔ **down** *phr v* [T] wykosić: *Hundreds of protesters were mown down by the police.*

mow·er /ˈməʊə/ *n* [C] kosiarka

MP /ˌem ˈpiː/ *n* [C] poseł/posłanka: *She's the MP for Liverpool North.*

mph /ˌem piː ˈeɪtʃ/ skrót od "miles per hour": *a car that can reach a speed of 180 mph*

Mr /ˈmɪstə/ *n* **Mr Jones** pan Jones

Mrs /ˈmɪsɪz/ *n* **Mrs Jones** pani Jones

Ms /mɪz/ *n written* skrót przed nazwiskiem kobiety, nie precyzujący jej stanu cywilnego

MSc /ˌem es ˈsiː/ *także* **MS** /ˌem ˈes/ *AmE n* [C] magister nauk ścisłych → porównaj MA

much[1] /mʌtʃ/ *adv* **more, most 1** o wiele: *Dad's feeling much better now.* | **too much/so much/very much/how much etc** *Thank you very much* (=dziękuję bardzo)! | *I know how much* (=jak bardzo) *he likes Ann.* | *He was feeling so much better* (=na tyle lepiej) *that he went out for a walk.* **2 not much** niewiele, niezbyt często: *We don't go out much since the baby was born.* **3 much less** a co dopiero: *He doesn't have enough money to buy new shoes, much less a new car.*

> UWAGA **much**
>
> Patrz **many**, **much** i **a lot of**, **plenty of**.

much[2] *quantifier* **1** dużo, wiele: *We don't have much time.* | *There was much rejoicing when the travellers returned.* | *Was there much traffic* (=Czy był duży ruch)? **2 how much** ile: *How much is* (=ile kosztuje) *that green shirt?* | *She didn't know how much milk was left.* **3 so much** tyle: *I have so much reading to do for tomorrow. I'll never get it done.* | **too much** *He says the government has spent too much money on weapons.* **4 be too much for sb** być zbyt trudnym dla kogoś: *Climbing stairs is too much for me since the operation.*

muck[1] /mʌk/ *n* [U] brud, błoto: *shoes covered in thick black muck*

muck[2] *v*

muck about/around *phr v BrE informal* **1** [I] wygłupiać się: *Stop mucking about and get on with your homework.* **2** [T **muck** sb **about/around**] z/robić kogoś w konia: *Jim's really mucked me around – first he wants to go, then he doesn't.*

muck sth ↔ **up** *phr v* [T] *BrE informal* s/partaczyć: *Let me do that – you'll only muck it up.*

mu·cus /ˈmjuːkəs/ *n* [U] śluz

mud /mʌd/ *n* [U] błoto: *His clothes and shoes were covered in mud.*

mud·dle[1] /ˈmʌdl/ *n* [C,U] bałagan, zamęt: *The system for sending invoices is a complete muddle.* | *There is always a lot of confusion and muddle at the beginning of term.* | **be in a muddle** (=mieć zamęt w głowie)

muddle[2] *v especially BrE* **1** *także* **muddle up** [T] po/mieszać: *The papers had all been muddled up.* **2 get (sth/sb) muddled up** po/mylić (coś/kogoś): *I always get him and his brother muddled up.*

mud·dy[1] /ˈmʌdi/ *adj* **1** zabłocony: *muddy boots* **2** błotnisty: *muddy water*

muddy[2] *v* [T] za/mącić: *We'll never reach a decision if they keep muddying the issue with religion.*

mues·li /ˈmjuːzli/ *n* [U] muesli

muf·fin /ˈmʌfɪn/ *n* [C] słodka bułeczka: *a blueberry muffin*

muf·fle /ˈmʌfəl/ *v* [T] tłumić: *Thick curtains muffled the traffic noise.*

muf·fled /ˈmʌfəld/ *adj* przytłumiony

muf·fler /ˈmʌflə/ *n* [C] *AmE* tłumik (*samochodowy*)

mug[1] /mʌg/ *n* [C] **1** kubek **2** *BrE spoken* frajer: *You're a mug if you buy that car.*

mug[2] *v* [T] **-gged, -gging** napadać (*w miejscu publicznym*): *She was mugged and her purse was stolen.*

mug·gy /ˈmʌgi/ *adj informal* parny

mule /mjuːl/ *n* [C] muł

mull /mʌl/ *v* [T]

mull sth ↔ **over** *phr v* [T] przetrawić, przemyśleć: *Mull it over for a few days and let me know your decision.*

mul·ti·cul·tur·al /ˌmʌltiˈkʌltʃərəl◂/ *adj* wielokulturowy: *The US is a multicultural society.* —**multiculturalism** *n* [U] wielokulturowość

M

mul·ti·lat·e·ral /ˌmʌltɪˈlætərəl◂/ *adj* wielostronny: *multilateral peace talks* → porównaj BILATERAL, UNILATERAL

mul·ti·me·di·a /ˌmʌltiˈmiːdiə◂/ *adj* [only before noun] multimedialny

mul·ti·na·tion·al /ˌmʌltɪˈnæʃənəl◂/ *adj* międzynarodowy, wielonarodowy: *a multinational company* | *a multinational peace-keeping force*

mul·ti·ple[1] /ˈmʌltəpəl/ *adj* wielokrotny, wieloraki: *He suffered multiple injuries to his legs.*

multiple[2] *n* [C] wielokrotność: *20 is a multiple of 5.*

multiple choice /ˌ... ˈ.◂/ *adj* **multiple choice test** test wielokrotnego wyboru

mul·ti·pli·ca·tion /ˌmʌltəpləˈkeɪʃən/ *n* [U] mnożenie → porównaj DIVISION

mul·ti·ply /ˈmʌltəplaɪ/ *v* [I,T] **1** mnożyć (się): *The number of asthma sufferers has multiplied over the last few years.* **2** po/mnożyć: *Four multiplied by five is 20.* → porównaj DIVIDE[1]

mul·ti·pur·pose /ˌmʌltiˈpɜːpəs◂/ *adj* wielofunkcyjny: *a multipurpose knife*

mul·ti·ra·cial /ˌmʌltɪˈreɪʃəl◂/ *adj* wielorasowy: *We live in a multiracial society.*

multi-sto·rey /ˌ.. ˈ..◂/ *adj* [only before noun] *BrE* wielopiętrowy: *a multi-storey car park*

mul·ti·tude /ˈmʌltətjuːd/ *n* [C] *literary* mnogość, mnóstwo: **+ of** *The garden was full of flowers in a multitude of colours.*

mum /mʌm/ *BrE*, **mom** *AmE n* [C] mama: *Mum, can I borrow some money?* | *My mum's a teacher.*

mum·ble /ˈmʌmbəl/ *v* [I,T] wy/mamrotać: *He mumbled something I did not hear.*

mum·bo-jum·bo /ˌmʌmbəʊ ˈdʒʌmbəʊ/ *n* [U] *informal* brednie: *Surely you don't believe in astrology and all that mumbo-jumbo!*

mum·my /ˈmʌmi/ *n* [C] **1** *BrE* mamusia: *Go and ask mummy if she'll help you.* **2** mumia

mumps /mʌmps/ *n* [U] świnka (*choroba*)

munch /mʌntʃ/ *v* [I,T] chrupać: *Anna sat munching her toast.*

mun·dane /mʌnˈdeɪn/ *adj* przyziemny, prozaiczny: *a mundane job*

mu·ni·ci·pal /mjuːˈnɪsəpəl/ *adj* miejski, municypalny

mu·ni·tions /mjuːˈnɪʃənz/ *n* [plural] amunicja i sprzęt bojowy

mu·ral /ˈmjʊərəl/ *n* [C] malowidło ścienne

mur·der[1] /ˈmɜːdə/ *n* [C,U] morderstwo: *A man was yesterday charged with the murder of two young girls.* | **commit (a) murder** (=popełnić morderstwo): *4600 murders were committed in the US in 1975.*

murder[2] *v* [T] za/mordować: *He murdered his wife in a jealous rage.* —**murderer** *n* [C] morder-ca/czyni

mur·der·ous /ˈmɜːdərəs/ *adj* morderczy, zbrodniczy: *murderous weapons*

murk·y /ˈmɜːki/ *adj* mętny: *murky water*

mur·mur /ˈmɜːmə/ *n* [C] szmer: *the murmur of the stream*

murmur *v* [I,T] za/mruczeć: *He softly murmured her name.*

mus·cle /ˈmʌsəl/ *n* [C,U] mięsień: *Weight lifting will strengthen your arm muscles.*

mus·cu·lar /ˈmʌskjələ/ *adj* **1** umięśniony, muskularny: *strong muscular arms* **2** mięśniowy: *muscular pain* | *a muscular disease* (=choroba mięśni)

mu·se·um /mjuːˈziːəm/ *n* [C] muzeum: *an art museum*

mush·room[1] /ˈmʌʃruːm/ *n* [C] grzyb: *a chicken and mushroom pie*

mushroom[2] *v* [I] wzrastać: *The city's population has mushroomed to over one million.*

mu·sic /ˈmjuːzɪk/ *n* [U] **1** muzyka: *What kind of music do you like?* | *music lessons* | **a piece of music** (=utwór): *My favorite piece of music is Vivaldi's "Four Seasons".* **2** nuty: *Paul has never been able to read music.*

mu·sic·al[1] /ˈmjuːzɪkəl/ *adj* **1** muzyczny: *musical instruments* **2** muzykalny:

I'm not musical at all. —**musically** *adv* muzycznie

musical[2] *n* [C] musical

mu·si·cian /mjuːˈzɪʃən/ *n* [C] muzyk

Mus·lim /ˈmʊzləm/ *n* [C] muzułmanin/ka —**Muslim** *adj* muzułmański

mus·lin /ˈmʌzlən/ *n* [U] muślin

mus·sel /ˈmʌsəl/ *n* [C] małż jadalny

must[1] /məst, mʌst/ *modal verb* **1** musieć: *All passengers must wear seatbelts.* | *It's getting late, I really must go.* | *George must be almost eighty years old* (=pewnie ma z 80 lat). | *That car must have been going at 90 miles an hour!* | *You must see Robin Williams' new movie. It's really funny.* → patrz ramka MUST, patrz też HAVE[3] **2 you must not** nie wolno ci: *You must not allow your dog out without a leash.*

must[2] /mʌst/ *n* **a must** *informal* coś, co koniecznie trzeba zrobić lub mieć: *If you visit Florida, going to Disney World is a must* (=koniecznie musisz pojechać do Disney World).

mus·tache /məˈstɑːʃ/ *AmE* wąsy

mus·tang /ˈmʌstæŋ/ *n* [C] mustang

mus·tard /ˈmʌstəd/ *n* [U] **1** musztarda **2** gorczyca

mus·ter /ˈmʌstə/ *v* **muster (up) courage** zdobywać się na odwagę: *I'm still trying to muster up the courage to speak to her.*

must·n't /ˈmʌsənt/ *v* skrót od MUST NOT

must·y /ˈmʌsti/ *adj* stęchły, zbutwiały: *musty old books*

mu·tant /ˈmjuːtənt/ *n* [C] mutant

mu·tate /mjuːˈteɪt/ *v* [I] z/mutować, ulegać mutacji —**mutation** *n* [C,U] mutacja

mute[1] /mjuːt/ *adj* niemy: *mute admiration*

mute[2] *n* [C] *old-fashioned* niemowa

mut·ed /ˈmjuːtəd/ *adj* **1** powściągliwy: *muted criticism* **2** przytłumiony: *the muted hum of London's traffic* | *muted colours*

mu·ti·late /ˈmjuːtəleɪt/ *v* [T] okaleczyć: *the mutilated bodies of his victims* —**mutilation** /ˌmjuːtəˈleɪʃən/ *n* [C,U] okaleczenie

mu·ti·nous /ˈmjuːtənəs/ *adj* zbuntowany: *mutinous soldiers*

mu·ti·ny /ˈmjuːtəni/ *n* [C,U] bunt

mut·ter /ˈmʌtə/ *v* [I,T] wy/mamrotać

mut·ton /ˈmʌtn/ *n* [U] baranina

mu·tu·al /ˈmjuːtʃuəl/ *adj* **1** wzajemny: *mutual respect* **2** wspólny: *a mutual friend* —**mutually** *adj* wzajemnie: *a mutually beneficial arrangement* (=układ korzystny dla obu stron)

Mu·zak /ˈmjuːzæk/ *n* [U] *trademark* muzyka z taśmy puszczana w sklepach, na lotniskach itp.

muz·zle /ˈmʌzəl/ *n* [C] **1** pysk, morda: *my dog's muzzle* **2** wylot lufy **3** kaganiec

my /maɪ/ *possessive pron* mój: *That's my car over there.* | *I tried not to let my feelings show.*

my·self /maɪˈself/ *pron* **1** się: *I burned myself on the stove.* **2** sobie: *I made myself a cup of coffee.* **3** sam/a: *I myself have the same problem.* **4 (all) by myself** zupełnie sam: *I went to the movie by myself.* | *I was all by myself in the house.* **5 have sth (all) to myself** mieć coś tylko dla siebie: *I had the whole swimming pool to myself today.*

mys·te·ri·ous /mɪˈstɪəriəs/ *adj* tajemniczy: *a mysterious illness* | *He's being very mysterious about his new girlfriend.* —**mysteriously** *adv* tajemniczo: *My money had mysteriously disappeared* (=zniknęły w tajemniczy sposób).

mys·te·ry /ˈmɪstəri/ *n* [C,U] tajemnica: *The location of the stolen money remains a mystery.* | *It's a mystery to me how she got the job.* | *an air of mystery* (=aura tajemniczości) | *the Sherlock Holmes mystery stories* (=opowieści kryminalne)

mys·tic[1] /ˈmɪstɪk/ *n* [C] misty-k/czka

mystic[2] *adj* mistyczny

mys·tic·al /ˈmɪstɪkəl/ **mystic** *adj* mistyczny: *While he was in the desert, he had some kind of mystical experience.*

mys·ti·cis·m /ˈmɪstəsɪzəm/ *n* [U] mistycyzm

Czasownik modalny ***MUST***

Czasownik modalny ***must*** (w przeczeniach: ***mustn't*** lub ***must not***), podobnie jak polski „musieć", może wyrażać zarówno nakaz lub konieczność, jak i przekonanie mówiącego:

*You **must** finish this job by tomorrow.* (nakaz)
*She **must** work harder if she wants to pass the exam.* (konieczność)
*He **must** be at least 60 years old.* (przekonanie)

W dwóch pierwszych przypadkach można także użyć ***have to***, co jednak pociąga za sobą pewną różnicę znaczeniową: przy ***must*** nakaz pochodzi od osoby mówiącej, przy ***have to*** – od kogo innego. Ponadto ***have to*** służy też do wyrażania obiektywnej konieczności:

*I **must** read more.* (sam tak postanowiłem, nie dlatego, że ktoś mi kazał)
*They **have to** wear their school uniforms.* (taki jest regulamin ich szkoły)

W pierwszej osobie używa się zarówno ***I/we must***, jak i ***I/we have to***. ***Must*** stosujemy zwykle w sytuacji, gdy zrobienie czegoś uważamy w chwili mówienia za ważne lub nie cierpiące zwłoki, a ***have to***, gdy dana sytuacja regularnie się powtarza:

*Look how late it is! I **must** run!*
*We **have to** catch the 8.15 train every morning.*

Ponieważ czasownik ***must*** nie posiada form czasu przeszłego ani nie występuje po ***will/shall***, w konstrukcjach tych zastępujemy go odpowiednimi formami ***have to***, np.:

*I **had to** tell her everything.*
*They **will have to** help us with the job.*

W mowie zależnej po czasowniku w czasie przeszłym ***must*** może (ale nie musi) być zastąpione przez ***had to***:

*'You **must** work harder.'*
*He said I **must/had to** work harder.*

Formy przeczące obu czasowników różnią się znaczeniem: ***must not*** wyraża zakaz („nie wolno mi/ci/mu itd."), natomiast ***don't/doesn't have to*** – brak konieczności („nie muszę, nie musisz, nie musi itd."), np.:

*You **must not** smoke in the cinema.*
*We **don't have to** go to school on Saturdays.*

Z podobną różnicą mamy do czynienia w przypadku ***must not*** i ***need not*** (lub ***don't/doesn't need to***):

*You **mustn't** tell her what I told you.* („Nie wolno ci...")
*You **needn't** (lub: **don't need to**) tell her what I told you.* („Nie musisz...")

Must w połączeniu z bezokolicznikiem typu „perfect" wyraża przekonanie lub przypuszczenie dotyczące przeszłości:

*I can't find my umbrella. I **must have left** it in the taxi.* („...Musiałam ją zostawić w taksówce.")
*When we talked on the phone last night, I could hardly understand what he was saying. He **must have been** very tired.* („...Musiał być bardzo zmęczony.")

patrz też: ***HAVE, Modal Verbs, NEED, Perfect Infinitive, Reported Speech, Verb***

mys·ti·fy /ˈmɪstəfaɪ/ *v* [T] stanowić zagadkę dla: *a case that mystified the police* —**mystifying** *adj* zagadkowy

mys·tique /mɪˈstiːk/ *n* [U] magia: *the mystique of Hollywood*

myth /mɪθ/ *n* [C,U] mit: *the myth that America is a free and open society* | *Greek myths about the creation of the world*

myth·i·cal /ˈmɪθɪkəl/ *adj* **1** mitologiczny: *mythical creatures such as the Minotaur* **2** mityczny: *the mythical Wild West of popular fiction*

my·thol·o·gy /mɪˈθɒlədʒi/ *n* [C,U] mitologia: *stories from Greek mythology* —**mythological** /ˌmɪθəˈlɒdʒɪkəl◂/ *adj* mitologiczny

M

Nn

N /en/ skrót od NORTH lub NORTHERN

n skrót od NOUN

'n' skrót od AND: *rock 'n' roll music*

N/A skrót od "not applicable"="nie dotyczy", stosowany przy wypełnianiu formularzy

naff /næf/ *adj BrE informal* durny: *a naff thing to say*

nag /næg/ *v* **-gged, -gging 1** [T] nie dawać spokoju: *My wife has been nagging me to fix the kitchen sink.* **2** [I] zrzędzić —**nagging** *adj* dokuczliwy: *a nagging headache*

nail[1] /neɪl/ *n* [C] **1** gwóźdź **2** paznokieć: *Stop biting your nails!* ➡ patrz też **hit the nail on the head** (HIT)

nail[2] *v* [T] przybijać gwoździami: *She nailed a sign to the tree.*

nail-bit·ing /'. ˌ../ *adj* pasjonujący: *a nail-biting finish*

nail file /'. ./ *n* [C] pilnik do paznokci

nail pol·ish /'. ../ *także* **nail varnish** *BrE* *n* [U] lakier do paznokci

na·ive /naɪ'iːv/ *adj* naiwny: *I was young and naive.* —**naively** *adv* naiwnie —**naivety** *n* [U] naiwność

na·ked /'neɪk$^{\text{I}}_{\text{ə}}$d/ *adj* **1** nagi, goły: **stark naked** (=zupełnie nagi) **2 with/to the naked eye** gołym okiem —**nakedness** *n* [U] nagość

name[1] /neɪm/ *n* [C] **1** nazwisko, imię: *Sorry, I've forgotten your name.* | **last name/family name** (=nazwisko) | **first name** (=imię): *His first name's Peter.* **2** nazwa: **+ of** *What's the name of* (=jak się nazywa) *the street the school is on?* **3 big/famous/household name** *informal* powszechnie znane nazwisko/nazwa **4** [singular] reputacja: *This kind of incident gives football a bad name.* **5 be in sb's name** stanowić czyjąś własność (*w świetle prawa*): *The house is in my name.* **6 call sb names** obrzucać kogoś wyzwiskami: *The other kids started calling me names.* **7 make a name for yourself** zdobyć sławę **8 in the name of** w imię: *It was all done in the name of progress.* ➡ patrz CHRISTIAN NAME, SURNAME

name[2] *v* [T] **1** nazywać: *Can you name this song* (=czy znasz tytuł tej piosenki)*?* | **name sb/sth after** *także* **name sth for** *AmE* (=nadawać komuś/czemuś imię na cześć): *He was named after his grandfather.* **2** mianować: *Mr Johnson was named as the new manager.* **3** wyznaczać: *Just name the date!* **4 you name it** *spoken* co tylko chcesz: *Beer, whisky, wine – you name it we've got it!*

name·less /'neɪmləs/ *adj* **1 sb who shall remain nameless** ktoś, czyjego nazwiska nie wymienię: *A certain film actor, who shall remain nameless, once had an affair with her.* **2** bezimienny, nieznany: *pictures by a nameless photographer*

name·ly /'neɪmli/ *adv* mianowicie: *The movie won two Oscars, namely "Best Actor" and "Best Director".*

name·sake /'neɪmseɪk/ *n* **sb's namesake** czyjś imiennik/czyjaś imienniczka

nan·ny /'næni/ *n* [C] niania

nap[1] /næp/ *n* [C] drzemka: *Dad usually takes a nap in the afternoon.*

nap[2] *v* [I] **-pped, -pping 1** drzemać **2 be caught napping** *informal* dać się zaskoczyć

na·palm /'neɪpɑːm/ *n* [U] napalm

nape /neɪp/ *n* [singular] kark

nap·kin /'næpk$^{\text{I}}_{\text{ə}}$n/ *n* [C] serwetka

nap·py /'næpi/ *n* [C] *BrE* pieluszka: *I think his nappy needs changing.*

nar·cot·ic /nɑː'kɒtɪk/ *n* [C] narkotyk: *He was arrested for possession of narcotics.* —**narcotic** *adj* narkotyczny

> UWAGA **narcotics** i **drugs**
>
> Słowem powszechnie używanym określenie narkotyków jest wyraz **drugs**. Wyraz **narcotics** występuje zwykle w języku policji i wymiaru sprawiedliwości USA. Bezpośrednio przed rzeczownikiem **narcotics** pełni funkcję przymiotnika: *The narcotics business is worth billions of dollars.*

nar·rate /nəˈreɪt/ *v* [T] opowiadać —**narration** *n* [C,U] narracja

nar·ra·tive /ˈnærətɪv/ *n* [C,U] opowiadanie: *an exciting narrative* —**narrative** *adj* narracyjny

nar·ra·tor /nəˈreɪtə/ *n* [C] narrator/ka

nar·row[1] /ˈnærəʊ/ *adj* **1** wąski: *the narrow streets of the old town* | *a narrow strip of water* **2** nieznaczny: *a narrow victory* | *It was a narrow escape* (=niewiele brakowało). —**narrowness** *n* [U] wąskość → patrz też NARROWLY

narrow[2] *v* [I,T] zwężać (się): *The road narrows here.*

narrow sth ↔ **down** *phr v* [T] zawężać: *We've narrowed down the number of candidates to just two.*

nar·row·ly /ˈnærəʊli/ *adv* ledwo: *The General narrowly avoided being killed in a car bomb attack.*

narrow-mind·ed /ˌ.. ˈ..◂/ *adj* ograniczony: *He's very narrow-minded.*

na·sal /ˈneɪzəl/ *adj* nosowy: *a high nasal voice* | *the nasal cavity*

nas·ty /ˈnɑːsti/ *adj* **1** paskudny: *a nasty shock* **2** wredny: *What a nasty thing to say.* —**nastily** *adv* złośliwie

na·tion /ˈneɪʃən/ *n* [C] **1** państwo: *the richest nation in the world* **2** naród: *The President will address the nation tomorrow.*

na·tion·al[1] /ˈnæʃənəl/ *adj* **1** krajowy: *the national news* → porównaj INTERNATIONAL **2** państwowy: *an issue of national importance* **3** narodowy: *the national bank of Peru* | *national dress*

national[2] *n* [C] *formal* obywatel/ka

national an·them /ˌ.... ˈ../ *n* [C] hymn państwowy

national hol·i·day /ˌ.... ˈ.../ *n* [C] święto państwowe

na·tion·al·ise /ˈnæʃənəlaɪz/ *v* brytyjska pisownia wyrazu NATIONALIZE

na·tion·al·is·m /ˈnæʃənəlɪzəm/ *n* [U] nacjonalizm: *Scottish nationalism* | *the rise of German nationalism in the 1920s and '30s*

na·tion·al·ist /ˈnæʃənəlɪst/ *n* [C] nacjonalist-a/ka —**nationalist** *adj* nacjonalistyczny: *nationalist leaders*

na·tion·al·is·tic /ˌnæʃənəˈlɪstɪk◂/ *adj* nacjonalistyczny: *a nationalistic speech*

na·tion·al·i·ty /ˌnæʃəˈnælɪti/ *n* **1** [C,U] obywatelstwo: *Her husband has US nationality.* **2** [C,U] narodowość: *people of all nationalities*

na·tion·al·ize /ˈnæʃənəlaɪz/ (*także* **-ise** *BrE*) *v* [T] z/nacjonalizować, upaństwowić → antonim PRIVATIZE — **nationalization** /ˌnæʃənəlaɪˈzeɪʃən/ (*także* **-isation** *BrE*) *n* [U] nacjonalizacja

na·tion·al·ly /ˈnæʃənəli/ *adv* w całym kraju: *Nationally, the jobless total rose to 2,606,602.*

national park /ˌ.... ˈ./ *n* [C] park narodowy: *Yellowstone National Park*

na·tion·wide /ˌneɪʃənˈwaɪd◂/ *adj* ogólnokrajowy: *a nationwide search* —**nationwide** *adv* w całym kraju

na·tive[1] /ˈneɪtɪv/ *adj* **1** rodzinny: *The football star returned to his native Belfast.* **2** rodowity: *a native Californian* **3** ojczysty: *our native language* **4** rodzimy: *South Africa's native wildlife*

native[2] *n* **1 be a native of** być rodem z: *She's a native of southern Brazil.* **2** [C usually plural] *old-fashioned* tubylec: *The government of the island treated the natives badly.*

Native A·mer·i·can /ˌ.. .ˈ.../ *n* [C] rodowity mieszkaniec Ameryki Północnej (*Indianin*)

native speak·er /ˌ.. ˈ../ *n* [C] rodzimy użytkownik języka

nat·ter /ˈnætə/ *v* [I] *BrE informal* paplać

nat·u·ral /ˈnætʃərəl/ *adj* **1** naturalny: *Of course she's upset. It's a perfectly natural reaction.* | *It's not natural for a four-year-old to be so quiet.* | *natural childbirth* **2** żywiołowy: *earthquakes and other natural disasters* **3** urodzony: *a natural athlete* —**naturalness** *n* [U] naturalność

natural his·to·ry /ˌ.... ˈ.../ *n* [U] przyrodoznawstwo

nat·u·ral·ist /ˈnætʃərəlɪst/ *n* [C] przyrodni-k/czka

Z

nat·u·ral·ize /'nætʃərəlaɪz/ (*także* **-ise** BrE) **be naturalized** zostać naturalizowanym —**naturalization** /ˌnætʃərəlaɪ'zeɪʃən/ (*także* **-isation** BrE) *n* [U] naturalizacja

nat·u·ral·ly /'nætʃərəli/ *adv* **1** naturalnie: *Naturally we're very disappointed.* | *naturally curly hair* | *Try to speak as naturally as possible.* **2** w sposób naturalny: *In the past, pests were controlled naturally.* | *Sodium chloride is found naturally* (=występuje w stanie naturalnym) *in many foods.* **3** z natury: *He's naturally very shy.* | **sth comes naturally to sb** *Making money comes naturally to her* (=przychodzi jej naturalnie).

natural re·sourc·es /ˌ.... '../ *n* [plural] bogactwa naturalne: *Japan has few natural resources of its own.*

na·ture /'neɪtʃə/ *n* **1** [U] natura, przyroda: *the forces of nature* **2** [C,U] natura: *Oswald's violent nature* | **the nature of** *changes in the nature of the job* (=w charakterze pracy) | **by nature** (=z natury): *By nature he's such a quiet boy.* | **not be in sb's nature** (=nie leżeć w czyjejś naturze): *Patrick wouldn't say that. It's not in his nature.* ➡ patrz też GOOD-NATURED, **human nature** (HUMAN[1]), SECOND NATURE

nature re·serve /'.. ..ˌ./ *n* [C] rezerwat przyrody

naugh·ty /'nɔːti/ *adj* niegrzeczny —**naughtiness** *n* [U] niegrzeczność —**naughtily** *adv* niegrzecznie

nau·se·a /'nɔːziə/ *n* [U] *formal* mdłości

nau·se·a·ting /'nɔːzieɪtɪŋ/ *adj* **1** obrzydliwy: *What a nauseating little person she is!* **2** mdlący, przyprawiający o mdłości: *the nauseating smell of rotting flesh*

nau·ti·cal /'nɔːtɪkəl/ *adj* żeglarski

na·val /'neɪvəl/ *adj* morski: *a naval battle*

na·vel /'neɪvəl/ *n* [C] pępek

nav·i·ga·ble /'nævɪgəbəl/ *adj* spławny: *Part of the St. Lawrence River is navigable.*

nav·i·gate /'nævɪgeɪt/ *v* **1** [I] pilotować: *Rick usually drives and I navigate.* **2** [I,T] żeglować, nawigować

nav·i·ga·tion /ˌnævɪ'geɪʃən/ *n* [U] nawigacja: *sophisticated navigation equipment* —**navigational** *adj* nawigacyjny

nav·i·ga·tor /'nævɪgeɪtə/ *n* [C] nawigator

na·vy /'neɪvi/ *n* [C] marynarka (wojenna): *My dad was 20 when he joined the navy.*

navy blue /ˌ.. '.◂/ *także* **navy** *adj* granatowy

Na·zi /'nɑːtsi/ *n* [C] nazist-a/ka —**Nazism** *n* [U] nazizm —**Nazi** *adj* nazistowski

n.b., NB *written* nota bene

NE skrót od NORTHEAST lub NORTHEASTERN

near[1] /nɪə/ *adv, prep* **1** niedaleko: *They live near Osaka.* | *Is there a bank near here?* **2 draw near** zbliżać się: *She got more and more nervous as the wedding drew near.* **3** prawie: **near perfect/impossible etc** *a near perfect test score* | **near to tears/death** (=bliski łez/śmierci) | **come/be near to doing sth** *She came near to hitting him* (=o mało go nie uderzyła).

> **UWAGA near i close**
>
> Oba wyrazy znaczą 'blisko'. **Close** występuje zwykle z **to**: *There is a new supermarket near our house.* | *We live close to the bus stop.* **Close** używamy też mówiąc o czymś, co jest 'blisko w czasie': *It was close to midnight.*

near[2] *adj* bliski, niedaleki: *We will have a new teacher joining us in the near future.* | *It's very near* (=to bardzo blisko). | **the nearest** *The nearest town is 20 miles away.* | *Who is her nearest relative?* | **a near miss** *Two planes had a near miss* (=o mały włos się nie zderzyły) *above the airport.*

near·by /'nɪəbaɪ/ *adj* [only before noun] pobliski: *They went swimming in a nearby lake.* —**nearby** /nɪə'baɪ/ *adv* w pobliżu

near·ly /'nɪəli/ *adv* prawie: *We've nearly finished.* | *It's nearly seven years since I last saw him.* | *He nearly died* (=o mało nie umarł).

UWAGA nearly never

Patrz **almost never, nearly never** i **hardly ever**.

near·sight·ed /ˌnɪəˈsaɪtəd◂/ *adj* krótkowzroczny —**nearsightedness** *n* [U] krótkowzroczność

neat /niːt/ *adj* **1** porządny, schludny: *He put his clothes in a neat pile on the bed.* | *They like to keep their house neat and tidy.* **2** *AmE informal* świetny: *The fireworks were really neat!* **3** zgrabny, elegancki: *a neat solution to the problem* **4** czysty: *I like my whisky neat.* —**neatly** *adv* schludnie —**neatness** *n* [U] schludność

ne·ces·sar·i·ly /ˈnesəsərəli/ *adv* **1 not necessarily** niekoniecznie: *Expensive restaurants do not necessarily have the best food.* **2** z konieczności, siłą rzeczy: *Income tax laws are necessarily complicated.*

ne·ces·sa·ry /ˈnesəsəri/ *adj* konieczny: *"Should I bring my passport?" "No, that won't be necessary."* | *Will you make all the necessary arrangements?* | *The doctor says it may be necessary for me to have an operation.* | **if necessary** (=w razie potrzeby): *They say they'll use force if necessary.* | **a necessary evil** (=zło konieczne): *Paying taxes is seen as a necessary evil.*

ne·ces·si·ty /nəˈsesəti/ *n* **1** [C] **be a necessity** być koniecznym: *A car is a necessity for this job.* | *Election reforms are an absolute necessity.* **2** [U] konieczność, potrzeba: *There's no necessity to pay now.* | **out of necessity** (=z konieczności): *They did it out of necessity.*

neck /nek/ *n* [C] **1** szyja: *a long, slender neck* | *a v-neck sweater* (=sweter z wycięciem w szpic) **2** szyjka: *the neck of a bottle* **3 be up to your neck in** *informal* być po szyję w: *Mason is up to his neck in debt.* **4 neck and neck** łeb w łeb

neck·lace /ˈnek-ləs/ *n* [C] naszyjnik: *a pearl necklace*

neck·line /ˈnek-laɪn/ *n* [C] dekolt (*sukienki itp.*)

neck·tie /ˈnektaɪ/ *n* [C] *AmE formal* krawat

nec·tar /ˈnektə/ *n* [U] nektar

need[1] /niːd/ *v* [T] **1** potrzebować: *I'm working on Sundays because I need the money.* | *You need* (=potrzebne jest) *a background in computer programming for this job.* | *You need to* (=trzeba) *make reservations for Yosemite campgrounds.* **2 you don't need to/you needn't** nie musisz: *It's OK. You don't need to wait.* **3 you need to** powinieneś: *She needs to see a doctor.* | **sth needs doing/fixing etc** *The windows need cleaning* (=trzeba umyć okna). **4 need sb to do sth** chcieć, żeby ktoś coś zrobił: *We need you to stay here and answer the phone.* ➡ patrz ramka NEED

need[2] *n* **1** potrzeba: *an urgent need to improve teaching standards* | *the need for stricter safety regulations* | *children's educational needs* | **if need be** (=w razie potrzeby): *I'll work all night if need be.* **2 be in need of** potrzebować: *She was desperately in need of a vacation.* **3 in need** w potrzebie: *families in need*

nee·dle /ˈniːdl/ *n* [C] **1** igła **2** drut: *knitting needles* **3 like looking for a needle in a haystack** *spoken* jak szukanie igły w stogu siana ➡ patrz też PINS AND NEEDLES

need·less /ˈniːdləs/ *adj* **1 needless to say** rzecz jasna: *Needless to say, with four children we're always busy.* **2** niepotrzebny: *needless suffering* —**needlessly** *adv* niepotrzebnie

nee·dle·work /ˈniːdlwɜːk/ *n* [U] szycie, szydełkowanie itp.

need·n't /ˈniːdnt/ *spoken, especially BrE* forma ściągnięta od 'need not'

need·y /ˈniːdi/ *adj* **1** ubogi: *a needy family* **2 the needy** ubodzy

neg·a·tive[1] /ˈnegətɪv/ *adj* **1** negatywny: *Raising taxes could have a negative effect on the economy.* | **+ about** *She's been very negative about* (=negatywnie nastawiona do) *school lately.* ➡ antonim POSITIVE **2** przeczący: *a negative answer* ➡ antonim AFFIRMATIVE **3** ujemny: *a company experiencing negative growth*

Z

→ antonim POSITIVE —**negatively** *adv* negatywnie, ujemnie

negative² *n* [C] **1** przeczenie → antonim AFFIRMATIVE **2** negatyw

ne·glect¹ /nɪ'glekt/ *v* [T] zaniedbywać: *You mustn't neglect your family.* | *The manufacturer had neglected to warn* (=nie ostrzegł) *users about the possible health risks.* —**neglected** *adj* zaniedbany

neglect² *n* [U] zaniedbanie: *children suffering from neglect*

neg·li·gence /'neglɪdʒəns/ *n* [U] zaniedbanie, niedopełnienie obowiązków: *The boy's parents are suing the hospital for negligence.*

neg·li·gent /'neglɪdʒənt/ *adj* niedbały, zaniedbujący obowiązki

neg·li·gi·ble /'neglɪdʒəbəl/ *adj* nieistotny: *The damage was negligible.*

ne·go·ti·a·ble /nɪ'gəʊʃiəbəl/ *adj* do uzgodnienia

ne·go·ti·ate /nɪ'gəʊʃieɪt/ *v* **1** [I,T] wy/negocjować: *UN representatives are trying to negotiate a ceasefire.* **2** [T] pokonywać: *old people carefully negotiating the steps*

ne·go·ti·a·tion /nɪ,gəʊʃi'eɪʃən/ *n* [C usually plural, U] negocjacje: *Israel held secret negotiations with the PLO in Norway.*

Ne·gro /'ni:grəʊ/ *n* [C] *old-fashioned* Murzyn/ka

neigh /neɪ/ *v* [I] za/rżeć

neigh·bour /'neɪbə/ *BrE*, **neighbor** *AmE n* [C] sąsiad/ka: *The Nelsons, our next-door neighbors, are always arguing.* | *Write down your name and then pass the paper to your neighbor.* | *Poland's neighbours*

neigh·bour·hood /'neɪbəhʊd/ *BrE*, **neighborhood** *AmE n* [C] okolica: *He grew up in a tough neighbourhood.* | *a neighborhood school* (=szkoła w okolicy)

neigh·bour·ing /'neɪbərɪŋ/ *BrE*, **neighboring** *AmE adj* [only before noun] sąsiedni: *neighbouring towns*

neigh·bour·ly /'neɪbəli/ *BrE*, **neighborly** *AmE adj* przyjazny, życzliwy

nei·ther¹ /'naɪðə/ *determiner, pron* żaden (*z dwóch*) ani jeden, ani drugi: *The game wasn't very exciting, and neither team played well.* → porównaj EITHER², NONE¹

neither² *adv* też nie: *"I don't like herb tea." "Neither do I."* | *"I haven't seen Greg in a long time." "Me neither."* | *She couldn't swim, and neither could her husband.* → porównaj ANY¹, EITHER³

neither³ *conjunction* **neither ... nor ...** ani ... ani ...: *Neither his mother nor his father spoke English.*

ne·on /'ni:ɒn/ *n* [U] neon: *neon light*

neph·ew /'nefju:/ *n* [C] siostrzeniec, bratanek → porównaj NIECE

Nep·tune /'neptju:n/ *n* [singular] Neptun

nerd /nɜ:d/ *n* [C] *informal* nudziarz

nerve /nɜ:v/ *n* **1** [U] zimna krew: *It takes a lot of nerve to give a speech in front of so many people.* | **lose your nerve** *I was going to ask her for a pay rise, but I lost my nerve.* **2 have the nerve to do sth** *informal* mieć czelność coś zrobić: *And then he had the nerve to criticize my cooking!* **3** [C] nerw

nerve-rack·ing /'nɜ:v ,rækɪŋ/, **nerve-wracking** *adj* wykańczający nerwowo: *a nerve-racking experience*

nerves /nɜ:vz/ *n* [plural] *informal* **1** nerwy, zdenerwowanie: *examination nerves* | **be a bundle of nerves** (=być kłębkiem nerwów) **2 get on sb's nerves** działać komuś na nerwy

ner·vous /'nɜ:vəs/ *adj* **1** zdenerwowany: *Sam's very nervous about his driving test.* | *I wish you'd stop watching me. You're making me nervous.* **2** nerwowy: *a thin, rather nervous-looking man* | **be a nervous wreck** (=być kłębkiem nerwów) —**nervously** *adv* nerwowo —**nervousness** *n* [U] nerwowość, zdenerwowanie

> UWAGA **nervous** i **irritated**
>
> Czasownik 'denerwować się' w znaczeniu 'niepokoić się' tłumaczymy **to be nervous**, a w znaczeniu 'złościć się' – **to be irritated**: *There's no need to be nervous. It's only an interview.* | *She was irritated with her*

NEED

Czasownik ***need*** może w przeczeniach i pytaniach zachowywać się tak, jak modalne, albo tak, jak zwykłe czasowniki:

*You **needn't** go.* *You **don't need to** go.*

***Need** he study more?* ***Does** he **need to** study more?*

W zdaniach twierdzących po ***need*** następuje bezokolicznik z **to**, a w trzeciej osobie liczby pojedynczej czasu Present Simple konieczna jest końcówka ***-s***:

*He **needs to** study more*

Forma ***need not (needn't)*** różni się znaczeniem od ***don't need to*** czy ***don't have to***, choć tłumaczymy ją tak samo („nie musisz", „nie musicie" itp.). ***Needn't*** wyraża autorytet mówiącego, podczas gdy pozostałych dwóch form używamy wtedy, gdy brak przymusu czy konieczności jest od mówiącego niezależny:

(Mother to child) *You **needn't** eat it all.*

*We **don't need to*** (albo: ***don't have to***) *pay. The car park is free.*

Formy ***needn't*** + bezokolicznik typu „perfect" używa się w sytuacji, gdy ktoś nie musiał czegoś robić, ale zrobił. Form ***didn't need to*** i ***didn't have to*** + bezokolicznik (Infinitive) używamy, gdy ktoś nie musiał czegoś robić i nie zrobił:

*'I walked all the way.' – 'You **needn't have walked**. There is a bus.'*

*I **didn't need to*** (albo: ***didn't have to***) ***walk**. I took the bus.*

Czasownik ***need*** nie zawsze pełni funkcje gramatyczne opisane powyżej: używa się go też jako zwykłego czasownika o znaczeniu „potrzebować":

I need a holiday/some money itp.

patrz też: ***HAVE TO, Infinitive, Modal Verbs, MUST, Perfect Infinitive, Verb***

daughter for behaving so awkwardly.

nervous break·down /ˌ.. '../ *n* [C] załamanie nerwowe

nervous sys·tem /'.. ˌ../ *n* [C] układ nerwowy

nest[1] /nest/ *n* [C] gniazdo: *a hornets' nest*

nest[2] *v* [I] za/gnieździć się

nes·tle /'nesəl/ *v* [I,T] w/tulić (się): *The little cat nestled in his arms.* | **+ among/between etc** *The village nestled* (=była wtulona) *among the Torridon hills.*

net[1] /net/ *n* [C,U] **1** siatka: *He hit the ball into the net.* **2** sieć: *a fishing net* **3 the Net** Internet: *Businesses that do not have access to the Net are severely disadvantaged.* ➡ patrz też SAFETY NET

net[2] *v* [T] **-tted, -tting 1** zarabiać/przynosić na czysto **2** z/łapać w sieć

net[3] *także* **nett** *BrE adj* **1** netto: *a net profit of $500,000* ➡ porównaj GROSS[1] **2 net weight** waga netto

net·ting /'netɪŋ/ *n* [U] siatka: *a fence of wire netting*

net·work[1] /'netwɜːk/ *n* [C] sieć: *the three big TV networks* | *the freeway network* | *a network of friends*

network[2] *v* [T] po/łączyć w sieć

neu·ro·sis /njʊ'rəʊsɪs/ *n* [C,U] *plural* **neuroses** /-siːz/ nerwica

neu·rot·ic /njʊ'rɒtɪk/ *adj* znerwicowany, neurotyczny: *She's neurotic about her health.* —**neurotic** *n* [C] neuroty-k/czka

neu·ter[1] /'njuːtə/ *adj* rodzaju nijakiego

Z

neuter[2] *v* [T] wy/sterylizować (*zwierzę*)

neu·tral[1] /ˈnjuːtrəl/ *adj* **1** neutralny: *Switzerland was neutral during World War II.* **2** bezstronny: *neutral reporting*

neutral[2] *n* [U] bieg jałowy: *Start the car in neutral.*

neu·tral·i·ty /njuːˈtræləti/ *n* [U] neutralność, bezstronność

neu·tral·ize /ˈnjuːtrəlaɪz/ (*także* **-ise** *BrE*) *v* [T] z/neutralizować, zobojętniać: *The medicine neutralizes the acid in your stomach.*

neu·tron /ˈnjuːtrɒn/ *n* [C] neutron

nev·er /ˈnevə/ *adv* **1** nigdy: *I've never been to Hawaii.* | *I never knew that* (=nic nie wiedziałam, że) *you played the guitar!* **2 never mind** *spoken* (nic) nie szkodzi: *"We've missed the bus." "Never mind, there's another one in ten minutes."* **3 you never know** *spoken* nigdy (nic) nie wiadomo: *You never know, you might get the job.*

nev·er·the·less /ˌnevəðəˈles/ *adv* pomimo to, niemniej jednak: *I think he's telling the truth. Nevertheless, I don't trust him.*

new /njuː/ *adj* **1** nowy: *I want to see Madonna's new movie.* | *Can the new drugs help her?* | *Do you like my new shoes?* | *A used car costs a lot less than a new one.* | *Is your new teacher OK?* | *Are you new here?* | *The police have found new evidence that suggests he's guilty.* | **brand new** (=nowiuteńki) | **be new to sb** *a lifestyle that was completely new to me* **2** młody: *new potaoes* —**newness** *n* [U] nowość

new·born /ˈnjuːbɔːn/ *adj* nowo narodzony —**newborn** *n* [C] noworodek

new·com·er /ˈnjuːkʌmə/ *n* [C] now-y/a, przybysz: **+ to** *a newcomer to teaching* (=początkujący nauczyciel)

new·fan·gled /ˌnjuːˈfæŋɡəld◂/ *adj* nowomodny: *newfangled ideas about raising children*

new·ly /ˈnjuːli/ *adv* **newly built/married** nowo wybudowany/poślubiony

new·ly·weds /ˈnjuːliwedz/ *n* [plural] nowożeńcy, państwo młodzi

news /njuːz/ *n* **1** [U] wiadomości: *national and local news* | **a piece of news** (=wiadomość): *an interesting piece of news* | **good/bad news** *I have some good news for you!* | **hear news** *Have you heard any news from* (=czy masz jakieś wiadomości od) *Emma yet?* | **news of** *more news of an explosion in the city* | **news story/report** *a news report on the Middle East* **2 the news** wiadomości (*telewizyjne lub radiowe*): *What time is the news on?* | **on the news** (=w wiadomościach): *I heard it on the news last night.* **3 that's news to me** *spoken* pierwsze słyszę: *He's getting married? That's news to me.*

news a·gen·cy /ˈ. ˌ.../ *n* [C] agencja prasowa

news·a·gent /ˈnjuːzˌeɪdʒənt/ *n* [C] *BrE* **1 newsagent's** sklep z gazetami, czasem także z papierosami i słodyczami **2** sprzedawca w sklepie z gazetami

news bul·le·tin /ˈ. ˌ.../ *n* [C] **1** *BrE* serwis informacyjny, wydanie wiadomości **2** *AmE* wiadomości z ostatniej chwili

news·cast·er /ˈnjuːzˌkɑːstə/ *n* [C] prezenter/ka wiadomości

news·flash /ˈnjuːzflæʃ/ *n* [C] *BrE* wiadomości z ostatniej chwili

news·let·ter /ˈnjuːzˌletə/ *n* [C] biuletyn: *our church newsletter*

news·pa·per /ˈnjuːsˌpeɪpə/ *n* [C,U] *także* **paper** gazeta: *the local newspaper* | *plates wrapped in newspaper*

news·read·er /ˈnjuːzˌriːdə/ *n* [C] *BrE* prezenter/ka wiadomości

news·stand /ˈnjuːzstænd/ *n* [C] uliczne stoisko z gazetami

newt /njuːt/ *n* [C] traszka

New Tes·ta·ment /ˌ. ˈ.../ *n* **the New Testament** Nowy Testament → porównaj OLD TESTAMENT

New Year /ˌ. ˈ.◂/ *n* [U] Nowy Rok: *Happy New Year* (=Szczęśliwego Nowego Roku)!

new year *n* **the new year** nowy rok: *We're opening three new stores in the new year.*

New Year's Day /ˌ. . ˈ./ *n* [U singular] Nowy Rok

New Year's Eve /ˌ. . ˈ./ *n* [U singular] sylwester

next[1] /nekst/ *adj* **1** następny: *The next flight leaves in 45 minutes.* | *They returned to New York the next day.* | *Turn left at the next corner.* | *Who will be the next President?* | *Read the next chapter by Friday.* | **next time** (=następnym razem): *Next time, be more careful!* | **next Monday/year** (=przyszły poniedziałek/rok): *See you next week.* **2** sąsiedni: *the people at the next table* **3 be the next best thing to** być prawie tak dobrym jak: *Talking on the phone is the next best thing to being together.*

> UWAGA **next week i the next week**
>
> Obecność przedimka określonego **the** zmienia znaczenie wyrażeń takich, jak **next year**, **next month**, **next week** itp. Wyrażenia bez **the** odnoszą się do przyszłości i znaczą 'w przyszłym roku, miesiącu, tygodniu' itd.: *See you next week!* | *She's going to try again next year.*. Wyrażenia z **the**, takie jak **the next year**, **the next month**, **the next week** znaczą 'następny rok, miesiąc, tydzień' itd. i mogą odnosić się zarówno do przyszłości, jak i przeszłości: *I'm going to be busy for the next month* (=przez cały następny miesiąc). | *She got married and spent the next year in Boston.*

next[2] *adv* **1** potem, następnie: *What shall we do next?* | *First, read the instructions. Next, write your name at the top of the page.* **2 next to** obok, przy: *I sat next to a really nice lady on the plane.* | *Your glasses are there, next to the phone.* **3 next to nothing** tyle co nic: *I bought the car for next to nothing* (=za grosze)*!*

next[3] *pron* **1** następny: *Carrots. Milk. What's next on the list?* | *Who's next to see the doctor?* **2 the week/year after next** za dwa tygodnie/lata: *Let's meet some time the week after next.*

next door /ˌ. ˈ.◂/ *adv* **1** obok, za ścianą: *The Simpsons live next door.* **2 next door to** po sąsiedzku z, w budynku obok: *The baker's is right next door to the school.* —**next-door** *adj*: *my next-door neighbour* (=najbliższy sąsiad)

next of kin /ˌ. . ˈ./ *n* [C] *plural* **next of kin** najbliższa rodzina: *Her next of kin was informed of her death.*

nib /nɪb/ *n* [C] stalówka

nib·ble /ˈnɪbəl/ *v* [I,T] skubać, pogryzać: **+ on** *She was nibbling on a carrot.*

nice /naɪs/ *adj* **1** ładny: *That's a nice sweater.* | **look/smell nice** (=ładnie wyglądać/pachnieć): *You look nice in that suit.* | **nice and warm/sweet** (=cieplutki/słodziutki): *It's nice and warm in here.* **2** miły: *They're all very nice people.* | *Did you have a nice time* (=czy miło spędziliście czas) *at the beach?* | **it is nice to do sth** *It would be nice* (=przyjemnie byłoby) *to go to Spain.* | **be nice to sb** *Be nice to your little sister.* | **it is nice of sb (to do sth)** *It was nice of you to come* (=to miło, że przyszedłeś). **3 (it's) nice to meet you/nice meeting you** *spoken* bardzo mi miło

> UWAGA **nice**
>
> **Nice** to wyraz charakterystyczny dla języka nieoficjalnego. Można używać go w rozmowie i w listach do przyjaciół, ale należy go unikać w innych tekstach pisanych, w których można go zastapić wyrazami takimi jak: **good**, **pleasant**, **atttractive**, **enjoyable** itp.

nice-look·ing /ˌ. ˈ..◂/ *adj* atrakcyjny, przystojny: *He's a nice-looking guy.*

nice·ly /ˈnaɪsli/ *adv* ładnie: *Belinda is always so nicely dressed.* | *His arm is healing nicely.* | *Ask nicely and I'll give you some chocolate.*

niche /niːʃ/ *n* [C] **1 find one's niche (as)** odnaleźć się (jako): *She found her niche as a fashion designer.* **2** nisza, wnęka

nick[1] /nɪk/ *n* **1 in the nick of time** w samą porę: *The doctor arrived in the nick of* *time.* **2** [C] zadraśnięcie, nacięcie **3 in good nick/in bad nick** *BrE informal* w dobrym/złym stanie: *Our car's old but it's in good nick.*

nick² *v* [T] **1** zadrasnąć (się w), zaciąć (się w): *I nicked my chin when I was shaving.* **2** *BrE informal* zwędzić, zwinąć: *Someone's nicked my bike!*

nick·el /ˈnɪkəl/ *n* **1** [C] pięciocentówka **2** [U] nikiel

nick·name /ˈnɪkneɪm/ *n* [C] przezwisko, przydomek: *His nickname was "Curly" because of his hair.* —**nickname** *v* [T] przezwać: *At school Robert was nicknamed Robbo.*

nic·o·tine /ˈnɪkətiːn/ *n* [U] nikotyna

niece /niːs/ *n* [C] siostrzenica, bratanica → porównaj NEPHEW

nif·ty /ˈnɪfti/ *adj informal* zmyślny: *a nifty card trick*

nig·ger /ˈnɪgə/ *n* [C] czarnuch

nig·gle /ˈnɪgəl/ *v* [T] **1** czepiać się: **+ over** *She niggled over every detail of the bill.* **2** irytować: *It niggled him that she had told him the wrong date.*

nig·gling /ˈnɪgəlɪŋ/ *adj* **niggling doubt/suspicion** dręcząca wątpliwość/podejrzenie

night /naɪt/ *n* **1** [C,U] noc: *I woke up in the middle of the night.* | **at night** (=w nocy): *It's very cold here at night.* | **all night (long)** (=(przez) całą noc): *Some supermarkets stay open all night.* | **a good night's sleep** *What you need is a good night's sleep* (=musisz się porządnie wyspać). | **a late night** (=zarwana noc): *You look tired. Too many late nights!* **2** [C,U] wieczór: **last night** (=wczoraj wieczorem): *Did you go out last night?* | **tomorrow night** *Some friends are coming over tomorrow night.* | **Monday/Saturday etc night** *There's a party at Val's on Friday night.* | **a night out** *We had a really good night out* (=spędziliśmy naprawdę miły wieczór poza domem).

night·club /ˈnaɪtklʌb/ *n* [C] nocny lokal

night·dress /ˈnaɪtdres/ *n* [C] koszula nocna

night·fall /ˈnaɪtfɔːl/ *n* [U] *literary* zmrok

night·gown /ˈnaɪtgaʊn/ *n* [C] koszula nocna

night·ie /ˈnaɪti/ *n* [C] *informal* koszula nocna

nigh·tin·gale /ˈnaɪtɪŋgeɪl/ *n* [C] słowik

night·life /ˈnaɪtlaɪf/ *n* [U] nocne życie: *Las Vegas is famous for its nightlife.*

night·ly¹ /ˈnaɪtli/ *adj* wieczorny: *a nightly news broadcast*

nightly² *adv* co wieczór/noc, każdego wieczora/każdej nocy: *The bar is open nightly.*

night·mare /ˈnaɪtmeə/ *n* [C] **1** koszmarny sen: *She still has nightmares about the accident.* **2** koszmar: *It was a nightmare driving home in the snow.* —**nightmarish** *adj* koszmarny

night school /ˈ. ./ *n* [U] kurs wieczorowy: *I'm studying Spanish at night school.*

night shift /ˈ. ./ *n* [C,U] nocna zmiana: **be on night shift** *Lee's on night shift at the hospital this week.*

night·time /ˈnaɪt-taɪm/ *n* [U] noc → antonim DAYTIME

night watch·man /ˌ. ˈ../ *n* [C] nocny stróż

nil /nɪl/ *n* [U] zero: *The score was seven nil.* | *His chances of winning are almost nil.*

> **UWAGA nil**
>
> W angielszczyźnie brytyjskiej **nil** używa się w znaczeniu 'zero' przy podawaniu wyników gier sportowych: *United won the game three nil.* Patrz też **o**. Patrz też **zero** i **nought**.

nim·ble /ˈnɪmbəl/ *adj* zwinny: *nimble fingers* | *a nimble climber*

nine /naɪn/ *number* **1** dziewięć **2** (godzina) dziewiąta: *I have to be in the office by nine.*

nine·teen /ˌnaɪnˈtiːn◂/ *number* dziewiętnaście —**nineteenth** *number* dziewiętnasty

nine-to-five /ˌ. . ˈ./ *adv* **work nine-to-five** pracować od dziewiątej do siedemnastej —**nine-to-five** *adj*: *a nine-to-five job*

nine·ty /ˈnaɪnti/ *number* **1** dziewięćdziesiąt **2 the nineties** lata dziewięćdziesiąte —**ninetieth** *number* dziewięćdziesiąty

ninth /naɪnθ/ *number* dziewiąty

nip /nɪp/ **-pped, -pping** *v* **1** [I,T] u/gryźć (*lekko*) **+ at** *That stupid dog keeps nipping at my ankles* (=szarpie mnie za kostki). **2** [I] *BrE informal* wyskoczyć: *I've just got to nip out to the shops.* **3 nip something in the bud** zdusić coś w zarodku

nip·ple /ˈnɪpəl/ *n* [C] brodawka sutkowa, sutek

nit /nɪt/ *n* [C] **1** gnida **2** *BrE informal* dureń

nit·pick·ing /ˈnɪtˌpɪkɪŋ/ *n* [U] szukanie dziury w całym

ni·tro·gen /ˈnaɪtrədʒən/ *n* [U] azot

nit·ty-grit·ty /ˌnɪti ˈgrɪti/ *n informal* **the nitty-gritty** konkrety: *Let's get down to the nitty-gritty and work out the cost.*

no. *plural* **nos.** skrót od NUMBER

no¹ /nəʊ/ *adv* nie: *"Is she married?" "No, she's not."* | *"Do you want some more coffee?" "No, thanks."* | *"Gary's weird." "No, he's just shy."* | *No, Jimmy, don't touch that.* | **say no** (=odmawiać): *I asked Dad if I could have a dog, but he said no.* ➡ antonim YES¹

no² *determiner* **1** żaden: *no buses in this part of town* | *I'm sorry, there are no tickets left* (=nie ma już biletów). **2** ani trochę: *There's no sugar in the bowl.* | *He has no time* (=nie ma czasu) *to help.* **3** zakaz: *No smoking.* ➡ patrz też **in no time** (TIME¹)

no·bil·i·ty /nəʊˈbɪlɪ̵ti/ *n* **1 the nobility** szlachta, arystokracja **2** [U] szlachetność

no·ble¹ /ˈnəʊbəl/ *adj* **1** szlachetny: *a noble achievement* **2** szlachecki, arystokratyczny: *noble families* —**nobly** *adv* szlachetnie

noble² **nobleman, noblewoman** *n* [C] szlachci-c/anka, arystokrat-a/ka

no·bod·y¹ /ˈnəʊbədi/ *pron* nikt: *I spoke to Jane, but to nobody else.*

nobody² *n* [C] nikt, zero: *I'm sick of being a nobody!*

noc·tur·nal /nɒkˈtɜːnl/ *adj technical* nocny (*o zwierzęciu*)

nod /nɒd/ *v* **-dded, -dding 1** [I,T] skinąć (głową): *"Are you Jill?" he asked. She smiled and nodded.* | *Ben nodded his head sympathetically.* **2** po/kiwać (głową), kiwnąć (głową): **+ to/at/towards** *I nodded to the waiter.* | *"Sally's in there," Jim said, nodding towards the kitchen.* —**nod** *n* [C] skinienie

nod off *phr v* [I] *informal* przysypiać: *His speech was so boring I kept nodding off.*

noise /nɔɪz/ *n* [C,U] hałas, odgłos(y): *the noise of the traffic* | *Did you hear that clicking noise?* | **make (a) noise** (=hałasować): *Stop making so much noise.*

noise·less·ly /ˈnɔɪzləsli/ *adv* bezszelestnie, bezgłośnie: *A waiter noiselessly entered their room.*

nois·y /ˈnɔɪzi/ *adj* hałaśliwy, głośny: *noisy schoolkids* | *a noisy bar* —**noisily** *adv* hałaśliwie

no·mad /ˈnəʊmæd/ *n* [C] koczowni-k/czka, nomada: *the desert nomads of North Africa* —**nomadic** *adj* koczowniczy

no-man's land /ˈ. . ˌ./ *n* [U singular] ziemia niczyja

nom·i·nal /ˈnɒmɪ̵nəl/ *adj* **1** nominalny, tytularny: *a nominal leader* **2 nominal amount/price** symboliczna ilość/cena: *I bought the house for a nominal sum in 1963.*

nom·i·nal·ly /ˈnɒmɪnəli/ *adv* nominalnie, z nazwy: *a nominally independent company*

nom·i·nate /ˈnɒmɪ̵neɪt/ *v* [T] nominować, mianować: **nominate sb for/as sth** *I'd like to nominate Margaret as class representative.* —**nomination** /ˌnɒmɪ̵ˈneɪʃən/ *n* [C,U] nominacja, mianowanie

nom·i·nee /ˌnɒmɪ̵ˈniː/ *n* [C] nominowan-y/a: *Oscar nominee, Winona Ryder*

Z

non·al·co·hol·ic /ˌ. ..ˈ..◂ / *adj* bezalkoholowy

non·cha·lant /ˈnɒnʃələnt/ *adj* nonszalancki: *young men trying to look nonchalant* —**nonchalance** *n* [U] nonszalancja —**nonchalantly** *adv* nonszalancko

non·com·mit·tal /ˌnɒnkəˈmɪtl◂ / *adj* wymijający: *a noncommittal reply*

non·con·form·ist /ˌnɒnkənˈfɔːmɪst◂ / *n* [C] nonkonformist-a/ka: *a political nonconformist* —**nonconformist** *adj* nonkonformistyczny: *nonconformist views*

non·de·script /ˈnɒndɪˌskrɪpt/ *adj* nijaki, nieokreślony: *a nondescript man in a grey suit*

none[1] /nʌn/ *pron* **1** ani trochę: *"Can I have some more coffee?" "Sorry, there's none left."* | **+ of** *None of the money is mine.* **2** żaden, ani jeden: **+ of** *None of my friends are here.* | **none at all** *Any car is better than none at all* (=lepszy niż żaden).

> **UWAGA none**
>
> W mowie, jeśli po **none of** występuje rzeczownik lub zaimek w liczbie mnogiej, czasownik też może być w liczbie mnogiej: *I invited some friends, but none of them were interested.* Natomiast w piśmie lepiej używać czasownika w liczbie pojedynczej: *None of them was interested.*

none[2] *adv* **1 none the worse/wiser** ani trochę nie gorszy/mądrzejszy: *We were none the wiser for his explanation.* **2 none too pleased/easy** bynajmniej nie zadowolony/łatwy: *Life was none too easy in those days.*

non·en·ti·ty /nɒˈnentɪti/ *n* [C] miernota: *a weak government, full of politicians who are nonentities*

none·the·less /ˌnʌnðəˈles◂ / *adv formal* pomimo to, niemniej jednak: *The economy is improving, but people are losing jobs nonetheless.*

non·ex·ist·ent /ˌnɒnɪgˈzɪstənt◂/ *adj* nie istniejący: *Industry is practically nonexistent in the area.*

non·fic·tion /ˌnɒnˈfɪkʃən◂ / *n* [U] literatura faktu ➡ porównaj FICTION

non·pay·ment /ˌnɒnˈpeɪmənt/ *n* [U] niepłacenie: **+ of** *nonpayment of rent*

non·plussed /nɒnˈplʌst/ *adj* skonsternowany: *I was quite nonplussed at his news.*

non-re·new·a·ble /ˌ. .ˈ...◂/ *adj* nieodnawialny: *Coal and gas are nonrenewable types of energy.*

non·sense /ˈnɒnsəns/ *n* [U] **1** nonsens: *"This dress makes me look fat." "Nonsense, you look great!"* **2** wygłupy: *I'm not putting up with any more of your nonsense!* —**nonsensical** /nɒnˈsensɪkəl/ *adj* nonsensowny, niedorzeczny

non-smok·er /ˌ. ˈ../ *n* [C] niepaląc-y/a

non·smok·ing /ˌnɒnˈsməʊkɪŋ/ *adj* dla niepalących: *the nonsmoking section of the plane*

non·stan·dard /ˌnɒnˈstændəd/ *adj* niestandardowy: *Lots of people say "I gotta go", but "gotta" is still considered nonstandard.*

non·start·er /ˌnɒnˈstɑːtə/ *n* [C usually singular] *informal* coś, co nie może się udać: *The whole idea sounds like a nonstarter to me.*

non·stick /ˌnɒnˈstɪk◂ / *adj* teflonowy: *a nonstick pan*

non·stop /ˌnɒnˈstɒp◂ / *adv, adj* bez przerw(y): *Dan worked nonstop for 12 hours.* | *a nonstop flight* (=bezpośredni lot) *to New York*

non·vi·o·lence /ˌnɒnˈvaɪələns/ *n* [U] niestosowanie przemocy: *a policy of nonviolence* —**nonviolent** *adj*: *nonviolent protest* (=pokojowy protest)

noo·dle /ˈnuːdl/ *n* [C usually plural] makaron: *chicken noodle soup* (=rosół z makaronem)

nook /nʊk/ *n* **1** [C] zakamarek: *a shady nook* **2 every nook and cranny** każdy kąt, wszystkie zakamarki: *We've searched every nook and cranny for that key.*

noon /nuːn/ *n* [U] południe: *Lunch will be served at noon.*

Z

no one /ˈ. ./ *pron* nikt: *I called last night but no one was home.*

noose /nuːs/ *n* [C] pętla

nor /nɔː/ *conjunction* **1 neither ... nor ...** ani ... ani ...: *My mother's family were neither rich nor poor.* | *They can neither read nor write.* **2** *formal* też nie: *He wasn't at the meeting, nor was he at work yesterday* (=nie było go też wczoraj w pracy).

norm /nɔːm/ *n* [C] **1 be the norm** być regułą: *Unemployment is becoming the norm here.* **2** [C usually plural] norma: *the values and norms of civilized society*

nor·mal /ˈnɔːməl/ *adj* normalny: *Greg isn't acting like his normal self.* | *normal business hours* → antonim ABNORMAL

nor·mal·i·ty /nɔːˈmæləti/ *także* **nor·mal·cy** /ˈnɔːməlsi/ *AmE n* [U] normalność

nor·mal·ize /ˈnɔːməlaɪz/ (*także* **-ise** *BrE*) *v* [I,T] u/normować (się), u/regulować (się): *In March 1944 Russia normalized relations with Italy.* —**normalization** /ˌnɔːməlaɪˈzeɪʃən/ *n* [U] normalizacja

nor·mal·ly /ˈnɔːməli/ *adv* normalnie: *I normally go to bed around 11.* | *Try to relax and breathe normally.*

north¹ /nɔːθ/ *n* [U] północ: *Which way is north?* | *My grandparents came from the North* (=z północy kraju).

north² *adj* północny: *the north end of the field* | *north wind* | **north of** (=na północ od): *a town 20 miles north of Salem*

north³ *adv* **1** na północ: *We headed north.* **2 up north** na północ(y): *The Simpsons are moving up north in May.*

north·bound /ˈnɔːθbaʊnd/ *adj* w kierunku północnym: *northbound traffic*

north·east¹ /ˌnɔːθˈiːst◂/ *n* [U] północny wschód —**northeastern** *adj* północno-wschodni

northeast² *adj* północno-wschodni: *a northeast wind*

northeast³ *adv* na północny wschód: *driving northeast*

nor·ther·ly /ˈnɔːðəli/ *adj* północny: *a northerly direction* | *a northerly wind*

nor·thern /ˈnɔːðən/ *adj* północny: *northern California*

nor·thern·er /ˈnɔːðənə/, **Northerner** *n* [C] mieszkan-iec/ka północy kraju

nor·thern·most /ˈnɔːðənməʊst/ *adj* najbardziej wysunięty na północ: *the northernmost tip of the island*

North Pole /ˌ. ˈ./ *n* [singular] biegun północny

north·ward /ˈnɔːθwəd/ *adj, adv* na północ

north·west¹ /ˌnɔːθˈwest◂/ *n* [U] północny zachód —**northwestern** *adj* północno-zachodni

northwest² *adj* północno-zachodni: *a northwest wind*

northwest³ *adv* na północny zachód: *walking northwest*

nose¹ /nəʊz/ *n* **1** [C] nos: *Someone punched him on the nose.* | *My nose is running* (=mam katar). **2 (right) under sb's nose** przed samym nosem: *He passed me the note right under the nose of the examiner!* **3 stick/poke your nose into** *informal* wtykać nos w: *Jane's always sticking her nose into other people's business.* **4 turn your nose up (at sth)** kręcić nosem (na): *Most kids turn their noses up at fresh vegetables.* **5** [C] dziób (*np. samolotu*) **6 look down your nose at sb** patrzeć na kogoś z góry **7 red-nosed/long-nosed** czerwononosy/długonosy → patrz też **blow your nose** (BLOW)

nose² *v* [I] sunąć powoli: *The taxi nosed out into the traffic.*

nose around (*także* **nose about** *BrE*) *phr v* [I] węszyć: *Why were you nosing around in my room?*

nose·bleed /ˈnəʊzbliːd/ *n* krwawienie z nosa

nose·dive /ˈnəʊzdaɪv/ *n* **1 take a nosedive** pójść ostro w dół, gwałtownie spaść: *Profits took a nosedive last year.* **2** [C] pikowanie —**nosedive** *v* [I] pikować

nose job /ˈ. ./ *n* [C] *informal* operacja plastyczna nosa

nos·tal·gia /nɒˈstældʒə/ *n* [U] nostalgia: **+ for** *nostalgia for his life on the farm* —**nostalgic** *adj* nostalgiczny —**nostalgically** *adv* nostalgicznie

nos·tril /ˈnɒstrəl/ *n* [C] nozdrze

nos·y /ˈnəʊzi/ *adj* wścibski: *Our neighbours are really nosy.* —**nosiness** *n* [U] wścibstwo

not /nɒt/ *adv* **1** nie: *Most stores are not open on Sundays.* | *He does not speak English.* | *No one knows if the story is true or not.* | **not at all** (=wcale nie): *I was not at all surprised to see her.* | **not a lot/not much** (=niewiele): *Not much is known about the disease.* | **I hope not** (=mam nadzieję, że nie): *"Is Mark still ill?" "I hope not."* → porównaj SO¹ **2 not only ... (but) also** nie tylko ..., (lecz) także: *She's not only funny, she's also clever.* **3 not a/not one** żaden: *Not one of the students knew the answer.* **4 not bad!** *spoken* nieźle!: *"I got a B+ on my test!" "Not bad!"* **5 not that ...** nie żeby(m) ...: *Sarah has a new boyfriend – not that I care.*

no·ta·ble /ˈnəʊtəbəl/ *adj* godny uwagi: *an area notable for* (=słynący z) *its forests*

no·ta·bly /ˈnəʊtəbli/ *adv* w szczególności, zwłaszcza: *Some politicians, most notably the President, refused to comment.*

no·ta·tion /nəʊˈteɪʃən/ *n* [C,U] zapis, notacja

notch /nɒtʃ/ *n* [C] nacięcie, karb: *He cut a notch into the stick.*

note¹ /nəʊt/ *n* **1** [C] liścik: *I wrote Jane a note to thank her.* **2** [C] notatka: **make a note of** (=za/notować): *I'll just make a note of your new address.* **3** [C] nuta: *He hummed a few notes of a tune.* **4** [C] *BrE* banknot: *a ten-pound note* **5 take note (of sth)** brać/wziąć (coś) pod uwagę: *We must always take note of our customers' views.* **6 of note** znaczący, liczący się: *a writer of note*

note² *v* [T] **1** zauważyć, zwrócić uwagę na: **+ that** *Please note that the museum is closed on Mondays.* **2** *także* **note down** za/notować, zapisywać: *He noted down my name.*

note·book /ˈnəʊtbʊk/ *n* [C] notatnik, notes

not·ed /ˈnəʊtəd/ *adj* znany: *a noted author* | **+ for** *an area noted for its cheeses*

note·pa·per /ˈnəʊtˌpeɪpə/ *n* [U] papier listowy

notes /nəʊts/ *n* [plural] notatki: **take notes** (=robić notatki): *Did you take notes during the lecture?*

note·wor·thy /ˈnəʊtˌwɜːði/ *adj formal* godny uwagi: *a noteworthy event*

noth·ing¹ /ˈnʌθɪŋ/ *pron* **1** nic: *There's nothing in the bag.* | *Nothing you say will change what he thinks.* | *I have nothing to wear!* | *"What did you say?" "Oh, nothing* (=nic takiego)*."* | **nothing else** (=nic innego): *I had nothing else to do, so I went to bed.* **2** zero: *The Red Sox won the game three nothing* (=trzy do zera). **3 for nothing a)** za nic, za darmo: *I did all that work for nothing.* **b)** na darmo, na próżno: *I spent three years studying for nothing.* **4 have/be nothing to do with a)** nie mieć nic wspólnego z: *The amount you earn has nothing to do with how hard you work.* **b)** nie dotyczyć: *What I said to Joe has nothing to do with you* (=to nie twoja sprawa). **5 nothing special** nic szczególnego: *The story was nothing special, but the pictures were nice.* **6 nothing but** nic tylko: *We've had nothing but rain for two weeks.* **7 nothing much** *spoken* niewiele: *"What did he say?" "Oh, nothing much."* **8 there's nothing for it (but to do sth)** nie pozostaje nic innego (niż tylko coś zrobić): *There was nothing for it but to swim.* **9 (there's) nothing to it** *spoken* to bardzo proste **10 it was nothing** *spoken* (ależ to) drobiazg: *"Thanks a lot!" "It was nothing."*

nothing² *adv* **be nothing like** w niczym nie przypominać: *We have hills at home, but they're nothing like this!*

noth·ing·ness /ˈnʌθɪŋnəs/ *n* [U] nicość

no·tice¹ /ˈnəʊtəs/ *v* [I,T] zauważać: *I said "hello", but she didn't notice.* | **+ that** *Max noticed that I was getting nervous.*

UWAGA notice

Nie należy używać "can" w połączeniu z **notice**. Nie mówi się "we can notice an improvement". Mówi się **we notice an improvement** lub **we can see an improvement**.

notice[2] *n* **1** [C] ogłoszenie: *I put a notice up saying 'No Entry'.* **2** [U] wymówienie: **give sb notice** *You must give the bank three days' notice before closing your account.* **3 not take any notice/take no notice** nie zwracać uwagi: *Don't take any notice of her, she's just annoyed.* **4 at short notice/at a moment's notice** bez wcześniejszego ostrzeżenia: *You can't expect us to leave at a moment's notice!* **5 until further notice** do odwołania: *The store will be closed until further notice.* **6 hand/give in your notice** składać wymówienie

no·tice·a·ble /ˈnəʊtəsəbəl/ *adj* zauważalny, widoczny: *There's been a noticeable improvement in your work.* —**noticeably** *adv* zauważalnie

no·tice·board /ˈnəʊtəsˌbɔːd/ *n* [C] *BrE* tablica ogłoszeń

no·ti·fy /ˈnəʊtəfaɪ/ *v* [T] *formal* powiadamiać: *Have you notified the police?* —**notification** /ˌnəʊtəfəˈkeɪʃən/ *n* [C,U] zawiadomienie

no·tion /ˈnəʊʃən/ *n* [C] pojęcie: *Where did you get the notion* (=skąd ci przyszło do głowy) *that I was leaving?*

no·to·ri·e·ty /ˌnəʊtəˈraɪəti/ *n* [U] zła sława

no·to·ri·ous /nəʊˈtɔːriəs/ *adj* cieszący się złą sławą: **+ for** *The city is notorious for its rainy weather.* —**notoriously** *adv* notorycznie

not·with·stand·ing /ˌnɒtwɪθˈstændɪŋ/ *prep, adv formal* pomimo: *The team has continued to be successful notwithstanding recent criticism.* | *They bought the building, cost notwithstanding.*

nought /nɔːt/ *n* [C] *BrE* zero

UWAGA nought

Patrz **zero** i **nought**. Patrz **o**. Patrz **nil**.

noun /naʊn/ *n* [C] rzeczownik → patrz ramka NOUN

nour·ish /ˈnʌrɪʃ/ *v* [T] **1** odżywiać: *healthy well-nourished children* **2** żywić: *to nourish the hope of a trip abroad*

nour·ish·ing /ˈnʌrɪʃɪŋ/ *adj* pożywny: *nourishing soup*

nour·ish·ment /ˈnʌrɪʃmənt/ *n* [U] *formal* pożywienie

nov·el[1] /ˈnɒvəl/ *n* [C] powieść: *the novels of Jane Austen*

novel[2] *adj* nowatorski: *What a novel idea!*

nov·el·ist /ˈnɒvələst/ *n* [C] powieściopisa-rz/rka

nov·el·ty /ˈnɒvəlti/ *n* [C,U] nowość: *at a time when television was still a novelty*

No·vem·ber /nəʊˈvembə/ skrót pisany **Nov.** *n* [C,U] listopad

nov·ice /ˈnɒvəs/ *n* [C] nowicjusz/ka, początkując-y/a: *a novice at chess* | *novice drivers*

now[1] /naʊ/ *adv* **1** teraz: *Jean and her husband are now living in Canada.* | **right now/just now** (=w tej chwili): *Right now, we're not really ready to decide.* | *Call her right now, before she leaves.* | **by/before now** *Steve should be home by now* (=powinien już być w domu). | **from now on** (=od tej chwili): *Meetings will be held on Friday from now on.* | **for now** (=tymczasem): *You're welcome to use my computer for now.* **2** natychmiast: *You'd better go now – you're late.* **3** *spoken* (a) więc: *Now ... what did you say your name was?* **4 (every) now and then/now and again** od czasu do czasu: *He sees her every now and then at the college.*

now[2] także **now that** *conjunction* teraz, gdy: *Now that the kids have left home, the house feels empty.*

now·a·days /ˈnaʊədeɪz/ *adv* obecnie, dziś: *People tend to live longer nowadays.*

no·where /ˈnəʊweə/ *adv* **1** nigdzie: *There's nowhere to put* (=nie ma gdzie położyć) *anything in our new apartment.* | **nowhere else** (=nigdzie indziej):

Rzeczownik: **Noun**

Rzeczowniki policzalne: **Countable nouns**

Są to rzeczowniki mogące występować zarówno w liczbie pojedynczej, jak i mnogiej. W liczbie pojedynczej poprzedzamy je przedimkiem, zaimkiem wskazującym, zaimkiem dzierżawczym lub liczebnikiem *one*:

a/the house *this/that house* *my/your house* *one house*

Liczbę mnogą tworzymy:

1 przez dodanie do rzeczownika w liczbie pojedynczej końcówki **-s**, wymawianej jako [s] po *p, t, k* i *f*, a jako [z] po pozostałych dźwiękach. Jeśli rzeczownik kończy się w pisowni na *ce, ge, se* lub *ze*, powstałą końcówkę **-es** wymawiamy jako [ɪz]:

*shop – shop**s*** *dog – dog**s*** *dance – dance**s***
*cat – cat**s*** *nail – nail**s*** *change – change**s***
*book – book**s*** *bee – bee**s*** *nose – nose**s***
*cuff – cuff**s*** *day – day**s*** *maze – maze**s***

2 przez dodanie końcówki **-es** (wymawianej jako [ɪz]) do rzeczownika zakończonego w pisowni na *ch, sh, s,* lub *x*:

*beach – beach**es*** *brush – brush**es*** *bus – bus**es*** *box – box**es***

3 przez dodanie końcówki **-es** (wymawianej jako [z]) do niektórych rzeczowników zakończonych w pisowni na *o*:

*potato – potato**es*** *tomato – tomato**es***

Warto też pamiętać, że:

1 w pisowni rzeczowników zakończonych na spółgłoskę + *y* następuje wymiana *y* na *ie*:

*bab**y** – bab**ies*** *countr**y** – countr**ies*** *lad**y** – lad**ies***

2 w pisowni wielu rzeczowników zakończonych na *f* lub *fe* następuje w liczbie mnogiej wymiana *f* i *fe* na *ve*; *ves* wymawiamy jako [vz]:

*hal**f** – hal**ves*** *kni**fe** – kni**ves*** *li**fe** – li**ves*** *wi**fe** – wi**ves***

3 część rzeczowników zakończonych w pisowni na *o* otrzymuje w liczbie mnogiej końcówkę **-s**, np.:

*phot**o** – phot**os*** *pian**o** – pian**os*** *radi**o** – radi**os***

4 u kilku rzeczowników nieregularnych następuje w liczbie mnogiej wymiana samogłoski, np.:

*f**oo**t – f**ee**t* *m**a**n – m**e**n* *t**oo**th – t**ee**th* *wom**a**n – wom**e**n*

5 niektóre rzeczowniki nie zmieniają formy w liczbie mnogiej, np.:

aircraft *deer* *means* *series* *sheep*

6 rzeczownik ***child*** ma w liczbie mnogiej formę ***children***.

Rzeczowniki niepoliczalne: **Uncountable nouns**

Są to rzeczowniki nie mające liczby mnogiej. Zaliczamy do nich:

1 nazwy substancji stałych, ciekłych i lotnych, np. *air, blood, coffee, glass, gold, oil, oxygen, paper, water*

2 rzeczowniki abstrakcyjne, np. *advice, help, information, love, news*

3 nazwy niektórych chorób i gier, np. *measles, draughts*

4 inne, np. *baggage, damage, furniture, luggage, shopping, weather*.

Rzeczownik niepoliczalny łączy się w zdaniu z czasownikiem w liczbie pojedynczej:

*The coffee **tastes** awful.*
*This **is** excellent news!*
*Measles **is** a very unpleasant disease.*
*Where **was** the furniture made?*

Rzeczownik niepoliczalny nie może być poprzedzony przedimkiem nieokreślonym ***a (an)***, może natomiast występować z **some**, **any**, **no**, ***a little*** itp.:

*He didn't need **any** advice or help. All he needed was **some** information.*
*'We have **no** sugar.' – 'Yes, we have. There is **a little** in the bowl.'*

Dla sprecyzowania ilości używamy z rzeczownikami niepoliczalnymi takich uściśleń, jak: ***a piece of***, ***a bit of***, ***a slice of*** itp.:

***a piece of** advice/clothing/furniture/news*
***a bit of** cheese/dirt/fun/sunshine*
***two slices of** bread/cake/pineapple*

Niektóre rzeczowniki zachowują się jak niepoliczalne bądź policzalne w zależności od kontekstu:

*Her **hair is** brown.*	*He found **a hair** in the soup.*
*I prefer **tea** to **coffee**.*	*I'll have **two teas** and **a coffee**.*
*This sculpture is made of **glass**.*	*Give me **a glass** of water.*

Rzeczowniki zbiorowe: **Collective nouns**

Są to rzeczowniki oznaczające grupy ludzi, np.: *family, government, audience, team, crew, staff*. W zależności od tego, czy mówimy o grupie jako całości, czy też o jej poszczególnych członkach, rzeczownik zbiorowy w liczbie pojedynczej łączy się w zdaniu z czasownikiem w liczbie pojedynczej lub też z czasownikiem w liczbie mnogiej,:

*Our **team is** the best.*
*Our **team are wearing** fantastic new costumes*

ciąg dalszy na odwrocie ...

... kontynuacja z poprzedniej strony

Liczbę mnogą rzeczowników zbiorowych tworzymy zgodnie z regułami podanymi dla rzeczowników policzalnych: *families, governments* itd.

Inne rzeczowniki

Nieliczne rzeczowniki występują wyłącznie w liczbie mnogiej i łączą się w zdaniu tylko z czasownikami w liczbie mnogiej:

*Are these your **sunglasses** (**trousers/scissors** itp.)?*

*The **police have** caught the thief.*

Jeszcze inne rzeczowniki mają zawsze formę liczby mnogiej (tzn. kończą się na ***-s***), ale mogą się łączyć zarówno z czasownikami w liczbie mnogiej, jak i z czasownikami w liczbie pojedynczej, np.:

***Politics has/have** never interested me.*

*Our **headquarters is/are** in Poznań.*

patrz też: ***A (AN), THE***

If you have nowhere else to stay, you can sleep here. **2 get nowhere** stać w miejscu (*przenośnie*): *I feel I'm getting nowhere in this job.* **3 nowhere near a)** zupełnie nie: *The food at Giorgio's is nowhere near as good as it used to be* (=jest dużo gorsze niż było). **b)** bardzo daleko od: *Buffalo is in New York State, but it's nowhere near New York City.*

n't /ənt/ skrót od NOT: *He isn't* (=is not) *here.* | *She can't* (=cannot) *see him.* | *I didn't* (=did not) *do it.*

nu·ance /ˈnjuːɑːns/ *n* [C,U] niuans

nu·cle·ar /ˈnjuːkliə/ *adj* jądrowy: *a nuclear power station* | *nuclear weapons* | *nuclear physics*

nuclear dis·ar·ma·ment /ˌ... .ˈ.../ *n* [U] rozbrojenie nuklearne

nuclear fam·i·ly /ˌ... ˈ.../ *n* [C] rodzina jednopokoleniowa

nuclear re·ac·tor /ˌ... .ˈ../ *n* [C] reaktor jądrowy

nu·cle·us /ˈnjuːkliəs/ *n* [C] *plural* **nuclei** /-kli-aɪ/ jądro: *the nucleus of an atom* | *Photographs by Weston form the nucleus of the collection.*

nude[1] /njuːd/ *adj* nagi —**nudity** *n* [U] nagość

nude[2] *n* **1 in the nude** nago **2** [C] akt

nudge /nʌdʒ/ *v* [T] szturchać, trącać: *Ken nudged me and said, "Look!"* —**nudge** *n* [C] kuksaniec

nud·ist /ˈnjuːdəst/ *n* [C] nudyst-a/ka —**nudist** *adj*: *a nudist beach* (=plaża nudystów)

nug·get /ˈnʌgət/ *n* [C] bryłka: *a gold nugget*

nui·sance /ˈnjuːsəns/ *n* [C usually singular] kłopot: *Sorry to be a nuisance* (=przepraszam za kłopot), *but could I use your phone?* | **what a nuisance!** *spoken* (=a niech to!): *I've forgotten my keys. What a nuisance!*

null and void /ˌnʌl ənd ˈvɔɪd/ *adj law* nieważny, nie posiadający mocy prawnej: *The court declared the contract to be null and void.*

numb /nʌm/ *adj* **1** zdrętwiały, bez czucia: *My feet were numb with cold.* **2** odrętwiały, sparaliżowany: *We all felt numb when we heard the news.* —**numbness** *n* [U] odrętwienie, brak czucia

number[1] /ˈnʌmbə/ *n* **1** [C,U] liczba: *Add the numbers 7, 4, and 3.* | **the number of** *an increase in the number of cars on the roads* | **a great/small number of** *także* **great/small numbers of** *A large number of factories have closed in recent months.* | **a number**

of (=kilka): *We received a number of complaints about the noise.* | **any number of** (=wiele (różnych)): *There could be any number of reasons why she's late.* **2** [C] numer: *"Is Laura there?" "No, I'm afraid you have the wrong number."* | *Look at question number five.* | *What's your credit card number?*

> UWAGA **number**
>
> Nie mówi się "a big number". Mówi się **a large number**. Patrz też **amount** i **number**.

> UWAGA **number of**
>
> Patrz **deal of** i **number of**.

number[2] *v* [T] **1** po/numerować: *Number the items from one to ten.* **2** liczyć: *The crowd numbered around 20,000.* **3 sb's/sth's days are numbered** dni kogoś/czegoś są policzone: *Are the days of the British Royal Family numbered?*

number plate /'.. ./ *n* [C] *BrE* tablica rejestracyjna

nu·me·ral /'nju:mərəl/ *n* [C] cyfra: *Roman numerals*

nu·mer·i·cal /nju:'merɪkəl/ *adj* liczbowy: **in numerical order** *The pages should be in numerical order.*

nu·me·rous /'nju:mərəs/ *adj formal* liczny: *We've discussed this before on numerous occasions.*

nun /nʌn/ *n* [C] zakonnica → porównaj MONK

nurse[1] /nɜ:s/ *n* [C] pielęgniarka

nurse[2] *v* [T] **1** pielęgnować, opiekować się: *She spends all her time nursing her old father.* | *Blake is in bed nursing an ankle injury* (=leży w łóżku ze skręconą kostką). **2** żywić: *Tom had always nursed an ambition to be a pilot.*

nur·se·ry /'nɜ:səri/ *n* **1** [C,U] *especially BrE* żłobek **2** [C] szkółka *(leśna)* **3** [C] *old-fashioned* pokój dziecięcy

nursery rhyme /'... ./ *n* [C] wierszyk dla dzieci, rymowanka

nursery school /'... ./ *n* [C] przedszkole

nurs·ing /'nɜ:sɪŋ/ *n* [U] pielęgniarstwo: *What made you choose nursing as a career?*

nursing home /'.. ./ *n* [C] prywatna klinika, często dla osób w podeszłym wieku

nur·ture /'nɜ:tʃə/ *v* [T] *formal* kultywować: *We will nurture closer relationships with companies abroad.*

nut /nʌt/ *n* [C] **1** orzech: *a cashew nut* **2** nakrętka **3** *informal* świr → patrz też NUTS

nut·crack·er /'nʌtˌkrækə/ *n* [C] *także* **nutcrackers** [plural] *BrE* dziadek do orzechów

nu·tri·tion /nju:'trɪʃən/ *n* [U] odżywianie: *Good nutrition is vital.* —**nutritional** *adj*: *the nutritional content* (=wartość odżywcza) *of foods*

nu·tri·tious /nju:'trɪʃəs/ *adj* pożywny: *nutritious and cheap recipe ideas*

nuts /nʌts/ *adj spoken informal* świrnięty: **go nuts** (=dostać świra): *I'll go nuts if I have to wait any longer.*

nut·shell /'nʌt-ʃel/ *n* **(to put it) in a nutshell** *spoken* w dużym skrócie: *The problem, in a nutshell, was money.*

nut·ter /'nʌtə/ *n* [C] *BrE spoken* świr(us/ka): *That woman's a complete nutter!*

nut·ty /'nʌti/ *adj* **1** orzechowy: *The wine had a nice nutty flavour.* **2** *informal* świrnięty

NW skrót od NORTHWEST lub NORTHWESTERN

ny·lon /'naɪlɒn/ *n* [U] nylon: *nylon stockings* | *a carpet made of 80% wool and 20% nylon*

nymph /nɪmf/ *n* [C] nimfa

Oo

O /əʊ/ **o** *spoken* zero, wymawiane jako "o" przy podawaniu numerów: *room 203* (=two o three)

> UWAGA **o**
>
> Litery **o** używa się w znaczeniu 'zero', podając numery telefonów, adresy, numery pokojów i cyfry po kropce dziesiętnej.

oaf /əʊf/ *n* [C] prostak

oak /əʊk/ *n* [C,U] dąb

oar /ɔː/ *n* [C] wiosło

o·a·sis /əʊ'eɪsɪs/ *n* [C] *plural* **oases** /-siːz/ oaza: *The park was an oasis of calm in the middle of the city.*

oath /əʊθ/ *n* **1** [C] przysięga: **swear/take an oath** (=przysięgać): *He swore an oath to support the Constitution.* **2 under oath** pod przysięgą

oat·meal /'əʊtmiːl/ *n* [U] płatki owsiane

oats /əʊts/ *n* [plural] owies

o·be·di·ence /ə'biːdiəns/ *n* [U] posłuszeństwo: **+ to** *obedience to her father's wishes*

o·be·di·ent /ə'biːdiənt/ *adj* posłuszny: *a quiet and obedient child* —**obediently** *adv* posłusznie → antonim DISOBEDIENT

o·bese /əʊ'biːs/ *adj* otyły —**obesity** *n* [U] otyłość

o·bey /əʊ'beɪ/ *v* **1** [T] słuchać: *Most dogs will obey simple commands.* **2** [I] być posłusznym → antonim DISOBEY

o·bit·u·a·ry /ə'bɪtʃuəri/ *n* [C] nekrolog

ob·ject¹ /'ɒbdʒɪkt/ *n* **1** [C] przedmiot: *a small silver object* | *an object of desire* **2** [singular] cel: **the object of sth** *The object of the game is to kick the ball into the goal.* **3** [C] dopełnienie: *Where is the object in this sentence?* **4 money/time is no object** pieniądze/czas nie grają roli

ob·ject² /əb'dʒekt/ *v* [I,T] za/oponować: *"Ron's too tired to drive," Steve objected.* | **+ that** *Clare objected that it would cost too much.* | **object to** (=protestować przeciw): *I object to being called a 'foreigner'.*

ob·jec·tion /əb'dʒekʃən/ *n* [C] obiekcja, sprzeciw: **have/make an objection** *I have no objection to her being invited* (=nie mam nic przeciwko zaproszeniu jej).

ob·jec·tion·a·ble /əb'dʒekʃənəbəl/ *adj* obraźliwy: *an objectionable remark*

ob·jec·tive¹ /əb'dʒektɪv/ *n* [C] cel: *Our main objective is to raise money.*

objective² *adj* obiektywny: *We need an objective approach to the problem.* —**objectively** *adv* obiektywnie —**objectivity** /ˌɒbdʒek'tɪvɪti/ *n* [U] obiektywizm → porównaj SUBJECTIVE

ob·li·ga·tion /ˌɒblɪ'geɪʃən/ *n* [C,U] obowiązek: **an obligation to do sth** *Employers have an obligation to provide a safe working environment.* | **be under an obligation to do sth** (=mieć obowiązek coś z/robić): *People entering the shop are under no obligation to buy.*

ob·lig·a·to·ry /ə'blɪgətəri/ *adj formal* obowiązkowy: *obligatory school attendance*

o·blige /ə'blaɪdʒ/ *v* **1** [T] *formal* zobowiązywać: **be obliged to do sth** *Doctors are obliged to keep all medical records secret.* **2** [I,T] wyświadczać (komuś) przysługę: *Whenever we needed help, Ed was always happy to oblige.*

ob·liged /ə'blaɪdʒd/ *adj* **feel obliged to do sth** czuć się zobowiązanym zrobić coś: *I felt obliged to tell her the truth.*

o·blig·ing /ə'blaɪdʒɪŋ/ *adj* uczynny, usłużny —**obligingly** *adv* usłużnie

o·blique /ə'bliːk/ *adj* nie wprost: *oblique references to his drinking problem*

o·blit·er·ate /ə'blɪtəreɪt/ *v* [T] zrównywać z ziemią: *Large areas of the city were obliterated.*

o·bliv·i·on /ə'blɪviən/ *n* [U] **1** nieświadomość: *He spent the night drinking himself into oblivion.* **2** zapomnienie: *old movie stars who have faded into oblivion*

o·bliv·i·ous /ə'blɪviəs/ *adj* niepomny, nieświadomy: **+ to/of** *Max was fast asleep, completely oblivious to the noise outside.*

ob·long /ˈɒblɒŋ/ *adj* podłużny, prostokątny: *an oblong box* —**oblong** *n* [C] prostokąt

ob·nox·ious /əbˈnɒkʃəs/ *adj* okropny, wstrętny: *What an obnoxious man!*

o·boe /ˈəʊbəʊ/ *n* [C] obój

ob·scene /əbˈsiːn/ *adj* nieprzyzwoity: *obscene phone calls* | *obscene pay increases* —**obscenely** *adv* nieprzyzwoicie

ob·scen·i·ty /əbˈsenəti/ *n* nieprzyzwoitość: *kids shouting obscenities* | *laws against obscenity*

ob·scure[1] /əbˈskjʊə/ *adj* **1** niejasny: *Jarrett didn't like the plan, for some obscure reason.* **2** mało znany: *an obscure poet* —**obscurity** *n* [U] zapomnienie: *O'Brien retired from politics and died in obscurity.*

obscure[2] *v* [T] **1** przysłaniać: *The top of the hill was obscured by clouds.* **2** zaciemniać: *legal language that obscures meaning*

ob·ser·vant /əbˈzɜːvənt/ *adj* spostrzegawczy: *an observant little girl*

ob·ser·va·tion /ˌɒbzəˈveɪʃən/ *n* **1** [U] obserwacja: **+ of** *Wilkins' book is based on his observation of wild birds.* | **under observation** (=pod obserwacją): *He was kept under observation in the hospital.* **2** [C] spostrzeżenie, uwaga: *The book contains some intelligent observations.* **3 powers of observation** zmysł obserwacji

ob·ser·va·to·ry /əbˈzɜːvətəri/ *n* [C] obserwatorium

ob·serve /əbˈzɜːv/ *v* [T] **1** za/obserwować: *psychologists observing child behaviour* **2** *formal* spostrzec: *I observed the suspect entering the house.* **3** *formal* zauważyć: *"We're already late," Henry observed.* **4** przestrzegać: *Both sides are observing the ceasefire.*

ob·serv·er /əbˈzɜːvə/ *n* [C] obserwator/ka: *a group of UN observers in Bosnia*

ob·sess /əbˈses/ *v* [T] **be obsessed with** mieć obsesję na punkcie: *William is obsessed with making money.*

ob·ses·sion /əbˈseʃən/ *n* [C] obsesja: **+ with** *an obsession with sex*

ob·ses·sive /əbˈsesɪv/ *adj* **1** obsesyjny, chorobliwy: *He has an obsessive interest in death.* **2 be obsessive about** mieć obsesję na punkcie: *She's obsessive about her weight.* —**obsessively** *adv* obsesyjnie, chorobliwie

ob·so·lete /ˈɒbsəliːt/ *adj* przestarzały: *Our computer system will soon be obsolete.*

ob·sta·cle /ˈɒbstəkəl/ *n* [C] przeszkoda: **+ to** *Lack of confidence can be a big obstacle to success.*

ob·sti·nate /ˈɒbstənət/ *adj* uparty: *an obstinate old man* —**obstinately** *adv* uparcie —**obstinacy** *n* [U] upór

ob·struct /əbˈstrʌkt/ *v* [T] **1** za/blokować, za/tarasować: *A van was obstructing traffic.* **2** utrudniać: *Maya was charged with obstructing the investigation.*

ob·struc·tion /əbˈstrʌkʃən/ *n* [U singular] zator: *The accident caused an obstruction on the freeway.* | *an obstruction of justice* (=utrudnianie pracy wymiaru sprawiedliwości)

ob·tain /əbˈteɪn/ *v* [T] *formal* nabywać: *Maps can be obtained at the tourist office.* —**obtainable** *adj* osiągalny

ob·vi·ous /ˈɒbviəs/ *adj* oczywisty: *an obvious mistake* | **it is obvious that** *It was obvious that Gina was lying.* —**obviously** *adv* wyraźnie: *She obviously didn't want to go.*

oc·ca·sion /əˈkeɪʒən/ *n* **1** [C] **on that occasion** tym razem: *They had met on several occasions* (=spotkali się kilka razy). **2** [C] wydarzenie: *The royal visit was quite an occasion.* | **a special occasion** *We're saving the champagne for a special occasion* (=na specjalną okazję). **3** [singular] okazja, sposobność: *Christmas is an occasion to see old friends.* **4 on occasion(s)** czasami: *She can be very rude on occasion.*

UWAGA **occasion, opportunity** i **chance**

Wyraz 'okazja' tłumaczymy na angielski zwykle jako **opportunity** (lub **chance** w języku bardziej potocznym), a nie **occasion**: *The meet-*

ing will be an opportunity for you to make some new contacts. | *If I had a chance, I'd like to be an airline pilot.* Wyraz **occasion** znaczy najczęściej 'raz': *I've been to Rome on several occasions* (=several times).

O

oc·ca·sion·al /ə'keɪʒənəl/ *adj* **1** sporadyczny: *I get the occasional business trip abroad.* **2** przelotny: *Tomorrow will be warm with occasional showers.* —**occasionally** *adv* od czasu do czasu: *We occasionally meet for a drink.*

oc·cult /'ɒkʌlt, ə'kʌlt/ *n* **the occult** okultyzm —**occult** *adj* okultystyczny: *occult practices*

oc·cu·pant /'ɒkjᵘ̯ₔpənt/ *n* [C] *formal* mieszkan-iec/ka, lokator/ka

oc·cu·pa·tion /ˌɒkjᵘ̯ₔ'peɪʃən/ *n* **1** [C] *formal* zawód: *Please state your name and occupation.* **2** [U] okupacja: *the occupation of Poland* **3** [C] *formal* zajęcie: *His favourite occupation is fishing.*

oc·cu·pa·tion·al /ˌɒkjᵘ̯ₔ'peɪʃənəl◂/ *adj* zawodowy: **occupational hazard** (=ryzyko zawodowe)

oc·cu·pied /'ɒkjᵘ̯ₔpaɪd/ *adj* zajęty: *All the apartments on the first floor are occupied.* | **keep sb occupied** (=zajmować kogoś): *I brought along some toys to keep the kids occupied.*

oc·cu·pi·er /'ɒkjᵘ̯ₔpaɪə/ *n* [C] *BrE* lokator/ka

oc·cu·py /'ɒkjᵘ̯ₔpaɪ/ *v* [T] **1** zajmować: *The seventh floor of the building is occupied by Salem Press.* | *A painting occupied the entire wall.* | *Sport occupies most of his spare time.* | *Rebel forces occupied the city.* | *people who occupy senior positions* **2 occupy yourself** znajdować sobie zajęcie: *How do you occupy yourself now that you're retired?*

oc·cur /ə'kɜː/ *v* [I] **-rred, -rring** *formal* **1** zdarzać się, mieć miejsce: *Major earthquakes like this occur very rarely.* **2** występować: **+ in/among** *The disease occurs mainly in young children.*

occur to sb *phr v* [T] przychodzić do głowy: *Did it never occur to you to phone?*

oc·cur·rence /ə'kʌrəns/ *n* [C] wydarzenie: *Stress-related illness is now a fairly common occurrence* (=występuje obecnie dość często).

o·cean /'əʊʃən/ *n* [C] ocean: *the Indian Ocean* —**oceanic** /ˌəʊʃi'ænɪk◂/ *adj* oceaniczny

o'clock /ə'klɒk/ *adv* **one/two o'clock** godzina pierwsza/druga: *We got up at six o'clock.*

oc·ta·gon /'ɒktəgən/ *n* [C] ośmiokąt —**octagonal** /ɒk'tægənəl/ *adj* ośmiokątny

oc·tave /'ɒktᵢ̯ₔv/ *n* [C] oktawa

Oc·to·ber /ɒk'təʊbə/ skrót pisany **Oct.** *n* październik

oc·to·pus /'ɒktəpəs/ *n* [C] *plural* **octopuses** *or* **octopi** /-paɪ/ ośmiornica

odd /ɒd/ *adj* **1** dziwny, osobliwy: *Jake's an odd guy.* | *It's odd that she hasn't phoned.* **2 odd number** liczba nieparzysta → porównaj EVEN² **3 odd jobs** prace/zajęcia dorywcze **4** *spoken, especially BrE* okazjonalny: *I enjoy the odd game of tennis* (=lubię od czasu do czasu zagrać w tenisa). **5 20-odd/30-odd** *spoken* dwadzieścia/trzydzieści parę: *He must have worked here twenty-odd years.* **6** nie do pary: *an odd sock* **7 be the odd man out/the odd one out** nie pasować do reszty

odd·i·ty /'ɒdᵢ̯ₔti/ *n* [C] osobliwość

odd·ly /'ɒdli/ *adv* **1** dziwnie: *Roger's been behaving very oddly.* **2 oddly enough** dziwnym trafem: *Oddly enough, she didn't seem offended.*

odds /ɒdz/ *n* [plural] **1** szanse, prawdopodobieństwo: *The odds of winning the lottery are about 14 million to 1.* | **against all the odds** (=wbrew wszelkim przewidywaniom): *He recovered from his injury against all the odds.* **2 be at odds (with sb)** nie zgadzać się (z kimś): *Britain was at odds with France on the subject of nuclear testing.*

odds and ends /ˌ. . './ *n* [plural] *informal* różności, drobiazgi

ode /əʊd/ *n* [C] oda

o·dour /ˈəʊdə/ *BrE*, **odor** *AmE n* [C] woń, zapach (*zwłaszcza nieprzyjemny*)

o·dour·less /ˈəʊdələs/ *BrE*, **odorless** *AmE adj* bezwonny: *an odorless gas*

of /əv/ *prep* **1** przy wyrażaniu przynależności, posiadania, zawartości: *I love the colour of his shirt.* | *He's a friend of Sam's.* | *the first part of the story* | *members of a rock group* | *a photo of Paula's baby* **2** w określeniach ilości, wielkości, wieku: *two kilos of sugar* | *a cup of coffee* | *a herd of elephants* | *a pay rise of 9%* | *a child of eight* **3** w datach: *the 23rd of January, 1998* **4** w nazwach: *the city of New Orleans* **5** przy podawaniu przyczyn: *She died of cancer* (=umarła na raka). **6** w określaniu kierunków: *I live just north of here.* **7** przy określaniu autorstwa: *the novels of Charles Dickens* → patrz też **of course** (COURSE[1])

off[1] /ɒf/ *adv, prep* **1** oznacza oddalanie się, odsuwanie, trzymanie się z daleka itp.: *She waved goodbye as she drove off* (=odjeżdżając). | *Keep off the grass* (=nie deptać trawy)! | *A button has come off my shirt* (=odpadł mi guzik od koszuli). | *Take the lid off slowly* (=zdejmij pokrywkę powoli). **2** wyłączony: *All the lights were off.* **3 be off** mieć wolne: *He's been off work* (=nie było go w pracy) *for six weeks.* | *I'm taking the day off tomorrow* (=jutro biorę wolne). **4 15% off** 15% zniżki: *You get 15% off if you buy $100 worth of groceries.* **5** daleko: *mountains off in the distance* | *Spring is still a long way off.* **6** w bok od: *Oak Hills – isn't that off Route 290?* | *an island off the coast of Florida* (=u wybrzeży Florydy) **7 be off** wyruszyć: *At last, we're off!* **8 off and on/on and off** z przerwami: *I worked as a secretary off and on for three years.* → patrz też BETTER OFF, WELL-OFF

off[2] *adj* **1** błędny: *His calculations are off by 20%* (=pomylił się w obliczeniach o 20%). **2** odwołany: *The wedding's off!* → antonim ON[3] **3 have an off day/week** *spoken* mieć gorszy dzień/tydzień **4 the off season** okres mniejszego ruchu **5** *especially BrE* zepsuty (*o produktach żywnościowych*): *This milk smells off.*

of·fal /ˈɒfəl/ *n* [U] podroby

off-chance /ˈ. ./ *n* **on the off-chance** na wypadek, gdyby: *He only went to the party on the off-chance that Pippa might be there.*

off·col·our /ˌ. ˈ..◂ / *adj BrE spoken* niedysponowany

of·fence /əˈfens/ *BrE*, **offense** *AmE n* **1** [C] wykroczenie, przestępstwo: *a serious offence* | **commit an offence** *If you lie to the police, you are committing an offence.* **2 take/cause offence** obrażać się/kogoś: *A lot of women took offence at Rawlings' speech.*

of·fend /əˈfend/ *v* [T] obrażać: *I'm sorry, I didn't mean to offend you.*

of·fend·er /əˈfendə/ *n* [C] przestęp-ca/czyni: *an institution for young offenders*

of·fense /əˈfens/ *n* amerykańska pisownia wyrazu OFFENCE

of·fen·sive[1] /əˈfensɪv/ *adj* **1** zaczepny: *an offensive weapon* → antonim DEFENSIVE[1] **2** obraźliwy: *Some people found the song offensive.*

offensive[2] *n* [C] ofensywa

of·fer[1] /ˈɒfə/ *v* **1** [T] za/proponować: **offer sb sth** *Can I offer you a drink?* **2** [T] za/oferować: *They've offered us £70,000 for the house.* | *We offer a wide range of winter vacations.* | *He offered me his handkerchief.* **3** [I,T] za/ofiarować (się): **offer to do sth** *Carol didn't even offer to help.*

offer[2] *n* [C] **1** propozycja: **+ of** *Thanks for your offer of support.* **2** oferta: **make (sb) an offer of £10/$300 etc** *He made me an offer of $50 for the bike.* **3 special offer** oferta specjalna: *Don't miss our special offer – two videos for the price of one.* **4 on offer** *BrE* **a)** oferowany, proponowany: *Activities on offer include windsurfing and water-skiing.* **b)** przeceniony: *Butter is on offer this week.*

of·fer·ing /ˈɒfərɪŋ/ *n* [C] ofiara: *offerings to the gods*

off·hand[1] /ˌɒfˈhænd◂ / *adj* nieuprzejmy: *"I'm going now" Piers said in an offhand voice.*

O

offhand[2] *adv* od razu, bez zastanowienia: *I can't tell you offhand if I can come – I'll have to check my diary.*

of·fice /ˈɒfəs/ *n* **1** [C] biuro: *Are you going to the office today?* **2** [C] gabinet: *the manager's office* **3** [U] urząd, stanowisko: **in office** (=u władzy): *The president died after only fifteen months in office.*

of·fi·cer /ˈɒfəsə/ *n* [C] **1** oficer **2** przedstawiciel/ka, funkcjonariusz/ka: *a local government officer* **3** policjant/ka

of·fi·cial[1] /əˈfɪʃəl/ *adj* **1** oficjalny: *an official inquiry into the plane crash | The official reason for his resignation was ill health.* **2** urzędowy: *Her official title is Public Safety Adviser.*

official[2] *n* [C] wysoki urzędnik: *US Administration officials*

of·fi·cial·ly /əˈfɪʃəli/ *adv* oficjalnie: *The new bridge was officially opened this morning. | The meeting was cancelled, officially because of bad weather.*

off-li·cence /ˈ. ../ *n* [C] *BrE* sklep monopolowy

off-peak /ˌ. ˈ.◂/ *adj BrE* poza godzinami szczytu: *off-peak rail services*

off·set /ˈɒfset/ *v* [T] **offset, offset, offsetting** z/równoważyć, z/rekompensować: *The cost of the flight was offset by the cheapness of the hotel.*

off·shoot /ˈɒfʃuːt/ *n* [C] odgałęzienie, gałąź: *The company was an offshoot of Bell Telephones.*

off·shore /ˌɒfˈʃɔː◂/ *adj* przybrzeżny: *America's offshore oil reserves*

off·side /ˌɒfˈsaɪd◂/ *adj, adv* na spalonym

off·spring /ˈɒfˌsprɪŋ/ *n plural* **offspring** potomstwo

off·stage /ˌɒfˈsteɪdʒ◂/ *adv, adj* za sceną: *There was a loud crash offstage.*

of·ten /ˈɒfən/ *adv* **1** często: *That was fun! We should do it more often! | How often do you see your parents? | All too often, victims of bullying are frightened to ask for help. | Headaches are often caused by stress.* **2 every so often** co jakiś czas: *We see each other every so often.*

o·gre /ˈəʊgə/ *n* [C] potwór

oh /əʊ/ *interjection* ach: *"What time are you going to lunch?" "Oh, I haven't decided yet." | Oh, Sue, how lovely to see you!*

oil[1] /ɔɪl/ *n* [U] **1** ropa naftowa: *the big oil companies* **2** olej **3** oliwa: *olive oil*

oil[2] *v* [T] na/oliwić

oil paint·ing /ˈ. ˌ../ *n* [C] obraz olejny

oil rig /ˈ. ./ *n* [C] platforma wiertnicza

oils /ɔɪlz/ *n* [plural] farby olejne

oil slick /ˈ. ./ *n* [C] plama ropy naftowej

oil well /ˈ. ./ *n* [C] szyb naftowy

oil·y /ˈɔɪli/ *adj* **1** tłusty: *an oily fish* **2** oleisty: *an oily liquid*

oint·ment /ˈɔɪntmənt/ *n* [C,U] maść

OK[1] /əʊˈkeɪ/, **okay** *adj spoken* dobrze, w porządku: *Do you feel OK now? | Does my hair look OK? | Is it OK if I leave early* (=czy mogę wyjść wcześniej)? —**OK, okay** *adv* dobrze, w porządku: *Is your computer working OK?*

OK[2], **okay** *interjection* **1** okej: *OK, can we go now?* **2** zgoda: *"We'd better be there by four." "Okay."*

OK[3], **okay** *n* **the OK** *informal* pozwolenie

old /əʊld/ *adj* **1** stary: *an old man | one of the oldest universities in the world | I give her all my old clothes.* **2 be five/twenty years old** mieć pięć/dwadzieścia lat: *Our dog is three years old. | my ten-year-old daughter | How old is she* (=ile ona ma lat)? **3** dawny: *I saw your old girlfriend last night.* **4 good old** *spoken* poczciwy: *"Keith drove me home." "Good old Keith!"* **5 the old** starzy ludzie → porównaj ANCIENT, ELDERLY

old age /ˌ. ˈ.◂/ *n* [U] starość

old age pen·sion /ˌ. . ˈ../ *n* [C] *BrE* emerytura

old age pen·sion·er /ˌ. . ˈ.../ *n* [C] *BrE* emeryt/ka

old-fash·ioned /ˌ. ˈ..◂/ *adj* staroświecki: *old-fashioned ideas*

old peo·ple's home /ˌ. ˈ.. ˌ./ *n* [C] dom starców

Old Tes·ta·ment /ˌ. ˈ...◂/ *n* **the Old Testament** Stary Testament → porównaj NEW TESTAMENT

ol·ive /ˈɒləv/ *n* **1** [C] oliwka **2** [U] *także* **olive green** kolor oliwkowy

O·lym·pic Games /əˌlɪmpɪk ˈgeɪmz/ **Olympics** *n* **the Olympic Games/the Olympics** igrzyska olimpijskie, olimpiada —**Olympic** *adj* olimpijski

ome·lette /ˈɒmlət/ *BrE*, **omelet** *AmE n* [C] omlet: *a cheese omelette*

o·men /ˈəʊmən/ *n* [C] omen: *a good omen*

om·i·nous /ˈɒmənəs/ *adj* złowieszczy, złowróżbny: *ominous black clouds*

o·mis·sion /əʊˈmɪʃən/ *n* [C,U] przeoczenie, pominięcie: *This report is full of mistakes and omissions.*

o·mit /əʊˈmɪt/ *v*[T] **-tted, -tting** pomijać: *Several important details had been omitted.*

om·nip·o·tent /ɒmˈnɪpətənt/ *adj formal* wszechmocny, wszechmogący —**omnipotence** *n* [U] wszechmoc

on¹ /ɒn/ *prep* **1** na: *She was sitting on the bed.* | *the picture on the wall* | *Henry grew up on a farm.* | *The answer is on page 44.* | *a new tax on imported wine* | *Did you do these graphs on a computer?* | *They met on a trip to Spain.* | *She spends a lot of money on clothes.* **2** nad: *a restaurant on the river* **3** przy: *houses on the main road* **4 on the left/right** z lewej/prawej **5** w: *See you on Monday.* | *He was killed on* (=w dniu) *22nd November 1963.* | *There's a good comedy on TV tonight.* | *He's on the team.* **6** o, na temat: *a book on China* **7 on the bus/train** autobusem/pociągiem: *Did you come here on the bus?* **8 be on drugs** *informal* brać leki: *She's on antibiotics.* **9 have/carry sth on you** mieć/nosić coś przy sobie: *Do you have a pen on you?* **10** natychmiast po: *He was arrested on his return to Ireland.* **11** *spoken* **it's on me** ja płacę/stawiam: *Dinner's on me.*

> UWAGA **on Sunday, Monday itp.**
>
> Mając na myśli 'najbliższą sobotę', mówimy **on Saturday** lub **this Saturday,** nie "on next Saturday". Kiedy chodzi o 'następną sobotę', mówimy **next Saturday.**

on² *adj* **1 be on** być nadawanym/wyświetlanym: *The local news will be on in a minute.* | *There's a new film on at our local cinema.* **2** włączony: *The fax machine isn't on.* | *The lights are still on* (=jeszcze palą się światła) *in her office.* → antonim OFF¹ **3 sth is on** coś się odbędzie: *There's a big pop festival on this weekend.* **4 not on** *spoken* nie do przyjęcia: *That kind of behaviour's just not on!*

once¹ /wʌns/ *adv* **1** (jeden) raz: *"Have you been to Texas?" "Yes, but only once."* | **once more/again** (=jeszcze raz): *Say that once more.* | **once a week/year** (=raz w tygodniu/roku): *She goes to the gym once a week.* **2 (every) once in a while** raz na jakiś czas: *My uncle sends us money every once in a while.* **3 at once a)** na raz: *I can't do two things at once!* **b)** od razu: *Everybody knew at once how serious the situation was.* **4 all at once** naraz, nagle: *All at once, the room went quiet.* **5** kiedyś, niegdyś: *This island once belonged to Portugal.* **6 for once** *spoken* chociaż raz: *Will you just listen, for once?* **7 once and for all** raz na zawsze: *Let's settle this once and for all.* **8 once upon a time** pewnego razu **9 once in a blue moon** od wielkiego dzwonu: *"How often do you see her?" "Only once in a blue moon."*

once² *conjunction* jak: *Once he starts talking, it's difficult to shut him up.*

on·com·ing /ˈɒnˌkʌmɪŋ/ *adj* nadjeżdżający z przeciwka: *oncoming cars*

one¹ /wʌn/ *number* **1** jeden: *Only one person came.* | *We've made one or two changes.* **2** (godzina) pierwsza: *I have a meeting at one.*

one² *plural* **ones** *pron* **1** zastępuje wymieniony wcześniej rzeczownik: *"Do you have a bike?" "No, but I'm getting one for my birthday."* | **the one** *Jane's the one with the red hair* (=Jane to ta z rudymi włosami). **2 one by one** jeden po drugim, pojedynczo: *One by one, the passengers got off the bus.* **3 one after the other/one after another** jeden za drugim: *He's had one problem after another this year.* **4 (all) in one** w jednym: *This is a TV, radio, and VCR all in one.* **5** *formal* zaimek bezosobowy: *One must be careful* (=trzeba uważać) *to keep exact records.*

one[3] *determiner* **1** jeden: *One reason I like the house is because of the big kitchen.* | **+ of** *One of the children is sick.* **2** któryś: *I met him one day after school.* | *Let's go shopping one Saturday.* **3** jedyny: *My one worry is that she will decide to leave college.*

one an·oth·er /ˌ. .'../ *pron* się, sobie (wzajemnie): *They shook hands with one another* (=uścisnęli sobie ręce).

one-of-a-kind /ˌ. . . './ *adj* jedyny w swoim rodzaju: *She's one of a kind.*

one-off /ˌ. '.◂/ *adj* jednorazowy: *a one-off payment*

one·self /wʌn'self/ *pron formal* **1** się: *to wash oneself* **2** samemu: *To do something oneself is often easier than getting someone else to do it.*

one-sid·ed /ˌ. '..◂/ *adj* **1** jednostronny: *a one-sided view of the problem* **2** nierówny: *a one-sided competition*

one-to-one /ˌ. . '.◂/ *adj* indywidualny: *tuition on a one-to-one basis* (=nauczanie indywidualne)

one-track mind /ˌ. . './ *n* **have a one-track mind** myśleć tylko o jednym

one-way /ˌ. '.◂/ *adj* **1** jednokierunkowy: *a one-way street* **2** w jedną stronę: *a one-way ticket* ➡ porównaj RETURN[2], ROUND TRIP

on·go·ing /'ɒnˌgəʊɪŋ/ *adj* trwający, toczący się: *ongoing discussions*

on·ion /'ʌnjən/ *n* [C,U] cebula: *a cheese and onion sandwich*

on·line /'ɒnlaɪn/, **on-line** *adj, adv* **1** w sieci (*komputerowej*): *online banking facilities* (=usługi bankowe w Internecie) | **go online** (=podłączyć się do Internetu): *All of our local schools will go online by the end of the year.* **2** podłączony do komputera: *an online printer*

on·look·er /'ɒnˌlʊkə/ *n* [C] widz, obserwator/ka

on·ly[1] /'əʊnli/ *adv* **1** tylko: *It'll only take a few minutes.* | *You're only wearing a T-shirt.* | *Parking is for customers only.* | *It's only a piece of paper.* **2** zaledwie: *Tammy was only 11 months old when she learned to walk.* | *A new TV for only* (=za jedyne) *£200!* **3** jedynie: *You can only get to the lake with a four-wheel-drive vehicle.* | *I only wanted to help.* **4** dopiero: *Congress passed the law only last year.* **5 only just** dopiero co: *Lizzie's only just left.* **6 if only I had done it** żałuję, że tego nie zrobiłem: *If only I'd taken that job in Japan.* **7 not only ... (but) also** nie tylko ... (lecz) także: *Not only is he a great footballer, he's also a poet.* **8 only too** bardzo: **only too pleased/happy to do sth** *I'm sure he'll be only too pleased to see you* (=będzie mu bardzo miło spotkać się z tobą). | **only too well** (=aż za dobrze): *He knew only too well the dangers he faced.*

only[2] *adj* **1** jedyny: *She's the only person I know who doesn't like chocolate.* **2 an only child** jedyna-k/czka

only[3] *conjunction* tylko że: *We were going to go fishing, only it started raining.*

on·set /'ɒnset/ *n* początek: *the onset of the Cold War*

on·slaught /'ɒnslɔːt/ *n* [C] szturm

on·to /'ɒntə, -tʊ/ *prep* na: *The cat jumped onto the kitchen table.*

on·ward /'ɒnwəd/ *adj* dalszy: *the onward journey* —**onward**, **onwards** *adv* dalej: *the history of Poland from 1919 onwards* (=począwszy od roku 1919)

oops /ʊps/ *interjection* oj(ej)!: *Oops! I spilled the milk!*

ooze /uːz/ *v* [I,T] sączyć się: *Blood oozed out of the wound.* | *His voice oozed confidence* (=z jego głosu biła pewność siebie).

o·pal /'əʊpəl/ *n* [C,U] opal

o·paque /əʊ'peɪk/ *adj* **1** nieprzezroczysty: *opaque glass* **2** niejasny: *an opaque argument* ➡ porównaj TRANSPARENT

open[1] /'əʊpən/ *adj* **1** otwarty: *Who left the window open?* | *I could barely keep my eyes open.* | *A book lay open on the* *table.* | *When will the new library be open?* | *We're open* (=mamy otwarte) *until six.* | *an open fire* | *We try to be open with each other.* **2** dostępny: **+ to** *Few jobs were open to women in those days.* **3 keep your eyes/ears open** *spoken* mieć oczy/uszy otwarte **4 sth is open to criticism/misunderstanding** łatwo coś skrytykować/źle zrozumieć: *Her comments were open to misunderstanding.* **5 be open to suggestions/new ideas** być otwartym na propozycje/nowe idee **6** nie zapięty: *His shirt was open.*

open² *v* **1** [I,T] otwierać (się): *Can you open the window?* | *She opened her eyes.* | *The doors open automatically.* | *I can't open my umbrella.* | *You need to open a bank account.* | *The flowers are starting to open.* | *What time does the bookstore open* (=o której otwierają tę księgarnię) *on Sundays?* | *Parts of the White House will be opened to the public.* **2** [I] mieć premierę: *A new play opens next week on Broadway.* **3 open fire** otwierać ogień: **+ on** *Troops opened fire on the protesters.*

open into/onto sth *phr v* [T] wychodzić na: *The kitchen opens onto the back yard.*

open up *phr v* [I,T] otwierać (się): *New business opportunities are opening up all the time.* | *It takes a long time for him to open up.*

open³ *n* **1 out in the open** na świeżym powietrzu: *It's fun to eat out in the open.* **2 be out in the open** wyjść na jaw: *The truth is finally out in the open.*

open-air /ˌ.. ˈ.◂/ *adj* na wolnym powietrzu: *open-air concerts*

open day /ˈ.. ./ *n* [C] *BrE* dzień otwarty

open-end·ed /ˌ.. ˈ..◂/ *adj* na czas nieokreślony: *an open-ended contract*

o·pen·er /ˈəʊpənə/ *n* **can/tin/bottle opener** otwieracz do puszek/butelek

open house /ˌ.. ˈ./ *n* [C] *AmE* dni otwarte

o·pen·ing¹ /ˈəʊpənɪŋ/ *n* [C] **1** otwarcie: *the opening of the new art gallery* | *a speech at the opening of the conference* **2** wakat: *Are there any openings for gardeners?* **3** otwór: *an opening in the fence*

opening² *adj* początkowy, wstępny: *the President's opening remarks* | **opening night** (=premiera sztuki/filmu)

o·pen·ly /ˈəʊpənli/ *adv* otwarcie: *a chance to talk openly about your problems*

open-mind·ed /ˌ.. ˈ..◂/ *adj* wolny od uprzedzeń: *My doctor isn't very open-minded about new treatments.* —**open-mindedness** *n* [U] otwartość

open-mouthed /ˌ.. ˈ.◂/ *adj, adv* z otwartymi ustami: *The children were staring open-mouthed at the television.*

o·pen·ness /ˈəʊpən-nəs/ *n* [U] otwartość

open plan /ˌ.. ˈ./ *adj* bez ścianek działowych: *an open-plan office*

op·e·ra /ˈɒpərə/ *n* [C,U] opera —**operatic** /ˌɒpəˈrætɪk◂/ *adj* operowy → patrz też SOAP OPERA

op·e·rate /ˈɒpəreɪt/ *v* **1** [T] obsługiwać: *He doesn't know how to operate the equipment.* **2** [I] działać: *The machine seems to be operating smoothly.* | *a large mining company, operating in Western Australia* | **+ as** *These cells operate as a kind of early warning system.* **3** [I] operować: *Surgeons operated on him for eight hours.*

op·e·rat·ing room /ˈ.... ˌ./ *AmE*, **operating thea·tre** /ˈ.... ˌ../ *BrE* *n* [C] sala operacyjna

op·e·ra·tion /ˌɒpəˈreɪʃən/ *n* **1** [C] operacja: *She's having an operation on her knee.* **2** [C] akcja: *a rescue operation* **3 be in operation** działać: *Video cameras were in operation.* **4** [U] obsługa: *The job involves the operation of heavy machinery.*

op·e·ra·tion·al /ˌɒpəˈreɪʃənəl◂/ *adj* **1 be operational** działać: *The new airport will soon be operational.* **2** operacyjny: *operational costs*

op·e·ra·tive /ˈɒpərətɪv/ *adj* działający, obowiązujący: *The law will become operative* (=zacznie obowiązywać) *in a month.*

op·e·ra·tor /ˈɒpəreɪtə/ *n* [C] **1** telefonist-a/ka: *Ask the operator to help* *you with the call.* **2** operator/ka: *a computer operator* **3** organizator: *a tour operator*

o·pin·ion /əˈpɪnjən/ *n* **1** [C] opinia, zdanie: **+ about/on** *Can I ask your opinion about something?* | **in my opinion** *spoken* (=moim zdaniem): *In my opinion, he made the right decision.* | **public opinion** (=opinia publiczna): *Public opinion is against nuclear power.* | **get a second opinion** (=zasięgnąć opinii innego specjalisty) → patrz też **difference of opinion** (DIFFERENCE), **be a matter of opinion** (MATTER[1]) **2 have a high/low opinion of** mieć wysokie/niskie mniemanie o: *Her boss has a high opinion of her work.*

o·pin·ion·at·ed /əˈpɪnjəneɪtɪ̣d/ *adj* zadufany (w sobie): *an opinionated old fool*

opinion poll /.ˈ.. ./ *n* [C] badanie opinii publicznej

o·pi·um /ˈəʊpiəm/ *n* [U] opium

op·po·nent /əˈpəʊnənt/ *n* [C] przeciwni-k/czka: *His opponent is twice as big as he is.* | *opponents of Darwin's theory*

op·por·tun·ist /ˌɒpəˈtjuːnɪ̣st/ *n* [C] oportunist-a/ka —**opportunism** *n* [U] oportunizm

op·por·tu·ni·ty /ˌɒpəˈtjuːnɪ̣ti/ *n* [C,U] okazja: *I haven't had the opportunity to thank him yet.* | *job opportunities*

> UWAGA **opportunity**
>
> Patrz **possiblility** i **opportunity**. Patrz **occasion**, **opportunity** i **chance**.

op·pose /əˈpəʊz/ *v* [T] sprzeciwiać się: *They continue to oppose any changes to the present system.*

op·posed /əˈpəʊzd/ *adj* **1 be opposed to** być przeciwnym: *Most people are opposed to the death penalty.* **2 as opposed to** w odróżnieniu od: *The discount price is £25, as opposed to the usual price of £50.*

op·pos·ing /əˈpəʊzɪŋ/ *adj* **1** przeciwny: *opposing teams* **2** przeciwstawny: *opposing opinions*

op·po·site[1] /ˈɒpəzɪ̣t/ *adj* **1** odwrotny, przeciwny: *I thought the music would relax me, but it had the opposite effect.* **2** przeciwny: *a building on the opposite side of the river* | *She finds it hard to talk to members of the opposite sex.*

opposite[2] *prep adv* naprzeciw(ko): *Put the piano opposite the sofa.* | *He's moved into the house opposite.*

opposite[3] *n* [C] przeciwieństwo, odwrotność: *Everyone thought that the US would win easily. Instead, the opposite happened* (=stało się odwrotnie).

opposite num·ber /ˌ... ˈ../ *n* [C usually singular] odpowiedni-k/czka: *British Foreign Secretary Robin Cook will meet his opposite number in the White House today.*

op·po·si·tion /ˌɒpəˈzɪʃən/ *n* [U] **1** sprzeciw: **+ to** *opposition to the war* **2 the opposition** przeciwnik, rywal: *Two players managed to break through the opposition's defence.* **3 the Opposition** *BrE* opozycja

op·press /əˈpres/ *v* [T] uciskać, gnębić —**oppression** *n* [U] ucisk

op·pressed /əˈprest/ *adj* uciskany: *the oppressed minorities of Eastern Europe*

op·pres·sive /əˈpresɪv/ *adj* **1** oparty na ucisku: *an oppressive military government* **2** przytłaczający: *oppressive heat*

op·pres·sor /əˈpresə/ *n* [C] gnębiciel/ka

opt /ɒpt/ *v* [I] **1 opt for** z/decydować się na: *We've opted for a smaller car.* **2 opt to do sth** z/decydować się coś zrobić: *More high school students are opting to go to college.*

opt out *phr v* [I] wycofywać się: *Several countries may opt out of the agreement.*

op·tic /ˈɒptɪk/ *adj* wzrokowy: *the optic nerve*

op·ti·cal /ˈɒptɪkəl/ *adj* optyczny: *an optical instrument* —**optically** *adv* optycznie

optical il·lusion /ˌ... .ˈ../ *n* [C] złudzenie optyczne

op·ti·cian /ɒpˈtɪʃən/ *n* [C] **1** *BrE* optyk-okulista **2** *AmE* optyk

op·tics /ˈɒptɪks/ *n* [U] optyka

op·ti·mis·m /ˈɒptɪ̣mɪzəm/ *n* [U] optymizm: *optimism about the country's economic future* ➡ antonim PESSIMISM

op·ti·mist /ˈɒptəməst/ *n* [C] optymist-a/ka ➡ antonim PESSIMIST

op·ti·mis·tic /ˌɒptəˈmɪstɪk◂/ *adj* optymistyczny: **+ about** *Tom's optimistic about* (=optymistycznie zapatruje się na) *finding a job.* —**optimistically** *adv* optymistycznie ➡ antonim PESSIMISTIC

op·ti·mum /ˈɒptəməm/ *adj formal* optymalny: *optimum use of space*

op·tion /ˈɒpʃən/ *n* [C] opcja: *It's the only option we have left* (=nie mamy innego wyboru).

op·tion·al /ˈɒpʃənəl/ *adj* fakultatywny, dodatkowy: *The sunroof is optional.*

op·tom·e·trist /ɒpˈtɒmətrəst/ *n* [C] okulist-a/ka

or /ɔː/ *conjunction* **1** czy: *Coffee or tea?* | *"How many people were there?" "About 30 or 40."* **2** albo, lub: *You can go by bus, by train, or by plane.* ➡ porównaj EITHER[1] **3** ani: *They don't eat meat or fish.* **4** *także* **or else** bo inaczej: *Hurry, or you'll miss your plane.* **5 or so** około: *There's a gas station a mile or so down the road.* **6 or anything/something** *spoken* czy coś takiego: *Do you want to go out for a drink or anything?* **7** czyli: *biology, or the study of living things*

o·ral[1] /ˈɔːrəl/ *adj* ustny: *an oral report* | *oral hygiene* (=higiena jamy ustnej)

oral[2] *n* [C] egzamin ustny

or·ange[1] /ˈɒrəndʒ/ *n* [C,U] **1** pomarańcza **2** kolor pomarańczowy

orange[2] *adj* pomarańczowy: *an orange sweater*

or·a·tor /ˈɒrətə/ *n* [C] mów-ca/czyni, orator

or·bit[1] /ˈɔːbət/ *n* [C] orbita

orbit[2] *v* [T] okrążać, krążyć wokół: *a satellite that orbits the Earth*

or·chard /ˈɔːtʃəd/ *n* [C] sad

or·ches·tra /ˈɔːkəstrə/ *n* [C] orkiestra —**orchestral** /ɔːˈkestrəl/ *adj* orkiestrowy, orkiestralny

or·chid /ˈɔːkəd/ *n* [C] orchidea, storczyk

or·deal /ɔːˈdiːl/ *n* [C] gehenna: *School can be an ordeal for some children.*

or·der[1] /ˈɔːdə/ *n* **1 in order to** żeby: *Plants need light in order to live.* | *She had the operation in order to save her eyesight.* **2** [C,U] porządek, kolejność: *Can you keep the pictures in the same order?* | *The names were written in alphabetical order.* **3** [C] zamówienie: *The school has just put in an order* (=złożyła zamówienie) *for 10 new computers.* | **take sb's order** (=przyjmować czyjeś zamówienie): *Can I take your order?* **4** [C] rozkaz: *Captain Marshall gave the order to advance.* **5 out of order a)** niesprawny: *The photocopier is out of order again.* **b)** nie po kolei: *Don't let the files get out of order.* **6 in order a)** w porządku: *Your passport seems to be in order.* **b)** po kolei: *Are all the slides in order?* **7** [U singular] porządek: *a new world order* | *Police are working hard to maintain law and order.*

order[2] *v* **1** [I,T] zamawiać: *He sat down and ordered a beer.* | *I've ordered a new table for the kitchen.* **2** [T] rozkazywać, nakazywać: *The judge ordered the jury not to discuss the trial.* **3** [T] u/porządkować: *The names are ordered alphabetically.*

or·der·ly[1] /ˈɔːdəli/ *adj* **1** uporządkowany: *an orderly desk* **2** zdyscyplinowany: *an orderly crowd*

orderly[2] *n* [C] sanitariusz, salowa

or·di·na·ri·ly /ˈɔːdənərəli/ *adv* zazwyczaj: *I don't ordinarily go to movies in the afternoon.*

or·di·na·ry /ˈɔːdənəri/ *adj* **1** zwyczajny, zwykły: *It looks like an ordinary car, but it has a very special type of engine.* | *legal documents that are difficult for ordinary people to understand* **2 out of the ordinary** niezwykły: *nothing out of the ordinary*

ore /ɔː/ *n* [C,U] ruda: *iron ore*

or·gan /ˈɔːgən/ *n* [C] **1** narząd, organ: *the liver and other internal organs* **2** organy

or·gan·ic /ɔːˈgænɪk/ *adj* **1** organiczny: *organic matter* ➡ antonim INORGANIC **2** hodowany bez nawozów sztucznych:

organic vegetables —**organically** *adv* organicznie

or·gan·is·m /ˈɔːgənɪzəm/ *n* [C] organizm: *a microscopic organism*

or·gan·ist /ˈɔːgənɪst/ *n* [C] organista

O

or·gan·i·za·tion /ˌɔːgənaɪˈzeɪʃən/ (*także* **-isation** *BrE*) *n* [C,U] organizacja: *a charity organization* | *an organization of Christian students* | *He was responsible for the organization of the party's election campaign.* —**organizational** *adj* organizacyjny

or·gan·ize /ˈɔːgənaɪz/ (*także* **-ise** *BrE*) *v* [T] z/organizować: *Who's organizing the New Year's party?*

or·gan·ized /ˈɔːgənaɪzd/ (*także* **-ised** *BrE*) *adj* **well organized/badly organized** dobrze/źle zorganizowany: *The exhibition wasn't very well organized.* | *She's really badly organized.*

or·gan·i·zer /ˈɔːgənaɪzə/ (*także* **-iser** *BrE*) *n* [C] organizator/ka: *festival organizers*

or·gas·m /ˈɔːgæzəm/ *n* [C,U] orgazm

or·gy /ˈɔːdʒi/ *n* [C] orgia

O·ri·ent /ˈɔːriənt/ *n* **the Orient** *old-fashioned* Orient

O·ri·en·tal /ˌɔːriˈentl◂/ *adj* orientalny, dalekowschodni: *Oriental culture*

o·ri·ent·ed /ˈɔːrientɪd/ *także* **or·i·en·tat·ed** /ˈɔːriənteɪtɪd/ *BrE adj* **politically oriented/export-oriented** nastawiony na politykę/eksport: *complaints that the magazine has become too politically oriented*

or·i·gin /ˈɒrɪdʒɪn/ *n* [C,U] pochodzenie: *The word is of Latin origin.* | *the origin of life on Earth* | *He's proud of his Italian origins.*

o·rig·i·nal[1] /əˈrɪdʒɪnəl/ *adj* **1** pierwotny: *Our original plan was too expensive.* **2** oryginalny: *Is that an original Matisse?* | *a highly original style of painting*

original[2] *n* [C] oryginał

o·rig·i·nal·i·ty /əˌrɪdʒɪˈnælɪti/ *n* [U] oryginalność: *The design is good but lacks originality.*

o·rig·i·nal·ly /əˈrɪdʒɪnəli/ *adv* pierwotnie: *Her family originally came from Thailand.*

o·rig·i·nate /əˈrɪdʒɪneɪt/ *v* [I] *formal* **originate in** powstawać w, pochodzić z: *The custom of having a Christmas tree originated in Germany.*

or·na·ment /ˈɔːnəmənt/ *n* [C] ozdoba: *china ornaments*

or·na·men·tal /ˌɔːnəˈmentl◂/ *adj* ozdobny: *ornamental plants*

or·nate /ɔːˈneɪt/ *adj* bogato zdobiony: *ornate furniture*

or·ni·thol·o·gy /ˌɔːnɪˈθɒlədʒi/ *n* [U] ornitologia —**ornithologist** *n* [C] ornitolog

or·phan /ˈɔːfən/ *n* [C] sierota

or·phan·age /ˈɔːfənɪdʒ/ *n* [C] sierociniec

or·tho·dox /ˈɔːθədɒks/ *adj* **1** ortodoksyjny: *an orthodox Jew* **2** konwencjonalny: *orthodox methods of treating disease* —**orthodoxy** *n* [C,U] ortodoksja

os·ten·si·ble /ɒˈstensɪbəl/ *adj* [only before noun] rzekomy: *The ostensible reason for his dismissal was poor sales figures.* —**ostensibly** *adv* rzekomo

os·ten·ta·tious /ˌɒstənˈteɪʃəs◂/ *adj* ostentacyjny —**ostentatiously** *adv* ostentacyjnie

os·tra·cize /ˈɒstrəsaɪz/ (*także* **-ise** *BrE*) *v* [T] z/bojkotować (*towarzysko*): *There was a time when criminals would be ostracized by the whole village.* —**ostracism** *n* [U] ostracyzm

os·trich /ˈɒstrɪtʃ/ *n* [C] struś

oth·er[1] /ˈʌðə/ *determiner adj* **1** inny, pozostały: *Anna has a job, but the other girls are still at school.* | *The other students are about the same age as me.* | *Can we meet some other time* (=kiedy indziej) *– I'm busy right now.* | **the other one** (=drugi): *Here's one sock, where's the other one?* **2** przeciwny, drugi: *Their cottage is on the other side of the lake.* **3 the other day** *spoken* parę dni temu: *I was talking to Ted the other day.* **4 other than** oprócz: *She has no-one to talk to other than her family.* **5 every other day/week** co drugi dzień/tydzień: *Her husband cooks* *dinner every other day.* ➡ porównaj ANOTHER, patrz też EACH OTHER

UWAGA other
Patrz **another** i **the other**.

other² *pron* **1** (ten) drugi: *We ate one of the pizzas and froze the other.* **2** pozostały: *John's here – where are the others?* **3 someone/something or other** ktoś/coś tam: *We'll get the money somehow or other* (=jakoś tam).

oth·er·wise /ˈʌðəwaɪz/ *adv* **1** w przeciwnym razie: *You'd better go now, otherwise you'll be late.* **2** poza tym: *The sleeves are a bit long, but otherwise the dress fits fine.* **3 think otherwise** być innego zdania: *She says it's genuine, but we think otherwise.*

ot·ter /ˈɒtə/ *n* [C] wydra

ouch /aʊtʃ/ *interjection* au: *Ouch! That hurt!*

ought /ɔːt/ *modal verb* **sb ought to do sth** ktoś powinien coś zrobić: *You ought to take a day off.* | *The weather ought to be nice in August.* ➡ patrz ramka OUGHT, –porównaj SHOULD

oughtn't /ˈɔːtnt/ forma ściągnięta od 'ought not'

ounce /aʊns/ *n* [C] **1** uncja **2** odrobina, krztyna: *If you had an ounce of sense, you'd leave him.*

our /aʊə/ *determiner* nasz: *Our daughter is at college.*

ours /aʊəz/ *pron* nasz: *"Whose car is that?" "It's ours."* | *They have their tickets, but ours haven't come yet.*

our·selves /aʊəˈselvz/ *pron* **1** się: *It was strange seeing ourselves on television.* **2** sami: *We started this business ourselves.* **3 (all) by ourselves** (zupełnie) sami: *We found our way here all by ourselves.* **4 to ourselves** dla siebie: *We'll have the house to ourselves next week.*

out /aʊt/ *adj, adv* **1** na zewnątrz, na dworze, poza domem: *Close the door on your way out* (=wychodząc, zamknij drzwi). | *She is out right now* (=nie ma jej w tej chwili). | *Why don't you go out and play* (=czemu nie wyjdziecie się pobawić)? **2 out of** z, spośród: *Out of all the gifted footballers, only a few get to play for their country.* **3 be out of sth** nie mieć czegoś: *We're out of gas* (=skończyła nam się benzyna). **4 be out** *spoken* nie wchodzić w rachubę: *Skiing's out because it costs too much.*

out-and-out /ˌ.. . ˈ.◂/ *adj* [only before noun] absolutny, totalny: *an out-and-out lie* (=wierutne kłamstwo)

out·break /ˈaʊtbreɪk/ *n* [C] wybuch: *an outbreak of war*

out·burst /ˈaʊtbɜːst/ *n* [C] wybuch: *an angry outburst* (=wybuch złości)

out·cast /ˈaʊtkɑːst/ *n* [C] wyrzutek: *a social outcast*

out·class /aʊtˈklɑːs/ *v* [T] przewyższać o klasę

out·come /ˈaʊtkʌm/ *n* [singular] wynik: *the outcome of the election*

out·cry /ˈaʊtkraɪ/ *n* [singular] głosy protestu: **+ against** *a public outcry against nuclear weapons testing*

out·dat·ed /ˌaʊtˈdeɪtɪ̈d◂/ *adj* przestarzały: *factories full of outdated machinery*

out·do /aʊtˈduː/ *v* [T] **outdid** /-ˈdɪd/, **outdone** /-ˈdʌn/, **outdoing** prześcigać, przewyższać: *two brothers trying to outdo each other*

out·door /ˈaʊtdɔː/ *adj* [only before noun] na świeżym powietrzu: *an outdoor swimming pool* (=odkryta pływalnia) ➡ antonim INDOOR

out·doors /ˌaʊtˈdɔːz/ *adv* na dworze, na świeżym powietrzu: *I prefer working outdoors.* ➡ antonim INDOORS

out·er /ˈaʊtə/ *adj* [only before noun] zewnętrzny: *Peel off the outer leaves.* ➡ antonim INNER

out·er·most /ˈaʊtəməʊst/ *adj* [only before noun] najbardziej oddalony od centrum: *the outermost planets* ➡ antonim INNERMOST

outer space /ˌ.. ˈ./ *n* [U] przestrzeń kosmiczna, kosmos

out·fit /ˈaʊtfɪt/ *n* [C] strój: *He arrived at the party in a cowboy outfit.*

out·go·ing /ˌaʊtˈgəʊɪŋ◂/ *adj* **1** towarzyski **2 the outgoing president/government** ustępujący prezydent/rząd **3** [only before noun] wychodzący: *outgoing phone calls*

out·go·ings /ˈaʊtˌgəʊɪŋz/ *n* [plural] *BrE* wydatki

out·grow /aʊtˈgrəʊ/ *v* [T] **outgrew** /-ˈgruː/, **outgrown** /-ˈgrəʊn/, **outgrowing** wyrastać z: *Kara's already outgrown her shoes.* | *I've outgrown the job really.*

out·ing /ˈaʊtɪŋ/ *n* [C] wycieczka: *We're going on a family outing.*

out·land·ish /aʊtˈlændɪʃ/ *adj* dziwaczny: *outlandish clothes*

out·law[1] /ˈaʊtlɔː/ *v* [T] zakazywać: *Gambling was outlawed here in 1980.*

outlaw[2] *n* [C] *old-fashioned* banita

out·let /ˈaʊtlet/ *n* [C] **1** wylot, odpływ **2** ujście: *I use judo as an outlet for stress.*

out·line[1] /ˈaʊtlaɪn/ *n* [singular] zarys, szkic: *an outline of the company's plan*

outline[2] *v* [T] na/szkicować: *a speech outlining his work in refugee camps*

out·live /aʊtˈlɪv/ *v* [T] przeżyć: *She outlived her husband by 10 years.*

out·look /ˈaʊtlʊk/ *n* [C] **1** pogląd(y): **+ on** *Ann has a very positive outlook on life.* **2** prognoza: **+ for** *The long-term outlook for the industry is worrying.*

out·ma·noeu·vre /ˌaʊtməˈnuːvə/ *BrE*, **outmaneuver** *AmE* *v* [T] przechytrzyć

out·num·ber /aʊtˈnʌmbə/ *v* [T] przewyższać liczebnie: *Women outnumber men in the nursing profession.*

out-of-date /ˌ. .ˈ.◂/ *adj* przestarzały

out-of-the-way /ˌ. . .ˈ.◂/ *adj* odległy, odosobniony

out of work /ˌ. .ˈ.◂/ *adj* bezrobotny: *an out of work actor*

out·pa·tient /ˈaʊtˌpeɪʃənt/ *n* [C] pacjent/ka dochodząc-y/a

out·post /ˈaʊtpəʊst/ *n* [C] placówka

out·put /ˈaʊtpʊt/ *n* [C,U] produkcja: *Economic output is down by 10% this year.* ➡ porównaj INPUT

out·rage[1] /ˈaʊtreɪdʒ/ *n* [C,U] oburzenie: *feelings of shock and outrage at such a brutal attack on a child* | *This is an outrage* (=to skandal)*!*

outrage[2] *v* [T] oburzać —**outraged** *adj* oburzony

out·ra·geous /aʊtˈreɪdʒəs/ *adj* oburzający, skandaliczny: *£200 for a hotel room – that's outrageous!*

out·right[1] /ˈaʊtraɪt/ *adj* [only before noun] **1** całkowity: *an outright ban on handguns* **2** bezapelacyjny: *outright victory* **3** otwarty: *an outright refusal*

out·right[2] /aʊtˈraɪt/ *adv* **1** wprost: *You should have told him outright that you don't want to work there any more.* **2 be killed outright** zginąć na miejscu **3** całkowicie: *They haven't rejected the plan outright.*

out·set /ˈaʊtset/ *n* **at/from the outset** na (samym)/od (samego) początku: *The rules were agreed at the outset of the game.*

out·side[1] /aʊtˈsaɪd, ˈaʊtsaɪd/ *także* **outside of** *especially AmE prep* **1** pod: *He left an envelope outside my door.* | *We live just outside Leeds.* ➡ antonim INSIDE[1] **2** poza: *Teachers can't control what students do outside school.*

outside[2] *adv* na zewnątrz: *Can I go and play outside, Dad?* | *Wait outside, I want to talk to him alone.*

outside[3] *n* **1 the outside** zewnętrzna strona: *The outside of the building is pink.* ➡ antonim INSIDE[2] **2 on the outside** na/z zewnątrz: *Their marriage seemed so perfect on the outside.*

out·sid·er /aʊtˈsaɪdə/ *n* [C] osoba z zewnątrz: *Sometimes I feel like an outsider* (=czuję się obco) *in my own family.*

out·skirts /ˈaʊtskɜːts/ *n* **the outskirts** peryferie: **on the outskirts** *They have an apartment on the outskirts of Geneva.*

out·spo·ken /aʊtˈspəʊkən/ *adj* otwarty: *an outspoken critic of the government's economic policy*

out·stand·ing /aʊtˈstændɪŋ/ *adj*

Czasownik modalny **OUGHT**

Ought jest jedynym czasownikiem modalnym, po którym następuje bezokolicznik z **to**. Używamy go zwykle

1 w znaczeniu „powinienem, powinieneś itd.":
You ***ought to*** *stop smoking.*
He ***ought to*** *be here by now.*

2 w połączeniu z bezokolicznikiem typu „perfect" w znaczeniu „powinienem był, powinieneś był itd.":
Maybe we ***ought to*** *have waited?* („Może powinniśmy byli zaczekać?")
You ***ought not to*** *have said that.* („Nie powinieneś był tego mówić.")

W brytyjskiej angielszczyźnie w zdaniach przeczących oprócz **ought not** występuje też forma ściągnięta **oughtn't**:
You ***oughtn't*** *to have said that.*
He ought to be punished, ***oughtn't*** *he?*

We wszystkich omówionych wyżej przypadkach **ought to** może być zastąpione przez **should**. Jedyna różnica polega na tym, że **ought** jest nieco mocniejsze i bardziej kategoryczne.

patrz też: ***Modal Verbs, Perfect Infinitive, Reported Speech, Verb, SHOULD***

1 wybitny: *an outstanding performance* **2** zaległy: *an outstanding debt*

out·stay /aʊt'steɪ/ *v* ➡ patrz **outstay your welcome** (WELCOME)

out·stretched /ˌaʊt'stretʃt◂/ *adj* wyciągnięty: *I took hold of his outstretched arm.*

out·ward /'aʊtwəd/ *adj* **1 outward calm/control** pozorny spokój/opanowanie: *Amy answered with outward composure.* **2** w tamtą stronę: *an outward flight*

out·ward·ly /'aʊtwədli/ *adv* pozornie, na pozór: *Outwardly he seems to be very happy.*

out·wards /'aʊtwədz/ *especially BrE*, **outward** *especially AmE adv* na zewnątrz: *The universe is expanding outwards.* ➡ antonim INWARDS

out·weigh /aʊt'weɪ/ *v* [T] przeważać nad: *The benefits outweigh the costs.*

out·wit /aʊt'wɪt/ *v* [T] przechytrzyć: *Our plan is to outwit the thieves.*

o·val /'əʊvəl/ *n* [C] owal —**oval** *adj* owalny

o·va·ry /'əʊvəri/ *n* [C] jajnik

o·va·tion /əʊ'veɪʃən/ *n* [C] owacja: **standing ovation** (=owacja na stojąco) ➡ porównaj ENCORE

ov·en /'ʌvən/ *n* [C] piekarnik

over[1] /'əʊvə/ *prep* **1** przez: *Can you jump over the stream?* | *the next bridge over the river* | *The salesman explained it to me over the phone.* ➡ porównaj ACROSS **2** nad: *The sign over the door said "No Exit".* | *Put this blanket over him* (=przykryj go tym kocem). ➡ antonim UNDER[1], porównaj ABOVE[1], ACROSS **3 over the road/river** po drugiej stronie ulicy/rzeki: *There's a supermarket over the road.* ➡ antonim UNDER[1] **4** ponad: *It cost over £1000.* **5** podczas, przez: *I stayed with Julie over the summer.* **6** z: *The car fell over a cliff.* **7 over here/there** tutaj/tam: *I'm over here!* **8** o: *They had an argument over who would take the car* (=o to, kto weźmie samochód). ➡ patrz też **all over** (ALL[2])

UWAGA **over the last few years**

Patrz **for the last few years** i

over/during/in the last few years.

over² *adv* **1 come over** przychodzić: *Come over tomorrow and we'll go shopping.* **2** w górze, nad głową: *You can't hear anything when the planes fly over.* **3 (all) over again** (wszystko) od początku: *The computer lost all my work, and I had to do it all over again.* **4 over and over (again)** w kółko: *He made us sing the song over and over until we got it right.* **5 think/talk sth over** przemyśleć/omówić coś: *Think it over, and give us your answer tomorrow.* **6** powyżej: *a game for children aged 6 and over*

over³ *adj* [not before noun] skończony: *The game's over.*

o·ver·all¹ /ˈəʊvərɔːl/ *adj* całkowity: *The overall cost of the trip is $500.*

o·ver·all² /ˌəʊvərˈɔːl/ *adv* w sumie, ogólnie biorąc: *Overall, the situation looks good.*

o·ver·all³ /ˈəʊvərɔːl/ *n* [C] *BrE* kitel

o·ver·alls /ˈəʊvərɔːlz/ *n* [plural] **1** *BrE* kombinezon **2** *AmE* ogrodniczki

o·ver·awed /ˌəʊvərˈɔːd/ *adj* onieśmielony: *I felt overawed just looking at the stadium.*

o·ver·bear·ing /ˌəʊvəˈbeərɪŋ/ *adj* władczy: *an overbearing father*

o·ver·board /ˈəʊvəbɔːd/ *adv* **1** za burt-ę/ą: *He fell overboard into the icy water.* **2 go overboard** *informal* popadać w przesadę: *"That was absolutely amazing!" "OK, there's no need to go overboard."*

o·ver·came /ˌəʊvəˈkeɪm/ *v* czas przeszły od OVERCOME

o·ver·cast /ˌəʊvəˈkɑːst◂/ *adj* zachmurzony, pochmurny: *a grey, overcast sky*

o·ver·charge /ˌəʊvəˈtʃɑːdʒ/ *v* [I,T] po/liczyć za dużo: *The waiter overcharged us for the wine.*

o·ver·coat /ˈəʊvəkəʊt/ *n* [C] płaszcz

o·ver·come /ˌəʊvəˈkʌm/ *v* [T] **overcame, overcome, overcoming 1** przezwyciężać, pokonywać: *I'm trying to overcome my fear of flying.* **2 be overcome (by sth)** być przytłoczonym (czymś): *I was so overcome that I could hardly speak.*

o·ver·crowd·ed /ˌəʊvəˈkraʊdəd◂/ *adj* przepełniony: *overcrowded prisons* —**overcrowding** *n* [U] przepełnienie

o·ver·do /ˌəʊvəˈduː/ *v* [T] **overdid** /-ˈdɪd/, **overdone, overdoing** przesadzać z: *Don't overdo the salt.* | *When you first start jogging, be careful not to overdo it.*

o·ver·done /ˌəʊvəˈdʌn◂/ *adj* spieczony

o·ver·dose /ˈəʊvədəʊs/ *n* [C] przedawkowanie: *a heroin overdose* —**overdose** *v* [I] przedawkować: *It's easy to overdose on paracetamol.*

o·ver·draft /ˈəʊvədrɑːft/ *n* [C] debet: *a £200 overdraft*

o·ver·drawn /ˌəʊvəˈdrɔːn◂/ *adj* **be overdrawn** mieć debet

o·ver·due /ˌəʊvəˈdjuː◂/ *adj* zaległy, spóźniony: *Her baby's ten days overdue* (=miało się urodzić dziesięć dni temu). | *Salary increases are long overdue* (=już dawno należało wprowadzić podwyżki płac).

o·ver·eat /ˌəʊvərˈiːt/ *v* [I] jeść zbyt dużo, objadać się —**overeating** *n* [U] przejedzenie

o·ver·es·ti·mate /ˌəʊvərˈestəmeɪt/ *v* [T] przeceniać: *I think you're overestimating his abilities.* ➡ antonim UNDERESTIMATE

o·ver·flow /ˌəʊvəˈfləʊ/ *v* [I] **1** przelewać się: **+ with** *a sink overflowing with water* **2** wylewać się: *The crowd overflowed into the street.*

o·ver·grown /ˌəʊvəˈgrəʊn◂/ *adj* zarośnięty: *The garden was completely overgrown.*

o·ver·hang /ˌəʊvəˈhæŋ/ *v* [I,T] **overhung, overhung, overhanging** zwisać (nad): *branches overhanging the path*

o·ver·haul /ˌəʊvəˈhɔːl/ *v* [T] przeprowadzać remont kapitalny

o·ver·head /ˌəʊvəˈhed◂/ *adv* nad głową, w górze: *A plane flew overhead.* —**overhead** *adj* napowietrzny: *overhead cables*

o·ver·heads /ˈəʊvəhedz/ *n* [plural] *especially BrE* koszty stałe

o·ver·hear /ˌəʊvəˈhɪə/ *v* [T] **overheard** /-ˈhɜːd/, **overheard, overhearing** podsłuchać, przypadkiem usłyszeć: *I overheard their conversation.* ➡ porównaj EAVESDROP

o·ver·heat /ˌəʊvəˈhiːt/ *v* [I,T] przegrzewać (się)

o·ver·hung /ˌəʊvəˈhʌŋ/ *v* czas przeszły i imiesłów bierny od OVERHANG

o·ver·joyed /ˌəʊvəˈdʒɔɪd/ *adj* uradowany, zachwycony

o·ver·land /ˌəʊvəˈlænd◂/ *adj* lądowy: *overland convoys of aid* —**overland** *adv* lądem: *We travelled overland.*

o·ver·lap /ˌəʊvəˈlæp/ *v* [I,T] **-pped, -pping 1** zachodzić na (siebie), zazębiać się (z): *a pattern of overlapping circles* **2** częściowo pokrywać się (z): *The case I'm working on overlaps with yours.*

o·ver·leaf /ˌəʊvəˈliːf/ *adv* na odwrocie (strony)

o·ver·load /ˌəʊvəˈləʊd/ *v* [T] **1** przeładowywać: *The boat was overloaded and began to sink.* **2** przeciążać: *overloaded with work* | *Don't overload the electrical system by using too many machines.*

o·ver·look /ˌəʊvəˈlʊk/ *v* [T] **1** przeoczyć: *It's easy to overlook mistakes when you're reading your own writing.* **2** wychodzić na: *a room overlooking the beach* (=z widokiem na plażę) **3** *formal* przymykać oczy na: *I am willing to overlook what you said this time.*

o·ver·night[1] /ˌəʊvəˈnaɪt/ *adv* **1** na/przez noc: *She's staying overnight at a friend's house.* **2** z dnia na dzień: *You can't expect to lose weight overnight.*

o·ver·night[2] /ˈəʊvənaɪt/ *adj* nocny, całonocny: *an overnight flight to Japan*

o·ver·pass /ˈəʊvəpɑːs/ *n* [C] *AmE* wiadukt, estakada

o·ver·pop·u·lat·ed /ˌəʊvəˈpɒpjᵊleɪtᵻd/ *adj* przeludniony —**overpopulation** /ˌəʊvəpɒpjᵊˈleɪʃən/ *n* [U] przeludnienie

o·ver·pow·er /ˌəʊvəˈpaʊə/ *v* [T] obezwładniać

o·ver·pow·er·ing /ˌəʊvəˈpaʊərɪŋ◂/ *adj* obezwładniający, przytłaczający: *an overpowering feeling of hopelessness*

o·ver·ran /ˌəʊvəˈræn/ *v* czas przeszły od OVERRUN

o·ver·rat·ed /ˌəʊvəˈreɪtᵻd◂/ *adj* przeceniany, przereklamowany: *We thought the play was overrated.*

o·ver·re·act /ˌəʊvəriˈækt/ *v* [I] za/reagować zbyt mocno

o·ver·ride /ˌəʊvəˈraɪd/ *v* [T] **overrode** /-ˈrəʊd/, **overridden** /-ˈrɪdn/, **overriding 1** uchylać: *Congress has overridden the President's veto.* **2** być nadrzędnym w stosunku do: *The economy often seems to override other political issues.*

o·ver·rid·ing /ˌəʊvəˈraɪdɪŋ◂/ *adj* [only before noun] nadrzędny: *Security is of overriding importance.*

o·ver·rule /ˌəʊvəˈruːl/ *v* [T] uchylać: *"Objection overruled* (=uchylam sprzeciw)*," said Judge Klein.*

o·ver·run /ˌəʊvəˈrʌn/ *v* **overran, overrun, overrunning 1** [T] opanowywać: *the town is being overrun by rats* **2** [I] przedłużać się: *The meeting overran by half an hour.*

o·ver·seas /ˌəʊvəˈsiːz◂/ *adj* zamorski, zagraniczny: *an overseas tour* —**overseas** *adv* za granic-ę/ą: *I often get to travel overseas.*

o·ver·see /ˌəʊvəˈsiː/ *v* [T] nadzorować: *Bentley is overseeing the project.* —**overseer** /ˈəʊvəsɪə/ *n* [C] nadzorca

o·ver·sight /ˈəʊvəsaɪt/ *n* [C,U] niedopatrzenie

o·ver·sim·pli·fy /ˌəʊvəˈsɪmplᵻfaɪ/ *v* [I,T] nadmiernie upraszczać, spłycać —**oversimplification** /ˌəʊvəsɪmplᵻfᵻˈkeɪʃən/ *n* [C,U] uproszczenie

o·ver·sleep /ˌəʊvəˈsliːp/ *v* [I] **overslept** /-ˈslept/, **overslept, oversleeping** zaspać

o·vert /ˈəʊvɜːt/ *adj* otwarty, jawny: *overt discrimination* —**overtly** *adv* otwarcie, jawnie

o·ver·take /ˌəʊvəˈteɪk/ *v* **overtook** /-ˈtʊk/, **overtaken** /-ˈteɪkən/, **overtaking 1** [I,T] wyprzedzać: *The accident happened as he was overtaking a* bus. | *Japan has overtaken many other countries in car production.* **2** [T often passive] *literary* ogarniać: *She was overtaken by exhaustion.*

o·ver·throw /ˌəʊvəˈθrəʊ/ *v* [T] **overthrew** /-ˈθruː/, **overthrown** /-ˈθrəʊn/, **overthrowing** obalać

o·ver·time /ˈəʊvətaɪm/ *n* [U] nadgodziny

o·ver·took /ˌəʊvəˈtʊk/ *v* czas przeszły od OVERTAKE

o·ver·ture /ˈəʊvətjʊə/ *n* [C] uwertura

o·ver·turn /ˌəʊvəˈtɜːn/ *v* **1** [I,T] przewracać (się) do góry nogami: *The car overturned on a country road.* **2 overturn a ruling/verdict** unieważniać orzeczenie/wyrok

o·ver·view /ˈəʊvəvjuː/ *n* [C] przegląd: *an overview of the history of the region*

o·ver·weight /ˌəʊvəˈweɪt◂/ *adj* **be overweight** mieć nadwagę: *I'm ten pounds overweight.*

> UWAGA **overweight**
>
> Patrz **fat** i **overweight**.

o·ver·whelm·ing /ˌəʊvəˈwelmɪŋ◂/ *adj* **1** przemożny: *Shari felt an overwhelming urge to cry.* **2** przytłaczający: *The Labour Party won by an overwhelming majority.* —**overwhelmingly** *adv* w przeważającej części

o·ver·worked /ˌəʊvəˈwɜːkt◂/ *adj* przepracowany, przeciążony pracą: *overworked nurses*

owe /əʊ/ *v* [T] **1 owe sb sth** być komuś coś winnym: *Bob owes me $20.* | *I owe you an apology.* | **owe sth to sb** *We owe a lot of money to the bank.* **2** zawdzięczać: *"You must be pleased you've won." "I owe it all to you."*

owing to /ˈ.. ./ *prep* z powodu: *Work on the building has stopped, owing to lack of money.*

owl /aʊl/ *n* [C] sowa

own[1] /əʊn/ *determiner pron* **1** własny: *She wants her own room.* | *You have to learn to make your own decisions.* | **of sb's own** *He decided to start a business of his own* (=swój własny interes). **2 (all) on your own a)** samotnie: *Rick lives on his own.* **b)** samodzielnie: *Did you make that all on your own?*

> UWAGA **own**
>
> Wyraz **own** w znaczeniu 'własny' występuje zawsze po zaimkach **my**, **her**, **their** itp. lub rzeczownikach w dopełniaczu (np. **Jill's**): *their own children* | *her own flat* | *Tina's own radio.*

own[2] *v* [T] posiadać, być właścicielem: *He owns two houses in Utah.*

own up *phr v* [I] przyznawać się: **own up to (doing sth)** *No one owned up to breaking the window.*

own·er /ˈəʊnə/ *n* [C] właściciel/ka: *the owner of the dog* —**ownership** *n* [U] posiadanie, własność

ox /ɒks/ *n* [C] *plural* **oxen** wół

ox·y·gen /ˈɒksɪdʒən/ *n* [U] tlen

oy·ster /ˈɔɪstə/ *n* [C,U] ostryga

ozone lay·er /ˈəʊzəʊn ˌleɪə/ *n* [singular] powłoka ozonowa

Pp

p 1 *plural* **pp** skrót od PAGE **2** *BrE* skrót od PENNY lub PENCE

pace[1] /peɪs/ *n* **1** [singular] krok: *She heard someone behind her and quickened her pace.* **2** [singular] tempo: *the pace of change in Eastern Europe* **3 keep pace (with)** nadążać (za): *Supply has to keep pace with increasing demand.*

pace[2] *v* **1** [T] przemierzać: *pacing the hospital corridor* **2** [I] **pace around/up and down** chodzić tam i z powrotem: *He paced up and down, waiting for her.*

pace·mak·er /ˈpeɪsˌmeɪkə/ *n* [C] rozrusznik serca

pac·i·fi·er /ˈpæsəfaɪə/ *n* [C] *AmE* smoczek

pac·i·fist /ˈpæsəfəst/ *n* [C] pacyfist-a/ka —**pacifism** *n* [U] pacyfizm

pac·i·fy /ˈpæsəfaɪ/ *v* [T] uspokajać

pack[1] /pæk/ *v* **1** [I,T] s/pakować (się): *I never pack until the night before a trip.* **2** [T] wypełniać: *Thousands of people packed the stadium.*

pack sth ↔ **in** *phr v* [T] **1** *także* **pack** sth **into** sth wtłaczać: *I don't know how we packed so much activity into one brief weekend.* **2** *BrE informal* rzucać: *Sometimes I just feel like packing my job in.*

pack sb/sth **off** *phr v* [T] *informal* wyprawiać, wysyłać: *We were packed off to camp every summer.*

pack up *phr v* [I] **1** *informal* zwijać manatki: *I think I'll pack up and go home early.* **2** *BrE informal* nawalać: *The television's packed up again.*

pack[2] *n* [C] **1** pakiet: *Phone for your free information pack.* **2** *especially AmE* paczka: *a pack of cigarettes* **3** *BrE* plecak **4** sfora: *a pack of wolves* **5** talia (*kart*)

package[1] /ˈpækɪdʒ/ *n* [C] **1** pakiet: *a new software package* **2** paczka **3** *AmE* opakowanie: *a package of cookies*

package[2] *v* [T] pakować: *food packaged in cartons*

package tour /ˈ.. ./ *także* **package holiday** *BrE n* [C] wczasy zorganizowane

pack·ag·ing /ˈpækɪdʒɪŋ/ *n* [U] opakowania

packed /pækt/ *adj także* **packed out** zatłoczony: *a packed commuter train*

packed lunch /ˌ. ˈ./ *n* [C] *BrE* drugie śniadanie

pack·et /ˈpækət/ *n* [C] *especially BrE* paczka, opakowanie: *a packet of biscuits*

pack·ing /ˈpækɪŋ/ *n* [U] pakowanie: *I'll have to do my packing this evening.*

pact /pækt/ *n* [C] pakt, układ: *a peace pact*

pad /pæd/ *n* [C] **1** ochraniacz: *knee pads* **2** blok: *a sketch pad*

pad·ding /ˈpædɪŋ/ *n* [U] wyściółka, obicie

pad·dle[1] /ˈpædl/ *n* [C] wiosło (*krótkie i szerokie*)

paddle[2] *v* **1** [I,T] wiosłować **2** [I] *BrE* brodzić: *A group of children were paddling in the stream.*

pad·dock /ˈpædək/ *n* [C] wybieg dla koni

pad·dy field /ˈpædi ˌfiːld/ *także* **rice paddy**, **paddy** *n* [C] pole ryżowe

pad·lock /ˈpædlɒk/ *n* [C] kłódka

pae·di·a·tri·cian /ˌpiːdiəˈtrɪʃən/ *BrE*, **pediatrician** *AmE n* [C] pediatra

pa·gan /ˈpeɪgən/ *adj* [C] pogański: *an ancient pagan festival* —**pagan** *n* [C] pogan-in/ka

page[1] /peɪdʒ/ *n* [C] strona, kartka: *The book had several pages missing.*

page[2] *v* [T] przywoływać (*przez głośnik lub za pomocą pagera*): *We couldn't find Jan at the airport, so we had her paged.*

pag·eant /ˈpædʒənt/ *n* [C] plenerowe widowisko historyczne

pag·eant·ry /ˈpædʒəntri/ *n* [U] gala, pompa

pag·er /ˈpeɪdʒə/ *n* [C] pager

pa·go·da /pəˈgəʊdə/ *n* [C] pagoda

paid /peɪd/ *v* czas przeszły i imiesłów bierny od PAY

pail /peɪl/ *n* [C] *old-fashioned* wiadro

pain /peɪn/ *n* **1** [C,U] ból: *I woke up in the night with terrible stomach pains.* | *Cassie lay groaning in pain on the bed.* | *the pain children feel when their parents divorce* **2** **a pain (in the neck)** *spoken* zawracanie głowy: *These pots and pans are a pain to wash.* → patrz też PAINS

> UWAGA **pain**
>
> Patrz **ache** i **pain**.

pain·ful /ˈpeɪnfəl/ *adj* **1** obolały: *Her ankle was swollen and painful.* **2** bolesny: *painful memories of the war*

pain·ful·ly /ˈpeɪnfəli/ *adv* boleśnie, dotkliwie: *She was painfully aware that she wasn't welcome.* | *It was painfully obvious that she didn't like him.*

pain·kill·er /ˈpeɪnˌkɪlə/ *n* [C] środek przeciwbólowy

pain·less /ˈpeɪnləs/ *adj* bezbolesny: *a painless death* | *a painless way to learn Spanish*

pains /peɪnz/ *n* [plural] **be at pains to do sth/take pains to do sth** dokładać wszelkich starań, żeby coś zrobić: *He was at pains to emphasize the advantages of the new system.*

pains·tak·ing /ˈpeɪnzˌteɪkɪŋ/ *adj* staranny, skrupulatny: *painstaking research*

paint[1] /peɪnt/ *n* [U] farba: *a can of yellow paint*

paint[2] *v* [I,T] **1** po/malować: *What color are you painting the house?* **2** na/malować: *He's just finished painting his wife's portrait.*

paint·box /ˈpeɪntbɒks/ *n* [C] pudełko z farbami

paint·brush /ˈpeɪntbrʌʃ/ *n* [C] pędzel

paint·er /ˈpeɪntə/ *n* [C] **1** mala-rz/rka: *a landscape painter* **2** malarz pokojowy: *a painter and decorator*

paint·ing /ˈpeɪntɪŋ/ *n* **1** [C] obraz: *an exhibition of paintings, drawings, and sculptures* **2** [U] malarstwo: *Van Gogh's style of painting*

pair /peə/ *n* [C] para: *a new pair of shoes* | *a pair of dancers* | *a pair of scissors* (=nożyczki) | **in pairs** *Work in pairs on the next exercise.*

pa·ja·mas /pəˈdʒɑːməz/ piżama

pal /pæl/ *n* [C] *informal* kumpel: *a college pal*

pal·ace /ˈpælᵻs/ *n* [C] pałac: *Buckingham Palace*

pal·a·ta·ble /ˈpælətəbəl/ *adj* smaczny: *a palatable wine*

pal·ate /ˈpælᵻt/ *n* [C] podniebienie

pale[1] /peɪl/ *adj* **1 pale blue/pink** bladoniebieski/bladoróżowy **2** blady: *Jan looked tired and pale.*

pale[2] *v* z/blednąć: *Once you've experienced sailing, other sports pale in comparison.* | *Hettie paled when she heard what had happened.*

pal·ette /ˈpælᵻt/ *n* [C] paleta

pal·lid /ˈpælᵻd/ *adj* blady: *a pallid complexion*

pal·lor /ˈpælə/ *n* [singular] bladość (*niezdrowa*)

palm /pɑːm/ *n* [C] **1** dłoń **2** palma

palm tree /ˈ. ./ *n* [C] palma

pal·pi·ta·tions /ˌpælpᵻˈteɪʃənz/ *n* [plural] palpitacje

pal·try /ˈpɔːltri/ *adj* marny: *a paltry 2.4% pay increase*

pam·per /ˈpæmpə/ *v* [T] rozpieszczać: *You pamper that boy too much!*

pam·phlet /ˈpæmflᵻt/ *n* [C] broszura

pan /pæn/ *n* [C] **1** rondel: *Melt the butter in a pan.* **2** *AmE* forma do pieczenia: *a 9-inch cake pan*

pan·cake /ˈpænkeɪk/ *n* [C] naleśnik

pan·da /ˈpændə/ *n* [C] panda

pan·de·mo·ni·um /ˌpændᵻˈməʊniəm/ *n* [U] harmider: *When Brazil scored, pandemonium broke out.*

pane /peɪn/ *n* [C] szyba

pan·el /ˈpænl/ *n* **1** [C] płycina, kaseton **2** [C] zespół, panel: *a panel of experts* **3 instrument/control panel** tablica rozdzielcza

pan·el·ling /ˈpænəl-ɪŋ/ *BrE*, **paneling** *AmE* *n* [U] boazeria: *oak panelling*

pang /pæŋ/ *n* [C] ukłucie, skurcz: *hunger pangs*

pan·ic[1] /ˈpænɪk/ *n* [C,U] panika: *His warning produced a wave of panic.* | *There was the usual last-minute panic just before the deadline.* | **in (a) panic** *People ran into the streets in a panic after the explosion.*

panic[2] *v* **panicked, panicked, panicking** [I] panikować: *Stay where you are and don't panic!* —**panicky** *adj* spanikowany

panic-strick·en /ˈ.. ,../ *adj* ogarnięty panicznym strachem

pan·o·ra·ma /ˌpænəˈrɑːmə/ *n* [C] panorama —**panoramic** /ˌpænəˈræmɪk◂ / *adj* panoramiczny: *a panoramic view of Hong Kong*

pan·sy /ˈpænzi/ *n* [C] bratek

pant /pænt/ *v* [I] dyszeć, ziajać: *a dog panting in the heat*

pan·ther /ˈpænθə/ *n* [C] pantera

pan·ties /ˈpæntiz/ *n* [plural] majtki, figi

pan·to·mime /ˈpæntəmaɪm/ *n* [C,U] bajka muzyczna dla dzieci wystawiana w Wielkiej Brytanii w okresie Bożego Narodzenia

pan·try /ˈpæntri/ *n* [C] spiżarnia

pants /pænts/ *n* [plural] **1** *BrE* majtki **2** *especially AmE* spodnie

pan·ty·hose /ˈpæntihəʊz/ *n* [plural] *AmE* rajstopy

pa·pal /ˈpeɪpəl/ *adj* papieski

pa·per[1] /ˈpeɪpə/ *n* **1** [U] papier: *He wrote her phone number down on a piece of paper.* | *a paper towel* **2** [C] gazeta: *I read about it in yesterday's paper.* | *a local paper* **3 papers** [plural] papiery (*dokumenty*): *The papers are all ready for you to sign.* **4** [C] referat: *a paper on global warming* | *My history paper is due tomorrow.*

paper[2] *v* [T] wy/tapetować

pa·per·back /ˈpeɪpəbæk/ *n* [C] książka w miękkiej okładce → porównaj HARDBACK

pa·per·boy /ˈpeɪpəbɔɪ/ *n* [C] gazeciarz

paper clip /ˈ.. ./ *n* [C] spinacz

pa·per·weight /ˈpeɪpəweɪt/ *n* [C] przycisk do papieru

pa·per·work /ˈpeɪpəwɜːk/ *n* [U] papierkowa robota: *The job involves a lot of paperwork.*

par /pɑː/ *n* **be on a par (with)** stać na równi (z): *Technological developments in the US are now on a par with those in Japan.*

par·a·ble /ˈpærəbəl/ *n* [C] przypowieść

par·a·chute /ˈpærəʃuːt/ *n* [C] spadochron

pa·rade[1] /pəˈreɪd/ *n* [C] **1** pochód, parada: *a May Day parade* **2** defilada: *The general inspected the parade.*

parade[2] *v* **1** [I] defilować: **+ through/around etc** *Peace demonstrators paraded through the town.* **2** [I] paradować: **+ around/up/down etc** *Teenage girls were parading around the pool in their bikinis.* **3** [T] obnosić się z: *He loves parading his wealth in front of people.*

par·a·dise /ˈpærədaɪs/ *n* raj: *Milton wrote "Paradise Lost".* | *Hawaii is a paradise for wind surfers.*

par·a·dox /ˈpærədɒks/ *n* [C] paradoks: *It's a paradox that there are so many poor people living in such a rich country.* —**paradoxical** /ˌpærəˈdɒksɪkəl◂ / *adj* paradoksalny —**paradoxically** *adv* paradoksalnie

par·af·fin /ˈpærəfɪn/ *n* [U] *BrE* nafta

par·a·graph /ˈpærəgrɑːf/ *n* [C] akapit

par·a·keet /ˈpærəkiːt/ *n* [C] papużka

par·al·lel[1] /ˈpærəlel/ *n* **1** [C] paralela: **+ between/with** *There are some interesting parallels between the two leaders.* | **draw a parallel between** (=wykazywać podobieństwo pomiędzy): *We can draw a parallel between ancient and modern theories of education.* **2 in parallel** równolegle: *The two experiments were done in parallel.*

parallel[2] *adj* równoległy: *The street runs parallel to the railroad.* | *The British and French police are conducting parallel investigations.*

par·a·lyse /ˈpærəlaɪz/ *BrE*, **paralyze** *AmE v* [T] s/paraliżować: *Heavy snow has paralyzed transportation in several cities.*

par·a·lysed /ˈpærəlaɪzd/ *BrE*, **paralyzed** *AmE adj* sparaliżowany: *He was* *paralyzed from the waist down after a motorcycle accident.* | *He stood in the doorway, paralysed by fear.*

pa·ral·y·sis /pəˈrælᵢ̇sᵢ̇s/ *n* [U] paraliż

pa·ram·e·ter /pəˈræmᵢ̇tə/ *n* [C usually plural] parametr: *Congress will decide on parameters for the investigation.*

par·a·mil·i·ta·ry /ˌpærəˈmɪlᵢ̇təri◂/ *adj* paramilitarny: *extremist paramilitary groups* | *a paramilitary police operation*

par·a·mount /ˈpærəmaʊnt/ *adj* najważniejszy: *Safety is paramount.*

par·a·noi·a /ˌpærəˈnɔɪə/ *n* [U] paranoja —**paranoid** /ˈpærənɔɪd/ *adj* paranoiczny, paranoidalny: *Stop being so paranoid* (=nie bądź takim paranoikiem)*!*

par·a·pher·na·li·a /ˌpærəfəˈneɪliə/ *n* [U] akcesoria: *photographic paraphernalia*

par·a·phrase /ˈpærəfreɪz/ *v* [T] s/parafrazować —**paraphrase** *n* [C] parafraza

par·a·site /ˈpærəsaɪt/ *n* [C] pasożyt —**parasitic** /ˌpærəˈsɪtɪk◂/ *adj* pasożytniczy

par·a·sol /ˈpærəsɒl/ *n* [C] parasol/ka (*od słońca*) ➡ porównaj UMBRELLA

par·a·troop·er /ˈpærəˌtruːpə/ *n* [C] spadochroniarz (*żołnierz*)

par·cel /ˈpɑːsəl/ *n* [C] paczka

parched /pɑːtʃt/ *adj* **1** *spoken* **be parched** umierać z pragnienia **2** spieczony, wysuszony: *parched land*

parch·ment /ˈpɑːtʃmənt/ *n* [U] pergamin

par·don¹ /ˈpɑːdn/ *interjection* **1** *especially BrE* (*także* **pardon me** *AmE*) słucham?: *"Your shoes are in the bedroom." "Pardon?" "I said your shoes are in the bedroom."* **2 pardon me a)** przepraszam bardzo: *Pardon me – I hope I didn't hurt you.* **b)** *AmE* przepraszam: *Pardon me, is this the way to City Hall?*

pardon² *v* [T] ułaskawiać: *Over 250 political prisoners were pardoned by President Herzog.*

pardon³ *n* [C] ułaskawienie: *Tyler was later given a pardon.* ➡ patrz też **I beg your pardon** (BEG)

par·ent /ˈpeərənt/ *n* [C] rodzic: *My parents are coming to visit next week.* —**parental** /pəˈrentl/ *adj* rodzicielski: *parental duties*

pa·ren·the·ses /pəˈrenθᵢ̇siːz/ *n* [plural] nawiasy: **in parentheses** *The numbers in parentheses refer to page numbers.*

par·ent·ing /ˈpeərəntɪŋ/ *n* [U] wychowanie: *Does bad parenting always produce bad children?*

par·ish /ˈpærɪʃ/ *n* [C] parafia

par·i·ty /ˈpærᵢ̇ti/ *n* [U] równość: **+ with** *Prison officers are demanding pay parity with the police.*

park¹ /pɑːk/ *n* [C] park

park² *v* [I,T] za/parkować: *We managed to park near the entrance.*

park·ing /ˈpɑːkɪŋ/ *n* [U] **1** parking: *Limited parking is available on Lemay Street.* **2** parkowanie: *The sign says "No Parking".*

parking lot /ˈ.. ./ *n* [C] *AmE* parking

parking me·ter /ˈ.. ˌ../ *n* [C] parkometr

parking tick·et /ˈ.. ˌ../ *n* [C] mandat za niedozwolone parkowanie

par·lia·ment /ˈpɑːləmənt/ *n* *także* **Parliament** [C,U] parlament: *The party could lose its majority in parliament.* | *the Hungarian parliament* —**parliamentary** /ˌpɑːləˈmentəri/ *adj* parlamentarny

par·lour /ˈpɑːlə/ *BrE*, **parlor** *AmE* *n* [C] salon: *a beauty parlour*

pa·ro·chi·al /pəˈrəʊkiəl/ *adj* zaściankowy: *My parents lead very parochial lives.*

par·o·dy /ˈpærədi/ *n* [C,U] parodia: *a parody of the Frankenstein movies* —**parody** *v* [T] s/parodiować

pa·role /pəˈrəʊl/ *n* [U] zwolnienie warunkowe: **on parole** *Williams was released on parole after 18 months.*

par·rot /ˈpærət/ *n* [C] papuga

pars·ley /ˈpɑːsli/ *n* [U] pietruszka

pars·nip /ˈpɑːsnɪp/ *n* [C,U] pasternak

part¹ /pɑːt/ *n* **1** [C] część: *Do you sell parts for Ford cars?* | **+ of** *Which part of town do you live in?* | *I studied Russian as part of my University course.* **2 play/have**

a part in odgrywać rolę w: *Stress certainly plays a part in this kind of illness.* **3 take part** brać udział: *Ten runners took part in the race.* **4 on sb's part** z czyjejś strony: *It was a huge mistake on her part.* **5** [C] rola: **play the part of** *Branagh played the part of Hamlet.* **6** [C] *AmE* przedziałek **7 for the most part** przeważnie: *She is, for the most part, fair.* **8 in part** po części: *The accident was due in part to the bad weather.* **9 be part and parcel of sth** być nieodłączną częścią czegoś: *Stress is just part and parcel of everyday life.* **10** [C] porcja: *Mix two parts sand to one of cement.* **11 for my/his part** jeśli o mnie/niego chodzi: *For my part, I wasn't convinced that she was telling the truth.* **12 the best/better part of sth** większa część czegoś: *We waited for the best part of the day.*

part[2] *v* **1** *także* **part company** [I] *formal* rozstawać się: **+ from** *Stephen parted from his wife last year.* **2** [I,T] rozdzielać, rozsuwać: *He parted the curtains and looked out into the street.* **3 be parted from** być z dala od: *She couldn't bear to be parted from her children.*

part with sth *phr v* [T] rozstawać się z: *I hate to part with these boots, but they're worn out.*

part[3] *adv* częściowo: *The English test is part written, part spoken.*

par·tial /ˈpɑːʃəl/ *adj* **1** częściowy: *The advertising campaign was only a partial success.* **2 be partial to sth** mieć słabość do czegoś: *He's partial to a glass of whisky.*

par·tial·ly /ˈpɑːʃəli/ *adv* częściowo: *She's partially deaf.*

par·tic·i·pant /pɑːˈtɪsɪpənt/ *n* [C] uczestni-k/czka

par·tic·i·pate /pɑːˈtɪsɪpeɪt/ *v* [I] uczestniczyć: **+ in** *I'd like to thank everyone who participated in tonight's show.* —**participation** /pɑːˌtɪsɪˈpeɪʃən/ *n* [U] uczestnictwo, udział: *They want more participation in the decision-making process.*

par·ti·ci·ple /ˈpɑːtɪsɪpəl/ *n* [C] imiesłów → patrz też PAST PARTICIPLE, PRESENT PARTICIPLE

par·ti·cle /ˈpɑːtɪkəl/ *n* [C] cząsteczka, drobina: *dust particles*

par·tic·u·lar[1] /pəˈtɪkjʊlə/ *adj* **1** [only before noun] konkretny: *On that particular occasion, we didn't really get an opportunity to talk.* **2** [only before noun] szczególny: *There was nothing in the letter of particular importance.* **3** [only before noun] indywidualny: *Each writer has his own particular style.* **4** wybredny: **+ about** *He's very particular about what he eats.*

particular[2] *n* **in particular** w szczególności: *The old in particular are often ill in winter.*

par·tic·u·lar·ly /pəˈtɪkjʊləli/ *adv* **1** szczególnie: *We're particularly worried about the increase in violent crime.* **2 not particularly** *spoken* niespecjalnie: *"Did you enjoy the movie?" "Not particularly."*

par·tic·u·lars /pəˈtɪkjʊləz/ *n* [plural] szczegóły: *I gave him all the particulars he needed.*

part·ing[1] /ˈpɑːtɪŋ/ *n* **1** [C] *BrE* przedziałek **2** [C,U] *formal* rozstanie

parting[2] *adj* **a parting kiss/gift** pocałunek/podarunek na pożegnanie

par·ti·tion[1] /pɑːˈtɪʃən/ *n* **1** [C] przepierzenie **2** [U] podział: *the partition of India into India and Pakistan* **3** [U] rozbiór: *the partition of Poland*

partition[2] *v* [T] po/dzielić

part·ly /ˈpɑːtli/ *adv* częściowo: *I was partly to blame for the accident.*

part·ner /ˈpɑːtnə/ *n* [C] **1** partner/ka: *Take your partners for the next dance.* | *Britain's EU partners* **2** wspólni-k/czka: *a partner in a London law firm*

part·ner·ship /ˈpɑːtnəʃɪp/ *n* **1** [C,U] partnerstwo: **in partnership with** *a scheme organized by the business community in partnership with* (=wspólnie z) *local colleges* **2** [C,U] spółka: **be in partnership** *We've been in partnership for five years.*

part of speech /ˌ. . ˈ./ *n* [C] część mowy

part-time /ˌ. ˈ.◂/ *adj, adv* w niepełnym wymiarze godzin: *Brenda works part-time.* | *a part-time job* ➡ porównaj FULL-TIME

par·ty /ˈpɑːti/ *n* [C] **1** przyjęcie: *a birthday party* | **have/give a party** (=urządzać/wydawać przyjęcie): *Nick and Jo are having a party on Saturday.* **2** partia: *the Democratic Party* | *party members* **3** grupa: *A search party was sent to look for the missing girl.*

P

pass[1] /pɑːs/ *v* **1** [I,T] *także* **pass by** przechodzić obok: *Angie waved at me as she passed.* | *I pass his house every morning on the way to school.* **2** [I,T] przechodzić, przejeżdżać: **+ through/across/behind etc** *The new road passes right behind our house.* | *We passed through Texas on our way to Mexico.* **3** [I,T] podawać: *Pass the salt please.* | *Johnson passes the ball quickly to Eliott, and Eliott scores!* **4** [I] mijać: *Several years had passed since I had last seen Jake.* | *The storm soon passed.* **5** [T] spędzać: *The security guards used to pass their time playing cards.* **6** [I,T] zdać: *Gino's worried he's not going to pass his English exam.* **7** [T] uchwalać: *The new legislation was passed in 1996.* **8 pass sentence** wydawać wyrok **9 pass judgment** wydawać opinię: *I'm here to listen – not to pass judgment.* **10** [I] **pass to/into etc** przechodzić na: *After he died, all his land passed to his children.* **11 pass water** oddawać mocz

pass sth ↔ **around** (*także* **pass** sth ↔ **round** *BrE*) *phr v* [T] póścić w obieg: *A list was passed around and we each had to sign our name.*

pass away *phr v* [I] umrzeć

pass by *phr v* **1** [T **pass by** sth] przechodzić obok: *If we pass by a post office, I'll get some stamps.* **2** [T **pass** sb **by**] przechodzić obok: *She felt that life was passing her by.*

pass sth ↔ **down** *phr v* [T] przekazywać: *traditions that are passed down from one generation to another*

pass for sb/sth *phr v* [T] uchodzić za: *With her hair cut like that, she could pass for a boy.*

pass sb/sth **off as** sth *phr v* [T] podawać za: *He managed to pass himself off as a doctor for three years!*

pass sth ↔ **on** *phr v* [T] przekazywać: *OK, I'll pass the message on to Ms Chen.* | *When you've read the report, pass it on to the others.*

pass out *phr v* [I] ze/mdleć

pass[2] *n* [C] **1** podanie (*piłki*): *a 30-yard pass* **2** przepustka: *We had to show our passes to the security guard.* **3** bilet okresowy: *a bus pass* **4** zaliczenie: *A pass is 50% or more.* **5** przełęcz: *a narrow mountain pass*

pass·a·ble /ˈpɑːsəbəl/ *adj* **1** znośny: *He spoke passable French.* **2** przejezdny ➡ antonim IMPASSABLE

pas·sage /ˈpæsɪdʒ/ *n* **1** [C] *także* **pas·sage·way** /ˈpæsɪdʒweɪ/ korytarz, przejście: *up the stairs and along the passage* **2** [C] fragment, ustęp: *Read the passage on page 32.* **3** [U singular] przejazd: *The bridge isn't strong enough to allow the passage of heavy vehicles.* **4** [C] przewód: *nasal passages* **5 the passage of time** *literary* upływ czasu **6** [C] przeprawa: *We had a rough passage.*

pas·sen·ger /ˈpæsɪndʒə/ *n* [C] pasażer/ka

pass·er·by /ˌpɑːsəˈbaɪ/ *n* [C] *plural* **passersby** przechodzień: *Several passersby saw the accident.*

pass·ing[1] /ˈpɑːsɪŋ/ *adj* [only before noun] przelotny: *a passing thought*

passing[2] *n* **in passing** mimochodem: *The actress mentioned in passing that she had once worked in a factory.*

pas·sion /ˈpæʃən/ *n* **1** [C,U] namiętność: *a story of passion and revenge* **2** pasja: *He spoke with great passion about his country.* **3 a passion for** zamiłowanie do: *a passion for music*

pas·sion·ate /ˈpæʃənət/ *adj* **1** żarliwy: *a passionate speech* **2** namiętny: *a passionate kiss* —**passionately** *adv* żarliwie, namiętnie

passive[1] /ˈpæsɪv/ *adj* **1** bierny: *Watching TV is a largely passive activity.* | *passive*

Strona bierna: **Passive Voice**

Zdanie w stronie czynnej (***active***) mówi nam o tym, co ktoś lub coś robi, natomiast zdanie w stronie biernej (***passive***) – co się z kimś lub czymś dzieje:

*We **cleaned** the kitchen earlier.*

*The kitchen **was cleaned** earlier.*

Konstrukcja bierna składa się z czasownika posiłkowego **be** w odpowiednim czasie oraz imiesłowu biernego (Past Participle), czyli tzw. „trzeciej formy czasownika":

*The kitchen **is cleaned** regularly.* (Present Simple)

*The kitchen **is being cleaned** at the moment.* (Present Continuous)

*The kitchen **was cleaned** yesterday.* (Past Simple)

*While the kitchen **was being cleaned**, I was resting.* (Past Continuous)

*The kitchen **has** just **been cleaned**.* (Present Perfect)

*When we arrived, the kitchen **had** already **been cleaned**.* (Past Perfect)

*The kitchen **will be cleaned** tomorrow.* (Future Simple)

Konstrukcji w stronie biernej używamy zazwyczaj w sytuacji, gdy nie jest istotne, kto był/jest wykonawcą czynności, o której mowa w zdaniu, albo gdy tego nie wiemy lub nie chcemy ujawniać. Jeśli jednak chcemy, żeby zdanie w stronie biernej zawierało informację o wykonawcy czynności, używamy przyimka ***by***:

*This house was built **by** my great-grandfather.*

W zdaniach z czasownikami modalnymi i niektórymi innymi (np. ***going to***, ***have to***, ***want***) używamy **be** w połączeniu z trzecią formą czasownika:

*The kitchen must **be cleaned**.*

*This room is going to **be painted** white.*

*I want to **be left** alone.*

Jeśli zdanie w stronie czynnej ma dwa dopełnienia (bliższe i dalsze), każde z nich może stanowić podmiot zdania w stronie biernej. W języku polskim dopełnienie dalsze nie może występować w tej roli:

They offered Mark the post.	(„Zaoferowali to stanowisko Markowi.") *to stanowisko* – dopełnienie bliższe *Markowi* – dopełnienie dalsze
*The post **was offered** to Mark.*	(„Stanowisko to zostało zaoferowane Markowi.")
*Mark **was offered** the post.*	(wobec braku ekwiwalentu w stronie biernej, używamy formy bezosobowej: „Markowi zaoferowano to stanowisko.")

patrz też: ***BE, Future Simple, GOING TO, Modal Verbs, Past Continuous, Past Participle, Past Perfect, Past Simple, Present Continuous, Present Perfect, Present Simple***

smoking **2** w stronie biernej: *a passive sentence* —**passively** *adv* biernie —**passivity** /pæ'sɪvəti/ *n* [U] bierność → patrz ramka PASSIVE VOICE, porównaj ACTIVE[1], IMPASSIVE

passive² *n* **the passive (voice)** strona bierna

pass·port /'pɑːspɔːt/ *n* [C] **1** paszport **2 a passport to success/happiness** klucz do sukcesu/szczęścia: *Money is not necessarily a passport to happiness.*

pass·word /'pɑːswɜːd/ *n* [C] hasło: *Please type in your password.*

past¹ /pɑːst/ *adj* **1** [only before noun] wcześniejszy, poprzedni: *He has learned from past experience.* | *She was obviously trying to make up for past mistakes.* **2** [only before noun] ubiegły, miniony: *Tim's been in Spain for the past week.* **3 be past** skończyć się: *Summer is past, winter is coming.* **4 past leader/president** były przywódca/prezydent: *a past tennis champion* **5 past tense** *także* **the past** czas przeszły → patrz ramka PAST SIMPLE, patrz ramka PAST CONTINUOUS, patrz ramka PAST PERFECT, patrz ramka PAST PERFECT CONTINUOUS, patrz ramka PAST PARTICIPLE

> **UWAGA past i after**
>
> Wyraz **past** występuje w znaczeniu 'po' w wyrażeniach typu *twenty past three*. Kiedy mówimy 'po trzeciej' bez podania dokładnie, ile czasu, używamy **after** (często z **just** i **shortly**) zamiast **past**: *It was just after five when the game finished.* | *Her flight arrived shortly after midnight.*

past² *prep* **1** za: *My house is a mile past the bridge.* **2** obok: *Tanya walked right past me!* **3** po: *It's ten past nine.* | *She's past fifty.* | *This cheese is past its sell-by date.*

past³ *n* **1 the past a)** przeszłość: *People travel more now than they did in the past.* **b)** czas przeszły **2** [C usually singular] przeszłość: *She doesn't talk about her past.*

past⁴ *adv* **1** obok: *Hal and his friends just drove past.* **2 go past** mijać: *Several weeks went past without any news from home.*

pas·ta /'pæstə/ *n* [U] makaron

paste¹ /peɪst/ *n* [C,U] **1** klej, klajster **2** papka: *Mix the water and the powder into a smooth paste.*

paste² *v* [T] kleić, przyklejać

pas·tel /'pæstl/ *adj* [only before noun] pastelowy: *Her bedroom was painted in pastel pink.* —**pastel** *n* [C,U] pastel

pas·teur·ized /'pɑːstʃəraɪzd/ (*także* **-ised** *BrE*) *adj* pasteryzowany —**pasteurization** /ˌpɑːstʃəraɪ'zeɪʃən/ *n* [U] pasteryzacja

pas·time /'pɑːstaɪm/ *n* [C] rozrywka: *His pastimes include watching TV and reading.*

pas·tor /'pɑːstə/ *n* [C] pastor

past par·ti·ci·ple /ˌ. '..../ *n* [C] imiesłów bierny

past per·fect /ˌ. '../ *n* **the past perfect** czas zaprzeszły

pas·try /'peɪstri/ *n* **1** [U] ciasto: *The pie crust is made of pastry.* **2** [C] ciastko

pas·ture /'pɑːstʃə/ *n* [C,U] pastwisko

pat¹ /pæt/ *v* [T] **-tted, -tting** poklepywać: *Gill patted the dog.*

pat² *n* [C] **1** klepnięcie: *He gave the dog a pat on the head.* **2 a pat on the back** pochwała: *Alex deserves a pat on the back for all his hard work.*

patch¹ /pætʃ/ *n* [C] **1** łata: *an old sweater with patches on the elbows* **2** plama: *a damp patch on the ceiling* | *a bald patch* (=łysina) **3** przepaska na oko **4 a bad patch** *BrE* ciężki okres

patch² *v* [T] za/łatać

patch sth ↔ **up** *phr v* [T] **1** po/składać do kupy: *They patched the car up enough to drive home.* **2 patch it up (with sb)** pogodzić się (z kimś): *I've patched it up with my girlfriend.*

patch·work /'pætʃwɜːk/ *n* [U] patchwork: *a patchwork quilt*

pâ·té /'pæteɪ/ *n* [U] pasztet

pa·tent¹ /'peɪtnt/ *n* [C] patent

Czas **Past Simple**
I WORKED

Zdania twierdzące w tym czasie tworzy się za pomocą formy czasu przeszłego danego czasownika, zaś pytania i przeczenia za pomocą ***did/didn't*** i bezokolicznika bez **to**. Czasu tego używamy najczęściej,

1 mówiąc o czymś, co wydarzyło się w przeszłości (przy czym moment wydarzenia lub okres trwania czynności jest w zdaniu podany lub wynika z kontekstu):

*My grandmother **died** last year. (in January/a week ago/yesterday* itp.)

*He **played** for our team from 1993 until 1996.*

***Didn't** you **enjoy** the last party we **went** to?*

*I often **visited** them when I **was** a student.*

2 pytając, kiedy coś się wydarzyło:

*What time **did** you **get up** this morning?*

*When **did** you last **see** her?*

3 mówiąc o czymś, co zdarzyło się w czasie, kiedy działo się coś innego (w odniesieniu do tej trwającej dłużej czynności używamy czasu Past Continuous):

*When Fiona **arrived**, we were having dinner.*

*I was getting ready to go out when the phone **rang**.*

4 relacjonując serię następujących po sobie wydarzeń, np. w opowiadaniach, powieściach itp.:

*Winnie-the-Pooh **sat down** at the foot of the tree, **put** his head between his paws and **began** to think.*

patrz też: ***DO, Infinitive, Past Continuous, Present Perfect, Verb***

patent[2] *v* [T] o/patentować

patent[3] *adj formal* ewidentny: *a patent lie*

patent leath·er /ˌ.. '../ *n* [U] skóra lakierowana: *patent leather shoes* (=lakierki)

pa·tent·ly /'peɪtntli/ *adv* **patently false/unfair** ewidentnie fałszywy/niesprawiedliwy: *Helen's denial was immediate and patently untrue.*

pa·ter·nal /pə'tɜːnl/ *adj* **1** ojcowski **2 paternal grandfather/uncle** dziadek/wuj ze strony ojca → porównaj MATERNAL

pa·ter·ni·ty /pə'tɜːnəti/ *n* [U] *law* ojcostwo

path /pɑːθ/ *n* [C] *plural* **paths** /pɑːðz/ **1** dróżka, ścieżka: *a path through the woods* **2** droga: *The police cleared a path through the crowd.* **3** tor: *the path of the moon*

pa·thet·ic /pə'θetɪk/ *adj* żałosny: *the pathetic sight of refugee children | Stop being so pathetic! | Vicky made a pathetic attempt to apologize.* —**pathetically** *adv* żałośnie

path·o·log·i·cal /ˌpæθə'lɒdʒɪkəl◂/ *adj* patologiczny: *a pathological liar*

pa·thol·o·gy /pə'θɒlədʒi/ *n* [U] patologia

pa·tience /'peɪʃəns/ *n* [U] **1** cierpliwość: *After waiting for half an hour I ran out of patience. | I don't have the patience to be a teacher.* | **lose (your) patience** (=s/tracić cierpliwość): *One day she comple-*

Czas **Past Continuous**
I WAS WORKING

Czas ten tworzy się za pomocą ***was/were*** + formy czasownika zakończonej na ***-ing***. Używamy go zazwyczaj

1 gdy mówimy, że w określonym momencie coś się działo lub że ktoś był w trakcie robienia czegoś:

*This time last year they **were** still **living** in Chile.*

*'What **were** you **doing** at 9 o'clock last night?' – 'I **was watching** TV.'*

2 gdy mówimy o tym, co działo się w momencie, gdy wydarzyło się coś innego (w odniesieniu do tego drugiego wydarzenia używamy czasu Past Simple):

*When Fiona arrived, we **were having** dinner.*

*I **was getting** ready to go out when the phone rang.*

3 gdy mówimy o dwu lub więcej czynnościach odbywających się w tym samym czasie w przeszłości:

*While the baby **was sleeping**, I **was doing** the ironing.*

patrz też: ***BE, Past Simple***

Czas **Past Perfect**
I HAD WORKED

Czas ten tworzy się za pomocą ***had*** i tzw. „trzeciej formy czasownika" (Past Participle). Używamy go, mówiąc o czymś, co miało miejsce przed innym wydarzeniem lub przed określonym momentem w przeszłości (w odniesieniu do wydarzenia późniejszego używamy czasu Past Simple):

*When we arrived at the party, most people **had** already **left**.*

*I recognised her at once. She **hadn't changed** at all in all those years.*

*I didn't want to go to the cinema with them because I **had** already **seen** the film twice.*

*He was nervous on the plane because he **had** never **flown** before (**had not flown** for many years/**had not flown** since he was a child* itp.)

patrz też: ***FOR, HAVE, Past Participle, Past Simple, SINCE***

tely lost patience and shook the little girl. **2** *BrE* pasjans → antonim IMPATIENCE

pa·tient[1] /ˈpeɪʃənt/ *n* [C] pacjent/ka

patient[2] *adj* cierpliwy: *He was always patient, even with the slowest students.* —**patiently** *adv* cierpliwie → antonim IMPATIENT

pat·i·o /ˈpætiəʊ/ *n* [C] *plural* **patios** patio

pat·ri·ot /ˈpætriət/ *n* [C] patriot-a/ka

pat·ri·ot·ic /ˌpætriˈɒtɪk◂/ *adj* patriotyczny: *patriotic song* —**patriotism** /ˈpætriətɪzəm/ *n* [U] patriotyzm —**patriotically** *adv* patriotycznie

pa·trol[1] /pəˈtrəʊl/ *n* [C,U] patrol: *the California Highway Patrol* | **be on patrol** *Guards were on patrol all night.*

patrol[2] *v* [I,T] **-lled, -lling** patrolować: *Soldiers patrol the prison camp every hour.*

Czas **Past Perfect Continuous**
I HAD BEEN WORKING

Czas ten tworzy się za pomocą ***had been*** + formy czasownika zakończonej na ***-ing***. Używamy go zwykle

1 gdy mówimy o czymś, co działo się przed określonym momentem w przeszłości i czego skutki były w tym momencie odczuwalne:

The children came home crying and dirty. They ***had been fighting****.*

When I looked out of the window, the sun was shining, but the ground was wet. It ***had been raining****.*

2 gdy mówimy o tym, jak długo coś się działo, zanim wydarzyło się coś innego (w odniesieniu do późniejszego wydarzenia używamy czasu Past Simple):

They ***had been living*** *in Florida for six months when their father died.*

'How long ***had*** *you* ***been waiting*** *when the bus finally came?' – 'For about twenty minutes.'*

On Monday they took her to hospital. She ***had been feeling*** *unwell since the previous evening.*

patrz też: ***BE, FOR, HAVE, SINCE, Past Simple***

Imiesłów bierny: **Past Participle**

Imiesłów bierny, czyli tzw. „trzecia forma czasownika", jest dla czasowników regularnych identyczny z formą czasu przeszłego, a dla czasowników nieregularnych przyjmuje różną postać. Imiesłów bierny wchodzi w skład wielu konstrukcji, m.in.:

1 czasów typu „perfect":

She has never ***been*** *abroad.*

He had ***left*** *before we arrived.*

They will have ***finished*** *by tomorrow.*

2 strony biernej:

This church was ***built*** *in the eleventh century.*

Our car hasn't been ***washed*** *for weeks.*

3 bezokolicznika typu „perfect":

I'm sorry to have ***bothered*** *you.* („Przepraszam, że przeszkodziłem.")

Imiesłowy takie jak ***amazed***, ***bored***, ***disappointed***, ***interested***, ***pleased***, ***surprised*** itp. zachowują się jak przymiotniki:

She wasn't ***pleased*** *about what I had to say.*

I'm ***surprised*** *he has passed the exam.*

patrz też: ***Future Perfect, Infinitive, Passive Voice, Past Perfect, Perfect Infinitive, Present Perfect, Verb***

pa·tron /ˈpeɪtrən/ *n* [C] **1** patron/ka: *a patron of the arts* **2** *formal* klient/ka, gość: *We ask patrons not to smoke.*

pat·ron·ize /ˈpætrənaɪz/ (*także* **-ise** *BrE*) *v* [T] traktować protekcjonalnie: *Don't patronize me.*

pat·ro·niz·ing /ˈpætrənaɪzɪŋ/ (*także* **-ising** *BrE*) *adj* protekcjonalny: *He has such a patronizing attitude!* —**patronizingly** *adv* protekcjonalnie

P

patron saint /ˌ.. ˈ./ *n* [C] patron/ka: *Saint Christopher is the patron saint of travellers.*

pat·ter /ˈpætə/ *n* [singular] **1** bębnienie: **+ of** *the patter of raindrops on the path* **2** gadka: *a car salesman's patter*

pat·tern /ˈpætən/ *n* [C] **1** wzór, deseń: *a pattern of small red and white squares* **2** schemat: *Romantic novels tend to follow a similar pattern.* | *the behaviour patterns of young children* **3** wykrój: *a skirt pattern*

pat·terned /ˈpætənd/ *adj* wzorzysty, we wzorki: *patterned sheets*

paunch /pɔːntʃ/ *n* [C] brzuszek (*u mężczyzny*): *I wish I could lose this paunch!*

pau·per /ˈpɔːpə/ *n* [C] *old-fashioned* nędza-rz/rka

pause[1] /pɔːz/ *v* [I] przerywać: **+ for** *Tom paused for a moment, and then asked, "So what should I do?"*

pause[2] *n* [C] przerwa, pauza: *There was a long pause in the conversation.*

pave /peɪv/ *v* [T] **1** wy/brukować **2 pave the way** u/torować drogę: *The new law will pave the way for more rights for disabled people.*

pave·ment /ˈpeɪvmənt/ *n* [C] *BrE* chodnik

pa·vil·ion /pəˈvɪljən/ *n* [C] **1** pawilon **2** *BrE* szatnia (*obok boiska*)

paw[1] /pɔː/ *n* [C] łapa

paw[2] *v* [I,T] **paw (at)** skrobać łapą (w): *The dog was pawing at the door, trying to get out.*

pawn[1] /pɔːn/ *n* [C] pionek

pawn[2] *v* [T] zastawiać: *My grandmother had to pawn her wedding ring to buy food.*

pawn·bro·ker /ˈpɔːnˌbrəʊkə/ *n* [C] właściciel/ka lombardu

pay[1] /peɪ/ *v* **paid, paid, paying 1** [I,T] za/płacić: *Do you have to pay tax when you are a student?* | **+ for** *How much did you pay for that watch?* | *One day I'll make you pay for this!* | **be/get paid** *Most people get paid* (=dostaje wypłatę) *monthly.* | **well/highly paid** (=dobrze płatny): *a highly paid job in a law firm* | **pay sb to do sth** *Dad paid me to wash the car.* **2 pay attention** uważać: *Sorry, I wasn't paying attention. What did you say?* **3 pay a visit** składać wizytę: *I was in New York and I thought I'd pay her a visit.* **4 pay the penalty/price** ponieść karę: *She committed a terrible crime, and now she must pay the penalty.* **5** [I] opłacać się, popłacać: *Crime doesn't pay.* **6 pay sb a compliment** powiedzieć komuś komplement **7 pay your respects (to sb)** *formal* składać (komuś) kondolencje: *Sam came over to pay his respects to the family.* **8 pay tribute to a)** wyrażać uznanie dla **b)** wyrażać wdzięczność

pay sb/sth ↔ **back** *phr v* [T] zwracać (pieniądze): *Can I borrow $10? I'll pay you back tomorrow.*

pay off *phr v* **1** [T **pay** sth ↔ **off**] spłacić **2** [I] opłacać się: *All that hard work finally paid off.*

pay[2] *n* [U] płaca: *workers striking for higher pay* | *a big pay rise*

pay·a·ble /ˈpeɪəbəl/ *adj* **1** płatny: *A club fee of $30 is payable every year.* **2 cheque payable to sb** czek wystawiony na kogoś

pay·ment /ˈpeɪmənt/ *n* [C,U] opłata, płatność: *monthly payments* | *Payment must be made within 30 days.*

pay phone /ˈ. ./ *n* [C] automat telefoniczny

pay·roll /ˈpeɪrəʊl/ *n* [C] lista płac

PC[1] /ˌpiː ˈsiː◂/ *n* [C] **1** pecet **2** *BrE* posterunkowy

PC[2] *adj* politycznie poprawny

PE /ˌpiː ˈiː/ *n* [U] wychowanie fizyczne

pea /piː/ *n* [C] groch, groszek: *pie and peas*

peace /piːs/ *n* [U] **1** pokój: *There has been peace in the region for 6 years now.* | *a dangerous situation that threatens world peace* | **peace treaty** *Egypt and Israel signed a peace treaty in 1979.* | **peace talks** *The two sides will meet for peace talks in Geneva.* **2** spokój: **peace and quiet** *He went up to his room to get some peace and quiet.* | **in peace** *Mary, let your sister read in peace.*

peace·ful /ˈpiːsfəl/ *adv* **1** pokojowy: *a peaceful protest against nuclear weapons* **2** spokojny: *a peaceful day in the country* —**peacefully** *adv* pokojowo, spokojnie

peace·keep·ing /ˈpiːsˌkiːpɪŋ/ *adj* **peacekeeping forces/operations** siły/operacje pokojowe

peach /piːtʃ/ *n* [C] brzoskwinia: *peaches and cream*

pea·cock /ˈpiːkɒk/ *n* [C] paw

peak¹ /piːk/ *n* [C] **1** szczyt: *She is now at the peak of her career.* | *Traffic reaches a peak between four and six o'clock.* | *the snow-covered peaks of the Alps* **2** daszek (*czapki*)

peak² *adj* **peak times** *BrE* godziny szczytu: *peak traffic times*

pea·nut /ˈpiːnʌt/ *n* [C] orzeszek ziemny

peanut but·ter /ˌ.. ˈ../ *n* [U] masło orzechowe

pea·nuts /ˈpiːnʌts/ *n* [U] *informal* grosze: *He works for peanuts.*

pear /peə/ *n* [C] gruszka

pearl /pɜːl/ *n* [C] perła: *a pearl necklace*

peas·ant /ˈpezənt/ *n* [C] chłop/ka: *Most of the population were peasants – very few yet lived in the cities.*

peat /piːt/ *n* [U] torf

peb·ble /ˈpebəl/ *n* [C] kamyk

peck¹ /pek/ *v* [I,T] dziobać: *birds pecking at breadcrumbs*

peck² *n* [C] **give sb a peck on the cheek** cmoknąć kogoś w policzek

pe·cu·li·ar /pɪˈkjuːliə/ *adj* **1** osobliwy, dziwny: *The fish had a rather peculiar taste.* | *Kate's already gone? How peculiar!* **2 peculiar to** specyficzny dla: *the strong flavour that is peculiar to garlic* —**peculiarly** *adv* specyficznie: *There's something about his films that is peculiarly English.*

pe·cu·li·ar·i·ty /pɪˌkjuːliˈærəti/ *n* **1** [C] dziwactwo: *Everyone has their little peculiarities.* **2** [U] osobliwość

ped·a·go·gi·cal /ˌpedəˈgɒdʒɪkəl/ *adj formal* pedagogiczny: *pedagogical methods*

ped·al¹ /ˈpedl/ *n* [C] pedał

pedal² *v* [I,T] **-lled, -lling** *BrE*, **-led, -ling** *AmE* pedałować

pe·dan·tic /pɪˈdæntɪk/ *adj* pedantyczny

ped·dle /ˈpedl/ *v* [T] rozprowadzać (*w handlu domokrążnym*): *He was arrested for peddling drugs* (=za handel narkotykami).

ped·es·tal /ˈpedəstəl/ *n* [C] cokół

pe·des·tri·an /pəˈdestriən/ *n* [C] pieszy

pedestrian cross·ing /.,... ˈ../ *n* [C] *BrE* przejście dla pieszych

pe·di·a·tri·cian /ˌpiːdiəˈtrɪʃən/ *n* [C] amerykańska pisownia wyrazu PAEDIATRICIAN

ped·i·gree¹ /ˈpedəgriː/ *n* [C,U] rodowód

pedigree² *adj* [only before noun] rasowy

pee /piː/ *v* [I] *informal* siusiać —**pee** *n* [singular] siusiu

peek /piːk/ *v* [I] zerkać: *The door was open, so I peeked into the room.* —**peek** *n* [C] zerknięcie

peel¹ /piːl/ *v* **1** [T] obierać: *Will you peel the potatoes, please?* **2** [I] *także* **peel off** łuszczyć się: *My skin always peels when I've been in the sun.*

peel² *n* [U] skórka: *orange peel*

peep¹ /piːp/ *v* [I] **1** zerkać: **+ through/out/at etc** *I saw Joe peeping through the curtains.* **2** wyglądać: **+ out/above/through etc** *The sun finally peeped out from behind the clouds.*

peep² *n* [C usually singular] zerknięcie: *She took a peep at* (=zerknęła na) *the answers in the back of the book.*

peer¹ /pɪə/ *n* **1** [C usually plural] rówieśni-k/czka: *Teenagers usually prefer to spend their time with their peers.* | **peer**

group *Kids often take drugs because of peer group pressure.* **2** par

peer² *v* [I] przyglądać się: **+ at/into/through etc** *Someone was peering through* (=zaglądał przez) *the window.*

peg /peg/ *n* [C] **1** kołek, wieszak: *a coat peg* **2** *także* **clothes peg** *BrE* klamerka do bielizny **3** *także* **tent peg** śledź

pel·i·can /ˈpelɪkən/ *n* [C] pelikan

pel·let /ˈpelət/ *n* [C] kulka

pel·vis /ˈpelvəs/ *n* [C] miednica —**pelvic** *adj* biodrowy

pen /pen/ *n* [C] **1** pióro, długopis → patrz też BALLPOINT PEN, FELT TIP PEN **2** zagroda

pe·nal /ˈpiːnl/ *adj* karny: *penal reforms*

pe·nal·ize /ˈpiːnəl-aɪz/ (*także* **-ise** *BrE*) *v* [T] **1** dyskryminować: *The current system penalizes people who live alone.* **2** u/karać: *Our team was penalized for taking too much time.*

pen·al·ty /ˈpenlti/ *n* [C] **1** kara: *a penalty of £50 for not paying your bus fare* | **the death penalty** (=kara śmierci) **2** rzut karny

pen·ance /ˈpenəns/ *n* [C,U] pokuta

pence /pens/ skrót **p** *BrE* liczba mnoga od PENNY

pen·cil /ˈpensəl/ *n* [C,U] ołówek: *The note was written in pencil.*

pencil case /ˈ.. ˌ./ *n* [C] piórnik

pencil sharp·en·er /ˈ.. ˌ.../ *n* [C] temperówka

pen·dant /ˈpendənt/ *n* [C] wisiorek

pen·du·lum /ˈpendjələm/ *n* [C] wahadło

pen·e·trate /ˈpenətreɪt/ *v* [I,T] przenikać (przez): *The sun penetrated through the clouds.*

pen·e·trat·ing /ˈpenətreɪtɪŋ/ *adj* **1** przenikliwy: *a penetrating look* | *a penetrating sound* **2** wnikliwy: *They asked a number of penetrating questions.*

pen friend /ˈ. ./ *BrE n* [C] korespondencyjny przyjaci-el/ółka

pen·guin /ˈpeŋgwən/ *n* [C] pingwin

pen·i·cil·lin /ˌpenəˈsɪlən/ *n* [U] penicylina

pe·nin·su·la /pəˈnɪnsjələ/ *n* [C] półwysep

pe·nis /ˈpiːnəs/ *n* [C] prącie, penis

pen·i·ten·tia·ry /ˌpenəˈtenʃəri/ *n* [C] więzienie (*w USA*): *the state penitentiary*

pen·knife /ˈpen-naɪf/ *n* [C] scyzoryk

pen name /ˈ. ./ *n* [C] pseudonim literacki

pen·ni·less /ˈpenɪləs/ *adj* bez grosza

pen·ny /ˈpeni/ *n* [C] **1** *plural* **pence** *or* **pennies**, skrót **p** pens **2** *plural* **pennies** cent **3 not a penny** ani grosza: *It won't cost you a penny!*

pen pal /ˈ. ./ *n* [C] korespondencyjn-y/a przyjaci-el/ółka

pen·sion /ˈpenʃən/ *n* [C] emerytura, renta

pen·sion·er /ˈpenʃənə/ *n* [C] *BrE* emeryt/ka

pen·sive /ˈpensɪv/ *adj* zamyślony: *He sat by the river, looking pensive.*

pen·ta·gon /ˈpentəgən/ *n* [C] pięciokąt

pent·house /ˈpenthaʊs/ *n* [C] luksusowe mieszkanie na ostatnim piętrze

peo·ple /ˈpiːpəl/ *n* **1** [plural] ludzie: *I like the people I work with.* | *How many people were at the party?* **2 the people** lud **3** [C] *formal* naród: *the peoples of Asia* **4 of all people** *spoken* nie kto inny: *It was Michael Jordan, of all people, who missed the shot.*

> UWAGA **people i peoples**
>
> Patrz **person, persons, people,** i **peoples**.

pep·per /ˈpepə/ *n* **1** [U] pieprz: *salt and pepper* **2** [C] papryka: *green peppers*

pep·per·mint /ˈpepəˌmɪnt/ *n* **1** [U] mięta pieprzowa **2** [C] miętówka

per /pə/ *prep* za: *How much are bananas per pound?* | *He charges £20 per lesson.*

per·ceive /pəˈsiːv/ *v* [T] *formal* **1** postrzegać: *It is a difficult situation, but we don't perceive it as a major problem.* **2** dostrzegać: *It is difficult to perceive the difference between the two sounds.*

per·cent[1] /pə'sent/ *także* **per cent** *BrE* *adj, adv* **1** procent: *There's a 10% service charge.* | *Inflation is down 2%.* **2 a/one hundred percent** w stu procentach: *I agree with you a hundred percent.*

percent[2] *także* **per cent** *BrE* *n* [C] procent: *70% of the people interviewed said they supported the President.*

per·cen·tage /pə'sentɪdʒ/ *n* [C usually singular] procent: **+ of** *A high percentage of internet users are men.*

per·cep·ti·ble /pə'septəbəl/ *adj formal* dostrzegalny, odczuwalny: *perceptible changes in temperature* → antonim IMPERCEPTIBLE

per·cep·tion /pə'sepʃən/ *n* [C] **1** opinia: *Young people have very different perceptions of marriage from their parents.* **2** [U] postrzeganie, percepcja: *Drugs can change your perception of sounds.* **3** [U] spostrzegawczość: *She shows unusual perception for a child of her age.*

per·cep·tive /pə'septɪv/ *adj* spostrzegawczy: *a funny and perceptive novel about family life*

perch[1] /pɜːtʃ/ *n* [C] grzęda

perch[2] *v* [I,T] przycupnąć: *She perched herself on the bar stool.*

per·co·la·tor /'pɜːkəleɪtə/ *n* [C] dzbanek do parzenia kawy

per·cus·sion /pə'kʌʃən/ *n* [U] instrumenty perkusyjne

pe·ren·ni·al /pə'reniəl/ *adj* odwieczny: *the perennial problem of poverty*

per·fect[1] /'pɜːfɪkt/ *adj* **1** doskonały: *a car in perfect condition* | *Her Spanish is perfect.* → antonim IMPERFECT[1] **2** idealny: *This rug's perfect for the living room.* **3** zupełny: *I felt a perfect fool!* | *It makes perfect sense.* → patrz ramka PERFECT INFINITIVE

per·fect[2] /pə'fekt/ *v* [T] u/doskonalić: *The coach helps players to perfect their skills.*

per·fect[3] /'pɜːfɪkt/ *n* **the perfect (tense)** czas dokonany → patrz też FUTURE PERFECT, PAST PERFECT

per·fec·tion /pə'fekʃən/ *n* [U] doskonałość: *I'll do my best, but don't expect perfection.*

per·fec·tion·ist /pə'fekʃənəst/ *n* [C] perfekcjonist-a/ka

per·fect·ly /'pɜːfɪktli/ *adv* doskonale: *She speaks English perfectly.* | *You know perfectly well* (=doskonale wiesz) *what I'm talking about!*

per·fo·rat·ed /'pɜːfəreɪtəd/ *adj* perforowany —**perforation** /ˌpɜːfə'reɪʃən/ *n* [C,U] perforacja

per·form /pə'fɔːm/ *v* **1** [I] występować: *She's performing at the National Theatre.* **2** [T] wykonywać: *an operation performed by surgeons at Guy's Hospital* **3 perform well/badly** wypadać dobrze/źle: *The car performs well on mountain roads.*

per·form·ance /pə'fɔːməns/ *n* **1** [C] wykonanie: *a brilliant performance of Beethoven's Fifth Symphony* | *Expenses will be paid for the performance of official duties.* **2** [C] przedstawienie: *The next performance is at 8 o'clock.* **3** [C,U] wyniki: *The country's economic performance hasn't been good recently.*

per·form·er /pə'fɔːmə/ *n* [C] artyst-a/ka: *a circus performer*

per·fume /'pɜːfjuːm/ *n* [C,U] **1** perfumy: *She never wears perfume.* **2** *literary* woń: *the rose's sweet perfume* —**perfumed** *adj* perfumowany: *perfumed soap*

per·haps /pə'hæps/ *adv* może: *Sarah's late – perhaps she missed the bus.* | *Perhaps you'd like to join us?* | **perhaps not** *"Maybe you shouldn't tell him." "Perhaps not."*

per·il /'perəl/ *n* [C,U] *formal* niebezpieczeństwo: *fears that our soldiers were in great peril* | *the perils of experimenting with drugs*

per·il·ous /'perələs/ *adj literary* niebezpieczny: *a perilous journey* —**perilously** *adv* niebezpiecznie

pe·rim·e·ter /pə'rɪmətə/ *n* [C] obwód: *the perimeter of the airfield* | *the perimeter of a triangle*

pe·ri·od /'pɪəriəd/ *n* [C] **1** okres: *the period from Christmas Day until New Year's*

P

Day | a period of six weeks | We've been studying the Civil War period. | Are your periods regular? **2** AmE kropka (*znak przestankowy*): *I'm not going, period!* **3** lekcja: *The first period on Tuesday is history.*

pe·ri·od·ic /ˌpɪəriˈɒdɪk◂/ *także* **period·ical** *adj* okresowy: *periodic attacks of flu* —**periodically** *adv* okresowo: *The river floods the valley periodically. | Athletes are periodically tested for drugs.*

P

pe·ri·od·i·cal /ˌpɪəriˈɒdɪkəl/ *n* [C] czasopismo: *scientific periodicals*

pe·riph·e·ral /pəˈrɪfərəl/ *adj* poboczny: *peripheral subject*

pe·riph·e·ry /pəˈrɪfəri/ *n* [C] skraj: *an industrial site on the periphery of the city* → porównaj OUTSKIRTS

per·ish /ˈperɪʃ/ *v* [I] *literary* z/ginąć: *Hundreds perished when the ship sank.*

per·ish·a·ble /ˈperɪʃəbəl/ *adj* łatwo psujący się: *milk and other perishable items*

per·ju·ry /ˈpɜːdʒəri/ *n* [U] krzywoprzysięstwo

perk /pɜːk/ *n* [usually plural] dodatek do uposażenia, np. samochód służbowy: *Free travel is one of the perks of the job.*

perk up *phr v* [I,T **perk** sb ↔ **up**] ożywiać (się): *Meg soon perked up when his letter arrived.*

perm /pɜːm/ *n* [C] trwała: *I've decided to have a perm.* —**perm** *v* [T] *Debbie's had her hair permed* (=zrobiła sobie trwałą).

per·ma·nent /ˈpɜːmənənt/ *adj* **1** stały: *a permanent job* **2** trwały: *an illness that causes permanent loss of sight* —**permanence** *n* [U] trwałość → porównaj TEMPORARY

per·ma·nent·ly /ˈpɜːmənəntli/ *adv* trwale, na stałe: *The accident left him permanently disabled.*

per·me·ate /ˈpɜːmieɪt/ *v* [I,T] przenikać: *Water had permeated through the wall. | A feeling of sadness permeates all his music.*

per·mis·si·ble /pəˈmɪsəbəl/ *adj formal* dozwolony, dopuszczalny: *permissible levels of chemicals in drinking water*

per·mis·sion /pəˈmɪʃən/ *n* [U] pozwolenie: *You have to ask permission if you want to leave early. | Did your father give you permission to use his car?*

per·mis·sive /pəˈmɪsɪv/ *adj* pobłażliwy, permisywny: *the permissive society of the 1970s*

per·mit[1] /pəˈmɪt/ *v* **-tted, -tting** **1** *formal* [T] zezwalać na: *The visa permits you to stay for three weeks. | Smoking is not permitted* (=jest zabronione) *inside the building.* **2** [I] pozwalać: *We'll probably go to the beach, weather permitting* (=jeśli pogoda dopisze).

per·mit[2] /ˈpɜːmɪt/ *n* [C] zezwolenie: *You can't park here without a permit. | a work permit*

per·pen·dic·u·lar /ˌpɜːpənˈdɪkjələ◂/ *adj* pionowy: *a perpendicular line* → porównaj HORIZONTAL, VERTICAL

per·pet·u·al /pəˈpetʃuəl/ *adj* wieczny, bezustanny: *the perpetual noise of the machinery* —**perpetually** *adv* wiecznie, bezustannie

per·pet·u·ate /pəˈpetʃueɪt/ *v* [T] *formal* utrwalać: *an education system that perpetuates divisions in society*

per·plexed /pəˈplekst/ *adj* zakłopotany: *He looked totally perplexed.*

per·se·cute /ˈpɜːsɪkjuːt/ *v* [T] prześladować: *a writer persecuted for criticizing the government* —**persecutor** *n* [C] prześladow-ca/czyni

per·se·cu·tion /ˌpɜːsɪˈkjuːʃən/ *n* [U] prześladowanie: *the persecution of Christians*

per·se·vere /ˌpɜːsəˈvɪə/ *v* [I] wytrwać: *I'm not enjoying the course, but I'll persevere with it.* —**perseverance** *n* [U] wytrwałość: *I admire her perseverance.*

per·sist /pəˈsɪst/ *v* [I] utrzymywać się: *Problems with the computer persist.* | **persist in (doing) sth** *At his trial for war crimes, he persisted in denying the charges.*

per·sis·tent /pəˈsɪstənt/ *adj* **1** utrzymujący się: *the problem of persistent unemployment* **2** wytrwały: *She keeps saying 'no' but he's very persistent.* **3** uporczywy: *persistent attempts*

Bezokolicznik **Perfect Infinitive**

Bezokolicznik typu „perfect" składa się z czasownika ***have*** i imiesłowu biernego (Past Participle). Używamy go w odniesieniu do przeszłości

1 po czasownikach modalnych:
I haven't got my key. I must ***have lost*** *it.* („...Musiałam go zgubić.")
She may ***have missed*** *her train.* („Może spóźniła się na pociąg.")
We shouldn't ***have let*** *him in.* („Nie powinniśmy byli go wpuszczać.")

2 po czasownikach *seem*, *appear* i *pretend*:
I seem ***to have made*** *a mistake.* („Chyba się pomyliłam.")
The fire appears ***to have started*** *in the attic.* („Wygląda na to, że pożar zaczął się na strychu.")
He pretended not ***to have heard*** *her.* („Udawał, że jej nie usłyszał.")

3 po przymiotnikach takich jak *glad, happy, nice, sad, sorry* itp.:
I'm sorry ***to have wasted*** *your time.* („Przepraszam, że zabrałem Panu/Pani czas.")
It's nice ***to have met*** *you.* („Miło mi było Pana/Panią poznać.")

patrz też: ***HAVE, Infinitive, Modal Verbs, Past Participle, Verb***

to bring down the government —**persistence** *n* [U] wytrwałość, upór

per·son /ˈpɜːsən/ *n plural* **people 1** [C] osoba: *Bert's a strange person.* **2 in person** osobiście: *You'll have to apply for your passport in person.* ➡ patrz też FIRST PERSON, SECOND PERSON, THIRD PERSON

> UWAGA **person, persons, people** i **peoples**
>
> Wyraz **person** znaczy 'osoba': *She's a really generous person.* Regularna liczba mnoga od **person** brzmi **persons**, ale używa się jej jedynie w języku oficjalnym. Kiedy mówimy o dwu lub większej liczbie osób, używamy wyrazu **people** ('ludzie'): *There were about 100 people at the wedding.* Wyraz **people** jest też samodzielnym rzeczownikiem, który znaczy 'naród' i ma swoją liczbę mnogą **peoples** ('narody'): *the peoples of the Caribbean.*

per·son·al /ˈpɜːsənəl/ *adj* [only before noun] osobisty: *books, clothes, and other personal belongings* | *I know from personal experience* (=z własnego doświadczenia) *that it doesn't work.* | *The Mayor promised to give the matter his personal attention.* | *Can I ask you a personal question?* | *His personal problems are affecting his work.* | *personal hygiene* | *There's no need to make personal remarks* (=nie ma potrzeby robić osobistych wycieczek). | *It's nothing personal* (=nie bierz tego do siebie) – *I just don't agree with you.*

personal com·pu·ter /ˌ... .ˈ../ *n* [C] komputer osobisty

per·son·al·i·ty /ˌpɜːsəˈnæləti/ *n* **1** [C,U] osobowość: *Alice has an outgoing personality.* **2** [C] osobistość: *a TV personality*

per·son·al·ize /ˈpɜːsənəlaɪz/ (*także* **-ise** *BrE*) *v* [T] przystosowywać do indywidualnych potrzeb: *It's pretty easy to personalize your PC.*

per·son·al·ly /ˈpɜːsənəli/ *adv spoken* osobiście: *Personally, I think it's a bad idea.* | *He's personally responsible for all the arrangements.* | *I don't know her personally, but I like her books.*

personal or·ga·niz·er /ˌ... ˈ..../ *n* [C] terminarz

per·son·al pro·noun /ˌ... ˈ../ *n* [C] *technical* zaimek osobowy

per·son·i·fy /pəˈsɒnɪfaɪ/ *v* [T] **1** uosabiać: *He is laziness personified!* **2** personifikować —**personification** /pəˌsɒnɪfɪˈkeɪʃən/ *n* [C,U] uosobienie, personifikacja

per·son·nel /ˌpɜːsəˈnel/ *n* **1** [plural] personel: *military personnel* **2** [U] dział kadr: *a personnel manager*

P

per·spec·tive /pəˈspektɪv/ *n* **1** [C] pogląd: *Working abroad gives you a whole new perspective on life.* **2** [U] **keep/get sth in perspective** patrzeć/spojrzeć na coś z właściwej perspektywy **3** [U] perspektywa: *Children's drawings often have no perspective.*

per·spi·ra·tion /ˌpɜːspəˈreɪʃən/ *n* [U] *formal* pot

per·spire /pəˈspaɪə/ *v* [I] *formal* pocić się

per·suade /pəˈsweɪd/ *v* [T] przekonywać: *Ken finally persuaded Jo to apply for the job.* | *He persuaded the jury that his client was not guilty.*

> UWAGA **persuade**
> Patrz **convince** i **persuade**.

per·sua·sion /pəˈsweɪʒən/ *n* **1** [U] perswazja: *With a little persuasion, Debbie agreed to come with us.* **2** [C] *formal* orientacja: *arguments between people of different political persuasions*

per·sua·sive /pəˈsweɪsɪv/ *adj* przekonujący: *a persuasive argument*

per·turbed /pəˈtɜːbd/ *adj* zaniepokojony: *He didn't seem at all perturbed by the news.*

per·va·sive /pəˈveɪsɪv/ *adj* wszechobecny: *a pervasive fear of crime*

per·verse /pəˈvɜːs/ *adj* przewrotny, perwersyjny: *He takes perverse pleasure in arguing with everyone.*

per·ver·sion /pəˈvɜːʃən/ *n* [C,U] **1** perwersja **2** wypaczenie: *a perversion of the truth*

per·vert /ˈpɜːvɜːt/ *n* [C] zboczeniec

pes·si·mis·m /ˈpesɪmɪzəm/ *n* [U] pesymizm → antonim OPTIMISM

pes·si·mist /ˈpesɪmɪst/ *n* [C] pesymist-a/ka: *Don't be such a pessimist – you're sure to pass.* → antonim OPTIMIST

pes·si·mis·tic /ˌpesɪˈmɪstɪk◂/ *adj* pesymistyczny: *Johnathan is pessimistic about* (=pesymistycznie zapatruje się na) *his chances of winning.* → antonim OPTIMISTIC

pest /pest/ *n* [C] **1** szkodnik **2** *informal* utrapienie: *That kid next door is a real pest.*

pes·ter /ˈpestə/ *v* [T] męczyć, nagabywać: *He keeps pestering me to buy him a new bike.*

pes·ti·cide /ˈpestɪsaɪd/ *n* [C] pestycyd

pet[1] /pet/ *n* [C] zwierzę domowe → patrz też TEACHER'S PET

pet[2] *v* [T] **-tted, -tting** pieścić: *Our cat loves being petted.*

pet[3] *adj* **pet project/subject** ulubiony projekt/temat: *congressmen looking for funding for their pet projects*

pet·al /ˈpetl/ *n* [C] płatek: *a blue flower with five petals* | *rose petals*

pe·ti·tion[1] /pɪˈtɪʃən/ *v* [I,T] wnosić petycję (do): *We're going to London to petition our MP.*

petition[2] *n* [C] petycja: *Will you sign a petition against experiments on animals?*

pet·ri·fied /ˈpetrɪfaɪd/ *adj* skamieniały ze strachu: *I thought the plane was going to crash – I was petrified!*

pet·rol /ˈpetrəl/ *n* [U] *BrE* benzyna

pe·tro·le·um /pɪˈtrəʊliəm/ *n* [U] ropa naftowa: *petroleum-based products*

petrol sta·tion /ˈ.. ˌ../ *n* [C] *BrE* stacja benzynowa

pet·ti·coat /ˈpetikəʊt/ *n* [C] *especially BrE* halka

pet·ty /ˈpeti/ *adj* **1** drobny, nieistotny: *a petty argument* | **petty crime** (=drobne wykroczenia) **2** małostkowy: *She can be very petty about money.* —**pettiness** *n* [U] małostkowość

pew /pjuː/ *n* [C] ławka kościelna

pew·ter /ˈpjuːtə/ *n* [U] stop cyny z ołowiem

phan·tom /ˈfæntəm/ *n* [C] *literary* widmo, fantom

pha·raoh /ˈfeərəʊ/ *n* [C] faraon

phar·ma·ceu·ti·cal /ˌfɑːməˈsjuː-tɪ-kəl◂/ *adj* farmaceutyczny: *large pharmaceutical companies*

phar·ma·cist /ˈfɑːməsəst/ *n* [C] farmaceut-a/ka

phar·ma·cy /ˈfɑːməsi/ *n* [C] **1** apteka **2** [C] farmacja

phase[1] /feɪz/ *n* [C] faza: *the last phase of the project* | *Your child is just going through a "naughty" phase.* ➡ porównaj STAGE[1]

phase[2] *v* [T]

phase sth ↔ **in** *v* [T] stopniowo wprowadzać: *New laws on smoking will be phased in over the next six months.*

phase sth ↔ **out** *phr v* [T] stopniowo wycofywać się z: *Some manufacturers aim to phase out all tests on animals.*

PhD /ˌpiː eɪtʃ ˈdiː/, **Ph.D.** *n* [C] stopień naukowy doktora

pheas·ant /ˈfezənt/ *n* [C] bażant

phe·nom·e·nal /fɪˈnɒmənəl/ *adj* fenomenalny: *a phenomenal achievement*

phe·nom·e·non /fɪˈnɒmənən/ *n* [C] *plural* **phenomena** zjawisko: *earthquakes, hurricanes, and other natural phenomena* | *Homelessness is not a new phenomenon.*

phew /fjuː/ *interjection* uff

phi·lan·thro·pist /fəˈlænθrəpəst/ *n* [C] filantrop/ka

phi·los·o·pher /fəˈlɒsəfə/ *n* [C] filozof: *ancient Greek philosophers*

phil·o·soph·i·cal /ˌfɪləˈsɒfɪkəl◂/ **phil·osoph·ic** /-ˈsɒfɪk◂/ *adj* filozoficzny: *a philosophical discussion* | *Anderson is philosophical about* (=filozoficznie podchodzi do) *his defeat.* —**philosophically** *adv* filozoficznie

phi·los·o·phy /fəˈlɒsəfi/ *n* [C,U] filozofia: *She's studying philosophy at university.* | *My philosophy is, enjoy life while you can!*

phlegm /flem/ *n* [U] flegma

pho·bi·a /ˈfəʊbiə/ *n* [C] fobia: *Holly has a phobia about snakes.*

phone[1] /fəʊn/ *n* [C] **1** telefon: *What's your phone number?* | *Could you answer the phone please?* | *You can book your tickets by phone.* **2 be on the phone a)** rozmawiać przez telefon: *Turn the TV down – I'm on the phone!* **b)** *BrE* mieć telefon

phone[2] *v także* **phone up** [I,T] za/telefonować (do), za/dzwonić (do): *Several people phoned the radio station to complain.* | *I'll phone up and find out when they're open.*

phone book /ˈ. ./ *n* [C] książka telefoniczna

phone booth /ˈ. ./ *także* **phone box** *BrE n* [C] kabina telefoniczna

phone call /ˈ. ./ *n* [C] telefon: *There's a phone call for you.* | *I need to make a phone call* (=muszę zatelefonować).

phone card /ˈ. ./ *n* [C] karta telefoniczna

phone-in /ˈ. ./ *n* [C] program z telefonicznym udziałem słuchaczy/widzów

pho·net·ic /fəˈnetɪk/ *adj* fonetyczny: *a phonetic alphabet* —**phonetically** *adv* fonetycznie

pho·net·ics /fəˈnetɪks/ *n* [U] fonetyka

pho·ney /ˈfəʊni/ *BrE*, **phony** *AmE adj* fałszywy: *I gave the police a phony address.*

pho·ny /ˈfəʊni/ *adj* amerykańska pisownia wyrazu PHONEY

phos·phate /ˈfɒsfeɪt/ *n* [C,U] fosforan

pho·to /ˈfəʊtəʊ/ *n* [C] *plural* **photos** *informal* zdjęcie, fotografia: *I must take a photo of the hotel.*

pho·to·cop·i·er /ˈfəʊtəʊˌkɒpiə/ *n* [C] fotokopiarka

pho·to·cop·y[1] /ˈfəʊtəʊˌkɒpi/ *n* [C] fotokopia, odbitka: *Could you make a photocopy of this article, please.*

photocopy[2] *v* [T] s/kserować

pho·to·graph[1] /ˈfəʊtəgrɑːf/ *także* **photo** *informal n* [C] fotografia, zdjęcie: *an old photograph of my grandfather* | **take a photograph** *Visitors are not allowed to take photographs.*

photograph[2] *v* [T] s/fotografować

UWAGA photograph

Nie mówi się "I photographed my friends on the beach". Mówi się **I**

P

P

> **took a photo of my friends** lub **I took a picture of my friends**. Czasownika **to photograph** używa się w odniesieniu do fotografii zawodowej.

pho·tog·ra·pher /fə'tɒgrəfə/ *n* [C] fotograf: *a fashion photographer*

pho·to·graph·ic /ˌfəʊtə'græfɪk◂/ *adj* fotograficzny: *photographic images* | *photographic equipment*

pho·tog·ra·phy /fə'tɒgrəfi/ *n* [U] fotografia, fotografika: *Photography isn't just a matter of pointing the camera and pressing the button!*

phras·al verb /ˌfreɪzəl 'vɜːb/ *n* [C] czasownik złożony: *"Set off", "look after", and "put up with" are all phrasal verbs.*

phrase[1] /freɪz/ *n* [C] zwrot, wyrażenie: *Darwin's famous phrase, "the survival of the fittest"*

phrase[2] *v* [T] s/formułować: *You will have to phrase your criticism very carefully.* | *He phrased his question politely.*

phys·i·cal /'fɪzɪkəl/ *adj* fizyczny: *physical exercise* | *people with mental and physical disabilities* | *physical chemistry* | *attempts to improve the physical environment in our big cities*

phy·si·cian /fə̇'zɪʃən/ *n* [C] *AmE formal* leka-rz/rka

phys·ics /'fɪzɪks/ *n* [U] fizyka —**physicist** *n* fizyk

phys·i·ol·o·gy /ˌfɪzi'ɒlədʒi/ *n* [U] fizjologia —**physiological** /ˌfɪziə'lɒdʒɪkəl◂/ *adj* fizjologiczny

phys·i·o·ther·a·py /ˌfɪziəʊ'θerəpi/ *n* [U] fizjoterapia —**physiotherapist** *n* [C] fizjoterapeut-a/ka

phy·sique /fə̇'ziːk/ *n* [C usually singular] budowa (ciała): *a man with a powerful physique*

pi·a·nist /'piːənə̇st/ *n* [C] pianist-a/ka

pi·an·o /pi'ænəʊ/ *n* [C] *plural* **pianos** fortepian, pianino

pick[1] /pɪk/ *v* [T] **1** wybierać: *Students have to pick three courses.* | *Have you picked a date for the wedding yet?* **2** zbierać: *We've picked some flowers for you.* | *freshly picked strawberries* **3** zdejmować: *She sat nervously picking bits of fluff off her sweater.* **4 pick a fight/quarrel with sb** wdawać się w bójkę/kłótnię z kimś: *Dean's always picking fights with the younger kids.* **5 pick sb's brain(s)** po/radzić się kogoś: *I've got a problem with my computer – can I pick your brains?*

pick at *phr v* [T] dziobać: *I was so nervous I could only pick at my lunch.*

pick on *phr v* [T] czepiać się, dokuczać: *Greg, stop picking on your sister!*

pick sb/sth ↔ **out** *phr v* [T] wyławiać: *She was able to pick out her attacker from a police lineup.*

pick up *phr v* **1** [T **pick** sb/sth **up**] podnosić: *Pick me up, Daddy!* | *I picked up the phone just as it stopped ringing.* **2** [T **pick** sb/sth ↔ **up**] odbierać: *I'll pick up my stuff around six, okay?* | *What time should we pick you up at the airport?* **3** [T **pick up** sth] nabierać: *The car was gradually picking up speed.* **4** [T **pick** sth ↔ **up**] nauczyć się: *If you go to live in another country you'll soon pick up the language.* **5** [T **pick** sth ↔ **up**] zarazić się: *She's picked up a cold from a child at school.* **6** [T **pick** sth ↔ **up**] z/łapać: *The dogs were able to pick up the scent.* | *We can pick up French radio stations from here.* | *The satellite failed to pick up the signal.* **7** [T **pick** sb ↔ **up**] podrywać

pick[2] *n* **1 take your pick/have your pick** wybierać: *Would you like a chocolate? Here, take your pick.* | *At the height of her fame, she had her pick of* (=mogła wybierać spośród) *all the eligible men in Hollywood.* **2 the pick of** *informal* najlepsze spośród: *We'll be reviewing the pick of this month's new movies.* **3** [C] kilof

pick·axe /'pɪk-æks/ *BrE*, **pickax** *AmE* *n* [C] kilof

pick·et /'pɪkə̇t/ *także* **picket line** *n* [C] pikieta: *Two workers were hurt today trying to cross the picket line.* —**picket** *v* [I,T] pikietować

pick·le /'pɪkəl/ *v* [T] za/marynować

pick·led /'pɪkəld/ *adj* marynowany

pick·pock·et /'pɪkˌpɒkə̇t/ *n* [C] kieszonkowiec

pick·up /ˈpɪkʌp/ *także* **pickup truck** *n* [C] furgonetka

pick·y /ˈpɪki/ *adj informal* wybredny: *a picky eater | Kelly's so picky about her clothes!*

pic·nic /ˈpɪknɪk/ *n* [C] piknik: *We usually take a picnic when we go to the beach.*

pic·to·ri·al /pɪkˈtɔːriəl/ *adj* obrazkowy

pic·ture¹ /ˈpɪktʃə/ *n* **1** [C] obraz: *Where shall I hang this picture? | You can't get a clear picture on this TV set.* | **+ of** *The report gives a clear picture of life in the army.* **2** [C] zdjęcie: *She keeps a picture of her boyfriend by her bed. | Leo's picture was in the paper yesterday.* | **take a picture** (=z/robić zdjęcie): *Do you mind if I take a picture of you?* **3** [singular] sytuacja: *The political picture has changed greatly.* **4 get the picture** *spoken* rozumieć: *I don't want you around here any more, get the picture?* **5 the pictures** kino: *Do you want to go to the pictures on Saturday?* **6** [C] film: *an Oscar for best picture*

picture² *v* [T] wyobrażać sobie: *I can still picture him standing there in his uniform.*

pic·tur·esque /ˌpɪktʃəˈresk◂/ *adj* malowniczy

pie /paɪ/ *n* [C,U] **1** placek, ciasto: *an apple pie* **2** *BrE* mięso, ryba lub warzywa zapiekane w cieście z warstwą ziemniaków na wierzchu

piece¹ /piːs/ *n* [C] **1** [C] kawałek: **+ of** *Do you want a piece of bread?* | **in pieces** *The vase lay in pieces on the floor.* | **smash/tear sth to pieces** (=potłuc/podrzeć coś na kawałki) **2** [C] część: *the pieces of a jigsaw puzzle* **3** figura: *a chess piece* **4 a piece of furniture** mebel **5 a piece of advice/information** rada/informacja: *I've got a great piece of gossip to tell you!* **6 go to pieces** załamywać się: *I go to pieces at the thought of exams.* **7 (all) in one piece** cały: *I'm glad the china arrived in one piece.* **8 a piece of cake** *informal* pestka, małe piwo **9** utwór: *a beautiful piece of music* **10** moneta: *a 50p piece*

> UWAGA **piece of clothing**
>
> Patrz **clothes**, **piece of clothing** i **garment**.

piece² *v*

piece sth ↔ **together** *phr v* [T] **1** wydedukować: *Police are still trying to piece together a motive for the shooting.* **2** po/składać do kupy: *She tried to piece the information together.*

piece·meal /ˈpiːsmiːl/ *adj, adv* po kawałku

pier /pɪə/ *n* [C] molo, pomost

pierce /pɪəs/ *v* [T] przekłuwać, przebijać: *I'm getting my ears pierced. | A bullet pierced his body.*

pierc·ing /ˈpɪəsɪŋ/ *adj* **1** przeszywający: *a piercing scream* **2** przenikliwy: *He looked away from Mr. Darden's piercing eyes. | a piercing wind*

pi·e·ty /ˈpaɪəti/ *n* [U] pobożność

pig /pɪg/ *n* [C] **1** świnia **2** obżartuch: *You ate all the pizza, you pig.*

pi·geon /ˈpɪdʒən/ *n* [C] gołąb

pi·geon·hole /ˈpɪdʒənhəʊl/ *v* [T] za/szufladkować: *People find out what you're good at and try to pigeonhole you.*

pig·gy·back /ˈpɪgibæk/ *adv* na barana

pig·gy bank /ˈpɪgi bæŋk/ *n* [C] skarbonka

pig·head·ed /ˌpɪgˈhedəd◂/ *adj* uparty

pig·let /ˈpɪglət/ *n* [C] prosię

pig·ment /ˈpɪgmənt/ *n* [C,U] barwnik, pigment

pig·sty /ˈpɪgstaɪ/ *także* **pig·pen** /-pen/ *AmE n* [C] chlew

pig·tail /ˈpɪgteɪl/ *n* [C] warkoczyk → porównaj BRAID¹, PONYTAIL

pike /paɪk/ *n* [C,U] szczupak

pile¹ /paɪl/ *n* **1** [C] stos, sterta: **+ of** *a pile of folded clothes* **2 piles of/a pile of sth** *informal* kupa czegoś: *I have piles of work to do tonight.*

pile² *v* [I,T] *także* **pile up** na/zbierać (się): *A lot of dirty pans piled up in the sink.*

pile into sth *phr v* [T] *informal* w/ładować się do: *We all piled into the car.*

pile-up /ˈ. ./ *n* [C] *informal* karambol: *a 16-car pile-up*

P

pil·grim /ˈpɪlgrɪm/ *n* [C] pielgrzym

pil·grim·age /ˈpɪlgrɪmɪdʒ/ *n* [C,U] pielgrzymka

pill /pɪl/ *n* [C] **1** pigułka **2 the Pill** pigułka antykoncepcyjna: **be on the pill** (=stosować pigułkę antykoncepcyjną)

pil·lar /ˈpɪlə/ *n* [C] filar

pil·low /ˈpɪləʊ/ *n* [C] poduszka

> UWAGA **pillow i cushion**
>
> **Pillow** to poduszka pod głowę na łóżku, a **cushion** to (często ozdobna) poduszka na fotelu, kanapie itp.: *The minute his head touched the pillow he was sound asleep.* | *Would you like a cushion for your back?*

pil·low·case /ˈpɪləʊkeɪs/ *n* [C] poszewka

pi·lot /ˈpaɪlət/ *n* [C] **1** pilot/ka **2 pilot study/programme** badanie/program pilotażowy —**pilot** *v* [T] pilotować

pimp /pɪmp/ *n* [C] alfons

pim·ple /ˈpɪmpəl/ *n* [C] pryszcz —**pimply** *adj* pryszczaty

pin[1] /pɪn/ *n* [C] szpilka → patrz też PINS AND NEEDLES, ROLLING PIN, SAFETY PIN

pin[2] *v* [T] **-nned, -nning 1** [T] przypinać: **pin sth to/onto etc** *Have you seen the note pinned on the door?* | **pin sth together** (=spinać coś): *Pin the back of the dress together first.* **2 pin the blame on sb** zrzucać winę na kogoś **3** przygwoździć: *He was pinned under the car.*

pin·a·fore /ˈpɪnəfɔː/ *n* [C] *BrE* bezrękawnik, fartuch

pin·ball /ˈpɪnbɔːl/ *n* [U] bilard elektryczny: *a pinball machine*

pin·cers /ˈpɪnsəz/ *n* [plural] szczypce

pinch[1] /pɪntʃ/ *v* **1** [T] szczypać: *He pinched her arm playfully.* **2** [T] *informal* zwędzić, gwizdnąć: *Someone's pinched my pen!*

pinch[2] *n* **pinch of salt/pepper** szczypta soli/pieprzu

pin·cush·ion /ˈpɪnˌkʊʃən/ *n* [C] poduszeczka na igły

pine[1] /paɪn/ *n* także **pine tree** /ˈ. ./ [C,U] sosna

pine[2] także **pine away** *v* [I] usychać z tęsknoty: **+ for** *Poor Charlie was clearly pining for his son.*

pine·ap·ple /ˈpaɪnæpəl/ *n* [C,U] ananas

pine·cone /ˈpaɪnkəʊn/ *n* [C] szyszka sosnowa

ping /pɪŋ/ *n* [C] brzęk

ping-pong /ˈpɪŋ pɒŋ/ *n* [U] *informal* ping-pong

pink /pɪŋk/ *adj* różowy: *a pink dress*

pin·na·cle /ˈpɪnəkəl/ *n* szczyt: **+ of** *She reached the pinnacle of success as a writer at the age of 45.*

pin·point /ˈpɪnpɔɪnt/ *v* [T] s/precyzować: *I'm trying to pinpoint where we are on the map.*

pins and nee·dles /ˌ. . ˈ../ *n* [U] mrowienie

pin·stripe /ˈpɪnstraɪp/ *n* [U] w prążki: *a blue pinstripe suit* —**pinstriped** *adj* prążkowany

pint /paɪnt/ *n* [C] pół kwarty (*=0.473 l w USA, 0.568 l w Wielkiej Brytanii*)

pin·up /ˈpɪnʌp/ *n* [C] plakat ze zdjęciem kogoś sławnego lub atrakcyjnego

pi·o·neer /ˌpaɪəˈnɪə◂/ *n* [C] pionier/ka: *the pioneers of modern space travel*

pi·ous /ˈpaɪəs/ *adj* pobożny

pip /pɪp/ *n* [C] *BrE* pestka (*np. jabłka lub cytryny*)

pipe[1] /paɪp/ *n* [C] **1** rura: *a water pipe* **2** fajka **3** piszczałka, fujarka

pipe[2] *v* [T] doprowadzać rurociągiem: *The oil is piped from Alaska.*

pipe·line /ˈpaɪp-laɪn/ *n* **1** [C] rurociąg **2 be in the pipeline** być w przygotowaniu

pip·ing /ˈpaɪpɪŋ/ *n* [U] rury: *lead piping*

pi·ra·cy /ˈpaɪərəsi/ *n* [U] piractwo: *software piracy*

pi·rate[1] /ˈpaɪərət/ *n* [C] pirat: *video pirates*

pirate[2] *v* [T] nielegalnie kopiować

Pis·ces /ˈpaɪsiːz/ *n* [C,U] Ryby

piss /pɪs/ *v* [I] *spoken informal* sikać

pissed /pɪst/ *adj spoken informal* **1** *BrE* zalany: *Ian was really pissed last night.* **2** *AmE* wkurzony: *Karen is pissed at Andrea, she won't take her calls.* **3 be pissed off with** mieć dosyć

pis·tol /ˈpɪstl/ *n* [C] pistolet

pis·ton /ˈpɪstən/ *n* [C] tłok

pit /pɪt/ *n* [C] **1** dół, wykop **2** kopalnia **3** *AmE* pestka: *a peach pit*

pitch[1] /pɪtʃ/ *v* **1** [I,T] rzucać: *Who's pitching for the Red Sox today?* | **pitch sth over/into etc** *Carl tore up her letter and pitched it into the fire.* **2** [I] upaść: **+ into/forward etc** *He was so drunk he pitched head first over the wall.* **3** [T] ustawiać: *He pitched the level of his lecture far too high.* **4 pitch a tent** rozbijać namiot

pitch[2] *n* **1** [C] *BrE* boisko: *a cricket pitch* **2** [U singular] wysokość (*głosu, nuty*) **3** [C] rzut (*w baseballu*) **4** [U] smoła

pitch black /ˌ. ˈ.◂/ *adj także* **pitch dark** czarny jak smoła: *It was pitch black in the basement* (=w piwnicy było zupełnie ciemno).

pitch·er /ˈpɪtʃə/ *n* [C] **1** dzban: *a pitcher of beer* **2** miotacz (*w baseballu*)

pitch·fork /ˈpɪtʃfɔːk/ *n* [C] widły

pit·fall /ˈpɪtfɔːl/ *n* [C] pułapka: *the pitfalls of buying an old car*

pit·i·ful /ˈpɪtɪfəl/ *adj* żałosny: *a pitiful sight* | *His performance last night was pitiful.* —**pitifully** *adv* żałośnie

pit·i·less /ˈpɪtɪləs/ *adj* bezlitosny: *a pitiless dictator*

pit·y[1] /ˈpɪti/ *n* **1 it's a pity (that)** [singular] szkoda, że: *It's a pity you can't come.* **2** [U] litość: *I don't need your pity!* | **take/have pity on sb** (=z/litować się nad kimś)

pity[2] *v* [T] współczuć: *I pity anyone who has to live with Sean.*

piv·ot /ˈpɪvət/ *n* [C] oś

piv·ot·al /ˈpɪvətəl/ *adj* kluczowy: *A good education is pivotal to a successful career.*

pix·ie /ˈpɪksi/ *n* [C] skrzat

piz·za /ˈpiːtsə/ *n* [C,U] pizza

plac·ard /ˈplækɑːd/ *n* [C] afisz, transparent

pla·cate /pləˈkeɪt/ *v* [T] *formal* udobruchać

place[1] /pleɪs/ *n* [C] **1** miejsce: *Keep your passport in a safe place.* | *a beautiful place surrounded by mountains* | *Paint is coming off the wall in places* (=w niektórych miejscach). | *She was born in a place called Black River Falls.* | *There are a few places left on the German course.* | *No-one could ever take her place* (=nikt nigdy nie byłby w stanie zająć jej miejsca). | *This isn't the place to discuss money.* | **place to eat/live etc** *Are there any decent places to eat round here?* | **+ for** *This would be a great place for a party.* | **sb's place** (=czyjś dom): *I'm going over to Jeff's place for dinner.* | **friends in high places** *Carla has friends in high places* (=ma znajomych na wysokich stanowiskach). **2 take place** mieć miejsce: *When did the robbery take place?* **3 in place/out of place** na swoim miejscu/nie na swoim miejscu: *Put the CDs back in their place.* | *She didn't have a hair out of place.* **4 put sb in his/her place** pokazywać komuś, gdzie jest jego miejsce: *I'd like to put her in her place, the little snob!* **5 in place of** w miejsce: *There's football on in place of the normal programmes.* **6 in first/second place** na pierwszym/drugim miejscu: *Jerry finished in third place.* **7 in the first/second place** *spoken* po pierwsze/drugie: *Well, in the first place, I can't afford it, and in the second place I'm not really interested.* **8 all over the place** *informal* wszędzie: *There were policemen all over the place!* **9 out of place** nie na miejscu: *I felt really out of place at Cindy's wedding.*

> UWAGA **place**
>
> W mowie używa się często słów **where**, **somewhere** i **anywhere** zamiast "the place", "a place" itp: *I'll show you where I was born.* | *I need somewhere to put my books.* | *I couldn't find anywhere to park the car.*

UWAGA place i room/space

Nie należy mylić wyrazów **place** i **room/space** w znaczeniu 'miejsce'. **Place** to 'pewien obszar lub część obszaru': *The best place to sit is right in front of the stage.* **Room/space** to 'przestrzeń lub obszar, który można wypełnić czymś lub przeznaczyć na coś': *There's enough room in the back seat for all three of you.* | *I hope there's enough space in the wardrobe for all your clothes.*

place[2] v [T] **1** umieszczać: **place sth in/on etc** *Seth placed his trophy on the top shelf.* **2** stawiać: *His resignation places the government in an embarrassing position.* **3** kłaść: *Society should place more emphasis on honesty.* **4 place an order** składać zamówienie **5 place an advertisement** dawać ogłoszenie

pla·ce·bo /plə'siːbəʊ/ n [C] placebo

plac·id /'plæsəd/ adj spokojny: *a placid baby*

pla·gia·ris·m /'pleɪdʒərɪzəm/ n [C,U] plagiat, plagiatorstwo: *She was accused of plagiarism in her thesis.*

plague[1] /pleɪg/ n **1** [C,U] zaraza, dżuma **2 a plague of rats/locusts** plaga szczurów/szarańczy

plague[2] v [T] nękać: *Renee had always been plagued by ill health.*

plaice /pleɪs/ n [C,U] płastuga

plaid /plæd/ n [C,U] AmE materiał w kratę, krata

plain[1] /pleɪn/ adj **1** gładki: *a plain carpet* **2** jasny: **it's plain that** *It's plain that he doesn't agree.* **3** prosty, zwyczajny: *plain food* **4** niezbyt ładny: *a plain face* **5** otwarty: *Let's have some plain, truthful answers.*

plain[2] n [C] równina: *the Spanish plains*

plain[3] adv **plain stupid/rude** informal po prostu głupi/niegrzeczny: *They're just plain lazy.*

plain·clothes /ˌpleɪn'kləʊðz◂/ adj **plainclothes police** policjanci w cywilu

plain·ly /'pleɪnli/ adv **1** wyraźnie: *He's plainly unhappy.* **2** zwyczajnie: *a plainly dressed young girl* **3** otwarcie: *He spoke plainly about the loss of his wife.*

plain·tiff /'pleɪntəf/ n [C] law powód/ka → porównaj DEFENDANT

plain·tive /'pleɪntɪv/ adj zawodzący: *the plaintive cry of the wolf*

plait[1] /plæt/ v [T] BrE zaplatać, pleść

plait[2] n [C] BrE warkocz

plan[1] /plæn/ n [C] plan: *Her plan is to finish school and then travel.* | *the Middle East peace plan* | *the plans for a new library* | **make plans** *Helen's busy making plans for her wedding.* | **go according to plan** (=iść zgodnie z planem): *If things go according to plan, we'll go on Monday.*

plan[2] v **-nned, -nning** [I,T] za/planować: *Grace began to plan what she would wear for the interview.* | *We've been planning our trip for months.* | *We spend ages planning the garden.* | **plan on doing sth/plan to do sth** *How long do you plan on staying?* | *Where do you plan to go next year?*

plane /pleɪn/ n [C] **1** samolot **2** poziom: *Jill's work is on a higher artistic plane than mine.* **3** strug **4** technical płaszczyzna

plan·et /'plænət/ n [C] **1** planeta: *Mercury is the smallest planet.* | *the planet Earth* **2 the planet** nasza planeta: *the environmental future of the planet* —**planetary** adj planetarny

plan·e·tar·i·um /ˌplænə'teəriəm/ n [C] planetarium

plank /plæŋk/ n [C] deska: *a solid plank of wood*

plan·ner /'plænə/ n [C] planist-a/ka, urbanist-a/ka

plant[1] /plɑːnt/ n [C] **1** roślina: *Don't forget to water the plants.* | *a tomato plant* **2** zakład przemysłowy: *a chemical plant*

plant[2] v [T] **1** za/sadzić: *I planted the rose bush last year.* **2** informal podkładać: **plant sth on sb** *Someone must have planted the drugs on her.* **3** za/siać: *Their conversation had planted doubts in Yuri's mind.*

plan·ta·tion /plæn'teɪʃən/ n [C] plantacja: *a rubber plantation*

plaque /plɑːk/ *n* **1** [C] tablica pamiątkowa: *The plaque read: Samuel Johnson was born here.* **2** [U] płytka nazębna

plas·ma /ˈplæzmə/ *n* [U] plazma

plas·ter¹ /ˈplɑːstə/ *n* **1** [U] tynk **2** [C] *BrE* plaster **3 be in plaster** *BrE* być w gipsie

plaster² *v* [T] **1** oblepiać: **be plastered with sth** *a wall plastered with pictures* **2** o/tynkować

plaster cast /ˌ.. ˈ./ *n* [C] **1** opatrunek gipsowy **2** odlew gipsowy

plas·tered /ˈplɑːstəd/ *adj informal* zaprawiony: *I got plastered last night.*

plaster of Par·is /ˌplɑːstər əv ˈpærə̇s/ *n* [U] gips

plas·tic /ˈplæstɪk/ *n* [C,U] plastik: *toys made of plastic* —**plastic** *adj* plastikowy: *a plastic bag* | *plastic spoons*

plastic sur·ge·ry /ˌ.. ˈ.../ *n* [U] operacja plastyczna

plate /pleɪt/ *n* [C] **1** talerz: *a china plate* | *a plate of spaghetti* **2** płyta: *The drill is attached to the bench by a metal plate.* **3** *także* **number/license/registration plate** tablica rejestracyjna: *New Jersey plates*

plat·eau /ˈplætəʊ/ *n* [C] płaskowyż

plat·ed /ˈpleɪtə̇d/ *adj* platerowany: *a silver-plated spoon*

plat·form /ˈplætfɔːm/ *n* [C] **1** podium: *He climbed on to the platform and began to address the crowd.* **2** platforma: *an oil platform in the Atlantic* | *We were elected on a platform of reform.* **3** peron

plat·i·num /ˈplætə̇nəm/ *n* [U] platyna

plat·i·tude /ˈplætə̇tjuːd/ *n* [C] frazes: *a speech full of platitudes*

pla·ton·ic /pləˈtɒnɪk/ *adj* platoniczny

pla·toon /pləˈtuːn/ *n* [C] pluton

plau·si·ble /ˈplɔːzə̇bəl/ *adj* prawdopodobny: *a plausible explanation* → antonim IMPLAUSIBLE

play¹ /pleɪ/ *v* **1** [I,T] za/grać (w): *Do you know how to play chess?* | *The guys are playing basketball.* | **play against sb/play sb** *The 49ers are playing the Vikings on Saturday.* | **play for** (=grać w drużynie): *Garcia plays for the Hornets.* **2** [I,T] po/bawić się: *He has lots of toys to play with.* | *Why don't you go out and play with your friends?* **3** [I,T] grać (na): *When I was at a school I used to play the piano.* **4** [I,T] puszczać: *She always plays her radio really loud.* | *What's that song they're playing?* **5** [T] za/grać: *The hero is played by Sean Penn.* **6 play a trick/joke on sb** zrobić komuś kawał **7 play safe/play it safe** nie ryzykować **8 play a part/role** odgrywać rolę: *Genetic factors may also play a part.* **9 be playing with fire** igrać z ogniem: *If you invest in the stock market now, you're playing with fire.* **10 play for time** grać na czas → patrz też **play truant** (TRUANT)

play around/about with sth *phr v* [T] → patrz PLAY WITH STH

play at sth *phr v* [T] **1** bawić się w: *She often plays at being the teacher.* | *He's so rich he can just play at being a businessman.* **2 what is he/she etc playing at?** *spoken* co on/a wyprawia?

play sth ↔ **back** *phr v* [T] puszczać, odtwarzać: *We played the video back several times.*

play sth ↔ **down** *phr v* [T] z/bagatelizować: *The government was anxious to play down the latest economic figures.*

play on sth *phr v* [T] grać na: *The film plays on people's fears and prejudices.*

play up *phr v* [I] rozrabiać: *The children are playing up again.*

play with sth, **play around/about with** sth *phr v* [T] bawić się: *Stop playing with the remote control!*

play² *n* **1** [C] sztuka: *We went to see a new play by Tom Stoppard at the National Theatre.* | **put on a play** (=wystawiać sztukę): *The play was put on by a local school.* **2** [U] gra: *Rain stopped play.* **3** [U] zabawa: *a play area with slides and swings* | *children at play* (=bawiące się dzieci) **4 come into play** odgrywać rolę: *Luck comes into play quite a lot.* **5 bring/put sth into play** skorzystać z czegoś: *This is where you should bring your exper-*

P

ience into play. **6 play on words** gra słów ➞ patrz też PUN

play·act·ing /'. ../ *n* [U] udawanie

play·boy /'pleɪbɔɪ/ *n* [C] playboy

play·er /'pleɪə/ *n* [C] **1** gracz: *a baseball player* **2 piano/guitar player** pianista/gitarzysta

play·ful /'pleɪfəl/ *adj* **1** żartobliwy: *playful teasing* **2** figlarny: *a playful little kitten* —**playfully** *adv* figlarnie

play·ground /'pleɪgraʊnd/ *n* [C] plac zabaw, boisko szkolne

play·house /'pleɪhaʊs/ *n* [C] teatr: *the Harlow Playhouse*

playing card /'.. ./ *n* [C] karta do gry

playing field /'.. ./ *n* [C] boisko

play·mate /'pleɪmeɪt/ *n* [C] *old-fashioned* towarzysz/ka zabaw

play·pen /'pleɪpen/ *n* [C] kojec

play·room /'pleɪrʊm/ *n* [C] pokój do zabawy

play·time /'pleɪtaɪm/ *n* [C] przerwa (*szkolna*)

play·wright /'pleɪraɪt/ *n* [C] dramaturg, dramatopisa-rz/rka

plea /pliː/ *n* [C] **1** błaganie, apel: *Her mother ignored her pleas for help.* **2 plea of (not) guilty** *law* (nie)przyznanie się do winy

plead /pliːd/ *v* **pleaded** *or* **pled** /pled/ **pleading 1** [I] błagać: **+ with** *Amy pleaded with the stranger to help her.* **2** [I,T] *law* odpowiadać na zarzuty aktu oskarżenia: *"How do you plead?" "Not guilty."* —**pleadingly** *adv* błagalnie: *She looked at him pleadingly.*

pleas·ant /'plezənt/ *adj* **1** przyjemny: *a pleasant surprise | They spent a pleasant evening together.* **2** miły, sympatyczny: *a pleasant young man in a dark suit* —**pleasantly** *adv* przyjemnie: *The weather was pleasantly warm.* ➞ antonim UNPLEASANT

please[1] /pliːz/ *interjection* **1** proszę: *Can you all sit down, please? | Please could I have* (=czy mógłbym prosić o) *a glass of water?* **2 yes please** *spoken* tak, poproszę: *"More coffee?" "Yes please!"*

> **UWAGA please**
>
> Wyrazu **please** używamy wtedy, kiedy prosimy o coś lub prosimy kogoś, żeby coś zrobił: *Please let me in. | Will you put the milk in the fridge, please? | Could I speak to Alice, please?* **Yes, please** to bardzo grzeczne 'tak': *"Would you like more coffee?" "Yes, please."* Odpowiednikiem polskiego 'proszę' w znaczeniu 'nie ma za co' (w odpowiedzi na 'dziękuję'), jest nie "please", a **Don't mention it.**, lub (zwykle w amerykańskiej angielszczyźnie) **You're welcome.**

please[2] *v* **1** [I,T] zadowalać: *Mark has always been hard to please.* **2 whatever/however you please** co/jak ci się żywnie podoba: *He can do whatever he pleases. I don't care.* **3 if you please** *spoken formal* proszę: *Close the door, if you please.*

pleased /pliːzd/ *adj* **1** zadowolony: **+ with/about** *Are you pleased with the result?* | **pleased to do sth** *You'll be pleased to hear that your application has been successful.* | **pleased (that)** *I was very pleased that he agreed to see me.* **2 (I'm) pleased to meet you** *spoken* bardzo mi miło

plea·sure /'pleʒə/ *n* **1** [U] przyjemność: *The latest model from Ford is an absolute pleasure to drive* (=jazda najnowszym modelem Forda to sama przyjemność). | **for pleasure** *I often read for pleasure.* **2 (it is) my pleasure** *spoken* cała przyjemność po mojej stronie: *"Thanks for coming." "My pleasure."* **3 take pleasure in doing sth** znajdować przyjemność w czymś: *She took great pleasure in telling him that he was wrong.*

> **UWAGA pleasure**
>
> Patrz **fun** i **pleasure**.

pleat·ed /'pliːtɪ̵d/ *adj* plisowany

pledge[1] /pledʒ/ *n* [C] przyrzeczenie: *Several countries made pledges of aid.*

pledge[2] *v* [T] **1** przyrzekać: *They have pledged to cut inflation.* **2** zobowiązywać: *We were all pledged to secrecy.*

plen·ti·ful /'plentɪfəl/ *adj* obfity: *a plentiful supply of fresh fruit and vegetables*

plen·ty /'plenti/ *quantifier, n* [U] (wystarczająco) dużo, pod dostatkiem: **+ of** *We have plenty of time to get to the airport.* | **plenty to do/eat etc** *There should be plenty to eat at the picnic.*

> UWAGA **plenty of**
>
> Patrz **many**, **much** i **a lot of, plenty of**.

pli·a·ble /'plaɪəbəl/ *adj* **1** giętki: *Roll the clay until it is soft and pliable.* **2** podatny na wpływy

pli·ers /'plaɪəz/ *n* [plural] szczypce, obcęgi: *a pair of pliers*

plight /plaɪt/ *n* [singular] niedola: *the plight of the homeless*

plod /plɒd/ *v* **-dded, -dding** [I] wlec się: **+ on/along** *The old dog plodded along behind him.*

plonk /plɒŋk/ *n* [U] *BrE informal* sikacz (*tanie wino*)

plop /plɒp/ *n* [C] plusk

plot[1] /plɒt/ *n* [C] **1** spisek: *a plot to kill General Zia* **2** fabuła: *I didn't really understand the plot.* **3** działka

plot[2] **-tted, -tting** *v* **1** [I,T] spiskować, u/knuć: *He denied plotting to kidnap the girl.* **2** [T] *także* **plot (out)** nanosić: *The earthquakes are plotted on a map.*

plough[1] /plaʊ/ *BrE*, **plow** *AmE n* [C] pług

plough[2] *BrE*, **plow** *AmE v* [I,T] za/orać: *newly plowed fields*

ploy /plɔɪ/ *n* [C] chwyt, sztuczka: *He's not really ill – it's just a ploy to get us to feel sorry for him.*

pluck[1] /plʌk/ *v* **1 pluck up the courage** zebrać się na odwagę: *I finally plucked up the courage to ask for a raise.* **2** o/skubać: *pluck a chicken* **3** uderzać w struny: *plucking her guitar*

pluck[2] *n* [U] odwaga —**plucky** *adj* odważny, rezolutny: *a plucky kid*

plug[1] /plʌg/ *n* [C] **1** wtyczka **2** zatyczka, korek

plug[2] *v* [T] **-gged, -gging** *także* **plug up** zatykać

plug sth ↔ **in/into** *phr v* [T] włączać do kontaktu: *Is the TV plugged in?* ➡ antonim UNPLUG

plug·hole /'plʌghəʊl/ *n* [C] *BrE* odpływ (*zlewu, wanny*)

plum /plʌm/ *n* [C] śliwka

plum·age /'plu:mɪdʒ/ *n* [U] upierzenie

plumb·er /'plʌmə/ *n* [C] instalator, hydraulik

plumb·ing /'plʌmɪŋ/ *n* [U] instalacja wodno-kanalizacyjna

plume /plu:m/ *n* [C] **1** smuga: *We could see a plume of smoke coming from the chimney.* **2** pióro (*ptasie*)

plum·met /'plʌmɪt/ *v* [I] gwałtownie zniżkować: *House prices have plummeted over the past year.*

plump /plʌmp/ *adj* **1** pulchny: *a sweet, plump little girl* | *plump cushions* **2** krągły: *plump juicy strawberries*

plun·der[1] /'plʌndə/ *v* [I,T] s/plądrować, o/grabić: *The city was first captured and plundered in 1793.* | *We cannot go on plundering the Earth's resources.*

plunder[2] *n* [U] *literary* grabież

plunge[1] /plʌndʒ/ *v* **1** [I] wpaść: *The van plunged into the river.* **2** [T] wbić: *He plunged the knife into the man's chest.* **3** [I] gwałtownie spaść: *The price of gas plunged to 99 cents a gallon.*

plunge sb/sth **into** sth *phr v* [T] rzucić w wir: *America was suddenly plunged into war.*

plunge[2] *n* [singular] gwałtowny spadek: *a plunge in share values*

plung·er /'plʌndʒə/ *n* [C] przepychacz do zlewu

plu·per·fect /plu:'pɜ:fɪkt/ *n* **the pluperfect** *technical* czas zaprzeszły

plu·ral /'plʊərəl/ *n* [C] liczba mnoga

plus[1] /plʌs/ *prep* plus: *Three plus six equals nine.* | *The jacket costs $49.95 plus tax.*

plus[2] *conjunction informal* plus: *I had to carry her cases, plus all her other things.*

plus[3] *adj* **1** plus: *a temperature of plus 12°* | *She makes $50,000 a year plus* (=zarabia rocznie ponad 50.000 dolarów). **2 plus or minus** plus minus: *The results are accurate plus or minus 3 percentage points.*

plus[4] *n* [C] plus: *The restaurant's location is a real plus.*

plus sign /'. ./ *n* [C] znak plus

Plu·to /'plu:təʊ/ *n* [singular] Pluton

plu·to·ni·um /plu:'təʊniəm/ *n* [U] pluton

ply·wood /'plaɪwʊd/ *n* [U] sklejka

pm /ˌpi: 'em/, **p.m.** po południu: *I get off work at 5:30 p.m.* ➞ porównaj AM

pneu·mat·ic /nju:'mætɪk/ *adj* pneumatyczny: *a pneumatic drill*

pneu·mo·ni·a /nju:'məʊniə/ *n* [U] zapalenie płuc

poach /pəʊtʃ/ *v* **1** [T] u/gotować we wrzątku **2** [I,T] kłusować (na)

poach·er /'pəʊtʃə/ *n* [C] kłusowni-k/czka

pock·et[1] /'pɒkᵻt/ *n* [C] kieszeń: *There's some money in my jacket pocket.* | *Julie took her hands out of her pockets.* | *The bridge was paid for out of the pockets of the local people.*

pocket[2], **pocket-sized** *adj* kieszonkowy: *a pocket calendar* | *a pocket-sized notebook*

pock·et·book /'pɒkᵻtbʊk/ *n* [C] *AmE* **1** portfel **2** notesik

pock·et·ful /'pɒkᵻtfʊl/ *n* [C] pełna kieszeń: *She always carried a pocketful of pills.*

pocket knife /'.. ./ *n* [C] scyzoryk

pock·marked /'pɒkmɑ:kt/ *adj* dziobaty, ospowaty

pod /pɒd/ *n* [C] strączek: *a pea pod*

po·di·um /'pəʊdiəm/ *n* [C] **1** mównica **2** podium

po·em /'pəʊᵻm/ *n* [C] wiersz: *a famous poem by William Wordsworth*

po·et /'pəʊᵻt/ *n* [C] poet-a/ka

po·et·ic /pəʊ'etɪk/ *adj* **1** poetycki: *poetic language* **2** poetyczny: *the poetic quality of some of his photographs* —**poetically** *adv* poetycznie

poetic li·cence /.ˌ.. '../ *BrE*, **poetic license** *AmE n* [U] licencja poetycka

po·et·ry /'pəʊᵻtri/ *n* [U] poezja: *Emily Dickinson's poetry* | *a poetry class*

poi·gnant /'pɔɪnjənt/ *adj* wzruszający, przejmujący: *a poignant scene near the end of the film*

point[1] /pɔɪnt/ *n* **1** [C] argument: **make a point** (=przytoczyć argument): *I agreed with several of the points he made.* | **that's a point!** *spoken* (=racja!): *"Have you spoken to Alan?" "That's a point! I completely forgot to tell him."* **2 the point** sedno sprawy: **the point is** *spoken* (=chodzi o to, że): *The point is we just don't have enough money.* | **get to the point** (=przechodzić do sedna sprawy): *I wish she'd hurry up and get to the point.* | **that's not the point** *spoken* (=nie w tym rzecz): *"But I gave you the money back." "That's not the point: you shouldn't have taken it."* **3** [C] moment: *At that point I began to get seriously worried.* | **high/low point** *the high point of his career* | **get to/reach the point** *It got to the point where* (=doszło do tego, że) *we both wanted a divorce.* **4** [C] punkt: *the point where two lines cross each other* | *The Rams beat the Giants by 6 points.* | *Stocks were down 12 points today at 5,098.* **5** [U] sens: *The whole point of travelling is to experience new things.* | **there's no point/what's the point** *spoken* (=nie ma sensu): *There's no point in going now – we're already too late.* **6** [C] czubek: *the point of a needle* **7 good/bad/strong points** dobre/złe/mocne strony: *He has his good points.* **8** [C] przecinek, kropka dziesiętna: *four point seven five percent* (=4.75%) **9 boiling/melting point** temperatura wrzenia/topnienia **10 sb has a point** ktoś ma rację: *I think he may have a point.* **11 I (can) see your point** *spoken* rozumiem cię: *She wants him to spend more time with the children, and I can see her point.* **12 up to a point** do pewnego stopnia: *He's right up to a point.* **13 make a point of doing sth** zadbać o coś: *Sarah made a point of telling everyone how much the ring had cost.* **14 to the point** na temat: *Her next letter was short and to the point.* **15 be on the point of doing sth** właśnie mieć coś zrobić: *I was just on the point of leaving for work when the phone rang.* → patrz też GUNPOINT, POINT OF VIEW

point[2] *v* **1** [I,T] wskazywać: *There should be signs pointing the way to her house.* | **+ to/at/towards etc** *John pointed to a chair: "Please, sit down."* | *"That's my car," she said, pointing at a white Ford.* **2** [T] wy/celować: *He pointed a gun at the old man's head.* | *Hold the bat so that your fingers point toward the end.*

point out *phr v* **1** [T **point** sth ↔ **out**] zauważyć: *Someone pointed out that Washington hadn't won a game in L.A. since 1980.* **2** [T **point** sb/sth ↔ **out**] wskazać: *I'll point him out to you next time we see him.*

point to/toward sb/sth *phr v* [T] wskazywać na: *The study points to stress as a cause of heart disease.*

point-blank /ˌ. ˈ.◂/ *adj, adv* **1 at point-blank range** z bliska: *The victim was shot dead at point-blank range.* **2** bez ogródek: *She refused point-blank to help them.*

point·ed /ˈpɔɪntɪ̣d/ *adj* **1** spiczasty: *cowboy boots with pointed toes* **2 pointed question/remark** uszczypliwe pytanie/uwaga **3** znaczący: *She looked in a pointed manner at the clock and I stood up to leave.*

point·er /ˈpɔɪntə/ *n* [C] **1** strzałka **2** wskazówka: *I can give you some pointers on how to improve your game.* **3** wskaźnik

point·less /ˈpɔɪntləs/ *adj* **1** bezsensowny: *pointless violence on TV* **2** bezproduktywny, bezcelowy: *It's pointless trying to talk to him – he won't listen.*

point of view /ˌ. . ˈ./ *n* [C] punkt widzenia: *From a purely practical point of view, this is not a good decision.* | *My parents never seem to be able to see my point of view.*

points /pɔɪnts/ *n* [plural] zwrotnica

poise /pɔɪz/ *n* [U] **1** opanowanie, równowaga: **recover your poise** (=odzyskać panowanie nad sobą): *He struggled to recover his normal poise.* **2** gracja: *the poise of a ballet dancer*

poised /pɔɪzd/ *adj* **1** gotowy: *The army was poised to attack.* | *runners poised at the start of a race* **2** opanowany

poi·son[1] /ˈpɔɪzən/ *n* [C,U] trucizna: *Poison from the snake can kill very quickly.* | *poison gas*

poison[2] *v* [T] **1** o/truć: *He tried to poison his parents.* **2** zatruwać: *The lake has been poisoned by toxic waste from factories.* | *The quarrel had poisoned their relationship.* —**poisoned** *adj* zatruty

poi·son·ing /ˈpɔɪzənɪŋ/ *n* [C,U] zatrucie: *lead poisoning* → patrz też FOOD POISONING

poi·son·ous /ˈpɔɪzənəs/ *adj* **1** trujący: *poisonous chemicals* **2** jadowity: *poisonous snakes*

poke /pəʊk/ *v* **1** [I,T] szturchać: *Stop poking me!* | *He poked at the campfire with a stick* (=grzebał kijem w ognisku). | **poke a hole** (=wydłubać dziurę) **2** [T] wtykać: **poke sth through/out of/around etc** *David poked his head around the door.* **3** [I] wystawać: **+ up/through/out of etc** *The roots of the trees are poking up through the sidewalk.* **4 poke fun at** stroić sobie żarty z: *You shouldn't poke fun at her like that.* → patrz też **stick/poke your nose into sth** (NOSE[1])

pok·er /ˈpəʊkə/ *n* **1** [U] poker **2** [C] pogrzebacz

Po·land /ˈpəʊlənd/ *n* Polska

po·lar /ˈpəʊlə/ *adj* polarny: *polar ice caps*

polar bear /ˌ.. ˈ./ *n* [C] niedźwiedź; polarny

po·lar·ize /ˈpəʊləraɪz/ (*także* **-ise** *BrE*) *v* [I,T] *formal* s/polaryzować: *The Vietnam War polarized public opinion.*

pole /pəʊl/ *n* [C] **1** słup(ek), maszt: *tent poles* **2 North/South Pole** biegun północny/południowy: *an expedition to the North Pole*

Pole /pəʊl/ *n* Pol-ak/ka

pole vault /ˈ. ./ *n* [U] skok o tyczce

po·lice¹ /pəˈliːs/ *n* [plural] **the police** policja: *The police are hunting for the killer of a 14-year-old boy.* | *a police car*

police² *v* [T] **1** patrolować: *new ways of policing the neighborhood* **2** egzekwować przestrzeganie przepisów przez: *an agency that polices the nuclear power industry*

P

police con·sta·ble /.ˈ. ˈ...◂/ *n* [C] *BrE* posterunkowy

police de·part·ment /.ˈ. .ˌ../ *n* [C] *AmE* wydział policji

police force /.ˈ. ./ *n* [C] policja (*w danym kraju, rejonie*)

po·lice·man /pəˈliːsmən/ *n* [C] policjant

police of·fi·cer /.ˈ. ˌ.../ *n* [C] policjant/ka

police sta·tion /.ˈ. ˌ../ *n* [C] posterunek policji

po·lice·wom·an /pəˈliːsˌwʊmən/ *n* [C] policjantka

pol·i·cy /ˈpɒl̥əsi/ *n* **1** [C,U] polityka: *the government's foreign policy* | *The best policy is probably to wait until she calms down.* **2** polisa: *a homeowner's policy*

po·li·o /ˈpəʊliəʊ/ *n* [C] polio

pol·ish¹ /ˈpɒlɪʃ/ *v* [T] wy/polerować: *Davy spent all morning polishing his car.*

polish sth ↔ **off** *phr v* [T] *informal* s/pałaszować: *The kids polished off the rest of the cake.*

polish sth ↔ **up** *phr v* [T] podszlifować: *I need to polish up my French.*

polish² *n* **1** [C,U] pasta: *shoe polish* **2 give sth a polish** wy/polerować coś: *I'll just give the table a quick polish.* ➡ patrz też NAIL POLISH

Po·lish¹ /ˈpəʊlɪʃ/ *adj* polski

Polish² *n* **1** język polski **2 the Polish** [plural] Polacy

po·lite /pəˈlaɪt/ *adj* **1** uprzejmy, grzeczny: *It's not polite to talk with food in your mouth.* | *He was always very helpful and polite.* **2** kulturalny: *polite language* —**politely** *adv* uprzejmie, grzecznie —**politeness** *n* [U] uprzejmość, grzeczność

po·lit·i·cal /pəˈlɪtɪkəl/ *adj* **1** polityczny: *The US has two main political parties.* | *changes to the British political system* **2** interesujący się polityką: *I'm not really a political person.* —**politically** *adv* politycznie

political a·sy·lum /.ˌ... .ˈ../ *n* [U] azyl polityczny

politically cor·rect /.ˌ... .ˈ./, **PC** *adj* politycznie poprawny: *It's not politically correct to say "handicapped" any more.* —**political correctness** *n* [U] polityczna poprawność

political pris·on·er /.ˌ... ˈ.../ *n* [C] więzień polityczny

political sci·ence /.ˌ... ˈ../ *n* [U] politologia

pol·i·ti·cian /ˌpɒl̥əˈtɪʃən/ *n* [C] polityk: *Unfortunately politicians are not highly trusted these days.*

po·li·ti·cize /pəˈlɪt̥əsaɪz/ (*także* **-ise** *BrE*) *v* [T] upolityczniać: *Sport has become much more politicized these days.*

pol·i·tics /ˈpɒl̥ətɪks/ *n* [U] **1** polityka: *Most young people aren't interested in politics.* | *He plans to retire from politics before the next election.* | *Colin tries not to get involved in office politics.* **2** poglądy polityczne: *I'm not sure what Ellen's politics are.*

pol·ka /ˈpɒlkə/ *n* [C] polka

polka dot /ˈ.. ./ *adj* w kropeczki: *a polka-dot scarf*

poll¹ /pəʊl/ *także* **opinion poll** *n* [C] badanie opinii publicznej: *Recent polls show that support for the President is strong.* ➡ patrz też POLLS

poll² *v* [T] **1** ankietować: *We polled 600 teachers, asking their opinion about the changes.* **2** zdobywać (*głosy*): *Clinton polled over 50 percent of the votes.*

pol·len /ˈpɒlən/ *n* [U] pyłek kwiatowy

pol·li·nate /ˈpɒl̥əneɪt/ *v* [T] zapylać —**pollination** /ˌpɒl̥əˈneɪʃən/ *n* [U] zapylenie

polling day /ˈ.. ./ *n* [C] dzień wyborów

polling sta·tion /'.. ,../ *także* **polling place** /'.. ./ *AmE n* [C] lokal wyborczy

polls /pəʊlz/ *n* [plural] **the polls** wybory: **go to the polls** (=iść do urn wyborczych): *French voters go to the polls tomorrow.*

pol·lute /pə'luːt/ *v* [T] zanieczyszczać: *companies that pollute the environment*

pol·lut·ed /pə'luːtəd/ *adj* zanieczyszczony: *The rivers are heavily polluted.*

pol·lu·tion /pə'luːʃən/ *n* [U] zanieczyszczenie: *Pollution levels are dangerously high in many of our rivers.*

po·lo /'pəʊləʊ/ *n* [U] polo

polo neck /'.. ./ *n* [C] *BrE* golf (*sweter*)

pol·ter·geist /'pɒltəgaɪst/ *n* [C] złośliwy duch

pol·y·es·ter /'pɒliestə/ *n* [U] poliester

pol·y·tech·nic /,pɒlɪ'teknɪk/ *n* [C] politechnika

pol·y·thene /'pɒləθiːn/ *n* [U] *BrE* polietylen

pom·e·gran·ate /'pɒməgrænət/ *n* [C] granat (*owoc*)

pomp /pɒmp/ *n* [U] *formal* pompa: *all the pomp of an imperial coronation*

pom·pom /'pɒmpɒm/ *n* [C] pompon

pom·pous /'pɒmpəs/ *adj* pompatyczny: *a pompous little man*

pond /pɒnd/ *n* [C] staw: *fish swimming in the pond*

pon·der /'pɒndə/ *v* [T] *literary* rozważać, rozmyślać nad: *She pondered her answer for a long time.*

pon·tif·i·cate /pɒn'tɪfəkeɪt/ *v* [I] perorować: *pontificating about moral values*

po·ny /'pəʊni/ *n* [C] kucyk

po·ny·tail /'pəʊniteɪl/ *n* [C] koński ogon

poo·dle /'puːdl/ *n* [C] pudel

pool /puːl/ *n* **1** [C] basen: *Does the hotel have a pool?* **2** [U] bilard **3** kałuża: *Creighton lay there in a pool of blood.* **4** [C] sadzawka: *A shallow pool had formed among the rocks.* **5** [C] pula

pools /puːlz/ *n* **the pools** totalizator piłkarski

poor /pɔː/ *adj* **1** biedny, ubogi: *She comes from a poor family.* | *a poor country* **2 the poor** biedni: *a charity that distributes food to the poor* **3** słaby, kiepski: *a poor standard of work* | *poor health* | *a poor swimmer* **4** [only before noun] *spoken* biedny: *The poor girl gets blamed for everything that goes wrong.*

poor·ly /'pɔːli/ *adv* słabo, kiepsko: *a poorly paid job*

pop[1] /pɒp/ *v* **-pped, -pping 1 pop in/out** *spoken* wskoczyć/wyskoczyć: *Dave's popped out to get some bread.* **2** [I,T] strzelać: *Champagne corks were popping.* **3** *także* **pop out** [I] wychodzić na wierzch **4 pop the question** *informal* oświadczyć się

pop up *phr v* [I] *informal* pojawiać się: *His face keeps popping up on television.*

pop[2] *n* **1** [U] pop: *a pop singer* **2** [C] huk: *The balloon burst with a loud pop.* **3** [U] *informal* słodki napój gazowany

pop·corn /'pɒpkɔːn/ *n* [U] prażona kukurydza

Pope /pəʊp/ *n* **the Pope** papież

pop·lar /'pɒplə/ *n* [C] topola

pop·py /'pɒpi/ *n* [C] mak

pop·u·lar /'pɒpjələ/ *adj* popularny: *a popular teacher* | *a popular belief* | *popular entertainment* | *the popular press* | **+ with** *The nightclub is popular with tourists.* → antonim UNPOPULAR

pop·u·lar·i·ty /,pɒpjə'lærəti/ *n* [U] popularność: *The band's popularity has grown steadily in the last five years.*

pop·u·lar·ize /'pɒpjələraɪz/ (*także* **-ise** *BrE*) *v* [T] s/popularyzować: *Jane Fonda popularized aerobic exercise.*

pop·u·lar·ly /'pɒpjələli/ *adv* **popularly believed/known** powszechnie uważany/znany: *It's popularly believed* (=powszechnie uważa się) *that people need eight hours sleep a night.*

pop·u·late /'pɒpjəleɪt/ *v* [T] **be populated** być zamieszkanym: *The Central Highlands are populated mainly by peasant farmers.* | **densely/sparsely populated** (=gęsto/słabo zaludniony)

P

pop·u·la·tion /ˌpɒpjᵘ̮ˈleɪʃən/ *n* **1** [C,U] ludność, liczba mieszkańców: *What's the population of Tokyo?* | **population explosion** (=eksplozja demograficzna) **2** [C] populacja: *30% of the male population suffer from heart disease.*

porce·lain /ˈpɔːsləˈn/ *n* [U] porcelana

porch /pɔːtʃ/ *n* [C] **1** ganek **2** *AmE* weranda

P

por·cu·pine /ˈpɔːkjᵘ̮paɪn/ *n* [C] jeżozwierz

pore[1] /pɔː/ *n* [C] por (*w skórze*)

pore[2] *v*

pore over sth *phr v* [T] studiować, zagłębiać się w: *We spent all day poring over wedding magazines.*

pork /pɔːk/ *n* [U] wieprzowina: *pork chops*

por·nog·ra·phy /pɔːˈnɒgrəfi/ *także* **porn** /pɔːn/ *n* [U] pornografia —**pornographic** /ˌpɔːnəˈgræfɪk/ *także* **porn** *adj* pornograficzny, porno: *porn videos*

po·rous /ˈpɔːrəs/ *adj* porowaty: *porous rock*

por·poise /ˈpɔːpəs/ *n* [C] morświn

por·ridge /ˈpɒrɪdʒ/ *n* [U] owsianka

port /pɔːt/ *n* **1** [C,U] port: *the port of Dover* | **in port** *The ship was back in port after a week at sea.* **2** [C] gniazdo wejściowe **3** [U] porto (*wino*) **4** [U] lewa burta

> UWAGA **port**
>
> Patrz **harbour** i **port**.

por·ta·ble /ˈpɔːtəbəl/ *adj* przenośny: *a portable television*

por·ter /ˈpɔːtə/ *n* [C] bagażowy

port·fo·li·o /pɔːtˈfəʊliəʊ/ *n* [C] teczka

port·hole /ˈpɔːthəʊl/ *n* [C] luk

por·tion /ˈpɔːʃən/ *n* [C] **1** część: *A large portion of the money has been spent on advertising.* | *Both drivers must bear a portion of the blame.* **2** porcja: *A small portion of icecream costs $5.*

por·trait /ˈpɔːtrəˈt/ *n* [C] **1** portret: *a portrait of the queen* **2** obraz: *The novel is a portrait of life in Harlem in the 1940s.*

por·tray /pɔːˈtreɪ/ *v* [T] przedstawiać: *a film that portrays the life of Charlie Chaplin* | **portray sb/sth as sth** *Diana is portrayed as the victim of a loveless marriage.*

pose[1] /pəʊz/ *v* **1 pose a problem/threat** stanowić problem/zagrożenie: *Nuclear waste poses a threat to the environment.* **2** pozować: **+ for** *The astronauts posed for pictures alongside the shuttle.* **3 pose as** podawać się za: *He obtained the drugs by posing as a doctor.*

pose[2] *n* [C] poza: *He's not really the macho type – it's all just a pose.*

posh /pɒʃ/ *adj* **1** elegancki: *a posh restaurant* **2** *BrE informal* charakterystyczny dla brytyjskich wyższych sfer: *a posh accent*

po·si·tion[1] /pəˈzɪʃən/ *n* **1** [C usually singular] położenie, sytuacja: *He's in a difficult position right now.* | *The current financial position is not good.* | **be in a position to do sth** (=być w stanie coś zrobić): *I'm afraid I'm not in a position to advise you.* **2** [C] pozycja: *He raised himself into an upright sitting position.* | *Make sure the switch is in the 'off' position.* | *the position of women in our society* | *"What position did Swift play?" "He was goalkeeper."* | *Schumacher has moved into second position.* **3** [C] stanowisko: **+ on** *What's the party's position on foreign aid?* **4** [C,U] położenie: *the sun's position in the sky* | **in position** (=na (swoim) miejscu): *the screws that held the shelf in position* **5** [C] *formal* posada: *He's applied for a position at the bank.*

position[2] *v* [T] umieszczać: *Police positioned themselves* (=policjanci zajęli pozycje) *around the bank.*

pos·i·tive /ˈpɒzəˈtɪv/ *adj* **1** pozytywny: *a positive attitude to life* | *The response to our proposals has been very positive.* | *Living abroad has been a positive experience.* **2** pewny: *"Are you sure you don't want a drink?" "Positive."* | *the first positive evidence that life exists on other planets* **3** dodatni: *Her pregnancy test was positive.* | *positive numbers* | *positive charge* ➡ porównaj NEGATIVE[1]

pos·i·tive·ly /ˈpɒzətɪvli/ *adv* **1** *spoken* wręcz: *Some patients positively enjoy being in hospital.* **2** pozytywnie: *News of the changes was viewed positively by most people.*

pos·sess /pəˈzes/ *v* [T] **1** *formal* posiadać: *The fire destroyed everything he possessed.* | *She possesses a great talent for poetry.* **2 what possessed you/him?** *spoken* co cię/go napadło?: *What possessed you to sell the car?* —**possessor** *n* [C] posiadacz/ka

pos·sessed /pəˈzest/ *adj* opętany

pos·ses·sion /pəˈzeʃən/ *n* **1** [C usually plural] dobytek: *When they left, they had to sell most of their possessions.* **2** [U] *formal* posiadanie: **in possession of sth** (=w posiadaniu czegoś): *He was found in possession of stolen goods.* | **take possession of sth** (=brać coś w posiadanie): *When do you actually take possession of the house?*

pos·ses·sive[1] /pəˈzesɪv/ *adj* zaborczy: *I love Dave, but he's very possessive.*

possessive[2] *n* [C] zaimek lub przymiotnik dzierżawczy

pos·si·bil·i·ty /ˌpɒsəˈbɪləti/ *n* [C,U] możliwość: *Beth decided that she wanted to start her own business, and began to explore the possibilities.* | **+ of** *the possibility of an enemy attack* | **+ (that)** *There's a real possibility that people will lose their jobs.*

> UWAGA **possiblility i opportunity**
>
> Nie należy mylić wyrazów **possiblility** i **opportunity** w znaczeniu 'możliwość'. **Possibility** to 'prawdopodobieństwo jakiegoś zdarzenia': *There's always a possibility that he might go back to London.* **Opportunity** to 'warunki sprzyjające jakiemuś zdarzeniu': *The exchange scheme provides young people with the opportunity to visit a foreign country.*

pos·si·ble /ˈpɒsəbəl/ *adj* możliwy: *They were warned of all the possible risks and dangers.* | **it is possible to do sth** *Is it possible to pay by credit card?* | **if possible** (=jeśli to możliwe): *I want to get back by 5 o'clock, if possible.* | **as much/quickly as possible** (=jak najwięcej/najszybciej): *We must get her to hospital as quickly as possible.* | **it is possible (that)** *It's possible we might be late.* ➡ antonim IMPOSSIBLE

pos·si·bly /ˈpɒsəbli/ *adv* **1** być może: *The journey will take three hours – possibly more.* **2 can/could possibly** służy podkreśleniu, że coś jest (nie)możliwe: *I couldn't possibly eat all that* (=w żaden sposób nie dałbym rady zjeść tego wszystkiego)! | *We did everything we possibly could* (=zrobiliśmy wszystko, co tylko było można) *to help them.* **3** *spoken* **could you possibly** czy mógłbyś: *I wonder if you could possibly help me?*

P

post[1] /pəʊst/ *n* **1** [U] *BrE* poczta: *The cheque's in the post* (=czek został wysłany). | *Is there any post for me?* | **by post** *He sent it by post.* **2** [C] słup **3** [C] stanowisko: *She was offered the post of Sales Manager.* **4** [C] posterunek: *The guards cannot leave their posts.*

post[2] *v* [T] **1** *BrE* wysyłać (*pocztą*): *I must post that letter to Clare today.* **2** *także* **post up** wywieszać: *They've posted warning signs on the gate.* **3** od/delegować: *a young diplomat who had been posted to Cairo* **4 keep sb posted** informować kogoś na bieżąco

post·age /ˈpəʊstɪdʒ/ *n* [U] opłata pocztowa

post·al /ˈpəʊstl/ *adj* [only before noun] pocztowy: *postal workers*

postal or·der /ˈ.. ˌ../ *n* [C] *BrE* przekaz pocztowy

post·box /ˈpəʊstbɒks/ *n* [C] *BrE* skrzynka pocztowa

post·card /ˈpəʊstkɑːd/ *n* [C] pocztówka, widokówka: *a postcard of Paris*

post·code /ˈpəʊstkəʊd/ *n* [C] *BrE* kod pocztowy

post·er /ˈpəʊstə/ *n* [C] plakat, afisz

pos·ter·i·ty /pɒˈsterəti/ *n* [U] potomność: **for posterity** *I'm saving these pictures for posterity.*

post·grad·u·ate /ˌpəʊst'grædjuət/ *n* [C] magistrant lub doktorant —**postgraduate** *adj* podyplomowy: *postgraduate students* (=magistranci lub doktoranci)

post·hu·mous /'pɒstjəməs/ *adj* pośmiertny —**posthumously** *adv* pośmiertnie: *His last book was published posthumously.*

P

post·man /'pəʊstmən/ *n* [C] *BrE* listonosz

post·mark /'pəʊstmɑːk/ *n* [C] stempel pocztowy

post-mor·tem /ˌpəʊst'mɔːtəm/ *n* [C] sekcja zwłok

post·na·tal /ˌpəʊst'neɪtl◂/ *adj* poporodowy: *postnatal care*

post of·fice /'. ˌ../ *n* [C] urząd pocztowy

post·pone /pəʊs'pəʊn/ *v* [T] odraczać, odkładać: *The game was postponed because of rain.* —**postponement** *n* [C,U] odroczenie

post·script /'pəʊsˌskrɪpt/ *n* [C] postscriptum

pos·ture /'pɒstʃə/ *n* [C,U] postawa, postura: *By maintaining good posture you can avoid back pain.*

pot /pɒt/ *n* **1** [C] garnek: *pots and pans* **2** [C] słój: *a pot of honey* **3** [C] doniczka: *a plant growing in a pot* **4** [C] dzbanek: *a coffee pot* **5 go to pot** *informal* zejść na psy: *The business went to pot after George died.* **6** [U] *old-fashioned* traw(k)a (*marihuana*)

po·ta·to /pə'teɪtəʊ/ *n* [C,U] *plural* **potatoes** ziemniak, kartofel

potato chip /.'.. ./ *n* [C] *AmE* chrupka, chips

po·tent /'pəʊtənt/ *adj* mocny, silny: *potent drugs* —**potency** *n* [U] moc, potencja

po·ten·tial[1] /pə'tenʃəl/ *adj* [only before noun] potencjalny: *a potential danger* | *The salesmen were eager to impress potential customers.* —**potentially** *adv* potencjalnie: *a potentially dangerous situation*

potential[2] *n* **1** [singular] potencjał: *There's a potential for conflict in the area.* **2** [U] możliwości: *She was told she had great potential as a singer.*

pot·hole /'pɒthəʊl/ *n* [C] **1** wybój **2** jaskinia

pot·hol·ing /'pɒtˌhəʊlɪŋ/ *n* [U] chodzenie po jaskiniach

po·tion /'pəʊʃən/ *n* [C] *literary* eliksir: *a love potion*

pot·ter[1] /'pɒtə/ *także* **potter around/about** *v* [I] *BrE* pałętać się: *pottering in the garden*

potter[2] *n* [C] garnca-rz/rka

pot·ter·y /'pɒtəri/ *n* [U] **1** wyroby garncarskie **2** garncarstwo

pot·ty[1] /'pɒti/ *n* [C] *informal* nocniczek

potty[2] *adj BrE informal* stuknięty, zwariowany: *a potty idea*

pouch /paʊtʃ/ *n* [C] **1** sakiewka **2** torba (*kangura*)

poul·try /'pəʊltri/ *n* [U] drób

pounce /paʊns/ *v* [I] rzucać się: *a cat pouncing on a mouse*

pound[1] /paʊnd/ *n* [C] funt: *a pound of apples* | *It cost ten pounds.* | *a five-pound note*

pound[2] *v* **1** [I,T] walić (w): *We were woken by someone pounding on the door.* | *My heart pounded with excitement.* **2** [I] biec ciężko: *He pounded up the stairs in front of her.* **3** [T] u/tłuc: *This machine pounds the stones into a powder.*

pour /pɔː/ *v* **1** [T] na/lać: **pour sth into/down etc** *Pour the milk into a jug.* | **pour sb sth** *Why don't you pour yourself another drink?* **2** [I] lać się: **+ from/out of etc** *Water was pouring from a crack in the pipe.* **3** [I] lać (*o deszczu*) **it's pouring** *It's been pouring down all afternoon.* **4** [I] **pour in/out** wlewać/wylewać się: *At four o'clock children poured out of the school.* | *Letters of complaint poured in* (=napływały zażalenia).

pour sth ↔ **out** *phr v* [T] wylewać (z siebie): *Sonia poured out her grief in a letter to her sister.*

pout /paʊt/ *v* [I,T] wydymać wargi

pov·er·ty /'pɒvəti/ *n* [U] bieda, ubóstwo: *She was shocked by the poverty*

Picture Dictionary

Fruit

Pineapple
Kiwi
Pear
Banana
Orange
Peach
Strawberry
Apple
Lemon

Vegetables

Lettuce
Potato
Tomato
Cucumber
Radish
Beans
Pumpkin
Corn

Food and drink

Salad

Eggs

Milk

Beer

Spaghetti

Sandwich

Wine

Water

Pizza

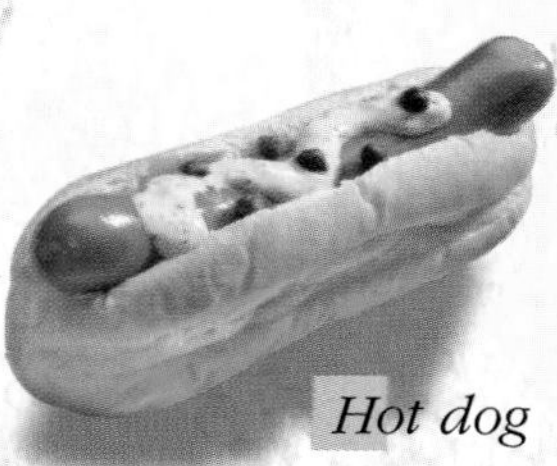
Hot dog

Hamburger

Coffee

Animals

Lion
Elephant
Leopard
Eagle
Zebra
Snake
Monkey
Tiger
Crocodile

Tortoise
Rabbit
Pig
Horse
Cat
Parrot
Cow
Donkey
Dog
Duck
Camel

Sports

Skateboarding

Baseball

Basketball

Cycling

Windsurfing

Snowboarding
Climbing
Golf
Tennis
Running
Skiing

Jobs

Secretary

Pilot

Fireman

Architect

Bricklayer

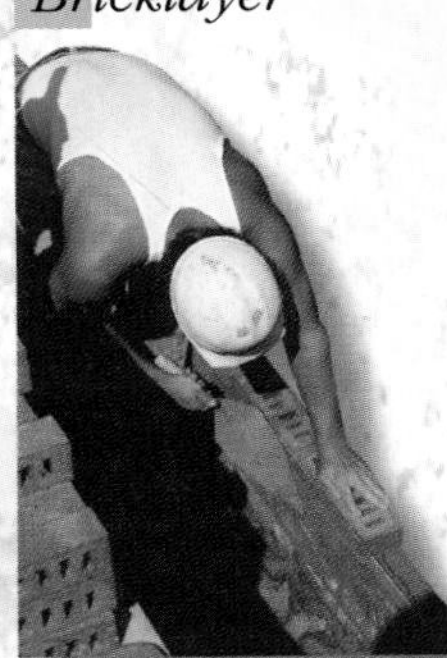

Technician

Carpenter

Policeman

Doctor

Painter

Cook

Accountant

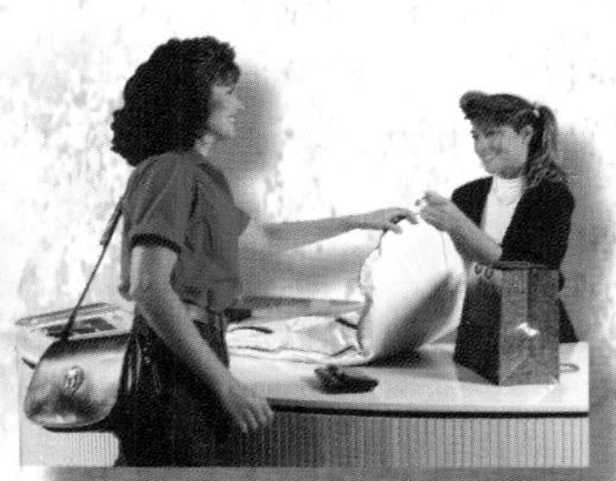

Shop assistant

Computer programmer

Musical instruments

Saxophone

Harmonica

Drum

Trumpet

Recorder

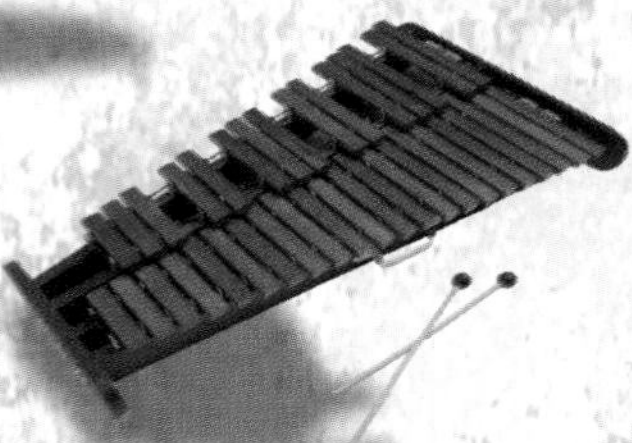

Xylophone

Accordion
Piano
Drums
Harp
Guitar
Violin
Electric guitar

Bedroom

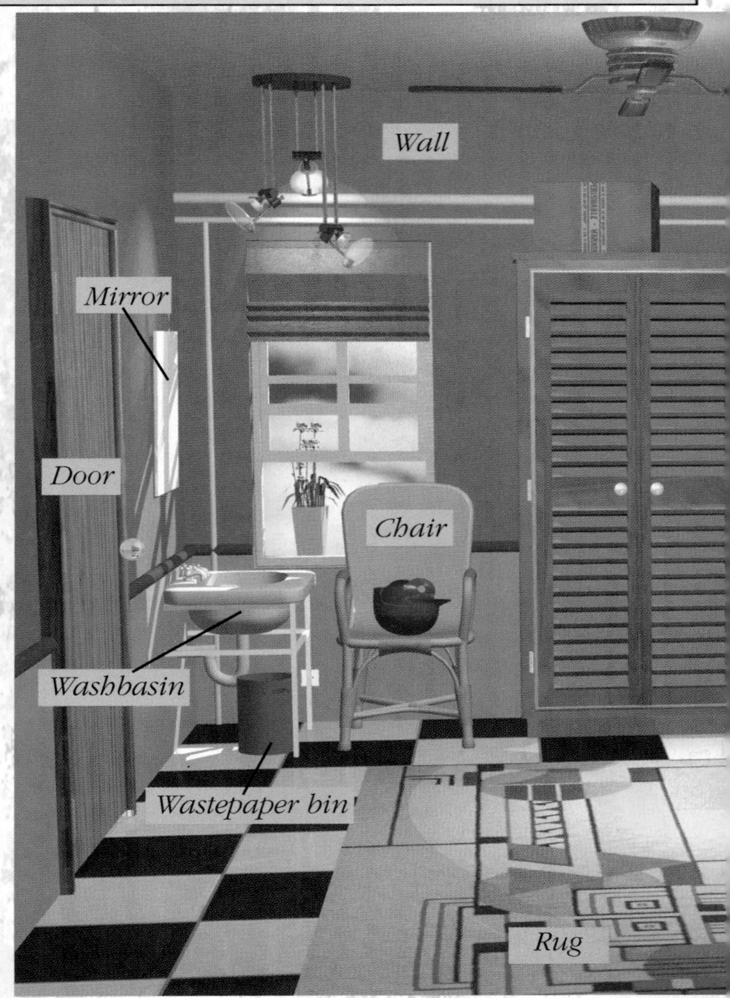

Wall
Mirror
Door
Chair
Washbasin
Wastepaper bin
Rug

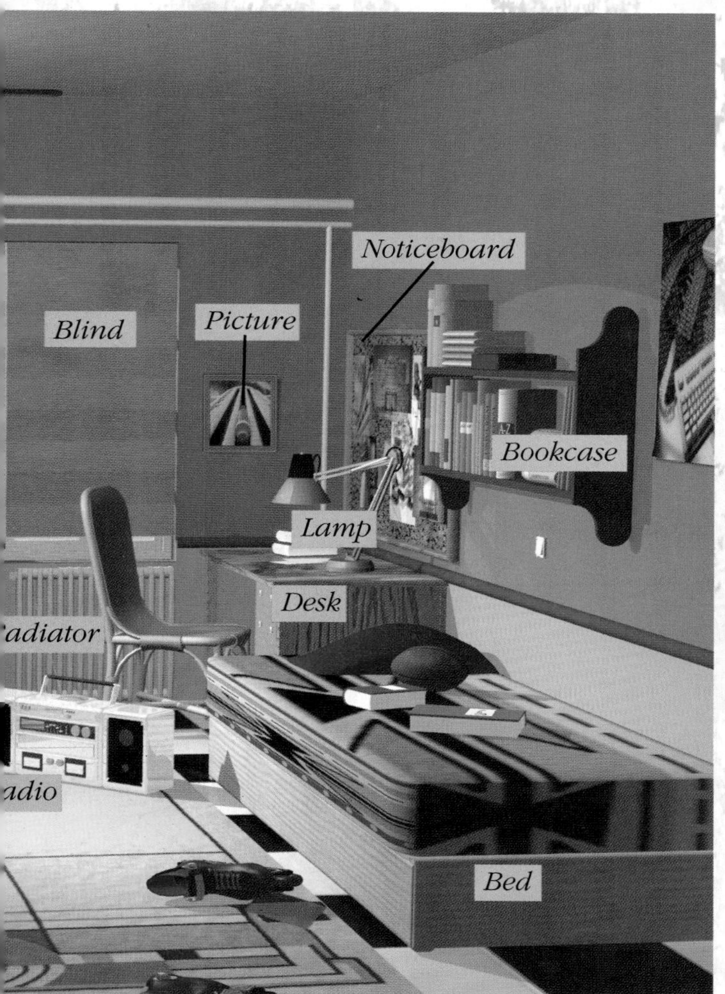
Noticeboard
Blind
Picture
Bookcase
Lamp
Desk
adiator
adio
Bed

Parts of the body

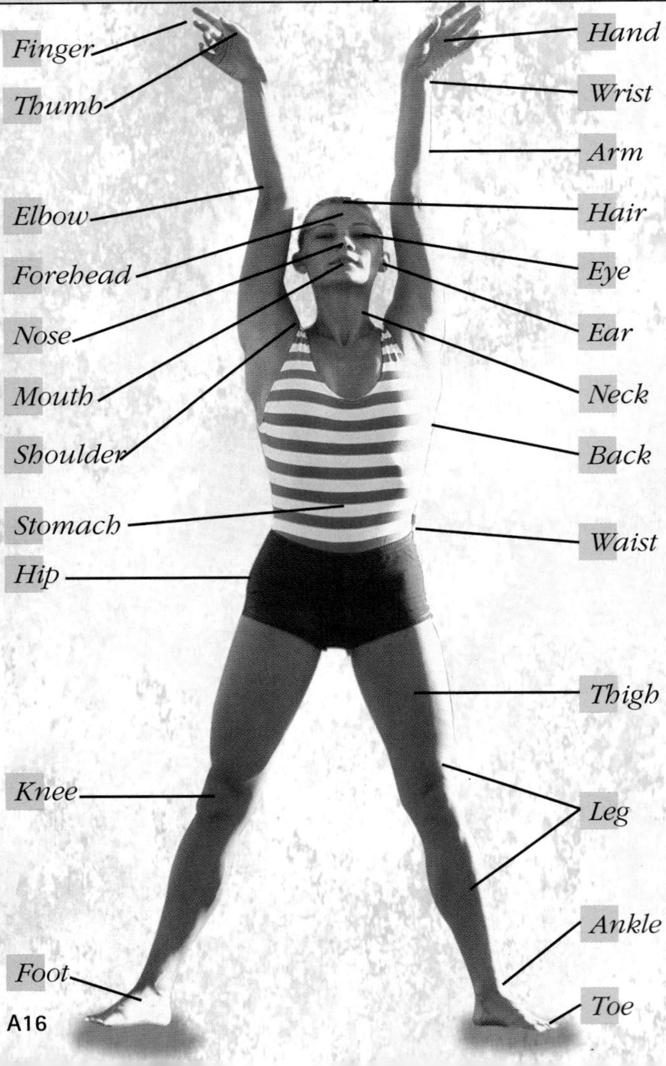

Finger

Thumb

Elbow

Forehead

Nose

Mouth

Shoulder

Stomach

Hip

Knee

Foot

Hand

Wrist

Arm

Hair

Eye

Ear

Neck

Back

Waist

Thigh

Leg

Ankle

Toe

she saw in parts of Africa. | **in poverty** *families living in extreme poverty*

poverty-strick·en /'... ˌ../ *adj* dotknięty ubóstwem: *a poverty-stricken area*

POW /ˌpiː əʊ 'dʌbəljuː/ *n* [C] skrót od PRISONER OF WAR: *a POW camp*

pow·der[1] /'paʊdə/ *n* **1** [C,U] proszek: *washing powder* **2** [C,U] puder: *talcum powder*

powder[2] *v* [T] pudrować

pow·dered /'paʊdəd/ *adj* w proszku: *powdered milk*

pow·er[1] /'paʊə/ *n* **1** [U] władza: *the struggle for power within the union* | *the immense power of the press* | **+ over** *The company has too much power over its employees.* | **be in power** (=być u władzy): *The Socialists have been in power since the revolution.* | **come to power** (=dojść do władzy): *De Gaulle came to power in 1958.* **2** [U] energia: *nuclear power* | **power cut** (=przerwa w dopływie prądu): *The storm caused a power cut.* **3** [C,U] uprawnienie: **power to do sth** *The police have powers to stop and search people.* **4** [C] potęga, mocarstwo: *a meeting of world powers* **5** [U] siła: *the power of the explosion* **6** [C,U] zdolność: *He lost the power of speech after the accident.* **7** **do everything in your power** z/robić wszystko, co w czyjejś mocy: *I did everything in my power to save her.*

power[2] *v* [T] zasilać: *The camera is powered by a small battery.*

pow·er·ful /'paʊəfəl/ *adj* **1** potężny: *a meeting of the world's most powerful leaders* **2** silny: *a powerful engine* | *Love is a powerful emotion.* | *powerful drugs* **3** potężny: *the lion's powerful jaws* —**powerfully** *adv* potężnie: *powerfully built*

pow·er·less /'paʊələs/ *adj* bezsilny: *The people of Hungary were powerless against the tanks of the Red Army.* —**powerlessness** *n* [U] bezsilność

power sta·tion /'.. ˌ../ *także* **power plant** *AmE n* [C] elektrownia

PR /ˌpiː 'ɑː/ *n* [U] skrót od PUBLIC RELATIONS

prac·ti·ca·ble /'præktɪkəbəl/ *adj formal* wykonalny

prac·ti·cal /'præktɪkəl/ *adj* **1** praktyczny: *How much practical experience of classroom teaching have you had?* | *Be practical! We can't afford all these expensive luxuries.* | *I wish you'd choose shoes that were more practical for everyday use.* **2** uzdolniony manualnie: *My father is very clever, but he is not very practical.*

prac·ti·cal·i·ty /ˌpræktɪkæləti/ *n* **1** **practicalities** [plural] strona praktyczna: *We have to think about practicalities – how much will it cost?* **2** [U] wykonalność: *It's a great idea, but I'm not sure about the practicality of it.*

practical joke /ˌ... './ *n* [C] psikus, figiel

prac·ti·cally /'præktɪkli/ *adv spoken* praktycznie: *The theatre was practically empty.*

prac·tice /'præktəs/ *n* **1** [U] **a)** wprawa: *It takes a lot of practice to be a good piano player.* **b)** trening: *It's football practice tonight.* **2** [C,U] praktyka: *dangerous working practices* | *The use of chemical sprays has become common practice.* | *She has a successful legal practice.* **3** **in practice** w praktyce: *It looks difficult to make, but in practice it's quite easy.* **4** **be out of practice** wyjść z wprawy: *I'd like to sing with you, but I'm so out of practice.* **5** **put sth into practice** za/stosować coś w praktyce: *The new methods will be put into practice next month.*

prac·tise /'præktəs/ *BrE*, **practice** *AmE v* **1** [I,T] ćwiczyć: *I came to Paris to practise my French.* | **+ for** *He's practicing for his driving test.* **2** [I,T] praktykować: *Bill is practising law in Glasgow now.* **3** [T] uprawiać: *communities where black magic is still practised*

prac·tised /'præktəst/ *BrE*, **practiced** *AmE adj* wprawny, doświadczony: *skilful salesmen, practised in the art of persuasion*

prac·tis·ing /'præktəsɪŋ/ *BrE*, **practicing** *AmE adj* **practising Catholic/Muslim** praktykujący katolik/muzułmanin

P

prag·mat·ic /præg'mætɪk/ *adj* pragmatyczny: *a pragmatic approach to education* —**pragmatism** /'prægmətɪzəm/ *n* [U] pragmatyzm

prai·rie /'preəri/ *n* [C] preria

praise[1] /preɪz/ *v* [T] po/chwalić: **praise sb for sth** *Mr Lee praised Jill for the quality of her work.*

praise[2] *n* [U] pochwały: **be full of praise for** *Most parents are full of praise for the school.*

P

pram /præm/ *n* [C] *BrE* wózek dziecięcy

prank /præŋk/ *n* [C] psikus: *a childish prank*

prawn /prɔːn/ *n* [C] krewetka

pray /preɪ/ *v* [I] po/modlić się: **+ for** *Let us pray for peace.* | *We're praying for good weather for the wedding.*

prayer /preə/ *n* [C,U] modlitwa: *the power of prayer* | **say your prayers** *The children knelt down to say their prayers.*

preach /priːtʃ/ *v* **1** [I,T] wygłaszać (kazanie): *The pastor preached a sermon on forgiveness.* **2** [T] propagować, głosić: *politicians who preach fairness and equality* **3** [I] prawić kazanie: *I'm sorry, I didn't mean to preach.*

preach·er /'priːtʃə/ *n* [C] kaznodzieja

pre·car·i·ous /prɪ'keəriəs/ *adj* niepewny, ryzykowny: *The club is in a precarious financial position.*

pre·cau·tion /prɪ'kɔːʃən/ *n* [C] zabezpieczenie: *fire precautions* | **+ against** *precautions against theft* | **take the precaution of** *I took the precaution of telling the police we were going away.* —**precautionary** *adj* zapobiegawczy: *precautionary measures* (=środki ostrożności)

pre·cede /prɪ'siːd/ *v* [T] *formal* poprzedzać: *The fire was preceded by a loud explosion.* —**preceding** *adj* [only before noun] poprzedni: *an increase of 18% on the preceding year* ➡ porównaj SUCCEED

pre·ce·dence /'presədəns/ *n* **take/have precedence (over)** mieć pierwszeństwo (nad): *This project takes precedence over everything else.*

pre·ce·dent /'presədənt/ *n* [C,U] precedens: **set a precedent** (=ustanowić precedens): *The trial set a precedent for civil rights.*

pre·cinct /'priːsɪŋkt/ *n* [C] **1 shopping/pedestrian precinct** *BrE* centrum handlowe zamknięte dla ruchu kołowego **2** *AmE* dzielnica: *the 12th precinct*

pre·cincts /'priːsɪŋkts/ *n* [plural] teren: *in the precincts of the cathedral*

pre·cious[1] /'preʃəs/ *adj* cenny, drogocenny: *precious memories of my wife* | *A number of precious objects were stolen.* | **precious metal/stone** (=metal/kamień szlachetny)

precious[2] *adv* **precious little/few** *informal* bardzo niewiele: *We had precious little time left.*

pre·ci·pice /'presəpəs/ *n* [C] urwisko, przepaść

pré·cis /'preɪsiː/ *n* [C] *plural* **précis** /-siːz/ *formal* streszczenie

pre·cise /prɪ'saɪs/ *adj* **1** dokładny: *She gave a precise description of her attacker.* | *No one seems to know the precise cause of the illness.* **2 to be precise** ściśle(j) mówiąc: *It's 9 o'clock, or 9.02 to be precise.*

pre·cise·ly /prɪ'saɪsli/ *adv* **1** dokładnie: *That's precisely what I mean.* | *at precisely 4 o'clock* **2** *spoken* właśnie: *"So Harris is responsible for the mistake." "Precisely."*

pre·ci·sion /prɪ'sɪʒən/ *n* [U] dokładność, precyzja: *The atom's weight can be measured with great precision.*

pre·co·cious /prɪ'kəʊʃəs/ *adj* rozwinięty nad wiek: *a precocious child*

pre·con·ceived /ˌpriːkən'siːvd◂/ *adj* z góry przyjęty: *He has a lot of preconceived ideas about life in America.*

pre·con·cep·tion /ˌpriːkən'sepʃən/ *n* [C] uprzedzenie

pre·con·di·tion /ˌpriːkən'dɪʃən/ *n* [C] warunek wstępny: **+ for/of** *An end to the fighting is a precondition for peace negotiations.*

pre·cur·sor /prɪ'kɜːsə/ *n* [C] *formal* prekursor/ka: **+ of** *a machine that was the precursor of the computer*

pre·date /priːˈdeɪt/ *v* [T] poprzedzać: *animals that predate humans*

pred·a·tor /ˈpredətə/ *n* [C] drapieżnik

pred·a·to·ry /ˈpredətəri/ *adj* drapieżny

pre·de·ces·sor /ˈpriːdəsesə/ *n* [C] poprzedni-k/czka: *My predecessor worked here for ten years.*

pre·de·ter·mined /ˌpriːdɪˈtɜːmənd◂/ *adj formal* z góry ustalony: *Those taking part will meet at a predetermined location.*

pre·dic·a·ment /prɪˈdɪkəmənt/ *n* [C] kłopotliwe położenie

pred·i·cate /ˈpredɪkət/ *n* [C] orzeczenie → porównaj SUBJECT[1]

pre·dict /prɪˈdɪkt/ *v* [T] przepowiadać: *Experts are predicting an easy victory for the Socialists.* | **+ (that)** *We predict that student numbers will double in the next ten years.*

pre·dic·ta·ble /prɪˈdɪktəbəl/ *adj* przewidywalny: *As the comedian got older his act became repetitive and his jokes predictable.* —**predictably** *adv*: *Predictably* (=jak było do przewidzenia), *the new TV show was as bad as the old one.* —**predictability** /prɪˌdɪktəˈbɪləti/ *n* [U] przewidywalność

pre·dic·tion /prɪˈdɪkʃən/ *n* [C,U] przewidywanie: **make a prediction** *It's hard to make a prediction* (=trudno przewidzieć) *about who'll win the championship this year.*

pre·dis·posed /ˌpriːdɪsˈpəuzd/ *adj* **predisposed to/towards sth** predysponowany do: *Some people are predisposed to depression illness.* —**predisposition** /ˌpriːdɪspəˈzɪʃən/ *n* [C] predyspozycja

pre·dom·i·nance /prɪˈdɒmənəns/ *n* [singular] przewaga: **+ of** *the predominance of white people in the audience*

pre·dom·i·nant /prɪˈdɒmənənt/ *adj* przeważający, dominujący: *The environment is one of the predominant issues of the nineties.*

pre·dom·i·nant·ly /prɪˈdɒmənəntli/ *adv* w przeważającej części, przeważnie: *a college in a predominantly working class area*

pre·dom·i·nate /prɪˈdɒməneɪt/ *v* [I] przeważać, dominować: *areas where industries such as mining predominate*

pre-empt /priˈempt/ *v* [T] uprzedzać: *The company pre-empted the strike by offering workers an immediate pay increase.*

pre-ex·ist·ing /ˌ. .ˈ..◂/ *adj* wcześniejszy: *a pre-existing arrangement*

pre·fab·ri·cat·ed /priːˈfæbrəkeɪtəd/ *adj* prefabrykowany

pref·ace /ˈprefəs/ *n* [C] przedmowa

pre·fer /prɪˈfɜː/ *v* **-rred, -rring** [T] **1** woleć: *Would you prefer a hot or a cold drink?* | **prefer sb/sth to sb/sth** *She prefers walking to driving.* | **prefer to do sth** *I'd prefer not to talk about it at the moment.* | **prefer doing sth** *Most kids prefer wearing casual clothes.* **2 I would prefer it if you ...** *spoken* wolałbym, żebyś ...: *I'd prefer it if you didn't smoke in the house.*

pref·e·ra·ble /ˈprefərəbəl/ *adj* lepszy: **+ to** *Anything is preferable to war.*

pref·e·ra·bly /ˈprefərəbli/ *adv* najlepiej: *You'll need some form of identification, preferably a passport.*

pref·e·rence /ˈprefərəns/ *n* **1** [C,U] preferencja: *She has her own personal preferences and tastes, like everyone else.* | **have a preference (for sth)** *There's strawberry or apricot yoghurt – do you have a preference?* | **in preference to** *Many people go by train in preference to driving.* **2 give/show preference to** dawać pierwszeństwo: *Preference will be given to candidates who speak foreign languages.*

pref·e·ren·tial /ˌprefəˈrenʃəl◂/ *adj* preferencyjny: *Why should she get preferential treatment?*

pre·fix /ˈpriːfɪks/ *n* [C] przedrostek → porównaj AFFIX, SUFFIX

preg·nan·cy /ˈpregnənsi/ *n* [C,U] ciąża: *You should try to avoid alcohol during pregnancy.*

preg·nant /ˈpregnənt/ *adj* **1** ciężarna, w ciąży: *She's three months pregnant.* | **get pregnant** *I got pregnant when I was only 16.* **2 a pregnant silence/pause** znacząca cisza/pauza

pre·his·tor·ic /ˌpriːhɪˈstɒrɪk◂/ *adj* prehistoryczny: *prehistoric cave drawings*

prej·u·dice¹ /ˈpredʒədəs/ *n* [C,U] uprzedzenia: *A judge must be completely free from prejudice.*

prejudice² *v* [T] **1** uprzedzać: **prejudice sb against sth** *I didn't want to say anything that might prejudice him against her.* **2** pogarszać: *Stories in the newspapers are prejudicing their chances of a fair trial.*

P

prej·u·diced /ˈpredʒədəst/ *adj* uprzedzony: **+ against** *He's prejudiced against anyone who doesn't have a degree.*

pre·lim·i·na·ry /prɪˈlɪmənəri/ *adj* [only before noun] wstępny: *European leaders meet tomorrow for preliminary talks.*

prel·ude /ˈpreljuːd/ *n* **1 be a prelude to sth** być wstępem do: *The attack may be a prelude to full-scale war.* **2** [C] preludium

pre·mar·i·tal /priːˈmærətəl/ *adj* przedmałżeński: *premarital sex*

pre·ma·ture /ˈpremətʃə/ *adj* **1** przedwczesny: *Smoking is one of the major causes of premature death.* **2 premature baby** wcześniak: *The baby was six weeks premature* (=przyszło na świat o sześć tygodni za wcześnie). —**prematurely** *adv* przedwcześnie: *The sun causes your skin to age prematurely.*

pre·med·i·tat·ed /priːˈmedəteɪtəd/ *adj* z premedytacją: *a premeditated murder* —**premeditation** /priːˌmedəˈteɪʃən/ *n* [U] premedytacja

prem·i·er /ˈpremiə/ *n* [C] premier

prem·i·ere /ˈpremieə/ *n* [C] premiera: *a movie premiere*

prem·ise /ˈpreməs/ *n* [C] *formal* przesłanka: **+ that** *The argument is based on the premise that men and women are equal.*

prem·is·es /ˈpreməsəz/ *n* [plural] teren (*sklepu, zakładu*) **off the premises/on the premises** *No smoking is allowed on the premises* (=na terenie budynku).

pre·mi·um /ˈpriːmiəm/ *n* **1** [C] składka: *health-insurance premiums* **2** [C] premia: *The shares are being sold at a premium* (=po wyższej cenie).

pre·mo·ni·tion /ˌpreməˈnɪʃən/ *n* [C] przeczucie: *She had a premonition that her daughter was in danger.*

pre·na·tal /ˌpriːˈneɪtl◂/ *adj* przedporodowy → porównaj POSTNATAL

pre·oc·cu·pa·tion /priˌɒkjəˈpeɪʃən/ *n* [C,U] **1** zaabsorbowanie: **+ with** *the artist's preoccupation with death* **2** [C] troska: *the usual preoccupations of job, money, and family*

pre·oc·cu·pied /priˈɒkjəpaɪd/ *adj* zaabsorbowany, pochłonięty: *I was too preoccupied with my own problems to notice.*

prep·a·ra·tion /ˌprepəˈreɪʃən/ *n* [U] przygotowanie: **+ for** *The England team have begun their preparation for next week's game.* | **+ of** *the preparation of the report*

prep·a·ra·tions /ˌprepəˈreɪʃənz/ *n* [plural] przygotowania: *wedding preparations* | **make preparations for sth** *Preparations are being made for the president's visit.*

pre·par·a·to·ry /prɪˈpærətəri/ *adj* przygotowawczy: *preparatory negotiations*

pre·pare /prɪˈpeə/ *v* [I,T] przygotowywać (się): *Carol was upstairs preparing a room for the guests.* | *This dish can be prepared the day before.* | **+ for** *I haven't even begun to prepare for tomorrow's test.* | *Prepare yourself for a shock.* | **prepare to do sth** *Just as we were preparing to leave* (=kiedy szykowaliśmy się do wyjścia), *the phone rang.* | **prepare sb for sth** *Our job is to prepare these soldiers for war.*

pre·pared /prɪˈpeəd/ *adj* **1** przygotowany: **+ for** *He wasn't really prepared for the interviewer's questions.* **2 be prepared to do sth** być gotowym coś z/robić: *You'll have to be prepared to work hard if you want to make progress in this job.*

prep·o·si·tion /ˌprepəˈzɪʃən/ *n* [C] przyimek

pre·pos·ter·ous /prɪˈpɒstərəs/ *adj* niedorzeczny: *That's a preposterous suggestion!*

pre·req·ui·site /priːˈrekwəzət/ *n* [C] warunek wstępny: **+ for/of/to** *A degree in French is a prerequisite for the job.*

pre·scribe /prɪˈskraɪb/ *v* [T] przepisywać: *The doctor prescribed tranquilizers.*

pre·scrip·tion /prɪˈskrɪpʃən/ *n* **1** [C] recepta: *free prescriptions* **2 on prescription** na receptę ➡ porównaj OVER-THE-COUNTER

pre·scrip·tive /prɪˈskrɪptɪv/ *adj* preskryptywny: *prescriptive grammar*

pres·ence /ˈprezəns/ *n* **1** [singular] obecność: *Your presence is requested at Friday's meeting.* | *protests against the UN presence in Bosnia* | **in sb's presence** (=w czyjejś obecności): *The document should be signed in the presence of a witness.* **2** [U] prezencja: *an actor with great stage presence* **3 presence of mind** przytomność umysłu: *Luckily, she had the presence of mind to phone for an ambulance.*

pres·ent[1] /ˈprezənt/ *adj* **1** obecny: *How many people were present at the meeting?* | *He has lived in Montana from 1979 to the present time.* **2 the present tense** czas teraźniejszy ➡ patrz ramka PRESENT SIMPLE, patrz ramka PRESENT CONTINUOUS, patrz ramka PRESENT PERFECT, patrz ramka PRESENT PERFECT CONTINUOUS

pre·sent[2] /prɪˈzent/ *v* [T] **1** wręczać: **present sb with sth/present sth to sb** *We will present a cheque for £5000 to the winner.* **2** przedstawiać: *The evidence was presented to the court by Conor's lawyer.* | *May I present my parents, Mr and Mrs Benning.* **3** stanowić: *Heavy rain has presented a new difficulty for tournament organisers.* **4** za/prezentować: *The Lyric Theatre is presenting a brand new production of "Hamlet".* **5** *especially BrE* po/prowadzić: *Tonight's show will be presented by Jay Williams.*

pre·sent[3] /ˈprezənt/ *n* **1** [C] prezent: *He got the computer as a birthday present.* **2 the present** teraźniejszość: *Live in the present – don't worry about the past!* **3 at present** obecnie: *We have no plans at present for closing the factory.*

> UWAGA **present**
>
> Patrz **gift** i **present**.

pre·sen·ta·ble /prɪˈzentəbəl/ *adj* **look presentable** dobrze się prezentować: *Do I look presentable?*

pre·sen·ta·tion /ˌprezənˈteɪʃən/ *n* **1** [C] prezentacja: **give a presentation** *I've been asked to give a short presentation on the new research project.* **2** [C] wręczenie: *the presentation of the awards* **3** [U] wygląd: *The presentation of the food is important.*

pres·ent-day /ˌ.. ˈ.◂/ *adj* dzisiejszy, współczesny: *present-day society*

pre·sent·er /prɪˈzentə/ *n* [C] prezenter/ka

pres·ent·ly /ˈprezəntli/ *adv formal* **1** obecnie: *He's presently working for a computer company in San Jose.* **2** wkrótce: *The doctor will be here presently.*

present par·ti·ci·ple /ˌ.. ˈ..../ *n* [C] imiesłów czynny

present per·fect /ˌ.. ˈ../ *n* **the present perfect** czas teraźniejszy dokonany ➡ patrz ramka PRESENT PERFECT

pres·er·va·tion /ˌprezəˈveɪʃən/ *n* [U] ochrona: **+ of** *the preservation of human rights* | *the preservation of the rainforest*

pre·ser·va·tive /prɪˈzɜːvətɪv/ *n* [C,U] konserwant

pre·serve[1] /prɪˈzɜːv/ *v* [T] **1** zachowywać: *All the old buildings had been very well preserved.* **2** chronić: *the need to preserve law and order* **3** za/konserwować: *onions preserved in vinegar*

preserve[2] *n* **1** [singular] domena: *Politics is no longer the preserve of wealthy white men.* **2** [C] rezerwat: *a wildlife preserve* **3** [C] zaprawa (*np. dżem*)

pre·side /prɪˈzaɪd/ *v* [I] przewodniczyć: *Judge Baxter presided at the trial.*

preside over *phr v* [T] po/kierować: *Kohl presided over a period of remarkable economic expansion.*

pres·i·den·cy /ˈprezᵊ̍dənsi/ *n* **1** [singular] urząd prezydenta: *Roosevelt was elected four times to the presidency of the US.* **2** [C] prezydentura: *the early days of Clinton's presidency*

pres·i·dent /ˈprezᵊ̍dənt/ *także* **Presi-**

dent *n* [C] **1** prezydent: *President Lincoln* **2** prezes

pres·i·den·tial /ˌprezəˈdenʃəl◂/ *adj* prezydencki: *the party's presidential candidate* (=kandydat na prezydenta)

press[1] /pres/ *v* **1** [I,T] naciskać: *To send a fax just press the red button.* | *I pressed the brake pedal but nothing happened.* | *Press down with your left foot and pull back the lever.* **2** [T] przyciskać: **press sth against/into sth** *Their faces were pressed against the window.* **3** [I,T] naciskać (na): **+ for** *Teachers are pressing for* (=domagają się) *a pay increase.* | **press sb for sth** *Blair's interviewer kept pressing him for an answer.* | **press sb to do sth** *She pressed them to stay a little longer.* **4** [I] pchać się: **+ forward/around** *The crowd pressed forward for a better view.* **5 press charges** wnosić oskarżenie **6** [T] wy/prasować: *I need to press these trousers for tomorrow.* **7** [T] tłoczyć: *a machine for pressing grapes*

press[2] *n* **1 the press** prasa: *Members of the press were waiting outside.* | *Reports of the incident appeared in the national press.* **2 get a good/bad press** mieć dobrą/złą prasę: *Britain's royal family has had a bad press in recent years.* **3 go to press** iść do druku **4** [C] prasa drukarska **5** [singular] prasowanie: *I'll just give this skirt a quick press.*

press con·fer·ence /ˈ. ˌ.../ *n* [C] konferencja prasowa

pressed /prest/ *adj* **be pressed for time/money** mieć mało czasu/pieniędzy: *I can't stop now – I'm a bit pressed for time.*

press·ing /ˈpresɪŋ/ *adj* naglący, pilny: *Unemployment is one of the region's most pressing problems.*

press-up /ˈ. ./ *n* [C] *BrE* pompka (*ćwiczenie*)

pres·sure[1] /ˈpreʃə/ *n* **1** [U] nacisk(i), presja: *growing pressure for change inside the party* | **be/come under pressure to do sth** *NASA has been under political pressure to launch a new space program.* | **put pressure on sb (to do sth)** *Environmental groups are putting pressure on the state to change the smoking laws.* **2** [C,U] napięcie: *the pressures of modern life* | **be under pressure** *Jerry's been under a lot of pressure at work recently.* **3** [C,U] ciśnienie: *Is there enough pressure in the tyres?* | **high/low pressure** *high blood pressure*

pressure[2] *v especially AmE* zmuszać

pressure cook·er /ˈ.. ˌ../ *n* [C] szybkowar

pressure group /ˈ.. ./ *n* [C] grupa nacisku

pres·sur·ize /ˈpreʃəraɪz/ (*także* **-ise** *BrE*) *v* [T] zmuszać: *I was pressurized into lending him the money.*

pres·sur·ized /ˈpreʃəraɪzd/ (*także* **-ised** *BrE*) *adj* ciśnieniowy: *pressurized aircraft cabins*

pres·tige /preˈstiːʒ/ *n* [U] prestiż

pres·ti·gious /preˈstɪdʒəs/ *adj* prestiżowy: *a prestigious award*

pre·su·ma·bly /prɪˈzjuːməbli/ *adv* przypuszczalnie, zapewne: *Presumably, you've heard the news by now.*

pre·sume /prɪˈzjuːm/ *v* [T] przypuszczać, przyjmować: **+ (that)** *I presume that she'll be coming.* | **be presumed dead/innocent** (=być uznanym za zmarłego/niewinnego): *a list of soldiers missing, presumed dead*

pre·sump·tion /prɪˈzʌmpʃən/ *n* [C] założenie, domniemanie: *the presumption that Evans was guilty*

pre·sump·tu·ous /prɪˈzʌmptʃuəs/ *adj* bezczelny, arogancki: *It was presumptuous of her to assume she would be invited.*

pre·sup·pose /ˌpriːsəˈpəuz/ *v* [T] *formal* zakładać: **+ (that)** *All these plans presuppose that the bank will be willing to give us the money.* —**presupposition** /ˌpriːsʌpəˈzɪʃən/ *n* [C,U] założenie, presupozycja

pre·tence /prɪˈtens/ *BrE*, **pretense** *AmE* *n* [C usually singular, U] pozory: **make a pretence of doing sth/make no pretence of doing sth** (=udawać/nie udawać, że się coś robi): *Al made no pretence*

Czas **Present Simple**
I WORK

Zdania twierdzące w tym czasie tworzymy za pomocą formy podstawowej danego czasownika, czyli bezokolicznika bez **to**, do którego w trzeciej osobie liczby pojedynczej dodajemy końcówkę ***-s***. W pytaniach i przeczeniach występuje ***do/don't*** lub ***does/doesn't*** (w trzeciej osobie liczby pojedynczej) + bezokolicznik bez **to**. Czasu tego używamy zazwyczaj

1 w zdaniach dotyczących teraźniejszości, które stwierdzają fakty lub opisują wydarzenia i sytuacje powtarzające się:

*Brian **is** taller than George.*

*My father **doesn't speak** English.*

*In Britain most shops **close** at 5.30 p.m.*

2 w zdaniach opisujących zjawiska przyrody lub podających prawa naukowe:

*The sun **rises** in the east.*

*Bees **make** honey.*

*The speed of light **is** about 300 000 km per second.*

3 w zdaniach mówiących o tym, jak często coś się dzieje:

*I **brush** my teeth after every meal.*

*'How often **do** they **play** tennis?' – 'Twice a week.'*

***Does** it always **snow** here in winter?*

4 w zdaniach odnoszących się do przyszłości, w których mowa o rozkładach jazdy, godzinach rozpoczęcia imprez itp.:

*Hurry up! The train **leaves** in ten minutes.*

*What time **does** the concert **begin**?*

5 w nagłówkach prasowych relacjonujących wydarzenia przeszłe:

*CAR BOMB **KILLS** TWO*

*220 **DIE** IN PLANE CRASH*

6 w radiowych relacjach na żywo, np. z wydarzeń sportowych:

*Scott **passes** the ball to Evans. Evans **loses** it ...*

7 zamiast Present Continuous z czasownikami takimi jak *belong, know, mean, need, prefer, understand* itp.:

*I **don't understand**.*

*What **do** you **mean**?*

patrz też: ***DO, Infinitive, Present Continuous, Verb***

Czas **Present Continuous**
I AM WORKING

Czas ten tworzy się za pomocą odpowiedniej formy czasu teraźniejszego czasownika ***be*** (***am***, ***are*** lub ***is***) i czasownika z końcówką ***-ing***. Używamy go zwykle

1 w odniesieniu do tego, co dzieje się w momencie mówienia:
*'Where's Ellen?' – 'She **is having** a shower.'*

2 w odniesieniu do tego, co dzieje się w teraźniejszości, choć niekoniecznie w chwili, gdy o tym mówimy (inaczej niż w czasie Present Simple, chodzi tu o sytuację tymczasową):
*John **is not working** this week. He's on holiday.*
*My aunt has come to Warsaw. She**'s staying** at a hotel.*

3 w odniesieniu do planów dotyczących niedalekiej przyszłości:
*'What **are** you **doing** tomorrow night?' – 'I**'m going** to the opera.'*

4 dla opisania zmieniającej się sytuacji:
*'Is he still ill?' – 'Yes, but he**'s getting** better.'*
*Prices **are rising** all the time.*

5 z wyrazem *always* w odniesieniu do powtarzających się sytuacji i zachowań, ktore nas dziwią lub drażnią:
*The weather here is hopeless. It**'s** always **raining**.*
*I don't like her very much. She**'s** always **complaining**.*

patrz też: ***BE, Future Simple, Future Continuous, BE GOING TO, Present Simple***

of hiding his surprise (=Al nie próbował ukryć zdziwienia).

pre·tend /prɪ'tend/ *v* [I,T] udawać: **+ (that)** *She walked past and pretended she hadn't seen me.* | *Let's pretend we're on the moon!* | **pretend to do sth** *The kids were pretending to be asleep.*

pre·tense /prɪ'tens/ *n* amerykańska pisownia wyrazu PRETENCE

pre·ten·tious /prɪ'tenʃəs/ *adj* pretensjonalny: *He was a pretentious young man, given to quoting from little known French poets.*

pre·text /'pri:tekst/ *n* [C] pretekst: **on/under the pretext of doing sth** *She went to see James on the pretext of wanting to borrow a book.*

pret·ty[1] /'prɪti/ *adv* **1** *spoken* raczej: *I'm pretty sure she'll say yes.* **2** *spoken* bardzo: *Dad was pretty angry about it.* **3 pretty much/pretty well** prawie całkiem: *The streets were pretty well deserted by 9 o'clock.*

pretty[2] *adj* ładny: *What a pretty little girl!* | *a pretty pink dress* —**prettily** *adv* ładnie —**prettiness** *n* [U] uroda

pre·vail /prɪ'veɪl/ *v* [I] **1** być powszechnym: **+ in/among** *A belief in magic still prevails in some societies.* **2** *formal* zwyciężać: *Justice prevailed in the end.*

pre·vail·ing /prɪ'veɪlɪŋ/ *adj* **1** [only before noun] powszechny: *Williams' book challenged prevailing views of US history.* **2** przeważający: *a prevailing wind*

prev·a·lent /'prevələnt/ *adj* rozpowszechniony: **+ in/among** *a disease that is prevalent among young people*

Czas **Present Perfect**
I HAVE WORKED

Czas ten tworzy się za pomocą ***have/has***, po którym następuje Past Participle, czyli tzw. „trzecia forma czasownika". Używamy go najczęściej

1 w odniesieniu do wydarzeń i czynności przeszłych, których skutki odczuwalne są w chwili mówienia:
*I **have forgotten** her name.* (= I can't remember it now.)
***Have** you **cleaned** your shoes?* (= Are they clean now?)
*Mother **has gone** out.* (= She isn't here now.)

2 gdy mówimy o czymś, co wydarzyło się przed chwilą (*just*) lub w niezbyt odległej przeszłości (*recently, lately*):
*'Are you hungry?' – 'No, I**'ve** just **had** lunch.'*
*'**Have** you **seen** your brother recently?' – 'No, I **haven't**.'*

3 gdy mówimy o okresie czasu, który ciągle trwa:
*Tom **has lived** in Wales all his life.* (lub: *Tom **has** always **lived** in Wales.*)
***Have** you **had** a holiday this year?*
*How many times **has** she **been** absent this semester?*

4 gdy mówimy o tym, od jak dawna trwa określona czynność lub stan:
*She**'s been** ill for over a month now.*
*I **haven't smoked** since Christmas/since my doctor told me to quit* itp.

5 gdy mówimy o czymś, co wydarzyło się w przeszłości, nie precyzując, kiedy (bo interesuje nas sam fakt, a nie to, kiedy miał miejsce):
*I**'ve been** to the States twice.*
*I think we**'ve met** before.*

6 w zdaniach rozpoczynających się od *This is the first time ... , It's the second time ...* itp.:
*Why are you so nervous? Is this the first time you**'ve been** to the dentist?*
*Bob has failed his driving test again. It's the third time he**'s failed** it.*

7 w zdaniach pytających i przeczących z *yet*:
***Has** it **stopped** raining yet?*
*We **haven't told** him yet, but sooner or later we'll have to.*

patrz też: ***FOR, HAVE, Past Participle, SINCE, YET***

pre·vent /prɪˈvent/ *v* [T] zapobiegać: *Brushing your teeth regularly helps prevent tooth decay.* | **prevent sb from doing sth** *A knee injury prevented him from* (=uniemożliwiła mu) *playing in Saturday's game.*

pre·ven·ta·tive /prɪˈventətɪv/ *adj* → PREVENTIVE

pre·ven·tion /prɪˈvenʃən/ *n* [U] zapobieganie, profilaktyka, prewencja: *crime prevention* | **+ of** *the prevention of war*

Czas **Present Perfect Continuous**
I HAVE BEEN WORKING

Czas ten tworzy się za pomocą ***have/has been*** i formy czasownika zakończonej na ***-ing***. Używamy go najczęściej

1 mówiąc o czynności, która rozpoczęła się w przeszłości i trwa nadal lub niedawno się zakończyła, a jej skutki odczuwalne są w chwili mówienia:

*Someone **has been drinking** my whisky! The bottle is almost empty.*

*You're all wet. **Has** it **been raining**?*

2 mówiąc, od jak dawna trwa określona czynność lub jak długo trwała czynność, która niedawno się zakończyła:

***I've been learning** English for almost two years. (since last August/since I was twelve/for as long as I can remember* itp.*)*

*How long **have** they **been working** on this project?*

*Sorry I'm late. **Have** you **been waiting** long?*

patrz też: ***FOR, HAVE, Present Perfect, SINCE***

pre·ven·tive /prɪˈventɪv/ *także* **preventative** *adj* zapobiegawczy, profilaktyczny, prewencyjny: *preventive medicine*

pre·view /ˈpriːvjuː/ *n* [C] **1** pokaz przedpremierowy **2** zwiastun

pre·vi·ous /ˈpriːviəs/ *adj* poprzedni: *She has two children from a previous marriage.* | *She said she had seen him the previous day.*

pre·vi·ous·ly /ˈpriːviəsli/ *adv* poprzednio: *She had previously worked for a computer company in Cambridge.*

pre·war /ˌpriːˈwɔː◂/ *adj* przedwojenny: *the prewar years*

prey[1] /preɪ/ *n* **1** [U] zdobycz, ofiara: *a tiger stalking its prey* **2 birds/beasts of prey** ptaki/zwierzęta drapieżne

prey[2] *v*

prey on sb/sth *phr v* [T] **1** polować na **2** żerować na: *dishonest salesmen who prey on elderly people* **3 sth preys on sb's mind** coś kogoś dręczy: *It wasn't your fault – you mustn't let it prey on your mind.*

price[1] /praɪs/ *n* **1** [C,U] cena: *House prices have gone up again.* | *Computers have come down in price lately.* | **+ of** *The price of the vacation includes food and accommodation.* | **full/half price** *Children under 14 travel half price.* ➡ porównaj COST[1] **2 at any price** za każdą cenę: *She was determined to have a child at any price.*

price[2] *v* [T] wyceniać: *a new software package, priced at $49.95*

price·less /ˈpraɪsləs/ *adj* **1** bezcenny: *priceless antiques* **2** nieoceniony: *The ability to motivate people is a priceless asset.*

prick[1] /prɪk/ *v* **1** [T] nakłuwać: *Prick the sausages with a fork.* **2** [T] szczypać: *Tears pricked her eyes.* **3 prick up your ears** nastawiać uszu

prick[2] *n* [C] ukłucie: *You'll feel a slight prick as the needle goes into your arm.*

prick·le /ˈprɪkəl/ *n* [C] kolec

prick·ly /ˈprɪkli/ *adj* kolczasty: *prickly bushes*

pride[1] /praɪd/ *n* [U] **1** duma: *The football team is the pride of the whole town.* | *Ken's new car is his pride and joy.* | **take pride in sth** *She takes a great pride in* (=jest bardzo dumna z) *her work.* | **with pride** *Tony glanced with pride at his wife.* | **hurt sb's pride** (=urazić czyjąś dumę): *Don't offer her money – you'll hurt her pride.* **2** pycha: *He has too much pride to say he's sorry.* **3 have/take pride of**

place zajmować honorowe miejsce: *A portrait of the Queen took pride of place on the wall.*

pride[2] *v* **pride yourself on sth** szczycić się czymś: *Sandy prides herself on her ability to speak four languages.*

priest /priːst/ *n* [C] ksiądz, kapłan

priest·ess /ˈpriːstes/ *n* [C] kapłanka

priest·hood /ˈpriːsthʊd/ *n* **the priesthood** kapłaństwo

prim /prɪm/ *adj* sztywny: **prim and proper** *Janet's much too prim and proper to laugh at a joke like that.*

pri·ma·ri·ly /ˈpraɪmərəli/ *adv* w pierwszym rzędzie: *a course aimed primarily at adult students*

pri·ma·ry[1] /ˈpraɪməri/ *adj* podstawowy: *Our primary concern is the welfare of the child.*

primary[2] *n* [C] wybory wstępne w USA

primary col·our /ˌ... ˈ../ *n* [C] barwa podstawowa

primary school /ˈ... ˌ./ *n* [C] *especially BrE* szkoła podstawowa

pri·mate /ˈpraɪmeɪt/ *n* [C] naczelny (*ssak*)

prime[1] /praɪm/ *adj* **1** główny: *Smoking is one of the prime causes of heart disease.* **2** pierwszorzędny: *a house in a prime location* **3 a prime example** typowy przykład

prime[2] *n* **be in your prime/be in the prime of life** być w kwiecie wieku

prime min·is·ter /ˌ. ˈ...◂ / *także* **Prime Minister** *n* [C] premier

prime time /ˈ. ˌ./ *n* [U] czas największej oglądalności: *a prime-time TV show*

prim·i·tive /ˈprɪmətɪv/ *adj* prymitywny: *primitive societies | primitive living conditions*

prim·rose /ˈprɪmrəʊz/ *n* [C] pierwiosnek

prince /prɪns/ *także* **Prince** *n* [C] książę: *Prince Charles | Prince Rainier of Monaco*

prin·cess /ˌprɪnˈses◂ / *także* **Princess** *n* [C] **1** księżniczka, królewna **2 Princess** księżna: *Princess Diana*

prin·ci·pal[1] /ˈprɪnsəpəl/ *adj* [only before noun] główny: *Our principal aim is to provide support for one-parent families.*

principal[2] *n* [C] dyrektor/ka szkoły lub college'u

prin·ci·pal·i·ty /ˌprɪnsəˈpæləti/ *n* [C] księstwo

prin·ci·pally /ˈprɪnsəpli/ *adv* głównie: *a course designed principally for people who have no qualifications*

prin·ci·ple /ˈprɪnsəpəl/ *n* **1** [C,U] zasada: *It's against my principles to hit a child. | the principles of geometry |* **on the principle that** *beliefs based on the principle that everyone is equal |* **on principle** (=z zasady): *She doesn't eat meat on principle.* **2 in principle** w zasadzie, zasadniczo: *In principle, you can leave work early on Friday, but it's not always possible. | We're hoping the contract will be approved in principle.*

print[1] /prɪnt/ *v* **1** [T] wy/drukować: *The poster is printed on recycled paper. | Can you print on your computer? | We're printing 10,000 copies of his new book. | All the newspapers have printed the president's speech.* **2** [I,T] na/pisać drukowanymi literami: *Please print your name.*

print sth ↔ **off/out** *phr v* [T] wy/drukować (*na drukarce komputerowej*)

print[2] *n* **1** [U] druk: *I can't read small print without my glasses. |* **in print** *I wouldn't have believed it if I hadn't seen it in print. | The book is still in print* (=książka jest ciągle w sprzedaży). | **out of print** *The book is out of print* (=nakład książki jest wyczerpany). **2** [C] reprodukcja **3** [C] odbitka: *You can pick up your prints on Friday.* **4** [C] ślad: *His feet left prints in the snow.* → patrz też FINGERPRINT, FOOTPRINT

print·er /ˈprɪntə/ *n* [C] **1** drukarka **2** drukarz

print·ing /ˈprɪntɪŋ/ *n* [U] drukarski: *a printing error*

printing press /ˈ.. ˌ./ *n* [C] prasa drukarska

print·out /ˈprɪntˌaʊt/ *n* [C,U] wydruk

P

pri·or /ˈpraɪə/ *adj formal* **1 prior to** przed: *You should not eat anything for six hours prior to your operation.* **2** [only before noun] wcześniejszy: *We couldn't attend because of a prior commitment.*

pri·or·i·ty /praɪˈɒrəti/ *n* [C] priorytet: *Let's decide what our priorities are.*

prise /praɪz/ *v* [T] *BrE* **prise sth off/open** podważać/wyważać coś: *I prised the lid off the tin.*

pris·m /ˈprɪzəm/ *n* [C] pryzmat

pris·on /ˈprɪzən/ *n* [C,U] więzienie: **be in prison** *Her husband's in prison.*

pris·on·er /ˈprɪzənə/ *n* [C] **1** więzień/więźniarka **2** jeniec: **be taken/held prisoner** (=zostać wziętym do niewoli): *Hundreds of soldiers were taken prisoner.*

prisoner of war /ˌ... . ˈ./, **POW** *n* [C] jeniec wojenny

priv·a·cy /ˈprɪvəsi/ *n* [U] prywatność: *Joan read the letter in the privacy of her own room* (=w zaciszu własnego pokoju).

pri·vate[1] /ˈpraɪvət/ *adj* **1** prywatny: *Rooms are available for private parties.* | *a private school* | *The president will be making a private visit to Mexico.* | *You had no right to look at my private letters.* **2** osobisty: *private life* **3** ustronny: *Is there a private corner where we can talk?* —**privately** *adv* prywatnie

private[2] *n* **1 in private** na osobności: *Miss Smith, can I speak to you in private?* **2** [C] *także* **Private** szeregow-y/a

private en·ter·prise /ˌ.. ˈ.../ *n* [U] prywatna przedsiębiorczość

pri·vat·ize /ˈpraɪvətaɪz/ (*także* **-ise** *BrE*) *v* [T] s/prywatyzować —**privatization** /ˌpraɪvətaɪˈzeɪʃən/ (*także* **-isation** *BrE*) *n* [U] prywatyzacja → antonim NATIONALIZE

priv·i·lege /ˈprɪvəlɪdʒ/ *n* **1** [C] przywilej: *Education should be a right, not a privilege.* **2** [U] uprzywilejowanie: *aristocratic privilege* **3** zaszczyt: *It's been a privilege to meet you, sir.* —**privileged** *adj* uprzywilejowany, zaszczycony

prize[1] /praɪz/ *n* [C] nagroda: *First prize was a weekend for two in Paris.*

> UWAGA **prize**
> Patrz **award**, **prize** i **reward**.

prize[2] *v* [T] cenić: *These coins are prized by collectors.* —**prized** *adj* cenny: *Nick's car is his most prized possession.*

pro /prəʊ/ *n* [C] **1** *informal* zawodowiec **2 the pros and cons** za i przeciw: *We discussed the pros and cons of starting our own business.*

prob·a·bil·i·ty /ˌprɒbəˈbɪləti/ *n* **1** prawdopodobieństwo: *War is a real probability now* (=wybuch wojny jest teraz rzeczywiście prawdopodobny). | **+ of** *What's the probability of the hostages being released soon?* **2 in all probability** według wszelkiego prawdopodobieństwa: *In all probability the motive for the crime was money.*

prob·a·ble /ˈprɒbəbəl/ *adj* prawdopodobny: *The probable cause of the plane crash was ice on the wings.* | **it is probable (that)** *It is probable that she won't survive.*

prob·a·bly /ˈprɒbəbli/ *adv* prawdopodobnie: *We'll probably go to France next year.*

pro·ba·tion /prəˈbeɪʃən/ *n* [U] **1 be on probation** otrzymać wyrok w zawieszeniu: *He's on probation for theft.* **2** staż: *I will be on probation for the first three months of my new job.* —**probationary** *adj* próbny: *a probationary period*

probation of·fi·cer /.ˈ.. ˌ.../ *n* [C] kurator sądowy

probe[1] /prəʊb/ *v* [I,T] **1** badać: **+ into** *You have no right to start probing into my personal life.* **2** zapuszczać sondę

probe[2] *n* [C] sonda

prob·lem /ˈprɒbləm/ *n* [C] **1** problem: *Unemployment is the main problem in the area.* | **have a problem (with)** *Since losing my job I've been having financial problems.* | **drug/crime problem** *an area with a huge crime problem* **2** zadanie: *a mathematical problem* **3 no problem** *spoken* nie ma sprawy: *"Could you drive me to the station?" "Sure, no problem."* | *"Thanks for your help." "Oh, no problem."* **4 that's your/his problem** to twój/jego problem: *If you can't get yourself there on time, that's your problem.*

> **UWAGA problem**
> Nie mówi się "an important problem". Mówi się **a serious problem** lub **a big problem**.

prob·lem·at·ic /ˌprɒblə'mætɪk◂ / *także* **problematical** *adj* problematyczny: *Our plans for a quiet wedding were becoming ever more problematic.*

pro·ce·dure /prə'siːdʒə/ *n* [C,U] procedura: **+ for** *the procedure for shutting down a computer* —**procedural** *adj* proceduralny

pro·ceed /prə'siːd/ *v* [I] *formal* **1** postępować: *Talks are proceeding smoothly.* | **+ with** *Protesters made it impossible for him to proceed with his speech* (=uniemożliwili mu kontynuowanie przemówienia). **2 proceed to do sth** przystępować do czegoś: *She took out a bottle and proceeded to drink the contents.* **3** *formal* przechodzić: *Please proceed to the nearest exit.*

pro·ceed·ings /prə'siːdɪŋz/ *n* [plural] **1** przebieg wydarzeń: *We watched the proceedings from a third floor window.* **2** postępowanie (*prawne*): *divorce proceedings*

pro·ceeds /'prəusiːdz/ *n* [plural] dochód: *The proceeds from the concert will go to charity.*

pro·cess[1] /'prəuses/ *n* [C] **1** proces: *the ageing process* | *The reorganization process will take some time.* **2 be in the process of doing sth** być w trakcie robienia czegoś: *We're in the process of buying a house.* **3 in the process** przy okazji: *I ran for the bus and twisted my ankle in the process.*

process[2] *v* [T] **1** sztucznie konserwować: *processed cheese* **2** przetwarzać: *new techniques of data processing* **3** wywoływać: *They will process a film in 24 hours.*

pro·ces·sion /prə'seʃən/ *n* [C] procesja: *a funeral procession* (=kondukt żałobny) | **+ of** *an endless procession of well meaning visitors* → porównaj PARADE[1]

pro·ces·sor /'prəusesə/ *n* [C] procesor → patrz też FOOD PROCESSOR

pro·claim /prə'kleɪm/ *v* [T] *formal* proklamować: *Romania was proclaimed a People's Republic in 1947.*

proc·la·ma·tion /ˌprɒklə'meɪʃən/ *n* [C] proklamacja

prod /prɒd/ *v* [I,T] **-dded, -dding** **1** dźgać: *He prodded the dead snake with a stick.* **2** z/dopingować: **prod sb into doing sth** *We had to prod Louis into applying for the job.*

prod·i·gy /'prɒdɪdʒi/ *n* [C] geniusz (*młodociany*): *Mozart was a child prodigy* (=był cudownym dzieckiem).

pro·duce[1] /prə'djuːs/ *v* [T] **1** wytwarzać, wy/produkować: *Much of the world's finest wine is produced in France.* | *a snake that produces a deadly poison* **2** wywoływać: *The drug can produce serious side effects in some people.* **3** wyjmować: *He suddenly produced a gun.* **4** wystawiać: *The play was produced on a very small budget.*

pro·duce[2] /'prɒdjuːs/ *n* [U] produkty: *dairy produce*

pro·duc·er /prə'djuːsə/ *n* [C] producent: *Scotland is a producer of high quality wool.*

prod·uct /'prɒdʌkt/ *n* **1** [C] produkt, wyrób: *None of our products are tested on animals.* **2** wytwór: *Criminals are often the product of bad homes.*

pro·duc·tion /prə'dʌkʃən/ *n* **1** [U] produkcja: *Our production has increased by 35%.* **2** [C] inscenizacja: *a modern production of Romeo and Juliet*

pro·duc·tive /prə'dʌktɪv/ *adj* produktywny: *a very productive meeting* —**productively** *adv* produktywnie

pro·duc·tiv·i·ty /ˌprɒdʌk'tɪvəti/ *n* [U] produktywność, wydajność: *Factory managers want to increase productivity.*

pro·fane /prə'feɪn/ *adj* bluźnierczy: *profane language* —**profanity** /-'fænəti/ *n* [C,U] bluźnierstwo

P

pro·fes·sion /prə'feʃən/ *n* zawód: *to pursue a profession* | *There is pressure from the teaching profession* (=ze strony nauczycieli) *for higher salaries.* | **by profession** (=z zawodu): *He's a lawyer by profession.*

pro·fes·sion·al[1] /prə'feʃənəl/ *adj* **1** zawodowy: *a professional tennis player* | *a professional golf championship* **2** [only before noun] fachowy: *You should speak to a lawyer for professional advice.* **3** profesjonalny: *The report looks very professional.* —**professionally** *adv* zawodowo, profesjonalnie

professional[2] *n* [C] **1** fachowiec, specjalist-a/ka: *a health care professional* (=specjalista w zakresie ochrony zdrowia) **2** zawodowiec

pro·fes·sion·al·is·m /prə'feʃənəlɪzəm/ *n* [U] profesjonalizm, fachowość

pro·fes·sor /prə'fesə/ *n* [C] **1** *BrE* profesor **2** *AmE* wykładowca ze stopniem doktora

> UWAGA **professor**
>
> Nie mówi się **professor** o nauczycielu w szkole.

pro·fi·cien·cy /prə'fɪʃənsi/ *n* [U] biegłość

pro·fi·cient /prə'fɪʃənt/ *adj* biegły: **+ in/at** *Gwen is proficient in three languages.* —**proficiently** *adv* biegle

pro·file /'prəʊfaɪl/ *n* [C] **1** profil: **in profile** *a drawing of her in profile* **2** charakterystyka: **+ of** *a profile of Paul McCartney in a Sunday paper* **3 keep a low profile** starać się nie zwracać na siebie uwagi → patrz też HIGH-PROFILE

prof·it[1] /'prɒfɪt/ *n* [C,U] zysk: **make a profit** (=przynosić zysk): *Their shop now makes profits of over $1m a year.* | **at a profit** (=z zyskiem): *They sold the company at a huge profit.*

profit[2] *v* [I,T] *formal* zyskiwać: **profit by/from sth** *Only wealthy people will profit from the new tax laws.*

prof·i·ta·ble /'prɒfɪtəbəl/ *adj* opłacalny, rentowny: *profitable investments* —**profitably** *adv* z zyskiem

pro·found /prə'faʊnd/ *adj* głęboki: *Her death was a profound shock to all of us.* | *a profound remark* —**profoundly** *adv* głęboko: *profoundly disturbing news*

pro·fuse /prə'fjuːs/ *adj* obfity: *symptoms include a fever and profuse sweating* —**profusely** *adv* wylewnie: *Keith thanked them profusely.*

pro·fu·sion /prə'fjuːʒən/ *n* [U singular] obfitość: **+ of** *a profusion of flowers* | **in profusion** *Wildlife is here in profusion.*

pro·gram[1] /'prəʊgræm/ *n* [C] **1** amerykańska pisownia wyrazu PROGRAMME **2** program (*komputerowy*)

program[2] *v* [T] **-mmed, -mming** za/programować

pro·gramme[1] /'prəʊgræm/ *BrE*, **program** *AmE n* [C] program: *What's your favourite TV programme?* | *the US space program* | *a fitness programme*

programme[2] *BrE*, **program** *AmE v* [T] za/programować: *I've programmed the VCR to record tonight's movie.*

pro·gram·mer /'prəʊgræmə/ *n* [C] programist-a/ka —**programming** *n* [U] programowanie

pro·gress[1] /'prəʊgres/ *n* [U] **1** postęp: *technological progress* | **make progress** *Nick has made a lot of progress since coming to our school.* **2 in progress** *formal* w toku: *Please do not enter while there is a class in progress.*

pro·gress[2] /prə'gres/ *v* [I] postępować: *Work on the new building progressed quickly.*

pro·gres·sion /prə'greʃən/ *n* [C,U] postęp(y): *the rapid progression of the disease*

pro·gres·sive[1] /prə'gresɪv/ *adj* **1** postępowy, progresywny: *progressive teaching methods* **2** postępujący: *the progressive decline of the coal industry* —**progressively** *adv* coraz: *progressively worse*

progressive[2] *n* **the progressive** forma ciągła czasownika

pro·hib·it /prəˈhɪbə̇t/ *v* [T] *formal* zakazywać, zabraniać: *Smoking is prohibited inside the building.* | **prohibit sb from doing sth** *Shops in Britain are prohibited from selling alcohol to people under 18.* —**prohibition** /ˌprəʊhɪˈbɪʃən/ *n* [U] zakaz, prohibicja

pro·hib·i·tive /prəˈhɪbə̇tɪv/ *adj* wygórowany: *prohibitive prices*

proj·ect[1] /ˈprɒdʒekt/ *n* [C] **1** projekt: *the new road project* | *a project to help the homeless* **2** referat: *a school project* | **+ on** *a project on pollution*

pro·ject[2] /prəˈdʒekt/ *v* **1** [T] przewidywać: *projected sales for next year* **2** [T] wyświetlać

pro·jec·tion /prəˈdʒekʃən/ *n* **1** [C] przewidywanie: *projections of economic growth* **2** [C,U] projekcja

pro·jec·tor /prəˈdʒektə/ *n* [C] projektor, rzutnik

pro·lif·ic /prəˈlɪfɪk/ *adj* płodny: *Agatha Christie was a prolific writer.*

pro·logue /ˈprəʊlɒg/ *n* [C] prolog

pro·long /prəˈlɒŋ/ *v* [T] przedłużać: *Having your car serviced regularly prolongs its life.*

pro·longed /prəˈlɒŋd/ *adj* długotrwały: *a prolonged illness*

prom /prɒm/ *n* [C] *AmE* zabawa szkolna

prom·e·nade /ˌprɒməˈnɑːd◂/ *n* [C] *BrE* promenada

prom·i·nence /ˈprɒmə̇nəns/ *n* [U] rozgłos: **come/rise to prominence** *Stallone rose to prominence with the movie "Rocky".*

prom·i·nent /ˈprɒmə̇nənt/ *adj* **1** wybitny: *prominent politicians* **2** wydatny: *a prominent nose* —**prominently** *adv* na widocznym miejscu: *prominently displayed*

pro·mis·cu·ous /prəˈmɪskjuəs/ *adj* rozwiązły: *In the study, single men were the most promiscuous group.* —**promiscuity** /ˌprɒmə̇ˈskjuːə̇ti/ *n* [U] rozwiązłość

prom·ise[1] /ˈprɒmə̇s/ *v* **1** [I,T] obiecywać, przyrzekać: **+ (that)** *Will you promise me you won't be late?* | **promise to do sth** *Dad's promised to take us to Disneyland.* | **promise sb sth** *I've already promised them free tickets if they win.* **2** [T] zapowiadać się: **promise to be sth** *The game promises to be exciting.*

promise[2] *n* **1** [C] obietnica, przyrzeczenie: **make a promise** *He's always making promises that he can't keep.* | **keep a promise** (=dotrzymywać obietnicy): *Anna kept her promise to be back at 10 o'clock.* | **break a promise** (=z/łamać obietnicę) **2** [U] zadatki: **show promise** *He shows a lot of promise as a writer.*

prom·is·ing /ˈprɒmə̇sɪŋ/ *adj* obiecujący: *a promising young singer*

pro·mote /prəˈməʊt/ *v* [T] **1** przyczyniać się do: *We aim to promote understanding between cultures.* **2** promować, lansować: *The company is spending millions promoting its new software.* **3** awansować: **promote sb to sth** *Ted has been promoted to senior sales manager.*

pro·mo·tion /prəˈməʊʃən/ *n* **1** [C,U] awans: **get promotion** *You only ever get a pay rise if you get promotion.* **2** [C,U] promocja: *a sales promotion* **3** [U singular] propagowanie: **+ of** *the promotion of equal rights*

pro·mo·tion·al /prəˈməʊʃənəl/ *adj* promocyjny

prompt[1] /prɒmpt/ *v* **1** [T] skłaniać: **prompt sb to do sth** *Bad weather at home has prompted people to go abroad this summer.* **2** [I,T] podpowiadać, suflerować

prompt[2] *adj* niezwłoczny: *We request prompt payment of bills.* —**promptly** *adv* niezwłocznie, natychmiast

prone /prəʊn/ *adj* podatny: *accident-prone* (=często ulegający wypadkom) | **+ to** *He's prone to colds in winter.* | **prone to do sth** *She's prone to eat too much* (=ma skłonność do objadania się) *when she's unhappy.*

pro·noun /ˈprəʊnaʊn/ *n* [C] *technical* zaimek

pro·nounce /prəˈnaʊns/ *v* [T] **1** wymawiać: *How do you pronounce your name?* **2** stwierdzać oficjalnie: *He was pronounced dead at 11:00 p.m.*

P

P

pro·nounced /prəˈnaʊnst/ *adj* wyraźny: *Harold walks with a pronounced limp.*

pro·nun·ci·a·tion /prəˌnʌnsiˈeɪʃən/ *n* wymowa: *The cassette helps you check your pronunciation.*

proof /pruːf/ *n* [C,U] dowód: **+ of** *You need proof of your age to buy cigarettes.* | **+ (that)** *You've got no real proof that he's having an affair.*

proof·read /ˈpruːfˌriːd/ *v* [I,T] **proofread** /-red/, **proofread** /-red/, **proofreading** z/robić korektę —**proofreader** *n* [C] korektor/ka

prop[1] /prɒp/ *v* [T] **-pped, -pping prop sth against/on** opierać coś o: *He propped his bike against the fence.*

prop sth ↔ **up** *phr v* [T] podpierać: *Steel poles prop up the crumbling walls.*

prop[2] *n* [C] **1** podpórka **2** rekwizyt

prop·a·gan·da /ˌprɒpəˈgændə/ *n* [U] propaganda

pro·pel /prəˈpel/ *v* [T] **-lled, -lling** napędzać: *old ships propelled by steam*

pro·pel·ler /prəˈpelə/ *n* [C] śmigło

prop·er /ˈprɒpə/ *adj* **1** [only before noun] właściwy, odpowiedni: *Put the bread back in its proper place.* | *You have to go through the proper procedures.* **2** [only before noun] *BrE spoken* prawdziwy: *Alex was my first proper boyfriend.* **3** stosowny: *I didn't think it was proper to ask for her phone number so soon.* **4** [only after noun] sam: *We no longer live in Dallas proper* (=w samym Dallas); *we moved to Mesquite.*

prop·er·ly /ˈprɒpəli/ *adv* należycie: *I can't see properly* (=nie widzę dobrze) *without glasses.* | *Did you tidy your room properly?*

proper noun /ˌ.. ˈ./ *także* **proper name** *n* [C] nazwa własna

prop·er·ty /ˈprɒpəti/ *n* **1** [U] własność, mienie: *Police recovered some of the stolen property.* **2** [C,U] nieruchomość: *Property prices are rising.* **3** [C] właściwość: *herbs with healing properties*

proph·e·cy /ˈprɒfəsi/ *n* [C,U] proroctwo, przepowiednia —**prophesy** /ˈprɒfəsaɪ/ *v* [I,T] prorokować, przepowia- dać

proph·et /ˈprɒfət/ *n* [C] prorok

pro·phet·ic /prəˈfetɪk/ *adj* proroczy: *The Ambassador's warnings proved prophetic.*

pro·por·tion /prəˈpɔːʃən/ *n* **1** [C] odsetek: *The proportion of adults who smoke is lower than before.* **2** [C,U] stosunek: **proportion of sth to sth** *Girls outnumber boys at the school by a proportion of three to one.* | **in proportion to** *Taxes rise in proportion to* (=proporcjonalnie do) *the amount you earn.* **3** [U] proporcje: **out of/in proportion** *The porch is out of proportion with* (=nieproporcjonalny do) *the rest of the house.* **4 sense of proportion** wyczucie proporcji

pro·por·tion·al /prəˈpɔːʃənəl/ *także* **pro·por·tion·ate** /-ʃənət/ *adj* proporcjonalny: *The number of Representatives each state has is proportional to its population.*

pro·por·tions /prəˈpɔːʃənz/ *n* [plural] rozmiary: *The plant can grow to gigantic proportions in the tropics.* | *By 1939 the disease had reached epidemic proportions.*

pro·pos·al /prəˈpəʊzəl/ *n* [C] **1** propozycja: **proposal to do sth** *a proposal to build a new road* **2** oświadczyny: *Did you accept his proposal?*

pro·pose /prəˈpəʊz/ *v* **1** [T] za/proponować: *They are proposing changes in working hours.* | *Mrs Banks has been proposed for the position of Treasurer.* | **+ that** *I propose that we close the meeting.* **2** [I] oświadczać się: **+ to** *I proposed to my wife in Paris.*

prop·o·si·tion /ˌprɒpəˈzɪʃən/ *n* [C] **1** propozycja: *I've got a business proposition for you.* | *Running my own company is an attractive proposition.* **2** twierdzenie

pro·pul·sion /prəˈpʌlʃən/ *n* [U] *technical* napęd: *jet propulsion*

prose /prəʊz/ *n* [U] proza

pros·e·cute /ˈprɒsɪkjuːt/ *v* [I,T] ścigać sądownie: **prosecute sb for sth** *He was prosecuted for theft.*

pros·e·cu·tion /ˌprɒsɪˈkjuːʃən/ *n* **1 the prosecution** oskarżenie: *a witness for the prosecution* ➡ porównaj DEFENCE **2** [C,U] sprawa sądowa

pros·e·cu·tor /ˈprɒsɪkjuːtə/ *n* [C] oskarżyciel

pros·pect[1] /ˈprɒspekt/ *n* **1** [C,U] szansa: **+ of** *There's little prospect of ending the war.* | **+ for** *an economy with good prospects for growth* **2** perspektywa: *His job prospects are not very good.* | **+ of** *The prospect of making a speech at the wedding fills me with dread.*

pro·spect[2] /prəˈspekt/ *v* [I] **prospect for gold/oil** poszukiwać złota/ropy

pro·spec·tive /prəˈspektɪv/ *adj* [only before noun] **prospective buyer/employer** potencjalny nabywca/pracodawca: *There are only two prospective candidates for the election.*

pro·spec·tus /prəˈspektəs/ *n* [C] informator, prospekt

pros·per /ˈprɒspə/ *v* [I] prosperować: *an environment in which small businesses can prosper*

pros·per·i·ty /prɒˈsperəti/ *n* [U] dobrobyt

pros·per·ous /ˈprɒspərəs/ *adj* prosperujący: *a prosperous community*

pros·ti·tute /ˈprɒstətjuːt/ *n* [C] prostytutka

pros·ti·tu·tion /ˌprɒstəˈtjuːʃən/ *n* [U] prostytucja

pros·trate /ˈprɒstreɪt/ *adj* leżący twarzą do ziemi

pro·tect /prəˈtekt/ *v* [T] o/chronić: **protect sb/sth from sth** *New sea defences have been built to protect the town from flooding.* | **protect (sb/sth) against sth** *a cream to protect your skin against sunburn* —**protected** *adj* chroniony: *Owls are a protected species.* —**protector** *n* [C] opiekun/ka

pro·tec·tion /prəˈtekʃən/ *n* [U singular] ochrona: **give/offer/provide protection** *Heidi's thin coat gave little protection against the cold.* | *The organization provides help and protection for abused teenagers.*

pro·tec·tive /prəˈtektɪv/ *adj* **1** ochronny: *protective clothing* **2** opiekuńczy: *She suddenly felt very protective towards him.*

pro·tein /ˈprəutiːn/ *n* [C,U] białko

pro·test[1] /ˈprəutest/ *n* [C] protest: *protests against the war* | *He ignored her protests.*

pro·test[2] /prəˈtest/ *v* [I] za/protestować: *"That's not true!" she protested angrily.* | **+ against** *a group protesting against human rights abuses*

Prot·es·tant /ˈprɒtəstənt/ *n* [C] protestant/ka —**Protestant** *adj* protestancki —**Protestantism** *n* [U] protestantyzm

pro·test·er /prəˈtestə/, **protestor** *n* [C] protestując-y/a: *anti-government protesters*

pro·to·col /ˈprəutəkɒl/ *n* [U] protokół: *diplomatic protocol*

pro·to·type /ˈprəutətaɪp/ *n* [C] prototyp

pro·trac·ted /prəˈtræktəd/ *adj* przeciągający się: *a protracted legal dispute*

pro·trude /prəˈtruːd/ *v* [I] *formal* sterczeć, wystawać: *a rock protruding from the water*

proud /praud/ *adj* **1** dumny: **+ of** *Her parents are very proud of her.* | **proud to do sth** *I'm proud to receive this award.* **2** wyniosły: *He has always been a proud and arrogant man.* —**proudly** *adv* dumnie, wyniośle ➡ patrz też PRIDE[1]

prove /pruːv/ *v* **proved, proved** *or* **proven, proving 1** [T] dowodzić, udowadniać: *They have evidence to prove that she is guilty.* **2** [I,T] okazywać się: *The competition has proved to be a great success.*

prov·en[1] /ˈpruːvən/ *adj* sprawdzony: *a proven method of learning*

proven[2] *v* imiesłów bierny od PROVE

prov·erb /ˈprɒvɜːb/ *n* [C] przysłowie

pro·ver·bi·al /prəˈvɜːbiəl/ *adj* przysłowiowy: *I was running around like the proverbial headless chicken!*

pro·vide /prəˈvaɪd/ *v* [T] zapewniać: *The EU is providing the money for the project.* | **provide sb with sth** *I was provided with a car and a guide.*

provide for sb/sth *phr v* [T] **1** utrzymywać: *He has to provide for a family of five.* **2** uwzględniać: *The budget must provide for an increase in unemployment levels.*

pro·vid·ed /prəˈvaɪdəd/ *także* **provided (that)** *conjunction* pod warunkiem, że: *The equipment is perfectly safe, provided it is used in the right way.*

pro·vid·ing /prəˈvaɪdɪŋ/ *także* **providing that** *conjunction* → PROVIDED

prov·ince /ˈprɒvəns/ *n* [C] prowincja: *the Canadian provinces*

pro·vin·cial /prəˈvɪnʃəl/ *adj* prowincjonalny: *the provincial capital* (=stolica prowincji)

pro·vi·sion /prəˈvɪʒən/ *n* **1** [C,U] zabezpieczenie: *the provision of services* (=świadczenie usług) *for the elderly* **2 make provisions for** zabezpieczać: *He has made provisions for his wife in his will.* **3** [C] klauzula, postanowienie: *the provisions of the treaty*

pro·vi·sion·al /prəˈvɪʒənəl/ *adj* tymczasowy: *A provisional government was set up after the war.*

pro·vi·sions /prəˈvɪʒənz/ *n* [plural] zapasy: *We had enough provisions for two weeks.*

prov·o·ca·tion /ˌprɒvəˈkeɪʃən/ *n* [C,U] prowokacja: *The police acted calmly, in the face of great provocation.*

pro·voc·a·tive /prəˈvɒkətɪv/ *adj* **1** prowokacyjny: *a provocative remark* **2** prowokujący, wyzywający —**provocatively** *adv* wyzywająco: *a provocatively low-cut dress*

pro·voke /prəˈvəʊk/ *v* [T] **1** s/prowokować: *She hit him, but he provoked her into it.* **2** wywoływać: *The article provoked a heated discussion.*

prow /praʊ/ *n* [C] dziób (*statku*)

prowl[1] /praʊl/ *v* [I,T] grasować: *a tiger prowling through the jungle*

prowl[2] *n* **be on the prowl** czaić się

prox·im·i·ty /prɒkˈsɪməti/ *n* [U] *formal* bliskość: *We chose this house because of its proximity to the school.*

prox·y /ˈprɒksi/ *n* **by proxy** przez pełnomocnika: *You can vote by proxy.*

prude /pruːd/ *n* [C] świętosz-ek/ka —**prudish** *adj* pruderyjny —**prudishness, prudery** *n* [U] pruderia

pru·dent /ˈpruːdənt/ *adj* roztropny, rozważny: *prudent use of resources* —**prudence** *n* [U] roztropność, rozwaga

prune[1] /pruːn/ *także* **prune back** *v* [T] przycinać

prune[2] *n* [C] suszona śliwka

pry /praɪ/ *v* **pried, pried, prying 1** [I] węszyć: *a secret honeymoon, away from the prying of the press* **2** [T] **pry sth open/off** podważać/wyważać coś: *I used a screwdriver to pry off the lid.*

PS /ˌpiː ˈes/ postscriptum: *PS. I love you.*

psalm /sɑːm/ *n* [C] psalm

pseu·do·nym /ˈsjuːdənɪm/ *n* [C] pseudonim

psy·che /ˈsaɪki/ *n* [C] psychika: *the male psyche*

psy·chi·a·trist /saɪˈkaɪətrəst/ *n* [C] psychiatra

psy·chi·a·try /saɪˈkaɪətri/ *n* [U] psychiatria —**psychiatric** /ˌsaɪkiˈætrɪk◂/ *adj* psychiatryczny: *a psychiatric hospital*

psy·chic[1] /ˈsaɪkɪk/ *adj* **1** psychiczny: *psychic phenomena* **2 be psychic** być jasnowidzem: *How did you know I was coming? You must be psychic!*

psychic[2] *n* [C] jasnowidz, medium

psy·cho /ˈsaɪkəʊ/ *n* [C] *informal* wariat

psy·cho·a·nal·y·sis /ˌsaɪkəʊ-əˈnæləsəs/ *n* [U] psychoanaliza

psy·cho·an·a·lyst /ˌsaɪkəʊˈænəl-əst/ *n* [C] psychoanality-k/czka

psy·cho·log·i·cal /ˌsaɪkəˈlɒdʒɪkəl◂/ *adj* psychologiczny: *psychological problems* —**psychologically** *adv* psychologicznie

psy·chol·o·gist /saɪˈkɒlədʒəst/ *n* [C] psycholog

psy·chol·o·gy /saɪˈkɒlədʒi/ *n* [C,U] psychologia: *a professor of psychology* | *the psychology of child killers*

psy·cho·path /ˈsaɪkəpæθ/ *n* [C] psychopat-a/ka —**psychopathic** /ˌaɪkəˈpæθɪk◂/ *adj* psychopatyczny

psy·cho·sis /saɪˈkəʊsɪs/ *n* [C,U] *plural* **psychoses** /-siːz/ [C,U] psychoza

psy·cho·so·mat·ic /ˌsaɪkəʊsəˈmætɪk◂/ *adj* psychosomatyczny

psy·cho·ther·a·py /ˌsaɪkəʊˈθerəpi/ *n* [U] psychoterapia —**psychotherapist** *n* [C] psychoterapeut-a/ka

pub /pʌb/ *n* [C] pub

pu·ber·ty /ˈpjuːbəti/ *n* [U] dojrzewanie płciowe, pokwitanie

pu·bic /ˈpjuːbɪk/ *adj* łonowy: *pubic hair*

pub·lic[1] /ˈpʌblɪk/ *adj* **1** publiczny: *a public swimming pool* | *public transportation* | *Public opinion is in favour of the death penalty.* | *cuts in public spending* | *public displays of emotion* **2** społeczny: *Public support for the strike has increased.* | *in the public interest* **3 make sth public** ujawniać coś: *Last night the name of the killer was made public.* —**publicly** *adv* publicznie: *publicly humiliated*

public[2] *n* **1 the (general) public a)** publiczność: *The museum is open to the public five days a week.* **b)** społeczeństwo: *The British public is not really interested in this issue.* **2 in public** publicznie: *He was always very nice to her in public.*

pub·li·ca·tion /ˌpʌblɪˈkeɪʃən/ *n* **1** [U] wydanie, publikacja: *The book is ready for publication.* **2** [U] ogłoszenie: *the publication of the test results*

public fig·ure /ˌ.. ˈ../ *n* [C] osoba publiczna

public hol·i·day /ˌ.. ˈ.../ *n* [C] święto państwowe

public house /ˌ.. ˈ./ *n* [C] *BrE formal* pub

pub·lic·i·ty /pʌˈblɪsɪti/ *n* [U] **1** rozgłos: *a murder trial that received a lot of publicity* **2** reklama: *a publicity campaign*

pub·li·cize /ˈpʌblɪsaɪz/ (*także* **-ise** *BrE*) *v* [T] nadawać rozgłos: **well/highly publicized** (=głośny): *Camilla's highly publicized relationship with Prince Charles*

public re·la·tions /ˌ.. .ˈ../, **PR** *n* **1** [U] kreowanie wizerunku firmy/organizacji: *the public relations department* (=wydział służb informacyjnych) **2** [plural] stosunki między firmą/organizacją a ogółem ludności: *Organizing events for charity is always good for public relations.*

public school /ˌ.. ˈ./ *n* [C] **1** *BrE* szkoła prywatna: *Many of the people in the British Government went to public schools.* **2** *AmE* szkoła państwowa

pub·lish /ˈpʌblɪʃ/ *v* **1** [I,T] wydawać: *a book that was first published in 1851* **2** [T] o/publikować: *The article was first published in the Los Angeles Times.* **3** [T] ogłaszać: *When will the results be published?*

pub·lish·er /ˈpʌblɪʃə/ *n* [C] wydawca, wydawnictwo

pub·lish·ing /ˈpʌblɪʃɪŋ/ *n* [U] działalność wydawnicza

pud·ding /ˈpʊdɪŋ/ *n* [C,U] **1** pudding: *chocolate pudding* **2** *BrE* deser: *What's for pudding?*

pud·dle /ˈpʌdl/ *n* [C] kałuża

puff[1] /pʌf/ *v* **1** [I] sapać: *Max was puffing heavily after climbing the stairs.* **2** [I,T] dmuchać: *Don't puff cigarette smoke in my face.* | **+ on** *William sat there puffing on his pipe* (=pykając fajkę).

puff sth ↔ **out** *phr v* [T] wydymać, nadymać

puff up *phr v* **1** [T] napuszać: *Birds puff up their feathers to stay warm.* **2** s/puchnąć: *My leg puffed up so that I could hardly walk.*

puff[2] *n* [C] **1 take a puff** zaciągać się: *He took a puff on his cigar.* **2** podmuch: *puffs of smoke coming from the chimney*

puff·y /ˈpʌfi/ *adj* opuchnięty, podpuchnięty: *Her eyes were red and puffy from crying.*

puke /pjuːk/ *v* [I,T] *informal* rzygać —**puke** *n* [U] rzygowiny

pull[1] /pʊl/ *v* **1** [I,T] po/ciągnąć (za): *Mom, Sara's pulling my hair!* | *The car was* *pulling a camper behind it.* **2** wyciągać: *She pulled a small gun on me.* | **pull sth out/off/from/away** *The dentist pulled out* (=wyrwał) *one of my back teeth.* **3 pull sb's leg** nabierać kogoś **4 pull a muscle** naciągnąć mięsień **5 pull your weight** przykładać się: *Some men still don't pull their weight when it comes to housework.* **6 pull strings** s/korzystać z protekcji: *I think he pulled a few strings to get that job.* **7 pull the strings** pociągać za sznurki: *Who is really pulling the strings in the White House?* ➡ patrz też **make/pull faces** (FACE[1])

pull sth ↔ **apart** *phr v* [T] rozdzielać: *Loosen the roots and gently pull the plants apart.*

pull away *phr v* [I] **1** odjeżdżać: *She watched the car pull away.* **2** wyrywać się: *Jess tried to pull away from him.*

pull sth ↔ **down** *phr v* [T] z/burzyć, rozbierać: *All the old houses are being pulled down.*

pull in *phr v* **1** [I] zatrzymywać się: *A police car pulled in behind me.* **2** wjeżdżać na stację: *The train has just pulled in.*

pull off *phr v* [T **pull** sth ↔ **off**] osiągać: *UCLA pulled off a win in Saturday's game.*

pull out *phr v* [I,T] wycofywać (się): *Sampras was forced to pull out of the competition.* | *US forces pulled out of Somalia.*

pull together *phr v* **pull yourself together** *informal* ze/brać się w kupę: *Pull yourself together, man!*

pull up *phr v* [I] zatrzymywać się: *A red Buick pulled up at the lights.*

pull[2] *n* **1** [C] **give sth a pull** pociągać za coś: *Give the rope a pull.* **2** [singular] przyciąganie: *the gravitational pull of the moon*

pul·ley /ˈpʊli/ *n* [C] wielokrążek, blok

pull·o·ver /ˈpʊlˌəʊvə/ *n* [C] pulower

pulp /pʌlp/ *n* [U] **1** miąższ **2** miazga: *wood pulp*

pul·pit /ˈpʊlpɪt/ *n* [C] ambona

pul·sate /pʌlˈseɪt/ *v* [I] pulsować: *loud pulsating music*

pulse[1] /pʌls/ *n* **1** [C usually singular] tętno, puls: **take sb's pulse** (=z/mierzyć komuś tętno): *A nurse came in and took my pulse.* **2** [C usually plural] jadalne nasiona roślin strączkowych

pulse[2] *v* [I] pulsować: *blood pulsing through his veins*

pul·ver·ize /ˈpʌlvəraɪz/ *v* [T] s/proszkować: *a machine that pulverizes rocks*

pum·mel /ˈpʌməl/ *v* [T] okładać pięściami

pump[1] /pʌmp/ *n* [C] **1** pompa: *a fuel pump* **2** czółenko: *a pair of black pumps*

pump[2] *v* [I,T] pompować: *a machine that pumps water into the fields* | *Millions of dollars have been pumped into research.*

pump sth ↔ **up** *phr v* [T **pump** sth ↔ **up**] na/pompować

pump·kin /ˈpʌmpkɪn/ *n* [C,U] dynia: *pumpkin pie*

pun /pʌn/ *n* [C] kalambur

punch[1] /pʌntʃ/ *v* [T] **1** uderzyć pięścią: *He threatened to punch me in the face.* **2** s/kasować: *The inspector came around and punched our tickets.*

punch[2] *n* **1** [C] cios pięścią: *a punch in the stomach* **2** [U] poncz **3** [C] dziurkacz

punch·line /ˈpʌntʃlaɪn/, **punch line** *n* [C] puenta

punc·tu·al /ˈpʌŋktʃuəl/ *adj* punktualny: *Ted's always very punctual.* —**punctually** *adv* punktualnie —**punctuality** /ˌpʌŋktʃuˈæləti/ *n* [U] punktualność

punc·tu·a·tion /ˌpʌŋktʃuˈeɪʃən/ *n* [U] interpunkcja

punctuation mark /ˌ..ˈ.. ./ *n* [C] znak przestankowy

punc·ture[1] /ˈpʌŋktʃə/ *n* [C] *BrE* przebita opona/dętka: *Looks like you've got a puncture.*

puncture[2] *v* [I,T] prze/dziurawić (się)

pun·gent /ˈpʌndʒənt/ *adj* ostry: *the pungent smell of frying garlic*

pun·ish /ˈpʌnɪʃ/ *v* [T] u/karać: *If he's broken the law he deserves to be punished.*

pun·ish·ing /ˈpʌnɪʃɪŋ/ *adj* wyczerpujący: *a punishing walk*

pun·ish·ment /ˈpʌnɪʃmənt/ *n* [C,U] kara: *tougher punishments for sex offenders* | *They had to stay late after school as a punishment* (=za karę). ➡ patrz też CAPITAL PUNISHMENT

pu·ni·tive /ˈpjuːnɪtɪv/ *adj* karny: *punitive action*

punk /pʌŋk/ *n* [U] **1** [U] *także* **punk rock** punk-rock **2** [C] punk

punt /pʌnt/ *n* [C] łódź płaskodenna

pup /pʌp/ *n* [C] ➡ PUPPY

pu·pil /ˈpjuːpəl/ *n* [C] **1** *especially BrE* uczeń/uczennica **2** źrenica

pup·pet /ˈpʌpɪt/ *n* [C] marionetka: *a puppet show*

pup·py /ˈpʌpi/ *n* [C] szczenię

pur·chase[1] /ˈpɜːtʃɪs/ *v* [T] *formal* zakupywać, nabywać: *Sangster recently purchased 10 acres of land in France.*

purchase[2] *n formal* zakup: *money for the purchase of new equipment* | *We deliver your purchases to your door.*

pure /pjʊə/ *adj* czysty: *pure gold* | *It was pure chance that we were there at the same time.* | *pure drinking water* | *pure science* | *a pure young girl*

pu·ree /ˈpjʊəreɪ/ *n* [C,U] przecier: *tomato puree*

pure·ly /ˈpjʊəli/ *adv* wyłącznie: *He did it for purely selfish reasons.*

pur·ga·tory /ˈpɜːgətəri/ *n* [U] czyściec

purge /pɜːdʒ/ *n* [C] czystka: *the Stalinist purges of the 1930s*

pu·ri·fy /ˈpjʊərɪfaɪ/ *v* [T] oczyszczać: *purified water*

pur·ist /ˈpjʊərɪst/ *n* [C] puryst-a/ka

pu·ri·tan·i·cal /ˌpjʊərɪˈtænɪkəl◂/ *adj* purytański: *Her parents had very puritanical views about sex.*

pu·ri·ty /ˈpjʊərɪti/ *n* [U] czystość: *the purity of our water* | *moral purity*

pur·ple /ˈpɜːpəl/ *adj* purpurowy, fioletowy —**purple** *n* [U] purpura, fiolet

pur·pose /ˈpɜːpəs/ *n* **1** cel: *The main purpose of my stay is to visit the museum.* | *The planes may be used for military purposes.* | *She went back to her work with a new sense of purpose.* **2 on purpose** celowo: *I'm sorry I hurt you. I didn't do it on purpose.*

pur·pose·ful /ˈpɜːpəsfəl/ *adj* zdecydowany: *He picked up his toolbox in a purposeful manner.*

pur·pose·ly /ˈpɜːpəsli/ *adv* celowo: *They purposely left him out of the discussion.*

purr /pɜː/ *v* [I] za/mruczeć

purse[1] /pɜːs/ *n* [C] **1** *BrE* portmonetka **2** *AmE* torebka

purse[2] *v* [T] **purse your lips** za/sznurować usta

pur·sue /pəˈsjuː/ *v* [T] **1** kontynuować: *She is pursuing her studies at the university.* | *He hoped to pursue a career in filmmaking.* | **pursue the matter** (=zająć się sprawą) **2** ścigać: *The stolen car was pursued by police for several miles.*

pur·suit /pəˈsjuːt/ *n* **1** [U] pościg **2** [U] **pursuit of** dążenie do: *the pursuit of happiness* **3 pursuits** *formal* zajęcia: *outdoor pursuits*

pus /pʌs/ *n* [U] ropa (*wydzielina*)

push[1] /pʊʃ/ *v* **1** [I,T] pchać: *Can you push harder?* | **push sth/sb up/down/into etc** *I helped him push the Volkswagen up the street.* | *Lisa pushed Amy into the pool.* ➡ antonim PULL[1] **2** [I,T] naciskać: *Someone pushed the wrong button and the machine went into reverse.* **3** [I] przepychać się: *Heather pushed past us without speaking.* **4** [I,T] naciskać (na): **push sb to do/into doing sth** *My parents pushed me into going to college.* | **+ for** *They're pushing for* (=domagają się) *stricter gun controls.* **5 push drugs** *informal* handlować narkotykami **6 be pushed for time** *informal* mieć bardzo mało czasu

push sb **around** *phr v* [T] *informal* pomiatać

push off! *phr v* [I] *BrE spoken* spływaj!

push[2] *n* [C *usually singular*] pchnięcie: **give sth a push** *If the door's stuck, just give it a push* (=popchnij je).

push·chair /ˈpʊʃ-tʃeə/ *n* [C] *BrE* spacerówka

push·er /ˈpʊʃə/ *n* [C] *informal* handlarz narkotykami

push·ing /ˈpʊʃɪŋ/ *prep* **be pushing 40/50** *informal* mieć prawie 40/50 lat

push-up /ˈ. ./ *n* [C] *AmE* pompka (*ćwiczenie*)

push·y /ˈpʊʃi/ *adj* natarczywy, natrętny: *pushy salespeople*

P

pussy·cat /ˈpʊsikæt/ *także* **puss** /pʊs/, **pus·sy** /ˈpʊsi/ *BrE n* [C] *informal* kotek

put /pʊt/ *v* **put, put, putting** [T] **1** kłaść/położyć: **put sth in/on/there etc** *Just put the bags on the table.* | *Where did you put the newspaper?* | *I put the letter back in the envelope.* | *You put the kids to bed and I'll make dinner.* **2** umieszczać: *I don't want to put my dad into a hospital.* | *Put your name at the top of each answer sheet.* **3** stawiać: *The long delay had put us all in a difficult position.* **4** ujmować: *Derek's – how shall I put it – not very attractive.* **5 put an end to sth/put a stop to sth** kłaść/położyć kres czemuś: *a law designed to put an end to discrimination against women* **6 put (your) faith/trust in** pokładać nadzieję w: *people who put their trust in God* **7 not put it past sb to do sth** uważać, że ktoś jest zdolny do zrobienia czegoś: *I wouldn't put it past him to blackmail them.*

put sth ↔ **across** *phr v* [T] jasno wyrażać: *She's good at putting her ideas across.*

put sth ↔ **aside** *phr v* [T] odkładać: *We're trying to put some money aside for a new car.*

put sth ↔ **away** *phr v* [T] odkładać na miejsce, s/chować: *Those kids never put anything away!*

put sth ↔ **back** *phr v* [T] **1** opóźniać: *The publication date has been put back by three months.* **2 put a clock/a watch back** cofać zegar/zegarek

put sb/sth ↔ **down** *phr v* [T] **1** [**put** sth ↔ **down**] odkładać: *She put down her knitting.* **2** [**put** sb ↔ **down**] poniżać: *I don't like the way she's always putting him down.* **3** [**put** sth ↔ **down**] *BrE* zapisywać: *Don't forget to put your name down on the list.* **4** [**put** sth ↔ **down**] usypiać (*zwierzę*) **5 put down a revolution/rebellion** s/tłumić rewolucję/bunt

put sth **down to** sth *phr v* [T] przypisywać: *She put her illness down to stress.*

put sb/sth ↔ **forward** *phr v* [T] **1** wysuwać, przedstawiać: *Milne has put his name forward as a candidate at the next election.* **2 put a clock/a watch forward** przesuwać zegar/zegarek do przodu

put sth ↔ **in** *phr v* [T] **1 put in a claim/request** wnosić roszczenie/składać wniosek **2** wkładać: *Doug's been putting in a lot of hours at work recently.* **3** za/instalować: *They're having a new bathroom put in.*

put into *phr v* [T] **put sth into practice/action/effect** wprowadzać coś w życie: *The college hopes to put the changes into effect by September 1.*

put sb/sth **off** *phr v* [T] **1** zniechęcać: *Don't be put off by the title – it's a really good book.* **2** odkładać: *You can't keep putting the decision off.* **3** zbywać: *I managed to put him off by promising to pay next week.* **4** *BrE* rozpraszać: *Stop laughing – you're putting me off!*

put sth ↔ **on** *phr v* [T] **1** zakładać, nakładać: *Put your coat on – it's cold.* | *She put on her makeup.* **2** włączać: *Is it all right if I put the fire on?* | *Let's put some music on.* **3 put on weight** przybierać na wadze, przy/tyć **4** wystawiać: *They're putting on a play to raise money for landmine victims.* **5 put it on** udawać: *Don't take any notice of her – she's just putting it on.*

put sb/sth ↔ **out** *phr v* [T] **1** z/gasić **2** wyłączać: *Don't forget to put out the lights when you leave.* **3** *AmE* wypuszczać na rynek: *They're putting out a new album in the fall.* **4 put out your hand/arm** wystawiać rękę/ramię: *Jack put out his foot and tripped her.* **5** sprawiać kłopot: *Will it put you out if I bring an extra guest?* **6** ogłaszać: *The police put out a warning about car thieves in the area.*

put through *phr v* [T] [**put** sb **through**] po/łączyć: *Just hold the line for a minute and I'll put you through to Mr Brown.*

put sth **to** sb *phr v* [T] przedstawiać: *The proposal will be put to the committee next month.*

put sth ↔ **together** *phr v* [T] **1** składać, z/montować: *It took us all day to put the table together.* | *The band are currently putting a new album together.* **2 put together** razem wzięci: *Italy scored more points than the rest of the group put together.*

put up *phr v* [T] **1** [**put** sth ↔ **up**] rozkładać, stawiać: *The kids were putting a tent up in the garden.* **2** [**put** sth ↔ **up**] za/wieszać: *Posters advertising the concert were put up on all the notice boards.* **3** [**put** sth ↔ **up**] podnosić: *Our landlord keeps putting the rent up.* **4** [**put** sb ↔ **up**] przenocować: *Yeah, we can put you up for the night.* **5 put up resistance/a fight/a struggle** stawiać opór

put sb **up to** sth *phr v* [T] namawiać do: *It's not like Martha to steal – someone must have put her up to it.*

put up with sth *phr v* [T] znosić, wytrzymywać: *I don't know how you put up with all this noise.*

put out /ˌ. ˈ./ *adj* **be/feel put out** być/czuć się urażonym: *She felt put out at not being invited.*

put·ty /ˈpʌti/ *n* [U] kit

puz·zle[1] /ˈpʌzəl/ *n* **1** [C] **(jigsaw) puzzle** układanka **2** [C] **crossword puzzle** krzyżówka **3** [singular] zagadka: *Bergson's reasons for leaving remain something of a puzzle.*

puzzle[2] *v* **1** [T] stanowić zagadkę dla: *What puzzles me is why he never mentioned this before.* **2 puzzle over sth** głowić się nad czymś: *Joe sat puzzling over the map.*

puz·zled /ˈpʌzəld/ *adj* zdziwiony, zakłopotany: *Don had a puzzled expression on his face.*

puz·zling /ˈpʌzlɪŋ/ *adj* zagadkowy: *The results of the survey were a little puzzling.*

py·ja·mas /pəˈdʒɑːməz/ *BrE*, **pajamas** *AmE n* [plural] piżama

pyr·a·mid /ˈpɪrəmɪd/ *n* [C] piramida

py·thon /ˈpaɪθən/ *n* [C] pyton

Qq

quack[1] /kwæk/ *v* [I] za/kwakać

quack[2] *n* [C] *BrE informal* konował

quad·ru·ple /ˈkwɒdrʊpəl/ *v* [I,T] zwiększać (się) czterokrotnie: *The number of car owners has quadrupled in the last twenty years.*

quail /kweɪl/ *n* [C,U] przepiórka

quaint /kweɪnt/ *adj* urokliwy (*zwykle też staroświecki*): *quaint narrow streets*

Q

quake[1] /kweɪk/ *v* [I] *formal* dygotać: **+ with** *Kate stood in the doorway quaking with fear.*

quake[2] *n* [C] *informal* trzęsienie ziemi

qual·i·fi·ca·tion /ˌkwɒləfəˈkeɪʃən/ *n* **1** [C usually plural] kwalifikacje: *He left school without any qualifications.* **2** [C] wymóg: *Patience is a necessary qualification for this kind of work.* **3** [C,U] zastrzeżenie: *He welcomed the proposal without qualification.*

qual·i·fied /ˈkwɒləfaɪd/ *adj* **1** wykwalifikowany, dyplomowany: *a qualified teacher* **2** połowiczny: *qualified agreement*

qual·i·fy /ˈkwɒləfaɪ/ *v* **1** [I] zdobywać kwalifikacje/dyplom: **+ as** *Sue qualified as a solicitor last year.* **2** [I] za/kwalifikować się: **+ for** *The US beat Nigeria to qualify for the finals.* **3** [I] **qualify for** mieć prawo do: *Members qualify for a 20% discount.* **4** [T] uściślać: *Let me qualify that statement.*

qual·i·ty[1] /ˈkwɒləti/ *n* **1** [U] jakość: *the decline in air quality in our cities* | *Good quality shoes last longer.* | *I've been impressed by the quality of his work.* **2** [C usually plural] cecha, przymiot: *a job that demands the qualities of honesty and integrity*

quality[2] *adj* [only before noun] wysokiej jakości: *We sell quality clothing at a price you can afford.*

qualm /kwɑːm/ *n* [C] **have no qualms about** nie mieć skrupułów w związku z: *She had no qualms whatsoever about firing people.*

quan·da·ry /ˈkwɒndəri/ *n* **be in a quandary** być w rozterce: *Ian's in a quandary about whether to accept their offer.*

quan·ti·fy /ˈkwɒntəfaɪ/ *v* [T] wymierzyć: *These kinds of improvement are hard to quantify.* —**quantifiable** *adj* wymierny

quan·ti·ty /ˈkwɒntəti/ *n* [C,U] ilość: *It's quality that's important, not quantity.* | **+ of** *Large quantities of drugs were found in their luggage.* | **in quantity** (=w dużych ilościach): *It's cheaper buying goods in quantity.*

quar·an·tine /ˈkwɒrəntiːn/ *n* [U] kwarantanna: **in quarantine** *Animals coming into Britain must be kept in quarantine.*

quar·rel[1] /ˈkwɒrəl/ *n* [C] kłótnia: **+ with** *We've had a quarrel with our neighbours.*

quarrel[2] *v* [I] **-lled, -lling** *BrE,* **-led, -ling** *AmE* po/kłócić się: **+ with** *She's always quarrelling with her sister.*

> UWAGA **quarrel i argue**
>
> Nie należy mylić wyrazów **quarrel** i **argue** w znaczeniu 'kłócić się'. **Quarrel** odnosi się do kłótni głośnej i długotrwałej, zwykle dotyczącej spraw mało ważnych: *If you two boys don't stop quarrelling, you can go straight to bed.* **Argue** odnosi się raczej do łagodnego sporu: *Most evenings we would sit in the kitchen arguing about politics.*

quar·rel·some /ˈkwɒrəlsəm/ *adj* kłótliwy

quar·ry /ˈkwɒri/ *n* [C] kamieniołom

quart /kwɔːt/ skrót pisany **qt** *n* [C] kwarta (*1,137 l*)

quar·ter /ˈkwɔːtə/ *n* [C] **1** ćwierć, jedna czwarta: **+ of** *A quarter of Canada's population is French-speaking.* **2** kwadrans: *Can you be ready in a quarter of an hour?* | **quarter to/quarter of** *AmE* (=za kwadrans): *It's quarter to five.* | **quarter past** *BrE*/**quarter after** *AmE* (=kwadrans po): *It's quarter past five.* **3** kwartał: *Profits increased by 2% in the first quarter.* **4** 25 centów **5** krąg, sfera: *This deci-*

sion is seen in some quarters as a change of policy. **6** dzielnica: *the student quarter*

quar·ter·fi·nal /ˌkwɔːtəˈfaɪnl/ *n* [C] ćwierćfinał

quar·ter·ly /ˈkwɔːtəli/ *adj* kwartalny: *a quarterly report* —**quarterly** *adv* raz na kwartał: *The magazine is published quarterly.*

quartz /kwɔːts/ *n* [U] kwarc

quay /kiː/ *n* [C] nabrzeże

quea·sy /ˈkwiːzi/ *adj* **sb feels queasy** komuś jest niedobrze: *I felt a little queasy when the sea got rough.* —**queasiness** *n* [U] mdłości

queen /kwiːn/ *n* [C] *także* **Queen** królowa

queer /kwɪə/ *adj* **1** dziwny: *There's something a bit queer about him.* **2** *informal* homoseksualny

quell /kwel/ *v* [T] s/tłumić: *Police were trying to quell public fear about the murders.* | *Troops were called in to quell the riots.*

quench /kwentʃ/ *v* **quench your thirst** u/gasić pragnienie

que·ry[1] /ˈkwɪəri/ *n* [C] zapytanie

query[2] *v* [T] *formal* za/kwestionować: *Adams kept querying the referee's decisions.*

quest /kwest/ *n* [C] *formal* poszukiwanie

ques·tion[1] /ˈkwestʃən/ *n* **1** [C] pytanie: *Some of the questions were really difficult.* | **ask/answer a question** (=zadawać/odpowiadać na pytanie): *Do you mind if I ask you a personal question?* | **+ about** *I have one or two questions about the timetable.* **2** [C] kwestia: *European leaders met yesterday to discuss the question of nuclear arms.* **3** [C,U] wątpliwość: **there's no question about** (=nie ma wątpliwości co do): *The Bulls are the best team in the league – there's no question about it.* | **be beyond question** (=nie ulegać wątpliwości): *Her honesty is beyond question.* | **call sth into question** (=podawać coś w wątpliwość): *Recent events have called into question the wisdom of the government's decision.* **4 without question a)** bez dyskusji: *A good soldier is supposed to follow orders without question.* **b)** bez wątpienia: *Joyce is without question a great writer.* **5 there's no question of** nie ma mowy o: *There's no question of Shearer leaving the team.* **6 in question** rzeczony: *On the afternoon in question, Myers was seen leaving the building at 3.30.* **7 be out of the question** być wykluczonym, nie wchodzić w rachubę: *Walking home on your own is out of the question.* ➡ patrz ramka QUESTION TAGS

question[2] *v* [T] **1** wypytywać: *She questioned him about his past.* **2** przesłuchiwać: *A 31-year-old man is being questioned by police in connection with the murder.* **3** kwestionować: *Are you questioning my honesty?*

ques·tion·a·ble /ˈkwestʃənəbəl/ *adj* **1** podejrzany: *I think her motives are highly questionable.* **2** wątpliwy: *It's questionable whether this kind of research is actually useful.*

ques·tion·ing /ˈkwestʃənɪŋ/ *adj* pytający —**questioningly** *adv* pytająco

question mark /ˈ.. ./ *n* [C] znak zapytania

ques·tion·naire /ˌkwestʃəˈneə/ *n* [C] kwestionariusz, ankieta

question tag /ˈ.. ./ *n* [C] wyrażenie takie, jak 'isn't it?' czy 'does she?', umieszczane na końcu zdania ➡ patrz ramka QUESTION TAGS

queue[1] /kjuː/ *n* [C] *BrE* kolejka: *There was a long queue outside the cinema.*

queue[2] *także* **queue up** *v* [I] *BrE* stać w kolejce: *We had to queue for over an hour to get tickets.*

quiche /kiːʃ/ *n* [C,U] tarta z nadzieniem z sera, jajek, warzyw itp.

quick[1] /kwɪk/ *adj* **1** szybki: *I'll just have a quick shower first.* | *The journey to Wilmington's much quicker by train.* | *Have you finished already? That was quick.* | *Carolyn's a quick learner* (=szybko się uczy). **2 be quick to do sth** szybko coś zrobić: *The President was quick to deny the rumours.*

quick[2] *adv informal* szybko: *Come quick! There's been an accident.* ➡ patrz też QUICKLY

Q

Question tags

Są to mini-pytania umieszczane na końcu zdania. Jeżeli w danym zdaniu występuje czasownik posiłkowy, zostaje on w pytaniu powtórzony, np.:

*You **haven't** got a car, **have you**?*
*It **was** a good film, **wasn't it**?*
*There **isn't** any more coffee, **is there**?*
*You **will** stay for dinner, **won't you**?*

W zdaniach, w których nie występuje czasownik posiłkowy, **question tags** tworzy się za pomocą formy ***do/does*** (Present Simple) oraz ***did*** (Past Simple):

*Diana likes you, **doesn't she**?*
*They won the race, **didn't they**?*

Jak widać z powyższych przykładów, po zdaniu twierdzącym następuje przeczący **question tag** i na odwrót. Znaczenie danego **question tag** zależy od towarzyszącej mu intonacji: jeżeli jest ona opadajaca (tzn. taka, jak przy zdaniach twierdzących w języku polskim), wówczas **tag** nie jest w istocie pytaniem, tylko prośbą o potwierdzenie („prawda?"), np.:

*'Adam doesn't look very well today, **does he**?' – 'No, he doesn't.'*

Jeśli jednak **tag** ma intonację wznoszącą się (tzn. taką, jak w zdaniach pytających w języku polskim), wówczas mamy do czynienia z prawdziwym pytaniem, np.:

*'You are not going to school today, **are you**?' – '**Yes**.'* („Tak.", tzn. „Idę.")
*'**No**.'* („Nie.", tzn. „Nie idę.")

Tag w zdaniu rozpoczynającym się od ***Let's*** ma formę ***shall we?***, a w zdaniu rozkazującym – ***will you?*** Znaczy on wówczas tyle, co polskie „dobrze?", lub nadaje zdaniu w trybie rozkazującym charakter prośby:

Let's** go out for a walk, **shall we?
Open** the door, **will you? („Czy mógłbyś otworzyć drzwi?")

patrz też: ***Auxiliary Verbs, DO, Past Simple. Present Simple, SHALL, Verb***

quick·en /ˈkwɪkən/ *v* [I,T] przyspieszać: *Her heartbeat quickened* (=serce zabiło jej szybciej) *when she saw him.*

quick·ly /ˈkwɪkli/ *adv* szybko: *I promise I'll do it as quickly as I can.* | *He quickly put the money back in the box.*

> UWAGA **quickly**
> Patrz **fast** i **quickly**.

quid /kwɪd/ *n* [C] *plural* **quid** *BrE informal* funt: *The dress cost me 40 quid.*

qui·et[1] /ˈkwaɪət/ *adj* **1** cichy: *quiet music* | **be quiet!** *spoken* (=bądź cicho!): *Be quiet! I've got a headache.* **2** spokojny: *The shop has been really quiet today.* | *They live in a quiet part of town.* | *Sam's a quiet hard-working boy.* **3 keep sth quiet/keep quiet about sth** trzymać coś w tajemnicy: *Let's keep quiet about this for now.*

quiet[2] *n* **1** [U] cisza: **peace and quiet** *Now Stella's gone, we can have some peace and quiet around here.* **2 on the quiet** po cichu, cichaczem

qui·et·en /ˈkwaɪətn/ *BrE*, **quiet** *AmE v* [T] uspokajać, uciszać: *His appeal for calm failed to quieten the protesters.*

quieten down *BrE*, **quiet down** *AmE*

phr v [I] uspokajać się, u/cichnąć: *After a while the children quietened down.*

qui·et·ly /ˈkwaɪətli/ *adv* **1** cicho: *Ron shut the door quietly.* | *"I'm sorry," he said quietly.* **2** spokojnie: *He quietly got on with his work.*

quilt /kwɪlt/ *n* [C] kołdra

quilt·ed /ˈkwɪltɪ̵d/ *adj* pikowany

quirk /kwɜːk/ *n* [C] **1** dziwactwo: *one of her annoying little quirks* **2 a quirk of fate** kaprys losu: *By a quirk of fate, I met him again the following day.* —**quirky** *adj* dziwaczny: *a quirky sense of humour*

quit /kwɪt/ *v* [T] **quit, quit, quitting** *informal* rzucać: *Barry quit his job in order to travel around the world.* | *I quit smoking three years ago.*

quite /kwaɪt/ *adv, quantifier* **1** *BrE* całkiem, dość: *She's quite tall for her age.* | *They live quite a long way from the nearest town.* **2** zupełnie, całkowicie: *Although they're sisters, they're quite different.* | *I was quite disgusted at the way they behaved.* **3 not quite** niezupełnie: *I'm not quite sure how the system works.* **4 quite a lot/bit/few** sporo: *They've had quite a bit of snow this year.* | *There were quite a few people at the party.* **5 quite a/ quite some** niezły, nienajgorszy: *He certainly made quite an impression on the kids.* | *That's quite some car, where did you buy it?*

quiv·er /ˈkwɪvə/ *v* [I] drżeć: **+ with** *His voice was quivering with rage.* —**quiver** *n* [singular] drżenie

quiz¹ /kwɪz/ *n* [C] **1** quiz: *a quiz show on TV* **2** *AmE* sprawdzian: *a math quiz*

quiz² *v* [T] **-zzed, -zzing** wypytywać: *Reporters quizzed Harvey about his plans for the future.*

quiz·zi·cal /ˈkwɪzɪkəl/ *adj* powątpiewający

quo·ta /ˈkwəʊtə/ *n* [C] kontyngent: *a strict quota on imports*

quo·ta·tion /kwəʊˈteɪʃən/ *n* [C] **1** cytat: *a quotation from Shakespeare* **2** kosztorys: *Get at least three quotations and don't just go for the cheapest.*

quotation mark /.ˈ.. ./ *n* [C usually plural] cudzysłów

quote¹ /kwəʊt/ *v* **1** [I,T] za/cytować: **quote sb as saying** *The star was quoted as saying that she was disgusted at the way she had been treated.* | **+ from** *He quoted extensively from the works of Marx and Lenin.* **2** [T] przytaczać: *Wilkins quoted several cases where errors had occurred.*

quote² *n* [C] cytat

Rr

rab·bi /'ræbaɪ/ *n* [C] *plural* **rabbis** rabin

rab·bit /'ræbɨt/ *n* [C] królik

rab·ble /'ræbəl/ *n* [singular] motłoch

ra·bies /'reɪbi:z/ *n* [U] wścieklizna

rac·coon /rə'ku:n/ *n* [C] szop pracz

race[1] /reɪs/ *n* **1** [C] wyścig: *Hill won the race and Schumacher finished second.* | *Chirac lost the 1988 presidential race.* **2** [C,U] rasa: *The law forbids discrimination on the grounds of race or religion.* **3 a race against time** wyścig z czasem → patrz też ARMS RACE, HUMAN RACE

race[2] *v* **1** [I,T] ścigać się (z): *She will be racing against some of the world's top athletes.* | *I'll race you to the end of the road.* **2** [T] zgłaszać do wyścigu: *My horse has hurt his leg, so I can't race him.* **3** [I,T] po/pędzić, po/gnać: **+ across/back/down** *I raced down the stairs to answer the phone.* | **race sb to/back etc** *The crash victims were raced to Pacific Hospital.*

race·course /'reɪs-kɔ:s/ *n* [C] tor wyścigowy

race·horse /'reɪshɔ:s/ *n* [C] koń wyścigowy

race re·la·tions /'. .,../ *n* [plural] stosunki rasowe

race·track /'reɪs-træk/ *n* [C] **1** bieżnia **2** tor wyścigowy

ra·cial /'reɪʃəl/ *adj* rasowy: *people from different racial groups* | *a city with a high degree of racial tension* | *racial discrimination* —**racially** *adv* rasowo

rac·ing /'reɪsɪŋ/ *n* **horse/motor racing** wyścigi konne/samochodowe —**racing** *adj* [only before noun] wyścigowy: *racing cars*

ra·cis·m /'reɪsɪzəm/ *n* [U] rasizm: *the struggle against racism* | *The author has been accused of extreme racism and sexism.* —**racist** *n* [C] —**racist** *adj* rasistowski: *racist remarks*

rack[1] /ræk/ *n* [C] półka: *a luggage rack* | *a wine rack*

rack[2] *v* [T] **1 rack your brain(s)** łamać sobie głowę: *I had to rack my brains to remember his name.* **2 racked with guilt/doubt** dręczony poczuciem winy/wątpliwościami

rack·et /'rækɨt/ *n* [C] **1** *także* **racquet** rakiet(k)a **2** *informal* machinacje: *a drugs racket* **3** *informal* hałas: *Who's making that racket?*

ra·dar /'reɪdɑ:/ *n* [C,U] radar

ra·di·ant /'reɪdiənt/ *adj* promienny, rozpromieniony

ra·di·ate /'reɪdieɪt/ *v* **1** [I,T] promieniować: *She radiated an air of calm and confidence.* | **+ from** *Intense pleasure radiated from their eyes.* | **+ from/out/to etc** *Warmth radiated from the fire.* **2** [I] rozchodzić się promieniście: **+ from/out/away etc** *a system of roads radiating from the town centre*

ra·di·a·tion /ˌreɪdi'eɪʃən/ *n* [U] **1** promieniowanie jądrowe: *The level of radiation in the area is worrying.* | *radiation sickness* (=choroba popromienna) **2** promieniowanie: *ultraviolet radiation from the sun*

ra·di·a·tor /'reɪdieɪtə/ *n* [C] **1** kaloryfer **2** chłodnica

rad·i·cal[1] /'rædɪkəl/ *adj* radykalny: *radical legal reforms* | *radical leftwing MPs* —**radically** *adv* radykalnie

radical[2] *n* [C] radykał —**radicalism** *n* [U] radykalizm

ra·di·o[1] /'reɪdiəʊ/ *n* [C,U] radio: *Do you have a radio in your car?* | *He works for local radio.* | *the ship's radio* | *I like listening to talk shows on the radio.*

radio[2] *v* [T] po/łączyć się przez radio z: *We'll have to radio Chicago for permission to land.*

ra·di·o·ac·tive /ˌreɪdiəʊ'æktɪv◂/ *adj* radioaktywny, promieniotwórczy: *radioactive waste*

ra·di·o·ac·tiv·i·ty /ˌreɪdiəʊæk'tɪvɨti/ *n* [U] radioaktywność, promieniotwórczość: *High levels of radioactivity have been found in drinking water.*

ra·di·ol·o·gy /ˌreɪdiˈɒlədʒi/ *n* [U] radiologia, rentgenologia

ra·di·o·ther·a·py /ˌreɪdiəʊˈθerəpi/ *n* [U] radioterapia

rad·ish /ˈrædɪʃ/ *n* [C] rzodkiewka

ra·di·us /ˈreɪdiəs/ *n* [C] *plural* **radii** promień: *within a 10-mile radius*

raf·fle /ˈræfəl/ *n* [C] loteria fantowa: *a raffle ticket*

raft /rɑːft/ *n* [C] tratwa

rag /ræg/ *n* **1** [C] szmat(k)a: *She carefully cleaned the lamp with a rag.* **2 rags** łachmany: *beggars dressed in rags*

rage[1] /reɪdʒ/ *n* [C,U] **1** wściekłość: *His remarks left her quite speechless with rage.* | **fly into a rage** (=wpadać we wściekłość): *When I asked him what he was doing there, he flew into a rage.* **2 all the rage** *informal* ostatni krzyk mody: *Roller blading is all the rage at the moment.*

rage[2] *v* [I] **1** szaleć: *The battle raged on for several days.* **2** wściekać się: *She raged at the injustice of the decision.*

rag·ged /ˈrægɪ̈d/ *adj* **1** podarty: *a pair of ragged shorts* **2** obdarty: *ragged children*

raid[1] /reɪd/ *n* [C] **1** nalot: *an air raid* | *drug dealers arrested after a police raid* **2** napad: *a bank raid*

raid[2] *v* [T] z/robić nalot na: *Police raided the club.*

rail /reɪl/ *n* [C] **1** balustrada: *Tourists stood at the rail taking pictures of the waterfall.* **2** poręcz: *a bath rail* **3** szyna **4 by rail** koleją: *They sent the parcel by rail.*

rail·ing /ˈreɪlɪŋ/ *n* [C usually plural] ogrodzenie (*z metalowych prętów*): *a little garden with a railing around it*

rail·way /ˈreɪlweɪ/ *BrE*, **rail·road** /ˈreɪlrəʊd/ *AmE n* [C] kolej: *They built a railway to the Pacific Coast.*

rain[1] /reɪn/ *n* [U] deszcz: *The rain fell throughout the night.* | *There's been no rain for weeks.* | *heavy rain*

rain[2] *v* **it is raining** pada (deszcz): *Is it still raining?*

rain·bow /ˈreɪnbəʊ/ *n* [C] tęcza

rain check /ˈ. ./ *n* **I'll take a rain check** *spoken* skorzystam kiedy indziej

rain·coat /ˈreɪnkəʊt/ *n* [C] płaszcz przeciwdeszczowy

rain·drop /ˈreɪndrɒp/ *n* [C] kropla deszczu

rain·fall /ˈreɪnfɔːl/ *n* [C,U] opady: *The northwest has the highest rainfall in England.*

rain for·est /ˈ. ˌ../ *n* [C] tropikalny las deszczowy

rain·y /ˈreɪni/ *adj* **1 rainy day/weather** deszczowy dzień/pogoda: *a rainy weekend* **2 save sth for a rainy day** odkładać coś na czarną godzinę

raise[1] /reɪz/ *v* [T] **1** podnosić: *He raised the lid of the box.* | *Raise your hand if you know the answer.* | *a plan to raise taxes* | *an attempt to raise standards in primary schools* | *She didn't like to raise the subject of money* (=poruszać tematu pieniędzy) *again.* **2** wychowywać: *They've raised seven children.* **3** zbierać: *The concert raised* (=dzięki koncertowi zebrano) *over $500,000 for famine relief.* **4** hodować: *Most of their income is from raising pigs.* **5 raise your voice** podnosić głos **6 raise hopes/fears/suspicions** wzbudzać nadzieje / obawy / podejrzenia **7 raise the alarm** podnosić alarm

raise[2] *n* [C] *AmE* podwyżka: *a raise of $100 a month*

rai·sin /ˈreɪzən/ *n* [C] rodzynek

rake[1] /reɪk/ *n* [C] grabie

rake[2] *v* **1** [I,T] grabić: **+ up/over** *An old man was raking up leaves in the park.* **2** [I] przeczesywać: **+ through/around** *I found him raking through the drawers of my desk.*

ral·ly[1] /ˈræli/ *n* [C] **1** wiec: *a political rally* **2** rajd: *the Monte Carlo Rally*

rally[2] *v* [I,T] pozyskiwać: *The Prime Minister is trying to rally support in rural areas.*

rally around (*także* **rally round** *BrE*) *phr v* [T **rally around** sb] *informal* jednoczyć się wokół: *Her friends all rallied round her when her father died.*

ram[1] /ræm/ *v* [T] **-mmed, -mming** **1** s/taranować: *When I stopped, a truck rammed my car from behind.* **2** wpychać: *He rammed his clothes into his suitcase and left.*

ram² *n* [C] baran

ram·ble¹ /ˈræmbəl/ *v* [I] **1** mówić bez ładu i składu: *He's getting old now, and tends to ramble.* **2** wędrować: *We rambled through the woods all afternoon.*

ramble² *n* [C] wędrówka

ram·bling /ˈræmblɪŋ/ *adj* bezładny, chaotyczny: *a long, rambling letter*

ramp /ræmp/ *n* [C] **1** podjazd: *ramps for wheelchair users* **2** *AmE* wjazd na autostradę lub zjazd z niej

ram·pant /ˈræmpənt/ *adj* szerzący się: *The refugees are facing food shortages and rampant disease.*

ran /ræn/ *v* czas przeszły od RUN

ranch /rɑːntʃ/ *n* [C] rancho

ran·cid /ˈrænsɪ̥d/ *adj* zjełczały: *rancid butter*

ran·dom /ˈrændəm/ *adj* **1 at random** na chybił trafił: *Winning lottery numbers are chosen at random.* **2** przypadkowy, losowy: *a random survey* —**randomly** *adv* losowo: *randomly chosen numbers*

rang /ræŋ/ *v* czas przeszły od RING

range¹ /reɪndʒ/ *n* **1** [C] zakres: **+ of** *books on a wide range of subjects* **2** [C usually singular] przedział: *games for the 8-12 age range* **3** [C usually singular] asortyment: *a new range of mountain bikes* **4** [U singular] zasięg: **+ of** *missiles with a range of over 1,000 miles* | **within range** *The ship was within range of enemy radar.* **5** [C] łańcuch: *a mountain range* **6** [C] strzelnica: *a rifle range*

range² *v* [I] **1 ranging from sth to sth** począwszy od czegoś, a skończywszy na czymś: *weapons ranging from swords to anti-tank missiles* | *toys ranging in price from $5 to $25* (=zabawki w cenie od 5 do 25 dolarów) **2 range over** obejmować: *Her speech ranged over several topics.*

rang·er /ˈreɪndʒə/ *n* [C] strażnik: *a forest ranger*

rank¹ /ræŋk/ *n* **1** [C,U] stopień, ranga: *He's just been promoted to the rank of Sergeant.* **2 the ranks** szeregowi żołnierze **3** [C] postój: *a taxi rank* **4 the rank and file** szeregowi członkowie organizacji: *The rank and file refused to accept the committee's decision.*

rank² *adj* cuchnący

rank·ing /ˈræŋkɪŋ/ *n* [C] ranking

ran·sack /ˈrænsæk/ *v* [T] **1** s/plądrować: *She returned home to find that her house had been ransacked.* **2** przetrząsać: *The police ransacked the house looking for drugs.*

ran·som /ˈrænsəm/ *n* [C,U] **1** okup: *The kidnappers demanded a ransom of $50,000.* **2 hold sb to ransom** trzymać kogoś w charakterze zakładnika

rap¹ /ræp/ *n* **1** [C] pukanie, stukanie: *There was a rap at the door.* **2** [C,U] rap: *rap music*

rap² *v* **-pped, -pping** [I,T] za/pukać, za/stukać: *Someone was rapping on the window.*

rape¹ /reɪp/ *v* [T] z/gwałcić

rape² *n* [C,U] gwałt: *He is serving a nine-year prison sentence for rape.*

rap·id /ˈræpɪ̥d/ *adj* gwałtowny, błyskawiczny: *rapid political changes* —**rapidly** *adv* gwałtownie, błyskawicznie —**rapidity** /rəˈpɪdɪ̥ti/ *n* [U] szybkość

rap·ids /ˈræpɪ̥dz/ *n* [plural] progi na rzece

rap·ist /ˈreɪpɪ̥st/ *n* [C] gwałciciel

rap·port /ræˈpɔː/ *n* [U singular] wzajemne zrozumienie: *She quickly established a rapport with her students.*

rap·ture /ˈræptʃə/ *n* [U] zachwyt, uniesienie: *a look of rapture on her face*

rare /reə/ *adj* **1** rzadki: *a disease that is very rare among children* | *Rare plants such as orchids can be found here.* **2** krwisty: *rare steak*

rare·ly /ˈreəli/ *adv* rzadko: *She rarely goes out after dark.*

rar·i·ty /ˈreərɪ̥ti/ *n* **be a rarity** być rzadkością: *Old cars in good condition are a rarity.*

ras·cal /ˈrɑːskəl/ *n* [C] **1** *humorous* łobuz **2** *old-fashioned* łajdak

rash¹ /ræʃ/ *adj* pochopny: *a rash decision* —**rashly** *adv* pochopnie

rash² *n* [C] wysypka: *The rash covered the baby's entire body.*

rash·er /'ræʃə/ *n* [C] *BrE* plasterek bekonu

rasp /rɑːsp/ *v* [I] skrzypieć, zgrzytać: *The hinges rasped as we pushed the gate open.* —**rasp** *n* [singular] zgrzyt

rasp·ber·ry /'rɑːzbəri/ *n* [C] malina

rat /ræt/ *n* [C] szczur: *There was a dead rat on the cellar steps.*

rate¹ /reɪt/ *n* [C] **1** wskaźnik: *a country with a low birth rate* | *the rising crime rate* **2** stawka, stopa: *Workers are demanding higher rates of pay.* | *a tax rate of 25%* **3** tempo: *Our money was running out at an alarming rate* (=w zastraszającym tempie). **4 at any rate** *spoken* w każdym razie: *Well, at any rate we won't starve.* | *They've got technical problems – at any rate that's what they told me.* **5 at this rate** *spoken* w tym tempie: *At this rate, we'll never finish on time.* **6 first-rate/third-rate** pierwszorzędny/trzeciorzędny: *a third-rate movie*

rate² *v* [T] uważać za: *Johnson is rated one of the best basketball players in the world.*

ra·ther /'rɑːðə/ *adv, predeterminer* **1** *BrE* dosyć, dość: *I think she was rather upset last night.* | *It's a rather difficult problem.* **2 rather than** zamiast: *We decided to have the wedding in the summer rather than in the spring.* **3 I would rather** wolałbym: *I hate sitting doing nothing – I'd rather be working.* **4 or rather** *spoken* czy (też) raczej: *Mr Dewey, or rather his secretary, asked me to come to the meeting.*

rat·i·fy /'rætɪ̣faɪ/ *v* [T] ratyfikować: *Both nations ratified the treaty.* —**ratification** *n* [U] ratyfikacja

rat·ing /'reɪtɪŋ/ *n* **1** [C] notowanie, wskaźnik: *The president's popularity rating has fallen.* **2 the ratings** ranking oglądalności: *Her show is at the top of the ratings.*

ra·ti·o /'reɪʃiəʊ/ *n* [C] *plural* **ratios** stosunek: **ratio of sth to sth** *a school where the ratio of students to teachers is about 5:1*

ra·tion¹ /'ræʃən/ *n* [C] racja, przydział: *the weekly meat ration*

ration² *v* [T] racjonować, wydzielać: *Bread, cheese and eggs were all rationed during the war.* —**rationing** *n* [U] reglamentacja

ra·tion·al /'ræʃənəl/ *adj* **1** racjonalny: *There must be a rational explanation for their disappearance.* **2** rozumny: *Let's try to discuss this like rational human beings.* ➡ antonim IRRATIONAL —**rationally** *adv* racjonalnie

ra·tion·al·ize /'ræʃənəlaɪz/ (*także* **-ise** *BrE*) *v* [I,T] **1** usprawiedliwiać (się): *He rationalized that his parents would have given him the money anyway, so why not just take it?* **2** [T] z/racjonalizować —**rationalization** /ˌræʃənəlaɪ'zeɪʃən/ *n* [C,U] racjonalizacja

rat·tle¹ /'rætl/ *v* [I,T] stukotać, turkotać: *The wind was rattling the windows.*

rattle sth ↔ **off** *phr v* [T] wy/klepać: *She rattled off the names of all the American states.*

rattle² *n* **1** [C] grzechotka **2** [singular] stukot

rattle·snake /'rætlsneɪk/ *n* [C] grzechotnik

rav·age /'rævɪdʒ/ *v* [T] s/pustoszyć: *The forest was ravaged by fire.*

rave /reɪv/ *n* [C] impreza taneczna przy muzyce elektronicznej

rave¹ *v* [I] **1** zachwycać się: *Everybody raved about the movie, but I hated it.* **2** pieklić się

rave² *adj* **rave reviews** entuzjastyczne recenzje

ra·ven /'reɪvən/ *n* [C] kruk

rav·e·nous /'rævənəs/ *adj* wygłodniały —**ravenously** *adv* żarłocznie

ra·vine /rə'viːn/ *n* [C] wąwóz

raw /rɔː/ *adj* **1** surowy: *raw onions* **2** nie rafinowany: *raw sugar* | **raw materials** (=surowce): *the export of raw materials such as coal and iron* **3** obtarty: *raw skin*

ray /reɪ/ *n* [C] **1** promień: *the rays of the sun* | *gamma rays* **2 ray of hope** promyk nadziei

ray·on /'reɪɒn/ *n* [U] sztuczny jedwab

raze /reɪz/ *v* [T] **raze sth to the ground** zrównywać coś z ziemią: *Three buildings had been razed to the ground.*

ra·zor /ˈreɪzə/ *n* [C] brzytwa, golarka

razor blade /ˈ.. ./ *n* [C] żyletka

Rd *n* skrót od 'road': *5007 Rowan Rd.*

're /ə/ skrót od ARE: *We're ready now.*

reach[1] /riːtʃ/ *v* **1** [T] docierać do: *It took four days for the letter to reach me.* **2** [I,T] sięgać: *Temperatures will reach 95° today.* | **+ for** *He threatened me and reached for his knife.* | **+ out** *Mike reached out* (=wyciągnął rękę) *and took her hand.* **3 can reach** dosięgać: *If I stand on a chair, I can reach the top shelf.* **4** [T] dosięgać, dochodzić do: *Will the ladder reach the roof?* | *a team that reached the World Cup Final in 1962* **5 reach an agreement/age** osiągać porozumienie/wiek **6** [T] s/kontaktować się z: *I wasn't able to reach him yesterday.*

reach[2] *n* **1 out of (sb's) reach/beyond sb's reach** poza (czyimś) zasięgiem: *Gary jumped for the ball, but it was just out of reach.* | *He fled to Paraguay, beyond the reach of the British tax authorities.* **2 within reach** w zasięgu ręki, w pobliżu: *As soon as she was within reach, he grabbed her wrist.* **3 within (easy) reach of sth** (bardzo) blisko czegoś: *We live within easy reach of the shops.*

re·act /riˈækt/ *v* [I] za/reagować: *The audience reacted by shouting and booing.* | *How did she react to the news?*

react against sth *phr v* [T] buntować się przeciwko: *Many teenagers reacted against the strict discipline of the school.*

re·ac·tion /riˈækʃən/ *n* **1** [C,U] reakcja: *What was his reaction when you told him you were leaving?* | *Some people have a very bad reaction to* (=bardzo źle reagują na) *peanuts.* **2 reactions** [plural] refleks: *In motor racing drivers need to have quick reactions.* **3** [singular] sprzeciw: **+ against** *There was a strong public reaction against nuclear tests.*

re·ac·tion·a·ry /riˈækʃənəri/ *adj* reakcyjny —**reactionary** *n* reakcjonist-a/ka

re·ac·tor /riˈæktə/ *n* [C] reaktor

read /riːd/ *v* **read** /red/, **read** /red/, **reading 1** [I,T] prze/czytać: *Can Billy read yet?* | *She sat reading a magazine.* | *Can you read music?* | **+ about** *I read about the accident in the paper.* | **+ that** *Steve was annoyed to read that his sister had won a prize.* | **read to sb/read sb a story** *Our mother used to read to us every evening.* **2 read between the lines** czytać między wierszami **3** [T] wskazywać: *The thermometer read 100°.*

read sth ↔ **out** *phr v* [T] odczytywać na głos: *He read out the names on the list.*

read sth ↔ **through/over** *phr v* [T] prze/czytać uważnie: *Read the contact over carefully before you sign it.*

read up on sth *phr v* [T] poczytać na temat: *We need to read up on the new tax laws.*

read·a·ble /ˈriːdəbəl/ *adj* **1** przyjemny w czytaniu: *a very readable history of Western Philosophy* **2** czytelny

read·er /ˈriːdə/ *n* [C] czytelni-k/czka: *an adventure series for young readers* | *Are you a fast reader* (=czy szybko czytasz)? | *Many of our readers wrote in to complain about the article.*

read·er·ship /ˈriːdəʃɪp/ *n* [singular] czytelnicy

read·i·ly /ˈredəli/ *adv* **1** łatwo: *The information is readily available on computer.* **2** ochoczo, bez wahania: *He readily agreed to the suggestion.*

read·i·ness /ˈredinəs/ *n* [U] gotowość: *I admire his readiness to help people.* | **in readiness for** (=gotowy do): *The army was standing by in readiness for an attack.*

read·ing /ˈriːdɪŋ/ *n* **1** [C,U] czytanie: *I enjoy reading in bed.* | *a poetry reading* **2** [U] lektura: *Her main reading seems to be romantic novels.* **3** [C] odczyt: *a thermometer reading of 40°C*

re·ad·just /ˌriːəˈdʒʌst/ *v* **1** [I] przystosowywać się na nowo: *After the war, I needed time to readjust to life at home.* **2** [T] wy/regulować: *She readjusted the microphone and began to sing.*

read·y /ˈredi/ *adj* **1** [not before noun] gotowy: *Aren't you ready yet?* | *Is supper ready?* | *a ready answer* | **+ for** *I don't think Joey is ready for school yet.* | *Is everything ready for the party?* | **ready to do sth** *We're just about ready to eat.* | *She's always ready to help in a crisis.* | **get ready** (=przygotowywać się): *Go and get ready for bed.* | **ready to eat/drink/wear etc** *These apples are almost ready to eat.* | **have sth ready** *Have your passport ready* (=przygotuj paszport) *for when we go through immigration.* **2 ready cash/money** gotówka

> UWAGA **ready/not ready**
>
> Wyrażenia **get ready** używa się często w znaczeniu 'myć się i zakładać odpowiednią odzież': *I got ready for bed.* | *She's getting ready to go out.*

ready-made /ˌ.. ˈ.◂/ *adj* gotowy: *a ready-made Christmas cake* | *a ready-made excuse*

real[1] /rɪəl/ *adj* prawdziwy, rzeczywisty: *The new system has real advantages.* | *Do your kids still think Santa Claus is a real person?* | *What's the real reason you were late?* | *'Jack' isn't his real name.* | *real gold* | *It's a real pleasure to meet you.* | **in real life** (=w rzeczywistości): *This kind of thing only happens in films, not in real life.* | **the real thing** *I don't want a plastic Christmas tree – I want the real thing* (=chcę prawdziwą).

real[2] *adv AmE spoken* bardzo: *I'm real sorry!*

real es·tate /ˈ. .ˌ./ *n* [U] *especially AmE* nieruchomości: *Real estate prices fell again last year.*

real estate a·gent /ˈ. .. ˌ../ *n* [C] *AmE* pośredni-k/czka w handlu nieruchomościami

rea·lis·m /ˈrɪəlɪzəm/ *n* [U] realizm

rea·list /ˈrɪəlɪst/ *n* [C] realist-a/ka

rea·lis·tic /rɪəˈlɪstɪk/ *adj* realistyczny: *It's not realistic to expect my parents to lend us any more money.* | *a very realistic TV drama* —**realistically** *adv* realistycznie: *We can't realistically hope for any improvement this year.*

re·al·i·ty /riˈælɪti/ *n* **1** [U] rzeczywistość: *He finds it difficult to face up to reality.* **2 the reality/realities of sth** realia czegoś: *the reality of living in a big city* | *the harsh realities* (=twarde realia) *of life* **3 in reality** w rzeczywistości: *He said he'd retired, but in reality he was fired.* **4 become a reality** urzeczywistniać się, spełniać się: *Marilyn's dream of becoming a film star had become a reality.*

rea·li·za·tion /ˌrɪəlaɪˈzeɪʃən/ (*także* **-isation** *BrE*) *n* [U singular] **1** uświadomienie sobie: **+ that** *She finally came to the realization that* (=uświadomiła sobie, że) *Jeff had been lying all the time.* **2** spełnienie, realizacja: **+ of** *Climbing Everest was the realization of a lifelong ambition.*

rea·lize /ˈrɪəlaɪz/ (*także* **-ise** *BrE*) *v* [T] **1** uświadamiać sobie: *He obviously didn't realize the dangers involved.* | **+ that** *I'm sorry, I didn't realize that it was so late.* **2 realize a hope/dream** spełniać nadzieję/marzenie

real·ly /ˈrɪəli/ *adv* **1** naprawdę: *Yeah, he's a really nice guy.* | *I don't really trust her.* | *Oliver's not really her cousin.* | *Now tell us what really happened.* **2 really?** *spoken* czyżby?, coś podobnego!: *"Jay's getting married." "Really? When?"* **3 not really** *spoken* właściwie nie: *"Is it cold outside?" "Not really."*

realm /relm/ *n* [C] *formal* dziedzina: *new discoveries in the realm of science*

reap /riːp/ *v* [I,T] zbierać (plony): *Machines are used to reap the corn.* | **reap the advantages/benefits/rewards** *It will be some time before we reap the rewards* (=minie trochę czasu, zanim zaczniemy czerpać korzyści) *of the investment.*

re·ap·pear /ˌriːəˈpɪə/ *v* [I] pojawiać się ponownie

rear[1] /rɪə/ *n* **the rear** [singular] tył: *There are more seats at the rear of the hall.* —**rear** *adj* tylny: *a rear window*

rear[2] *v* **1** [T] wychowywać: *She reared seven children by herself.* **2** [I] *także* **rear up** stawać dęba

R

re·ar·range /ˌriːəˈreɪndʒ/ *v* [T] przestawiać, przekładać: *He arranged the papers on his desk.*

rea·son[1] /ˈriːzən/ *n* **1** [C,U] powód, przyczyna: *There is no reason to panic.* | *You have every reason* (=masz pełne prawo) *to complain.* | **+ for** *Did he give any reason for leaving?* | **+ why** *He's too old – that's the main reason why he wasn't chosen.* **2** [U] rozum: *a conflict between reason and emotion* **3** [U] rozsądek: *She just won't listen to reason* (=głosu rozsądku). **4 within reason** w granicach rozsądku: *You can go anywhere you want, within reason.*

> UWAGA **reason**
>
> Patrz **cause** i **reason**.

R

reason[2] *v* [I] rozumować

reason with sb *phr v* [T] przemawiać do rozsądku: *I tried to reason with her, but she wouldn't listen.*

rea·son·a·ble /ˈriːzənəbəl/ *adj* **1** rozsądny: *a reasonable suggestion* | *Be reasonable, Barry – it wasn't my fault.* **2** sensowny, umiarkowany: *good furniture at reasonable prices*

rea·son·a·bly /ˈriːzənəbli/ *adv* dość: *I think I did reasonably well on the test.*

rea·son·ing /ˈriːzənɪŋ/ *n* [U] rozumowanie: *a decision based on sound reasoning*

re·as·sur·ance /ˌriːəˈʃʊərəns/ *n* [C,U] otucha, wsparcie duchowe: *She's not very confident about her schoolwork – she needs plenty of reassurance.*

re·as·sure /ˌriːəˈʃʊə/ *v* [T] zapewniać: **reassure sb that** *Police have reassured the public that the area is now perfectly safe.*

re·as·sur·ing /ˌriːəˈʃʊərɪŋ◂/ *adj* dodający otuchy: *a reassuring smile*

re·bate /ˈriːbeɪt/ *n* [C] zwrot nadpłaty: *a tax rebate*

reb·el[1] /ˈrebəl/ *n* [C] buntowni-k/czka, rebeliant/ka: *Rebels have overthrown the government.*

re·bel[2] /rɪˈbel/ *v* [I] **-lled, -lling** z/buntować się: **+ against** *the story of a teenager who rebels against his father*

re·bel·lion /rɪˈbeljən/ *n* [C,U] **1** rebelia: *He led an armed rebellion against the government.* **2** bunt: *teenage rebellion*

re·bel·lious /rɪˈbeljəs/ *adj* buntowniczy, zbuntowany: *I was a rebellious child.* | *rebellious troops*

re·birth /ˌriːˈbɜːθ/ *n* [singular] odrodzenie się: **+ of** *the rebirth of British rock music*

re·bound /rɪˈbaʊnd/ *v* [I] odbijać się: **+ off** *The ball rebounded off the wall.*

re·build /ˌriːˈbɪld/ *v* **rebuilt** /-ˈbɪlt/, **rebuilt, rebuilding** [T] odbudowywać: *The entire city centre had to be rebuilt.* | *We try to help drug addicts rebuild their lives.*

re·buke /rɪˈbjuːk/ *v* [T] *formal* upominać, z/ganić —**rebuke** *n* [C,U] upomnienie, nagana

re·call /rɪˈkɔːl/ *v* [T] **1** przypominać sobie: *I don't recall meeting him.* **2** odwoływać: *The government recalled its ambassador when war was declared.* —**recall** /rɪˈkɔːl, ˈriːkɔːl/ *n* [U] pamięć: *total recall*

re·cap·ture /riːˈkæptʃə/ *v* [T] **1** ponownie ująć: *Both men were recaptured by the police.* **2** oddawać (*nastrój itp.*): *a movie that recaptures the innocence of childhood*

re·cede /rɪˈsiːd/ *v* [I] **1** wygasać, słabnąć: *Hopes for a peaceful solution are receding.* | *The sound receded into the distance* (=nikł w oddali). **2 be receding** łysieć na skroniach

re·ceipt /rɪˈsiːt/ *n* [C] pokwitowanie, paragon: *Remember to keep your receipt in case you want to change the goods.*

re·ceive /rɪˈsiːv/ *v* [T] **1** otrzymywać: *He received an award from his old college.* | *Did you receive my letter?* | *She had just received some good news.* **2** *formal* przyjmować: *Perez was formally received at the White House.*

re·ceiv·er /rɪˈsiːvə/ *n* [C] **1** słuchawka **2** syndyk masy upadłościowej **3** odbiornik

re·cent /ˈriːsənt/ *adj* niedawny, ostatni: *A recent survey showed that one in five teenagers had tried drugs.* | *Please attach a re-*

cent photo (=aktualną fotografię) *to the form.*

re·cent·ly /ˈriːsəntli/ *adv* **1** niedawno: *They recently moved from South Africa.* **2** ostatnio: *I haven't seen him recently.*

> UWAGA **recently**
>
> Patrz **lately** i **recently**.

re·cep·tion /rɪˈsepʃən/ *n* **1** [U] recepcja: *Please leave your keys at reception at the end of your stay.* **2** [C] przyjęcie: *a wedding reception* | *She got an enthusiastic reception from the audience.* **3** [U] odbiór: *Radio reception isn't very good here.*

re·cep·tion·ist /rɪˈsepʃənɪst/ *n* [C] recepcjonist-a/ka

re·cep·tive /rɪˈseptɪv/ *adj* otwarty: **+ to** *Ron isn't very receptive to new suggestions.*

re·cess /rɪˈses/ *n* **1** [C,U] przerwa między sesjami parlamentu, sądu itp.: **be in recess** *Congress is in recess until January.* **2** [U] *AmE* przerwa, pauza (*w szkole*): *Charlie got into a fight during recess.* **3** [C] wnęka

re·ces·sion /rɪˈseʃən/ *n* [C] recesja

re·charge /ˌriːˈtʃɑːdʒ/ *v* [T] na/ładować: *I must recharge the batteries.*

re·ci·pe /ˈresɪpi/ *n* **1** [C] przepis: **+ for** *a recipe for chocolate cake* **2** *informal* **a recipe for happiness/trouble** recepta na szczęście/kłopoty: *What's your recipe for a successful marriage?*

re·cip·i·ent /rɪˈsɪpiənt/ *n* [C] odbiorca/czyni: **+ of** *the recipient* (=laureat) *of the 1977 Nobel Peace Prize*

re·cip·ro·cal /rɪˈsɪprəkəl/ *adj* obopólny, wzajemny: *a reciprocal trade agreement* —**reciprocally** *adv* wzajemnie

re·cip·ro·cate /rɪˈsɪprəkeɪt/ *v* [I,T] odwzajemniać (się)

re·cit·al /rɪˈsaɪtl/ *n* [C] recital: *a piano recital*

re·cite /rɪˈsaɪt/ *v* [I,T] wy/recytować, za/deklamować: *children reciting French verbs* —**recitation** /ˌresɪˈteɪʃən/ *n* [C,U] recytacja

reck·less /ˈrekləs/ *adj* lekkomyślny, nieostrożny: *reckless driving* —**recklessly** *adv* lekkomyślnie —**recklessness** *n* [U] lekkomyślność

reck·on /ˈrekən/ *v* [T] **1** szacować: *He reckons the cost to be about one million dollars.* **2** sądzić, uważać: *I reckon they'll be late.* | *She is generally reckoned* (=jest powszechnie uważana za) *one of Hollywood's greatest actors.*

reckon on sth *phr v* [T usually negative] liczyć na

reckon with sb/sth *phr v* [T] liczyć się z: *We hadn't reckoned with the possibility it might rain.*

reck·on·ing /ˈrekənɪŋ/ *n* [U] kalkulacje: *By my reckoning, they should be there by now.*

re·claim /rɪˈkleɪm/ *v* [T] **1** za/żądać zwrotu: *Any lost property that is not reclaimed will be destroyed or sold.* **2** z/rekultywować: *Acres of valuable agricultural land have now been reclaimed from the sea.*

re·cline /rɪˈklaɪn/ *v* [I,T] rozkładać (się): *a reclining chair*

re·cluse /rɪˈkluːs/ *n* [C] odludek

rec·og·ni·tion /ˌrekəgˈnɪʃən/ *n* [U] **1** uznanie: *The band eventually gained recognition in 1995.* | **in recognition of** (=w uznaniu dla) **2** rozpoznanie: *He looked past me with no sign of recognition* (=i nic nie wskazywało na to, że mnie poznał). **3** zrozumienie: **+ of/that** *a growing recognition of the problems of homelessness*

rec·og·nize /ˈrekəgnaɪz/ (*także* **-ise** *BrE*) *v* [T] **1** poznawać, rozpoznawać: *He's lost so much weight I hardly recognized him!* **2** uznawać: *The UN refused to recognize the new government.* **3** przyznawać: **+ that** *I recognize that not everyone will agree with me.* —**recognizable** *adj* rozpoznawalny

re·coil /rɪˈkɔɪl/ *v* [I] wzdrygać się: *Emily recoiled at the sight of the snake.*

rec·ol·lect /ˌrekəˈlekt/ *v* [T] przypominać sobie: *I don't recollect her name.*

R

rec·ol·lec·tion /ˌrekəˈlekʃən/ *n* [C,U] wspomnienie: *He has no recollection of* (=zupełnie nie pamięta) *the crash.*

rec·om·mend /ˌrekəˈmend/ *v* [T] **1** zalecać, radzić: **recommend sb to do sth** *I'd recommend you to take the train.* | **+ that** *Police are recommending that women should avoid the area at night.* **2** polecać, za/rekomendować: *Can you recommend a local restaurant?*

rec·om·men·da·tion /ˌrekəmenˈdeɪʃən/ *n* **1** [C] zalecenie: **make a recommendation** *The committee was able to make detailed recommendations to the school.* | **+ that** *The department's recommendation was that he should be fired.* **2** [U] rekomendacja, polecenie: **on sb's recommendation** (=za czyjąś radą): *We bought the car on a friend's recommendation.*

rec·om·pense /ˈrekəmpens/ *v* [T] *formal* z/rekompensować —**recompense** *n* [U singular] rekompensata

rec·on·cile /ˈrekənsaɪl/ *v* [T] po/godzić: *How can you reconcile being both anti-abortion and in favour of the death penalty?* | *The couple are now reconciled.* —**reconciliation** /ˌrekənsɪliˈeɪʃən/ *n* [U singular] pojednanie, zgoda

reconcile yourself to sth *phr v* [T] po/godzić się z: *She never reconciled herself to the death of her son.*

re·con·nais·sance /rɪˈkɒnəsəns/ *n* [U] rekonesans, zwiad

re·con·sid·er /ˌriːkənˈsɪdə/ *v* [I,T] rozważać ponownie: *Won't you reconsider our offer?*

re·con·struct /ˌriːkənˈstrʌkt/ *v* [T] **1** z/rekonstruować, odtwarzać: *Police have reconstructed the events leading up to the crime.* **2** odbudowywać

re·con·struc·tion /ˌriːkənˈstrʌkʃən/ *n* **1** [U] odbudowa: *the reconstruction of the former East Germany* **2** [C] rekonstrukcja: *a reconstruction of the events leading up to the accident*

rec·ord[1] /ˈrekɔːd/ *n* **1** [C,U] zapis: **keep a record** *Keep a record of* (=notuj) *how much you spend on this trip.* | **on record** (=za/notowany): *the highest water levels on record* **2** [C] rekord: **break a record** (=po/bić rekord): *She broke the record for the 1500 metre run.* | **+ for** *What's the record for the highest number of people to fit into a phone booth?* **3** [C] **sb has a criminal record** ktoś był notowany/karany **4** [C] płyta: *a record collection* **5 off the record** nieoficjalnie: *He told us off the record that the company was doing badly.*

re·cord[2] /rɪˈkɔːd/ *v* **1** [T] zapisywać: *All the data is recorded on computer.* **2** [I,T] nagrywać: *Will you record "The X-Files" for me?* | *The band has just finished recording their third album.* **3** [T] za/rejestrować: *The thermometer recorded a temperature of 28 degrees.*

record-break·ing /ˈ.. ˌ../ *adj* rekordowy: *a record-breaking $5 billion profit*

re·cord·er /rɪˈkɔːdə/ *n* [C] flet prosty

re·cord·ing /rɪˈkɔːdɪŋ/ *n* [C] nagranie: *a recording of Bob Marley live in concert*

record play·er /ˈ.. ˌ../ *n* [C] gramofon

re·cov·er /rɪˈkʌvə/ *v* **1** [I] wy/zdrowieć, dochodzić do siebie: **+ from** *My uncle is recovering from a heart attack.* **2** [I] wychodzić z kryzysu: *The economy will take at least three years to recover.* **3** [T] odzyskiwać: *The police managed to recover the stolen goods.* | *He never recovered the use of his arm* (=nigdy nie odzyskał władzy w ręce). —**recovery** *n* [U singular] wyzdrowienie

re·cre·ate /ˌriːkriˈeɪt/ *v* [T] odtwarzać: *We're trying to recreate the conditions of everyday life in Stone Age times.*

rec·re·a·tion /ˌrekriˈeɪʃən/ *n* [C,U] rekreacja: *It's important that students find time for recreation and leisure.* —**recreational** *adj* rekreacyjny

re·cruit[1] /rɪˈkruːt/ *v* [I,T] rekrutować, z/werbować: *It's not easy to recruit well-qualified and experienced people.* —**recruitment** *n* [U] rekrutacja, nabór

recruit[2] *n* [C] rekrut, nowicjusz/ka

rec·tan·gle /ˈrektæŋgəl/ *n* [C] prostokąt —**rectangular** /rekˈtæŋgjələ/ *adj* prostokątny

rec·tor /ˈrektə/ *n* [C] proboszcz w kościele anglikańskim

re·cu·pe·rate /rɪˈkjuːpəreɪt/ *v* [I] wracać do zdrowia: *Jan is still recuperating from her operation.*

re·cur /rɪˈkɜː/ *v* [I] **-rred, -rring** powracający, powtarzający się: *a recurring dream* —**recurrence** /rɪˈkʌrəns/ *n* [C,U] nawrót —**recurrent** *adj* powracający, powtarzający się

re·cy·cle /ˌriːˈsaɪkəl/ *v* [I,T] utylizować, przerabiać na surowce wtórne: *Most glass bottles and aluminium cans can be recycled.* —**recycled** *adj* z odzysku: *recycled paper* —**recycling** *n* [U] utylizacja

red[1] /red/ **-dder, -ddest** *adj* **1** czerwony: *a red dress* **2** rudy: *red hair* —**redness** *n* [U] czerwień, zaczerwienienie

red[2] *n* **1** [C,U] czerwień **2 be in the red** mieć debet

red·den /ˈredn/ *v* [I,T] po/czerwienieć, za/czerwienić się: *Tina's face reddened with embarrassment.*

re·deem /rɪˈdiːm/ *v* [T] **1** u/ratować: *His performance redeemed what was otherwise a pretty awful movie.* **2** odkupić, zbawić: *Christ came to Earth to redeem us from sin.* **3** wykupić: *I redeemed my watch from the pawnshop.* **4 redeem yourself** zrehabilitować się

re·demp·tion /rɪˈdempʃən/ *n* [U] **1 past/beyond redemption** nie do uratowania **2** odkupienie, zbawienie

re·de·ploy /ˌriːdɪˈplɔɪ/ *v* [T] przegrupowywać

re·de·vel·op /ˌriːdɪˈveləp/ *v* [T] z/modernizować (*dzielnicę, region*)

red-hand·ed /ˌ. ˈ..◂/ *adj* **catch sb red-handed** *informal* złapać kogoś na gorącym uczynku

red·head /ˈredhed/ *n* [C] rudzielec

red-hot /ˌ. ˈ.◂/ *adj* rozgrzany do czerwoności: *red-hot metal*

red meat /ˌ. ˈ./ *n* [U] wołowina lub baranina

re·do /riːˈduː/ *v* [T] przerabiać: *You'll have to redo this essay.*

red tape /ˌ. ˈ./ *n* [U] biurokracja

re·duce /rɪˈdjuːs/ *v* [T] z/redukować: *They're trying to reduce the number of students in the college.* | **reduce sth from ... to** *The jacket was reduced* (=cena marynarki została obniżona) *from £75 to £35.*

reduce sb/sth **to** sth *phr v* **reduce sb to tears/poverty** doprowadzać kogoś do łez/nędzy: *They were reduced to begging* (=zostali zmuszeni do żebrania) *on the streets.* —**reduction** /rɪˈdʌkʃən/ *n* [C,U] redukcja, obniżka

re·dun·dant /rɪˈdʌndənt/ *adj* **1** *BrE* zwolniony: **make redundant** (=zwalniać): *Over 1000 workers were made redundant.* **2** zbędny, zbyteczny —**redundancy** *n* [U] zwolnienie

reed /riːd/ *n* [C] **1** trzcina **2** stroik

reef /riːf/ *n* [C] rafa

reek /riːk/ *v* [I] cuchnąć: *His breath reeked of garlic.*

reel[1] /riːl/ *n* [C] szpul(k)a

reel[2] *v* [I] zataczać się: *A guy came reeling down the hallway.*

re·fer /rɪˈfɜː/ *v* **-rred, -rring**

refer to *phr v* [T] **1 a)** wspominać o: *He referred to her several times.* **b)** odnosić się do: *The figures on the left refer to our overseas sales.* **c)** sprawdzać w: *Refer to page 14 for instructions.* | *Let me just refer to my notes.* **2** [T] [**refer** sb/sth **to** sb/sth] odsyłać do: *Professor Harris referred me to an article she had written.*

ref·er·ee[1] /ˌrefəˈriː/ *n* [C] **1** *także* **ref** /ref/ *informal* sędzia (*w futbolu, boksie, zapasach*) **2** *BrE* osoba pisząca referencje

> UWAGA **referee**
>
> **Referee** to 'sędzia' w piłce nożnej, koszykówce, hokeju i boksie. Patrz też **judge** i **umpire**.

referee[2] *v* [I,T] sędziować

ref·er·ence /ˈrefərəns/ *n* **1** [C,U] wzmianka: **make (a) reference to** *In his letter, Sam made no reference to* (=nie wspomniał o) *his illness.* **2** [C] list polecający, referencje

R

reference book /'... ./ *n* [C] słownik, encyklopedia, leksykon itp.

ref·e·ren·dum /ˌrefə'rendəm/ *n* [C,U] referendum: *the Irish referendum on divorce*

re·fill[1] /ˌriː'fɪl/ *v* [T] napełniać ponownie: *A waiter refilled our glasses.*

re·fill[2] /'riːfɪl/ *n* [C] wkład: *refills for a pen*

re·fine /rɪ'faɪn/ *v* [T] **1** rafinować: *The sugar is refined and then shipped abroad.* **2** udoskonalać: *The method must be further refined.* —**refinement** *n* [U] wytworność

re·fined /rɪ'faɪnd/ *adj* **1** udoskonalony **2** rafinowany: *refined sugar* **3** wytworny, wykwintny: *the refined world of 19th century Paris*

R

re·fin·e·ry /rɪ'faɪnəri/ *n* [C] rafineria

re·flect /rɪ'flekt/ *v* **1** [T] odbijać: *She could see the truck behind reflected in her wing mirror.* | *White clothes reflect more heat than dark ones.* **2** [T] odzwierciedlać: *Low levels of investment often reflect a lack of confidence in a country's government.* **3** [I] zastanawiać się: **+ on** *Take some time to reflect on what I've just told you.*

re·flec·tion /rɪ'flekʃən/ *n* **1** [C,U] odbicie: *We looked at our reflections in the pool.* **2** [C,U] refleksja, zastanowienie: *She paused for a moment's reflection.* **3** [C] odzwierciedlenie: **+ of** *That people will accept such low wages is a reflection of how few jobs there are.*

re·flec·tive /rɪ'flektɪv/ *adj* refleksyjny: *in a reflective mood*

re·flec·tor /rɪ'flektə/ *n* [C] reflektor

re·flex /'riːfleks/ *n* [C] odruch: *Blinking is an automatic reflex.*

re·flex·ive /rɪ'fleksɪv/ *adj* zwrotny: *reflexive verbs*

re·form[1] /rɪ'fɔːm/ *v* **1** [T] z/reformować: *plans to reform the voting system* | *We should be more concerned with reforming criminals than punishing them.* **2** [I] poprawiać się

reform[2] *n* [C,U] reforma: *the reform of local government*

ref·or·ma·tion /ˌrefə'meɪʃən/ *n* [C,U] **the Reformation** reformacja

re·form·er /rɪ'fɔːmə/ *n* [C] reformator/ka

re·frain /rɪ'freɪn/ *v* [I] *formal* powstrzymywać się: **+ from** *Please refrain from smoking.*

re·fresh /rɪ'freʃ/ *v* [T] odświeżać, orzeźwiać: *A shower will refresh you.*

re·fresh·ing /rɪ'freʃɪŋ/ *adj* **1** orzeźwiający: *a refreshing drink* **2** ożywczy, ożywiający: *It makes a refreshing change to have someone new working here.*

re·fresh·ments /rɪ'freʃmənts/ *n* [plural] *formal* przekąski i napoje: *Refreshments will be served at the interval.*

re·fri·ge·rat·ed /rɪ'frɪdʒəreɪtɪd/ *adj* schłodzony —**refrigeration** /rɪˌfrɪdʒə'reɪʃən/ *n* [U] chłodzenie

re·fri·ge·ra·tor /rɪ'frɪdʒəreɪtə/ *także* **fridge** *n* [C] lodówka, chłodziarka

re·fuel /ˌriː'fjʊəl/ *v* [I,T] **-lled, -lling** *BrE*, **-led, -ling** *AmE* za/tankować

ref·uge /'refjuːdʒ/ *n* **1** [U] schronienie: *We found refuge from the storm under a tree.* **2** [C] schronisko: *a refuge for abused women*

ref·u·gee /ˌrefjʊ'dʒiː/ *n* [C] uchodźca

re·fund[1] /'riːfʌnd/ *n* [C] zwrot pieniędzy: **give sb a refund** *If you're not completely satisfied, we'll give you a refund.*

re·fund[2] /rɪ'fʌnd/ *v* [T] zwracać: *They refunded our money when the play was cancelled.*

re·fus·al /rɪ'fjuːzəl/ *n* [C,U] odmowa: **refusal to do sth** *His refusal to pay the fine means he may go to prison.*

re·fuse[1] /rɪ'fjuːz/ *v* [I,T] odmawiać: *I asked her to marry me, but she refused.* | **refuse to do sth** *Cindy refuses to go to school.* | **refuse sb sth** *We were refused permission to enter the country.*

ref·use[2] /'refjuːs/ *n* [U] *formal* odpadki

re·gain /rɪ'geɪn/ *v* [T] odzyskiwać: *The army has regained control of the area.*

re·gal /'riːgəl/ *adj* królewski: *a regal mansion*

re·gard[1] /rɪ'gɑːd/ *n* **1** [U] poszanowanie: **have regard for** *She has no regard for other people's feelings.* **2 with/in regard to** *formal* jeśli chodzi o: *Several changes have been made with regard to security.*

regard[2] *v* [T] **regard sb as** uważać kogoś za: *I've always regarded you as my friend.*

re·gard·less /rɪ'gɑːdləs/ *adv* **1 regardless of** bez względu na: *He'll sign that contract regardless of what anyone says!* **2** mimo to: *You get a lot of criticism but you just have to carry on regardless.*

re·gards /rɪ'gɑːdz/ *n* [plural] pozdrowienia: **give sb your regards** *Give him my regards* (=pozdrów go ode mnie)*, won't you?*

re·gat·ta /rɪ'gætə/ *n* [C] regaty

re·gime /reɪ'ʒiːm/ *n* [C] reżim: *the Communist regime*

re·gi·ment /'redʒɪ̈mənt/ *n* [C] pułk —**regimental** /ˌredʒɪ̈'mentl/ *adj* pułkowy

re·gion /'riːdʒən/ *n* [C] **1** rejon, region: *Snow is expected in mountain regions.* **2** okolica: *pain in the lower back region* **3 (somewhere) in the region of** około: *It will cost in the region of $750.* —**regional** *adj* regionalny

re·gis·ter[1] /'redʒɪ̈stə/ *n* [C] **1** rejestr, spis: *the National Register of Historic Places* **2** [C,U] styl: *Official documents are written in (a) formal register.* ➡ patrz też CASH REGISTER

register[2] *v* [I,T] za/rejestrować (się): *The car is registered in my sister's name.* | *The thermometer registered 74°F.* | **+ with/for** *Are you registered with a doctor?*

registered mail /ˌ... './ *n* [U] przesyłka polecona

re·gis·trar /ˌredʒɪ̈'strɑː◂/ *n* [C] urzędni-k/czka stanu cywilnego

re·gis·tra·tion /ˌredʒɪ̈'streɪʃən/ *n* [U] rejestracja

registration num·ber /..'.. ,../ *n* [C] *BrE* numer rejestracyjny

re·gis·try /'redʒɪ̈stri/ *n* [C] archiwum

re·gret[1] /rɪ'gret/ *v* [T] **-tted, -tting** żałować: **regret doing sth** *We've always regretted selling that car.* | **+ (that)** *He regrets that he never went to college.* | *Miss Otis regrets she's unable to attend today.*

regret[2] *n* [C,U] żal: **+ at** *The company expressed deep regret at the accident.* | **have regrets about** *Carl said he had no regrets about* (=powiedział, że wcale nie żałuje) *his decision.* —**regretfully** *adv* z żalem

re·gret·ta·ble /rɪ'gretəbəl/ *adj* godny ubolewania: *a regrettable mistake* —**regrettably** *adv* niestety

reg·u·lar[1] /'regjʊ̈lə/ *adj* **1** regularny: *His heartbeat became slow and regular.* | *War planes were taking off at regular intervals.* | *regular verbs* **2** stały: *He's one of our regular customers.* | *She's not our regular babysitter.* **3** *especially AmE* zwykły: *I'm just a regular doctor, not a specialist.* —**regularity** /ˌregjʊ̈'lærɪ̈ti/ *n* [U] regularność

regular[2] *n* [C] *informal* stał-y/a klient/ka

reg·u·lar·ly /'regjʊ̈ləli/ *adj* regularnie: *He visits the old man regularly.*

reg·u·late /'regjʊ̈leɪt/ *v* [T] u/regulować, wy/regulować: *laws that regulate what goods can be imported*

reg·u·la·tion /ˌregjʊ̈'leɪʃən/ *n* **1** [C] przepis: *safety regulations* **2** [U] kontrola: *government regulation of arms sales*

re·ha·bil·i·tate /ˌriːhə'bɪlɪ̈teɪt/ *v* [T] z/resocjalizować: *rehabilitating young criminals*

re·hears·al /rɪ'hɜːsəl/ *n* [C,U] próba: *She was late for the rehearsal again.*

re·hearse /rɪ'hɜːs/ *v* [I,T] z/robić próbę

re·house /ˌriː'haʊz/ *v* [T] przesiedlać: *a program to rehouse war refugees*

reign[1] /reɪn/ *n* **1** [C] panowanie: *the reign of Queen Anne* **2 reign of terror** rządy terroru

reign[2] *v* [I] **1** rządzić **2 the reigning champion** aktualny mistrz **3** *formal* panować: *Confusion reigned among members of the jury this week.*

rein /reɪn/ *n* **1** [C usually plural] lejce **2 free rein** wolna ręka: *She was given a free rein to run the department as she thought best.*

re·in·car·na·tion /ˌriːɪnkɑːˈneɪʃən/ *n* [U] reinkarnacja

rein·deer /ˈreɪndɪə/ *n* [C] renifer

re·in·force /ˌriːɪnˈfɔːs/ *v* [T] **1** umacniać, potęgować: *Newspapers like this tend to reinforce people's prejudices.* **2** wzmacniać: *a wall reinforced with concrete*

re·in·force·ments /ˌriːɪnˈfɔːsmənts/ *n* [plural] posiłki

re·ject[1] /rɪˈdʒekt/ *v* [T] odrzucać: *They completely rejected the terms of the peace treaty.* | *Yale rejected his application.* | *She feels rejected by her parents.*

re·ject[2] /ˈriːdʒekt/ *n* [C] odrzut: *factory rejects*

R

re·jec·tion /rɪˈdʒekʃən/ *n* [C,U] odrzucenie: *She got a lot of rejections before the book was finally published* (=wiele razy odrzucano jej książkę zanim wreszcie została wydana). | *I couldn't deal with any more rejection.* | **+ of** *his total rejection of his parents' way of life*

re·joice /rɪˈdʒɔɪs/ *v* [I] radować się

re·ju·ve·nate /rɪˈdʒuːvəneɪt/ *v* [T] odmładzać: *She felt refreshed and rejuvenated after her holiday.*

re·lapse /rɪˈlæps/ *n* [C,U] nawrót (choroby): **have a relapse** *He had a relapse and was taken back into hospital.*

re·late /rɪˈleɪt/ *v* **1** [I,T] wiązać (się): *I don't understand how the two ideas relate.* **2** [T] *formal* z/relacjonować

relate to sb/sth *phr v* [T] **1** odnosić się do: *This point relates to environmental ideas.* **2** znajdować wspólny język z: *I find it hard to relate to kids.*

re·lat·ed /rɪˈleɪtɪd/ *adj* **1** powiązany: *The police believe the murders are closely related.* **2** spokrewniony: **be related to sb** *Are you related to Paula?*

re·la·tion /rɪˈleɪʃən/ *n* **1 in relation to** w stosunku do: *The area of land is tiny in relation to the population.* **2** [C,U] związek: **+ between** *Doctors say there was no relation between the drugs he was taking and his death.* **3** [C] krewn-y/a: *Joan Bartell, the author, is no relation to Governor Bartell.*

re·la·tions /rɪˈleɪʃənz/ *n* [plural] stosunki: *East-West relations* | **+ between** *Relations between the two companies have never been good.*

re·la·tion·ship /rɪˈleɪʃənʃɪp/ *n* **1** [C] stosunki: **+ with** *The police have a good relationship with the community.* **2** [C] związek: *My parents had a strong relationship.* **3** [C,U] stosunek: **+ between** *the relationship between pay and performance at work*

> UWAGA **relationship**
>
> **Relationship** to najczęściej 'związek' dwóch osób. **Relations** to 'stosunki' między większymi grupami osób, instytucjami, państwami itp.

rel·a·tive[1] /ˈrelətɪv/ *n* [C] krewn-y/a: *He's staying with relatives in Manchester.*

relative[2] *adj* **1** względny, stosunkowy: *The Victorian age was a period of relative peace in England.* **2 relative to sth** w stosunku do czegoś: *Demand for corn is low relative to the supply.*

relative clause /ˌ... ˈ./ *n* [C] zdanie względne

rel·a·tive·ly /ˈrelətɪvli/ *adv* **relatively cheap/easy** stosunkowo tani/łatwy: *My job is relatively well-paid.* | *This car is relatively cheap to run.*

relative pro·noun /ˌ... ˈ../ *n* [C] zaimek względny

rel·a·tiv·i·ty /ˌreləˈtɪvɪti/ *n* [U] *technical* względność: *Einstein's theory of relativity*

re·lax /rɪˈlæks/ *v* **1** [I,T] z/relaksować (się), odprężać (się): *Sit down and relax!* | *The music will help relax you.* **2** [I,T] rozluźniać (się): *Try to relax your neck.* | *Let your muscles relax.* **3** [T] z/łagodzić: *There are no plans to relax the present immigration laws.* —**relaxation** /ˌriːlækˈseɪʃən/ *n* [U] złagodzenie, odprężenie

> UWAGA **relax**
>
> Nie mówi się "relax yourself". Mówi się po prostu **relax**.

re·laxed /rɪˈlækst/ *adj* **1** zrelaksowany, odprężony: *Gail was lying in the sun looking very relaxed and happy.* **2** spokojny: *a relaxed atmosphere*

re·lax·ing /rɪˈlæksɪŋ/ *adj* relaksujący, odprężający: *a relaxing afternoon in the garden*

re·lay[1] /ˈriːleɪ/ *v* [T] **1** przekazywać: *Could you relay the news to the other teachers?* **2** transmitować: *The broadcast was relayed to Europe.*

relay[2] *n* [C] *także* **relay race** sztafeta: *the 1000-metre relay*

re·lease[1] /rɪˈliːs/ *v* [T] **1** zwalniać, uwalniać: *Three hostages were released this morning.* **2** puszczać: *He released her arm when she screamed.* **3** podawać do publicznej wiadomości: *Details of the crime have not been released.* **4** wypuszczać na rynek

release[2] *n* **1** [singular] zwolnienie (*z więzienia*): *After his release, he intends to train as a carpenter.* **2** [C] nowy film lub płyta: *the singer's latest release* **3** [U] ulga: *a sense of emotional release*

rel·e·gate /ˈreləgeɪt/ *v* [T] z/degradować: **+ to** *He's been relegated to the role of assistant.*

re·lent /rɪˈlent/ *v* [I] ustępować, ulegać: *Park officials relented, and allowed campers to stay.*

re·lent·less /rɪˈlentləs/ *adj* nieustępliwy

rel·e·vance /ˈreləvəns/ *także* **rel·e·van·cy** /-vənsi/ *AmE n* [U] znaczenie: **+ to** *a statement with no relevance to the issue*

rel·e·vant /ˈreləvənt/ *adj* istotny: **+ to** *The question is not relevant to my point.* → antonim IRRELEVANT

re·li·a·ble /rɪˈlaɪəbəl/ *adj* solidny, niezawodny: *He's not very reliable.* | *a reliable car* —**reliability** /rɪˌlaɪəˈbɪləti/ *n* [U] solidność, niezawodność → antonim UNRELIABLE

re·li·ance /rɪˈlaɪəns/ *n* [U] uzależnienie: *the country's reliance on imported oil*

re·li·ant /rɪˈlaɪənt/ *adj* **be reliant on sb/sth** być zależnym od kogoś/czegoś: *She's still reliant on her parents for money.*

rel·ic /ˈrelɪk/ *n* [C] **1** relikt: **+ of** *a relic of ancient times* **2** relikwia

re·lief /rɪˈliːf/ *n* **1** ulga: *a medicine for pain relief* (=lek uśmierzający ból) | **what a relief!** *spoken* =co za ulga!: *Exams are finally over. What a relief!* **2** [U] pomoc: *famine relief* (=pomoc dla ofiar głodu)

re·lieve /rɪˈliːv/ *v* [T] **1** z/łagodzić: *The county is building a new school to relieve overcrowding.* | *playing cards to relieve the boredom* **2** zluzować

relieve sb **of** sth *phr v* [T] *formal* uwalniać kogoś od czegoś

re·lieved /rɪˈliːvd/ *adj* **be relieved** odczuwać ulgę: **+ to do sth** *I was relieved to be out of the hospital.* | **+ that** *She'll be very relieved that she won't have to go to court.*

re·li·gion /rɪˈlɪdʒən/ *n* [C,U] religia: *the study of religion* | *the Muslim religion*

re·li·gious /rɪˈlɪdʒəs/ *adj* religijny: *religious beliefs* | *a very religious woman*

re·li·gious·ly /rɪˈlɪdʒəsli/ *adv* sumiennie: *He phones his mother religiously every evening.*

rel·ish[1] /ˈrelɪʃ/ *v* [T] rozkoszować się: **not relish the thought/idea** *Jamie didn't relish the idea of* (=nie był zachwycony perspektywą) *getting up so early.*

relish[2] *n* [U] rozkosz: *Barry ate with great relish.*

re·live /ˌriːˈlɪv/ *v* [T] przeżywać na nowo: *We spent the whole morning reliving our schooldays.*

re·lo·cate /ˌriːləʊˈkeɪt/ *v* [I,T] przenosić (się): **+ to** *Our company relocated to the West Coast.*

re·luc·tant /rɪˈlʌktənt/ *adj* niechętny: **be reluctant to do sth** (=ociągać się z czymś): *She was very reluctant to ask for help.* —**reluctance** *n* [U] niechęć —**reluctantly** *adv* niechętnie

re·ly /rɪˈlaɪ/ *v*

rely on sb/sth *phr v* [T] polegać na: *We're relying on him to help.*

re·main /rɪˈmeɪn/ *v* **1** [I, linking verb] pozostawać: *The Communist Party remained*

R

in power. | *She remained silent.* **2** [I] zostawać: *Milly remained at home.* | *Only half the statue remains.* **3 it remains to be seen** dopiero się okaże: *It remains to be seen whether the operation will be successful.*

re·main·der /rɪ'meɪndə/ *n* **the remainder (of sth)** reszta (czegoś): *Would the remainder of the class please stay behind.*

re·main·ing /rɪ'meɪnɪŋ/ *adj* pozostały: *The remaining puppies were given away.*

re·mains /rɪ'meɪnz/ *n* [plural] **1** resztki, pozostałości: *We visited the remains of the temple.* **2** *formal* szczątki: *His remains lie in the churchyard.*

re·mand /rɪ'mɑːnd/ *n BrE* **be on remand** przebywać w areszcie śledczym

R

re·mark[1] /rɪ'mɑːk/ *n* [C] uwaga: **make a remark** *Carl made a sarcastic remark.*

remark[2] *v* [T] zauważyć: **+ that** *One woman remarked that he was very handsome.*

remark on/upon sth *phr v* [T] z/robić uwagę na temat: *No-one dared remark upon the fact that the President was two hours late.*

re·mar·ka·ble /rɪ'mɑːkəbəl/ *adj* niezwykły: *He called Gorbachev "one of the most remarkable men in history".*

re·mar·ka·bly /rɪ'mɑːkəbli/ *adv* niezwykle: *Charlotte and her cousin look remarkably similar.*

re·mar·ry /ˌriː'mæri/ *v* [I] ponownie wychodzić za mąż/żenić się

re·me·di·al /rɪ'miːdiəl/ *adj* **1** wyrównawczy: *remedial classes* **2** *formal* korekcyjny: *remedial exercise*

rem·e·dy[1] /'remɪ̇di/ *n* [C] lekarstwo: *herbal remedies* | **+ for** *There seems to be no remedy for the rising crime rate.*

remedy[2] *v* [T] zaradzić: *The hospital is trying to remedy the problem of inexperienced staff.*

re·mem·ber /rɪ'membə/ *v* [I,T] **1** pamiętać: *Do you remember the first job you ever had?* | **remember to do sth** *Did you remember to phone Nicky?* **2** przypominać sobie: *I can't remember her name.* | **+ (that)** *She suddenly remembered that she had to go to the dentist.* → porównaj REMIND

re·mem·brance /rɪ'membrəns/ *n* [U] pamięć: **in remembrance of** *She planted a tree in remembrance of her husband* (=dla uczczenia pamięci męża).

re·mind /rɪ'maɪnd/ *v* [T] **1** przypominać: **remind sb to do sth** *Remind me to go* (=przypomnij mi, że mam pójść) *to the post office.* **2 remind sb of sth/sb** przypominać komuś coś/kogoś: *She reminds me of Dawn French.*

> UWAGA **remind**
>
> Nie mówi się "it reminds me her". Mówi się **it reminds me of her**.

re·mind·er /rɪ'maɪndə/ *n* [C] przypomnienie: **+ of** *The photos were a painful reminder of his first wife.*

rem·i·nisce /ˌremɪ̇'nɪs/ *v* [I] wspominać: **+ about** *She sat reminiscing about the old days.* —**reminiscence** *n* [C,U] wspomnienia

rem·i·nis·cent /ˌremɪ̇'nɪsənt/ *adj* **be reminiscent of sth** przypominać coś: *The scene was reminiscent of a Hollywood gangster movie.*

re·mis·sion /rɪ'mɪʃən/ *n* [C,U] remisja: **be in remission** *Her cancer is in remission.*

rem·nant /'remnənt/ *n* [C] resztka: **+ of** *the remnants of the defeated army*

re·morse /rɪ'mɔːs/ *n* [U] wyrzuty sumienia, skrucha: *Keating showed no remorse for his crime.* —**remorseful** *adj* skruszony

re·morse·less /rɪ'mɔːsləs/ *adj* niemiłosierny: *remorseless noise*

re·mote /rɪ'məʊt/ *adj* **1** odległy: *a remote planet* | *the remote past* **2** niewielki: *There's a remote possibility that the operation will not work.* —**remotely** *adv*: *The two situations aren't remotely similar* (=nie są w najmniejszym stopniu podobne).

remote con·trol /.,. .'./ *n* **1** [U] zdalne sterowanie **2** [C] *także* **remote** pilot (*do telewizora*) —**remote-controlled** *adj* zdalnie sterowany

re·move /rɪˈmuːv/ *v* [T] **1** usuwać: *The police will remove any illegally parked cars.* | *There are several obstacles still to be removed.* **2 be (far) removed from sth** być (bardzo) odmiennym od czegoś: *His millionaire lifestyle is far removed from the poverty of his childhood.*

re·mov·er /rɪˈmuːvə/ *n* [C,U] **1 paint remover** rozpuszczalnik **2 nail polish remover** zmywacz do paznokci **3 stain remover** odplamiacz

Re·nais·sance /rɪˈneɪsəns/ *n* **the Renaissance** Renesans, Odrodzenie

re·name /ˌriːˈneɪm/ *v* [T] przemianowywać: *St Petersburg was renamed Leningrad.*

ren·dez·vous /ˈrɒndəvuː/ *n* [C] randka: *a midnight rendezvous*

ren·di·tion /renˈdɪʃən/ *n* [C] wykonanie, interpretacja: *a splendid rendition of the song*

ren·e·gade /ˈrenəgeɪd/ *n* [C] renegat/ka

re·new /rɪˈnjuː/ *v* [T] **1** przedłużać: *When does the car insurance need renewing?* **2** ponawiać: *Congress renewed its demand for tax cuts.* —**renewal** *n* [C,U] przedłużenie

re·new·a·ble /rɪˈnjuːəbəl/ *adj* odnawialny: *a renewable energy source*

re·newed /rɪˈnjuːd/ *adj* wznowiony: *renewed efforts to tackle poverty*

re·nounce /rɪˈnaʊns/ *v* [T] **1** zrzekać się: *He renounced his claim to the property.* **2** wyrzekać się: *The IRA have been repeatedly urged to renounce violence.*

ren·o·vate /ˈrenəveɪt/ *v* [T] odnawiać, przeprowadzać renowację —**renovation** /ˌrenəˈveɪʃən/ *n* [C,U] renowacja

re·nowned /rɪˈnaʊnd/ *adj* sławny: **be renowned for sth** *The hotel is renowned for its excellent service.*

rent¹ /rent/ *v* **1** [T] wynajmować: *They're renting an apartment near the beach.* **2** [T] wypożyczać: *Did you rent a car while you were in Europe?* **3** [T] *także* **rent** sth ↔ **out** wynajmować (*komuś*): *They've rented out their house for the summer.*

> **UWAGA rent**
> Patrz **hire** i **rent**.

rent² *n* [C,U] czynsz, komorne: *Rents are very high around here.* | **for rent** (=do wynajęcia)

rent·al /ˈrentl/ *n* [C,U] opłata za wypożyczenie: *Ski rental is $14.* | *a video rental store* (=wypożyczalnia kaset wideo)

re·or·gan·ize /riːˈɔːgənaɪz/ (*także* **-ise** *BrE*) *v* [T] z/reorganizować: *The filing system needs to be reorganized.* —**reorganization** /riːˌɔːgənaɪˈzeɪʃən/ *n* [U] reorganizacja

rep /rep/ *n* [C] *informal* przedstawiciel/ka: *a sales rep* (=akwizytor/ka)

re·pair¹ /rɪˈpeə/ *v* [T] **1** naprawiać, z/reperować: **get sth repaired** (=oddawać coś do naprawy) **2** naprawiać: *The two governments are trying to repair the damage done to the peace process.*

repair² *n* **1** [C,U] naprawa: *They're doing repairs on the bridge.* **2 in good/bad repair** w dobrym/złym stanie: *The roads are in pretty good repair.*

re·pat·ri·ate /riːˈpætrieɪt/ *v* [T] repatriować —**repatriation** /riːˌpætriˈeɪʃən/ *n* [U] repatriacja

re·pay /rɪˈpeɪ/ *v* [T] **1** spłacać: *How long will it take to repay the loan?* **2** odwdzięczać się: *How can I ever repay you?* —**repayment** *n* [C,U] spłata

re·peat¹ /rɪˈpiːt/ *v* [T] powtarzać: *Sally kept repeating, "It wasn't me, it wasn't me."* | *You'll have to repeat the course.* | **repeat sth to sb** *Please don't repeat this to anyone.*

repeat² *n* **1** [singular] powtórzenie się: **+ of** *Are you expecting a repeat of last year's trouble?* | **a repeat victory etc** (=powtórne zwycięstwo itp.) **2** [C] *especially BrE* powtórka: *All these programmes are repeats!*

re·peat·ed /rɪˈpiːtəd/ *adj* wielokrotny: *Repeated attempts to fix the satellite have failed.* —**repeatedly** *adv* wielokrotnie

R

re·pel /rɪ'pel/ *v* **-lled, -lling 1** [T] odstraszać: *Tear gas was used to repel the rioters.* **2 repel sb** budzić u kogoś wstręt

re·pel·lent¹ /rɪ'pelənt/ *n* [C,U] środek odstraszający: *mosquito repellent*

repellent² *adj* odrażający, odpychający: *She'd always found her cousin quite repellent.*

re·pent /rɪ'pent/ *v* [I,T] *formal* żałować —**repentance** *n* [U] żal, skrucha

re·pen·tant /rɪ'pentənt/ *adj* skruszony

re·per·cus·sions /ˌriːpə'kʌʃənz/ *n* [plural] reperkusje: *The fall of Communism has had worldwide repercussions.*

rep·er·toire /'repətwɑː/ *n* [C] repertuar

R

rep·e·ti·tion /ˌrepə̇'tɪʃən/ *n* [C,U] powtórzenie, powtórka: **+ of** *his boring repetition of the same old facts*

re·pet·i·tive /rɪ'petə̇tɪv/ *adj* także **repetitious** monotonny: *repetitive exercises*

re·phrase /ˌriː'freɪz/ *v* [T] s/formułować inaczej: *OK, let me rephrase the question.*

re·place /rɪ'pleɪs/ *v* [T] **1 a)** wymieniać: **replace sb/sth with** *They later replaced the coach with a younger man.* **b)** zastępować: *The new software package replaces the old one.* **2** odkładać na miejsce: *Please replace the books when you are finished.*

re·place·ment /rɪ'pleɪsmənt/ *n* [C] zastępstwo, zastęp-ca/czyni: *We're waiting for Mr. Dunley's replacement.*

re·play /'riːpleɪ/ *n* **1** [C,U] powtórka **2** [C] *BrE* mecz rewanżowy: *The replay will be on Thursday.*

rep·li·ca /'replɪkə/ *n* [C] kopia, replika: *replica guns*

re·ply¹ /rɪ'plaɪ/ *v* [I,T] odpowiadać, odrzec: *"Of course," she replied.* | **reply to sth** (=odpowiedzieć na coś): *I haven't replied to his letter yet.*

> **UWAGA reply**
>
> Nie mówi się "he replied me". Mówi się **he replied**.

reply² *n* [C,U] **1** odpowiedź: **+ to** *There have been no replies to our ad.* **2 in reply to** w odpowiedzi na: *I am writing in reply to your letter of 1st June.*

re·port¹ /rɪ'pɔːt/ *n* [C] **1** raport, sprawozdanie: *a police report on the accident* | *a weather report* **2** *także* **school report** *BrE* świadectwo

report² *v* **1** [I,T] donosić (o), z/relacjonować: **+ on** *She was sent to report on the floods in Bangladesh.* | **+ that** *The newspaper wrongly reported that he had died.* **2** [T] zgłaszać: *Who reported the fire?* **3** [T] donosić na: *Somebody reported Kyle for smoking in school.* **4** [I] zgłaszać się: *Visitors must report to the main reception desk.*

re·port·ed·ly /rɪ'pɔːtə̇dli/ *adv* podobno, rzekomo: *She's reportedly one of the richest women in Europe.*

reported speech /ˌ.ˌ.. './ *n* [U] mowa zależna → patrz ramka REPORTED SPEECH

re·port·er /rɪ'pɔːtə/ *n* [C] reporter/ka

rep·re·sent /ˌreprɪ'zent/ *v* [T] **1** reprezentować: *Craig hired a lawyer to represent him.* **2** przedstawiać: *The green triangles on the map represent campgrounds.* **3** stanowić: *This figure represents a 25% increase in wages.*

rep·re·sen·ta·tion /ˌreprɪzen'teɪʃən/ *n* **1** [U] reprezentacja, przedstawicielstwo: *Children get no representation in most countries.* **2** obraz, wizerunek: *the negative representation of black people in movies*

rep·re·sen·ta·tive¹ /ˌreprɪ'zentətɪv/ *n* [C] przedstawiciel/ka, reprezentant/ka

representative² *adj* reprezentatywny: **+ of** (=dla): *I don't claim to be representative of the majority of young people.*

re·press /rɪ'pres/ *v* [T] **1** s/tłumić: *It's not healthy to repress your emotions.* **2** ujarzmić, represjonować: *It's a cruel and vicious regime that represses all opposition.* —**repression** *n* [U] ucisk

re·pressed /rɪ'prest/ *adj* tłumiony, skrywany: *repressed feelings of hatred for her mother*

re·pres·sive /rɪˈpresɪv/ *adj* represyjny: *a repressive political system*

rep·ri·mand /ˈreprɪmɑːnd/ *v* [T] udzielać nagany: *He was formally reprimanded and ordered to pay a £500 fine.* —**reprimand** *n* [C] nagana

re·pri·sal /rɪˈpraɪzəl/ *n* [C,U] odwet: *He's afraid to help the police for fear of reprisals against his family.*

re·proach[1] /rɪˈprəʊtʃ/ *n* [C,U] **1** wyrzut: *His mother gave him a look of reproach.* **2 above/beyond reproach** bez zarzutu: *The police should be above reproach.* —**reproachful** *adj* pełen wyrzutu —**reproachfully** *adv* z wyrzutem

reproach[2] *v* [T] robić wyrzuty: *She reproached herself for not having made enough effort.*

re·pro·duce /ˌriːprəˈdjuːs/ *v* **1** [T] odtwarzać, powielać: *an attempt by scientists to reproduce conditions on Mars* **2** [I] rozmnażać się: *Most birds and fish reproduce by laying eggs.*

re·pro·duc·tion /ˌriːprəˈdʌkʃən◂/ *n* **1** [U] rozmnażanie: *human reproduction* **2** [C] reprodukcja: *a cheap reproduction of a great painting*

re·pro·duc·tive /ˌriːprəˈdʌktɪv◂/ *adj* rozrodczy: *the reproductive organs*

rep·tile /ˈreptaɪl/ *n* [C] gad

re·pub·lic /rɪˈpʌblɪk/ *n* [C] republika

re·pub·li·can /rɪˈpʌblɪkən/ *adj* republikański: *the spread of republican ideas in the 17th century* —**republican** *n* [C] republika-nin/nka

Republican *adj* republikański: *a Republican candidate for the Senate*

Republican Par·ty /.ˈ... ˌ../ *n* **the Republican Party** Partia Republikańska

re·pug·nant /rɪˈpʌɡnənt/ *adj formal* wstrętny, odrażający: *behaviour that is morally repugnant*

re·pul·sion /rɪˈpʌlʃən/ *n* [U] **1** wstręt, obrzydzenie **2** *technical* odpychanie

re·pul·sive /rɪˈpʌlsɪv/ *adj* odpychający, odrażający: *What a repulsive man!*

rep·u·ta·tion /ˌrepjʊˈteɪʃən/ *n* [C] reputacja: *The neighbourhood used to have a very bad reputation.* | **+ for** *a man with a reputation for honesty* (=znany z uczciwości)

re·pu·ted·ly /rɪˈpjuːtɪdli/ *adv formal* rzekomo

re·quest[1] /rɪˈkwest/ *n* [C,U] prośba, wniosek: **make a request** *We've made a request for* (=wystąpiliśmy z prośbą o) *new equipment.* | **on request** (=na życzenie): *Drinks are available on request.*

request[2] *v* [T] po/prosić o: *The pilot requested permission to land.* | **+ that** (=aby): *We request that everyone remain quiet.*

req·ui·em /ˈrekwiəm/ *n* [C,U] requiem, msza żałobna

re·quire /rɪˈkwaɪə/ *v* [T] **1** wymagać, potrzebować: *Pets require a lot of care.* **2** *formal* żądać, wymagać: **require sb to do sth** *All passengers are required to show their tickets* (=powinni pokazać bilety).

re·quire·ment /rɪˈkwaɪəmənt/ *n* [C] potrzeba, wymóg: *Whatever your requirements, we can supply them.*

req·ui·site /ˈrekwɪzɪt/ *adj formal* wymagany

re·run /ˈriːrʌn/ *n* [C] *especially AmE* powtórka

res·cue[1] /ˈreskjuː/ *v* [T] u/ratować: *He rescued two people from the fire.* —**rescuer** *n* [C] ratowni-k/czka

rescue[2] *n* [C,U] akcja ratownicza: *a daring rescue from a sinking ship* | *A rescue team* (=ekipa ratownicza) *is trying to reach the trapped miners.* | **come to the rescue** (=przyjść na ratunek)

re·search[1] /rɪˈsɜːtʃ/ *n* [U] badania (naukowe): **+ on/into** *scientific research into heart disease* | **do research** (=prowadzić badania): *He is doing research for a book on the Middle Ages.*

research[2] *v* [I,T] z/badać: *Conner spent eight years researching the history of the group.* —**researcher** *n* [C] badacz/ka

re·sem·blance /rɪˈzembləns/ *n* [C,U] podobieństwo: **+ between** *There's a*

R

Mowa zależna: **Reported Speech**

Mowy zależnej używamy wtedy, gdy relacjonujemy czyjąś wypowiedź bez przytaczania jej dosłownie, np.:

Bill: 'I'm hungry.'	*Bill said, 'I'm hungry.' (dosłowny cytat)*
	Bill said (that) he was hungry. (mowa zależna)

Jak widać z przykładu, spójnik *that* („że") można opuścić. Jeżeli w zdaniu głównym występuje czasownik w czasie teraźniejszym, przyszłym lub w Present Perfect, to czas zdania podrzędnego nie ulega zmianie, np.:

*Brenda (to Tom, on the telephone): 'I **will** get a taxi.'*	*Tom (to Mary, in the same room): Brenda says she **will** get a taxi.*

Częściej jednak w zdaniu głównym występuje czasownik w czasie przeszłym (*said, asked* itp.), co wymaga zmiany czasu zdania podrzędnego na odpowiedni czas przeszły:

*'I **am** never late.' (Present Simple)*	*He said he **was** never late. (Past Simple)*
*'I **am going** to the post office.' (Present Continuous)*	*He said he **was going** to the post office. (Past Continuous)*
*'I **have found** a wallet.' (Present Perfect)*	*She said she **had found** a wallet. (Past Perfect)*
*'We **have been watching** TV.' (Present Perfect Continuous)*	*They said they **had been watching** TV. (Past Perfect Continuous)*
*I **met** her in Australia.' (Past Simple)*	*He said he **had met** her in Australia. (Past Perfect)*
*'I **was working** hard.' (Past Continuous)*	*He said he **had been working** hard. (Past Perfect Continuous)*
*'We **will wait** for you.' (Future Simple)*	*They said they **would wait** for us. (Future in the Past)*
*'I **will be talking** to John later.' (Future Continuous)*	*She said she **would be talking** to John later. (Future Continuous in the Past)*

Zdania warunkowe 1. typu zachowują się w mowie zależnej zgodnie z powyższymi regułami, natomiast w zdaniach warunkowych 2. i 3. typu czas nie ulega zmianie:

*'I **will be** very lucky if I **find** it.'*	*She said she **would be** very lucky if she **found** it.*
*'She **would help** you if you **asked** her.'*	*He said she **would help** me if I **asked** her.*
*'I **wouldn't have known** if Nick **hadn't told** me.'*	*She said she **wouldn't have known** if Nick **hadn't told** her.*

Czasowniki modalne *could, might, must, ought, should, would, used to* i *need* nie ulegają zmianie w mowie zależnej, np.:

*'The train **might** be late.'*	*He said that the train **might** be late.*

Szyk pytający zmienia się w mowie zależnej w szyk zdania twierdzącego:

*'What **do you want**?'* — *She **asked** (me) what **I wanted**.*

*'Who **is she**?'* — *He **asked** (us) who **she was**.*

Jeżeli pytanie nie rozpoczyna się od słowa pytającego (*how, wh-*), to w mowie zależnej używamy spójnika ***if*** lub ***whether***:

'Do you speak German?' — *She asked **if** I spoke German.*

'Is it blue or green?' — *He asked **whether** it was blue or green.*

Polecenie w mowie zależnej wprowadzamy zwykle za pomocą czasownika ***tell***, po którym następuje dopełnienie (zaimek osobowy lub rzeczownik) i bezokolicznik z ***to***:

'Close the door, Peter,' he said. — *He **told Peter to close** the door.*

Jeżeli polecenie ma character zakazu, to partykułę ***not*** umieszczamy w mowie zależnej przed bezokolicznikiem:

'Don't shout,' said the teacher. — *The teacher told us **not to shout**.*

Prośbę w mowie zależnej wprowadzamy zwykle za pomocą czasownika ***ask***, po którym następuje dopełnienie (zaimek osobowy lub rzeczownik) i bezokolicznik z ***to***:

'Help me, please.' *He **asked me to** help him.*

Określenia czasu nie ulegają zmianie w mowie zależnej, jeżeli w chwili mówienia mamy nadal ten sam dzień (tydzień, rok itp.), co w chwili wypowiadania relacjonowanego zdania. W przeciwnym razie określenia czasu zmieniają się w następujący sposób :

'today' → that day — *'yesterday' → the day before*

'tomorrow' → the next day lub *the following day* — *'a week ago' → a week before*

'the day after tomorrow' → in two days' time — *'last year' → the previous year*

This w określeniach czasu często zmienia się w ***that***:

*We're leaving later **this** week.* — *They said they were leaving later **that** week.*

W określeniach innych niż czasowe ***this*** zmienia się w ***the***; to samo dotyczy określników ***that***, ***these***, ***those***:

*I can lend you **this** record/**these** records.* — *She said she could lend me **the** record/**the** records.*

Zaimki ***this/that*** i ***these/those*** zmieniają się odpowiednio w ***it*** i ***them***:

*I know **this/that**.* — *He said he knew **it**.*

*Who made **these/those**?* — *She asked who had made **them**.*

patrz też: ***Conditional sentences, Future Continuous, Future Simple, Infinitive, Modal Verbs, Past Continuous, Past Perfect, Past Perfect Continuous, Past Simple, Present Continuous, Present Perfect, Present Perfect Continuous, Present Simple***

slight resemblance between Mike and his cousin.

re·sem·ble /rɪˈzembəl/ *v* [T] przypominać, być podobnym do: *She resembles her mother in many ways.*

re·sent /rɪˈzent/ *v* [T] **1** mieć pretensje do: *I've always resented my father for leaving the family.* **2** oburzać się na: *He resents being treated as a child.*

re·sent·ful /rɪˈzentfəl/ *adj* urażony, pełen urazy: *a resentful look*

re·sent·ment /rɪˈzentmənt/ *n* [U] uraza

res·er·va·tion /ˌrezəˈveɪʃən/ *n* **1** [C] rezerwacja: **make a reservation** *Have you made reservations at the restaurant yet?* **2** [C,U] zastrzeżenie: **have reservations** *I still have reservations about promoting her.*

R

re·serve[1] /rɪˈzɜːv/ *v* [T] za/rezerwować: *I'd like to reserve a table for 8:00.* | **+ for** *a parking space reserved for the disabled*

reserve[2] *n* **1** [C] zapas, rezerwa: *Water reserves are dangerously low.* **2** [U] powściągliwość, rezerwa: *His natural reserve made it difficult to know what he really thought.* **3** [C] rezerwat: *a nature reserve*

re·served /rɪˈzɜːvd/ *adj* **1** powściągliwy: *a cool, reserved young man* **2** zarezerwowany: *This table is reserved.*

res·er·voir /ˈrezəvwɑː/ *n* [C] **1** zbiornik **2** zasoby: *a reservoir of oil beneath the desert*

re·shuf·fle /riːˈʃʌfəl/ *n* [C] przetasowanie: *a cabinet reshuffle*

res·i·dence /ˈrezədəns/ *n formal* **1** [C] rezydencja: *a private residence* **2** [U] pobyt: **take up residence somewhere** (=zamieszkać gdzieś)

res·i·dent /ˈrezədənt/ *n* [C] **1** mieszkaniec/nka: *a park for local residents* **2** *AmE* lekarz stażysta (*w szpitalu*)

res·i·den·tial /ˌrezəˈdenʃəl◂/ *adj* mieszkaniowy: *a residential area*

res·i·due /ˈrezədjuː/ *n* [C] pozostałość: *an oily residue*

re·sign /rɪˈzaɪn/ *v* [I,T] **1** ustąpić, z/rezygnować (z): **+ from** *Burton resigned from the company yesterday.* **2 resign yourself to (doing) sth** po/godzić się z czymś: *I've resigned myself to living in the city for a while.*

res·ig·na·tion /ˌrezɪgˈneɪʃən/ *n* **1** [C,U] rezygnacja, dymisja: **hand in your resignation** (=złożyć rezygnację) **2** [U] rezygnacja: *She accepted her fate with resignation.*

re·signed /rɪˈzaɪnd/ *adj* zrezygnowany

res·in /ˈrezən/ *n* [U,C] żywica

re·sist /rɪˈzɪst/ *v* [I,T] opierać się, stawiać opór: *Residents were ordered to leave the area, but they resisted.* | *British troops could not resist the attack any longer.* | **resist doing sth** *I couldn't resist* (=nie mogłem się oprzeć) *trying to see who the letter was from.*

re·sist·ance /rɪˈzɪstəns/ *n* **1** [U] opór, sprzeciw: **+ to** *There is strong public resistance to the new taxes.* | **put up resistance** (=stawiać opór): *The rebels put up fierce resistance against the army.* **2 the resistance** ruch oporu: *the French resistance* **3** [U] *technical* oporność

re·sis·tant /rɪˈzɪstənt/ *adj* **1** odporny: *a fire-resistant cover* **2** przeciwny: *people who are resistant to change*

res·o·lute /ˈrezəluːt/ *adj formal* stanowczy, zdecydowany

res·o·lu·tion /ˌrezəˈluːʃən/ *n* **1** [C] rezolucja, uchwała: *a United Nations resolution* **2** [U singular] rozwiązanie: *a peaceful resolution to the crisis* **3** [C] postanowienie: *I made a New Year's resolution to stop smoking.* **4** [U] *formal* stanowczość, zdecydowanie

re·solve[1] /rɪˈzɒlv/ *v* **1** [T] rozwiązywać: *efforts to resolve the conflict in the Middle East* **2** [I,T] *formal* postanawiać: *He resolved to leave the country as soon as possible.*

resolve[2] *n* [U] *formal* zdecydowanie

re·sort[1] /rɪˈzɔːt/ *n* **1** [C] kurort, miejscowość wypoczynkowa: *a beach resort* **2 as a last resort** w ostateczności: *I* *could borrow the money off my parents, but only as a last resort.*

resort² *v*

resort to sth *phr v* [T] uciekać się do: *They may have to resort to court action.*

re·source /rɪ'zɔːs/ *n* [C usually plural] surowce, zasoby: *South Africa's vast natural resources*

re·source·ful /rɪ'zɔːsfəl/ *adj* pomysłowy, zaradny —**resourcefulness** *n* [U] pomysłowość, zaradność

re·spect¹ /rɪ'spekt/ *n* **1** [U] szacunek, poważanie: **+ for** *I have great respect for her as a writer.* | *He ought to show more respect for authority.* → antonim DISRESPECT **2** [U] poszanowanie: *countries where there is no respect for basic human rights* **3 in one respect/in many respects** pod pewnym względem/pod wieloma względami: *In some respects, José is right.* **4 with (all due) respect** *spoken formal* z całym szacunkiem: *With all due respect, that is not the point.* **5 with respect to/in respect of** *formal* odnośnie, w nawiązaniu do: *With respect to your question about jobs, all our positions are filled.* → patrz też SELF-RESPECT

respect² *v* [T] **1** szanować, poważać: *The students like and respect him.* **2** liczyć się z, respektować: *I promise to respect your wishes.* **3** przestrzegać: *The President is expected to respect the constitution.*

re·spec·ta·ble /rɪ'spektəbəl/ *adj* **1** porządny, przyzwoity: *a respectable middle-class family* **2** porządny: *Do I look respectable?* **3** przyzwoity: *a respectable score*

re·spect·ed /rɪ'spektɪd/ *adj* szanowany, poważany: *a highly respected political leader*

re·spect·ful /rɪ'spektfəl/ *adj* pełen szacunku → antonim DISRESPECTFUL —**respectfully** *adv* z szacunkiem

re·spec·tive /rɪ'spektɪv/ *adj* poszczególny: *two sisters and their respective husbands* (=i ich mężowie) | *They went their respective ways* (=poszli każdy w swoją stronę). —**respectively** *adv* odpowiednio: *The dollar and yen rose by 2% and 3% respectively.*

res·pi·ra·tion /ˌrespɪ'reɪʃən/ *n* [U] *technical* oddychanie → patrz też ARTIFICIAL RESPIRATION —**respiratory** /rɪ'spɪrətəri/ *adj* oddechowy

re·spond /rɪ'spɒnd/ *v* [I] **1** za/reagować: *The US responded by sending in food and medical supplies.* | *She is responding well to the drugs.* **2** odpowiadać: *How did he respond to your question?*

re·sponse /rɪ'spɒns/ *n* [C,U] odpowiedź, reakcja: *There was still no response from him.* | **in response to** (=w odpowiedzi na): *I am writing in response to your advertisement.*

re·spon·si·bil·i·ty /rɪˌspɒnsɪ'bɪlɪti/ *n* [C,U] odpowiedzialność: *Parents have a responsibility to see that their children attend school.* | *She wanted a job with more responsibility.*

re·spon·si·ble /rɪ'spɒnsɪbəl/ *adj* odpowiedzialny: *a responsible young man* | *a responsible job* | **+ for** *the man responsible for the Oklahoma bombing* | *She's responsible for the day-to-day running of the department.*

re·spon·si·bly /rɪ'spɒnsɪbli/ *adv* odpowiedzialnie: *Can I trust you to behave responsibly while I'm gone?*

re·spon·sive /rɪ'spɒnsɪv/ *adj* **be responsive to** reagować na: *We try to be responsive to the needs of the customer.*

rest¹ /rest/ *n* **1 the rest** reszta: *What shall I do with the rest of the pizza?* | *Most of the tourists were German. The rest were American or Japanese.* **2** [C,U] odpoczynek: *I need to get some rest.* **3 put/set sb's mind at rest** uspokoić kogoś **4 come to rest** zatrzymać się: *A truck went off the road and came to rest at the bottom of the hill.* **5 at rest** *formal* w spoczynku: *the mass of an object at rest*

rest² *v* **1** [I] odpoczywać: *Can I rest for a few minutes? I'm feeling tired.* **2 rest your legs/eyes** dać odpocząć nogom/oczom **3** [T] opierać: *The baby rested its head on my shoulder.* **4 rest on your laurels** spocząć na laurach

rest on/upon sth *phr v* [T] *formal* opierać się na: *The whole case rests on his evidence.*

R

res·tau·rant /ˈrestərɒnt/ *n* [C] restauracja: *They had dinner in an Italian restaurant in Soho.*

rest·ful /ˈrestfəl/ *adj* spokojny: *We spent a restful evening watching television.*

rest·less /ˈrestləs/ *adj* **1** niespokojny, nerwowy: *The children are getting restless.* **2 get restless** zaczynać się niecierpliwić: *After eight years in the same job you start to get restless.* —**restlessly** *adj* niespokojnie —**restlessness** *n* [U] niepokój

re·store /rɪˈstɔː/ *v* [T] **1** odnawiać, wy/remontować: *He likes restoring old cars.* | *He makes his living restoring old buildings.* **2** przywracać: *The game helped restore his confidence.* | **restore order/peace** (=przywracać porządek/pokój) **3** *formal* zwracać: *The jewels were restored to their rightful owners.* —**restoration** /ˌrestəˈreɪʃən/ *n* [C,U] odbudowa: *the restoration of a 15th century church*

R

re·strain /rɪˈstreɪn/ *v* [T] **1** powstrzymywać: *He had to be physically restrained by the other players.* **2** za/hamować: *efforts to restrain inflation*

re·strained /rɪˈstreɪnd/ *adj* powściągliwy: *a typically restrained performance*

re·straint /rɪˈstreɪnt/ *n* **1** [U] umiar, powściągliwość: *The police showed great restraint.* **2** [C,U] ograniczenie: *financial restraints*

re·strict /rɪˈstrɪkt/ *v* [T] **1** ograniczać: *new laws to restrict the sale of guns* **2 restrict yourself to sth** ograniczać się do czegoś: *Can you restrict yourself to discussing the main topic?*

re·strict·ed /rɪˈstrɪkt$^{\text{I}}_{\text{ə}}$d/ *adj* ograniczony: *a restricted diet* | **+ to** *The sale of alcohol is restricted to people over the age of 21.* | **restricted area** (=teren zamknięty)

re·stric·tion /rɪˈstrɪkʃən/ *n* [C,U] ograniczenie, restrykcja: **+ on** *There's no restriction on how many tickets you can buy.* | **without restriction** (=bez ograniczeń): *freedom to travel without restriction*

re·stric·tive /rɪˈstrɪktɪv/ *adj* restrykcyjny: *restrictive trade policies*

rest·room /ˈrestrʊm/ *n* [C] *AmE* toaleta

re·struc·ture /ˌriːˈstrʌktʃə/ *v* [T] z/restrukturyzować —**restructuring** *n* [U] restrukturyzacja

re·sult¹ /rɪˈzʌlt/ *n* **1** [C,U] skutek, rezultat: **as a result of** (=na skutek/w wyniku): *She feels much better as a result of the treatment.* | **with the result (that)** *We arrived a few minutes late, with the result that* (=przez co) *we missed our train.* | **be the result of** *His death was the result of* (=była spowodowana) *years of drug abuse.* **2** [C] wynik, rezultat: *What was the result of the England-Italy game?* | *a disastrous result for the Republicans* **3** [C] wynik: *When will I have the results of my blood test?*

result² *v* [I] **result from** wynikać z, być wynikiem: *changes in society that have resulted from the use of computers*

result in sth *phr v* [T] s/powodować, do/prowadzić do: *a fire that resulted in the death of two children*

re·sume /rɪˈzjuːm/ *v* [I,T] *formal* wznawiać, podejmować (na nowo): *She hopes to resume her duties soon.* —**resumption** /rɪˈzʌmpʃən/ *n* [U singular] wznowienie

rés·u·mé /ˈrezjʊmeɪ/ *n* [C] *especially AmE* życiorys

res·ur·rec·tion /ˌrezəˈrekʃən/ *n* **1 the Resurrection** Zmartwychwstanie **2** [U] odrodzenie (się): *the resurrection of the British film industry*

re·sus·ci·tate /rɪˈsʌs$^{\text{I}}_{\text{ə}}$teɪt/ *v* [T] reanimować —**resuscitation** /rɪˌsʌs$^{\text{I}}_{\text{ə}}$ˈteɪʃən/ *n* [U] reanimacja

re·tail /ˈriːteɪl/ *n* [U] sprzedaż detaliczna, detal: *Retail profits went up by over 50%.* → porównaj WHOLESALE

re·tain /rɪˈteɪn/ *v* [T] zachowywać, zatrzymywać: *The town had retained much of its old charm.*

re·take /ˌriːˈteɪk/ *v* [T] *BrE* **retake an exam** zdawać egzamin poprawkowy

re·tal·i·ate /rɪˈtælieɪt/ *v* [I] brać/wziąć odwet: *The police retaliated by firing tear gas grenades.* —**retaliation** /rɪˌtæli-

'eɪʃən/ *n* [U] odwet —**retaliatory** /rɪ'tæliətəri/ *adj* odwetowy: *retaliatory action*

re·tard·ed /rɪ'tɑːdəd/ *adj* niedorozwinięty, opóźniony w rozwoju

re·think /ˌriː'θɪŋk/ *v* [T] przemyśleć ponownie

ret·i·cent /'retəsənt/ *adj* **be reticent about** mało mówić o: *Bryn is reticent about his part in the war.* —**reticence** *n* [U] małomówność

ret·i·na /'retənə/ *n* [C] siatkówka (*oka*)

re·tire /rɪ'taɪə/ *v* [I] przechodzić na emeryturę: *Barney wants to retire next year.*

re·tired /rɪ'taɪəd/ *adj* emerytowany: *a retired police officer*

re·tire·ment /rɪ'taɪəmənt/ *n* **1** [C,U] odejście na emeryturę: *a party for Bill's retirement* **2** [U singular] emerytura: *a long and happy retirement*

re·tort /rɪ'tɔːt/ *v* [T] odparować: *"It's easy for you to say that!" he retorted.* —**retort** *n* [C] riposta

re·tract /rɪ'trækt/ *v* [T] wy/cofać: *He later retracted his confession.*

re·train·ing /riː'treɪnɪŋ/ *n* [U] przekwalifikowanie

re·treat[1] /rɪ'triːt/ *v* [I] wycofywać się: *The British retreated to the beaches of Dunkirk.* | *She retreated into the kitchen at the first sign of an argument.*

retreat[2] *n* **1** [C,U] odwrót, wycofanie (się): *Napoleon's retreat from Moscow* **2** [U singular] ucieczka: **beat a retreat** (=uciec): *They beat a hasty retreat back to the house.* **3** [C] zacisze: *a weekend retreat* **4** [C,U] wycofanie się: *a retreat from the government's earlier promises*

re·trieve /rɪ'triːv/ *v* [T] odnaleźć, odzyskać: *I retrieved my suitcase from the hall cupboard.*

ret·ro·spect /'retrəspekt/ *n* **in retrospect** z perspektywy czasu: *In retrospect, it was the wrong time to leave my job.*

re·turn[1] /rɪ'tɜːn/ *v* **1** [I] wracać, powracać: *Caesar returned to Rome.* | *She didn't return until after 8 o'clock.* | *Next morning, the pain had returned.* | *Does Kate plan to return to work after the baby is born?* | **return to normal** (=wracać do normalności): *Everything will soon return to normal.* **2** [T] zwracać, oddawać, odsyłać: *The letter was returned unopened.* **3** [T] odwzajemniać: *She doesn't return his feelings.* | **return sb's call** (=oddzwonić) **4 return a verdict** wydać werdykt/orzeczenie

return[2] *n* **1** [singular] powrót: *The workers agreed on a return to work.* | *Allen's return to film-making* | **on sb's return** *On his return to Japan* (=po powrocie do Japonii), *he began work on his first novel.* **2** [singular] zwrot: *a reward for the return of the stolen necklace* **3** [C,U] zysk: *He expects a big return on his shares.* **4** [U] klawisz "enter": *Key in your name and press return.* **5** [C] *BrE* bilet powrotny **6 in return (for)** w zamian (za): *She drives me to work, and in return I pay for her lunches.* **7 many happy returns** *BrE* wszystkiego najlepszego (z okazji urodzin)

return vis·it /.ˌ. '../ *n* [C] rewizyta

re·u·ni·fi·ca·tion /riːˌjuːnəfə'keɪʃən/ *n* [U] zjednoczenie (*ponowne*): *German reunification*

re·u·nion /riː'juːnjən/ *n* [C,U] spotkanie, zjazd: *a college reunion*

Rev. skrót od REVEREND

re·veal /rɪ'viːl/ *v* [T] **1** wyjawiać, ujawniać: *Their affair was first revealed in a Sunday newspaper.* **2** odsłaniać: *The curtains went back to reveal the stage.*

rev·e·la·tion /ˌrevə'leɪʃən/ *n* [C,U] rewelacja: *revelations about Charles and Diana's marriage*

re·venge[1] /rɪ'vendʒ/ *n* [U] zemsta: **get/take/have your revenge** (=ze/mścić się): *When she found out that he had been unfaithful, she was determined to get her revenge.* —**revengeful** *adj* mściwy

revenge[2] *v* [T] **revenge yourself on sb** ze/mścić się na kimś → patrz też AVENGE

R

rev·e·nue /ˈrevənjuː/ *n* [U] *także* **revenues** [plural] dochody

Rev·e·rend /ˈrevərənd/ *adj* wielebny: *the Reverend John Larson*

re·verse¹ /rɪˈvɜːs/ *v* **1** [I,T] wy/cofać (się): *Someone reversed into the back of my car.* **2 reverse the charges** *BrE* dzwonić na koszt rozmówcy

reverse² *n* **1** [U] *także* **reverse gear** bieg wsteczny: *Put the car in reverse.* **2 the reverse** odwrotność, przeciwieństwo: *In fact, the reverse is true* (=jest dokładnie odwrotnie).

reverse³ *adj* odwrotny, przeciwny: *The names were read out in reverse order.*

R

re·vers·i·ble /rɪˈvɜːsəbəl/ *adj* **1** odwracalny: *This decision may be reversible in the future.* **2** dwustronny: *a reversible coat*

re·vert /rɪˈvɜːt/ *v* **revert to sth** powracać do czegoś: *Leningrad reverted to its former name of St Petersburg.*

re·view¹ /rɪˈvjuː/ *n* **1** [C,U] przegląd: *an urgent review of safety procedures* **2** [C] recenzja: *The Water People has already received a lot of good reviews.*

review² *v* **1** [T] z/rewidować, poddawać rewizji: *The state is reviewing its education policy.* **2** [I,T] z/recenzować **3** [I,T] *AmE* powtarzać (*do egzaminu*)

re·view·er /rɪˈvjuːə/ *n* [C] recenzent/ka

re·vise /rɪˈvaɪz/ *v* **1** [T] z/rewidować, s/korygować: *They were forced to revise their plans.* **2** [T] poprawiać: *the revised edition of the book* **3** [I] *BrE* powtarzać (*do egzaminu*)

re·vi·sion /rɪˈvɪʒən/ *n* **1** [C,U] rewizja, korekta **2** [U] *BrE* powtórka (*przed egzaminem*)

re·vi·tal·ize /riːˈvaɪtəlaɪz/ (*także* **-ise** *BrE*) *v* [T] ożywiać: *attempts to revitalize the economy*

re·vi·val /rɪˈvaɪvəl/ *n* **1** [C,U] ożywienie: *the revival of interest in sixties music* | *hopes for an economic revival* **2** [C] wznowienie: *a revival of 'Oklahoma!'*

re·vive /rɪˈvaɪv/ *v* [I,T] **1** [T] wskrzeszać, ożywiać: *Old customs are being revived.* **2** [T] o/cucić: *The doctors were unable to revive him.* **3** [I,T] odrodzić (się): *She came back from her trip feeling revived.*

re·volt¹ /rɪˈvəʊlt/ *v* **1** [I] z/buntować się: **+ against** *In 1986 the people revolted against the government of President Marcos.* **2** [T] budzić odrazę: *I was revolted by what I saw.*

revolt² *n* [C,U] bunt, rewolta: *the Paris student revolt of May 1968*

re·volt·ing /rɪˈvəʊltɪŋ/ *adj* odrażający: *What a revolting smell!*

rev·o·lu·tion /ˌrevəˈluːʃən/ *n* **1** [C,U] rewolucja: *the Russian Revolution* | *a revolution in scientific thinking* | *the Industrial Revolution* **2** [C,U] obrót: *a wheel turning at a speed of 100 revolutions per minute*

rev·o·lu·tion·a·ry¹ /ˌrevəˈluːʃənəri◂/ *adj* rewolucyjny: *a revolutionary new treatment for cancer* | *a revolutionary army*

revolutionary² *n* [C] rewolucjonist-a/ka

rev·o·lu·tion·ize /ˌrevəˈluːʃənaɪz/ (*także* **-ise** *BrE*) *v* [T] z/rewolucjonizować: *The Internet has revolutionized the way people work.*

re·volve /rɪˈvɒlv/ *v* [I] obracać się: *The wheels began to revolve slowly.* —**revolving** *adj* obrotowy: *a revolving door*

revolve around sb/sth *phr v* [T] obracać się wokół: *Her life seems to revolve around her job.*

re·volv·er /rɪˈvɒlvə/ *n* [C] rewolwer

re·vue /rɪˈvjuː/ *n* [C] rewia

re·vul·sion /rɪˈvʌlʃən/ *n* [U] wstręt, odraza

re·ward¹ /rɪˈwɔːd/ *n* [C,U] nagroda: *A $25,000 reward is being offered for information leading to the arrest of the robbers.* ➡ porównaj AWARD²

> **UWAGA reward**
>
> Patrz **award, prize** i **reward.**

reward² *v* [T] wy/nagradzać: *He was finally rewarded for all his hard work.*

re·ward·ing /rɪˈwɔːdɪŋ/ *adj* satysfakcjonujący: *a rewarding job*

re·wind /riːˈwaɪnd/ *v* [I,T] przewijać (taśmę) (*do tyłu*)

re·write /ˌriːˈraɪt/ *v* [T] na/pisać od nowa, przerabiać: *Perhaps you ought to rewrite the first paragraph to make it a little clearer.*

rhap·so·dy /ˈræpsədi/ *n* [C] rapsodia

rhet·o·ric /ˈretərɪk/ *n* [U] retoryka: *Despite all the rhetoric, very little has been done to help the poor.* —**rhetorical** /rɪˈtɒrɪkəl/ *adj* retoryczny —**rhetorically** *adv* retorycznie

rhetorical ques·tion /.,... '../ *n* [C] pytanie retoryczne

rheu·ma·tis·m /ˈruːmətɪzəm/ *n* [U] reumatyzm

rhi·no·ce·ros /raɪˈnɒsərəs/ *także* **rhi·no** /ˈraɪnəʊ/ *n* [C] nosorożec

rhu·barb /ˈruːbɑːb/ *n* [U] rabarbar

rhyme[1] /raɪm/ *v* **1** [I] rymować się: *'House' rhymes with 'mouse'.* **2** [T] z/rymować: *You can't rhyme 'box' with 'backs'.*

rhyme[2] *n* **1** [C] wierszyk, rymowanka → patrz też NURSERY RHYME **2** [C] rym: *I can't find a rhyme for "donkey".* **3** [U] rymowanie

rhyth·m /ˈrɪðəm/ *n* [C,U] rytm —**rhythmic** /ˈrɪðmɪk/ *adj* rytmiczny

rib /rɪb/ *n* [C] żebro

rib·bon /ˈrɪbən/ *n* **1** [C,U] wstążka: *She had a red ribbon in her hair.* **2** taśma (*do maszyny do pisania*)

rice /raɪs/ *n* [U] ryż

rich /rɪtʃ/ *adj* **1** bogaty: *a very rich man* | *a rich and powerful nation* | *a rich source of ideas* | **+ in** *a tiny island rich in wildlife* **2** kaloryczny: *a rich chocolate cake* **3 the rich** bogaci: *tax laws that benefit the rich* **4** głęboki: *a rich dark blue* | *the rich tone of a cello* **5** żyzny: *rich soil* —**richness** *n* [U] bogactwo

rich·es /ˈrɪtʃɪ̈z/ *n* [plural] *literary* bogactwo

rich·ly /ˈrɪtʃli/ *adv* bogato: *The walls were richly decorated with marble.*

rick·shaw /ˈrɪkʃɔː/ *n* [C] riksza

ric·o·chet /ˈrɪkəʃeɪ/ *v* [I] odbijać się rykoszetem

rid[1] /rɪd/ *adj* **get rid of** pozbyć się: *Do you want to get rid of these old shirts?* | *I can't get rid of this cold.* | *She's worried that they want to get rid of her.*

rid[2] *v* **rid** *or* **ridded, rid, ridding**

rid sb/sth **of** sth *phr v* [T] uwolnić od: *efforts to rid the government of corruption*

rid·dle /ˈrɪdl/ *n* [C] zagadka: *I can't solve this riddle.* | *the riddle of Elise's death*

ride[1] /raɪd/ *v* [I,T] **rode, ridden** /ˈrɪdn/, **riding 1** jeździć (na), jechać (na): *Can you ride a bike?* | *Fiona rides* (=jeździ konno) *every weekend.* **2** *AmE* jeździć (*czymś*): *Fred rides the subway to work everyday.*

ride[2] *n* [C] jazda, przejażdżka: *Mick gave me a ride* (=podwiózł mnie) *to work.*

rid·er /ˈraɪdə/ *n* [C] **1** jeździec **2** rowerzyst-a/ka, motocyklist-a/ka

ridge /rɪdʒ/ *n* [C] grzbiet (*górski*): *the ridge along the Virginia-Kentucky border*

rid·i·cule[1] /ˈrɪdɪ̈kjuːl/ *n* [U] kpiny: *She became an object of ridicule* (=stała się pośmiewiskiem).

ridicule[2] *v* [T] wyśmiewać, naśmiewać się z: *Darwin's theories were ridiculed.*

ri·dic·u·lous /rɪˈdɪkjʊ̈ləs/ *adj* śmieszny, absurdalny: *She looks ridiculous in those tight trousers.* | *What a ridiculous suggestion!* —**ridiculously** *adv* śmiesznie, absurdalnie: *ridiculously small*

rid·ing /ˈraɪdɪŋ/ *n* [U] jeździectwo, jazda konna

rife /raɪf/ *adj* **be rife** szerzyć się: *Corruption is rife.*

ri·fle /ˈraɪfəl/ *n* [C] strzelba, karabin

rift /rɪft/ *n* [C] **1** rozdźwięk: *a growing rift between the two countries* **2** szczelina skalna

rig /rɪg/ *n* [C] platforma wiertnicza

rig·ging /ˈrɪgɪŋ/ *n* [U] takielunek

right[1] /raɪt/ *adj* **1** dobry, poprawny: *Did you get the right answer?* | *Yes, you're right* (=masz rację) – *that's Bev's car in the driveway.* | **be right about** (=mieć rację co do): *You were right about the party – it* *was awful.* **2** [only before noun] prawy: *Raise your right arm.* | *Make a right turn* (=skręć w prawo) *after the gas station.* **3** odpowiedni, właściwy: *We all agree that Carey is the right person for the job.* **4** słuszny: *I hope we've made the right decision.* | *Do you think I was right to report them to the police* (=myślisz, że słusznie postąpiłem, zgłaszając ich na policję)? **5 that's right** *spoken* zgadza się: *"Your mother's a teacher isn't she?" "Yes, that's right."* **6** *spoken* prawda?: *You wanted to go to the show, right?* ➡ patrz też ALL RIGHT[1]

right[2] *adv* **1** dokładnie: *The show started right on time.* | *He was standing right in front of* (=tuż przed) *our car.* **2 right now/away** zaraz, od razu: *I'll find the address for you right away.* **3 right now** w tej chwili **4** dobrze, poprawnie: *They didn't spell my name right.* **5** w prawo: *Turn right at the lights.* **6** całkiem: *Go right to the end of the road* (=aż do końca drogi). | *The bullet went right through* (=przebiła na wylot) *the car door.*

right[3] *n* **1** [C] prawo: *Women didn't have the right to vote until 1920.* | **+ to** *the right to free speech* | **have no right to do sth** *You have no right to interfere* (=nie masz prawa się wtrącać). **2** [singular] prawa strona: *Our house is on the right.* **3** [U] dobro: *You're old enough to know the difference between right and wrong.* **4 in his/her/its own right** sam/sama/samo w sobie: *San Jose is a city in its own right, not just a suburb of San Francisco.* **5 the right** prawica ➡ patrz też RIGHTS

right an·gle /ˈ. ˌ../ *n* [C] kąt prosty

right·ful /ˈraɪtfəl/ *adj* prawowity: *the property's rightful owner*

right-hand /ˈ. ./ *adj* prawy, prawostronny: *on the right-hand side* | *Make a right-hand turn* (=skręć w prawo).

right-hand·ed /ˌ. ˈ..◂/ *adj* praworęczny

right·ly /ˈraɪtli/ *adv* słusznie: *His opponents point out, quite rightly, that government money is taxpayers' money.*

right of way /ˌ. . ˈ./ *n* [U] pierwszeństwo (przejazdu)

rights /raɪts/ *n* [plural] **1** prawa: *laws that have gradually taken away workers' rights* | **equal rights** (=równouprawnienie): *equal rights for women* **2** prawa autorskie: *Several studios are bidding for the rights to Crichton's last book.* ➡ patrz też HUMAN RIGHTS, CIVIL RIGHTS

right-wing /ˌ. ˈ.◂/ *adj* prawicowy: *a right-wing newspaper* —**right-winger** *n* [C] prawicowiec —**right wing** *n* [singular] prawe skrzydło

ri·gid /ˈrɪdʒɪd/ *adj* **1** surowy, ścisły: *the rigid discipline of army life* **2** sztywny: *a tent supported on a rigid frame* —**rigidly** *adv* sztywno, ściśle: *The laws were rigidly enforced.* —**rigidity** /rɪˈdʒɪdɪti/ *n* [U] sztywność

rig·or·ous /ˈrɪgərəs/ *adj* szczegółowy, dokładny: *rigorous safety checks* —**rigorously** *adv* rygorystycznie

rig·our /ˈrɪgə/ *BrE*, **rigor** *AmE n* [U] ścisłość, dokładność: *the rigour of scientific methods*

rim /rɪm/ *n* [C] brzeg, obrzeże: *the rim of a cup* | *the rim of a wheel*

rind /raɪnd/ *n* [C,U] skórka: *a piece of lemon rind* | *cheese rind*

ring[1] /rɪŋ/ *n* [C] **1** pierścionek: *a wedding ring* (=obrączka) **2** krąg, pierścień: *The cottage was surrounded by a ring of trees.* **3** kółko: *a key ring* **4** szajka: *a drug ring* **5** dzwonek: *a ring at the door* **6 give sb a ring** *BrE* za/dzwonić do kogoś **7** ring: *a boxing ring*

ring[2] *v* **rang, rung, ringing 1** [I,T] za/dzwonić: *I rang the bell but there was no answer.* | *The telephone's ringing.* **2** [I,T] *BrE* za/dzwonić (do): *I rang you yesterday, but you weren't in.* **3 ring a bell** *informal* nie być (komuś) obcym: *Her name rings a bell* (=jej nazwisko nie jest mi obce), *but I can't remember her face.* **4 not ring true** nie brzmieć wiarygodnie: *His excuse didn't really ring true.*

ring back *phr v* [I,T **ring** sb **back**] *BrE* oddzwonić, zadzwonić jeszcze raz: *I'm busy just now. Could you ring back in an hour?*

ring out *phr v* [I] rozlegać się, rozbrzmiewać: *The sound of a shot rang out.*

ring up *phr v* [I,T **ring** sb ↔ **up**] za/dzwonić (do): *I'll ring him up and ask him.*

ring[3] *v* [T] **ringed, ringed, ringing 1** otaczać: *The police ringed the building.* **2** zakreślać: *My teacher ringed every mistake in red.*

ring·lead·er /ˈrɪŋˌliːdə/ *n* [C] prowodyr: *Police arrested the two ringleaders last night.*

ring road /ˈ. ./ *n* [C] *BrE* obwodnica

rink /rɪŋk/ *n* [C] *także* **ice rink** lodowisko

rinse[1] /rɪns/ *v* [T] o/płukać, s/płukać: *Rinse the lettuce in cold water.* | **rinse out sth** (=wypłukać coś): *He rinsed out a glass and poured himself a whisky.*

rinse[2] *n* **1 give sth a rinse** wypłukać coś: *I'll just give this shirt a quick rinse.* **2** [C,U] płukanka do włosów: *a blond rinse*

ri·ot /ˈraɪət/ *n* [C] rozruchy, zamieszki: *Rises in food prices caused riots and strikes.*

rip[1] /rɪp/ *v* **-pped, -pping 1** [I,T] po/drzeć (się): *Oh, no! I've just ripped my sleeve.* | *Don't pull the curtain too hard – it'll rip.* | **rip sth open** (=rozrywać coś): *Impatiently, Sue ripped the letter open.* **2** [T] zrywać: *He ripped off his clothes and jumped into the pool.*

rip sb **off** *phr v* [T] *spoken informal* zedrzeć skórę z: *That taxi driver tried to rip me off!*

rip sth ↔ **up** *phr v* [T] podrzeć: *Angrily, Fran ripped up her contract.*

rip[2] *n* [C] rozdarcie: *a rip in the tyre*

ripe /raɪp/ *adj* **1** dojrzały: *Those peaches don't look ripe yet.* **2 the time is ripe (for)** nadszedł czas (na): *The time is ripe for trade talks.* **3 live to a ripe old age** dożyć sędziwego wieku —**ripeness** *n* [U] dojrzałość

rip·en /ˈraɪpən/ *v* [I] dojrzewać: *Corn ripens quickly in the summer sun.*

rip·off /ˈrɪpɒf/ *n* [C] *spoken informal* zdzierstwo: *The drinks in the hotel bar are a ripoff!*

rise[1] /raɪz/ *v* [I] **rose, risen** /ˈrɪzən/, **rising 1** rosnąć, wzrastać: *World oil prices are rising.* | *The population has risen steadily since the 1950s.* | **rise by 10%/£500 etc** *Salaries rose by* (=wzrosły o) *10% last year.* ➡ antonim FALL[1] **2** wznosić się, podnosić się: *Smoke rose from the chimney.* | *Flood waters are still rising in parts of Missouri.* **3** wstawać: *Thornton rose to his feet and turned to speak to them.* **4** wzmagać się: *You could feel the excitement rising as we waited.* **5** wschodzić: *The sun rises at around 6 am.* ➡ antonim SET[1] **6** wznosić się, wyrastać: *Then they could see Mount Shasta rising in the distance.* **7 rise to the occasion/challenge** stanąć na wysokości zadania **8** *literary także* **rise up** powstać: *In 1917 the Russian people rose against the Czar.*

rise[2] *n* **1** [C] wzrost: **+ in** *a sudden rise in temperature* | *a rise in the cost of living* **2** [singular] **rise to power** dojście do władzy: *Stalin's rise to power* **3 give rise to** wywoływać: *The president's absence gave rise to rumours about his health.* **4** [C] wzniesienie: *a slight rise in the road* **5** [C] *BrE* podwyżka: *We got a 4% rise last year.*

ris·er /ˈraɪzə/ *n* **be an early/late riser** wcześnie/późno wstawać

risk[1] /rɪsk/ *n* **1** [C,U] ryzyko: *risks involved in starting a small business* | **+ of** *the risk of serious injury* | **+ that** *There is always the risk that someone may press the wrong button.* **2 take a risk/run the risk** za/ryzykować: *You'll be running the risk of getting caught.* **3 at risk** zagrożony: **+ from** *people at risk from AIDS* (=osoby zagrożone AIDS) **4 at your own risk** na własne ryzyko: *Customers may park here at their own risk.* **5** [C] zagrożenie: **health/fire/security risk** *The tire dump is a major fire risk.* | **+ to** *Polluted water supplies are a risk to public health.*

risk[2] *v* [T] za/ryzykować: *I'm not going to risk my life to save a cat!* | *He risked his parents' anger by marrying me.* | **risk doing sth** *I daren't risk leaving the children alone.*

risk·y /ˈrɪski/ *adj* ryzykowny: *a risky*

R

financial investment | *You drove too fast round that corner – it was a risky thing to do.*

rite /raɪt/ *n* [C] obrzęd, obrządek: *funeral rites*

rit·u·al[1] /ˈrɪtʃuəl/ *n* [C,U] obrzęd, obrządek: *church rituals* | *The children performed the bedtime ritual of washing and brushing their teeth.*

ritual[2] *adj* rytualny: *ritual dancing* —**ritually** *adv* rytualnie

ri·val[1] /ˈraɪvəl/ *n* [C] rywal/ka, konkurent/ka: *The two teams had always been rivals.* —**rival** *adj* konkurencyjny: *rival gangs*

rival[2] *v* [T] **-lled, -lling** *BrE*, **-led, -ling** *AmE* dorównywać: *The college has sports facilities that rival those of Yale or Harvard.*

R

ri·val·ry /ˈraɪvəlri/ *n* [C,U] rywalizacja, współzawodnictwo: *There has always been a kind of friendly rivalry between the two teams.*

riv·er /ˈrɪvə/ *n* [C] rzeka: *the River Nile* | *Let's go for a swim in the river.*

riv·er·side /ˈrɪvəsaɪd/ *n* [singular] brzeg rzeki: *riverside apartments*

riv·et /ˈrɪv$_{\text{ə}}^{\text{ˈ}}$t/ *v* **riveted to** przykuty do: *People sat riveted to their TVs during the trial.*

riv·et·ing /ˈrɪv$_{\text{ə}}^{\text{ˈ}}$tɪŋ/ *adj* pasjonujący: *a riveting movie*

roach /rəʊtʃ/ *n* [C] *AmE* karaluch

road /rəʊd/ *n* **1** [C,U] droga, ulica: *They're building a new road around the city centre.* | *Her address is 25 Park Road.* | **along/up/down the road** (=drogą): *The boys go to the school down the road.* | **across/over the road** (=po drugiej stronie ulicy): *Who lives in that house across the road?* | **main road** (=główna ulica) | **by road** (=samochodem): *the transportation of goods by road* **2 be on the road** być w trasie: *We've been on the road since 7:00 a.m.* **3 on the road to success/recovery** na drodze do sukcesu/wyzdrowienia

road·block /ˈrəʊdblɒk/ *n* [C] blokada drogi: *Two dangerous prisoners have escaped and the police are setting up roadblocks.*

road·house /ˈrəʊdhaʊs/ *n* [C] *AmE* zajazd

road·side /ˈrəʊdsaɪd/ *n* [singular] pobocze: *a roadside café* (=przydrożny bar)

road·works /ˈreʊdwɜːks/ *n* [plural] *BrE* roboty drogowe

roam /rəʊm/ *v* [I,T] włóczyć się (po): *Teenage gangs roamed the streets.*

roar[1] /rɔː/ *v* **1** [I] za/ryczeć: *We heard a lion roar in the distance.* **2** [I,T] ryknąć: *"Get out of here now!" he roared.*

roar[2] *n* [C] ryk: *a roar of laughter*

roast[1] /rəʊst/ *v* [I,T] u/piec, opiekać: *Roast the chicken for two hours.*

roast[2] *n* [C] pieczeń

roast[3] *adj* [only before noun] pieczony, opiekany: *roast beef* (=pieczeń wołowa)

rob /rɒb/ *v* [T] **-bbed, -bbing** **1** okradać, ob/rabować: *The two men were jailed for robbing a jeweller's.* **2 rob sb of sth** pozbawiać kogoś czegoś: *a failure that robbed him of his self-confidence*

UWAGA **rob**
Patrz **steal** i **rob**.

rob·ber /ˈrɒbə/ *n* [C] złodziej: *a bank robber*

rob·ber·y /ˈrɒbəri/ *n* [C,U] napad, rabunek: **armed robbery** (=napad z bronią w ręku): *They're in prison for armed robbery.*

robe /rəʊb/ *n* [C] **1** toga, szata: *a judge's robe* **2** *AmE* szlafrok

rob·in /ˈrɒb$_{\text{ə}}^{\text{ˈ}}$n/ *n* [C] rudzik

ro·bot /ˈrəʊbɒt/ *n* [C] robot: *industrial robots*

ro·bust /rəˈbʌst/ *adj* silny, krzepki: *a surprisingly robust 70-year-old* | *a robust structure*

rock[1] /rɒk/ *n* **1** [U,C] skała: *a tunnel cut through solid rock* | *Their ship was driven onto the rocks by the storm.* **2** [C] głaz, kamień **3** [U] *także* **rock music** rock, muzyka rockowa

rock[2] *v* **1** [I,T] kołysać (się): *Jane sat rocking the baby.* | *Waves were making the boat* *rock.* **2** [T] wstrząsać: *a city rocked by violence*

rock and roll /ˌ. . ˈ./ *n* [U] rock and roll

rock·e·ry /ˈrɒkəri/ *n* [C] ogródek skalny

rock·et¹ /ˈrɒkɪt/ *n* [C] rakieta: *a Soviet space rocket | anti-tank rockets*

rocket² *v* [I] skoczyć w górę: *The price of coffee has rocketed.* | **+ to** *a song that has rocketed to number one in the charts*

rock·ing chair /ˈ.. ./ *n* [C] fotel bujany

rocking horse /ˈ.. ./ *n* [C] koń na biegunach

rock 'n' roll /ˌrɒk ən ˈrəʊl/ *n* [U] rock and roll

rocks /rɒks/ *n* **be on the rocks** być w rozsypce (*o małżeństwie*)

rock·y /ˈrɒki/ *adj* skalisty: *the rocky coast of Maine*

rod /rɒd/ *n* [C] **1** pręt, kij **2 fishing rod** wędka

rode /rəʊd/ *v* czas przeszły od RIDE

ro·dent /ˈrəʊdənt/ *n* [C] gryzoń

ro·de·o /ˈrəʊdiəʊ/ *n* [C] rodeo

roe /rəʊ/ *n* [C,U] **1** *także* **hard roe** ikra **2** *także* **soft roe** mlecz

role /rəʊl/ *n* [C] rola: *Brendan will play the role of Romeo.* | **+ as** *the importance of her role as mother of the family* | **play a major/key role in** (=odgrywać ważną/kluczową rolę w): *companies that play a major role in the world's economy*

role mod·el /ˈ. ˌ../ *n* [C] wzór do naśladowania

roll¹ /rəʊl/ *v* **1** [I,T] po/kulać (się), po/toczyć (się): *The ball rolled across the lawn.* **2** [I] toczyć się: *Tears rolled down his cheeks.* | *The van was starting to roll backward.* **3** *także* **roll over** [I] przewracać się (*np. na drugi bok*) kulać się: *He rolled over onto his stomach.* | *Beth's dog had been rolling in the mud.* **4** [T] zwijać, skręcać: *Bob rolled another cigarette.* **5** [I] kołysać się: *The ship was starting to roll.* **6** *także* **roll out** [T] roz/wałkować: *Roll the pastry out.*

roll in *phr v* [I] *informal* napływać: *The money soon came rolling in.*

roll up *phr v* [T **roll** sth ↔ **up**] zwijać: *a rolled-up newspaper* | *Roll up* (=podwiń) *your sleeves.*

roll² *n* [C] **1** rolka: *a roll of toilet paper* **2** bułka **3** lista, wykaz: *the union membership roll* **4 a roll of thunder** grzmot

roll call /ˈ. ./ *n* [C,U] odczytanie listy obecności

roll·er /ˈrəʊlə/ *n* [C] **1** wałek, rolka: *The rollers under the armchair made it easy to move.* **2** wałek, lokówka: *She sleeps with her hair in rollers.*

Rol·ler·blade /ˈrəʊləˌbleɪd/ *n* [C] *trademark* łyżworolka → porównaj ROLLER SKATE

roller coast·er /ˈ.. ˌ../ *n* [C] kolejka górska (*w wesołym miasteczku*)

roller skate /ˈ.. ˌ./ *n* [C] wrotka —**roller skate** *v* [I] jeździć na wrotkach

roll·ing /ˈrəʊlɪŋ/ *adj* falisty, pofalowany: *rolling hills*

rolling pin /ˈ.. ./ *n* [C] wałek do ciasta

Ro·man¹ /ˈrəʊmən/ *adj* rzymski: *the Roman Empire*

Roman² *n* [C] Rzymia-nin/nka

Roman Cath·o·lic /ˌ.. ˈ...◂/ *adj* rzymskokatolicki —**Roman Catholic** *n* [C] katoli-k/czka —**Roman Catholicism** /ˌ.. .ˈ..../ *n* [U] katolicyzm

ro·mance /rəʊˈmæns/ *n* **1** [C,U] romans: *a summer romance* | *She spends her time reading silly romances.* **2** [U] urok: *the romance of travelling to distant places*

Roman nu·me·ral /ˌ.. ˈ.../ *n* [C] cyfra rzymska

ro·man·tic¹ /rəʊˈmæntɪk/ *adj* romantyczny: *"Paul always sends me roses on my birthday." "How romantic!"* | *She enjoys romantic movies.* | *her romantic dreams of becoming a famous writer* —**romantically** *adv* romantycznie

romantic² *n* [C] romanty-k/czka

roof /ruːf/ *n* [C] *plural* **roofs** *or* **rooves** /ruːvz/ **1** dach: *The storm ripped the roof off our house.* **2** strop: *The roof of the tunnel suddenly collapsed.* **3** podniebienie: *the roof of the mouth*

roof rack /ˈ. .ˌ/ [C] bagażnik (*na dachu*)

roof·top /ˈruːftɒp/ *n* [C] dach: *Beyond the rooftops she could see the bay.*

rook /rʊk/ *n* [C] gawron

room /ruːm, rʊm/ *n* **1** [C] pokój: *My brother was sleeping in the next room.* | *the living room* **2** [C] sala, pomieszczenie: *The meeting room is upstairs on your right.* **3** [U] miejsce: **+ for** *Is there room for my camera in your bag?* | **room to do sth** *There isn't much room to move around.* | **make room for** (=z/robić miejsce dla): *Would you please move along and make room for Jerry.*

> UWAGA **room**
>
> Patrz **place** i **room/space**.

R

room·mate /ˈruːmˌmeɪt, rʊm-/ *n* [C] współlokator/ka, współmieszka-niec/nka

room ser·vice /ˈ. ˌ../ *n* [U] obsługa kelnerska pokojów hotelowych

room·y /ˈruːmi/ *adj* przestronny: *a roomy car*

roost /ruːst/ *n* [C] grzęda

roost·er /ˈruːstə/ *n* [C] kogut

root[1] /ruːt/ *n* [C] **1** korzeń: *When you plant a rose bush, be careful not to damage the roots.* | *the root of a tooth* | *Jazz has its roots in African music.* **2** sedno: *Let's get to the root of this matter.* | **be/lie at the root of** (=leżeć u podłoża): *religious differences which lie at the root of the conflict* **3** cebulka: *the root of a hair* **4 take root** zakorzeniać się: *helping democracy take root* → patrz też ROOTS, SQUARE ROOT

root[2] *v*

root sth ↔ **out** *phr v* [T] wykorzeniać: *Rascism cannot be rooted out without strong government action.*

root·ed /ˈruːt$^{\text{I}}_{\text{ə}}$d/ *adj* **rooted in** zakorzeniony w: *attitudes that are deeply rooted in religious tradition*

rope[1] /rəʊp/ *n* [C,U] sznur, lina: *They tied a rope around the dog's neck.*

rope[2] *v* [T] związywać: *The climbers were roped together for safety.*

rope sth ↔ **off** *phr v* [T] odgradzać sznurem: *Police roped off the area where the bomb was found.*

ro·sa·ry /ˈrəʊzəri/ *n* [C] różaniec

rose[1] /rəʊz/ *n* **1** [C] róża **2** [U] róż

rose[2] *v* czas przeszły od RISE

ros·y /ˈrəʊzi/ *adj* **1** różowy: *rosy cheeks* **2** obiecujący: *a rosy future* (=świetlana przyszłość)

rot /rɒt/ *v* [I,T] ze/psuć (się), z/gnić: *The vegetables were left to rot.* | *Too much sugar rots your teeth.*

ro·ta·ry /ˈrəʊtəri/ *adj* obrotowy: *the rotary movement of helicopter blades*

ro·tate /rəʊˈteɪt/ *v* [I,T] obracać (się): *The Earth rotates every 24 hours.* | *Rotate the handle to the right.*

ro·ta·tion /rəʊˈteɪʃən/ *n* **1** [C,U] obrót: *the rotation of the Earth on its axis* **2** rotacja: *We work in rotation* (=pracujemy na zmianę).

rote /rəʊt/ *n* [U] **learn sth by rote** na/uczyć się czegoś na pamięć

ro·tor /ˈrəʊtə/ *n* [C] wirnik

rot·ten /ˈrɒtn/ *adj* **1** zepsuty, zgniły: *rotten apples* **2** spróchniały: *rotten wood* **3** *informal* kiepski: *Betty is a rotten cook.*

rough /rʌf/ *adj* **1** nierówny, wyboisty: *Our jeep's good for travelling over rough ground.* **2** szorstki, chropowaty: *My skin feels rough and dry.* **3** przybliżony: *Can you give us a rough idea of the cost?* | *a rough draft* (=brudnopis) *of an essay* **4** brutalny: *You mustn't be too rough with her.* | *Ice hockey is a rough sport.* **5** niebezpieczny: *a rough part of the town* **6** trudny, ciężki: *She's had a rough couple of weeks at work.* **7** wzburzony: *a rough sea* **8 feel rough** źle się czuć —**roughness** *n* [U] szorstkość, chropowatość

rough·age /ˈrʌfɪdʒ/ *n* [U] błonnik

rough·ly /ˈrʌfli/ *adv* **1** w przybliżeniu: *Roughly 100 people came.* | *I worked out roughly how much it would cost.* **2** gwałtownie: *She pushed him away roughly.*

rou·lette /ruːˈlet/ *n* [U] ruletka

round[1] /raʊnd/ *adj* **1** okrągły: *a round table* | *her little round face* **2 in round figures/numbers** w zaokrągleniu

round[2] *adv, prep especially BrE także* **around 1** dookoła, wokół: *The wheel is still spinning round.* | *We sat round the fire.* | *The children gathered round to watch the magician.* **2** do tyłu: *I looked round* (=obejrzałem się) *to see who had come into the room.* | *Turn your chair round* (=odwróć krzesło) *the other way.* **3 round and round** w kółko: *We drove round and round but couldn't find the place.* **4 round about a)** około: *I'm expecting them round about 10 o'clock.* **b)** w okolicy: *There are lots of nice pubs round about.* ➡ patrz też AROUND

round[3] *n* [C] **1** runda: *the latest round of peace talks* | *Tyson has made it to the third round.* **2** obchód: *The doctor is out on her rounds.* | *The postman starts his round at 6 am.* **3** kolejka: *I'll buy the first round of drinks.* **4** seria: *He let off a round of ammunition.*

round[4] *v* [T]

round sth ↔ **down** *phr v* [T] zaokrąglać (*w dół*): *round it down to £20*

round sb/sth ↔ **up** *phr v* [T] zbierać, spędzać: *Police rounded up 20 people for questioning.*

round sth **up** *phr v* [T] zaokrąglać (*w górę*)

round·a·bout[1] /ˈraʊndəbaʊt/ *adj* okrężny: *a roundabout route to avoid heavy traffic*

roundabout[2] *n* [C] *BrE* **1** rondo: *Turn left at the next roundabout.* **2** karuzela

round·ed /ˈraʊndɪ̈d/ *adj* zaokrąglony: *a knife with a rounded end*

round-the-clock /ˌ. . ˈ.◂/ *adj* całodobowy: *round-the-clock hospital care*

round trip /ˌ. ˈ./ *n* [C] podróż w obie strony —**round-trip** *adj AmE*: *a round-trip ticket* (=bilet powrotny)

round·up /ˈraʊndʌp/ *n* [C] **1** obława: *a roundup of criminal suspects* **2** skrót wiadomości

rous·ing /ˈraʊzɪŋ/ *adj* porywający: *a rousing speech*

rout /raʊt/ *v* [T] rozgromić: *The invading army was soon routed.*

route /ruːt/ *n* [C] **1** trasa, droga: *What is the shortest route from here to the station?* | *local bus routes* **2** droga: *Getting lots of money is not necessarily a route to happiness.*

rou·tine[1] /ruːˈtiːn/ *n* **1** [C,U] ustalony porządek: *Harry doesn't like any change in his daily routine.* **2** [C,U] rutyna **3** [C] układ, figura: *a dance routine*

routine[2] *adj* rutynowy: *a routine medical test* | *a few routine questions* | *routine jobs around the house* —**routinely** *adv* rutynowo

rov·ing /ˈrəʊvɪŋ/ *adj* [only before noun] wędrowny: *a roving reporter*

row[1] /rəʊ/ *n* **1** [C] rząd: *a row of houses* | *I sat in the front row.* **2 three/four in a row** trzy/cztery pod rząd: *We've lost four games in a row.*

row[2] /rəʊ/ *v* [I,T] wiosłować: *Slowly she rowed across the lake.* —**rowing** *n* [U] wioś- larstwo

row[3] /raʊ/ *n* [C] *BrE* **1** kłótnia, sprzeczka: **have a row** (=po/kłócić się): *Anna and her boyfriend are always having rows.* **2** [C] konflikt, kontrowersja: **+ over** *the row over government plans to cut benefit payments to single mothers*

row house /ˈrəʊ haʊs/ *n* [C] *AmE* szeregowiec

rowing boat /ˈrəʊɪŋ bəʊt/ *BrE*, **rowboat** /ˈrəʊbəʊt/ *AmE n* [C] łódź wiosłowa

roy·al /ˈrɔɪəl/ *adj* królewski: *the royal family* | *a royal palace*

roy·al·ist /ˈrɔɪəlɪ̈st/ *n* [C] rojalist-a/ka

roy·al·ties /ˈrɔɪəltiz/ *n* [plural] tantiemy

roy·al·ty /ˈrɔɪəlti/ *n* [U] rodzina królewska

rub /rʌb/ *v* **-bbed, -bbing 1** [I,T] trzeć, pocierać: *The stain should come out if you rub harder.* | *She woke up and rubbed* (=przetarła) *her eyes.* | **rub sth into/onto/over** (=wcierać w): *Can you rub some lotion on my back, please?* **2** [I,T] obcierać: *My shoes are rubbing my heels.* **3 don't rub it in!** *informal* nie przypominaj

R

mi!: *OK, there's no need to rub it in!* **4 rub sb up the wrong way** *informal* drażnić kogoś

rub sb/sth ↔ **down** *phr v* [T] wycierać: *Rub yourself down with a towel.* | *She rubbed the door down before painting it.*

rub off *phr v* **1** [I,T **rub** sth ↔ **off**] ścierać: *These pen marks won't rub off* (=nie dają się zetrzeć). **2 rub off on sb** udzielać się komuś: *Her positive attitude seemed to rub off on everyone.*

rub sth ↔ **out** *phr v* [T] wymazywać: *I'll have to rub it out and start again.*

rub·ber[1] /ˈrʌbə/ *n* **1** [U] guma: *The tyres were smooth where the rubber had completely worn away.* **2** [C] *BrE* gumka (*do mazania*)

R

rubber[2] *adj* gumowy: *rubber gloves*

rubber band /ˌ.. ˈ./ *n* [C] gumka, recepturka

rub·bish /ˈrʌbɪʃ/ *n* [U] *especially BrE* **1** śmieci: *Put the rubbish in the bin.* **2** *informal* bzdura: **a load of rubbish** *That programme was a load of rubbish.*

rub·ble /ˈrʌbəl/ *n* [U] gruz: *a pile of rubble*

ru·by /ˈruːbi/ *n* [C,U] rubin —**ruby** *adj* rubinowy

ruck·sack /ˈrʌksæk/ *n* [C] *BrE* plecak

rud·der /ˈrʌdə/ *n* [C] ster

rud·dy /ˈrʌdi/ *adj* rumiany: *a ruddy face*

rude /ruːd/ *adj* **1** niegrzeczny, grubiański: *a rude remark* | *Don't be so rude to your mother!* **2** nieprzyzwoity, wulgarny: *a rude joke* **3 a rude awakening** gwałtowne przebudzenie —**rudely** *adv* niegrzecznie —**rudeness** *n* [U] grubiaństwo

ru·di·men·ta·ry /ˌruːdəˈmentəri◂/ *adj formal* elementarny: *a rudimentary knowledge of Chinese*

ru·di·ments /ˈruːdəmənts/ *n* [plural] *formal* podstawy: *They know the rudiments of grammar.*

ruf·fle /ˈrʌfəl/ *v* [T] na/stroszyć, z/wichrzyć: *The wind ruffled his hair.* | *The bird ruffled up its feathers.*

rug /rʌg/ *n* [C] **1** dywanik → porównaj CARPET **2** *BrE* pled

rug·by /ˈrʌgbi/ *n* [U] rugby

ru·in[1] /ˈruːən/ *v* [T] **1** ze/psuć, z/niszczyć: *Her behaviour ruined the party.* | *On no! My dress is completely ruined.* **2** z/rujnować: *He had been ruined in the Depression of the '30s.*

> **UWAGA ruin**
>
> Patrz **destroy** i **spoil/ruin**.

ruin[2] *n* **1** [U] ruina, upadek: **fall into ruin** (=popadać w ruinę): *The old barn has fallen into ruin.* **2 be in ruins** być w gruzach: *The country's economy is in ruins.* **3** [U] ruina: *financial ruin* **4** [C] *także* **ruins** [plural] ruiny: *the ruins of the Artemis temple*

rule[1] /ruːl/ *n* **1** [C] zasada, przepis: *Do you know the rules of the game?* | **break a rule** *Well, that's what happens if you break the school rules.* | **against the rules** (=wbrew przepisom): *It's against the rules to pick up the ball.* **2** [U] rządy, panowanie: *At that time Vietnam was under French rule.* **3** [C] reguła: *the rules of grammar* **4 the rule** reguła: *Not having a television is the exception rather than the rule.* **5 as a (general) rule** z reguły: *As a rule, I try to drink a litre of mineral water a day.*

rule[2] *v* **1** [I,T] panować: *The King ruled for 30 years.* **2** [I,T] orzekać: **+ that** *The judge ruled that the baby should live with his father.* **3** [T] z/dominować: *Don't let your job rule your life.*

rule sth/sb ↔ **out** *phr v* [T] wykluczać: *We can't rule out the possibility that he may have left the country.*

rul·er /ˈruːlə/ *n* [C] **1** wład-ca/czyni **2** linijka

rul·ing[1] /ˈruːlɪŋ/ *n* [C] orzeczenie: *the Supreme Court's ruling on the case*

ruling[2] *adj* panujący, rządzący: *the ruling class*

rum /rʌm/ *n* [C,U] rum

rum·ble /ˈrʌmbəl/ *v* [I] dudnić: *Thunder rumbled* (=zagrzmiało) *in the distance.* | *My stomach was rumbling* (=burczało mi w brzuchu), *I was so hungry.*

rum·mage /ˈrʌmɪdʒ/ *v* [I] grzebać, szperać: *Kerry was rummaging through a drawer looking for a pen.*

rummage sale /ˈ.. ./ *n* [C] *AmE* wyprzedaż rzeczy używanych

ru·mour /ˈruːmə/ *BrE*, **rumor** *AmE n* [C,U] pogłoska, plotka: *There are rumours that the President may have to resign.* | *At the moment, the reports are nothing more than rumour.*

ru·moured /ˈruːməd/ *BrE*, **rumored** *AmE adj* **it is rumoured that ...** mówi się, że ..., chodzą słuchy, że ...: *It was rumoured that a magazine offered £10,000 for her story.*

rump /rʌmp/ *n* [C,U] zad

run[1] /rʌn/ *v*, **ran, run, running 1** [I] biec, biegać: *Some kids were running down the street.* | *If we run, we can still catch the bus.* | *Duncan's running in the marathon.* **2** [T] prowadzić: *My parents run their own business.* | *They run full-time and part-time courses of study.* **3** [I] jechać: *A car ran off the road* (=zjechał z drogi) *right here.* **4** [T] przesuwać: *She ran her fingers through her hair.* | *Run the highlighter over the chosen text.* **5** [I] chodzić, działać: *Dad left the engine running.* | **run on coal/petrol/batteries** (=działać na węgiel/benzynę/baterie) **6** [I] biec, prowadzić: *The road runs along the coast.* **7** [I,T] płynąć: *Tears ran down her face.* | *Who left the water running?* | *I'm just running a bath* (=napuszczam wodę do wanny). **8** [T] uruchamiać: *You can run this software on any PC.* **9** [T] puszczać (*w telewizji*): *They ran the item on the 6 o'clock news.* **10** [T] o/publikować: *The magazine is running a series of features on European life.* **11 run smoothly/according to plan** iść gładko/według planu: *The tour guide helps to keep things running smoothly.* **12** [I] kandydować: **+ for** *He is running for President.* **13** [I] kursować, jeździć: *Subway trains run every 7 minutes.* **14** [I] iść (*o sztuce*) **+ for** *The play ran for two years.* **15** [T] utrzymywać: *I can't afford to run a car.* **16** [T] zawozić: *I'll run you home if you like.* **17** [I] puszczać, farbować: *Wash that shirt in cold water – otherwise the colours will run.* **18 sb is running short/low of sth** coś się komuś kończy: *I'm running short of money.* **19 run in the family** być cechą rodzinną **20 be running at** wynosić: *Inflation was running at 20% a year.*

run across sb/sth *phr v* [T] natknąć się na: *I ran across my old school photos the other day.*

run after sb/sth *phr v* [T] gonić, po/biec za: *She started to leave, but Smith ran after her.*

run away *phr v* [I] uciekać: *Kathy ran away from home at the age of 16.*

run down *phr v* **1** [T **run** sb ↔ **down**] potrącić: *A man was arrested for attempting to run down a police officer.* **2** [I,T **run** sth ↔ **down**] wyczerpać (się): *Don't leave it switched on – you'll run down the batteries.* **3** [T **run** sb ↔ **down**] s/krytykować: *Her boyfriend's always running her down.*

run into *phr v* [T] **1** [**run into** sb] *informal* spotykać (*przypadkiem*): *I run into her sometimes on campus.* **2 run into trouble/problems** napotykać trudności/problemy: *She ran into trouble when she couldn't get a work permit.* **3** [**run into** sb/sth] wpaść na, zderzyć się z: *He lost control and ran into another car.*

run off *phr v* [I] uciekać: *Our dog keeps running off.* | *Her husband ran off with his secretary.*

run off with *phr v* [T] [**run off with** sth] ukraść: *Looters smashed windows and ran off with TVs and videos.*

run out *phr v* **1** [T] zużyć, wyczerpać: **+ of** *We've run out of sugar* (=skończył nam się cukier). | *I'm running out of ideas* (=kończą mi się pomysły). **2** [I] s/kończyć się: *Time is running out.* | *My membership runs out in September.*

run sb/sth ↔ **over** *phr v* [T] przejechać (po): *I think you just ran over some broken glass.*

run through sth *phr v* [T] przejrzeć: *I'd like to run through the questions again before you start.*

R

run up against sth *phr v* [T] napotkać, spotkać się z: *The team ran up against tough opposition.*

run[2] *n* **1** [C] bieg, bieganie: *a five-mile run* | *He usually goes for a run* (=idzie sobie pobiegać) *before breakfast.* **2 in the short/long run** na krótką/dłuższą metę: *Wood is more expensive, but in the long run it's better value.* **3 be on the run** ukrywać się: *The criminal has been on the run for nearly two months.* **4 a run on sth** popyt na coś: *a run on swimwear in hot weather* **5 a run of good/bad luck** dobra/zła passa: *She has had a run of bad luck recently.* **6** [C] trasa: *a ski run* **7** [C] *AmE* oczko (*w rajstopach*)

R

run·a·way[1] /ˈrʌnəweɪ/ *adj* [only before noun] **1** pędzący: *a runaway train* **2** spektakularny: *a runaway success*

runaway[2] *n* [C] uciekinier/ka

run-down /ˌ. ˈ.◂/ *adj* **1** zapuszczony, zaniedbany: *a run-down apartment block in Brooklyn* **2** osłabiony: *He's been feeling run-down lately.*

rung[1] /rʌŋ/ *v* imiesłów bierny od RING

rung[2] *n* [C] szczebel: *the rungs of a ladder* | *I started on the bottom rung in the company.*

run·ner /ˈrʌnə/ *n* [C] **1** biegacz/ka: *a long-distance runner* **2** płoza

runner-up /ˌ.. ˈ./ *n* [C] *plural* **runners-up** zdobyw-ca/czyni drugiego miejsca

run·ning[1] /ˈrʌnɪŋ/ *n* [U] bieg, bieganie: *a running track* | **go running** (=iść pobiegać): *Do you want to go running?*

running[2] *adj* **1 running water** bieżąca woda: *hot and cold running water* **2 a running commentary** komentarz na bieżąco/żywo

running[3] *adv* **three years/five times running** trzy lata/pięć razy z rzędu: *This is the fourth day running that it has rained.*

run·ny /ˈrʌni/ *adj informal* **1 have a runny nose** mieć katar **2** rzadki: *The sauce is far too runny.*

run·way /ˈrʌnweɪ/ *n* [C] pas startowy

ru·ral /ˈrʊərəl/ *adj* wiejski: *a peaceful rural setting* | *scenes from rural life* → porównaj URBAN

rush[1] /rʌʃ/ *v* **1** [I] śpieszyć się: *There's no need to rush – we have plenty of time.* | **rush into/along/from etc** *David rushed into the bathroom* (=wbiegł do łazienki). **2 rush to do sth** pośpiesznie coś zrobić: *Everyone was rushing to buy* (=wszyscy biegli kupować) *the new album.* **3** [T] natychmiast zabrać/wysłać: **rush sb/sth to/away etc** *We had to rush Helen to the hospital.* **4** [T] ponaglać, poganiać: *Don't rush me – let me think.*

rush into sth *phr v* [T] po/śpieszyć się z: *He's asked me to marry him, but I don't want to rush into it.*

rush[2] *n* **1** [singular] pęd: **make a rush for sth** *We all made a rush for* (=rzuciliśmy się na) *the seats at the front.* **2** [U singular] pośpiech: *We have plenty of time. There's no rush.* | **be in a rush** (=śpieszyć się): *I can't stop – I'm in a rush.* **3 the Christmas rush** gorączka przedświątecznych zakupów **4** [C usually plural] sitowie

rush hour /ˈ. ./ *n* [C,U] godzina szczytu

rust[1] /rʌst/ *n* [U] rdza

rust[2] *v* [I] za/rdzewieć: *The lock on the door had rusted.*

rus·tle /ˈrʌsəl/ *v* [I,T] za/szeleścić: *the sound of kids rustling ice-cream wrappers* —**rustle** *n* [singular] szelest

rust·y /ˈrʌsti/ *adj* zardzewiały: *rusty nails*

rut /rʌt/ *n* [C] koleina

ruth·less /ˈruːθləs/ *adj* bezwzględny: *a ruthless dictator* —**ruthlessly** *adv* bezwzględnie —**ruthlessness** *n* [U] bezwzględność

rye /raɪ/ *n* [U] żyto: *rye bread*

Ss

-'s /z, s/ **1** forma ściągnięta od "is" lub "has": *What's* (=what is) *that?* | *He's* (=he has) *gone out.* **2** końcówka rzeczownika w dopełniaczu: *Bill is one of Jason's friends.* **3** forma ściągnięta od "us", używana tylko w połączeniu "let's": *Let's go* (=chodźmy)*!*

S skrót od SOUTH lub SOUTHERN

Sab·bath /'sæbəθ/ *n* **1 the Sabbath** sabat, szabas **2** Dzień Pański, niedziela

sab·o·tage /'sæbətɑːʒ/ *v* [T] **1** uszkodzić celowo: *The plane had been sabotaged and it exploded in mid-air.* **2** sabotować: *Mr Trimble denied he was trying to sabotage the talks.* —**sabotage** *n* [U] sabotaż: *deliberate acts of sabotage*

sa·bre /'seɪbə/ *BrE*, **saber** *AmE n* [C] szabla

sac·cha·rin /'sækərɪ̵n/ *n* [U] sacharyna

sach·et /'sæʃeɪ/ *n* [C] torebka, saszetka: *a sachet of shampoo*

sack[1] /sæk/ *n* **1** [C] worek: *a sack of potatoes* **2 get the sack** *BrE* zostać zwolnionym (z pracy): *If you're late again, you'll get the sack.* **3 give sb the sack** *BrE* zwolnić kogoś (z pracy)

sack[2] *v* [T] *BrE* zwalniać (z pracy): *Campbell was sacked for coming in drunk.*

sac·ra·ment /'sækrəmənt/ *n* [C] sakrament

sa·cred /'seɪkrɪ̵d/ *adj* święty: *In India the cow is a sacred animal.*

sac·ri·fice[1] /'sækrɪ̵faɪs/ *n* [C,U] **1** poświęcenie, wyrzeczenie: **make a sacrifice** *Her parents made a lot of sacrifices to give her a good education.* **2** ofiara: *It was common to make sacrifices to gods* (=powszechnie składano ofiary bogom) *to ensure a good harvest.*

sacrifice[2] *v* **1** [T] poświęcać: **sacrifice sth for sth** *It's not worth sacrificing your health for your job.* **2** [T] składać w ofierze

sac·ri·lege /'sækrɪ̵lɪdʒ/ *n* [C,U] świętokradztwo: *It would be sacrilege to demolish such a beautiful building.* —**sacrilegious** /ˌsækrɪ̵'lɪdʒəs◂/ *adj* świętokradczy

sad /sæd/ *adj* **-dder, -ddest 1** smutny: *Linda looks very sad today.* | *What a sad story!* | **+ that** *It was sad that Jane couldn't come with us.* | **be sad to do sth** *I liked my school, and I was sad to leave* (=smutno mi było wyjeżdżać). ➡ antonim HAPPY **2** przykry: *It's a sad state of affairs when a person isn't safe in her own home.* —**sadness** *n* [U] smutek

sad·den /'sædn/ *v* [T] *formal* zasmucać: *They were shocked and saddened by his death.*

sad·dle[1] /'sædl/ *n* [C] **1** siodło **2** siodełko

saddle[2] *także* **saddle up** *v* [T] o/siodłać

sa·dis·m /'seɪdɪzəm/ *n* [U] sadyzm —**sadist** *n* [C] sadyst-a/ka —**sadistic** /sə'dɪstɪk/ *adj* sadystyczny: *a sadistic boss* ➡ porównaj MASOCHISM

sad·ly /'sædli/ *adv* **1** smutno, ze smutkiem: *Jimmy nodded sadly.* **2** niestety: *Sadly, the concert was cancelled.*

sae /ˌes eɪ 'iː/ *n* [C] *BrE* zaadresowana koperta ze znaczkiem

sa·fa·ri /sə'fɑːri/ *n* [C,U] safari

safe[1] /seɪf/ *adj* **1** bezpieczny: *I won't feel safe until the plane lands.* | *Have a safe trip!* | *She's one of the safest drivers I know.* | *Keep your passport in a safe place.* | **+ from** *The city is now safe from further attack.* | **safe and sound** (=cały i zdrowy): *Both children were found safe and sound.* | **safe to do sth** *Is it safe to swim here?* **2** pewny, bezpieczny: *Gold is a safe investment.* **3 just to be safe/to be on the safe side** tak na wszelki wypadek: *Take some extra money with you, just to be on the safe side.* **4 in safe hands** w dobrych rękach: *When the children are with my brother, I know they're in safe hands.* —**safely** *adv* bezpiecznie: *Drive safely!* | *Did the package arrive safely?*

safe[2] *n* [C] sejf

safe·guard /'seɪfgɑːd/ *n* [C] zabezpieczenie: *Copy the data as a safeguard against loss or damage.* —**safeguard** *v* [T]

S

o/chronić, zabezpieczać: *laws to safeguard endangered animals*

safe·keep·ing /ˌseɪf'kiːpɪŋ/ *n* **for safekeeping** na przechowanie: *Put your important papers in the bank for safekeeping.*

safe·ty /'seɪfti/ *n* [U] bezpieczeństwo: *Hundreds of people were led to safety* (=zabrano w bezpieczne miejsce) *after the explosion.* | *road safety* | *There are fears for the safety of the hostages.*

safety belt /'.. ./ *n* [C] pas bezpieczeństwa

safety net /'.. ./ *n* [C] **1** zabezpieczenie: *the safety net of unemployment pay and pensions* **2** siatka asekuracyjna

safety pin /'.. ./ *n* [C] agrafka

safety valve /'.. ./ *n* [C] zawór bezpieczeństwa

S

sag /sæg/ *v* [I] **-gged, -gging** obwisać, uginać się: *The branches sagged under the weight of the snow.*

sa·ga /'sɑːgə/ *n* [C] saga

Sa·git·tar·i·us /ˌsædʒᵊ'teəriəs/ *n* [C,U] Strzelec

said /sed/ *v* czas przeszły i imiesłów bierny od SAY

sail[1] /seɪl/ *v* **1** [I,T] po/płynąć, pływać, żeglować: *We sailed along the coast of Alaska.* | *The captain sailed the ship safely past the rocks.* | *I'd like to learn how to sail.* **2** [I] wypływać: *What time do we sail?* **3** [I] po/szybować: *The ball sailed past the goalkeeper into the back of the net.*

sail[2] *n* **1** [C] żagiel: *a yacht with white sails* **2** **set sail** wypływać: *The ship set sail at dawn.*

sail boat /'. ./ *n* [C] żaglówka

sail·ing /'seɪlɪŋ/ *n* [U] żeglarstwo

sail·or /'seɪlə/ *n* [C] **1** żeglarz **2** marynarz

saint /seɪnt/ *n* [C] święt-y/a: *You're a real saint to help us like this.*

sake /seɪk/ *n* **1** **for the sake of** przez wzgląd na, ze względu na: *Both sides are willing to take risks for the sake of peace.* **2** **for sb's sake** przez wzgląd na kogoś, ze względu na kogoś: *She only stays with her husband for the children's sake.* **3** **for goodness'/heaven's sake** *spoken* na miłość boską: *Why didn't you tell me, for heaven's sake?*

sal·ad /'sæləd/ *n* [C,U] **1** sałatka: *a salad of lettuce, tomatoes and cucumber* | *a large mixed salad* | *potato salad* **2** surówka

sa·la·mi /sə'lɑːmi/ *n* [C,U] salami

sal·a·ry /'sæləri/ *n* [C,U] pensja: *She earns a good salary.*

> UWAGA **salary i wage(s)**
>
> **Salary** to 'pensja' miesięczna, najczęściej wpłacana bezpośrednio na rachunek bankowy pracownika i liczona łącznie dla całego roku: *I'll pay you back at the end of the month when I get my salary.* | *She's on a salary of $23,000 a year.* 'Pensja' wypłacana raz na tydzień, zwykle gotówką, to **wages**: *He opened the envelope and counted his wages.*

sale /seɪl/ *n* **1** [C,U] sprzedaż: *The sale of alcohol to under-18s is forbidden.* **2** **for sale** na sprzedaż: *Is this table for sale?* | **put sth up for sale** (=wystawić coś na sprzedaż): *They had to put their home up for sale.* **3** [C] wyprzedaż: *There's a great sale on at Macy's now.* **4** **on sale a)** w sprzedaży **b)** na wyprzedaży: *Don's found a really good CD player on sale.*

sales /seɪlz/ *n* **1** [plural] sprzedaż: *Company sales were down 15% last year* (=sprzedaż spadła o 15%). **2** [U] dział sprzedaży: *Sally got a job as sales manager.*

sales as·sis·tant /'. .ˌ../, **sales clerk** /'. ./ *AmE n* [C] sprzedaw-ca/czyni, ekspedient/ka

sales·man /'seɪlzmən/, **sales·wom·an** /'seɪlzˌwʊmən/, **sales·per·son** /'seɪlzˌpɜːsən/ *n* [C] sprzedaw-ca/czyni: *a car salesman*

sales rep·re·sen·ta·tive /'. ..ˌ.../ *także* **sales rep** /'. ./ *n* [C] przedstawiciel handlowy

sa·li·va /sə'laɪvə/ *n* [U] ślina

salm·on /ˈsæmən/ *n* [C,U] łosoś: *smoked salmon | a salmon river*

sal·on /ˈsælɒn/ *n* [C] **beauty salon** salon piękności, gabinet kosmetyczny

sa·loon /səˈluːn/ *n* [C] **1** saloon **2** *BrE* sedan: *a four-door saloon*

salt[1] /sɔːlt/ *n* **1** [U] sól: *Add a pinch of salt* (=szczyptę soli) *to the mixture.* | *Could you pass me the salt, please.* **2 take sth with a pinch/grain of salt** podchodzić do czegoś z rezerwą, traktować coś z przymrużeniem oka

salt[2] *v* [T] po/solić —**salted** *adj* solony: *salted peanuts*

salt[3] *adj* **1** solony: *salt pork* **2** słony: *a salt lake | salt water*

salt cel·lar /ˈ. ˌ../ *BrE*, **salt shaker** *AmE n* [C] solniczka

salt·wa·ter /ˈsɔːltˌwɔːtə/ *adj* morski: *saltwater fish*

salt·y /ˈsɔːlti/ *adj* słony

sa·lute[1] /səˈluːt/ *v* [I,T] za/salutować

salute[2] *n* [C] **1** honory (wojskowe) **2** salut: *a 21-gun salute*

sal·vage[1] /ˈsælvɪdʒ/ *v* [T] ocalić, u/ratować: *Farmers are trying to salvage their wheat after the heavy rains.*

salvage[2] *n* [U] ratunek, ocalenie: *a salvage operation*

sal·va·tion /sælˈveɪʃən/ *n* [U] **1** zbawienie **2** ratunek, wybawienie: *Donations of food and clothing have been the salvation of the refugees.*

same /seɪm/ *adj, pron* **1 the same** ten sam: *They go to the same place for their vacation every summer.* | *Kim's birthday and Roger's are on the same day.* **2 the same** taki sam: **the same ... as** (=taki sam ... jak): *She does the same job as I do, but in a bigger company.* | **look/taste the same** (=wyglądać/smakować tak samo): *Classical music all sounds the same to me.* **3 at the same time** równocześnie: *How can you type and talk at the same time?* **4 the same old story/excuse** *informal* stara śpiewka: *It's the same old story – his wife didn't understand him.* **5 be in the same boat** jechać na tym samym wózku **6 same here** *spoken* ja też: *"I hate shopping malls." "Same here."*

sam·ple[1] /ˈsɑːmpəl/ *n* [C] próbka: *Do you have a sample of your work?* | *free samples of a new shampoo* | *We asked a sample of 500 college students whether they had ever taken drugs.*

sample[2] *v* [T] **1** s/próbować: *We sampled several local cheeses.* **2** zakosztować: *Win a chance to sample the exotic nightlife of Paris!*

san·a·to·ri·um /ˌsænəˈtɔːriəm/ *także* **sanitarium** *n* [C] sanatorium

sanc·tion[1] /ˈsæŋkʃən/ *n* **1** [U] zezwolenie: *The protest march was held without government sanction.* **2** [C] sankcja: *severe sanctions against those who avoid paying taxes* | *a call for sanctions against countries that use torture*

sanction[2] *v* [T] *formal* zatwierdzać, u/sankcjonować: *The UN refused to sanction the use of force.*

S

sanc·tu·a·ry /ˈsæŋktʃuəri/ *n* **1** [C,U] schronienie: *The rebel leader took sanctuary* (=schronił się) *in the French embassy.* **2** [C] rezerwat

sand /sænd/ *n* [U] piasek

san·dal /ˈsændl/ *n* [C] sandał: *a pair of leather sandals*

sand·box /ˈsændbɒks/ *n* [C] *AmE* piaskownica

sand·cas·tle /ˈsændˌkɑːsəl/ *n* [C] zamek z piasku

sand dune /ˈ. ./ *n* [C] wydma

sand·pa·per /ˈsændpeɪpə/ *n* [U] papier ścierny

sand·pit /ˈsændˌpɪt/ *BrE*, **sandbox** *AmE n* [C] piaskownica

sand·stone /ˈsændstəʊn/ *n* [U] piaskowiec

sand·storm /ˈsændstɔːm/ *n* [C] burza piaskowa

sand·wich /ˈsænwɪdʒ/ *n* [C] kanapka: *chicken sandwiches*

sand·y /ˈsændi/ *adj* piaszczysty: *a sandy beach | sandy soil*

sane /seɪn/ *adj* **1** zdrowy na umyśle, przy zdrowych zmysłach → antonim IN-

SANE **2** rozsądny: *a sane solution to a difficult problem*

sang /sæŋ/ *v* czas przeszły od SING

san·i·tar·i·um /ˌsænəˈteəriəm/ *n* [C] sanatorium

san·i·ta·ry /ˈsænətəri/ *adj* **1** sanitarny: *Workers complained about sanitary arrangements at the factory.* **2** higieniczny: *All food is stored under sanitary conditions.*

sanitary tow·el /ˈ.... ˌ../ *BrE*, **sanitary napkin** *AmE n* [C] podpaska

san·i·ty /ˈsænəti/ *n* [U] **1** zdrowy rozsądek: *I went away for the weekend to try and keep my sanity.* **2** zdrowie psychiczne: *He lost his sanity after his children were killed.*

sank /sæŋk/ *v* czas przeszły od SINK

San·ta Claus /ˈsæntə klɔːz/ *także* **Santa** *n* [singular] Święty Mikołaj

sap·phire /ˈsæfaɪə/ *n* [C,U] szafir

sar·cas·m /ˈsɑːkæzəm/ *n* [U] sarkazm: *"I'm glad you could make it," said Jim, with heavy sarcasm.*

sar·cas·tic /sɑːˈkæstɪk/ *adj* sarkastyczny: *Do you have to be so sarcastic?* —**sarcastically** *adv* sarkastycznie

sar·dine /sɑːˈdiːn/ *n* [C,U] sardynka

sat /sæt/ *v* czas przeszły i imiesłów bierny od SIT

Sa·tan /ˈseɪtn/ *n* [singular] szatan

sa·tan·ic /səˈtænɪk/ *adj* **1** sataniczny: *satanic rites* **2** szatański: *satanic laughter*

satch·el /ˈsætʃəl/ *n* [C] tornister

sat·el·lite /ˈsætəlaɪt/ *n* [C] satelita: *a broadcast coming in live by satellite from South Africa*

satellite dish /ˈ... ˌ./ *n* [C] antena satelitarna

satellite tel·e·vi·sion /ˌ... ˈ..../ *także* **satellite TV** *n* [U] telewizja satelitarna

sat·in /ˈsætən/ *n* [U] atłas, satyna

sat·ire /ˈsætaɪə/ *n* [C,U] satyra: *political satire* —**satirical** /səˈtɪrɪkəl/ *adj* satyryczny

sat·is·fac·tion /ˌsætəsˈfækʃən/ *n* **1** [C,U] zadowolenie, satysfakcja: *He looked around the room with satisfaction.* | *Both leaders expressed satisfaction with the talks.* **2 to sb's satisfaction** zadowalająco: *I'm not sure I can answer that question to your satisfaction.*

sat·is·fac·to·ry /ˌsætəsˈfæktəri◂/ *adj* **1** dostateczny: *The students are not making satisfactory progress.* **2** zadowalający: *a satisfactory result* —**satisfactorily** *adv* zadowalająco, dostatecznie

sat·is·fied /ˈsætəsfaɪd/ *adj* **1** zadowolony: **+ with** *Most of our customers are satisfied with the food we provide.* **2 satisfied (that)** przekonany, że: *I'm satisfied that he's telling the truth.*

sat·is·fy /ˈsætəsfaɪ/ *v* [T] **1** zadowalać: *She doesn't feel she works hard enough to satisfy her boss.* **2** przekonywać, upewniać: **satisfy sb that** *The evidence isn't enough to satisfy us that he's innocent.* **3** spełniać: *I'm afraid you haven't satisfied the college entrance requirements.*

sat·is·fy·ing /ˈsætəsfaɪ-ɪŋ/ *adj* zadowalający, satysfakcjonujący: *a satisfying career*

sat·u·rate /ˈsætʃəreɪt/ *v* [T] **1** nasycać, przesiąkać: *The rain saturated the soil.* **2 be saturated with sth** być nasyconym czymś: *The market is saturated with new products at the moment.* —**saturation** /ˌsætʃəˈreɪʃən/ *n* [U] nasycenie

Sat·ur·day /ˈsætədi/ skrót pisany **Sat.** *n* [C,U] sobota

Sat·urn /ˈsætən/ *n* [singular] Saturn

sauce /sɔːs/ *n* [C,U] sos: *spaghetti with tomato sauce*

sauce·pan /ˈsɔːspən/ *n* [C] rondel

sau·cer /ˈsɔːsə/ *n* [C] spodek

sau·er·kraut /ˈsaʊəkraʊt/ *n* [U] kapusta kiszona

sau·na /ˈsɔːnə/ *n* [C] sauna: *It's nice to have a sauna after swimming.*

saus·age /ˈsɒsɪdʒ/ *n* [C,U] kiełbasa: *beef sausages*

sau·té /ˈsəʊteɪ/ *v* [T] u/smażyć (*krótko, w niewielkiej ilości tłuszczu*)

sav·age[1] /ˈsævɪdʒ/ *adj* **1** brutalny: *savage fighting* | *a savage attack on the newspaper industry* **2** ostry, srogi: *savage* *measures to control begging* —**savagely** *adv* brutalnie, ostro

savage² *n* [C] *old-fashioned* dzikus/ka

sav·ag·e·ry /ˈsævɪdʒəri/ *n* [U] bestialstwo

save¹ /seɪv/ *v* **1** [T] u/ratować, ocalić: *The new speed limit should save more lives.* | **save sb/sth from** *Only three people were saved from the fire.* **2** [I,T] *także* **save up** oszczędzać, zaoszczędzić: *I'm saving up to buy a car.* | *Brian's saved $6,000 to put towards a new house.* **3** [T] zaoszczędzić: *We'll save time if we take a taxi.* | *If you could pick up the medicine, it would save me a trip to the pharmacy.* **4** [T] zachowywać, zostawiać (sobie): *Let's save the rest of the pie for later.* **5** [T] *także* **save** sth ↔ **up** zbierać: *She's saving foreign coins for her son's collection.* **6** [T] zajmować: *We'll save you a seat in the theatre.* **7** [I,T] zapisywać (*na dysku*): *Save all your files before shutting down the system.* **8** [T] o/bronić: *He saved three goals in the first half of the match.* ➡ patrz też **lose/save face** (FACE¹)

save on sth *phr v* [T] oszczędzać: *We turn the heat off at night to save on electricity.*

save² *n* [C] obrona (*gola*)

sav·er /ˈseɪvə/ *n* [C] oszczędzając-y/a

sav·ing /ˈseɪvɪŋ/ *n* **savings** [plural] oszczędności: *He has savings of over $150,000.* | *a savings account*

savings and loan as·so·ci·a·tion /ˌ.. . ˈ. ....ˌ../ *n* [C] *AmE* kasa mieszkaniowa

sa·viour /ˈseɪvjə/ *BrE*, **savior** *AmE* *n* **1** [C] zbawca, wybawiciel: *The country is searching for some kind of economic saviour.* **2** **the/our Saviour** Zbawiciel

sa·vour /ˈseɪvə/ *BrE*, **savor** *AmE* *v* [T] rozkoszować się, delektować się: *Drink it slowly and savour every drop.*

sa·vour·y /ˈseɪvəri/ *BrE*, **savory** *AmE* *adj* pikantny: *a savoury snack* ➡ patrz też UNSAVOURY

saw¹ /sɔː/ czas przeszły od SEE

saw² *n* [C] piła

saw³ *v* [I,T] **sawed, sawed** *or* **sawn** /sɔːn/, **sawing** prze/piłować: *Dad was outside sawing logs.* | **+ off** *We decided to saw off* (=odpiłować) *the lower branches of the apple tree.*

saw·dust /ˈsɔːdʌst/ *n* [U] trociny

saw·mill /ˈsɔːmɪl/ *n* [C] tartak

sax /sæks/ *n* [C] *informal* saksofon

sax·o·phone /ˈsæksəfəʊn/ *n* [C] saksofon

say¹ /seɪ/ *v* **said, said, saying** *3rd person singular, present tense* **says** **1** [T] mówić, powiedzieć: *Tell her I said "hi".* | *I'm sorry, I didn't hear what you said.* | *Did she say what time to come?* | *What do the instructions say* (=co mówi instrukcja)? | *The clock said* (=wskazywał) *nine thirty.* | **+ (that)** *He said he'd call back.* | *The doctor says that I can't go home yet.* **2** [T] mówić, wyrażać: *His expression seems to say he's not at all pleased.* **3 to say the least** delikatnie mówiąc: *They weren't very friendly, to say the least.* **4 it goes without saying (that)** to oczywiste, że: *It goes without saying it will be a very difficult job.* **5 say to yourself** *spoken* powiedzieć sobie: *I was worried about it, but I said to myself, "You can do this."* **6** [T] *spoken* powiedzmy, że: *Say you were going to an interview. What would you wear?* **7 you don't say!** *spoken* co ty powiesz!

S

UWAGA say i tell

Nie należy mylić wyrazów **say** i **tell** w znaczeniu 'powiedzieć'. W przeciwieństwie do **say**, **tell** zawsze łączy się z rzeczownikiem lub zaimkiem oznaczajacym osobę, z którą się rozmawia: *He said he was tired.* | *He told me he was tired.* | *She said something.* | *She told me something.* Używając samego wyrazu **say**, możemy powiedzieć 'co' mówimy: *Please say something*, a jeśli chcemy powiedzieć 'do kogo' mówimy, musimy użyć przyimka **to**: *Say something to me.* Wyraz **tell** nie wymaga użycia **to** w tym znaczeniu: *What's the problem? Please tell me.* Patrz też **tell**.

say² *n* [U singular] **1** głos: *Members felt that they had no say* (=nie mieli nic do powiedzenia) *in the proposed changes.* | **the final say** (=ostatnie słowo): *Who has the final say?* **2 have your say** wypowiedzieć się: *You'll all have the chance to have your say.*

say·ing /ˈseɪ-ɪŋ/ *n* [C] powiedzenie

scab /skæb/ *n* [C] strup

scaf·fold /ˈskæfəld/ *n* [C] **1** rusztowanie **2** szafot

scaf·fold·ing /ˈskæfəldɪŋ/ *n* [U] rusztowanie

scald /skɔːld/ *v* [T] poparzyć: *The coffee scalded his tongue.*

scald·ing /ˈskɔːldɪŋ/ *adj* gorący: *scalding water*

scale[1] /skeɪl/ *n* **1** [U singular] skala: **large/small scale** *a large/small scale project* | **on a grand scale** (=z rozmachem): *They have built their new house on a grand scale.* **2** [C usually singular] skala: *What scale do they use for measuring wind speed?* | *the Richter scale* | *On a scale from 1 to 10, I'd give it an 8.* **3** [C usually plural] waga: *kitchen scales* | *bathroom scales* (=waga łazienkowa) **4** [C] podziałka: *a ruler with a metric scale* | *a scale of 1 inch to the mile* **5** [C] gama (*w muzyce*): *to practise scales* **6** [C usually plural] łuska: *fish scales*

scale[2] *v* [T] wdrapywać się na, wspinać się na: *They scaled a 40-foot wall and escaped.*

scalp[1] /skælp/ *n* [C] skóra głowy, skalp

scalp[2] *v* [T] o/skalpować

scal·pel /ˈskælpəl/ *n* [C] skalpel

scam·per /ˈskæmpə/ *v* [I] po/truchtać: **+ in/out/off etc** *A mouse scampered into* (=czmychnęła do) *its hole.*

scam·pi /ˈskæmpi/ *n* [C] *BrE* krewetki panierowane: *scampi and chips*

scan /skæn/ *v* **-nned, -nning 1** [I,T] *także* **scan through** przeglądać: *I had a chance to scan through the report on the plane.* **2** [T] obserwować: *Lookouts were scanning the sky for enemy planes.* **3** [T] prześwietlać: *All luggage has to be scanned at the airport.* → patrz też SCANNER

scan·dal /ˈskændl/ *n* [C,U] skandal: *a scandal involving several important politicians* | *Reporters are always looking for scandal and gossip.*

scan·dal·ize /ˈskændəl-aɪz/ (*także* **-ise** *BrE*) *v* [T] z/bulwersować: *a crime that has scandalized the entire city*

scan·dal·ous /ˈskændəl-əs/ *adj* skandaliczny: *scandalous behaviour*

scan·ner /ˈskænə/ *n* [C] *technical* skaner

scant /skænt/ *adj* niewielki: *After two weeks, they had made scant progress.*

scant·y /ˈskænti/ *adj* skąpy: *a scanty breakfast* | *scanty information* —**scantily** *adv* skąpo: *scantily dressed*

scape·goat /ˈskeɪpgəʊt/ *n* [C] kozioł ofiarny: *I was made the scapegoat for anything that went wrong.*

scar[1] /skɑː/ *n* **1** [C] blizna, szrama: *The operation left a terrible scar.* **2** [C usually plural] piętno: *Both countries bear the scars of last year's war.*

scar[2] *v* [T] **-rred, -rring 1 be scarred** mieć blizny: **be scarred for life** *The fire had left him scarred for life* (=na całe życie). **2** wywołać uraz: **scar sb for life** *Something like that would scar a kid for life.*

scarce /skeəs/ *adj* skąpy, niewystarczający: *Food is becoming scarce* (=zaczyna brakować jedzenia) *in the cities.*

scarce·ly /ˈskeəsli/ *adv* prawie wcale (nie): *She spoke scarcely a word* (=prawie ani słowa) *in English.* | *Their teaching methods have scarcely changed* (=prawie się nie zmieniły) *in the last 100 years.* | **can scarcely do sth** *Owen is really angry, and you can scarcely blame him* (=i trudno go za to winić).

scar·ci·ty /ˈskeəsəti/ *n* [C,U] niedostatek, niedobór: **+ of** *a scarcity of clean water and medical supplies*

scare[1] /skeə/ *v informal* [T] przestraszyć: *I didn't see you there – you scared me!*

scare sb/sth ↔ **off/away** *phr v* [T] s/płoszyć, odstraszać: *They lit fires to scare away the wild animals.*

scare[2] *n* **1** [singular] strach: **give sb a scare** (=napędzić komuś strachu): *She once gave her parents a big scare by walking* *off with a stranger.* **2** [C] panika: *a bomb scare*

scare·crow /ˈskeəkrəʊ/ *n* [C] strach na wróble

scared /skeəd/ *adj* wystraszony, przestraszony: **be scared (that)** (=bać się, że): *We were scared that something terrible might happen.* | **be scared of** *She's always been scared of flying.* | **be scared stiff/ scared to death** (=bać się śmiertelnie): *There was one teacher all the kids were scared stiff of.*

scarf /skɑːf/ *n* [C] *plural* **scarves** /skɑːvz/ *or* **scarfs** **1** szal, szalik **2** chusta, apaszka

scar·let /ˈskɑːlət/ *adj* jasnoczerwony

scar·y /ˈskeəri/ *adj informal* straszny: *a scary movie*

scat·ter /ˈskætə/ *v* **1** [T] po/rozrzucać: *He scatters his dirty clothes all over the bedroom floor!* **2** [I] rozbiegać się, rozpraszać się: *Guns started firing, and the crowd scattered in terror.* **3** [T] rozpędzać: *The loud noise scattered the birds.*

scat·tered /ˈskætəd/ *adj* **1** rozrzucony, rozproszony: *books scattered all over the room* **2** przelotny: *The weather forecast is for scattered showers.*

sce·na·ri·o /s$_ə^!$ˈnɑːriəʊ/ *n* [C] scenariusz: *The worst scenario would be if the college had to close.*

scene /siːn/ *n* [C] **1** scena: *She comes on in Act 2, Scene 3.* | *a love scene* | *Exciting things have been happening on the London music scene.* **2** obraz: *a peaceful country scene* **3** miejsce (*wypadku, zbrodni*): *Firefighters arrived at the scene within minutes.* | *the scene of the crime* **4** [usually singular] scena: *Sit down and stop making a scene!* **5 behind the scenes** za kulisami: *You have no idea what goes on behind the scenes.*

sce·ne·ry /ˈsiːnəri/ *n* [U] **1** krajobraz: *You should visit Norway – the scenery is magnificent!* **2** dekoracje (*w teatrze*)

> UWAGA **scenery**
>
> Patrz **landscape** i **scenery**.

sce·nic /ˈsiːnɪk/ *adj* malowniczy: *If you have time, take the scenic coastal route.*

scent /sent/ *n* **1** [C] woń, zapach: *the scent of roses* **2** [C,U] trop: *The fox had disappeared, but the dogs soon picked up the scent.* **3** [C,U] perfumy —**scented** *adj* perfumowany

scep·tic /ˈskeptɪk/ *BrE*, **skeptic** *AmE n* [C] scepty-k/czka

scep·ti·cal /ˈskeptɪkəl/ *BrE*, **skeptical** *AmE adj* sceptyczny: **+ about/of** (=co do): *Many scientists remain sceptical about the value of this research.*

scep·ti·cis·m /ˈskept$_ə^!$sɪzəm/ *BrE*, **skepticism** *AmE n* [U] sceptycyzm: *scepticism about claims that there may be life on one of Saturn's moons*

sched·ule[1] /ˈʃedjuːl/ *n* **1** [C,U] plan, harmonogram: *I have a very busy schedule this week.* | *We finished the project three weeks ahead of schedule* (=trzy tygodnie przed terminem). **2** [C] *especially AmE* rozkład jazdy **3** [C] wykaz: *a schedule of postal charges*

schedule[2] *v* [T] za/planować: *The meeting has been scheduled for Friday.*

scheme[1] /skiːm/ *n* [C] **1** *BrE* program: *a government training scheme for young people* | *a road improvement scheme* **2** plan, projekt: *another of his crazy schemes for making money*

scheme[2] *v* [I] knuć, spiskować: *politicians scheming to win votes*

schiz·o·phre·ni·a /ˌskɪtsəʊˈfriːniə/ *n* [U] schizofrenia —**schizophrenic** /-ˈfrenɪk◂/ *n* [C] schizofreni-k/czka

schol·ar /ˈskɒlə/ *n* [C] **1** uczon-y/a, naukowiec: *a Latin scholar* **2** stypendyst-a/ka

schol·ar·ly /ˌskɒləli/ *adj* **1** naukowy: *a scholarly journal* **2** uczony

schol·ar·ship /ˈskɒləʃɪp/ *n* [C] **1** stypendium **2** [U] nauka

school /skuːl/ *n* **1** [C,U] szkoła: *Which school do you go to?* | *There are several good schools in the area.* | *The whole school was sorry when she left.* | *a school trip* (=wycieczka szkolna) *to the Science Museum* | *What are you doing after school* (=po lekcjach)? | *We won't be moving house while the kids are still at school* (=dopóki dzieci chodzą do szkoły). | *She started school* (=poszła do szkoły) *when she was four.* | *the Dutch school of painting* **2** [C] instytut: *She's a lecturer in the school of English.* **3** [C,U] *AmE* uniwersytet: *If I pass my exams, I'll go to medical school.* **4 school of thought** teoria: *One school of thought says that red wine is good for you.* **5** [C] ławica: *a school of dolphins*

school·boy /ˈskuːlbɔɪ/ *n* [C] *especially BrE* uczeń

school·child /ˈskuːltʃaɪld/ *n* [C] *plural* **schoolchildren** uczeń

school·days /ˈskuːldeɪz/ *n* [plural] lata szkolne

school·girl /ˈskuːlgɜːl/ *n* [C] *especially BrE* uczennica

school·ing /ˈskuːlɪŋ/ *n* [U] nauka, edukacja: *He had only five years of schooling.*

school leav·er /ˈ. ˌ../ *n* [C] *BrE* absolwent/ka: *a shortage of jobs for school leavers*

school·mas·ter /ˈskuːlˌmɑːstə/ *n* [C] *old-fashioned* nauczyciel

school·mis·tress /ˈskuːlˌmɪstrɪs/ *n* [C] *old-fashioned* nauczycielka

school·teach·er /ˈskuːlˌtiːtʃə/ *n* [C] nauczyciel/ka

sci·ence /ˈsaɪəns/ *n* [U,C] nauka: *developments in science and technology*

science fic·tion /ˌ.. ˈ../ *n* [U] fantastyka naukowa

sci·en·tif·ic /ˌsaɪənˈtɪfɪk◂/ *adj* naukowy: *scientific discoveries* | *a scientific experiment*

sci·en·tist /ˈsaɪəntɪst/ *n* [C] naukowiec, uczon-y/a

sci-fi /ˈsaɪ ˌfaɪ◂/ *n* [U] *informal* fantastyka naukowa, science fiction

scis·sors /ˈsɪzəz/ *n* [plural] nożyczki, nożyce: *a pair of scissors*

scold /skəʊld/ *v* [I,T] s/karcić: *My grandmother was always scolding me for getting my clothes dirty.* —**scolding** *n* [C,U] bura

scoop /skuːp/ *n* [C] łyżka: *an ice-cream scoop* | *two scoops of sugar*

scoot·er /ˈskuːtə/ *n* [C] skuter

scope /skəʊp/ *n* **1** [singular] zasięg, zakres: *Environmental issues are beyond the scope of this inquiry.* **2** [U] możliwości: *an attractive old house with a lot of scope for improvement*

scorch /skɔːtʃ/ *v* [I,T] przypalać (się), przypiekać (się): *He scorched my favourite shirt with the iron!* —**scorched** *adj* wypalony: *scorched brown grass*

scorch·ing /ˈskɔːtʃɪŋ/ *adj informal* skwarny: *the scorching heat of an Australian summer*

score[1] /skɔː/ *n* [C] **1** wynik: *The final score was 35 to 17.* | *What's the score?* **2** partytura **3 settle a score** wyrównać rachunek: *Jack came back after five years to settle some old scores.* **4 on that score** *spoken* w tym względzie: *We've got plenty of money, so don't worry on that score.*

score[2] *v* [I,T] zdobyć (punkt): *Dallas scored in the final minute of the game.* | *How many goals has he scored this year?* → patrz też SCORES

score·board /ˈskɔːbɔːd/ *n* [C] tablica wyników

scores /skɔːz/ *n* [plural] dziesiątki: *On the playground, scores of children ran and screamed.*

scorn[1] /skɔːn/ *n* [U] pogarda: *Scientists treated the findings with scorn.* —**scornful** *adj* pogardliwy

scorn[2] *v* [T] *formal* gardzić, pogardzać: *young people who scorn the attitudes of their parents*

Scor·pi·o /ˈskɔːpiəʊ/ *n* [C,U] Skorpion

scor·pi·on /ˈskɔːpiən/ *n* [C] skorpion

Scotch /skɒtʃ/ *n* [C,U] whisky (*szkocka*)

Scotch tape /ˌ. ˈ./ *n* [U] *trademark* taśma klejąca

scoun·drel /ˈskaʊndrəl/ *n* [C] *old-fashioned* łotr

scour /skaʊə/ *v* [T] **1** przeszukiwać, przetrząsać: *Archie scoured the town for more yellow roses.* | *I've scoured the newspapers, but I can't find any mention of it.*

2 wy/szorować: *Do you have something I can scour the pan with?*

scout[1] /skaʊt/ *n* [C] **1** *także* **boy scout, girl scout** harce-rz/rka, skaut: *He joined the Scouts when he was eleven.* **2 the Scouts** harcerstwo, skauting **3** zwiadowca **4 a talent scout** łowca talentów

scout[2] *v* [I] *także* **scout around** rozglądać się: **+ for** *I'm going to scout around for a place to eat.*

scrab·ble /ˈskræbəl/ *v* [I] **scrabble about/around** grzebać: *I was scrabbling around in the bottom of my bag for some money.*

scram·ble /ˈskræmbəl/ *v* [I] wdrapywać się: *We scrambled up a rocky slope.*

scrambled eggs /ˌ.. ˈ./ *n* [plural] jajecznica

scrap[1] /skræp/ *n* **1** [C] skrawek, kawałek: *If you've got a scrap of paper, I'll write down my address.* **2** odrobina, krzta: *There's not a scrap of evidence to connect him with the murder.* **3** [U] złom: *The car's not worth fixing – we'll have to sell it for scrap.* → patrz też SCRAPS

scrap[2] *v* [T] **-pped, -pping** wyrzucać na złom

scrap·book /ˈskræpbʊk/ *n* [C] album (*na wycinki prasowe*)

scrape[1] /skreɪp/ *v* **1** [T] zeskrobywać: *Scrape some of the mud off your boots.* **2** [T] zadrapać: *She fell over and scraped her knee.* | *Careful! You nearly scraped the side of the car!* **3** [I,T] skrobać: *Her fingernails scraped down the blackboard.*

scrape[2] *n* [C] zadrapanie, zadraśnięcie: *She wasn't seriously hurt – only a few cuts and scrapes.*

scrap metal /ˈ. ˌ../ *n* [U] złom

scraps /skræps/ *n* [plural] resztki (*jedzenia*): *Save the scraps for the dog.*

scratch[1] /skrætʃ/ *v* [I,T] **1** drapać (się): *Try not to scratch those mosquito bites.* | *My dog scratches at the door when it wants to come in.* **2** zadrapać, podrapać: *Ow! I've scratched my hand on a thorn.* **3** wydrapywać: *People scratch their names on the walls.*

scratch[2] *n* **1** [C] rysa, zadrapanie: *Where did this scratch on the car come from?* **2 from scratch** od zera: *I deleted the file from the computer by mistake so I had to start again from scratch.* **3 have a scratch** podrapać się: *My back needs a good scratch.*

scrawl /skrɔːl/ *v* [T] na/bazgrać, na/gryzmolić: *a telephone number scrawled on the bathroom wall* —**scrawl** *n* [C,U] bazgroły, gryzmoły: *The notebook was covered in a large black scrawl.*

scream[1] /skriːm/ *v* [I,T] krzyczeć, wrzeszczeć: *There was a huge bang and people started screaming.* | *Suddenly she screamed, "Look out!"*

UWAGA **scream**
Patrz **cry**, **scream** i **shout**.

scream[2] *n* [C] **1** krzyk, wrzask: *a scream of terror* **2** wycie: *the scream of the jet engines* **3 sth is a scream** *informal* coś jest bardzo śmieszne: *We all dressed up as animals – it was a real scream!*

screech /skriːtʃ/ *v* **1** [I,T] za/piszczeć, za/skrzeczeć: *The police came flying round the corner, tyres screeching and sirens wailing.* | *"Get out of my way!" she screeched.* **2 screech to a halt/stop/standstill** zatrzymać się z piskiem —**screech** *n* [C] pisk

screen[1] /skriːn/ *n* **1** [C,U] ekran: *The sunlight was reflecting off the screen.* | *stars of the silver screen* | *He hates watching himself on screen.* **2** [C] parawan, zasłona: *The nurses will put some screens around your bed.* | *We're planting a screen of trees between the two houses.*

screen[2] *v* [T] **1** badać, monitorować: *Women over the age of 50 are screened for* (=są badane pod kątem) *breast cancer.* **2** sprawdzać: *People wanting to work with children should be thoroughly screened before a job offer is made.* **3** *także* **screen off** zasłaniać, osłaniać: *You can't see anything – the police have screened off the area.* | *The garden is screened by tall hedges.* **4** wyświetlać: *His new film is being screened on BBC1 tonight.*

screen·play /ˈskriːnpleɪ/ *n* [C] scenariusz

screen·writ·er /ˈskriːnˌraɪtə/ *n* [C] scenarzyst-a/ka

screw[1] /skruː/ *n* [C] śruba, wkręt

screw[2] *v* **1** [T] przykręcać: *Screw the socket onto the wall.* | *Don't forget to screw the top of the jar back on.* **2** *także* **screw up** [T] zmiąć, zgnieść: *Furiously she screwed the letter into a ball and flung it in the bin.*

screw up *phr v* **1 screw up your eyes/face** z/mrużyć oczy **2** [T **screw** sth ↔ **up**] *informal* spieprzyć: *I broke my ankle, so that really screwed up our holiday plans!*

screw·driv·er /ˈskruːˌdraɪvə/ *n* [C] śrubokręt

scrib·ble /ˈskrɪbəl/ *v* [I,T] na/bazgrać: *I scribbled his address on the back of an envelope.*

script /skrɪpt/ *n* [C] **1** tekst, scenariusz: *Bring your script to rehearsal.* **2** [C,U] pismo: *Arabic script*

scrip·ture /ˈskrɪptʃə/ *n* [U] *także* **the Scriptures** *n* [plural] [C,U] Pismo Święte, Biblia

script·writ·er /ˈskrɪptˌraɪtə/ *n* [C] scenarzyst-a/ka

scroll[1] /skrəʊl/ *n* [C] zwój

scroll[2] *v* [I,T] przewijać: *Click your mouse here to scroll the text.*

scrooge /skruːdʒ/ *n* [C] *informal* sknera

scrub[1] /skrʌb/ *v* [I,T] **-bbed, -bbing** wy/szorować: *Scrub the board clean.* | *Tom scrubbed at the stain, but it wouldn't come out.*

scrub[2] *n* **1** [U] roślinność pustynna **2 give sth a scrub** wyszorować coś

scruff /skrʌf/ *n* **by the scruff of the neck** za kark

scru·ple /ˈskruːpəl/ *n* [C usually plural] skrupuły: *a ruthless criminal with no scruples*

scru·pu·lous /ˈskruːpjələs/ *adj* **1** skrupulatny: *scrupulous attention to detail* **2** uczciwy: *A less scrupulous person might have been tempted to accept the bribe.* → antonim UNSCRUPULOUS — **scrupulously** *adv* nienagannie: *scrupulously clean*

scru·ti·nize /ˈskruːtənaɪz/ (*także* **-ise** *BrE*) *v* [T] analizować, przyglądać się: *Inspectors scrutinize every aspect of the laboratories' activities.*

scru·ti·ny /ˈskruːtəni/ *n* [U] badanie, analiza: *Close scrutiny of the document showed it to be a forgery.* | *Famous people have to live their lives under constant public scrutiny.*

scu·ba div·ing /ˈskuːbə ˌdaɪvɪŋ/ *n* [U] nurkowanie

scuf·fle /ˈskʌfəl/ *n* [C] starcie: *A policeman was injured in a scuffle with demonstrators yesterday.*

sculp·tor /ˈskʌlptə/ *n* [C] rzeźbia-rz/rka

sculp·ture /ˈskʌlptʃə/ *n* **1** [C,U] rzeźba: *a bronze sculpture by Peter Helzer* | *an exhibition of modern sculpture* **2** [U] rzeźbiarstwo: *a talent for sculpture* | *a sculpture class* — **sculptured** *adj* rzeźbiony: *a sculptured pedestal*

scum /skʌm/ *n* [U singular] kożuch (*z brudu*): *Green scum covered the old pond.*

scythe /saɪð/ *n* [C] kosa

sea /siː/ *n* [C,U] *także* **Sea** morze: *the Mediterranean Sea* | *The boat was heading out to sea.* | *The speaker stared at the sea of faces in front of him.* | **at sea** (=na morzu): *We spent the next six weeks at sea.* | **by sea** (=statkiem): *It takes longer to send goods by sea, but it's cheaper.*

sea·bed /ˈsiːbed/ *także* **sea bed** *n* [singular] dno morskie: *a wrecked ship lying on the seabed*

sea·food /ˈsiːfuːd/ *n* [U] owoce morza

sea·gull /ˈsiːgʌl/ *także* **gull** *n* [C] mewa

seal[1] /siːl/ *n* [C] **1** foka **2** plomba: *Do not use this product if the seal on the bottle is broken.* **3** pieczęć: *The letter had the seal of the Department of Justice at the top.* **4** uszczelka: *The seal has worn and the machine is losing oil.*

seal[2] *v* [T] **1** *także* **seal up** za/pieczętować: *Many of the tombs have remained sealed since the 16th century.*

S

2 zaklejać **3 seal a deal/agreement** przypieczętować umowę/porozumienie

seal sth ↔ **off** *phr v* [T] odgradzać, odcinać dostęp do: *Following a bomb warning, police have sealed off the city centre.*

sealed /siːld/ *adj* zapieczętowany, zaklejony: *Medical dressings are supplied in sealed sterile packs.* | *a sealed envelope*

sea lev·el /ˈ. ˌ../ *n* [U] poziom morza: *The village is 200 feet above sea level.*

sea li·on /ˈ. ˌ../ *n* [C] lew morski

seam /siːm/ *n* [C] **1** szew: *The seam on my jeans has split.* **2** pokład: *a rich seam of coal*

sea·man /ˈsiːmən/ *n* [C] marynarz

se·ance /ˈseɪɑːns/ *n* [C] seans spirytystyczny

search[1] /sɜːtʃ/ *n* [C usually singular] poszukiwanie: *Hundreds of local people are helping in the search for the missing girl.* | *the search for the meaning of life* | **in search of** (=w poszukiwaniu): *We set off in search of somewhere to eat.*

search[2] *v* **1** [I] szukać: *I searched all over the house, but I couldn't find them anywhere.* **2** [T] przeszukiwać, z/rewidować: *We were all searched at the airport.* **3** [I] **search for sth** poszukiwać czegoś: *Scientists have spent years searching for a solution.* | *animals searching for food*

search·ing /ˈsɜːtʃɪŋ/ *adj* wnikliwy, drobiazgowy: *She asked several searching questions about his past.*

search·light /ˈsɜːtʃlaɪt/ *n* [C] reflektor

search par·ty /ˈ. ˌ../ *n* [C] ekipa poszukiwawcza

search war·rant /ˈ. ˌ../ *n* [C] nakaz rewizji

sea·shell /ˈsiːʃel/ *n* [C] muszla, muszelka

sea·shore /ˈsiːʃɔː/ *n* **the seashore** brzeg morski → porównaj BEACH, SEASIDE

sea·sick /ˈsiːˌsɪk/ *adj* **be seasick** cierpieć na chorobę morską —**seasickness** *n* [U] choroba morska

sea·side /ˈsiːsaɪd/ *n* **the seaside** wybrzeże: **at the seaside** (=nad morzem): *a day at the seaside* | **seaside resort** (=kurort nadmorski)

sea·son[1] /ˈsiːzən/ *n* [C] **1** pora roku **2** sezon, pora: *the holiday season* | **the rainy/wet/dry season** *The rainy season usually starts in May.* | **the football/baseball etc season** *I hardly ever see him during the cricket season!*

season[2] *v* [T] doprawiać, przyprawiać: *Season the soup just before serving.*

sea·son·al /ˈsiːzənəl/ *adj* okresowy, sezonowy: *seasonal jobs in the tourist industry*

sea·soned /ˈsiːzənd/ *adj* wytrawny: *seasoned travellers*

sea·son·ing /ˈsiːzənɪŋ/ *n* [C,U] przyprawa, przyprawy

season tick·et /ˈ.. ˌ../ *n* [C] bilet okresowy

seat[1] /siːt/ *n* [C] **1** siedzenie, miejsce: *the front seat of the car* | *I've reserved two seats for Saturday night's performance.* | *a 150-seat airliner* | **take/have a seat** (=usiąść): *Please take a seat, Ms. Carson.* **2** mandat, fotel: **win/lose a seat** *She lost her seat at the last election.*

seat[2] *v* [T] **1 be seated a)** siedzieć: *The chairman and senior officials were seated on the platform.* **b)** *spoken formal* usiąść: *Would everyone please be seated.* **2** móc pomieścić: *The new Olympic stadium seats over 70,000.*

seat belt /ˈ. ./ *n* [C] pas bezpieczeństwa

sea·weed /ˈsiːwiːd/ *n* [U] wodorosty

sec /sek/ *n* [C] *spoken* chwila, sekunda: *Wait a sec – I'm coming too!*

se·clud·ed /sɪˈkluːdəd/ *adj* odosobniony, ustronny: *a relaxing vacation on a secluded island*

se·clu·sion /sɪˈkluːʒən/ *n* [U] odosobnienie: *He lives in seclusion inside an old castle.*

sec·ond[1] /ˈsekənd/ *number, pron, adj* **1** drugi: *He's just scored his second goal.* | *Joanna's in her second year at university.* | **come/finish second** (=zająć drugie miejsce): *She was disappointed to only come second.* **2 be second to none** nie mieć sobie równych: *The service in our hotel is second to none.* **3 have**

S

second thoughts mieć wątpliwości: *Denise said she wanted them to get married, but now she's having second thoughts.* **4 on second thoughts** *spoken* po namyśle: *I'll have the apple pie ... On second thoughts I think I'll have an ice cream instead.*

second[2] *n* [C] **1** sekunda: *It takes about 30 seconds for the computer to start up.* **2** *spoken* chwila, sekunda: *Just wait a second and I'll come and help.* | *It'll only take a few seconds.* **3 seconds** towar wybrakowany

second[3] *v* [T] popierać: **second a motion/proposal/amendment** (=poprzeć wniosek/postulat/poprawkę): *Sarah has proposed this motion – do we have someone who will second it?*

sec·ond·a·ry /ˈsekəndəri/ *adj* **1** średni, ponadpodstawowy: *secondary education* **2** drugorzędny: *She regards getting married as being of secondary importance.* **3** wtórny: *a secondary infection*

S

secondary school /ˈ.... ˌ./ *n* [C] *especially BrE* szkoła średnia

second class /ˌ.. ˈ./ *n* [U] druga klasa

second-class /ˌ.. ˈ.◂/ *adj* **1 second-class seat/ticket/carriage** miejsce/bilet/wagon drugiej klasy **2** drugiej kategorii: *They treated us like second-class citizens.* **3 second-class post/stamp** poczta/znaczek drugiej klasy

sec·ond·hand /ˌsekəndˈhænd◂/ *adj* używany: *We bought a cheap secondhand car.* —**secondhand** *adv* z drugiej ręki: *I bought this book secondhand.*

sec·ond·ly /ˈsekəndli/ *adv* po drugie: *And secondly, a large number of her poems deal with love.*

second na·ture /ˌ.. ˈ../ *n* [U] nawyk: *Wearing a seatbelt is second nature to most drivers.*

second per·son /ˌ.. ˈ../ *n* **the second person** druga osoba → porównaj FIRST PERSON, THIRD PERSON

second-rate /ˌ.. ˈ.◂/ *adj* podrzędny: *second-rate hospital care for poor people*

se·cre·cy /ˈsiːkrəsi/ *n* [U] tajemnica: *The operation was carried out in total secrecy.*

se·cret[1] /ˈsiːkrɪ̈t/ *adj* **1** tajny: *a secret plan* | *Don't tell anyone your number – keep it secret* (=trzymaj go w tajemnicy). **2** [only before noun] cichy: *a secret admirer* —**secretly** *adv* potajemnie

secret[2] *n* **1** [C] tajemnica, sekret: *I can't tell you his name. It's a secret.* | **keep a secret** (=dochować tajemnicy): *Can you keep a secret?* **2 in secret** w tajemnicy: *Negotiations are being conducted in secret.*

secret a·gent /ˌ.. ˈ../ *n* [C] tajny agent

sec·re·ta·ry /ˈsekrɪ̈təri/ *n* [C] **1** sekreta-rz/rka: *The secretary will make an appointment for you.* **2** *także* **Secretary** minister, sekretarz: *the Secretary of Education*

se·crete /sɪˈkriːt/ *v* [T] wydzielać: *a hormone that is secreted into the bloodstream* —**secretion** *n* [C,U] wydzielina

se·cre·tive /ˈsiːkrɪ̈tɪv/ *adj* tajemniczy: *Why are you being so secretive about your new girlfriend?*

secret ser·vice /ˌ.. ˈ../ *n* [singular] *BrE* tajne służby

sect /sekt/ *n* [C] sekta

sec·tion /ˈsekʃən/ *n* [C] **1** część, sekcja: *the sports section of the newspaper* | *The rocket is built in sections.* **2** przekrój: *a section of a volcano*

sec·tor /ˈsektə/ *n* [C] sektor: *the public sector* | *the private sector* | *the former eastern sector of Berlin*

sec·u·lar /ˈsekjʊ̈lə/ *adj* świecki: *secular education*

se·cure[1] /sɪˈkjʊə/ *adj* **1** pewny: *a secure job* **2** bezpieczny: *The garage isn't a very secure place.* —**securely** *adv* mocno: *securely fastened*

secure[2] *v* [T] **1** zapewniać: *a treaty that will secure peace* **2** przy/mocować: *We secured the boat with a rope.*

se·cu·ri·ty /sɪˈkjʊərɪ̈ti/ *n* [U] **1** bezpieczeństwo: *airport security checks* | *Tight security surrounded the President's visit.* | *Rules can give a child a sense of security.* **2** zabezpieczenie: *financial security* | *She had to put up her house as security* *for the loan.* **3 securities** papiery wartościowe

se·dan /sɪˈdæn/ *n* [C] *AmE* sedan

se·date /sɪˈdeɪt/ *v* [T] podać środek uspokajający

sed·a·tive /ˈsedətɪv/ *n* [C] środek uspokajający

sed·en·ta·ry /ˈsedəntəri/ *adj* siedzący: *a sedentary job*

sed·i·ment /ˈsedɪ̣mənt/ *n* [U singular] osad

se·duce /sɪˈdjuːs/ *v* [T] uwieść —**seduction** /sɪˈdʌkʃən/ *n* [C,U] uwiedzenie

se·duc·tive /sɪˈdʌktɪv/ *adj* **1** ponętny, uwodzicielski: *a seductive voice* **2** kuszący: *a seductive offer of higher pay*

see /siː/ *v* **saw, seen, seeing 1** [I,T] widzieć, zobaczyć: *I can't see* (=nie widzę) *without my glasses.* | *It was too dark to see anything.* | *I saw a man take the bag and run off.* | *I saw her in the park yesterday.* | *You ought to see a doctor.* **2** [I,T] z/rozumieć: *Do you see how it works?* | *"Just press the red button." "Oh, I see* (=rozumiem)." | *I can't see the point of* (=nie widzę sensu w) *waiting any longer.* **3** [T] oglądać, obejrzeć: *What movie shall we go and see?* | *Did you see that concert on TV last night?* **4** [T] sprawdzić, zobaczyć: *Plug it in and see if it's working.* | *I'll see what time the train leaves.* **5** [T] postrzegać: *Fighting on TV can make children see violence as normal.* **6** [T] spotkać się z: *The judge said he had never seen a case like this before.* **7** [T] upewnić się, sprawdzić: *Please see that everything is put back in the right place.* **8** [T] odprowadzać: *Just wait a minute and I'll see you home.* **9 see eye to eye (with sb)** zgadzać się (z kimś): *Ros and her mother don't always see eye to eye.* **10 see you** do zobaczenia: *Okay, I'll see you later.* | *See you, Ben.* **11 let's see/let me see** niech pomyślę: *Let's see. When did you send it?* **12 I'll/we'll see** zobaczymy: *"Can we go to Disney World this year?" "We'll see."*

see about sth *phr v* [T] załatwiać: *Fran went to see about her passport.*

see sb ↔ **off** *phr v* [T] odprowadzać (*np. na dworzec*): *We saw her off from Stansted Airport.*

see sb **out** *phr v* [T] odprowadzać (*do drzwi*): *No, that's okay, I'll see myself out* (=sam wyjdę).

see through *phr v* [T] **1** [**see through** sb/sth] przejrzeć: *Can't you see through his lies?* **2** [**see** sth **through**] doprowadzić do końca: *Miller is determined to see the project through.*

see to sth *phr v* [T] dopilnować: *We'll see to it that he gets there safely.*

> UWAGA **see, watch, look at**
>
> Nie należy mylić wyrazów **see**, **watch** i **look at**. **See** używamy wtedy, kiedy coś 'widzimy', przypadkiem lub celowo: *I saw an accident on my way to school today.* | *Have you seen Spielberg's latest film yet?* **Watch** używamy wtedy, kiedy 'oglądamy' film, mecz lub inne obfitujące w ruch zdarzenia: *Dad was watching a basketball game on TV.* **Look at** używamy wtedy, kiedy 'patrzymy' na ludzi, krajobraz, obrazy i inne obiekty pozostające w bezruchu: *Look at this old picture of Sally!*

seed /siːd/ *n* **seed** *or* **seeds** [C,U] nasienie: *Sow the seeds one inch deep in the soil.*

seed·less /ˈsiːdləs/ *adj* bezpestkowy: *seedless grapes*

seed·ling /ˈsiːdlɪŋ/ *n* [C] sadzonka

seeing eye dog /ˌ.. ˈ. ˌ./ *n* [C] *AmE* pies przewodnik

seek /siːk/ *v* **sought** /sɔːt/, **sought, seeking** *formal* **1** [I,T] poszukiwać: *The UN is seeking a political solution.* | *You should seek advice from a lawyer.* **2** [T] s/próbować: *The Governor will not say whether he will seek re-election next year.* | **seek to do sth** *We are seeking to stop such cruelty to farm animals.*

seem /siːm/ *v* [linking verb] **1** wydawać się: *Henry seems a bit upset today.* | **there seems to be ...** (=zdaje się, że jest ...): *There seems to be a problem with the brakes.* | **it seems to me** (=wydaje mi się): *It seems to me that it's a complete waste of time.* **2** zdawać się: *We seem to have taken the wrong road* (=zdaje się, że jedziemy złą drogą).

seem·ing·ly /ˈsiːmɪŋli/ *adv* pozornie: *A seemingly innocent young girl, she is in fact a brutal murderer.*

seen /siːn/ *v* imiesłów bierny od SEE

seep /siːp/ *v* [I] sączyć się, przeciekać: *Water was seeping through the ceiling.*

see·saw /ˈsiːsɔː/ *n* [C] huśtawka

seg·ment /ˈsegmənt/ *n* [C] **1** część: *a large segment of the population* **2** odcinek

se·gre·ga·tion /ˌsegrɪˈgeɪʃən/ *n* [U] segregacja: *segregation in schools*

seis·mic /ˈsaɪzmɪk/ *adj technical* sejsmiczny

seize /siːz/ *v* **1** [T] chwycić: *Ron seized the child's arm and lifted her to safety.* **2 seize control/power** przejąć kontrolę/władzę: *Rebel soldiers seized control of the embassy.* **3** [T] przechwycić: *Police seized 10 kilos of cocaine.*

sel·dom /ˈseldəm/ *adv* rzadko: *Glen seldom eats breakfast.*

se·lect[1] /səˈlekt/ *v* [T] wybierać: *He was not selected for the team.*

select[2] *adj formal* ekskluzywny: *a select club* | *Only a select few* (=tylko garstka wybrańców) *have been invited.*

se·lec·tion /səˈlekʃən/ *n* [C,U] wybór, selekcja: *Selection of candidates for the job will take place next week.* | *a selection of songs from the show* | *The store has a wide selection of children's books.*

se·lec·tive /səˈlektɪv/ *adj* **1** wybredny, wymagający: *She's very selective about her clothes.* **2** wybiórczy, selektywny: *the selective breeding of animals*

self-as·sured /ˌ. .ˈ.◂/ *adj* pewny siebie: *He is a very self-assured man.* —**self-assurance** *n* [U] pewność siebie

self-cen·tred /ˌ. ˈ..◂/ *BrE*, **self-centered** *AmE adj* samolubny

self-con·fi·dent /ˌ. ˈ.../ *adj* pewny siebie —**self-confidence** *n* [U] pewność siebie

self-con·scious /ˌ. ˈ../ *adj* skrępowany: *She feels self-conscious about wearing glasses.*

self-con·trol /ˌ. .ˈ./ *n* [U] samokontrola

self-de·fence /ˌ. .ˈ./ *BrE*, **self-defense** *AmE n* [U] samoobrona, obrona własna: *She shot the man in self-defence.*

self-dis·ci·pline /ˌ. ˈ.../ *n* [U] samodyscyplina

self-em·ployed /ˌ. .ˈ.◂/ *adj* **be self-employed** prowadzić własną działalność

self-es·teem /ˌ. .ˈ./ *n* [U] poczucie własnej wartości

self-ev·i·dent /ˌ. ˈ...◂/ *adj* oczywisty

self-in·terest /ˌ. ˈ../ *n* [U] interesowność: *It's sheer self-interest that makes her so kind to her elderly relatives.*

self·ish /ˈselfɪʃ/ *adj* samolubny, egoistyczny: *Why are you being so selfish?* | *He's a mean and selfish old man.* —**selfishness** *n* [U] egoizm → **antonim** UNSELFISH

self·less /ˈselfləs/ *adj* bezinteresowny

self-pit·y /ˌ. ˈ../ *n* [U] rozczulanie się nad sobą

self-por·trait /ˌ. ˈ../ *n* [C] autoportret

self-re·li·ant /ˌ. .ˈ..◂/ *adj* samodzielny, niezależny

self-right·eous /ˌself ˈraɪtʃəs◂/ *adj* zadufany (w sobie)

self-sac·ri·fice /ˌ. ˈ.../ *n* [U] wyrzeczenie

self-serv·ice /ˌ. ˈ..◂/ *adj* samoobsługa: *a self-service restaurant*

self-suf·fi·cient /ˌ. .ˈ..◂/ *adj* samowystarczalny: *a country that is self-sufficient in food*

sell /sel/ *v* **sold, sold, selling 1** [I,T] sprzedawać: *Do you sell stamps?* | **sell sth for** *We sold the car for $5000.* | **sell sth to sb** *Scott sold his CD player to a kid at school.* | *Now we have to try to sell the idea to the viewers.* | **sell sb sth** *Sally's going to sell me her bike.* → porównaj BUY[1] **2** [I] sprzedawać się: *Toys based on the movie are really selling.* | *The CD sold over a million copies in a week.* | **sell at/for** (=kosztować): *The T-shirts sell at £10 each.*

sell sth ↔ **off** *phr v* [T] wyprzedawać: *The shop is closing and selling everything off at half price.*

sell out *phr v* [T] wyprzedać: **have/be sold out** *I'm sorry, but the tickets are all sold out* (=biletów już nie ma).

sell-by date /'. . ˌ./ *n* [C] *BrE* data przydatności do spożycia, data ważności

sell·er /'selə/ *n* [C] sprzedawca: *the largest seller of household equipment* ➡ porównaj BUYER ➡ patrz też BESTSELLER

Sel·lo·tape /'seləteɪp/ *n* [U] *BrE trademark* taśma klejąca

se·men /'siːmən/ *n* [U] nasienie, sperma

se·mes·ter /sə'mestə/ *n* [C] *especially AmE* semestr

sem·i·cir·cle /'semiˌsɜːkəl/ *n* [C] półkole: *Could everyone please sit in a semicircle?*

sem·i·co·lon /ˌsemi'kəʊlən/ *n* [C] średnik

semi-de·tached /ˌ... .'.◂ / *adj BrE* **semi-detached house** bliźniak (*dom*)

sem·i·fi·nal /ˌsemi'faɪnl◂ / *n* [C] półfinał

sem·i·nar /'semənɑː/ *n* [C] seminarium

sem·i·pre·cious /ˌsemi'preʃəs◂ / *adj* półszlachetny: *semiprecious stones*

sen·ate /'senət/ *n* **the Senate** Senat ➡ porównaj HOUSE OF REPRESENTATIVES

sen·a·tor /'senətə/, **Senator** *n* [C] senator: *Senator Kennedy*

send /send/ *v* [T] **sent, sent, sending** wysyłać, posyłać: *I sent the letter last week.* | *The UN is sending troops to the region.* | **send sb sth** *I forgot to send Dad a birthday card.* | **send sth back** (=odsyłać coś): *She sent back the form immediately.*

send for sb/sth *phr v* [T] posyłać po: *She sent for the doctor.*

send in *phr v* [T] [**send** sth ↔ **in**] przysyłać, nadsyłać: *Did you send in your application?*

send off *phr v* [T] [**send** sth/sb ↔ **off**] wysyłać: *Have you sent the cheque off yet?* | *We got sent off to camp every summer.*

send out *phr v* [T] **1** [**send** sb/sth ↔ **out**] rozsyłać: *The wedding invitations were sent out weeks ago.* **2** [**send** sth ↔ **out**] wysyłać: *The ship sent out an SOS message.*

send up *phr v* [T **send** sb/sth **up**] *BrE informal* s/parodiować

se·nile /'siːnaɪl/ *adj* zniedołężniały —**senility** /sə'nɪləti/ *n* [U] zniedołężnienie starcze

se·ni·or[1] /'siːniə/ *adj* **1** starszy/wysoki rangą: *a senior officer in the Navy* | *She's senior to you.* **2** starszy: *Senior pupils get special privileges.* ➡ porównaj JUNIOR[1]

senior[2] *n* **1 be five/ten years sb's senior** być starszym od kogoś o pięć/dziesięć lat **2** [C] *AmE* uczeń/uczennica ostatniej klasy, student/ka ostatniego roku ➡ porównaj JUNIOR[2]

senior cit·i·zen /ˌ... '.../ *n* [C] emeryt/ka

senior high school /ˌ... './ *n* [C] szkoła średnia

sen·sa·tion /sen'seɪʃən/ *n* **1** [C,U] czucie, uczucie: *Matt had a burning sensation in his arm.* | *Ian had no sensation in his legs after the accident.* **2** [C] uczucie, wrażenie: *I had the strangest sensation that everything was happening very slowly.* **3** [singular] sensacja: *The announcement caused a sensation.*

sen·sa·tion·al /sen'seɪʃənəl/ *adj* **1** sensacyjny: *a sensational news report of the murder* **2** rewelacyjny: *a sensational finish to the race*

sense[1] /sens/ *n* **1** [U] rozsądek: *Earl had the sense not to move the injured man.* ➡ porównaj COMMON SENSE **2** [singular] poczucie: *She felt a strong sense of loyalty to him.* **3 make sense** mieć sens: *Do these instructions make any sense to you?* | *It makes sense to take care of your health while you're young.* **4 make sense of** z/rozumieć: *Can you make any sense of this article at all?* **5** [C] zmysł: *Dogs have a very sensitive sense of smell.* **6** [singular] wyczucie: *She has excellent business sense.* | *Bullfighters need to have an excellent sense of timing.* **7 sense of humour** *BrE*, **hu-**

mor *AmE* poczucie humoru: *Laura has a great sense of humour.* **8** [C] sens, znaczenie: *Many words have more than one sense.* **9 in a sense/in some senses** w pewnym sensie: *In a sense he's right, but things are more complicated than that.*

sense² *v* [T] wyczuwać: *Sandy sensed that David wanted to be alone.*

sense·less /ˈsensləs/ *adj* **1** bezsensowny: *a senseless killing* **2** nieprzytomny: *The ball hit him on the head, and knocked him senseless.*

sen·si·ble /ˈsensɪbəl/ *adj* **1** rozsądny: *a sensible decision* **2** praktyczny: *sensible clothes* —**sensibly** *adv* rozsądnie

sen·si·tive /ˈsensɪtɪv/ *adj* **1** wrażliwy: *a sensitive and caring person* | *A good teacher is sensitive to their students' needs.* | *sensitive skin* **2** czuły: *sensitive equipment* | *Chrissy is very sensitive about* (=czuła na punkcie) *her weight.* **3** drażliwy: *The interviewer avoided asking questions on sensitive issues.* —**sensitivity** /ˌsensɪˈtɪvɪti/ *n* [U] wrażliwość, czułość

sen·sor /ˈsensə/ *n* [C] czujnik

sen·su·al /ˈsenʃuəl/ *adj* zmysłowy: *sensual music*

sent /sent/ *v* czas przeszły i imiesłów bierny od SEND

sen·tence¹ /ˈsentəns/ *n* [C] **1** zdanie **2** wyrok: *a ten-year sentence for robbery*

sentence² *v* [T] skazywać: *He was sentenced to six years in prison.*

sen·ti·ment /ˈsentɪmənt/ *n* [U] sentymenty: *There's no room for sentiment in business.*

sen·ti·ment·al /ˌsentɪˈmentl◂/ *adj* sentymentalny: *sentimental love songs* | *Laurie still gets sentimental about our old house.* | *The watch had great sentimental value.* —**sentimentality** /ˌsentɪmenˈtælɪti/ *n* [U] sentymentalizm

sen·try /ˈsentri/ *n* [C] wartowni-k/czka

sep·a·rate¹ /ˈsepərɪt/ *adj* oddzielny, osobny: *Always keep cooked and raw food separate.* | *The kids have separate bedrooms.* | **+ from** *He keeps his professional life separate from his private life.* —**separately** *adv* oddzielnie, osobno

sep·a·rate² /ˈsepəreɪt/ *v* **1** [I,T] rozdzielać (się), oddzielać (się): *Police moved in to separate the crowd.* | **+ from** *Separate the egg yolk from the white.* | *A screen separates the dining area from the kitchen.* | **+ into** *Ms. Barker separated the class* (=podzieliła klasę) *into four groups.* **2** [I] rozejść się: *When did Lyle and Jan separate?*

sep·a·rat·ed /ˈsepəreɪtɪd/ *adj* **be separated** żyć w separacji: *Her parents are separated.*

sep·a·ra·tion /ˌsepəˈreɪʃən/ *n* **1** [U] rozdzielenie (się), rozdział: *the separation of powers between Congress and the President* **2** [C,U] rozłąka: *Separation from their parents is very hard on children.* **3** [C] separacja

Sep·tem·ber /sepˈtembə/ skrót pisany **Sept.** *n* [C,U] wrzesień

se·quel /ˈsiːkwəl/ *n* [C] dalszy ciąg, kontynuacja

se·quence /ˈsiːkwəns/ *n* **1** [C] ciąg, łańcuch: *the sequence of events that led to the war* **2** [C,U] porządek, kolejność: *Two of the pages were out of sequence* (=nie w kolejności).

se·quin /ˈsiːkwɪn/ *n* [C] cekin

ser·e·nade /ˌserɪˈneɪd/ *n* [C] serenada

se·rene /sɪˈriːn/ *adj* spokojny, pogodny —**serenity** /sɪˈrenɪti/ *n* [U] spokój, pogoda ducha

ser·geant /ˈsɑːdʒənt/ *n* [C] sierżant

se·ri·al /ˈsɪəriəl/ *n* [C] serial: *He's the star of a popular TV serial.*

serial ki·ller /ˈ... ˌ../ *n* [C] wielokrotny morderca

se·ries /ˈsɪəriːz/ *n* [C] *plural* **series** **1** seria: *There has been a series of accidents along this road.* **2** serial: *a television series about modern art* | *a new comedy series*

se·ri·ous /ˈsɪəriəs/ *adj* **1** poważny: *a serious illness* | *a serious person* **2 be serious about** poważnie myśleć o: *John's serious about becoming an actor.* —**seriousness** *n* [U] powaga

se·ri·ous·ly /ˈsɪəriəsli/ *adv* **1** poważnie: *I'm seriously worried about Ben.* | *You should think seriously about what I've said.* | *Seriously, he's going out with Sara.* **2 take sb/sth seriously** brać kogoś/coś poważnie/na serio: *You shouldn't take everything he says so seriously.*

ser·mon /ˈsɜːmən/ *n* [C] kazanie ➡ patrz też PREACH

ser·pent /ˈsɜːpənt/ *n* [C] *literary* wąż

ser·vant /ˈsɜːvənt/ *n* [C] służąc-y/a, sługa

serve[1] /sɜːv/ *v* **1** [T] podawać, serwować: *Dinner is served at eight.* **2** [I] służyć: *Kelly served in the army for three years.* | *The sofa can also serve as a bed.* **3** [T] obsługiwać: *The new airport will serve several large cities in the north.* | *Are you being served, Sir?* **4** [T] zaopatrywać: *a single pipeline serving all the houses with water* **5** [T] odsiadywać: *Baxter served a five-year sentence for theft.* **6** [I,T] za/serwować **7 it serves him/them right** *spoken* dobrze mu/im tak: *I'm sorry Eddie crashed his car, but it serves him right for driving so fast!*

serve[2] *n* [C] serwis, serw: *She has a strong serve.*

ser·vice[1] /ˈsɜːvəs/ *n* **1** [U] obsługa: *The food is terrific but the service is very slow.* | *the customer service department* (=dział obsługi klienta) **2** [C,U] służba: *the National Health Service* | *the diplomatic service* | *He retired after 20 years of service.* **3** [C] usługa: *We offer a free information service.* | *People want good public services.* | *regular bus services* (=połączenia autobusowe) **4 the services** siły zbrojne **5** [C] nabożeństwo: *the evening service at St Mark's* **6** [C] serwis **7** [C] przegląd, serwis: *The car is in the garage for a service.*

service[2] *v* [T] z/robić przegląd: *When did you last have the car serviced* (=kiedy twój samochód był ostatnio na przeglądzie)*?*

service charge /ˈ.. ˌ./ *n* [C] *BrE* dodatek za obsługę

ser·vice·man /ˈsɜːvəsmən/ *n* [C] żołnierz

service sta·tion /ˈ.. ˌ../ *n* [C] stacja obsługi

ser·vi·ette /ˌsɜːviˈet/ *n* [C] *BrE* serwetka

ser·vile /ˈsɜːvaɪl/ *adj* służalczy

serv·ing /ˈsɜːvɪŋ/ *n* [C] porcja: *How many servings does the recipe make* (=na ile porcji jest ten przepis)*?*

ses·sion /ˈseʃən/ *n* [C] **1** sesja: *a question-and-answer session* **2** posiedzenie: *The State Court is now in session.*

set[1] /set/ *v* **set, set, setting 1** [T] wyznaczać: *Have they set a date for the wedding?* | *The target that was set was much too high.* **2** [T] nastawiać: *Set the oven to 180°.* | *Do you know how to set the video-recorder?* **3 set fire to sth/set light to sth** podpalić coś: *Vandals set fire to the school.* **4** [T] zadawać: *Did he set you any homework?* **5** [T] umieszczać, ustawiać: *She picked up the ornament and set it on the table.* | *The novel is set* (=akcja powieści rozgrywa się) *in 17th century Japan.* | **set sth down/set down sth** (=położyć/postawić coś): *She set the tray down on the bed.* **6** [I] s/tężeć: *The concrete will set within two hours.* **7** [I] zachodzić: *The sun sets early in winter.* **8 set a record** ustanowić rekord: *Lewis set a new world record in the 100 metres.* **9 set an example** dawać przykład: *It's up to parents to set an example to their children.* **10 set the table** nakrywać do stołu **11 set free/loose** wypuszczać: *Hundreds of political prisoners have been set free.* **12 set foot in** postawić stopę w: *Stella had never set foot in a church before.* **13 set to work** zabierać się do pracy: *He set to work clearing up all the mess.* **14** [I] zrastać się: *When will the broken bone set?*

set about sth *phr v* [T] **set about doing sth** zabrać się do czegoś: *Johnny set about improving his Spanish.*

set sth ↔ **aside** *phr v* [T] odkładać: *I set aside a little money every week.*

set back *phr v* [T] [**set** sb/sth ↔ **back**] opóźniać: *The accident could set back the Russian space programme by several months.*

S

set in *phr v* [I] nadchodzić: *Winter was setting in.*

set off *phr v* **1** [I] wyruszać: *We'd better set off now before it gets dark.* **2** [T **set** sth ↔ **off**] wywoływać: *The killings set off a storm of protest.*

set out *phr v* **1 set out to do sth** przystępować do (robienia) czegoś: *The four men set out to prove their innocence.* **2** [I] wyruszać: *The couple set out for Fresno the next day.*

set up *phr v* **1** [T **set** sth ↔ **up**] zakładać: *In 1976, he set up his own import-export business.* | **set up shop** (=założyć własny interes): *Ernest set up shop as a photographer.* **2** [T **set** sth ↔ **up**] ustawiać: *The police set up roadblocks to try to catch the terrorists.*

set[2] *n* [C] **1** komplet: *a set of dishes* | *a chess set* (=pudełko szachów) **2** odbiornik: *a TV set* **3** plan filmowy: *OK everybody, quiet on the set!* **4** set: *Sampras leads by two sets to one.*

set[3] *adj* **1** ustalony, stały: *We meet at a set time each week.* **2 all set** *spoken* gotowy: *If everyone is all set, we'll start the meeting.* **3** położony, umiejscowiony: *The palace is set in the middle of the lake.*

set·tee /se'tiː/ *n* [C] *BrE* sofa

set·ting /'setɪŋ/ *n* [C *usually singular*] **1** tło: *London is the setting for his most recent novel.* **2** sceneria: *a mansion in a beautiful parkland setting* **3** ustawienie: *Turn the oven to its highest setting.*

set·tle /'setl/ *v* **1** [T] rozstrzygać: *They asked me to settle the argument.* **2** [I] u/sadowić się: *Dave settled back and turned on the TV.* **3** [T] ustalać: *We need to get everything settled as soon as possible.* **4** [I] osiąść, zamieszkać: *My family finally settled in Los Angeles.* **5** [I] osadzać się: *The sand settled on the bottom of the pond.* **6** [T] u/regulować: *to settle a bill* **7 settle a score** wyrównać rachunki

settle down *phr v* [I] ustatkować się: *My parents want me to settle down and have children.*

settle for sth *phr v* [T] zadowolić się: *We had to settle for the cheapest apartment.*

settle in *phr v* [I] przystosować się, przyzwyczaić się: *Adam seems to have settled in at his new school.*

settle on/upon sth *phr v* [T] zdecydować się na: *They haven't settled on a name for the baby yet.*

set·tle·ment /'setlmənt/ *n* [C] **1** rozstrzygnięcie: *efforts to find a political settlement to the conflict* **2** osada, osiedle: *a Stone Age settlement*

set·tler /'setlə/ *n* [C] osadni-k/czka: *the early settlers in the American West*

sev·en /'sevən/ *number* siedem

sev·en·teen /ˌsevən'tiːn◂/ *number* siedemnaście —**seventeenth** *number* siedemnasty

sev·enth /'sevənθ/ *number* siódmy

sev·en·ty /'sevənti/ *number* **1** siedemdziesiąt **2 the seventies** lata siedemdziesiąte —**seventieth** *number* siedemdziesiąty: *her seventieth birthday*

sev·er·al /'sevərəl/ *quantifier* kilka, kilku: *I called her several times on the phone.* | **+ of** *I've talked to several of my students about this.* → porównaj FEW

se·vere /sə̥'vɪə/ *adj* **1** poważny: *severe head injuries* | *severe problems* **2** ostry, surowy: *Drug smugglers face severe punishment.*

se·vere·ly /sə̥'vɪəli/ *adv* **1** poważnie: *Many houses were severely damaged by the storm.* **2** ostro, surowo: *Parents don't punish their children so severely these days.*

sew /səʊ/ *v* [I,T] **sewed, sewn** *or* **sewed, sewing** u/szyć: *Can you sew a button on* (=przyszyć guzik do) *this shirt for me?*

sew sth ↔ **up** *phr v* [T] zszywać, zaszywać: *I need to sew up this hole in my jeans.*

sew·age /'sjuːɪdʒ/ *n* [U] ścieki

sew·er /'sjuːə/ *n* [C] ściek

sew·ing /'səʊɪŋ/ *n* [U] szycie

sewing ma·chine /'.. .ˌ./ *n* [C] maszyna do szycia

sewn /səʊn/ imiesłów bierny od SEW

sex /seks/ *n* **1** [U] seks: **have sex (with sb)** (=kochać się (z kimś)): *How old were you when you first had sex?* **2** [U,C] płeć: *I don't care what sex the baby is.* | **the opposite sex** (=płeć przeciwna): *She finds it difficult to talk to members of the opposite sex.*

sex·is·m /ˈseksɪzəm/ *n* [U] seksizm

sex·ist /ˈseksɪst/ *adj* seksistowski: *I get a lot of sexist comments at work.* —**sexist** *n* [C] seksist-a/ka

sex·u·al /ˈsekʃuəl/ *adj* **1** seksualny: *sexual abuse* **2** płciowy: *sexual stereotypes* —**sexually** *adv* seksualnie, płciowo: *sexually attractive* | *sexually transmitted disease*

sexual har·ass·ment /ˌ... ˈ..., ˌ... .ˈ../ *n* [U] napastowanie seksualne

sexual in·ter·course /ˌ... ˈ.../ *n* [U] *formal* stosunek płciowy

sex·y /ˈseksi/ *adj* seksowny: *A lot of women find him sexy.* | *sexy underwear*

Sgt *n* skrót od SERGEANT

shab·by /ˈʃæbi/ *adj* wytarty, sfatygowany: *a shabby old jacket*

shack /ʃæk/ *n* [C] szałas

shade[1] /ʃeɪd/ *n* **1** [U] cień: *They sat in the shade of an oak tree.* **2** [C] abażur, klosz: *a lamp shade* **3** [C] odcień: *a rather unattractive shade of green* | *shades of meaning* **4** **a shade** odrobinę: *His brother is a shade taller.*

> UWAGA **shade**
>
> Patrz **shadow** i **shade**.

shade[2] *v* [T] osłaniać, ocieniać: *She used her hand to shade her eyes.*

shades /ʃeɪdz/ *n* [plural] *informal* okulary słoneczne

shad·ow[1] /ˈʃædəʊ/ *n* **1** [C,U] cień: *As the sun set, the shadows became longer.* | *Most of the room was in shadow.* **2** **without/beyond a shadow of a doubt** bez cienia wątpliwości: *He's guilty beyond any shadow of a doubt.*

> UWAGA **shadow i shade**
>
> Nie należy mylić wyrazów **shadow** i **shade** w znaczeniu 'cień'. **Shadow** to kształt obiektu widoczny na ziemi lub ścianie, kiedy na przedmiot pada silne światło: *The setting sun cast long shadows down the beach.* **Shade** to osłonięty obszar, na który nie pada słońce: *It's too hot here. Let's go and find some shade.*

shadow[2] *v* [T] śledzić: *She was shadowed everywhere by the secret police.*

shad·y /ˈʃeɪdi/ *adj* **1** cienisty , zacieniony: *a shady spot for a picnic* **2** *informal* podejrzany: *a shady business deal*

shaft /ʃɑːft/ *n* [C] **1** szyb: *an elevator shaft* **2** drzewce: *the shaft of a spear* **3** snop: *a shaft of sunlight*

shag·gy /ˈʃægi/ *adj* **1** zmierzwiony **2** kudłaty

shake[1] /ˈʃeɪkən/ *v* **shook, shaken, shaking** **1** [I,T] trząść (się), potrząsać: *His hands were shaking.* | *Shake the bottle* (=wstrząśnij butelką) *to mix the contents.* **2** **shake your head** po/kręcić głową ➡ porównaj NOD **3** **shake hands (with sb)** uścisnąć sobie dłonie, podać sobie ręce: *We shook hands and said goodbye.* **4** [I] trząść się, drżeć: *I couldn't stop my voice from shaking.* **5** [T] wstrząsnąć: *Mark was clearly shaken by the news.*

shake sb/sth ↔ **up** *phr v* [T] wstrząsnąć: *She was really shaken up by the accident.*

shake[2] *n* [C] **1** potrząśnięcie **2** koktajl mleczny

shak·en /ˈʃeɪkən/ imiesłów bierny od SHAKE

shak·y /ˈʃeɪki/ *adj* **1** drżący: *a shaky voice* **2** chwiejny: *a shaky ladder*

shall /ʃəl/ *modal verb especially BrE* **1** **I/we shall** wyraża przyszłość: *We shall be on holiday next week* (=w przyszłym tygodniu będziemy na wakacjach). **2** **shall I/we?** wyraża sugestię, propozycję lub pytanie o informację: *Shall I turn on the radio* (=czy mam włączyć radio)? | *Where shall we meet* (=gdzie się spotkamy)? ➡ patrz ramka SHALL

> UWAGA **shall i will**

S

> **Shall** i **will** mają to samo znaczenie, ale zwykle używa się **will** lub formy skróconej **'ll**. **Shall** używane jest w grzecznych propozycjach: *Shall I open the window?*

shal·low /ˈʃæləʊ/ *adj* płytki: *a shallow pool* | *a shallow argument*

shame[1] /ʃeɪm/ *n* **1** [U] wstyd: *He hung his head in shame.* ➡ patrz też ASHAMED **2 it's a shame/what a shame ...** *spoken* szkoda, że ...: *It's a shame you can't come with us.* **3 Shame on you!** *spoken* wstydź się!

shame[2] *v* [T] zawstydzać: *He shamed his family by being sent to prison.*

shame·less /ˈʃeɪmləs/ *adj* bezwstydny: *a shameless piece of hypocrisy*

sham·poo[1] /ʃæmˈpuː/ *n* [C,U] szampon

S

shampoo[2] *v* [T] u/myć (*szamponem*)

shan't /ʃɑːnt/ *BrE* forma ściągnięta od 'shall not'

shape[1] /ʃeɪp/ *n* **1** [C,U] kształt: *a card in the shape of a heart* **2** [C] figura **3 in good/bad/poor shape** w dobrej/złej/kiepskiej formie: *His voice is still in good shape.* **4 in shape/out of shape** w formie/nie w formie: *What do you do to keep in shape?* **5 take shape** nabierać kształtu: *A plan was beginning to take shape in his mind.*

> **UWAGA shape**
>
> Kiedy opisuje się kształt przedmiotów, nie mówi się "it has a square/circular itp. shape" lub "its shape is square/circular itp.". Mówi się **it is square/circular** itp.

shape[2] *v* [T] **1** u/kształtować: *the power of parents to shape a child's personality* **2** u/formować: *Shape the clay into small balls.*

shaped /ʃeɪpt/ *adj* **1 shaped like sth** w kształcie czegoś: *a cloud shaped like a camel* **2 cigar/heart-shaped** w kształcie cygara/serca: *The building is egg-shaped.*

shape·less /ˈʃeɪpləs/ *adj* bezkształtny, nieforemny

share[1] /ʃeə/ *v* **1** [I,T] po/dzielić (się): *We haven't got enough books for everyone. Some of you will have to share.* | *I shared a room with her when I was at college.* | *share your problems with someone* **2** także **share out** [T] rozdzielać: *We shared the cake between four of us.* **3** [T] podzielać: *She didn't share my point of view.*

share[2] *n* **1** [singular] część: *I paid my share of the bill and left.* **2** [C] udział, akcja: **+ in** *Shares in Avon Rubber rose by almost 50%.* ➡ porównaj STOCK[1]

shark /ʃɑːk/ *n* [C] rekin

sharp[1] /ʃɑːp/ *adj* **1** ostry: *a sharp knife* | *a sharp turn in the road* | *Blair had to face some sharp criticism from the press.* | *He felt a sharp pain in his chest.* | *a sharp cry* | **razor sharp** (=ostry jak brzytwa) ➡ antonim BLUNT[1] **2** bystry: *a sharp lawyer* **3** gwałtowny: *a sharp rise in profits* **4** ostry, wyraźny: *a sharp photographic image* | *a sharp distinction between first and second class degrees* **5** kwaskowaty: *a sharp taste* **6 have a sharp tongue** mieć ostry język **7 F sharp/C sharp** fis/cis **8** o pół tonu za wysoki: *a sharp note* ➡ porównaj FLAT[1] —**sharply** *adv* ostro —**sharpness** *n* [U] ostrość

sharp[2] *adv* **at 8 o'clock/two-thirty sharp** punktualnie o 8:00/2:30: *I expect you to be here at 10:30 sharp.*

sharp[3] *n* [C] nuta z krzyżykiem ➡ porównaj FLAT[1]

sharp·en /ˈʃɑːpən/ *v* [I,T] za/ostrzyć: *She sharpened all her pencils.*

sharp·en·er /ˈʃɑːpənə/ *n* [C] **1** temperówka: *a pencil sharpener* **2** ostrzarka: *a knife sharpener*

shat·ter /ˈʃætə/ *v* **1** [I,T] roztrzaskać (się): *The mirror shattered into a thousand pieces.* **2** [T] z/niweczyć: *An injury shattered his hopes of a baseball career.*

shat·tered /ˈʃætəd/ *adj* zdruzgotany

shat·ter·ing /ˈʃætərɪŋ/ *adj* wstrząsający: *shattering news*

Czasownik modalny *SHALL*

Czasownika ***shall*** (w przeczeniach: ***shan't*** lub ***shall not***) używamy z pierwszą osobą liczby pojedynczej i mnogiej

1 w czasach przyszłych (wymiennie z ***will***) w angielszczyźnie brytyjskiej:
*I **shall** phone you as soon as I get home.*
*We **shan't** be going abroad next summer.*
*It was a moment I **shall** never forget.*

2 w zdaniach pytających, gdy radzimy się kogoś lub proponujemy, że coś zrobimy (w żadnym z tych przypadków nie można użyć ***will***):
*My car has been stolen. What **shall** I do now?*
*Where **shall** we go for dinner?*
*It's hot in here. **Shall** I open the window?*

3 w tzw. Question Tags, gdy w zdaniu głównym występuje ***Let's:***
*Let's have a picnic, **shall** we?* („A może byśmy urządzili sobie piknik?")

patrz też: ***Future Continuous, Future Perfect, Future Perfect Continuous, Future Simple, Modal Verbs, Question Tags, Verb, WILL, WOULD***

shave[1] /ʃeɪv/ *v* **1** [I,T] o/golić (się): *I cut myself while I was shaving.* | *Do you shave your legs?* | *I've shaved off* (=zgoliłem) *my beard.* **2** [T] ze/strugać: *She shaved the bottom of the door to make it close properly.*

shave[2] *n* **1 have a shave** o/golić się **2 it was a close shave** niewiele brakowało (*a stałoby się nieszczęście*)

shav·er /ˈʃeɪvə/ *n* [C] **electric shaver** maszynka do golenia, golarka → patrz też RAZOR

shav·ings /ˈʃeɪvɪŋz/ *n* [plural] strużyny, wióry

shawl /ʃɔːl/ *n* [C] chusta, szal

she /ʃi/ *pron* ona: *"I saw Suzy today." "Oh really, how is she?"*

sheaf /ʃiːf/ *n* [C] *plural* **sheaves** /ʃiːvz/ **1** plik: *She had a sheaf of notes in front of her.* **2** snop: *a sheaf of corn*

shear /ʃɪə/ *v* [T] **sheared, sheared** *or* **shorn, shearing** o/strzyc (*owce*)

shears /ʃɪəz/ *n* [plural] nożyce, sekator

sheath /ʃiːθ/ *n* [C] pochwa (*na nóż, miecz*)

she'd /ʃid/ forma ściągnięta od 'she had' lub 'she would': *She'd* (=she had) *forgotten to close the door.* | *Paula said she'd* (=she would) *love to come.*

shed[1] /ʃed/ *n* [C] szopa: *a tool shed*

shed[2] *v* [T] **shed, shedding 1** zrzucać: *trees shedding their leaves in autumn* | *Some snakes shed their skin each year.* | *He needs to shed some weight* (=zrzucić parę kilogramów). **2 shed light on sth** rzucać światło na coś **3 shed tears** ronić łzy

sheep /ʃiːp/ *n* [C] *plural* **sheep** owca → porównaj LAMB

sheer /ʃɪə/ *adj* [only before noun] **1** czysty, najzwyklejszy: *I think I won by sheer luck!* **2** sam: *The impressive thing about Alaska is its sheer size.* **3** stromy: *a sheer cliff*

sheet /ʃiːt/ *n* [C] **1** prześcieradło: *Have you changed the sheets* (=czy zmieniłeś pościel)? **2** kartka, arkusz: *a sheet of paper*

sheik /ʃeɪk/, **sheikh** *n* [C] szejk

shelf /ʃelf/ *n* [C] *plural* **shelves** półka: *two shelves for books*

she'll /ʃil/ forma ściągnięta od 'she will': *She'll be here soon.*

shell[1] /ʃel/ *n* [C] **1 a)** skorupka, łupina: *eggshell* | *a nutshell* **b)** skorupa:

The turtle put its head into its shell. **c)** muszla, muszelka: *The sea shore was covered with shells.* **2** pocisk

shell² *v* [T] ostrzeliwać: *The enemy lines were weakened by shelling before the attack.*

shell·fish /ˈʃelˌfɪʃ/ *n* [C,U] *plural* **shellfish 1** skorupiak, mięczak: *Lobsters* (=homary) *and oysters* (ostrygi) *are shellfish.* **2** owoce morza: *Do you like shellfish?*

shel·ter¹ /ˈʃeltə/ *n* **1** [C] schron: *an air-raid shelter* **2** [U] schronienie: **take shelter** (=schronić się): *They took shelter under a tree.*

shelter² *v* **1** [I] s/chronić się, s/chować się: *People were sheltering from the rain in doorways.* **2** [T] udzielać schronienia: *families who sheltered Jews from the Nazis*

shel·tered /ˈʃeltəd/ *adj* **1** bezpieczny: *Gina had a sheltered childhood* (=spędziła dzieciństwo pod kloszem). **2** osłonięty: *a sheltered beach*

S

shelves /ʃelvz/ *n* liczba mnoga od SHELF

shep·herd¹ /ˈʃepəd/ *n* [C] pasterz

shepherd² *v* [T] za/prowadzić: *We were shepherded into the dining room by Mrs Clark.*

sher·iff /ˈʃerəf/ *n* [C] szeryf

she's /ʃiz/ *spoken* forma ściągnięta od 'she is' lub 'she has': *She's* (=she is) *my little sister.* | *She's* (=she has) *invited us all.*

shield¹ /ʃiːld/ *n* [C] **1** tarcza: *police carrying riot shields* **2** osłona: *The spacecraft is covered in a material that acts as a heat shield.*

shield² *v* [T] osłaniać: *The hat shields your eyes from the sun.*

shift¹ /ʃɪft/ *n* [C] **1** zmiana, zwrot: **+ in** *There's been a big shift in public opinion.* **2** zmiana (*robocza*): *the night shift* **3** *AmE* dźwignia zmiany biegów

shift² *v* **1** [T] przesuwać: *Can you help me shift this table?* **2** [I] zmieniać pozycję: *Jane shifted uncomfortably in her seat.* **3** [I,T] zmieniać (się): *Washington's policy appears to have shifted.* **4 shift the blame/responsibility onto** przerzucać winę/odpowiedzialność na: *Don't try to shift the blame onto me.*

shil·ling /ˈʃɪlɪŋ/ *n* [C] szyling

shim·mer /ˈʃɪmə/ *v* [I] migotać, skrzyć się: *a lake shimmering in the moonlight*

shin /ʃɪn/ *n* [C] goleń

shine¹ /ʃaɪn/ *v* **shone, shone, shining 1** [I] świecić: *The sun shone brightly.* **2** [I] błyszczeć, lśnić: *Dan polished the car until it shone.* | *eyes shining with happiness* **3** [T] po/świecić: *Shine the flashlight over here* (=poświeć tutaj latarką). **4** [I] błyszczeć (*być dobrym*): *She shone at English.*

shine² *n* [U singular] połysk: *hair with lots of shine*

shin·gle /ˈʃɪŋgəl/ *n* [U] kamyczki i muszelki na plaży

shin·y /ˈʃaɪni/ *adj* błyszczący, lśniący: *shiny leather boots*

ship¹ /ʃɪp/ *n* [C] **1** statek, okręt: *a cruise ship* (=statek wycieczkowy) **2** statek kosmiczny: *a rocket ship*

ship² *v* [T] **-pped, -pping** przewozić, transportować: *The wine is shipped all over the world.*

ship·ment /ˈʃɪpmənt/ *n* **1** [C] transport: *The first shipment of UN aid arrived yesterday.* **2** [U] przewóz: *the high cost of shipment*

ship·wreck /ˈʃɪp-rek/ *n* [C,U] katastrofa morska: *survivors of a shipwreck*

ship·yard /ˈʃɪp-jɑːd/ *n* [C] stocznia

shirt /ʃɜːt/ *n* [C] koszula, bluzka koszulowa → patrz też T-SHIRT, porównaj BLOUSE

shit¹ /ʃɪt/ *interjection* cholera

shit² *n* [U] gówno

shiv·er /ˈʃɪvə/ *v* [I] drżeć, trząść się: *It was so cold that we were all shivering.* —**shiver** *n* [C] ciarki: *A shiver ran down my spine.* —**shivery** *adj* drżący

UWAGA **shiver**
Patrz **tremble** i **shiver**.

shoal /ʃəʊl/ *n* [C] ławica

shock¹ /ʃɒk/ *n* **1** [C,U] wstrząs, szok: *The victims are being treated for shock.* | **have/get a shock** (=dostać szoku): *He'll have a shock when he sees the bill.* | **come as a shock to sb** (=być dla kogoś szokiem): *Rob's death came as a complete shock to us.* **2** *także* **electric shock** [C] porażenie (prądem): *I got a shock off the toaster this morning.* **3** [C] wstrząs: *the shock of the earthquake*

shock² *v* [T] **1** wstrząsnąć: *The shooting has shocked the entire community.* | *Visitors were shocked by the terrible conditions in the prison.* **2** za/szokować: *The language in the film may shock some people.*

shock·ing /ˈʃɒkɪŋ/ *adj* wstrząsający, szokujący: *a shocking crime*

shoe¹ /ʃuː/ *n* [C] **1** but: *a pair of shoes* | *tennis shoes* **2 be in sb's shoes** być w czyjejś skórze: *I'm glad I'm not in his shoes, with all those debts to pay.*

shoe² *v* [T] podkuwać: *to shoe a horse*

shoe·horn /ˈʃuːhɔːn/ *n* [C] łyżka do butów

shoe·lace /ˈʃuːleɪs/ *n* [C] sznurowadło

shoe·string /ˈʃuːˌstrɪŋ/ *n* [C] **1** *esp US* sznurowadło **2 on a shoestring** małym nakładem środków: *a movie made on a shoestring*

shone /ʃɒn/ *v* czas przeszły i imiesłów bierny od SHINE

shook /ʃʊk/ *v* czas przeszły od SHAKE

shoot¹ /ʃuːt/ *v* **shot, shot, shooting 1** [T] zastrzelić, postrzelić: *She pulled out a gun and shot him.* | *One police officer was shot dead* (=został zastrzelony) *in the incident.* **2** [I,T] strzelać (do): *Please don't shoot!* | *He learned to shoot when he was only three.* **3** [I,T] na/kręcić, s/filmować: *Spielberg is shooting on location* (=kręci w plenerze). **4** [I,T] strzelić: *Murano shot the winning goal just 30 seconds from the end.*

shoot sb/sth ↔ **down** *phr v* [T] zestrzelić: *Tim's plane was shot down over enemy territory.*

shoot up *phr v* [I] podskoczyć: *Oil prices have shot up.*

shoot² *n* [C] **1** sesja zdjęciowa: *a fashion shoot* **2** pęd, kiełek

shoot·ing /ˈʃuːtɪŋ/ *n* **1** [C] strzelanina: *Two teenagers were killed in a drive-by shooting.* **2** [U] myślistwo

shooting star /ˌ.. ˈ./ *n* [C] spadająca gwiazda

shop¹ /ʃɒp/ *n* [C] *especially BrE* sklep: *a clothes shop* ➡ patrz też **talk shop** (TALK)

> UWAGA **shop**
>
> **Shop** w znaczeniu 'sklep' występuje częściej w angielszczyźnie brytyjskiej, a **store** w amerykańskiej. W angielszczyźnie brytyjskiej **store** pojawia się często w gazetach i sprawozdaniach gospodarczych, szczególnie wtedy, gdy chodzi o bardzo duże sklepy: *All the big stores are open from 8am till 8pm.* | *High street stores are getting ready for Christmas.*

shop² *v* [I] **-pped, -pping** robić zakupy: **+ for** (=szukać): *I'm shopping for a new television.* | **go shopping** (=iść/pójść na zakupy): *Let's go shopping on Saturday.* —**shopper** *n* [C] kupując-y/a, klient/ka

shop around *phr v* [I] porównywać ceny w różnych sklepach: *It's a good idea to shop around before buying a laptop.*

shop as·sis·tant /ˈ. .ˌ../ *n* [C] *BrE* sprzedaw-ca/czyni

shop·keep·er /ˈʃɒpˌkiːpə/ *n* [C] *especially BrE* sklepika-rz/rka

shop·lift·ing /ˈʃɒpˌlɪftɪŋ/ *n* [U] kradzież sklepowa —**shoplifter** *n* [C] złodziej sklepowy

shop·ping /ˈʃɒpɪŋ/ *n* [U] zakupy: *Christmas shopping*

> UWAGA **shopping**
>
> Wyrażenia **go to the shops** i **go to the store** znaczą 'iść do sklepu', najczęściej w sąsiedztwie, po artykuły spożywcze i inne drobne artykuły. Wyrażenie **go shopping** znaczy 'iść na zakupy', zwykle do wielu sklepów po artykuły takie jak odzież, płyty itp. Nie mówi się "go to shopping". Mówi się **go shopping**.

shopping mall /'.. ./ *n* [C] centrum handlowe

shore /ʃɔː/ *n* [C,U] brzeg, wybrzeże: *walking along the shore* | *a house on the eastern shore of the bay*

> **UWAGA shore i coast**
>
> Wyraz **coast** oznacza krawędź obszaru przylegającego do morza i używamy go często wtedy, kiedy mówimy o konkretnym miejscu na mapie: *the French coast* | *the eastern coast of Canada.* Wyraz **shore** oznacza teren przylegający do morza lub jeziora: *We walked along the rocky shore.* | *the opposite shore.*

shorn /ʃɔːn/ *v* imiesłów bierny od SHEAR

short[1] /ʃɔːt/ *adj* **1** krótki: *I'm afraid there might be a short delay.* | *She was here a short time ago* (=niedawno). | *Sophie's got short blond hair.* | *It's only a short distance* (=bardzo niedaleko) *from here to the river.* **2** niski: *a short fat man with glasses* **3 sb is short of sth** komuś brakuje czegoś: *I'm a bit short of cash at the moment.* **4 sth is in short supply** czegoś brakuje: *Fresh fruit and vegetables were in short supply.* **5 short for** zdrobnienie od: *Her name's Becky, short for Rebecca.* **6 for short** w skrócie: *It's called the Message Handling System – MHS for short.* **7 in the short term/run** na krótką metę: *These policies will only help us in the short term – in 10 years things will change.* **8 sb is short of breath** komuś brakuje tchu

short[2] *adv* **everything short of ...** wszystko z wyjątkiem ...: *They've done everything short of cancelling the project.* ➡ patrz też **cut sth short** (CUT[1]), **fall short of** (FALL[1]), **run short** (RUN), **stop short** (STOP)

short[3] *n* **in short** krótko mówiąc, jednym słowem: *In short, I don't think we can do it.*

short·age /'ʃɔːtɪdʒ/ *n* [C,U] brak, niedobór: *food shortages* | **+ of** *a shortage of medicine*

short cir·cuit /ˌ. '../ *n* [C] zwarcie, krótkie spięcie

short·com·ing /'ʃɔːtˌkʌmɪŋ/ *n* [C usually plural] niedostatek, mankament: *shortcomings in the public health system*

short cut /ˌ. './ *n* [C] skrót: *Let's take a short cut* (=pójdźmy na skróty) *across the park.*

short·en /'ʃɔːtn/ *v* [I,T] skracać (się): *Can you help me shorten this skirt?*

short·hand /'ʃɔːthænd/ *n* [U] stenografia

short-lived /ˌʃɔːt 'lɪvd◂/ *adj* krótkotrwały: *a short-lived fashion*

short·ly /'ʃɔːtli/ *adv* wkrótce: *I expect him home shortly.* | **shortly before/after** (=krótko przed/po): *The President left for Washington shortly before noon.*

shorts /ʃɔːts/ *n* [plural] **1** krótkie spodnie, szorty: *a pair of tennis shorts* **2** *AmE* slipy

short·sighted /ˌʃɔt'saɪtʃd◂/, **short-sighted** *adj* krótkowzroczny: *I have to wear glasses for driving because I'm short-sighted.* | *short-sighted planning*

short sto·ry /ˌ. '../ *n* [C] opowiadanie, nowela

short-term /ˌ. '.◂/ *adj* krótkoterminowy: *short-term benefits*

shot[1] /ʃɒt/ *n* [C] **1** strzał: *Troops fired a warning shot.* | *the sound of a gun shot* | *Nice shot* (=niezły strzał)! **2** *informal* zastrzyk: *Have you had your flu shot?* **3** ujęcie: *a beautiful shot of the countryside around Prague* **4** *informal* **take/have a shot at** s/próbować swoich sił w: *Marty always wanted to take a shot at acting.* ➡ patrz też BIG SHOT, LONG SHOT

shot[2] *v* czas przeszły i imiesłów bierny od SHOOT

shot·gun /'ʃɒtgʌn/ *n* [C] strzelba, śrutówka

shot put /'. ./ *n* [singular] pchnięcie kulą

should /ʃəd/ *modal verb* **1** wyraża przypuszczenie: *Yvonne should be back* (=powinna wrócić) *by eight.* | *He's a good cook, so there should be good food* (=powinno być dobre jedzenie). **2** wyraża radę/opinię lub prośbę o nią: *You should see a doctor* (=powinieneś iść do lekarza). | *They should have called the*

Czasownik modalny ***SHOULD***

Czasownika modalnego ***should*** (w przeczeniach: ***shouldn't*** lub ***should not***) używamy najczęściej

1 w znaczeniu „powinienem, powinieneś itd.", np.:
*They **should** work harder.*
*He **should** be here by now.*

2 w połączeniu z bezokolicznikiem typu „perfect" w znaczeniu „powinienem był, powinieneś był itd.", np.:
*Maybe we **should** have waited longer?*
*You **shouldn't** have said that.*

3 w zdaniach warunkowych, w których rozważana jest jakaś hipotetyczna sytuacja:
*I don't think he'll phone again, but if he **should**, what shall I tell him?* („...ale gdyby (jednak) zadzwonił, to co mam mu powiedzieć?")
***Should** you see her at school tomorrow, tell her I wanted to talk to her.* („Gdybyś (przypadkiem) zobaczył ją jutro w szkole, ...")
*Suppose I **should** fail?* („A jeżeli mi się nie uda?")

4 w mowie zależnej, relacjonując prośbę o radę wyrażoną za pomocą ***shall***:
*'What **shall** I wear?'*
*She asked me what she **should** wear.*

5 wyrażając sugestie, żądania, opinie itp.:
*I suggest (that) we **should** postpone the meeting.* („Proponuję, żebyśmy przełożyli zebranie.")
*They demanded that he **should** apologise.* („Zażądali, żeby ich przeprosił.")
*It's funny (that) you **should** say that. I was just thinking the same thing.* („Ciekawe, że to mówisz. Właśnie to samo sobie myślałam.")

6 udzielając osobom zaprzyjaźnionym dobrych rad:
***I should** go if I were you.* („Na twoim miejscu poszedłbym.")
***I shouldn't** worry about that. Everything will be all right in the end.* („Nie martwiłbym się tym. Wszystko będzie dobrze.")

patrz też: ***Conditional Sentences, Modal Verbs, OUGHT, Perfect Infinitive, Reported Speech, Verb, SHALL***

police (=powinni byli wezwać policję). | *Should I wear my black dress* (=czy mam założyć czarną sukienkę)? **3** *formal* wyraża ewentualność: *Should you decide* (=gdybyś się zdecydował) *to accept the offer, please return the enclosed form.* ➡ patrz ramka SHOULD

shoul·der[1] /ˈʃəʊldə/ *n* [C] **1** ramię, bark: *Andy put his arm around his wife's shoulder.* | *When we asked him what was wrong, he just shrugged his shoulders* (=wzruszył ramionami). **2** *AmE* pobocze

shoulder[2] *v* [T] **shoulder a responsibility/the blame** brać/wziąć na siebie odpowiedzialność/winę: *You* *can't expect me to shoulder the blame for everything.*

shoulder bag /ˈ.. ./ *n* [C] torba na ramię

shoulder blade /ˈ.. ./ *n* [C] łopatka (*kość*)

should·n't /ˈʃʊdnt/ *v* forma ściągnięta od 'should not': *You shouldn't work so hard.*

should've /ˈʃʊdəv/ *v* forma ściągnięta od 'should have': *You should've told me.*

shout[1] /ʃaʊt/ *v* [I,T] krzyczeć: *Someone shouted, "She's over here!"* | *Two women were shouting at each other outside the supermarket.*

shout sb ↔ **down** *phr v* [T] zakrzyczeć: *The mayor was shouted down at the meeting.*

> UWAGA **shout**
>
> Patrz **cry, scream** i **shout**.

shout[2] *n* [C] krzyk, okrzyk: *She heard a shout and looked up.* | *There were shouts of "More!" from the crowd.*

shove /ʃʌv/ *v* **1** [T] pchać: *She shoved him out of the door* (=wypchnęła go za drzwi) *into the street.* **2** [T] *informal* wepchnąć: *Just shove those papers into the drawer for now.* —**shove** *n* [C] *She gave me a shove* (=popchnęła mnie).

shov·el /ˈʃʌvəl/ *n* [C] łopata, szufla

show[1] /ʃəʊ/ *v* **showed, shown, showing 1** [T] ukazywać, wykazywać: *The report shows a rise in employment.* | **+ (that)** *Their receipt showed that they had already paid.* | **+ how/what** *The article shows how attitudes have changed in the past few years.* **2** [T] pokazywać: *All student passes must be shown.* | *The advertisement shows a couple eating ice cream together.* | **show sb sth** *Karen showed us her wedding pictures.* | **show sth to sb** *Is that his letter? Show it to me!* | **show sb where/how/what** *Show the guests where to put their coats.* | *Can you show me what I should do?* **3** [T] okazywać: *Even after a long hike he showed no signs of being tired.* **4** [T] **show sb somewhere** zaprowadzić kogoś dokądś: *Mrs O'Shea showed us to our rooms.* **5** [I] być widocznym: *His muscles showed beneath his shirt* (=pod koszulą widać było jego mięśnie). | *This shirt really shows the dirt* (=na tej koszuli bardzo widać brud). **6** [T] wyświetlać **7** [I] lecieć (*o filmie*): *What's showing at the Carlton* (=w kinie)*?*

show sb ↔ **around** (sth) *phr v* [T] oprowadzać po: *Kim will show you around the museum.*

show off *phr v* **1** [I] popisywać się: *Jason's showing off in front of the girls.* **2** [T **show** sth ↔ **off**] po/chwalić się czymś: *The Wilsons are having a party to show off their new house.*

show up *phr v* **1** [I] *informal* pojawić się, pokazać się: *The coach was mad because Bill showed up late for the game.* **2** [I] być widocznym: *The doctor said that the bacteria didn't show up* (=nie było widać bakterii) *at first under the microscope.*

show[2] *n* **1** [C] przedstawienie, spektakl: *a new show opening on Broadway* **2** program, show: *a popular TV show* **3** [C] wystawa, pokaz: *the Chelsea flower show* **4 be on show** być wystawionym: *The photographs will be on show until the end of the month.* **5 for show** na pokaz: *He bought her lots of expensive presents, but she knew they were just for show.*

show busi·ness /ˈ. ˌ../ *także* **show biz** *informal n* [U] przemysł rozrywkowy: *She started in show business as a child.*

show·er[1] /ˈʃaʊə/ *n* [C] **1** prysznic: *Hurry up! I want to take a shower* (=wziąć prysznic). | **be in the shower** (=być pod prysznicem)*: The phone always rings when I'm in the shower.* **2** przelotny deszcz: *Showers are expected later today.* **3** grad (*np. kamieni, kul*): *a shower of sparks*

shower[2] *v* **1** [I] brać/wziąć prysznic **2 shower sb with sth** obsypywać kogoś czymś: *My mother used to shower the kids with toys and gifts.*

show·er·y /ˈʃaʊəri/ *adj* deszczowy: *a showery day*

show·ing /ˈʃəʊɪŋ/ *n* [C] pokaz, projekcja: *a special showing of Georgia O'Keefe's paintings*

show·man /ˈʃəʊmən/ *n* [C] showman —**showmanship** *n* [U] talent estradowy

shown /ʃəʊn/ *v* imiesłów bierny od SHOW

show-off /ˈ. ./ *n* [C] **be a show-off** popisywać się: *Don't be such a show-off!*

show·room /ˈʃəʊrʊm/ *n* [C] salon wystawowy: *a car showroom*

shrank /ʃræŋk/ *v* czas przeszły od SHRINK

shrap·nel /ˈʃræpnəl/ *n* [U] odłamek

shred[1] /ʃred/ *n* **1** [C usually plural] strzęp: *The kitten had ripped the toy to shreds.* **2 not a shred** ani krzty, ani cienia: *There's not a shred of evidence to prove he's guilty.*

shred[2] *v* [T] **-dded, -dding** po/drzeć na strzępy

shrewd /ʃruːd/ *adj* przebiegły, sprytny: *a shrewd businesswoman*

shriek /ʃriːk/ *v* [I,T] piszczeć, wrzeszczeć: *"Stop it!" she shrieked.* —**shriek** *n* [C] pisk, wrzask

shrill /ʃrɪl/ *adj* piskliwy: *shrill voices*

shrimp /ʃrɪmp/ *n* [C,U] krewetka

shrine /ʃraɪn/ *n* [C] **1** sanktuarium: *the shrine of St Augustine* **2** miejsce kultu: *Elvis Presley's home has become a shrine for thousands of fans.*

shrink[1] /ʃrɪŋk/ *v* [I,T] **shrank, shrunk, shrinking** s/kurczyć (się): *My sweater shrank in the wash.*

shrink from sth *phr v* [T] wzbraniać się przed: *She never shrank from doing her duty.*

shrink[2] *n* [C] *informal humorous* psychiatra

shriv·el /ˈʃrɪvəl/ *także* **shrivel up** *v* [I] **-lled, -lling** *BrE*, **-led, -ling** *AmE* wysychać, usychać: *The flowers had all shrivelled up.*

shroud[1] /ʃraʊd/ *n* [C] całun

shroud[2] *v* **shrouded in mist/smoke** spowity mgłą/dymem: *The mountains were shrouded in clouds.*

shrub /ʃrʌb/ *n* [C] krzew, krzak

shrug /ʃrʌg/ *v* [I,T] **-gged, -gging** wzruszać ramionami: *Dan shrugged and went back to what he was doing.* —**shrug** *n* [C] wzruszenie ramion

shrunk /ʃrʌŋk/ *v* czas przeszły od SHRINK

shud·der /ˈʃʌdə/ *v* [I] za/dygotać, wzdrygać się: *Gwen shuddered as she described the man who had attacked her.* —**shudder** *n* [C] dreszcz

shuf·fle /ˈʃʌfəl/ *v* **1** [I] szurać nogami: *The old man shuffled across the room.* **2** [T] przekładać: *Ginny shuffled the papers on her desk.* **3 shuffle your feet** przestępować z nogi na nogę: *Ernie looked nervous and shuffled his feet.* **4** [I,T] po/tasować: *It's Jo's turn to shuffle.*

shun /ʃʌn/ *v* [T] **-nned, -nning** unikać, stronić od: *He was shunned by the other prisoners.* | *Few politicians shun publicity.*

shut[1] /ʃʌt/ *v* **shut, shut, shutting 1** [I,T] zamykać (się): *Do you want me to shut the window?* | *I heard the back door shut.* | *She leaned back and shut her eyes.* | *The park shuts* (=jest zamykany) *at 5.30.* **2** [T] przytrzasnąć, przyciąć: *She shut her skirt in the door and tore it.* **3 shut your mouth/trap/face!** *spoken* zamknij się!

shut down *phr v* **1** [T] wyłączać: *Three nuclear generators were shut down for safety reasons.* **2** [I] zostać zamkniętym: *The factory will shut down for two weeks this month.*

shut off *phr v* [T] wyłączać, odcinać: *Don't forget to shut off the gas when you go on holiday.*

shut (sb/sth) **up** *phr v* **1 shut up!** *spoken* zamknij się!: *Just shut up! I'm trying to think.* **2** [T **shut** sb **up**] uciszyć: *Will someone shut that kid up!*

shut[2] *adj* zamknięty: *Is the door shut?*

shut·ter /ˈʃʌtə/ *n* [C] **1** [usually plural] okiennica **2** migawka

shut·tle[1] /ˈʃʌtl/ *n* [C] **1** regularne połączenie: *the Washington-New York shuttle* **2** prom kosmiczny, wahadłowiec: *the launch of the space shuttle*

shuttle[2] *v* [T] przewozić: *Passengers are shuttled to and from the hotel by bus.*

S

shut·tle·cock /ˈʃʌtlkɒk/ *n* [C] lotka (*do badmintona*)

shy¹ /ʃaɪ/ *adj* nieśmiały: *Cal's painfully shy.* —**shyly** *adv* nieśmiało —**shyness** *n* [U] nieśmiałość

shy² *v* [I] s/płoszyć się: *My horse shied at the dog, and I fell off.*

shy away from sth *phr v* [T] wzbraniać się od, unikać: *He shies away from contact with women.*

sib·ling /ˈsɪblɪŋ/ *n* [C] **1** *formal* brat, siostra **2 siblings** rodzeństwo

sick /sɪk/ *adj* **1** chory: *Jane's not coming in today – she's sick.* | *a sick child* | *The murders are obviously the work of a sick mind.* **2 be sick** z/wymiotować: *Uh oh, the dog's going to be sick!* **3 sb feels sick** komuś jest niedobrze: *I felt really sick after eating all that popcorn.* **4 be sick (and tired) of sth** *także* **be sick to death of sth** mieć czegoś (serdecznie) dosyć: *I'm sick to death of all this arguing.* **5 it makes me sick** *spoken* niedobrze mi się robi na myśl o tym: *When I hear about people being cruel to animals, it makes me sick.* **6** niesmaczny: *That's a sick joke. I don't find it funny at all.* **7** *formal or literary* **the sick** chorzy: *nurses taking care of the sick and wounded*

> **UWAGA sick**
>
> Patrz **ill** i **sick**.

sick·le /ˈsɪkəl/ *n* [C] sierp

sick·ly /ˈsɪkli/ *adj* **1** chorowity: *a sickly child* **2** mdły: *a sickly smell*

sick·ness /ˈsɪknəs/ *n* [C,U] choroba: *soldiers suffering from hunger and sickness*

side¹ /saɪd/ *n* [C] **1** strona: *the left side of the brain* | *The right side of his face was covered in blood.* | *Jim grew up on Detroit's east side.* | *You can write on both sides of the paper.* | *We need to look at the issue from all sides.* | *I could hear voices coming from the other side of the wall* (=dochodzące zza ściany). | *Her father's side of the family* (=jej rodzina ze strony ojca) *is German.* | *Neither side* (=żadna ze stron) *is willing to compromise.* | **by the side of** (=obok): *She lives by the side of a big lake.* | **by/at sb's side** (=przy kimś): *His wife was by his side at all times.* **2 side by side** obok siebie: *They walked together side by side.* **3** bok: *A man was standing at the side of the road.* | *A truck ran into the left side of the bus.* | *She was wounded in her right side.* **4** ściana: *A cube has six sides.* **5 from side to side** z boku na bok: *They sang and danced, swaying from side to side.* **6 from all sides** ze wszystkich stron: *enemy gunfire coming from all sides* **7 be on sb's side** być po czyjejś stronie: *Don't worry, I'm on your side.* **8 on the side** na boku: *He runs a little business on the side.* **9** zbocze: *the side of a hill* **10 on the high/heavy side** *spoken* trochę za wysoki/ciężki

side² *adj* boczny: *You can leave by the side door.* | *side pockets* | *She lives in a comfortable apartment in a quiet side street.*

side³ *v* [I]

side with sb *phr v* [T] stawać po stronie: *She always sides with her son against the teachers.*

side·board /ˈsaɪdbɔːd/ *n* [C] kredens

side·burns /ˈsaɪdbɜːnz/ *n* [plural] bokobrody

side·car /ˈsaɪdkɑː/ *n* [C] przyczepa (*motocykla*)

side dish /ˈ. ./ *n* [C] dodatek do dania głównego

side ef·fect /ˈ. .,./ *n* [C] skutek uboczny: *The most common side effect is a slight fever.*

side·walk /ˈsaɪdwɔːk/ *n* [C] *AmE* chodnik

side·ways /ˈsaɪdweɪz/ *adj* bokiem, na bok: *Mel's car slid sideways across the icy road.*

sid·ing /ˈsaɪdɪŋ/ *n* [C] *BrE* bocznica

siege /siːdʒ/ *n* [C,U] oblężenie: *the siege of Vienna* | *a city under siege* (=oblężone miasto) | *Mellor's apartment was soon under siege from* (=zostało wkrótce oblężone przez) *newspaper and TV reporters.*

si·es·ta /siˈestə/ *n* [C] sjesta

sieve /sɪv/ *n* [C] sit(k)o —**sieve** *v* [T] przesiewać

sift /sɪft/ *v* [T] **1** przesiewać **2** *także* **sift through** przeglądać: *Police investigators are still sifting through the evidence.*

sigh /saɪ/ *v* [I] wzdychać, westchnąć: *The police inspector sighed and shook his head.* —**sigh** *n* [C] westchnienie: *a sigh of relief*

sight[1] /saɪt/ *n* **1** [U singular] widok: **the sight of** *I can't stand the sight of blood.* | **catch sight of** (=dostrzec): *We caught sight of Henry as we turned the corner.* **2** [U] wzrok: *My grandmother is losing her sight.* **3** [C] widok: **the sights** (=atrakcje turystyczne): *The Wrigley Building is one of the most famous sights in Chicago.* **4 in/within sight** w zasięgu wzroku, w pobliżu: *There was nobody in sight.* | *We camped within sight of the beach.* | *Peace is in sight.* **5 out of sight** poza zasięgiem wzroku, w niewidocznym miejscu: *The police parked down the road, out of sight of the house.* **6 lose sight of** s/tracić z oczu: *I think the party has lost sight of its ideals.* **7 sights** [plural] celownik: *the sights of a gun* ➡ patrz też **at first glance/sight** (FIRST[1])

sight[2] *v* [T] dostrzec, widzieć: *The missing child was sighted* (=poszukiwane dziecko widziano) *in central Manchester.*

sight·see·ing /ˈsaɪtˌsiːɪŋ/ *n* [U] zwiedzanie: *a sightseeing tour of Berlin* —**sightseer** *n* [C] zwiedzając-y/a, turyst-a/ka

sign[1] /saɪn/ *n* [C] **1** znak: *the dollar sign* | *Just follow the road signs.* | *He made a sign for me to follow him.* **2** napis: *He ignored the "No Smoking" sign.* **3** oznaka: **+ that** *There were signs that someone had been there earlier.* | **+ of** *Tiredness can be a sign of illness.* ➡ patrz też STAR SIGN

sign[2] *v* [I,T] podpisywać (się): *I forgot to sign the cheque.*

sign sth ↔ **away** *phr v* [T] zrzekać się: *He signed away his share in the property.*

sign for sth *phr v* [T] po/kwitować odbiór

sign on *phr v* [I] zapisywać się: **+ for** *I've signed on for a French course.*

sign up *phr v* **1** [T **sign** sb ↔ **up**] dać kontrakt, z/werbować: *The Yankees signed him up when he finished college.* **2** [I] zapisywać się: **+ for** *Twenty people signed up for the trip to Paris.*

sig·nal[1] /ˈsɪgnəl/ *n* [C] **1** sygnał: *Wait for my signal.* | *The result is a clear signal that voters are not happy.* | *broadcasting signals* (=sygnały radiowe) **2** semafor

signal[2] *v* **-lled, -lling** *BrE*, **-led, -ling** *AmE* **1** [I,T] dawać znak: *Max pushed his plate away and signalled for coffee.* | *The elections signalled* (=oznaczały) *the end of a nine-year civil war.* **2** [T] za/sygnalizować: *Carter has signalled his intention to resign.*

sig·na·ture /ˈsɪgnətʃə/ *n* [C] podpis

sig·nif·i·cance /sɪgˈnɪfɪkəns/ *n* [U] znaczenie, waga: *What was the significance of that last remark?* | *a political agreement of some significance* (=porozumienie polityczne dużej wagi)

sig·nif·i·cant /sɪgˈnɪfɪkənt/ *adj* **1** znaczny: *There has been a significant change in people's attitudes since the 1950s.* **2** znaczący, porozumiewawczy: *Anna and Tom exchanged significant looks.* —**significantly** *adv* znacznie ➡ antonim INSIGNIFICANT

sig·ni·fy /ˈsɪgnɪfaɪ/ *v* [T] **1** oznaczać: *Does this signify a change in policy?* **2** wyrażać: *Everyone nodded to signify their agreement.*

sign lan·guage /ˈ. ˌ../ *n* [C,U] język migowy

sign·post /ˈsaɪnpəʊst/ *n* [C] drogowskaz

si·lence[1] /ˈsaɪləns/ *n* [C,U] cisza, milczenie: *There was a long silence before he answered.* | *So far, he has maintained his silence* (=zachowuje milczenie) *on the subject.* | **in silence** (=w milczeniu): *The two men sat in silence.*

silence[2] *v* [T] uciszać: *Critics of the system were quickly silenced.* | *He silenced us with a menacing look.*

si·lenc·er /ˈsaɪlənsə/ *n* [C] tłumik

si·lent /ˈsaɪlənt/ *adj* cichy, milczący: **be silent** (=milczeć): *Simon was silent for a moment.* | **fall silent** (=zamilknąć): *The whole room fell silent.* | **silent film** (=film

S

niemy) —**silently** *adv* cicho, w milczeniu

sil·hou·ette /ˌsɪluˈet/ *n* [C] sylwetka

sil·i·con /ˈsɪlɪkən/ *n* [U] krzem

silk /sɪlk/ *n* [C,U] jedwab: *a silk shirt*

silk·worm /ˈsɪlkwɜːm/ *n* [C] jedwabnik

silk·y /ˈsɪlki/ *adj* jedwabisty: *silky fur*

sill /sɪl/ *także* **windowsill** *n* parapet

sil·ly /ˈsɪli/ *adj* głupi, niemądry: *Don't be silly; we can't afford a new car.* | *It was pretty silly of you to forget the keys.*

si·lo /ˈsaɪləʊ/ *n* [C] silos

silt /sɪlt/ *n* [U] muł

sil·ver¹ /ˈsɪlvə/ *n* [U] srebro: *polishing the silver*

silver² *adj* srebrny: *a silver spoon* | *a shimmering silver dress*

silver med·al /ˌ.. ˈ../ *n* [C] srebrny medal

silver wed·ding an·ni·ver·sa·ry /ˌ.. ˈ.. ..ˌ.../ *n* [C] srebrne wesele

sil·ver·y /ˈsɪlvəri/ *adj* srebrzysty

sim·i·lar /ˈsɪmələ/ *adj* podobny: *They came from similar backgrounds.* | **+ to** *Your shoes are similar to mine.*

sim·i·lar·i·ty /ˌsɪmᵻˈlærᵻti/ *n* [C,U] podobieństwo: **+ between** *There is some similarity between the styles of the two authors.* | **+ with/to** *English has many similarities with German.*

sim·i·lar·ly /ˈsɪmᵻləli/ *adv* podobnie: *This idea was similarly expressed in his most recent book.*

sim·mer /ˈsɪmə/ *v* [I,T] gotować (się) na wolnym ogniu: *Let the soup simmer for 5 minutes.*

sim·ple /ˈsɪmpəl/ *adj* **1** prosty: *The instructions are very simple.* | *a simple white dress* **2** ograniczony: *I'm afraid old Jack is a bit simple.* **3 simple past/present/future** czas przeszły/teraźniejszy/przyszły prosty ➙ porównaj CONTINUOUS

sim·pli·ci·ty /sɪmˈplɪsᵻti/ *n* [U] prostota: *The main advantage of the new scheme is its simplicity.* | *He believes everything you tell him, with childlike simplicity.* (=z dziecięcą naiwnością)

sim·pli·fy /ˈsɪmplᵻfaɪ/ *v* [T] upraszczać: *an attempt to simplify the tax system* —**simplification** /ˌsɪmplᵻfᵻˈkeɪʃən/ *n* [U] uproszczenie

sim·ply /ˈsɪmpli/ *adv* **1** po prostu: *Some students lose marks simply because they don't read the question properly.* | *But that simply isn't true!* **2** prosto: **to put it simply** (=krótko mówiąc): *To put it simply, the bank won't lend us the money.* **3** skromnie: *a simply decorated room*

sim·u·late /ˈsɪmjᵿleɪt/ *v* [T] symulować, pozorować: *an experiment to simulate the effects of being weightless* —**simulator** *n* [C] symulator: *a flight simulator*

sim·u·la·tion /ˌsɪmjᵿˈleɪʃən/ *n* [C,U] symulacja: *The course includes a computer simulation of an emergency landing.*

sim·ul·ta·ne·ous /ˌsɪməlˈteɪniəs◂/ *adj* równoczesny: *a simultaneous broadcast on TV and radio* —**simultaneously** *adv* równocześnie

sin¹ /sɪn/ *n* [C,U] grzech: *the sin of greed* | *It's a sin to waste good food.*

sin² *v* [I] **-nned, -nning** z/grzeszyć —**sinner** *n* [C] grzeszni-k/ca

since¹ /sɪns/ *conjunction* **1** odkąd: *I haven't seen him since we left school.* | *Jim's been working at Citibank since he finished college.* **2** ponieważ: *I'll do it myself since you're obviously not going to help.*

since² *prep, adv* **1** od: *So much has changed since the war.* | *I've been living here since February.* | *He left yesterday – I haven't seen him since* (=od tego czasu). **2 since when** *spoken* od kiedy to: *Since when does it cost £200 to put a new tyre on the car?* ➙ patrz ramka SINCE

sin·cere /sɪnˈsɪə/ *adj* szczery: *a sincere and loyal friend* | *a sincere apology* ➙ antonim INSINCERE — **sincerity** *n* [U] szczerość

sin·cere·ly /sɪnˈsɪəli/ *adv* **1** szczerze: *I sincerely hope we meet again.* **2 Yours sincerely** *BrE*/**Sincerely (yours)** *AmE* Z poważaniem

sing /sɪŋ/ *v* [I,T] **sang, sung, singing** za/śpiewać: *Sophie sings in a choir.* | *They*

SINCE

Since w znaczeniu czasowym używamy

1 z czasami typu „perfect" dla określenia, od jak dawna trwa lub trwała dana czynność lub stan (po przyimku ***since*** podany jest moment rozpoczęcia czynności):

She's been working here ***since February/since 1995.***

I haven't seen Mike ***since Monday/since 9 o'clock.***

He's been wearing glasses ***since he was eight.***

It was noon. We hadn't eaten ***since the previous evening.***

They quarelled last year and have not spoken to each other ***since then.***

2 w wyrażeniach typu *How long is it since...?, It's two months since...*:

How long is it since *she went to Australia?*

It's two years since *I had a holiday.* (= I haven't had a holiday for two years.)

3 jako przysłówka („od tego czasu"), który występuje na końcu zdania i może być poprzedzony przez ***ever***:

They quarelled last year and have not spoken to each other ***(ever) since.***

patrz też: ***FOR, Past Perfect, Past Perfect Continuous, Present Perfect, Present Perfect Continuous***

sang a beautiful song. —**singing** *n* [U] śpiew

singe /sɪndʒ/ *v* [T] przypalić: *I singed my hair on a candle.*

sing·er /ˈsɪŋə/ *n* [C] śpiewa-k/czka, piosenka-rz/rka: *an opera singer*

sin·gle[1] /ˈsɪŋgəl/ *adj* **1** [only before noun] jeden, pojedynczy: *We lost the game by a single point.* **2** nieżonaty, niezamężna: *Terry is 34 and still single.* **3** [only before noun] jednoosobowy: *a single bed* **4 every single** każdy, wszystkie: *My dad has every single Beatles album.* **5 single ticket** *BrE* bilet w jedną stronę

single[2] *n* [C] **1** singel: *Michael Jackson's new single* **2** *BrE* bilet w jedną stronę: *a single to Liverpool* ➡ porównaj RETURN[2], ➡ patrz też SINGLES

single[3] *v*

single sb/sth ↔ **out** *phr v* [T] wyróżniać: *The school was singled out for its excellent academic results.*

single file /ˌ.. ˈ./ *n* [U] **in single file** gęsiego, rzędem

single-hand·ed·ly /ˌ.. ˈ.../, **single-handed** *adv* bez niczyjej pomocy: *She's brought up four kids single-handed.*

single par·ent /ˌ.. ˈ../ *n* [C] samotny rodzic

singles /ˈsɪŋgəlz/ *n* [U] singel, gra pojedyncza

sin·gly /ˈsɪŋgli/ *adv* pojedynczo: *The animals live singly or in small groups.*

sin·gu·lar[1] /ˈsɪŋgjələ/ *adj* **1** pojedynczy ➡ porównaj PLURAL **2** *formal* osobliwy, wyjątkowy: *singular beauty*

singular[2] *n* **the singular** liczba pojedyncza: *The singular of "mice" is "mouse".*

sin·is·ter /ˈsɪnəstə/ *adj* złowieszczy, złowrogi: *There's something sinister about the whole thing.*

sink[1] /sɪŋk/ *v* **sank** *or* **sunk, sunk, sinking 1** [I] za/tonąć: *The boat sank after hitting a rock.* | **+ to** *He watched his keys sink to the bottom of the river.* **2** [T] zatapiać **3 a)** [I] osunąć się: **+ into/down etc** *Lee sank into a chair and went to sleep.* **b)** [I] spadać: *House prices in the area are sinking fast.*

sink in *phr v* [I] docierać do kogoś: *Her mother died last week but it's only just starting to sink in* (=dopiero teraz zaczyna to do niej docierać).

sink into *phr v* **1** [I **sink into**] pogrążać się w: *She could see him sinking into depression.* **2** [T **sink** sth **into** sth] u/topić w: *They had sunk thousands into the business.* **3 sink your teeth/a knife into sth** zatapiać zęby/nóż w czymś: *The dog sank its teeth into her arm.*

> UWAGA **sink i drown**
>
> Nie należy mylić wyrazów **sink** i **drown** w znaczeniu 'tonąć'. Wyrazu **sink** używamy mówiąc o tonięciu statku lub łodzi (forma dokonana 'zatonąć'): *The Titanic sank after hitting an iceberg.* **Drown** używamy wtedy, kiedy tonie człowiek (forma dokonana 'utonąć'): *The woman drowned while swimming in the sea.*

S

sink² *n* [C] zlew, zlewozmywak

si·nus /ˈsaɪnəs/ *n* [C] zatoka (*np. nosowa*): *a sinus infection*

sip /sɪp/ *v* [I,T] **-pped, -pping** popijać: *She sipped her tea.* —**sip** *n* [C] łyk, łyczek: *He took a sip of coffee.*

sir /sɜː/ *n* **1** *spoken* proszę Pana: *Can I help you, sir?* **2 Dear Sir** Szanowny Panie **3 Sir** Sir (*tytuł szlachecki*): *Sir James*

si·ren /ˈsaɪərən/ *n* [C] syrena

sis·ter /ˈsɪstə/ *n* [C] **1** siostra: *I've got two sisters.* **2 Sister** Siostra: *Sister Frances* (=Siostra Franciszka) **3** *BrE* **Sister** (siostra) oddziałowa **4 sister company/oganization** siostrzana firma/organizacja

sister-in-law /ˈ.. . ˌ./ *n* [C] szwagierka, bratowa

sit /sɪt/ *v* **sat, sat, sitting 1** [I] **a)** siedzieć: **+ on/in/by etc** *The children were sitting on the floor.* **b)** *także* **sit down** siadać, usiąść: **+ by/beside etc** *Come and sit by me.* **2** [T] sadzać, posadzić: **sit sb in/on etc** *She sat the boy in the corner.* **3 sit still** siedzieć spokojnie: *Sit still and let me fix your hair.* **4** [T] *BrE* zdawać, przystępować do: *to sit an exam* **5** [I] obradować: *The court sits once a month.*

sit around (*także* **sit about** *BrE*) *phr v* [I] przesiadywać: *Dan just sits around watching TV all day.*

sit down *phr v* [I] siadać, usiąść: *Come over here and sit down.*

sit in *phr v* **sit in for sb** zastępować kogoś

sit through sth *phr v* [T] wysiedzieć do końca na: *We had to sit through a three-hour class this morning.*

sit up *phr v* [I] **1** podnosić się (*do pozycji siedzącej*): *He sat up and rubbed his eyes.* **2** nie kłaść się (spać): *We sat up all night talking.*

> UWAGA **sit**
>
> Z jakim przyimkiem używać czasownika **sit**? **Sit on** używamy mówiąc o siedzeniu na podłodze, łóżku, kanapie, ławce, krześle lub taborecie. **Sit in** używamy mówiąc o siedzeniu w wygodnym fotelu. **Sit at** używamy mówiąc o siedzeniu przy biurku, stole lub barze. **Sit in front of** używamy mówiąc o siedzeniu przed telewizorem, ekranem komputera lub kominkiem.

sit·com /ˈsɪtkɒm/ *n* [C,U] komedia sytuacyjna

site /saɪt/ *n* [C] **1** miejsce, teren: *an archaeological site* | *the site of the battle* **2** teren, plac: *a construction site* (=plac budowy)

sit-in /ˈ. ./ *n* [C] strajk okupacyjny

sit·ting /ˈsɪtɪŋ/ *n* [C] zmiana (*np. w stołówce*): *The first sitting is at 12:30, and the second is at 1:30.*

sitting room /ˈ.. ./ *n* [C] *BrE* salon

sit·u·at·ed /ˈsɪtʃueɪtɪ̵d/ *adj* **be situated** *formal* być położonym: *The hotel is situated on the lakeside.*

sit·u·a·tion /ˌsɪtʃuˈeɪʃən/ *n* [C] **1** sytuacja: *the economic situation* | *She's in a very difficult situation.* **2** *formal* położenie

six /sɪks/ *number* sześć

six·teen /ˌsɪkˈstiːn◂/ *number* szesnaście —**sixteenth** *number* szesnasty

sixth /sɪksθ/ *number* szósty: *his sixth birthday*

sixth sense /ˌ. ˈ./ *n* [singular] szósty zmysł: *Some sixth sense told her that she was in danger.*

six·ties /ˈsɪkstiz/ *n* **the sixties** lata sześćdziesiąte

six·ty /ˈsɪksti/ *number* sześćdziesiąt —**sixtieth** *number* sześćdziesiąty

size /saɪz/ *n* **1** [C,U] wielkość: *A diamond's value depends on its size.* | *Their house is twice the size of ours.* **2** [U] rozmiary: *Look at the size of that ship!* **3** [C] rozmiar: *What size shoes do you take?* | *a size 14 dress* **4** **large-sized/medium-sized** dużych/średnich rozmiarów: *a medium-sized car*

UWAGA **size**

Pytając o rozmiar czyjejś odzieży, mówimy **what size are you?** lub **what size do you take?** (po brytyjsku) i **what size do you wear?** (po amerykańsku). Podając swój rozmiar, mówimy **I'm a 6/12/42** itp. lub **I take a size 6/12** itp. (po brytyjsku) i **I wear a size 6/12** itp. (po amerykańsku).

size·a·ble /ˈsaɪzəbəl/ *także* **sizable** *adj* spory, pokaźny: *a sizeable amount of money*

siz·zle /ˈsɪzəl/ *v* [I] skwierczeć: *bacon sizzling in the pan*

skate[1] /skeɪt/ *n* **1** [C] łyżwa **2** [C] wrotka

skate[2] *v* [I] jeździć na łyżwach: *I never learned how to skate.* —**skating** *n* [U] łyżwiarstwo —**skater** *n* [C] łyżwia-rz/rka

skate·board /ˈskeɪtbɔːd/ *n* [C] deskorolka

skel·e·ton /ˈskelətən/ *n* [C] szkielet: *the human skeleton*

skep·tic /ˈskeptɪk/ amerykańska pisownia wyrazu SCEPTIC

sketch[1] /sketʃ/ *n* [C] **1** szkic: *a pencil sketch of a bird* | *a brief biographical sketch of the author* **2** skecz, scenka: *a comic sketch*

sketch[2] *v* [I,T] na/szkicować
sketch sth ↔ **out** *phr v* [T] nakreślać, zarysowywać: *Barry sketched out a plan for next year's campaign.*

sketch·y /ˈsketʃi/ *adj* pobieżny: *I made a few sketchy notes.*

ski[1] /skiː/ *n* [C] *plural* **skis** narta

ski[2] *v* [I] **skied, skied, skiing** jeździć na nartach: *Can you ski?* —**skiing** *n* [U] narciarstwo: *We're going skiing* (=jedziemy na narty) *this winter.* —**skier** *n* [C] narcia-rz/rka

skid /skɪd/ *v* [I] **-dded, -dding** wpaść w poślizg: *The car skidded on ice.* —**skid** *n* [C] poślizg

skies /skaɪz/ *n* [plural] niebo: *Tomorrow there will be clear skies and some sunshine.*

skil·ful /ˈskɪlfəl/ *BrE*, **skillful** *AmE adj* **1** wprawny: *a skilful photographer* **2** zręczny, umiejętny: *her skilful handling of the situation* —**skilfully**, **skillfully** *adv* zręcznie, umiejętnie

skill /skɪl/ *n* [C,U] umiejętność: *basic computer skills* | *As a footballer he shows great skill.*

skilled /skɪld/ *adj* wykwalifikowany: **highly skilled** (=wysoko wykwalifikowany): *a highly skilled workforce* ➡ antonim UNSKILLED

skim /skɪm/ *v* [T] **-mmed, -mming 1** zbierać: **skim sth off/from** *Skim the fat off the soup.* **2** *także* **skim through** przeglądać pobieżnie: *She skimmed through that morning's headlines.*

skimmed milk /ˌ. ˈ./ *BrE*, **skim milk** *AmE n* [U] chude mleko

skimp·y /ˈskɪmpi/ *adj* kusy: *a skimpy little dress*

skin /skɪn/ *n* [C,U] **1** skóra: *The sheets felt cool against her skin.* | *a skin disease* | *a tiger skin rug* **2** skórka: *banana skins* **3** kożuch: *Paint forms a skin if you don't seal the tin properly.* **4** **dark-skinned/smooth-skinned** ciemno-/gładkoskóry **5** **by the skin of your teeth** *informal* ledwo ledwo: *He escaped by the skin of his teeth.*

skin·head /ˈskɪnhed/ *n* [C] skinhead, skin

skin·ny /ˈskɪni/ *adj* chudy

skip[1] /skɪp/ *v* **-pped, -pping 1** [I] podskakiwać: **+ down/along etc** *children skipping down the street* **2** [I] *także* **skip rope** *AmE* skakać przez skakankę **3** [T] opuszczać, pomijać: *Let's skip the next question.* | *You shouldn't skip breakfast* (=nie jeść śniadania). | **+ over** *I'll skip over the details.*

skip[2] *n* [C] podskok

skirt /skɜːt/ *n* [C] spódnica, spódniczka

skit·tle /ˈskɪtl/ *n* **skittles** [U] kręgle

skulk /skʌlk/ *v* [I] przy/czaić się: **+ in/behind etc** *Two men were skulking in the shadows.*

skull /skʌl/ *n* [C] czaszka

skunk /skʌŋk/ *n* [C] skunks

sky /skaɪ/ *n* [U singular] niebo: *a clear blue sky* ➡ patrz też SKIES

sky·light /ˈskaɪlaɪt/ *n* [C] świetlik (*okno w dachu*)

sky·line /ˈskaɪlaɪn/ *n* [C] linia horyzontu (*utworzona przez wysokie budynki lub wzgórza*)

sky·scrap·er /ˈskaɪˌskreɪpə/ *n* [C] drapacz chmur

slab /slæb/ *n* [C] płyta: *a concrete slab*

slack /slæk/ *adj* luźny: *a slack rope*

slacks /slæks/ *n* [plural] *old-fashioned* spodnie

slain /sleɪn/ *v* imiesłów bierny od SLAY

slam[1] /slæm/ *v* **-mmed, -mming 1** [T] trzaskać: *Baxter left the room, slamming the door.* **2** [I,T] zatrzaskiwać (się) **3** [T] rzucać, ciskać: **slam sth onto/down etc** *Andy slammed the phone down.*

slam[2] *n* [C usually singular] trzask: *She shut the door with a slam.*

slan·der /ˈslɑːndə/ *n* [C,U] zniesławienie, pomówienie, oszczerstwo —**slander** *v* [T] zniesławić —**slanderous** *adj* oszczerczy

slang /slæŋ/ *n* [U] slang: *army slang* —**slangy** *adj* slangowy

slant /slɑːnt/ *n* [C singular] nachylenie: **at/on a slant** (=pod kątem): *The pole was set at a slant.*

slap[1] /slæp/ *v* [T] **-pped, -pping** uderzyć (*otwartą dłonią*): *She slapped him across the face.*

slap[2] *n* **1** [C] uderzenie, klaps **2 a slap in the face** policzek

slash[1] /slæʃ/ *v* **1** [T] prze/ciąć, po/ciąć: *He tried to kill himself by slashing his wrists.* **2** [T] *informal* drastycznie obniżać: *Many companies are slashing jobs.*

slash[2] *n* [C] **1** nacięcie **2** *także* **slash mark** ukośnik (/)

slaugh·ter /ˈslɔːtə/ *v* [T] **1** ubić: *to slaughter a pig* **2** wymordować: *Over 500 men, women and children were slaughtered.* **3** *informal* rozgromić (*drużynę przeciwnika*): *Italy were slaughtered by Brazil.* —**slaughter** *n* [U] rzeź

slaugh·ter·house /ˈslɔːtəhaʊs/ *n* [C] rzeźnia

slave[1] /sleɪv/ *n* [C] **1** niewolni-k/ca **2 be a slave to/of sth** być niewolnikiem czegoś: *She's a slave to fashion.*

slave[2] *v* [I] harować: *Michael's been slaving away in the kitchen all day.*

sla·ve·ry /ˈsleɪvəri/ *n* [U] niewolnictwo: *Slavery was abolished after the Civil War.*

slay /sleɪ/ *v* [T] **slew, slain, slaying** *literary* zgładzić

sleaze /sliːz/ *n* [U] korupcja: *He has recently been plagued by allegations of sleaze.*

slea·zy /ˈsliːzi/ *adj* obskurny: *a sleazy nightclub*

sledge /sledʒ/ *BrE*, **sled** /sled/ *especially AmE n* [C] sanki, saneczki

sleek /sliːk/ *adj* **1** lśniący: *sleek hair* **2** elegancki: *a sleek white sports car*

sleep[1] /sliːp/ *v* **slept, slept, sleeping 1** [I] spać, sypiać: **sleep well/soundly/badly** (=spać dobrze/głęboko/źle): *I didn't sleep very well last night.* | **sleep in/on/with etc** *You'll have to sleep on the air bed.* | **be sleeping** *Be quiet – the baby's sleeping* (=dziecko śpi). | **not sleep a wink** (=nie zmrużyć oka): *She hardly slept a wink last night..* **2 sleep on it** przemyśl to przez noc: *Sleep on it, and we'll discuss it tomorrow.* **3 sleep rough** *BrE* sypiać pod gołym niebem

sleep around *phr v* [I] *informal* sypiać z wszystkimi dookoła

sleep in *phr v* [I] pospać (sobie) dłużej: *I slept in till 10:00 on Saturday.*

sleep sth ↔ **off** *phr v* [T] odsypiać: *He drank too much wine and went home to sleep it off.*

sleep through sth *phr v* [T] przespać: *How could you have slept through the storm?*

sleep together *phr v* [I] *informal* sypiać ze sobą

sleep with sb *phr v* [T] *informal* sypiać z: *When did you first find out that she was sleeping with your husband?*

sleep[2] *n* **1** [U singular] sen: *Lack of sleep can make you bad-tempered.* | **in your sleep** (=we śnie): *Ed sometimes talks in his sleep.* | **get some sleep** (=wyspać się): *We didn't get much sleep last night.* | **a good night's sleep** *What you need is a good night's sleep* (=musisz się porządnie wyspać). **2 go to sleep a)** zasypiać, zasnąć: *Be quiet and go to sleep* (=i śpij)*!* **b)** z/drętwieć: *I've been sitting here so long that my foot's gone to sleep.* → porównaj **fall asleep** (ASLEEP) **3 not lose (any) sleep over sth** nie przejmować się czymś **4 put a dog/cat to sleep** uśpić psa/kota: *The dog had been so badly injured that the vet had to put him to sleep.*

sleep·er /ˈsliːpə/ *n* [C] **1 be a light/heavy sleeper** mieć lekki/mocny sen **2** *BrE* pociąg sypialny

sleeping bag /ˈ.. ./ *n* [C] śpiwór

sleeping pill /ˈ.. ./ *n* [C] tabletka nasenna

sleep·less /ˈsliːpləs/ *adj* **1 be sleepless** nie móc zasnąć: *I lay sleepless* (=leżałam, nie mogąc zasnąć) *on my lumpy mattress.* **2** bezsenny: **a sleepless night** *He spent a sleepless night worrying about what to do.* —**sleeplessness** *n* [U] bezsenność

sleep·walk /ˈsliːpˌwɔːk/ *v* [I] lunatykować —**sleepwalker** *n* [C] lunaty-k/czka

sleep·y /ˈsliːpi/ *adj* śpiący, senny: *I felt really sleepy after lunch.* | *a sleepy little town* —**sleepily** *adv* sennie —**sleepiness** *n* [U] senność

sleet /sliːt/ *n* [U] deszcz ze śniegiem

sleeve /sliːv/ *n* **1** [C] rękaw: *a blouse with short sleeves* **2 short/long-sleeved** z krótkimi/długimi rękawami: *a long-sleeved sweater* **3 have sth up your sleeve** *informal* mieć coś w zanadrzu: *Jansen usually has a few surprises up his sleeve.* **4** [C] *BrE* okładka (*płyty*)

sleeve·less /ˈsliːvləs/ *adj* bez rękawów: *a sleeveless dress*

sleigh /sleɪ/ *n* [C] sanie

slen·der /ˈslendə/ *adj* smukły, szczupły: *long slender fingers*

slept /slept/ *v* czas przeszły i imiesłów bierny od SLEEP

slew /sluː/ *v* czas przeszły od SLAY

slice[1] /slaɪs/ *n* [C] plasterek: *Cut the tomato into thin slices.* | *a slice of bread* (=kromka chleba)

slice[2] *v* także **slice up** [T] po/kroić (*w plasterki*): *Could you slice the bread?*

slick /slɪk/ *adj* **1** sprytny: *a slick salesman* **2** sprawnie wykonany: *The band gave a very slick performance.*

slide[1] /slaɪd/ *v* **slid** /slɪd/, **slid, sliding 1** [I,T] przesuwać (się): *He slid his glass across the table.* | *The children like sliding down the stairs* (=lubią zjeżdżać ze schodów). | **+ into/out of** *She slid out of bed* (=wysunęła się z łóżka). | **slide sth into** *Jones slid a hand into his pocket* (=wsunął rękę do kieszeni) *and took out a gun.* **2** [I,T] ślizgać (się): **+ along/around/down** *The children were all sliding around on the ice.*

slide[2] *n* **1** [C] przezrocze, slajd **2** [C] zjeżdżalnia **3** [singular] spadek: *a slide in profits*

slight /slaɪt/ *adj* **1** nieznaczny, niewielki: *There has been a slight change of plan.* **2** drobny: *a small slight old lady*

slight·est /ˈslaɪtɪ̵st/ *adj* **1 the slightest difference/change** najmniejsza różnica/zmiana: *It doesn't make the slightest difference to me.* **2 not in the slightest**

S

ani trochę: *"You're not worried are you?" "Not in the slightest."*

slight·ly /ˈslaɪtli/ *adv* trochę, nieco: *She's slightly older than I am.*

slim[1] /slɪm/ *adj* **1** szczupły: *You're looking a lot slimmer – have you lost weight?* **2** znikomy, nikły: *Doctors said she had only a slim hope of recovery.*

slim[2] *v* [I] **-mmed, -mming** odchudzać się: *delicious slimming recipes*

slim down *phr v* [T **slim** sth ↔ **down**] z/redukować: *Apex Co. is slimming down its workforce to cut costs.*

slime /slaɪm/ *n* [U] szlam, muł

slim·y /ˈslaɪmi/ *adj* **1** oślizgły: *slimy rocks* **2** *informal* lizusowaty

sling[1] /slɪŋ/ *v* [T] **slung, slung, slinging 1** przerzucać, zarzucać: *Mark slung his jacket over his shoulder.* **2** ciskać

sling[2] *n* [C] **1** temblak **2** nosidełko: *a baby sling*

slip[1] /slɪp/ *v* **-pped, -pping 1** [I] poślizgnąć się: *Joan slipped on the wet floor and broke her ankle.* **2** [I] wymknąć się: **+ out of/away/through etc** *Brad slipped out of the back door while no one was looking.* **3** [T] wsunąć: **slip sth into/around etc sth** *He slipped his arm around her waist* (=objął ją w pasie) *and kissed her.* **4** [I] wyślizgnąć się: *The hammer slipped* (=wyślizgnął mu się z ręki) *and hit his fingers.* **5** [I] obniżać się: *Standards in our schools have been slipping.* **6 it slipped my mind** wyleciało mi to z głowy

slip into sth *phr v* [T] wskakiwać w (*coś do ubrania*): *I'll just slip into something more comfortable.*

slip sth ↔ **off** *phr v* [T] zrzucać (*z siebie*): *He slipped off his coat and went upstairs.*

slip sth ↔ **on** *phr v* [T] zarzucać na siebie: *Could you just slip on this gown?*

slip out *phr v* [I] wymykać się: *Sorry, I shouldn't have said that – it just slipped out* (=tak mi się tylko wymknęło).

slip out of sth *phr v* [T] zrzucać: *Ken slipped out of his shoes and put on his slippers.*

slip up *phr v* [I] pomylić się: *Every time you slip up, it costs me money.*

slip[2] *n* [C] **1** kawałek: *He wrote his address down on a slip of paper.* **2** *especially BrE* pomyłka **3** halka **4 a slip of the tongue** przejęzyczenie **5 give sb the slip** *informal* zwiać komuś: *Palmer gave them the slip in the hotel lobby.*

slipped disc /ˌ. ˈ./ *n* [C] wypadnięcie dysku

slip·per /ˈslɪpə/ *n* [C *usually plural*] pantofel, kapeć

slip·per·y /ˈslɪpəri/ *adj* śliski: *a slippery mountain path*

slit[1] /slɪt/ *n* [C] rozcięcie, szpara: *a slit in the curtains*

slit[2] *v* [T] **slit, slit, slitting** rozcinać

slob /slɒb/ *n* [C] *informal* niechluj: *The guy is a total slob.*

slo·gan /ˈsləʊgən/ *n* [C] hasło, slogan

slope /sləʊp/ *n* [C] stok, zbocze: *a ski slope*

slop·py /ˈslɒpi/ *adj* niechlujny: *I will not tolerate sloppy work!* | *a sloppy sweater* —**sloppily** *adv* niechlujnie —**sloppiness** *n* [U] niechlujstwo

slot /slɒt/ *n* [C] **1** otwór: *Put 20p in the slot and see how much you weigh.* **2** okienko (*w harmonogramie, programie*): *I was offered a slot on a local radio station.*

slot ma·chine /ˈ. .ˌ./ *n* [C] automat do gry

slouch /slaʊtʃ/ *v* [I] garbić się: *Don't slouch – stand up straight!*

slov·en·ly /ˈslʌvənli/ *adj* niechlujny: *Where did you pick up such slovenly habits?*

slow[1] /sləʊ/ *adj* **1** wolny, powolny: *The slowest runners started at the back.* | *It's a very slow process.* **2 be slow to do sth/ be slow in doing sth** zwlekać z czymś/ ze zrobieniem czegoś: *We were slow to realize* (=długo trwało, zanim zdaliśmy sobie sprawę) *what was happening.* **3 be slow** spóźniać się: *My watch is a few minutes slow.*

slow[2] *v* [I,T] *także* **slow down** zwalniać,

zmniejszać prędkość: *The traffic slowed to a crawl.*

slow down *phr v* [I] zwalniać: *The car slowed down as it approached the store.*

slow[3] *adv* wolno, powoli: *You're going too slow.*

slow·down /ˈsləʊdaʊn/ *n* [C] zastój: *a slowdown in the tourist trade*

slow·ly /ˈsləʊli/ *adv* wolno, powoli: *White clouds drifted slowly across the sky.*

slow mo·tion /ˌ. ˈ../ *n* [U] **in slow motion** w zwolnionym tempie: *a replay of the goal shown in slow motion*

slug /slʌg/ *n* [C] ślimak nagi

slug·gish /ˈslʌgɪʃ/ *adj* ospały: *The traffic was sluggish that morning.*

sluice /sluːs/ *n* [C] śluza

slum /slʌm/ *n* [C] uboga dzielnica, slumsy: *She grew up in the slums of Sao Paolo.*

slung /slʌŋ/ *v* czas przeszły i imiesłów bierny od SLING

slur /slɜː/ *v* [T] **-rred, -rring; slur your words** mówić niewyraźnie: *After a few drinks, he started to slur his words.*

slurp /slɜːp/ *v* [I,T] *informal* siorbać: *Stop slurping your soup!*

slush /slʌʃ/ *n* [U] rozmokły śnieg

sly /slaɪ/ *adj* **slyer** *or* **slier, slyest** *or* **sliest 1** przebiegły, chytry: *He's sly and greedy.* | *a sly smile* **2 on the sly** *informal* ukradkiem, po kryjomu: *He's been smoking on the sly.*

smack[1] /smæk/ *v* [T] **1** uderzyć (*otwartą dłonią*): *She smacked him hard across the face.* **2** dać klapsa **3 smack your lips** cmokać

smack of sth *phr v* [T] trącić (*czymś*): *a policy that smacks of sex discrimination*

smack[2] *n* [C] uderzenie, klaps: *a smack on the head*

small /smɔːl/ *adj* **1** mały: *Rhode Island is the smallest state in the US.* | *a small group of protesters* | *a small problem* | *She has two small children.* **2 the small hours** wczesne godziny ranne: *We stayed up talking into the small hours* (=do białego rana).

UWAGA **small**

Small i **little** mają to samo znaczenie, ale **small** jest bardziej neutralne i służy do podawania informacji o wielkości czegoś: *She is rather small for her age.* **Little** używa się w kontekscie nieco bardziej emocjonalnym: *We've rented a cosy little cottage in the countryside.* Nie należy używać **little** do opisywania liczb czy wielkości.

small change /ˌ. ˈ./ *n* [U] drobne

small fry /ˈ. ./ *n* [U] *informal* płotki: *They're small fry compared to the real criminals.*

small-mind·ed /ˌ. ˈ..◂/ *adj* małostkowy: *greedy, small-minded people*

small·pox /ˈsmɔːlpɒks/ *n* [U] ospa

small print /ˈ. ˌ./ *także* **fine print** *n* [U] adnotacje drobnym drukiem (*w dokumencie, umowie*): *Make sure you read the small print before you sign anything.*

small-scale /ˌ. ˈ.◂/ *adj* na małą skalę: *small-scale enterprises*

small talk /ˈ. ./ *n* [U] rozmowa o niczym (*np. na przyjęciu*): *He's not very good at making small talk.*

smart /smɑːt/ *adj* **1** bystry, rozgarnięty: *Jill's a smart kid.* **2** *especially BrE* elegancki, wytworny: *You look smart. Are you going anywhere special?* —**smartly** *adv* elegancko, wytwornie

smash[1] /smæʃ/ *v* **1** [I,T] rozbić (się), roztrzaskać (się): *The plates smashed on the floor.* | *Rioters smashed store windows.* **2** [I,T] uderzyć: *Murray smashed his fist against the wall.* **3** [T] rozbić, obalić: *Police have smashed a drug smuggling ring.*

smash sth ↔ **up** *phr v* [T] rozbić, roztrzaskać: *She smashed up the truck in an accident.*

smash[2], **smash hit** *n* [C] przebój: *This song's definitely going to be a smash hit.*

smear[1] /smɪə/ *v* [I,T] rozmazywać (się), roz/smarować: *Jill smeared lotion on Rick's back.*

smear² *n* [C] **1** smuga: *a dirty smear* **2** oszczerstwo, potwarz

smell¹ /smel/ *v* **smelled** *or* **smelt** /smelt/, **smelled** *or* **smelt, smelling** **1** [I] pachnieć: **smell of/like** *This wine smells like strawberries* (=pachnie truskawkami). **2** [I] śmierdzieć: *Something in the refrigerator smells.* **3** [T] czuć, wyczuwać: *I can smell something burning!* | *I've got a cold and I can't smell anything.* **4** [T] po/wąchać: *Come and smell these roses.*

smell² *n* **1** [C] zapach: *What a lovely smell!* | **+ of** *the smell of fresh bread* **2** [C] smród **3** [U] węch, powonienie: *Dogs have an excellent sense of smell.*

> **UWAGA smell**
>
> Aby wyrazić pojęcie 'czuć zapach', wystarczy jeden angielski czasownik **smell**: *I could smell his cigar all over the house.* Kiedy używamy rzeczownika **smell** bez przymiotnika, zwykle mamy na myśli nieprzyjemny zapach: *Can we open the window and get rid of the smell?*

smell·y /ˈsmeli/ *adj* śmierdzący: *smelly socks*

smelt /smelt/ *v* [T] wytapiać (*metal*)

smile¹ /smaɪl/ *v* [I] uśmiechać się: *Her baby's always smiling.* | **+ at** *Keith smiled at me.*

> **UWAGA smile**
>
> Nie mówi się "he smiled to me". Mówi się **he smiled at me.**

smile² *n* [C] uśmiech: *She came in with a broad smile on her face.*

smock /smɒk/ *n* [C] kitel

smog /smɒg/ *n* [U] smog

smoke¹ /sməʊk/ *n* **1** [U] dym **2 go up in smoke** *informal* spalić na panewce

smoke² *v* **1** [I,T] za/palić, wy/palić: *Do you mind if I smoke?* **2** [I] dymić: *a smoking chimney* **3** [T] u/wędzić —**smoking** *n* [U] palenie: *I'm trying to give up smoking.* | *The sign says "No smoking".*

smok·er /ˈsməʊkə/ *n* [C] palacz/ka, paląc-y/a → antonim NONSMOKER

smok·y /ˈsməʊki/ *adj* **1** zadymiony: *a smoky room* **2** dymiący: *a smoky fire* **3** podwędzany: *smoky cheese*

smooth¹ /smuːð/ *adj* **1** gładki, równy: *a smooth road* **2** gładki: *smooth skin* | *smooth peanut butter* **3** łagodny, płynny: *Swing the racket in one smooth motion.* | *a smooth transition from school to university* —**smoothly** *adv* gładko —**smoothness** *n* [U] gładkość

smooth² *v* [T] wygładzać: *Tanya sat down, smoothing her skirt.* | *a face cream that smoothes your skin*

smoth·er /ˈsmʌðə/ *v* [T] **1** u/dusić: *She'd been smothered with a pillow.* **2** s/tłumić: *She tried hard to smother her anger.* **3** z/dusić, s/tłumić: *I threw a blanket down to smother the flames.*

smoul·der /ˈsməʊldə/ *BrE*, **smolder** *AmE* *v* [I] tlić się: *The factory is still smouldering after last night's blaze.*

smudge¹ /smʌdʒ/ *n* [C] smuga

smudge² *v* [I,T] rozmazywać (się): *Now look! You've smudged my drawing!*

smug /smʌg/ *adj* **-gger, -ggest** *disapproving* zadowolony z siebie: *a smug smile*

smug·gle /ˈsmʌgəl/ *v* [T] przemycać, prze/szmuglować: *cocaine smuggled from South America* —**smuggler** *n* [C] przemytni-k/czka —**smuggling** *n* [U] przemyt

snack /snæk/ *n* [C] przekąska

snack bar /ˈ. ./ *n* [C] bar szybkiej obsługi

snag /snæg/ *n* [C] *informal* problem: *The only snag is, I don't have enough money.*

snail /sneɪl/ *n* **1** [C] ślimak **2 at a snail's pace** w ślimaczym tempie → porównaj SLUG

snake /sneɪk/ *n* [C] wąż

snap¹ /snæp/ *v* **-pped, -pping** **1** [I,T] pękać, z/łamać (się): *Dry branches snapped under their feet.* | *He snapped the chalk in two* (=rozłamał kredę). **2** [I,T] zatrzaskiwać (się): **+ together/open/shut etc** *She snapped her briefcase shut.*

3 snap (at sb) warczeć (na kogoś): *There's no need to snap.* | *I'm sorry I snapped at you.* **4** [I] kłapać zębami: *The dog snapped at my ankles.* **5 snap your fingers** pstrykać palcami **6** [I] s/tracić panowanie nad sobą: *I don't know what happened – I guess I just snapped.* **7** [T] s/fotografować, z/robić zdjęcie

snap² *n* **1** [singular] trzask: *I heard a snap and then the tree just fell over.* **2** [C] zdjęcie, fotka

snap·shot /ˈsnæpʃɒt/ *n* [C] zdjęcie, fotka

snare /sneə/ *n* [C] sidła, wnyki

snarl /snɑːl/ *v* [I,T] warczeć, warknąć: *"Shut up!" he snarled.*

snatch¹ /snætʃ/ *v* [T] wyrwać, z/łapać: *The boy snatched her purse and ran.*

snatch² *n* **a snatch of conversation/song** urywek rozmowy/piosenki

sneak¹ /sniːk/ *v* **sneaked** *or* **snuck, sneaked** *or* **snuck, sneaking 1** [I] przemykać, wymykać się: *We managed to sneak past the guard.* **2** [T] przemycać: *I'll sneak some beer up to my room.* **3 sneak a look/glance at** spojrzeć ukradkiem na: *She sneaked a look at the open diary.*

sneak up *phr v* [I] podkradać się, zakradać się: **+ on/behind** *Don't sneak up on me like that!*

sneak² *n* [C] *BrE informal* skarżypyta

sneak·er /ˈsniːkə/ *n* [C] *especially AmE* tenisówka

sneak·y /ˈsniːki/ *adj* podstępny

sneer /snɪə/ *v* [I] drwić: *Ned always sneered at the type of people who went to the opera.*

sneeze /sniːz/ *v* [I] kichać: *The dust is making me sneeze!* —**sneeze** *n* [C] kichnięcie

sniff /snɪf/ *v* **1** [I] pociągać nosem: *The girl sitting behind me was coughing and sniffing.* **2** [T] wąchać, obwąchiwać: *"What's this?" he asked, sniffing it suspiciously.*

snip /snɪp/ *v* [I,T] **-pped, -pping** przeciąć, ciachnąć

snip·er /ˈsnaɪpə/ *n* [C] snajper

snip·pet /ˈsnɪpɪ̥t/ *n* [C] strzęp: *a snippet of information*

sniv·el /ˈsnɪvəl/ *v* [I] **-lled, -lling** *BrE,* **-led, -ling** *AmE* pochlipywać, mazgaić się —**snivelling** *adj*: *a snivelling little brat* (=mazgajowaty bachor)

snob /snɒb/ *n* [C] snob/ka —**snobbish** *adj* snobistyczny

snob·be·ry /ˈsnɒbəri/ *n* [U] snobizm

snoo·ker /ˈsnuːkə/ *n* [U] snooker (*rodzaj bilardu*)

snoop /snuːp/ *v* [I] węszyć, myszkować: *I caught her snooping around in my office.*

snoot·y /ˈsnuːti/ *adj* nadęty: *snooty neighbours*

snooze /snuːz/ *v* [I] *informal* drzemać: *Dad was snoozing in a deckchair.* —**snooze** *n* [C] drzemka: *I'm going to have a little snooze.*

snore /snɔː/ *v* [I] chrapać —**snore** *n* [C] chrapanie

snor·kel /ˈsnɔːkəl/ *n* [C] fajka (*do nurkowania*)

snort /snɔːt/ *v* [I,T] parskać, prychać: *"Don't be so ridiculous!" he snorted.*

snot·ty /ˈsnɒti/ *adj informal* **1** nadęty **2** zasmarkany

snout /snaʊt/ *n* [C] ryj, pysk

snow¹ /snəʊ/ *n* [U] śnieg

snow² *v* **1 it snows** pada śnieg: *Look, it's snowing!* | *It snowed throughout the night.* **2 snowed in** zasypany śniegiem: *We were snowed in for a week.* **3 snowed under (with sth)** zawalony pracą: *I'd love to come, but I'm totally snowed under.*

snow·ball /ˈsnəʊbɔːl/ *n* [C] śnieżka

snow·board·ing /ˈsnəʊˌbɔːdɪŋ/ *n* [U] snowboarding

snow·drift /ˈsnəʊdrɪft/ *n* [C] zaspa

snow·drop /ˈsnəʊdrɒp/ *n* [C] przebiśnieg

snow·fall /ˈsnəʊfɔːl/ *n* [C,U] opady śniegu: *Their average annual snowfall is 24 inches.*

snow·flake /ˈsnəʊfleɪk/ *n* [C] płatek śniegu

snow·man /ˈsnəʊmæn/ *n* [C] *plural* **snowmen** bałwan

snow·plough /ˈsnəʊplaʊ/ *BrE*, **snow-plow** *AmE n* [C] pług śnieżny

snow·shoe /ˈsnəʊʃuː/ *n* [C usually plural] rakieta śnieżna

snow·storm /ˈsnəʊstɔːm/ *n* [C] zamieć, śnieżyca

snow·y /ˈsnəʊi/ *adj* ośnieżony: *a dazzling snowy landscape*

snuck /snʌk/ *v* czas przeszły i imiesłów bierny od SNEAK

snuff /snʌf/ *n* [U] tabaka

snug /snʌg/ *adj* przytulny: *a snug little room*

so[1] /səʊ/ *adv* **1 so big/good** taki duży/dobry: *It was so embarrassing – everyone was looking at us!* | *She drives so fast* (=tak szybko)! | *I love you so* (=tak bardzo cię kocham). | *He was so fat that he couldn't get through the door.* (=że nie mógł przejść przez drzwi) | **so much/many** (=tyle): *I've never seen so many people in one place before!* **2** tak: *"Will you be coming to the party tonight?" "I think so* (=myślę, że tak)." | *"Will I need my coat?" "I don't think so* (=myślę, że nie)." | *Are you going into town? If so* (=jeśli tak), *can I come?* **3 I told you so/I said so** *spoken* a nie mówiłem? **4 so do I/so is he** ja/on też: *If you're going to have a drink then so will I* (=to ja też). | *Her father is a doctor, and so is mine* (=mój też). **5** więc: *So, what do you think of your new school?* **6** tak: *It was about so big.* | *Then you fold the paper like so* (=w ten sposób). **7 ten days/a year or so** jakieś dziesięć dni/jakiś rok: *He left week or so ago* (=jakiś tydzień temu). **8 and so on/forth** i tak dalej: *a room full of old furniture, paintings, and so forth* **9 so as to do sth** żeby coś zrobić: *Try to remain calm so as not to alarm anyone* (=żeby nikogo nie przestraszyć). **10 so?/so what?** i co z tego?, no to co?: *Yes, I'm late. So what?*

> UWAGA **so**
>
> Patrz **such** i **so**.

so[2] *conjunction* **1** więc: *I heard a noise so I got out of bed.* **2 so (that)** żeby, aby: *I put your keys in the drawer so they wouldn't get lost* (=żeby nie zginęły).

so[3] *adj* **it is (not) so** to (nie)prawda: *The newspapers claim that the exams are getting easier, but it just isn't so!*

soak /səʊk/ *v* [I,T] **1** na/moczyć (się): *Leave that dish in the sink to soak.* | *Soak the beans overnight.* **2** przesiąkać: *The rain had soaked through her jacket.*

soak sth ↔ **up** *phr v* [T] wchłaniać: *When you pour the milk into the dish, the bread will soak it up.*

soaked /səʊkt/ *adj* przemoczony: *I'm absolutely soaked.*

soak·ing /ˈsəʊkɪŋ/ *także* **soaking wet** *adj* przemoczony: *You're soaking! Come in and dry off.*

so-and-so /ˈ. . ˌ./ *n* [U] taki a taki: *They're always gossiping about so-and-so having an affair with so-and-so.*

soap[1] /səʊp/ *n* **1** [U] mydło: *a bar of soap* (=kostka mydła) **2** [C] *informal* telenowela

soap[2] *v* [T] na/mydlić

soap op·e·ra /ˈ. ˌ.../ *n* [C] telenowela

soap·y /ˈsəʊpi/ *adj* mydlany, namydlony: *soapy water*

soar /sɔː/ *v* [I] **1** wzrastać gwałtownie: *The temperature soared to 97°.* **2** wzbijać się, szybować: *birds soaring overhead* **3** wznosić się: *The cliffs soar 500 feet above the sea.*

sob /sɒb/ *v* [I] **-bbed, -bbing** szlochać —**sob** *n* [C] szloch

so·ber[1] /ˈsəʊbə/ *adj* **1** trzeźwy **2** poważny: *a sober and intelligent young man* **3** stonowany: *a sober grey suit* —**soberly** *adv* trzeźwo

sober[2] *v*

sober sb ↔ **up** *phr v* **1** [I] wy/trzeźwieć: *You'd better sober up before your wife sees you!* **2** [T] otrzeźwiać: *Some black coffee might sober you up.*

so-called /ˈ. ˌ.◂/ *adj* [only before noun] tak zwany: *The so-called expert turned out to be a research student.*

soc·cer /ˈsɒkə/ *n* [U] piłka nożna

so·cia·ble /ˈsəʊʃəbəl/ *adj* towarzyski ➡ antonim UNSOCIABLE

so·cial /ˈsəʊʃəl/ *adj* **1** społeczny: *social issues such as unemployment and homelessness* | *people from different social backgrounds* **2** towarzyski: *social events for employees* | **social life** (=życie towarzyskie): *College is great – the social life's brilliant!* —**socially** *adv* społecznie, towarzysko

so·cial·is·m /ˈsəʊʃəl-ɪzəm/ *n* [U] socjalizm —**socialist** *adj* socjalistyczny —**socialist** *n* [C] socjalist-a/ka

so·cial·ize /ˈsəʊʃəl-aɪz/ (*także* **-ise** *BrE*) *v* [I] udzielać się towarzysko: **socialize with** (=utrzymywać stosunki towarzyskie z): *We're colleagues, but I don't socialize with him.*

social sci·ence /ˌ.. ˈ../ *n* [C,U] nauki społeczne

social se·cu·ri·ty /ˌ.. .ˈ.../ *n* [U] **1** *BrE* zasiłek: **be on social security** (=być na zasiłku) **2** *AmE* ubezpieczenia społeczne

social stud·ies /ˈ.. ˌ../ *n* [plural] ➡ SOCIAL SCIENCE

social work·er /ˈ.. ˌ../ *n* [C] pracownik/ca opieki społecznej —**social work** *n* [U] opieka społeczna

so·ci·e·ty /səˈsaɪəti/ *n* **1** [C,U] społeczeństwo: *Britain is a multi-racial society.* | *problems affecting modern Western society* **2** [C] towarzystwo: *I joined the school film society.*

so·ci·ol·o·gy /ˌsəʊsiˈɒlədʒi/ *n* [U] socjologia —**sociologist** *n* [C] socjolog

sock /sɒk/ *n* [C usually plural] skarpeta, skarpetka: *a pair of socks*

sock·et /ˈsɒkət/ *n* [C] gniazdko (*elektryczne*)

so·da /ˈsəʊdə/ *n* [C,U] *także* **soda water** woda sodowa

so·di·um /ˈsəʊdiəm/ *n* [U] sód

so·fa /ˈsəʊfə/ *n* [C] kanapa

soft /sɒft/ *adj* **1** miękki: *a soft pillow* **2** gładki, delikatny: *soft skin* **3** cichy: *soft music* | *a soft voice* **4** stonowany: *Soft lighting is much more romantic.* **5** *informal* miękki, mało stanowczy: *The Governor does not want to seem soft on crime.* **6 have a soft spot for sb** mieć do kogoś słabość: *She's always had a soft spot for Grant.* —**softness** *n* [U] miękkość

soft-boiled /ˌ. ˈ.◂/ *adj* na miękko: *a soft-boiled egg*

soft drink /ˈ. ./ *n* [C] napój bezalkoholowy: *We serve cola and a range of other soft drinks.*

soft·en /ˈsɒfən/ *v* **1** [I] z/mięknąć: *Cook the onion until it has softened.* **2** [T] zmiękczać **3** [T] z/łagodzić: *The police seem to be softening their attitude towards drug users.* ➡ antonim HARDEN

soft·heart·ed /ˌsɒftˈhɑːtəd◂/ *adj* **be softhearted** mieć miękkie serce

soft·ly /ˈsɒftli/ *adv* **1** cicho: *She spoke softly, so that the baby did not wake.* **2** delikatnie: *He softly stroked her hands.*

soft·ware /ˈsɒftweə/ *n* [U] oprogramowanie, software: *word processing software* ➡ porównaj HARDWARE

sog·gy /ˈsɒgi/ *adj* rozmokły, rozmiękły: *The bottom of the pie has gone all soggy.*

soil[1] /sɔɪl/ *n* [C,U] ziemia, gleba: *plants that grow in sandy soil*

soil[2] *v* [T] *formal* po/brudzić, po/plamić: *Your shirt collar is badly soiled.* —**soiled** *adj* brudny

so·lar /ˈsəʊlə/ *adj* słoneczny: *solar energy* | *a solar eclipse* (=zaćmienie słońca)

solar pan·el /ˌ.. ˈ../ *n* [C] bateria słoneczna

solar sys·tem /ˈ.. ˌ../ *n* **the solar system** układ słoneczny

sold /səʊld/ *v* czas przeszły i imiesłów bierny od SELL

sol·dier /ˈsəʊldʒə/ *n* [C] żołnierz

sold-out /ˌ. ˈ.◂/ *adj* wyprzedany

sole[1] /səʊl/ *adj* **1** jedyny: *the sole survivor of the plane crash* **2** wyłączny: *sole ownership of the company*

sole[2] *n* **1** [C] podeszwa **2** [C,U] sola (*ryba*)

sole·ly /ˈsəʊl-li/ *adv* jedynie, wyłącznie: *Grants are awarded solely on the basis of need.*

S

sol·emn /ˈsɒləm/ *adj* **1** poważny: *a solemn expression* | *solemn music* **2** uroczysty, solenny: *a solemn promise* —**solemnly** *adv* z namaszczeniem

so·lic·i·tor /səˈlɪsətə/ *n* [C] *BrE* radca prawny, notariusz

sol·id[1] /ˈsɒləd/ *adj* **1** stały, twardy: *solid rock* | *The milk was frozen solid* (=zamarzło na kamień). **2** solidny: *a good, solid chair* **3 solid gold/silver** lite złoto/srebro: *a solid gold necklace* **4** [only before noun] konkretny: *Suspicions are no good – we need solid evidence.* **5** solidny, rzetelny: *a firm with a solid reputation*

solid[2] *n* [C] **1** ciało stałe **2** *technical* bryła → patrz też SOLIDS

sol·i·dar·i·ty /ˌsɒləˈdærəti/ *n* [U] solidarność: *We are striking to show solidarity with the nurses.*

so·lid·i·fy /səˈlɪdəfaɪ/ *v* [I] s/krzepnąć, s/tężeć: *The oil solidifies as it cools.*

S

sol·ids /ˈsɒlədz/ *n* [plural] pokarmy stałe: *The doctor says I can't eat solids for another week.*

so·lil·o·quy /səˈlɪləkwi/ *n* [C] monolog: *Hamlet's famous soliloquy*

sol·i·taire /ˌsɒləˈteə/ *n* [U] *AmE* pasjans

sol·i·ta·ry /ˈsɒlətəri/ *adj* samotny: *A solitary tree grew on the hilltop.* | *a long solitary walk*

sol·i·tude /ˈsɒlətjuːd/ *n* [U] samotność: *She spent the last years of her life living in solitude.*

so·lo[1] /ˈsəʊləʊ/ *adj* samotny: *his first solo flight* —**solo** *adv* solo, w pojedynkę: *Have you ever flown solo?*

solo[2] *n* [C] *plural* **solos** solo

so·lo·ist /ˈsəʊləʊəst/ *n* [C] solist-a/ka

sol·stice /ˈsɒlstəs/ *n* [C] przesilenie: *the summer solstice*

sol·u·ble /ˈsɒljəbəl/ *adj* rozpuszczalny

so·lu·tion /səˈluːʃən/ *n* [C] **1** rozwiązanie: *The only solution was to move into a quieter apartment.* | *The solution to the puzzle is on p.14.* **2** roztwór: *a weak sugar solution*

solve /sɒlv/ *v* [T] rozwiązywać: *The tax may be the only way to solve the city's budget crisis.* | **solve a crime/mystery/case** *one of the many cases that the police have been unable to solve*

sol·vent[1] /ˈsɒlvənt/ *adj* wypłacalny

solvent[2] *n* [C,U] rozpuszczalnik

som·bre /ˈsɒmbə/ *BrE*, **somber** *AmE* *adj* **1** ponury, posępny: *a sombre mood* **2** mroczny, ciemny: *a somber room*

some[1] /səm/ *quantifier* **1** trochę, parę, kilka: *Do you want some coffee?* | *I need to buy some new socks.* **2** niektórzy, niektóre: *Some guys at work have tickets to the Superbowl.* | *Some days, I just can't get out of bed.* **3** *informal* jakiś: *I read about it in some magazine.*

> UWAGA **some i any**
>
> Wyrazów **some**, **something** itp. można używać tylko w propozycjach, prośbach i innych pytaniach, w których oczekujemy pozytywnej reakcji: *Who'd like something to eat?* | *Could you give me some help, please?* | *Aren't there some letters to be posted?* W innych pytaniach używamy **any**, **anything** itp.: *Did you get any letters today?* | *Have you seen any good films recently?* Patrz też **certain** i **some**.

some[2] /sʌm/ *pron* **1** trochę, parę: *I've made a cake; would you like some?* **2** niektóre: *Some of the roads were closed because of snow.*

some[3] *adv* **1** około: *Some 700 homes were damaged by the storm.* **2 some more** jeszcze: *Would you like some more cake?* **3** *AmE spoken* trochę: *"Are you feeling better today?" "Some, I guess."*

some·bod·y /ˈsʌmbədi/ → SOMEONE

some·day /ˈsʌmdeɪ/ *adv* kiedyś, pewnego dnia: *Maybe someday I'll be rich!*

some·how /ˈsʌmhaʊ/ *adv* jakoś: *We'll get the money back somehow.* | *Somehow I don't trust him.* | **somehow or other** (=w ten czy inny sposób): *Maybe we could glue it together somehow or other.*

some·one /ˈsʌmwʌn/ *pron* ktoś: *Be careful! Someone could get hurt.* | **someone**

else (=ktoś inny): *"Does Mike still live here?" "No, someone else is renting it now."*

UWAGA **someone and I**
Patrz **I and someone** i **someone and I**.

some·place /ˈsʌmpleɪs/ *adv AmE* SOMEWHERE

som·er·sault /ˈsʌməsɔːlt/ *n* [C] fikołek, koziołek, salto —**somersault** *v* [I] prze/koziołkować

some·thing /ˈsʌmθɪŋ/ *pron* **1** coś: *There's something in my eye.* | *Would you like something to drink?* | *Sarah said something about a party.* | **something else** (=coś innego) | **do something (about)** *Can't you do something about that noise* (=zrobić coś z tym hałasem)? **2 something like 100/£40** około 100/40 funtów: *There are something like 3,000 homeless people in this city.* **3 have something to do with** mieć związek z: *High-fat diets may have something to do with the disease.* **4 or something** czy coś w tym rodzaju: *Maybe I cooked it too long or something.* | *She works in sales or something like that.* **5 that's something** *spoken* to już coś: *At least we've got some money left – that's something.*

some·time /ˈsʌmtaɪm/ *adv* kiedyś: *I'll call you sometime next week.*

some·times /ˈsʌmtaɪmz/ *adv* czasami, czasem: *Sometimes I don't get home until 9:00 at night.*

some·what /ˈsʌmwɒt/ *adv* nieco: *I was somewhat annoyed.*

some·where /ˈsʌmweə/ *także* **someplace** *AmE adv* **1** gdzieś, dokądś: *I think he wants you to drive him somewhere.* | *Let's find somewhere to eat* (=poszukajmy jakiejś restauracji). | **somewhere else** (=gdzieś indziej): *Go and play somewhere else – I'm trying to work.* **2 somewhere around/between** około: *A good CD player costs somewhere around $500.*

son /sʌn/ *n* **1** [C] syn: *Her son Sean was born in 1990.* **2** [singular] chłopcze: *What's your name, son?*

so·na·ta /səˈnɑːtə/ *n* [C] sonata

song /sɒŋ/ *n* **1** [C] piosenka, pieśń: *Turn up the radio, this is my favourite song.* **2** [C,U] śpiew: *the song of a blackbird*

song·writ·er /ˈsɒŋˌraɪtə/ *n* [C] autor/ka piosenek

son·ic /ˈsɒnɪk/ *adj technical* dźwiękowy

son-in-law /ˈ. . ˌ./ *n* [C] zięć

son·net /ˈsɒnǝ̇t/ *n* [C] sonet

soon /suːn/ *adv* **1** wkrótce, niebawem: *It will be dark soon.* | *They soon realized their mistake.* | **as soon as possible** (=jak najszybciej): *I'll get it fixed as soon as possible.* | **how soon** (=jak szybko): *How soon can you get here?* **2 as soon as** jak tylko, gdy tylko: *I came as soon as I heard the news.* **3 sooner or later** prędzej czy później: *He's bound to find out sooner or later.* **4 no sooner had ... than** ledwo ... gdy: *No sooner had I stepped in the shower than the phone rang* (=ledwo weszłam pod prysznic, gdy zadzwonił telefon). **5 I would sooner/I would just as soon (do sth)** wolałbym (coś zrobić): *I'd just as soon stay in and watch TV.*

soot /sʊt/ *n* [U] sadza

soothe /suːð/ *v* [T] **1** uspokajać: *School officials were trying to soothe anxious parents.* **2** z/łagodzić, u/koić: *a gel that soothes aching muscles* —**soothing** *adj* kojący: *gentle soothing music*

so·phis·ti·cat·ed /səˈfɪstǝ̇keɪtǝ̇d/ *adj* **1** wyrobiony: *a play that appeals to a sophisticated audience* **2** skomplikowany: *highly sophisticated weapons systems*

sop·o·rif·ic /ˌsɒpəˈrɪfɪk◂/ *adj formal* nasenny: *a soporific drug*

so·pra·no /səˈprɑːnəʊ/ *n* [C,U] sopran

sor·cer·er /ˈsɔːsərə/ *n* [C] czarnoksiężnik

sor·did /ˈsɔːdǝ̇d/ *adj* ohydny: *all the sordid details of the scandal*

sore /sɔː/ *adj* **1** bolesny, obolały: *I've got a sore throat* (=boli mnie gardło). **2 sore point/spot** czułe miejsce: *Don't mention marriage – it's a sore point with him.*

sor·row /ˈsɒrəʊ/ *n* [C,U] smutek, żal: *the joys and sorrows of family life*

sor·ry /ˈsɒri/ *adj* **1 sorry/I'm sorry** *spoken* **a)** przepraszam: *I'm sorry, I didn't mean to be rude.* | *Sorry, did I step on your foot?* | **+ about/for** (=za): *Sorry about all the mess!* | **+ (that)** *He's sorry that he couldn't come to your party.* | **sorry to do sth** *I'm sorry to bother you* (=przepraszam, że przeszkadzam), *but there's a call for you.* **b)** przykro mi: *"Can I borrow the car?" "Sorry, I'm using it myself."* | *I'm sorry, I think you're wrong.* **2 be/feel sorry for sb** współczuć komuś: *It's no use feeling sorry for yourself* (=nie ma co się nad sobą użalać) – *it's your own fault!* **3 be sorry (that)** żałować, że: *Dad's still sorry that he never joined the army.* **4** [only before noun] opłakany: **in a sorry state** (=w opłakanym stanie): *The cottage hadn't been lived in for years and was in a sorry state.* **5 sorry?** *especially BrE* słucham?: *Sorry? What did you say?*

S

UWAGA **I'm sorry**
Patrz **excuse me** i **I'm sorry**.

sort¹ /sɔːt/ *n* **1** [C] rodzaj: **+ of** *"What sort of flowers do you like best?" "Roses, I think."* | *On expeditions of this sort you have to be prepared for trouble.* | **all sorts of ...** (=najróżniejsze ...): *They sell all sorts of things.* **2 sort of** (tak) jakby, poniekąd: *It's sort of round and green, a bit like a lettuce.* | *"Were you disappointed?" "Well, sort of, but it didn't matter really."*

sort² *v* [T] po/segregować, po/sortować: *All the letters have to be sorted and delivered by Friday.*

sort sth ↔ **out** *phr v* [T] **1** u/porządkować: *This office is a mess – I must sort it out!* **2** rozwiązywać: *to sort out a problem*

SOS /ˌes əʊ ˈes/ *n* [singular] SOS

so-so /ˈ. ./ *adj, adv spoken* taki sobie, tak sobie: *"How was the meal?" "So-so."*

souf·flé /ˈsuːfleɪ/ *n* [C,U] suflet

sought-af·ter /ˈsɔːt ˌɑːftə/ *adj* poszukiwany: *Her paintings are highly sought-after nowadays.*

soul /səʊl/ *n* **1** [C] dusza: *She's dead, but her soul's in heaven.* | *Don't tell a soul* (=nie mów nikomu)! **2** *także* **soul music** [U] (muzyka) soul

sound¹ /saʊnd/ *n* **1** [C,U] dźwięk: *the sound of breaking glass* | *Turn the sound up on the TV.* **2 by the sound of it/things** *spoken* wygląda na to, że: *By the sound of it, he's being forced out of his job.*

sound² *v* [linking verb] **1** wydawać się: **+ (like)** *Your friend sounds like a nice guy* (=z tego co mówisz, twój przyjaciel to fajny facet). **2** [linking verb] sprawiać wrażenie: *You sound upset. Are you OK?* **3** [I] za/brzmieć, za/dźwięczeć: *The whistle sounded.*

sound out *phr v* [T] [**sound** sb/sth ↔ **out**] wysondować: *We've found a way of sounding out public opinion on the issue.*

sound³ *adj* **1** rozsądny: *Our helpline offers sound advice to new parents.* **2** pewny, bezpieczny: *a sound investment* **3** w dobrym stanie: *The roof leaks, but the floors are sound.* **4 of sound mind** *law* poczytalny → antonim UNSOUND, patrz też SOUNDLY

sound⁴ *adv* **be sound asleep** spać głęboko

sound bar·ri·er /ˈ. ˌ.../ *n* **the sound barrier** bariera dźwięku

sound ef·fects /ˈ. .ˌ./ *n* [plural] efekty dźwiękowe

sound·ly /ˈsaʊndli/ *adv* **sleep soundly** spać głęboko

sound·proof /ˈsaʊndpruːf/ *adj* dźwiękoszczelny

sound·track /ˈsaʊndtræk/ *n* [C] ścieżka dźwiękowa

soup /suːp/ *n* [C,U] zupa: *chicken noodle soup*

sour /saʊə/ *adj* **1** kwaśny: *sour green apples* **2** skwaśniały, zsiadły: *sour milk* | **go sour** *The milk has gone sour* (=skwaśniało). **3** skwaszony: *a sour expression*

source /sɔːs/ *n* [C] źródło: *Reliable sources say the company is going bankrupt.* | **+ of** *Tourism is the city's greatest source of income.* | *sources of energy* | *Engineers have found the source of the* *trouble.* | *Where is the source of the River Thames?*

south[1] /saʊθ/, **South** *n* [U singular] **1** południe: *Which way is south?* | *White sandy beaches lie to the south* (=na południu). **2 the south** południe, południowa część: *The south is much poorer than the north.* | *My uncle lives in the south of France.*

south[2] *adj* południowy: *the south wall of the building* | *south wind*

south[3] *adv* **1** na południe: *Go 5 miles south on the freeway.* | *20 miles south of London* (=na południe od Londynu) **2 down south** na południu: *They live down south, somewhere near Brighton.*

south·bound /ˈsaʊθbaʊnd/ *adj* w kierunku południowym: *southbound traffic*

south·east[1] /ˌsaʊθˈiːst◂/, **Southeast** *n* [U singular] południowy wschód —**southeastern** *adj* południowo-wschodni

southeast[2], **Southeast** *adj* południowo-wschodni: *a southeast wind*

southeast[3], **Southeast** *adv* na południowy wschód: *flying southeast*

south·er·ly /ˈsʌðəli/ *adj* południowy: *a ship on a southerly course* | *a southerly wind*

south·ern /ˈsʌðən/, **Southern** *adj* południowy: *southern New Mexico*

south·ern·er /ˈsʌðənə/, **Southerner** *n* [C] południowiec

south·ern·most /ˈsʌðənməʊst/ *adj* najbardziej wysunięty na południe: *the southernmost tip of the island*

South Pole /ˌ. ˈ./ *n* **the South Pole** biegun północny

south·ward /ˈsaʊθwəd/ **southwards** *adv* na południe

south·west /ˌsaʊθˈwest◂/, **Southwest** *n* [U singular] południowy zachód —**southwestern** *adj* południowo-zachodni

sou·ve·nir /ˌsuːvəˈnɪə/ *n* [C] pamiątka: **+ of** *a souvenir of New York*

sove·reign[1] /ˈsɒvrɪn/ *adj* suwerenny: *a sovereign country* —**sovereignty** *n* [U] suwerenność

sovereign[2] *n* [C] *formal* monarch-a/ini

So·vi·et /ˈsəʊviət, ˈsɒ-/ *adj* radziecki, sowiecki

sow[1] /səʊ/ *v* [I,T] **sowed, sown** /səʊn/ *or* **sowed, sowing** za/siać: *We sow the corn in the early spring.*

sow[2] /saʊ/ *n* [C] maciora, locha

soy·a bean /ˈsɔɪə biːn/ *także* **soy·bean** /ˈsɔɪbiːn/ *n* [C] soja

spa /spɑː/ *n* [C] uzdrowisko

space[1] /speɪs/ *n* **1** [U,C] miejsce: *Is there any more space in the basement?* | *There's not enough space in the computer's memory.* | *parking spaces* | *6,900 square feet of office space* **2** szpara, odstęp: *There's a space for it there – between the books.* **3** [U] kosmos, przestrzeń: *space exploration* **4 in/during/within the space of** w ciągu: *In the space of a few seconds it was done.*

> UWAGA **space**
>
> Patrz **place** i **room/space**.

space[2] *v* [T] rozmieszczać, rozstawiać: *Space the plants four feet apart.* —**spacing** *n* [U] odstęp

space·ship /ˈspeɪsˌʃɪp/, **space·craft** /ˈspeɪskrɑːft/ *n* [C] statek kosmiczny

spa·cious /ˈspeɪʃəs/ *adj* przestronny

spade /speɪd/ *n* [C] **1** łopata, szpadel **2 spades** piki: *the queen of spades* (=dama pikowa)

spa·ghet·ti /spəˈgeti/ *n* [U] spaghetti

span[1] /spæn/ *n* [C] **1** okres: *Most children have a short attention span.* | *The mayfly has a two-day life span.* | *Over a span of five years, they planted 10,000 new trees.* **2** rozpiętość: *a wing span of three feet*

span[2] *v* [T] **-nned, -nning 1** obejmować: *Mariani's career spanned 45 years.* **2** przecinać: *a bridge spanning the river*

span·iel /ˈspænjəl/ *n* [C] spaniel

spank /spæŋk/ *v* [T] dać klapsa —**spanking** *n* [C,U] lanie

span·ner /ˈspænə/ *n* [C] *BrE* klucz (płaski)

spare¹ /speə/ *adj* **1** zapasowy: *a spare key* | *spare parts* **2** wolny: *a spare bedroom* **3 spare time** czas wolny: *I play tennis in my spare time.*

spare² *v* [T] **1** użyczać: *Could you spare your car for a while?* **2 spare sb sth** oszczędzać komuś czegoś: *I was trying to spare you unnecessary work.* **3 to spare** w zapasie: *helpers with a few hours to spare each week* **4 Could you spare (me) ...?** *spoken* Czy mógłbyś mi poświęcić: *Could you spare me twenty minutes of your time?* **5 spare no expense** nie żałować pieniędzy, nie szczędzić kosztów: *We will spare no expense in buying new equipment.* **6** uratować: *The children's lives were spared.*

spar·ing·ly /ˈspeərɪŋli/ *adv* oszczędnie, z umiarem: *Apply this cream sparingly.* —**sparing** *adj* ostrożny, oszczędny: *Be sparing in the amount of salt you add.*

S

spark¹ /spɑːk/ *n* [C] **1** iskra **2** błysk, przebłysk: *a spark of intelligence* | *She saw a spark of hope in the little girl's eyes.*

spark² *v* **1** [T] *także* **spark off** wywoływać: *The speech sparked off riots throughout the city.* **2** [I] iskrzyć

spar·kle /ˈspɑːkəl/ *v* [I] mienić się, skrzyć się: *diamonds sparkling in the light* —**sparkle** *n* [C,U] połysk

spar·kler /ˈspɑːklə/ *n* [C] sztuczny ogień

spark plug /ˈ. ./ *n* [C] świeca zapłonowa

spar·row /ˈspærəʊ/ *n* [C] wróbel

sparse /spɑːs/ *adj* rzadki, skąpy: *sparse vegetation*

spar·tan /ˈspɑːtn/ *adj* spartański: *spartan living conditions*

spas·m /ˈspæzəm/ *n* [C,U] skurcz: *back spasms*

spat /spæt/ *v* czas przeszły i imiesłów bierny od SPIT

spat·ter /ˈspætə/ *v* [I,T] rozpryskiwać (się): *Rain began to spatter on the steps.*

spawn /spɔːn/ *n* [U] **1** ikra **2** skrzek

speak /spiːk/ *v* **spoke, spoken, speaking 1** [I] po/rozmawiać: **speak to sb** *Hello, can I speak to Mr. Sherwood please?* | **speak with sb** *We need to speak with you before you leave.* **2** [I] mówić: *Most children don't begin to speak until they are about a year old.* | **+ of/about** *He spoke about his love of acting.* **3** [T] mówić po: *My brother speaks English* (=mówi po angielsku). **4** [I] przemawiać: *I get so nervous if I have to speak in public.* **5** [I] *informal* rozmawiać: *I'm surprised she's still speaking to you after all you've done.* **6 be on speaking terms** rozmawiać ze sobą: *He hasn't been on speaking terms with his father for years* (=on i jego ojciec nie rozmawiają ze sobą od lat). **7 so to speak** *spoken* że tak powiem, że tak się wyrażę: *He found the problem in his own back yard, so to speak.* **8 speaking of ...** *spoken* skoro już mowa o ...: *Speaking of Jody, how is she?*

speak for sb/sth *phr v* [T] **1** mówić w imieniu: *I'm speaking for all of us in wishing you the best of luck.* **2 sth speaks for itself** coś mówi samo za siebie: *Our profits speak for themselves.*

speak out *phr v* [I] **speak out against** występować przeciw: *people speaking out against human rights abuses*

speak up *phr v* [I] **speak up!** *spoken* mów głośniej!: *Could you speak up please, I can't hear you.*

speak·er /ˈspiːkə/ *n* [C] **1** mówca: *Our speaker this evening is Professor Gill.* **2 English speaker/Polish speaker** mówiący po angielsku/polsku **3** głośnik

spear /spɪə/ *n* [C] włócznia, dzida

spear·mint /ˈspɪəmɪnt/ *n* [U] mięta kędzierzawa

spe·cial¹ /ˈspeʃəl/ *adj* specjalny, szczególny: *I want to go somewhere special for our anniversary.* | *a special friend* | *special facilities for language learners* | *We try to give special care to the youngest patients.*

special² *n* [C] **1** nadzwyczajne wydanie: *a two-hour TV special on the election* (=specjalny program poświęcony wyborom) **2** danie dnia: *today's sandwich special*

special ef·fects /ˌ.. .ˈ./ *n* [plural] efekty specjalne

spe·cial·ist /ˈspeʃəl$_ə^!$st/ *n* [C] specjalist-a/ka: *a heart specialist*

spe·ci·al·i·ty /ˌspeʃiˈæl$_ə^!$ti/ *BrE*, **special·ty** *especially AmE n* [C] specjalność: *His speciality is mid-19th century literature.* | *The grilled fish is their speciality.*

spe·cial·ize /ˈspeʃəlaɪz/ (*także* **-ise** *BrE*) *v* [I] specjalizować się: **+ in** *a lawyer who specializes in divorce* —**specialization** /ˌspeʃəlaɪˈzeɪʃən/ *n* [C,U] specjalizacja

spe·cial·ized /ˈspeʃəlaɪzd/ (*także* **-ised** *BrE*) *adj* wyspecjalizowany, specjalistyczny: *a job that requires specialized knowledge*

spe·cial·ly /ˈspeʃəli/ *adv* **1** specjalnie: *The plane is specially designed for speed.* | *I bought it specially for you.* **2** *spoken* szczególnie, wyjątkowo: *a specially gifted child* | *All the prices have been specially reduced.*

spe·cial·ty /ˈspeʃəlti/ *n* [C] *AmE* specjalność

spe·cies /ˈspiːʃiːz/ *n* [C] *plural* **species** gatunek: *This type of rattlesnake has been declared an endangered species* (=gatunek zagrożony wymarciem).

spe·cif·ic /sp$_ə^!$ˈsɪfɪk/ *adj* **1** specyficzny, poszczególny: *There are three specific types of treatment.* | *specific issues to discuss* **2** dokładny, ścisły: *Can you be more specific?*

spe·cif·ic·ally /sp$_ə^!$ˈsɪfɪkli/ *adv* **1** specjalnie: *a book written specifically for teenagers* **2** dokładnie: *I was told specifically to arrive ten minutes early.*

spe·ci·fi·ca·tion /ˌspes$_ə^!$f$_ə^!$ˈkeɪʃən/ *n* [C *usually plural*] wymóg, specyfikacja: *a rocket built to exact specifications*

spe·cif·ics /sp$_ə^!$ˈsɪfɪks/ *n* [*plural*] szczegóły, detale: *We can discuss the specifics of the deal later.*

spe·ci·fy /ˈspes$_ə^!$faɪ/ *v* [T] s/precyzować, wyszczególniać: *The plan didn't specify how the money should be spent.*

spe·ci·men /ˈspes$_ə^!$m$_ə^!$n/ *n* [C] **1** próbka: *a blood specimen* **2** okaz: *This specimen was found in northwestern China.*

specs /speks/ *n* [*plural*] *informal* okulary

spec·ta·cle /ˈspektəkəl/ *n* [C] widowisko: *a fascinating spectacle* | *the spectacle of the annual Thanksgiving parade*

spec·ta·cles /ˈspektəkəlz/ *n* [*plural*] *formal* okulary

spec·tac·u·lar /spekˈtækj$_ə^ʊ$lə/ *adj* okazały, widowiskowy, spektakularny: *a spectacular view of the Grand Canyon*

spec·ta·tor /spekˈteɪtə/ *n* [C] widz: *Over 50,000 spectators saw the final game.*

spec·tre /ˈspektə/ *BrE*, **specter** *AmE n* **1 the spectre of sth** widmo czegoś: *The spectre of war lingered over the talks.* **2** *literary* widmo, upiór

spec·trum /ˈspektrəm/ *n* [C] **1** widmo: *the full spectrum of colours of the rainbow* **2** spektrum: *The officials represent a wide spectrum of political opinion.*

spec·u·late /ˈspekj$_ə^ʊ$leɪt/ *v* **1** [I] spekulować: **+ on/about** *Police refuse to speculate on the murderer's motives.* **2** [I] grać na giełdzie —**speculator** *n* [C] spekulant/ka —**speculation** /ˌspekj$_ə^ʊ$ˈleɪʃən/ *n* [C,U] spekulacje, domysły

sped /sped/ *v* czas przeszły i imiesłów bierny od SPEED

speech /spiːtʃ/ *n* **1** [C] mowa, przemówienie: **give a speech** (=wygłaszać przemówienie): *The President gave a speech in Congress on the state of the nation.* | **make a speech** *My dad will make a short speech at the wedding.* **2** [U] mowa: *Her speech was slow and distinct.* **3 freedom of speech/free speech** wolność słowa

speech·less /ˈspiːtʃləs/ *adj* oniemiały: *Barry's answer left her speechless.*

speed[1] /spiːd/ *n* **1** [C,U] szybkość, prędkość: *The cyclists were riding at a speed of 35 mph.* | **at high speed** (=z dużą prędkością): *a car travelling at high speed* **2** [U] tempo: *the speed at which computers have changed modern life*

speed[2] *v* **sped** *or* **speeded, sped** *or* **speeded, speeding 1** [I] pędzić: *The train sped along.* **2 be speeding** jechać z nadmierną prędkością

speed up *phr v* [I,T] przyspieszać: *an*

S

attempt to speed up production at the factory

speed·boat /ˈspiːdbəʊt/ *n* [C] ślizgacz

speed·ing /ˈspiːdɪŋ/ *n* [U] przekroczenie dozwolonej prędkości, jazda z nadmierną prędkością: *I got a ticket for speeding.*

speed lim·it /ˈ. ˌ../ *n* [C] ograniczenie prędkości: *a 40 mph speed limit*

speed·om·e·ter /spɪˈdɒmɪ̈tə/ *n* [C] szybkościomierz, licznik

speed·y /ˈspiːdi/ *adj* szybki: *We hope you make a speedy recovery.* | *a speedy little car* —**speedily** *adv* szybko, pośpiesznie

spell[1] /spel/ *v* **spelled** *or* **spelt** *BrE*, **spelling** [I,T] prze/literować, pisać (się): *My last name is Haines, spelled H-A-I-N-E-S* (=pisze się H-A-I-N-E-S). | *How do you spell it* (=jak to się pisze)?

spell sth ↔ **out** *phr v* [T] szczegółowo wy/tłumaczyć: *Do I have to spell it out for you? John's seeing another girl.*

spell[2] *n* [C] zaklęcie: **cast a spell** (=rzucić czar): *The witches cast a spell on the young prince.* | **put a spell on sb** (=zaczarować kogoś): *A spell was put on her that made her sleep for 100 years.*

spell·ing /ˈspelɪŋ/ *n* **1** [U] ortografia: *His spelling has improved.* **2** [C] pisownia: *There are two different spellings for this word.*

spelt /spelt/ *especially BrE* czas przeszły i imiesłów bierny od SPELL

spend /spend/ *v* **spent, spent, spending** **1** [I,T] wydawać: *How much do you want to spend?* | **+ on** *I spent $40 on these shoes.* **2** [T] spędzać: *We spent the whole morning by the pool.* | *I need to spend more time with my family.*

spend·ing /ˈspendɪŋ/ *n* [U] wydatki: *a cut in public spending*

spent /spent/ *v* czas przeszły i imiesłów bierny od SPEND

sperm /spɜːm/ *n* **1** [C] *plural* **sperm** plemnik **2** [U] sperma, nasienie

sphere /sfɪə/ *n* [C] **1** kula: *The earth is a sphere.* **2** sfera: *He works mainly in the sphere of international banking.*

spher·i·cal /ˈsferɪkəl/ *adj* kulisty

sphinx /sfɪŋks/ *n* [C] sfinks

spice[1] /spaɪs/ *n* [C,U] przyprawa: *herbs and spices*

spice[2] *także* **spice up** *v* [T] przyprawiać

spic·y /ˈspaɪsi/ *adj* pikantny, ostry: *spicy meatballs*

spi·der /ˈspaɪdə/ *n* [C] pająk: *a spider's web*

spike /spaɪk/ *n* [C] kolec: *There are spikes along the top of the fence.* —**spiky** *adj* kolczasty

spill /spɪl/ *v* **spilled, spilled** *or* **spilt** *BrE*, **spilling** **1** [I,T] rozlać (się), wylać (się): *I spilled coffee on my shirt.* **2 spill the beans** *informal* wygadać się

spilt /spɪlt/ *v especially BrE* czas przeszły i imiesłów bierny od SPILL

spin[1] /spɪn/ *v* **spun, spun, spinning** **1** [I,T] obracać (się), wirować: *skaters spinning on the ice* | *He spun the coin on the table.* **2** [I,T] u/prząść **3** [T] od/wirować: *Let the washing spin before you put it out to dry.*

spin[2] *n* **1** [C] obrót, wirowanie: *The truck went into a spin.* **2** [C] *informal* przejażdżka: *Would you like to go for a spin?*

spin·ach /ˈspɪnɪdʒ/ *n* [U] szpinak

spinal cord /ˌ.. ˈ./ *n* [C] rdzeń kręgowy

spin dry·er /ˌ. ˈ../ *n* [C] *especially BrE* wirówka

spine /spaɪn/ *n* [C] **1** *także* **spinal col·umn** /ˈ.. ˌ../ kręgosłup **2** kolec: *cactus spines* **3** grzbiet: *the spine of a book*

spinning wheel /ˈ.. ./ *n* [C] kołowrotek

spin·ster /ˈspɪnstə/ *n* [C] *old-fashioned* stara panna

spi·ral /ˈspaɪrəl/ *n* [C] spirala —**spiral** *adj*: *a spiral staircase* (=schody kręcone)

spire /spaɪə/ *n* [C] iglica: *the spire of a church*

spir·it /ˈspɪrɪ̈t/ *n* **1** [C,U] duch, dusza: *I'm 85, but I still feel young in spirit.* **2** [C] duch: *evil spirits* | *the spirit of the dead man* **3** [U] odwaga: *I don't agree with her, but I admire her spirit.* **4** [singular] duch, nastrój: *There's a real spirit of cooperation*

S

between the two clubs. **5** [C usually plural] napój alkoholowy

spir·it·ed /ˈspɪrətəd/ *adj* żarliwy: *She made a spirited defense of the plan.*

spir·its /ˈspɪrəts/ *n* [plural] nastrój: *The children were in high spirits* (=były bardzo wesołe). | *His spirits rose* (=poprawił mu się nastrój).

spir·i·tu·al /ˈspɪrətʃuəl/ *adj* duchowy: *spiritual health and well-being*

spir·i·tual·is·m /ˈspɪrətʃʊlɪzəm/ *n* [C] spirytyzm

spit[1] /spɪt/ *v* **spat** *or* **spit** *AmE,* **spat, spitting 1** [I,T] pluć, spluwać: *He spat on the ground.* | **spit sth out** *He tasted the wine and then spat it out* (=wypluł). **2 spit it out** *spoken* no, powiedz wreszcie: *Tell me what you did – come on, spit it out.* **3 be the spitting image of sb** być podobnym do kogoś jak dwie krople wody

spit[2] *n* **1** [U] ślina **2** [C] rożen

spite[1] /spaɪt/ *n* **1 in spite of** mimo, pomimo: *She loved him in spite of the fact that he drank too much.* **2** [U] **out of spite** na złość: *Lola refused out of spite.*

spite[2] *v* [T] z/robić komuś na złość: *He's doing this just to spite me!*

spite·ful /ˈspaɪtfəl/ *adj* złośliwy

splash[1] /splæʃ/ *v* [I,T] chlapać (się): *He splashed some cold water on his face* (=ochlapał twarz zimną wodą). | *children splashing around in puddles*

splash[2] *n* [C] **1** plusk: *Jerry jumped into the water with a loud splash.* **2** plama: *splashes of paint on the floorboards* **3 a splash of colour** odrobina koloru

splat·ter /ˈsplætə/ *v* [I,T] rozbryzgiwać (się): *rain splattering against the window*

splay /spleɪ/ *także* **splay out** *v* [I,T] rozczapierzać (się): *She splayed out her fingers.*

splen·did /ˈsplendəd/ *adj* świetny, wspaniały: *a splendid vacation*

splen·dour /ˈsplendə/ *BrE,* **splendor** *AmE n* [U] wspaniałość: *the splendor of Yosemite Valley*

splint /splɪnt/ *n* [C] szyna (*chirurgiczna*)

splin·ter[1] /ˈsplɪntə/ *n* **1** [C] odłamek, drzazga: *splinters of glass* **2 splinter group/organization** odłam

splinter[2] *v* [I,T] rozłupywać (się), rozszczepiać (się)

split[1] /splɪt/ *v* **split, split, splitting 1** [I,T] *także* **split up** po/dzielić (się): *We'll split up into three work groups.* | *We decided to split the money between us.* | *a row that split the Catholic Church* **2** [I,T] pękać, rozdzierać (się): *His coat had split down the back.* **3 split hairs** dzielić włos na czworo

split up *phr v* [I] rozstawać się, rozchodzić się: *Eve's parents split up when she was three.*

split[2] *n* [C] **1** pęknięcie: *a split in the seam of her skirt* **2** rozłam: *a split in the Republican Party*

split sec·ond /ˌ. ˈ..◂/ *n* [C] **a split second** ułamek sekundy: *I only had a split second to decide.*

split·ting /ˈsplɪtɪŋ/ *adj* **sb has a splitting headache** głowa komuś pęka

spoil /spɔɪl/ *v* **spoiled** *or* **spoilt** /spɔɪlt/, **spoiling 1** [I,T] ze/psuć (się): *Don't let his bad mood spoil your evening.* | *The meat has spoiled.* **2** [T] rozpieszczać

> UWAGA **spoil**
> Patrz **destroy** i **spoil/ruin**.

spoiled /spɔɪld/ *także* **spoilt** /spɔɪlt/ *BrE adj* rozpieszczony: *a spoiled brat*

spoil·sport /ˈspɔɪlˌspɔːt/ *n* [C] *informal* **be a spoilsport** psuć innym zabawę: *Come on and play, don't be a spoilsport.*

spoke[1] /spəʊk/ *v* czas przeszły od SPEAK

spoke[2] *n* [C] szprycha

spok·en[1] /ˈspəʊkən/ *v* imiesłów bierny od SPEAK

spoken[2] *adj* mówiony: *spoken language*

spokes·per·son /ˈspəʊksˌpɜːsən/ **spokes·man** /ˈspəʊksmən/, **spokes·wom·an** /ˈspəʊksˌwʊmən/ *n* [C] rzeczni-k/czka: *a government spokesman*

sponge[1] /spʌndʒ/ *n* [C,U] gąbka

S

sponge² *v* **1** [T] *także* **sponge down** myć/ścierać gąbką **2** [I] **sponge off sb** *informal* pasożytować na kimś: *He's been sponging off his friends for years.*

sponge bag /'. ./ *n* [C] *BrE* kosmetyczka

sponge cake /'. ./ *n* [C,U] biszkopt

spong·y /'spʌndʒi/ *adj* gąbczasty: *spongy wet earth*

spon·sor¹ /'spɒnsə/ *v* [T] sponsorować: *The tournament is sponsored by a tobacco company.* | *a sponsored swim*

sponsor² *n* [C] sponsor/ka

spon·ta·ne·ous /spɒn'teɪniəs/ *adj* spontaniczny: *a spontaneous decision* —**spontaneously** *adv* spontanicznie —**spontaneity** /ˌspɒntə'niːəti, -'neɪ-/ *n* [U] spontaniczność

spook·y /'spuːki/ *adj informal* straszny: *a spooky old house*

spool /spuːl/ *n* [C] szpulka

spoon¹ /spuːn/ *n* [C] łyżka, łyżeczka

spoon² *v* [T] nakładać/nalewać łyżką: *Spoon the sauce over the fish.*

spoon·ful /'spuːnfʊl/ *n* [C] pełna łyż(ecz)ka: *a spoonful of sugar*

spo·rad·ic /spə'rædɪk/ *adj* sporadyczny: *sporadic outbreaks of fighting* —**sporadically** *adv* sporadycznie

sport /spɔːt/ *n* **1** [C,U] sport: *Tennis is my favourite sport.* | *Why is there so much sport on television?* **2 a sport** *także* **a good sport** równy gość

sport·ing /'spɔːtɪŋ/ *adj* [only before noun] sportowy: *sporting events*

sports /spɔːts/ *adj* [only before noun] sportowy: *a sports reporter* | *a sports club*

sports car /'. ./ *n* [C] samochód sportowy

sports cen·tre /'. ˌ../ *n* [C] *BrE* ośrodek sportowy

sports·man /'spɔːtsmən/ *n* [C] sportowiec

sports·man·like /'spɔːtsmənlaɪk/ *adj* sportowy: *sportsmanlike behaviour*

sports·man·ship /'spɔːtsmənʃɪp/ *n* [U] sportowe zachowanie

sports·wom·an /'spɔːtsˌwʊmən/ *n* [C] sportsmenka

sport·y /'spɔːti/ *adj BrE* wysportowany: *I'm not very sporty.*

spot¹ /spɒt/ *n* [C] **1** cętka, łatka: *a white dog with black spots* **2** miejsce: *a great spot for a picnic* | *This is the spot where the accident happened.* **3** plama: *grease spots* **4** *BrE* pryszcz, krosta: *Most teenagers get spots.* **5 on the spot a)** z miejsca: *Kim was offered the job on the spot.* **b)** na miejscu: *Our reporter is on the spot.* **6 advertising spot** blok reklamowy **7 a spot of sth** *BrE spoken* odrobina czegoś: *a spot of bother* (=mały kłopot) → patrz też SPOT ON

spot² *v* [T] **-tted, -tting** zauważyć: *A helicopter pilot spotted the wreckage.* | *His talent was spotted at an early age.*

spot check /ˌ. './ *n* [C] wyrywkowa kontrola: *Police are making spot checks on cars.*

spot·less /'spɒtləs/ *adj* nieskazitelny: *The kitchen was spotless.* —**spotlessly** *adv* nieskazitelnie: *Her house is always spotlessly clean.*

spot·light /'spɒtlaɪt/ *n* **1** [C] jupiter **2 be in/out of the spotlight** być/nie być w centrum zainteresowania: *She's never out of the media spotlight for long.*

spot on /ˌ. './ *adj* [not before noun] *BrE* bezbłędny: *Your calculations were spot on.*

spot·ted /'spɒtəd/ *adj* w kropki: *a red and white spotted dress*

spot·ty /'spɒti/ *adj* **1** *BrE* pryszczaty: *a spotty young man* **2** cętkowany, łaciaty: *a spotty dog*

spouse /spaʊs/ *n* [C] *formal* małżon-ek/ka

spout¹ /spaʊt/ *n* [C] dzióbek: *a teapot with a chipped spout*

spout² *v* [I,T] **1** tryskać, chlustać: *Blood spouted from her leg.* | *a whale spouting water* **2** *informal także* **spout off** przynudzać: *He's always spouting off about politics.*

sprain /spreɪn/ *v* [T] skręcić, zwichnąć: *Amy fell and sprained her ankle.* —**sprain** *n* [C] skręcenie, zwichnięcie: *a bad sprain*

sprang /spræŋ/ *v* czas przeszły od SPRING

sprawl /sprɔːl/ *v* [I] **1** *także* **sprawl out** rozwalać się: **+ in/on etc** *Ian was sprawled on the sofa.* **2** rozciągać się: *The city sprawls for miles in each direction.*

spray¹ /spreɪ/ *v* **1** [T] rozpylać, pryskać: *She sprayed some perfume on her wrists.* **2** [I] rozpryskiwać się: *The glass shattered and pieces sprayed everywhere.*

spray² *n* **1** [C,U] spray: *hair spray* **2** [U] pył wodny

spread¹ /spred/ *v* **spread, spread, spreading 1** [T] *także* **spread out** rozkładać: *Tracy spread the map on the floor.* | *He spread his arms wide.* | **spread sth over sth** *His books and papers were spread all over the table.* | *You can spread the payments over a year.* **2** [I] rozprzestrzeniać się: *Rain will spread throughout the area tonight.* **3** [T] roznosić: *Rats often spread disease.* **4** [T] nanosić: *Spread the remaining cream over the top of the cake.* **5** [I] rozchodzić się: *News of her arrest spread quickly.* **6** [T] rozpowszechniać: *She's been spreading lies about me.*

spread out *phr v* [I] rozdzielać się: *They spread out to search the forest.*

spread² *n* **1** [singular] rozprzestrzenianie się: **+ of** *the spread of disease* **2** [C,U] pasta: *cheese spread* **3** [C] rozkładówka: *a two-page spread about Jamaica* **4** [singular] rozpiętość: *the wide spread of ages in the class*

spread·sheet /ˈspredʃiːt/ *n* [C] arkusz kalkulacyjny

spree /spriː/ *n* [C] szaleństwo: *a shopping spree*

sprig /sprɪg/ *n* [C] gałązka: *a sprig of parsley*

spright·ly /ˈspraɪtli/ *adj* żwawy: *a sprightly old man*

spring¹ /sprɪŋ/ *v* **sprang, sprung, springing 1** [I] skakać: **+ out/at/back etc** *He turned off the alarm and sprang out of bed* (=wyskoczył z łóżka). | **spring open/shut** (=nagle się otworzyć/zamknąć): *The door sprang open.* **2 spring to mind** natychmiast przychodzić komuś do głowy: *Pam's name springs to mind as someone who could do the job.*

spring from sth *phr v* [T] wynikać z: *problems springing from childhood experiences*

spring sth **on** sb *phr v* [T] *informal* zaskakiwać kogoś jakąś nowiną: *I'm sorry to spring this on you, but my mother's coming tomorrow.*

spring up *phr v* [I] wyrastać jak grzyby po deszczu: *New houses sprang up along the river.*

spring² *n* **1** [C,U] wiosna: *spring flowers* **2** [C] źródło: *hot springs* **3** [C] sprężyna: *bed springs* **4** [C] skok: *The cat made a sudden spring at the mouse.*

spring·board /ˈsprɪŋbɔːd/ *n* [C] **1** odskocznia: *His TV appearance was a springboard to success.* **2** trampolina

spring-clean /ˌ. ˈ./ *n* [U] *także* **spring-cleaning** wiosenne porządki

spring on·ion /ˌ. ˈ../ *n* [C] *BrE* zielona cebulka

spring·time /ˈsprɪŋtaɪm/ *n* [U] wiosna

spring·y /ˈsprɪŋi/ *adj* sprężysty

sprin·kle /ˈsprɪŋkəl/ *v* **1** [T] skrapiać: *chips sprinkled with vinegar* **2** [T] posypywać: *spaghetti sprinkled with parmesan cheese* **3** [I] *AmE* kropić: *It was sprinkling when we left.*

sprin·kler /ˈsprɪŋklə/ *n* [C] spryskiwacz, zraszacz

sprint /sprɪnt/ *v* [I] po/biec sprintem: *He sprinted after the bus.* —**sprinter** *n* [C] sprinter/ka —**sprint** *n* [C] sprint

sprout¹ /spraʊt/ *v* **1** [I] wy/kiełkować **2** [T] wypuszczać (*pędy, listki itp.*)

sprout² *n* [C] **1** kiełek **2** *także* **brussels sprout** brukselka

spruce¹ /spruːs/ *n* [C,U] świerk

spruce² *v*

spruce up *phr v* [I,T **spruce** sb/sth **up**] *informal* wy/szykować (się): *I want to spruce up before dinner.*

sprung /sprʌŋ/ *v* imiesłów bierny od SPRING

S

spud /spʌd/ *n* [C] *informal* kartofel

spun /spʌn/ *v* czas przeszły i imiesłów bierny od SPIN

spur¹ /spɜː/ *n* **1** [C] ostroga **2 on the spur of the moment** pod wpływem impulsu: *We decided to go to Paris on the spur of the moment.*

spur² *v* [T] **-rred, -rring** *także* **spur on** zachęcać: *Her sister's success spurred her on to practise harder.*

spurt¹ /spɜːt/ *v* [I] tryskać: **+ from/out of etc** *Blood spurted from his arm.*

spurt² *n* [C] **1** struga: *Water was coming out in spurts* (=tryskała strugą). **2** zryw: *a growth spurt*

spy¹ /spaɪ/ *v* **1** [I] szpiegować **2 spy on sb** podglądać kogoś: *He's always spying on the neighbours.*

spy² *n* [C] szpieg

S

squab·ble /ˈskwɒbəl/ *v* [I] sprzeczać się: **+ about/over** *What are you two squabbling about now?* —**squabble** *n* [C] sprzeczka

squad /skwɒd/ *n* [C] oddział: *soldiers in the bomb squad*

squad·ron /ˈskwɒdrən/ *n* [C] dywizjon

squal·id /ˈskwɒlᵻd/ *adj* **1** nędzny: *squalid living conditions* **2** ohydny: *a squalid love affair*

squall /skwɔːl/ *n* [C] szkwał

squal·or /ˈskwɒlə/ *n* [U] nędza: *people living in squalor*

squan·der /ˈskwɒndə/ *v* [T] roz/trwonić: **squander sth on sth** *He squanders most of his wages on drink.*

square¹ /skweə/ *adj* **1** kwadratowy: *a square window* | *two square acres of land* | *a square jaw* **2 give sb a square deal** po/traktować kogoś uczciwie: *a car dealer that gives customers a square deal* **3 a square meal** solidny posiłek **4 be square** być kwita: *Here's your $20, so now we're square.*

square² *n* [C] **1** kwadrat: *Draw a square.* | *The square of 5 is 25.* **2** plac: *Trafalgar Square* **3 be back to square one** wrócić do punku wyjścia

square³ *v* [T] *technical* podnosić do kwadratu: *Three squared is nine.*

square up *phr v* [I] rozliczać się: *I'll get the drinks, and we can square up later.*

square with *phr v* [T] **square with sth** zgadzać się z czymś: *evidence that doesn't square with the facts*

square·ly /ˈskweəli/ *adv* **1** wprost: *The report puts the blame squarely on senior managers.* **2** *także* **square** prosto: *He looked her squarely in the eye.*

square root /ˌ. ˈ./ *n* [C] pierwiastek kwadratowy: *The square root of nine is three.*

squash¹ /skwɒʃ/ *v* **1** [T] zgniatać: *My hat got squashed on the flight.* **2** [I,T] s/tłoczyć (się): **+ into** *Seven of us squashed into the car.*

squash² *n* **1** [U] squash **2** [C,U] kabaczek **3** [U] *BrE* sok owocowy (*z koncentratu*)

squat¹ /skwɒt/ *v* [I] **-tted, -tting 1** *także* **squat down** przy/kucać: *He squatted down next to the child.* **2** mieszkać na dziko

squat² *adj* przysadzisty: *small squat houses*

squat·ter /ˈskwɒtə/ *n* [C] dzik-i/a lokator/ka

squawk /skwɔːk/ *v* [I] za/skrzeczeć

squeak /skwiːk/ *v* [I] **1** za/piszczeć: *The mouse squeaked.* **2** za/skrzypieć: *Is that your chair squeaking?* —**squeak** *n* [C] pisk, skrzypienie

squeak·y /ˈskwiːki/ *adj* piskliwy: *a squeaky voice*

squeal /skwiːl/ *v* [I] za/piszczeć: **+ with** *children squealing with excitement* —**squeal** *n* [C] pisk: *squeals of delight*

squeam·ish /ˈskwiːmɪʃ/ *adj* wrażliwy: *I couldn't be a nurse – I'm too squeamish.*

squeeze¹ /skwiːz/ *v* **1** [T] ściskać: *She squeezed Jim's arm affectionately.* **2** [T] wy/ciskać: *Squeeze some lemon juice onto the salad.* **3** [I,T] wciskać (się): **+ in/into/through etc** *Can you squeeze in next to Rick?*

squeeze² *n* [C] uścisk: *Laurie gave his hand a little squeeze.*

squelch /skweltʃ/ *v* [I] chlupać (*idąc po błocie*)

squig·gle /ˈskwɪɡəl/ *n* [C] zawijas

squint[1] /skwɪnt/ *v* [I] **1** mrużyć oczy: *He looked at me, squinting in the sun.* **2** zezować

squint[2] *n* [singular] zez: *a child with a squint*

squire /skwaɪə/ *n* [C] dziedzic

squirm /skwɜːm/ *v* [I] wiercić się: *Stop squirming so I can comb your hair!*

squir·rel /ˈskwɪrəl/ *n* [C] wiewiórka

squirt /skwɜːt/ *v* [I,T] tryskać, po/pryskać: *You need to squirt some oil onto the lock.* | **squirt sb/sth with sth** *He squirted me with water.*

St 1 skrót od STREET: *Oxford St* **2** skrót od SAINT: *St John's church*

stab[1] /stæb/ *v* **-bbed, -bbing 1** [T] dźgać: **stab sb in the arm/chest etc** *The man had been stabbed several times in the stomach.* **2 stab sb in the back** *informal* zadać komuś cios w plecy

stab[2] *n* **1** [C] dźgnięcie, pchnięcie nożem: *The victim had four stab wounds.* **2 have a stab at (doing) sth** *informal* s/próbować czegoś: *Anna encouraged me to have a stab at modelling.* **3 a stab of pain/regret** *literary* ukłucie bólu/żalu: *Monique felt a stab of regret.*

stab·bing[1] /ˈstæbɪŋ/ *n* [C] napad z nożem

stabbing[2] *adj* [only before noun] kłujący: *a stabbing pain*

sta·bil·i·ty /stəˈbɪləti/ *n* [U] stabilność, stabilizacja: *a long period of political stability* → antonim INSTABILITY

sta·bil·ize /ˈsteɪbəlaɪz/ (*także* **-ise** *BrE*) *v* [I,T] u/stabilizować (się): *The financial markets are finally stabilizing.* —**stabilization** /ˌsteɪbəlaɪˈzeɪʃən/ *n* [U] stabilizacja → antonim DESTABILIZE

sta·ble[1] /ˈsteɪbəl/ *adj* **1** stabilny: *mentally stable* | *The chair isn't stable.* **2** trwały: *a stable marriage* → antonim UNSTABLE

stable[2] *n* [C] stajnia

stack[1] /stæk/ *n* [C] **1** stos: *a stack of magazines* **2 stacks of sth** *BrE informal* kupa czegoś: *I've got stacks of work to do.*

stack[2] *v* [T] *także* **stack up** układać w stos: *Just stack the dishes in the sink.*

sta·di·um /ˈsteɪdiəm/ *n* [C] stadion: *a football stadium*

staff[1] /stɑːf/ *n* [U singular] personel: *The hotel staff were on strike.* | *The school's teaching staff* (=grono nauczycielskie) *is excellent.* | **member of staff** *Lisa's the only female member of staff.*

> UWAGA **staff**
>
> Rzeczownik **staff** w znaczeniu 'pracownicy' może występować z czasownikiem w liczbie pojedynczej albo mnogiej zarówno w angielszczyźnie brytyjskiej, jak i amerykańskiej: *The staff here is/are very professional.*

staff[2] *v* [T] obsadzać: *a hospital staffed by experienced nurses* —**staffing** *n* [U] kadrowy: *staffing cuts*

stag /stæɡ/ *n* [C] rogacz → **patrz też** STAG NIGHT

stage[1] /steɪdʒ/ *n* **1** [C] etap: *Children go through various stages of development.* | *At this stage, I'm not sure what the result will be.* **2** [C,U] scena: *Larry's always wanted to go on the stage* (=chciał zostać aktorem). | **on stage** *I get very nervous before I go on stage.*

stage[2] *v* [T] **1** wystawiać, za/inscenizować: *stage a play* **2** z/organizować: *They're staging a rock concert in the park.* —**staging** *n* [C,U] inscenizacja: *a staging of "Hamlet"*

stage·coach /ˈsteɪdʒkəʊtʃ/ *n* [C] dyliżans

stage fright /ˈ. ./ *n* [U] trema

stag·ger /ˈstæɡə/ *v* [I] zataczać się: **+ along/down etc** *Tom staggered drunkenly into the kitchen.*

stag·gered /ˈstæɡəd/ *adj* [not before noun] zaszokowany: *I was staggered by the size of the phone bill.*

stag·nant /ˈstæɡnənt/ *adj* **1** stojący: *stagnant water* **2** w zastoju: *Steel production has remained stagnant.*

stag·nate /stæɡˈneɪt/ *v* [I] trwać w

S

zastoju: *a stagnating economy* —**stagnation** *n* [U] zastój, stagnacja

stag night /'. ./ *n* [C] wieczór kawalerski

staid /steɪd/ *adj* stateczny: *a staid old bachelor*

stain[1] /steɪn/ *v* **1** [I,T] po/plamić (się): *The carpet stains easily.* | **+ with** *a tablecloth stained with wine* **2** [T] po/bejcować

stain[2] *n* **1** [C] plama: *coffee stains* **2** [C,U] bejca

stained glass /,. '.◂/ *n* [U] witraż

stainless steel /,.. './ *n* [U] stal nierdzewna

stair /steə/ *n* [C] stopień, schodek: *Jane sat on the bottom stair.*

stair·case /'steəkeɪs/ *także* **stair·way** /'steəweɪ/ *n* [C] klatka schodowa

stairs /steəz/ *n* [plural] schody: **up/down the stairs** *Kim ran up the stairs.* | **a flight of stairs** (=kondygnacja): *The office is up two flights of stairs.* ➡ patrz też DOWNSTAIRS, UPSTAIRS

stake[1] /steɪk/ *n* **1** [C] palik **2 be at stake** wchodzić w grę: *We need this contract – hundreds of jobs are at stake.* **3 a stake in sth** udział w czymś: *She has a 5% stake in the company.* **4** [C] stawka (*w zakładach*): *a £10 stake*

stake[2] *v* **1** [T] za/ryzykować: **stake sth on sth** *The president is staking his reputation on the peace plan.* **2 stake a claim to sth** rościć sobie prawo do czegoś

stakes /steɪks/ *n* [plural] stawka: *I don't think you should get involved – the stakes are too high.*

stale /steɪl/ *adj* nieświeży, czerstwy: *stale bread*

stale·mate /'steɪlmeɪt/ *n* [C,U] pat

stalk[1] /stɔːk/ *n* [C] łodyga

stalk[2] *v* [T] śledzić, podchodzić: *The hunter stalked the lion for two days.*

stall[1] /stɔːl/ *n* [C] stoisko, stragan: *a market stall*

stall[2] *v* **1** [I] z/gasnąć: *The car stalled at the junction.* **2** [I] *informal* grać na zwłokę: *Quit stalling and answer my question!*

stal·lion /'stæljən/ *n* [C] ogier

stalls /stɔːlz/ *n* [plural] **the stalls** parter (*w teatrze*)

stam·i·na /'stæmɪ̥nə/ *n* [U] wytrzymałość

stam·mer /'stæmə/ *v* **1** [I] jąkać się: *She stammers when she feels nervous.* **2** [T] wy/jąkać: *He stammered an excuse.* —**stammer** *n* [singular] jąkanie się: *She has a bad stammer.*

stamp[1] /stæmp/ *n* [C] **1** znaczek: *a twenty pence stamp* **2** pieczątka, stempel: *a stamp in my passport*

stamp[2] *v* **1** [I,T] ciężko stąpać: *Tony stamped upstairs.* | **stamp your feet** (=tupać): *She was stamping her feet to keep warm.* **2** [T] stemplować, pieczętować: *The date was stamped on the letter.*

stamp sth ↔ **out** *phr v* [T] wyplenić: *efforts to stamp out drug abuse*

stam·pede /stæm'piːd/ *n* [C] pęd na oślep: *a stampede to buy gold*

stance /stɑːns/ *n* [C] stanowisko: **+ on** (=w sprawie): *Senator, what is your stance on nuclear tests?*

stanch /stɑːntʃ/ amerykańska pisownia wyrazu STAUNCH

stand[1] /stænd/ *v* **stood, stood, standing 1** [I] stać: *Anna was standing in front of me.* | *Hundreds of people stood watching.* | *Few houses were left standing after the explosion.* | *Their house stood on a corner near the park.* | **stand still** (=stać nieruchomo): *Jo stood still and listened.* | **stand back/aside** (=odsunąć się): *A policeman told everyone to stand back.* **2** *także* **stand up** [I] wstawać: *Everybody stood up to applaud.* **3** [T] stawiać: *We stood the lamp in the corner.* **4 can't stand** *spoken* nie znosić: *Dave can't stand dogs.* | **can't stand (sb) doing sth** *I can't stand being late.* **5** [T] wytrzymywać, znosić: *She couldn't stand the pain any longer.* | *jeans that can stand the rough wear kids give them* | **stand (sb) doing sth** *How can she stand him treating her like that?* **6** [I] **stand at** wynosić: *The unemployment rate stands at 8%.* **7 stand a chance (of doing sth)** mieć szansę (na coś): *You don't stand a chance of going out* *with her.* **8 stand in the way** stać na przeszkodzie: *There are a few problems that stand in the way of the merger.* **9 you know where you stand** wiesz, na czym stoisz: *You never know where you stand with Debbie.* **10 stand on your own two feet** radzić sobie samemu: *It's about time you learned to stand on your own two feet.* **11** [I] kandydować: *He stood for parliament in 1959.* **12 stand sb a drink/meal** *spoken* postawić komuś drinka/obiad

stand by *phr v* **1** [T **stand by** sth] podtrzymywać: *I stand by what I said earlier.* **2** [T **stand by** sb] trwać przy: *Matt's parents have stood by him throughout his drug treatments.* **3** [I] być w pogotowiu: *Fire crews are now standing by.* **4** [I] stać bezczynnie: *People just stood by and watched him being attacked.*

stand down *phr v* [I] ustępować (*ze stanowiska*): *The chairman stood down last month.*

stand for sth *phr v* **1** [T] być skrótem od: *Jr. stands for 'junior'.* **2** [T] reprezentować (sobą): *I don't like her, or what she stands for.*

stand in *phr v* [I] **stand in for** zastępować: *Lyn stood in for me while I was ill.*

stand out *phr v* [I] **1** wyróżniać się: *Morrison stands out as the most experienced candidate.* **2** rzucać się w oczy: *She really stood out in her bright green dress.*

stand up *phr v* [T **stand** sb **up**] nie przyjść na umówione spotkanie z: *Tom stood me up last night.*

stand up for sb/sth *phr v* [T] ujmować się za: *Why didn't you stand up for me?*

stand up to sb *phr v* [T] stawić czoło: *He became a hero for standing up to the local gangs.*

stand[2] *n* [C] **1** stojak: *a music stand* (=stojak do nut) **2** stoisko: *a hotdog stand* **3** stanowisko: **take a stand** (=zająć stanowisko): *The prime minister took a firm stand on the issue of import controls.* **4** [C] trybuna

stan·dard[1] /ˈstændəd/ *n* [C] standard: *They don't seem to care much about standards.* | *By today's standards, I earned very little.* | **high/low standard** *a high standard of service* | **meet/reach a standard** *This work does not meet the standard required* (=nie jest na wymaganym poziomie). | **set a standard** *Mr Arnison sets very high standards for his students* (=stawia swoim studentom bardzo wysokie wymagania).

> UWAGA **standard**
>
> Patrz **level** i **standard**.

standard[2] *adj* standardowy: *Security checks are now standard procedure.*

stan·dard·ize /ˈstændədaɪz/ (*także* **-ise** *BrE*) *v* [T] ujednolicać, standaryzować: *standardized tests* —**standardization** /ˌstændədaɪˈzeɪʃən/ *n* [U] standaryzacja

standard of liv·ing /ˌ... ˈ../ *n* [C] stopa życiowa: *Japan has a very high standard of living.*

stand·by /ˈstændbaɪ/ *n* **1** [C] awaryjny: *a standby generator* **2 on standby** w pogotowiu: *The police have been kept on standby in case of trouble.*

stand-in /ˈ. ./ *n* [C] zastęp-ca/czyni

stand·ing[1] /ˈstændɪŋ/ *n* [U] pozycja: *the president's standing in the opinion polls*

standing[2] *adj* **1** stały: *a standing invitation* **2 standing ovation** owacja na stojąco

standing or·der /ˌ.. ˈ../ *n* [C] zlecenie stałe (*w banku*)

stand·point /ˈstændpɔɪnt/ *n* [C] punkt widzenia

stand·still /ˈstændˌstɪl/ *n* [singular] **come to a standstill** stawać, zamierać: *The whole city came to a complete standstill on the day of the funeral.*

stank /stæŋk/ *v* czas przeszły od STINK

sta·ple[1] /ˈsteɪpəl/ *n* [C] zszywka —**staple** *v* [T] zszywać

staple[2] *adj* **staple food** podstawowe pożywienie

sta·pler /ˈsteɪplə/ *n* [C] zszywacz

star[1] /stɑː/ *n* [C] **1** gwiazda: *The stars were shining brightly.* | *a movie star* | *pop stars* | *the star at the top of the Christmas tree* **2 two-star/four-star** dwu-/czterogwiazdkowy

star[2] *v* [I,T] **-rred, -rring** za/grać główną rolę w: *Clint Eastwood will star in a new thriller.* | *a movie starring* (=film, w którym główną rolę gra) *Bruce Willis*

star·board /ˈstɑːbəd/ *n* [U] prawa burta

starch /stɑːtʃ/ *n* **1** [C,U] skrobia **2** [U] krochmal

starch·y /ˈstɑːtʃi/ *adj* bogaty w skrobię: *starchy foods*

star·dom /ˈstɑːdəm/ *n* [U] gwiazdorstwo

stare /steə/ *v* [I] **stare at** wpatrywać się w, gapić się na: *Stop staring at me!* —**stare** *n* [C] spojrzenie: *She gave him a long hard stare.*

star·fish /ˈstɑːˌfɪʃ/ *n* [C] rozgwiazda

stark[1] /stɑːk/ *adj* surowy: *the stark beauty of the desert*

stark[2] *adv* **stark naked** zupełnie nagi

star·ry /ˈstɑːri/ *adj* gwiaździsty

starry-eyed /ˌ.. ˈ.◂/ *adj* naiwny: *a starry-eyed teenager*

star sign /ˈ. ./ *n* [C] znak Zodiaku: *"What star sign are you?" "I'm a Leo."*

star-stud·ded /ˈ. ˌ../ *adj* pełen gwiazd: *a star-studded cast*

start[1] /stɑːt/ *v* **1** [I,T] zaczynać (się): *The race starts in ten minutes.* | *The Red River starts in New Mexico.* | **start doing sth** *Have you started making dinner?* | **start to do sth** *It's starting to rain.* | **start sth** *When does she start college?* | **+ from** *Starting from tomorrow* (=począwszy od jutra), *we all have to be at work by 8.30.* **2** [T] s/powodować: *The fire was started by a loose wire.* **3** [T] *także* **start up** zakładać: *In 1996 the band started their own record company.* **4** [I,T] *także* **start up** uruchamiać: *It's often difficult to start the car when it's wet.* **5** [I] wzdrygać się **6 to start with** *spoken* **a)** po pierwsze: *"Why aren't you happy in your job?" "Well, to start with, I don't get enough money."* **b)** z początku: *I was nervous to start with, but later on I was fine.*

start off *phr v* **1** [I] zaczynać: *Let's start off by reviewing what we did last week.* **2** [T **start** sth ↔ **off**] zapoczątkowywać: *What first started off your interest in the theatre?*

start on sth *phr v* [T] zabierać się za: *I'd better start on the housework.*

start over *phr v* [I] *AmE* zaczynać wszystko od początku: *Coming back home was like a chance to start over.*

start[2] *n* **1** [C] początek: *Hurry, or we'll miss the start of the show.* | **from the start** *They've had problems from the start.* | **from start to finish** *It was a close race from start to finish.* | **get off to a good/bad start** *The year got off to a good start* (=rok dobrze się zaczął). **2 for a start** *spoken* po pierwsze: *I don't think she'll get the job. She's too young, for a start.* **3 the start** start

start·er /ˈstɑːtə/ *n* [C] *BrE* **1** przystawka **2** starter

star·tle /ˈstɑːtl/ *v* [T] wystraszyć: *Sorry, I didn't mean to startle you.* | *a startled expression* —**startling** *adj* zaskakujący

starv·a·tion /stɑːˈveɪʃən/ *n* [U] głód, śmierć głodowa

starve /stɑːv/ *v* **1** [I] głodować: *Thousands of people could starve to death.* | *starving refugees* **2** [T] za/głodzić

starved /stɑːvd/ *adj* **1 be starved of** *także* **be starved for** *AmE* odczuwać dotkliwy niedostatek: *The public health system has been starved of money.* **2** *AmE spoken* bardzo głodny

starv·ing /ˈstɑːvɪŋ/ *adj* **1** głodujący, umierający z głodu: *starving children* **2** *spoken także* **starved** *AmE* bardzo głodny: *Can we stop for lunch now? I'm absolutely starving.*

state[1] /steɪt/ *n* **1** [C] stan: *The economy is in a terrible state.* | *The driver was still in a state of shock.* **2** [C] *także* **State** stan: *the state of Oklahoma* **3** [U singular] państwo: *the power of the state* **4 state visit/ceremony** wizyta/uroczystość państwowa: *the president's state visit to*

Moscow **5** [C,U] *także* **State** państwo: *France and other European states* | **head of state** (=głowa państwa): *a meeting between heads of state* **6 in a state** *informal* roztrzęsiony → patrz też POLICE STATE, STATE OF AFFAIRS, STATE OF MIND

state² *v* [T] *formal* stwierdzać, oświadczać: **+ (that)** *The witness stated that he had never seen her before.*

state·ly /ˈsteɪtli/ *adj* okazały, majestatyczny: *a stately mansion*

state·ment /ˈsteɪtmənt/ *n* [C] **1** oświadczenie: *The company will make a statement* (=wyda oświadczenie) *about the accident later today.* **2** *także* **bank statement** wyciąg z konta

state of af·fairs /ˌ... ˈ./ *n* stan rzeczy

state of mind /ˌ.. ˈ./ *n* stan ducha

state-of-the-art /ˌ. . . ˈ.◂/ *adj* najnowocześniejszy: *state-of-the-art technology*

States /steɪts/ *n* **the States** *spoken* Stany

state school /ˈ. ˌ./ *n* [C] *BrE* szkoła państwowa

states·man /ˈsteɪtsmən/ *n* [C] mąż stanu

stat·ic¹ /ˈstætɪk/ *adj* statyczny, nieruchomy: *Prices have been fairly static.*

static² *n* [U] **1** *także* **static electricity** ładunek elektrostatyczny **2** zakłócenia (*w radiu itp.*)

sta·tion¹ /ˈsteɪʃən/ *n* [C] **1** dworzec: *I'll meet you at the station.* **2** stacja: *a country music station* | *a space station* **3** posterunek: *a police station*

station² *v* [T] **be stationed** stacjonować: *He was stationed in Germany.*

sta·tion·a·ry /ˈsteɪʃənəri/ *adj* nieruchomy: *a stationary vehicle*

sta·tion·er's /ˈsteɪʃənəz/ *n* [C] *BrE* sklep papierniczy

sta·tion·e·ry /ˈsteɪʃənəri/ *n* [U] materiały piśmienne

station wag·on /ˈ.. ˌ../ *n* [C] *AmE* kombi

stat·is·ti·cian /ˌstætəˈstɪʃən/ *n* [C] statystyk

sta·tis·tics /stəˈtɪstɪks/ *n* statystyka: *the latest crime statistics* —**statistical** *adj* statystyczny: *statistical analysis* —**statistically** *adv* statystycznie

stat·ue /ˈstætʃuː/ *n* [C] statua, posąg: *the Statue of Liberty*

stat·ure /ˈstætʃə/ *n* [U] *formal* **1** renoma: *a musician of great stature* **2** postura

sta·tus /ˈsteɪtəs/ *n* [U] status: *the status of women* | *marital status* (=stan cywilny) | *Teachers used to have a lot more status* (=mieli dużo wyższy status) *in those days.*

status quo /ˌsteɪtəs ˈkwəʊ/ **the status quo** status quo

status sym·bol /ˈ.. ˌ../ *n* [C] symbol statusu społecznego

stat·ute /ˈstætʃuːt/ *n* [C] *formal* ustawa

stat·u·to·ry /ˈstætʃʊtəri/ *adj formal* ustawowy: *statutory rights*

staunch¹ /stɔːntʃ/ *adj* zagorzały: *a staunch supporter*

staunch² *v* [T] za/tamować: *The nurse staunched the blood from the wound.*

stay¹ /steɪ/ *v* **1** [I] zostawać: *Can you stay here and look after my bags for me?* | *She's decided to stay in her present job.* **2** [T] pozostawać: *I tried to stay calm and not lose my temper.* **3** [I,T] przebywać: *How long are you staying in New York?* | **+ at** *They're staying at the Hilton* (=zatrzymali się w hotelu Hilton). | **stay with sb** *We've got some friends staying with us this weekend.* **4 stay put** *informal* nie ruszać się z miejsca

stay away from sb/sth *phr v* [T] trzymać się z daleka od: *Stay away from my husband!*

stay behind *phr v* [I] zostawać (*po lekcjach, po godzinach*): *I had to stay behind after school.*

stay in *phr v* [I] zostawać w domu: *Why don't we stay in and watch TV?*

stay on *phr v* [I] pozostać (*w tym samym miejscu pracy lub na studiach*): *Rachel is staying on for a fifth year in college.*

S

stay out *phr v* [I] przebywać poza domem: *She lets her children stay out till midnight.*

stay out of sth *phr v* [T] nie mieszać się do: *You stay out of this, Campbell!*

stay up *phr v* [I] nie pójść spać: *We stayed up to watch the late-night movie.*

stay² *n* [C] pobyt: *Did you enjoy your stay in Mexico?*

stead·fast /ˈstedfɑːst/ *adj literary* niezachwiany: *steadfast in your beliefs*

stead·y¹ /ˈstedi/ *adj* **1 be steady** nie chwiać się: *Keep the ladder steady.* **2** równomierny, miarowy: *a steady improvement* **3** stały: *a steady speed of 50 mph | a steady job | a steady girlfriend* —**steadily** *adv* równomiernie, miarowo

steady² *v* [T] **1** podtrzymać, podeprzeć: *He put out his hand to steady himself.* **2 steady your nerves** uspokoić się

S

steak /steɪk/ *n* [C,U] stek

steal /stiːl/ *v* **stole, stolen, stealing 1** [I,T] u/kraść: *Someone stole my passport. | a stolen car* **2** [I] skradać się

> **UWAGA steal i rob**
>
> Nie należy mylić wyrazów **steal** i **rob**. **Steal** (steal, stole, stolen) to 'kraść' pieniądze i inne wartościowe rzeczy, a **rob** to 'okradać' bank, sklep lub inne osoby: *Someone stole $250 from the office yesterday. | Mike's bike was stolen. | He was imprisoned for five years for robbing a bank. | We don't carry cash because we're afraid we'll get robbed.*

stealth /stelθ/ *n* [U] **by stealth** po kryjomu, ukradkiem —**stealthily** *adv* po kryjomu, ukradkiem: *moving stealthily* —**stealthy** *adj* ukradkowy

steam¹ /stiːm/ *n* **1** [U] para: *a steam engine* **2 let/work off steam** wyładowywać się: *I let off steam by shouting at the dog.* **3 sb runs out of steam** komuś brakuje energii: *He started off with enthusiasm, but now he's beginning to run out of steam.*

steam² *v* **1** [T] u/gotować na parze: *Steam the vegetables for five minutes.* **2** [I] parować: *a cup of steaming coffee*

steamed up /ˌ. ˈ.◂/ *adj* zaparowany: *My glasses were all steamed up.*

steam·er /ˈstiːmə/ *n* [C] parowiec

steam·roll·er /ˈstiːmˌrəʊlə/ *n* [C] walec parowy

steel /stiːl/ *n* [U] **1** stal **2 nerves of steel** stalowe nerwy

steel·works /ˈstiːlwɜːks/ *n* [C] stalownia

steep¹ /stiːp/ *adj* **1** stromy: *a steep hill* **2** gwałtowny: *a steep rise in prices* **3** *informal* wygórowany: *He's asking £500 for his old car, which I think is pretty steep.* —**steeply** *adv* stromo, gwałtownie

steep² *v* [T] **steeped in history/tradition** przesiąknięty historią/tradycją

stee·ple /ˈstiːpəl/ *n* [C] wieża strzelista

steer /stɪə/ *v* **1** [I,T] sterować: *I steered the boat out to sea.* **2** [T] s/kierować: *Helen tried to steer the conversation away from school.* **3** [T] po/prowadzić: *Bobby took my arm and steered me into the next room.* **4 steer clear of** *informal* trzymać się z daleka od

steer·ing /ˈstɪərɪŋ/ *n* [U] układ kierowniczy

steering wheel /ˈ.. ./ *n* [C] kierownica

stem¹ /stem/ *n* [C] **1** łodyga **2** nóżka (*kieliszka*)

stem² *v* [T] **-mmed, -mming** za/tamować: *How can we stem the bleeding?*

stem from sth *phr v* [T] mieć swoje źródło w: *The problem stems from poor management in the company.*

stench /stentʃ/ *n* [C] smród

step¹ /step/ *n* [C] **1** krok: *an important first step toward peace* | **take a step** (=zrobić krok): *He took a few steps forward and then stopped.* | **take steps** (=podejmować kroki): *We must take steps to make sure it never happens again.* **2** stopień: *Jenny waited on the church steps.* → patrz też FOOTSTEP, STEP-BY-STEP

step[2] *v* [I] **-pped, -pping 1** stąpać, kroczyć: **+ back/forward** *We all stepped back to let the doctor through.* **2** następować: *Sorry, I didn't mean to step on your foot.* **3 step out of line** wyłamywać się

step down/aside *phr v* [I] ustępować (*ze stanowiska*)

step forward *phr v* [I] zgłaszać się do pomocy: *Several volunteers have kindly stepped forward.*

step in *phr v* [I] wkraczać: *The referee stepped in and stopped the fight.*

step·broth·er /ˈstepˌbrʌðə/ *n* [C] przyrodni brat

step-by-step /ˌ.. ˈ.◂/ *adj* krok po kroku

step·child /ˈsteptʃaɪld/ *n* [C] pasierb/ica

step·daugh·ter /ˈstepˌdɔːtə/ *n* [C] pasierbica

step·fa·ther /ˈstepˌfɑːðə/ *n* [C] ojczym

step·lad·der /ˈstepˌlædə/ *n* [C] drabina (*składana*)

step·moth·er /ˈstepˌmʌðə/ *n* [C] macocha

step·ping-stone /ˈ.. ./ *n* [C] odskocznia: *a stepping-stone to a better job*

step·sis·ter /ˈstepˌsɪstə/ *n* [C] przyrodnia siostra

step·son /ˈstepsʌn/ *n* [C] pasierb

ster·e·o /ˈsteriəʊ/ *n* [C] **1** zestaw stereo **2 in stereo** (w) stereo

ster·e·o·type /ˈsteriətaɪp/ *n* [C] stereotyp —**stereotypical** /ˌsteriəˈtɪpɪkəl/ *adj* stereotypowy: *the stereotypical Englishman*

ster·ile /ˈsteraɪl/ *adj* **1** sterylny, wyjałowiony: *a sterile bandage* **2** jałowy: *sterile argument* **3** bezpłodny —**sterility** /stəˈrɪlәti/ *n* [U] bezpłodność

ster·il·ize /ˈsterәlaɪz/ (*także* **-ise** *BrE*) *v* [T] wy/sterylizować: *a sterilized needle* —**sterilization** /ˌsterәlaɪˈzeɪʃən/ *n* [C,U] sterylizacja

ster·ling /ˈstɜːlɪŋ/ *n* [U] funt szterling

stern[1] /stɜːn/ *adj* surowy: *a stern expression* —**sternly** *adv* surowo

stern[2] *n* [C] rufa

ste·roid /ˈstɪərɔɪd/ *n* [C] steryd

steth·o·scope /ˈsteθəskəʊp/ *n* [C] słuchawka lekarska

stew[1] /stjuː/ *n* [C,U] gulasz

stew[2] *v* [T] u/dusić: *stewed apples*

stew·ard /ˈstjuːəd/ *n* [C] steward

stew·ard·ess /ˈstjuːədәs/ *n* [C] stewardessa

stick[1] /stɪk/ *v* **stuck, stuck, sticking 1** [I,T] przy/kleić: *Did you remember to stick a stamp on the envelope?* **2** [T] *informal* położyć: *Just stick your coat on that chair.* **3** [T] wbijać: *The nurse stuck a needle in my arm.* **4** [I,T] zacinać się: *The door had stuck.* **5 stick your neck out** *informal* wychylać się: *I admire her for sticking her neck out and refusing to do what was expected.*

stick by sb/sth *phr v* [T] *informal* **1** pozostawać wiernym: *Laura has always stuck by me.* **2** trwać przy: *The paper is sticking by its original story.*

stick out *phr v* **1** [I] wystawać: *He's not very good-looking. His front teeth stick out.* **2** [T **stick** sth ↔ **out**] wystawiać: *Don't stick your tongue out at me!* **3 stick it out** *informal* wytrzymać do końca

stick to sth *phr v* [T] **1** trzymać się: *We decided to stick to our original plan.* **2** pozostawać przy: *If you're driving you'd better stick to soft drinks.*

stick together *phr v* [I] *informal* trzymać się razem

stick up *phr v* [I] sterczeć

stick up for sb *phr v* [T] *informal* stawać w obronie

stick with sb/sth *phr v* [T] trzymać się: *Let's just stick with the original plan.*

stick[2] *n* [C] **1** patyk, kij **2** kawałek: *a stick of chewing gum* ➡ patrz też **get (hold of) the wrong end of the stick** (WRONG[1])

stick·er /ˈstɪkə/ *n* [C] naklejka

stick·y /ˈstɪki/ *adj* **1** klejący, przylepny: *sticky tape* | *sticky labels* **2** lepki: *sticky candy* | *Your hands are all sticky.* **3** *informal* kłopotliwy: *a sticky situation*

stiff[1] /stɪf/ *adj* **1** sztywny: *stiff cardboard* | *a stiff smile* **2** surowy: *a stiff pen-*

alty **3** zacięty: *They had to face stiff competition from the Russian team.* **4 a stiff drink** mocny drink —**stiffly** *adv* sztywno —**stiffness** *n* [U] sztywność

stiff² *adv* **bored/scared stiff** *informal* śmiertelnie znudzony/przestraszony

stiff·en /ˈstɪfən/ *v* [I] ze/sztywnieć: *Harold stiffened, sensing danger.*

sti·fle /ˈstaɪfəl/ *v* [T] s/tłumić: *He tried to stifle a yawn.* | *Annette felt college was stifling her creativity.*

stif·ling /ˈstaɪflɪŋ/ *adj* duszący: *the stifling heat*

stig·ma /ˈstɪgmə/ *n* [U singular] piętno: *the stigma attached to mental illness* —**stigmatize** /ˈstɪgmətaɪz/ (*także* **-ise** *BrE*) *v* [T] napiętnować

sti·let·to /stəˈletəʊ/ *n* [C] szpilka (*but, obcas*)

still¹ /stɪl/ *adv* **1** ciągle, nadal: *Andy was still asleep.* | *I went back to my old school, and it still looks the same.* **2** jeszcze: *We could still catch the bus if we hurry.* **3** mimo to: *He injured his leg in practice, but he still won the race.* | *It hasn't been a very good day. Still, it could have been a lot worse.* **4 colder/better still** jeszcze zimniejszy/lepszy: *The first question was difficult, but the next one was harder still.*

UWAGA **still**
Patrz **yet** i **still**.

still² *adj* **1** nieruchomy: **keep/stay/stand still** *The children wouldn't keep still.* **2** cichy: *At that time of day, the forest was completely still.* **3** niegazowany: *still lemonade* —**stillness** *n* [U] bezruch

still·born /ˈstɪlbɔːn/ *adj* martwo urodzony

still life /ˌ. ˈ.◂/ *n* [C,U] *plural* **still lifes** martwa natura

stilt·ed /ˈstɪltəd/ *adj* sztywny (*o sposobie mówienia lub pisania*)

stilts /stɪlts/ *n* [plural] szczudła

stim·u·lant /ˈstɪmjələnt/ *n* [C] środek pobudzający: *Caffeine is a stimulant.*

stim·u·late /ˈstɪmjəleɪt/ *v* [T] **1** pobudzać: *The drug stimulates the flow of blood to the brain.* **2** stymulować —**stimulation** /ˌstɪmjəˈleɪʃən/ *n* [U] stymulacja

stim·u·lat·ing /ˈstɪmjəleɪtɪŋ/ *adj* stymulujący: *a stimulating conversation*

stim·u·lus /ˈstɪmjələs/ *n plural* **stimuli** /-laɪ/ bodziec: *visual stimuli* | *a stimulus to industrial development*

sting¹ /stɪŋ/ *v* **stung, stung, stinging 1** [T] kąsać, u/żądlić: *Jamie was stung by a bee.* **2** [I,T] szczypać, piec: *It stings if you get soap in your eyes.* **3 be stung by** być dotkniętym: *She felt stung by his reply.*

sting² *n* [C] **1** żądło: *Does a bee die when it loses its sting?* **2** ukąszenie, użądlenie: *a bee sting* **3** [singular] szczypanie, pieczenie

stin·gy /ˈstɪndʒi/ *adj* skąpy —**stinginess** *n* [U] skąpstwo

stink¹ /stɪŋk/ *v* [I] **stank, stunk, stinking** śmierdzieć: *The room stank of cigar smoke.*

stink² *n* [singular] smród

stint /stɪnt/ *n* [C] okres: *a five-year stint teaching English in Korea*

stir¹ /stɜː/ *v* **-rred, -rring 1** [T] za/mieszać: *Add milk, then stir for 5 minutes.* **2** [I,T] poruszyć (się): *Rachel stirred in her sleep.* **3** [T] wywoływać: *The music stirred memories of his childhood.*

stir sth ↔ **up** *phr v* [T] wzniecać: *Don't stir up trouble unnecessarily.*

stir² *n* [singular] **create/cause a stir** wywoływać poruszenie: *The movie caused quite a stir when it was first shown.*

stir-fry /ˈ. ./ *v* [T] smażyć (*krótko, w małej ilości oleju*)

stir·ring /ˈstɜːrɪŋ/ *adj* poruszający: *a stirring speech*

stir·rup /ˈstɪrəp/ *n* [C] strzemię

stitch¹ /stɪtʃ/ *n* **1** [C] ścieg: *a white tablecloth with blue stitches around the edges* **2** [C] szew: *Tony needed five stitches to his face.* **3** [C] oczko (*w robocie na drutach*) **4** [singular] kolka **5 be in stitches** pokładać się ze śmiechu: *Nancy kept us in stitches all evening.*

stitch[2] *v* [I,T] przy/szyć, z/szyć: *He had a scout badge stitched to his shirt.*
stitch sth ↔ **up** *phr v* [T] z/szyć

stock[1] /stɒk/ *n* **1** [C] *także* **stocks** [plural] zapas: *How long will the country's coal stocks last?* | **+ of** *She kept a stock of candles in the cupboard.* **2** [U] *także* **stocks** [plural] towar: *Hurry – buy now while stocks last!* | **be in stock** *Their new album is now in stock* (=jest do kupienia). **3** [C,U] papiery wartościowe, obligacje: *government stock* **4** [U] wywar: *chicken stock* **5 take stock (of sth)** dobrze się zastanowić (nad czymś): *We need to slow down a little and take stock.* **6 the stocks** dyby

stock[2] *v* [T] **1** mieć na składzie: *Do you stock camping equipment?* **2 well-stocked** dobrze zaopatrzony: *a well-stocked cocktail cabinet*
stock up *phr v* [I] z/robić zapasy: *The supermarket was full of people stocking up for the holidays.*

stock·brok·er /ˈstɒkˌbrəʊkə/ *n* [C] makler giełdowy

stock ex·change /ˈ. .ˌ./ *n* **the stock exchange** giełda papierów wartościowych

stock·ing /ˈstɒkɪŋ/ *n* [C] pończocha: *a pair of silk stockings*

stock mar·ket /ˈ. ˌ../ *n* [singular] **1** giełda papierów wartościowych **2** rynek papierów wartościowych

stock·tak·ing /ˈstɒkˌteɪkɪŋ/ *n* [U] *BrE* inwentaryzacja, remanent

stock·y /ˈstɒki/ *adj* krępy: *a stocky man*

sto·ic /ˈstəʊɪk/, **sto·i·cal** /ˈstəʊɪkəl/ *adj formal* stoicki: *a look of stoic resignation*

stole /stəʊl/ *v* czas przeszły od STEAL

sto·len /ˈstəʊlən/ *v* imiesłów bierny od STEAL

stol·id /ˈstɒlɪ̇d/ *adj* powściągliwy

stom·ach[1] /ˈstʌmək/ *n* [C] **1** żołądek: *My stomach hurts.* **2** brzuch: *She had a long scar across her stomach.*

stomach[2] *v* [T] **can't stomach sth** nie znosić czegoś: *He couldn't stomach the sight of blood.*

stom·ach-ache /ˈstʌmək-eɪk/ *n* [C] ból brzucha

stomp /stɒmp/ *v* [I] chodzić ciężko: *Henry was stomping around like an elephant.*

stone[1] /stəʊn/ *n* **1** [C,U] kamień: *stone benches* | *a wall made of stone* | *a gold-plated necklace with fake stones* **2** [C] *plural* **stone** *or* **stones** brytyjska jednostka wagi równa 6,35 kg: *His weight dropped to six stone.* **3** [C] *BrE* pestka: *cherry stones* **4 stone cold** lodowato zimny: *This coffee's stone cold!*

stone[2] *v* [T] u/kamienować

Stone Age /ˈ. ./ *n* **the Stone Age** epoka kamienna: *Stone Age man*

stoned /stəʊnd/ *adj informal* **1** urżnięty **2** naćpany

stone·ma·son /ˈstəʊnˌmeɪsən/ *n* [C] kamieniarz

ston·y /ˈstəʊni/ *adj* **1** kamienisty: *a stony path* **2** kamienny: *a stony silence*

stony-faced /ˌ.. ˈ.◂/ *adj* z kamienną twarzą

stood /stʊd/ *v* czas przeszły i imiesłów bierny od STAND

stool /stuːl/ *n* [C] **1** stołek, taboret: *a bar stool* | *a piano stool* **2** [usually plural] *technical* stolec

stoop /stuːp/ *v* [I] schylać się: *The teacher stooped to pick up a pencil.*
stoop to sth *phr v* [T] zniżać się do: *I wouldn't stoop to taking money from a little kid.*

stop[1] /stɒp/ *v* **-pped, -pping 1** [I,T] przestawać: *The baby's been crying all morning – I wish he'd stop!* | **stop doing sth** *Everyone stopped talking as soon as she came into the room.* | **stop it/that** *spoken* (=przestań): *Stop it! You're hurting me!* **2** [I] ustawać: *The rain has stopped.* **3** [I] zatrzymać się, stanąć: *The car stopped outside a big hotel.* | *What time do you want to stop?* | *My watch has stopped* (=stanął). | **+ at** *Does this train stop at Broxbourne?* | **stop to do sth** (=zatrzymać się, żeby coś zrobić): *We stopped to get some gas in Louisville.* **4** [T] przerywać: *The referee stopped the fight in the second*

S

round. **5** [T] powstrzymywać: *efforts to stop the spread of AIDS* | **stop sb (from) doing sth** *She can't stop me from leaving!* **6** [T] zatrzymywać: *Stop the car. I want to be sick!* | *How do you stop the motor?* | *A man stopped me in the street and asked for a light.* | *He's been stopped twice by the police for speeding.* **7 stop short of sth** w ostatniej chwili powstrzymać się od czegoś: *Tom stopped short of calling her a liar.* **8 sb will stop at nothing** ktoś nie cofnie się przed niczym **9 stop a cheque** wstrzymywać wypłatę czeku

stop by *phr v* [I] zajść na chwilę: *It was nice of Judy to stop by.*

stop off *phr v* [I] zatrzymać się po drodze: **+ at/in** *We stopped off at the supermarket on the way home.*

> UWAGA **stop**
>
> Nie mówi się "she stopped to cry". Mówi się **she stopped crying**. Nie mówi się też "stop someone to do something". Mówi się **stop someone doing something** i **stop someone from doing something.**

S

stop² *n* **1** [singular] **come to a stop** zatrzymać się: *The taxi came to a stop outside his house.* **2 put a stop to sth** kłaść/położyć czemuś kres: *Mrs Drayton put a stop to the gossip.* **3** [C] przystanek: *I get off at the next stop.* | *Our first stop is Brussels, and then we're going to Paris.*

stop·light /'stɒplaɪt/ *n* [C] *AmE* sygnalizacja świetlna, światła

stop·o·ver /'stɒpəʊvə/ *n* [C] przerwa w podróży: *a three-hour stopover in Atlanta*

stop·page /'stɒpɪdʒ/ *n* [C] przestój

stop·per /'stɒpə/ *n* [C] korek, zatyczka

stop·watch /'stɒpwɒtʃ/ *n* [C] stoper

stor·age /'stɔːrɪdʒ/ *n* [U] przechowywanie, magazynowanie: *There's plenty of storage space in the garage.* | **be in storage** (=być na przechowaniu): *The furniture is in storage until we find a new house.*

store¹ /stɔː/ *n* [C] **1** *especially AmE* sklep: *a book store* | *I'm going to the store to get some milk.* | *She works in a clothes store.* → patrz też DEPARTMENT STORE, CHAIN STORE **2** skład: **+ of** *secret stores of weapons* **3 be in store for sb** czekać kogoś: *There's a surprise in store for you tomorrow!*

store² *v* [T] *także* **store away** przechowywać: *All my old clothes are stored in the loft.* | *You can store your files on this disk.*

store·keep·er /'stɔːˌkiːpə/ *AmE n* [C] sklepika-rz/rka

store·room /'stɔːrʊm/ *n* [C] składnica

sto·rey /'stɔːri/ *BrE*, **story** *AmE n* [C] piętro: *a five-storey house*

stork /stɔːk/ *n* [C] bocian

storm¹ /stɔːm/ *n* [C] burza: *a snow storm* | *The mayor's speech caused a storm of protest among local people.*

storm² *v* **1** [T] szturmować: *Enemy troops stormed the city.* **2 storm out of/off** wypadać z furią: *She stormed out of the meeting.*

storm·y /'stɔːmi/ *adj* **1** burzowy: *stormy weather* | *a stormy day* **2** burzliwy: *a stormy relationship*

sto·ry /'stɔːri/ *n* [C] **1** opowiadanie, historyjka: *a book of short stories* | *the story of Cinderella* | *a ghost story* | *Do you believe his story?* | **tell/read sb a story** *Grandma used to tell us stories every night.* **2** relacja: *a front-page story in the New York Times* **3 it's a long story** *spoken* to długa historia: *It's a long story – I'll tell you later.* **4 to cut a long story short** *spoken* krótko mówiąc: *To cut a long story short, she's leaving him.*

stout¹ /staʊt/ *adj* **1** tęgi: *a stout middle-aged man* **2** solidny: *stout shoes*

stout² *n* [U] rodzaj piwa

stove /stəʊv/ *n* [C] **1** kuchenka: *She left a pan of milk on the stove and it boiled over.* **2** piec(yk)

stow /stəʊ/ *v* [T] *także* **stow** sth ↔ **away** s/chować: *Please stow all your bags under your seat.*

stow·a·way /'stəʊəweɪ/ *n* [C] pasażer/ka na gapę

strad·dle /'strædl/ *v* [T] **1** siedzieć okrakiem na: *He sat straddling the fence.*

2 rozciągać się po obu stronach: *The town straddles the River Oder.*

strag·gly /ˈstræɡəli/ *adj* rozwichrzony: *a straggly moustache*

straight¹ /streɪt/ *adj* **1** prosty: *a straight line* | *My sister has straight hair.* | *straight teeth* **2** jasny: *I wish you'd give me a straight answer.* **3** z rzędu, po kolei: *The Australian team won three straight victories.* **4** czysty: *a straight Scotch* **5 let's get this straight** *spoken* wyjaśnijmy to sobie: *Let's get this straight. You don't want us to get married?* **6 to keep a straight face** zachowywać powagę: *How did you manage to keep a straight face?*

straight² *adv* **1** prosto: **+ down/in front of/out etc** *The truck was coming straight towards me.* | *She kept staring straight ahead.* **2** *także* **straight away** od razu: *Why didn't you go straight to the police?* | *Come home straight after school.* **3 sit up/stand up straight** siedzieć/stać prosto

straight·en /ˈstreɪtn/ *v* [I,T] *także* **straighten out** wy/prostować (się): *He straightened his tie.*

straighten out *phr v* [T **straighten** sth ↔ **out**] wyjaśnić: *I'll talk to him and see if I can straighten things out.*

straighten up *phr v* [I] wy/prostować się

straight·for·ward /ˌstreɪtˈfɔːwəd◂/ *adj* **1** prosty: *The questions are fairly straightforward.* **2** prostolinijny: *Is he being straightforward?*

straight·jack·et /ˈstreɪtˌdʒækɪ̈t/ *n* [C] kaftan bezpieczeństwa

strain¹ /streɪn/ *n* **1** [C,U] stres: *He couldn't cope with the strain of being a teacher.* **2** [C usually singular] **put a strain on sb/sth** stawiać kogoś/coś w trudnej sytuacji: *The new taxation system has put a huge strain on small businesses.* **3** [U] napięcie: *The rope snapped under the strain.* **4** [C,U] nadwerężenie: *eye strain* **5** [C] szczep, odmiana: *a new strain of the virus*

strain² *v* **1** [T] nadwerężać: *Kevin strained a muscle in his neck.* | *The refugee crisis is straining the country's limited financial resources.* **2** [I,T] **strain to hear/see** wytężać słuch/wzrok: *She moved closer, straining to hear what they said.* **3** [T] s/powodować napięcie w: *It's one of the issues that is straining relations between the countries.* **4** [T] od/cedzić: *He strained the vegetables.*

strained /streɪnd/ *adj* **1** wymuszony: *a strained conversation* **2** napięty: *Relations between the couple became strained.*

strain·er /ˈstreɪnə/ *n* [C] cedzak, durszlak

strait /streɪt/ *n* [C usually plural] cieśnina: *the Straits of Gibraltar*

strait·jack·et /ˈstreɪtˌdʒækɪ̈t/ *n* [C] kaftan bezpieczeństwa

straits /streɪts/ *n* **in dire/desperate straits** w ciężkich tarapatach

strand /strænd/ *n* [C] **1** włókno: *Many strands are twisted together to form a rope.* **2** wątek

strand·ed /ˈstrændɪ̈d/ *adj* uziemiony: *I was stranded at the airport without any money.*

strange /streɪndʒ/ *adj* **1** dziwny: *I had a strange dream last night.* | *There was something strange about him.* | **+ that** *It's strange that Brad isn't here yet.* | **that's strange** *That's strange – I thought I left my keys on the table.* **2** obcy: *I was all alone in a strange country.* —**strangely** *adv* dziwnie: *She was looking at me very strangely.*

strang·er /ˈstreɪndʒə/ *n* [C] obcy, nieznajom-y/a: *Mom told us never to talk to strangers.*

stran·gle /ˈstræŋɡəl/ *v* [T] **1** u/dusić **2** s/tłamsić —**strangulation** /ˌstræŋɡjʊˈleɪʃən/ *n* [U] uduszenie

strap¹ /stræp/ *n* [C] pasek: *a watchstrap* | *The strap on her bag had broken.*

strap² *v* [T] **-pped, -pping** przypinać paskiem/paskami: *Make sure your backpack is strapped on tightly.*

stra·te·gic /strəˈtiːdʒɪk/ *adj* strategiczny: *The takeover is being seen as a strategic move by Microsoft.* | *strategic weapons* | *He placed himself in a strategic posi-*

tion next to the door. —**strategically** *adv* strategicznie

strat·e·gy /ˈstrætədʒi/ *n* [C,U] strategia: *the President's long-term economic strategy* | *an expert in military strategy*

straw /strɔː/ *n* **1** [U] słoma: *a straw hat* **2** [C] słomka **3 the last/final straw** kropla przepełniająca miarę

straw·ber·ry /ˈstrɔːbəri/ *n* [C] truskawka: *strawberries and cream*

stray[1] /streɪ/ *v* [I] zabłąkać się: *The kitten had strayed from its mother.*

stray[2] *adj* bezpański: *a stray dog*

stray[3] *n* [C] bezpańskie zwierzę

streak[1] /striːk/ *n* [C] **1** pasemko: *a few grey streaks in her hair* **2 a winning/losing streak** dobra/zła passa: *Our team was on a winning streak.*

streak[2] *v* [I] przemykać: *A fighter jet streaked across the sky.*

S

stream[1] /striːm/ *n* [C] **1** strumień, potok: *a mountain stream* | *a stream of questions* | *a stream of traffic* (=strumień pojazdów) **2** prąd: *a stream of warm air*

stream[2] *v* [I] płynąć: *Tears were streaming down his cheeks.* | *People streamed through the gates.*

stream·er /ˈstriːmə/ *n* [C] serpentyna: *We decorated the room with streamers.*

stream·line /ˈstriːmlaɪn/ *v* [T] **1** usprawniać: *The hospital has streamlined the paperwork for doctors.* **2** nadawać opływowy kształt: *streamlined trains*

street /striːt/ *n* [C] **1** ulica: *What street do you live on?* | *the corner of Main Street and 4th Avenue* **2 streets ahead** *BrE informal* o niebo lepszy **3 sth right up your street** *informal* coś w sam raz dla ciebie: *Tell Tim about the book – it's right up his street.* → patrz też **the man in the street** (MAN[1])

street·car /ˈstriːtkɑː/ *n* [C] *especially AmE* tramwaj

street light, **streetlight** *n* [C] latarnia uliczna

strength /streŋθ/ *n* **1** [U] siła: *I didn't have the strength to get up.* | *They pushed with all their strength.* | *The president was wrong to ignore the strength of feeling in the country over this issue.* | *strength of character* **2** [U] potęga: *US military strength* **3** [C] mocna strona: *His ambition is both a strength and a weakness.* **4** [C,U] moc: *high strength beers* **5** [U] siła nabywcza: *the strength of the dollar* **6 on the strength of sth** kierując się czymś: *We bought this car on the strength of his advice.* **7 at full strength/below strength** w pełnym/niepełnym składzie: *The French team are at full strength.* → porównaj WEAKNESS

strength·en /ˈstreŋθən/ *v* [I,T] wzmacniać (się): *an exercise to strengthen your arms* | *The new laws strengthened the position of women in the workplace.* → antonim WEAKEN

stren·u·ous /ˈstrenjuəs/ *adj* forsowny: *strenuous exercise* | *He made strenuous efforts to persuade them to change their minds.*

stress[1] /stres/ *n* **1** [C,U] stres: *Headaches are often caused by stress.* | **be under stress** (=przeżywać stres): *She's been under a lot of stress at work lately.* | **stresses and strains** (=stresy i napięcia): *the stresses and strains of modern life* **2** [C,U] nacisk: *rocks subjected to stress and high temperatures* | **lay stress on** (=za/akcentować): *In his report, he laid stress on the need for more training.* **3** [C,U] akcent: *The stress is on the last syllable.*

stress[2] *v* [T] **1** podkreślać: *She stressed the need for more money for the programme.* **2** [T] za/akcentować **3** [I] *AmE spoken* stresować się: *Terry's stressing about her interview tomorrow.*

stressed /strest/ *także* **stressed out** /ˌ. ˈ.◂/ *adj* zestresowany: *You look really stressed out. What's the matter?*

stress·ful /ˈstresfəl/ *adj* stresujący: *a stressful job* | *Teaching can be very stressful.*

stretch[1] /stretʃ/ *v* **1** [I,T] rozciągać (się): *Don't worry if the shoes feel a bit tight, they'll soon stretch.* | *Stretch the canvas so that it covers the whole frame.* | *The project will probably stretch into next year.* | *We can* *stretch a rope between two trees.* **2** [I] przeciągać się: *Carl sat up in bed, yawned and stretched.* **3** [I] ciągnąć się: *The desert stretched to the horizon.* **4 stretch sth to the limit** wykorzystywać coś do maksimum: *Our resources are already stretched to the limit.* **5 stretch your legs** *informal* rozprostować kości

stretch out *phr v* **1** [I] *informal* wyciągać się: *I think I'll stretch out on the couch for a while.* **2** [T] wyciągać: *He stretched out his arms to try and reach the branch.*

stretch[2] *n* [C] **1** odcinek: *a dangerous stretch of road* **2** okres: **at a stretch** (=bez przerwy): *During the summer we worked twelve hours at a stretch.* **3** ćwiczenie rozciągające: *The ski instructor showed us some special stretches.*

stretch·er /ˈstretʃə/ *n* [C] nosze

strict /strɪkt/ *adj* **1** surowy: *Her parents are very strict.* **2** ścisły: *I have strict instructions not to let you leave the building.* | *It's not a restaurant in the strictest sense of the word – it's more like a cafe.* | *a strict vegetarian*

strict·ly /ˈstrɪktli/ *adv* **1** dokładnie: *That is not strictly true.* | **strictly speaking** (=ściśle mówiąc): *Strictly speaking, a spider is not an insect.* **2** wyłącznie: *She says she drinks wine strictly for health reasons.* **3 strictly prohibited/forbidden** surowo wzbroniony: *Smoking is strictly forbidden throughout the building* (=na terenie budynku obowiązuje ścisły zakaz palenia).

stride[1] /straɪd/ *v* [I] **strode, stridden** /ˈstrɪdn/, **striding** kroczyć: *He strode across the room.*

stride[2] *n* [C] **1** krok **2 make great strides** z/robić wielkie postępy: *The city has made great strides in cleaning up its streets.* **3 take sth in your stride** podchodzić do czegoś ze spokojem

stri·dent /ˈstraɪdənt/ *adj* ostry: *a strident critic of the reforms* | *the teacher's strident voice*

strife /straɪf/ *n* [U] *formal* spór

strike[1] /straɪk/ *v* **struck, struck, striking** **1** [T] uderzać: *He was struck on the head by a falling rock.* | *The car struck a tree.* | *She struck him across the face.* | *Lightning rarely strikes the same place twice.* | **it strikes sb (that)** (=uderza kogoś, że): *It suddenly struck me that he might be lying.* | **sb is struck by sth** (=kogoś uderza coś): *I was struck by her honesty.* **2** z/robić wrażenie: **strike sb as sth** *He strikes me as being very intelligent* (=robi wrażenie bardzo inteligentnego). **3** [I] strajkować: **+ for** (=na rzecz): *They're striking for a shorter working week.* **4** [I] za/atakować: *The police are waiting for the killer to strike again.* **5** [T] nawiedzać: *The town was struck by an earthquake.* **6 strike a balance** zachowywać odpowiednie proporcje: *It's never easy to strike a balance between work and family.* **7 strike a deal** pójść na układ: *The dispute ended when the company struck a deal with the union.* **8 strike a match** zapalać zapałkę **9 strike oil/gold** natrafiać na ropę/złoto **10** [I,T] wybijać: *The clock struck four* (=wybił godzinę czwartą).

strike back *phr v* [I] kontratakować

strike out *phr v* **1** [T **strike** sth ↔ **out**] wykreślać, skreślać **2** [I] wyruszać: **+ for** *They struck out for the coast.* **3 strike out on your own** uniezależniać się

strike up *phr v* [T] **1 strike up a conversation/friendship** nawiązywać rozmowę/znajomość **2** [T] zaczynać grać: *The band struck up an Irish tune.*

strike[2] *n* [C] **1** strajk: **go on strike** (=zastrajkować): *The union decided to go on strike.* **2** atak: *threats of an air strike*

strik·er /ˈstraɪkə/ *n* [C] **1** strajkujący **2** napastni-k/czka

strik·ing /ˈstraɪkɪŋ/ *adj* uderzający: *There's a striking similarity between the two girls.* | *a man with striking good looks* (=uderzająco piękny mężczyzna)

string[1] /strɪŋ/ *n* **1** [C,U] sznurek: *The package was tied up with string.* **2** [C] sznur: *a string of onions* | *a string of beads* **3 a string of sth** szereg czegoś:

The police asked me a string of questions. **4** [C] struna **5 (with) no strings attached** bez żadnych zobowiązań: *He asked me to go to Vegas with him – with no strings attached.* ➡ patrz też STRINGS, **pull strings** (PULL[1])

string[2] *v* [T] **strung, strung, stringing** z/wiązać: *Dad was busy stringing up the Christmas lights.*

strin·gent /ˈstrɪndʒənt/ *adj* surowy: *stringent laboratory conditions*

strings /strɪŋz/ *n* **the strings** [plural] smyczki

strip[1] /strɪp/ *v* **-pped, -pping 1** [I,T] *także* **strip off** rozbierać (się): *He stripped and got into the shower.* **2** [T] *także* **strip off** zdzierać: *It took all day to strip the paint off the walls.* **3 strip sb of sth** pozbawić kogoś czegoś

strip[2] *n* [C] **1** pasek: *Tear the paper into one-inch strips.* **2** pas: *a strip of sand*

stripe /straɪp/ *n* [C] pasek: *a shirt with blue and red stripes*

striped /straɪpt/ *adj* w paski: *a blue and white striped shirt*

strip·ey /ˈstraɪpi/ *adj BrE* w paski

strip·per /ˈstrɪpə/ *n* [C] striptizerka

strip·tease /ˈstrɪptiːz/ *n* [C,U] striptiz

strip·y /ˈstraɪpi/ *także* **stripey** *adj* w paski: *stripy socks*

strive /straɪv/ *v* [I] **strove, striven** /ˈstrɪvən/, **striving** *formal* **strive for** dążyć do: *Ross is constantly striving for perfection.*

strode /strəʊd/ *v* czas przeszły od STRIDE

stroke[1] /strəʊk/ *n* **1** [C] wylew, udar: *Since Tom had a stroke he's had trouble talking.* **2** [C,U] styl (*pływacki*): *back stroke* (=grzbietowy) **3 stroke of luck** uśmiech losu: *By some stroke of luck, we got the last hotel room.* **4** [C] pociągnięcie (*pędzlem*) **5 not do a stroke (of work)** *informal* nie kiwnąć palcem **6 at a stroke/at one stroke** za jednym zamachem: *The problem was solved at a stroke.*

stroke[2] *v* [T] po/głaskać: *She stroked the baby's face.*

stroll /strəʊl/ *v* [I] spacerować, przechadzać się: *We strolled along the beach.* —**stroll** *n* [C] spacer, przechadzka

stroll·er /ˈstrəʊlə/ *n* [C] *AmE* spacerówka

strong /strɒŋ/ *adj* **1** silny: *It took four strong men to lift the piano.* | *strong hands* | *strong leadership* | *a strong army* | *Lewis had a strong belief in God.* | *a strong temptation* | *a strong smell of gas* | *A strong bond developed between the two men.* **2** mocny: *a strong rope* | *The bags are made of strong black plastic.* | *strong coffee* | *strong liquor* **3** przekonujący: *There's strong evidence to suggest Bentley was innocent.* **4 a strong chance/probability** duże prawdopodobieństwo: *There's a strong possibility that the US will attack.* **5 strong language** mocny język **6 strong point** mocna strona: *Tact was never her strong point.* **7 be 500/10,000 strong** liczyć 500/10.000 osób: *The crowd was over 100,000 strong.* **8 be still going strong** świetnie się trzymać: *The Rolling Stones are still going strong.* ➡ patrz też STRENGTH

strong·ly /ˈstrɒŋli/ *adv* **1** mocno **2** silnie: *The house smelled strongly of gas.* **3** zdecydowanie: *I strongly advise you to get more facts before deciding.*

strove /strəʊv/ czas przeszły od STRIVE

struck /strʌk/ *v* czas przeszły od STRIKE

struc·tur·al /ˈstrʌktʃərəl/ *adj* strukturalny: *structural changes in the economy*

struc·ture[1] /ˈstrʌktʃə/ *n* **1** [C,U] struktura: *the structure of society* | *molecular structure* **2** [C] konstrukcja: *a huge steel structure*

structure[2] *v* [T] konstruować: *Students learn how to structure their essays.*

strug·gle[1] /ˈstrʌgəl/ *v* [I] walczyć, zmagać się: *He struggled up the stairs* (=z trudem wszedł po schodach) *with the luggage.* | **struggle to do sth** *After Hal lost his job we had to struggle to pay the bills.* | **+ with** *She struggled with the man and screamed for help.*

struggle on *phr v* [I] nie przestawać walczyć

struggle[2] *n* [C] **1** walka: *Nelson Mandela's struggle for freedom* **2** bójka

strum /strʌm/ *v* [I,T] **-mmed, -mming** brzdąkać (na)

strung /strʌŋ/ czas przeszły i imiesłów bierny od STRING

strut /strʌt/ *v* [I] kroczyć dumnie jak paw

stub[1] /stʌb/ *n* [C] niedopałek

stub[2] *v* [T] **-bbing, -bbed; stub your toe** uderzyć się w palec u nogi

stub sth ↔ **out** *phr v* [T] z/gasić (*papierosa*)

stub·ble /ˈstʌbəl/ *n* [U] **1** szczecina (*zarost*) **2** ściernisko

stub·born /ˈstʌbən/ *adj* uparty: *a stubborn woman* —**stubbornly** *adv* uparcie —**stubbornness** *n* [U] upór

stuck[1] /stʌk/ *v* czas przeszły i imiesłów bierny od STICK

stuck[2] *adj* [not before noun] **1** zablokowany: **get stuck** (=utknąć): *Our car got stuck in the mud.* **2 be stuck** utknąć: *Can you help me with this? I'm stuck.* **3** uwiązany: *It's horrible being stuck in a classroom when the weather's so nice.*

stud /stʌd/ *n* **1** [C] ćwiek: *a leather jacket with silver studs* **2** korek (*w butach piłkarskich*) **3** [C] kolczyk (*wkrętka*) **4** [C,U] stadnina: *a stud farm*

stud·ded /ˈstʌdᵻd/ *adj* nabijany: *a bracelet studded with diamonds* ➡ patrz też STAR-STUDDED

stu·dent /ˈstjuːdənt/ *n* **1** [C] student/ka: *a medical student* **2** [C] uczeń/uczennica: *She has 30 students in her class.*

> **UWAGA student**
>
> W amerykańskiej angielszczyźnie wyraz **student** może oznaczać kogokolwiek, kto uczy się w szkole podstawowej, liceum czy na uniwersytecie. W brytyjskiej angielszczyźnie wyraz **student** oznacza jedynie kogoś, kto studiuje na wyższej uczelni, a o 'uczniach' w szkole mówi się **schoolchildren** lub **pupils**.

stu·di·o /ˈstjuːdiəʊ/ *n* [C] studio: *an art studio* | *the big Hollywood studios*

stu·di·ous /ˈstjuːdiəs/ *adj* pilny

stud·y[1] /ˈstʌdi/ *n* **1** [C] studium, analiza: **+ of** *a study of teenagers' language* **2** [U] nauka: *a period of study* **3 studies** [plural] studia: *He went on to continue his studies at Harvard.* | *a degree in Business Studies* **4** [C] gabinet, pracownia

study[2] *v* [I,T] studiować: *Her son's at university studying medicine.* | *He studied the document carefully.*

> **UWAGA study**
>
> Patrz **learn** i **study**.

stuff[1] /stʌf/ *n* [U] *informal* **1** coś: *What's this stuff* (=co to jest) *on the floor?* **2** rzeczy: *I need a place to store my stuff for a while.* | *Have you got a lot of stuff to do* (=czy masz dużo do roboty) *this weekend?*

S

stuff[2] *v* [T] **1** wpychać: **stuff sth into/behind etc** *She stuffed some clothes into a bag and left.* **2** wypychać: *a pillow stuffed with feathers* **3 stuff yourself** *informal* opychać się: *The kids have been stuffing themselves all afternoon.* **4** nadziewać: *stuffed chicken*

stuff·ing /ˈstʌfɪŋ/ *n* [U] **1** nadzienie **2** wypełnienie

stuff·y /ˈstʌfi/ *adj* **1** duszny: *a stuffy room* **2** staroświecki: *Rob's family is really stuffy.*

stum·ble /ˈstʌmbəl/ *v* [I] **1** potykać się: *She stumbled and grabbed hold of the handrail.* **2** zająknąć się: **+ over** *He continued his speech nervously, hesitating and stumbling over the words.*

stumble on/across sb/sth *phr v* [T] natykać się na: *Clearing out a cupboard that evening, she stumbled across one of her old diaries.*

stumbling block /ˈ.. ˌ./ *n* [C] przeszkoda: *The question of disarmament is still the main stumbling block to peace.*

stump[1] /stʌmp/ *n* [C] pniak, kikut: *an old tree stump*

stump[2] *v* [I] stąpać ciężko: **+ along/down etc** *He turned and stumped back into the house.*

stun /stʌn/ *v* **-nned, -nning** [T] **1** oszałamiać: *Everyone was stunned by Betty's answer.* **2** ogłuszać

stung /stʌŋ/ *v* czas przeszły i imiesłów bierny od STING

stunk /stʌŋk/ *v* imiesłów bierny od STINK

stun·ning /ˈstʌnɪŋ/ *adj* oszałamiający: *You look stunning in that dress.* | *stunning news*

stunt[1] /stʌnt/ *n* [C] **1** wyczyn kaskaderski **2 publicity stunt** chwyt reklamowy

stunt[2] *v* [T] za/hamować: *The plant's growth has been stunted by lack of light.*

stu·pe·fied /ˈstjuːpəfaɪd/ *adj* oszołomiony

S

stu·pen·dous /stjuːˈpendəs/ *adj* zdumiewający: *a stupendous achievement*

stu·pid /ˈstjuːpəd/ *adj* głupi: *How could you be so stupid?* | *a stupid mistake* | *I can't get this stupid door open!* —**stupidity** /stjuːˈpɪdəti/ *n* [C,U] głupota

stu·por /ˈstjuːpə/ *n* [C,U] zamroczenie: *a drunken stupor*

stur·dy /ˈstɜːdi/ *adj* **1** mocny: *sturdy shoes* **2** silny: *a sturdy woman*

stut·ter /ˈstʌtə/ *v* **1** [I] jąkać się **2** [T] wyjąkać: *"I w-w-want to g-g-go too," he stuttered.* —**stutter** *n* [singular] jąkanie się

sty /staɪ/ *n* [C] **1** chlew **2** *także* **stye** jęczmień (*na powiece*)

style /staɪl/ *n* **1** [C] styl: *He's trying to copy Picasso's style of painting.* | *architecture in the Gothic style* | *'70s styles are coming back into fashion.* | **have style** *You may not like him, but you have to admit that he has style.* **2** [C,U] fason, styl: *Shoes are available in several styles.* | *His hair was cut in a very strange style.*

styl·ish /ˈstaɪlɪʃ/ *adj* stylowy: *a very stylish woman* | *stylish clothes* —**stylishly** *adv* stylowo

styl·is·tic /staɪˈlɪstɪk/ *adj* stylistyczny: *I've made a few stylistic changes to your report.*

sty·lized /ˈstaɪlaɪzd/ (*także* **-ised** *BrE*) *adj* stylizowany: *stylized paintings*

suave /swɑːv/ *adj* uprzedzająco grzeczny

sub·con·scious[1] /sʌbˈkɒnʃəs/ *adj* podświadomy: *a subconscious fear of failure* —**subconsciously** *adv* podświadomie

subconscious[2] *n* [singular] podświadomość

sub·di·vide /ˌsʌbdəˈvaɪd/ *v* [T] po/dzielić (*na mniejsze jednostki*)

sub·due /səbˈdjuː/ *v* [T] obezwładniać: *The nurses were trying to subdue a violent patient.*

sub·dued /səbˈdjuːd/ *adj* **1** przygaszony: *Lawrie's been very subdued all week.* **2** przyćmiony: *subdued lighting* **3** stonowany: *subdued colours*

sub·ject[1] /ˈsʌbdʒɪkt/ *n* [C] **1** temat: *She's written several books on the subject.* | **change the subject** (=zmieniać temat): *Stop trying to change the subject!* **2** przedmiot: *"What's your favourite subject?" "Science."* **3** podmiot **4** obiekt: *The subjects of this experiment were all men aged 18–35.* **5** poddan-y/a

sub·ject[2] /ˈsʌbdʒɪkt/ *adj* **be subject to sth** móc ulec czemuś: *All prices are subject to change.*

sub·ject[3] /səbˈdʒekt/ *v*
subject sb/sth **to** sth *phr v* [T] poddawać: *The victim was subjected to a terrifying ordeal.*

sub·jec·tive /səbˈdʒektɪv/ *adj* subiektywny → porównaj OBJECTIVE[2]

subject mat·ter /ˈ.. ˌ../ *n* [U] tematyka

sub·junc·tive /səbˈdʒʌŋktɪv/ *n* [singular] tryb łączący: *In the sentence, "He suggested we leave early", "leave" is in the subjunctive.*

sub·lime /səˈblaɪm/ *adj* zachwycający: *a sublime view of the mountains*

sub·ma·rine /ˈsʌbməriːn/ *n* [C] łódź podwodna

sub·merge /səb'mɜːdʒ/ *v* [I,T] zanurzać (się): *Whole villages were submerged by the flood.*

sub·mis·sion /səb'mɪʃən/ *n* **1** [U] uległość: *The prisoners were starved into submission* (=zostali głodem zmuszeni do uległości). **2** [C,U] zgłoszenie: *The deadline for the submission of proposals is May 1st.*

sub·mis·sive /səb'mɪsɪv/ *adj* uległy

sub·mit /səb'mɪt/ *v* **-tted, -tting 1** [T] przedkładać: *They submitted a report calling for changes in the law.* **2** [I,T] poddawać (się): **+ to** *They were forced to submit to the kidnappers' demands.* | **submit yourself to** (=poddawać się): *John submitted himself to the first of many body searches.*

sub·or·di·nate /sə'bɔːdənət/ *n* [C] *formal* podwładn-y/a

sub·scribe /səb'skraɪb/ *v* [I] **subscribe to** prenumerować: *What magazines do you subscribe to?* —**subscriber** *n* [C] prenumerator/ka

subscribe to sth *phr v* [T] podpisywać się pod (*poglądami, opiniami*)

sub·scrip·tion /səb'skrɪpʃən/ *n* [C] prenumerata

sub·se·quent /'sʌbsəkwənt/ *adj* [only before noun] *formal* późniejszy: *The accident had a subsequent effect on his long-term health.* —**subsequently** *adv* później, następnie

sub·ser·vi·ent /səb'sɜːviənt/ *adj* służalczy

sub·side /səb'saɪd/ *v* [I] o/słabnąć: *The storm subsided around dawn.*

sub·sid·i·a·ry[1] /səb'sɪdiəri/ *n* [C] filia (*przedsiębiorstwa*)

subsidiary[2] *adj* drugorzędny

sub·si·dize /'sʌbsədaɪz/ (*także* **-ise** *BrE*) *v* [T] dotować: *housing that is subsidized by the government*

sub·si·dy /'sʌbsədi/ *n* [C] dotacja

sub·sist /səb'sɪst/ *v* [I] *formal* utrzymywać się przy życiu: **+ on** *The prisoners subsisted on rice and water.*

sub·stance /'sʌbstəns/ *n* **1** [C] substancja: *The bag was covered with a sticky substance.* | *poisonous substances* | **illegal substances** (=narkotyki) **2** [U singular] istota, sedno: **the substance of sth** *The news report said little about the substance of the peace talks.* **3** [U] *formal* podstawy: *There's no substance to the rumour.*

sub·stan·dard /ˌsʌb'stændəd◂/ *adj* niskiej jakości: *substandard health care*

sub·stan·tial /səb'stænʃəl/ *adj* **1** pokaźny: *She earns a substantial amount of money.* **2** solidny: *a substantial piece of furniture*

sub·stan·tial·ly /səb'stænʃəli/ *adv* znacznie: *Prices have increased substantially.*

sub·sti·tute[1] /'sʌbstətjuːt/ *n* [C] **1** zastęp-ca/czyni: *a substitute teacher* (=nauczyciel na zastępstwie) **2** substytut: *a sugar substitute*

substitute[2] *v* **1** [T] zastępować: **substitute sth for/with sth** *You can substitute olive oil for butter in the recipe.* **2** [I,T] brać/wziąć zastępstwo: **+ for** *I substituted for John when he was sick.*

sub·ter·ra·ne·an /ˌsʌbtə'reɪniən◂/ *adj formal* podziemny: *a subterranean lake*

sub·ti·tles /'sʌbˌtaɪtlz/ *n* [plural] napisy (*w filmie*) —**subtitled** *adj* z napisami

sub·tle /'sʌtl/ *adj* subtelny: *subtle changes in climate* | *subtle humour* | *the subtle scent of mint in the air* —**subtly** *adv* subtelnie

sub·tle·ty /'sʌtlti/ *n* [C,U] subtelność: *The subtleties of the story do not translate well.*

sub·tract /səb'trækt/ *v* [T] odejmować: **subtract sth from sth** *If you subtract 15 from 25 you get 10.* —**subtraction** *n* [C,U] odejmowanie → porównaj ADD

sub·urb /'sʌbɜːb/ *n* [C] przedmieście: **+ of** *a suburb of Chicago*

sub·ur·ban /sə'bɜːbən/ *adj* **1** podmiejski **2** zaściankowy: *suburban attitudes*

sub·ur·bi·a /sə'bɜːbiə/ *n* [U] przedmieścia

sub·ver·sive /səb'vɜːsɪv/ *adj* wywrotowy: *a subversive speech*

sub·way /ˈsʌbweɪ/ *n* [C] **1** *BrE* przejście podziemne **2** *AmE* metro

suc·ceed /səkˈsiːd/ *v* **1 sb succeeds (in doing sth)** komuś się udaje (coś zrobić): *Did you succeed in finding a place to stay?* **2** [I] odnieść sukces: **+ as** *She gave herself one year to succeed as a writer.* **3** [I] powieść się: *The negotiations are unlikely to succeed.* **4** [I,T] być następcą: **succeed sb as sth** *Mr. Harvey will succeed Mrs. Lincoln as chairman* (=na stanowisku przewodniczącego). ➡ porównaj FAIL[1]

suc·ceed·ing /səkˈsiːdɪŋ/ *adj* następny: *Sales improved in succeeding years.*

suc·cess /səkˈses/ *n* **1** [U] powodzenie: *Her success is due to hard work.* | *I've been trying to contact Ann all day, without success.* **2** [C] sukces: *The party was a great success.* ➡ antonim FAILURE

suc·cess·ful /səkˈsesfəl/ *adj* **1** udany, pomyślny: *a successful attempt to sail around the world* **2** odnoszący sukcesy: *a successful businesswoman* | *a hugely successful film* ➡ antonim UNSUCCESSFUL — **successfully** *adv* pomyślnie

S

suc·ces·sion /səkˈseʃən/ *n* [U singular] **1** [U singular] seria: **+ of** *She's had a succession of failed marriages.* | **in succession** (=pod rząd): *United have won four championships in succession.* **2** [U] sukcesja

suc·ces·sive /səkˈsesɪv/ *adj* kolejny: *The concerts took place on three successive days.* —**successively** *adv* kolejno

suc·ces·sor /səkˈsesə/ *n* [C] następ-ca/czyni: *No one was certain who Mao's successor would be.*

suc·cinct /səkˈsɪŋkt/ *adj* zwięzły —**succinctly** *adv* zwięźle

suc·cu·lent /ˈsʌkjələnt/ *adj* soczysty: *a succulent steak*

suc·cumb /səˈkʌm/ *v* [I] *formal* ulegać: **+ to** *Eventually, she succumbed to his charms.*

such /sʌtʃ/ *determiner, pron* **1** taki: *Such behavior is not acceptable here.* | *What would you do in such a situation?* **2 such as** taki jak: *big cities such as New York* **3 such a kind man/such awful weather** taki dobry człowiek/taka okropna pogoda: *He's such an idiot.* **4 not ... as such** *spoken* nie ... jako taki: *He doesn't have a degree as such, just* (=nie ma tytułu jako takiego, jedynie) *a lot of business qualifications.* **5 there's no such thing/person (as)** nie ma czegoś/kogoś takiego (jak): *There's no such thing as a perfect marriage.* **6 such ... that** taki ... że: *The animal was such a nuisance that we had to get rid of it.*

> UWAGA **such i so**
>
> Wyrazy **such** i **so** wzmacniają określenia cech ludzi i rzeczy. **So** można użyć bezpośrednio przed przymiotnikiem: *Your dress is so pretty.* | *Some people are so rude.* Jeśli w zdaniu wystąpi rzeczownik (plus ewentualnie związany z nim przymiotnik), używamy **such**: *He's such a fool.* | *She has such pretty eyes.* | *Mark is such a good swimmer.* **So** używamy też dla wzmocnienia przysłówka: *He always sings so loudly.*

suck /sʌk/ *v* [I,T] **1** ssać: *Don't suck your thumb, Katie.* | **+ on** *Barry was sucking on a candy bar.* **2** wciągać: **+ down/under etc** *A man almost got sucked under the water by the current.* **3 be sucked into (doing) sth** dać się wciągnąć w coś: *He was quickly sucked into a life of crime.*

suck·er /ˈsʌkə/ *n* [C] *spoken* frajer/ka: *Ellen always was a sucker.*

suc·tion /ˈsʌkʃən/ *n* [U] ssanie

sud·den /ˈsʌdn/ *adj* **1** nagły: *We've had a sudden change of plan.* | *His death was very sudden.* **2 all of a sudden** nagle: *All of a sudden, the lights went out.* —**suddenness** *n* [U] nagłość

sud·den·ly /ˈsʌdnli/ *adv* nagle: *I suddenly remembered that it was Jim's birthday.*

suds /sʌdz/ *n* [plural] mydliny

sue /sjuː/ *v* [I,T] wytaczać proces: **sue sb for sth** *She plans to sue the company for $1 million.*

suede /sweɪd/ *n* [U] zamsz

suf·fer /ˈsʌfə/ *v* **1** [I,T] cierpieć: *My mother still suffers a lot of pain in her leg.* | *Children always suffer when parents divorce.* **2** [I,T] ucierpieć: *Small businesses suffered financially because of the crisis.* | *He started to drink a lot and his work suffered.* **3 suffer a loss/defeat** ponieść stratę/porażkę: *The president suffered a massive defeat in the election.* —**suffering** *n* [C,U] cierpienie

suffer from sth *phr v* [T] cierpieć na: *Has he ever suffered from any mental illness?*

suf·fice /səˈfaɪs/ *v* [I] *formal* wystarczać: *A light lunch will suffice.*

suf·fi·cient /səˈfɪʃənt/ *adj* wystarczający: *The police have sufficient evidence to charge him with murder.* —**sufficiently** *adv* wystarczająco

suf·fix /ˈsʌfɪks/ *n* [C] przyrostek → porównaj PREFIX

suf·fo·cate /ˈsʌfəkeɪt/ *v* [I,T] u/dusić (się) —**suffocation** /ˌsʌfəˈkeɪʃən/ *n* [U] uduszenie

sug·ar /ˈʃʊgə/ *n* **1** [U] cukier: *Do you take sugar in your tea?* **2** [C] łyżeczka/kostka cukru: *How many sugars do you want in your coffee?* —**sugar** *v* [T] po/słodzić

sug·gest /səˈdʒest/ *v* [T] **1** za/proponować: *My doctor suggested a week off work.* | **+ (that)** *Don suggested that we should go* (=żebyśmy pojechali) *to Japan next year.* | **suggest sb for** (=za/proponować kogoś na (stanowisko)): *Gina Reed's name has been suggested for the job.* **2** za/sugerować: **+ (that)** *All the evidence seems to suggest that he is guilty.*

sug·ges·tion /səˈdʒestʃən/ *n singular* **1** [C] propozycja: **have a suggestion** *Do you have any suggestions about what we can do in London?* | **make a suggestion** (=za/proponować coś): *Can I make a suggestion?* **2** [U singular] sugestia: **at sb's suggestion/at the suggestion of sb** (=za czyjąś sugestią): *He came to London at my suggestion.* **3 a suggestion of sth** ślad czegoś: *There was a suggestion of a smile on her face.*

sug·ges·tive /səˈdʒestɪv/ *adj* **1** niedwuznaczny: *a suggestive remark* **2 suggestive of sth** przypominający coś: *a spotted rug, suggestive of a leopard skin*

su·i·cid·al /ˌsuːəˈsaɪdl◂/ *adj* samobójczy: *She admits that she sometimes had suicidal thoughts.* | *It would be suicidal to attack in daylight.*

su·i·cide /ˈsuːəsaɪd/ *n* [C,U] samobójstwo: *There's been a rise in the number of suicides among young men.* | *It would be political suicide to hold an election now.* | **commit suicide** (=popełnić samobójstwo): *Her brother committed suicide last year.*

suit[1] /suːt/ *n* [C] **1** garnitur, kostium: *an expensive Armani suit* **2** kombinezon: *a ski suit* **3** proces (*sądowy*)

suit[2] *v* [T] **1** odpowiadać: *It's difficult to find a date that suits everyone.* **2 sth suits sb** w czymś jest komuś do twarzy: *Short hair really suits you.* **3 be well/best suited** dobrze/najlepiej się nadawać: *Lucy's ideally suited for the job.*

> UWAGA **suit**
>
> Patrz **fit, suit** i **match** (lub **go with**).

suit·a·ble /ˈsuːtəbəl/ *adj* odpowiedni: **+ for** *The film isn't suitable for young children.* —**suitably** *adv* odpowiednio

suit·case /ˈsuːtkeɪs/ *n* [C] walizka

suite /swiːt/ *n* [C] **1** apartament: *the honeymoon suite* **2** komplet mebli: *a living room suite* **3** suita: *the Nutcracker Suite*

sul·fur /ˈsʌlfə/ *n* [U] amerykańska pisownia wyrazu SULPHUR

sulk /sʌlk/ *v* [I] dąsać się: *Stop sulking – you can go out and play later.* —**sulky** *adj* nadąsany

sul·len /ˈsʌlən/ *adj* ponury: *a sullen expression*

sul·phur /ˈsʌlfə/ *especially BrE*, **sulfur** *AmE n* [U] siarka

sul·tan /ˈsʌltən/ *n* [C] sułtan

sul·ta·na /sʌlˈtɑːnə/ *n* [C] *BrE* rodzynka sułtańska

sul·try /ˈsʌltri/ *adj* parny: *sultry weather*

sum¹ /sʌm/ *n* [C] **1** suma: *The city has spent a large sum of money on parks.* | *The sum of 4 and 5 is 9.* **2** *BrE* słupek (*ćwiczenie arytmetyczne*)

sum² *v*

sum up *phr v* **-mmed, -mming 1** [I,T **sum** sth ↔ **up**] podsumowywać: *So, to sum up, we need to organize our time better.* **2** [T **sum** sth/sb ↔ **up**] oceniać: *Pat summed up the situation at a glance.*

sum·mar·ize /ˈsʌməraɪz/ (*także* **-ise** *BrE*) *v* [I,T] streszczać

sum·ma·ry /ˈsʌməri/ *n* [C] streszczenie: *Read the article and write a summary of it.*

sum·mer /ˈsʌmə/ *n* [C,U] lato: *Are you going away this summer?*

sum·mer·house /ˈsʌməhaʊs/ *n* [C] altana

sum·mer·time /ˈsʌmətaɪm/ *n* [U] lato

sum·mit /ˈsʌm¦t/ *n* [C] szczyt: *an economic summit* | *the summit of Mount Everest*

sum·mon /ˈsʌmən/ *v* [T] *formal* **1** wzywać: *I was summoned to the principal's office.* **2 summon (up) one's courage** zdobywać się na odwagę: *Tom summoned up his courage to ask Kay for a date.*

sum·mons /ˈsʌmənz/ *n* [C] *plural* **summonses** wezwanie

sump·tu·ous /ˈsʌmptʃuəs/ *adj* wystawny: *a sumptuous meal*

Sun. skrót od SUNDAY

sun¹ /sʌn/ *n* [C,U] słońce: *Too much sun is bad for you.* | **in the sun** *Val lay in the sun, reading a book.*

sun² *v* [T] **-nned, -nning; sun yourself** wygrzewać się na słońcu

sun·bathe /ˈsʌnbeɪð/ *v* [I] opalać się

sun·beam /ˈsʌnbiːm/ *n* [C] promień słońca

sun·burn /ˈsʌnbɜːn/ *n* [U] oparzenie słoneczne

Sun·day /ˈsʌndi/ skrót pisany **Sun.** *n* [C,U] niedziela

sun·dial /ˈsʌndaɪəl/ *n* [C] zegar słoneczny

sun·down /ˈsʌndaʊn/ *n* [U] zachód słońca

sun·dry /ˈsʌndri/ *adj formal* **1** [only before noun] rozmaity: *pens, books, and other sundry articles* **2 all and sundry** wszyscy bez wyjątku: *I don't want all and sundry coming into our garden.*

sun·flow·er /ˈsʌnflaʊə/ *n* [C] słonecznik

sung /sʌŋ/ *v* imiesłów bierny od SING

sun·glass·es /ˈsʌŋglɑːs¦z/ *n* [plural] okulary słoneczne

sunk /sʌŋk/ *v* czas przeszły i imiesłów bierny od SINK

sunk·en /ˈsʌŋkən/ *adj* [only before noun] **1** wpuszczany: *a sunken bath* **2** zatopiony: *sunken treasure* **3** zapadnięty: *sunken cheeks*

sun·light /ˈsʌnlaɪt/ *n* [U] światło słoneczne: *He stepped out into the strong sunlight.*

sun·lit /ˈsʌnlɪt/ *adj* nasłoneczniony: *a sunlit kitchen*

sun·ny /ˈsʌni/ *adj* **1** słoneczny: *a sunny day* | *a sunny garden* **2** pogodny: *a sunny personality*

sun·rise /ˈsʌnraɪz/ *n* [U] wschód słońca

sun·screen /ˈsʌnskriːn/ *także* **sun cream** /ˈ. ./ *BrE n* [C,U] krem z filtrem ochronnym

sun·set /ˈsʌnset/ *n* [C,U] zachód słońca

sun·shine /ˈsʌnʃaɪn/ *n* [U singular] słońce: *Let's go out and enjoy the sunshine.*

sun·stroke /ˈsʌnstrəʊk/ *n* [U] porażenie słoneczne

sun·tan /ˈsʌntæn/ *także* **tan** *n* [C] opalenizna —**suntanned** *adj* opalony

su·per¹ /ˈsuːpə/ *adj informal* świetny: *a super idea*

super² *adv, prefix spoken* super: *a super expensive restaurant* | *a super-efficient secretary*

su·perb /sjuːˈpɜːb/ *adj* znakomity: *a superb cook* —**superbly** *adv* znakomicie

su·per·fi·cial /ˌsuːpəˈfɪʃəl◂/ *adj* powierzchowny: *a superficial knowledge of the subject* | *There are superficial similarities between animal and human beha-*

viour. | *superficial cuts* —**superficially** *adv* powierzchownie

su·per·flu·ous /suː'pɜːfluəs/ *adj formal* zbędny: *superfluous details*

su·per·hu·man /ˌsuːpə'hjuːmən◂/ *adj* nadludzki: *Finishing the marathon race required superhuman effort.*

su·per·im·pose /ˌsuːpərɪm'pəʊz/ *v* [T] nakładać: *His face had been superimposed onto a different background.*

su·per·in·tend·ent /ˌsuːpərɪn'tendənt/ *n* [C] **1** kierownik **2** inspektor policji

su·pe·ri·or[1] /suː'pɪəriə/ *adj* **1** lepszy: **+ to** *a new design that is superior to anything the Americans have produced* **2** pierwszorzędny: *superior wines* **3** wyniosły: *a superior attitude* ➡ antonim INFERIOR[1]

superior[2] *n* [C] przełożon-y/a: *I'll have to discuss this with my superiors.*

su·per·i·or·i·ty /suːˌpɪəri'ɒrəti/ *n* [U] wyższość: *We are confident of the superiority of our new computer system.* | *Janet always spoke with an air of superiority.*

su·per·la·tive[1] /suː'pɜːlətɪv/ *adj* doskonały: *a superlative actor*

superlative[2] *n* **the superlative** stopień najwyższy ➡ porównaj COMPARATIVE[2]

su·per·mar·ket /'suːpəˌmɑːkət/ *n* [C] supermarket

su·per·mod·el /'suːpəˌmɒdl/ *n* [C] supermodel/ka

su·per·nat·u·ral /ˌsuːpə'nætʃərəl◂/ *n* **the supernatural** zjawiska nadprzyrodzone —**supernatural** *adj*: *supernatural powers* (=siły nadprzyrodzone)

su·per·pow·er /'suːpəˌpaʊə/ *n* [C] mocarstwo

su·per·sede /ˌsuːpə'siːd/ *v* [T] wypierać, zająć miejsce: *TV had superseded radio by the 1960s.*

su·per·son·ic /ˌsuːpə'sɒnɪk◂/ *adj* naddźwiękowy: *supersonic jets*

su·per·star /'suːpəstɑː/ *n* [C] supergwiazda

su·per·sti·tion /ˌsuːpə'stɪʃən/ *n* [C,U] przesąd: *the old superstition that the number 13 is unlucky*

su·per·sti·tious /ˌsuːpə'stɪʃəs◂/ *adj* przesądny: *Are you superstitious?*

super·store /'suːpəstɔː/ *n* [C] *BrE* dom towarowy

su·per·vise /'suːpəvaɪz/ *v* [I,T] nadzorować: *My job is to supervise school children at lunchtime.* —**supervisor** *n* [C] promotor/ka: *I'll have to ask my supervisor.*

su·per·vi·sion /ˌsuːpə'vɪʒən/ *n* [U] nadzór

sup·per /'sʌpə/ *n* [C] kolacja

> UWAGA **supper i dinner**
>
> W brytyjskiej angielszczyźnie **supper** to zwykle mniej oficjalny posiłek niż **dinner**, spożywany raczej w domu, a nie w restauracji.

sup·ple /'sʌpəl/ *adj* elastyczny: *supple leather*

sup·ple·ment /'sʌpləmənt/ *n* [C] uzupełnienie: *You may need vitamin supplements.* —**supplement** /'sʌpləment/ *v* [T] uzupełniać: *I supplement my income by teaching Italian at weekends.*

sup·ple·men·ta·ry /ˌsʌplə'mentəri◂/ *także* **sup·ple·men·tal** /ˌsʌplə'mentl◂/ *AmE adj* uzupełniający: *supplementary vitamins* | *supplementary teaching materials*

sup·pli·er /sə'plaɪə/ *n* [C] dostawca: *medical suppliers*

sup·plies /sə'plaɪz/ *n* [plural] zaopatrzenie: *supplies for a camping trip*

sup·ply[1] /sə'plaɪ/ *n* **1** [C,U] zaopatrzenie: *the supply of oxygen to the brain* | **sth is in short supply** (=czegoś brakuje) **2** [C] dostawa: *We've had problems with the water supply lately.*

supply[2] *v* [T] zaopatrywać: **supply sb with sth** (=zaopatrywać kogoś w coś): *Drivers are supplied with a uniform.* | **supply sth to sb** (=dostarczać coś komuś): *We supply books to schools.*

sup·port[1] /sə'pɔːt/ *v* [T] **1** popierać: *I don't support any one political party.* | *My parents have always supported my decision to be an actor.* **2** podtrzymywać: *The bridge is supported by two stone columns.* **3** utrzymywać: *How can Brad*

S

support a family on his salary? **4** potwierdzać: *There is little evidence to support the theory.* **5** *especially BrE* kibicować: *Which football team do you support?*

support[2] *n* **1** [U] poparcie: *Thanks for all your support.* | *Teachers don't always have the support of parents.* **2** [U] wsparcie: *financial support for families on low incomes* **3 in support of** na znak poparcia dla: *a demonstration in support of animal rights* **4** [C,U] podpora: *supports for the roof*

sup·port·er /sə'pɔːtə/ *n* [C] **1** stronnik/czka **2** *especially BrE* kibic: *Manchester United supporters*

sup·por·tive /sə'pɔːtɪv/ *adj* pomocny: **be supportive of sb** (=wspierać kogoś): *Mark and Sally are very supportive of each other* (=wspierali się wzajemnie).

sup·pose[1] /sə'pəʊz/ *v* [T] **1 sth is supposed to happen** coś ma/powinno się zdarzyć: *There's supposed to be a bus* (=powinien być autobus) *at half past four.* | *I thought this was supposed to be a holiday* (=to miały być wakacje)*!* | *This is supposed to be the oldest theater* (=to jest podobno najstarszy teatr) *in New York.* **2 sb is not supposed to do sth** komuś nie wolno czegoś robić: *You're not supposed to smoke in here* (=tu nie wolno palić). **3** przypuszczać, sądzić: **+ (that)** *She usually finished work at 6, so I suppose she's gone home.* **4 I suppose a)** pewnie: *"How old is she?" "She's about 50, I suppose* (=pewnie około 50)*."* | **+ (that)** *I suppose you thought that was funny* (=pewnie myślałeś, że to zabawne)*!* **b)** chyba: **I suppose so** (=chyba tak): *"Can I borrow your car?" "I suppose so, if you're careful with it."*

suppose[2] *także* **supposing** *conjunction spoken* **1** a gdyby, przypuśćmy, że: *Suppose Mom found out? She'd go crazy!* **2** a może: *Suppose we try* (=a może spróbujemy) *to finish this part first?*

sup·posed /sə'pəʊzd/ *adj* [only before noun] rzekomy: *the supposed link between violent movies and crime*

sup·pos·ed·ly /sə'pəʊzᵻdli/ *adv* rzekomo, jakoby: *supposedly environmentally-friendly products*

sup·pos·ing /sə'pəʊzɪŋ/ *conjunction* a gdyby, przypuśćmy, że

sup·po·si·tion /ˌsʌpə'zɪʃən/ *n* [C,U] *formal* przypuszczenie

sup·press /sə'pres/ *v* [T] **1** s/tłumić: *The army was called in to suppress the revolt.* | *Andy could barely suppress his anger.* **2** zataić: *His lawyer illegally suppressed evidence.*

su·prem·a·cy /sə'preməsi/ *n* [U] supremacja

su·preme /suː'priːm/ *adj* **1** naczelny: *the Supreme Commander of the UN forces* **2** najwyższy: *a question of supreme importance* (=kwestia najwyższej wagi)

sur·charge /'sɜːtʃɑːdʒ/ *n* [C] opłata dodatkowa

sure[1] /ʃɔː/ *adj* **1** [not before noun] pewny: *a sure winner* | *a sure sign of rain* | **+ (that)** *Are you sure you've met him before?* | **+ about** *Are you quite sure about this* (=co do tego)*?* | **+ what/where/why etc** *I'm not sure how many people are coming to the party.* | **be sure to do sth** *Jan is sure to call while I'm out* (=na pewno przyjdzie, kiedy mnie nie będzie). **2 make sure a)** sprawdzać, upewniać się: *"Did you lock the front door?" "I think so, but I'd better make sure."* | **+ (that)** *He called to make sure we got home okay.* **b)** po/starać się: *Make sure you get there early.* **3 be sure of sth** być pewnym czegoś: *You're sure of a warm welcome at Liz's.* **4 sure of yourself** pewny siebie **5 Be sure to ...** *spoken* Nie zapomnij ...: *Be sure to write* (=nie zapomnij napisać)*!*

sure[2] *adv* **1 for sure** *informal* na pewno: *I think Jack's married, but I don't know for sure.* **2 that's for sure** bez wątpienia: *It's a lot better than it was, that's for sure.* **3** *spoken* jasne: *"Can I read your paper?" "Sure."* **4 sure enough** *informal* jak można się było spodziewać: *Sure enough, the car broke down on the way.* **5** *informal* faktycznie: *Sure, he's attractive, but I'm not interested.* **6** *AmE informal* na pewno: *This* *bad weather sure doesn't make my job any easier.*

sure-fire /ˈ. ./ *adj informal* niezawodny: *a sure-fire way to make money*

sure·ly /ˈʃɔːli/ *adv* **1** chyba: *Surely you're not leaving so soon?* **2** na pewno: *This will surely result in more people losing their jobs.*

surf[1] /sɜːf/ *v* [I] **1** pływać na desce surfingowej: **go surfing** *Matt goes surfing every day.* **2 surf the net** szperać po internecie —**surfing** *n* [U] surfing

surf[2] *n* [U] grzbiet fali morskiej

sur·face[1] /ˈsɜːfəs/ *n* **1** [C] powierzchnia: *a cleaner for all kitchen surfaces* | *the Earth's surface* | *The diver swam to the surface.* **2** [singular] **on the surface** na pozór: *On the surface she seems happy enough.* | **below/beneath/under the surface** (=przy bliższym poznaniu): *Under the surface, it's not as peaceful a society as people imagine.*

surface[2] *v* **1** [I] wynurzać się: *Whales were surfacing near our boat.* **2** [I] pojawiać się: *A few problems started to surface in their relationship.*

surface mail /ˈ.. ˌ./ *n* [U] poczta zwykła (*nie lotnicza*)

surf·board /ˈsɜːfbɔːd/ *n* [C] deska surfingowa

sur·feit /ˈsɜːfət/ *n* [singular] nadmiar

surge[1] /sɜːdʒ/ *v* [I] **1** ruszać (*naprzód*) **2** *także* **surge up** wzbierać: *Rage surged up inside her.*

surge[2] *n* [C] **1** przypływ: *a surge of excitement* **2** skok: *a surge in oil prices*

sur·geon /ˈsɜːdʒən/ *n* [C] chirurg

sur·ge·ry /ˈsɜːdʒəri/ *n* **1** [U] operacja: *heart surgery* **2** [C] *BrE* gabinet lekarski

sur·gi·cal /ˈsɜːdʒɪkəl/ *adj* chirurgiczny: *surgical gloves* —**surgically** *adv* operacyjnie: *The tumor was surgically removed.*

sur·ly /ˈsɜːli/ *adj* opryskliwy: *surly waitress*

sur·name /ˈsɜːneɪm/ *n* [C] nazwisko → porównaj FIRST NAME

sur·pass /səˈpɑːs/ *v* [T] *formal* przewyższać: *The results surpassed my expectations* (=rezultaty przeszły moje oczekiwania).

sur·plus /ˈsɜːpləs/ *n* [C,U] nadwyżka: *The country produces a huge surplus of grain.*

sur·prise[1] /səˈpraɪz/ *n* **1** [C,U] niespodzianka: *What a surprise to see you here!* | *I've got a surprise for you!* **2** [U] zdziwienie, zaskoczenie: *Imagine our surprise when we heard the news.* | **to my surprise** (=ku mojemu zaskoczeniu): *To my surprise, Ann agreed.* | **come as no surprise** *It came as no surprise when Jeff left* (=odejście Jeffa nie było dla nikogo zaskoczeniem). **3 take/catch sb by surprise** zaskoczyć kogoś: *The heavy snowfall caught everyone by surprise.*

surprise[2] *v* [T] **1** z/dziwić: *Her reaction surprised me.* **2** zaskakiwać: *A security guard surprised the robber.*

sur·prised /səˈpraɪzd/ *adj* zdziwiony, zaskoczony: **+ (that)** *We were surprised David wasn't invited.* | **+ at sth** *She was surprised at how much it cost.* | **surprised to hear/see/find sth** *I'm surprised to hear you say that* (=dziwi mnie, że to mówisz).

sur·pris·ing /səˈpraɪzɪŋ/ *adj* zaskakujący: *surprising news* | *It's hardly surprising* (=nic dziwnego) *that they lost the game.* —**surprisingly** *adv* zaskakująco, niespodziewanie: *The test was surprisingly easy.*

sur·real /səˈrɪəl/ *także* **sur·rea·lis·tic** /səˌrɪəˈlɪstɪk◂/ *adj* surrealistyczny

sur·ren·der /səˈrendə/ *v* [I] poddawać się: *They were determined never to surrender.* | *The rebel forces have surrendered.* —**surrender** *n* [U] poddanie się

sur·rep·ti·tious /ˌsʌrəpˈtɪʃəs◂/ *adj* potajemny

sur·ro·gate /ˈsʌrəgeɪt/ *adj* [only before noun] zastępczy: *a surrogate mother* —**surrogate** *n* [C] namiastka

sur·round /səˈraʊnd/ *v* [T] otaczać: *a lake surrounded by trees* | *The police surrounded the house.* | *She is surrounded by friends.* —**surrounding** *adj* okoliczny: *the surrounding countryside*

S

sur·round·ings /səˈraʊndɪŋz/ *n* [plural] otoczenie: *It took me a few weeks to get used to my new surroundings.*

sur·veil·lance /səˈveɪləns/ *n* [U] inwigilacja: **have sb under surveillance** (=inwigilować kogoś): *Police have the man under surveillance.*

sur·vey[1] /ˈsɜːveɪ/ *n* [C] **1** badanie ankietowe: *a survey of people's eating habits* **2** pomiary **3** oględziny, przegląd

sur·vey[2] /səˈveɪ/ *v* [T] **1** ankietować: *More than 50% of the students surveyed take regular exercise.* **2** oceniać: *I surveyed the damage to my car.* **3** dokonywać pomiarów

sur·vey·or /səˈveɪə/ *n* [C] **1** mierniczy, geodeta **2** rzeczoznawca budowlany

sur·viv·al /səˈvaɪvəl/ *n* [U] przeżycie, przetrwanie: *The operation will increase his chances of survival.*

S

sur·vive /səˈvaɪv/ *v* [I,T] **1** przeżyć: *Only one person survived the crash.* **2** przetrwać: *Most of the cathedral survived the earthquake.* | *"How was the interview?" "Well, I survived!"*

sur·vi·vor /səˈvaɪvə/ *n* [C] ocalały, pozostały przy życiu: *No survivors of the plane crash were found.*

sus·cep·ti·ble /səˈseptəbəl/ *adj* **susceptible (to)** podatny (na): *I've always been very susceptible to colds.*

sus·pect[1] /ˈsʌspekt/ *n* [C] podejrzan-y/a

sus·pect[2] /səˈspekt/ *v* [T] **1** podejrzewać: **suspect sb of sth** *She is suspected of murder.* | **+ that** *I suspected that Suki had been lying.* **2** powątpiewać w: *Do you have reason to suspect his motives?*

sus·pect[3] /ˈsʌspekt/ *adj* podejrzany: *Her explanation seems suspect.*

sus·pend /səˈspend/ *v* [T] zawieszać: *The match was suspended because of rain.* | *His prison sentence was suspended for two years.* | **suspend sth from sth** *a chandelier suspended from the ceiling* | **suspend sb from sth** *Joe was suspended from school* (=został zawieszony w prawach ucznia).

sus·pen·ders /səˈspendəz/ *n* [plural] **1** *BrE* podwiązki **2** *AmE* szelki

sus·pense /səˈspens/ *n* [U] napięcie: **keep sb in suspense** (=trzymać kogoś w niepewności): *Don't keep us in suspense. What happened?*

sus·pen·sion /səˈspenʃən/ *n* [C,U] zawieszenie: *a three-day suspension for cheating*

sus·pi·cion /səˈspɪʃən/ *n* **1** [C,U] podejrzenie: *He was arrested on suspicion of robbery.* | *Nobody saw who did it, but I have my suspicions.* | **be under suspicion** (=być podejrzanym): *A number of people are under suspicion for the murder.* **2** [C] przeczucie: *She had a suspicion that Steve might be right.*

sus·pi·cious /səˈspɪʃəs/ *adj* **1** podejrzany: *Passengers should report any bags that seem suspicious.* | *suspicious circumstances* **2** podejrzliwy: *He has a suspicious mind.* | **be suspicious of sth** (=mieć podejrzenia co do czegoś): *I'm suspicious of her intentions.* —**suspiciously** *adj* podejrzliwie: *Two youths were behaving suspiciously outside the shop.*

sus·tain /səˈsteɪn/ *v* [T] **1** utrzymywać: *He couldn't sustain his interest in learning the violin.* **2** zapewniać dobre samopoczucie: *A good breakfast will sustain you through the morning.* **3 sustain injuries** *formal* odnieść obrażenia: *Two people sustained minor injuries in the fire.*

sus·tained /səˈsteɪnd/ *adj* nieprzerwany: *A sustained effort is needed to fight drug abuse.* | *sustained economic growth*

SW pd.-zach.

swab /swɒb/ *n* [C] wacik

swal·low[1] /ˈswɒləʊ/ *v* **1** [T] połykać: *If you drink some water it'll make the pills easier to swallow.* **2** [I,T] przełykać: *He swallowed anxiously before answering.* **3** [T] *informal* kupić (*uwierzyć w*): *You didn't swallow that story about Harry, did you?* **4 swallow your pride** przezwyciężać dumę

swallow sth ↔ **up** *phr v* [T] pochłaniać: *Most of my money is swallowed up by rent.*

swallow² *n* [C] **1** kęs **2** łyk **3** jaskółka

swam /swæm/ *v* czas przeszły od SWIM

swamp¹ /swɒmp/ *n* [C,U] bagno

swamp² *v* [T] **1** *informal* zalewać, zasypywać: *We've been swamped with phone calls about the article.* **2** zatapiać: *High waves swamped the boat.*

swan /swɒn/ *n* [C] łabędź

swap /swɒp/ *także* **swop** *v* [I,T] **-pped, -pping** zamieniać (się): **swap (sth) with sb** (=zamieniać się z kimś (na coś)): *Can I swap seats with you?* | **swap sth for sth** *I'll swap my red T-shirt for your green one.* —**swap** *n* [C] zamiana: *Shall we do a swap?*

swarm¹ /swɔːm/ *v* [I] tłoczyć się: *Tourists swarmed around the museum.*

swarm with sth *phr v* [T] roić się od: *The beach was swarming with people.*

swarm² *n* [C] rój: *a swarm of bees*

swar·thy /ˈswɔːði/ *adj* ogorzały

swat /swɒt/ *v* [T] **-tted, -tting** pacnąć w

sway /sweɪ/ *v* [I] kołysać się: *trees swaying in the breeze*

swear /sweə/ *v* **swore, sworn, swearing 1** [I] kląć, przeklinać: *She doesn't smoke, drink, or swear.* | **+ at** *He was fired for swearing at his boss.* **2** [I,T] przysięgać: *Do you swear to tell the truth?* | *I swear I'll never leave you.* | *I swear I'll kill him!* | *I could have sworn* (=mógłbym przysiąc) *I put the ticket in my pocket.*

swear by sth *phr v* [T] *informal* głęboko wierzyć w skuteczność: *Heidi swears by acupuncture.*

swear sb ↔ **in** *phr v* [T] zaprzysięgać: *She was sworn in as president just two weeks ago.*

swear word /ˈ. ./ *n* [C] przekleństwo

sweat¹ /swet/ *v* **1** [I] pocić się: *As he approached the customs post he began to sweat.* **2** [I] *informal* męczyć się: *I sweated all night to get the report finished.*

sweat² *n* **1** [U] pot: *Sweat was running down her face.* **2** [singular] pocenie się: **break into a sweat** (=zaczynać się pocić): *He broke into a sweat as soon as he went on stage.*

sweat·er /ˈswetə/ *n* [C] sweter

sweat·shirt /ˈswet-ʃɜːt/ *n* [C] bluza

sweat·y /ˈsweti/ *adj* spocony: *I was hot and sweaty from working in the sun.*

sweep¹ /swiːp/ *v* **swept, sweeping 1** [I,T] *także* **sweep up** zamiatać: *I've just swept the kitchen floor.* | *Could you sweep up the leaves?* **2** [T] ogarniać: *a fashion that is sweeping the nation* | **+ through/across etc** *A storm swept across the country.* **3** [I] wkroczyć energicznie: *She swept into the meeting and demanded to know why she hadn't been invited.* **4** [T] odgarniać: *He swept his hair away from his face.*

sweep sth ↔ **away** *phr v* [T] zmieść z powierzchni ziemi: *Many houses were swept away by the floods.*

sweep² *n* [C] **1** [usually singular] machnięcie, zamaszysty gest: *She spoke with a sweep of her arm.* **2** łuk: *the sweep of the bay* **3** *także* **chimney sweep** kominiarczyk

sweep·ing /ˈswiːpɪŋ/ *adj* **1** gruntowny: *sweeping changes* **2 sweeping statement/generalization** zbyt daleko idące stwierdzenie/uogólnienie: *Women tend to be more sensitive than men – but of course that's a sweeping generalization.*

sweep·stake /ˈswiːpsteɪk/ *n* [C] totalizator

sweet¹ /swiːt/ *adj* **1** słodki: *Is your coffee too sweet?* | *a sweet, sticky chocolate cake* | *a sweet-smelling rose* | *the sweet sounds of the cello* | *Her baby is so sweet!* **2** miły: *It was sweet of you to help.* **3 have a sweet tooth** mieć słabość do słodyczy —**sweetly** *adv* słodko —**sweetness** *n* [U] słodycz

sweet² *n* [C] *BrE* cukierek: *Try not to eat too many sweets, crisps and biscuits.*

sweet·corn /ˈswiːtkɔːn/ *n* [U] *BrE* kukurydza

sweet·en /ˈswiːtn/ *v* [I,T] po/słodzić: *Sweeten the mixture with honey.*

sweet·ener /ˈswiːtnə/ *n* [C,U] słodzik

sweet·heart /ˈswiːthɑːt/ *n* [C] kochanie: *Good night, sweetheart.*

swell[1] /swel/ *v* **swelled, swollen, swelling 1** [I] *także* **swell up** s/puchnąć: *My ankle swelled up like a balloon.* **2** [I] wzrastać: *The city's population has swollen to 2 million.*

swell[2] *n* [singular] fala

swell[3] *adj AmE old-fashioned* kapitalny: *a swell party*

swell·ing /ˈswelɪŋ/ *n* [C,U] opuchlizna: *a swelling on the knee*

swel·ter·ing /ˈsweltərɪŋ/ *adj* skwarny

swept /swept/ *v* czas przeszły i imiesłów bierny od SWEEP

swerve /swɜːv/ *v* [I] skręcać gwałtownie: *Mark swerved to avoid hitting a dog.*

swift /swɪft/ *adj* szybki: *a swift reply* —**swiftly** *adv* szybko: *a swiftly flowing river*

swig /swɪg/ *v* [T] **-gged, -gging** *informal* żłopać, pociągać —**swig** *n* [C] haust: *a swig of brandy*

swill /swɪl/ *n* [U] pomyje

swim[1] /swɪm/ *v* **swam, swum, swimming 1** [I,T] pływać, prze/płynąć: *Can Lucy swim?* | *fish swimming up the stream* | *She swims 20 lengths every day.* | *The screen was swimming in front of me* (=pływał mi przed oczami). **2 my head is swimming** w głowie mi się kręci —**swimming** *n* [U] pływanie: *Let's go swimming* (=chodźmy popływać). —**swimmer** *n* [C] pływa-k/czka

swim[2] *n* [C] pływanie: **go for a swim** (=iść popływać)

swimming cos·tume /ˈ.. ˌ../ *n* [C] *BrE* kostium kąpielowy

swimming pool /ˈ.. ./ *n* [C] *także* **pool** basen

swimming trunks /ˈ.. ./ *także* **trunks** *n* [plural] kąpielówki

swim·suit /ˈswɪmsuːt/ *n* [C] kostium kąpielowy

swin·dle /ˈswɪndl/ *v* [T] o/kantować —**swindle** *n* [C] kant: *victims of a swindle* —**swindler** *n* [C] kanciarz

swine /swaɪn/ *n* [C] *plural* **swine** świnia

swing[1] /swɪŋ/ *v* **swung, swung, swinging 1** [I] kołysać się, huśtać się: *a sign swinging in the wind* | *The gate swung open* (=otworzyła się na oścież). **2** [T] machać: *They walked along, swinging their arms.* **3** [I] wahać się: *Her mood can swing from sadness to happiness quite suddenly.*

swing around *phr v* [I] odwrócić się: *Mike swung around to look at me.*

swing at sb/sth *phr v* [T] zamierzyć się na: *He swung at me and missed.*

swing[2] *n* [C] **1** huśtawka **2** zamach: *The guy took a swing at me.* **3** zwrot: **+ in** *a big swing in public opinion* **4 be in full swing** rozkręcić się na dobre: *The party was in full swing when the police burst in.*

swipe /swaɪp/ *v* **1** [T] *informal* zwędzić: *Somebody swiped my wallet.* **2** [T] *także* **swipe at** zamachnąć się na

swipe·card /ˈswaɪpkɑːd/ *n* [C] karta magnetyczna

swirl /swɜːl/ *v* [I] wirować: *leaves swirling around on the ground*

swish /swɪʃ/ *v* [I,T] świstać: *a cow swishing its tail* —**swish** *n* [C] świst

switch[1] /swɪtʃ/ *v* [I,T] **1** przełączać (się): *Switch channels and see if there's a movie on.* | **switch (sth) to sth** (=przerzucać się (z czegoś) na coś): *He studied biology before switching to law.* **2** zamieniać (się): *We must have switched jackets by accident.* | **switch (sth) with sb** (=zamieniać się z kimś (na coś)): *Will you switch places with me?*

switch off *phr v* **1** [I,T **switch** sth ↔ **off**] wyłączać: *Don't forget to switch off the TV when you go to bed.* **2** [I] *informal* wyłączać się: *He just switches off when he's tired.*

switch sth ↔ **on** *phr v* [T] włączać: *Switch on the light, please.*

switch[2] *n* [C] **1** wyłącznik, przełącznik: *a light switch* **2** przejście: *The switch to the new computer system has been difficult.*

switch·board /ˈswɪtʃbɔːd/ *n* [C] centrala (*telefoniczna*)

swiv·el /ˈswɪvəl/ *także* **swivel around** *v* [I,T] obracać (się): *a chair that swivels*

swol·len[1] /ˈswəʊlən/ *v* imiesłów bierny od SWELL

swollen[2] *adj* **1** opuchnięty, spuchnięty **2** wezbrany: *a swollen river*

swop /swɒp/ alternatywna pisownia wyrazu SWAP

sword /sɔːd/ *n* [C] miecz

swore /swɔː/ *v* czas przeszły od SWEAR

sworn[1] /swɔːn/ *v* imiesłów bierny od SWEAR

sworn[2] *adj* **1 sworn statement/testimony** oświadczenie/zeznanie pod przysięgą **2 sworn enemies** zaprzysięgli wrogowie

swot[1] /swɒt/ *n* [C] *BrE informal* kujon

swot[2] *v BrE informal* **-tted, -tting** wkuwać

swum /swʌm/ *v* imiesłów bierny od SWIM

swung /swʌŋ/ *v* czas przeszły i imiesłów bierny od SWING

syl·la·ble /ˈsɪləbəl/ *n* [C] sylaba

syl·la·bus /ˈsɪləbəs/ *n* [C] *plural* **syllabuses** *or* **syllabi** /-baɪ/ program zajęć

sym·bol /ˈsɪmbəl/ *n* [C] symbol: *the five-ring symbol of the Olympic Games* | *a symbol of hope* | *What's the chemical symbol for oxygen?*

sym·bol·ic /sɪmˈbɒlɪk/ *adj* symboliczny: *a symbolic painting* | **be symbolic of** (=symbolizować): *Water in dreams is symbolic of emotions.* —**symbolically** *adv* symbolicznie

sym·bol·is·m /ˈsɪmbəlɪzəm/ *n* [U] symbolizm: *religious symbolism*

sym·bol·ize /ˈsɪmbəlaɪz/ (*także* **-ise** *BrE*) *v* [T] symbolizować: *A wedding ring symbolizes a couple's vows to each other.*

sym·met·ri·cal /sɪˈmetrɪkəl/ *także* **sym·met·ric** /sɪˈmetrɪk/ *adj* symetryczny → antonim ASYMMETRICAL

sym·me·try /ˈsɪmətri/ *n* [U] symetria

sym·pa·thet·ic /ˌsɪmpəˈθetɪk◂/ *adj* **1** współczujący: *a sympathetic nurse* **2** pozytywnie nastawiony: *He was quite sympathetic to my plan.* → antonim UNSYMPATHETIC

> **UWAGA sympathetic i likable**
>
> Wyraz **sympathetic** nie znaczy 'sympatyczny'. Najczęściej używa się go w znaczeniu 'okazujący współczucie' lub 'pozytywnie nastawiony'. Chcąc oddać znaczenie wyrazu 'sympatyczny' po angielsku, najlepiej użyć wyrazu **likeable**: *If Philip weren't so arrogant, he'd be quite likeable.*

sym·pa·thize /ˈsɪmpəθaɪz/ (*także* **-ise** *BrE*) *v* [I] **1 sympathize with sb** współczuć komuś: *I sympathize with her husband.* **2 sympathize with sth** podzielać coś: *Not many people sympathize with his political views.*

sym·pa·thiz·er /ˈsɪmpəθaɪzə/ (*także* **-iser** *BrE*) *n* [C] sympaty-k/czka

sym·pa·thy /ˈsɪmpəθi/ *n* [C,U] **1** współczucie: **+ with/for** *My sympathies are with the victims' families* (=całe współczucie kieruję w stronę rodzin ofiar). | *I have no sympathy for Joan – it's her own fault.* **2** poparcie: **in sympathy with sb** *Students marched in sympathy with the strikers* (=w geście poparcia dla strajkujących).

sym·pho·ny /ˈsɪmfəni/ *n* [C] symfonia: *Beethoven's Fifth Symphony*

symp·tom /ˈsɪmptəm/ *n* [C] **1** objaw: *The symptoms are a fever, sore throat and headache.* **2** symptom: *The rise in the crime rate is another symptom of widespread poverty.* —**symptomatic** /ˌsɪmptəˈmætɪk◂/ *adj* symptomatyczny

syn·a·gogue /ˈsɪnəgɒg/ *n* [C] synagoga

syn·chro·nize /ˈsɪŋkrənaɪz/ (*także* **-ise** *BrE*) *v* [T] z/synchronizować: *The soldiers synchronized their steps as they marched.* —**synchronization** /ˌsɪŋkrənaɪˈzeɪʃən/ *n* [U] synchronizacja

syn·di·cate /ˈsɪndəkət/ *n* [C] syndykat: *a drugs syndicate*

syn·drome /ˈsɪndrəʊm/ *n* [C] syndrom: *Sudden Infant Death Syndrome*

syn·o·nym /ˈsɪnənɪm/ *n* [C] synonim: *Synonyms like "shut" and "close" are quite rare in English.* → antonim ANTONYM

sy·non·y·mous /s$^{ɪ}_{ə}$ˈnɒn$^{ɪ}_{ə}$məs/ *adj* równoznaczny: *Success is not necessarily synonymous with happiness.*

syn·tax /ˈsɪntæks/ *n* [U] *technical* składnia

syn·the·sis /ˈsɪnθ$^{ɪ}_{ə}$s$^{ɪ}_{ə}$s/ *n* [C,U] *formal* synteza

syn·the·size /ˈsɪnθ$^{ɪ}_{ə}$saɪz/ (*także* **-ise** *BrE*) *v* [T] z/syntetyzować: *Plants can synthesize energy from sunlight and water.*

syn·the·siz·er /ˈsɪnθəsaɪzə/ (*także* **-iser** *BrE*) *n* [C] syntezator

syn·thet·ic /sɪnˈθetɪk/ *adj* syntetyczny: *synthetic fabrics like acrylic* —**synthetically** *adv* syntetycznie

syph·i·lis /ˈsɪfəl$^{ɪ}_{ə}$s/ *n* [U] kiła

sy·ringe /s$^{ɪ}_{ə}$ˈrɪndʒ/ *n* [C] strzykawka

syr·up /ˈsɪrəp/ *n* [U] syrop

sys·tem /ˈsɪst$^{ɪ}_{ə}$m/ *n* **1** [C] system: *the public transport system | a system for measuring liquids | Oregon's school system* **2** układ: *the nervous system* **3 the system** *informal* system: *You can't fight the system.*

sys·te·mat·ic /ˌsɪst$^{ɪ}_{ə}$ˈmætɪk◂/ *adj* systematyczny: *a systematic search* —**systematically** *adv* systematycznie

Tt

tab /tæb/ *n* **1** [C] *especially AmE* rachunek: **pick up the tab** *Jeff picked up the tab for* (=zapłacił za) *lunch.* **2 keep tabs on sb/sth** *informal* mieć kogoś/coś na oku: *The police are keeping close tabs on her.* **3** [C] metka

ta·ble /ˈteɪbəl/ *n* [C] **1** stół: *They all sat around the kitchen table.* | *I've booked a table* (=stolik w restauracji) *for 8 o'clock.* **2** tabela: *The report is full of tables and statistics.* | **the table of contents** (=spis treści) **3 set the table** nakrywać do stołu

ta·ble·cloth /ˈteɪbəlklɒθ/ *n* [C] obrus

ta·ble·spoon /ˈteɪbəlspuːn/ *n* [C] **1** łyżka (stołowa) **2** *także* **tablespoonful** (pełna) łyżka

tab·let /ˈtæblət/ *n* [C] **1** tabletka: *sleeping tablets* **2** tabliczka: *a clay tablet*

table ten·nis /ˈ.. ˌ../ *n* [U] tenis stołowy

tab·loid /ˈtæblɔɪd/ *n* [C] brukowiec

ta·boo /təˈbuː/ *n* [C,U] tabu —**taboo** *adj*: *Sex is a taboo subject* (=jest tematem tabu) *in many homes.*

ta·cit /ˈtæsət/ *adj* milczący: *tacit approval/support* —**tacitly** *adv* milcząco

ta·ci·turn /ˈtæsətɜːn/ *adj* małomówny

tack¹ /tæk/ *v* [T] przypinać (*pinezkami*)
tack sth ↔ **on** *phr v* [T] *informal* dołączać: *Joan tacked a few words on the end of my letter.*

tack² *n* [singular] **1** sposób: *If polite requests don't work, you'll have to try a different tack.* **2** [C] *AmE* THUMBTACK **3** [C] gwoździk: *carpet tacks*

tack·le¹ /ˈtækəl/ *v* [T] **1** rozwiązywać: *a new attempt to tackle the problem of homelessness* **2** za/blokować (*np. w rugby*)

tackle² *n* **1** [C] blok (*np. w rugby*): *a dangerous tackle* **2** [U] sprzęt wędkarski

tack·y /ˈtæki/ *adj* **1** *informal* tandetny: *tacky furniture* **2** lepki: *The paint is still tacky.*

tact /tækt/ *n* [U] takt

tact·ful /ˈtæktfəl/ *adj* taktowny —**tactfully** *adv* taktownie

tac·tic /ˈtæktɪk/ *n* [C usually plural] taktyka: *aggressive business tactics*

tac·tic·al /ˈtæktɪkəl/ *adj* taktyczny: *a tactical move to avoid criticism* | *a serious tactical error* —**tactically** *adv* taktycznie

tact·less /ˈtæktləs/ *adj* nietaktowny → antonim TACTFUL

tad·pole /ˈtædpəʊl/ *n* [C] kijanka

tag¹ /tæg/ *n* [C] metka: *I can't find the price tag on these jeans.* → patrz też QUESTION TAG

tag² *v* [T] **-gged, -gging** przyczepiać metkę do
tag along *phr v* [I] *informal* przyłączać się: *Is it all right if I tag along?*

tail¹ /teɪl/ *n* [C] ogon: *The dog was wagging its tail.* | *the tail of a comet* → patrz też TAILS

tail² *v* [T] *informal* śledzić
tail off *phr v* [I] o/słabnąć, zamierać: *His voice tailed off as he saw his father approaching.*

tail·back /ˈteɪlbæk/ *n* [C] korek (*uliczny*)

tail·coat /teɪlˈkəʊt/ *n* [C] frak

tail-light /ˈ. ./, **tail light** *n* [C] tylne światło

tai·lor¹ /ˈteɪlə/ *n* [C] krawiec

tailor² *v* [T] dopasowywać: *Courses are specially tailored to the needs of each student.*

tai·lor·ing /ˈteɪlərɪŋ/ *n* [U] krawiectwo

tailor-made /ˌ.. ˈ.◂/ *adj* **1** idealny: *The job seems tailor-made for him.* **2** szyty na miarę: *a tailor-made silk suit*

tails /teɪlz/ *n* **1** [U] reszka **2** [plural] frak

taint /teɪnt/ *v* [T] **1 be tainted (by/with sth)** splamić się (czymś): *The previous government had been tainted by accusations of corruption.* | *tainted money* (=brudne pieniądze) **2** zanieczyszczony, skażony: *tainted blood products*

take¹ /teɪk/ *v* [T] **took, taken** /ˈteɪkən/, **taking 1** zabierać: *I'm taking her to an Italian restaurant.* | *They took us*

T

downstairs. | *Merritt was taken by ambulance to the nearest hospital.* | *Someone's taken my wallet!* | *Don't forget to take your car keys!* **2** brać/wziąć: *Let me take your coat.* | **take one's arm/hand** (=wziąć kogoś pod ramię/za rękę): *She took his arm.* | **take a shower/bath** (=brać prysznic/kąpiel): *Let me just take a quick shower first.* | **take a look** (=spojrzeć) | **take a seat** (=zająć miejsce) | **take a taxi** (=brać taksówkę): *We were too tired to walk, so we took a taxi.* | **take action** (=podejmować działania) | **I'll take it** (=wezmę to) *spoken*: *"It's $50." "OK, I'll take it."* **3 it takes ten days to do sth** potrzeba dziesięciu dni, żeby coś zrobić: *It takes about three days to drive up there.* **4** wymagać: *Looking after children takes a lot of hard work.* **5** przyjmować: *Are you going to take the job?* | *Take my advice* (=skorzystaj z mojej rady) *and go see a doctor.* | **take credit cards/a cheque** (=honorować karty kredytowe/czeki): *Do you take American Express?* **6 take a picture/photograph** z/robić zdjęcie **7 take a holiday** brać/wziąć urlop **8 take a break** z/robić sobie przerwę **9 take a test/exam** podchodzić do testu/egzaminu: *I'm taking my driving test next week.* **10** zażywać: *Why don't you take an aspirin or something?* | **take drugs** (=narkotyzować się): *A lot of kids start taking drugs when they're 14 or 15.* **11 take a train/bus** po/jechać pociągiem/autobusem: *I'll take the subway home.* **12** znosić: *She couldn't take the pressure of teaching.* **13** odczuwać: **take pleasure in sth** (=znajdować przyjemność w czymś): *She seems to take pleasure in hurting people.* | **take sth seriously** (=traktować coś poważnie): *Alan takes his job very seriously.* **14** po/mieścić: *Our car can take up to six people.* **15** nosić: *What size shoes do you take?* **16** uznawać: *I shall take that as a compliment.* **17 take some doing/a lot of doing** wymagać wysiłku **18 take it from me** *spoken* możesz mi wierzyć **19 I take it that** *spoken* zakładam, że **20 can I take a message?** czy mogę coś przekazać?: *He's not here; can I take a message?* **21** z/mierzyć: *The doctor took her blood pressure.* **22** zajmować: *Rebel forces have taken the airport.* **23 take it upon yourself to do sth** wziąć na siebie zrobienie czegoś: *Parents have taken it upon themselves to raise extra cash for the school.* → patrz też **be taken aback** (ABACK), **take care** (CARE²), **take care of** (CARE²), **take part** (PART¹), **take place** (PLACE¹), **take sides** (SIDE¹)

take after sb *phr v* [T] być podobnym do: *Jenny takes after her dad.*

take sth ↔ **apart** *phr v* [T] rozbierać (na części): *Jim took apart the faucet and put in a new washer.*

take away *phr v* **1** [T **take** sth ↔ **away**] odbierać: *They took away his licence.* **2** [**take** sb ↔ **away**] zabierać: *Hyde was taken away in handcuffs.*

take sth ↔ **back** *phr v* [T] **1** odnosić (*do sklepu*) **2** cofać: *All right, I'm sorry, I take it back.*

take sth ↔ **down** *phr v* [T] **1** usuwać: *We take down the Christmas tree on January 6.* → antonim **put up** (PUT) **2** zapisywać: *The receptionist took down his name.*

take in *phr v* [T] **1** [**take** sth ↔ **in**] zrozumieć: *There was so much happening in the film, it was difficult to take it all in.* **2 be taken in** zostać oszukanym: *The bank had been taken in by the forged receipts.* **3** [**take in** sth] zwężać: *I must take in this skirt.*

take off *phr v* **1** [T **take** sth ↔ **off**] zdejmować: *He took off his shoes.* | *Your name has been taken off the list.* **2** [I] wy/startować (*np. o samolocie*) **3** [I] *informal* wyjeżdżać: *We packed everything in the car and took off.* **4 take some time/a week off** wziąć trochę/tydzień wolnego **5** [I] nabierać rozpędu: *Her career took off as soon as she moved to Hollywood.*

take on *phr v* [T] **1** [**take** sb ↔ **on**] stawać do pojedynku z: *The winner of this game will take on Houston.* **2** [**take on** sth] nabierać: *Once we had children, Christmas took on a different sort of* *importance.* **3** [**take** sth ↔ **on**] wziąć na siebie: *I've taken on far too much work lately.* **4** [**take** sb **on**] zatrudnić: *The team has taken on a new coach.*

take out *phr v* [T] **1** [**take** sth ↔ **out**] usunąć: *The dentist says she may have to take out one of my back teeth.* **2** [**take** sth **out of** sth] wyjmować z: *He took some money out of his pocket.* **3** [**take** sb **out**] zapraszać, zabierać: *I'm taking Helen out for dinner next week.*

take it out on sb *phr v* [T] odgrywać się na: *Don't take it out on me, it's not my fault you've had a bad day.*

take over *phr v* [I,T **take** sth ↔ **over**] przejmować: *His son will take over the business.*

take to *phr v* [T] **1** [**take to** sb/sth] polubić: *The two women took to each other right away.* **2 take to doing sth** zacząć coś robić: *Sandra has taken to getting up early to go jogging.*

take up *phr v* [T] **1** [**take up** sth] zainteresować się: *I've just taken up golf.* **2** [**take up** sth] zajmować: *The program takes up a lot of memory on the hard drive.*

take sb **up on** sth *phr v* [T] **take sb up on an offer/invitation** s/korzystać z czyjejś propozycji/zaproszenia: *Thanks for the offer. I might take you up on it.*

take up with *phr v* [T] [**take** sth ↔ **up with** sb] przedyskutować z: *You should take it up with the union.*

take[2] *n* [C] ujęcie: *Cut! Take 2!*

take·a·way /ˈteɪkəweɪ/ *n* [C] *BrE* danie na wynos

take-off /ˈ. ./, **takeoff** *n* [C,U] start (*np. samolotu*)

take·out /ˈ. ./ *n* [C] *AmE* danie na wynos

take·o·ver /ˈteɪkˌəʊvə/ *n* [C] przejęcie: *the union's fears about job losses after the takeover*

tak·ings /ˈteɪkɪŋz/ *n* [plural] utarg: *the day's takings*

tal·cum pow·der /ˈtælkəm ˌpaʊdə/ *także* **talc** /tælk/ *n* [U] talk

tale /teɪl/ *n* [C] opowieść, baśń: *a book of fairy tales*

tal·ent /ˈtælənt/ *n* [C,U] talent: *She has a talent for painting.*

tal·ent·ed /ˈtæləntɪ̈d/ *adj* utalentowany: *talented young players*

talk[1] /tɔːk/ *v* **1** [I] mówić: *How old was your baby when she started to talk?* | *They threatened to shoot him, but he still refused to talk.* | **+ about** *Grandpa never talks much about the war.* **2** [I,T] po/rozmawiać: **talk to sb** *także* **talk with sb** *AmE* (=rozmawiać z kimś): *I'd like to talk with you in private.* | *Who's he talking to on the phone?* | **+ about** *It always helps to talk about your problems.* **3 what are you talking about?** *spoken* o czym ty mówisz?: *Aliens? UFOs? What are you talking about?* **4 talk about** *spoken informal* to się nazywa: *Talk about lucky* (=to się nazywa mieć szczęście)*!* **5 talk sense** mówić do rzeczy **6 talk (some) sense into sb** przemówić komuś do rozsądku **7 talking of** *spoken* skoro już mówimy o: *Talking of food, isn't it time for lunch?* **8 talk shop** *informal* rozmawiać o sprawach służbowych: *The trouble with teachers is that they're always talking shop.*

talk back *phr v* [I] pyskować: *Don't talk back to your father!*

talk sb **into** sth *phr v* [T] namówić do/na: *I didn't want to go, but my friends talked me into it.*

talk sb **out of** sth *phr v* [T] odwieść od

talk sth ↔ **over** *phr v* [T] omawiać

talk[2] *n* **1** [C] rozmowa: *Steve and I had a long talk last night.* **2** [C] wykład, pogadanka: *Professor Mason will be giving a talk on the Civil War.* **3** [U] mowa: *There was talk of the factory closing down.* **4 it's just talk/it's all talk** *spoken* to tylko takie gadanie ➡ patrz też SMALL TALK, TALKS

talk·a·tive /ˈtɔːkətɪv/ *adj* rozmowny

talks /tɔːks/ *n* [plural] *formal* rozmowy: *the latest trade talks*

talk show /ˈ. ./ *n* [C] *AmE* talkshow

tall /tɔːl/ *adj* **1** wysoki: *the tallest boy in the class* | *tall buildings* | *How tall are you* (=ile masz wzrostu)*?* | *My brother's almost*

6 feet tall (=ma sześć stóp wzrostu). **2 a tall tale** *AmE*, **a tall story** *BrE* nieprawdopodobna historia

UWAGA **tall**
Patrz **high** i **tall**.

tal·ly[1] /'tæli/ *n* [C] rejestr

tally[2] *v* **1** [I] zgadzać się: *The witnesses' statements didn't tally.* **2** [T] *także* **tally up** podliczać: *Can you tally up the scores?*

tal·on /'tælən/ *n* [C] pazur, szpon

tam·bou·rine /ˌtæmbə'riːn/ *n* [C] tamburyn

tame[1] /teɪm/ *adj* **1** oswojony **2** nienadzwyczajny: *"How was the movie?" "Pretty tame."*

tame[2] *v* [T] oswajać

tam·per /'tæmpə/ *v*

tamper with sth *phr v* [T] majstrować przy: *Several bottles of aspirin had been tampered with.*

tam·pon /'tæmpɒn/ *n* [C] tampon

tan[1] /tæn/ *n* [C] opalenizna

tan[2] *adj* **1** jasnobrązowy: *light tan shoes* **2** *AmE* opalony: *Your face is really tan.*

tan[3] *v* [I,T] **-nned, -nning** opalać (się): *I don't tan easily.*

tan·dem /'tændəm/ *n* [C] tandem

tan·gent /'tændʒənt/ *n* **1 go off on a tangent** nagle zmienić temat **2** *technical* styczna

tan·ge·rine /ˌtændʒə'riːn/ *n* [C] mandarynka

tan·gi·ble /'tændʒ̩ˌbəl/ *adj* namacalny: *tangible proof* ➡ antonim INTANGIBLE

tan·gle[1] /'tæŋgəl/ *n* [C] plątanina

tangle[2] *v* [I,T] za/plątać (się)

tan·gled /'tæŋgəld/ *także* **tangled up** *adj* **1** splątany: *tangled blonde hair* **2** powikłany: *tangled emotions*

tan·go /'tæŋgəʊ/ *n* **the tango** tango

tang·y /'tæŋi/ *adj* kwaskowaty: *a tangy lemon sauce*

tank /tæŋk/ *n* [C] **1** zbiornik: *the hot water tank* | **petrol tank** *BrE*/**gas tank** *AmE* (=bak) **2** czołg

tank·er /'tæŋkə/ *n* [C] **1** tankowiec: *an oil tanker* **2** samochód cysterna

tanned /tænd/ *adj* opalony

tan·ta·liz·ing /'tæntəl-aɪzɪŋ/ (*także* **-ising** *BrE*) *adj* kuszący: *tantalizing smells from the kitchen* —**tantalizingly** *adv*: *Liverpool came tantalizingly close to victory* (=był boleśnie blisko zwycięstwa).

tan·ta·mount /'tæntəmaʊnt/ *adj* **tantamount to sth** równoznaczny z czymś: *His refusal to speak was tantamount to admitting he was guilty.*

tan·trum /'tæntrəm/ *n* [C] napad złości

tap[1] /tæp/ *v* **-pped, -pping 1** [I,T] stukać: *Someone was tapping on the window outside.* | *Caroline tapped her feet in time to the music.* **2** [T] wykorzystywać: *tapping the country's natural resources* | **tap into sth** (=docierać do czegoś): *With the Internet you can tap into information from around the world.* **3** [T] podsłuchiwać: *tapping my telephone conversations*

tap[2] *n* [C] **1** klepnięcie: *Suddenly I felt a tap on my shoulder.* **2** *especially BrE* kran: *I turned on the cold water tap.* **3 on tap** pod ręką: *unlimited data on tap*

tap dan·cing /'. ˌ../ *n* [U] stepowanie

tape[1] /teɪp/ *n* [C,U] taśma: *Can I borrow your old Beatles tape?* | *Did you get the interview on tape* (=czy nagrałeś ten wywiad)? ➡ patrz też VIDEOTAPE[1]

tape[2] *v* [I,T] **1** nagrywać (na taśmę) ➡ patrz też VIDEOTAPE[2] **2** przyklejać taśmą: *He has lots of postcards taped to his wall.*

tape deck /'. ./ *n* [C] magnetofon (*bez wzmacniacza*)

tape mea·sure /'. ˌ../ *n* [C] miara taśmowa

ta·per /'teɪpə/ *v* [I,T] zwężać (się): *pants with tapered legs* (=ze zwężanymi nogawkami)

taper off *phr v* [I] o/słabnąć: *The rain finally tapered off in the afternoon.*

tape re·cord·er /'. .ˌ../ *n* [C] magnetofon

tape re·cord·ing /'. .ˌ../ *n* [C] nagranie

tap·es·try /'tæp̩ˌstri/ *n* [C,U] gobelin

tap wa·ter /'. ˌ../ *n* [U] woda z kranu

tar /tɑː/ *n* [U] smoła

tar·get[1] /'tɑːgɪt/ *n* [C] **1** cel: *a military target | Tourists are an easy target for thieves. | He set himself a target of learning 20 new words each week.* **2** tarcza: *Pete missed the target by two inches.* **3** obiekt (*np. krytyki*)

target[2] *v* [T] **1** wy/celować: *The missiles were targeted at major US cities.* **2** adresować: *welfare programmes targeted at the unemployed*

tar·iff /'tærɪf/ *n* [C] cło

tar·mac /'tɑːmæk/ *n* **the tarmac a)** asfalt **b)** płyta lotniska

tar·nish /'tɑːnɪʃ/ *v* **1** [T] splamić, zbrukać: *the violence that tarnished Miami's reputation* **2** [I] z/matowieć

tar·pau·lin /tɑː'pɔːlɪn/ *n* [C,U] brezent

tart[1] /tɑːt/ *n* [C] **1** ciastko z owocami **2** *BrE* dziwka

tart[2] *adj* cierpki: *tart green apples*

tar·tan /'tɑːtn/ *n* [C,U] szkocka krata

task /tɑːsk/ *n* zadanie: *Finding the killer is not going to be an easy task.*

task force /'. ./ *n* [C] **1** grupa robocza **2** oddział specjalny

tas·sel /'tæsəl/ *n* [C] frędzel

taste[1] /teɪst/ *n* **1** [C,U] smak: *I don't like the taste of garlic. | a bitter taste* **2** [C,U] gust: **+ in** *We both have the same taste in music.* | **have good taste** *Emma always wears nice clothes. She's got good taste.* **3 get/lose one's taste for sth** nabrać ochoty/stracić ochotę do czegoś: *Greene never lost his taste for travel.* **4 have a taste** spróbować, skosztować: *Here, have a taste and tell me what you think.* **5** [singular] próbka: *a taste of life in Japan* **6 be in bad/poor taste** być w złym guście: *That joke was in very bad taste.* **7 be in good taste** być w dobrym guście

taste[2] *v* **1** [I] smakować: *This milk tastes a little sour.* | **taste of sth** (=mieć smak czegoś): *The wine tastes a little of strawberries.* **2** [T] spróbować, skosztować: *She tasted the casserole, then added a few more herbs.* **3 can taste sth** czuć smak czegoś: *You can really taste the spices in this curry.*

taste·ful /'teɪstfəl/ *adj* gustowny: *The room was painted in a tasteful shade of green.* —**tastefully** *adv* gustownie: *a tastefully furnished apartment*

taste·less /'teɪstləs/ *adj* **1** niegustowny: *tasteless ornaments* **2** niesmaczny: *tasteless jokes* **3** bez smaku: *tasteless food*

tast·y /'teɪsti/ *adj* smaczny

tat·tered /'tætəd/ *adj* podarty: *tattered curtains*

tat·ters /'tætəz/ *n* [plural] **in tatters** w strzępach

tat·too /tə'tuː/ *n* [C] tatuaż —**tattoo** *v* [T] wy/tatuować

tat·ty /'tæti/ *adj BrE informal* sfatygowany: *Max was wearing dirty jeans and a tatty old jumper.*

taught /tɔːt/ *v* czas przeszły i imiesłów bierny od TEACH

taunt /tɔːnt/ *v* [T] drwić z: *The other kids taunted him about his weight.*

Tau·rus /'tɔːrəs/ *n* [C,U] Byk

taut /tɔːt/ *adj* naprężony: *a taut rope* —**tautly** *adv*

tav·ern /'tævən/ *n* [C] *old-fashioned* tawerna

taw·dry /'tɔːdri/ *adj* tandetny: *a tawdry imitation*

tax[1] /tæks/ *n* [C,U] podatek: *Taxes on alcohol and cigarettes have gone up again. | She earns about $50,000 a year, after tax.*

tax[2] *v* [T] **1** opodatkowywać: *Incomes of under $30,000 are taxed at 15%.* **2 tax sb's patience/strength** wystawiać na próbę czyjąś cierpliwość/wytrzymałość

tax·a·tion /tæk'seɪʃən/ *n* [U] **1** opodatkowanie **2** podatki

tax-free /. '.◂ / *adj* wolny od podatku

tax·i[1] /'tæksi/ *także* **tax·i·cab** /-'tæksikæb/ *n* [C] taksówka: *We took a taxi home. | a taxi driver*

taxi[2] *v* [I] kołować (*po płycie lotniska*)

T

tax·ing /ˈtæksɪŋ/ *adj* wyczerpujący, męczący: *a taxing job*

taxi rank /ˈ.. ./ *BrE*, **taxi-stand** *AmE n* [C] postój taksówek

tax·pay·er /ˈtæksˌpeɪə/ *n* [C] podatnik

tax re·turn /ˈ. .ˌ./ *n* [C] zeznanie podatkowe

TB /ˌtiː ˈbiː/ *n* [U] skrót od TUBERCULOSIS

tea /tiː/ *n* [C,U] **1** herbata: *a cup of tea | herbal teas* **2** *BrE* podwieczorek **3** *BrE informal* kolacja

tea bag /ˈ. ./ *także* **teabag** *n* [C] torebka herbaty ekspresowej

teach /tiːtʃ/ **taught, taught, teaching** *v* **1** [I,T] uczyć: *Mr Rochet has been teaching for 17 years. | She teaches science at the local school.* **2** [T] na/uczyć: *My dad taught me how to swim.* **3 teach sb a lesson** *informal* dać komuś nauczkę

teach·er /ˈtiːtʃə/ *n* [C] nauczyciel/ka: *Mr Paulin is my history teacher.*

teacher's pet /ˌ.. ˈ./ *n* [singular] *informal often humorous* pupilek

teach·ing /ˈtiːtʃɪŋ/ *n* [U] **1** nauczanie: *I'd like to go into teaching when I finish college.* **2 teachings** nauki

tea·cup /ˈtiːkʌp/ *n* [C] filiżanka

team[1] /tiːm/ *n* [C] **1** drużyna: *Which is your favourite baseball team?* **2** zespół: *a team of doctors* **3** zaprzęg

> **UWAGA team**
>
> W brytyjskiej angielszczyźnie czasownik łączący się z **team** może występować w liczbie mnogiej lub pojedynczej: *Our team is/are wearing red.* W amerykańskiej angielszczyźnie czasownik łączący się z **team** występuje zawsze w liczbie pojedynczej: *Our team is wearing red.*

team[2] *v*

team up *phr v* [I] połączyć siły: *The band teamed up with other leading artists to produce the single.*

team·mate /ˈtiːm-meɪt/ *n* [C] kolega/koleżanka z drużyny/zespołu

team·work /ˈtiːmwɜːk/ *n* [U] praca zespołowa

tea·pot /ˈtiːpɒt/ *n* [C] dzbanek do herbaty

tear[1] /teə/ **tore, torn, tearing** *v* **1** [T] rozdzierać: *He tore the envelope open. | Oh no, I've torn a hole in my jeans* (=zrobiłem dziurę w dżinsach)*!* **2** [I] po/drzeć się: *When paper is wet, it tears easily.* **3** [I] *informal* lecieć, pędzić: **+ around/into/out of etc** *Two kids came tearing around the corner* (=wypadły zza rogu). **4** [T] zburzyć: *It's time some of these apartment blocks were torn down.*

tear apart *phr v* [T] **1** [**tear** sth ↔ **apart**] rozrywać, rozdzierać: *Yugoslavia was torn apart by a bloody civil war.* **2** [**tear** sb/sth ↔ **apart**] zniszczyć **3** [**tear** sb **apart**] dobijać (*psychicznie*): *It tears me apart to see Linda cry.*

tear sth ↔ **down** *phr v* [T] z/burzyć: *The school was torn down to make way for a car park.*

tear sth ↔ **off** *phr v* [T] zedrzeć z siebie: *He tore off his sweater.*

tear sth ↔ **up** *phr v* [T] po/drzeć na kawałki: *He tore up all of Linda's old letters.*

tear[2] /tɪə/ *n* [C] łza: *When she looked round, there were tears in her eyes.* | **burst into tears** (=wybuchnąć płaczem): *Suddenly Brian burst into tears.* | **in tears** (=we łzach): *Most of the audience were in tears.*

tear[3] /teə/ *n* [C] rozdarcie, dziura

tear·drop /ˈtɪədrɒp/ *n* [C] łza

tear·ful /ˈtɪəfəl/ *adj* pełen łez: *They said a tearful goodbye at the airport.* —**tearfully** *adv* ze łzami

tear·gas /ˈtɪəgæs/ *n* [U] gaz łzawiący

tease /tiːz/ *v* **1** [I,T] żartować sobie (z): *Don't worry, I was just teasing.* **2** [T] dokuczać: *The other boys all teased him because he was overweight.*

tea·spoon /ˈtiːspuːn/ *n* [C] **1** łyżeczka (do herbaty) **2** *także* **teaspoonful** (pełna) łyżeczka

teat /tiːt/ *n* [C] smoczek (*na butelkę*)

tea tow·el /ˈ. ˌ../ *n* [C] *BrE* ściereczka do naczyń

tech·ni·cal /ˈteknɪkəl/ *adj* **1** techniczny: *technical experts* **2** fachowy: *a legal document full of technical terms*

tech·ni·cal·i·ty /ˌteknɪ̈ˈkælɪ̈ti/ *n* **1 technicalities** [plural] szczegóły techniczne **2** [C] kruczek prawny

tech·ni·cally /ˈteknɪkli/ *adv* formalnie rzecz biorąc: *Technically he's responsible for fixing all the damage.*

tech·ni·cian /tekˈnɪʃən/ *n* [C] technik: *a laboratory technician*

tech·nique /tekˈniːk/ *n* [C,U] technika: *pencil drawing techniques*

> UWAGA **technique i technician**
>
> **Technique** nie znaczy 'technik'. Najczęściej **technique** używa się w znaczeniu 'technika' tzn. 'sposób wykonywania jakiejś czynności': *new surgical techniques | the latest teaching and testing techniques.* 'Technik' to po angielsku **technician**: *I asked one of the technicians for help.*

tech·nol·o·gy /tekˈnɒlədʒi/ *n* [C,U] technika: *the achievements of modern technology* —**technological** /ˌteknəˈlɒdʒɪkəl◂ / *adj* techniczny: *technological advances*

ted·dy bear /ˈtedi beə/ *także* **teddy** *BrE n* [C] miś pluszowy

te·di·ous /ˈtiːdiəs/ *adj* nużący: *a tedious discussion*

teem /tiːm/ *v*

teem with sth/sb *phr v* [T] roić się od: *The lake was teeming with fish.* —**teeming** *adj*: *the teeming streets* (=zatłoczone ulice) *of Cairo*

teen /tiːn/ *n* [C] *AmE informal* nastolatek/ka

teen·age /ˈtiːneɪdʒ/ *adj* [only before noun] **1** nastoletni: *She's got two teenage sons.* **2** młodzieżowy: *a teenage club*

teen·ag·er /ˈtiːneɪdʒə/ *n* [C] nastolatek/ka

teens /tiːnz/ *n* [plural] **be in your teens** być nastolatk-iem/ą: *She got married when she was still in her teens.*

tee shirt /ˈ. ˌ./ *n* koszulka z krótkim rękawem

teeth /tiːθ/ *n* liczba mnoga od TOOTH

teethe /tiːð/ *v* [I] **1** ząbkować **2 teething troubles/problems** *BrE* początkowe trudności

tee·to·tal·ler /tiːˈtəʊtələ/ *BrE*, **teetotaler** *AmE n* [C] abstynent/ka —**teetotal** *adj* niepijący

tel·e·com·mu·ni·ca·tions /ˌtelɪkəmjuːnɪ̈ˈkeɪʃənz/ *n* [U plural] telekomunikacja

tel·e·gram /ˈtelɪ̈græm/ *n* [C] telegram

tel·e·graph /ˈtelɪ̈grɑːf/ *n* [U] telegraf

te·lep·a·thy /tɪ̈ˈlepəθi/ *n* [U] telepatia —**telepathic** /ˌtelɪ̈ˈpæθɪk◂ / *adj* telepatyczny

tel·e·phone[1] /ˈtelɪ̈fəʊn/ *także* **phone** *n* [C] telefon: *I was on the telephone* (=rozmawiałam przez telefon). | *a telephone call* (=rozmowa telefoniczna)

telephone[2] *v* [I,T] *formal* za/dzwonić (do)

telephone di·rec·to·ry /ˈ... .,.../ *n* [C] książka telefoniczna

telephone ex·change /ˈ... .,./ *także* **exchange** *n* [C] centrala telefoniczna

tel·e·scope /ˈtelɪ̈skəʊp/ *n* [C] teleskop

tel·e·vise /ˈtelɪ̈vaɪz/ *v* [T] transmitować w telewizji: *Is the game going to be televised?*

tel·e·vi·sion /ˈtelɪ̈ˌvɪʒən/ *n* **1** *także* **television set** [C] telewizor **2** [U] telewizja: *Who invented television?* | *a job in television* | **watch television** *He's been watching television all day.* | **on television** (=w telewizji): *Have you ever been on television?*

> UWAGA **television**
>
> Po angielsku 'w telewizji' to **on television**.

tell /tel/ *v* **told, told, telling 1** [T] mówić, powiedzieć: **tell sb about sth** *Have you told John about the party?* | **tell sb (that)** *She told me she can't come on Friday.* | **tell sb how/where etc** *Could you tell me where the post office is, please?* **2 can tell** wiedzieć: **can tell**

(that) *I could tell that* (=widziałem, że) *Jo was in a bad mood.* | **can tell the difference** (=widzieć różnicę): *Use yoghurt instead of cream – you can't tell the difference.* **3** [T] kazać: **tell sb to do sth** *He told me to come in and sit down.* | **tell yourself** *I keep telling myself* (=powtarzam sobie) *not to worry.* **4** [T] informować: *The machine's red light tells you it's recording.* **5 tell the time** *BrE*/**tell time** *AmE* podawać czas **6 there's no telling what/how/whether** *spoken* nie wiadomo, co/jak/czy: *There's just no telling what he'll say next.* **7** [I,T] *spoken informal* po/skarżyć: **tell on sb** *Please don't tell on me!* **8 (I'll) tell you what** wiesz co: *Tell you what, call me on Friday.* **9 I tell you/I'm telling you** *spoken* mówię ci: *I'm telling you, the food was unbelievable!* **10 I told you (so)** *spoken* a nie mówiłem?: *I told you so – I told you it wouldn't work.* **11 you never can tell/you can never tell** *spoken* nigdy nie wiadomo: *They're not likely to win, but you never can tell.* ➡ patrz też **all told** (ALL[1])

tell sb/sth **apart** *phr v* [T] rozróżnić: *It's difficult to tell them apart.*

tell sb ↔ **off** *phr v* [T] *informal* z/besztać: **be/get told off** *Sean's always getting told off at school.*

> UWAGA **tell**
>
> Używając czasownika **tell** w znaczeniu 'powiedzieć', musimy zawsze dodać, do kogo mówimy. Dlatego nie mówi się "he told that he was going", a **he told me that he was going**. Nie mówi się też "he told about it", a **he told me about it**. Patrz też **say** i **tell**.

tell·er /ˈtelə/ *n* [C] *especially AmE* kasjer/ka (*w banku*)

tell·ing /ˈtelɪŋ/ *adj* wymowny: *a telling remark*

tell·tale /ˈtelteɪl/ *adj* charakterystyczny: **telltale sign** *the telltale sign of drug addiction*

tel·ly /ˈteli/ *n* [C] *BrE informal* telewizja

temp /temp/ *n* [C] zastępstwo: *We're getting a temp in while Jane's away.*

tem·per /ˈtempə/ *n* **1** [C,U] wybuchowy charakter: *Mark needs to learn to control his temper.* **2** [U singular] nastrój: **be in a bad/foul/good temper** (=być w złym/podłym/dobrym nastroju): *You're certainly in a foul temper this morning.* **3 lose your temper** s/tracić panowanie nad sobą: *I lost my temper and slammed the door.* **4 keep your temper** panować nad sobą: *As a teacher, you must be able to keep your temper.*

tem·pe·ra·ment /ˈtempərəmənt/ *n* [C,U] temperament, usposobienie: *a baby with a sweet temperament*

tem·pe·ra·men·tal /ˌtempərəˈmentl◂/ *adj* ulegający nastrojom

tem·pe·rate /ˈtempərᵊ̣t/ *adj* umiarkowany: *Britain has a temperate climate.*

tem·pe·ra·ture /ˈtempərətʃə/ *n* **1** [C,U] temperatura: **+ of** *Water boils at a temperature of 100°C.* | **take sb's temperature** (=z/mierzyć komuś temperaturę) **2 have/run a temperature** mieć gorączkę

> UWAGA **temperature**
>
> Patrz **fever** i **temperature**.

tem·pest /ˈtempᵊ̣st/ *n* [C] *literary* burza

tem·pes·tu·ous /temˈpestʃuəs/ *adj* burzliwy: *a tempestuous relationship*

tem·plate /ˈtempleɪt/ *n* [C] szablon

tem·ple /ˈtempəl/ *n* [C] **1** świątynia **2** skroń

tem·po /ˈtempəʊ/ *n* [C,U] tempo: *the tempo of city life*

tem·po·ra·ry /ˈtempərəri/ *adj* tymczasowy: *temporary accommodation* | *Temporary jobs are becoming more common.* —**temporarily** *adv* tymczasowo, chwilowo: *The library is temporarily closed.* ➡ porównaj PERMANENT

tempt /tempt/ *v* **1** [T] s/kusić: *He was tempted by the big profits of the drugs trade.* | **tempt sb to do sth** *They're offering free gifts to tempt people to join.* **2 be tempted to do sth** mieć wielką ochotę coś zrobić: *I was tempted to tell him what his girlfriend had been saying about him.* —**tempting** *adj* kuszący: *a tempting offer*

temp·ta·tion /temp'teɪʃən/ *n* [C,U] pokusa: *Having chocolate in the house is a great temptation!* | **resist (the) temptation** (=opierać się pokusie): *I really had to resist the temptation to slap him.* | **give in to temptation** (=ulegać pokusie)

ten /ten/ *number* dziesięć → patrz też TENTH[1]

te·na·cious /tə'neɪʃəs/ *adj* nieustępliwy, wytrwały

ten·ant /'tenənt/ *n* [C] lokator/ka

tend /tend/ *v* **1 tend to do sth** mieć zwyczaj coś robić: *It tends to be very wet* (=zwykle jest bardzo mokro) *at this time of year.* **2** *także* **tend to** [T] *formal* doglądać: *Rescue teams were tending to the survivors.*

ten·den·cy /'tendənsi/ *n* [C] **1** skłonność: **+ towards** *Some people may inherit a tendency towards alcoholism.* | **have a tendency to do sth** *He has a tendency to talk too much.* **2** tendencja: **+ for** *There's a tendency for men* (=mężczyźni mają tendencję) *to marry younger women.*

ten·der /'tendə/ *adj* **1** kruchy, miękki: *tender meat* → antonim TOUGH **2** obolały **3** czuły: *a tender look* —**tenderly** *adv* czule —**tenderness** *n* [U] czułość

ten·don /'tendən/ *n* [C] ścięgno

ten·e·ment /'tenəmənt/ *n* [C] kamienica czynszowa

ten·nis /'tenəs/ *n* [U] tenis

ten·or /'tenə/ *n* [C] tenor

tense[1] /tens/ *adj* **1** spięty: *You seem really tense – what's wrong?* **2** napięty: *Massage helps to relax tense neck muscles.* | *a tense situation*

tense[2] *n* [C,U] czas (*gramatyczny*): *the past tense*

ten·sion /'tenʃən/ *n* [C,U] napięcie: *efforts to calm racial tensions* | *The tension as we waited for the news was unbearable.* | *You can increase the tension by turning this screw.*

tent /tent/ *n* [C] namiot: **put up a tent** (=rozbijać namiot)

ten·ta·cle /'tentəkəl/ *n* [C] macka

ten·ta·tive /'tentətɪv/ *adj* **1** wstępny: *tentative plans* **2** niepewny: *a tentative smile* —**tentatively** *adv* wstępnie, niepewnie

tenth[1] /tenθ/ *number* dziesiąty

tenth[2] *n* [C] dziesiąta część, jedna dziesiąta

ten·ure /'tenjə/ *n* [U] **1** tytuł własności **2** kadencja: *his tenure as major*

tep·id /'tepəd/ *adj* letni: *tepid coffee*

term[1] /tɜːm/ *n* [C] **1** termin: *I don't understand all the legal terms.* **2** *BrE* semestr **3** kadencja: *The President hopes to be elected for a second term.* **4 in the long/short term** na dłuższą/krótką metę: *Things don't look good in the short term.* → patrz też TERMS

term[2] *v* [T] *formal* nazywać: **be termed sth** *The meeting could hardly be termed a success* (=spotkanie trudno byłoby nazwać udanym).

ter·mi·nal[1] /'tɜːmənəl/ *n* [C] terminal: *They're building a new terminal at the airport.* | *a computer terminal*

terminal[2] *adj* nieuleczalny: *terminal cancer* —**terminally** *adv* nieuleczalnie: *Her mother is terminally ill.*

ter·mi·nol·o·gy /ˌtɜːmə'nɒlədʒi/ *n* [C,U] terminologia: *scientific terminology*

ter·mi·nus /'tɜːmənəs/ *n* [C] przystanek końcowy

ter·mite /'tɜːmaɪt/ *n* [C] termit

terms /tɜːmz/ *n* [plural] **1** warunki: *Sign here to say you agree to the terms and conditions.* **2 in terms of** z punktu widzenia: *In terms of sales, the book hasn't been very successful.* | **in financial/artistic terms** (=w kategoriach finansowych/artystycznych): *A million years isn't a very long time in geological terms.* **3 come to terms with** po/godzić się z: *It was hard to come to terms with Marie's death.* **4 in no uncertain terms** bez ogródek: *He* *told me in no uncertain terms not to come back.* **5 be on good/bad terms** być w dobrych/kiepskich stosunkach: *We're on good terms with most of the people who live here.* **6 be on speaking terms** odzywać się do siebie: *We're barely on speaking terms now.*

ter·race /'terəs/ *n* [C] **1** taras **2** *BrE* rząd szeregowców

terraced house /,.. './ *n* [C] *BrE* szeregowiec

ter·ra·cot·ta /,terə'kɒtə◂/ *n* [U] terakota: *a terracotta pot*

ter·rain /te'reɪn/ *n* [C,U] teren: *mountainous terrain*

ter·res·tri·al /tə'restriəl/ *adj technical* **1** ziemski **2** lądowy: *terrestrial reptiles*

ter·ri·ble /'terəbəl/ *adj* okropny: *The food at the hotel was terrible.*

ter·ri·bly /'terəbli/ *adv* **1** okropnie: *We played terribly, and that's why we lost.* **2** *BrE* strasznie: *I'm terribly sorry, but the answer is no.*

ter·ri·er /'teriə/ *n* [C] terier

ter·rif·ic /tə'rɪfɪk/ *adj informal* **1** wspaniały: *There was a terrific view from the top of the hill.* **2** straszny: *Losing his job was a terrific shock.*

ter·ri·fied /'terəfaɪd/ *adj* przerażony: **be terrified of sth** *I'm absolutely terrified of spiders* (=okropnie się boję pająków).

ter·ri·fy /'terəfaɪ/ *v* [T] przerażać: *The thought of giving a speech terrified her.* —**terrifying** *adj* przerażający

ter·ri·to·ri·al /,terə'tɔːriəl◂/ *adj* terytorialny: *US territorial waters*

ter·ri·to·ry /'terətəri/ *n* **1** [C,U] terytorium: *Canadian territory* **2** [U] obszar: *We are moving into unfamiliar territory with the new software.*

ter·ror /'terə/ *n* [C,U] paniczny strach, przerażenie: **in terror** *She screamed in terror* (=z przerażenia).

ter·ror·is·m /'terərɪzəm/ *n* [U] terroryzm

ter·ror·ist /'terərəst/ *n* [C] terroryst-a/ka

ter·ror·ize /'terəraɪz/ (*także* **-ise** *BrE*) *v* [T] s/terroryzować: *Gangs have been terrorizing the community.*

test¹ /test/ *n* [C] **1** sprawdzian: *I've got a history test tomorrow.* | **pass/fail a test** (=zdać/oblać sprawdzian): *I failed my driving test twice* (=dwa razy oblałem egzamin na prawo jazdy). | **do/take a test** (=pisać sprawdzian): *The children are doing a French test at the moment.* **2** badanie: *an eye test* | *the results of blood tests* **3** kontrola: *safety tests on diving equipment* **4** próba: **+ of** *Today's race is a real test of skill.*

test² *v* [T] **1** prze/testować: *testing nuclear weapons* | **test sb on sth** *We're being tested on grammar tomorrow.* **2** z/badać: *You need to get your eyes tested.* **3** poddawać próbie: *The next six months will test her powers of leadership.*

tes·ta·ment /'testəmənt/ *n* **be a testament to sth** *formal* świadczyć o czymś: *His latest CD is a testament to his growing musical abilities.* ➡ patrz też NEW TESTAMENT, OLD TESTAMENT

test case /'. ./ *n* [C] precedens sądowy

tes·ti·cle /'testɪkəl/ *n* [C] *plural* **testicles** *or* **testes** /'testiːz/ jądro

tes·ti·fy /'testəfaɪ/ *v* [I,T] zeznawać: **+ that** *Two men testified that they saw you outside the bank.*

tes·ti·mo·ni·al /,testə'məʊniəl/ *n* [C] referencje

tes·ti·mo·ny /'testəməni/ *n* [C,U] zeznanie

test tube /'. ./ *n* [C] probówka

tet·a·nus /'tetənəs/ *n* [U] tężec

teth·er /'teðə/ *n* [C] **at the end of your tether** u kresu wytrzymałości

text /tekst/ *n* [C,U] tekst: *The text of the speech was printed in the newspaper.*

text·book /'tekstbʊk/ *n* [C] podręcznik: *a history textbook*

tex·tile /'tekstaɪl/ *n* [C] tkanina

tex·ture /'tekstʃə/ *n* [C,U] faktura: *fabric with a coarse texture*

than /ðən/ *conjunction, prep* niż, od: *Jean's taller than Stella.* | *I can swim better than* *you.* | *He earns more than I do.* ➡ patrz też **rather than** (RATHER)

thank /θæŋk/ *v* **1** [T] po/dziękować: **thank sb for sth** *We'd like to thank everyone for all the wedding presents.* **2 thank God/goodness/heavens** *spoken* dzięki Bogu: *Thank God no one was hurt!*

> **UWAGA thank you**
>
> Wyrażenia **thank you** używamy wtedy, kiedy ktoś nam coś daje albo robi lub mówi coś miłego: *"Here's your coat." "Thank you."* | *Thank you for watering my plants.* | *"You look nice today." "Thank you!"* Wyrażenia **no, thank you** używamy wtedy, kiedy chcemy grzecznie powiedzieć 'nie': *"Would you like more coffee?" "No, thank you."* Dziękując za prezent lub za coś specjalnego, mówimy: *Thank you very much. That's very kind of you.*, a bardziej potocznie: *Thanks a lot. That's really nice of you.*

thank·ful /ˈθæŋkfəl/ *adj* wdzięczny: **+ for** *I was thankful for the chance to sit down at last.* | **+ (that)** *We're thankful that the accident wasn't more serious.* —**thankfully** *adv* na szczęście: *Thankfully, everything turned out all right.*

thank·less /ˈθæŋkləs/ *adj* niewdzięczny: *a thankless job*

thanks¹ /θæŋks/ *interjection* **1** dzięki: *Can I borrow your pen? Thanks very much.* | **+ for** *Thanks for ironing my shirt.* **2 thanks/no thanks** (tak,) poproszę/(nie,) dziękuję: *"Would you like a drink?" "No, thanks."*

thanks² *n* [plural] **1** podziękowanie: *He left without a word of thanks.* **2 thanks to sth/sb** dzięki czemuś/komuś: *We're late, thanks to you.*

Thanks·giv·ing /ˌθæŋksˈgɪvɪŋ◂ / *n* [U] Święto Dziękczynienia

thank you /ˈ. ./ *interjection* **1** dziękuję: *"Here's the book you wanted, Katy." "Oh, thank you."* | **+ for** *Thank you for coming to the party.* **2 thank you/no thank you** (tak,) poproszę/(nie,) dziękuję: *"Would you like another piece of cake?" "No, thank you."*

thank-you *n* [C] podziękowanie: *a special thank-you for all your help*

that¹ /ðæt/ *determiner, pron* *plural* **those 1** tamten/tamta/tamto: *Look at that pink car!* ➡ porównaj THIS¹ **2** ten/ta/to: *We met for coffee later that day.* | *How much is that hat in the window?* | *Who told you that?* **3 that is (to say)** to znaczy: *Everyone passed the test – everyone, that is, except Janet, who was ill.* **4 that's it/that's that** *spoken* na tym koniec: *You're not going and that's that!* **5 that's all there is to it** *spoken* i to wszystko, i tyle: *We lost because we didn't play well. That's all there is to it.*

that² /ðət/ *conjunction* **1** że: *She claims that she wasn't there.* | *Is it true that you're leaving?* **2** który: *Did you get the books that I sent you?* ➡ patrz też **so ... that** (SO²), **such ... that** (SUCH)

that³ /ðæt/ *adv* **1 that much/big** tak dużo/taki duży: *The fish he caught was that big.* **2 not (all) that much** nie tak (znowu) dużo: *I'm not that tired considering I didn't sleep.* | *I didn't expect her to be that tall* (=że jest taka wysoka)*!*

thatch /θætʃ/ *n* [C,U] strzecha —**thatched** *adj* kryty strzechą: *a thatched cottage*

thaw¹ /θɔː/ *v* **1** *także* **thaw out** [I,T] rozmrażać (się) **2** *także* **thaw out** [I] s/tajać ➡ porównaj MELT

thaw² *n* [C] odwilż: *the spring thaw*

the¹ /ðə/ *determiner* **1** przed rzeczownikiem określonym: *I need to go to the bank* (=do banku). | *That's the woman I saw* (=kobieta, którą widziałem). | *Whose is the red jacket* (=czerwona kurtka)? ➡ porównaj A **2** w niektórych nazwach własnych: *the United States* | *the Nile* **3** przed przymiotnikiem oznaczającym grupę osób: *They provide services for the blind* (=dla niewidomych). **4** przed rzeczownikiem w znaczeniu ogólnym: *The computer has changed the way people work.* **5** jeden: *There are 9 francs to the pound.* | *He's paid by the hour* (=od godzi-

T

ny). **6** przed nazwami instrumentów muzycznych: *Kira's learning to play the piano.* **7** przed nazwami części ciała: *The ball hit him right in the eye!* **8** przy określaniu dat i okresów: *Tuesday the thirteenth of April* | *in the late 1800s* (=pod koniec XIX wieku) → patrz ramka THE DEFINITE ARTICLE (THE)

the² *conjunction* **the ... the** im ..., tym: *The more you practise, the better you'll play.*

thea·tre /ˈθɪətə/ *BrE*, **theater** *AmE* *n* **1** [C,U] teatr: *the Apollo Theater* | *a study of modern Russian theatre* | *She's been working in theatre for many years.* **2** [C] *także* **movie theater** *AmE* kino (*budynek*) **3** [C,U] sala operacyjna: *The patient is in theatre now.*

the·at·ri·cal /θiˈætrɪkəl/ *adj* teatralny: *a theatrical production* | *a theatrical gesture*

theft /θeft/ *n* [C,U] kradzież: *Car theft is on the increase.*

their /ðeə/ *adj* **1** ich: *Their daughter is a teacher.* **2** swój: *Everybody brought their own wine to the party.* | *The children closed their eyes* (=zamknęły oczy).

theirs /ðeəz/ *pron* **1** ich: *Some friends of theirs* (=jacyś ich znajomi) *are staying with them.* **2** swój: *When our computer broke, Tom and Sue let us use theirs* (=pozwolili nam korzystać ze swojego). | *There's a coat left. Someone must have forgotten theirs.*

them /ðəm/ *pron* **1** ich/je/im, nich/nie/nimi: *Has anybody seen my keys? I can't find them.* | *My friends want me to go out with them tonight.* **2** go/mu/nim: *If anyone phones, can you tell them to call back later?*

theme /θiːm/ *n* [C] **1** temat: *Love is the theme of several of his poems.* **2 theme music/tune** muzyka/melodia przewodnia

theme park /ˈ. ./ *n* [C] park rozrywki poświęcony jednemu tematowi

them·selves /ðəmˈselvz/ *pron* **1** się/siebie/sobie: *People usually like to talk about themselves* (=mówić o sobie). **2** sami/same: *Doctors themselves admit that the treatment does not always work.* **3 (all) by themselves a)** samotnie: *Many old people live by themselves.* **b)** zupełnie sam-i/e, samodzielnie: *The kids made the cake all by themselves.*

then¹ /ðen/ *adv* **1** wtedy, wówczas: *My family lived in New York then.* **2** potem: *We had lunch and then went shopping.* **3** *spoken* więc: *"He can't come on Friday." "Then how about Saturday?"* | *So you're going into nursing then?* **4** to: *If Bobby wants to go, then I'll go too* (=to ja też pójdę). **5 now/OK/right then** *spoken* no dobrze: *Right then, who wants to come swimming?* **6** w dodatku: *He's really busy at work, and then there's the new baby, too!* **7 then and there/there and then** od razu: *I would have given up then and there if my parents hadn't encouraged me.* → **(every) now and then** (NOW¹)

then² *adj* ówczesny: *George Bush, the then president of the US*

the·ol·o·gy /θiˈɒlədʒi/ *n* [U] teologia —**theological** /ˌθiːəˈlɒdʒɪkəl◂/ *adj* teologiczny

theo·ret·i·cal /θɪəˈretɪkəl/ *adj* teoretyczny: *theoretical physics* —**theoretically** *adv* teoretycznie

theo·rist /ˈθɪərəst/ *także* **theo·re·ti·cian** /ˌθɪərəˈtɪʃən/ *n* [C] teorety-k/czka

theo·rize /ˈθɪəraɪz/(*także* **-ise** *BrE*) *v* [I,T] teoretyzować: *Doctors theorize that the infection is passed from animals to humans.*

theo·ry /ˈθɪəri/ *n* **1** [C,U] teoria: *Darwin's theory of evolution* | *studying music theory* **2 in theory** teoretycznie: *In theory, the crime rate should decrease as employment increases.*

ther·a·peu·tic /ˌθerəˈpjuːtɪk◂/ *adj* **1** leczniczy: *therapeutic drugs* **2** terapeutyczny: *Long walks can be therapeutic.*

ther·a·pist /ˈθerəpəst/ *n* [C] terapeut-a/ka: *a speech therapist*

ther·a·py /ˈθerəpi/ *n* [C,U] leczenie, terapia: *He's having therapy to help with alcohol addiction.*

there¹ /ðeə/ *pron* **there is/are/was** jest/są/był: *Are there any questions?* |

There were several people hurt in the accident.

there[2] *adv* **1** tam: *I don't know what happened – I wasn't there* (=nie było mnie tam). | *Would you hand me that glass over there* (=tamtą szklankę)? | **get there** (=dotrzeć do celu/na miejsce): *If we leave now, we'll get there for lunch.* ➡ porównaj HERE **2** wtedy: *I'll read this chapter and stop there.* **3 there you are** *spoken* **a)** proszę (*podając coś*): *I'll just get you the key – there you are.* **b)** no widzisz: *There you are – I knew their relationship wouldn't last.* **4 there** *spoken* no: *There, that's the last piece of the puzzle.* **5 there's ...** *spoken* tam jest ...: *Oh, look, there's a robin.* **6 there and then** *także* **then and there** od razu: *They offered my the job there and then.* ➡ patrz też **here and there** (HERE)

there·a·bouts /ˌðeərəˈbaʊts/ *adv* coś koło tego: *We'll aim to arrive at 10 o'clock, or thereabouts.*

there·af·ter /ðeərˈɑːftə/ *adv formal* potem: *He became ill in May and died shortly thereafter.*

there·by /ðeəˈbaɪ/ *adv formal* tym samym: *Expenses were cut by 12%, thereby increasing efficiency.*

there·fore /ˈðeəfɔː/ *adv formal* dlatego (też): *The car is smaller and therefore cheaper to run.*

ther·mal /ˈθɜːməl/ *adj* **1** cieplny: *thermal energy* **2** ciepły: *thermal underwear*

ther·mom·e·ter /θəˈmɒmɪ̠tə/ *n* [C] termometr

ther·mo·nu·cle·ar /ˌθɜːməʊˈnjuːkliə◂/ *adj* termojądrowy

Ther·mos /ˈθɜːməs/ *także* **Thermos flask** /ˈ.. ./ *n* [C] *trademark* termos

ther·mo·stat /ˈθɜːməstæt/ *n* [C] termostat

the·sau·rus /θɪˈsɔːrəs/ *n* [C] słownik synonimów: *Roget's Thesaurus*

these /ðiːz/ *determiner, pron* liczba mnoga od THIS

the·sis /ˈθiːsɪ̠s/ *n* [C] *plural* **theses** /-siːz/ **1** rozprawa, praca (magisterska/doktorska): *She's writing her thesis on women criminals.* **2** *formal* teza

they /ðeɪ/ *pron* **1** oni/one: *Ken gave me some flowers, aren't they beautiful?* | *I went to Ann and Ed's place, but they weren't there* (=nie było ich w domu). **2 they say** mówią, że: *They say it's bad luck to spill salt.* **3** on/a: *Someone at work said they knew her* (=ktoś w pracy mówił, że ją zna).

they'd /ðeɪd/ **1** forma ściągnięta od 'they had': *They'd had a lot to drink.* **2** forma ściągnięta od 'they would': *They'd like to visit us.*

they'll /ðeɪl/ forma ściągnięta od 'they will': *They'll have to wait.*

they're /ðeə/ forma ściągnięta od 'they are': *They're very nice people.*

they've /ðeɪv/ forma ściągnięta od 'they have': *They've been here before.*

thick[1] /θɪk/ *adj* **1** gruby: *a nice thick piece of bread* ➡ antonim THIN[1] **2 be 5cm/1m thick** mieć 5cm/1m grubości: *The walls are 30cm thick.* **3** gęsty: *thick soup/smoke* | *a thick cloud* | *a thick forest* | *He has thick black hair.* **4** *BrE informal* tępy: *Don't be so thick!* —**thickly** *adv* grubo, gęsto

thick[2] *n* **1 in the thick of sth** w samym środku czegoś: *US troops are right in the thick of the action.* **2 through thick and thin** na dobre i na złe: *The brothers have always stuck with each other through thick and thin.*

thick·en /ˈθɪkən/ *v* **1** [I] z/gęstnieć: *The fog had thickened.* **2** [T] zagęszczać: *Thicken the soup with flour.*

thick·et /ˈθɪkɪ̠t/ *n* [C] gąszcz

thick·ness /ˈθɪknɪ̠s/ *n* [C,U] grubość: *Look at the thickness of that wall.*

thick-skinned /ˌ. ˈ.◂/ *adj* gruboskórny

thief /θiːf/ *n* [C] *plural* **thieves** /θiːvz/ złodziej: *a car thief*

thigh /θaɪ/ *n* [C] udo

thim·ble /ˈθɪmbəl/ *n* [C] naparstek

thin[1] /θɪn/ *adj* **1** cienki: *a thin slice of bread* | *She was wearing a thin summer jacket.* ➡ antonim THICK[1] **2** chudy ➡ antonim

T

FAT[1], porównaj SLIM[1] **3** rzadki: *thin soup* **4 vanish/disappear into thin air** przepaść jak kamień w wodę —**thinness** *n* [U] cienkość → patrz też TINLY

thin² *v* [T] rozrzedzać

thing /θɪŋ/ *n* **1** [C] rzecz: *What's that thing on the kitchen table?* | *A funny thing happened last week.* | *That was a terrible thing to say.* | *Pack your things – we have to leave right now.* **2 things** [plural] *especially spoken* sprawy: *Things have improved a lot since I last saw you.* | *How are things* (=co słychać)? **3 not know/feel a thing** nic nie wiedzieć/czuć: *I don't know a thing about opera.* **4 be seeing things** mieć przywidzenia **5 for one thing** *spoken* po pierwsze: *I don't think she'll get the job – for one thing she can't drive!* **6 the thing is** *spoken* rzecz w tym, że: *I'd like to come, but the thing is, I promised to see Jim tonight.* **7 first thing** *spoken* z samego rana: *I'll call you first thing tomorrow, OK?* **8 (just) the thing** (właśnie) to, czego potrzeba: *a handy little cool box that's just the thing for summer picnics* **9 do your own thing** *informal* robić swoje → patrz też **it's a good thing/job** (GOOD[1])

think /θɪŋk/ *v* **thought, thought, thinking 1** [I] po/myśleć: **+ about/of** *Have you thought about which subjects you want to study at university?* | *I was thinking of all the happy times we'd spent together.* | **think hard** (=dobrze się zastanowić): *Think hard before you make your final decision.* **2** [I] myśleć, sądzić: *What do you think of my new hairstyle?* | **+ (that)** *I didn't think the concert was very good.* | *She thinks I'm crazy.* | **think well/highly of sb/sth** (=mieć dobrą opinię o kimś/czymś): *His teachers seem to think highly of him.* | **not think much of sb/sth** (=nie być zachwyconym kimś/czymś) *spoken*: *The hotel was okay but I didn't think much of the food.* **3** sądzić: *I think he may have gone home, but I could be wrong.* | *"Are we late?" "I don't think so."* **4 I think I'll/I thought I'd** *spoken* mam/miałem zamiar: *I thought I'd go jogging today.* **5 think of/about doing sth** zastanawiać się nad czymś: *We are thinking of moving to the countryside.* **6 I can't think what/why** *spoken* nie mam pojęcia, co/dlaczego: *I can't think why she married him.* **7 think twice** dobrze się zastanowić: *I'd think twice before getting involved with a married man if I were you.* **8 think nothing of doing sth** nie mieć nic przeciwko czemuś: *Purdey thinks nothing of driving two hours to work every day.* **9 think better of it** rozmyślić się: *He reached for a cigar, but then thought better of it.* **10 think the world of sb** nie widzieć świata poza kimś

think of sth/sb *phr v* [T] **1** wymyślić: *Can you think of any way of solving the problem?* **2** przypomnieć sobie: *I can't think of his name right now.* **3** po/myśleć o: *He never thinks of other people – only of himself.*

think sth ↔ **out** *phr v* [T] za/planować: *Everything has been really well thought out.*

think sth ↔ **over** *phr v* [T] rozważyć, zastanowić się nad: *Take a few days to think over our offer.*

think sth ↔ **through** *phr v* [T] przemyśleć

think sth ↔ **up** *phr v* [T] wpaść na: *It's a great idea. I wonder who first thought it up.*

> UWAGA **think she didn't** i **not think she did**
>
> Zamiast *I think she didn't understand* lepiej powiedzieć *I don't think she understood.* To samo odnosi się do zwrotów z wyrazami **believe**, **imagine**, **suppose**, **feel** itp.: *I don't imagine they'll be coming after all.* | *I don't suppose you could give me a lift?*

think·er /ˈθɪŋkə/ *n* [C] myśliciel/ka

think·ing /ˈθɪŋkɪŋ/ *n* [U] **1** poglądy: *modern scientific thinking on the origins of the universe* **2** przemyślenie: *a situation that requires careful thinking* → patrz też WISHFUL THINKING

thin·ly /ˈθɪnli/ *adv* **1 thinly sliced** cienko pokrojony: *a thinly sliced onion* **2** rzadko: *thinly populated*

third[1] /θɜːd/ *number* trzeci

third[2] *n* [C] jedna trzecia

third·ly /ˈθɜːdli/ *adv* po trzecie

third par·ty /ˌ. ˈ..◂/ *n* [singular] osoba trzecia/postronna

third per·son /ˌ. ˈ..◂/ *n* **the third person** trzecia osoba

Third World /ˌ. ˈ.◂/ *n* **the Third World** trzeci świat

thirst /θɜːst/ *n* **1** [U singular] pragnienie: *These children are dying of thirst.* | **quench your thirst** (=u/gasić pragnienie) **2 a thirst for knowledge/power** żądza wiedzy/władzy

thirst·y /ˈθɜːsti/ *adj* spragniony: *I'm thirsty* (=chce mi się pić) – *let's get some beer.* | *thirsty work* (=praca wzmagająca pragnienie)

thir·teen /ˌθɜːˈtiːn◂/ *number* trzynaście —**thirteenth** *number* trzynasty

thir·ty /ˈθɜːti/ *number* **1** trzydzieści **2 the thirties** lata trzydzieste **3 be in your thirties** być po trzydziestce —**thirtieth** *number* trzydziesty

this[1] /ðɪs/ *determiner, pron plural* **these** **1** ten/ta/to: *My mother gave me this necklace.* | *Where did you get this from?* | *What are you doing this week?* **2** to: *I'm going to make sure this doesn't happen again.* | *My name's Elaine, and this is my sister, Nancy.* **3 this and that** to i owo: *"What did you talk about?" "Oh, this and that."*

this[2] *adv* tak: *I've never stayed up this late before.*

this·tle /ˈθɪsəl/ *n* [C] oset

thorn /θɔːn/ *n* [C] cierń

thorn·y /ˈθɔːni/ *adj* **1 thorny question/issue** trudne pytanie/zagadnienie **2** ciernisty

thor·ough /ˈθʌrə/ *adj* **1** gruntowny: *The police carried out a thorough search of the house.* **2** skrupulatny: *As a scientist, Madison is methodical and thorough.* —**thoroughness** *n* [U] gruntowność

thor·ough·bred /ˈθʌrəbred/ *n* [C] koń czystej krwi

thor·ough·fare /ˈθʌrəfeə/ *n* [C] główna arteria komunikacyjna

thor·ough·ly /ˈθʌrəli/ *adv* **1** bardzo: *Thanks for the meal. I thoroughly enjoyed it* (=bardzo mi smakowało). **2** całkowicie: *I thoroughly agree.* **3** gruntownie, dokładnie: *Rinse the vegetables thoroughly.*

those /ðəʊz/ *determiner, pron* liczba mnoga od THAT

thou /ðaʊ/ *pron* dawna forma zaimka 'you'

though[1] /ðəʊ/ *conjunction* **1** *także* **even though** chociaż, mimo że: *Though Beattie is almost 40, she still plans to compete.* | *I seem to keep gaining weight, even though I'm exercising regularly.* | *I don't really like classical music, though I did enjoy the Pavarotti concert.* **2 as though** jak gdyby, jakby: *She was staring at me as though she knew me.* | *It looks as though we're lost* (=wygląda na to, że się zgubiliśmy).

though[2] *adv spoken* jednak: *You should pass your test. It won't be easy though.* | *I think she's Swiss; I'm not sure though.*

thought[1] /θɔːt/ *v* czas przeszły i imiesłów bierny od THINK

thought[2] *n* **1** [C] myśl: *I've just had a thought. Why don't we ask Terry if he wants to come?* | *What are your thoughts on the subject* (=co myślisz na ten temat)? **2** [U] zastanowienie: *I've been giving your proposal some thought* (=zastanawiałem się nad twoją propozycją). | **lost/deep in thought** (=pogrążony w myślach): *She was staring out of the window, lost in thought.* **3** [U singular] troska: *He acted without any thought for his own safety.* **4** [U] poglądy: *Newton's influence on modern scientific thought*

thought·ful /ˈθɔːtfəl/ *adj* **1** zamyślony: *a thoughtful expression on his face* **2** troskliwy: *Her thoughtful parents had provided her with a little extra money.*

—**thoughtfully** *adv* w zamyśleniu, troskliwie

thought·less /ˈθɔːtləs/ *adj* bezmyślny: *a thoughtless remark* —**thoughtlessly** *adv* bezmyślnie —**thoughtlessness** *n* [U] bezmyślność

thou·sand /ˈθaʊzənd/ *number* **1** tysiąc **2 thousands** *informal* tysiące: *Steve's had thousands of girlfriends.* —**thousandth** *adj* tysięczny

thrash /θræʃ/ *v* **1** [T] z/bić **2** [I] rzucać się: *a fish thrashing around in the net* **3** [T] *informal* rozgromić —**thrashing** *n* [C,U] cięgi

thread¹ /θred/ *n* **1** [C,U] nić, nitka: *a needle and thread* **2** [C] wątek: *a common thread running through all the poems* | **lose the thread** (=s/tracić wątek): *Halfway through the film I started to lose the thread.* **3** [C] gwint

thread² *v* [T] nawlekać: *Will you thread the needle for me?*

thread·bare /ˈθredbeə/ *adj* wytarty: *a threadbare carpet*

threat /θret/ *n* [C] **1** groźba: *Threats were made against his life.* **2** [usually singular] zagrożenie: *pollution that is a major threat to the environment* **3** [usually singular] niebezpieczeństwo: *the threat of famine*

threat·en /ˈθretn/ *v* **1** [T] grozić: **threaten to do sth** *The hijackers threatened to shoot him* (=grozili, że go zastrzelą). | *The fighting threatens to turn into* (=istnieje niebezpieczeństwo, że walki przerodzą się w) *a major civil war.* | **threaten sb with sth** *I was threatened with jail* (=grożono mi więzieniem) *if I published the story.* **2** [T] zagrażać: *Illegal hunting threatens the survival of the white rhino.* —**threatening** *adj*: *a threatening letter* (=list z pogróżkami)

three /θriː/ *number* trzy

three-di·men·sion·al /ˌ.. .ˈ...◂/ *także* **3-D** *adj* trójwymiarowy: *a 3-D movie*

thresh·old /ˈθreʃhəʊld/ *n* **1 on the threshold of sth** u progu czegoś: *We're on the threshold of a new era in telecommunications.* **2** [C] próg: *the tax threshold*

threw /θruː/ *v* czas przeszły od THROW

thrift /θrɪft/ *n* [U] oszczędność —**thrifty** *adj* oszczędny: *thrifty shoppers*

thrill¹ /θrɪl/ *n* [C] emocje, dreszczyk emocji: *the thrill of driving a fast car*

thrill² *v* [T] zachwycać: *The magic of his music continues to thrill audiences.* | *She'll be thrilled when she hears the news.*

thrill·er /ˈθrɪlə/ *n* [C] dreszczowiec

thril·ling /ˈθrɪlɪŋ/ *adj* porywający, ekscytujący: *a thrilling end to the game*

thrive /θraɪv/ *v* [I] dobrze się rozwijać: *a plant that is able to thrive in dry conditions*

thri·ving /ˈθraɪvɪŋ/ *adj* kwitnący, doskonale prosperujący: *a thriving business*

throat /θrəʊt/ *n* [C] gardło: *I have a sore throat* (=boli mnie gardło). | *His attacker held him by the throat.* → patrz też **clear your throat** (CLEAR²)

throb /θrɒb/ *v* [I] **-bbed, -bbing** rwać, pulsować: *My head was throbbing* (=głowa mi pękała).

throne /θrəʊn/ *n* [C] tron

throng /θrɒŋ/ *n* [C] *literary* tłum

throt·tle¹ /ˈθrɒtl/ *v* [T] u/dusić

throttle² *n* [C] przepustnica

through¹ /θruː/ *prep* **1** przez: *The train went through the tunnel.* | *I pushed my way through the crowd.* | *They drove through Switzerland.* | *Someone had been watching us through the window.* **2** dzięki: *She succeeded through sheer hard work.* | *I got the job through an employment agency.* **3** przez (cały): *She slept through the film.* **4 Friday through Sunday** *AmE* od piątku do niedzieli (włącznie)

through² *adv* **1** na drugą stronę: *We found a gap in the fence and climbed through.* **2 read/think sth through** przeczytać/przemyśleć coś dokładnie: *Make sure to read it through before you sign it.* **3** *BrE* **get through to** połączyć się z (*telefonicznie*) **4** *BrE* **put sb through (to sb)** po/łączyć kogoś (z kimś): *"I'd like to speak to Mr Smith, please." "I'm putting you through."*

through³ *adj* **1 be through with sth** *informal* skończyć z czymś: *Can I borrow the* *book when you're through with it?* **2 be through (with sb)** rozstać się (z kimś): *That's it. Steve and I are through!* **3 through train** pociąg bezpośredni

through·out[1] /θruːˈaʊt/ *prep* **1** w całym: *Thanksgiving is celebrated throughout the US.* **2** przez cały: *She was calm throughout the interview.*

throughout[2] *adv* **1** wszędzie: *The house is in excellent condition with fitted carpets throughout.* **2** przez cały czas: *He managed to remain calm throughout.*

throw[1] /θrəʊ/ *v* [T] **threw, thrown, throwing 1** rzucać: *Just throw your coat on the bed.* | *They were thrown to the ground by the force of the explosion.* | *The trees threw long shadows across the lawn.* | **throw sth to sb** *Cromartie throws the ball back to the pitcher.* | **throw sth at sb/sth** *Demonstrators began throwing rocks at the police.* | **throw sb sth** *Throw me a towel, would you.* | **throw yourself down/onto/into etc** *When he got home, he threw himself into an armchair* (=rzucił się na fotel). **2 throw sb in jail/prison** wtrącić kogoś do więzienia **3 throw a party** wydawać przyjęcie **4 throw your weight around** panoszyć się **5** zbić z tropu: *Her sudden question threw me completely for a moment.*

throw sth ↔ **away** *phr v* [T] **1** wyrzucać: *Do you still want the newspaper, or can I throw it away?* **2** zmarnować: *He had everything – a good job, a beautiful wife – but he threw it all away.*

throw sth ↔ **in** *phr v* [T] dorzucać: *The computer is going for only £900 with a free software package thrown in.*

throw sth ↔ **on** *phr v* [T] narzucać (na siebie)

throw sth/sb **out** *phr v* [T] wyrzucać: *The meat smells bad – you'd better throw it out.* | *Jim got thrown out of the Navy for taking drugs.*

throw up *phr v* [I] *informal* z/wymiotować

throw[2] *n* [C] rzut: *a long throw*

thrown /θrəʊn/ *v* imiesłów bierny od THROW

thru /θruː/ *nonstandard, especially AmE* alternatywna pisownia wyrazu THROUGH

thrush /θrʌʃ/ *n* [C] drozd

thrust[1] /θrʌst/ *v* [T] **thrust, thrust, thrusting** wepchnąć, wcisnąć: *Dean thrust his hands in his pockets.*

thrust[2] *n* **the thrust of sth** sedno czegoś: *What was the main thrust of his argument?*

thud /θʌd/ *n* [C] łomot: *He hit the floor with a thud.*

thug /θʌg/ *n* [C] zbir

thumb[1] /θʌm/ *n* [C] **1** kciuk **2 give sth the thumbs up/down** wyrazić aprobatę/dezaprobatę dla czegoś

thumb[2] *v*

thumb through sth *phr v* [T] prze/kartkować

thumb·tack /ˈθʌmtæk/ *n* [C] *AmE* pinezka

thump /θʌmp/ *v* **1** [T] *informal* grzmotnąć: *I'm going to thump you if you don't shut up!* **2** [I,T] walić: *I could hear my heart thumping.*

thun·der[1] /ˈθʌndə/ *n* [U] grzmot —**thundery** *adj* burzowy: *thundery weather*

thunder[2] *v* **1 it thunders** grzmi **2** [I] grzmieć: *The guns thundered in the distance.*

thun·der·bolt /ˈθʌndəbəʊlt/ *n* [C] piorun

thun·der·ous /ˈθʌndərəs/ *adj* ogłuszający: *thunderous applause*

thun·der·storm /ˈθʌndəstɔːm/ *n* [C] burza z piorunami

Thurs·day /ˈθɜːzdi/ skrót pisany **Thurs.** *n* [C,U] czwartek

thus /ðʌs/ *adv formal* **1** tym samym: *Traffic will become heavier, thus increasing pollution.* **2** w ten sposób: *Thus began one of the darkest periods in the country's history.*

thy /ðaɪ/ *determiner* dawna forma zaimka 'your'

thyme /taɪm/ *n* [U] tymianek

tic /tɪk/ *n* [C] tik

tick¹ /tɪk/ *n* [C] **1** tykanie **2** *BrE* ptaszek (*znak*): *Put a tick in the box if you agree with this statement.* **3** kleszcz

tick² *v* **1** [I] tykać **2** [T] *BrE* odfajkować, odhaczyć **3 what makes sb tick** *informal* co jest motywem czyjegoś działania: *I can't figure out what makes him tick.*

tick away/by *phr v* [I] upływać, mijać: *Time's ticking away.*

tick sb/sth ↔ **off** *phr v* [T] **1** *BrE informal* z/besztać **2** *AmE informal* wnerwiać **3** *BrE* odfajkować, odhaczyć

tick·et /ˈtɪkɪt/ *n* [C] **1** bilet: *Have you bought your plane tickets yet?* **2 speeding ticket** mandat za przekroczenie prędkości **3 parking ticket** mandat za nieprawidłowe parkowanie

tick·le /ˈtɪkəl/ *v* **1** [I,T] po/łaskotać **2** [T] roz/bawić: *I was tickled by her remarks.*

ti·dal wave /ˈtaɪdl weɪv/ *n* [C] fala pływowa

T

tide /taɪd/ *n* **1** [C] pływ: *The tide is coming in* (=nadchodzi przypływ). | **high/low tide** (=przypływ/odpływ) **2** [singular] fala: *the rising tide of unemployment*

ti·dy¹ /ˈtaɪdi/ *adj* **1** schludny: *Her desk is always very tidy.* **2** *especially BrE* porządny —**tidily** *adv* schludnie —**tidiness** *n* [U] schludność

tidy² *także* **tidy up** *v* [I,T] *BrE* po/sprzątać: *Make sure you tidy up after you've finished.*

tidy sth ↔ **away** *phr v* [T] *BrE* uprzątnąć

tie¹ /taɪ/ *v* **1** [T] za/wiązać: *Can you tie your shoelaces yet?* | **tie sth to sth** (=przywiązywać): *Tie this label to your suitcase.* | **tie sth around sth** (=obwiązywać): *She tied a scarf around her head.* **2** [I] *także* **be tied** z/remisować: *San Diego tied with the Denver Broncos for second place.*

tie sb **down** *phr v* [T] s/krępować: *Neil doesn't like feeling tied down.*

tie in with sth *phr v* [I] pokrywać się z: *His evidence doesn't really tie in with hers.*

tie up *phr v* [T] **1** [**tie** sb ↔ **up**] związać, skrępować **2** [**tie** sth ↔ **up**] związać **3 tied up a)** zajęty: *Mr Baker can't see you now. He's tied up in a meeting.* **b)** zainwestowany: *Our money's tied up in a long-term savings plan.*

> UWAGA **tie**
>
> Nie mówi się "they tied him". Mówi się **they tied him up**, **they tied him to the chair** itd.

tie² *n* [C] **1** krawat **2** [usually plural] więzy: *close family ties* **3** remis: *There was a tie for first place.*

tier /tɪə/ *n* [C] **1** rząd (*krzeseł*) **2** poziom

ti·ger /ˈtaɪgə/ *n* [C] tygrys

tight¹ /taɪt/ *adj* **1** obcisły: *tight jeans* **2** ciasny: *These shoes feel too tight.* **3** dokręcony: *Make sure the screws are tight.* → antonim LOOSE¹ **4 tight security** zaostrzone środki bezpieczeństwa: *Security is tight for the President's visit.* **5** naciągnięty: *If the straps aren't tight enough, the saddle will slip.* → antonim LOOSE¹ **6 a tight schedule** napięty harmonogram: *It's a tight schedule, but we can manage.* —**tightly** *adv* ciasno, mocno: *She held the baby tightly in her arms.*

tight² *adv* **1** mocno: *Hold tight and don't let go of my hand.* **2** szczelnie: *Put the lid on tight.*

tight·en /ˈtaɪtn/ *v* [I,T] zaciskać (się), zacieśniać (się): *How do I tighten my seat belt?* | *Richard's grip tightened on her arm.*

tighten sth ↔ **up** *także* **tighten up on** sth *phr v* [T] zaostrzać: *They're tightening up the laws on immigration.*

tight·rope /ˈtaɪt-rəʊp/ *n* [C] lina (*akrobatyczna*)

tights /taɪts/ *n* [plural] rajstopy

tile /taɪl/ *n* [C] **1** kafelek, płytka (ceramiczna) **2** dachówka —**tile** *v* [T] wy/kafelkować

till¹ /tɪl/ *prep, conjunction* (aż) do: *Let's wait till tomorrow.*

till² *n* [C] kasa (*sklepowa*)

tilt /tɪlt/ *v* [I,T] przechylać (się): *She tilted her head.*

tim·ber /ˈtɪmbə/ *n* **1** [U] *BrE* drewno **2** [C] belka: *the timbers that hold up the roof*

time[1] /taɪm/ *n* **1** [U] czas: *Time goes by so quickly these days.* | *The winner's time was 2 hours and 6 minutes.* | *The train finally left Prague at 5.30 local time.* **2** [C,U] godzina: *a list giving the dates and times* (=godziny rozpoczęcia) *of the exams* | *What time do you go to bed* (=o której chodzisz spać)? | **what time is it?/do you have the time?** (=która jest godzina?): *"Excuse me, do you have the time?" "It's five o'clock."* **3** [C] raz: *How many times have you been to Paris before?* | **last/next time** (=ostatnim/następnym razem): *I'll pay you back next time I see you.* **4** [U singular] okres: *My time at university was the happiest time of my life.* | **last a long time** (=trwać długo): *The meeting lasted a long time.* | **a long time ago** (=dawno temu): *It all happened a very long time ago.* | **take time** (=(długo) trwać): *Learning a language takes time.* **5** [C] czasy: *The play is set in the time of Alexander the Great.* | **at the time/at that time** (=wtedy): *I was living in Mexico at the time.* | **at one time** (=kiedyś): *At one time the island belonged to France.* | **before your time** (=kiedy cię jeszcze nie było na świecie) **6 it's time (to do sth)** czas (coś zrobić): *Come on, kids. It's time to go home.* **7 by the time** zanim: *By the time you get this letter, I'll be in Canada.* **8 all the time a)** cały czas: *I don't have to wear my glasses all the time.* **b)** ciągle, stale: *It happens all the time.* **9 most of the time** przeważnie **10 on time** punktualny: *In Japan the trains are always on time.* **11 in (good) time** na czas: *They arrived in time for dinner.* **12 in a week's/three months' time** za tydzień/trzy miesiące: *We'll meet again in a month's time.* **13 in no time** zaraz: *We'll be there in no time.* **14 good/right/bad time** dobry/odpowiedni/nieodpowiedni moment: *This isn't the right time to ask for more money.* **15 have a good/great time** dobrze/świetnie się bawić **16 have (the) time** mieć czas: *I'm sorry, I don't have time to talk now.* **17 take your time** nie śpieszyć się: *Take your time – you don't have to rush.* | *The builders are certainly taking their time!* **18 at times** czasami: *The work can be very stressful at times.* **19 from time to time** od czasu do czasu: *We still see each other from time to time.* **20 time after time** wiele razy **21 one/two at a time** jeden/dwa naraz: *You can borrow three books at a time from the library.* **22 five/ten times as much** pięć/dziesięć razy więcej: *She earns three times as much as I do* (=trzy razy tyle co ja). **23 (it's) about time** *spoken* najwyższy czas: *It's about time you got a job!* **24 for the time being** na razie: *They'll let us live here for the time being.* ➡ patrz też **at the same time** (SAME)

> UWAGA **time**
>
> Patrz **long** i **a long time**.

time[2] *v* [T] **1** nastawiać: *The bomb was timed to go off at 5:00.* | **well/badly timed** *The announcement was badly timed* (=wybrano zły moment na to oświadczenie). **2** z/mierzyć czas: *We timed our journey – it took two and a half hours.*

time bomb /ˈ. ./ *n* [C] **1** bomba z opóźnionym zapłonem: *the population time bomb* **2** bomba zegarowa

time-con·sum·ing /ˈ. .,../ *adj* czasochłonny: *a time-consuming process*

time·less /ˈtaɪmləs/ *adj* ponadczasowy: *the timeless beauty of Venice*

time·ly /ˈtaɪmli/ *adj* w samą porę: *a timely decision* (=decyzja podjęta we właściwym momencie)

time off /,. ˈ./ *n* [U] wolne

time out /,. ˈ./ *n* **1 take time out** z/robić sobie przerwę **2** [C] czas dla drużyny (*podczas meczu*)

tim·er /ˈtaɪmə/ *n* [C] regulator czasowy

times /taɪmz/ *prep* razy: *two times two equals four*

T

time·ta·ble /ˈtaɪmˌteɪbəl/ *n* [C] **1** plan zajęć: *the school timetable* **2** *BrE* rozkład jazdy

tim·id /ˈtɪm$^{\text{I}}_{\text{ə}}$d/ *adj* nieśmiały, bojaźliwy: *a timid child* —**timidly** *adv* nieśmiało, bojaźliwie —**timidity** /t$^{\text{I}}_{\text{ə}}$ˈmɪd$^{\text{I}}_{\text{ə}}$ti/ *n* [U] nieśmiałość, bojaźliwość

tim·ing /ˈtaɪmɪŋ/ *n* [U] **1** wybrany termin: *the timing of the election* **2** wyczucie czasu: *Good comedy depends on timing.*

tin /tɪn/ *n* **1** [U] cyna: *a tin can* **2** [C] *BrE* puszka: *a tin of sardines*

tin·foil /ˈtɪnfɔɪl/ *n* [U] folia aluminiowa

tinge /tɪndʒ/ *n* [C] nuta, odcień: *There was a tinge of sadness in her voice.*

tin·gle /ˈtɪŋgəl/ *v* [I] cierpnąć, mrowieć: *My fingers tingled with the cold.*

tin·ker /ˈtɪŋkə/ *v* [I] *informal* majstrować

tin·kle /ˈtɪŋkəl/ *v* [I] dzwonić (*lekko*)

tinned /tɪnd/ *adj BrE* puszkowany: *tinned tomatoes*

tin o·pen·er /ˈ. ˌ.../ *n* [C] *BrE* otwieracz do puszek

tin·sel /ˈtɪnsəl/ *n* [U] lameta

tint[1] /tɪnt/ *n* [C] odcień: *The sky had a pink tint.*

tint[2] *v* [T] u/farbować: *tinted hair*

tint·ed /ˈtɪnt$^{\text{I}}_{\text{ə}}$d/ *adj* przyciemniany, barwiony: *tinted glass*

ti·ny /ˈtaɪni/ *adj* malutki, maleńki: *thousands of tiny fish*

tip[1] /tɪp/ *n* [C] **1** czubek: *the tip of your nose* **2** napiwek: *Did you leave a tip?* **3** rada, wskazówka: *He gave me some useful tips on how to take good pictures.* **4** *BrE* wysypisko: *a rubbish tip* **5 sth is on the tip of your tongue** masz coś na końcu języka **6 the tip of the iceberg** wierzchołek góry lodowej

tip[2] *v* **-pped, -pping 1** [I,T] przechylać (się): *He tipped his seat back and stared at the ceiling.* **2** [T] wylewać, wysypywać: *Edward tipped the last of the wine* (=rozlał resztkę wina) *into their glasses.* **3** [I,T] dawać napiwek **4 tipped to do sth** typowany do czegoś: *Tom Cruise is tipped to win an Oscar.*

tip sb ↔ **off** *phr v* [T] *informal* dać cynk: *The police must have been tipped off about the robbery.*

tip over *phr v* [I,T **tip** sth ↔ **over**] przewrócić (się): *A can of paint had tipped over in the back of the van.*

tip·toe /ˈtɪptəʊ/ *n* **on tiptoe** na palcach —**tiptoe** *v* [I] *They tiptoed past the door* (=przeszli na palcach obok drzwi).

tire[1] /taɪə/ *n* [C] *AmE* opona: **flat tire** (=guma)

tire[2] *v* **1 tire of sth** z/męczyć się czymś: *Luke soon tired of his new toy.* **2** [I,T] z/męczyć (się): *Even short walks tire her.*

tire sb ↔ **out** *phr v* [T] wymęczyć: *Those kids have tired me out.*

tired /taɪəd/ *adj* **1** zmęczony: *You look tired. Do you want to lie down?* | **tired out** (=wykończony): *It had been a long hard day, and they were all tired out.* **2 be tired of sth** mieć dosyć czegoś: *I'm tired of her stupid comments.*

tire·less /ˈtaɪələs/ *adj* niestrudzony: *a tireless campaigner for women's rights*

tire·some /ˈtaɪəsəm/ *adj* dokuczliwy, denerwujący: *a tiresome younger sister*

> UWAGA **tiresome i tiring**
>
> Nie należy mylić wyrazów **tiresome** i **tiring**. **Tiresome** znaczy 'denerwujący, irytujący': *I find these jokes extremely tiresome.* **Tiring** znaczy 'męczący, wyczerpujący': *Looking at a computer screen all day can be very tiring.*

tir·ing /ˈtaɪərɪŋ/ *adj* męczący: *a long and tiring journey*

tis·sue /ˈtɪʃuː/ *n* **1** [C] chusteczka higieniczna **2** [U] *także* **tissue paper** bibułka **3** [U] tkanka

tit /tɪt/ *n* [C] **1** sikora **2** *informal* cyc(ek)

tit·bit /ˈtɪtˌbɪt/ *n* [C] *BrE* kąsek

tit-for-tat /ˌtɪt fə ˈtæt/ *adj informal* wet za wet

ti·tle[1] /ˈtaɪtl/ *n* [C] tytuł: *What's the title of his latest novel?* | *Schumacher looks likely* *to win the world title.* | *Her official title is editorial manager.*

title² *v* [T] za/tytułować

title-hold·er /'.. ,../ *n* [C] obroń-ca/czyni tytułu

title role /'.. ./ *n* [C] tytułowa rola

tit·ter /'tɪtə/ *v* [I] chichotać

T-junc·tion /'tiː ˌdʒʌŋkʃən/ *n* [C] *BrE* skrzyżowanie w kształcie litery T

to¹ /tə, tʊ/ **1** w połączeniu z czasownikiem tworzy bezokolicznik: *I want to go* (=pójść) *home.* | *They decided to wait* (=zaczekać). | *Can you show me how to use* (=obsługiwać) *the fax machine?* **2** żeby, aby: *Helen went there to see some old friends.*

to² *prep* **1** do: *He's gone to Australia.* | *She stood up and walked to the door.* | *the road to the airport* | *the key to the front door* **2** z rzeczownikiem odpowiada polskiemu celownikowi: *Martha always says 'hello' to me* (=mówi mi "cześć"). | *He handed his ticket to the inspector* (=konduktorowi). **3 from ... to a)** od ... do: *The banks are open from 9.30 to 3.00.* | *They have books on everything from cooking to camping.* **b)** z ... do: *It's 30 miles from here to Toronto.* **4** zwrócony do: *He had his back to the door.* | **to the south/east** (=na południe/wschód): *The town lies 50 miles to the south of Indianapolis.* **5 five (minutes) to two** za pięć (minut) druga: *It's ten to four.* **6** dla: *Tickets cost £20, and to some people that's a lot of money.* **7 to sb's surprise/amazement** ku czyjemuś zaskoczeniu/zdziwieniu: *To her surprise, they offered her the job.* **8 to yourself** dla siebie: *I had a room to myself.*

to³ /tuː/ *adv* **1 to and fro** tam i z powrotem: *walking to and fro* **2 pull/push the door to** zamykać drzwi

toad /təʊd/ *n* [C] ropucha

toad·stool /'təʊdstuːl/ *n* [C] muchomór

toast¹ /təʊst/ *n* **1** [U] grzanka: *cheese on toast* **2** [C] toast: *I'd like to propose a toast to the happy couple.*

toast² *v* [T] **1** wznosić toast **2** opiekać: *toasted bread*

toast·er /'təʊstə/ *n* [C] opiekacz do grzanek

to·bac·co /tə'bækəʊ/ *n* [U] tytoń

to·bac·co·nist /tə'bækən$^{\text{I}}_{\text{ə}}$st/ *n* [C] *także* **tobacconist's** sklep z wyrobami tytoniowymi

to·bog·gan /tə'bɒgən/ *n* [C] sanie

to·day /tə'deɪ/ *adv, n* [U] dzisiaj, dziś: *Today is Wednesday.* | *Can we go to the park today?* | *today's athletic superstars* | *Today more and more girls are taking up smoking.*

tod·dler /'tɒdlə/ *n* [C] maluch

to-do /tə 'duː/ *n* [singular] *informal* zamieszanie

toe¹ /təʊ/ *n* [C] palec (u nogi): *I hurt my big toe* (=paluch).

toe² *v* **toe the line** podporządkować się

toe·nail /'təʊneɪl/ *n* [C] paznokieć u nogi

tof·fee /'tɒfi/ *n* [C,U] toffi

to·ga /'təʊgə/ *n* [C] toga

to·geth·er /tə'geðə/ *adv* razem: *Kevin and I went to school together.* | *Mix the flour and the sugar together.* | *The children were all sitting together in a group.* | *Why do all the bills seem to come together?* | **together with** *Bring it back to the store together with your receipt.*

> UWAGA **together**
>
> Nie mówi się "I live together with my parents". Mówi się **my parents and I live together** lub **I live with my parents**. Podobnie nie mówi się "I play golf together with Marie". Mówi się **Marie and I play golf together**.

to·geth·er·ness /tə'geðən$^{\text{I}}_{\text{ə}}$s/ *n* [U] poczucie wspólnoty

toi·let /'tɔɪl$^{\text{I}}_{\text{ə}}$t/ *n* [C] **1** muszla klozetowa **2** *BrE* toaleta: *the men's toilet* **3 go to the toilet** *BrE* załatwiać się

toilet pa·per /'.. ,../ *n* [U] papier toaletowy

toi·let·ries /'tɔɪl$^{\text{I}}_{\text{ə}}$triz/ *n* [plural] przybory toaletowe

T

toilet roll /ˈ.. ˌ./ *n* [C] rolka papieru toaletowego

to·ken[1] /ˈtəʊkən/ *n* [C] **1** *formal* znak: *He had given her the ring as a token of his love.* **2** żeton

token[2] *adj* symboliczny: *a token payment*

told /təʊld/ *v* czas przeszły i imiesłów bierny od TELL

tol·e·ra·ble /ˈtɒlərəbəl/ *adj* znośny: *tolerable levels of pollution*

tol·e·rance /ˈtɒlərəns/ *n* [U] tolerancja: *greater religious tolerance* → antonim INTOLERANCE

tol·e·rant /ˈtɒlərənt/ *adj* tolerancyjny: *My parents were very tolerant when I was a teenager.*

tol·e·rate /ˈtɒləreɪt/ *v* [T] tolerować: *He said he refused to tolerate this sort of behaviour in his house.* | *plants that will tolerate all kinds of weather conditions*

toll[1] /təʊl/ *n* **1** [singular] liczba ofiar: *The death toll has risen to 83.* **2** **take its toll (on)** powodować szkody (w): *Years of smoking have taken their toll on his health.* **3** [C] opłata za przejazd: *a toll bridge* (=płatny most)

toll[2] *v* [I,T] bić (w) (*dzwon*)

to·ma·to /təˈmɑːtəʊ/ *n* [C] *plural* **tomatoes** pomidor

tomb /tuːm/ *n* [C] grób

tom·boy /ˈtɒmbɔɪ/ *n* [C] chłopczyca

tomb·stone /ˈtuːmstəʊn/ *n* [C] nagrobek

tom·cat /ˈtɒmkæt/ *n* [C] kocur

to·mor·row /təˈmɒrəʊ/ *adv*, *n* [U] **1** jutro: *Tomorrow is Thursday.* | *What are you doing tomorrow?* **2** przyszłość: *the world of tomorrow*

ton /tʌn/ *n* [C] **1** tona **2** **tons of** *informal* masa: *tons of letters* **3** **weigh a ton** *informal* ważyć tonę

tone[1] /təʊn/ *n* **1** [C,U] ton: *The whole tone of her letter was rather formal and unfriendly.* | **tone of voice** *He spoke in a rather threatening tone of voice.* **2** [C] sygnał: *Please leave a message after the tone.* —**tonal** *adj* tonalny

tone[2] *v*

tone sth ↔ **down** *phr v* [T] z/łagodzić, s/tonować: *They toned down the words to the song so it could be played on the radio.*

tone-deaf /ˌ. ˈ.◂/ *adj* pozbawiony słuchu muzycznego

toner /ˈtəʊnə/ *n* [C,U] toner

tongs /tɒŋz/ *n* [plural] szczypce

tongue /tʌŋ/ *n* **1** [C] język: **mother/native tongue** (=język ojczysty) **2** **hold your tongue** trzymać język za zębami **3** [C,U] ozór → patrz też **on the tip of your tongue** (TIP[1]), **slip of the tongue** (SLIP[2]), **have a sharp tongue** (SHARP[1])

tongue-in-cheek /ˌ. . ˈ.◂/ *adv* żartem: *The show was done in a tongue-in-cheek style.*

tongue-tied /ˈ. ./ *adj* oniemiały ze zdenerwowania

tongue-twist·er /ˈ. ˌ../ *n* [C] łamaniec językowy

ton·ic /ˈtɒnɪk/ *n* **1** [C,U] *także* **tonic water** tonik **2** [singular] zastrzyk energii

to·night /təˈnaɪt/ *adv*, *n* [U] dziś wieczorem: *Tonight is a very special occasion.* | *Do you want to go out tonight?*

ton·nage /ˈtʌnɪdʒ/ *n* [U] tonaż

tonne /tʌn/ *n* [C] tona

ton·sil /ˈtɒnsəl/ *n* [C] migdałek

ton·sil·li·tis /ˌtɒnsəˈlaɪtəs/ *n* [U] angina

too /tuː/ *adv* **1** za, zbyt: *He was driving too fast.* | *This dress is much too small for me.* | *It's too cold to swim.* | **too much/many** (=za dużo/wiele): *$200 for a room? That's far too much.* **2** też: *Sheila wants to come too.* | *"I'm really hungry." "Me too!"* **3** **not too** niezbyt: *He wasn't too pleased when I told him I was leaving.* **4** **all too/only too** o wiele za: *This kind of attack happens all too often these days.*

took /tʊk/ *v* czas przeszły od TAKE

tool /tuːl/ *n* [C] narzędzie: *Home computers can be used as a tool for learning.* | *a tool kit* (=zestaw narzędzi)

toot /tuːt/ *v* [I,T] za/trąbić

tooth /tuːθ/ *n* [C] *plural* **teeth** ząb: *Did you remember to brush your teeth?* → patrz też **have a sweet tooth** (SWEET[1])

tooth·ache /ˈtuːθ-eɪk/ *n* [C] ból zęba

tooth·brush /ˈtuːθbrʌʃ/ *n* [C] szczoteczka do zębów

tooth·paste /ˈtuːθpeɪst/ *n* [U] pasta do zębów

tooth·pick /ˈtuːθˌpɪk/ *n* [C] wykałaczka

top[1] /tɒp/ *n* **1** [C] szczyt: *Write your name at the top of the page.* | **on top (of)** (=na szczycie): *They stood together on top of Mount Everest.* | *a house with a chimney on top* → antonim BOTTOM[1] **2** [C] blat: *The table has a glass top.* | *the top of my desk* **3 on top of** oprócz: *On top of everything else, I need $700 to fix my car!* **4 the top** czołówka: *United are at the top of the league.* **5 on top** na prowadzeniu: *The Australians were on top throughout the game.* **6** [C] wieczko: *Can you help me get the top off this jar?* **7** zakrętka: *Where is the top of this pen?* **8** [C] góra (*np. bluzka*): *She was wearing a yellow top.* **9 off the top of your head** *informal* bez zastanowienia: *Off the top of my head I'd say there were about 50.* **10 at the top of your voice** na cały głos **11** [C] bąk (*zabawka*) **12 on top of the world** *informal* w siódmym niebie **13 from top to bottom** od góry do dołu: *They searched the house from top to bottom.* **14 go over the top** przeholować

top[2] *adj* **1** najlepszy: *the world's top tennis players* **2** najwyższy: *the top button of my shirt* | *the top drawer* → antonim BOTTOM[2] **3** maksymalny: *The new Jaguar has a top speed of 155 mph.*

top[3] *v* [T] **-pped, -pping 1** przekraczać: *Their profits have topped $9 million this year.* **2 topped with sth** polany/przybrany czymś: *ice cream topped with maple syrup*

top up *phr v* [T] dolać (do pełna): *Do you want me to top up your glass?*

top hat /ˌ. ˈ./ *n* [C] cylinder

top-heav·y /ˌ. ˈ..◂ / *adj* przeciążony u góry

top·ic /ˈtɒpɪk/ *n* [C] temat: *Jackie's engagement was the main topic of conversation.*

top·ic·al /ˈtɒpɪkəl/ *adj* aktualny: *a new TV show dealing with topical issues*

top·less /ˈtɒpləs/ *adj* rozebrany do pasa

top-notch /ˌ. ˈ.◂ / *adj informal* najwyższej klasy: *top-notch equipment*

top·ping /ˈtɒpɪŋ/ *n* [C,U] dodatek: *a pizza with five toppings*

top·ple /ˈtɒpəl/ *v* **1** [I] przewracać się: **+ over** *Several trees toppled over in the storm.* **2** [T] obalać: *The scandal could topple the government.*

top-se·cret /ˌ. ˈ..◂ / *adj* ściśle tajny: *top-secret information*

top·sy-tur·vy /ˌtɒpsi ˈtɜːvi◂ / *adj* postawiony na głowie

torch /tɔːtʃ/ *n* [C] **1** *BrE* latarka **2** pochodnia: *the Olympic torch*

tore /tɔː/ *v* czas przeszły od TEAR

tor·ment[1] /tɔːˈment/ *v* [T] dręczyć: *He was tormented by feelings of guilt.*

tor·ment[2] /ˈtɔːment/ *n* [C,U] udręka

torn /tɔːn/ *v* imiesłów bierny od TEAR

tor·na·do /tɔːˈneɪdəʊ/ *n* [C] *plural* **tornadoes** tornado

tor·pe·do /tɔːˈpiːdəʊ/ *n* [C] *plural* **torpedoes** torpeda

tor·rent /ˈtɒrənt/ *n* [C] potok: *After five days of heavy rain the Telle river was a raging torrent.* | **+ of** *a torrent of abuse* (=potok wyzwisk) —**torrential** *adj* ulewny: *torrential rain*

tor·so /ˈtɔːsəʊ/ *n* [C] *plural* **torsos** tułów

tor·toise /ˈtɔːtəs/ *n* [C] żółw (*lądowy*)

tor·ture[1] /ˈtɔːtʃə/ *v* [T] torturować: *Resistance leaders were tortured to death in prison.* —**torturer** *n* [C] oprawca

torture[2] *n* [C,U] **1** torturowanie, tortury: *the torture of innocent civilians* **2** męczarnia: *The last year of their marriage was absolute torture.*

To·ry /ˈtɔːri/ *n* [C] torys

toss[1] /tɒs/ *v* **1** [T] rzucać: *He tossed his jacket on the bed.* **2** także **toss up** [I,T] *especially BrE* rzucać monetą: *Let's toss up to see who goes first.* **3 toss and turn**

przewracać się z boku na bok **4 toss your head (back)** odrzucić głowę do tyłu

toss² *n* **a toss of a coin** rzut monetą

tot /tɒt/ *n* [C] *informal* brzdąc

to·tal¹ /ˈtəʊtl/ *adj* **1** całkowity: *His farm has a total area of 100 acres.* | *The total cost of the building will be $6 million.* **2** zupełny, totalny: *The meeting was a total waste of time.*

total² *n* [C] suma: *The city spent a total of two million dollars on the library.* | **in total** (=w sumie): *In total, the journey took about 8 hours.*

total³ *v* [T] **-lled, -lling** *BrE*, **-led, -ling** *AmE* **1** wynosić: *Sales totalled nearly $700,000 last year.* **2** *AmE informal* skasować (*samochód*)

to·tal·i·tar·i·an /təʊˌtælə̇ˈteəriən/ *adj* totalitarny —**totalitarianism** *n* [U] totalitaryzm

tot·al·ly /ˈtəʊtl-i/ *adv* całkowicie: *I totally agree with you.* | *The whole thing was totally unfair.*

tot·ter /ˈtɒtə/ *v* [I] zataczać się: *a woman tottering around in high heels*

touch¹ /tʌtʃ/ *v* **1** [T] dotykać: *Don't touch the paint – it's still wet!* | *She touched his forehead gently.* **2** [I] stykać się: *Make sure the wires aren't touching.* **3 not touch sth a)** nie tykać czegoś: *He never touches a drop of alcohol.* **b)** trzymać się z daleka od czegoś: *Clancy said he wouldn't touch the case.* **4 not touch sb/sth** (nawet) nie dotknąć kogoś/czegoś: *I swear I didn't touch him!* **5** [T] wzruszać: *Chaplin's films touched the hearts of millions.* **6 touch wood** *BrE spoken* odpukać (w niemalowane drewno) → patrz też TOUCHED

touch down *phr v* [I] wylądować

touch on/upon sth *phr v* [T] poruszyć (*temat*)

touch² *n* **1** [U singular] dotyk: *Rita felt the touch of his hand on her arm.* | *The reptile's skin was cold to the touch* (=zimna w dotyku). **2 get in touch (with sb)** s/kontaktować się (z kimś): *I've been trying to get in touch for days.* **3 keep/stay in touch** utrzymywać kontakt **4 lose touch (with sb)** s/tracić kontakt (z kimś): *I've lost touch with most of my high school friends.* **5 in touch/out of touch (with sth)** na bieżąco/nie na bieżąco (z czymś): *The government is out of touch with public opinion on this issue.* **6 a touch of sth** odrobina czegoś: *There was a touch of sadness in her voice.* **7** [C] poprawka: *Becky put the finishing touches on the cake.* → patrz też SOFT TOUCH

touch-and-go /ˌ. . ˈ./ *adj informal* ryzykowny: *It was touch-and-go whether the doctor would get there on time* (=istniało ryzyko, że lekarz nie dotrze na czas).

touch·down /ˈtʌtʃdaʊn/ *n* [C] **1** przyłożenie (*piłki w futbolu amerykańskim*) **2** lądowanie

touched /tʌtʃt/ *adj* wzruszony: *She was touched by his kindness.*

touch·ing /ˈtʌtʃɪŋ/ *adj* wzruszający: *a touching story*

touch·y /ˈtʌtʃi/ *adj* **1** przewrażliwiony: *You've been very touchy lately – what's wrong?* **2 touchy subject/question** drażliwy temat/kwestia

tough /tʌf/ *adj* **1** trudny, ciężki: *It's going to be a tough job.* | *They asked some tough questions.* | *a tough choice* | *It's always tough on the children* (=dzieciom zawsze jest ciężko) *when a family breaks up.* **2** twardy: *a tough waterproof material* | *This steak is really tough.* | *Clint Eastwood plays the part of a tough cop.* | *tough anti-smoking laws* **3 a tough area/neighbourhood** niebezpieczna okolica/dzielnica —**toughness** *n* [U] twardość, wytrzymałość

tough·en /ˈtʌfən/ **toughen up** *v* [I,T] za/hartować (się)

tou·pee /ˈtuːpeɪ/ *n* [C] peruczka, tupecik

tour¹ /tʊə/ *n* **1** [C,U] wycieczka: *a 14-day tour of Egypt* | **on tour** (=na tournee): *The Moscow Symphony Orchestra is here on tour.* | **go on tour** (=wyjechać w trasę) **2** [C] zwiedzanie: *We had a guided tour* (=zwiedzanie z przewodnikiem) *of the museum.*

tour² *v* [T] objeżdżać, zwiedzać

tour·is·m /ˈtʊərɪzəm/ *n* [U] turystyka: *The island depends on tourism for most of its income.*

tour·ist /ˈtʊərəst/ *n* [C] turyst-a/ka: *Oxford is full of tourists in the summer.*

tour·na·ment /ˈtʊənəmənt/ *n* [C] turniej

tow¹ /təʊ/ *v* [T] holować: *Our car had to be towed away* (=odholowany).

tow² *n* **1** [U singular] holowanie **2 in tow** za sobą: *Mattie arrived with all her children in tow.*

to·wards /təˈwɔːdz/ *especially BrE*, **toward** *especially AmE prep* **1** w kierunku, ku: *I saw a man coming towards me.* **2** do, wobec: *Attitudes towards divorce have changed.* **3** na (rzecz): *My parents gave us some money towards the cost of the apartment.* **4** przy, koło: *It was cooler towards the coast.* | *I often feel tired towards the end of the day* (=pod koniec dnia).

tow·el /ˈtaʊəl/ *n* [C] ręcznik: *a bath towel*

tow·er¹ /ˈtaʊə/ *n* [C] wieża: *the Eiffel Tower*

tower² *v* [I] **tower (over/above)** górować (nad), wznosić się (nad): *The teacher towered above him* (=był dużo od niego wyższy). —**towering** *adj* gigantyczny

tower block /ˈ.. ./ *n* [C] *BrE* wieżowiec

town /taʊn/ *n* **1** [C,U] miasto: *a little town on the coast* | *The whole town got involved in the celebrations.* | **go into town** (=iść/jechać do miasta): *I need to go into town this morning.* **2 go to town (on sth)** *informal* iść na całego (z czymś): *Angela really went to town on buying things for her new house.*

> UWAGA **town**
>
> Patrz **village**.

town hall /ˌ. ˈ./ *n* [C] ratusz

tox·ic /ˈtɒksɪk/ *adj* trujący: *toxic chemicals* | **toxic waste** (=odpady toksyczne)

toy¹ /tɔɪ/ *n* [C] zabawka: *her favourite toys* | *a toy gun*

toy² *v*

toy with sth *phr v* [T] **1** rozważać przez krótki czas: *She had toyed with the idea of becoming an actress.* **2** bawić się (*bezmyślnie*): *Roy toyed with his pen before he spoke.*

trace¹ /treɪs/ *v* [T] **1** odszukać: *Police are still trying to trace her husband.* **2** odtworzyć: *He traced his family history back to the 17th century.* **3** od/kalkować **4** namierzyć: *tracing telephone calls*

trace² *n* **1** [C,U] ślad: *We found no trace of them on the island.* | **disappear/vanish without trace** (=zniknąć bez śladu) **2** [C] nuta: *There was a trace of sadness in his voice.*

track¹ /træk/ *n* **1** [C] droga gruntowa: *a dirt track through the woods* **2 keep track of sth** nadążać za czymś: *It's hard to keep track of everyone's birthdays.* **3 lose track of sth** s/tracić orientację w czymś **4 be on the right/wrong track** zmierzać we właściwym/niewłaściwym kierunku: *Keep going, you're on the right track.* **5** [C] utwór (*na płycie*): *the best track on the album* **6** [C] tor(y): *The track was damaged in several places.* **7** [C] bieżnia: *the fastest man on the track* **8 tracks** ślady

track² *v* [T] wy/tropić: *The whales were tracked across the Atlantic.*

track sb/sth ↔ **down** *phr v* [T] wytropić, odnaleźć: *They finally succeeded in tracking down their daughter.*

track and field /ˌ. . ˈ./ *n* [U] *especially AmE* lekkoatletyka

track rec·ord /ˈ. ˌ../ *n* [singular] osiągnięcia: *The company has an excellent track record on environmental issues.*

track·suit /ˈtræksuːt/ *n* [C] *BrE* dres

tract /trækt/ *n* [C] **1 respiratory tract** drogi oddechowe **2 digestive tract** przewód pokarmowy **3** przestrzeń: *vast tracts of virgin rainforest*

trac·tor /ˈtræktə/ *n* [C] traktor

trade¹ /treɪd/ *n* **1** [U] handel **2 retail/tourist trade** branża handlowa/turystyczna **3** [C] zawód, fach: **by**

T

trade *Jerry's a plumber by trade* (=z zawodu).

trade² *v* [I,T] **1** handlować: *Our company has a lot of experience of trading in Asia.* **2** *AmE* zamieniać się: *I love your pink sneakers. Do you want to trade?*

trade sth ↔ **in** *phr v* [T] wymieniać za dopłatą (*na coś nowego*): *I traded my Chevy in for a Honda.*

trade·mark /ˈtreɪdmɑːk/ *n* [C] znak handlowy

trad·er /ˈtreɪdə/ *n* [C] handlowiec

trades·man /ˈtreɪdzmən/ *n* [C] *BrE plural* **tradesmen** handlarz

trade u·nion /ˌ. ˈ../ *n* [C] *BrE* związek zawodowy —**trade unionist** *n* [C] związkowiec

tra·di·tion /trəˈdɪʃən/ *n* [C,U] tradycja: *an old Jewish tradition*

tra·di·tion·al /trəˈdɪʃənəl/ *adj* tradycyjny: *traditional Irish music* | *My father has very traditional ideas about marriage.* —**traditionally** *adv* tradycyjnie

traf·fic /ˈtræfɪk/ *n* [U] **1** ruch uliczny: **heavy traffic** (=duży ruch): *There was heavy traffic on the roads this morning.* **2** ruch: *air traffic control* **3** nielegalny handel

traffic circle /ˈ.. ˌ../ *n* [C] *AmE* rondo

traffic jam /ˈ.. ˌ./ *n* [C] korek (*uliczny*): *We were stuck in a traffic jam for two hours.*

traf·fick·ing /ˈtræfɪkɪŋ/ *n* **drug/arms trafficking** handel bronią/narkotykami

traffic light /ˈ.. ./, **traffic sig·nal** /ˈ.. ˌ../ *n* [C] sygnalizacja świetlna

traffic war·den /ˈ.. ˌ../ *n* [C] *BrE* funkcjonariusz pilnujący prawidłowego parkowania pojazdów

tra·ge·dy /ˈtrædʒədi/ *n* [C,U] tragedia: *They never recovered from the tragedy of their son's death.* | *Shakespeare's tragedies*

tra·gic /ˈtrædʒɪk/ *adj* tragiczny: *The Princess was killed in a tragic car accident in Paris.* | *the tragic hero in 'A Tale of Two Cities'* —**tragically** *adv* tragicznie

trail¹ /treɪl/ *n* [C] **1** szlak: *a hiking trail in the mountains* **2** ślady: *a trail of blood* | *The storm left a trail of destruction across southern England.* **3 be on sb/sth's trail** być na czyimś tropie/na tropie czegoś: *The FBI were hot on his trail.*

trail² *v* **1** [T] wy/tropić **2** [I] przegrywać: *The Cowboys are trailing 21–14 in the third quarter.* **3** [I,T] ciągnąć (się), wlec się: *She wore a long dress, which trailed along the ground behind her.* | *The two mothers walked along with their kids trailing behind them.*

trail·er /ˈtreɪlə/ *n* [C] **1** przyczepa **2** zwiastun (*np. filmu*)

train¹ /treɪn/ *n* [C] **1** pociąg: *What time's the next train to Birmingham?* **2 train of thought** tok myślowy **3** karawana: *a camel train*

train² *v* **1** [I,T] szkolić (się): *She trained as a nurse for four years.* | *Staff are trained in how to deal with difficult customers.* **2** [I,T] trenować: *He's training for the Olympics.* —**trained** *adj* wykwalifikowany: *highly trained riot police*

train·ee /ˌtreɪˈniː◂/ *n* [C] stażyst-a/ka: *a trainee teacher*

train·er /ˈtreɪnə/ *n* [C] **1** trener/ka **2** *BrE* but sportowy

train·ing /ˈtreɪnɪŋ/ *n* [U] **1** szkolenie: *a training course* **2** trening: *She injured her knee in training.*

trait /treɪ/ *n* [C] cecha: *His jealousy is one of his worst traits.*

trai·tor /ˈtreɪtə/ *n* [C] zdraj-ca/czyni

tram /træm/ *n* [C] *especially BrE* tramwaj

tramp¹ /træmp/ *n* [C] włóczęga

tramp² *v* **1** [I] brnąć: *They tramped through the snow.* **2** [T] przemierzać: *I've tramped the streets all day looking for work.*

tram·ple /ˈtræmpəl/ *v* [I,T] **1** s/tratować: *One woman was trampled to death by the crowd.* **2** po/deptać: *The colonial government had trampled on the rights of the native poeple.*

tram·po·line /ˈtræmpəliːn/ *n* [C] batut

trance /trɑːns/ *n* [C] trans

tran·quil /ˈtræŋkwəl/ *adj* spokojny: *a tranquil little town* —**tranquility** /træŋˈkwɪləti/, **tranquillity** *n* [U] spokój

tran·qui·liz·er /ˈtræŋkwə̇laɪzə/ (*także* **-iser** *BrE*) *n* [C] środek uspokajający

trans·ac·tion /trænˈzækʃən/ *n* [C] *formal* transakcja: *financial transactions*

trans·at·lan·tic /ˌtrænzətˈlæntɪk◂/ *adj* transatlantycki: *a transatlantic flight*

tran·scend /trænˈsend/ *v* [T] *formal* wykraczać poza: *Mandela's ability to transcend political boundaries*

trans·con·ti·nen·tal /ˌtrænzkɒntə̇ˈnentl/ *adj* transkontynentalny: *the first transcontinental railroad*

tran·scribe /trænˈskraɪb/ *v* [T] zapisywać, transkrybować —**transcription** /trænˈskrɪpʃən/ *n* [C,U] transkrypcja

tran·script /ˈtrænskrɪpt/ *n* [C] zapis: *a transcript of the witness's testimony*

trans·fer¹ /trænsˈfɜː/ *v* **-rred, -rring 1** [I,T] przenosić (się): *She's been transferred to head office.* **2** przelewać: *I'd like to transfer some money into my savings account.* —**transferable** *adj*: *a transferable ticket* (=bilet na okaziciela)

trans·fer² /ˈtrænsfɜː/ *n* [C,U] przekazanie: *the transfer of power*

trans·form /trænsˈfɔːm/ *v* [T] odmienić: *discoveries that have transformed the world we live in* —**transformation** /ˌtrænsfəˈmeɪʃn/ *n* [C,U] transformacja: *The city has undergone a total transformation.*

trans·form·er /trænsˈfɔːmə/ *n* [C] transformator

trans·fu·sion /trænsˈfjuːʒən/ *n* [C,U] transfuzja

tran·sis·tor /trænˈzɪstə/ *n* [C] tranzystor

tran·sit /ˈtrænsə̇t/ *n* [U] transport: **in transit** *Goods often get lost in transit* (=podczas transportu).

> **UWAGA transport**
>
> Wyraz **transport** używany jest częściej w angielszczyźnie brytyjskiej, a **transportation** w amerykańskiej. Dla większości środków transportu i komunikacji miejskiej, kiedy mówimy o przemieszczaniu się z jednego miejsca w drugie, używamy **by**: *I came by car/plane/train* itp. Jeśli ktoś idzie piechotą, używamy wyrażenia **on foot**: *I came on foot.* Kiedy mówimy o czymś, co stało się podczas korzystania z komunikacji publicznej, używamy **on**: *I met Jim on the train/bus/plane* itp.

tran·si·tion /trænˈzɪʃən/ *n* [C,U] *formal* przejście: *the transition from dictatorship to democracy* —**transitional** *adj* przejściowy: *a two-year transitional period*

tran·si·tive verb /ˌtrænsə̇tɪv ˈvɜːb/ *n* [C] czasownik przechodni → porównaj INTRANSITIVE VERB

tran·si·to·ry /ˈtrænzə̇təri/ *adj formal* krótkotrwały, przemijający

trans·late /trænsˈleɪt/ *v* [I,T] **1** prze/tłumaczyć: *The book has been translated into several European languages.* **2** *formal* przekładać (się): **+ into** (=na): *This should translate into lower production costs.*

trans·la·tion /trænsˈleɪʃən/ *n* [C,U] tłumaczenie

trans·la·tor /trænsˈleɪtə/ *n* [C] tłumacz/ka

trans·mis·sion /trænzˈmɪʃən/ *n* **1** [C,U] transmisja **2** [C,U] przekładnia: *automatic transmission* **3** [U] *formal* przenoszenie: *the transmission of diseases*

trans·mit /trænzˈmɪt/ *v* [T] **-tted, -tting 1** transmitować **2** *informal* przenosić: *The virus is transmitted through sexual contact.*

trans·mit·ter /trænzˈmɪtə/ *n* [C] nadajnik

trans·par·en·cy /trænˈspærənsi/ *n* [C,U] przezrocze

trans·par·ent /trænˈspærənt/ *adj* **1** przezroczysty: *transparent plastic* **2** jawny, oczywisty: *a transparent lie*

trans·plant¹ /ˈtrænsplɑːnt/ *n* [C,U] transplantacja, przeszczep: *a heart transplant*

trans·plant² /trænsˈplɑːnt/ *v* [T] **1** przeszczepiać **2** przenosić

trans·port¹ /ˈtrænspɔːt/ *n* [U] *BrE* **1** transport: *Do you have your own transport?* | *the transport of live animals* **2** komunikacja: *Buses are the main form*

T

of public transport (=komunikacji miejskiej).

trans·port² /træn'spɔːt/ *v* [T] przewozić, prze/transportować

trans·por·ta·tion /ˌtrænspɔː'teɪʃən/ *n* [U] *especially AmE* **1** komunikacja: *the city's transportation system* **2** transport: *transportation costs*

trans·ves·tite /trænz'vestaɪt/ *n* [C] transwestyt-a/ka

trap¹ /træp/ *n* [C] pułapka: *a mouse trap* | *the deadly trap of drug and alcohol addiction*

trap² *v* [T] **-pped, -pping 1 trapped** uwięziony: *The children were trapped in a burning building.* | *She felt trapped in a loveless marriage.* **2** z/łapać w pułapkę: *a series of questions intended to trap him*

trap·door /'træpdɔː/ *n* [C] klapa, drzwi spustowe

tra·peze /trə'piːz/ *n* [C] trapez

trash /træʃ/ *n* [U] **1** *AmE* śmieci **2** *informal* chłam: *There's so much trash on TV these days.*

trash·can /'træʃkæn/ *n* [C] *AmE* pojemnik na śmieci

trash·y /'træʃi/ *adj* szmatławy: *trashy novels*

trau·ma /'trɔːmə/ *n* [C] **1** [U] bolesne przeżycie: *Children often have trouble coping with the trauma of divorce.* **2** [U] uraz

trau·mat·ic /trɔː'mætɪk/ *adj* traumatyczny: *a traumatic experience*

trav·el¹ /'trævəl/ *v* **-lled, -lling** *BrE*, **-led, -ling** *AmE* **1** [I] podróżować, jeździć: *Jack spent the summer travelling around Europe.* | *I usually travel to work by car.* **2** [T] przejechać: *They travelled over 400 miles on the first day.* **3** [I] rozchodzić się: *News travels fast in a small town like this.*

travel² *n* [U] podróż: *Heavy rain is making road travel difficult.*

travel a·gen·cy /'.. ˌ.../ *także* **travel agent's** *n* [C] biuro podróży

travel a·gent /'.. ˌ../ *n* [C] agent/ka biura podróży

trav·el·ler /'trævələ/ *BrE*, **traveler** *AmE* *n* [C] podróżni-k/czka

traveller's cheque /'... ˌ./ *BrE*, **traveler's check** *AmE* *n* [C] czek podróżny

trawl·er /'trɔːlə/ *n* [C] trawler

tray /treɪ/ *n* [C] tac(k)a

treach·e·rous /'tretʃərəs/ *adj* **1** zdradliwy: *Black ice on the roads is making driving treacherous.* **2** zdradziecki: *his treacherous colleagues*

treach·e·ry /'tretʃəri/ *n* [U] zdrada

tread¹ /tred/ *v* **trod, trodden, treading** [I,T] *especially BrE* deptać, nadepnąć: **+ on/in** *Sorry. Did I tread on your foot?*

tread² *n* **1** [C,U] bieżnik (*na oponie*) **2** [singular] chód: *a heavy tread*

tread·mill /'tredˌmɪl/ *n* [singular] kierat

trea·son /'triːzən/ *n* [U] zdrada

trea·sure¹ /'treʒə/ *n* [C,U] skarb: *a story about buried treasure* | *the treasures of the Louvre*

treasure² *v* [T] cenić: *one of his most treasured memories*

trea·sur·er /'treʒərə/ *n* [C] skarbnik

trea·su·ry /'treʒəri/ *n* **the Treasury** ministerstwo skarbu

treat¹ /triːt/ *v* [T] **1** po/traktować: *Why do you always treat me like a child?* | *Tracy felt she had been badly treated.* | **treat sth as sth** *He treats everything I say as some kind of joke.* **2** leczyć: *Eleven people were treated* (=jedenastu osobom udzielono pomocy medycznej) *for minor injuries.* **3 treat sb to dinner** zapraszać kogoś na obiad: *We're treating Jill to dinner for her birthday.* | **treat yourself to sth** (=zafundować sobie coś): *I thought I'd treat myself to a new haircut.* **4** zabezpieczać: *The metal has been treated against rust.*

treat² *n* **1** [C] prezent: *Stephen took his son to Disneyland as a birthday treat.* **2** [singular] przyjemność: *Getting your letter was a real treat.* **3 my treat** *spoken* ja stawiam

treat·ment /'triːtmənt/ *n* **1** [C,U] terapia, leczenie: *a new treatment for* *cancer* **2** [U] traktowanie: *complaints about the treatment of political prisoners*

treat·y /'triːti/ *n* [C] traktat: *a peace treaty*

treb·le /'trebəl/ *v* [I,T] potrajać (się)

tree /triː/ *n* [C] drzewo: *an apple tree*

trek /trek/ *v* **-kked, -kking** [I] wędrować: *We're planning to go trekking in Nepal.* —**trek** *n* [C] wędrówka: *a three-hour trek back to camp*

trem·ble /'trembəl/ *v* [I] za/drżeć: *His voice trembled as he spoke.*

> UWAGA **tremble i shiver**
>
> Nie należy mylić wyrazów **tremble** i **shiver** w znaczeniu 'drżeć'. **Tremble** znaczy 'drżeć ze strachu, nerwów, podniecenia itp.': *She trembled with excitement just at the thought of seeing him again.* **Shiver** znaczy 'drżeć z zimna': *I stood at the bus stop shivering and wishing that I'd worn my coat.*

tre·men·dous /trɪ'mendəs/ *adj* **1** ogromny: *I have tremendous respect for her.* **2** wspaniały: *The police did a tremendous job.*

trem·or /'tremə/ *n* [C] **1** wstrząs (*sejsmiczny*) **2** dreszcz

trench /trentʃ/ *n* [C] rów

trench·coat /'trentʃkəʊt/ *n* [C] trencz

trend /trend/ *n* [C] **1** trend: *There's a trend toward more part-time employment.* | *the latest fashion trends* **2 set the trend** zapoczątkować trend

trend·y /'trendi/ *adj* modny: *a trendy bar*

tres·pass /'trespəs/ *v* [I] wkraczać bez pozwolenia na teren prywatny

tri·al /'traɪəl/ *n* **1** [C,U] proces: *a murder trial* | **be on trial/stand trial** *The two men are on trial* (=są sądzeni) *for armed robbery.* **2** [C,U] próba, test: *clinical trials of a new drug* **3 trial and error** metoda prób i błędów: *Students learn through a process of trial and error.* ➡ patrz też TRIALS

trial run /ˌ.. './ *n* [C] próba

tri·als /'traɪəlz/ *n* [plural] eliminacje

tri·an·gle /'traɪæŋgəl/ *n* [C] trójkąt —**triangular** /traɪ'æŋgjələ/ *adj* trójkątny

tribe /traɪb/ *n* [C] plemię —**tribal** *adj* plemienny: *tribal art*

tri·bu·nal /traɪ'bjuːnl/ *n* [C] trybunał: *a war crimes tribunal*

trib·u·ta·ry /'trɪbjətəri/ *n* [C] dopływ

trib·ute /'trɪbjuːt/ *n* [C,U] hołd: *The concert was held as a tribute to Bob Dylan.* | **pay tribute to sb** (=wyrażać uznanie dla kogoś)

trick[1] /trɪk/ *n* [C] **1** podstęp: *The phone call was just a trick to get him out of the office.* | **play a trick on sb** (=s/płatać komuś figla): *a naughty boy who was always playing tricks on his parents* **2 do the trick** *spoken* załatwić sprawę: *A little salt should do the trick.* **3** sposób: *There's a trick to getting the audience's attention.* **4** sztuczka: *Do you know any good card tricks?*

trick[2] *v* [T] oszukiwać: *They tricked her out of* (=naciągnęli ją na) *all her money.*

trick·e·ry /'trɪkəri/ *n* [U] oszustwo

trick·le[1] /'trɪkəl/ *v* [I] **1** sączyć się, kapać: *Sweat trickled down his face* (=spływał mu po twarzy). **2** powoli napływać: *The first few fans started to trickle into the stadium.*

trickle[2] *n* [C] strużka: *a tiny trickle of blood*

trick·y /'trɪki/ *adj* trudny, skomplikowany: *It was a tricky decision.* | *a tricky problem*

tri·cy·cle /'traɪsɪkəl/ *n* [C] rower trójkołowy

tried /traɪd/ *v* czas przeszły i imiesłów bierny od TRY

tri·fle /'traɪfəl/ *n* **1 a trifle** nieco: *He looked a trifle unhappy.* **2** [C] drobnostka: *a mere trifle*

trig·ger[1] /'trɪgə/ *n* [C] spust: *He pointed the gun and pulled the trigger.*

trigger[2] *także* **trigger off** *v* [T] wywoływać: *Heavy rain may trigger mudslides.*

tril·o·gy /'trɪlədʒi/ *n* [C] trylogia

trim[1] /trɪm/ *v* **-mmed, -mming 1** [T] przycinać: *My hair needs trimming.* **2** [T] z/redukować: *plans to trim the city's budget* **3 trimmed with sth** ozdobiony/wykończony czymś: *The sleeves were trimmed with velvet.*

trim[2] *adj* **1** szczupły: *a trim figure* **2** schludny

trim[3] *n* **1** [singular] podstrzyżenie, podcięcie: *Your beard needs a trim.* **2** [U singular] wykończenie **3 in trim** w formie

tri·mes·ter /trɪ'mestə/ *n* [C] *especially AmE* trymestr

trim·ming /'trɪmɪŋ/ *n* **1** [C,U] wykończenie **2 with all the trimmings** ze wszystkimi dodatkami: *a turkey dinner with all the trimmings*

trin·i·ty /'trɪnǝ̇ti/ *n* **the Trinity** Trójca Święta

trin·ket /'trɪŋkǝ̇t/ *n* [C] świecidełko

tri·o /'triːəʊ/ *n* [C] trio, tercet

trip[1] /trɪp/ *n* [C] podróż, wycieczka: *We're taking a trip to Florida.* | *a business trip*

trip[2] *v* **-pped, -pping 1** [I] potykać się: **+ on/over** (=o): *I tripped over a chair.* **2** [T] *także* **trip up** podstawiać nogę

trip·le[1] /'trɪpəl/ *adj* potrójny: *a triple gold medal winner*

triple[2] *v* [I,T] potrajać (się): *The population may triple in 20 years.*

trip·lets /'trɪplǝ̇ts/ *n* [plural] trojaczki

tri·pod /'traɪpɒd/ *n* [C] trójnóg

trite /traɪt/ *adj* oklepany: *a dull speech full of trite clichés*

tri·umph[1] /'traɪəmf/ *n* [C,U] tryumf: *San Francisco's triumph over Cincinnati in the Super Bowl* | *He raised his arms in triumph* (=tryumfalnie). —**triumphal** /traɪ'ʌmfəl/ *adj* tryumfalny: *a triumphal march*

triumph[2] *v* [I] za/tryumfować

tri·um·phant /traɪ'ʌmfənt/ *adj* zwycięski: *a triumphant army*

triv·i·a /'trɪviə/ *n* [plural] błahostki

triv·i·al /'trɪviəl/ *adj* błahy, trywialny: *a trivial matter*

triv·i·al·ize /'trɪviəlaɪz/ (*także* **-ise** *BrE*) *v* [T] z/bagatelizować

trod /trɒd/ *v* czas przeszły od TREAD

trod·den /'trɒdn/ *v* imiesłów bierny od TREAD

trol·ley /'trɒli/ *n* [C] *BrE* wózek (*na zakupy*)

trom·bone /trɒm'bəʊn/ *n* [C] puzon

troop /truːp/ *n* [C] **1 troops** wojsko: *Troops were sent in to stop the riots.* **2** stado **3** gromada

tro·phy /'trəʊfi/ *n* [C] trofeum, puchar

trop·i·cal /'trɒpɪkəl/ *adj* tropikalny: *tropical countries* | *tropical fish*

trop·ics /'trɒpɪks/ *n* **the tropics** tropiki

trot /trɒt/ *v* [I] **-tted, -tting 1** kłusować: *A group of horses trotted past.* **2** biec truchtem: *Jimmy trotted along behind his parents.* —**trot** *n* [singular] kłus, trucht

troub·le[1] /'trʌbəl/ *n* **1** [C,U] kłopot(y): *She's been having some kind of trouble with her boyfriend.* | *It's good to be able to talk to someone about your troubles.* | **the trouble is** *spoken* (=kłopot w tym, że): *I'd love to go with you. The trouble is, I don't have enough money.* **2** [U] problem(y): *engine trouble* (=problemy z silnikiem) | *What seems to be the trouble* (=w czym problem)? **3 be in trouble** mieć kłopoty: *The company was in serious trouble financially.* | *Joe's in trouble with the police again.* | **get into trouble** (=wikłać się w kłopoty): *He was always getting into trouble at school.* **4** [U] trud: **take a lot of trouble/go to a lot of trouble** (=zadawać sobie trud): *It was a fantastic meal. They'd obviously gone to a lot of trouble over it.* | **take the trouble to do sth** (=zadawać sobie trud, żeby coś zrobić): *He'd taken the trouble to learn all our names.* **5** [C,U] awantura: **cause/create trouble** (=wywoływać awantury): *English fans have a reputation for causing trouble.* **6** [U] dolegliwości: *back trouble* **7 the trouble with sb/sth is** *spoken* problem z kimś/czymś polega na tym, że: *The trouble with Tom is he never listens* *to what other people say.* **8 sb is asking for trouble** *informal* ktoś napyta sobie biedy: *You're just asking for trouble if you don't get those brakes fixed.*

trouble[2] *v* [T] **1** martwić: *I tried to find out what's troubling her.* **2** *formal* niepokoić: *I'm sorry to trouble you, but could you open the door for me?*

troub·led /'trʌbəld/ *adj* zmartwiony: *a deeply troubled man*

troub·le·mak·er /'trʌbəlˌmeɪkə/ *n* [C] wichrzyciel/ka

troub·le·some /'trʌbəlsəm/ *adj* kłopotliwy: *a troublesome employee*

trouble spot /'.. ./ *n* [C] punkt zapalny: *Tourists have been warned to stay away from trouble spots.*

trough /trɒf/ *n* [C] koryto

trou·sers /'traʊzəz/ *n* [plural] spodnie

trouser suit /'.. ./ *n* [C] *BrE* garnitur damski

trout /traʊt/ *n* [C,U] pstrąg

trowel /'traʊəl/ *n* [C] **1** rydel **2** kielnia

tru·ant /'tru:ənt/ *n* [C] wagarowicz/ka: **play truant** *BrE* (=chodzić na wagary)

truce /tru:s/ *n* [C] rozejm: *The two sides have declared a truce.*

truck /trʌk/ *n* [C] ciężarówka

truck·er /'trʌkə/ *n* [C] *especially AmE* kierowca ciężarówki

trudge /trʌdʒ/ *v* [I] wlec się: *He trudged up the stairs.*

true /tru:/ *adj* **1** prawdziwy: *Believe me, it's a true story.* | *a true friend* | *true love* | **it is true (that)** (=to prawda, że): *Is it true that you're moving to Denver?* ➡ antonim FALSE **2 come true** spełnić się: *Their dream of owning a house in the mountains had finally come true.* **3** *spoken* to prawda (że): *True, he has a college degree, but he doesn't have enough job experience.* **4 true to sb/sth** wierny komuś/czemuś: *He was true to his word* (=dotrzymał słowa).

truf·fle /'trʌfəl/ *n* [C] trufla

tru·ly /'tru:li/ *adv* naprawdę: *a truly amazing story* | *a truly democratic country* | *She truly loved him.* | **well and truly** (=całkiem): *By now we were well and truly lost.* ➡ patrz też **yours (truly)** (YOURS)

trump /trʌmp/ *n* [C] karta atutowa

trump card /'. ./ *n* [C] as atutowy

trum·pet /'trʌmpɪ̈t/ *n* [C] trąbka

trun·cat·ed /trʌŋ'keɪtɪ̈d/ *adj* skrócony: *a truncated version of the report*

trun·cheon /'trʌnʃən/ *n* [C] *BrE* pałka (*policyjna*)

trunk /trʌŋk/ *n* [C] **1** pień **2** *AmE* bagażnik **3** trąba: *an elephant's trunk* **4** kufer

trunks /trʌŋks/ *n* [plural] kąpielówki

trust[1] /trʌst/ *v* [T] **1** ufać: *David is one of my oldest friends, I trust him completely.* | *I'm not sure if I trust his judgement.* | **trust sb with sth** (=powierzyć komuś coś): *Do you think we can trust her with the children?* **2 I trust (that)** *spoken formal* mam nadzieję, że: *I trust that you had a successful trip.*

trust in sb/sth *phr v* [T] *formal* za/ufać

trust[2] *n* **1** [U] zaufanie: *the lack of trust between local people and the police* | **a position of trust** (=odpowiedzialna funkcja) ➡ antonim DISTRUST[1] **2** [C] trust: *an investment trust* **3** [U] fundusz powierniczy: *$100,000 is being held in trust for his daughter.*

trust·ee /ˌtrʌs'ti:◂/ *n* [C] powiernik

trust·ing /'trʌstɪŋ/ *adj* ufny

trust·wor·thy /'trʌstˌwɜ:ði/ *adj* godny zaufania

trust·y /'trʌsti/ *adj humorous* wierny: *a trusty horse*

truth /tru:θ/ *n* **1 the truth** prawda: *I'm sure she's telling the truth.* **2** [U,C] prawda: *Do you think there's any truth in these accusations?* | *scientific truths* **3 to tell (you) the truth** *spoken* prawdę mówiąc: *To tell you the truth, I've never really liked him.*

> UWAGA **truth**
>
> Nie mówi się "she's saying the truth". Mówi się **she's telling the truth**.

truth·ful /'tru:θfəl/ *adj* **1** prawdomówny: *a truthful little boy* **2** zgodny z prawdą:

T

a truthful account —**truthfully** *adv* zgodnie z prawdą

try[1] /traɪ/ *v* **tried, tried, trying 1** [I,T] s/próbować: *Tim tried to get another job, but he had no luck.* | *I tried not to laugh.* | *You must try some of this cake!* | *She tried all kinds of diets, but none of them seemed to work.* | **try the door/window** (=próbować otworzyć drzwi/okno) **2** [T] sądzić: *Three men were tried for murder.*

try sth ↔ **on** *phr v* [T] przymierzać: *Would you like to try these jeans on?*

try sth ↔ **out** *phr v* [T] wypróbować: *I can't wait to try out my new camera.*

try[2] *n* **1** [C] próba: *He succeeded on his first try.* **2 give sth a try** spróbować czegoś: *I've never skated before, but I'll give it a try* (=ale spróbuję). **3** [C] przyłożenie piłki w rugby

try·ing /'traɪ-ɪŋ/ *adj* męczący: *It's been a trying time for us all.*

tsar /zɑː/, **tzar**, **czar** *n* [C] car

T-shirt /'tiː ʃɜːt/ *n* [C] koszulka z krótkim rękawem

tub /tʌb/ *n* [C] **1** kubek (*np. od serka*): *a tub of ice cream* **2** kadź **3** *AmE* wanna

tu·ba /'tjuːbə/ *n* [C] tuba (*instrument*)

tub·by /'tʌbi/ *adj informal* pulchny

tube /tjuːb/ *n* **1** [C] rurka: *She was lying in a hospital bed with tubes coming out of her mouth.* **2** [C] **a)** tubka: *a tube of toothpaste* **b)** tuba (*papierowa lub plastikowa*) **3 the Tube** metro (*londyńskie*)

tu·ber·cu·lo·sis /tjuːˌbɜːkjʊ'ləʊsɪs/ *n* [U] gruźlica

tuck /tʌk/ *v* [T] wsunąć: *You've forgotten to tuck your shirt into your trousers!* | *She tucked the money into her pocket.* | *The duck had its head tucked under its wing.*

tuck sth ↔ **away** *phr v* [T] **1** odłożyć: *He tucked the letter away in a drawer.* **2 tucked away** ukryty (głęboko): *a little village tucked away in the mountains*

tuck in/into *phr v* **1** [T **tuck** sb **in**] otulić (*w łóżku*) **2** [T **tuck into** sth] *BrE informal* wcinać (*jeść*)

tuck sb **up** *phr v* [T] **be tucked up (in bed)** leżeć/siedzieć wygodnie (w łóżku)

Tues·day /'tjuːzdi/ skrót pisany **Tues.** *n* [C,U] wtorek

tuft /tʌft/ *n* [C] kępka: *a tuft of hair*

tug[1] /tʌg/ *v* [I,T] **-gged, -gging** pociągać: *Alice tugged at my hand.*

tug[2] *n* [C] **1** *także* **tug boat** holownik **2** pociągnięcie

tug-of-war /ˌ. . './ *n* [singular] przeciąganie liny

tu·i·tion /tjuː'ɪʃən/ *n* [U] **1** korepetycje: *private tuition* **2** *AmE* czesne: *Tuition went up to $3000 last semester.*

tu·lip /'tjuːlɪp/ *n* [C] tulipan

tum·ble /'tʌmbəl/ *v* [I] spadać: *She tumbled out of bed.* | *Share prices tumbled on the New York Stock Exchange.*

tumble dry·er /ˌ.. '../ *n* [C] *BrE* suszarka (bębnowa)

tum·bler /'tʌmblə/ *n* [C] szklanka

tum·my /'tʌmi/ *n* [C] *informal* brzuch

tu·mour /'tjuːmə/ *BrE*, **tumor** *AmE* *n* [C] guz: *a brain tumor*

tu·mult /'tjuːmʌlt/ *n* [U singular] *formal* zgiełk: *the tumult of the civil war*

tu·mul·tu·ous /tjuː'mʌltʃuəs/ *adj* **1** hałaśliwy: *They received a tumultuous welcome from the crowd.* **2** burzliwy: *tumultuous applause*

tu·na /'tjuːnə/ *n* [C,U] tuńczyk

tun·dra /'tʌndrə/ *n* [U] tundra

tune[1] /tjuːn/ *n* **1** [C] melodia: *Jill was humming a little tune to herself.* **2 sing/play in/out of tune** śpiewać/grać czysto/nieczysto: *Sadie can't sing in tune.* **3 be in/out of tune** stroić/nie stroić (*o instrumencie*): *My guitar's completely out of tune.* **4 change your tune** zmienić śpiewkę

tune[2] *v* [T] **1** na/stroić: *The piano needs tuning.* **2** nastawiać (*np. radio*) **stay tuned** (=nie zmieniać stacji): *Stay tuned for more great music on KHPI, the city's best rock station.* **3** *także* **tune up** wy/regulować

tune in *phr v* [I] **tune in to** oglądać/słuchać: *Over 3 million viewers tune in to our show daily* (=ogląda codziennie nasz program).

tune up *phr v* **1** [I,T **tune** sth ↔ **up**] stroić (się) **2** [T **tune** sth ↔ **up**] wy/regulować

tu·nic /ˈtjuːnɪk/ *n* [C] tunika

tun·nel¹ /ˈtʌnl/ *n* [C] tunel

tunnel² *v* [I] **-lled, -lling** *BrE*, **-led, -ling** prze/kopać tunel

tur·ban /ˈtɜːbən/ *n* [C] turban

tur·bine /ˈtɜːbaɪn/ *n* [C] turbina ➡ patrz też WIND TURBINE

tur·bu·lent /ˈtɜːbjələnt/ *adj* **1** burzliwy: *a turbulent period in Russian history* **2** rwący: *turbulent water* —**turbulence** *n* [U] turbulencje: *There was a lot of turbulence during the flight.*

turf /tɜːf/ *n* [U] darń

tur·key /ˈtɜːki/ *n* [C,U] indyk

tur·moil /ˈtɜːmɔɪl/ *n* [U singular] chaos, zamieszanie: **in turmoil** *In 1968 the country was in turmoil* (=w kraju panował chaos).

turn¹ /tɜːn/ *v* **1** [I] odwracać się: *Alison turned towards us.* | *He turned to look behind him.* **2** [T] przekręcać: *She turned the key in the lock.* **3** [I,T] skręcać: *The car turned a corner.* | *Turn right at the next stop light.* **4** [I,T] obracać (się): *The wheels turned slowly.* **5 turn green/colder** zazielenić/oziębić się: *Helen turned bright red.* | *The weather will turn colder.* **6 turn 20/30** s/kończyć 20/30 lat: *She's just turned 40.* **7 it's turned midnight/4:00** minęła północ/czwarta: *"What time is it?" "It's just turned 3:00."* **8** [T] przewracać: *Turn the page.* **9 turn your back on** odwrócić się od: *She turned her back on all her old friends.* **10 turn your nose up at sth** kręcić nosem na coś **11 turn back the clock** cofać czas **12 turn a blind eye to sth** przymykać oko na coś **13 turn sb/sth loose** puszczać kogoś/coś wolno

turn sb **against** sb/sth *phr v* [T] nastawiać negatywnie do: *His experiences in Vietnam turned him against the war.*

turn sb ↔ **away** *phr v* [T] odprawiać z niczym

turn back *phr v* [I,T **turn** sb ↔ **back**] zawracać: *They had to turn back because of the snow.* | *Journalists are being turned back at the border.*

turn down *phr v* [T] **1** [**turn** sth ↔ **down**] przyciszać: *Can you turn down your radio? I'm trying to work.* **2** [**turn** sb/sth ↔ **down**] odrzucać: *She got an offer of a job at Microsoft, but she turned it down.*

turn in *phr v* [T] **1** [**turn** sb **in**] wydać (policji) **2** [I] *informal* iść spać: *I think I'll turn in.* **3** [T **turn** sth **in**] *especially AmE* oddawać (*zadanie domowe*): *Has everyone turned in last night's homework?*

turn into *phr v* [T] **1** [**turn into** sb/sth] zamieniać się w: *The argument turned into a fight.* **2** [**turn** sb/sth **into** sb/sth] zmieniać w: *They want to turn the country into some kind of police state.*

turn off *phr v* **1** [T **turn** sth ↔ **off**] wyłączać: *Turn off the television – it's dinner time.* **2** [I,T **turn off** sth] skręcać (z) (*drogi*)

turn on *phr v* [T] **1** [**turn** sth ↔ **on**] włączać: *Could you turn on the TV?* **2** [**turn on** sb] rzucić się na: *The dog turned on him and bit him.*

turn out *phr v* **1** [I] mieć przebieg: *Joanna wished things had turned out differently.* | **it turned out that** (=okazało się, że): *It turned out that he was married to someone else!* **2** [T **turn** sth ↔ **out**] wyłączać: *Don't forget to turn out the lights when you leave.* **3** [I] przybywać: *Only about 30 people turned out for the show.* ➡ patrz też TURNOUT **4** [T **turn** sth ↔ **out**] wypuszczać, produkować: *Why do our high schools turn out students who can't read?*

turn over *phr v* [T **turn** sth ↔ **over to** sb] przekazywać: *The industry is being turned over to private ownership.*

turn to *phr v* [T] [**turn to** sb] zwracać się do: *He still turns to us for advice.*

turn up *phr v* **1** [T **turn** sth ↔ **up**] podkręcać: *Turn up the radio – I love this song.* **2** [I] znaleźć się: *We looked for the* *ring for weeks, and then it turned up in my pocket.* **3** [I] pojawiać się: *Danny turned up late as usual.*

turn² *n* **1** [C usually singular] kolejka: *You'll just have to wait your turn.* **2 take turns** *także* **take it in turns** *BrE* zmieniać się: *We took it in turns to do the driving* (=zmienialiśmy się za kierownicą). **3 in turn** po kolei: *He spoke to each of the students in turn.* **4** [C] **left/right turn** zwrot w lewo/prawo: *The car made a left turn* (=skręcił w lewo) *at the lights.* **5** zakręt: *Take the next turn.* **6** [C] obrót: *Give the wheel another turn.* **7 the turn of the century** przełom wieku **8 take a turn for the better/worse** nagle się poprawić/pogorszyć: *Her health took a turn for the worse.* **9 turn of events** rozwój wydarzeń: *By some unfortunate turn of events, the documents were lost.* **10 do sb a good turn** wyświadczyć komuś przysługę

turning point /'.. ./ *n* [C] punkt zwrotny: *The film marks a turning point in Kubrick's career.*

T

tur·nip /'tɜːnəp/ *n* [C,U] rzepa

turn-off /'. ./ *n* [C] zjazd (*z autostrady*)

turn·out /'tɜːnaʊt/ *n* [singular] frekwencja

turn·o·ver /'tɜːnˌəʊvə/ *n* [singular] obroty: *an annual turnover of $35 million*

turn·pike /'tɜːnpaɪk/ *n* [C] autostrada (*płatna*)

turn sig·nal /'. ,../ *n* [C] *AmE* kierunkowskaz

turn·stile /'tɜːnstaɪl/ *n* [C] kołowrót (*przy wejściu na stadion*)

turn·ta·ble /'tɜːnˌteɪbəl/ *n* [C] gramofon

tur·pen·tine /'tɜːpəntaɪn/ *także* **turps** *BrE n* [U] terpentyna

tur·quoise /'tɜːkwɔɪz/ *n* [U] kolor turkusowy

tur·ret /'tʌrət/ *n* [C] wieżyczka

tur·tle /'tɜːtl/ *n* [C] żółw (*wodny*)

tur·tle·neck /'tɜːtlnek/ *n* [C] *AmE* golf (*sweter*)

tusk /tʌsk/ *n* [C] kieł

tus·sle /'tʌsəl/ *n* [C] bójka

tu·tor /'tjuːtə/ *n* [C] **1** korepetytor/ka **2** asystent na uniwersytecie

tu·to·ri·al /tjuː'tɔːriəl/ *n* [C] zajęcia dla małej grupy studentów

tux·e·do /tʌk'siːdəʊ/ *także* **tux** /tʌks/ *informal n* [C] smoking

TV /ˌtiː 'viː◂/ *n* **1** [U] telewizja: *What's on TV?* **2** [C] telewizor: *Sue just bought a new TV.*

TV din·ner /ˌ.. '../ *n* [C] gotowy mrożony posiłek

twang /twæŋ/ *n* [C] **1** brzdęk **2** nosowe brzmienie głosu

tweak /twiːk/ *v* [T] uszczypnąć w, pociągnąć za: *Grandpa tweaked my nose and laughed.*

tweed /twiːd/ *n* [U] tweed

twee·zers /'twiːzəz/ *n* [plural] pinceta

twelfth /twelfθ/ *number* **1** dwunasty **2** dwunasta część

twelve /twelv/ *number* **1** dwanaście **2** (godzina) dwunasta: *I'm going to lunch at twelve.*

twen·ty /'twenti/ *number* **1** dwadzieścia **2 the twenties** lata dwudzieste —**twentieth** *number* dwudziesty

twice /twaɪs/ *adv* dwukrotnie, dwa razy: *I've seen that movie twice already.*

twig /twɪg/ *n* [C] gałązka

twi·light /'twaɪlaɪt/ *n* [U] zmierzch

twin¹ /twɪn/ *n* [C] bliźnia-k/czka: *her twin brother*

twin² *adj* podwójny: *twin doors*

twine¹ /twaɪn/ *n* [U] szpagat (*sznurek*)

twine² *v* [I,T] owijać (się): *The plant had twined itself around the fence.*

twinge /twɪndʒ/ *n* [C] ukłucie (bólu): *I felt a twinge in my back.*

twin·kle /'twɪŋkəl/ *v* [I] **1** migotać **2** skrzyć się

twin room /ˌ. './ *n* [C] pokój dwuosobowy (*z dwoma łóżkami*)

twirl /twɜːl/ *v* [I,T] kręcić (się): *a twirling ballet dancer* —**twirl** *n* [C] obrót

twist[1] /twɪst/ *v* **1** [T] kręcić: *She was twisting the dial on the washing machine.* | *Can you twist the top off* (=odkręcić) *this bottle for me?* **2** [T] zwijać: *Her hair was twisted in a bun.* **3** [I,T] okręcać (się): *He twisted around in order to get a better look.* | **twist your knee/ankle** (=skręcić kolano/kostkę) **4** [T] przekręcać: *They twisted the story around and said we tried to cheat them.* **5** [I] wić się: *a twisting road* **6 twist sb's arm** *informal* przycisnąć kogoś

twist[2] *n* [C] **1** zwój: *twists in the wire* | *pasta twists* (=makaron świderki) **2** zwrot: *Her disappearance added a new twist to the story.* **3** zakręt

twist·ed /ˈtwɪstɪ̈d/ *adj* **1** skręcony: *a twisted piece of metal* **2** pokrętny: *a twisted joke*

twist·er /ˈtwɪstə/ *n* [C] *AmE informal* tornado

twit /twɪt/ *n* [C] *informal* głupek

twitch /twɪtʃ/ *v* [I] drgać: *Her fingers twitched nervously.*

twit·ter /ˈtwɪtə/ *v* [I] ćwierkać

two /tuː/ *number* **1** dwa **2** (godzina) druga: *The game begins at two.*

two-faced /ˌ. ˈ.◂ / *adj* dwulicowy

two-piece /ˌ. ˈ.◂ / *adj* dwuczęściowy: *a two-piece suit*

two-way /ˌ. ˈ.◂ / *adj* **1** dwukierunkowy: *two-way traffic* **2 two-way radio** krótkofalówka

ty·coon /taɪˈkuːn/ *n* [C] magnat: *an oil tycoon*

ty·ing /ˈtaɪ-ɪŋ/ *v* imiesłów czynny od TIE

type[1] /taɪp/ *n* **1** [C] typ, rodzaj: *You need to use a special type of paper.* | *Accidents of this type are very common.* | *He's not really the athletic type.* **2 not be sb's type** *informal* nie być w czyimś typie: *Alex is OK – but he's not really my type.* **3** [U] czcionka: *italic type*

type[2] *v* [I,T] na/pisać (*na maszynie, komputerze*)

type·writ·er /ˈtaɪpˌraɪtə/ *n* [C] maszyna do pisania

type·writ·ten /ˈtaɪpˌrɪtn/ *adj* napisany na maszynie

ty·phoid /ˈtaɪfɔɪd/ **typhoid fever** *n* [U] dur brzuszny

ty·phoon /ˌtaɪˈfuːn◂ / *n* [C] tajfun

typ·i·cal /ˈtɪpɪkəl/ *adj* typowy: *a typical working class family* | **+ of** (=dla): *This painting is typical of his early work.*

> **UWAGA typical**
>
> Nie mówi się "it's a typical restaurant" czy "this house is very typical". Trzeba zawsze podać więcej szczegółów i pamiętać, że po **typical** poprawnym przyimkiem jest **of**, a nie **for**: *It's a typical Japanese/Spanish restaurant.* | *This house is typical of the style of this region.*

typ·i·cally /ˈtɪpɪkli/ *adv* **1** typowo: *a typically Japanese dish* **2** zwykle: *prices typi- cally start at around $600*

typ·ing /ˈtaɪpɪŋ/ *n* [U] pisanie na maszynie

typ·ist /ˈtaɪpɪ̈st/ *n* [C] maszynistka

tyr·an·ny /ˈtɪrəni/ *n* [U] tyrania

ty·rant /ˈtaɪrənt/ *n* [C] tyran: *Her father was a tyrant.*

tyre /taɪə/ *BrE*, **tire** *AmE* *n* [C] opona: **a flat tyre** (=guma)

tzar /zɑː/ car

Uu

ud·der /ˈʌdə/ *n* [C] wymię

UFO /ˈjuːfəʊ/ *n* [C] UFO

ugh /ʊx/ *interjection* fuj: *Ugh! This tastes foul!*

ug·ly /ˈʌgli/ *adj* **1** brzydki: *ugly modern buildings* **2** nieprzyjemny: *There were ugly scenes at the England-Italy game.* —**ugliness** *n* [U] brzydota

ul·cer /ˈʌlsə/ *n* [C] wrzód: *a stomach ulcer*

ul·te·ri·or /ʌlˈtɪəriə/ *adj* **ulterior motive/reason** ukryty motyw/powód

ul·ti·mate[1] /ˈʌltᵻmᵻt/ *adj* **1** najlepszy: *the ultimate sports car* **2** największy: *the ultimate disgrace* **3** ostateczny: *their ultimate objective*

ultimate[2] *n* **the ultimate in sth** szczyt czegoś: *The Orient-Express is the ultimate in luxury.*

ul·ti·mate·ly /ˈʌltᵻmᵻtli/ *adv* ostatecznie, w końcu: *Their efforts ultimately resulted in his release from prison.* | *Ultimately it's your decision.*

ul·ti·ma·tum /ˌʌltᵻˈmeɪtəm/ *n* [C] ultimatum: **issue/give an ultimatum** (=stawiać ultimatum): *The government issued an ultimatum to the rebels to surrender.*

ul·tra·son·ic /ˌʌltrəˈsɒnɪk◂/ *adj technical* ponaddźwiękowy

ul·tra·vi·o·let /ˌʌltrəˈvaɪəlᵻt◂/ *adj* nadfioletowy → patrz też INFRARED

um·bil·i·cal cord /ʌmˌbɪlɪkəl ˈkɔːd/ *n* [C] pępowina

um·brel·la /ʌmˈbrelə/ *n* [C] **1** parasol **2 umbrella organization/group** organizacja/grupa patronacka

um·pire /ˈʌmpaɪə/ *n* [C] sędzia (*sportowy*)

> UWAGA **umpire**
>
> **Umpire** to 'sędzia' w tenisie, krykiecie i baseballu. Patrz też **judge** i **referee**.

ump·teen /ˌʌmpˈtiːn◂/ *quantifier informal* ileś tam —**umpteenth** *adj*: *for the umpteenth time* (=enty raz)

un- /ʌn-/ *prefix* **1** nie-: *unhappy* | *unexpected* **2** nadaje czasownikowi znaczenie przeciwne: *undress* (=rozbierać się) | *unfasten* (=rozpinać)

un·a·ble /ʌnˈeɪbəl/ *adj* **be unable to do sth** nie być w stanie czegoś zrobić: *Many people were unable to leave their homes.*

un·ac·cept·a·ble /ˌʌnəkˈseptəbəl◂/ *adj* nie do przyjęcia, niedopuszczalny: *Your behaviour is totally unacceptable.*

un·ac·com·pa·nied /ˌʌnəˈkʌmpənid◂/ *adj* bez opieki, bez towarzystwa

un·af·fect·ed /ˌʌnəˈfektᵻd◂/ *adj* nietknięty: *Parts of the city remained unaffected by the fire.*

un·aid·ed /ʌnˈeɪdᵻd/ *adj* bez pomocy: *She managed to climb the stairs unaided.*

u·nan·i·mous /juːˈnænᵻməs/ *adj* jednomyślny, jednogłośny —**unanimously** *adv* jednomyślnie, jednogłośnie —**unanimity** /ˌjuːnəˈnɪmᵻti/ *n* [U] jednomyślność

un·an·nounced /ˌʌnəˈnaʊnst◂/ *adj* bez zapowiedzi: *We arrived unannounced.*

un·an·swered /ʌnˈɑːnsəd/ *adj* bez odpowiedzi

un·armed /ˌʌnˈɑːmd◂/ *adj* nie uzbrojony

un·a·sham·ed·ly /ˌʌnəˈʃeɪmᵻdli/ *adv* bezwstydnie: *Their latest record is unashamedly commercial.* —**unashamed** /ˌʌnəˈʃeɪmd◂/ *adj* bezwstydny

un·as·sum·ing /ˌʌnəˈsjuːmɪŋ◂/ *adj* skromny: *a quiet unassuming man*

un·at·tached /ˌʌnəˈtætʃt◂/ *adj* samotny (*nie związany z nikim*)

un·at·tend·ed /ˌʌnəˈtendᵻd◂/ *adj* pozostawiony bez opieki: *Passengers should not leave their bags unattended.*

un·au·tho·rized /ʌnˈɔːθəraɪzd/ (*także* **-ised** *BrE*) *adj* nie autoryzowany: *an unauthorized biography*

un·a·vail·a·ble /ˌʌnəˈveɪləbəl/ *adj* nieosiągalny: *I'm afraid she's unavailable at the* *moment.* | *an album previously unavailable on CD*

un·a·void·a·ble /ˌʌnəˈvɔɪdəbəl/ *adj* nie do uniknięcia: *an unavoidable delay*

un·a·ware /ˌʌnəˈweə/ *adj* nieświadomy: **+ of** *She seemed completely unaware of what was happening.*

un·a·wares /ˌʌnəˈweəz/ *adv* **catch/take sb unawares** zaskoczyć kogoś: *The enemy had been caught unawares.*

un·bal·anced /ˌʌnˈbælənst/ *adj* **1** niezrównoważony: *He's obviously mentally unbalanced.* **2** nieobiektywny: *unbalanced reporting*

un·bear·a·ble /ʌnˈbeərəbəl/ *adj* nieznośny: *The pain was unbearable.* —**unbearably** *adv* nieznośnie

un·beat·a·ble /ʌnˈbiːtəbəl/ *adj* bezkonkurencyjny: *Their prices are unbeatable.*

un·be·liev·a·ble /ˌʌnbɪ̇ˈliːvəbəl◂/ *adj* niewiarygodny: *The noise was unbelievable.* | *His story sounded completely unbelievable.* —**unbelievably** *adv* niewiarygodnie

un·born /ˌʌnˈbɔːn◂/ *adj* nie narodzony: *an unborn child*

un·bro·ken /ʌnˈbrəʊkən/ *adj* niezmącony: *unbroken silence*

un·but·ton /ʌnˈbʌtn/ *v* [T] rozpinać

un·called for /ʌnˈkɔːld fɔː/ *adj* nie na miejscu: *That comment was totally uncalled for.*

un·can·ny /ʌnˈkæni/ *adj* niesamowity —**uncannily** *adv* niesamowicie

un·cer·tain /ʌnˈsɜːtn/ *adj* **1** niepewny: *His future with the company is uncertain.* **2 be uncertain about sth** nie być pewnym czegoś: *I was uncertain about what to do next.* —**uncertainty** *n* [C,U] niepewność —**uncertainly** *adv* niepewnie

un·changed /ˌʌnˈtʃeɪndʒd◂/ *adj* nie zmieniony

un·char·ac·ter·is·tic /ʌnˌkærɪ̇ktəˈrɪstɪk◂/ *adj* nietypowy

un·cle /ˈʌŋkəl/ *n* [C] wuj, wujek

un·clean /ˌʌnˈkliːn◂/ *adj* nieczysty

un·clear /ˌʌnˈklɪə◂/ *adj* **1** niejasny: *The law is unclear on this issue.* **2 be unclear about sth** nie być pewnym czegoś: *I'm a little unclear about what they mean.*

un·com·fort·a·ble /ʌnˈkʌmftəbəl/ *adj* **1** niewygodny: *an uncomfortable chair* **2** nieswój: *The heat made her feel uncomfortable.* **3** niezręczny: *There was an uncomfortable silence.* —**uncomfortably** *adv* niewygodnie, nieswojo

un·com·mon /ʌnˈkɒmən/ *adj* niezwykły: *It is not uncommon for patients to have to wait five hours to see a doctor.* —**uncommonly** *adv* niezwykle

un·com·pro·mis·ing /ʌnˈkɒmprəmaɪzɪŋ/ *adj* bezkompromisowy: *his uncompromising attitude towards winning*

un·con·di·tion·al /ˌʌnkənˈdɪʃənəl◂/ *adj* bezwarunkowy: *unconditional surrender* —**unconditionally** *adv* bezwarunkowo

un·con·nect·ed /ˌʌnkəˈnektɪ̇d◂/ *adj* nie związany

un·con·scious[1] /ʌnˈkɒnʃəs/ *adj* **1** nieprzytomny: *The driver was knocked unconscious.* **2** nieuświadomiony: *an unconscious desire* —**unconsciously** *adv* nieświadomie, bezwiednie —**unconsciousness** *n* [U] nieprzytomność, nieświadomość

unconscious[2] *n* [singular] podświadomość

un·con·trol·lable /ˌʌnkənˈtrəʊləbəl◂/ *adj* niepohamowany: *uncontrollable rage*

un·con·ven·tion·al /ˌʌnkənˈvenʃənəl◂/ *adj* niekonwencjonalny: *unconventional teaching methods*

un·count·a·ble /ʌnˈkaʊntəbəl/ *adj* niepoliczalny

un·couth /ʌnˈkuːθ/ *adj* nieokrzesany

un·cov·er /ʌnˈkʌvə/ *v* [T] odkrywać: *They uncovered a plot to kill the president.*

un·daunt·ed /ʌnˈdɔːntɪ̇d/ *adj* nie zrażony: *Fisher was undaunted by their opposition.*

un·de·cid·ed /ˌʌndɪˈsaɪdɪ̇d/ *adj* niezdecydowany: *Many people are still undecided about how they will vote.*

un·de·ni·a·ble /ˌʌndɪˈnaɪəbəl◂/ *adj* niezaprzeczalny —**undeniably** *adv* niezaprzeczalnie

un·der[1] /ˈʌndə/ *prep* **1** pod: *The cat was asleep under a chair.* | *She kept her head under the blankets.* | *We sailed under the Golden Gate Bridge.* | *She dived under the water.* | *You'll find her books under 'Modern Fiction'.* | *He writes under the name of Taki.* | *She has a team of researchers under her.* **2** poniżej: *You can buy a good computer for under $1,000.* | *children under 18* **3** pod rządami: *a country under Marxist rule* **4 sth is under discussion** dyskutuje się nad czymś **5 be under construction** być w budowie: *The tunnel is still under construction.* **6 be under way** mieć miejsce: *Important changes are now under way.* **7** pod wpływem: *She performs well under pressure.* **8** w świetle: *Under strict new laws smoking is banned in all public places.*

> UWAGA **under**
>
> Patrz **below** i **under**.

under[2] *adv* **1** pod powierzchnią: *He dived into the water and stayed under for over a minute.* **2** mniej: *children aged nine and under*

U

under-age /ˌ.. ˈ.◂/ *adj* niepełnoletni, nieletni: *under-age drinking* (=spożywanie alkoholu przez nieletnich)

un·der·cov·er /ˌʌndəˈkʌvə◂/ *adj* tajny: *an undercover agent*

un·der·cut /ˌʌndəˈkʌt/ *v* [T] **undercut, undercut, undercutting** przebijać cenami: *We've undercut our competitors by 15%.*

un·der·dog /ˈʌndədɒg/ *n* **the underdog** strona słabsza (*zawodnik lub drużyna*)

un·der·es·ti·mate /ˌʌndərˈestəmeɪt/ *v* [T] nie doceniać: *They underestimated the size of the problem.* | *Never underestimate your opponent.*

un·der·go /ˌʌndəˈgəʊ/ *v* [T] **underwent, undergone** /-ˈgɒn/, **undergoing** poddawać się: *He had to undergo major heart surgery.*

un·der·grad·u·ate /ˌʌndəˈgrædʒuət◂/ *n* [C] student/ka —**undergraduate** *adj* studencki

un·der·ground[1] /ˈʌndəgraʊnd/ *adj* podziemny: *underground streams* | *an underground resistance movement*

un·der·ground[2] /ˌʌndəˈgraʊnd/ *adv* pod ziemią: *creatures that live underground*

un·der·ground[3] /ˈʌndəgraʊnd/ *n* [singular] *BrE* metro: *the London Underground*

un·der·growth /ˈʌndəgrəʊθ/ *n* [U] podszycie leśne

un·der·hand /ˌʌndəˈhænd◂/ **un·der·hand·ed** /-ˈhændəd◂/ *adj* podstępny: *underhand tactics*

un·der·line /ˌʌndəˈlaɪn/ *v* [T] podkreślać

un·der·ly·ing /ˌʌndəˈlaɪ-ɪŋ◂/ *adj* **underlying reason/problem/aim** właściwy powód/problem/cel

un·der·mine /ˌʌndəˈmaɪn/ *v* [T] podkopywać: *She totally undermined his self-confidence.*

un·der·neath[1] /ˌʌndəˈniːθ/ *prep* pod: *I found the keys underneath a cushion.*

underneath[2] *adv* pod spodem, pod spód: *He got out of the car and looked underneath.*

un·der·paid /ˌʌndəˈpeɪd◂/ *adj* źle opłacany

un·der·pants /ˈʌndəpænts/ *n* [plural] slipy

un·der·pass /ˈʌndəpɑːs/ *n* [C] przejazd podziemny, przejście podziemne

un·der·priv·i·leged /ˌʌndəˈprɪvəlɪdʒd◂/ *adj* upośledzony społecznie: *underprivileged children*

un·der·rat·ed /ˌʌndəˈreɪtəd◂/ *adj* nie doceniany: *an underrated player*

un·der·shirt /ˈʌndəʃɜːt/ *n* [C] podkoszulek

un·der·side /ˈʌndəsaɪd/ *n* **the underside** spód: *white spots on the underside of the leaves*

un·der·stand /ˌʌndəˈstænd/ *v* [I,T] **understood, understood, understanding 1** z/rozumieć: *She spoke* *clearly, so that everyone could understand.* | *Most people there understand English.* | *Believe me, John – I understand how you feel.* | *Scientists still don't really understand this phenomenon.* **2 make yourself understood** wyrażać się w sposób zrozumiały **3 I understand (that)** *spoken formal* rozumiem, że: *I understand that you want to buy a painting.*

un·der·stand·a·ble /ˌʌndəˈstændəbəl/ *adj* zrozumiały: *Of course she's upset. It's a perfectly understandable reaction.*

un·der·stand·ing[1] /ˌʌndəˈstændɪŋ/ *n* **1** [U] wiedza, znajomość: *advances in our understanding of the brain* **2** [U] możliwości intelektualne: *a concept beyond the understanding of a four-year-old* **3** [singular] porozumienie: *I thought we had an understanding about the price.* **4** [U] zrozumienie: *Harry thanked us for our understanding.*

understanding[2] *adj* wyrozumiały: *an understanding boss*

un·der·state·ment /ˌʌndəˈsteɪtmənt/ *n* [C,U] niedopowiedzenie: *To say I'm pleased would be an understatement.*

un·der·stood /ˌʌndəˈstʊd/ *v* czas przeszły i imiesłów bierny od UNDERSTAND

un·der·take /ˌʌndəˈteɪk/ *v* [T] **undertook, undertaken** /-ˈteɪkən/, **undertaking** *formal* **1** podejmować się: *Baker undertook the task of writing the report.* **2 undertake to do sth** podejmować się zrobienia czegoś

un·der·tak·er /ˈʌndəteɪkə/ *n* [C] przedsiębiorca pogrzebowy

un·der·tak·ing /ˌʌndəˈteɪkɪŋ/ *n* [C usually singular] **1** przedsięwzięcie: *Setting up the Summer Olympics was a massive undertaking.* **2** zobowiązanie

un·der·tone /ˈʌndətəʊn/ *n* [C] **1** podtekst: *the political undertones of Sartre's work* **2 in an undertone** półgłosem

un·der·took /ˌʌndəˈtʊk/ *v* czas przeszły od UNDERTAKE

un·der·val·ued /ˌʌndəˈvæljuːd◂/ *adj* nie doceniany

un·der·wa·ter /ˌʌndəˈwɔːtə◂/ *adj* podwodny: *underwater photography* —**underwater** *adv* pod wodą

un·der·wear /ˈʌndəweə/ *n* [U] bielizna

un·der·weight /ˌʌndəˈweɪt◂/ *adj* z niedowagą: *an underweight baby* → antonim OVERWEIGHT

un·der·went /ˌʌndəˈwent/ czas przeszły od UNDERGO

un·der·world /ˈʌndəwɜːld/ *n* [singular] **1** półświatek: *the London underworld of the 1960s* **2** Hades

un·de·sir·a·ble /ˌʌndɪˈzaɪərəbəl◂/ *adj formal* niepożądany: *The treatment has no undesirable side-effects.*

un·de·vel·oped /ˌʌndɪˈveləpt◂/ *adj* nie zagospodarowany: *undeveloped land*

un·did /ˌʌnˈdɪd/ *v* czas przeszły od UNDO

un·di·sput·ed /ˌʌndɪˈspjuːtɪ̇d◂/ *adj* **undisputed leader/champion** niekwestionowany przywódca/mistrz

un·dis·turbed /ˌʌndɪˈstɜːbd◂/ *adj* bez zakłóceń: *I was able to work undisturbed.*

un·di·vid·ed /ˌʌndɪˈvaɪdɪ̇d◂/ *adj* **undivided attention/loyalty** pełna uwaga/lojalność: *I need your undivided attention.*

un·do /ʌnˈduː/ *v* [T] **undid, undone, undoing 1** rozwiązywać: *He undid his shoelaces.* **2** odkręcać: *Have you undone all the screws?* **3** naprawić (*zło, szkodę*): *There's no way of undoing the damage done to his reputation.*

un·done /ˌʌnˈdʌn◂/ *adj* **1** rozpięty, odkręcony: *Your shirt button has come undone* (=rozpiął ci się guzik). **2** nie wykonany: *Much of the repair work has been left undone.*

un·doubt·ed·ly /ʌnˈdaʊtɪ̇dli/ *adv* niewątpliwie: *Amis is undoubtedly one of the best writers of his generation.* —**undoubted** *adj* niewątpliwy

un·dress /ʌnˈdres/ *v* [I,T] rozbierać (się) —**undressed** *adj* rozebrany: *The doctor told me to get undressed* (=kazał mi się rozebrać).

un·du·ly /ʌnˈdjuːli/ *adv formal* zbytnio: *Helen didn't seem unduly worried.*

un·dy·ing /ʌn'daɪ-ɪŋ/ *adj* dozgonny: *undying love*

un·earth /ʌn'ɜːθ/ *v* [T] **1** odkopać: *They unearthed a collection of Roman coins.* **2** wydobyć na światło dzienne: *The newspapers had succeeded in unearthing details of an affair he'd had 6 years ago.*

un·earth·ly /ʌn'ɜːθli/ *adj* niesamowity: *an unearthly cry*

un·ease /ʌn'iːz/ *n* [U] niepokój

un·eas·y /ʌn'iːzi/ *adj* zaniepokojony: *We felt uneasy about his decision.*

un·e·co·nom·ic·al /ˌʌniːkə'nɒmɪkəl◂/ *adj* nierentowny

un·em·ployed /ˌʌnɪm'plɔɪd◂/ *adj* **1** bezrobotny: *an unemployed teacher* **2 the unemployed** bezrobotni

un·em·ploy·ment /ˌʌnɪm'plɔɪmənt/ *n* [U] bezrobocie: *areas of high unemployment*

un·e·qual /ʌn'iːkwəl/ *adj* nierówny: *an unequal contest* | *unequal treatment of men and women* —**unequally** *adv* nierówno, niejednakowo

un·e·quiv·o·cal /ˌʌnɪ'kwɪvəkəl◂/ *adj formal* jednoznaczny: *unequivocal proof* —**unequivocally** *adv* jednoznacznie

un·er·ring /ʌn'ɜːrɪŋ/ *adj* niezawodny, nieomylny: *He hit the target with unerring accuracy.*

un·e·ven /ʌn'iːvən/ *adj* nierówny: *uneven ground* | *The film is very uneven.* | *Her breathing became slow and uneven.* —**unevenly** *adv* nierówno

un·ex·pect·ed /ˌʌnɪk'spektɪd◂/ *adj* niespodziewany: *the unexpected death of his father* —**unexpectedly** *adv* niespodziewanie

un·fail·ing /ʌn'feɪlɪŋ/ *adj* **unfailing support/loyalty** niezawodne poparcie/lojalność

un·fair /ˌʌn'feə◂/ *adj* **1** niesprawiedliwy: *She gets much more money than I do. It's so unfair!* **2** niesłuszny: *unfair dismissal* —**unfairly** *adv* niesprawiedliwie, niesłusznie

un·faith·ful /ʌn'feɪθfəl/ *adj* niewierny

un·fa·mil·i·ar /ˌʌnfə'mɪliə◂/ *adj* **1** nieznany: *an unfamiliar face* **2 be unfamiliar with sth** nie znać czegoś: *I am unfamiliar with his work.*

un·fash·ion·a·ble /ʌn'fæʃənəbəl/ *adj* niemodny: *In Blair's new Britain the term 'socialist' has become rather unfashionable.*

un·fas·ten /ʌn'fɑːsn/ *v* [T] rozpinać

un·fa·vou·ra·ble /ʌn'feɪvərəbəl/ *BrE*, **unfavorable** *AmE adj* **1** niekorzystny: *The play received unfavourable reviews.* **2** niesprzyjający: *unfavorable weather conditions*

un·fin·ished /ʌn'fɪnɪʃt/ *adj* nie dokończony

un·fit /ʌn'fɪt/ *adj* niezdatny: *meat that is unfit for human consumption*

un·fold /ʌn'fəʊld/ *v* **1** [I] rozwijać się: *the dramatic events that were unfolding in Eastern Europe* **2** [T] rozkładać: *She unfolded the map.*

un·fore·seen /ˌʌnfɔː'siːn◂/ *adj* nieprzewidziany: *unforeseen problems*

un·for·get·ta·ble /ˌʌnfə'getəbəl◂/ *adj* niezapomniany: *Climbing in Nepal was an unforgettable experience.*

un·for·tu·nate /ʌn'fɔːtʃənɪt/ *adj* **1** nieszczęśliwy: *It was just an unfortunate accident, that's all.* **2** pechowy: *One unfortunate driver was hit by a falling tree.*

un·for·tu·nate·ly /ʌn'fɔːtʃənɪtli/ *adv* niestety: *Unfortunately the show had to be cancelled.*

un·found·ed /ʌn'faʊndɪd/ *adj* bezpodstawny: *unfounded allegations*

un·friend·ly /ʌn'frendli/ *adj* nieprzyjazny: *The local people seemed cold and unfriendly.*

un·gain·ly /ʌn'geɪnli/ *adj* niezgrabny: *an ungainly teenager*

un·grate·ful /ʌn'greɪtfəl/ *adj* niewdzięczny

un·hap·py /ʌn'hæpi/ *adj* **1** nieszczęśliwy: *an unhappy childhood* | **unhappy about sth** *Pauline seemed deeply unhappy about something* (=nieszczęśliwa z jakiegoś powodu). **2 unhappy with/about** niezadowolony z: *O'Neill was unhappy* *with his team's performance.* —**unhappiness** *n* [U] nieszczęście —**unhappily** *adv* nieszczęśliwie

un·harmed /ʌn'hɑːmd/ *adj* cały i zdrowy

un·health·y /ʌn'helθi/ *adj* **1** niezdrowy: *an unhealthy diet* **2** chory: *a rather unhealthy looking child* **3** chorobliwy: *an unhealthy obsession with sex*

unheard-of /ʌn'hɜːd ɒv/ *adj* niespotykany: *Women airline pilots were practically unheard-of twenty years ago.*

un·help·ful /ʌn'helpfəl/ *adj* **1** niezbyt pomocny: *The staff were unfriendly and unhelpful.* **2** niepotrzebny: *unhelpful interference*

un·hurt /ʌn'hɜːt/ *adj* bez obrażeń

u·ni·corn /'juːnɪkɔːn/ *n* [C] jednorożec

un·i·den·ti·fied /ˌʌnaɪ'dentɪfaɪd◂/ *adj* niezidentyfikowany → patrz też UFO

u·ni·fi·ca·tion /ˌjuːnɪfɪ'keɪʃən/ *n* [U] zjednoczenie: *the unification of Germany*

u·ni·form[1] /'juːnɪfɔːm/ *n* [C,U] mundur, mundurek: *school uniform* | *The policeman was in uniform.*

uniform[2] *adj* jednolity —**uniformly** *adv* jednolicie —**uniformity** /ˌjuːnɪ'fɔːmɪti/ *n* [U] jednolitość

u·ni·fy /'juːnɪfaɪ/ *v* [T] **1** z/jednoczyć: *Spain was unified in the 16th century.* **2** ujednolicać → patrz też UNIFICATION

u·ni·lat·e·ral /ˌjuːnɪ'lætərəl◂/ *adj* jednostronny: *a unilateral ceasefire* —**unilaterally** *adv* jednostronnie

un·i·ma·gin·a·ble /ˌʌnɪ'mædʒɪnəbəl◂/ *adj* niewyobrażalny: *The heat was unimaginable.*

un·im·por·tant /ˌʌnɪm'pɔːtənt◂/ *adj* nieważny

un·in·hab·it·ed /ˌʌnɪn'hæbɪtɪd◂/ *adj* niezamieszkały

un·in·hib·it·ed /ˌʌnɪn'hɪbɪtɪd◂/ *adj* pozbawiony zahamowań

un·in·tel·li·gi·ble /ˌʌnɪn'telɪdʒɪbəl◂/ *adj* niezrozumiały

un·in·terest·ed /ʌn'ɪntrɪstɪd/ *adj* nie zainteresowany → porównaj DISINTERESTED

u·nion /'juːnjən/ *n* **1** [C] związek zawodowy: *the auto workers' union* **2** [U singular] unia, zjednoczenie: *the union of East and West Germany*

u·nique /juː'niːk/ *adj* niepowtarzalny: *a unique opportunity* | *Each person's fingerprint is unique.* | **be unique to** *animals that are unique to* (=występują wyłącznie w) *Australia*

u·ni·sex /'juːnɪseks/ *adj* dla kobiet i mężczyzn: *unisex clothes*

u·ni·son /'juːnɪsən/ *n* **in unison** zgodnie

u·nit /'juːnɪt/ *n* [C] **1** segment, część: *The apartment building is divided into eight units.* **2** oddział: *the emergency unit at the hospital* **3** jednostka: *The dollar is the basic unit of money in the US.* **4** urządzenie: *The cooling unit is broken.* **5** szafka: *a storage unit*

u·nite /juː'naɪt/ *v* [I,T] z/jednoczyć (się): *Congress united behind the President.* | *Germany was united in 1990.*

u·nit·ed /juː'naɪtɪd/ *adj* **1** zgodny: *the Democrats are united on this issue* **2** zjednoczony: *a united Europe*

United Na·tions /.ˌ.. '../ skrót **UN** *n* [singular] Organizacja Narodów Zjednoczonych

u·ni·ty /'juːnɪti/ *n* [U singular] jedność: *party unity*

u·ni·ver·sal /ˌjuːnɪ'vɜːsəl◂/ *adj* **1** powszechny: *a universal ban on nuclear weapons* | *There was almost universal agreement.* **2** uniwersalny —**universally** *adv* powszechnie

u·ni·verse /'juːnɪvɜːs/ *n* **the universe** wszechświat

u·ni·ver·si·ty /ˌjuːnɪ'vɜːsɪti◂/ *n* [C,U] uniwersytet: *Which university did you go to?* | *a university professor* | *My sister's at Leeds University.*

UWAGA London University i the University of London

Nazwy uniwersytetów zawierające w sobie nazwę miasta podaje się w języku angielskim na dwa sposoby. Pierwszy sposób nie przewiduje użycia przedimka **the**, a w drugim, który jest bardziej oficjalny niż pierwszy, przedimek jest konieczny, np. *Gdańsk University* i *the University of Gdańsk.*

un·just /ˌʌnˈdʒʌst◂/ *adj* niesprawiedliwy: *unjust laws* —**unjustly** *adv* niesprawiedliwie

un·just·i·fied /ʌnˈdʒʌstᵻfaɪd/ *adj* nieuzasadniony: *unjustified spending cuts*

un·kind /ˌʌnˈkaɪnd◂/ *adj* niegrzeczny, nieżyczliwy: *an unkind remark* —**unkindly** *adv* niegrzecznie, nieżyczliwie

un·know·ing·ly /ʌnˈnəʊɪŋli/ *adv* nieświadomie

un·known[1] /ˌʌnˈnəʊn◂/ *adj* nieznany: *The number of people injured is still unknown.* | *an unknown actor*

unknown[2] *n* **the unknown** nieznane: *a fear of the unknown* (=strach przed nieznanym)

un·law·ful /ʌnˈlɔːfəl/ *adj formal* bezprawny: *unlawful killing*

un·lead·ed /ʌnˈledᵻd/ *adj* bezołowiowy

un·less /ʌnˈles/ *conjunction* jeżeli nie, chyba że: *He won't go to sleep unless you tell him a story.*

un·like /ˌʌnˈlaɪk◂/ *prep* **1** w odróżnieniu od: *Unlike me, she's very intelligent.* **2** nie w stylu: *It's unlike Judy to leave without telling anyone.*

un·like·ly /ʌnˈlaɪkli/ *adj* mało prawdopodobny: *It's very unlikely that they'll win.* —**un·like·li·hood** /ʌnˈlaɪklihʊd/ *n* [U] nieprawdopodobieństwo

un·lim·i·ted /ʌnˈlɪmᵻtᵻd/ *adj* nieograniczony: *unlimited freedom*

un·lit /ˌʌnˈlɪt◂/ *adj* nie oświetlony

un·load /ʌnˈləʊd/ *v* **1** [T] wyładowywać: *They unloaded the car.* **2** [I,T] rozładowywać (się): *He unloaded the gun.*

un·lock /ʌnˈlɒk/ *v* [T] otwierać (*kluczem*)

un·luck·y /ʌnˈlʌki/ *adj* **1** pechowy: *13 is an unlucky number.* | *We were unlucky* (=mieliśmy pecha) *with the weather this weekend.* **2** nieszczęśliwy: *an unlucky accident*

un·mar·ried /ˌʌnˈmærid◂/ *adj* nieżonaty, niezamężna

un·mis·tak·a·ble /ˌʌnmᵻˈsteɪkəbəl◂/ *adj* wyraźny: *the unmistakable taste of garlic*

un·moved /ʌnˈmuːvd/ *adj* niewzruszony

un·named /ˌʌnˈneɪmd◂/ *adj* anonimowy: *a report from an unnamed source*

un·nat·u·ral /ʌnˈnætʃərəl/ *adj* nienaturalny: *It's unnatural for a child to spend so much time alone.* —**unnaturally** *adv* nienaturalnie

un·ne·ces·sa·ry /ʌnˈnesəsəri/ *adj* **1** niepotrzebny: *the unnecessary use of drugs* **2** zbyteczny: *a rather unnecessary remark* —**unnecessarily** *adv* niepotrzebnie

un·no·ticed /ʌnˈnəʊtᵻst/ *adj* nie zauważony: *She sat unnoticed at the back of the room.*

un·ob·served /ˌʌnəbˈzɜːvd/ *adj, adv* nie zauważony

un·ob·tru·sive /ˌʌnəbˈtruːsɪv◂/ *adj* dyskretny, nie rzucający się w oczy

un·oc·cu·pied /ʌnˈɒkjᵿpaɪd/ *adj* wolny: *an unoccupied room/seat*

un·of·fi·cial /ˌʌnəˈfɪʃəl◂/ *adj* nieoficjalny: *Unofficial reports say about 25 people are dead.* | *The Senator is in Berlin on an unofficial visit.* —**unofficially** *adv* nieoficjalnie

un·or·tho·dox /ʌnˈɔːθədɒks/ *adj* niekonwencjonalny: *her unorthodox lifestyle*

un·pack /ʌnˈpæk/ *v* [I,T] rozpakowywać (się)

un·paid /ˌʌnˈpeɪd◂/ *adj* **1 unpaid bill/debt** nie zapłacony rachunek/dług **2** nie opłacany: *unpaid workers* **3** niepłatny: *unpaid work*

un·par·al·leled /ʌnˈpærəleld/ *adj formal* niezrównany: *an unparalleled success*

un·pleas·ant /ʌnˈplezənt/ nieprzyjemny: *an unpleasant surprise* | *She was rather unpleasant to me on the phone.* —**unpleasantly** *adv* nieprzyjemnie

un·plug /ʌn'plʌg/ *v* [T] **-gged, -gging** wyłączać (*z sieci*)

un·pop·u·lar /ʌn'pɒpjələ/ *adj* niepopularny: *an unpopular decision*

un·pre·ce·dent·ed /ʌn'presədentəd/ *adj* bezprecedensowy: *an unprecedented achievement*

un·pre·dict·a·ble /ˌʌnprɪ'dɪktəbəl◂/ *adj* nieprzewidywalny: *unpredictable weather*

un·pro·fes·sion·al /ˌʌnprə'feʃənəl◂/ *adj* sprzeczny z etyką zawodową: *unprofessional conduct*

un·pro·voked /ˌʌnprə'vəʊkt◂/ *adj* nieuzasadniony, bezpodstawny: *an unprovoked attack*

un·qual·i·fied /ʌn'kwɒləfaɪd/ *adj* **1** pozbawiony kwalifikacji: *She was totally unqualified for her new job.* **2 unqualified success/disaster** sukces/klęska na całej linii: *The festival was an unqualified success.*

un·ques·tion·a·bly /ʌn'kwestʃənəbli/ *adv* bezsprzecznie: *He is unquestionably the world's greatest living composer.* —**unquestionable** *adj* bezsprzeczny

un·rav·el /ʌn'rævəl/ *v* **-lled, -lling** *BrE*, **-led, -ling** *AmE* [I,T] **1** rozwikłać (się): *Detectives are trying to unravel the mystery surrounding his death.* **2** rozplątać (się)

un·real /ˌʌn'rɪəl◂/ *adj* nierzeczywisty, nierealny: *The whole situation was completely unreal.*

un·rea·lis·tic /ˌʌnrɪə'lɪstɪk◂/ *adj* nierealistyczny: *A lot of women have unrealistic expectations about marriage.*

un·rea·son·a·ble /ʌn'riːzənəbəl/ *adj* **1** nierozsądny: *unreasonable demands* | *Do you think I'm being unreasonable?* **2 unreasonable charges/prices** nadmiernie wysokie opłaty/ceny

un·rec·og·niz·a·ble /ʌn'rekəgnaɪzəbəl/ (*także* **-isable** *BrE*) *adj* nie do poznania

un·re·lat·ed /ˌʌnrɪ'leɪtəd◂/ *adj* nie powiązany (ze sobą): *unrelated events*

un·re·li·a·ble /ˌʌnrɪ'laɪəbəl◂/ *adj* zawodny: *The old machines were notoriously unreliable and slow.*

un·re·solved /ˌʌnrɪ'zɒlvd◂/ *adj* nie rozwiązany: *an unresolved problem/question*

un·res·pon·sive /ˌʌnrɪ'spɒnsɪv/ *adj* **1 be unresponsive to sth** nie reagować na coś: *illnesses that are unresponsive to conventional medical treatment* **2** obojętny: *Her manner was cold and unresponsive.*

un·rest /ʌn'rest/ *n* [U] niepokój: *growing political unrest in Algeria*

un·re·strained /ˌʌnrɪ'streɪnd◂/ *adj* nieskrępowany: *unrestrained economic growth*

un·ri·valled /ʌn'raɪvəld/ *BrE*, **unrivaled** *AmE adj* niezrównany: *an unrivaled collection of 19th-century art*

un·roll /ʌn'rəʊl/ *v* [T] rozwijać: *He unrolled his sleeping bag.*

un·ruf·fled /ʌn'rʌfəld/ *adj* nie poruszony

un·ru·ly /ʌn'ruːli/ *adj* niesforny: *unruly schoolchildren*

un·safe /ˌʌn'seɪf◂/ *adj* niebezpieczny: *The streets are unsafe for people to walk alone at night.*

un·sat·is·fac·to·ry /ˌʌnsætəs'fæktəri/ *adj* niezadowalający: *The present system is completely unsatisfactory.*

un·sa·vour·y /ʌn'seɪvəri/ *BrE*, **unsavory** *AmE adj* podejrzany: *The bar was full of all kinds of unsavoury characters.*

un·scathed /ʌn'skeɪðd/ *adj* nietknięty: *The driver emerged from the crash unscathed.*

un·screw /ʌn'skruː/ *v* [T] odkręcać, wykręcać: *She unscrewed the light bulb.*

un·scru·pu·lous /ʌn'skruːpjələs/ *adj* pozbawiony skrupułów: *unscrupulous employers*

un·seen /ˌʌn'siːn◂/ *adj adv formal* nie zauważony: *She left the building unseen.*

unselfish /ˌʌn'selfɪʃ/ *adj* bezinteresowny: *an unselfish and generous man who risks his life for his friend*

un·set·tled /ʌn'setld/ *adj* **1** niespokojny: *Children often feel unsettled by divorce.* **2** nie rozstrzygnięty: *The issue remains unsettled.* **3** niepewny: *These are*

U

difficult and unsettled times. **4** zmienny: *unsettled weather*

un·set·tling /ʌn'setlɪŋ/ *adj* stresujący: *Going to your first interview can be an unsettling experience.*

un·shav·en /ʌn'ʃeɪvən/ *adj* nie ogolony

un·sight·ly /ʌn'saɪtli/ *adj* szpetny: *unsightly modern office buildings*

un·skilled /ˌʌn'skɪld◂ / *adj* **1 unskilled worker** robotnik niewykwalifikowany **2 unskilled work** praca nie wymagająca kwalifikacji

un·so·phis·ti·cat·ed /ˌʌnsə'fɪstəkeɪtəd◂ / *adj* **1** niewyrobiony: *unsophisticated audiences* **2** nieskomplikowany: *unsophisticated equipment/methods*

un·spok·en /ʌn'spəʊkən/ *adj* milczący: *an unspoken agreement*

un·sta·ble /ʌn'steɪbəl/ *adj* **1** niestabilny: *The political situation is very unstable at the moment.* **2** niezrównoważony: *emotionally unstable* **3** chwiejny: *an unstable wall*

un·stead·y /ʌn'stedi/ *adj* **1** niepewny: *I felt unsteady on my feet.* **2** chwiejny: *an unsteady ladder*

un·stop·pa·ble /ʌn'stɒpəbəl/ *adj* niepokonany: *The team seems unstoppable this year.*

un·stuck /ˌʌn'stʌk◂ / *adj* **come unstuck a)** *BrE* zawieść: *Our plans came unstuck.* **b)** odkleić się: *The stamp has come unstuck.*

un·sub·stan·ti·at·ed /ˌʌnsəb'stænʃieɪtəd/ *adj* nie potwierdzony: *an unsubstantiated rumour*

un·suc·cess·ful /ˌʌnsək'sesfəl◂ / *adj* nieudany: *an unsuccessful experiment* —**unsuccessfully** *adv* bez powodzenia

un·suit·able /ʌn'su:təbəl/ *adj* nieodpowiedni: *This movie is unsuitable for young children.*

un·sure /ˌʌn'ʃɔ:◂ / *adj* **1** niepewny: *At first, he was unsure about accepting the job.* **2 sb is unsure of himself/herself** komuś brakuje pewności siebie: *Clara seemed shy and unsure of herself.*

un·sur·passed /ˌʌnsə'pɑ:st◂ / *adj* bezkonkurencyjny

un·sus·pect·ing /ˌʌnsə'spektɪŋ◂ / *adj* niczego nie podejrzewający: *her unsuspecting victim*

un·swerv·ing /ʌn'swɜ:vɪŋ/ *adj* niezachwiany: *unswerving loyalty*

un·sym·pa·thet·ic /ˌʌnsɪmpə'θetɪk◂ / *adj* **1** obojętny: *Her father was cold and unsympathetic.* **2** nieprzychylny: *unsympathetic comments* **3** antypatyczny, niesympatyczny: *an unsympathetic character*

un·tan·gle /ˌʌn'tæŋgəl/ *v* [T] rozplątywać: *conditioner that helps untangle your hair*

un·think·a·ble /ʌn'θɪŋkəbəl/ *adj* nie do pomyślenia: *It seemed unthinkable that a woman would run for President.*

un·ti·dy /ʌn'taɪdi/ *adj especially BrE* **1** nie posprzątany: *Why's your desk always so untidy?* **2** nieporządny

un·tie /ʌn'taɪ/ *v* [T] rozwiązywać: *Mommy, can you untie my shoelaces?*

un·til /ʌn'tɪl/ *także* **till** *prep, conjunction* **1** (aż) do: *The banks are open until 3.30.* | *Debbie's on vacation until Monday.* **2 not until** nie wcześniej niż: *The movie doesn't start until 8* (=zaczyna się dopiero o 8).

un·time·ly /ʌn'taɪmli/ *adj* przedwczesny: *her untimely death*

un·told /ˌʌn'təʊld◂ / *adj* nieopisany: *The floods caused untold damage.*

un·touched /ˌʌn'tʌtʃt◂ / *adj* nietknięty: *an area untouched by the war*

un·trained /ˌʌn'treɪnd◂ / *adj* **1** nie przeszkolony **2 to the untrained eye/ear** dla laika: *To the untrained eye, the painting looks like a Van Gogh.*

un·tried /ˌʌn'traɪd◂ / *adj* nie wypróbowany

un·true /ʌn'tru:/ *adj* nieprawdziwy: *Their story was completely untrue.*

un·truth /ʌn'tru:θ/ *n* [C] *formal* nieprawda

un·truth·ful /ʌn'tru:θfəl/ *adj* fałszywy

un·used¹ /ˌʌn'juːzd◂/ *adj* nie wykorzystany, nie używany: *unused land*

un·used² /ʌn'juːst/ *adj* **be unused to** nie być przyzwyczajonym do: *She's unused to driving at night.*

un·u·su·al /ʌn'juːʒuəl/ *adj* niezwykły: *It's very unusual to have snow in April.* | *a rather unusual taste*

un·u·su·al·ly /ʌn'juːʒuəli/ *adv* **1 unusually hot/big** niezwykle gorący/duży **2** wyjątkowo: *Unusually, the house was quiet.*

un·veil /ˌʌn'veɪl/ *v* [T] **1** ogłaszać: *The mayor will unveil plans for a new park.* **2** odsłaniać: *The Queen unveiled a statue of Prince Albert.*

un·want·ed /ʌn'wɒntɪ̵d/ *adj* niechciany, niepotrzebny: *an unwanted gift*

un·war·rant·ed /ʌn'wɒrəntɪ̵d/ *adj formal* nieuzasadniony: *unwarranted interference*

un·wa·ry /ʌn'weəri/ *adj* nieświadomy: *unwary tourists*

un·wel·come /ʌn'welkəm/ *adj* **1** niepożądany: *unwelcome publicity* **2** nieproszony, niemile widziany: *an unwelcome visitor*

un·well /ʌn'wel/ *adj formal* **be/feel unwell** źle się czuć

un·wield·y /ʌn'wiːldi/ *adj* nieporęczny: *The first clocks were large and unwieldy.*

un·will·ing /ʌn'wɪlɪŋ/ *adj* **be unwilling to do something** nie chcieć czegoś zrobić: *He's unwilling to admit he was wrong.* —**unwillingly** *adv* niechętnie

un·wind /ʌn'waɪnd/ *v* **unwound, unwinding 1** [I] odprężać się: *Swimming helps me unwind.* **2** [I,T] rozwijać (się): *He unwound the rope.*

un·wise /ʌn'waɪz/ *adj* niemądry: *an unwise decision* —**unwisely** *adv* niemądrze

un·wit·ting·ly /ʌn'wɪtɪŋli/ *adv* bezwiednie, niechcący: *Several employees unwittingly became involved in illegal activities.*

un·work·a·ble /ʌn'wɜːkəbəl/ *adj* **unworkable plan/idea** niewykonalny plan/pomysł

un·wound /ʌn'waʊnd/ *v* czas przeszły i imiesłów bierny od UNWIND

un·wrap /ʌn'ræp/ *v* [T] rozpakowywać

un·writ·ten /ˌʌn'rɪtn◂/ *adj* niepisany: *an unwritten rule*

un·zip /ˌʌn'zɪp/ *v* [T] **-pped, -pping** rozpinać (*zamek*)

up¹ /ʌp/ *adv, prep* **1** w górę: *They began walking up the hill.* | *Can you move the picture up a little higher?* **2** na górze: *"Where's Dave?" "He's up in his room."* **3 get/stand up** wstawać: *They all stood up to sing.* **4** w całości, do końca: *He's eaten up all his food* (=zjadł wszystko). | *They soon used up all their money* (=wydali wszystkie pieniądze). **5** na północ(y): *His relatives all live up in Scotland.* **6 up the river** w górę rzeki **7 up the street/road** kawałek dalej (*na tej samej ulicy*): *She lives just up the street.* **8 up to** nie więcej niż: *Up to 10 people are allowed in the elevator at one time.* **9 be up to** dorównywać: *The band's latest record isn't up to their usual high standard.* **10 walk/go/come up to** podchodzić do: *A man came up to me and asked for a light.* **11 up to/up until** (aż) do: *The offer is valid up to December 15.* **12 it's up to sb** *spoken* to zależy od kogoś: *"Do you think I should get the dress?" "It's up to you."* **13 be/feel up to sth** mieć dość sił na coś: *Do you feel up to a walk today?* **14 be up to something** knuć coś: *He keeps looking behind him. I'm sure he's up to something.*

up² *adj* [not before noun] **1 stay/be up** nie kłaść się spać: *They stayed up all night to watch the game.* | *Are you still up* (=jeszcze nie śpisz)? **2 be up a)** wzrosnąć: *Profits were up by 4% this year.* **b)** *spoken* skończyć się: *"Time's up," said the teacher.* **3 up for sale** na sprzedaż: *Their house is up for sale.* **4 up and running** na pełnych obrotach: *The system should be up and running early next year.* → patrz też **what's up** (WHAT)

up³ *n* **ups and downs** wzloty i upadki: *Every marriage has its ups and downs.*

up·beat /'ʌpbiːt/ *adj* optymistyczny: *a movie with an upbeat ending*

up·bring·ing /ˈʌpˌbrɪŋɪŋ/ *n* [singular] wychowanie: *He had a strict upbringing.*

up·date[1] /ʌpˈdeɪt/ *v* [T] **1** uaktualniać: *The files need to be updated.* **2** unowocześniać

up·date[2] /ˈʌpdeɪt/ *n* [C] ostatnie doniesienia: *an update on the earthquake*

up·front[1] /ˌʌpˈfrʌnt/ *adv* **pay sb up-front** za/płacić komuś z góry

upfront[2] *adj spoken* szczery: *She's very upfront with him about their relationship.*

up·grade /ˌʌpˈgreɪd/ *v* [T] unowocześniać: *We need to upgrade our computer.*

up·heav·al /ʌpˈhiːvəl/ *n* [C,U] wstrząs: *an enormous political upheaval*

up·hill /ˌʌpˈhɪl◂ / *adj, adv* **1** pod górę: *an uphill climb* → antonim DOWNHILL **2** żmudny: *It's going to be an uphill struggle.*

up·hold /ˌʌpˈhəʊld/ *v* [T] **upheld** /-ˈheld/, **upholding 1** pilnować przestrzegania: *The job of the police is to uphold law and order.* **2** podtrzymywać: *The appeal court upheld the decision.*

up·hol·ster·y /ʌpˈhəʊlstəri/ *n* [U] tapicerka: *leather upholstery*

up·keep /ˈʌpkiːp/ *n* [U] utrzymanie

up·lift·ing /ʌpˈlɪftɪŋ/ *adj* podnoszący na duchu: *an uplifting experience*

up·on /əˈpɒn/ *prep formal* ON: *countries that are dependent upon the West for aid*

up·per /ˈʌpə/ *adj* **1** górny: *the upper jaw* | *the upper floors of the building* → antonim LOWER[1] **2** wyższy: *the upper levels of society* **3 have/get the upper hand** mieć/zdobyć przewagę: *Government forces now have the upper hand.* **4 the upper limit** górna granica

upper case /ˌ.. ˈ.◂ / *n* [U] wielkie litery → porównaj LOWER CASE

upper class /ˌ.. ˈ.◂ / *n* **the upper class** klasa wyższa

up·per·most /ˈʌpəməʊst/ *adj* najwyższy: *the uppermost branches of the tree*

up·right /ˈʌp-raɪt/ *adj* pionowy, wyprostowany: *Make sure that your seat is in an upright position.* —**upright** *adv* w pozycji pionowej

up·ris·ing /ˈʌpˌraɪzɪŋ/ *n* [C] powstanie: *the Hungarian uprising of 1956*

up·riv·er /ˌʌpˈrɪvə/ *adv* w górę rzeki

up·roar /ˈʌp-rɔː/ *n* [U singular] wrzawa

up·root /ˌʌpˈruːt/ *v* [T] **1** wyrywać z korzeniami **2** przesiedlać: *If I took the job it would mean uprooting the whole family.*

up·set[1] /ˌʌpˈset◂ / *adj* **1** zmartwiony: **+ about** *She's still very upset about her dad.* | **get upset** (=zdenerwować się): *When I told him he'd failed, he got very upset.* **2 an upset stomach/tummy** rozstrój żołądka

up·set[2] /ʌpˈset/ *v* [T] **upset, upset, upsetting 1** z/denerwować: *Kopp's comments upset many of his listeners.* **2** po/psuć: *I hope I haven't upset all your plans.* **3** przewracać: *He upset the table and everything on it.*

up·set[3] /ˈʌpset/ *n* [C] **1** niespodzianka: *There's been a big upset at Wimbledon.* **2** problem: *We've had one or two minor upsets.* **3 a stomach upset** rozstrój żołądka

up·set·ting /ʌpˈsetɪŋ/ *adj* przykry: *an upsetting experience*

up·shot /ˈʌpʃɒt/ *n* **the upshot is that** skończyło się na tym, że: *The upshot is that she's decided to take the job.*

up·side down /ˌ.. ˈ./ *adj, adv* **1** do góry nogami: *Isn't that picture upside down?* **2 turn sth upside down** przewracać coś do góry nogami: *Her whole world was turned upside down when Charles asked her to marry him.* | *The police turned the place upside down.*

up·stairs /ˌʌpˈsteəz◂ / *adv* na górze, na górę: *Her office is upstairs on your right.* —**upstairs** *adj* na piętrze, na górze: *the upstairs bathroom* → antonim DOWNSTAIRS

up·start /ˈʌpstɑːt/ *n* [C] ważniak

up·stream /ˌʌpˈstriːm◂ / *adv* w górę rzeki

up·surge /ˈʌpsɜːdʒ/ *n* [C] wzrost: *the recent upsurge in crime*

up·take /ˈʌpteɪk/ *n* **be slow/quick on the uptake** *informal* szybko/wolno kapować

up·tight /ˈʌptaɪt/ *adj informal* spięty: *You shouldn't get so uptight about it.*

up-to-date /ˌ. . ˈ.◂/ *adj* **1** nowoczesny **2** aktualny

up-to-the-min·ute /ˌ. . . ˈ..◂/ *adj* najświeższy: *a service that provides up-to-the-minute information on share prices*

up·town /ˌʌpˈtaʊn◂/ *adv AmE* w/do bogatej dzielnicy: *The Parkers live uptown.* → porównaj DOWNTOWN

up·turn /ˈʌptɜːn/ *n* [C] zmiana na lepsze: *an upturn in the economy*

up·turned /ˌʌpˈtɜːnd◂/ *adj* **1** zadarty: *an upturned nose* **2** odwrócony do góry dnem: *upturned boxes*

up·wards /ˈʌpwədz/ *especially BrE*, **upward** *especially AmE adv* w górę: *Billy pointed upward at the clouds.* | *Salaries have been moving steadily upwards.* —**upward** *adj* w górę: *upward movement*

u·ra·ni·um /jʊˈreɪniəm/ *n* [U] uran

U·ra·nus /ˈjʊərənəs/ *n* [singular] Uran

ur·ban /ˈɜːbən/ *adj* miejski: *urban areas* → porównaj RURAL

ur·chin /ˈɜːtʃɪn/ *n* [C] *old-fashioned* urwis

urge[1] /ɜːdʒ/ *v* [T] namawiać: *Her friends urged her to go to France.* | *The banks are urging caution* (=zalecają rozwagę).

urge sb ↔ **on** *phr v* [T] z/dopingować: *Urged on by the crowd, he scored two more goals.*

urge[2] *n* [C] pragnienie: *sexual urges* | *I felt a sudden urge to hit him.*

ur·gent /ˈɜːdʒənt/ *adj* pilny: *an urgent message* | *She's in urgent need of medical attention.* —**urgency** *n* [U] *a matter of great urgency* (=bardzo pilna sprawa) —**urgently** *adv* pilnie

u·ri·nal /jʊˈraɪnl/ *n* [C] pisuar

u·ri·nate /ˈjʊərɪneɪt/ *v* [I] *technical* oddawać mocz

u·rine /ˈjʊərɪn/ *n* [U] mocz

urn /ɜːn/ *n* [C] **1** termos bufetowy **2** urna

us /əs/ *pron* nas/nam/nami: *I'm sure he didn't see us.*

us·a·ble /ˈjuːzəbəl/ *adj* nadający się do użytku

us·age /ˈjuːsɪdʒ/ *n* **1** [C,U] użycie (słów): *a book on modern English usage* **2** [U] używanie: *Car usage has increased dramatically.*

use[1] /juːz/ *v* [T] **1** używać: *Can I use your phone?* | *Use a food processor to grate the vegetables.* | *Why did you use the word 'if'?* **2** zużywać: *These light bulbs use less electricity.* | *Our car's using too much oil.* **3** wykorzystywać: *I thought he loved me, but in fact he was just using me.*

use sth ↔ **up** *phr v* [T] zużyć: *Who used up the toothpaste?*

use[2] /juːs/ *n* **1** [U] użycie, używanie: *Are you in favour of the use of animals for research?* | *the use of American airpower* **2** [C] zastosowanie: *The drug has many uses.* **3 give sb the use of sth** udostępniać coś komuś: *Joe's given me the use of his office.* **4 make use of** robić użytek z: *I wanted to make use of all the hotel facilities.* **5 be of no use (to sb)** nie przydawać się (komuś): *The ticket's of no use to me now.* **6 it's no use/what's the use** *spoken* nie ma sensu: *It's no use arguing with her. She just won't listen.* **7 put sth to good use** zrobić z czegoś dobry użytek: *a chance to put your medical training to good use* **8 in use** w użyciu: *The meeting room is in use all morning.*

used[1] /juːst/ *adj* **be used to (doing) sth** być przyzwyczajonym do (robienia) czegoś: *Are you used to getting up so early?* | **get used to sth** (=przyzwyczaić się/przywyknąć do czegoś): *I soon got used to the Japanese way of life.*

UWAGA **used to, be used to** i **get used to**

Zwrotu **used to** używamy wtedy, kiedy mówimy o czymś, co ktoś robił regularnie w przeszłości: *I used to play tennis twice a week, but I don't have time now.* **Be used to** i **get used to** to wyrażenia oznaczające, że jesteśmy przyzwyczajeni lub przyzwyczajamy

U

USED TO

Czasownika tego używamy wyłącznie w czasie przeszłym, w odniesieniu do sytuacji, zwyczajów, nawyków, emocji itp., które w chwili mówienia są już nieaktualne:

*He **used to** go to to work by bus, but now he drives.*

*When she was younger, she **used to** like him. Now she hates him.*

*We still play chess, but not as often as we **used to**.*

W pytaniach i przeczeniach ***used to*** przeważnie zachowuje się jak zwykły czasownik w czasie Past Simple, tzn. wymaga użycia ***did*** i ***didn't***:

***Did** you **used** (albo: **use**) **to** live here?*

*He **didn't used** (albo: **use**) **to** behave like this.*

Niekiedy, zwłaszcza w stylu formalnym, ***used*** zachowuje się jak czasownik modalny:

***Used** you **to** live here?.*

*He **used** not **to** behave like this.*

Czasownika ***used to*** nie należy mylić ze zwykłym czasownikiem ***use*** „używać", ani ze zwrotem ***be used to (doing) something*** „być przyzwyczajonym do (robienia) czegoś".

patrz też: ***Modal Verbs, Past Simple, Verb***

się do pewnych sytuacji lub czynności: *Are you used to the cold winters yet?* | *I can't get used to living in a big city.*

used[2] /juːzd/ *adj* używany

used to /ˈjuːst tə, -tʊ/ *modal verb* **sb used to do sth** ktoś kiedyś coś robił: *We used to go to the movies every week.* | **didn't sb use to do sth** *"Didn't you use to smoke* (=czy ty (przypadkiem) kiedyś nie paliłeś)*?" "Yes, but I quit."* ➡ patrz ramka USED TO

use·ful /ˈjuːsfəl/ *adj* pożyteczny, użyteczny, przydatny: *a useful book for travellers* | **come in useful** (=przydać się): *His knowledge of Italian was to come in useful later on.* —**usefulness** *n* [U] użyteczność, przydatność

use·less /ˈjuːsləs/ *adj* **1** bezużyteczny: *These scissors are completely useless.* | *useless information* **2** bezsensowny: *It's useless trying to talk to her.* **3** *informal* beznadziejny: *I'm useless at golf.*

us·er /ˈjuːzə/ *n* [C] użytkowni-k/czka: *computer users*

user-friend·ly /ˌ.. ˈ..◂/ *adj* łatwy w użyciu

ush·er[1] /ˈʌʃə/ *v* [T] wprowadzać: *His secretary ushered us into his office.*

usher in sth *phr v* [T] zapoczątkować: *Gorbachev ushered in a new era of reform.*

usher[2] *n* [C] osoba wskazująca gościom/widzom ich miejsca przy stole, na widowni itp.

ush·er·ette /ˌʌʃəˈret/ *n* [C] *BrE* bileterka

u·su·al /ˈjuːʒuəl/ *adj* **1** zwykły: *Let's meet at the usual place.* | *It's warmer than usual for March.* **2 as usual** jak zwykle: *They were late, as usual.*

UWAGA **usual**

Nie mówi się "as usually". Mówi się **as usual**: *As usual, the bus was full.*

u·su·al·ly /ˈjuːʒuəli/ *adv* zwykle: *We usually go out for dinner on Saturday.*

u·ten·sil /juːˈtensəl/ *n* [C] **kitchen utensils** przybory kuchenne

u·te·rus /ˈjuːtərəs/ *n* [C] *technical* macica

u·til·i·ties /juːˈtɪlətiz/ *n* [C] usługi komunalne (*np. gaz, energia*): *Does the rent include utilities?*

u·til·ize /ˈjuːtəlaɪz/ (*także* **-ise** *BrE*) *v* [T] *formal* wykorzystywać —**utilization** /ˌjuːtəlaɪˈzeɪʃən/ *n* [U] wykorzystanie

ut·most¹ /ˈʌtməʊst/ *adj* **the utmost importance/care** najwyższa waga/staranność: *a matter of the utmost importance*

utmost² *n* [singular] **1 do your utmost** zrobić wszystko, co w czyjejś mocy **2 to the utmost** do granic możliwości: *The course challenges drivers to the utmost.*

u·to·pi·a /juːˈtəʊpiə/ *n* [C,U] utopia

ut·ter¹ /ˈʌtə/ *adj* kompletny: *We watched in utter amazement.* —**utterly** *adv* kompletnie, zupełnie

utter² *v* [T] *especially literary* wypowiadać: *No one uttered a word.* —**utterance** *n* [C] wypowiedź

U-turn /ˈjuː tɜːn/ *n* [C] **1** zawracanie (*pojazdem*) **2** zwrot o 180 stopni

Vv

va·can·cy /ˈveɪkənsi/ *n* [C] **1** wolny pokój: *The sign said "no vacancies".* **2** wolny etat: *Are there any vacancies for cooks?*

va·cant /ˈveɪkənt/ *adj* **1** wolny: *vacant apartments* **2 a vacant expression/smile** bezmyślny wyraz twarzy/uśmiech

va·cate /vəˈkeɪt/ *v* [T] *formal* zwalniać: *Guests must vacate their rooms by noon.*

va·ca·tion /vəˈkeɪʃən/ *n* [C,U] **1** *especially AmE* urlop: **on vacation** (=na urlopie): *They're on vacation for the next two weeks.* **2** *AmE* wakacje, ferie: *the summer vacation* | **on vacation** *I went there once on vacation* (=pojechałem tam raz na wakacje). | **take a vacation** (=pojechać na wakacje): *We're thinking of taking a vacation in the Virgin Islands.*

vac·ci·nate /ˈvæksəneɪt/ *v* [T] za/szczepić: *Have you been vaccinated against measles?* —**vaccination** /ˌvæksəˈneɪʃən/ *n* [C,U] szczepienie

vac·cine /ˈvæksiːn/ *n* [C,U] szczepionka: *polio vaccine*

vac·u·um[1] /ˈvækjuəm/ *n* **1** [C] odkurzacz **2** [C] próżnia **3** [singular] pustka: *His death left a vacuum in her life.*

vacuum[2] *v* [I,T] odkurzać

vacuum clean·er /ˈ... ˌ../ *n* [C] odkurzacz

va·gi·na /vəˈdʒaɪnə/ *n* [C] pochwa

va·grant /ˈveɪgrənt/ *n* [C] *formal* włóczęga

vague /veɪg/ *adj* **1 be vague (about sth)** wyrażać się mało konkretnie (na temat czegoś): *She's been a bit vague about her plans for the summer.* **2** niejasny: *I had only a vague idea where the house was.* **3** niewyraźny: *Looking closely, he could just see the vague outline of her face.*

vague·ly /ˈveɪgli/ *adv* **1** trochę, nieco: *The woman's face looked vaguely familiar.* **2** niejasno: *a vaguely worded statement*

vain /veɪn/ *adj* **1 in vain** na próżno: *Doctors tried in vain to save his life.* **2 vain attempt/hope** daremna próba/nadzieja **3** próżny: *Men are so vain.* —**vainly** *adv* na próżno, (na)daremnie

Val·en·tine /ˈvæləntaɪn/ *także* **Valentine card** /ˈ... ˌ./ *n* [C] walentynka (*kartka*)

Val·en·tine's Day /ˈ... ˌ./ *n* [C,U] Walentynki

val·et /ˈvæləʃt/ *n* [C] służący, lokaj

val·i·ant /ˈvæliənt/ *adj formal* mężny: *a valiant rescue attempt* —**valiantly** *adv* mężnie

val·id /ˈvæləd/ *adj* **1** ważny: *a valid passport/ticket* **2** uzasadniony: *valid criticism* —**validity** *n* [U] ważność, zasadność

val·ley /ˈvæli/ *n* [C] dolina

val·our /ˈvælə/ *BrE*, **valor** *AmE n* [U] *literary* męstwo

val·u·a·ble /ˈvæljuəbəl/ *adj* cenny: *a valuable ring* ➡ porównaj INVALUABLE

val·u·a·bles /ˈvæljuəbəlz/ *n* [plural] kosztowności

val·u·a·tion /ˌvæljuˈeɪʃən/ *n* [C,U] wycena

val·ue[1] /ˈvæljuː/ *n* [U] **1** [C,U] wartość: *The value of the house has gone up.* | *Did the thieves take anything of value?* **2** [U] znaczenie: *the value of direct personal experience* | **be of great/little value** *His research was of great value* (=miał ogromne znaczenie) *to doctors working with the disease.* **3 sth is good/excellent value (for money)** *BrE* coś jest warte swej ceny

value[2] *v* [T] **1** cenić: *I always value your advice.* **2** wyceniać: *a painting valued at $5 million*

val·ues /ˈvæljuːz/ *n* [plural] wartości: *traditional family values*

valve /vælv/ *n* [C] zawór, zastawka: *the valves of the heart*

vam·pire /ˈvæmpaɪə/ *n* [C] wampir

van /væn/ *n* [C] furgonetka

van·dal /ˈvændl/ *n* [C] wandal

van·dal·is·m /ˈvændəl-ɪzəm/ *n* [U] wandalizm

van·dal·ize /ˈvændəl-aɪz/ (*także* **-ise** *BrE*) *v* [T] z/dewastować

van·guard /ˈvæŋɡɑːd/ *n* **in the vanguard** na czele: *a group in the vanguard of political reform*

va·nil·la /vəˈnɪlə/ *n* [U] wanilia

van·ish /ˈvænɪʃ/ *v* [I] znikać: *When I looked again, he'd vanished.* | *The ship vanished without trace.*

van·i·ty /ˈvænəti/ *n* [U] próżność

van·tage point /ˈvɑːntɪdʒ pɔɪnt/ *n* [C] **1** punkt obserwacyjny **2** punkt widzenia

va·por·ize /ˈveɪpəraɪz/ (*także* **-ise** *BrE*) *v* **1** [I] parować **2** [T] odparowywać

va·pour /ˈveɪpə/ *BrE*, **vapor** *AmE n* [C,U] para: *water vapour*

var·i·a·ble[1] /ˈveəriəbəl/ *adj* zmienny: *the variable nature of the weather* —**variability** /ˌveəriəˈbɪləti/ *n* [U] zmienność

variable[2] *n* [C] zmienna: *economic variables*

var·i·ant /ˈveəriənt/ *n* [C] wariant: *a spelling variant*

var·i·a·tion /ˌveəriˈeɪʃən/ *n* **1** [C,U] różnica: **+ in** *variations in price from store to store* **2** [C] odmiana, wariacja: *This is the traditional way of making Christmas pudding, but of course there are many variations.*

var·i·cose veins /ˌværəkəʊs ˈveɪnz/ *n* [plural] żylaki

var·ied /ˈveərid/ *adj* zróżnicowany: *a varied diet*

va·ri·e·ty /vəˈraɪəti/ *n* **1 a variety of** wiele różnych: *The college offers a wide variety of language courses.* **2** [U] różnorodność, urozmaicenie: *I wanted a job with plenty of variety.* **3** [C] odmiana: *different varieties of lettuce*

var·i·ous /ˈveəriəs/ *adj* rozmaity: *The coats are available in various colours* (=w kilku różnych kolorach).

var·nish[1] /ˈvɑːnɪʃ/ *n* [C,U] lakier → patrz też NAIL VARNISH

varnish[2] *v* [T] po/lakierować, po/malować (lakierem)

var·y /ˈveəri/ *v* **1** [I] różnić się: *Prices vary from store to store.* | *The windows varied in size and shape.* **2** [I] zmieniać się: *His moods seem to vary a lot.* **3** [T] urozmaicać: *You need to vary your diet.* —**varying** *adj* różny: *varying degrees of success*

vase /vɑːz/ *n* [C] wazon

vast /vɑːst/ *adj* **1** rozległy: *vast deserts* **2 the vast majority** zdecydowana większość

vast·ly /ˈvɑːstli/ *adv* znacznie: *vastly improved performance*

VAT /ˌviː eɪ ˈtiː, væt/ *n* [U] VAT

vat /væt/ *n* [C] kadź

vault /vɔːlt/ *n* [C] **1** skarbiec **2** grobowiec

VCR /ˌviː siː ˈɑː/ *n* [C] *especially AmE* magnetowid

VDU /ˌviː diː ˈjuː/ *n* [C] monitor (*komputerowy*)

've /əv/ forma ściągnięta od 'have': *We've finished.*

veal /viːl/ *n* [U] cielęcina

veer /vɪə/ *v* [I] skręcać gwałtownie: *The car veered sharply to the left.*

vege·ta·ble /ˈvedʒtəbəl/ *n* [C] warzywo

veg·e·tar·i·an /ˌvedʒəˈteəriən◂/ *także* **veg·gie** /ˈvedʒi/ *BrE informal n* [C] wegetarian-in/ka —**vegetarian** *adj* wegetariański: *More and more people are becoming vegetarian* (=zostaje wegetarianami).

veg·e·ta·tion /ˌvedʒəˈteɪʃən/ *n* [U] roślinność: *dense vegetation*

ve·he·ment /ˈviːəmənt/ *adj* gwałtowny: *vehement opposition* —**vehemently** *adv* gwałtownie

ve·hi·cle /ˈviːɪkəl/ *n* [C] **1** pojazd **2 a vehicle for sth** narzędzie czegoś: *The government used the press as a vehicle for its propaganda.*

veil /veɪl/ *n* **1** [C] welon, woalka: *a bridal veil* **2 a veil of mist/darkness** osłona mgły/ciemności

veiled /veɪld/ *adj* zawoalowany

vein /veɪn/ *n* [C] **1** żyła → porównaj ARTERY **2** żyłka **3** *literary* ton: *She went on in the same vein for several minutes.*

Vel·cro /ˈvelkrəʊ/ *n* [U] *trademark* rzep (*rodzaj zapięcia*)

ve·lo·ci·ty /vəˈlɒsəti/ *n* [C,U] *technical* prędkość: *the velocity of light*

vel·vet /ˈvelvət/ *n* [U] aksamit

vel·vet·y /ˈvelvəti/ *adj* aksamitny: *a velvety voice*

ven·det·ta /venˈdetə/ *n* [C] wendeta

vend·ing ma·chine /ˈvendɪŋ məˌʃiːn/ *n* [C] automat (*np. z napojami*)

vend·or /ˈvendə/ *n* [C] handla-rz/rka: *street vendors*

ve·neer /vəˈnɪə/ *n* **1** [C,U] okleina: *rosewood veneer* **2** **a veneer of** *formal* pozory: *a veneer of politeness*

ven·e·ra·ble /ˈvenərəbəl/ *adj formal* szacowny: *venerable institutions*

ve·ne·tian blind /vəˌniːʃən ˈblaɪnd/ *n* [C] żaluzja

ven·geance /ˈvendʒəns/ *n* **1** [U] zemsta: *a desire for vengeance* **2** **with a vengeance** ze zdwojoną mocą: *The hot weather is back with a vengeance.*

ven·i·son /ˈvenəzən/ *n* [U] dziczyzna

ven·om /ˈvenəm/ *n* [U] jad —**venomous** *adj* jadowity: *a venomous snake*

vent[1] /vent/ *n* [C] **1** otwór wentylacyjny: *an air vent* **2** **give vent to sth** *formal* dawać upust czemuś

vent[2] *v* [T] **vent your anger** wyładowywać złość

ven·ti·late /ˈventəleɪt/ *v* [T] prze/wietrzyć —**ventilation** /ˌventəˈleɪʃən/ *n* [U] wentylacja: *the ventilation system* (=system wentylacyjny)

ven·ti·la·tor /ˈventəleɪtə/ *n* [C] wentylator

ven·tril·o·quist /venˈtrɪləkwəst/ *n* [C] brzuchomówca

ven·ture[1] /ˈventʃə/ *n* [C] przedsięwzięcie: *The new venture was not a success.* ➡ patrz też JOINT VENTURE

venture[2] *v formal* **1** [I] ośmielić się pójść: *Kate rarely ventured beyond* (=rzadko wypuszczała się dalej niż do) *her nearest town.* | *He was the first member of his family to venture into politics* (=który odważył się zająć polityką). **2** **venture an opinion** odważyć się wyrazić opinię: *No-one else ventured an opinion.*

ven·ue /ˈvenjuː/ *n* [C] miejsce (*imprezy*): *a popular jazz venue*

Ve·nus /ˈviːnəs/ *n* [singular] Wenus

ve·ran·da /vəˈrændə/, **verandah** *n* [C] weranda

verb /vɜːb/ *n* [C] czasownik ➡ patrz ramka VERB

verb·al /ˈvɜːbəl/ *adj* **1** ustny, słowny: *a verbal agreement* **2** werbalny: *verbal skills* —**verbally** *adv* słownie

ver·dict /ˈvɜːdɪkt/ *n* [C] **1** werdykt: *Has the jury reached a verdict?* **2** opinia: *The general verdict was that the film wasn't very good.*

verge[1] /vɜːdʒ/ *n* **be on the verge of sth** być bliskim czegoś: *Helen was on the verge of tears.*

verge[2] *v*

verge on/upon sth *phr v* [T] graniczyć z: *Their behaviour sometimes verged on insanity.*

ver·i·fy /ˈverəfaɪ/ *v* [T] z/weryfikować: *There's no way of verifying his story.* —**verification** /ˌverəfəˈkeɪʃən/ *n* [U] weryfikacja

ver·min /ˈvɜːmən/ *n* [plural] szkodniki

ver·sa·tile /ˈvɜːsətaɪl/ *adj* **1** wszechstronny: *a versatile actor* **2** uniwersalny: *a versatile computer system* —**versatility** /ˌvɜːsəˈtɪləti/ *n* [U] wszechstronność

verse /vɜːs/ *n* [C] **1** zwrotka, strofa: *the last verse of the poem* **2** [U] poezja: *a book of verse* **3** [C] werset

versed /vɜːst/ *adj* **be (well) versed in** *formal* (dobrze) znać się na: *lawyers who are well-versed in these matters*

ver·sion /ˈvɜːʃən/ *n* [C] wersja: *the original version of the film 'Gone with the Wind'* | *a new version of the Beatles' 'Hey Jude'* | *The newspapers all gave different versions of the story.*

ver·sus /ˈvɜːsəs/ skrót pisany **vs** *prep* **1** przeciw, kontra: *Connors versus McEnroe* **2** a: *quantity versus quality*

ver·te·bra /ˈvɜːtəbrə/ *n* [C] *plural* **vertebrae** /-briː, -breɪ/ kręg

ver·ti·cal /ˈvɜːtɪkəl/ *adj* pionowy: *a vertical rock face* —**vertically** *adv* pionowo ➡ porównaj HORIZONTAL

ver·ti·go /ˈvɜːtɪgəʊ/ *n* [U] zawroty głowy

Czasownik: **Verb**

Czasowniki dzielą się na zwykłe (**ordinary**) i posiłkowe (**auxiliary**). Wśród tych ostatnich wyróżniamy jeszcze podgrupę modalnych (**modal verbs**). Poniżej omówione są wyłącznie zwykłe czasowniki.

Odmiana, pisownia i wymowa

Czasownik w bezokoliczniku poprzedzony jest zwykle słówkiem **to**:

to *write* „pisać"   **to** *run* „biegać"   **to** *watch* „oglądać"

W trzeciej osobie liczby pojedynczej czasu Present Simple czasownik ma końcówkę ***-s*** lub (jeżeli jego bezokolicznik kończy się w pisowni na *ss, sh, ch, x* albo *o*) ***-es***:

*to write – he/she/it write**s***   *to mi**ss** – he/she/it miss**es***
*to run – he/she/it run**s***   *to pu**sh** – he/she/it push**es***
*to know – he/she/it know**s***   *to tou**ch** – he/she/it touch**es***
*to say – he/she/it say**s***   *to mi**x** – he/she/it mix**es***
*to see – he/she/it see**s***   *to g**o** – he/she/it go**es***

Jeśli czasownik kończy się w pisowni na spółgłoskę + *y*, to w trzeciej osobie liczby pojedynczej następuje wymiana *y* na *ie*:

*stud**y** – he/she/it stud**ies***
*cr**y** – he/she/it cr**ies***

Końcówkę trzeciej osoby wymawiamy jako [z] po spółgłoskach dźwięcznych i samogłoskach, jako [ɪz] po spółgłoskach [s], [z], [ʃ] i [tʃ] oraz jako [s] po pozostałych spółgłoskach bezdźwięcznych:

runs [rʌnz]	*misses* [mɪsɪz]	*writes* [raɪts]
lives [lɪvz]	*chooses* [tʃuːzɪz]	*sleeps* [sliːps]
sees [siːz]	*pushes* [pʊʃɪz]	*walks* [wɔːks]
studies [stʌdɪz]	*touches* [tʌtʃɪz]	*sniffs* [snɪfs]

Czasowniki regularne: **Regular verbs**

Ze względu na sposób tworzenia czasu przeszłego i imiesłowu biernego, czyli tzw. „trzeciej formy" (Past Participle), czasowniki dzielą się na regularne i nieregularne. Regularnych jest więcej. Ich czas przeszły i trzecia forma powstają przez dodanie do tematu (bezokolicznika bez **to**) końcówki ***-ed*** lub (jeżeli temat kończy się w pisowni na *e*) ***-d***:

*work – work**ed** – work**ed***   *save – save**d** – save**d***
*help – help**ed** – help**ed***   *glue – glue**d** – glue**d***

Jeśli temat kończy się w pisowni na spółgłoskę + *y*, to w czasie przeszłym i w trzeciej formie następuje wymiana *y* na *ie*:

*stud**y** – stud**ied** – stud**ied***
*bur**y** – bur**ied** – bur**ied***

ciąg dalszy na odwrocie ...

... *kontynuacja z poprzedniej strony*

Końcówkę czasu przeszłego i trzeciej formy wymawia się jako [d] po spółgłosce dźwięcznej lub samogłosce, jako [t] po spółgłosce bezdźwięcznej i jako [ɪd] po *d* lub *t*:

loved [lʌvd]	*worked* [wɜːkt]	*mended* [mendɪd]
buried [berɪd]	*stopped* [stɒpt]	*started* [stɑːtɪd]

Czasowniki nieregularne: **Irregular verbs**

Czasowników nieregularnych jest wprawdzie mniej, ale są wśród nich wyrazy bardzo często używane. Tworzą one czas przeszły i trzecią formę na wiele sposobów. Często odbywa się to za pomocą zmiany samogłoski tematycznej, np.:

*dr**i**nk – dr**a**nk – dr**u**nk*

*s**i**ng – s**a**ng – s**u**ng*

Niekiedy te same formy powstają przez dodanie końcówki, np.:

*burn – burn**t** – burn**t***

W niektórych przypadkach mamy do czynienia zarówno ze zmianą samogłoski, jak i z dodaniem końcówki, np.:

*sl**ee**p – sl**e**p**t** – sl**e**p**t***

*fall – f**e**ll – fall**en***

Jak widać, forma czasu przeszłego i trzecia forma czasownika nieregularnego są czasem jednakowe, a czasem różne. Bywa też tak, że trzecia forma pokrywa się z bezokolicznikiem albo wszystkie trzy formy są identyczne, np.:

come** – came – **come

put – put – put

patrz też: ***Auxiliary Verbs, Infinitive, Modal Verbs, Past Participle***

verve /vɜːv/ *n* [U] *formal* werwa

ve·ry[1] /ˈveri/ *adv* **1** bardzo: *It's a very good book.* | *John gets embarrassed very easily.* | *I miss her very much.* **2 not very good/difficult** niezbyt dobry/trudny: *I'm not very good at spelling.* | *"Was the game exciting?" "Not very* (=nie (za) bardzo)*."* **3 very well** *spoken* no dobrze: *"Are you coming?" "Oh, very well, if I must."*

UWAGA very

Nie należy używać wyrazu **very** z przymiotnikami i przysłówkami, które mają intensywne zabarwienie, takimi jak **huge**, **starving**, **terribly**, **awfully** itp: *By the time I got home I was exhausted.* (nie "very exhausted"). Stopniowi wyższemu przymiotników może towarzyszyć **much** (nie "very"). Można powiedzieć **very big** lub **the very biggest**, ale nie "very bigger". Poprawna forma brzmi: **much bigger**. Nie można też mówić "I'm very in love" lub "very in need of something", kiedy mamy do czynienia z wyrażeniem rozpoczynającym się od przyimka. Poprawnie mówi się **I'm very much in love** (lub **I'm deeply in love**) i **very much in need of something**.

very[2] *adj* sam: **the very beginning/end** (=sam początek/koniec): *Start again from the very beginning.*

ves·sel /ˈvesəl/ *n* [C] **1** *formal* statek, okręt **2** naczynie → patrz też BLOOD VESSEL

vest /vest/ *n* [C] **1** *BrE* podkoszulek **2** *AmE* kamizelka

vest·ed in·terest /ˌvestᵻd ˈɪntrᵻst/ *n* [C] **have a vested interest in sth** być żywotnie zainteresowanym czymś

ves·ti·bule /ˈvestᵻbjuːl/ *n* [C] *formal* przedsionek, westybul

ves·tige /ˈvestɪdʒ/ *n* [C] pozostałość: *the last vestiges of the British Empire*

vet /vet/ *n* [C] **1** weterynarz: *We had to take our cat to the vet.* **2** *informal* weteran: *Vietnam vets*

vet·e·ran /ˈvetərən/ *n* [C] weteran: *veteran Hollywood entertainer Bob Hope*

vet·e·ri·na·ri·an /ˌvetərᵻˈneəriən/ *n* [C] *AmE* weterynarz

vet·e·ri·na·ry /ˈvetərᵻnəri/ *adj technical* weterynaryjny

ve·to[1] /ˈviːtəʊ/ *v* [T] za/wetować: *Britain and the US vetoed the proposal.*

veto[2] *n* [C,U] *plural* **vetos** weto: *France has threatened to use its veto.*

vexed /vekst/ *adj* **vexed question/issue** stale powracająca kwestia/zagadnienie

vi·a /ˈvaɪə/ *prep* przez: *We're flying to Denver via Chicago.* | *The concert was broadcast around the world via satellite.*

vi·a·ble /ˈvaɪəbəl/ *adj* realny: *a viable alternative to the petrol engine*

vi·a·duct /ˈvaɪədʌkt/ *n* [C] wiadukt

vi·brant /ˈvaɪbrənt/ *adj* **1** tętniący życiem: *a vibrant personality* **2** jaskrawy: *vibrant colours*

vi·brate /vaɪˈbreɪt/ *v* [I,T] drgać: *The vocal chords vibrate as air passes over them.*

vi·bra·tion /vaɪˈbreɪʃən/ *n* [C,U] drganie: *vibration caused by passing traffic*

vic·ar /ˈvɪkə/ *n* [C] pastor (*w kościele anglikańskim*)

vic·ar·age /ˈvɪkərɪdʒ/ *n* [C] plebania (*w kościele anglikańskim*)

vice /vaɪs/ *n* **1** [C] wada: *Smoking is my only vice.* **2** [U] działalność przestępcza związana z prostytucją lub handlem narkotykami **3** [C] *BrE* imadło

vice pres·i·dent /ˌ. ˈ.../ *n* [C] **1** wiceprezydent **2** *AmE* wicedyrektor: *the vice president of marketing*

vice ver·sa /ˌvaɪs ˈvɜːsə/ *adv* na odwrót: *It is socially acceptable for older men to marry younger women, but not vice versa.*

vi·cin·i·ty /vᵻˈsɪnᵻti/ *n* **in the vicinity (of)** *formal* w pobliżu: *The car was found in the vicinity of the bus station.*

vi·cious /ˈvɪʃəs/ *adj* **1** wściekły: *a vicious attack* **2** złośliwy: *a vicious rumour*

vicious cir·cle /ˌ.. ˈ../ *n* [singular] błędne koło

vic·tim /ˈvɪktᵻm/ *n* [C] ofiara: *victims of the earthquake* | *He terrorized his victims.*

vic·tim·ize /ˈvɪktᵻmaɪz/ (*także* **-ise** *BrE*) *v* [T] gnębić, represjonować: *People with AIDS have been victimized and abused at work.*

Vic·to·ri·an /vɪkˈtɔːriən/ *adj* wiktoriański: *Victorian buildings*

vic·to·ri·ous /vɪkˈtɔːriəs/ *adj* zwycięski

vic·to·ry /ˈvɪktəri/ *n* [C,U] zwycięstwo: *Napoleon's armies won a great victory.* | *the Lakers' victory over the Celtics* → antonim DEFEAT[2]

vid·e·o[1] /ˈvɪdiəʊ/ *n* **1** [C,U] (taśma) wideo: *Do you want to watch a video tonight?* | *The movie is now available on video.* **2** [C] *BrE* magnetowid **3** [U] (technika) wideo: *Many teachers now use video in the classroom.*

video[2] *v* [T] nagrywać na wideo

video cas·sette re·cord·er /ˌ.... .ˈ. .ˌ../ **video re·cord·er** /ˈ... .ˌ../, **VCR** *n* [C] magnetowid

video game /ˈ... ˌ./ *n* [C] gra wideo

vid·e·o·tape[1] /ˈvɪdiəʊteɪp/ *n* [C] taśma wideo

videotape[2] *v* [T] nagrywać na wideo

vie /vaɪ/ *v* [I] **vied, vied, vying** rywalizować: *The brothers vied for her attention.*

view[1] /vjuː/ *n* **1** [C] pogląd: *the view that sex before marriage is wrong* | *people with different political views* | **in my/her etc view** (=moim/jej itp. zdaniem): *The judge said that in his view the trial should never have taken place.* **2** [C,U] widok: *There was a beautiful view of the mountains* *from our hotel room.* | *They had a really good view of the stage.* | *postcards showing views of New York* | **come into view** (=pojawiać się): *The harbour lights came into view.* **3 in full view of** na oczach: *She began screaming and hitting him, in full view of all the other guests.* **4 in view of sth** *formal* w świetle czegoś: *In view of your previous good behaviour we have decided not take any further action.*

view² *v* [T] *formal* **1 view sb/sth as** uważać kogoś/coś za: *Women were viewed as sex objects.* **2** oglądać: *The scenery was spectacular, especially when viewed from high ground.*

view·er /ˈvjuːə/ *n* [C] widz: *The series is watched by millions of viewers.*

vig·il /ˈvɪdʒəl/ *n* [C,U] czuwanie: *A crowd of people held a vigil outside the embassy.*

vig·i·lant /ˈvɪdʒələnt/ *adj* czujny: *People should remain vigilant at all times and report any suspicious packages to the police.* —**vigilance** *n* [C] czujność

vig·i·lan·te /ˌvɪdʒəˈlænti/ *n* [C] członek straży obywatelskiej

vig·or /ˈvɪgə/ *n* amerykańska pisownia wyrazu VIGOUR

vig·o·rous /ˈvɪgərəs/ *adj* energiczny: *vigorous exercise* | *a vigorous campaigner for women's rights*

vig·our /ˈvɪgə/ *BrE*, **vigor** *AmE* *n* [U] wigor

vile /vaɪl/ *adj* obrzydliwy: *The food tasted vile.*

vil·la /ˈvɪlə/ *n* [C] willa

vil·lage /ˈvɪlɪdʒ/ *n* [C] wieś, wioska: *She was born in the village of Arkesden in Essex.*

> UWAGA **village**
>
> Amerykanie zwykle nie używają wyrazu **village** w odniesieniu do miejscowości w Stanach Zjednoczonych. Mówią raczej **small town**.

vil·lag·er /ˈvɪlɪdʒə/ *n* [C] mieszkan-iec/ka wsi

vil·lain /ˈvɪlən/ *n* [C] **1** czarny charakter **2** *BrE informal* łotr

vin·dic·tive /vɪnˈdɪktɪv/ *adj* mściwy —**vindictiveness** *n* [U] mściwość

vine /vaɪn/ *n* [C] winorośl

vin·e·gar /ˈvɪnɪgə/ *n* [U] ocet

vine·yard /ˈvɪnjəd/ *n* [C] winnica

vin·tage¹ /ˈvɪntɪdʒ/ *adj* **1 vintage wine** wino z dobrego rocznika **2** klasyczny: *vintage recordings*

vintage² *n* [C] rocznik (*wina*)

vi·nyl /ˈvaɪnəl/ *n* [U] winyl

vi·o·la /viˈəʊlə/ *n* [C] altówka

vi·o·late /ˈvaɪəleɪt/ *v* [T] *formal* **1 violate a law/agreement** naruszyć prawo/porozumienie **2 violate sb's rights** pogwałcić czyjeś prawa **3** z/bezcześcić —**violation** *n* [C,U] pogwałcenie, naruszenie: *human rights violations*

vi·o·lence /ˈvaɪələns/ *n* [U] **1** przemoc: *There's too much violence on TV these days.* **2** gwałtowność: *the violence of the storm* | *the violence of their emotions*

vi·o·lent /ˈvaɪələnt/ *adj* **1** gwałtowny: *violent criminals* | *a violent attack on a defenceless old woman* | *a violent argument* **2 violent films/plays** filmy/sztuki pełne przemocy —**violently** *adv* gwałtownie

vi·o·let /ˈvaɪələt/ *n* **1** [C] fiołek **2** [U] kolor fioletowy

vi·o·lin /ˌvaɪəˈlɪn/ *n* [C] skrzypce

VIP /ˌviː aɪ ˈpiː/ *n* [C] VIP

vir·gin¹ /ˈvɜːdʒən/ *n* [C] dziewica

virgin² *adj* dziewiczy: *virgin forest*

vir·gin·i·ty /vɜːˈdʒɪnəti/ *n* **lose your virginity** s/tracić dziewictwo

Vir·go /ˈvɜːgəʊ/ *n* [C,U] Panna

vir·ile /ˈvɪraɪl/ *adj* męski —**virility** /vɪˈrɪləti/ *n* [U] męskość

vir·tu·al /ˈvɜːtʃuəl/ *adj* **1** faktyczny: *a virtual leader* | *He became a virtual prisoner* (=stał się niemalże więźniem) *in his own home.* **2** wirtualny: *a virtual library*

vir·tu·al·ly /ˈvɜːtʃuəli/ *adv* niemal całkowicie: *The town was virtually destroyed.*

virtual re·al·i·ty /ˌ... .ˈ.../ *n* [U] rzeczywistość wirtualna

vir·tue /ˈvɜːtʃuː/ *n* **1** [C,U] zaleta: *the virtues of a non-meat diet* | *Stella has many virtues.* **2 by virtue of sth** *formal* z racji/tytułu czegoś: *people who get pro-*

moted by virtue of their age **3** [U] *formal* cnota: *a life of virtue* (=cnotliwe życie)

vir·tu·o·so /ˌvɜːtʃuˈəʊsəʊ/ *n* [C] wirtuoz: *a piano virtuoso* —**virtuoso** *adj* wirtuozowski: *a virtuoso performance*

vir·tu·ous /ˈvɜːtʃuəs/ *adj* cnotliwy

vir·u·lent /ˈvɪrᵘ̮ləlnt/ *adj* **1** *formal* zajadły: *a virulent critic of Thatcherism* **2 virulent disease** złośliwa choroba

vi·rus /ˈvaɪərəs/ *n* [C] wirus: *the common cold virus*

vi·sa /ˈviːzə/ *n* [C] wiza: *She's here on a student visa.*

vis·i·bil·i·ty /ˌvɪzᵢ̮ˈbɪlᵢ̮ti/ *n* [U] widoczność: *There is poor visibility on many roads due to heavy fog.*

vis·i·ble /ˈvɪzᵢ̮bəl/ *adj* widoczny: *The lights of the city were clearly visible below them.* | *a visible change in her attitude* → antonim INVISIBLE —**visibly** *adv* wyraźnie: *She was visibly shaken.*

vi·sion /ˈvɪʒən/ *n* **1** [C] wizja: *Martin Luther King's vision of a better world* **2** [U] wzrok: *Will the operation improve my vision?* **3** [U] zdolność przewidywania: *We need a leader with vision.*

vi·sion·a·ry /ˈvɪʒənəri/ *adj* wizjonerski —**visionary** *n* [C] wizjoner/ka

vis·it[1] /ˈvɪzᵢ̮t/ *v* **1** [T] odwiedzać: *My aunt is coming to visit us next week.* | *The Chinese Foreign Minister is visiting Moscow this week.* **2** [I] przychodzić/przyjeżdżać z wizytą

visit[2] *n* [C] wizyta, odwiedziny

vis·it·or /ˈvɪzᵢ̮tə/ *n* [C] gość: *a guidebook for visitors to Mexico City*

vi·sor /ˈvaɪzə/ *n* [C] **1** osłona (*na kasku*) **2** daszek (*czapki*) **3** osłona przeciwsłoneczna (*w samochodzie*)

vi·su·al /ˈvɪʒuəl/ *adj* wzrokowy, wizualny: *The movie has a strong visual impact.* | *visual aids* (=wizualne pomoce naukowe) | **the visual arts** (=sztuki plastyczne) —**visually** *adv* wzrokowo, wizualnie

vi·su·al·ize /ˈvɪʒuəlaɪz/ (*także* **-ise** *BrE*) *v* [T] wyobrażać sobie: *I tried to visualize the house as she had described it.*

vi·tal /ˈvaɪtl/ *adj* **1** istotny: *His evidence was vital to the defence case.* | *It is absolutely vital that you do as I say.* **2** pełen życia

vi·tal·i·ty /vaɪˈtælᵢ̮ti/ *n* [U] witalność: *Even though she's in her 80s, she's still full of vitality.*

vi·tal·ly /ˈvaɪtl-i/ *adv* **vitally important** niezwykle ważny

vit·a·min /ˈvɪtəmᵢ̮n/ *n* [C] witamina: *vitamin C*

vi·va·cious /vᵢ̮ˈveɪʃəs/ *adj* pełen życia (*o kobiecie*)

viv·id /ˈvɪvᵢ̮d/ *adj* żywy: *a vivid description of her childhood in Cornwall* | *vivid colours* —**vividly** *adv* żywo

viv·i·sec·tion /ˌvɪvᵢ̮ˈsekʃən/ *n* [U] wiwisekcja

vix·en /ˈvɪksən/ *n* [C] lisica

vo·cab·u·la·ry /vəˈkæbjᵘ̮ləri/ *n* **1** [C,U] słownictwo: *Reading is a good way to increase your vocabulary.* | *new words coming into the English vocabulary* | *business vocabulary* **2** [singular] słowniczek

vo·cal /ˈvəʊkəl/ *adj* wokalny: *vocal music*

vocal cords /ˈ.. ./ *n* [plural] struny głosowe

vo·cal·ist /ˈvəʊkəlᵢ̮st/ *n* [C] wokalist-a/ka

vo·cals /ˈvəʊkəlz/ *n* [plural] śpiew: *The song features Elton John on vocals.*

vo·ca·tion /vəʊˈkeɪʃən/ *n* [C,U] powołanie: *Teaching isn't just a job to her – it's her vocation.*

vo·ca·tion·al /vəʊˈkeɪʃənəl/ *adj* zawodowy: *vocational training*

vod·ka /ˈvɒdkə/ *n* [U] wódka

vogue /vəʊg/ *n* [U singular] moda: **be in vogue** (=być w modzie): *Japanese food is very much in vogue these days.*

voice[1] /vɔɪs/ *n* **1** [C,U] głos: *I could hear Jo's voice outside my window.* | *Pavarotti has an amazing voice.* | *By the early 1960s, King had become the voice of the Civil Rights Movement.* | **lose your voice** (=s/tracić głos): *She'd been shouting so much she'd almost lost her voice.* | **raise your voice** (=podnosić głos): *There's no need to raise your voice. I can hear you perfectly* *well.* | **sb's voice breaks** (=ktoś przechodzi mutację) **2** [C,U] **have a voice in** mieć coś do powiedzenia w kwestii: *Parents should have a voice in deciding how their children are educated.* **3 the voice of reason/experience** głos rozsądku/doświadczenia **4 keep your voice down** *spoken* mów ciszej

voice[2] *v* [T] *formal* wyrażać: *to voice one's opinions/feelings*

voice·mail /ˈvɔɪsˌmeɪl/ *n* [U] poczta głosowa

void[1] /vɔɪd/ *adj* **1** nieważny ➡ patrz też NULL AND VOID **2 void of sth** *especially literary* pozbawiony czegoś: *Her eyes were void of all expression.*

void[2] *n* [singular] **1** pustka: *Their son's death left a void in their lives.* **2** próżnia

vol·a·tile /ˈvɒlətaɪl/ *adj* **1** niestabilny **2** zmienny

vol·ca·no /vɒlˈkeɪnəʊ/ *n* [C] *plural* **volcanoes** *or* **volcanos** wulkan: *The island has several active volcanoes.* —**volcanic** /vɒlˈkænɪk/ *adj* wulkaniczny: *volcanic rocks*

vol·ley /ˈvɒli/ *n* [C] **1** salwa: *a volley of shots* **2 a volley of questions/abuse** potok pytań/obelg **3** wolej

vol·ley·ball /ˈvɒlibɔːl/ *n* [U] siatkówka

volt /vəʊlt/ *n* [C] wolt

volt·age /ˈvəʊltɪdʒ/ *n* [C,U] napięcie

vol·ume /ˈvɒljuːm/ *n* **1** [U] głośność: *Can you turn down the volume on the TV?* **2** [C,U] natężenie: *an increase in the volume of traffic* **3** [C] tom: *a 12 volume* (=dwunastotomowy) *set of poetry* **4** [U] objętość

vol·un·ta·ry /ˈvɒləntəri/ *adj* **1** ochotniczy: *voluntary work* | *voluntary organizations* **2** dobrowolny: *voluntary contributions* —**voluntarily** *adv* dobrowolnie

vol·un·teer[1] /ˌvɒlənˈtɪə/ *v* **1** [I,T] zgłaszać się na ochotnika: *Ernie volunteered to wash the dishes.* | *When the war began, my brother immediately volunteered.* **2** [T] *formal* wyrażać (*dobrowolnie*): *None of them was willing to volunteer an opinion.*

volunteer[2] *n* [C] ochotni-k/czka: *The helplines are manned by volunteers.* | *I need someone to help me with the barbecue. Any volunteers?*

vom·it[1] /ˈvɒmɪt/ *v* [I,T] *formal* z/wymiotować

vomit[2] *n* [U] wymiociny

vote[1] /vəʊt/ *n* [C] **1** głos: *The Communist Party came third with 421,775 votes.* | *The bill was passed by 319 votes to 316.* **2** głosowanie: *next month's vote on constitutional reform* **3 the vote a)** głosy: *The Nationalists won 25% of the vote.* **b)** prawo wyborcze: *In France, women didn't get the vote until 1945.*

vote[2] *v* [I,T] głosować: **vote for/against** (=głosować za/przeciw): *70% of the population voted for independence.* | **vote to do sth** (=głosować za zrobieniem czegoś): *Congress voted to increase taxes.*

vot·er /ˈvəʊtə/ *n* [C] wyborca

vouch /vaʊtʃ/ *v*
vouch for sb/sth *phr v* [T] po/ręczyć za

vouch·er /ˈvaʊtʃə/ *n* [C] talon

vow[1] /vaʊ/ *v* [T] przyrzekać: *I vowed that I would never drink again.*

vow[2] *n* [C] przyrzeczenie: *marriage vows* | *She made a vow to herself that she would never go back.*

vow·el /ˈvaʊəl/ *n* [C] samogłoska

voy·age /ˈvɔɪ-ɪdʒ/ *n* [C] wyprawa: *The voyage from England to America took several weeks.*

vs. skrót od VERSUS

vul·gar /ˈvʌlgə/ *adj* **1** wulgarny: *vulgar jokes* **2** *especially BrE* pospolity: *Some of the ornaments looked rather vulgar.* —**vulgarity** /vʌlˈgærɪti/ *n* [U] wulgarność

vul·ne·ra·ble /ˈvʌlnərəbəl/ *adj* **1** trudny do obrony: *The army was in a vulnerable position.* **2** bezbronny: *She looked so young and vulnerable.*

vul·ture /ˈvʌltʃə/ *n* [C] sęp

Ww

W /ˈdʌbəljuː/ skrót od WEST lub WESTERN

wack·y /ˈwæki/ *adj informal* zwariowany

wad /wɒd/ *n* [C] **1** plik: *a wad of dollar bills* **2** tampon: *a wad of cotton*

wad·dle /ˈwɒdl/ *v* [I] człapać

wade /weɪd/ *v* [I,T] brodzić: *We waded across* (=przeszliśmy w bród przez) *the stream.*

wade through sth *phr v* [T] prze/brnąć przez (*np. książkę*)

wa·fer /ˈweɪfə/ *n* [C] opłatek

waf·fle[1] /ˈwɒfəl/ *n* **1** [C] gofr **2** [U] *informal* ględzenie

waffle[2] *v* [I] *informal* ględzić: *What's he waffling about now?*

waft /wɑːft/ *v* [I,T] nieść (się): *The smell of bacon wafted up from the kitchen.*

wag /wæg/ *v* [I,T] **-gged, -gging 1** po/machać (*ogonem*) **2** po/grozić (*palcem*)

wage[1] /weɪdʒ/ *n* [singular] *także* **wages** [plural] płaca: *Wages keep going up.* | *wage demands* | *the average weekly wage* ➡ porównaj SALARY

> UWAGA **wage(s)**
>
> Patrz **salary** i **wage(s)**.

wage[2] *v* [T] toczyć: *The rebels have been waging a nine-year war against the government.*

wag·gle /ˈwægəl/ *v* [I,T] ruszać (się): *Can you waggle your ears?*

wag·on /ˈwægən/ *n* [C] **1** wóz **2** *BrE* wagon (towarowy)

wail /weɪl/ *v* [I] **1** zanosić się płaczem: *"I want my Daddy!" she wailed.* **2** za/wyć

waist /weɪst/ *n* [C] talia: *She has a slim waist.*

waist·coat /ˈweɪskəʊt/ *n* [C] *BrE* kamizelka

waist·line /ˈweɪstlaɪn/ *n* **1** [C usually singular] talia (*wymiar*) **2** pas (*np. spódnicy*)

wait[1] /weɪt/ *v* **1** [I] po/czekać, za/czekać: *Hurry up! Everyone's waiting.* | *My meal was waiting for me on the table when I got home.* | **+ for** *We had to wait 45 minutes for a bus.* | **wait to do sth** *Are you waiting to use the phone?* **2 can't wait** *especially spoken* nie móc się doczekać: *Roz can't wait to see Angelo again.* **3 wait and see** poczekamy, zobaczymy **4 it can wait** *spoken* to może poczekać **5 (just) you wait** *spoken* poczekaj tylko **6 wait tables** *AmE* pracować jako kelner/ka

wait around (*także* **wait about** *BrE*) *phr v* [I] czekać bezczynnie: *The people at the embassy kept us waiting around for hours.*

wait on sb *phr v* [T] obsługiwać (*w restauracji itp.*)

wait up (for sb) *phr v* [I] nie kłaść się (dopóki ktoś nie wróci): *Please don't wait up for me.*

wait[2] *n* [singular] czas oczekiwania: *We had a three-hour wait* (=trzy godziny czekaliśmy) *for our flight.* ➡ patrz też **lie in wait** (LIE[1])

wait·er /ˈweɪtə/ *n* [C] kelner

wait·ing list /ˈ.. ./ *n* [C] lista oczekujących: *waiting lists for operations*

waiting room /ˈ.. ./ *n* [C] poczekalnia

wait·ress /ˈweɪtrɨs/ *n* [C] kelnerka

waive /weɪv/ *v* [T] **1** odstępować od: *The judge waived the fine.* **2** zrzekać się: *She waived her right to a lawyer.*

wake[1] /weɪk/ *v* [I,T] **woke, woken, waking** *także* **wake up** o/budzić (się): *I woke up at 5.00 this morning.* | *Try not to wake the baby.*

wake up to sth *phr v* [T] uświadamiać sobie: *People are now waking up to the fact that cars cause more problems than they are worth.*

> UWAGA **wake up**
>
> Patrz **awake** i **wake up**.

wake[2] *n* **1 in the wake of sth** w następstwie czegoś: *Five members of the city*

W

council resigned in the wake of the scandal. **2** [C] kilwater

wak·ing /ˈweɪkɪŋ/ *adj* **waking hours/moments** cały dzień: *He spends every waking moment in front of his computer.*

walk[1] /wɔːk/ *v* **1** [I] iść/pójść, chodzić: *We must have walked ten miles* (=przeszliśmy chyba z dziesięć mil) *today.* | *She walked up to him* (=podeszła do niego) *and kissed him.* **2** [T] prowadzić: *It's late – I'll walk you home* (=odprowadzę cię do domu). | *Tamara usually walks the dogs* (=wyprowadza psy) *twice a day.* **3 walk all over sb** *informal* skakać komuś po głowie: *She lets those kids walk all over her.*

walk away with sth *phr v* [T] załapać się na: *Carrie walked away with the prize.*

walk into sth *phr v* [T] dać się nabrać: *You walked straight into that one!*

walk off with sth *phr v* [T] zgarnąć (*ukraść*): *Someone walked off with my new jacket!*

walk out *phr v* [I] wychodzić na ulicę

walk out on sb *phr v* [T] rzucić, zostawić: *Mary just walked out on him one day.*

walk[2] *n* [C] **1** spacer: **go for a walk** (=iść/pójść na spacer): *Would you like to go for a walk?* | **a long/short/ten-minute etc walk** *It's only a ten-minute walk to the beach* (=do plaży jest tylko dziesięć minut piechotą). **2** ścieżka, szlak: *popular walks in Yellowstone National Park* **3 people from all walks of life** ludzie z różnych sfer —**walker** *n* [C] piechur/ka

walk·ie-talk·ie /ˌwɔːki ˈtɔːki/ *n* [C] krótkofalówka

walking stick /ˈ.. ./ *n* [C] laska

walk·way /ˈwɔːkweɪ/ *n* [C] łącznik (*między budynkami*)

wall /wɔːl/ *n* [C] **1** ściana: *We've decided to paint the walls blue.* | *the picture on the wall* **2** mur: *The garden is surrounded by a high wall.* **3 drive sb up the wall** *informal* doprowadzać kogoś do szału —**walled** *adj* otoczony murem → patrz też **have your back to the wall** (BACK[1])

wal·let /ˈwɒlɪt/ *n* [C] portfel

wal·low /ˈwɒləʊ/ *v* [I] **1** pogrążać się: *She accused him of wallowing in self-pity.* **2** tarzać się: *wallowing in mud*

wall·pa·per /ˈwɔːlˌpeɪpə/ *n* [U] tapeta —**wallpaper** *v* [T] wy/tapetować

wall-to-wall /ˌ. . ˈ.◂/ *adj* na całą podłogę: *wall-to-wall carpeting*

wal·nut /ˈwɔːlnʌt/ *n* **1** [C] orzech włoski **2** [U] orzech

wal·rus /ˈwɔːlrəs/ *n* [C] mors

waltz[1] /wɔːls/ *n* [C] walc

waltz[2] *v* [I] tańczyć walca

wan /wɒn/ *adj* blady: *a wan smile*

wand /wɒnd/ *n* [C] różdżka

wan·der /ˈwɒndə/ *v* **1** [I,T] włóczyć się (po): *We spent the morning wandering around the old part of the city.* **2** [I] *także* **wander off** oddalać się: *Don't let the children wander off.* **3** [I] błądzić: *She's getting old, and sometimes her mind wanders.* **4** [I] zbaczać: *I wish he'd stop wandering off the subject.* —**wanderer** *n* [C] wędrowiec

wane /weɪn/ *v* [I] z/maleć: *After a while his enthusiasm for the sport began to wane.*

wan·gle /ˈwæŋgəl/ *v* [T] *informal* załatwić sobie: *"I've got two tickets to the Wimbledon finals." "How did you wangle that?"*

want[1] /wɒnt/ *v* [T] **1** chcieć: *What do you want for your birthday?* | **want to do sth** (=chcieć coś zrobić): *I want to go home.* | **want sb to do sth** (=chcieć, żeby ktoś coś zrobił): *Her parents want her to find a rich husband.* **2** wymagać: *The car wants a good clean.* **3** *informal* **you want to** powinieneś: *You want to be more careful next time.*

want[2] *n* **1 for want of sth** z braku czegoś: *We watched television, for want of anything better to do.* **2** [U singular] brak → patrz też WANTS

want·ed /ˈwɒntɪd/ *adj* poszukiwany: *He is wanted for murder.*

wants /wɒnts/ [plural] potrzeby

war /wɔː/ *n* **1** [C,U] wojna: *the Vietnam War* | *the war years* | *a trade war* | **be at war** (=prowadzić wojnę): *In 1793 Eng-*

land was at war with France. | **go to war** (=wszczynać wojnę) **2** [singular] walka: **+ against/on** *the war against drugs* → patrz też CIVIL WAR, PRISONER OF WAR, WARRING

war crime /'. ./ *n* [C] zbrodnia wojenna —**war criminal** *n* [C] zbrodniarz wojenny

ward¹ /wɔːd/ *n* [C] oddział (*szpitalny*): *the maternity ward*

ward² *v*

ward sth ↔ **off** *phr v* [T] odpędzać: *a spray to ward off insects*

war·den /'wɔːdn/ *n* [C] *AmE* naczelnik więzienia → patrz też TRAFFIC WARDEN

ward·er /'wɔːdə/ *n* [C] *BrE* strażnik więzienny

war·drobe /'wɔːdrəʊb/ *n* **1** [C] *BrE* szafa **2** [singular] garderoba: *the latest addition to her wardrobe*

ware·house /'weəhaʊs/ *n* [C] magazyn

war·fare /'wɔːfeə/ *n* [U] wojna, działania wojenne: *chemical warfare*

war game /'. ˌ./ *n* [C] gra wojenna

war·head /'wɔːhed/ *n* [C] głowica (*rakiety, torpedy*)

war·like /'wɔːlaɪk/ *adj* wojowniczy: *a warlike race*

warm¹ /wɔːm/ *adj* **1** ciepły: *a nice warm bath* | *The weather was lovely and warm.* | *warm clothes* **2** serdeczny: *a warm welcome* —**warmly** *adv* ciepło, serdecznie

warm² *v* [T] ogrzewać: *I warmed my hands over the fire.*

warm to sb/sth *phr v* [T] przekonać się do: *They soon warmed to the idea.*

warm up *phr v* **1** [I,T] ogrzewać (się), ocieplać (się): *The weather's starting to warm up.* **2** [I,T] rozgrzewać (się): *The athletes were warming up for the race.* **3** [I] nagrzewać się

warm-heart·ed /ˌ. '..◂/ *adj* serdeczny: *a warm-hearted old lady*

warmth /wɔːmθ/ *n* [U] **1** ciepło: *the warmth of the sun* **2** serdeczność: *the warmth of her smile*

warm-up /'. ./ *n* [C] rozgrzewka

warn /wɔːn/ *v* [T] ostrzegać: *We tried to warn her, but she wouldn't listen.* | **warn sb (that)** *Allen warned him that he might be killed if he stayed in Beirut.* | **warn sb not to do sth** *Police are warning drivers not to go out on the roads* (=policja ostrzega kierowców, żeby nie wyjeżdżali na drogi) *unless their journey is really necessary.*

warn·ing /'wɔːnɪŋ/ *n* [C,U] ostrzeżenie: *The planes attacked without warning.* | *The referee gave him a warning.*

warp /wɔːp/ *v* [I,T] wypaczać (się): *The wood had warped in the heat.*

war·path /'wɔːpɑːθ/ *n* **be on the warpath** *often humorous* być na wojennej ścieżce

warped /wɔːpt/ *adj* wypaczony: *a warped sense of humour* | *The boards had become warped.*

war·rant¹ /'wɒrənt/ *n* [C] nakaz: *A warrant has been issued for his arrest.*

warrant² *v* [T] *formal* zasługiwać na: *The story doesn't really warrant the attention it's been given in the press.* → porównaj UNWARRANTED

war·ran·ty /'wɒrənti/ *n* [C,U] gwarancja: *The TV comes with a 3-year warranty.*

war·ring /'wɔːrɪŋ/ *adj* zwaśniony: *warring factions within the party*

war·ri·or /'wɒriə/ *n* [C] *literary* wojownik

war·ship /'wɔːˌʃɪp/ *n* [C] okręt wojenny

wart /wɔːt/ *n* [C] brodawka

war·time /'wɔːtaɪm/ *n* [U] czas wojny: *a book about his wartime experiences* (=o jego przeżyciach wojennych)

war·y /'weəri/ *adj* nieufny: **+ of** (=wobec): *She was a bit wary of him at first.* —**warily** *adv* nieufnie

was /wəz/ *v* pierwsza i trzecia osoba liczby pojedynczej czasu przeszłego od BE

wash¹ /wɒʃ/ *v* **1** [T] u/myć: *He spent the morning washing the car.* | *These jeans need to be washed.* | *Go upstairs and wash your hands.* | **get washed** (=u/myć się): *He got washed and had his breakfast.* **2 wash your hands of sth** umywać ręce od czegoś

W

wash sth **away** *phr v* [T] zmywać: *Floods had washed away the topsoil.*

wash sth ↔ **down** *phr v* [T] popijać: *a big plate of pasta washed down with a bottle of red wine*

wash off *phr v* [I] zmywać się, spierać się: *"I've spilt coffee all over the carpet." "Don't worry. It'll wash off."*

wash out *phr v* [I,T **wash** sth ↔ **out**] zmywać (się), spierać (się)

wash up *phr v* [I] **1** [I,T **wash** sth ↔ **up**] *BrE* zmywać (*naczynia*) **2** [I] *AmE* u/myć ręce: *Go wash up for supper.* **3** [T] wyrzucać na brzeg

> UWAGA **wash**
>
> Nie mówi się "I washed myself", "she washed herself" itp. Mówi się **I washed my hands**, **she had a wash** itp.

wash² *n* [singular] **1 a wash** mycie: **have a wash** (=u/myć się): *I'm just going to have a wash.* | **give sth a wash** (=u/myć coś) **2 in the wash** w praniu

wash·a·ble /ˈwɒʃəbəl/ *adj* nadający się do prania: *a machine washable sweater*

wash·ba·sin /ˈwɒʃˌbeɪsən/ *n* [C] *especially BrE* umywalka

washed-out /ˌ. ˈ.◂ / *adj* blady: *washed-out colours* | *She looked washed-out.*

wash·er /ˈwɒʃə/ *n* [C] uszczelka

wash·ing /ˈwɒʃɪŋ/ *n* [U] pranie: **do the washing** *BrE* (=z/robić pranie)

washing ma·chine /ˈ.. ..ˌ./ *n* [C] pralka

washing-up /ˌ... ˈ./ *n* **do the washing-up** *BrE* po/zmywać (naczynia)

wash·room /ˈwɒʃrʊm/ *n* [C] *old-fashioned* toaleta

was·n't /ˈwɒzənt/ forma ściągnięta od 'was not': *He wasn't there.*

wasp /wɒsp/ *n* [C] osa

wast·age /ˈweɪstɪdʒ/ *n* [U] marnotrawstwo: *the huge wastage of resources*

waste¹ /weɪst/ *n* **1** [U singular] strata: **a waste of time/money/effort** *My father thought college would be a complete waste of time.* **2** [C,U] odpady: *radio-active waste from nuclear power stations* | *recycling household waste* **3 go to waste** z/marnować się: *A lot of the food ended up going to waste.*

waste² *v* [T] **1** s/tracić, z/marnować: **waste time/money etc** *They wasted a lot of time trying to fix the computer themselves.* **2 waste no time/not waste any time** nie tracić czasu

waste away *phr v* [I] z/marnieć

waste³ *adj* [only before noun] odpadowy: *waste products*

waste·bas·ket /ˈweɪstˌbɑːskɪt/ *n* [C] *especially AmE* kosz na śmieci

wast·ed /ˈweɪstɪd/ *adj* nieudany: *It was a wasted trip because there were no CDs left.*

waste·ful /ˈweɪstfəl/ *adj* rozrzutny

waste·land /ˈweɪstlænd/ *n* [C,U] nieużytki: *When I first came here, this place was just a wasteland.*

waste·pa·per bas·ket /ˌweɪstˈpeɪpə ˌbɑːskɪt/ *n* [C] *especially BrE* kosz na śmieci

watch¹ /wɒtʃ/ *v* **1** [I,T] oglądać: *Harry was watching the game on TV.* | **watch sb do(ing) sth** (=patrzeć, jak ktoś coś robi): *She watched him drive away.* **2** [T] uważać na: *I need to watch my weight.* **3 watch it** *spoken informal* uważaj: *Hey, watch it – you nearly hit that truck!* **4 watch your step** pilnować się: *The boss is back tomorrow, so you'd better watch your step.* **5** [T] po/pilnować: *Can you watch my bags for me?*

watch out *phr v* [I] uważać: *Watch out! You might cut yourself.* | **+ for** *You can ride your bike here, but watch out for cars.*

watch over sb/sth *phr v* [T] opiekować się: *His mother was there to watch over him.*

> UWAGA **watch**
>
> Patrz **see, watch, look at**.

watch² *n* **1** [C] zegarek: *My watch has stopped.* **2 keep a (close) watch on** pilnie przyglądać się: *The United Nations Security Council is keeping a close watch on the situation in Iraq.* **3 keep watch** trzymać wartę: *Douglas kept watch while the others slept.*

watch·ful /ˈwɒtʃfəl/ *adj* czujny: *She kept a watchful eye on the children.*

watch·mak·er /ˈwɒtʃˌmeɪkə/ *n* [C] zegarmistrz

watch·man /ˈwɒtʃmən/ *n* [C] dozorca: *the night watchman*

wa·ter¹ /ˈwɔːtə/ *n* **1** [U] woda: *Can I have a drink of water?* **2** [U] *także* **waters** [plural] woda, wody: *The ship ran aground in shallow water.* | *the cool clear waters of the lake* **3 in hot/deep water** w opałach

water² *v* **1** [T] podlewać **2** [I] łzawić: *The onions are making my eyes water.* **3 your mouth waters** cieknie ci ślinka ➡ patrz też MOUTH-WATERING

water sth ↔ **down** *phr v* [T] **1** s/tonować: *The statements have been watered down.* **2** rozwadniać: *The whisky had been watered down.*

wa·ter·col·our /ˈwɔːtəˌkʌlə/ *BrE*, **watercolor** *AmE* *n* [C,U] akwarela

wa·ter·cress /ˈwɔːtəkres/ *n* [C] rzeżucha

wa·ter·fall /ˈwɔːtəfɔːl/ *n* [C] wodospad

wa·ter·front /ˈwɔːtəfrʌnt/ *n* [C] wybrzeże, nabrzeże

water·ing can /ˈ... ./ *n* [C] konewka

wa·ter·logged /ˈwɔːtəlɒgd/ *adj* zalany wodą: *The pitch was waterlogged.*

wa·ter·mark /ˈwɔːtəmɑːk/ *n* [C] znak wodny

wa·ter·mel·on /ˈwɔːtəˌmelən/ *n* [C] arbuz

water po·lo /ˈ.. ˌ../ *n* [U] piłka wodna

wa·ter·proof /ˈwɔːtəpruːf/ *adj* wodoodporny: *waterproof boots*

wa·ters /ˈwɔːtəz/ *n* [plural] wody: *British waters* | *the point where the waters of the Amazon flow into the sea*

wa·ter·shed /ˈwɔːtəʃed/ *n* [singular] punkt zwrotny: *The election marked a watershed in American politics.*

water-ski·ing /ˈ.. ˌ../ *n* [U] narciarstwo wodne

wa·ter·tight /ˈwɔːtətaɪt/ *adj* **1** niepodważalny: *The police thought they had a watertight case.* **2** wodoszczelny: *a watertight container*

wa·ter·way /ˈwɔːtəweɪ/ *n* [C] szlak wodny

wa·ter·y /ˈwɔːtəri/ *adj* **1** wodnisty: *watery soup* **2** załzawiony: *watery eyes*

watt /wɒt/ *n* [C] wat: *a 100 watt light bulb*

wave¹ /weɪv/ *v* **waved, waving 1** [I,T] po/machać: *The crowd were waving flags and cheering.* | *Her parents stood in the doorway and waved goodbye* (=machali na pożegnanie). | *He started shouting and waving his arms* (=wymachiwać ramionami). | **wave sb through/away** *The customs inspector waved us through* (=machnął (na nas), żebyśmy przejechali). **2** [I] powiewać, falować: *flags waving in the wind*

wave sth ↔ **aside** *phr v* [T] z/ignorować

wave² *n* [C] **1** fala: *Huge waves were crashing into the sides of the boat.* | *the crime wave* | *a wave of strikes* | *radio waves* **2 give a wave** pomachać (ręką): *The Governor gave a wave to the crowd.* **3** przypływ: *Harriet was overcome by a wave of homesickness.* ➡ patrz też HEAT WAVE

wave·length /ˈweɪvleŋθ/ *n* [C] **1** pasmo (*radiowe*) **2 be on the same wavelength** świetnie się rozumieć **3** długość fali

wa·ver /ˈweɪvə/ *v* [I] **1** za/wahać się: *While the West wavered about taking military action, thousands of people were killed.* **2** za/drżeć: *His hand wavered for a moment.*

wav·y /ˈweɪvi/ *adj* falisty, falujący: *wavy hair*

wax /wæks/ *n* [U] wosk

way¹ /weɪ/ *n* **1** [C] droga: *The usual road was blocked, so we came back a different way.* | *Could you tell me the way* (=wskazać mi drogę) *to the station?* | **lose your way** (=zabłądzić): *They lost their way coming down off the mountain.* **2** [C] strona: *Which way is north?* | *Face this way,* *please.* | *Is this picture the right way up?* | **the wrong way around** (=na odwrót): *You've got the letters the wrong way around* (=ułożone w złej kolejności). **3** [C] sposób: *The best way to learn a language is to go and live in the country where it is spoken.* | *OK, let's do it your way.* | *We both think the same way about a lot of things.* | *I knew by the way he was looking at me that he was annoyed.* **4 a long way** daleko: *We're a long way from home.* | *It's still a long way to go till Christmas.* **5 half way** w połowie: *The other team scored half way through the game* (=w połowie meczu). **6 by the way** *spoken* przy okazji, nawiasem mówiąc: *Oh, by the way, I saw Marie yesterday.* **7 no way!** *spoken* nie ma mowy!: *"Dad, can I have the car tonight?" "No way!"* **8 in a way/in some ways** w pewnym sensie: *In a way, I'm glad it's all over.* **9 in the way/in sb's way** na drodze: *When we tried to turn down the next street we found a big truck in the way.* **10 get in the way of sth** przeszkadzać w czymś: *Don't let your social life get in the way of your studying.* **11 make way** z/robić miejsce: *Several houses were torn down to make way for a new fire station.* **12 make your way towards** s/kierować się ku: *They started to make their way towards the exit.* **13 know/find your way around** wiedzieć/dowiedzieć się, gdzie co jest: *It takes a few weeks to find your way around.* **14 on my/your way** po drodze: *Could you get some milk on your way back home from work?* **15 be on its/his etc way** być w drodze: *The taxi is on its way.* **16 have/get your (own) way** postawić na swoim: *They always let that kid get his own way.* **17 go out of your way to do sth** zadawać sobie wiele trudu, żeby coś zrobić: *Ben went out of his way to help us.* **18 keep/stay out of sb's way** schodzić/zejść komuś z drogi: *She's in a funny mood today – I'd stay out of her way.* **19 it is out of the way** mamy to z głowy **20 you can't have it both ways** *spoken* nie można mieć wszystkiego naraz → patrz też OUT-OF-THE-WAY, **give way** (GIVE), **under way** (UNDER[1]), WAY OF LIFE

way[2] *adv usually spoken* **way too long/above** o wiele za długi/powyżej: *The film was way too long.* | *The temperature is way above normal.*

way of life /ˌ. . ˈ./ *n* [C] styl życia: *the American way of life*

way out /ˌ. ˈ./ *n* [C] *BrE* wyjście

way·ward /ˈweɪwəd/ *adj literary* krnąbrny: *the Minister's wayward son*

WC /ˌdʌbəljuː ˈsiː/ *n* [C] *BrE* WC

we /wi/ *pron* my: *We ordered our meal.* | *Today we know much more about what causes the disease.*

weak /wiːk/ *adj* słaby: *Jerry's still weak after his operation.* | *Her knees felt weak.* | *a weak government* | *a weak and indecisive man* | *His spelling was weak.* | *one of the weaker students in the class* | *a weak excuse* | *weak tea* | *a weak light* | *a weak bridge* —**weakly** *adv* słabo

weak·en /ˈwiːkən/ *v* **1** [I] o/słabnąć: *Russia's influence on African affairs has weakened.* **2** [T] osłabiać: *Nothing could weaken her resolve.* | *a country weakened by war*

weak·ling /ˈwiːk-lɪŋ/ *n* [C] słabeusz

weak·ness /ˈwiːknəs/ *n* **1** [U,C] słabość: *the weakness of the previous administration* | *a sign of weakness* | *What are your main strengths and weaknesses?* | *I've found a weakness in their argument.* **2 a weakness for sth** słabość do czegoś: *She's always had a weakness for chocolate.*

wealth /welθ/ *n* [U] bogactwo: *a family of great wealth* | *the wealth of information on the Internet*

wealth·y /ˈwelθi/ *adj* **1** zamożny, bogaty: *wealthy landowners* **2 the wealthy** bogaci

wean /wiːn/ *v* [I] odstawiać od piersi

weap·on /ˈwepən/ *n* [C] broń

wear[1] /weə/ *v* **wore, worn, wearing 1** [T] nosić: *Dad was wearing his best suit.* | *She doesn't usually wear a lot of make-up.* | *Fay wore her hair in a bun.* **2** [T] **wear a frown/smile** marszczyć się/uśmiechać się: *He came out wearing a big grin on his face* (=z szerokim uśmiechem na twarzy). **3** [I,T] wycierać (się): *The* *carpet was starting to wear at the edges.* | **wear a hole in sth** (=przetrzeć coś na wylot) **4 wear well/badly** zachować się w dobrym/złym stanie: *The concrete buildings of the '60s haven't worn well.*

wear sth ↔ **away** *phr v* [I,T] wycierać (się), ścierać (się): *rocks worn away by the sea*

wear down *phr v* **1** [T **wear** sb ↔ **down**] pokonywać opór: *Lewis gradually wore down his opponent and knocked him out in the eighth round.* **2** [I,T **wear** sth ↔ **down**] ścierać (się): *My shoes have worn down at the heel.*

wear off *phr v* [I] przestawać działać: *The drug was starting to wear off.*

wear on *phr v* [I] **as the day/evening wore on** w miarę upływu czasu: *It became hotter as the day wore on.*

wear out *phr v* **1** [I,T **wear** sth ↔ **out**] zdzierać (się): *After only a month Terry had worn out the soles of his shoes, and we had to buy some new ones.* **2** [T **wear** sb ↔ **out**] wyczerpywać, męczyć: *The kids are wearing me out.* → patrz też WORN OUT

wear[2] *n* [U] **1 children/women's/casual wear** dziecięca/damska/codzienna odzież **2** zużycie, zużywanie się: *The carpets are showing signs of wear.* | **wear and tear** (=zużycie) → patrz też **the worse for wear** (WORSE[1])

wear·y /ˈwɪəri/ *adj especially literary* znużony: *a weary smile* | *The people were growing weary of the war* (=zaczynali być znużeni wojną). —**weariness** *n* [U] znużenie

wea·sel /ˈwiːzəl/ *n* [C] łasica

weath·er[1] /ˈweðə/ *n* **1** [U singular] pogoda: *What was the weather like on your vacation?* | *The game was cancelled due to bad weather.* **2 under the weather** *spoken* niedysponowany

weather[2] *v* **1** [T] *także* **weather the storm** przetrwać: *companies that have managed to weather the recession* **2** [T] z/niszczyć: *a weathered statue* **3** [I] z/niszczeć (*pod wpływem warunków atmosferycznych*)

weather fore·cast /ˈ.. ˌ../ *n* [C] prognoza pogody —**weather forecaster**, **weath·er·man** /ˈweðəmæn/ *n* [C] synoptyk

weave /wiːv/ *v* **wove** *or* **weaved, woven** *or* **weaved, weaving 1** [T] u/tkać: *a beautifully woven carpet* **2** [T] u/pleść: *basket-weaving* **3** [I,T] wić (się): *The snake was weaving its way across the grass towards us.* —**weaver** *n* [C] tkacz/ka

web /web/ *n* **1** [C] pajęczyna **2 the Web** internet **3 a web of intrigue/deceit** sieć intryg/oszustw: *a web of lies*

webbed /webd/ *adj* płetwiasty

web·site /ˈwebsaɪt/ *n* [C] witryna internetowa

we'd /wid/ forma ściągnięta od 'we had' lub 'we would': *We'd* (=we had) *better go now.* | *We'd* (=we would) *like some more coffee.*

wed·ding /ˈwedɪŋ/ *n* [C] ślub, wesele: *Have you been invited to their wedding?* | *a lovely silk wedding dress*

wedding ring /ˈ.. ./ *n* [C] obrączka

wedge[1] /wedʒ/ *n* [C] klin: *a wedge* (=trójkątny kawałek) *of chocolate cake*

wedge[2] *v* [T] **1** wciskać: *She kept her hands wedged between her knees.* **2 wedge sth open/shut** za/klinować coś, żeby się nie zamykało/otwierało

Wednes·day /ˈwenzdi/ skrót pisany **Wed.** *n* [C,U] środa

wee[1] /wiː/ *adj ScE* mały: *a wee child*

wee[2] *v* [I] *BrE spoken* siusiać

weed[1] /wiːd/ *n* [C] chwast

weed[2] *v* [I,T] odchwaszczać

weed sb/sth ↔ **out** *phr v* [T] wyplenić

weed·y /ˈwiːdi/ *adj BrE informal* cherlawy

week /wiːk/ *n* [C] tydzień: *The movie starts this week.* | *They spent a couple of weeks in India.* | *I don't see the kids much during the week.*

> **UWAGA week**
>
> Patrz **next week** i **the next week**.

week·day /ˈwiːkdeɪ/ *n* [C] dzień roboczy

week·end /ˌwiːk'end/ *n* [C] weekend: *What are you doing this weekend?* | **at the weekend** *BrE*/**on the weekend** *AmE* (=w weekend): *I like to play golf at the weekend.*

week·ly /'wiːkli/ *adj* tygodniowy: *a weekly newspaper* —**weekly** *adv* raz w tygodniu, co tydzień

weep /wiːp/ *v* [I,T] **wept, wept, weeping** *especially literary* łkać, płakać: *She wept at the news.*

weigh /weɪ/ *v* **1** [T] ważyć: *The baby weighs 12 pounds.* | *How much do you weigh?* | *Have you weighed yourself lately?* **2** [T] *także* **weigh** sth ↔ **up** rozważać: **weigh sth against sth** (=oceniać coś na tle czegoś): *You have to weigh the benefits against the extra costs.* **3 weigh against sb/sth** działać na niekorzyść kogoś/czegoś: *Her age weighs against her.* **4 weigh on sb's mind** niepokoić kogoś

weigh down *phr v* [T] **1** obciążać **2** przytłaczać

weigh sth ↔ **out** *phr v* [T] odważać: *Could you weigh out half a pound of flour for me?*

weigh up *phr v* [T **weigh** sth ↔ **up**] rozważać: *She weighed up the options before giving her decision.*

weight[1] /weɪt/ *n* **1** [C,U] waga: *Your weight is about right.* | **put on/lose weight** (=przybierać/tracić na wadze): *She's been trying to lose weight for months.* **2** [U singular] ciężar: *the weight of responsibility* | *Avoid lifting heavy weights.* | **the weight of sth** *The roof collapsed under the weight of* (=pod ciężarem) *the snow.* | **a weight off your mind/shoulders** (=problem z głowy) **3 weights** [plural] ciężary **4** [C] obciążnik → **patrz też carry weight** (CARRY), **pull your weight** (PULL[1]), **throw your weight around** (THROW[1])

weight[2]

weight sth ↔ **down** *phr v* [T] obciążać: *The nets are weighted down with lead.*

weight·ed /'weɪtɪ̵d/ *adj* **be weighted in favour of sb/against sb** działać na czyjąś korzyść/niekorzyść

weight·less /'weɪtləs/ *adj* nieważki —**weightlessness** *n* [U] nieważkość

weight·lift·ing /'weɪtˌlɪftɪŋ/ *n* [U] podnoszenie ciężarów —**weight-lifter** *n* [C] ciężarowiec

weight·y /'weɪti/ *adj* ważki: *a weighty problem*

weir /wɪə/ *n* [C] jaz

weird /wɪəd/ *adj informal* dziwaczny, przedziwny: *I've just had a really weird phonecall from Michael.*

weird·o /'wɪədəʊ/ *n* [C] *informal* dziwak

wel·come[1] /'welkəm/ *interjection* witaj: *Welcome to* (=witajcie w) *Chicago!*

welcome[2] *adj* **1 you're welcome!** *spoken, especially AmE* nie ma za co: *"Thanks for the coffee." "You're welcome."* **2** mile widziany: *I had the feeling I wasn't welcome.* | *a welcome suggestion* | *a welcome breeze* | **make sb welcome** (=życzliwie kogoś przyjmować): *They all did their best to make me feel welcome* (=dokładali wszelkich starań, żebym się dobrze czuł). **3 you're welcome to stay/try** możesz zostać/spróbować: *You're welcome to stay for lunch.* **4 sb is welcome to sth** ktoś może coś mieć/coś sobie wziąć: *If Rob wants that job he's welcome to it!*

welcome[3] *v* [T] **1** po/witać: *Jill was welcoming the guests at the door.* **2** przyjmować z zadowoleniem: *We would welcome a change in the law.*

welcome[4] *n* [singular] **1** powitanie: **give sb a warm welcome** (=ciepło kogoś powitać) **2 outstay your welcome** nadużywać czyjejś gościnności: *I wouldn't like to outstay my welcome.*

weld /weld/ *v* [T] spawać —**welder** *n* [C] spawacz

wel·fare /'welfeə/ *n* [U] **1** dobro: *We're only concerned with your welfare.* **2** *AmE także* **Welfare** zasiłek: **be on welfare** (=być na zasiłku)

we'll /wil/ forma ściągnięta od 'we will': *We'll have to leave soon.*

well[1] /wel/ *adv* **better, best 1** dobrze: *Did you sleep well?* | *Shake well before opening.* | *I don't know her very well.* | **do well**

W

(=dobrze prosperować): *The business is doing well.* | **go well** (=udać się): *I hope the party goes well.* | **well and truly** *especially spoken* (=definitywnie): *Summer is now well and truly over.* **2 as well as** jak również: *He's learning French as well as Italian.* **3 as well** też: *My sister's going as well.* **4 well done** brawo: *"I got an 'A' in Spanish." "Well done!"* **5 there may/might/could well be** niewykluczone, że będzie: *There may well be another earthquake very soon.* **6 may/might as well** równie dobrze: *We may as well get started* (=równie dobrze możemy już zacząć). **7 well after/before** dobrze po/przed: *By the time they finished it was well after midnight.* **8 sb can't/couldn't very well do sth** *spoken* nie byłoby w porządku, gdyby ktoś coś zrobił: *We can't very well just leave her on her own.* → patrz też **mean well** (MEAN[1])

well[2] *adj* **better, best 1** zdrowy: *His mother's not very well* (=nie czuje się dobrze). | *You look well* (=dobrze wyglądasz)! | **very well thanks** (=dziękuję, dobrze): *"How are you?" "Very well thank you."* **2 it's just as well (that)** *spoken* dobrze, że: *It's just as well we didn't wait any longer, because the bus never came.* **3 it's/that's all very well (for sb) to do sth** *spoken* łatwo (komuś) coś zrobić: *It's all very well for you to say you're sorry, but I've been waiting here for two hours!*

well[3] *interjection* **1** no cóż: *"What do you think of pale pink for the bedroom?" "Well, it's a nice colour, but I'm not so sure."* **2** *także* **well, well** no, no: *"She's just got a job with CNN." "Well, well."* **3** *także* **oh well** no cóż: *Oh well, at least you did your best.* **4** no więc: *You know that guy I was telling you about? Well, he's been arrested!* → patrz też **very well** (VERY[1])

well[4] *n* [C] **1** studnia **2** szyb (naftowy)

well-bal·anced /ˌ. ˈ..◂/ *adj* zrównoważony

well-be·haved /ˌ. .ˈ.◂/ *adj* grzeczny

well-be·ing /ˌ. ˈ../ *n* [U] pomyślność

well-brought-up /ˌ. . ˈ.◂/ *adj* dobrze wychowany

well-done /ˌ. ˈ.◂/ *adj* wypieczony: *He likes his steak well-done.*

well-dressed /ˌ. ˈ.◂/ *adj* dobrze ubrany

well-earned /ˌ. ˈ.◂/ *adj* zasłużony

well-es·tab·lished /ˌ. .ˈ..◂/ *adj* z tradycjami: *a well-established company*

well-fed /ˌ. ˈ.◂/ *adj* dobrze odżywiony

well-heeled /ˌ. ˈ.◂/ *adj informal* nadziany: *a well-heeled family*

wel·lies /ˈweliz/ *informal także* **wellingtons, wellington boots** *n* [plural] kalosze → patrz też RUBBER BOOTS *especially AmE*

well-in·formed /ˌ. .ˈ.◂/ *adj* dobrze poinformowany

well-kept /ˌ. ˈ.◂/ *adj* **1** zadbany, dobrze utrzymany: *a well-kept garden* **2** dobrze strzeżony: *a well-kept secret*

well-known /ˌ. ˈ.◂/ *adj* (dobrze) znany: *a well-known artist and writer*

well-mean·ing /ˌ. ˈ..◂/ *adj* podyktowany najlepszymi intencjami: *a well-meaning attempt* | *well-meaning advice*

well-off /ˌ. ˈ.◂/ *adj* zamożny: *Her family are quite well-off.*

well-paid /ˌ. ˈ.◂/ *adj* dobrze płatny

well-read /ˌwel ˈred◂/ *adj* oczytany

well-timed /ˌ. ˈ.◂/ *adj* **be well-timed** nastąpić we właściwym momencie: *My arrival wasn't very well-timed.*

well-to-do /ˌ. . ˈ.◂/ *adj* zamożny: *a well-to-do family*

well-wish·er /ˈ. ˌ../ *n* [C] sympatyk: *She received hundreds of cards from well-wishers.*

went /went/ *v* czas przeszły od GO

wept /wept/ *v* czas przeszły i imiesłów bierny od WEEP

we're /wɪə/ forma ściągnięta od 'we are': *We're going home.*

were /wə/ *v* druga osoba liczby pojedynczej i liczba mnoga czasu przeszłego od BE

weren't /wɜːnt/ forma ściągnięta od 'were not': *His parents weren't very pleased when they found out.*

were·wolf /ˈweəwʊlf/ *n* [C] wilkołak

west[1] /west/, **West** *n* [U singular] **1** zachód: *Which way is west?* **2 the west** zachód: *Rain will spread to the west later today.* **3 the West a)** Zachód **b)** część USA na zachód od Mississippi

west[2], **West** *adj* zachodni: *the west coast of the island* | *west wind*

west[3] *adv* na zachód, w kierunku zachodnim: *The window faces west.* | *four miles west of Toronto*

west·bound /ˈwestbaʊnd/ *adj* prowadzący na zachód: *an accident on the westbound side of the freeway*

west·er·ly /ˈwestəli/ *adj* zachodni: *sailing in a westerly direction* | *westerly winds*

west·ern[1] /ˈwestən/, **Western** *adj* **1** zachodni: *the largest city in western Iowa* **2 Western** zachodni: *Western technology*

western[2], **Western** *n* [C] western

west·ern·er /ˈwestənə/, **Westerner** *n* [C] mieszkan-iec/ka Zachodu

west·ern·most /ˈwestənməʊst/ *adj* najbardziej wysunięty na zachód: *the westernmost part of the island*

west·ward /ˈwestwəd/ **westwards** *adv* na zachód

wet[1] /wet/ *adj* **1** mokry: *wet clothes* | *I didn't want to get my hair wet.* | *wet paint* | **wet through** (=kompletnie przemoczony): *My jeans are wet through.* **2** deszczowy: *wet weather* **3** wilgotny: *wet climate* —**wetness** *n* [U] wilgotność

wet[2] *v* [T] **wet** *or* **wetted, wet, wetting 1** z/moczyć: *Wet this cloth and put it on her forehead.* **2 wet the bed/your pants** z/moczyć się

wet suit /ˈ. ./ *n* [C] kombinezon piankowy (*płetwonurka*)

we've /wiv/ forma ściągnięta od 'we have': *We've got to leave soon.*

whack /wæk/ *v* [T] *informal* zdzielić, walnąć: *He whacked me with a stick.*

whacked /wækt/ **whacked out** *adj spoken* wykończony

whale /weɪl/ *n* [C] wieloryb

whal·ing /ˈweɪlɪŋ/ *n* [U] wielorybnictwo

W

wham /wæm/ *n* [singular] łup, bach: *The car went wham into the wall.*

wharf /wɔːf/ *n* [C] *plural* **wharves** /wɔːvz/ nabrzeże

what /wɒt/ *determiner pron* **1** *especially spoken* co: *What are you doing?* | *What did Ellen say?* | *I'm not sure what you can do.* | *She asked them what they wanted for lunch.* | *Father showed us what he'd made.* | *I told him what to do.* | *"Do you want a fried egg?" "What?"* | *"Anita?" "What?" "Can you come here for a minute?"* | **what kind of** (=jaki): *What kind of dog is that?* **2 what a(n)** co za, jaki: *What an idiot!* | *What a nice day!* **3 what's up?/what's happening?** *informal, especially AmE* co słychać?: *"Hey Chris! What's up?"* **4 what's up (with sb/sth)** co się dzieje (z kimś/czymś): *What's up with Denise?* **5 what if ...?** *spoken* **a)** a co będzie, jak ...?: *What if he got lost* (=a co by było, gdyby się zgubił)? **b)** a gdyby tak ...?: *What if I took you there in my car?* **6 what's more** *spoken* co więcej → patrz też **guess what?** (GUESS[1]), **so?/so what?** (SO[1])

UWAGA **what**
Patrz **which** i **what**.

UWAGA **what ... like**
Patrz **how** i **what ... like**.

what·ev·er[1] /wɒtˈevə/ *determiner, pron* **1** cokolwiek: *Just take whatever you need.* | **or whatever** *spoken* (=co zechcesz): *You can go swimming, scuba diving, or whatever.* **2** obojętnie co: *Whatever I say, she always disagrees.* **3** *spoken* co u licha: *Whatever are you talking about* (=co ty wygadujesz)?

whatever[2] *adj* każdy (możliwy): *He needs whatever help he can get.*

whatever[3], **whatsoever** *adv* w ogóle: *She had no money whatsoever.*

wheat /wiːt/ *n* [U] pszenica

whee·dle /ˈwiːdl/ *v* [T] wyłudzać: *She managed to wheedle some money out of her parents.*

wheel[1] /wiːl/ *n* [C] **1** koło: *a gear wheel* **2** kierownica **3 be at the wheel** siedzieć za kierownicą

wheel[2] *v* [T] po/prowadzić: *She wheeled her bike into the garage.*

wheel·bar·row /ˈwiːlˌbærəʊ/ *n* [C] taczki

wheel·chair /ˈwiːltʃeə/ *n* [C] wózek inwalidzki

wheeze /wiːz/ *v* [I] rzęzić

when /wen/ *adv, conjunction* **1** kiedy: *When are we leaving?* | *When did you notice he was gone?* | *Monday is the day when I visit my mother.* | *Why do you want a new camera when your old one's perfectly good?* **2** kiedy, gdy: *I found some old letters when I was clearing out my desk.* | *When she was a little girl she wanted to be an actress.* ➡ patrz też **since when** (SINCE)

when·ev·er /wenˈevə/ *adv, conjunction* **1** za każdym razem, kiedy: *Whenever we come here we always see someone we know.* **2** kiedykolwiek: *Come over whenever you want.*

where /weə/ *adv, conjunction* **1** gdzie: *Where do you live?* | *I think I know where he's gone.* **2** kiedy: *It had reached the point where both of us wanted a divorce.* **3 where possible** kiedy to możliwe

where·a·bouts[1] /ˌweərəˈbaʊts◂/ *adv spoken* gdzie: *Whereabouts do you live?*

where·a·bouts[2] /ˈweərəbaʊts/ *n* [U] miejsce pobytu: *His whereabouts are a mystery.*

where·as /weərˈæz/ *conjunction* podczas gdy: *Nowadays the journey takes 6 hours, whereas then it took several weeks.*

where·by /weəˈbaɪ/ *adv formal* według którego, zgodnie z którym: *a law whereby all children could receive free education*

where·u·pon /ˌweərəˈpɒn/ *conjunction formal* po czym: *One of them called the other a liar, whereupon a fight broke out.*

wher·ev·er /weərˈevə/ *adv* **1** gdziekolwiek: *I always have her picture with me wherever I go.* **2 wherever possible** gdy tylko jest to możliwe: *We try to use locally produced food wherever possible.* **3** *spoken* gdzie u licha: *Wherever did you find that old thing?*

whet /wet/ *v* **-tted, -tting; whet sb's appetite** zaostrzać czyjś apetyt

wheth·er /ˈweðə/ *conjunction* czy: *He asked her whether she was coming.* | *Whether you like it or not, you have to take that test.* | **whether or not** (=czy): *I couldn't decide whether or not I wanted to go.*

whew /hjuː/ *interjection* ➡ PHEW

which /wɪtʃ/ *determiner, pron* **1** który: *Which of these books is yours?* | *I wondered which dress to buy.* | *It doesn't matter which school he goes to.* | *I want a car which doesn't use too much petrol.* | *The house, which was built in the 16th century, is estimated to be worth several million pounds.* **2** *especially spoken* co: *He's always late, which is very annoying.* | **which reminds me** (=skoro (już) o tym mowa): *Which reminds me. Isn't it time we had lunch?*

UWAGA which i what

Wyrazów tych używamy w pytaniach sugerujących możliwość wyboru. **What** występuje wtedy, kiedy wybieramy z nieznanej liczby osób lub rzeczy: *What colour would you like your room to be painted?* **Which** występuje wtedy, kiedy wybieramy z ograniczonej liczby: *Which colour would you like – blue or yellow?* Po **which** można używać przyimka **of**: *Which of the colours do you like best?*

UWAGA which i who

Zaimka **which** w znaczeniu 'który' nie używa się w odniesieniu do ludzi w połączeniach typu 'ludzie, którzy mówią po angielsku'. Nie należy więc mówić "people which speak English". Zamiast **which** należy używać **who**: *Students who fail the exam will have to take the course again.* **Which** w takich połączeniach używamy w odniesieniu do rzeczy: *I like music which helps me to relax.* **Which** w znaczeniu 'który' w odniesieniu do ludzi można zastosować w pytaniach typu 'który z was to zrobił': *Which of you did it?*

which·ev·er /wɪtʃ'evə/ *determiner, pron* **1** którykolwiek: *You can choose whichever one you like.* **2** jakikolwiek: *Whichever way you look at it* (=jak by nie patrzeć) *he's guilty.*

whiff /wɪf/ *n* [C] zapach, powiew: *As she walked past, I caught a whiff of her perfume.*

while[1] /waɪl/ *conjunction* **1** podczas gdy: *They arrived while we were having dinner.* | *The Tate Gallery has mostly modern art, while the National Gallery contains a lot of classical paintings.* **2** skoro: *While you're here, can you help me with a little problem?* **3** chociaż: *While there was no conclusive evidence, most people thought he was guilty.*

while[2] *n* **a while** chwila: *He'll be back in a little while* (=za chwilkę). ➡ patrz też **(every) once in a while** (ONCE[1]), **be worth (your) while** (WORTH[1])

while[3] *v* **while away the hours/evening/days** uprzyjemniać sobie czas: *We whiled away the evenings playing cards.*

whilst /waɪlst/ *conjunction especially BrE* podczas gdy

whim /wɪm/ *n* [C] zachcianka: *I went to visit her on a whim* (=pod wpływem impulsu).

whim·per /'wɪmpə/ *v* [I] kwilić, skomleć: *The dog ran off whimpering.*

whim·si·cal /'wɪmzɪkəl/ *adj* dziwaczny: *He had a rather whimsical sense of humour.*

whine /waɪn/ *v* [I] **1** jęczeć: *Stop whining and do your homework!* **2** za/wyć: *The baby was whining next door.*

whip[1] /wɪp/ *n* [C] bicz

whip[2] *v* **-pped, -pping 1** [T] biczować **2** [T] *także* **whip up** ubijać: *whipped cream* (=bita śmietana)

whirl[1] /wɜːl/ *v* **1** [I] wirować: *The leaves whirled around in the wind.* **2** [T] kręcić: *The leaves whirled around in the wind.*

whirl[2] *n* [singular] **1** wir: *Her life was a whirl of parties and dinner dates.* | *a whirl of dust* | *the whirl of the dancers* **2 sb's head is in a whirl** komuś kręci się w głowie: *Debbie's head was all in a whirl.*

whirl·pool /'wɜːlpuːl/ *n* [C] wir (*wodny*)

whirl·wind /'wɜːlˌwɪnd/ *n* [C] trąba powietrzna

whirr /wɜː/ *BrE*, **whir** *AmE v* [I] warczeć, warkotać: *the whirring of the fax machine* —**whirr** *BrE*, **whir** *AmE n* [singular] warkot

whisk[1] /wɪsk/ *v* [T] **1** ubijać: *Whisk the yolks in a bowl.* **2** błyskawicznie zabrać/przewieźć: *The band was whisked off to their hotel in a big limousine.*

whisk[2] *n* [C] trzepaczka do piany

whis·ker /'wɪskə/ *n* [C] wąs: *the cat's whiskers*

whis·kers /'wɪskəz/ *n* [plural] bokobrody, baczki

whis·key /'wɪski/ *n* [C,U] whisky (*irlandzka lub amerykańska*)

whis·ky /'wɪski/ *n* [C,U] whisky (*szkocka*)

whis·per[1] /'wɪspə/ *v* [I,T] wy/szeptać: *She whispered something in my ear.* | *The wind whispered in the trees.*

whisper[2] *n* [C] szept: *He spoke in a whisper.*

whis·tle[1] /'wɪsəl/ *v* **1** [I,T] za/gwizdać: *Adam whistled softly to himself as he walked down the street.* | *a whistling kettle* **2** [I] świszczeć: *Bullets were whistling through the air.*

whistle[2] *n* [C] **1** gwizdek: *The referee blew his whistle.* **2** gwizd

white[1] /waɪt/ *adj* **1** biały: *white paint* | *Most of the students in this class are white.* | *white wine* | **go white** (=z/blednąć): *Her face went white.* **2 white coffee** *BrE* kawa z mlekiem —**whiteness** *n* [U] biel

white[2] *n* **1** [U] biel **2** [C] *także* **White** biał-y/a **3** [C,U] białko: *egg white*

white-col·lar /ˌ. '..◂/ *adj* **white-collar worker** urzędni-k/czka ➡ porównaj BLUE-COLLAR

White House /'. ./ *n* [singular] Biały Dom —**White House** *adj*: *a White*

W

House spokesperson (=rzecznik prasowy Białego Domu)

white lie /ˌ. ˈ./ *n* [C] niewinne kłamstewko

white·wash /ˈwaɪtwɒʃ/ *n* [U] wapno (*do bielenia ścian*) —**whitewash** *v* [T] bielić, wybielać

whizz /wɪz/, **whiz** *especially AmE v* [I] *informal* śmigać: *Marty whizzed past us on his motorbike.*

whizz·kid /ˈwɪzkɪd/ *n* [C] cudowne dziecko: *high-tech whizzkids in Silicon Valley*

who /huː/ *pron* **1** kto: *"Who is that?" "That's Amy's brother."* | *"Who told you about the fire?" "Mr Garcia."* | *I know who sent you that card.* **2** który: *That's the woman who owns the house.* | *She asked her English teacher, who had studied at Oxford.* ➡ patrz też WHOM

UWAGA **who**
Patrz **which** i **who**.

who'd /huːd/ forma ściągnięta od 'who had' lub 'who would': *a young girl who'd* (=who had) *been attacked* | *I don't know who'd* (=who would) *be so stupid.*

who·dun·it, whodunnit /ˌhuːˈdʌnət/ *n* [C] kryminał (*książka lub film*)

who·ev·er /huːˈevə/ *pron* **1** ktokolwiek: *Whoever did this is in big trouble.* **2** ten, kto: *Whoever gets there first can find a table.*

whole[1] /həʊl/ *adj* **1** cały: *She drank a whole bottle of wine.* | *Barney spent the whole day in bed.* **2** w całości: *The bird opened its mouth and swallowed the fish whole.*

whole[2] *n* **1 the whole of** cały: *The whole of Southern England is covered in cloud.* **2 on the whole** ogólnie rzecz biorąc: *On the whole, life was much quieter after John left.* **3 as a whole** jako całość: *We must look at our educational system as a whole.*

whole·food /ˈhəʊlfuːd/ *n* [U] zdrowa żywność

whole·heart·ed /ˌ. ˈ..◂/ *adj* **wholehearted support/agreement** całkowite poparcie/porozumienie —**wholeheartedly** *adv* z całego serca

whole·meal /ˈhəʊlmiːl/ *adj BrE* razowy: *wholemeal flour/bread*

whole·sale /ˈhəʊlseɪl/ *adj* **1** hurtowy: *wholesale prices* **2** totalny: *the wholesale destruction of the rainforest* —**wholesale** *adv* hurtem

whole·sal·er /ˈhəʊlˌseɪlə/ *n* [C] hurtownik

whole·some /ˈhəʊlsəm/ *adj* **1** pożywny: *a good wholesome breakfast* **2** przyzwoity: *a nice clean wholesome kid* | *wholesome family entertainment*

whole wheat /ˈ. ./ *adj AmE* razowy

who'll /huːl/ forma ściągnięta od 'who will': *This is Denise, who'll be your guide today.*

whol·ly /ˈhəʊl-li/ *adv formal* całkowicie: *The rumours are wholly untrue.*

whom /huːm/ *pron formal* kogo, którego/których: *The club has 200 members, most of whom are men* (=z których większość to mężczyźni).

whoops /wʊps/ *interjection* o rany

who're /ˈhuːə/ forma ściągnięta od 'who are': *Who're those two guys?*

whore /hɔː/ *n* [C] dziwka

who's /huːz/ forma ściągnięta od 'who is' lub 'who has': *Who's* (=who is) *sitting next to Reggie?* | *That's Karl, the guy who's* (=who has) *come over from Germany.*

whose /huːz/ *determiner, possessive pron* **1** czyj: *Whose jacket is this?* **2** którego/których: *families whose relatives have been killed*

who've /huːv/ forma ściągnięta od 'who have': *people who've been in prison*

why /waɪ/ *adv, conjunction* **1** dlaczego: *Why are these books so cheap?* | *I think I know why I didn't get the job.* **2 why don't you/why not ...** *spoken* a może by ...: *Why don't you try this one* (=a może byś spróbował tego)? **3 why not?** *spoken* czemu nie: *"Do you want to come along?" "Yeah, why not?"*

wick /wɪk/ *n* [C] knot

wick·ed /ˈwɪkɪ̵d/ *adj* **1** zły, podły: *the wicked stepmother in 'Cinderella'* **2** szelmowski: *a wicked grin* **3** *informal* niesamowity: *"How was the concert?" "Wicked!"* —**wickedness** *n* [U] podłość

wick·et /ˈwɪkɪ̵t/ *n* [C] bramka (*w krykiecie*)

wide[1] /waɪd/ *adj* **1** szeroki: *a wide street* | *a wide mouth* | *The earthquake was felt over a wide area.* | *The bathtub's three feet wide* (=ma trzy stopy szerokości). | *We offer a wide range of vegetarian dishes.* | *a wide grin* **2 a wide difference/gap** duża różnica/przepaść: *wide differences of opinion* **3** szeroko otwarty: *Their eyes were wide.* **4 wider** szerszy: *The trial also raises a much wider issue.*

wide[2] *adv* **1 wide open/apart** szeroko otwarty/rozwarty: *Somebody left the door wide open.* | *He stood with his legs wide apart.* **2 wide awake** rozbudzony

wide·ly /ˈwaɪdli/ *adv* **1** powszechnie: *products that are widely available* | *a widely read newspaper* **2** znacznie: *Taxes vary widely from state to state.*

wid·en /ˈwaɪdn/ *v* [I,T] poszerzać (się): *They're widening the road.* | *The gap between rich and poor began to widen.*

wide-rang·ing /ˌ. ˈ..◂/ *adv* szeroko zakrojony: *a wide-ranging discussion*

wide·spread /ˈwaɪdspred/ *adj* powszechny, rozpowszechniony: *the widespread use of illegal drugs*

wid·ow /ˈwɪdəʊ/ *n* [C] wdowa

wid·owed /ˈwɪdəʊd/ *adj* owdowiały

W

wid·ow·er /ˈwɪdəʊə/ *n* [C] wdowiec

width /wɪdθ/ *n* [C,U] szerokość: *the width of the window* | *a width of 10 inches*

wield /wiːld/ *v* [T] **1 wield power/authority** posiadać władzę/autorytet: *the influence wielded by the church* (=wpływy kościoła) **2** dzierżyć

wife /waɪf/ *n* [C] *plural* **wives** żona: *This is my wife, Elaine.*

wig /wɪg/ *n* [C] peruka: *a blond wig*

wig·gle /ˈwɪgəl/ *v* [I,T] poruszać (się): *Can you wiggle your toes?*

wig·wam /ˈwɪgwæm/ *n* [C] wigwam

wild[1] /waɪld/ *adj* **1** dziki: *wild horses* | *wild flowers* | *some of the wildest and most beautiful parts of Pakistan* | *A wild look came into her eyes.* | **go wild** (=o/szaleć): *When the band came back on stage the crowd went wild.* **2** burzliwy: *It was a wild night.* **3 take a wild guess** zgadywać na chybił trafił **4 be wild about sth** *spoken* przepadać za czymś: *I'm not too wild about his movies.* **5 run wild** wymykać się spod kontroli: *She lets her children run wild.* —**wildly** *adv* dziko

wild[2] *n* **1 in the wild** w naturalnym środowisku: *animals that live in the wild* **2 the wilds** pustkowie: *the wilds of Tibet*

wil·der·ness /ˈwɪldənɪ̵s/ *n* [U singular] dzicz: *the Alaskan wilderness*

wild·fire /ˈwaɪldfaɪə/ *n* **spread like wildfire** rozchodzić się lotem błyskawicy

wild goose chase /ˌ. ˈ. ˌ./ *n* [singular] szukanie wiatru w polu

wild·life /ˈwaɪldlaɪf/ *n* [U] przyroda, fauna i flora: *the wildlife of Crete*

wil·ful /ˈwɪlfəl/ *especially BrE*, **willful** *AmE adj* uparty, samowolny: *a wilful child*

will[1] /wɪl/ *modal verb* **1** wyraża czas przyszły: *I'm sure everything will be OK* (=wszystko będzie OK). | *I'll tell you* (=powiem ci) *later.* | *What time will she get here* (=o której ona tu dotrze)? **2** wyraża chęć: *I'll do whatever you say* (=zrobię, co zechcesz). | *Vern said he won't work* (=że nie będzie pracować) *for Joe.* | *My computer won't come on* (=nie chce się włączyć). **3** wyraża prośbę lub propozycję: *Will you do me a favour* (=czy mógłbyś wyświadczyć mi przysługę)? | *Won't you have another glass of wine* (=nie napiłbyś się jeszcze wina)? **4** stosuje się w zdaniach warunkowych: *If it rains, we'll have the barbecue in the clubhouse.* **5** wyraża prawdy ogólne: *Prices will always go up* (=ceny zawsze rosną). **6** wyraża negatywne nastawienie: *He will keep talking about himself all the time.* **7 that/it will be sb/sth** *spoken* to na pewno ktoś/coś: *"There's someone at the front door." "That'll be Nick."* → patrz ramka WILL

Czasownik modalny *WILL*

Czasownika ***will*** (forma ściągnięta: ***'ll***; przeczenie: ***won't*** lub ***will not***) używamy najczęściej

1 gdy w chwili mówienia decydujemy się coś zrobić:
*I'm tired. I think **I'll go** to bed.*

2 gdy przewidujemy, że coś się stanie (ale nie mamy pewności, ponieważ nie zależy to od nas):
*Father **will** probably **be** a bit late.*
*Do you think they'**ll win**?*
*I'm sure you'**ll get** the job.*

3 gdy coś komuś obiecujemy lub proponujemy:
***I'll phone** you as soon as I arrive.*
*This suitcase is much too heavy for you. **I'll help** you with it.*
*'**Will you** have a cup of tea?' – 'Yes, please.'*

4 gdy coś kupujemy w sklepie albo zamawiamy w restauracji (po ***will*** następuje wówczas ***have*** lub ***take***):
***I'll have** a dozen eggs and half a pound of butter, please.*
***I'll take** the green scarf and two of those silk ties.*
*We'**ll have** two coffees and some mineral water.*

5 gdy prosimy kogoś, żeby coś zrobił:
***Will** you **shut** the door, please?*
***Will** you **be** quiet for a moment? We're in the middle of an important conversation.*

6 gdy wyrażamy zgodę lub odmowę (dotyczy to również „odmowy posłuszeństwa" przez przedmioty martwe):
*'Can you type this letter for me?' – 'Sure, **I'll type** it in a minute.'*
*We've asked Maggie to join us, but she **won't**.*
*'What's the problem?' – 'The car **won't** start.'* („... nie chce ruszyć.")

7 gdy wyrażamy jakieś przekonanie lub przypuszczenie dotyczące teraźniejszości:
*'There's someone at the door.' – 'That'**ll be** the postman.'* (= I'm sure it's the postman.)
*They **will be** there by now.* (= I'm sure they are already there.)
*He **won't** know the answer.* (= I'm sure he doesn't know the answer.)

patrz też: ***Future Continuous, Future Perfect, Future Perfect Continuous, Future Simple, Modal Verbs, SHALL, Verb***

UWAGA **will**
Patrz **shall** i **will**.

will² *n* **1** [C,U] wola: *the will to succeed* | *He's lost his will to live.* | *the will of the people* (=wola ludu) | **against your will** (=wbrew woli): *No one can make you* *stay here against your will.* | **of your own free will** (=z własnej woli): *She left of her own free will.* **2** [C] testament: *Grandma Stacy left me $7,000 in her will.* **3 at will** na zawołanie: *The England defence was weak, and their opponents were able to score almost at will.*

will·ful /ˈwɪlfəl/ amerykańska pisownia wyrazu WILFUL

will·ing /ˈwɪlɪŋ/ *adj* **1 be willing to do sth** być gotowym/skłonnym coś zrobić: *How much are they willing to pay?* **2** chętny, ochoczy: *willing helpers* —**willingly** *adv* chętnie, ochoczo —**willingness** *n* [U] chęć, ochota → antonim UNWILLING

wil·low /ˈwɪləʊ/ *n* [C] wierzba

will·pow·er /ˈwɪlˌpaʊə/ *n* [U] siła woli: *I'd love to give up smoking, but I don't have the willpower.*

wilt /wɪlt/ *v* [I] z/więdnąć

wil·y /ˈwaɪli/ *adj* chytry, przebiegły: *a wily politician*

wimp /wɪmp/ *n* [C] *informal often humorous* mięczak: *Don't be such a wimp!*

win¹ /wɪn/ *v* **won, won, winning 1** [I,T] wygrywać: *Who do you think will win the Superbowl?* | *Dad won at chess again.* | *Marcy's team is winning by 3 points.* | *I won $200 playing poker.* **2** [T] zdobywać: *Dr Lee's work won her the admiration of scientists worldwide.* **3 you can't win** *spoken* i tak źle, i tak niedobrze → antonim LOSE

win sb ↔ **over** *phr v* [T] pozyskać (sobie): *Clinton managed to win over his critics.*

win² *n* [C] wygrana: *a record of 7 wins and 6 losses*

wince /wɪns/ *v* [I] s/krzywić się: *She winced when she saw the needle going into her arm.*

winch /wɪntʃ/ *n* [C] kołowrót

wind¹ /wɪnd/ *n* **1** [C,U] wiatr: *We walked home through the wind and the rain.* | *A strong wind was blowing.* **2 get wind of sth** zwietrzyć coś **3 get wind** dostawać wzdęcia

wind² /waɪnd/ *v* **wound, wound, winding 1** [T] zawijać, nawijać: *She wound the bandage around his arm* (=obandażowała mu ramię). → antonim UNWIND **2** [T] *także* **wind up** nakręcać: *I forgot to wind my watch.* **3** [I] wić się

wind down *phr v* **1** [I,T **wind** sth ↔ **down**] zwijać (się): *The party started winding down after midnight.* **2** [I] odprężyć się

wind up *phr v* [I] s/kończyć: *We always wind up doing what she wants to do.* | *Most of them wound up in prison.*

wind·ed /ˈwɪndɪ̵d/ *adj* **be winded** dostać zadyszki

wind farm /ˈ. ˌ./ *n* [C] elektrownia na wiatr

wind·ing /ˈwaɪndɪŋ/ *adj* kręty: *a long, winding river*

wind in·stru·ment /ˈwɪnd ˌɪnstrʊ̵mənt/ *n* [C] instrument dęty

wind·mill /ˈwɪndˌmɪl/ *n* [C] wiatrak

win·dow /ˈwɪndəʊ/ *n* [C] okno: *Can I open the window?*

window box /ˈ.. ./ *n* [C] skrzynka na kwiaty

win·dow·pane /ˈwɪndəʊpeɪn/ *n* [C] szyba okienna

window shop·ping /ˈ.. ˌ../ *n* [U] oglądanie wystaw sklepowych

win·dow·sill /ˈwɪndəʊˌsɪl/ *n* [C] parapet

wind·pipe /ˈwɪndpaɪp/ *n* [C] tchawica

wind·screen /ˈwɪndskriːn/ *BrE*, **wind·shield** /ˈwɪndʃiːld/ *AmE n* [C] szyba przednia

windscreen wip·er /ˈ.. ˌ../ *BrE*, **windshield wiper** *AmE n* [C] wycieraczka (szyby przedniej)

wind·surf·ing /ˈwɪndˌsɜːfɪŋ/ *n* [U] windsurfing

wind·y /ˈwɪndi/ *adj* wietrzny: *It's been windy all day.*

wine /waɪn/ *n* [C,U] wino: *a glass of red wine* | *a fine selection of German wines*

wing /wɪŋ/ *n* [C] **1** skrzydło: *ducks flapping their wings* | *the east wing of the library* | *the conservative wing of the Demo-*

W

crats **2 take sb under your wing** brać/wziąć kogoś pod swoje skrzydła **3** *BrE* błotnik **4** skrzydłowy

winged /wɪŋd/ *adj* skrzydlaty: *winged insects*

wings /wɪŋz/ *n* [plural] **in the wings** za kulisami

wink /wɪŋk/ *v* [I] mrugać: *"Don't tell Dad," he said, winking at her.* —**wink** *n* [C] mrugnięcie ➡ patrz też **not sleep a wink** (SLEEP[1])

win·ner /ˈwɪnə/ *n* [C] zwycię-zca/żczyni: *the winner of the poetry contest*

win·nings /ˈwɪnɪŋz/ *n* [plural] wygrana

win·ter /ˈwɪntə/ *n* [C,U] zima: *I hope it snows this winter.* | *cold winter evenings*

win·try /ˈwɪntri/ *adj* zimowy: *wintry weather*

wipe /waɪp/ *v* **1** [T] wycierać: *Could you wipe the table for me?* | *Wipe your feet before you come in.* **2** [T] ocierać: *He wiped the sweat from his face.* | *wiping away her tears* **3** [T] wymazywać: *to wipe a tape/disk* —**wipe** *n* [C] *Give the baby's nose a wipe* (=wytrzyj dziecku nos), *would you?*

wipe out *phr v* [T **wipe** sth ↔ **out**] zrównywać z ziemią: *Whole towns were wiped out.*

wipe sth ↔ **up** *phr v* [T] ścierać, zetrzeć: *Wipe up this mess!*

wip·er /ˈwaɪpə/ *n* [C usually plural] wycieraczka

wire[1] /waɪə/ *n* **1** [C,U] drut: *a wire fence* **2** [C] przewód: *Have you connected up all the wires?* | *a telephone wire* **3** [C] *AmE* depesza

wire[2] *v* [T] **1** *także* **wire up** podłączać: *I've almost finished wiring up the alarm.* **2** za/drutować: *Lila had to have her jaw wired.* **3** przesyłać telegraficznie **4** *AmE* za/depeszować

wire·less /ˈwaɪələs/ *n* [C,U] *old-fashioned* radio

wir·ing /ˈwaɪərɪŋ/ *n* [U] instalacja elektryczna

wir·y /ˈwaɪəri/ *adj* **1** umięśniony **2** szorstki: *wiry hair*

wis·dom /ˈwɪzdəm/ *n* **1** [U] mądrość **2 the wisdom of sth** słuszność czegoś: *Some people doubted the wisdom of his decision.*

wisdom tooth /ˈ.. ./ *n* [C] ząb mądrości

wise /waɪz/ *adj* **1** mądry: *I think you've made a wise decision.* | *It would be wise to leave early.* | *a wise leader* ➡ antonim UNWISE **2 be none the wiser** nadal nic nie rozumieć: *They sent me on a training course, but I'm still none the wiser.* **3 price-wise/time-wise** *spoken* cenowo/czasowo: *Price-wise the house seems OK, but I'm not sure it's big enough.* —**wisely** *adv* mądrze

wise guy /ˈ. ./ *n* [C] *informal, especially AmE* mądrala

wish[1] /wɪʃ/ *v* **1** [I,T] **wish (that)** żałować, że nie: *Beth wished she could stay* (=żałowała, że nie może zostać) *there forever.* | *I wish I had* (=szkoda, że nie mam) *a car like that.* | **I wish sb/sth would do sth** *I wish they would turn that music down* (=chciałbym, żeby przyciszyli tę muzykę). | **wish for** (=za/pragnąć): *the best birthday present I could ever have wished for* **2** [I,T] *formal* chcieć: *I wish to make a complaint.* **3** [T] życzyć: *Wish me luck!*

wish[2] *n* **1** [C] życzenie: **make a wish** (=pomyśleć sobie jakieś życzenie): *Close your eyes and make a wish!* | **have no wish to do sth** (=nie mieć ochoty na coś): *I had no wish to see him again.* **2 best wishes** najlepsze życzenia

wish·ful think·ing /ˌ.. ˈ../ *n* [U] pobożne życzenia

wisp /wɪsp/ *n* [C] **1** kosmyk: *wisps of hair* **2** smuga: *a wisp of smoke*

wist·ful /ˈwɪstfəl/ *adj* tęskny: *a wistful expression* —**wistfully** *adv* tęsknie

wit /wɪt/ *n* [U] dowcip: *Wilde was famous for his wit.* ➡ patrz też WITS

witch /wɪtʃ/ *n* [C] czarownica

witch·craft /ˈwɪtʃkrɑːft/ *n* [U] czary

witch doc·tor /ˈ. ˌ../ *n* [C] szaman

witch hunt /ˈ. ./ *n* [C] polowanie na czarownice

W

with /wɪð, wɪθ/ *prep* **1** z: *She's staying with some friends.* | *Put this bag with the others.* | *eggs mixed with milk* | *a boy with a broken arm* | *a house with a garden* | *Do you want your coffee with or without sugar?* | *Neal and Tracy were always arguing with each other.* | *I agree with you.* | *The other team played with great skill and determination.* | *What's wrong with the radio?* | *The door closed with a loud bang.* | *He was standing with his hands in his pockets.* **2** odpowiada polskiemu narzędnikowi: *Don't eat with your fingers* (=palcami)*!* | *His hands were covered with blood* (=krwią). **3** od: *The room was bright with sunlight.* **4 be in love with sb** kochać się w kimś: *She's in love with you.* **5 be with me/you** *spoken* rozumieć mnie/ciebie: *Are you with me?*

with·draw /wɪð'drɔː/ *v* **withdrew** /-'druː/, **withdrawn** /-'drɔːn/, **withdrawing 1** [T] wypłacać, podejmować: *He withdrew $200 from his savings account.* **2** [I,T] wycofywać (się): *Congress threatened to withdraw support for the space project.* | *Decker was forced to withdraw from the race because of a knee injury.*

with·draw·al /wɪð'drɔːəl/ *n* **1** [C,U] wypłata: *I'd like to make a withdrawal, please.* **2** [C,U] wycofanie: *the withdrawal of NATO forces from Bosnia* **3** [C,U] cofnięcie: *the withdrawal of government aid* **4 withdrawal symptoms** zespół abstynencji (*po odstawieniu narkotyku*)

with·drawn /wɪð'drɔːn/ *adj* zamknięty w sobie

with·er /'wɪðə/ *v* [I] *także* **wither away** usychać

with·hold /wɪð'həʊld/ *v* [T] **withheld** /-'held/, **withheld, withholding** zatajać: *His name has been withheld for legal reasons.*

with·in /wɪð'ɪn/ *adv, prep* **1** w ciągu: *The police arrived within minutes.* | *Within a year he was dead.* **2** wewnątrz: *critics within the party* **3** w odległości: *The hotel is within a mile of the airport.* **4 within the rules/the law** w granicach przepisów/prawa

with·out /wɪð'aʊt/ *adv, prep* **1** bez: *I can't see anything without my glasses.* | *He left without saying goodbye.* | *We can't finish this job without him.* **2 do without/go without** obywać się bez: *They went without food and water for 2 days.*

with·stand /wɪð'stænd/ *v* [T] wytrzymywać, być odpornym na: *material that can withstand high temperatures*

wit·ness[1] /'wɪtn$^{\text{ə}}_{\text{ɪ}}$s/ *n* [C] świadek: *He asked the witness how well she knew the defendant.* | *Police are appealing for witnesses after the accident.*

witness[2] *v* [T] być świadkiem: *a girl who witnessed a murder*

witness box /'.. ./ *BrE*, **witness stand** *AmE n* [C] miejsce dla świadka (*na sali sądowej*)

wits /wɪts/ *n* [plural] **1** rozum: **keep/have your wits about you** (=mieć się na baczności) **2 scare sb out of their wits** napędzić komuś strachu **3 be at your wits' end** nie wiedzieć, co począć

wit·ty /'wɪti/ *adj* dowcipny: *a witty response*

wives /waɪvz/ *n* liczba mnoga od WIFE

wiz·ard /'wɪzəd/ *n* [C] **1** czarodziej **2** *także* **wiz** *informal* geniusz: *a financial wizard*

wob·ble /'wɒbəl/ *v* [I] chwiać się, chybotać się —**wobbly** *adj* chybotliwy: *a wobbly chair*

woe·ful·ly /'wəʊfəli/ *adv* żałośnie: *The hospital facilities are woefully inadequate.* | *He sighed and looked woefully around the room.*

wok /wɒk/ *n* [C] wok

woke /wəʊk/ *v* czas przeszły od WAKE

wok·en /'wəʊkən/ *v* imiesłów bierny od WAKE

wolf[1] /wʊlf/ *n* [C] *plural* **wolves** wilk

wolf[2], **wolf down** [T] *informal* pożerać: *She wolfed down her breakfast.*

wom·an /'wʊmən/ *n* [C] *plural* **women** kobieta: *the women I work with* | *a woman doctor* (=lekarka)

UWAGA **woman**

Patrz **lady** i **woman.**

wom·an·hood /ˈwʊmənhʊd/ *n* [U] kobiecość

wom·an·izer /ˈwʊmənaɪzə/ (*także* **-iser** *BrE*) *n* [C] kobieciarz

wom·an·ly /ˈwʊmənli/ *adj* kobiecy

womb /wuːm/ *n* [C] macica

wom·en /ˈwɪmɪn/ *n* liczba mnoga od WOMAN

won /wʌn/ *v* czas przeszły i imiesłów bierny od WIN

won·der[1] /ˈwʌndə/ *v* [I,T] **1** zastanawiać się: *I sometimes wonder why I married her.* | *We wondered where you'd gone.* **2 I was wondering if/whether** *spoken* chciałbym spytać, czy: *I was wondering if I could use your phone.* | *We were wondering if you wanted to come over for a meal.* **3 wonder (at sth)** dziwić się (czemuś): *Ellie was still wondering at her good luck* (=nie mogła się nadziwić, że miała tyle szczęścia).

wonder[2] *n* **1** [U] zdumienie: **in wonder** *They listened to Lisa's story in wonder.* **2 no wonder** *spoken* nic dziwnego: *No wonder you feel sick if you ate the whole pizza!* **3 it is a wonder (that)** to zdumiewające, że: *It's a wonder that he can still stand up.* **4** [C] cud: *the wonders of modern technology*

wonder[3] *adj* [only before noun] cudowny: *a new wonder drug*

won·der·ful /ˈwʌndəfəl/ *adj* cudowny, wspaniały: *Congratulations! That's wonderful news!* —**wonderfully** *adv* cudownie, wspaniale

won't /wəʊnt/ forma ściągnięta od 'will not': *Dad won't like it* (=tacie się to nie spodoba).

woo /wuː/ *v* [T] **1** zabiegać o względy: *Politicians were busy wooing voters.* **2** *old-fashioned* zalecać się do

wood /wʊd/ *n* **1** [C,U] drewno: *The statue is carved out of a single piece of wood.* **2** [C] *także* **woods** las

wood·ed /ˈwʊdɪd/ *adj* zalesiony

wood·en /ˈwʊdn/ *adj* drewniany: *a wooden box*

wood·land /ˈwʊdlənd/ *n* [C,U] teren leśny

wood·peck·er /ˈwʊdˌpekə/ *n* [C] dzięcioł

wood·wind /ˈwʊdˌwɪnd/ *n* [U] instrument dęty drewniany

wood·work /ˈwʊdwɜːk/ *n* [U] stolarka

wood·worm /ˈwʊdwɜːm/ *n* [C,U] kornik

woof /wʊf/ *n* [singular] hau

wool /wʊl/ *n* [U] wełna: *a ball of wool* | *a mixture of wool and cotton*

wool·len /ˈwʊlən/ *BrE*, **woolen** *AmE adj* wełniany: *a warm woollen blanket*

wool·lens /ˈwʊlənz/ *BrE*, **woolens** *AmE n* [plural] odzież wełniana

wool·ly /ˈwʊli/ *BrE*, **wooly** *AmE adj* wełniany: *a woolly hat*

word[1] /wɜːd/ *n* **1** [C] słowo, wyraz: *"Casa" is the Spanish word for "house".* | *We had to write a 500-word essay about our holidays.* **2 words** słowa: *Those were his last words.* | **in sb's words** (=jak ktoś powiedział): *In Kennedy's words: "Ask not what your country can do for you."* **3 have a word with sb** rozmówić się z kimś **4 not say/understand a word** nie powiedzieć/zrozumieć ani słowa **5 a word of advice/warning** rada/ostrzeżenie **6** [singular] słowo: **give sb your word** (=dawać komuś słowo): *I give you my word: we'll take good care of him.* **7 in other words** innymi słowy **8 in your own words** swoimi słowami **9 word for word** słowo w słowo **10 take sb's word for it** u/wierzyć komuś na słowo **11 put in a (good) word for sb** wstawić się za kimś: *Could you put in a good word for me with your boss?* **12 not in so many words** *spoken* nie dosłownie: *"So Dad said he'd pay for it?" "Not in so many words."* **13 the word is** *spoken* ludzie mówią: *The word is they're going to get married.*

word[2] *v* [T] s/formułować: *He worded his request very carefully.*

word·ing /ˈwɜːdɪŋ/ *n* [U]

W

sformułowanie: *the exact wording of the contract*

word pro·cess·or /'. ˌ.../ *n* [C] edytor tekstu

wore /wɔː/ *v* czas przeszły od WEAR

work[1] /wɜːk/ *v* **1** [I] pracować: *Heidi works for a law firm in Toronto.* | *I used to work at Burger King.* | *Joe worked as a builder for 5 years.* **2** [I] działać: *The CD player isn't working.* | *Most diets don't work.* **3** [T] obsługiwać: *Does anybody know how to work the printer?* **4** [I] nie szczędzić wysiłków: *Rescuers worked to free the passengers from the wreckage.* **5 work your way (to)** stopniowo docierać (do): *Dave worked his way to the top of the firm.* **6 work against sb** działać na czyjąś niekorzyść: *Unfortunately her bad grades worked against her.* **7 work in sb's favour** *BrE*/**favor** *AmE* działać na czyjąś korzyść **8 work up an appetite/sweat** mocno zgłodnieć/spocić się

work on sth *phr v* [T] pracować przy/nad: *Dad's still working on the car.* | *You need to work on your pronunciation.*

work out *phr v* **1** [T **work** sth ↔ **out**] wyliczyć: *Have you worked out how much we owe them?* **2** [I] **work out at** kosztować: *The hotel works out at about $50 a night.* **3** [T **work** sth ↔ **out**] zdecydować, postanowić: *He still hasn't worked out which college he's going to.* **4** [I] rozwiązać się: *Don't worry. I'm sure everything will work out fine.* **5** [I] trenować, ćwiczyć: *Sue works out in the gym twice a week.*

work[2] *n* **1** [U] praca: *Looking after two children can be hard work.* | *The house looks fantastic – it must have taken a lot of hard work.* | *My dad started work when he was 14.* | *Jo's hoping to find work in television.* | *She met her future husband at work.* | *Do you want to go out to dinner after work?* | *I've got so much work to do today.* | *We're pleased with your work.* | *Einstein's work on nuclear physics* | **a piece of work** *The teacher said it was an excellent piece of work* (=że to świetna praca). **2** [C,U] dzieło: *great works of art* | *I prefer his early work.* **3 be in work** mieć pracę **4 be out of work** być bez pracy **5 at work** przy pracy: *Crews were at work repairing the roads.* → patrz też HOMEWORK, HOUSEWORK, WORKS

work·a·ble /'wɜːkəbəl/ *adj* wykonalny: *a workable solution*

worked up /ˌ. './ *adj informal* zdenerwowany: *There's no need to get so worked up about it.*

work·er /'wɜːkə/ *n* [C] **1** pracowni-k/ca, robotni-k/ca: *Fifty workers lost their jobs.* | *factory workers* **2 be a good/hard/quick worker** dobrze/ciężko/szybko pracować

work·force /'wɜːkfɔːs/ *n* [singular] siła robocza

work·ing /'wɜːkɪŋ/ *adj* [only before noun] **1** pracujący: *working parents* **2 working conditions** warunki pracy: *bad working conditions* **3 in (good) working order** w dobrym stanie: *My father's watch is still in good working order.* **4 a working knowledge of sth** praktyczna znajomość czegoś: *a working knowledge of Spanish*

working class /ˌ.. '.◂/ *n* **the working class** klasa robotnicza —**working-class** *adj* robotniczy

work·load /'wɜːkləʊd/ *n* [C] obciążenie: *Teachers often have a heavy workload.*

work·man /'wɜːkmən/ *n* [C] robotnik

work·out /'wɜːkaʊt/ *n* [C] trening

works /wɜːks/ *n* **1** [plural] dzieła: *the complete works of Shakespeare* **2 the works** *spoken informal* wszystko, co się da: *We were special guests, so we got the works – champagne, caviar, and a huge steak.* **3** *old-fashioned* zakład: *the gas works* (=gazownia)

work·sheet /'wɜːkʃiːt/ *n* [C] arkusz ćwiczeniowy (*do pracy w klasie*)

work·shop /'wɜːkʃɒp/ *n* [C] warsztat

work·top /'wɜːktɒp/ *także* **work·sur·face** /'. ˌ../ *n* [C] blat (kuchenny)

world[1] /wɜːld/ *n* **1 the world** świat: *Athletes came from all over the world to compete in the Games.* | *the longest river in* *the world* **2** [C] świat: *the world of baseball | the music world | the Western World | the industrialized world | Dean's world was filled with music and laughter. | creatures from another world* **3 in the world** *spoken* na świecie: *You're the best dad in the world.* **4 the animal/plant world** świat zwierząt/roślin **5 do sb a world of good** *informal* doskonale komuś zrobić: *A vacation would do you a world of good.* **6 out of this world** nie z tej ziemi: *Have you tried their ice cream? It's out of this world!* **7 be on top of the world** być w siódmym niebie **8 mean the world to sb** być dla kogoś całym światem **9 move/go up in the world** piąć się w górę

world² *adj* [only before noun] światowy: *world peace | world champion Michael Schumacher*

world-class /ˌ. ˈ.◂ / *adj* światowej klasy: *a world-class tennis player*

world·ly /ˈwɜːldli/ *adj* **1 sb's worldly goods/possessions** czyjś cały majątek **2** światowy: *a worldly man*

world pow·er /ˌ. ˈ../ *n* [C] mocarstwo światowe

world·wide¹ /ˌwɜːldˈwaɪd◂ / *adj* (ogólno)światowy

worldwide² *adv* na całym świecie: *The company employs 2000 people worldwide.*

World Wide Web /ˌ. . ˈ./ skrót pisany **WWW** *n* [singular] internet

worm¹ /wɜːm/ *n* [C] dżdżownica

worm² *v* **worm sth out of sb** wyciągnąć coś z kogoś

worn /wɔːn/ *v* imiesłów bierny od WEAR

worn out /ˌ. ˈ.◂ /, **worn-out** *adj* **1** wycieńczony: *I'm all worn out.* **2** zużyty: *worn-out shoes*

wor·ried /ˈwʌrid/ *adj* zaniepokojony, zmartwiony: **be worried that** (=niepokoić się, że): *Doctors are worried that the drug may have serious side-effects.*

wor·ry¹ /ˈwʌri/ *v* **1** [I] martwić się: **+ about** *She's always worrying about her weight.* | **+ that** *I sometimes worry that he doesn't love me any more.* **2** [T] niepokoić, martwić: **it worries sb that** *It worries me that she hasn't called yet.* **3 don't worry** *spoken* nie martw się: *Don't worry about the kids – I can drive them to school.*

worry² *n* **1** [C] troska: *money worries* **2** [U] zmartwienie: *He was up all night with worry.*

wor·ry·ing /ˈwʌri-ɪŋ/ *adj* niepokojący: *I've just had a rather worrying phone-call from Emma.*

worse¹ /wɜːs/ *adj* [comparative of **bad**] **1** gorszy: **+ than** (=od/niż): *The next song was even worse than the first one.* | **get worse** (=pogarszać się): *The traffic always gets worse after 4:30.* **2** bardziej chory: *On Tuesday I felt worse* (=poczułam się gorzej), *and I decided to go to see the doctor.* **3 the worse for wear** w kiepskim stanie: *He arrived home at 5 am, looking somewhat the worse for wear.*

worse² *n* [U] gorsze: *Worse was yet to come. | Moving from Georgia was a change for the worse.*

worse³ *adv* **1** bardziej: *The pain hurts worse than it did yesterday.* **2** gorzej: *Jan sings even worse than I do!*

wors·en /ˈwɜːsən/ *v* [I,T] pogarszać (się): *If the weather worsens, the flight will have to be cancelled.*

worse off /ˌ. ˈ.◂ / *adj* w gorszej sytuacji: *We're actually worse off than I thought.*

wor·ship /ˈwɜːʃɪp/ *v* **-pped, -pping** *BrE*, **-ped, -ping** *AmE* **1** [T] oddawać cześć, modlić się do **2** [I] modlić się (*w świątyni*) **3** [T] uwielbiać: *She absolutely worships her Grandpa!* —**worship** *n* [U] kult: *places of worship* —**worshipper** *BrE*/**worshiper** *AmE* *n* [C] wiern-y/a

worst¹ /wɜːst/ *adj* [superlative of **bad**] najgorszy: *the worst movie I've ever seen*

worst² *n* **1 the worst** najgorszy: *They've written a lot of bad songs, but this one is definitely the worst. | This is the worst* (=najgorszy wynik) *I've ever done on a test.* **2 at worst** w najgorszym razie: *At worst the repairs will cost you around $700.* **3 if the worst comes to the worst** w ostateczności: *If the worst comes to the worst, we'll have to sell the house.*

worst[3] *adv* najbardziej: *the cities that were worst affected by the war*

worth[1] /wɜːθ/ *adj* **1 be worth sth** być wartym czegoś: *Our house is worth about $350,000.* | *Each question is worth 4 points.* **2** wart: **be worth doing/seeing** (=być wartym zrobienia/obejrzenia): *The film is definitely worth seeing.* | **it's worth it/it's not worth it** (=warto/nie warto): *Don't try arguing with her – it's just not worth it.* | **be worth (your) while** (=mieć sens): *"Do you think I should check with my lawyer?" "It might be worth your while."*

worth[2] *n* **1 $10/£500 worth of sth** coś o wartości $10/£500: *They came home with $300 worth of food* (=przynieśli do domu jedzenia za $300). **2 a day's/10 years' worth of sth** 1 dzień/10 lat czegoś: *There's at least a week's worth of work to do* (=jest pracy co najmniej na tydzień). **3 sb's worth** czyjaś wartość: *a chance for Paul to show his true worth*

worth·less /ˈwɜːθləs/ *adj* **1** bezwartościowy: *Are you saying the shares are worthless?* **2** bezużyteczny: *worthless qualifications* **3** nic nie wart: *She made him feel completely worthless.*

worth·while /ˌwɜːθˈwaɪl◂/ *adj* wart zachodu: *The job they do is very worthwhile.*

wor·thy /ˈwɜːði/ *adj* **1** godny: *a worthy opponent* | *worthy achievements* **2 be worthy of sth** *formal* zasługiwać na coś: *a leader who is worthy of our trust*

would /wʊd/ *modal verb* **1** w mowie zależnej: *He said he would call back later* (=powiedział, że zadzwoni jeszcze raz). | *Her doctors seemed to think that everything would be alright* (=że wszystko będzie dobrze). **2** w zdaniach warunkowych: *Dad would be really angry* (=byłby naprawdę wściekły) *if he knew.* **3 I would like/would love** chciałbym: *I would love to see your new house!* **4 would you** *spoken* w grzecznych prośbach i propozycjach: *Would you* (=czy mógłbyś) *hold the door open for me?* | *Would you like* (=czy masz ochotę na) *some coffee?* **5 (if I were you) I would/I wouldn't do sth** *spoken* (na twoim miejscu) zrobiłbym coś/nie robiłbym czegoś: *I wouldn't leave the car unlocked, if I were you.* **6 I would think/imagine/guess** przypuszczam, że: *I would think she's gone back home.* **7 sb would not/wouldn't do sth** ktoś odmówił zrobienia czegoś: *Blair wouldn't answer the question.* **8** w złożeniach z 'wish': *I wish they would stop making that noise* (=mogliby wreszcie przestać tak hałasować)! **9** o zdarzeniach powtarzających się w przeszłości: *Sometimes, Eva would come over and make dinner* (=czasem przychodziła Eva i robiła kolację). **10** musieć: *You would say that, wouldn't you* (=musiałeś koniecznie to powiedzieć)! → patrz ramka WOULD, patrz też -'D, **would rather** (RATHER)

would-be /ˈ. ./ *adj* [only before noun] niedoszły: *a would-be actor*

would·n't /ˈwʊdnt/ forma ściągnięta od 'would not': *She wouldn't answer.*

would've /ˈwʊdəv/ forma ściągnięta od 'would have': *I would've gone to the party, but I felt too tired.*

wound[1] /wuːnd/ *n* [C] rana: *gunshot wounds*

wound[2] /wuːnd/ *v* [T] **1** z/ranić: *Two officers were badly wounded.* **2 wound sb's pride** urazić czyjąś dumę —**wounded** *adj* ranny

UWAGA **wounded**
Patrz **hurt**, **injured**, **wounded**.

wound[3] /waʊnd/ *v* czas przeszły i imiesłów bierny od WIND

wound up /ˌwaʊnd ˈʌp/ *adj* podekscytowany: *He got so wound up he couldn't sleep.*

wove /wəʊv/ *v* czas przeszły od WEAVE

wov·en /ˈwəʊvən/ *v* imiesłów bierny od WEAVE

wow /waʊ/ *interjection* hej!: *Wow! You look great!*

wran·gle /ˈræŋgəl/ *v* [I] sprzeczać się

wrap /ræp/ *v* [T] **-pped, -pping 1** zawijać: *I haven't wrapped her present yet.* | *Wrap this blanket around you* (=owiń się

W

Czasownik modalny **WOULD**

Czasownika modalnego **would** (forma ściągnięta: **'d**; przeczenie: **wouldn't** lub **would not**) używamy najczęściej

1 w zdaniu podrzędnym zamiast ***will*** lub ***shall***, jeśli w zdaniu głównym występuje czasownik w czasie przeszłym (dotyczy to m.in. mowy zależnej):
*I **thought** they **would** never stop.* („Myślałem, że nigdy nie przestaną.")
*'I **shall** never leave you.'*
*He **said** he **would** never leave me.*

2 w zdaniu głównym w zdaniach warunkowych 2. i 3. typu:
*They **would** work harder if the pay was better.*
*If you had seen her last night, you **would not** have recognised her.*

3 opowiadając o tym, co ktoś zwykł był robić w przeszłości (to użycie jest bardzo podobne do czasownika **used to**):
*On Saturdays we **would** go to the beach. We'**d** have a picnic on the rocks. If it was warm enough, we **would** swim in the ocean. We **would** come home in the evening tired and sleepy.*

4 mówiąc, że ktoś nie chciał czegoś zrobić (dotyczy to również „odmowy posłuszeństwa" przez przedmioty martwe):
*I kept telling him to stop, but he just **wouldn't** listen.* („... ale nie chciał słuchać.")
*'What took you so long?' – 'The car **wouldn't** start.'* („... nie chciał ruszyć.")

5 udzielając osobom zaprzyjaźnionym dobrych rad:
*I **would** go if I were you.* („Na twoim miejscu poszedłbym.")

6 dając do zrozumienia, że coś jest dla kogoś typowe:
*'Can you believe it? He was an hour late!' – 'Oh yes, he **would** be.'* („O tak, to do niego podobne.")

7 prosząc, żeby ktoś coś zrobił (w zwrotach: **would you** + bezokolicznik bez **to** lub: **would you mind** + czasownik zakończony na **-ing**):
***Would** you please shut the door?*
***Would you mind** shutting the door?*

8 mówiąc o naszych pragnieniach lub proponując coś komuś (w zwrocie **would like/love**), np.:
*I'**d love** to visit Canada some day.*
***Would** you **like** a drink of water?*
***Would** you **like** to join us?*

9 wyrażając preferencje (w zwrocie ***would rather***):
***I'd rather** fly than go by train.* („Wolałabym polecieć samolotem...")

patrz też: **Conditional Sentences, Infinitive, Modal Verbs, Reported Speech, SHALL, USED TO, Verb, WILL**

tym kocem). **2 wrap your arms/legs around sth** obejmować coś nogami/ramionami: *Mary sat with her arms wrapped around her legs.*

wrap sth ↔ **up** *phr v* **1** [T] zawijać: *sandwiches wrapped up in foil* **2** [T] s/kończyć: *We should have the project wrapped up in a month.* **3 be wrapped up in sth** być pochłoniętym czymś **4** [I] *także* **wrap yourself up** opatulać się: *Make sure you wrap up warm.*

wrap·per /ˈræpə/ *n* [C] papierek, folia: *a candy wrapper*

wrap·ping /ˈræpɪŋ/ *n* [C,U] opakowanie

wrapping pa·per /ˈ.. ˌ../ *n* [C,U] papier do pakowania

wrath /rɒθ/ *n* [U] *formal* gniew

wreak /riːk/ *v* **wreak havoc** siać spustoszenie

wreath /riːθ/ *n* [C] wieniec

wreck[1] /rek/ *v* [T] *informal* z/niszczyć, z/rujnować: *The Opera House was wrecked by a huge explosion.* | *a serious injury that nearly wrecked his career*

wreck[2] *n* [C] **1** wrak **2** [usually singular] *informal* wrak człowieka: *I was a wreck by the time I got home.* **3** *AmE* kraksa: *Only one person survived the wreck.*

wreck·age /ˈrekɪdʒ/ *n* [U] szczątki (*np. samochodu po wypadku*): *Ambulance crews removed a man from the wreckage.*

wrench[1] /rentʃ/ *v* **1** [T] nadwerężyć: *Sam wrenched his back lifting furniture.* **2** [T] wyrywać: *Prisoners had even wrenched doors off their hinges.*

W

wrench[2] *n* [C] *especially AmE* klucz francuski

wres·tle /ˈresəl/ *v* **1** [I,T] mocować się (z) **2** [I] walczyć: *For weeks he wrestled with his guilt.*

wres·tling /ˈreslɪŋ/ *n* [U] zapasy —**wrestler** *n* [C] zapaśnik

wretch /retʃ/ *n* [C] *old-fashioned* nieszczęśni-k/ca

wretch·ed /ˈretʃɪ̵d/ *adj* nieszczęsny

wrig·gle /ˈrɪgəl/ *v* [I,T] kręcić (się), wiercić (się): *a worm wriggling through the mud*

wring /rɪŋ/ *v* [T] **wrung, wrung, wringing 1** *także* **wring out** wyżymać **2 wring a bird's neck** ukręcić ptakowi łeb

wrin·kle /ˈrɪŋkəl/ *n* [C] **1** zmarszczka **2** zagniecenie —**wrinkled** *adj* pomarszczony: *Her face was old and wrinkled.* —**wrinkle** *v* [I,T] marszczyć (się)

wrist /rɪst/ *n* [C] przegub, nadgarstek

wrist·watch /ˈrɪstwɒtʃ/ *n* [C] zegarek na rękę

writ /rɪt/ *n* [C] nakaz urzędowy

write /raɪt/ *v* **wrote, written, writing 1** [I,T] na/pisać: *a poem written by Walt Whitman* | *Proust wrote about life in Paris in the early part of this century.* | *Tony could read and write when he was six.* | *The sign was written in Spanish.* | *Have you written to Mom yet?* | *He finally wrote me a letter.* **2** [T] *także* **write out** wypisywać: *She calmly wrote out a cheque for the full £5,000.*

write back *phr v* [I] odpisywać: *Write back soon!*

write sth ↔ **down** *phr v* [T] zapisywać: *Why didn't you write down her address?*

write sth ↔ **up** *phr v* [T] napisać ostateczną wersję: *I need to write up my talk for tomorrow.*

> UWAGA **write**
>
> W angielszczyźnie brytyjskiej mówimy **write to someone** w znaczeniu 'pisać list do kogoś', a w angielszczyźnie amerykańskiej możemy powiedzieć **write to someone** lub **write someone**.

write-off /ˈ. ./ *n* [C] *BrE* pojazd nadający się do kasacji

writ·er /ˈraɪtə/ *n* [C] pisa-rz/rka

write-up /ˈ. ./ *n* [C] recenzja: *The album got a good write-up in DJ magazine.*

writhe /raɪð/ *v* [I] skręcać się: *writhing in agony*

writ·ing /ˈraɪtɪŋ/ *n* [U] **1** napis: *the writing on the label* **2** pismo: *I can't read her* *writing.* **3 in writing** na piśmie **4** pisarstwo: *We're studying European writing from the 1930s.* **5** pisanie: *creative writing*

wri·tings /ˈraɪtɪŋz/ *n* [plural] twórczość: *the writings of Mark Twain*

writ·ten /ˈrɪtn/ *v* imiesłów bierny od WRITE

wrong[1] /rɒŋ/ *adj* **1** zły, błędny: *You must have dialled the wrong number.* ➡ antonim RIGHT[1] **2 sb is wrong** ktoś nie ma racji: *Paul's wrong: Hilary's 17, not 18.* **3** niewłaściwy: *Most people think that hunting is wrong.* **4** nieodpowiedni: *It's the wrong time of year to go skiing.* **5 what's wrong?** *spoken* **a)** co się stało?: *"What's wrong, Jenny?" "I miss Daddy."* | *What's wrong with your shoulder?* **b)** co się dzieje?: **+ with** *What's wrong with the phone?* **6 get (hold of) the wrong end of the stick** *informal* zrozumieć coś opacznie **7 get on the wrong side of sb** zaleźć komuś za skórę

wrong[2] *adv* **1** źle: *You spelled my name wrong.* ➡ antonim CORRECTLY **2 go wrong** po/psuć się: *If anything goes wrong with your car, we'll fix it for free.* **3 get sth wrong** pomylić się w czymś: *I got the answer wrong.* **4 don't get me wrong** *spoken* nie zrozum mnie źle

wrong[3] *n* **1** [U] zło: *He doesn't know the difference between right and wrong.* **2** [C] krzywda: *the wrongs they have suffered in the past* **3 be in the wrong** być winnym: *Which driver was in the wrong?*

wrong·ful /ˈrɒŋfəl/ *adj* bezprawny: *wrongful arrest* —**wrongfully** *adv* bezprawnie

wrote /rəʊt/ *v* czas przeszły od WRITE

wrought i·ron /ˌ. ˈ..◂/ *n* [U] kute żelazo: *a wrought iron gate*

wrung /rʌŋ/ *v* czas przeszły i imiesłów bierny od WRING

wry /raɪ/ *adj* **a wry smile** gorzki uśmiech

WWW /ˌdʌbəljuː dʌbəljuː ˈdʌbəljuː/ *n* skrót od WORLD WIDE WEB

W

xen·o·pho·bi·a /ˌzenəˈfəʊbiə/ *n* [U] ksenofobia

xe·rox /ˈzɪərɒks/, **Xerox** *n* [C] *trademark* kserokopia —**xerox** *v* [T] s/kserować

X·mas /ˈkrɪsməs/ *n* [C,U] *written informal* skrót od 'Christmas': *Happy Xmas*

X-ray[1] /ˈeks reɪ/ *n* [C] **1** promień Rentgena **2** zdjęcie rentgenowskie

x-ray[2] *v* [T] prześwietlać

xy·lo·phone /ˈzaɪləfəʊn/ *n* [C] ksylofon

Yy

ya /jə/ *pron spoken nonstandard* potoczna forma 'you': *See ya!*

yacht /jɒt/ *n* [C] jacht: *the round-the-world yacht race* | *the royal yacht*

yachts·man /ˈjɒtsmən/ *n* [C] żeglarz

yachts·wom·an /ˈjɒtsˌwʊmən/ *n* [C] żeglarka

y'all /jɔːl/ *pron AmE spoken* wy (wszyscy) (*forma używana głównie na południu USA*)

yam /jæm/ *n* [C,U] słodki ziemniak

Yank /jæŋk/ *n* [C] *informal* Jankes/ka

yank *v* [I,T] szarpnąć: *He yanked the door open.*

yap /jæp/ *v* [I] **-pped, -pping** ujadać

yard /jɑːd/ *n* [C] **1** jard (*0,9144m*) **2** *AmE* ogródek: *Somebody kicked a ball into our front yard.* **3** podwórko: *I waited in the yard outside the police station.* **4** plac: *a builder's yard* ➡ patrz też BACKYARD

yard·stick /ˈjɑːdˌstɪk/ *n* [C] miara: *He used Jill's career as a yardstick for his own achievements.*

yarn /jɑːn/ *n* **1** [U] przędza **2** [C] *informal* opowieść

yawn¹ /jɔːn/ *v* [I] ziewać: *He looked at his watch and yawned.*

yawn² *n* [C] ziewnięcie: *"I'm tired," she said with a yawn* (=ziewając).

yd *n* [C] skrót od YARD

yeah /jeə/ *adv spoken informal* YES

year /jɪə/ *n* [C] **1** rok: *She's been teaching for six years.* | *a top executive earning $100,000 a year* **2** *także* **calendar year** rok: **this year** (=w tym roku): *Where are you spending Christmas this year?* | **next year** (=w przyszłym roku): *They're getting married next year.* **3 years** *informal* całe wieki: *It's been years since I last saw him.* **4 school/financial/college year** rok szkolny/finansowy/akademicki: *The tax year begins on April 1st.* **5 first/third/final year** *BrE* pierwszy/trzeci/ostatni rok (*szkoły, studiów*) **6 be seven/twenty years old** mieć siedem/dwadzieścia lat: *She's 18 years old today* (=dzisiaj kończy 18 lat)*!* **7 a seven/twenty year old** siedmiolatek/dwudziestolatek **8 all year round** cały rok: *It's sunny there all year round.*

> **UWAGA year**
>
> Mówiąc o czyimś wieku, nie mówimy "he's sixteen years". Poprawnie mówi się: **he's sixteen years old**, **he's sixteen years of age**, lub po prostu **he's sixteen**. Podobnie nie mówimy "he's a boy of sixteen years". Poprawnie mówi się **he's a boy of sixteen.**

year·ly /ˈjɪəli/ *adj, adv* rocznie: *The meeting is held twice yearly* (=dwa razy do roku).

yearn /jɜːn/ *v* [I] *formal* **yearn for sb/sth** bardzo pragnąć kogoś/czegoś: *the child she had yearned for* —**yearning** *n* [U] pragnienie, tęsknota

yeast /jiːst/ *n* [U] drożdże

yell /jel/ *v* [I,T] *także* **yell out** wrzeszczeć: *He yelled at her to stop.* —**yell** *n* [C] wrzask

yel·low¹ /ˈjeləʊ/ *adj* żółty: *bright yellow curtains*

yellow² *n* [U] kolor żółty —**yellow** *v* [I] po/żółknąć: *the yellowing pages* (=pożółkłe kartki) *of an old book*

Yellow Pag·es /ˌ.. ˈ../ *trademark* **the Yellow Pages** żółte strony (*książka telefoniczna z numerami telefonów przedsiębiorstw*)

yelp /jelp/ *v* [I] skowyczeć —**yelp** *n* [C] skowyt

yes¹ /jes/ *adv* **1** tak: *"Do you want some more pie?" "Yes, please."* | *Why don't you ask Dad? I'm sure he'll say yes.* | *"You look tired today." "Yes – I didn't sleep much last night."* | *"Linda!" "Yes?"* | *"John doesn't love me any more." "Yes, he does* (=a właśnie że tak)*!"* **2** *spoken* hura!: *Yes! I got the job!* ➡ antonim NO

yes² *n* [C] głos za

yes·ter·day /ˈjestədi/ *adv, n* [U] wczoraj: *Yesterday was their tenth anniver-*

sary. | *Did you go to the game yesterday?* | *yesterday's fashions*

yet¹ /jet/ *adv* **1** już: *Have you heard their new song yet?* **2** jeszcze: *Just a moment! I haven't finished yet.* | *You don't have to leave yet.* | *She may yet change her mind.* | *There's still plenty of time yet to enter the competition.* | **as yet** (=jak dotąd): *As yet there is still no news.* **3 best/fastest yet** najlepszy/najszybszy jak dotąd: *This is their best record yet.* **4 yet another/yet more** jeszcze jeden/jeszcze więcej: *I've just spotted yet another mistake!* **5 yet again** znowu: *I'm sorry to ask for help yet again.* **6** lecz: *a quiet yet powerful leader*

> UWAGA **yet i still**
>
> **Yet** w pytaniach znaczy 'już': *Do you feel any better yet?*, a w zdaniach przeczących 'jeszcze': *The post office isn't open yet.* **Still** znaczy 'jeszcze' w sensie 'nadal': *I've taken the medicine, but I still feel terrible.* | *Does Harry still go to the same school?*

yet² *conjunction* (a) jednak: *The story's unbelievable, yet supposedly it's all true.*

yew /juː/ *n* [C] cis

y-fronts /ˈwaɪ frʌnts/ *n* [plural] *BrE* slipy

yield¹ /jiːld/ *v* **1** [T] dawać, przynosić: *investments that yield high rates of profit* **2** [I] ustępować: *The government yielded to demands to get rid of the tax.* **3** [I] *AmE* ustępować pierwszeństwa przejazdu **4** [I] nie wytrzymać, puścić **5** [I] *literary* poddawać się

yield² *n* [C] zysk: *investments with high yields*

yip·pee /jɪˈpiː/ *interjection informal* hura

yob /jɒb/ *n* [C] *BrE* chuligan: *a gang of yobs*

yo·ga /ˈjəʊgə/ *n* [U] joga

yog·hurt /ˈjɒgət/, **yogurt** *n* [C,U] jogurt

yoke /jəʊk/ *n* [C] jarzmo: *the yoke of colonial rule*

yo·kel /ˈjəʊkəl/ *n* [C] *humorous* wieśniak/czka

yolk /jəʊk/ *n* [C,U] żółtko

you /jə, jʊ/ *pron* [used as a subject or object] **1** ty/wy/Pan/Pani/Państwo: *Do you want a cigarette?* | *I can't hear you.* **2** człowiek: *As you get older you tend to forget things.* → porównaj ONE² **3** ty: *You idiot!*

you'd /jʊd/ **1** forma ściągnięta od 'you would': *I didn't think you'd mind.* **2** forma ściągnięta od 'you had': *You'd better do what he says.*

you'll /jʊl/ forma ściągnięta od 'you will': *You'll have to speak louder.*

young¹ /jʌŋ/ *adj* **1** młody: *I used to ski when I was young.* | *She's much younger than he is.* | *young children* (=małe dzieci) **2 young at heart** młody duchem

young² *n* **1 the young** młodzi **2** [plural] młode: *a turtle and her young*

young·ster /ˈjʌŋstə/ *n* [C] chłopak/dziewczyna

your /jɔː/ *determiner* **1** twój/wasz/Pana/Pani: *Is that your mother?* | *Don't worry, it's not your fault.* **2** swój: *When times are bad you know you can rely on your friends.*

you're /jɔː/ forma ściągnięta od 'you are': *You're too old.*

yours /jɔːz/ *pron* **1** twój/wasz/Pana/Pani: *Yours is the nicest car.* | *That bag is yours, isn't it?* | **of yours** *Is he a friend of yours?* **2 yours truly/yours faithfully** z wyrazami szacunku, z poważaniem **3 yours truly** *humorous* niżej podpisany: *Yes, yours truly finally quit smoking.*

your·self /jəˈself/ *pron plural* **yourselves 1** się: *Did you hurt yourself?* **2** sam: *Why don't you do it yourself?* **3 (all) by yourself** zupełnie sam: *You're going to Ecuador by yourself?* **4 have sth (all) to yourself** mieć coś tylko dla siebie: *You've got the house all to yourself this weekend.*

youth /juːθ/ *n* **1** [U] młodość: *During his youth he lived in France.* **2** [C] plural **youths** /juːðz/ młodi człowiek: *Three youths were arrested for stealing.* **3** [U] młodzież: *the youth of today*

> UWAGA **youth**

Wyraz **youth** jako rzeczownik policzalny znaczy 'młody człowiek', ale najczęściej występuje on w kontekście negatywnym tam, gdzie po polsku powiedzielibyśmy 'wyrostek' albo nawet 'łobuz': *He was attacked and robbed by a gang of youths.* Wyraz **youth** jako rzeczownik niepoliczalny znaczy 'młodzież', i najczęściej występuje w stylu oficjalnym: *The youth of industrialized nations need to be aware of global problems.* Najlepiej więc, mówiąc o 'młodzieży, młodych ludziach' w kontekście neutralnym, używać po prostu wyrażenia **young people**: *There'll be a lot of young people at the party.* | *Life in a city is more interesting for young people because there are more things to do.*

youth club /'. ./ *n* [C] klub młodzieżowy

youth·ful /'juːθfəl/ *adj* młodzieńczy: *a youthful 50 year old* | *youthful enthusiasm*

youth hos·tel /'. ,../ *n* [C] schronisko młodzieżowe

you've /jʊv/ forma ściągnięta od 'you have': *You've got to take care of yourself.*

yo-yo /'jəʊ jəʊ/ *n* [C] jojo

yuck /jʌk/ *interjection informal* fuj: *Yuck! This stuff tastes disgusting!* —**yucky** *adj* obrzydliwy

yum·my /'jʌmi/ *adj spoken informal* pyszny

yup·pie /'jʌpi/ *n* [C] yuppie

Zz

zeal /ziːl/ *n* [U] zapał: *political zeal*

zealous /ˈzeləs/ *adj* żarliwy: *a zealous preacher*

ze·bra /ˈziːbrə/ *n* [C] zebra

zebra crossing /ˌ.. ˈ../ *n* [C] *BrE* pasy

zen·ith /ˈzenɪ̥θ/ *n* [singular] zenit, szczyt: *The Moghul Empire had reached its zenith.*

ze·ro[1] /ˈzɪərəʊ/ *number* zero: *zero degrees Fahrenheit | 20°C below zero | sub-zero temperatures*

> UWAGA **zero i nought**
>
> W angielszczyźnie amerykańskiej wyrazu **zero** używa się częściej niż w angielszczyźnie brytyjskiej w znaczeniu 'cyfra zero': *I think her phone number is two zero five three zero.* W angielszczyźnie brytyjskiej częściej używa się w tym znaczeniu wyrazu **nought**, a **zero** występuje przede wszystkim w tekstach technicznych i naukowych: *The pressure increases from zero to maximum in 25 seconds.* Patrz też **nil**. Patrz też **o**.

zero[2] *v*

zero in on sth *phr v* [T] s/kierować się na coś: *The missile zeroed in on its target.*

zest /zest/ *n* [U] entuzjazm: *a zest for life* (=radość życia)

zig·zag[1] /ˈzɪgzæg/ *n* [C] zygzak

zigzag[2] *v* [I] **-gged, -gging** iść/jechać zygzakiem: *The path zigzags up the mountain.*

zilch /zɪltʃ/ *n* [U] *informal* figa, nic

zinc /zɪŋk/ *n* [U] cynk

zip[1] /zɪp/ *v*, **-pped, -pping 1** [T] *także* **zip up** zapinać (*na zamek*): *Zip up your coat.* ➞ antonim UNZIP **2** [I] śmigać: *A few cars zipped past us.*

zip[2] *n* **1** [C] *BrE* zamek błyskawiczny **2** [C] *AmE spoken* ZIP CODE **3** [U] *AmE spoken informal* zero

zip code /ˈ. ./ *n* [C] *AmE* kod pocztowy

zip·per /ˈzɪpə/ *n* [C] *AmE* zamek błyskawiczny

zo·di·ac /ˈzəʊdiæk/ *n* **the signs of the zodiac** znaki zodiaku

zone /zəʊn/ *n* [C] strefa: *a no-parking zone | a war zone* ➞ patrz też TIME ZONE

zoo /zuː/ *n* [C] zoo

zoo·keep·er /ˈzuːˌkiːpə/ *n* [C] dozorca w zoo

zo·ol·o·gy /zuːˈɒlədʒi/ *n* [U] zoologia —**zoologist** *n* [C] zoolog —**zoological** /ˌzuːəˈlɒdʒɪkəl◂/ *adj* zoologiczny

zoom /zuːm/ *v* [I] *informal* mknąć: **+ down/along** *We zoomed down the highway.*

zoom in *phr v* [I] robić najazd (*kamerą*)

zoom lens /ˈ. ˌ./ *n* [C] obiektyw ze zmienną ogniskową

zuc·chi·ni /zʊˈkiːni/ *n* [C,U] *AmE* cukinia

N

Spis treści

Rozmowa Conversations

Cześć. (na powitanie)
Hello/Hi.

Cześć. (na pożegnanie)
Bye.

Dzień dobry. (przed południem)
Good morning.

Dzień dobry. (po południu)
Good afternoon.

Dobry wieczór.
Good evening.

Jak się masz?
How are you?

W porządku – a ty?
Fine thanks – and you?

Bardzo mi miło.
Pleased to meet you.

Nazywam się … Czym Pan/i się zajmuje?
My name is … What do you do?

Słucham?
Pardon? / Sorry?

Przepraszam nie dosłyszałem.
Sorry I did not catch that.

Do widzenia.
Goodbye/Bye.

Dobranoc.
Good night/Night.

Do zobaczenia.
See you.

Do zobaczenia później.
See you later.

Do zobaczenia wkrótce.
See you soon.

Do zobaczenia jutro/w piątek.
See you tomorrow/on Friday.

Proszę.
Please.

Dziękuję.
Thank you.

Nie ma za co.
You're welcome.

Czy mogę zapalić?
Is it OK to smoke?

Czy mogę tu usiąść?
Do you mind if I sit here?

Proszę mówić powoli.
Please can you speak slowly.

Nie mówię dobrze po angielsku.
I don't speak much English.

Wesołych Świąt (Bożego Narodzenia).
Merry Christmas.

Wszystkiego najlepszego (z okazji urodzin).
Happy Birthday.

Szczęśliwego Nowego Roku.
Happy New Year.

Telefon Telephone

Co mówić, kiedy chcemy skorzystać z telefonu
When you need to use the phone

Chciałbym skorzystać z telefonu.
I'd like to make a phone call.

Czy jest tu telefon publiczny?
Is there a pay phone that I can use?

Jak się korzysta z tego telefonu?
How does this phone work?

Gdzie można kupić kartę telefoniczną?
Where can I buy a phone card?

Czy mogę skorzystać z pańskiego telefonu?
Is it OK to use your phone?

Chciałbym zadzwonić na koszt odbiorcy.
I want to reverse the charges.

Jak prowadzić rozmowę telefoniczną
What to say on the phone

Czy mogę rozmawiać z Sarą?
Hello – can I speak to Sarah, please.

Mówi Peter.
It's Peter./ This is Peter.

Czy mogę zostawić wiadomość?
Can I leave a message?

Co możemy usłyszeć What you will hear

Hello.
Halo.

One moment please.
Chwileczkę.

Sorry, he's out.
Przykro mi, nie ma go.

Can I take a message?
Czy coś przekazać?

I'll just get him.
Zaraz go poproszę.

Who's calling?
Kto mówi?

Would you like to hold?
Proszę się nie rozłączać.

Wrong number.
Pomyłka.

Please leave a message after the tone.
Proszę nagrać wiadomość po sygnale.

Wskazywanie drogi Directions

Co się mówi What to say

Przepraszam, czy mógłby Pan wskazać mi drogę ...
Excuse me, can you tell me how to get ...

– na plażę?
– to the beach?

– do gabinetu figur woskowych?
– to Madame Tussauds?

– do najbliższego telefonu?
– to the nearest phone?

Czy dojdę tędy ...
Is this the right way ...

– do centrum?
– to the town centre?

– na dworzec?
– to the station?

Czy to daleko?
Is it far?

Gdzie są najbliższe toalety?
Where are the nearest toilets?

Co możemy usłyszeć What you will hear

Turn right/left
Proszę skręcić w prawo/lewo

– at the next junction.
– przy następnym skrzyżowaniu.

– after the supermarket.
– za supermarketem.

Go straight on.
Proszę iść dalej prosto.

OK, thanks!
Dobrze, dziękuję!

Podróż Travelling (1)

Lotnisko Airport

Kiedy rozpoczyna się odprawa?
What time is check-in?

Czy mogę to zabrać jako bagaż ręczny?
Can I take this as hand luggage?

Miejsce przy oknie czy przy przejściu?
Window or aisle seat?

Dla palących czy dla niepalących?
Smoking or non-smoking?

Proszę przejść do wyjścia 5.
Please go to gate 5.

Ostatnie wezwanie dla pasażerów lotu 852 do Chicago.
Last call for flight 852 to Chicago.

PODSTAWOWE SŁOWNICTWO

odloty departures
przyloty arrivals
odprawa check-in
sala odlotów departure lounge
wyjście gate
sklep bezcłowy duty-free shop
wózek trolley
bagaż podręczny hand luggage
opóźniony delayed
ostatnie wezwanie last call

Kolej Trains

Bilet w jedną stronę/powrotny do Bristolu.
A single/return to Bristol.

Kiedy jest następny pociąg do Yorku?
When's the next train to York?

Czy to pociąg do Birmingham?
Is this the train to Birmingham?

Który to peron?
Which platform is it?

Poproszę o miejscówkę.
I'd like to reserve a seat.

Gdzie powinienem się przesiąść?
Where should I change?

PODSTAWOWE SŁOWNICTWO

bilet ticket
w jedną stronę single
powrotny return
zniżkowy (powrót tego samego dnia) day return
rozkład jazdy timetable
peron platform
miejsce siedzące seat
dworzec kolejowy train station

Podróż Travelling (2)

Autobus Buses

Czy jest autobus do ...?
Is there a bus to ...?

Który autobus jedzie do ...?
Which bus goes to ...?

Proszę bilet w jedną stronę/powrotny do ... .
A single/return to ..., please.

Czy mógłby mi Pan powiedzieć, kiedy będziemy w ...?
Can you tell me when we get to ...?

PODSTAWOWE SŁOWNICTWO

bilet ticket
w jedną stronę single
powrotny return
zniżkowy (powrót tego samego dnia) day return
rozkład jazdy timetable
przystanek bus stop
dworzec autobusowy bus station

Statek i prom Boats and ferries

Kiedy jest następny rejs do ...?
What time is the next boat to ...?

Jak długo trwa rejs?
How long is the crossing?

PODSTAWOWE SŁOWNICTWO

prom ferry
poduszkowiec hovercraft
port port
kabina cabin
rejs promem przez Kanał La Manche crossing

Cło/kontrola paszportowa Customs/Passport

nic do oclenia
nothing to declare

Kupiłem to na prezent.
I bought this as a present.

Ile wynosi limit na zakupy bezcłowe?
How much is the duty-free allowance?

PODSTAWOWE SŁOWNICTWO

paszport passport
cło customs
zielone przejście green channel
czerwone przejście red channel

Jedzenie i picie Eating and Drinking (1)

W restauracji In a restaurant

Poproszę stolik dla dwóch/trzech/czterech osób.
A table for two/three/four, please.

Poproszę ...
I'll have the ..., please

... z frytkami/surówką.
... with chips/salad.

Czy to danie wegetariańskie?
Is this vegetarian?

Czy mogę prosić o rachunek?
Can I have the bill, please?

Czy mogę zapłacić kartą kredytową?
Do you take credit cards?

Chcielibyśmy zapłacić osobno.
We'd like to pay separately.

Gdzie są toalety?
Where are the toilets?

PODSTAWOWE SŁOWNICTWO

karta menu
rachunek bill
zestaw obiadowy set menu
wino czerwone/białe house red/white
przystawka starter
danie główne main course
deser dessert/sweet
nóż knife
widelec fork
łyżka spoon
sól salt
pieprz pepper
woda mineralna mineral water
woda z kranu tap water

INFORMACJE KULTUROWE

W restauracji zwyczajowo daje się 10% napiwku. Czasami obsługa wliczona jest już w rachunek, ale zawsze możemy dać napiwek, jeśli chcemy. Dodatek za obsługę powinien być wymieniony w rachunku. Jeśli nie jesteśmy tego pewni, możemy zapytać: *Is service included?*

Jedzenie i picie Eating and Drinking (2)

W pubie In a pub

Dwa duże piwa jasne.
Two pints of lager, please.

Małe piwo gorzkie i lemoniadę.
Half a bitter and a lemonade.

Dwie cole i sok pomarańczowy.
Two cokes and an orange juice.

Czy mogę prosić do tego lód?
Can I have ice with that?

PODSTAWOWE SŁOWNICTWO

piwo beer
piwo gorzkie bitter
piwo jasne lager
piwo z lemoniadą shandy
duże (piwo) = ok. 1/2 litra pint
małe (piwo) = ok. 1/4 litra half

INFORMACJE KULTUROWE

W Wielkiej Brytanii puby są czynne do godz. 23, a podawanie alkoholu po tej godzinie jest zabronione. Klienci, którzy spożywają alkohol razem, kupują tzw. „rundki": każdy po kolei funduje coś do picia pozostałym uczestnikom spotkania. Dzieciom zazwyczaj nie wolno przebywać w pubach.

W kawiarni In a cafe

Proszę dwie herbaty.
Two teas, please.

– z mlekiem
– with milk

– z cytryną
– with lemon

Czarną kawę i cappuccino.
A black coffee and a cappuccino.

Dzbanek herbaty dla czterech osób.
A pot of tea for four, please.

Czy można prosić o cukier?
Can I have some sugar, please?

Jedzenie i picie Eating and Drinking (3)

Karta dań Menu

chicken kurczak

beef wołowina

pork wieprzowina

ham szynka

sausages kiełbaski

veal cielęcina

steak stek

- **well-done** wypieczony
- **medium** średnio wypieczony
- **rare** krwisty

trout pstrąg

plaice płastuga

salmon łosoś

cod dorsz

scampi panierowane krewetki

prawns krewetki

crab krab

rice ryż

pasta makaron

salad surówka, sałatka

steak and kidney pie wołowina i cynaderki w cieście

sauce sos

roast potatoes pieczone ziemniaki

new potatoes młode ziemniaki

jacket potatoes ziemniaki w mundurkach

chips/fries frytki

peas groszek

beans fasola

cabbage kapusta

broccoli brokuły

onions cebula

carrots marchew

red/green pepper czewona/zielona papryka

lettuce sałata

tomato pomidor

cucumber ogórek

celery seler naciowy

avocado awokado

ice-cream lody

yoghurt jogurt

cheesecake sernik

gateau tort

custard sos do deserów

Hotel i zakwaterowanie Hotels and accommodation

Czy są wolne pokoje na dzisiejszą noc?
Do you have any rooms available for tonight?

Chciałabym zarezerwować pokój ...
I'd like to book a room ...

– na jutro.
– for tomorrow.

– na noc z piątku na sobotę.
– for Friday night.

Ile kosztuje jeden nocleg?
How much is it per night?

Rezerwowałem pokój – nazywam się ...
I reserved a room – my name is ...

O której godzinie jest śniadanie?
What time is breakfast?

Proszę to dopisać do mojego rachunku.
Could you put it on my bill?

Czy są dla mnie jakieś wiadomości?
Are there any messages for me?

Chciałbym uregulować rachunek.
I'd like to pay my bill.

Czy mogę zamówić budzenie?
Can I book a wake-up call?

Zgubiłem klucz od pokoju.
I've lost my room key!

PODSTAWOWE SŁOWNICTWO

hotel hotel
nocleg ze śniadaniem B&B
schronisko młodzieżowe youth hostel
wolne pokoje vacancies
brak wolnych pokoi no vacancies
pokój jednoosobowy single room
pokój dwuosobowy (z dwuosobowym łóżkiem) double room
pokój dwuosobowy (z dwoma łóżkami) twin room
numer pokoju room number
prysznic shower
wanna bath
pokój z łazienką en-suite
obsługa kelnerska w pokoju room service

INFORMACJE KULTUROWE

Hotele mają oznaczenia gwiazdkowe zależnie od rodzaju i jakości świadczonych przez nie usług. B&B (nocleg ze śniadaniem) to tanie miejsca noclegowe w prywatnych pensjonatach, znacznie tańsze od hoteli.

Zakupy Shopping

Ile to kosztuje?
How much is this, please?

Czy mogę to przymierzyć?
Can I try this on, please?

Czy macie to Państwo w kolorze ...
Have you got this in ...

– czarnym/czerwonym/zielonym?
– black/red/green?

Czy macie to Państwo w większym/mniejszym rozmiarze?
Do you have this in a bigger/smaller size?

Gdzie się płaci?
Where do I pay?

Czy można to wymienić, jeśli nie będzie pasować?
Can I change it if it's not right?

Czy macie Państwo ...?
Do you sell ...?

Gdzie są przymierzalnie?
Where are the changing rooms?

Czy mogę zapłacić kartą kredytową?
Do you take credit cards?

Czy mogę dostać zwrot gotówki?
Can I get a refund?

PODSTAWOWE SŁOWNICTWO

przymierzalnia changing room/fitting room
rozmiar size
paragon receipt
karta kredytowa credit card

Co możemy usłyszeć What you might hear

Can I help you?
Czym mogę służyć?

▶ **No thanks, I'm just looking.**
▶ Dziękuję, tylko oglądam.

▶ **Yes, I'm looking for a ...**
▶ Szukam ...

Anything else?
Czy jeszcze coś?

Nagłe wypadki Emergencies

Medyczne Medical

Potrzebuję lekarza.
I need a doctor.

Muszę się dostać do szpitala.
I need to get to a hospital.

Czy może Pan wezwać dla mnie pogotowie?
Please can you get me an ambulance?

Moja córka jest chora.
My daughter is ill.

Zdarzył się wypadek.
There's been an accident.

Pali się!
There's a fire!

Jestem cukrzykiem.
I'm diabetic.

Wolałabym zostać zbadana przez kobietę.
I'd prefer to see a female doctor.

> **INFORMACJE KULTUROWE**
> Aby zawiadomić policję lub straż pożarną o wypadku albo wezwać pogotowie, należy wykręcić numer 999 (911 w USA). Połączenie takie jest darmowe.

Przestępstwo Crime

Gdzie jest komisariat policji?
Where is the police station?

Skradziono mi torbę/portfel/portmonetkę.
My bag/wallet/purse has been stolen.

Zgubiłem paszport.
I've lost my passport.

Gdzie jest polska ambasada?
Where is the Polish Embassy?

Potrzebuję protokół dla firmy ubezpieczeniowej.
I need a report for my insurance.

Lekarz/apteka Doctor/chemist

Poproszę o jakiś środek przeciwbólowy.
I need some painkillers.

Czy macie Państwo plastry?
Do you have any plasters?

Niedobrze mi./Mam mdłości.
I feel sick.

Mam kaszel/wysypkę/ból głowy.
I've got a cough/rash/headache.

Jestem uczulony na ...
I'm allergic to ...

Zostałem pogryziony/użądlony.
I've been bitten/stung.

Boli mnie ręka/noga/plecy.
My arm/leg/back hurts.

Czy może Pani polecić coś na ukąszenia owadów?
Can you recommend something for insect bites?

Czy można to podawać dzieciom?
Is it suitable for children?

PODSTAWOWE SŁOWNICTWO

ból głowy headache
ból brzucha stomachache
kaszel cough
przeziębienie cold
ból gardła sore throat
grypa flu
oparzenie słoneczne sunburn
rozwolnienie (biegunka) diarrhoea
rozstrój żołądka stomach upset
zatrucie pokarmowe food poisoning
wysypka rash
zastrzyk injection
katar sienny hay fever
astma asthma
pęcherz (np. na stopie) blister
kac hangover

Jakie pytania mogą paść What you may be asked

Are you taking any medication?
Czy zażywa Pan jakieś leki?

Where does it hurt?
Gdzie boli?

Are you allergic to ...?
Czy jest Pan uczulony na ...?

Idiomy

Oto lista powszechnie używanych idiomów angielskich, uporządkowana alfabetycznie według wyróżnionych słów.

get your act together
brać się za siebie

vanish/disappear into thin air
przepaść jak kamień w wodę

be up in arms (about something)
wściekać się (o coś)

know something like the back of your hand
znać coś jak własną kieszeń

have a ball
świetnie się bawić

be on the ball
mieć się na baczności

start/get/set the ball rolling
puszczać mechanizm w ruch

it's a (whole) new ball game
to (zupełnie) inna para kaloszy

something rings a bell (with somebody)
coś brzmi (komuś) znajomo

have something under your belt
mieć coś na swoim koncie

get the better of somebody
brać górę

foot the bill
pokrywać koszty

kill two birds with one stone
upiec dwie pieczenie na jednym ogniu

in black and white
czarno na białym

be in the black
być wypłacalnym

be a mixed blessing
mieć swoje dobre i złe strony

in cold blood
z zimną krwią

be in the same boat
jechać na tym samym wózku

miss the boat
przegapić okazję

rock the boat
wprowadzać niepotrzebne zamieszanie

make no bones about something
nie kryć się z czymś

be in somebody's good books
być dobrze ocenianym przez kogoś

have something on the brain
nie przestawać myśleć o czymś

take your breath away
zapierać dech (w piersiach)

pass the buck to somebody
zrzucać odpowiedzialność na kogoś

bite the bullet
zaciskać zęby

not beat about the bush
nie owijać w bawełnę

mind your own business
nie twoja sprawa

let the cat out of the bag
wygadać się

have a chip on your shoulder
mieć pretensje do całego świata

keep your cool
zachowywać spokój

lose your cool
tracić panowanie nad sobą

give somebody credit (for something)
docenić kogoś (za coś)

as the crow flies
w linii prostej

keep somebody in the dark
utrzymywać kogoś w nieświadomości

make somebody's day
uradować kogoś

be out of your depth
nie czuć się w swoim żywiole

go down the drain
pójść na marne

a drop in the ocean
kropla w morzu

play it by ear
improwizować

be all ears
zamieniać się w słuch

be on edge
być zdenerwowanym

catch somebody's eye
zwracać czyjąś uwagę

see eye to eye (with somebody)
zgadzać się (z kimś)

turn a blind eye (to something)
przymykać oko (na coś)

face to face with somebody/something
twarzą w twarz z kimś/czymś

lose face
stracić twarz

fair and square
uczciwie

fall short of something
nie sprostać czemuś

so far, so good
jak na razie, wszystko w porządku

get cold feet
dostać pietra

have a field day
mieć używanie

keep your fingers crossed
trzymać kciuki

your (own) flesh and blood
własna rodzina

put your foot down
postawić się

give the game away
wygadać się

I heard it through/on the grapevine
doszło to do mnie pocztą pantoflową

get a grip (on yourself)
wziąć się w garść

gain ground
zyskiwać poparcie/popularność

get off the ground
nabierać tempa

jump the gun
działać przedwcześnie

stick to your guns
robić swoje

hate somebody's guts
serdecznie kogoś nienawidzić

let your hair down
zaszaleć

get out of hand
wymykać się spod kontroli

on the other hand
z drugiej strony

have your hands full
mieć pełne ręce roboty

you lay/get your hands on something
coś wpada ci w ręce

go haywire
wariować

keep your head above water
wiązać koniec z końcem

take heart
nabierać otuchy

lose heart
zniechęcać się

in the heat of the moment
pod wpływem chwili

be over the hill
mieć najtrudniejsze za sobą

full of holes
pełen nieścisłości

let/get somebody off the hook
wybawić kogoś z opresji

on the house
na koszt firmy

Idiomy

break the ice
przełamywać lody

get a kick out of (doing) something
mieć uciechę z (robienia) czegoś

tie the knot
związać się węzłem małżeńskim

live in the lap of luxury
mieć życie usłane różami

somebody has the last laugh
ktoś się śmieje ostatni

turn over a new leaf
zmienić swoje zachowanie

not have a leg to stand on
pozostać bez argumentów

do something to the letter
zrobić coś na 100%

not on your life!
nigdy w życiu!

bring something to light
wyciągać coś na światło dzienne

the light at the end of the tunnel
światełko w tunelu

live it up
używać życia

be on the loose
być na wolności

be at a loss
nie wiedzieć, jak się zachować

be in luck
mieć szczęście

be out of luck
mieć pecha

the man in the street
przeciętny człowiek

make your mark
wyrabiać sobie pozycję

a matter of life and death
sprawa życia i śmierci

a means to an end
środek do celu

change your mind
zmieniać zdanie

go out of your mind
tracić rozum

over the moon
zachwycony

make a mountain out of a molehill
robić z igły widły

make your mouth water
wyglądać apetycznie

hit the nail on the head
trafić w (samo) sedno

in this neck of the woods
w tych stronach

feather your nest
dobrze się urządzić

that's news to me!
pierwsze słyszę

look down your nose (at somebody)
patrzeć (na kogoś) z góry

right (there) under somebody's nose
pod samym nosem

go nuts
dostać świra

once and for all
raz na zawsze

out of order
zepsuty

get the picture
rozumieć

give somebody a piece of your mind
powiedzieć komuś, co się myśli

a piece of cake
łatwizna

go to pieces
załamywać się

all over the place
wszędzie

be going places
móc daleko zajść

a play on words
gra słów

make a point of doing something
zadbać o coś

Idiomy

be out of the question
być wykluczonym

the rat race
wyścig szczurów

off the record
nieoficjalnie

be in the red
mieć debet

be off your rocker
być niespełna rozumu

know the ropes
znać się na rzeczy

show somebody the ropes
wprowadzić kogoś w temat

behind the scenes
za kulisami

come to your senses
opamiętać się

be in somebody's shoes
być w czyjejś skórze

talk shop
rozmawiać o sprawach służbowych

lose sight of something
stracić coś z oczu

by the skin of your teeth
o mały włos

have thick skin
być odpornym na krytykę

not lose any sleep over something
nie przejmować się czymś

do something at a snail's pace
robić coś w ślimaczym tempie

take something by storm
podbić/zawojować coś

the last/final straw
kropla przepełniająca miarę

with no strings attached
bez zobowiązań

no sweat
nie ma sprawy

in full swing
na pełnych obrotach

take it easy
nie przejmować się

think twice
dobrze się zastanowić

be under somebody's thumb
być pod czyjąś kontrolą

from time to time
od czasu do czasu

time after time
wiele razy

behind the times
zacofany

something is on the tip of your tongue
masz coś na końcu języka

have a sweet tooth
mieć słabość do słodyczy

keep track of something
nadążać za czymś

lose track of something
tracić orientację w czymś

on the right track
na właściwym tropie

drive somebody up the wall
doprowadzać kogoś do szału

in hot water
w tarapatach

by the way
à propos

go out of your way to do something
zadawać sobie wiele trudu, żeby coś zrobić

throw your weight around
panoszyć się

get wind of something
zwietrzyć coś

you can take my word for it
możesz mi wierzyć na słowo

in other words
innymi słowy

out of this world
nie z tej ziemi

Wyrazy podobne

abstinent
to nie rzeczownik oznaczający *abstynenta* (**teetotaller**), ale przymiotnik o znaczeniu *wstrzemięźliwy*

accord
to nie *akord* w muzyce (**chord**) ani system pracy (**piece-work**), tylko *uzgodnienie*

actual
nie znaczy *aktualny* (**current**, **present**), tylko *rzeczywisty*

actually
nie znaczy *aktualnie* (**currently**, **at present**), tylko *rzeczywiście, w rzeczywistości, właściwie*

adapter
to nie *adapter* (**record player**), tylko *rozgałęziacz* (rodzaj wtyczki)

angina
to nie *zapalenie migdałków* (**tonsillitis**), ale *dusznica bolesna* (schorzenie towarzyszące chorobie wieńcowej)

apparition
to nie czyjaś *aparycja* (somebody's **looks**), tylko *zjawa*

athlete
to nie *atleta* (**strongman**), tylko *sportowiec*

audition
to nie *audycja* (**radio programme**), tylko *przesłuchanie* (aktora do roli)

baton
to nie *baton* (**chocolate bar**), ale *batuta, pałka* (policjanta) lub *pałeczka* (sztafetowa)

blanket
to nie *blankiet* (**blank form**), tylko *koc*

boot
to nie każdy rodzaj *buta* (**shoe**), tylko *kozaczek, kalosz* lub inny but z cholewą

cabin
oznacza *kabinę* pasażerską, kabinę pilota czy kierowcy, ale nie np. kabinę do głosowania czy telefoniczną (w obu przypadkach **booth**), przymierzalnię (**fitting room**) czy kabinę w toalecie (**cubicle**)

cabinet
oznacza radę ministrów, ale nie *gabinet* lekarski (**surgery**), pokój do pracy w domu (**study**) czy pokój urzędnika (**office**)

caravan
to nie *karawan* (**hearse**), tylko *przyczepa kempingowa* lub *karawana*

carnation
to nie *karnacja* (**complexion**), tylko *goździk*

characterization
to nie *charakteryzacja* (**make-up**), tylko *opis, charakterystyka*

chef
to *szef kuchni*, a nie przełożony (**boss**)

client
to *klient* określonej instytucji (np. banku, firmy prawniczej), ale nie klient w sklepie (**customer**)

closet
to nie *klozet* (**toilet**), tylko *szafa ścienna*

colleague
oznacza *kolegę* lub *koleżankę* z pracy, ale nie kolegę w ogóle (**friend**)

colony
to *kolonia* w różnych znaczeniach, ale nie w znaczeniu wakacji dla dzieci (**summer camp**)

commission
to *komisja* powołana do wykonania określonego zadania (np. politycznego), ale nie komisja egzaminacyjna (**committee**) czy lekarska (medical **board**)

communication
to *komunikacja* jako porozumiewanie się, ale nie komunikacja miejska (**public transport**)

complement
to nie *komplement* (**compliment**), tylko *dopełnienie* (także gramatyczne) lub *uzupełnienie*

compositor
to nie *kompozytor* (**composer**), tylko *zecer*

conduct
to nie *kondukt* żałobny (**cortege, funeral procession**), tylko *zachowanie*

confection
to nie *konfekcja* odzieżowa (**ready-to-wear clothes**), tylko pięknie udekorowany wyrób cukierniczy

consequent
nie znaczy *konsekwentny* (**consistent**), tylko *wynikający* z czegoś

consequently
nie znaczy *konsekwentnie* (**consistently**), tylko *w rezultacie*

control
to *kontrola* jako nadzór, ale nie np. sprawdzanie biletów (ticket **inspection**), sprawdzanie w ogóle (**check**), czy badanie kontrolne u lekarza (**check-up**)

cravat
to rodzaj męskiej apaszki, a nie *krawat* (**tie**)

creature
to nie *kreatura* (**monster**), tylko *stworzenie* (żywa istota)

cylinder
to *cylinder* jako bryła geometryczna lub część mechanizmu, ale nie rodzaj kapelusza (**top hat**)

desk
to nie *deska* (**board**, **plank**), tylko *biurko* lub *ławka* (szkolna)

devotion
nie oznacza negatywnie rozumianej *dewocji* (**religious bigotry**), tylko *pobożność*, a jeszcze częściej *oddanie*, *poświęcenie*

direction
to nie *dyrekcja* (**management**), tylko *kierunek*, *strona*

dispute
to nie *dysputa* (**debate**, **polemic**), tylko *spór*

dragon
to nie *dragon* (**dragoon**), tylko *smok*

drama
to *dramat* jako gatunek literacki, ale nie jako ciężkie przeżycie

dress
to nie *dres* (**tracksuit**), tylko *sukienka*

economy
to nie *ekonomia* jako nauka (**economics**), tylko *gospodarka* lub *oszczędność*

energetic
znaczy *energiczny*; przymiotnik *energetyczny* tłumaczymy różnie, w zależności od tego, czy chodzi o przemysł energetyczny (**power industry**), kryzys energetyczny (**energy crisis**), czy o surowce energetyczne (**sources of energy**)

eventual
nie znaczy *ewentualny* (**possible**), tylko *ostateczny*

eventually
nie znaczy *ewentualnie* (**possibly**), tylko *koniec końców*

expedient
jako rzeczownik występuje rzadko i nie oznacza *ekspedienta* (**shop assistant**, **sales assistant/clerk**), tylko *doraźny środek*, mający zaradzić sytuacji

extra
to, podobnie jak polskie *ekstra*, określenie czegoś dodatkowego, ale nie czegoś nadzwyczajnego (**super**)

extravagant
zwykle nie znaczy *ekstrawagancki* (**eccentric**), tylko *rozrzutny* lub *przesadny*

fabric
to nie *fabryka* (**factory**), tylko *tkanina*

facet
to nie *facet* (**chap**, **fellow**, **guy**), tylko *aspekt*, *strona* (jakiegoś zagadnienia lub czyjejś osobowości)

faggot
to nie *fagot* (**bassoon**), tylko pogardliwe określenie homoseksualisty

fatal
nie znaczy *fatalny* (**disastrous**, **appalling**), tylko *śmiertelny*

fraction
to nie *frakcja* w partii (**faction**), tylko *ułamek* (także w matematyce) lub *cząstka*

gem
to nie *gem* w tenisie (**game**), tylko *klejnot*

genial
znaczy *przyjazny*; chcąc powiedzieć, że ktoś jest *genialny*, mówimy: ***(s)he's a genius***

golf
to *golf* jako sport, ale nie rodzaj swetra (**poloneck sweater**)

gymnasium
to nie *gimnazjum* (**grammar school**, **junior high school**), tylko *sala gimnastyczna*

hazard
to nie *hazard* (**gambling**), tylko *ryzyko* lub *niebezpieczeństwo*

herb
to nie *herb* (**coat of arms**), tylko *zioło*

history
to *historia* jako dzieje i nauka o nich, ale nie jako opowieść (**story**)

humour
to *humor* jako komizm, ale nie jako nastrój (**mood**)

Wyrazy podobne

hymn
to *hymn* jako pieśń kościelna lub gatunek literacki, ale nie hymn państwowy (**anthem**)

impregnate
może znaczyć *impregnować*, gdy mowa ogólnie o nasączaniu materiału substancjami chemicznymi dla nadania mu określonych właściwości; na oznaczenie impregnacji służącej uzyskaniu odporności na wilgoć używa się czasownika **waterproof**; *impregnate* znaczy także *zapładniać*

intelligent
to przymiotnik o znaczeniu *inteligentny*, ale nie można go użyć rzeczownikowo w znaczeniu *inteligent*

literate
to nie *literat* (**man of letters**), tylko przymiotnik oznaczający osobę umiejącą czytać i pisać

lecture
to nie *lektura* (**reading**), tylko *wykład*

local
jako rzeczownik nie oznacza *lokalu*, tylko pobliski *pub*

lunatic
to nie *lunatyk* (**sleepwalker**), tylko *szaleniec*

mandate
to *mandat* wyborczy, ale nie mandat za wykroczenie (**fine**)

manifest
jako rzeczownik nie oznacza politycznego ani artystycznego *manifestu* (**manifesto**), tylko wykaz ładunków statku

manifestation
to nie *manifestacja* (**demonstration**), tylko *przejaw, oznaka* czegoś

mark
oznacza walutę niemiecką, ale nie np. *markę* samochodu (**make**) czy znak fabryczny (**brand**)

novel
to nie *nowela* (**short story**), tylko *powieść*

obligation
to nie *obligacja* skarbowa (**bond**), tylko *obowiązek*

obscure
nie znaczy *obskurny* (**shabby**, **sordid**, **run down**), tylko *mało znany* lub *niejasny*

obstruction
to nie *obstrukcja* jako dolegliwość (**constipation**), tylko *przeszkoda*

occasion
to *okazja* jako okoliczność, ale nie jako sposobność (**chance**, **opportunity**) czy korzystna cena (**bargain**)

occupant
to nie *okupant* (**occupier**), tylko *mieszkaniec, lokator*

operator
oznacza zwykle *telefonistkę*; może także oznaczać pojęcie matematyczne lub kogoś obsługującego maszynę, ale nie *operatora* filmowego (**cameraman**) ani lekarza przeprowadzającego operację (**surgeon**)

ordinary
nie znaczy *ordynarny* (**vulgar**, **crude**), tylko *zwyczajny*

packet
to nie *pakiet* komputerowy (**package**) ani informacyjny (**pack**), tylko *pudełko* (ciasteczek, herbaty itp.) lub *paczka* (np. papierosów)

pamphlet
to nie *pamflet* (**lampoon**), tylko *broszura*

paragon
to nie *paragon* (**receipt**), tylko niedościgniony *wzór* (jakichś cnót)

pasta
oznacza *makaron* każdego typu, natomiast *pasta* do pieczywa to po angielsku **paste** albo **spread,** do zębów – **toothpaste**, a do butów – **shoe polish**

patron
to *patron* sztuki lub innej działalności, ale także *stały klient* (sklepu) albo *częsty gość* (pubu, hotelu); *patron* w znaczeniu religijnym to po angielsku **patron saint**

pension
to nie *pensja* (**salary**), tylko *renta* lub *emerytura*

plaster
to nie tylko *plaster*, ale także *gips* lub *tynk*

preservative
to nie *prezerwatywa* (**condom**), tylko *konserwant, środek konserwujący* (zwłaszcza żywność)

process
to *proces* w wielu różnych znaczeniach, ale nie w znaczeniu sądowym (**trial**, **lawsuit**)

prognosis
to *prognoza* w ekonomii, medycynie itp., ale nie prognoza pogody (**weather forecast**)

programme
to *program* w wielu znaczeniach, ale nie np. pierwszy czy drugi program telewizji (**TV channel**), program rozrywkowy (**show**), czy program nauczania (**curriculum**, **syllabus**)

prospect
to nie *prospekt* informacyjny (**prospectus**, **brochure**), tylko *perspektywa* (na przyszłość)

protection
to nie *protekcja* (**favouritism**), tylko *ochrona*

psst!
to dźwięk używany dla dyskretnego zwrócenia czyjejś uwagi (tak, by nie zauważyli tego inni); gdy chcemy kogoś uciszyć, mówimy **sh!**

pupil
to nie *pupil* (**pet**), ale *uczeń* lub *źrenica*

quota
to nie *kwota* (**sum**, **amount**), tylko *kontyngent* (w handlu zagranicznym)

receipt
to nie *recepta* (**prescription**), tylko *kwit*, *paragon*

reclamation
to nie *reklamacja* (**complaint**) ani *reklama* (**advertising**), tylko *rekultywacja* gruntu

rent
to nie *renta* (**pension**), tylko *czynsz*

revenge
to *rewanż* jako zemsta, ale nie rewanż sportowy (**return match/game**) czy odwzajemnienie czegoś miłego

revision
to nie *rewizja* jako przeszukanie (**search**), ale gruntowna *zmiana/korekta* albo *powtórka* (do egzaminu, sprawdzianu)

rumour
to nie *rumor* (**rumble**), tylko *plotka*

salad
to dowolna *sałatka* lub *surówka*, ale nie *sałata* jako warzywo (**lettuce**)

scene
to *scena* w wielu znaczeniach, ale nie scena teatralna (**stage**)

script
to nie *skrypt* studencki (cheap **study text**), tylko *pismo* (alfabet), *tekst* (przemówienia, sztuki) lub *scenariusz* (filmu)

séance
to *seans* spirytystyczny, ale nie filmowy (**show**)

sentence
to nie *sentencja* (**maxim**, **saying**), tylko *zdanie*

smoking
to nie *smoking* (**dinner jacket**, **tuxedo**), tylko *palenie*

speaker
to nie *spiker* (**TV/radio announcer**), tylko *mówca* lub *głośnik*

stipend
może oznaczać *stypendium*, ale tylko w angielszczyźnie amerykańskiej; po brytyjsku stypendium to **scholarship** lub **student grant**, a *stipend* to *pensja* wypłacana osobie duchownej

stopper
to nie *stoper* (**stopwatch**), tylko *korek* lub *zatyczka*

sympathetic
nie znaczy *sympatyczny* (**likeable**), tylko *współczujący*

sympathy
to nie *sympatia* (**liking**), a *współczucie*

technique
to *technika* jako metoda, ale nie jako dział cywilizacji (**technology**)

transparent
to nie *transparent* (**banner**), tylko przymiotnik o znaczeniu *przezroczysty*

voyage
oznacza *podróż*, zwykle morską; mówiąc o czyichś *wojażach*, lepiej użyć wyrazu **travels**

wagon
oznacza *wóz* (zaprzęgowy) lub *wagon towarowy* (tylko w brytyjskiej angielszczyźnie); *wagon pasażerski* to **railway carriage** (BrE) lub **car** (AmE); *wagon restauracyjny/sypialny* to, odpowiednio, **restaurant/sleeping car**

Aa

a and
abażur lampshade
abdykacja abdication
abdykować abdicate
aberracja aberration
aborcja abortion
aborygen/ka aborigine
absolutnie absolutely
absolutny absolute
absolwent/ka graduate, school leaver *BrE*
absorbujący absorbing
absorpcja absorption
abstrakcja abstraction
abstrakcyjny abstract
abstynencja abstinence
abstynent/ka teetotaller *BrE*, teetotaler *AmE*
absurd absurdity
absurdalnie absurdly, ridiculously
absurdalność absurdity
absurdalny absurd, ridiculous
aby so (that), to *(z bezokolicznikiem)*
ach ah, oh
aczkolwiek albeit
ad hoc ad hoc
adaptacja adaptation
adaptować adapt
adekwatnie adequately
adekwatność adequacy
administracja **1** administration **2** **administracja państwowa** the civil service
administracyjny administrative
administrator/ka administrator
admirał admiral
adopcja adoption
adoptować adopt
adoptowany adopted
adrenalina adrenalin
adres **1** address **2** **nowy adres** forwarding address
adresować **1** address **2** **zaadresowana koperta ze znaczkiem** sae
adresowy **lista adresowa** mailing list
adwokat advocate, counsel, barrister *BrE*
adwokatura the bar
aerobik aerobics
aerodynamiczny aerodynamic
aerodynamika aerodynamics
aerozol aerosol
afektacja affectation
afektowany affected
afera affair
afisz poster, placard
afiszować **afiszować się z czymś** flaunt sth
afrodyzjak aphrodisiac
afront affront
agencja **1** agency **2** **agencja prasowa** news agency
agent/ka **1** agent **2** **agent/ka biura podróży** travel agent
agitator/ka agitator
agitować agitate, canvass
agnosty-k/czka agnostic
agrafka safety pin
agresja aggression
agresor/ka aggressor
agrest gooseberry
agresywnie aggressively
agresywność aggressiveness
agresywny aggressive
aha aha
AIDS AIDS
akademia academy
akademicki **1** academic **2** **nauczyciel akademicki** academic
akademik hall of residence *BrE*, dormitory *AmE*
akapit **1** paragraph **2** **zaczynać od nowego akapitu** indent
akcent accent, stress
akcentować stress, accentuate
akceptacja acceptance
akceptować accept
akceptowany acceptable
akcesoria accessories, paraphernalia
akcja **1** drive, operation **2** *(udział)* share **3** **w akcji** in action
akcyza excise
aklimatyzować się acclimatize, acclimatise *BrE*, acclimate *AmE*
akompaniament accompaniment
akompaniować accompany
akord chord
akordeon accordion
akr acre
akredytowany accredited
akrobacje acrobatics
akrobat-a/ka acrobat
akrobatyczny acrobatic
akronim acronym
akrylowy acrylic
aksamit velvet
aksamitny velvety
akt **1** act **2** *(naga postać)* nude **3** **akt notarialny** deed **4** **akt oskarżenia** indictment
akta **1** dossier **2** **w aktach** on file
aktor actor
aktorka actress, actor
aktorstwo acting
aktówka briefcase
aktualnie currently
aktualny **1** *(obecny)* current **2** *(na czasie)* topical, up-to-date

aktyw hard core
aktywacja activation
aktywnie actively
aktywny active
akumulator battery
akupunktura acupuncture
akurat **1** just, exactly **2** **akurat!** you could have fooled me, I'll bet
akustyczny acoustic
akustyka acoustics
akuszerka midwife
akwarela watercolour
akwarium aquarium
akwedukt aqueduct
alarm **1** alarm **2** **alarm antywłamaniowy** burglar alarm **3** **alarm pożarowy** fire alarm **4** **podnosić alarm** raise/sound the alarm **5** **próbny alarm** fire/emergency drill
alarmistyczny alarmist
alarmować alert
albinos albino
albo **1** or **2** **albo ... albo** either ... or
album **1** album **2** *(na wycinki prasowe)* scrapbook
ale but
alegoria allegory
alegoryczny allegorical
aleja avenue
alergia allergy
alergiczny allergic
ależ **1** but **2** **ależ oczywiście** by all means
alfabet alphabet
alfabetycznie alphabetically
alfabetyczny alphabetical
alfons pimp
algebra algebra
algebraiczny algebraic
aliancki allied
alias a.k.a., alias
alibi alibi
alienacja alienation
aligator alligator
alimenty alimony, maintenance
alkohol alcohol, drink
alkoholi-k/czka alcoholic
alkoholizm alcoholism
alkoholowy **1** alcoholic **2** **napój alkoholowy** alcoholic drink
alkomat breathalyser *BrE*, breathalyzer *AmE*
alpejski alpine
alpinist-a/ka climber, mountaineer
alt alto
altana summerhouse
alternatywa alternative
alternatywny alternative, alternate *AmE*
altówka viola
altruistyczny altruistic
altruizm altruism
aluminium aluminium *BrE*, aluminum *AmE*
aluzja **1** hint, allusion **2** **z/robić aluzję do kogoś/czegoś** allude to sb/sth, hint at sb/sth **3** **zrozumieć aluzję** take the hint
amator amateur
amatorski **1** amateur **2** *(niefachowy)* amateurish
ambasada embassy
ambasador ambassador
ambicja ambition
ambitny **1** ambitious, competitive **2** *(plan, zadanie)* challenging
ambiwalentność ambivalence
ambiwalentny ambivalent
ambona *pulpit*
ameba amoeba
amen amen
Amerykan-in/ka American
amerykanizm Americanism
amerykański American
ametyst amethyst
amfetamina amphetamine
amfiteatr amphitheatre
amnestia amnesty
amnezja amnesia
amok **dostać amoku** run amok
amoniak ammonia
amoralny amoral
amper amp, ampere
amputacja amputation
amputować amputate
amunicja ammunition
anachroniczny anachronistic
anachronizm anachronism
anagram anagram
analfabeta **być analfabetą** be illiterate
analfabetyzm illiteracy
anality-k/czka analyst
analityczny analytical
analiza **1** analysis **2** *(określonego przypadku)* case study
analizować analyse *BrE*, analyze *AmE*
analogia analogy
analogiczny analogous, corresponding
ananas pineapple
anarchia anarchy
anarchiczny anarchic
anarchist-a/ka anarchist
anarchizm anarchism
anatomia anatomy
anatomiczny anatomical
anegdota anecdote
aneksja annexation
anektować annex
anemia anaemia
anemiczny anaemic
anestezjolog anaesthetist
angażować **1** involve **2** **angażować się w coś** get involved in sth

Angielka Englishwoman
angielski 1 English **2 język angielski** English
angina tonsillitis
Anglik 1 Englishman **2 Anglicy** the English
anglikan-in/ka Anglican
anglikanizm Anglicanism
anglikański Anglican
ani 1 or **2 ani ... ani** neither ... nor **3 ani jeden, ani drugi** neither **4 ani jeden** none **5 ani trochę** not a bit, not in the slightest
anielski angelic
animacja animation
animowany film animowany animated cartoon/film, animation
animozja animosity, bad/ill feeling
anioł angel
ankieta questionnaire
ankietować poll, survey
anomalia abnormality, anomaly
anonim anonymous letter
anonimowo anonymously
anonimowość anonymity
anonimowy anonymous, unnamed
anoreksja anorexia
anorektyczny anorexic
anormalny abnormal
antarktyczny Antarctic
Antarktyka the Antarctic
antena 1 aerial *BrE*, antenna *AmE* **2 antena satelitarna** satellite dish **3 być na antenie** be on the air
antenowy czas antenowy air time
antidotum antidote
antologia anthology
antonim antonym
antrakt intermission, interval
antropolog anthropologist
antropologia anthropology
antropologiczny anthropological
antybiotyk antibiotic
antyczny antique
antydatować backdate
antyk antique
antykoncepcja contraception, birth control
antykoncepcyjny 1 contraceptive **2 pigułka antykoncepcyjna** the Pill
antylopa antelope
antypatyczny unsympathetic
antysemicki anti-semitic
antysemityzm anti-semitism
antyseptyczny 1 antiseptic **2 środek antyseptyczny** antiseptic
antywłamaniowy alarm antywłamaniowy burglar alarm
anulować cancel, annul
anyż aniseed
aparat 1 apparatus **2 aparat fotograficzny** camera **3 aparat ortodontyczny** braces, brace *BrE* **4 aparat słuchowy** hearing aid
aparatura apparatus
apartament suite
apaszka 1 scarf **2** *(męska)* cravat
apatia apathy
apatyczny apathetic, listless
apel 1 appeal, plea **2** *(zbiórka)* assembly
apelacja 1 appeal **2 wnosić apelację** appeal
apelować appeal
apendyks appendix
apetyczny appetizing, mouth-watering
apetyt 1 appetite, craving **2 zaostrzać czyjś apetyt** whet sb's appetite
aplikacja application
aplikować aplikować coś komuś dose sb (up) with sth
apodyktyczność bossiness
apodyktyczny bossy, domineering
apokalipsa the Apocalypse
apokaliptyczny apocalyptic
apolityczny apolitical
apostolski apostolic
apostoł apostle
apostrof apostrophe
aprobata 1 approval **2 wyrazić aprobatę dla czegoś** approve sth, give sth the thumbs up **3 z aprobatą** approvingly
aprobować 1 aprobować coś approve of sth **2 nie aprobować czegoś** disapprove of sth
à propos by the way, incidentally
aprowizator/ka caterer
apteka-rz/rka pharmacist, chemist *BrE*
apteka pharmacy, chemist's *BrE*, drugstore *AmE*
Arab/ka Arab
arabski 1 Arab, Arabic **2 język arabski** Arabic
aranżować arrange
arbitralnie arbitrarily
arbitralny arbitrary
arbitraż arbitration
arbuz watermelon
archaiczny archaic
archeolog archaeologist
archeologia archaeology
archeologiczny archaeological
architekt architect
architektoniczny architectural
architektura architecture

archiwum archives, registry
arcybiskup archbishop
arcydzieło masterpiece
arena arena
areszt **1** detention **2** **areszt domowy** house arrest **3** **przebywać w areszcie śledczym** be on remand **4** **w areszcie** in custody
aresztować arrest
aresztowanie arrest
argument argument
aria aria
arktyczny arctic
Arktyka Arctic
arkusz **1** sheet **2** **arkusz ćwiczeniowy** *(do pracy w klasie)* worksheet **3** **arkusz kalkulacyjny** spreadsheet
armatni **kula armatnia** cannon ball
armia army, the military
arogancja arrogance
arogancki arrogant
arogancko arrogantly
aromat aroma
aromaterapia aromatherapy
aromatyczny aromatic
arsenał armoury, arsenal
arszenik arsenic
arteria artery
artretyzm arthritis
artykuł **1** article **2** **artykuł redakcyjny/wstępny** editorial
artyleria artillery
artyst-a/ka **1** artist **2** **artyst-a/ka estradow-y/a** entertainer
artystycznie artistically
artystyczny artistic
arystokracja aristocracy, the nobility
arystokrat-a/ka aristocrat, noble
arystokratyczny aristocratic, noble
arytmetyczny arithmetic
arytmetyka arithmetic
as ace
ascet-a/ka ascetic
ascetyczny ascetic
ascetyzm asceticism
asceza asceticism
asertywny assertive
asfalt asphalt, tarmac
asortyment range, assortment
aspekt aspect
aspiracja aspiration
aspiryna aspirin
aspołeczny antisocial
astma asthma
astrolog astrologer
astrologia astrology
astrologiczny astrological
astronaut-a/ka astronaut
astronom astronomer
astronomia astronomy
astronomiczny astronomical
asystent/ka assistant
atak **1** attack, strike **2** *(choroby)* fit **3** **atak serca** heart attack
atakować attack, strike
ateist-a/ka atheist
ateizm atheism
atlas atlas
atłas satin
atmosfera **1** atmosphere **2** **atmosfera ziemska** the atmosphere
atmosferyczny atmospheric
atom atom
atomowy **1** atomic **2** **bomba atomowa** atom(ic) bomb **3** **energia atomowa** atomic energy
atrakcja **1** attraction **2** **atrakcje turystyczne** the sights
atrakcyjnie attractively
atrakcyjny **1** attractive, appealing **2** *(o człowieku też)* good-looking, nice-looking
atrament ink
atrapa dummy
atrybut attribute
atutowy **1** **as atutowy** trump card **2** **karta atutowa** trump
au ouch
audiencja audience
audiowizualny audiovisual
audycja broadcast
aukcja **1** auction **2** **sprzedać na aukcji** auction
aureola halo
auspicje **pod auspicjami** under the auspices of
autentycznie authentically, genuinely
autentyczność authenticity
autentyczny authentic, genuine
autobiografia autobiography
autobiograficzny autobiographical
autobus bus
autobusowy **przystanek autobusowy** bus stop
autograf autograph
autokar coach *BrE*, bus *AmE*
automat **1** *(np. z napojami)* vending machine, dispenser **2** *(karabin)* automatic **3** **automat do gry** slot machine **4** **automat telefoniczny** pay phone
automatycznie automatically
automatyczny **1** automated, automatic **2** **automatyczna**

sekretarka answering machine

automatyzacja automation

autonomia autonomy

autonomiczny autonomous

autoportret self-portrait

autor/ka author

autorski 1 **prawo autorskie** copyright 2 **prawa autorskie** rights

autorytet authority

autostop 1 hitchhiking 2 **podróżować autostopem** hitch, hitchhike

autostopowicz/ka hitchhiker

autostrada 1 motorway *BrE*, expressway *AmE*, freeway *AmE*, highway *AmE* 2 *(płatna)* turnpike

autystyczny autistic

awangardowy avant-garde

awans promotion

awansować 1 be promoted 2 *(kogoś)* promote

awantura 1 trouble 2 **wywoływać awantury** cause/create trouble 3 **z/robić awanturę** make a fuss

awaria 1 breakdown, failure 2 *(komputera)* crash

awaryjny standby

awersja **mieć awersję do czegoś** have an aversion to sth

awokado avocado

azot nitrogen

azyl 1 asylum 2 **azyl polityczny** political asylum

aż 1 till, until 2 *(tak wiele)* as many as

Bb

babcia grandma, granny, gran *BrE*

babka grandmother

bachor brat

baczki whiskers

baczność 1 **mieć się na baczności** be on your guard 2 **stawać na baczność** stand at/to attention

bać się 1 be afraid, be frightened, be scared, fear 2 **bojąc się coś zrobić** fearful of doing sth 3 **boję się myśleć, co/jak** I hate to think what/how

badacz/ka explorer, researcher

badać examine, explore, inquire into, research, test

badanie 1 examination, exploration, test 2 **badania (naukowe)** research 3 **badania w terenie** fieldwork 4 **badanie ankietowe** survey 5 **badanie kontrolne** checkup

badawczo inquiringly

badminton badminton

bagatelizować trivialize, play down, downplay, make light of

bagaż 1 baggage, luggage 2 **bagaż podręczny** hand luggage

bagażnik 1 boot *BrE*, trunk *AmE* 2 *(na dachu)* roof rack

bagażowy *noun* porter

bagnet bayonet

bagnisty marshy

bagno bog, marsh, swamp

bajecznie fabulously

bajeczny fabulous

bajer frill

bajka fairy tale, fable

bajt byte

bakcyl 1 bug 2 **złapać bakcyla** get the bug/be bitten by the bug

bakłażan aubergine *BrE*, eggplant *AmE*

bakterie bacteria

bakteryjny bacterial

bal ball

balet ballet

baletnica ballerina

balkon 1 balcony 2 *(w teatrze)* gallery, circle

ballada ballad

balon(ik) balloon

balonowy **guma balonowa** bubble gum

balowy **sala balowa** ballroom

balsam 1 balm 2 **balsam kosmetyczny** lotion

balsamiczny balmy

balsamować embalm

balustrada banister, rail

bałagan disorder, mess

bałwan snowman

bambus bamboo

banalny banal

banał banality

banan banana

banda bunch, gang

bandaż bandage

bandażować bandage

bandyta 1 bandit 2 **uzbrojony bandyta** gunman

banicja banishment

banita outlaw

bank 1 bank 2 **bank krwi** blood bank

bankier banker

bankiet banquet

banknot banknote *BrE*, note *BrE*, bill *AmE*

bankomat cashpoint *BrE*, ATM *AmE*

bankowość banking

bankowy 1 **konto bankowe** bank account

2 **rachunek bankowy** bank account
bankructwo bankruptcy
bankrutować go bankrupt
bańka bubble
bar 1 bar 2 **bar szybkiej obsługi** snack bar
barakowóz caravan
Baran *(znak zodiaku)* Aries
baran 1 ram 2 **na barana** piggyback
baranina mutton
barbarzyńca barbarian
barbarzyński barbarian, barbaric
bardziej more
bardzo 1 very, very much 2 **bardzo dużo** a great/good deal 3 **bardzo mi miło** (it's) nice to meet you
barek drinks cabinet
bariera 1 barrier 2 **bariera dźwięku** the sound barrier
barierka barrier
bark shoulder
barka barge
barman bartender, barman
barmanka bartender, barmaid
barokowy baroque
barometr barometer
barszcz 1 borsch, beetroot soup 2 **tani jak barszcz** dirt cheap
barwa colour *BrE*, color *AmE*
barwić dye
barwnik colouring *BrE*, coloring *AmE*, dye, pigment
barwny colourful *BrE*, colorful *AmE*
barykada barricade
barykadować barricade
baryton baritone
bas bass
baseball 1 baseball 2 **piłka do baseballa** baseball
baseballowy boisko baseballowe ballpark
basen swimming pool
basowy bass
bastion bastion
baśń fairy tale, tale
batalion battalion
bateria 1 battery 2 **bateria słoneczna** solar panel
batut trampoline
batuta baton
bawełna 1 cotton 2 **nie owijać w bawełnę** not beat about/around the bush
bawić amuse
bawić się 1 play 2 **bawić się czymś** play with sth 3 **dobrze się bawić** have fun, have a good time, enjoy yourself
bawół buffalo
baza 1 base 2 **baza danych** database
bazar bazaar
bazgrać scrawl, scribble
bazgroły scrawl
bazylia basil
bażant pheasant
bąbelek bubble
bąk *(zabawka)* top
BBS *(komputerowa tablica ogłoszeń)* bulletin board
beczeć *(o owcy, kozie)* bleat
beczka 1 barrel, drum 2 **piwo z beczki** beer on draught
beczułka cask
bejca stain
bejcować stain
beknąć burp
bekon bacon
bela bale
belka beam, timber
bełkot gibberish
bełkotać babble
benzyna petrol *BrE*, gasoline *AmE*, gas *AmE*
benzynowy stacja benzynowa petrol station *BrE*, gas station *AmE*
beret beret
bestia beast, brute
bestialstwo savagery
bestseller bestseller
besztać besztać kogoś tell sb off, tick sb off *BrE*
beton concrete
betonowy concrete
bez[1] *prep* without
bez[2] *noun* lilac
bez- -free
beza meringue
bezalkoholowy 1 non-alcoholic 2 **napój bezalkoholowy** soft drink
bezapelacyjny outright
bezbarwny colourless *BrE*, colorless *AmE*
bezbłędny faultless, flawless
bezbolesny painless
bezbronny defenceless, vulnerable
bezcelowy aimless, pointless
bezcenny priceless
bezceremonialność bluntness
bezceremonialny blunt
bezczelnie impertinently, insolently
bezczelność impertinence, insolence
bezczelny impertinent, insolent, cheeky *BrE*
bezczynnie idly
bezczynność idleness, inaction, inactivity
bezczynny idle, inactive
bezdenny bottomless
bezdomni the homeless
bezdomny homeless
bezduszność callousness
bezduszny callous, inconsiderate
bezdzietny childless

bezgłośnie noiselessly
bezgraniczny boundless
bezimienny nameless
bezinteresowny selfless, unselfish
bezkarnie zrobić coś bezkarnie get away with sth
bezkofeinowy decaffeinated
bezkompromisowy uncompromising
bezkonkurencyjny unbeatable, unsurpassed
bezkrwawy bloodless
bezkształtny formless, amorphous, shapeless
bezlitosny merciless, pitiless
bezludny *adj* **bezludna wyspa** desert island
bezładny *adj* disorderly
bezmyślnie thoughtlessly
bezmyślność mindlessness, thoughtlessness
bezmyślny 1 mindless, thoughtless **2 bezmyślny wyraz twarzy/uśmiech** a vacant expression/smile
beznadziejnie hopelessly
beznadziejny hopeless
beznamiętny impassive
bezokolicznik infinitive
bezołowiowy unleaded
bezosobowy impersonal
bezowocnie *adv* fruitlessly
bezowocny fruitless
bezpański bezpański pies a stray dog
bezpestkowy seedless
bezpieczeństwo 1 safety, security **2 dla bezpieczeństwa** for safe keeping **3 pas bezpieczeństwa** safety belt
bezpiecznie safely
bezpiecznik fuse
bezpieczny safe, secure
bezpłatnie free, free of charge
bezpłatny free, complimentary
bezpłciowy asexual
bezpłodność infertility, sterility
bezpłodny infertile, sterile
bezpodstawny 1 unfounded **2 bezpodstawne obawy/podejrzenia** groundless fears/suspicions **3 być bezpodstawnym** be without foundation/have no foundation
bezpośredni 1 direct, immediate **2 pociąg bezpośredni** through train
bezpośrednio directly, immediately
bezpośredniość directness
bezprawnie wrongfully
bezprawny illegitimate, unlawful, wrongful
bezprecedensowy unprecedented
bezprzewodowy cordless
bezradnie helplessly
bezradność helplessness
bezradny helpless
bezrękawnik pinafore *BrE*
bezrobocie unemployment
bezrobotny *adj* unemployed, jobless, out of work
bezruch stillness
bezsenność sleeplessness, insomnia
bezsenny sleepless
bezsensowny meaningless, pointless, senseless, useless
bezsilność powerlessness
bezsilny impotent, powerless
bezsporny indisputable
bezsprzecznie indisputably, unquestionably
bezsprzeczny indisputable, unquestionable
bezstronnie impartially
bezstronność impartiality, neutrality
bezstronny impartial, neutral, disinterested
bezszelestnie noiselessly
beztłuszczowy fat-free
beztroski carefree, happy-go-lucky
beztrosko blithely
bezustannie incessantly, perpetually
bezustanny incessant, perpetual
bezużyteczny useless, worthless
bezwartościowy worthless
bezwarunkowo unconditionally
bezwarunkowy unconditional
bezwiednie unconsciously, unwittingly
bezwład 1 inertia **2** *(paraliż)* paralysis
bezwładny 1 inert **2** *(kończyna)* numb
bezwonny odourless *BrE*, odorless *AmE*
bezwstydnie unashamedly
bezwstydny shameless, unashamed
bezwzględnie ruthlessly
bezwzględność ruthlessness
bezwzględny ruthless, cold-blooded
beż beige
beżowy beige
bęben(ek) drum
bębnić drum
bębnienie patter
bękart bastard
białaczka leukemia

białko 1 protein **2** *(w jajku)* white
biały *adj* **1** white **2 Biały Dom** the White House **3 czarno na białym** in black and white **4 w biały dzień** in broad daylight
biał-y/a *noun* white
Biblia the Bible, scripture
bibliografia bibliography
biblioteczka bookcase
biblioteka-rz/rka librarian
biblioteka library
bibuła blotting paper
bibułka tissue
biceps(y) biceps
bicie 1 beating **2** *(zegara, dzwonów, itp.)* chime **3 bicie serca** heartbeat
bicz whip
biczować whip
bić beat, hit
bić się fight
biec 1 run **2 biec za kimś/czymś** run after sb/sth, chase sb/sth
bieda poverty
biedny 1 poor **2 biedni** the poor
biedronka ladybird
bieg *noun* **1** run, running **2** *(czasu, rzeki)* course **3** *(w samochodzie)* gear **4 bieg jałowy** neutral **5 bieg przez płotki** hurdles **6 bieg rzeczy** course of events **7 nadawać czemuś bieg** put/set sth in motion **8 z biegiem czasu** in the course of time
biegacz/ka runner
biegać run, jog
bieganie running, jogging
biegle fluently, proficiently
biegłość fluency, proficiency
biegły fluent, proficient
biegun 1 biegun północny/południowy the North/South Pole **2 koń na biegunach** rocking horse
biegunka diarrhoea *BrE*, diarrhea *AmE*
biel white, whiteness
bielić whitewash
bielizna 1 underwear **2** *(pościelowa)* linen **3 bielizna damska** lingerie
biernie passively
bierność passivity
bierny 1 passive **2 imiesłów bierny** past participle **3 strona bierna** the passive (voice)
bierzmowanie confirmation
bieżąco *adv* **być na bieżąco (z czymś)** keep up (with sth), be in touch (with sth), keep abreast (of sth)
bieżący 1 bieżąca woda running water **2 rachunek bieżący** current account
bieżnia racetrack, track
bieżnik *(na oponie)* tread
bijatyka brawl
bikini bikini
bilansowy zestawienie bilansowe balance sheet
bilard 1 billiards, pool **2 bilard elektryczny** pinball
bilet 1 ticket **2 bilet powrotny** return *BrE*, round trip *AmE* **3 bilet w jedną stronę** single ticket **4 cena biletu** fare
biletowy kasa biletowa *(na dworcu)* booking office *(w teatrze)* box office
bilingwalny bilingual
billboard billboard, hoarding
bilon 1 change **2 w bilonie** in change
bingo bingo
biochemik biochemist
biochemia biochemistry
biochemiczny biochemical
biodro hip
biodrowy pelvic
biograf biographer
biografia biography
biograficzny biographical
biolog biologist
biologia biology
biologicznie biologically
biologiczny biological
biotechnologia biotechnology
bis encore
biseksualist-a/ka bisexual
biseksualny bisexual
biskup bishop
biszkopt sponge cake
bit bit
bitwa 1 battle **2 pole bitwy** battlefield
biuletyn bulletin, newsletter
biurko desk
biuro 1 office **2** *(instytucja)* bureau **3 biuro podróży** travel agency
biurokracja bureaucracy
biurokrat-a/ka bureaucrat
biurokratyczny bureaucratic
biurowy clerical
biust bosom, bust
biustonosz bra
biwak pojechać na biwak go camping
biwakować camp
biwakowanie camping
biznes business
biznesmen businessman
bizneswoman businesswoman
bizon bison, buffalo
biżuteria jewellery
blady pale

blaknąć fade
blask **1** gleam, glitter **2** **w blasku sławy** in a blaze of glory/publicity
blat **1** counter, top **2** **blat kuchenny** worktop
blednąć pale, blanch
blef bluff
blefować bluff
blezer blazer
blichtr glamour *BrE*, glamor *AmE*
bliski **1** near, close **2** *(rychły)* imminent **3** *(intymny)* intimate **4** **bliski krewny** close relation/relative **5** **Bliski Wschód** the Middle East **6** **być bliskim płaczu** be on the verge of tears
blisko **1** near, close **2** **blisko spokrewniony** closely related **3** **z bliska** *(strzelać)* at point-blank range
bliskość **1** closeness **2** *(zażyłość)* intimacy
blizna scar
bliźniak **1** twin **2** *(dom)* semi-detached house **3** **bliźniaki jednojajowe** identical twins
Bliźnięta *(znak zodiaku)* Gemini
bloczek pad
blok **1** block, pad **2** *(urządzenie)* pulley **3** *(w rugby)* tackle **4** **blok mieszkalny** apartment building
blokada **1** blockade **2** **blokada drogi** roadblock
blokować block, obstruct
blond *adj* blonde
blondynka *noun* blonde
blues blues
bluszcz ivy
bluza sweatshirt
bluzka **1** blouse **2** **bluzka koszulowa** shirt
bluźnić blaspheme
bluźnierczy blasphemous
bluźnierstwo blasphemy, profanity
błagać beg, implore, plead
błagalnie pleadingly
błaganie plea
błahostki trivia
błahy trivial
błazen jester
błąd **1** error, mistake **2** *(w programie komputerowym)* bug **3** **błąd ortograficzny** misspelling **4** **popełnić błąd** make an error **5** **wprowadzić w błąd** mislead
błędnie incorrectly, erroneously, mistakenly
błędny **1** wrong, incorrect, erroneous **2** **błędne koło** vicious circle **3** **błędne przekonanie** misconception
błękit blue
błogi blissful
błogo blissfully
błogosławić bless
błogosławieństwo blessing
błogosławiony blessed
błona **1** membrane **2** **błona bębenkowa** eardrum
błonnik fibre, roughage
błotnik wing *BrE*, fender *AmE*
błotnisty muddy
błoto mud
błysk flash
błyskać flash
błyskawica **1** lightning **2** **rozchodzić się lotem błyskawicy** spread like wildfire
błyskawicznie rapidly
błyskawiczny **1** rapid **2** **błyskawiczny kurs** crash course
błyskotliwość brilliance
błyskotliwy brilliant
błyszczący shiny
błyszczeć **1** shine, gleam, glow **2** **błyszczeć z czegoś** *(być dobrym)* shine at sth
bo **1** as, because **2** **bo inaczej** or (else)
boazeria panelling
bochenek loaf
bocian stork
boczek bacon
bocznica siding
boczny **1** side **2** **boczna ulica/droga** back street/road
bodziec impetus, stimulus
bogactwo **1** richness, wealth, riches **2** **bogactwa naturalne** natural resources
bogato richly
bogaty **1** rich, wealthy **2** **bogaci** the rich, the wealthy
bogini goddess
bohater **1** hero **2** **bohater ludowy** folk hero
bohaterka heroine
bohaterstwo heroism
boisko **1** (playing) field, pitch **2** **boisko sportowe/piłkarskie** sports/football ground **3** **boisko szkolne** playground
boja buoy
bojaźliwie timidly
bojaźliwość timidity
bojaźliwy timid
bojkot boycott
bojkotować **1** boycott **2** *(towarzysko)* ostracize, ostracise *BrE*
bojler boiler
bojowni-k/czka **1** fighter, militant **2** **bojowni-k/czka o wolność** freedom fighter
bok **1** side **2** **na bok** sideways **3** **na boku** on the

side **4 z boku na bok** from side to side **5 z boku** in the background
bokobrody sideburns, whiskers
boks boxing
bokser boxer
boksować się box
boleć ache, hurt
bolesność discomfort
bolesny painful, sore
boleśnie painfully
bomba 1 bomb **2 bomba z opóźnionym zapłonem** time bomb **3 bomba pułapka** booby trap **4 bomba zegarowa** time bomb
bombardować bomb, bombard
bombardowanie bombardment
bombowiec bomber
boom boom
bordo(wy) maroon
borsuk badger
boski 1 divine, heavenly, godlike **2 na miłość boską** for goodness' sake, for heaven's sake **3 co/jak na miłość boską** what/how in God's name
boso barefoot
bosy barefoot
botanik botanist
botaniczny botanical
botanika botany
boży 1 divine **2 Boże Narodzenie** Christmas
bóbr beaver
Bóg 1 God **2 Boże (drogi)!** (goodness) gracious!, Good grief! **3 Bóg (jeden) wie** God (only) knows **4 broń Boże** God forbid **5 nie daj Boże** heaven forbid **6 jak Boga kocham** I swear to God
bóg god
bój fight, combat
bójka fight
ból 1 ache, pain **2 ból brzucha** stomach-ache **3 ból głowy** headache **4 ból zęba** toothache **5 bóle krzyża** backache
bóstwo deity
bóść butt
braciszek little brother
bractwo brotherhood, fraternity
brać 1 take **2 brać kogoś/coś za** mistake sb/sth for **3 brać na siebie odpowiedzialność/winę** shoulder a responsibility/the blame **4 brać udział (w)** take part (in) **5 brać się za siebie** get your act together **6 brać się (ostro) za coś** crack down on sth
brak 1 absence, lack, want **2** *(niedostatek)* shortage, deficiency **3 brak czucia** numbness **4 brak doświadczenia** inexperience **5 z braku czegoś** for want of sth
brakować 1 czegoś brakuje sth is in short supply, sth is lacking **2 komuś brakuje czegoś** sb is short of sth, sb lacks sth **3 komuś brakuje kogoś** sb misses sb
brakujący missing
brama gate, gateway
bramka goal
bramkarz 1 goalkeeper **2** *(w lokalu)* bouncer
bransoletka bracelet, bangle
branża 1 trade **2 branża handlowa/turystyczna** retail/tourist trade
brat 1 brother **2 brat przyrodni** half-brother **3 brat zakonny** friar
bratać się bratać się z kimś fraternize with sb
bratanek nephew
bratanica niece
bratek pansy
braterski 1 fraternal **2 miłość braterska** brotherly love
braterstwo brotherhood, fraternity
bratowa sister-in-law
brawo well done, bravo
brawura bravado
brąz 1 *(kolor)* brown **2** *(metal)* bronze
brązowy 1 brown **2 brązowy medal** bronze medal
brednia mumbo-jumbo
brednie drivel, mumbo-jumbo
brew (eye)brow
brezent canvas, tarpaulin
brnąć tramp
broda 1 *(część twarzy)* chin **2** *(zarost)* beard **3 z brodą** bearded
brodaty bearded
brodawka 1 wart **2 brodawka sutkowa** nipple
brodzić wade, paddle *BrE*
broker broker
brokuły broccoli
bronić defend
broń 1 weapon **2** *(zbiorowo)* arms, armaments **3 broń jądrowa** nuclear weapons **4 napad z bronią w ręku** armed robbery
broszka brooch
broszura booklet, brochure, pamphlet
browar brewery
bród ford
brud dirt, filth
brudnopis first draft
brudny 1 dirty, soiled **2 bardzo brudny** filthy
brudy dirt
brudzić dirty, soil, mess up

brukować pave
brukowany cobbled
brukowiec tabloid
brukselka (brussels) sprout
brunetka brunette
brutal brute
brutalnie brutally, savagely
brutalność brutality
brutalny brutal, rough, savage
brutto gross
bruzda furrow
brydż bridge
brygada brigade
brygadzista foreman
brylant diamond
bryła lump, solid
Brytyj-czyk/ka 1 Briton 2 **Brytyjczycy** the British
brytyjski British
brzdąc tot
brzdąkać strum
brzdęk twang
brzeg 1 *(rzeki)* bank, riverside 2 *(jeziora, morza)* shore 3 *(krawędź)* border, edge, rim 4 **brzeg morski** the seashore 5 **napełniony/pełen po brzegi** filled/full to the brim
brzegowy **linia brzegowa** coastline
brzemienny **brzemienny w skutki** fateful
brzęczeć buzz, hum
brzęczenie buzz, drone
brzęczyk beeper, bleeper, buzzer
brzęk clink, clatter
brzmieć sound
brzoskwinia peach
brzoza birch
brzuch 1 stomach, belly, abdomen 2 **ból brzucha** stomach-ache
brzuchomówca ventriloquist
brzuszny abdominal
brzydki 1 ugly 2 **brzydkie słowa** bad language
brzydota ugliness
brzytwa 1 razor 2 **ostry jak brzytwa** razor sharp
buchać *(ogniem itp.)* belch
buczeć hum
buda *(dla psa)* kennel
buddyjski Buddhist
buddyst-a/ka Buddhist
buddyzm Buddhism
budka booth
budowa 1 *(konstrukcja)* construction 2 *(ciała)* build 3 *(budowanie)* building 4 *(plac budowy)* building site 5 **w budowie** under construction
budować build, construct
budowlany **przedsiębiorstwo budowlane** builder
budowniczy builder
budulec building block
budynek building, house
budzić **budzić (się)** awake, wake (up)
budzik alarm clock
budżet 1 budget 2 **nie przekraczać budżetu** balance the books/budget
budżetowy budgetary
bufet buffet, cafeteria
bufor buffer
buforować buffer
bujać fib
bujany **fotel bujany** rocking chair
bujda fib
bujny bushy
buk beech
bukiet bouquet, bunch
bukmacher bookmaker
buldog bulldog
buldożer bulldozer
bulgot gurgle
bulgotać gurgle, bubble
bulwar boulevard
bulwersować appal, scandalize, scandalise *BrE*
bułeczka bun
bułka 1 roll 2 **bułka tarta** breadcrumbs
bumerang boomerang
bunkier bunker
bunt rebellion, mutiny, revolt
buntować się 1 rebel, revolt 2 **buntować się przeciwko czemuś** react against sth
buntowni-k/czka rebel
buntowniczo defiantly
buntowniczy defiant, rebellious
bura scolding
burak 1 **burak (ćwikłowy)** beet, beetroot 2 **burak cukrowy** sugar beet
burbon bourbon
burda brawl
burknąć grunt
burknięcie grunt
burmistrz mayor
bursztyn amber
bursztynowy amber
burta 1 **lewa burta** port 2 **prawa burta** starboard 3 **za burt-ę/ą** overboard
burza 1 storm 2 **burza gradowa** hailstorm 3 **burza mózgów** brainstorming 4 **burza piaskowa** sandstorm 5 **burza z piorunami** thunderstorm
burzliwy stormy, turbulent
burzowy stormy
burzyć demolish, knock down, pull down, tear down
burżuazyjny bourgeois
busz the bush
but 1 shoe 2 *(z cholewą)* boot 3 **but sportowy** trainer *BrE*, sneaker *AmE*
butelka bottle

butelkować bottle
butik boutique
być **1** be **2** **być może** maybe, possibly
bydlę animal, brute
bydło cattle
byk **1** bull **2** **Byk** *(znak zodiaku)* Taurus **3** **walka byków** bullfight(ing)
byle **nie byle jaki** no mean
były **1** former **2** **były mąż/premier** ex-husband/ ex-prime minister **3** **były przywódca/prezydent** past leader/president
bynajmniej **1** not in the least **2** **bynajmniej nie** by no means, hardly, far from
bystry bright, clever, smart
bywać **często bywać w** frequent
bzdura bullshit, rubbish *BrE*
bzik **mieć bzika na punkcie czegoś** be crazy about sth
bzyczeć hum

Cc

cal *(= 2.54 cm)* inch
całkiem **1** entirely, altogether **2** *(dosyć)* quite **3** **całkiem sporo** quite a bit, quite a few
całkowicie completely, totally
całkowity **1** total, overall **2** **całkowite poparcie/ porozumienie** wholehearted support/agreement
całodobowy round-the-clock
całonocny overnight
całość **1** whole **2** **jako całość** as a whole **3** **w całości** in full
całować kiss
całun shroud
cały **1** all, entire, whole **2** **cały czas** all the time **3** **cały i zdrowy** safe, unharmed **4** **całymi dniami/godzinami** (for) days/hours on end **5** **iść na całego (z czymś)** go to town (on sth) **6** **na całym świecie** all around the world **7** **ujść cało** come to no harm
car tsar, tzar, czar
cążki clippers
CD-ROM CD-ROM
cebula onion
cebulka **1** bulb **2** *(włosa)* root **3** **zielona cebulka** spring onion
cech guild
cecha characteristic, feature, quality
cechować characterize, characterise *BrE*
cedr cedar
cedzak colander, strainer
cedzić strain
cegła brick
cekin sequin
cel **1** aim, goal, end, purpose, objective **2** *(tarcza)* target **3** **bez celu** aimlessly **4** **cel podróży** destination **5** **mieć na celu** be geared to **6** **środek do celu** a means to an end
cela **1** cell **2** **cela śmierci** death row
celibat celibacy
celofan cellophane
celować aim, take aim, point
celownik sights
celowo deliberately, intentionally, on purpose
celowy deliberate
Celsjusz **5 stopni w skali Celsjusza** 5 degrees Celsius/ Centigrade
celująco with flying colours
cement cement
cementować cement
cena **1** price **2** **cena biletu** fare **3** **coś jest warte swej ceny** sth is good/excellent value (for money) **4** **za każdą cenę** at any price **5** **za wszelką cenę** at all costs/at any cost
cenić value, treasure
cenny precious, valuable
cent cent
centrala **1** headquarters **2** *(telefoniczna)* switchboard, telephone exchange
centralizacja centralization
centralizować centralize, centralise *BrE*
centralnie centrally
centralny **1** central **2** **centralne ogrzewanie** central heating **3** **punkt centralny** focal point
centrum **1** centre **2** **do/ w centrum** downtown **3** **centrum handlowe** shopping mall, (shopping) arcade *BrE* **4** **znajdować się w centrum uwagi** be in the limelight, be the focus of attention
centymetr centimetre *BrE*, centimeter *AmE*
cenzor censor
cenzura censorship
cenzurować censor
cera complexion
ceramiczny ceramic, earthenware
ceramika ceramics, earthenware
ceremonia ceremony
ceremoniał ceremony
cerować darn
cesarski imperial
cesarstwo empire
cesarz emperor
cesarzowa empress
cetnar hundredweight
cętka spot

cętkowany spotty
chandra **mieć chandrę** have/get the blues
chaos chaos, turmoil
chaotyczny chaotic, disorganized
charakter **1** character **2** **charakter pisma** handwriting
charakterystycznie characteristically
charakterystyczny characteristic, distinctive, habitual
charakterystyka characterization, profile
charakteryzować **1** *(cechować)* characterize, characterise *BrE* **2** *(przebierać)* disguise
chart **chart angielski** greyhound
charytatywny charitable
charyzma charisma
charyzmatyczny charismatic
chata cabin, cottage, hut
chciałbym I would like, I'd like ...
chcieć **1** want, wish **2** **chcesz czy nie chcesz** (whether you) like it or not **3** **chcieć coś zrobić** want to do sth **4** **chcieć, żeby ktoś coś zrobił** want sb to do sth **5** **chcieć dobrze** mean well **6** **jeśli chcesz** if you like **7** **nie chce mi się czegoś robić** I don't feel like doing sth, I can't be bothered to do sth *BrE* **8** **nie chcieć czegoś zrobić** be unwilling to do something
chciwie greedily
chciwość greed, greediness
chciwy greedy
chełpliwy boastful
chemik chemist
chemia chemistry
chemicznie **1** chemically **2** **czyścić chemicznie** dry-clean
chemiczny **1** chemical **2** **pralnia chemiczna** dry cleaner's
cherlawy weedy
chęć **1** desire, willingness **2** **z chęcią coś zrobić** be glad to do sth **3** **z chęcią** gladly
chętka fancy
chętnie willingly
chętny willing
chichot chuckle, giggle
chichotać chuckle, giggle
chili chilli
chips crisp *BrE*, chip *AmE*
chirurg surgeon
chirurgiczny surgical
chlapać splash
chleb bread
chlew (pig)sty
chlor chlorine
chloroform chloroform
chluba boast, credit
chlupać squelch
chlustać spout
chłam crap, trash
chłeptać lap
chłodnica radiator
chłodno coldly, coolly
chłodny cool, chilly
chłodzenie refrigeration
chłodziarka refrigerator
chłodzić chill
chłop/ka peasant
chłopak **1** boy **2** *(sympatia)* boyfriend
chłopczyca tomboy
chłopiec boy
chłopięcy boyish
chłosta flogging
chłostać flog, lash
chłód chill, coldness, coolness
chmiel hops
chmura cloud
chmurzyć **chmurzyć się** cloud over
chochlik goblin, imp
chociaż **1** though, although, even though **2** **chociaż raz** for once
chodak clog
chodnik pavement *BrE*, sidewalk *AmE*
chodzić **1** walk **2** *(o maszynie)* run **3** **jeśli chodzi o coś/kogoś** as far as sth/sb is concerned **4** **chodzi o to, że** the point is (that) **5** **chodzić z kimś** go out with sb, date *AmE* **6** **chodzić do kościoła/szkoły** go to church/school **7** **jeśli chodzi o** with/in regard to **8** **jeśli o mnie chodzi** as far as I'm concerned, for my part **9** **jeśli o to chodzi** for that matter **10** **o co chodzi?** what's the matter? **11** **o co ci chodzi?** what are you getting at?
choinka Christmas tree
cholera **1** *(przekleństwo)* damn, shit, dammit, goddammit *AmE* **2** *(choroba)* cholera
cholernie damn, bloody *BrE*
cholerny damned, bloody *BrE*
cholesterol cholesterol
cholewa **but z cholewą** boot
chomik hamster
choreograf choreographer
choreografia choreography
choroba **1** disease, illness, sickness **2** **choroba lokomocyjna** carsickness **3** **choroba morska** seasickness **4** **choroba umysłowa** insanity **5** **cierpieć na chorobę morską** be seasick
chorobliwy obsessive, unhealthy

chorować be ill, be sick
chorowity sickly
chory **1** ill, sick **2** **bardziej chory** worse **3** **chory umysłowo** insane **4** **chore serce/kręgosłup** a bad heart/back
chować **1** hide, put away **2** *(zmarłego)* bury **3** **chować się** hide, shelter, take shelter
chowany **bawić się w chowanego** play hide-and-seek
chód walk
chór **1** choir **2** **chór podziękowań/niezadowolenia** a chorus of thanks/disapproval
chóralny choral
chrapać snore
chrapanie snore
chrapliwy hoarse
chrom chrome
chromosom chromosome
chronicznie chronically
chroniczny chronic
chronić **1** protect, safeguard **2** **chronić przed kimś/czymś** keep sb/sth off **3** **chronić się** shelter, take shelter
chroniony protected
chronologicznie chronologically
chronologiczny chronological
chropowatość roughness
chropowaty rough
chrupać crunch, munch
chrupiący crispy, crunchy
chrupka crisp *BrE*, potato chip *AmE*
chrust brushwood
chrypka **mieć chrypkę** be hoarse
Chrystus Christ
chryzantema chrysanthemum
chrząkać *(o świni)* grunt
chrząknięcie grunt
chrząstka cartilage, gristle
chrząszcz beetle
chrzcić **zostać ochrzczonym** be christened
chrzcielnica font
chrzciny christening
chrzest baptism
chrzestna godmother
chrzestny godfather
chrześcija-nin/nka Christian
chrześcijański Christian
chrześcijaństwo Christianity
chrześniaczka goddaughter, godchild
chrześniak godson, godchild
chrzęścić crunch
chudy **1** thin, skinny, lean **2** **chude mleko** skimmed milk
chuligan hooligan
chuligański disorderly
chuligaństwo hooliganism
chusta scarf, shawl
chusteczka **1** **chusteczka do nosa** handkerchief, hankie **2** **chusteczka higieniczna** Kleenex, tissue
chwalić **1** praise **2** **chwalić się** boast **3** **chwalić się czymś** show sth off
chwała glory
chwast weed
chwiać się wobble
chwiejny unsteady, shaky
chwila **1** moment, instant **2** **na chwilę** for a moment **3** **na ostatnią chwilę** last-minute **4** **od tej chwili** from now on **5** **przez chwilę/moment** momentarily **6** **w każdej chwili** (at) any moment, any minute **7** **w ostatniej chwili** at the last minute **8** **w tej chwili** at the moment, just/right now **9** **za chwilę/moment** in a moment/minute, momentarily
chwileczka **chwileczkę** just a minute/second, wait a minute
chwilowo for the moment, temporarily
chwilowy momentary
chwycić grab, seize
chwyt **1** catch, grip **2** **chwyt reklamowy** publicity stunt
chwytać **1** catch, grasp, grip **2** **chwytać się za ręce** join hands **3** **chwytać za coś** grasp at sth
chwytliwy catchy
chyba **1** probably, I suppose, surely **2** **chyba tak/nie** I guess so/not **3** **chyba że** unless
chybić **1** miss **2** **na chybił trafił** at random, haphazardly
chybotać się wobble
chybotliwy wobbly
chytry sly, wily
ciachnąć snip
ciało **1** body, flesh **2** **ciało niebieskie** heavenly body
ciarki **1** shivers **2** **przyprawiać kogoś o ciarki** give sb the creeps
ciasno tightly
ciasny cramped, tight
ciasteczko cookie
ciastko **1** pastry **2** **ciastko z owocami** tart
ciasto **1** cake, pie **2** *(masa)* dough, pastry **3** **ciasto w proszku** cake mix
ciąć cut, slash
ciąg **1** sequence **2** **ciąg dalszy** follow-up **3** **ciąg dalszy nastąpi** to be continued **4** **w ciągu** in/

during/within the space of, within
ciągle constantly, continually, continuously
ciągłość continuity
ciągły continuous, continued, incessant
ciągnąć 1 pull, drag, draw 2 **ciągnąć losy** draw lots 3 **ciągnąć się** extend, stretch 4 **ktoś ciągnie do kogoś/czegoś** sb gravitates to/towards sb/sth
ciąża 1 pregnancy 2 **przerywać ciążę** have an abortion 3 **w ciąży** pregnant 4 **zajść w ciążę** get pregnant, conceive
cichaczem on the quiet
cichnąć die away, die down, quieten down
cicho 1 quietly, silently, softly 2 **bądź cicho!** be quiet! 3 **mów ciszej** keep your voice down
cichu po cichu on the quiet
cichy quiet, silent, soft
ciec 1 drip 2 **z czegoś cieknie benzyna/woda** sth is leaking petrol/water
ciecz liquid
ciekawość 1 curiosity 2 **z ciekawości** out of curiosity
ciekawsk-i/a busybody
ciekawy 1 interesting 2 *(dociekliwy)* curious 3 **co ciekawe** interestingly
ciekły liquid
cielesny bodily
cielę calf
cielęcina veal
ciemnia darkroom
ciemnieć darken
ciemność darkness, the dark
ciemny dark
cienisty shady
cienki thin
cienko cienko pokrojony thinly sliced
cienkość thinness
cień 1 shadow 2 *(zacienione miejsce)* shade 3 **bez cienia wątpliwości** without/beyond a shadow of a doubt 4 **cień do powiek** eyeshadow
cieplarnia hothouse
cieplarniany efekt cieplarniany the greenhouse effect
cieplny thermal
ciepło heat, warmth
ciepły warm
ciernisty thorny
cierń thorn
cierpieć 1 suffer 2 **cierpieć na coś** suffer from sth 3 **nie cierpieć** hate, detest
cierpienie suffering
cierpki tart
cierpliwie patiently
cierpliwość 1 patience 2 **stracić cierpliwość** lose (your) patience
cierpliwy patient
cieszyć się 1 delight 2 **cieszyć się powodzeniem** be in demand 3 **cieszyć się czymś** enjoy sth
cieśnina strait
cięcie 1 cut 2 *(w budżecie)* cutback 3 **cesarskie cięcie** caesarean (section)
cięgi thrashing
ciężar 1 *(waga)* weight 2 *(przenośnie)* burden
ciężarny pregnant
ciężarowiec weight-lifter
ciężarówka truck, lorry *BrE*
ciężki 1 heavy 2 *(trudny)* hard, tough 3 **bokser wagi ciężkiej** heavyweight 4 **z ciężkim sercem** with a heavy heart
ciężko 1 hard 2 **ciężko strawny** heavy
cios 1 blow 2 *(pięścią też)* punch 3 **zadać (komuś) cios** deal a blow (to sb)
ciotka aunt
cis *(drzewo)* yew
ciskać fling, hurl
cisza quiet, silence, hush
ciśnienie 1 pressure 2 **ciśnienie krwi** blood pressure
ciśnieniowy pressurized
cło 1 duty, tariff 2 **wolny od cła** duty-free
cmentarz 1 cemetery 2 *(przy kościele)* churchyard, graveyard 3 *(starych samochodów)* junkyard
cmokać smack your lips
cnota 1 virtue 2 *(czystość)* chastity
cnotliwy virtuous
co 1 what 2 **co do kogoś/czegoś** as for sb/sth 3 **co najmniej** at least 4 **co powiesz na ...?** how about ...? 5 **co się dzieje z kimś/czymś** what's up with sb/sth 6 **co słychać?** what's up?, what's happening? 7 **co u licha** whatever 8 **co więcej** in (actual) fact, as a matter of fact, what's more 9 **co za** what a(n) 10 **i co z tego?** so?, so what? 11 **no to co?** so?, so what? 12 **co roku** every year
codziennie every day, daily
codzienny daily, everyday
cofać 1 *(samochód)* back up 2 *(obietnicę itp.)* take back, retract 3 **cofać czas** turn back the clock 4 **cofać zegar/zegarek** put a clock/a

watch back **5 cofać się** back, reverse
cofnięcie withdrawal
cogodzinny hourly
cokolwiek anything, whatever
cokół pedestal
comiesięczny monthly
coraz 1 coraz lepiej better and better **2 coraz gorzej** worse and worse **3 coraz mniej** less and less **4 coraz ważniejszy/trudniejszy** increasingly important/ difficult **5 coraz więcej** more and more
corocznie annually
coroczny annual
corrida bullfight, bullfighting
coś 1 something, anything **2 coś innego** something else **3 coś podobnego!** really? **4 coś takiego!** fancy/fancy that!
córka daughter
crack *(narkotyk)* crack
cuchnąć stink, reek
cucić bring round, revive
cud 1 marvel, miracle, wonder **2 czynić/działać cuda** work/perform miracles
cudo beauty
cudownie wonderfully
cudowny 1 miraculous, wonderful, marvellous, gorgeous **2 cudowne dziecko** whizzkid
cudzołóstwo adultery
cudzoziem-iec/ka alien
cudzysłów quotation mark, inverted commas *BrE*
cukier sugar
cukierek sweet *BrE*, candy *AmE*
cukierniczy wyroby cukiernicze confectionery
cukinia courgette *BrE*, zucchini *AmE*
cukrzyca 1 diabetes **2 chory na cukrzycę** diabetic
cumować dock, moor
curry *(potrawa)* curry
cycek tit
cydr *(rodzaj wina)* cider
cyfra 1 digit, figure **2 cyfra rzymska** Roman numeral
cyfrowy digital
Cygan/ka gypsy
cygaro cigar
cyjanek cyanide
cykl cycle
cyklon cyclone
cykoria chicory
cylinder 1 cylinder **2** *(kapelusz)* top hat
cyna tin
cynamon cinnamon
cyni-k/czka cynic
cynicznie cynically
cyniczny cynical
cynizm cynicism
cynk 1 zinc **2 dać komuś cynk** tip sb off
cypel headland
cyrk circus
cysta cyst
cytadela citadel
cytat citation, quotation, quote
cytować quote
cytrusowy citrus
cytryna lemon
cywil civilian
cywilizacja civilization
cywilizować civilize, civilise *BrE*
cywilizowany civilized
cywilny 1 civil, civilian **2 stan cywilny** marital status **3 urzędni-k/czka stanu cywilnego** registrar
czadowy funky
czaić czaić się (na kogoś/ coś) lie in wait (for sb/sth), lurk
czajnik kettle
czapka 1 hat **2** *(z daszkiem)* cap
czapla heron
czar 1 charm **2 rzucać czar na** cast a spell on/over
czarnoksiężnik magician, sorcerer
czarnoskóry black
czarny 1 black **2 czarna dziura** black hole **3 czarna magia** black magic **4 czarna owca** black sheep **5 czarna porzeczka** blackcurrant **6 czarno na białym** in black and white **7 czarny charakter** villain **8 czarny rynek** black market **9 odkładać coś na czarną godzinę** save sth for a rainy day
czarodziej magician, wizard
czarownica 1 witch **2 polowanie na czarownice** witch hunt
czarujący charming, alluring
czary magic, witchcraft
czas 1 time **2** *(gramatyczny)* tense **3 cały czas** all the time **4 co jakiś czas** every so often **5 czas (coś zrobić)** it's time (to do sth) **6 czas dla drużyny** *(podczas meczu)* time out **7 czas przeszły** past tense, the past **8 czas przyszły dokonany** the future perfect **9 czas przyszły** the future tense **10 czas zaprzeszły** the past perfect **11 czas trwania** duration **12 czas wolny** free time, leisure, spare time **13 grać na czas** play for time **14 mieć bardzo mało czasu** be pushed for time **15 mieć czas** have (the) time **16 na czas** in (good)

time **17 nadszedł czas (na)** the time is ripe (for) **18 najwyższy czas** (it's) about time **19 od czasu do czasu** (every) now and then, now and again, from time to time, occasionally **20 podawać czas** tell the time *BrE*, tell time *AmE* **21 przed czasem** early **22 upływ czasu** the passage of time **23 w czasie** during **24 za moich/jej czasów** in my/her day

czasami sometimes

czasem sometimes

czasochłonny time-consuming

czasopismo magazine, journal, periodical

czasownik 1 verb **2 czasownik modalny** modal verb **3 czasownik nieprzechodni** intransitive verb **4 czasownik przechodni** transitive verb **5 czasownik złożony** phrasal verb

czaszka skull

cząsteczka molecule, particle

cząstka fraction

czcionka font, type

czek 1 cheque *BrE*, check *AmE* **2 czek podróżny** traveller's cheque **3 czek wystawiony na kogoś** cheque payable to sb **4 płacić czekiem** pay by cheque **5 wypisać komuś czek** make a cheque out to sb

czekać 1 wait **2 czekać bezczynnie** wait around **3 czekać kogoś w przyszłości** lie ahead of sb, be in store for sb **4 kazać komuś czekać** keep sb waiting **5 poczekaj tylko** (just) you wait **6 poczekamy, zobaczymy** wait and see **7 to może poczekać** it can wait

czekolada chocolate

czekoladka chocolate

czelność mieć czelność coś zrobić have the cheek/gall/nerve to do sth

czemu 1 how come? **2 czemu nie?** why not?

czepek 1 bonnet **2 czepek kąpielowy** swimming cap

czepiać się find fault with, pick on

czereśnia cherry

czerń black

czerpać 1 czerpać przyjemność/zadowolenie z czegoś derive pleasure/satisfaction from sth **2 czerpać z** draw on sth

czerstwy stale

czerwiec June

czerwienić się redden

czerwienieć redden

czerwień red, redness

czerwonka dysentery

czerwony red

czesać 1 comb **2 czesać się** do your hair

czesne tuition

cześć 1 *(na powitanie)* hello, hi **2** *(na pożegnanie)* bye **3 na czyjąś cześć** in honour of sb, in sb's honour **4 oddawać cześć** worship

często often, frequently

częstotliwość frequency

częstować 1 hand around **2 częstować się (czymś)** help yourself (to sth)

częsty frequent

częściowo partially, partly, in part

częściowy partial

część 1 part **2 część mowy** part of speech **3 po części** in part **4 większa część czegoś** the best/better part of sth

czkawka 1 hiccup **2 mieć czkawkę** hiccup, hiccough

człekokształtny małpa człekokształtna ape

człon *(statku kosmicznego)* module

członek 1 member **2** *(męski)* penis

członkostwo membership

człowieczeństwo humanity

człowiek 1 man, human **2 ktoś jest tylko człowiekiem** sb is only human

czołg tank

czołgać się crawl

czoło 1 forehead, brow **2 na czele** in the vanguard **3 stawiać czoło** face, confront

czołowo head-on

czosnek garlic

czterdziesty fortieth

czterdzieści forty

czternasty fourteenth

czternaście fourteen

cztery 1 four **2 rozmowa w cztery oczy** heart-to-heart

czterysta four hundred

czubek point, tip

czucie 1 feeling, sensation **2 bez czucia** numb

czuć 1 feel **2** *(zapach)* smell **3** *(smak)* taste **4 nie czuję stóp/nóg** my feet/legs are killing me

czuć się 1 feel **2 czuć się lepiej** be better

czujnik sensor

czujność vigilance

czujny watchful, alert

czule affectionately, fondly, tenderly

czułek antenna, feeler

czułostka endearment
czułość fondness, tenderness
czuły **1** affectionate, tender **2** *(wrażliwy)* sensitive **3** **czułe miejsce** sore point/spot
czupryna mop
czuwanie vigil
czwartek Thursday
czwarty **1** fourth **2** **jedna czwarta** quarter
czworaki **na czworakach** on all fours
czwórka **1** *(cyfra, numer)* four **2** *(grupa ludzi)* foursome
czy **1** if, whether **2** *(lub)* or **3** **czy chciałbyś ...?** would you like ...? **4** **czy mógłbyś** could you possibly
czyj whose
czyli that is
czyn act, action, deed
czynel cymbal
czynnie actively
czynnik factor
czynny **1** active **2** **strona czynna** the active (voice)
czynsz rent
czyrak boil
czystka purge
czysto **śpiewać/grać czysto** sing/play in tune
czysto **zarabiać na czysto** take home, net
czystość cleanliness, purity
czysty **1** clean **2** *(niebo, powietrze)* clear **3** *(wełna)* pure **4** *(przypadek)* sheer **5** **czyste sumienie** clear conscience
czyścić **1** clean **2** **wy/czyścić chemicznie** dry-clean
czyściec purgatory
czytać **1** read **2** **czytać między wierszami** read between the lines **3** **czytać z ruchu warg** lip-read
czytanie reading
czytelnie legibly
czytelnik reader
czytelny legible, readable
czyżby? really?

Ćć

ćma moth
ćpun/ka junkie
ćwiartka fourth, quarter
ćwiczenie exercise
ćwiczyć exercise, practise *BrE* practice *AmE*
ćwiek stud
ćwierć quarter
ćwierćfinał quarterfinal
ćwierkać chirp, twitter

Dd

dach roof, rooftop
dachówka (roof) tile
daktyl date
dal **1** **skok w dal** long jump **2** **z dala od** away from
dalej **1** further **2** *(w przestrzeni)* farther **3** **dalej coś robić** go on doing sth **4** **i tak dalej** and so on/forth **5** **dalej!** come on!
daleki distant, faraway
daleko **1** far **2** **daleko idący** sweeping **3** **ktoś daleko zajdzie** sb will/should go far **4** **trzymać się z daleka** keep your distance
dalekosiężny far-reaching
dalekowschodni Oriental
dalekowzroczny farsighted
dalmatyńczyk dalmatian
dalszy **1** further **2** *(w przestrzeni)* farther **3** **dalszy ciąg** sequel **4** **usuwać się na dalszy plan** take a back seat
daltonista **być daltonistą** be colour blind
daltonizm colour blindness
dama **1** lady **2** **pierwsza dama** first lady
dane **1** data **2** **dane wejściowe** input
danie **1** course **2** **danie dnia** special **3** **danie główne** main course **4** **karta dań** menu **5** **szybkie dania** fast food
dany given
dar gift
daremnie in vain, vainly
daremność futility
daremny **1** futile **2** **daremna próba/nadzieja** vain attempt/hope
darmo **1** **na darmo** for nothing **2** **za darmo** (for) free
darmowy free, complimentary
darń turf
darować **darować komuś (winę)** let sb off
darowizna donation
darzyć **darzyć kogoś wielkim szacunkiem** hold sb in high esteem
daszek *(czapki)* peak, visor
data **1** date **2** **data przydatności do spożycia** sell-by date **3** **data ważności** sell-by date
datek contribution, donation
datować date
dawać **1** give **2** **dawać komuś spokój** leave sb alone **3** **dawać komuś znać** let sb know **4** **dawać z siebie wszystko** do/try your best
dawca **1** donor **2** **dawca krwi** blood donor

dawka dose, dosage
dawkowanie dosage
dawno a long time ago
dawny old
dąb **1** oak **2** **stawać dęba** *(o koniu)* rear (up)
dąsać się sulk
dążenie **dążenie do** pursuit of
dążyć **dążyć do** aim at, strive for
dbać care
dealer dealer
debata debate
debatować **debatować (nad)** debate
debel doubles
debet **1** overdraft **2** **mieć debet** be in the red, be overdrawn
debil/ka moron
debilny moronic
debiut debut
decentralizacja decentralization
decentralizować decentralize, decentralise *BrE*
dech **1** breath **2** **bez tchu** breathless **3** **komuś brakuje tchu** sb is short of breath **4** **nie móc złapać tchu** be out of breath **5** **z zapartym tchem** with bated breath **6** **zapierać dech (w piersiach)** take your breath away **7** **zapierający dech** breathtaking
decybel decibel
decydować **1** **decydować (się)** decide, make up your mind **2** **decydować się na coś** decide on sth
decydujący decisive
decyzja **1** decision **2** **podjąć decyzję** make/take/come to a decision
dedukcja deduction
dedykacja dedication
dedykować dedicate
defekt defect
defensywa **w defensywie** on the defensive
defensywny defensive
deficyt deficit
defilada parade
defilować parade
definicja definition
definiować define
deformacja deformity
defraudacja embezzlement
defraudować defraud, embezzle
degenerat/ka degenerate
degradacja **1** degradation **2** *(pracownika)* demotion
degradować demote, downgrade, relegate
dekada decade
dekadencja decadence
dekadencki decadent
deklamować recite
deklaracja declaration
deklarować declare
dekolt *(sukienki itp.)* neckline
dekoracja **1** decoration **2** **dekoracje** *(w teatrze)* scenery
dekoracyjnie decoratively
dekoracyjny decorative
dekorować decorate
dekret decree
delegacja delegation
delegat/ka delegate
delegować delegate
delektować się savour *BrE*, savor *AmE*
delfin dolphin
delikates delicacy
delikatesy delicatessen
delikatnie **1** delicately, softly **2** **delikatnie mówiąc** to put it mildly, to say the least
delikatność delicacy
delikatny **1** delicate, fragile **2** *(subtelny)* gentle
delta delta
demaskować expose
dementi disclaimer
demobilizujący demoralizing
demograficzny **1** demograficzny **2** **eksplozja demograficzna** population explosion
demokracja democracy
demokrat-a/ka democrat
demokratycznie democratically
demokratyczny democratic
demon demon
demoniczny demonic
demonstracja demonstration
demonstrować demonstrate
demontować dismantle
denerwować **1** annoy, irritate **2** **denerwować się** be nervous, have butterflies (in your stomach)
denerwujący annoying, irritating
dentyst-a/ka dentist
dentystyczny dental
depesza **1** telegram, cable, dispatch, wire *AmE* **2** **nadawać depeszę (do)** cable
depeszować wire
deportacja deportation
deportować deport
depresja depression
deptać trample, tread
deseń design, pattern
deser dessert, pudding *BrE*
deska **1** board, plank **2** **deska do prasowania** ironing board **3** **deska podłogowa** floorboard **4** **deska surfingowa** surfboard **5** **zabijać deskami** board sth up

deskorolka skateboard
desperacja desperation
desperacki desperate
despot-a/ka despot
despotyczny despotic
destruktywny destructive
destylacja distillation
destylować distil
desygnować designate
deszcz **1** rain **2** **deszcz ze śniegiem** sleet **3** **kropla deszczu** raindrop **4** **kwaśny deszcz** acid rain **5** **pada deszcz** it is raining **6** **przelotny deszcz** shower **7** **wyrastać jak grzyby po deszczu** spring up
deszczowy **1** showery, wet **2** **deszczowy dzień/pogoda** rainy day/weather **3** **tropikalny las deszczowy** rain forest
detal detail
detaliczny **sprzedaż detaliczna** retail
detektyw detective
detergent detergent
determinacja determination, drive
detonacja detonation
detonator detonator
detonować detonate
dewaluacja devaluation
dewaluować (się) devalue
dewastować vandalize, vandalise *BrE*
dewiacja deviation
dewizowy **kurs dewizowy** exchange rate
dewizy exchange
dezaprobata **1** disapproval **2** **wyrazić dezaprobatę dla czegoś** give sth the thumbs down
dezercja desertion
dezerter/ka deserter
dezerterować desert
dezintegracja disintegration
dezodorant deodorant
dezorganizacja disorganization
dezorientacja confusion, disorientation
dezorientować confuse
dezynfekcja disinfection
dezynfekować disinfect
dęty **instrumenty dęte** *(blaszane)* the brass (section)
diabeł **1** devil **2** **idź do diabła!** go to hell!
diagnostyczny diagnostic
diagnoza diagnosis
diagnozować diagnose
diagram diagram
dialekt dialect
dialog dialogue *BrE*, dialog *AmE*
diament diamond
dieta **1** diet **2** **być na diecie** be on a diet
dinozaur dinosaur
dla for
dlaczego why
dlatego **1** **dlatego (też)** therefore **2** **tylko dlatego, że ...** just because ...
dłoń palm
dług debt
długi long
długo long, for a long time
długodystansowy long-distance
długofalowy long-term
długopis (ballpoint) pen
długość **1** length **2** **długość geograficzna** longitude
długoterminowy long-range, long-term
długotrwały long-standing, prolonged
długowieczność longevity
dłuto chisel
dłużni-k/czka debtor
dmuchać blow
dno **1** bottom, bed **2** **bez dna** bottomless **3** **dno morskie** seabed **4** **dno oceanu** ocean floor
do **1** to, towards **2** *(do wnętrza)* into **3** **(aż) do** till, until **4** **do piątku** by Friday **5** **do tyłu** back **6** **do widzenia** goodbye
doba day
dobijać **1** *(psychicznie)* tear apart **2** *(do brzegu)* dock
dobitny emphatic
dobosz drummer
dobranoc good night
dobrany compatible
dobro **1** good, welfare **2** **dla czyjegoś własnego dobra** for sb's own good
dobrobyt prosperity
dobroczynny **1** **impreza na cele dobroczynne** benefit **2** **organizacja dobroczynna** charity
dobroczyńca benefactor
dobroć goodness, kindness
dobroduszny good-humoured *BrE*, good-humored *AmE*
dobrodziejstwo blessing
dobrowolnie voluntarily
dobrowolny voluntary
dobry **1** good **2** *(uprzejmy)* good, kind **3** **dobra strona** compensation **4** **dobra wola** goodwill **5** **dobry wieczór** good evening **6** **na dobre i na złe** through thick and thin **7** **w dobrych rękach** in safe hands **8** **w dobrym stanie** sound **9** **wyjść na dobre** be (all) for the best
dobrze **1** well **2** **dobrze!** all right!, good!, OK! **3** **dobrze mu tak** it serves him right **4** **dobrze odżywiony** well-fed

5 **dobrze płatny** well-paid 6 **dobrze po/przed** well after/before 7 **dobrze poinformowany** well-informed 8 **dobrze prosperować** do well 9 **dobrze strzeżony** well-kept 10 **dobrze ubrany** well-dressed 11 **dobrze utrzymany** well-kept 12 **dobrze wychowany** well-brought-up 13 **dobrze, że** it's just as well (that), it's a good thing (that) 14 **no dobrze** very well

dobytek belongings, effects, possessions

doceniać 1 appreciate 2 **docenić kogoś za coś** give sb credit for sth 3 **nie doceniać** underestimate, devalue

dochody income, revenue

dochodzenie 1 inquiry, investigation 2 *(przyczyny zgonu)* inquest 3 **po/prowadzić dochodzenie w sprawie** investigate

dochodzić 1 inquire into 2 **dochodzić do siebie** recover 3 **dochodzić do wniosku** conclude 4 **dochodzić skądś** *(o zapachu itp.)* emanate from sth 5 **dojście do władzy** rise to power 6 **nie dochodzić do skutku** fall through

dochować **dochować tajemnicy** keep a secret

dochód 1 income 2 *(z imprezy)* proceeds

dociekliwy inquiring, inquisitive

docierać 1 reach 2 **docierać do kogoś** *(przenośnie)* sink in 3 **nie docierać do kogoś** be lost on sb

doczekać się **nie móc się (czegoś) doczekać** can't wait (to do sth), be eager/impatient to do sth

dodatek 1 addition, extra 2 *(konserwujący, barwiący itp.)* additive 3 **dodatek smakowy** flavouring *BrE*, flavoring *AmE* 4 **dodatek za obsługę** service charge 5 **w dodatku** further, then 6 **ze wszystkimi dodatkami** with all the trimmings

dodatkowo additionally, extra

dodatkowy 1 additional, extra 2 **dodatkowy element wyposażenia** *(np. samochodu)* accessory

dodatni positive

dodawać 1 add (up) 2 **dodawać gazu** put your foot down

dodawanie addition

dodzwonić się get through

dogadzać **dogadzać sobie** indulge yourself

doganiać **doganiać kogoś/coś** catch up with sb/sth, gain on sb/sth

doglądać tend

dogłębnie in depth

dogłębny in-depth

dogmat dogma

dogmatycznie dogmatically

dogmatyczny dogmatic

dogodnie conveniently

dogodny convenient

doić milk

dojazdowy **droga dojazdowa** drive

dojeżdżać *(do pracy)* commute

dojrzałość maturity, ripeness

dojrzały mature, ripe

dojrzewać mature, ripen

dojrzewanie 1 **dojrzewanie płciowe** puberty 2 **okres dojrzewania** adolescence

dojście access, approach

dojść **dojść do siebie** recover, bounce back

dokądś somewhere

dokładnie 1 exactly, precisely, accurately 2 *(badać itp.)* thoroughly 3 **dokładnie naprzeciw/przed** directly opposite/in front

dokładność accuracy, precision, exactness

dokładny accurate, exact, precise

dokonanie feat

dokonany 1 **czas dokonany** the perfect (tense) 2 **czas przyszły dokonany** the future perfect

dokonywać effect

dokończyć finish (up), finish off

doktor doctor

doktorat doctorate

doktryna doctrine

dokuczać 1 tease, pick on 2 **dokuczać komuś** give sb a hard time

dokuczliwy nagging, tiresome

dokument document

dokumentacja documentation

dokumentalny **film dokumentalny** documentary

dolać **dolać (do pełna)** top up

dolar dollar

dolegliwość ailment, complaint

dolina valley

dolny lower

dołączać attach

dołeczek *(w brodzie, policzku)* dimple

dom 1 *(budynek)* house 2 *(mieszkanie)* home 3 **czuć się jak (u siebie) w**

domu be/feel at home **4 do domu** home, homeward **5 dom pogrzebowy** funeral home **6 dom publiczny** brothel **7 dom starców** old people's home **8 dom studencki** hall of residence *BrE*, dormitory *AmE* **9 dom towarowy** department store, superstore **10 od domu do domu** door to door **11 poza domem** out **12 w domu dziecka** in care *BrE* **13 w domu** indoors **14 w domu** (at) home

domagać się demand, insist, call for

domek cottage, lodge

domena domain

dominacja domination

domino 1 dominoes **2 kostka domino** domino

dominować dominate, predominate, rule

dominujący dominant, predominant

domniemanie presumption

domownik household member

domowy 1 home, household, indoor **2** *(zwierzę)* domestic **3 domowej roboty** homemade

domysł speculation

domysły guesswork

domyślny default

donacja endowment

doniczka flowerpot, pot

doniesienie 1 dispatch **2 ostatnie doniesienia** update

doniosły momentous

donosiciel/ka informer

donosić 1 donosić (o) report **2 donosić na kogoś** inform against/on sb

dookoła about, around

dopasowywać match, adjust, tailor

dopełnienie object

dopiero 1 just, only **2 a to dopiero!** fancy/fancy that! **3 dopiero co** just now, only just

dopilnować ensure, see to

dopingować cheer on, urge on

dopływ tributary

dopracować dopracować szczegóły tie up the loose ends

doprawiać season

doprowadzać doprowadzać kogoś do szału drive sb crazy/mad

doprowadzić 1 doprowadzić do czegoś lead to sth, result in sth **2 doprowadzić do końca** carry through, go through with, see through

dopuszczać 1 nie dopuszczać exclude **2 nie dopuszczać, żeby ktoś coś zrobił** keep sb from doing sth

dopuszczalny admissible, permissible

dorad-ca/czyni consultant

doradca adviser, aide

doradczy advisory

dorastać grow up

doręczać deliver

dorocznie annually

doroczny annual

dorosły 1 adult, grown-up **2 dorosły mężczyzna/dorosła kobieta** grown man/woman

doroślеć mature

dorównywać 1 compare with, match, rival **2 dorównywać czemuś** match up to something **3 nie dorównywać** be no match for

dorsz cod

dorywczy 1 ad hoc, casual **2 prace/zajęcia dorywcze** odd jobs

dorzecze basin

dorzucać throw in

dosiadać *(konia itp.)* mount

dosięgać can reach, reach

doskonale perfectly

doskonalić perfect

doskonałość perfection

doskonały excellent, perfect

dosłownie 1 literally **2 nie dosłownie** not in so many words

dosłowny literal

dosłyszeć nie dosłyszeć czegoś not catch sth

dostać 1 get **2 dostać coś w swoje ręce** lay (your) hands on sth

dostarczać deliver

dostatecznie satisfactorily

dostateczny satisfactory

dostatek 1 affluence, comfort **2 pod dostatkiem** plenty

dostawa delivery, consignment

dostawać get

dostawca contractor, supplier

dostęp access

dostępność accessibility, availability

dostępny accessible, available

dostojeństwo dignity

dostojny dignified

dostosowywać się fit in

dostrzec catch sight of

dostrzegać perceive

dostrzegalny distinguishable, perceptible

dosyć 1 enough **2 mieć dosyć (czegoś)** have had enough (of sth) **3 mieć czegoś (serdecznie) dosyć**

be tired of sth, be sick (and tired) of sth

dość **1** fairly, quite, rather **2** **mam już dość** I've had it **3** **mieć czegoś dość** be fed up with sth, could do without sth **4** **nie dość, że ...** it is bad/difficult/hard enough that ...

doświadczać experience

doświadczenie **1** experience **2** *(eksperyment)* experiment **3** **brak doświadczenia** inexperience **4** **robić doświadczenia** experiment

doświadczony experienced, practised *BrE*, practiced *AmE*

dotacja grant, subsidy

dotąd **1** **jak dotąd** so far, as yet **2** **najlepszy/najszybszy jak dotąd** best/fastest yet

dotkliwie acutely, painfully

dotkliwy acute

dotknąć *(o klęsce żywiołowej itp.)* hit

dotknięty **być dotkniętym** be stung (by)

dotować subsidize, subsidise *BrE*

dotrzeć **dotrzeć do** reach, get through to

dotrzymać **1** **dotrzymać obietnicy/terminu spotkania** keep a promise/appointment **2** **nie dotrzymać** go back on

dotrzymywać **1** **dotrzymywać komuś towarzystwa** keep sb company **2** **dotrzymywać obietnicy** keep a promise

dotychczas so far

dotyczyć **1** concern, involve **2** **nie dotyczyć** have/be nothing to do with

dotyk touch, feel

dotykać **1** touch, feel **2** *(o nieszczęściu)* affect, afflict

dowcip joke

dowcipny humorous, witty

dowiedzieć się find out, learn, hear

dowierzać **nie dowierzać** distrust, doubt

dowody evidence

dowodzić **1** *(sprawować dowództwo)* command **2** *(udowadniać)* prove, demonstrate

dowolny any, any given

dowód **1** a piece of evidence, proof **2** **dowód tożsamości** ID, identification

dowódca commander

dowództwo command

dozgonny undying

doznawać experience

dozor-ca/czyni **1** caretaker, custodian, watchman **2** **dozorca w zoo** zookeeper

dozownik dispenser

dozwolony permitted, permissible

dożyć **dożyć sędziwego wieku** live to a ripe old age

dożywocie life imprisonment

dół **1** bottom, pit **2** *(strony)* foot **3** **na dole** down, downstairs **4** **na dół** down, downstairs **5** **od góry do dołu** from top to bottom **6** **w dół** down, downwards **7** **w dół zbocza** downhill **8** **w dół rzeki** downstream

drabina **1** ladder **2** *(składana)* stepladder

dramat drama

dramatopisa-rz/rka dramatist, playwright

dramaturg dramatist, playwright

dramatycznie dramatically

dramatyczny dramatic

dramatyzować dramatize, dramatise *BrE*

drapacz **drapacz chmur** skyscraper

drapać (się) scratch

drapieżnik predator

drapieżny **1** predatory **2** **ptaki/zwierzęta drapieżne** birds/beasts of prey

drastycznie drastically

drastyczny drastic

drażliwość irritability

drażliwy **1** irritable, sensitive **2** **drażliwy temat/kwestia** touchy subject/question

drażniący irritating

drażnić **1** irritate **2** **drażnić kogoś** rub sb up the wrong way

drążek **drążek sterowy** joystick

drążyć hollow out

dres tracksuit *BrE*, sweat suit *AmE*

dreszcz chill, shudder

dreszczowiec thriller

dreszczyk **dreszczyk emocji** thrill

drewniak clog

drewniany wooden

drewno **1** wood **2** *(budowlane)* timber *BrE*, lumber *AmE*

dręczenie harassment

dręczyć harass, torment

drętwieć *(o kończynie)* go to sleep

drgać vibrate, twitch

drganie vibration

drink **1** drink **2** **mocny drink** a stiff drink

drobiazg **1** **drobiazgi** odds and ends **2** **(ależ to) drobiazg** it was nothing

drobiazgowo meticulously
drobiazgowy meticulous, fastidious
drobina particle
drobne change, small change
drobniutki minute
drobno finely
drobnostka trifle
drobnoustrój microorganism
drobny 1 *(deszcz, ziarno)* fine 2 *(błahy)* minor, petty 3 **drobny druk** fine print
droga 1 road, path 2 *(trasa)* way, route 3 **być na prostej drodze do** be heading for 4 **być w drodze** be on its/his etc way 5 **droga dojazdowa** drive, driveway 6 **droga główna** main road 7 **droga gruntowa** track 8 **na drodze do sukcesu/wyzdrowienia** on the road to success/recovery 9 **stać komuś na drodze** be in the way/in sb's way 10 **po drodze** on my/your etc way 11 **schodzić/zejść komuś z drogi** keep/stay out of sb's way 12 **w połowie drogi** midway 13 **z drogi!** mind out! 14 **zagradzać komuś drogę** bar sb's way
drogeria chemist's *BrE*, drugstore *AmE*
drogi 1 *(kosztowny)* expensive 2 *(kochany)* dear
drogocenny precious
drogowskaz signpost
drozd thrush
drożdże yeast
drób poultry
dróżka lane, path
drugi 1 second 2 *(z dwóch)* the other, the latter 3 **(godzina) druga** two (o'clock) 4 **co drugi dzień/tydzień** every other day/week, alternate days/weeks 5 **druga klasa** second class 6 **druga osoba** the second person 7 **drugie śniadanie** packed lunch 8 **drugiej kategorii** second-class 9 **jeden po drugim** one after the other, one after another, one by one 10 **miejsce/bilet/wagon drugiej klasy** second-class seat/ticket/carriage 11 **po drugie** secondly 12 **po pierwsze/drugie** in the first/second place 13 **z drugiej ręki** secondhand 14 **z drugiej strony** on the other hand, then/there again 15 **zająć drugie miejsce** come in second 16 **zdobyw-ca/czyni drugiego miejsca** runner-up
drugorzędny secondary, subsidiary
druhna *(na ślubie)* bridesmaid
druk 1 print 2 **drobny druk** fine print 3 **iść do druku** go to press
drukarka printer
drukarski 1 printing 2 **prasa drukarska** printing press
drukarz printer
drukować 1 print 2 *(na drukarce komputerowej)* print off/out
drukowany **drukowane litery** block letters
drut 1 wire 2 *(do robót ręcznych)* knitting needle 3 **drut kolczasty** barbed wire 4 **robić na drutach** knit
druzgocący devastating
drużba *(na ślubie)* best man
drużyna team
drwić sneer, jeer
dryblować dribble
dryfować be adrift, drift
dryfowanie drift
drzazga splinter
drzeć (się) 1 tear, rip 2 **drzeć koty (z kimś)** be at loggerheads (with sb) 3 **drzeć na kawałki** tear up
drzemać doze, nap, snooze
drzemka nap, snooze
drzewce shaft
drzewo 1 tree 2 **drzewo iglaste** conifer
drzwi 1 door 2 **drzwi oszklone** French window 3 **drzwi spustowe** trapdoor 4 **otworzyć drzwi** answer/get the door 5 **za drzwiami** at the door
drżący shaky, shivery
drżeć shake, shiver, tremble, quiver
dubbingować dub
duch 1 ghost, spirit 2 **podnosić na duchu** give a boost to 3 **podnoszący na duchu** heartening 4 **w duchu** inwardly
duchowieństwo clergy
duchowny 1 clergyman 2 **stan duchowny** the ministry
duchowy spiritual
dudnić rumble
dudy bagpipes
duet 1 *(utwór)* duet 2 *(zespół)* duo
duma pride
dumnie proudly
dumny 1 proud 2 **dumny z** proud of
dupa arse *BrE*, ass *AmE*
duplikat duplicate
dur **dur brzuszny** typhoid
dur(owy) major
durszlak strainer
dusić 1 *(człowieka)* strangle, smother, throttle 2 *(o dymie itp.)* choke 3 *(mięso, warzywa)* stew 4 **dusić się** suffocate
dusza 1 soul, spirit 2 **w**

głębi duszy deep down, at heart
duszący stifling
duszek fairy
duszny stuffy
dużo 1 *(z rzeczownikami policzalnymi)* many, a lot (of) 2 *(z rzeczownikami niepoliczalnymi)* much 3 **dużo szybciej/łatwiej** a lot quicker/easier
duży 1 big, large 2 **duża różnica/przepaść** a wide difference/gap 3 **duże prawdopodobieństwo** a strong chance/probability 4 **z dużą prędkością** at high speed
dwa 1 two 2 **dwa razy więcej (niż)** double the amount 3 **dwa razy** twice
dwadzieścia twenty
dwanaście twelve
dwieście two hundred
dworzanin courtier
dworzec station
dwóchsetlecie bicentenary
dwór 1 court 2 *(posiadłość)* manor 3 **na dworze** out, outdoors
dwucyfrowy liczby dwucyfrowe double figures
dwuczęściowy two-piece
dwudziesty 1 twentieth 2 **lata dwudzieste** the twenties
dwujęzyczny bilingual
dwukierunkowy two-way
dwukropek colon
dwukrotnie twice
dwulicowy two-faced
dwunasty 1 twelfth 2 **(godzina) dwunasta** twelve (o'clock) 3 **dwunasta część** twelfth
dwuosobowy *(pokój itp.)* double
dwupoziomowy mieszkanie dwupoziomowe maisonette
dwurzędowy double-breasted
dwustronnie bilaterally
dwustronny bilateral
dwutlenek dwutlenek węgla carbon dioxide
dyby the stocks
dyg curtsy
dygać curtsy
dygnitarz dignitary
dygotać quake, shudder
dyktando dictation
dyktator/ka dictator
dyktatorski dictatorial
dyktatura dictatorship
dyktować dictate
dylemat dilemma
dyliżans stagecoach
dym smoke
dymiący smoky
dymić smoke
dymisja resignation
dynamicznie dynamically
dynamiczny dynamic, high-powered
dynamika dynamics
dynamit dynamite
dynamo dynamo
dynastia dynasty
dynastyczny dynastic
dyndać dangle
dynia pumpkin
dyplom 1 diploma 2 **zdobywać kwalifikacje/dyplom** qualify
dyplomacja diplomacy
dyplomat-a/ka diplomat
dyplomatycznie diplomatically
dyplomatyczny diplomatic
dyplomowany qualified
dyrektor 1 director, manager 2 **dyrektor naczelny** managing director 3 **dyrektor szkoły** headmaster
dyrektorka dyrektorka szkoły headmistress
dyrygent/ka conductor
dyrygować conduct
dyscyplina discipline
dysertacja dissertation
dysk 1 disc *BrE*, disk *AmE* 2 *(w komputerze)* disk 3 *(do rzucania)* discus 4 **rzut dyskiem** discus 5 **twardy dysk** hard disk 6 **wypadnięcie dysku** slipped disc
dyskdżokej disc jockey *BrE*, disk jockey *AmE*
dyskietka diskette, floppy disk
dyskoteka disco
dyskrecja discretion
dyskredytować discredit
dyskretnie discreetly
dyskretny discreet, unobtrusive
dyskryminacja discrimination
dyskryminować discriminate against
dyskusja 1 debate, discussion 2 **bez dyskusji** without question
dyskusyjny debatable, open to dispute
dyskutować 1 **dyskutować (nad)** debate 2 **dyskutuje się nad czymś** sth is under discussion
dyskwalifikacja disqualification
dyskwalifikować disqualify
dysleksja dyslexia
dyslektyczny dyslexic
dyspozycja być do czyjejś dyspozycji be at sb's disposal
dystans 1 distance, detachment 2 **trzymać kogoś na dystans** keep/hold

sb at bay **3 zachowywać dystans** keep your distance
dystansować dystansować się (od) distance yourself (from)
dystrybucja distribution
dystrybutor/ka distributor
dysydent/ka dissenter, dissident
dyszeć pant
dywan carpet
dywanik rug
dywidenda dividend
dywizja division
dywizjon *(lotnictwa)* squadron
dyżur mieć dyżur be on call, be on duty
dzban pitcher
dzbanek 1 jug, pot **2 dzbanek do herbaty** teapot
dziać się 1 happen, go on **2 co się dzieje/stało?** what's the matter?
dziadek 1 grandfather, granddad, grandpa **2 dziadek do orzechów** nutcracker, nutcrackers *BrE*
dziadkowie grandparents
dział department, division
działacz/ka activist
działać 1 *(robić coś)* act **2** *(o urządzeniu)* work, run, function, be operational **3 działać komuś na nerwy** get on sb's nerves, grate on sb/grate on sb's nerves, jar on sb's nerves **4 działać na czyjąś korzyść** work in sb's favour **5 działać na czyjąś niekorzyść** work against sb
działający operative
działalność 1 activity **2 prowadzić własną działalność** be self-employed
działanie 1 action **2 działania wojenne** hostilities
działka allotment, plot
działo cannon
dzianina knitwear
dziąsło gum
dzicz wilderness
dziczyzna venison
dzida spear
dziecięcy 1 child's, childish **2 pokój dziecięcy** nursery
dziecinnie childishly
dziecinność childishness
dziecinny childish, infantile
dzieciństwo childhood
dziecko 1 child, kid **2 małe dziecko** baby, infant
dziedzic squire
dziedzictwo heritage
dziedziczność heredity
dziedziczny hereditary
dziedziczyć inherit
dziedzina area, field
dziedziniec courtyard
dziekan dean
dzielenie 1 division **2 dzielenie wyrazów** hyphenation
dzielić 1 divide **2** *(na mniejsze jednostki)* subdivide **3** *(wyrazy)* hyphenate **4 dzielić się** divide, share, split **5 dzielić coś (po)między** divide/distribute sth among
dzielnica 1 district, quarter, borough **2 w bogatej dzielnicy** uptown
dzielnie bravely
dzielny brave
dzieło 1 work **2 dzieło sztuki** work of art
dziennie daily
dziennik journal, log
dziennika-rz/rka journalist
dziennikarstwo journalism
dzienny 1 daily **2 porządek dzienny** agenda
dzień 1 day **2 całymi dniami** (for) days on end **3 dzień dobry** *(przed południem)* good morning, hello **4 dzień dobry** *(po południu)* good afternoon, hello **5 dzień roboczy** weekday **6 dzień w dzień** day after day, day in day out **7 parę dni temu** the other day **8 pewnego dnia** one day, someday **9 po dziś dzień** to this day **10 w biały dzień** in broad daylight **11 w dzień i w nocy** at all hours **12 w dzień** in the daytime **13 z dnia na dzień** day by day, overnight **14 za dnia** in the daytime
dzierżawić lease
dzierżyć wield
dziesiątka 1 *(na tarczy)* bull's-eye **2 dziesiątki (czegoś)** dozens (of sth)
dziesiątkować decimate
dziesiąty 1 tenth **2 jedna dziesiąta** tenth
dziesięciocentówka dime
dziesięciolecie decade
dziesięć ten
dziesiętny decimal
dziewczyna 1 girl **2** *(przyjaciółka)* girlfriend
dziewczynka girl
dziewiąty 1 ninth **2 (godzina) dziewiąta** nine (o'clock)
dziewica virgin
dziewictwo 1 virginity **2 stracić dziewictwo** lose your virginity
dziewiczy 1 virgin **2 dziewiczy lot/rejs** maiden flight/voyage
dziewięć nine
dziewięćdziesiąt ninety

dziewięćdziesiąty 1 ninetieth 2 **lata dziewięćdziesiąte** the nineties
dziewiętnasty nineteenth
dziewiętnaście nineteen
dziewięćset nine hundred
dzięcioł woodpecker
dzięki 1 thanks, cheers *BrE* 2 **dzięki Bogu** thank God/goodness/heavens 3 **dzięki czemuś/komuś** thanks to sth/sb
dziękować 1 thank 2 **dziękuję** thank you
dzik boar
dziki 1 wild 2 **dziki lokator** squatter 3 **mieszkać na dziko** squat
dziko wildly
dzikus/ka savage
dziobać peck, pick at
dziobaty *(twarz)* pockmarked
dziób 1 beak, bill 2 *(np. samolotu)* nose 3 *(statku)* bow, prow
dzióbek spout
dzisiaj today
dzisiejszy 1 present-day 2 **w dzisiejszych czasach** these days
dziś 1 today 2 **dziś wieczorem** tonight 3 **po dziś dzień** to this day
dziura 1 hole 2 *(w ubraniu)* tear 3 **czarna dziura** black hole 4 **szukanie dziury w całym** nitpicking
dziurka 1 *(od guzika)* buttonhole 2 **dziurka od klucza** keyhole
dziurkacz punch
dziwactwo idiosyncrasy, quirk
dziwaczny bizarre, weird, quirky
dziwa-k/czka freak, weirdo
dziwić 1 surprise 2 **dziwić się (czemuś)** wonder (at sth)
dziwka whore
dziwnie strangely, oddly, curiously
dziwny 1 strange, odd, curious, peculiar, funny 2 **dziwnym trafem** strangely/oddly/funnily enough 3 **nic dziwnego** no wonder
dzwon 1 bell 2 **od wielkiego dzwonu** once in a blue moon
dzwonek 1 bell 2 *(u drzwi)* doorbell
dzwonić 1 ring 2 *(o monetach itp.)* jingle 3 **dzwonić (do)** call, phone, telephone, ring up, call up *AmE* 4 **dzwonić do kogoś** give sb a call/ring
dzwonnica belfry
dźgać jab, prod, stab
dźgnięcie jab, stab
dźwięczeć sound
dźwięk sound
dźwiękoszczelny soundproof
dźwiękowy 1 acoustic, sonic 2 **efekty dźwiękowe** sound effects
dźwig crane
dźwigać lift, heave
dźwignia 1 lever 2 **dźwignia zmiany biegów** gear stick/lever *BrE*, gear shift *AmE*
dżdżownica earthworm
dżem jam
dżentelmen gentleman
dżentelmeński gentlemanly
dżersej jersey
dżin gin
dżingiel jingle
dżins denim, jeans
dżojstik joystick
dżokej jockey
dżoker joker
dżudo judo
dżuma plague
dżungla jungle

Ee

echo 1 echo 2 **rozbrzmiewać/odbijać się echem** echo
edukacja education, schooling
edukacyjny educational
edytor **edytor tekstu** word processor
efekt 1 effect 2 **efekty dźwiękowe** sound effects 3 **efekty specjalne** special effects
efektowny showy
egalitarny egalitarian
egalitarystyczny egalitarian
egalitaryzm egalitarianism
egocentryczny egocentric
egoist-a/ka egotist
egoistyczny egotistic, selfish
egoizm egotism, selfishness
egzamin 1 examination, exam 2 **egzamin ustny** oral 3 **egzaminy końcowe** finals 4 **podchodzić do testu/egzaminu** take a test/exam
egzaminator/ka examiner
egzekucja execution
egzekucyjny **pluton egzekucyjny** firing squad
egzekwować enforce
egzekwowanie enforcement
egzemplarz copy
egzorcysta exorcist
egzorcyzmować exorcize, exorcise *BrE*
egzotyczny exotic

egzystencja existence
ekipa 1 crew 2 **ekipa poszukiwawcza** search party
ekolog 1 ecologist 2 *(obrońca środowiska)* environmentalist, conservationist 3 *(protestujący w obronie środowiska)* eco-warrior
ekologia ecology
ekologicznie ecologically
ekologiczny 1 ecological 2 *(przyjazny dla środowiska)* environmentally friendly, ecofriendly, green
ekonomia economics
ekonomiczny 1 economic 2 *(oszczędny)* economical
ekonomist-a/ka economist
ekosystem ecosystem
ekran screen
ekscentry-k/czka eccentric
ekscentrycznie eccentrically
ekscentryczność eccentricity
ekscentryczny eccentric
ekscesy excesses
ekscytacja excitement
ekscytujący exciting, thrilling
ekskluzywny exclusive, high-class, select
eksmisja eviction
eksmitować evict
ekspansja expansion
ekspedient/ka shop assistant *BrE*, sales clerk/ assistant *AmE*
ekspedycja expedition
ekspert expert
eksperyment experiment
eksperymentalnie experimentally
eksperymentalny experimental
eksperymentować experiment
eksploatacja exploitation, utilization
eksploatować exploit, utilize, utilise *BrE*
eksplodować explode
eksploracja exploration
eksplozja 1 explosion 2 **eksplozja demograficzna** population explosion
eksponat exhibit
eksponować display
eksport export
eksporter exporter
eksportować export
eksportowy **towar eksportowy** export
ekspres express
ekspresowy express
ekstaza ecstasy
eksterminacja extermination
ekstra extra
ekstradycja extradition
ekstrakt extract
ekstrawagancja extravagance
ekstrawagancki extravagant, flamboyant
ekstrawerty-k/czka extrovert
ekstrawertyczny extrovert
ekstremalny extreme
ekstremist-a/ka extremist
ekstremistyczny extremist
ekstremizm extremism
ekstremum extreme
elastyczność 1 elasticity, flexibility 2 **brak elastyczności** inflexibility
elastyczny 1 elastic, flexible 2 **mało elastyczny** inflexible
elegancja elegance
elegancki elegant, smart *BrE*
elegancko elegantly, smartly *BrE*
elektorat electorate
elektroda electrode
elektron electron
elektronicznie electronically
elektroniczny 1 electronic 2 **poczta elektroniczna** e-mail 3 **wysyłać pocztą elektroniczną** e-mail
elektronika electronics
elektrostatyczny **ładunek elektrostatyczny** static
elektrownia 1 power station 2 **elektrownia na wiatr** wind farm 3 **elektrownia wodna** hydroelectric power station
elektryczność electricity
elektryczny 1 electric, electrical 2 **krzesło elektryczne** the electric chair 3 **przewód elektryczny** flex *BrE*, cord *AmE*
elektryk electrician
elektryzujący electrifying
element element, ingredient
elementarny elementary, rudimentary
elf elf
eliksir potion
eliminacja elimination
eliminacje *(sportowe)* heat
eliminować eliminate
elita elite
elitarny elitist
elokwencja eloquence
elokwentnie eloquently
elokwentny eloquent, articulate
emalia enamel
emancypacja emancipation

emancypować emancipate
embargo embargo
emblemat emblem
embrion embryo
emeryt/ka (old age) pensioner, senior citizen
emerytowany retired
emerytura 1 (old age) pension, retirement 2 **odejście na emeryturę** retirement 3 **przechodzić na emeryturę** retire
emigracja 1 emigration 2 **przymusowa emigracja** exile
emigrant/ka emigrant, exile
emigrować emigrate
emisja discharge, emission
emitować *(program)* air, broadcast
emitowanie broadcasting
emocja 1 emotion 2 **wywołujący emocje** emotive
emocjonalnie emotionally
emocjonalny emotional
empatia empathy
empiryczny empirical
encyklopedia encyclopedia
energia 1 energy, power 2 **energia atomowa** atomic energy
energicznie briskly, energetically
energiczny brisk, energetic, vigorous
enigmatyczny enigmatic
enklawa enclave
entuzjast-a/ka enthusiast
entuzjastycznie enthusiastically
entuzjastyczny enthusiastic, ecstatic
entuzjazm enthusiasm, zest
enzym enzyme
epicki epic
epidemia epidemic
epilepsja epilepsy
epilepty-k/czka epileptic
epilog epilogue
epitafium epitaph
epizod episode
epoka 1 epoch 2 **epoka kamienna** the Stone Age
epopeja epic
epos epic
era era
erekcja erection
erodować erode
erotycznie erotically
erotyczny erotic
erozja erosion
esej essay
esencja 1 essence 2 *(przemówienia, artykułu)* the gist
eskalacja escalation
eskapada escapade
Eskimos/ka Eskimo
eskimoski Eskimo
eskorta escort
eskortować escort
establishment the Establishment
estakada flyover, overpass
estetycznie aesthetically
estetyczny aesthetic
estetyka *(nauka)* aesthetics
estrada 1 stage 2 *(w parku)* bandstand
estradowy artyst-a/ka estradow-y/a entertainer
etap 1 stage 2 *(podróży, wyścigu)* lap, leg
etat 1 **na cały etat** full-time 2 **na pół etatu** part-time
eteryczny ethereal
etniczny ethnic
etos ethos
etycznie ethically
etyczny ethical
etyka ethic, ethics
etykieta 1 *(dobre zachowanie)* etiquette 2 *(nalepka)* label
etykietować label
etymologia etymology
etymologiczny etymological
eufemistyczny euphemistic
eufemizm euphemism
euforia euphoria
euro *(waluta)* Euro
Europej-czyk/ka European
europejski 1 European 2 **Unia Europejska** European Union
eutanazja euthanasia
ewakuacja evacuation
ewakuować evacuate
ewaluacja evaluation
ewangelia gospel
ewangelicki evangelical
ewentualnie *(lub)* alternatively
ewentualność eventuality, contingency
ewidentnie 1 obviously, blatantly 2 **ewidentnie fałszywy/niesprawiedliwy** patently false/unfair
ewidentny evident, obvious, patent
ewolucja evolution
ewolucyjny evolutionary
ewoluować evolve

Ff

fabryka factory
fabrykować fabricate
fabularny film fabularny feature film
fabuła plot
facet guy, bloke *BrE*, chap *BrE*
fach trade
fachowiec professional

fachowo expertly
fachowość professionalism
fachowy **1** expert, professional **2** **wiedza fachowa** expertise
fair **grać fair** play fair
fajerwerki fireworks
fajka **1** pipe **2** *(do nurkowania)* snorkel
fajnie great
fajny great
faks fax
faksować fax
fakt **1** fact **2** **literatura faktu** nonfiction **3** **po fakcie** with hindsight
faktura **1** texture **2** *(dokument)* invoice
faktycznie actually, in fact, effectively
faktyczny actual
fakultatywny optional
fala **1** wave **2** **długość fali** wavelength **3** **fala pływowa** tidal wave
falbanka **1** frill **2** **z falbankami** frilly
falisty rolling, wavy
falować wave
falsyfikat fake, forgery
falujący wavy
fałda fold, crease
fałszerstwo forgery
fałszerz forger
fałszować fake, falsify, forge
fałszywie falsely
fałszywy **1** counterfeit, false, fake **2** **fałszywy alarm** false alarm
fan/ka fan
fanaty-k/czka fanatic, freak
fanatycznie fanatically
fanatyczny fanatical
fanatyzm fanaticism
fanfara fanfare
fantastycznie fantastically
fantastyczny fantastic, fabulous, brilliant
fantastyka **fantastyka naukowa** science fiction, sci-fi
fantazyjny fancy
fantom phantom
faraon pharaoh
farba **1** paint **2** *(do włosów)* dye **3** **farby olejne** oils **4** **pudełko z farbami** paintbox
farbować **1** colour *BrE*, color *AmE*, dye **2** *(w praniu)* run
farma farm
farmaceut-a/ka pharmacist
farmaceutyczny pharmaceutical
farmacja pharmacy
farmer farmer
farsa farce, joke
fartuch apron
fasada facade
fascynacja fascination
fascynować fascinate
fascynujący fascinating, enthralling
fasola **1** bean **2** **fasola w sosie pomidorowym** *(z puszki)* baked beans
fason style
faszyst-a/ka fascist
faszystowski fascist
faszyzm fascism
fatalny disastrous, dismal, fatal
fatum doom
faul foul
faulować foul
fauna **1** fauna **2** **fauna i flora** wildlife
faworyt/ka favourite *BrE*, favorite *AmE*, front-runner
faworyzować favour *BrE*, favor *AmE*
faza phase
federacja federation
federalny federal
feeria **feeria światła/barw** a blaze of light/colour
feldmarszałek field marshal
felietonist-a/ka columnist
feministka feminist
feministyczny feminist
feminizm feminism
fenomenalny phenomenal
ferie vacation
ferment ferment
fermentacja fermentation
fermentować ferment
festiwal festival
feudalizm feudalism
feudalny feudal
fiasko fiasco
figa **1** fig **2** *(przenośnie)* nothing, zilch
figi briefs, panties
figiel **1** practical joke **2** **spłatać komuś figla** play a trick on sb
figlarnie playfully, mischievously
figlarny playful, mischievous
figura **1** figure, shape **2** *(w szachach)* piece **3** *(taneczna)* routine **4** **figura retoryczna** figure of speech
figurować figure
fikcja fiction
fikcyjny fictional, fictitious
fikołek somersault
filantrop/ka philanthropist, humanitarian
filar pillar
filc felt
filet fillet
filia **1** branch **2** *(przedsiębiorstwa)* subsidiary
filigranowy dainty
filiżanka cup, teacup

film **1** film, picture, movie *AmE* **2** *(kinowy)* motion picture **3** **film fabularny** feature film **4** **film niemy** silent film **5** **film pełnometrażowy** full-length film **6** **film rysunkowy** cartoon

filmować film, shoot

filmowiec filmmaker

filmowy **gwiazda filmowa** film star *BrE*, movie star *AmE*

filologia **1** philology **2** **filologia klasyczna** classics

filozof philosopher

filozofia philosophy

filozoficznie philosophically

filozoficzny philosophical

filtr filter

finalist-a/ka finalist

finalizować finalize, finalise *BrE*

finał **1** final **2** *(koncertu)* finale

finanse finance

finansować finance, fund

finansowo financially

finansowy **1** financial **2** **środki finansowe** finance, funding

finisz finish

fiolet purple

fioletowy purple, violet

fiołek violet

fiord fjord

firma **1** business, firm, concern **2** **prowadzić firmę** run a business

firmowy **1** corporate **2** **nazwa firmowa** brand name

fizjologia physiology

fizjologiczny physiological

fizjoterapeut-a/ka physiotherapist

fizjoterapia physiotherapy

fizyczny **1** physical **2** **pracownik fizyczny** blue-collar worker **3** **sprawność fizyczna** fitness

fizyk physicist

fizyka physics

flaga flag, banner

flaming flamingo

flanela flannel

flegma phlegm

fleksja inflection

flesz flash

flet **1** flute **2** **flet prosty** recorder

flircia-rz/rka flirt

flirtować flirt

flora flora

flota fleet

flotylla flotilla

fluorek fluoride

fluorescencyjny fluorescent

fobia phobia

foka seal

folgować **folgować sobie** indulge yourself

folia **1** foil, wrapper **2** **folia aluminiowa** tinfoil **3** **folia spożywcza** clingfilm

folklor folklore

fonetycznie phonetically

fonetyczny phonetic

fonetyka phonetics

fontanna fountain

foremka mould *BrE*, mold *AmE*

forma **1** form **2** *(odlewnicza itp.)* mould *BrE*, mold *AmE* **3** **forma do pieczenia** baking tin, pan *BrE* **4** **w dobrej/złej/kiepskiej formie** in good/bad/poor shape **5** **w formie** fit, in shape, in trim **6** **nie w formie** out of shape **7** **w szczytowej formie** at your/its etc best

formacja formation

formalnie **1** formally **2** **formalnie rzecz biorąc** technically

formalność formality

formalny formal

format format

formatować format

formować shape, form

formularz form, application form

formułować **1** phrase, word **2** **formułować inaczej** rephrase

forsa bread, dough

forsowny strenuous

fort fort

forteca fortress

fortepian **1** piano **2** *(koncertowy)* grand piano

fortuna fortune

fortyfikacja fortification

fortyfikacje fortifications

forum forum

fosa moat

fosforan phosphate

fosforyzujący luminous

fotel **1** armchair **2** **fotel bujany** rocking chair

fotka snap, snapshot

fotograf photographer

fotografia **1** *(zdjęcie)* photo, photograph **2** *(dziedzina)* photography

fotograficzny photographic

fotografika photography

fotografować photograph

fotokopia photocopy

fotokopiarka photocopier

foyer foyer

fragment **1** fragment **2** *(tekstu)* passage

frajda fun, kick

frajer/ka sucker, mug *BrE*

frak tailcoat, tails

frakcja faction

frazes platitude

frekwencja **1** attendance **2** *(wyborcza)* turnout
fresk fresco
frędzel **1** tassel **2** **frędzle** fringe
front **1** front **2** **linia frontu** the front line
frontowy front
frustracja frustration
frustrować frustrate
frustrujący frustrating
fruwać fly
frytka chip *BrE*, French fry *AmE*
fryzjer/ka **1** hairdresser **2** *(męski)* barber **3** **pójść do fryzjera** have your hair cut
fryzura haircut, hairdo, hairstyle
fuj ugh, yuck
fujarka pipe
fundacja foundation
fundament **1** foundation **2** **tworzyć fundamenty czegoś** lay the foundation for sth
fundamentalist-a/ka fundamentalist
fundamentalizm fundamentalism
fundamentalnie fundamentally
fundamentalny fundamental
fundusz **1** finances, fund **2** **fundusz powierniczy** trust **3** **gromadzenie funduszy** fund-raising **4** **gromadzić fundusze** raise funds
funkcja function
funkcjonalny functional
funkcjonariusz/ka officer
funkcjonować function
funt **1** pound, quid *BrE* **2** *(jednostka wagi)* pound, lb. **3** **funt szterling** sterling
furgonetka pickup (truck), van
furia fury
furora **zrobić furorę (wśród kogoś)** be a hit (with sb)
fusy dregs
futbol **1** football, soccer *BrE* **2** **futbol amerykański** American football
futerkowy furry
futro fur
futurystyczny futuristic
fuzja merger

Gg

gabinet **1** office, study **2** *(rząd)* the Cabinet **3** **gabinet kosmetyczny** beauty salon *BrE*, beauty parlor *AmE* **4** **gabinet lekarski** surgery
gad reptile
gadać chat
gadatliwy chatty
gadka patter
gafa **1** blunder, gaffe **2** **popełnić gafę** blunder, put your foot in it
gag gag
gaj grove
gala gala, pageantry
galaktyka galaxy
galaretka jelly
galeria **1** gallery **2** **galeria sztuki** art gallery
galon *(= 4,54l w W. Brytanii; 3,78l w USA)* gallon
galop gallop
galopować gallop
galwanizowany galvanized
gałązka twig, sprig
gałąź branch
gałka **1** knob **2** **gałka oczna** eyeball
gama **1** array, gamut **2** *(w muzyce)* scale
ganek porch
gang gang
gangrena gangrene
gangster gangster
ganiać chase
ganić rebuke
gapa **pasażer/ka na gapę** stowaway
gapić się **gapić się (na)** stare (at), gape (at), gawk (at)
garaż garage
garb hump
garbić się hunch, slouch
garbus hunchback
garderoba **1** wardrobe **2** *(w teatrze)* dressing room **3** **część garderoby** article of clothing, garment
gardło **1** throat **2** **wąskie gardło** *(przenośnie)* bottleneck
gardłowy guttural
gardzić despise, scorn
garnca-rz/rka potter
garncarski **wyroby garncarskie** pottery
garncarstwo pottery
garnek pot
garnitur **1** suit **2** **garnitur damski** trouser suit
garnizon garrison
garstka a handful (of)
garść a handful (of)
gasić **1** extinguish, put out **2** *(papierosa)* stub out
gasnąć **1** go out **2** *(o silniku)* stall
gastronomia catering
gastronomiczny gastronomic
gaśnica (fire) extinguisher
gatunek **1** kind, sort **2** *(towaru)* brand **3** *(w biologii)* species **4** *(literacki)* genre **5** **gatunek zagrożony wymarciem** endangered species
gaworzyć gurgle
gawron rook

gaz **1** gas **2** **gaz łzawiący** teargas
gaza gauze
gazeciarz paperboy
gazeta newspaper, paper
gazowany carbonated, fizzy
gaźnik carburettor *BrE*, carburetor *AmE*
gąbczasty spongy
gąbka **1** sponge **2** **myć/ścierać gąbką** sponge
gąsienica caterpillar
gąszcz thicket
gdakać cluck
gdy **1** when **2** **(zawsze) gdy** if **3** **gdy tylko** as soon as
gdyby **1** if **2** **a gdyby tak ...?** what if ...? **3** **a gdyby** suppose, supposing **4** **na wypadek, gdyby** in case, on the off-chance
gdyż because, for
gdzie **1** where **2** **gdzie indziej** elsewhere **3** **gdzie u licha** wherever
gdziekolwiek anywhere, wherever
gdzieniegdzie here and there
gdzieś **1** somewhere, anywhere **2** **gdzieś indziej** somewhere else **3** **mam to gdzieś** I don't give a damn
gehenna ordeal
gejzer geyser
gen gene
generacja generation
generalizacja generalization
generalizować generalize, generalise *BrE*
generalny **próba generalna** dress rehearsal
generał general
generować generate
genetycznie genetically
genetyczny genetic
genetyk geneticist
genetyka genetics
geneza genesis
genitalia genitals
geniusz **1** genius, wizard **2** *(młodociany)* prodigy
geograf/ka geographer
geografia geography
geograficzny geographic
geolog geologist
geologia geology
geologiczny geological
geometria geometry
geometryczny geometric
gepard cheetah
geriatryczny geriatric
gest gesture
gestykulować gesticulate
getto ghetto
gęba **niewyparzona gęba** big/loud mouth
gęsi **gęsia skórka** goose pimples
gęsiego **1** in single file **2** **iść gęsiego** file
gęstnieć thicken
gęsto densely, thickly
gęstość density
gęsty dense, thick
gęś goose
giełda **1** exchange **2** **giełda papierów wartościowych** stock exchange, stock market
giętki flexible, pliable
giętkość flexibility
gigantyczny gigantic, giant, towering
gilotyna guillotine
gimnasty-k/czka gymnast
gimnastyka gymnastics, gym
ginąć **1** disappear **2** *(umierać)* perish
ginekolog gynaecologist *BrE*, gynecologist *AmE*
ginekologia gynaecology *BrE*, gynecology *AmE*
ginekologiczny gynaecological *BrE*, gynecological *AmE*
gips **1** plaster of Paris **2** **być w gipsie** be in plaster
gipsowy **opatrunek gipsowy** plaster cast
girlanda garland
gitara guitar
gitarzyst-a/ka guitarist, guitar player
gladiator gladiator
glazura glaze
glazurować glaze
gleba soil, earth, ground
ględzenie waffle
ględzić drone on, waffle
glina **1** clay **2** *(policjant)* copper *BrE*, cop *AmE*
gliniarz copper *BrE*, cop *AmE*
globalny **1** global **2** **globalne ocieplenie** global warming
globus globe
glon(y) algae
gloryfikacja glorification
gloryfikować glorify
glukoza glucose
gładki smooth
gładko smoothly
gładkość smoothness
głaskać stroke
głaz boulder, rock
głębia **1** depth **2** **w głębi duszy** deep down
głęboki **1** deep **2** *(przenośnie)* intense, profound
głęboko **1** deep **2** *(przenośnie)* deeply, intensely, profoundly **3** **spać głęboko** be fast/sound asleep, sleep soundly
głębokość **1** depth **2** **mieć 10 metrów głębokości** be 10 metres deep
głodny **1** hungry

2 bardzo głodny starved, starving
głodować go hungry, starve
głodowy śmierć głodowa starvation
głodówka hunger strike
głodujący starving
głodzić starve
głos 1 call, say, voice, vote **2** *(prawo do własnego zdania)* say **3** *(w wyborach)* vote **4** *(krzyk zwierzęcia)* call **5 głos rozsądku/doświadczenia** the voice of reason/experience **6 głos za** yes **7 na cały głos** at the top of your voice **8 na głos** aloud, out loud **9 oddawać głos** cast a vote **10 podnosić głos** raise your voice **11 różnica głosów** *(w głosowaniu)* margin **12 stracić głos** lose your voice **13 śpiewać na głosy** harmonize, harmonise *BrE*
głosić preach
głosować vote
głosowanie 1 vote **2 głosowanie tajne** ballot **3 kartka do głosowania** ballot
głośnik loudspeaker, speaker
głośno 1 loud, loudly **2** *(na głos)* out loud **3 głośno myśleć** think aloud **4 mów głośniej!** speak up!
głośność volume
głośny 1 loud **2** *(hałaśliwy)* noisy
głowa 1 head **2** *(umysł)* mind **3 ból głowy** headache **4 głowa państwa** head of state **5 łamać sobie głowę** rack your brain(s) **6 mamy to z głowy** it is out of the way **7 na głowie** on your mind **8 nad głową** over, overhead **9 nie stracić głowy** keep your head **10 postawiony na głowie** topsy-turvy **11 przychodzić do głowy** occur to sb, come/spring to mind, cross sb's mind **12 stracić głowę** lose your head **13 uderzać komuś do głowy** go to sb's head **14 w głowie mi się kręci** my head is swimming **15 w głowie się nie mieści** the mind boggles **16 wyleciało mi to z głowy** it slipped my mind **17 zawracać głowę** hassle **18 zwiesić głowę** hang your head
głowica warhead
głowić się głowić się nad czymś puzzle over sth
głód famine, hunger
głównie chiefly, mainly, mostly, principally
główny 1 main, chief, principal **2 główną rolę w filmie gra ...** the film features ...
głuchota deafness
głuchy 1 deaf **2** *(cisza)* dead
głupi 1 foolish, stupid, dumb **2** *(błahy)* silly
głupiec fool
głupio foolishly
głupkowaty goofy
głupota foolishness, stupidity
gmach building, edifice
gmina borough
gnać race
gnębiciel/ka oppressor
gnębić oppress, victimize, victimise *BrE*
gniazdko *(elektryczne)* socket, power point *BrE*, outlet *AmE*
gniazdo nest
gnicie decay
gnić decay, rot
gnida nit
gnieść (się) crumple, crease, crush
gniew anger, wrath
gniewać się 1 gniewać się (na kogoś) be angry (at/with sb) **2 już się nie gniewam** no hard feelings
gniewać anger, make angry
gniewny angry
gnieździć się nest
gnój dung, manure
go him, it
gobelin tapestry
godło emblem
godność 1 dignity **2 pełen godności** dignified **3 uwłaczać czyjejś godności** be beneath you
godny 1 worthy **2 godny pozazdroszczenia** enviable **3 godny pożądania** desirable **4 godny uwagi** notable, noteworthy
godzić 1 balance, reconcile **2 godzić się z czymś** accept sth, come to terms with sth, reconcile/resign yourself to sth
godzina 1 hour **2** *(czas)* time **3 24 godziny na dobę** around the clock **4 całymi godzinami** (for) hours on end **5 co godzinę** hourly **6 godzina pierwsza/druga** one/two o'clock **7 godzina policyjna** curfew **8 godzina szczytu** rush hour, peak times **9 która jest godzina?** what's the time? **10 odkładać coś na czarną godzinę** save sth for a rainy day **11 po godzinach** after hours
godzinowo hourly
godzinowy hourly
gofr waffle
gogle goggles
goić się heal
gol goal
golarka razor, shaver

golenie 1 shaving **2 płyn po goleniu** aftershave
goleń shin
golf 1 golf **2** *(sweter)* polo neck, turtleneck **3 gracz w golfa** golfer
golić (się) shave
gołąb(ek) dove
gołąb pigeon
goły 1 naked **2** *(pusty)* bare **3 gołym okiem** with/to the naked eye **4 gołymi rękami** with your bare hands
gong gong
gonić chase, run after
gorąco *noun* heat
gorąco *adv* **jest gorąco** it is hot
gorący 1 hot **2 gorąca dyskusja/debata** heated discussion/debate **3 gorąca linia** hotline **4 złapać kogoś na gorącym uczynku** catch sb red-handed
gorączka 1 fever **2 mieć gorączkę** have/run a temperature
gorączkowo frantically
gorączkowy feverish, frantic, hectic
gorączkujący feverish
gorczyca mustard
gorliwość eagerness
gorliwy eager, keen, devout, avid
gorset corset
gorszy 1 worse, inferior **2 mieć gorszy dzień/tydzień** have an off day/week
gorycz 1 bitterness **2 z goryczą** bitterly
goryl gorilla
gorzej worse
gorzelnia distillery
gorzki 1 bitter **2 gorzki uśmiech** a wry smile
gorzko bitterly
gospoda inn
gospodarczo economically
gospodarczy economic
gospodarka 1 economy **2 gospodarka rolna** farming
gospodarować farm
gospodarstwo 1 gospodarstwo rolne farm **2 zajęcia z gospodarstwa domowego** home economics
gospodarz 1 host **2** *(właściciel mieszkania)* landlord **3 być gospodarzem** host
gospodyni 1 hostess **2** *(właścicielka mieszkania)* landlady **3 gospodyni domowa** homemaker, housewife
gosposia housekeeper
gościnność 1 hospitality **2 nadużywać czyjejś gościnności** outstay your welcome
gościnny hospitable
gość 1 guest, visitor **2** *(w restauracji)* diner
gotować 1 cook **2** *(wodę)* boil **3 gotować się** cook, boil **4 gotować na parze** steam
gotowanie cooking
gotowość readiness
gotowy 1 ready, all set **2** *(kupiony w sklepie)* ready-made **3 być gotowym coś z/robić** be prepared to do sth, be willing to do sth
gotówka 1 cash, ready cash/money **2 przepływ gotówki** cash flow **3 płacić gotówką** pay cash
goździk 1 carnation **2** *(przyprawa)* clove
góra 1 mountain **2** *(np. bluzka)* top **3 brać górę nad kimś** get the better of sb **4 do góry nogami** upside down **5 góra lodowa** iceberg **6 na górę** up, upstairs **7 na górze** up, upstairs **8 od góry do dołu** from top to bottom **9 patrzeć na kogoś z góry** look down your nose at sb **10 pod górę** uphill **11 w górę rzeki** up the river, upriver, upstream **12 w górę** up, upward(s) **13 w górze** over, overhead
górka być z górki be all downhill, be downhill all the way
górnictwo mining
górnik miner
górny 1 upper **2** *(najwyższy)* top **3 górna granica** the upper limit
górować górować (nad) tower (over/above)
górzysty hilly, mountainous
gówno shit
gra 1 game, play **2 gra planszowa** board game **3 gra słów** play on words **4 gra wideo** video game **5 karta do gry** playing card **6 salon gier** arcade
grabić plunder, loot
grabie rake
grabież looting, plunder
grabieżca looter
gracja grace, poise
gracz player
grać 1 play **2** *(o aktorze)* act, play **3 grać na gitarze** play the guitar **4 grać fair** play fair **5 grać na czas** play for time **6 grać na giełdzie** speculate **7 grać na czyichś uczuciach** play on sb's emotions **8 grać w karty** play cards
grad 1 hail **2** *(np. kamieni, kul)* shower **3 pada grad** it hails
gradobicie hailstorm

graffiti graffiti
grafik graphic designer
grafika **1** graphics **2** **grafika użytkowa** graphic design
grafit *(w ołówku)* lead
gram gram, gramme
gramatycznie grammatically
gramatyczny grammatical
gramatyka grammar
gramofon record player, turntable
gramolić się clamber, climb
granat **1** grenade **2** *(owoc)* pomegranate
granatowy navy blue
granica **1** *(kraju)* border, frontier **2** *(miasta)* boundary **3** *(rozgraniczenie)* borderline **4** *(kres)* limit **5** **do granic możliwości** to the utmost **6** **w granicach przepisów/prawa** within the rules/the law **7** **w pewnych granicach** within limits **8** **za granic-ę/ą** abroad, overseas
graniczny borderline
graniczyć **graniczyć z** border on, verge on/upon
granit granite
grant grant
grasować prowl
gratulacje congratulations
gratulować congratulate
grawerować engrave
grawitacja gravity
grawitacyjny **1** gravitational **2** **pole grawitacyjne** gravitational field
grejpfrut grapefruit
gremium body, assembly
grill **1** barbecue, grill **2** **piec na grillu** barbecue
grobla dyke
grobowiec vault
groch pea
gromada flock, troop
gromadzenie accumulation
gromadzić **1** accumulate, amass, hoard **2** **na/gromadzić się** accumulate **3** **z/gromadzić się** assemble, gather
grosz **1** penny **2** *(w Polsce)* grosz **3** **ani grosza** not a penny **4** **bez grosza** penniless
groszek pea
grota grotto
groteskowo grotesquely
groteskowy grotesque
groza **1** terror, awe **2** **budzący grozę** formidable
grozić threaten
groźba menace, threat
groźny ferocious, forbidding, grim, menacing
grób grave, tomb
grubiański coarse, rude
grubiaństwo rudeness
grubo thickly
gruboskórny thick-skinned
grubość **1** thickness **2** **mieć 5cm/1m grubości** be 5cm/1m thick
grubszy **z grubsza** broadly
gruby **1** thick **2** *(tłusty)* fat **3** **gruba ryba** heavyweight
gruchot **stary gruchot** old banger
gruczoł gland
grudzień December
grunt **1** soil **2** **w gruncie rzeczy** in essence
gruntownie thoroughly, fully
gruntowność thoroughness
gruntowny **1** thorough **2** **gruntowna znajomość czegoś** an intimate knowledge of sth
grupa **1** group **2** *(zespół muzyczny)* band **3** **grupa krwi** blood group, blood type **4** **grupa nacisku** lobby **5** **grupa robocza** task force **6** **grupa wiekowa** age group
grupować group
gruszka pear
gruz **1** rubble **2** **być w gruzach** be in ruins
gruźlica tuberculosis
grymas grimace
grypa influenza, flu
gryzący *(np. dym)* acrid
gryzmolić doodle, scrawl
gryzmoły doodle, scrawl
gryzoń rodent
gryźć **1** bite **2** *(żuć)* chew, munch **3** *(kość)* gnaw
grzałka heater
grzanka toast
grządka bed
grząski boggy
grzbiet **1** spine **2** *(górski)* ridge
grzbietowy **styl grzbietowy** backstroke
grzebać **1** rummage, scrabble about/around **2** **grzebać przy** mess around with
grzebień **1** comb **2** *(np. na głowie ptaka)* crest
grzech sin
grzechotka rattle
grzechotnik rattlesnake
grzecznie politely
grzeczność politeness
grzeczny good, polite, well-behaved
grzejnik heater, fire *BrE*
grzeszni-k/ca sinner
grzeszyć sin
grzęda perch, roost
grzęznąć get/be bogged down

grzmieć 1 thunder 2 **grzmi** it thunders
grzmot thunder, a clap/roll of thunder
grzmotnąć thump
grzyb 1 fungus 2 *(jadalny)* mushroom 3 **wyrastać jak grzyby po deszczu** spring up
grzywa mane
grzywka fringe *BrE*, bangs *AmE*
grzywna fine
gubernator governor
gubić lose
gulasz stew
guma 1 rubber 2 **guma do żucia** chewing gum 3 **guma balonowa** bubble gum
gumka 1 rubber band, elastic band *BrE* 2 *(do mazania)* rubber *BrE*, eraser *AmE*
gumowy rubber
guru guru
gust 1 taste 2 **być w dobrym guście** be in good taste 3 **być w złym guście** be in bad/poor taste 4 **przypaść sobie do gustu** hit it off (with sb) 5 **zbyt jasny/mocny jak na czyjś gust** too bright/strong for your liking
gustownie tastefully
gustowny tasteful
guwernantka governess
guz 1 bump 2 *(nowotwór)* tumour *BrE*, tumor *AmE*
guzek lump
guzik button
gwałciciel rapist
gwałcić rape
gwałt rape
gwałtownie 1 violently, roughly, vehemently 2 *(szybko)* rapidly, steeply
gwałtowność violence
gwałtowny 1 violent, vehement 2 *(szybki)* rapid, steep, sharp
gwar bustle, clamour *BrE*, clamor *AmE*
gwara dialect
gwarancja 1 guarantee, warranty 2 **dawać gwarancję na** guarantee
gwarantować guarantee
gwarny bustling
gwiazda 1 star 2 *(figura gimnastyczna)* cartwheel 3 **gwiazda filmowa** film star, movie star 4 **spadająca gwiazda** shooting star
gwiazdka 1 (little) star 2 *(znak w tekście)* asterisk
gwiazdorstwo stardom
gwiaździsty starry
gwint thread
gwizd whistle
gwizdać 1 whistle, blow 2 *(na znak dezaprobaty)* boo
gwizdek whistle
gwizdnąć *(ukraść)* lift, pinch
gwoździk tack
gwóźdź nail
gzyms 1 *(budynku)* cornice 2 *(w skale)* ledge

Hh

habit habit
haczyk 1 hook 2 *(przenośnie)* check
haczykowaty hooked
Hades underworld
haft embroidery
haftować embroider
hak 1 hook 2 **szukać na kogoś haka** dig up (the) dirt on sb
haker hacker
hala 1 hall 2 **hala wsadowa** loading bay
halka slip, petticoat *BrE*
hall 1 *(w mieszkaniu)* hall 2 *(w hotelu)* lounge, lobby
halo hello
halowy indoor
halucynacja 1 hallucination 2 **mieć halucynacje** hallucinate
hałas 1 noise 2 **robić dużo hałasu wokół kogoś** make a fuss of sb *BrE*, make a fuss over sb *AmE*
hałaśliwie noisily
hałaśliwy noisy
hamak hammock
hamburger 1 hamburger, burger 2 **hamburger rybny** fish cake 3 **hamburger wołowy** beefburger
hamować 1 brake 2 *(ograniczać)* inhibit, restrain
hamulec 1 brake 2 **hamulec ręczny** handbrake *BrE*, emergency brake *AmE*
handel 1 commerce, trade 2 **handel bronią/narkotykami** drug/arms trafficking 3 **handel wymienny** barter
handla-rz/rka dealer, vendor, trades-man/woman
handlować 1 **handlować czymś** deal in sth, trade in sth 2 **handlować narkotykami** deal
handlowiec trader
handlowy 1 commercial 2 **centrum handlowe** arcade, mall 3 **marynarka handlowa** the merchant navy *BrE*, the merchant marine *AmE*
hangar hangar
haniebny dishonourable
hańba disgrace, dishonour *BrE*, dishonor *AmE*
harcerka Guide
harcerz Scout

harcerstwo scouting, the Scouts
hardware hardware
harfa harp
harfist-a/ka harpist
harmider hustle and bustle, pandemonium
harmonia harmony
harmonijka **harmonijka ustna** harmonica
harmonijny harmonious
harmonizować harmonize, harmonise *BrE*
harmonogram schedule
harować slave, labour *BrE*, labor *BrE*
harówka drudgery, grind
harpun harpoon
hartować toughen
hasło **1** password **2** *(slogan)* slogan **3** *(w słowniku)* entry
haszysz hashish
hau woof
haust gulp, swig
hazard **1** gambling **2** **uprawiać hazard** gamble
hazardzist-a/ka gambler
heban ebony
hej hey, hi
hektar hectare
helikopter helicopter, chopper
hełm helmet
hemofilia haemophilia
hemoroidy haemorrhoids
herb coat of arms
herbata tea
herbatnik biscuit *BrE*, cookie *AmE*
herety-k/czka heretic
heretycki heretical
herezja heresy
hermetyczny airtight
heroina heroin
heroizm heroism
heterogeniczny heterogeneous
heteroseksualny heterosexual
hi-fi **sprzęt/zestaw hi-fi** hi-fi
hiacynt hyacinth
hibernacja hibernation
hiena hyena
hierarchia hierarchy
hierarchiczny hierarchical
hieroglify hieroglyphics
higiena hygiene
higieniczny hygienic, sanitary
hinduizm Hinduism
Hindus/ka Indian
hinduski Hindu, Indian
hipermarket hypermarket
hipis/ka hippie
hipnotyczny hypnotic
hipnotyzer/ka hypnotist
hipnotyzować hypnotize, hypnotise *BrE*, mesmerize, mesmerise *BrE*
hipnoza hypnosis
hipochondria hypochondria
hipochondry-k/czka hypochondriac
hipokryt-a/ka hypocrite
hipokryzja hypocrisy
hipopotam hippopotamus, hippo
hipoteczny **kredyt hipoteczny** mortgage
hipotetycznie hypothetically
hipotetyczny hypothetical
hipoteza hypothesis
histeria **1** hysteria **2** **atak histerii** hysterics
histerycznie hysterically
histeryczny hysterical
historia **1** history **2** *(opowieść)* story
historycznie historically
historyczny historic, historical
historyjka **1** story **2** **historyjka obrazkowa** comic strip
historyk historian
hit hit
hobby hobby
hodować **1** breed **2** *(rośliny)* grow **3** *(zwierzęta)* raise
hodowca breeder
hodowla breeding
hojnie generously, freely, lavishly
hojność generosity
hojny generous
hokej **1** **hokej na lodzie** ice hockey **2** **hokej na trawie** field hockey
hol hall, hallway
holocaust holocaust
holować tow
holownik tug(boat)
hołd **1** homage, tribute **2** **oddawać hołd** pay homage (to)
homar lobster
homeopat-a/ka homeopath
homeopatia homeopathy
homeopatyczny homeopathic
homoseksualista homosexual, gay
homoseksualizm homosexuality
homoseksualny homosexual
honor **1** honour *BrE*, honor *AmE* **2** **honory wojskowe** salute
honorarium fee
honorowo honourably *BrE*, honorably *AmE*
honorowy honorary, honourable *BrE*, honorable *AmE*
horda horde
hormon hormone
hormonalny hormonal

horoskop horoscope
horror horror movie/film/story
horyzont horizon
horyzontalnie horizontally
horyzonty horizons
hospicjum hospice
hot-dog hot dog
hotel hotel
hrabia count, earl
hrabina countess
hrabstwo county
huczeć boom, buzz
huk bang, pop
hukać *(o sowie)* hoot
humanist-a/ka humanist
humanistyczny 1 humanistic 2 **nauki humanistyczne** arts, the humanities
humanitarny humane, humanitarian
humanizm humanism
humor 1 humour *BrE*, humor *AmE* 2 *(nastrój też)* mood 3 **dobry/zły humor** good/bad humour 4 **poczucie humoru** sense of humour 5 **w złym humorze** bad-tempered
humorystyczny humorous
humorzasty moody
hura hooray, hurray
huragan hurricane
hurt wholesale
hurtownik wholesaler
hurtowy wholesale
huśtać (się) swing
huśtawka 1 seesaw 2 *(wisząca)* swing
hutniczy 1 metallurgical 2 **piec hutniczy** blast furnace
hydrauliczny hydraulic
hydraulik plumber
hydroelektrownia hydroelectric power station
hymn 1 anthem 2 *(kościelny)* hymn 3 **hymn państwowy** national anthem

Ii

i and
ich their, theirs
idea idea
idealist-a/ka idealist
idealistyczny idealistic
idealizm idealism
idealizować idealize, idealise *BrE*
idealnie ideally
idealny ideal, perfect
ideał ideal
identyczny identical
identyfikacja identification
identyfikować 1 identify 2 **identyfikować się z** identify with
ideologia ideology
ideologicznie ideologically
ideologiczny ideological
idiom idiom
idiomatycznie idiomatically
idiomatyczny 1 idiomatic 2 **wyrażenie idiomatyczne** idiomatic expression/phrase
idiot-a/ka 1 idiot 2 **zrobić z kogoś idiotę** make a fool (out) of sb
idiotyczny idiotic
idol idol
iglasty 1 coniferous 2 **drzewo iglaste** conifer
iglica spire
igloo igloo
igła 1 needle 2 **jak szukanie igły w stogu siana** like looking for a needle in a haystack 3 **robić z igły widły** make a mountain out of a molehill
ignorancja ignorance
ignorować ignore, disregard, brush aside, wave aside
igrać **igrać z ogniem** be playing with fire
igrzyska 1 games 2 **igrzyska olimpijskie** the Olympic Games, the Olympics
ikona ikon
ikonka icon
ikra roe, spawn
ile 1 *(z rzeczownikami policzalnymi)* how many 2 *(z rzeczownikami niepoliczalnymi)* how much 3 **na ile** how far
ileś some
iloraz 1 quotient 2 **iloraz inteligencji** IQ
ilość 1 amount, quantity 2 **w dużych ilościach** in quantity
iluminacja illumination
ilustracja illustration
ilustrator/ka illustrator
ilustrować illustrate
iluzja illusion
iluzjonist-a/ka conjurer
im **im ..., tym** the ... the
imadło vice
imbecyl imbecile
imbir ginger
imiennik namesake
imiesłów 1 participle 2 **imiesłów bierny** past participle 3 **imiesłów czynny** present participle
imię 1 (first) name, Christian name 2 **dać na imię** call 3 **drugie imię** middle name 4 **mówić w czyimś imieniu** speak for sb 5 **nadawać komuś/czemuś imię na cześć** name sb/sth after, name sb/sth for *AmE* 6 **w czyimś imieniu** on

behalf of sb, on sb's behalf **7 w imię czegoś** in the name of sth
imigracja immigration
imigrant/ka immigrant
imitacja **1** imitation **2 imitacja skóry/drewna** imitation leather/wood
imitator/ka imitator
imitować imitate
immatrykulacja matriculation
immunitet immunity
immunizacja immunization
immunologiczny układ immunologiczny immune system
impas deadlock
imperator emperor
imperialny imperial
imperium empire
impertynencja impertinence
impet nabierać impetu gain/gather momentum
implant implant
implikacja implication
imponować impress
imponująco impressively
imponujący **1** impressive **2** *(budynek)* imposing
import import, importation
importer importer
importować import
impotencja impotence
impotent an impotent man
impreza **1** event **2** *(przyjęcie)* party, do
improwizacja improvisation, ad-lib
improwizować improvise, ad-lib, play it by ear
impuls **1** impulse **2 pod wpływem impulsu** on the spur of the moment
impulsywny impulsive
inaczej **1** differently **2 bo inaczej** or else
inauguracja inauguration
inauguracyjny inaugural
inaugurować inaugurate
incognito in disguise, incognito
indeks index
Indian-in/ka (American) Indian
indiański Indian
indoktrynacja indoctrination
indoktrynować indoctrinate
industrializacja industrialization
indyk turkey
indywidualist-a/ka individualist, maverick
indywidualistyczny individualistic
indywidualizm individualism
indywidualnie individually
indywidualność individuality
indywidualny **1** individual, particular **2** *(nauczanie)* one-to-one
inercja inertia
infantylny infantile
infekcja infection
inflacja inflation
informacja **1** (a piece of) information, info **2 informacje** information
informacyjny serwis informacyjny news bulletin
informator/ka informant
informator brochure, prospectus
informatyka computer science
informować inform
infrastruktura infrastructure
ingerencja interference
inhalator inhaler
inicjacja initiation
inicjał initial
inicjatywa **1** initiative **2 przejąć inicjatywę** take the initiative
inicjować initiate
inkrustowany encrusted
inkubator incubator
innowacja innovation
innowator/ka innovator
inny **1** *(odmienny)* different, alternative **2** *(nie ten)* another, other **3 coś innego** something else **4 ktoś inny** someone else **5 wszyscy inni** everyone else **6 wszystko inne** everything else
inscenizacja production, staging
inscenizować stage
inspekcja inspection
inspektor **1** inspector **2 inspektor policji** superintendent
inspiracja inspiration
inspirować inspire
inspirujący inspiring
instalacja **1** installation **2 element instalacji** fixture **3 instalacja elektryczna** wiring **4 instalacja wodno-kanalizacyjna** plumbing
instalator *(hydraulik)* plumber
instalować install
instant instant
instrukcja instruction, directions
instruktaż briefing, instruction
instruktażowy instructional
instruktor/ka instructor
instrument instrument
instrumentalny instrumental
instruować brief, instruct

instynkt instinct
instynktownie instinctively
instynktowny **1** instinctive **2** **instynktowna reakcja/ uczucie** gut reaction/feeling
instytucja institution
instytucjonalny institutional
instytut institute, school
insulina insulin
insygnia insignia
insynuacja insinuation, innuendo
insynuować insinuate
integracja integration
integralnie integrally
integralny integral
integrować (się) integrate
intelekt intellect
intelektualist-a/ka intellectual
intelektualnie intellectually
intelektualny intellectual
inteligencja **1** intelligence, intellect, brains **2** **sztuczna inteligencja** artificial intelligence
inteligentnie intelligently
inteligentny intelligent
intensyfikacja intensification
intensywnie intensively
intensywność intensity
intensywny **1** intensive, intense **2** **oddział intensywnej opieki medycznej** intensive care
interakcja interaction
interakcyjny interactive
interes **1** interest **2** **nie twój interes** none of your business **3** **robić interesy z** deal with **4** **zlikwidować interes** go out of business **5** **zakładać interes** go into business
interesować **1** interest **2** **interesować się czymś** be interested in sth, go in for sth
interesowność self-interest
interesowny mercenary
interesujący interesting, of interest
interesy business, dealings
interferencja interference
interkom intercom
internat **1** (school) dormitory **2** **mieszkaniec internatu** boarder **3** **szkoła z internatem** boarding school
Internet **1** the Internet, the Net **2** World Wide Web, the Web
internować intern
internowanie internment
interpretacja interpretation, rendition
interpretować interpret
interpunkcja punctuation
interwencja intervention
interweniować intervene
intonacja intonation
intonować chant
intratny lucrative
introspekcja introspection
introspekcyjny introspective
introwertyczny introvert
introwerty-k/czka introvert
intruz intruder
intryga intrigue
intrygować intrigue
intrygująco intriguingly
intrygujący intriguing
intuicja intuition
intuicyjnie intuitively
intuicyjny intuitive
intymny intimate
inwalid-a/ka invalid, disabled person
inwazja invasion
inwencja creativity
inwentaryzacja stocktaking
inwentarz **żywy inwentarz** livestock
inwestor **1** investor **2** **inwestor budowlany** developer
inwestować invest
inwestycja investment
inwigilacja surveillance
inżynier engineer
inżynieria **1** engineering **2** **inżynieria wodno-lądowa** civil engineering
ironia **1** irony **2** **jak na ironię** ironically
ironicznie ironically
ironiczny ironic
irracjonalnie irrationally
irracjonalny irrational
irys iris
irytacja annoyance, irritation
irytować annoy, irritate
irytujący annoying, irritating
iskra spark
iskrzyć spark
islam Islam
islamski Islamic
istnieć exist
istniejący **1** existing **2** **nie istniejący** nonexistent
istnienie existence
istota **1** being **2** *(sedno)* essence, substance **3** **istota ludzka** human, human being
istotnie **1** indeed **2** *(zasadniczo)* essentially
istotny essential, vital, relevant
iść **1** go, walk **2** *(o sztuce)* run **3** **iść/jechać za** follow **4** **iść gęsiego** file
itd. etc

itp. etc
izba **1** chamber **2** *(parlamentu)* house **3** **izba chorych** sick bay **4** **izba przyjęć** *(dla nagłych wypadków)* casualty *BrE*, emergency room *AmE*
Izba **1** **Izba Gmin** House of Commons **2** **Izba Lordów** House of Lords **3** **Izba Reprezentantów** House of Representatives
izolacja **1** insulation **2** **w izolacji** in isolation
izolować **1** *(przewód, budynek)* insulate **2** *(ludzi)* isolate **3** **izolować się (od)** isolate oneself (from)

Jj

ja **1** I, me **2** **ja też** me too **3** **ja też nie** me neither
jabłko **1** apple **2** **jabłko Adama** Adam's apple
jacht yacht
jad venom
jadalnia dining room
jadalny edible
jadłospis menu
jadowity poisonous, venomous
jagnię lamb
jagnięcina lamb
jagoda berry
jaguar jaguar
jajecznica scrambled eggs
jajko **1** egg **2** **jajko na twardo** hard-boiled egg
jajnik ovary
jajo egg
jak **1** *(w pytaniach)* how **2** *(przy porównaniach)* as, like **3** **jak dotąd** so far, as yet **4** **jak gdyby** as if, as though **5** **jak mówiłem** like I say/said **6** **jak najbardziej** by all means **7** **jak się masz?** how are you (doing)?, how's it going? **8** **jak to?** what do you mean? **9** **jak tylko** as soon as, the minute/moment (that)
jakby **1** as if, as though **2** **tak jakby** sort of
jaki **1** what, which **2** **jaki on jest?** what is he like?
jakikolwiek any, whichever
jakiś any, some
jakkolwiek however
jako as
jakoby supposedly
jakoś somehow
jakość quality
jałmużna alms, charity
jałowy **1** barren, sterile **2** **bieg jałowy** neutral
Jankes/ka Yank
jard *(0,9144m)* yard
jarzeniowy fluorescent
jarzmo yoke
jaskier buttercup
jaskinia cave
jaskiniowiec caveman
jaskółka swallow
jaskrawo brightly
jaskrawy bright, bold
jasno brightly, clearly
jasnoczerwony scarlet
jasnofioletowy mauve
jasność brightness, clarity
jasnowidz clairvoyant, psychic
jasnowidztwo clairvoyance
jasny **1** bright **2** *(kolor)* light **3** *(włosy)* fair **4** **jasne!** sure!
jastrząb hawk
jaszczurka lizard
jaw **1** **wydobyć coś na jaw** dig sth up **2** **wyjść na jaw** be out in the open
jawnie overtly
jawny open, blatant, overt, transparent
jaz weir
jazda **1** ride **2** *(samochodem)* drive **3** **jazda konna** (horse-) riding **4** **no to jazda!** here goes!
jazz jazz
jądro **1** *(narząd rozrodczy)* testicle **2** *(komórki, atomu)* nucleus **3** *(Ziemi)* core **4** *(np. orzecha)* kernel
jądrowy nuclear
jąkać się stammer, stutter
jąkanie się stammer, stutter
jątrzyć się fester
jechać **1** go **2** *(samochodem)* drive **3** *(konno, rowerem)* ride **4** **jechać na tym samym wózku (co)** be in the same boat (as) **5** **jechać autobusem/pociągiem** go by bus/train
jeden **1** one, single **2** **albo jeden, albo drugi** either **3** **ani jeden, ani drugi** neither **4** **bilet w jedną stronę** single ticket *BrE*, one-way ticket *AmE* **5** **jeden po drugim** one after the other, one by one **6** **jednym słowem** in short **7** **jeszcze jeden** another **8** **w jedną stronę** one-way **9** **w jednym** (all) in one
jedenasty eleventh
jedenaście eleven
jednak(że) however
jednak **1** though, however **2** **a jednak** yet, after all
jednakowo alike, equally
jednakowy equal
jednoczyć **1** unite, unify **2** **jednoczyć się** unite
jednogłośnie unanimously
jednogłośny unanimous
jednojęzyczny monolingual
jednokierunkowy one-way

jednolicie uniformly
jednolitość uniformity
jednolity uniform
jednomyślnie unanimously
jednomyślność consensus, unanimity
jednomyślny unanimous
jednoosobowy *(np. pokój)* single
jednopokoleniowy rodzina jednopokoleniowa nuclear family
jednorazowy 1 *(ręcznik itp.)* disposable **2** *(wpłata itp.)* one-off
jednorodny homogeneous
jednorożec unicorn
jednostka 1 unit **2** *(miary)* unit, measure **3** *(człowiek)* individual
jednostronnie unilaterally
jednostronny one-sided, unilateral
jedność unity, cohesion
jednoznacznie unequivocally
jednoznaczny conclusive, unequivocal
jedwab 1 silk **2 sztuczny jedwab** rayon
jedwabisty silky
jedwabnik silkworm
jedyna-k/czka an only child
jedynie merely, only, solely
jedyny 1 only, one, sole **2 jedyny w swoim rodzaju** one-of-a-kind
jedzenie food
jeep Jeep
jego his, its
jej her, hers, its
jeleń deer
jelito bowel, intestine, gut
jelitowy intestinal
jelonek fawn
jemioła mistletoe
jemu (to) him
jeniec 1 captive, prisoner **2 jeniec wojenny** prisoner of war
jesienny autumnal
jesień autumn, fall *AmE*
jesion ash
jeszcze 1 *(wciąż)* still, yet **2** *(więcej)* else, some more **3 jeszcze jeden** (yet) another **4 jeszcze raz** (once) again **5 jeszcze więcej/lepiej** even more/ better **6 jeszcze zimniejszy/lepszy** colder/ better still
jeść 1 eat **2 jeść obiad** have lunch **3 jeść zbyt dużo** overeat
jeśli 1 if **2 jeśli chcesz** if you like **3 jeśli masz ochotę** if you like **4 nawet jeśli** even if
jezioro lake
jeździć 1 travel **2** *(samochodem)* drive **3** *(konno, rowerem)* ride **4 jeździć na łyżwach** skate **5 jeździć na nartach** ski **6 jeździć na rowerze** cycle **7 jeździć na wrotkach** roller skate
jeździec horseman, rider
jeździectwo (horse-)riding
jeż hedgehog
jeżeli 1 if **2 jeżeli nie** unless
jeżozwierz porcupine
jeżyć 1 jeżący włos na głowie hair-raising **2 jeżyć się** bristle
jeżyna blackberry
jęczeć groan, moan, whine
jęczmień 1 barley **2** *(na powiece)* sty
jęk groan, moan
język 1 language **2** *(część ciała)* tongue **3 język ojczysty** (sb's) first language, native/mother tongue **4 język angielski** English, the English language **5 masz coś na końcu języka** sth is on the tip of your tongue **6 trzymać język za zębami** hold your tongue, keep your mouth shut **7 znać języki** be a good linguist
językowy linguistic
językoznawca linguist
językoznawstwo linguistics
jod iodine
jodła fir
jodyna iodine solution
joga yoga
jogging jogging
jogurt yoghurt
jojo yo-yo
jowialny jovial
Jowisz Jupiter
jubiler jeweller, jeweler *AmE*
jubileusz jubilee
judaizm Judaism
junior Junior
jupiter spotlight
juror/ka juror
jury jury
jurysdykcja jurisdiction
jutro tomorrow
już 1 already **2** *(w pytaniach)* yet **3 już nie** no longer, not any more, not anymore

Kk

kabaczek marrow *BrE*, squash *AmE*
kabaret cabaret
kabel cable
kabina 1 booth **2** *(na statku)* cabin **3** *(w samolocie)* cabin, cockpit **4** *(kierowcy)* cab **5 kabina telefoniczna** phone booth
kabriolet convertible
kac hangover

kaczątko duckling
kaczka duck
kaczuszka duckling
kadencja tenure, term
kadet cadet
kadłub **1** body **2** *(statku)* hull
kadry **1** human resources **2** **dział kadr** personnel department
kadzidło incense
kadź tub, vat
kafelek tile
kafelkować tile
kaftan **kaftan bezpieczeństwa** straightjacket, straitjacket
kaganiec muzzle
kajak canoe, kayak
kajakarstwo canoeing
kajdanki handcuffs
kakao cocoa
kaktus cactus
kalafior cauliflower
kalambur pun
kalectwo disability
kaleczyć hurt, injure
kalejdoskop kaleidoscope
kaleka cripple
kalendarz calendar, diary
kalendarzowy **rok/miesiąc kalendarzowy** calendar year/month
kaliber calibre *BrE*, caliber *AmE*
kalka **kalka (maszynowa)** carbon paper
kalkować trace
kalkulacja calculation
kalkulacyjny **arkusz kalkulacyjny** spreadsheet
kalkulator calculator
kaloria calorie
kaloryczny rich
kaloryfer radiator
kalosze **1** wellies **2** **inna para kaloszy** a whole new ball game, a different ball game
kał faeces *BrE*, feces *AmE*
kałuża pool, puddle
kameleon chameleon
kamera **1** camera **2** **kamera wideo** camcorder
kameralny **1** intimate **2** **muzyka kameralna** chamber music
kamerdyner butler
kamieniarz mason, stonemason
kamienica **kamienica czynszowa** tenement
kamieniołom quarry
kamienisty stony
kamienny **1** stony **2** **epoka kamienna** the Stone Age **3** **z kamienną twarzą** stony-faced
kamienować stone
kamień **1** rock, stone **2** **kamień brukowy** cobble **3** **kamień milowy** landmark, milestone **4** **przepaść jak kamień w wodę** vanish/disappear into thin air
kamizelka **1** waistcoat *BrE*, vest *AmE* **2** **kamizelka ratunkowa** life jacket, life vest
kampania **1** campaign, crusade, drive **2** **prowadzić kampanię** campaign
kamuflaż camouflage
kamyk pebble
kanalizacja drainage
kanał **1** ditch **2** *(łzowy itp.)* duct **3** *(szlak morski)* canal **4** *(program telewizyjny)* channel
kanapa couch, sofa
kanapka sandwich
kanarek canary
kanciarz swindler
kanciasty angular
kanclerz chancellor
kandydat/ka applicant, candidate
kandydatura candidacy
kandydować run, stand
kangur kangaroo
kanibal cannibal
kanibalizm cannibalism
kanion canyon
kanonierka gunboat
kanonik canon
kant swindle
kantować swindle
kantyna mess
kapać drip, trickle, dribble
kapeć slipper
kapelan chaplain
kapelusz hat
kapitalist-a/ka capitalist
kapitalistyczny capitalistic
kapitalizm capitalism
kapitalny **1** *(wspaniały)* swell **2** **remont kapitalny** overhaul
kapitał capital
kapitałowy capital
kapitan captain
kapitański **mostek kapitański** the bridge
kapitulacja capitulation
kapitulować capitulate
kaplica chapel
kapłan priest
kapłanka priestess
kapłaństwo the priesthood
kapować **szybko/wolno kapować** *(potocznie)* be slow/quick on the uptake
kapral corporal
kaprys **1** whim, caprice **2** **kaprys losu** a quirk of fate
kapryśny capricious
kapsel (bottle) cap
kapsuła capsule
kapsułka capsule

kaptur **1** hood **2** **z kapturem** hooded
kapusta **1** cabbage **2** **kapusta kiszona** sauerkraut
kara **1** penalty, punishment **2** **kara cielesna** corporal punishment **3** **kara śmierci** capital punishment, death penalty **4** **ponieść karę** pay the penalty/price **5** **unikać kary** get off
karabin **1** rifle **2** **karabin maszynowy** machine gun
karać **1** punish, penalize, penalise *BrE* **2** *(dyscyplinarnie)* discipline
karafka carafe
karaluch cockroach, roach
karambol pile-up
karany **być karanym** have a criminal record
karat carat
karate karate
karawan hearse
karawana caravan, train
karb notch
karcić scold
karczoch artichoke
kardynał cardinal
karetka ambulance
kariera career
kark **1** nape **2** **za kark** by the scruff of the neck
karmazynowy crimson
karmić **1** feed **2** **karmić piersią** breast-feed
karnacja colouring *BrE*, coloring *AmE*
karnawał carnival
karnet book
karny **1** penal, punitive **2** **rzut karny** penalty (kick)
karo diamonds
karoseria body
karp carp
karta **1** card **2** **grać w karty** play cards **3** **karta bankowa** cash card **4** **karta dań** menu **5** **karty do gry** playing cards **6** **karta kredytowa** credit card **7** **karta magnetyczna** swipecard **8** **karta płatnicza** *(ważna w jednym sklepie lub sieci)* charge card **9** **karta telefoniczna** phone card **10** **grać w otwarte karty** put/lay your cards on the table **11** **zielona karta** green card
kartel cartel
kartka **1** sheet (of paper) **2** *(w zeszycie itp.)* page **3** *(pocztowa)* card
kartofel potato
karton **1** *(papier)* cardboard, card *BrE* **2** *(opakowanie)* carton
kartoteka dossier, file
karuzela merry-go-round, roundabout, carousel *BrE*
karygodny criminal
karykatura caricature
karykaturzyst-a/ka cartoonist
karzeł dwarf, midget
karzełek dwarf
kasa **1** *(sklepowa)* till **2** *(w supermarkecie)* checkout **3** **kasa biletowa** *(kolejowa itp.)* booking office **4** **kasa biletowa** *(w teatrze itp.)* box office **5** **kasa fiskalna** cash register **6** **kasa mieszkaniowa** building society *BrE*, savings and loan association *AmE*
kaseta cassette
kasetka case
kaseton panel
kasjer/ka **1** cashier **2** *(w banku)* bank teller, teller
kask crash helmet, helmet
kaskada **1** cascade **2** **spływać/opadać kaskadą** cascade
kaskaderski **wyczyn kaskaderski** stunt
kasować **1** delete, erase **2** *(bilet)* punch
kasta caste
kastracja castration
kastrować castrate
kasyno casino
kaszel cough
kaszleć cough
kaszlnięcie cough
kaszmir cashmere
kasztan **1** horse chestnut **2** *(jadalny)* chestnut
kasztanowaty chestnut
kasztanowiec horse chestnut
kasztanowy chestnut
kat executioner
katalizator *(w chemii)* catalyst
katalog catalogue, directory, index
katalogować catalogue, catalog *AmE*
katapultować się eject
katar **1** **katar sienny** hay fever **2** **mieć katar** have a runny nose
katastrofa **1** catastrophe, disaster **2** **katastrofa lotnicza/kolejowa** plane/train crash **3** **katastrofa morska** shipwreck
katastrofalny catastrophic
katedra **1** cathedral **2** *(na uczelni)* chair
kategoria **1** category **2** **drugiej kategorii** second-class **3** **w kategoriach finansowych/artystycznych** in financial/artistic terms
kategorycznie categorically
kategoryczny categorical
katoli-k/czka Catholic, Roman Catholic

katolicki Catholic
katolicyzm Catholicism, Roman Catholicism
kaucja 1 bail 2 **wpłacać kaucję za** bail out
kawa 1 coffee 2 **kawa z mlekiem** white coffee
kawalarz joker
kawaler bachelor
kawaleria cavalry
kawalerski wieczór kawalerski stag night
kawał 1 chunk, hunk 2 *(dowcip)* joke, hoax, lark *BrE* 3 **zrobić komuś kawał** play a trick/joke on sb
kawałek 1 bit, fragment, piece 2 **po kawałku** piecemeal
kawiarnia cafe
kawior caviar
kazać 1 tell 2 **kazać komuś coś zrobić** make sb do sth 3 **kazać komuś czekać** keep sb waiting
kazanie 1 sermon 2 **prawić/wygłaszać kazanie** preach
kazirodczy incestuous
kazirodztwo incest
kaznodzieja preacher
każdy 1 each, every, any 2 *(każdy człowiek)* everyone, anyone 3 **w każdym razie** at any rate, in any event, at all events
kąpać 1 bathe, bath *BrE* 2 **kąpać się** bathe
kąpiel 1 bath 2 **brać kąpiel** take a bath
kąpielowy 1 **kostium kąpielowy** bathing suit 2 **szlafrok kąpielowy** bathrobe
kąpielówki swimming trunks
kąsać sting
kąsek morsel, titbit
kąśliwy biting
kąt 1 angle 2 *(pomieszczenia)* corner 3 **każdy kąt** every nook and cranny 4 **kąt prosty** right angle 5 **pod kątem** at a slant
kciuk 1 thumb 2 **trzymać kciuki** keep your fingers crossed
keczup ketchup
kelner 1 waiter 2 **pracować jako kelner** wait tables
kelnerka waitress
kempingowy samochód kempingowy camper
kędzierzawy fuzzy
kępka clump, tuft
kęs bite, morsel, mouthful
khaki khaki
kibic supporter
kibicować support
kichać sneeze
kichnięcie sneeze
kicz kitsch
kiczowaty kitsch
kiedy 1 when 2 **kiedy to możliwe** where possible 3 **za każdym razem, kiedy** whenever
kiedykolwiek ever, whenever
kiedyś 1 once, one day, some day, sometime 2 **ktoś kiedyś coś robił** sb used to do sth
kieliszek glass
kielnia trowel
kieł 1 fang 2 *(człowieka)* canine (tooth) 3 *(słonia)* tusk
kiełbasa sausage
kiełek shoot, sprout
kiełkować germinate, sprout
kiełkowanie germination
kiepski poor, miserable
kiepsko poorly
kier hearts
kierat treadmill
kiermasz kiermasz dobroczynny bazaar
kierować 1 *(samochodem)* drive 2 *(innym pojazdem)* steer 3 *(ustawiać w jakimś kierunku)* direct 4 *(przewodniczyć)* head, preside over 5 *(prowadzić)* be in charge
kierować się 1 *(iść w określonym kierunku)* head 2 *(przestrzegać)* go by 3 **kierować się ku** make for, make your way towards 4 **kierować się na coś** zero in on sth
kierowanie driving
kierowca 1 driver, motorist 2 *(szofer)* chauffeur 3 **kierowca ciężarówki** trucker
kierownica 1 steering wheel 2 *(w rowerze, motocyklu)* handlebars 3 **siedzieć za kierownicą** be at the wheel
kierownictwo direction, leadership
kierowniczy 1 managerial 2 **układ kierowniczy** steering
kierownik manager, superintendent
kierunek 1 direction 2 **w kierunku** towards 3 **zmierzać we właściwym/niewłaściwym kierunku** be on the right/wrong track
kierunkowskaz indicator *BrE*, turn signal *AmE*
kieszeń 1 pocket 2 **znać coś jak własną kieszeń** know sth inside out
kieszonkowe allowance
kieszonkowiec pickpocket
kieszonkowy pocket
kij 1 stick, club 2 *(np. baseballowy)* bat 3 **kij bilardowy** cue 4 **kij**

golfowy golf club **5 kij od szczotki** broomstick
kijanka tadpole
kikut stump
kil keel
kilka 1 several, some **2 w kilka sekund/dni** in a matter of seconds/days
kilo kilo
kilobajt kilobyte
kilof pick, pickaxe *BrE*, pickax *AmE*
kilogram kilogram, kilogramme
kilometr kilometre *BrE*, kilometer *AmE*
kilowat kilowatt
kilwater wake
kiła syphilis
kino 1 cinema, the pictures, the movies *AmE* **2** *(budynek)* theatre *BrE*, movie theater *AmE*
kiosk kiosk
kipieć boil over
kiszony kapusta kiszona sauerkraut
kiść bunch
kit *(do uszczelniania)* putty
kitel smock, overall *BrE*
kiwać 1 kiwać (głową) nod **2 nie kiwnąć palcem** not do a stroke (of work)
kiwi kiwi fruit
klacz mare
klajster paste
klakson horn
klamka door handle
klamra 1 clamp, clip **2 klamra do włosów** hairgrip
klamrować clamp
klan clan
klapa 1 trapdoor **2** *(niepowodzenie)* flop **3** *(marynarki, płaszcza)* lapel
klapka flap
klaps 1 slap, smack **2 dać klapsa** smack, spank
klarnet clarinet
klarownie lucidly
klarowny lucid
klasa 1 class, form *BrE*, grade *AmE* **2** *(pomieszczenie)* classroom **3 druga klasa** second class **4 klasa robotnicza** the working class **5 klasa średnia** the middle class **6 klasa wyższa** the upper class **7 miejsce/bilet/wagon drugiej klasy** second-class seat/ticket/carriage **8 najwyższej klasy** top-notch **9 pierwszą klasą** first-class **10 pierwszej klasy** first-class **11 przewyższać o klasę** outclass **12 światowej klasy** world-class
klaskać clap, applaud
klasyczny 1 classic, classical **2 styl klasyczny** breaststroke
klasyfikacja classification
klasyfikować classify, categorize, categorise *BrE*
klasyk classic
klasztor 1 monastery **2** *(żeński)* convent
klasztorny monastic
klatka 1 cage **2** *(kliszy fotograficznej)* exposure **3 klatka piersiowa** chest **4 klatka schodowa** staircase **5 zamknięty w klatce** caged
klaustrofobia claustrophobia
klauzula clause, provision
klawesyn harpsichord
klawiatura keyboard
klawisz key
kląć curse, swear
klątwa curse
kleić gum, paste
klej glue, paste, adhesive
klejący sticky
klejnot gem, jewel
kleks blot
klepać pat, tap
klepnięcie pat, tap
klepsydra hourglass
kleszcz tick
kleszcze forceps
klęczeć kneel
klękać kneel
klęska 1 disaster, calamity **2** *(porażka)* defeat **3 klęska głodu** famine
klient/ka client, customer, shopper
klientela clientele
klif cliff
klika clique
klimakterium menopause
klimat climate
klimatyczny climatic
klimatyzacja air conditioning
klimatyzacyjny urządzenie klimatyzacyjne air conditioner
klimatyzowany air conditioned
klin wedge
klinicznie clinically
kliniczny clinical
klinika clinic
kloc(ek) block
klomb flowerbed
klon 1 *(drzewo)* maple **2** *(w genetyce)* clone
klonować clone
klonowanie cloning
klosz shade
kloszard down-and-out
klown clown
klub 1 club **2 klub golfowy** golf club **3 klub młodzieżowy** youth club **4 klub nocny** night club
klucz 1 key **2** *(muzyczny)* clef **3 klucz (płaski)** spanner **4 pod kluczem** under lock and key
kluczowy key

kluska dumpling
kłaczki fluff
kładka footbridge
kłamać lie
kłamca liar
kłamliwy deceitful
kłamstewko niewinne kłamstewko white lie
kłamstwo lie
kłaniać się bow
kłapać kłapać zębami snap
kłaść put, lay, place
kłaść się 1 lie (down) **2 nie kłaść się (dopóki ktoś nie wróci)** wait up (for sb) **3 nie kłaść się (spać)** sit up, stay/be up
kłębek 1 ball **2 być kłębkiem nerwów** be a bundle of nerves, be a nervous wreck
kłębić się billow
kłoda log
kłopot 1 problem, inconvenience, nuisance, hassle **2 mieć kłopoty** be in trouble **3 sprawiać kłopot** inconvenience, put out
kłopotliwy 1 troublesome **2 kłopotliwa kwestia/zagadnienie** vexed question/issue
kłos ear
kłócić się argue, fight, quarrel, fall out
kłódka padlock
kłótliwy quarrelsome, argumentative
kłótnia quarrel, argument, fight, row
kłujący stabbing
kłus trot
kłusować trot
kłusowni-k/czka poacher
kmin *(przyprawa)* cumin
knebel gag
kneblować gag
knot wick
knuć 1 plot, scheme **2 knuć coś** be up to something **3 knuć spisek** hatch a plot/plan
knur boar
koalicja coalition
kobieciarz womanizer
kobiecość femininity, womanhood
kobiecy feminine, womanly
kobieta woman, female
kobra cobra
koc blanket
kochać 1 love **2 kochać się w kimś** be in love with sb **3 kochać się z kimś** make love to/with sb
kochający loving
kochan-ek/ka lover
kochanie baby, darling, dear, honey, love, sweetheart
kochanka mistress
koci kocie oczy *(odblaskowe światła wzdłuż szosy)* cat's eyes
kocioł 1 cauldron **2 kocioł parowy** boiler
kocur tomcat
koczowni-k/czka nomad
koczowniczy nomadic
kod 1 code **2 kod paskowy** bar code **3 kod pocztowy** postcode *BrE*, zip code *AmE*
kodeks code
kodowany coded
koedukacyjny co-ed, mixed
koegzystencja coexistence
koegzystować coexist
kofeina caffeine
kogucik cockerel
kogut cock, rooster
koić soothe
koja berth, bunk
kojarzyć associate, connect
kojący soothing
kojec playpen
kojot coyote
kok bun
kokaina cocaine
kokarda bow
kokon cocoon
kokosowy orzech kokosowy coconut
koktajl 1 cocktail **2 koktajl mleczny** milkshake, shake
kolaboracja collaboration
kolaborant/ka collaborator
kolaborować collaborate
kolacja supper, tea *BrE*
kolano knee
kolaż collage
kolba 1 butt **2** *(naczynie)* flask
kolczasty 1 prickly, spiky **2 drut kolczasty** barbed wire
kolczyk 1 earring **2** *(wkrętka)* stud
kolebka 1 home **2 kolebka czegoś** the cradle of sth
kolec prickle, spike, spine
kolega 1 friend, buddy **2** *(z pracy)* colleague **3 koledzy z pracy/ze studiów** fellow workers/students **4 kolega z klasy** classmate
kolegium college
koleina rut
kolej 1 railway *BrE*, railroad *AmE* **2 nie po kolei** out of order **3 po kolei** in order, in turn
kolejka 1 *(ogonek)* queue *BrE*, line *AmE* **2** *(kolej)* round, turn **3 stanąć w kolejce** join a queue/line **4 stać w kolejce** queue **5 być następnym w kolejce do czegoś** be in line for sth **6 kolejka górska** *(w*

wesołym miasteczku) roller coaster
kolejno successively
kolejność order, sequence
kolejny consecutive, successive
kolekcja collection
kolekcjoner/ka collector
kolendra coriander
koleś buddy
koleżanka **1** friend **2** *(z pracy)* colleague **3** **koleżanka z klasy** classmate
kolęda (Christmas) carol
kolidować clash
kolka colic
kolokwializm colloquialism
kolonia colony
kolonializm colonialism
kolonialny colonial
kolonizacja colonization
kolonizować colonize, colonise *BrE*
kolor colour *BrE*, color *AmE*
kolorować colour *BrE*, color *AmE*
kolorowy **1** coloured *BrE*, colourful *BrE*, colored *AmE*, colorful *AmE* **2** **kolorowa fotografia/telewizja** colo(u)r photograph/television
koloryt colour *BrE*, color *AmE*
kolosalny colossal
kolumna column
kołatka knocker
kołdra duvet, quilt
kołek peg
kołnierz collar
koło[1] *prep* near, by, next to
koło[2] *noun* **1** circle **2** *(pojazdu)* wheel **3** **koło ratunkowe** life belt **4** **koło zębate** cog
kołować *(po płycie lotniska)* taxi
kołowrotek spinning wheel
kołowrót **1** winch **2** *(przy wejściu na stadion)* turnstile
kołysać **1** lull **2** **kołysać się** roll, rock, sway, swing
kołysanka lullaby
kołyska cradle
komandor commander
komandos commando
komar mosquito
kombajn combine harvester
kombi estate car *BrE*, station wagon *AmE*
kombinacja combination
kombinezon **1** overalls, suit **2** **kombinezon piankowy** *(płetwonurka)* wet suit
komedia **1** comedy **2** **komedia sytuacyjna** sitcom
komendant commandant
komentarz **1** comment **2** **bez komentarza** no comment
komentować comment
komercyjny commercial
kometa comet
komicznie comically
komiczny comic, comical, hilarious
komik comedian, comic
komiks comic (book)
komin chimney
kominek **1** fireplace **2** **przy kominku** by the fireside
kominiarz chimney sweep
komisarz commissioner
komisja commission
komitet committee
komoda chest of drawers, bureau *AmE*, dresser *AmE*
komora **1** chamber **2** **komora gazowa** gas chamber
komorne rent
komornik bailiff
komórka **1** cell **2** *(telefon)* cellphone, mobile *BrE*
komórkowy **1** cellular **2** **telefon komórkowy** cell(ular) phone, mobile phone *BrE*
kompaktowy **płyta kompaktowa** CD, compact disc
kompas compass
kompatybilność compatibility
kompatybilny compatible
kompetencja competence
kompetentny competent
kompleks complex
komplement **1** compliment **2** **powiedzieć komuś komplement** compliment sb, pay sb a compliment
komplet **1** set **2** *(widzów na sali)* full house **3** **komplet mebli** suite
kompletnie completely, utterly
kompletny complete, utter
komplikacja complication, hitch
komplikować complicate
komponować compose
komponowanie composition
kompost compost
kompozycja **1** composition **2** *(układ)* arrangement
kompozytor/ka composer
kompresja compression
kompromis **1** compromise **2** **iść/pójść na kompromis** compromise
kompromitacja discredit, disgrace
kompromitować **1** disgrace

2 **kompromitować się** compromise yourself
kompromitujący compromising
komputer 1 computer 2 **komputer osobisty** personal computer
komputeryzacja computerization
komputeryzować computerize, computerise *BrE*
komuna commune
komunalny mieszkanie komunalne council flat
komunał cliché
Komunia communion
komunikacja 1 communication 2 *(transport miejski)* transport, transportation *AmE*
komunist-a/ka Communist
komunistyczny Communist
komunizm Communism
konar bough
koncentracja concentration
koncentracyjny obóz koncentracyjny concentration camp
koncentrować się 1 concentrate 2 **koncentrować się wokół** centre on/around sth *BrE*, center on/around sth *AmE* 3 **koncentrować się na** concentrate on
koncepcja conception
konceptualny conceptual
koncert 1 concert 2 *(muzyki popularnej lub jazzowej także)* gig 3 *(utwór)* concerto
koncesja concession, franchise, licence
kondensować condense
kondolencje 1 condolence 2 **składać (komuś) kondolencje** pay your respects (to sb)
konduktor/ka conductor, guard
kondycja fitness, health
kondygnacja flight of stairs/steps, level
koneser/ka connoisseur
konewka watering can
konfederacja confederation
konferencja 1 conference 2 **konferencja prasowa** press conference
konfiskata confiscation
konfiskować confiscate
konflikt 1 conflict, clash 2 **konflikt pokoleń** generation gap
konformist-a/ka conformist
konformistyczny conformist
konfrontacja 1 confrontation 2 *(na policji)* lineup
konfrontować confront
kongres congress
Kongres 1 *(USA)* Congress 2 **człon-ek/kini Kongresu** congressman/congresswoman
koniak brandy, cognac
koniczyna clover
koniec 1 end 2 **bez końca** endlessly, interminably 3 **do samego końca** to/until the bitter end 4 **koniec końców** eventually 5 **masz coś na końcu języka** sth is on the tip of your tongue 6 **na koniec** finally, lastly 7 **na końcu** last 8 **na tym koniec** that's it 9 **od końca** backwards 10 **w końcu** after all, at last, finally, in the end, ultimately 11 **wiązać koniec z końcem** make ends meet
konieczność 1 necessity 2 **z konieczności** out of necessity, necessarily
konieczny 1 imperative, necessary 2 **być koniecznym** be a necessity 3 **zło konieczne** a necessary evil
konik konik polny grasshopper
koniugacja conjugation
koniugować conjugate
koniuszek koniuszek palca fingertip
konkluzja conclusion
konkretny concrete, solid
konkrety the nitty-gritty
konkubinat 1 cohabitation 2 **żyć w konkubinacie** cohabit
konkurencja competition
konkurencyjny competitive, rival
konkurent/ka competitor, rival
konkurować compete
konkurs competition, contest
konno on horseback
konny 1 equestrian 2 *(pojazd)* horse-drawn 3 **wyścigi konne** horse racing
konopie hemp
konotacja connotation
konsekracja consecration
konsekwencja 1 *(następstwo)* consequence 2 *(bycie konsekwentnym)* consistency
konsekwentny consistent
konserwant preservative
konserwatyst-a/ka conservative
konserwatywny conservative
konserwatyzm conservatism
konserwować cure, preserve

konsolidacja consolidation
konsolidować consolidate
konspiracyjny conspiratorial
konstelacja constellation
konsternacja 1 bewilderment, dismay 2 **wywołujący konsternację** bewildering
konsternować dismay
konstrukcja construction, structure
konstruktywnie constructively
konstruktywny constructive
konstruować construct, structure
konstytucja constitution
konstytucyjny constitutional
konsul consul
konsularny consular
konsulat consulate
konsultacja consultation
konsultant/ka consultant
konsultować **konsultować się z kimś** consult sb
konsument/ka consumer
konsumować consume
konsumpcja consumption
konsystencja consistency
kontakt 1 contact 2 *(elektryczny)* socket, power point *BrE*, outlet *AmE* 3 **mieć kontakt z** be exposed to 4 **nawiązywać kontakty** establish contacts 5 **stracić kontakt (z kimś)** lose touch (with sb) 6 **utrzymywać kontakt** keep/stay in touch 7 **włączać do kontaktu** plug in
kontaktować **kontaktować się z kimś** contact sb, be/get in touch with sb
kontaktowy **szkła/soczewki kontaktowe** contact lenses
kontekst context
kontemplacja contemplation
konto 1 account 2 **konto bankowe** bank account 3 **mieć coś na swoim koncie** *(przenośnie)* have sth under your belt 4 **wyciąg z konta** bank statement
kontra versus
kontrabanda contraband
kontrabas double bass
kontrakt contract
kontrast contrast
kontrastowy contrasting
kontratak counterattack
kontratakować counterattack, strike back
kontrola 1 control, check, test 2 **kontrola paszportowa** immigration 3 **kontrola zbrojeń** arms control 4 **mieć kontrolę nad** have control over 5 **pod kontrolą** under control 6 **sprawować kontrolę nad** control 7 **wymykać się spod kontroli** get out of hand
kontroler **kontroler biletów** ticket collector
kontrolować control, inspect
kontrowersja controversy
kontrowersyjny controversial
kontur contour
kontynent continent
kontynentalny continental
kontyngent quota
kontynuacja continuation, follow-up, sequel
kontynuować 1 continue, carry on, go on 2 **kontynuować coś** get on with sth
konwenans convention
konwencja convention
konwencjonalnie conventionally
konwencjonalny conventional, orthodox
konwersacja conversation
konwersja conversion
konwój convoy
konwulsja convulsion
koń 1 horse 2 **koń czystej krwi** thoroughbred 3 **koń mechaniczny** horsepower 4 **koń na biegunach** rocking horse 5 **koń wyścigowy** racehorse
końcowy 1 final, closing, concluding 2 **egzaminy końcowe** finals
końcówka 1 ending 2 *(wyścigu)* finish
kończyć 1 finish, end, wrap up 2 *(pracę)* call it a day, knock off 3 **coś się komuś kończy** sb is running short/low of sth 4 **nie kończący się** endless 5 **kończyć się** end, finish, draw to an end/a close 6 *(o paliwie itp.)* run out 7 **kończyć 20/30 lat** turn 20/30
kończyna limb
koński **koński ogon** *(fryzura)* ponytail
kooperacja cooperation
koordynacja coordination
koordynator/ka coordinator
koordynować coordinate
kopać 1 kick 2 *(w ziemi)* dig 3 *(norę)* burrow 4 **kopać leżącego** put the boot in
kopalnia 1 mine, pit 2 **kopalnia węgla** colliery 3 **kopalnia złota** goldmine
koperta envelope
kopia 1 copy, duplicate, replica 2 **robić zapasową kopię** *(pliku komputerowego)*

back up **3 zrobić kopię** copy **4 zapasowa kopia** backup

kopiec mound

kopiować copy, duplicate

kopnięcie kick

kopulacja copulation

kopuła dome

kopyto hoof

kora bark

koral coral

koralik bead

korba crank

kordon 1 cordon **2 odgradzać kordonem** cordon off

korek 1 *(materiał)* cork **2** *(w wannie)* plug **3** *(do butelki)* stopper **4** *(uliczny)* tailback, traffic jam **5** *(w butach piłkarskich)* stud

korekcyjny remedial

korekta 1 correction, revision **2 robić korektę** proofread

korektor/ka proofreader

korepetycje (private) tuition

korepetytor/ka tutor

korespondencja correspondence

korespondent/ka correspondent

korespondować correspond

korkociąg corkscrew

kornik woodworm

korodować corrode

korona crown

koronacja coronation

koroner *(urzędnik ustalający przyczyny nagłych zgonów)* coroner

koronka 1 lace **2** *(na zębie)* crown

koronkowy lacy

koronować crown

korozja corrosion

korporacja corporation

korporacyjny corporate

korpus corps

kort court

korumpować corrupt

korupcja corruption

korygować correct, revise

korytarz corridor, passage

koryto trough

korzeń root

korzystać korzystać z czegoś use sth

korzystnie favourably *BrE*, favorably *AmE*

korzystny 1 advantageous, beneficial, favourable *BrE*, favorable *AmE* **2 być korzystnym dla kogoś/czegoś** be in sb's/sth's favour **3 być korzystnym dla** benefit

korzyść 1 benefit **2 dodatkowa korzyść** bonus **3 działać na czyjąś korzyść** be weighted in favour of sb **4 działać na czyjąś korzyść** work in sb's favour *BrE*, favor *AmE* **5 odnieść korzyść** benefit **6 przynosić korzyści** benefit **7 z korzyścią dla ciebie** to your advantage

kos blackbird

kosa scythe

kosiarka 1 mower **2 kosiarka do trawy** lawn mower

kosić mow

kosmetyczka 1 beautician **2** *(torebka)* vanity bag, sponge bag *BrE*

kosmetyczny cosmetic

kosmetyk cosmetic

kosmiczny 1 cosmic **2 przestrzeń kosmiczna** outer space

kosmopolityczny cosmopolitan

kosmos (outer) space, the cosmos

kosmyk wisp

kostium 1 costume, suit **2 kostium kąpielowy** bathing suit, swimming costume, swimsuit

kostka 1 cube **2** *(stopy)* ankle **3** *(w palcu)* knuckle **4 kostka do gry** dice **5 kostka lodu** ice cube **6 kroić w kostkę** dice

kostnica morgue, mortuary

kosz 1 basket **2 kosz na śmieci** bin, wastepaper basket *BrE*, wastebasket *AmE*

koszary barracks

koszerny kosher

koszmar nightmare

koszmarny 1 ghastly, nightmarish **2 koszmarny sen** nightmare

koszt 1 cost, expense **2 czyimś kosztem** at sb's expense **3 kosztem** at the cost of **4 koszty stałe** overheads **5 na koszt firmy** on the house **6 ponosić koszt** bear the cost

kosztorys estimate, quotation

kosztować cost

kosztowności valuables

kosztowny costly, expensive

koszula 1 shirt **2 koszula nocna** nightdress, nightgown, nightie

koszulka T-shirt, tee shirt

koszykówka 1 basketball **2 piłka do koszykówki** basketball

kościelny ecclesiastical

kościół church

kościsty bony

kość 1 bone **2 kość niezgody** a bone of contention **3 kość policzkowa** cheekbone **4 kość słoniowa** ivory

kot cat

kotek kitten, pussycat

kotlet chop, cutlet
kotwica anchor
kotwiczyć anchor
kowadło anvil
kowal blacksmith
kowboj cowboy
koza goat
kozaczek boot
kozioł **kozioł ofiarny** scapegoat
koziołek *(przewrót)* somersault
Koziorożec Capricorn
koźlę kid
kożuch **1** *(na mleku itp.)* skin **2** *(z brudu)* scum
kółko **1** circle, ring **2** **dom na kółkach** mobile home **3** **kółko na klucze** key ring **4** **w kółko** over and over (again), round and round
kpiąco mockingly
kpić **kpić z** mock
kpiny mockery, jibe, ridicule
krab crab
krach crash
kraciasty checked
kradzież **1** theft **2** **kradzież sklepowa** shoplifting
kraina land
kraj country
krajobraz **1** landscape, scenery **2** **krajobraz (wiejski)** countryside
krajobrazowy **atrakcja krajobrazowa** beauty spot
krajowy national, domestic, home
krakać croak
krakers cracker
kraksa wreck
kran tap *BrE*, faucet *AmE*
krasnal gnome
krasnoludek dwarf
kraść steal
krata **1** bar(s) **2** *(wzór)* check **3** **materiał w kratę** plaid **4** **szkocka krata** tartan
krater crater
kratka grid
kratki **za kratkami** behind bars
kraul the crawl
krawat necktie, tie
krawędź edge
krawężnik curb *BrE*, kerb *AmE*
krawiec tailor
krawiectwo tailoring
krąg circle, ring
krągły plump
krążek disc
krążenie circulation
krążownik cruiser
krążyć circulate, go around, orbit
kreatywność creativity
kreda chalk
kredens cupboard, sideboard, dresser *BrE*
kredka **1** coloured pencil **2** **kredka woskowa** crayon
kredowy chalky
kredyt **1** credit **2** **kredyt hipoteczny** mortgage **3** **na kredyt** on credit
kredytowy **karta kredytowa** credit card
krem **1** cream **2** **krem nawilżający** moisturizer **3** **krem z filtrem ochronnym** sunscreen
kremacja **1** cremation **2** **poddawać kremacji** cremate
krematorium crematorium
kremowy cream
krepa crepe, crèpe
kres **położyć czemuś kres** bring sth to an end, put a stop to sth
kreska dash
kreskówka cartoon
kreśla-rz/rka draughtsman *BrE*, draftsman *AmE*
kret mole
kretyński moronic
krew **1** blood **2** **bank krwi** blood bank **3** **dawca krwi** blood donor **4** **grupa krwi** blood group, blood type **5** **nowa krew** new blood **6** **rozlew krwi** bloodshed **7** **z zimną krwią** in cold blood **8** **zimna krew** nerve
krewetka **1** prawn, shrimp **2** **krewetki panierowane** scampi
krewn-y/a **1** relative **2** **najbliższy krewny** next of kin
kręcić **1** curl, twist, twirl **2** *(film)* film, shoot **3** **kręcić nosem (na coś)** turn your nose up (at sth) **4** **kręcić głową** shake your head **5** **kręcić się** turn, spin **6** **komuś kręci się w głowie** sb's head is in a whirl, sb's head is swimming
kręcony curly, frizzy
kręg vertebra
kręgiel **1** skittle **2** **gra w kręgle** bowling, skittles **3** **grać w kręgle** bowl
kręgosłup backbone, spine
krępować **1** constrain **2** *(związywać)* tie down
krępy stocky
kręty winding
krnąbrny wayward
krochmal starch
krocze crotch
kroczyć step, stride
kroić **1** cut **2** *(mięso)* carve **3** *(w plasterki)* slice **4** **kroić w kostkę** dice
krok **1** footstep, step, stride **2** **być o krok od** be on the brink of **3** **krok po kroku** step-by-step **4** **podejmować kroki** take

steps **5 zrobić krok** take a step
krokiet croquet
krokodyl crocodile
krokus crocus
kromka slice
kronika chronicle
kropeczka w kropeczki polka dot
kropelka 1 drop, bead, globule **2** *(czegoś gęstego)* blob
kropić sprinkle
kropka 1 dot **2** *(znak przestankowy)* full stop *BrE*, period *AmE* **3 kropka dziesiętna** decimal point **4 w kropki** spotted
kropkowany linia kropkowana dotted line
kropla 1 drop, drip **2 być podobnym do kogoś jak dwie krople wody** be the spitting image of sb **3 kropla deszczu** raindrop
kroplówka drip
krosno loom
krosta spot
krowa cow
król king
królestwo 1 kingdom **2 królestwo zwierząt** the animal kingdom
królewna princess
królewski 1 regal, royal **2 rodzina królewska** royalty **3 Wasza/Jej/Jego Królewska Mość** Your/Her/His Majesty
króliczek bunny
królik 1 rabbit **2 królik doświadczalny** guinea pig
królowa queen
krótki 1 short, brief **2 krótkie spięcie** short circuit **3 na krótką metę** in the short term/run
krótko 1 briefly **2 krótko mówiąc** in short, to put it simply, to cut a long story short **3 krótko przed/po** shortly before/after
krótkofalówka two-way radio, walkie-talkie
krótkoterminowy short-term
krótkotrwałość brevity
krótkotrwały short-lived, transitory
krótkowzroczność nearsightedness
krótkowzroczny nearsighted, shortsighted
krówka *(cukierek)* fudge
krtań larynx
kruchość fragility
kruchy fragile, brittle, crisp, crispy
krucjata crusade
krucyfiks crucifix
kruczek 1 catch **2 kruczek prawny** technicality
kruczoczarny jet-black
kruk raven
kruszyć (się) break up, crumble
krwawić bleed
krwawienie 1 bleeding **2 krwawienie z nosa** nosebleed
krwawy bloody
krwiobieg bloodstream
krwionośny naczynie krwionośne blood vessel
krwiożerczy bloodthirsty
krwisty *(befsztyk itp.)* rare
krwotok haemorrhage *BrE*, hemorrhage *AmE*
kryć 1 hide, conceal **2** *(przed ostrzałem)* cover for **3 kryć się** hide, take cover **4 kryć się za** lie behind **5 nie kryć się z czymś** make no bones about sth
kryjomu po kryjomu on the sly, by stealth, stealthily
kryjówka hideout, hideaway
krykiet cricket
kryminał *(książka)* detective story, whodunit
krypta crypt
krystalizacja crystallization
krystalizować (się) crystallize, crystallise *BrE*
kryształ crystal
kryterium criterion
kryty indoor
krytyczny 1 critical **2 analiza krytyczna** critique **3 stan krytyczny** critical condition **4 uwaga krytyczna** criticism
krytyk critic
krytyka criticism
krytykancki judgmental
krytykować criticize, criticise *BrE*
kryzys 1 crisis, depression **2 dotknięty kryzysem** depressed **3 kryzys wieku średniego** midlife crisis
krzak bush, shrub
krzątać krzątać się bustle
krzem silicon
krzemień flint
krzepki robust
krzepnąć congeal, solidify
krzesło 1 chair **2 krzesło elektryczne** the electric chair
krzew shrub
krzta 1 scrap **2 ani krzty** not a shred
krztyna ounce
krzyczeć scream, shout
krzyk 1 scream, shout, cry **2 ostatni krzyk mody** all the rage
krzykliwy loud, flashy
krzyknąć cry out, burst out, let out a scream/cry
krzywa curve

krzywda harm, wrong
krzywdzić harm, hurt
krzywić się wince
krzywoprzysięstwo perjury
krzywy crooked, lopsided
krzyż 1 cross 2 **bóle krzyża** backache
krzyżować 1 cross 2 **krzyżować ramiona** fold your arms
krzyżowiec crusader
krzyżowy wziąć kogoś w krzyżowy ogień pytań cross-examine sb
krzyżówka 1 cross, hybrid 2 *(łamigłówka)* crossword (puzzle)
krzyżyk 1 cross 2 **nuta z krzyżykiem** sharp
ksenofobia xenophobia
kserokopia xerox
kserować xerox, photocopy
ksiądz priest
książeczka 1 book 2 **książeczka czekowa** chequebook *BrE*, checkbook *AmE*
książę duke, prince
książka 1 book 2 **książka kucharska** cookbook 3 **książka telefoniczna** phone book, telephone directory 4 **książka w miękkiej okładce** paperback
książkowy 1 fictional 2 **mól książkowy** bookworm
księgarnia bookshop *BrE*, bookstore *AmE*
księgow-y/a accountant, bookkeeper
księgowość accountancy, bookkeeping
księstwo principality
księżna duchess, princess
księżniczka princess
księżyc 1 moon 2 **pełnia księżyca** full moon 3 **światło księżyca** moonlight
księżycowy 1 lunar 2 *(noc)* moonlit
ksylofon xylophone
kształcenie 1 education, training 2 **kształcenie pomaturalne** further education
kształcić educate
kształt 1 shape 2 **nabierać kształtu** take shape 3 **w kształcie cygara/serca** cigar/heart-shaped 4 **w kształcie czegoś** shaped like sth
kształtować mould, shape
kto who
ktokolwiek whoever
ktoś 1 someone, anyone 2 **ktoś inny** someone else
który 1 *(zaimek pytajny)* which 2 *(zaimek względny)* who, which, whose, that 3 **według którego** whereby 4 **zgodnie z którym** whereby
którykolwiek whichever
ku 1 towards 2 **ku czyjemuś zaskoczeniu/ zdziwieniu** to sb's surprise/ amazement
kubek 1 mug 2 *(bez ucha)* beaker 3 *(np. od serka)* tub
kucha-rz/rka cook
kuchenka 1 cooker, stove 2 **kuchenka elektryczna** hotplate 3 **kuchenka mikrofalowa** microwave
kuchnia 1 kitchen 2 *(gotowanie)* cuisine, cooking
kucyk pony
kudłaty shaggy
kufer trunk
kujon swot
kukła effigy
kuksaniec nudge
kukułka cuckoo
kukurydza 1 maize *BrE*, sweetcorn *BrE*, corn *AmE* 2 **prażona kukurydza** popcorn
kukurydziany płatki kukurydziane cornflakes
kula 1 globe, sphere 2 *(pocisk)* bullet 3 *(dla niepełnosprawnego)* crutch 4 **gra w kule** bowls 5 **grać w kule** bowl 6 **kula armatnia** cannon ball 7 **kula ziemska** the globe 8 **pchnięcie kulą** shot put
kulać (się) roll
kulawy lame
kuleć limp
kulinarny culinary
kulisty spherical
kulisy 1 backdrop 2 **za kulisami** backstage, behind the scenes
kulka 1 pellet 2 *(do gry)* marble
kulminacyjny punkt kulminacyjny climax, culmination
kult 1 cult, worship 2 **miejsce kultu** shrine
kultura culture
kulturalny 1 cultural 2 *(cywilizowany)* civilized, civilised *BrE*, cultivated 3 *(grzeczny)* polite, cultured
kulturowo culturally
kulturowy cultural
kulturyst-a/ka body builder
kulturystyka body building
kultywować cultivate, nurture
kumpel buddy, chum, mate, pal
kundel mongrel
kunszt artistry
kunsztowny elaborate
kupa 1 **kupa czegoś** a pile

of sth **2 nie trzymać się kupy** not add up
kupiec 1 *(kupujący)* buyer **2** *(handlarz)* merchant **3 kupiec owocowo-warzywny** greengrocer
kupon coupon
kupować buy
kupując-y/a shopper
kura hen
kurator kurator sądowy probation officer
kurczak chicken
kurczę chicken
kurczyć (się) shrink, contract
kurier courier
kurort resort
kurs 1 course **2 kurs dewizowy** exchange rate
kursować run
kursywa italics
kurtka jacket
kurtyna curtain
kurz dust
kusić tempt, entice
kustosz/ka curator
kusy skimpy
kuszący tempting, seductive, inviting, enticing
kuszetka bunk
kuśtykać limp
kuzyn/ka cousin
kuźnia forge
kwadrans 1 quarter **2 kwadrans po** quarter past
kwadrat 1 square **2 podnosić do kwadratu** square
kwadratowy 1 square **2 pierwiastek kwadratowy** square root
kwakać quack
kwalifikacje 1 qualifications **2 pozbawiony kwalifikacji** unqualified **3 praca nie wymagająca kwalifikacji** unskilled work **4 zdobywać kwalifikacje/dyplom** qualify
kwalifikować się 1 qualify **2 nie kwalifikować się do czegoś** be ineligible for sth/to do sth
kwarantanna quarantine
kwarc quartz
kwarta *(1,137 l)* quart
kwartalny quarterly
kwartał 1 quarter **2** *(obszar miejski otoczony z czterech stron ulicami)* block **3 raz na kwartał** quarterly
kwas acid
kwaskowaty sharp, tangy
kwaśny 1 acid, sour **2 kwaśny deszcz** acid rain
kwatera 1 lodgings **2 kwatera główna** headquarters
kwesta collection
kwestia 1 issue, question **2** *(aktora)* line **3 to kwestia wprawy/szczęścia** it's a matter of practice/luck
kwestionariusz questionnaire
kwestionować question, challenge
kwestionowanie challenge
kwiacia-rz/rka florist
kwiaciarnia florist's
kwiat 1 flower **2 być w kwiecie wieku** be in your prime, be in the prime of life
kwiaty blossom
kwiecie blossom
kwiecień April
kwiecisty floral, flowery
kwilić whimper
kwita być kwita be square
kwitnący flourishing, thriving
kwitnąć flourish, be in (full) bloom
kwitować kwitować odbiór sign for

Ll

labirynt labyrinth, maze
laboratorium 1 laboratory, lab **2 laboratorium językowe** language laboratory
labrador labrador
lać (się) pour
lada counter
laguna lagoon
laik lay person, layman
lakier 1 lacquer, varnish **2 lakier do paznokci** nail polish
lakierować varnish
lalka doll
lama llama
lameta tinsel
laminowany laminated
lampa 1 lamp **2 lampa błyskowa** flash
lampart leopard
lampion lantern
lanca lance
lanie spanking
lansować promote
laptop laptop
larwa 1 larva **2** *(muchy)* maggot
las 1 forest, wood **2 tropikalny las deszczowy** rain forest
laser laser
laska cane, walking stick
lata mieć pięć/dwadzieścia lat be five/twenty years old
latać fly
latający 1 flying **2 latający talerz** flying saucer
latanie flying
latarka torch *BrE*, flashlight *AmE*
latarnia 1 latarnia morska lighthouse **2 latarnia uliczna** lamp-post, street light

latawiec kite
lato 1 summer, summertime 2 **babie lato** Indian summer 3 **środek lata** midsummer
latynoamerykański Latin American
laur spocząć na laurach rest on your laurels
laurowy liść laurowy bay leaf
lawa lava
lawenda lavender
lawina 1 avalanche 2 *(pytań itp.)* deluge
lazurowy azure
ląd 1 land 2 **ląd stały** the mainland 3 **schodzić na ląd** disembark
lądować land
lądowanie landing, touchdown
lądowisko airfield, airstrip
lądowy land, overland, terrestrial
lecieć 1 fly 2 *(o filmie)* show 3 **Jak leci?** How's it going?, How are things going?
lecz but, yet
leczenie treatment, therapy
leczniczy medicinal, therapeutic
leczyć treat, heal, cure
ledwie barely, hardly
ledwo 1 hardly, barely, narrowly, (only) just 2 **ledwo ... gdy** no sooner had ... than 3 **ledwo ledwo** by the skin of your teeth
legalizacja legalization, legalisation *BrE*
legalizować legalize, legalise *BrE*
legalnie legally
legalność legality, legitimacy
legalny legal, lawful, legitimate
legenda 1 legend 2 *(na mapie itp.)* key
legendarny legendary
leginsy leggings
legion legion
legowisko den
lejce rein
lejek funnel
lek 1 drug, medicine, medication 2 **brać leki** be on drugs
lekarstwo medicine, cure, remedy
leka-rz/rka 1 doctor, physician 2 **lekarz ogólny** GP 3 **lekarz stażysta** intern 4 **lekarz stażysta** *(w szpitalu)* resident
lekceważący dismissive, disrespectful, disparaging
lekceważenie disregard
lekceważyć ignore
lekcja lesson, class, period
lekki 1 light, lightweight 2 **lekki sen** light sleep
lekko lightly
lekkoatletyka athletics, track and field
lekkomyślnie recklessly
lekkomyślność recklessness
lekkomyślny reckless
lektura reading
lemoniada lemonade
leniuchować laze (around/about)
leniwy lazy, idle
lepiej 1 better 2 **czuć się lepiej** be better 3 **im wcześniej, tym lepiej** the sooner the better 4 **lepiej (zrób coś)** you had better (do sth)
lepki sticky, tacky, clammy, glutinous
lepszy 1 better, preferable, superior 2 **na lepsze** for the better 3 **o wiele lepszy** much better 4 **w lepszej sytuacji** better off
lesbijka lesbian
lesbijski lesbian
leszczyna hazel
leśnictwo forestry
leśny teren leśny woodland
letni 1 *(związany z latem)* summer 2 *(ani zimny ani gorący)* lukewarm, tepid
lew 1 lion 2 **Lew** *(znak zodiaku)* Leo 3 **lew morski** sea lion
lewica 1 the Left 2 **skrajna lewica/prawica** the far left/right
lewicowiec left-winger
lewicowy left-wing
leworęczny left-handed
lewy 1 left, left-hand 2 **lewa burta** port 3 **lewa strona** left 4 **na lewą stronę** inside out 5 **po lewej stronie** on the left 6 **w lewo** left 7 **z lewej** on the left
leżak deckchair
leżący 1 **kopać leżącego** put the boot in 2 **leżący twarzą do ziemi** prostrate
leżeć 1 lie 2 **dobrze/doskonale leżeć** be a good/perfect fit 3 **poleżeć sobie dłużej w łóżku** have a lie-in
lęk 1 fear, anxiety, apprehension 2 **pełen lęku** apprehensive
lękać się lękać się o fear for
liberalizacja liberalization
liberalizować liberalize, liberalise *BrE*
liberalny liberal
liberał liberal
licencja 1 licence 2 **licencja poetycka** poetic licence
liceum liceum ogólnokształcące *(w Wielkiej Brytanii)* grammar school
licho niech mnie licho I'll be damned

lichy poor, flimsy
licytacja auction
licytować auction, bid
liczący **liczący się** of note
liczba **1** number, figure **2** **liczba pojedyncza** the singular **3** **liczba mnoga** the plural **4** **liczba ofiar** toll
liczbowy numerical
liczebnik **liczebnik główny** cardinal number
licznik **1** meter **2** *(w samochodzie)* speedometer **3** *(przebiegu)* clock
liczny numerous
liczyć **1** count **2** **liczyć 500 osób** be 500 strong **3** **liczyć na** count on, bank on, reckon on **4** **nie licząc** exclusive of **5** **liczyć się** count **6** **liczyć się z** respect, reckon with **7** **nie liczyć się z kimś** take sb for granted
lider/ka leader
lifting *(twarzy)* facelift
liga league
likier liqueur
likwidacja liquidation, closure, elimination, disposal
likwidator liquidator
likwidować **1** eliminate, do away with, liquidate **2** **likwidować interes** go out of business
lilia lily
liliowy **kolor liliowy** lilac
limeryk limerick
limona lime
limuzyna limousine
lina **1** rope, cable **2** *(akrobatyczna)* tightrope **3** **lina ratunkowa** lifeline
lincz lynching
linczować lynch
lingwistyka linguistics
linia **1** line **2** **linia brzegowa** coastline **3** **linia frontu** the front line **4** **linia lotnicza** airline **5** **w linie** lined
linieć moult
linijka **1** ruler **2** *(piosenki, wiersza)* line
liniowiec liner
lipiec July
liryczny lyrical
lis fox
lisica vixen
list **1** letter **2** **list polecający** reference **3** **list przewodni** covering letter
lista **1** list, roll **2** **lista adresowa** mailing list **3** **lista oczekujących** waiting list **4** **lista płac** payroll **5** **lista przebojów** the charts
listonosz postman *BrE*, mailman *AmE*
listopad November
listowie foliage
listowy **papier listowy** notepaper
liścik note
liść **1** leaf **2** **liść laurowy** bay leaf
litera **1** letter **2** **drukowane litery** block letters **3** **duża litera** capital
literacki literary
literatura **1** literature, fiction **2** **literatura faktu** nonfiction
literówka misprint
litościwy merciful
litość **1** mercy, pity **2** **co/dlaczego na litość boską ...?** what/why on earth ...?
litr litre *BrE*, liter *AmE*
lity **lite złoto/srebro** solid gold/silver
lizać lick
lizak lollipop
lizus creep
lizusowaty slimy
liźnięcie lick
lob lob
lobby lobby
lobbyst-a/ka lobbyist
lobować lob
loch dungeon
locha sow
lodowato **lodowato zimny** ice-cold
lodowaty ice-cold, frosty, icy
lodowcowy glacial
lodowiec glacier
lodowisko (ice) rink
lodówka refrigerator, fridge
lody ice cream
logarytm logarithm
logicznie logically
logiczny logical
logika logic
lojalność loyalty
lojalny loyal
lok curl, lock
lokal **1** joint **2** **nocny lokal** nightclub
lokator/ka **1** lodger, occupant, tenant, boarder **2** **dziki lokator** squatter
lokomocyjny **1** **choroba lokomocyjna** carsickness **2** **cierpieć na chorobę lokomocyjną** be carsick
lokomotywa engine, locomotive
lokówka roller
lombard pawnbroker's
lord lord
lornetka binoculars
los **1** lot **2** *(przeznaczenie)* destiny, fate **3** *(na loterii)* lottery ticket **4** **kaprys losu** a quirk of fate **5** **uśmiech losu** stroke of luck **6** **zrządzenie losu** a twist of fate **7** **ciągnąć losy** draw lots
losować draw (lots)
losowo randomly

losowy random
lot flight
loteria **1** lottery **2** **loteria fantowa** raffle
lotka *(do badmintona)* shuttlecock
lotnia hang glider
lotniarstwo hang gliding
lotnictwo aviation
lotniczy **1** aerial **2** **linia lotnicza** airline **3** **poczta lotnicza** airmail **4** **podróż/katastrofa lotnicza** air travel/disaster
lotnisko airport
lotniskowiec aircraft carrier
loża box
lód **1** ice **2** *(do jedzenia)* ice cream **3** **lód na patyku** ice lolly **4** **przełamywać lody** break the ice
lśniący glossy, shiny, sleek
lśnić shine
lub **1** or **2** **lub też** or else
lubić **1** like, be fond of, be keen on *BrE* **2** **lubić coś robić** like doing/to do sth, be fond of doing sth **3** **nie lubić** dislike **4** **nie lubić czegoś robić** not like doing/to do sth
lubować **lubować się w** delight in
lud the people
ludność population
ludobójstwo genocide
ludowy folk
ludzie people
ludzki **1** human, humane **2** **rodzaj ludzki** the human race **3** **w ludzkiej mocy** humanly possible
ludzkość humanity, man, mankind, the human race
lufa barrel
luk hatch, porthole
luka **1** blank, gap **2** **luka (prawna)** loophole
lukier glaze, icing, frosting *AmE*
lukrować ice
luksus luxury
luksusowy fancy, luxurious
lunaty-k/czka sleepwalker
lunatykować sleepwalk
lusterko mirror
lustro mirror
luty February
luz loose
luźno loosely
luźny **1** loose, slack **2** **luźny związek** casual relationship
lwica lioness
lżyć abuse

Łł

łabędź swan
łachman rags
łaciaty spotty
łacina Latin
łaciński Latin
ład **1** order **2** **bez ładu i składu** incoherently **3** **mówić bez ładu i składu** ramble
ładnie **1** nicely, prettily **2** **ładnie wyglądać/pachnieć** look/smell nice
ładny **1** pretty, nice **2** *(dzień)* nice, fair
ładować **1** load **2** *(akumulator itp.)* charge **3** **ładować się do** pile into
ładownia hold
ładunek **1** cargo, freight, load **2** *(elektryczny)* charge
łagodnie gently
łagodność gentleness
łagodny gentle, mild, benign, mellow
łagodzący **okoliczności łagodzące** mitigating circumstances
łagodzić ease, soothe, deaden, relieve, soften
łajdak rascal
łakomstwo greediness
łakomy greedy
łamać **1** break **2** **łamać sobie głowę** rack your brain(s)
łamaniec **łamaniec językowy** tongue-twister
łamany **łamana angielszczyzna/polszczyzna** broken English/Polish
łamliwy brittle
łańcuch **1** chain **2** *(górski)* range **3** *(zdarzeń itp.)* sequence **4** **łańcuch pokarmowy** food chain **5** **przymocować łańcuchem** chain **6** **skuty łańcuchem** in chains
łańcuchowy **reakcja łańcuchowa** chain reaction
łańcuszek chain
łapa paw
łapać **1** catch, grasp, snatch **2** **z trudem łapać oddech** gasp for breath/air
łapczywie hungrily
łapownictwo bribery
łapówka bribe
łasica weasel
łaska **1** favour *BrE*, favor *AmE* **2** **być na łasce** be at the mercy of **3** **być w łaskach** be in favour, be in sb's good books **4** **z łaski swojej** kindly
łaskawie graciously
łaskawy gracious
łaskotać tickle
łata patch
łatać patch
łatka spot
łatwizna **1** child's play **2** **iść na łatwiznę** cut corners
łatwo **1** easily, readily **2** **łatwo (komuś) coś**

zrobić it's/that's all very well (for sb) to do sth

łatwopalny flammable, inflammable

łatwość 1 ease **2 z łatwością** with ease

łatwowierność gullibility

łatwowierny gullible

łatwy easy

ława 1 coffee table **2 ława oskarżonych** the dock **3 ława przysięgłych** jury

ławica school, shoal

ławka 1 bench **2 ławka kościelna** pew

łazić crawl

łazienka bathroom

łącznie łącznie z including, inclusive of

łącznik 1 hyphen **2 pisany z łącznikiem** hyphenated

łączność communications

łączny inclusive

łączyć 1 link, join **2** *(rozmowę)* put through **3 łączyć kogoś (z kimś)** put sb through (to sb) **4 być łączonym z czymś** be linked to/with sth **5 łączyć się** combine, connect, join, merge, mix

łąka meadow

łeb 1 brać się za łby come to blows **2 łeb w łeb** neck and neck

łkać weep

łobuz rascal

łodyga stalk, stem

łokieć elbow

łom crowbar

łomot crash, thud

łonowy pubic

łopata shovel, spade

łopatka *(kość)* shoulder blade

łopotać flap

łosoś salmon

łoś *(amerykański)* moose

łotr scoundrel, villain

łowca łowca talentów talent scout

łowczy gamekeeper

łowić łowić ryby fish

łoże na łożu śmierci on his/her etc deathbed

łódź 1 boat **2 łódź podwodna** submarine **3 łódź wiosłowa** rowing boat

łóżeczko łóżeczko dziecięce cot, crib

łóżko 1 bed **2 iść z kimś do łóżka** go to bed with sb **3 łóżko piętrowe** bunk beds **4 słać łóżko** make the bed **5 przykuty do łóżka** bedridden

łuczni-k/czka archer

łucznictwo archery

łudzić 1 delude **2 łudzić się** be under an illusion

łuk 1 *(broń)* bow **2** *(w architekturze)* arch **3** *(w geometrii)* arc **4 wyginać (się) w łuk** arch

łup booty, loot

łupacz *(ryba)* haddock

łupież dandruff

łupina shell

łuska 1 *(rybia)* scale **2** *(nasiona)* husk

łuszczyć się peel, flake

łyczek sip

łydka calf

łyk mouthful, sip, swallow

łykać 1 swallow **2** *(szybko)* gulp

łysiejący balding

łysina baldness

łysy bald

łyżeczka 1 spoon **2 łyżeczka (do herbaty)** teaspoon **3 pełna łyż(ecz)ka** spoonful

łyżka 1 spoon **2 łyżka (stołowa)** tablespoon **3 łyżka do butów** shoehorn **4 łyżka wazowa** ladle **5 pełna łyżka** spoonful

łyżwa 1 skate **2 jeździć na łyżwach** ice skate, skate

łyżwia-rz/rka ice skater, skater

łyżwiarstwo ice skating, skating

łyżworolka Rollerblade *(trademark)*

łza 1 tear, teardrop **2 pełen łez** tearful **3 ze łzami** tearfully

łzawić water

Mm

machać 1 wave, swing **2 machać nogami** kick

machinalnie mechanically

machinalny mechanical

machnięcie sweep

macica 1 uterus **2 macica perłowa** mother-of-pearl

macierzyński 1 maternal **2 urlop macierzyński** maternity leave

macierzyństwo 1 motherhood **2 świadome macierzyństwo** birth control

maciora sow

macka tentacle

macocha stepmother

maczać dip

mafia the Mafia, the Mob

magazyn 1 warehouse **2** *(pismo)* magazine

magazynek magazine

magia 1 magic, mystique **2 czarna magia** black magic

magicznie magically

magiczny 1 magic,

magical **2 sztuczki magiczne** magic
magik magician
magister 1 magister nauk humanistycznych MA *(Master of Arts)* **2 magister nauk ścisłych** MSc *(Master of Science)* **3 stopień magistra** master's degree
magistrala 1 *(wodociągowa)* main, the mains **2** *(kolejowa)* main line
maglować *(przesłuchiwać)* grill
magnat 1 tycoon **2 magnat naftowy/okrętowy** oil/shipping magnate
magnes magnet
magnetofon 1 tape recorder **2** *(bez wzmacniacza)* tape deck **3 magnetofon kasetowy** cassette player
magnetowid VCR, video cassette recorder, video
magnetyczny 1 magnetic **2 pole magnetyczne** magnetic field
magnetyzm magnetism
magnez magnesium
magnolia magnolia
mahoń mahogany
maj May
majaczyć be delirious
majątek 1 fortune **2** *(posiadłość)* estate **3 czyjś cały majątek** sb's worldly goods/possessions
majestatyczny stately
majonez mayonnaise
major major
majsterkowanie do-it-yourself
majstrować 1 tinker **2 majstrować przy czymś** fiddle with sth, tamper with sth
majtki knickers *BrE*, panties *AmE*
mak poppy
makabryczny creepy, gruesome, macabre
makaron 1 pasta **2 makaron rurki** macaroni
makieta dummy
makijaż make-up
makler 1 broker **2 makler giełdowy** stockbroker
maksimum maximum, high
maksyma maxim
maksymalizować maximize, maximise *BrE*
maksymalny maximum, top
malaria malaria
malarstwo painting
mala-rz/rka 1 painter **2** *(pokojowy też)* decorator
maleć diminish, dwindle, wane
maleńki tiny
malina raspberry
malować 1 paint **2** *(pokój też)* decorate **3** *(lakierem)* varnish **4 malować sobie paznokcie** do your nails
malowidło 1 painting **2 malowidło ścienne** mural
malowniczy picturesque, scenic
maltretować ill-treat, maltreat, batter
maltretowanie ill-treatment, maltreatment
maltretowany maltretowane kobiety/żony battered women/wives
maluch toddler
maluteńki minuscule
malutki tiny
mało 1 *(z rzeczownikami policzalnymi)* few **2** *(z rzeczownikami niepoliczalnymi)* little
małomówność reticence
małomówny taciturn
małostkowość pettiness
małostkowy petty, small-minded
małpa 1 monkey **2 małpa człekokształtna** ape
mały 1 small, little **2 mieć coś w małym palcu** have sth at your fingertips
małż 1 clam **2 małż jadalny** mussel
małżeński marital, matrimonial
małżeństwo 1 marriage **2 małżeństwo mieszane** intermarriage
małżonek husband, spouse
małżonka wife, spouse
mama mum *BrE*, mom *AmE*, momma *AmE*, mama *AmE*
mamrotać mumble, mutter
mamusia mummy *BrE*, mommy *AmE*
mamut mammoth
mandarynka tangerine
mandat 1 *(kara pieniężna)* fine, ticket **2** *(poselski itp.)* seat **3 mandat za nieprawidłowe parkowanie** parking ticket **4 mandat za przekroczenie prędkości** speeding ticket **5 ukarać mandatem** fine
manekin dummy, mannequin
manewr manoeuvre
manewrować manoeuvre
manewry exercise, manoeuvres
mango mango
mania mania
mania-k/czka maniac, crank
manicure manicure
maniera mannerism, manners
manifest manifesto

manifestacja demonstration
manifestant/ka demonstrator
manipulacja manipulation
manipulować manipulate
mankament shortcoming
mankiet cuff
manuskrypt manuscript
mapa 1 map **2** *(morska lub astronomiczna)* chart
maraton marathon
marcepan marzipan
marchew(ka) carrot
margaryna margarine
marginalny marginal
margines margin
marginesowy fringe
marihuana marijuana, cannabis
marionetka marionette, puppet
marka brand, make, mark
marker highlighter
marketing marketing
markotny morose
marksist-a/ka Marxist
marksistowski Marxist
marksizm Marxism
marmur marble
marnieć waste away
marnotrawstwo wastage
marnować 1 waste **2 marnować się** go to waste
marny flimsy, paltry
Mars Mars
Marsjan-in/ka Martian
marsz march
marszczyć (się) 1 wrinkle, crinkle **2 marszczyć czoło** frown
martwić 1 trouble, worry **2 martwić się** worry **3 nie martw się** don't worry
martwy 1 dead, lifeless **2 martwa natura** still life
marynarka 1 jacket **2 marynarka (wojenna)** navy
marynarz sailor, seaman
marynata marinade
marynować marinate, pickle
marynowany pickled
marzec March
marzenie dream, daydream, fantasy
marznąć freeze
marzyciel/ka dreamer, daydreamer
marzycielski dreamy
marzycielsko dreamily
marzyć dream, daydream, fantasize, fantasise *BrE*
masa 1 *(duża ilość)* mass, bulk, tons of **2** *(ciężar)* weight
masakra massacre
masaż massage
masażysta masseur
masażystka masseuse
maska 1 mask **2** *(samochodu)* bonnet *BrE*, hood *AmE* **3 maska gazowa** gas mask
maskotka mascot
maskować mask, camouflage
masło butter
masochistyczny masochistic
masochizm masochism
mason/ka mason
mason Freemason
masować massage
masowy 1 mass **2 produkcja masowa** mass production **3 produkowany na skalę masową** mass-produced **4 środki masowego przekazu** the mass media
masturbacja masturbation
masywny chunky
maszerować march
maszt mast, pole
maszyna 1 machine, machinery **2 maszyna do pisania** typewriter **3 maszyna do szycia** sewing machine **4 napisany na maszynie** typewritten **5 pisanie na maszynie** typing
maszynista engine driver, engineer *AmE*
maszynistka typist
maszynka maszynka do golenia shaver
maszynowy karabin maszynowy machine gun
maść ointment
mata mat
matematyczny mathematical
matematy-k/czka mathematician
matematyka mathematics, maths *BrE*, math *AmE*
materac mattress
materia 1 matter **2 przemiana materii** metabolism
materialist-a/ka materialist
materialistyczny materialistic
materializm materialism
materializować się materialize, materialise *BrE*
materialny material
materiał 1 material **2 materiał filmowy** footage **3 materiał wybuchowy** explosive
matka 1 mother **2 dziadek/ciotka ze strony matki** maternal grandfather/aunt **3 Dzień Matki** Mother's Day **4 matka chrzestna** godmother
matowieć tarnish
matowy matt, mat

M Polish • English Index

mauzoleum mausoleum
maxi jumbo
maź goo
mądrala know-all, know-it-all *AmE*, wise guy *AmE*
mądrość 1 wisdom 2 **ząb mądrości** wisdom tooth
mądry wise
mądrze wisely
mąka 1 flour 2 **mąka kukurydziana** cornflour
mąż 1 husband 2 **mąż stanu** statesman
mdlący nauseating
mdleć faint, pass out
mdłości 1 nausea 2 **przyprawiający o mdłości** nauseating
mdły sickly
mebel a piece of furniture
meble furniture
meblować furnish
mech moss
mechanicznie mechanically
mechaniczny mechanical
mechanik 1 mechanic 2 *(na statku)* engineer
mechanika mechanics
mechanizm 1 machinery, mechanism 2 **mechanizm czegoś** the mechanics of (doing) sth 3 **mechanizm zegarowy** clockwork
mechanizować mechanize, mechanise *BrE*
mecz game, match
meczet mosque
medal medal
medalion medallion, locket
medalist-a/ka medallist
media 1 the media 2 **mass media** the mass media
mediacja 1 mediation 2 **prowadzić mediacje** mediate
mediator/ka mediator
medium medium, psychic
meduza jellyfish
medycyna 1 medicine 2 **medycyna sądowa** forensic medicine
medycznie medically
medyczny medical
medytacja meditation
medytować meditate
megabajt megabyte
megafon megaphone
megaloman/ka megalomaniac
megalomania megalomania
mekka mecca
melancholia melancholy
melancholijny melancholy
melasa molasses
meldować się 1 report 2 *(np. w hotelu)* book in/into, check in
melina den
melodia melody, tune
melodramat melodrama
melodramatyczny melodramatic
melodyjny melodic
melon melon
melonik bowler hat
menażer manager
menedżer manager
menedżerski managerial
mennica mint
menopauza menopause
menstruacja menstruation
menstruacyjny menstrual
mentalność mentality
mentor/ka mentor
menu menu
Merkury Mercury
mesa mess
Mesjasz the Messiah
meszek down, fuzz
meta 1 *(w sporcie)* finish 2 **na dłuższą metę** in the long run/term 3 **na krótką metę** in the short run/term
metaboliczny metabolic
metabolizm metabolism
metafora metaphor
metaforycznie metaphorically
metaforyczny metaphorical
metal metal
metaliczny metallic
metamorfoza metamorphosis
metan methane
meteor meteor
meteorolog meteorologist
meteorologia meteorology
meteoryt meteorite
metka *(etykietka)* label, tag
metoda 1 method 2 **metoda prób i błędów** trial and error
metodycznie methodically
metodyczny methodical
metodyst-a/ka Methodist
metodystyczny Methodist
metr metre *BrE*, meter *AmE*
metro 1 metro, underground *BrE*, subway *AmE* 2 *(londyńskie)* the Tube
metropolia metropolis
metropolitalny metropolitan
metrum *(wiersza)* metre *BrE*, meter *AmE*
metryczny metric
mewa seagull, gull
męczarnia agony, torture
męczący tiring
męczenni-k/ca martyr
męczeństwo martyrdom
męczyć 1 tire, wear out 2 **męczyć kogoś, żeby coś**

zrobił keep on at sb about sth **3 męczyć się** get tired **4 męczyć się czymś** tire of sth, get tired of sth

męski 1 male, masculine, virile **2 męska toaleta** men's room **3 męski szowinista** male chauvinist **4 płci męskiej** male **5 rodzaju męskiego** masculine **6 wiek męski** manhood

męskość masculinity, virility

męstwo bravery, valour *BrE*, valor *AmE*

mętny cloudy, murky

męty męty społeczne the dregs of society

mężczyzna man, male

mężnie valiantly

mężny valiant

mgiełka haze

mglisty 1 foggy, hazy, misty **2 mgliste wspomnienie/pojęcie** dim memory/awareness

mgła 1 fog, mist **2 zachodzić mgłą** glaze

mgnienie w mgnieniu oka in a flash/like a flash

mi me

mianować appoint, nominate

mianowanie appointment, nomination

mianowicie namely

miara 1 measure **2 miara taśmowa** tape measure **3 szyty na miarę** tailor-made **4 w dużej mierze** largely **5 w miarę możliwości** as far as possible **6 w miarę** mildly

miarowo steadily

miarowy steady

miasteczko 1 miasteczko uniwersyteckie campus **2 wesołe miasteczko** fair, funfair

miasto 1 city, town **2 miasto rodzinne** home town

miau meow, miaow

miauczeć miaow

miazga pulp

miażdżyć crush

miąć 1 crumple **2 miąć się** crease, crinkle

miąższ flesh, pulp

miecz sword

mieć 1 have, have got **2 mieć coś zrobić** be due to do sth **3 mieć na sobie** have on **4 nie ma za co** you're welcome!

miednica *(część ciała)* pelvis

miedź copper

miejsce 1 place, spot **2** *(siedzące)* seat **3** *(przestrzeń)* room, space **4** *(imprezy)* venue **5** *(wypadku, zbrodni)* scene **6 mieć miejsce** take place, occur **7 miejsce czegoś jest tutaj** sth belongs here **8 miejsce pobytu** whereabouts **9 miejsce przeznaczenia** destination **10 miejsce zamieszkania** abode **11 na miejscu** on the spot, locally **12 na pierwszym/drugim miejscu** in first/second place **13 na swoim miejscu/nie na swoim miejscu** in place/out of place **14 nie na miejscu** out of place, uncalled-for **15 odkładać na miejsce** replace **16 puste miejsce** blank **17 w miejsce** in place of **18 w tym miejscu** here **19 z miejsca** on the spot **20 robić miejsce** make way **21 zająć drugie/trzecie miejsce** finish second/third **22 zająć pierwsze miejsce** come/finish first **23 zginąć na miejscu** be killed outright

miejscowość 1 place **2 miejscowość wypoczynkowa** resort

miejscowy 1 local, home **2 miejscowy ból/zakażenie** localized pain/infection

miejski urban, municipal

mielić 1 *(mięso)* mince **2** *(kawę)* grind **3** *(zboże)* mill

mielizna 1 shallow **2 osiadać na mieliźnie** run aground

mielony 1 mielona wołowina ground beef **2 mięso mielone** mince *BrE*, hamburger *AmE*

mienić się sparkle

mienie property

mierniczy surveyor

mierność mediocrity

miernota mediocrity

mierny mediocre

mierzyć measure

miesiąc 1 month **2 co miesiąc** monthly **3 miodowy miesiąc** honeymoon

miesiączka menstruation

miesiączkować menstruate

miesięcznie monthly

miesięczny monthly

mieszać 1 stir **2** *(łączyć)* blend, mix **3 mieszać się** meddle **4 nie mieszać się do** stay out of

mieszanina mixture, mix

mieszanka 1 blend, mix, mixture **2** *(np. czekoladowa)* assortment

mieszany 1 assorted, mixed **2 mieszane uczucia** mixed feelings

mieszczański bourgeois

mieszkać live, dwell

mieszkalny blok mieszkalny apartment building

mieszkan-iec/ka 1 inhabitant, resident, occupant 2 **liczba mieszkańców** population
mieszkanie 1 flat *BrE*, apartment *AmE* 2 **mieszkanie komunalne** council flat
mieszkaniowy residential
mieścić 1 hold, house, take 2 **mieścić się** fit 3 **w głowie się nie mieści** the mind boggles
mięczak mollusc, shellfish
między between, among
międzykontynentalny intercontinental
międzynarodowy 1 international, multinational 2 **na arenie międzynarodowej** internationally
miękki 1 soft 2 **mieć miękkie serce** be softhearted
miękko na miękko soft-boiled
miękkość softness
mięknąć soften
mięsień muscle
mięsny 1 meaty 2 **sklep mięsny** butcher's
mięso meat
mięsożerca carnivore
mięsożerny carnivorous
mięśniowy muscular
mięta 1 mint 2 **mięta kędzierzawa** spearmint 3 **mięta pieprzowa** peppermint
miętowy minty
miętówka mint, peppermint
migacz indicator *BrE*, turn signal *AmE*
migać blink, flash
migawka shutter
migdał almond
migdałek tonsil
migotać flicker, glimmer, twinkle
migotanie flicker, glimmer
migowy język migowy sign language
migracja migration
migrena migraine
migrować migrate
mijać 1 pass, go past 2 *(o czasie)* pass, go by, tick away/by 3 **co było, minęło** let bygones be bygones 4 **minęła północ/czwarta** it's turned midnight/4:00
Mikołaj Święty Mikołaj Santa Claus, Father Christmas *BrE*
mikrob microbe
mikrobiolog microbiologist
mikrobiologia microbiology
mikrobus minibus
mikrofalowy kuchenka mikrofalowa microwave (oven)
mikrofon 1 microphone, mike 2 *(ukryty)* bug
mikrokosmos microcosm
mikroskop microscope
mikroskopijny microscopic, minute
mikroukład microchip
mikser blender, mixer, liquidizer *BrE*
miksować blend
mila mile
milcząco tacitly
milczący silent, tacit
milczeć be silent
milczenie 1 silence 2 **w milczeniu** in silence, silently
mile 1 **mile widziany** welcome 2 **mile wspominać** have fond memories of
milenium millennium
miliard billion
miliardowy billionth
milicja militia
miligram milligram
mililitr millilitre *BrE*, milliliter *AmE*
milimetr millimetre *BrE*, millimeter *AmE*
milion million
milioner/ka millionaire
milionowy millionth
militarystyczny militaristic
militaryzm militarism
milowy kamień milowy milestone
miło 1 agreeably 2 **bardzo mi miło** (I'm) pleased to meet you, (it's) nice to meet you, nice meeting you 3 **miło mi Pana/Panią poznać** how do you do? 4 **to miło z czyjejś strony (że coś zrobił)** it's kind of sb (to do sth)
miłosierny merciful
miłosny amorous
miłość 1 love 2 **co/jak na miłość boską?** what/how in God's name? 3 **na miłość boską** for goodness' sake, for heaven's sake 4 **z miłością** lovingly
miłośni-k/czka lover
miły nice, pleasant, agreeable
mimikra mimicry
mimo 1 despite, in spite of 2 **mimo to** even so, regardless, still 3 **mimo wszystko** anyway 4 **mimo że** even though, though
mimochodem in passing
mimowolnie involuntarily
mimowolny involuntary
mina 1 expression, face 2 *(pocisk)* mine
mineralny 1 mineral 2 **woda mineralna** mineral water
minerał mineral

miniatura miniature
miniaturowy miniature
minimalizować minimize, minimise *BrE*
minimalnie minimally
minimalny minimal, minimum
minimum minimum
miniony bygone, past
minispódniczka miniskirt
minister **1** minister, secretary **2** **minister skarbu** Chancellor of the Exchequer
ministerialny ministerial
ministerstwo **1** ministry **2** **ministerstwo skarbu** the Treasury
minować mine
minowy **pole minowe** minefield
minus **1** *(znak)* minus **2** *(wada)* drawback
minuta **1** minute **2** **co do minuty** on the dot
miodowy **miodowy miesiąc** honeymoon
miot litter
miotacz *(w baseballu)* pitcher
miotać się flounder
miotła broom
miód honey
miraż mirage
misja mission
misjona-rz/rka missionary
miska **1** *(do mycia)* basin **2** *(do jedzenia)* bowl
misterny elaborate
mistrz **1** master **2** *(w sporcie)* champion **3** **aktualny mistrz** the reigning champion
mistrzostwo championship
mistrzowski masterful
mistycyzm mysticism
mistyczny mystic, mystical
misty-k/czka mystic
miś **miś pluszowy** teddy bear
mit **1** myth **2** *(błędny pogląd)* fallacy
mitologia mythology
mitologiczny mythological
mityczny mythical
mknąć speed, zoom
mlecz **1** *(roślina)* dandelion **2** *(u ryby)* roe
mleczarnia dairy
mleczarz milkman
mleczny **1** milky **2** **koktajl mleczny** milkshake **3** **produkty mleczne** dairy products
mleć mill
mleko milk
młode young, cub
młodociany **1** adolescent, juvenile **2** **młodociany przestępca** juvenile delinquent
młodość youth
młodszy **1** junior **2** **być młodszym od kogoś o 10 lat** be 10 years sb's junior **3** **młodszy brat/siostra** kid brother/sister
młody **1** young **2** **młody duchem** young at heart **3** **pan młody** bridegroom **4** **panna młoda** bride
młodzieniec youth
młodzieńczy youthful
młodzież youth
młodzieżowy teenage
młotek hammer
młyn mill
młynek grinder
mnich monk
mnie me
mniej **1** less **2** **mniej więcej** more or less **3** **mniej znany** lesser known **4** **nie mniej niż** no less than
mniejszość **1** minority **2** **być w mniejszości** be in the minority
mniejszy **1** smaller **2** **mniejsze zło** the lesser of two evils
mnogi **liczba mnoga** plural
mnogość multitude
mnożenie multiplication
mnożyć **1** multiply **2** **mnożyć się** multiply
mnóstwo a (whole) host of, a load of/loads of, a multitude of
mobilizacja mobilization
mobilizować mobilize, mobilise *BrE*
mobilność mobility
mobilny mobile
moc **1** might, potency, strength **2** **nie posiadający mocy prawnej** null and void **3** **o dużej mocy** high-powered **4** **zrobić wszystko, co w czyjejś mocy** do everything in your power, do your utmost **5** **ze zdwojoną mocą** with a vengeance
mocarstwo **1** superpower **2** **mocarstwo światowe** world power
mocno **1** *(trzymać)* fast, firmly, tightly, securely **2** *(uderzać)* hard **3** *(wierzyć)* strongly
mocny **1** strong **2** **mocna strona** strength, strong point **3** **mocny drink** a stiff drink **4** **mocny język** strong language
mocować **1** fix, anchor **2** **mocować się** wrestle, grapple
mocz **1** urine **2** **oddawać mocz** pass water, urinate
moczary marsh

moczyć 1 wet 2 **moczyć się** wet the bed/ your pants
moda 1 fashion, vogue 2 **być w modzie** be in vogue 3 **ostatni krzyk mody** all the rage 4 **przelotna moda** fad
modalny czasownik modalny modal verb
model 1 model 2 **model naturalnej wielkości** full-scale model
modelka model
modelować *(np. glinę)* mould
modem modem
modernizacja modernization
modernizować 1 modernize, modernise *BrE* 2 *(dzielnicę, region)* redevelop
modlić się 1 pray 2 **modlić się do** worship
modlitwa 1 prayer 2 *(przed posiłkiem)* grace
modnie fashionably
modny fashionable, trendy
moduł module
modyfikacja modification
modyfikować modify
moher mohair
mokry wet
molekularny molecular
molekuła molecule
molestować molest
moll(owy) minor
molo pier
momencik za momencik in a jiffy
moment 1 moment, instant 2 **czekać na właściwy moment** bide your time 3 **dobry/odpowiedni/ nieodpowiedni moment** good/right/bad time 4 **nastąpić we właściwym momencie** be well-timed 5 **przez chwilę/moment** momentarily 6 **w tym momencie** at the moment 7 **za chwilę/moment** momentarily
momentalnie instantaneously
monarch-a/ini monarch, sovereign
monarchia monarchy
moneta 1 coin 2 **brać coś za dobrą monetę** take sth at face value 3 **rzucać monetą** toss/flip a coin
monetarny monetary
monitor 1 monitor 2 *(komputerowy też)* VDU
monitorować monitor, screen
monochromatyczny monochrome
monolingwalny monolingual
monolit monolith
monolityczny monolithic
monolog 1 monologue, monolog *AmE* 2 *(w sztuce)* soliloquy
monopol monopoly
monopolistyczny monopolistic
monopolizować monopolize, monopolise *BrE*
monopolowy sklep monopolowy off-licence *BrE*, liquor store *AmE*
monosylaba monosyllable
monotonia monotony
monotonnie monotonously
monotonny monotonous, repetitive
monstrum monster, monstrosity
monsun monsoon
montować 1 assemble, put together 2 *(instalować)* fit, mount
monument monument
monumentalny monumental
morale morale
moralizować moralize, moralise *BrE*
moralnie morally
moralność morality, morals
moralny moral
morał moral
moratorium moratorium
morda muzzle
morder-ca/czyni 1 murderer 2 **wielokrotny morderca** mass murderer, serial killer
morderczy homicidal, murderous
morderstwo 1 murder 2 **popełnić morderstwo** commit (a) murder
mordęga drudgery
mordować murder
morela apricot
morfina morphine
mors walrus
morski 1 sea, marine, maritime 2 *(bitwa)* naval 3 *(ryba)* saltwater 4 **żołnierz piechoty morskiej** marine
morświn porpoise
morze 1 sea 2 **na morzu** at sea 3 **nad morzem** at the seaside
mosiądz brass
moskit mosquito
most 1 bridge 2 **most powietrzny** airlift 3 **prosto z mostu** bluntly
mostek mostek kapitański the bridge
mość Wasza/Jej/Jego Królewska Mość Your/Her/ His Majesty
motel motel
motłoch rabble
motocykl motorcycle, motorbike
motocyklist-a/ka biker, motorcyclist

motor 1 (motor)cycle, bike 2 *(silnik)* engine
motorower moped
motorówka motorboat
motoryzacyjny motor
motto motto
motyka hoe
motyl butterfly
motyw 1 motive 2 *(w sztuce)* motif
motywacja motivation
motywować motivate
mowa 1 speech, talk 2 **część mowy** part of speech 3 **mowa zależna** indirect speech, reported speech 4 **nie ma mowy o** there's no question of 5 **nie ma mowy!** no way! 6 **skoro już mowa o ...** speaking of ... 7 **skoro już o tym mowa** come to think of it
mozaika mosaic
mozolić się labour *BrE*, labor *AmE*
moździerz mortar
może 1 maybe, perhaps 2 **być może** maybe, possibly 3 **a może by ...** why don't you/why not ... 4 **może byś(my/cie)** what about/how about
możliwość 1 possibility, capability 2 **do granic możliwości** to the utmost 3 **w miarę możliwości** as far as possible
możliwy 1 possible 2 **jeśli to możliwe** if possible
móc 1 *(możliwość)* can, be able to 2 *(prawdopodobieństwo)* may, can, might 3 *(pozwolenie)* may, be allowed to 4 **czy mogę** may I 5 **czy mógłbym** do you mind if I 6 **czy mógłbyś (zrobić coś)** do you mind/would you mind (doing sth) 7 **móc coś zrobić** be able to do sth
mój my, mine
mól 1 (clothes) moth 2 **mól książkowy** bookworm
mów-ca/czyni speaker, orator
mówić 1 speak, talk, tell, say 2 **a nie mówiłem?** I told you (so), I said so 3 **coś mówi samo za siebie** sth speaks for itself 4 **ludzie mówią** the word is 5 **mało mówić o** be reticent about 6 **mów ciszej** keep your voice down 7 **mówi się, że ...** it is rumoured that ... 8 **mówią, że** they say 9 **mówiący po angielsku/polsku** English speaker/Polish speaker 10 **mówić do rzeczy** talk sense 11 **mówić po angielsku** speak English 12 **mówię ci** I tell you/I'm telling you 13 **nie ma o czym mówić** don't mention it 14 **nie mówiąc o** let alone, not to mention 15 **o czym ty mówisz?** what are you talking about? 16 **skoro już mówimy o** talking of
mówiony spoken
mównica podium
mózg 1 brain 2 **burza mózgów** brainstorming 3 **pranie mózgu** brainwashing
mózgowy 1 cerebral 2 **zapalenie opon mózgowych** meningitis
mroczny dark, sombre
mrok darkness, gloom
mrowieć tingle
mrowienie pins and needles
mrowisko anthill
mroźny frosty
mrożony frozen
mrówka ant
mróz frost
mruczeć murmur, purr
mrugać 1 blink 2 *(porozumiewawczo)* wink
mrugnięcie wink
mrużyć **mrużyć oczy** squint
msza 1 Mass 2 **msza żałobna** requiem
mścić **mścić się na kimś** revenge yourself on sb
mściwość vindictiveness
mściwy revengeful, vindictive
mucha fly
muchomor toadstool
muesli muesli
multimedialny multimedia
muł 1 *(zwierzę)* mule 2 *(szlam)* silt, slime
mumia mummy
mundur uniform
mundurek uniform
municypalny municipal
mur 1 wall 2 **być przypartym do muru** have your back to/against the wall 3 **otoczony murem** walled 4 **przyprzeć do muru** corner
murarski **zaprawa murarska** mortar
murarz bricklayer
Murzyn/ka black
mus mousse
musical musical
musieć 1 must 2 **musieć coś zrobić** have (got) to do sth 3 **nie musisz** you don't need to, you needn't
muskać brush
muskularny muscular
musować bubble
mustang mustang
musujący effervescent, fizzy, bubbly
muszelka seashell, shell

muszka 1 *(owad)* gnat 2 *(rodzaj krawatu)* bow tie 3 **na muszce** at gunpoint
muszla 1 seashell, shell 2 **muszla klozetowa** toilet (bowl)
musztarda mustard
musztra drill
muślin muslin
mutacja 1 mutation 2 **ktoś przechodzi mutację** sb's voice breaks 3 **ulegać mutacji** mutate
mutant mutant
mutować mutate
muzeum museum
muzułman-in/ka Muslim
muzułmański Moslem, Muslim
muzycznie musically
muzyczny musical
muzyk musician
muzyka 1 music 2 **muzyka ludowa** folk music
muzykalny musical
my we
mycie washing, a wash
myć 1 wash 2 *(szamponem)* shampoo 3 **myć naczynia** do the dishes, wash up *BrE*
mydlany soapy
mydlić soap
mydliny suds
mydło soap
myjka flannel
myląco misleadingly
mylący confusing, misleading
mylić 1 confuse, mistake 2 **mylić się** be mistaken 3 **mylić (ze sobą)** mix up
mylnie mistakenly
mylny misguided
mysz 1 mouse 2 **mysz komputerowa** mouse
myszkować snoop
myśl 1 thought 2 **mieć coś na myśli** have sth in mind 3 **mieć na myśli** mean 4 **pogrążony w myślach** lost/deep in thought 5 **przechodzić komuś przez myśl** cross/enter your mind 6 **przywodzić na myśl** evoke
myśleć 1 think 2 **głośno myśleć** think aloud 3 **myśleć o** think of
myśliciel/ka thinker
myślistwo hunting, shooting
myśliwiec fighter
myśliwy hunter
myślnik dash
mżawka drizzle
mżyć drizzle

Nn

na 1 on, onto 2 **na lotnisku** at the airport 3 **na śniadanie** for breakfast 4 **na dobre** for good 5 **na ogół** in general 6 **na pewno nie** not likely 7 **na pokaz** for show 8 **na pozór** on the surface 9 **na razie** for now 10 **na szczęście** fortunately 11 **na wynos** to go 12 **na zachód** west
nabawić się develop
nabazgrać scrawl, scribble
nabiał dairy products
nabierać 1 fool, take on 2 **dawać się nabrać na** fall for 3 **nabierać kogoś** be having sb on, pull sb's leg 4 **nabierać siły/prędkości** gather force/speed
nabijany studded
nabożeństwo service
nabój cartridge
nabór recruitment, intake
nabrać *(oszukać)* con
nabrudzić **nabrudzić w** mess up
nabrzeże embankment, quay, wharf
naburmuszony grumpy
nabytek acquisition
nabywać acquire, purchase
nabywanie acquisition
nabywca buyer
nabywczy **siła nabywcza** strength
nachylenie slant
naciągać *(oszukiwać)* cheat, dupe
naciągany far-fetched
naciągnięty tight
nacierać *(atakować)* charge
nacięcie nick, notch, slash
nacisk 1 emphasis, focus, stress 2 **grupa nacisku** pressure group 3 **kłaść nacisk na** place/put emphasis on 4 **wywierać nacisk** exert pressure 5 **z naciskiem** emphatically
naciskać press, push
nacjonalist-a/ka nationalist
nacjonalistyczny nationalist, nationalistic
nacjonalizacja nationalization
nacjonalizm nationalism
nacjonalizować nationalize, nationalise *BrE*
naczelnik **naczelnik więzienia** warden
naczelny 1 supreme 2 *(ssak)* primate 3 **dyrektor naczelny** managing director
naczynie 1 vessel 2 **myć naczynia** do the dishes 3 **naczynie krwionośne** blood vessel
naćpany high, stoned
nad above, over
nadajnik transmitter
nadal 1 still 2 **nadal coś robić** keep (on) doing sth

nadaremnie vainly, in vain
nadawać się 1 dobrze/ najlepiej się nadawać be well/best suited **2 nadający się do użytku** usable
nadawać air, broadcast
nadawanie broadcasting
nadąsany sulky
nadążać 1 keep up **2 nadążać (za)** keep pace (with), keep track (of)
nadchodzący coming, forthcoming
nadchodzić arrive, come
naddźwiękowy supersonic
nade nade wszystko above all
nadejście coming, arrival
nadepnąć tread (on), step (on)
nadęty snooty, snotty
nadfioletowy ultraviolet
nadganiać catch up
nadgodziny long hours, overtime
nadjeżdżający nadjeżdżający z przeciwka oncoming
nadludzki superhuman
nadmiar excess, surfeit
nadmiarowy excess
nadmiernie excessively
nadmierny 1 excessive **2 jazda z nadmierną prędkością** speeding **3 jechać z nadmierną prędkością** be speeding
nadmorski kurort nadmorski seaside resort
nadmuchany inflated
nadmuchiwać blow up, inflate
nadmuchiwany inflatable
nadobowiązkowy optional, extracurricular
nadpłata 1 excess payment **2 zwrot nadpłaty** rebate
nadpobudliwość hyperactivity
nadpobudliwy hyperactive
nadprzyrodzony zjawiska nadprzyrodzone the supernatural
nadrabiać catch up on, make up for
nadrzędny overriding
nadsyłać send in
nadużycie abuse
nadużywać abuse, misuse
nadużywanie misuse
nadwaga mieć nadwagę be overweight
nadwerężać strain
nadwerężenie strain
nadwozie bodywork
nadwrażliwy hypersensitive
nadwyżka surplus
nadymać puff out
nadziany loaded, well-heeled
nadzieja 1 hope, expectation **2 mam nadzieję, że nie** I hope not **3 mam nadzieję, że tak** I hope so **4 mieć nadzieję** hope **5 miejmy nadzieję, że** hopefully **6 napawający nadzieją** hopeful **7 odzyskać/stracić nadzieję** take/lose heart **8 pełen nadziei** hopeful **9 pokładać nadzieję w** put (your) faith/trust in **10 robić komuś nadzieję** build up sb's hopes **11 w nadziei, że/na** in the hope that/of **12 z nadzieją** hopefully
nadzienie filling, stuffing
nadziewać stuff
nadzorca overseer
nadzorować oversee, supervise
nadzór supervision
nadzwyczajny extraordinary
nafta paraffin *BrE*, kerosene *AmE*
naftowy 1 ropa naftowa petroleum **2 szyb naftowy** oil well **3 zagłębie naftowe** oil field
nagabywać pester
nagana 1 rebuke, reprimand **2 udzielać nagany** reprimand
nagi 1 naked, nude **2** *(fakty)* bare **3 zupełnie nagi** stark naked
naglący pressing
nagle suddenly, abruptly, all at once, all of a sudden
nagłość suddenness
nagłówek heading, headline
nagły 1 sudden, abrupt **2 nagły wypadek** emergency
nago in the nude
nagość nakedness, nudity
nagradzać reward
nagranie recording
nagrobek gravestone, headstone, tombstone
nagroda 1 award, prize, reward **2** *(za pomoc w ujęciu przestępcy)* bounty **3 nagroda pocieszenia** booby prize
nagromadzenie accumulation
nagromadzić się accumulate
nagrywać 1 record **2** *(na taśmę)* tape **3** *(na wideo)* video, videotape
nagryzmolić scrawl
nagrzewać się heat up, warm up
naiwniak dupe
naiwnie naively
naiwność naivety
naiwny naive

najazd 1 invasion 2 **robić najazd** *(kamerą)* zoom in
najbardziej most
najbliższy 1 nearest, closest, immediate 2 **najbliższa rodzina** immediate family, next of kin 3 **w najbliższej przyszłości** for/in the foreseeable future
najdalej farthest, furthest
najdalszy farthest, furthest
najdrobniejszy w najdrobniejszych szczegółach in minute detail
najedzony full
najem 1 lease 2 **umowa najmu** lease
najemnik mercenary
najeźdźca invader
najeżdżać najeżdżać (na) invade
najgorszy worst
najgorzej 1 worst 2 **nie najgorzej** not bad
najlepiej 1 best 2 **najlepiej jak potrafisz** as best you can
najlepszy 1 the best, top 2 **najlepsze, co możesz zrobić, to** your best bet is/would be 3 **w najlepszym razie** at best 4 **wszystkiego najlepszego (z okazji urodzin)** many happy returns, Happy Birthday
najmniej 1 least 2 **co najmniej** at least
najmniejszy najmniejsza różnica/zmiana the slightest difference/change
najmować hire
najniższy bottom
najnowocześniejszy cutting-edge, state-of-the-art
najnowszy latest
najpierw first
najpóźniej at the latest
najprawdopodobniej in all likelihood
najskrytszy innermost
najstarszy 1 oldest 2 **najstarszy syn/brat** eldest son/brother
najświeższy up-to-the-minute
najwcześniej at the earliest
najwidoczniej apparently
najwięcej most
najwyżej (co) najwyżej at (the) most
najwyższy 1 supreme, top 2 **najwyższa waga/staranność** the utmost importance/care 3 **najwyższy rangą** chief
nakarmić feed
nakaz 1 warrant 2 **nakaz rewizji** search warrant 3 **nakaz urzędowy** writ
nakazywać order
nakierować target
naklejać affix
naklejka sticker
nakład circulation
nakładać 1 *(krem itp.)* apply, put on 2 *(sankcje itp.)* impose 3 **nakładać podatek/opłatę** levy a tax/charge
nakłaniać induce, coax
nakłuwać prick
nakreślać sketch out
nakręcać wind (up)
nakręcić film, shoot
nakrętka 1 *(butelki)* cap 2 *(na śrubę)* nut
nakrycie nakrycie głowy hat, headgear
nakrywać nakrywać do stołu lay/set the table
nalać pour
nalegać 1 insist 2 **skoro nalegasz** if you like
naleganie insistence
naleśnik crepe, pancake
należeć 1 belong 2 **należeć do grupy/kategorii** fall into a group/category
należność *(podatkowa)* levy
należny due
należycie properly
nalot 1 air raid, air strike 2 **nalot bombowy** bombardment
naładować charge, recharge
naładowany loaded
nałogowo compulsively
nałogowy 1 compulsive, habitual 2 **nałogowy pijak** heavy drinker 3 **nałogowy palacz** chain-smoker
nałóg 1 habit 2 **zerwać z nałogiem** break/kick the habit
namacalny tangible
namalować paint
namaszczenie z namaszczeniem solemnly
namawiać 1 urge 2 **namawiać kogoś do** put sb up to
namiastka surrogate
namierzyć trace
namiętnie passionately
namiętność passion
namiętny passionate
namiot 1 tent 2 **rozbijać namiot** pitch a tent, put up a tent
namiotowy pole namiotowe campsite
namoczyć soak
namówić namówić kogoś na coś talk sb into sth
namydlić soap
namydlony soapy
namysł 1 consideration 2 **po namyśle** on second thoughts
naoczny naoczny świadek eyewitness

naokoło around
naoliwić oil
naostrzyć sharpen, grind
napad **1** holdup, raid, robbery **2** *(choroby)* fit **3** **napad z bronią w ręku** armed robbery **4** **napad złości** tantrum
napadać **1** attack, assault **2** *(w miejscu publicznym)* mug **3** **co cię/go napadło?** what possessed you/him?
napalm napalm
naparstek thimble
napastnik **1** attacker, striker **2** *(w piłce nożnej)* forward
napastować harass, molest
napastowanie **napastowanie seksualne** sexual harassment
napaść attack, assault
napawać **1** fill with **2** **napawać się czymś** gloat over sth
napełniać **1** fill **2** *(ponownie)* refill
napełniony **napełniony/pełen po brzegi** filled/full to the brim
napęczniały bloated
napęd **1** propulsion **2** **stacja/napęd dysków** disk drive
napędowy **1** **olej napędowy** diesel oil **2** **siła napędowa (czegoś)** the driving force (behind sth)
napędzać drive, fuel, propel
napędzić **napędzić komuś strachu** scare sb out of their wits
napięcie **1** pressure, strain, tension **2** *(prądu)* voltage
napiętnować brand, stigmatize, stigmatise *BrE*
napięty **1** strained, tense **2** **napięty harmonogram** a tight schedule
napinać **1** *(mięśnie)* flex **2** **napinać się** tense (up)
napis **1** inscription, sign, writing **2** **napisy** *(w zagranicznym filmie)* subtitles **3** **napisy końcowe** the credits
napisać **1** write **2** *(na maszynie, komputerze)* type **3** **napisać od nowa** rewrite
napiwek **1** tip **2** **dawać napiwek** tip
napływ flow, influx
napływać **1** roll in **2** **napływać masowo** flood **3** **powoli napływać** trickle
napompować inflate, pump up
napomykać **1** drop a hint **2** **napomykać o** hint at
napotkać **1** encounter, run into, run up against **2** **napotykać trudności/problemy** run into trouble/problems
napój **1** beverage, drink **2** **napój alkoholowy** spirit **3** **napój alkoholowy** *(wysokoprocentowy)* liquor **4** **napój bezalkoholowy** soft drink
napór barrage
naprawa **1** repair **2** **oddać samochód do naprawy** have your car repaired
naprawdę really, indeed, honestly, truly
naprawiać **1** fix, mend, repair **2** *(zło, szkodę)* undo
naprężony taut
naprzeciw(ko) opposite
na przemian alternately
naprzód ahead, forward
napuszać fluff, puff up
naradzać się deliberate, confer
naraz **1** all at once **2** **nie można mieć wszystkiego naraz** you can't have it both ways
narażać **1** expose **2** **narażać na szwank** jeopardize, jeopardise *BrE* **3** **narażać się na coś** lay yourself open to sth
narciarstwo **1** skiing **2** **narciarstwo wodne** water-skiing
narcia-rz/rka skier
narkoman/ka drug addict
narkotyczny narcotic
narkotyk **1** drug, narcotic **2** *(szczególnie marihuana)* dope **3** **brać/zażywać narkotyki** take/use drugs **4** **handlarz narkotykami** pusher **5** **handlować narkotykami** deal
narobić **narobić hałasu** kick up a fuss
narodowość nationality
narodowy **1** national **2** **park narodowy** national park
narodziny birth
narodzony **nowo narodzony** newborn
narośl growth
naród nation, people
narracja narration
narracyjny narrative
narrator/ka narrator
narta **1** ski **2** **jeździć na nartach** ski
naruszać violate, encroach on/upon
naruszenie breach, violation
naruszyć **1** violate, breach **2** **naruszyć prawo/porozumienie** violate a law/agreement
narysować draw
narząd organ
narzeczona fiancée
narzeczony fiancé

narzekać **narzekać na** complain about

narzędzie **1** tool, instrument, implement **2** **narzędzie czegoś** a vehicle for sth

narzucać **1** impose **2** **narzucać (na siebie)** throw on **3** **narzucać się** impose

narzuta bedspread

nasadka cap

nasenny **1** soporific **2** **tabletka nasenna** sleeping pill

nasienie **1** seed **2** *(sperma)* semen, sperm

nasilać się escalate, intensify

nasilenie build-up, intensity

nasłoneczniony sunlit

nasłuchiwać listen for

nasmarować lubricate

nastać come, arrive

nastawiać **1** set **2** *(np. radio)* tune **3** **nastawiać ostrość** focus **4** **nastawiać uszu** prick up your ears

nastawienie bias

następ-ca/czyni heir, successor

następnie next, subsequently

następny **1** next, following, succeeding **2** **następnym razem** next time

następować **1** follow **2** **jak następuje** as follows **3** **następować po** come after

następstwo **1** after-effect **2** **w następstwie czegoś** in the wake/aftermath of sth

nastolat-ek/ka **1** teenager, adolescent, teen **2** **być nastolatkiem** be in your teens

nastoletni teenage

nastroić tune

nastrojowy atmospheric

nastroszyć ruffle

nastrój **1** mood, spirit **2** **być w złym/podłym/dobrym nastroju** be in bad/foul/good temper **3** **nie być w nastroju do** not be in the mood (for) **4** **ulegający nastrojom** temperamental

nasycać saturate

nasycenie saturation

nasycony saturated

nasyp bank

nasz our, ours

naszkicować draft, outline, sketch

naszyjnik necklace

naśladować imitate, copy, mimic

naśladowanie imitation

naśladow-ca/czyni imitator

naśladowczy imitative

naśmiewać **naśmiewać się z** ridicule

natarcie charge

natarczywy pushy

natchnąć inspire

natchnienie inspiration

natężenie volume

natknąć **natknąć się na** run across, bump into

natrafić **1** **natrafić na** come across, happen on/upon **2** **natrafić na ropę/złoto** strike oil/gold

natrętny intrusive, pushy

natura **1** nature **2** **martwa natura** still life **3** **natura ludzka** human nature **4** **natura ożywiona** living things **5** **nie leżeć w czyjejś naturze** not be in sb's nature **6** **z natury** inherently, intrinsically, naturally

naturalizacja naturalization

naturalnie naturally

naturalność naturalness

naturalny **1** natural **2** **bogactwa naturalne** natural resources **3** **środowisko naturalne** the environment **4** **w sposób naturalny** naturally

natychmiast immediately, instantly, promptly

natychmiastowy immediate, instant, instantaneous

natykać **natykać się na** chance on/upon, stumble on/across

nauczanie education, teaching

nauczka **dać komuś nauczkę** teach sb a lesson

nauczyciel **1** teacher, schoolteacher, master **2** **nauczyciel akademicki** academic

nauczycielka teacher, schoolmistress

nauczyć **1** teach **2** **nauczyć się** learn, pick up

nauka **1** science, scholarship **2** *(uczenie się)* schooling, study **3** **nauki humanistyczne** arts, the humanities

naukowiec scientist, scholar

naukowy scientific, scholarly

nauszniki earmuffs

nawa **1** aisle **2** **nawa główna** nave

nawadniać irrigate

nawadnianie irrigation

nawet **1** even **2** **nawet jeśli** even if

nawias **1** bracket, parentheses **2** **brać/wziąć w nawias** bracket **3** **nawiasem mówiąc** by the way, incidentally

nawiązanie **w nawiązaniu**

do with respect to, in respect of, in reference to

nawiązywać **1** establish, enter into **2** **nawiązywać rozmowę/znajomość** strike up a conversation/ friendship **3** **nawiązywać stosunki/kontakty** establish relations/contacts

nawiedzać haunt

nawigacja navigation

nawigacyjny **1** navigational **2** **znak nawigacyjny** beacon

nawigator navigator

nawigować navigate

nawijać wind

nawilżający **krem nawilżający** moisturizer, moisturiser *BrE*

nawlekać thread

nawozić fertilize, fertilise *BrE*

nawóz fertilizer

nawracać (się) convert

nawrócenie conversion

nawrócon-y/a convert

nawrót **1** recurrence **2** *(choroby)* relapse

nawyk habit, second nature

nazębny **płytka nazębna** plaque

nazist-a/ka Nazi

nazistowski Nazi

nazizm Nazism

nazwa **1** name **2** **nazwa firmowa** brand name **3** **nazwa własna** proper noun **4** **z nazwy** nominally

nazwisko **1** surname *BrE*, last name *AmE* name **2** **nazwisko panieńskie** maiden name

nazywać **1** call, name **2** **nazywać się** be called

n.e. AD

nefryt jade

negatyw negative

negatywnie negatively

negatywny negative

negocjacje negotiation

negocjować negotiate, bargain

nekrolog obituary

nektar nectar

neon neon

Neptun Neptune

nerka kidney

nerw **1** nerve **2** **być kłębkiem nerwów** be a bundle of nerves, be a nervous wreck **3** **działać komuś na nerwy** get on sb's nerves

nerwica neurosis

nerwowo nervously

nerwowość nervousness

nerwowy **1** nervous, restless **2** **układ nerwowy** nervous system **3** **wykańczający nerwowo** nerve-racking **4** **załamanie nerwowe** nervous breakdown

netto **1** net **2** **waga netto** net weight

neurotyczny neurotic

neuroty-k/czka neurotic

neutralizować neutralize, neutralise *BrE*

neutralność neutrality

neutralny neutral

neutron neutron

nęcić allure

nędza misery

nędza-rz/rka pauper

nędznie miserably

nędzny miserable

nękać harass, haunt, plague

niania nanny

niby allegedly, supposedly

nic **1** nothing **2** **nic nie wiedzieć/czuć** not know/feel a thing **3** **nic szczególnego** nothing special **4** **nic tylko** nothing but **5** **tyle co nic** next to nothing **6** **za nic** for nothing **7** **być do niczego** be no good, not be any good

nicość nothingness

nicpoń good-for-nothing

niczyj **1** nobody's, no-one's **2** **ziemia niczyja** no-man's land

nić **1** thread **2** **nić dentystyczna** dental floss

nie **1** no, not **2** **nie autoryzowany** unauthorized **3** **nie doceniać** underestimate **4** **nie doceniany** underrated, undervalued **5** **nie dokończony** unfinished **6** **nie dość, że ...** it is bad/ difficult/hard enough that ... **7** **nie najgorzej** not bad **8** **nie narodzony** unborn **9** **nie ogolony** unshaven **10** **nie oświetlony** unlit **11** **nie poruszony** unruffled **12** **nie posprzątany** untidy **13** **nie potwierdzony** unsubstantiated **14** **nie powiązany (ze sobą)** unrelated **15** **nie przeszkolony** untrained **16** **nie rozstrzygnięty** unsettled **17** **nie rozwiązany** unresolved **18** **nie uzbrojony** unarmed **19** **nie używany** unused **20** **nie wykorzystany** unused **21** **nie wypróbowany** untried **22** **nie zagospodarowany** undeveloped **23** **nie zainteresowany** uninterested **24** **nie zauważony** unnoticed, unobserved, unseen **25** **nie zmieniony** unchanged **26** **nie zrażony** undaunted **27** **nie związany** unconnected **28** **nie żeby(m) ...** not that ...

niebawem soon

niebezpieczeństwo **1** danger, hazard, peril, threat **2** **w**

niebezpieczeństwie in jeopardy
niebezpiecznie dangerously
niebezpieczny 1 dangerous, hazardous, perilous, unsafe 2 **być niebezpiecznym dla** endanger 3 **niebezpieczna okolica/dzielnica** a tough area/neighbourhood
niebiański heavenly
niebieskawy bluish
niebieski 1 blue 2 **kolor niebieski** blue
niebieskooki blue-eyed
niebiosa the heavens
niebo 1 sky 2 *(raj)* heaven 3 **być w siódmym niebie** be on top of the world 4 **wielkie nieba!** (Good) Heavens!
nieboszcz-yk/ka the deceased
niech niech będzie fair enough
niechcący unintentionally, inadvertently, unwittingly
niechciany unwanted
niechęć dislike, distaste, reluctance
niechętnie reluctantly, unwillingly, grudgingly
niechętny reluctant
niechluj slob
niechlujnie sloppily
niechlujny sloppy, slovenly
niechlujstwo sloppiness
niecierpliwić się 1 grow impatient 2 **zaczynać się niecierpliwić** get restless
niecierpliwie impatiently
niecierpliwość 1 impatience 2 **z niecierpliwością** eagerly, impatiently
niecierpliwy impatient, eager
nieco slightly, somewhat
nieczęsty infrequent
nieczuły 1 insensitive, cold-hearted 2 *(odporny)* immune, impervious
nieczysty impure, unclean
nieczytelny illegible
niedaleki near
niedaleko near
niedawno recently
niedawny recent
niedbale carelessly
niedbałość carelessness
niedbały careless, negligent
niedługo before long
niedobór deficiency, scarcity, shortage
niedobrany mismatched
niedobrze 1 **komuś jest niedobrze** sb feels sick 2 **i tak źle, i tak niedobrze** you can't win 3 **niedobrze mi się robi na myśl o tym** it makes me sick
niedociągnięcie inadequacy
niedogodność inconvenience
niedogodny inconvenient
niedojrzałość immaturity
niedojrzały immature
niedokładnie inaccurately
niedokładny imprecise, inaccurate
niedokonany forma niedokonana imperfect
niedomagający ailing
niedomknięty ajar
niedopałek butt, stub
niedopasowanie mismatch
niedopatrzenie oversight
niedopowiedzenie understatement
niedopracowany half-baked
niedopuszczalny unacceptable
niedorozwinięty retarded
niedorzeczny nonsensical, preposterous
niedoskonałość imperfection, deficiency
niedoskonały imperfect, deficient
niedostatecznie inadequately
niedostateczny inadequate, unsatisfactory
niedostatek deficiency, scarcity
niedostępny inaccessible
niedostrzegalny imperceptible
niedoszły would-be
niedoświadczony inexperienced
niedowaga z niedowagą underweight
niedowartościowanie inadequacy
niedowierzający disbelieving
niedowierzanie 1 disbelief 2 **z niedowierzaniem** in disbelief
niedozwolony illicit
niedożywienie malnutrition
niedożywiony malnourished
niedrogi inexpensive, affordable
niedrogo inexpensively
niedwuznaczny suggestive
niedyskretnie indiscreetly
niedyskretny indiscreet
niedysponowany indisposed
niedziela Sunday
niedźwiadek niedźwiadek koala koala
niedźwiedź 1 bear 2 **niedźwiedź polarny** polar bear
nieefektywny inefficient
nieforemny shapeless

nieformalnie informally
nieformalny informal
niefortunny **niefortunny wypadek** mishap
niegazowany still
niegdyś once
niegościnny inhospitable
niegrzecznie rudely, unkindly, naughtily
niegrzeczność naughtiness
niegrzeczny **1** rude, impolite, unkind **2** *(dziecko)* naughty
niegustowny tasteless
niehumanitarnie inhumanely
niehumanitarny inhumane
nieistotny insignificant, immaterial, irrelevant, negligible
niejadalny inedible
niejasno vaguely
niejasność ambiguity
niejasny unclear, vague, obscure
niejeden **niejeden raz** many a time
niejednakowo unequally
niejednoznaczny ambiguous
niekompatybilność incompatibility
niekompatybilny incompatible
niekompetencja incompetence
niekompetentny incompetent, inept
niekompletny incomplete
niekoniecznie not necessarily
niekonsekwentnie inconsistently
niekonsekwentny inconsistent
niekonwencjonalny unconventional, unorthodox
niekorzystnie adversely
niekorzystny **1** disadvantageous, unfavourable *BrE*, unfavorable *AmE* **2** **być w niekorzystnej sytuacji** be at a disadvantage **3** **niekorzystne warunki/ skutki** adverse conditions/ effects
niekorzyść **1** **na czyjąś niekorzyść** to sb's disadvantage **2** **działać na czyjąś niekorzyść** work/ count against sb
niektórzy some
niekwestionowany **niekwestionowany przywódca/mistrz** undisputed leader/champion
nielegalnie illegally
nielegalny **1** illegal **2** **nielegalny handel** traffic
nieletni juvenile, minor, under-age
nielogiczny illogical
nielojalność disloyalty
nielojalny disloyal
nieludzki inconsiderate, inhuman
niełaska **być u kogoś w niełasce** be in sb's bad books, be out of favour with sb
niemal almost, virtually
niemądry silly, unwise
niemądrze unwisely
niemile **niemile widziany** unwelcome
niemiłosierny merciless, remorseless
niemniej **niemniej jednak** nevertheless, nonetheless
niemoc impotence
niemodny unfashionable, dated
niemoralnie immorally
niemoralność immorality
niemoralny immoral, depraved
niemowa mute
niemowlę baby, infant
niemowlęctwo infancy
niemożliwie impossibly
niemożliwość impossibility
niemożliwy impossible
niemożność inability
niemy **1** dumb, mute **2** **film niemy** silent film
nienagannie faultlessly
nienaganny faultless, impeccable
nienaruszony intact
nienaturalnie unnaturally
nienaturalny unnatural
nienawidzić hate, detest
nienawiść hate, hatred
nienormalność abnormality
nienormalny abnormal
nieobecność **1** absence **2** **pod czyjąś nieobecność** in sb's absence
nieobecny absent
nieobliczalny incalculable
nieoceniony invaluable, priceless
nieodgadniony inscrutable
nieodłączny inseparable
nieodnawialny non-renewable
nieodparty irresistible
nieodpowiedni inappropriate, unsuitable
nieodpowiednio inappropriately
nieodpowiedzialnie irresponsibly
nieodpowiedzialny irresponsible
nieodwracalnie irreparably
nieodwracalny **1** irreversible **2** *(szkoda)* irreparable
nieodzowny indispensable

N Polish • English Index

nieoficjalnie unofficially, informally
nieoficjalny 1 unofficial, informal **2 nieoficjalny charakter** informality
nieograniczony infinite, unlimited
nieokreślony 1 indeterminate, nondescript **2 na czas nieokreślony** indefinitely **3 rodzajnik/przedimek nieokreślony** indefinite article
nieokrzesany uncouth
nieomylność infallibility
nieomylny infallible, unerring
nieopisany indescribable, untold
nieorganiczny inorganic
nieosiągalny unavailable
nieostrożnie carelessly
nieostrożność carelessness
nieostrożny careless, reckless
nieoszacowany incalculable
nieożywiony inanimate
niepaląc-y/a 1 non-smoker **2 dla niepalących** nonsmoking
nieparzysty liczba nieparzysta odd number
niepełnoletni under age
niepełnosprawni the disabled
niepełnosprawny disabled, handicapped
niepełny incomplete
niepewnie insecurely, tentatively, uncertainly
niepewność uncertainty
niepewny 1 hesitant, insecure, tentative, unsure **2** *(krok)* unsteady **3** *(sytuacja)* uncertain
niepijąc-y/a teetotaller *BrE*, teetotaler *AmE*
niepisany unwritten
niepiśmienny illiterate
niepłacenie nonpayment
niepłatny unpaid
niepodległość independence
niepodległy independent
niepodważalny unquestionable, irrefutable
niepohamowany irrepressible, uncontrollable
niepojęty inconceivable
niepokoić 1 worry, concern **2** *(nie dawać spokoju)* bother, trouble **3 niepokoić się** worry
niepokojący alarming, disturbing, worrying
niepokonany invincible, unstoppable
niepokój 1 anxiety, restlessness, unease **2 niepokoje społeczne** civil/public disorder
niepoliczalny uncountable
niepomny oblivious
niepoprawny incorrigible
niepopularny unpopular
nieporęczny clumsy, unwieldy, cumbersome
nieporozumienie misunderstanding
nieporządek disorder
nieporządny disorderly, untidy
nieposłuszeństwo defiance, disobedience
nieposłusznie disobediently
nieposłuszny disobedient, insubordinate
niepotrzebnie needlessly, unnecessarily
niepotrzebny needless, unnecessary, unwanted
niepoważnie zachowywać się niepoważnie play games
niepoważny frivolous
niepowodzenie failure
niepowtarzalny inimitable, unique
niepożądany undesirable, unwelcome
niepraktyczny impractical
nieprawda untruth
nieprawdopodobieństwo improbability, unlikelihood
nieprawdopodobnie improbably
nieprawdopodobny improbable, incredible
nieprawdziwy untrue
nieprawidłowość anomaly, irregularity
nieprawidłowy incorrect
nieproporcjonalny disproportionate
nieproszony unwelcome
nieprzejednany implacable
nieprzejezdny impassable
nieprzekonujący implausible, inconclusive
nieprzekupny incorruptible
nieprzemakalny płaszcz nieprzemakalny raincoat, mac *BrE*
nieprzenikniony impenetrable
nieprzepuszczalny impervious
nieprzerwany uninterrupted, continuous, sustained
nieprzewidywalny unpredictable, erratic
nieprzewidziany unforeseen
nieprzezroczysty opaque
nieprzychylny unsympathetic
nieprzyjaciel enemy
nieprzyjacielski hostile
nieprzyjazny inhospitable, unfriendly
nieprzyjemnie disagreeably, unpleasantly

nieprzyjemny disagreeable, unpleasant
nieprzystępny impenetrable
nieprzystosowany maladjusted
nieprzytomność unconsciousness
nieprzytomny unconscious, senseless
nieprzyzwoicie obscenely
nieprzyzwoitość indecency, obscenity
nieprzyzwoity obscene, dirty, indecent
nierdzewny stainless
nierealistyczny unrealistic
nierealny unreal, impractical
nieregularnie irregularly
nieregularność irregularity
nieregularny irregular, intermittent
nierentowny uneconomical
nierozerwalnie inextricably
nierozerwalny inextricable
nierozłącznie inseparably
nierozłączny inseparable
nierozsądny unreasonable, ill-advised
nierozważny ill-advised
nierówno unequally, unevenly
nierównomiernie irregularly
nierówność inequality, disparity
nierównowaga instability
nierówny 1 *(powierzchnia)* uneven, rough 2 *(podział)* unequal 3 *(walka)* one-sided
nieruchomo 1 motionlessly 2 **stać nieruchomo** stand still
nieruchomość 1 property, real estate 2 **pośrednik w handlu nieruchomościami** (real) estate agent
nieruchomy motionless, static, still, immobile
nierzeczywisty unreal
niesamowicie amazingly, incredibly
niesamowity incredible, unearthly
niesforny unruly
nieskazitelnie 1 spotlessly 2 **nieskazitelnie czysty** immaculate
nieskazitelny spotless
nieskładny incoherent
nieskomplikowany unsophisticated
nieskończenie infinitely
nieskończoność infinity
nieskończony infinite
nieskrępowany unrestrained
nieskuteczny ineffective
niesławny infamous
niesłusznie unfairly
niesłuszny unfair
niesłyszalny inaudible
niesmaczny distasteful, tasteless
niesmak distaste
niespecjalnie not particularly
niespodzianka surprise
niespodziewanie surprisingly, unexpectedly
niespodziewany surprising, unexpected
niespokojnie restlessly
niespokojny anxious, restless
niespotykany unheard-of
niespójny incoherent
niesprawiedliwie unfairly, unjustly
niesprawiedliwość injustice
niesprawiedliwy unfair, unjust
niesprawny out of order
niesprzyjający inhospitable, unfavourable *BrE*, unfavorable *AmE*
niestabilność instability
niestabilny unstable, volatile
niestały changeable, fickle
niestandardowy nonstandard
niestety unfortunately, regrettably, sadly, alas
niestosownie improperly, inappropriately
niestosowny improper, inappropriate
niestrawność indigestion
niestrawny indigestible
niestrudzony tireless
niesubordynacja insubordination
nieswojo uncomfortably
nieswój uncomfortable
niesympatyczny unpleasant
niesystematyczny disorganized, haphazard
nieszczelny leaky
nieszczery insincere
nieszczerze insincerely
nieszczęsny wretched
nieszczęście misery, misfortune, unhappiness
nieszczęśliwie unhappily
nieszczęśliwy unhappy, miserable, unfortunate
nieszczęśni-k/ca wretch
nieszkodliwy harmless
nieścisłość inaccuracy
nieścisły inaccurate
nieść 1 carry 2 **nieść się** carry 3 **nieść za sobą** carry
nieślubny illegitimate

nieśmiało shyly, timidly, bashfully
nieśmiałość shyness, timidity
nieśmiały shy, timid, bashful
nieśmiertelność immortality
nieśmiertelny immortal
nieświadomie unconsciously, unknowingly
nieświadomość unconsciousness, oblivion
nieświadomy ignorant, oblivious, unaware, unwary
nieświeży **1** bad **2** *(chleb)* stale
nietaktowny tactless, insensitive, clumsy
nietknięty intact, unaffected, untouched
nietolerancja intolerance
nietolerancyjny intolerant
nietoperz bat
nietowarzyski antisocial
nietrzeźwy intoxicated
nietykalność immunity
nietypowy uncharacteristic
nieuchronnie inevitably, imminently
nieuchronność inevitability
nieuchronny inevitable, imminent, impending
nieuchwytny intangible, elusive
nieuczciwie dishonestly
nieuczciwość dishonesty
nieuczciwy **1** dishonest **2** *(policjant)* crooked
nieudacznik failure
nieudany unsuccessful, abortive
nieudolnie incompetently, ineptly
nieudolność incompetence, ineptitude
nieudolny incapable, incompetent, inept
nieufnie warily
nieufność distrust, mistrust
nieufny distrustful, wary
nieugięty relentless, inflexible
nieuleczalnie incurably, terminally
nieuleczalny incurable, terminal
nieumiejętność inability, incapacity
nieunikniony inevitable, impending, inescapable
nieuprzejmy impolite
nieurodzajny infertile
nieustępliwy relentless, tenacious
nieustraszony fearless, intrepid
nieuświadomiony unconscious
nieuważny distracted
nieuzasadniony unjustified, unfounded
nieużytki wasteland
nieważki weightless
nieważkość weightlessness
nieważny **1** invalid **2** *(przedawniony)* null and void, void **3** *(nieistotny)* unimportant
niewątpliwie undoubtedly, no doubt
niewątpliwy undoubted
niewdzięczność ingratitude
niewdzięczny ungrateful, thankless
niewiarygodnie unbelievably, beyond belief
niewiarygodny incredible, unbelievable
niewidoczny **1** invisible **2** **w niewidocznym miejscu** out of sight
niewidomy blind
niewidzialny invisible
niewiedza ignorance
niewiele **1** *(z rzeczownikami policzalnymi)* few, not many **2** *(z rzeczownikami niepoliczalnymi)* little, not much
niewielki diminutive, scant, slight
niewierność infidelity
niewierny unfaithful
niewinnie innocently
niewinność innocence
niewinny **1** innocent **2** **uznać kogoś za niewinnego** find sb not guilty
niewłaściwy improper, inappropriate, wrong
niewola **1** captivity, bondage **2** **wziąć kogoś do niewoli** take sb captive **3** **zostać wziętym do niewoli** be taken prisoner
niewolnictwo slavery
niewolni-k/ca **1** slave **2** **być niewolnikiem czegoś** be a slave to/of sth
niewskazany inadvisable
niewspółmierny disproportionate
niewybaczalnie inexcusably
niewybaczalny inexcusable
niewyczerpany inexhaustible
niewydajny inefficient
niewydolność **1** failure **2** **niewydolność serca** heart failure
niewygoda discomfort
niewygodny uncomfortable
niewykluczony **1** conceivable **2** **niewykluczone, że będzie** there may well be

niewykonalny unworkable, unfeasible
niewykształcony uneducated
niewykwalifikowany **robotnik niewykwalifikowany** unskilled worker
niewyobrażalny inconceivable, unimaginable
niewypłacalny bankrupt
niewyraźnie **1** indistinctly **2** **mówić niewyraźnie** slur your words
niewyraźny **1** indistinct, vague **2** *(mowa)* blurred
niewystarczająco insufficiently
niewystarczający insufficient, scarce
niewytłumaczalnie inexplicably
niewytłumaczalny inexplicable
niewzruszony unmoved
niezachwiany steadfast, unswerving
niezadowalający unsatisfactory, disappointing, inadequate
niezadowolenie dissatisfaction, discontent
niezadowolony **1** displeased, dissatisfied, discontented **2** **niezadowolony z** unhappy with/about
niezależnie **1** independently **2** **niezależnie od** irrespective of
niezależność autonomy, independence
niezależny **1** autonomous, independent, self-reliant **2** **mowa niezależna** direct speech
niezamężna single, unmarried
niezamieszkały uninhabited
niezapomniany unforgettable
niezaprzeczalnie undeniably
niezaprzeczalny undeniable, incontrovertible
niezaspokojony insatiable
niezastąpiony irreplaceable
niezauważalny imperceptible
niezawodnie unfailingly, without fail
niezawodność reliability, infallibility
niezawodny **1** dependable, reliable **2** **niezawodne poparcie/lojalność** unfailing support/loyalty
niezbędny **1** essential, indispensable **2** **niezbędne rzeczy** essentials
niezbity conclusive, irrefutable
niezbyt **1** not very, not too **2** **niezbyt dobry/trudny** not very good/difficult
niezdarny clumsy, gawky
niezdatny unfit
niezdecydowanie indecision
niezdecydowany hesitant, indecisive, undecided
niezdolność incapacity
niezdolny incapable
niezdrowy unhealthy
niezgoda **1** disagreement, discord **2** **kość niezgody** a bone of contention
niezgodność disagreement
niezgodny **1** incompatible, inconsistent **2** **niezgodny z prawem/regułami** against the law/the rules
niezgrabny *(w ruchach)* ungainly
niezidentyfikowany unidentified
niezliczony countless, innumerable
niezłośliwy *(nowotwór)* benign
niezły not bad, quite a, quite some
niezmącony unbroken
niezmiennie invariably
niezmienny invariable
niezmiernie extremely, immensely
niezmierny extreme
nieznacznie marginally
nieznaczny insignificant, marginal, slight
nieznajom-y/a stranger
nieznany unknown, unfamiliar
niezniszczalność indestructibility
niezniszczalny indestructible
nieznośnie intolerably, unbearably
nieznośny intolerable, unbearable
niezręcznie awkwardly
niezręczność awkwardness
niezręczny awkward, uncomfortable
niezrozumiale incomprehensibly
niezrozumiały incomprehensible, unintelligible
niezrównany incomparable, unparalleled, unrivalled *BrE*, unrivaled *AmE*
niezrównoważony disturbed, unbalanced, unstable
niezupełnie not exactly, not quite

niezwłocznie immediately, promptly
niezwłoczny prompt
niezwyciężony invincible
niezwykle 1 extraordinarily, remarkably 2 **niezwykle gorący/duży** unusually hot/big 3 **niezwykle ważny** vitally important
niezwykły unusual, extraordinary, remarkable, uncommon
nieźle not bad, pretty well
nieżonaty single, unmarried
nieżyczliwie unkindly
nieżyczliwy unkind
nieżywy dead
nigdy 1 never 2 **nigdy nie wiadomo** you never know, you never can tell/ you can never tell 3 **nigdy w życiu!** not on your life! 4 **prawie nigdy (nie)** hardly ever
nigdzie nowhere, anywhere
nijaki 1 nondescript, bland 2 **rodzaj nijaki** neuter
nikczemny despicable, dishonourable *BrE*, dishonorable *AmE*
nikiel nickel
nikły faint, slim
nikotyna nicotine
nikt no one, nobody
nimfa nymph
niniejszym hereby
niski 1 low 2 *(człowiek)* short
nisko low
nisza niche
niszczeć 1 become ruined 2 *(pod wpływem warunków atmosferycznych)* weather
niszczycielski destructive, devastating
niszczyć destroy, ruin, annihilate
nitka thread
niuans nuance
niweczyć shatter
nizinny lowland, low-lying
niż *conj* than
niżej 1 below 2 **niżej podpisany** the undersigned
niższość inferiority
niższy lower
no 1 **no, dalej** go on 2 **no, no** well 3 **no cóż** well 4 **no dobrze** right then, very well 5 **no już!** come on! 6 **no to co?** so what?
noc 1 night, nighttime 2 **(przez) całą noc** all night long 3 **co noc** nightly 4 **każdej nocy** nightly 5 **na/przez noc** overnight 6 **w dzień i w nocy** at all hours 7 **w nocy** at night
nocnik potty
nocny 1 *(lot)* overnight 2 *(o zwierzęciu)* nocturnal 3 **koszula nocna** nightdress, nightgown, nightie 4 **nocna zmiana** night shift 5 **nocne życie** nightlife 6 **nocny lokal** nightclub 7 **nocny stróż** night watchman
noga 1 leg 2 *(stopa)* foot
nogawka leg
nokaut knockout
nokautować knock out
nomada nomad
nominacja nomination
nominalnie nominally
nominalny nominal
nominał denomination
nominować nominate
nominowan-y/a nominee
nonkonformist-a/ka nonconformist
nonkonformistyczny nonconformist
nonsensowny nonsensical
nonszalancja nonchalance
nonszalancki nonchalant
nonszalancko nonchalantly
nora burrow, den
norka *(zwierzę)* mink
norma norm
normalizacja normalization
normalnie normally
normalność normality
normalny normal
normować (się) normalize, normalise *BrE*
nos 1 nose 2 **kręcić nosem (na)** turn your nose up (at) 3 **krwawienie z nosa** nosebleed 4 **pilnuj swego nosa** mind your own business 5 **przed samym nosem** (right) under sb's nose 6 **wtykać nos w** stick/poke your nose into 7 **wydmuchiwać nos** blow your nose 8 **zadzierać nosa** put on airs
nosiciel/ka carrier
nosić 1 carry 2 *(ubranie, kapelusz)* wear
nosidełko sling
nosorożec rhinoceros, rhino
nosowy nasal
nostalgia nostalgia
nostalgicznie nostalgically
nostalgiczny nostalgic
nosze stretcher
nośnik medium
notacja notation
notariusz solicitor, notary
notatka 1 note 2 *(służbowa)* memo, memorandum 3 **robić notatki** take notes
notatnik notebook
notes notebook
notesik pocketbook
notorycznie notoriously
notować note

notowanie rating
nowatorski innovative, novel
nowela short story
nowicjusz/ka novice, recruit
nowiuteńki brand-new
nowo **1** newly **2** **nowo narodzony** newborn **3** **nowo powstały** emerging **4** **nowo wybudowany/poślubiony** newly built/married
nowoczesność modernity
nowoczesny modern, up-to-date, advanced
nowomodny newfangled
noworodek newborn
nowość novelty, newness, innovation
nowotwór cancer
nowożeńcy newlyweds
nowożytny **języki nowożytne** modern languages
now-y/a *noun* newcomer
nowy *adj* **1** new **2** **jak nowy** as good as new **3** **nowa krew** new blood **4** **Nowy Rok** New Year's Day, New Year **5** **Nowy Testament** the New Testament **6** **od nowa** anew
nozdrze nostril
nożyce **1** scissors, shears **2** *(np. ogrodowe)* shears
nożyczki scissors
nóż knife
nóżka **1** *(kieliszka)* stem **2** *(kurczaka)* drumstick
nucić hum
nuda **1** boredom **2** **co za nuda** what a drag
nudny boring, dull
nudyst-a/ka nudist
nudzia-rz/ra bore
nudzić bore
nuklearny **1** nuclear **2** **rozbrojenie nuklearne** nuclear disarmament
numer **1** number **2** *(czasopisma itp.)* issue **3** *(w programie rozrywkowym)* act **4** **numer kierunkowy** code *BrE*, area code *AmE* **5** **numer rejestracyjny** registration number **6** **numer wewnętrzny** extension
numerować number
nurek diver, frogman
nurkować dive
nurkowanie diving, scuba diving
nurt **1** trend **2** **główny nurt** the mainstream
nuta note
nużący tedious
nylon nylon

o[1] about
o[2] against
oaza oasis
obrabować rob
oba, obaj **1** both **2** **po obu stronach** on either side
obalać **1** overthrow, topple **2** **obalać rząd/prezydenta** bring down a government/president
obarczać burden
obawa **1** fear **2** **bez obawy!** no fear! **3** **mieć obawy przed czymś** have misgivings about sth **4** **z obawy przed** for fear of **5** **w obawie, żeby nie** for fear that
obawiać się be afraid, fear
obcas heel
obcęgi pliers
obchodzić **1** celebrate **2** **nic mnie to nie obchodzi** I couldn't care less **3** **obchodzić się z** handle
obchód round
obciążać **1** weigh down **2** **obciążać kosztami** charge
obciążenia demands
obciążenie **1** load **2** *(praca do wykonania)* workload
obciążnik weight
obcierać rub
obcięcie **obcięcie włosów** haircut
obcisły clinging, tight
obcokrajowiec foreigner
obcy **1** alien, strange **2** *(język)* foreign **3** **być komuś obcym** be foreign to sb **4** **nie być (komuś) obcym** ring a bell
obdarty ragged
obdarzać **być obdarzonym czymś** be endowed with sth, be blessed with sth
obecnie at present, currently, nowadays, presently
obecność **1** presence, attendance **2** **odczytanie listy obecności** roll call **3** **w czyjejś obecności** in sb's presence
obecny **1** current, present **2** **być obecnym na** attend, be present at
obejmować **1** *(zawierać)* include, cover, involve **2** *(tulić)* embrace **3** **obejmować coś nogami/ramionami** wrap your arms/legs around sth
obejrzeć see
obelga abuse
obelżywy abusive
oberżyna aubergine *BrE*, eggplant *AmE*
obetrzeć graze
obezwładniać overpower, subdue
obezwładniający overpowering
obficie abundantly, profusely

obfitość abundance, profusion
obfitować **obfitować w coś** abound in/with sth
obfity **1** abundant, plentiful, profuse, heavy **2** *(posiłek)* hearty
obgryzać chew
obiad **1** lunch, luncheon **2** *(jedzony wieczorem)* dinner **3** **jeść obiad w restauracji** dine out **4** **jeść obiad** have dinner, dine
obibok bum
obicie padding
obie both
obiecujący promising
obiecywać promise
obieg circulation
obiekcja objection
obiekt **1** object **2** *(np. krytyki)* target
obiektyw **1** lens **2** **obiektyw ze zmienną ogniskową** zoom lens
obiektywizm objectivity
obiektywnie objectively
obiektywny objective, dispassionate
obierać **1** *(wybierać)* adopt **2** *(ze skórki)* peel
obietnica **1** promise **2** **dotrzymywać obietnicy** keep a promise **3** **złamać obietnicę** break a promise
obijać się lounge about/around, mess around
objadać się **1** overeat **2** **objadać się czymś** gorge yourself on sth
objaśniający explanatory
objaw symptom
objawienie **1** eye-opener **2** *(w religii)* revelation
objazd detour, diversion *BrE*
objazdowy **1** travelling *BrE*, traveling *AmE* **2** **biblioteka objazdowa** mobile library
objeżdżać tour
objętość volume
oblać *(egzamin)* fail, flunk
oblegać besiege, mob
oblegany **być oblegany przez** be besieged by
oblepiać plaster
oblepiony **oblepiony czymś** caked in/with sth
obleśny gross, disgusting
oblężenie siege
obliczać calculate
oblicze **1** **stawać w obliczu** be faced with **2** **w obliczu** in the face of
obliczenie calculation, count
obliczyć **1** calculate **2** **błędnie obliczyć** miscalculate
obligacja bond
oblodzony icy
obluzować **obluzować się** come loose
obładowany laden (with)
obładowywać load (down), burden
obława manhunt, roundup
obłąkany demented, insane
obłęd insanity, madness
obłowić się make a killing
obłuda hypocrisy
obłudnie hypocritically
obłudni-k/ca hypocrite
obłudny hypocritical
obmyślić conceive
obnażać bare, expose
obniżać **1** bring down, lower **2** **obniżać się** drop, come down, go down
obniżka reduction
obnosić się **obnosić się z** flaunt, parade
obojczyk collarbone
oboje both
obojętnie **1** indifferently **2** **obojętnie co** whatever, no matter what **3** **obojętnie kto** whoever, no matter who
obojętność indifference
obojętny indifferent, unresponsive, unsympathetic
obok **1** by, next to, beside, past **2** **obok siebie** side by side **3** **przechodzić obok** pass (by)
obolały achy, painful, sore
obopólny reciprocal
obornik dung, manure
obowiązek **1** duty, obligation **2** *(praca)* chore, job **3** **mieć obowiązek coś zrobić** be under an obligation to do sth **4** **pełniący obowiązki dyrektora** acting manager/director **5** **zaniedbujący obowiązki** negligent
obowiązkowo obligatorily, without fail
obowiązkowy compulsory, mandatory, obligatory
obowiązujący **1** valid, operative **2** *(umowa)* binding
obowiązywać be effective
obozowicz/ka camper
obój oboe
obóz **1** camp **2** **obóz jeniecki** prison camp **3** **obóz pracy** labour camp *BrE*, labor camp *AmE* **4** **obóz koncentracyjny** concentration camp **5** **rozbijać obóz** camp
obracać (się) **1** turn, rotate, spin **2** **obracać coś o 180 stopni** turn/move/spin sth around **3** **obracać się wokół** revolve around **4** **obracać się wśród** mingle with **5** **obracać coś w żart** laugh sth off
obradować sit, debate
obraz **1** painting, picture **2** *(widok)* scene **3** **obraz olejny** oil painting
obraza insult

obrazkowy pictorial
obrazowanie imagery
obrazowo graphically
obrazowy graphical, vivid
obraźliwy insulting, offensive
obrażać 1 insult, offend 2 **obrażać się** take offence
obrażenie bez obrażeń unhurt
obrączka wedding ring
obręcz hoop
obrona 1 defence *BrE*, defense *AmE* 2 **obrona własna** self-defence 3 **stawać w czyjejś obronie** stick up for sb
obronić 1 defend, save 2 **obronić się przed** fend off
obronność defence *BrE*, defense *AmE*
obronny defensive
obroń-ca/czyni defender
obrotowy revolving, rotary
obroża collar
obrót 1 turn, revolution, rotation 2 *(w handlu)* turnover 3 **na pełnych obrotach** flat out, up and running
obrus tablecloth
obrządek rite, ritual
obrzezanie circumcision
obrzezywać circumcise
obrzeże rim
obrzęd rite, ritual
obrzędowy ceremonial
obrzydliwy disgusting, nauseating
obrzydzenie disgust, repulsion
obsada cast
obsadzać 1 man, staff 2 *(aktora w roli)* cast 3 *(stanowisko)* fill
obserwacja 1 observation 2 **pod obserwacją** under observation 3 **zmysł obserwacji** powers of observation
obserwator/ka observer, onlooker
obserwatorium observatory
obserwować observe, watch
obsesja 1 obsession 2 **mieć obsesję na punkcie** be obsessed with, be obsessive about
obsesyjny obsessive
obskurny sleazy
obsługa 1 service 2 *(maszyny)* operation
obsługiwać 1 operate, work 2 *(maszynę)* operate 3 *(gościa)* wait on, serve
obsypywać obsypywać kogoś czymś shower sb with sth
obszar area, territory
obszernie at length
obszywać edge
obtarcie obtarcie naskórka graze
obtarty raw
obudowa casing, housing
obudzić 1 wake (up) 2 **obudzić się** wake up
oburęczny ambidextrous
oburzać 1 outrage 2 **oburzać się na** resent
oburzający outrageous
oburzenie 1 indignation, outrage 2 **z oburzeniem** indignantly
oburzony indignant, outraged
obuwie footwear
obwarowywać fortify
obwąchiwać sniff
obwiniać blame
obwiniany być obwinianym be to blame
obwisać sag
obwodnica bypass, ring road *BrE*
obwód 1 *(w geometrii)* circumference, perimeter 2 *(elektryczny)* circuit
obwódka border
obyczaj custom
obywać się obywać się bez do without, go without, dispense with
obywatel/ka citizen, national
obywatelski prawa obywatelskie civil rights
obywatelstwo citizenship, nationality
obżarstwo gluttony
obżartuch glutton, pig
ocalały *noun* survivor
ocalenie salvage
ocalić salvage, save
ocean ocean
oceanarium aquarium
oceaniczny oceanic
ocena 1 assessment, evaluation 2 *(stopień)* grade, mark 3 **najwyższe oceny** full marks 4 **ocena sytuacji** judgment
oceniać 1 assess, evaluate, judge, survey 2 *(wypracowanie itp.)* grade, mark
ocet vinegar
ochładzać (się) cool (down), chill
ochłonąć cool down, cool off
ochoczo readily, willingly
ochoczy willing
ochota 1 willingness, craving, impulse 2 **czy miałbyś ochotę na ...?** would you care for ...? 3 **jeśli masz ochotę** if you like 4 **mieć ochotę na coś** be in the mood for sth, feel like sth, fancy sth 5 **mieć wielką ochotę coś zrobić** be tempted to do sth 6 **nabrać**

ochoty do czegoś get one's taste for sth **7 nie mieć ochoty na coś** have no wish to do sth

ochotniczy voluntary

ochotnik 1 volunteer **2 zgłaszać się na ochotnika** volunteer

ochraniacz pad

ochraniać protect, cushion

ochrona 1 protection, preservation **2 ochrona przyrody** conservation

ochroniarz bodyguard

ochronić protect, safeguard

ochronny protective

ochrypły hoarse, husky

ochrzcić baptize, baptise *BrE*

ocieniać shade

ocieplać się warm up

ocieplenie globalne ocieplenie global warming

ocierać wipe

ocucić revive

oczarowany bewitched, enchanted, entranced

oczarowywać cast a spell on/over

oczekiwać 1 expect, await **2 oczekiwać z niecierpliwością** look forward to

oczekiwanie 1 expectation, anticipation **2 nie spełniać oczekiwań** be a disappointment

oczko 1 *(w rajstopach)* ladder *BrE*, run *AmE* **2** *(w robocie na drutach)* stitch

oczny gałka oczna eyeball

oczyszczać 1 cleanse, purify **2 oczyszczać atmosferę** clear the air **3 oczyszczać kogoś z czegoś** clear sb of sth

oczytany literate, well-read

oczywisty 1 obvious, evident, apparent, transparent **2 to oczywiste, że** it goes without saying (that)

oczywiście 1 certainly, of course **2 oczywiście, że nie** of course not

od 1 from, since **2 od ... do** from ... to **3 od kiedy to** since when

oda ode

odbarwiać się discolour *BrE*, discolor *AmE*

odbarwienie discoloration

odbicie reflection

odbiegać odbiegać od deviate from

odbierać 1 collect, pick up **2 odbierać telefon** answer the telephone

odbijać 1 reflect **2 odbijać się** bounce off, deflect, rebound **3 odbiło mu się** he burped, he belched

odbior-ca/czyni recipient

odbiornik receiver, set

odbiór 1 reception **2** *(towaru)* collection

odbitka print

odblaskowy fluorescent

odbudowa reconstruction, restoration

odbudowywać rebuild, reconstruct

odbyt anus

odbywać 1 hold **2 odbywać się** take place

odcedzać drain, strain

odchody 1 faeces *BrE*, feces *AmE* **2** *(np. ptasie)* droppings

odchodzić go away

odchrząknąć clear your throat

odchudzać się diet, slim

odchwaszczać weed

odchylenie aberration, deviation

odciągać deduct

odcień shade, hue, tint

odcinać 1 cut off **2 odcinać dostęp do** seal off **3 odcinać się od** dissociate yourself from, distance yourself from

odcinek 1 segment, stretch **2** *(serialu itp.)* episode, instalment

odcisk 1 impression, imprint **2** *(na stopie)* corn **3 odcisk palca** fingerprint **4 odcisk stopy** footprint

odcyfrować decipher

odczepiać 1 detach **2 odczep się!** get off!

odczepiany detachable

odczucie feeling

odczuwać feel

odczuwalny perceptible

odczyt reading

odczytywać odczytywać na głos read out

oddalać się go away, wander

oddali 1 w oddali beyond **2 z oddali** from afar

oddanie devotion

oddany committed, dedicated, devoted

oddawać 1 give back, return **2** *(nastrój itp.)* recapture **3** *(zadanie domowe)* turn in **4 nie oddawać czegoś** hold onto sth **5 oddawać głos** cast a vote **6 oddawać mocz** urinate, pass water

oddech 1 breath **2 wziąć głęboki oddech** take a big/deep breath **3 wstrzymać oddech** hold your breath **4 z trudem łapać oddech** gasp for breath/air

oddechowy 1 respiratory **2 drogi oddechowe** respiratory tract

oddelegować delegate, post

oddolny *(inicjatywa itp.)* grass-roots
oddychać breathe
oddychanie 1 breathing, respiration 2 **sztuczne oddychanie** artificial respiration
oddział 1 unit, squad, division, force 2 *(szpitalny)* ward 3 **oddział intensywnej opieki medycznej** intensive care 4 **oddział specjalny** task force
oddziaływać wzajemnie oddziaływać na siebie interact
oddziaływanie 1 influence 2 *(wzajemne)* interaction, interplay
oddzielać separate
oddzielnie apart, separately
oddzielny separate, distinct
oddzwonić ring back, call back
odegrać odegrać się na get back at
odejmować subtract
odejmowanie subtraction
odeprzeć fight off
odetchnąć odetchnąć głęboko heave a sigh
odfajkować tick off
odgadywać guess
odgałęzienie branch, offshoot
odgarniać sweep
odgłos(y) noise
odgradzać 1 fence off, seal off 2 **odgradzać sznurem** rope off
odgrywać 1 **odgrywać rolę w** play/have a part in 2 **odgrywać się na** take it out on 3 **odgrywać ważną/kluczową rolę w** play a major/key role in
odgrzebać dig out
odhaczyć tick off, check off
odizolować isolate
odjazd departure
odjeżdżać depart, drive away, drive off, pull away
odkalkować trace
odkażać disinfect
odkąd since
odkleić 1 unstick 2 **odkleić się** come unstuck
odkładać 1 *(na później)* delay, postpone, put off 2 *(na bok)* put aside, set aside 3 **odkładać na miejsce** put away, replace 4 **odłożyć słuchawkę** hang up
odkopać dig out, unearth
odkreślać cross off
odkręcać undo, unscrew
odkręcony undone
odkrycie 1 discovery, find 2 **dokonać odkrycia** make a discovery
odkryć find, discover
odkryty exposed
odkrywać uncover
odkryw-ca/czyni discoverer, explorer
odkupić redeem
odkupienie redemption
odkurzacz vacuum cleaner, hoover *BrE*
odkurzać vacuum, hoover *BrE*
odlatywać depart
odległość distance
odległy distant, faraway, remote
odlew 1 cast 2 **odlew gipsowy** plaster cast
odlewać cast
odlewnia foundry
odliczać count out
odliczanie countdown
odlot departure
odludek hermit, recluse
odludny lonely
odłam splinter group/ organization
odłamek 1 chip, splinter 2 *(pocisku)* shrapnel
odłamywać break off
odłączać disconnect
odłożyć put away, tuck away
odłupywać chip away
odmawiać refuse, decline, deny
odmiana 1 change, variation, variety 2 *(wyrazu)* inflection 3 **dla odmiany** for a change 4 **stanowić odmianę** make a change
odmieniać 1 change, transform 2 *(czasownik)* conjugate
odmieniec misfit
odmienność dissimilarity
odmienny dissimilar
odmładzać rejuvenate
odmowa denial, refusal
odmrożenie frostbite
odmrożony frostbitten
odnaleźć 1 find, retrieve, track down 2 **odnaleźć się (jako)** find one's niche (as)
odnawiać *(mieszkanie)* decorate, renovate, do up
odnawialny renewable
odnieść odnieść obrażenia sustain injuries
odnosić 1 take back 2 **odnieść sukces** achieve a success, make it 3 **odnosić odwrotny skutek** backfire 4 **odnosić się do** refer to, relate to
odnośnie concerning, with respect to, in respect of
odosobnienie isolation, seclusion
odosobniony isolated, secluded
odpadać come off, come away *BrE*
odpadki litter, refuse

odpadowy waste
odpady waste
odparować *(odpowiedzieć)* retort
odparowywać evaporate, vaporize, vaporise *BrE*
odpędzać 1 ward off **2 odpędzać od siebie** banish
odpierać disprove, fend off
odpisywać 1 *(zadanie)* copy **2** *(na list)* write back
odplamiacz stain remover
odpłacić się get even
odpływ 1 drain, outlet **2** *(morza)* low tide **3** *(zlewu, wanny)* plughole
odpoczynek rest
odpoczywać 1 rest **2 dać odpocząć nogom/oczom** rest your legs/eyes
odpornościowy układ odpornościowy immune system
odporność immunity
odporny immune, impervious, resistant
odpowiadać 1 answer, reply, respond **2** *(spełniać)* correspond, suit **3 odpowiadać komuś** be to sb's liking **4 odpowiadać na list/ogłoszenie** answer a letter/advertisement **5 odpowiadać za** answer for
odpowiedni suitable, right, appropriate, proper
odpowiednik 1 equivalent **2** *(o człowieku)* counterpart, opposite number
odpowiednio 1 suitably, adequately, appropriately **2** *(z osobna)* accordingly, respectively
odpowiedniość adequacy
odpowiedzialnie responsibly
odpowiedzialność 1 responsibility, accountability, liability **2 ponosić odpowiedzialność** bear the responsibility
odpowiedzialny 1 responsible, liable, accountable **2 być odpowiedzialnym za** be responsible for
odpowiedź 1 answer, reply, response **2 bez odpowiedzi** unanswered **3 w odpowiedzi na** in reply to, in response to
odprawa 1 briefing **2 odprawa celna** customs **3 zgłaszać się do odprawy** check in
odprawiać odprawiać z niczym turn away
odprężać się relax, wind down
odprężający relaxing
odprężenie relaxation
odprężony relaxed
odprężyć odprężyć się wind down
odprowadzać 1 escort **2** *(do drzwi)* see out **3** *(np. na dworzec)* see off
odpukać odpukać (w niemalowane drewno) touch wood
odpuszczać odpuszczać sobie coś give sth a miss
odpychający repellent, repulsive
odpychanie repulsion
odpyskować answer back
odra measles
odraczać defer, postpone
odraza 1 loathing, revulsion **2 budzić odrazę** revolt **3 czuć odrazę do** loathe
odrażający repulsive, abhorrent, loathsome, repugnant, revolting
odrąbać chop off
odremontować renovate, do up
odrębny distinct
odrętwiały numb
odrętwienie numbness
odrobina 1 a bit, a shade, a touch, a fraction **2 odrobina czegoś** a little bit of sth, a spot of sth, a touch of sth **3 odrobina farby** a lick of paint **4 odrobina koloru** a splash of colour **5 odrobina prawdy/ryzyka** an element of truth/risk
odroczenie postponement
odroczony odroczona płatność credit
Odrodzenie 1 the Renaissance **2 odrodzenie się** rebirth, resurrection
odrodzić się revive
odróżniać 1 distinguish, discriminate **2 nie dać się odróżnić od** be indistinguishable from
odróżnienie w odróżnieniu od unlike
odruch reflex
odruchowy automatic
odrywać odrywać się (od) get away (from), drag yourself away (from)
odrzec reply
odrzucać dismiss, reject, turn down
odrzucenie rejection
odrzut reject
odrzutowiec jet
odrzutowy jet-propelled
odsetek percentage, proportion
odsetki interest
odsiadywać *(wyrok)* serve
odskocznia springboard, stepping-stone
odsłaniać expose, reveal, unveil
odstawać deviate
odstęp 1 distance, space, spacing **2 w regularnych**

odstępach at regular intervals
odstępować 1 **nie odstępować na krok** follow around 2 **odstępować od** withdraw from, waive
odstraszać deter, repel, scare off/away, frighten away/off
odstraszający środek odstraszający repellent
odsuwać 1 **odsuwać od władzy** depose 2 **odsuwać się** back off
odsyłacz cross-reference
odsyłać 1 return 2 **odsyłać coś** send sth back 3 **odsyłać do** refer to
odsypiać sleep off
odszkodowanie 1 award, compensation, damages 2 **w ramach odszkodowania** in compensation
odszukać trace, look up
odświeżać 1 refresh 2 **odświeżać się** freshen up
odtąd henceforth, hereafter
odtrutka antidote
odtwarzacz 1 player 2 **odtwarzacz płyt kompaktowych** CD player
odtwarzać 1 *(odbudowywać)* reconstruct, recreate 2 *(obraz, dźwięk)* reproduce, play back
odurzać dope, intoxicate
odurzający intoxicating
odurzenie odurzenie alkoholem intoxication
odurzony intoxicated
odwadniać (się) dehydrate
odwaga 1 courage 2 **zdobyć/zebrać się na odwagę** muster (up) courage, summon (up) one's courage, pluck up the courage
odważać weigh out
odważnie courageously
odważny brave, courageous, daring
odważyć odważyć się dare
odwdzięczać się repay, pay back
odwet 1 retaliation, reprisal 2 **brać odwet** retaliate
odwetowy retaliatory
odwieczny perennial
odwiedzać visit, call on, look up, come and see
odwiedziny visit
odwieść odwieść kogoś od czegoś talk sb out of sth, dissuade sb from (doing) sth
odwilż thaw
odwirować spin
odwlekać delay
odwodnienie dehydration
odwodniony dehydrated
odwołanie 1 *(np. rezerwacji)* cancellation 2 **do odwołania** until further notice
odwoływać call off, cancel
odwracać (się) 1 turn 2 **odwracać (czyjąś) uwagę od** divert (sb's) attention from
odwracalny reversible
odwrotnie 1 inversely 2 *(do góry nogami)* upside down 3 **odwrotnie do ruchu wskazówek zegara** anticlockwise *BrE*, counterclockwise *AmE*
odwrotność opposite, the reverse
odwrotny 1 opposite, reverse 2 **odnosić odwrotny skutek** backfire
odwrócić odwrócić się od turn your back on
odwrót 1 retreat 2 **na odwrocie (strony)** overleaf 3 **na odwrót** vice versa
odwzajemniać return, reciprocate
odziedziczyć inherit
odzież clothing, clothes, wear
odznaczać *(medalem)* decorate
odznaczenie decoration
odznaka badge, button
odzwierciedlać mirror, reflect
odzwierciedlenie reflection
odzysk z odzysku recycled
odzyskać 1 recover, regain, retrieve, get back 2 **odzyskiwać przytomność** come round, come to
odzywać się 1 speak 2 **odzywać się do siebie** be on speaking terms
odźwierny doorman
odżywiać nourish
odżywianie nutrition
odżywka *(do włosów)* conditioner
ofensywa offensive
oferować offer, bid
oferowany on offer
oferta 1 offer, bid 2 **oferta specjalna** special offer
ofiara 1 gift, offering, sacrifice 2 *(wypadku itp.)* casualty 3 *(morderstwa itp.)* victim 4 *(niezdara)* loser 5 **ofiara śmiertelna** fatality 6 **składać w ofierze** sacrifice
ofiarodawca donor
ofiarować donate
oficer 1 officer 2 **oficer okrętowy** mate
oficjalnie formally, officially
oficjalny formal, official
ogar hound
ogarniać overtake, sweep, engulf
ogień 1 fire 2 **wziąć w krzyżowy ogień pytań**

cross-examine **3 igrać z ogniem** be playing with fire **4 ogień z broni palnej** gunfire **5 ogień zaporowy** barrage **6 otwierać ogień** open fire **7 sztuczne ognie** fireworks

ogier stallion

oglądać 1 see, watch **2** *(w sklepie)* browse

oględziny survey

ogłaszać 1 announce, declare, unveil **2 ogłaszać się** advertise **3 ogłaszać strajk** call a strike

ogłoszenie 1 announcement, ad, notice **2 dawać ogłoszenie** place an advertisement **3 tablica ogłoszeń** noticeboard

ogłuszać deafen, stun

ogłuszający deafening, thunderous

ogniotrwały fireproof

ognisko bonfire, fire

ognisty fiery

ogniwo link

ogolić ogolić (się) shave, have a shave

ogon tail

ogorzały swarthy

ogólnie ogólnie biorąc overall, by and large, on the whole, generally

ogólnokrajowy nationwide

ogólny general, broad, generic

ogół 1 na ogół in the main **2 ogół ludzi/społeczeństwa** the people/public/ community at large **3 ogół społeczeństwa** the general public **4 w ogóle** (not) at all

ogórek cucumber

ograbić plunder

ogradzać enclose, fence in

ograniczać 1 limit, restrict, confine, constrain **2 ograniczać się do czegoś** restrict yourself to sth

ograniczenie 1 restriction, limitation, constraint, limit, restraint **2 bez ograniczeń** without restriction **3 mieć swoje ograniczenia** have your limitations **4 ograniczenie prędkości** speed limit

ograniczony 1 limited, restricted, confined **2** *(człowiek)* narrow-minded, simple **3 być ograniczonym do** be limited to **4 spółka z ograniczoną odpowiedzialnością** limited company

ogrodnictwo gardening, horticulture

ogrodniczki dungarees *BrE*, overalls *AmE*

ogrodni-k/czka gardener

ogrodzenie 1 fence **2** *(z metalowych prętów)* railing

ogrodzony ogrodzony teren enclosure

ogrom immensity, enormity

ogromnie enormously, hugely, immensely

ogromny huge, enormous, immense, tremendous

ogród garden

ogródek 1 garden, yard **2 bez ogródek** bluntly, in no uncertain terms, point-blank **3 ogródek działkowy** allotment **4 ogródek skalny** rockery

ogryzek core

ogrzewać heat, warm

ogrzewanie heating *BrE*, heat *AmE*

ogrzewany heated

ohydny gross, sordid, squalid

ojciec 1 father **2 dziadek/wuj ze strony ojca** paternal grandfather/ uncle **3 ojciec chrzestny** godfather

ojcostwo fatherhood, paternity

ojcowski fatherly, paternal

ojczym stepfather

ojczysty 1 native **2 język ojczysty** mother tongue, first language

ojczyzna homeland

ojej goodness, gosh, oh dear, oops

okaleczenie mutilation

okaleczyć cripple, maim, mutilate

okantować swindle

okap eaves

okaz specimen

okazałość grandeur

okazały spectacular, stately

okazja 1 *(sposobność)* occasion, opportunity **2** *(okoliczność)* chance **3** *(korzystny zakup)* bargain **4 (a tak) przy okazji** by the way **5 złapać okazję** *(pojechać autostopem)* hitch a ride/lift

okazjonalny odd

okazywać 1 display, show **2 okazało się, że** it turned out that

okej OK

okienko 1 *(np. na poczcie)* counter **2** *(w harmonogramie, programie)* slot

okiennica shutter

oklaski applause, clapping

okleina veneer

oklepany trite

okładka 1 cover **2** *(płyty)* sleeve **3 książka w miękkiej okładce** paperback

okłamywać deceive, lie to

okno window

oko 1 eye **2 gołym okiem** with/to the naked eye **3 mieć kogoś/coś na oku** keep tabs on sb/sth,

keep an eye on sb/sth **4 na oczach** in full view of **5 na pierwszy rzut oka** at first glance/sight, on the face of it **6 nie rzucać się w oczy** be inconspicuous
7 podbite oko black eye
8 przymykać oczy na coś turn a blind eye to sth
9 rzucać na coś okiem cast an eye over sth
10 spójrzmy prawdzie w oczy let's face it **11 stanąć oko w oko z kimś** be confronted with sb
12 traktować coś z przymrużeniem oka take sth with a pinch/grain of salt **13 w czyichś oczach** in the eyes of sb, in sb's eyes
14 w mgnieniu oka in a flash, like a flash **15 worki pod oczami** bags under your eyes **16 zawiązywać oczy** blindfold **17 rozmowa w cztery oczy** heart-to-heart

okolica 1 region, neighbourhood *BrE*, neighborhood *AmE* **2 w okolicy** *(około)* round about

okoliczność
1 circumstance
2 okoliczności łagodzące mitigating circumstances

okoliczny surrounding

około 1 about, approximately **2 około 100 funtów** something like 100 pounds

okólnik circular

okradać rob

okrakiem 1 astride
2 siedzieć okrakiem na straddle

okrągły circular, round

okrążać surround, circle

okrążenie lap

okres period, time

okresowo periodically

okresowy 1 periodic, seasonal **2 bilet okresowy** season ticket, pass

określać 1 define
2 określać kogoś mianem label sb as

określenie designation, label

określnik determiner

określony rodzajnik/ przedimek określony definite article

okręcać (się) twist

okręg 1 district **2 okręg wyborczy** constituency

okręt 1 ship, vessel
2 okręt wojenny warship

okrężny circular, indirect, roundabout

okropnie awfully, terribly, dreadfully

okropność horror

okropny terrible, horrible, awful, dreadful

okruch crumb

okrucieństwo atrocity, cruelty

okruszek crumb

okrutnie cruelly

okrutny cruel

okrzyk exclamation, shout

okrzyknąć okrzyknąć kogoś czymś hail sb as sth

oktawa octave

okulary 1 glasses, spectacles **2 okulary ochronne** goggles
3 okulary słoneczne shades, sunglasses

okulist-a/ka optometrist

okultystyczny occult

okultyzm the occult

okup ransom

okupacja occupation

okupacyjny strajk okupacyjny sit-in

olbrzym giant

olbrzymi giant, king-size

oleisty oily

olej 1 oil **2 olej napędowy** diesel

olejek essence

olejny 1 farby olejne oils
2 obraz olejny oil painting

olimpiada the Olympic Games, the Olympics

olimpijski 1 Olympic
2 igrzyska olimpijskie the Olympic Games, the Olympics

oliwa (olive) oil

oliwić oil

oliwka olive

oliwkowy kolor oliwkowy olive

olśnienie brainwave *BrE*, brainstorm *AmE*

olśniewać dazzle

olśniewający brilliant, dazzling, glamorous

ołów lead

ołówek pencil

ołtarz altar

omawiać discuss, talk over

omawiany under discussion

omdlenie faint

omdlewać faint, droop

omen omen

omijać go round, get around, bypass

omlet omelette

omszały mossy

omylny fallible

omyłkowo by mistake

on he, him

ona she, her

onanizować się masturbate

one they

oni they

oniemiały
1 dumbfounded, speechless
2 oniemiały ze zdenerwowania tongue-tied

onieśmielający intimidating

onieśmielony intimidated, overawed

opactwo abbey

opacznie zrozumieć coś opacznie get (hold of) the wrong end of the stick
opad 1 rainfall **2 opad radioaktywny** fallout **3 opady śniegu** snowfall
opadać 1 droop, fall **2 opadać z sił** flag
opakowanie package, packaging, wrapping
opal opal
opalać się tan, sunbathe
opalenizna suntan, tan
opalony suntanned, tan, tanned
opał fuel
opały w opałach in hot/deep water
opancerzony armoured *BrE*, armored *AmE*
opanowanie 1 composure, poise **2 biegłe opanowanie** mastery
opanowany collected, composed, cool, poised
opanowywać 1 master **2 opanowywać się** compose yourself
oparcie back
opary fumes
oparzenie 1 burn **2 oparzenie słoneczne** sunburn
oparzony burned, burnt
oparzyć burn
opaska 1 band **2 opaska na ramię** armband
opat abbot
opatentować patent
opatrunek dressing
opatrywać opatrywać ranę/skaleczenie dress a wound/cut
opatulać wrap up
opcja option
opera opera
operacja 1 operation, surgery **2 operacja plastyczna** plastic surgery
operacyjnie surgically
operacyjny 1 operational **2 sala operacyjna** operating room
operator/ka 1 operator **2** *(kamerzysta)* cameraman
operować operate (on)
operowy operatic
opętany possessed
opieka 1 attention, care **2 bez opieki** *(dziecko)* unaccompanied **3 dom opieki** home **4 opieka nad dzieckiem** babysitting, childminding, childcare **5 opieka nad dzieckiem** *(przyznana sądownie)* custody **6 opieka społeczna** social work **7 pracowni-k/ca opieki społecznej** social worker
opiekacz toaster
opiekać 1 *(mięso)* roast **2** *(chleb)* toast
opiekany roast
opiekować się care for, look after, take care of
opiekun/ka 1 guardian, protector **2 opiekun/ka do dzieci** babysitter, childminder
opiekuńczy caring, protective
opierać 1 lean, rest **2 opierać coś o** prop sth against/on **3 opierać coś na** base sth on/upon **4 opierać się** lean **5 opierać się na** rest on/upon, be founded on/upon
opiłki filings
opinia 1 opinion **2 badanie opinii publicznej** opinion poll **3 mieć dobrą opinię o** think well/highly of **4 opinia publiczna** public opinion **5 wydawać opinię** pass judgment
opis description, characterization
opisowy descriptive
opisywać 1 describe **2 być nie do opisania** defy description
opium opium
opłacać 1 nie opłacany unpaid **2 opłacać się** pay off **3 źle opłacany** underpaid
opłacalny profitable
opłakany w opłakanym stanie in a sorry state
opłakiwać mourn
opłata 1 charge, fee, payment **2 opłata dodatkowa** surcharge **3 opłata za przejazd** toll
opłatek wafer
opłukać rinse
opodatkowanie taxation
opodatkowywać tax
opona 1 tyre *BrE*, tire *AmE* **2 zapalenie opon mózgowych** meningitis
oponować object
oporność resistance
oportunist-a/ka opportunist
oportunizm opportunism
oporządzać groom
opowiadać 1 talk, tell, narrate **2 opowiadać się za/przeciw** argue for/against
opowiadanie 1 story **2** *(utwór literacki)* narrative, short story
opowieść tale
opozycja the Opposition
opozycjonist-a/ka dissident
opór 1 resistance **2 ruch oporu** the resistance **3 stawiać opór** resist, put up resistance
opóźniać delay, hold up, put back, set back
opóźnienie 1 delay **2 opóźnienie (w ruchu)** holdup

opóźniony **opóźniony w rozwoju** backward, retarded
opracowywać compile
oprawa 1 *(książki)* binding 2 **książka w sztywnej oprawie** hardback
oprawca torturer
oprawiać 1 *(książkę)* bind 2 *(np. obraz)* frame
oprawka frames
oprogramowanie software
oprowadzać **oprowadzać kogoś (po)** show sb around
oprócz 1 apart from, aside from, but for, except for 2 **oprócz tego, że** besides 3 **oprócz tego** in addition
opróżniać 1 empty, clean out, clear out 2 **opróżniać się** *(o pomieszczeniu)* empty
opryskliwy abrasive, brusque, surly
optycznie optically
optyczny 1 optical 2 **złudzenie optyczne** optical illusion
optyk optician
optyka optics
optymalny optimum
optymist-a/ka optimist
optymistycznie optimistically
optymistyczny optimistic
optymizm optimism
opublikować publish, release
opuchlizna swelling
opuchnięty swollen, puffy
opustoszeć empty
opuszczać 1 leave, desert 2 *(pomijać)* miss out, skip
opuszczony abandoned, deserted, derelict, forlorn, godforsaken
opuścić *(z ceny)* knock off
opychać **opychać się** stuff yourself
orać plough
oranżeria conservatory
orator orator
orbita orbit
orchidea orchid
order decoration
ordynarny crude
orędzie address
organ organ
organicznie organically
organiczny organic
organista organist
organizacja 1 organization 2 **Organizacja Narodów Zjednoczonych** United Nations
organizacyjny organizational
organizator/ka organizer, organiser *BrE*
organizm 1 body, organism 2 **silny/słaby organizm** a strong/weak constitution
organizować organize, organise *BrE*, arrange
organki harmonica
organy organ
orgazm orgasm
orgia orgy
Orient the Orient
orientacja 1 orientation, sense of direction 2 **nabierać orientacji** get your bearings 3 **stracić orientację** lose track, lose your bearings
orientalny Oriental
orkiestra orchestra
orkiestralny orchestral
ornitolog ornithologist
ornitologia ornithology
orny arable
ortodoksja orthodoxy
ortodoksyjny orthodox
ortodontyczny **aparat ortodontyczny** braces
ortografia spelling, orthography
ortograficzny **błąd ortograficzny** misspelling
ortopedyczny **aparat ortopedyczny** brace
oryginalność originality
oryginalny original, imaginative
oryginał original
orzech 1 nut 2 **dziadek do orzechów** nutcracker 3 **orzech kokosowy** coconut 4 **orzech włoski** walnut
orzechowy 1 nutty 2 **masło orzechowe** peanut butter
orzeczenie 1 judgment, ruling 2 **wydać werdykt/orzeczenie** return a verdict
orzekać rule
orzeł eagle
orzeszek **orzeszek ziemny** peanut
orzeźwiać refresh
orzeźwiający refreshing, invigorating
osa wasp
osad deposit, sediment
osada settlement
osadni-k/czka settler
osadzać się settle
osądzić judge
oschle coolly, crisply
oschły abrupt
oset thistle
osiągać 1 accomplish, achieve 2 **osiągać doskonałe wyniki** excel 3 **osiągać pełnoletność** come of age 4 **osiągać porozumienie/wiek** reach an agreement/age
osiągalność availability
osiągalny obtainable
osiągnięcie accomplishment, achievement
osiąść settle

osiedle 1 development, estate, settlement 2 **osiedle mieszkaniowe** housing estate
osiem eight
osiemdziesiąt eighty
osiemdziesiąty eightieth
osiemnasty eighteenth
osiemnaście eighteen
osiemset eight hundred
osiodłać saddle
osioł donkey, ass
oskalpować scalp
oskarżać 1 accuse, charge 2 **akt oskarżenia** indictment 3 **postawić w stan oskarżenia** indict
oskarżenie 1 accusation 2 *(strona w procesie)* the prosecution
oskarżon-y/a the accused
oskarżyciel/ka 1 accuser 2 *(w sądzie)* prosecutor
oskrzela 1 bronchi 2 **zapalenie oskrzeli** bronchitis
oskubać pluck
osłabiać 1 weaken 2 *(cios)* cushion
osłabiony run-down
osłabnąć weaken, die down, subside
osłaniać cover, screen, shade, shield
osłona 1 guard, shield 2 *(na kasku)* visor 3 **osłona mgły/ciemności** a veil of mist/darkness 4 **osłona przeciwsłoneczna** *(w samochodzie)* visor
osłonięty 1 sheltered 2 **nie osłonięty** exposed
osłupiały flabbergasted
osoba 1 person, individual 2 **na osobę** a head/per head 3 **od osoby** a head/per head 4 **osoba towarzysząca** escort 5 **osoba trzecia/postronna** third party 6 **trzecia osoba** the third person
osobistość 1 personality 2 **znana osobistość** celebrity
osobisty individual, personal, private
osobiście in person, personally
osobliwość peculiarity, oddity
osobliwy odd, peculiar, singular
osobno apart, separately
osobność **na osobności** in private
osobny separate
osobowość personality
osobowy **zaimek osobowy** personal pronoun
ospa 1 smallpox 2 **ospa wietrzna** chicken pox
ospały lethargic, sluggish
ospowaty *(twarz)* pockmarked
ostatecznie definitively, finally, ultimately
ostateczność **w ostateczności** as a last resort, if the worst comes to the worst
ostateczny final, definite, definitive, eventual, ultimate
ostatni 1 last, final, recent 2 **na ostatnią chwilę** last-minute 3 **student/ka ostatniego roku** senior 4 **uczeń/uczennica ostatniej klasy** senior
ostatnio lately, recently
ostentacyjnie ostentatiously
ostentacyjny ostentatious
ostracyzm ostracism
ostro sharply, harshly, fiercely
ostroga spur
ostrokrzew holly
ostrość 1 sharpness, harshness 2 **nastawiać ostrość** focus
ostrożnie carefully, cautiously
ostrożność caution, care
ostrożny careful, cautious
ostry 1 sharp 2 *(zima)* harsh, severe 3 *(ból)* acute 4 *(potrawa)* spicy, hot, pungent 5 *(pies)* fierce 6 *(światło)* harsh 7 *(dźwięk)* strident 8 *(fotografia)* in focus 9 **mieć ostry język** have a sharp tongue
ostryga oyster
ostrzarka sharpener
ostrze blade, edge
ostrzegać warn, caution
ostrzeliwać shell
ostrzeżenie 1 warning, caution 2 **dawać ostrzeżenie** *(piłkarzowi)* book
ostrzyc 1 *(owce)* shear 2 **ostrzyc się** have a haircut
ostrzyć sharpen, grind
ostudzić (się) cool down
ostygnąć cool down
osunąć się sink
osuszać 1 drain 2 *(bibułą lub szmatką)* blot
oswajać tame
oswojony domesticated, tame
oszacować estimate
oszalały frantic
oszaleć go crazy
oszałamiać stun
oszałamiający bewildering, stunning
oszczep javelin
oszczerczy slanderous
oszczerstwo slander, smear
oszczędnie economically, sparingly

oszczędności savings
oszczędność thrift
oszczędny economical, sparing, thrifty
oszczędzać 1 save, economize, economise *BrE* **2** *(materiały itp.)* conserve **3 oszczędzać komuś czegoś** spare sb sth **4 oszczędzać się** take it/things easy
oszczędzanie saving, conservation
oszklić glaze
oszołomienie bewilderment
oszołomiony bewildered, dazed, stupefied
oszpecać deface, disfigure
oszroniony frosty
oszukać 1 cheat, deceive, con **2 zostać oszukanym** be taken in
oszukańczy deceitful, fraudulent
oszukiwać cheat, deceive, fool
oszust/ka cheat, crook, fraud
oszustwo deception, deceit, fraud, trickery, con
oś 1 pivot **2** *(pojazdu)* axle **3** *(Ziemi, wykresu itp.)* axis
ość (fish) bone
oślepiać blind, dazzle
oślepiający blinding, dazzling, glaring
oślizgły slimy
ośmieszać 1 ridicule **2 ośmieszać się** make a fool of oneself
ośmiokąt octagon
ośmiokątny octagonal
ośmiornica octopus
ośnieżony snowy
oświadczać 1 announce, state **2 oświadczać się** propose
oświadczenie announcement, statement
oświadczyć oświadczyć się propose, pop the question
oświadczyny proposal
oświatowy educational
oświecony enlightened
oświetlać illuminate, light
oświetlenie lighting, illumination
otaczać surround, encircle, ring
otchłań abyss
oto here
otoczenie environment, surroundings
otruć poison
otrzaskać otrzaskać się z czymś get the feel of sth
otrzeźwiać sober up
otrzymywać receive, obtain
otucha 1 comfort, reassurance **2 dodający otuchy** reassuring
otulić *(w łóżku)* tuck in/into
otwarcie *noun* opening
otwarcie *adv* openly, frankly, overtly, plainly
otwartość open-mindedness, openness
otwarty 1 open **2** *(człowiek)* outright, outspoken **3 dzień otwarty** open day **4 szeroko otwarty** wide open **5 z otwartymi ustami** open-mouthed
otwieracz 1 otwieracz do konserw/puszek can opener, tin opener *BrE* **2 otwieracz do butelek** bottle opener
otwierać 1 open (up) **2** *(kluczem)* unlock **3 otwierać się** open (up) **4 otwierać ogień** open fire
otwór 1 opening, cavity, slot **2 otwór wentylacyjny** vent
otyłość obesity
otyły obese
otynkować plaster
owacja 1 ovation **2 owacja na stojąco** standing ovation
owad insect
owadobójczy środek owadobójczy insecticide
owal oval
owalny oval
owca 1 sheep **2 czarna owca** black sheep
owdowiały widowed
owies oats
owijać 1 drape **2 nie owijać w bawełnę** not beat about/around the bush
owłosiony hairy
owoc 1 fruit **2 owoce** fruit **3 owoce czegoś** the fruits of sth **4 owoce morza** seafood, shellfish **5 przynosić owoce** bear fruit
owocny fruitful
owocowy fruity
owsianka porridge
owsiany płatki owsiane oatmeal
ozdabiać 1 decorate **2 ozdobiony/wykończony czymś** trimmed with sth
ozdabianie adornment
ozdoba decoration, ornament
ozdobny ornamental
ozięble coldly
oziębłość coldness
oziębły frigid
oznaczać mean, signify
oznaczony oznaczony czas the appointed time
oznajmiać declare
oznaka indication, sign
oznakować mark
ozonowy powłoka ozonowa ozone layer
ozór tongue

ożenić 1 marry 2 **ożenić się z kimś** marry sb
ożywać come alive
ożywczy refreshing
ożywiać 1 enliven, revitalize, revitalise *BrE* revive 2 **ożywiać się** liven up, perk up, come to life
ożywiający refreshing
ożywienie animation, liveliness, revival
ożywiony 1 animated, lively 2 *(o przyrodzie)* animate

Óó

ósmy 1 eighth 2 **(godzina) ósma** eight (o'clock) 3 **jedna ósma** one eighth
ówczesny contemporary, then

Pp

pacha armpit
pachnący fragrant
pachnieć smell
pachwina groin
pacjent/ka 1 patient 2 *(szpitala psychiatrycznego)* inmate 3 **pacjent/ka dochodząc-y/a** outpatient
pacnąć pacnąć w swat
pacyfist-a/ka pacifist
pacyfizm pacifism
paczka 1 package, pack, packet, parcel 2 *(kolegów)* gang, bunch
padaczka epilepsy
padać 1 fall 2 **pada (deszcz)** it is raining 3 **pada grad** it is hailing 4 **pada śnieg** it is snowing
pager pager
pagoda pagoda
pagórek hill
pagórkowaty hilly
pająk spider
pajęczyna cobweb
pakiet package, pack
pakować pack, package
pakowanie packing
pakt pact
pakunek bundle
palacz/ka smoker
palant *(głupek)* jerk
paląc-y/a *noun* smoker
palący *adj* **paląca kwestia** burning question/issue
palec 1 finger 2 *(u nogi)* toe 3 **koniuszek palca** fingertip 4 **mieć coś w małym palcu** have sth at your fingertips 5 **na palcach** on tiptoe 6 **nie ruszyć palcem** not lift a finger 7 **odcisk palca** fingerprint 8 **palec wskazujący** forefinger
palenie smoking
palenisko 1 hearth 2 *(w kominku)* grate
paleta palette
palić 1 burn 2 *(papierosa)* smoke 3 **palić nałogowo** chain-smoke 4 **palić się** burn
palik stake
palma palm tree, palm
palnik burner
palpitacje palpitations
pałac palace
pałaszować polish off
pałeczka 1 *(do grania)* drumstick 2 *(do jedzenia)* chopstick 3 *(sztafetowa)* baton
pałętać się potter
pałka 1 baton, club 2 *(nóżka kurczaka)* drumstick 3 *(policyjna)* truncheon
pamiątka souvenir, memento
pamiątkowy commemorative, memorial
pamięć 1 memory, recall, remembrance 2 **ku pamięci** in memory of 3 **uczyć się na pamięć** memorize, memorise *BrE,* learn by heart/rote 4 **słaba pamięć** forgetfulness 5 **świętej pamięci** late 6 **wymazywać z pamięci** block out, blot out 7 **znać/umieć coś na pamięć** know sth by heart
pamiętać 1 remember 2 **pamiętać o czymś** bear/keep sth in mind
pamiętnik diary, memoirs
pamiętny memorable
pan 1 gentleman 2 *(przy zwracaniu się)* you 3 *(właściciel psa)* master 4 **Pan Kowalski** Mr Kowalski 5 **Pan (Bóg)** the Lord 6 **pan młody** bridegroom, groom 7 **proszę Pana** sir 8 **Szanowny Panie** Dear Sir
Pana your, yours
pancernik battleship
pancerz armour *BrE,* armor *AmE*
panda panda
panel panel
pani 1 lady 2 *(przy zwracaniu się)* you 3 *(zaimek dzierżawczy)* your, yours 4 **pani Jones** Mrs Jones 5 **proszę pani** ma'am, madam 6 **Szanowna Pani!** Dear Madam
panieński nazwisko panieńskie maiden name
panier batter
panika panic, scare
panika-rz/ra alarmist
panikować panic, fuss
panna 1 maid, maiden 2 **Panna** *(znak zodiaku)* Virgo 3 **panna Jones** Miss Jones 4 **panna młoda**

bride **5 stara panna** spinster

panorama panorama

panoramiczny panoramic

panoszyć się throw your weight around

panować 1 reign, rule **2 panować nad sobą** keep your temper **3 panować nad** control, hold/keep in check

panowanie 1 reign, rule **2 panowanie nad** mastery of/over **3 stracić panowanie nad sobą** lose control, lose your cool/temper **4 odzyskać panowanie nad sobą** recover your poise

pantera panther

pantofel slipper

pantoflowy coś doszło do kogoś pocztą pantoflową sb heard sth on/through the grapevine

pantomima mime

panujący ruling

państwo 1 state, country **2 głowa państwa** head of state **3 państwo młodzi** newlyweds **4 Państwo Smith** Mr and Mrs Smith, the Smiths

państwowy 1 national **2 święto państwowe** public holiday **3 wizyta/uroczystość państwowa** state visit/ceremony

papier 1 paper **2 papiery** *(dokumenty)* papers **3 giełda papierów wartościowych** the stock exchange **4 papier do pakowania** wrapping paper **5 papier listowy** notepaper **6 papier ścierny** sandpaper **7 papier toaletowy** toilet paper **8 papiery wartościowe** securities **9 rynek papierów wartościowych** stock market

papierek wrapper

papierkowy papierkowa robota paperwork

papierniczy sklep papierniczy stationer's

papieros cigarette

papieski papal

papież the Pope

papka paste

paplać chatter, natter

paplanina chatter

paproć fern

papryka 1 *(przyprawa)* pepper **2** *(warzywo)* pepper *BrE*, bell pepper *AmE*

papuga parrot

papużka budgerigar, budgie *BrE*, parakeet *AmE*

par peer

para 1 *(dwoje ludzi)* couple, pair **2** *(para wodna)* steam, vapour *BrE*, vapor *AmE* **3 dwadzieścia/trzydzieści parę** 20-odd/30-odd **4 iść w parze** go hand in hand **5 łączyć się w pary** mate **6 nie do pary** odd **7 nie puszczać pary z ust** not breathe a word **8 para wodna** condensation **9 parę dni temu** the other day

parada parade

paradoks paradox

paradoksalnie paradoxically

paradoksalny paradoxical

paradować parade

parafia parish

parafować initial

parafraza paraphrase

parafrazować paraphrase

paragon receipt

paralela parallel

paraliż paralysis

paraliżować paralyse *BrE*, paralyze *AmE*

parametr parameter

paramilitarny paramilitary

paranoiczny paranoid

paranoidalny paranoid

paranoja paranoia

parapet sill, windowsill

parapetówka housewarming

parasol 1 umbrella **2** *(od słońca)* parasol

parawan screen

parę a few, several, some, a couple (of)

park 1 park, gardens **2 park narodowy** national park **3 park rozrywki** amusement park

parking parking, car park *BrE*, parking lot *AmE*

parkometr parking meter

parkować park

parkowanie 1 parking **2 mandat za niedozwolone parkowanie** parking ticket

parlament parliament

parlamentarny parliamentary

parny sultry, muggy

parodia parody, impression

parodiować impersonate, parody

parodyst-a/ka impressionist, mimic

parować evaporate, steam, vaporize, vaporise *BrE*

parowanie evaporation

parowiec steamer

parów glen

parówka frankfurter, hot dog *AmE*

parskać snort

partaczyć bungle, muck up

parter 1 ground floor *BrE*, first floor *AmE* **2** *(w teatrze)* the stalls

parterowy dom parterowy bungalow

partia **1** party **2** *(np. towaru)* batch **3** **dobra partia** an eligible bachelor **4** **Partia Pracy** Labour Party, Labour

partner/ka **1** partner **2** *(zwierzęcia)* mate

partnerstwo partnership

partytura score

partyzant guerrilla

parzyć **1** brew **2** **parzyć się** *(o zwierzętach)* mate

parzysty even

pas(ek) belt

pas **1** strip **2** **pasy** *(dla pieszych)* zebra crossing *BrE*, crosswalk *AmE* **3** *(np. spódnicy)* waistline **4** **pas ruchu** lane **5** **pas bezpieczeństwa** safety belt, seat belt **6** **pas startowy** runway

pasaż arcade

pasażer/ka **1** passenger **2** **pasażer/ka na gapę** stowaway

pasek **1** *(wzór)* band, stripe **2** *(ziemi, materiału)* strip **3** *(do zegarka)* strap **4** *(w spodniach)* belt **5** **w paski** striped, stripy

pasemko streak

pasierb stepson, stepchild

pasierbica stepdaughter, stepchild

pasja passion

pasjans patience *BrE*, solitaire *AmE*

pasjonować **1** fascinate, grip **2** **pasjonować się czymś** be into sth, be keen on sth

pasjonujący fascinating, gripping, nail-biting, riveting

paskudny hideous, nasty

pasmo **1** *(radiowe)* wavelength **2** *(górskie)* range

pasować **1** **pasować do** go with, match **2** **nie pasować do reszty** be the odd man/one out, be out of keeping with **3** **pasować do siebie** match (up)

pasożyt parasite

pasożytniczy parasitic

pasożytować **pasożytować na kimś** sponge off sb

passa **dobra/zła passa** a run of good/bad luck, a winning/losing streak

pasta **1** *(do pieczywa)* spread **2** *(do butów)* shoe polish **3** **pasta do zębów** toothpaste

pastel pastel

pastelowy pastel

pasternak parsnip

pasteryzacja pasteurization

pasteryzowany pasteurized

pasterz shepherd

pastor **1** minister, pastor **2** *(w kościele anglikańskim)* vicar

pastwisko pasture

pasujący **pasujący do siebie** matching

pasza feed, fodder

paszport passport

pasztet pâté

paść się graze

pat stalemate

patelnia frying pan

patent patent

patentować patent

patio patio

patologia pathology

patologiczny pathological

patriot-a/ka patriot

patriotycznie patriotically

patriotyczny patriotic

patriotyzm patriotism

patrol patrol

patrolować patrol

patron/ka patron saint, patron

patronacki **organizacja/grupa patronacka** umbrella organization/group

patroszyć gut

patrzeć **1** look **2** **patrzeć w przyszłość** look ahead, look forward **3** **patrzeć wstecz** look back **4** **patrzeć, jak ktoś coś robi** watch sb do(ing) sth

patyk stick

pauza **1** pause **2** *(w szkole)* break *BrE*, playtime *BrE*, recess *AmE*

paw peacock

pawian baboon

pawilon pavilion

paznokieć **1** fingernail, nail **2** **paznokieć u nogi** toenail **3** **malować sobie paznokcie** do your nails **4** **zmywacz do paznokci** nail polish remover

pazur claw, talon

październik October

pączek **1** *(kwiatowy)* bud **2** *(ciastko)* doughnut, donut

pąk **1** bud **2** **wypuszczać pąki** bud

pchać push, shove

pchli **pchli targ** flea market

pchła flea

pchnięcie **1** push **2** **pchnięcie nożem** stab

pecet PC

pech **1** bad luck, misfortune **2** **a to pech!** bad luck!, hard luck! **3** **mieć pecha** be out of luck

pechowy unlucky, unfortunate

pedagogiczny pedagogical

pedał **1** pedal **2** **pedał przyspieszenia/gazu** accelerator

pedałować pedal

pedantyczny pedantic

pediatra paediatrician *BrE*, pediatrician *AmE*
pejzaż landscape
peleryna cape, cloak
pelikan pelican
pełen 1 full 2 **napełniony/pełen po brzegi** filled/full to the brim 3 **pełen czegoś** loaded with sth 4 **pełen problemów/trudności** fraught with problems/difficulty 5 **pełen radości/smutku** filled with joy/sadness
pełnia **pełnia księżyca** full moon
pełnić 1 **pełnić funkcję** fulfil a role/function, function as 2 **pełniący obowiązki dyrektora** acting manager/director
pełnoletniość 1 majority 2 **osiągać pełnoletniość** come of age
pełnomocnik 1 proxy 2 *(prawny)* attorney 3 **przez pełnomocnika** by proxy
pełnoprawny full-fledged, fully-fledged
pełnowartościowy balanced
pełny 1 full 2 **na pełnych obrotach** flat out 3 **o pełnych godzinach** on the hour 4 **pełna uwaga/lojalność** undivided attention/loyalty
pełzać crawl
penicylina penicillin
penis penis
pens 1 penny 2 **10 pensów** 10 pence, 10p
pensja salary, pay
pensjonat bed and breakfast, boarding house
percepcja perception
perfekcjonist-a/ka perfectionist
perforacja perforation
perforowany perforated
perfumowany perfumed, scented
perfumy perfume, scent
pergamin parchment
perkusist-a/ka drummer
perkusja the drums
perkusyjny **instrumenty perkusyjne** percussion instruments
perła pearl
perłowy **macica perłowa** mother-of-pearl
permisywny permissive
peron platform
perorować pontificate
personel personnel, staff
personifikacja personification
personifikować personify
perspektywa 1 perspective, prospect 2 **patrzeć/spojrzeć na coś z właściwej perspektywy** keep/get sth in perspective 3 **z perspektywy czasu** in retrospect
perspektywiczny **planowanie/myślenie perspektywiczne** forward planning/thinking
perswazja persuasion
peruczka toupee
peruka wig
perwersja perversion
perwersyjny perverse
peryferie the outskirts
pestka 1 *(np. śliwki)* pit, stone 2 *(np. jabłka lub cytryny)* pip 3 *(łatwizna)* a piece of cake
pestycyd pesticide
pesymist-a/ka pessimist
pesymistyczny pessimistic
pesymizm pessimism
petycja petition
pewien 1 *(jakiś)* a, some, certain 2 *(pewny)* sure, certain, confident 3 **pewnego dnia** one day, someday 4 **pewnego razu** once upon a time 5 **w pewnym sensie** in a manner of speaking
pewnie I expect, I suppose
pewnik certainty
pewno **na pewno** for sure, surely
pewność 1 certainty 2 **brak pewności siebie** insecurity 3 **komuś brakuje pewności siebie** sb is unsure of him/herself 4 **pewność siebie** confidence, self-assurance, self-confidence 5 **z pewnością** certainly, clearly
pewny 1 *(nieuniknniony)* certain, sure 2 *(przekonany)* confident, positive 3 *(bezpieczny)* safe, secure 4 **nie być pewnym czegoś** be unclear/uncertain about sth 5 **nie być pewnym** be in doubt 6 **pewny siebie** assured, confident, self-assured, self-confident 7 **wiedzieć na pewno** know for certain 8 **zbyt pewny siebie** cocksure
pęcherz 1 blister 2 *(moczowy)* bladder
pęd 1 impetus, momentum 2 **pęd na oślep** stampede
pędzel paintbrush
pędzić speed, dash
pękać 1 burst, crack 2 **pękać w szwach** be bursting at the seams
pęknięcie crack, fracture
pęknięty cracked, burst
pępek navel, belly button
pępowina umbilical cord
pętla 1 loop, noose 2 *(do zaciskania)* noose
piać crow
piana 1 foam, froth 2 *(mydlana)* lather
pianino piano

pianist-a/ka pianist
pianka **1** foam **2** **pianka do włosów** mousse
piasek sand
piaskowiec sandstone
piaskownica sandpit *BrE*, sandbox *AmE*
piaskowy **burza piaskowa** sandstorm
piaszczysty sandy
piąć się climb up
piątek Friday
piąty **1** fifth **2** **jedna piąta** one fifth
picie **1** drinking **2** *(napój)* drink
pić **1** drink **2** **pić za kogoś/coś** drink to sb/sth
piec *noun* **1** stove **2** *(np. w hucie)* furnace **3** **piec hutniczy** blast furnace
piec *verb* **1** bake **2** *(mięso)* roast **3** *(szczypać)* sting **4** **piec na ruszcie** grill
piechota **1** infantry **2** **na piechotę** on foot **3** **piechota morska** Marines **4** **żołnierz piechoty morskiej** marine
piechur/ka walker
pieczara cavern
pieczątka stamp
pieczenie sting
pieczeń roast
pieczęć seal
pieczętować seal, stamp
pieczony roast
pieg freckle
piegowaty freckled
piekarnia bakery
piekarnik oven
piekarz baker
piekielnie **1** terribly **2** **piekielnie trudny** fiendish
pieklić się rave
piekło hell
pielęgniarka nurse
pielęgniarstwo nursing
pielęgnować nurse
pielgrzym pilgrim
pielgrzymka pilgrimage
pieluszka nappy *BrE*, diaper *AmE*
pieniądz money
pienić się foam, froth
pieniężny monetary
pienisty frothy
pień trunk
pieprz pepper
pieprzyk mole
piersiówka flask
pierś **1** breast, bosom **2** **karmić piersią** breast-feed **3** **odstawiać od piersi** wean
pierścień **1** ring **2** **pierścień zieleni** *(dookoła miasta)* green belt
pierścionek ring
pierwiastek **1** element **2** **pierwiastek kwadratowy** square root
pierwiosnek primrose
pierwotnie originally
pierwotny original
pierwszeństwo **1** **dawać pierwszeństwo** give/show preference to **2** **mieć pierwszeństwo (nad)** take/have precedence (over) **3** **pierwszeństwo (przejazdu)** right of way
pierwszorzędny first-class, first-rate, prime, superior
pierwszy **1** first **2** *(wczesny)* early **3** **(godzina) pierwsza** one (o'clock) **4** **(ten) pierwszy** *(z dwóch)* the former **5** **informacja z pierwszej ręki** inside information **6** **na pierwszy rzut oka** at first glance/sight **7** **pierwsza dama** first lady **8** **pierwsza pomoc** first aid **9** **pierwsza rata** down payment **10** **podróżować pierwszą klasą** travel first-class **11** **pierwszej klasy** first-class **12** **pierwszy plan** the foreground **13** **po pierwsze** in the first place **14** **po pierwsze** firstly, for one thing, in the first place, to begin with, to start with **15** **po raz pierwszy** first, for the first time **16** **zająć pierwsze miejsce** come/finish first
pies **1** dog **2** **pies gończy** hound **3** **pies przewodnik** guide dog **4** **zejść na psy** go to pot
pieszczota caress
pieszo on foot
pieszy **1** pedestrian **2** **piesza wycieczka** hike **3** **przejście dla pieszych** pedestrian crossing *BrE*, crosswalk *AmE*
pieścić caress, fondle, pet
pieśń song
pietruszka parsley
pięciocentówka nickel
pięciokąt pentagon
pięć five
pięćdziesiąt **1** fifty **2** **pięćdziesiąt procent szans** a fifty-fifty chance
pięćdziesiąty **1** fiftieth **2** **lata pięćdziesiąte** the fifties
pięćset five hundred
piękno beauty
piękność **1** beauty **2** **salon piękności** beauty salon *BrE*, beauty parlor *AmE*
piękny beautiful
pięść **1** fist **2** **cios pięścią** punch **3** **okładać pięściami** pummel **4** **uderzyć pięścią** punch
pięta heel
piętnasty fifteenth
piętnaście fifteen
piętno scar, stigma
piętnować brand

piętro 1 floor, storey *BrE*, story *AmE* 2 **na piętrze** upstairs 3 **pierwsze piętro** first floor *BrE*, second floor *AmE*
piętrowy 1 **autobus piętrowy** double-decker 2 **łóżko piętrowe** bunk beds
pif-paf! bang! bang!
pigment pigment
pigułka 1 pill 2 **pigułka antykoncepcyjna** the Pill
pijacki drunken
pija-k/czka drunk
pijany drunk, drunken
pijaństwo drunkenness
pijatyka binge
pijawka leech
pijący drinker
pikantny 1 hot, spicy, savoury *BrE*, savory *AmE* 2 **pikantne plotki/szczegóły** juicy gossip/details
piki spades
pikieta picket
pikietować picket
piknik picnic
pikować dive, nosedive
pikowanie nosedive
pikowany quilted
piktogram icon
pilnie 1 *(np. pracować)* diligently 2 *(jak najszybciej)* urgently
pilnik 1 file 2 **pilnik do paznokci** nail file
pilność diligence
pilnować 1 watch 2 **pilnować się** watch your step 3 **pilnuj swego nosa** mind your own business
pilny 1 *(uczeń)* diligent, studious 2 *(sprawa)* urgent, immediate, pressing
pilot 1 *(lotnik)* pilot 2 *(do telewizora)* remote control
pilotażowy badanie/program pilotażowy pilot study/programme
pilotować navigate, pilot
piła saw
piłka 1 ball 2 *(mała piła)* saw 3 **piłka do baseballa** baseball 4 **piłka do koszykówki** basketball 5 **piłka do metalu** hacksaw 6 **piłka futbolowa** football 7 **piłka nożna** football, soccer 8 **piłka wodna** water polo
piłkarz footballer
piłować 1 *(deskę)* saw 2 *(paznokcie)* file
pinceta tweezers
pinezka drawing pin *BrE*, thumbtack *AmE*
ping-pong ping-pong
pingwin penguin
pionek pawn
pionier/ka pioneer
pionowo vertically
pionowy vertical, upright, perpendicular
piorun thunderbolt
piosenka 1 song 2 **autor/ka piosenek** songwriter
piosenka-rz/rka singer
piórnik pencil case
pióro 1 feather, plume 2 *(do pisania)* pen
piracki bootleg
piractwo piracy, bootlegging
piramida pyramid
pirat pirate
pisać 1 write 2 *(na maszynie, komputerze)* type 3 **pisać od nowa** rewrite 4 **pisać się** be spelled
pisak felt tip pen
pisanie writing
pisarstwo writing
pisa-rz/rka writer
pisk 1 screech, shriek, squeak, squeal 2 **zatrzymać się z piskiem** screech to a halt/stop/standstill
pisklę chick
piskliwy shrill, squeaky
pismo 1 writing, script 2 *(charakter pisma)* handwriting 3 *(czasopismo)* magazine 4 **na piśmie** in writing 5 **Pismo święte** scripture
pisownia spelling
pistolet gun, pistol
pisuar urinal
piszczałka pipe
piszczeć screech, shriek, squeak, squeal
piśmienny 1 literate 2 **materiały piśmienne** stationery
piwnica cellar
piwny piwne oczy hazel eyes
piwo 1 beer 2 **piwo jasne** lager 3 **piwo z beczki** beer on draught
pizza pizza
piżama pyjamas *BrE*, pajamas *AmE*
PKB *(produkt krajowy brutto)* GNP
plac 1 square, yard 2 **plac budowy** building site 3 **plac targowy** marketplace 4 **plac zabaw** playground
placebo placebo
placek pie
placówka outpost, establishment
plaga plague
plagiat plagiarism
plagiatorstwo plagiarism
plajtować go bust
plakat poster
plama stain, mark, spot, patch
plamić soil, stain
plamisty blotchy

plamka fleck, marking
plan **1** plan, schedule, scheme **2** **plan filmowy** set **3** **plan podróży** itinerary **4** **plan zajęć** timetable **5** **usuwać się na dalszy plan** take a back seat
planeta planet
planetarium planetarium
planetarny planetary
planist-a/ka planner
planować plan, schedule
planowanie **planowanie rodziny** family planning
plansza board
planszowy **gra planszowa** board game
plantacja plantation
plaster **1** plaster *BrE*, Band-Aid *AmE* **2** **plaster miodu** honeycomb
plasterek slice
plastik plastic
plastikowy plastic
plastyczny **operacja plastyczna** plastic surgery
platerowany plated
platforma **1** platform **2** **platforma wiertnicza** oil rig
platoniczny platonic
platyna platinum
playboy playboy
plazma plasma
plaża beach
plądrować loot, plunder, ransack
plątać tangle
plątanina tangle
plebania *(w kościele anglikańskim)* vicarage
plecak **1** backpack, knapsack, rucksack *BrE* **2** **wędrować z plecakiem** backpack
plecy **1** back **2** **za plecami** behind sb's back
pled rug
plemienny tribal
plemię tribe
plemnik sperm
plener location
pleść plait, weave
pleśń mildew, mould *BrE*, mold *AmE*
plik **1** bundle, sheaf **2** *(z danymi komputerowymi)* file
plisowany pleated
plomba **1** seal **2** *(w zębie)* filling
plon crop
plotka rumour *BrE*, rumor *AmE*
plotka-rz/rka gossip
plotki gossip
plotkować gossip
pluć spit
plugawy filthy
plus **1** plus **2** **plus minus** give or take, plus or minus **3** **znak plus** plus sign
plusk splash
pluskać splash
pluton **1** *(oddział)* platoon **2** *(pierwiastek)* plutonium **3** **Pluton** *(planeta)* Pluto **4** **pluton egzekucyjny** firing squad
płaca **1** pay, wage **2** **lista płac** payroll
płacić **1** pay **2** **ja płacę** it's on me **3** **nie zapłacony rachunek/dług** unpaid bill/debt
płacz **wybuchnąć płaczem** burst into tears
płakać cry, weep
płaski flat
płasko flat
płaskowyż plateau
płastuga plaice
płaszcz **1** coat, overcoat **2** **płaszcz nieprzemakalny** raincoat, mac *BrE*
płaszczyć się grovel
płaszczyzna plane
płatek **1** flake **2** *(kwiatu)* petal **3** **płatek śniegu** snowflake **4** **płatki kukurydziane** cornflakes **5** **płatki owsiane** oatmeal **6** **płatki zbożowe** cereal
płatność payment
płatny **1** payable **2** **dobrze płatny** well-paid
płaz amphibian
płciowo sexually
płciowy sexual
płeć **1** sex, gender **2** **płci męskiej** male **3** **płci żeńskiej** female
płetwa fin, flipper
płetwiasty webbed
płodność fertility
płodny **1** fertile **2** *(pisarz)* prolific
płodowy foetal *BrE*, fetal *AmE*
płomień **1** flame **2** **w płomieniach** ablaze, in flames
płonący ablaze, burning, flaming
płonąć burn, blaze
płoszyć scare off/away
płot fence
płotek **1** hurdle **2** **bieg przez płotki** hurdles
płotka *(o człowieku)* small fry
płowy fawn
płoza runner
płód foetus *BrE*, fetus *AmE*
płótno **1** canvas **2** *(np. pościelowe)* linen
płuco **1** lung **2** **zapalenie płuc** pneumonia
pług **1** plough *BrE*, plow *AmE* **2** **pług śnieżny** snowplough
płukać **1** rinse **2** **płukać gardło** gargle
płukanie **płyn do płukania ust** mouthwash
płukanka **płukanka do włosów** rinse
płycina panel

płyn 1 fluid, liquid 2 **płyn do zmywania twarzy** cleanser 3 **płyn po goleniu** aftershave
płynąć 1 *(o rzece, wodzie)* flow, run 2 *(łodzią)* sail
płynnie fluently
płynność fluency
płynny 1 liquid, fluid 2 *(wymowa)* fluent
płyta 1 plate, slab 2 *(gramofonowa)* record 3 **płyta długogrająca** LP 4 **płyta kompaktowa** CD, compact disc 5 **płyta lotniska** tarmac 6 **płyta nagrobkowa** headstone
płytka *noun* 1 tile 2 **płytka nazębna** plaque
płytki *adj* shallow
pływ tide
pływać 1 swim 2 *(łodzią itp.)* sail
pływa-k/czka swimmer
pływanie swimming
pnącze creeper
p.n.e. BC
pneumatyczny pneumatic
pniak stump
po 1 after 2 **po czym** whereupon 3 **po prostu** simply, just 4 **po trochu** little by little
pobawić się play
pobejcować stain
pobić 1 beat (up) 2 **pobić rekord** break a record
pobieżny casual, cursory, sketchy
pobliski nearby
pobliże 1 **być w pobliżu** be around 2 **w pobliżu** nearby, at hand, around here 3 **w pobliżu czegoś** in the vicinity of sth
pobłażliwie indulgently
pobłażliwość leniency
pobłażliwy indulgent, lenient, permissive
pobłogosławić bless
pobocze roadside, shoulder *AmE*
poboczny peripheral
poborca **poborca czynszów/podatków** rent/tax collector
poborowy conscript
pobożność devotion, piety
pobożny 1 devout, pious 2 **pobożne życzenia** wishful thinking
pobór conscription, the draft *AmE*
pobrudzić dirty, soil
pobrzękiwać clatter, clink, jangle
pobudliwy excitable
pobudzać stimulate
pobudzający **środek pobudzający** stimulant
pobyt 1 residence, stay 2 **prawo pobytu** right of abode
pocałować kiss
pocałunek kiss
pocenie się sweat
pochlebca flatterer
pochlebiać flatter
pochlebny complimentary
pochlebstwo flattery
pochlipywać snivel
pochłaniać consume, swallow up
pochłaniający absorbing
pochłonięty 1 engrossed, preoccupied 2 **być pochłoniętym czymś** be wrapped up in sth, be immersed in sth
pochmurny dull, overcast
pochodnia torch
pochodzenie 1 origin, ancestry, descent 2 *(np. nazwy)* derivation 3 *(społeczne)* background 4 **polskiego/irlandzkiego pochodzenia** of Polish/Irish extraction 5 **z pochodzenia** by birth
pochodzić 1 **pochodzić od** be descended from 2 **pochodzić z** *(jakiegoś miejsca)* come from, originate in 3 *(jakiegoś okresu)* date from
pochopnie rashly
pochopny hasty, rash
pochować bury
pochód parade
pochówek burial
pochwa 1 vagina 2 *(na nóż, miecz)* sheath
pochwalać 1 applaud, approve of 2 **nie pochwalać** disapprove
pochwalić praise
pochwała 1 praise 2 **godny pochwały** commendable 3 **udzielać pochwały** commend
pochylać się lean
pociąć slash, cut up
pociąg 1 train 2 *(skłonność)* attraction
pociągać 1 attract 2 **ktoś cię pociąga** you are attracted to sb 3 **pociągać nosem** sniff 4 **pociągać za coś** give sth a pull 5 **pociągać za sobą** carry, entail
pociągnąć pull
pociągnięcie 1 tug 2 *(pędzla)* stroke
pocić się perspire, sweat
pociecha comfort
pociemnieć darken
pocierać rub
pocieszać cheer up, comfort, console
pocieszający heartening
pocieszenie 1 consolation 2 **nagroda pocieszenia** booby prize
pocisk missile, shell
począć *(dziecko)* conceive
początek 1 beginning, start 2 **na początku** at the beginning, to begin with

3 na samym początku in the first place **4 od początku** to begin with **5 początek meczu** kickoff **6 z początku** at first, to start with

początkowo initially

początkowy 1 initial, opening **2 początkowe trudności** teething troubles/ problems

początkując-y/a beginner, novice

poczciwy decent

poczekać 1 wait, hold on **2 to może poczekać** it'll keep **3 poczekaj!** wait!, hang on!

poczekalnia waiting room

poczerwienieć redden

poczęcie conception

poczęstować **poczęstować się (czymś)** help yourself (to sth)

poczta 1 post, mail **2 coś doszło do kogoś pocztą pantoflową** sb heard sth on/through the grapevine **3 poczta elektroniczna** e-mail **4 poczta głosowa** voicemail **5 poczta lotnicza** airmail **6 poczta zwykła** *(nie lotnicza)* surface mail **7 wysyłać pocztą elektroniczną** e-mail

pocztowy 1 postal **2 kod pocztowy** postcode *BrE*, zipcode *AmE* **3 opłata pocztowa** postage **4 przekaz pocztowy** postal order **5 skrzynka pocztowa** mailbox, postbox **6 stempel pocztowy** postmark **7 urząd pocztowy** post office

pocztówka postcard, card

poczucie 1 sense **2 poczucie humoru** sense of humour **3 poczucie własnej wartości** self-esteem **4 poczucie wspólnoty** togetherness

poczuć (się) feel

poczytalny of sound mind

pod under, underneath

podać 1 give, hand, pass **2 podać sobie ręce** shake hands (with sb)

podanie 1 application **2** *(piłki)* pass **3 składać podanie** apply **4 złożyć podanie o pracę** apply for a job

podarty ragged, tattered

podatek 1 tax **2 podatek dochodowy** income tax

podatnik taxpayer

podatny **podatny (na)** susceptible (to), amenable (to), prone (to)

podawać 1 give, hand, pass **2** *(lekarstwo)* administer **3 podawać się za** pose as **4 podawać za** pass off as

podbicie *(stopy)* arch

podbijać conquer

podbity **podbite oko** black eye

podbój conquest

podbródek chin

podbudowywać bolster

podburzać incite

podchodzić approach, come up

podchwytliwy **podchwytliwe pytanie** loaded question

podciągać hitch up

podcięcie trim

podcinać crop

podczas 1 during **2 podczas gdy** while, whereas

podczerwony infrared

poddanie się surrender

poddan-y/a subject

poddawać 1 subject, submit **2 poddawać się** give in, surrender

podejmować 1 *(pieniądze)* withdraw **2 podejmować (na nowo)** resume **3 podejmować się zrobienia czegoś** undertake to do sth

podejrzan-y/a *noun* suspect

podejrzany *adj* suspicious, suspect, questionable, dubious

podejrzenie 1 suspicion **2 mieć podejrzenia co do czegoś** be suspicious of sth

podejrzewać 1 suspect **2 niczego nie podejrzewający** unsuspecting

podejrzliwie suspiciously

podejrzliwy suspicious, distrustful

podejście approach

podekscytowany excited

podenerwowany edgy, flustered

podeptać trample

podeszły **ludzie w podeszłym wieku** the elderly

podeszwa sole

podglądać **podglądać kogoś** spy on sb

podgrzewać heat

podgrzewany heated

podium platform, podium

podjazd driveway

podkład base

podkładać *(bombę)* plant

podkochiwać się **podkochiwać się w kimś** have a crush on sb

podkopywać undermine

podkoszulek undershirt, vest *BrE*

podkowa horseshoe

podkradać się **podkradać się (do)** creep up (on), sneak up (to)

podkreślać **1** stress, emphasize, emphasise *BrE* **2** *(wyraz w tekście)* underline
podkręcać turn up
podkuwać shoe
podlegać **podlegać pod** come under
podlewać water
podliczać tally, count (up)
podlizywać **podlizywać się (komuś)** crawl (to sb), ingratiate yourself (with sb)
podłączać connect, hook up
podłączenie connection
podłoga floor
podłość wickedness
podłoże **leżeć u podłoża** be/lie at the root of
podłużny oblong, elongated
podły mean, wicked, despicable
podmiejski suburban
podmiot subject
podmuch blast, gust, puff
podniebienie palate, roof *(of the mouth)*
podniecać **1** excite **2** *(seksualnie)* arouse
podniecający exciting
podniecenie **1** excitement **2** *(seksualne)* arousal **3** **z podnieceniem** excitedly
podniecony excited, eager
podniesiony erect
podnosić **1** lift, raise, pick up **2** **podnosić alarm** raise the alarm **3** **podnosić do kwadratu** square **4** **podnosić głos** raise your voice **5** **podnosić na duchu** give a boost to **6** **podnosić podnośnikiem** jack up **7** **podnosić się** rise **8** *(do pozycji siedzącej)* sit up **9** **podnoszący na duchu** uplifting
podnoszenie **podnoszenie ciężarów** weightlifting
podnośnik jack
podnóże *(góry)* foot
podnóżek footstool
podobać się **1** **coś ci się podoba** you like sth, you enjoy sth **2** **jak ci się podoba ...?** how do you like ...? **3** **ktoś ci się podoba** you like sb, you fancy sb **4** **podobać się komuś** appeal to sb
podobieństwo similarity, likeness, resemblance
podobizna likeness
podobnie **1** similarly, alike, likewise **2** **podobnie jak** like, in common with
podobno apparently, reportedly
podobny **1** alike, similar **2** **być podobnym do** resemble, take after, bear a resemblance to **3** **i tym podobne** and the like
pododawać add up
podpalacz/ka arsonist
podpalać **1** set alight **2** **podpalić coś** set fire to sth, set light to sth
podpalenie arson
podpaska sanitary towel *BrE*, sanitary napkin *AmE*
podpierać prop up
podpis **1** signature **2** *(pod ilustracją)* caption
podpisać **1** sign, initial **2** **podpisać się pod czymś** *(wyrazić zgodę)* sign on the dotted line
podpisywać się **1** sign, autograph **2** **podpisywać się pod** *(poglądami, opiniami)* subscribe to
podpora support
podporządkować się toe the line
podporządkowywać się conform
podpowiadać prompt
podpórka prop
podpuchnięty puffy
podrabiać fake, forge
podrabiany fake
podrapać **1** scratch **2** **podrapać się** have a scratch
podrażnić irritate
podrażnienie irritation
podręcznik textbook, handbook, manual, coursebook
podręczny **bagaż podręczny** hand luggage
podroby **1** offal **2** *(drobiowe)* giblets
podróbka fake
podróż **1** journey, travel, trip **2** *(morska)* crossing, voyage **3** **podróż samochodem** drive **4** **podróż w obie strony** round trip **5** **towarzysze podróży** fellow passengers
podróżni-k/czka traveller *BrE*, traveler *AmE*
podróżować **1** travel **2** **podróżować autostopem** hitch, hitchhike
podrywać pick up, chat up
podrzeć **1** rip up, tear up **2** **podrzeć się** rip, tear
podrzędny second-rate
podrzucić **podrzucić kogoś** give sb a lift
podsądn-y/a defendant
podskakiwać **1** hop, skip **2** *(o samochodzie)* bump
podskoczyć jump
podskok **1** hop, skip **2** **iść/biec w podskokach** bounce
podsłuch **1** bug **2** **zakładać podsłuch w** bug
podsłuchać overhear
podsłuchiwać eavesdrop, listen in, tap
podstarzały ageing

podstawa 1 base, basis, foundation **2 podstawy czegoś** fundamentals of sth, rudiments of sth, the basics of sth **3 leżeć u podstaw czegoś** be at the bottom of sth **4 mieć podstawę w czymś** be grounded in sth **5 na podstawie** on the basis of

podstawiać podstawiać nogę trip

podstawowy 1 basic, elementary, primary **2 barwa podstawowa** primary colour *BrE*, primary color *AmE* **3 podstawowa zasada** ground rule **4 szkoła podstawowa** primary school

podstęp deception, trick

podstępny devious, insidious

podstrzyżenie trim

podsumowywać sum up

podsycać fuel

podszewka 1 lining **2 na podszewce** lined

podszkolić podszkolić się w brush up on

podszlifować brush up on, polish up

podszycie podszycie leśne undergrowth

podszywać line

podświadomie subconsciously

podświadomość subconscious, unconscious

podświadomy subconscious

podtekst undertone

podtrzymywać 1 support, uphold **2** *(żądania)* stand by

podupadać decay, decline

poduszeczka poduszeczka na igły pincushion

poduszka 1 pillow **2** *(na kanapie, krześle)* cushion **3 poduszka powietrzna** airbag

poduszkowiec hovercraft

podwajać double

podwaliny groundwork

podważać prise off/open, pry open/off

podwędzany smoky

podwiązka garter

podwiązki suspenders

podwieczorek tea

podwieźć podwieźć kogoś give sb a ride

podwładn-y/a inferior, subordinate

podwodny 1 underwater **2 łódź podwodna** submarine

podwozić 1 drop **2 podwozić kogoś** give sb a lift

podwozie chassis

podwójnie doubly

podwójny 1 double, dual, twin **2 podwójne szyby** double glazing **3 podwójne życie** double life

podwórko 1 yard **2** *(za domem)* backyard

podwórze 1 courtyard **2** *(w gospodarstwie)* farmyard

podwyżka rise *BrE*, raise *AmE*

podwyższać increase

podyktować dictate

podyplomowy postgraduate

podział division, partition

podziałka scale

podzielać 1 share **2 podzielać coś** sympathize with sth

podzielić 1 partition **2** *(na mniejsze jednostki)* subdivide **3 podzielić się** divide, share, split

podziemny underground, subterranean

podziękować thank

podziękowanie thanks, thank-you

podziw 1 admiration **2 godny podziwu** admirable

podziwiać admire, look up to

poet-a/ka poet

poetycki 1 poetic **2 licencja poetycka** poetic licence

poetycznie poetically

poetyczny poetic

poezja poetry, verse

pofalowany rolling

pogadanka talk

pogaduszki chit-chat

poganiać hurry up, hurry, rush

pogan-in/ka heathen, pagan

pogański heathen, pagan

pogarda contempt, disdain, scorn

pogardliwy contemptuous, disdainful, disparaging, scornful

pogardzać despise, scorn

pogarszać 1 aggravate, worsen **2 pogarszać się** worsen, get worse, deteriorate **3 pogarszające się zdrowie/wzrok/pamięć** failing health/sight/memory

pogawędka chat

pogląd 1 idea, view, thought, judgment **2 wymiana poglądów** exchange of views

pogłaskać stroke

pogłębiać deepen

pogłoska rumour *BrE*, rumor *AmE*

pogłoski hearsay

pognać race

pognieść (się) crease

pogoda 1 weather **2 pogoda ducha** serenity

pogodny bright, sunny, serene

pogodzić **1** balance, reconcile **2** **pogodzić się z** accept, come to terms with, reconcile yourself to, resign yourself to **3** **pogodzić się z kimś** patch it up with sb
pogoń chase
pogorszenie deterioration, aggravation
pogotowie **1** **być w pogotowiu** be on the alert, be on standby **2** **stan pogotowia** alert
pogratulować congratulate
pogrążać **pogrążać się w** sink into, wallow in
pogrążony **pogrążony w rozmyślaniach/rozmowie** deep in thought/ conversation
pogrozić **pogrozić palcem** wag your finger
pogryzać nibble
pogrzeb funeral, burial
pogrzebacz poker
pogrzebowy **1** **dom pogrzebowy** funeral home, funeral parlour **2** **przedsiębiorca pogrzebowy** funeral director, undertaker *BrE*, mortician *AmE*
pogwałcenie breach, violation
pogwałcić **1** breach **2** **pogwałcić czyjeś prawa** violate sb's rights
poinformować **1** inform **2** **źle poinformować** misinform
poinstruować brief, instruct
poirytowany annoyed
pojawiać się **1** appear, turn up, show up, pop up **2** *(powstawać)* arise, emerge, come up, surface
pojawienie się appearance, emergence, advent, arrival
pojazd vehicle
pojąć grasp, comprehend
pojechać **1** go **2** **pojechać autobusem/ pociągiem** catch/take a bus/train
pojednanie reconciliation
pojedynczo one by one, singly
pojedynczy **1** single, individual, singular **2** **gra pojedyncza** singles **3** **liczba pojedyncza** the singular
pojedynek duel
pojedynka **w pojedynkę** solo
pojemnik **1** container, bin **2** *(metalowy)* canister **3** **pojemnik na śmieci** dustbin *BrE*, garbage can *AmE* trashcan *AmE*
pojemność capacity
pojęcie **1** concept, idea, notion **2** **nie mam pojęcia** I can't think, it beats me, I don't have a clue **3** **nie mieć zielonego pojęcia** not have the faintest idea
pojęciowy conceptual
pojmować **1** fathom **2** **nie pojmować czegoś** not know what to make of sth **3** **nie pojmuję, dlaczego/co** it's beyond me why/what **4** **nie pojmuję** I fail to see/understand
pokapować **pokapować się** get the message
pokarm food
pokarmowy **przewód pokarmowy** digestive tract
pokaz demonstration, display, show
pokazać **1** show **2** **pokazać się** show up
pokazywać show
pokaźny substantial, sizeable
poker poker
pokiereszować maul
pokierować direct
pokiwać **pokiwać głową** nod
poklepywać pat
pokład **1** *(na statku)* deck **2** *(węgla itp.)* deposit, seam **3** **na pokładzie** aboard, on board **4** **wchodzić na pokład** board
pokładać **1** **pokładać nadzieję w** put (your) faith/ trust in **2** **pokładać się ze śmiechu** be in stitches
pokłócić się **pokłócić się** have a row, fall out, quarrel
pokojowo peacefully
pokojowy **1** peaceful **2** **siły/operacje pokojowe** peacekeeping forces/ operations
pokojówka chambermaid, maid
pokolenie generation
pokolorować colour *BrE*, color *AmE*
pokonać **1** beat, defeat, conquer, overcome **2** *(trasę)* cover, negotiate
pokora humility
pokornie humbly
pokój **1** *(pomieszczenie)* room **2** *(przeciwieństwo wojny)* peace **3** **pokój dwuosobowy** *(z dwoma łóżkami)* twin room **4** **pokój dziecięcy** nursery **5** **pokój dzienny** living room
pokręcić **pokręcić głową** shake your head
pokrętło dial
pokrętny twisted
pokroić **1** cut (up), carve **2** *(w plasterki)* slice
pokrowiec cover
pokrótce briefly
pokruszyć się crumble
pokrycie **1** **bez pokrycia** idle **2** **nie mieć pokrycia** *(o czeku)* bounce

pokrywa *(śniegu)* blanket

pokrywać 1 cover **2 częściowo się pokrywać** overlap **3 pokrywać (warstwą)** coat **4 pokrywać koszty** foot the bill **5 pokrywać się z** tie in with

pokrywka lid

pokrzyżować *(plany)* foil

pokusa 1 temptation, compulsion **2 opierać się pokusie** resist the temptation **3 ulegać pokusie** give in to temptation

pokuta penance

pokwitanie puberty

pokwitować pokwitować odbiór czegoś sign for sth, acknowledge the receipt of sth

pokwitowanie receipt

Polak 1 Pole **2 Polacy** the Polish

polakierować varnish

polarny 1 polar **2 niedźwiedź polarny** polar bear

polaryzować polarize, polarise *BrE*

pole 1 field **2 na polu walki** in combat **3 pole bitwy** battlefield **4 pole golfowe** golf course **5 pole magnetyczne/grawitacyjne** magnetic/gravitational field **6 pole minowe** minefield **7 pole namiotowe** campsite **8 pole widzenia** field of view/vision

polec fall

polecać recommend

polecający list polecający reference

polecenie 1 *(rozkaz)* command, instruction **2** *(rekomendacja)* recommendation

polecieć fly

polecony przesyłka polecona registered mail

polegać polegać na depend on/upon, rely on

polepszać (się) improve

polerować 1 polish **2 wypolerować coś** give sth a polish

polewać polewać wodą z węża hose down

policja 1 the police, police force **2 posterunek policji** police station **3 wydział policji** police department

policjant policeman, police officer, officer

policjantka policewoman, police officer, officer

policyjny godzina policyjna curfew

policzalny countable

policzek 1 cheek **2** *(zniewaga)* a slap in the face

policzony twoje dni są policzone your days are numbered

policzyć 1 count **2 policzyć za dużo** overcharge

poliester polyester

polietylen polythene

polio polio

polisa policy

politechnika polytechnic

politologia political science

politycznie 1 politically **2 politycznie poprawny** politically correct, PC

polityczny 1 political **2 polityczna poprawność** political correctness **3 więzień polityczny** political prisoner

polityk politician

polityka 1 politics **2** *(strategia)* policy

polizać lick

polka polka

Polka Pole

polo polo

polodowcowy glacial

polot flair

polować 1 hunt **2 polować na** hunt, prey on

polowanie 1 hunt **2 polowanie na czarownice** witch hunt

polowy łóżko polowe cot

Polska Poland

polski 1 Polish **2 język polski** Polish

polubić get to like, take to, take a liking to

polubownie amicably

polubowny amicable

polukrować ice

poluźnić loosen

połapać nie mogę się w tym połapać I can't make head nor tail of it

połaskotać tickle

połączenie 1 connection, link, fusion **2 w połączeniu z** in conjunction with

połączyć (się) 1 connect, link, combine, join, merge, mix **2 połączyć kogoś (z kimś)** *(przez telefon)* put sb through (to sb) **3 połączyć w jedną całość** integrate **4 połączyć się z** *(telefonicznie)* get through to

połowa 1 half **2 po połowie** fifty-fifty **3 dzielić na połowę** halve **4 w połowie drogi** midway **5 w połowie tygodnia** midweek **6 w połowie** half way **7 zmniejszać o połowę** halve

położenie location, position, situation

położna midwife

położony być położonym be situated, be located

położyć 1 lay **2 położyć**

czemuś kres bring sth to an end **3 położyć się** lie down
połów catch, haul
południe 1 *(godzina)* noon, midday **2** *(strona świata)* south **3 na południe** south, southward **4 na południu** down south **5 najbardziej wysunięty na południe** southernmost **6 po południu** in the afternoon, pm **7 przed południem** in the morning, am
południk meridian
południowiec southerner
południowo-wschodni southeast, southeastern
południowo-zachodni southwest, southwestern
południowy 1 south, southern, southerly **2 biegun południowy** South Pole **3 na południowy wschód** southeast **4 południowy wschód** southeast **5 południowy zachód** southwest **6 w kierunku południowym** southbound
połykać 1 swallow **2** *(szybko)* gulp
połysk gloss, shine, lustre, sparkle
połyskiwać glisten
połyskiwanie glitter
pomachać 1 wave **2 pomachać ręką** give a wave
pomadka lipstick
pomagać help, assist
pomalować 1 paint **2** *(lakierem)* varnish
pomarańcza orange
pomarańczowy 1 orange **2 kolor pomarańczowy** orange
pomarszczony wrinkled
pomiar measurement
pomiatać pomiatać kimś push sb around
pomidor tomato
pomieszczenie room
pomieścić 1 accommodate, take **2** *(o miejscach siedzących)* seat
pomiędzy 1 *(dwa obiekty)* between **2** *(więcej niż dwa obiekty)* among
pomijać omit, skip, leave out, miss out
pomimo 1 despite, in spite of, notwithstanding **2 pomimo to** nevertheless, nonetheless
pominięcie omission
pomnik memorial, monument
pomnożyć multiply
pomoc 1 help, assistance **2** *(humanitarna)* aid, relief **3 bez niczyjej pomocy** single-handedly **4 bez pomocy** unaided **5 na pomoc!** help! **6 pierwsza pomoc** first aid **7 przyjść komuś z pomocą** come to the aid of sb **8 za pomocą** by means of, with the aid of, with the help of
pomocniczy auxiliary
pomocni-k/ca helper, assistant, auxiliary
pomocny 1 helpful, cooperative, supportive **2 być pomocnym** be a lot of help, be a real help **3 niezbyt pomocny** unhelpful
pomodlić pomodlić się pray
pomost pier, bridge
pomóc 1 help out **2 pomóc komuś** give/lend sb a hand
pomówienie 1 slander **2 mieć z kimś do pomówienia** have a bone to pick with sb
pompa 1 pump **2** *(rozmach)* pomp, pageantry
pompatyczny pompous
pompka *(ćwiczenie)* press-up *BrE*, push-up *AmE*
pompon pompom
pompować inflate, pump (up)
pomścić avenge
pomyje swill
pomyleniec loony
pomylić 1 confuse, mistake **2 pomylić się** make a mistake, slip up **3 pomylić ze sobą** mix up **4 pomylić się w czymś** get sth wrong
pomylony crazy, loony, mad
pomyłka 1 mistake, slip, confusion **2 przez pomyłkę** by mistake
pomysł idea
pomysłowo ingeniously
pomysłowość ingenuity, inventiveness, resourcefulness
pomysłowy imaginative, ingenious, inventive, resourceful
pomyśleć 1 think **2 pomyśleć o** think of **3 nie do pomyślenia** unthinkable **4 kto by pomyślał!** would you believe it! **5 niech pomyślę** let's see, let me see
pomyślnie successfully
pomyślność well-being
pomyślny successful
ponad over, above
ponadczasowy timeless
ponaddźwiękowy ultrasonic
ponadpodstawowy *(szkolnictwo)* secondary
ponadprogramowy extracurricular
ponadto furthermore, moreover
ponaglać hurry up, rush
ponawiać renew

poncz punch
ponętny seductive
poniedziałek Monday
poniekąd sort of
ponieść 1 **dać się ponieść emocjom** be/get carried away 2 **ponieść karę** pay the penalty/price 3 **ponieść stratę/porażkę** suffer a loss/defeat
ponieważ because, since, for
poniewierać 1 manhandle 2 **poniewierać się** lie around
poniewierany downtrodden
poniżać degrade, put down
poniżający demeaning
poniżej below, beneath, under
ponosić **ponosić winę/koszt/odpowiedzialność** bear the blame/cost/responsibility
ponumerować number
ponuro gloomily, grimly
ponury gloomy, dark, bleak, dreary, grim, sombre, sullen
pończocha stocking
pop pop
poparcie 1 support, following, sympathy 2 **na znak poparcia dla** in support of 3 **zyskiwać/tracić poparcie** gain/lose ground
poparzyć scald
popełnić 1 commit 2 **popełnić błąd** make an error 3 **popełnić gafę** put your foot in it 4 **popełnić morderstwo** commit a murder 5 **popełnić samobójstwo** commit suicide
popęd drive
popędzić dash, race
popielaty grey *BrE*, gray *AmE*
popielniczka ashtray
popierać 1 support, advocate, back up, back 2 *(wniosek)* second 3 *(oficjalnie)* endorse
popiersie bust
popijać 1 sip 2 *(np. lekarstwo)* wash down
popilnować watch
popiół ash
popisywać się show off
poplamić soil, stain
popłacać pay
popłynąć sail
popołudnie afternoon
popołudniówka *(spektakl lub seans)* matinée
poporodowy postnatal
poprawa improvement
poprawiać 1 improve, enhance 2 *(wypracowanie itp.)* correct 3 **poprawiać się** get better
poprawka 1 adjustment, correction 2 *(np. do ustawy, konstytucji)* amendment 3 **brać poprawkę na** make allowances for 4 **wnosić poprawki do** amend
poprawkowy 1 **egzamin poprawkowy** repeat/resit exam 2 **zdawać egzamin poprawkowy** retake an exam
poprawnie correctly, right
poprawność 1 correctness 2 **polityczna poprawność** political correctness
poprawny 1 correct, right 2 **politycznie poprawny** PC, politically correct
poprosić ask, request
poprowadzić guide, steer
popryskać squirt
poprzeczka crossbar
poprzedni previous, preceding, past
poprzedni-k/czka predecessor
poprzednio previously
poprzedzać precede
poprzek **w poprzek** across
popsuć 1 break, spoil 2 **popsuć się** break down, go wrong
populacja population
popularność popularity
popularny popular
popularyzować popularize, popularise *BrE*
popychać push, shove, hustle
popychadło dogsbody
popyt 1 demand 2 **popyt na coś** demand for sth, a run on sth
por 1 leek 2 *(w skórze)* pore
pora 1 hour, season 2 **od tej pory** ever since 3 **pora obiadowa** lunchtime 4 **pora posiłku** mealtime 5 **pora roku** season 6 **w samą porę** in the nick of time, timely
porada advice, guidance
poradnia 1 out-patient clinic 2 *(małżeńska itp.)* guidance service 3 **pracowni-k/ca poradni** counsellor
poradnictwo counselling
poradnik handbook
poradzić 1 advise 2 **poradzić się kogoś** consult sb 3 **poradzić sobie (z)** manage
poranek morning
porazić **porazić prądem** electrocute
porażenie 1 **porażenie prądem** electric shock, electrocution 2 **porażenie słoneczne** sunstroke
porażka defeat
porąbać chop
porcelana china, porcelain

porcja **1** portion, batch, part **2** *(jedzenia)* serving, helping
poręcz banister, rail
poręczny handy
poręczyć **poręczyć za** vouch for
porno pornographic
pornografia **1** pornography **2** **twarda pornografia** hard-core pornography
pornograficzny pornographic
poronić miscarry
poronienie miscarriage
porost lichen
porowaty porous
porozmawiać speak, talk
porozrzucać scatter
porozumienie agreement, deal
porozumiewać się communicate
porozumiewanie się communication
porozumiewawczo knowingly
porozumiewawczy knowing, significant
poród childbirth, delivery, labour *BrE*, labor *AmE*
porównanie **1** comparison **2** **dla porównania** in contrast, by contrast **3** **w porównaniu z** compared to/with, in/by comparison with
porównawczy comparative
porównywać compare, contrast, draw a comparison/parallel between
porównywalny comparable
poróżnić come between
port **1** port, harbour *BrE*, harbor *AmE* **2** **port jachtowy** marina
portfel wallet, billfold *AmE*, pocketbook *AmE*
portmonetka purse *BrE*, change purse *AmE*
porto *(wino)* port
portret portrait
porucznik lieutenant
poruszać **1** move **2** *(temat)* bring up **3** **poruszać (delikatny) temat/kwestię** broach the subject/question **4** **poruszać się** move
poruszający stirring
poruszenie **1** agitation **2** **wywoływać poruszenie** create/cause a stir
poruszyć *(temat)* touch on/upon
porwanie **1** abduction, kidnapping **2** *(samolotu)* hijacking
porywacz/ka **1** kidnapper **2** *(samolotu)* hijacker
porywać **1** kidnap **2** *(samolot)* hijack
porywający rousing, thrilling
porywczy impulsive, hot-tempered, impetuous
porządek **1** order **2** *(kolejność)* order, sequence **3** **doprowadzać do porządku** clean up **4** **porządek dzienny** agenda **5** **w porządku** all right, in order, OK **6** **wiosenne porządki** spring-clean
porządkować order, sort out
porządny **1** neat, tidy **2** *(szacowny)* respectable
porzeczka **1** currant **2** **czarna porzeczka** blackcurrant
porzucać abandon, desert
porzucenie desertion
porzucony abandoned, deserted
posada position
posadzić sit
posag dowry
posąg statue
posegregować sort
poseł, posłanka MP
posępny bleak, morose, sombre
posiadacz/ka holder, possessor
posiadać **1** own, possess **2** **nie posiadać się z radości/podniecenia** bubble (over) with joy/excitement, be beside yourself with joy/excitement **3** **posiadać władzę/autorytet** wield power/authority
posiadanie **1** ownership, possession **2** **brać coś w posiadanie** take possession of sth **3** **w posiadaniu czegoś** in possession of sth
posiadłość **1** estate **2** **posiadłość wiejska** country house
posiedzenie session
posiekać chop
posiłek **1** meal **2** **posiłki** reinforcements **3** **pora posiłku** mealtime
posiłkowy **czasownik posiłkowy** auxiliary verb
posiniaczony black and blue
posiniaczyć bruise
posłać **1** send **2** **posłać łóżko** make the bed
posłaniec messenger, go-between
posłodzić sugar, sweeten
posługacz/ka dogsbody
posłuszeństwo obedience
posłusznie obediently
posłuszny **1** obedient **2** **być posłusznym** obey
posmak aftertaste
posmarować grease
posolić salt
posortować sort

pospolity common, vulgar
posprzątać clean, tidy
post **1** fast **2** **wielki post** Lent
postać **1** character, figure **2** *(forma)* form
postanawiać decide, resolve
postanowienie resolution
postarać się try
postarzeć **postarzeć się** age
postawa **1** attitude **2** *(postura)* posture
postawić **1** **postawić komuś drinka/obiad** stand sb a drink/meal **2** **postawić na swoim** have/get your (own) way **3** **postawić się** put your foot down
posterunek **1** post, station **2** **posterunek policji** police station **3** **posterunek straży pożarnej** fire station
posterunkowy constable, police constable, PC
postęp **1** progress, advance, advancement, gain, improvement **2** **robić postęp(y)** make headway
postępować **1** *(naprzód)* proceed, progress **2** *(zachowywać się)* behave **3** **postępować wbrew** defy, go against
postępowanie **1** behaviour *BrE*, behavior *AmE*, conduct **2** *(prawne)* proceedings
postępowy progressive
postępujący progressive
postój **postój taksówek** taxi rank
postronny **osoba postronna** third party
postrzał gunshot
postrzegać perceive
postrzeganie perception
postrzelić shoot
postrzępić fray
postscriptum postscript, PS
postura posture, stature
posunąć się **1** move over, move up **2** **posunąć się do zrobienia czegoś** go so far as to do sth **3** **posunąć się za daleko** go too far
posunięcie move
posuwać się advance
posyłać **1** send, dispatch **2** **posyłać po** send for **3** **posyłać uśmiech/spojrzenie** flash a smile/glance/look
posypywać sprinkle
poszanowanie regard, respect
poszczególny individual, specific
poszerzać broaden, widen
poszewka pillowcase
poszlaka circumstantial evidence
poszukiwacz/ka **1** searcher **2** **poszukiwacz/ka przygód** adventurer
poszukiwać **1** seek, search for, hunt **2** **poszukiwać złota/ropy** prospect for gold/oil
poszukiwanie **1** search, quest, hunt **2** **w poszukiwaniu** in search of
poszukiwany **1** sought-after **2** *(przestępca)* wanted
poszukiwawczy **ekipa poszukiwawcza** search party
pościć fast
pościel bedclothes, bedding, covers
pościg chase, pursuit
pośladek buttock
pośledni mediocre
poślizg **1** skid **2** **wpaść w poślizg** skid
poślizgnąć się slip
pośmiertnie posthumously
pośmiertny posthumous
pośmiewisko laughing stock
pośpiech **1** haste, rush **2** **nie ma pośpiechu** (there's) no hurry
pośpiesznie hastily, hurriedly, speedily
pośpieszny hasty, hurried
pośpieszyć się hurry, hustle
pośredni indirect, intermediate
pośrednictwo mediation
pośredniczyć mediate
pośredni-k/czka **1** intermediary, mediator **2** *(w handlu)* middleman **3** **pośredni-k/czka w handlu nieruchomościami** real estate agent
pośrednio indirectly
pośrodku in the middle of, between
pośród amid, in the midst of
poświata glow
poświecić shine
poświęcać **1** devote, sacrifice **2** **Czy mógłbyś mi poświęcić ...?** Could you spare (me) ...? **3** **poświęcać czemuś czas/wysiłek** devote time/effort to sth **4** **poświęcać się/swoje życie czemuś** dedicate yourself/your life to sth
poświęcenie devotion, sacrifice, dedication
poświęcić *(np. kościół)* consecrate
pot sweat, perspiration
potajemnie secretly
potajemny secret, clandestine, surreptitious
potasować shuffle
potem then, next, afterwards

potencja potency
potencjalnie potentially
potencjalny potential
potencjał potential
potentat giant
potęga 1 power, might, force, strength **2 podnosić do drugiej potęgi** square **3 podnosić do trzeciej potęgi** cube
potęgować heighten
potępiać condemn, denounce
potępienie condemnation, denunciation
potężnie powerfully
potężny mighty, powerful
potocznie colloquially
potoczny colloquial
potok 1 stream, torrent **2 potok pytań/obelg** a volley of questions/abuse
potomek descendant
potomność posterity
potomstwo offspring
potop deluge
potrafić 1 can, be capable (of) **2 najlepiej jak potrafisz** as best you can **3 nie potrafić czegoś zrobić** be incapable of doing sth
potrajać treble, triple
potraktować treat
potrawa dish
potrącać *(np. podatek)* deduct
potrącenie *(odliczenie)* deduction
potrącić 1 run down **2 zostać potrąconym** be/get knocked down
potrójny triple
potrząsać shake
potrząśnięcie shake
potrzeba 1 necessity, need, requirement **2 potrzeba dziesięciu dni, żeby coś zrobić** it takes ten days to do sth **3 w potrzebie** in need **4 w razie potrzeby** if necessary, if need be
potrzebować 1 need, require, be in need of, could do with **2 już nie potrzebować czegoś** have finished with sth
potrzebujący needy
potrzymać hold
potulnie meekly
potulny docile, meek
poturbować maul
potwarz smear
potwierdzać confirm, affirm, support
potwierdzenie confirmation, affirmation
potworny monstrous
potwór monster
potykać się stumble, trip
pouczający educational, informative, instructive
poufały familiar
poufny classified, confidential
powab allure, lure
powaga 1 seriousness, gravity **2 zachowywać powagę** to keep a straight face
poważać respect
poważanie 1 respect **2 Z poważaniem** Yours faithfully, Yours truly, Yours sincerely *BrE*, Sincerely (yours) *AmE*
poważany respected
poważnie 1 seriously, severely, badly **2 brać kogoś/coś poważnie** take sb/sth seriously **3 mówić poważnie** mean it **4 poważnie myśleć o** be serious about
poważny serious, earnest, solemn
powąchać smell
powątpiewać doubt
powątpiewający quizzical
powątpiewanie 1 doubt **2 z powątpiewaniem** doubtfully
poweseleć brighten
powiadamiać inform, notify, advise
powiązany 1 related, connected **2 powiązany (ze sobą)** interrelated
powiedzenie 1 saying **2 mieć coś do powiedzenia w kwestii** have a voice in
powiedzieć 1 say, tell **2 co ty powiesz!** you don't say! **3 powiedzieć sobie** say to yourself **4 że tak powiem** so to speak **5 powiedzmy, że** say
powieka 1 eyelid **2 cień do powiek** eyeshadow
powielać duplicate, reproduce
powiernik trustee
powierzać entrust
powierzchnia area, surface
powierzchownie superficially
powierzchowność exterior
powierzchowny superficial
powiesić hang, hang up
powieściopisa-rz/rka novelist
powieść się 1 succeed, be successful, come off **2 nie powieść się** miscarry
powieść novel
powietrze 1 air **2 na świeżym powietrzu** out in the open, outdoor, outdoors **3 w powietrzu** in midair, in the air **4 wisieć w powietrzu** be brewing **5 wypuszczać powietrze z** deflate **6 wypuszczać**

powietrze *(robić wydech)* exhale

powietrzny 1 aerial **2 most powietrzny** airlift **3 obszar powietrzny** airspace **4 poduszka powietrzna** airbag **5 siły powietrzne** air force

powiew gust

powiewać 1 blow **2** *(np. o fladze)* fly, wave

powiększać enlarge, magnify

powiększający szkło powiększające magnifying glass

powiększenie enlargement, magnification

powijaki w powijakach in its infancy

powikłanie complication

powikłany tangled

powinien ktoś powinien coś zrobić sb should do sth, sb ought to do sth, sb had better do sth

powitać greet, welcome

powitanie greeting, welcome

powłoka covering

powodować cause, bring about, result in

powodzenie 1 success **2 bez powodzenia** unsuccessfully **3 cieszyć się powodzeniem** be in demand **4 powodzenia!** good luck!, best of luck!

powoli slow, slowly

powolny slow

powołanie calling, vocation

powoływać *(do wojska)* conscript *BrE*, call up *BrE*, draft *AmE*

powonienie smell

powód 1 cause, reason **2 z powodu** because of, due to, on account of, owing to

powód/ka plaintiff

powódź flood

powóz carriage, coach

powracać return, come back

powracający recurrent

powrotny 1 homeward **2 bilet powrotny** return *BrE*, round-trip *AmE* **3 bilet powrotny jednodniowy** day return *BrE*

powrót 1 return **2 powrót do domu** homecoming **3 z powrotem** back **4 tam i z powrotem** back and forth, backwards and forwards

powstanie insurrection, uprising

powstawać arise, originate, come into being

powstawanie formation

powstrzymywać 1 restrain, hold back, check, stop **2 nie móc się powstrzymać od** can't/couldn't help **3 powstrzymywać się od** refrain from

powszechnie 1 generally, commonly, universally, widely **2 powszechnie znany** popularly known **3 powszechnie wiadomo** it's common knowledge

powszechny general, common, universal, widespread

powszedni commonplace

powściągliwość reserve, restraint

powściągliwy reserved, restrained, low-key

powtarzać 1 repeat **2** *(do egzaminu)* revise *BrE*, review *AmE*

powtarzający się recurrent

powtórka 1 repetition **2** *(programu)* repeat, rerun **3** *(przed egzaminem)* revision *BrE*, review *AmE* **4** *(w transmisji sportowej)* action replay

powtórzenie repetition

powyżej above, over

poza *prep* **1** *(poza zasięgiem)* beyond **2** *(na zewnątrz)* outside **3** *(oprócz)* besides, but for **4 poza podejrzeniami/krytyką** above suspicion/criticism **5 poza tym** besides, moreover, otherwise

poza *noun* pose

pozagrobowy życie pozagrobowe afterlife

pozamykać lock up

pozaziemski 1 alien **2 istota pozaziemska** alien

pozbawiać 1 deprive **2 pozbawiać kogoś czegoś** deprive sb of sth, strip sb of sth

pozbawiony 1 pozbawiony czegoś devoid of sth, void of sth **2 być pozbawionym czegoś** be lacking in sth

pozbierać się get yourself together, get it together

pozbyć się 1 pozbyć się czegoś get rid of sth, dispense with sth, dispose of sth, do away with sth **2 pozbyć się nałogu** kick a habit

pozdrowienie 1 greeting **2 pozdrowienia** regards **3 przesyłać/przekazywać (komuś) pozdrowienia** send/give (sb) your love

poziom 1 level, plane **2 na tym samym poziomie co** level with **3 poziom morza** sea level

poziomica *(na mapie)* contour (line)

poziomo horizontally

poziomy horizontal

pozmywać **pozmywać (naczynia)** do the washing-up
poznać **1** meet, get to know/like **2** **poznać się** meet
poznawać **1** know, recognize, recognise *BrE* **2** **nie do poznania** unrecognizable
pozornie seemingly, outwardly
pozorny apparent
pozorować simulate
pozostałość remains, residue, vestige
pozostały **1** other, remaining **2** **pozostały przy życiu** survivor
pozostawać **1** stay, remain **2** **pozostawać w tyle (za)** lag behind
pozostawiać **1** leave **2** **pozostawiać coś komuś** leave sth to sb **3** **pozostawiać wiele do życzenia** leave a lot to be desired **4** **pozostawiony bez opieki** unattended
pozować pose, model
pozór **1** pretence *BrE*, pretense *AmE* make-believe **2** **na pozór** outwardly **3** **pod żadnym pozorem** on no account, not on any account
pozwalać **1** allow, let, permit **2** **nie móc sobie pozwolić na coś** not be able to afford sth **3** **pozwalać sobie** indulge **4** **pozwalać sobie zrobić coś** take the liberty of doing sth **5** **pozwól mi to zrobić** let me do it
pozwan-y/a defendant
pozwolenie permission, permit, licence
pozycja **1** position **2** *(na liście)* item **3** **wyrabiać sobie pozycję** make your mark
pozyskać **pozyskać (sobie)** win over
pozytywnie positively
pozytywny positive
pożar fire, blaze
pożarny **straż pożarna** fire brigade *BrE*, fire department *AmE*
pożarowy **alarm pożarowy** fire alarm
pożądać lust after, covet
pożądanie desire, lust
pożądany **1** desired **2** **odnieść pożądany skutek** have the desired effect/result
pożegnać **pożegnać kogoś** bid sb goodbye
pożegnanie farewell
pożerać devour
pożółknąć yellow
pożyczać **1** *(komuś)* lend, loan **2** *(od kogoś)* borrow
pożyczka loan
pożyczkodawca lender
pożyteczny useful
pożytek advantage
pożywienie nourishment
pożywny nourishing, nutritious
pójść go
pół **1** half **2** **w pół drogi** halfway **3** **(w) pół do trzeciej/czwartej** half past two/three, half two/three *BrE* **4** **na pół etatu** part-time **5** **na pół** in half
półfinał semifinal
półgłosem in an undertone, under your breath
półka shelf, rack
półkole semicircle
półksiężyc crescent
półkula hemisphere
półmisek dish
północ **1** *(godzina)* midnight **2** *(strona świata)* north **3** **na północ od** north of **4** **na północ** north, northward **5** **najbardziej wysunięty na północ** northernmost
północno-wschodni northeast, northeastern
północno-zachodni northwest, northwestern
północny **1** north, northerly, northern **2** **biegun północny** the North Pole **3** **północny wschód** northeast **4** **północny zachód** northwest **5** **na północny wschód** northeast **6** **na północny zachód** northwest **7** **w kierunku północnym** northbound
półpiętro landing
półszlachetny semiprecious
półświatek underworld
półwysep peninsula
później later, afterwards, subsequently
późniejszy later, subsequent
późno **1** late **2** **za późno** too late
późny late
praca **1** work, job **2** *(fizyczna)* labour *BrE*, labor *AmE* **3** **być bez pracy** be out of work **4** **dostać/znaleźć pracę** get/find a job **5** **mieć pracę** have a job, be in work **6** **po pracy** after hours **7** **podczas pracy** on the job **8** **praca domowa** homework **9** **praca klasowa** classwork **10** **praca zespołowa** teamwork **11** **prace domowe** housekeeping, housework **12** **przy pracy** at work **13** **złożyć podanie o pracę** apply for a job
pracochłonny laborious, exacting
pracodaw-ca/czyni employer

pracować 1 work 2 **dobrze/ciężko/szybko pracować** be a good/hard/quick worker 3 **pracować przy/nad czymś** work on sth

pracowicie busily

pracowity hard-working, industrious

pracownia study

pracowni-k/ca 1 employee, worker 2 **pracownik fizyczny** blue-collar worker

pracujący working

pradziadek great-grandfather

pragmatyczny pragmatic

pragmatyzm pragmatism

pragnąć 1 desire, aspire to 2 **pragnąć czegoś** long for sth, lust after/for sth 3 **bardzo pragnąć kogoś/czegoś** yearn for sb/sth

pragnienie 1 thirst 2 *(chęć)* desire, yearning, urge

praktycznie practically

praktyczny 1 practical, down-to-earth, hands-on 2 **praktyczna znajomość czegoś** a working knowledge of sth

praktyka 1 practice 2 **praktyka zawodowa** apprenticeship 3 **w praktyce** in practice, in effect, effectively 4 **zastosować coś w praktyce** put sth into practice

praktykant/ka apprentice

praktykować practise *BrE*, practice *AmE*

praktykujący **praktykujący katolik/muzułmanin** practising Catholic/Muslim

pralka washing machine

pralnia 1 laundry 2 **pralnia chemiczna** dry cleaner's, the cleaner's 3 **pralnia samoobsługowa** launderette

pranie 1 laundry, washing 2 **nadający się do prania** washable 3 **pranie mózgu** brainwashing 4 **w praniu** in the wash

prasa 1 the press 2 **mieć dobrą/złą prasę** get a good/bad press 3 **prasa drukarska** printing press

prasować iron, press

prasowanie 1 ironing, press 2 **deska do prasowania** ironing board

prasowy 1 **konferencja prasowa** press conference 2 **agencja prasowa** news agency

prawda 1 truth 2 **co prawda** admittedly 3 **prawda jest taka, że** the fact (of the matter) is 4 **prawdę mówiąc** as a matter of fact, to tell (you) the truth 5 **spójrzmy prawdzie w oczy** let's face it 6 **to prawda** it is true, it is so 7 **to nieprawda** it is not true, it is not so 8 **zgodnie z prawdą** truthfully 9 **zgodny z prawdą** truthful 10 **prawda?** right?

prawdomówny truthful

prawdopodobieństwo 1 likelihood, probability, odds 2 **według wszelkiego prawdopodobieństwa** in all probability

prawdopodobnie probably, likely

prawdopodobny 1 likely, probable, plausible 2 **jest prawdopodobne, że** it is likely that 3 **mało prawdopodobny** unlikely, implausible

prawdziwy real, true, genuine

prawica 1 the right 2 **skrajna prawica** the far right

prawicowiec right-winger

prawicowy right-wing

prawić **prawić kazanie** preach

prawidłowo correctly

prawidłowy correct

prawie 1 almost, nearly 2 **prawie całkiem** pretty much, pretty well 3 **prawie nigdy (nie)** hardly ever 4 **prawie wcale (nie)** scarcely

prawnie legally

prawnik lawyer

prawnuczka great-granddaughter

prawnuk great-grandson

prawny 1 legal 2 **nie posiadający mocy prawnej** null and void 3 **podejmować kroki prawne (przeciwko komuś)** take legal action (against sb)

prawo[1] 1 law 2 *(uprawnienie)* right 3 **dawać równe prawa** emancipate 4 **mieć prawo do** be eligible for 5 **niezgodny z prawem** illegal, against the law 6 **prawa autorskie** rights 7 **prawa człowieka** human rights 8 **prawo i porządek** law and order 9 **prawo jazdy** driving licence *BrE*, driver's licence *AmE* 10 **prawo wstępu** entrance, entry 11 **prawo wyborcze** franchise 12 **według prawa** by law 13 **złamać prawo** break the law

prawo[2] **w prawo** right

prawomyślny law-abiding

praworęczny right-handed

praworządny law-abiding

prawostronny right-hand

prawość integrity

prawowity rightful
prawy **1** right-hand, right **2** *(uczciwy)* honest **3** **prawa strona** the right **4** **prawe skrzydło** right wing **5** **z prawej** on the right
prażony **prażona kukurydza** popcorn
prażyć **1** roast **2** *(o słońcu)* beat down
prącie penis
prąd **1** stream **2** *(elektryczny)* current **3** **prąd stały** direct current **4** **prąd zmienny** alternating current **5** **z prądem** downstream
prądnica dynamo, generator
prążek **1** stripe **2** **w prążki** striped, pinstripe
prążkowany pinstriped
precedens **1** precedent **2** **precedens sądowy** test case
precyzja precision
precyzować specify, pinpoint
precyzyjnie finely
predysponowany **predysponowany do** predisposed to/towards
predyspozycja predisposition
prefabrykowany prefabricated
preferencja preference
preferencyjny preferential
preferować prefer, favour *BrE*, favor *AmE*
prehistoryczny prehistoric
prekursor/ka precursor, forerunner
preludium prelude
premedytacja **1** premeditation **2** **z premedytacją** premeditated
premia bonus, premium
premier premier, prime minister
premiera premiere, opening night
prenumerata subscription
prenumerator/ka subscriber
prenumerować subscribe to
preparować concoct
preria prairie
presja **1** pressure **2** **pod presją czasową** against the clock
preskryptywny prescriptive
prestiż prestige
prestiżowy prestigious
presupozycja presupposition
pretekst pretext
pretendent/ka challenger
pretensja **1** *(roszczenie)* claim **2** *(żal)* resentment, grievance **3** **mieć pretensje do** resent
pretensjonalny pretentious
prewencja prevention
prewencyjny preventive
prezencja presence
prezent gift, present, treat
prezentacja demonstration, presentation
prezenter/ka **1** presenter **2** **prezenter/ka wiadomości** newscaster, newsreader *BrE*, anchor *AmE*
prezentować **1** present **2** **dobrze się prezentować** look presentable
prezerwatywa condom
prezes chairperson, president
prezydencki presidential
prezydent **1** president **2** **urząd prezydenta** presidency
prezydentura presidency
prędko **1** quickly **2** **prędzej czy później** sooner or later
prędkość speed, velocity
pręga band
pręt rod
prima aprilis April Fool's Day
priorytet priority
problem **1** problem, difficulty, trouble **2** **mieć problemy z czymś** have difficulty (in) doing sth **3** **problem z kimś/czymś polega na tym, że** the trouble with sb/sth is **4** **robić z czegoś problem** make an issue of sth
problematyczny problematic
probówka test tube
proca catapult *BrE*, slingshot *AmE*
procedura procedure
proceduralny procedural
procent percent, percentage
procentować pay dividends
proces **1** process **2** *(sądowy)* lawsuit, trial **3** **wytaczać komuś proces** sue sb
procesja procession
procesor processor
proch **1** dust, ash **2** **prochy** ashes **3** **proch strzelniczy** gunpowder
producent producer, manufacturer, maker
produkcja **1** production, manufacture, making, output **2** **produkcja masowa** mass production
produkować produce, manufacture
produkt **1** product, produce **2** **produkt uboczny** by-product

produktywnie productively
produktywność productivity
produktywny productive
profesjonalizm professionalism
profesjonalnie professionally
profesjonalny professional
profesor professor
profil profile
profilaktyczny preventive
profilaktyka prevention
prognoza **1** forecast, outlook **2** **prognoza pogody** weather forecast
program **1** broadcast, programme *BrE*, program *AmE* show **2** *(komputerowy)* program **3** **program nauczania** curriculum **4** **program zajęć** syllabus
programist-a/ka programmer
programować programme *BrE*, program *AmE*
programowanie programming
progresywny progressive
prohibicja prohibition
projekcja projection, showing
projekt **1** project, design, scheme, blueprint **2** **projekt ustawy** bill
projektant/ka designer
projektor projector
projektować design
projektowanie design
proklamacja proclamation
proklamować proclaim
prokurator prosecutor, district attorney
prolog prologue
prolongata grace
prom **1** ferry **2** **prom kosmiczny** space shuttle
promenada promenade *BrE*, boardwalk *AmE*
promienieć **promienieć szczęściem/dumą** glow with happiness/pride
promieniotwórczość radioactivity
promieniotwórczy radioactive
promieniować radiate
promieniowanie radiation
promienny **1** radiant **2** **promienny uśmiech** beam
promień **1** *(światła)* ray **2** *(okręgu)* radius **3** **promień Rentgena** X-ray **4** **promień słońca** sunbeam
promocja promotion
promocyjny promotional
promotor/ka supervisor
promować promote
promyk **1** ray **2** **promyk nadziei** a glimmer of hope
propaganda propaganda
propagować propagate, preach
propagowanie promotion
proponować suggest, propose, offer
proporcja **1** proportion **2** **wyczucie proporcji** sense of proportion
proporcjonalny proportional
propozycja offer, proposal, suggestion
proroctwo prophecy
proroczy prophetic
prorok prophet
prorokować prophesy
prosić **1** ask, request **2** **proszę!** please **3** **proszę** *(przy dawaniu)* here, there you are **4** **proszę o** may I have, can I have, I'll have **5** **proszę pani** ma'am, madam **6** **proszę pana** sir
prosię piglet
prospekt prospectus
prosperować **1** prosper **2** **dobrze prosperować** boom
prosperujący **1** prosperous **2** **doskonale prosperujący** thriving
prostacki common, ignorant
prostak oaf
prosto **1** straight **2** **po prostu** simply **3** **prosto z mostu** bluntly **4** **prosto z** fresh from/out of **5** **po prostu głupi/niegrzeczny** plain stupid/rude
prostokąt rectangle
prostokątny rectangular, oblong
prostolinijny straightforward
prostota simplicity
prostować (się) straighten (up)
prosty **1** *(nieskomplikowany)* simple, plain, unsophisticated **2** *(linia, droga)* straight **3** **kąt prosty** right angle **4** **to bardzo proste** (there's) nothing to it
prostytucja prostitution
prostytutka prostitute
proszek **1** powder **2** **ciasto w proszku** cake mix **3** **w proszku** powdered
proszkować pulverize, pulverise *BrE*
prośba request
protekcja favouritism *BrE*, favoritism *AmE*
protekcjonalnie patronizingly, patronisingly *BrE*

protekcjonalny 1 condescending, patronizing, patronising *BrE* 2 **traktować protekcjonalnie** patronize, patronise *BrE*
protest protest
protestancki Protestant
protestant/ka Protestant
protestantyzm Protestantism
protestować protest
protestujący-y/a protester
proteza **proteza zębowa** dentures
protokół minutes, protocol
prototyp prototype
prowadzenie 1 *(samochodu)* driving 2 **być na prowadzeniu** be in the lead 3 **na prowadzeniu** on top 4 **obejmować prowadzenie** take the lead 5 **złe prowadzenie się** misconduct
prowadzić 1 lead, guide, steer 2 *(samochód)* drive 3 *(sklep, interes)* run 4 *(badania)* conduct 5 **prowadzić do czegoś** lead to sth, result in sth 6 **prowadzić intensywny/normalny tryb życia** lead a busy/normal life 7 **prowadzić rozmowę** hold a conversation 8 **prowadzić spis/dziennik** keep a record/diary
prowincja province
prowincjonalny provincial
prowizja commission
prowizoryczny makeshift
prowodyr ringleader
prowokacja provocation
prowokacyjny provocative
prowokować provoke
prowokujący provocative
proza prose
prozaiczny mundane, prosaic
próba 1 attempt, effort, test, trial, try 2 *(w teatrze itp.)* rehearsal 3 **poddawać próbie** test 4 **próba generalna/kostiumowa** dress rehearsal 5 **wystawiać na próbę czyjąś cierpliwość/wytrzymałość** tax sb's patience/strength
próbka sample, specimen
próbny 1 probationary 2 **próbny alarm** fire/emergency drill
próbować 1 *(usiłować)* try, attempt 2 *(kosztować)* taste 3 *(sprawdzać)* test 4 **próbować coś zrobić** try and do sth 5 **próbować czegoś** have a stab at (doing) sth 6 **próbować swoich sił w** try one's hand in, take/have a shot at
próchnica *(zębów)* decay, caries
próg 1 doorstep, threshold 2 **progi na rzece** rapids 3 **tuż za progiem** on your doorstep 4 **u progu czegoś** on the threshold of sth
próżnia vacuum, void
próżniactwo idleness
próżno **na próżno** in vain, for nothing, vainly
próżność vanity
próżny 1 vain 2 **na próżno** to no avail, in vain
pruderia prudishness, prudery
pruderyjny prudish
prychać snort
prymitywnie crudely
prymitywny crude, primitive
pryskać spray, squirt
pryszcz pimple, spot
pryszczaty pimply, spotty
prysznic 1 shower 2 **brać prysznic** take a shower
prywatnie privately
prywatność privacy
prywatny private
prywatyzacja privatization, privatisation *BrE*
prywatyzować privatize, privatise *BrE*
pryzmat prism
prząść spin
przeanalizować analyse *BrE*, analyze *AmE* examine
przebaczenie forgiveness
przebarwienie discoloration
przebieg 1 *(samochodu)* mileage 2 *(zebrania)* conduct 3 **przebieg wydarzeń** proceedings
przebiegle cunningly
przebiegłość cunning
przebiegły cunning, crafty, artful, sly
przebierać 1 disguise 2 **przebierać się** change 3 **przebierać się** *(na bal itp.)* dress up
przebijać 1 pierce 2 *(balon)* burst
przebiśnieg snowdrop
przebity **przebita opona/dętka** puncture
przebłysk spark
przebój 1 hit, smash 2 *(książka lub film)* blockbuster 3 **lista przebojów** the charts
przebranie disguise, fancy dress
przebrnąć **przebrnąć przez coś** *(np. książkę)* wade through sth
przebudzenie awakening
przebywać 1 stay 2 **przebywać poza domem** stay out
przeceniać overestimate
przeceniany overrated

przeceniony *(towar)* cut-price
przechadzać się stroll
przechadzka stroll
przechodzić 1 *(przez ulicę)* cross 2 *(przemijać)* pass, go away 3 *(do nowego tematu)* move on 4 **przechodzić do porządku dziennego nad** gloss over 5 **przechodzić na stronę wroga** defect 6 **przechodzić obok** pass, pass by 7 **przechodzić przez** cross, go through 8 **przechodzić samego siebie** excel yourself
przechodzień passerby
przechowanie 1 **być na przechowaniu** be in storage 2 **na przechowanie** for safekeeping
przechowywać hold, store
przechwalać się boast, brag
przechwycić seize, intercept
przechylać (się) tilt, tip
przechytrzyć outwit, outmanoeuvre *BrE*, outmaneuver *AmE*
przeciąć cut, slash, snip
przeciąg draught *BrE*, draft *AmE*
przeciągać się stretch
przeciąganie **przeciąganie liny** tug-of-war
przeciągły *(spojrzenie)* lingering
przeciążać overload
przeciążony **przeciążony pracą** overworked
przeciek leak
przeciekać leak, leak out, seep
przecier purée
przeciętna 1 average 2 **poniżej/powyżej przeciętnej** above/below average
przeciętnie on average
przeciętny 1 average 2 **przeciętny człowiek** the man in the street
przecinać 1 cut 2 **przecinać się** cross, intersect
przecinek 1 comma 2 *(w ułamku)* decimal point
przecinka clearing
przeciskać się edge
przeciw 1 versus 2 **za i przeciw** the pros and cons
przeciw(ko) 1 against 2 **mieć coś przeciw(ko) komuś/czemuś** have sth against sb/sth 3 **nie mieć nic przeciwko** have nothing against
przeciwbólowy **środek przeciwbólowy** painkiller
przeciwciało antibody
przeciwdeszczowy **płaszcz przeciwdeszczowy** raincoat
przeciwdziałać counteract
przeciwieństwo 1 opposite, reverse 2 **dokładne przeciwieństwo** the exact opposite 3 **w przeciwieństwie do** contrary to, in/by contrast
przeciwnie on the contrary
przeciwni-k/czka opponent, adversary
przeciwność **przeciwności (losu)** adversity
przeciwny 1 opposite, reverse 2 **być przeciwnym** be opposed to 3 **w przeciwnym razie** otherwise
przeciwstawiać się defy
przeciwstawny opposing
przeczący negative
przeczenie negative
przeczesywać comb, rake
przecznica *(jako miara odległości)* block
przeczucie 1 suspicion, premonition, hunch 2 **złe przeczucie** foreboding, misgiving
przeczyć deny, contradict
przeczyszczający **środek przeczyszczający** laxative
przeczytać read
przed 1 before 2 *(w przestrzeni)* in front of 3 *(w czasie)* prior to 4 **przed czasem** early 5 **przed terminem/czasem** ahead of schedule/time
przedawkować overdose
przedawkowanie overdose
przeddzień the eve of
przede **przede wszystkim** first, first of all
przedimek 1 article 2 **przedimek nieokreślony** indefinite article 3 **przedimek określony** definite article
przedkładać submit
przedłużać extend, prolong
przedłużenie extension, renewal
przedmałżeński premarital
przedmieścia suburbia
przedmieście suburb
przedmiot 1 object 2 *(w szkole)* subject
przedmowa foreword, preface
przedni 1 front 2 **przednia kończyna** foreleg
przedostatni last but one *BrE*, next to the last *AmE*
przedpokój hall
przedporodowy antenatal, prenatal
przedpremierowy **pokaz przedpremierowy** preview
przedramię forearm

przedrostek prefix
przedsiębiorca 1 entrepreneur 2 **przedsiębiorca pogrzebowy** funeral director, undertaker *BrE*, mortician *AmE*
przedsiębiorczość enterprise
przedsiębiorczy enterprising
przedsiębiorstwo 1 business, company, enterprise, firm 2 **przedsiębiorstwo budowlane** builder
przedsięwzięcie undertaking, venture
przedsionek vestibule
przedsmak foretaste
przedstawiać 1 *(osobę)* introduce 2 *(proponować)* present, put forward 3 *(ukazywać)* depict, portray, represent 4 **przedstawiać się** introduce yourself
przedstawiciel/ka 1 representative 2 **przedstawiciel handlowy** sales representative
przedstawicielstwo representation
przedstawienie performance, show
przedszkole kindergarten, nursery school
przedtem before, beforehand
przedwczesny premature, untimely
przedwcześnie prematurely
przedwojenny prewar
przedyskutować discuss
przedział 1 *(w pociągu)* compartment 2 *(zakres)* range 3 *(np. podatkowy)* band 4 **przedział płacowy/podatkowy/wiekowy** income/tax/age bracket
przedziałek parting *BrE*, part *AmE*
przedziurawić puncture
przedziwny weird, freak
przeegzaminować examine
przefaksować fax
przefiltrować filter
przegląd 1 *(kontrola)* checkup, inspection, service 2 *(przeglądanie)* review, overview, survey 3 **zrobić przegląd** service
przeglądać 1 look through, scan, sift 2 **przeglądać pobieżnie** skim
przegrana loss
przegrupowywać redeploy
przegrywać lose
przegrywający loser
przegrzewać (się) overheat
przegub wrist
przegubowy articulated
przeholowany over the top
przeinaczać misrepresent
przeinaczenie misrepresentation
przejaśniać się clear up
przejaw 1 manifestation 2 **być przejawem** be indicative of
przejawiać 1 exhibit 2 **przejawiać się** manifest itself
przejazd 1 crossing, passage 2 **przejazd kolejowy** level crossing *BrE*, grade crossing *AmE* 3 **przejazd podziemny** underpass
przejażdżka ride
przejechać run over
przejedzenie overeating
przejezdny passable
przejeżdżać cross, pass
przejęcie 1 takeover 2 **z przejęciem** earnestly
przejęzyczenie slip of the tongue
przejmować 1 capture, take over 2 *(władzę, konrolę)* seize, assume 3 **przejmować się** worry 4 **kto by się tym przejmował?** who cares? 5 **nie przejmować się czymś** not lose (any) sleep over sth 6 **przejąć się czymś** take sth hard
przejmujący 1 poignant 2 **przejmująco zimno** bitterly cold
przejrzeć 1 look over, see through 2 **przejrzeć na oczy** see the light
przejście 1 crossing, passage 2 *(stadium pośrednie)* transition 3 *(w samolocie, teatrze itp.)* aisle 4 **przejście dla pieszych** pedestrian crossing *BrE*, crosswalk *AmE* 5 **przejście podziemne** subway, underpass
przejściowy transitional
przekartkować flick through, flip through, leaf through, thumb through
przekaz 1 **przekaz pocztowy** postal order 2 **środki masowego przekazu** the mass media
przekazanie transfer
przekazywać 1 *(wiadomość)* communicate 2 *(polecenie)* pass on 3 *(władzę)* hand over 4 *(spuściznę)* hand down, pass down
przekąsić **przekąsić coś** grab some food, have a bite (to eat)
przekąska snack
przekątna 1 diagonal 2 **po przekątnej** diagonally
przekątny diagonal

przekleństwo **1** swear word **2** *(klątwa)* curse
przeklinać **1** swear **2** *(kogoś)* curse
przekładać rearrange, shuffle
przekładnia transmission
przekłuwać pierce
przekonać convince
przekonanie **1** certainty, belief, conviction, assurance **2** **błędne przekonanie** misconception
przekonany **być przekonanym, że** be convinced (that)
przekonująco convincingly
przekonujący convincing, persuasive
przekonywać persuade
przekonywający compelling
przekoziołkować somersault
przekraczać **1** *(granicę)* cross **2** *(prędkość itp.)* exceed
przekręcać turn, twist
przekroczenie **przekroczenie dozwolonej prędkości** speeding
przekrój cross section
przekrzywiać tilt, cock
przekrzywiony cock-eyed
przekupny corruptible
przekupstwo bribery
przekupywać bribe
przekwalifikowanie retraining
przelew **1** transfer **2** **polecenie przelewu** draft
przelewać **1** *(pieniądze)* transfer **2** **przelewać się** overflow
przeliterować spell
przelotnie **ujrzeć przelotnie** get/catch a glimpse of
przelotny **1** fleeting, occasional, passing **2** *(deszcz)* scattered **3** **przelotna moda** fad **4** **przelotny deszcz** shower
przeludnienie overpopulation
przeludniony overpopulated
przeładowywać overload
przełajowy cross-country
przełamywać **przełamywać lody** break the ice
przełączać (się) switch
przełącznik control, switch
przełęcz pass
przełom **1** breakthrough **2** **przełom wieku** the turn of the century
przełomowy groundbreaking, breakthrough
przełożon-y/a superior
przełykać **1** swallow **2** **przełykać ślinę** gulp
przemarznięty frozen
przemawiać **1** speak **2** **przemawiać komuś do rozsądku** reason with sb
przemądrzały bigheaded
przemęczać się **1** overexert yourself **2** **nie przemęczać się** take it/things easy
przemęczenie exhaustion
przemian **na przemian** alternately
przemiana **1** metamorphosis **2** **przemiana materii** metabolism
przemianowywać rename
przemierzać cover, pace, tramp
przemijać come and go
przemijający transitory
przemknąć **przemknąć obok/przez** flash by/past/through
przemoc **1** violence **2** **filmy/sztuki pełne przemocy** violent films/plays **3** **niestosowanie przemocy** nonviolence
przemoczony drenched, dripping, soaked, soaking
przemożny overwhelming
przemówić **przemówić komuś do rozsądku** knock some sense into sb, talk (some) sense into sb
przemówienie **1** speech **2** **wygłaszać przemówienie** give/make a speech
przemycać smuggle
przemykać sneak, streak
przemysł **1** industry **2** **przemysł rozrywkowy** show business
przemysłowiec industrialist
przemysłowy industrial
przemyśleć **1** think over/through, chew over, mull over **2** **przemyśl to przez noc** sleep on it **3** **przemyśleć ponownie** rethink
przemyślenie thinking
przemyt smuggling
przemytni-k/czka smuggler
przemywać bathe
przenikać **1** permeate **2** **przenikać (przez)** penetrate
przenikliwy acute, penetrating, piercing
przenocować put up (for the night)
przenosić **1** carry, transfer **2** *(zarazki)* transmit **3** **przenosić się** relocate, transfer
przenoszenie transmission

przenośnia 1 metaphor 2 **w przenośni** figuratively, metaphorically
przenośnik **przenośnik taśmowy** conveyor belt
przenośny 1 figurative, metaphorical 2 *(magnetofon itp.)* portable 3 **przenośny komputer** laptop
przeoczenie omission
przeoczyć miss, overlook
przepadać **przepadać za czymś** be wild about sth
przepalić się blow, fuse *BrE*
przepaska 1 *(na czoło)* sweatband 2 **przepaska na oko** patch
przepaść precipice, chasm, gulf
przepełnienie overcrowding
przepełniony 1 overcrowded 2 **być przepełnionym** be bursting
przepędzać drive
przepierzenie partition
przepiękny exquisite
przepiłować saw
przepiórka quail
przepis 1 regulation, rule 2 *(kulinarny)* recipe 3 **wbrew przepisom** against the rules
przepisywać 1 copy 2 *(lek)* prescribe
przeplatać alternate, intersperse
przepłynąć swim across
przepływ flow
przepływać flow
przepoławiać halve
przepona diaphragm
przepowiadać 1 foretell, predict, prophesy 2 **przepowiadać komuś przyszłość** tell sb's fortune
przepowiednia prophecy
przepracowany overworked
przepraszać 1 apologize, apologise *BrE* 2 **przepraszam** I'm sorry 3 *(dla zwrócenia uwagi)* excuse me, I beg your pardon, pardon me
przeprawa crossing, passage
przeprawiać się **przeprawiać się (przez)** cross
przeprosiny apology
przeprowadzać 1 carry out, conduct, execute 2 **przeprowadzać się** move
przeprowadzka move
przepuklina hernia
przepustka pass
przepustnica throttle
przepuszczać let through
przepuścić *(pieniądze)* blow
przepychać się edge, elbow one's way, jostle
przerabiać 1 *(robić na nowo)* redo 2 *(przepisywać na nowo)* rewrite 3 **przerabiać coś na coś** make sth into sth
przeraźliwie fearfully
przeraźliwy frightful, fearful
przerażać horrify, terrify
przerażający frightening, terrifying, horrifying
przerażenie horror, terror
przerażony terrified
przereklamowany overrated
przeróbka alteration
przerwa 1 break, pause, interruption 2 *(szpara)* gap 3 *(szkolna)* break *BrE*, playtime *BrE*, recess *AmE* 4 *(w połowie meczu)* half time 5 *(w teatrze)* interval 6 **bez przerw(y)** nonstop, incessantly 7 **przerwa w podróży** stopover 8 **z przerwami** intermittently 9 **zrobić przerwę** take a break, take time out 10 **zrobić (sobie) przerwę na lunch/kawę** break for lunch/coffee
przerywać 1 break, interrupt, pause 2 **przerwać ciążę** have an abortion
przerywany broken, intermittent
przerywnik interlude
przerzucać 1 flip over, sling 2 **przerzucać winę/odpowiedzialność na** shift the blame/responsibility onto
przesada 1 exaggeration 2 **popadać w przesadę** go overboard
przesadny exaggerated, extravagant
przesadzać 1 exaggerate 2 **przesadzać z czymś** overdo sth 3 **nie przesadzać z czymś** go easy on/with sth
przesadzony extravagant
przesąd superstition
przesądny superstitious
przesiadać się change planes/trains etc
przesiadka connection
przesiadywać sit around
przesiąkać saturate, soak
przesiedlać rehouse, uproot
przesiewać sieve, sift
przesilenie solstice
przeskakiwać **przeskakiwać (przez)** jump over
przesłanie message
przesłanka premise
przesłuchanie 1 interrogation 2 *(do roli)* audition 3 *(zwłaszcza świadka strony przeciwnej)* cross-examination

przesłuchiwać interrogate, question
przesłuchujący interrogator
przespać przespać coś sleep through sth
przestać 1 stop 2 **przestać coś robić** stop doing sth
przestankowy znak przestankowy punctuation mark
przestarzały obsolete, out-of-date, outdated
przestawać 1 stop 2 **nie przestawać robić czegoś** keep on doing sth
przestawiać 1 rearrange, change around 2 **przestawiać się** change over 3 **przestawiać się (z czegoś) na coś** change (from sth) to sth
przestęp-ca/czyni 1 criminal, offender 2 **młodociany przestępca** juvenile delinquent
przestępczość 1 crime 2 *(zwłaszcza nieletnich)* delinquency
przestępczy criminal
przestępować przestępować z nogi na nogę shuffle your feet
przestępstwo 1 crime, offence 2 **ciężkie przestępstwo** felony 3 **popełnić przestępstwo** commit a crime
przestój stoppage
przestraszony scared, frightened
przestraszyć scare, frighten
przestronny spacious, roomy
przestrzegać 1 observe, respect, abide by, comply with 2 **przestrzegać kontraktu/umowy** honour a contract/agreement
przestrzeń 1 space, expanse 2 **przestrzeń kosmiczna** outer space
przestudiować go over, study
przesuwać 1 shift, move 2 **przesuwać się** move
przesyłać 1 send 2 *(na inny adres)* forward 3 **przesyłać telegraficznie** wire
przeszczep transplant, graft
przeszczepiać transplant, graft
przeszkadzać 1 intrude 2 *(komuś)* disturb, bother 3 **przeszkadzać w czymś** interfere with sth
przeszkoda 1 obstacle, handicap, hindrance, impediment 2 **stać na przeszkodzie** stand in the way 3 **bieg z przeszkodami** steeplechase
przeszłość 1 past 2 **w przeszłości** in the past, formerly
przeszły 1 past 2 **czas przeszły** past tense
przeszmuglować smuggle
przeszukiwać search, go through
przeszywający piercing
prześcieradło sheet
prześcigać outdo, outrun
prześladow-ca/czyni persecutor
prześladować 1 persecute 2 *(o wspomnieniach itp.)* haunt
prześladowanie persecution
prześwietlać scan, X-ray
przetasowanie reshuffle
przetestować test
przetłumaczyć translate
przetransportować transport
przetrawić 1 digest 2 *(przemyśleć)* mull over
przetrwać survive, get through
przetrząsać scour, ransack, look through
przetrzymywać hold
przetwarzać process
przewaga 1 advantage, predominance 2 **mieć/zdobyć przewagę** have/get the upper hand
przeważać 1 predominate 2 **przeważać nad** outweigh
przeważający 1 predominant, prevailing 2 **w przeważającej części** predominantly
przeważnie mostly, predominantly, for the most part, most of the time
przewidywać 1 *(oczekiwać)* anticipate, expect 2 *(przyszłość)* predict, forecast, foresee
przewidywalność predictability
przewidywalny predictable
przewidywanie prediction, projection
przewietrzyć air, ventilate
przewijać 1 scroll 2 *(taśmę do przodu)* fast-forward 3 *(taśmę do tyłu)* rewind
przewijanie przewijanie do przodu fast forward
przewlekle chronically
przewlekły chronic
przewodni muzyka/melodia przewodnia theme music/tune
przewodnicząc-y/a chair, chairperson
przewodniczyć chair, preside
przewodnik 1 guide 2 *(książka)* guidebook

3 *(prądu)* conductor **4 pies przewodnik** seeing eye dog
przewodzić *(prąd)* conduct
przewozić 1 ship, transport **2** *(promem)* ferry **3 przewozić samolotem** fly
przewoźnik carrier
przewód 1 wire **2** *(elektryczny)* lead *BrE* flex *BrE*, cord *AmE*
przewóz shipment
przewracać 1 upset, overturn, knock over **2 przewracać coś do góry nogami** turn sth upside down **3 przewracać się z boku na bok** toss and turn
przewrażliwiony touchy
przewrotny perverse
przewyższać 1 outdo, surpass **2** *(liczebnie)* outnumber
przez 1 through, across **2** *(z określeniami czasu)* for, over
przeziębić się catch a cold
przeziębienie cold, chill
przeziębiony być przeziębionym have a cold
przeznaczać intend, allocate, earmark
przeznaczenie 1 destiny, fate **2 miejsce przeznaczenia** destination
przeznaczony 1 destined **2 być przeznaczonym dla/do** be meant for, be intended for
przezrocze slide
przezroczysty clear, transparent
przezwać nickname
przezwisko nickname
przezwyciężać overcome
przezywać przezywać kogoś call sb names
przeżegnać przeżegnać się cross yourself
przeżycie experience
przeżyć 1 survive **2** *(człowieka)* outlive
przeżytek anachronism
przeżywać 1 experience, live through **2 przeżywać na nowo** relive
przędza yarn
przodek ancestor, forefather
przodować przodować w czymś excel in sth
przód 1 front **2 do przodu** forward, ahead **3 z przodu** in front
przy 1 by, beside, next to **2 mieć/nosić coś przy sobie** have/carry sth on you **3 przy kimś** by/at sb's side
przybierać 1 *(pozę)* assume **2** *(potrawę)* garnish **3 przybierać na wadze** gain weight, put on weight
przybijać 1 nail **2** *(gwóźdź)* hammer
przybity dejected, glum
przybliżenie w przybliżeniu approximately, roughly
przybliżony approximate, rough
przybory 1 accessories, materials **2 przybory kuchenne** kitchen utensils
przybranie garnish
przybrzeżny 1 coastal, offshore **2 straż przybrzeżna** coastguard
przybudówka annexe *BrE*, annex *AmE* extension
przybysz newcomer, arrival
przybywać arrive, come
przychodzący incoming
przychodzić 1 come **2 przychodzić (w odwiedziny)** come round **3 przychodzić komuś łatwo** come naturally/easily to sb **4 przychodzić po** call for
przychylnie favourably *BrE*, favorably *AmE*
przychylny favourable *BrE*, favorable *AmE*
przyciągać 1 draw, attract **2 przyciągający wzrok** eye-catching
przyciąganie 1 attraction, pull **2** *(ziemskie)* gravity
przyciągnąć draw
przyciemniać dim
przyciemniany tinted
przycinać trim, clip, crop, prune
przycisk 1 button **2 przycisk do papieru** paperweight
przyciskać press, clamp
przycisnąć przycisnąć kogoś twist sb's arm
przyciszać turn down
przyciszony hushed
przycupnąć perch
przyczaić się skulk
przyczepa 1 trailer **2** *(motocykla)* sidecar **3 przyczepa kempingowa** caravan
przyczepiać affix, attach
przyczepność grip
przyczyna cause, reason
przyczyniać przyczyniać się do contribute to
przyćmiewać eclipse
przyćmiony dim, subdued
przydać przydać się come in useful/handy, be a lot of help, be a real help
przydatność 1 usefulness **2 data przydatności do spożycia** sell-by date
przydatny useful, handy, helpful
przydawać się 1 come in useful/handy **2 nie**

przydawać się (komuś) be of no use (to sb)
przydomek nickname
przydział ration, allocation, allotment
przydzielać assign, allocate, allot
przygarbiony hunched
przygaszony subdued
przyglądać się 1 look at, watch, observe, scrutinize, scrutinise *BrE* 2 **pilnie przyglądać się** keep a (close) watch on
przygłup half-wit
przygnębiać depress, get down
przygnębiający depressing, disheartening, gloomy
przygnębienie dejection, depression, gloom
przygnębiony dejected, depressed, downcast, downhearted, gloomy
przygniatający **przygniatające zwycięstwo** a landslide victory
przygoda 1 adventure 2 **pełen przygód** adventurous 3 **poszukiwacz/ka przygód** adventurer 4 **żądny przygód** adventurous
przygotowanie 1 preparation 2 **bez przygotowania** impromptu
przygotowany prepared
przygotowawczy preparatory
przygotowywać (się) 1 prepare 2 **przygotowywać się na** brace yourself for
przygwoździć pin down
przyhamować ease up
przyimek preposition
przyjaciel friend, boyfriend
przyjaciółka friend, girlfriend
przyjazd arrival
przyjazny amicable, friendly, neighbourly *BrE*, neighborly *AmE*
przyjaźń friendship
przyjemnie agreeably, pleasantly
przyjemność 1 pleasure, enjoyment 2 **cała przyjemność po mojej stronie** (it is) my pleasure 3 **dla przyjemności** for fun 4 **robić coś z przyjemnością** be happy/ delighted to do sth 5 **z przyjemnością** I'd love to 6 **znajdować przyjemność w czymś** take pleasure in doing sth
przyjemny pleasant, agreeable, enjoyable, fun
przyjeżdżać come, arrive
przyjęcie 1 reception, party 2 *(do grupy)* acceptance, admission 3 *(wniosku)* adoption 4 **do przyjęcia** acceptable 5 **urządzać przyjęcie** have a party 6 **wydawać przyjęcie** give a party, throw a party
przyjęty 1 accepted, customary, established 2 **zostać dobrze/źle przyjętym** go down well/ badly
przyjmować 1 accept, receive, take 2 *(wniosek)* adopt, approve 3 *(zakładać)* assume, presume 4 *(z zapałem)* embrace 5 **nie do przyjęcia** unacceptable 6 **nie przyjąć** decline 7 **przyjmować (gości)** entertain 8 **przyjmować do wiadomości** accept 9 **przyjmować poród** deliver a baby 10 **przyjmować się** catch on 11 **przyjmować z zadowoleniem** welcome
przyjrzeć się **przyjrzeć się czemuś dokładnie** look through sth
przyjść come (over)
przykazanie commandment
przyklejać 1 glue, stick, paste 2 *(taśmą)* tape
przykład 1 example 2 **dawać (dobry) przykład** set an example 3 **iść za czyimś przykładem** follow sb's example 4 **na przykład** for example, for instance 5 **stanowić przykład** exemplify 6 **typowy przykład** a prime example
przykładać **przykładać się do czegoś** apply yourself (to sth), put your mind to sth
przykręcać screw, bolt
przykro **przykro mi** sorry, I'm sorry
przykry sad, distressing, upsetting
przykrywać cover (up)
przykrywka cover
przykucać crouch, squat
przykuty 1 **przykuty do** riveted to 2 **przykuty do łóżka** bedridden
przylądek cape, headland
przylegać 1 adhere 2 *(graniczyć)* adjoin
przyległy adjacent
przylepny sticky
przyłapać catch
przyłączać się join in, tag along
przymierzać try on
przymierze alliance
przymilać **przymilać się (do)** ingratiate yourself (with)
przymilny ingratiating
przymiot quality
przymiotnik adjective
przymiotnikowy adjectival
przymknąć bust, arrest

przymocować fasten, fix, secure
przymocowany fixed
przymus compulsion
przymusowy compulsory, forced
przymykać **przymykać oczy na coś** turn a blind eye to sth, overlook sth
przynajmniej at least
przynęta bait, decoy
przynosić **1** bring, fetch **2** *(zysk)* bring in
przynudzać spout
przyozdabiać adorn
przypadać **przypadać w** fall on
przypadek **1** instance, chance **2** **przez przypadek** accidentally, by accident/ chance **3** **w przypadku** in case of
przypadkiem **1** by any chance **2** **przypadkiem coś zrobić** happen to do sth
przypadkowo accidentally, by accident/ chance
przypadkowy accidental, coincidental, random
przypalać **1** scorch, singe **2** *(jedzenie)* burn
przypalony burned, burnt
przypatrywać się eye
przypieczętować **1** seal **2** **przypieczętować umowę/porozumienie** seal a deal/agreement
przypiekać (się) scorch
przypierać **być przypartym do muru** have your back to/against the wall
przypinać **1** pin, clip **2** *(pinezkami)* tack
przypis footnote
przypisywać ascribe to, attribute to, credit with, put down to
przypływ **1** *(morski)* high tide **2** *(uczuć)* surge, wave, flash **3** **przypływ dumy/ podniecenia** a flush of pride/excitement **4** **przypływ niepokoju/ulgi** a gush of anxiety/relief
przypominać **1** remind **2** *(być podobnym)* resemble **3** **przypominać coś** be reminiscent of sth **4** **przypominać komuś coś/kogoś** remind sb of sth/ sb **5** **przypominać się** come to **6** **przypominać sobie** recall, recollect, remember **7** **przypominający coś** suggestive of sth **8** **w niczym nie przypominać** be a far cry from, be nothing like
przypomnienie reminder
przypowieść parable
przyprawa seasoning, spice
przyprawiać flavour *BrE*, flavor *AmE* season, spice
przyprawy seasoning
przyprowadzać bring
przypuszczać **1** presume, suppose **2** **przypuśćmy, że** suppose, supposing **3** **przypuszczam, że** I would think/imagine/guess
przypuszczalnie presumably
przypuszczenie supposition
przyroda nature, wildlife
przyrodni **1** **przyrodni brat** half-brother, stepbrother **2** **przyrodnia siostra** half-sister, stepsister
przyrodni-k/czka naturalist
przyrodoznawstwo natural history
przyrost **1** gain, growth **2** *(wartość przyrostu)* increment
przyrostek suffix
przyrumienić (się) brown
przyrząd **1** instrument, gadget **2** **przyrząd pomiarowy** gauge
przyrzeczenie vow, pledge, promise
przyrzekać vow, pledge, promise
przysadzisty chunky, dumpy, squat
przysięga **1** oath **2** **oświadczenie/zeznanie pod przysięgą** sworn statement/testimony **3** **pod przysięgą** under oath
przysięgać swear
przysięgł-y/a juror
przysłaniać obscure, cloud, blot out
przysłona aperture
przysłowie proverb
przysłowiowy proverbial
przysłówek adverb
przysłówkowy adverbial
przysługa **1** favour *BrE*, favor *AmE* **2** **poprosić kogoś o przysługę** ask sb a favour **3** **wyświadczać komuś przysługę** do sb a favour
przysmak delicacy
przyspieszać speed up, accelerate, quicken
przyspieszenie **1** acceleration **2** **pedał przyspieszenia** accelerator
przystanek **1** stop **2** **przystanek autobusowy** bus stop **3** **przystanek końcowy** terminus
przystawka appetizer, appetiser *BrE*, starter
przystąpienie entry
przystępność accessibility
przystępny accessible
przystępować **1** **przystępować do** enter **2** **przystępować do**

(robienia) czegoś set out to do sth, proceed to do sth

przystojny handsome, nice-looking

przystosowanie adaptation

przystosowywać (się) **1** adapt, adjust **2** *(na nowo)* readjust

przysuwać draw

przyswajać absorb, assimilate

przysyłać send in

przysypiać nod off

przyszłość **1** future **2** **patrzeć w przyszłość** look forward **3** **w przyszłości** in future, in the years/days to come

przyszły **1** future, in the making **2** **w przyszłym tygodniu** next week **3** **czas przyszły** the future tense **4** **czas przyszły dokonany** the future perfect

przyszyć sew on, stitch

przyśpieszać hasten

przytaczać **1** quote, cite **2** **przytoczyć argument** make a point

przytępiać blunt

przytłaczać weigh down

przytłaczający overwhelming, oppressive, overpowering

przytłumić deaden

przytłumiony muffled, muted

przytomność **1** consciousness **2** **przytomność umysłu** presence of mind **3** **stracić przytomność** black out, lose consciousness **4** **utrata przytomności** blackout

przytomny conscious, alert, lucid

przytrzasnąć shut

przytrzymywać hold onto

przytulać cuddle, hug, give a hug

przytulny cosy, snug

przytyć put on weight

przywiązanie attachment

przywiązany **przywiązany do czegoś/kogoś** attached to sth/sb

przywiązywać tie, lash

przywidzenie **mieć przywidzenia** be seeing things

przywierać cling

przywilej privilege

przywitać greet

przywitać greet, say hello to

przywodzić **przywodzić na myśl** be evocative of, evoke

przywoływać **1** bring back, hail **2** *(przez głośnik lub za pomocą pagera)* page

przywozić bring

przywód-ca/czyni leader

przywództwo leadership

przywracać restore, bring back

przywykać **przywyknąć do czegoś** be used to (doing) sth

przyziemny mundane

przyznać **przyznać się (do)** confess

przyznanie się **1** admission, acknowledgment **2** *(do winy)* confession

przyznawać **1** grant, concede **2** *(nagrodę)* award **3** **przyznawać się** admit, own up

przyzwoicie decently

przyzwoitka chaperone

przyzwoitość decency

przyzwoity decent, respectable

przyzwyczajać **przyzwyczaić się do czegoś** be used to (doing) sth, accustom yourself to (doing) sth

przyzwyczajenie **z przyzwyczajenia** out of habit, from habit

przyzwyczajony **1** **być przyzwyczajonym do (robienia) czegoś** be accustomed to (doing) sth, be used to (doing) sth **2** **nie być przyzwyczajonym do** be unused to

psalm psalm

pseudonim **1** pseudonym, alias **2** **pseudonim literacki** pen name

psi canine

psikus practical joke, prank

psota mischief

psotnie mischievously

psotny mischievous

pstrąg trout

pstrykać **1** click, flick, flip **2** **pstrykać palcami** snap your fingers

psuć **1** spoil, upset **2** **psuć się** *(rozkładać się)* rot, go bad **3** *(ulegać awarii)* break down

psychiatra psychiatrist, shrink

psychiatria psychiatry

psychiatryczny psychiatric

psychicznie mentally

psychiczny mental, psychic

psychika psyche

psychoanality-k/czka analyst, psychoanalyst

psychoanaliza psychoanalysis

psycholog psychologist

psychologia psychology

psychologicznie psychologically

psychologiczny psychological

psychopat-a/ka psychopath

psychopatyczny psychopathic
psychosomatyczny psychosomatic
psychoterapeut-a/ka psychotherapist
psychoterapia psychotherapy
psychoza psychosis
pszczoła bee
pszenica wheat
ptak bird
ptaszarnia aviary
ptaszek *(haczyk)* check, tick
pub pub, public house
publicyst-a/ka commentator
publicystyka commentary
publicznie in public, publicly
publiczność audience, the (general) public
publiczny 1 public 2 **badanie opinii publicznej** opinion poll 3 **dom publiczny** brothel 4 **opinia publiczna** public opinion 5 **osoba publiczna** public figure
publikacja publication
publikować publish, release
puch down, fluff
puchar cup, trophy
puchaty fluffy
puchnąć swell, puff up
pucołowaty chubby
pudding pudding
pudel poodle
pudełko 1 box 2 **pudełko zapałek** matchbox
puder powder
pudłować miss
pudrować powder
puenta punchline
pukać 1 knock, rap 2 **pukać w niemalowane drewno** knock on wood
pukanie knock, rap
pula 1 pool 2 **cała pula** jackpot
pulchny plump, tubby
pulower pullover, jersey
puls heartbeat, pulse
pulsować pulsate, throb
pułap **górny pułap** ceiling
pułapka 1 trap, pitfall 2 **złapać w pułapkę** trap
pułk regiment
pułkownik colonel
pułkowy regimental
punk-rock punk
punk punk
punkt 1 dot, point 2 *(na liście)* item 3 **punkt centralny** focal point 4 **punkt kontrolny** checkpoint 5 **punkt kulminacyjny** climax 6 **punkt obserwacyjny** lookout, vantage point 7 **punkt orientacyjny** landmark 8 **punkt sporny** moot point 9 **punkt widzenia** point of view, standpoint, vantage point 10 **punkt zamarzania** freezing point 11 **punkt zapalny** hotspot, troublespot 12 **punkt zwrotny** turning point, watershed
punktualnie 1 punctually 2 **punktualnie o 8:00** at 8 o'clock sharp
punktualność punctuality
punktualny punctual
pupa behind, bottom
pupilek *(nauczyciela)* teacher's pet
purpura purple
purpurowy purple
puryst-a/ka purist
purytański puritanical
pustelni-k/ca hermit
pustka 1 emptiness, vacuum, void 2 **czujesz pustkę w głowie** your mind goes blank
pustkowie the wilds
pustoszeć empty
pustoszyć devastate, ravage
pusty 1 empty 2 *(wydrążony)* hollow 3 **puste miejsce** blank 4 **z pustymi rękami** empty-handed
pustynia desert
puszczać 1 release, let go 2 *(latawiec)* fly 3 *(muzykę)* play, play back 4 *(w telewizji)* run 5 **nie puszczać pary z ust** not breathe a word 6 **puszczać do domu** dismiss 7 **puszczać kogoś/coś wolno** turn sb/sth loose
puszka tin *BrE*, can *AmE*
puszkować can
puszkowany tinned *BrE*, canned *AmE*
puszysty 1 downy, fluffy 2 *(ogon)* bushy
puścić let go
puzon trombone
pycha pride
pył 1 dust 2 **pył wodny** spray
pyłek **pyłek kwiatowy** pollen
pysk muzzle
pyskować answer back, talk back
pyszności goodies
pyszny delicious, yummy
pytać ask, demand, inquire
pytająco inquiringly, questioningly
pytający 1 interrogative, questioning 2 **pytające spojrzenie** an inquiring glance/look
pytanie 1 question 2 **zadawać pytanie** ask a question 3 **odpowiadać na pytanie** answer a question

4 zasypywać pytaniami fire questions at
pyton python

Rr

rabarbar rhubarb
rabat discount
rabin rabbi
rabunek robbery
raca flare
rachuba **1 nie wchodzić w rachubę** be out of the question, be out **2 stracić rachubę** lose count (of)
rachunek **1** *(obliczenie)* count **2** *(konto)* account **3** *(w restauracji)* bill *BrE*, check *AmE* **4 rachunek bankowy** bank account **5 rachunek bieżący** checking account **6 rachunek terminowy** deposit account **7 wyrównać rachunki** settle a score
rachunkowość bookkeeping
racja **1** ration **2 mieć rację** be right **3 nie mieć racji** be wrong **4 mieć rację co do** be right about **5 przyznawać rację** grant **6 z racji czegoś** by virtue of sth
racjonalizacja rationalization
racjonalizować rationalize, rationalise *BrE*
racjonalnie rationally
racjonalny rational
racjonować ration
raczej **1** rather **2 czy (też) raczej** or rather
rada **1** advice, a word of advice, tip **2** *(instytucja)* council **3 rada nadzorcza** board of supervisors **4 dawać sobie radę (z)** manage
radar radar
radca **radca prawny** solicitor, counsellor *BrE*, counselor *AmE*
radio radio
radioaktywność radioactivity
radioaktywny **1** radioactive **2 opad radioaktywny** fallout
radiologia radiology
radioterapia radiotherapy
radn-y/a councillor *BrE*, councilor *AmE*
radosny cheerful, joyful
radość **1** delight, joy **2 pełen radości** filled with joy
radośnie cheerfully, joyfully
radować się rejoice
radykalizm radicalism
radykalnie radically
radykalny radical
radykał radical
radzić **1** advise, recommend **2 dobrze/źle sobie radzić** do well/badly **3 nic na to nie poradzę** I can't help it **4 radzić się kogoś** consult sb, seek sb's advice **5 radzić sobie** cope, manage, get along, get on **6 radzić sobie samemu** stand on your own two feet
radziecki Soviet
rafa reef
rafineria refinery
rafinować refine
rafinowany **1** refined **2 nie rafinowany** raw
raj heaven, paradise
rajd rally
rajstopy tights *BrE*, pantyhose *AmE*
rak **1** *(zwierzę)* crayfish *BrE*, crawfish *AmE* **2** *(nowotwór)* cancer **3 Rak** *(znak zodiaku)* Cancer
rakieta **1** rocket **2** *(tenisowa)* racket **3 odpalenie rakiety** blast-off **4 rakieta śnieżna** snowshoe
rakietka **1** racket **2** *(do tenisa stołowego)* bat
rakotwórczy **substancja rakotwórcza** carcinogen
rama **1** frame **2** *(roweru)* crossbar **3 ramy** framework
ramię arm, shoulder
ramoleć go gaga
rampa *(w teatrze)* footlights
rana injury, wound
rancho ranch
randka date, rendezvous
ranek morning
ranga **1** rank **2 wysoki rangą** senior
ranić **1** hurt, injure, wound **2** *(uczucia)* hurt
ranking ranking
ranny wounded, injured, hurt
rano[1] *noun* morning
rano[2] *adv* in the morning
rap rap
raport report
rapsodia rhapsody
rasa **1** race **2** *(zwierząt)* breed
rasistowski racist
rasizm racism
rasowo racially
rasowy **1** racial **2** *(pies)* pedigree **3 stosunki rasowe** race relations
rata **1** instalment *BrE*, installment *AmE* **2 pierwsza rata** down payment
ratować **1** save **2** *(np. tonącego)* rescue **3** *(mienie)* salvage, rescue **4 ratować kogoś metodą usta-usta** resuscitate sb, give sb the kiss of life

ratowniczy **akcja ratownicza** rescue (operation)
ratowni-k/czka 1 rescuer 2 *(na plaży)* life guard
ratunek salvage, salvation, rescue
ratusz town hall
ratyfikacja ratification
ratyfikować ratify
raz 1 time 2 **(jeden) raz** once 3 **dwa razy** twice 4 **trzy razy** three times 5 **chociaż raz** for once 6 **dwa na raz** two at a time 7 **jeszcze raz** once more/again 8 **na raz** at once 9 **na razie** for the moment, for the time being 10 **od razu** at once, right now/away 11 **następnym razem** next time 12 **pewnego razu** once upon a time 13 **pięć/dziesięć razy więcej** five/ten times as much 14 **po raz pierwszy** first 15 **raz na jakiś czas** (every) once in a while 16 **raz na zawsze** once and for all 17 **tym razem** on that occasion 18 **w każdym razie** at any rate, in any event, at all events 19 **w najgorszym razie** at worst 20 **w razie** in case of 21 **w razie deszczu/pożaru** in the event of rain/fire 22 **w takim razie** in that case 23 **wiele razy** time after time 24 **za każdym razem, kiedy** whenever
razem 1 together 2 **razem wzięci** put together
razowy wholemeal *BrE*, whole wheat *AmE*
rażąco blatantly, grossly
rażący glaring, gross, flagrant
rąbać chop, hack
rąbek hem
rączka 1 handle 2 **złota rączka** handyman
rdza rust
rdzenny indigenous
rdzeń 1 core 2 **rdzeń kręgowy** spinal cord
rdzewieć rust
reagować 1 react, respond 2 **reagować na** be responsive to 3 **nie reagować na** be unresponsive to
reakcja 1 reaction, response 2 **reakcja łańcuchowa** chain reaction
reakcjonist-a/ka reactionary
reakcyjny reactionary
reaktor 1 reactor 2 **reaktor jądrowy** nuclear reactor
realia **realia czegoś** the reality/realities of sth
realist-a/ka realist
realistycznie realistically
realistyczny lifelike, realistic
realizacja completion, realization
realizm realism
realizować 1 realize, realise *BrE* 2 *(czek)* cash 3 **realizować marzenie/ambicję** fulfil a dream/an ambition
realny 1 real 2 *(wykonalny)* viable, feasible
reanimacja resuscitation
reanimować resuscitate
rebelia rebellion
rebeliant/ka rebel
recenzent/ka reviewer
recenzja review
recenzować review
recepcja reception
recepcjonist-a/ka clerk, receptionist
recepta 1 prescription 2 *(przepis)* recipe, formula 3 **na receptę** on prescription 4 **recepta na szczęście/kłopoty** a recipe for happiness/trouble
recepturka rubber band, elastic band
recesja recession
rechot croak
rechotać 1 croak 2 *(śmiać się)* cackle
recital recital
recytacja recitation
recytować recite
redagować edit
redakcyjny editorial
redaktor/ka editor
redukcja reduction, cutback
redukować reduce, cut back, cut
referat paper, project
referencje credentials, references, testimonial
referendum referendum
refleks reflex, reactions
refleksja reflection
refleksyjny reflective
reflektor 1 floodlight, searchlight, reflector 2 *(samochodu)* headlight, headlamp *BrE* 3 **oświetlony reflektorami** floodlit
reforma reform
reformacja the Reformation
reformator/ka reformer
reformować reform
refren chorus, refrain
regał bookcase
regaty regatta
region region
regionalny regional
reglamentacja rationing
regulacja control
regulamin regulations, code

regularnie regularly
regularność regularity
regularny **1** regular **2** **w regularnych odstępach** at regular intervals
regulator **1** control, regulator **2** **na cały regulator** on/at full blast **3** **regulator czasowy** timer
regulować **1** adjust, readjust, regulate, tune up, tune **2** *(rachunek)* settle **3** **regulować (się)** normalize, normalise *BrE*
regulowany adjustable
reguła **1** rule **2** **być regułą** be the norm/rule **3** **z reguły** as a (general) rule
reinkarnacja reincarnation
rejestr register, tally
rejestracja registration
rejestracyjny **1** **numer rejestracyjny** registration number **2** **tablica rejestracyjna** number plate *BrE*, license plate *AmE*
rejestrować register, record, chart
rejon area, region
rejs **1** voyage **2** **rejs wycieczkowy** cruise
rekin shark
reklama **1** publicity **2** *(działalność)* advertising **3** *(telewizyjna lub radiowa)* commercial **4** *(w gazecie itp.)* advertisement
reklamować advertise, market
reklamowy **blok reklamowy** advertising spot
reklamówka *(torba)* carrier bag
rekomendacja recommendation
rekomendować recommend
rekompensata compensation, recompense
rekompensować compensate, recompense
rekonesans reconnaissance
rekonstrukcja reconstruction
rekonstruować reconstruct
rekonwalescencja convalescence
rekord **1** record **2** **pobić rekord** break a record
rekordowy **1** record-breaking **2** *(zbiór)* bumper
rekreacja recreation
rekreacyjny recreational
rekrut conscript, recruit
rekrutacja recruitment
rekrutować recruit
rektor chancellor
rekultywować reclaim
rekwizyt prop
relacja account, report, story
relacjonować cover, relate, report
relaksować się relax, put your feet up
relaksujący relaxing
religia religion, faith
religijny religious
relikt relic
relikwia relic
remanent stocktaking
remis draw, tie
remisja remission
remisować draw, tie
remont **1** redecoration **2** **przeprowadzać remont kapitalny** overhaul
remontować redecorate, restore, do up
renegat/ka renegade
Renesans the Renaissance
renifer reindeer
renoma reputation, stature
renowacja **1** renovation **2** **przeprowadzać renowację** renovate
renta pension
rentgenologia radiology
rentowny profitable
reorganizacja reorganization
reorganizować reorganize, reorganise *BrE*
repatriacja repatriation
repatriować repatriate
reperkusje repercussions
reperować repair
repertuar repertoire
replika replica
reporter/ka reporter
represjonować repress, victimize, victimise *BrE*
represyjny repressive
reprezentacja representation, contingent
reprezentant/ka representative
reprezentatywny representative
reprezentować represent
reprodukcja print, reproduction
republika-nin/nka republican
republika republic
republikański republican
reputacja reputation, name
requiem requiem
resocjalizować rehabilitate
respekt **1** *(szacunek)* respect **2** *(obawa)* awe **3** **budzący respekt** awe-inspiring
respektować respect
restauracja **1** restaurant **2** **pójść do restauracji** eat/dine out
restrukturyzacja restructuring
restrukturyzować restructure

restrykcja restriction
restrykcyjny restrictive
reszka tails
reszta 1 rest, remainder 2 *(drobne)* change
resztka 1 remnant, remains 2 **resztki** leftovers, scraps
retorycznie rhetorically
retoryczny 1 rhetorical 2 **figura retoryczna** figure of speech 3 **pytanie retoryczne** rhetorical question
retoryka rhetoric
retrospekcja flashback
reumatyzm rheumatism
rewelacja revelation
rewelacyjny sensational
rewia revue
rewidować 1 review, revise 2 *(przeszukiwać)* search
rewizja 1 revision 2 *(przeszukanie)* search 3 *(odwołanie)* appeal 4 **poddawać rewizji** review
rewizyta return visit
rewolta revolt
rewolucja revolution
rewolucjonist-a/ka revolutionary
rewolucjonizować revolutionize, revolutionise *BrE*
rewolucyjny revolutionary
rewolwer revolver
rezerwa 1 reserve 2 **podchodzić do czegoś z rezerwą** take sth with a pinch/grain of salt
rezerwacja 1 booking, reservation 2 **z/robić komuś rezerwację w** *(hotelu)* book sb in/into
rezerwat 1 reserve, preserve, sanctuary 2 **rezerwat przyrody** nature reserve
rezerwować book, reserve
rezolucja resolution
rezolutny plucky
rezultat 1 result 2 **w rezultacie** consequently, as a result
rezydencja 1 mansion, residence 2 **rezydencja ziemska** manor
rezygnacja 1 resignation 2 **składać rezygnację** hand in your resignation
rezygnować give up, resign
reżim regime
reżyser director
reżyserować direct
ręcznie by hand, manually
ręcznik towel
ręczny 1 manual 2 **hamulec ręczny** handbrake *BrE*, emergency brake *AmE* 3 **ręcznej roboty** handmade
ręczyć **ręczyć za** vouch for
ręka 1 hand 2 **chwytać się za ręce** join hands 3 **gołymi rękami** with your bare hands 4 **relacja z pierwszej ręki** the inside story 5 **mieć dobrą rękę do roślin** have green fingers *BrE*, have a green thumb *AmE* 6 **mieć pełne ręce roboty** have your hands full 7 **pod ręką** handy, on hand, on tap 8 **pójść na rękę** accommodate 9 **ręce przy sobie** hands off 10 **trzymając się za ręce** hand in hand 11 **w czyichś rękach** in sb's hands, in the hands of sb 12 **w dobrych rękach** in safe hands 13 **wolna ręka** free hand/rein 14 **z drugiej ręki** secondhand 15 **z pustymi rękami** empty-handed
rękaw 1 arm, sleeve 2 **bez rękawów** sleeveless 3 **z krótkimi/długimi rękawami** short/long-sleeved
rękawica glove
rękawiczka 1 glove 2 *(z jednym palcem)* mitten
rękodzieło craft
rękopis manuscript
riksza rickshaw
ring ring
riposta retort
robaczkowy 1 **wyrostek robaczkowy** appendix 2 **zapalenie wyrostka robaczkowego** appendicitis
robak 1 worm 2 *(owad)* bug
robić 1 do, make 2 **dobrze komuś robić** do sb good 3 **robić swoje** do your own thing 4 **robić z czegoś problem** make an issue of sth
roboczy **siła robocza** labour *BrE*, labor *AmE* manpower
robot 1 robot 2 **robot kuchenny** food processor
robota 1 **nie mieć nic do roboty** be at a loose end 2 **roboty drogowe** roadworks
robotniczy 1 working-class 2 **klasa robotnicza** the working class
robotnik 1 workman, worker, labourer *BrE*, laborer *AmE* 2 **robotnik niewykwalifikowany** unskilled worker
rock 1 rock 2 **rock and roll** rock 'n' roll
rockowy rock
rocznica 1 anniversary 2 **setna rocznica** centenary
rocznie annually, yearly
rocznik 1 *(wina)* vintage 2 **wino z dobrego rocznika** vintage wine
roczny annual
rodak (fellow) countryman, compatriot
rodeo rodeo

rodowity native
rodowód pedigree
rodzaj **1** kind, sort **2** *(gramatyczny)* gender **3** **czy coś w tym rodzaju** or something **4** **jedyny w swoim rodzaju** one-of-a-kind **5** **rodzaj ludzki** the human race **6** **rodzaju męskiego** masculine **7** **rodzaju żeńskiego** feminine **8** **tego samego rodzaju** of a kind **9** **wszelkiego rodzaju** all manner of
rodzajnik **1** article **2** **rodzajnik nieokreślony** indefinite article **3** **rodzajnik określony** definite article
rodzeństwo siblings
rodzic **1** parent **2** **rodzic chrzestny** godparent
rodzicielski parental
rodzić **1** give birth (to), be in labour **2** *(plony)* bear
rodzimy native
rodzina **1** family, household **2** **najbliższa rodzina** next of kin **3** **planowanie rodziny** family planning
rodzinka folks
rodzinny **1** native **2** **to jest cecha rodzinna** it runs in the family **3** **miasto rodzinne** home town
rodzynek raisin
rogacz stag
rogalik croissant
roić **roić się od** swarm with, be crawling with, teem with
rojalist-a/ka royalist
rok **1** year **2** **cały rok** all year round **3** **mieć siedem/dwadzieścia lat** be seven/twenty years old **4** **rok przestępny** leap year **5** **rok szkolny/finansowy/akademicki** school/financial/college year **6** **szczęśliwego Nowego Roku** Happy New Year **7** **w przyszłym roku** next year **8** **w tym roku** this year
rola **1** part, role **2** **główna rola** lead **3** **główną rolę w filmie gra** the film features **4** **odgrywać rolę** play a part/role **5** **odgrywać ważną/kluczową rolę w** play a major/key role in **6** **grać główną rolę w** star in
roleta blind
rolka **1** roll, roller **2** **rolka papieru toaletowego** toilet roll
rolnictwo agriculture
rolniczy agricultural
rolnik farmer
rolny **1** **gospodarka rolna** farming **2** **gospodarstwo rolne** farm
romans affair, love affair, romance
romanty-k/czka romantic
romantycznie romantically
romantyczny romantic
romb diamond
rondel pan, saucepan
rondo **1** roundabout *BrE*, traffic circle *AmE* **2** *(kapelusza)* brim
ronić **ronić łzy** shed tears
ropa **1** *(wydzielina)* pus **2** **ropa naftowa** oil, petroleum
ropieć fester
ropucha toad
rosa dew
rosnący increasing
rosnąć **1** grow **2** *(o kosztach)* mount, rise
rosół broth
roszczenie claim
rościć **rościć sobie prawo do czegoś** stake a claim to sth
roślina **1** plant **2** **roślina doniczkowa** houseplant **3** **roślina uprawna** crop
roślinność vegetation
rotacja rotation
rowek groove
rower **1** bicycle, bike, cycle **2** **rower trójkołowy** tricycle
rowerzyst-a/ka cyclist, rider
rozbawić amuse, tickle
rozbawienie amusement
rozbawiony amused
rozbić (się) crack, smash
rozbiegać się scatter
rozbierać **1** *(rozmontowywać)* take apart, disassemble, dismantle **2** *(budynek)* pull down **3** **rozbierać się** undress, take off your clothes
rozbieżność discrepancy, divergence
rozbieżny divergent
rozbijać **1** break up **2** **rozbijać namiot** pitch a tent
rozbiór partition
rozbiórka demolition
rozbitek castaway
rozbity **1** broken **2** **rozbite małżeństwo/rodzina** broken marriage/home
rozbłyskać flare
rozbrajać disarm
rozbrajający disarming
rozbrojenie **1** disarmament **2** **rozbrojenie nuklearne** nuclear disarmament
rozbrykany frisky
rozbryzgiwać splatter
rozbrzmiewać ring out
rozbudzony wide awake
rozchodzić się **1** *(o tłumie)* disperse **2** *(o linii, drodze)* diverge **3** *(o*

ludziach) split up **4** *(o wiadomościach)* spread, travel **5** **rozchodzić się lotem błyskawicy** spread like wildfire
rozciąć cut
rozciągać **1** stretch **2** **rozciągać się** stretch, extend
rozcieńczać dilute
rozcieńczony dilute
rozcięcie cut, slit
rozcinać slit, cut (open)
rozczarować disappoint
rozczarowanie **1** disappointment, disillusionment, letdown **2** **przynosić rozczarowanie** be a disappointment
rozczarowany disappointed, discontented, disillusioned
rozczarowujący disappointing
rozdanie *(w grze w karty)* hand
rozdarcie rip, tear
rozdawać **1** distribute, give out, hand out/around **2** *(karty)* deal
rozdrażnić irritate
rozdrażniony irritated, exasperated
rozdwojony forked
rozdział **1** *(w książce)* chapter **2** *(rozdzielanie)* distribution **3** *(rozgraniczenie)* separation
rozdzielać **1** *(rozdawać)* distribute, divide **2** *(dzielić)* separate **3** **rozdzielać się** separate, spread out
rozdzielczy **tablica rozdzielcza** instrument/control panel
rozdzierać tear apart, split
rozdźwięk rift
rozebrany **1** undressed **2** **rozebrany do pasa** topless
rozejm truce
rozejść się *(o małżeństwie)* split (up), separate
rozentuzjazmowany ecstatic, enthusiastic
rozerwany burst
rozeznanie discrimination, grasp
rozgałęziacz adapter
rozgałęziać się branch
rozgarnięty brainy, smart
rozglądać się look around
rozgłos **1** fame, publicity **2** **nadawać rozgłos** publicize, publicise *BrE*
rozgnieść crush
rozgniewać anger, make angry
rozgorączkowany feverish
rozgoryczenie bitterness
rozgoryczony bitter
rozgromić rout, slaughter, thrash
rozgryźć *(problem)* crack
rozgrzeszać absolve
rozgrzewać się warm up, heat up
rozgrzewka warm-up
rozgwiazda starfish
rozjaśniać brighten, light up, lighten
rozjazd **1** junction **2** **być w rozjazdach** be on the move
rozjemca arbiter
rozkaz order, command
rozkazujący **1** imperative **2** **tryb rozkazujący** imperative
rozkazywać order, command
rozkład **1** decay **2** **rozkład jazdy** schedule, timetable **3** **rozkład sił** the balance of power
rozkładać **1** *(np. obrus)* spread, unfold **2** *(krzesło)* unfold **3** *(towar)* lay out **4** *(parasol)* open **5** **rozkładać się** decay, decompose
rozkładówka spread
rozkosz **1** bliss, delight **2** *(przyjemność)* pleasure
rozkoszować się delight in, relish, savour
rozkręcać **1** take apart **2** **rozkręcać się** hot up **3** **rozkręcić się na dobre** be in full swing
rozkwitać blossom
rozlać spill
rozlecieć się fall apart
rozlegać **rozlegać się** ring out
rozległy extensive, vast
rozlew **rozlew krwi** bloodshed
rozliczać się **1** square up **2** **rozliczać się z czegoś** account for sth
rozliczenie accounts
rozluźniać relax, loosen up
rozluźniony relaxed, lax
rozładowany *(bateria)* flat
rozładowywać unload
rozłam split
rozłączać disconnect
rozłąka separation
rozłupać crack
rozmach **z rozmachem** on a large scale, with a flourish
rozmaitość diversity, variety
rozmaity diverse, miscellaneous, various
rozmarzony dreamy
rozmawiać **1** speak, talk **2** **rozmawiać ze sobą** be on speaking terms
rozmazywać smear, smudge
rozmiar **1** *(wielkość)* size **2** *(zakres)* extent, magnitude **3** **dużych/**

średnich rozmiarów large-sized/medium-sized **4 rozmiary** dimension, size
rozmieniać change
rozmieszczać 1 space **2** *(wojsko)* deploy
rozmiękły soggy
rozmnażać się breed, reproduce
rozmnażanie reproduction
rozmokły soggy
rozmowa 1 conversation, talk **2 rozmowa kwalifikacyjna** interview **3 rozmowy** talks
rozmowny communicative, talkative
rozmówić rozmówić się z kimś have a word with sb
rozmrażać defrost
rozmyślać 1 brood **2 rozmyślać nad** ponder
rozmyślanie contemplation
rozmyślić rozmyślić się change your mind, think better of it
rozmyślny calculated, deliberate
roznosić 1 *(dostarczać)* deliver **2** *(rozgłaszać)* spread
rozpacz 1 despair, desperation, distress, heartache **2 doprowadzać do rozpaczy** exasperate **3 doprowadzający do rozpaczy** exasperating
rozpaczać despair
rozpaczliwie desperately
rozpaczliwy desperate, despairing, hopeless
rozpad breakdown, breakup, disintegration
rozpadać się break down, come apart, be falling to pieces/bits, disintegrate, fall apart
rozpadający się dilapidated
rozpadlina chasm
rozpakowywać 1 unwrap, unpack **2 rozpakowywać się** unpack
rozpalać light
rozpalony burning
rozpamiętywać dwell on/upon, brood on
rozpatrywać consider
rozpęd 1 momentum **2 nabierać rozpędu** gain/gather momentum
rozpędzać disperse, scatter
rozpić się hit the bottle
rozpieszczać pamper, spoil
rozpieszczony spoiled
rozpiętość span, spread
rozpięty undone
rozpinać 1 unbutton, unfasten **2** *(zamek)* unzip
rozplanowany planned, laid out
rozplątać 1 untangle **2** *(zagadkę)* unravel
rozpłakać się burst into tears
rozpoczynać 1 start, begin, embark on/upon **2 rozpoczynać się** start, begin, commence **3 rozpoczynać atak/dochodzenie** launch an attack/inquiry **4 rozpoczynać się od** begin with
rozporek flies *BrE*, fly *AmE*
rozporządzenie decree
rozpowszechniać circulate, diffuse, spread
rozpowszechniony prevalent, widespread
rozpoznanie *(diagnoza)* diagnosis
rozpoznawać 1 recognize, recognise *BrE* distinguish, identify **2** *(chorobę)* diagnose
rozpoznawalny recognizable
rozpraszać 1 distract, put off **2 rozpraszać się** get distracted
rozprawa 1 *(praca naukowa)* dissertation, thesis **2** *(w sądzie)* trial, hearing
rozpromieniony radiant
rozprostować rozprostować kości stretch your legs
rozproszony diffuse
rozprowadzać 1 circulate, distribute **2** *(w handlu domokrążnym)* peddle
rozpryskiwać spatter, spray
rozprzestrzeniać się spread
rozpuszczać (się) dissolve
rozpuszczalnik solvent, paint remover
rozpuszczalny 1 soluble **2** *(kawa)* instant
rozpylać spray
rozrabiać play up
rozradowany jubilant
rozrastać się expand, grow
rozrodczy reproductive
rozród breeding
rozróżniać differentiate, discriminate, distinguish, draw a distinction, tell apart
rozróżnienie distinction
rozruchy civil/public disorder, riot
rozrusznik rozrusznik serca pacemaker
rozrywać rip up, tear apart
rozrywka amusement, entertainment, pastime
rozrywkowy przemysł rozrywkowy show business

rozrzedzać dilute, thin down
rozrzucać scatter
rozrzucony scattered
rozrzutność extravagance
rozrzutny extravagant, wasteful
rozsądek **1** reason, sense **2** **przemawiać komuś do rozsądku** reason with sb **3** **w granicach rozsądku** within reason **4** **zdrowy rozsądek** common sense
rozsądnie sensibly
rozsądny reasonable, sensible, sound
rozsiewać sow, spread
rozsmarować smear
rozstać **rozstać się (z kimś)** split up (with sb), be through (with sb)
rozstanie parting
rozstawać się part, split up
rozstawiać arrange, space
rozstrój **rozstrój żołądka** a stomach upset, an upset stomach/tummy
rozstrzygać decide, settle
rozstrzygnięcie settlement
rozsuwać part, draw aside
rozsyłać send out
rozszczepiać splinter
rozszerzać expand, broaden
rozszerzany *(spodnie, spódnica)* flared
rozszyfrować decipher, make out, decode
rozśmieszać amuse
roztargnienie **1** absent-mindedness **2** **przez roztargnienie** absent-mindedly
roztargniony absent-minded, distracted
rozterka **1** dilemma, quandary **2** **być w rozterce** be in a dilemma/ quandary
roztocze mite
roztopiony molten
roztropność prudence
roztropny prudent
roztrwonić squander
roztrzaskać (się) smash up, shatter, crash
roztrzęsiony jittery
roztwór solution
rozum reason, wits
rozumieć **1** understand, comprehend, gather, get, see **2** **nadal nic nie rozumieć** be none the wiser **3** **rozumiesz mnie?** are you with me? **4** **rozumiem cię** I (can) see your point **5** **rozumiem, że** I understand (that) **6** **świetnie się rozumieć** be on the same wavelength
rozumny rational
rozumować reason
rozumowanie reasoning
rozwadniać water down
rozwaga **1** prudence **2** **brać/wziąć coś pod rozwagę** take sth into consideration, take sth on board
rozwalić bust, smash
rozwałkować roll
rozważać **1** consider, contemplate, ponder, think over **2** **rozważać ponownie** reconsider
rozważny deliberate, prudent
rozwiązanie solution, resolution
rozwiązłość promiscuity
rozwiązły promiscuous
rozwiązywać **1** *(węzeł)* undo, untie **2** *(zagadkę)* solve, sort out **3** **rozwiązywać się** come undone
rozwichrzony straggly
rozwidlać się fork
rozwidlenie fork
rozwiedziony divorced
rozwiewać **1** disperse **2** *(wątpliwości itp.)* dispel
rozwijać **1** develop, build up, cultivate **2** *(film)* unroll **3** *(działalność)* expand **4** **rozwijać się** develop, grow
rozwikłać unravel
rozwinięty **1** developed, full-blown **2** **rozwinięty nad wiek** precocious
rozwlekły long-winded
rozwodzić się **1** get divorced **2** **rozwodzić się z kimś** divorce sb
rozwolnienie diarrhoea *BrE*, diarrhea *AmE*
rozwód **1** divorce **2** **wziąć rozwód** get a divorce
rozwódka divorcée
rozwój **1** development, growth **2** **opóźniony w rozwoju** backward **3** **rozwój wydarzeń** turn of events
rozwścieczać enrage, infuriate, madden
rozzłościć anger
rożek *(lód)* ice-cream cone
rożen **1** spit **2** **kurczak z rożna** spitroasted chicken
ród **być rodem z** be a native of
róg **1** *(pokoju, ulicy)* corner **2** *(krowy)* horn **3** *(jelenia)* antler **4** **za rogiem** round the corner
rój swarm
rów ditch, dyke, trench
rówieśni-k/czka peer
równać się equal
równanie equation
równie **1** equally **2** **równie dobry/piękny (jak)** every bit as good/ beautiful (as) **3** **równie**

dobry/ważny just as good/ important

również 1 also 2 **jak również** as well as

równik the equator

równikowy equatorial

równina plain

równo equally, evenly

równoczesny simultaneous

równocześnie at the same time, simultaneously

równolegle in parallel

równoległy parallel

równomiernie steadily

równomierny steady

równość equality, parity

równouprawnienie emancipation, equal rights

równowaga 1 balance, equilibrium 2 **brak/ zachwianie równowagi** imbalance

równoważny equivalent

równoważyć balance, offset

równoznaczny 1 synonymous 2 **być równoznacznym z** amount to, be tantamount to

równy 1 *(jednakowy)* equal 2 *(powierzchnia)* even, flat, smooth 3 **dawać równe prawa** emancipate 4 **nie mający sobie równych** without equal 5 **nie mieć sobie równych** be second to none 6 **równy gość** a sport

róż rose

róża rose

różaniec rosary

różdżka wand

różnica 1 difference, distinction 2 **nie robić różnicy** make no difference 3 **różnica poglądów** difference of opinion, disagreement, dissent

różnicować differentiate

różnić się differ, vary

różnie differently

różnorodność diversity, variety

różnorodny diverse, heterogeneous

różności odds and ends

różny 1 *(rozmaity)* different, various, varying, miscellaneous 2 different, dissimilar, distinct

różowy pink, rosy

różyczka German measles

rtęć mercury

rubin ruby

rubinowy ruby

rubryka column

ruch 1 movement, move, motion 2 *(ożywienie)* activity 3 *(uliczny)* traffic 4 *(ćwiczenia)* exercise 5 **bez ruchu** motionless 6 **brak ruchu** immobility 7 **ruch oporu** the resistance 8 **ruch uliczny** traffic 9 **zrobić ruch** make a move 10 **zażywać ruchu** take exercise

ruchomy 1 movable, moving 2 **schody ruchome** escalator

ruda ore

rudy red, ginger

rudzielec redhead

rudzik robin

rufa stern

rugby rugby

ruina 1 ruin, decay 2 **popaść w ruinę** fall into ruin 3 **ruiny** ruins

rujnować ruin, wreck

ruletka roulette

rum rum

rumiany ruddy

rumienić się blush, flush, glow

rumieniec blush, flush, glow

runąć come down

runda round

runo fleece

rupieć jumble, junk

rura 1 pipe, piping 2 **rura odpływowa** drainpipe 3 **rura wydechowa** exhaust (pipe)

rurka tube

rurociąg pipeline

ruszać się 1 move 2 **nie ruszyć palcem** not lift a finger 3 **rusz się** get a move on, get moving

ruszt 1 grill 2 **piec na ruszcie** broil

rusztowanie scaffold, scaffolding

rutyna routine

rutynowo routinely

rutynowy routine

rwący turbulent

ryba 1 fish 2 **Ryby** *(znak zodiaku)* Pisces 3 **gruba ryba** heavyweight 4 **iść na ryby** go fishing 5 **łowić ryby** fish 6 **sprzedaw-ca/ czyni ryb** fishmonger

rybak fisherman

rybołówstwo fishing

rycerski chivalrous

rycerskość chivalry

rycerz knight

rycina engraving, figure

ryczałtowy ryczałtowa stawka/opłata flat rate/fee

ryczeć 1 *(o lwie)* roar 2 *(o krowie)* moo 3 *(o syrenie)* blare 4 *(o radiu)* blast 5 *(płakać)* howl

ryć engrave, etch

rydel trowel

rydwan chariot

rygiel bolt

ryglować bolt

rygorystycznie rigorously

ryj *(świni)* snout

ryk howl, roar

ryknąć bellow, roar

rykoszet odbijać się rykoszetem ricochet
rym rhyme
rymować się rhyme
rymowanie rhyme
rymowanka nursery rhyme, rhyme
rynek **1** market, marketplace **2** **badanie rynku** market research **3** **czarny rynek** black market **4** **rynek papierów wartościowych** stock market **5** **rynek zbytu** market **6** **wypuszczać na rynek** bring out, release
rynkowy siły rynkowe market forces
rynna gutter
rynsztok gutter
rys feature
rysa crack, scratch
rysować draw
rysowanie drawing
rysunek drawing
rysunkowy film rysunkowy cartoon
rytm rhythm, beat
rytmiczny rhythmic
rytualnie ritually
rytualny ritual
rywal/ka rival
rywalizacja **1** competition, rivalry **2** **oparty na rywalizacji** competitive **3** **skory do rywalizacji** competitive
rywalizować compete, contend
ryzykancki reckless, foolhardy
ryzyko **1** risk, chance **2** **na własne ryzyko** at your own risk **3** **ryzyko zawodowe** occupational hazard
ryzykować **1** risk, take a risk, run the risk **2** **nie ryzykować** play (it) safe
ryzykowny risky, precarious
ryż rice
ryżowy pole ryżowe rice/paddy field
rzadki **1** *(nie częsty)* rare, infrequent, sparse **2** *(nie gęsty)* thin
rzadko **1** rarely, infrequently, seldom **2** *(nie gęsto)* thinly
rzadkość **1** infrequency **2** *(coś rzadkiego)* rarity
rząd[1] **1** *(szereg)* row **2** **rzędem** in single file **3** **trzy lata/pięć razy z rzędu** three years/five times running **4** **trzy/cztery pod rząd** three/four in a row **5** **w pierwszym rzędzie** primarily
rząd[2] **1** *(władza)* government, administration **2** **rządy** *(panowanie)* rule **3** **pod rządami** under **4** **rządy terroru** reign of terror
rządzący ruling
rządzić govern, reign
rzecz **1** thing, stuff **2** **bieg rzeczy** course of events **3** **na rzecz** in aid of **4** **nie mieć nic do rzeczy** be beside the point **5** **rzecz jasna** needless to say **6** **rzecz w tym, że** the thing is **7** **w gruncie rzeczy** in essence **8** **wielka (mi) rzecz!** big deal! **9** **zabierać się do rzeczy** get down to business
rzeczni-k/czka spokesperson
rzeczony in question
rzeczownik **1** noun **2** **rzeczownik odsłowny** gerund
rzeczowy matter-of-fact, businesslike, factual
rzeczoznawca **1** expert **2** **rzeczoznawca budowlany** surveyor
rzeczy **1** *(ubrania)* clothes **2** *(dobytek)* belongings
rzeczywistość **1** real life, reality **2** **w rzeczywistości** in fact, as a matter of fact, in actual fact, in reality, actually
rzeczywisty actual, real
rzeczywiście actually
rzeka **1** river **2** **w górę rzeki** up the river, upriver, upstream
rzekomo allegedly, reportedly, supposedly, reputedly, ostensibly
rzekomy alleged, supposed, ostensible
rzemieślnik craftsman
rzemiosło craft, craftsmanship
rzep *(rodzaj zapięcia)* Velcro
rzepa turnip
rzepka *(w kolanie)* kneecap
rzetelny reliable, solid
rzeź slaughter
rzeźba sculpture
rzeźbiarstwo sculpture, carving
rzeźbia-rz/rka sculptor
rzeźbić sculpt, carve
rzeźbiony sculptured
rzeźnia slaughterhouse
rzeźnik **1** butcher **2** *(sklep)* butcher's
rzeżucha watercress
rzęsa **1** eyelash, lash **2** **tusz do rzęs** mascara
rzęzić wheeze
rzodkiewka radish
rzucać **1** throw, fling, hurl, pitch, toss **2** *(palenie)* quit, give up **3** **rzucać cień** cast a shadow **4** **rzucać czar na** cast a spell on/over **5** **rzucać monetą** flip a coin **6** **rzucić na coś okiem** cast an eye over sth **7** **rzucać się w oczy** stand out **8** **rzucać się** pounce, dart **9** *(miotać się)* thrash

10 rzucać się na go at sb/sth, go for sb/sth **11 rzucać światło na coś** cast light on/onto sth **12 rzucać się do ucieczki** bolt **13 rzucający się w oczy** conspicuous **14 nie rzucający się w oczy** unobtrusive **15 nie rzucać się w oczy** be inconspicuous

rzucić rzucić kogoś walk out on sb, jilt sb

rzut 1 throw **2** *(w baseballu)* pitch **3 na pierwszy rzut oka** at first glance/sight, on the face of it **4 rzut dyskiem** discus **5 rzut monetą** a toss of a coin **6 rzut karny** penalty kick **7 rzut rożny** corner kick **8 rzut wolny** free kick

rzutka 1 dart **2 gra w rzutki/strzałki** darts

rzutnik projector

rzygać puke

Rzymian-in/ka Roman

rzymski 1 Roman **2 cyfra rzymska** Roman numeral

rzymskokatolicki Roman Catholic

rżeć neigh

Ss

sabat the Sabbath

sabotaż sabotage

sabotować sabotage

sacharyna saccharin

sad orchard

sadowić sadowić się settle

sadyst-a/ka sadist

sadystyczny sadistic

sadyzm sadism

sadza soot

sadzać sit

sadzawka pool

sadzić plant

sadzonka seedling, cutting

safari safari

saga saga

sakiewka pouch

sakrament sacrament

saksofon saxophone, sax

sala 1 room, hall **2** *(lekcyjna)* classroom **3 sala balowa** ballroom **4 sala gimnastyczna** gym, gymnasium **5 sala operacyjna** theatre *BrE*, theater *AmE* **6 sala sądowa** courtroom **7 sala sypialna** dormitory

salami salami

saldo balance

salon 1 lounge, parlour **2** *(w mieszkaniu)* living room, sitting room *BrE* **3 salon gier** arcade **4 salon piękności** beauty salon *BrE*, beauty parlor *AmE* **5 salon wystawowy** showroom

saloon saloon

salowa orderly

salto somersault

salut salute

salutować salute

salwa volley

sałata lettuce

sałatka salad

sam 1 *(samodzielnie)* myself, himself *etc.* **2** *(samotny)* alone, on my own **3 zupełnie sam** (all) by myself **4 do samego końca** to/until the bitter end **5 sam/sama/samo w sobie** in his/her/its own right **6 taki sam** the same **7 ten sam** the same **8 tym samym** thereby **9 zrób to sam** do-it-yourself **10 zupełnie sam** (all) by myself

samica 1 female **2** *(ptaka)* hen

samiec 1 male **2** *(słonia, wieloryba itp.)* bull

samo 1 samo w sobie in itself **2 tym samym** thus **3 wyglądać/smakować tak samo** look/taste the same

samobójczy suicidal

samobójstwo 1 suicide **2 popełnić samobójstwo** commit suicide

samochodowy 1 wypadek samochodowy car accident **2 wyścigi samochodowe** motor racing

samochód 1 car, automobile *AmE*, motor car **2 samochód cysterna** tanker

samodyscyplina self-discipline

samodzielnie (all) by yourself, (all) on your own

samodzielność independence

samodzielny independent, self-reliant

samogłoska vowel

samokontrola self-control

samolot 1 aeroplane *BrE*, airplane *AmE* plane **2** *(wojskowy)* aircraft **3 samolot pasażerski** airliner

samolubny egotistic, self-centred, selfish

samoobrona self-defence

samoobsługa self-service

samopoczucie mood

samotnie (all) by yourself, (all) on your own

samotnik loner

samotność loneliness, solitude

samotny 1 lone, lonely, lonesome, solitary **2 samotny rodzic** single parent

samowystarczalny self-sufficient

samozadowolenie complacency

sanatorium sanatorium, sanitarium

sandał sandal
saneczki sledge
sanie sleigh, toboggan
sanitariusz orderly
sanitarny sanitary
sankcja sanction
sankcjonować sanction
sanki sledge
sanktuarium shrine
sapać gasp, puff
sardynka sardine
sarkastycznie sarcastically
sarkastyczny sarcastic
sarkazm sarcasm
saszetka sachet
sataniczny satanic
satelita satellite
satelitarny 1 **antena satelitarna** satellite dish 2 **telewizja satelitarna** satellite television
Saturn Saturn
satyna satin
satyra satire
satyryczny satirical
satysfakcja 1 satisfaction, fulfilment *BrE*, fulfillment *AmE* gratification 2 **dający satysfakcję** fulfilling
satysfakcjonować gratify
satysfakcjonujący satisfying, rewarding
sauna sauna
sączyć się ooze, seep, trickle
sąd 1 court 2 **sąd wojenny** court-martial 3 **Wysoki Sądzie** Your Honour
sądownictwo judiciary
sądowy judicial
sądzić 1 *(myśleć)* believe, think, suppose, feel, try 2 *(oceniać)* judge 3 *(przestępcę)* try 4 **sądzę, że** my guess is (that) 5 **sądząc po/z** judging by/from
sądzony coś było komuś sądzone sb was fated to do sth
sąsiad/ka neighbour *BrE*, neighbor *AmE*
sąsiedni neighbouring, adjoining, next
sąsiedzki po sąsiedzku next door
scalać merge
scalony układ scalony integrated circuit, chip
scena 1 scene 2 *(w teatrze)* stage 3 **za sceną** offstage
scenariusz 1 screenplay, script 2 *(możliwość)* scenario
scenarzyst-a/ka screenwriter, scriptwriter
sceneria setting
scenka sketch
scentralizować centralize, centralise *BrE*
sceptycyzm scepticism
sceptyczny sceptical
scepty-k/czka sceptic
schemat 1 pattern 2 *(diagram)* diagram
schizofrenia schizophrenia
schizofreni-k/czka schizophrenic
schlebiać flatter
schludnie neatly, tidily
schludność neatness, tidiness
schludny neat, tidy, trim
schłodzić chill
schłodzony refrigerated
schnąć dry out
schodek stair
schodowy klatka schodowa staircase
schody 1 stairs 2 **schody ruchome** escalator
schodzenie descent
schodzić 1 *(iść w dół)* come down, go down 2 *(z konia, łóżka itp.)* get off 3 **schodzić na ląd** disembark
schorzenie disorder
schować 1 put away, stow 2 **schować się** hide, shelter
schowek compartment, cubby hole
schron bunker, shelter
schronić się shelter
schronienie 1 shelter, cover, haven, refuge, sanctuary 2 **dawać schronienie** harbour *BrE*, harbor *AmE* shelter
schronisko 1 hostel 2 **schronisko dla psów** kennels 3 **schronisko młodzieżowe** youth hostel
schwytać capture
schwytanie capture
schylać się stoop, get down
scyzoryk penknife, pocket knife
seans seans spirytystyczny seance
sedan saloon *BrE*, sedan *AmE*
sedno 1 root, substance, the crux 2 **dotrzeć do sedna czegoś** get to the bottom of sth 3 **sedno czegoś** the thrust of sth 4 **sedno sprawy/problemu** the heart of the matter/ problem 5 **sedno sprawy** the bottom line, the point
segment unit
segregacja segregation
segregator file
segregować sort
sejf safe
sejsmiczny seismic
sekator shears
sekcja 1 section 2 **sekcja zwłok** autopsy, post-mortem

3 **przeprowadzać sekcję na** dissect
sekret secret
sekretarka automatyczna sekretarka answering machine
sekreta-rz/rka secretary
sekretarzyk bureau
seks sex
seksist-a/ka sexist
seksistowski sexist
seksizm sexism
seksowny sexy
seksualnie sexually
seksualny sexual
sekta sect
sektor sector
sekunda second, sec
selekcja selection
selektywny selective
seler 1 *(naciowy)* celery 2 *(korzeniowy)* celeriac
semafor signal
semestr term *BrE*, semester *AmE*
seminarium seminar
sen 1 sleep 2 *(marzenie senne)* dream 3 **mieć lekki/mocny sen** be a light/heavy sleeper 4 **sen zimowy** hibernation 5 **we śnie** in your sleep 6 **zapadać w sen zimowy** hibernate
Senat the Senate
senator senator
sennie sleepily, drowsily
senność sleepiness, drowsiness
senny sleepy, drowsy
sens 1 meaning, point, sense 2 **coś w tym sensie** sth to this/that effect 3 **to ma sens** it makes sense 4 **nie ma sensu** it's no use, there's no point 5 **w pewnym sensie** in a manner of speaking, in a sense, in a way, in some ways
sensacja bombshell, sensation
sensacyjny sensational
sensownie meaningfully
sensowny meaningful, reasonable
sentyment sentiment
sentymentalizm sentimentality
sentymentalny sentimental
separacja 1 separation 2 **żyć w separacji** be separated
seplenić lisp
seplenienie lisp
ser cheese
serce 1 heart 2 **coś leży komuś na sercu** sb feels strongly about sth 3 **mieć miękkie serce** be softhearted 4 **mieć złamane serce** be broken-hearted 5 **nie mieć serca czegoś zrobić** not have the heart to do sth 6 **płynący z głębi serca** heartfelt 7 **rozdzierający serce** heartbreaking 8 **w głębi serca/duszy** in your heart 9 **z całego serca** with all your heart, wholeheartedly 10 **z ciężkim sercem** with a heavy heart 11 **zatrzymanie akcji serca** cardiac arrest
serdecznie cordially, heartily, warmly
serdeczność warmth
serdeczny cordial, hearty, warm-hearted, warm
serek serek śmietankowy cream cheese
serenada serenade
seria 1 series, succession 2 *(rozmów)* round
serial serial, series
serio 1 seriously 2 **brać kogoś/coś poważnie/na serio** take sb/sth seriously
sernik cheesecake
serpentyna 1 streamer 2 *(w górach)* hairpin bend
serw serve
serwetka napkin, serviette
serwis 1 maintenance, service 2 *(w tenisie)* serve 3 **serwis informacyjny** news bulletin
serwować 1 serve 2 *(w krykiecie)* bowl
sesja 1 session 2 **sesja zdjęciowa** shoot
set set
setka setki czegoś hundreds of sth
setny 1 hundredth 2 **setna rocznica** centenary
sezon season
sezonowy seasonal
sędzia 1 judge 2 *(sportowy)* umpire 3 *(w futbolu, boksie, zapasach)* referee 4 **sędzia liniowy** linesman 5 **sędzia pokoju** *(odpowiednik sędziego kolegium orzekającego)* Justice of the Peace
sędziować judge, referee
sędziwy dożyć sędziwego wieku live to a ripe old age
sęk knot
sękaty gnarled
sęp vulture
sfabrykować fabricate
sfałszować doctor, fake, falsify, forge
sfatygowany shabby, tatty
sfaulować foul
sfera sphere, quarter
sfilmować shoot, film
sfinalizować finalize, finalise *BrE*
sfinansować finance, fund
sfingować fix
sfinks sphinx
sflaczały flabby
sfora pack
sformatować format

sformułować 1 phrase, word 2 **sformułować inaczej** rephrase
sfotografować photograph, snap
sfrustrowany frustrated
show show
siać sow
siadać sit down
siano 1 hay 2 **jak szukanie igły w stogu siana** like looking for a needle in a haystack
siarka sulphur *BrE*, sulfur *AmE*
siatka 1 mesh, net, netting, grid 2 **siatka asekuracyjna** safety net
siatkówka 1 volleyball 2 *(oka)* retina
sidła snare
siebie 1 yourself 2 **dla siebie** (all) to yourself
sieć 1 net 2 *(komputerowa)* network 3 *(sklepów)* chain 4 *(pająka)* web 5 **sieć energetyczna** grid 6 **sieć intryg/oszustw** a web of intrigue/deceit 7 **sieć telewizyjna zamknięta** closed circuit television 8 **w sieci** *(komputerowej)* online 9 **złapać w sieć** net
siedem seven
siedemdziesiąt seventy
siedemdziesiąty 1 seventieth 2 **lata siedemdziesiąte** the seventies
siedemnasty seventeenth
siedemnaście seventeen
siedemset seven hundred
siedzący sedentary
siedzenie 1 seat 2 **tylne siedzenie** back seat
siedziba 1 headquarters 2 **mieć siedzibę w** be based in
siedzieć 1 sit, be seated 2 **siedzieć po turecku** sit cross-legged 3 **siedzieć spokojnie** sit still
siekać chop, mince
siekiera axe *BrE*, ax *AmE*
sielankowy idyllic
sierociniec orphanage
sierota orphan
sierp 1 *(narzędzie)* sickle 2 *(kształt)* crescent
sierpień August
sierpowy lewy/prawy sierpowy left/right hook
sierść fur, hair, coat
sierżant sergeant
się 1 *(siebie samego)* yourself, oneself 2 *(nawzajem)* each other, one another
sięgać 1 reach 2 **sięgać do kolan** *(o wodzie)* be knee-deep
sięgnąć sięgnąć do delve into/inside
sikać piss
sikora tit
silnie strongly
silnik 1 engine 2 *(elektryczny)* motor 3 **pomocniczy silnik rakietowy** booster 4 **silnik odrzutowy** jet engine
silnikowy motorized, motorised *BrE*
silny strong, powerful, forceful, potent
silos silo
siła 1 power, strength, force 2 **mieć dość sił na coś** be/feel up to sth 3 **nie czuć się na siłach, żeby coś zrobić** can't face doing sth 4 **połączyć siły** join/combine forces, team up 5 **rozkład sił** the balance of power 6 **siła napędowa (czegoś)** the driving force (behind sth) 7 **siła przebicia** clout 8 **siła przyzwyczajenia** force of habit 9 **siła robocza** labour *BrE*, labor *AmE* manpower, workforce 10 **siła woli** willpower 11 **siłą rzeczy** necessarily 12 **siły zbrojne** the armed forces, the services
siłownia health club, gym
singel 1 *(płyta)* single 2 *(w tenisie)* singles
siniaczyć bruise
siniak bruise
siniec bruise
siodełko saddle
siodłać saddle
siodło saddle
siorbać slurp
siostra 1 sister 2 **siostra przyrodnia** half-sister
siostrzany siostrzana firma/organizacja sister company/organization
siostrzenica niece
siostrzeniec nephew
siostrzyczka little sister
siódmy seventh
Sir *(tytuł szlachecki)* Sir
sit(k)o sieve
sitowie rush
siusiać pee, wee
siusiu pee
siwiejący greying *BrE*, graying *AmE*
siwy grey *BrE*, gray *AmE*
sjesta siesta
skafander anorak
skakać 1 jump, spring 2 *(na miękkim podłożu)* bounce 3 **skakać do wody** dive 4 **skakać komuś po głowie** walk all over sb 5 **skakać z radości** jump for joy
skakanka skip
skala 1 scale 2 **na dużą skalę** large-scale 3 **na małą skalę** small-scale 4 **skala Celsjusza** Celsius, Centigrade
skaleczenie cut
skaleczyć cut, hurt, injure

skalisty rocky
skalp scalp
skalpel scalpel
skalpować scalp
skała rock
skamielina fossil
skamieniały **1** fossilized, fossilised *BrE* **2** **skamieniały ze strachu** petrified
skandal scandal
skandaliczny scandalous, disgraceful, outrageous, criminal
skandować chant
skandowanie chant
skaner scanner
skapitulować capitulate
skarb treasure, hoard
skarbiec vault
skarbnik treasurer
skarbonka piggy bank
skarcić scold
skarga **1** complaint **2** **składać skargę** lodge a complaint
skarpeta sock
skarpetka sock
skarżyć **1** *(w sądzie)* sue **2** **skarżyć na kogoś** tell on sb **3** **skarżyć się** complain **4** **skarżyć się na coś** complain of sth
skarżypyta sneak
skasować **1** delete, erase **2** *(bilet)* punch **3** *(samochód)* total
skatalogować catalogue, catalog *AmE*
skaut Boy Scout, scout
skauting scouting, the Scouts
skaza **1** blemish, flaw, imperfection **2** **bez skazy** flawless
skazan-y/a[1] *noun* convict
skazany[2] *adj* **być skazanym na coś** be doomed to (do) sth
skazić contaminate
skazywać condemn, convict, sentence
skażenie contamination
skażony contaminated, tainted
skąpiec miser
skąpo scantily
skąpstwo miserliness, stinginess
skąpy **1** *(człowiek)* stingy, miserly, cheap, mean **2** *(nieliczny)* scanty, scarce, sparse
skecz sketch
skierować **1** direct, channel **2** **skierować się ku** head for, make for, make your way towards
skin skinhead
skinąć **1** **skinąć (głową)** nod **2** **skinąć (na)** beckon
skinhead skinhead
skinienie nod
sklasyfikować categorize, categorise *BrE* classify, grade
skleić gum, glue together
sklejka plywood
sklep **1** shop *BrE*, store *AmE* **2** **sklep monopolowy** off-licence *BrE*, liquor store *AmE* **3** **sklep owocowo-warzywny** greengrocer's **4** **sklep spożywczy** grocery store, the grocer's **5** **sklep z wyrobami tytoniowymi** tobacconist
sklepika-rz/rka shopkeeper *BrE*, storekeeper *AmE*
sklonować clone
skład **1** composition **2** *(zespołu)* lineup **3** **mówić bez ładu i składu** ramble **4** **w pełnym/niepełnym składzie** at full strength/below strength
składać **1** *(montować)* assemble, put together **2** *(papier, krzesło)* fold **3** *(parasol)* furl **4** **składać ofertę** bid **5** **składać się** fold **6** **składać się jak scyzoryk** jack-knife **7** **składać się na** constitute, make up **8** **składać się z** consist of, be composed of, comprise **9** **składać w ofierze** sacrifice **10** **składać wizytę** pay a visit **11** **tak się (akurat) składa** as it happens/it (just) so happens
składanka compilation, medley
składany collapsible
składka **1** fee **2** *(ubezpieczeniowa)* premium **3** **składki** dues
składnia syntax
składnica storeroom
składnik constituent, building block, ingredient
składowy constituent
skłamać lie
skłaniać **skłaniać się** incline, lean
skłonić **skłonić kogoś do robienia czegoś** persuade sb to do sth, lead sb to do sth
skłonność **1** inclination, leaning, tendency **2** **mieć skłonności do** be inclined to
skłonny **1** **być gotowym/skłonnym coś zrobić** be willing to do sth **2** **być skłonnym zgodzić się/uwierzyć** be inclined to agree/believe
sknera miser, scrooge
skoczyć **1** jump, leap **2** **skoczyć komuś do gardła** jump down sb's throat **3** **skoczyć w górę** *(o cenach itp.)* rocket
skojarzenie association
skojarzyć associate, connect
skok **1** jump, leap, hop **2** *(nagły wzrost)* surge **3** **skok o tyczce** pole vault **4** **skok w dal** long jump **5** **skok wzwyż** the high

jump **6 skoki do wody** diving
skolonizować colonize, colonise *BrE*
skomentować comment
skomercjalizowany commercialized, commercialised *BrE*
skomleć whimper
skomplikować complicate
skomplikowany complicated, complex, sophisticated
skomponować compose
skompromitować **1** disgrace **2 skompromitować się** compromise yourself
skomputeryzować computerize, computerise *BrE*
skoncentrować się concentrate
skoncentrowany concentrated
skondensować condense
skonfiskować confiscate
skonfrontować confront
skonsolidować consolidate
skonsternowany bewildered, nonplussed
skonsultować **skonsultować się z** consult
skonsumować consume
skontaktować **skontaktować się (z)** contact, get in touch (with), reach
skontrolować inspect
skończony **1** finished, over **2 być skończonym** be all over
skończyć **1** finish, wrap up **2** *(pracę)* call it a day, knock off **3 skończyć 20/30 lat** turn 20/30 **4 skończyć szkołę/studia** graduate **5 skończyć z czymś** be through with sth **6 skończyć się** finish, draw to an end/a close **7** *(wyczerpać się)* run out
skoordynować coordinate
skopiować copy, duplicate
skorek earwig
skoro since, as
skorodować corrode
skorowidz index
skorpion **1** scorpion **2 Skorpion** *(znak zodiaku)* Scorpio
skorumpować corrupt
skorumpowany corrupt, bent, crooked
skorupa crust, shell
skorupiak shellfish
skorupka shell
skorygować correct, revise
skorzystać **1** benefit **2 skorzystać z czegoś** avail yourself of sth **3 skorzystać z czyjejś propozycji/zaproszenia** take sb up on an offer/invitation **4 skorzystać z okazji** leap at/grab a chance/ opportunity
skosić mow
skosztować have a taste, taste
skowronek lark
skowyczeć yelp
skowyt yelp
skóra **1** skin **2** *(zwierzęca)* hide **3** *(wyprawiona)* leather **4 być w czyjejś skórze** be in sb's shoes **5 skóra głowy** scalp **6 zedrzeć skórę z** rip off
skórka **1** *(chleba)* crust **2** *(warzywa, owocu)* peel, rind **3** *(kiełbasy)* skin
skracać **1** shorten **2** *(wyraz)* abbreviate **3** *(książkę)* abridge
skradać się creep, steal
skraj edge, fringe, periphery
skrajność **1** extreme **2 posuwać się do skrajności** go to extremes/ carry sth to extremes
skrajny **1** extreme **2 skrajna lewica/prawica** the far left/right
skrapiać sprinkle
skraplać się condense
skrawek scrap
skreślać delete, cross out, strike out
skreślenie deletion
skręcać **1** *(rolkę)* roll **2** *(sznurek)* weave, twine **3** *(zmieniać kierunek ruchu)* turn **4 skręcać (z)** *(drogi)* turn off **5 skręcać gwałtownie** swerve, veer **6 skręcać w prawo/lewo** turn right/left **7 skręcać się** writhe
skręcenie sprain
skręcić sprain, twist
skręcony twisted
skrępować tie up/down
skrępowany awkward, inhibited, self-conscious
skręt *(z marihuany)* joint
skrobać **1** scrape **2 skrobać łapą (w)** paw (at)
skrobia starch
skrobnąć **skrobnąć do kogoś parę słów** drop sb a line
skromnie humbly, modestly
skromność modesty, humility
skromny **1** modest, humble **2 moim skromnym zdaniem** in my humble opinion
skroń temple
skrócony abridged, truncated
skrót **1** abbreviation **2** *(droga)* short cut **3 być skrótem od** stand for **4 skrót wiadomości** bulletin, roundup, the

headlines **5 w dużym skrócie** in a nutshell **6 w skrócie** in brief, for short

skrucha remorse, repentance

skrupulatnie meticulously

skrupulatny meticulous, fastidious, thorough, scrupulous

skrupuły 1 scruples **2 pozbawiony skrupułów** unscrupulous **3 nie mieć skrupułów w związku z** have no qualms about

skruszony remorseful, repentant

skrycie covertly

skrystalizować się crystallize, crystallise *BrE*

skrytobój-ca/czyni assassin

skryty inward, cagey

skrytykować criticize, criticise *BrE*, run down

skrywany repressed

skrzat goblin, pixie

skrzeczeć screech, squawk

skrzek spawn

skrzela gills

skrzep clot

skrzepnąć solidify

skrzyć się glitter, shimmer, sparkle, twinkle

skrzydlaty winged

skrzydło 1 *(ptaka, samolotu)* wing **2** *(oddziału)* flank **3 brać/wziąć kogoś pod swoje skrzydła** take sb under your wing

skrzydłowy wing

skrzynia 1 chest **2 skrzynia biegów** gearbox

skrzynka 1 crate, box **2 skrzynka na kwiaty** window box **3 skrzynka na listy** letterbox **4 skrzynka pocztowa** letterbox, mailbox, postbox

skrzypce violin, fiddle

skrzyp-ek/aczka violinist, fiddler

skrzypiący creaky

skrzypieć creak, squeak

skrzypienie squeak

skrzywdzić harm, hurt

skrzywić skrzywić się wince

skrzyżować 1 cross **2 skrzyżować ramiona** fold your arms

skrzyżowanie 1 crossroads, intersection **2** *(krzyżówka)* cross, hybrid

skserować xerox, photocopy

skubać nibble, pluck

skudlony matted

skudłacony matted

skumulowany cumulative

skunks skunk

skupiać się focus, concentrate

skupienie concentration

skupiony 1 concentrated **2 być skupionym na/w/wokół** be concentrated on/in/around

skurcz contraction, cramp, spasm

skurczyć się shrink, contract

skusić entice, tempt

skutecznie effectively

skuteczność effectiveness

skuteczny effective

skutek 1 effect, result **2 brzemienny w skutki** fateful **3 na skutek/w wyniku** as a result of **4 nie dojść do skutku** fall through **5 odnosić odwrotny skutek** backfire **6 skutek uboczny** by-product, side effect

skuter scooter

skwarny scorching, sweltering

skwaszony sour

skwaśniały sour

skwierczeć sizzle

slajd slide

slang slang

slipy briefs, shorts, underpants, Y-fronts *BrE*

slogan catch phrase, slogan

slumsy slum

słabeusz weakling

słabiutki feeble

słabnący flagging

słabnąć weaken, die down, fade, recede, subside

słabo 1 weakly, faintly, poorly **2 komuś jest słabo** sb is faint

słabostka indulgence

słabość 1 weakness **2 słabość do czegoś** a weakness for sth **3 mieć do kogoś słabość** have a soft spot for sb **4 mieć słabość do czegoś** be partial to sth **5 mieć słabość do słodyczy** have a sweet tooth

słaby 1 weak, faint **2** *(kiepski)* poor **3 być słabym z** be bad at **4 mieć słaby słuch** be hard of hearing **5 słaba strona** disadvantage

sława 1 celebrity, fame **2 cieszący się złą sławą** notorious **3 w blasku sławy** in a blaze of glory/publicity **4 zdobyć sławę** make a name for yourself **5 zdobyć wielką sławę** hit the big time **6 zła sława** notoriety

sławny famous, renowned, celebrated, famed

słodki 1 sweet **2 słodka woda** fresh water **3 słodki ziemniak** yam

słodko sweetly

słodkowodny freshwater

słodycz sweetness

słodzić sugar, sweeten

słodzik sweetener

słoik jar

słoma straw
słomka straw
słonecznik sunflower
słoneczny **1** solar, sunny **2** **okulary słoneczne** shades
słony salty
słoń elephant
słońce sun, sunshine
słowik nightingale
słownictwo lexicon, vocabulary
słowniczek glossary, vocabulary
słownie verbally
słownik **1** dictionary **2** **słownik synonimów** thesaurus
słowny verbal
słowo **1** word **2** **słowa** *(piosenki)* lyrics **3** **dawać komuś słowo** give sb your word **4** **innymi słowy** in other words **5** **mieć ostatnie słowo** have the last word **6** **nie powiedzieć/zrozumieć ani słowa** not say/understand a word **7** **słowo w słowo** word for word **8** **swoimi słowami** in your own words **9** **wolność słowa** freedom of speech/free speech
słód malt
słój pot
słuch **1** hearing **2** **chodzą słuchy, że ...** it is rumoured that ... **3** **mieć słaby słuch** be hard of hearing **4** **pozbawiony słuchu muzycznego** tone-deaf **5** **zamieniać się w słuch** be all ears
słuchacz/ka listener
słuchać **1** hear, listen to **2** *(być posłusznym)* obey **3** **nie słuchać** disobey **4** **słucham?** I beg your pardon?, pardon?, sorry?
słuchawka **1** receiver **2** **odłożyć słuchawkę** hang up **3** **słuchawka lekarska** stethoscope
słuchawki earphones, headphones
słuchowy aural
sługa servant
słup(ek) **1** pole, post **2** *(bramki)* goalpost **3** *(ćwiczenie arytmetyczne)* sum **4** **słupek drogowy** bollard
słusznie rightly, justifiably
słuszność **słuszność czegoś** the wisdom of sth
słuszny right
służalczy servile, subservient
służąca maid
służący manservant, valet
służba **1** service **2** *(służący)* servants **3** **być na/po służbie/dyżurze** be on/off duty
służyć serve
słyszalny audible
słyszeć **1** hear **2** **nie chcę (nawet) o tym słyszeć!** I won't hear of it! **3** **pierwsze słyszę** that's news to me
smaczny tasty, palatable
smak **1** taste, flavour *BrE*, flavor *AmE* **2** **bez smaku** bland, tasteless **3** **mieć smak czegoś** taste of sth **4** **o smaku czekoladowym** chocolate-flavoured *BrE*, chocolate-flavored *AmE*
smakosz gourmet
smakować taste
smakowity appetizing, mouth-watering
smakowy **dodatek smakowy** flavouring *BrE*, flavoring *AmE*
smalec lard
smar grease, lubricant
smarować grease, lubricate, smear
smażony fried
smażyć fry, sauté
smoczek **1** dummy *BrE*, pacifier *AmE* comforter *AmE* **2** *(na butelkę)* teat
smog smog
smok dragon
smoking dinner jacket *BrE*, tuxedo *AmE*
smoła pitch, tar
smród smell, stench, stink
smuga smear, smudge
smukły slender
smutek **1** sadness, sorrow **2** **pełen smutku** filled with sadness **3** **ze smutkiem** sadly
smutno sadly
smutny sad, blue
smycz lead *BrE*, leash *AmE*
smyczek **1** bow **2** **smyczki** *(instrumenty smyczkowe)* the strings
smykałka flair
snajper sniper
snob/ka snob
snobistyczny snobbish
snobizm snobbery
snooker *(rodzaj bilardu)* snooker
snop **1** sheaf **2** *(światła)* beam, shaft
snowboarding snowboarding
sobie **1** *(dla siebie)* (for) yourself **2** *(wzajemnie)* each other, one another **3** **mieć/nosić coś przy sobie** have/carry sth on you
sobota Saturday
sobowtór double, lookalike
socjalist-a/ka socialist
socjalistyczny socialist
socjalizm socialism
socjolog sociologist
socjologia sociology
soczewica lentil
soczewka **1** lens **2** **szkła/soczewki kontaktowe** contact lenses

soczysty juicy, succulent
sodowy **woda sodowa** soda
sofa sofa, settee
soja soya bean
sojusz alliance
sojusznik ally
sok **1** juice **2** **sok owocowy** squash
sokół falcon
sola *(ryba)* sole
solenny solemn
solić salt
solidarność solidarity
solidność reliability
solidny **1** reliable, solid **2** **solidny posiłek** a square meal
solist-a/ka soloist
solniczka salt cellar
solo solo
solony salted
sonata sonata
sonda **1** probe **2** **zapuszczać sondę** probe
sonet sonnet
sopel icicle
sopran soprano
sortować sort
sos **1** sauce **2** *(pieczeniowy)* gravy **3** *(do sałatek)* dressing **4** *(do maczania)* dip
SOS SOS
sosna pine
soul **(muzyka) soul** soul
sowa owl
sowiecki Soviet
sód sodium
sól salt
spacer **1** walk, stroll **2** **iść/pójść na spacer** go for a walk
spacerować walk, stroll
spacerówka pushchair *BrE*, stroller *AmE*
spać **1** be asleep, sleep **2** **iść spać** go to sleep/bed **3** **nie dawać spać** keep up **4** **nie pójść spać** stay up **5** **nie spać** be/lie/stay etc awake **6** **pospać (sobie) dłużej** sleep in **7** **spać głęboko** be fast asleep
spadać **1** fall **2** *(o cenach itp.)* fall, drop, go down **3** **spadająca gwiazda** shooting star **4** **spadaj!** get lost!
spadek **1** *(cen, temperatury)* fall, drop, decrease **2** *(spuścizna)* inheritance, legacy **3** **gwałtowny spadek** plunge
spadkobierca heir
spadkobierczyni heiress
spadkowy **wykazywać tendencję spadkową** be on the decline
spadochron parachute, chute
spadochroniarz **1** parachutist **2** *(żołnierz)* paratrooper
spaghetti spaghetti
spakować pack
spalać **1** burn **2** **spalać energię/kalorie** burn off energy/calories
spalanie combustion
spalić **1** burn **2** **spalić się** burn down **3** **spalić na panewce** go up in smoke
spaliny exhaust, fumes
spalony **1** burned **2** **na spalonym** offside
spałaszować polish off
spaniel spaniel
spanikowany panicky
sparafrazować paraphrase
sparaliżować paralyse
sparaliżowany paralysed, numb
sparodiować parody, send up
spartaczyć bungle, muck up
spartański spartan
spaść **1** fall **2** *(gwałtownie)* plunge
spawacz welder
spawać weld
specjalist-a/ka professional, specialist
specjalistyczny specialized
specjalizacja specialization
specjalizować się specialize, specialise *BrE*
specjalnie especially, specially, specifically
specjalność speciality, specialty
specjalny **1** special **2** **efekty specjalne** special effects
specyficznie peculiarly
specyficzny **1** specific, idiosyncratic **2** **specyficzny dla** peculiar to
specyfikacja specification
spektakl show
spektakularny spectacular
spektrum spectrum
spekulacja speculation
spekulant/ka speculator
spekulować speculate
spelunka dive
spełniać **1** conform to, meet, satisfy **2** **spełniać czyjeś oczekiwania** live up to sb's expectations **3** **spełniać nadzieję/marzenie** realize a hope/dream **4** **spełniać obietnicę/obowiązek** fulfil a promise/duty **5** **spełniać oczekiwania** come up to expectations **6** **spełniać się** become a reality, come true
spełnienie fulfilment *BrE*, fulfillment *AmE* realization
spełznąć **spełznąć na niczym** misfire

sperma semen, sperm
speszony abashed
spędzać spend
spiczasty pointed
spieczony overdone
spieprzyć screw up
spierać się 1 wash out, wash off 2 *(kłócić)* argue, quarrel
spierzchnięty chapped
spieszyć się 1 be in a hurry 2 *(o zegarku)* gain
spięcie **krótkie spięcie** short circuit
spięty tense, uptight
spiker/ka announcer
spiłować file
spinacz 1 clip, paper clip 2 *(do bielizny)* (clothes)peg
spinka 1 clip 2 **spinka do mankietu** cuff link 3 **spinka do włosów** hairpin
spirala spiral
spirytyzm spiritualism
spis 1 register, directory 2 **spis kontrolny** checklist 3 **spis ludności** census 4 **spis treści** contents
spisek conspiracy, plot
spiskować conspire, plot, scheme
spiskowiec conspirator
spiżarnia larder, pantry
splajtować go bust
splamić 1 tarnish 2 **splamić się (czymś)** be tainted (by/with sth)
splądrować plunder, ransack
splątany tangled
spleciony braided, intertwined
spleśniały mouldy *BrE*, moldy *AmE*
spluwać spit
spłacać repay
spłacić pay off
spłata repayment
spławić **spławić kogoś** give sb the brush-off
spławny navigable
spłoszyć 1 scare off/away 2 **spłoszyć się** shy
spłukać rinse
spłukany *(bez pieniędzy)* broke, hard up
spłukiwać flush
spłycać oversimplify
spływać 1 flow 2 **spływaj!** beat it!, push off!
spocony sweaty
spoczynek 1 rest 2 **w spoczynku** at rest
spodek saucer
spodenki shorts
spodnie 1 trousers *BrE*, pants *AmE* 2 **krótkie spodnie** shorts
spodziewać się 1 expect 2 **jak można się było spodziewać** sure enough
spoglądać 1 look 2 **spoglądać z góry na** look down on 3 **spójrzmy prawdzie w oczy** let's face it
spojrzeć 1 **spojrzeć na kogoś** give sb a look 2 **spójrz na ...** look at ...
spojrzenie look, gaze, stare
spokojnie calmly, quietly, peacefully
spokojny calm, peaceful, quiet
spokój 1 calmness 2 *(cisza)* calm, quiet 3 *(pokój)* peace 4 **dać komuś spokój** leave/let sb alone 5 **daj mi spokój!** get off my back!, come off it! 6 **nie dawać spokoju** nag 7 **podchodzić do czegoś ze spokojem** take sth in your stride 8 **w spokoju** at your leisure 9 **zachowywać spokój** keep calm, keep your cool 10 **zostawić coś w spokoju** leave/let sth alone
spokrewniony related
spolaryzować polarize, polarise *BrE*
społeczeństwo society, the (general) public
społecznie socially
społeczność community
społeczny 1 public, social 2 **nauki społeczne** social science
poniewierany battered
sponsor/ka sponsor, backer
sponsorować sponsor
spontanicznie spontaneously
spontaniczność spontaneity
spontaniczny spontaneous
spopularyzować popularize, popularise *BrE*
sporadycznie sporadically
sporadyczny occasional, sporadic
sporny 1 debatable 2 **punkt sporny** moot point
sporo 1 quite a lot/bit/few 2 **całkiem sporo** quite a bit, quite a few/a good few
sport sport(s)
sportowiec athlete, sportsman
sportowy 1 sports, athletic 2 **ośrodek sportowy** sports centre 3 **samochód sportowy** sports car 4 **sportowe zachowanie** sportsmanship
sportsmenka sportswoman
spory 1 sizeable 2 **spore rozmiary/spora ilość** a fair size/amount
sporządzać draw up
sposobność occasion
sposób 1 way, manner 2 *(środek)* means 3 **sposób życia** way of life 4 **w ten czy inny sposób** somehow or other 5 **w ten**

sposób in this way, like this/that/so, thus
spostrzec notice, realize, realise *BrE*
spostrzegawczość perception
spostrzegawczy observant, perceptive
spostrzeżenie observation
spośród out of
spotęgować heighten
spotkać 1 meet 2 **spotkać się z** run up against sth
spotkanie 1 meeting, encounter 2 **umówione spotkanie** appointment, engagement
spotykać 1 meet 2 *(przypadkiem)* run into 3 **spotykać się** get together, join up, meet up 4 **spotykać się z** come up against, meet with
spowiadać spowiadać się confess
spowiedź confession
spowijać spowity mgłą/dymem shrouded in mist/smoke
spowodować result in, cause, bring about
spożycie intake
spożywczy 1 **sklep spożywczy** grocery store, the grocer's 2 **towary spożywcze** groceries
spód 1 bottom, the underside 2 **pod spodem** underneath 3 **pod spód** underneath
spódnica 1 skirt 2 **spódnica szkocka** kilt
spódniczka skirt
spójnik conjunction, linking word
spójny coherent
spółdzielnia collective, cooperative
spółgłoska consonant
spółka company, concern, partnership
spółkować copulate
spółkowanie copulation
spór dispute, strife
spóźniać się 1 be late 2 *(o zegarku)* be slow 3 **spóźniać się na** miss
spóźniony late, delayed
spragniony thirsty
spraw-ca/czyni culprit
sprawa 1 matter, affair 2 *(interes)* business 3 *(kwestia)* issue 4 **nie ma sprawy** forget it, no problem 5 **nie twoja sprawa** mind your own business 6 **sprawa sądowa** prosecution 7 **zdawać sobie sprawę (z/że)** be conscious (of/that)
sprawdzać 1 check (out), check 2 *(w słowniku itp.)* look up, refer to
sprawdzian 1 quiz, test 2 **pisać sprawdzian** do/take a test 3 **zdać/oblać sprawdzian** pass/fail a test
sprawdzić see, check
sprawdzony proven
sprawiać 1 cause, make 2 **sprawiać kłopot** inconvenience, put out 3 **sprawiać wrażenie** make an impression 4 **sprawić, by ktoś coś zrobił** get sb to do sth
sprawiedliwie fairly, justly
sprawiedliwość 1 justice, fairness 2 **oddać komuś sprawiedliwość** give sb his/her etc due 3 **w imię sprawiedliwości** in the interest(s) of justice
sprawiedliwy fair, just
sprawnie efficiently
sprawność 1 efficiency 2 **sprawność fizyczna** fitness
sprawny 1 efficient 2 *(fizycznie)* agile
sprawozdanie commentary, report
sprawozdawca commentator
spray spray
sprecyzować specify, pinpoint
spreparować concoct
sprężać compress
sprężyna spring
sprężysty springy
sprint 1 sprint 2 **biec sprintem** sprint
sprinter/ka sprinter
sproszkować pulverize, pulverise *BrE*
sprośny dirty, lewd
sprowadzać 1 bring 2 *(importować)* import 3 **sprowadzać kogoś na złą drogę** lead sb astray 4 **sprowadzać samolot na ziemię** land a plane 5 **sprowadzać się do** come down to sth 6 **to (wszystko) sprowadza się do** it (all) boils down to
sprowokować provoke
spróbować 1 *(dokonać próby)* try, attempt 2 *(skosztować)* taste, have a taste 3 *(pobrać próbkę)* sample 4 **spróbować coś zrobić** try and do sth 5 **spróbować czegoś** have a stab at (doing) sth, give sth a try 6 **spróbować swoich sił w** take/have a shot at
spróchniały rotten
spryskiwacz sprinkler
spryt cleverness
sprytnie cleverly
sprytny clever, canny, shrewd
sprywatyzować privatize, privatise *BrE*
sprzączka buckle
sprzątacz/ka cleaner

sprzątać clean up, clear, tidy
sprzątanie cleaning
sprzeciw objection, opposition
sprzeciwiać się 1 oppose 2 **stanowczo sprzeciwiać się (czemuś)** draw the line (at sth)
sprzeczać się argue, squabble, wrangle
sprzeczka row, squabble
sprzeczność 1 contradiction, inconsistency 2 **pozostawać w sprzeczności z** contradict
sprzeczny 1 contradictory, inconsistent 2 **sprzeczny z** contrary to 3 **być sprzecznym z** conflict with 4 **sprzeczny z prawem** illegal
sprzedaw-ca/czyni sales assistant, sales-man/woman, shop assistant
sprzedawać sell
sprzedaż 1 sale 2 **dział sprzedaży** sales (department) 3 **na sprzedaż** for sale, up for sale 4 **w sprzedaży** on sale, on the market
sprzęgło clutch
sprzęt 1 equipment, gear 2 **sprzęt komputerowy** hardware 3 **sprzęt wędkarski** tackle
sprzyjać be conducive to
sprzyjający favourable *BrE*, favorable *AmE*
sprzymierzać się **sprzymierzać się z** align yourself with, ally yourself to/with
sprzymierzeniec ally
sprzysięgać się **sprzysięgać się przeciwko komuś** gang up on sb
spuchnąć swell, puff up
spuchnięty swollen
spudłować miss
spust trigger
spustoszenie 1 devastation 2 **siać spustoszenie** wreak havoc
spustoszyć devastate, ravage
spuszczać **spuszczać wodę (w toalecie)** flush a toilet
spuścizna heritage, inheritance, legacy
spychacz bulldozer
spytać 1 ask, inquire 2 **spytać o zdanie** consult
squash squash
srebrny 1 silver 2 **srebrne wesele** silver wedding anniversary 3 **srebrny medal** silver medal
srebro silver
srebrzysty silvery
srogi 1 harsh, savage 2 **sroga zima** a hard winter
sroka magpie
ssać suck
ssak mammal
ssanie 1 suction 2 *(w silniku samochodu)* choke
stabilizacja stability, stabilization
stabilizować stabilize, stabilise *BrE*, level off/out
stabilność stability
stabilny stable
stacja 1 station 2 **stacja benzynowa** petrol station *BrE*, gas station *AmE* 3 **stacja paliw** petrol station *BrE*, gas station *AmE* 4 **stacja obsługi** service station, garage 5 **stacja dysków** disk drive
stacjonować be stationed
stać się 1 happen 2 **co się stało?** what's happened?, what's the matter?, what's wrong? 3 **co się stało z ...?** what became of ...?
stać 1 stand 2 **stać na równi (z)** be on a par (with)
stadion stadium
stadnina stud farm
stado 1 herd 2 *(owiec, kóz, ptaków)* flock
stagnacja stagnation
stajać thaw
stajenny groom
stajnia stable
stal 1 steel 2 **stal nierdzewna** stainless steel
stale always, all the time, constantly, continuously
stalownia steelworks
stalowy 1 steel 2 **stalowe nerwy** nerves of steel
stalówka nib
stały 1 constant, permanent, steady 2 **ciało stałe** solid 3 **pokarmy stałe** solids
stan 1 state, condition 2 **mąż stanu** statesman 3 **nie być w stanie czegoś zrobić** be unable to do sth 4 **stan cywilny** marital status 5 **stan ducha** state of mind 6 **stan krytyczny** critical condition 7 **stan rzeczy** state of affairs 8 **stan wojenny** martial law 9 **urzędni-k/czka stanu cywilnego** registrar 10 **w dobrym stanie** in (good) working order, in good repair, in good nick 11 **w złym stanie** in bad repair, in bad nick 12 **w kiepskim stanie** the worse for wear
stanąć 1 *(zahamować)* grind to a halt 2 **stanąć na wysokości zadania** rise to the occasion/challenge 3 **stanąć w płomieniach** burst into flames
standard standard
standardowy default, standard

standaryzacja standardization

standaryzować standardize, standardise *BrE*

stanik bra

stanowczo **1** firmly, decidedly, decisively, emphatically **2** **stanowczo odmawiać/zaprzeczać** flatly refuse/deny

stanowczość decisiveness, firmness, resolution

stanowczy **1** firm, assertive, decisive, resolute **2** **mało stanowczy** soft

stanowić constitute, account for, comprise, represent

stanowisko **1** *(stanowisko)* post, position, office **2** *(pogląd)* stance, stand **3** **zająć stanowisko** take a stand

starać się try

starania efforts

staranny careful, painstaking

staranować ram

starcie clash, scuffle

starczyć be enough, last, suffice

starość old age

staroświecki old-fashioned

starożytność antiquity

starożytny ancient

starsi elders

starszy **1** older, senior **2** **być starszym od kogoś o pięć/dziesięć lat** be five/ten years sb's senior **3** **starsza siostra/starszy brat** big sister/big brother **4** **starszy brat/syn** elder brother/son

starszyzna elders

start **1** start **2** *(np. samolotu)* take-off **3** *(rakiety)* lift-off

starter starter

startować **1** start **2** *(np. o samolocie)* take off **3** *(o rakiecie)* lift off

startowy **pas startowy** airstrip

stary **1** old **2** **stara panna** spinster **3** **Stary Testament** the Old Testament **4** **starzy ludzie** the old

starzec **dom starców** old people's home

starzeć się age, grow old

stateczny **1** *(człowiek)* staid **2** *(łódź)* stable

statek **1** ship, vessel **2** **statek kosmiczny** ship, spaceship **3** **statkiem** by sea **4** **wsiadać na statek** embark

statua statue

status status

statut charter, statute

statyczny static

statyst-a/ka extra

statystycznie statistically

statystyczny statistical

statystyk statistician

statystyka statistics

staw **1** *(kolanowy itp.)* joint **2** *(zbiornik wodny)* pond **3** **zapalenie stawów** arthritis

stawać **1** stop, come to a standstill **2** **nic ci się nie stanie** it won't hurt you **3** **stawać dęba** rear **4** **stawać się** become

stawiać **1** *(umieszczać)* put, place **2** *(budować)* erect, put up **3** *(robić zakłady)* bet **4** **ja stawiam** it's on me, my treat **5** **stawiać czoło** confront, stand up to, face, face up to **6** **stawiać opór** put up resistance

stawka **1** rate **2** *(w zakładach)* stake

staż probation

stażyst-a/ka trainee

stażysta **lekarz stażysta** *(w szpitalu)* resident

stąd **1** from here **2** *(dlatego)* hence **3** **ni stąd, ni zowąd** out of the blue

stąpać **1** tread, step **2** *(ciężko)* stump

stchórzyć chicken out

stek **1** steak **2** **stek bzdur** a load of rubbish/nonsense

stempel **1** stamp **2** **stempel pocztowy** postmark

stemplować stamp

stenografia shorthand

stepowanie tap dancing

ster **1** rudder **2** **u steru** at the helm

sterczeć protrude, stick up

stereo **1** **(w) stereo** in stereo **2** **zestaw stereo** stereo

stereotyp stereotype

stereotypowy stereotypical

sterować steer

sterowanie **zdalne sterowanie** remote control

sterroryzować terrorize, terrorise *BrE*

sterta heap, pile

steryd steroid

sterylizacja sterilization

sterylizować **1** sterilize, sterilise *BrE* **2** *(zwierzę)* neuter

sterylny sterile

steward steward, flight attendant

stewardessa air hostess, stewardess, flight attendant

stęchły musty

stężeć set, solidify

stężenie concentration

stłamsić strangle

stłuc (się) break

stłuczony broken

stłumić 1 *(ogień, uczucie)* smother 2 *(śmiech, łzy)* suppress, repress 3 *(bunt)* put down, quell 4 **stłumić w sobie** bottle up
sto hundred
stocznia shipyard
stodoła barn
stoicki stoic
stoisko stall, stand
stojak stand
stojący **miejsca stojące** standing room
stok 1 hillside, slope 2 **stok górski** mountainside
stokrotka daisy
stolarka woodwork
stolarstwo joinery, carpentry
stolarz joiner, carpenter
stolec stool
stolica capital
stołek stool
stołówka cafeteria, canteen
stomatolog dentist
stomatologia dentistry
stomatologiczny dental
stonować tone down, water down
stonowany soft, subdued, low-key
stop *(metali)* alloy
stopa 1 foot 2 *(stawka)* rate 3 *(jednostka miary, ok. 30 cm)* foot 4 **postawić stopę w** set foot in 5 **stopa życiowa** standard of living
stoper stopwatch
stopić melt
stopień 1 degree, grade 2 *(schodów)* step, stair 3 *(poziom)* degree, extent 4 *(w hierarchii)* rank 5 *(jednostka miary)* degree 6 **do jakiego stopnia** how far 7 **do pewnego stopnia** to some degree, to some extent, up to a point 8 **stopień wyższy** comparative 9 **stopień najwyższy** superlative 10 **stopień naukowy** degree 11 **w dużym stopniu** heavily 12 **w najwyższym stopniu** in the extreme
stopnieć melt, dwindle
stopniowo gradually, little by little
stopniowy gradual
stos heap, pile, stack
stosować 1 use, apply, employ 2 **stosować się do** *(mieć zastosowanie)* apply to, be applicable to 3 *(przestrzegać)* comply with, follow
stosowany **matematyka/lingwistyka stosowana** applied maths/linguistics
stosowny 1 proper, fitting 2 **uznać za stosowne coś zrobić** see/think fit to do sth
stosunek 1 *(związek)* relationship, relation 2 *(nastawienie)* attitude 3 *(proporcja)* proportion, ratio 4 *(płciowy)* intercourse 5 **być w dobrych stosunkach** be on good terms, get along, get on 6 **być w kiepskich stosunkach** be on bad terms 7 **nawiązywać stosunki** establish relations 8 **stosunek płciowy** sexual intercourse 9 **stosunki rasowe** race relations 10 **w stosunku do czegoś** relative to sth, in relation to sth
stosunkowo 1 relatively, comparatively 2 **stosunkowo tani/łatwy** relatively cheap/easy
stosunkowy relative, comparative
stowarzyszenie association
stożek cone
stóg 1 haystack 2 **jak szukanie igły w stogu siana** like looking for a needle in a haystack
stół table
stracenie **nie mieć nic do stracenia** have nothing to lose
strach 1 fear, fright, dread, scare 2 **dostawać/mieć stracha** get/have cold feet 3 **napędzić komuś strachu** give sb a scare 4 **paniczny strach** terror 5 **strach na wróble** scarecrow 6 **strach pomyśleć** I dread to think
stracić 1 lose 2 *(nie skorzystać)* miss 3 *(dokonać egzekucji)* execute 4 **stracić cierpliwość** lose patience 5 **stracić przytomność** lose consciousness 6 **stracić coś z oczu** lose sight of sth 7 **stracić głowę** be/get carried away 8 **stracić kontakt (z)** lose touch (with) 9 **stracić równowagę** lose your balance
stragan stall
strajk 1 strike 2 **strajk głodowy** hunger strike 3 **strajk okupacyjny** sit-in
strajkować strike
strajkujący striker
straszliwie fearfully
straszliwy fearful, horrendous
strasznie awfully, frightfully, terribly
straszny 1 *(przerażający)* scary, frightful, spooky 2 *(wielki)* horrible, horrific, terrific
straszyć 1 **dom, w którym straszy** a haunted house 2 **straszyć (w)** haunt
strata loss, waste
strategia strategy
strategicznie strategically
strategiczny strategic
stratować trample

strawić digest, consume
strawny digestible
straż **1** guard **2** **straż pożarna** fire brigade *BrE*, fire department *AmE* **3** **posterunek straży pożarnej** fire station **4** **straż przybrzeżna** coastguard
strażacki **wóz strażacki** fire engine
strażak fireman, firefighter
strażni-k/czka **1** guard **2** *(w więzieniu)* warder, jailer **3** *(w lesie, parku)* ranger
strącać bring down
strączek pod
strefa zone
stres **1** stress **2** **przeżywać stres** be under stress
stresować się stress
stresujący stressful
streszczać summarize, summarise *BrE*
streszczenie précis, summary
striptiz striptease
striptizerka stripper
strofa verse
stroić **1** *(instrument, radio)* tune **2** *(ubierać)* dress up **3** **stroić sobie żarty z** poke fun at **4** **stroić/nie stroić** *(o instrumencie)* be in/out of tune **5** **stroić się** dress up
stroik reed
stromo steeply
stromy steep
strona **1** side **2** *(kierunek)* direction, way **3** *(w książce)* page **4** **być po czyjejś stronie** be on sb's side **5** **dobra strona** advantage, compensation **6** **dobre/złe/mocne strony** good/bad/strong points **7** **dziadek/ciotka ze strony matki** maternal grandfather/aunt **8** **dziadek/wuj ze strony ojca** paternal grandfather/uncle **9** **mieć swoje złe i dobre strony** be a mixed blessing **10** **mocna strona** strength **11** **po drugiej stronie** across **12** **stawać po czyjejś stronie** side with sb **13** **strona czynna** the active (voice) **14** **strona bierna** the passive (voice) **15** **w stronie czynnej** active **16** **w stronie biernej** passive **17** **strona tytułowa** *(witryny WWW)* homepage **18** **w jedną stronę** one-way **19** **we wszystkie strony** every which way **20** **z czyjejś strony** on sb's part **21** **z jednej strony ... z drugiej strony** on the one hand ... on the other hand **22** **z drugiej strony** then/there again **23** **ze wszystkich stron** from all sides
stronić **stronić od** shun
stronniczy biased
stronni-k/czka supporter
strop roof
stroszyć ruffle
strój costume, dress, outfit
stróż **1** guardian, caretaker *BrE*, janitor *AmE* **2** **nocny stróż** night watchman
strug plane
struga spurt, stream
strugać plane, shave, carve
struktura structure
strukturalny structural
strumień **1** stream **2** *(z dyszy, węża itp.)* jet
strumyk brook
struna **1** string **2** **struny głosowe** vocal cords **3** **usiąść/stanąć prosto jak struna** sit/stand bolt upright
strup scab
struś ostrich
strużka trickle
strużyny shavings
strych attic, loft *BrE*
strzał shot
strzała arrow
strzałka **1** *(symbol)* arrow **2** *(kompasu itp.)* pointer **3** *(do gry)* dart **4** **gra w rzutki/strzałki** darts
strzec guard
strzecha **1** thatch **2** **kryty strzechą** thatched
strzelać **1** shoot **2** *(z broni też)* fire **3** *(o korku)* pop **4** **strzelać do** shoot at
strzelanina shooting
strzelba gun, shotgun, rifle
Strzelec *(znak zodiaku)* Sagittarius
strzelec **1** shooter **2** *(w wojsku)* rifleman **3** **strzelec wyborowy** marksman
strzelić shoot, fire
strzelnica (rifle-)range
strzemię stirrup
strzepywać shake off, flick
strzęp **1** shred **2** *(informacji itp.)* snippet **3** **po/drzeć na strzępy** shred **4** **w strzępach** in tatters
strzępić fray
strzyc **1** cut (sb's) hair **2** *(owce)* shear
strzykawka syringe, hypodermic
strzyżenie cut, haircut
studencki **dom studencki** hall of residence *BrE*, dormitory *AmE*
student/ka student, undergraduate
studia studies
studio studio
studiować study
studium study, case study
studnia well
studzić cool (down)
studzienka **studzienka ściekowa** drain

stukać click, rap, tap
stukanie rap
stuknięty cracked, barmy *BrE*, dotty *BrE*, potty *BrE*
stukot clatter, rattle
stukotać clatter, rattle
stulecie **1** century **2** *(setna rocznica)* centenary
stuprocentowy full-fledged, fully-fledged
stwardnieć harden
stwierdzać **1** state, certify **2** **stwierdzać oficjalnie** pronounce
stworzenie **1** creation **2** *(istota)* creature **3** **stworzenie świata** Creation
stworzony **1** **być stworzonym dla** be made for **2** **nie być stworzonym do** not be cut out for
stworzyć create
Stwórca the Creator
styczeń January
styczna tangent
stygnąć cool down
stykać się touch
styl **1** style **2** *(pływacki)* stroke **3** **styl grzbietowy** backstroke **4** **styl klasyczny** breaststroke **5** **styl życia** lifestyle, way of life
stylistyczny stylistic
stylizowany stylized
stylowo stylishly
stylowy stylish
stymulacja stimulation
stymulator **stymulator serca** pacemaker
stymulować stimulate
stymulujący stimulating
stypendium scholarship, bursary
stypendyst-a/ka scholar
styranizować bully
subiektywny subjective
substancja **1** matter, substance **2** **substancja chemiczna** chemical
substytut substitute
subtelnie subtly
subtelność subtlety
subtelny subtle, delicate, fine
suchość dryness
suchy dry, arid
sufit ceiling
suflerować prompt
suflet soufflé
sugerować suggest, hint, imply
sugestia **1** suggestion, implication **2** **za czyjąś sugestią** at sb's suggestion
suita suite
suka bitch
sukces **1** success **2** **odnieść sukces** make it, succeed **3** **odnoszący sukcesy** successful
sukcesja succession
sukienka dress
suknia dress, gown
sułtan sultan
suma **1** sum, total **2** *(kwota)* amount **3** **suma końcowa** grand total **4** **w sumie** all in all, in all, altogether
sumienie **1** conscience **2** **mieć wyrzuty sumienia** feel bad **3** **wyrzuty sumienia** remorse, pangs of conscience
sumiennie religiously
sumienny conscientious
sunąć glide
super super
supergwiazda superstar
supermarket supermarket
supermodel/ka supermodel
supremacja supremacy
surfing surfing
surowiec **1** raw material **2** **surowce** *(zasoby)* resources
surowo severely, harshly, sternly
surowość harshness
surowy **1** *(nie gotowany)* raw **2** *(wygląd)* stern **3** *(nauczyciel)* strict, stern **4** *(zima)* harsh, severe
surówka salad
surrealistyczny surreal
sus leap, bound
susza drought
suszarka **1** dryer, drier **2** **suszarka (bębnowa)** tumble dryer **3** **suszarka do włosów** hairdryer
suszony **1** dried **2** **suszona śliwka** prune
suszyć **1** dry out **2** *(suszarką)* blow dry **3** **suszyć się** dry off
sutek nipple
suterena basement
suwerenność sovereignty
suwerenny sovereign
swat/ka matchmaker
sweter **1** jumper, sweater **2** **sweter rozpinany** cardigan
swędzący itchy
swędzenie itch, itchiness
swędzić itch
swoboda freedom, liberty, leeway
swobodnie casually, freely
swobodny **1** free **2** *(rozmowa itp.)* casual
swój your, yours, their, theirs *itp.*
syczeć hiss
sygnalizacja **sygnalizacja świetlna** traffic light, stoplight *AmE*
sygnalizować indicate, signal
sygnał **1** signal **2** *(dźwiękowy)* tone

sygnałówka *(trąbka)* bugle
syk hiss
syknąć hiss
sylaba syllable
sylwester New Year's Eve
sylwetka figure, silhouette, profile
symbol symbol
symbolicznie symbolically
symboliczny **1** symbolic **2** **symboliczna ilość/cena** nominal amount/price
symbolika imagery
symbolizm symbolism
symbolizować symbolize, symbolise *BrE*
symetria symmetry
symetryczny symmetrical
symfonia symphony
sympatia **1** affinity, liking **2** *(chłopak)* boyfriend **3** *(dziewczyna)* girlfriend **4** **czyjeś sympatie i antypatie** sb's likes and dislikes **5** **zjednywać czyjąś sympatię** endear yourself to sb
sympatyczny likable, likeable, lovable, pleasant
sympaty-k/czka sympathizer, sympathiser *BrE*, well-wisher
symptom symptom
symptomatyczny symptomatic
symulacja simulation
symulant/ka malingerer
symulator simulator
symulować **1** simulate **2** *(chorobę)* malinger
syn son, boy
synagoga synagogue
synchronizacja synchronization
synchronizować synchronize, synchronise *BrE*
syndrom syndrome
syndyk **syndyk masy upadłościowej** receiver
syndykat syndicate
synonim synonym
synoptyk weather forecaster
synowa daughter-in-law
syntetycznie synthetically
syntetyczny synthetic
syntetyzować synthesize, synthesise *BrE*
synteza synthesis
syntezator synthesizer, synthesiser *BrE*
sypiać **1** sleep **2** **sypiać pod gołym niebem** sleep rough **3** **sypiać z kimś** sleep with sb **4** **sypiać ze sobą** sleep together **5** **sypiać z wszystkimi dookoła** sleep around
sypialnia bedroom
sypialny **1** **miejsce sypialne** berth **2** **pociąg sypialny** sleeper **3** **sala sypialna** dormitory
syrena **1** siren **2** *(nimfa)* mermaid
syrop syrup
system system
systematycznie systematically
systematyczny systematic
sytuacja **1** situation **2** **w gorszej sytuacji** worse off **3** **w lepszej sytuacji** better off **4** **w tej sytuacji** under/in the circumstances
sza! hush!
szabas the Sabbath
szabla sabre
szablon template
szach-mat checkmate
szach check
szachy chess
szacować estimate, assess, reckon
szacowny respectable, venerable
szacunek **1** respect **2** *(obliczenie)* estimate **3** **brak szacunku** disrespect **4** **darzyć kogoś wielkim szacunkiem** hold sb in high esteem **5** **pełen szacunku** respectful **6** **z całym szacunkiem** with (all due) respect **7** **z szacunkiem** respectfully **8** **z wyrazami szacunku** yours truly, yours faithfully
szafa **1** cupboard, wardrobe **2** **szafa grająca** juke box **3** **szafa ścienna** closet
szafir sapphire
szafka **1** cabinet **2** *(np. w szatni szkolnej)* locker
szafot scaffold
szajka gang, ring
szakal jackal
szal scarf, shawl
szaleć **1** go crazy, rage **2** **szaleć za kimś/czymś** be mad about sb/sth
szaleniec lunatic, madman
szaleństwo **1** craze, craziness, madness **2** **zakochany do szaleństwa** madly in love
szalik scarf
szalony **1** mad, insane, lunatic **2** **jak szalony** madly
szalupa **1** dinghy **2** **szalupa ratunkowa** lifeboat
szał **1** craze, frenzy **2** **doprowadzać kogoś do szału** drive sb up the wall **3** **dostać szału** have/throw a fit, go berserk, fly into a rage
szałas **1** hut, shack **2** **szałas (górski)** chalet
szaman witch doctor
szambo cesspool
szampan champagne

szampon shampoo
szanować respect
szanowany respected
szanowny **1** **Szanowna Pani** Dear Madam **2** **Szanowny Panie** Dear Sir
szansa **1** chance, prospect **2** **dawać komuś szansę** give sb a chance **3** **mieć szansę (na coś)** stand a chance (of doing sth)
szantaż blackmail
szantażować blackmail
szantażyst-a/ka blackmailer
szarańcza locust
szarlatan/ka charlatan
szarpać jerk, yank, jolt
szarpnięcie jerk
szary grey *BrE*, gray *AmE*
szarża charge
szata robe
szatan Satan, the Devil
szatański fiendish, satanic
szatnia **1** cloakroom **2** *(obok boiska)* pavilion
szczątki **1** debris, remains **2** *(np. samochodu po wypadku)* wreckage
szczebel rung
szczecina **1** bristle **2** *(zarost)* stubble
szczególnie especially, particularly, specially
szczególność **w szczególności** in particular, notably
szczególny particular, special
szczegół **1** detail **2** **szczegóły techniczne** technicalities **3** **w najdrobniejszych szczegółach** in minute detail
szczegółowo in detail, graphically
szczegółowy detailed
szczekać bark
szczekanie bark(ing)
szczelina **1** chink, crevice **2** **szczelina skalna** rift
szczelnie tight(ly)
szczelny airtight
szczenię puppy
szczep **1** *(plemię)* tribe **2** *(wirusów, bakterii)* strain
szczepić vaccinate
szczepienie vaccination, immunization, immunisation *BrE*
szczepionka **1** vaccine **2** **szczepionka przypominająca** booster vaccination
szczerba chip
szczerość frankness, sincerity
szczery **1** sincere, frank, genuine **2** **jeśli mam być szczer-y/a** in all honesty, to be honest
szczerze **1** frankly, honestly, sincerely **2** **szczerze mówiąc** to be frank
szczędzić **1** **nie szczędzić czegoś** be lavish with sth **2** **nie szczędzić kosztów** spare no expense **3** **nie szczędzić starań, żeby coś zrobić** go to great lengths to do sth **4** **nie szczędzić wysiłków** bend over backwards
szczęk clang, clank
szczęka **1** jaw **2** **szczęka komuś opadła** sb's jaw dropped **3** **sztuczna szczęka** dentures
szczękać chatter, clang, clank
szczęście **1** happiness **2** *(pomyślny traf)* luck **3** **całe szczęście (że)** it's a good job, it's just as well **4** **mający szczęście** fortunate **5** **mieć szczęście coś zrobić** be fortunate to do sth **6** **mieć szczęście** be lucky, be in luck **7** **na szczęście** fortunately, luckily, thankfully **8** **nie posiadać się ze szczęścia** be over the moon
szczęśliwie **1** happily **2** **tak się szczęśliwie składa, że** it's fortunate that
szczęśliwy **1** happy **2** *(pomyślny)* lucky **3** **szczęśliwego Nowego Roku** Happy New Year
szczodry liberal, generous
szczodrze lavishly, liberally, generously
szczoteczka **szczoteczka do zębów** toothbrush
szczotka **1** brush **2** **kij od szczotki** broomstick **3** **szczotka do włosów** hairbrush
szczotkować brush
szczudła stilts
szczupak pike
szczupły lean, slim
szczur rat
szczycić **1** **szczycić się** boast, flatter yourself **2** **szczycić się czymś** pride yourself on sth
szczypać **1** pinch, prick **2** *(w oczy)* sting
szczypanie sting
szczypce pincers, pliers, tongs
szczypiorek chives
szczypta **szczypta soli/pieprzu** pinch of salt/pepper
szczyt **1** top, peak, summit, apex **2** *(dachu)* gable **3** **godzina szczytu** rush hour **4** **godziny szczytu** peak times **5** **szczyt czegoś** the ultimate in sth
szczytowy **w szczytowej formie** at your/its etc best
szef/owa **1** boss, chief, head **2** **szef kuchni** chef

szejk sheik
szelest rustle
szeleścić rustle
szelki braces *BrE*, suspenders *AmE*
szelmowski wicked
szept whisper
szeptać whisper
szereg 1 row, line, string **2** *(wiele)* a number of
szeregow-y/a private
szeregowiec 1 terraced house *BrE*, row house *AmE* **2 rząd szeregowców** terrace
szermierka 1 fencing **2 uprawiać szermierkę** fence
szeroki wide, broad
szeroko 1 szeroko otwarty/rozwarty wide open/apart **2 szeroko zakrojony** wide-ranging
szerokość 1 width, breadth **2 szerokość geograficzna** latitude
szeryf sheriff
szerzyć 1 diffuse, propagate, disseminate **2 szerzyć się** spread
szesnasty sixteenth
szesnaście sixteen
sześcian cube
sześcienny cubic
sześciokąt hexagon
sześciokątny hexagonal
sześć six
sześćdziesiąt 1 sixty **2 lata sześćdziesiąte** the sixties
sześćdziesiąty sixtieth
sześćset six hundred
szew 1 seam, stitch **2 pękać w szwach** be bursting at the seams
szewc shoemaker, cobbler
szkaradny hideous
szkatułka casket
szkic draft, outline, sketch
szkicować draft, outline, sketch
szkielet 1 frame, framework **2** *(kości)* skeleton
szklanka glass, tumbler
szklany włókno szklane fibreglass *BrE*, fiberglass *AmE*
szklarnia glasshouse, greenhouse
szklić glaze
szklisty glassy
szkliwo enamel
szkło 1 glass **2 szkła kontaktowe** contact lenses **3 szkło powiększające** magnifying glass
szkoda 1 damage, harm **2 działać na czyjąś szkodę** do sb a disservice **3 ze szkodą dla** to the detriment of **4 szkoda, że ...** it's a shame/what a shame ..., too bad (that), it's a pity (that)
szkodliwy damaging, detrimental, harmful
szkodnik pest, vermin
szkody damage
szkodzić 1 be bad for, damage, harm **2 (nic) nie szkodzi** never mind **3 nie zaszkodzi coś zrobić** there's no harm in doing sth
szkolenie instruction, training
szkolić 1 instruct **2 szkolić się** train
szkolny lata szkolne schooldays
szkoła 1 school **2 szkoła podstawowa** primary school *BrE*, elementary school *AmE* grade school *AmE* **3 szkoła średnia** secondary school *BrE*, high school *AmE* **4 szkoła z internatem** boarding school
szkółka *(leśna)* nursery
szkwał squall
szlachci-c/anka noble
szlachecki 1 noble **2 tytuł szlachecki** knighthood
szlachetnie nobly
szlachetność nobility
szlachetny 1 noble **2** *(kamień)* precious
szlachta gentry, nobility
szlafrok 1 dressing gown, robe **2 szlafrok kąpielowy** bathrobe
szlak 1 trail, route **2 szlak wodny** waterway
szlam slime
szlem wielki szlem grand slam
szloch sob
szlochać sob
szmaragd emerald
szmat(k)a rag, cloth
szmatławy trashy, shabby
szmer murmur
szminka lipstick
sznur 1 rope, string **2** *(elektryczny)* flex *BrE*, lead *BrE*, cord *AmE* **3 sznur do (suszenia) bielizny** clothesline
sznurek line, string
sznurować lace
sznurowadło shoelace, shoestring
szok 1 shock **2 być dla kogoś szokiem** come as a shock to sb
szokować shock
szokujący shocking
szop szop pracz raccoon
szopa shed
szorować scour, scrub
szorstki rough, coarse, abrasive
szorstkość roughness
szorty shorts
szowinist-a/ka 1 chauvinist **2 męski szowinista** male chauvinist
szowinistyczny chauvinistic

szowinizm chauvinism
szósty **1** sixth **2** **szósty zmysł** sixth sense
szpadel spade
szpagat *(sznurek)* twine
szpara gap, slit, space
szparagi asparagus
szperać **1** browse, rummage **2** **szperać po Internecie** surf the net
szpetny unsightly
szpieg spy
szpiegostwo espionage
szpiegować spy (on)
szpik marrow
szpilka **1** pin **2** *(but, obcas)* stiletto
szpinak spinach
szpital **1** hospital **2** **szpital psychiatryczny** asylum
szpon **1** claw, talon **2** **w czyichś szponach** in sb's clutches
szprycha spoke
szpul(k)a reel, bobbin, spool
szrama scar
szron frost
sztafeta relay
sztaluga easel
szterling **funt szterling** sterling
sztruks corduroy
sztruksy cords
sztuczka **1** ploy, trick **2** **sztuczki magiczne** magic
sztucznie artificially
sztuczny **1** artificial, false, man-made **2** **sztuczna inteligencja** artificial intelligence **3** **sztuczna szczęka** dentures **4** **sztuczne oddychanie** artificial respiration **5** **sztuczne ognie** fireworks, sparklers **6** **sztuczny jedwab** rayon
sztućce cutlery
sztuka **1** art **2** *(teatralna)* play **3** *(egzemplarz)* piece **4** **dzieło sztuki** work of art **5** **sztuka kulinarna** cookery **6** **sztuka mięsa** joint **7** **sztuki plastyczne** the visual arts **8** **za sztukę** apiece
sztukmistrz magician
szturchać nudge, poke
szturm assault, onslaught
szturmować storm
sztylet dagger
sztywnieć stiffen
sztywno rigidly, stiffly
sztywność rigidity, stiffness, inflexibility
sztywny **1** rigid, stiff, inflexible **2** *(o sposobie mówienia lub pisania)* stilted **3** **książka w sztywnej oprawie** hardback
szubienica gallows
szufelka dustpan
szufla shovel
szuflada drawer
szufladkować pigeonhole
szukać **1** look for, seek, search for **2** **szukać guza** be looking for trouble/a fight **3** **szukać po omacku** feel around, fumble for, grope
szukanie **szukanie wiatru w polu** wild goose chase
szum **1** hum **2** *(w głośniku)* noise **3** *(intensywna promocja)* hype **4** **robić szum wokół** hype
szurać **szurać nogami** shuffle
szwagier brother-in-law
szwagierka sister-in-law
szyb **1** shaft **2** **szyb naftowy** oil well
szyba **1** pane **2** **szyba okienna** windowpane **3** **szyba przednia** windscreen *BrE*, windshield *AmE*
szybki **1** fast, quick **2** **szybkie dania** fast food
szybko **1** fast, quick **2** **jak najszybciej** as soon as possible **3** **szybko coś zrobić** be quick to do sth
szybkościomierz speedometer
szybkość speed, rapidity
szybkowar pressure cooker
szybować sail, soar
szybowiec glider
szybownictwo gliding
szycie **1** sewing **2** **maszyna do szycia** sewing machine
szyć sew, stitch
szydełkować crochet
szyfon chiffon
szyfr **1** code **2** *(zamka, sejfu itp.)* combination
szyfrowany coded
szyja **1** neck **2** **być po szyję w** be up to your neck in, be knee-deep in
szyjka **1** neck **2** **szyjka macicy** cervix
szykować prepare
szykowny chic, classy
szyling shilling
szympans chimpanzee
szyna **1** rail **2** *(chirurgiczna)* splint
szynka ham
szyszka **1** cone **2** **szyszka sosnowa** pinecone

Śś

ściana **1** wall **2** *(bok)* face, side **3** **za ścianą** next door
ściąć *(kogoś)* behead
ściągać **1** *(na egzaminie)* cheat, copy **2** *(pliki z serwera)* download

ściągnięty forma ściągnięta contraction
ścieg stitch
ściek sewer
ścieki sewage
ścielić ścielić łóżko make the bed
ściemniać się get dark, darken
ścienny malowidło ścienne mural
ścierać 1 rub off **2** *(coś mokrego)* wipe up, mop up **3 ścierać kurze** dust **4 ścierać się** wear down, wear away **5** *(walczyć)* clash
ściereczka 1 cloth **2 ściereczka do kurzu** duster **3 ściereczka do naczyń** tea towel *BrE*, dish towel *AmE*
ściernisko stubble
ścierny 1 abrasive **2 papier ścierny** sandpaper
ścierpnięty numb, dead
ścieśniać się huddle, squeeze together
ścieżka 1 footpath, path **2 ścieżka dźwiękowa** soundtrack
ścięgno tendon
ścigać 1 chase, pursue **2 ścigać kogoś** be after sb, hunt for sb **3 ścigać sądownie** prosecute **4 ścigać się** race
ścinać cut down
ścinek clipping
ścisk crush
ściskać 1 clasp, clutch, squeeze **2** *(tulić)* hug
ścisłość rigour *BrE*, rigor *AmE*
ścisły rigid, specific, strict
ściśle 1 rigidly **2 ściślej mówiąc** to be precise
ślad 1 trace, track, trail **2** *(odcisk)* imprint, print, mark **3** *(wskazówka)* hint **4 iść w czyjeś ślady** follow (in) sb's footsteps **5 ślad czegoś** a suggestion of sth **6 zniknąć bez śladu** disappear/vanish without trace
śledczy 1 interrogator **2 oficer śledczy** detective, investigator **3 przebywać w areszcie śledczym** be on remand
śledzić follow, shadow
śledź 1 herring **2** *(do namiotu)* tent peg **3 śledź wędzony** kipper
ślepo blindly
ślepota blindness
ślepy 1 blind **2 ślepa uliczka** cul-de-sac, dead end **3 ślepa wiara/lojalność** blind faith/loyalty **4 ślepy na coś** blind to sth
śliczny cute, lovely
ślimak 1 snail **2** *(bez skorupy)* slug **3 w ślimaczym tempie** at a snail's pace
ślina saliva, spit
śliniaczek bib
ślinić się dribble, drool
ślinka cieknie mi ślinka my mouth waters
śliski slippery
śliwka 1 plum **2 suszona śliwka** prune
ślizg glide
ślizgacz speedboat
ślizgać się slide, glide
ślub marriage, wedding
ślubny *(np. welon)* bridal
śluz mucus
śluza sluice, lock
śmiać się 1 laugh **2 śmiać się z** laugh at
śmiałek daredevil
śmiało boldly
śmiałość boldness
śmiały bold, daring
śmiech 1 laugh, laughter **2 pokładać się ze śmiechu** be in stitches **3 śmiechu wart** laughable, ludicrous **4 zanosić się od śmiechu** be in hysterics
śmieci litter, rubbish *BrE*, garbage *AmE* trash *AmE*
śmieciarz dustmani *BrE*, garbage collector *AmE*
śmieć *verb* **jak śmiesz/on śmie?** how dare you/he?
śmiercionośny deadly, lethal
śmierć 1 death **2 kara śmierci** the death penalty, capital punishment **3 sprawa życia i śmierci** a matter of life and death
śmierdzący stinking, smelly
śmierdzieć stink, smell
śmiertelnie 1 fatally, mortally **2 bać się śmiertelnie** be scared to death **3 śmiertelnie poważny/nudny** deadly serious/boring/dull **4 śmiertelnie znudzony/przestraszony** bored/scared stiff
śmiertelnik 1 mortal **2 zwykli śmiertelnicy** lesser/ordinary/mere mortals
śmiertelność mortality
śmiertelny 1 deadly, fatal, lethal, mortal **2 ofiara śmiertelna** fatality **3 śmiertelny strach/niebezpieczeństwo** mortal fear/danger
śmiesznie ridiculously
śmieszny ridiculous, funny
śmietana cream
śmietanka 1 cream **2 śmietanka towarzyska** the cream of society
śmietniczka dustpan
śmietnik dustbin *BrE*, garbage can *AmE*
śmigać whizz, zip
śmigło propeller

śmigłowiec helicopter
śniadanie **1** breakfast **2** **drugie śniadanie** packed lunch **3** **jeść śniadanie** have breakfast
śnić dream
śnieg **1** snow **2** **pada śnieg** it snows **3** **rozmokły śnieg** slush **4** **zasypany śniegiem** snowed in
śnieżka snowball
śnieżyca blizzard, snowstorm
śpiący drowsy, sleepy
śpiączka coma
śpieszyć się **1** hurry, be in a hurry **2** *(o zegarku)* be fast **3** **nie śpieszyć się** take your time **4** **pośpiesz się!** hurry up!
śpiew singing
śpiewać sing
śpiewa-k/czka singer
śpiewka **1** **stara śpiewka** the same old story/excuse **2** **zmienić śpiewkę** change your tune
śpiwór sleeping bag
średni **1** average **2** *(rozmiar)* medium **3** **klasa średnia** the middle class **4** **kryzys wieku średniego** midlife crisis **5** **szkoła średnia** secondary school *BrE*, high school *AmE* **6** **średniej wielkości** medium-sized **7** **w średnim wieku** middle-aged
średnia average, mean
średnica diameter
średnik semicolon
średniowiecze the Middle Ages
średniowieczny mediaeval *BrE*, medieval *AmE*
średniozaawansowany intermediate
środa Wednesday
środek **1** middle, centre *BrE*, center *AmE* **2** *(sposób)* means, measure **3** **środek antykoncepcyjny** contraceptive **4** **środek czyszczący do toalet/kuchni** toilet/kitchen cleaner **5** **środek dezynfekujący/odkażający** disinfectant **6** **środek do celu** a means to an end **7** **środek lata** midsummer **8** **środek owadobójczy** insecticide **9** **środek przeciwbólowy** painkiller **10** **środek przeczyszczający** laxative **11** **środek tarczy** bull's-eye **12** **środek uspokajający** sedative, tranquillizer **13** **środki finansowe** finance, funding **14** **w samym środku czegoś** in the heart/thick/midst of sth **15** **do środka** indoors, inside **16** **w środku** inside
środkowy central, middle
środowisko **1** environment **2** **środowisko naturalne** the environment, habitat **3** **w naturalnym środowisku** in the wild **4** **zniszczenie/zanieczyszczenie środowiska** environmental damage/pollution
śródlądowy inland
śruba screw, bolt
śrubokręt screwdriver
śrutówka shotgun
świadczenie **1** benefit **2** **świadczenie dodatkowe** fringe benefit
świadczyć **świadczyć o** be a testament to
świadectwo **1** certificate **2** *(w szkole)* school report *BrE*, report card *AmE* **3** **świadectwo urodzenia** birth certificate
świadek **1** witness **2** **być świadkiem czegoś** witness sth **3** **naoczny świadek** eyewitness **4** **przypadkowy świadek** bystander
świadomie consciously
świadomość awareness, consciousness
świadomy **1** aware **2** **być świadomym** be aware/conscious (of/that)
świat **1** world **2** **być dla kogoś całym światem** mean the world to sb **3** **na całym świecie** all around the world, worldwide **4** **na świecie** in the world **5** **nie widzieć świata poza kimś** think the world of sb, dote on sb **6** **świat zwierząt/roślin** the animal/plant world
światełko **światełko w tunelu** a light at the end of the tunnel
światło **1** light **2** **światła** *(na skrzyżowaniu)* traffic lights *BrE*, stoplights *AmE* **3** **rzucać światło na coś** shed/throw/cast light on sth **4** **światło dzienne** daylight **5** **światło słoneczne** sunlight **6** **tylne światło** tail-light **7** **w świetle czegoś** in the light of sth, in view of sth **8** **widzieć coś w nowym/innym świetle** see sth in a new/different light **9** **wychodzić na światło dzienne** come to light **10** **wyciągać coś na światło dzienne** bring sth to light
światły cultivated, cultured
światowy **1** global, world, worldwide **2** **światowej klasy** world-class
świąteczny festive
Świątobliwość **Wasza/Jego Świątobliwość** Your/His Holiness
świątynia temple
świeca **1** candle **2** **światło świec(y)** candlelight **3** **świeca zapłonowa** spark plug
świecić shine

S Polish • English Index

świecidełko trinket
świecki lay, secular
świeczka candle
świecznik candlestick
świerk spruce
świerszcz cricket
świetlany bright
świetlik *(okno w dachu)* skylight
świetlny sygnalizacja świetlna traffic light *BrE*, stoplight *AmE*
świetnie fine
świetny great, excellent, splendid
świeżo 1 freshly **2 świeżo po** fresh from/out of **3 świeżo malowane** wet paint
świeżość freshness
świeży 1 fresh **2 na świeżym powietrzu** out in the open, outdoors
święcić consecrate
święto 1 holiday, feast, festival **2 Święto Dziękczynienia** Thanksgiving **3 święto państwowe** national holiday, public holiday
świętokradczy sacrilegious
świętokradztwo sacrilege
świętosz-ek/ka prude
świętość holiness
świętować celebrate
świętowanie festivity
święty *adj* **1** holy, sacred **2 Święty Mikołaj** Father Christmas *BrE*, Santa Claus *AmE*
święt-y/a *noun* saint
świnia pig, swine
świnka 1 *(choroba)* mumps **2 świnka morska** guinea pig
świr 1 nut **2 dostać świra** go nuts
świrnięty nuts, nutty
świst swish
świstać swish
świszczeć whistle
świt 1 dawn, daybreak **2 skoro świt** at the crack of dawn
świta entourage
świtać dawn

Tt

ta this
tabaka snuff
tabela table
tabletka 1 tablet **2** *(do ssania)* lozenge **3 tabletka nasenna** sleeping pill
tablica 1 blackboard, board **2 tablica ogłoszeń** noticeboard *BrE*, bulletin board *AmE* **3 tablica pamiątkowa** plaque **4 tablica rejestracyjna** number plate *BrE*, license plate *AmE* plate **5 tablica rozdzielcza** dashboard, instrument/control panel **6 tablica wyników** scoreboard
tabliczka 1 plate, tablet **2 tabliczka czekolady** a bar of chocolate
taboret stool
tabu taboo
tac(k)a tray
taczka wheelbarrow
taić conceal, keep back
tajać thaw
tajemnica 1 secret **2** *(zagadka)* mystery **3 dochować tajemnicy** keep a secret **4 trzymać coś w tajemnicy** keep sth quiet/keep quiet about sth **5 w tajemnicy** in secret
tajemniczo mysteriously
tajemniczy 1 mysterious **2** *(ukrywający coś)* secretive
tajfun typhoon
tajny 1 secret **2** *(np. spotkanie)* clandestine **3** *(agent)* undercover **4 głosowanie tajne** ballot **5 ściśle tajny** top-secret **6 tajne służby** secret service **7 tajny agent** secret agent
tak 1 yes **2** *(w taki sposób)* so **3** *(do tego stopnia)* so (much) **4 i tak** in any case **5 nie tak (znowu) dużo** not (all) that much **6 tak ... jak** as ... as **7 tak czy owak** either way, in any case **8 tak dużo/taki długi** that much/big **9 tak jak** like **10 tak samo** likewise **11 tak sobie** so-so **12 tak zwany** so-called
taki 1 such **2 nie ma czegoś/kogoś takiego (jak)** there's no such thing/person (as) **3 tacy jak on** the likes of him **4 taki ... że** such ... that **5 taki a taki** so-and-so **6 taki dobry człowiek** such a kind man **7 taka okropna pogoda** such awful weather **8 taki duży/dobry** so big/good **9 taki jak** like, such as **10 taki sobie** so-so
takielunek rigging
taksówka 1 cab, taxi **2 brać taksówkę** take a taxi
takt 1 tact, grace **2** *(w muzyce)* bar
taktownie tactfully
taktowny tactful, graceful
taktycznie tactically
taktyczny tactical
taktyka tactic
także also
talent 1 talent, gift **2 mieć talent do** have a gift/feel for
talerz 1 plate **2** *(w perkusji)* cymbal **3 latający talerz** flying saucer
talia 1 waist, midriff

2 *(kart)* deck, pack
3 *(wymiar)* waistline

talizman charm

talk talcum powder

talkshow talk show, chat show

talon coupon, voucher

tam 1 there 2 **ktoś/coś tam** someone/something or other 3 **tam i z powrotem** back and forth, backwards and forwards, to and fro 4 **tam jest ...** there's ...

tama dam

tamburyn tambourine

tamować staunch, stem

tampon tampon, wad

tamten that

tance-rz/rka dancer

tandem tandem

tandetny tacky, tawdry

tango tango

tani 1 cheap 2 **tani jak barszcz** dirt cheap

taniec dance, dancing

tanio cheaply, cheap

tankować refuel, get petrol *BrE*, get gas *AmE*

tankowiec tanker

tantiemy royalties

tańce dance, dancing

tańczyć 1 dance 2 **tańczyć walca/tango** dance the waltz/tango

tapeta wallpaper

tapetować paper, wallpaper

tapicerka upholstery

taranować ram

tarapaty 1 **być w tarapatach** be in a fix, be in a jam 2 **w ciężkich tarapatach** in dire/desperate straits

taras terrace

tarasować jam, obstruct

tarcie friction

tarcza 1 shield 2 *(strzelecka)* target 3 *(telefonu)* dial 4 *(zegarka)* face

targ market

targi fair

targować się haggle

targowy plac targowy marketplace

tarka grater

tartak sawmill

tarzać się wallow

tasak chopper, cleaver

tasować shuffle

taszczyć lug

taśma 1 tape 2 *(do maszyny do pisania)* ribbon 3 **taśma klejąca** Sellotape *BrE*, Scotch tape *AmE* 4 **taśma wideo** videotape 5 **taśma matka** master tape

tata dad

tatuaż tattoo

tatuować tattoo

tatuś dad, daddy

tawerna tavern

tchawica windpipe

tchórz coward

tchórzliwy cowardly

tchórzostwo cowardice

teatr 1 theatre *BrE*, theater *AmE* 2 **teatr amatorski** amateur dramatics

teatralny theatrical

techniczny technical, technological

technik technician, engineer

technika 1 technology 2 *(metoda)* technique

teczka 1 briefcase 2 *(papierowa)* folder

teflonowy nonstick

tekst 1 text 2 *(piosenki)* lyrics

tektura cardboard

telefon 1 telephone, phone 2 *(rozmowa)* phone call, call 3 **odbierać telefon** answer the telephone 4 **rozmawiać przez telefon** be on the phone 5 **telefon komórkowy** cellular phone, mobile phone

telefoniczny 1 **automat telefoniczny** pay phone 2 **kabina telefoniczna** phone booth 3 **karta telefoniczna** phone card 4 **książka telefoniczna** telephone directory, phone book

telefonist-a/ka operator

telefonować telefonować do phone, call

telegraf telegraph

telegram telegram

telekomunikacja telecommunications

telenowela soap opera

telepatia telepathy

telepatyczny telepathic

teleskop telescope

teleturniej game show

telewizja 1 television, TV, telly *BrE* 2 **telewizja kablowa** cable television 3 **telewizja satelitarna** satellite television 4 **w telewizji** on television, on TV

telewizor television (set), TV (set)

temat 1 subject, topic 2 *(motyw)* theme 3 **na temat czegoś** on/about sth 4 **zmienić temat** change the subject

tematyka subject matter

temblak sling

temperament temperament

temperatura 1 temperature, heat 2 *(gorączka)* fever 3 **temperatura wrzenia/topnienia** boiling/melting point

temperówka pencil sharpener

tempo **1** pace, rate, tempo **2** **w tym tempie** at this rate **3** **w zwolnionym tempie** in slow motion

temu **1** ago **2** **dwa dni temu** two days ago **3** **parę dni temu** the other day

ten **1** this (one) **2** **ten, kto** whoever

tendencja **1** tendency **2** **mieć tendencję do robienia czegoś** be liable to do sth **3** **wykazywać tendencję spadkową** be on the decline

tenis **1** tennis **2** **tenis stołowy** table tennis

tenisówki plimsolls *BrE*, sneakers *AmE*

tenor tenor

teologia theology, divinity

teologiczny theological

teoretycznie in theory, theoretically

teoretyczny theoretical

teorety-k/czka theorist

teoretyzować theorize, theorise *BrE*

teoria theory

terakota terracotta

terapeut-a/ka therapist

terapeutyczny therapeutic

terapia therapy, treatment

teraz now, at the moment

teraźniejszość the present

teraźniejszy **czas teraźniejszy** the present tense

tercet trio

teren **1** ground, terrain, site **2** *(sklepu, zakładu)* premises **3** *(zabudowany i ogrodzony)* compound **4** **badania w terenie** fieldwork

terier terrier

termin **1** deadline **2** *(wyraz)* term **3** **wybrany termin** timing

terminal terminal

terminarz diary, personal organizer

terminologia terminology

termit termite

termofor hot-water bottle

termojądrowy thermonuclear

termometr thermometer

termos **1** Thermos (flask), vacuum flask *BrE* **2** *(bufetowy)* urn

termostat thermostat

terpentyna turpentine

terroryst-a/ka terrorist, bomber

terroryzm terrorism

terroryzować terrorize, terrorise *BrE*

terytorialny territorial

terytorium territory

test **1** test **2** *(badanie)* trial **3** **podchodzić do testu** take a test **4** **przeprowadzać test** do/run a check **5** **test wielokrotnego wyboru** multiple choice test

testament **1** will, testament **2** **Nowy Testament** the New Testament **3** **Stary Testament** the Old Testament

testować test

teściowa mother-in-law

teść father-in-law

teza thesis

też **1** too, as well **2** **też (nie)** either, neither **3** **ja też** so do I, me too, same here **4** **ja też nie** me neither, neither do I

tęcza rainbow

tęczówka iris

tęgi stout

tępić exterminate

tępy **1** *(nóż, ołówek)* blunt, thick **2** *(człowiek)* dull

tęsknić **1** **ktoś za kimś/czymś tęskni** sb misses sb/sth **2** **tęsknić za domem/ojczyzną** be/feel homesick

tęsknie longingly, wistfully

tęsknota longing, yearning

tęskny wistful

tętnica artery

tętniczy arterial

tętno heartbeat, pulse

tężec tetanus

tężeć set, solidify

tik tic

tj. i.e.

tkacz/ka weaver

tkać weave

tkanina cloth, fabric, textile

tkanka tissue

tlen oxygen

tlenek **tlenek węgla** carbon monoxide

tlenić bleach

tlić się smoulder *BrE*, smolder *AmE*

tłamsić strangle

tło **1** background, setting **2** **w tle** in the background

tłoczyć **1** press **2** **tłoczyć się** crowd, swarm

tłok **1** crowd, crush **2** *(w silniku)* piston

tłuc **1** *(walić)* bang, pound **2** *(szkło)* break

tłum crowd, mob

tłumacz/ka **1** translator **2** *(języka mówionego)* interpreter

tłumaczenie translation

tłumaczyć **1** *(książkę itp.)* translate **2** *(ustnie)* interpret **3** *(wyjaśniać)* account for, explain

tłumić **1** *(śmiech)* smother, suppress **2** *(sprzeciw)* crush, repress **3** **tłumić rewolucję/bunt** put down a revolution/rebellion

tłumik **1** silencer **2** *(samochodowy)* silencer *BrE*, muffler *AmE*
tłumiony repressed
tłusty **1** *(gruby)* fat **2** *(mięso, jedzenie)* fatty **3** *(włosy, plama)* greasy **4** *(ciecz)* oily **5** **tłuste mleko** full-cream milk
tłuszcz fat, grease
to **1** it **2** **to ja/John** it's me/John **3** **to jest ...** this is ... **4** **to i owo** this and that **5** **tym samym** thus
toaleta **1** toilet, lavatory *BrE*, restroom *AmE* **2** **męska toaleta** men's room, the gents **3** **toaleta damska** ladies' room, the ladies **4** **skorzystać z toalety** go to the bathroom
toaletka dressing table
toaletowy **1** **przybory toaletowe** toiletries **2** **papier toaletowy** toilet paper
toast **1** toast **2** **wznosić toast** toast
toczący się ongoing
toczyć **1** *(kulać)* roll **2** *(wojnę)* wage
toffi toffee
toga gown, toga
tok **1** course **2** **tok myślowy** train of thought **3** **w toku** in progress
tolerancja tolerance
tolerancyjny tolerant, broadminded
tolerować tolerate
tom volume
ton tone
tona tonne, ton
tonacja key
tonalny tonal
tonaż tonnage
tonąć **1** drown **2** *(o statku)* sink
toner toner
tonik tonic
tonować tone down, water down
topić **1** melt **2** **topić się** *(tonąć)* drown
topnieć **1** melt **2** *(kurczyć się)* dwindle
topola poplar
toporek hatchet
toporny crude
topór **1** axe *BrE*, ax *AmE* **2** **zakopać topór wojenny** bury the hatchet
tor **1** lane, path **2** **tor wyścigowy** race course, racecourse, racetrack **3** **tory kolejowe** railway track *BrE*, railroad track *AmE*
torba **1** bag **2** *(kangura)* pouch **3** **torba na ramię** shoulder bag **4** **torba podróżna** holdall
torbacz marsupial
torbiel cyst
torebka **1** bag **2** *(damska)* handbag, purse *AmE* **3** **torebka herbaty ekspresowej** tea bag
torf peat
tornado tornado, twister
tornister satchel
torować **torować drogę** pave the way
torpeda torpedo
torreador bullfighter
tort gateau
torturować torture
torturowanie torture
tortury torture
torys Tory
totalitarny totalitarian
totalitaryzm totalitarianism
totalizator **1** *(na wyścigach)* sweepstake **2** *(piłkarski)* the pools
totalny total
towar **1** commodity, stock, merchandise **2** **towary** goods
towarowy **1** **dom towarowy** department store **2** **wymiana towarowa** barter
towarzyski **1** sociable, outgoing **2** *(okazja, kontakty)* social **3** **udzielać się towarzysko** socialize, socialise *BrE* **4** **życie towarzyskie** social life
towarzysko socially
towarzystwo **1** companionship, company **2** *(stowarzyszenie)* society, fellowship **3** **bez towarzystwa** unaccompanied **4** **dotrzymywać komuś towarzystwa** keep sb company
towarzysz/ka **1** companion **2** *(w partii komunistycznej)* comrade **3** **towarzysz/ka zabaw** playmate **4** **towarzysze podróży** fellow passengers
towarzyszący **osoba towarzysząca** escort
towarzyszyć accompany
tożsamość identity
tracić **1** lose **2** *(pieniądze, czas)* waste **3** **nie stracić głowy** keep your head **4** **nie tracić czasu** waste no time/not waste any time **5** **tracić głowę** be/get carried away, lose your head **6** **tracić kontakt (z)** lose touch (with) **7** **tracić nadzieję na coś** despair of sth
tradycja **1** tradition **2** **z tradycjami** well-established
tradycyjnie traditionally
tradycyjny traditional
traf **dziwnym trafem** funnily enough, oddly enough
trafiać **1** **na chybił trafił** at random **2** **trafiać się** come along **3** **rzadko się trafiać** be few and far between

trafić **1** *(odnaleźć drogę)* find your way, get there **2** *(nie chybić)* hit the target **3** **nie trafić w** miss **4** **trafić gdzieś** end up somewhere **5** **trafić w (samo) sedno** hit the nail on the head

trafienie hit

trafnie aptly

trafny apt

tragedia tragedy

tragicznie tragically

tragiczny tragic

trakt **1** **być w trakcie robienia czegoś** be in the middle/process of doing sth **2** **w trakcie** in the course of

traktat treaty

traktor tractor

traktować **1** treat **2** **traktować o** have to do with, deal with

traktowanie treatment

trampolina springboard

tramwaj tram *BrE*, streetcar *AmE*

trans trance

transakcja transaction

transatlantycki transatlantic

transformacja transformation

transformator transformer

transfuzja transfusion

transkontynentalny transcontinental

transkrybować transcribe

transkrypcja transcription

transmisja broadcasting, transmission

transmitować **1** broadcast, transmit **2** **transmitować w telewizji** televise

transparent banner, placard

transplantacja transplant

transport **1** transport *BrE*, transportation *AmE* **2** *(ładunek)* shipment

transportować ship

transportowiec freighter

transwestyt-a/ka transvestite

tranzystor transistor

trap gangplank, gangway

trapez *(gimnastyczny)* trapeze

trapić się worry, fret

trasa **1** route **2** *(wycieczki)* itinerary **3** **być w trasie** be on the road

traszka newt

tratować trample

tratwa raft

traumatyczny traumatic

trawa **1** grass **2** *(trawnik)* lawn

trawiasty grassy

trawić digest, consume

trawienie digestion

trawka *(marihuana)* grass, pot

trawler trawler

trawnik lawn

trąba **1** *(słonia)* trunk **2** **trąba powietrzna** whirlwind

trąbić *(klaksonem)* honk, hoot, toot

trąbka trumpet

trącać jog, nudge

trącić **trącić czymś** smack of sth

trąd leprosy

trądzik acne

trefl clubs

trema stage fright

trencz trenchcoat

trend **1** trend **2** **zapoczątkować trend** set the trend

trener/ka trainer, coach

trening training, workout, practice *BrE*, practise *AmE*

trenować **1** train, work out **2** *(kogoś)* coach

treść **1** content **2** *(książki)* contents

trębacz bugler

trędowat-y/a leper

trio trio

trochę **1** a little, a bit, slightly **2** **ani trochę** not a (little) bit, not in the slightest **3** **trochę za wysoki/ciężki** on the high/heavy side

trociny sawdust

trofeum trophy

trojaczki triplets

tron throne

trop **1** scent, lead **2** **być na czyimś tropie/na tropie czegoś** be on sb/sth's trail

tropić track, trail

tropikalny **1** tropical **2** **tropikalny las deszczowy** rain forest

tropiki the tropics

troska care, concern, worry

troskliwie attentively, thoughtfully

troskliwy attentive, thoughtful

troszczyć się **troszczyć się o** care for

trójca **Trójca Święta** the Trinity

trójkąt triangle

trójkątny triangular

trójnóg tripod

trójwymiarowy three-dimensional

trucht **1** trot **2** **biec truchtem** trot

truchtać scamper

trucizna poison

truć poison

trud **1** trouble **2** **z trudem** with difficulty **3** **zadawać sobie trud, żeby coś zrobić** take the trouble to do sth, go out of your way to do sth

4 **zadawać sobie trud** bother, go to/take a lot of trouble

trudno too bad

trudność 1 difficulty, hardship 2 **mieć z czymś trudności** be hard pressed/put/pushed to do sth

trudny 1 difficult, hard, tough 2 **trudne pytanie/zagadnienie** thorny question/issue

trufla truffle

trujący poisonous, toxic

trumna coffin, casket *AmE*

trup 1 dead body, corpse 2 **po moim trupie** over my dead body

truskawka strawberry

trust trust

trwać 1 continue, go on, last 2 **trwać przy** stand by, stick by, cling to

trwający ongoing

trwale permanently

trwała perm

trwałość durability, permanence

trwały permanent, durable, lasting

trwonić waste, squander, fritter away

tryb 1 mode 2 *(gramatyczny)* mood 3 **tryb łączący** subjunctive

trybuna 1 stand 2 *(na stadionie)* grandstand

trybunał tribunal

trykot leotard

trylogia trilogy

trymestr trimester

tryskać 1 gush, spout, squirt 2 **tryskający zdrowiem** bouncing

tryumf triumph

tryumfalny triumphal

tryumfować triumph

trywialny trivial

trzask click, crack, snap

trzaskać 1 crack, crackle, crash 2 *(drzwiami)* slam

trząść się 1 shake, shiver 2 **trząść się nad kimś** fuss over sb

trzcina 1 reed 2 *(materiał)* cane

trzeci 1 third 2 **jedna trzecia** a third 3 **osoba trzecia/postronna** third party 4 **po trzecie** thirdly 5 **podnosić do trzeciej potęgi** cube 6 **trzeci świat** the Third World 7 **trzecia osoba** the third person

trzeć 1 *(np. ser)* grate 2 *(np. oczy)* rub

trzepaczka trzepaczka do piany whisk

trzepot flutter

trzepotać flutter

trzeszczeć crackle

trzeźwieć sober up

trzeźwo soberly

trzeźwy sober

trzęsiączka jitters

trzęsienie trzęsienie ziemi earthquake, quake

trzmiel bumblebee

trzon hard core

trzonowy ząb trzonowy molar

trzy three

trzydziestka być po trzydziestce be in your thirties

trzydziesty 1 thirtieth 2 **lata trzydzieste** the thirties

trzydzieści thirty

trzymać 1 hold, keep 2 **trzymać kciuki** keep your fingers crossed 3 **trzymać się** hang on, hold onto, keep to, stick to 4 **nie trzymać się kupy** not add up 5 **trzymać się kurczowo** cling 6 **trzymać się razem** stick together 7 **trzymać się z daleka od** stay away from, steer clear of 8 **świetnie się trzymać** be still going strong 9 **trzymaj się** take care

trzynasty thirteenth

trzynaście thirteen

trzysta three hundred

tu 1 here 2 **tu i tam** here and there

tuba 1 tube 2 *(instrument)* tuba

tubka tube

tubylec native

tuczący fattening

tuczyć fatten

tulić hug, cradle, nestle

tulipan tulip

tułów trunk, torso

tundra tundra

tunel tunnel

tunika tunic

tuńczyk tuna(fish)

turban turban

turbina turbine

turbulencje turbulence

turecki siedzieć po turecku sit cross-legged

turkotać rattle

turkusowy turquoise

turniej tournament

turyst-a/ka tourist, sightseer

turystyczny 1 tourist 2 **klasa turystyczna** economy class

turystyka tourism

tusz 1 ink 2 **tusz do rzęs** mascara

tusza *(zwierzęca)* carcass

tuszować cover up, hush up

tutaj here

tuzin 1 dozen 2 **pół tuzina** half a dozen

tuż tuż przed/po/za just before/after/behind

twardnieć harden

twardość hardness, toughness

twardy 1 hard **2** *(mięso)* tough **3** *(zasady)* firm **4 jajko na twardo** hard-boiled egg **5 twardy dysk** hard disk

twarz 1 face **2 powiedzieć coś komuś w twarz** say sth to sb's face **3 stracić twarz** lose face **4 zachować twarz** save face **5 twarzą w twarz (z)** face to face (with) **6 wyraz twarzy** expression **7 zwracać się twarzą do** turn to face

twarzowy flattering

tweed tweed

twierdząco affirmatively

twierdzący affirmative

twierdzenie statement, claim, proposition

twierdzić argue, assert, claim

tworzenie się formation

tworzyć 1 create, form **2** *(całość)* constitute

twój your, yours

twór creation

twór-ca/czyni creator

twórczo creatively

twórczość 1 works **2** *(pisarska też)* writings

twórczy creative

ty you

tyczka skok o tyczce pole vault

tydzień 1 week **2 co tydzień** weekly **3 dwa tygodnie** fortnight **4 raz w tygodniu** weekly **5 w połowie tygodnia** midweek

tygodniowy weekly

tygrys tiger

tykać 1 *(o zegarze)* tick **2 nie tykać czegoś** not touch sth

tykanie tick

tyle 1 *(z rzeczownikami policzalnymi)* so many **2** *(z rzeczownikami niepoliczalnymi)* so much **3 tyle co nic** next to nothing

tylko 1 only, just, merely **2 jak/gdy tylko** as soon as, the minute (that), the moment (that) **3 nie tylko ... (lecz) także** not only ... (but) also **4 tylko że** only

tylny 1 back, rear **2 tylne kończyny/łapy** hind legs/feet **3 tylne siedzenie** back seat

tył 1 back, rear **2 do tyłu** back, backwards **3 tył(em) na przód** back to front, backwards **4 tyłem do siebie** back-to-back **5 w tyle** behind **6 z tyłu** behind

tyłek bum, butt

tymczasem in the meantime, meanwhile

tymczasowo temporarily

tymczasowy provisional, temporary, interim

tymianek thyme

tynk plaster

tynkować plaster

typ 1 type **2** *(człowiek)* character **3 nie być w czyimś typie** not be sb's type

typowany typowany do czegoś tipped to do sth

typowo typically

typowy 1 typical **2 typowy przykład** a prime example

tyran bully, tyrant

tyrania tyranny

tyranizować bully

tyranizowanie bullying

tysiąc 1 thousand **2** *(funtów, dolarów)* grand

tysiąclecie millennium

tysięczny thousandth

tytoń tobacco

tytularny nominal

tytuł 1 title **2 obroń-ca/czyni tytułu** title-holder **3 tytuł szlachecki** knighthood **4 tytuł własności** tenure

tytułować 1 entitle, title **2** *(zwracać się)* address

tytułowy tytułowa rola title role

tzn. i.e.

Uu

uaktualniać update

ubezpieczać 1 insure **2** *(w czasie walki)* cover

ubezpieczenie 1 insurance **2 ubezpieczenia społeczne** social security **3 ubezpieczenie na życie** life insurance

ubić slaughter

ubiegły past

ubierać 1 dress **2** *(nakładać)* put on **3 ubierać się** get dressed

ubijać beat, whip, whisk

ubikacja toilet

ubiór dress

ubocze na uboczu off the beaten track/path

uboczny 1 incidental **2 produkt uboczny** by-product **3 skutek uboczny** by-product, side effect

ubogi 1 poor, needy **2 ubogi w coś** deficient in sth

ubolewanie godny ubolewania regrettable

ubóstwiać idolize, idolise *BrE*

ubóstwo poverty

ubóść butt

ubranie clothes

ubrany 1 być ubranym be dressed **2 być ubranym w** have on **3 dobrze ubrany** well-dressed **4 źle ubrany** badly-dressed

ubytek *(w zębie)* cavity

ucharakteryzować disguise
ucho 1 ear 2 *(igły)* eye 3 **wpadający w ucho** catchy
uchodzić **uchodzić za** pass for
uchodźca refugee
uchwalać 1 enact, pass 2 **uchwalać ustawę** legislate
uchwała resolution
uchwyt handle, holder
uchybienie lapse
uchylać 1 *(sprzeciw)* overrule 2 *(decyzję)* override 3 **uchylać się (przed)** dodge 4 **uchylać się od** evade
uchylanie się avoidance, evasion
uchylony *(drzwi)* ajar
uciążliwy burdensome, cumbersome
ucichnąć die away, die down, quieten down
uciec escape, get away
uciecha delight
ucieczka 1 escape, flight 2 **rzucać się do ucieczki** bolt
uciekać 1 run away, run off, flee 2 **uciekać się do** resort to
uciekinier/ka runaway
ucieleśnienie 1 embodiment 2 **być ucieleśnieniem** embody 3 **ucieleśnienie dobroci/zła** the incarnation of goodness/evil
ucierpieć suffer
ucisk 1 oppression, repression 2 **oparty na ucisku** oppressive
uciskać oppress
uciskany oppressed
uciszać quieten, silence
uciszyć shut up
uczcić celebrate
uczciwie 1 honestly 2 **uczciwie przyznawać** freely admit/acknowledge
uczciwość 1 honesty 2 **mieć na tyle uczciwości, żeby coś zrobić** have the decency to do sth
uczciwy honest, decent
uczelnia university, college
uczennica schoolgirl
uczeń pupil, student, schoolboy, schoolchild
uczesać 1 comb 2 **uczesać się** do your hair
uczesanie hairdo, hairstyle
uczestnictwo participation
uczestniczyć participate
uczestni-k/czka participant
uczon-y/a[1] *noun* scholar, scientist
uczony[2] *adj* learned, scholarly
uczta feast
ucztować feast
uczucie 1 emotion, feeling, sensation 2 **mieszane uczucia** mixed feelings
uczuciowo emotionally
uczuciowy emotional
uczulenie allergy
uczuleniowy allergic
uczulony allergic
uczyć 1 teach 2 **uczyć się** learn
uczynek 1 deed 2 **złapać kogoś na gorącym uczynku** catch sb red-handed
uczynny obliging, accommodating
udać się **komuś udało się coś zrobić** sb managed to do sth, sb was able to do sth
udany successful
udar stroke
udaremniać frustrate
udaremnić defeat
udawać 1 fake, pretend 2 **udawać, że** make out (that) 3 **jeżeli to się nie uda** failing that 4 **komuś się udaje (coś zrobić)** sb succeeds (in doing sth)
udawanie make-believe, play-acting
udawany **udawane zdziwienie/przerażenie** mock surprise/horror
udekorować decorate
uderzać 1 beat, strike 2 **uderzać komuś do głowy** go to sb's head
uderzający striking
uderzenie 1 *(cios)* blow 2 *(dźwięk)* bang, knock
uderzyć 1 hit, smash 2 *(otwartą dłonią)* slap, smack 3 **uderzyć się (w)** bump, hit
udo thigh
udobruchać placate
udomowiony domesticated
udoskonalać improve, refine, perfect
udoskonalony improved, refined
udostępniać **udostępniać coś komuś** give sb the use of sth
udowadniać prove
udramatyzować dramatize, dramatise *BrE*
udręka anguish, torment
udusić 1 strangle, smother 2 **udusić się** suffocate
uduszenie strangulation, suffocation
udział 1 participation 2 *(w zyskach firmy)* share, interest 3 **brać udział (w)** take part in, enter, attend 4 **mieć udziały** hold shares 5 **udział w czymś** a stake in sth

udzielać 1 grant 2 **udzielać porad** counsel 3 **udzielać się komuś** rub off on sb 4 **udzielać się towarzysko** socialize, socialise *BrE*
ufać 1 trust, trust in 2 **nie ufać** distrust, mistrust
ufarbować 1 colour *BrE*, color *AmE* 2 *(włosy)* dye
ufność confidence
ufny trusting
UFO UFO
uformować shape, form
uganiać się chase
ugasić 1 extinguish, put out 2 **ugasić pragnienie** quench your thirst
uginać się 1 bow, sag 2 **uginać się pod naciskiem** bow to
ugotować 1 cook, boil 2 *(na parze)* steam
ugrupowanie group, grouping
ugryzienie bite
ugryźć 1 bite 2 *(lekko)* nip
ugrzęznąć get/be bogged down
uhonorować honour *BrE*, honor *AmE*
ujadać yap
ujarzmić repress
ujawniać disclose, reveal, make public
ujawnienie disclosure
ująć capture
ujednolicać standardize, standardise *BrE*, unify
ujemnie negatively
ujemny negative
ujęcie 1 *(schwytanie)* capture 2 *(fotografia)* shot
ujmować się **ujmować się za** stand up for
ujmujący endearing
ujrzeć see, set/lay eyes on
ujście 1 outlet 2 *(rzeki)* mouth, estuary
ukamienować stone
ukarać 1 punish, penalize, penalise *BrE* 2 *(dyscyplinarnie)* discipline
ukazywać 1 show 2 **ukazywać się** appear
ukąszenie bite, sting
układ 1 arrangement, composition, routine, system 2 *(przestrzenny, graficzny)* layout 3 *(taneczny)* routine 4 *(oddechowy, wydalniczy itp.)* system 5 *(traktat)* pact, treaty 6 **pójść na układ** strike a deal 7 **układ nerwowy** nervous system 8 **układ scalony** integrated circuit, chip 9 **układ słoneczny** the solar system
układać arrange
układanka (jigsaw) puzzle
ukłon bow
ukłucie 1 pang, prick 2 **ukłucie bólu/żalu** a stab of pain/regret
uknuć 1 plot 2 **uknuć spisek** hatch a plot/plan
ukochan-y/a[1] *noun* beloved
ukochany[2] *adj* beloved, darling
ukoić soothe
ukołysać lull
ukończyć finish, complete
ukoronować crown
ukoronowanie culmination
ukos **na ukos** at an angle
ukośnik slash
ukośny diagonal
ukradkiem 1 furtively, stealthily 2 **spojrzeć ukradkiem na** sneak a look/glance at
ukradkowy furtive, stealthy
ukraść steal
ukrycie 1 hiding, concealment 2 **pozostawać w ukryciu** lie low
ukryć 1 hide, conceal 2 **ukryć twarz w** bury your face in
ukryty 1 hidden 2 **ukryty motyw/powód** ulterior motive/reason
ukrywać 1 hide, conceal 2 **ukrywać się** hide, be in hiding, be on the run
ukrzyżować crucify
ukrzyżowanie the Crucifixion
ukształtować shape
ukuć coin
ul beehive, hive
ulatniać się escape, leak
ulegać give in, yield, relent, succumb
uległość submission
uległy submissive
ulepszony improved
ulewa downpour
ulewny torrential
ulga 1 relief 2 **odczuwać ulgę** be relieved 3 **ulga podatkowa** tax concession/exemption
ulica 1 street, road 2 **boczna ulica/droga** back street/road 3 **główna ulica** high street
uliczka alley
ulokowany **źle ulokowany** misplaced
ulotka leaflet
ultimatum ultimatum
ulubieni-ec/ca favourite *BrE*, favorite *BrE*
ulubiony favourite *BrE*, favorite *AmE*
ułamek 1 fraction 2 **ułamek dziesiętny** decimal 3 **ułamek sekundy** a split second
ułaskawiać pardon
ułaskawienie pardon

ułatwiać facilitate, make easier
ułatwienie facilitation
ułomność handicap
umacniać strengthen, reinforce
umarły 1 dead 2 **umarli** the dead
umawiać się make a date, make an appointment
umeblować furnish
umeblowany furnished
umiar 1 moderation, restraint 2 **z umiarem** sparingly
umiarkowanie moderately
umiarkowany 1 moderate 2 *(klimat)* temperate
umieć 1 can, be able to, know how to 2 **umieć słuchać** be a good listener
umiejętnie ably, skilfully
umiejętność accomplishment, skill
umiejętny skilful *BrE*, skillful *AmE*
umiejscowić locate
umiejscowiony set, located
umierać die
umieralność mortality
umieszczać place, put
umięśniony muscular
umniejszać diminish, detract from
umocować fix, anchor
umowa 1 contract, deal 2 **zawrzeć umowę** strike/make a deal
umożliwiać umożliwiać komuś zrobienie czegoś enable sb to do sth
umówiony umówione spotkanie appointment, engagement
umrzeć 1 die, pass away 2 **umrzeć z zimna** die of exposure
umyć 1 wash 2 *(szamponem)* shampoo 3 **umyć ręce** wash up
umykać umykać czyjejś uwadze escape someone's attention
umysł 1 head, mind 2 **zdrowy na umyśle** sane
umysłowo mentally
umysłowy 1 mental 2 **choroba umysłowa** insanity
umyślnie deliberately, intentionally
umyślny intentional
umywać umywać ręce od czegoś wash your hands of sth
umywalka washbasin
uncja ounce
unia 1 union 2 **Unia Europejska** European Union
unicestwiać annihilate
unicestwienie annihilation
unieruchomić immobilize, immobilise *BrE*
uniesienie ecstasy, rapture
unieważniać 1 annul, cancel 2 **unieważniać orzeczenie/wyrok** overturn a ruling/verdict
unieważnienie annulment, cancellation
uniewinniać acquit
uniewinnienie acquittal
uniezależniać się strike out on your own
unik evasive action
unikać 1 avoid, dodge, shun 2 *(tematu)* keep off 3 **nie do uniknięcia** unavoidable 4 **unikać kary** get off
unikanie avoidance
uniknąć uniknąć śmierci/kary escape death/punishment
uniwersalny universal
uniwersytecki miasteczko uniwersyteckie campus
uniwersytet university
unormować normalize, normalise *BrE*
unosić się 1 drift, float, hover 2 **unosić się na wodzie** be afloat
unowocześniać modernize, modernise *BrE*, update, upgrade
uodparniać immunize, immunise *BrE*
uogólniać generalize, generalise *BrE*
uogólnienie generalization
uosabiać personify
uosobienie 1 personification 2 **być uosobieniem** be the epitome of
upadać fall
upadek downfall, fall
upadlać degrade
upalny blazing
upał 1 heat 2 **fala upałów** heatwave
upamiętniać commemorate, mark
upaństwowić nationalize, nationalise *BrE*
uparcie obstinately, stubbornly
uparty obstinate, stubborn
upaść fall
upatrzony mieć upatrzony have your eye on
upewnić się double-check, ensure, see, make sure
upiec 1 bake, roast 2 **upiec na grillu** barbecue 3 **upiec na ruszcie** broil 4 **upiec dwie pieczenie na jednym ogniu** kill two birds with one stone
upierać się insist
upierzenie plumage
upiększać embellish
upijać się get drunk

upiorny ghostly
upiór ghost, spectre *BrE*, specter *AmE*
upleść weave
upływ **1** flow **2** **upływ czasu** the passage of time
upływać elapse
upodlenie degradation
upodobanie **1** fancy **2** **mieć upodobanie do czegoś** have a liking for sth
upojny intoxicating
upojony intoxicated
upokarzać humiliate
upokarzający humiliating
upokorzenie humiliation, indignity
upokorzony humiliated
upolityczniać politicize, politicise *BrE*
upominać rebuke
upomnienie rebuke
uporać się **uporać się z** dispose of
uporczywy persistent
uporządkować order, sort out
uporządkowany orderly
upośledzenie handicap
upośledzony **1** handicapped **2** **upośledzony społecznie** underprivileged
upór obstinacy, stubbornness
upraszczać **1** simplify **2** *(nadmiernie)* oversimplify
uprawa cultivation
uprawiać **1** practise **2** *(ziemię)* cultivate
uprawniać entitle
uprawnienie **1** right, power **2** **nie mieć uprawnień do czegoś** be ineligible for sth/to do sth
uprawniony **uprawniony do (robienia) czegoś** eligible to do sth
uprawny **1** cultivated **2** **roślina uprawna** crop
uproszczenie simplification, oversimplification
uprowadzać **1** abduct, kidnap **2** *(samolot)* hijack
uprowadzenie **1** abduction **2** *(samolotu)* hijacking
uprząść spin
uprzątać clear away, tidy away
uprząż harness
uprzeć się put your foot down
uprzedzać **1** pre-empt, prejudice **2** **uprzedzić kogoś w czymś** beat sb to sth
uprzedzenie **1** bias, preconception, prejudice **2** **wolny od uprzedzeń** open-minded
uprzedzony prejudiced, biased
uprzejmie politely, kindly
uprzejmość politeness
uprzejmy polite, courteous, good
uprzemysłowienie industrialization
uprzemysłowiony industrialized
uprzyjemniać **uprzyjemniać sobie czas** while away the hours/evening/days
uprzywilejowanie privilege
uprzywilejowany privileged
upust **dawać upust czemuś** give vent to sth
upuszczać drop
urabiać mould *BrE*, mold *AmE*
uradować **uradować kogoś** make someone's day
uradowany overjoyed, elated
Uran[1] *(planeta)* Uranus
uran[2] *(perwiastek)* uranium
uratować save, rescue, salvage, spare
uraz **1** injury, trauma **2** **wywołać uraz** scar
uraza **1** grudge, resentment **2** **pełen urazy** resentful **3** **żywić urazę** bear a grudge
urazić **urazić czyjąś dumę** wound sb's pride
urażony hurt, resentful
urbanist-a/ka planner
uregulować **1** regulate, settle **2** **uregulować się** normalize, normalise *BrE*
urlop **1** leave, vacation **2** **brać/wziąć urlop** take a holiday **3** **na urlopie** on vacation **4** **urlop macierzyński** maternity leave
urna **1** urn **2** **urna wyborcza** ballot box
uroczy charming, lovely
uroczystość celebration
uroczysty ceremonial, solemn
uroczyście ceremonially
uroda beauty, prettiness
urodzajny fertile
urodzenie **1** birth **2** **miejsce urodzenia** birthplace **3** **świadectwo urodzenia** birth certificate **4** **wskaźnik urodzeń** birthrate
urodzić **1** give birth (to), have a baby **2** **urodzić się** be born
urodziny birthday
urodzony **urodzony przywódca/nauczyciel** a born/natural leader/teacher
urok charm, appeal
urosnąć grow (up)
urozmaicać vary

urozmaicenie variety
urozmaicony varied
uruchamiać run, start, activate
uruchomienie activation
urwis urchin
urwisko precipice
urywany jerky, interrupted
urywek 1 fragment, excerpt, extract 2 **urywek rozmowy/piosenki** a snatch of conversation/song
urząd 1 agency, bureau, office 2 **urząd pocztowy** post office
urządzenie 1 appliance, device 2 **urządzenia** facilities
urzeczywistniać 1 realize, realise *BrE* 2 **urzeczywistniać się** become a reality
urzekać captivate
urzekający captivating
urzędni-k/czka 1 clerk, white collar worker 2 **urzędni-k/czka administracji państwowej** civil servant 3 **urzędni-k/czka stanu cywilnego** registrar 4 **wysoki urzędnik** official
urzędowy official
urżnięty stoned
usankcjonować sanction
usatysfakcjonować satisfy, gratify
usiąść sit down, take a seat
usiłować attempt, endeavour
uskok fault
usługa 1 service 2 **usługi komunalne** *(np. gaz, energia)* utilities
usłużnie obligingly
usłużny obliging
usłyszeć 1 hear 2 **przypadkiem usłyszeć** overhear
usmażyć fry
uspokajać 1 calm (down), quieten *BrE*, quiet *AmE* 2 **uspokajać się** calm down, quieten down
uspokajający **środek uspokajający** sedative
uspokoić **uspokoić kogoś** put/set sb's mind at rest
usposobienie temperament
usprawiedliwiać excuse, justify
usprawiedliwienie excuse
usprawniać streamline
usta 1 mouth 2 **z otwartymi ustami** open-mouthed
ustabilizować się stabilize, stabilise *BrE*, level off/out
ustalać determine, establish, fix
ustalony 1 established, fixed, given, set 2 **z góry ustalony** predetermined
ustanawiać 1 lay down 2 **ustanowić rekord** set a record
ustatkować się settle down
ustawa 1 act, law 2 **projekt ustawy** bill
ustawać 1 cease, stop 2 **nie ustawać w wysiłkach** keep at it
ustawiać 1 line up, set up 2 **ustawiać się w szeregu** line up
ustawienie alignment
ustawodawczy 1 legislative 2 **ciało ustawodawcze** legislature
ustawodawstwo legislation
ustawowy statutory
ustąpić resign
usterka defect, fault, malfunction
ustęp *(urywek)* excerpt, passage
ustępować 1 give in, yield 2 *(ze stanowiska)* stand down, step down/aside 3 **ustępować miejsca** give way 4 **ustępować pierwszeństwa przejazdu** give way, yield
ustępstwo concession
ustępujący **ustępujący prezydent/rząd** the outgoing president/government
ustnik mouthpiece
ustny 1 oral, verbal 2 **egzamin ustny** oral
ustronny private, secluded
usunąć take out
usunięcie deletion, expulsion
usuwać się **usuwać się na dalszy plan** take a back seat
usuwać delete, remove
usuwanie disposal
usychać 1 shrivel, wither 2 **usychać z tęsknoty** pine
usypiać *(zwierzę)* put down
uszanowanie **z wyrazami uszanowania od kogoś** with the compliments of sb/with sb's compliments
uszczelka seal, washer
uszczerbek damage
uszczypliwy 1 cutting 2 **uszczypliwa uwaga** acid remark/comment, caustic remark/comment
uszczypnąć tweak
uszkodzić harm, damage
uszyć sew
uścisk 1 clasp, embrace, grasp, grip, squeeze 2 **uścisk dłoni** handshake 3 **uściski od** love from
uściskać hug
uścisnąć **uścisnąć sobie dłonie** shake hands (with sb)
uściślać specify, qualify
uśmiech 1 smile 2 **szeroki uśmiech** grin 3 **uśmiech losu** stroke of luck

uśmiechać się **1** smile **2** *(szeroko)* grin
uśmierzać kill
uśpić **1** drug **2** **uśpić psa/kota** put a dog/cat to sleep
uśpiony dormant
uświadamiać **uświadamiać sobie** realize, realise *BrE*
uświadomić **uświadomić coś** drive/bring sth home
uświadomienie **uświadomienie sobie** realization
utalentowany gifted, talented
utarg takings
utkwić lodge
utlenić bleach
utonąć drown
utonięcie drowning
utopia utopia
utopić się drown
utorować **utorować drogę** pave the way
utrapienie annoyance, pest
utrata **1** loss **2** **utrata przytomności** loss of consciousness, blackout
utrudniać hamper, hinder, impede, obstruct
utrudnienie handicap, hindrance, impediment
utrwalać perpetuate
utrzeć grate
utrzymać hold
utrzymanie living, upkeep
utrzymywać **1** *(twierdzić)* allege, maintain **2** *(rodzinę)* provide for **3** *(porządek)* keep **4** **utrzymywać na niskim poziomie** keep down **5** **utrzymywać się przy życiu** subsist
utuczyć fatten
utwardzać harden
utworzenie creation
utworzyć się form
utwór **1** composition, piece **2** *(na płycie)* track
utykać limp
utylizacja recycling
utylizować recycle
uwaga **1** attention, observation, remark **2** **brać pod uwagę** take into account/consideration, take heed of, take note (of), consider **3** **godny uwagi** notable, noteworthy **4** **nie zwracać uwagi** not take any notice/take no notice **5** **odwracać (czyjąś) uwagę od** divert (sb's) attention from **6** **umykać czyjejś uwadze** escape sb's attention **7** **wziąwszy pod uwagę** given **8** **zrobić uwagę na temat** remark on/upon **9** **znajdować się w centrum uwagi** be in the limelight, be the focus of attention **10** **zwracać (czyjąś) uwagę na coś** draw (sb's) attention to sth **11** **zwracać czyjąś uwagę** catch sb's eye
uwalniać **1** free, liberate, release **2** **uwalniać kogoś od czegoś** relieve sb of sth **3** **uwalniać się** break loose/free
uważać **1** *(być ostrożnym)* be careful, pay attention, take care, watch out, be on the lookout **2** *(sądzić)* think, believe **3** **uważaj!** be careful!, watch out! **4** **uważać kogoś za** regard sb as, consider sb (to be) sth, count sb as, view sb as **5** **uważać na** mind
uważnie attentively, carefully
uważny attentive, careful
uwertura overture
uwędzić smoke
uwiązany stuck
uwieczniać immortalize, immortalise *BrE*
uwiedzenie seduction
uwielbiać adore, worship
uwielbienie adoration
uwieńczyć cap, crown
uwierzyć **1** believe **2** **nie uwierzysz** guess what **3** **uwierzyć komuś na słowo** take sb's word for it **4** **choć trudno w to uwierzyć** believe it or not **5** **nie mogę uwierzyć, że** I can't/don't believe
uwieść seduce
uwięzić imprison
uwięziony *(unieruchomiony)* trapped
uwłaczać **uwłaczać czyjejś godności** be beneath you
uwłaczający derogatory
uwodzicielski seductive
uwolnić set free
uwydatniać enhance
uwzględniać take into consideration, allow for, provide for
uwziąć **uwziąć się na kogoś** have (got) it in for sb
uzależniający addictive
uzależnienie addiction, dependence, reliance
uzależniony **1** addicted, dependent **2** **być uzależnionym od** depend on/upon
uzasadniać justify
uzasadnienie justification
uzasadniony justified, legitimate, valid
uzbroić arm
uzbrojony **1** armed **2** **uzbrojony bandyta** gunman
uzda bridle
uzdolnienie talent, aptitude
uzdrawiacz healer
uzdrawiać heal

uzdrowisko spa
uzgadniać agree
uzgodnienie **1** accord **2** **do uzgodnienia** negotiable
uzgodniony agreed
uziemić earth *BrE*, ground *AmE*
uziemienie earth, ground *AmE*
uzmysłowić **uzmysłowić coś komuś** make sb aware of sth, impress sth on sb
uznanie **1** recognition, credit, appreciation **2** **w uznaniu dla** in recognition of **3** **według czyjegoś uznania** at sb's discretion **4** **wyrażać uznanie dla** pay tribute to
uznany **być uznanym za zmarłego/niewinnego** be presumed dead/innocent
uznawać recognize, recognise *BrE*, acknowledge
uzupełniać complement, supplement
uzupełniający **1** supplementary **2** **wybory uzupełniające** by-election
uzupełnić complete
uzupełnienie complement, supplement
użądlenie sting
użądlić sting
użycie **1** use **2** *(języka)* usage **3** **łatwy w użyciu** user-friendly **4** **w użyciu** in use
użyczać spare
użyteczność usefulness
użyteczny useful
użytek **1** use **2** **nadający się do użytku** usable **3** **robić użytek z** make use of **4** **zrobić z czegoś dobry użytek** put sth to good use **5** **zrobić z czegoś jak najlepszy użytek** make the best of sth, make the best of a bad job
użytkowni-k/czka user
używać use
używanie usage, use
używany **1** *(nie nowy)* secondhand, used **2** **nie używany** idle

Ww

w **1** in, into, at **2** **w sobotę** on Saturday
wabić allure, entice, lure
wachlarz **1** fan **2** *(asortyment)* array
wachlować fan
wacik swab
wada **1** disadvantage, drawback **2** *(defekt)* defect, fault **3** **wada wymowy** speech impediment
wadliwy defective, faulty, flawed
waga **1** scales **2** *(laboratoryjna)* balance **3** *(ciężar)* weight **4** *(znaczenie)* importance **5** **Waga** *(znak zodiaku)* Libra **6** **przybierać na wadze** gain weight, put on weight **7** **przywiązywać wagę do czegoś** attach importance/value to sth **8** **waga netto** net weight **9** **wagi ciężkiej** heavyweight **10** **wielkiej wagi** momentous
wagarować cut class/school, play truant *BrE*, play hooky *AmE*
wagarowicz/ka truant
wagary **chodzić na wagary** play truant *BrE*, play hooky *AmE*
wagon **1** *(pasażerski)* carriage *BrE*, car *AmE* **2** *(towarowy)* wagon **3** **wagon kolejki linowej** cable car **4** **wagon z bufetem** buffet car
wahać się **1** hesitate **2** *(zmieniać się)* fluctuate, waver
wahadło pendulum
wahadłowiec shuttle
wahanie **1** hesitation **2** *(zmienność)* fluctuation **3** **bez wahania** without hesitation, readily
wakacje **1** holiday, vacation *AmE* **2** **pojechać na wakacje** go on holiday *BrE*, go on vacation *AmE*
wakat opening, vacancy
walc **1** waltz **2** **tańczyć walca** dance the waltz
walczyć **1** fight **2** *(zmagać się)* struggle **3** *(w zapasach)* wrestle **4** *(rywalizować)* compete
walec **1** *(bryła)* cylinder **2** *(parowy)* steamroller
walentynka **1** *(kartka)* Valentine **2** **walentynki** *(dzień zakochanych)* Valentine's Day
walet jack
walić **1** bang, hammer, thump, pound **2** **walić się** collapse
walizka suitcase
walka **1** fight, combat **2** *(dążenie)* struggle **3** **na polu walki** in combat **4** **wschodnia sztuka walki** martial art
walkower **wygrać walkowerem** win by default
walnąć bash, clobber, whack
waltornia French horn
waluta currency
wałek **1** roller **2** *(do włosów)* curler **3** *(do ciasta)* rolling pin
wałęsać się loiter
wałkować roll
wampir vampire
wandal vandal
wandalizm vandalism

wanilia vanilla
wanna 1 bath, bathtub, tub **2** *(z masażem wodnym)* Jacuzzi
wapień limestone
wapno 1 lime **2** *(do bielenia ścian)* whitewash
wapń calcium
warcaby draughts *BrE*, checkers *AmE*
warczeć growl, snarl, drone
warga lip
wariacja variation
wariactwo craziness
wariant variant
wariat 1 madman, psycho **2 dom wariatów** madhouse
wariować go crazy, go out of your mind
warknąć snarl
warkocz plait, braid *AmE*
warkoczyk pigtail
warkot drone, whirr
warkotać whirr
warstewka coating
warstwa 1 coat, layer **2** *(cienka)* film
warsztat 1 workshop **2** *(samochodowy)* garage
wart 1 worth **2 być wartym czegoś** be worth sth **3 być wartym zrobienia/obejrzenia** be worth doing/seeing **4 nic nie wart** worthless **5 wart zachodu** worthwhile
warta 1 guard **2 stać na warcie** be on guard, stand guard **3 trzymać wartę** keep watch
wartościowy 1 valuable **2 papiery wartościowe** securities **3 giełda papierów wartościowych** stock exchange **4 rynek papierów wartościowych** stock market
wartość value, worth
wartowni-k/czka sentry
warunek 1 condition **2 pod jednym warunkiem** on one condition **3 pod warunkiem, że** on condition that, provided that, as long as **4 warunek wstępny** precondition, prerequisite **5 warunki atmosferyczne** conditions **6 warunki pracy** working conditions **7 warunki** terms, conditions
warunkowy 1 conditional **2 zwolnienie warunkowe** parole
warzyć brew
warzywo 1 vegetable **2 warzywa zielone** greens
wasz your, yours
waśń feud
wat watt
wata cotton wool *BrE*, cotton *AmE*
wawrzyn laurel
wazon vase
ważka dragonfly
ważki important, weighty
ważniak upstart
ważność 1 validity **2 data ważności** sell-by date **3 stracić ważność** expire **4 utrata ważności** expiration
ważny 1 important **2** *(paszport itp.)* valid
ważyć 1 weigh **2 ważyć tonę** weigh a ton **3 ważyć się** weigh yourself **4** *(o losach, przyszłości)* be/hang in the balance **5** *(mieć odwagę)* dare **6 nie waż się** don't you dare
wąchać smell, sniff
wąs 1 moustache *BrE*, mustache *AmE* **2** *(kota itp.)* whisker
wąski 1 narrow **2 wąskie gardło** bottleneck
wąskość narrowness
wątek 1 strand, thread **2 stracić wątek** lose the thread
wątły delicate, frail
wątpić doubt
wątpienie bez wątpienia without doubt, without question
wątpliwości mieć wątpliwości have doubts, be dubious
wątpliwość 1 doubt **2 co do tego nie ma wątpliwości** no doubt about it **3 mieć wątpliwości** have second thoughts **4 mieć wątpliwości co do** have doubts about **5 nie było wątpliwości co do tego, że** there was no doubt that **6 podawać coś w wątpliwość** cast doubt on sth, question sth
wątpliwy doubtful, questionable
wątroba 1 liver **2 zapalenie wątroby** hepatitis
wątróbka liver
wąwóz gorge, ravine
wąż 1 snake, serpent **2** *(do podlewania)* hose
wbijać 1 *(zęby)* dig into **2** *(gwóźdź)* hammer in, drive in **3 wbijać coś komuś do głowy** drum sth into sb, hammer sth into sb
wbrew 1 contrary to **2 postąpić wbrew swoim zasadom/przekonaniom** compromise your principles/beliefs **3 wbrew przepisom** against the rules **4 wbrew sobie** despite yourself
wbudowany built-in
wbudowywać build into
WC WC
wcale wcale (nie) (not) at all
wchłaniać absorb, soak up
wchłaniający absorbent

wchłanianie absorption
wchodzić **1** come in **2** *(do samochodu)* get in **3** **wchodzić do pokoju** enter a room
wciągać **1** pull **2** *(flagę na maszt)* hoist **3** *(wsysać)* suck **4** **wciągać kogoś** absorb sb, grab sb's attention **5** **wciągać w** drag into, draw into
wciągający compelling
wcielenie incarnation
wcinać *(jeść)* tuck in/into
wciskać **1** cram, wedge **2** **wciskać się** squeeze
wcisnąć thrust
wczasowicz/ka holiday-maker
wczasy **1** holiday *BrE*, vacation *AmE* **2** **wczasy zorganizowane** package tour
wczesny **1** early **2** **wczesne godziny ranne** the small hours
wcześniak premature baby
wcześnie **1** early **2** **iść wcześnie spać** have an early night **3** **nie wcześniej niż** not until **4** **odpowiednio wcześnie** in good time
wcześniej **1** *(przed terminem)* in advance **2** **im wcześniej, tym lepiej** the sooner the better
wcześniejszy prior
wczoraj yesterday
wdawać **1** **wdawać się w bójkę/kłótnię z kimś** pick a fight/quarrel with sb **2** **wdawać się w szczegóły** go into details
wdech **1** inhalation **2** **zrobić wdech** inhale, breathe in
wdowa widow
wdowiec widower
wdrapywać się scale, scramble
wdrażać implement
wdrażanie implementation
wdychać breathe in, inhale
wdzierać **wdzierać się na** encroach on/upon
wdzięczność **1** appreciation, gratitude **2** **wyrażać wdzięczność** pay tribute to **3** **z wdzięcznością** gratefully
wdzięczny **1** grateful, thankful **2** **byłbym wdzięczny, gdyby Pan/i zechciał/a ...** I would be grateful if you could/would ...
wdzięk **1** grace **2** **pełen wdzięku** graceful **3** **z wdziękiem** gracefully
we **1** in **2** **we wtorek** on Tuesday
według **1** according to, by **2** **według mnie** in my opinion, if you ask me
weekend **1** weekend **2** **w weekend** at the weekend *BrE*, on the weekend *AmE*
wegetarian-in/ka vegetarian
wegetariański vegetarian
wejście entrance, entry
welon veil
wełna wool
wełniany **1** woollen, woolly **2** **odzież wełniana** woollens
wendeta vendetta
wentylacja ventilation
wentylator fan, ventilator
Wenus Venus
wepchnąć shove, thrust
weranda porch, veranda
werbalny verbal
werbować **1** recruit **2** **werbować się** sign up
werdykt **1** verdict **2** **wydać werdykt/orzeczenie** return a verdict
werset verse
wersja version
werwa verve
weryfikacja verification
weryfikować verify
wesele wedding
wesoło cheerfully, gaily, merrily
wesołość cheerfulness
wesoły **1** cheerful, jolly, merry **2** **wesołe miasteczko** fair, funfair *BrE*, amusement park *AmE*
westchnąć sigh
westchnienie sigh
western western
westybul vestibule
wesz louse
wet **wet za wet** tit-for-tat
weteran vet, veteran
weterynaryjny veterinary
weterynarz vet, veterinarian *AmE*
weto veto
wetować veto
wewnątrz **1** inside, indoors, within **2** **do wewnątrz** inside, inwards
wewnętrznie internally
wewnętrzny **1** internal **2** *(handel, połączenie)* domestic, home **3** *(spokój)* inner **4** **numer wewnętrzny** extension
wezbrany swollen
wezwanie appeal, summons
węch smell
wędka fishing rod
wędkarstwo angling, fishing
wędkarz angler, fisherman
wędkować fish
wędrować hike, ramble, trek
wędrowiec wanderer
wędrowny migrant, migratory
wędrówka hike, ramble, trek
wędzić smoke

węgiel 1 coal 2 *(pierwiastek)* carbon 3 **węgiel drzewny** charcoal
węglowodan carbohydrate
węglowy **zagłębie węglowe** coal field
węgorz eel
węszyć nose around, pry
węzeł 1 knot 2 **związać się węzłem małżeńskim** tie the knot
wężyk hose
WF PE *(Physical Education)*
wgląd insight
wgłębienie hollow
wgniecenie dent
wgnieść dent
whisky 1 *(irlandzka lub amerykańska)* whiskey 2 *(szkocka)* Scotch, whisky 3 **whisky słodowa** malt whisky
wiać *(o wietrze)* blow, gust
wiadomo 1 **nie wiadomo, co/jak/czy** there's no telling what/how/whether 2 **nigdy (nic) nie wiadomo** you never know, you can never tell 3 **o ile mi wiadomo** as far as I know
wiadomość 1 message, news 2 *(w prasie, telewizji)* (news) item 3 **wiadomości** *(telewizyjne lub radiowe)* the news 4 **mieć (jakieś) wiadomości od kogoś** hear from sb 5 **w wiadomościach** on the news 6 **wiadomości z ostatniej chwili** news bulletin, newsflash 7 **wydanie wiadomości** news bulletin
wiadro bucket
wiadukt 1 flyover *BrE*, overpass *AmE* 2 *(nad doliną)* viaduct
wianek garland
wiara 1 belief, faith 2 **nie do wiary** beyond belief 3 **w dobrej wierze** in good faith
wiarygodność credibility
wiarygodny 1 authoritative, credible 2 **nie brzmieć wiarygodnie** not ring true
wiatr wind
wiatrak windmill
wiąz elm
wiązać 1 bind, tie 2 **wiązać koniec z końcem** make ends meet, eke out a living/an existence 3 **wiązać się z** *(pociągać za sobą)* involve
wiązka 1 bundle 2 *(promieni)* beam
wiążący binding, firm
wicedyrektor vice president
wiceprezydent vice president
wichrzyciel/ka troublemaker
wichrzyć ruffle
wichura gale
wić 1 *(wianek)* weave 2 **wić się** twist, meander, wind
widelec fork
wideo video
widły 1 fork, pitchfork 2 **robić z igły widły** make a mountain out of a molehill
widmo 1 *(zjawa)* phantom, spectre *BrE*, specter *AmE* 2 *(w fizyce)* spectrum 3 **widmo czegoś** the spectre of sth
widoczność visibility
widocznie *(zapewne)* apparently
widoczny visible, noticeable, apparent
widok sight, view
widokówka postcard
widowisko spectacle
widowiskowy spectacular
widownia 1 auditorium 2 *(publiczność)* audience
widz 1 onlooker, spectator, viewer 2 **widzowie** audience
widzenie 1 **do widzenia** good-bye, bye 2 **pole widzenia** field of view/vision 3 **punkt widzenia** point of view, standpoint
widzieć 1 see 2 **nie widzieć świata poza kimś** think the world of sb 3 **no widzisz** there you are
wiec rally
wieczko lid, top
wiecznie eternally, perpetually
wieczność eternity
wieczny 1 eternal, everlasting, perpetual 2 **wieczne pióro** fountain pen
wieczorny nightly
wieczorowy **kurs wieczorowy** night school
wieczór 1 evening, night 2 **co wieczór/noc** nightly 3 **dobry wieczór** (good) evening 4 **dziś wieczorem** tonight 5 **wczoraj wieczorem** last night 6 **wieczór kawalerski** stag night
wiedza 1 knowledge, learning, know-how 2 **bez czyjejś wiedzy** without sb's knowledge 3 **wiedza fachowa** expertise
wiedzieć 1 know 2 **już wiem** I know 3 **kto wie** Heaven/goodness/who knows 4 **nie wiedzieć, co począć** be at your wits' end 5 **nikt nie wie** it's anybody's guess 6 **o ile wiem** as far as I know 7 **wiedzieć (że nie należy czegoś robić)** know better (than to do sth) 8 **wiedzieć o** know of sb/sth 9 **z tego,**

co wiem to (the best of) my knowledge
wiedźma hag
wiejski **1** country, rural **2** *(o drobiu, jajkach)* free-range
wiek **1** age **2** *(stulecie)* century **3** **być w kwiecie wieku** be in your prime, be in the prime of life **4** **kryzys wieku średniego** midlife crisis **5** **ludzie w podeszłym wieku** the elderly **6** **określać wiek** date **7** **w wieku 5/50 lat** aged 5/50 **8** **wiek średni** middle age **9** **w średnim wieku** middle-aged
wiekopomny historic, immortal
wiekowy ancient
wielbiciel/ka admirer
wielbłąd camel
wielce highly, hugely, intensely, most
wiele **1** *(z rzeczownikami policzalnymi)* many **2** *(z rzeczownikami niepoliczalnymi)* much **3** **o wiele** far, much **4** **o wiele lepszy** far/much better **5** **o wiele za długi** way too long
wielebny Reverend
Wielkanoc Easter
wielki **1** *(bardzo duży)* big **2** *(wspaniały)* great, grand **3** **wielki post** Lent **4** **wielkie litery** upper case
wielkomiejski metropolitan
wielkość **1** size **2** *(potęga)* greatness **3** **naturalnej wielkości** life-size
wielofunkcyjny multipurpose
wielokrążek pulley
wielokrotnie repeatedly, again and again
wielokrotność multiple
wielokrotny **1** multiple, repeated **2** **test wielokrotnego wyboru** multiple choice test
wielokulturowość multiculturalism
wielokulturowy multicultural
wielonarodowy multinational
wielopiętrowy high-rise, multi-storey *BrE*
wieloraki multiple
wielorasowy multiracial
wieloryb whale
wielorybnictwo whaling
wielostronny **1** multilateral **2** *(zainteresowania)* versatile
wieniec wreath
wieńcowy coronary
wieprz hog
wieprzowina pork
wiercić **1** bore, drill **2** **wiercić się** squirm, wriggle
wiernie faithfully
wierność **1** faithfulness, fidelity **2** *(idei, przywódcy itp.)* allegiance
wierny[1] *adj* **1** faithful, trusty **2** **wierny komuś/czemuś** true to sb/sth
wiern-y/a[2] *noun* **1** worshipper *BrE*, worshiper *AmE* **2** **wierni** *(w kościele)* congregation
wiersz **1** poem **2** **czytać między wierszami** read between the lines
wierszyk **1** rhyme **2** **wierszyk dla dzieci** nursery rhyme
wiertarka drill
wiertło bit, drill
wiertniczy **platforma wiertnicza** oil rig
wierząc-y/a believer
wierzba willow
wierzch top
wierzchołek **1** top, apex, crown **2** **wierzchołek góry lodowej** the tip of the iceberg
wierzenie belief
wierzyciel creditor
wierzyć **1** believe **2** **wierzyć w** believe in **3** **możesz mi wierzyć** take it from me **4** **nie wierzyć w** disbelieve **5** **wierzyć komuś na słowo** take sb's word for it **6** **wiesz co** (I'll) tell you what
wieszać hang (up)
wieszak **1** peg **2** *(ramiączko)* hanger
wieś **1** *(mała miejscowość)* village **2** *(w przeciwieństwie do miasta)* the country **3** **na wsi** in the country
wieść *noun* **1** news **2** **najnowsze wieści** the latest
wieśnia-k/czka peasant
wietrzny windy, breezy
wietrzyć air
wietrzyk breeze
wiewiórka squirrel
wieża **1** tower **2** *(strzelista)* steeple
wieżowiec high-rise, tower block *BrE*
wieżyczka turret
więc **1** so, then **2** **(a) więc** well, now
więcej **1** more **2** **co więcej** what's more, as a matter of fact, in actual fact
więdnąć wilt, wither
większość **1** majority **2** **większość ludzi** most people **3** **zdecydowana większość** the vast majority
więzienie **1** prison, jail, gaol *BrE*, penitentiary *AmE* **2** **kara więzienia** imprisonment **3** **wsadzić do więzienia** jail, imprison

więzień/więźniarka 1 inmate, prisoner 2 **więzień polityczny** political prisoner
więziony captive
więzy bonds, ties
więź bond
Wigilia Christmas Eve
wigor vigour *BrE*, vigor *AmE*
wigwam wigwam
wikary curate
wiktoriański Victorian
wilgoć 1 damp, dampness, moisture 2 *(w powietrzu)* humidity
wilgotność 1 wetness 2 **wilgotność (powietrza)** humidity
wilgotny damp, humid, moist, wet
wilk 1 wolf 2 **o wilku mowa** speak/talk of the devil
wilkołak werewolf
willa villa
wina 1 blame, fault, guilt 2 **bez winy** blameless 3 **ponosić winę/koszt/odpowiedzialność** bear the blame/cost/responsibility 4 **zrzucać winę na kogoś** pin the blame on sb
winda lift *BrE*, elevator *AmE*
windsurfing windsurfing
winnica vineyard
winny 1 guilty 2 **być komuś coś winnym** owe sb sth 3 **uznać kogoś za winnego/niewinnego** find sb guilty/not guilty
wino wine
winogrono grape
winorośl vine
winowaj-ca/czyni culprit
winyl vinyl
wiolonczela cello
wiolonczelist-a/ka cellist
wiosenny **wiosenne porządki** spring-clean
wioska village, hamlet
wiosło 1 oar 2 *(krótkie i szerokie)* paddle
wiosłować paddle, row
wiosna spring, springtime
wioślarstwo rowing
wióry shavings
wir 1 eddy, whirl 2 *(wodny)* whirlpool
wirnik rotor
wirować spin, whirl
wirowanie spin
wirówka spin dryer
wirtualny 1 virtual 2 **rzeczywistość wirtualna** virtual reality
wirtuoz virtuoso
wirtuozowski virtuoso
wirus virus
wisieć hang
wisiorek pendant
wiśnia cherry
witać 1 greet, welcome 2 **witajcie** welcome
witalność vitality
witamina vitamin
witraż stained glass
witryna **witryna internetowa** website
wiwat cheer
wiwatować cheer
wiwisekcja vivisection
wiza visa
wizerunek image, representation
wizja vision
wizjoner/ka visionary
wizjonerski visionary
wizualnie visually
wizualny visual
wizyta 1 visit 2 *(u lekarza itp.)* appointment 3 **składać wizytę** pay a visit
wizytować inspect
wjeżdżać 1 drive in 2 **wjeżdżać na stację** *(o pociągu)* pull in
wkład 1 contribution, input 2 *(do długopisu itp.)* refill
wkładać insert, put in
wkraczać step in
wkręt screw
wkrótce shortly, soon
wkurzony pissed
wkuwać swot
wlec 1 drag, haul 2 **wlec się** drag (along), crawl
wliczać 1 include, count 2 **wliczając** including
wład-ca/czyni ruler
władczy authoritative, commanding, high-handed
władza 1 authority, power 2 **być u władzy** be in power 3 **dojść do władzy** come to power 4 **władza wykonawcza** the executive
władze authorities, leadership
włamanie break-in, burglary
włamywacz/ka burglar
włamywać się 1 break in 2 **włamywać się do** break into, burgle
własność ownership, property
własny 1 own 2 **nazwa własna** proper noun 3 **prowadzić własną działalność** be self-employed
właściciel/ka 1 owner 2 **być właścicielem** own 3 **właściciel ziemski** landowner 4 **zmieniać właściciela** change hands
właściwie actually, as a matter of fact
właściwość property
właściwy 1 proper, right 2 **czekać na właściwy moment** bide your time 3 **nastąpić we właściwym momencie** be well-timed 4 **we właściwym czasie** in due course/time

5 **właściwy dla** inherent to 6 **właściwy powód/problem/cel** underlying reason/problem/aim

właśnie 1 just, precisely 2 **właśnie coś robić** be just doing sth 3 **właśnie mieć coś (z)robić** be just about to do sth

właz 1 hatch 2 *(kanalizacyjny)* manhole

włączać 1 put on, switch on, turn on 2 *(uwzględniać)* include 3 **włączać do kontaktu** plug in

włącznie od poniedziałku do piątku włącznie Monday to Friday inclusive

włączony on

włochaty hairy

włos 1 hair 2 **dzielić włos na czworo** split hairs 3 **włosy** hair

włosie bristle

włóczęga tramp, vagrant

włócznia spear

włóczyć się wander, roam, ramble

włókno 1 fibre *BrE*, fiber *AmE* 2 **włókno szklane** fibreglass *BrE*, fiberglass *AmE*

wmieszać 1 implicate 2 **wmieszać się w** get mixed up in

wnęka niche, recess

wnętrze interior, the inside

wnętrzności guts, insides

wnikać 1 penetrate 2 **wnikać w szczegóły** go into details

wnikliwy penetrating, searching

wniosek 1 *(konkluzja)* conclusion 2 *(propozycja)* motion, request 3 *(podanie)* application 4 **dochodzić do wniosku** conclude, come to a conclusion

wnioskować deduce

wnioskowanie deduction

wnosić 1 carry in, bring in 2 **wnosić oskarżenie** press charges

wnuczka granddaughter

wnuk grandson, grandchild

wnyki snare

woalka veil

wobec towards, in the face of

woda 1 water 2 **być podobnym do kogoś jak dwie krople wody** be the spitting image of sb 3 **pod wodą** underwater 4 **woda mineralna** mineral water 5 **woda sodowa** soda 6 **woda z kranu** tap water

Wodnik *(znak zodiaku)* Aquarius

wodnisty watery

wodny aquatic

wodoodporny waterproof

wodorosty seaweed

wodospad falls, waterfall

wodoszczelny watertight

wodować launch

wodór hydrogen

wojenny 1 być na wojennej ścieżce be on the warpath 2 **działania wojenne** warfare 3 **gra wojenna** war game 4 **jeniec wojenny** prisoner of war 5 **stan wojenny** martial law

wojna 1 war, warfare 2 **czas wojny** wartime 3 **prowadzić wojnę** be at war 4 **wojna domowa** civil war 5 **druga wojna światowa** World War Two, the Second World War

wojowniczość belligerence

wojowniczy belligerent, militant

wojownik warrior

wojsko 1 armed forces, the military, army 2 *(służba wojskowa)* military service

wojskowy military, martial

wojujący militant

wok *(patelnia chińska)* wok

wokalist-a/ka vocalist

wokalny vocal

wokół around, round

wola 1 will 2 **do woli** to your heart's content 3 **dobra wola** goodwill 4 **siła woli** willpower 5 **wbrew woli** against your will 6 **z własnej woli** of your own accord, of your own free will

woleć 1 prefer 2 **wolałbym (coś zrobić)** I would sooner/I would just as soon (do sth) 3 **wolałbym, żebyś ...** I would prefer it if you ..., I would rather you ...

wolej volley

wolne 1 time off 2 **wziąć trochę/tydzień wolnego** take some time/a week off

wolno 1 slow, slowly 2 **komuś nie wolno czegoś robić** sb is not allowed/meant to do sth 3 **komuś wolno coś z/robić** sb is allowed to do sth, sb is at liberty to do sth 4 **nie wolno ci** you must not

wolnocłowy duty-free

wolnomularz mason

wolność 1 freedom, liberty 2 **być na wolności** be at large, be on the loose 3 **wolność od czegoś** freedom from sth 4 **wolność słowa** free speech, freedom of speech

wolny 1 free 2 *(czas)* free, spare 3 *(etat, pokój)* vacant, available 4 *(nie szybki)* slow 5 **czas wolny** free/spare time 6 **dawać komuś wolną rękę** give sb a free hand 7 **gotować na wolnym ogniu** simmer 8 **mieć wolne** be off 9 **mieć wolny czas** have time to kill 10 **wolna ręka**

free rein **11 wolny etat** vacancy **12 wolny od ...** -free **13 wolny od podatku** tax-free **14 wolny od** free of/from, exempt from **15 wolny pokój** vacancy **16 wolny rynek** free enterprise, free market **17 wolny strzelec** freelancer **18 wolna wola** free will

wolt volt

wołać call

wołanie call

wołowina beef

wonny fragrant

woń fragrance, perfume, scent

worek 1 sack **2 worki pod oczami** bags under your eyes

workowaty baggy

wosk wax

wódka vodka

wódz chief, chieftain

wół ox

wówczas then

wóz 1 cart, wagon **2 wóz strażacki** fire engine

wózek 1 *(na zakupy)* cart, trolley **2 jechać na tym samym wózku (co)** be in the same boat (as) **3 wózek dziecięcy** pram *BrE,* baby carriage *AmE* **4 wózek inwalidzki** wheelchair

wpadać 1 *(do wody itp.)* fall **2** *(do pokoju)* rush **3 wpadać w szał** fly into a rage

wpaść 1 fall, plunge **2** *(z wizytą)* drop in/by **3 wpaść na** hit on, run into

wpatrywać się stare at, gaze at

wpisywać 1 write down **2** *(przy użyciu klawiatury)* key in

wplątać implicate

wpłacać pay (in), deposit

wpłata deposit

wpływ 1 impact, influence **2 mieć wpływ na** affect **3 mieć ogromny wpływ (na)** make a big difference (to) **4 pod wpływem (alkoholu/narkotyków)** under the influence (of alcohol/drugs) **5 wywierać wpływ** exert influence

wpływać wpływać na influence, affect

wpływowy influential

wpół wpół do trzeciej/czwartej half past two/three, two/three thirty *AmE,* half two/three *BrE*

wprawa 1 skill, practice **2 wyjść z wprawy** be out of practice

wprawiać wprawiać w zakłopotanie embarrass

wprawny practised *BrE,* practiced *AmE,* skilful *BrE,* skillful *AmE*

wprost 1 directly, outright **2 mówić/zapytać/odpowiedzieć wprost** speak/ask/answer directly

wprowadzać 1 bring in, introduce **2** *(dane)* feed in, enter **3** *(na rynek)* launch **4 wprowadzać (w życie)** implement **5 wprowadzać coś w życie** put sth into practice/action/effect **6 wprowadzać w błąd** mislead **7 wprowadzać się** move in

wprowadzający kurs/wykład wprowadzający introductory course/lecture

wprowadzenie 1 introduction **2 wprowadzenie na rynek** launch

wpuszczać 1 admit **2 nie wpuszczać** keep out **3 wpuszczać do środka** let in/into

wpychać 1 cram, jam, stuff **2 wpychać się poza kolejnością** jump the queue

wrabiać frame

wracać 1 come back, get back, go back, return **2 wracać do zdrowia** recuperate, convalesce

wrak wreck

wraz wraz z along with

wrażenie 1 impression, sensation **2 mieć wrażenie, że** have/get a feeling (that), have/get the impression (that) **3 robić (na kimś) wrażenie** give (sb) the impression **4 wywierać wrażenie na** impress **5 zrobić dobre/złe wrażenie** make a good/bad impression

wrażliwość sensitivity

wrażliwy sensitive

wredny nasty

wreszcie at last, at length

wręczać hand in, present

wręczenie presentation

wrodzony inborn, innate

wrogi 1 hostile, antagonistic **2 wrogie nastawienie** hostility

wrogo wrogo nastawiony hostile

wrogość hostility, antagonism

wrona crow

wrota gateway

wrotka roller skate, skate

wróbel sparrow

wrócić 1 return, come back **2** *(np. na scenę)* make a comeback

wróg enemy, foe

wróżka fortune-teller

wrzask scream, shriek

wrzasnąć let out a scream/cry

wrzawa uproar

wrzątek boiling water

wrzeć boil

wrzenie 1 **doprowadzać do wrzenia** bring to the boil 2 **temperatura wrzenia** boiling point
wrzesień September
wrzeszczeć scream, shriek, yell
wrzos heather
wrzosowisko heath, moor *BrE*
wrzód ulcer
wrzucać 1 throw in 2 **wrzucać do jednego worka** lump together
wschodni 1 east, eastern, easterly 2 **w kierunku wschodnim** eastbound
wschodzić come up, rise
wschód 1 east 2 **Bliski Wschód** the Middle East 3 **na południowy wschód** southeast 4 **na północny wschód** northeast 5 **na wschód** east, eastwards 6 **południowy wschód** southeast 7 **wschód słońca** sunrise
wsiadać 1 board, get on 2 *(na statek)* embark 3 *(na konia)* mount
wskakiwać 1 jump (into), plunge 2 **wskakiwać w** *(coś do ubrania)* slip into
wskazać point out
wskazany advisable
wskazówka 1 *(zegara)* hand 2 *(rada)* hint, clue, tip 3 **zgodnie z ruchem wskazówek zegara** clockwise
wskazówki guidelines
wskazywać 1 indicate, point 2 **palec wskazujący** index finger 3 **wskazywać (na)** indicate 4 **wskazywać na** point to/toward
wskaźnik 1 *(instrument)* gauge, indicator, pointer, dial 2 *(stopień)* index, rate
wskrzesić revive
wspaniale wonderfully
wspaniałomyślnie generously
wspaniałomyślność generosity, magnanimity
wspaniałomyślny generous, magnanimous
wspaniałość glory, magnificence
wspaniały wonderful, splendid, magnificent, tremendous
wsparcie 1 support, backing, backup 2 **wsparcie duchowe** moral support, reassurance
wspierać **wspierać się na** lean on
wspinaczka 1 climb, climbing 2 **wspinaczka górska** mountaineering
wspinać się climb, scale
wspomagać aid, assist
wspominać 1 reminisce 2 **wspominać (o)** mention, refer to
wspomnienie memory, recollection
wspornik bracket
wspólnie collectively, jointly
wspólni-k/czka accomplice, associate, partner
wspólnota 1 communion 2 **Wspólnota Europejska** the European Community
wspólny 1 common, joint, mutual 2 **mieć coś wspólnego** have sth in common 3 **nie mieć nic wspólnego z** have/be nothing to do with
współczesn-y/a[1] *noun* contemporary
współczesny[2] *adj* contemporary, modern, present-day
współczucie compassion, sympathy
współczuć 1 pity 2 **współczuć komuś** be/feel sorry for sb, sympathize with sb
współczujący compassionate, sympathetic
współistnienie coexistence
współlokator/ka roommate
współmieszkan-iec/ka roommate
współpraca cooperation, collaboration
współpracować cooperate, collaborate
współpracowni-k/czka co-worker, collaborator
współrzędna coordinate
współzależność interdependence
współzależny interdependent
współzawodnictwo rivalry, competition
współżyć 1 interact 2 *(płciowo)* have sex
wstawać 1 *(z łóżka)* get up, rise 2 *(z krzesła)* stand up 3 **wcześnie/późno wstawać** be an early/late riser
wstawić **wstawić się za kimś** put in a (good) word for sb
wstawka insertion
wstążka ribbon
wstecz 1 backwards 2 **spojrzenie/krok wstecz** backward glance/step
wsteczny **bieg wsteczny** reverse
wstęp 1 introduction 2 **prawo wstępu** admittance, entrance, entry 3 **Wstęp wzbroniony!** Keep Out!
wstępnie tentatively
wstępny 1 preliminary, tentative 2 **wstępny rozdział/akapit** introductory chapter/paragraph

wstępować 1 call in, stop by **2 co w ciebie/nią wstąpiło** what's got into you/her **3 wstępować do** enter, join **4 wstępować do wojska** join the army, join up
wstręt 1 disgust, repulsion, revulsion **2 budzić u kogoś wstręt** repel sb **3 napawać wstrętem** disgust
wstrętny disgusting, repugnant
wstrząs 1 shock **2** *(sejsmiczny)* tremor **3 wstrząs mózgu** concussion
wstrząsać rock
wstrząsający shattering, shocking
wstrząsnąć shake up
wstrzykiwać inject
wstrzymać 1 halt **2 wstrzymać coś** bring sth to a halt
wstrzymanie wstrzymanie się od głosu abstention
wstrzymywać się 1 abstain **2 wstrzymywać się od głosu** abstain
wstyd shame
wstydliwie bashfully, modestly
wstydliwość modesty
wstydliwy bashful, modest
wstydzić się 1 be ashamed **2 wstydzić się czegoś** be/feel ashamed of sth **3 wstydź się!** shame on you!
wsunąć slip, tuck, insert
wsuwka hairpin
wszczep implant
wszczepiać implant
wszczynać start, incite
wszechmoc omnipotence
wszechmocny omnipotent
wszechmogący almighty, omnipotent
wszechobecny pervasive
wszechstronność versatility
wszechstronny comprehensive, versatile
wszechświat the universe
wszelki 1 every, any **2 na wszelki wypadek** (just) in case **3 tak na wszelki wypadek** just to be safe/to be on the safe side **4 wszelkiego rodzaju** all manner of **5 za wszelką cenę** at all costs, at any cost
wszędzie everywhere, all over, all over the place
wszyscy 1 all, everyone **2 wszyscy bez wyjątku** all and sundry **3 wszyscy inni** everyone else
wszystko 1 all, everything **2 dawać z siebie wszystko** do/try your best **3 wszystkiego najlepszego (z okazji urodzin)** many happy returns **4 wszystko inne** everything else
wścibski inquisitive, nosy
wścibstwo nosiness
wściec się hit the roof/ceiling
wściekać się rage
wściekle furiously
wścieklizna rabies
wściekłość 1 rage **2 wpadać we wściekłość** fly into a rage
wściekły furious, mad, enraged
wśród among
wtajemniczony initiated, in the know
wtapiać się wtapiać się w tło blend in
wtedy then
wtorek Tuesday
wtórny secondary
wtrącać się 1 interfere, meddle, butt in **2 nie wtrącać się do** keep out of
wtrącić wtrącić kogoś do więzienia throw sb in jail/prison
wtyczka 1 plug **2** *(szpieg)* mole
wtykać 1 poke **2 wtykać nos w** stick/poke your nose into
wuj uncle
wujek uncle
wulgarność vulgarity
wulgarny 1 rude, vulgar **2 wulgarny język** foul language
wulkan volcano
wulkaniczny volcanic
wy you
wybaczać 1 forgive **2 proszę mi wybaczyć** forgive me
wybaczalny excusable
wybawiciel saviour *BrE*, savior *AmE*
wybawienie salvation
wybić 1 *(szybę)* break **2** *(ząb)* knock out
wybieg 1 *(na pokazie mody)* catwalk **2** *(dla koni)* paddock
wybielacz bleach
wybielać bleach, whitewash
wybierać 1 choose, select, pick **2** *(prezydenta itp.)* elect **3** *(numer)* dial
wybijać 1 *(godzinę)* chime, strike **2** *(monetę)* mint
wybiórczy selective
wybitny outstanding, distinguished, eminent, prominent
wyblaknąć fade
wyboisty bumpy, rough
wyborca 1 voter **2** *(z danego okręgu)* constituent
wyborcy electorate
wyborczy 1 electoral **2 lokal wyborczy** polling

station **3 prawo wyborcze** the vote **4 urna wyborcza** ballot box
wyborowy 1 choice **2 strzelec wyborowy** marksman
wybory 1 election **2 wybory powszechne** general election **3 wybory uzupełniające** by-election
wybój bump
wybór 1 choice, selection **2 duży wybór** a wide choice **3 z wyboru** by choice
wybrakowany 1 defective **2 towar wybrakowany** seconds
wybredny choosy, fussy, picky
wybrukować pave
wybryk excess, indiscretion
wybrzeże coast, shore
wybrzuszenie bulge
wybuch 1 explosion, blast **2** *(wojny)* outbreak **3** *(wulkanu)* eruption **4** *(płaczu itp.)* outburst
wybuchać 1 explode, detonate **2** *(o wojnie)* break out **3** *(o wulkanie)* erupt **4 wybuchać śmiechem/płaczem** burst out laughing/crying
wybuchowy 1 explosive **2 materiał wybuchowy** explosive **3 wybuchowy charakter** temper
wybudować build, construct
wycelować aim, point, take aim
wycementować cement
wycena valuation
wyceniać price, value
wychłeptać lap
wychłostać cane, flog
wychodzący outgoing
wychodzić 1 come out, exit, go out, leave **2** *(np. po kogoś na pociąg)* meet **3 wychodzić na jaw** come out, get out, leak out **4 wychodzić na światło dzienne** come to light **5 wychodzić na ulicę** *(o robotnikach)* walk out **6 wychodzić na** *(o oknie)* open into/onto, overlook **7 wychodzić za mąż** get married **8 wychodzić za kogoś** marry sb
wychowanie 1 upbringing, parenting **2 wychowanie fizyczne** PE *(Physical Education)*
wychowywać bring up, raise, rear
wychudzony emaciated
wychylać się 1 lean out **2 wychylać się** *(wyłamywać się)* stick your neck out
wyciąg 1 extract **2 wyciąg z konta** statement
wyciągać 1 pull out, draw out **2 wyciągać coś na światło dzienne** bring sth to light **3 wyciągać się** stretch out
wyciągnięty outstretched
wycie howl, scream
wycieczka 1 trip, excursion, outing **2 piesza wycieczka** hike
wyciek leak, leakage
wyciekać leak
wycieńczony worn out
wycieraczka 1 wiper **2 wycieraczka (szyby przedniej)** windscreen wiper *BrE*, windshield wiper *AmE*
wycierać 1 dry, wipe **2 wycierać się** *(ręcznikiem itp.)* dry yourself **3** *(zużywać się)* wear, wear away/out
wycinać cut out
wycinek 1 clipping **2** *(prasowy)* clipping, cutting *BrE*
wycinka logging
wyciskać squeeze
wycofanie 1 withdrawal **2 wycofanie się** retreat
wycofywać 1 *(z obiegu, produkcji)* discontinue **2 wycofywać się** pull out, withdraw, retreat **3** *(z obietnicy, umowy)* back out
wyczarować conjure up
wyczekiwać wait, hover
wyczerpać 1 run out **2 wyczerpać się** run down
wyczerpanie exhaustion
wyczerpany exhausted
wyczerpująco exhaustively
wyczerpujący 1 comprehensive, exhaustive **2** *(praca)* exhausting
wyczerpywać exhaust, wear out
wyczucie 1 feeling, sense **2 mieć wyczucie** have an eye for **3 wyczucie czasu** timing
wyczuwać detect, sense, smell
wyczuwalny detectable
wyczyn 1 feat **2 wyczyn kaskaderski** stunt
wyczyścić clean
wyć howl, wail, whine
wydać 1 give away **2 wydać (policji)** turn in
wydajnie efficiently
wydajność efficiency, productivity, capacity
wydajny efficient
wydalać expel
wydalenie expulsion
wydanie edition, publication
wydarzenie event, development, incident, occasion
wydarzyć się happen
wydatek expense, expenditure, spending

wydatny 1 prominent 2 **wydatny brzuch/biust** ample belly/bosom
wydawać 1 *(pieniądze)* spend 2 *(książki itp.)* publish 3 *(zaświadczenie)* issue 4 **wydawać opinię** pass judgment 5 **wydawać wyrok** pass sentence 6 **wydawać się** appear, seem 7 **komuś wydaje się, że ...** sb imagines (that) ...
wydawca publisher
wydawnictwo publisher, publishing house
wydech 1 exhalation 2 **zrobić wydech** exhale
wydechowy rura wydechowa exhaust (pipe), tailpipe *AmE*
wydedukować deduce
wydłużać 1 lengthen 2 *(pobyt)* extend, prolong
wydłużony elongated
wydma sand dune
wydmuchiwać wydmuchiwać nos blow your nose
wydobycie extraction
wydobyć wydobyć na światło dzienne unearth
wydobywać extract, mine
wydoić milk
wydoroślеć grow up, mature
wydostać się get out
wydra otter
wydrążony hollow
wydrążyć hollow out
wydruk printout, hard copy
wydrukować 1 print 2 *(na drukarce komputerowej)* print off/out
wydumany airy-fairy
wydychać breathe out, exhale
wydymać 1 puff out 2 *(wargi)* pout
wydział 1 department, division 2 *(uczelni wyższej)* faculty
wydzielać 1 emit, give off, secrete 2 *(rozdawać)* ration out, dispense
wydzielina secretion
wydzierżawić lease
wyegzekwować enforce
wyeksmitować evict
wyeliminowany zostać wyeliminowanym be eliminated
wyemancypowany emancipated
wyemigrować emigrate
wyemitować *(audycję)* air, broadcast
wygadać się let the cat out of the bag, spill the beans
wygasać expire
wygasły extinct
wyginać 1 bend, curve 2 **wyginać się** bend
wyginięcie extinction
wygląd appearance, look
wyglądać 1 look 2 **wygląda na to, że** by the sound of it/things
wygładzać smooth
wygłaszać *(mowę)* deliver
wygłodniały ravenous
wygłosić wygłosić przemówienie give a speech
wygłup nonsense
wygłupiać się fool around
wygłupić się make a fool of yourself
wygnanie 1 banishment, exile 2 **skazywać na wygnanie** banish, exile
wygnaniec exile
wygoda comfort, convenience
wygodnie comfortably
wygodny comfortable, convenient
wygrać 1 win 2 **wygrać los na loterii** hit the jackpot
wygrana win, winnings
wygrawerować engrave
wygrywać 1 win 2 **wygrywać z kimś** get the better of sb
wygrzewać się bask, sun yourself
wygwizdać *(kogoś)* boo
wyhaftować embroider
wyimaginowany imaginary
wyjałowiony sterile
wyjaśniać explain, clarify
wyjaśniający explanatory
wyjaśnienie explanation
wyjawiać reveal
wyjąkać stammer out, stutter out
wyjątek 1 exception 2 **wszystko z wyjątkiem ...** everything short of ... 3 **z wyjątkiem** apart from, except 4 **zrobić wyjątek** make an exception
wyjątkowo 1 exceptionally, unusually 2 **wyjątkowo dobry** exceptional
wyjątkowy exceptional, singular
wyjeżdżać go away, leave, take off
wyjmować take out, draw, produce
wyjście 1 exit, way out 2 *(rozwiązanie)* solution
wykafelkować tile
wykałaczka toothpick
wykastrować castrate
wykaz inventory, list, register
wykazywać demonstrate, exhibit, show
wykąpać bath, bathe
wykiełkować germinate, sprout
wykipieć boil over
wyklepać *(wygadać się)* rattle off
wykluczać exclude, rule out

wykluczenie exclusion
wykluczony **być wykluczonym** be out of the question
wykluwać się hatch
wykład lecture, talk
wykładać lecture
wykładowca lecturer
wykombinować come up with, concoct
wykonalność feasibility, practicality
wykonalny feasible, practicable, workable
wykonanie performance, rendition
wykonawca **1** *(utworu itp.)* performer **2** *(robót)* contractor
wykonawczy **1** executive **2** **władza wykonawcza** the executive
wykonywać carry out, perform
wykończenie finish, trimming
wykończony beat, dog-tired
wykop pit
wykopać dig
wykopaliska excavation
wykopywać dig up
wykorzeniać root out, eradicate
wykorzystanie utilization
wykorzystywać **1** use, utilize, utilise *BrE* take advantage of **2** *(wyzyskiwać)* exploit
wykraczać **wykraczać poza** go beyond, transcend
wykres chart, graph
wykreślać strike out
wykręcać **1** unscrew **2** *(numer)* dial **3** **wykręcać się** hedge **4** **wykręcić się sianem** escape lightly/get off lightly
wykroczenie misdemeanour, offence *BrE*, offense *AmE*
wykrój pattern
wykrycie detection
wykrystalizować się crystallize, crystallise *BrE*
wykrywacz detector
wykrywać detect
wykrzyknąć burst out, cry, exclaim
wykrzyknik **1** exclamation mark **2** *(część mowy)* interjection
wykrzywiać **1** twist **2** **wykrzywiać się** twist, grimace
wykrzywiony crooked, twisted
wykształcenie **1** education **2** **wyższe wykształcenie** higher education
wykształcić **1** educate **2** **wykształcić się** develop, evolve
wykształcony educated
wykupić buy out, redeem
wykwalifikowany qualified, skilled, trained
wykwintny refined
wylać **1** spill **2** **wylać się** spill
wylany **zostać wylanym z pracy** be given the boot/get the boot
wylatywać **wyleciało mi to z głowy** it slipped my mind
wylądować **1** land, touch down **2** **wylądować gdzieś** end up somewhere
wyleczyć cure, heal
wylegiwać się lie around
wylew stroke
wylewać **1** pour out, spill **2** *(z pracy)* fire **3** **wylewać się** spill, overflow
wylewnie effusively, profusely
wylewny demonstrative, effusive
wylęg hatching, incubation
wylęgać się hatch
wyliczyć calculate, work out
wylinieć moult
wylogować się log off/out
wylosować draw, win
wylot **1** mouth, outlet **2** **wiedzieć/znać coś na wylot** know sth inside out
wyluzowany laid-back
wyładowywać **1** unload **2** **wyładowywać się** let/work off steam
wyłamywać **1** break down **2** **wyłamywać się** step out of line
wyłaniać się emerge, loom
wyławiać pick out
wyłączać **1** switch off, turn off **2** *(wykluczać)* exclude **3** *(z sieci)* unplug **4** **wyłączać się** switch off
wyłączając excluding
wyłącznie exclusively, solely
wyłącznik switch
wyłączny exclusive, sole
wyłączony off
wyłudzać wheedle
wymachiwać brandish, flourish
wymagać **1** require, demand, want **2** **wymagać wysiłku** take some doing/a lot of doing
wymagający demanding, exacting
wymagany requisite
wymarcie **gatunek zagrożony wymarciem** endangered species
wymarły dead, extinct
wymarzony **wymarzony samochód/dom** dream car/house
wymawiać pronounce
wymazywać **1** delete, erase, rub out **2** *(z pamięci)* block out, blot out

wymeldowywać się check out

wymęczyć tire out

wymiana 1 exchange **2 wymiana towarowa** barter **3 wymiana walut** foreign exchange

wymiar 1 dimension, measurement **2 na wymiar** fitted **3 wymiar sprawiedliwości** justice, the law

wymieniać 1 exchange **2** *(wyliczać)* list **3** *(żarówkę)* change, replace **4 wymieniać się wrażeniami** compare notes **5 wymieniać za dopłatą** *(na coś nowego)* trade in

wymiennie interchangeably

wymienny 1 interchangeable **2 handel wymienny** barter

wymierać die out

wymierny quantifiable

wymierzać administer

wymię udder

wymigać się wymigać się od get out of sth

wymijająco evasively

wymijający evasive, noncommittal

wymiociny vomit

wymiotować be sick, throw up, vomit

wymizerowany haggard

wymknąć się slip out

wymordować slaughter

wymowa 1 pronunciation **2 wada wymowy** speech impediment

wymowny telling

wymóg requirement

wymówienie 1 notice **2 składać wymówienie** hand/give in your notice

wymówka excuse

wymuszać 1 enforce **2 wymuszać na** force sth on/upon sb

wymuszony forced

wymykać się 1 wymykać się slip out **2 wymykać się spod kontroli** get out of control, run wild

wymysł fabrication

wymyślać invent, make up

wymyślić invent, think of, come up with

wymyślny fancy

wynagradzać 1 reward **2 wynagrodzić komuś (coś)** compensate sb for sth, make it up to sb

wynajęcie 1 hire **2 do wynajęcia** to hire, to rent

wynajmować 1 hire, let, rent **2 wynajmować pokój** lodge

wynalaz-ca/czyni inventor

wynalazek invention

wynalezienie invention

wynaleźć invent

wynegocjować negotiate

wynik 1 result, outcome **2** *(meczu)* score **3 być wynikiem** result from **4 na skutek/w wyniku** as a result of **5 osiągać doskonałe wyniki** excel

wynikać 1 wynikać z come of, result from, spring from **2 wynika z tego, że** it follows (that)

wyniosły haughty, lofty, proud

wyniośle haughtily, proudly

wyniszczający devastating, crippling

wynos danie na wynos takeaway *BrE*, takeout *AmE*

wynosić 1 *(zabierać w inne miejsce)* take away/out **2** *(o sumie itp.)* amount to, total

wynurzać się surface, emerge

wyobcowanie alienation

wyobcowany isolated

wyobcowywać alienate

wyobraźnia imagination

wyobrażać 1 represent **2 wyobrażać sobie** imagine, picture, visualize, visualise *BrE*

wyobrażalny conceivable

wyolbrzymiać exaggerate

wypaczać 1 distort **2 wypaczać się** warp

wypaczenie distortion, perversion

wypaczony warped

wypadać wypadać dobrze/źle perform well/badly

wypadek 1 accident, crash **2 na wszelki wypadek** (just) in case, just in case **3 na wypadek, gdyby** in case **4 nagły wypadek** emergency **5 tak na wszelki wypadek** just to be on the safe side **6 w żadnym wypadku** certainly not!, under no circumstances

wypalić 1 fire **2 nie wypalić** misfire **3 wypalić się** burn out

wyparować evaporate

wypatroszyć gut

wypatrywać look out for

wypełniać 1 fill **2** *(formularz)* fill out, fill in

wypełnienie filling, stuffing

wyperswadować wyperswadować komuś coś dissuade sb from (doing) sth

wypić 1 drink, have **2 wypić za** drink to

wypieczony well-done

wypierać 1 displace, supersede **2 wypierać się** disclaim, disown

wypisywać 1 discharge

2 *(czek)* make out, write out
wyplątać się wyplątać się (z) disentangle yourself (from)
wyplenić stamp out, weed out
wypłacać withdraw
wypłacalny 1 solvent 2 **być wypłacalnym** be in credit, be in the black
wypłakać się have a cry
wypłata 1 withdrawal 2 *(z konta)* debit 3 **jednorazowa wypłata** lump sum
wypłukać rinse
wypływać set sail
wypolerować polish, give (sth) a polish
wyposażać equip
wyposażenie 1 equipment 2 **wyposażenie wnętrza** furnishings
wyposażony equipped
wypowiadać 1 utter 2 **wypowiedzieć się** have your say
wypowiedź utterance, statement
wypożyczać lend
wypożyczenie loan
wypożyczony on loan
wypracowanie composition, essay
wyprasować iron, press
wyprawa expedition
wyprawiać organize, organise *BrE*
wyprodukować manufacture, produce
wyprostować się straighten up
wyprostowany erect, upright
wyprowadzać się move out
wypróbować try out
wyprzedać sell out
wyprzedany sold-out
wyprzedawać sell off
wyprzedaż 1 sale 2 **wyprzedaż rzeczy używanych** rummage sale, jumble sale
wyprzedzać overtake
wyprzedzenie z wyprzedzeniem in advance
wypuszczać 1 *(na wolność)* set free, release 2 *(powietrze itp.)* let out 3 *(pędy, listki itp.)* sprout 4 **wypuszczać na rynek** bring out, put out
wypychać stuff
wypytywać question
wyrabiać 1 *(ciasto)* knead 2 **wyrobić sobie pozycję** establish your position 3 **wyrabiać sobie opinię/pogląd** form an opinion/impression
wyrachowany calculating
wyrastać 1 grow up, go up 2 **wyrastać jak grzyby po deszczu** spring up 3 **wyrastać z** grow out of, outgrow
wyraz 1 word 2 **bez wyrazu** blank, blankly 3 **pełen wyrazu** expressive 4 **wyraz twarzy** expression 5 **wyraz złożony** compound
wyrazić express, get across
wyrazisty bold
wyraźnie clearly, distinctly, visibly
wyraźny clear, distinct, pronounced
wyrażać 1 express, voice 2 **że tak się wyrażę** so to speak
wyrażenie 1 expression, phrase 2 **wyrażenie potoczne** colloquialism
wyrecytować recite
wyregulować adjust, readjust, regulate, tune up
wyremontować restore
wyreżyserować direct
wyrobiony discriminating, sophisticated
wyrok 1 verdict, judgment, sentence 2 **wydawać wyrok** pass sentence
wyrostek 1 wyrostek robaczkowy appendix 2 **zapalenie wyrostka robaczkowego** appendicitis
wyrozumiały understanding, easy-going
wyrób product
wyrównawczy remedial
wyrównywać 1 level off/out 2 *(wynik)* equalize, equalise *BrE* 3 **wyrównać rachunek** settle a score 4 **wyrównać rachunki** settle a score
wyróżniać 1 single out 2 **wyróżniać się** distinguish yourself, stand out
wyróżnienie distinction
wyruszyć set off, set out
wyrwać 1 snatch 2 **wyrwać się** break away, get away
wyryć engrave, etch
wyrywać 1 pull out, extract 2 **wyrywać z korzeniami** uproot 3 **wyrywać się** pull away 4 **wyrywać się z czymś** come out with sth
wyrządzać inflict
wyrzeczenie sacrifice, self-sacrifice
wyrzekać się disown, renounce
wyrzeźbić carve
wyrzucać 1 throw away/out, discard, dump 2 **wyrzucać na brzeg** wash up
wyrzut 1 reproach 2 **mieć wyrzuty sumienia** feel bad 3 **pełen wyrzutu** reproachful 4 **robić**

wyrzuty reproach **5 wyrzuty sumienia** pangs of conscience, remorse **6 z wyrzutem** reproachfully
wyrzutek outcast
wysadzić blow up, blast
wyschnąć dry out, dry up
wysiadać get off, get out
wysiadywać *(jajka)* incubate
wysiedlać displace
wysiedlenie displacement
wysilać się exert yourself
wysiłek 1 effort, exertion **2 bez wysiłku** effortlessly **3 nie szczędzić wysiłków** bend over backwards
wyskoczyć jump out
wysłanni-k/czka envoy
wysławiać się express yourself
wysławiać glorify
wysłuchać hear (out)
wysoce most, highly
wysoki 1 high **2** *(człowiek, drzewo)* tall **3** *(dźwięk)* high-pitched **4 wyższe wykształcenie** higher education
wysoko high
wysokość 1 height **2** *(głosu, nuty)* pitch **3** *(n.p.m.)* altitude **4 Jej/Jego/Wasza Wysokość** Her/His/Your Highness
wyspa island
wyspać się have a good night's sleep
wyspecjalizowany specialized
wyspia-rz/rka islander
wysportowany athletic, sporty
wyspowiadać się confess
wystarczać suffice, be enough
wystarczająco enough, sufficiently
wystarczający adequate, sufficient
wystarczyć last, be enough
wystartować 1 *(np. o samolocie)* take off **2** *(o rakiecie)* lift off
wystawa 1 exhibition, display, show **2 oglądanie wystaw sklepowych** window shopping
wystawać protrude, stick out
wystawiać 1 display, exhibit **2** *(głowę itp.)* stick out **3 być wystawionym** be on show **4 wystawiać rękę/ramię** put out your hand/arm **5 wystawiać sztukę** put on a play **6 wystawić coś na sprzedaż** put up for sale
wystawny lavish, sumptuous
wystawowy salon wystawowy showroom
wysterylizować 1 sterilize, sterilise *BrE* **2** *(zwierzę)* neuter
występ 1 performance, appearance **2 występ skalny** ledge
występek indiscretion, misdemeanour *BrE*, misdemeanor *AmE*
występować 1 occur **2** *(na scenie)* perform **3 występować gdzieś** be found somewhere **4 występować przeciw** speak out against **5 występować w roli** act as
wystraszony scared, frightened
wystraszyć frighten, startle
wystroić się dress up
wystrój wystrój wnętrza decor
wystrzał gunshot
wystrzelić 1 fire **2** *(w kosmos)* launch
wysuszony parched
wysuszyć 1 dry out **2 wysuszyć (się)** dry off
wysuwać pull out, put forward
wysychać dry up, shrivel
wysyłać 1 send (out) **2** *(pocztą)* mail, post
wysyłkowy sprzedaż wysyłkowa mail order
wysypisko dump, landfill
wysypka rash
wysypywać dump
wyszczególniać detail, specify
wyszczerbić chip
wyszczerbiony chipped, jagged
wyszczotkować brush
wyszeptać whisper
wyszkolić instruct
wyszorować 1 scour, scrub **2 wyszorować coś** give sth a scrub
wyszykować się spruce up
wyszywać embroider
wyścig 1 race **2 wyścig z czasem** a race against time **3 wyścig zbrojeń** the arms race **4 wyścigi konne/samochodowe** horse/motor racing
wyścigowy 1 koń wyścigowy racehorse **2 tor wyścigowy** racecourse, racetrack
wyściółka padding
wyśmienity delicious
wyśmiewać 1 ridicule, jeer at **2 wyśmiewać się z** make fun of
wyświadczać wyświadczyć komuś przysługę do sb a favour *BrE*, do sb a favor *AmE*
wyświechtany hackneyed
wyświetlać project, screen, show
wytapetować paper, wallpaper

wytapiać *(metal)* smelt
wytarty **1** shabby, threadbare **2** *(slogan)* hackneyed
wytatuować tattoo
wytępić eradicate, exterminate
wytężać **wytężać słuch/wzrok** strain to hear/see
wytłaczać emboss
wytłumaczalny explicable
wytłumaczenie explanation
wytłumaczyć explain
wytrawny **1** seasoned **2** *(wino)* dry
wytropić track down
wytrwać persevere
wytrwałość determination, perseverance, persistence
wytrwały persistent
wytrzeźwieć sober up
wytrzymać **1** hold on **2** **nie wytrzymać** yield **3** **wytrzymać do końca** stick it out
wytrzymałość **1** endurance, stamina **2** *(materiału)* durability **3** **granica wytrzymałości** breaking point **4** **u kresu wytrzymałości** at the end of your tether
wytrzymały durable, hard-wearing, heavy-duty
wytrzymywać **1** endure, withstand **2** *(tolerować)* stand, put up with
wytwarzać generate, produce
wytwarzanie generation, making
wytwornie smartly
wytworność refinement
wytworny refined, smart
wytwór creation, product
wytwórnia **1** factory **2** **wytwórnia płytowa** record company
wytyczać mark out
wytyczna guideline, brief
wywar stock
wyważać *(drzwi)* break down/open
wyważony balanced
wywiad **1** *(rozmowa)* interview **2** *(wojskowy itp.)* intelligence
wywiązywać się **wywiązywać się** deliver (the goods)
wywierać **1** **wywierać nacisk/wpływ** exert pressure/influence **2** **wywierać wrażenie na** impress
wywiercić bore, drill
wywieszać post
wywnioskować deduce
wywodzić **wywodzić się z** be descended from
wywoływać **1** *(wspomnienia, podziw)* evoke **2** *(duchy)* invoke **3** *(skutek)* produce **4** *(dyskusję)* trigger off **5** *(zdjęcia)* develop **6** *(na ekran komputera)* call up
wywracać się **1** fall (down) **2** *(dnem do góry)* capsize
wywrotowy subversive
wyzdrowieć recover
wyzdrowienie recovery
wyziewy fumes
wyznaczać **1** define, determine, set **2** *(osobę)* appoint, designate
wyznanie creed, denomination
wyznaw-ca/czyni believer
wyzwalać **1** liberate **2** **wyzwalać się** break free
wyzwanie **1** challenge **2** **rzucać wyzwanie** challenge **3** **sprostać wyzwaniu** meet a challenge **4** **stawać przed wyzwaniem** face a challenge
wyzwisko **obrzucać kogoś wyzwiskami** call sb names, hurl insults/abuse at sb
wyzwolenie liberation
wyzwoliciel/ka liberator
wyzwolony liberated
wyzysk exploitation
wyzyskiwać exploit
wyzywająco defiantly, provocatively
wyzywający defiant, provocative
wyżej **1** above **2** **jak wyżej** ditto
wyżłobić groove, gouge out
wyższość superiority
wyższy **1** higher **2** **stopień wyższy** comparative **3** **wyższa uczelnia** university, college
wyżymać wring
wyżywić feed
wyżywienie board
wzajemnie mutually, reciprocally
wzajemny mutual, reciprocal
wzbierać surge
wzbijać się soar
wzbogacać enrich
wzbraniać się **1** **wzbraniać się od czegoś** shy away from sth **2** **wzbraniać się przed czymś** shrink from sth
wzbroniony **1** prohibited, forbidden **2** **surowo wzbroniony** strictly prohibited/forbidden
wzbudzać **1** arouse, stir up, inspire **2** **wzbudzać nadzieje/obawy/podejrzenia** raise hopes/fears/suspicions
wzburzony rough
wzdęcie **1** flatulence **2** **dostawać wzdęcia** get wind
wzdęty bloated
wzdłuż along

wzdragać wzdragać się przed flinch from

wzdrygać się flinch, shudder, start

wzdychać gasp, sigh

wzgląd 1 consideration **2 bez względu na to, jak długo/ile** however long/much, no matter how long/much **3 bez względu na** regardless of **4 pod każdym względem** on all counts **5 pod pewnym względem** in one respect **6 pod wieloma względami** in many respects **7 przez wzgląd na** for (sb's) sake, for the sake of **8 w tym względzie** on that score **9 ze względu na** for the sake of

względnie comparatively, relatively

względność relativity

względny 1 comparative, relative **2 zaimek względny** relative pronoun **3 zdanie względne** relative clause

wzgórze hill

wziąć 1 take **2 brać coś za dobrą monetę** take sth at face value **3 wziąć na siebie** take on

wzlot wzloty i upadki ups and downs

wzmacniacz amplifier

wzmacniać 1 amplify, build up, consolidate, fortify, reinforce **2 wzmacniać (się)** strengthen

wzmagać się strengthen, increase

wzmianka mention, reference

wznawiać resume

wzniecać 1 stir up **2** *(ogień)* start **3** *(bunt)* incite

wzniesienie hill

wzniosły lofty

wznosić 1 raise, erect **2 wznosić się (nad)** tower (over/above) **3 wznosić się** rise, soar

wznowienie resumption, revival

wznowiony renewed

wzorek 1 pattern **2 we wzorki** patterned

wzornictwo design

wzorować się wzorować się na kimś model yourself on sb

wzorowany wzorowany na czymś modelled on sth

wzorowy model

wzorzysty patterned

wzór 1 *(deseń)* pattern **2** *(motyw)* motif **3** *(model)* model, design **4** *(w matematyce itp.)* formula **5** *(do naśladowania)* example

wzrastać 1 *(o cenach itp.)* rise, climb, go up **2** *(o temperaturze)* increase **3 wzrastać gwałtownie** soar

wzrok 1 eyesight, vision **2 poza zasięgiem wzroku** out of sight **3 przyciągający wzrok** eye-catching **4 w zasięgu wzroku** in/within sight

wzrokowo visually

wzrokowy optic, visual

wzrost 1 *(człowieka)* growth **2** *(rośliny)* height **3** *(zwiększenie się)* rise, increase

wzruszać 1 move, touch **2 wzruszać ramionami** shrug **3 wzruszać się** be/become emotional

wzruszająco movingly

wzruszający moving, touching

wzruszony touched, moved

wzwód erection

wzywać 1 call (in), summon **2 wzywać kogoś do czegoś** call on sb to do sth

yuppie yuppie

Zz

z[1] **1** from, out of **2 z ... do** from ... to

z[2] *(razem)* with

za[1] *prep* **1** behind **2 dzień za dniem** day by day **3 za granicą/ę** abroad **4 za i przeciw** the pros and cons

za[2] *prep* **1** in **2 za dwa dni** in two days **3 za pięć (minut) druga** five (minutes) to two **4 za tydzień/2 miesiące** a week/2 months from now **5 za tydzień/trzy miesiące** in a week's/three months' time

za[3] *prep* **1** during **2 za dnia** by day

za[4] *adv* **1** too **2 za szybki** too fast **3 trochę za wysoki/ciężki** on the high/heavy side

zaabsorbowanie preoccupation

zaabsorbowany preoccupied

zaadaptować 1 adapt **2** *(np. powieść dla TV)* dramatize, dramatise *BrE*

zaadoptować adopt

zaadresować address

zaakcentować accentuate, stress

zaakceptować accept

zaaklimatyzować się acclimatize, acclimatise *BrE*

zaalarmować alert

zaangażować 1 involve **2** *(do pracy)* engage **3 zaangażować się w coś** be/get involved in sth

zaangażowanie commitment, involvement
zaangażowany committed
zaapelować appeal
zaaplikować dose
zaaresztować arrest
zaatakować attack, strike
zabalsamować embalm
zabandażować bandage
zabarwić dye
zabarwienie complexion
zabarykadować barricade
zabawa **1** fun, play **2** *(tańce)* dance **3** **plac zabaw** playground **4** **robić coś dla zabawy** do sth for a laugh **5** **towarzysz/ka zabaw** playmate
zabawiać **1** amuse, entertain **2** **zabawiać kogoś** keep sb amused
zabawka toy
zabawny amusing, entertaining
zabeczeć bleat
zabezpieczać make provisions for, safeguard
zabezpieczenie precaution, safeguard, security
zabiegać **zabiegać o coś** strive for sth
zabierać **1** take, take away/out **2** **zabierać się do czegoś** get down to sth, go about sth, set about (doing) sth **3** **zabierać się do pracy** set to work
zabijać **1** kill **2** **zabijać czas** kill time **3** **zabijać deskami** board up
zablokować **1** block, obstruct **2** *(np. w rugby)* tackle **3** **zablokować się** jam, lock, get stuck
zablokowany stuck
zabłądzić lose your way, get lost
zabłąkać się stray
zabłocony muddy
zaborczy possessive
zabój-ca/czyni killer, assassin
zabójstwo killing, homicide
zabrać **1** take **2** **zabrać się do czegoś** get around to sth
zabraniać forbid, prohibit
zabroniony forbidden
zaburzenie disorder
zabytek monument
zacerować darn
zachcianka whim
zachęcać encourage
zachęcający encouraging
zachęta encouragement, incentive
zachłannie greedily
zachłanny greedy
zachmurzony cloudy, overcast
zachmurzyć się *(o niebie)* cloud over
zachodni **1** west, western **2** *(wiatr też)* westerly
zachodzić **1** *(o słońcu)* go down, set **2** **zachodzić na (siebie)** overlap
zachorować **1** be taken ill **2** **zachorować na** get, go down with
zachowanie **1** behaviour *BrE*, behavior *AmE*, conduct **2** **złe zachowanie** misbehaviour *BrE*, misbehavior *AmE*
zachowywać **1** keep, preserve, retain **2** **zachowywać odpowiednie proporcje** strike a balance **3** **zachowywać się** behave, conduct yourself **4** **zachowywać się niepoważnie** play games **5** **źle się zachowywać** misbehave
zachód **1** west **2** **na północny zachód** northwest **3** **na zachód** westward **4** **najbardziej wysunięty na zachód** westernmost **5** **południowy zachód** southwest **6** **prowadzący na zachód** westbound **7** **zachód słońca** sundown, sunset
zachwiać **1** upset, shake **2** **zachwiać się** falter
zachwycać **1** delight, thrill **2** **zachwycać się** marvel (at)
zachwycający delightful
zachwycony delighted, overjoyed
zachwyt delight, rapture
zaciągać się **1** inhale, take a drag on, take a puff **2** *(do wojska)* enlist
zaciągnąć **1** *(coś gdzieś)* drag **2** *(zasłony)* draw
zaciemniać obscure
zaciemnienie blackout
zacieniony shady
zacierać się blur
zacieśniać (się) tighten
zacięcie bent
zacięty *(np. rywalizacja)* stiff
zaciskać **1** tighten, clench **2** **zaciskać się** tighten **3** **zaciskać zęby** grit your teeth
zacisze retreat
zacytować quote
zaczarowany enchanted, magical
zacząć begin, start
zaczekać wait, hold on
zaczepiać **1** fasten **2** *(nieznajomego)* accost
zaczepny offensive
zaczerwienić **zaczerwienić się** redden, blush
zaczerwienienie redness
zaczynać **1** begin, start **2** **nie zaczynaj z** don't mess

with **3 zaczynać się** begin, start **4 zaczynać wszystko od początku** start over
zaćma cataract
zaćmienie eclipse
zaćmiewać eclipse
zad rump
zadanie 1 task **2** *(w szkole)* exercise, problem **3 zadanie domowe** homework
zadarty upturned
zadatek 1 deposit **2 mieć zadatki na** have the makings of
zadawać 1 zadać (komuś) cios deal a blow (to sb) **2 zadawać pytanie** ask a question **3 zadawać komuś ból** inflict pain on sb **4 zadawać się z kimś** hang around with sb, associate with sb, mess around with sb
zadbany well-kept, neat
zadecydować decide
zadedykować dedicate
zadeklarować declare
zadekretować decree
zademonstrować demonstrate
zadłużenie debt
zadośćuczynienie compensation
zadowalać 1 please, satisfy **2 zadowalać się czymś** content yourself with sth, make do with sth, settle for sth
zadowalająco satisfactorily, to your satisfaction
zadowalający satisfactory, satisfying
zadowolenie 1 satisfaction **2 z zadowoleniem** contentedly
zadowolony 1 satisfied, pleased, content, glad **2 być zadowolonym z czegoś** be glad of sth **3 zadowolony z siebie** complacent, smug
zadrapać scrape, scratch
zadrapanie scrape, scratch
zadraśnięcie nick, scrape
zadufany zadufany (w sobie) opinionated, self-righteous
zadurzenie infatuation
zadurzony infatuated
zadymiony smoky
zadyszka dostać zadyszki lose one's breath, be winded
zadziałać act, do the job
zadzierać zadzierać nosa put on airs
zadzwonić 1 call, ring, phone **2 zadzwonić do kogoś** give sb a call/ring
zadźwięczeć sound
zafarbować dye
zagadka 1 puzzle, riddle **2** *(tajemnica)* mystery
zagadkowy enigmatic, puzzling
zaganiać *(np. owce)* drive, herd
zagazować gas
zagęszczać thicken
zagięcie crease, fold
zaginąć disappear, go astray
zaginiony lost, missing
zagłada annihilation, extermination
zagłębiać się zagłębiać się w delve into
zagłębie zagłębie naftowe/węglowe oil/coal field
zagłębienie hollow
zagłodzić starve
zagłuszać drown out
zagniecenie wrinkle
zagnieździć się nest
zagoić się heal
zagorzały staunch, zealous
zagospodarowywać develop
zagotować bring to the boil
zagracać clutter
zagrać play
zagradzać 1 block off, obstruct **2 zagradzać komuś drogę** bar sb's way
zagraniczny foreign
zagrażać endanger, threaten
zagroda pen, corral *AmE*
zagrożenie danger, hazard, risk, threat
zagrożony 1 at risk **2 gatunki zagrożone wymarciem** endangered species
zagrzmieć bellow
zagubiony 1 lost, missing **2 być/czuć się zagubionym** be/feel lost
zagwarantować guarantee
zahaczać hook
zahamować stop, inhibit, restrain
zahamowanie 1 inhibition **2 pozbawiony zahamowań** uninhibited
zahipnotyzować hypnotize, hypnotise *BrE*, mesmerize, mesmerise *BrE*
zaimek 1 pronoun **2 zaimek osobowy** personal pronoun **3 zaimek względny** relative pronoun
zaimponować impress
zaimprowizować improvise
zaimprowizowany impromptu
zainaugurować inaugurate
zainicjować initiate
zainscenizować stage
zainspirować inspire
zainstalować install
zainteresować 1 interest **2 zainteresować się** take

an interest (in), get into, take up

zainteresowanie interest, attention

zainteresowany 1 interested 2 **zainteresowane strony/grupy** interested parties/groups 3 **zainteresowany zrobieniem czegoś** keen to do sth

zaintrygować intrigue

zainwestować invest

zaizolować insulate

zajadły blistering, virulent

zajazd inn, roadhouse

zając hare

zająć 1 occupy, take up 2 **zająć czyjeś miejsce** supersede sb 3 **zająć pierwsze miejsce** come/finish first 4 **zająć się czymś** go into sth

zająknąć się stumble

zajęcie 1 activity, occupation 2 **zajęcia** *(lekcje)* classes 3 **znajdować sobie zajęcie** occupy yourself

zajęty 1 *(człowiek)* busy 2 *(miejsce)* occupied 3 *(telefon)* busy, engaged

zajmować 1 *(pomieszczenie)* occupy, take up 2 *(zdobywać)* invade, seize 3 **czym się zajmujesz?** what do you do? 4 **zajmować się kimś/czymś** *(opiekować się)* take care of sb/sth, attend to sb/sth 5 **zajmować się czymś** concern yourself with sth, deal with sth 6 *(dla zabicia czasu)* busy yourself with sth

zajmujący engaging

zajście incident

zajść 1 **ktoś daleko zajdzie** sb will/should go far 2 **zajść w ciążę** conceive, get pregnant

zakamarek 1 nook 2 **wszystkie zakamarki** every nook and cranny

zakaz ban, prohibition

zakazany 1 forbidden, banned 2 *(np. romans)* illicit

zakazywać ban, prohibit

zakaźny infectious, contagious, catching

zakażenie infection

zakażony infected

zakątek corner, nook

zakląć curse, swear

zaklejać seal

zaklejony sealed

zaklęcie incantation, spell

zakład 1 *(fabryka)* works 2 *(o pieniądze itp.)* bet 3 **zakład przemysłowy** plant

zakładać 1 *(tworzyć)* found, establish, start, set up 2 *(czapkę, płaszcz)* put on 3 *(brać za pewnik)* assume, presuppose 4 **zakładać z góry, że** take it for granted (that) 5 **zakładam, że** I take it that 6 **zakładać interes** go into business 7 **zakładać się** bet 8 **założę się, że** I/I'll bet

zakładka *(do książki)* bookmark

zakładni-k/czka 1 hostage 2 **trzymać kogoś w charakterze zakładnika** hold sb to ransom

zakłopotanie 1 embarrassment 2 **wprawiać w zakłopotanie** embarrass 3 **wprawiający w zakłopotanie** embarrassing

zakłopotany embarrassed

zakłócać disrupt, disturb

zakłócający **zakłócający spokój** disruptive

zakłócanie **zakłócanie porządku publicznego** disorderliness

zakłócenie 1 disruption, disturbance, interruption 2 *(w radiu itp.)* static, interference 3 **bez zakłóceń** undisturbed 4 **zakłócenie porządku** disturbance

zakneblować gag

zakochany 1 **być zakochanym (w kimś)** be in love (with sb) 2 **zakochany do szaleństwa** madly in love

zakochiwać **zakochiwać się (w)** fall in love (with), fall for

zakonnica nun

zakonnik friar

zakonserwować cure, preserve

zakończenie conclusion, ending

zakończyć 1 end, conclude, complete 2 **zakończyć się** end, conclude 3 **zakończyć się czymś** end in sth

zakopywać bury

zakorzeniać **zakorzeniać się** take root

zakorzeniony 1 **głęboko zakorzeniony** deep-seated, entrenched 2 **zakorzeniony w** rooted in

zakosztować sample

zakotwiczyć anchor

zakradać się creep, sneak up

zakres range, scope

zakreślacz highlighter, marker

zakreślać 1 highlight 2 *(kółkiem)* circle

zakręt bend, turn

zakrętka top

zakrojony **zakrojony na szeroką skalę** full-scale

zakrwawiony bloody

zakrywać cover up
zakrzepnąć congeal
zakrzyczeć shout down
zakrzywiony curved, hooked
zakup purchase
zakupić purchase, buy
zakupy 1 shopping 2 **iść/pójść na zakupy** go shopping 3 **robić zakupy** shop
zakurzony dusty
zakwalifikować się qualify
zakwaterować accommodate
zakwaterowanie 1 accommodation 2 **zakwaterowanie ze śniadaniem i kolacją** half board
zakwestionować challenge, contest, dispute, query
zakwitać *(o drzewach)* blossom
zalecać 1 recommend 2 **zalecać się (do)** court, woo
zalecenie recommendation
zaledwie barely, merely, only
zalegalizować legalize, legalise *BrE*
zaległości 1 backlog 2 *(w płatnościach)* arrears
zaległy 1 outstanding, overdue 2 **zaległe podatki/pobory** back taxes/pay
zalesiony wooded
zaleta virtue, merit, advantage
zalew *(towarów itp.)* flood
zalewać 1 flood, swamp 2 **zalewać rynek** flood the market 3 **zostać zalanym** be flooded with
zaleźć **zaleźć komuś za skórę** get on the wrong side of sb
zależeć 1 **zależeć od** depend on/upon 2 **to zależy od kogoś** it's up to sb 3 **to zależy** it/that depends
zależność correlation, relationship
zależny 1 dependent 2 **być zależnym od kogoś/czegoś** be reliant on sb/sth 3 **mowa zależna** indirect speech, reported speech
zaliczać **zaliczać kogoś/coś do** class sb/sth as, rate sb/sth among
zaliczenie 1 pass 2 *(np. semestru)* credit
zaliczka advance, deposit, down payment
zalogować się log on/in
zalotny flirtatious
zaloty advances, courtship
załadować load
załadowany loaded
załamać się 1 break down 2 *(o giełdzie)* crash
załamanie 1 breakdown, collapse 2 **załamanie nerwowe** breakdown, nervous breakdown
załamany heartbroken
załapać **załapać się na** walk away with
załatać patch
załatwiać 1 take care of, see about 2 **załatwiać coś** *(na mieście)* run an errand 3 **załatwiać się** go to the toilet
załatwić 1 *(zabić)* do in, dispose of 2 **załatwić komuś coś** fix sb up with sth
załączać 1 enclose 2 *(do dokumentu)* append
załączony enclosed
załoga crew
założenie assumption, presumption, presupposition
założyciel/ka founder
załzawiony watery
zamach 1 assassination 2 **dokonać zamachu na** assassinate 3 **za jednym zamachem** at a stroke/at one stroke 4 **zamach stanu** coup
zamachowiec bomber
zamaczać dip
zamartwiać się agonize, agonise *BrE*
zamarynować marinate, pickle
zamarzać freeze, ice over/up
zamarznięty frozen
zamaskować camouflage, mask
zamaskowany masked
zamaszyście with a flourish
zamawiać order
zamazany blurred, fuzzy
zamazywać blur
zamek 1 castle 2 *(w drzwiach itp.)* lock 3 **zamek błyskawiczny** zip, zipper *AmE* 4 **zamek z piasku** sandcastle 5 **zamek zatrzaskowy** latch
zameldować się *(w hotelu)* book in/into, check in
zamęt confusion, havoc, muddle
zamężna married
zamglony hazy, misty
zamian **w zamian (za)** in return (for), in exchange (for)
zamiana 1 *(wymiana)* exchange, swap 2 *(przekształcenie)* conversion
zamiar 1 intention 2 **mieć zamiar** mean 3 **mieć zamiar coś zrobić** intend to do sth 4 **nie mieć złych zamiarów** not mean any harm

zamiast **1** instead of, rather than **2** **zamiast tego** instead
zamiatać sweep
zamieć blizzard, snowstorm
zamiejscowy *(rozmowa)* long-distance
zamieniać **1** exchange, swap, switch **2** **zamieniać się w** turn into **3** **zamieniać się** trade, swap
zamierać come to a standstill, freeze
zamierzać **1** intend **2** **zamierzać coś zrobić** intend to do sth
zamierzony deliberate, intentional
zamierzyć **zamierzyć się na** swing at, aim a blow at
zamieszać stir
zamieszanie commotion, confusion, fuss
zamieszany **zamieszany w coś** mixed up in sth
zamieszkać **zamieszkać w** settle in
zamieszkanie **1** habitation **2** **miejsce zamieszkania** place of residence
zamieszkany inhabited
zamieszki riot
zamieszkiwać dwell, inhabit
zamilknąć fall silent
zamiłowanie fondness, passion
zaminować mine
zamknięty **1** closed, shut **2** **zamknięty w sobie** introverted, withdrawn
zamontować fit, mount
zamordować murder
zamorski overseas
zamożny wealthy, well-off, affluent
zamówienie **1** order **2** **składać zamówienie** place an order **3** **wykonany na zamówienie** custom-built
zamrażać freeze
zamrażalnik freezer
zamrażarka freezer, deep freeze
zamroczenie stupor
zamrożenie **zamrożenie cen/płac** price/wage freeze
zamsz suede
zamykać **1** close, shut **2** *(na klucz)* lock **3** *(w więzieniu lub zakładzie psychiatrycznym)* lock up **4** **zamknij się!** shut up!, shut your mouth! **5** **zamykać się** close, shut
zamyślenie **w zamyśleniu** thoughtfully
zamyślony pensive, thoughtful
zanadrze **mieć coś w zanadrzu** have sth up your sleeve
zanieczyszczać **1** pollute **2** *(odchodami)* foul
zanieczyszczenie **1** contamination, pollution **2** **zanieczyszczenie środowiska** environmental pollution
zanieczyszczony polluted, impure
zanieczyścić contaminate
zaniedbanie neglect, negligence
zaniedbany neglected, run-down
zaniedbujący **zaniedbujący obowiązki** negligent
zaniedbywać neglect
zaniepokoić alarm, disturb
zaniepokojenie **z zaniepokojeniem** anxiously
zaniepokojony worried, anxious, concerned, alarmed
zanik disappearance
zanikać disappear, die away
zanim **1** before, by the time **2** **zanim się obejrzysz** before you know it
zanosić się **1** **zanosi się na coś** sth is on the horizon **2** **zanosić się płaczem** wail
zanotować note, write down
zanurzać dip, immerse, submerge
zaobserwować observe
zaoferować bid, offer
zaogniać się *(o ranie)* fester
zaokrąglać **1** *(w dół)* round down **2** *(w górę)* round up
zaokrąglenie **w zaokrągleniu** in round figures/numbers
zaokrąglony rounded
zaokrętowanie embarkation
zaopatrywać equip, supply
zaopatrzenie supply, delivery
zaopatrzony **dobrze zaopatrzony** well-stocked
zaopiekować **zaopiekować się kimś/czymś** take care of sb/sth
zaoponować object
zaorać plough *BrE*, plow *AmE*
zaostrzać **1** *(przepisy)* tighten up **2** **zaostrzać czyjś apetyt** whet sb's appetite
zaostrzony **zaostrzone środki bezpieczeństwa** tight security
zaostrzyć sharpen
zaoszczędzić save
zapach **1** smell, scent, fragrance **2** *(zwłaszcza nieprzyjemny)* odour *BrE*, odor *AmE*

zapadać 1 **zapada noc/ zmierzch** night/darkness falls 2 **zapadać na** *(chorobę)* come down with 3 **zapadać w** lapse into 4 **zapadać się** cave in, give way
zapadka catch
zapadnięty sunken
zapalać 1 light 2 *(papierosa)* light up 3 **zapalać zapałkę** strike a match 4 **zapalać się** catch fire
zapalenie 1 inflammation 2 **zapalenie opon mózgowych** meningitis 3 **zapalenie płuc** pneumonia 4 **zapalenie stawów** arthritis 5 **zapalenie wątroby** hepatitis 6 **zapalenie wyrostka robaczkowego** appendicitis
zapalniczka lighter
zapalnik fuse
zapalny explosive
zapalony keen
zapał 1 enthusiasm, eagerness, zeal 2 **z zapałem** with gusto
zapałka match
zaparcie constipation
zaparkować park
zaparować mist over *BrE*, steam over *AmE*
zaparowany steamed up, misty *BrE*, steamy *AmE*
zaparty z zapartym tchem with bated breath
zaparzać (się) brew
zapas 1 reserve, hoard, stock 2 **w zapasie** to spare 3 **zapasy** provisions 4 **robić zapasy** stock up
zapasowy 1 duplicate, spare 2 **zapasowa kopia** backup 3 **robić zapasową kopię** *(pliku komputerowego)* back up
zapasy wrestling
zapaść *noun* collapse
zapaśnik wrestler
zapełniać (się) fill up, fill
zapewne presumably
zapewniać 1 assure, reassure 2 *(bezpieczeństwo itp.)* secure
zapewnienie assurance
zapieczętować seal
zapieczętowany sealed
zapiekanka casserole
zapierać zapierać dech (w piersiach) take your breath away
zapierający zapierający dech breathtaking
zapięcie fastener, fastening
zapinać 1 fasten, do up 2 *(na guziki)* button 3 *(na zamek)* zip 4 *(na sprzączkę)* buckle
zapis 1 record, transcript 2 *(notacja)* notation 3 **dokonywać zapisu na rzecz** endow
zapisać write down
zapisany nie zapisany blank
zapisy enrolment *BrE*, enrollment *AmE*
zapisywać 1 write down, take down, put down *BrE* 2 *(dane na dysk)* save 3 *(temperaturę itp.)* record 4 **zapisywać się** enrol *BrE*, enroll *AmE* sign up 5 **zapisywać w dzienniku** log
zaplanować plan, schedule
zaplatać *(warkocz)* plait *BrE*, braid *AmE*
zaplątać tangle
zaplątany entangled
zapleśniały mouldy *BrE*, moldy *AmE*
zapłacić pay
zapładniać fertilize, fertilise *BrE*
zapłata 1 payment 2 **być do zapłaty** be due
zapłodnienie fertilization, insemination
zapłon ignition
zapobiegać prevent, guard against
zapobieganie 1 prevention 2 **zapobieganie ciąży** contraception
zapobiegawczy precautionary, preventive
zapoczątkować initiate, start off
zapodziać misplace, mislay
zapominać forget
zapominalski *adj* forgetful
zapomniany godforsaken
zapomnienie oblivion, obscurity
zapora dam
zaporowy ogień zaporowy barrage
zapowiadać 1 herald 2 **zapowiadać się** promise
zapowiedź 1 announcement 2 **bez zapowiedzi** unannounced
zapożyczać 1 borrow 2 **zapożyczać się** get into debt
zapraszać invite
zaprawa 1 **zaprawa murarska** mortar 2 **zaprawy** preserves
zaprezentować present
zaprocentować pay dividends
zaprogramować program
zaprojektować design
zaproponować offer, propose, suggest
zaproszenie invitation
zaprotestować protest
zaprowadzić 1 take 2 **zaprowadzić kogoś dokądś** show sb somewhere

zaprzeczać 1 contradict, deny **2** *(nie zgadzać się)* disagree **3 stanowczo zaprzeczać** flatly deny

zaprzeczenie denial

zaprzeszły czas zaprzeszły the past perfect, the pluperfect

zaprzęgać harness

zaprzysięgać *(świadka, prezydenta)* swear in

zaprzysięgły 1 confirmed **2 zaprzysięgli wrogowie** sworn enemies

zapukać knock, rap

zapuszczać *(brodę itp.)* grow

zapuszczony run-down

zapychać block (up)

zapylać pollinate

zapylenie pollination

zapytać ask

zapytanie 1 inquiry, query **2 znak zapytania** question mark

zapytywać inquire

zarabiać 1 *(pieniądze)* earn, get, make **2** *(ciasto)* knead **3 zarabiać na utrzymanie** earn your keep **4 zarabiać na życie** earn a living

zaradność resourcefulness

zaradny resourceful

zaradzić remedy

zaranie zaranie cywilizacji/dziejów the dawn of civilization/time

zaraz at once, right now/away, in no time

zaraza plague

zarazek bug, germ

zarazić się 1 get infected **2 zarazić się czymś** pick sth up, catch sth

zaraźliwy contagious, infectious

zarażać infect

zarażony infected

zardzewiały rusty

zardzewieć rust

zareagować 1 react, respond **2 reagować zbyt mocno** overreact

zarejestrować 1 record, chart **2 zarejestrować się** register

zarekomendować recommend

zarezerwować book, reserve

zarezerwowany reserved

zaręczony engaged

zaręczyny engagement

zarobki earnings, wages

zarodek 1 embryo **2 zdusić coś w zarodku** nip something in the bud

zarost facial hair

zarośnięty overgrown

zarozumiałość conceit

zarozumiały conceited

zarówno zarówno ... jak i ... both ... and ...

zarumienić się blush, flush

zarumieniony flushed

zaryglować bolt

zarys outline

zarysowany *(o powierzchni)* cracked

zarysowywać sketch out, outline

zaryzykować chance it, take a risk, run the risk

zarząd 1 board, management **2 zarząd miasta** corporation *BrE*

zarządzać administer, manage

zarządzanie 1 administration, management **2 złe zarządzanie** mismanagement

zarządzenie directive

zarzucać 1 *(porzucać)* abandon, drop **2 czemuś nie można nic zarzucić** sth cannot be faulted **3 zarzucać na siebie** slip on

zarzut 1 accusation, charge **2** *(nie poparty dowodami)* allegation **3 bez zarzutu** above/beyond reproach

zasada 1 principle, rule **2 w zasadzie** basically, essentially, in principle **3 z zasady** on principle

zasadniczo basically, fundamentally, in principle

zasadniczy essential, fundamental

zasadność legitimacy, validity

zasadzić plant

zasadzka ambush

zasiać sow, plant

zasięg 1 range, scope **2 być w zasięgu/poza zasięgiem czyjejś ręki** be within/beyond sb's grasp/reach **3 dalekiego zasięgu** long-range **4 w zasięgu ręki** within reach

zasilać power

zasiłek 1 benefit, social security, welfare **2 zasiłek dla bezrobotnych** dole *BrE*

zaskakiwać surprise

zaskakująco surprisingly

zaskakujący surprising

zaskoczenie 1 surprise **2 być zaskoczeniem** come as a surprise **3 ku mojemu zaskoczeniu** to my surprise

zaskoczony 1 surprised **2 być zaskoczonym** be surprised, be taken aback

zaskoczyć 1 *(zrozumieć)* get the message **2 dać się zaskoczyć** be caught napping **3 zaskoczyć kogoś** take/catch sb by surprise, catch sb unawares/off guard

zasłabnąć faint, collapse

zasłaniać cover, block out, screen
zasłona 1 curtain *BrE*, drape *AmE* 2 **zaciągać/rozsuwać zasłony** draw the curtains
zasługiwać **zasługiwać na** deserve, be worthy of
zasłużenie deservedly
zasłużony deserved, well-earned
zasłużyć **zasłużyć (sobie) na** earn
zasmarkany snotty
zasmucać sadden, make sad
zasnąć 1 go to sleep 2 **nie móc zasnąć** be sleepless
zasoby resources
zaspa snowdrift
zaspać oversleep
zaspokajać satisfy
zastanawiać się 1 think, wonder 2 **zastanowić się nad czymś** think sth over 3 **dobrze się zastanowić** think twice 4 **niech się zastanowię** let's see
zastanowienie 1 reflection, thought 2 **bez zastanowienia** off the top of your head, offhand
zastawa **zastawa stołowa** crockery
zastawka valve
zastęp-ca/czyni 1 replacement, stand-in, substitute 2 *(wice)* deputy
zastępczy 1 surrogate 2 **rodzice zastępczy/rodzina zastępcza** foster parents/family
zastępować stand in for, substitute for
zastępstwo replacement, substitution
zastosować 1 apply, employ 2 **zastosować się do** follow, comply with, go along with
zastosowanie application, use
zastój 1 slowdown, stagnation 2 **w zastoju** stagnant
zastraszać intimidate
zastraszenie intimidation
zastraszony intimidated
zastrzelić shoot (down/dead), gun down
zastrzeżenie reservation
zastrzyk 1 injection, shot 2 **zastrzyk energii** tonic 3 **zastrzyk pewności siebie** confidence/morale/ego booster
zasugerować hint, imply, suggest
zasuw(k)a latch, bolt
zasygnalizować indicate, signal
zasypiać fall asleep, go to sleep
zasypywać 1 fill, bury 2 **zasypywać pytaniami** fire questions (at)
zaszaleć let your hair down
zaszczepiać 1 vaccinate, immunize, immunise *BrE* 2 *(drzewo)* implant
zaszczycony privileged, honoured *BrE*, honored *AmE*
zaszczyt 1 honour *BrE*, honor *AmE* privilege 2 **to dla mnie/nas zaszczyt** it's an honour
zaszkodzić 1 damage, harm 2 **nie zaszkodzi coś zrobić** there's no harm in doing sth 3 **zaszkodzić komuś** *(zamiast pomóc)* do sb a disservice
zasznurować lace up
zaszokować shock
zaszywać sew up
zaściankowość insularity
zaściankowy insular, parochial
zaślepienie 1 blindness 2 **powodować zaślepienie** blind
zaśmiecać litter
zaśpiewać sing
zaświtać **zaświtać komuś** dawn on sb
zataczać się stagger
zataić suppress, keep back, withhold
zatamować staunch, stem
zatankować refuel
zatańczyć dance
zatapiać 1 *(teren)* flood 2 *(statek)* sink 3 **zatapiać zęby/nóż w czymś** sink your teeth/a knife into sth
zatarasować jam, obstruct
zatelefonować call, phone (up), ring (up)
zatłoczony 1 crowded, packed 2 *(ulica)* busy, congested
zatoczka *(przy drodze)* lay-by *BrE*
zatoka 1 bay, gulf 2 *(np. nosowa)* sinus
zatonąć sink
zatopiony 1 sunken 2 **być zatopionym w** be immersed in
zator blockage, obstruction
zatroskany concerned, worried
zatrucie 1 poisoning 2 **zatrucie pokarmowe** food poisoning
zatrudniać employ, take on
zatrudnienie employment
zatrudnion-y/a employee
zatruty poisoned
zatruwać poison
zatrzask clasp
zatrzaskiwać slam, snap
zatrzymać 1 stop, bring to a halt 2 *(zaaresztować)* detain, arrest 3 *(zostawić sobie)* hold, keep, retain 4 **zatrzymać taksówkę** hail a taxi 5 **zatrzymać**

coś dla siebie keep sth to yourself **6 zatrzymać się** stop, halt **7** *(o pojeździe)* come to a stop/halt, grind to a halt

zatrzymanie detention

zatuszować cover up, hush up

zatuszowanie **zatuszowanie prawdy** cover-up

zatwardzenie constipation

zatwardziały confirmed, hardcore, hardline

zatwierdzać approve, endorse, sanction

zatyczka 1 plug, stopper **2 zatyczka do uszu** earplug

zatykać stop up, plug, clog

zatytułować entitle

zaufać trust

zaufanie 1 confidence, trust **2 godny zaufania** trustworthy **3 w zaufaniu** in confidence

zauroczyć charm, enchant

zautomatyzowany automated, high-tech

zauważalnie noticeably

zauważalny noticeable, distinguishable

zauważyć 1 *(zobaczyć)* notice, spot **2** *(zrobić uwagę)* remark, point out

zawahać się hesitate, waver

zawalić 1 *(robotę)* mess up **2 zawalić się** collapse

zawał heart attack

zawartość content, contents

zawdzięczać owe

zawetować veto

zawężać narrow down

zawiadomienie notification

zawias hinge

zawiązać 1 tie, do up **2 zawiązać oczy** blindfold

zawiedziony disappointed

zawierać 1 *(obejmować)* contain, include **2 zawierać umowę** strike/make a deal

zawieruszyć misplace, mislay

zawieszać 1 hang, put up **2** *(karę itp.)* suspend

zawieszenie **1** suspension **2 w stanie zawieszenia** in limbo **3 zawieszenie broni** armistice, ceasefire

zawieść disappoint, let down

zawijać wrap up, wrap

zawijas squiggle

zawile intricately

zawiłość intricacy

zawiły intricate, complex, confusing

zawiść envy, jealousy

zawoalowany veiled

zawodni-k/czka contender, contestant

zawodny unreliable

zawodowiec professional

zawodowo professionally

zawodowy **1** professional **2** *(np. choroba)* occupational **3 ryzyko zawodowe** occupational hazard

zawody competition, contest

zawodzący plaintive

zawołać call, exclaim

zawołanie 1 na zawołanie at will **2 jak na zawołanie** (right) on cue

zawozić take, drive

zawód 1 profession, occupation, trade **2** *(rozczarowanie)* disappointment, letdown **3 z zawodu** by profession **4 zawód miłosny** heartbreak

zawór 1 valve **2 zawór bezpieczeństwa** safety valve

zawracać 1 turn back **2 zawracać głowę** hassle, bother

zawroty 1 zawroty głowy dizziness, vertigo **2 mieć zawroty głowy** be/feel giddy, feel dizzy

zawstydzać shame, put to shame

zawsze 1 always **2 na zawsze** forever **3 raz na zawsze** once and for all **4 zawsze możesz ...** you could always ...

zawyżony inflated

zawzięcie fiercely, hotly

zawziętość ferocity

zawzięty ferocious, bitter

zazdrosny envious, jealous

zazdrościć envy

zazdrość 1 envy, jealousy **2 budzić czyjąś zazdrość** be the envy of sb

zazdrośnie enviously, jealously

zazębiać się overlap

zaznajamiać 1 acquaint **2 zaznajamiać kogoś z czymś** introduce sb to sth **3 zaznajamiać się/kogoś z czymś** familiarize yourself/sb with sth

zaznajomiony być zaznajomionym z czymś be acquainted with sth

zazwyczaj customarily, ordinarily

zażalenie complaint

zażenowanie embarrassment

zażenowany embarrassed

zażyłość intimacy

zażyły intimate

zażywać 1 take **2 zażywać ruchu** exercise

ząb **1** tooth **2** **trzymać język za zębami** keep your mouth shut **3** **ząb mądrości** wisdom tooth **4** **ząb trzonowy** molar

ząbek **ząbek czosnku** a clove of garlic

ząbkować teethe

zbaczać deviate, wander

zbadać examine, explore, inspect, test

zbagatelizować downplay, play down, trivialize, trivialise *BrE*, make light of

zbankrutować go bankrupt

zbawca saviour *BrE*, savior *AmE*

Zbawiciel the Saviour *BrE*, the Savior *AmE*

zbawić redeem, save

zbawienie redemption, salvation

zbesztać tell off, tick off

zbezcześcić violate

zbędny redundant, superfluous

zbić break, thrash

zbiec run away, make a getaway

zbieg **1** fugitive **2** **zbieg okoliczności** coincidence

zbiegać się coincide, converge

zbiegły escaped

zbierać **1** collect **2** *(zwoływać)* gather **3** *(plony)* harvest, reap **4** *(grzyby itp.)* pick **5** *(pieniądze)* raise **6** *(śmietankę)* skim **7** **zbierać myśli** collect yourself/your thoughts **8** **zbierać się** collect, gather **9** *(do wyjścia)* make a move

zbieranie collection

zbieranina a motley crew

zbieżny **1** convergent **2** **być zbieżnym** coincide

zbiornik reservoir, tank

zbiorowy collective, corporate

zbiór **1** collection, compilation, hoard **2** **zbiory** *(plony)* crop, harvest

zbiórka **1** collection **2** **zbiórka pieniędzy** fund-raising

zblednąć blanch, pale

zbliżać się **1** approach, be coming up, draw near **2** **nie zbliżać się** keep back

zbliżenie *(fotografia)* close-up

zbłaźnić się make a fool of yourself

zbocze **1** side, slope **2** **zbocze górskie** mountainside

zboczeniec pervert

zbojkotować **1** boycott **2** *(towarzysko)* ostracize, ostracise *BrE*

zbombardować bomb

zboże cereal, corn

zbożowy **płatki zbożowe** cereal

zbratać się fraternize, fraternise *BrE*

zbrodnia **zbrodnia wojenna** war crime

zbrodniarz **1** criminal **2** **zbrodniarz wojenny** war criminal

zbrodniczy murderous

zbroić *(wojsko)* arm

zbroja armour *BrE*, armor *AmE*

zbrojenie **1** armament **2** **kontrola zbrojeń** arms control **3** **wyścig zbrojeń** the arms race

zbrojny **siły zbrojne** the armed forces, the services

zbrojownia armoury *BrE*, armory *AmE*

zbrukać tarnish

zbudować build, construct

zbulwersować appal, scandalize, scandalise *BrE*

zbulwersowany appalled

zbuntować się rebel, revolt

zbuntowany mutinous, rebellious

zburzenie demolition

zburzyć demolish, pull down, tear down

zbutwiały musty

zbyt[1] *noun* **1** **rynek zbytu** market **2** **znajdujący zbyt** marketable

zbyt[2] *adv* too

zbyteczny redundant, unnecessary

zbytnio excessively, unduly

zdać **1** *(egzamin)* pass **2** **nie zdać** fail

zdający-y/a *(egzamin)* candidate

zdalnie **zdalnie sterowany** remote-controlled

zdalny **zdalne sterowanie** remote control

zdanie **1** sentence **2** *(nadrzędne lub podrzędne)* clause **3** *(opinia)* opinion **4** **być zdania** hold an opinion/belief/view **5** **moim zdaniem** in my view/opinion **6** **wymiana zdań** exchange of views **7** **zdanie względne** relative clause **8** **zmienić zdanie** change your mind

zdarzać się occur, happen

zdawać **1** *(egzamin)* take **2** **zdawać sobie sprawę (z)** be conscious (of) **3** **zdać sobie sprawę z czegoś** get sth into your head **4** **zdaje się, że ...** it seems that

zdążać **zdążać do** be bound for

zdążyć make it, be in time

zdecentralizować decentralize, decentralise *BrE*

zdecydować się 1 make up your mind, decide 2 **zdecydować się na** decide on 3 **nie móc się zdecydować** dither
zdecydowanie[1] *noun* resolution, decisiveness
zdecydowanie[2] *adv* 1 decidedly, definitely, strongly 2 **zdecydowanie najlepszy/największy** easily the best/biggest
zdecydowany 1 determined, resolute 2 *(kroki)* decisive
zdefiniować define
zdeformowany deformed
zdefraudować defraud, embezzle
zdegenerowany degenerate
zdegradować demote, downgrade
zdegustowany disgusted
zdejmować take off
zdemaskować expose
zdemaskowanie exposure
zdemontować dismantle
zdenerwowanie nervousness
zdenerwowany nervous, agitated, worked up
zdeprawowany depraved
zderzać się collide
zderzak bumper
zderzenie collision
zderzyć się 1 crash 2 **zderzyć się z** run into
zdesperowany desperate
zdetonować detonate
zdewaluować (się) devalue
zdewastować vandalize, vandalise *BrE*
zdezerterować desert
zdezorganizowany disorganized
zdezorientować confuse
zdezorientowany confused, disorientated
zdezynfekować disinfect
zdiagnozować diagnose
zdjęcie 1 photograph, photo, picture, snapshot, snap 2 **zrobić zdjęcie** take a picture/photograph 3 **zdjęcie rentgenowskie** X-ray
zdławić crush
zdmuchiwać blow out
zdobiony **bogato zdobiony** ornate
zdobycz 1 booty, loot 2 *(drapieżnika)* prey
zdobyć 1 conquer, win 2 *(głosy)* poll 3 *(punkt)* score
zdobywca conqueror
zdolność 1 ability, capacity 2 **naturalna zdolność** faculty
zdolny 1 able, capable 2 **zdolny do (zrobienia) czegoś** capable of (doing) sth
zdołać 1 **zdołać coś zrobić** be able to do sth, manage to do sth 2 **nie zdołać czegoś zrobić** fail to do sth
zdominować dominate
zdrada betrayal, treachery, treason
zdradliwy treacherous
zdradzać 1 betray 2 *(tajemnicę)* give away 3 *(żonę)* cheat on, be unfaithful to
zdradziecki treacherous
zdraj-ca/czyni traitor, defector
zdrętwiały numb, dead
zdrętwieć go to sleep
zdrobnienie diminutive
zdrowie 1 health 2 **na zdrowie!** *(kiedy ktoś kichnie)* bless you 3 **na zdrowie** *(przy wznoszeniu toastu)* cheers 4 **tryskający zdrowiem** bouncing 5 **wracać do zdrowia** recuperate 6 **zdrowie psychiczne** sanity
zdrowieć recover
zdrowy 1 healthy, well, wholesome 2 **cały i zdrowy** safe and sound 3 **przy zdrowych zmysłach** sane 4 **zdrowa żywność** health food, wholefood 5 **zdrowy na umyśle** sane 6 **zdrowy rozsądek** common sense, sanity
zdruzgotany devastated, shattered
zdrzemnąć się 1 grab some sleep 2 *(niechcący)* doze off
zdumienie amazement, astonishment
zdumiewać 1 amaze, astonish 2 **zdumiewać się** marvel
zdumiewająco amazingly
zdumiewający 1 amazing, astonishing 2 **to zdumiewające, że** it is a wonder (that)
zdumiony amazed, astonished
zdusić 1 smother 2 **zdusić coś w zarodku** nip something in the bud
zdychać die
zdyscyplinowany disciplined, orderly
zdyskredytować discredit
zdyskwalifikować disqualify
zdystansować się distance yourself
zdzierać 1 strip 2 **zdzierać (się)** wear out
zdzierstwo ripoff
zdziesiątkować decimate
zdziwienie surprise
zdziwiony surprised, puzzled
zebra zebra
zebranie meeting

zebrany **wiersze/ opowiadania/dzieła zebrane** collected poems/stories/ works
zechcieć **1** **zechcieć coś zrobić** be willing to do sth **2** **cokolwiek/kiedykolwiek zechcesz** whatever/ whenever you like
zedrzeć **zedrzeć z siebie** tear off
zegar **1** clock **2** **zegar słoneczny** sundial **3** **zegar stojący** grandfather clock **4** **zgodnie z ruchem wskazówek zegara** clockwise **5** **cofnąć zegar historii** turn/put/set the clock back
zegarek **1** watch **2** **zegarek na rękę** wristwatch
zegarmistrz watchmaker
zejście descent
zejść **1** come down, descend **2** **zejść na psy** go to pot
zelektryzować galvanize, galvanise *BrE*
zelżeć ease off
zemdleć faint, pass out
zemleć mill
zemsta revenge, vengeance
zemścić **zemścić się na kimś** revenge yourself on sb, get/take/have your revenge on sb
zenit zenith
zepsuć **1** spoil, ruin, break **2** **zepsuć się** break down **3** *(o jedzeniu itp.)* go bad, go off *BrE*
zepsuty **1** broken **2** *(ząb)* decayed **3** *(produkty żywnościowe)* off
zerkać glance, peek, peep
zerknięcie glance, glimpse, peek, peep
zero **1** zero, nil **2** *(nic)* nought, nothing **3** *(o człowieku)* nobody **4** **od zera** from scratch **5** **powyżej/poniżej zera** above/below freezing
zerwanie break
zeskrobywać scrape
zesłanie exile
zesłaniec exile
zespołowy **praca zespołowa** teamwork
zespół **1** team **2** *(muzyczny)* band **3** **zespół Downa** Down's Syndrome
zestaw *(narzędzi)* kit
zestawiać contrast, juxtapose
zestawienie **1** juxtaposition **2** **zestawienie bilansowe** balance sheet
zestresowany stressed
zestrzelić shoot down
zesztywnieć stiffen
zetknąć się **1** encounter **2** **nigdy nie zetknąć się z** have never known
zetrzeć *(coś mokrego)* wipe up
zewnątrz **1** **na zewnątrz** outside **2** **na zewnątrz** on the outside
zewnętrzny **1** exterior, external, outer **2** **zewnętrzna strona** exterior, the outside
zez squint
zezłościć się get angry
zeznanie **1** testimony **2** **zeznanie podatkowe** tax return
zeznawać testify
zezować squint
zezowaty cross-eyed
zezwalać permit
zezwolenie authorization, clearance, permit, sanction
zębowy dental
zgadywać **1** guess, make/have/take a guess **2** **zgadywać na chybił trafił** take a wild guess
zgadzać się **1** agree, be agreed **2** **nie zgadzać się** differ, disagree **3** **zgadza się** that's right
zganić rebuke
zgarnąć *(ukraść)* walk off with
zgasić **1** extinguish, put out **2** *(papierosa)* stub out **3** *(światło)* switch off
zgasnąć **1** go out **2** *(o silniku)* stall
zgęstnieć thicken
zgiełk bustle, tumult
zginać się bend
zginąć **1** perish **2** **zginąć na miejscu** be killed outright
zgładzić slay
zgłaszać **1** report **2** **zgłaszać się** report **3** *(na ochotnika)* come forward
zgłoszenie application, submission
zgniatać squash
zgnić rot
zgnieść crumple
zgniły decayed, rotten
zgoda **1** agreement, consensus, harmony **2** *(pozwolenie)* consent, approval, the all clear **3** **dawać komuś zgodę** give sb the go-ahead **4** **zgoda!** done!
zgodnie **1** in unison **2** **zgodnie z** according to, in accordance with
zgodny **1** *(pasujący)* compatible **2** *(jednomyślny)* unanimous **3** **zgodny z** in accord with
zgon death
zgorzkniały embittered
zgrabny **1** shapely **2** *(sformułowanie)* neat
zgromadzenie assembly, gathering

zgromadzić 1 accumulate, amass, hoard 2 **zgromadzić się** assemble, gather
zgrzeszyć sin
zgrzyt rasp
zgrzytać grate, rasp
zgubić lose
zgubny 1 detrimental 2 **zgubny w skutkach** fatal
zgwałcić rape
ziajać pant
ziarenko grain, granule
ziarno 1 seed, grain 2 *(fasoli, kawy)* bean
zidentyfikować identify
ziejący gaping
ziele herb
zieleń greenery
zielony 1 green 2 **nie mieć zielonego pojęcia** not have the faintest idea 3 **zielona karta** green card
ziemia 1 *(gleba)* soil, dirt 2 *(grunt)* ground 3 *(nieruchomość)* land 4 **Ziemia** earth 5 **nie z tej ziemi** out of this world 6 **pod ziemią** underground 7 **spódnica/suknia do ziemi** full-length skirt/dress 8 **ziemia niczyja** no-man's land 9 **zrównywać coś z ziemią** raze sth to the ground
ziemniak 1 potato 2 **ziemniak w mundurku** jacket potato
ziemny **orzeszek ziemny** peanut
ziemski terrestrial
ziewać yawn
ziewnięcie yawn
zięć son-in-law
zignorować ignore, disregard
zilustrować illustrate
zima winter
zimno 1 the cold 2 **jest zimno** it's cold 3 **umrzeć z zimna** die of exposure
zimny 1 cold 2 **zimna krew** nerve 3 **z zimną krwią** in cold blood
zimować hibernate
zimowy 1 winter 2 *(pogoda też)* wintry 3 **zapadać w sen zimowy** hibernate
zimozielony evergreen
zintegrować się integrate
zintegrowany integrated
zinterpretować interpret
zioło herb
ziołowy herbal
zirytować irritate
zjawa apparition
zjawisko phenomenon
zjazd 1 conference, congress, convention, reunion 2 *(z autostrady)* exit, turn-off
zjednoczenie 1 unification 2 *(ponowne)* reunification
zjednoczony united
zjednoczyć 1 unify 2 **zjednoczyć się** unite
zjednywać win
zjełczały rancid
zjeść eat, have
zjeżdżalnia slide
zlecać commission
zlecenie 1 commission 2 **zlecenie stałe** *(w banku)* standing order
zlekceważyć ignore
zlew sink
zlewać się merge
zlewozmywak sink
zliberalizować liberalize, liberalise *BrE*
zlicytować auction
zlikwidować eliminate, liquidate, do away with
zlinczować lynch
złagodzenie relaxation
złakniony hungry
złamać 1 break, fracture 2 **złamać się** break, snap
złamanie fracture
złamany 1 broken 2 **mieć złamane serce** be broken-hearted
złapać 1 catch, get hold of, snatch 2 **złapać kogoś na gorącym uczynku** catch sb red-handed
zło 1 evil, wrong 2 **zło konieczne** a necessary evil
złocić gild
złocisty golden
złocony gilt, gilded
złodziej 1 thief 2 **złodziej sklepowy** shoplifter
złom 1 scrap metal, scrap 2 **wyrzucać na złom** scrap
złościć anger
złość 1 anger 2 **na złość** out of spite 3 **wyładowywać złość** vent your anger 4 **ze złością** angrily
złośliwie maliciously, nastily
złośliwość malice
złośliwy 1 malicious, spiteful, vicious 2 *(nowotwór)* malignant 3 **złośliwa choroba** virulent disease
złoto gold
złoty 1 gold 2 *(kolor)* golden 3 **złota rączka** handyman 4 **złota rybka** goldfish 5 **złoty medal** gold medal
złowieszczy ominous, sinister
złowrogi sinister
złowróżbny ominous
złoże deposit
złożoność complexity
złożony complex
złudny deceptive
złudzenie 1 delusion, illusion 2 **nie mieć**

złudzeń co do have no illusions about **3 pozbawiać złudzeń** disillusion **4 złudzenie optyczne** optical illusion

zły 1 bad **2** *(rozgniewany)* angry, cross **3** *(niemoralny)* evil, wicked **4** *(niewłaściwy)* wrong **5 cieszący się złą sławą** notorious **6 mieć coś komuś za złe** hold sth against sb **7 w złym humorze** bad-tempered **8 zła sława** notoriety **9 zła strona** the downside **10 zła wola** ill will **11 złe zachowanie** misbehaviour *BrE*, misbehavior *AmE*

zmagać się grapple, struggle

zmarł-y/a 1 the deceased **2 zmarli** the dead

zmarnować 1 waste **2 zmarnować się** go to waste

zmarszczka wrinkle

zmarszczyć 1 wrinkle **2 zmarszczyć czoło** frown

zmartwienie worry

zmartwiony troubled, worried

Zmartwychwstanie the Resurrection

zmarznąć freeze

zmatowieć tarnish

zmącić cloud, mar

zmechanizować mechanize, mechanise *BrE*

zmechanizowany mechanized

zmęczenie fatigue

zmęczony tired

zmęczyć 1 tire **2 zmęczyć się** tire **3 zmęczyć się czymś** tire of sth

zmiana 1 change **2** *(w fabryce)* shift **3** *(np. w stołówce)* sitting **4** *(w zachowaniu, sposobie myślenia)* adjustment **5 nocna zmiana** night shift **6 zmiana na lepsze** upturn

zmiażdżyć crush

zmiąć crumple

zmielić grind, mill

zmieniać 1 change, alter **2 zmieniać się** change, shift **3 zmieniać pościel** change the beds **4 zmieniać pozycję** shift

zmienna variable

zmiennocieplny cold-blooded

zmienność variability

zmienny 1 changeable, variable **2 prąd zmienny** alternating current

zmierzać 1 zmierzać do head for, be bound for **2** *(robić aluzje)* drive at

zmierzch dusk, twilight

zmierzwiony shaggy

zmierzyć measure

zmieścić się fit

zmiękczać soften

zmięknąć soften

zmiksować blend

zminimalizować minimize, minimise *BrE*

zmniejszać decrease, diminish, lessen

zmobilizować mobilize, mobilise *BrE*

zmoczyć 1 wet **2 zmoczyć się** wet the bed/your pants

zmodernizować modernize, modernise *BrE*

zmodyfikować modify

zmonopolizować monopolize, monopolise *BrE*

zmontować assemble, put together

zmora menace

zmotoryzowany restauracja/kino dla zmotoryzowanych drive-in restaurant/cinema

zmowa być w zmowie (z) be in league (with)

zmrok 1 dusk, nightfall **2 przed zmrokiem/po zmroku** after/before dark

zmrużyć zmrużyć oczy screw up your eyes/face

zmuszać force, compel

zmysł 1 sense **2 postradać zmysły** go/be out of your mind **3 przy zdrowych zmysłach** sane **4 zmysł obserwacji** powers of observation

zmysłowy sensual

zmyślać make up, invent

zmyślny clever, nifty

zmyślony imaginary

zmywacz zmywacz do paznokci nail polish remover

zmywać 1 wash out/off **2** *(naczynia)* wash up, do the washing-up, do the dishes

zmywarka *(do naczyń)* dishwasher

znacjonalizować nationalize, nationalise *BrE*

znacząco meaningfully

znaczący 1 meaningful, significant **2 odegrać znaczącą rolę w czymś** be instrumental in (doing) sth **3 znacząca cisza/pauza** a pregnant silence/pause

znaczek 1 *(pocztowy)* stamp **2** *(odznaka)* button

znaczenie 1 *(sens)* meaning, sense **2** *(waga)* importance, relevance, significance **3 bez znaczenia** meaningless **4 mieć znaczenie** matter

znacznie considerably, significantly, substantially

znaczny considerable, significant

znaczyć 1 mean **2 ktoś/coś wiele (dla kogoś) znaczy** sb/sth means a lot (to sb) **3 to znaczy** I mean, that is (to say)

znać 1 know 2 **dawać komuś znać** let sb know 3 **nie znać czegoś** be unfamiliar with sth 4 **znać się na czymś** be familiar with sth, be knowledgeable about sth 5 **dobrze/kiepsko znać się na czymś** be a good/bad judge of sth
znajdować find
znajomości connections
znajomość 1 acquaintance, familiarity 2 *(wiedza)* knowledge 3 **gruntowna znajomość czegoś** an intimate knowledge of sth 4 **zawrzeć z kimś znajomość** make sb's acquaintance
znajomy[1] *adj* familiar
znajom-y/a[2] *noun* acquaintance, friend
znak 1 sign, mark 2 **dawać znak** signal 3 **znak firmowy** logo 4 **znak handlowy** trademark 5 **znak wodny** watermark 6 **znak zapytania** question mark 7 **znak zodiaku** star sign
znakomicie superbly
znakomity superb, excellent
znakować 1 mark 2 *(zwierzęta)* brand
znaleźć 1 find, get hold of 2 **znaleźć się** *(gdzieś)* turn up, finish up
znamię birthmark
znany 1 known, noted 2 **(dobrze) znany** well-known 3 **mało znany** little-known 4 **znany jako** known as
znaw-ca/czyni connoisseur, expert
znerwicowany neurotic
zneutralizować neutralize, neutralise *BrE*
znęcać znęcać się nad abuse, ill-treat, maltreat
zniechęcać 1 discourage, put off 2 **zniechęcać się** lose heart
zniechęcający discouraging, demoralizing
zniechęcony discouraged, disheartened
zniecierpliwienie impatience
zniecierpliwiony impatient
znieczulać anaesthetize, anaesthetise *BrE*, anesthetize *AmE*
znieczulający środek znieczulający anaesthetic
znieczulenie anaesthetic, anesthetic *AmE*
zniedołężniały senile
zniedołężnienie zniedołężnienie starcze senility
zniekształcać disfigure, distort, deform
zniekształcenie distortion
zniekształcony deformed
znienacka out of the blue
znienawidzony hated
zniesienie abolition
zniesławiać libel, slander
zniesławienie libel, slander
zniewaga insult
znieważać insult
zniewieściały effeminate
znikać disappear, vanish
zniknięcie disappearance
znikomość insignificance
znikomy slim
zniszczenie 1 destruction, devastation 2 **zniszczenie/zanieczyszczenie środowiska** environmental damage/pollution 3 **zniszczenia** damage
zniszczony destroyed, ruined
zniszczyć destroy, ruin
zniweczyć defeat, shatter
zniżka 1 discount 2 **15% zniżki** 15% off
zniżkowy downward
znokautować knock out
znosić 1 *(wytrzymywać)* tolerate, bear, endure, put up with, stand 2 *(sankcje, prawo)* abolish, lift 3 **nie do zniesienia** unbearable, intolerable 4 **nie móc znieść** can't bear/stand 5 **nie znosić kogoś/czegoś** can't abide sb/sth 6 **znosić jajka** lay eggs
znośny bearable, tolerable
znowu again
znudzony 1 bored 2 **śmiertelnie znudzony** bored to tears
znużenie weariness
znużony weary
zobaczyć 1 see 2 **zobaczymy** I'll/we'll see 3 **do zobaczenia** see you
zobojętniać neutralize, neutralise *BrE*
zobowiązanie 1 commitment, undertaking 2 **bez żadnych zobowiązań** (with) no strings attached
zobowiązany 1 obliged 2 **być komuś zobowiązanym** be indebted to sb 3 **czuć się zobowiązanym zrobić coś** feel obliged to do sth
zobowiązywać commit, oblige
zodiak znaki zodiaku star signs, the signs of the zodiac
zoo zoo
zoolog zoologist
zoologia zoology
zoologiczny zoological
zorganizować arrange, organize, organise *BrE*
zorganizowany dobrze/źle zorganizowany well/badly organized

zorientowany informed
zostać *(stać się)* become
zostawać 1 remain, stay **2** *(po lekcjach, po godzinach)* stay behind
zostawiać 1 leave **2** *(nie zabierać)* leave behind **3 zostawiać coś (w spokoju)** leave sth alone
zostawić 1 *(dziewczynę, chłopaka)* walk out on **2 zostawić kogoś na pastwę losu** leave sb in the lurch
zowąd ni stąd, ni zowąd out of the blue
zracjonalizować rationalize, rationalise *BrE*
zramoleć go gaga
zranić 1 hurt, injure, wound **2** *(uczucia)* hurt
zraszacz sprinkler
zrażać zrażać (sobie) alienate, antagonize, antagonise *BrE*
zrealizować 1 realise **2** *(czek)* cash **3 zrealizować marzenie/ambicję** fulfil a dream/an ambition
zredagować edit
zredukować reduce, cut
zreformować reform
zrehabilitować się redeem yourself
zrekompensować compensate, recompense
zrekonstruować reconstruct
zrelacjonować cover, report
zrelaksować się relax, put your feet up
zrelaksowany relaxed
zremisować draw, tie
zreorganizować reorganize, reorganise *BrE*
zreperować repair
zresocjalizować rehabilitate
zrestrukturyzować restructure
zrewidować 1 review, revise **2** *(przeszukać)* search
zrewolucjonizować revolutionize, revolutionise *BrE*
zrezygnować zrezygnować (z) give up, resign
zrezygnowany disheartened, dispirited, resigned
zręcznie skilfully
zręczność dexterity
zręczny adroit, deft, skilful *BrE*, skillful *AmE*
zrobić 1 do **2** *(wykonać)* make
zrobiony być zrobionym z be made of
zrodzić się be born
zrozpaczony despairing, distraught
zrozumiale intelligibly
zrozumiały 1 comprehensible, intelligible **2** *(oczywisty)* understandable **3 wyrażać się w sposób zrozumiały** make yourself understood
zrozumieć 1 understand, comprehend **2 nie zrozum mnie źle** don't get me wrong
zrozumienie 1 understanding, comprehension **2 dawać do zrozumienia** imply
zrównoważony level-headed, well-balanced
zrównoważyć offset
zrównywać 1 equalize, equalise *BrE* **2 zrównywać z ziemią** level, raze to the ground
zróżnicowanie differentiation
zróżnicowany varied
zrujnować ruin, wreck
zrymować rhyme
zryw spurt
zrywać 1 *(odrywać)* rip, tear off **2** *(kwiaty)* pick **3** *(umowę)* break off **4 zrywać się** *(o burzy)* break **5 zrywać z czymś** finish with sth **6 zrywać ze sobą** break up
zrządzenie zrządzeniem losu by a twist of fate
zrzekać się renounce, waive
zrzęda grouch
zrzędliwy grouchy
zrzędzić grumble, nag
zrzucać 1 throw off **2** *(liście)* shed **3** *(z siebie)* slip off **4 zrzucać się** *(składać się)* chip in **5 zrzucać winę na kogoś** lay/pin the blame on sb
zsiadać get off, dismount
zsiadły sour
zsiąść się curdle
zsuwnia chute
zsyłać exile
zsynchronizować synchronize, synchronise *BrE*
zsyntetyzować synthesize, synthesise *BrE*
zszokowany shocked, aghast
zszyć stitch up
zszywacz stapler
zszywać 1 sew up **2** *(zszywaczem)* staple
zszywka staple
zupa soup
zupełnie completely, entirely
zupełny complete, total
zużycie consumption
zużyć use up, run out of
zużyty worn out
zużywać consume, use
zużywanie się wear
zwabić entice, lure

zwać **tak zwany** so-called
zwalczać combat
zwalczyć fight off
zwalniać **1** *(tempo)* slow down **2** *(więźnia)* release, set free **3** *(pokój)* vacate **4** *(ze szpitala itp.)* discharge **5** *(z pracy)* sack, dismiss, lay off, give (sb) the sack **6** **zostać zwolnionym (z pracy)** get the sack **7** **zwalniać kogoś z czegoś** exempt sb from sth
zwarcie short circuit
zwariować go crazy, go out of your mind
zwariowany crazy
zwarzyć się curdle
zwaśniony warring
zważać **1** **nie zważać na** disregard, not pay any attention to **2** **zważywszy, że** considering (that)
zwerbować recruit
zweryfikować verify
zwędzić pinch, nick *BrE*
zwęglony charred
zwężać **1** narrow **2** *(suknię itp.)* take in **3** **zwężać się** narrow
zwiać **zwiać komuś** give sb the slip
zwiad reconnaissance
zwiadowca scout
zwiastować herald
zwiastun **1** omen **2** *(np. filmu)* trailer, preview
związać bind, tie up
związany **1** bound **2** **związany z** connected with **3** **być związanym z czymś** be bound up with sth
związek **1** connection, link **2** *(stosunek)* relationship **3** *(stowarzyszenie)* association **4** *(chemiczny)* compound **5** **mieć związek z** be/have to do with, have something to do with **6** **w związku z tym** accordingly **7** **w związku z** in connection with **8** **związek małżeński** matrimony **9** **związek zawodowy** trade union *BrE*, labor union *AmE*
związkowiec trade unionist
związywać bind, tie up
zwichnąć dislocate, sprain
zwichnięcie sprain
zwichrzyć ruffle
zwiedzać tour
zwiedzający/a sightseer
zwiedzanie sightseeing, tour
zwierzać się **zwierzać się komuś** confide in sb
zwierzchnictwo supervision
zwierzę animal
zwierzęcy animal
zwierzyna **dzika zwierzyna** game
zwietrzały *(piwo)* flat
zwietrzyć **1** scent **2** **zwietrzyć coś** get wind of sth
zwiędnąć wilt, wither
zwiększać **1** increase **2** **zwiększać się** increase
zwięzłość brevity, conciseness
zwięzły brief, concise
zwięźle concisely, succinctly, briefly
zwijać **1** coil, roll up **2** *(żagiel)* furl **3** **zwijać manatki** pack up **4** **zwijać się w kłębek** curl up
zwilżać dampen, moisten
zwinąć *(ukraść)* pinch, nick *BrE*
zwinność agility
zwinny agile, nimble
zwisać dangle, hang down
zwlekać **1** linger **2** **zwlekać z czymś/ze zrobieniem czegoś** be slow to do sth/be slow in doing sth
zwłaszcza especially
zwłoka **1** delay **2** **grać na zwłokę** play for time
zwłoki **1** corpse **2** **sekcja zwłok** post-mortem
zwodniczo deceptively, misleadingly
zwodniczy deceptive, misleading
zwodzić lead on, delude
zwolenni-k/czka **1** adherent, advocate, follower **2** **być zwolennikiem** be in favour of *BrE*, be in favor of *AmE*
zwolnienie **1** *(ze szpitala)* discharge **2** *(z obowiązku)* exemption **3** *(z pracy)* lay-off, dismissal **4** *(z więzienia)* release **5** **zwolnienie lekarskie** sick leave **6** **zwolnienie warunkowe** parole
zwolniony **1** **w zwolnionym tempie** in slow motion **2** **zwolniony z** exempt from
zwoływać **1** call, summon **2** **zwoływać zebranie** call a meeting
zwój **1** *(pętla)* coil, twist **2** *(papieru)* scroll
zwracać **1** return **2** *(pieniądze)* pay back **3** **nie zwracać uwagi** not take any notice/take no notice **4** **zwracać (czyjąś) uwagę na coś** draw (sb's) attention to sth **5** **zwracać czyjąś uwagę** catch sb's eye **6** **zwracać się do** address, approach, turn to
zwrot **1** *(obrót)* turn **2** *(zmiana)* swing, shift **3** *(oddanie)* return **4** *(wyrażenie)* expression, phrase **5** **zwrot o 180 stopni** U-turn **6** **zwrot pieniędzy** refund **7** **zwrot w lewo/prawo** left/right turn
zwrotka verse

zwrotnica *(kolejowa)* points *BrE*, switch *AmE*
zwrotny reflexive
zwrócony być zwróconym w kierunku face
zwycię-zca/żczyni winner
zwycięski triumphant, victorious
zwycięstwo victory
zwyciężać win, prevail
zwyczaj 1 custom, habit **2 mieć zwyczaj coś robić** tend to do sth
zwyczajnie plainly, simply
zwyczajny ordinary, plain
zwyczajowo customarily
zwyczajowy customary
zwykle 1 generally, typically, usually **2 jak zwykle** as usual
zwykły common, ordinary, regular, usual
zwymiotować be sick, throw up, vomit
zwyrodniały degenerate
zygzak 1 zigzag **2 iść/jechać zygzakiem** zigzag
zysk 1 profit, return, yield **2 przynosić zysk** make a profit **3 z zyskiem** at a profit, profitably
zyskiwać gain, profit

Źź

źdźbło blade
źle 1 *(błędnie)* wrong **2** *(byle jak)* badly, poorly **3 i tak źle, i tak niedobrze** you can't win **4 źle się czuć** be/feel unwell
źrebak colt
źrebię foal
źrenica pupil
źródło 1 source **2** *(rzeki)* spring **3 źródło utrzymania** livelihood

Żż

żaba frog
żabka *(styl pływacki)* breaststroke
żachnąć się żachnąć się (na) bristle (at), bridle (at)
żaden 1 no, none **2** *(z dwóch)* neither
żagiel sail
żaglówka sail boat
żal 1 *(smutek)* grief, sorrow **2** *(skrucha)* regret, repentance **3** *(pretensje)* grudge **4 z żalem** regretfully
żaluzja venetian blind
żałoba 1 mourning **2 pogrążony w żałobie** bereaved **3 w żałobie** in mourning
żałobni-k/czka mourner
żałobny mournful
żałosny pathetic, pitiful
żałośnie pathetically, pitifully
żałować 1 regret, repent **2 nie żałować pieniędzy** spare no expense **3 żałować komuś czegoś** grudge/begrudge sb sth **4 żałować, że nie** wish (that) **5 żałować, że** be sorry (that)
żar glow, embers
żarcie chow, grub
żargon jargon
żarliwie passionately
żarliwość fervour *BrE*, fervor *AmE*
żarliwy fervent, passionate
żarłocznie ravenously
żarłok glutton
żarówka light bulb
żart 1 joke **2** *(psikus)* hoax **3 stroić sobie żarty z** poke fun at **4 to nie żarty** it's no joke
żartem jokingly, tongue-in-cheek
żartobliwy light-hearted, playful
żartować 1 joke, be joking/kidding **2 chyba żartujesz** you're joking, you must be joking **3 ja nie żartuję!** I mean it! **4 nie żartować** mean business **5 nie żartuj** no kidding, you're kidding **6 żartować sobie z czegoś** make a joke (out) of sth
żarzyć się glow
żądać demand, require
żądanie 1 demand **2 żądanie czegoś** call for sth
żądlić sting
żądło sting
żądza 1 lust **2 żądza wiedzy/władzy** a thirst for knowledge/power
że that
żebra-k/czka beggar
żebrać beg
żebro rib
żeby 1 in order to, so (that), to *(z bezokolicznikiem)* **2 nie żeby(m) ...** not that (I) ... **3 żeby coś zrobić** so as to do sth
żeglarka sailor, yachtswoman
żeglarski nautical
żeglarstwo sailing
żeglarz sailor, yachtsman
żeglować sail, navigate
żel gel
żelatyna gelatine
żelazko iron
żelazny 1 iron **2 żelazna kurtyna** the Iron Curtain
żelazo 1 iron **2 kute żelazo** wrought iron
żeliwny cast-iron
żeliwo cast iron

żenić się 1 get married 2 **żenić się z kimś** marry sb
żeński 1 female 2 **płci żeńskiej** female 3 **rodzaju żeńskiego** feminine
żerować **żerować na** prey on
żeton chip, token
żłobek crèche *BrE* nursery *BrE* daycare *AmE*
żłobić groove, gouge out
żłopać swig
żłób manger
żmija adder
żmudny uphill
żniwa harvest
żołądek stomach
żołądkowy gastric
żołądź acorn
żołnierz soldier, serviceman
żona wife
żonaty married
żongler/ka juggler
żonglować juggle
żonkil daffodil
żółknąć yellow
żółtaczka jaundice
żółtko yolk
żółty 1 yellow 2 *(światło)* amber
żółw 1 *(lądowy)* tortoise 2 *(wodny)* turtle 3 **żółwie tempo** crawl
żrący caustic
żubr bison
żuć chew
żuk beetle
żuraw crane
żwawo briskly
żwawość liveliness
żwawy brisk, lively
żwir gravel
żwirek grit
żwirowany gravelled
życie 1 life, lifetime 2 **bez życia** lifeless 3 **na całe życie** lifelong 4 **pełen życia** vital, vivacious 5 **sprawa życia i śmierci** a matter of life and death 6 **średnia długość życia** life expectancy 7 **takie jest życie** that's life 8 **tętniący życiem** vibrant 9 **używać życia** live it up 10 **wchodzić w życie** come into effect, take effect 11 **wprowadzać coś w życie** put sth into effect 12 **życie prywatne/towarzyskie/seksualne** private/social/sex life 13 **życie zawodowe** career
życiorys CV *BrE* résumé *AmE*
życzenie 1 wish 2 **na życzenie** on request 3 **najlepsze życzenia** best wishes 4 **pobożne życzenia** wishful thinking 5 **pozostawiać wiele do życzenia** leave a lot to be desired
życzliwie kindly
życzliwość friendliness, kindness
życzliwy good-natured, kind, friendly
życzyć 1 wish 2 **życzę powodzenia** good luck, best of luck 3 **życzyć sobie** desire
żyć 1 live, be alive 2 **żyć pełnią życia** live life to the full 3 **żyć z czegoś** live on sth 4 **żyć ze sobą** live together
Żyd/ówka Jew
żydowski Jewish
żyjący living
żylaki varicose veins
żyletka razor blade
żyła 1 vein 2 **żyła złota** goldmine
żyłka 1 vein 2 *(do wędki)* line
żyrafa giraffe
żyrandol chandelier
żyto rye
żywica resin
żywiciel/ka **żywiciel/ka rodziny** breadwinner
żywić 1 nourish, feed 2 *(podejrzenia, nadzieje)* nurse, harbour *BrE* harbor *AmE* 3 **żywić się** feed 4 **żywić urazę** bear a grudge
żywioł 1 element 2 **być w swoim żywiole** be in your element
żywiołowy natural
żywioły the elements
żywność 1 food 2 **niezdrowa żywność** junk food 3 **zdrowa żywność** health food, wholefood
żywo 1 keenly, vividly 2 **komentarz na żywo** running commentary 3 **koncert/muzyka na żywo** live concert/music 4 **na żywo** live
żywopłot hedge
żywotnie **być żywotnie zainteresowanym czymś** have a vested interest in sth
żywy 1 *(żyjący)* alive, live 2 *(pełen życia)* vivid, boisterous 3 **do żywego** to the core
żyzność fertility
żyzny fertile, rich

Spis treści

Czasowniki nieregularne

Poniżej podajemy listę czasowników angielskich, które mają nieregularne formy czasu przeszłego, imiesłowu biernego lub imiesłowu czynnego. Bezokolicznik, czyli forma podstawowa czasownika (np. *begin*), podana jest pierwsza. Cyfrą **2** oznaczono formę czasu przeszłego, np. *As I was walking home it began to rain*. Cyfrą **3** oznaczono formę imiesłowu biernego (tzw. trzecią formę czasownika), np. *It had already begun to rain before I left home*, a cyfrą **4** formę imiesłowu czynnego (czasownik zakończony na -ing), np. *It is just beginning to rain now*. Oznaczenie **2/3** mówi, że nieregularne formy czasu przeszłego i imiesłowu biernego danego czasownika są identyczne. Dodatkowe informacje na temat tych zagadnień gramatycznych znajdują się m.in. w ramkach poświęconych czasom angielskim oraz w ramce **Verb** w głównej części słownika. Wymowa nieregularnych form czasowników podana jest w głównej części słownika.

abide 2/3 abided **4** abiding
arise 2 arose **3** arisen **4** arising
awake 2 awoke **3** awoken **4** awaking
be — patrz hasło i ramka BE
bear 2 bore **3** borne **4** bearing
beat 2 beat **3** beaten **4** beating
become 2 became **3** become **4** becoming
begin 2 began **3** begun **4** beginning
bend 2/3 bent **4** bending
bet 2/3 bet **4** betting
bid[2] **2/3** bid **4** bidding
bid[3] **2** bade lub bid **3** bid lub bidden **4** bidding
bide 2 bided **3** bided **4** biding
bind 2/3 bound **4** binding
bite 2 bit **3** bitten **4** biting
bleed 2/3 bled **4** bleeding
bless 2/3 blessed lub blest **4** blessing
blow 2 blew **3** blown **4** blowing
break 2 broke **3** broken **4** breaking
breed 2/3 bred **4** breeding
bring 2/3 brought **4** bringing
broadcast 2/3 broadcast **4** broadcasting
build 2/3 built **4** building
burn 2/3 burnt zwł. *BrE* || burned zwł. *AmE* **4** burning
burst 2/3 burst **4** bursting
buy 2/3 bought **4** buying
cast 2/3 cast **4** casting
catch 2/3 caught **4** catching
choose 2 chose **3** chosen **4** choosing
cling 2/3 clung **4** clinging
come 2 came **3** come **4** coming
cost 2/3 cost **4** costing
creep 2/3 crept **4** creeping
cut 2/3 cut **4** cutting
deal 2/3 dealt **4** dealing
dig 2/3 dug **4** digging
dive 2 dived || także dove *AmE* **3** dived **4** diving
do — patrz hasło i ramka DO
draw 2 drew **3** drawn **4** drawing
dream 2/3 dreamed || także dreamt zwł. *BrE* **4** dreaming

drink 2 drank **3** drunk **4** drinking
drive 2 drove **3** driven **4** driving
dwell 2/3 dwell lub dwelled **4** dwelling
eat 2 ate **3** eaten **4** eating
fall 2 fell **3** fallen **4** falling
feed 2/3 fed **4** feeding
feel 2/3 felt **4** feeling
fight 2/3 fought **4** fighting
find 2/3 found **4** finding
flee 2/3 fled **4** fleeing
fling 2/3 flung **4** flinging
fly 2 flew **3** flown **4** flying
forbid 2 forbade lub forbid **3** forbidden **4** forbidding
forecast 2/3 forecast lub forecasted **4** forecasting
foresee 2 foresaw **3** foreseen **4** foreseeing
foretell 2/3 foretold **4** foretelling
forget 2 forgot **3** forgotten **4** forgetting
forgive 2 forgave **3** forgiven **4** forgiving
forsake 2 forsook **3** forsaken **4** forsaking
freeze 2 froze **3** frozen **4** freezing
get 2 got **3** got *BrE* || gotten *AmE* **4** getting
give 2 gave **3** given **4** giving
go 2 went **3** gone **4** going
grind 2/3 ground **4** grinding
grow 2 grew **3** grown **4** growing
hang 2/3 hung **4** hanging
have — patrz hasło i ramka HAVE
hear 2/3 heard **4** hearing
hide 2 hid **3** hidden **4** hiding
hit 2/3 hit **4** hitting
hold 2/3 held **4** holding
hurt 2/3 hurt **4** hurting
keep 2/3 kept **4** keeping
kneel 2/3 knelt lub kneeled **4** kneeling
knit 2/3 knit lub knitted **4** knitting
know 2 knew **3** known **4** knowing
lay 2/3 laid **4** laying
lead 2/3 led **4** leading
lean 2/3 leant *BrE* || leaned *AmE* **4** leaning
leap 2/3 leapt zwł. *BrE* || leaped zwł. *AmE* **4** leaping
learn 2/3 learned || także learnt *BrE* **4** learning
leave 2/3 left **4** leaving
lend 2/3 lent **4** lending
let 2/3 let **4** letting
lie[1] 2 lay **3** lain **4** lying
lie[2] 2/3 lied **4** lying
light 2/3 lit lub lighted **4** lighting
lose 2/3 lost **4** losing
make 2/3 made **4** making
mean 2/3 meant **4** meaning
meet 2/3 met **4** meeting
mislay 2/3 mislaid **4** mislaying
mislead 2/3 misled **4** misleading
misspell 2/3 misspelled || także misspellt *BrE* **4** misspelling
misspend 2/3 misspent **4** misspending
mistake 2 mistook **3** mistaken **4** mistaking
misunderstand 2/3 misunderstood **4** misunderstanding
mow 2 mowed **3** mown lub mowed **4** mowing

Czasowniki nieregularne

outdo 2 outdid **3** outdone **4** outdoing
outshine 2/3 outshone **4** outshining
overcome 2 overcame **3** overcome **4** overcoming
overdo 2 overdid **3** overdone **4** overdoing
overhang 2/3 overhung **4** overhanging
overhear 2/3 overheard **4** overhearing
override 2 overrode **3** overridden **4** overriding
overrun 2 overran **3** overrun **4** overrunning
oversee 2 oversaw **3** overseen **4** overseeing
overshoot 2/3 overshot **4** overshooting
oversleep 2/3 overslept **4** oversleeping
overtake 2 overtook **3** overtaken **4** overtaking
overthrow 2 overthrew **3** overthrown **4** overthrowing
partake 2 partook **3** partaken **4** partaking
pay 2/3 paid **4** paying
prove 2 proved **3** proved lub proven **4** proving
put 2/3 put **4** putting
quit 2/3 quit **3** quit **4** quitting
read 2/3 read **4** reading
rebuild 2/3 rebuilt **4** rebuilding
redo 2 redid **3** redone **4** redoing
relay 2/3 relayed **4** relaying
remake 2/3 remade **4** remaking
repay 2/3 repaid **4** repaying
rewrite 2 rewrote **3** rewritten **4** rewriting
rid 2 rid lub ridded **3** rid **4** ridding
ride 2 rode **3** ridden **4** riding
ring[2] 2 rang **3** rung **4** ringing
ring[3] 2/3 ringed **4** ringing
rise 2 rose **3** risen **4** rising
run 2 ran **3** run **4** running
saw 2 sawed **3** sawed lub sawn **4** sawing
say 2/3 said **4** saying
see 2 saw **3** seen **4** seeing
seek 2/3 sought **4** seeking
sell 2/3 sold **4** selling
send 2/3 sent **4** sending
set 2/3 set **4** setting
sew 2 sewed **3** sewn lub sewed **4** sewing
shake 2 shook **3** shaken **4** shaking
shave 2/3 shaved **4** shaving
shear 2 sheared **3** sheared lub shorn **4** shearing
shed 2/3 shed **4** shedding
shine[1] 2/3 shone **4** shining
shine[2] 2/3 shined **4** shining
shoot 2/3 shot **4** shooting
show 2 showed **3** shown **4** showing
shrink 2 shrank **3** shrunk **4** shrinking
shut 2/3 shut **4** shutting
sing 2 sang **3** sung **4** singing
sink 2 sank lub sunk **3** sunk **4** sinking
sit 2/3 sat **4** sitting
slay 2 slew **3** slain **4** slaying
sleep 2/3 slept **4** sleeping
slide 2/3 slid **4** sliding
sling 2/3 slung **4** slinging
slink 2/3 slunk **4** slinking
slit 2/3 slit **4** slitting

smell 2/3 smelt *BrE* || smelled zwł. *AmE* **4** smelling
sow 2 sowed **3** sown lub sowed **4** sowing
speak 2 spoke **3** spoken **4** speaking
speed 2/3 sped lub speeded **4** speeding
spell 2/3 spelt *BrE* || spelled zwł. *AmE* **4** spelling
spend 2/3 spent **4** spending
spill 2/3 spilled || także spilt *BrE* **4** spilling
spin 2/3 spun **4** spinning
spit 2/3 spat || także spit *AmE* **4** spitting
split 2/3 split **4** splitting
spoil 2/3 spoiled || także spoilt *BrE* **4** spoiling
spread 2/3 spread **4** spreading
spring 2 sprang || także sprung *AmE* **3** sprung **4** springing
stand 2/3 stood **4** standing
steal 2 stole **3** stolen **4** stealing
stick 2/3 stuck **4** sticking
sting 2/3 stung **4** stinging
stink 2 stank **3** stunk **4** stinking
strew 2 strewed **3** strewn lub strewed **4** strewing
stride 2 strode **3** stridden **4** striding
strike 2 struck **3** struck **4** striking
string 2/3 strung **4** stringing
strive 2 strove **3** striven **4** striving
swear 2 swore **3** sworn **4** swearing
sweep 2/3 swept **4** sweeping
swell 2 swelled **3** swollen **4** swelling
swim 2 swam **3** swum **4** swimming
swing 2/3 swung **4** swinging
take 2 took **3** taken **4** taking
teach 2/3 taught **4** teaching
tear 2 tore **3** torn **4** tearing
tell 2/3 told **4** telling
think 2/3 thought **4** thinking
throw 2 threw **3** thrown **4** throwing
thrust 2/3 thrust **4** thrusting
tread 2 trod **3** trodden **4** treading
unbend 2/3 unbent **4** unbending
undergo 2 underwent **3** undergone **4** undergoing
understand 2/3 understood **4** understanding
undertake 2 undertook **3** undertaken **4** undertaking
undo 2 undid **3** undone **4** undoing
unwind 2/3 unwound **4** unwinding
uphold 2/3 upheld **4** upholding
upset 2/3 upset **4** upsetting
wake 2 woke **3** woken **4** waking
waylay 2/3 waylaid **4** waylaying
wear 2 wore **3** worn **4** wearing
weave 2 wove lub weaved **3** woven lub weaved **4** weaving
weep 2/3 wept **4** weeping
wet 2 wet lub wetted **3** wet **4** wetting
win 2/3 won **4** winning
wind[2] **2/3** wound **4** winding
withdraw 2 withdrew **3** withdrawn **4** withdrawing
withhold 2/3 withheld **4** withholding
withstand 2/3 withstood **4** withstanding
wring 2/3 wrung **4** wringing
write 2 wrote **3** written **4** writing

Miary i wagi

Słowa wyróżnione **półgrubym drukiem** są najczęściej używane w języku potocznym.

System metryczny

● Jednostki długości

	1 **millimetre** = 0.03937 inch
10 mm	= 1 **centimetre** = 0.3937 inch
10 cm	= 1 decimetre = 3.937 inches
10 dm	= 1 **metre** = 39.37 inches
10 m	= 1 decametre = 10.94 yards
10 dam	= 1 hectometre = 109.4 yards
10 hm	= 1 **kilometre** = 0.6214 mile

● Jednostki wagi

	1 **milligram** = 0.015 grain
10 mg	= 1 centigram = 0.154 grain
10 cg	= 1 decigram = 1.543 grains
10 dg	= 1 **gram** = 15.43 grains = 0.035 ounces
10 g	= 1 decagram = 0.353 ounce
10 dag	= 1 hectogram = 3.527 ounces
10 hg	= 1 **kilogram** = 2.205 pounds
100 kg	= 1 **tonne** = 0.984 (long) ton (metric) ton = 2204.62 pounds

● Jednostki pojemności

	1 millilitre = 0.00176 pint
10 ml	= 1 centilitre = 0.0176 pint
10 cl	= 1 decilitre = 0.176 pint
10 dl	= 1 **litre** = 1.76 pints = 0.22 UK gallon
10 l	= 1 decalitre = 2.20 gallons
10 dal	= 1 hectolitre = 22.0 gallons
10 hl	= 1 kilolitre = 220.0 gallons

● Jednostki powierzchni

100 mm²	= 1 square centimetre = 0.1550 square inch
100 cm²	= 1 square metre = 1.196 square yards
100 m²	= 1 are = 119.6 square yards
100 ares	= 1 **hectare** = 2.471 acres
100 ha	= 1 square kilometre = 247.1 acres

● Jednostki objętości

	1 cubic centimetre = 0.06102 cubic inch
1000 cm³	= 1 cubic decimetre = 0.03532 cubic foot
1000 dm³	= 1 cubic metre = 1.308 cubic yards

● Miary kąta

	1 microradian = 0.206 seconds
1000 rad	= 1 milli-radian = 3.437 minutes
1000 mrad	= 1 radian = 57.296 degrees = $180/\pi$ degrees

● Przedrostki metryczne

	Skrót	*Wartość*
tera-	T	10^{12}
giga-	G	10^{9}
mega-	M	10^{6}
kilo-	k	10^{3}
hecto-	h	10^{2}
deca-	da	10^{1}
deci-	d	10^{-1}
centi-	c	10^{-2}
milli-	m	10^{-3}
micro-	µ	10^{-6}
nano-	n	10^{-9}
pico-	p	10^{-12}
femto-	f	10^{-15}
atto-	a	10^{-18}

Miary i wagi

Miary brytyjskie i amerykańskie

● Jednostki długości

	1 **inch** = 2.54 cm
12 inches	= 1 **foot** = 0.3048 m
3 feet	= 1 **yard** = 0.9144 m
5½ yards	= 1 rod, pole or perch = 5.029 m
22 yards	= 1 chain = 20.12 m
10 chains	= 1 furlong = 0.2012 km
8 furlongs	= 1 **mile** = 1.609 km
6076.12 feet	= 1 nautical mile = 1852 m

● Jednostki wagi

1 grain = 64.8 mg	
1 dram = 1.772 g	
16 drams	= 1 **ounce** = 28.35 g
16 ounces	= 1 **pound** = 0.4536 kg
14 pounds	= 1 stone = 6.350 kg
2 stones	= 1 quarter = 12.70 kg
4 quarters	= 1 (long) **hundredweight** = 50.80 kg
20 hundredweight	= 1 (long) ton = 1.016 tonnes
100 pounds	= 1 (short) **hundredweight** = 45.36 kg
2000 pounds	= 1 (short) ton = 0.9072 tonnes

The short hundredweight and ton are more common in the US.

● Jednostki pojemności

	1 fluid ounce = 28.41 cm^3
5 fluid ounces	= 1 gill = 0.1421 dm^3
4 gills	= 1 pint = 0.5683 dm^3
2 pints	= 1 quart = 1.137 dm^3
4 quarts	= 1 (UK) gallon = 4.546 dm^3
231 cubic inches	= 1 (US) gallon = 3.785 dm^3
8 gallons	= 1 bushel = 36.369 dm^3

● Jednostki powierzchni

1 square inch	= 645.16 mm^2
144 square inches	= 1 square foot = 0.0929 m^2
9 square feet	= 1 square yard = 0.8361 m^2
4840 square yards	= 1 acre = 4047 m^2
640 acres	= 1 square mile = 259 ha

● Jednostki objętości

	1 cubic inch = 16.39 cm^3
1728 cubic inches	= 1 cubic foot = 0.02832 m^3 = 28.32 dm^3
27 cubic feet	= 1 cubic yard = 0.7646 m^3 = 764.6 dm^3

● Miary kąta

	1 second = 4.860 rad
60 seconds	= 1 minute = 0.2909 rad
60 minutes	= 1 degree = 17.45 rad = $\pi/180$ rad
45 degrees	= 1 oxtant = $\pi/4$ rad
60 degrees	= 1 sextant = $\pi/3$ rad
90 degrees	= 1 quadrant or 1 right angle = $\pi/2$ rad
360 degrees	= 1 circle or 1 circumference = 2π rad
1 grade or gon	= 1/100th of a right angle = $\pi/200$ rad

● Amerykańskie miary substancji sypkich

1 pint	= 0.9689 UK pint = 0.5506 dm^3
1 bushell	= 0.9689 UK bushell = 35.238 dm^3

● Amerykańskie miary płynów

1 fluid ounce	= 1.0408 UK fluid ounces = 0.0296 dm^3
16 fluid ounces	= 1 pint = 0.8327 UK pint = 0.4732 dm^3
8 pints	= 1 gallon = 0.8327 UK gallon = 3.7853 dm^3

● Temperatura

° Fahrenheit	= (9/5 x °C) + 32
° Celsius	= 5/9 x (°F – 32)

Nazwy geograficzne

W poniższej tabeli podano najbardziej przydatne nazwy geograficzne i pochodzące od nich przymiotniki. W większości przypadków przymiotnik ma formę identyczną z rzeczownikiem oznaczającym mieszkańca danego kraju lub regionu. Jeśli rzeczownik różni się od przymiotnika, odpowiednie formy znaleźć można w ostatniej kolumnie tabeli.

Afganistan	Afghanistan /æf'gænᵻstɑːn/	Afghanistani /æfgænᵻ'stɑːni/, Afghan /'æfgæn/	
Afryka	Africa /'æfrɪkə/	African /'æfrɪkən/	
Alaska	Alaska /ə'læskə/	Alaskan /ə'læskən/	
Albania	Albania /æl'beɪniə/	Albanian /æl'beɪniən/	
Algieria	Algeria /æl'dʒɪəriə ‖ -'dʒɪr-/	Algerian /æl'dʒɪəriən ‖ -'dʒɪr-/	
Ameryka	America /ə'merᵻkə/	American /ə'merᵻkən/	
Anglia	England /'ɪŋglənd/	English /'ɪŋglɪʃ/	Englishman (*r. męski*) /'ɪŋglɪʃmən/, Englishwoman (*r. żeński*) /-ˌwʊmən/, Englishmen /'ɪŋglɪʃmən/ (*l. mnoga*), the English (*zbiorowo*)
Angola	Angola /æŋ'gəʊlə ‖ -'goʊ-/	Angolan /æŋ'gəʊlən ‖ -'goʊ-/	
Antarktyka	the Antarctica /æn'tɑːktɪkə ‖ -ɑːr-/	Antarctic /æn'tɑːktɪk ‖ -ɑːr-/	
Arabia Saudyjska	Saudi Arabia /ˌsaʊdi ə'reɪbiə/	Saudi Arabian /saʊdi a'reɪbiən/, Saudi /'saʊdi/	
Argentyna	Argentina /ˌɑːdʒən'tiːnə ‖ ˌɑːr-/	Argentinian /ˌɑːdʒən'tɪniən ‖ ˌɑr-/, Argentine /'ɑːdʒəntiːn, -taɪn/	

Arktyka	the Arctic /ˈɑːktɪk ‖ ˈɑːrk-/	Arctic	
Armenia	Armenia /ɑːˈmiːniə ‖ ɑːr-/	Armenian /ɑːˈmiːniən ‖ ɑːr-/	
Atlantyk	the Atlantic /ətˈlæntɪk/	Atlantic	
Australia	Australia /ɒˈstreɪliə ‖ ɔː-, ɑː-/	Australian /ɒˈstreɪliən ‖ ɔː-, ɑː-/	
Austria	Austria /ˈɒstriə ‖ ˈɔː-, ˈɑː-/	Austrian /ˈɒstriən ‖ ˈɔː-, ˈɑː-/	
Azerbejdżan	Azerbaijan /æzəbaɪˈdʒɑːn ‖ -zər-/	Azerbaijani /æzəbaɪˈdʒɑːni◂ ‖ -zər-/	Azerbaijani, Azeri /æˈzeri/
Azja	Asia /ˈeɪʃə, -ʒə ‖ -ʒə, -ʃə/	Asian /ˈeɪʃən, -ʒən ‖ -ʒən, ʃən/	
Bałtyk	the Baltic /ˈbɔːltɪk ‖ ˈbɔːl-/	Baltic	
Bangladesz	Bangladesh /ˌbæŋgləˈdeʃ/	Bangladesh, Bangladeshi /ˌbæŋgləˈdeʃi/	Bangladeshi
Belgia	Belgium /ˈbeldʒəm/	Belgian /ˈbeldʒən/	
Białoruś	Belarus /ˌbeləˈruːs/, Belorussia /ˌbeləʊˈrʌʃə ‖ -loʊ-/, Byelorussia /biːˌeləʊˈrʌʃə/	Belarusian /ˌbeləˈrʌʃən/, Belorussian /ˌbeləʊˈrʌʃən ‖ -loʊ-/, Byelorussian /biːˌeləʊˈrʌʃən, ˌbeləʊ-/	
Boliwia	Bolivia /bəˈlɪviə/	Bolivian /bəˈlɪviən/	
Bośnia i Hercegowina	Bosnia and Herzegovina /ˌbɒzniə ənd ˌhɜːtsəgəʊˈviːnə ‖ ˌbɑːzniə ənd ˌhɜːrtsəgoʊ-/	Bosnian /ˈbɒzniən ‖ ˈbɑːz-/, Herzegovinian /ˌhɜːtsəgəʊˈviːnən ‖ -ˌhɜːrts-/	
Brazylia	Brazil /brəˈzɪl/	Brazilian /brəˈzɪliən/	
Bułgaria	Bulgaria /bʌlˈgeəriə ‖ -ger-/	Bulgarian /bʌlˈgeəriən ‖ -ˈger-/	
Birma	Burma /ˈbɜːmə ‖ ˈbɜːr-/, Myanmar /ˈmjænmɑː ‖ ˈmjɑːnmɑːr/	Burmese /ˌbɜːˈmiːz◂ ‖ ˌbɜːr-/	
Chile	Chile /ˈtʃɪli/	Chilean /ˈtʃɪliən/	

Chiny	China /ˈtʃaɪnə/	Chinese /ˌtʃaɪˈniːz◂ /	
Chorwacja	Croatia /krəʊˈeɪʃə ‖ kroʊ-/	Croatian /krəʊˈeɪʃən ‖ -kroʊ-/	Croat /ˈkrəʊæt ‖ ˈkrəʊ-/, Croatian
Cypr	Cyprus /ˈsaɪprəs/	Cypriot /ˈsɪpriət/	
Czarnogóra	Montenegro /ˌmɒntᵻˈniːgrəʊ ‖ ˌmɑːn-/	Montenegro, Montenegrin /ˌmɒntᵻˈnegrᵻn ‖ ˌmɑːn-/	Montenegrin
Czechy	the Czech Republic /ˌtʃek rɪˈpʌblɪk/	Czech /tʃek/	
Dania	Denmark /ˈdenmɑːk ‖ -mɑːrk/	Danish /ˈdeɪnɪʃ/	Dane /deɪn/
Egipt	Egypt /ˈiːdʒɪpt/	Egyptian /ɪˈdʒɪpʃən/	
Ekwador	Ecuador /ˈekwədɔː ‖ -ɔːr/	Ecuadorian /ˌekwəˈdɔːriən◂ /	
Estonia	Estonia /eˈstəʊniə ‖ eˈstoʊ-/	Estonian /eˈstəʊniən ‖ eˈstoʊ-/	
Etiopia	Ethiopia /ˌiːθiˈəʊpiə ‖ -ˈoʊ-/	Ethiopian /ˌiːθiˈəʊpiən ‖ -ˈoʊ-/	
Europa	Europe /ˈjʊərəp ‖ ˈjʊr-/	European /ˌjʊərəˈpiːən◂ ‖ ˌjʊr-/	
Filipiny	the Philippines /ˈfɪlᵻpiːnz ‖ ˌfɪləˈpiːnz/	Philippine /ˈfɪlᵻpiːn ‖ ˌfɪləˈpiːn/	Filipino /ˌfɪlᵻˈpiːnəʊ ‖ -noʊ/, Filipina (*r. żeński*)
Finlandia	Finland /ˈfɪnlənd/	Finnish /ˈfɪnɪʃ/	Finn /fɪn/
Francja	France /frɑːns ‖ fræns/	French /frentʃ/	Frenchman (*r. męski*) /ˈfrentʃmən/, Frenchwoman (*r. żeński*) /-wʊmən/, Frenchmen (*l. mnoga*) /ˈfrentʃmən/, the French (*zbiorowo*)

Gambia	Gambia /ˈgæmbiə/	Gambian /ˈgæmbiən/	
Ghana	Ghana /ˈgɑːnə/	Ghanian, Ghanaian /gɑːˈneɪən/	
Grecja	Greece /griːs/	Greek /griːk/	
Grenlandia	Greenland /ˈgriːnlənd, -lænd/	Greenlandic /griːnˈlændɪk/	Greenlander /ˈgriːnləndə ‖ -dər/
Gruzja	Georgia /ˈdʒɔːdʒə ‖ ˈdʒɔːr-/	Georgian /ˈdʒɔːdʒən ‖ ˈdʒɔːr-/	
Gwatemala	Guatemala /ˌgwɑːtəˈmɑːlə/	Guatemalan /ˌgwɑːtəˈmɑːlən◂ /	
Gwinea	Guinea /ˈgɪni/	Guinean /ˈgɪniən/	
Haiti	Haiti /ˈheɪti/	Haitian /ˈheɪʃən/	
Hiszpania	Spain /speɪn/	Spanish /ˈspænɪʃ/	Spaniard /ˈspænjəd ‖ -jərd/
Holandia	Holland /ˈhɒlənd ‖ ˈhɑː-/, The Netherlands /ðə ˈneðələndz ‖ -ðər-/	Dutch /dʌtʃ/	Dutchman (*r. męski*) /ˈdʌtʃmən/, Dutchwoman (*r. żeński*) /-wʊmən/, Dutchmen (*l. mnoga*) /ˈdʌtʃmən/, the Dutch (*zbiorowo*)
Hong Kong	Hong Kong /ˌhɒŋ ˈkɒŋ ‖ ˈhɑːŋ ˌkɑːŋ/		
Indie	India /ˈɪndiə/	Indian /ˈɪndiən/	
Indonezja	Indonesia /ˌɪndəˈniːʒəˌ-ziə ‖ -ʒə, -ʃə/	Indonesian /ˌɪndəˈniːʒən◂ , -ziən◂ ‖ -ʒən, -ʃən◂ /	
Irak	Iraq /ɪˈrɑːk, -æk/	Iraqi /ɪˈrɑːki, -æki/	
Iran	Iran /ɪˈrɑːn, -æn/	Iranian /ɪˈreɪniən/	

Irlandia	the Irish Republic /ˌaɪərɪʃ rɪˈpʌblɪk ‖ ˌaɪr-/	Irish /ˈaɪərɪʃ ‖ ˈaɪr-/	Irishman (*r. męski*) /ˈaɪərɪʃmən/ ‖ ˈaɪr-, Irishwoman (*r. żeński*) /-wʊmən/, Irishmen (*l. mnoga*) /ˈaɪərɪʃmən ‖ ˈaɪr-/, the Irish (*zbiorowo*)
Islandia	Iceland /ˈaɪslənd/	Icelandic /aɪsˈlændɪk/	Icelander /ˈaɪsləndə ‖ -dər/
Izrael	Israel /ˈɪzreɪl/	Israeli /ɪzˈreɪli/	
Jamajka	Jamaica /dʒəˈmeɪkə/	Jamaican /dʒəˈmeɪkən/	
Japonia	Japan /dʒəˈpæn/	Japanese /ˌdʒæpəˈniːz◂ /	
Jemen	Yemen /ˈjemən/	Yemeni /ˈjeməni/	
Jordan	Jordan /ˈdʒɔːdn ‖ ˈdʒɔːr-/	Jordanian /dʒɔːˈdeɪniən ‖ dʒɔːr-/	
Jugosławia	Yugoslavia /ˌjuːgəʊˈslɑːviə ‖ -goʊ-/	Yugoslavian /ˌjuːgəʊˈslɑːviən ‖ -goʊ-/, Yugoslav /ˈjuːgəʊslɑːv ‖ -goʊ-/	
Kambodża	Cambodia /kæmˈbəʊdiə ‖ -ˈboʊ-/	Cambodian /kæmˈbəʊdiən ‖ -ˈboʊ-/	
Kamerun	Cameroon /ˌkæməˈruːn/	Cameroonian /ˌkæməˈruːniən◂ /	
Kanada	Canada /ˈkænədə/	Canadian /kəˈneɪdiən/	
Kazachstan	Kazakhstan /ˌkæzækˈstɑːn ‖ ˌkɑːzɑːk-/	Kazakhstani /ˌkæzækˈstɑːni ‖ ˌkɑːzɑːkˈstɑːni/, Kazakh /ˈkæzæk ‖ ˈkɑːzɑːk/	
Kenia	Kenya /ˈkenjə, ˈkiː-/	Kenyan /ˈkenjən, ˈkiː-/	
Kolumbia	Colombia /kəˈlʌmbiə/	Colombian /kəˈlʌmbiən/	

Kongo (Republika)	Zaire /zaɪ'ɪə ǁ zɑː'ɪr/, the Democratic Republic of Congo /ˌdeməkrætɪk ri'pʌblik əv 'kɒŋgəʊ ǁ 'kɑŋgoʊ/	Zairean /zaɪ'ɪəriən ǁ zɑː'ɪr-/	
Korea Południowa	South Korea /ˌsaʊθ kə'rɪə/	South Korean /ˌsaʊθ kə'rɪən/	
Korea Północna	North Korea /ˌnɔːθ kə'rɪə ǁ ˌnɔːrθ-/	North Korean /ˌnɔːθ kə'rɪən ǁ ˌnɔːrθ-/	
Kosowo	Kosovo /'kɒsəvəʊ/	Kosovan /'kɒsəvən/, Kosovar /'kɒsəvɑː ǁ -ɑːr/	
Kuba	Cuba /'kjuːbə/	Cuban /'kjuːbən/	
Kuwejt	Kuwait /kʊ'weɪt/	Kuwaiti /kʊ'weɪti/	
Laos	Laos /'lɑːɒs, laʊs ǁ laʊs, 'leiɑːs/	Laotian /'laʊʃən, Lao laʊ/	
Liban	Lebanon /'lebənən/	Lebanese /ˌlebə'niːz◂ /	
Libia	Libya /'lɪbiə/	Libyan /'lɪbiən/	
Litwa	Lithuania /ˌlɪθju'eɪniə ǁ -θu-/	Lithuanian /ˌlɪθju'eɪniən ǁ -θu-/	
Luksemburg	Luxemburg /'lʌksəmbɜːg ǁ -bɜːrg/	Luxembourg	Luxembourger /'lʌksəmbɜːgə ǁ -bɜːrgər/
Łotwa	Latvia /'lætviə/	Latvian /'lætviən/	
Macedonia	Macedonia /ˌmæsə'dəʊniə ǁ -'doʊ-/	Macedonian /mæsə'dəʊniən◂ ǁ -'doʊ-/	
Malezja	Malaysia /mə'leɪziə ǁ -ʒə, -ʃə/	Malaysian /mə'leɪziən ǁ -ʒən, -ʃən/	
Malta	Malta /'mɔːltə ǁ 'mɔːl-/	Maltese /ˌmɔːl'tiːz◂ ǁ ˌmɔːl-/	
Maroko	Morocco /mə'rɒkəʊ ǁ -'rɑːkoʊ/	Moroccan /mə'rɒkən ǁ 'rɑː-/	
Meksyk	Mexico /'meksɪkəʊ ǁ -r̥ˌkoʊ/	Mexican /'meksɪkən/	

Monako	Monaco /'mɒnəkəʊ ‖ 'mɑːnəkoʊ/	Monegasque /ˌmɒnɪ'gæsk◂ ‖ mɑː-/, Monacan /'mɒnəkən/	
Mongolia	Mongolia /mɒŋ'gəʊliə ‖ mɑːŋ'goʊ-/	Mongolian /mɒŋ'gəʊliən ‖ mɑːŋ'goʊ/	Mongolian, Mongol /'mɒŋgɒl, -gəl ‖ 'mɑːŋgəl/
Morze Śródziemne	the Mediterranean /ˌmedǯtə'reɪniən◂ /	Mediterranean	
Mozambik	Mozambique /ˌməʊzəm'biːk ‖ ˌmoʊ-/	Mozambican /ˌməʊzəm'biːkən◂ ‖ moʊ-/	
Nepal	Nepal /nɪ'pɔːl ‖ nə'pɔːl, -'pɑːl/	Nepalese /ˌnepə'liːz◂ /	
Nikaragua	Nicaragua /ˌnɪkə'rægjuə ‖ -'rɑːgwə/	Nicaraguan /ˌnɪkə'rægjuən◂ ‖ -'rɑːgwən◂ /	
Niemcy	Germany /'dʒɜːməni ‖ -ɜːr-/	German /'dʒɜːmən◂ ‖ -ɜːr-/	
Nigeria	Nigeria /naɪ'dʒɪəriə ‖ -'dʒɪr-/	Nigerian /naɪ'dʒɪəriən ‖ -'dʒɪr-/	
Norwegia	Norway /'nɔːweɪ ‖ 'nɔːr-/	Norwegian /nɔː'wiːdʒən ‖ nɔːr-/	
Nowa Zelandia	New Zealand /njuː 'ziːlənd ‖ nuː-/	New Zealand	New Zealander /njuː 'ziːləndə ‖ nuː 'ziːləndər/
Pacyfik	the Pacific /pə'sɪfɪk/	Pacific	
Pakistan	Pakistan /ˌpɑːkɪ'stɑːn, pækɪ'stæn/	Pakistani /ˌpɑːkɪ'stɑːni◂ , ˌpæk- ‖ -stɑːni◂ , -'stæni◂ /	
Palestyna	Palestine /'pæləstaɪn/	Palestinian /ˌpælə'stɪniən/	
Panama	Panama /ˌpænə'mɑː◂ ‖ 'pænəmɑː/	Panamanian /ˌpænə'meɪniən/	
Paragwaj	Paraguay /'pærəgwaɪ/	Paraguayan /ˌpærə'gwaɪən◂ /	

Peru	Peru /pə'ru:/	Peruvian /pə'ru:viən/	
Polska	Poland /'pəʊlənd ‖ 'poʊ-/	Polish /'pəʊlɪʃ ‖ 'poʊ-/	Pole /pəʊl ‖ poʊl/
Portugalia	Portugal /'pɔ:tʃʊgəl ‖ 'pɔ:r-/	Portuguese /ˌpɔ:tʃʊ'gi:z◂ ‖ pɔ:r-/	
Puerto Rico	Puerto Rico /ˌpwɜ:təʊ 'ri:kəʊ ‖ ˌpɔ:rtoʊ 'ri:koʊ/	Puerto Rican /ˌpwɜ:təʊ 'ri:kən ‖ ˌpɔ:rtoʊ-/	
Rosja	Russia /'rʌʃə/	Russian /'rʌʃən/	
RPA (Republika Południowej Afryki)	South Africa /saʊθ 'æfrɪkə/	South African /saʊθ 'æfrɪkən/	
Rumunia	Romania /ru:'meɪniə ‖ roʊ-/	Romanian /ru:'meɪniən ‖ roʊ-/	
Ruanda	Rwanda /ru'ændə ‖ -'ɑ:n-/	Rwandan /ru'ændən ‖ -'ɑ:n-/	
Salwador	El Salvador /el 'sælvəˌdɔ: ‖ -ɔ:r/	Salvadorian, Salvadorean /ˌsælvə'dɔ:riən◂ , Salvadoran ˌsælvədɔ:rən◂ /	
Słowacja	Slovakia /sləʊ'vækiə ‖ sloʊ-/	Slovak /'sləʊvæk ‖ 'sloʊvɑ:k/, Slovakian /sləʊ'vækiən ‖ sloʊ/	
Słowenia	Slovenia /sləʊ'vi:niə ‖ sloʊ-/	Slovene /'sləʊvi:n ‖ 'sloʊ-/, Slovenian /sləʊ'vi:niən ‖ sloʊ-/	
Serbia	Serbia /'sɜ:biə ‖ 'sɜ:r-/	Serbian /'sɜ:biən ‖ 'sɜ:r-/, Serb /sɜ:b ‖ sɜ:rb/	
Singapur	Singapore /ˌsɪŋə'pɔ: ‖ 'sɪŋəpɔ:r/	Singaporean /ˌsɪŋə'pɔ:riən◂ /	
Somalia	Somalia /səʊ'mɑ:liə ‖ soʊ-/	Somali /səʊ'mɑ:li ‖ soʊ-/	
Sri Lanka	Sri Lanka /sri: 'læŋkə ‖ -'lɑ:ŋ-/	Sri Lankan /sri: 'læŋkən ‖ -'lɑ:ŋ-/	
Stany Zjednoczone	the United States /ju:naɪtᵻd 'steɪts/	American /ə'merᵻkən/, US	American /ə'merᵻkən/

Sudan	(the) Sudan /sʊ'dæn, -'dɑːn/	Sudanese /ˌsuːdə'niːz◂ /	
Syria	Syria /'sɪriə/	Syrian /'sɪriən/	
Szkocja	Scotland /'skɒtlənd ‖ 'skɑːt-/	Scottish /'skɒtɪʃ ‖ 'skɑ-/, Scots /skɒts ‖ skɑːts/	Scot, Scotsman (*r. męski*) /'skɒtsmən ‖ 'skɑː-/, Scotswoman (*r. żeński*) /-wʊmən/, Scotsmen (*l. mnoga*) /'skɒtsmən ‖ 'skɑː-/, the Scots (*zbiorowo*)
Szwajcaria	Switzerland /'swɪtsələnd ‖ -sər-/	Swiss /swɪs/	
Szwecja	Sweden /'swiːdn/	Swedish /'swiːdɪʃ/	Swede /swiːd/
Tajlandia	Thailand /'taɪlænd, -lənd/	Thai /taɪ/	
Tajwan	Taiwan /taɪ'wɑːn/	Taiwanese /ˌtaɪwə'niːz◂ /	
Tanzania	Tanzania /ˌtænzə'nɪə/	Tanzanian /ˌtænzə'nɪən◂ /	
Tunezja	Tunisia /tjʊ'nɪziə ‖ tuː'niːʒə/	Tunisian /tjuː'nɪziən ‖ tuː'niːʒən/	
Turcja	Turkey /'tɜːki ‖ 'tɜːr-/	Turkish /'tɜːkɪʃ ‖ 'tɜːr-/	Turk /tɜːk ‖ tɜːrk/
Tybet	Tibet /tɪ'bet/	Tibetan /tɪ'betn/	
Uganda	Uganda /juː'gændə/	Ugandan /juː'gændən/	
Ukraina	(the) Ukraine /juː'kreɪn/	Ukrainian /juː'kreɪniən/	
Urugwaj	Uruguay /'jʊərəgwaɪ ‖ 'jʊr-/	Uruguayan /ˌjʊərə'gwaɪən◂ ‖ jʊr-/	
Uzbekistan	Uzbekistan /ˌʊzbekɪ'stɑːn ‖ ʊzˌbek'stæn/	Uzbek /'ʊzbek/	
Włochy	Italy /'ɪtəli/	Italian /ɪ'tæliən/	